Department for Economic and Social Information and Policy Analysis

Département de l'information économique et sociale et de l'analyse des politiques

1993

Demographic Yearbook

Annuaire démographique

Forty-fifth issue/Quarante-cinquième édition

United Nations / Nations Unies

New York, 1995

NOTE

Symbols of United Nations documents are composed of capital letters combined with figures. Mention of such a symbol indicates a reference to a United Nations document.

The designations used in this publication have been provided by the competent authorities. Those designations and the presentation of material in this publication do not imply the expression of any opinion whatsoever on the part of the Secretariat of the United Nations concerning the legal status of any country, territory, city or area or of its authorities, or concerning the delimitation of its frontiers or boundaries.

Where the designation "country or area" appears in the headings of tables, it covers countries, territories, cities or areas.

NOTE

Les cotes des documents de l'Organisation des Nations Unies se composent de lettres majuscules et de chiffres. La simple mention d'un texte signifie qu'il s'agit d'un document de l'Organisation.

Les appellations utilisées dans cette publication ont été fournies par les autorités compétentes. Ces appellations et la présentation des données qui figurent dans cette publication n'impliquent de la part du Secrétariat de l'Organisation des Nations Unies aucune prise de position quant au statut juridique des pays, territoires, villes ou zones, ou de leurs autorités, ni quant au tracé de leurs frontières ou limites.

L'appellation "pays ou zone" figurant dans les titres des rubriques des tableaux désigne des pays, des territoires, des villes ou des zones.

ST/ESA/STAT/SER.R/24

UNITED NATIONS PUBLICATION
Sales No. E/F.95.XIII.1

PUBLICATION DES NATIONS UNIES
Numéro de vente : E/F.95.XIII.1

Inquiries should be directed to:
PUBLISHING DIVISION
UNITED NATIONS
NEW YORK, N.Y. 10017

Adresser toutes demandes de renseignements à la :
DIVISION DES PUBLICATIONS
NATIONS UNIES
NEW YORK, N.Y. 10017

ISBN 92-1-051084-4
ISSN 0082-8041

Special topics of the Demographic Yearbook series: 1948 – 1993

Sujets spéciaux des diverses éditions de l'Annuaire démographique: 1948 – 1993

Year Année	Sales No. Numéro de vente	Issue–Edition	Special topic–Sujet spécial
1948	49.XIII.1	First–Première	General demography–Démographie générale
1949–50	51.XIII.1	Second–Deuxième	Natality statistics–Statistiques de la natalité
1951	52.XIII.1	Third–Trosième	Mortality statistics–Statistiques de la mortalité
1952	53.XIII.1	Fourth–Quatrième	Population distribution–Répartition de la population
1953	54.XIII.1	Fifth–Cinquième	General demography–Démographie générale
1954	55.XIII.1	Sixth–Sixième	Natality statistics–Statistiques de la natalité
1955	56.XIII.1	Seventh–Septième	Population censuses–Recensement de population
1956	57.XIII.1	Eighth–Huitième	Ethnic and economic characteristics of population–Caractéristiques ethniques et économiques de la population
1957	58.XIII.1	Ninth–Neuvième	Mortality statistics–Statistiques de la mortalité
1958	59.XIII.1	Tenth–Dixième	Marriage and divorce statistics–Statistiques de la nuptialité et de la divortialité
1959	60.XIII.1	Eleventh–Onzième	Natality statistics–Statistiques de la natalité
1960	61.XIII.1	Twelfth–Douzième	Population trends–L'évolution de la population
1961	62.XIII.1	Thirteenth–Treizième	Mortality statistics–Statistiques de la mortalité
1962	63.XIII.1	Fourteenth–Quatorzième	Population census statistics I–Statistiques des recensements de population I
1963	64.XIII.1	Fifteenth–Quinzième	Population census statistics II–Statistiques des recensements de population II
1964	65.XIII.1	Sixteenth–Seizième	Population census statistics III–Statistiques des recensements de population III
1965	66.XIII.1	Seventeenth–Dix–septième	Natality statistics–Statistiques de la natalité
1966	67.XIII.1	Eighteenth–Dix–huitième	Mortality statistics I–Statistiques de la mortalité I
1967	E/F.68.XIII.1	Nineteenth–Dix–neuvième	Mortality statistics II–Statistiques de la mortalité II
1968	E/F.69.XIII.1	Twentieth–Vingtième	Marriage and divorce statistics–Statistiques de la nuptialité et de la divortialité
1969	E/F.70.XIII.1	Twenty–first–Vingt et unième	Natality statistics–Statistiques de la natalité
1970	E/F.71.XIII.1	Twenty–second–Vingt–deuxième	Population trends–L'évolution de la population
1971	E/F.72.XIII.1	Twenty–third–Vingt–troisième	Population census statistics I–Statistiques des recensements de population I
1972	E/F.73.XIII.1	Twenty–fourth–Vingt–quatrième	Population census statistics II–Statistiques des recensements de population II
1973	E/F.74.XIII.1	Twenty–fifth–Vingt–cinquième	Population census statistics III–Statistiques des recensements de population III
1974	E/F.75.XIII.1	Twenty–sixth–Vingt–sixième	Mortality statistics–Statistiques de la mortalité
1975	E/F.76.XIII.1	Twenty–seventh–Vingt–septième	Natality statistics–Statistiques de la natalité
1976	E/F.77.XIII.1	Twenty–eighth–Vingt–huitième	Marriage and divorce statistics–Statistiques de la nuptialité et de la divortialité
1977	E/F.78.XIII.1	Twenty–ninth–Vingt–neuvième	International Migration Statistics–Statistiques des migration internationales
1978	E/F.79.XIII.1	Thirtieth–Trentième	General tables–Tableaux de caractè général
1978	E/F.79.XIII.8	Special issue–Edition spéciale	Historical supplement–Supplément rétrospectif
1979	E/F.80.XIII.1	Thirty–first–Trente et unième	Population census statistics–Statistiques des recensements de population

Special topics of the Demographic Yearbook series: 1948 – 1993

Sujets spéciaux des diverses éditions de l'Annuaire démographique: 1948 – 1993

Year Année	Sales No. Numéro de vente	Issue–Edition	Special topic–Sujet spécial
1980	E/F.81.XIII.1	Thirty–second– Trente–deuxième	Mortality statistics– Statistiques de la mortalité
1981	E/F.82.XIII.1	Thirty–third– Trente–troisième	Natality statistics– Statistiques de la natalité
1982	E/F.83.XIII.1	Thirty–fourth Trente–quatrième	Marriage and divorce statistics– Statistiques de la nuptialité et de la divortialité
1983	E/F.84.XIII.1	Thirty–fifth Trente–cinquième	Population census statistics I– Statistiques des recensements de population I
1984	E/F.85.XIII.1	Thirty–sixth Trente–sixième	Population census statistics II– Statistiques des recensements de population II
1985	E/F.86.XIII.1	Thirty–seventh– Trente–septième	Mortality statistics– Statistiques de la mortalité
1986	E/F.87.XIII.1	Thirty–eighth– Trente–huitième	Natality statistics– Statistiques de la natalité
1987	E/F.88.XIII.1	Thirty–ninth– Trente–neuvième	Household composition – Les éléments du ménage
1988	E/F.89.XIII.1	Fortieth– Quarantième	Population census statistics – Statistiques des recensements de population
1989	E/F.90.XIII.1	Forty–first– Quarente et unième	International Migration Statistics–Statistiques des migration internationales
1990	E/F.91.XIII.1	Forty–second– Quarente–deuxième	Marriage and divorce statistics– Statistiques de la nuptialité et de la divortialité
1991	E/F.92.XIII.1	Forty–third Quarente–troisième	General tables– Tableaux de caractè général
1991	E/F.92.XIII.8	Special issue– Edition spéciale	Population ageing and the situation of elderly persons– Vieillissement de la population et situation des personnes agées
1992	E/F.94. III.1	Forty–fourth– Quarente–quatriéme	Fertility and mortality statistics– Statistiques de la fecondité et de la mortalité
1993	E/F.95. III.1	Forty–fifth– Quarente–cinquième	Population census statistics– Statistiques des recensements de population

CONTENTS – TABLE DES MATIERES

TABLES (continued)

Table — *Page*

TABLEAUX (suite)

Tableaux — *Page*

TABLES (continued)

TABLEAUX (suite)

Table *Page*

SPECIAL TOPIC TABLES

DEMOGRAPHIC AND SOCIAL CHARACTERISTICS

GEOGRAPHICAL CHARACTERISTICS

Tableaux *Page*

TABLEAUX PORTANT SUR LE SUJET SPECIAL

CHARACTERISTIQUES DEMOGRAPHIQUES ET SOCIALES

CHARACTERISTIQUES GEOGRAPHIQUES

Table *Page*

SPECIAL TOPIC TABLES

EDUCATIONAL CHARACTERISTICS

INDEX

Tableaux *Page*

TABLEAUX PORTANT SUR LE SUJET SPECIAL

CHARACTERISTIQUES RELATIVES A L'EDUCATION

INDEX

EXPLANATION OF SYMBOLS

Category not applicable	..
Data not available	...
Magnitude zero	–
Magnitude not zero, but less than half of unit employed	**0 and/or 0.0**
Marked break in series is indicated by a vertical bar	|
Provisional	*
United Nations estimate	x
Data tabulated by year of registration rather than occurrence	+
Based on less than specified minimum	◆
Relatively reliable data	**Roman type**
Data of lesser reliability	**Italics**

EXPLICATION DES SIGNES

Sans objet	..
Données non disponibles	...
Néant	–
Chiffre inférieur à la moitié de l'unité employée	**0 et/ou 0.0**
Un trait vertical dans la colonne indique une discontinuité notable dans la série	|
Données provisoires	*
Estimations des Nations Unies	x
Données exploitées selon l'année de l'enregistrement et non l'année de l'événement	+
Rapport fondé sur un nombre inférieur à celui spécifié	◆
Données relativement sûres	**Charactères romains**
Données dont l'exactitude est moindre	**Italiques**

INTRODUCTION

The Demographic Yearbook is a comprehensive collection of international demographic statistics, prepared by the Statistical Division of the United Nations. The Demographic Yearbook 1993, which features the results of population censuses as the special topic is the forty–fifth in a series published by the United Nations.

Through the co–operation of national statistical services, official demographic statistics are presented for about 233 countries or areas throughout the world. Estimates prepared by the United Nations Population Division, Department for Economic and Social Information and Policy Analysis of the United Nations, have been used in certain instances to supplement official statistics. The use of United Nations estimates has made it possible to present tables giving summary data for all countries or areas of the world using 1993 as a common year of reference.

The tables in this issue of the Yearbook are presented in two parts, the basic tables followed by the tables devoted to population censuses, the special topic in this issue. The first part contains tables giving a world summary of basic demographic statistics, followed by tables presenting statistics on the size, distribution and trends in population, natality, foetal mortality, infant and maternal mortality, general mortality, nuptiality and divorce. In the second part, this issue of the Yearbook serves to update the census information featured in the 1988 issue. Census data on demographic and social characteristics include population by single years of age and sex, national and/or ethnic composition, language and religion. Tables showing data on geographical characteristics include information on major civil divisions and localities by size–class. Educational characteristics include population data on literacy, educational attainment and school attendance. In many of the tables, data are shown by urban/rural residence.

Most previous issues have included a special text considered to be of particular interest to the users of the Demographic Yearbook. In this issue of the Yearbook, the special text is entitled "Dates on National Population and/or Housing Censuses taken during the decades 1975–1984 and 1985–1994".

The Technical Notes on the Statistical Tables are to assist the reader in using the tables. A cumulative index, found at the end of the Yearbook, is a guide to the subject matter, by years covered, in all forty–five issues. The sales numbers of previous issues and a listing of the special topics featured in each issue are shown on pages iii and iv.

To commemorate the thirtieth anniversary of the publication of the Demographic Yearbook, a special edition entitled the Demographic Yearbook: Historical Supplement was issued in 1979. The Historical Supplement presents time series on population size, age, sex and urban/rural residence, natality, mortality and nuptiality as well as selected derived measures concerning these components of population change for a 30–year time period, 1948–1978. The first issue of the Yearbook, the Demographic Yearbook 1948, included many of the same tables showing annual data for the period 1932 to 1947. Therefore, the Historical Supplement, in particular when used jointly with the Demographic Yearbook 1948, can furnish a wealth of historical international demographic data.

INTRODUCTION

L'Annuaire démographique est un recueil de statistiques démographiques internationales qui est établi par la Division de statistique de l'Organisation des Nations Unies. L'Annuaire de 1993, qui a une édition spéciale sur le vieiellissement de la population et situation des personnes âgées est le quarante–cinquième d'une série que publie l'ONU.

Grâce à la coopération des services nationaux de statistique, il a été possible de faire figurer dans la présente édition des statistiques démographiques officielles pour environ 233 pays ou zones du monde entier. Dans certains cas, pour compléter les statistiques officielles, on a utilisé des estimations établies par la Division de la population du Departement de l'Information Economique et et Sociale et de l'Analyse des Politiques de l'ONU. Grâce à ces estimations, on a pu présenter des tableaux contenant des données récapitulatives pour l'ensemble des pays ou zones du monde entier, avec 1993 pour année de référence.

Les tableaux de la présente édition de l'Annuaire sont présentés en deux groupes : d'abord les tableaux de base, puis les tableaux consacrés aux recensements de la population, qui est le sujet spécial. Dans le groupe I se trouvent des tableaux qui donnent un aperçu mondial des statistiques démographiques de base, puis des tableaux qui présentent des statistiques sur la dimension, la répartition et les tendances de la population, la natalité, la mortalité foetale, la mortalité infantile et la mortalité liée à la maternité, la mortalité générale et la nuptialité et divortialité. Dans le deuxième groupe, la présente édition de l'Annuaire démographique met à jour les données de recensements publiées dans les éditions de 1988. Les données relatives aux caractéristiques démographiques et sociales des recensements de la population comprennent la population selon l'année d'âge et le sexe, la composition nationale et/ou ethnique, la langue et la religion. Les tableaux presentant des données sur les caractéristiques géographiques incluent des recensements sur les principales divisions administratives et sur les localités , selon la catégorie d'importance. Les caractéristiques relatives à l'éducation comprennent des données sur la population selon l'alphabétisme, selon le degré d'instruction et selon la fréquentation scolaire. Dans un grand nombre de tableaux, des données classées selon la résidence, urbaine/rurale sont présentées.

La plupart des éditions antérieures comportaient un texte spéciale sur un sujet dont on jugeait qu'il présentait un intérêt particulier pour les utilisateurs de l'Annuaire démographique. Dans la présente édition, ce texte spéciale est intitulé "Dates des recensements nationaux de la population et/ou de l'habitation effectués au cours des décennies 1975–1984 et 1985–1994".

Les Notes techniques sur les tableaux statistiques sont destinées à aider le lecteur. A la fin de l'Annuaire, un index cumulatif donne des renseignements sur les matières traitées dans chacune des quarante–et–cinque éditions et sur les années sur lesquelles portent les données. Les numéros de vente des éditions antérieures et une liste des sujets spéciaux traités dans les différentes éditions apparaissent en page iii et iv.

A l'occasion du trentième anniversaire de l'Annuaire démographique, une édition spéciale intitulée Annuaire démographique : Supplément rétrospectif a été publiée en 1979. Ce supplément rétrospectif présente des séries chronologiques sur la dimension de la population, l'âge, le sexe et la résidence urbaine/rurale, la natalité, la mortalité et la nuptialité ainsi que quelques mesures indirectes concernant les changements de population pour une période de 30 années (1948–1978). L'Annuaire démographique 1948, qui était la première édition, comprenait beaucoup de tableaux semblables présentant des données annuelles couvrant la période 1932–1947. De ce fait, le Supplément rétrospectif, utilisé conjointement avec l'Annuaire de 1948, pourra fournir des données démographiques internationales de grande valeur historique.

In June 1984, the Population and Vital Statistics Report: 1984 Special Supplement was published. The Special Supplement updates several data series presented in the Demographic Yearbook: Historical Supplement; in particular, population estimates and a summary of vital statistics rates, population by age, sex and urban/ural residence as reported in the 1970 and 1980 round of population censuses and age –specific birth and death rates.

The Demographic Yearbook is one of a co–ordinated and interrelated set of publications issued by the United Nations and the specialized agencies and designed to supply basic statistical data for demographers, economists, public–health workers and sociologists. Under the co–ordinated plan, the Demographic Yearbook is the international source of demographic statistics. Some of the data assembled for it are reprinted in the publications of the World Health Orgnization — in particular in the World Health Statistics Annual — to make them more readily accessible to the medical and public–health professions.

In addition, the World Health Organization publishes annually compilations of deaths by cause, age and sex, detailed statistics on selected causes of death, information on cases of deaths from notifiable diseases and other data of medical interest, which supplement the Demographic Yearbook tables. Both the Demographic Yearbook and the World Health Organization publications should be used when detailed figures on the full range of internationally assembled statistics on these subjects are required.

Data shown in this issue of the Demographic Yearbook are available on magnetic tape at a cost of $320.00.

A database that runs on microcomputers is under development. Known as the Demographic and Social Statistics Database, it contains data previously published in the Demographic Yearbook. This microcomputer–based system provides fast access to demographic and social time series statistics. The current version runs on an IMB–compatible microcomputer of 80286 or higher with at least 600 Kb of RAM, 10Mb of hard disk and one floppy drive.

The system is menu–driven. It permits users to choose topics, time periods, countries or areas and data sources. Users can select outputs directed to the screen, to paper or to a datase in ASCII format. As the development continues, topics will be updated at the completion of their preparation for publication in the Yearbook. Data from this issue are available as follows:

Population by sex	1950 – 1990
Population by age and sex	1950 – 1990
Live births by sex	1950 – 1990
Live births by age of mother and sex of child	1950 – 1990
Deaths by sex	1950 – 1990
Deaths by age and sex	1950 – 1990
Expectation of life at exact ages by sex	1950 – 1990
Infant deaths by sex	1950 – 1990
Marriages	1950 – 1990

En juin 1984, le Rapport sur la population et les statistiques de l'état civil : Supplément spécial de 1984, été publié. Cette édition spéciale est une mise à jour de plusieurs séries présentées dans l'Annuaire démographique : Supplément historique; notament, les estimations concernant la population et une récapitulacion des taux démographiques, la répartition de la population par âge, sexe et résidence urbaine/rurale telle qu'elle ressort des cycles de recensements de population, de 1970 et de 1980, et les taux de natalité et de mortalité par âge.

L'Annuaire démographique s'intègre dans un ensemble de publications complémentaires que font paraître l'Organisation des Nations Unies et les institutions spécialisées et qui ont pour objet de fournir des statistiques de base aux démographes, aux économistes, aux spécialistes de la santé publique et aux sociologues. Conformément au plan de coordination, l'Annuaire démographique constitue la source internationale des statistiques démographiques. Certaines des données qui y sont rassemblées sont reproduites dans les publications de l'Organisation mondiale de la santé — notamment dans l'Annuaire des statistiques sanitaires mondiales — afin qu'elles soient plus accessibles au corps médical et aux agents de la santé publique.

En outre, l'Organisation mondiale de la santé publie chaque année des statistiques des décès selon la cause, l'âge et le sexe, des séries détaillées sur les décès imputables à certaines causes, des données sur les cas de maladies à déclaration obligatoire et sur les décès dus à ces maladies, ainsi que d'autres statistiques d'intérêt médical qui viennent compléter les tableaux de l'Annuaire démographique. L'Annuaire démographique et les publications de l'Organisation mondiale de la santé doivent être consultés concurremment si l'on veut connaître, dans tout leur détail, les statistiques rassemblées dans ces domaines sur le plan international.

Il est possible de se procurer sur bande magnétique, moyennant le paiement d'une somme 320 dollars les données recueillies dans le présent Annuaire démographique.

On met actuellement au point une base de base de données exploitable sur micro–ordinateur. Intitulée Base de données des statistiques demographiques et sociales, celle–ci contient des données déjà publiées dans l'Annuaire démographique. Grâce à ce système informatisé, l'utilisateur pourra avoir rapidement accès aux statistiques chronologiques dans les domaines démographiques et sociales. La version actuelle de la base de données est exploitable sur les micro–ordinateurs compatibles IBM de type 80286 au plus, dotés au minimum de 600 kilo–octets de mémoire vive, d'un disque dur de 10 méga–octets et d'une unité de disque souple.

Grace à ce système, qui est à base de menus, l'utilisateur peut opérer des choix selon les sujets, les séries chronologiques, les pays ou zones et les sources des données, et extraire les données auxquelles il aura ainsi accédé directement sur l'écran, sur papier ou sur un fichier de type ASCII. Au fur et à mésure de la mise au point de cette base de données, les différents sujets seront mis à jour une fois qu'ils auront été définivement établis aux fins de publication dans l'Annuaire. Les données de cette édition sont disponibles comme suit :

Population selon le sexe	1950 – 1990
Population selon l'âge et le sexe	1950 – 1990
Naissances vivants par sexe	1950 – 1990
Naissances vivants selon l'âge de la mère et le sexe	1950 – 1990
Déces selon l'âge	1950 – 1990
Déces selon l'âge et le sexe	1950 – 1990
Espérance de vie à un âge donnée pour chaque sexe	1950 – 1990
Déces d'enfants de moins d'un an selon le sexe	1950 – 1990
Mariages	1950 – 1990

Marriages by age of groom and bride................ 1980 – 1990

Divorces.. 1950 – 1990

Mariages selon l'âge de l'époux et de l'épouse.. 1980 – 1990

Divorces.. 1950 – 1990

Users wishing to conduct their own research can do so by obtaining the database on diskette. For further information and ways to obtain the database, users may contact the Director, Statistical Division, United Nations, New York, NY 10017.

Les utilisateurs qui désirent faire leur propre recherche peuvent obtenir la base de données sur disquette. Pour obtenir plus d'information sur les moyens de recevoir la base de données, on peut contacter le directeur de la Division de statistique.

DATES OF NATIONAL POPULATION AND/OR HOUSING CENSUSES

Taken during the decades 1975–1984 and 1985–1994

In accordance with resolution 1947 (LVIII) of the United Nations Economic and Social Council, the 1980 World Population and Housing Census Programme covered the 10–year period from 1975 through 1984 and, in accordance with Economic and Social Council resolution 1985/8, the 1990 World Population and Housing Census Programme covers the the 1985–1994 decade.

The table below gives the date of the population and/or housing census for each country or area that participated in the 1980 Programme, and the actual date for each country or area that has taken a population and housing census in the 1990 Programme.

Unless otherwise noted, the dates refer to complete (100 per cent) enumeration, even though some topics may have been investigated on a sample basis. The dates shown reflect information available to the Statistical Division of the United Nations as of 15 December 1994. The following indications and symbols are used:

date: Official national census date.
date *: Provisional national census date.
(date): Anticipated by the Statistical Division of the Unit Nations on the basis of established pattern of census
....: No basis for anticipation at this time.
–: No census taken.
P: Population census.
H: Housing census.
A: Provision by the United Nations of resident technical expert or financial assistance.
T: The census was reported taken (1994 only).

DATES DES RECENSEMENTS NATIONAUX DE LA POPULATION ET/OU DE L'HABITATION

Effectués au cours de la décennie 1975–1984 et 1985–1994

Conformément à la résolution 1947 (LVIII) du Conseil économique et social, le Programme mondial de recensement de la population et de l'habitation de 1980 a porté sur la période de dix ans comprise entre 1975 et 1984, et conformément à la résolution 1985/8 du Conseil économique et social, le Programme mondial de recensement de la population et de l'habitation de 1990 porte sur la période de dix ans comprise entre 1985–1994.

Le tableau ci–après indique pour chaque pays ou zone la date à laquelle des recensements de population et/ou de l'habitation ont déjà été réalisés au titre du Programme de 1980, et pour chaque pays ou zone les dates auxquelles des recensements de population et/ou de l'habitation ont d'ores et déja été réalisés au titre du Programme de 1990.

Sauf indication contraire, les recensements dont il s'agit sont des dénombrements complets (100p. 100), encore que certains sujets aient pu être étudies à l'aide d'enquêtes par sondage. Le tableau a été établi sur la base des renseignements dont le Bureau de statistique de l'Organisation des Nations Unies sur la base des renseignements dont le Bureau de statistique disposait au 15 decembre 1994. Il convient d'interpréter comme suit les indications et les signes qui y sont utilisés:

date: Date officielle du recensement national.
date *: Previsionnelle date du recensement national.
(date) Date prévue par le Bureau de statistique, comptetenu du cycle de recensement préceemment établi.
....: Aucune prévision n'est pas possible actuellement.

P: Recensement de population.
H: Recensement de l'habitation.
A: L'Organisation des Nations Unies a fourni les services d'un expert technique résident ou une assistance financière.
T: Le recensement rapporté fait (1994 seulement).

Continent and country or area / Continent et pays ou zone	Census date – Date du recensement: 1980 Decade – Décennie 1980: 1975–1979	1980 Decade – Décennie 1980: 1980–1984	1990 Decade – Décennie 1990: 1985–1989	1990 Decade – Décennie 1990: 1990–1994
AFRICA – AFRIQUE				
Algeria – Algérie	12 II 1977 PHA	–	20 III 1987 PH	–
Angola	–	II 1983 PA [1]	–	–
Benin – Bénin	20–30 III 1979 PHA	–	–	15–29 II 1992 PHA
Botswana	–	12–26 VIII 1981 PHA	–	21 VIII 1991 PHA
British Indian Ocean Territory – Territoire Britannique de l'Océan Indien [2]	–	–	–	....
Burkina Faso	1–7 XII 1975 P A [3]	–	10–20 XII 1985 P A	–
Burundi	15–16 VIII 1979 P A	–	–	16–30 VIII 1990 PHA
Cameroon – Cameroun	9 IV 1976 PHA	–	10 IV 1987 PHA	–
Cape Verde – Cap-Vert	–	1–2 VI 1980 PHA	–	23 VI 1990 PHA
Central African Republic – Rép. centrafricaine	8–22 XII 1975 P A [4]	–	8 XII 1988 PHA	–
Chad – Tchad	–	–	–	8 IV 1993 PHA
Comoros – Comores	–	15 IX 1980 PHA	–	15 IX 1991 PHA
Congo	–	22 XII 1984 PHA	–	20 XI–5 XII 1994 PHA*
Côte d'Ivoire	30 IV 1975 P A	–	1 III 1988 PHA	–
Djibouti	–	3 I 1983 P A	–	–
Egypt – Egypte	22–23 XI 1976 PHA	–	17–18 XI 1986 PH	–
Equatorial Guinea – Guinée équatoriale	–	4–17 VII 1983 P A	–	4 VII 1994 PAT
Eritrea – Erythrée	–	9 V 1984 PHA	–	1993 PH*
Ethiopia – Ethiopie	–	9 V 1984 PHA	–	11 X 1994 PH*
Gabon	–	1–31 VIII 1981 P A	–	31 VII 1993 PA
Gambia – Gambie	–	15 IV 1983 PHA	–	15 IV 1993 PA
Ghana	–	11 III 1984 P A	–	III 1994 P*
Guinea – Guinée	–	4–17 II 1983 P A	–	....
Guinea-Bissau – Guinée-Bissau	16–30 IV 1979 PHA	–	–	1 XII 1991 PHA
Kenya	24 VIII 1979 P A	–	24–25 VIII 1989 PA	–
Lesotho	12 IV 1976 P A	–	12 IV 1986 PA	–
Liberia – Libéria	–	1–14 II 1984 PHA	–	(1994 P)
Libyan Arab Jamahiriya – Jamahiriya arabe libyenne	–	31 VII 1984 P A	–	....
Madagascar	1974–1975 PHA [5]	–	–	1–19 VIII 1993 PHA
Malawi	20 IX–10 X 1977 P A	–	1–21 IX 1987 PHA	–
Mali	1–16 XII 1976 P A	–	1–30 IV 1987 PHA	–
Mauritania – Mauritanie	1 I 1977 P A [6]	–	5–20 IV 1988 PHA	–
Mauritius – Maurice	–	2 VII 1983 P A	–	VII 1990 PA
Mauritius – Maurice	–	III–VI 1983 H	–	II 1990 HA
Morocco – Maroc	–	3–21 IX 1982 PHA	–	2 IX 1994 PH
Mozambique	–	1 VIII 1980 P A	–	....
Namibia – Namibie	–	–	–	21 X 1991 PHA

Continent and country or area / Continent et pays ou zone	Census date – Date du recensement: 1980 Decade – Décennie 1980: 1975–1979	1980–1984	1990 Decade – Décennie 1990: 1985–1989	1990–1994
AFRICA(cont.)–AFRIQUE(suite)				
Niger	20 XI 1977 P A [7]	–	20 V –3 VI 1988 PHA	–
Nigeria – Nigéria [10]	–	–	–	26 XI 1991 PA
Réunion	–	9 III 1982 P	–	15 III 1990 PH
Rwanda	15–16 VIII 1978 PHA	–	–	15 VIII 1991 PHA
St. Helena – Sainte–Hélène	31 X 1976 PH	–	22 II 1987 PH	–
Sao Tome and Principe – Sao Tomé–et–Principe	–	15 VIII 1981 PHA	–	4 VIII 1991 PHA
Senegal – Sénégal	16 IV 1976 P A	–	27 V–5 VI 1988 PHA	–
Seychelles	1 VIII 1977 P H	–	17 VIII 1987 P	26–28 VIII 1994 PHT
Sierra Leone [11]	–	–	15 XII 1985 PHA	–
Somalia – Somalie	7 II 1975 P A [8]	–	15 II 1987 PHA [9]	–
South Africa – Afrique du Sud	–	6 V 1980 PH	5 III 1985 PH	7 III 1991 PH
Sudan – Soudan	–	1 II 1983 PHA	–	15 IV 1993 PA
Swaziland	25–26 VIII 1976 P A	–	25 VIII 1986 PHA	–
Togo	–	22 XI 1981 PHA	–	XI 1993 PHA*
Tunisia – Tunisie	8 V 1975 PHA	30 III 1984 PH	–	....
Uganda – Ouganda	–	18 I 1980 PHA	–	12–19 I 1991 PHA
United Rep. of Tanzania – Rép.–Unie de Tanzanie	26–27 VIII 1978 PH	–	28 VIII 1988 PHA	–
Western Sahara – Sahara Occidental [13]	–	–	–	–
Zaire – Zaïre	–	1 VII 1984 P A	–	....
Zambia – Zambie	–	25 VIII 1980 PHA	–	20 VIII 1990 PHA
Zimbabwe	–	18 VIII 1982 PHA	–	18 VIII 1992 PHA
AMERICA,NORTH— AMERIQUE DU NORD				
Anguilla	–	9–10 IV 1984 PH	–	(1994)
Antigua and Barbuda – Antigua–et–Barbuda	–		–	28 V 1991 P
Aruba [14]	–	1 II 1981 PH	–	6 X 1991 PH
Bahamas	–	12 V 1980 PH	–	1 V 1990 PH
Barbados – Barbade	–	12 V 1980 PHA	–	2 V 1990 PH
Belize	–	12 V 1980 PHA	–	12 V 1991 PH
Bermuda – Bermudes	–	12 V 1980 PH	–	12 V 1991 PH
British Virgin Islands – Iles Vierges britanniques	–	12 V 1980 PHA	–	12 V 1991 PH
Canada	1 VI 1976 PH	3 VI 1981 P	3 VI 1986 PH	4 VI 1991 PH
Cayman Islands – Iles Caïmanes	8 X 1979 PHA	–	15 X 1989 PH	–
Costa Rica	–	10 VI 1984 PHA	–	1992 PH*
Cuba	–	11 IX 1981 PHA	–	–
Dominica – Dominique	–	7 IV 1981 PHA	–	12 V 1991 PH
Dominican Republic – Rép. dominicaine	–	12 XII 1981 PHA	–	1992 PH*
El Salvador	–	–	–	27 IX–6 X 1991 PHA [10]
Greenland – Groenland	26 X 1976 PH	–	–	
Grenada – Grenade	–	30 IV 1981 PHA	–	12 V 1991 PH
Guadeloupe	–	9 III 1982 PH	–	15 III 1990 PH
Guatemala	–	23 III 1981 PHA	–	17–30 IV 1994 PHAT
Haiti – Haïti	–	30 VIII 1982 PHA	–	–

Continent and country or area / Continent et pays ou zone	Census date – Date du recensement: 1980 Decade / Décennie 1980: 1975–1979	1980–1984	1990 Decade / Décennie 1990: 1985–1989	1990–1994
AMERICA,NORTH(cont.)— AMERIQUE DU NORD(suite)				
Honduras	–	–	V 1988 PHA	–
Jamaica – Jamaïque	–	8 VI 1982 PHA	–	8 IV 1991 PH
Martinique	–	9 III 1982 PH	–	15 III 1990 PH
Mexico – Mexique	–	4 VI 1980 PH	–	12–16 III 1990 PH
Montserrat	–	12 V 1980 PHA	–	12 V 1991 PH
Netherlands Antilles – Antilles néerlandaises [14]	–	1 II 1981 PH	–	27 I 1992 PH*
Nicaragua [17]	–	–	–	VI 1994 PHA*
Panama	–	11 V 1980 PH	–	13 V 1990 PHA
Puerto Rico – Porto Rico	–	1 IV 1980 PH	–	1 IV 1990 PH
Saint Kitts and Nevis – Saint–Kitts–et–Nevis	–	12 V 1980 PHA	–	2 V 1990 PH
Saint Lucia–Sainte–Lucie	–	12 V 1980 PHA	–	12 V 1990 PH
St. Pierre and Miquelon – Saint–Pierre–et–Miquelon	–	9 III 1982 PH	–	15 III 1990 PH
St. Vincent and the Grenadines – Saint–Vincent–et–Grenadines	–	12 V 1980 PHA	–	12 V 1990 PH
Trinidad and Tobago – Trinité–et–Tobago	–	12 V 1980 PHA	–	12 V 1990 PH
Turks and Caicos Islands – Iles Turques et Caïques	–	12 V 1980 PHA	–	2 V 1990 PH
United States – Etats–Unis	–	1 IV 1980 PH	–	1 IV 1990 PH
United States Virgin Islands – Iles Vierges américaines	–	1 IV 1980 PH	–	1 IV 1990 PH
AMERICA,SOUTH— AMERIQUE DU SUD				
Argentina – Argentine	–	22 X 1980 PH	–	15 V 1991 PH
Bolivia – Bolivie	29 IX 1976 PHA	–	–	3 VI 1992 PHA
Brazil – Brésil	–	1 IX 1980 P	–	1 IX 1991 PHA
Brazil – Brésil	–	1 I 1981 H	–	...
Chile – Chili	–	21 IV 1982 PH	–	22 IV 1992 PH
Colombia – Colombie [18]	–	–	15 X 1985 PH	24 X 1993 PH
Ecuador – Equateur	–	28 XI 1982 PH	–	25 XI 1990 PHA
Falkland Isl.(Malvinas) – Iles Falkland (Malvinas)	–	7 XII 1980 PH	16 XI 1986 PH	5 III 1991 PH
French Guiana – Guyane Française	–	9 III 1982 PH	–	15 III 1990 PH
Guyana	–	12 V 1980 PHA	–	12 V 1991 PH
Paraguay	–	11 VII 1982 PHA	–	26 VIII 1992 PHA
Peru – Pérou	–	12 VII 1981 PHA	–	11 VII 1993 PHA
Suriname	–	1 VII 1980 PHA	–	–
Uruguay	21 V 1975 PHA	–	23 X 1985 PHA	–
Venezuela	–	20 X 1981 PH	–	21 X 1990 PHA
ASIA—ASIE				
Afghanistan	23–24 VI 1979 PHA [11]	–	–	–
Armenia – Arménie	17 I 1979 P	–	12 I 1989 PH	–
Azerbaijan – Azerba[ïdjan	17 I 1979 P	–	12 I 1989 PH	–
Bahrain – Bahreïn	–	5 IV 1981 PHA	–	16 XI 1991 PH
Bangladesh	–	6–7 III 1981 PHA	–	12–15 III 1991 PHA
Bhutan – Bhoutan	–	I 1980–I 1981 P	–	–
Brunei Darussalam – Brunéi Darussalam	–	26 VIII 1981 PHA	–	7 VIII 1991 PH

Continent and country or area / Continent et pays ou zone	Census date – Date du recensement			
	1980 Decade / Décennie 1980		1990 Decade / Décennie 1990	
	1975–1979	1980–1984	1985–1989	1990–1994
ASIA(cont.)—ASIE(suite)				
Cambodia – Cambodge	–	–	–	....
China – Chine	–	1 VII 1982 P A	–	1 VII 1990 PA
Cyprus – Chypre	30 IX 1976 P [12]	1 X 1982 H	–	1 X 1992 PHA*
Democratic Kampuchea – Kampuchea démocratique [21]	–	–	–	–
East Timor –Timor oriental	–	31 X 1980 P	–	31 X 1990 P
Georgia – Géorgie	17 I 1979 P	–	12 I 1989 PH	–
Hong Kong – Hong–kong	2 VIII 1976 PH	9 III 1981 PH	11 III 1986 PH [13]	15–24 III 1991 PH
India – Inde	–	1 III 1981 P	–	1 III 1991 PH
India – Inde	–	1980 H	–	–
Indonesia – Indonésie	–	31 X 1980 PHA	–	31 X 1990 PHA
Iran (Islamic Rep. of – Rép. islamique d')	1 XI 1976 PHA	–	22 IX 1986 PH	11 X 1991 P
Iraq	17 X 1977 PH	–	17 X 1987 PH	–
Israel – Israël	–	4 VI 1983 PH	–	....
Japan – Japon	1 X 1975 P	1 X 1980 P	1 X 1985 P	1 X 1990 P
Japon – Japon	1 X 1978 H	1 X 1983 H	1 X 1988 H	(1 X 1993 H)
Jordan – Jordanie	10–11 XI 1979 PHA	–	–	XI 1994 P
Kazakhstan	17 I 1979 P	–	12 I 1989 PH	–
Korea, Dem. People's Rep. of – Corée, rép. populaire dém. de	–	–	–	31 XII 1993 PA*
Korea, Republic of– Corée, Rép. de	1 X 1975 PH	1 XI 1980 PH	1 XI 1985 PH	1 XII 1990 PH
Kuwait – Koweït	20–21 IV 1975 PHA [14]	20–21 IV 1980 PHA	20–21 IV 1985 PHA	1994 PHA*
Kyrgyzstan – Kirghizistan	17 I 1979 P	–	12 I 1989 PH	–
Lao People's Dem. Rep. – Rép. dém. populaire Lao	1 II–31 III 1975 PHA [15]	–	1 III 1985 P A	–
Lebanon – Liban	–	–	–	....
Macau – Macao	–	16 III 1981 PH	–	30 VIII 1991 PH
Malaysia – Malaisie	–	10 VI 1980 PH	–	14 VIII 1991 PHA
Maldives	31 XII 1977 PHA	–	25–28 III 1985 PHA	15 III 1990 PHA
Mongolia – Mongolie	5 I 1979 PHA	–	5 I 1989 PHA	–
Myanmar	–	31 III 1983 PHA	–	1993 PH*
Nepal – Népal	–	22 VI 1981 P A	–	22 VI 1991 PA
Oman	[16]	–	–	1 XII 1993 PHA
Pakistan	–	1 III 1981 P A	–	III– IV 1994 PHA*
Pakistan	–	XII 1980 HA	–	–
Palestine	–	–	–	....
Gaza Strip – Zone de Gaza	–	–	–	....
Philippines	1–10 V 1975 P A	1 V 1980 PHA	–	1 V 1990 PHA
Qatar	–	–	16 III 1986 PH	–
Saudi Arabia – Arabie saoudite [17]	–	–	–	27 IX 1992 PH
Singapore – Singapour	–	24 VI 1980 PH	–	30 VI 1990 PH
Sri Lanka	–	17 III 1981 PHA	–	(1993) PHA*
Syrian Arab Republic – République arabe syrienne	–	8 IX 1981 PHA	–	IX 1994 PHA*
Tajikistan – Tadjikistan	17 I 1979 P	–	12 I 1989 PH	–
Thailand – Thaïlande	–	1 IV 1980 PHA	–	1 IV 1990 PH
Turkey – Turquie	26 X 1975 PH	12 X 1980 P A	20 X 1985 PH	X 1990 PH
Turkmenistan – Turkménistan	17 I 1979 P	–	12 I 1989 PH	–
United Arab Emirates – Emirats arabes unis	31 XII 1975 PHA	15 XII 1980 PHA	17–23 XII 1985 PH	–
Uzbekistan – Ouzbékistan	17 I 1979 P	–	12 I 1989 PH	–
Viet Nam	1 X 1979 P A	–	1 IV 1989 PHA	1994 PH
Yemen – Yémen	1 II 1975 PHA [18]	–	1–18 II 1986 PHA [18]	1994 PH
	–	–	29–30 III 1988 PHA [19]	16–17 1994 PHAT

Continent and country or area Continent et pays ou zone	Census date – Date du recensement: 1980 Decade – Décennie 1980: 1975–1979	1980–1984	1990 Decade – Décennie 1990: 1985–1989	1990–1994
EUROPE				
Albania – Albanie	7 I 1979 P	–	12 IV 1989 PHA	–
Andorra – Andorre	1 II 1975 P	–	[20]	–
Austria – Autriche	–	12 V 1981 PH	–	15 V 1991 PH
Belarus – Bélarus	17 I 1979 P	–	12 I 1989 PH	–
Belgium – Belgique	–	1 III 1981 PH	–	1 III 1991 PH
Bosnia–Herzegovina Bosnie–Herzégovine	–	31 III 1981 PH	–	31 III 1991 PH
Bulgaria – Bulgarie	2 XII 1975 PH	–	4 XII 1985 PH	4 XII 1992 PH
Channel Islands – Iles Anglo–Normandes	–	5 IV 1981 PH	23 III 1986 P	1 III 1991 PH
Croatia – Croatie	–	31 III 1981 PH	–	31 III 1991 PH
Czech Republic	–	1 XI 1980 PH	–	3 III 1991 PH
Denmark – Danemark	–	1 I 1981 PH	–	1 I 1991 PH [21]
Estonia – Estonie	17 I 1979 P	–	12 I 1989 PH	–
Faeroe Islands – Iles Féroé	22 IX 1977 PH	–	–	[10]
Finland – Finlande	31 XII 1975 PH [22]	1 XI 1980 PH	17 XI 1985 PH	31 XII 1990 PH
France	20 II 1975 PH	4 III 1982 PH	–	5 III 1990 PH
Germany – Allemagne [23]	–	–	25 V 1987 PH [24]	–
	–	31 XII 1981 PH [25]	–	–
Gibraltar	–	9 XI 1981 PH	–	14 X 1991 PA
Greece – Grèce	–	5 IV 1981 PH	–	17 III 1991 PH
Holy See – Saint–Siège [20]	–	–	–	
Hungary – Hongrie	–	1 I 1980 PH	–	1 I 1990 PH
Iceland – Islande [26]	–	–	–	–
Ireland – Irlande	1 IV 1979 P	5 IV 1981 PH	13 IV 1986 P	21 IV 1991 PH
Isle of Man – Ile de Man	4–5 IV 1976 PH	5–6 IV 1981 PH	6–7 IV 1986 PH	14 IV 1991 PH
Italy – Italie	–	25 X 1981 PH	–	20 X 1991 PH
Latvia – Lettonie	17 I 1979 P	–	12 I 1989 PH	–
Liechtenstein	–	2 XII 1980 PH	–	4 XII 1990 PH
Lithuania – Lituanie	17 I 1979 P	–	12 I 1989 PH	–
Luxembourg	–	31 III 1981 PH	–	1 III 1991 PH
Malta – Malte	–	–	16 XI 1985 PH	–
Monaco	1 II 1975 PH	4 III 1982 PH	[20]	[20]
Netherlands – Pays–Bas	–	–	–	–
Norway – Norvège	–	1 XI 1980 PH	–	3 XI 1990 PH
Poland – Pologne	7 XII 1978 PH	–	6 XII 1988	–
Portugal	–	16 III 1981 PH	–	15 IV 1991 PH
Republic of Moldova – République de Moldova	17 I 1979 P	–	12 I 1989 PH	–
Romania – Roumanie	5 I 1977 PH	–	–	7 I 1992 PHA
Russian Federation – Fédération Russe	17 I 1979 P	–	12 I 1989 PH	–
San Marino – Saint–Marin	30 XI 1976 PH	–	[20]	[20]
Slovakia – Slovaquie	–	1 XI 1980 PH	–	3 III 1991 PH
Slovenia – Slovénie	–	31 III 1981 PH	–	31 III 1991 PH
Spain – Espagne	–	1 III 1981 PH	–	1 III 1991 PH
Svalbard and Jan Mayen Islands – Svalbard et Ile Jan–Mayen [40]	–	–	–	–
Sweden – Suède	1 XI 1975 PH	15 IX 1980 PH	1 XI 1985 PH	1 XI 1990 PH
Switzerland – Suisse	–	2 XII 1980 PH	–	4 XII 1990 PH
The former Yugoslav Rep. of Macedonia – L'ex Rép. yougoslavie de Macédonie	–	31 III 1981 PH	–	31 III 1991 PH
Ukraine	17 I 1979 P	–	12 I 1989 PH	–
United Kingdom – Royaume–uni	–	5–6 IV 1981 PH	–	21 IV 1991 PH
Former Yugoslavia – Ancienne Yougoslavie	–	31 III 1981 PH	–	31 III 1991 PH

Continent and country or area	Census date – Date du recensement			
	1980 Decade Décennie 1980		1990 Decade Décennie 1990	
Continent et pays ou zone	1975–1979	1980–1984	1985–1989	1990–1994
OCEANIA—OCEANIE				
American Samoa – Samoa américaines	–	1 IV 1980 PH	–	1 IV 1990 PH
Australia – Australie	30 VI 1976 PH	30 VI 1981 PH	30 VI 1986 PH	6 VIII 1991 PH
Canton & Enderbury Is. – Iles Canton et Enderb. [27]	–	–	–	–
Christmas Island – Ile Christmas	–	30 VI 1981 PH	30 VI 1986 PH	(VI 1991 PH)
Cocos (Keeling) Islands – Iles des Cocos (Keeling)	–	30 VI 1981 PH	30 VI 1986 PH	(VI 1991 PH)
Cook Islands – Iles Cook	1 XII 1976 PHA	1 XII 1981 PH	I XII 1986 PH	XII 1991 PH*
Fiji – Fidji	13 IX 1976 P A	–	31 VIII 1986 PH	–
French Polynesia – Polynésie française	29 IV 1977 P	15 X 1983 PH	6 XI 1988 PH	–
Guam	–	1 IV 1980 PH	–	1 IV 1990 PH
Johnston Island – Ile Johnston	–	1 IV 1980 P	–	1 IV 1990 P
Kiribati	12–13 XII 1978 PH	–	9–10 V 1985 P	7 XI 1990 PH
Marshall Islands	–	1 IV 1980 PH	13 XI 1988 PH	–
Micronesia, Fed. States of	–	1 IV 1980 PH	1985 1987 PH	(1 IV 1990 PH)
Midway Isl. – Iles Midway [27]	–	–	–	–
Nauru	22 I 1977 PH	–	–	17 IV 1992 PH
New Caledonia – Nouvelle–Calédonie	23 IV 1976 PH	15 IV 1983 P	4 IV 1989 PH	–
New Zealand – Nouvelle–Zélande	23 III 1976 PH	24 III 1981 PH	4 III 1986 PH	5 III 1991 PH
Niue – Nioué	28–29 IX 1976 PH	28 IX 1981 PH	29 IX 1986 PH	IX 1991 PH*
Norfolk Island – Ile Norfolk	–	30 VI 1981 PH	30 VI 1986 PH	2 VIII 1991 PH
Northern Mariana Islands – Iles Mariannes septentrionales	–	1 IV 1980 PH	–	1 IV 1990 PH
Pacific Islands – Iles du Pacifique	–	1 IV 1980 PH	I–III 1986 PH	(I IV 1990 PH)
Papua New Guinea – Papouasie–Nouvelle–Guinée	–	22 IX – 3 X 1980 PA	–	VII 1990 PA
Pitcairn [28]	–	–	–	–
Samoa	3 XI 1976 PHA	3 XI 1981 PHA	3–4 XI 1986 PHA	5 XI 1991 PH*
Solomon Islands – Iles Salomon	7–8 II 1976 P	–	23 XI 1986 PA	–
Tokelau – Tokélaou	25 X 1976 PH	1 X 1982 P	1986 PH	(1992 P)
Tonga	30 XI 1976 PHA	[30]	28 XI 1986 PH	–
Tuvalu	27 V 1979 PHA	–	VI 1985 P	–
Vanuatu	15–16 I 1979 PHA –	– –	20 I 1986 P [31] 16 V 1989 PHA	– –
Wake Island – Ile de Wake [27]	–	–	–	–
Wallis and Futuna Islands – Iles Wallis et Futuna	26 III 1976 P	15 II 1983 P	–	....

FOOTNOTES

[1] A population census only for the province of Luanda.

[2] Administrative records only.

[3] In some sources the date 1–10 December is found.

[4] Some results of estimations refer to 15 December.

[2] A population census of the Chagos Archipelago was conducted 30 June 1962; a census of Aldabra, Farquhar and Des Roches was conducted 4 May l970.

[3] In some sources the date 1–10 December is found.

[4] In some sources the date 15 December is found.

[5] For provincial capitals, 1 December 1974; for Antananarivo and remaining urban areas, 17 February 1975; for rural areas 1 June 1975.

[6] Enumeration of settled population 22 December 1976– 5 January 1977 and of nomads January–April 1977. In some publications 1 I 1977 is mentioned as census date

[7] Enumeration of northern nomads May and July 1977.

[8] Nomads were enumerated by sampling.

[9] Enumeration of settled population November 1986 and of nomads February 1987.

[10] Population figures were compiled from population registers.

[11] The census of housing was conducted in urban areas only.

[12] A "micro census" of population (a partial census) was carried out on 1 April 1993. Another population census was reported taken in September 1976. The coverage of both censuses is unknown.

[13] The population census was based on one–in–seven sample of the population.

[14] Census of housing conducted in March.

[15] Partial census, covering the city and plain of Vientiane, the cities of Luang–Prabang, Ban Houei Sai, Sayaboury, Savannakhet and Pakse.

[16] A sample survey of population was conducted in five towns in April 1975 and in eleven towns and some rural areas in 1978.

[17] A census of population was conducted 9–14 September 1974.

[18] Enumeration of former Yemen Arab Republic.

[19] Enumeration of former Democratic Yemen.

NOTES

[1] Un recensement de la population pour le province de Luanda seulement.

[13] Registres administratifs seulement.

[3] Dans certains sources,on trouve le date 1–10 décembre.

[4] Certaines estimations se rapportent à 15 décembre.

[2] Un recensement de la population des iles Chagos a été effectué le 30 juin 1962; un recensement de la population d'Aldabra, Farquhar et Des Roches a été effectué le 4 mai 1970.

[3] Dans certains sources,on trouve le date 1–10 décembre.

[4] Dans certains sources,on trouve le date 15 décembre.

[5] Pour les capitales provinciales, ler décembre 1974; pour les autres zones urbaines, y compris Antananarivo, 17 février 1975; pour les zones rurales, ler juin 1975.

[6] Dénombrement de la population sédentaire, 22 décembre 1976–5 janvier 1977; dénombrement des nomades, janvier–avril 1977.

[7] Dénombrement des nomades du Nord, mai et juillet 1977.

[8] Les nomades ont été dénombrés par sondage.

[9] Dénombrement de la population sédentaire, novembre 1986 et des nomades fevrier 1987.

[10] Les chiffres concernant la population sont compilés à partir des états administratifs.

[11] Le recensement de l'habitation n'a été effectué que dans les zones urbaines.

[12] Un "micro" recensement de population a été effectué en 1er avril 1973. Un autre recensement de population a été effectué en septembre 1976. Le taux de couverture n'est pas connu.

[13] Le recensement de population a été bassé sur 1 en 7 enquête de la population.

[14] Un recensement de l'habitation a été effectué en mars.

[15] Recensement partiel, portant sur la ville et la plaine de Vientiane, les villes de Luang–Prabang, Ban Houei Sai, Sayaboury, Savannakhet et Paksé.

[16] Une enquête démographique par sondage a été effectué dans cinq villes en avril 1975, ainsi que dans 11 villes et certaines zones rurales en 1978.

[17] Un recensement de population a été effectué le 9–14 septembre 1974.

[18] Enumération de l'ancienne république arabe Yemen.

[19] Enumération de l'ancienne république démocratique du Yemen.

[20] No formal census was conducted. Population figures are compiled regularly from administrative records.

[21] Population figures are compiled from administrative records.

[22] Questionnaires were preprinted with answers obtained from various registers such as the Central Register of Population, the Register of Completed Education , etc., and the respondents were required to correct any inaccurate information.

[23] Through accession of the German Democratic Republic withthe effect from 3 October 1990, the two German States have united to form one sovereign state. As from the date of the unification, the Federal Republic of Germany acts in the United Nations under the designation "Germany".

[24] Enumeration of former Federal Republic of Germany.

[25] Enumeration of former German Democratic Republic.

[26] Annual population figures are available from the National Registry since 1961.

[27] No formal census was conducted. Population figures were compiled on 1 April 1980 from administrative records.

[28] No formal census conducted. A count of numbers of each family group by name, sex, age and whether permanent or expatriate resident is made on 30 or 31 December each year.

[29] A population and housing census for the city of Honiara only.

[30] A mini population census with seven questions was conducted on 30 November 1984.

[31] Urban census.

[20] Aucune recensement officiel n'a été effectué. Les chiffres concernant la population sont compilés régulièrement à partir des états administratifs.

[21] Les chiffres concernant la population sont compilés à partir des états administratifs.

[22] Imprimées d'avance dans les questionnaires figuraient des réponses obtenues à partir de divers registres que le Registre central de l'état civil, le Registre de fin d'études, etc.,et les recensés étaient priés de corriger toute erreur entachant les renseignements ainsi portés.

[23] Par assentiment de la république démocratique d'Allemagne, prenant effet la 3 octobre 1990, les deux états allemands se sont unificiés pour former un état souverain. A partir de la date d'unification, la république fédérale d'Allemagne agit aux Nations Unies sous la designation d'"Allemagne".

[24] Enumeration de l'ancienne république fédérale d'Allemagne.

[25] Enumeration de l'ancienne république démocratiqued'Allemagne.

[26] Des chiffres annuels de population peuvent être obtenus du service national d'enregistrement des faits d'état civil à partir de 1961.

[27] Aucune recensement officiel n'a été effectué. Les chiffres de population ont été établis au 1er avril 1980 d'après les dossiers administratifs.

[28] Aucune recensement officiel n'a été effectué. Un dénombrement de chaque groupe familial par nom, sexe, âge et qualité de résident permanent est effectué le 30 ou 31 décembre de chaque année.

[29] Recensement de population et de l'habitation pour la ville de Honiara seulement.

[30] Un "mini" recensement de population avec sept questions a en lieu le 30 novembre 1984.

[31] Recensement urbaine.

TECHNICAL NOTES ON THE STATISTICAL TABLES

1. GENERAL REMARKS

1.1 Arrangement of Technical Notes

These Technical Notes are designed to give the reader relevant information for using the statistical tables. Information pertaining to the Yearbook in general is presented in sections dealing with various geographical aspects and population and vital statistics data. The following section which refers to individual tables includes a description of the variables, remarks on the reliability of the data, limitations, coverage and information on the presentation of earlier data. When appropriate, details on computation of rates, ratios or percentages are presented.

1.2 Arrangement of tables

The tables are grouped in two parts, the general tables and the special topic tables, which in this particular issue deal with population census statistics. In each group, tables are arranged according to subject matter and are shown in the table of contents under the appropriate subheadings. Since the numbering of the tables does not correspond exactly to those in previous issues, the reader is advised to use the index which appears at the end of this book to find data in earlier issues.

1.3 Source of data

The statistics presented in the Demographic Yearbook are official data unless otherwise indicated. The primary source of data for the Yearbook is a set of questionnaires sent annually and monthly to about 220 national statistical services and other appropriate government offices. Data forwarded on these questionnaires are supplemented, to the extent possible, by data taken from official national publications and by correspondence with the national statistical services. In the interest of comparability, rates, ratios and percentages have been calculated in the Statistical Division of the United Nations, except for the life table functions and a few exceptions in the rate tables, which have been appropriately noted. The methods used by the Statistical Division to calculate these rates and ratios are described in the Technical Notes for each table. The populations used for these computations are those published in this or previous issues of the Yearbook.

In cases when data in this issue of the Demographic Yearbook differ from those published in earlier issues of the Demographic Yearbook or related publications, statistics in this issue may be assumed to reflect revisions received in the Statistical Division of the United Nations by 31 March 1994. It should be noted that, in particular, data shown as provisional are subject to further revision.

1.4 Changes appearing in this issue

1.4.1 Presentation of data

Information regarding recent name changes for various countries or areas is shown in section 2.3.2.

NOTES TECHNIQUES SUR LES TABLEAUX STATISTIQUES

1. REMARQUES D'ORDRE GENERAL

1.1 Ordonnance des Notes techniques

Les Notes techniques ont pour but de donner au lecteur tous les renseignements dont il a besoin pour se servir des tableaux statistiques. Les renseignements qui concernent l'Annuaire en général sont présentés dans des sections portant sur diverses considérations géographiques, sur la population et sur les statistiques de natalité et de mortalité. Dans la section suivante, les tableaux sont commentés chacun séparément et, à propos de chacun d'eux, on trouvera une description des variables ainsi que des indications sur la fiabilité, les insuffisances et la portée des données, et sur les données publiées antérieurement. Des détails sont fournis également, le cas échéant, sur le mode de calcul des taux, quotients ou pourcentages.

1.2 Ordonnance des tableaux

Les tableaux sont présentés en deux groupes, les tableaux généraux et les tableaux portant sur le sujet spécial, qui, dans la présente édition, concerne les statistiques des recensements de la population. Dans chaque groupe, les tableaux sont présentés pour sujet et figure dans la table des matières sous les rubriques correspondantes. Comme la numérotation des tableaux ne correspond pas exactement à celle des éditions précédante, il est recommandé au lecteur de se reporter à l'index qui figure à la fin du présent ouvrage pour trouver les données publiées dans les précédentes éditions.

1.3 Origine des données

Sauf indication contraire, les statistiques présentées dans l'Annuaire démographique sont des données officielles. Elles sont fournies essentiellement par des questionnaires qui sont envoyés, annuellement ou mensuellement, à environ 220 services nationaux de statistique et autres services gouvernementaux compétents. Les données communiquées en réponse à ces questionnaires sont complétées, dans toute la mesure possible, par des données tirées de publications nationales officielles et des renseignements communiqués par les services nationaux de statistique dans leur correspondance avec l'ONU. Pour que les données soient comparables, les taux, rapports et pourcentages ont été calculés au Division de statistique de l'ONU, 0 excepté les paramètres des tables de mortalité et quelques cas dans les tableaux relatifs aux taux, qui ont été dûment signalés en note. Les méthodes suivies par la Division de statistique pour le calcul des taux et rapports sont décrites dans les Notes techniques relatives à chaque tableau. Les chiffres de population utilisés pour ces calculs sont ceux qui figurent dans la présente édition de l'Annuaire ou qui ont paru dans des éditions antérieures.

Chaque fois que l'on constatera des différences entre les données du présent volume et celles des éditions antérieures de l'Annuaire démographique, ou de certaines publications apparentées, on pourra en conclure que les statistiques publiées cette année sont des chiffres révisés communiqués au Division de statistique avant le 31 mars 1994. On notera en particulier que les chiffres présentés comme provisoires pourront être révisés eux aussi.

1.4 Modifications introduites dans la présente édition

1.4.1 Présentation des données

On trouvera dans la section 2.3.2 des informations sur les changements récemment apportés aux noms de divers pays ou zones.

2. GEOGRAPHICAL ASPECTS

2.1 Coverage

Geographical coverage in the tables of this Yearbook is as comprehensive as possible. Data are shown for as many individual countries or areas as provide them. Table 3 is the most comprehensive in geographical coverage, presenting data on population and surface area for every country or area with a population of at least 50 persons. Not all of these countries or areas appear in subsequent tables. In many cases the data required for a particular table are not available. In general, the more detailed the data required for any table, the fewer the number of countries or areas that can provide them.

In addition, with the exception of three tables, rates and ratios are presented only for countries or areas reporting at least a minimum number of relevant events. The minimums are explained in the Technical Notes for the individual tables. The three exceptions, in which rates for countries or areas are shown regardless of the number of events on which they were based, are tables 4, 9, and 18, presenting a summary of vital statistics rates, crude birth rates, and crude death rates, respectively.

Except for summary data shown for the world and by macro regions and regions in tables 1 and 2, all data are presented on the national level. In some cases when these have not been available, sub–national statistics, those for particular ethnic groups or for certain geographical segments of a country or area, have been shown and footnoted accordingly. These data are not presented as representative of national–level statistics but as an index of the availability of statistics.

2.2 Territorial composition

In so far as possible, all data, including time series data, relate to the territory within 1993 boundaries. Exceptions to this are footnoted in individual tables. Additionally, in table 3, recent changes and other relevant clarifications are elaborated.

Data relating to the People's Republic of China generally include those for Taiwan Province in the field of statistics relating to population, surface area, natural resources, natural conditions such as climate, etc. In other fields of statistics, they do not include Taiwan Province unless otherwise stated. Therefore in this publication, the data published under the heading "China" include those for Taiwan Province.

Through accession of the German Democratic Republic to the Federal Republic of Germany with effect from 3 October 1990, the two German States have united to form one sovereign State. As from the date of unification, the Federal Republic of Germany acts in the United Nations under the designation of "Germany". All data shown which pertain to Germany prior to 3 October 1990 are indicated separately for the Federal Republic of Germany and the former German Democratic Republic based on their respective boundaries at the time indicated.

In 1991, the Union of Soviet Socialist Republics formally dissolved into fifteen individual countries (Armenia, Azerbaijan, Belarus, Estonia, Georgia, Kazakhstan, Kyrgyzstan, Latvia, Lithuania, Republic of Moldova, Russian Federation, Tajikistan, Turkmenistan, Ukraine and Uzbekistan. Whenever possible, data are shown for the individual countries. Otherwise, data are shown for the former USSR.

2. CONSIDERATIONS GEOGRAPHIQUES

2.1 Portée

La portée géographique des tableaux du présent Annuaire est aussi complète que possible. Des données sont présentées sur tous les pays ou zones qui en ont communiquées. Le tableau 3, le plus complet, contient des données sur la population et la superficie de chaque pays ou zone ayant une population d'au moins 50 habitants. Ces pays ou zones ne figurent pas tous dans les tableaux suivants. Dans bien des cas, les données requises pour un tableau particulier n'étaient pas disponibles. En général, le nombre de pays ou zones qui peuvent fournir des données est d'autant plus petit que les données demandées sont plus détaillées.

De plus, sauf dans trois tableaux, les taux et rapports ne sont présentés que pour les pays ou zones ayant communiqué des chiffres correspondant à un nombre minimal de faits considérés. Les minimums sont indiqués dans les Notes techniques relatives à chacun des tableaux. Les trois tableaux faisant exception, où les taux pour les pays ou zones sont présentés quel que soit le nombre de faits sur lequel ils se fondent, sont les tableaux 4, 9 et 18, où figurent respectivement des données récapitulatives sur les taux démographiques, les taux bruts de natalité et les taux bruts de mortalité.

A l'exception des données récapitulatives présentées dans les tableaux 1 et 2 pour le monde, les grandes régions et les régions, toutes les données se rapportent aux pays. Lorsqu'il n'existait pas de chiffres nationaux, on a fait figurer des statistiques partielles portant sur des groupes ethniques particuliers ou sur certaines composantes géographiques d'un pays ou d'une zone, et on a signalé ces cas en note au bas des tableaux. Ces données ne se veulent pas représentatives sur le plan national et ne sont présentées que comme indice des données disponibles.

2.2 Composition territoriale

Autant que possible, toutes les données, y compris les séries chronologiques, se rapportent au territoire de 1993. Les exceptions à cette règle sont signalées en note au bas des tableaux. De plus, les changements intervenus récemment et d'autres précisions intéressantes figurent au tableau 3.

Les données relatives à la République populaire de Chine comprennent en général celles de la province de Taiwan concernant la population, la superficie, les ressources naturelles, les conditions naturelles telles que le climat, etc. Dans d'autres domaines statistiques, elles ne comprennent pas les données relatives à la province de Taiwan, sauf indication contraire. Dans la présente publication, les données figurant sous la rubrique "Chine" comprennent donc les données relatives à la province de Taiwan.

En vertu de l'adhésion de la République démocratique allemande à la République fédérale d'Allemagne, prenant effet le 3 octobre 1990, les deux Etats allemands se sont unis pour former un seul Etat souverain. A compter de la date de l'unification, la République fédérale d'Allemagne est désigné à l'ONU sous le nom d'"Allemagne". Toutes les données se rapportant à l'Allemagne avant le 3 octobre figurent dans deux rubriques séparées basées sur les territoires respectifs de la République fédérale d'Allemagne et l'ancienne République démocratique allemande selon la période indiquée.

En 1991, l'Union des républiques socialistes soviétiques s'est séparée en 15 pays distincts (Arménie, Azerbaïdjan, Bélarus, Estonie, Lituanie, la République de Moldova, Fédération de Russie, Tadjikistan, Turkménistan, Ukraine, Ouzbékistan). Les données sont présentées pour ces pays pris séparément quand cela est possible. Autrement, les données sont présentées pour l'ancienne URSS.

2.3 Nomenclature

Because of space limitations, the country or area names listed in the tables are generally the commonly employed short titles in use in the United Nations as of 31 March 1994, [1] the full titles being used only when a short form is not available.

2.3.1 Order of presentation

Countries or areas are listed in English alphabetical order within the following continents: Africa, North America, South America, Asia, Europe and Oceania.

The designations employed and the presentation of the material in this publication were adopted solely for the purpose of providing a convenient geographical basis for the accompanying statistical series. The same qualification applies to all notes and explanations concerning the geographical units for which data are presented.

The following change in country name appears for the first time in this issue of the Yearbook:

Former Listing	*Current Listing*
Ethiopia	Eritrea Ethiopia

2.4 Surface Area Data

Surface area data, shown in tables 1 and 3, represent the total surface area, comprising land area and inland waters (assumed to consist of major rivers and lakes) and excluding only polar regions and uninhabited islands. The surface area given is the most recent estimate available. All are presented in square kilometres, a conversion factor of 2.589988 having been applied to surface areas originally reported in square miles.

For the first time in the 1990 questionnaires, information on the surface area of cities and urban agglomerations was reported. Data for 52 countries or areas are shown in table 8 on page 307.

2.4.1 Comparability over time

Comparability over time in surface area estimates for any given country or area may be affected by improved surface area estimates, increases in actual land surface by reclamation, boundary changes, changes in the concept of "land surface area" used or a change in the unit of measurement used. In most cases it was possible to ascertain the reason for a revision but, failing this, the latest figures have nevertheless generally been accepted as correct and substituted for those previously on file.

2.3 Nomenclature

Pour gagner de la place, on a jugé commode de nommer en général dans les tableaux les pays ou zones par les désignations abrégées couramment utilisées par les Nations Unies au 31 mars 1994 [1], les désignations complètes n'étant utilisées que lorsqu'il n'existait pas de forme abrégée.

2.3.1 Ordre de présentation

Les pays ou zones sont classés dans l'ordre alphabétique anglais et regroupés par continent comme ci–après : Afrique, Amérique du Nord, Amérique du Sud, Asie, Europe et Océanie.

Les appellations employées dans la présente édition et la présentation des données qui y figurent n'ont d'autre objet que de donner un cadre géographique commode aux séries statistiques. La même observation vaut pour toutes les notes et précisions fournies sur les unités géographiques pour lesquelles des données sont présentées.

Le changement suivant dans l'appellation d'un pays figure pour la première fois dans la présente édition de l'Annuaire :

Appellation antérieure	*Nouvelle appellation*
Ethiopie	Erythréa Ethiopie

2.4 Superficie

Les données relatives à la superficie qui figurent dans les tableaux 1 et 3 représentent la superficie totale, c'est–à–dire qu'elles englobent les terres émergées et les eaux intérieures (qui sont censées comprendre les principaux lacs et cours d'eau) à la seule exception des régions polaires et des îles inhabitées. Les données relatives à la superficie correspondent aux chiffres estimatifs les plus récents. Les superficies sont toutes exprimées en kilomètres carrés; les chiffres qui avaient été communiqués en miles carrés ont été convertis à l'aide d'un coefficient de 2,589988.

Pour le premier fois dans les questionnaires de 1990, les données relatives à la superficie des villes et des agglomérations urbaines étaient communiquées. Les chiffres pour 00 pays ou zones sont présentés à tableau 8 en page 00.

2.4.1 Comparabilité dans le temps

La comparabilité dans le temps des estimations relatives à la superficie d'un pays ou d'une zone donnés peut être affectée par la révision des estimations antérieures de la superficie, par des augmentations effectives de la superficie terrestre — dues par exemple à des travaux d'assèchement —, par des rectifications de frontières, par des changements d'interprétation du concept de "terres émergées", ou par l'utilisation de nouvelles unités de mesure. Dans la plupart des cas, il a été possible de déterminer la raison de ces révisions; toutefois, lorsqu'on n'a pas pu le faire, on a néanmoins remplacé les anciens chiffres par les nouveaux et on a généralement admis que ce sont ces derniers qui sont exacts.

2.4.2 International comparability

Lack of international comparability between surface area estimates arises primarily from differences in definition. In particular, there is considerable variation in the treatment of coastal bays, inlets and gulfs, rivers and lakes. International comparability is also impaired by the variation in methods employed to estimate surface area. These range from surveys based on modern scientific methods to conjectures based on diverse types of information. Some estimates are recent while others may not be. Since neither the exact method of determining the surface area nor the precise definition of its composition and time reference is known for all countries or areas, the estimates in table 3 should not be considered strictly comparable from one country or area to another.

3. POPULATION

Population statistics, that is, those pertaining to the size, geographical distribution and demographic characteristics of the population, are presented in a number of tables of the Demographic Yearbook.

Data for countries or areas include population census figures, estimates based on results of sample surveys (in the absence of a census), postcensal or intercensal estimates and those derived from continuous population registers. In the present issue of the Yearbook, the latest available census figure of the total population of each country or area and mid–year estimates for 1990 and 1993 are presented in table 3. Mid–year estimates of total population for 10 years are shown in table 5 and mid–year estimates of urban and total population by sex for 10 years are shown in table 6. The latest available data on population by age, sex and urban/rural residence are given in table 7. The latest available figures on the population of capital cities and of cities of 100 000 and more inhabitants are presented in table 8.

Summary estimates of the mid–year population of the world, macro regions and regions for selected years and of its age and sex distribution in 1995 are set forth in tables 1 and 2, respectively.

The statistics on total population, population by age, sex and urban/rural distribution are used in the calculation of rates in the Yearbook. Vital rates by age and sex were calculated using data which appear in table 7 in this issue or the corresponding tables of previous issues of the Demographic Yearbook.

3.1 Sources of variation of data

The comparability of data is affected by several factors, including (1) the definition of the total population, (2) the definitions used to classify the population into its urban/rural components, (3) difficulties relating to age reporting, (4) the extent of over–enumeration or under–enumeration in the most recent census or other source of bench–mark population statistics and (5) the quality of population estimates. These five factors will be discussed in some detail in sections 3.1.1 to 3.2.4 below. Other relevant problems are discussed in the Technical Notes to the individual tables. Readers interested in more detail, relating in particular to the basic concepts of population size, distribution and characteristics as elaborated by the United Nations, should consult the Principles and Recommendations for Population and Housing Censuses. [2]

2.4.2 Comparabilité internationale

Le défaut de comparabilité internationale entre les données relatives à la superficie est dû essentiellement à des différences de définition. En particulier, la définition des golfes, baies et criques, lacs et cours d'eau varie sensiblement d'un pays à l'autre. La diversité des méthodes employées pour estimer les superficies nuit elle aussi à la comparabilité internationale. Certaines données proviennent de levés effectués selon des méthodes scientifiques modernes; d'autres ne représentent que des conjectures reposant sur diverses catégories de renseignements. Certains chiffres sont récents, d'autres pas. Comme ni la méthode de calcul de la superficie ni la composition du territoire et la date à laquelle se rapportent les données ne sont connues avec précision pour tous les pays ou zones, les estimations figurant au tableau 3 ne doivent pas être considérées comme rigoureusement comparables d'un pays ou d'une zone à l'autre.

3. POPULATION

Les statistiques de la population, c'est–à–dire celles qui se rapportent à la dimension, à la répartition géographique et aux caractéristiques démographiques de la population, sont présentées dans un certain nombre de tableaux de l'Annuaire démographique.

Les données concernant les pays ou les zones représentent les résultats de recensements de population, des estimations fondées sur les résultats d'enquêtes par sondage (s'il n'y a pas eu recensement), des estimations postcensitaires ou intercensitaires, ou des estimations établies à partir de données tirées des registres de population permanents. Dans la présente édition de l'Annuaire, le tableau 3 présente pour chaque pays ou zone le chiffre le plus récent de la population totale au dernier recensement et des estimations établies au milieu de l'année 1990 et de l'année 1993. Le tableau 5 contient des estimations de la population totale au milieu de chaque année pendant 10 ans, et le tableau 6 des estimations de la population urbaine et de la population totale, par sexe, au milieu de chaque année pendant 10 ans. Les dernières données disponibles sur la répartition de la population selon l'âge, le sexe et la résidence (urbaine/rurale) sont présentées dans le tableau 7. Les derniers chiffres disponibles sur la population des capitales et des villes de 100 000 habitants ou plus sont présentés dans le tableau 8.

Les tableaux 1 et 2 présentent respectivement des estimations récapitulatives de la population du monde, des grandes régions et des régions en milieu d'année, pour diverses années, ainsi que des estimations récapitulatives, pour 1995, de cette population répartie selon l'âge et le sexe.

On a utilisé pour le calcul des taux les statistiques de la population totale et de la population répartie selon l'âge, le sexe et la résidence (urbaine/rurale). Les taux démographiques selon l'âge et le sexe ont été calculés à partir des données qui figurent dans le tableau 7 de la présente édition ou dans les tableaux correspondants de précédentes éditions de l'Annuaire démographique.

3.1 Sources de variation des données

Plusieurs facteurs influent sur la comparabilité des données : 1) la définition de la population totale, 2) les définitions utilisées pour distinguer entre population urbaine et population rurale, 3) les difficultés liées aux déclarations d'âge, 4) l'étendue du surdénombrement ou du sous–dénombrement dans le recensement le plus récent ou dans une autre source de statistiques de référence sur la population, et 5) la qualité des estimations relatives à la population. Ces cinq facteurs sont analysés en quelques détails dans les sections 3.1.1 à 3.2.4 ci–après. D'autres questions seront traitées dans les Notes techniques relatives à chaque tableau. Pour plus de précisions concernant, notamment, les concepts fondamentaux de dimension, de répartition et de caractéristiques de la population qui ont été élaborés par les Nations Unies, le lecteur est prié de se reporter aux Principes et recommandations concernant les recensements de la population et l'habitation [2].

3.1.1 Total population

The most important impediment to comparability of total populations is the difference between de facto and de jure population. A de facto population should include all persons physically present in the country or area at the reference date. The de jure population, by contrast, should include all usual residents of the given country or area, whether or not they were physically present there at the reference date. By definition, therefore, a de facto total and a de jure total are not entirely comparable.

Comparability of even two ostensibly de facto totals or of two ostensibly de jure totals is often affected by the fact that, simple as the two concepts appear, strict conformity to either of them is rare. To give a few examples, some so–called de facto counts do not include foreign military, naval and diplomatic personnel present in the country or area on official duty, and their accompanying family members and servants; some do not include foreign visitors in transit through the country or area or transients on ships in harbour. On the other hand, they may include such persons as merchant seamen and fishermen who are out of the country or area working at their trade.

The de jure population figure presents even more opportunity for lack of comparability because it depends in the first place on the concept of a "usual resident", which varies from one country or area to another and is, in any case, difficult to apply consistently in a census or survey enumeration. For example, civilian aliens temporarily in a country or area as short–term workers may officially be considered residents after a stay of a specified period of time or they may be considered as non–residents throughout the duration of their stay; at the same time, the same persons may be officially considered as residents or non–residents of the country or area from which they came, depending on the duration and/or purpose of their absence. Furthermore, regardless of the official treatment, individual respondents may apply their own interpretation of residence in responding to the inquiry. In addition, there may be considerable differences in the accuracy with which countries or areas are informed about the number of their residents temporarily out of the country or area.

So far as possible, the population statistics presented in the tables of the Yearbook are de facto. Figures not otherwise qualified may, therefore, be assumed to have been reported by countries or areas as de facto. Those reported as de jure are identified as such. In an effort to overcome, to the extent possible, the effect of the lack of strict conformity to either the de facto or the de jure concept given above, significant exceptions are footnoted when they are known. It should be remembered, however, that the necessary detailed information has not been available in many cases. It cannot, therefore, be assumed that figures not thus qualified reflect strict de facto or de jure definitions.

3.1.1 Population totale

Le facteur qui fait le plus obstacle à la comparabilité des données relatives à la population totale est la différence qui existe entre population de fait et population de droit. La population de fait comprend toutes les personnes présentes dans le pays ou la zone à la date de référence, tandis que la population de droit comprend toutes les personnes qui résident habituellement dans le pays ou la zone, qu'elles y aient été ou non présentes à la date de référence. La population totale de fait et la population totale de droit ne sont donc pas rigoureusement comparables entre elles par définition.

Même lorsqu'on veut comparer deux totaux qui se rapportent manifestement à des populations de fait ou deux totaux qui se rapportent manifestement à des populations de droit, on risque souvent de faire des erreurs pour cette raison que, aussi simples que ces concepts puissent paraître, il est rare qu'ils soient appliqués strictement. Pour citer quelques exemples, certains comptages qui sont censés porter sur la population de fait ne tiennent pas compte du personnel militaire, naval et diplomatique étranger en fonction dans le pays ou la zone, ni des membres de leurs familles et de leurs domestiques les accompagnant; certains autres ne comprennent pas les visiteurs étrangers de passage dans le pays ou la zone ni les personnes à bord de navires ancrés dans les ports. En revanche, il arrive que l'on compte des personnes, inscrits maritimes et marins pêcheurs par exemple, qui, en raison de leur activité professionnelle, se trouvent hors du pays ou de la zone de recensement.

Les risques de disparités sont encore plus grands quand il s'agit de comparer des populations de droit, car ces comparaisons dépendent au premier chef de la définition de la "résidence habituelle", qui varie d'un pays ou d'une zone à l'autre et qu'il est, de toute façon, difficile d'appliquer uniformément pour le dénombrement lors d'un recensement ou d'une enquête. Par exemple, les civils étrangers qui se trouvent temporairement dans un pays ou une zone comme travailleurs à court terme peuvent officiellement être considérés comme résidents après un séjour d'une durée déterminée, mais ils peuvent aussi être considérés comme non–résidents pendant toute la durée de leur séjour; ailleurs, ces mêmes personnes peuvent être considérées officiellement comme résidents ou comme non–résidents du pays ou de la zone d'où ils viennent, selon la durée et, éventuellement, la raison de leur absence. Qui plus est, quel que soit son statut officiel, chacun des recensés peut, au moment de l'enquête, interpréter à sa façon la notion de résidence. De plus, les autorités nationales ou de zones ne savent pas toutes avec la même précision combien de leurs résidents se trouvent temporairement à l'étranger.

Les chiffres de population présentés dans les tableaux de l'Annuaire représentent, autant qu'il a été possible, la population de fait. Sauf indication contraire, on peut supposer que les chiffres présentés ont été communiqués par les pays ou les zones comme se rapportant à la population de fait. Les chiffres qui ont été communiqués comme se rapportant à la population de droit sont identifiés comme tels. Lorsqu'on savait que les données avaient été recueillies selon une définition de la population de fait ou de la population de droit qui s'écartait sensiblement de celle indiquée plus haut, on l'a signalé en note, de manière à compenser dans toute la mesure possible les conséquences de cette divergence. Il ne faut pas oublier néanmoins qu'on ne disposait pas toujours de renseignements détaillés à ce sujet. On ne peut donc partir du principe que les chiffres qui ne sont pas accompagnés d'une note signalant une divergence correspondent exactement aux définitions de la population de fait ou de la population de droit.

A possible source of variation within the statistics of a single country or area may arise from the fact that some countries or areas collect information on both the de facto and the de jure population in, for example, a census, but prepare detailed tabulations for only the de jure population. Hence, even though the total population shown in table 3 is de facto, the figures shown in the tables presenting various characteristics of the population, for example, urban/rural distribution, age and sex, may be de jure. These de jure figures are footnoted when known.

3.1.2 Urban/rural classification

International comparability of urban/rural distributions is seriously impaired by the wide variation among national definitions of the concept of "urban". The definitions used by individual countries or areas are shown at the end of table 6, and their implications are discussed in the Technical Notes for that table.

3.1.3 Age distribution

The classification of population by age is a core element of most analysis, estimation and projection of population statistics. Unfortunately, age data are subject to a number of sources of error and non–comparability. Accordingly, the reliability of age data should be of concern to nearly all users of these statistics.

3.1.3.1 Collection and compilation of age data

Age is the estimated or calculated interval of time between the date of birth and the date of the census, expressed in completed solar years. [3] There are two methods of collecting age data. The first is to obtain the date of birth for each member of the population in a census or survey and then to calculate the completed age of the individual by substracting the date of birth from the date of enumeration. [4] The second method is to record the individuals completed age at the time of the census, that is to say, age at last birthday.

The recommended method is to calculate age at last birthday by subtracting the exact date of birth from the date of the census. Some places, however, do not use this method but instead calculate the difference between the year of birth and the year of the census. Classifications of this type are footnoted whenever possible. They can be identified to a certain extent by a smaller than expected population under one year of age. However, an irregular number of births from one year to the next or age selective omission of infants may obscure the expected population under one year of age.

3.1.3.2 Errors in age data

Errors in age data may be due to a variety of causes, including ignorance of correct age; reporting years of age in terms of a calendar concept other than completed solar years since birth, [5] carelessness in reporting and recording age; a general tendency to state age in figures ending in certain digits (such as zero, two, five and eight); a tendency to exaggerate length of life at advanced ages; possibly subconscious aversion to certain numbers and wilful misrepresentations arising from motives of an economic, social, political or purely personal character. These reasons for errors in reported age data are common to most investigations of age and to most countries or areas, and they may impair comparability to a marked degree.

Il peut y avoir hétérogénéité dans les statistiques d'un même pays ou d'une même zone dans le cas des pays ou zones qui, bien qu'ils recueillent des données sur la population de droit et sur la population de fait à l'occasion d'un recensement, par exemple, ne font une exploitation statistique détaillée des données que pour la population de droit. Ainsi, tandis que les chiffres relatifs à la population totale qui figurent au tableau 3 se rapportent à la population de fait, ceux des tableaux qui présentent des données sur diverses caractéristiques de la population — résidence (urbaine/rurale), âge et sexe, par exemple — peuvent ne se rapporter qu'à la population de droit. Lorsqu'on savait que les chiffres se rapportaient à la population de droit, on l'a signalé en note.

3.1.2 Résidence (urbaine/rurale)

L'hétérogénéité des définitions nationales du terme "urbain" nuit sérieusement à la comparabilité internationale des données concernant la répartition selon la résidence. Les définitions utilisées par les différents pays ou zones sont reproduites à la fin du tableau 6, et leurs incidences sont examinées dans les Notes techniques relatives à ce même tableau.

3.1.3 Répartition par âge

La répartition de la population selon l'âge est un paramètre fondamental de la plupart des analyses, estimations et projections relatives aux statistiques de la population. Malheureusement, ces données sont sujettes à un certain nombre d'erreurs et difficilement comparables. C'est pourquoi pratiquement tous les utilisateurs de ces statistiques doivent considérer ces répartitions avec la plus grande circonspection.

3.1.3.1 Collecte et exploitation des données sur l'âge

L'âge est l'intervalle de temps déterminé par calcul ou par estimation qui sépare la date de naissance de la date du recensement et qui est exprimé en années solaires révolues [3]. Les données sur l'âge peuvent être recueillies selon deux méthodes : la première consiste à obtenir la date de naissance de chaque personne à l'occasion d'un recensement ou d'un sondage, puis à calculer l'âge en années révolues en soustrayant la date de naissance de celle du dénombrement [4], la seconde consiste à enregistrer l'âge en années révolues au moment du rencensement, c'est–à–dire l'âge au dernier anniversaire.

La méthode recommandée consiste à calculer l'âge au dernier anniversaire en soustrayant la date exacte de la naissance de la date du recensement. Toutefois, on n'a pas toujours recours à cette méthode; certains pays ou zones calculent l'âge en faisant la différence entre l'année du recensement et l'année de la naissance. Lorsque les données sur l'âge ont été établies de cette façon, on l'a signalé chaque fois si possible en note au bas des tableaux. On peut d'ailleurs s'en rendre compte dans une certaine mesure, car les chiffres dans la catégorie des moins d'un an sont plus faibles qu'ils ne devraient l'être. Cependant, un nombre irrégulier de naissances d'une année à l'autre ou l'omission de certains âges parmi les moins d'un an peut fausser les chiffres de la population de moins d'un an.

3.1.3.2 Erreurs dans les données sur l'âge

Les causes d'erreurs dans les données sur l'âge sont diverses : on peut citer notamment l'ignorance de l'âge exact, la déclaration d'années d'âge correspondant à un calendrier différent de celui des années solaires révolues depuis la naissance [5], la négligence dans les déclarations et dans la façon dont elles sont consignées, la tendance générale à déclarer des âges se terminant par certains chiffres tels que 0, 2, 5 ou 8, la tendance, pour les personnes âgées, à exagérer leur âge, une aversion subconsciente pour certains nombres, et les fausses déclarations faites délibérément pour des motifs d'ordre économique, social, politique ou simplement personnel. Les causes d'erreurs mentionnées ci–dessus, communes à la plupart des enquêtes sur l'âge et à la plupart des pays ou zones, peuvent nuire sensiblement à la comparabilité.

As a result of the above–mentioned difficulties, the age–sex distribution of population in many countries or areas shows irregularities which may be summarized as follows : (1) a deficiency in number of infants and young children, (2) a concentration at ages ending with zero and five (that is, 5, 10, 15, 20...), (3) a preference for even ages (for example, 10, 12, 14...) over odd ages (for example, 11, 13, 15...), (4) unexpectedly large differences between the frequency of males and females at certain ages, and (5) unaccountably large differences between the frequencies in adjacent age groups. Comparison of identical age–sex cohorts from successive censuses, as well as study of the age–sex composition of each census, may reveal these and other inconsistencies, some of which in varying degree are characteristic of even the most modern censuses.

A cause des difficultés indiquées ci–dessus, les répartitions par âge et par sexe de la population d'un grand nombre de pays ou de zones comportent des irrégularités qui sont notamment les suivantes : 1) erreurs par défaut dans les groupes d'âge correspondant aux enfants de moins d'un an et aux jeunes enfants; 2) polarisation des déclarations sur les âges se terminant par les chiffres 0 ou 5 (c'est–à–dire 5, 10, 15, 20...); 3) prépondérance des âges pairs (par exemple 10, 12, 14...) au détriment des âges impairs (par exemple 11, 13, 15...); 4) écart considérable et surprenant entre le rapport masculin/féminin à certains âges; 5) différences importantes et difficilement explicables entre les données concernant des groupes d'âge voisins. En comparant les statistiques fournies par des recensements successifs pour des cohortes identiques d'âge et de sexe et en étudiant la répartition par âge et par sexe de la population à chaque recensement, on peut déceler l'existence de ces incohérences et de quelques autres, un certain nombre d'entre elles se retrouvant à des degrés divers même dans les recensements les plus modernes.

3.1.3.3 Evaluation of accuracy

To measure the accuracy of data by age on the evidence of irregularities in 5–year groups, an index was devised for presentation in the Demographic Yearbook 1949–1950. [6] Although this index was sensitive to various sources of inaccuracy in the data, it could also be affected considerably by real fluctuations in past demographic processes. It could not, therefore, be applied indiscriminately to all types of statistics, unless certain adjustments were made and caution used in the interpretation of results.

The publication of population statistics by single years of age in the Demographic Yearbook 1955 made it possible to apply a simple, yet highly sensitive, index known as Whipple's Index, or the Index of Concentration, [7] the interpretation of which is relatively free from consideration of factors not connected with the accuracy of age reporting. More refined methods for the measurement of accuracy of distributions by single year of age have been devised, but this particular index was selected for presentation in the Demographic Yearbook on the basis of its simplicity and the wide use it has already found in other sources.

Whipple's Index "is obtained by summing the age returns between 23 and 62 years inclusive and finding what percentage is borne by the sum of the returns of years ending with 5 and 0 to one–fifth of the total sum. The results would vary between a minimum of 100, representing no concentration at all, and a maximum of 500, if no returns were recorded with any digits other than the two mentioned." [8]

The index is applicable to all age distributions for which single years are given at least to the age of 62, with the following exceptions: (1) where the data presented are the result of graduation, no irregularity is scored by Whipple's Index, even though the graduated data may still be affected by inaccuracies of a different type; (2) where statistics on age have been derived by reference to the year of birth, and tendencies to round off the birth year would result in an excessive number of ages ending in odd numbers, the frequency of age reporting with terminal digits 5 and 0 is not an adequate measure of their accuracy.

Using statistics for both sexes combined, the index has now been computed for all the single–year age distributions in table 26 of this Yearbook from censuses held between 1985 and 1993, with the exception of those excluded on the criteria set forth above. For convenience of presentation, the results have been grouped on the following five categories, which are the same as those shown previously for earlier censuses:

3.1.3.3 Evaluation de l'exactitude

Pour déterminer, sur la base des anomalies relevées dans les groupes d'âge quinquennaux, le degré d'exactitude des statistiques par âge, on avait mis au point un indice spécial [6] pour l'Annuaire démographiqe 1949–1950. Cet indice était sensible à l'influence des différents facteurs qui limitent l'exactitude des données et il n'échappait pas non plus à celle des véritables fluctuations démographiques du passé. On ne pouvait donc l'appliquer indistinctement à tous les types de données à moins d'effectuer les ajustements nécessaires et de faire preuve de prudence dans l'interprétation des résultats.

La publication dans l'Annuaire démographique 1955 de statistiques de la population par année d'âge a permis d'utiliser un indice simple, mais très sensible, connu sous le nom d'indice de Whipple ou indice de concentration [7], dont l'interprétation échappe pratiquement à l'influence des facteurs sans rapport avec l'exactitude des déclarations d'âge. Il existe des méthodes plus perfectionnées pour évaluer l'exactitude des répartitions de population par année d'âge, mais on a décidé de se servir ici de cet indice à cause de sa simplicité et de la large utilisation dont il a déjà fait l'objet dans d'autres publications.

L'indice de Whipple "s'obtient en additionnant les déclarations d'âge comprises entre 23 et 62 ans inclusivement et en calculant le pourcentage des âges déclarés se terminant par 0 ou 5 par rapport au cinquième du nombre total de déclarations. Les résultats varient entre un minimum de 100, s'il n'y a aucune concentration, et un maximum de 500, si aucun âge déclaré ne se termine par un chiffre autre que 0 et 5" [8].

Cet indice est applicable à toutes les répartitions par âge pour lesquelles les années d'âge sont données au moins jusqu'à 62 ans, sauf dans les cas suivants : 1) lorsque les données présentées ont déjà fait l'objet d'un ajustement, l'indice de Whipple ne révèle aucune irrégularité bien que des inexactitudes d'un type différent puissent fausser ces données; 2) lorsque les statistiques relatives à l'âge sont établies sur la base de l'année de naissance et que la tendance à arrondir l'année de naissance se traduit par une fréquence excessive des âges impairs, on ne peut utiliser la méthode reposant sur les déclarations d'âge se terminant par 5 et 0 pour évaluer l'exactitude des données recueillies.

A partir de chiffres relatifs à l'ensemble des deux sexes, on a calculé cet indice pour toutes les répartitions par année d'âge du tableau 26 de cet annuaire sur la base des recensements effectués entre 1985 et 1993, à l'exception de celles que l'on a écartées pour les motifs indiqués plus haut. Les résultats ont été groupés dans les cinq catégories suivantes, qui sont les mêmes que celles que l'on avait déja utilisées pour les recensements précédents.

Category	*Value of Whipple's Index*
I.Highly accurate data	Less than 105
II.Fairly accurate data	105 – 109.9
III.Approximate data	110 – 124.9
IV.Rough data	125 – 174.9
V.Very rough data	175 and more

The results of this rating of 90 age distributions, in terms of the age accuracy of specific sensuses indicated by year, are as follows:

Category I: Highly accurate data

Aruba 1991 (99.3)
Australia 1986 (101.6)
Australia 1991 (101.7)
Bahamas 1990 (103.4)
Bahrain 1991 (96.6)
Belize 1991 (103.5)
Bermuda 1991 (99.0)
Botswana 1991 (104.7)
Brunei Darussalam 1991 (98.8)
Canada 1991 (99.6)
Cayman Islands 1989 (104.1)
Channel Islands
  Guernsey 1986 (96.1)
  Jersey 1986 (98.0)
Chile 1992 (100.3)
China 1990 (101.0)
Finland 1985 (99.8)
Finland 1990 (99.5)
France 1990 (99.2)
Hong Kong 1986 (101.7)
Hong Kong 1991 (100.9)
Hungary 1990 (102.1)
Ireland 1991 (100.5)
Isle of Man 1986 (99.2)
Isle of Man 1991 (97.7)
Israel 1983 (101.0)
Italy 1981 (101.0)
Japan 1985 (98.4)
Japan 1990 (98.9)
Jersey 1986 (98.0)
Jersey 1991 (99.2)
Kazakhstan 1989 (98.9)
Korea, Republic of 1985 (99.4)
Korea, Republic of 1990 (99.5)
Kyrgyzstan 1989 (99.3)
Lithuania 1989 (100.6)
Marshall Islands 1988 (101.2)
Martinique 1990 (104.4)
Mauritius 1990 (103.4)
New Caledonia 1989 (99.5)
New Zealand 1986 (100.7)
New Zealand 1991 (100.3)
Norway 1990 (99.9)
Poland 1988 (100.5)
Republic of Moldova 1989 (100.5)
Réunion 1990 (99.9)
Romania 1992 (96.2)
Russian Federation 1989 (97.8)
Seychelles 1987 (100.9)
Slovenia 1991 (99.0)
Spain 1991 (102.4)
St. Helena 1987 (90.5)

Catégorie	*Valeur de l'indice de Whipple*
I. Données très exactes	Moins de 105
II. Données relativement exactes	105 à 109,9
III. Données approximatives	110 à 124,9
IV. Données grossières	125 à 174,9
V. Données très grossières	175 et plus

L'évaluation de l'exactitude des distributions selon l'âge correspondant à 90 séries, fournies par les recensements, donne les résultats suivants:

Catégorie I: Données très exactes

Aruba 1991 (99.3)
Australie 1986 (101.6)
Australie 1991 (101.7)
Bahamas 1990 (103.4)
Bahreïn 1991 (96.6)
Belize 1991 (103.5)
Bermuda 1991 (99.0)
Botswana 1991 (104.7)
Brunéi Darussalam 1991 (98.8)
Canada 1991 (99.6)
Iles Caïmanes 1989 (104.1)
Isles Anglo–Normandes
  Guernesey 1986 (96.1)
  Jersey 1986 (98.0)
Chili 1992 (100.3)
Chine 1990 (101.0)
Finlande 1985 (99.8)
Finlande 1990 (99.5)
France 1990 (99.2)
Hong–Kong 1986 (101.7)
Hong–Kong 1991 (100.9)
Hongrie 1990 (102.1)
Irlande 1991 (100.5)
Ile de Man 1986 (99.2)
Ile de Man 1991 (97.7)
Israël 1983 (101.0)
Italie 1981 (101.0)
Japon 1985 (98.4)
Japon 1990 (98.9)
Jersey 1986 (98.0)
Jersey 1991 (99.2)
Kazakhstan 1989 (98.9)
Corée, République de 1985 (99.4)
Corée, République de 1990 (99.5)
Kirghizistan 1989 (99.3)
Lithuanie 1989 (100.6)
Iles Marshall 1988 (101.2)
Martinique 1990 (104.4)
Maurice 1990 (103.4)
Nouvelle–Calédonie 1989 (99.5)
Nouvelle–Zélande 1986 (100.7)
Nouvelle–Zélande 1991 (100.3)
Norvège 1990 (99.9)
Pologne 1988 (100.5)
République de Moldova 1989 (100.5)
Réunion 1990 (99.9)
Roumanie 1992 (96.2)
Fédération Russe 1989 (97.8)
Seychelles 1987 (100.9)
Slovénie 1991 (99.0)
Espagne 1991 (102.4)
Sainte–Hélène 1987 (90.5)

Sudan 1993 (99.9)
Sweden 1990 (99.7)
Switzerland 1990 (100.6)
Tonga 1986 (98.2)
United Kingdom 1991 (98.0)
United States 1990 (104.5)
Viet Nam 1989 (98.5)

Category II: Fairly accurate data

Fiji 1986 (105.4)
French Guiana 1990 (106.2)
Namibia 1991 (105.8)
Niue 1986 (105.8)
Panama 1990 (109.3)
Puerto Rico 1990 (105.0)
Uruguay 1985 (106.2)
Vanuatu 1989 (106.9)

Category III: Approximate data

Cape Verde 1990 (111.9)
Iran, Islamic Republic of 1986 (122.6)
Philippines 1990 (112.3)
South Africa 1985 (124.3)
South Africa 1991 (113.1)
St. Vincent & the Grenadines 1980 (116.0)

Category IV: Rough data

Bolivia 1992 (125.4)
Burundi 1990 (152.9)
Central African Republic 1988 (139.4)
Colombia 1985 (147.9)
Côte d'Ivoire 1988 (126.3)
Ecuador 1990 (132.3)
Indonesia 1990 (163.3)
Iran 1991 (128.7)
Kenya 1989 (147.8)
Kuwait 1985 (139.5)
Malawi 1987 (138.5)
Maldives 1990 (156.4)
Mexico 1990 125.2)
Qatar 1986 (149.1)
Swaziland 1986 (125.9)
Turkey 1985 (149.4)
Turkey 1990 (139.7)
Uganda 1991 (168.0)

Category V: Very rough data

Burkina Faso 1985 (193.0)
Maldives 1985 (176.7)
Mali 1987 (184.5)

Although Whipple's Index measures only the effects of preferences for ages ending in 5 and 0, it can be assumed that such digit preference is usually connected with other sources of inaccuracy in age statements and the index can be accepted as a fair measure of the general reliability of the age distribution. [9]

3.2 Methods used to indicate quality of published statistics

To the extent possible, efforts have been made to give the reader an indication of reliability of the statistics published in the Demographic Yearbook. This has been approached in several ways. Any information regarding a possible under–enumeration or over–enumeration, coming from a postcensal survey, for example, has been noted in the

Soudan 1993 (99.9)
Suède 1990 (99.7)
Suisse 1990 (100.6)
Tonga 1986 (98.2)
Royaume–Uni 1991 (98.0)
Etats–Unis 1990 (104.5)
Viet Nam 1989 (98.5)

Catégorie II: Données relativement exactes

Fidji 1986 (105.4)
Guyane Française 1990 (106.2)
Namibie 1991 (105.8)
Niue 1986 (105.8)
Panama 1990 (109.3)
Porto Rico 1990 (105.0)
Uruguay 1985 (106.2)
Vanuatu 1989 (106.9)

Catégorie III: Données approximatives

Cap–Vert 1990 (111.9)
Iran, Rép. islamique d') 1986 (122.6)
Philippines 1990 (112.3)
Afrique du Sud 1985 (124.3)
Afrique du Sud 1991 (113.1)
Saint–Vincent–et–Grenadines 1980 (116.0)

Catégorie IV: Données grossières

Bolivie 1992 (125.4)
Burundi 1990 (152.9)
Rép. centrafricaine 1988 (139.4)
Colombie 1985 (147.9)
Côte d'Ivoire 1988 (126.3)
Equateur 1990 (132.3)
Indonésie 1990 (163.3)
Iran 1991 (128.7)
Kenya 1989 (147.8)
Koweït 1985 (139.5)
Malawi 1987 (138.5)
Maldives 1990 (156.4)
Mexique 1990 125.2)
Qatar 1986 (149.1)
Swaziland 1986 (125.9)
Turquie 1985 (149.4)
Turquie 1990 (139.7)
Ouganda 1991 (168.0)

Catégorie V: Données très grossières

Burkina Faso 1985 (193.0)
Maldives 1985 (176.7)
Mali 1987 (184.5)

Bien que l'indice de Whipple ne mesure que les effets de la préférence pour les âges se terminant par 50 et 0, il semble que l'on puisse admettre qu'il existe généralement certains liens entre préférence et d'autres sources d'inexactitudes dans les déclarations d'âge, de telle sorte que l'on peut dire qu'il donne une assez bonne idée de l'exactitude de la répartition par âge en général, non seulement dans les données de recensements [9].

3.2 Méthodes utilisées pour indiquer la qualité des statistiques publiées

On a cherché dans toute la mesure possible à donner au lecteur une indication du degré de fiabilité des statistiques publiées dans l'Annuaire démographique. On a, pour ce faire, procédé de diverses façons. Chaque fois que l'on savait, grâce par exemple à une enquête postcensitaire, qu'il y avait eu sous–dénombrement ou surdénombrement, on l'a signalé en note au bas du tableau 3 [10]. Ainsi qu'on l'a indiqué dans la section 2.1

footnotes to table 3. [10] Any deviation from full national coverage, as explained in section 2.1 under Geographical Aspects, has also been noted. In addition, national statistical offices have been asked to evaluate the estimates of total population they submit to the Statistical Division of the United Nations.

3.2.1 Quality code for total population estimates

As early as the second issue of the Yearbook, that is, the Demographic Yearbook 1949–1950, a code was developed to describe the manner in which the estimates of total population were constructed. This code has subsequently been modified and expanded. The present code was instituted in 1958, and it is structured to take into account four elements which have been recognized as affecting the reliability of population estimates: (1) the nature of the base measurement of the population, (2) the time elapsed since the last measurement, (3) the method of time adjustment by which the base figure was brought up to date, and (4) the quality of the time adjustment. The revised code is thus composed of four parts, namely, the nature of the base data, their recency, the nature of the time adjustment, and its quality. [11] The symbols of the code are listed below:

Part I. Nature of base data (capital letter)
A Complete census of individuals.
B Sample survey.
C Partial census or partial registration of individuals.
D Conjecture.
...Nature of base data not determined.

Part II. Recency of base data (subscript numeral following capital letter)
Numeral indicates time elapsed (in years) since establishment of base figure.

Part III. Method of time adjustment (lower–case letter)
a Adjustment by continuous population register.
b Adjustment based on calculated balance of births, deaths and migration.
c Adjustment by assumed rate of population increase.
d No adjustment : base figure held constant at least two consecutive years.
... Method of time adjustment not determined.

Part IV. Quality of adjustment for types a and b (numeral following letter a or b)
1. Population balance adequately accounted for.
2. Adequacy of accounting for population balance not determined but assumed to be adequate.
3. Population balance not adequately accounted for.

Quality of adjustment for type c (numeral following letter c)
1. Two or more censuses taken at decennial intervals or less.
2. Two or more censuses taken, but latest interval exceeds a decennium.
3. One or no census taken.

In addition to these four points, it would have been desirable to consider the probable error in the base measurement of the population. However, this has not been possible as an indication of it is so rarely available.

3.2.2 Treatment of estimates of total population

On the basis of the quality code assessments, the latest official total population estimates are classified as "reliable" or "less reliable" by the Statistical Division of the United Nations. "Reliable" data are set in roman type while "less reliable" data are set in italics. Two criteria are used in establishing reliability.

sous la rubrique "Considérations géographiques", chaque fois que les données ne portaient pas sur la totalité du pays, on l'a également signalé en note. De plus, les services nationaux de statistique ont été priés de fournir une évaluation des estimations de la population totale qu'ils communiquaient au Division de statistique de l'ONU.

3.2.1 Codage qualitatif des estimations de la population totale

Dès la deuxième édition de l'Annuaire, c'est–à–dire dans l'Annuaire démographique de 1949–1950, on a introduit un code indiquant la manière dont les estimations de la population totale sont établies. Ce code a, par la suite, été modifié et développé. Le code actuel, établi en 1958, est conçu de manière à tenir compte de quatre éléments dont on a admis qu'ils influent sur la fiabilité des estimations de la population : 1) la nature du chiffre de population qui sert de base; 2) le temps écoulé depuis qu'il a été établi; 3) la méthode d'ajustement chronologique ayant servi à mettre à jour le chiffre de base; 4) la qualité de l'ajustement chronologique. Le code révisé se compose donc de quatre éléments, à savoir la nature des données de base, leur âge, la méthode d'ajustement chronologique et la qualité de cet ajustement [11]. Voici quels sont les signes conventionnels du code :

Premier élément. Nature des données de base (lettre majuscule)
A Recensement complet.
B Enquête par sondage.
C Recensement ou enregistrement partiel.
D Estimations conjecturales.
...Nature des données de base inconnue.

Deuxième élément. Age des données de base (indice numérique accompagnant la majuscule)
Dans chaque cas, l'indice représente le nombre d'années écoulées depuis l'établissement des données de base.

Troisième élément. Méthode d'ajustement chronologique (lettre minuscule)
a Ajustement d'après un registre de population permanent.
b Ajustement d'après l'équation de concordance (balance des naissances, des décès et de la migration nette).
c Ajustement d'après un taux d'accroissement présumé de la population.
d Pas d'ajustement : base constante pour au moins deux années consécutives.
... Méthode d'ajustement inconnue.

Quatrième élément. Qualité de l'ajustement pour les types a et b (chiffres accompagnant la lettre a ou b)
1. Balance démographique sûre.
2. Balance démographique de qualité inconnue mais supposée sûre.
3. Balance démographique non sûre.

Qualité de l'ajustement pour le type c (chiffre accompagnant la lettre c)
1. Au moins deux recensements, à intervalle de dix ans ou moins.
2. Au moins deux recensements, l'intervalle entre les deux derniers étant de plus de dix ans.
3. Un ou aucun recensement.

En plus de ces quatre éléments, il eut été souhaitable d'étudier la probabilité d'erreur dans le chiffre de population pris pour base. Cela n'a toutefois pas été possible, car il est rare que l'on dispose d'indications à ce sujet.

3.2.2 Traitement des estimations de la population totale

Se fondant sur les évaluations de la qualité des données, la Division de statistique de l'ONU classe les dernières estimations officielles de la population totale comme "sûres" ou "moins sûres". Les données "sûres" sont imprimées en caractères romains alors que les données "moins sûres" sont imprimées en italique. Deux critères permettent de déterminer la fiabilité des estimations.

To begin with, reliable estimates can be defined in terms of the "nature of base data". Reliable estimates are those having their origin in a population census (coded A); those based on a sample survey representing the majority of the population (coded B); and, provided the total population is under 1 000 persons, those obtained by annual administrative counting of population (coded C).

A second criterion of reliability is the "method of time adjustment". Time adjustment by the population–register method (coded a), or by the balancing equation method (coded b), is considered reliable, provided the components of the adjusting factors are adquately accounted for. Reliable accounting is defined for this purpose as combinations of (a) and (b) with (1) or (2). Less reliable time adjustment includes updating by assumed rates of population growth (coded c), no updating (coded d), and method unknown (coded...).

Population estimates which are considered reliable are those which are classified as reliable according to the nature of the base data and in addition are considered reliable on the basis of the method of time adjustment. These estimates are shown in roman type. Estimates which are considered less reliable are shown in italics.

3.2.3 Treatment of time series of population estimates

When a series of mid–year population estimates are presented, the same indication of quality is shown for the entire series as was determined for the latest estimate. The quality is indicated by the type face employed.

No attempt has been made to split the series even though it is evident that in cases where the data are now considered reliable, in earlier years, many may have been considerably less reliable than the current classification implies. Thus it will be evident that this method over–states the probable reliability of the time series in many cases. It may also understate the reliability of estimates for years immediately preceding or following a census enumeration.

3.2.4 Treatment of estimated distributions by age and other demographic characteristics

Estimates of the age–sex distribution of population may be constructed by two major methods: (1) by applying the specific components of population change to each age–sex group of the population as enumerated at the time of the census and (2) by distributing the total estimated for a postcensal year proportionately according to the age–sex structure at the time of the census. Estimates constructed by the latter method are not published in the Demographic Yearbook.

Among published, estimated age–sex distributions are categorized as "reliable" or "less reliable" according to the method of construction established for the latest estimate of total mid–year population. Hence, the quality designation of the total figure, as determined by the code, is considered to apply also to the whole distribution by age and sex, and the data are set in italic or roman type, as appropriate, on this basis alone. Further evaluation of detailed age structure data has not been undertaken to date.

Tout d'abord, les estimations sûres peuvent être définies du point de vue de la "nature des données de base". On peut définir comme sûres les estimations fondées sur un recensement de population (codées A); celles qui reposent sur une enquête par sondage représentant la majorité de la population (codées B); et, à condition que la population totale soit inférieure à 1 000, celles qui résultent d'un comptage administratif annuel de la population (codées C).

Un deuxième critère de fiabilité est la "méthode d'ajustement chronologique". L'ajustement chronologique d'après un registre de population (codé a) ou d'après l'équation de concordance (codé b) est jugé "sûr" à condition toutefois qu'il ait été dûment tenu compte des composantes du facteur d'ajustement. On considère qu'il n'en est ainsi que lorsque les lettres a et b sont combinées avec les chiffres 1 ou 2. L'ajustement chronologique est jugé "moins sûr" dans les cas suivants : ajustement d'après un taux d'accroissement présumé de la population (codé c), pas d'ajustement (codé d) et méthode d'ajustement inconnue (codé...).

Les estimations de la population qui sont considérées comme sûres sont celles qui sont classées comme telles selon la nature des données de base et qui sont en outre considérées comme sûres d'après la méthode d'ajustement chronologique. Ces estimations sont imprimées en caractères romains. Les estimations considérées moins sûres sont imprimées en italique.

3.2.3 Traitement des séries chronologiques d'estimations de la population

En ce qui concerne les séries d'estimations de la population en milieu d'année, on considère que la qualité de la série tout entière est la même que celle de la dernière estimation. La qualité de la série est indiquée par le caractère d'imprimerie utilisé.

On n'a pas cherché à subdiviser les séries, mais il est évident que les données qui sont jugées sûres actuellement n'ont pas toutes le même degré de fiabilité et que, pour les premières années, nombre d'entre elles étaient peut–être bien moins sûres que la classification actuelle ne semble l'indiquer. Ainsi, il apparaît clairement que cette méthode tend, dans bien des cas, à surestimer la fiabilité probable des séries chronologiques. Elle peut aussi sous–estimer la fiabilité des estimations pour les années qui précèdent ou qui suivent immédiatement un recensement.

3.2.4 Traitement des séries estimatives selon l'âge et d'autres caractéristiques démographiques

Des estimations de la répartition de la population par âge et par sexe peuvent être obtenues selon deux méthodes principales : 1) en appliquant les composantes spécifiques du mouvement de la population, pour chaque groupe d'âge et pour chaque sexe, à la population dénombrée lors du recensement; et 2) en répartissant proportionnellement le chiffre total estimé pour une année postcensitaire d'après la composition par âge et par sexe au moment du recensement. Les estimations obtenues par la seconde méthode ne sont pas publiées dans l'Annuaire démographique.

Les séries estimatives selon l'âge et le sexe qui sont publiées sont classées en deux catégories, "sûres" ou "moins sûres", selon la méthode retenue pour le plus récent calcul estimatif de la population totale en milieu d'année. Ainsi, l'appréciation de la qualité du chiffre total, telle qu'elle ressort des signes de code, est censée s'appliquer aussi à l'ensemble de la répartition par âge et par sexe, et c'est sur cette seule base que l'on décide si les données figureront en caractères italiques ou romains. On n'a pas encore procédé à une évaluation plus poussée des données détaillées concernant la composition par âge.

4. VITAL STATISTICS

For purposes of the Demographic Yearbook, vital statistics have been defined as statistics of live birth, death, foetal death, marriage and divorce.

In this volume of the 1993 Yearbook, only general tables dealing with natality, nuptiality and divorce are presented. The tables on mortality appear under three headings: Foetal Mortality, Infant and Maternal Mortality and General Mortality.

4.1 Sources of variation of data

Most of the vital statistics data published in this Yearbook come from national civil registration systems. The completeness and the accuracy of the data which these systems produce vary from one country or area to another. [12]

The provision for a national civil registration system is not universal, and in some cases, the registration system covers only certain vital events. For example, in some countries or areas only births and deaths are registered. There are also differences in the effectiveness with which national laws pertaining to civil registration operate in the various countries or areas. The manner in which the law is implemented and the degree to which the public complies with the legislation determine the reliability of the vital statistics obtained from the civil registers.

It should be noted that some statistics for marriage and divorce are obtained from sources other than civil registers. For example, in some countries or areas, the only source for data on marriages is church registers. Divorce statistics, on the other hand, are obtained from court records and/or civil registers according to national practice. The actual compilation of these statistics may be the responsibility of the civil registrar, the national statistical office or other government offices.

As well as these factors, others affecting the international comparability of vital statistics are much the same as those which must be considered in evaluating the variations in other population statistics. Differences in statistical definitions of vital events, differences in geographical and ethnic coverage of the data and diverse tabulation procedures—all these may influence comparability.

In addition to vital statistics from civil registers, some vital statistics published in the Yearbook are official estimates. These estimates are frequently from sample surveys. As such, their comparability may be affected by the national completeness of reporting in household surveys, non–sampling and sampling errors and other sources of bias. Estimates prepared by the Population Division of the United Nations Secretariat have been used in certain instances to supplement official data. Both official national supplement official data. Both official and United Nations estimates are noted when they appear in tables.

Readers interested in more detailed information on standards for vital statistics should consult the Principles and Recommendations for a Vital Statistics System. [13] The Handbook of Vital Statistics Methods Volumes I: Legal, Organizational and Technical Aspects and II: Review of national practices [14] published in connection with it, provide detailed information on the sources of error in vital statistics data and the application of recommendations to national systems.

4. STATISTIQUES DE L'ETAT CIVIL

Aux fins de l'Annuaire démographique, on entend par statistiques de l'état civil les statistiques des naissances vivantes, des décès, des morts foetales, des mariages et des divorces.

Dans le présent volume de l'Annuaire 1993, on n'a présenté que les tableaux généraux sur la natalité, la mortalité, la nuptialité et la divortialité. Les tableaux consacrés à la mortalité sont groupés sous les trois rubriques suivantes: mortalité foetale, mortalité infantile et mortalité liée à la maternité, et mortalité générale.

4.1 Sources de variations des données

La plupart des statistiques de l'état civil publiées dans le présent Annuaire sont fournies par les systèmes nationaux d'enregistrement des faits d'état civil. Le degré d'exhaustivité et d'exactitude de ces données varie d'un pays ou d'une zone à l'autre [12].

Il n'existe pas partout de système national d'enregistrement des faits d'état civil et, dans quelques cas, seuls certains faits sont enregistrés. Par exemple, dans certains pays ou zones, seuls les naissances et les décès sont enregistrés. Il existe également des différences quant au degré d'efficacité avec lequel les lois relatives à l'enregistrement des faits d'état civil sont appliquées dans les divers pays ou zones. La fiabilité des statistiques tirées des registres d'état civil dépend des modalités d'application de la loi et de la mesure dans laquelle le public s'y soumet.

Il est à signaler qu'en certains cas les statistiques de la nuptialité et de la divortialité sont tirées d'autres sources que les registres d'état civil. Dans certains pays ou zones, par exemple, les seules données disponibles sur la nuptialité sont tirées des registres des églises. Les statistiques de la divortialité sont en outre, suivant la pratique suivie par chaque pays, tirées des actes des tribunaux et/ou des registres d'état civil. L'officier de l'état civil, le service national de statistique ou d'autres administrations publiques peuvent être chargés d'établir ces statistiques.

Les autres facteurs qui influent sur la comparabilité internationale des statistiques de l'état civil sont à peu près les mêmes que ceux qu'il convient de prendre en considération pour interpréter les variations observées dans les statistiques de la population. La définition des faits d'état civil aux fins de statistique, la portée des données du point de vue géographique et ethnique ainsi que les méthodes d'exploitation des données sont autant d'éléments qui peuvent influer sur la comparabilité.

En plus des statistisques tirées des registres d'état civil, l'Annuaire présente des statistiques de l'état civil qui sont des estimations officielles nationales, fondées souvent sur les résultats de sondages. Aussi leur comparabilité varie–t–elle en fonction du degré d'exhaustivité des déclarations recueillies lors d'enquêtes sur les ménages, des erreurs d'échantillonnage ou autres, et des distorsions d'origines diverses. Dans certains cas, les données officielles ont été complétées par des estimations établies par la Division de la population du Secrétariat de l'Organisation des Nations Unies. Les estimations officielles nationales et celles établies par l'ONU sont signalées en note au bas des tableaux où elles figurent.

Pour plus de précisions au sujet des pratiques nationales dans le rassemblementétat civil, le lecteur pourra se reporter aux Principes et recommandations pour un système de statistiques de l'état civil [13]. Le Manuel de statistique de l'état civil Volume I: Legal, Organizational and Technical Aspects et Volume II: etude des pratiques nationales [14] qui était publié en liaison avec ce document donne des précisions sur les sources d'erreurs dans les statistiques de l'état civil et sur l'application des recommandations aux systèmes nationaux.

The Handbook of Household Surveys [15] provides information on collection and evaluation of data on fertility, mortality and other vital events collected in household surveys.

Le "Handbook of Household Surveys" [15] fournit des informations sur la collecte et sur l'évaluation des s données statistiques sur des événements démographiques (fécondité, mortalité etc.) recueillies au cours des enquêtes sur les familles.

4.1.1 Statistical definitions of events

4.1.1 Définition des faits d'état civil aux fins de la statistique

An important source of variation lies in the statistical definition of each vital event. The Demographic Yearbook attempts to collect data on vital events, using the standard definitions put forth in paragraph 46 of Principles and Recommendations for a Vital Statistics System. These are as follows:

Une cause importante d'hétérogénéité dans les données est le manque d'uniformité des définitions des différents faits d'état civil. Aux fins de l'Annuaire démographique, il est recommandé de recueillir les données relatives aux faits d'état civil en utilisant les définitions établies au paragraphe 46 des Principes et recommandations pour un système de statistiques de l'état civil. Ces définitions sont les suivantes :

4.1.1.1 LIVE BIRTH is the complete expulsion or extraction from its mother of a product of conception, irrespective of the duration of pregnancy, which after such separation breathes or shows any other evidence of life such as beating of the heart, pulsation of the umbilical cord, or definite movement of voluntary muscles, whether or not the umbilical cord has been cut or the placenta is attached; each product of such a birth is considered live–born regardless of gestational age.

4.1.1.1 La NAISSANCE VIVANTE est l'expulsion ou l'extraction complète du corps de la mère, indépendamment de la durée de la gestation, d'un produit de la conception qui, après cette séparation, respire ou manifeste tout autre signe de vie, tel que battement de coeur, pulsation du cordon ombilical ou contraction effective d'un muscle soumis à l'action de la volonté, que le cordon ombilical ait été coupé ou non et que le placenta soit ou non demeuré attaché; tout produit d'une telle naissance est considéré comme " enfant né vivant".

4.1.1.2 DEATH is the permanent disappearance of all evidence of life at any time after live birth has taken place (postnatal cessation of vital functions without capability of resuscitation). This definition therefore excludes foetal deaths.

4.1.1.2 Le DECES est la disparition permanente de tout signe de vie à un moment quelconque postérieur à la naissance vivante (cessation des fonctions vitales après la naissance sans possibilité de réanimation). Cette définition ne comprend donc pas les morts foetales.

4.1.1.3 FOETAL DEATH is death prior to the complete expulsion or extraction from its mother of a product of conception, irrespective of the duration of pregnancy; the death is indicated by the fact that after such separation the foetus does not breathe or show any other evidence of life, such as beating of the heart, pulsation of the umbilical cord, or definite movement of voluntary muscles. Late foetal deaths are those of twenty–eight or more completed weeks of gestation. These are synonymous with the events reported under the pre–1950 term stillbirth.

4.1.1.3 La MORT FOETALE est le décès d'un produit de la conception lorsque ce décès est survenu avant l'expulsion ou l'extraction complète du corps de la mère, indépendamment de la durée de la gestation; le décès est indiqué par le fait qu'après cette séparation le foetus ne respire ni ne manifeste aucun signe de vie, tel que battement de coeur, pulsation du cordon ombilical ou contraction effective d'un muscle soumis à l'action de la volonté. Les morts foetales tardives sont celles qui sont survenues après 28 semaines de gestation ou plus. Il n'y a aucune différence entre ces "morts foetales tardives" et les faits dont l'ensemble était désigné, avant 1950, par le terme mortinalité.

ABORTION is defined, with reference to the woman, as any interruption of pregnancy before 28 weeks of gestation with a dead foetus. There are two major categories of abortion: spontaneous and induced. Induced abortions are those initiated by deliberate action undertaken with the intention of terminating pregnancy; all other abortions are considered as spontaneous.

Par référence à la femme, l'AVORTEMENT se définit comme "toute interruption de grossesse qui est survenue avant 28 semaines de gestation et dont le produit est un foetus mort". Il existe deux grandes catégories d'avortement : l'avortement spontané et l'avortement provoqué. L'avortement provoqué a pour origine une action délibérée entreprise dans le but d'interrompre une grossesse. Tout autre avortement est considéré comme spontané.

4.1.1.4 MARRIAGE is the act, ceremony or process by which the legal relationship of husband and wife is constituted. The legality of the union may be established by civil, religious, or other means as recognized by the laws of each country.

4.1.1.4 Le MARIAGE est l'acte, la cérémonie ou la procédure qui établit un rapport légal entre mari et femme. L'union peut être rendue légale par une procédure civile ou religieuse, ou par toute autre procédure, conformément à la législation du pays.

4.1.1.5 DIVORCE is a final legal dissolution of a marriage, that is, that separation of husband and wife which confers on the parties the right to remarriage under civil, religious and/or other provisions, according to the laws of each country.

4.1.1.5 Le DIVORCE est la dissolution légale et définitive des liens du mariage, c'est–à–dire la séparation de l'époux et de l'épouse qui confère aux parties le droit de se remarier civilement ou religieusement, ou selon toute autre procédure, conformément à la législation du pays.

4.1.2 Problems relating to standard definitions

4.1.2 Problèmes posés par les définitions établies

A basic problem affecting international comparability of vital statistics is deviation from standard definitions of vital events. An example of this can be seen in the cases of live births and foetal deaths. [16] In some countries or areas, an infant must survive for at least 24 hours before it can be inscribed in the live–birth register. Infants who die before the expiration of the 24–hour period are classified as late foetal deaths and, barring special tabulation procedures, they would not be counted either as live births or as deaths. Similarly, in several other countries or areas, those infants who are born alive but who die before registration of their birth are also considered as late foetal deaths.

Les variations par rapport aux définitions établies des faits d'état civil sont le facteur essentiel qui nuit à la comparabilité internationale des statistiques de l'état civil. Un exemple en est fourni par le cas des naissances vivantes et celui des morts foetales [16]. Dans certains pays ou zones, il faut que le nouveau–né ait vécu 24 heures pour pouvoir être inscrit sur le registre des naissances vivantes. Les décès d'enfants qui surviennent avant l'expiration des 24 heures sont classés parmi les morts foetales tardives et, en l'absence de méthodes spéciales d'exploitation des données, ne sont comptés ni dans les naissances vivantes ni dans les décès. De même, dans plusieurs autres pays ou zones, les décès d'enfants nés vivants et décédés avant l'enregistrement de leur naissance sont également comptés dans les morts foetales et tardives.

Unless special tabulation procedures are adopted in such cases, the live–birth and death statistics will both be deficient by the number of these infants, while the incidence of late foetal deaths will be increased by the same amount. Hence the infant mortality rate is under estimated. Although both components (infant deaths and live births) are deficient by the same absolute amount, the deficiency is proportionately greater in relation to the infant deaths, causing greater errors in the infant mortality rate than in the birth rate.

Moreover, the practice exaggerates the late foetal death ratios. Some countries or areas make provision for correcting this deficiency (at least in the total frequencies) at the tabulation stage. Data for which the correction has not been made are indicated by footnote whenever possible.

The definitions used for marriage and divorce also present problems for international comparability. Unlike birth and death, which are biological events, marriage and divorce are defined only in terms of law and custom and as such are less amenable to universally applicable statistical definitions. They have therefore been defined for statistical purposes in general terms referring to the laws of individual countries or areas. Laws pertaining to marriage and particularly to divorce, vary from one country or area to another. With respect to marriage, the most widespread requirement relates to the minimum age at which persons may marry but frequently other requirements are specified. When known the minimum legal age at which marriage can occur with parental consent is given in Table 26 showing marriages by age of groom and age of bride. Laws and regulations relating to the dissolution of marriage by divorce range from total prohibition, through a wide range of grounds upon which divorces may be granted, to the granting of divorce in response to a simple statement of desire or intention by husbands in accordance with Islamic law in some countries or areas.

4.1.3 Fragmentary geographical or ethnic coverage

Ideally, vital statistics for any given country or area should cover the entire geographical area and include all ethnic groups. In fact, however, fragmentary coverage is not uncommon. In some countries or areas, registration is compulsory for only a small part of the population, limited to certain ethnic groups, for example. In other places there is no national provision for compulsory registration, but only municipal or state ordinances which do not cover the entire geographical area. Still others have developed a registration area which comprises only a part of the country or area, the remainder being excluded because of inaccessibility or because of economic and cultural considerations that make regular registration a practical impossibility.

4.1.4 Tabulation procedures

4.1.4.1 By place of occurrence

Vital statistics presented on the national level relate to the de facto, that is, the present–in–area population. Thus, unless otherwise noted, vital statistics for a given country or area cover all the events which occur within its present boundaries and among all segments of the population therein. They may be presumed to include events among nomadic tribes and aborigines, and among nationals and aliens. When known, deviations from the present–in–area concept are footnoted.

A moins que des méthodes spéciales aient été adoptées pour l'exploitation de ces données, les statistiques des naissances vivantes et des décès ne tiendront pas compte de ces cas, qui viendront en revanche accroître d'autant le nombre des morts foetales tardives. Le résultat le plus important est que le taux de mortalité infantile s'en trouvera sous–estimé. Bien que les éléments constitutifs du taux (décès d'enfants de moins d'un an et naissances vivantes) accusent exactement la même insuffisance en valeur absolue, les lacunes sont proportionnellement plus fortes pour les décès de moins d'un an, ce qui cause des erreurs plus importantes dans les taux de mortalité infantile.

En plus cette pratique augmente les rapports de mortinatalité. Quelques pays ou zones effectuent, au stade de la mise en tableau, les ajustements nécessaires pour corriger ce défaut (du moins dans les fréquences totales). Lorsqu'il n'a pas été effectué d'ajustement, les notes l'indiquent chaque fois que possible.

Les définitions du mariage et du divorce posent aussi un problème du point de vue de la comparabilité internationale. Contrairement à la naissance et au décès, qui sont des faits biologiques, le mariage et le divorce sont uniquement déterminés par la législation et la coutume et, de ce fait, il est moins facile d'en donner une définition statistique qui ait une application universelle. A des fins statistiques, ces concepts ont donc été définis de manière générale par référence à la législation de chaque pays ou zone. La législation relative au mariage, et en particulier au divorce, varie d'un pays ou d'une zone à l'autre. En ce qui concerne le mariage, l'âge de nubilité est la condition la plus fréquemment requise mais il arrive souvent que d'autres conditions soient exigées. Lorsqu'il est connu, l'âge minimum auquel le mariage peut avoir lieu avec le consentement des parents est indiqué au tableau 26, où sont présentés les mariages selon l'âge de l'époux et de l'épouse. Les lois et règlements relatifs à la dissolution du mariage par le divorce vont de l'interdiction absolue, en passant par diverses conditions requises pour l'obtention du divorce, jusqu'à la simple déclaration, par l'époux, de son désir ou de son intention de divorcer, requise par la loi islamique en vigueur dans certains pays ou zones.

4.1.3 Portée géographique ou ethnique restreinte

En principe, les statistiques de l'état civil devraient s'étendre à l'ensemble du pays ou de la zone auxquels elles se rapportent et englober tous les groupes ethniques. En fait, il n'est pas rare que les données soient fragmentaires. Dans certains pays ou zones, l'enregistrement n'est obligatoire que pour une petite partie de la population, certains groupes ethniques seulement, par exemple. Dans d'autres, il n'existe pas de disposition qui prescrive l'enregistrement obligatoire sur le plan national, mais seulement des règlements ou décrets des municipalités ou des Etats, qui ne s'appliquent pas à l'ensemble du territoire. Il en est encore autrement dans d'autres pays ou zones où les autorités ont institué une zone d'enregistrement comprenant seulement une partie du territoire, le reste étant exclu en raison des difficultés d'accès ou parce qu'il est pratiquement impossible, pour des raisons d'ordre économique ou culturel, d'y procéder à un enregistrement régulier.

4.1.4 Exploitation des données

4.1.4.1 Selon le lieu de l'événement

Les statistiques de l'état civil qui sont présentées pour l'ensemble du territoire national se rapportent à la population de fait ou population présente. En conséquence, sauf indication contraire, les statistiques de l'état civil relatives à un pays ou zone donné portent sur tous les faits survenus dans l'ensemble de la population, à l'intérieur des frontières actuelles du pays ou de la zone en cause. On peut donc considérer qu'elles englobent les faits d'état civil survenus dans les tribus nomades et parmi les aborigènes ainsi que parmi les ressortissants du pays et les étrangers. Des notes signalent les exceptions lorsque celles–ci sont connues.

Urban/rural differentials in vital rates for some countries may vary considerably depending on whether the relevant vital events were tabulated on the basis of place of occurrence or place of usual residence. For example, if a substantial number of women residing in rural areas near major urban centres travel to hospitals or maternity homes located in a city to give birth, urban fertility and neo–natal and infant mortality rates will usually be higher (and the corresponding rural rates will usually be lower) if the events are tabulated on the basis of place of occurrence rather than on the basis of place of usual residence. A similar process will affect general mortality differentials if substantial numbers of persons residing in rural areas use urban health facilities when seriously ill.

4.1.4.2 By date of occurrence versus by date of registration

In so far as possible, the vital statistics presented in the Demographic Yearbook refer to events which occurred during the specified year, rather than to those which were registered during that period. However, a considerable number of countries or areas tabulate their vital statistics not by date of occurrence, but by date of registration. Because such statistics can be very misleading, the countries or areas known to tabulate vital statistics by date of registration are identified in the tables by a plus symbol(+). Since complete information on the method of tabulating vital statistics is not available for all countries or areas, tabulation by date of registration may be more prevalent than the symbols on the vital statistics tables would indicate.

Because quality of data is inextricably related to delay in registration, it must always be considered in conjunction with the quality code description in section 4.2.1 below. Obviously, if registration of births is complete and timely (code C), the ill effects of tabulating by date of registration, are, for all practical purposes, nullified. Similarly, with respect to death statistics, the effect of tabulating by date of registration may be minimized in many countries or areas in which the sanitary code requires that a death must be registered before a burial permit can be issued, and this regulation tends to make registration prompt. With respect to foetal death, registration is usually made at once or not at all. Therefore, if registration is prompt, the difference between statistics tabulated by date of occurrence and those tabulated by date of registration may be negligible. In many cases, the length of the statutory time period allowed for registering various vital events plays an important part in determining the effects of tabulation by date of registration on comparability.

With respect to marriage and divorce, the practice of tabulating data by date of registration does not generally pose serious problems. In many countries or areas marriage is a civil legal contract which, to establish its legality, must be celebrated before a civil officer. It follows that for these countries or areas registration would tend to be almost automatic at the time of, or immediately following, the marriage ceremony. Because the registration of a divorce in many countries or areas is the responsibility solely of the court or the authority which granted it, and since the registration record in such cases is part of the records of the court proceedings, it follows that divorces are likely to be registered soon after the decree is granted.

Pour certains pays, les écarts entre les taux démographiques pour les zones urbaines et pour les zones rurales peuvent varier très sensiblement selon que les faits d'état civil ont été exploités sur la base du lieu de l'événement ou du lieu de résidence habituelle. Par exemple, si un nombre appréciable de femmes résidant dans des zones rurales à proximité de grands centres urbains vont accoucher dans les hôpitaux ou maternités d'une ville, les taux de fécondité ainsi que les taux de mortalité néo–natale et infantile seront généralement plus élevés pour les zones urbaines (et par conséquent plus faibles pour les zones rurales) si les faits sont exploités sur la base du lieu de l'événement et non du lieu de résidence habituelle. Le phénomène sera le même dans le cas de la mortalité générale si un bon nombre de personnes résidant dans des zones rurales font appel aux services de santé des villes lorsqu'elles sont gravement malades.

4.1.4.2 Selon la date de l'événement ou la date de *l'enregistrement*

Autant que possible, les statistiques de l'état civil figurant dans l'Annuaire démographique se rapportent aux faits survenus pendant l'année considérée et non aux faits enregistrés au cours de ladite année. Bon nombre de pays ou zones, toutefois, exploitent leurs statistiques de l'état civil selon la date de l'enregistrement et non selon la date de l'événement. Comme ces statistiques risquent d'induire gravement en erreur, les pays ou zones dont on sait qu'ils établissent leurs statistiques d'après la date de l'enregistrement sont identifiés dans les tableaux par un signe (+). On ne dispose toutefois pas pour tous les pays ou zones de renseignements complets sur la méthode d'exploitation des statistiques de l'état civil et les données sont peut–être exploitées selon la date de l'enregistrement plus souvent que ne le laisserait supposer l'emploi des signes.

Etant donné que la qualité des données est inextricablement liée aux retards dans l'enregistrement, il faudra toujours considérer en même temps le code de qualité qui est décrit à la section 4.2.1 ci–après. Evidemment, si l'enregistrement des naissances est complet et effectué en temps voulu (code C), les effets perturbateurs de cette méthode seront pratiquement annulés. De même, en ce qui concerne les statistiques des décès, les effets de cette méthode pourront bien souvent être réduits au minimum dans les pays ou zones où le code sanitaire subordonne la délivrance du permis d'inhumer à l'enregistrement du décès, ce qui tend à hâter l'enregistrement. Quant aux morts foetales, elles sont généralement déclarées immédiatement ou ne sont pas déclarées du tout. En conséquence, si l'enregistrement se fait dans un délai très court, la différence entre les statistiques établies selon la date de l'événement et celles qui sont établies selon la date de l'enregistrement peut être négligeable. Dans bien des cas, la durée des délais légaux accordés pour l'enregistrement des faits d'état civil est un facteur dont dépend dans une large mesure l'incidence sur la comparabilité de l'exploitation des données selon la date de l'enregistrement.

En ce qui concerne le mariage et le divorce, la pratique consistant à exploiter les statistiques selon la date de l'enregistrement ne pose généralement pas de graves problèmes. Le mariage étant, dans de nombreux pays ou zones, un contrat juridique civil qui, pour être légal, doit être conclu devant un officier de l'état civil, il s'ensuit que dans ces pays ou zones l'enregistrement se fait à peu près automatiquement au moment de la cérémonie ou immédiatement après. Comme dans de nombreux pays ou zones le tribunal ou l'autorité qui a prononcé le divorce est seul habilité à enregistrer cet acte, et comme l'acte d'enregistrement figure alors sur les registres du tribunal l'enregistrement suit généralement de peu le jugement.

On the other hand, if registration is not prompt vital statistics by date of registration will not produce internationally comparable data. Under the best circumstances, statistics by date of registration will include primarily events which occurred in the immediately preceding year; in countries or areas with less well–developed systems, tabulations will include some events which occurred many years in the past. Examination of available evidence reveals that delays of up to many years are not uncommon for birth registration, though the majority are recorded between two to four years after birth. As long as registration is not prompt, statistics by date of registration will not be internationally comparable either among themselves or with statistics by date of occurrence.

It should also be mentioned that lack of international comparability is not the only limitation introduced by date–of–registration tabulation. Even within the same country or area, comparability over time may be lost by the practice of counting registrations rather than occurrences. If the number of events registered from year to year fluctuates because of ad hoc incentives to stimulate registration, or to the sudden need, for example, for proof of (unregistered) birth or death to meet certain requirements, vital statistics tabulated by date of registration are not useful in measuring and analysing demographic levels and trends. All they can give is an indication of the fluctuations in the need for a birth, death or marriage certificate and the work–load of the registrars. Therefore statistics tabulated by date of registration may be of very limited use for either national or international studies.

4.2 Methods used to indicate quality of published vital Statistics

The quality of vital statistics can be assessed in terms of a number of factors. Most fundamental is the completeness of the civil registration system on which the statistics are based. In some cases, the incompleteness of the data obtained from civil registration systems is revealed when these events are used to compute rates. However, this technique applies only where the data are markedly deficient, where they are tabulated by date or occurrence and where the population base is correctly estimated. Tabulation by date of registration will often produce rates which appear correct, simply because the numerator is artificially inflated by the inclusion of delayed registrations and, conversely, rates may be of credible magnitude because the population at risk has been underestimated. Moreover, it should be remembered that knowledge of what is credible in regard to levels of fertility, mortality and nuptiality is extremely scanty for many parts of the world, and borderline cases, which are the most difficult to appraise, are frequent.

4.2.1 Quality code for vital statistics from registers

On the Demographic Yearbook annual "Questionnaire on vital statistics" national statistical offices are asked to provide their own estimates of the completeness of the births, deaths, late foetal deaths, marriages and divorces recorded in their civil registers.

On the basis of information from the questionnaires, from direct correspondence and from relevant official publications, it has been possible to classify current national statistics from civil registers of birth, death, infant death, late foetal death, marriage and divorce into three broad quality categories, as follows:

En revanche, si l'enregistrement n'a lieu qu'avec un certain retard, les statistiques de l'état civil établies selon la date de l'enregistrement ne sont pas comparables sur le plan international. Au mieux, les statistiques par date de l'enregistrement prendront surtout en considération des faits survenus au cours de l'année précédente; dans les pays ou zones où le système d'enregistrement n'est pas très développé, il y entrera des faits datant de plusieurs années. Il ressort des documents dont on dispose que des retards de plusieurs années dans l'enregistrement des naissances ne sont pas rares, encore que, dans la majorité des cas, les retards ne dépassent pas deux à quatre ans. Tant que l'enregistrement se fera avec retard, les statistiques fondées sur la date d'enregistrement ne seront comparables sur le plan international ni entre elles ni avec les statistiques établies selon la date de fait d'état civil.

Il convient également de noter que l'exploitation des données selon la date de l'enregistrement ne nuit pas seulement à la comparabilité international le des statistiques. Même à l'intérieur d'un pays ou d'une zone, le procédé qui consiste à compter les enregistrements et non les faits peut compromettre la comparabilité des chiffres sur une longue période. Si le nombre des faits d'état civil enregistrés varie d'une année à l'autre (par suite de l'application de mesures destinées spécialement à encourager l'enregistrement ou par suite du fait que, tout d'un coup, il est devenu nécessaire, par exemple, de produire le certificat d'une naissance ou décès non enregistré pour l'accomplissement de certaines formalités), les statistiques de l'état civil établies d'après la date de l'enregistrement ne permettent pas de quantifier ni d'analyser l'état et l'évolution de la population. Tout au plus peuvent–elles montrer les fluctuations qui se sont produites dans les conditions d'exigibilité du certificat de naissance, de décès ou de mariage et dans le volume de travail des bureaux d'état civil. Les statistiques établies selon la date de l'enregistrement peuvent donc ne présenter qu'une utilité très réduite pour des études nationales ou internationales.

4.2 Méthodes utilisées pour indiquer la qualité des statistiques de l'état civil qui sont publiées

La qualité des statistiques de l'état civil peut être évaluée sur la base de plusieurs facteurs. Le facteur essentiel est la complétude du système d'enregistrement des faits d'état civil d'après lequel les statistiques sont établies. Dans certains cas, on constate que les données tirées de l'enregistrement ne sont pas complètes lorsqu'on les utilise pour le calcul des taux. Toutefois, cette observation est valable uniquement lorsque les statistiques présentent des lacunes évidentes, qu'elles sont exploitées d'après la date de l'événement et que l'estimation du chiffre de population pris pour base est exacte. L'exploitation des données d'après la date de l'enregistrement donne souvent des taux qui paraissent exacts, tout simplement parce que le numérateur est artificiellement gonflé par suite de l'inclusion d'un grand nombre d'enregistrements tardifs; inversement, il arrive que des taux paraissent vraisemblables parce que l'on a sous–évalué la population exposée au risque. Il ne faut pas oublier, en outre, que les renseignements dont on dispose sur les taux de fécondité, de mortalité et de nuptialité normaux dans un grand nombre de régions du monde sont extrêmement sommaires et que les cas limites, qui sont les plus difficiles à évaluer, sont fréquents.

4.2.1 Codage qualitatif des statistiques tirées des registres de l'état civil

Dans le "Questionnaire relatif au mouvement de la population" de l'Annuaire démographique qui leur est présenté chaque année, les services nationaux de statistique sont priés de donner leur propre évaluation du degré de complétude des données sur les naissances, les décès, les décès d'enfants de moins d'un an, les morts foetales tardives, les mariages et les divorces figurant dans leurs registres d'état civil.

D'après les renseignements directement fournis par les gouvernements ou tirés des questionnaires ou de publications officielles pertinentes, il a été possible de classer les statistiques courantes de l'enregistrement des faits d'état civil (naissances, décès, décès d'enfants de moins d'un an, morts foetales tardives, mariages et divorces) en trois grandes catégories, selon leur qualité :

C: Data estimated to be virtually complete, that is, representing at least 90 per cent of the events occurring each year.

U: Data estimated to be incomplete, that is, representing less than 90 per cent of the events occurring each year.

...: Data for which no specific information is available regarding completeness.

These quality codes appear in the first column of the tables which show total frequencies and crude rates (or ratios) over a period of years for live births (table 9), late foetal deaths (table 12), infant deaths (table 15), deaths (table 18), marriages (table 23), and divorces (table 25).

The classification of countries or areas in terms of these quality codes may not be uniform. Nevertheless, it was felt that national statistical offices were in the best position to judge the quality of their data. It was considered that even the very broad categories that could be established on the basis of the information at hand would provide useful indicators of the quality of the vital statistics presented in this Yearbook.

In the past, the bases of the national estimates of completeness were usually not available. In connection with the Demographic Yearbook 1977, countries were asked, for the first time, to provide some indication of the basis of their completeness estimates. They were requested to indicate whether the completeness estimates reported for registered live births, deaths, and infant deaths were prepared on the basis of demographic analysis, dual record checks or some other specified method. Relatively few countries or areas have so far responded to this new question; therefore, no attempt has been made to revise the system of quality codes used in connection with the vital statistics data presented in the Yearbook. It is hoped that, in the future, more countries will be able to provide this information so that the system of quality codes used in connection with the vital statistics data presented in the Yearbook may be revised.

Among the countries or areas indicating that the registration of live births was estimated to be 90 per cent or more complete (and hence classified as C in table 9), the following countries or areas provided information on the basis of this completeness estimate:

(a) Demographic analysis — Argentina, Australia, Canada, Chile, Czechoslovakia, Egypt, French Guiana, Guadeloupe, Guernsey, Iceland, Ireland, Island of Mauritius, Israel, Kuwait, Latvia, Puerto Rico, Rodrigues, Romania, San Marino, Singapore, Switzerland and United States.
(b) Dual record check — Bahamas, Barbados, Bulgaria, Cook Islands, Cuba, Cyprus, Denmark, Fiji, Finland, France, French Guiana, Greece, Guam, Guadeloupe, Guernsey, Iceland, Isle of Man, Japan Maldives, New Zealand, Peninsular Malaysia, Northern Marianas, Romania, Saint Kitts and Nevis, Saint Lucia, Singapore, Sri Lanka, Sweden, Switzerland, , Tokelau, Uruguay and Venezuela.
(c) Other specified methods — Belgium, Bermuda, Cayman Islands, Czechoslovakia, Germany, Greenland, Hong Kong, Iceland, Japan, Luxembourg, Netherlands, Norway, Poland, Singapore and Slovenia.

C : Données jugées pratiquement complètes, c'est–à–dire représentant au moins 90 p. 100 des faits d'état civil survenant chaque année.

U : Données jugées imcomplètes, c'est–à–dire représentant moins de 90 p. 100 des faits survenant chaque année.

... : Données dont le degré de complétude ne fait pas l'objet de renseignements précis.

Ces codes de qualité figurent dans la première colonne des tableaux qui présentent, pour un nombre d'années déterminé les chiffres absolus et les taux (ou rapports) bruts concernant les décès naissances vivantes (tableau 9), les morts foetales tardives tardives (tableau 12), décès d'enfants de moins d'un an (tableau 15), les décès (tableau 18), les marriages (tableau 23) et les divorces (tableau 25).

La classification des pays ou zones selon ces codes de qualité peut ne pas être uniforme. On a estimé néanmoins que les services nationaux de statistique étaient les mieux placés pour juger de la qualité de leurs données. On a pensé que les catégories que l'on pouvait distinguer sur la base des renseignements disponibles, bien que très larges, donneraient cependant une indication utile de la qualité des statistiques de l'état civil publiées dans l'Annuaire.

Dans le passé, les bases sur lesquelles les pays évaluaient l'exhaustivité de leurs données n'étaient généralement pas connues. Pour l'Annuaire démographique 1977, les pays ont été priés, pour la première fois, de donner des indications à ce sujet. On leur a demandé d'indiquer si leurs estimations du degré d'exhaustivité des données d'enregistrement des naissances vivantes, des décès et de la mortalité infantile reposaient sur une analyse démographique, un double contrôle des registres ou d'autres méthodes qu'ils devaient spécifier. Relativement peu de pays ou zones ont jusqu'à présent répondu à cette nouvelle question; on n'a donc pas cherché à réviser le système de codage qualitatif utilisé pour les statistiques de l'état civil présentées dans l'Annuaire. Il faut espérer qu'à l'avenir davantage de pays pourront fournir ces renseignements afin que le système de codage qualitatif employé pour les statistiques de l'état civil présentées dans l'Annuaire puisse être révisé.

Sur les pays ou zones qui ont estimé à 90 p. 100 ou plus le degré d'exhaustivité de leur enregistrement des naissances vivantes (classé C dans le tableau 9), les pays ou zones suivants ont fourni les indications ci–après touchant les bases sur lesquelles leur estimation reposait :

(a) Analyse démographique — Argentine, Australie, Canada, Chili, Cuba, Egypte, Etats–Unis, Guadeloupe, Guernesey, Guyane française, Ile Maurice, Irlande, Islande, Israël, Koweït, Lettonie, Porto Rico, Rodrigues, Roumanie, Saint–Marin, Singapour, Suisse et Tchécoslovaquie.

(b) Double contrôle des registres — Bahamas, Barbade Bulgarie, Chypre, Cuba, Czechoslovakia, Danemark, Fidji, Finlande, France, Guadeloupe, Guernsesey, Guyane française, Grèce, Guam, Ile de Man, Iles Cook, Iles Mariannes septentrionales, Islande, Malaisie péninsular, Maldives, Nouvelle–Zélande, Saint–Kitts–et–Nevis, Sainte–Lucie, Romanie, Singapour, Sri Lanka, Suède, Suisse , Tokélaou, Uruguay et Venezuela.

(c) Autre méthode spécifiée — Allemagne, Belgique, Bermudes, Groenland, Hong–kong, Iles Caîmanes, Islande, Japon, Luxembourg, Norvège, Pays–Bas, Pologne, Singapour, Slovénie, et Tchécoslovaquie.

Among the countries or areas indicating that the registration of deaths was estimated to be 90 per cent or more complete (and hence classified as C in table 18), the following countries provided information on the basis of this estimate.

(a) Demographic analysis — Argentina, Australia, Canada, Chile, Cuba, Czechoslovakia, Egypt, French Guiana, Guadeloupe, Guernsey, Iceland, Ireland, Island of Mauritius, Israel, Kuwait, Latvia, Puerto Rico, Rodrigues, Romania, San Marino, Singapore, Switzerland and United States.
(b) Dual record check — Bahamas, Bulgaria, Cook Islands, Cuba, Czechoslovakia, Denmark, Fiji, Finland, France, Greece, Greenland, Guam, Guernsey, Iceland, Isle of Man, Maldives, New Zealand, Northern Ireland, Northern Marianas, Romania, Saint Kitts and Nevis, Saint Lucia, Singapore, Sri Lanka, Sweden, Switzerland, Tokelau and Uruguay.
(c) Other specified methods — Belgium, Bermuda, Cayman Islands, Czechoslovakia, England and Wales, Germany, Hong Kong, Iceland, Ireland, Japan, Luxembourg, Netherlands, Norway, Poland, Singapore and Slovenia.

Among the countries or areas indicating that the registration of infant deaths was estimated to be 90 per cent or more complete (and hence classified as C in table 15), the following countries or areas provided information on the basis of this estimate:

(a) Demographic analysis — Argentina, Australia, Canada, Chile, Cuba, Czechoslovakia, Egypt, England and Wales, Iceland, Ireland Island of Mauritius, Israel, Kuwait, Latvia, Puerto Rico, Rodrigues, Romania, San Marino, Singapore, Sri Lanka, Switzerland and United States.
(b) Dual record check — Bahamas, Bulgaria, Cook Islands, Cuba, Czechoslovakia, Cuba, Denmark, Fiji, Finland, France, Greece, Greenland, Guam, Guernsey, Iceland, Isle of Man, Japan, Maldives, New Zealand, Northern Marianas, Romania, Saint Kitts and Nevis, Saint Lucia, Singapore, Sweden, Switzerland, Tokelau and Uruguay.
(c) Other specified methods — Belgium, Bermuda, Cayman Islands, Czechoslovakia, Germany, Hong Kong, Iceland, Japan, Luxembourg, Netherlands, Northern Ireland, Norway, Poland, Singapore and Slovenia.

4.2.2 Treatment of vital statistics from registers

On the basis of the quality code described above, the vital statistics shown in all tables of the Yearbook are treated as either reliable or unreliable. Data coded C are considered reliable and appear in roman type. Data coded U or ... are considered unreliable and appear in italics. Although the quality code itself appears only in certain tables, the indication of reliability (that is, the use of italics to indicate unreliable data) is shown on all tables presenting vital statistics data.

Sur les pays ou zones qui ont estimé à 90 p. 100 ou plus le degré d'exhaustivité de leur enregistrement des décès (classé C dans le tableau 18), les pays ou zones suivants donné des indications touchant la base de cette estimation :

(a) Analyse démographique — Argentine, Australie, Canada, Chili, Cuba, Egypte, Etats–Unis, Guadeloupe, Guernesey, Guyane française, Ile Maurice, Islande, Israël, Koweït, Lettonie, Porto Rico, Rodrigues, Roumanie, Saint–Marin, Singapour, Suisse et Tchécoslovaquie.

(b) Double contrôle des registres — Bahamas, Bulgarie, Cuba, Danemark, Fidji, Finlande, France, Grèce, Groenland, Guadeloupe, Guam, Guernesey, Guyane française, Ile de Man, Iles Mariannes septentrionales, Islande, Maldives, Nouvelle Zélande, Saint–Kitts–et–Nevis, Saint–Lucie, Roumaine, Singapour, Sri Lanka, Suède, Suisse Tokélaou, Tcécoslovaquie et Uruguay.

(c) Autre méthode spécifiée — Allemagne, Belgique, Bermudes, Hong Kong, Iles Caîmanes, Islande, Japon, Luxembourg, Norvège, Pays–Bas, Pologne, Singapour, Tchécoslovaquie et Slovénie.

Sur les pays ou zones qui ont estimé à 90 p. 100 ou plus le degré d'exhaustivité de leur enregistrement des décès à moins d'un an classé C dans le tableau 15), les pays ou zones suivant ont donné des indications touchant la base de cette estimation :

(a) Analyse démographique — Anglettere et Galles, Argentine, Australie, Canada, Chili, Cuba, Egypte, Etats–Unis, Ile Maurice, Irlande, Islande, Israël, Koweït, Lettonie, Porto Rico, Rodrigues, Roumanie, Saint–Marin, Singapour, Sri Lanka, Suisse et Tchécoslovaquie.

(b) Double contrôle des registres — Bahamas, Bulgarie, Cuba, Danemark, Fidji, Finlande, France, Grèce, Groenland, Guam, Guernesey, Ile de Man, Iles Cook, Iles Mariannes septentrionales, Islande, Japon, Maldives, Nouvelle Zélande, Roumanie, Saint–Kitts–et–Nevis, Saint–Lucie, Singapour, Suède, Suisse, Tchécoslovaquie, Tokélaou, et Uruguay.

(c) Autre méthode spécifiée — Allemagne, Belgique, Bermudes, Hong–kong, Iles Caîmanes, Irlande du Nord, Islande, Japon, Luxembourg, Norvège, Pays–Bas, Pologne, Singapour, Slovénie et Tchécoslovaquie.

4.2.2 Traitement des statistiques tirées des registres d'état civil

Dans tous les tableaux de l'Annuaire, on a indiqué le degré de fiabilité des statistiques de l'état civil en se fondant sur le codage qualitatif décrit ci–dessus. Les statistiques codées C, jugées sûres, sont imprimées en caractères romains. Celles qui sont codées U ou ..., jugées douteuses, sont reproduites en italique. Bien que le codage qualitatif proprement dit n'apparaisse que dans certains tableaux, l'indication du degré de fiabilité (c'est–à–dire l'emploi des italiques pour désigner les données douteuses) se retrouve dans tous les tableaux présentant des statistiques de l'état civil.

In general, the quality code for deaths shown in table 18 is used to determine whether data on deaths in other tables appear in roman or italic type. However, some data on deaths by cause are shown in italics in tables 17 and 21 when it is known that the quality, in terms of completeness, differs greatly from the completeness of the registration of the total number of deaths. In cases when the quality code in table 18 does not correspond with the type face used in tables 17 and 21 relevant information regarding the completeness of cause–of–death statistics is given in a footnote.

The same indication of reliability used in connection with tables showing the frequencies of vital events is also used in connection with tables showing the corresponding vital rates. For example, death rates computed using deaths from a register which is incomplete or of unknown completeness are considered unreliable and appear in italics. Strictly speaking, to evaluate vital rates more precisely, one would have to take into account the accuracy of population data used in the denominator of these rates. The quality of population data is discussed in section 3.2 of the Technical Notes.

It should be noted that the indications of reliability used for infant mortality rates, maternal mortality rates and late foetal death ratios (all of which are calculated using the number of live births in the denominator) are determined on the basis of the quality codes for infant deaths, deaths and late foetal deaths respectively. To evaluate these rates and ratios more precisely, one would have to take into account the quality of the live–birth data used in the denominator of these rates and ratios. The quality codes for live births are shown in table 9 and described more fully in the text of the Technical Notes for that table.

4.2.3 Treatment of time series of vital statistics from registers

The quality of a time series of vital statistics is more difficult to determine than the quality of data for a single year. Since a time series of vital statistics is usually generated only by a system of continuous civil registration, it was decided to assume that the quality of the entire series was the same as that for the latest year's data obtained from the civil register. The entire series is treated as described in section 4.2.2 above. That is, if the quality code for the latest registered data is C, the frequencies and rates for earlier years are also considered reliable and appear in roman type. Conversely, if the latest registered data are coded as U or ... then data for earlier years are considered unreliable and appear in italics. It is recognized that this method is not entirely satisfactory because it is known that data from earlier years in many of the series were considerably less reliable than the current code implies.

4.2.4 Treatment of estimated vital statistics

In addition to data from vital registration systems, estimated frequencies and rates also appear in the Demographic Yearbook. Estimated rates include both official estimates and those prepared by the Population Division of the United Nations Secretariat. These rates are usually ad hoc estimates which have been derived either from the results of a sample survey or by demographic analysis. Estimated frequencies and rates have been included in the tables because it is assumed that they provide information which is more accurate than that from existing civil registration systems. By implication, therefore, they are also assumed to be reliable and as such they are not set in italics. Estimated frequencies and rates continue to be treated in this manner even when they are interspersed in a time series with data from civil registers.

En général, le code de qualité pour les décès indiqué au tableau 18 sert à déterminer si, dans les autres tableaux, les données relatives aux décès apparaissent en caractères romains ou en italique. Toutefois, certaines données sur les décès selon la cause figurent en italique dans les tableaux 17 et 21 lorsqu'on sait que leur degré d'exhaustivité diffère grandement de celui du nombre total des décès. Dans les cas où le code de qualité du tableau 18 ne correspond pas aux caractères utilisés dans les tableaux 17 et 21, les renseignements concernant l'exhaustivité des statistiques des décès selon la cause sont indiqués en note à la fin du tableau.

On a utilisé la même indication de fiabilité dans les tableaux des taux démographiques et dans ceux des fréquences correspondantes. Par exemple, les taux de mortalité calculés d'après les décès figurant sur un registre incomplet ou d'exhaustivité indéterminée sont jugés douteux et apparaissent en italique. Au sens strict, pour évaluer de façon plus précise les taux démographiques, il faudrait tenir compte de la précision des données sur la population figurant au dénominateur dans les taux. La qualité des données sur la population est étudiée à la section 3.2 des Notes techniques.

Il convient de noter que, pour les taux de mortalité infantile, les taux de mortalité liée à la maternité et les rapports de morts foetales tardives (calculées en utilisant au dénominateur le nombre de naissances vivantes), les indications relatives à la fiabilité sont déterminées sur la base des codes de qualité utilisés pour les décès d'enfants de moins d'un an, les décès totaux et les morts foetales tardives, respectivement. Pour évaluer ces taux et rapports de façon plus précise, il faudrait tenir compte de la qualité des données relatives aux naissances vivantes, utilisées au dénominateur dans leur calcul. Les codes de qualité pour les naissances vivantes figurent au tableau 9 et sont décrits plus en détail dans les Notes techniques se rapportant à ce tableau.

4.2.3 Traitement des séries chronologiques de statistiques tirées des registres d'état civil

Il est plus difficile de déterminer la qualité des séries chronologiques de statistiques de l'état civil que celle des données pour une seule année. Etant donné qu'une série chronologique de statistiques de l'état civil ne peut généralement avoir pour source qu'un système permanent d'enregistrement des faits d'état civil, on a arbitrairement supposé que le degré d'exactitude de la série tout entière était le même que celui de la dernière tranche annuelle de données tirées du registre d'état civil. La série tout entière est traitée de la manière décrite à la section 4.2.2 ci–dessus : lorsque le code de qualité relatif aux données d'enregistrement les plus récentes est C, les fréquences et les taux relatifs aux années antérieures sont eux aussi considérés comme sûrs et figurent en caractères romains. Inversement, si les données d'enregistrement les plus récentes sont codées U ou ..., les données des années antérieures sont jugées douteuses et figurent en italique. Cette méthode n'est certes pas entièrement statisfaisante, car les données des premières années de la série sont souvent beaucoup moins sûres que le code actuel ne l'indique.

4.2.4 Traitement des estimations fondées sur les statistiques de l'état civil

En plus des données provenant des systèmes d'enregistrement des faits d'état civil, l'Annuaire démographique contient aussi des estimations — fréquences et taux. Les taux estimés sont soit officiels, soit calculés par la Division de la population du Secrétariat de l'ONU. Ils sont en général calculés spécialement à partir des résultats d'un sondage ou par analyse démographique. Si des estimations — fréquences et taux — figurent dans les tableaux, c'est parce que l'on considère qu'elles fournissent des renseignements plus exacts que les systèmes existants d'enregistrement des faits d'état civil. En conséquence, elles sont également jugées sûres et ne sont donc pas indiquées en italique, et cela même si elles sont entrecoupées, dans une série chronologique de données tirées des registres d'état civil.

In tables showing the quality code, the code applies only to data from civil registers. If a series of data for a country or area contains both data from a civil register and estimated data, then the code applies only to the registered data. If only estimated data are shown, then the symbol (..) is shown.

4.3 Cause of death

Statistics on deaths classified according to underlying cause of death are shown in several tables of the Demographic Yearbook. In order to promote international comparability of cause of death statistics, the World Health Organization organizes and conducts an international Conference for the revision of the International Classification of Diseases (ICD) on a regular basis in order to insure that the Classification is kept current with the most recent clinical and statistical concepts. Although revisions provide an up–to–date version of the ICD, such revisions create several problems related to the comparability of cause of death statistics. The first is the lack of comparability over time that inevitably accompanies the use of a new classification. The second problem affects comparability between countries or areas because countries may adopt the new classification at different times. The more refined the classification becomes, the greater is the need for expert clinical diagnosis of cause of death. In many countries or areas few of the deaths occur in the presence of an attendant who is medically trained, i.e. most deaths are certified by a lay attendant. Because the ICD contains many diagnoses that cannot be identified by a non–medical person, the ICD does not always promote international comparability particularly between countries or areas where the level of medical services differs widely.

To provide readers some guidance in the use of statistics on cause of death, the following section gives a brief history of the International Classification of Diseases (ICD), compares classification of the 1975 (ninth) revision with that of the 1965 (eighth) revision, compares the tabulation lists used in the Demographic Yearbook from the eighth and ninth revisions and finally presents some of the recommendations on maternal mortality, perinatal mortality and lay reporting of cause of death.

The history of the International Classification of Diseases may be traced to classifications proposed by William Farr and Marc d'Espine. In 1855, a classification of 138 rubrics proposed by these two authors was adopted by the first International Statistical Congress. According to the main principle for developing this classification, diseases were grouped by anatomical site. Subsequently, Jacques Bertillon revised this classification taking into account the classifications used in England, Germany and Switzerland. The International Statistical Institute (the successor to the International Statistical Congress) adopted it in 1893 and strongly encouraged its use by member countries in order to promote international comparability in cause of death statistics. Under the direction of the French government, the first international Conference for the Revision of the Bertillon, or International, Classification of Causes of Death was held in Paris in 1900. From then on a revision Conference was held during each decade in order to update this Bertillon classification.

Dans les tableaux qui indiquent le code de qualité, ce code ne s'applique qu'aux données tirées des registres d'état civil. Si une série pour un pays ou une zone renferme à la fois des données tirées d'un registre d'état civil et des données estimatives, le code ne s'applique qu'aux données d'enregistrement. Si seules des données estimatives apparaissent, le symbole ".." est utilisé.

4.3 Causes de décès

Plusieurs tableaux de l'Annuaire démographique présentent les décès classés par cause. Pour assurer la comparabilité internationale des statistiques des causes de décès, l'Organisation mondiale de la santé organise régulièrement des conférences internationales de révision de la Classification internationale des maladies (CIM) et veille ainsi à l'aligner, au fur et à mesure, sur les progrès les plus récents de la médecine clinique et de la statistique. Bien que ces révisions aboutissent à l'élaboration d'une version actualisée de la CIM, elle pose plusieurs problèmes de comparabilité des statistiques des causes de décès. Le premier de ces problèmes tient au manque de comparabilité dans le temps, qui accompagne inévitablement la mise en oeuvre d'une classification nouvelle. Le deuxième est celui de la comparabilité entre pays ou zones, car les différents pays peuvent adopter la classification nouvelle à des époques différentes. Plus la classification se précise, plus il faut s'appuyer sur un diagnostic clinique compétent des causes de décès. Dans beaucoup de pays ou zones, il est rare que les décès se produisent en présence d'un témoin possédant une formation médicale, c'est–à–dire que le certificat de décès est le plus souvent établi par un témoin non qualifié médicalement. Comme la CIM offre de nombreux diagnostics qu'il est impossible d'établir si l'on n'a pas de formation en médecine, elle ne favorise pas toujours la comparabilité internationale, notamment entre pays ou zones où la qualité des services médicaux est très différente.

Pour donner au lecteur une certaine idée de l'utilisation des statistiques établies selon la cause de décès, les paragraphes qui suivent donnent un aperçu de la Classification internationale des maladies (CIM), comparent la Classification de 1975 (9e révision) avec celle de 1965 (8e révision), comparent les tableaux présentés dans l'Annuaire démographique entre la huitième et la neuvième révision, et exposent enfin un certain nombre de recommendations concernant la mortalité liée à la maternité, la mortalité périnatale et la déclaration des causes de décès par des personnes non qualifiées.

Le Classification internationale des maladies remonte à celles qui ont été proposées par William Farr et Marc d'Espine. En 1855, ces deux auteurs ont proposé une classification en 138 rubriques, adoptée ensuite par le premier Congrès international de statistique. Cette classification reposait essentiellement sur un regroupement des maladies selon leur site anatomique. Par la suite, Jacques Bertillon l'a modifiée en tenant compte des nomenclatures utilisées en Angleterre, Allemagne et Suisse. L'Institut international de statistique, qui avait succédé au Congrès international de statistique, a adopté la proposition de Bertillon en 1893 et en a vivement encouragé l'usage par les pays membres, afin d'assurer la comparabilité internationale des statistiques des causes de décès. Sous l'égide du Gouvernement français, la première Conférence internationale pour la révision de la Classification internationale des causes de décès, dite Classification Bertillon, s'est tenue à Paris en 1900. Ensuite, une conférence de révision a eu lieu tous les dix ans afin de mettre à jour la classification Bertillon.

This early work established that the axis of the International Classification of Diseases (ICD), as it has become known, refers to aetiology rather than manifestation. The major goals of the decennial revision of the ICD are to promote international comparability in cause of death statistics while maintaining a classification which uses current levels of medical knowledge as the criteria for including specific detailed codes or rubrics.

Following several revisions, the Sixth Decennial Revision Conference held in 1948 under the auspices of the World Health Organization, which had earlier been given responsibility for the revision of the classification, marked a milestone in international co–operation in vital and health statistics by defining the concept of underlying cause of death, by expanding the content of the classification to include both mortality and morbidity, and by initiating a programme of international co–operation in vital and health statistics. Although subsequent revisions have changed the ICD in a variety of ways, cause of death statistics since the sixth revision are characterized by continuity.

The 1975 (ninth) revision is the latest revision of the ICD. In general the changes created in the ninth revision do not create major discrepancies in the cause of death statistics shown in the Demographic Yearbook for several reasons: first, the structure of the classification itself is similar for both the eighth and ninth revision; and secondly, the tabulation list developed from the ninth revision was designed to maximize comparability with List B from the eighth revision. [17] Each of these is discussed in greater detail below.

Like earlier revisions, the chapters of the ninth revision consist of three digit codes which have undergone only limited change since the previous revision. In the interest of greater specificity, however, more detail is provided in the ninth revision by additional fourth and sometimes fifth digits to the codes. [18] As before the three digit codes identify aetiology of disease. Although manifestation of disease may also be identified with the ninth revision for the first time, it is not used to code cause of death. Chapter one contains infectious and contagious diseases, chapter two refers to all neoplasms, and chapter three to endocrine, nutritional and metabolic diseases and immunity disorders. The remaining chapters group diseases according to anatomical site affected except for the final chapters which refer to mental disorders: complications of pregnancy, childbirth and the puerperium; congenital anomalies; and conditions originating in the perinatal period. Finally, an entire chapter is devoted to signs, symptoms and ill–defined conditions.

Within chapters, however, the changes vary from minor to major. In the chapters dealing with infectious and parasitic diseases, diseases of the blood and blood forming organs, mental disorders, diseases of the digestive system, diseases of the skin and subcutaneous tissues and congenital anomalies. The changes are minor. Major changes were made in the structure of chapters dealing with the nervous system and sense organs, complications of pregnancy, childbirth and puerperium, certain causes of perinatal morbidity and mortality and diseases of the musculoskeletal system and connective tissues.

Until 1975 the Manual of the International Statistical Classification of Diseases, Injuries and Cause of Death contained not only the classification scheme used to code cause of death but also tabulation lists derived from the scheme itself. Since cause of death classifications may be needed for a variety of uses, several tabulation lists in varying degrees of detail were recommended. Although frequently criticized for not being flexible, the use of these lists by many countries or areas has served to promote international comparability in the statistics on cause of death.

Ces premiers travaux ont fait apparaître que la Classification internationale des maladies (CIM), nom qu'elle portait désormais, s'appuyait sur l'étiologie des maladies plutôt que sur leurs symptômes. Les buts principaux de la révision décennale de la CIM sont de favoriser la comparabilité internationale des statistiques des causes de décès, tout en conservant une classification qui s'appuie sur le niveau contemporain des connaissances médicales comme critère d'inclusion des codes ou de rubriques spécifiques dans la classification.

A la suite de plusieurs révisions, la Sixième conférence décennale de révision, qui s'est tenue en 1948 sous les auspices de l'Organisation mondiale de la santé — récemment chargée de réviser la classification —, a marqué une étape historique dans la coopération internationale pour l'établissement des statistiques de l'état civil et de la santé, en définissant le concept de cause initiale du décès, en élargissant la classification à la morbidité, et en inaugurant un programme de coopération internationale dans le domaine des statistiques de l'état civil et de la santé. Bien que les révisions ultérieures aient modifié la CIM à bien des égards, les statistiques des causes de décès sont caractérisées, depuis la sixième révision, par leur continuité.

La neuvième révision, de 1975, est la dernière qu'ait connue la CIM. En général, les modifications qui y ont été introduites n'influencent pas profondément les statistiques des causes de décès qui figurent dans l'Annuaire démographique, et cela pour plusieurs raisons. En premier lieu, le cadre de la Classification est le même selon la huitième et la neuvième révision; en second lieu, la présentation statistique résultant de la neuvième révision a été conçue de façon à assurer une comparabilité maximale avec la liste B de la huitième révision [17]. Chacun de ces points est analysé ci–après.

Comme les révisions antérieures, la neuvième se fonde sur un code à trois chiffres qui n'a subi que des modifications limitées par rapport à celui de la huitième révision. Toutefois, afin d'aboutir à plus de précision, la neuvième révision donne plus de détails en ajoutant au code parfois un quatrième et parfois un cinquième chiffre [18]. Comme précédemment, le code à trois chiffres se réfère à l'étiologie des maladies. Bien que les symptômes des maladies apparaissent quelquefois dans la neuvième révision pour la première fois, ils ne servent pas pour la codification des causes de décès. Le chapitre premier concerne les maladies infectieuses et contagieuses, le chapitre 2 l'ensemble des néoplasmes, et le chapitre 3 les maladies du système endocrinien, de la nutrition et du métabolisme, ainsi que les affections immunitaires. Enfin, les autres chapitres groupent les maladies selon leur site anatomique, à l'exception des dernières qui concernent les affections mentales, les complications de la grossesse, de l'accouchement et des suites de couches; les anomalies congénitales et les affections de la période périnatale. Enfin, un chapitre entier est consacré aux manifestations, symptômes et affections mal définis.

Dans le cadre de chacun des chapitres, par contre, les modifications peuvent être mineures ou importantes. Ainsi, dans les chapitres consacrés aux maladies infectieuses et parasitaires, aux maladies du sang et des organes hématopoïétiques, aux affections mentales, aux maladies du système digestif, aux maladies du tissu cutané et sous–cutané et aux anomalies congénitales, les modifications sont mineures. Les modifications importantes ont été apportées à la présentation des chapitres consacrés au système nerveux et aux organes sensoriels, aux complications de la grossesse, de l'accouchement et des suites de couches, à certaines causes de morbidité et de mortalité périnatales et aux maladies du système ostéomusculaire et du tissu conjonctif.

Jusqu'en 1975, le Manuel de la Classification statistique internationale des maladies, traumatismes et causes de décès contenait non seulement le système de classification utilisé pour coder les causes de décès, mais également des tables construites à partir de ce système. Comme une classification des causes de décès peut se révéler nécessaire à divers usages, le Manuel recommandait plusieurs présentations plus ou moins détaillées. Bien qu'on lui ait fréquemment reproché de manquer de flexibilité, l'utilisation de ces listes par de nombreux pays ou zones a permis de développer la comparabilité internationale des statistiques des causes de décès.

Comparison of the Abbreviated Mortality Lists from the Eighth and Ninth Revisions of the International Classification of Diseases Used to Code Cause of Death.

Eighth Revision (List B) [19]

ll Causes (000–E999)

1 Cholera (000)
2 Typhoid fever (001)
3 Bacillary dysentery and amoebiasis (004, 006)
4 Enteritis and other diarrhoeal diseases (008, 009)
5 Tuberculosis of respiratory system (010–012)
6 Other tuberculosis, including late effects (013–019)
7 Plague (020)
8 Diphtheria (032)
9 Whooping cough (033)
10 Streptococcal sore throat and scarlet fever (034)
11 Meningococcal infection (036)
12 Acute poliomyelitis (040–043)
13 Smallpox (050)
14 Measles (055)
15 Typhus and other rickettsioses (080–083)
16 Malaria (084)
17 Syphilis and its sequelae (090–097)
18 All other infective and parasitic diseases (Remainder of 000–136)
19 Malignant neoplasms, including neoplasms of lymphatic and haematopoietic tissue (140–209)
20 Benign neoplasms and neoplasms of unspecified nature (210–239)
21 Diabetes mellitus (250)
22 Avitaminoses and other nutritional deficiency (260–269)
23 Anaemias (280–285)
24 Meningitis (320)
25 Active rheumatic fever (390–392)
26 Chronic rheumatic heart disease (393–398)
27 Hypertensive disease (400–404)
28 Ischaemic heart disease (410–414)
29 Other forms of heart disease (420–429)
30 Cerebrovascular disease (430–438)
31 Influenza (470–474)
32 Pneumonia (480–486)
33 Bronchitis, emphysema and asthma (490–493)
34 Peptic ulcer (531–533)
35 Appendicitis (540–543)
36 Intestinal obstruction and hernia (550–553, 560)
37 Cirrhosis of liver (571)
38 Nephritis and nephrosis (580–584)
39 Hyperplasia of prostate (600)
40 Abortion (640–645)
41 Other complications of pregnancy, childbirth and the puerperium. Delivery without mention of complication (630–639, 650–678)
42 Congenital anomalies (740–759)
43 Birth injury, difficult labour and other anoxic and hypoxic conditions (764–768, 772–776)
44 Other causes of perinatal mortality (760–763, 769–771, 773–775, 777–779)
45 Symptoms and ill–defined conditions (780–796)
46 All other diseases (Remainder of 240–738)
E47 Motor vehicle accidents (E810–E823)
E48 All other accidents (E800–E807, E825–E949)
E49 Suicide and self–inflicted injuries (E950–E959)
E50 All other external causes (E960–E999)

Ninth Revision (Adapted Mortality List) [20]

All Causes (001–E999)

AM 1 Cholera (001)
AM 2 Typhoid fever (002.0)
AM 3 Other intestinal infectious diseases (Remainder of 001–009)
AM 4 Tuberculosis (010–018)
AM 5 Whooping cough (033)
AM 6 Meningococcal infection (036)
AM 7 Tetanus (037)
AM 8 Septicaemia (038)
AM 9 Smallpox (050)
AM10 Measles (055)
AM11 Malaria (084)
AM12 All other infectious and parasitic diseases (Remainder of 001–139)
AM13 Malignant neoplasm of stomach (151)
AM14 Malignant neoplasm of colon (153)
AM15 Malignant neoplasm of rectum, rectosigmoid junction and anus (154)
AM16 Malignant neoplasm of trachea, bronchus and lung (162)
AM17 Malignant neoplasm of female breast (174)
AM18 Malignant neoplasm of cervix uteri (180)
AM19 Leukaemia (204–208)
AM20 All other malignant neoplasms (Remainder of 140–208)
AM21 Diabetes mellitus (250)
AM22 Nutritional marasmus (261)
AM23 Other protein–calorie malnutrition (262, 263)
AM24 Anaemias (280–285)
AM25 Meningitis (320–322)
AM26 Acute rheumatic fever (390–392)
AM27 Chronic rheumatic heart disease (393–398)
AM28 Hypertensive disease (401–405)
AM29 Acute myocardial infarction (410)
AM30 Other ischaemic heart diseases (411–414)
AM31 Cerebrovascular disease (430–438)
AM32 Atherosclerosis (440)
AM33 Other diseases of circulatory system (Remainder of 390–459)
AM34 Pneumonia (480–486)
AM35 Influenza (487)
AM36 Bronchitis, emphysema and asthma (490–493)
AM37 Ulcer of stomach and duodenum (531–533)
AM38 Appendicitis (540–543)
AM39 Chronic liver disease and cirrhosis (571)
AM40 Nephritis, nephrotic syndrome and nephrosis (580–589)
AM41 Hyperplasia of prostate (600)
AM42 Abortion (630–639)
AM43 Direct obstetric causes (640–646, 651–676)
AM44 Indirect obstetric causes (647, 648)
AM45 Congenital anomalies (740–759)
AM46 Birth trauma (767)
AM47 Other conditions originating in the perinatal period (760–766, 768–779)
AM48 Signs, symptoms and ill–defined conditions (780–799)
AM49 All other diseases (Remainder of 001–799)
AM50 Motor vehicle traffic accidents (E810–E819)
AM51 Accidental falls (E880–E888)
AM52 All other accidents, and adverse effects (Remainder of E800–E949)
AM53 Suicide and self–inflicted injury (E950–E959)
AM54 Homicide and injury purposely inflicted by other persons (E960–E969)
AM55 Other violence (E970–E999)

Comparaison entre les listes abrégées de mortalité de la huitième et de la neuvième révision de la classification internationale des maladies, employées pour classer les causes de décès.

Liste B Huitième révision [19]

outes Causes (000–E999)

1 Choléra (000)
2 Fièvre typhoïde (001)
3 Dysenterie bacillaire et amibiase (004, 006)
4 Entérites et autres maladies diarrhéiques (008, 009)
5 Tuberculose de l'appareil respiratoire (010–012)
6 Autres formes de tuberculose et leurs séquelles (013–019)
7 Peste (020)
8 Diphtérie (032)
9 Coqueluche (033)
10 Angine à streptocoques et scarlatine (034)
11 Infections à méningocoques (036)
12 Poliomyélite aiguë (040–043)
13 Variole (050)
14 Rougeole (055)
15 Typhus et autres rickettsioses (080–083)
16 Paludisme (084)
17 Syphilis et ses séquelles (090–097)
18 Toutes autres maladies infectieuses et parasitaires (le reste de 000–136)
19 Tumeurs malignes, y compris les tumeurs des tissus lymphatiques et hématopoïétiques (140–209)
20 Tumeurs bénignes et tumeurs de nature non précisée (210–239)
21 Diabète sucré (250)
22 Avitaminoses et autres états de carence (260–269)
23 Anémies (280–285)
24 Méningite (320)
25 Rhumatisme articulaire aigu (390–392)
26 Cardiopathies rhumatismales chroniques (393–398)
27 Maladies hypertensives (400–404)
28 Maladies ischémiques du coeur (410–414)
29 Autres formes de cardiopathies (420–429)
30 Maladies cérébro–vasculaires (430–438)
31 Grippe (470–474)
32 Pneumonie (480–486)
33 Bronchite, emphysème et asthme (490–493)
34 Ulcère de l'estomac et du duodénum (531–533)
35 Appendicite (540–543)
36 Occlusion intestinale et hernie (550–553, 560)
37 Cirrhose du foie (571)
38 Néphrite et néphrose (580–584)
39 Hypertrophie de la prostate (600)
40 Avortements (640–645)
41 Autres complications de la grossesse, de l'accouchement et des suites de couches. Accouchement sans mention de complication (630–639, 650–678)
42 Anomalies congénitales (740–759)
43 Lésions obstétricales, accouchements dystociques et autres états anoxémiques et hypoxémiques (764–768, 772, 776)
44 Autres causes de mortalité périnatale (760–763, 769–771, 773–775, 777–779)
45 Symptômes et états morbides mal définis (780–790)
46 Toutes autres maladies (le reste de 240–738)
E47 Accidents de véhicule à moteur (E810–E823)
E48 Tous autres accidents (E800–807, E825–E949)

E49 Suicide et lésions faites volontairement à soi–même
E50 All other external causes (E960–E999)

Liste adaptée de causes de mortalité [20]
Neuvième révision

Toutes causes (001–E999)

AM 1 Choléra (001)
AM 2 Fièvre typhoïde (002.0)
AM 3 Autres maladies infectieuses intestinales (Restant de 001–009)
AM 4 Tuberculose (010–018)
AM 5 Coqueluche (033)
AM 6 Infections à méningocoques (036)
AM 7 Tétanos (037)
AM 8 Septicémie (038)
AM 9 Variole (050)
AM10 Rougeole (055)
AM11 Paludisme (084)
AM12 Autres maladies infectieuses et parasitaires (Restant de 001–139)
AM13 Tumeur maligne de l'estomac (151)
AM14 Tumeur maligne du gros intestin (153)
AM15 Tumeur maligne du rectum et du canal anal (154)
AM16 Tumeur maligne de la trachée, des bronches et du poumon (162)
AM17 Tumeur maligne du sein (174)
AM18 Tumeur maligne du col de l'utérus (180)
AM19 Leucémie (204–208)
AM20 Autres tumeurs malignes (Restant de 140–208)
AM21 Diabète sucré (250)
AM22 Marasme nutritionnel (261)
AM23 Autres malnutritions protéo–caloriques (262, 263)
AM24 Anémies (280–285)
AM25 Méningites (320–322)
AM26 Rhumatisme articulaire aigu (390–392)
AM27 Cardiopathies rhumatismales chroniques (393–398)
AM28 Maladies hypertensives (401–405)
AM29 Infarctus aigu du myocarde (410)
AM30 Autres myocardiopathies ischémiques (411–414)
AM31 Maladies cérébro–vasculaires (430–438)
AM32 Athérosclérose (440)
AM33 Maladies des autres parties de l'appareil circulatoire (Restant de 390–459)
AM34 Pneumonie (480–486)
AM35 Grippe (487) (Restant de 390–459)
AM36 Bronchite, emphysème et asthme (490–493)
AM37 Ulcère de l'estomac et du duodénum (531–533)
AM38 Appendicite (540–543)
AM39 Maladies chroniques et cirrhose du foie (571)
AM40 Néphrite, syndrome néphrotique et néphrose (580–589)
AM41 Hyperplasie de la prostate (600)
AM42 Avortements (630–639)
AM43 Causes obstétricales directes (640–646, 651–676)
AM44 Causes obstétricales indirectes (647–648)
AM45 Anomalies congénitales (740–759)
AM46 Traumatisme obstétrical (767)
AM47 Autres affections dont l'origine se situe dans la période périnatale (760–766, 768–779)

AM48 Symptômes, signes et états morbides mal définis (780–799)
AM49 Autres maladies (Restant de 001–799)
AM50 Accident de véhicule à moteur sur la voie publique (E810–E819)
AM51 Chute accidentelle (E880–E888)
AM52 Autres accidents et effets adverses (Restant de E800–E949)
AM53 Suicide (E950–E959)
AM54 Homicide (E960–E969)
AM55 Autres violences (E970–E999)

Although great care was taken in the ninth revision to maintain the same structure of the chapters used previously, so as to minimize the discontinuity previously created by revising the ICD, in order to promote flexibility the tabulation lists recommended previously were not adopted. Instead, the Basic Tabulation List (BTL) was adopted with the intention of enabling each country or area to adapt it to its unique needs by adopting an appropriate list of categories. One limitation of the Basic Tabulation List for use in the Demographic Yearbook is that it does not contain a set of mutually exclusive categories whose totals add to the sum of all deaths. Therefore, residual categories do not exist separately. They may be obtained only by subtracting the sum of a group of categories from the total. In order to remedy this shortcoming, the World Health Organization and the United Nations collaborated in developing an abbreviated mortality list of causes of death derived from the three–digit codes in the ninth revision. Known as the Adapted Mortality List, the major objective used in the development of this list was to ensure the greatest degree of comparability with the List B from the eighth revision. The Adapted Mortality List, consisting of 55 categories, in combination with the abbreviated list of the eighth revision, List B, is shown in the preceding pages.

Il est exact que l'on s'est efforcé, dans la neuvième révision, de conserver aux chapitres la même structure, de façon à réduire au minimum les discontinuités résultant des révisions antérieures, mais les listes recommandées auparavant n'ont pas été adoptées. On a retenu, au contraire, la Liste de base (BTL) dans l'intention de permettre à chaque pays ou zone de l'adapter à ses besoins propres. Or, l'emploi de la Liste de base dans l'Annuaire démographique est limité pour une part du fait qu'elle ne contient pas de catégories exclusives. On n'y trouve donc pas de catégories résiduelles. Celles–ci ne peuvent être constituées qu'en retranchant du total la somme d'un groupe de catégories. Pour remédier à cette insuffisance, l'Organisation mondiale de la santé et l'Organisation des Nations Unies ont collaboré à l'élaboration d'une liste abrégée de causes de mortalité, tirée de celle à trois chiffres de la neuvième révision. Cette liste, dite adaptée, avait surtout pour but d'assurer la plus grande comparabilité possible avec la liste B de la huitième révision. La Liste adaptée des causes de mortalité, composée de 55 catégories, est donnée à la page précédente en regard de la liste B abrégée de la huitième révision.

Reflecting the similarity between the eighth and ninth revisions of the ICD itself, the Adapted Mortality List from the ninth revision does not differ extensively from List B from the eighth revision. A comparable level of detail was maintained for certain infectious and parasitic diseases such as cholera, typoid fever, whooping cough, meningococcal infection, smallpox, measles and malaria. Another area of similarity exists among the following diseases which are listed separately in both revisions: pneumonia; influenza; bronchitis; emphysema and asthma; ulcer of the stomach and duodenum; appendicitis; chronic liver disease and cirrhosis; nephritis, nephrotic syndrome and nephroses; and hyperplasia of prostate.

La Liste adaptée des causes de mortalité, dérivée de la neuvième révision, ne diffère pas beaucoup de la liste B de la huitième révision, dès lors que ces deux révisions sont très semblables l'une à autre. On y a conservé un niveau semblable de détail dans le cas de certaines maladies infectieuses ou parasitaires telles que le choléra, la fièvre typhoïde, la coqueluche, les infections à méningocoques, la variole, la rougeole et le paludisme. On retrouve une même similarité entre les maladies suivantes, qui sont distinguées dans les deux révisions [[[[[umonie, grippe, bronchite, emphysème et asthme, ulcères de l'estomac et du duodénum, appendicite, hépatites chroniques et cirrhoses, néphrites, syndromes néphrotiques et néphroses, enfin hyperplasie de la prostate.

However, care should be exercised in comparing trends by cause of death because in some instances the level of detail differs between the revisions. Changes in the location of infectious and parasitic diseases between the eighth and ninth revisions may adversely affect the comparability of several cause categories shown in table 21. For example, the three digit categories included in causes of death due to tuberculosis (B5 and B6) in the eighth revision differ from AM4 in the ninth revision. In the eighth revision, these categories included late effects of tuberculosis, while in the ninth revision the same late effects were not assigned to this cause. Therefore a comparison of B5 and B6 with AM4 would lead incorrectly to the conclusion that deaths due to tuberculosis were decreasing, since some conditions leading to a diagnosis of death due to tuberculosis under the rules of the eighth revision would be attributed to other causes under the ninth revision.

Toutefois, il faut agir avec circonspection lorsque l'on compare les tendances de la mortalité par cause de décès car, dans certains cas, le détail diffère d'une révision à l'autre. Les modifications du site des maladies infectieuses ou parasitaires, intervenues entre la huitième et neuvième révision, peuvent nuire à la comparabilité de plusieurs catégories de causes de décès du tableau 21. Par exemple, les catégories à trois chiffres des décès par tuberculose (B5 et B6) dans la huitième révision diffèrent de la catégorie AM4 de la neuvième révision. Dans la huitième révision, ces catégories comprenaient les effets tardifs de la tuberculose, alors que dans la neuvième ces effets n'ont pas été attribués à la même cause. C'est pourquoi une comparaison des statistiques B5 et B6 avec celles de la catégorie AM4 amènerait fallacieusement à conclure que les effets tardifs de la tuberculose ont diminué d'incidence, tandis que certaines affections conduisant à un diagnostic de décès par tuberculose en vertu de la huitième révision seraient attribuées à d'autres causes dans le contexte de la neuvième révision.

In addition, neoplasms are shown in greater detail in the ninth revision than the eighth. In the ninth revision malignant neoplasms of the stomach, of the colon, the rectum, rectosigmoid junction and anus, of the trachea, bronchus and lung, of the female breast, of the cervix uteri and leukaemia are shown separately whereas in the eighth revision all malignant neoplasms were grouped together (B19). Therefore to obtain comparable statistics on deaths from malignant neoplasms for a country or area which reports in terms of both the eighth and ninth revisions, the user could add causes AM13 through AM20 from the ninth revision to obtain comparable causes to B19 from the eighth revision. Nutritional deficiencies are also handled differently in the two revisions. Avitaminosis and nutritional deficiencies (B22) in the eighth revision are classified in the adapted mortality list as nutritional marasmus (AM22) and other protein–caloric malnutrition (AM23). A single category of other intestinal infections was created from bacillary dysentery and amoebiasis (B3) and enteritis and other diarrhoeal diseases (B4).

Particular care should be devoted to use of residual categories, which may contain different causes of death in the two revisions. For example, the residual category of infectious and parasitic diseases, B18 and AM12 in the eighth and ninth revisions, respectively, is not identical in the two revisions. For example, in the ninth revision this residual category includes plague, diphtheria, scarlet fever, polio, typhus and syphilis which were listed separately in the eighth revision.

Finally, signs, symptoms and ill–defined conditions are coded to B45 and AM48 in the eighth and ninth revision, respectively. If more than 25 per cent of deaths reported in a country or area are coded to signs, symptoms and ill–defined conditions, the data are considered unreliable for the purposes of the Demographic Yearbook. In such instances, deaths by cause are not included in table 21, since it is not possible to determine whether the distribution of known causes is biased by such a large unknown category.

4.3.1 Maternal mortality

According to the ninth revision, "Maternal death is defined as the death of a woman while pregnant or within 42 days of termination of pregnancy, irrespective of the duration and the site of the pregnancy, from any cause related to or aggravated by the pregnancy or its management but not from accidental or incidental causes.

" Maternal deaths should be subdivided into direct and indirect obstetric deaths. Direct obstetric deaths are those resulting from obstetric complications of the pregnant state (pregnancy, labour and puerperium) from interventions, omissions, incorrect treatment, or from a chain of events resulting from any of the above. Indirect obstetric deaths are those resulting from previous existing disease or disease that developed during pregnancy and which was not due to direct obstetric causes, but which was aggravated by physiologic effects of pregnancy".

Au surplus, les néoplasmes sont plus détaillés dans la neuvième révision que dans la huitième. Dans la neuvième révision, la leucémie et les tumeurs malignes de l'estomac, du côlon, du rectum, du canal anal et de l'anus, de la trachée, des bronches et du poumon, du sein et du col de l'utérus figurent séparément les uns des autres, tandis que, dans la huitième révision, toutes les tumeurs malignes étaient regroupées (B19). C'est pourquoi, pour obtenir des statistiques comparables des décès par tumeurs malignes dans un pays ou une zone qui présente ses statistiques à la fois selon la huitième et la neuvième révision, l'utilisateur peut faire la somme des causes AM13 à AM20 de la neuvième révision pour obtenir les causes comparables de la catégorie B19 de la huitième révision. Les carences nutritives font également l'objet, dans les deux révisions, d'un traitement différent. Les avitaminoses et les carences nutritives (B22) de la huitième révision sont classées, dans la liste adaptée des causes de mortalité, comme marasmes nutritionels (AM22) et autres états de malnutrition protéo–caloriques (AM23). La catégorie des infections instestinales diverses a été créée par regroupement des dysenteries bacillaires et amibiases (B3) avec les entérites et autres maladies diarrhéiques (B4).

Il convient de veiller particulièrement à l'affectation des catégories résiduelles, qui peuvent être différentes dans les deux révisions. Par exemple, les maladies infectieuses et parasitaires, B18 et AM12 dans les huitième et neuvième révisions respectivement, ne sont pas les mêmes d'une révision à l'autre. Dans la neuvième, elles comprennent la peste, la diphtérie, la scarlatine, la poliomyélite, le typhus et la syphilis, qui apparaissent séparément dans la huitième révision.

Enfin, les manifestations, symptômes et affections mal définies apparaissent respectivement, dans la huitième et la neuvième révision, sous B45 et AM48. Si plus de 25 p. 100 des décès signalés dans un pays ou une zone sont codés sous la rubrique manifestations, symptômes et affections mal définies, les données sont considérées comme douteuses dans l'Annuaire démographique. Alors, les décès par cause ne figurent pas dans tableau 21, car il n'est pas possible de déterminer si la répartition des causes connues est faussée par l'existence d'une catégorie "inconnue" aussi importante.

4.3.1 Mortalité maternelle

D'après la neuvième révision de la CIM, "la mortalité maternelle se définit comme le décès d'une femme survenu au cours de la grossesse ou dans une délai de 42 jours après sa terminaison, quelle qu'en soit la durée et la localisation, pour une cause quelconque déterminée ou aggravée par la grossesse ou les soins qu'elle a motivés, mais ni accidentelle ni fortuite".

"Les morts maternelles se répartissent en deux groupes: 1) Décès par cause obstétricale directe ... qui résultent de complications obstétricales (grossesse, travail et suites de couches), d'interventions, d'omissions, d'un traitement incorrect ou d'un enchaînement d'événements de l'un quelconque des facteurs ci–dessus. 2) Décès par cause obstétricale indirecte ... qui résultent d'une maladie préexistante ou d'une affection apparue au cours de la grossesse, sans qu'elles soit due à des causes obstétricales directes, mais qui a été aggravée par les effets physiologiques de la grossesse".

Following the definition of a maternal death shown above, the Demographic Yearbook includes deaths due to abortion (B40) and deaths due to other complications of pregnancy, childbirth and the puerperium and delivery without mention of complication (B41) when cause of death is classified according to the eighth revision. When the ninth revision is used, maternal deaths are the sum of deaths due to abortion (AM42), direct obstetric causes (AM43) and indirect obstetric causes (AM44).

A further recommendation by the ninth revision conference proposed that maternal death rates be expressed per 1 000 live births rather than per 1 000 women of childbearing age in order to estimate more accurately the risk of maternal death. Although births do not represent an unbiased estimate of pregnant women, this figure is more reliable than other estimates since it is impossible to determine the number of pregnant women and live births are more accurately registered than live births plus foetal deaths.

4.3.2 Perinatal mortality

The definition of perinatal death was recommended by the Study Group on Perinatal Mortality set up by the World Health Organization. The International Conference for the Eighth Revision of the International Classification of Diseases adopted the recommendation that the perinatal period be defined "as extending from the 28th week of gestation to the seventh day of life". Noting that several countries considered as late foetal deaths any foetal death of 20 weeks or longer gestation, the Conference agreed to accept a broader definition of perinatal death which extends from the 20th week of gestation to the 28th day of life. This alternative definition was believed to promote more complete registration of events between 28 weeks of gestation and the end of the first 6 days of life. In 1975, the Ninth Revision Conference recommended the collection of perinatal mortality statistics by use of a standard perinatal death certificate according to a definition which not only includes a minimum length of gestation but also minimum weight and length criteria.

In table 19 of the 1985 Demographic Yearbook and previous issues of the Yearbook that included perinatal mortality statistics, the definition of perinatal deaths used is the sum of late foetal deaths (foetal deaths of 28 or more weeks of gestation) and infant deaths within the first week of life. In addition, in order to standardize the definition and eliminate differences due to national practice, the figures on perinatal death are calculated in the Statistical Division for inclusion in the Demographic Yearbook. Contrary to the recommendations of the Ninth Revision Conference, the perinatal mortality rate is calculated per 1 000 live births in order to minimize the effect of limited foetal death registration on the magnitude of the denominator.

Considérant la définition ci–dessus de la mortalité maternelle, l'Annuaire démographique y inclut les décès par avortement (B40) et les décès imputables à d'autres complications de la grossesse, de l'accouchement et des suites de couches, sans mention de complications (B41) lorsque la cause de décès est classée selon la huitième révision. Sur la base de la neuvième révision, la mortalité maternelle constitue la somme des décès par avortement (AM42), des décès d'origine obstétricale directe (AM43) et des décès d'origine obstétricale indirecte (AM44).

La neuvième révision recommande également que les taux de mortalité maternelle soient exprimés sur la base de 1 000 naissances vivantes plutôt que sur celle de 1 000 femmes en âge de reproduire, afin d'aboutir à une évaluation plus exacte du risque de mortalité maternelle. Bien que les naissances ne permettent pas d'évaluer sans distortion le nombre des femmes enceintes, leur nombre est plus sûr que d'autres estimations car il est impossible d'évaluer le nombre des femmes enceintes, et le nombre des naissances vivantes est plus exactement enregistré que celui des naissances vivantes et des morts foetales.

4.3.2 Mortalité périnatale

La définition de la mortalité périnatale a été recommandée par le Groupe d'étude sur la mortalité périnatale, constitué par l'Organisation mondiale de la santé. La Conférence internationale pour la huitième révision de la Classification internationale des maladies a adopté la recommandation selon laquelle la période périnatale devait être définie comme suit : "période comprise entre la vingt–huitième semaine de gestation et la septième journée de vie". Considérant que plusieurs pays comptaient comme mort foetale tardive toute mort foetale intervenue 20 semaines ou plus après le début de la gestation, la Conférence a décidé d'accepter aussi une définitions plus large de la mortalité périnatale qui s'étend de la vingtième semaine de la gestation à la vingt–huitième journée de vie. Cette deuxième définition devait en principe permettre l'enregistrement plus complet des morts foetales intervenues entre la vingt–huitième semaine de gestation et la fin des six premières journées de la vie. En 1975, la Conférence chargée de la neuvième révision a recommandé que les statistiques de la mortalité périnatale s'appuient sur un certificat de mortalité périnatale standardisé, fondé sur une définition qui prévoit non seulement une durée minimale de gestation, mais également un minimum de poids et de taille.

Dans le tableau 19 de l'Annuaire démographique 1985 et dans les éditions antérieures de l'Annuaire où figuraient des statistiques sur la mortalité périnatale, la définition de mortalité périnatale s'appuie sur la somme des morts foetales tardives (mortalité foetale au terme de 28 semaines de gestation ou plus) et de la mortalité infantile dans la première semaine de vie. De plus, afin de normaliser la définition et d'éliminer les différences dues aux pratiques nationales, les chiffres de la mortalité périnatale sont calculés par la Division de statistique aux fins d'inclusion dans l'Annuaire démographique. Contrairement aux recommandations de la neuvième conférence de révision, le taux de mortalité périnatale avait été calculé sur 1 000 naissances vivantes, afin de minimiser l'effet des insuffisances d'enregistrement des morts foetales sur le dénominateur de la fraction.

4.3.3 Medical certification and lay reporting

In many countries or areas a sizeable fraction of the deaths may be registered by non–medical personnel. In order to improve the reporting of cause of death in these cases, the Ninth Revision Conference recommended that: "The World Health Organization should become increasingly involved in the attempts made by the various developing countries for collection of morbidity and mortality statistics through lay or paramedical personnel; organize meetings at regional level for facilitating exchange of experiences between the countries currently facing this problem so as to design suitable classification lists with due consideration to national differences in terminology; assist countries in their endeavour to establish or expand the system of collection of morbidity and mortality data through lay or paramedical personnel. [21]

4.3.3 Certificats médicaux et déclarations de témoins non qualifiés

Dans bien des pays et zones, une bonne partie des décès sont déclarés par des personnes sans formation médicale. Afin d'améliorer la déclaration des causes de décès dans ces cas, la neuvième conférence de révision a recommandé que l'Organisation mondiale de la santé prenne "une part croissante à l'action entreprise par divers pays en voie de développement pour la collecte de données statistiques de morbidité et de mortalité par du personnel non professionnel ou paramédical", qu'elle organise "au niveau régional des réunions visant à faciliter un échange d'expériences entre les pays qui doivent actuellement faire face à ce problème, de manière à mettre au point des listes de classification appropriées, compte dûment tenu des différences de terminologie entre les pays" et qu'elle aide "les pays à mettre en place ou à développer le système de collecte de données de morbidité et de mortalité à l'aide d'un personnel non professionnel ou paramédical" [21].

DESCRIPTION OF TABLES

Table 1

Table 1 presents for the world, macro regions and regions estimates of the order of magnitude of population size, rates of population increase, crude birth and death rates, surface area and population density.

Description of variables: Estimates of world population by macro regions and by regions are presented for 1950, 1960 and each fifth year, 1965 to 1985, and for 1990 and 1993. Average annual percentage rates of population growth, the crude birth and crude death rates are shown for the period 1990 to 1995. Surface area in square kilometres and population density estimates relate to 1993.

All population estimates and rates presented in this table were prepared by the Population Division of the United Nations Secretariat and have been published in World Population Prospects: The 1994 Revision.

The scheme of regionalization used for the purpose of making these estimates is described on page 00. Although some continental totals are given, and all can be derived, the basic scheme presents eight macro regions that are so drawn as to obtain greater homogeneity in sizes of population, types of demographic circumstances and accuracy of demographic statistics.

Five of the eight macro regions are further subdivided into 20 regions. These are arranged within macro regions; these together with Northern America, which is subdivided, make a total of 6 regions.
the relevant macro regions estimated by the Population Division.

The distinction of Eastern Asia and South Asia as separate macro regions was dictated largely by the size of their populations. The macro regions of Northern America and Latin America were distinguished, rather than the conventional continents of North America and South America, because population trends in the middle American mainland and the Caribbean region more closely resemble those of South America than those of America north of Mexico. Data for the traditional continents of North and South America can be obtained by adding Central America and Caribbean region to Northern America and deducting them from Latin America. Latin America has somewhat wider

DESCRIPTION DES TABLEAUX

Tableau 1

Le tableau 1 donne, pour l'ensemble du monde, les grandes régions géographiques, des estimations de l'ordre de grandeur de la population, les taux d'accroissement démographique, les taux bruts de natalité et de mortalité, la superficie et la densité de peuplement.

Description des variables : Des estimations de la population mondiale par "grandes régions" et par "régions géographiques" sont présentées pour 1950 et à intervalle quinquennal de 1965 à 1985, ainsi que pour 1990 et 1993. Les taux annuels moyens d'accroissement de la population et les taux bruts de natalité et de mortalité portent sur la période 1990 à 1995. Les indications concernant la superficie exprimée en kilomètres carrés et l'ordre de grandeur de la densité de population se rapportent à 1993.

Toutes les estimations de population et les taux de natalité, taux de mortalité et taux annuels d'accroissement de la population qui sont présentés dans ce tableau ont été établis par la Division de la population du Secrétariat de l'ONU et ont été publiés dans World Population Prospects: The 1994 Revision.

La classification géographique utilisée pour établir ces estimations est exposée à la page 00. Bien que l'on ait donné certains totaux pour les continents (tous les autres pouvant être calculés), on a réparti le monde en huit grandes régions qui ont été découpées de manière à obtenir une plus grande homogénéité du point de vue des dimensions de population, des types de situation démographique et de l'exactitude des statistiques démographiques.

Cinq de ces huit grandes régions ont été subdivisées en 20 régions. Celles–ci ont été classées à l'intérieur de chaque grande région. Avec l'Amérique septentrionale, qui est subdivisée, on arrive à un total de 6 régions.

La distinction entre l'Asie orientale et l'Asie méridionale parmi les grandes régions a été dictée principalement par la dimension de leurs populations. On a distingué comme grandes régions l'Amérique septentrionale et l'Amérique latine, au lieu des continents classiques (Amérique du Nord et Amérique du Sud), parce que les tendances démographiques dans la partie continentale de l'Amérique centrale et dans la région des Caraïbes se rapprochent davantage de celles de l'Amérique du Sud que de celles de l'Amérique au nord du Mexique. On obtient les données pour les continents traditionnels de l'Amérique du Nord et de l'Amérique du Sud en extrayant des données relatives à l'Amérique latine les données concernant l'Amérique centrale et les Caraïbes, et en les regroupant avec celles relatives à l'Amérique

limits than it would if defined only to include Spanish–speaking, French–speaking and Portuguese–speaking countries.

The average annual percentage rates of population growth were calculated by the Population Division of the United Nations Secretariat, using an exponential rate of increase.

Crude birth and crude death rates are expressed in terms of the average annual number of births and deaths, respectively, per 1 000 mid–year population. These rates are estimated.

Surface area totals were obtained by summing the figures for individual countries or areas shown in table 3.

Computation: Density, calculated by the Statistical Division of the United Nations, is the number of persons in the 1993 total population per square kilometre of total surface area.

Reliability of data: With the exception of surface area, all data are set in italic type to indicate their conjectural quality.

Limitations: Being derived in part from data in table 3, the estimated orders of magnitude of population and surface area are subject to all the basic limitations set forth in connection with table 3. Likewise, the rates of population increase and density indexes are affected by the limitations of the original figures. However, it may be noted that, in compiling data for regional and macro region totals, errors in the components may tend to compensate each other and the resulting aggregates may be somewhat more reliable than the quality of the individual components would imply.

Because of their estimated character, many of the birth and death rates shown should also be considered only as orders of magnitude, and not as measures of the true level of natality or mortality. Rates for 1985–1990 are based on the data available as of 1990, the time when the estimates were prepared, and much new information has been taken into account in constructing these new estimates. As a result they may differ from earlier estimates prepared for the same years and published in previous issues of the Yearbook.

It should be noted that the United Nations estimates that appear in this table are from the same series of estimates which also appear in tables 2, 3, 4, 5, 9, 15, 18, and 22 of this Yearbook.

The limitations related to surface area data are described in the Technical Notes for table 3. Because surface area totals were obtained by summing the figures for individual countries or areas shown in table 3, they exclude places with a population of less than 50, for example, uninhabited polar areas.

In interpreting the population densities, one should consider that some of the regions include large segments of land that are uninhabitable or barely habitable, and density values calculated as described make no allowance for this, nor for differences in patterns of land settlement.

Coverage: Data for 26 regions are presented.

septentionale. L'Amérique latine ainsi définie a par conséquent des limites plus larges que celles des pays ou zones de langues espagnole, portugaise et française qui constituent l'Amérique latine au sens le plus strict du terme.

Les taux annuels moyens d'accroissement de la population ont été calculés par la Division de la population du Secrétariat de l'ONU, qui a appliqué à cette fin un taux d'accroissement exponentiel.

Les taux bruts de natalité et de mortalité représentent respectivement le nombre annuel moyen de naissances et de décès par millier d'habitants en milieu d'année. Ces taux sont estimatifs.

La superficie totale a été obtenue en faisant la somme des superficies des pays ou zones du tableau 3.

Calculs : La densité, calculée par la Division de statistique de l'ONU, est égale au rapport de l'effectif total de la population en 1993 à la superficie totale exprimée en kilomètres carrés.

Fiabilité des données : A l'exception des données concernant la superficie, toutes les données sont reproduites en italique pour en faire ressortir le caractère conjectural.

Insuffisance des données : Les estimations concernant l'ordre de grandeur de la population et la superficie reposent en partie sur les données du tableau 3; elles appellent donc toutes les réserves fondamentales formulées à propos de ce tableau. Les taux d'accroissement et les indices de densité de la population se ressentent eux aussi des insuffisances inhérentes aux données de base. Toutefois, il est à noter que, lorsqu'on additionne des données par territoire pour obtenir des totaux régionaux et par grandes régions, les erreurs qu'elles comportent arrivent parfois à s'équilibrer, de sorte que les agrégats obtenus peuvent être un peu plus exacts que chacun des éléments dont on est parti.

Vu leur caractère estimatif, un grand nombre des taux de natalité et de mortalité du tableau 1 doivent être considérés uniquement comme des ordres de grandeur et ne sont pas censés mesurer exactement le niveau de la natalité ou de la mortalité. On s'est fondé pour établir les taux de 1985–1990 sur les données dont on disposait en 1990, date à laquelle les nouvelles estimations ont été établies, et beaucoup d'éléments nouveaux sont alors intervenus dans le calcul de celles–ci. C'est pourquoi il se peut qu'elles s'écartent d'estimations antérieures portant sur ces mêmes années et publiées dans de précédentes éditions de l'Annuaire.

Il y a lieu de noter que les estimations du Secrétariat de l'ONU qui sont reproduites dans ce tableau appartiennent à la même série d'estimations que celles qui figurent dans les tableaux 2, 3, 4, 5, 9, 15, 18, et 22 de la présente édition de l'Annuaire.

Les Notes techniques relatives au tableau 3 indiquent les insuffisances des données de superficie. Parce que les totaux des superficies ont été obtenus en additionnant les chiffres pour chaque pays ou zones, qui apparaissent dans le tableau 3, ils ne comprennent pas les lieux où la population est de moins de 50 personnes, tels que les régions polaires inhabitées.

Pour interpréter les valeurs de la densité de population, il faut tenir compte du fait qu'il existe dans certaines des régions de vastes étendues de terres inhabitables ou à peine habitables, et que les chiffres calculés selon la méthode indiquée ne tiennent compte ni de ce fait ni des différences de dispersion de la population selon le mode d'habitat.

Portée : Les données présentées concernent 26 régions.

Composition of macro regions and component regions set forth in table 1
Composition des grandes régions considérées au tableau 1 et des régions qui en font partie

AFRICA – AFRIQUE

Eastern Africa – Afrique orientale

British Indian Ocean Territory – Territoire Britannique de l'Océan Indien
Burundi
Comoros – Comores
Djibouti
Eritrea – Erythrée
Ethiopia – Ethiopie
Kenya
Madagascar
Malawi
Mauritius – Maurice
Mozambique
Réunion
Rwanda
Seychelles
Somalia – Somalie
Uganda – Ouganda
United Rep. of Tanzania – Rép. Unie de Tanzanie
Zambia – Zambie
Zimbabwe

Middle Africa – Afrique centrale

Angola
Cameroon – Cameroun
Central African Republic – République centrafricaine
Chad – Tchad
Congo
Guinée équatoriale
Equatorial Guinea –
Gabon
Sao Tome and Principe – Sao Tomé-et-Principe
Zaire

Northern Africa – Afrique septentrionale

Algeria – Algérie
Egypt – Egypte
Libyan Arab Jamahiriya – Jamahiriya arabe libyenne
Morocco – Maroc
Sudan – Soudan
Tunisia – Tunisie
Western Sahara – Sahara Occidental

Southern Africa – Afrique méridionale

Botswana
Lesotho
Namibia – Namibie
South Africa – Afrique du Sud
Swaziland

Western Africa – Afrique occidentale

Benin – Bénin
Burkina Faso
Cape Verde – Cap-Vert
Côte d'Ivoire
Gambia – Gambie
Ghana
Guinea – Guinée
Guinea-Bissau – Guinée-Bissau
Liberia – Libéria
Mali
Mauritania – Mauritanie
Niger
Nigeria – Nigéria
St. Helena – Sainte-Hélène
Senegal – Sénégal
Sierra Leone
Togo

LATIN AMERICA – AMERIQUE LATINE

Caribbean – Caraïbes

Anguilla
Antigua and Barbuda – Antigua-et-Barbuda
Aruba
Bahamas
Barbados – Barbade
British Virgin Islands – Iles Vierges britanniques
Cayman Islands – Iles Caïmanes
Cuba
Dominica – Dominique
Dominican Republic – République dominicaine
Grenada – Grenade
Guadeloupe
Haiti
Jamaica – Jamaique
Martinique
Montserrat
Netherlands Antilles – Antilles néerlandaises
Puerto Rico – Porto Rico
St. Kitts-Nevis – Saint-Kitts-et-Nevis
Saint Lucia – Sainte-Lucie
St. Vincent and the Grenadines – Saint-Vincent-et-Grenadines
Trinidad and Tobago – Trinité-et-Tobago
Turks and Caicos Islands – Iles Turques et Caiques
United States Virgin Islands – Iles Vierges américaines

Central America – Amérique centrale

Belize
Costa Rica
El Salvador
Guatemala
Honduras
Mexico – Mexique
Nicaragua
Panama

South America – Amérique du Sud

Argentina – Argentine
Bolivia – Bolivie
Brazil – Brésil
Chile – Chili
Colombia – Colombie
Ecuador – Equateur
Falkland Islands (Malvinas)– Iles Falkland (Malvinas)
French Guiana – Guyane Française
Guyana
Paraguay
Peru – Pérou
Suriname
Uruguay
Venezuela

NORTHERN AMERICA – AMERIQUE SEPTENTRIONALE

Bermuda – Bermudes
Canada
Greenland – Groenland
St. Pierre and Miquelon – Saint-Pierre-et-Miquelon
United States – Etats-Unis

ASIA – ASIE

Eastern Asia – Asie Orientale

China – Chine
Hong Kong – Hong-kong
Japan – Japon
Korea – Corée
Korea, Dem. People's Rep. of – Corée, rép. populaire dém. de
Korea, Republic of– Corée, République de
Macau – Macao
Mongolia – Mongolie

South-central Asia
Asie centrale méridionale

Afghanistan
Bangladesh
Bhutan – Bhoutan
India – Inde
Iran (Islamic Republic of – Rép. islamique d')
Kazakhstan

Composition of macro regions and component regions set forth in table 1
Composition des grandes régions considérées au tableau 1 et des régions qui en font partie

Kyrgyzstan – Kirghizistan
Maldives
Nepal – Népal
Pakistan
Sri Lanka
Tajikistan – Tadjikistan
Turkmenistan – Turkménistan
Uzbekistan – Ouzbékistan

South–eastern Asia – Asie méridionale orientale

Brunei Darussalam – Brunéi Darussalam
Cambodia – Cambodge
East Timor – Timor oriental
Indonesia – Indonésie
Lao People's Dem. Rep. – Rép. Dém. populaire Lao
Malaysia – Malaisie
Myanmar
Philippines
Singapore – Singapour
Thailand – Thaïlande
Viet Nam

Western Asia – Asie occidentale

Armenia – Arménie
Azerbaijan – Azerbaïdjan
Bahrain – Bahreïn
Cyprus – Chypre
Georgia – Géorgie
Iraq
Israel – Israël
Jordan – Jordanie
Kuwait – Koweït
Lebanon – Liban
Oman
Palestine (Gaza Strip) – Palestine (Zone de Gaza)
Qatar
Saudi Arabia – Arabie saoudite
Syrian Arab Republic – République arabe syrienne
Turkey – Turquie
United Arab Emirates – Emirats Arabes Unis
Yemen – Yémen

EUROPE

Eastern Europe – Europe orientale

Belarus – Bélarus
Bulgaria – Bulgarie
Czech Republic – Rép. tcheque
Hungary – Hongrie
Poland – Pologne
Republic of Moldova – République de Moldova
Romania – Roumanie
Russian Federation – Féderation Russe
Slovakia – Slovaquie
Ukraine

Northern Europe – Europe septentrionale

Channel Islands – Iles Anglo–Normandes
Denmark – Danemark
Estonia – Estonie
Faeroe Islands – Iles Féroé
Finland – Finlande
Iceland – Islande
Ireland – Irlande
Isle of Man – Ile de Man
Latvia – Latvie
Lithuania – Lithuanie
Norway – Norvège
Sweden – Suède
United Kingdom – Royaume–Uni

Southern Europe – Europe méridionale

Albania – Albanie
Andorra – Andorre
Bosnia–Herzegovina Bosnie–Herzégovine
Croatia – Croatie
Gibraltar
Greece – Grèce
Holy See – Saint–Siège
Italy – Italie
Malta – Malte
Portugal
San Marino – Saint–Marin
Slovenia – Slovénie
Spain – Espagne
The former Yugoslav Rep. of Macedonia – L'ex Rép. de Macédonie
Yugoslavia – Yougoslavie

Western Europe – Europe occidentale

Austria – Autriche
Belgium – Belgique
France
Germany
Liechtenstein
Luxembourg
Monaco
Netherlands – Pays–Bas
Switzerland – Suisse

OCEANIA – OCEANIE

Australia and New Zealand – Australie et Nouvelle Zélande

Australia – Australie
Christmas Island – Ile Christmas
Cocos (Keeling) Islands – Iles des Cocos (Keeling)
New Zealand – Nouvelle–Zélande
Norfolk Island – Ile Norfolk

Melanesia – Melenésie

Fiji – Fidji
New Caledonia – Nouvelle–Calédonie
Papua New Guinea – Papouasie–Nouvelle–Guinée
Solomon Islands – Iles Salomon
Vanuatu

Micronesia – Micronésie

Canton and Enderbury Islands – Iles Canton et Enderbury
Federated States of Micronesia – Etats fédératives de Micronésie
Guam
Johnston Island – Ile Johnston
Kiribati
Marshall Islands – Iles Marshall
Nauru
Northern Mariana Islands – Iles Mariannes du Nord
Pacific Islands (Palau) – Iles du Pacifique (Palaos)

Polynesia – Polynésie

American Samoa – Samoa américaines
Cook Islands – Iles Cook
French Polynesia – Polynésie française
Niue – Nioué
Pitcairn
Samoa
Tokelau – Tokélaou
Tonga
Tuvalu
Wallis and Futuna Islands – Iles Wallis et Futuna

Table 2

Table 2 presents estimates of population and the percentage distribution, by age and sex and sex ratio for all ages, for the world, macro regions and regions for 1995.

Description of variables: All population estimates presented in this table were prepared by the Population Division of the United Nations Secretariat. These estimates have been published (using more detailed age groups) in World Population Prospects: The 1994 Revision.

The scheme of regionalization used for the purpose of making these estimates is described on page 00 and discussed in detail in the Technical Notes for table 1.

Age groups presented in this table are: under 15 years, 15–64 years and 65 years and over.

Sex ratio refers to the number of males per 100 females of all ages.

Using the Population Division estimates, the percentage distributions and the sex ratios which appear in this table have been calculated by the Statistical Division of the United Nations.

Reliability of data: All data are set in italic type to indicate their conjectural quality.

Limitations: The data presented in this table are from the same series of estimates, prepared by the Population Division of the United Nations Secretariat, presented in table 1. They are subject to the same general limitations as discussed in the Technical Notes for table 1.

In brief, because of their estimated character, these distributions by broad age groups and sex should be considered only as orders of magnitude. However, it may be noted that, in compiling data for regional and macro region totals, errors in the components may tend to compensate each other and the resulting aggregates may be somewhat more reliable than the quality of the individual components would imply.

In addition, data in this table are limited by factors affecting data by age. These factors are described in the Technical Notes for table 7. Because the age groups presented in this table are so broad, these problems are minimized.

It should be noted that the United Nations Secretariat estimates that appear in this table are from the same series of estimates which also appear in tables 1, 3, 4, 5, 9, 15, 18 and 22 of this Yearbook.

Coverage: Data for 26 regions are presented.

Tableau 2

Ce tableau fournit, pour l'ensemble du monde, les grandes régions et les régions, des estimations de la population pour 1995 ainsi que sa répartition en pourcentage selon l'âge et le sexe, et le rapport de masculinité tous âges.

Description des variables : Toutes les données figurant dans ce tableau ont été établies par la Division de la population du Secrétariat de l'ONU et ont été publiées dans World Population Prospects. The 1994 Revision.

La classification géographique utilisée pour établir ces estimations est exposée à la page 00 et analysée en détail dans les Notes techniques relatives au tableau 1.

Les groupes d'âge présentés dans ce tableau sont définis comme suit : moins de 15 ans, de 15 à 64 ans et 65 ans et plus.

Le rapport de masculinité représente le nombre d'individus de sexe masculin pour 100 individus de sexe féminin sans considération d'âge.

Les pourcentages et les rapports de masculinité qui sont présentés dans ce tableau ont été calculés par la Division de statistique de l'ONU d'après des estimations établies par la Division de la population.

Fiabilité des données : Toutes les données figurant dans ce tableau sont reproduites en italique pour en faire ressortir le caractère conjectural.

Insuffisance des données : Les données de ce tableau appartenant à la même série d'estimations, établie par la Division de la population du Secrétariat de l'ONU, que celles qui figurent au tableau 1 appellent également toutes les réserves formulées dans les Notes techniques relatives au tableau 1.

Sans entrer dans le détail, il convient de préciser que les données relatives à la répartition par grand groupe d'âge et par sexe doivent, en raison de leur caractère estimatif, être considérées uniquement comme des ordres de grandeur. Toutefois, il est à noter que, lorsqu'on additionne des données par territoire pour obtenir des totaux régionaux et par grandes régions, les erreurs qu'elles comportent arrivent parfois à s'équilibrer, de sorte que les agrégats obtenus peuvent être un peu plus exacts que chacun des éléments dont on est parti.

En outre, les donnés figurant dans ce tableau présentent un caractère d'insuffisance en raison des facteurs influant sur les données par âge. Ces facteurs sont décrits dans les Notes techniques relatives au tableau 7. Ces problèmes sont cependant minimisés du fait de l'étendue des groupes d'âge présentés dans ce tableau.

Il y a lieu de noter que les estimations du Secrétariat de l'ONU qui sont reproduites dans ce tableau appartiennent à la même série d'estimations que celles qui figurent dans les tableaux 1, 3, 4, 5, 9, 15, 18 et 22 de la présente édition de l'Annuaire.

Portée : Les données présentées concernent 26 régions.

Table 3

Table 3 presents for each country or area of the world the total, male and female population enumerated at the latest population census, estimates of the mid–year total population for 1990 and 1993, the average annual exponential rate of increase (or decrease) for the period 1990 to 1993, and the surface area and the population density for 1993.

Tableau 3

Ce tableau indique pour chaque pays ou zone du monde la population totale selon le sexe d'après les derniers recensements effectués, les estimations concernant la population totale au milieu de l'année 1990 et de l'année 1993, le taux moyen d'accroissement annuel exponentiel positif ou négatif) pour la période allant de 1990 à 1993, ainsi que la superficie et la densité de population en 1993.

Description of variables: The total, male and female population is, unless otherwise indicated, the de facto (present–in–area) population enumerated at the most recent census for which data are available. The date of this census is given. Unless otherwise indicated, population census data are the results of a nation–wide enumeration. If, however, a nation–wide enumeration has never taken place, the results of a sample survey, essentially national in character, are presented. Results of surveys referring to less than 50 per cent of the total territory or population are not included.

Mid–year population estimates refer to the de facto population on 1 July. In some areas the mid–year population has been calculated by the Statistical Division of the United Nations as the mean of two year–end official estimates. Mid–year estimates, calculated in this manner, are assumed to be sufficiently similar to official estimates for the population on 1 July; they, therefore, have not been footnoted.

Mid–year estimates of the total population are those provided by national statistical offices, unless otherwise indicated. As needed, these estimates are supplemented by mid–year population estimates prepared by the Population Division of the United Nations Secretariat [22] when, for example, official mid–year estimates of the total population either are not available or have not been revised to take into account the results of a recent population census or sample survey. The United Nations Secretariat estimates are identified with a superscript (x) and are based on data available in 1993 including census and survey results, taking into account the reliability of base data as well as available fertility, mortality, and migration data.

The policy of using United Nations Secretariat estimates is designed to produce comparable mid–year estimates for population for 1990 and 1993 which are not only in accord with census and survey results shown in this table but also with estimates for prior years shown in table 5. Unrevised official estimates as well as results of censuses or surveys and estimates for dates other than the mid–year have been eliminated in favour of the United Nations Secretariat consistent mid–year estimates.

Surface area, expressed in square kilometres, refers to the total surface area, comprising land area and inland waters (assumed to consist of major rivers and lakes) and excluding only polar regions and uninhabited islands. Exceptions to this are noted. Surface areas, originally reported in square miles, have been converted to square kilometres using a conversion factor of 2.589988.

Computation: The annual rate of increase is the average annual percentage rate of population growth between 1990 and 1993, computed using the mid–year estimates (unrounded) presented in this table using an exponential rate of increase.

Although mid–year estimates presented in this table appear only in thousands, unrounded figures, when available, have been used to calculate the rates of population increase. It should be noted that all United Nations Secretariat estimates used to calculate these rates are rounded.

Density is the number of persons in the 1993 total population per square kilometre of total surface area.

Description des variables : Sauf indication contraire, la population masculine et féminine totale est la population de fait ou population présente dénombrée lors du dernier recensement dont les résultats sont disponibles. La date de ce recensement est indiquée. Sauf indication contraire, les données de recensement fournies résultent d'un dénombrement de population à l'échelle nationale. S'il n'y a jamais eu de dénombrement général, ce sont les résultats d'une enquête par sondage à caractère essentiellement national qui sont indiqués. Il n'est pas présenté de résultats d'enquêtes portant sur moins de 50 p. 100 de l'ensemble du territoire ou de la population.

Les estimations de la population en milieu d'année sont celles de la population de fait au Ier juillet. Dans certains cas, la Division de statistique de l'ONU a obtenu ces estimations en faisant la moyenne des estimations officielles portant sur la fin de deux années successives. Les estimations de la population en milieu d'année ainsi établies sont jugées suffisamment proches des estimations officielles de la population au 1er juillet pour n'avoir pas à faire l'objet d'une note.

Sauf indication contraire, les estimations de la population totale en milieu d'année sont celles qui ont été communiquées par les services nationaux de statistique. On les a complétées le cas échéant par des estimations de la population en milieu d'année établies par la Division de la population du Secrétariat de l'ONU [22], par exemple lorsque l'on ne possédait pas d'estimations officielles de la population totale en milieu d'année ou lorsque celles dont on disposait n'avaient pas été rectifiées pour tenir compte des résultats d'un récent recensement ou enquête par sondage. Les estimations du Secrétariat de l'ONU, qui sont affectées du signe (x), sont fondées sur les données disponibles en 1993, y compris les résultats de recensements ou d'enquêtes et compte tenu de la fiabilité des données de base ainsi que des données de fécondité, de mortalité et de migration disponibles.

L'utilisation d'estimations établies par le Secrétariat de l'ONU a pour objet d'obtenir pour 1990 et 1993 des estimations de la population en milieu d'année qui se prêtent à la comparaison et qui soient compatibles non seulement avec les résultats de recensements ou d'enquêtes reproduits dans ce tableau, mais aussi avec les estimations relatives aux années précédentes qui figurent au tableau 5. On a renoncé aux estimations officielles non rectifiées, ainsi qu'aux résultats de recensements ou d'enquêtes et aux estimations se rapportant à des dates autres que le milieu de l'année, pour leur substituer les estimations établies de façon homogène pour le milieu de l'année par le Secrétariat de l'ONU.

La superficie — exprimée en kilomètres carrés — représente la superficie totale, c'est–à–dire qu'elle englobe les terres émergées et les eaux intérieures (qui sont censées comprendre les principaux lacs et cours d'eau) à la seule exception des régions polaires et de certaines îles inhabitées. Les exceptions à cette règle sont signalées en note. Les indications de superficie initialement fournies en miles carrés ont été transformées en kilomètres carrés au moyen d'un coefficient de conversion de 2,589988.

Calculs : Le taux d'accroissement annuel est le taux annuel moyen de variation (en pourcentage) de la population entre 1990 et 1993, calculé à partir des estimations en milieu d'année (non arrondies) qui figurent dans le tableau utilisant le taux exponentiel d'accroissement.

Bien que les estimations en milieu d'année ne soient exprimées qu'en milliers dans ce tableau, on a utilisé chaque fois qu'on le pouvait des chiffres non arrondis pour calculer les taux d'accroissement de la population. Il convient de signaler que toutes les estimations du Secrétariat de l'ONU qui ont servi à ces calculs ont été arrondies.

La densité est égale au rapport de l'effectif total de la population en 1993 à la superficie totale, exprimée en kilomètres carrés.

Reliability of data: Each country or area has been asked to provide information on the method it has used in preparing the official mid–year population estimates shown in this table. Information referring to the 1993 estimates has been coded and appears in the column entitled "Type". The four elements of the quality code which appear in this column relate to the nature of the base data, the recency of the base data,the method of time adjustment and the quality of that adjustment, respectively. This quality code is explained in detail in section 3.2.1 of the Technical Notes. It should be noted briefly here, however, that the codes (A) and (B) refer to estimates which are based on complete census enumerations and sample surveys, respectively. Code (C) refers to estimates based on a partial census of partial registration of individuals while code (D) refers to conjecture. The figures which appear as the second element in the quality code indicate the number of years elapsed since the reference year of the base data.

This quality code is the basis of determining which mid–year estimates are considered reliable. In brief, reliable mid–year population estimates are those which are based on a complete census (or a sample survey) and have been adjusted by a continuous population register or adjusted on the basis of the calculated balance of births, deaths and migration. Mid–year estimates of this type are considered reliable and appear in roman type. Mid–year estimates which are not calculated on this basis are considered less reliable and are shown in italics. Estimates for years prior to 1993 are considered reliable or less reliable on the basis of the 1993 quality code and appear in roman type or in italics, accordingly.

In addition, census data and sample survey results are considered reliable and, therefore, appear in roman type.

Rates of population increase which were calculated using population estimates considered less reliable, as described above, are set in italics rather than roman type.

All surface area data are assumed to be reliable and therefore appear in roman type. Population density data, however, are considered reliable or less reliable on the basis of the reliability of the 1993 population estimates used as the numerator.

Limitations: Statistics on the total population enumerated at the time of the census, estimates of the mid–year total population and surface area data are subject to the same qualifications as have been set forth for population and surface area statistics in sections 3 and 2.4 of the Technical Notes, respectively.

Regarding the limitations of census data, it should be noted that although census data are considered reliable, and therefore appear in roman type, the actual quality of census data varies widely from one country or area to another. When known, an estimate of the extent of over–enumeration or under–enumeration is given. In the case of sample surveys, a description is given of the population covered.

Fiabilité des données : Il a été demandé à chaque pays ou zone de donner des indications sur la méthode utilisée pour établir les estimations officielles de la population en milieu d'année, telles qu'elles apparaissent dans ce tableau. Les indications concernant les estimations pour 1993 ont été codées et figurent dans la colonne intitulée "Type". Les quatre éléments de codage qualitatif qui apparaissent dans cette colonne concernent respectivement la nature des données de base, leur caractère plus ou moins récent, la méthode d'ajustement chronologique employée et la qualité de cet ajustement. Ce codage qualitatif est exposé en détail à la section 3.2.1 des Notes techniques. Il faut toutefois signaler brièvement ici que les lettres de code (A) et (B) désignent respectivement des estimations établies sur la base de dénombrements complets et d'enquêtes par sondage. La lettre de code (C) désigne des estimations fondées sur un recensement partiel ou sur un enregistrement partiel des individus, tandis que la lettre de code (D) indique qu'il s'agit d'estimations conjecturales. Le chiffre qui constitue le deuxième élément du codage qualitatif représente le nombre d'années écoulées depuis l'année de référence des données de base.

Ce codage qualitatif est destiné à servir de base pour déterminer les estimations en milieu d'année qui sont considérées sûres. En résumé, sont sûres les estimations de la population en milieu d'année qui sont fondées sur un recensement complet (ou sur une enquête par sondage) et qui ont été ajustées en fonction des données fournies par un registre de population permanent ou en fonction de la balance établie par le calcul des naissances, des décès et des migrations. Les estimations de ce type sont considérées comme sûres et apparaissent en caractères romains. Les estimations en milieu d'année dont le calcul n'a pas été effectué sur cette base sont considérées comme moins sûres et apparaissent en italique. Les estimations relatives aux années antérieures à 1993 sont jugées plus ou moins sûres en fonction du codage qualitatif de 1993 et indiquées, selon le cas, en caractères romains ou en italique.

En outre, les données de recensements ou les résultats d'enquêtes par sondage sont considérés comme sûrs et apparaissent par conséquent en caractères romains.

Les taux d'accroissement de la population, calculés à partir d'estimations jugées moins sûres d'après les normes décrites ci–dessus, sont indiqués en italique plutôt qu'en caractères romains.

Toutes les données de superficie sont présumées sûres et apparaissent par conséquent en caractères romains. En revanche, les données relatives à la densité de la population sont considérées plus ou moins sûres en fonction de la fiabilité des estimations de 1993 ayant servi de numérateur.

Insuffisance des données : Les statistiques portant sur la population totale dénombrée lors d'un recensement, les estimations de la population totale en milieu d'année et les données de superficie appellent les mêmes réserves que celles qui ont été respectivement formulées aux sections 3 et 2.4 des Notes techniques à l'égard des statistiques relatives à la population et à la superficie.

S'agissant de l'insuffisance des données obtenues par recensement, il convient d'indiquer que, bien que ces données soient considérées comme sûres et apparaissent par conséquent en caractères romains, leur qualité réelle varie considérablement d'un pays ou d'une région à l'autre. Lorsqu'on possédait les renseignements voulus, on a donné une estimation du degré de surdénombrement ou de sous–dénombrement. Dans le cas des enquêtes par sondage, une description de la population considérée est fournie.

A most important limitation affecting mid-year population estimates is the variety of ways in which they have been prepared. As described above, the column entitled "Type" presents a quality code which provides information on the method of estimation. The first element of the quality code refers to the type of base data used to prepare estimates. This may give some indication of the confidence which may be placed on these estimates. Other things being equal, estimates made on the basis of codes "A" or "B" are better than estimates made on the basis of codes "C" or "D". However, no distinction has been made with respect to the quality of these base data. Another indicator of quality may be obtained from the second element of the quality code which provides information on the recency of the base data used in preparing estimates.

It is important to keep in mind that information used to prepare these codes may be inadequate or incomplete in some cases. These codes, once established, may not always reflect the most current estimating procedures used by individual countries or areas.

It should be emphasized that, as an assessment of the reliability of some of the small populations, the codes are quite inadequate. This is so because some small populations are estimated by methods not easily classifiable by the present scheme, and others are disproportionately affected by the frequent arrival and departure of migrants, visitors, and so forth, with consequent relatively large variations between de facto and de jure population.

Because the reliability of the population estimates for any given country or area is based on the quality code for the 1993 estimate, the reliability of estimates prior to 1993 may be overstated.

The mid-year estimates prepared by the Population Division of the United Nations Secretariat, used to supplement official data in this table, have the advantage of being prepared by a consistent methodology. However, it is very important to note that, among countries or areas, the actual amount of data and the quality of those data upon which the estimates were based vary considerably.

Percentage rates of population growth are subject to all the qualifications of the population estimates mentioned above. In some cases, they admittedly reflect simply the rate calculated or assumed in constructing the estimates themselves when adequate measures of natural increase and net migration were not available. [23] For small populations, an error up to approximately 0.5 may be introduced by chance alone. Despite their shortcomings, these rates do provide a useful index for studying population change and, used with proper precautions, they can be useful also in evaluating the accuracy of vital and migration statistics.

Because no indication in the table is given to show which of the mid-year estimates are rounded and which are not, the rates calculated on the basis of these estimates may be much more precise in some cases than in others.

With respect to data on population density, it should be emphasized that density values are very rough indexes, inasmuch as they do not take account of the dispersion or concentration of population within countries or areas nor the proportion of habitable land. They should not be interpreted as reflecting density in the urban sense nor as indicating the supporting power of a territory's land and resources.

Les estimations de la population en milieu d'année appellent une réserve très importante en ce qui concerne la diversité des méthodes employées pour les établir. Comme il a été indiqué précédemment, un codage qualitatif porté dans la colonne intitulée "Type" renseigne sur la méthode d'estimation employée. Le premier élément de codage se rapporte à la nature des données de base utilisées pour établir les estimations. Cela peut donner une idée du degré de confiance qu'on peut accorder à ces estimations. Toutes choses égales d'ailleurs, les estimations assorties des lettres de code "A" ou "B" sont plus sûres que celles qui sont accompagnées des lettres de code "C" ou "D". Il n'a cependant pas été établi de distinction quant à la qualité de ces données de base. On peut également se faire une idée de la valeur des estimations d'après le deuxième élément de codage qualitatif qui renseigne sur le caractère plus ou moins récent des données de base qui ont servi à l'établissement de ces estimations.

Il importe de ne pas oublier que les informations utilisées pour le codage sont parfois inexactes ou insuffisantes. Une fois établis, les codes ne reflètent pas toujours les méthodes d'estimation les plus couramment employées dans les différents pays ou zones considérés.

Il convient de souligner que le codage n'offre pas un moyen satisfaisant d'évaluer la fiabilité des données concernant certaines populations peu nombreuses. Il en est ainsi parce que certaines estimations de populations peu nombreuses sont établies par des méthodes qui ne se prêtent pas à ce codage et que l'effectif d'autres populations peu nombreuses subit de violentes fluctuations en raison de la fréquence des entrées et sorties de migrants, de visiteurs, etc., ce qui se traduit par des écarts relativement importants entre population de fait et population de droit.

La fiabilité des estimations de la population d'un pays ou zone quelconque reposant sur le codage qualitatif des estimations de 1993, il se peut que la fiabilité des estimations antérieures à 1993 soit surévaluée.

Les estimations en milieu d'année établies par la Division de la population du Secrétariat de l'ONU, utilisées pour suppléer les données officielles aux fins de ce tableau, présentent l'avantage d'avoir été effectuées selon une méthodologie homogène. Il importe cependant de noter que le volume de données effectivement disponibles et la qualité de celles à partir desquelles les estimations ont été établies varient considérablement d'un pays ou d'une zone à l'autre.

Les taux d'accroissement en pourcentage appellent toutes les réserves mentionnées plus haut à propos des estimations concernant la population. Dans certains cas, ils représentent seulement le taux qu'il a fallu calculer ou présumer pour établir les estimations elles-mêmes lorsqu'on ne disposait pas de mesures appropriées de l'accroissement naturel et des migrations nettes [23]. Lorsqu'il s'agit de populations peu nombreuses, l'erreur fortuite peut atteindre à elle seule jusqu'à plus ou moins 0,5. Malgré leurs imperfections, ces taux fournissent des indications intéressantes pour l'étude du mouvement de la population et, utilisés avec les précautions nécessaires, ils peuvent également servir à évaluer l'exactitude des statistiques de l'état civil et des migrations.

Rien dans le tableau ne permettant de déterminer si telle ou telle estimation en milieu d'année a été arrondie ou non, il se peut que les taux calculés à partir de ces estimations soient beaucoup plus précis dans certains cas que dans d'autres.

En ce qui concerne les données relatives à la densité de population, il convient de souligner que les valeurs de cette densité ne constituent que des indices très approximatifs, car elles ne tiennent compte ni de la dispersion ou de la concentration de la population à l'intérieur des pays ou zones, ni de la proportion du territoire qui est habitable. Il ne faut donc y voir d'indication ni de la densité au sens urbain du terme ni du chiffre de population que seraient capables de supporter les terres et les ressources naturelles du territoire considéré.

Coverage: Population by sex, rate of population increase, surface area and density are shown for 233 countries or areas with a population of 50 or more.

Portée : L'effectif de la population par sexe, le taux d'accroissement de la population, la superficie et la densité de population sont indiqués pour 233 pays ou zones ayant une population de 50 habitants au moins.

Table 4

Table 4 presents, for each country or area of the world, basic vital statistics including in the following order: live births, crude birth rate, deaths, crude death rate and rate of natural increase, infant deaths and infant mortality rate, the expectation of life at birth by sex. In addition, the total fertility rate and marriages, the crude marriage rate, divorces and the crude divorce rate are shown.

Description of variables: The vital events and rates shown in this table are defined [24] as follows:

LIVE BIRTH is the complete expulsion or extraction from its mother of a product of conception, irrespective of the duration of pregnancy, which after such separation breathes or shows any other evidence of life such as beating of the heart, pulsation of the umbilical cord, of definite movement of voluntary muscles, whether or not the umbilical cord has been cut or the placenta is attached; each product of such a birth is considered live–born regardless of gestational age.

DEATH is the permanent disappearance of all evidence of life at any time after live birth has taken place (post–natal cessation of vital functions without capability of resuscitation). This definition therefore excludes foetal deaths.

Infant deaths are deaths of live–born infants under one year of age.

Expectation of life at birth is defined as the average number of years of life for males and females if they continued to be subject to the same mortality experienced in the year(s) to which these life expectancies refer.

The total fertility rate is the average number of children that would be born alive to a hypothetical cohort of women if, throughout their reproductive years, the age–specific fertility rates for the specified year remained unchanged.

MARRIAGE is the act, ceremony or process by which the legal relationship of husband and wife is constituted. The legality of the union may be established by civil, religious, or other means as recognized by the laws of each country.

DIVORCE is a final legal dissolution of a marriage, that is, that separation of husband and wife which confers on the parties the right to remarriage under civil, religious and/or other provisions, according to the laws of each country.

Tableau 4

Le Tableau 4 présente, pour chaque pays ou zone du monde, des statistiques de base de l'état civil comprenant, dans l'ordre, les naissances vivantes, le taux brut de natalité, les déces, le taux brut de mortalité et le taux d'accroissement naturel de la population, les décès d'enfants de moins d'un an et le taux de mortalité infantile et l'espérance de vie à la naissance par sexe. En outre, l'indice synthetique de fécondité et les marriages, le taux brut de nuptialité, les divorces et le taux brut de divortialité sont indiqué.

Description des variables : Les faits d'état civil utilisés aux fins du calcul des taux présentés dans ce tableau sont définis comme suit [24]:

La NAISSANCE VIVANTE est l'expulsion ou l'extraction complète du corps de la mère, indépendamment de la duré de la gestation, d'un produit de la conception qui, après cette séparation, respire ou manifeste tout autre signe de vie, tel que battement de coeur, pulsation du cordon ombilical ou contraction effective d'un muscle soumis à l'action de la volonté, que le cordon ombilical ait été coupé ou non et que le placenta soit ou non demeuré attaché; tout produit d'une telle naissance est considéré comme "enfant né vivant".

Le DECES est la disparition permanente de tout signe de vie à un moment quelconque postérieur à la naissance vivante (cessation des fonctions vitales après la naissance sans possibilité de réanimation). Cette définition ne comprend donc pas les morts foetales.

Il convient de préciser que les chiffres relatifs aux décès d'enfants de moins d'un an se rapportent aux naissances vivantes.

L'espérance de vie à la naissance est le nombre moyen d'années de vie que peuvent escompter les individus du sexe masculin et du sexe féminin s'ils continuent d'être soumis aux mêmes conditions de mortalité que celles qui existaient pendant les années auxquelles se rapportent les valeurs indiquées.

L'indice synthétique de fécondité représente le nombre moyen d'enfants que mettrait au monde une cohorte hypothétique de femmes qui seraient soumises, toute au long de leur vie, aux mêmes conditions de fécondité par âge que celles auxquelles sont soumises les femmes, dans chaque groupe d'âge, au cours d'une année ou d'une periode donnée.

Le MARIAGE est l'acte, la cérémonie ou la procédure qui établit un rapport légal entre mari et femme. L'union peut être rendue légale par une procédure civile ou religieuse, ou par toute autre procédure, conformément à la législation du pays.

Le DIVORCE est la dissolution légale et définitive des liens du mariage, c'est–à–dire la séparation de l'époux et de l'épouse qui confère aux parties le droit de se remarier civilement ou religieusement, ou selon toute autre procédure, conformément à la législation du pays.

Crude birth rates and crude death rates presented in this table are calculated using the number of live births and the number of deaths obtained from civil registers. These civil registration data are used only if they are considered reliable (estimated completeness of 90 per cent or more). If, however, registered births or deaths for any given country or area are less than 90 per cent complete, then estimated rates are also presented. First priority is given to estimated rates provided by the individual countries or areas. If suitable official estimated rates are not available, or if rates are only available for years prior to 1985, then rates prepared by the Population Division of the United Nations Secretariat [25] are presented. It should be noted that in the case of some small countries or areas for which civil registration is estimated to be less than 90 per cent complete, and for which no estimated rates are available, rates calculated using these data are presented. These rates appear in italics.

Similarly, total fertility rates and infant mortality rates presented in this table are calculated using the number of live births and the number of infant deaths obtained from civil registers. If, however, the registration of births or infant deaths for any given country or area is estimated to be less than 90 per cent complete, then official estimated rates are presented when possible. If no suitable estimated total fertility rates or infant mortality rates are available, rates calculated using unreliable vital statistics are presented and are shown in italics. If available, total fertility rates and infant mortality rates estimated by the Population Division of the United Nations Secretariat [26] are presented in place of unreliable vital rates.

The expectation–of–life values are those provided by the various national statistical offices. If official data are not available or if data are only available for years prior to 1985, then estimates of these values prepared by the United Nations Secretariat [27] are included. These are indicated by footnote.

Marriage and divorce rates presented in this table are calculated using data from civil registers of marriage and statistics obtained from court registers and/or civil registers of divorce according to national practice, respectively.

Rate computation: The crude birth, death, marriage and divorce rates are the annual number of each of these vital events per 1 000 mid–year population.

Total fertility rates are the sum of age–specific fertility rates. The standard method of calculating the total fertility rate is the sum of the age–specific fertility rates. However, if the rates used are fertility rates for 5–year age groups, they must be multiplied by 5. The total fertility rates have been calculated by the Statistical Office of the United Nations unless otherwise noted. When the basic official data with which to calculate these rates have not been available, estimates prepared by the Population Division of the United Nations Secretariat [28] have been included; these are indicated by footnotes.

Infant mortality rates are the annual number of deaths of infants under one year of age per 1 000 live births (as shown in table 9) in the same year.

Rates of natural increase are the difference between the crude birth rate and the crude death rate. It should be noted that the rates of natural increase presented here may differ from the population growth rates presented in table 3 as rates of natural increase do not take net international migration into account while population growth rates do.

Les taux bruts de natalité et de mortalité présentés ont été établis sur la base du nombre de naissances vivantes et du nombre de décès inscrits sur les registres de l'état civil. Ces données n'ont été utilisées que lorsqu'elles étaient considérées comme sûres (degré estimatif de complétude égal ou supérieur à 90 p. 100). Toutefois, lorsque les données d'enregistrement relatives aux naissances ou aux décès ne sont pas complètes à 90 p. 100 au moins pour un pays ou zone quelconque, on a fait figurer des taux estimatifs. La priorité est alors accordée aux taux estimatifs fournis par les pays ou zones concernés. A défaut de taux estimatifs officiels appropriés, ou au cas où les taux se rapportent à une anée avant 1985, on a fait figurer des taux estimatifs établis par la Division de la population du Secrétariat de l'ONU [25]. Il y a lieu de noter que, dans le cas de certains petits pays ou zones pour lesquels les données de l'état civil n'étaient pas considérées complètes à 90 p. 100 au moins et pour lesquels on ne disposait pas de taux estimatifs, on a fait figurer des taux établis à partir des données en cause. Ces taux sont indiqués en italique.

De même, les indices synthétiques de fécondité et les taux de mortalité infantile présentés dans ce tableau ont été établis à partir du nombre de naissances vivantes et du nombre de décès d'enfants de moins d'un an inscrits sur les registres de l'état civil. Toutefois, lorsque les données relatives aux naissances ou aux décès d'enfants de moins d'un an pour un pays ou zone quelconque n'étaient pas considérées complètes à 90 p. 100 au moins, on a fait figurer, chaque fois que possible, les taux estimatifs officiels. Lorsque des indices synthétiques estimatifs officiels appropriés ne sont pas disponibles, on a fait figurer en italique des indices établis à partir des statistiques de l'état civil jugées douteuses. A défaut de l'indice synthétique de fécondité et de taux de mortalité infantile estimatifs officiels appropriés, on a fait figurer des taux estimatifs établis par la Division de la population de l'ONU [26].

Les valeurs de l'espérance de vie ont été fournies par les divers services nationaux de statistique. Toutefois, lorsqu'on ne disposait pas de données officielles ou au cas où les taux données se rapportent à une année avant 1985, on a fait figurer des valeurs estimatives établies par le Secrétariat de l'ONU. Ces valeurs sont signalées en note [27].

Les taux de nuptialité et de divortialité présentés dans ce tableau ont été respectivement calculés à partir des données des registres de l'état civil pour les mariages et de statistiques fournies par les greffes des tribunaux ou les registres de l'état civil pour les divorces, selon la pratique des différents pays.

Calcul des taux : Les taux bruts de natalité, de mortalité, de nuptialité et de divortialité représentent le nombre annuel de chacun de ces faits d'état civil pour 1 000 habitants au milieu de l'année considérée.

Les indices synthétiques de fécondité sont les sommes des taux de fécondité par âge. La méthode standard de calculer l'indice synthétique de fécondité est l'addition des taux de feconditė par âge simple. Au cas les taux sont des taux de fécondité par groupe d'âge quinquennale il faut les multipliés par 5. Sauf indication contraire, les indices synthétiques de fécondité ont été calculés par la Division de statistique del'ONU. Lorsqu'on ne disposait pas des données officielles de base nécessaires pour les calculer, on a fait figurer les chiffres estimatifs établis par la Division de la population du Secrétariat de l'ONU [28]. Quand tel était le cas, on l'a signalé en note au bas du tableau.

Les taux de mortalité infantile représentent le nombre annuel de décès d'enfants de moins d'un an pour 1 000 naissances vivantes (fréquences du tableau 9) survenues pendant la même année.

Le taux d'accroissement naturel est égal à la différence entre le taux brut de natalité et le taux brut de mortalité. Il y a lieu de noter que les taux d'accroissement naturel indiqués dans ce tableau peuvent différer des taux d'accroissement de la population figurant dans le tableau 3, les taux d'accroissement naturel ne tenant pas compte des taux nets de migration internationale, alors que ceux–ci sont inclus dans les taux d'accroissement de la population.

Rates which appear in this table have been calculated by the Statistical Division of the United Nations unless otherwise noted. The exceptions include official estimated rates, many of which were based on sample surveys, and rates estimated by the Population Division of the United Nations Secretariat.

Rates calculated by the Statistical Division of the United Nations presented in this table have not been limited to those countries or areas having a minimum number of events in a given year. However, rates based on 30 or fewer live births, infant deaths, marriages or divorces are identified by the symbol (◆).

Reliability of data: Rates calculated on the basis of registered vital statistics which are considered unreliable (estimated to be less than 90 per cent complete) appear in italics. Estimated rates, either those prepared by the individual countries or areas or those prepared by the Population Division of the United Nations Secretariat, have been presented whenever possible in place of rates calculated using unreliable vital statistics.

The designation of vital statistics as being either reliable or unreliable is discussed in general in section 4.2 of the Technical Notes. The Technical Notes for tables 9, 15, 18, 23 and 25 provide specific information on reliability of statistics on live births, infant deaths, deaths, marriages and divorces, respectively.

Rates of natural increase which were calculated using crude birth rates and crude death rates considered unreliable, as described above, are set in italics rather than roman type.

Since the expectation–of–life values shown in this table come either from official life tables or from estimates prepared at the United Nations Secretariat, they are all considered to be reliable.

Limitations: Statistics on marriages, divorces, births, deaths and infant deaths are subject to the same qualifications as have been set forth for vital statistics in general in section 4 of the Technical Notes and in the Technical Notes for individual tables presenting detailed data on these events (table 9, live births; table 15, infant deaths; table 18, deaths; table 23, marriages and table 25, divorces).

In assessing comparability it is important to take into account the reliability of the data used to calculate these rates, as discussed above.

It should be noted that the crude rates are particularly affected by the age–sex structure of the population. Infant mortality rates, and to a much lesser extent crude birth rates and crude death rates, are affected by the variation in the definition of a live birth and tabulation procedures.

Because this table presents data for the latest available year, reference dates vary from one country or area to another. It should also be noted that the reference date within a given country or area may not be the same for all the rates presented. These factors should be kept in mind when making comparisons.

Sauf indication contraire, les taux figurant dans ce tableau ont été calculés par la Division de statistique de l'ONU. Les exceptions comprennent les taux estimatifs officiels, dont bon nombre ont été établis sur la base d'enquêtes par sondage et les taux estimatifs établis par la Division de la population du Secrétariat de l'ONU.

Les taux calculés par la Division de statistique de l'ONU qui sont présentés dans ce tableau ne se rapportent pas aux seuls pays ou zones où l'on a enregistré un certain nombre minimal d'événements au cours d'une année donnée. Toutefois, les taux qui sont fondés sur 30 naissances vivantes ou moins, décès d'enfants de moins d'un an, décès, mariages ou divorces, sont indentifiés par le signe (◆).

Fiabilité des données : Les taux établis sur la base des statistiques de l'état civil enregistrées qui sont jugées douteuses (degré estimatif de complétude inférieur à 90 p. 100) sont indiqués en italique. Chaque fois que possible, à la place de taux établis sur la base de statistiques de l'état civil jugées douteuses, on a fait figurer des taux estimatifs établis par les pays ou zones concernés ou par la Division de la population du Secrétariat de l'ONU.

Le classement des statistiques de l'état civil en tant que sûres ou douteuses est présenté sur le plan général à la section 4.2 des Notes techniques. Les Notes techniques relatives aux tableaux 9, 15, 18, 23 et 25 donnent respectivement des indications spécifiques sur la fiabilité des statistiques des naissances vivantes, des décès d'enfants de moins d'un an, des décès, des mariages et des divorces.

Les taux d'accroissement naturel calculés à partir de taux bruts de natalité et de taux bruts de mortalité jugés douteux d'après les normes mentionnées plus haut sont indiqués en italique plutôt qu'en caractères romains.

Etant donné que les valeurs de l'espérance de vie figurant dans ce tableau proviennent soit de tables officielles de mortalité, soit d'estimations établies par le Secrétariat de l'ONU, elles sont toutes présumées sûres.

Insuffisance des données : Les statistiques des mariages, divorces, naissances, décès et décès d'enfants de moins d'un an appellent toutes les réserves qui ont été faites à propos des statistiques de l'état civil en général à la section 4 des Notes techniques et dans les Notes techniques relatives aux différents tableaux présentant des données détaillées sur ces événements (tableau 9, naissances vivantes; tableau 15, décès d'enfants de moins d'un an; tableau 18, décès, tableau 23, mariages et tableau 25, divorces).

Pour évaluer la comparabilité des divers taux, il importe de tenir compte de la fiabilité des données utilisées pour calculer ces taux, comme il a été indiqué précédemment.

Il y a lieu de noter que la structure par âge et par sexe de la population influe de façon particulière sur les taux bruts. Le manque d'uniformité dans la définition des naissances vivantes et dans les procédures de mise en tableaux influe sur les taux de mortalité infantile et, à moindre degré, sur les taux bruts de natalité et les taux bruts de mortalité.

Les données présentées dans ce tableau correspondant à la dernière année pour laquelle on possède des renseignements, les dates de référence varient d'un pays ou d'une zone à l'autre. Il y a lieu de noter également que la date de référence dans tel ou tel pays ou zone peut ne pas être la même pour tous les taux présentés. Ces facteurs doivent être présents à l'esprit lorsqu'on fait des comparaisons.

Also, because this table presents data in a summary form, symbols which appear in other tables are not presented here due to lack of space. Provisional data are not so indicated, and rates based on vital events which are tabulated on the basis of date of registration, rather than date of occurrence, are not so designated. For information on these aspects, the reader should consult the more detailed vital statistics tables in this Yearbook.

Coverage: Vital statistics rates, natural increase rates and expectation of life are shown for 225 countries or areas.

Data for ethnic or geographical segments of the population are included in the absence of national figures. These data are not presented as representative of national–level statistics but as an index of the availability of statistics

De même, comme ce tableau présente des données sous forme résumée, on a omis, en raison du manque de place, les symboles qui apparaissent dans d'autres tableaux. Les données provisoires ne sont pas signalées comme telles, pas plus que les taux établis à partir de faits d'état civil mis en tableaux sur la base de leur date d'enregistrement et non de la date à laquelle ils sont survenus. Pour de plus amples renseignements sur ces aspects, le lecteur est invité à se reporter aux tableaux de statistiques de l'état civil de caractère plus détaillé qui figurent dans le présent Annuaire.

Portée :Les taux démographiques, les taux d'accroissement naturel et les valeurs de l'espérance de vie sont indiqués pour 225 pays ou zones.

Lorsqu'il n'existait pas de chiffres nationaux, on a fait figurer des chiffres portant sur des groupes ethniques ou géographiques. Ces données ne se veulent pas représentatives sur le plan national et ne sont présentées que comme indice des statistiques disponibles.

Table 5

Table 5 presents estimates of mid–year population for as many years as possible between 1984 and 1993.

Description of variables: Mid–year population estimates refer to the de facto population on 1 July.

Unless otherwise indicated, all estimates relate to the population within present geographical boundaries. Major exceptions to this principle have been explained in footnotes. On the other hand, the disposition of certain major segments of population (such as armed forces) has been indicated, even though this disposition does not strictly constitute disagreement with the standard.

In some cases the mid–year population has been calculated by the Statistical Division of the United Nations as the mean of two year–end official estimates. Mid–year estimates, calculated in this manner, are assumed to be sufficiently similar to official estimates for the population on 1 July; they, therefore, have not been footnoted.

Mid–year estimates of the total population are those provided by national statistical offices, unless otherwise indicated. As needed, these estimates are supplemented by mid–year population estimates prepared by the Population Division of the United Nations Secretariat [29] when, for example, official mid–year estimates of the total population are either not available or have not been revised to take into account the results of a recent population census sample survey. The United Nations Secretariat estimates are identified with a superscript (x) and are based on data available in 1994 including census and survey results, taking into account the reliability of available base data as well as available fertility, mortality, and migration data.

The policy of using United Nations Secretariat estimates is designed to produce comparable mid–year estimates for population for the period 1984 to 1993 which are in accord with census and survey results shown in table 3. Unrevised official estimates as well as results of censuses or surveys and estimates for dates other than the mid–year have been eliminated in favour of the United Nations Secretariat consistent mid–year estimates.

Tableau 5

Le tableau 5 présente des estimations de la population en milieu d'année pour le plus grand nombre possible d'années entre 1984 et 1993.

Description des variables : Les estimations de la population en milieu d'année sont celles de la population de fait au 1er juillet.

Sauf indication contraire, toutes les estimations se rapportent à la population présente sur le territoire actuel des pays ou zones considérés. Les principales exceptions à cette règle sont expliquées en note. On a aussi indiqué le traitement de certains groupes importants (tels que les militaires), même si ce traitement ne constitue pas à proprement parler une exception à la règle.

Dans certains cas, la Division de statistique de l'ONU a évalué la population en milieu d'année en faisant la moyenne des estimations officielles portant sur la fin de deux années successives. Les estimations en milieu d'année ainsi établies sont jugées suffisamment proches des estimations officielles de la population au 1er juillet pour ne pas avoir à faire l'objet d'une note.

Sauf indication contraire, les estimations de la population totale en milieu d'année sont celles qui ont été communiquées par les services nationaux de statistique. On les a complétées le cas échéant par des estimations de la population en milieu d'année établies par la Division de la population du Secrétariat de l'ONU [29], par exemple lorsqu'on ne possédait pas d'estimations officielles de la population totale en milieu d'année ou lorsque celles dont on disposait n'avaient pas été rectifiées en tenant compte des résultats d'un récent recensement ou enquête par sondage. Les estimations établies par le Secrétariat de l'ONU qui sont précédées du signe (x) sont fondées sur les données disponibles en 1994, y compris les résultats de recensements ou d'enquêtes et compte tenu de la fiabilité des données de base ainsi que des données de fécondité, de mortalité et de migration disponibles.

L'utilisation d'estimations établies par le Secrétariat de l'ONU a pour objet d'obtenir, pour la période allant de 1984 à 1993, des estimations de la population en milieu d'année qui se prêtent à la comparaison et qui soient compatibles avec les résultats de recensements ou d'enquêtes qui figurent au tableau 3. On a renoncé aux estimations officielles non rectifiées ainsi qu'aux résultats de recensements ou d'enquêtes et aux estimations se rapportant à des dates autres que le milieu de l'année, pour leur substituer les estimations établies de façon homogène pour le milieu de l'année par le Secrétariat de l'ONU.

All figures are presented in thousands. The data have been rounded by the Statistical Division of the United Nations.

Reliability of data: Population estimates are considered to be reliable or less reliable on the basis of the quality code for the 1993 estimates shown in table 3. In brief, reliable mid–year population estimates are those which are based on a complete census (or on a sample survey) and have been adjusted by a continuous population register or adjusted on the basis of the calculated balance of births, deaths and migration. Reliable mid–year estimates appear in roman type. Mid–year estimates which are not calculated on this basis are considered less reliable and are shown in italics. Estimates for years prior to 1993 are considered reliable or less reliable on the basis of the 1993 quality code and appear in roman type or in italics accordingly.

Limitations: Statistics on estimates of the mid–year total population are subject to the same qualifications as have been set forth for population statistics in general in section 3 of the Technical Notes.

A most important limitation affecting mid–year population estimates is the variety of ways in which they have been prepared. The quality code for the 1993 estimates, presented in table 3, and the Technical Notes for table 3 deal with the subject in detail. In brief, these estimates are affected by the accuracy and recency of the census, if any, on which estimates are based and by the method of time adjustment. However, the policy of replacing out–of–line estimates and scattered census results by an internally consistent series of mid–year estimates constructed by the Population Division of the United Nations Secretariat should increase comparability.

Because the reliability of the population estimates for any given country or area is based on the quality code for the 1993 estimate, the reliability of estimates prior to 1993 may be overstated.

The mid–year estimates prepared by the Population Division of the United Nations Secretariat, used to supplement official data in this table, have the advantage of being prepared by a consistent methodology. However, it is very important to note that, among countries or areas, the actual amount of data and the quality of those data upon which the estimates were based vary considerably.

International comparability of mid–year population estimates is also affected because some of these estimates refer to the de jure, and not the de facto, population. Individual cases, when known, are footnoted. The difference between the de facto and the de jure population is discussed at length in section 3.1.1 of the Technical Notes.

Coverage: Estimates of the mid–year population are shown for 231 countries or areas, with a population of 1 000 or more.

Tous les chiffres sont exprimés en milles. Les données ont été arrondies par la Division de statistique de l'ONU.

Fiabilité des données : Les estimations de la population sont considérées comme sûres ou moins sûres en fonction du codage qualitatif des estimations de 1993 figurant au tableau 3. En résumé, sont sûres les estimations de la population en milieu d'année qui sont fondées sur un recensement complet (ou sur une enquête par sondage) et qui ont été ajustées en fonction des données fournies par un registre de population permanent ou en fonction de la résultante calculée des naissances, décès et migrations. Les estimations en milieu d'année sont considérées comme sûres et apparaissent en caractères romains. Les estimations en milieu d'année dont le calcul n'a pas été effectué sur cette base sont considérées comme moins sûres et apparaissent en italique. Les estimations relatives aux années antérieures à 1993 sont jugées sûres ou moins sûres en fonction du codage qualitatif de 1993 et indiquées, selon le cas, en caractères romains ou en italique.

Insuffisance des données : Les statistiques concernant les estimations de la population totale en milieu d'année appellent toutes les réserves qui ont été faites à la section 3 des Notes techniques à propos des statistiques de la population en général.

Les estimations de la population en milieu d'année appellent aussi une réserve très importante en ce qui concerne la diversité des méthodes employées pour les établir. Le codage qualitatif des estimations de 1993 figurant dans le tableau 3 et les Notes techniques relatives au même tableau éclairent cette question en détail. En résumé, la qualité de ces estimations dépend de l'exactitude et du caractère plus ou moins récent des résultats de recensement sur lesquels elles reposent éventuellement et de la méthode d'ajustement chronologique employée. Quoi qu'il en soit, la méthode consistant à remplacer les estimations divergentes et les données de recensement fragmentaires par des séries cohérentes d'estimations en milieu d'année établies par la Division de la population du Secrétariat des Nations Unies devrait assurer une meilleure comparabilité.

La fiabilité des estimations de la population d'un pays ou zone quelconque reposant sur le codage qualitatif des estimations de 1993, il se peut que la fiabilité des estimations antérieures à 1993 soit surévaluée.

Les estimations en milieu d'année, établies par la Division de la population du Secrétariat de l'ONU, utilisées pour suppléer les données officielles aux fins de ce tableau, ont l'avantage d'avoir été effectuées selon une méthodologie homogène. Il importe cependant de noter que le volume de données effectivement disponibles et la qualité de celles à partir desquelles les estimations ont été établies varient considérablement d'un pays ou d'une région à l'autre.

La comparabilité internationale des estimations de la population en milieu d'année se ressent également du fait que certaines de ces estimations se réfèrent à la population de droit et non à la population de fait. Les cas de ce genre, lorsqu'ils étaient connus, ont été signalés en note. La différence entre la population de fait et la population de droit est expliquée en détail à la section 3.1.1 des Notes techniques.

Portée : Des estimations de la population en milieu d'année sont présentées pour 231 pays ou zones ayant une population de 1 000 habitants ou plus.

Data for ethnic or geographical segments of the population are included in the absence of national figures. These data are not presented as representative of national–level statistics but as an index of the availability of statistics.

Earlier data: Estimates of mid–year population have been shown in previous issues of the Demographic Yearbook. For information on specific years covered, readers should consult the Index.

Lorsqu'il n'existait pas de chiffres nationaux, on a fait figurer des chiffres portant sur des groupes ethniques ou géographiques. Ces données ne se veulent pas représentatives sur le plan national et ne sont présentées que comme indice des statistiques disponibles.

Données publiées antérieurement : Des estimations de la population en milieu d'année ont été publiées dans des éditions antérieures de l'Annuaire démographique. Pour plus de précisions concernant les années pour lesquelles ces données ont été publiées, se reporter à l'Index.

Table 6

Table 6 presents urban and total population by sex for as many years as possible between 1984 and 1993.

Description of variables: Data are from nation–wide population censuses or are estimates, some of which are based on sample surveys of population carried out among all segments of the population. The results of censuses are identified by a (C) following the date in the stub; sample surveys are further identified by footnotes; other data are generally estimates.

Data refer to the de facto population; exceptions are footnoted.

Estimates of urban population presented in this table have been limited to countries or areas for which estimates have been based on the results of a sample survey or have been constructed by the component method from the results of a population census or sample survey. Distributions which result when the estimated total population is distributed by urban/rural residence according to percentages in each group at the time of a census or sample survey are not acceptable and they have not been included in this table.

Urban is defined according to the national census definition. The definition for each country is set forth at the end of this table.

Percentage computation: Percentages urban are the number of persons defined as "urban" per 100 total population.

Reliability of data: Estimates which are believed to be less reliable are set in italics rather than in roman type. Classification in terms of reliability is based on the method of construction of the total population estimate as shown in table 3 and discussed in the Technical Notes for that table.

Limitations: Statistics on urban population by sex are subject to the same qualifications as have been set forth for population statistics in general, as discussed in section 3 of the Technical Notes.

The basic limitations imposed by variations in the definition of the total population and in the degree of under–enumeration are perhaps more important in relation to urban/rural than to any other distributions. The classification by urban and rural is affected by variations in defining usual residence for purposes of sub–national tabulations. Likewise, the geographical differentials in the degree of under–enumeration in censuses affect the comparability of these categories throughout the table.

Tableau 6

Le tableau 6 présente des données sur la population urbaine et la population totale selon le sexe pour le plus grand nombre possible d'années entre 1984 et 1993.

Description des variables : Les données sont tirées de recensements de la population ou sont des estimations fondées, dans certains cas, sur des enquêtes par sondage portant sur tous les secteurs de la population. Les résultats de recensement sont indiqués par la lettre (C) placée après la date dans la colonne de gauche du tableau; les enquêtes par sondage sont en outre signalées en note; toutes les autres données sont en général des estimations.

Les données se rapportent à la population de fait; les exceptions étant signalées en note.

Les estimations de la population urbaine qui figurent dans ce tableau ne concernent que les pays ou zones pour lesquels les estimations se fondent sur les résultats d'une enquête par sondage ou ont été établies par la méthode des composantes à partir des résultats d'un recensement de la population ou d'une enquête par sondage. Les répartitions selon la résidence (urbaine/rurale) obtenues en appliquant à l'estimation de la population totale les pourcentages enregistrés pour chaque groupe lors d'un recensement ou d'une enquête par sondage ne sont pas acceptables et n'ont pas été reproduites dans ce tableau.

Le sens donné au terme "urbain" est censé être conforme aux définitions utilisées dans les recensements nationaux. La définition pour chaque pays figure à la fin du tableau.

Calcul des pourcentages : Les pourcentages urbains représentent le nombre de personnes définies comme vivant dans des "régions urbaines" pour 100 personnes de la population totale.

Fiabilité des données : Les estimations considérées comme moins sûres sont indiquées en italique plutôt qu'en caractères romains. Le classement du point de vue de la fiabilité est fondé sur la méthode utilisée pour établir l'estimation de la population totale qui figure dans le tableau 3 (voir explications dans les Notes techniques relatives à ce même tableau).

Insuffisance des données : Les statistiques de la population urbaine selon le sexe appellent toutes les réserves qui ont été faites à la section 3 des Notes techniques à propos des statistiques de la population en général.

Les limitations fondamentales imposées par les variations de la définition de la population totale et par les lacunes du recensement se font peut–être sentir davantage dans la répartition de la population en urbaine et rurale que dans sa répartition suivant toute autre caractéristique. C'est ainsi que la classification en population urbaine ou population rurale est affectée par des différences de définition de la résidence habituelle utilisée pour l'exploitation des données à l'échelon sous–national. Pareillement, les différences de degré de sous–dénombrement suivant la zone géographique, à l'occasion des recensements, influent sur la comparabilité de ces deux catégories dans l'ensemble du tableau.

The distinction between de facto and de jure population is also very important with respect to urban/rural distributions. The difference between the de facto and the de jure population is discussed at length in section 3.1.1 of the Technical Notes.

A most important and specific limitation, however, lies in the national differences in the definition of urban. Because the distinction between urban and rural areas is made in so many different ways, the definitions have been included at the end of this table. The definitions are necessarily brief and, where the classification as urban involves administrative civil divisions, they are often given in the terminology of the particular country or area. As a result of variations in terminology, it may appear that differences between countries or areas are greater than they actually are. On the other hand, similar or identical terms (for example, town, village, district) as used in different countries or areas may have quite different meanings.

It will be seen from an examination of the definitions that they fall roughly into three major types: (1) classification of certain size localities as urban; (2) classification of administrative centres of minor civil divisions as urban and the remainder of the division as rural; and (3) classification of minor civil divisions on a chosen criterion which may include type of local government, number of inhabitants or proportion of population engaged in agriculture.

Places with as few as 400 inhabitants are considered urban in Albania, while in Austria the lower limit is 5 000 persons. In Bulgaria, urban refers to localities legally established as urban regardless of size; in Israel, it implies predominantly non–agricultural centres; in Sweden, it is built–up areas with less than 200 metres between houses. The lack of strict comparability is immediately apparent.

The designation of areas as urban or rural is so closely bound up with historical, political, cultural, and administrative considerations that the process of developing uniform definitions and procedures moves very slowly. Not only do the definitions differ one from the other, but, in fact, they may no longer reflect the original intention of distinguishing urban from rural. The criteria once established on the basis of administrative subdivisions (as most of these are) become fixed and resistant to change. For this reason, comparisons of time–series data may be severely affected because the definitions used become outdated. Special care must be taken in comparing data from censuses with those from sample surveys because the definitions of urban used may differ.

Despite their shortcomings, however, statistics of urban and rural population are useful in describing the diversity within the population of a country or area. The definition of urban/rural areas is based on both qualitative and quantitative criteria that may include any combination of the following: size of population, population density, distance between built–up areas, predominant type of economic activity, conformity to legal or administrative status and urban characteristics such as specific services and facilities. [30] Although statistics classified by urban/rural areas are widely available, no international standard definition appears to be possible at this time since the meaning differs from one country or area to another. The urban/rural classification of population used here is reported according to the national definition, as indicated in a footnote to this table and described in detail in the Technical Notes for table

La distinction entre population de fait et population de droit est également très importante du point de vue de la répartition de la population en urbaine et rurale. Cette distinction est expliquée en détail à la section 3.1.1 des Notes techniques.

Toutefois, la difficulté la plus caractérisée provient du fait que les pays ou zones ne sont pas d'accord sur la définition du terme urbain. La distinction entre les régions urbaines et les régions rurales varie tellement que les définitions utilisées ont été reproduites à la fin de ce tableau. Les définitions sont forcément brèves et, lorsque le classement en "zone urbaine" repose sur des divisions administratives, on a souvent identifié celles–ci par le nom qu'elles portent dans le pays ou zone considéré. Par suite des variations dans la terminologie, les différences entre pays ou zones peuvent sembler plus grandes qu'elles ne le sont réellement. Mais il se peut aussi que des termes similaires ou identiques, tels que ville, village ou district, aient des significations très différentes suivant les pays ou zones.

On constatera, en examinant les définitions adoptées par les différents pays ou zones, qu'elles peuvent être ramenées à trois types principaux : 1) classification des localités de certaines dimensions comme urbaines; 2) classification des centres administratifs de petites circonscriptions administratives comme urbains, le reste de la circonscription étant considéré comme rural; 3) classification des petites divisions administratives selon un critère déterminé, qui peut être soit le type d'administration locale, soit le nombre d'habitants, soit le pourcentage de la population exerçant une activité agricole.

Sont considérées comme urbaines en Albanie des localités de 400 habitants à peine, alors qu'en Autriche les agglomérations ne sont reconnues comme telles que lorsque leur population atteint 5 000 personnes au moins. En Bulgarie, les localités urbaines sont celles qui possèdent juridiquement le statut urbain, quelle que soit l'importance de leur population; en Israël, les centres urbaines sont ceux de caractère essentiellement non agricole; en Suède, ce sont les zones bâties où les maisons sont espacées de moins de 200 mètres. Le manque de comparabilité apparaît immédiatement.

La distinction entre régions urbaines et régions rurales est si étroitement liée à des considérations d'ordre historique, politique, culturel et administratif que l'on ne peut progresser que très lentement vers des définitions et des méthodes uniformes. Non seulement les définitions sont différentes les unes des autres, mais on n'y retrouve parfois même plus l'intention originale de distinguer les régions rurales des régions urbaines. Lorsque la classification est fondée, en particulier, sur le critère des circonscriptions administratives (comme la plupart le sont), elle a tendance à devenir rigide avec le temps et à décourager toute modification. Pour cette raison, la comparaison des données appartenant à des séries chronologiques risque d'être gravement faussée du fait que les définitions employées sont désormais périmées. Il faut être particulièrement prudent lorsqu'on compare des données de recensements avec des données d'enquêtes par sondage, car il se peut que les définitions du terme urbain auxquelles ces données se réfèrent respectivement soient différentes.

Malgré leurs insuffisances, les statistiques urbaines et rurales permettent de mettre en évidence la diversité de la population d'un pays ou d'une zone. La distinction urbaine/rurale repose sur une série de critères qualitatifs aussi bien que quantitatifs, dont, en combinaisons variables: effectif de la population, densité de peuplement, distance entre îlots d'habitations, type prédominant d'activité économique, statut juridique ou administratif, et caractéristiques d'une agglomération urbaine, c'est–à–dire services publics et équipements collectifs [30]. Bien que les statistiques différenciant les zones urbaines des zones rurales soient très généralisées, il ne paraît pas possible pour le moment d'adopter une classification internationale type de ces zones, vu la diversité des interprétations nationales. La classification de la population en urbaine ou rurale retenue ici est celle qui correspond aux définitions nationales, comme l'indique une note au tableau, et selon le détail exposé dans les Notes techniques au tableau 2 du Supplément rétrospectif [31]. On peut donc dire que si les contrastes entre la population rurale et la

2 of the Historical Supplement.[31] Thus, the differences between urban and rural characteristics of the population, though not precisely measured, will tend to be reflected in the statistics.

Coverage: Urban and total population by sex are shown for 127 countries or areas.

Data for ethnic or geographical segments of the population are included in the absence of national figures. These data are not presented as representative of national–level statistics but as an index of the availability of statistics.

Earlier data: Urban and total population by sex have been shown in previous issues of the Demographic Yearbook. For information on specific years covered, readers should consult the Index.

population urbaine ne sont pas mesurés de façon précise ils se reflètent néanmoins dans les statistiques.

Portée : Des statistiques de la population urbaine et de la population totale selon le sexe sont présentées pour 127 pays ou zones.

Lorsqu'il n'existait pas de chiffres nationaux. on a fait figurer des chiffres portant sur des groupes ethniques ou géographiques. Ces données ne se veulent pas représentatives sur le plan national et ne sont présentées que comme indice des statistiques disponibles.

Données publiée antérieurement : Des statistiques de la population urbaine et de la population totale selon le sexe ont été publiées dans des éditions antérieures de l'Annuaire démographique. Pour plus de précisions concernant les années pour lesquelles ces données ont été publiées, se reporter à l'Index.

Table 7

Table 7 presents population by age, sex and urban/rural residence for the latest available year between 1984 and 1993.

Description of variables: Data in this table either are from population censuses or are estimates some of which are based on sample surveys. Data refer to the de facto population unless otherwise noted.

The reference date of the census or estimate appears in the stub of the table. The results of censuses are identified by a "(C)" following the date. In general, the estimates refer to mid–year (1 July).

Age is defined as age at last birthday, that is, the difference between the date of birth and the reference date of the age distribution expressed in completed solar years. The age classification used in this table is the following: under 1 year, 1–4 years, 5–year groups through 80–84 years, and 85 years and over and age unknown.

The urban/rural classification of population by age and sex is that provided by each country or area; it is presumed to be based on the national census definitions of urban population that have been set forth at the end of table 6.

Estimates of population by age and sex presented in this table have been limited to countries or areas for which estimates have been based on the results of a sample survey or have been constructed by the component method from the results of a population census or sample survey. Distributions which result when the estimated total population is distributed by age and sex according to percentages in each age–sex group at the time of a census or sample survey are not acceptable, and they have not been included in this table.

Reliability of data: Estimates which are believed to be less reliable are set in italics rather than in roman type. Classification in terms of reliability is based on the method of construction of the total population estimate as shown in table 3 and discussed in the Technical Notes for that table. No attempt has been made to take account of age–reporting accuracy, the evaluation of which has been described in section 3.1.3 of the Technical Notes.

Limitations: Statistics on population by age and sex are subject to the same qualifications as have been set forth for population statistics in general and age distributions in particular, as discussed in sections 3 and 3.1.3, respectively, of the Technical Notes.

Tableau 7

Le tableau 7 présente des données sur la population selon l'âge, le sexe et la résidence (urbaine/rurale) pour la dernière année disponible entre 1984 et 1993.

Description des variables : Les données de ce tableau sont tirées de recensements de la population, ou bien sont des estimations fondées, dans certains cas, sur des enquêtes par sondage. Sauf indication contraire, elles se rapportent à la population de fait.

La date de référence du recensement ou de l'estimation figure dans la colonne de gauche du tableau. Les données de recensement sont identifiées par la lettre "C" placée après la date. En général, les estimations se rapportent au milieu de l'année (1er juillet).

L'âge désigne l'âge au dernier anniversaire, c'est–à–dire la différence entre la date de naissance et la date de référence de la répartition par âge exprimée en années solaires révolues. La classification par âge utilisée dans ce tableau est la suivante : moins d'un an, 1 à 4 ans, groupes quinquennaux jusqu'à 80 à 84 ans, 85 ans et plus et une catégorie âge inconnu.

La classification par zones urbaines et rurales de la population selon l'âge et le sexe est celle qui est fournie par chaque pays ou zone; cette classification est présumée fondée sur les définitions utilisées dans les recensements nationaux de la population urbaine, qui sont reproduites à la fin du tableau 6.

Les estimations de la population selon l'âge et le sexe qui figurent dans ce tableau ne concernent que les pays ou zones pour lesquels les estimations se fondent sur les résultats d'une enquête par sondage ou ont été établies par la méthode des composantes à partir des résultats d'un recensement de la population ou d'une enquête par sondage. Les répartitions par âge et par sexe obtenues en appliquant à l'estimation de la population totale les pourcentages enregistrés pour les divers groupes d'âge pour chaque sexe lors d'un recensement ou d'une enquête par sondage ne sont pas acceptables et n'ont pas été reproduites dans ce tableau.

Fiabilité des données : Les estimations considérées comme moins sûres sont indiquées en italique plutôt qu'en caractères romains. Le classement du point de vue de la fiabilité est fondé sur la méthode utilisée pour établir l'estimation de la population totale qui figure dans le tableau 3 (voir explications dans les Notes techniques relatives à ce même tableau). On n'a pas tenu compte des inexactitudes dans les déclarations d'âge, dont la méthode d'évaluation est exposée à la section 3.1.3 des Notes techniques.

Insuffisance des données : Les statistiques de la population selon l'âge et le sexe appellent les mêmes réserves que celles qui ont été respectivement formulées aux sections 3 et 3.1.3 des Notes techniques à l'égard des statistiques de la population en général et des répartitions par âge en particulier.

Comparability of population data classified by age and sex is limited in the first place by variations in the definition of total population, discussed in detail in section 3 of the Technical Notes, and by the accuracy of the original enumeration. Both of these factors are more important in relation to certain age groups than to others. For example, under–enumeration is known to be more prevalent among infants and young children than among older persons. Similarly, the exclusion from the total population of certain groups which tend to be of selected ages (such as the armed forces) can markedly affect the age structure and its comparability with that for other countries or areas. Consideration should be given to the implications of these basic limitations in using the data.

In addition to these general qualifications are the special problems of comparability which arise in relation to age statistics in particular. Age distributions of population are known to suffer from certain deficiencies which have their origin in irregularities in age reporting. Although some of the irregularities tend to be obscured or eliminated when data are tabulated in five–year age groups rather than by single years, precision still continues to be affected, though the degree of distortion is not always readily seen. [32]

Another factor limiting comparability is the age classification employed by the various countries or areas. Age may be based on the year of birth rather than the age at last birthday, in other words, calculated using the day, month and year of birth. Distributions based on the year of birth only are footnoted when known.

The absence of frequencies in the unknown age group does not necessarily indicate completely accurate reporting and tabulation of the age item. It is often an indication that the unknowns have been eliminated by assigning ages to them before tabulation, or by proportionate distribution after tabulation.

As noted in connection with table 5, intercensal estimates of total population are usually revised to accord with the results of a census of population if inexplicable discontinuities appear to exist. Postcensal age–sex distributions, however, are less likely to be revised in this way. When it is known that a total population estimate for a given year has been revised and the corresponding age distribution has not been, the age distribution is shown as provisional. Distributions of this type should be used with caution when studying trends over a period of years though their utility for studying age structure for the specified year is probably unimpaired.

The comparability of data by urban/rural residence is affected by the national definitions of urban and rural used in tabulating these data. When known, the definitions of urban used in national population censuses are presented at the end of table 6. As discussed in detail in the Technical Notes for table 6, these definitions vary considerably from one country or area to another.

La comparabilité des statistiques de la population selon l'âge et le sexe est limitée en premier lieu par le manque d'uniformité dans la définition de la population totale (voir explications à la section 3 des Notes techniques) et par les lacunes des dénombrements. L'influence de ces deux facteurs varie selon les groupes d'âge. Ainsi, le dénombrement des enfants de moins d'un an et des jeunes enfants comporte souvent plus de lacunes que celui des personnes plus âgées. De même, l'exclusion du chiffre de la population totale de certains groupes de personnes appartenant souvent à des groupes d'âge déterminés, par exemple les militaires, peut influer sensiblement sur la structure par âge et sur la comparabilité des données avec celles d'autres pays ou zones. Il conviendra de tenir compte de ces facteurs fondamentaux lorsqu'on utilisera les données du tableau.

Outre ces difficultés d'ordre général, la comparabilité pose des problèmes particuliers lorsqu'il s'agit des données par âge. On sait que les répartitions de la population selon l'âge présentent certaines imperfections dues à l'inexactitude des déclarations d'âge. Certaines de ces anomalies ont tendance à s'estomper ou à disparaître lorsqu'on classe les données par groupes d'âge quinquennaux et non par années d'âge, mais une certaine imprécision demeure, même s'il n'est pas toujours facile de voir à quel point il y a distorsion [32].

Le degré de comparabilité dépend également de la classification par âge employée dans les divers pays ou zones. L'âge retenu peut être défini par date exacte (jour, mois et année) de naissance ou par celle du dernier anniversaire. Lorsqu'elles étaient connues, les répartitions établies seulement d'après l'année de la naissance ont été signalées en note à la fin du tableau.

Si aucun nombre ne figure dans la colonne réservée aux âges inconnus, cela ne signifie pas nécessairement que les déclarations d'âge et l'exploitation des données par âge aient été tout à fait exactes. C'est souvent une indication que l'on a attribué un âge aux personnes d'âge inconnu avant la mise en tableau ou que celles–ci ont été réparties proportionnellement entre les différents groupes après cette opération.

Comme on l'a indiqué à propos du tableau 5, les estimations intercensitaires de la population totale sont d'ordinaire rectifiées d'après les résultats des recensements de population si l'on constate des discontinuités inexplicables. Les données postcensitaires concernant la répartition de la population par âge et par sexe ont toutefois moins de chance d'être rectifiées de cette manière. Lorsqu'on savait qu'une estimation de la population totale pour une année donnée avait été rectifiée mais non la répartition par âge correspondante, cette dernière a été indiquée comme ayant un caractère provisoire. Les répartitions de ce type doivent être utilisées avec prudence lorsqu'on étudie les tendances sur un certain nombre d'années, quoique leur utilité pour l'étude de la structure par âge de la population pour l'année visée reste probablement entière.

La comparabilité des données selon la résidence (urbaine/rurale) peut être limitée par les définitions nationales des termes "urbain" et "rural" utilisées pour la mise en tableaux de ces données. Les définitions du terme "urbain" utilisées pour les recensements nationaux de population ont été présentées à la fin du tableau 6 lorsqu'elles étaient connues. Comme on l'a précisé en détail dans les Notes techniques relatives au tableau 6, ces définitions varient très sensiblement d'un pays ou d'une zone à l'autre.

Coverage: Population by age and sex is shown for 183 countries or areas. Of these distributions, 56 are census results, and 127 are other types of estimates.

Data are presented by urban/rural residence for 102 countries or areas.

Data for ethnic or geographical segments of the population are included in the absence of national figures. These data are not presented as representative of national–level statistics but as an index of the availability of statistics.

Earlier data: Population by age, sex and urban/rural residence has been shown in previous issues of the Demographic Yearbook. Data included in this table update the series for each available year since 1948 shown in table 3 of the Historical Supplement. In addition, the Population and Vital Statistics Report: 1984 Special Supplement presents population by age and sex for each census reported during the period 1965 and 1983. For information on additional years covered, readers should consult the Index.

Data in machine–readable form: Data shown in this table are available in magnetic tape at a cost of US$150 for all available years as shown below:

Total	1948–1993
Urban/rural	1972–1993

Portée : Des statistiques de la population selon l'âge et le sexe sont présentées pour 183 pays ou zones. De ces séries de données, 56 sont des résultats de recensement, et 127 sont des estimations postcensitaires.

La répartition selon la résidence (urbaine/rurale) et indiquée pour 102 pays ou zones.

Lorsqu'il n'existait pas de chiffres nationaux, on a fait figurer des chiffres portant sur des groupes ethniques ou géographiques. Ces données ne se veulent pas représentatives sur le plan national et ne sont présentées que comme indice des statistiques disponibles.

Données publiées antérieurement : Des statistiques de la population selon l'âge, le sexe et la résidence (urbaine/rurale) ont été présentées dans des éditions antérieures de l'Annuaire démographique. Les données présentées dans le tableau 7 mettent à jour les séries existant par année depuis 1948 et qui figurent au tableau 3 du Supplément rétrospectif. En plus, le Rapport de statistiques de la population et de l'état civil : Supplément spécial 1984 présente des données pour la population selon l'âge et le sexe pour chaque recensement entre 1965 et 1983. Les années additionnelles sont indiquées dans l'Index.

Données sur support magnétique: Il est possible de se procurer sur bande magnétique, moyennant de paiement d'une somme $150 les données dans ce tableau pour tous les années disponibles suivantes:

Total	1948–1993
Urbain/rural	1972–1993

Table 8

Table 8 presents population of capital cities and cities of 100 000 and more inhabitants for the latest available year.

Description of variables: Since the way in which cities are delimited differs from one country or area to another, efforts have been made to include in the table not only data for the so–called city proper but also those for the urban agglomeration, if such exists.

City proper is defined as a locality with legally fixed boundaries and an administratively recognized urban status which is usually characterized by some form of local government.

Urban agglomeration has been defined as comprising the city or town proper and also the suburban fringe or thickly settled territory lying outside of, but adjacent to, the city boundaries.

In addition, for some countries or areas, the data relate to entire administrative divisions known, for example, as shi or municipios which are composed of a populated centre and adjoining territory, some of which may contain other quite separate urban localities or be distinctively rural in character. For this group of countries or areas the type of civil division is given in a footnote, and the figures have been centred in the two columns as an indication that they refer to units which may extend beyond an integrated urban locality but which are not necessarily urban agglomerations.

Where possible the surface area of the city or urban agglomeration is shown at the end of the table.

City names are presented in the original language of the country or area in which the cities are located. In cases where the original names are not in the Roman alphabet, they have been romanized. Cities are listed in English alphabetical order.

Tableau 8

Le tableau 8 présente des données sur la population des capitales et des villes de 100 000 habitants et plus pour la dernière année disponible.

Description des variables : Etant donné que les villes ne sont pas délimitées de la même manière dans tous les pays ou zones, on s'est efforcé de donner, dans ce tableau, des chiffres correspondant non seulement aux villes proprement dites, mais aussi, le cas échéant, aux agglomérations urbaines.

On entend par villes proprement dites les localités qui ont des limites juridiquement définies et sont administrativement considérées comme villes, ce qui se caractérise généralement par l'existence d'une autorité locale.

L'agglomération urbaine comprend, par définition, la ville proprement dite ainsi que la proche banlieue, c'est–à–dire la zone fortement peuplée qui est extérieure, mais contiguë aux limites de la ville.

En outre, dans certains pays ou zones, les données se rapportent à des divisions administratives entières, connues par exemple sous le nom de shi ou de municipios, qui comportent une agglomération et le territoire avoisinant, lequel peut englober d'autres agglomérations urbaines tout à fait distinctes ou être de caractère essentiellement rural. Pour ce groupe de pays ou zones, le type de division administrative est indiqué en note, et les chiffres ont été centrés entre les deux colonnes, de manière à montrer qu'il s'agit d'unités pouvant s'étendre au–delà d'une localité urbaine intégrée sans constituer nécessairement pour autant une agglomération urbaine.

On trouvera à la fin du tableau la superficie de la ville ou agglomération urbaine chaque fois que possible.

Les noms des villes sont indiqués dans la langue du pays ou zone où ces villes sont situées. Les noms de villes qui ne sont pas à l'origine libellés en caractères latins ont été romanisés. Les villes sont énumérées dans l'ordre alphabétique anglais.

Capital cities are shown in the table regardless of their population size. The names of the capital cities are printed in capital letters. The designation of any specific city as a capital city is done solely on the basis of the designation as reported by the country or area.

For other cities, the table covers those with a population of 100 000 and more. The 100 000 limit refers to the urban agglomeration, and not to the city proper, which may be smaller.

The reference date of each population figure appears in the stub of the table. Estimates are identified by an (E) following the date. Estimates based on results of sample surveys and city censuses as well as those derived from other sources are identified by footnote.

Reliability of data: Specific information is generally not available on the method of constructing population estimates on their reliability for cities or urban agglomerations presented in this table. Nevertheless, the principles used in determining the reliability of the data are the same as those used for the total population figures.

Data from population censuses, sample surveys and city censuses are considered to be reliable and, therefore, set in roman type. Other estimates are considered to be reliable or less reliable on the basis of the reliability of the 1993 estimate of the total mid–year population. The criteria for reliability are explained in detail in the Technical Notes for table 3 and in section 3.2.1 of the Technical Notes. In brief, mid–year population estimates are considered reliable if they are based on a complete census (or a sample survey), and have been adjusted by a continuous population register or adjusted on the basis of the calculated balance of births, deaths, and migration.

Limitations: Statistics on the population of capital cities and cities of 100 000 and more inhabitants are subject to the same qualifications as have been set forth for population statistics in general as discussed in section 3 of the Technical Notes.

International comparability of data on city population is limited to a great extent by variations in national concepts. Although an effort is made to reduce the sources of non–comparability somewhat by presenting the data in the table in terms of both city proper and urban agglomeration, many serious problems of comparability remain.

Data presented in the "city proper" column for some countries represent an urban administrative area legally distinguished from surrounding rural territory, while for other countries these data represent a commune or similar small administrative unit. In still other countries such administrative units may be relatively extensive and thereby include considerable territory beyond the urban centre itself.

City data are also especially affected by whether the data are expressed in terms of the de facto or de jure population of the city as well as variations among countries in how each of these concepts is applied. With reference to the total population, the difference between the de facto and de jure population is discussed at length in section 3.1.1 of the Technical Notes.

Les capitales figurent dans le tableau quel que soit le chiffre de leur population et leur nom a été imprimé en lettres majuscules. Ne sont indiquées comme capitales que les villes ainsi désignées par le pays ou zone intéressé.

En ce qui concerne les autres villes, le tableau indique celles dont la population est égale ou supérieure à 100 000 habitants. Ce chiffre limite s'applique à l'agglomération urbaine et non à la ville proprement dite, dont la population peut être moindre.

La date de référence du chiffre correspondant à chaque population figure dans la colonne de gauche du tableau. Les estimations sont indiquées par la lettre (E) placée après la date. Lorsqu'on savait que les estimations étaient fondées sur les résultats d'enquêtes par sondage ou de recensements municipaux ou étaient tirées d'autres sources, on l'a indiqué en note.

Fiabilité des données : On ne possède généralement pas de renseignements précis sur la méthode employée pour établir les estimations de la population des villes ou agglomérations urbaines présentées dans ce tableau ni sur la fiabilité de ces estimations. Toutefois, les critères utilisés pour déterminer la fiabilité des données sont les mêmes que ceux qui ont été appliqués pour les chiffres de la population totale.

Les données provenant de recensements de la population, d'enquêtes par sondage ou de recensements municipaux sont jugées sûres et figurent par conséquent en caractères romains. D'autres estimations sont considérées comme sûres ou moins sûres en fonction du degré de fiabilité attribué aux estimations de la population totale en milieu d'année pour 1993. Ces critères de fiabilité sont expliqués en détail dans les Notes techniques relatives au tableau 3, ainsi qu'à la section 3.2.1 des Notes techniques. En résumé, sont considérées comme sûres les estimations de la population en milieu d'année qui sont fondées sur un recensement complet (ou une enquête par sondage) et qui ont été ajustées en fonction des données fournies par un registre de population permanent ou en fonction de la balance, établie par le calcul des naissances, des décès et des migrations.

Insuffisance des données : Les statistiques portant sur la population des capitales et des villes de 100 000 habitants et plus appellent toutes les réserves qui ont été faites à la section 3 des Notes techniques à propos des statistiques de la population en général.

La comparabilité internationale des données portant sur la population des villes est compromise dans une large mesure par la diversité des définitions nationales. Bien que l'on se soit efforcé de réduire les facteurs de non–comparabilité en présentant à la fois dans le tableau les données relatives aux villes proprement dites et celles concernant les agglomérations urbaines, de nombreux et graves problèmes de comparabilité n'en subsistent pas moins.

Pour certain pays, les données figurant dans la colonne intitulée "ville proprement dite" correspondent à une zone administrative urbaine juridiquement distincte du territoire rural environnant, tandis que pour d'autres pays ces données correspondent à une commune ou petite unité administrative analogue. Pour d'autres encore, les unités administratives en cause peuvent être relativement étendues et comporter par conséquent un vaste territoire au–delà du centre urbain lui–même.

L'emploi de données se rapportant tantôt à la population de fait, tantôt à la population de droit, ainsi que les différences de traitement de ces deux concepts d'un pays à l'autre influent particulièrement sur les statistiques urbaines. En ce qui concerne la population totale, la différence entre population de fait et population de droit est expliquée en détail à la section 3.1.1 des Notes techniques.

Data on city populations based on intercensal estimates present even more problems than census data. Comparability is impaired by the different methods used in making the estimates and by the lack of precision possible in applying any given method. For example, it is far more difficult to apply the component method of estimating population growth to cities than it is to entire countries.

Births and deaths occurring in the cities do not all originate in the population present in or resident of that area. Therefore, the use of natural increase to estimate the probable size of the city population is a potential source of error. Internal migration is a second estimating component which cannot be measured with accuracy in many areas. Because of these factors, estimates in this table may be less valuable in general and in particular limited for purposes of international comparison.

City data, even when set in roman type, are often not as reliable as estimates for the total population of the country or area.

Furthermore, because the sources of these data include censuses (national or city), surveys and estimates, the years to which they refer vary widely. In addition, because city boundaries may alter over time, comparisons of data for different years should be carried out with caution.

Coverage: Cities are shown for 210 countries or areas. Of these 102 show the capital only while 108 show the capital and one or more cities which, according to the latest census or estimate, had a population of 100 000 or more.

Data for ethnic or geographical segments of the population are included in the absence of national figures. These data are not presented as representative of national–level statistics but as an index of the availability of statistics.

Earlier data: Population of capital cities and cities with a population of 100 000 or more have been shown in previous issues of the Demographic Yearbook. For information on specific years covered, readers should consult the Index.

Les statistiques des populations urbaines qui sont fondées sur des estimations intercensitaires posent encore plus de problèmes que les données de recensement. Leur comparabilité est compromise par la diversité des méthodes employées pour établir les estimations et par le manque possible de précision dans l'application de telle ou telle méthode. La méthode des composantes, par exemple, est beaucoup plus difficile à appliquer en vue de l'estimation de l'accroissement de la population lorsqu'il s'agit de villes que lorsqu'il s'agit de pays entiers.

Les naissances et décès qui surviennent dans les villes ne correspondent pas tous à la population présente ou résidente. En conséquence, des erreurs peuvent se produire si l'on établit pour les villes des estimations fondées sur l'accroissement naturel de la population. Les migrations intérieures constituent un second élément d'estimation que, dans bien des régions, on ne peut pas toujours mesurer avec exactitude. Pour ces raisons, les estimations présentées dans ce tableau risquent dans l'ensemble d'être peu fiables et leur valeur est particulièrement limitée du point de vue des comparaisons internationales.

Même lorsqu'elles figurent en caractères romains, il arrive souvent que les statistiques urbaines ne soient pas aussi sûres que les estimations concernant la population totale du pays ou zone en cause.

De surcroît, comme ces statistiques proviennent aussi bien de recensements (nationaux ou municipaux) que d'enquêtes ou d'estimations, les années auxquelles elles se rapportent sont extrêmement variables. Enfin, comme les limites urbaines varient parfois d'une époque à une autre, il y a lieu d'être prudent lorsque l'on compare des données se rapportant à des années différentes.

Portée : Ce tableau fournit des données sur la population des villes de 210 pays ou zones. Pour 102 d'entre eux, seule est indiquée la population de la capitale, tandis que pour 108 on a indiqué celle de la capitale et d'une ou plusieurs villes comptant, d'après le dernier recensement ou la dernière estimation, 100 000 habitants ou plus.

Lorsqu'il n'existait pas de chiffres nationaux. on a fait figurer des chiffres portant sur des groupes ethniques ou géographiques. Ces données ne se veulent pas représentatives sur le plan national et ne sont présentées que comme indice des statistiques disponibles.

Données publiées antérieurement : Des statistiques de la population des capitales et des villes de 100 000 habitants ou plus ont été présentées dans des éditions antérieures de l'Annuaire démographique. Pour plus de précisions concernant les années pour lesquelles ces données ont été publiées, se reporter à l'Index.

Table 9

Table 9 presents live births and crude live–birth rates by urban/rural residence for as many years as possible between 1989 and 1993.

Description of variables : Live birth is defined as the complete expulsion or extraction from its mother of a product of conception, irrespective of the duration of pregnancy, which after such separation, breathes or shows any other evidence of life such as beating of the heart, pulsation of the umbilical cord, or definite movement of voluntary muscles, whether or not the umbilical cord has been cut or the placenta is attached; each product of such a birth is considered live–born regardless of gestational age. [33]

Tableau 9

Le tableau 9 présente des données sur les naissances vivantes et les taux bruts de natalité selon la résidence (urbaine/rurale) pour le plus grande nombre d'années possible entre 1989 et 1993.

Description des variables : La naissance vivante est l'expulsion ou l'extraction complète du corps de la mère, indépendamment de la durée de gestation, d'un produit de la conception qui, apèrs cette séparation, respire ou manifeste tout autre signe de vie, tel que battement de coeur, pulsation du cordon ombilical ou contraction effective d'un muscle soumis à l'action de la volonté, que le cordon ombilical ait été coupé ou non et que le placenta soit ou non demeuré attaché; tout produit d'une telle naissance est considéré comme "enfant né vivant" [33].

Statistics on the number of live births are obtained from civil registers unless otherwise noted. For those countries or areas where civil registration statistics on live births are considered reliable (estimated completeness of 90 per cent or more) the birth rates shown have been calculated on the basis of registered live births. However, for countries or areas where civil registration of live births is non–existent or considered unreliable (estimated completeness of less than 90 per cent or of unknown completeness), estimated rates are presented whenever possible instead of the rates based on the registered births. These estimated rates are identified by a footnote. Officially estimated rates using well–defined estimation procedures and sources whether based on census or sample survey data are given first priority. If such estimates are not available, rates estimated by the Population Division of the United Nations Secretariat are presented.

The urban–rural classification of births is that provided by each country or area; it is presumed to be based on the national census definitions of urban population that have been set forth at the end of table 6.

Rate computation : Crude live–birth rates are the annual number of live births per 1 000 mid–year population.

Rates by urban/rural residence are the annual number of live births, in the appropriate urban and rural category, per 1 000 corresponding mid–year population.

Rates presented in this table have not been limited to those countries or areas having a minimum number of live births in a given year. However, rates based on 30 or fewer live births are identified by the symbol (◆).

These rates, unless otherwise noted, have been calculated by the Statistical Division of the United Nations.

In addition, some rates have been obtained from sample surveys, from analysis of consecutive population census results, and from the application of the "reverse–survival" method, which consists of increasing the number of children of a given age group recorded in a census or sample survey, by a life–table survival coefficient, so as to estimate the number of births from which these children are survivors. To distinguish them from civil registration data, estimated rates are identified by a footnote.

Reliability of data : Each country or area has been asked to indicate the estimated completeness of the live births recorded in its civil register. These national assessments are indicated by the quality codes C, U and ... that appear in the first column of this table.

C indicates that the data are estimated to be virtually complete, that is, representing at least 90 per cent of the live births occurring each year, while U indicates that data are estimated to be incomplete, that is, representing less than 90 per cent of the live births occurring each year. The code ... indicates that no information was provided regarding completeness.

Sauf indication contraire, les statistiques du nombre de naissances vivantes sont établies sur la base des registres de l'état civil. Pour les pays ou zones où les statistiques tirées de l'enregistrement des naissances vivantes par les services de l'état civil sont jugées sûres (complétude estimée à 90 p. 100 ou plus), les taux de natalité indiqués ont été calculés d'après les naissances vivantes enregistrées. En revanche, pour les pays ou zones où l'enregistrement des naissances vivantes par les services de l'état civil n'existe pas ou est de qualité douteuse (complétude estimée à moins de 90 p. 100 ou degré de complétude inconnu), on a présenté, autant que possible, des taux estimatifs et non des taux fondés sur les naissances enregistrées. Lorsque tel était le cas, on l'a signalé en note au bas du tableau. On a retenu en priorité les taux estimatifs officiels établis d'après des méthodes d'estimation et des sources bien définies, qu'il s'agisse de données de recensement ou de résultats d'enquêtes par sondage. Lorsqu'on ne disposait pas d'estimation de ce genre, on a présenté les taux estimatifs établis par la Division de la population du Secrétariat de l'ONU.

La classification des naissances selon la résidence (urbaine/rurale) est celle qui a été fournie par chaque pays ou zone; il faut en conclure qu'elle repose sur les définitions de la population urbaine utilisées pour les recensements nationaux telles qu'elles sont reproduites à la fin du tableau 6.

Calcul des taux : Les taux bruts de natalité représentent le nombre annuel de naissances vivantes pour 1 000 habitants au milieu de l'année.

Les taux selon la résidence (urbaine/rurale) représentent le nombre annuel de naissances vivantes, classées selon la catégorie urbaine ou rurale appropriée pour 1 000 habitants au milieu de l'année.

Les taux présentés dans ce tableau ne se rapportent pas aux seuls pays où l'on a enregistré en certain nombre minimal de naissances vivantes au cours d'une année donnée. Toutefois, les taux qui sont fondés sur 30 naissances vivantes ou moins sont identifiés par le signe (◆).

Ces taux, sauf indication contraire, ont été calculés par la Division de statistique de l'ONU.

En outre, certains taux ont été obtenus à partir des résultats d'enquêtes par sondage, par l'analyse des données de recensements consécutifs et par la méthode de la projection rétrospective, qui consiste à accroître le nombre d'enfants d'un groupe d'âge donné enregistré lors d'un recensement ou d'une enquête par sondage, en appliquant le coefficient de survie d'une table de mortalité de manière à estimer le nombre de naissances de la cohorte dont ces enfants sont les survivants. Pour les distinguer des données qui proviennent des registres de l'état civil, ces taux estimatifs ont été identifiées par une note au bas du tableau.

Fiabilité des données : Il a été demandé à chaque pays ou zone d'indiquer le degré estimatif de complétude des données sur les naissances vivantes figurant dans ses registres d'état civil. Ces évaluations nationales sont désignées par les codes de qualité "C", "U", et "..." qui apparaissent dans la première colonne du tableau.

Le lettre "C" indique que les données sont jugées à peu près complètes, c'est–à–dire qu'elles représentent au moins 90 p. 100 des naissances vivantes survenues chaque année; la lettre "U" indique que les données sont jugées incomplètes, c'est–à–dire qu'elles représentent moins de 90 p. 100 des naissances vivantes survenues chaque année. Le signe "..." indique qu'aucun renseignement n'a été fourni quant à la complétude des données.

Data from civil registers which are reported as incomplete or of unknown completeness (coded U or...) are considered unreliable. They appear in italics in this table. When data so coded are used to calculate rates, the rates also appear in italics.

These quality codes apply only to data from civil registers. If a series of data for a country or area contains both data from a civil register and estimated data from, for example, a sample survey, then the code applies only to the registered data. If only estimated data are presented, the symbol .. is shown instead of the quality code. For more information about the quality of vital statistics data in general, and the information available on the basis of the completeness estimates in particular, see section 4.2 of the Technical Notes.

Limitations : Statistics on live births are subject to the same qualifications as have been set forth for vital statistics in general and birth statistics in particular as discussed in section 4 of the Technical Notes.

The reliability of data, an indication of which is described above, is an important factor in considering the limitations. In addition, some live births are tabulated by date of registration and not by date of occurrence; these have been indicated by a (+). Whenever the lag between the date of occurrence and date of registration is prolonged and, therefore, a large proportion of the live–birth registrations are delayed, birth statistics for any given year may be seriously affected.

Another factor which limits international comparability is the practice of some countries or areas not to include in live–birth statistics infants who were born alive but died before the registration of the birth or within the first 24 hours of life, thus underestimating the total number of live births. Statistics of this type are footnoted.

In addition, it should be noted that rates are affected also by the quality and limitations of the population estimates which are used in their computation. The problems of under–enumeration or over–enumeration and, to some extent, the differences in definition of total population have been discussed in section 3 of the Technical Notes dealing with population data in general, and specific information pertaining to individual countries or areas is given in the footnotes to table 3. In the absence of official data on total population, United Nations estimates of mid–year population have been used in calculating some of these rates.

The rates estimated from the results of sample surveys are subject to possibilities of considerable error as a result of omissions in reporting of births, or as a result of erroneous reporting of events occurring outside the reference period. However, rates estimated from sample surveys do have an outstanding advantage, and that is the availability of a built–in and strictly corresponding population base. The accuracy of the birth rates estimated by the "reverse–survival" method is affected by several factors, the most important of which are the accuracy of the count of children in the age groups used and errors in the survival coefficients.

It should be emphasized that crude birth rates—like crude death, marriage and divorce rates—may be seriously affected by the age–sex structure of the populations to which they relate. Nevertheless, they do provide simple measure of the level of and changes in natality.

Les données provenant des registres de l'état civil qui sont déclarées incomplètes ou dont le degré de complétude n'est pas connu (et qui sont affectées de la lettre "U" ou du signe "...") sont jugées douteuses. Elles apparaissent en italique dans le présent tableau. Lorsque ces données sont utilisées pour calculer des taux, ces taux apparaissent eux aussi en italique.

Ces codes de qualité ne s'appliquent qu'aux données tirées des registres de l'état civil. Si une série de données pour un pays ou une zone contient à la fois des données provenant des registres de l'état civil et des estimations calculées, par exemple, sur la base d'enquêtes par sondage, le code s'applique uniquement aux données d'enregistrement. Si l'on ne présente que des données estimatives, le signe ".." est utilisé à la place du code de qualité. Pour plus de précisions sur la qualité des données reposant sur les statistiques de l'état civil en général, voir la section 4.2 des Notes techniques, qui fournit aussi des renseignements fondés sur les estimations de complétude.

Insuffisance des données : Les statistiques des naissances vivantes appellent toutes les réserves qui ont été faites à propos des statistiques de l'état civil en général et des statistiques des naissances en particulier (voir explications données à la section 4 des Notes techniques).

La fiabilité des données, au sujet de laquelle des indications ont été fournies plus haut, est un facteur important. Il faut également tenir compte du fait que, dans certains cas, les données relatives aux naissances vivantes sont exploitées selon la date de l'enregistrement et non la date de l'événement; ces cas ont été identifiés par le signe (+). Là où le décalage entre l'événement et son enregistrement est grand, c'est–à–dire là où une forte proportion des naissances vivantes fait l'objet d'un enregistrement tardif, les statistiques des naissances vivantes pour une année donnée peuvent être sérieusement faussées.

Un autre facteur qui nuit à la comparabilité internationale est la pratique de certains pays ou zones qui consiste à ne pas inclure dans les statistiques des naissances vivantes les enfants nés vivants mais décédés avant l'enregistrement de leur naissance ou dans les 24 heures qui ont suivi la naissance, pratique qui conduit à sous–estimer le nombre total de naissances vivantes. Quand tel était le cas, on l'a signalé en note au bas du tableau.

Il convient de noter par ailleurs que l'exactitude des taux dépend également de la qualité et des insuffisances des estimations de population qui sont utilisées pour leur calcul. Le problème des erreurs par excès ou par défaut commises lors du dénombrement et, dans une certain mesure, le problème de l'hétérogénéité des définitions de la population totale ont été examinés à la section 3 des Notes techniques relative à la population en général; des indications concernant les différents pays ou zones sont données en note au bas du tableau 3. Lorsqu'il n'existait pas de chiffres officiels sur la population totale, ce sont les estimations de la population en milieu d'année, établies par le Secrétariat de l'ONU, qui ont servi pour le calcul des taux.

Les taux estimatifs fondés sur les résultats d'enquêtes par sondage comportent des possiblilités d'erreurs considérables dues soit à des omissions dans les déclarations, soit au fait que l'on a déclaré à tort des naissances survenues en réalité hors de la période considérée. Toutefois, les taux estimatifs fondés sur les résultats d'enquêtes par sondage présentent un gros avantage: le chiffre de population utilisé comme base est, par définition, connu rigoureusement correspondant. L'exactitude des taux de natalité estimés selon la méthode de la projection rétrospective dépend de plusieurs facteurs, dont les principaux sont l'exactitude du dénombrement des enfants des groupes d'âge utilisés et les erreurs dans les coefficients de survie.

Il faut souligner que les taux bruts de natalité, de même que les taux bruts de mortalité, de nuptialité et de divortialité, peuvent varier très sensiblement selon la structure par âge et par sexe de la population à laquelle ils se rapportent. Ils offrent néanmoins un moyen simple de mesurer le niveau et l'évolution de la natalité.

The comparability of data by urban/rural residence is affected by the national definitions of urban and rural used in tabulating these data. It is assumed, in the absence of specific information to the contrary, that the definitions of urban and rural used in connection with the national population census were also used in the compilation of the vital statistics for each country or area. However, the possiblity cannot be excluded that, for a given country or area, the same definitions of urban and rural are not used for both the vital statistics data and the population census data. When known, the definitions of urban used in national population censuses are presented at the end of table 6. As discussed in detail in the Technical Notes for table 6, these definitions vary considerably from one country or area to another.

In addition to problems of comparability, vital rates classifced by urban/rural residence are also subject to certain special types of bias. If, when calculating vital rates, different definitions or urban are used in connection with the vital events and the population data and if this results in a net difference between the numerator and denominator of the rate in the population at risk, then the vital rates would be biased. Urban/rural differentials in vital rates may also be affected by whether the vital events have been tabulated in terms of place of occurrence or place of usual residence. This problem is discussed in more detail in section 4.1.4.1 of the Technical Notes.

Coverage : Live births are shown for 143 countries or areas. Data are presented by urban/rural residence for 64 countries or areas.

Crude live–birth rates are shown for 208 countries or areas. Rates are presented by urban/rural residence for 52 countries or areas.

Data for ethnic or geographical segments of the population are included in the absence of national figures. These data are not presented as being representative of national–level statistics but as an index of the availability of statistics.

Earlier data : Live births and crude live birth rates have been shown in each issue of the Demographic Yearbook. Data included in this table update the series covering a period of years as follows :

Issue	Years covered
1992	1983–1992
1986	1967–1986
1981	1962–1981
Historical Supplement	1948–1977

For further information on years covered prior to 1948, readers should consult the Index.

Data in machine–readable form: Data shown in this table are available in magnetic tape at a cost of US$150 for all available years as shown below:

Total	1948–1993
Urban/rural	1972–1993

La comparabilité des données selon la résidence (urbaine/rurale) peut être limitée par les définitions nationales des termes "urbain" et "rural" utilisées pour la mise en tableaux de ces données. En l'absence d'indications contraires, on a supposé que les définitions des termes "urbain" et "rural" pour le recensement national de la population avaient été utilisées pour le recensement national de la population et pour l'établissement des statistiques de l'état civil pour chaque pays ou zone. Toutefois, on ne peut exclure la possiblité que, pour un pays ou zone donné les mêmes définitions des termes "urbain" et "rural" n'aient pas été utilisées dans les deux cas. Les définitions du terme "urbaine" pour les recensements nationaux de population ont été présentées à la fin du tableau 6 lorsqu'elles étaient connues. Comme on l'a précisé en détail dans les Notes techniques relatives au tableau 6, ces définitions varient très sensiblement d'un pays ou d'une zone à l'autre.

Outre ces problèmes de comparabilité, les taux démographiques classés selon la résidence (urbaine/rurale) sont également sujets à certains types particuliers d'erreurs. Si, lors du calcul de ces taux, des définitions différentes du terme "urbain" sont utilisées pour classer les faits d'état civil et les données relatives à la population et s'il en résulte une différence nette entre le numérateur et le dénominateur pour le taux de la population exposée au risque, les taux démographiques s'en trouveront faussés. La différence entre ces taux pour les zones urbaines et rurales pourra aussi être faussée selon que les faits d'état civil auront été classés d'après le lieu de l'événement ou le lieu de résidence habituelle. Ce problème est examiné plus en détail à la section 4.1.4.1 des Notes techniques.

Portée : Le tableau 9 présente des statistiques des naissances vivantes pour 143 pays ou zones. Les répartitions selon la résidence (urbaine/rurale) intéressent 64 pays ou zones.

Le tableau 9 présente également des taux bruts de natalité pour 208 pays ou zones. Les taux selon la résidence (urbaine/rurale) intéressent 52 pays ou zones.

Lorsqu'il n'existait pas de chiffres nationaux, on a fait figurer des chiffres portant sur des groupes ethniques ou géographiques. Ces données ne se veulent pas représentatives sur le plan national et ne sont présentées que comme indice des statistiques disponibles.

Données publiées antérieurement : Des données sur les naissances vivantes et des taux bruts de natalité ont été présentés dans chaque édition de l'Annuaire démographique. Les données présentées dans ce tableau mettent à jour les périodes d'années suivantes :

Edition	Années considérées
1992	1983–1992
1986	1967–1986
1981	1962–1981
Supplément rétrospectif	1948–1977

Pour plus de précisions concernant les années antérieur à 1948, on reportera à l'Index.

Données sur support magnétique: Il est possible de se procurer sur bande magnétique, moyennant de paiement d'une somme $150 les données dans ce tableau pour tous les années disponibles suivantes:

Total	1948–1993
Urbain/rural	1972–1993

Table 10

Table 10 presents live births by age of mother, sex and urban/rural residence for the latest available year.

Description of variables : Age is defined as age at last birthday, that is, the difference between the date of birth and the date of the occurrence of the event, expressed in completed solar years. The age classification used in this table is the following : under 15 years, 5–year age groups through 45–49 years, 50 years and over, and age unknown.

The urban/rural classification of births is that provided by each country or area; it is presumed to be based on the national census definitions of urban population that have been set forth at the end of table 6.

Reliability of data : Data from civil registers of live births which are reported as incomplete (less than 90 per cent completeness) or of unknown completeness are considered unreliable and are set in italics rather than in roman type. Table 9 and the Technical Notes for that table provided more detailed information on the completeness of live–birth registration. For more information about the quality of vital statistics data in general, and the information available on the basis of the completeness estimates in particular, see section 4.2 of the Technical Notes.

Limitations : Statistics on live births by age of mother are subject to the same qualifications as have been set forth for vital statistics in general and birth statistics in particular as discussed in section 4 of the Technical Notes.

The reliability of the data, an indication of which is described above, is an important factor in considering the limitations. In addition, some live births are tabulated by date of registration and not by date of occurrence; these have been indicated by a (+). Whenever the lag between the date of occurrence and date of registration is prolonged and, therefore, a large proportion of the live–birth registrations are delayed, birth statistics for any given year may be seriously affected.

Another factor which limits international comparability is the practice of some countries or areas not to include in live–birth statistics infants who were born alive but died before the registration of the birth or within the first 24 hours of life, thus underestimating the total number of live births. Statistics of this type are footnoted.

Because these Statistics are classified according to age, they are subject to the limitations with respect to accuracy or age reporting similar to those already discussed in connection with section 3.1.3 of the Technical Notes. The factors influencing inaccurate reporting may be somewhat dissimilar in vital statistics (because of the differences in the method of taking a census and registering a birth) but, in general, the same errors can be oberserved.

Tableau 10

Le tableau 10 présente des données sur les naissances vivantes selon l'âge de la mère, le sexe de l'enfant et la résidence (urbaine/rurale) pour la dernière année disponible.

Description des variables : L'âge désigne l'âge au dernier anniversaire, c'est–à–dire la différence entre la date de naissance et la date de l'événement exprimée en années solaires révolues. La classification par âge utilisée dans ce tableau comprend les catégories suivantes : moins de 15 ans, groupes quinquennaux jusqu'à 45 à 49 ans, 50 ans et plus, et âge inconnu.

La classification des naissances selon la résidence (urbaine/rurale) est celle qui a été fournie par chaque pays ou zone; il faut en conclure qu'elle repose sur les définitions de la population urbaine utilisées pour les recensements nationaux, telles qu'elles sont reproduites à la fin du tableau 6.

Fiabilité des données : Les données sur les naissances vivantes provenant des registres de l'état civil qui sont déclarées incomplètes (degré de complétude inférieur à 90 p. 100) ou dont le degré de complétude n'est pas connu sont jugées douteuses et apparaissent en italique et non en caractères romains. Le tableau 9 et les Notes techniques se rapportant à ce tableau présentent des renseignements plus détaillés sur le degré de complétude de l'enregistrement des naissances vivantes. Pour plus de précisions sur la qualité des données reposant sur les statistiques de l'état civil en général, voir la section 4.2 des Notes techniques, qui fournit aussi des renseignements fondés sur les estimations de complétude.

Insuffisance des données : Les statistiques des naissances vivantes selon l'âge de la mère appellent toutes les réserves qui ont été faites à propos des statistiques de l'état civil en général et des statistiques de naissances en particulier (voir explications à la section 4 des Notes techniques).

La fiabilité des données, au sujet de laquelle des indications ont été fournies plus haut, est un facteur important. Il faut également tenir compte du fait que, dans certains cas, les données relatives aux naissances vivantes sont exploitées selon la date de l'enregistrement et non la date de l'événement; ces cas ont été identifiés par le signe "+". Là où le décalage entre l'événement et son enregistrement est grand, c'est–à–dire où une forte proportion des naissances vivantes fait l'objet d'un enregistrement tardif, les statistiques des naissances vivantes pour une année donnée peuvent être sérieusement faussées.

Un autre facteur qui nuit à la comparabilité internationale est la pratique de certains pays ou zones qui consiste à ne pas inclure dans les statistiques des naissances vivantes les enfants nés vivants mais décédés avant l'enregistrement de leur naissance ou dans les 24 heures qui ont suivi la naissance, pratique qui conduit à sous–estimer le nombre total de naissances vivantes. Quand tel était le cas, on l'a signalé en note au bas du tableau.

Comme ces statistiques sont classées selon l'âge, elles appellent les mêmes réserves concernant l'exactitude des déclarations d'âge que celles dont il a déjà été fait mention dans la section 3.1.3 des Notes techniques. Dans le cas des statistiques de l'état civil, les facteurs qui interviennent à cet égard sont parfois un peu différents, étant donné que le recensement et l'enregistrement des naissances se font par des méthodes différentes, mais, d'une manière générale, les erreurs observées sont les mêmes.

The absence of frequencies in the unknown age group does not necessarily indicate completely accurate reporting and tabulation of the age item. It is often an indication that the unknowns have been eliminated by assigning ages to them before tabulation, or by proportionate distribution after tabulation.

On the other hand, large frequencies in the unknown age category may indicate that a large proportion of the births are illegitimate, the records for which tend to be incomplete in so far as characteristics of the parents are concerned.

Another limitation of age reporting may result from calculating age of mother at birth of child (or at time of registration) from year of birth rather than from day, month and year of birth. Information on this factor is given in footnotes when known.

When birth statistics are tabulated by date of registration rather than by date of occurrence, the age of the mother will almost always refer to the date of registration rather than to the date of birth of the child. Hence, in those countries or areas where registration of births is delayed, possibly for years, statistics on births by age of mother should be used with caution.

In a few countries, data by age refer to confinements (deliveries) rather than to live births causing under–estimation in the event of a multiple birth. This practice leads to lack of strict comparability, both among countries or areas relying on this practice and between data shown in this table and table 9. A footnote indicates the countries in which this practice occurs.

The comparability of data by urban/rural residence is affected by the national definitions of urban and rural used in tabulating these data. It is assumed, in the absence of specific information to the contrary, that the definitions of urban and rural used in connection with the national population census were also used in the compilation of the vital statistics for each country or area. However, the possibility cannot be excluded that, for a given country or area, the same definitions of urban and rural are not used for both the vital statistics data and the population census data. When known, the definitions of urban used in national population censuses are presented at the end of table 6. As discussed in detail in the Technical Notes for table 6, these definitions vary considerably from one country or area to another.

Coverage : Live births by age of mother are shown for 128 countries or areas. Cross–classification by sex of child is shown for 93 countries or areas. Data are presented by urban/rural residence for 57 countries or areas.

Data for ethnic or geographic segments of the population are included in the absence of national figures. These data are not presented as being representative of national–level statistics but as an index of the availability of statistics.

Si aucun nombre ne figure dans la colonne réservée aux âges inconnus, cela ne signifie pas nécessairement que les déclarations d'âge et l'exploitation des données par âge aient été tout à fait exactes. C'est souvent une indication que l'on a attribué un âge aux personnes d'âge inconnu avant l'exploitation des données ou que celles–ci ont été réparties proportionnellement entre les différents groupes après cette opération.

D'autre part, lorsque le nombre des personnes d'âge inconnu est important, cela peut signifier que la proportion de naissances illégitimes est élevée, étant donné qu'en pareil cas l'acte de naissance ne contient pas toutes les caractéristiques concernant les parents.

Les déclarations par âge peuvent comporter des distorsions, du fait que l'âge de la mère au moment de la naissance d'un enfant (ou de la déclaration de naissance) est donné par année de naissance et non par date exacte (jour, mois et année). Des renseignements à ce sujet sont fournis en note chaque fois que faire se peut.

Il convient de noter que, lorsque les statistiques de la natalité sont établies selon la date de l'enregistrement et non celle de l'événement, l'âge de la mère représente presque toujours son âge à la date de l'enregistrement et non à la date de la naissance de l'enfant. Ainsi, dans les pays ou zones où l'enregistrement des naissances est tardif — le retard atteignant souvent plusieurs années —, il faut utiliser avec prudence les statistiques de naissances selon l'âge de la mère.

Dans quelques pays, la classification par âges se réfère aux accouchements, et non aux naissances vivantes, ce qui conduit à un sous–dénombrement en cas de naissances gémellaires. Cette pratique est une cause d'incomparabilité, à la fois entre pays ou zones où elle a cours, et entre les données du tableau 10 et celles du tableau 9. Les pays qui la suivent sont indiqués en note.

La comparabilité des données selon la résidence (urbaine/rurale) peut être limitée par les définitions nationales des termes "urbain" et "rural" utilisés pour la mise en tableaux de ces données. En l'absence d'indications contraires, on a supposé que les définitions des termes "urbain" et "rural" pour le recensement national de la population avaient été utilisées aussi pour l'établissement des statistiques de l'état civil pour chaque pays ou zone. Toutefois, on ne peut exclure la possibilité que, pour un pays ou zone donné, les mêmes définitions des termes "urbain" et "rural" n'aient pas été utilisées dans les deux cas. Les définitions du terme "urbain" pour les recensements nationaux de population ont été présentées à la fin du tableau 6 lorsqu'elles étaient connues. Comme on l'a précisé en détail dans les Notes techniques relatives au tableau 6, ces définitions varient très sensiblement d'un pays ou d'une zone à l'autre.

Portée : Le tableau 10 présente des données sur les naissances vivantes classées selon l'âge de la mère pour 128 pays ou zones. Des répartitions selon le sexe de l'enfant sont présentées pour 93 pays ou zones. Les répartitions selon la résidence (urbaine/rurale) intéressent 57 pays ou zones.

Lorsqu'il n'existait pas de chiffres nationaux, on a fait figurer des chiffres portant sur des groupes ethniques ou géographiques. Ces données ne se veulent pas représentatives sur le plan national et ne sont présentées que comme indice des statistiques disponibles.

Earlier data : Live births by age of mother have been shown for the latest available year in each issue of the Yearbook. Data included in this table update the series covering period of years as follows :

Issue	Years covered
1992	1983–1992
1986	1977–1985
1981	1972–1980
Historical Supplement	1948–1977

For further information on years covered prior to 1948, readers should consult the Index.

Data in machine–readable form: Data shown in this table are available in magnetic tape at a cost of US$150 for all available years as shown below:

Total	1948–1992
Urban/rural	1972–1992

Table 11

Table 11 presents live–birth rates specific for age of mother and urban/rural residence for the latest available year.

Description of variables : Age is defined as age at last birthday, that is, the difference between the date of birth and the date of the occurrence of the event, expressed in completed solar years. The age classification used in this table is the following : under 20 years, 5–year age groups through 40–44 years, and 45 years and over.

The urban/rural classification of births is that provided by each country or area; it is presumed to be based on the national census definitions of urban population that have been set forth at the end of table 6.

Rate computation : Live–birth rates specific for age of mother are the annual number of births in each age group (as shown in table 10) per 1 000 female population in the same age group.

Birth rates by age of mother and urban/rural residence are the annual number of live births that occurred in a specific age–urban/rural group (as shown in table 10) per 1 000 females in the corresponding age–urban/rural group.

Since relatively few births occur to women below 15 or above 50 years of age, birth rates for women under 20 years of age and for those 45 years of age and over are computed on the female population aged 15–19 and 45–49, respectively. Similarly, the rate for women of "All ages" is based on all live births irrespective of age of mother, and is computed on the female population aged 15–49 years. This rate for "All ages" is known as the general fertility rate.

Données publiées antérieurement : Des statistiques des naissances vivantes selon l'âge de la mère ont été présentées pour la dernière année disponible dans chaque édition de l'Annuaire démographique. Les données présentées dans ce tableau mettent à jour les périodes d'années suivantes :

Editions	Années considérées
1992	1983–1992
1986	1977–1985
1981	1972–1980
Supplément rétrospectif	1948–1977

Pour plus de précision sur les années antérieur à 1948, on se reportera à l'index.

Données sur support magnétique: Il est possible de se procurer sur bande magnétique, moyennant de paiement d'une somme $150 les données dans ce tableau pour tous les années disponibles suivantes:

Total	1948–1992
Urbain/rural	1972–1992

Tableau 11

Le tableau 11 présente des taux des naissances vivantes selon l'âge de la mère et selon la résidence (urbaine/rurale) pour la dernière année disponible.

Description des variables : L'âge désigne l'âge au dernier anniversaire, c'est–à–dire la différence entre la date de naissance et la date de l'événement, exprimée en années solaires révolues. La classification par âge utilisée dans le tableau 11 comprend les catégories suivantes : moins de 20 ans, groupes quinquennaux jusqu'à 40 à 44 ans, et 45 et plus.

La classification des naissances selon la résidence (urbaine/rurale) est celle qui a été fournie par chaque pays ou zone; il faut en conclure qu'elle repose sur les définitions de la population urbaine utilisées pour les recensements nationaux, telles qu'elles sont reproduites à la fin du tableau 6.

Calcul des taux : Les taux des naissances vivantes selon l'âge de la mère représentent le nombre annuel de naissances dans chaque groupe d'âge (fréquences du tableau 10) pour 1 000 femmes des mêmes groupes d'âge.

Les taux de natalité selon l'âge de la mère et la résidence (urbaine/rurale) représentent le nombre annuel de naissances vivantes intervenues dans un groupe d'âge donné dans la population urbaine ou rurale (comme il est indiqué au tableau 10) pour 1 000 femmes du groupe d'âge correspondant dans la population urbaine ou rurale.

Etant donné que le nombre de naissances parmi les femmes de moins de 15 ans ou de plus de 50 ans est relativement peu élevé, les taux de natalité parmi les femmes âgées de moins de 20 ans et celles de 45 ans et plus ont été calculés sur la base des populations féminines âgées de 15 à 19 ans et de 45 à 49 ans, respectivement. De la même façon, le taux pour les femmes de "tous âges" est fondé sur la totalité des naissances vivantes, indépendamment de l'âge de la mère et ce chiffre est rapporté à l'effectif de la population féminine âgée de 15 à 49 ans. Ce taux "tous âges" est le taux global de fécondité.

Births to mothers of unknown age have been distributed proportionately in accordance with births to mothers of known age by the Statistical Division of the United Nations prior to calculating the rates. However, distributions in which 10 per cent or more of the births were in the unknown–age category before allocation are identified in footnotes.

The population used in computing the rates is estimated or enumerated distributions of females by age. First priority was given to an estimate for the mid–point of the same year (as shown in table 7), second priority to census returns of the year to which the births referred, and third priority to an estimate for some other point of time in the year.

Rates presented in this table have been limited to those for countries or areas having at least a total of 100 live births in a given year. Moreover, rates specific for individual sub–categories based on 30 or fewer births are identified by the symbol (◆).

Reliability of data : Rates calculated using data from civil registers of live births which are reported as incomplete (less than 90 per cent completeness) or of unknown completeness are considered unreliable and are set in italics rather than in roman type. Table 9 and the Technical Notes for that table provide more detailed information on the completeness of live–birth registration. For more information about the quality of vital statistics data in general, and the information available on the basis of the completeness estimates in particular, see section 4.2 of the Technical Notes.

Limitations : Rates shown in this table are subject to all the same limitations which affect the corresponding frequencies and are set forth in the Technical Notes for table 10.

These include differences in the completeness of registration, the treatment of infants who were born alive but died before the registration of the birth or within the first 24 hours of life, the method used to determine age of mother and the quality of the reported information relating to age of mother. In addition, some rates are based on births tabulated by date of registration and not by date of occurrence; these have been indicated by a (+). The effect of including delayed registration on the distribution of births by age of mother may be noted in the age–specific fertility rates for women at older ages. In some cases, high age–specific rates for women aged 45 years and over may reflect age of mother at registration of birth and not fertility at these older ages.

The method of distributing the unknown ages is open to some criticism because of the fact that the age–of–mother distribution for legitimate births is known to differ from that for illegitimate births and that the proportion of births for which age of mother is unknown is higher among illegitimate births than it is among legitimate births.

The comparability of data by urban/rural residence is affected by the national definitions of urban and rural used in tabulating these data. It is assumed, in the absence of specific information to the contrary, that the definitions of urban and rural used in connection with the national population census were also used in the compilation of the vital statistics for each country or area. However, the possibility cannot be excluded that, for a given country or area, the same definitions of urban and rural are not used for both the vital statistics data and the population census data. When known, the definitions of urban used in national population censuses are presented at the end of table 6. As discussed in detail in the Technical Notes for table 6, these definitions vary considerably from one country or area to another.

Les naissances pour lesquelles l'âge de la mère était inconnu ont été réparties par la Division de statistique de l'ONU, avant le calcul des taux, suivant les proportions observées pour celles où l'âge de la mère était connu. Les distributions dans lesquelles 10 p. 100 ou plus des naissances totales étaient classées dans la catégorie d'âge inconnu avant d'avoir été réparties entre les autres ont été signalées en note au bas du tableau.

Les chiffres de population utilisés pour le calcul des taux proviennent de dénombrements ou de répartitions estimatives de la population féminine selon l'âge. On a utilisé de préférence les estimations de la population au milieu de l'année considérée selon les indications du tableau 7; à défaut, on s'est contenté des données censitaires se rapportant à l'année des naissances et, si ces données manquaient également, d'estimations établies pour une autre date de l'année.

Les taux présentés dans ce tableau ne concernent que les pays ou zones où l'on a enregistré un total d'au moins 100 naissances vivantes dans une année donnée. Les taux relatifs à des sous–catégories qui sont fondés sur 30 naissances ou moins sont identifiés par le signe (◆).

Fiabilité des données : Les taux établis à partir de données sur les naissances vivantes provenant des registres de l'état civil qui sont déclarées incomplètes (degré de complétude inférieur à 90 p. 100) ou dont le degré de complétude n'est pas connu sont jugés douteux et apparaissent en italique et non en caractères romains. Le tableau 9 et les Notes techniques se rapportant à ce tableau présentent des renseignements plus détaillés sur le degré de complétude l'enregistrement des naissances vivantes. Pour plus de précisions sur la qualité des données reposant sur les statistiques de l'état civil en général, voir la section 4.2 des Notes techniques, qui fournit aussi des renseignements fondés sur les estimations de complétude.

Insuffisance des données : Les taux du tableau 11 appellent les mêmes réserves que les fréquences correspondantes; voir à ce sujet les explications données dans les Notes techniques relatives au tableau 10.

Leurs imperfections tiennent notamment au degré de complétude de l'enregistrement, au classement des données relatives aux enfants nés vivants mais décédés avant l'enregistrement de leur naissance ou dans les 24 heures qui ont suivi la naissance, à la méthode utilisée pour déterminer l'âge de la mère et à l'exactitude des renseignements fournis sur l'âge de la mère. En outre, dans certains cas, les données relatives aux naissances sont exploitées selon la date de l'enregistrement et non selon la date de l'événement; ces cas ont été identifiés par le signe "+". On peut se rendre compte, d'après les taux relatifs aux groupes d'âge les plus avancés, des conséquences que peut avoir l'inclusion, dans les statistiques des naissances selon l'âge de la mère, des naissances enregistrées tardivement. Dans certains cas, il se peut que des taux élevés pour le groupe d'âge 45 ans et plus traduisent non pas le niveau de la fécondité de ce groupe d'âge, mais l'âge de la mère au moment où la naissance a été enregistrée.

La méthode de répartition des âges inconnus prête, dans une certaine mesure, à la critique, parce qu'on sait que la répartition selon l'âge de la mère est différente pour les naissances légitimes et pour les naissances illégitimes et que la proportion des naissances pour lesquelles l'âge de la mère est inconnu est plus forte dans le cas des naissances illégitimes.

La comparabilité des données selon la résidence (urbaine/rurale) peut être limitée par les définitions nationales des termes "urbain" et "rural" utilisées pour la mise en tableaux de ces données. En l'absence d'indications contraires, on a supposé que les définitions des termes "urbain" et "rural" utilisées pour le recensement national de la population avaient été utilisées aussi pour l'établissement de statistiques de l'état civil pour chaque pays ou zone. Toutefois, on ne peut exclure la possibilité que, pour un pays ou zone donné, les mêmes définitions des termes "urbain" et "rural" n'aient pas été utilisées dans deux cas. Les définitions du terme "urbain" utilisées pour les recensements nationaux de population ont été présentées à la fin du tableau 6 lorsqu'elles étaient connues. Comme on l'a précisé en détail dans les Notes techniques relatives au tableau 6, ces définitions varient très sensiblement d'un pays ou d'une zone à l'autre.

In addition to problems of comparability, vital rates classified by urban/rural residence are also subject to certain special types of bias. If, when calculating vital rates, different definitions of urban are used in connection with the vital events and the population data and if this results in a net difference between the numerator and denominator of the rate in the population at risk, then the vital rates would be biased. Urban/rural differentials in vital rates may also be affected by whether the vital events have been tabulated in terms of place of occurrence or place of usual residence. This problem is discussed in more detail in section 4.1.4.1 of the Technical Notes.

Coverage : Live–birth rates specific for age of mother are shown for 102 countries or areas. Rates are presented by urban/rural residence for 37 countries or areas.

Data for ethnic or geographical segments of the population are included in the absence of national figures. These data are not presented as being representative of national–level statistics but as an index of the availability of statistics.

Earlier data : Live–birth rates specific for age of mother have been shown for the latest available year in each issue of the Yearbook. Data included in this table update the series covering a period of years as follows :

Issue	Years covered
1992	1983–1992
1986	1977–1985
1981	1972–1980
Historical Supplement	1948–1977

Table 12

Table 12 presents late foetal deaths and late foetal–death ratios by urban/rural residence for as many years as possible between 1988 and 1992.

Description of variables : Late foetal deaths are foetal deaths [34] of 28 or more completed weeks of gestation. Foetal deaths of unknown gestational age are included with those 28 or more weeks.

Statistics on the number of late foetal deaths are obtained from civil registers unless otherwise noted.

The urban/rural classification of late foetal deaths is that provided by each country or area; it is presumed to be based on the national census definitions of urban population that have been set forth at the end of table 6.

Outre ces problèmes de comparabilité, les taux démographiques classés selon la résidence (urbaine/rurale) sont également sujets à certains types particuliers d'erreurs. Si, lors du calcul de ces taux, des définitions différentes du terme "urbain" sont utilisées pour classer les faits d'état civil et les données relatives à la population et s'il en résulte une différence nette entre le numérateur et le dénominateur pour le taux de la population exposée au risque, les taux démographiques s'en trouveront faussés. La différence entre ces taux pour les zones urbaines et rurales pourra aussi être faussée selon que les faits d'état civil auront été classés d'après le lieu de l'événement ou le lieu de résidence habituelle. Ce problème est examiné plus en détail à la section 4.1.4.1 des Notes techniques.

Portée : Le tableau 11 présente des taux des naissances vivantes selon l'âge de la mère pour 102 pays ou zones. Les taux selon la résidence (urbaine/rurale) intéressent 37 pays ou zones.

Lorsqu'il n'existait pas de chiffres nationaux, on a fait figurer des chiffres portant sur des groupes ethniques ou géographiques. Ces données ne se veulent pas représentatives sur le plan national et ne sont présentées que comme indice des statistiques disponibles.

Données publiées antérieurement : Des taux des naissances vivantes selon l'âge de la mère ont déjà été publiés pour la dernière année disponible dans chaque édition de l'Annuaire démographique. Les données présentées dans ce tableau mettent à jour les périodes d'années suivantes :

Edition	Années considérées
1992	1983–1992
1986	1977–1985
1981	1972–1980
Supplément rétrospectif	1948–1977

Tableau 12

Le tableau 12 présente des données sur les morts foetales tardives et des rapports de mortinatalité selon la résidence (urbaine/rurale) pour le plus grand nombre d'années possible entre 1988 et 1992.

Description des variables : Par mort foetale tardive, on entend décès d'un foetus [34] survenu après 28 semaines complètes de gestation au moins. Les morts foetales pour lesquelles la durée de la période de gestation n'est pas connue sont comprises dans cette catégorie.

Sauf indication contraire, les statistiques du nombre de morts foetales tardives sont établies sur la base des registres de l'état civil.

La classification des morts foetales tardives selon la résidence (urbaine/rurale) est celle qui a été fournie par chaque pays ou zone; il faut en conclure qu'elle repose sur les définitions de la population urbaine utilisées pour les recensements nationaux, telles qu'elles sont reproduites à la fin du tableau 6.

Ratio computation : Late foetal–death ratios are the annual number of late foetal deaths per 1 000 live births (as shown in table 9) in the same year. The live–birth base was adopted because it is assumed to be more comparable from one country or area to another than the combination of live births and foetal deaths.

Ratios by urban/rural residence are the annual number of late foetal deaths, in the appropriate urban or rural category, per 1 000 corresponding live births (as shown in table 9).

Ratios presented in this table have been limited to those for countries or areas having at least a total of 1 000 late foetal deaths in a given year. Moreover, ratios specific for individual sub–categories based on 30 or fewer late foetal deaths are identified by the symbol (◆).

These ratios have been calculated by the Statistical Division of the United Nations.

Reliability of data : Each country or area has been asked to indicate the estimated completeness of the late foetal deaths recorded in its civil register. These national assessments are indicataed by the quality codes, C, U and ... that appear in the first column of this table.

C indicates that the data are estimated to be virtually complete, that is, representing at least 90 per cent of the late foetal deaths occurring each year, while U indicates that data are estimated to be incomplete, that is, representing less than 90 per cent of the late foetal deaths occurring each year. The code ... indicates that no information was provided regarding completeness.

Data from civil registers which are reported as incomplete or of unknown completeness (coded U or ...) are considered unreliable. They appear in italics in this table. When data so coded are used to calculate ratios, the ratios also appear in italics.

For more information about the quality of vital statistics data in general, see section 4.2 of the Technical Notes

Limitations : Statistics on late foetal deaths are subject to the same qualifications as have been set forth for vital statistics in general and foetal–death statistics in particular as discussed in section 4 of the Technical Notes.

The reliability of the data, an indication of which is described above, is a very important factor. Of all vital statistics, the registration of foetal deaths is probably the most incomplete.

Variation in the definition of foetal deaths, and in particular late foetal deaths, also limits international comparability. The criterion of 28 or more completed weeks of gestation to distinguish late foetal deaths is not universally used; some countries or areas use different durations of gestation or other criteria such as size of the foetus. In addition, the difficulty of accurately determining gestational age further reduces comparability. However, to promote comparability, late foetal deaths shown in this table are restricted to those of at least 28 or more completed weeks of gestation. Wherever this is not possible a footnote is provided. Data shown in this table may differ from those included in previous issues of the Demograhic Yearbook.

Calcul des rapports : Les rapports de mortinatalité représentent le nombre annuel de morts foetales tardives pour 1 000 naissances vivantes (telles qu'elles sont présentées au tableau 9) survenues pendant la même année On a pris pour base de calcul les naissances vivantes parce qu'on pense qu'elle sont plus facilement comparables d'un pays ou d'une zone à l'autre que la combinaison des naissances vivantes et des morts foetales.

Les rapports selon la résidence (urbaine/rurale) représentent le nombre annuel de morts foetales tardives, classées selon la catégorie urbaine ou rurale appropriée pour 1 000 naissances vivantes (telles qu'elles sont présentées au tableau 9) survenues dans la population correspondante.

Les rapports présentés dans le tableau 12 ne concernent que les pays ou zones où l'on a enregistré un total d'au moins 1 000 morts foetales tardives dans une année donnée. Les rapports relatifs à des sous–catégories qui sont fondés sur 30 morts foetales tardives ou moins sont identifiés par le signe (◆).

Sauf indication contraire, ces rapports ont été calculés par la Division de statistique de l'ONU.

Fiabilité des données : Il a été demandé à chaque pays ou zone d'indiquer le degré estimatif de complétude des données sur les morts foetales tardives figurant dans ses registres d'état civil. Ces évaluations nationales sont désignées par les codes de qualité "C", "U", et "..." qui apparaissent dans la première colonne du tableau.

La lettre "C" indique que les données sont jugées à peu près complètes, c'est–à–dire qu'elles représentent au moins 90 p. 100 des morts foetales tardives survenues chaque année; la lettre "U" indique que les données sont jugées incomplètes, c'est–à–dire qu'elles représentent moins de 90 p. 100 des morts foetales tardives survenues chaque année. Le signe "..." indique qu'aucun renseignement n'a été fourni quant à la complétude des données.

Les données provenant des registres de l'état civil qui sont déclarées incomplètes ou dont le degré de complétude n'est pas connu (et qui sont affectées de la lettre "U" ou du signe "...") sont jugées douteuses. Elles apparaissent en italique dans le présent tableau. Lorsque ces données sont utilisées pour calculer des rapports, ces rapports apparaissent eux aussi en italique.

Pour plus de précisions sur la qualité des données reposant sur les statistiques de l'état civil en général, voir la section 4.2 des Notes techniques.

Insuffisance des données : Les statistiques des morts foetales tardives appellent toutes les réserves qui ont été faites à propos des statistiques de l'état civil en général et des statistiques des morts foetales en particulier (voir explication figurant à la section 4 des Notes techniques).

La fiabilité des données, au sujet de laquelle des indications ont été fournies plus haut, est facteur très important. Les statistiques des morts foetales sont probablement les moins complètes de toutes les statistiques de l'état civil.

L'hétérogénéité des définitions de la mort foetales et, en particulier, de la mort foetale tardive nuit aussi à la comparabilité internationale des données. Le critère des 28 semaines complètes de gestation au moins n'est pas universellement utilisé; certains pays ou zones utilisent des critères différents pour la durée de la période de gestation ou d'autres critères tels que la taille du foetus. Pour faciliter les comparaisons, les morts foetales tardives considérées ici sont exclusivement celles qui sont survenues au terme de 28 semaines de gestation au moins. Les exceptions sont signalées en note. Il se peut que les données de ce tableau diffèrent de celles des éditions antérieures de l'Annuaire démographique.

Another factor introducing variation in the definition of late foetal deaths is the practice by some countries or areas of including in late foetal–death statistics infants who were born alive but died before the registration of the birth or within the first 24 hours of life, thus overestimating the total number of late foetal deaths. Statistics of this type are footnoted.

In addition, late foetal–death ratios are subject to the limitations of the data on live births with which they have been calculated. These have been set forth in the Technical Notes for table 9.

Regarding the computation of the ratios, it must be pointed out that when late foetal deaths and live births are both underregistered, the resulting ratios may be of quite reasonable magnitude. As a matter of fact, for the countries or areas where live–birth registration is poorest, the late foetal–death ratios may be the largest, effectively masking the completeness of the base data. For this reason, possible variations in birth–registration completeness — as well as as the reported completeness of late foetal deaths — must always be borne in mind in evaluating late foetal–death ratios.

In addition to the indirect effect of live–birth under–registration, late foetal–death ratios may be seriously affected by date–of–registration tabulation of live births. When the annual number of live births registered and reported fluctuates over a wide range due to changes in legislation or to special needs for proof of birth on the part of large segments of the population, then the late foetal–death ratios will fluctuate also, but inversely. Because of these effects, data for countries or areas known to tabulate live births by date of registration should be used with caution unless it is also known that statistics by date of registration approximate those by date of occurrence.

Finally, it may be noted that the counting of live–born infants as late foetal deaths, because they died before the registration of the birth or within the first 24 hours of life, has the effect of inflating the late foetal–death ratios unduly by decreasing the birth denominator and increasing the foetal–death numerator. This factor should not be overlooked in using data from this table.

The comparability of data by urban/rural residence is affected by the national definitions of urban and rural used in tabulating these data. It is assumed, in the absence of specific information to the contrary, that the definitions of urban and rural used in connection with the national population census were also used in the compilation of the vital statistics for each country or area. However, the possibility cannot be excluded that, for a given country or area, the same definitions of urban and rural are not used for both the vital statistics data and the population census data. When known, the definitions of urban used in national population censuses are presented at the end of table 6. As discussed in detail in the Technical Notes for table 6, these definitions vary considerably from one country or area to another.

Un autre facteur d'hétérogénéité dans la définition de la mort foetale tardive est la pratique de certains pays ou zones qui consiste à inclure dans les statistiques des morts foetales tardives les enfants nés vivants mais décédés avant l'enregistrement de leur naissance ou dans les 24 heures qui ont suivi la naissance, pratique qui conduit à surestimer le nombre total des morts foetales tardives. Quand tel était le cas, on l'a signalé en note au bas du tableau.

Les rapports de mortinatalité appellent en outre toutes les réserves qui ont été fourmulées à propos des statistiques des naissances vivantes qui ont servi à leur calcul. Voir à ce sujet les Notes techniques relatives au tableau 9.

En ce qui concerne le calcul des rapports, il convient de noter que, si l'enregistrement est défectueux à la fois pour les morts foetales tardives et pour les naissances vivantes, les rapports de mortinalité peuvent être tout à fait raisonnables. En fait, c'est parfois pour les pays ou zones où l'enregistrement des naissances vivantes laisse le plus à désirer que les rapports de mortinalité sont les plus élevés, ce qui masque l'incomplétude des données de base. Aussi, pour porter un jugement sur la qualité des rapports de mortinatalité, il ne faut jamais oublier que la complétude de l'enregistrement des naissances — comme celle de l'enregistrement des morts foetales tardives — peut varier sensiblement.

En dehors des effets indirects des lacunes de l'enregistrement des naissances vivantes, il arrive que les rapports de mortinatalité soient sérieusement faussés lorsque l'exploitation des données relatives aux naissances se fait d'après la date de l'enregistrement. Si le nombre des naissances vivantes enregistrées vient à varier notablement d'une année à l'autre par suite de modifications de la législation ou parce que des groupes importants de la population ont besoin de posséder une attestation de naissance, les rapports de mortinatalité varient également, mais en sens contraire. Il convient donc d'utiliser avec prudence les données des pays ou zones où les statistiques sont établies d'après la date de l'enregistrement, à moins qu'on ne sache aussi que les données exploitées d'après la date de l'enregistrement diffèrent peu de celles qui sont exploitées d'après la date de l'événement.

Enfin, on notera que l'inclusion parmi les morts foetales tardives des décès d'enfants nés vivants qui sont décédés avant l'engistrement de leur naissance ou dans les 24 heures qui ont suivi la naissance conduit à des rapports de mortinatalité exagérés parce que le dénominateur (nombre de naissances) se trouve alors diminué et le numérateur (morts foetales) augmenté. Il importe de ne pas négliger ce facteur lorsqu'on utilise les données du présent tableau.

La comparabilité des données selon la résidence (urbaine/rurale) peut être limitée par les définitions nationales des termes "urbain" et "rural" utilisées pour la mise en tableaux de ces données. En l'absence d'indications contraires, on a supposé que les définitions des termes "urbain" et "rural" utilisées pour le recensement national de la population avaient été utilisées aussi pour l'établissement des statistiques de l'état civil pour chaque pays ou zone. Toutefois, on ne peut exclure la possibilité que, pour un pays ou zone donné, les mêmes définitions des termes "urbain" et "rural" n'aient pas été utilisées dans les deux cas. Les définitions du terme "urbain" utilisées pour les recensements nationaux de population ont été présentées à la fin du tableau 6 lorsqu'elles étaient connues. Comme on l'a précisé en détail dans les Notes techniques relatives au tableau 6, ces définitions varient très sensiblement d'un pays ou d'une zone à l'autre.

Urban/rural differentials in late foetal–death ratios may also be affected by whether the late foetal deaths and live births have been tabulated in terms of place of occurrence or place of usual residence. This problem is discussed in more detail in section 4.1.4.1 of the Technical Notes.

Coverage : Late foetal deaths are shown for 82 countries or areas. Data are presented by urban/rural residence for 34 countries or areas.

Late–foetal–death ratios shown for 28 countries or areas. Ratios are presented by urban/rural residence of 14 countries or areas.

Data for ethnic or geographical segments of the population are included in the absence of national figures. These data are not presented as being representative of national–level statistics but as an index of the availability of statistics.

Earlier data : Late foetal deaths and late foetal–death ratios have been shown in each issue of the Demographic Yearbook beginning with the 1951 issue. For information on specific years covered, readers should consult the index.

La différence entre les rapports de mortinatalité pour les zones urbaines et rurales pourra aussi être faussée selon que les morts foetales tardives et les naissances vivantes auront été classées d'après le lieu de l'événement ou le lieu de la résidence habituelle. Ce problème est examiné plus en détail à la section 4.1.4.1 des Notes techniques.

Portée : Ce tableau présente des données sur les morts foetales tardives pour 82 pays ou zones. Les répartitions selon la résidence (urbaine/rurale) intéressent 34 pays ou zones.

Ce tableau présente également des données sur les rapports de mortinatalité pour 28 pays ou zones. Les rapports ventilés selon la résidence (urbaine/rurale) intéressent 14 pays ou zones.

Lorsqu'il n'existait pas de chiffres nationaux, on a fait figurer des chiffres portant sur des groupes ethniques ou géographiques. Ces données ne se veulent pas représentatives sur le plan national et ne sont présentées que comme indice des statistiques disponibles.

Données publiées antérieurement : Des statistiques des morts foetales tardives et des rapports de mortinatalité ont été publiées dans toutes les éditions de l'Annuaire démographique à partir de celle de 1951. Pour plus de précisions concernant les années pour lesquelles ces données ont été publiées, on se reportera à l'index.

Table 13

Table 13 presents legally induced abortions for as many years as possible between 1984 and 1992.

Description of variables : Abortion appears in the International Classification of Diseases, 1965 Revision, [35] in two places : (a) as a disease or cause of death of a woman [36] and (b) as a cause of death of the foetus [37]. It is defined, with reference to the woman, as any interruption of pregnancy before 28 weeks of gestation with a dead foetus [38]. There are two major categories of abortion : spontaneous and induced. Induced abortions are those initiated by deliberate action undertaken with the intention of terminating pregnancy; all other abortions are considered as spontaneous. [39]

The induction of abortion is subject to governmental regulation in most, if not all, countries or areas. This regulation varies from complete prohibition in some countries or areas to abortion on request, with services provided by governmental health authorities, in others. More generally, governments have attempted to define the conditions under which pregnancy may lawfully be terminated, and have established procedures for authorizing abortion in individual cases. [40]

Legally induced abortions are further classified according to the legal grounds on which induced abortion may be performed. A code shown next to the country or area name indicates the grounds on which induced abortion is legal in that particular country or area, the meanings of which are shown below :

a Continuance of pregnancy would involve risk to the life of the pregnant woman greater than if the pregnancy were terminated.

b Continuance of pregnancy would involve risk of injury to the physical health of the pregnant woman greater than if the the pregancy were terminated.

c Continuance of pregnancy would involve risk of injury to the mental health of the pregnant woman greater if the pregnancy were terminated.

Tableau 13

Ce tableau présente des données sur les avortements provoqués pour des raisons légales pour le plus grand nombre d'années possible entre 1984 et 1992.

Description des variables : Le terme avortement apparaît à deux reprises dans la Classification internationale des maladies, Révision 1965 [35] : a) comme maladie ou cause de décès de la femme [36], et b) comme cause de décès du foetus [37]. Il est défini, en ce qui concerne la femme, comme toute interruption d'une grossesse avant la 28e semaine avec présence d'un foetus mort [38]. L'avortement peut être spontané ou provoqué. L'avortement provoqué est celui qui résulte de manoeuvres délibérées entreprises dans le dessein d'interrompre la grossesse; tous les autres avortements sont considérés comme spontanés [39].

L'interruption délibérée de la grossesse fait l'objet d'une réglementation officielle dans la plupart des pays ou zones, sinon dans tous. Cette réglementation va de l'interdiction totale à l'autorisation de l'avortement sur demande, pratiqué par des services de santé publique. Le plus souvent, les gouvernements se sont efforcés de définir les circonstances dans lesquelles la grossesse peut être interrompue licitement et de fixer une procédure d'autorisation [40].

Les interruptions légales de grossesse sont également classées selon le motif d'autorisation. Une indication codée, en regard du pays ou de la zone, signale les motifs d'autorisation de l'avortement, comme ci–après :

a La non–interruption de la grossesse comporterait, pour la vie de la femme enceinte, un risque plus grave que celui de l'avortement;

b La non–interruption de la grossesse comporterait, pour la santé physique de la femme enceinte, un risque plus grave que celui de l'avortement;

c La non–interruption de la grossesse comporterait, pour la santé mentale de la femme enceinte, un risque plus grave que celui de l'avortement.

d Continuance of pregnancy would involve risk of injury to mental or physical health of any existing children of the family greater than if the pregnancy were terminated.

e There is a substantial risk that if the child were born it would suffer from such physical or mental abnormalities as to be seriously handicapped.

f Other

The focus of the present table is on abortion as a social, rather than physiological, event. Differences among countries or areas in definition and in record–keeping would seem to preclude the collection of abortion data on any internationally comparable basis if abortion were defined solely in physiological terms. By restricting coverage to events that have been induced, the table minimizes any distortion arising either from differences in definition or from differences in accuracy and comprehensiveness of the records kept concerning spontaneous foetal loss. By further restricting coverage to events performed under legal auspices, the table at least reduces (if it does not eliminate altogether) the likelihood of distortion arising from any reluctance to report the occurrence of such a procedure.

Reliability of data : Unlike data on live births and foetal deaths, which are generally collected through systems of vital registration, data on abortion are collected from a variety of sources. Because of this, the quality specification, showing the completeness of civil registers, which is presented for other tables, does not appear here.

Limitations : With regard to the collection of information on abortions, a variety of sources are used, but hospital records are the most common source of information. [41] This obviously implies that most cases which have no contact with hospitals are missed. Data from other sources are probably also incomplete. The data in the present table are limited to legally induced abortions which, by their nature, might be assumed to be more complete than data on all induced abortions.

Coverage : Legally induced abortions are shown for 49 countries or areas.

Earlier data : Legally induced abortions have been shown previously in all issues of the Demographic Yearbook since the 1971 issue.

Table 14

Table 14 presents legally induced abortions by age and number of previous live births of women for the latest available year.

Description of variables: Abortion appears in the International Classification of Diseases, 1965 Revision, [42] in two places: (a) as a disease or cause of death of a woman [43] and (b) as a cause of death of a foetus. [44] It is defined, with reference to the woman, as any interruption of pregnancy before 28 weeks of gestation with a dead foetus. [45] There are two major categories of abortion: spontaneous and induced. Induced abortions are those initiated by deliberate action undertaken with the intention of terminating pregnancy; all other abortions are considered as spontaneous. [46] The Technical Notes for table 12 provide more detailed information on the classification of legally induced abortion.

d La non–interruption de la grossesse comporterait, pour la santé mentale ou physique d'un enfant déjà né dans la famille, un risque plus grave que celui de l'avortement.

e L'enfant né à terme courrait un risque substantiel de souffrir d'anomalies physiques ou mentales entraînant pour lui un grave handicap;

f Autres motifs.

Le tableau 13 cherche à présenter l'avortement comme un fait social plutôt que physiologique. Etant donné les différences qui existent entre les pays ou zones, quant à la définition du terme "avortement" et au comptage des cas, il paraît impossible, en partant d'une définition purement physiologique, d'obtenir des données permettant la moindre comparaison internationale. Comme la portée du tableau est limitée aux seuls avortements provoqués, on réduit au minimum les déformations qui résulteraient de différences de définition ou d'exhaustivité des enregistrements des pertes foetales spontanées. Comme, de surcroît, il n'est question que des avortements légaux, les possibilités de distorsion qu'entraînerait l'hésitation à déclarer les avortements effectivement pratiqués sont réduites, sinon éliminées.

Fiabilité des données : A la différence des données sur les naissances vivantes et les morts foetales, qui proviennent généralement des registres d'état civil, les données sur l'avortement sont tirées de sources diverses. Aussi ne trouve–t–on pas ici une évaluation de la qualité des données, semblable à celle qui indique, pour les autres tableaux, le degré d'exhaustivité des données de l'état civil.

Insuffisance des données : En ce qui concerne les renseignements sur l'avortement, un grand nombre de sources sont utilisées [41], mais les relevés hospitaliers constituent la source la plus fréquente d'information. Il s'ensuit que la plupart des cas qui ne passent pas par les hôpitaux sont ignorés. Les données d'autres sources sont sans doute également incomplètes. Les données du tableau 13 se limitent aux avortements provoqués pour raisons légales dont on peut supposer, en raison de leur nature même, que les statistiques sont plus complètes que les données concernant l'ensemble des avortements provoqués.

Portée : Ce tableau présente des données sur les avortements provoqués pour raisons légales concernant 49 pays ou zones.

Données publiées antérieurement : Des statistiques des avortements provoqués pour raisons légales ont déjà été publiées dans toutes les éditions de l'Annuaire démographique depuis celle de 1971.

Tableau 14

Ce tableau présente des données sur les avortements provoqués pour des raisons légales, selon l'âge de la mère et le nombre de naissances vivantes antérieures, pour la dernière année pour laquelle ces données existent.

Descriptions des variables : Le terme avortement apparaît à deux reprises dans la Classification internationale des maladies, Révision 1965 [42]: a) comme maladie ou cause de décès de la femme [43], et b) comme maladie ou cause de décès du foetus [44]. Il est défini, en ce qui concerne la femme, comme toute interruption d'une grossesse avant la 28e semaine avec présence d'un foetus mort [45]. L'avortement peut être spontané ou provoqué. L'avortement provoqué est celui résulte de manoeuvres délibérées enterprises dans le dessein d'interrompre la grossesse; tous les autres avortements sont considérés comme spontanés [46]. Les Notes techniques au tableau 12 donnent plus de détails concernant la classification des avortements légaux.

Age is defined as age at last birthday, that is, the difference between the date of birth and the date of the occurrence of the event, expressed in completed solar years. The age classification used in this table is the following: under 15 years, 5–year age groups through 45–49 years 50 years and over, and age unknown.

Except where otherwise indicated, eight categories are used in classifying the number of previous live births: 0 through 5, 6 or more live births, and, if required, number of live births unknown.

The focus of the present table is on abortion as a social, rather than physiological, event. Differences among countries or areas in definition and in record–keeping would seem to preclude the collection of abortion data on any internationally comparable basis if abortion were defined solely in physiological terms. By restricting coverage to events that have been induced, the table avoids any distortion arising either from differences in definition or from differences in accuracy and comprehensiveness of the records kept concerning spontaneous foetal loss. By further restricting coverage to events performed under legal auspices, the table at least reduces (if it does not eliminate altogether) the likelihood of distortion arising from any reluctance to report the occurrence of such a procedure.

Reliability of data: Unlike data on live births and foetal deaths, which are generally collected through systems of vital registration, data on abortion are collected from a variety of sources. Because of this, the quality specification, showing the completeness of civil registers, which is presented for other tables, does not appear here.

Limitations: With regard to the collection of information on abortions, a variety of sources are used, but hospital records are the most common source of information. [47] This obviously implies that most cases which have no contact with hospitals are missed. Data from other sources are probably also incomplete. The data in the present table are limited to legally induced abortions which, by their nature, might be assumed to be more complete than data on all induced abortions.

In addition, deficiencies in reporting of age and number of previous live births of the woman, differences in the method used for obtaining the age of the woman, and the proportion of abortions for which age or previous live births of the woman are unknown must all be taken into account in using these data.

Coverage: Legally induced abortions by age and number of previous live births of women are shown for 37 countries or areas.

Data for ethnic or geographic segments of the population are included in the absence of national figures. These data are not presented as being representative of national–level statistics but as an index of the availability of statistics.

Earlier data: Legally induced abortions by age and previous live births of women have been shown previously in most issues of the Demographic Yearbook since the 1971 issue. For information on specific years covered, readers should consult the Index.

L'âge est l'âge au dernier anniversaire, c'est–à–dire la différence entre la date de naissance et la date de l'avortement, exprimée en années solaires révolues. La classification par âge utilisée dans ce tableau est la suivante : moins de 15 ans, groupes quinquennaux jusqu'à 45 à 49 ans, 50 ans et plus, et âge inconnu.

Sauf indication contraire, les naissances vivantes antérieures sont classées dans les huit catégories suivantes : 0 à 5 naissances vivantes, 6 naissances vivantes ou plus et, le cas échéant, nombre de naissances vivantes inconnu.

Le tableau 14 cherche à présenter l'avortement comme un fait social plutôt que physiologique. Etant donné les différences qui existent entre les pays ou zones quant à la définition du terme et au comptage des cas, il paraît impossible, en partant d'une définition purement physiologique, d'obtenir des données permettant la moindre comparaison internationale. Comme la portée du tableau est limitée aux seuls avortements provoqués, on évite les déformations qui résulteraient de différences de définition ou de différences dans la précision ou l'exhaustivité des enregistrements des pertes foetales spontanées. Comme, de surcroît, il n'est question que des avortements légaux, les possibilités de distorsion qu'entraînerait l'hésitation à déclarer les avortements effectivement pratiqués sont réduites, sinon éliminées.

Fiabilité des données : A la différence des données sur les naissances vivantes et les morts foetales, qui proviennent généralement des registres d'état civil, les données sur l'avortement sont tirées de sources diverses. Aussi ne trouve–t–on pas ici une évaluation de la qualité des données semblable à celle qui indique, pour les autres tableaux, le degré d'exhaustivité des données de l'état civil.

Insuffisances des données : En ce qui concerne les renseignements sur l'avortement, un grand nombre de sources sont utilisées [47], mais les relevés hospitaliers constituent la source la plus fréquente d'information. Il s'ensuit que la plupart des cas qui ne passent pas par les hôpitaux sont ignorés. Les données d'autres sources sont sans doute également incomplètes. Les données du tableau 49 se limitent aux avortements provoqués pour raisons légales, dont on peut supposer, en raison de leur nature même, que les statistiques sont plus complètes ques les données concernant l'ensemble des avortements provoqués.

En outre, on doit tenir compte, lorsqu'on utilise ces données, des erreurs de déclaration de l'âge de la mère et du nombre des naissances vivantes précédentes, de l'hétérogénéité des méthodes de calcul de l'âge de la mère et de la proportion d'avortements pour lesquels l'âge de la mère ou le nombre des naissances vivantes ne sont pas connus.

Portée : Ce tableau présente des données sur les avortements provoqués pour raisons légales, selon l'âge de la mère et le nombre des naissances vivantes antérieures, pour 37 pays ou zones.

Lorsqu'il n'existait pas de chiffres nationaux, on a fait figurer des chiffres portant sur des groupes ethniques ou géographiques. Ces données ne se veulent pas représentatives sur le plan national et ne sont présentées que comme indice des statistiques disponibles.

Données publiées antérieurement : Des statistiques des avortements provoqués pour raisons légales, selon l'âge de la mère et le nombre de naissances vivantes antérieures, figurent déjà dans la plupart des éditions de l'Annuaire démographique depuis celle de 1971. Pour plus de précisions concernant les années pour lesquelles ces données ont été publiées, on se reportera à l'Index.

Table 15

Table 15 presents infant deaths and infant mortality rates by urban/rural residence for as many years as possible between 1989 and 1993.

Description of variables: Infant deaths are deaths of live–born infants under one year of age.

Statistics on the number of infant deaths are obtained from civil registers unless otherwise noted. Infant mortality rates are, in most instances, calculated from data on registered infant deaths and registered live births where civil registration is considered reliable (estimated completeness of 90 per cent or more). However, for countries or areas where civil registration of infant deaths is non–existent or considered unreliable (estimated completeness of less than 90 per cent or of unknown completeness), estimated rates are presented whenever possible instead of the rates based on the registered infant deaths. These estimated rates are identified by a footnote. Rates based on estimates provided by national statistical offices using well–defined estimation procedures and sources, whether based on census or sample survey data, are given first priority. If such rates are not available, rates estimated by the Population Division of the United Nations Secretariat are presented.

The urban/rural classification of infant deaths is that provided by each country or area; it is presumed to be based on the national census definitions of urban population that have been set forth at the end of table 6.

Rate computation: Infant mortality rates are the annual number of deaths of infants under one year of age per 1 000 live births (as shown in table 9) in the same year.

Rates by urban/rural residence are the annual number of infant deaths, in the appropriate urban or rural category, per 1 000 corresponding live births (as shown in table 9).

Rates presented in this table have been limited to those for countries or areas having at least a total of 100 infant deaths in a given year. Moreover, rates specific for individual sub–categories based on 30 or fewer infant deaths are identified by the symbol (◆).

These rates, unless otherwise noted, have been calculated by the Statistical Division of the United Nations.

In addition, some rates have been obtained from other sources, including analytical estimates based on census or survey data. To distinguish them from civil registration data, estimated rates are identified by a footnote.

Reliability of data: Each country or area has been asked to indicate the estimated completeness of the infant deaths recorded in its civil register. These national assessments are indicated by the quality codes (C), (U) and (...) that appear in the first column of this table.

Tableau 15

Ce tableau présente des données sur les décès d'enfants de moins d'un an et des taux de mortalité infantile selon la résidence (urbaine/rurale) pour le plus grand nombre d'années possible entre 1989 et 1993.

Description des variables : Les chiffres relatifs aux décès d'enfants de moins d'un an se rapportent aux naissances vivantes.

Sauf indication contraire, les statistiques du nombre de décès d'enfants de moins d'un an sont établies sur la base des registres de l'état civil. Dans la plupart des cas, les taux de mortalité infantile sont calculés à partir des statistiques des décès enregistrés d'enfants de moins d'un an et des naissances vivantes enregistrées où l'enregistrement de l'état civil est jugé sûr (exhaustivité estimée à 90 p. 100 ou plus). En revanche, pour les pays ou zones où l'enregistrement des décès d'enfants de moins d'un an par les servives de l'état civil n'existe pas ou est de qualité douteuse (exhaustivité estimée à moins de 90 p. 100 ou inconnue), on a présenté, autant que possible, des taux estimatifs et non des taux fondés sur les décès d'enfants de moins d'un an enregistrés. Lorsque tel était le cas, on l'a signalé en note au bas du tableau. On a retenu en priorité les estimations officielles établies d'après des méthodes et des sources bien définies, qu'il s'agisse de données de recensement ou de résultats d'enquêtes par sondage. Lorsqu'on ne disposait pas d'estimations de ce genre, on a présenté les taux estimatifs établis par la Division de la population du Secrétariat de l'ONU.

La classification des décès d'enfants de moins d'un an selon la résidence (urbaine/rurale) est celle qui a été fournie par chaque pays ou zone; il faut en conclure qu'elle repose sur les définitions de la population urbaine utilisées pour les recensements nationaux, telles qu'elles sont reproduites à la fin du tableau 6.

Calcul des taux : Les taux de mortalité infantile représentent le nombre annuel de décès d'enfants de moins d'un an pour 1 000 naissances vivantes (fréquences du tableau 9) survenues pendant la même année.

Les taux selon la résidence (urbaine/rurale) représentent le nombre annuel de décès d'enfants de moins d'un an, classés selon la catégorie urbaine ou rurale appropriée pour 1 000 naissances vivantes survenues dans la population correspondante (fréquences du tableau 9).

Les taux présentés dans ce tableau se rapportent aux seuls pays ou zones où l'on a enregistré un total d'au moins 100 décès d'enfants de moins d'un an au cours d'une année donnée. Les taux relatifs à des sous–catégories qui sont fondés sur un nombre égal ou inférieur à 30 décès d'enfants âgés de moins d'un an sont identifiés par le signe (◆).

Sauf indication contraire, ces taux ont été calculés par la Division de statistique de l'ONU.

En outre, des taux ont été obtenus d'autres sources; ils proviennent notamment d'estimations analytiques fondées sur des résultats de recensements ou d'enquêtes. Pour les distinguer des données qui proviennent des registres de l'état civil, ces taux estimatifs ont été identifiés par une note à la fin du tableau.

Fiabilité des données : Il a été demandé à chaque pays ou zone d'indiquer le degré estimatif de complétude des données sur les décès d'enfants de moins d'un an figurant dans ses registres d'état civil. Ces évaluations nationales sont désignées par les codes de qualité (C), (U) et (...) qui apparaissent dans la première colonne du tableau.

C indicates that the data are estimated to be virtually complete, that is, representing at least 90 per cent of the infant deaths occurring each year, while U indicates that data are estimated to be incomplete, that is, representing less than 90 per cent of the infant deaths occurring each year. The code (...) indicates that no information was provided regarding completeness.

Data from civil registers which are reported as incomplete or of unknown completeness (coded U or ...) are considered unreliable. They appear in italics in this table. When data so coded are used to calculate rates, the rates also appear in italics.

These quality codes apply only to data from civil registers. If a series of data for a country or area contains both data from a civil register and estimated data from, for example, a sample survey, then the code applies only to the registered data. If only estimated data are presented, the symbol (..) is shown instead of the quality code. For more information about the quality of vital statistics data in general, and the information available on the basis of the completeness estimates in particular, see section 4.2 of the Technical Notes.

Limitations: Statistics on infant deaths are subject to the same qualifications as have been set forth for vital statistics in general and death statistics in particular as discussed in section 4 of the Technical Notes.

The reliability of the data, an indication of which is described above, is an important factor in considering the limitations. In addition, some infant deaths are tabulated by date of registration and not by date of occurrence; these have been indicated by a (+). Whenever the lag between the date of occurrence and date of registration is prolonged and, therefore, a large proportion of the infant–death registrations are delayed, infant–death statistics for any given year may be seriously affected.

Another factor which limits international comparability is the practice of some countries or areas not to include in infant–death statistics infants who were born alive but died before the registration of the birth or within the first 24 hours of life, thus underestimating the total number of infant deaths. Statistics of this type are footnoted.

The method of reckoning age at death for infants may also introduce non–comparability. If year alone, rather than completed minutes, hours, days and months elapsed since birth, is used to calculate age at time of death, many of the infants who died during the eleventh month of life and some of those who died at younger ages will be classified as having completed one year of age and thus be excluded from the data. The effect would be to underestimate the number of infant deaths. Information on this factor is given in footnotes when known. Reckoning of infant age is discussed in greater detail in the Technical Notes for table 16.

In addition, infant mortality rates are subject to the limitations of the data on live births with which they have been calculated. These have been set forth in the Technical Notes for table 9.

La lettre (C) indique que les données sont jugées à peu près complètes, c'est–à–dire qu'elles représentent au moins 90 p. 100 des décès d'enfants de moins d'un an survenus chaque année; la lettre (U) indique que les données sont jugées incomplètes, c'est–à–dire qu'elles représentent moins de 90 p. 100 des décès d'enfants de moins d'un an survenus chaque année. Le signe (...) indique qu'aucun renseignement n'a été fourni quant à la complétude des données.

Les données provenant des registres de l'état civil qui sont déclarées incomplètes ou dont le degré de complétude n'est pas connu (et qui sont affectées de la lettre (U) ou du signe (...) sont jugées douteuses. Elles apparaissent en italique dans le présent tableau. Lorsque ces données sont utilisées pour calculer des taux, ces taux apparaissent eux aussi en italique.

Ces codes de qualité ne s'appliquent qu'aux données tirées des registres de l'état civil. Si une série de données pour un pays ou une zone contient à la fois des données provenant des registres de l'état civil et des estimations calculées, par exemple, sur la base d'enquêtes par sondage, le code s'applique uniquement aux données d'enregistrement. Si l'on ne présente que des données estimatives, le signe (..) est utilisé à la place du code de qualité. Pour plus de précisions sur la qualité des données reposant sur les statistiques de l'état civil en général, voir la section 4.2 des Notes techniques, qui fournit aussi des renseignements fondés sur les estimations de complétude.

Insuffisance des données : Les statistiques des décès d'enfants de moins d'un an appellent toutes les réserves qui ont été faites à propos des statistiques de l'état civil en général et des statistiques des décès en particulier (voir explications à la section 4 des Notes techniques).

Le fiabilité des données, au sujet de laquelle des indications ont été fournies plus haut, est un facteur important. Il faut également tenir compte du fait que, dans certains cas, les données relatives aux décès d'enfants de moins d'un an sont exploitées selon la date de l'enregistrement et non la date de l'événement; ces cas ont été identifiés par le signe (+). Là où le décalage entre l'événement et son enregistrement est grand, c'est–à–dire où une forte proportion des décès d'enfants de moins d'un an fait l'objet d'un enregistrement tardif, les statistiques des décès d'enfants de moins d'un an pour une année donnée peuvent être sérieusement faussées.

Un autre facteur qui nuit à la comparabilité internationale est la pratique de certains pays ou zones qui consiste à ne pas inclure dans les statistiques des décès d'enfants de moins d'un an les enfants nés vivants mais décédés avant l'enregistrement de leur naissance ou dans les 24 heures qui ont suivi la naissance, pratique qui conduit à sous–estimer le nombre total de décès d'enfants de moins d'un an. Quand tel était le cas, on l'a signalé en note à la fin du tableau.

Les méthodes suivies pour calculer l'âge au moment du décès peuvent également nuire à la comparabilité des données. Si l'on utilise à cet effet l'année seulement, et non pas les minutes, heures, jours et mois qui se sont écoulés depuis la naissance, de nombreux enfants décédés au cours du onzième mois qui a suivi leur naissance et certains enfants décédés encore plus jeunes seront classés comme décédés à un an révolu et donc exclus des données. Cette pratique conduit à sous–estimer le nombre de décès d'enfants de moins d'un an. Les renseignements dont on dispose sur ce facteur apparaissent en note à la fin du tableau. La question du calcul de l'âge au moment du décès est examinée plus en détail dans les Notes techniques se rapportant au tableau 16.

Les taux de mortalité infantile appellent en outre toutes les réserves qui ont été formulées à propos des statistiques des naissances vivantes qui ont servi à leur calcul. Voir à ce sujet les Notes techniques relatives au tableau 9.

Because the two components of the infant mortality rate, infant deaths in the numerator and live births in the denominator, are both obtained from systems of civil registration, the limitations which affect live–birth statistics are very similar to those which have been mentioned above in connection with the infant–death statistics. It is important to consider the reliability of the data (the completeness of registration) and the method of tabulation (by date of occurrence or by date of registration) of live–birth statistics as well as infant–death statistics, both of which are used to calculate infant mortality rates. The quality code and use of italics to indicate unreliable data presented in this table refer only to infant deaths. Similarly, the indication of the basis of tabulation (the use of the symbol (+) to indicate data tabulated by date of registration) presented in this table also refers only to infant deaths. Table 9 provides the corresponding information for live births.

If the registration of infant deaths is more complete than the registration of live births, then infant mortality rates would be biased upwards. If, however, the registration of live births is more complete than registration of infant deaths, infant mortality rates would be biased downwards. If both infant deaths and live births are tabulated by registration, it should be noted that deaths tend to be more promptly reported than births.

Infant mortality rates may be seriously affected by the practice of some countries or areas not to consider infants who were born alive but died before the registration of the birth or within the first 24 hours of life as a live birth and subsequent infant death. Although this practice results in both the number of infant deaths in the numerator and the number of live births in the denominator being underestimated, its impact is greater on the numerator of the infant mortality rate. As a result this practice causes infant mortality rates to be biased downwards.

Infant mortality rates will also be underestimated if the method of reckoning age at death results in an underestimation of the number of infant deaths. This point has been discussed above.

Because all of these factors are important, care should be taken in comparing and rank ordering infant mortality rates.

With respect to the method of calculating infant mortality rates used in this table, it should be noted that no adjustment was made to take account of the fact that a proportion of the infant deaths which occur during a given year are deaths of infants who were born during the preceding year and hence are not taken from the universe of births used to compute the rates. However, unless the number of live births or infant deaths is changing rapidly, the error involved is not important. [48]

Estimated rates based directly on the results of sample surveys are subject to considerable error as a result of omissions in reporting infant deaths or as a result of erroneous reporting of those which occurred outside the period of reference. However, such rates do not have the advantage of having a "built–in" and corresponding base.

Les deux composantes du taux de mortalité infantile — décès d'enfants de moins d'un an au numérateur et naissances vivantes au dénominateur — étant obtenues à partir des registres de l'état civil, les statistiques des naissances vivantes appellent des réserves presque identiques à celles qui ont été formulées plus haut à propos des statistiques des décès d'enfants de moins d'un an. Il importe de prendre en considération la fiabilité des données (complétude de l'enregistrement) et le mode d'exploitation (selon la date de l'événement ou selon la date de l'enregistrement) dans le cas des statistiques des naissances vivantes tout comme dans le cas de celles des décès d'enfants de moins d'un an, puisque les unes et les autres servent au calcul des taux de mortalité infantile. Dans le présent tableau, le code de qualité et l'emploi de caractères italiques pour signaler les données moins sûres ne concernent que les décès d'enfants de moins d'un an. L'indication du mode d'exploitation des données (emploi du signe (+) pour identifier les données exploitées selon la date de l'enregistrement) concerne aussi des enfants de moins d'un an exclusivement. Le tableau 9 fournit les renseignements correspondants pour les naissances vivantes.

Si l'enregistrement des décès d'enfants de moins d'un an est plus complet que l'enregistrement des naissances vivantes, les taux de mortalité infantile seront entachés d'une erreur par excès. En revanche, si l'enregistrement des naissances vivantes est plus complet que l'enregistrement des décès d'enfants de moins d'un an, les taux de mortalité infantile seront entachés d'une erreur par défaut. Si les décès d'enfants de moins d'un an et les naissances vivantes sont exploités selon la date de l'enregistrement, il convient de ne pas perdre de vue que les décès sont, en règle générale, déclarés plus rapidement que les naissances.

Les taux de mortalité infantile peuvent être gravement faussés par la pratique de certains pays ou zones qui consiste à ne pas classer dans les naissances vivantes et ensuite dans les décès d'enfants de moins d'un an les enfants nés vivants mais décédés soit avant l'enregistrement de leur naissance, soit dans les 24 heures qui ont suivi la naissance. Cette pratique conduit à sous–estimer aussi bien le nombre des décès d'enfants de moins d'un an, qui constitue le numérateur, que le nombre des naissances vivantes, qui constitue le dénominateur, mais c'est pour le numérateur du taux de mortalité infantile que la distorsion est la plus marquée. Ce système a pour effet d'introduire une erreur par défaut dans les taux de mortalité infantile.

Les taux de mortalité infantile seront également sous–estimés si la méthode utilisée pour calculer l'âge au moment du décès conduit à sous–estimer le nombre de décès d'enfants de moins d'un an. Cette question a été examinée plus haut.

Tous ces facteurs sont importants et il faut donc en tenir compte lorsqu'on compare et classe les taux de mortalité infantile.

En ce qui concerne la méthode de calcul des taux de mortalité infantile utilisée dans ce tableau, il convient de noter qu'il n'a pas été tenu compte du fait qu'une partie des décès survenus pendant une année donnée sont des décès d'enfants nés l'année précédente et ne correspondent donc pas à l'univers des naissances utilisé pour le calcul des taux. Toutefois, l'erreur n'est pas grave, à moins que le nombre des naissances vivantes ou des décès d'enfants de moins d'un an ne varie rapidement [48].

Les taux estimatifs fondés directement sur les résultats d'enquêtes par sondage comportent des possibilités d'erreurs considérables dues soit à des omissions dans les déclarations de décès d'enfants de moins d'un an, soit au fait que l'on a déclaré à tort des décès survenus en réalité hors de la période considérée. Mais ils présentent aussi un avantage puisque le chiffre des naissances vivantes utilisé comme base est connu par définition et rigoureusement correspondant.

The comparability of data by urban/rural residence is affected by the national definitions of urban and rural used in tabulating these data. It is assumed, in the absence of specific information to the contrary, that the definitions of urban and rural used in connection with the national population census were also used in the compilation of the vital statistics for each country or area. However, the possibility cannot be excluded that, for a given country or area, the same definitions of urban and rural are not used for both the vital statistics data and the population census data. When known, the definitions of urban used in national population censuses are presented at the end of table 6. As discussed in detail in the Technical Notes for table 6, these definitions vary considerably from one country or area to another.

Urban/rural differentials in infant mortality rates may also be affected by whether the infant deaths and live births have been tabulated in terms of place of occurence or place of usual residence. This problem is discussed in more detail in section 4.1.4.1 of the Technical Notes.

Coverage: Infant deaths are shown for 128 countries or areas. Data are presented by urban/rural residence for 55 countries or areas.

Infant mortality rates are shown for 168 countries or areas. Rates are presented by urban/rural residence for 51 countries or areas.

Data for ethnic or geographical segments of the population are included in the absence of national figures. These data are not presented as being representative of national-level statistics but as an index of the availability of statistics.

Earlier data: Infant deaths and infant mortality rates have been shown in previous issues of the Demographic Yearbook. For information on specific years covered, readers should consult the Index.

La comparabilité des données selon la résidence (urbaine/rurale) peut être limitée par les définitions nationales des termes "urbain" et "rural" utilisées pour la mise en tableaux de ces données. En l'absence d'indications contraires, on a supposé que les définitions des termes "urbain" et "rural" utilisées pour le recensement national de la population avaient été utilisées aussi pour l'établissement des statistiques de l'état civil pour chaque pays ou zone. Toutefois, on ne peut exclure la possibilité que, pour un pays ou zone donné, les mêmes définitions des termes "urbain" et "rural" n'aient pas été utilisées dans les deux cas. Les définitions du terme "urbain" utilisées pour les recensements nationaux de population ont été présentées à la fin du tableau 6 lorsqu'elles étaient connues. Comme on l'a précisé en détail dans les Notes techniques relatives au tableau 6, ces définitions varient très sensiblement d'un pays ou d'une zone à l'autre.

La différence entre les taux de mortalité infantile pour les zones urbaines et rurales pourra aussi être faussée selon que les décès d'enfants de moins d'un an et les naissances vivantes auront été classés d'après le lieu de l'événement ou le lieu de résidence habituelle. Ce problème est examiné plus en détail à la section 4.1.4.1 des Notes techniques.

Portée : Ce tableau présente des données sur les décès d'enfants de moins d'un an pour 128 pays ou zones. Les données sont classées selon la résidence (urbaine/rurale) pour 55 pays ou zones.

Ce tableau présente également des taux de mortalité infantile pour 168 pays ou zones. Les taux sont classés selon la résidence (urbaine/rurale) pour 51 pays ou zones.

Lorsqu'il n'existait pas de chiffres nationaux, on a fait figurer des chiffres portant sur des groupes ethniques ou géographiques. Ces données ne se veulent pas représentatives sur le plan national et ne sont présentées que comme indice des statistiques disponibles.

Données publiées antérieurement : Des statistiques des décès d'enfants de moins d'un an et des taux de mortalité infantile ont déjà été présentées dans des éditions antérieures de l'Annuaire démographique. Pour plus de précisions concernant les années pour lesquelles ces données ont été publiées, on se reportera à l'Index.

Table 16

Table 16 presents infant deaths and infant mortality rates by age, sex and urban/rural residence for the latest available year.

Description of variables: Age is defined as hours, days and months of life completed, based on the difference between the hour, day, month and year of birth and the hour, day, month and year of death. The age classification used in this table is the following: under 1 day, 1–6 days, 7–27 days, 28–364 days, and age unknown.

The urban/rural classification of infant deaths is that provided by each country or area; it is presumed to be based on the national census definitions of urban population that have been set forth at the end of table 6.

Rate computation: Infant mortality rates by age and sex are the annual number of deaths of infants under one year of age by age and sex per 1 000 live births by sex (as shown in table 9) in the same year.

Tableau 16

Ce tableau présente des données sur les décès d'enfants de moins d'un an et des taux de mortalité infantile selon l'âge, le sexe et la résidence (urbaine/rurale) pour la dernière année disponible.

Description des variables : L'âge est exprimé en heures, jours et mois révolus et est calculé en retranchant la date de la naissance (heure, jour, mois et année) de celle du décès (heure, jour, mois et année). La classification par âge utilisée dans ce tableau est la suivante : moins d'un jour, 1 à 6 jours, 7 à 27 jours, 28 à 364 jours et âge inconnu.

La classification des décès d'enfants de moins d'un an selon la résidence (urbaine/rurale) est celle qui a été fournie par chaque pays ou zone; il faut en conclure qu'elle repose sur les définitions de la population urbaine utilisées dans le cadre des recensements nationaux, telles qu'elles sont reproduites à la fin du tableau 6.

Calcul des taux : Les taux de mortalité infantile selon l'âge et le sexe représentent le nombre annuel de décès d'enfants de moins d'un an selon l'âge et le sexe pour 1 000 naissances vivantes d'enfants du même sexe (fréquences du tableau 9) survenues au cours de l'année considérée.

Infant mortality rates by age, sex and urban/rural residence are the annual number of infant deaths that occurred in a specific age–sex–urban/rural group per 1 000 live births in the corresponding sex–urban/rural group (as shown in table 9).

Les taux de mortalité infantile selon l'âge, le sexe et la résidence (urbaine/rurale) représentent le nombre annuel de décès d'enfants de moins d'un an intervenus dans un groupe d'âge donné dans la population urbaine ou rurale du sexe masculin ou féminin (fréquences du tableau 9) pour 1 000 naissances vivantes intervenues dans la population urbaine ou rurale du même sexe.

The denominator for all of these rates, regardless of age of infant at death, is the number of live births by sex (and by urban/rural residence if appropriate).

Le dénominateur de tous ces taux, quel que soit l'âge de l'enfant au moment du décès, est le nombre de naissances vivantes selon le sexe (et selon la résidence (urbaine/rurale), le cas échéant).

Infant deaths of unknown age are included only in the rate for under one year of age. Deaths of unstated sex are included in the rate for the total and hence these rates, shown in the first column of the table, should agree with the infant mortality rates shown in table 15. Discrepancies are explained in footnotes.

Il n'est tenu compte des décès d'enfants d'âge "inconnu" que pour le calcul du taux relatif à l'ensemble des décès de moins d'un an. Les décès d'enfants de sexe inconnu étant compris dans le numérateur des taux concernant le total, ces taux, qui figurent dans la première colonne du tableau 16, devraient concorder avec les taux de mortalité infantile du tableau 15. Les divergences sont expliquées en note.

Rates presented in this table have been limited to those for countries or areas having at least a total of 1 000 infant deaths in a given year. Moreover, rates specific for individual sub–categories based on 30 or fewer infant deaths are identified by the symbol (◆).

Les taux présentés dans ce tableau ne concernent que les pays ou zones où l'on a enregistré un total d'au moins 1 000 décès d'enfants de moins d'un an au cours d'une année donnée. Les taux relatifs à des sous–catégories qui sont fondés sur un nombre égal ou inférieur à 30 décès d'enfants âgés de moins d'un an sont identifiés par le signe (◆).

Reliability of data: Data from civil registers of infant deaths which are reported as incomplete (less than 90 per cent completeness) or of unknown completeness are considered unreliable and are set in italics rather than in roman type. Rates calculated using these data are also set in italics. Table 15 and the Technical Notes for that table provide more detailed information on the completeness of infant death registration. For more information about the quality of vital statistics data in general, and the information available on the basis of the completeness estimates in particular, see section 4.2 of the Technical Notes.

Fiabilité des données : Les données sur les décès d'enfants de moins d'un an provenant des registres de l'état civil qui sont déclarées incomplètes (degré de complétude inférieur à 90 p. 100) ou dont le degré de complétude n'est pas connu sont jugées douteuses et apparaissent en italique et non en caractères romains. Les taux calculés à partir de ces données apparaissent eux aussi en italique. Le tableau 15 et les Notes techniques se rapportant à ce tableau présentent des renseignements plus détaillés sur le degré de complétude de l'enregistrement des décès d'enfants de moins d'un an. Pour plus de précisions sur la qualité des données reposant sur les statistiques de l'état civil en général, voir la section 4.2 des Notes techniques, qui fournit aussi des renseignements fondés sur les estimations de complétude.

Limitations: Statistics on infant deaths by age and sex are subject to the same qualifications as have been set forth for vital statistics in general and death statistics in particular as discussed in section 4 of the Technical Notes.

Insuffisance des données : Les statistiques des décès d'enfants de moins d'un an selon l'âge et le sexe appellent toutes les réserves qui ont été formulées à propos des statistiques de l'état civil en général et des statistiques des décès en particulier (voir explications à la section 4 des Notes techniques).

The reliability of the data, an indication of which is described above, is an important factor in considering the limitations. In addition, some infant deaths are tabulated by date of registration and not by date of occurrence; these have been indicated by a (+). Whenever the lag between the date of occurrence and date of registration is prolonged and, therefore, a large proportion of the infant–death registrations are delayed, infant–death statistics for any given year may be seriously affected.

La fiabilité des données, au sujet de laquelle des indications ont été fournies plus haut, est un facteur important. Il faut également tenir compte du fait que, dans certains cas, les données relatives aux décès d'enfants de moins d'un an sont exploitées selon la date de l'enregistrement et non la date de l'événement; ces cas ont été identifiés par le signe (+). Là où le décalage entre l'événement et son enregistrement est grand, c'est–à–dire où une forte proportion des décès d'enfants de moins d'un an fait l'objet d'un enregistrement tardif, les statistiques des décès d'enfants de moins d'un an pour une année donnée peuvent être sérieusement faussées.

Another factor which limits international comparability is the practice of some countries or areas not to include in infant–death statistics infants who were born alive but died before the registration of the birth or within the first 24 hours of life, thus underestimating the total number of infant deaths. Statistics of this type are footnoted. In this table in particular, this practice may contribute to the lack of comparability among deaths under one year, under 28 days, under one week and under one day.

Un autre facteur qui nuit à la comparabilité internationale est la pratique de certains pays ou zones qui consiste à ne pas inclure dans les statistiques des décès d'enfants de moins d'un an les enfants nés vivants mais décédés soit avant l'enregistrement de leur naissance, soit dans les 24 heures qui ont suivi la naissance, pratique qui conduit à sous–estimer le nombre total de décès d'enfants de moins d'un an. Lorsqu'on savait que ce facteur était intervenu, on l'a signalé en note. Dans ce tableau en particulier, ce système peut contribuer au défaut de comparabilité des données concernant les décès d'enfants de moins d'un an, de moins de 28 jours, de moins d'une semaine et de moins d'un jour.

Variation in the method of reckoning age at the time of death introduces limitations on comparability. Although it is to some degree a limiting factor throughout the age span, it is an especially important consideration with respect to deaths at ages under one day and under one week (early neonatal deaths) and under 28 days (neonatal deaths). As noted above, the recommended method of reckoning infant age at death is to calculate duration of life in minutes, hours and days, as appropriate. This gives age in completed units of time. In some countries or areas, however, infant age is calculated to the nearest day only, that is, age at death for an infant is the difference between the day, month and year of birth and the day, month and year of death. The result of this procedure is to classify as deaths at age one day many deaths of infants dying before they have completed 24 hours of life. The under–one–day class is thus understated while the frequency in the 1–6–day age group is inflated.

A special limitation on comparability of neonatal (under 28 days) deaths is the variation in the classification of infant age used. It is evident from the footnotes in the tables that some countries or areas continue to report infant age in calendar, rather than lunar–month (4–week or 28–day), periods.

Failure to tabulate infant deaths under 4 weeks of age in terms of completed days introduces another source of variation between countries or areas. Deaths classified as occurring under one month usually connote deaths within any one calendar month; these frequencies are not strictly comparable with those referring to deaths within 4 weeks or 27 completed days. Other differences in age classification will be evident from the table.

In addition, infant mortality rates by age and sex are subject to the limitations of the data on live births with which they have been calculated. These have been set forth in the Technical Notes for table 9. These limitations have also been discussed in the Technical Notes for table 15.

In addition, it should be noted that infant mortality rates by age are affected by the problems related to the practice of excluding infants who were born alive but died before the registration of the birth or within the first 24 hours of life from both infant–death and live–birth statistics and the problems related to the reckoning of infant age at death. These factors, which have been described above, may affect certain age groups more than others. In so far as the numbers of infant deaths for the various age groups are underestimated or overestimated, the corresponding rates for the various age groups will also be underestimated or overestimated. The younger age groups are more likely to be underestimated than other age groups; the youngest age group (under one day) is likely to be the most seriously affected.

The comparability of data by urban/rural residence is affected by the national definitions of urban and rural used in tabulating these data. It is assumed, in the absence of specific information to the contrary, that the definitions of urban and rural used in connection with the national population census were also used in the compilation of the vital statistics for each country or area. However, the possibility cannot be excluded that, for a given country or area, the same definitions of urban and rural are not used for both the vital statistics data and the population census data. When known, the definitions of urban used in national population censuses are presented at the end of table 6. As discussed in detail in the Technical Notes for table 6, these definitions vary considerably from one country or area to another.

Le manque d'uniformité des méthodes suivies pour calculer l'âge au moment du décès nuit également à la comparabilité des données. Ce facteur influe dans une certaine mesure sur les données relatives à la mortalité à tous les âges, mais il a des répercussions particulièrement marquées sur les statistiques des décès de moins d'un jour et de moins d'une semaine (mortalité néo–natale précoce) ainsi que sur celles des décès de moins de 28 jours (mortalité néo–natale). Comme on l'a dit, l'âge d'un enfant de moins d'un an à son décès est calculé, selon la méthode recommandée, en évaluant la durée de vie en minutes, heures et jours, selon le cas. L'âge est ainsi exprimé en unités de temps révolues. Toutefois, dans certains pays ou zones, l'âge de ces enfants n'est calculé qu'en jours, c'est–à–dire que l'âge au décès est calculé en retranchant la date de la naissance (jour, mois et année) de celle du décès (jour, mois et année). Il s'ensuit que de nombreux décès survenus dans les vingt–quatre heures qui suivent la naissance sont classés comme décès d'un jour. Dans ces conditions, les données concernant les décès de moins d'un jour sont entachées d'une erreur par défaut et celles qui se rapportent aux décès de 1 à 6 jours d'une erreur par excès.

La comparabilité des données relatives à la mortalité néo–natale (moins de 28 jours) est influencée par un facteur spécial : l'hétérogénéité de la classification par âge utilisée pour les enfants de moins d'un an. Les notes figurant au bas des tableaux montrent que, dans un certain nombre de pays ou zones, on continue d'utiliser le mois civil au lieu du mois lunaire (4 semaines ou 28 jours).

Lorsque les données relatives aux décès de moins de 4 semaines ne sont pas exploitées sur la base de l'âge en jours révolus, il existe une nouvelle cause de non–comparabilité internationale. Les décès de "moins de 1 mois" sont généralement ceux qui se produisent au cours d'un mois civil; les taux calculés sur la base de ces données ne sont pas strictement comparables à ceux qui sont établis à partir des données concernant les décès survenus pendant 4 semaines ou 27 jours révolus. Le tableau 16 montre que la classification des âges présente d'autres différences.

Les taux de mortalité infantile selon l'âge et le sexe appellent en outre toutes les réserves qui ont été formulées à propos des statistiques des naissances vivantes qui ont servi à leur calcul. Voir à ce sujet les Notes techniques relatives aux tableaux 9. Ces insuffisances ont également été examinées dans les Notes techniques relatives au tableau 15.

Il convient de signaler aussi que les taux de mortalité infantile selon l'âge se ressentent des problèmes dus à la pratique qui consiste à n'inscrire ni dans les statistiques des décès d'enfants de moins d'un an ni dans celles des naissances vivantes des enfants nés vivants mais décédés soit avant l'enregistrement de leur naissance, soit dans les 24 heures qui ont suivi la naissance, et des problèmes que pose le calcul de l'âge de l'enfant au moment du décès. Ces facteurs, qui ont été décrits plus haut, peuvent fausser plus les statistiques pour certains groupes d'âge que pour d'autres. Si le nombre des décès d'enfants de moins d'un an pour chaque groupe d'âge est sous–estimé (ou surestimé), les taux correspondants pour chacun de ces groupes d'âge seront eux aussi sous–estimés (ou surestimés). Les risques de sous–estimation sont plus grands pour les groupes les plus jeunes; c'est pour le groupe d'âge le plus jeune de tous (moins d'un jour) que les données risquent de présenter les plus grosses erreurs.

La comparabilité des données selon la résidence (urbaine/rurale) peut être limitée par les définitions nationales des termes "urbain" et "rural" utilisées pour la mise en tableaux de ces données. En l'absence d'indications contraires, on a supposé que les définitions des termes "urbain" et "rural" utilisées pour le recensement national de la population avaient été utilisées aussi pour l'établissement des statistiques de l'état civil pour chaque pays ou zone. Toutefois, on ne peut exclure la possibilité que, pour un pays ou zone donné, les même définitions des termes "urbain" et "rural" n'aient pas été utilisées dans les deux cas. Les définitions du terme "urbain" utilisées pour les recensements nationaux de population ont été présentées à la fin du tableau 6 lorsqu'elles étaient connues. Comme on l'a précisé en détail dans les Notes techniques relatives au tableau 6, ces définitions varient très sensiblement d'un pays ou d'une zone à l'autre.

Urban/rural differentials in infant mortality rates may also be affected by whether the infant deaths and live births have been tabulated in terms of place of occurrence or place of usual residence. This problem is discussed in more detail in section 4.1.4.1 of the Technical Notes.

Coverage: Infant deaths by age and sex are shown for 105 countries or areas. Data are presented by urban/rural residence for 3 countries or areas.

Infant mortality rates by age and sex are shown for 49 countries or areas. Rates are presented by urban/rural residence for 2 countries or areas.

Data for ethnic or geographical segments of the population are included in the absence of national figures. These data are not presented as being representative of national–level statistics but as an index of the availability of statistics.

Earlier data: Infant deaths and infant mortality rates by age and sex have been shown in previous issues of the Demographic Yearbook. For information on specific years covered, readers should consult the Index.

La différence entre les taux de mortalité infantile pour les zones urbaines et rurales pourra aussi être faussée selon que les décès d'enfants de moins d'un an et les naissances vivantes auront été classés d'après le lieu de l'événement ou le lieu de résidence habituelle. Ce problème est examiné plus en détail à la section 4.1.4.1 des Notes techniques.

Portée : Ce tableau présente des données sur les décès d'enfants de moins d'un an selon l'âge et le sexe pour 105 pays ou zones. Les données sont classées selon la résidence (urbaine/rurale) pour 3 pays ou zones.

Ce tableau présente également des taux de mortalité infantile selon l'âge et le sexe pour 49 pays ou zones. Les données sont classées selon la résidence (urbaine/rurale) pour 2 pays ou zones.

Lorsqu'il n'existait pas de chiffres nationaux, on a fait figurer des chiffres portant sur des groupes ethniques ou géographiques. Ces données ne se veulent pas représentatives sur le plan national et ne sont présentées que comme indice des statistiques disponibles.

Données publiées antérieurement : Des statistiques des décès d'enfants de moins d'un an et des taux de mortalité infantile selon l'âge et le sexe ont déjà été présentées dans des éditions antérieures de l'Annuaire démographique. Pour plus de précisions concernant les années pour lesquelles ces données ont été publiées, on se reportera à l'Index.

Table 17

Table 17 presents maternal deaths and maternal mortality rates for as many years as possible between 1983 and 1992.

Description of variables: Maternal deaths are defined for the purposes of the Demographic Yearbook as those caused by deliveries and complications of pregnancy, childbirth and the puerperium. These deaths are those classified as B40 and B41 in the "Abbreviated list of 50 causes for tabulation of mortality" [49] in the International Classification of Diseases, 1965 (eighth) revision, or as AM42, AM43 and AM44 in the "Adapted Mortality List" of 55 causes derived from the International Classification of Diseases, 1975 (ninth) revision. [50]

Maternal deaths classified according to the 1965 and 1975 revisions are essentially identical since cause B40 from the 1965 revision and AM42 from the 1975 revision are both deaths from abortion and cause B41 from the 1965 revision was divided into two parts, AM43 and AM44, in the 1975 revision. Nevertheless, because the data in this table cover a period of years in which most countries or areas used the 1965 revision, the symbol (1) has been used to separate the earlier data which correspond to the 1965 definition from the later data corresponding to the 1975 definition.

For further information on the definition of maternal mortality from the 1965 and 1975 revisions, see section 4.3 of the Technical Notes.

Statistics on maternal death presented in this table have been limited to countries or areas which meet all of the following three criteria: first, that cause–of–death statistics are either classified by or convertible to the 1965 or 1975 lists mentioned above; secondly, that at least a total of 1 000 deaths (for all causes combined) occurred in a given year; and thirdly, that within this distribution the total number of deaths classified as due to ill–defined causes as shown in the table in section 4.3 does not exceed 25 per cent of deaths from all causes.

Tableau 17

Ce tableau présente des statistiques et des taux de mortalité liée à la maternité pour le plus grand nombre d'années possible entre 1983 et 1992.

Description des variables : Aux fins de l'Annuaire démographique, les décès liés à la maternité s'entendent des décès entraînés par l'accouchement ou les complications de la grossesse, de l'accouchement et des suites de couches. Ces causes de décès sont rangées sous les rubriques B40 et B41 de la "Liste de 50 rubriques pour la mise en tableaux des causes de mortalité" [49] de la Classification internationale des maladies, révision de 1965 (huitième révision) et dans les rubriques AM42, AM43 et AM44 de la Liste adaptée de 55 causes de mortalité, dérivée de la neuvième révision (1975) de la Classification [50].

La classification des décès liés à la maternité selon les révisions de 1965 et 1975 sont pratiquement identiques, puisque les rubriques B40 (1965) et AM42 (1975) se réfèrent l'une et l'autre à l'avortement et que la rubrique B41 (1965) a été subdivisée en AM43 et AM44 en 1975. Néanmoins, comme les données du tableau concernant certaines années où la plupart des pays ou zones utilisaient la Révision de 1965, on a utilisé le signe (1) pour distinguer les données les plus anciennes, qui correspondent à la définition de 1965, de celles plus récentes qui correspondent à la définition de 1975.

Pour plus de précisions concernant les définitions de la mortalité liée à la maternité dans les révision 1965 et 1975, se reporter à la section 4.3 des Notes techniques.

Les statistiques de mortalité liée à la maternité présentées dans ce tableau ne se rapportent qu'aux pays ou zones pour lesquels les trois critères suivants sont réunis : premièrement, le classement des statistiques des décès selon la cause doit être conforme à la liste de 1965 ou à celle de 1975, mentionnées plus haut, ou convertible aux catégories de cette liste; deuxièmement, le nombre total des décès (pour toutes les causes réunies) intervenus au cours d'une année doit être au moins égal à 1 000; troisièmement, à l'intérieur de cette répartition, le nombre total des décès dus à des causes mal définies selon le tableau de la section 4.3 ne doit pas dépasser 25 p. 100 du nombre des décès pour toutes causes.

Rate computation: Maternal mortality rates are the annual number of maternal deaths per 100 000 live births (as shown in table 9) in the same year.

As noted above, rates (as well as frequencies) presented in this table have been limited to those countries or areas having a total of at least 1 000 deaths from all causes in a given year and have also been limited to those not having more than 25 per cent of all deaths classified as due to ill–defined causes. Moreover, rates based on 30 or fewer maternal deaths shown in this table are identified by the symbol (◆).

Reliability of data: Data from civil registers of deaths which are reported as incomplete (less than 90 per cent completeness) or of unknown completeness are considered unreliable and are set in italics rather than in roman type. Rates calculated using these data are also set in italics. Table 18 and the Technical Notes for that table provide more detailed information on the completeness of death registration. For more information about the quality of vital statistics data in general, and the information available on the basis of the completeness estimates in particular, see section 4.2 of the Technical Notes.

In general the quality code for deaths shown in table 18 is used to determine whether data on deaths in other tables appear in roman or italic type. However, some data on deaths by cause are shown in italics in this table when it is known that the quality, in terms of completeness, differs greatly from the completeness of the registration of the total number of deaths. In cases when the quality code in table 18 does not correspond with the type face used in this table, relevant information regarding the completeness of cause–of–death statistics is given in a footnote.

Limitations: Statistics on maternal deaths are subject to the same qualifications that have been set forth for vital statistics in general and death statistics in particular as discussed in section 4 of the Technical Notes.

The reliability of the data, an indication of which is described above, is an important factor in considering the limitations. In addition, some deaths are tabulated by date of registration and not by date of occurrence; these have been indicated by a (+). Whenever the lag between the date of occurrence and the date of registration is prolonged and a large proportion of the death registrations are, therefore, delayed, death statistics for any given year may be seriously affected.

In addition, maternal–death statistics are subject to all the qualifications relating to cause–of–death statistics. These have been set forth in section 4 of the Technical Notes.

Although cause–of–death statistics may be reported in terms of the 1965 revision for some years and in terms of the 1975 revision for other years, comparability of maternal–death statistics is not affected because deaths due to abortion (B40 and AM42) are identical and other complications (B41) are equivalent to AM43 and AM44 combined.

Calcul des taux : Les taux de mortalité liée à la maternité représentent le nombre annuel de décès dus à la maternité pour 100 000 naissances vivantes (fréquences du tableau 9)) de la même année.

Comme il est indiqué ci–dessus, les taux et les fréquences présentés dans ce tableau ne concernent que les pays ou zones où l'on a enregistré un total d'au moins 1 000 décès pour toutes causes dans l'année, dont 25 p. 100 au maximum de décès dus à des causes mal définies. Enfin, les taux fondés sur 30 décès de la maternité ou moins sont identifiés à l'aide du signe (◆).

Fiabilité des données : Les données sur les décès provenant des registres d'état civil qui sont déclarées incomplètes (degré d'exhaustivité inférieur à 90 p. 100) ou dont le degré d'exhaustivité n'est pas connu sont jugées douteuses et apparaissent en italique et non en caractères romains. Les taux calculés à partir de ces données apparaissent eux aussi en italique. Le tableau 18 et les Notes techniques se rapportant à ce tableau présentent des renseignements plus détaillés sur le degré d'exhaustivité de l'enregistrement des décès. Pour plus de précisions sur la qualité des statistiques de l'état civil en général, et sur les estimations de l'exhaustivité en particulier, voir la section 4.2 des Notes techniques.

En général, le code de qualité des données sur les décès indiqué au tableau 18 sert à déterminer si, dans les autres tableaux, les données de mortalité apparaissent en caractères romains ou italiques. Toutefois, certaines données sur les décès selon la cause figurent en italique dans le présent tableau lorsqu'on sait que leur exhaustivité diffère grandement de celle des données sur le nombre total des décès. Dans les cas où le code de qualité du tableau 18 ne correspond pas aux caractères utilisés dans le présent tableau, les renseignements concernant le degré d'exhaustivité des statistiques des décès selon la cause sont indiqués en note à la fin du tableau.

Insuffisance des données : Les statistiques de la mortalité liée à la maternité appellent toutes les réserves qui ont été formulées à propos des statistiques de l'état civil en général et des statistiques de mortalité en particulier (voir explications à la section 4 des Notes techniques).

La fiabilité des données, au sujet de laquelle des indications ont été fournies plus haut, est un facteur important en l'occurrence. Il faut également tenir compte du fait que, dans certains cas, les données relatives aux décès sont classées par date d'enregistrement et non par date de décès; ces cas ont été identifiés par le signe (+). Lorsque le décalage entre le décès et son enregistrement est grand, c'est–à–dire qu'une forte proportion des décès fait l'objet d'un enregistrement tardif, les statistiques des décès de l'année peuvent être sérieusement faussées.

En outre, les statistiques de la mortalité à la maternité appellent les mêmes réserves que les statistiques des causes de décès exposées à la section 4 des Notes techniques.

Le fait que les statistiques par causes de décès se réfèrent pour certaines années à la révision de 1965 et pour d'autres à la révision de 1975 n'influe pas sur la comparabilité des statistiques de la mortalité maternelle, puisque les décès consécutifs à un avortement (B40 et AM42) sont comptés de la même façon et que les autres complications (B41) équivalent à la somme de AM43 et AM44.

Maternal mortality rates are subject to the limitations of the data on live births with which they have been calculated. These have been set forth in the Technical Notes for table 9.

The calculation of the maternal mortality rates based on the total number of live births approximates the risk of dying from complications of pregnancy, childbirth or puerperium. Ideally this rate should be based on the number of women exposed to the risk of pregnancy, in other words, the number of women conceiving. Since it is impossible to know how many women have conceived, the total number of live births is used in calculating this rate.

Coverage: Maternal deaths are shown for 77 countries or areas and maternal mortality rates are shown for 75 countries or areas.

Data for ethnic or geographical segments of the population are included in the absence of national figures. These data are not presented as being representative of national–level statistics but as an index of the availability of statistics.

Earlier data: Maternal deaths and maternal mortality rates have been shown in previous issues of the Demographic Yearbook. For information on specific years covered, the reader should consult the Index.

Previous issues of the Demographic Yearbook have shown maternal deaths and maternal death rates. In issues prior to 1975, these rates were calculated using the female population rather than live births. Therefore maternal mortality rates published since 1975 are not comparable to the earlier maternal death rates.

Table 18

Table 18 presents deaths and crude death rates by urban/rural residence for as many years as possible between 1989 and 1993.

Description of variables: Death is defined as the permanent disappearance of all evidence of life at any time after live birth has taken place (post–natal cessation of vital functions without capability of resuscitation). [51]

Statistics on the number of deaths are obtained from civil registers unless otherwise noted. For those countries or areas where civil registration statistics on deaths are considered reliable (estimated completeness of 90 per cent or more), the death rates shown have been calculated on the basis of registered deaths. However, for countries or areas where civil registration of deaths is non–existent or considered unreliable (estimated completeness of less than 90 per cent or of unknown completeness), estimated rates are presented whenever possible instead of the rates based on the registered deaths. These estimated rates are identified by a footnote. Rates based on estimates provided by national statistical offices using well–defined estimation procedures and sources, whether based on census or sample survey data, are given first priority. If such rates are not available, rates estimated by the Population Division of the United Nations Secretariat are presented.

The urban/rural classification of deaths is that provided by each country or area; it is presumed to be based on the national census definitions of urban population that have been set forth at the end of table 6.

Les taux de mortalité liée à la maternité appellent également toutes les réserves formulées à propos des statistiques des naissances vivantes qui ont servi à leur calcul. Voir à ce sujet les Notes techniques relatives au tableau 9.

En prenant le nombre total des naissances vivantes comme base pour le calcul des taux de mortalité, on obtient une mesure approximative de la probabilité de décès dus aux complications de la grossesse, de l'accouchement et des suites de couches. Idéalement, ces taux devraient être calculés sur la base du nombre de femmes exposées au risque de grossesse, soit, en d'autres termes, sur la base du nombre de femmes qui conçoivent. Etant donné qu'il est impossible de connaître le nombre de femmes ayant conçu, c'est le nombre total de naissances vivantes que l'on utilise pour calculer ces taux.

Portée : Ce tableau présente des statistiques de la mortalité liée à la maternité (nombre de décès) pour 77 pays ou zones et les taux correspondants pour 75 pays ou zones.

Lorsqu'il n'existait pas de chiffres nationaux, on a fait figurer des chiffres portant sur des groupes ethniques ou subdivisions géographiques; ces données ne se veulent pas représentatives sur le plan national et ne sont présentées que comme indice des données disponibles.

Données publiées antérieurement : Des statistiques des décès liés à la maternité (nombre de décès et taux) figurent déjà dans des éditions antérieures de l'Annuaire démographique. Pour plus de précisions concernant les années pour lesquelles ces données ont été publiées, on se reportera à l'Index.

Le même type de statistiques figurait aussi dans des éditions plus anciennes, mais, avant 1975, les taux étaient calculés sur la base de la population féminine et non sur celle du nombre de naissances vivantes. Ils ne sont donc pas comparables à ceux qui figurent dans les cinq dernières éditions.

Tableau 18

Le tableau 18 présente des données sur le nombre des décès et des taux bruts de mortalité selon la résidence (urbaine/rurale) pour le plus grand nombre d'années possible entre 1989 et 1993.

Description des variables : Le décès est défini comme la disparition permanente de tout signe de vie à un moment quelconque postérieur à la naissance vivante (cessation des fonctions vitales après la naissance sans possibilité de réanimation) [51].

Sauf indication contraire, les statistiques du nombre de décès sont établies sur la base des registres d'état civil. Pour les pays ou zones où les données de l'enregistrement des décès par les services de l'état civil sont jugées sûres (exhaustivité estimée à 90 p. 100 ou plus), les taux de mortalité ont été calculés d'après les décès enregistrés. En revanche, pour les pays ou zones où l'enregistrement des décès par les services de l'état civil n'existe pas ou est de qualité douteuse (exhaustivité estimée à moins de 90 p. 100 ou inconnue), on a présenté, autant que possible, des taux estimatifs et non des taux fondés sur les décès enregistrés. Lorsque tel était le cas, on l'a signalé en note au bas du tableau. On a retenu en priorité des taux d'après des estimations établies d'après des méthodes et des sources bien définies provenant des services nationaux de statistiques, qu'il s'agisse de données de recensement ou de résultats d'enquêtes par sondage. Lorsqu'on ne disposait pas de taux de ce genre, on a présenté les taux estimatifs établis par la Division de la population du Secrétariat de l'ONU.

La classification (urbaine/rurale) des décès est celle qui a été fournie par chaque pays ou zone; il est donc présumé qu'elle repose sur les définitions de la population urbaine utilisées pour les recensements nationaux, qui sont reproduites à la fin du tableau 6.

Rate computation: Crude death rates are the annual number of deaths per 1 000 mid–year population.

Rates by urban/rural residence are the annual number of deaths, in the appropriate urban or rural category, per 1 000 corresponding mid–year population.

Rates presented in this table have not been limited to those countries or areas having a minimum number of deaths in a given year. However, rates based on 30 or fewer deaths are identified by the symbol (◆).

These rates, unless otherwise noted, have been calculated by the Statistical Division of the United Nations.

In addition, some rates have been obtained from other sources, including analytical estimates based on census or survey data.

Reliability of data: Each country or area has been asked to indicate the estimated completeness of the deaths recorded in its civil register. These national assessments are indicated by the quality codes C, U and ... that appear in the first column of this table.

C indicates that the data are estimated to be virtually complete, that is, representing at least 90 per cent of the deaths occurring each year, while U indicates that data are estimated to be incomplete, that is, representing less than 90 per cent of the deaths occurring each year. The code (...) indicates that no information was provided regarding completeness.

Data from civil registers which are reported as incomplete or of unknown completeness (code U or ...) are considered unreliable. They appear in italics in this table. When data so coded are used to calculate rates, the rates also appear in italics.

These quality codes apply only to data from civil registers. If a series of data for a country or area contains both data from a civil register and estimated data from, for example, a sample survey, then the code applies only to the registered data. If only estimated data are presented, the symbol (..) is shown instead of the quality code. For more information about the quality of vital statistics data in general, and the information available on the basis of the completeness estimates in particular, see section 4.2 of the Technical Notes.

Limitations: Statistics on deaths are subject to the same qualifications as have been set forth for vital statistics in general and death statistics in particular as discussed in section 4 of the Technical Notes.

The reliability of the data, an indication of which is described above, is an important factor in considering the limitations. In addition, some deaths are tabulated by date of registration and not by date of occurrence; these have been indicated by a (+). Whenever the lag between the date of occurrence and date of registration is prolonged and, therefore, a large proportion of the death registrations are delayed, death statistics for any given year may be seriously affected.

As a rule, however, delays in the registration of deaths are less common and shorter than in the registration of live births.

Calcul des taux : Les taux bruts de mortalité représentent le nombre annuel de décès pour 1 000 habitants en milieu d'année.

Les taux selon la résidence (urbaine/rurale) représentent le nombre annuel de décès, classés selon la catégorie urbaine ou rurale appropriée, pour 1 000 habitants en milieu d'année.

Les taux de ce tableau ne concernent pas seulement les pays ou zones où l'on a enregistré un minimum de décès dans une année donnée. Toutefois, les taux fondés sur 30 décès ou moins sont identifiés à l'aide du signe (◆).

Sauf indication contraire, ces taux ont été calculés par la Division de statistique de l'ONU.

En outre, des taux ont été obtenus d'autres sources, notamment à partir d'estimations analytiques fondées sur des résultats de recensements ou de sondages.

Fiabilité des données : Il a été demandé à chaque pays ou zone d'indiquer le degré estimé d'exhaustivité des données sur les décès figurant dans ses registres d'état civil. Ces évaluations nationales sont désignées par les codes de qualité C, U et ... qui apparaissent dans la première colonne du tableau.

La lettre C indique que les données sont jugées à peu près complètes, c'est–à–dire qu'elles représentent au moins 90 p. 100 des décès survenus chaque année; la lettre U indique que les données sont jugées incomplètes, c'est–à–dire qu'elles représentent moins de 90 p. 100 des décès survenus chaque année. Le signe (...) indique qu'aucun renseignements n'a été fourni quant à l'exhaustivité des données.

Les données provenant des registres d'état civil qui sont déclarées incomplètes ou dont le degré d'exhaustivité n'est pas connu (code U ou ...) sont jugées douteuses. Elles apparaissent en italique dans le présent tableau. Lorsque ces données sont utilisées pour calculer des taux, ces taux apparaissent eux aussi en italique.

Ce code de qualité ne s'applique qu'aux données tirées des registres d'état civil. Si une série de données pour un pays ou zone contient à la fois des données provenant de ces registres et des estimations calculées, par exemple sur la base d'enquêtes par sondage, le code s'applique uniquement aux données de l'état civil. Si l'on ne présente que des données estimatives, le signe (..) est utilisé à la place du code de qualité. Pour plus de précisions sur la qualité des données d'état civil en général, et sur les estimations de l'exhaustivité en particulier, voir la section 4.2 des Notes techniques.

Insuffisance des données : Les statistiques de la mortalité totale appellent toutes les réserves qui ont été faites à propos des statistiques de l'état civil en général et des statistiques des décès en particulier (voir explications à la section 4 des Notes techniques).

La fiabilité des données, au sujet de laquelle des indications ont été fournies plus haut, est un facteur important en l'occurrence. Il faut également tenir compte du fait que, dans certains cas, les décès sont classés par date d'enregistrement et non par date effective; ces cas ont été identifiés par le signe (+). Lorsque le décalage entre le décès et son enregistrement est grand, c'est–à–dire qu'une forte proportion des décès fait l'objet d'un enregistrement tardif, les statistiques des décès dans l'année peuvent être sérieusement faussées.

En règle générale, toutefois, les décès sont enregistrés beaucoup plus rapidement que les naissances vivantes, et les longs retards sont rares.

International comparability in mortality statistics may also be affected by the exclusion of deaths of infants who were born alive but died before the registration of the birth or within the first 24 hours of life. Statistics of this type are footnoted.

In addition, it should be noted that rates are affected also by the quality and limitations of the population estimates which are used in their computation. The problems of under–enumeration or over–enumeration and, to some extent, the differences in definition of total population have been discussed in section 3 of the Technical Notes dealing with population data in general, and specific information pertaining to individual countries or areas is given in the footnotes to table 3. In the absence of official data on total population, United Nations estimates of mid–year population have been used in calculating some of these rates.

Estimated rates based directly on the results of sample surveys are subject to considerable error as a result of omissions in reporting deaths or as a result of erroneous reporting of those which occurred outside the period of reference. However, such rates do have the advantage of having a "built–in" and corresponding base.

It should be emphasized that crude death rates — like crude birth, marriage and divorce rates — may be seriously affected by the age–sex structure of the populations to which they relate. Nevertheless, they do provide a simple measure of the level and changes in mortality.

The comparability of data by urban/rural residence is affected by the national definitions of urban and rural used in tabulating these data. It is assumed, in the absence of specific information to the contrary, that the definitions of urban and rural used in connection with the national population census were also used in the compilation of the vital statistics for each country or area. However, the possibility cannot be excluded that, for a given country or area, the same definitions of urban and rural are not used for both the vital statistics data and the population census data. When known, the definitions of urban used in national population censuses are presented at the end of table 6. As discussed in detail in the Technical Notes for table 6, these definitions vary considerably from one country or area to another.

In addition to problems of comparability, vital rates classified by urban/rural residence are also subject to certain special types of bias. If, when calculating vital rates, different definitions of urban are used in connection with the vital events and the population data and if this results in a net difference between the numerator and denominator of the rate in the population at risk, then the vital rates would be biased. Urban/rural differentials in vital rates may also be affected by whether the vital events have been tabulated in terms of place of occurrence or place of usual residence. This problem is discussed in more detail in section 4.1.4.1 of the Technical Notes.

Coverage: Deaths are shown for 145 countries or areas. Data are presented by urban/rural residence for 64 countries or areas.

Crude death rates are shown for 209 countries or areas. Rates are presented by urban/rural residence for 57 countries or areas.

Un autre facteur qui nuit à la comparabilité internationale des statistiques de la mortalité est la pratique qui consiste à ne pas y inclure les enfants nés vivants mais décédés avant l'enregistrement de leur naissance ou dans les 24 heures qui ont suivi la naissance. Quand tel était le cas, on l'a signalé en note à la fin du tableau.

Il convient de noter par ailleurs que l'exactitude des taux dépend également de la qualité et des insuffisances des estimations de la population qui sont utilisées pour leur calcul. Le problème des erreurs par excès ou par défaut commises lors du dénombrement et, dans une certains mesure, le problème de l'hétérogénéité des définitions de la population totale ont été examinés à la section 3 des Notes techniques, relative à la population en général; des indications concernant les différents pays ou zones sont données en note au bas du tableau 3. Lorsqu'il n'existait pas de chiffres officiels de la population totale, ce sont les estimations de la population en milieu d'année établies par le Secrétariat de l'ONU qui ont servi pour le calcul des taux.

Les taux estimatifs fondés directement sur les résultats d'enquêtes par sondage comportent des possiblités d'erreurs considérables dues soit à des omissions dans les déclarations des décès, soit au fait que l'on a déclaré à tort des décès survenus en réalité hors de la période considérée. Toutefois, ces taux présentent un avantage : le chiffre de population utilisé comme base est connu par définition et rigoureusement correspondant.

Il faut souligner que les taux bruts de mortalité, de même que les taux bruts de natalité, de nuptialité et de divortialité, peuvent varier très sensiblement selon la composition par âge et par sexe de la population à laquelle ils se rapportent. Ils offrent néanmoins un moyen simple de mesurer le niveau et l'évolution de la mortalité.

La comparabilité des données selon la résidence (urbaine/rurale) peut être limitée par les définitions nationales des termes "urbain" et "rural" utilisées pour le classement de ces données. En l'absence d'indications contraires, on a supposé que les définitions des termes "urbain" et "rural" utilisées pour le recensement national de la population l'avaient été aussi pour l'établissement des statistiques de l'état civil dans chaque pays ou zone. Toutefois, on ne peut exclure la possibilité que, pour un pays ou une zone, les mêmes définitions n'aient pas été utilisées dans les deux cas. Les définitions du terme "urbain" utilisées pour les recensements nationaux de population ont été indiquées à la fin du tableau 6 lorsqu'elles étaient connues. Comme on l'a précisé en détail dans les Notes techniques relatives au tableau 6, ces définitions varient très sensiblement d'un pays ou zone à l'autre.

Outre ces problèmes de comparabilité, les taux démographiques classés selon la résidence urbaine ou rurale sont également sujets à certaines distorsions particulières. Si, lors du calcul de ces taux des définitions différentes du terme "urbain" sont utilisées pour classer les faits d'état civil et les données relatives à la population, et s'il en résulte une différence nette entre le numérateur et le dénominateur pour le taux de la population exposée au risque, les taux démographiques s'en trouveront faussés. La différence entre ces taux pour les zones urbaines et rurales pourra aussi être faussée selon que les faits d'état civil auront été classés d'après le lieu où ils se sont produits ou le lieu de résidence habituelle. Ce problème est examiné plus en détail à la section 4.1.4.1 des Notes techniques.

Portée : Ce tableau présente les statistiques des décès pour 145 pays ou zones. Les répartitions selon la résidence (urbaine/rurale) concernent 64 pays ou zones.

Ce tableau présente également des taux bruts de mortalité pour 209 pays ou zones. Des taux selon la résidence (urbaine/rurale) sont fournis pour 57 pays ou zones.

Data for ethnic or geographical segments of the population are included in the absence of national figures. These data are not presented as being representative of national–level statistics but as an index of the availability of statistics.

Earlier data: Deaths and crude death rates have been shown in each issue of the Demographic Yearbook. Data included in this table update the series covering a period of years as follows :

Issue	Years covered
1992	1983–1992
1985	1976–1985
1980	1971–1980
Historical Supplement	1948–1977

Data in machine–readable form: Data shown in this table are available in magnetic tape at a cost of US$150 for all available years as shown below:

Total	1948–1993
Urban/rural	1972–1993

Table 19

Table 19 presents deaths by age, sex and urban/rural residence for the latest available year.

Description of variables: Age is defined as age at last birthday, that is, the difference between the date of birth and the date of the occurrence of the event, expressed in completed solar years. The age classification used in this table is the following: under 1 year, 1–4 years, 5–year age groups through 80–84 years, 85 years and over, and age unknown.

The urban/rural classification of deaths is that provided by each country or area; it is presumed to be based on the national census definitions of urban population that have been set forth at the end of table 6.

Reliability of data: Data from civil registers of deaths which are reported as incomplete (less than 90 per cent completeness) or of unknown completeness are considered unreliable and are set in italics rather than in roman type. Table 18 and the Technical Notes for that table provide more detailed information on the completeness of death registration. For more information about the quality of vital statistics data in general, and the information available on the basis of the completeness estimates in particular, see section 4.2 of the Technical Notes.

Limitations: Statistics on deaths by age and sex are subject to the same qualifications as have been set forth for vital statistics in general and death statistics in particular as discussed in section 4 of the Technical Notes.

Lorsqu'il n'existait pas de chiffres nationaux, on a fait figurer des chiffres portant sur des groupes ethniques ou des subdivisions géographiques. Ces données ne se veulent pas représentatives sur le plan national, et ne sont présentées que comme indice des données disponibles.

Données publiées antérieurement : Des statistiques de décès et des taux bruts de mortalité figurent dans chaque édition de l'Annuaire démographique. Les données présentées dans ce tableau mettent à jour les périodes d'années suivantes :

Edition	Années considérées
1992	1983–1992
1985	1976–1985
1980	1971–1980
Supplément rétrospectif	1948–1977

Données sur support magnétique: Il est possible de se procurer sur bande magnétique, moyennant de paiement d'une somme $150 les données dans ce tableau pour tous les années disponibles suivantes:

Total	1948–1993
Urbain/rural	1972–1993

Tableau 19

Le tableau 19 présente des données sur les décès selon l'âge, le sexe et la résidence (urbaine/rurale) pour la dernière année disponible.

Description des variables : L'âge est l'âge au dernier anniversaire, c'est–à–dire la différence entre la date de naissance et la date du décès, exprimée en années solaires révolues. La classification par âge est la suivante : moins d'un an, 1 à 4 ans, groupes quinquennaux jusqu'à 80 à 84 ans, 85 ans et plus, et âge inconnu.

La classification des décès selon la résidence (urbaine/rurale) est celle qui a été fournie par chaque pays ou zone; il est donc présumé qu'elle repose sur les définitions de la population urbaine utilisées pour les recensements nationaux, qui sont reproduites à la fin du tableau 6.

Fiabilité des données : Les données sur les décès provenant des registres d'état civil qui sont déclarées incomplètes (degré d'exhaustivité inférieur à 90 p. 100) ou dont le degré d'exhaustivité n'est pas connu sont jugées douteuses et apparaissent en italique et non en caractères romains. Le tableau 18 et les Notes techniques s'y rapportant présentent des renseignements plus détaillés sur le degré d'exhaustivité de l'enregistrement des décès. Pour plus de précisions sur la qualité des statistiques de l'état civil en général, et l'exhaustivité en particulier, voir la section 4.2 des Notes techniques.

Insuffisance des données : Les statistiques des décès selon l'âge et le sexe appellent les mêmes réserves que les statistiques de l'état civil en général et les statistiques de mortalité en particulier (voir explications à la section 4 des Notes techniques).

The reliability of the data, an indication of which is described above, is an important factor in considering the limitations. In addition, some deaths are tabulated by date of registration and not by date of occurrence; these have been indicated by a (+). Whenever the lag between the date of occurrence and date of registration is prolonged and, therefore, a large proportion of the death registrations are delayed, death statistics for any given year may be seriously affected.

As a rule, however, delays in the registration of deaths are less common and shorter than in the registration of live births.

Another factor which limits international comparability is the practice of some countries or areas not to include in death statistics infants who were born alive but died before the registration of the birth or within the first 24 hours of life, thus underestimating the number of deaths under one year of age. Statistics of this type are footnoted.

Because these statistics are classified according to age, they are subject to the limitations with respect to accuracy of age reporting similar to those already discussed in connection with section 3.1.3 of the Technical Notes. The factors influencing inaccurate reporting may be somewhat dissimilar in vital statistics (because of the differences in the method of taking a census and registering a death) but, in general, the same errors can be observed.

The absence of frequencies in the unknown age group does not necessarily indicate completely accurate reporting and tabulation of the age item. It is often an indication that the unknowns have been eliminated by assigning ages to them before tabulation, or by proportionate distribution after tabulation.

International comparability of statistics on deaths by age is also affected by the use of different methods to determine age at death. If age is obtained from an item that simply requests age at death in completed years or is derived from information on year of birth and death rather than from information on complete date (day, month and year) of birth and death, the number of deaths classified in the under–one–year age group will tend to be reduced and the number of deaths in the next age group will tend to be somewhat increased. A similar bias may affect other age groups but its impact is usually negligible. Information on this factor is given in the footnotes when known.

The comparability of data by urban/rural residence is affected by the national definitions of urban and rural used in tabulating these data. It is assumed, in the absence of specific information to the contrary, that the definitions of urban and rural used in connection with the national population census were also used in the compilation of the vital statistics for each country or area. However, the possibility cannot be excluded that, for a given country or area, the same definitions of urban and rural are not used for both the vital statistics data and the population census data. When known, the definitions of urban used in national population censuses are presented at the end of table 6. As discussed in detail in the Technical Notes for table 6, these definitions vary considerably from one country or area to another.

La fiabilité des données, au sujet de laquelle des indications ont été fournies plus haut, est un facteur important en l'occurrence. Il faut également tenir compte du fait que, dans certains cas, les données relatives aux décès sont classées par date d'enregistrement et par date effective; ces cas ont été identifiés par le signe (+). Lorsque le décalage entre le décès et son enregistrement est grand, c'est–à–dire qu'une forte proportion des décès fait l'objet d'un enregistrement tardif, les statistiques des décès de l'année peuvent être sérieusement faussées.

En règle générale, toutefois, les décès sont enregistrés beaucoup plus rapidement que les naissances vivantes, et les longs retards sont rares.

Un autre facteur qui nuit à la comparabilité internationale est la pratique de certains pays ou zones qui consiste à ne pas inclure dans les statistiques des décès les enfants nés vivants mais décédés avant l'enregistrement de leur naissance ou dans les 24 heures qui ont suivi la naissance, pratique qui conduit à sous–évaluer le nombre de décès à moins d'un an. Quand tel était le cas, on l'a signalé en note à la fin du tableau.

Comme ces statistiques sont classées selon l'âge, elles appellent les mêmes réserves concernant l'exactitude des déclarations d'âge que celles dont il a été fait mention dans la section 3.1.3 des Notes techniques. Dans le cas des données d'état civil, les facteurs qui interviennent à cet égard sont parfois un peu différents, étant donné que le recensement et l'enregistrement des décès se font par des méthodes différentes, mais, d'une manière générale, les erreurs observées sont les mêmes.

Si aucun nombre ne figure dans la colonne réservée aux âges inconnus, cela ne signifie pas nécessairement que les déclarations d'âge et le classement par âge sont tout à fait exacts. C'est souvent une indication que les personnes d'âge inconnu se sont vu attribuer un âge avant la répartition ou ont été réparties proportionnellement aux effectifs connus après cette opération.

Le manque d'uniformité des méthodes suivies pour obtenir l'âge au moment du décès nuit également à la comparabilité internationale des données. Si l'âge est connu, soit d'après la réponse à une simple question sur l'âge du décès en années révolues, soit d'après l'année de la naissance et l'année du décès, et non d'après des renseignements concernant la date exacte (année, mois et jour) de la naissance et du décès, le nombre de décès classés dans la catégorie "moins d'un an" sera entaché d'une erreur par défaut et le chiffre figurant dans la catégorie suivante d'une erreur par excès. Les données pour les autres groupes d'âge pourront être entachées d'une distorsion analogue, mais ses répercussions seront généralement négligeables. Ces imperfections, lorsqu'elles étaient connues, ont été signalées en note à la fin du tableau.

La comparabilité des données selon la résidence (urbaine/rurale) peut être limitée par les définitions nationales des termes "urbain" et "rural" utilisées pour le classement de ces données. En l'absence d'indications contraires, on a supposé que les définitions des termes "urbain" et "rural" utilisées pour le recensement national de la population l'avaient été aussi pour l'établissement des statistiques de l'état civil dans chaque pays ou zone. Toutefois, on ne peut exclure la possibilité que, pour un pays ou une zone, les mêmes définitions n'aient pas été utilisées dans les deux cas. Les définitions du terme "urbain" utilisées pour les recensements nationaux de population ont été indiquées à la fin du tableau 6 lorsqu'elles étaient connues. Comme on l'a précisé en détail dans les Notes techniques relatives au tableau 6, ces définitions varient très sensiblement d'un pays ou zone à l'autre.

Coverage: Deaths by age and sex are shown for 130 countries or areas. Data are presented by urban/rural residence for 56 countries or areas.

Data for ethnic or geographical segments of the population are included in the absence of national figures. These data are not presented as being representative of national–level statistics but as an index of the availability of statistics.

Earlier data: Deaths by age and sex have been shown for the latest available year in each issue of the Yearbook since the 1955 issue. Data included in this table update the series covering a period of years as follows:

Issue	Years covered
1992	1983–1992
1985	1976–1984
1980	1971–1979
Historical Supplement	1948–1977

Data have been presented by urban/rural residence in each regular issue of the Yearbook since the 1967 issue.

Data in machine–readable form: Data shown in this table are available in magnetic tape at a cost of US$150 for all available years as shown below:

Total	1948–1992
Urban/rural	1972–1992

Table 20

Table 20 presents death rates specific for age, sex and urban/rural residence for the latest available year.

Description of variables: Age is defined as age at last birthday, that is, the difference between the date of birth and the date of the occurrence of the event, expressed in completed solar years. The age classification used in this table is the following: under 1 year, 1–4 years, 5–year age groups through 80–84, and 85 years and over.

The urban/rural classification of deaths is that provided by each country or area; it is presumed to be based on the national census definitions of urban population that have been set forth at the end of table 6.

Rate computation: Death rates specific for age and sex are the annual number of deaths in each age–sex group (as shown in table 19) per 1 000 population in the same age–sex group.

Death rates by age, sex and urban/rural residence are the annual number of deaths that occurred in a specific age–sex–urban/rural group (as shown in table 19) per 1 000 population in the corresponding age–sex–urban/rural group.

Deaths at unknown age and the population of unknown age were disregarded except as they formed part of the death rate for all ages combined.

Portée : Ce tableau présente des données sur les décès selon l'âge et le sexe pour 130 pays ou zones. Des données selon la résidence (urbaine/rurale) sont présentées pour 56 pays ou zones.

Lorsqu'il n'existait pas de chiffres nationaux, on a fait figurer des chiffres portant sur des groupes ethniques ou des subdivisions géographiques. Ces données ne se veulent pas représentatives sur le plan national et ne sont présentées que comme indice des données disponibles.

Données publiées antérieurement : Des statistiques des décès selon l'âge et le sexe ont été présentées, pour la dernière année où il en existait, dans chaque édition de l'Annuaire démographique depuis celle de 1955. Les données présentées dans ce tableau mettent à jour les périodes d'années suivantes :

Edition	Années considérées
1992	1983–1992
1985	1976–1984
1980	1971–1979
Supplément rétrospectif	1948–1977

Des données selon la résidence (urbaine/rurale) ont été présentées dans toutes les éditions courantes de l'Annuaire depuis celle de 1967.

Données sur support magnétique: Il est possible de se procurer sur bande magnétique, moyennant de paiement d'une somme $150 les données dans ce tableau pour tous les années disponibles suivantes:

Total	1948–1992
Urbain/rural	1972–1992

Tableau 20

Le tableau 20 présente des taux de mortalité selon l'âge et le sexe et selon la résidence (urbaine/rurale) pour la dernière année disponible.

Description des variables : L'âge est l'âge au dernier anniversaire, c'est–à–dire la différence entre la date de naissance et la date du décès, exprimée en années solaires révolues. La classification par âge est la suivante : moins d'un an, 1 à 4 ans, groupes quinquennaux jusqu'à 80 à 84 ans, et 85 ans et plus.

La classification des décès selon la résidence (urbaine/rurale) est celle qui a été fournie par chaque pays ou zone; il est donc présumé qu'elle repose sur les définitions de la population urbaine utilisées pour les recensements nationaux, qui sont reproduites à la fin du tableau 6.

Calcul des taux : Les taux de mortalité selon l'âge et le sexe représentent le nombre annuel de décès survenus pour chaque sexe et chaque groupe d'âge (fréquences du tableau 19) pour 1 000 personnes du même groupe.

Les taux de mortalité selon l'âge, le sexe et la résidence (urbaine/rurale) représentent le nombre annuel de décès intervenus dans un groupe d'âge et de sexe donnés dans la population urbaine ou rurale (fréquences du tableau 19) pour 1 000 personnes du même groupe dans la population urbaine ou rurale.

On n'a pas tenu compte des décès à un âge inconnu ni de la population d'âge inconnu, sauf dans les taux de mortalité pour tous les âges combinés.

It should be noted that the death rates for infants under one year of age in this table differ from the infant mortality rates shown elsewhere, because the latter are computed per 1 000 live births rather than per 1 000 population.

The population used in computing the rates is estimated or enumerated distributions by age and sex. First priority was given to an estimate for the mid–point of the same year (as shown in table 7), second priority to census returns of the year to which the deaths referred and third priority to an estimate for some other point of time in the year.

Rates presented in this table have been limited to those for countries or areas having at least a total of 1 000 deaths in a given year. Moreover, rates specific for individual sub–categories based on 30 or fewer deaths are identified by the symbol (◆).

Reliability of data: Rates calculated using data from civil registers of deaths which are reported as incomplete (less than 90 per cent completeness) or of unknown completeness are considered unreliable and are set in italics rather than in roman type. Table 18 and the Technical Notes for that table provide more detailed information on the completeness of death registration. For more information about the quality of vital statistics data in general, and the information available on the basis of the completeness estimates in particular, see section 4.2 of the Technical Notes.

Limitations: Rates shown in this table are subject to all the same limitations which affect the corresponding frequencies and are set forth in the Technical Notes for table 19.

These include differences in the completeness of registration, the treatment of infants who were born alive but died before the registration of the birth or within the first 24 hours of life, the method used to determine age at death and the quality of the reported information relating to age at death. In addition, some rates are based on deaths tabulated by date of registration and not by date of occurrence; these have been indicated by a (+).

The problem of obtaining precise correspondence between deaths (numerator) and population (denominator) as regards the inclusion or exclusion of armed forces, refugees, displaced persons and other special groups is particularly difficult where age–specific death rates are concerned. In cases where it was not possible to achieve strict correspondence, the differences in coverage are noted. Male rates in the age range 20 to 40 years may be especially affected by this non–correspondence, and care should be exercised in using these rates for comparative purposes.

It should be added that even when deaths and population do correspond conceptually, comparability of the rates may be affected by abnormal conditions such as absence from the country or area of large numbers of young men in the military forces or working abroad as temporary workers. Death rates may appear high in the younger ages, simply because a large section of the able–bodied members of the age group, whose death rates under normal conditions might be less than the average for persons of their age, is not included.

Il convient de noter que, dans ce tableau, les taux de mortalité des groupes de moins d'un an sont différents des taux de mortalité infantile qui figurent dans d'autres tableaux, ces derniers ayant été établis pour 1 000 naissances vivantes et non pour 1 000 habitants.

Les chiffres de population utilisés pour le calcul des taux proviennent de dénombrements ou de répartitions estimatives de la population selon l'âge et le sexe. On a utilisé de préférence les estimations de la population en milieu d'année selon les indications du tableau 7; à défaut, on s'est contenté des données censitaires se rapportant à l'année du décès et, si ces données manquaient également, d'estimations établies pour une autre date de l'année.

Les taux présentés dans le tableau 14 ne se rapportent qu'aux pays ou zones où l'on a enregistré un total d'au moins 1 000 décès dans l'année. Les taux relatifs à des sous–catégories, qui sont fondés sur 30 décès ou moins, sont identifiés à l'aide du signe (◆).

Fiabilité des données : Les taux calculés à partir de données sur les décès provenant des registres d'état civil qui sont déclarées incomplètes (degré d'exhaustivité inférieur à 90 p. 100) ou dont le degré d'exhaustivité n'est pas connu sont jugés douteux et apparaissent en italique et non en caractères romains. Le tableau 18 et les Notes techniques s'y rapportant présentent des renseignements plus détaillés sur le degré d'exhaustivité de l'enregistrement des décès. Pour plus de précisions sur la qualité des statistiques de l'état civil en général, et sur les estimations d'exhaustivité en particulier, voir la section 4.2 des Notes techniques.

Insuffisance des données : Les taux de ce tableau appellent les mêmes réserves que les fréquences correspondantes; voir à ce sujet les explications données dans les Notes techniques se rapportant au tableau 19.

Leurs imperfections tiennent notamment aux différences d'exhaustivité de l'enregistrement, au classement des enfants nés vivants mais décédés avant l'enregistrement de leur naissance ou dans les 24 heures qui ont suivi la naissance, à la méthode utilisée pour obtenir l'âge au moment du décès, et à la qualité des déclarations concernant l'âge au moment du décès. En outre, dans certains cas, les données relatives aux décès sont classées par date d'enregistrement et non par date effective; ces cas ont été identifiés par le signe (+).

S'agissant des taux de mortalité par âge, il est particulièrement difficile d'établir une correspondance exacte entre les décès (numérateur) et la population (dénominateur) du fait de l'inclusion ou de l'exclusion des militaires, des réfugiés, des personnes déplacées et d'autres groupes spéciaux. Dans les cas où il n'a pas été possible d'y parvenir tout à fait, des notes indiquent les différences de portée des données de base. Les taux de mortalité pour le sexe masculin dans les groupes d'âge de 20 à 40 ans peuvent être tout particulièrement influencés par ce manque de correspondance, et il importe d'être prudent lorsqu'on les utilise dans des comparaisons.

Il convient d'ajouter que, même lorsque population et décès correspondent, la comparabilité des taux peut être compromise par des conditions anormales telles que l'absence du pays ou de la zone d'un grand nombre de jeunes gens qui sont sous les drapeaux ou qui travaillent à l'étranger comme travailleurs temporaires. Il arrive ainsi que les taux de mortalité paraissent élevés parmi la population jeune simplement parce qu'on a laissé de côté un grand nombre d'hommes valides de ces groupes d'âge pour lesquels le taux de mortalité pourrait être, dans des conditions normales, inférieur à la moyenne observée pour les personnes du même âge.

Also, in a number of cases the rates shown here for all ages combined differ from crude death rates shown elsewhere, because in this table they are computed on the population for which an appropriate age–sex distribution was available, while the crude death rates shown elsewhere may utilize a different total population. The population by age and sex might refer to a census date within the year rather than to the mid–point, or it might be more or less inclusive as regards ethnic groups, armed forces and so forth. In a few instances, the difference is attributable to the fact that the rates in this table were computed on the mean population whereas the corresponding rates in other tables were computed on an estimate for 1 July. Differences of these types are insignificant but, for convenience, they are not in the table.

The comparability of data by urban/rural residence is affected by the national definitions of urban and rural used in tabulating these data. It is assumed, in the absence of specific information to the contrary, that the definitions of urban and rural used in connection with the national population census were also used in the compilation of the vital statistics for each country or area. However, the possibility cannot be excluded that, for a given country or area, the same definitions of urban and rural are not used for both the vital statistics data and the population census data. When known, the definitions of urban used in national population censuses are presented at the end of table 6. As discussed in detail in the Technical Notes for table 6, these definitions vary considerably from one country or area to another.

In addition to problems of comparability, vital rates classified by urban/rural residence are also subject to certain special types of bias. If, when calculating vital rates, different definitions of urban are used in connection with the vital events and the population data and if this results in a net difference between the numerator and denominator of the rate in the population at risk, then the vital rates would be biased. Urban/rural differentials in vital rates may also be affected by whether the vital events have been tabulated in terms of place of occurrence or place of usual residence. This problem is discussed in more detail in section 4.1.4.1 of the Technical Notes.

Coverage: Death rates specific for age and sex are shown for 90 countries or areas. Rates are presented by urban/rural residence for 33 countries or areas.

Data for ethnic or geographical segments of the population are included in the absence of national figures. These data are not presented as being representative of national–level statistics but as an index of the availability of statistics.

De même, les taux indiqués pour tous les âges combinés diffèrent dans plusieurs cas des taux bruts de mortalité qui figurent dans d'autres tableaux, parce qu'ils se rapportent à une population pour laquelle on disposait d'une répartition par âge et par sexe appropriée, tandis que les taux bruts de mortalité indiqués ailleurs peuvent avoir été calculés sur la base d'un chiffre de population totale différent. Ainsi, il est possible que les chiffres de population par âge et par sexe proviennent d'un recensement effectué dans l'année et non au milieu de l'année, et qu'ils se différencient des autres chiffres de population en excluant ou incluant certains groupes ethniques, les militaires, etc. Quelquefois, la différence tient à ce que les taux de ce ont été calculés sur la base de la population moyenne, alors que les taux correspondants des autres tableaux reposent sur une estimation au 1er juillet. Les écarts de cet ordre sont insignifiants, mais on les a signalés dans le tableau à toutes fins utiles.

La comparabilité des données selon la résidence (urbaine/rurale) peut être limitée par les définitions nationales des termes "urbain" et "rural" utilisées pour le classement de ces données. En l'absence d'indications contraires, on a supposé que les définitions des termes "urbain" et "rural" utilisées pour le recensement national de la population l'avaient été aussi pour l'établissement des statistiques de l'état civil dans chaque pays ou zone. Toutefois, on ne peut exclure la possibilité que, pour un pays ou une zone, les mêmes définitions n'aient pas été utilisées dans les deux cas. Les définitions du terme "urbain" pour les recensements nationaux de population ont été indiquées à la fin du tableau 6 lorsqu'elles étaient connues. Comme on l'a précisé en détail dans les Notes techniques relatives au tableau 6, ces définitions varient très sensiblement d'un pays ou zone à l'autre.

Outre ces problèmes de comparabilité, les taux démographiques classés selon la résidence urbaine ou rurale sont également sujets à certaines distorsions particulières. Si, lors du calcul de ces taux, des définitions différentes du terme "urbain" sont utilisées pour classer les faits d'état civil et les données relatives à la population, et s'il en résulte une différence nette entre le numérateur et le dénominateur pour le taux de la population considérée, les taux démographiques s'en trouveront faussés. La différence entre ces taux pour les zones urbaines et rurales pourra aussi être faussée selon que les faits d'etat civil auront été classés d'après le lieu où ils se sont produits ou le lieu de résidence habituelle. Ce problème est examiné plus en détail à la section 4.1.4.1 des Notes techniques.

Portée : Ce tableau présente des taux de mortalité selon l'âge et le sexe pour 90 pays ou zones. Des taux selon la résidence (urbaine/rurale) sont présentés pour 33 pays ou zones.

Lorsqu'il n'existait pas de chiffres nationaux, on a fait figurer des chiffres portant sur des groupes ethniques ou des subdivisions géographiques. Ces données ne se veulent pas représentatives sur le plan national, et ne sont présentées que comme indice des données disponibles.

Earlier data: Death rates specific for age and sex have been shown for the latest available year in many of the issues of the Yearbook since the 1955 issue. Data included in this table update the series shown in the Yearbook and in the recently issued Population and Vital Statistics Report: Special Supplement covering a period of years as follows:

Issue	Years covered
1992	1983–1992
1985	1976–1984
1980	1971–1979
Historical Supplement	1948–1977

Table 21

Table 21 presents deaths and death rates by cause for the latest available year.

Description of variables: Causes of death are all those diseases, morbid conditions or injuries which either resulted in or contributed to death and the circumstances of the accident or violence which produced any such injuries. [52]

The underlying cause of death, rather than direct or intermediate antecedent cause, is the one recommended as the main cause for tabulation of mortality statistics. It is defined as (a) the disease or injury which initiated the train of events leading directly to death, or (b) the circumstances of the accident or violence which produced the fatal injury. [53]

The table is divided into two parts, A and B. Part A shows deaths and death rates classified according to the "Adapted Mortality List" derived from the classification recommended by the International Conference for the Ninth Revision of the International Classification of Diseases. [54] The 1975 (ninth) revision is known or assumed to have been used by all of the countries or areas for which data are included in part A. Part B is devoted to data classified according to the "Abbreviated List of 50 causes for tabulation of mortality" recommended by the 1965 (eighth) revision Conference. [55] The two–part presentation is used because the ninth revision does not provide a classification which conforms directly to the eighth revision. The use of the ninth revision began during 1979 in a limited number of countries. Now 76 countries or areas included in this table report cause of death according to the ninth revision and 4 countries or areas use the eighth revision. The classification of cause of death shown in the stub of this table is referred to only in terms of the list numbers due to space limitations.

The full titles of each of the 50 causes of death from the eighth revision and the 55 causes of death used in the ninth revision (and the corresponding numbers referring to the 3– and 4– digit codes from the International Classification of Diseases) appear in the table shown in section 4.3 of the Technical Notes. This section discusses the International Classification of Diseases with particular references to the similarities and differences between the eighth and ninth revisions.

Données publiées antérieurement : Des taux de mortalité selon l'âge et le sexe pour la dernière année où ils étaient connus figurent dans beaucoup d'éditions de l'Annuaire depuis celle de 1955. Les données présentées dans ce tableau mettent à jour les séries présentées dans l'Annuaire démographique et dans le Rapport de statistiques de la population et de l'état civil: Supplément spécial 1984 qui couvrent les périodes d'années suivantes :

Edition	Années considérées
1992	1983–1992
1985	1976–1984
1980	1971–1979
Supplément rétrospectif	1948–1977

Tableau 21

Le tableau 21 présente des statistiques et des taux de mortalité selon la cause, ainsi que les pourcentages de décès, pour la dernière année disponible.

Description des variables : Les causes de décès sont toutes les maladies, états morbides ou traumatismes qui ont abouti ou contribué au décès et les circonstances de l'accident ou de la violence qui ont entraîné ces traumatismes [52].

La cause initiale de décès, plutôt que la cause directe du décès, est recommandée pour les statistiques de la mortalité. La cause initiale de décès est définie comme : a) la maladie ou le traumatisme qui a déclenché l'évolution morbide conduisant directement au décès, ou b) les circonstances de l'accident ou de la violence qui ont entraîné le traumatisme mortel [53].

Le tableau est divisé en deux parties, A et B. La Partie A présente le nombre et le taux des décès selon la cause, classés selon la "Liste adoptée des causes de mortalité" derivée de la classification recommandée par la Conférence internationale pour la Classification des Maladies [54]. La neuvième révision (1975) à été utilisé, par tous les pays ou zones pour lasquelles des statistiques présentées dans la Partie A. La Partie B présente des données classées selon la "Liste abregé de 50 rubriques pour la mise en tableaux des causes de mortalitée", recommandée par la Conférence de la huitième révision (1965) [55]. Il a fallu présenter le tableau en deux parties parce que la classification utilisée dans la révision de 1975 ne correspond pas exactement à celle de 1965. Un petit nombre de pays ou zones ont commencé à utiliser la neuvième révision en 1979. Maintenant 76 pays ou zones considérés ici ont présenté leurs statistiques des causes de décès selon la neuvième révision et 4 pays ou zones selon la huitième révision. La nomenclature des causes de décès figurant dans la première colonne du tableau ne reproduit que les numéros de rubrique, faute d'espace.

Le titre complet de chacune des 50 causes de décès de la huitième révision et des 55 causes retenues dans la neuvième révision (ainsi que les numéros du code à 3 et 4 chiffres de la Classification internationale des maladies) figure dans le tableau incorporé dans la section 4.3 des Notes techniques, où il est question de la Classification internationale et plus particulièrement des similitudes et différences entre les huitième et neuvième révisions.

Statistics on cause of death presented in this table have been limited to countries or areas which meet all of the following three criteria: first, that statistics are either classified by, or convertible to, the 1965 or 1975 Lists mentioned above; secondly, that at least a total of 1 000 deaths (for all causes combined) occurred in a given year; and thirdly, that within this distribution the total number of deaths classified as due to ill–defined causes (B45, AM48) does not exceed 25 per cent of deaths from all causes. The third criterion is based on the premise that if 25 per cent of the deaths have been coded as due to ill–defined causes, frequencies in the other cause groups in the Classification must be understated to a marked degree. The limit has been placed deliberately high to exclude all poor data. Moreover, it must be admitted that this criterion fails to consider the equally indicative percentages in the residual category, all other diseases (B46 in the eighth revision or AM49 in the ninth revision), which often accounts for an inordinately large proportion of the whole.

Rate computation: In part A, for cause groups AM1 through AM16, AM19 through AM40, AM45 and AM48 through AM55, rates are the annual number of deaths in each cause group reported for the year per 100 000 corresponding mid–year population. The other cause groups, for which the population more nearly approximates the population at risk, are specified below: rates for AM17 and AM18 (Malignant neoplasm of female breast and Malignant neoplasm of cervix uteri) are computed per 100 000 female population 15 years and over; rates for AM41 (Hyperplasia of prostate) are computed per 100 000 male population 50 years and over; and rates for AM42 (Abortion), AM43–AM44 (Direct and indirect obstetric causes), AM46 (Birth trauma) and AM47 (Other conditions originating in the perinatal period) are computed per 100 000 total live births in the same year.

In part B, for cause groups B1 through B38, B42 and B45 through BE50, rates are the annual number of deaths in each cause group reported for the year per 100 000 corresponding mid–year population. The other cause groups, a population which more nearly approximates the population at risk of death is used, as specified below: rates for B39 (Hyperplasia of prostate) are computed per 100 000 male population 50 years and over; rates for B40 (Abortion) are computed per 100 000 total live births, rates for B41 (Other complications of pregnancy, childbirth and the puerperium and delivery without mention of complication) are computed per 100 000 total live births in the same year; and rates for B43 (Birth injury, difficult labour and other anoxic and hypoxic conditions) and B44 (Other causes of perinatal mortality) are computed per 100 000 total live births in the same year.

As noted above, rates (as well as frequencies) presented in this table have been limited to those countries or areas having a total of at least 1 000 deaths from all causes in a given year and have also been limited to those not having more than 25 per cent of all deaths classified as due to ill–defined causes (B45 or AM48). In certain cases death rates by cause have not been calculated because the population data needed for the denominator are not available. This may arise in either of two situations. First, no data on population at risk are available. Second, cause–of–death statistics are available for only a limited portion of the country and it is not possible to identify births or population at risk for that limited geographic area. The same situation arises when data on deaths by cause are limited to medically certified deaths and when those medically certified deaths do not comprise a substantial portion of all deaths for the country or area, in which case no rates are calculated. Moreover, rates based on 30 or fewer deaths shown in this table are identified by the symbol (◆).

Les statistiques des causes de décès présentées dans ce tableau ne se rapportent qu'aux pays ou zones pour lesquels les trois critères suivants sont réunis : premièrement, le classement des statistiques des décès selon la cause doit être conforme à la liste de 1965 ou à celle de 1975 mentionnées plus haut, ou convertible aux catégories de cette liste; deuxièmement, le nombre total des décès (pour toutes les causes réunies) intervenus au cours d'une année donnée doit être au moins égal à 1 000, et; troisièmement, à l'intérieur de cette répartition, le nombre total des décès dus à des causes mal définies (B45 ou AM48) ne doit pas dépasser 25 p. 100 du nombre des décès pour toutes les causes. Le troisième critère est fondé sur l'argument suivant : si 25 p. 100 des décès sont classés comme dus à des causes mal définies, les chiffres relatifs aux autres causes de la Liste doivent être sensiblement inférieurs à la réalité. Le seuil a été délibérément placé haut afin d'exclure toutes les données de qualité médiocre. De plus, il faut admettre que ce critère ne s'étend pas aux pourcentages, tout aussi indicatifs, de la catégorie résiduelle "Toutes autres maladies" (B46 dans la huitième révision, AM49 dans la neuvième), qui groupe souvent une proportion exceptionnellement forte du nombre total des décès.

Calcul des taux : Dans la Partie A, les taux correspondant aux catégories AM1 à AM16, AM19 à AM40, AM45 et AM48 à AM55 représentent le nombre annuel de décès signalés dans chaque groupe, pour l'année, dans une population de 100 000 personnes en millieu d'années. Les taux correspondant aux autres catégories de causes correspondent aux populations les plux semblables à la population exposée. Les taux correspondant aux catégories AM17 et AM18 (tumeurs malignes du sein et tumeurs malignes du col de l'utérus) sont calculés sur une population de 100 000 femmes de 15 ans ou plus. Les taux correspondant à la catégorie AM41 (hyperplasie de la prostate) sont calculés sur une population de 100 000 personnes de sexe masculin âgées de 50 ans ou plus, et les taux pour la catégorie AM42 (avortements), les catégories AM43 et AM44 (causes obstétricales directes et indirectes). la catégorie AM46 (traumatisme obstétrical) et enfin la catégorie AM47 (autres affections dont l'origine se situe dans la période périnatale) sont calculés sur 100 000 naissances vivantes de la même année.

Dans la Partie B, les taux correspondant aux catégories de causes B1 à B38, B42 et B45 à BE50 représentent le nombre annuel de décès attribués à chaque catégorie de causes, dans l'année, pour 100 000 habitants en millieu d'anné. Dans les autres catégories de causes, on s'est fondé sur les populations les plus semblables de la population exposée, comme on le verra plus loin, . Les taux correspondant à la catégorie B39 (hypertrophie de la prostate) sont calculés sur 100 000 personnes de sexe masculin âgées de 50 ans ou plus. Les taux correspondant à B40 (avortements) sont calculés sur 100 000 naissances vivantes, les taux pour la catégorie B41 (autres complications de la grossesse, de l'accouchement et des suites de couches et accouchement sans mention de complication) sont calculés sur 100 000 naissances vivantes de la même année, enfin les taux correspondant à la catégorie B43 (lésions obstétricales, accouchements dystociques et autres états anoxémiques et hypoxémiques) et à la catégorie B44 (autres causes de mortalité périnatale) sont calculés sur 100 000 naissances vivantes de la même année.

Comme on l'a dit, les taux et les nombres figurant dans ce tableau ne concernent que les pays ou zones où l'on a relevé 1 000 décès de toutes causes dans l'année, ainsi que 25 p. 100 au plus de décès imputés à une cause mal définie (B45 ou AM48). Dans certains cas, on n'a pas calculé les taux de mortalité selon la cause car l'on ne disposait pas des informations sur la population qui étaient nécessaires pour déterminer le dénominateur. Cela peut se présenter dans deux cas. Dans le premier, on n'a pas d'informations sur la population exposée au risque. Dans le second, il n'existe de statistique selon les causes de décès que pour une partie limitée du pays, et il n'est pas possible de s'informer particulièrement les naissances ou sur la population exposée dans cette région géographique limitée. Le même cas se présente lorsque les données concernant les décès selon la cause ne se rapportent qu'aux décès médicalement certifiés et lorsque ces décès ne représentent pas une fraction importante de l'ensemble des décès dans le pays ou la zone; alors, il n'a pas été calculé de taux. De plus, les taux calculés sur la base de 30 décès ou moins, qui sont indiqués dans le tableau, sont identifiées par le signe. (◆).

Reliability of data: Data from civil registers of deaths which are reported as incomplete (less than 90 per cent completeness) or of unknown completeness are considered unreliable and are set in italics rather than in roman type. Rates calculated using these data are also set in italics. Table 18 and the Technical Notes for that table provide more detailed information on the completeness of death registration. For more information about the quality of vital statistics data in general, and the information available on the basis of the completeness estimates in particular, see section 4.2 of the Technical Notes.

In general, the quality code for deaths shown in table 18 is used to determine whether data on deaths in other tables appear in roman or italic type. However, some data on deaths by cause are shown in italics in this table when it is known that the quality, in terms of completeness, differs greatly from the completeness of the registration of the total number of deaths. In cases when the quality code in table 18 does not correspond with the type–face used in this table, relevant information regarding the completeness of cause–of–death statistics is given in a footnote.

Limitations: Statistics on deaths by cause are subject to the same qualifications as have been set forth for vital statistics in general and death statistics in particular as discussed in section 4 of the Technical Notes.

The reliability of the data, an indication of which is described above, is an important factor in considering the limitations. In addition, some deaths are tabulated by date of registration and not by date of occurrence; these have been indicated by a (+). Whenever the lag between the date of occurrence and date of registration is prolonged and, therefore, a large proportion of the death registrations are delayed, death statistics for any given year may be seriously affected.

In considering cause–of–death statistics it is important to take account of the differences among countries or areas in the quality, availability, and efficiency of medical services, certification procedures, and coding practices. In most countries or areas, when a death is registered and reported for statistical purposes, the cause of death is required to be stated. This statement of cause may have several sources: (1) If the death has been followed by an autopsy, presumably the "true" cause will have been discovered; (2) If an autopsy is not performed but the decedent was treated prior to death by a medical attendant, the reported cause of death will reflect the opinion of that physician based on observation of the patient while he was alive; (3) If, on the other hand, the decedent has died without medical attendance, his body may be examined (without autopsy) by a physician who, aided by the questioning of persons who saw the patient before death, may come to a decision as to the probable cause of death; (4) Still another possibility is that a physician or other medically trained person may question witnesses without seeing the decedent and arrive at a diagnosis; (5) Finally, there is the case where witnesses give the cause of death without benefit of medical advice or questioning. These five possible sources of information on cause of death constitute in general five degrees of decreasing accuracy in reporting.

Serious difficulties of comparability may stem also from differences in the form of death certificate being used, an increasing tendency to enter more than one cause of death on the certificate and diversity in the principles by which the primary or underlying cause is selected for statistical use when more than one is entered. [56]

Fiabilité des données : Les données sur les décès provenant des registres d'état civil qui sont déclarées incomplètes (degré d'exhaustivité inférieur à 90 p. 100) ou dont le degré d'exhaustivité n'est pas connu sont jugées douteuses et apparaissent en italique et non en caractères romains. Les taux calculés à partir de ces données apparaissent eux aussi en italique. Le tableau 18 et les Notes techniques se rapportant à ce tableau présentent des renseignements plus détaillés sur le degré d'exhaustivité de l'enregistrement des décès. Pour plus de précisions sur la qualité des statistiques de l'état civil en général, et sur les estimations de l'exhaustivité en particulier, voir la section 4.2 des Notes techniques.

En général, le code de qualité des données sur les décès indiqué au tableau 18 sert à déterminer si, dans les autres tableaux, les données de mortalité apparaissent en caractères romains ou en italique. Toutefois, certaines données sur les décès selon la cause figurent en italique dans le présent tableau lorsqu'on sait que leur exhaustivité diffère grandement de celle des données sur le nombre total des décès. Dans les cas où le code de qualité du tableau 18 ne correspond pas aux caractères utilisés dans le présent tableau, les renseignements concernant le degré d'exhaustivité des statistiques des décès selon la cause sont indiqués en note à la fin du tableau.

Insuffisance des données : Les statistiques des décès selon la cause appellent toutes les réserves qui ont été faites à propos des statistiques de l'état civil en général et des statistiques de mortalité en particulier (voir explications à la section 4 des Notes techniques).

La fiabilité des données, au sujet de laquelle des indications ont été fournies plus haut, est un facteur important en l'occurrence. Il faut également tenir compte du fait que, dans certains cas, les données relatives aux décès sont classées par date d'enregistrement et non par date effective; ces cas ont été identifiés par le signe (+). Lorsque le décalage entre le décès et son enregistrement est grand, c'est–à–dire qu'une forte proportion des décès fait l'objet d'un enregistrement tardif, les statistiques des décès de l'année peuvent être sérieusement faussées.

Lorsqu'on étudie les statistiques des causes de décès, il importe de tenir compte des différences existant entre pays ou zones du point de vue de la qualité, de l'accessibilité et de l'efficacité des services médicaux, ainsi que des méthodes d'établissement des certificats de décès et des procédés de codage. Dans la plupart des pays ou zones, lorsqu'un décès est enregistré et déclaré aux fins de statistique, le bulletin établi doit mentionner la cause du décès. Or, la déclaration de la cause peut émaner de plusieurs sources : 1) si le décès a été suivi d'une autopsie, il est probable qu'on en aura décelé la cause "véritable"; 2) s'il n'y a pas eu d'autopsie, mais si le défunt avait reçu, avant sa mort, les soins d'un médecin, la déclaration de la cause du décès reflétera l'opinion de ce médecin, fondée sur l'observation du malade alors qu'il vivait encore; 3) si, au contraire, le défunt est mort sans avoir reçu de soins médicaux, il se peut qu'un médecin examine le corps (sans qu'il soit fait d'autopsie), auquel cas il pourra, en questionnant les personnes qui ont vu le malade avant sa mort, se former une opinion sur la cause probable du décès; 4) il se peut encore que, sans voir le corps, un médecin ou une autre personne de formation médicale interroge des témoins et arrive ainsi à un diagnostic; 5) enfin, il y a le cas où de simples témoins indiquent une cause de décès sans l'avis d'un médecin. A ces cinq sources de renseignements possibles correspondent généralement cinq degrés décroissants d'exactitude des données.

La comparabilité est aussi parfois très difficile à assurer par suite des différences existant dans la forme des certificats de décès utilisés, de la tendance croissante à indiquer plus d'une cause de décès sur le certificat, et de la diversité des principes régissant le choix de la cause principale ou initiale à retenir dans les statistiques quand le certificat indique plus d'une cause [56].

Differences in terminology used to identify the same disease also result in lack of comparability in statistics. These differences may arise in the same language in various parts of one country or area, but they are particularly troublesome between different languages. They arise even in connection with the medically certified deaths, but they are infinitely more varied and obscure in causes of death reported by lay persons. This problem of terminology and its solution are receiving attention by the World Health Organization.

Coding problems, and problems in interpretation of rules, arise constantly in using the various revisions of the International Statistical Classification of Diseases, Injuries and Causes of Death. Lack of uniformity between countries or areas in these interpretations and in adapting rules to national needs results in lack of comparability which can be observed in the statistics. It is particularly evident in causes which are coded differently according to the age of the decedent, such as pneumonia, diarrhoeal diseases and others. Changing interpretations and new rules can also introduce disparities into the time series for one country or area. Hence, large increases or decreases in deaths reported from specified diseases should be examined carefully for possible explanations in terms of coding practice, before they are accepted as changes in mortality.

Further limitations of statistics by cause of death result from the periodic revision of the International Classification of Diseases. Each country or area reporting cause–of–death statistics in this table used either the 1965 or 1975 revision, a comparison of which is shown in Section 4.3 of the Technical Notes. In addition to the qualifications explained in footnotes, particular care must be taken in using distributions with relatively large numbers of deaths attributed to ill–defined causes (B45 or AM48) or the all–other–causes group (B46 or AM49). Large frequencies in the two categories may indicate that cause of death among whole segments of the population has been undiagnosed, and the distribution of known causes in such cases is likely to be quite unrepresentative of the situation as a whole.

The possibility of error being introduced by the exclusion of deaths of infants who were born alive but died before the registration of the birth or within the first 24 hours of life should not be overlooked. These infant deaths are incorrectly classified as late foetal deaths. In several countries or areas, tabulation procedures have been devised to separate these pseudo–late–foetal deaths from true late foetal deaths and to incorporate them into the total deaths, but even in these cases there is no way of knowing the cause of death. Such distributions are footnoted.

For a further detailed discussion of the development of statistics of causes of death and the problems involved, see chapter II of the Demographic Yearbook 1951.

Coverage: Deaths and death rates by cause are shown for 80 countries or areas (76 in part A and 4 in part B).

Data for ethnic or geographical segments of the population are included in the absence of national figures. These data are not presented as being representative of national–level statistics but as an index of the availability of statistics.

Les différences entre les termes utilisés pour désigner la même maladie compromettent aussi la comparabilité des statistiques. On en rencontre parfois d'une région à l'autre d'un même pays ou d'une même zone où toute la population parle la même langue, mais elles sont particulièrement gênantes lorsque plusieurs langues interviennent. Ces différences soulèvent des difficultés même quand les décès sont certifiés par un médecin, mais elles sont infiniment plus grandes et plus difficiles à éclaircir lorsque la cause du décès est indiquée par de simples témoins. L'Organisation mondiale de la santé s'emploie à étudier et à résoudre ce problème de terminologie.

En outre, des problèmes de codage et d'interprétation des règles se posent constamment lorsqu'on utilise les diverses révisions de la Classification statistique internationale des maladies, traumatismes et causes de décès. Les pays ou zones n'interprètent pas ces règles de manière uniforme et ne les adaptent pas de la même façon à leurs besoins; la comparabilité s'en ressent, comme le montrent les statistiques. Cela est particulièrement vrai pour les causes comme la pneumonie et les maladies diarrhéiques et autres, qui sont codées différemment selon l'âge du défunt. Les changements d'interprétation et l'adoption de nouvelles règles peuvent aussi introduire des divergences dans les séries chronologiques d'un même pays ou d'une même zone. En conséquence, il convient d'examiner attentivement les cas où le nombre de décès attribués à des maladies déterminées s'accroît ou diminue fortement, pour s'assurer, avant de conclure à une évolution de la mortalité, que le changement n'est pas dû à la méthode de codage.

D'autres irrégularités statistiques, s'agissant des causes de décès, résultent des révisions périodiques de la Classification internationale des maladies. Tous les pays ou zones qui ont présenté des statistiques reprises dans ce tableau ont utilisé soit la révision de 1965, soit celle de 1975, qui sont comparées dans la section 4.3 des Notes techniques. Outre les réserves expliquées dans les notes, il faudra interpréter avec beaucoup de prudence les répartitions comportant un nombre relativement élevé de décès attribués à des causes mal définies ou inconnues (B45 ou AM48) ou au groupe "Toutes autres maladies" (B46 ou AM49). Si les chiffres donnés pour ces deux catégories sont importants, c'est sans doute parce que les décès survenus dans des groupes entiers de la population n'ont fait l'objet d'aucun diagnostic; en pareil cas, il est probable que la répartition des causes connues est loin de donner une vue exacte de la situation d'ensemble.

Il ne faut pas négliger non plus le risque d'erreur que peut présenter l'exclusion des enfants nés vivants mais décédés avant l'enregistrement de leur naissance, ou dans les 24 heures qui ont suivi la naissance. Ces décès sont classés à tort dans les morts foetales tardives. Dans plusieurs pays ou zones, les méthodes d'exploitation permettent de différencier ces pseudo–morts foetales tardives des morts foetales tardives véritables et de les ajouter au nombre total des décès, mais, là encore, il est impossible de connaître la cause du décès. Ces répartitions sont signalées en note.

Pour un exposé plus détaillé de l'évolution des statistiques des causes de décès et des problèmes qui se posent, voir le chapitre II de l'Annuaire démographique 1951.

Portée : Ce tableau présente des statistiques des décès selon la cause (nombre et taux) pour 80 pays ou zones 76 dans la Partie A et 4 dans la Partie B).

Lorsqu'il n'existait pas de chiffres nationaux, on a fait figurer des chiffres portant sur des groupes ethniques ou des subdivisions géographiques. Ces données ne se veulent pas représentatives sur le plan national, et ne sont présentées que comme indice des données disponibles.

Earlier data: Deaths and death rates by cause have been shown in previous issues of the Demographic Yearbook. For information on specific years covered, readers should consult the Index.

Table 22

Table 22 presents expectation of life at specified ages for each sex for the latest available year.

Description of variables: Expectation of life is defined as the average number of years of life which would remain for males and females reaching the ages specified if they continued to be subjected to the same mortality experienced in the year(s) to which these life expectancies refer.

The table shows life expectancy according to an abridged life table or a complete life table as reported by the country. Values from complete life tables are shown in this table only when a more recent abridged life table is not available.

Male and female expectations are shown separately for selected ages beginning at birth (age 0) and proceeding with ages 1, 2, 3, 4, 5, 10, l5, 20, 25, 30, 35, 40, 45, 50, 55, 60, 65, 70, 75, 80 and 85 years.

Life expectancy is shown with two decimals regardless of the number of digits provided in the original computation.

The data come mainly from the official life tables of the countries or areas concerned. Where official data are lacking, estimates of life expectancy at birth, prepared by the Population Division of the United Nations Secretariat, are included. These estimates have been prepared by use of the techniques described in the United Nations Manual on Methods of Estimating Basic Demographic Measures from Incomplete Data [57] and the application of assumed rates of gain in life expectancy based on model life tables [58] and other information. United Nations estimates are identified in the table by footnotes.

Life table computation: From the demographic point of view, a life table is regarded as a theoretical model of a population which is continuously replenished by births and depleted by deaths. The model gives a complete picture of the mortality experience of a population based on the assumption that the theoretical cohort is subject, throughout its existence, to the age–specific mortality rates observed at a particular time. Thus levels of mortality prevailing at the time a life table is constructed are assumed to remain unchanged into the future until all members of the cohort have died.

The starting point for the calculation of life–table values is usually the computation of death rates for the various age groups. From these rates other functions are derived, and from the latter functions survival ratios are derived, expressing the proportion of persons, among those who survive to a given age, who live on and attain the next age level.

Données publiées antérieurement : Des statistiques des décès selon la cause (nombre et taux) figurent déjà dans des éditions antérieures de l'Annuaire démographique. Pour plus de précisions concernant les années pour lesquelles ces données ont été publiées, se reporter à l'Index.

Tableau 22

Le tableau 22 présente les espérances de vie à des âges déterminés, pour chaque sexe, pour la dernière année disponible.

Description des variables : L'espérance de vie est le nombre moyen d'années restant à vivre aux personnes du sexe masculin et du sexe féminin atteignant les âges indiqués si elles continuent d'être soumises aux mêmes conditions de mortalité que celles qui existaient pendant les années auxquelles se rapportent les valeurs considérées.

Dans le tableau figurent les espérances de vie calculées, selon une table de mortalité abrégée ou une table de mortalité complète, par le pays même. On ne trouve dans le tableau des chiffres calculés à partir de tables de mortalité complètes que lorsqu'il n'en existe pas sur la base de tables de mortalité plus récentes abrégées.

Les chiffres sont présentés séparément pour chaque sexe à partir de la naissance (âge 0) et pour les âges suivants : 1, 2, 3, 4, 5,10, 15, 20, 25, 30, 35, 40, 45, 50, 55, 60, 65, 70, 75, 80 et 85 ans.

Les espérances de vie sont chiffrées à deux décimales, indépendamment du nombre de celles qui figurent dans le calcul initial.

Ces données proviennent surtout des tables officielles de mortalité des pays ou zones auxquels elles se rapportent. Toutefois, là où il n'existait pas de données officielles, on a présenté des estimations concernant l'espérance de vie à la naissance établies par la Division de la population du Secrétariat de l'ONU. Ces estimations ont été calculées à l'aide des techniques mentionnées dans le Manuel des Nations Unies sur les méthodes permettant d'estimer les mesures démographiques fondamentales à partir de données incomplètes [57] et en appliquant des taux hypothétiques de gain d'espérance de vie fondés sur des tables types de mortalité [58] et sur d'autres renseignements. Les estimations de l'ONU sont signalées en note à la fin du tableau.

Calcul des tables de mortalité : Du point de vue démographique, les tables de mortalité sont considérées comme des modèles théoriques représentant une population constamment reconstituée par les naissances et réduite par les décès. Ces modèles donnent un aperçu complet de la mortalité d'une population, reposant sur l'hypothèse que chaque cohorte théoriquement distinguée connaît, pendant toute son existence, la mortalité par âge observée à un moment donné. Les mortalités correspondant à l'époque à laquelle sont calculées les tables de mortalité sont ainsi censées demeurer inchangées dans l'avenir jusqu'au décès de tous les membres de la cohorte.

Le point de départ du calcul des tables de mortalité consiste d'ordinaire à calculer les taux de mortalité des divers groupes d'âges. A partir de ces taux, on détermine d'autres paramètres, puis, à partir de ces paramètres, des quotients de survie mesurant la proportion de personnes, parmi les survivants jusqu'à un âge donné, qui atteignent le palier d'âge suivant.

The functions of the life table are calculated in the following sequence: (1) mx, the death rate among persons of a given age, x; (2) qx, the probability of dying within a given age interval, (3) lx, the number of survivors to a specific age from an assumed initial number of births; (4) Lx, the number of years lived collectively by those survivors within the given age interval; (5) Tx, person–years lived by a hypothetical cohort from age x and onward; and (6) eox, the expectation of life of an individual of given age.

In all these symbols, the suffix "x" denotes age. It denotes either the lower limit of an age group or the entire age group, depending on the nature of the function. In standard usage a subscript "n" preceeds each of these functions. In a complete life table n is 1 and is frequently omitted. In an abridged life table by five–year age groups, "n" becomes 5.

The life–table death rate, qx, expresses the probability that an individual about to enter an age group will die before reaching the upper limit of that age group. In many instances the value shown is 1 000qx. For a complete life table, 1 000q10 = 63.0 is interpreted to mean that of 1 000 persons reaching age 10, 63 will die before their eleventh birthday. From an abridged life table 1 000q10 = 63 is interpreted to mean that of 1 000 persons reaching age 10, only 63 die before their fifteenth birthday.

The number of survivors to the given exact age is symbolized by lx, where the suffix "x" indicates the lower limit of each age group. In most life tables, 100,000 births are assumed and the lx function shows how many of the 100,000 reach each age.

Expectation of life, ex, is defined as the average number of years of life which would remain for males and females reaching the ages specified if they continued to be subjected to the same mortality experienced in the year(s) to which these life expectancies refer. [59]

Reliability of data: Since the values shown in this table come either from official life tables or from estimates prepared at the United Nations, they are all considered to be reliable. With regard to the values taken from official life tables, it is assumed that, if necessary, the basic data (population and deaths classified by age and sex) have been adjusted for deficiencies before their use in constructing the life tables.

Limitations: Expectation–of–life values are subject to the same qualifications as have been set forth for population statistics in general and death statistics in particular, as discussed in sections 3 and 4, respectively, of the Technical Notes.

Perhaps the most important specific qualifications which can be set forth in connection with expectation–of–life values is that they must be interpreted strictly in terms of the underlying assumption that surviving cohorts are subjected to the age–specific mortality rates of the period to which the life table refers.

Les paramètres des tables de mortalité sont calculés dans l'ordre suivant : 1) mx, taux de mortalité des individus d'un âge donné x; 2) qx, probabilité de décès entre deux âges donnés; 3) 1x, nombre de survivants jusqu'à un âge donné à partir d'un nombre initial supposé de naissances; 4) Lx, nombre d'années vécues collectivement par les survivants du groupe d'âges considérés; 5) Tx, nombre d'années personne vécues par la cohorte hypothétique à partir de l'âge x, enfin , 6) espérance de vie d'une personne d'âge donné.

Dans tous ces symboles, l'indice (x) désigne l'âge, c'est–à–dire soit la limite inférieure d'une fourchette d'âges, soit le groupe d'âges dans son entier, selon la nature du paramètre. Normalement, un "n" précède chacun de ces paramètres. Dans les tables de mortalité complètes, n = 1 et on l'omet fréquemment. Dans les tables de mortalité abrégées par groupes quinquennaux, "n" devient 5.

Le taux de mortalité actuariel, qx exprime la probabilité qu'a un individu sur le point d'accéder à un groupe d'âges de mourir avant d'avoir atteint la limite supérieure de la fourchette des âges de ce groupe. Dans beaucoup de cas, la valeur retenue est 1 000 qx. Dans les tables de mortalité complètes, 1 000 q10 = 63,0 signifie que, sur 1 000 personnes atteignant l'âge 10,63 décéderont avant leur onzième anniversaire. Dans les tables de mortalité abrégées, 1 000 q10 = 63 signifie que, sur 1 000 personnes atteignant l'âge 10, 63 seulement décéderont avant leur quinzième anniversaire.

Le nombre de survivants jusqu'à l'âge exact donné est représenté par lx, où l'indice "x" indique la limite inférieure de chaque groupe d'âges. Dans la plupart des tables de mortalité, on se base sur 100 000 naissances et le paramètre lx indique le nombre de survivants de cette cohorte de 100 000 qui atteint chaque âge.

L'espérance de vie ex se définit comme le nombre moyen d'années de survie des hommes et des femmes qui ont atteint les âges indiqués, au cas où leur cohorte continuerait d'être soumise à la même mortalité que dans l'année ou les années auxquelles se réfère l'espérance de vie [59].

Fiabilité des donnés : Etant donné que les chiffres figurant dans ce tableau proviennent soit de tables officielles de mortalité, soit d'estimations établies par l'ONU, elles sont toutes présumées sûres. En ce qui concerne les chiffres tirés de tables officielles de mortalité, on suppose que les données de base (effectif de la population et nombre de décès selon l'âge et le sexe) ont été ajustées, en tant que de besoin, avant de servir à l'établissement de la table de mortalité.

Insuffisance des données : Les espérances de vie appellent les mêmes réserves que celles qui ont été formulées à propos des statistiques de la population en général et des statistiques de mortalité en particulier (voir explications aux sections 3 et 4, respectivement, des Notes techniques).

La principale réserve à faire au sujet des espérances de vie est peut–être que, lorsqu'on interprète les données, il ne faut jamais perdre de vue que, par hypothèse, les cohortes de survivants sont soumises, pour chaque âge, aux conditions de mortalité de la période visée par la table de mortalité.

Coverage: Expectation of life at specified ages for each sex is shown for 192 countries or areas.

Data for ethnic or geographical segments of the population are included in the absence of national figures. These data are not presented as being representative of national–level statistics but as an index of the availability of statistics.

Earlier data: Expectation of life at specified ages for each sex has been shown in previous issues of the Demographic Yearbook. Data included in this table update the series covering a period of years as follows:

Issues	Years covered
Special Issue	1900–1990
Historical Supplement	1948–1977
1948	1896–1947

Data in machine–readable form: Data shown in this table are available in magnetic tape at a cost of US$150 for all available years as shown below:

Total	1900–1992

Portée : Ce tableau présente les espérances de vie à des âges déterminés pour chaque sexe, pour 192 pays ou zones.

Lorsqu'il n'existait pas de chiffres nationaux, on a fait figurer des chiffres portant sur des groupes ethniques ou des subdivisions géographiques. Ces données ne se veulent pas représentatives sur le plan national et ne sont présentées que comme indice des données disponibles.

Données publiées antérieurement : Des espérances de vie à des âges déterminés pour chaque sexe figurent déjà dans des éditions antérieures de l'Annuaire démographique. Les données présentées dans ce tableau mettent à jour les périodes d'années suivantes :

Editions	Années considérées
Edition spéciale	1900–1990
Supplément rétrospectif	1948–1977
1948	1896–1947

Données sur support magnétique: Il est possible de se procurer sur bande magnétique, moyennant de paiement d'une somme $150 les données dans ce tableau pour tous les années disponibles suivantes:

Total	1900–1992

Table 23

Table 23 presents number of marriages and crude marriage rates by urban/rural residence for as many years as possible between 1989 and 1993.

Description of variables: Marriage is defined as the act, ceremony or process by which the legal relationship of husband and wife is constituted. The legality of the union may be established by civil, religious, or other means as recognized by the laws of each country. [60]

Marriage statistics in this table, therefore, include both first marriages and remarriages after divorce, widowhood or annulment. They do not, unless otherwise noted, include resumption of marriage ties after legal separation. These statistics refer to the number of marriages performed, and not to the number of persons marrying.

Statistics shown are obtained from civil registers of marriage. Exceptions, such as data from church registers, are identified in the footnotes.

The urban/rural classification of marriages is that provided by each country or area; it is presumed to be based on the national census definitions of urban population which have been set forth at the end of table 6.

Rate computation: Crude marriage rates are the annual number of marriages per 1 000 mid–year population.

Rates by urban/rural residence are the annual number of marriages, in the appropriate urban or rural category, per 1 000 corresponding mid–year population.

Tableau 23

Le tableau 23 présente des données sur les mariages et les taux bruts de nuptialité selon la résidence (urbaine/rurale) pour le plus grand nombre possible d'années entre 1989 et 1993.

Description des variables : Le mariage désigne l'acte, la cérémonie ou la procédure qui établit un rapport légal entre mari et femme. L'union peut être rendue légale par une procédure civile ou religieuse, ou par toute autre procédure, conformément à la législation du pays [60].

Les statistiques de la nuptialité présentées dans ce tableau comprennent donc les premiers mariages et les remariages faisant suite à un divorce, un veuvage ou une annulation. Toutefois, sauf indication contraire, elles ne comprennent pas les unions reconstituées après une séparation légale. Ces statistiques se rapportent au nombre de mariages célébrés, non au nombre de personnes qui se marient.

Les statistiques présentées reposent sur l'enregistrement des mariages par les services de l'état civil. Les exceptions (données tirées des registres des églises, par exemple) font l'objet d'une note au bas du tableau.

La classification des mariages selon la résidence (urbaine/rurale) est celle qui a été fournie par chaque pays ou zone; il faut en conclure qu'elle repose sur les définitions de la population urbaine utilisées pour les recensements nationaux telles qu'elles sont reproduites à la fin du tableau 6.

Calcul des taux : Les taux bruts de nuptialité représentent le nombre annuel de mariages pour 1 000 habitants au milieu de l'année.

Les taux selon la résidence (urbaine/rurale) représentent le nombre annuel de mariages, classés selon la catégorie urbaine ou rurale appropriée, pour 1 000 habitants au milieu de l'année.

Rates presented in this table have been limited to those for countries or areas having at least a total of 100 marriages in a given year. Moreover, rates based on 30 or fewer marriages are identified by the symbol (◆).

These rates, unless otherwise noted, have been calculated by the Statistical Division of the United Nations.

Reliability of data: Each country or area has been asked to indicate the estimated completeness of the number of marriages recorded in its civil register. These national assessments are indicated by the quality codes C, U and ... that appear in the first column of this table.

C indicates that the data are estimated to be virtually complete, that is, representing at least 90 per cent of the marriages occurring each year, while U indicates that data are estimated to be incomplete, that is, representing less than 90 per cent of the marriages occurring each year. The code (...) indicates that no information was provided regarding completeness.

Data from civil registers which are reported as incomplete or of unknown completeness (coded U or ...) are considered unreliable. They appear in italics in this table. When data so coded are used to calculate rates, the rates also appear in italics.

These quality codes apply only to data from civil registers. For more information about the quality of vital statistics data in general, see section 4.2 of the Technical Notes.

Limitations: Statistics on marriages are subject to the same qualifications which have been set forth for vital statistics in general and marriage statistics in particular as discussed in section 4 of the Technical Notes.

The fact that marriage is a legal event, unlike birth and death which are biological events, has implications for international comparability of data. Marriage has been defined, for statistical purposes, in terms of the laws of individual countries or areas. These laws vary throughout the world. In addition, comparability is further limited because some countries or areas compile statistics only for civil marriages although religious marriages may also be legally recognized; in others, the only available records are church registers and, therefore, the statistics do not relate to marriages which are civil marriages only.

Les taux de ce tableau ne se rapportent qu'aux pays ou zones où l'on a enregistré un total d'au moins 100 mariages dans une année donnée. De plus, les taux calculés sur la base de 30 mariages ou moins, qui sont indiqués dans le tableau sont identifiés par le signe (◆).

Sauf indication contraire, ces taux ont été calculés par la Division de statistique de l'ONU.

Fiabilité des données : Il a été demandé à chaque pays ou zone d'indiquer le degré estimatif de complétude des données sur les mariages figurant dans ses registres d'état civil. Ces évaluations nationales sont désignées par les codes de qualité C, U et ... qui apparaissent dans la première colonne du tableau.

La lettre (C) indique que les données sont jugées à peu près complètes, c'est–à–dire qu'elles représentent au moins 90 p. 100 des mariages survenus chaque année; la lettre (U) indique que les données sont jugées incomplètes, c'est–à–dire qu'elles représentent moins de 90 p. 100 des mariages survenus chaque année. Le signe (...) indique qu'aucun renseignement n'a été fourni quant à la complétude des données.

Les données provenant des registres de l'état civil qui sont déclarées incomplètes ou dont le degré de complétude n'est pas connu (et qui sont affectées de la lettre (U) ou du signe (...) sont jugées douteuses. Elles apparaissent en italique dans le présent tableau. Lorsque ces données sont utilisées pour calculer des taux, ces taux apparaissent eux aussi en italique.

Ces codes de qualité ne s'appliquent qu'aux données tirées des registres de l'état civil. Pour plus de précisions sur la qualité des données reposant sur les statistiques de l'état civil en général, voir la section 4.2 des Notes techniques.

Insuffisance des données : Les statistiques des mariages appellent toutes les réserves qui ont été formulées à propos des statistiques de l'état civil en général et des statistiques de la nuptialité en particulier (voir explications figurant à la section 4 des Notes techniques).

Le fait que le mariage soit un acte juridique, à la différence de la naissance et du décès, qui sont des faits biologiques, a des répercussions sur la comparabilité internationale des données. Aux fins de la statistique, le mariage est défini par la législation de chaque pays ou zone. Cette législation varie d'un pays à l'autre. La comparabilité est limitée en outre du fait que certains pays ne réunissent des statistiques que pour les mariages civils, bien que les mariages religieux y soient également reconnus par la loi; dans d'autres, les seuls relevés disponibles sont les registres des églises et, en conséquence, les statistiques ne rendent pas compte des mariages exclusivement civils.

Because in many countries or areas marriage is a civil legal contract which, to establish its legality, must be celebrated before a civil officer, it follows that for these countries or areas registration would tend to be almost automatic at the time of, or immediately following, the marriage ceremony. This factor should be kept in mind when considering the reliability of data, described above. For this reason the practice of tabulating data by date of registration does not generally pose serious problems of comparability as it does in the case of birth and death statistics.

As indicators of family formation, the statistics on the number of marriages presented in this table are bound to be deficient to the extent that they do not include either customary unions, which are not registered even though they are considered legal and binding under customary law, or consensual unions (also known as extra–legal or de facto unions). In general, low marriage rates over a period of years are an indication of high incidence of customary or consensual unions. This is particularly evident in Africa and Latin America.

In addition, it should be noted that rates are affected also by the quality and limitations of the population estimates which are used in their computation. The problems of under–enumeration or over–enumeration and, to some extent, the differences in definition of total population have been discussed in section 3 of the Technical Notes dealing with population data in general, and specific information pertaining to individual countries or areas is given in the footnotes to table 3. In the absence of official data on total population, United Nations estimates of mid–year population have been used in calculating some of these rates.

As will be seen from the footnotes, strict correspondence between the numerator of the rate and the denominator is not always obtained; for example, marriages among civilian and military segments of the population may be related to civilian population. The effect of this may be to increase the rates or, if the population is larger than that from which the marriages are drawn, to decrease them, but, in most cases, it is probably negligible.

It should be emphasized that crude marriage rates — like crude birth, death and divorce rates — may be seriously affected by age–sex–marital structure of the population to which they relate. Like crude divorce rates they are also affected by the existing distribution of population by marital status. Nevertheless, crude marriage rates do provide a simple measure of the level and changes in marriage.

The comparability of data by urban/rural residence is affected by the national definitions of urban and rural used in tabulating these data. It is assumed, in the absence of specific information to the contrary, that the definitions of urban and rural used in connection with the national population census were also used in the compilation of the vital statistics for each country or area. However, the possibility cannot be excluded that, for a given country or area, the same definitions of urban and rural are not used for both the vital statistics data and the population census data. When known, the definitions of urban used in national population censuses are presented at the end of table 6. As discussed in detail in the Technical Notes for table 6, these definitions vary considerably from one country or area to another.

Le mariage étant, dans de nombreux pays ou zones, un contrat juridique civil qui, pour être légal, doit être conclu devant un officier d'état civil, il s'ensuit que dans ces pays ou zones l'enregistrement se fait à peu près automatiquement au moment de la cérémonie ou immédiatement après. Il faut tenir compte de cet élément lorsqu'on étudie la fiabilité des données, dont il est question plus haut. C'est pourquoi la pratique consistant à exploiter les données selon la date de l'enregistrement ne pose généralement pas les graves problèmes de comparabilité auxquels on se heurte dans le cas des statistiques des naissances et des décès.

Les statistiques relatives au nombre des mariages présentées dans ce tableau donnent une idée forcément trompeuse de la formation des familles, dans la mesure où elles ne tiennent compte ni des mariages coutumiers, qui ne sont pas enregistrés bien qu'ils soient considérés comme légaux et créateurs d'obligations en vertu du droit coutumier, ni des unions consensuelles (appelées également unions non légalisées ou unions de fait). En général, un faible taux de nuptialité pendant un certain nombre d'années indique une proportion élevée de mariages coutumiers ou d'unions consensuelles. Le cas est particulièrement manifeste en ce qui concerne l'Afrique et l'Amérique latine.

Il convient de noter par ailleurs que l'exactitude des taux dépend également de la qualité et des insuffisances des estimations de population qui sont utilisées pour leur calcul. Le problème des erreurs par excès ou par défaut commises lors du dénombrement et, dans une certaine mesure, le problème de l'hétérogénéité des définitions de la population totale ont été examinés à la section 3 des Notes techniques relative à la population en général; des indications concernant les différents pays ou zones sont données en note au bas du tableau 3. Lorsqu'il n'existait pas de chiffres officiels sur la population totale, ce sont les estimations de la population en milieu d'année, établies par le Secrétariat de l'ONU, qui ont servi pour le calcul des taux.

Comme on le constatera d'après les notes, il n'a pas toujours été possible, pour le calcul des taux, d'obtenir une correspondance rigoureuse entre le numérateur et le dénominateur. Par exemple, les mariages parmi la population civile et les militaires sont parfois rapportés à la population civile. Cela peut avoir pour effet d'accroître les taux; au contraire, si la population de base englobe un plus grand nombre de personnes que celle dans laquelle les mariages ont été comptés, les taux seront plus faibles, mais, dans la plupart des cas, il est probable que la différence sera négligeable.

Il faut souligner que les taux bruts de nuptialité, de même que les taux bruts de natalité, de mortalité et de divortialité, peuvent varier sensiblement selon la structure par âge et par sexe de la population à laquelle ils se rapportent. Tout comme les taux bruts de divortialité, ils dépendent également de la répartition de la population selon l'état matrimonial. Les taux bruts de nuptialité offrent néanmoins un moyen simple de mesurer la fréquence et l'évolution des mariages.

La comparabilité des données selon la résidence (urbaine/rurale) peut être limitée par les définitions nationales des termes "urbain" et "rural" utilisées pour la mise en tableaux de ces données. En l'absence d'indications contraires, on a supposé que les définitions des termes "urbain" et "rural" utilisées pour le recensement national de la population avaient été utilisées pour l'établissement des statistiques de l'état civil pour chaque pays ou zone. Toutefois, on ne peut exclure la possibilité que, pour un pays ou zone donné les mêmes définitions des termes "urbain" et "rural" n'aient pas été utilisées dans les deux cas. Les définitions du terme "urbain" pour les recensements nationaux de population ont été présentées à la fin du tableau 6 lorsqu'elles étaient connues. Comme on l'a précisé en détail dans les Notes techniques relatives au tableau 6, ces définitions varient très sensiblement d'un pays ou d'une zone à l'autre.

In addition to problems of comparability, marriage rates classified by urban/rural residence are also subject to certain special types of bias. If, when calculating marriage rates, different definitions of urban are used in connection with the vital events and the population data, and if this results in a net difference between the numerator and denominator of the rate in the population at risk, then the marriage rates would be biased. Urban/rural differentials in marriage rates may also be affected by whether the vital events have been tabulated in terms of place of occurrence or place of usual residence. This problem is discussed in more detail in section 4.1.4.1 of the Technical Notes.

Coverage: Marriages are shown for 121 countries or areas. Data are presented for urban/rural residence for 44 countries or areas.

Crude marriage rates are shown for 120 countries or areas. Rates are presented for urban/rural residence for 37 countries or areas.

Data for ethnic or geographic segments of the population are included in the absence of national figures. These data are not presented as being representative of national–level statistics but as an index of the availability of statistics.

Earlier data: Marriages and crude marriage rates have been shown in each issue of the Demographic Yearbook. For information on specific years covered, readers should consult the Index.

Data in machine–readable form: Data shown in this table are available in magnetic tape at a cost of US$150 for all available years as shown below:

Total	1948–1993
Urban/rural	1972–1993

Table 24

Table 24 presents the marriages by age of groom and age of bride for the latest available year.

Description of variables: Marriages [61] include both first marriages and remarriages after divorce, widowhood or annulment. They do not, unless otherwise noted, include resumption of marriage ties after legal separation.

Age is defined as age at last birthday, that is, the difference between the date of birth and the date of the occurrence of the event, expressed in completed solar years. The age classification used in this table is the following: under 15 years, 5–year age groups through 55–59, 60 years and over, and age unknown. The same classification is used for both grooms and brides.

To aid in the interpretation of data this table also provides information on the legal minimum age for marriage for grooms and the corresponding age for brides. Information is not available for all countries and, even for those for which data are at hand, there is confusion as to what is meant by "minimum age for marriage". In some cases, it appears to mean "age below which marriage is not valid without consent of parents or other specified persons"; in others, it is the "age below which valid marriage cannot be performed, irrespective of consent". Beginning in 1986, the countries or areas providing data on marriages by age of bride and groom were requested to specify "the minimum legal age at which marraige with parental consent can occur". The minimum age shown in this table comes primarily from responses to this request.

Outre ces problèmes de comparabilité, les taux de nuptialité classés selon la résidence urbaine ou rurale sont également sujets à certains types particuliers d'erreurs. Si, lors du calcul de ces taux, des définitions différentes du terme "urbain" sont utilisées pour classer les faits d'état civil et les données relatives à la population, et s'il en résulte une différence nette entre le numérateur et le dénominateur pour le taux de la population exposée au risque, les taux de nuptialité s'en trouveront faussés. La différence entre ces taux pour les zones urbaines et rurales pourra aussi être faussée selon que les faits d'état civil auront été classés d'après le lieu de l'événement ou le lieu de résidence habituelle. Ce problème est examiné plus en détail à la section 4.1.4.1 des Notes techniques.

Portée : Ce tableau présente des données sur le nombre des mariages pour 121 pays ou zones. Les répartitions selon la résidence (urbaine/rurale) intéressent 44 pays ou zones.

Ce tableau présente des taux bruts de nuptialité pour 120 pays ou zones. Les répartitions selon la résidence (urbaine/rurale) intéressent 37 pays ou zones.

Lorsqu'il n'existait pas de chiffres nationaux, on a fait figurer des chiffres portant sur des groupes ethniques ou géographiques. Ces données ne se veulent pas représentatives sur le plan national, et ne sont présentées que comme indice des statistiques disponibles.

Données publiées antérieurement : Des données sur le nombre des mariages ont été présentées dans chaque édition de l'Annuaire démographique. Pour plus de précisions concernant les années pour lesquelles des données ont été publiées, se reporter à l'Index.

Données sur support magnétique: Il est possible de se procurer sur bande magnétique, moyennant de paiement d'une somme $150 les données dans ce tableau pour tous les années disponibles suivantes:

Total	1948–1993
Urbain/rural	1972–1993

Tableau 24

Le tableau 24 tableau présente des statistiques des mariages classés selon l'âge de l'époux et selon l'âge de l'épouse pour la dernière année disponible.

Description des variables : La notion de mariage [61] recouvre les premiers mariages et les remariages faisant suite à un divorce, un veuvage ou une annulation. Toutefois, sauf indication contraire, elle ne comprend pas les unions reconstituées après une séparation légale.

L'âge désigne l'âge au dernier anniversaire, c'est–à–dire la différence entre la date de naissance et la date de l'événement, exprimée en années solaires révolues. Le classement par âge utilisé dans le tableau 24 comprend les groupes suivants : moins de 15 ans, groupes quinquennaux jusqu'à 55 à 59 ans, 60 ans et plus, et âge inconnu. On a adopté la même classification pour les deux sexes.

Pour faciliter l'interprétation des données, ce tableau indique aussi l'âge minimal légal de nubilité pour le sexe masculin et pour le sexe féminin. On n'a pas à ce sujet de données pour tous les pays et, même lorsqu'on en possède, une certaine confusion subsiste sur ce qu'il faut entendre par "âge minimum du mariage". Dans certains cas, il semble qu'o; s'agisse de "l"âge au–dessous duquel le mariage n'est pas valide sans le consentement des parents ou d'autres personnes autorisées"; dans d'autres, ce serait "l'âge au–dessous duquel le mariage ne peut pas être valide, même avec le consentement des personnes responsables". A partir de 1986, il a été demandé aux pays ou zones qui fournissent des données sur les mariages selon l'âge de l'épouse et de l'époux de préciser l'âge de nubilité, à savoir l'âge minimum auquel le mariage peur avoir lien avec le consentement des parents". Les chiffres d'âge minimum qui apparaissent dans le tableau proviennent principalement de renseignements communiqués en réponse à cette demande.

Reliability of data : Data from civil registers of marriages which are reported as incomplete (less than 90 per cent completeness) or of unknown completeness are considered unreliable and are set in italics rather than in roman type. Table 23 and the Technical Notes for that table provide more detailed information on the completeness of marriage registration. For more information about the quality of vital statistics data in general, see section 4.2 of the Technical Notes.

Limitations : Statistics on marriages by age of groom and age of bride are subject to the same qualifications as have been set forth for vital statistics in general and marriage statistics in particular as discussed in Section 4 of the Technical Notes.

The fact that marriage is a legal event, unlike birth and death which are biological events, has implications for international comparability of data. Marriage has been defined, for statistical purposes, in terms of the laws of individual countries or areas. These laws vary throughout the world. In addition, comparability is further limited because some countries or areas compile statistics only for civil marriages although religious marriages may also be legally recognized; in others, the only available records are church registers and, therefore, the statistics do not relate to marriages which are civil marriages only.

Because in many countries or areas marriage is a civil legal contract which, to establish its legality, must be celebrated before a civil officer, it follows that for these countries or areas registration would tend to be almost automatic at the time of, or immediately following, the marriage ceremony. This factor should be kept in mind when considering the reliability of data, described above. For this reason the practice of tabulating data by date of registration does not generally pose serious problems of comparability as it does in the case of birth and death statistics.

Because these statistics are classified according to age, they are subject to the limitations with respect to accuracy of age reporting similar to those already discussed in connection with Section 3.1.3 of the Technical Notes. It is probable that biases are less pronounced in marriage statistics, because information is obtained from the persons concerned and since marriage is a legal act, the participants are likely to give correct information. However, in some countries or areas, there appears to be an abnormal concentration of marriages at the legal minimum age for marriage and at the age at which valid marriage may be contracted without parental consent, indicating perhaps an overstatment in some cases to comply with the law.

Aside from the possibility of age misreporting, it should be noted that marriage patterns at younger ages, that is, for ages up to 24 years, are indeed influenced to a large extent by laws regarding the minimum age for marriage. Information on legal minimum age for both grooms and brides is included in this table.

Factors which may influence age reporting particularly at older ages include an inclination to understate the age of bride in order that it may be equal to or less than that of the groom.

The absence of frequencies in the unknown age group does not necessarily indicate completely accurate reporting and tabulation of the age item. It is often an indication that the unknowns have been eliminated by assigning ages to them before tabulation, or by proportionate distribution after tabulation.

Fiabilité des données : Les données sur les mariages provenant des registres de l'état civil qui sont déclarées incomplètes (degré de complétude inférieur à 90 p. 100) ou dont le degré de complétude n'est pas connu sont jugées douteuses et apparaissent en italique et non en caractères romains. Le tableau 23 et les Notes techniques s'y rapportant présentent des renseignements plus détaillés sur le degré de complétude de l'enregistrement des mariages. Pour plus de précisions sur la qualité des données reposant sur les statistiques de l'état civil en général, voir la section 4.2 des Notes techniques.

Insuffisance des données : Les statistiques des mariages selon l'âge de l'époux et selon l'âge de l'épouse appellent toutes les réserves qui ont été faites à propos des statistiques de l'état civil en général et des statistiques de la nuptialité en particulier (voir explications à la section 4 des Notes techniques).

Le fait que le mariage soit un acte juridique, à la différence de la naissance et du décès, qui sont des faits biologiques, a des répercussions sur la comparabilité internationale des données. Aux fins de la statistique, le mariage est défini par la législation de chaque pays ou zone. Cette législation varie d'un pays à l'autre. La comparabilité est limitée en outre du fait que certains pays ne réunissent des statistiques que pour les mariages civils, bien que les mariages religieux y soient également reconnus par la loi; dans d'autres, les seuls relevés disponibles sont les registres des églises et, en conséquence, les statistiques ne rendent pas compte des mariages exclusivement civils.

Le mariage étant, dans de nombreux pays ou zones, un contrat juridique civil qui, pour être légal, doit être conclu devant un officier d'état civil, il s'ensuit que, dans ces pays ou zones, l'enregistrement se fait à peu près automatiquement au moment de la cérémonie ou immédiatement après. Il fait tenir compte de cet élément lorsqu'on étudie la fiabilité des données, dont il est question plus haut. C'est pourquoi la pratique consistant à exploiter les données selon la date de l'enregistrement ne pose généralement pas les graves problèmes de comparabilité auxquels on se heurte dans le cas des statistiques des naissances et des décès.

Comme ces statistiques sont classées selon l'âge, elles appellent les mêmes réserves concernant l'exactitude des déclarations d'âge que celles dont il a déjà été fait mention dans la section 3.1.3 des Notes techniques. Il est probable que les statistiques de la nuptialité sont moins faussées par ce genre d'erreur, car les renseignements sont donnés par les intéressés eux–mêmes, et, comme le mariage et un acte juridique, il y a toutes chances pour que leurs déclarations soient exactes. Toutefois, dans certains pays ou zones, il semble y avoir une concentration anormale des mariages à l'âge minimal légal de nubilité ainsi qu'à l'âge auquel le mariage peut être valablement contracté sans le consentement des parents, ce qui peut indiquer que certains déclarants se vieillissent pour se conformer à la loi.

Outre la possibilité d'erreurs dans les déclarations d'âge, il convient de noter que la législation fixant l'âge minimal de nubilité influe notablement sur les caractéristiques de la nuptialité pour les premiers âges, c'est–à–dire jusqu'à 24 ans. Le tableau 25 indique l'âge minimal légal de nubilité pour les époux et les épouses.

Parmi les facteurs pouvant exercer une influence sur les déclarations d'âge, en particulier celles qui sont faites par des personnes plus âgées, il faut citer la tendance à diminuer l'âge de l'épouse de façon qu'il soit égal ou inférieur à celui de l'époux.

Si aucun nombre ne figure dans la colonne réservée aux âges inconnus, cela ne signifie pas nécessairement que les déclarations d'âge et l'exploitation des données par âge aient été tout à fait exactes. C'est souvent une indication que l'on a attribué un âge aux personnes d'âge inconnu avant l'exploitation des données ou que celles–ci ont été réparties proportionnellement entre les différents groupes après cette opération.

Another age–reporting factor which must be kept in mind in using these data is the variation which may result from calculating age at marriage from year of birth rather than from day, month and year of birth. Information on this factor is given in footnotes when known.

Coverage : Marriages by age of groom and age of bride are shown for 92 countries or areas.

Data for ethnic or geographic segments of the population are included in the absence of national figures. These data are not presented as being representative of national–level statistics but as an index of the availability of statistics.

Earlier data : Marriages by age of groom and age of bride have been shown for the latest available year in most issues of the Demographic Yearbook. In addition, issues, including those featuring marriage and divorce statistics, have presented data covering a period of years. For information on the years covered, readers should consult the Index.

Il importe de ne pas oublier non plus, lorsqu'on utilisera ces données, que l'on calcule parfois l'âge des conjoints au moment du mariage sur la base de l'année de naissance seulement et non d'après la date exacte (jour, mois et année) de naissance. Des renseignements à ce sujet sont fournis en note chaque fois que faire se peut.

Portée : Ce tableau présente des statistiques des mariages selon l'âge de l'époux et selon l'âge de l'épouse pour 92 pays ou zones.

Lorsqu'il n'existait pas de chiffres nationaux, on a fait figurer des chiffres portant sur des groupes ethniques ou géographiques. Ces données ne se veulent pas représentatives sur le plan national et ne sont présentées que comme indice des statistiques disponibles.

Données publiées antérieurement : Des statistiques des mariages selon l'âge de l'époux et selon l'âge de l'épouse ont été présentées pour la dernière année disponible dans la plupart des éditions de l'Annuaire démographique. En outre, des éditions, y compris celles dont le sujet spécial était les statistiques de la nuptialité et de la divortialité, ont présenté des données qui portaient sur les périodes d'années. Pour plus de précisions concernant les années pour lesquelles ces données ont été publiées, on se reportera à l'Index.

Table 25

Table 25 presents number of divorces and crude divorce rates for as many years as possible between 1989 and 1993.

Description of variables: Divorce is defined as a final legal dissolution of a marriage, that is, that separation of husband and wife which confers on the parties the right to remarriage under civil, religious and/or other provisions, according to the laws of each country. [62]

Unless otherwise noted, divorce statistics exclude legal separations which do not allow remarriage. These statistics refer to the number of divorces granted, and not to the number of persons divorcing.

Divorce statistics are obtained from court records and/or civil registers according to national practice. The actual compilation of these statistics may be the responsibility of the civil registrar, the national statistical office or other government offices.

Rate computation: Crude divorce rates are the annual number of divorces per 1 000 mid–year population.

Rates presented in this table have been limited to those for countries or areas having at least a total of 100 divorces in a given year.

These rates, unless otherwise noted, have been calculated by the Statistical Division of the United Nations.

Reliability of data: Each country or area has been asked to indicate the estimated completeness of the divorces recorded in its civil register. These national assessments are indicated by the quality codes C, U and ... that appear in the first column of this table.

Tableau 25

Le tableau 25 présente des statistiques des divorces pour le plus grand nombre d'années possible entre 1989 et 1993.

Description des variables : Le divorce est la dissolution légale et définitive des liens du mariage, c'est–à–dire la séparation de l'époux et de l'épouse qui confère aux parties le droit de se remarier civilement ou religieusement, ou selon toute autre procédure, conformément à la législation du pays [62].

Sauf indication contraire, les statistiques de la divortialité n'englobent pas les séparations légales qui excluent un remariage. Ces statistiques se rapportent aux jugements de divorce prononcés, non aux personnes divorcées.

Les statistiques de la divortialité sont tirées, selon la pratique suivie par chaque pays, des actes des tribunaux et/ou des registres de l'état civil. L'officier d'état civil, les services nationaux de statistique ou d'autres services gouvernementaux peuvent être chargés d'établir ces statistiques.

Calcul des taux : Les taux bruts de divortialité représentent le nombre annuel de divorces enregistrés pour 1 000 habitants au milieu de l'année.

Les taux de ce tableau ne se rapportent qu'aux pays ou zones où l'on a enregistré un total d'au moins 100 divorces dans une année donnée.

Sauf indication contraire, ces taux ont été calculés par la Division de statistique de l'ONU.

Fiabilité des données : Il a été demandé à chaque pays ou zone d'indiquer le degré estimatif de complétude des données sur les divorces figurant dans ses registres d'état civil. Ces évaluations nationales sont désignées par les codes de qualité (C), (U) et (...) qui apparaissent dans la première colonne du tableau.

C indicates that the data are estimated to be virtually complete, that is, representing at least 90 per cent of the divorces occurring each year, while U indicates that data are estimated to be incomplete, that is, representing less than 90 per cent of the divorces occurring each year. The code (...) indicates that no information was provided regarding completeness.

La lettre (C) indique que les données sont jugées à peu près complètes, c'est–à–dire qu'elles représentent au moins 90 p. 100 des divorces survenus chaque année; la lettre (U) indique que les données sont jugées incomplètes, c'est–à–dire qu'elles représentent moins de 90 p. 100 des divorces survenus chaque année. Le signe (...) indique qu'aucun renseignement n'a été fourni quant à la complétude des données.

Data from civil registers which are reported as incomplete or of unknown completeness (coded U or ...) are considered unreliable. They appear in italics in this table. When data so coded are used to calculate rates, the rates also appear in italics.

Les données provenant des registres de l'état civil qui sont déclarées incomplètes ou dont le degré de complétude n'est pas connu (et qui sont affectées de la lettre (U) ou du signe (...) sont jugées douteuses. Elles apparaissent en italique dans le présent tableau. Lorsque ces données sont utilisées pour calculer des taux, ces taux apparaissent eux aussi en italique.

These quality codes apply only to data from civil registers. For more information about the quality of vital statistics data in general, see section 4.2 of the Technical Notes.

Ces codes de qualité ne s'appliquent qu'aux données tirées des registres de l'état civil. Pour plus de précision sur la qualité des données reposant sur les statistiques de l'état civil en général, voir la section 4.2 des Notes techniques.

Limitations: Statistics on divorces are subject to the same qualifications as have been set forth for vital statistics in general and divorce statistics in particular as discussed in section 4 of the Technical Notes.

Insuffisance des données : Les statistiques des divorces appellent toutes les réserves qui ont été formulées à propos des statistiques de l'état civil en général et des statistiques de divortialité en particulier (voir explications figurant à la section 4 des Notes techniques).

Divorce, like marriage, is a legal event, and this has implications for international comparability of data. Divorce has been defined, for statistical purposes, in terms of the laws of individual countries or areas. The laws pertaining to divorce vary considerably from one country or area to another. This variation in the legal provision for divorce also affects the incidence of divorce, which is relatively low in countries or areas where divorce decrees are difficult to obtain.

Le divorce est, comme le mariage, un acte juridique, et ce fait influe sur la comparabilité internationale des données. Aux fins de la statistique, le divorce est défini par la législation de chaque pays ou zone. La législation sur le divorce varie considérablement d'un pays ou d'une zone à l'autre, ce qui influe aussi sur la fréquence des divorces qui est relativement faible dans les pays ou zones où le jugement de divorce est difficile à obtenir.

Since divorces are granted by courts and statistics on divorce refer to the actual divorce decree, effective as of the date of the decree, marked year–to–year fluctuations may reflect court delays and clearances rather than trends in the incidence of divorce. The comparability of divorce statistics may also be affected by tabulation procedures. In some countries or areas annulments and/or legal separations may be included. This practice is more common for countries or areas in which the number of divorces is small. Information on this practice is given in the footnotes when known.

Comme les divorces sont prononcés par les tribunaux et que les statistiques de la divortialité se rapportent aux jugements de divorce proprement dits qui prennent effet à la date où ces jugements sont rendus, il se peut que des fluctuations annuelles accusées traduisent le rythme plus ou moins rapide auquel les affaires sont jugées plutôt que l'évolution de la fréquence des divorces. Les méthodes d'exploitation des données peuvent aussi influer sur la comparabilité des statistiques de la divortialité. Dans certains pays ou zones, ces statistiques peuvent comprendre les annulations et/ou les séparations légales. C'est fréquemment le cas, en particulier dans les pays ou zones où les divorces sont peu nombreux. Lorsqu'ils sont connus, des renseignements à ce propos sont indiqués dans une note au bas du tableau.

Because the registration of a divorce in many countries or areas is the responsibility solely of the court or the authority which granted it, and since the registration record in such cases is part of the records of the court proceedings, it follows that divorces are likely to be registered soon after the decree is granted. For this reason the practice of tabulating data by date of registration does not generally pose serious problems of comparability as it does in the case of birth and death statistics.

Comme dans de nombreux pays ou zones, le tribunal ou l'autorité qui a prononcé le divorce est seul habilité à enregistrer cet acte, et, comme l'acte d'enregistrement figure alors sur les registres du tribunal, l'enregistrement suit généralement de peu le jugement. C'est pourquoi la pratique consistant à exploiter les données selon la date de l'enregistrement ne pose généralement pas les graves problèmes de comparabilité auxquels on se heurte dans le cas des statistiques des naissances et des décès.

As noted briefly above, the incidence of divorce is affected by the relative ease or difficulty of obtaining a divorce according to the laws of individual countries or areas. The incidence of divorce is also affected by the ability of individuals to meet financial and other costs of the court procedures. Connected with this aspect is the influence of certain religious faiths on the incidence of divorce. For all these reasons, divorce statistics are not strictly comparable as measures of family dissolution by legal means. Furthermore, family dissolution by other than legal means, such as separation, is not measured in statistics for divorce.

Comme on l'a brièvement mentionné ci–dessus, la fréquence des divorces est fonction notamment de la facilité relative avec laquelle la législation de chaque pays ou zone permet d'obtenir le divorce. La fréquence des divorces dépend également de la capacité des intéressés à supporter les frais de procédure. A cet égard, il convient de citer aussi l'influence de certaines religions sur la fréquence des divorces. Pour toutes ces raisons, les statistiques de divortialité ne sont pas rigoureusement comparables et ne permettent pas de mesurer exactement la fréquence des dissolutions légales de mariages. De plus, les statistiques de la divortialité ne rendent pas compte des cas de dissolution extrajudiciaire du mariage, comme la séparation.

For certain countries or areas there is or was no legal provision for divorce in the sense used here, and therefore no data for these countries or areas appear in this table.

In addition, it should be noted that rates are affected also by the quality and limitations of the population estimates which are used in their computation. The problems of under–enumeration or over–enumeration, and, to some extent, the differences in definition of total population, have been discussed in section 3 of the Technical Notes dealing with population data in general, and specific information pertaining to individual countries or areas is given in the footnotes to table 3. In the absence of official data on total population, United Nations estimates of mid–year population have been used in calculating some of these rates.

As will be seen from the footnotes, strict correspondence between the numerator of the rate and the denominator is not always obtained; for example, divorces among civilian plus military segments of the population may be related to civilian population. The effect of this may be to increase the rates or, if the population is larger than that from which the divorces are drawn, to decrease them but, in most cases, it is probably negligible.

As mentioned above, data for some countries or areas may include annulments and/or legal separations. This practice will affect the comparability of the crude divorce rates. For example, inclusion of annulments in the numerator of the rates produces a negligible effect on the rates, but inclusion of legal separations may have a measurable effect on the level.

It should be emphasized that crude divorce rates—like crude birth, death and marriage rates—may be seriously affected by age–sex structure of the populations to which they relate. Like crude marriage rates, they are also affected by the existing distribution of the population by marital status. Nevertheless, crude divorce rates do provide a simple measure of the level and changes in divorce.

Coverage: Divorces are shown for 99 countries or areas.

Crude divorce rates are shown for 95 countries or areas.

Data for ethnic or geographical segments of the population are included in the absence of national figures. These data are not presented as being representative of national–level statistics but as an index of the availability of statistics.

Earlier data: Divorces have been shown in previous issues of the Demographic Yearbook. The earliest data, which were for 1935, appeared in the 1951 issue. For information on specific years covered, readers should consult the Index.

Table 26

Table 26 presents population by single year of age, sex and urban/rural residence for each census between 1985 and 1993.

Dans certains pays ou zones, il n'existe ou il n'existait pas de législation sur le divorce selon l'acceptation retenue aux fins du présent tableau, si bien qu'on n'y trouve aucune indication pour ces pays ou zones.

Il convient de noter par ailleurs que l'exactitude des taux dépend également de la qualité et des insuffisances des estimations de population qui sont utilisées pour leur calcul. Le problème des erreurs par excès ou par défaut commises lors du dénombrement et, dans une certaine mesure, le problème de l'hétérogénéité des définitions de la population totale ont été examinés à la section 3 des Notes techniques relatives à la population en général; des indications concernant les différents pays ou zones sont données en note au bas du tableau 3. Lorsqu'il n'existait pas de chiffres officiels sur la population totale, ce sont les estimations de la population en milieu d'année, établies par le Secrétariat de l'ONU, qui ont servi pour le calcul des taux.

Comme on le verra dans les notes, il n'a pas toujours été possible, pour le calcul des taux, d'obtenir une correspondance rigoureuse entre le numérateur et le dénominateur. Par exemple, les divorces parmi la population civile et les militaires sont parfois rapportés à la population civile. Cela peut avoir pour effet d'accroître les taux; au contraire, si la population de base englobe un plus grand nombre de personnes que celle dans laquelle les divorces ont été comptés, les taux seront plus faibles, mais, dans la plupart des cas, il est probable que la différence sera négligeable.

Comme il est indiqué plus haut, les données fournies pour certains pays ou zones peuvent comprendre les annulations et/ou les séparations légales. Cette pratique influe sur la comparabilité des taux bruts de divortialité. Par exemple, l'inclusion des annulations dans le numérateur a une influence négligeable, mais l'inclusion des séparations légales peut avoir un effet appréciable sur le niveau du taux.

Il faut souligner que les taux bruts de divortialité, de même que les taux bruts de natalité, de mortalité et de nuptialité, peuvent varier sensiblement selon la structure par âge et par sexe. Comme les taux bruts de nuptialité, ils peuvent également varier du fait de la répartition de la population selon l'état matrimonial. Les taux bruts de divortialité offrent néanmoins un moyen simple de mesurer la fréquence et l'évolution des divorces.

Portée : Ce tableau présente des statistiques des divorces pour 99 pays ou zones.

Ce tableau présente des taux bruts de divortialité pour 95 pays ou zones.

Lorsqu'il n'existait pas de chiffres nationaux, on a fait figurer des chiffres portant sur des groupes ethniques ou géographiques. Ces données ne se veulent pas représentatives sur le plan national et ne sont présentées que comme indice des statistiques disponibles.

Données publiées antérieurement : Des statistiques des divorces ont déjà été présentées dans des éditions antérieures de l'Annuaire démographique. Les plus anciennes, qui portaient sur 1935, ont été publiées dans l'édition de 1951. Pour plus de précisions concernant les années pour lesquelles ces données ont été publiées, on se reportera à l'Index.

Tableau 26

Le tableau 26 présente des données sur la population selon l'année d'âge, le sexe et la résidence, urbaine/rurale pour chaque recensement entre 1985 et 1993.

Description of variables: Statistics presented in this table are from population censuses. Data obtained from sample surveys are shown for those countries or areas where no census of the total population was held during the period. These have been footnoted. Unless otherwise indicated, data refer to the de facto (present–in–area) population.

Age is defined as age at last birthday, that is, the difference between the date of birth and the reference date of the age distribution expressed in completed solar years. The age classification used in this table is the following: under 1 year, single years from 1 to 84 years, 85 years and over and age unknown. The distributions are not graduated or smoothed, unless otherwise indicated.

The urban/rural classification is that provided by each country or area; it is presumed to be based on the national definitions of urban population that have been set forth at the end of table 6.

Reliability of data: No special reliability codes have been used in connection with this table.

Limitations: Statistics on population by single years of age and sex are subject to the same qualifications as have been set forth for population statistics in general in section 3 of the Technical Notes.

Errors in national census data can arise at any stage of the collection, processing or presentation process, these errors may limit the quality and international comparability of census statistics presented in the Demographic Yearbook. Two major types of errors in census data are often distinguished: first, coverage errors, which lead to the over–enumeration or under–enumeration of the population in the census, and second, content errors, which affect the accuracy of the recorded information for the covered population. Because coverage errors may occur more frequently among some population sub–groups than others, coverage errors may affect not only the absolute number of persons in any given category but also their relative distribution. Levels and patterns of coverage and content errors differ widely among countries and even, at times, from census to census for a specific country. Further limiting the international comparability of census statistics are variations among countries in the concepts, definitions and classifications used in their censuses.

Such errors are more important in relation to certain age groups than to others. For example, under–enumeration is usually more prevalent among infants and young children than among older persons. Similarly the exclusion from the total population of certain groups which tend to be of selected ages (such as the armed forces) can markedly affect the age structure and its comparablility with that for other countries or areas. Consideration should be given to the implications of these basic limitations in using the data.

Further to these general qualifications are the special problems of comparability which arise in relation to age statistics in particular. Age distributions of population are known to suffer from certain deficiencies which have their origin in irregularities in age reporting. Although some of the irregularities tend to be obscured or eliminated when data are tabulated in five–year age groups, these irregularities may be noted in the data by single year of age presented in this table. These irregularities and the index used to measure them are discussed in detail in section 3.1.3.3 of the Technical Notes.

Description des variables : Les statistiques figurant dans le présent tableau proviennent de recensements de population. Les données présentées dans le cas de pays ou de zones où il n'a pas été effectué de recensement de la population totale pendant la période considérée ont été tirées d'enquêtes par sondage et font l'objet de notes explicatives. Sauf indication contraire, les données portent sur la population de fait (population présente dans la zone considérée).

L'âge désigne l'âge au dernier anniversaire, c'est–à–dire la différence entre la date de naissance et la date de référence de la répartition par âge exprimée en années solaires révolues. La classification par âge utilisée dans ce tableau est la suivante : moins d'un an, chaque année de un an jusqu'à 84 ans, une catégorie 85 ans et plus et une catégorie âge inconnu. Sauf indication contraire, les répartitions ne sont ni ajustées ni lissées.

La classification selon la résidence (urbaine/rurale) est celle qui a été fournie par chaque pays ou zone; elle est censée reposer sur les définitions nationales de la population urbaine reproduites à la fin du tableau 6.

Fiabilité des données : Aucun code de fiabilité particulier n'a été utilisé pour le présent tableau.

Insuffisance des données : Les statistiques concernant la population selon l'année d'âge et le sexe appellent toutes les réserves qui ont été faites à la section 3 des Notes techniques à propos des statistiques de la population en général.

Des erreurs dans les données de recensements nationaux peuvent se produire à n'importe quel stade du processus de collecte ou de présentation et nuire à la qualité et à la comparabilité internationale des statistiques de recensement présentées dans l'Annuaire démographique. Deux principaux types d'erreurs sont couramment distingués dans les données de recensement, à savor, premièrement, les erreurs de couverture, qui conduisent au surdénombrement ou au sous–dénombrement de la population recensée, et, deuxièmement, les erreurs de contenu, qui influent sur l'exactitude des renseignements enregistrés au sujet de l'univers considéré. Etant donné qu'elles sont susceptibles de se produire plus fréquemment dans certains sous–groupes de la population que dans d'autres, les erreurs de couverture peuvent porter non seulement sur le nombre absolu de personnes comprises dans une catégorie donnée, mais aussi sur leur répartition relative. L'ampleur et les caractéristiques des erreurs de couverture et de contenu diffèrent considérablement d'un pays à l'autre et même, parfois, d'un recensement à l'autre dans un même pays. Les différences entre les concepts, définitions et classifications utilisés par les pays aux fins de leurs recensements contribuent également à limiter la comparabilité internationale des statistiques de recensement.

L'influence de ces erreurs varie selon les groupes d'âge. Ainsi, le dénombrement des enfants de moins d'un an et des jeunes enfants comporte souvent plus de lacunes que celui des personnes plus âgées. De même, l'exclusion du chiffre de la population totale de certains groupes de personnes appartenant souvent à des groupes d'âge déterminés, par exemple les militaires, peut influer sensiblement sur la structure par âge et sur la comparabilité des données avec celles d'autres pays ou zones. Il conviendra de tenir compte de ces facteurs fondamentaux lorsqu'on utilisera les données du tableau.

Outre ces difficultés d'ordre général, la comparabilité pose des problèmes particuliers lorsqu'il s'agit des données par âge. On sait que les répartitions de la population selon l'âge présentent certaines imperfections dues à l'inexactitude des déclarations d'âge. Certaines de ces anomalies ont tendance à s'estomper ou à disparaître lorsqu'on classe les données par groupes d'âge quinquennaux, mais elles peuvent être relevées dans les données par année d'âge présentées dans ce tableau. Ces anomalies et l'indice appliqué pour les calculer sont mentionnés en détail dans la section 3.1.3.3. des Notes techniques.

The absence of frequencies in the unknown age group does not necessarily indicate completely accurate reporting and tabulation of the age item. It is often an indication that the unknowns have been eliminated by assigning ages to them before tabulation, or by proportionate distribution after tabulation.

The comparability of data by urban/rural residence is affected by the national definitions of urban and rural used in tabulating these data. When known, the definitions of urban used in national population censuses are presented at the end of table 6. As discussed in detail in the Technical Notes for table 6, these definitions vary considerably from one country or area to another.

Coverage: Population by single years of age and sex is shown for 77 countries or areas. Data are presented by urban/rural residence for 42 countries or areas.

Ealier data: Population by single years of age and sex has been shown previously in issues of the Demographic Yearbook. This featuring population census statistics as the special topic. This series updates information published in previous issues as indicated in the Index.

Data have been presented by urban/rural residence beginning in the 1971 issue.

Si aucun nombre ne figure dans la colonne réservée aux âges inconnus, cela ne signifie pas nécessairement que les déclarations d'âge et l'exploitation des données par âge aient été tout à fait exactes. C'est souvent une indication que l'on a attribué un âge aux personnes d'âge inconnu avant la mise en tableau ou que celles–ci ont été réparties proportionnellement entre les différents groupes après cette opération.

La comparabilité des données selon la résidence (urbaine/rurale) peut être limitée par les définitions nationales des termes "urbain" et "rural" utilisées pour la mise en tableaux de ces données. Les définitions du terme "urbain" utilisées pour les recensements nationaux de population ont été présentées à la fin du tableau 6 lorsqu'elles étaient connues. Comme on l'a précisé en détail dans les Notes techniques relatives au tableau 6, ces définitions varient très sensiblement d'un pays ou d'une zone à l'autre.

Portée : Des statistiques sur la population selon l'année d'âge et le sexe sont présentées pour 77 pays ou zones. La répartition selon la résidence (urbaine/rurale) est indiquée pour 42 pays ou zones.

Données publiées antérieurement : Des statistiques sur la population selon l'année d'âge et le sexe ont déjà été publiées dans des éditions antérieures de l'Annuaire démographique qui portaient comme sujet spécial les statistiques des recensements de la population. Les séries de ce tableau mettent à jour les données publiées antérieurement mentionnées dans l'Index.

Des données selon la résidence (urbaine/rurale) ont été publiées à partir de 1971.

Table 27

Table 27 presents population by national and/or ethnic group, sex and urban/rural residence for each census between 1985 and 1993.

Description of variables: Statistics presented in this table are from population censuses. Data obtained from sample surveys are shown for those countries or areas where no census of the total population was held during the period. These have been footnoted. Unless otherwise indicated, data refer to the de facto (present–in–area) population.

The data shown in this table relate to a series of categories which are not uniform in concept or terminology. They represent a variety of characteristics or attributes, variously designated by countries or areas as race, colour, tribe, ethnic origin, ethnic group, ethnic nationality (as distinct from legal nationality) and so forth. The categories shown for each distribution are arranged in English alphabetic order for convenience. The category "Other" comprises data for all categories not listed separately.

Although it is impossible to define these concepts precisely, the terms remain in use in national statistics and find application in the analysis of national data. The national and/or ethnic groups of the population about which information is collected in different countries are dependant upon national circumstances. Some of the bases on which ethnic groups are identified are: ethnic nationality (i.e., country or area of origin as distinct from citizenship or country of legal nationality), race, colour, language, religion, customs of dress or eating, tribe or various combinations of these characteristics. In addition, some of the terms used, such as "race", "origin" or "tribe", have a number of different connotations. The definitions and criteria applied by each country investigating ethnic characteristics of the population are, therefore, determined by the groups that it desires to identify. By the nature of the subject, these groups will vary widely from country to country; thus, no internationally relevant criteria can be recommended.

Tableau 27

Le tableau 27 présente des données sur la population selon le groupe national et/ou ethnique, le sexe et la résidence urbaine/rurale pour chaque recensement entre 1985 et 1993.

Description des variables : Les statistiques figurant dans le présent tableau proviennent de recensements de population. Les données présentées dans le cas de pays ou de zones où il n'a pas été effectué de recensement de la population totale pendant la période considérée ont été tirées d'enquêtes par sondage et font l'objet de notes explicatives. Sauf indication contraire, les données portent sur la population de fait (population présente dans la zone considérée).

Les données de ce tableau correspondent à une série de catégories qui ne sont pas uniformes du point de vue des notions ou de la terminologie. Elles correspondent à toute une variété de caractéristiques ou d'attributs qui sont appelés, selon le pays ou la zone, race, couleur, tribu, origine ethnique, groupe ethnique, nationalité ethnique (par opposition à la nationalité légale), etc. Pour plus de commodité, les rubriques, pour chaque pays, sont classées dans l'ordre alphabétique. Sous la rubrique "Autres", on a indiqué les données concernant toutes les catégories qui ne font pas l'objet d'une rubrique distincte.

Bien qu'il soit impossible de définir d'une manière précise les notions en question, les termes qui les désignent continuent à être utilisés dans les statistiques nationales et sont repris dans les travaux analytiques nationaux. Les groupes nationaux ou ethniques de la population sur lesquels on a collecter de renseignements dans les différents pays dépendent les conditions nationales. Certains des critères utilisés pour identifier les divers groupes ethniques sont les suivants : nationalité ethnique (c'est–à–dire pays ou région d'origine en ce qu'ils diffèrent de la citoyenneté ou du pays dont la personne est ressortissante), race, couleur, langue, religion, coutumes relatives à l'habillement ou au mode d'alimentation, tribu, ou diverses combinaisons de ces caractéristiques. D'autre part, certains des termes employés comme "race", "origine" ou "tribu" ont un sens différent selon les pays. Les définitions et critères appliqués par chaque pays pour l'étude des caractéristiques ethniques de la population sont donc déterminés par les groupes qu'il cherche à identifier. Etant donné la nature même du sujet, les groupes varient très sensiblement d'un pays à l'autre et il est impossible de recommander des critères universellement admis.

Knowledge of tribal characteristics is essential to any study of economic and social development in societies where tribal population is important. Statistics on tribal affiliation furnish the primary information needed for the study of these characteristics. Because tribal data have not been widely available until recently, it was considered advisable to present these statistics in as full detail as possible. It will be noted that a number of the same names, with incidental national variations in spelling, appear in several of the distributions, giving some indication of the dispersion of culture groups across national borders on the continent.

Some idea of the diversity of the national classifications can be gained from the number of categories in which data are presented. Some countries or areas use a very small number of categories while others, especially those in Africa and Oceania, present data according to a detailed list of national and/or ethnic groups. Some other potentially lengthy lists (mostly in Oceania) have been shortened by eliminating details of the precise degrees of racial mixtures.

National and/or ethnic groups reported for fewer than 10 persons are not shown separately. The word "Indian" as used in the table refers to natives of the Republic of India, or their descendants. "Indigenous Indian" as used in the data for the Western Hemisphere refers to the American or Canadian Indian, or to the indigenous Indian stock (Aztec, Mayan, Inca) in Latin American countries. "Indigenous" as an ethnic group is described if possible; "mixed" means a mixture of the races shown.

The urban/rural classification is that provided by each country or area; it is presumed to be based on the national definitions of urban population that have been set forth at the end of table 6.

Reliability of data: No special reliability codes have been used in connection with this table.

Limitations: Statistics on population by national and/or ethnic group and sex are subject to the same qualifications as have been set forth for population statistics in general in section 3 of the Technical Notes.

Errors in national census data can arise at any stage of the collection, processing or presentation process, and these errors may limit the quality and international comparability of census statistics presented in the Demographic Yearbook. Two major types of errors in census data are often distinguished: first, coverage errors, which lead to the over–enumeration or under–enumeration of the population in the census, and second, content errors, which affect the accuracy of the recorded information for the covered population. Because coverage errors may occur more frequently among some population sub–groups than others, coverage errors may affect not only the absolute number of persons in any given category but also their relative distribution. Levels and patterns of coverage and content errors differ widely among countries and even, at times, from census to census for a specific country. Further limiting the international comparability of census statistics are variations among countries in the concepts, definitions and classifications used in their censuses.

Il est indispensable de connaître les caractéristiques tribales pour entreprendre une étude quelconque du développement économique et social dans les sociétés ou les populations vivants en tribus sont nombreuses. Les statistiques sur l'appartenance tribale fournissent des renseignements indispensables pour l'étude de ces caractéristiques. Comme l'on ne dispose que depuis peu de renseignements détaillés sur les tribus, on a jugé bon de présenter ces données de manière aussi détaillée que possible. On remarquera qu'un certain nombre de noms analogues, orthographiés parfois de façon différente selon les pays, apparaissent dans plusieurs des rubriques, donnant ainsi une idée de la dispersion de groupes culturels à travers les différents pays d'un continent.

Le nombre des rubriques pour chaque pays donne une idée de la diversité des classifications nationales. Quelques pays ou zones utilisent un nombre réduit de catégories, alors que d'autres, par exemple en Afrique et en Océanie, présentent des données d'après une liste détaillée des groupes nationaux ou ethniques. Certaines autres séries, qui auraient pu être longues (notamment pour l'Océanie), ont été raccourcies du fait que les détails sur le degré exact de métissage.

Dans ce tableau, le mot "Indien" s'entend des personnes nées dans la République de l'Inde et au Pakistan ou de leurs descendants. Les mots "Indiens indigènes", utilisés à propos de l'hémisphère occidental, désignent les Amérindiens des Etats–Unis, du Canada ou des pays d'Amérique latine (Aztèques, Mayas, Incas, etc.). Autant que possible, on a donné des précisions sur le groupe ethnique désigné par le mot "indigènes"; les "métis" résultent du mélange de plusieurs races mentionnées.

La classification selon la résidence (urbaine/rurale) est celle qui a été fournie par chaque pays ou zone; elle est censée reposer sur les définitions nationales de la population urbaine reproduites à la fin du tableau 6.

Fiabilité des données : Aucun code de fiabilité particulier n'a été utilisé pour le présent tableau.

Insuffisance des données : Les statistiques concernant la population selon la langue et le sexe appellent toutes les réserves qui ont été faites à la section 3 des Notes techniques à propos des statistiques de la population en général.

Des erreurs dans les données de recensements nationaux peuvent se produire à n'importe quel stade du processus de collecte ou de présentation et nuire à la qualité et à la comparabilité internationale des statistiques de recensement présentées dans l'Annuaire démographique. Deux principaux types d'erreurs sont couramment distingués dans les données de recensement, à savoir, premièrement, les erreurs de couverture, qui conduisent au surdénombrement ou au sous–dénombrement de la population recensée, et, deuxièmement, les erreurs de contenu, qui influent sur l'exactitude des renseignements enregistrés au sujet de l'univers considéré. Etant donné qu'elles sont susceptibles de se produire plus fréquemment dans certains sous–groupes de la population que dans d'autres; les erreurs de couverture peuvent porter non seulement sur le nombre absolu de personnes comprises dans une catégorie donnée, mais aussi sur leur répartition relative. L'ampleur et les caractéristiques des erreurs de couverture et de contenu diffèrent considérablement d'un pays à l'autre et même, parfois, d'un recensement à l'autre dans un même pays. Les différences entre les concepts, définitions et classifications utilisés par les pays aux fins de leurs recensements contribuent également à limiter la comparabilité internationale des statistiques de recensement.

The heterogeneity of the concepts used in collecting these data is their basic defect for international comparison. This lack of uniformity is evidenced by the variety of the terms described above. Furthermore, different shades of meaning have been attached to these words, so that the connotations range from a rough biological concept, through a concept involving the national origin of one or more of the ancestors of the person concerned, to a question of cultural affiliation with historically, well–defined groups within a country. In addition, more than one concept has sometimes been employed in a single distribution so that, for instance, "French" and "Negro" may appear as two of the items in a classification by race or ethnic origin.

The particular term used by each country in indicating the concept employed is given, where known, in footnotes. It cannot, however, be assumed that similar terminology implies comparability of the data. This is probably of particular importance where the data pertain to race. Some countries have explained the sense in which the word is used but in most cases there is no such explanation and, in general, the term appears to cover a variety of concepts. Caution must therefore be used in any international comparison. [63]

In addition to their heterogeneity, there are probably wide differences in the reliability of most of the basic data. Contributing to the variability of census responses dealing with ethnicity and/or national origin are such factors as (1) whether the response is provided by a family member (for example, when a census employs the self–enumeration method) or is entered by the census enumerator on the basis of his or her observation; (2) whether legal rights or acquired benefits may be perceived as effected by the response given; and (3) whether changes have occurred over time in patterns of ethnic identification.

For these reasons, it is impossible to estimate the degree of comparability which may exist among the data. It is probably preferable to regard the figures for each country or area as consisting of the information on population groups required for internal use, although certain rough comparisons on an international basis may be made between classifications based on the same variable.

Another important drawback to the use of these data for comparative purposes is the lack of data of the same type for a sufficient number of countries.

The comparability of data by urban/rural residence is affected by the national definitions of urban and rural used in tabulating these data. When known, the definitions of urban used in national population censuses are presented at the end of table 6. As discussed in detail in the Technical Notes for table 6, these definitions vary considerably from one country or area to another.

Coverage: Population by national and/or ethnic group and sex is shown for 29 countries or areas. Data are presented by urban/rural residence for 2 countries or areas.

Le principal défaut des données, du point de vue de la comparabilité sur le plan international, tient à l'hétérogénéité des notions utilisées dans les opérations de rassemblement des données. On trouvera un signe de ce manque d'uniformité dans la multiplicité des termes employés (voir plus haut). En outre, ces termes ont des sens très variables : ils se rattachent soit à un concept biologique peu précis, soit à un concept faisant intervenir l'origine nationale d'un ou plusieurs ancêtres de la personne recensée, soit encore à la notion des liens culturels de cette personne avec des groupes historiquement bien définis vivant dans le pays considéré. D'ailleurs, des séries sont parfois établies à partir de concepts différents; c'est ainsi qu'il arrive que "Français" et "Noirs" constituent deux rubriques dans une même classification de la population selon la race ou l'origine ethnique.

Le terme en usage dans le pays pour désigner une notion donnée est indiqué, lorsqu'il est connu, dans une note de bas de page. Il ne faut cependant pas conclure qu'un terme identique signifie que les données sont comparables. Cette remarque est d'une importance toute particulière lorsque ces données concernent la race. Divers pays ont précisé dans quel sens le terme était utilisé, mais, dans la plupart des cas, cette précision n'est pas fournie et il semble que, d'une manière général, le terme recouvre plusieurs notions. On devra donc faire preuve de prudence en comparant les données d'un pays à l'autre [63].

Le manque d'uniformité des données de base n'est pas seul en cause; il est en effet probable qu'elles sont loin d'avoir toutes la même qualité. Le manque d'uniformité des données de base n'est pas seul en cause; il est en effet probable qu'elles sont loin d'avoir toutes la même qualité. Parmi les sources de variations des réponses relatives à l'ethnie et/ou à l'origine naturelle, on peut citer (1) le fait qu'une réponse est fournie par un membre de la famille (par exemple, lorsque le recensement utilise la méthode de l'auto–énumeration) ou par les recenseurs ou recenseuses sur base de leurs observations; (2) la possibilité qu'un droit légal ou un avantage acquis soient perçus comme pouvant être affectés par la réponse donnée; et (3) le changement, au cours du temps, de la façon dont l'identification avec une ethnie s'exprime.

Pour ces raisons, il est impossible de déterminer le degré de comparabilité des données dont on dispose. Il vaut sans doute mieux considérer que les données relatives à chaque pays ne constituent que des renseignements destinés à l'usage national, bien qu'on puisse établir des comparaisons internationales grossières entre des classifications fondées sur la même variable.

L'utilisation des chiffres à des fins de comparaison se heurte à une autre difficulté importante : le manque de données d'un type uniforme pour un nombre suffisant de pays.

La comparabilité des données selon la résidence (urbaine/rurale) peut être limitée par les définitions nationales des termes "urbain" et "rural" utilisées pour la mise en tableaux de ces données. Les définitions du terme "urbain" utilisées pour les recensements nationaux de population ont été présentées à la fin du tableau 6 lorsqu'elles étaient connues. Comme on l'a précisé en détail dans les Notes techniques relatives au tableau 6, ces définitions varient très sensiblement d'un pays ou d'une zone à l'autre.

Portée : Des statistiques sur la population selon le groupe national et/ou ethnique et le sexe sont présentées pour 29 pays ou zones. Les données selon la résidence urbaine/rurale sont présentées pour 2 pays ou zones.

Earlier data: Population by national and/or ethnic group has been shown previously in issues of the Demographic Yearbook featuring population census statistics as the special topic. This series updates information published in previous issues as indicated in the Index.

Données publiées antérieurement : Des statistiques de la population selon le groupe national et/ou ethnique et le sexe ont déjà été publiées dans des éditions antérieures de l'Annuaire démographique qui portaient comme sujet spécial les statistiques des recensements de la population. Les séries de ce tableau mettent à jour les données publiées antérieurement mentionnées dans l'Index.

Table 28

Table 28 presents population by language, sex and urban/rural residence for each census between 1985 and 1993.

Description of variables: Statistics presented in this table are from population censuses. Data obtained from sample surveys are shown for those countries or areas where no census of the total population was held during the period. These have been footnoted. Unless otherwise indicated, data refer to the de facto (present–in–area) population.

Statistics shown pertain to three major types of language data. These are: (1) mother tongue, usually defined as the language spoken in the individual's home in his or her early childhood, (2) usual language, defined as the language currently spoken, or most often spoken, by the individual in his or her present home, and (3) the individual's ability to speak one or more designated languages. Information on all languages spoken by each person is the basis of the classification for one or two distributions.

Language is one of five separate characteristics (country of birth, country of citizenship, ethnic group, religion and language) which can be used to explore some facet of the ethnic composition of populations. Language, and particularly mother tongue, is probably a more sensitive index for this purpose than either country of birth or country of citizenship because linguistic differences tend to persist until complete cultural assimilation has taken place. Common ancestral customs may be reflected in the mother tongue of individuals long after these persons have changed their citizenship. Thus, important ethnic groups, not only among foreign–born alone but also among native–born or second generation population groups, may be distinguished by language differentials.

Data on the language currently spoken are somewhat less appropriate for the identification of ethnic groups in the population, but they are adaptable to other uses, such as the investigation of the linguistic assimilation of immigrant groups. For this purpose, however, there is need for corresponding data on country of birth or citizenship. Their value in this connection is enhanced by the availability of data from a series of censuses.

Statistics based on ability to speak a specified language or languages are perhaps the least useful for identifying ethnic groups, but they do have utility in connection with problems of educating and communicating with linguistic minorities, and they serve as a means of pointing out the heterogeneity of languages within a country and of measuring their individual strength. Such data are especially important in countries where more than one official language is recognized.

Tableau 28

Le tableau 28 présente des données sur la population selon la langue, le sexe et la residence, urbaine/rurale pour chaque recensement entre 1985 et 1993.

Description des variables : Les statistiques figurant dans le présent tableau proviennent de recensements de population. Les données présentées dans le cas de pays ou de zones où il n'a pas été effectué de recensement de la population totale pendant la période considérée ont été tirées d'enquêtes par sondage et font l'objet de notes explicatives. Sauf indication contraire, les données portent sur la population de fait (population présente dans la zone considérée).

Les chiffres concernant la langue reposent sur trois catégories de données. Ce sont : i) la langue maternelle, définie comme la langue habituellement parlée au foyer de la personne dans sa première enfance; ii) la langue habituelle, définie comme la langue parlée couramment ou la langue dont la personne se sert le plus souvent au foyer; et iii) l'aptitude à parler une ou plusieurs langues déterminées. Dans une ou deux séries, les données sont classées en fonction de toutes les langues parlées par l'individu.

Les statistiques concernant la langue constituent l'une des cinq catégories de données de recensement qui peuvent faciliter l'analyse de la composition ethnique de la population — les quatre autres étant le pays de naissance, la nationalité, le groupe ethnique et la religion — qui permet d'étudier la composition ethnique de la population. La langue, et particulièrement la langue maternelle, est peut–être un indicateur plus précis, à cette fin, que le pays de naissance ou la nationalité, car les différences linguistiques tendent à subsister jusqu'à ce qu'une assimilation culturelle complète ait eu lieu. Lorsque des personnes ont changé de nationalité, leur langue maternelle peut encore donner des indications sur leur souche. Dans certains cas, les données d'ordre linguistique permettent de distinguer des groupes ethniques importants non seulement parmi les personnes nées à l'étranger, mais aussi parmi celles nées dans le pays et même parmi celles appartenant à la seconde génération suivant l'immigration.

Les données sur la langue habituellement parlée conviennent moins pour l'étude de la composition ethnique des populations, mais on peut s'en servir à d'autres fins, par exemple pour étudier l'assimilation linguistique des immigrants. Dans ce cas, cependant, il faut avoir aussi des renseignements sur le pays de naissance ou la nationalité. La valeur, à cet égard, de cette catégorie de données s'accroît dans la mesure où l'on dispose de données provenant d'une série de recensements.

Les données fondées sur l'aptitude à parler une ou plusieurs langues déterminées sont peut–être les moins utiles pour l'étude de la composition ethnique, mais elles présentent un certain intérêt pour ce qui est des problèmes posés par l'enseignement des minorités linguistiques et les relations culturelles avec ces minorités, et elles servent également à mesurer le degré d'unité linguistique d'un pays, ainsi que l'importance relative de chaque langue. Elles ont une importance particulière, sur le plan national, dans tout pays multilingue qui a plusieurs langues officielles.

The United Nations recommendations on language information in population censuses recognize the different purposes served by each of the above kinds of data and point out that each country should collect the type of information most appropriate to its need. [64] The particular kind of data shown in each tabulation is, therefore, identified in footnotes, along with a concise summary of the definition used by the country.

Regardless of the type of data shown, the categories in each distribution are arranged in English alphabetic order. Languages reported for fewer than 10 persons are not shown separately.

The urban/rural classification is that provided by each country or area; it is presumed to be based on the national definitions of urban population that have been set forth at the end of table 6.

Reliability of data: No special reliability codes have been used in connection with this table.

Limitations: Statistics on population by language and sex are subject to the same qualifications as have been set forth for population statistics in general in section 3 of the Technical Notes.

Errors in national census data can arise at any stage of the collection, processing or presentation process, and these errors may limit the quality and international comparability of census statistics presented in the Demographic Yearbook. Two major types of errors in census data are often distinguished: first, coverage errors, which lead to the over–enumeration or under–enumeration of the population in the census, and second, content errors, which affect the accuracy of the recorded information for the covered population. Because coverage errors may occur more frequently among some population subgroups than others, coverage errors may affect not only the absolute number of persons in any given category but also their relative distribution. Levels and patterns of coverage and content errors differ widely among countries and even, at times, from census to census for a specific country. Further limiting the international comparability of census statistics are variations among countries in the concepts, definitions and classifications used in their censuses.

The obvious defect in data on language for international purposes is that the statistics refer to three separate types of data and that these three are not strictly comparable. Data on mother tongue are designed to identify cultural or ethnic groups in the population by means of the language reported to have been spoken in early childhood— presumably before immigration, if that is a factor. They do not indicate linguistic ability, but rather a cultural group as defined by language.

Information on usual language, on the other hand, reflects linguistic ability at the time of the census and may mask the fact that persons using the same dominant language of the country in which they reside will usually include a diversity of ethnic groups.

Questions on ability to speak a specified language will not oridinarily produce statistics comparable with either of the other two types.

Dans les recommandations des Nations Unies relatives aux renseignements sur les langues qui peuvent être recueillis au cours d'un recensement, il est reconnu que chaque type de renseignements sert des buts particuliers et qu'il appartient à chaque pays de réunir le type de renseignements qui présente le plus d'intérêt pour lui [64]. Le type de données consignées dans chaque série est donc précisé dans une note de bas de page, qui indique en même temps brièvement la définition employée par le pays.

Quel que soit le type de données indiqué, les rubriques sont classées, pour chaque série, dans l'ordre alphabétique anglais. Pour les langues parlées par moins de dix personnes, les données ne sont pas consignées séparément.

La classification selon la résidence (urbaine/rurale) est celle qui a été fournie par chaque pays ou zone; elle est censée reposer sur les définitions nationales de la population urbaine reproduites à la fin du tableau 6.

Fiabilité des données : Aucun code de fiabilité particulier n'a été utilisé pour le présent tableau.

Insuffisance des données : Les statistiques concernant la population selon la langue et le sexe appellent toutes les réserves qui ont été faites à la section 3 des Notes techniques à propos des statistiques de la population en général.

Des erreurs dans les données de recensements nationaux peuvent se produire à n'importe quel stade du processus de collecte ou de présentation et nuire à la qualité et à la comparabilité internationale des statistiques de recensement présentées dans l'Annuaire démographique. Deux principaux types d'erreurs sont couramment distingués dans les données de recensement, à savoir, premièrement, les erreurs de couverture, qui conduisent au surdénombrement ou au sous–dénombrement de la population recensée, et, deuxièmement, les erreurs de contenu, qui influent sur l'exactitude des renseignements enregistrés au sujet de l'univers considéré. Etant donné qu'elles sont susceptibles de se produire plus fréquemment dans certains sous–groupes de la population que dans d'autres, les erreurs de couverture peuvent porter non seulement sur le nombre absolu de personnes comprises dans une catégorie donnée, mais aussi sur leur répartition relative. L'ampleur et les caractéristiques des erreurs de couverture et de contenu diffèrent considérablement d'un pays à l'autre et même, parfois, d'un recensement à l'autre dans un même pays. Les différences entre les concepts, définitions et classifications utilisés par les pays aux fins de leurs recensements contribuent également à limiter la comparabilité internationale des statistiques de recensement.

Les données sur les langues ont un défaut évident du point de vue de la comparabilité internationale : elles comprennent trois catégories distinctes de données qui ne sont pas rigoureusement comparables. Les données recueillies sur la langue maternelle permettent de déterminer les groupes culturels ou ethniques au moyen de la langue parlée pendant la première enfance, c'est–à–dire s'il y a eu immigration avant l'immigration. Elles ne renseignent pas sur l'aptitude actuelle à parler une langue, mais sur un groupe culturel défini d'après des caractéristiques linguistiques.

Par contre, les données sur la langue habituelle sont une mesure de l'aptitude à parler une langue au moment du recensement, mais elles risquent de masquer le fait que les personnes parlant la langue dominante du pays où elles habitent n'appartiennent pas toutes au même groupe ethnique.

La question sur l'aptitude à parler une langue déterminée fournit des statistiques qui ne sont pas généralement comparables avec celles des deux autres catégories.

In addition to the basic lack of comparability between the three different types, attention must be called to the limitations of each type of data. The concept of mother tongue, the best of the three for analysing ethnic composition, produces more or less comparable data from country to country. The census question on which the statistics are based is essentially the same in each country, except for the occasional requirement that the language reported must still be understood by the person. Questions on language currently spoken, however, may take various forms, including a request for language usually spoken, language best spoken, language spoken fluently, language spoken with family, language spoken in addition to mother tongue, and so forth. The manner in which the question is asked and the criterion of age adopted make possible a wide degree of variation in the answer to this type of question.

The age limits chosen for tabulation of data on usual language or ability to speak specified languages introduce serious defects in comparability. Where no age limit is set, young children are usually assigned the language reported by the parents, or, in the case of mother tongue, the language currently spoken in the home. Almost all of the distributions in this table are of this type, that is, they are for persons of all ages; the exceptions are footnoted.

It may be noted that the treatment of multi–language speakers may also introduce lack of comparability. In some censuses, speakers of more than one language are so tabulated, and all the various combinations and permutations of languages are set forth in the classification. In others, the major language of current speech alone is shown. These constitute primarily problems of tabulation and, so long as the population is counted and not the languages, the results may be compared to some degree. It should be noted, however, that occasionally, multi–lingual persons are counted separately for each language they speak, and the data, therefore, show the frequencies for languages, rather than the major language, or other combinations of languages, spoken by each person; hence, the sum of the frequencies is greater than the total population.

One of the most important limitations on the use of population classified by language is the lack of uniformity in the detail shown in any of the three types of classifications. The United Nations has recommended tabulating separately all languages of numerical importance in the country. [65] The problem arises in defining a language as distinct from a dialect and in determining what is numerically significant. It will be noted in this table that, for some countries, great detail is available while, for others, a large "other" or residual category is included.

Finally, it should be emphasized that data in this table do not lend themselves to determining how many persons in the world speak a certain language. Not only do the definition and the amount of detail differ from country to country, but all countries are not included in the table. For many, language is not a subject of investigation.

Ces trois catégories de statistiques ont non seulement le défaut fondamental de ne pas être comparables entre elles, mais, en outre, chacune d'elles a ses propres insuffisances. Les statistiques établies d'après la langue maternelle — ce sont celles qui se prêtent le mieux à l'étude de la composition ethnique de la population — donnent des résultats plus ou moins comparables sur le plan international. La question posée à ce sujet dans les bulletins de recensement est essentiellement la même dans tous les pays, la seule différence possible étant que, dans certains cas, il est précisé que la langue en question doit continuer à être comprise de l'individu. La question sur la langue habituellement parlée peut être posée sous plusieurs formes : on peut demander quelle est la langue normalement parlée, la langue la mieux parlée, la langue parlée couramment, la langue parlée en famille, la langue parlée en plus de la langue maternelle, etc. Selon les termes dans lesquels cette question est posée et le critère d'âge adopté, les réponses à ce genre de question accusent une grande diversité.

Comme l'âge au–dessous duquel on n'exploite pas les données relatives à la langue habituelle ou à l'aptitude à parler des langues déterminées n'est pas fixé de manière uniforme, la comparabilité des statistiques en souffre beaucoup. Lorsqu'il n'y a pas de limite d'âge minimale, on suppose que les enfants parlent la même langue que les parents ou, dans le cas de la langue maternelle, la langue habituellement parlée à la maison. Presque toutes les statistiques de ce tableau entrent dans cette catégorie, c'est–à–dire qu'elles portent sur des personnes de tous âges, les exceptions sont indiquées en note de bas de page.

On remarquera en outre que la méthode suivie à l'égard des polyglottes peut également compromettre la comparabilité des données. Dans certains recensements, les personnes parlant plusieurs langues sont classées en tant que telles, et on trouve dans la classification les diverses combinaisons et permutations de langues. Dans d'autres, on n'indique que la principale langue normalement parlée. Dans ces cas, le principal problème est celui de l'exploitation des données et, dans la mesure où le dénombrement a porté sur la population et non sur les langues, les résultats obtenus sont relativement comparables. Il convient de remarquer toutefois qu'il arrive dans certains cas que les personnes polyglottes soient comptées pour chacune des langues qu'elles parlent, ce qui fait que les données indiquent le nombre de personnes parlant chacune des langues, et non la langue principale ou des combinaisons de langues, et que la somme des données est plus grande que le chiffre de la population totale.

Mais l'un des facteurs qui font le plus obstacle à l'utilisation des statistiques de la population selon la langue est le manque d'uniformité des données détaillées relatives aux trois types de classifications. L'Organisation des Nations Unies a recommandé d'indiquer séparément toutes les langues présentant une certaine importance numérique dans le pays considéré [65]. La difficulté est de définir la langue, par opposition au dialecte, et de décider où commence l'importance numérique. On constatera, dans ce tableau, que les données sont très détaillées pour certains pays, tandis que, pour d'autres, la catégorie "Autres" est très importante.

Enfin, il convient de souligner que les données de ce tableau ne permettent pas de déterminer combien de personnes parlent telle ou telle langue dans le monde. Non seulement la définition d'une langue et le nombre de langues classées varient d'un pays à l'autre, mais encore certains pays ne figurent pas dans le tableau. Dans bien des cas, les recensements ne comportent pas de question sur les langues.

The comparability of data by urban/rural residence is affected by the national definitions of urban and rural used in tabulating these data. When known, the definitions of urban used in national population censuses are presented at the end of table 6. As discussed in detail in the Technical Notes for table 6, these definitions vary considerably from one country or area to another.

Coverage: Population by language and sex is shown for 25 countries or areas. Data are presented by urban/rural residence for 1 country or area.

Earlier data: Population by language has been shown previously in issues of the Demographic Yearbook featuring population census statistics as the special topic. This series updates information published in previous issues as indicated in the Index.

La comparabilité des données selon la résidence (urbaine/rurale) peut être limitée par les définitions nationales des termes "urbain" et "rural" utilisées pour la mise en tableaux de ces données. Les définitions du terme "urbain" utilisées pour les recensements nationaux de population ont été présentées à la fin du tableau 6 lorsqu'elles étaient connues. Comme on l'a précisé en détail dans les Notes techniques relatives au tableau 6, ces définitions varient très sensiblement d'un pays ou d'une zone à l'autre.

Portée : Des statistiques sur la population selon la langue et le sexe sont présentées pour 25 pays ou zones. Les données selon la résidence urbaine/rurale sont présentées pour 1 pays ou zone.

Données publiées antérieurement : Des statistiques de la population selon la langue et le sexe ont déjà été publiées dans des éditions antérieures de l'Annuaire démographique qui portaient comme sujet spécial les statistiques des recensements de la population. Les séries de ce tableau mettent à jour les données publiées antérieurement mentionnées dans l'Index.

Table 29

Table 29 presents population by religion, sex and urban/rural residence for each census between 1985 and 1993.

Description of variables: Statistics presented in this table are from population censuses. Data obtained from sample surveys are shown for those countries or areas where no census of the total population was held during the period. These have been footnoted. Unless otherwise indicated, data refer to the de facto (present–in–area) population.

Data on religion are one of the types of statistics used to analyse ethnic composition of populations. However, the problems of obtaining the data are so numerous and the classifications vary so considerably from one country or area to another, that little international comparability is possible. The data have their greatest utility, as do statistics on race, at the national level where the concepts and connotations are clearly understood.

The data in this table may pertain to either religious affiliation (membership) or religious belief, according to the type of question asked at the census. The classification also provides for separate identification, as appropriate, of persons adhering to ethical or philosophical systems which do not necessarily involve a belief in a higher being but which have been included by some countries in their tabulations.

The urban/rural classification is that provided by each country or area; it is presumed to be based on the national definitions of urban population that have been set forth at the end of table 6.

Religions reported for fewer than 10 persons are not shown separately.

Reliability of data: No special reliability codes have been used in connection with this table.

Limitations: Statistics on population by religion and sex are subject to the same qualifications as have been set forth for population statistics in general in section 3 of the Technical Notes.

Tableau 29

Le tableau 29 présente des données sur la population selon la religion, le sexe et la résidence, urbaine/rurale pour chaque recensement entre 1985 et 1993.

Description des variables : Les statistiques figurant dans le présent tableau proviennent de recensements de population. Les données présentées dans le cas de pays ou de zones où il n'a pas été effectué de recensement de la population totale pendant la période considérée ont été tirées d'enquêtes par sondage et font l'objet de notes explicatives. Sauf indication contraire, les données portent sur la population de fait (population présente dans la zone considérée).

Les séries statistiques sur les religions sont de celles qui peuvent servir pour analyser la composition ethnique de la population. Cependant, le rassemblement des données soulève des difficultés si nombreuses et leur classification est si variable d'un pays ou d'une zone à l'autre que les statistiques obtenues ne sont guère comparables sur le plan international. Comme pour les statistiques sur les races, c'est sur le plan national que ces données présentent leur plus grande utilité, car les notions et les termes employés sont alors clairement compris.

Les données figurant dans ce tableau correspondent soit à l'affiliation ou à l'appartenance culturelle, soit à la croyance religieuse, selon le genre de question posée au moment du recensement. On a classé à part, le cas échéant, les personnes professant une doctrine éthique ou philosophique qui n'implique pas nécessairement la croyance en un Etre supérieur, mais que certains pays ont fait figurer dans leurs statistiques.

La classification selon la résidence (urbaine/rurale) est celle qui a été fournie par chaque pays ou zone; elle est censée reposer sur les définitions nationales de la population urbaine reproduites à la fin du tableau 6.

Pour les religions de moins de dix adeptes, les données ne sont pas consignées séparément.

Fiabilité des données : Aucune code de fiabilité particulier n'a été utilisé pour le présent tableau.

Insuffisance des données : Les statistiques concernant la population selon la religion et le sexe appellent toutes les réserves qui ont été faites à la section 3 des Notes techniques à propos des statistiques de la population en général.

Errors in national census data can arise at any stage of the collection, processing or presentation process, and these errors may limit the quality and international comparability of census statistics presented in the Demographic Yearbook. Two major types of errors in census data are often distinguished: first, coverage errors, which lead to the over–enumeration or under–enumeration of the population in the census, and second, content errors, which affect the accuracy of the recorded information for the covered population. Because coverage errors may occur more frequently among some population sub–groups than others, coverage errors may affect not only the absolute number of persons in any given category but also their relative distribution. Levels and patterns of coverage and content errors differ widely among countries and even, at times, from census to census for a specific country. Further limiting the international comparability of census statistics are variations among countries in the concepts, definitions and classifications used in their censuses.

The nature of statistics on religion makes them basically non–comparable. [66] As has been pointed out above, it is known that the data represent—in unknown proportions—religious belief or religious affiliation; the latter may be of recent origin or dating from childhood. No criterion is used by the enumerator to determine church membership and none is possible to verify belief. Moreover, there is a definite tendency for this question to remain unanswered on a large number of census schedules; in some countries, respondents have the statutory right to refuse to answer the question on religion. Therefore, the statistics in this table must be used only as rough indicators of the distribution of populations by broad religious designations.

Variations in the amount of detail in the tabulations are another deterrent to comparability. Where only the totals by major religions are given it is impossible to know of what denominations or sects the totals were comprised. On the other hand, when detailed denominations are given, it is difficult to classify these sub–groups into major religions, since many sects are of purely local importance and, hence, are unknown outside national boundaries. Tabulation according to a standard nomenclature would help to solve this difficulty.

In making historical comparisons, it should be noted that data on religion presented in this and other issues of the Demographic Yearbook are similar to those presented in some earlier issues of the Yearbook but are not strictly comparable to data on religion presented in the Demographic Yearbook 1956. For further information on the nature of the non–comparability with the earlier data, see the technical notes to table 29 of the 1979 Demographic Yearbook.

The comparability of data by urban/rural residence is affected by the national definitions of urban and rural used in tabulating these data. When known, the definitions of urban used in national population censuses are presented at the end of table 6. As discussed in detail in the Technical Notes for table 6, these definitions vary considerably from one country or area to another.

Coverage: Population by religion and sex is shown for 29 countries or areas. Data are presented for urban/rural residence for 3 countries or areas.

Ealier data: Population by religion has been shown previously in issues of the Demographic Yearbook featuring population census statistics as the special topic. This series updates information published in previous issues as indicated in the Index.

Des erreurs dans les données de recensements nationaux peuvent se produire à n'importe quel stade du processus de collecte ou de présentation et nuire à la qualité et à la comparabilité internationale des statistiques de recensement présentées dans l'Annuaire démographique. Deux principaux types d'erreurs sont couramment distingués dans les données de recensement, à savoir, premièrement, les erreurs de couverture, qui conduisent au surdénombrement ou au sous–dénombrement de la population recensée, et, deuxièmement, les erreurs de contenu, qui influent sur l'exactitude des renseignements enregistrés au sujet de l'univers considéré. Etant donné qu'elles sont susceptibles de se produire plus fréquemment dans certains sous–groupes de la population que dans d'autres, les erreurs de couverture peuvent porter non seulement sur le nombre absolu de personnes comprises dans une catégorie donnée, mais aussi sur leur répartition relative. L'ampleur et les caractéristiques des erreurs de couverture et de contenu diffèrent considérablement d'un pays à l'autre et même, parfois, d'un recensement à l'autre dans un même pays. Les différences entre les concepts, définitions et classifications utilisés par les pays aux fins de leurs recensements contribuent également à limiter la comparabilité internationale des statistiques de recensement.

En raison même de leur nature, les statistiques de la population selon la religion ne sont pas comparables [66]. Comme on l'a dit plus haut, les données se rapportent — dans des proportions qui ne sont pas connues — à la croyance religieuse ou à l'affiliation culturelle; cette dernière peut être de date récente ou remonter à la première enfance. Les agents de recensement ne disposent d'aucun critère leur permettant de déterminer l'appartenance religieuse et aucun critère n'est possible pour la "croyance". De plus, il est certain qu'un grand nombre de personnes ont tendance à laisser sans réponse la question sur la religion; dans divers pays, les habitants ont légalement le droit de refuser de répondre à la question sur la religion. En conséquence, les chiffres de ce tableau ne peuvent donner qu'une idée très approximative de la répartition des populations par grande religion.

Le fait que les données sont indiquées d'une manière plus ou moins détaillée selon les pays constitue un autre obstacle à leur comparabilité. Lorsque l'on ne dispose que de chiffres globaux par grande religion, il est impossible de savoir quelles sont les confessions ou sectes entrant dans le calcul des totaux. D'autre part, lorsque les renseignements sur les confessions sont détaillés, il est difficile de classer les sous–groupes par grande religion, car bon nombre de sectes n'ont qu'une importance locale et ne sont donc connues que dans le pays intéressé. Pour résoudre ces difficultés, il faudrait que les données soient classées selon une nomenclature type.

En faisant des comparaisons rétrospectives on notera que les statistiques de la population selon la religion présentées dans cette édition de l'Annuaire démographique resembles celles présentées dans des éditions antérieures et qu'elles ne sont pas comparables aux données sur la religion présentées dans l'Annuaire de 1956. Pour plus de renseignements sur le fait qu'en raison de leur nature, les statistiques de la population selon la religion ne sont pas toujours comparables avec les données antérieures voir les notes techniques du, tableau 29 de l'Annuaire démographique 1979.

La comparabilité des données selon la résidence (urbaine/rurale) peut être limitée par les définitions nationales des termes "urbain" et "rural" utilisées pour la mise en tableaux de ces données. Les définitions du terme "urbain" utilisées pour les recensements nationaux de population ont été présentées à la fin du tableau 6 lorsqu'elles étaient connues. Comme on l'a précisé en détail dans les Notes techniques relatives au tableau 6, ces définitions varient très sensiblement d'un pays ou d'une zone à l'autre.

Portée : Des statistiques sur la population selon la religion et le sexe sont présentées pour 29 pays ou zones. Les données selon la résidence, urbaine/rurale sont présentées pour 3 pays ou zones.

Données publiées antérieurement : Des statistiques de la population selon la religion et le sexe ont été publiées dans des éditions antérieures de l'Annuaire démographique, qui portaient comme sujet spécial les statistiques des recensements de la population. Les séries de ce tableau mettent à jour les données publiées antérieurement mentionnées dans l'Index.

Data were presented by urban/rural residence beginning in the 1971 issue.

Table 30

Table 30 presents population of major civil divisions by urban/rural residence for each census between 1985 and 1993.

Description of variables: Statistics presented in this table are from population censuses. Data obtained from sample surveys are shown for those countries or areas where no census of the total population was held during the period. These have been footnoted. Unless otherwise indicated, data refer to the de facto (present–in–area) population.

The generic names of the civil divisions (for example, province, department, district or commune) are given in both English and French and, where the translation from a third language might be questionable, the original language (or an English transliteration) is given in parentheses. In a few cases, where no equivalent was known, the original language alone appears on the table.

The individual name of each major civil division is shown as reported by each country, in the original language or an English transliteration of it. For each country or area, the individual civil divisions appear in alphabetic order.

For technical reasons, the urban/rural data are presented in the body of this table and not separately at the end of the table.

The urban/rural classification is that provided by each country or area; it is presumed to be based on the national definitions of urban population that have been set forth at the end of table 6.

Reliability of data: No special reliability codes have been used in connection with this table.

Limitations: Statistics on population of major civil divisions are subject to the same qualifications as have been set forth for population statistics in general in section 3 of the Technical Notes.

Errors in national census data can arise at any stage of the collection, processing or presentation process, and these errors may limit the quality and international comparability of census statistics presented in the Demographic Yearbook. Two major types of errors in census data are often distinguished: first, coverage errors, which lead to the over–enumeration or under–enumeration of the population in the census, and second, content errors, which affect the accuracy of the recorded information for the covered population. Because coverage errors may occur more frequently among some population sub–groups than others, coverage errors may affect not only the absolute number of persons in any given category but also their relative distribution. Levels and patterns of coverage and content errors differ widely among countries and even, at times, from census to census for a specific country. Further limiting the international comparability of census statistics are variations among countries in the concepts, definitions and classifications used in their censuses.

Des données selon la résidence (urbaine/rurale) étaient publiées à partir de 1971.

Tableau 30

Le tableau 30 présente des données sur la population des principales divisions administratives selon la résidence urbaine/rurale pour chaque recensement entre 1985 et 1993.

Description des variables : Les statistiques figurant dans le présent tableau proviennent de recensements de population. Les données présentées dans le cas de pays ou de zones où il n'a pas été effectué de recensement de la population totale pendant la période considérée ont été tirées d'enquêtes par sondage et font l'objet de notes explicatives. Sauf indication contraire, les données portent sur la population de fait (population présente dans la zone considérée).

Le nom générique des divisions administratives (province, département, district ou commune) est donné en anglais et en français et, lorsque sa traduction d'une troisième langue paraissait contestable, on a indiqué entre parenthèses le nom dans la langue originale (ou en translitération anglaise). Dans quelques cas, où l'on ne connaissait pas d'équivalent, on a fait figurer le nom dans la langue originale seulement.

Le nom spécifique des principales divisions administratives des pays apparaît tel qu'il a été indiqué par le pays lui–même soit dans la langue originale, soit en translitération anglaise. Pour chaque pays ou zone, les divisions administratives sont classées par ordre alphabétique.

Pour raisons techniques, les données selon la résidence urbaine/rurale sont présentées dans le corps du tableau et non séparément à la fin du tableau.

La classification selon la résidence (urbaine/rurale) est celle qui a été fournie par chaque pays ou zone; elle est censée reposer sur les définitions nationales de la population urbaine reproduites à la fin du tableau 6.

Fiabilité des données : Aucun code de fiabilité particulier n'a été utilisé pour le présent tableau.

Insuffisance des données : Les statistiques concernant la population des principales divisions administratives appellent toutes les réserves qui ont été faites à la section 3 des Notes techniques à propos des statistiques de la population en général.

Des erreurs dans les données de recensements nationaux peuvent se produire à n'importe quel stade du processus de collecte ou de présentation et nuire à la qualité et à la comparabilité internationale des statistiques de recensement présentées dans l'Annuaire démographique. Deux principaux types d'erreurs sont couramment distingués dans les données de recensement, à savoir, premièrement, les erreurs de couverture, qui conduisent au surdénombrement ou au sous–dénombrement de la population recensée, et, deuxièmement, les erreurs de contenu, qui influent sur l'exactitude des renseignements enregistrés au sujet de l'univers considéré. Etant donné qu'elles sont susceptibles de se produire plus fréquemment dans certains sous–groupes de la population que dans d'autres, les erreurs de couverture peuvent porter non seulement sur le nombre absolu de personnes comprises dans une catégorie donnée, mais aussi sur leur répartition relative. L'ampleur et les caractéristiques des erreurs de couverture et de contenu diffèrent considérablement d'un pays à l'autre et même, parfois, d'un recensement à l'autre dans un même pays. Les différences entre les concepts, définitions et classifications utilisés par les pays aux fins de leurs recensements contribuent également à limiter la comparabilité internationale des statistiques de recensement.

The population concept used in a census (de jure, de facto or a modification of either) has a substantially larger impact on the population totals for most individual sub–national areas than for an entire country. The subject of de jure and de facto population concept is discussed in detail in section 3.1.1 of the Technical Notes. Similarly, coverage errors often vary substantially among individual sub–national areas. Thus, the comparability of population figures shown for individual civil divisions may be seriously distorted by either factor.

Unless otherwise noted, the data refer to the de facto population within present national territorial boundaries, while the civil divisions are those of the country as constituted at the date of the census. Hence, the civil divisions shown in the table may or may not represent present administrative organization.

Both the administrative significance and the average size of major civil divisions vary greatly among the countries or areas of the world. Similarity in terminology should not be assumed to imply similarity of administrative function. Thus, a province of Canada does not have the same administrative significance as a province of Chile. On the other hand, differences in generic names do not necessarily indicate differences in administrative significance.

A comparison of the civil divisions shown in this table with those shown for the same countries in earlier issues of the Demographic Yearbook will reveal some differences in the numbers of divisions shown and in their names. Evidence of such changes suggests the necessity for caution in interpreting intercensal growth of population in major civil divisions.

The comparability of data by urban/rural residence is affected by the national definitions of urban and rural used in tabulating these data. When known, the definitions of urban used in national population censuses are presented at the end of table 6. As discussed in detail in the Technical Notes for table 6, these definitions vary considerably from one country or area to another.

Coverage: Population of major civil divisions is shown for 97 countries or areas. Data are presented by urban/rural residence for 49 countries or areas.

Earlier data: Population of major civil divisions has been shown previously in issues of the Demographic Yearbook featuring population census statistics as the special topic. This series updates information published in previous issues as indicated in the Index.

Data have been presented by urban/rural residence beginning in the 1971 issue.

La définition de la population totale retenue pour la conduite du recensement (population de droit, population de fait ou variante de l'une de ces deux notions) a sur le total dénombré une influence qui, dans la plupart des cas, est beaucoup plus sensible pour les divisions territoriales du pays considérés séparément que pour l'ensemble de celui–ci. Ces deux notions, population de droit et population de fait, sont traitées en détail à la section 3.1.1 des Notes techniques. De même, le pourcentage d'erreurs d'inclusion varie souvent fortement d'une partie du pays à l'autre. La comparabilité des chiffres de population se rapportant aux diverses divisions administratives peut donc être gravement faussée par l'un ou l'autre de ces facteurs.

Sauf indication contraire, les données se rapportent à la population de fait dans les limites actuelles du territoire national et les divisions administratives sont celles du pays tel qu'il était constitué à la date du recensement. Par conséquent les divisions administratives figurant dans le tableau ne correspondent donc pas nécessairement à l'organisation administrative actuelle.

L'importance administrative et la dimension moyenne des principales divisions territoriales varient considérablement selon les pays et zones du monde. Si la terminologie est la même, il ne faut pas en conclure que le rôle administratif de ces divisions est identique. Ainsi, une province du Canada et une province du Chili n'ont pas la même importance administrative. En revanche, les différences de noms génériques ne correspondent pas nécessairement à des différences du point de vue de l'importance administrative.

Si l'on compare les divisions administratives figurant dans ce tableau avec celles qui figurent pour les mêmes pays dans les Annuaires démographiques précédents, on constatera des différences dans le nombre des divisions et dans leur nom. Ces différences montrent qu'il faut faire preuve de prudence en interprétant l'accroissement de population entre deux recensements dans les principales divisions administratives.

La comparabilité des données selon la résidence (urbaine/rurale) peut être limitée par les définitions nationales des termes "urbain" et "rural" utilisées pour la mise en tableaux de ces données. Les définitions du terme "urbain" utilisées pour les recensements nationaux de population ont été présentées à la fin du tableau 6 lorsqu'elles étaient connues. Comme on l'a précisé en détail dans les Notes techniques relatives au tableau 6, ces définitions varient très sensiblement d'un pays ou d'une zone à l'autre.

Portée : Des statistiques sur la population des principales divisions administratives sont présentées pour 97 pays ou zones. La répartition selon la résidence (urbaine/rurale) est indiquée pour 49 pays ou zones.

Données publiées antérieurement : Des statistiques sur la population des principales divisions administratives ont déjà été publiées dans des éditions antérieures de l'Annuaire démographique qui portaient comme sujet spécial les statistiques des recensements de la population. Les séries de ce tableau mettent à jour les données publiées antérieurement mentionnées dans l'Index.

Des données selon la résidence (urbaine/rurale) ont été publiées à partir de 1971.

Table 31

Table 31 presents population in localities by size–class and sex for each census between 1985 and 1993.

Description of variables: Statistics presented in this table are from population censuses. Data obtained from sample surveys are shown for those countries or areas where no census of the total population was held during the period. These have been footnoted. Unless otherwise indicated, data refer to the de facto (present–in–area) population.

For census purposes, a locality is defined in the United Nations population and housing census recommendations as "a distinct population cluster (also designed as inhabited place, populated centre, settlement etc.) in which the inhabitants live in neighbouring living quarters and which has a name or a locally recognized status." It thus includes fishing hamlets, mining camps, ranches, farms, market towns, villages, towns, cities and many other population clusters which meet the criteria specified above. Localities should not be confused with the smallest civil divisions of a country. In some cases, the two may coincide. In others, however, even the smallest civil division may contain two or more localities. On the other hand, some large cities or towns may contain two or more civil divisions, which should be considered as segments of a single locality rather than as separate localities.

A large locality of a country (i.e. a city or a town) is often part of an urban agglomeration which comprises the city or town proper and also the suburban fringe or thickly settled territory lying outside, but adjacent to, its boundaries. The urban agglomeration is, therefore, not identical with the locality but is an additional geographic unit, which may include more than one locality. In some cases, a single large urban agglomeration may comprise several cities or towns and their suburban fringes. Departures from these internationally recommended practices in the definition of locality, where known, are footnoted. [67]

Reliability of data: No special reliability codes have been used in connection with this table.

Limitations: Statistics on population in localities by size–class and sex are subject to the same qualifications as have been set forth for population statistics in general in section 3 of the Technical Notes.

Errors in national census data can arise at any stage of the collection processing or presentation process, and these errors may limit the quality and international comparability of census statistics presented in the Demographic Yearbook. Two major types of errors in census data are often distinguished: first, coverage errors, which lead to the over–enumeration or under–enumeration of the population in the census, and second, content errors, which affect the accuracy of the recorded information for the covered population.

Tableau 31

Le tableau 31 présente des données sur la population dans les localités selon la catégorie d'importance et le sexe pour chaque recensement entre 1985 et 1993.

Description des variables : Les statistiques figurant dans le présent tableau proviennent de recensements de population. Les données présentées dans le cas de pays ou de zones où il n'a pas été effectué de recensement de la population totale pendant la période considérée ont été tirées d'enquêtes par sondage et font l'objet de notes explicatives. Sauf indication contraire, les données portent sur la population de fait (population présente dans la zone considérée).

Aux fins du recensement, la localité est définie dans les Principes et recommandations concernant les recensements de la population et de l'habitation, comme "un groupement de population distinct et indivisible (également désigné sous les noms de lieu habité, de centre de peuplement, de colonie, etc.) dont les membres occupent des locaux à usage d'habitation voisins et qui a nom ou un statut localement reconnu." Ce terme peut donc désigner des hameaux de pêcheurs, des camps de mineurs, des ranches, des exploitations agricoles, des villes de marché, des villages, des villes, des cités et maints autres groupements de population répondant aux critères spécifiés ci–dessus. Il ne faut pas confondre les localités avec les plus petites divisions administratives d'un pays. Dans certains cas, les deux coïncident. Dans d'autres, toutefois, même la plus petite division administrative peut comprendre deux localités ou plus. D'un autre côté, certaines grandes villes ou villes peuvent contenir plusieurs divisions administratives, qui devraient être considérées comme de simples subdivisions d'une même localité et non pas comme des localités dinstinctes. Une grande localité d'un pays (une grande ville ou une ville) fait souvent partie d'une

Une grande localité d'un pays (une grande ville ou une ville) fait souvent partie d'une agglomération urbaine, qui se compose de la ville proprement dite et de sa banlieue ou du territoire densément peuplé situé hors de ses limites mais dans la zone adjacente. L'agglomération urbaine n'est donc pas identique à la localité; c'est une unité géographique supplémentaire qui comprend plusieurs localités. Dans certains cas, il peut arriver qu'une grande agglomération urbaine comprenne plusieurs villes et leur banlieue. Lorsque des définitions de localités ne sont pas confirmes avec celles dont l'usage est accepté universellement, elles sont signalées en note [67].

Fiabilité des données : Aucun code de fiabilité particulier n'a été utilisé pour le présent tableau.

Insuffisance des données : Les statistiques concernant la population dans les localités selon la catégorie d'importance et le sexe appellent toutes les réserves qui ont été faites à la section 3 des Notes techniques à propos des statistiques de la population en général.

Des erreurs dans les données de recensements nationaux peuvent se produire à n'importe quel stade du processus de collecte ou de présentation et nuire à la qualité et à la comparabilité internationale des statistiques de recensement présentées dans l'Annuaire démographique. Deux principaux types d'erreurs sont couramment distingués dans les données de recensement, à savoir, premièrement, les erreurs de couverture, qui conduisent au surdénombrement ou au sous–dénombrement de la population recensée, et, deuxièmement, les erreurs de contenu, qui influent sur l'exactitude des renseignements enregistrés au sujet de l'univers considéré.

Because coverage errors may occur more frequently among some population sub–groups than others, coverage errors may affect not only the absolute number of persons in any given category but also their relative distribution. Levels and patterns of coverage and content errors differ widely among countries and even, at times, from census to census for a specific country. Further limiting the international comparability of census statistics are variations among countries in the concepts, definitions and classifications used in their censuses.

The population concept used in a census (de jure, de facto or a modification of either) has a substantially larger impact on the population totals for most individual sub–national areas than for an entire country. The subject of de jure and de facto population concept is discussed in detail in section 3.1.1 of the Technical Notes. Similarly, coverage errors often vary substantially among individual sub–national areas. Thus, the comparability of population figures shown for individual localities may be seriously distorted by either factor.

Equally important are the limitations introduced by the varying national definitions of localities on which the table is based. So long as the definition of locality remains unchanged from year to year, comparison of the proportion of population living in localities of different sizes at two census dates and the number of localities of each size can provide a useful index of urbanization for any one country. Such comparisons are useful also for analysing world and regional trends, since they are relatively free from the complexities introduced by national definitions of urban status. The data are perhaps most useful when considered in relation to those from tables 6 and 8.

Coverage: Population in localities by size–class and sex is shown for 37 countries or areas.

Earlier data: Population in localities by size–class and sex has been shown previously in issues of the Demographic Yearbook featuring population census statistics as the special topic. This series updates information published in previous issues as indicated in the Index.

In addition, data for localities of 100 000 or more inhabitants and for those of 20 000 or more inhabitants, for the period 1950–1970, were shown in the Demographic Yearbook 1970 and, for the period 1920–1960, were shown in the Demographic Yearbook 1960.

Table 32

Table 32 presents population by literacy, sex, age and urban/rural residence for each census between 1985 and 1993.

Description of variables: Statistics presented in this table are from population censuses. Data obtained from sample surveys are shown for those countries or areas where no census of the total population was held during the period. These have been footnoted. Unless otherwise indicated, data refer to the de facto (present–in–area) population.

Etant donné qu'elles sont susceptibles de se produire plus fréquemment dans certains sous–groupes de la population que dans d'autres, les erreurs de couverture peuvent porter non seulement sur le nombre absolu de personnes comprises dans une catégorie donnée, mais aussi sur leur répartition relative. L'ampleur et les caractéristiques des erreurs de couverture et de contenu diffèrent considérablement d'un pays à l'autre et même, parfois, d'un recensement à l'autre dans un même pays. Les différences entre les concepts, définitions et classifications utilisés par les pays aux fins de leurs recensements contribuent également à limiter la comparabilité internationale des statistiques de recensement.

La définition de la population totale retenue pour la conduite du recensement (population de droit, population de fait ou variante de l'une de ces deux notions) a sur le total dénombré une influence qui, dans la plupart des cas, est beaucoup plus sensible pour les divisions territoriales du pays considérées séparément que pour l'ensemble de celui–ci. Ces deux notions, population de droit et population de fait, sont traitées en détail à la section 3.1.1 des Notes techniques. De même, le pourcentage d'erreurs d'inclusion varie souvent fortement d'une partie du pays à l'autre. La comparabilité des chiffres de population se rapportant aux diverses divisions administratives peut donc être gravement faussée par l'un ou l'autre de ces facteurs.

Ce qui est également important, c'est l'hétérogénéité des définitions données dans les divers pays du terme "localité" sur lequel repose le tableau. Tant que la définition de localité demeure inchangée d'une année à l'autre, la comparaison du pourcentage de la population vivant dans des localité de dimensions différentes à deux dates de recensement et du nombre de localités de chaque dimension donne une bonne idée du degré d'urbanisation pour un pays. Ces comparaisons permettent aussi d'analyser les tendances mondiales et régionales, car elles échappent relativement aux complications qui résultent des définitions nationales du "statut urbain". Les données sont peut–être les plus utiles quand on les examine en fonction des chiffres des tableaux 6 et 8.

Portée : Des statistiques sur la population dans les localités selon la catégorie d'importance et le sexe sont présentées pour 37 pays ou zones.

Données publiées antérieurement : Des statistiques sur la population dans les localités selon la catégorie d'importance et le sexe ont déjà été publiées dans des éditions antérieures de l'Annuaire démographique qui portaient comme sujet spécial les statistiques des recensements de la population. Les séries de ce tableau mettent à jour les données publiées antérieurement mentionnées dans l'Index.

En plus, des données pour les localités de 100 000 habitants et plus, et pour celles de 20 000 habitants et plus, pour la période de 1950 à 1970 avaient été publiées dans l'édition de 1970 l'Annuaire; et pour la période de 1920 à 1960 dans l'édition de 1960 de l'Annuaire.

Tableau 32

Le tableau 32 présente des données sur la population selon l'alphabétisme, le sexe, l'âge et la résidence urbaine/rurale pour chaque recensement entre 1985 et 1993.

Description des variables : Les statistiques figurant dans le présent tableau proviennent de recensements de population. Les données présentées dans le cas de pays ou de zones où il n'a pas été effectué de recensement de la population totale pendant la période considérée ont été tirées d'enquêtes par sondage et font l'objet de notes explicatives. Sauf indication contraire, les données portent sur la population de fait (population présente dans la zone considérée).

Literacy is defined as the ability both to read and to write. A person is literate who can, with understanding, both read and write a short, simple statement on his everyday life. A person is illiterate who cannot, with understanding, both read and write a short, simple statement on his everyday life. Hence, a person capable of reading and writing only figures and his own name should be considered illiterate, as should a person who can read but not write and one who can read and write only a ritual phrase which has been memorized. [68]

The literacy classification used in this table is the following: literate, illiterate and literacy status unknown.

Age is defined as age at last birthday, that is, the difference between the date of birth and the reference date of the age distribution expressed in completed solar years. The age classification used in this table is the following: 10 years and over, 15 years and over, 10–14, 15–19, 20–24, 25–29, 30–34, 10–year age groups through 54–64 years, 65 years and over and age unknown. Persons of unknown age are excluded from the category "15 years and over". For some countries or areas, however, the "age unknown" category for this tabulation which represents the population age 15 and over is the same as in the tabulation for the total population.

Data on literacy are one of the three types of statistics on the educational characteristics of the population which can be derived from censuses of population; the other two types, for which data are also shown in this issue of the Yearbook, are educational attainment and population attending school.

The urban/rural classification is that provided by each country or area; it is presumed to be based on the national definitions of urban population that have been set forth at the end of table 6.

Reliability of data: No special reliability codes have been used in connection with this table.

Limitations: Statistics on population by literacy, sex and age are subject to the same qualifications as have been set forth for population statistics in general in section 3 of the Technical Notes.

Errors in national census data can arise at any stage of the collection process or presentation process, and these errors may limit the quality and international comparability of census statistics presented in the Demographic Yearbook. Two major types of errors in census data are often distinguished: first, coverage errors, which lead to the over–enumeration or under–enumeration of the population in the census, and second, content errors, which affect the accuracy of the recorded information for the covered population.

Because coverage errors may occur more frequently among some population sub–groups than others, coverage errors may affect not only the absolute number of persons in any given category but also their relative distribution. Levels and patterns of coverage and content errors differ widely among countries and even, at times, from census to census for a specific country. Further limiting the international comparability of census statistics are variations among countries in the concepts, definitions and classifications used in their censuses.

The principal limitation in connection with data on literacy arises from variations in the definitions of literacy and illiteracy and in the different age limits imposed on the tabulations.

Un alphabète est une personne capable de lire et d'écrire en le comprenant. Un analphabète est une personne incapable de lire et d'écrire, en le comprenant, un exposé simple et bref de faits en rapport avec sa vie quotidienne. En conséquence, une personne capable seulement de lire et d'écrire des chiffres et son nom doit être considérée comme analphabète, de même qu'une personne qui sait lire mais non écrire ainsi qu'une personne qui ne peut lire et écrire qu'une expression rituelle apprise par coeur [68].

Le classement de l'alphabétisme employé dans ce tableau est le suivant : alphabète, analphabète et inconnu.

L'âge désigne l'âge au dernier anniversaire, c'est–à–dire la différence entre la date de naissance et la date de référence de la répartition par âge exprimée en années solaires révolues. La classification par âge utilisée dans ce tableau est la suivante : 10 ans et plus, 15 ans et plus, 10–14 ans, 15–19 ans, 20–24 ans, 25–29 ans, 30–34 ans, des groupes d'âge décennaux pour la population âgée de 35 à 64 ans, 65 ans et plus et l'âge inconnu. Les personnes dont l'âge est inconnu ne sont pas comprises dans la catégorie "15 ans et plus". Mais pour certaines pays ou zones, la catégorie "âge inconnu" qui représent la population 15 ans et plus est la même que la celle de la population totale.

Les séries relatives à l'alphabétisme représentent l'un des trois types de données statistiques que les recensements démographiques permettent d'obtenir concernant les caractéristiques relatives à l'instruction de la population; les deux autres types de données, figurant également dans le présent volume, concernent le degré d'instruction et les effectifs scolaires.

La classification selon la résidence (urbaine/rurale) est celle qui a été fournie par chaque pays ou zone; elle est censée reposer sur les définitions nationales de la population urbaine reproduites à la fin du tableau 6.

Fiabilité des données : Aucun code de fiabilité particulier n'a été utilisé pour le présent tableau.

Insuffisance des données : Les statistiques concernant la population selon l'alphabétisme, le sexe et l'âge appellent toutes les réserves qui ont été faites à la section 3 des Notes techniques à propos des statistiques de la population en général.

Des erreurs dans les données de recensements nationaux peuvent se produire à n'importe quel stade du processus de collecte ou de présentation et nuire à la qualité et à la comparabilité internationale des statistiques de recensement présentées dans l'Annuaire démographique. Deux principaux types d'erreurs sont couramment distingués dans les données de recensement, à savoir, premièrement, les erreurs de couverture, qui conduisent au surdénombrement ou au sous–dénombrement de la population recensée, et, deuxièmement, les erreurs de contenu, qui influent sur l'exactitude des renseignements enregistrés au sujet de l'univers considéré.

Etant donné qu'elles sont susceptibles de se produire plus fréquemment dans certains sous–groupes de la population que dans d'autres, les erreurs de couverture peuvent porter non seulement sur le nombre absolu de personnes comprises dans une catégorie donnée, mais aussi sur leur répartition relative. L'ampleur et les caractéristiques des erreurs de couverture et de contenu diffèrent considérablement d'un pays à l'autre et même, parfois, d'un recensement à l'autre dans un même pays. Les différences entre les concepts, définitions et classifications utilisés par les pays aux fins de leurs recensements contribuent également à limiter la comparabilité internationale des statistiques de recensement.

Les principales insuffisances en ce qui concerne les donnés relatives à l'analphabétisme proviennent de variations dans la définition de l'analphabétisme et dans les âges minimaux adoptés.

In this table, literate persons are by definition those who were reported as able to read and to write, while those reported as unable to read or to write are considered to be illiterate. Hence, the illiterate segment includes also semi–literate persons able to read but not to write, and those who can write but not read. The latter is especially important where ability to write is determined by ability to sign one's name. Conformity to the reading–writing definition is now apparently widespread. When known, exceptions are footnoted.

Another variation in definition which produces marked lack of comparability over time and between countries or areas is the language reference for the question on ability to read and write. The United Nations has recommended that a literate person must be able to read with understanding and to write a short statement on every day life, in any language. [69] Some countries or areas may require literacy to be judged by ability to read and write in a specified language. The result may be a higher percentage of illiteracy than would result from application of the United Nations recommendation. The possibility of changes in the language requirement should be kept in mind when comparing the data in this table with earlier data shown in previous issues of the Demographic Yearbook.

Because of the possible reluctance of some illiterate persons to admit to their illiteracy and the difficulties of applying a test of literacy during a census investigation, the data collected may not be highly accurate. [70] Some persons of unknown literacy may have been considered as literate without additional evidence, while others, in the absence of an answer to the question might have been considered illiterate. This variation, while not evident in the tabulation, must be borne in mind in using the data, especially for countries or areas where many persons are of unknown literacy status.

It should be noted that data are lacking for a number of countries or areas in the developed regions. This is due to the fact that a question on literacy was not included in population censuses.

Because these statistics are classified according to age, they are subject to the limitations with respect to accuracy of age reporting similar to those already discussed in connection with section 3.1.3 of the Technical Notes.

The comparability of data by urban/rural residence is affected by the national definitions of urban and rural used in tabulating these data. When known, the definitions of urban used in national population censuses are presented at the end of table 6. As discussed in detail in the Technical Notes for table 6, these definitions vary considerably from one country or area to another.

Coverage: Population by literacy, sex and age is shown for 47 countries or areas. Data are presented by urban/rural residence for 10 countries or areas.

Earlier data: Population by literacy, sex and age has been shown previously in issues of the Demographic Yearbook featuring population census statistics as the special topic. This series updates information published in previous issues as indicated in the Index.

Data have been presented by urban/rural residence beginning in the 1971 issue.

Dans ce tableau, les alphabètes sont par définition les personnes déclarées comme sachant lire et écrire, les personnes déclarées comme ne sachant pas lire ou ne sachant pas écrire étant considérées comme analphabètes. Sont donc inclus dans cette dernière catégorie les semi–analphabètes, c'est–à–dire les personnes qui savent lire mais non écrire, et celles qui savent écrire mais non lire. Cette dernière observation est particulièrement importante dans les cas où l'analphabétisme est déterminé par l'aptitude d'une personne à signer son propre nom, et la définition ci–dessus de l'alphabétisme semble maintenant largement suivie. Dans la mesure du possible, les exceptions sont indiquées en note au bas des tableaux.

Un autre obstacle à la comparabilité des données dans le temps et entre différents pays ou zones tient à la langue que l'intéressé est censé lire ou écrire. D'après la recommandation des Nations Unies, il faut entendre par "alphabète" une personne sachant d'une part lire et comprendre et d'autre part écrire un bref exposé sur la vie quotidienne, dans une langue quelconque [69]. Cependant, pour certains pays ou zones, le critère peut être l'aptitude à lire et à écrire dans une langue donnée. Ce critère peut aboutir à un pourcentage d'analphabétisme plus élevé que celui qui aurait été obtenu si la recommandation des Nations Unies avait été appliquée. Lorsque l'on comparera les statistiques de ce tableau à celles qui ont été publiées dans les éditions précédentes de l'Annuaire démographique, il conviendra de ne pas oublier que des changements ont pu intervenir en ce qui concerne la langue imposée.

Comme il faut s'attendre que certaines personnes aient des réticences à admettre qu'elles sont analphatètes et comme il est difficile de faire passer un test d'aptitude à lire et à écrire lors d'une enquête de recensement, les données recueillies risquent de ne pas être très exactes [70]. Dans certains pays ou zones, une preuve de fréquentation scolaire suffit pour faire classer l'intéressé parmi les alphabètes. Dans d'autres, en l'absence de renseignements, le recensé a été classé tantôt comme lire et écrire, tantôt comme analphabète. Cette variation, qui n'apparaissent pas dans les tableaux, doivent être prises en considération, particulièrement lorsqu'il s'agit de pays ou zones où il y a probablement un fort pourcentage de personnes dont l'aptitude est inconnue.

Il convient de noter que l'on manque de données pour un certain nombre de pays ou zones dans les régions développées. En effet, les recensements de population ne comportent aucune question sur l'alphabétisme.

Comme ces statistiques sont classées selon l'âge elles appellent les mêmes réserves concernant l'exactitude des déclarations d'âge que celles déjà mentionnées dans la section 3.1.3 des Notes techniques.

La comparabilité des données selon la résidence (urbaine/rurale) peut être limitée par les définitions nationales des termes "urbaine" et "rural" utilisées pour la mise en tableaux de ces données. Les définitions du terme "urbain" utilisées pour les recensements nationaux de population ont été présentées à la fin du tableau 6 lorsqu'elles étaient connues. Comme on l'a précisé en détail dans les Notes techniques relatives au tableau 6, ces définitions varient très sensiblement d'un pays ou d'une zone à l'autre.

Portée : Des statistiques sur la population selon l'alphabétisme, le sexe et l'âge sont présentées pour 47 pays ou zones. La répartition selon la résidence (urbaine/rurale) est indiquée pour 10 pays ou zones.

Données publiées antérieurement : Des statistiques sur la population selon l'alphabétisme, le sexe et l'âge ont déjà été publiées dans des éditions antérieures de l'Annuaire démographique qui portaient comme sujet spécial les statistiques des recensements de la population. Les séries de ce tableau mettent à jour les données publiées antérieurement mentionnées dans l'Index.

Des données selon la résidence (urbaine/rurale) ont été publiées à partir de 1971.

Table 33

Table 33 presents illiterate and total population 15 years of age and over by sex and urban/rural residence for each census between 1985 and 1993.

Description of variables: Statistics presented in this table are from population censuses. Data obtained from sample surveys are shown for those countries or areas where no census of the total population was held during the period. These have been footnoted. Unless otherwise indicated, data refer to the de facto (present–in–area) population.

Literacy is defined as the ability both to read and to write. A person is illiterate who cannot, with understanding, both read and write a short, simple statement on his everyday life. Hence, a person capable of reading and writing only figures and his own name should be considered illiterate, as should a person who can read but not write and one who can read and write only a ritual phrase which has been memorized. [71] Persons of unknown literacy status are excluded.

Age is defined as age at last birthday, that is, the difference between the date of birth and the reference date of the age distribution expressed in completed solar years. The common lower age limit of 15 years has been chosen for the table, in order to achieve maximum comparability. This is in accord with UNESCO recommendations to obtain adult illiteracy rates.

The urban/rural classification is that provided by each country or area; it is presumed to be based on the national definitions of urban population that have been set forth at the end of table 6.

Percentage computation: Percentage illiterate for both sexes, male and female separately, is the number of persons 15 and over recorded as illiterate (or semi–literate) per 100 persons 15 years of age and over in the same age–sex group at the same date. This percentage is known as the illiteracy rate. If data on illiteracy were tabulated for a minimum age other than 15, or with none at all, the percentages were computed on the corresponding age group of the population. Such rates are footnoted.

Reliability of data: No special reliability codes have been used in connection with this table.

Limitations: Statistics on illiterate and total population 15 years of age and over by sex and urban/rural residence are subject to the same qualifications as have been set forth for population statistics in general in section 3 of the Technical Notes.

Errors in national census data can arise at any stage of the collection process or presentation process, and these errors may limit the quality and international comparability of census statistics presented in the Demographic Yearbook. Two major types of errors in census data are often distinguished: first, coverage errors, which lead to the over–enumeration or under–enumeration of the population in the census, and second, content errors, which affect the accuracy of the recorded information for the covered population.

Tableau 33

Le tableau 33 présente des données sur la population analphabète et sur la population totale de 15 ans et plus, selon le sexe et la résidence urbaine/rurale pour chaque recensement entre 1985 et 1993.

Description des variables : Les statistiques figurant dans le présent tableau proviennent de recensements de population. Les données présentées dans le cas de pays ou zones où il n'a pas été effectué de recensement de la population totale pendant la période considérée ont été tirées d'enquêtes par sondage et font l'objet de notes explicatives. Sauf indication contraire, les données portent sur la population de fait (population présente dans la zone considérée).

Un alphabète est une personne capable de lire et d'écrire, en le comprenant. Un analphabète est une personne incapable de lire et d'écrire, en le comprenant, un exposé simple et bref de faits en rapport avec sa vie quotidienne. En conséquence, une personne capable seulement de lire et d'écrire des chiffres et son nom doit être considérée comme analphabète, de même qu'une personne qui sait lire mais non écrire ainsi qu'une personne qui ne peut lire et écrire qu'une expression rituelle apprise par coeur [71]. Les personnes dont l'aptitude à lire et à écrire est inconnue ont été éliminées.

L'âge désigne l'âge au dernier anniversaire, c'est–à–dire la différence entre la date de naissance et la date de référence de la répartition par âge exprimée en années solaires révolues. On a choisi ici la limite d'âge inférieur de 15 ans, afin d'obtenir un degré de comparabilité maximal. Ce choix est conforme aux recommandations de l'UNESCO pour l'établissement des taux d'analphabétisme pour les adultes.

La classification selon la résidence (urbaine/rurale) est celle qui a été fournie par chaque pays ou zone; elle est censée reposer sur les définitions nationales de la population urbaine reproduites à la fin du tableau 6.

Calcul des pourcentages : Le pourcentage d'analphabètes, calculé séparément pour les deux sexes, représente le nombre de personnes âgées de 15 ans et plus enregistrées comme analphabètes ou semi–analphabètes pour 100 personnes âgées de 15 ans et plus appartenant au sexe considéré à la même date. Ce pourcentage est désigné sous le nom de taux d'analphabétisme. Quand les données sur l'analphabétisme ont été calculées sur la base d'un âge minimal autre que 15 ans, ou sans tenir compte d'un âge minimal quelconque, les pourcentages ont été calculés sur le groupe d'âge correspondant de la population. Ces taux sont indiqués en note de bas de page.

Fiabilité des données : Aucun code de fiabilité particulier n'a été utilisé pour le présent tableau.

Insuffisance des données : Les statistiques concernant la population analphabète et la population totale de 15 ans et plus selon le sexe appellent toutes les réserves qui ont été faites à la section 3 des Notes techniques à propos des statistiques de la population en général.

Des erreurs dans les données de recensements nationaux peuvent se produire à n'importe quel stade du processus de collecte ou de présentation et nuire à la qualité et à la comparabilité internationale des statistiques de recensement présentées dans l'Annuaire démographique. Deux principaux types d'erreurs sont couramment distingués dans les données de recensement, à savoir, premièrement, les erreurs de couverture, qui conduisent au surdénombrement ou au sous–dénombrement de la population recensée, et, deuxièmement, les erreurs de contenu, qui influent sur l'exactitude des renseignements enregistrés au sujet de l'univers considéré.

Because coverage errors may occur more frequently among some population sub–groups than others, coverage errors may affect not only the absolute number of persons in any given category but also their relative distribution. Levels and patterns of coverage and content errors differ widely among countries and even, at times, from census to census for a specific country. Further limiting the international comparability of census statistics are variations among countries in the concepts, definitions and classifications used in their censuses.

The principal limitation in connection with data on illiteracy arises from variations in the definition of illiteracy and in the different age limits imposed on the tabulations.

In this table, illiterate persons are by definition those who were reported as unable to read or to write. Hence, it includes also semi–literate persons able to read and not write, and those who can write but not read. The latter is especially important where ability to write is determined by ability to sign one's name. Conformity to the reading–writing definition is now apparently widespread. When known, exceptions are footnoted.

Another variation in definition which produces marked lack of comparability over time and between countries or areas is the language reference for the question on ability to read and write. The United Nations has recommended that a literate person must be able to read with understanding and to write a short statement on every day life, in any one language. [72] Some countries or areas may require literacy to be judged by ability to read and write in a specified language. The result may be a higher percentage of illiteracy than would result from application of the United Nations recommendation. The possibility of changes in the language requirement should be kept in mind when comparing the data in this table with earlier data shown in previous issues of the Demographic Yearbook.

Because of the possible reluctance of some illiterate persons to admit to their illiteracy and the difficulties of applying a test of literacy during a census investigation, the data collected may not be highly accurate. [73] In some, persons of unknown literacy may have been considered as literate without additional evidence, while in others, absence of an answer to the question might have been considered to indicate illiteracy. This variation, while not evident in the tabulation, must be borne in mind in using the data, especially for countries or areas where many persons are of unknown literacy status.

The criteria used by the numerator in deciding on literacy status and the disposition in the tabulations of persons of unknown literacy are also sources of variation in statistics. In some countries or areas, evidence of school attendance was considered tantamount to literacy and the person so classified. In some, unknown literacy was considered as literate without additional evidence, while in others, absence of an answer to the question was considered to indicate illiteracy. It was not possible to determine the extent to which objective tests of the ability to read and write a statement on every day life were applied, but it is likely that this was rarely done. These variations, while not evident in the tabulation, must be borne in mind in using the data, especially for countries or areas where many persons are of unknown literacy status.

Etant donné qu'elles sont susceptibles de se produire plus fréquemment dans certains sous–groupes de la population que dans d'autres, les erreurs de couverture peuvent porter non seulement sur le nombre absolu de personnes comprises dans une catégorie donnée, mais aussi sur leur répartition relative. L'ampleur et les caractéristiques des erreurs de couverture et de contenu diffèrent considérablement d'un pays à l'autre et même, parfois, d'un recensement à l'autre dans un même pays. Les différences entre les concepts, définitions et classifications utilisés par les pays aux fins de leurs recensements contribuent également à limiter la comparabilité internationale des statistiques de recensement.

Les principales insuffisances en ce qui concerne les données relatives à l'analphabétisme proviennent de variations dans la définition de l'analphabétisme et dans les âges minimaux adoptés.

Dans le tableau, les illettrés sont par définition les personnes qui ont été déclarées comme ne sachant pas lire ou ne sachant pas écrire. Cette catégorie comprend donc les personnes semi–illettrées, c'est–à–dire celles qui peuvent lire mais non écrire, et celles qui peuvent écrire mais non lire. Cette dernière définition est particulièrement importante dans les cas où l'aptitude à écrire est déterminée par l'aptitude d'une personne à signer son propre nom. Dans la mesure du possible, les exceptions sont signalées dans les notes au bas du tableau.

Un autre obstacle à la comparabilité des données dans le temps et entre différents pays ou zones tient à la langue que l'intéressé est censé lire ou écrire. D'après la recommandation des Nations Unies, il faut entendre par "alphabète" une personne capable d'une part de lire et de comprendre et d'autre part d'écrire un bref exposé sur la vie quotidienne, dans une langue quelconque [72]. Cependant, pour certains pays ou zones, l'analphabétisme est déterminé par l'aptitude à lire et à écrire dans une langue donnée. Ce critère peut aboutir à un pourcentage d'analphabétisme plus élevé que celui qui aurait été obtenu si la recommandation des Nations Unies avait été appliquée. Lorsque l'on comparera les statistiques de ce tableau à celles qui ont été publiées dans les volumes précédents de l'Annuaire démographique, il conviendra de ne pas oublier que des changements ont pu intervenir en ce qui concerne la langue imposée.

Comme il faut s'attendre que certaines personnes aient des réticences à admettre qu'elles sont analphatètes et comme il est difficile de faire passer un test d'aptitude à lire et à écrire lors d'une enquête de recensement, les données recueillies risquent de ne pas être très exactes [73]. Dans certains pays ou zones, une preuve de fréquentation scolaire suffit pour faire classer l'intéressé parmi les alphabètes. Dans d'autres, en l'absence de renseignements, le recensé a été classé tantôt comme lire et écrire, tantôt comme analphabète. Cette variation, qui n'apparaissent pas dans les tableaux, doivent être prises en considération, particulièrement lorsqu'il s'agit de pays ou zones où il y a probablement un fort pourcentage de personnes dont l'aptitude est inconnue.

L'appréciation du recenseur dans les cas douteux et le classement des personnes dont l'aptitude à lire et à écrire est inconnue constituent également des sources de variation dans les statistiques. Dans certains pays ou zones, une preuve de fréquentation scolaire suffit pour faire classer l'intéressé parmi les alphabètes. Dans d'autres, en l'absence de renseignements, le recensé a été classé tantôt comme sachant lire et écrire, tantôt comme analphabète. On ne sait dans quelle mesure l'aptitude à lire et à écrire un exposé sur la vie quotidienne a été vérifiée de façon objective, mais il est vraisemblable que cette vérification ne s'est faite que rarement. Ces variations, qui n'apparaissent pas dans les tableaux, doivent être prises en considération, particulièrement lorsqu'il s'agit de pays ou zones où il y a probablement un fort pourcentage de personnes dont l'aptitude est inconnue.

Wherever the minimum age varies, it is obvious that a percentage illiterate computed in relation to the total population would not be comparable from country to country, because the numerator would include varying age segments of the population. To increase comparability, the minimum age in this table has been placed at 15 years and the illiterate population considered only for ages 15 and over. Countries with a lower minimum age limit can usually provide the 15 and over group or at least a population corresponding to the illiterate segment. Data for countries or areas with no minimum age, however, will not be comparable. This source of variation must be kept in mind in using literacy data for the total population.

It should be noted that data are completely lacking for a number of countries or areas in the developed regions. This is due to the fact that a question of literacy status is not included in population censuses.

The comparability of data by urban/rural residence is affected by the national definitions of urban and rural used in tabulating these data. When known, the definitions of urban used in national population censuses are presented at the end ot table 6. As discussed in detail in the Technical Notes for table 6, these definitions vary considerably from one country or area to another.

Coverage: Illiterate and total population 15 years of age and over by sex are shown for 47 countries or areas. Data are presented by urban/rural residence for 10 countries or areas.

Earlier data: Illiterate and total population 15 years of age and over by sex have been shown previously in issues of the Demographic Yearbook featuring population census statistics as the special topic. This series updates information published in previous issues as indicated in the Index.

Data have been presented by urban/rural residence the beginning in the 1971 issue.

Table 34

Table 34 presents population 15 years of age and over, by educational attainment, sex, age and urban/rural residence for each census between 1985 and 1993.

Description of variables: Statistics presented in this table are from population censuses. Data obtained from sample surveys are shown for those countries or areas where no census of the total population was held during the period. These have been footnoted. Unless otherwise indicated, data refer to the de facto (present–in–area) population.

Educational attainment is defined as the highest grade or level of education completed by the person in the educational system of the country where the education was received in accordance with the International Standard Classification of Education. For international purposes, a grade is a stage of instruction usually covered in the course of a school year. [74] Data are presented for units of completed grades in the first, second and third levels. In addition, categories are shown for "Level not stated" and for "Special education".

Chaque fois que l'âge minimal varie, il est évident que le pourcentage des "illettrés" par rapport à la population totale n'est pas comparable d'un pays à l'autre puisque le numérateur ne se rapporte pas à la même tranche de population. Pour améliorer la comparabilité, on a fixé l'âge minimal à 15 ans dans ce tableau et on ne s'est préoccupé que de l'analphabétisme des personnes ayant 15 ans et plus. Les pays où l'âge minimal est inférieur à 15 ans peuvent d'ordinaire fournir des données pour le groupe de 15 ans et plus ou en tout cas pour le groupe des illettrés. Mais, pour les pays ou zones où il n'existe pas d'âge minimal, les chiffres ne sont pas comparables. Il faut tenir compte de cette cause de non– comparabilité quand on utilise les données en question pour la population totale.

Il faut remarquer qu'on manque totalement de données pour un certain nombre de pays ou zones dans les régions développées. En effet, les recensements de population ne comportent aucune question sur l'aptitude à lire et à écrire.

La comparabilité des données selon la résidence (urbaine/rurale) peut être limitée par les définitions nationales des termes "urbain" et "rural" utilisées pour la mise en tableaux de ces données. Les définitions du terme "urbain" utilisées pour les recensements nationaux de population ont été présentées à la fin du tableau 6 lorsqu'elles étaient connues. Comme on l'a précisé en détail dans les Notes techniques relatives au tableau 6, ces définitions varient très sensiblement d'un pays ou d'une zone à l'autre.

Portée : Des statistiques sur la population analphabète et sur la population totale de 15 ans et plus sont présentées pour 47 pays ou zones. La répartition selon la résidence (urbaine/rurale) est indiquée pour 10 pays ou zones.

Données publiées antérieurement : Des statistiques sur la population analphabète et sur la population totale de 15 ans et plus selon le sexe ont déjà été publiées dans des éditions antérieures de l'Annuaire démographique qui portaient comme sujet spécial les statistiques des recensements de la population. Les séries de ce tableau mettent à jour les données publiées antérieurement mentionnées dans l'Index.

Des données selon la résidence (urbaine/rurale) ont été publiées à partir de 1971.

Tableau 34

Le tableau 34 présente des données sur la population de 15 ans et plus, selon le degré d'instruction, le sexe, l'âge et la résidence urbaine/rurale pour chaque recensement entre 1985 et 1993.

Description des variables : Les statistiques figurant dans le présent tableau proviennent de recensements de population. Les données présentées dans le cas de pays ou de zones où il n'a pas été effectué de recensement de la population totale pendant la période considérée ont été tirées d'enquêtes par sondage et font l'objet de notes explicatives. Sauf indication contraire, les données portent sur la population de fait (population présente dans la zone considérée).

Le degré d'instruction est défini aux fins du présent tableau comme le niveau correspondant à la dernière année d'études accomplie d'après la classification internationale type de l'education, au niveau le plus élevé auquel une personne est parvenue dans le système d'enseignement du pays où elle a fait ses études; aux fins de comparaisons internationales, on entend par année d'études une étape de l'instruction généralement parcourue en une année scolaire [74]. Les données présentées portent sur le nombre d'années d'études effectuées dans l'enseignement du premier degré, du second degré et du troisième degré. En plus on a fait figurer dans ce tableau une catégorie pour "Degré non indiqué" et une catégorie "Education spéciale".

First level education customarily begins with the first year of compulsory education, which is usually between ages 5 and 7, and lasts for about five years. [75] It is a term which includes elementary school, primary school and so forth, but excludes nursery school, kindergarten, infant schools and the like, which are considered as preceding the first level for purposes of this table.

Second level education consists of two stages. The first stage begins at about age 11 or 12 and lasts about three years. The second stage begins at about age 14 or 15 and lasts for about three years. [76] ncluded in this level are programs for semi skilled and skilled jobs, apprenticeship programs, vocational programs and in some countries, teacher–training programs.

Third level education begins at about 17 to 19 and lasts 3 or 4 years or longer. [77] This level includes for example, universities, teachers colleges, and higher professional schools.

Within each level, grades are classified as follows: 1 through 5, 6 and over, and grade not stated. In addition, a category is provided for persons who have completed less than the first grade at the first level. This category includes those who have received no schooling.

Age is defined as age at last birthday, that is, the difference between the date of birth and the reference date of the age distribution expressed in completed solar years. The age classification in this table is the following: 15 years and over, 15–19, 20–24, 10–year groups through 55–64 years, and 65 years and over and age unknown.

Data on the educational attainment of the school–age population are not meaningful unless they are cross–classified by school attendance. This table has, therefore, been limited to population 15 years of age and over.

The urban/rural classification is that provided by each country or area; it is presumed to be based on the national definitions of urban population that have been set forth at the end of table 6.

Reliability of data: No special reliability codes have been used in connection with this table.

Limitations: Statistics on population 15 years of age and over, by educational attainment, sex and age are subject to the same qualifications as have been set forth for population statistics in general in section 3 of the Technical Notes.

Errors in national census data can arise at any stage of the collection processing or presentation process, and these errors may limit the quality and international comparability of census statistics presented in the Demographic Yearbook. Two major types of errors in census data are often distinguished: first, coverage errors, which lead to the over–enumeration or under–enumeration of the population in the census, and second, content errors, which affect the accuracy of the recorded information for the covered population.

L'enseignement du premier degré commence généralement avec la première année de scolarité obligatoire — qui se situe habituellement entre 5 et 7 ans — c'est–à–dire une période d'à peu près cinq ans [75]. Cet enseignement est dispensé dans les écoles élémentaires, les écoles primaires, etc., ce qui exclut les écoles maternelles, les jardins d'enfants, les crèches et autres établissements de même nature, qui, aux fins du présent tableau, sont considérés comme dispensant un enseignement précédant le premier degré.

Au second degré correspond un enseignement qui implique deux cycles, le premier à peu près trois années d'études autour de 11 ou 12 ans. Le deuxième cycle commence autour de 14 ou 15 ans et dure à peu près trois ans [76]. Aussi à ce degré certaines écoles dispensent des cours fournant des ouvriers semi qualifiés et qualifiés ainsi que des cours d'apprentissage, des cours professionelles et dans quelques pays certains cours de formation pédagogique.

L'enseignement du troisième degré est un type d'enseignement qui implique à peu près trois ou quatre années d'études ou plus qui commence autour de 17 à 19 ans [77]. Il est dispensé, par exemple, dans les universités, les diverses grandes écoles et instituts d'études supérieures, y compris les écoles normales supérieures.

Dans chaque degré les années d'études sont classées de la façon suivante : 1 à 5, 6 et plus et année non indiquée. En plus, on a fait figurer une catégorie "Moins d'une année d'études" (pour l'enseignement du premier degré). Cette catégorie comprend les personnes qui n'ont jamais fréquenté l'école.

L'âge désigne l'âge au dernier anniversaire, c'est–à–dire la différence entre la date de naissance et la date de référence de la répartition par âge exprimée en années solaires révolues. La classification par âge utilisée dans ce tableau est la suivante : 15 ans et plus, 15–19 ans, 20–24 ans, des groupes décennaux jusqu'à 55–64 ans, 65 ans et plus et âge inconnu.

Les statistiques concernant le degré d'instruction de la population d'âge scolaire n'ont de signification que si elles font l'objet d'une exploitation croisée avec les données relatives à la fréquentation scolaire. Pour cette raison, on n'a indiqué dans ce tableau que les données relatives à la population âgée de 15 ans et plus.

La classification selon la résidence (urbaine/rurale) est celle qui a été fournie par chaque pays ou zone; elle est censée reposer sur les définitions nationales de la population urbaine reproduites à la fin du tableau 6.

Fiabilité des données : Aucun code de fiabilité particulier n'a été utilisé pour le présent tableau.

Insuffisance des données : Les statistiques concernant la population de 15 ans et plus, selon le degré d'instruction, le sexe et l'âge appellent toutes les réserves qui ont été faites à la section 3 des Notes techniques à propos des statistiques de la population en général.

Des erreurs dans les données de recensements nationaux peuvent se produire à n'importe quel stade du processus de collecte ou de présentation et nuire à la qualité et à la comparabilité internationale des statistiques de recensement présentées dans l'Annuaire démographique. Deux principaux types d'erreurs sont couramment distingués dans les données de recensement, à savoir, premièrement, les erreurs de couverture, qui conduisent au surdénombrement ou au sous–dénombrement de la population recensée, et, deuxièmement, les erreurs de contenu, qui influent sur l'exactitude des renseignements enregistrés au sujet de l'univers considéré.

Because coverage errors may occur more frequently among some population sub–groups than others, coverage errors may affect not only the absolute number of persons in any given category but also their relative distribution. Levels and patterns of coverage and content errors differ widely among countries and even, at times, from census to census for a specific country. Further limiting the international comparability of census statistics are variations among countries in the concepts, definitions and classifications used in their censuses.

The difficulties of obtaining internationally comparable statistics on level of education are due in large part to the diversity in the structure of the national educational systems and in the duration of training possible in each level of education. A detailed discussion of the nature of this diversity is presented in the International Standard Classification of Education. [78] It is evident from this analysis that international comparability of these statistics is not possible in terms of levels alone. The duration of secondary education, in turn, varies greatly from one country to another, depending mainly on the duration of the preceding primary education. Because of this, as can be seen in the above–mentioned Classification, the diversity at the second level is more marked than that at the first level. When it is recalled that some distributions are limited to level only, with no subdivision by grade, it will be seen that the degree of comparability is a matter of conjecture.

Variation in the type of question on which the statistics are based, and in the kind of tabulations made, is also a factor in comparability. In some cases, the question on educational attainment was asked in terms of types of diplomas or certificates received; in others, tabulations referred to only a segment of the population, for example, to those having completed their education or to the literate population. Whenever it was possible to do so, coverage differences of this type and the assumptions made on the basis of these are explained in a footnote.

The differences between countries in the concept of what constitutes "second level" and "third level" education also impairs comparability to some extent. Vocational, trade and technical schools may be counted as second level in some countries and as third level in others. The allocation of teacher training schools also presents problems, as does the treatment of schools not part of the regular educational system.

Because these statistics are classified according to age, they are subject to the limitations with respect to accuracy of age reporting similar to those already discussed in connection with section 3.1.3 of the Technical Notes.

The comparability of data by urban/rural residence is affected by the national definitions of urban and rural used in tabulating these data. When known, the definitions of urban used in national population censuses are presented at the end of table 6. As discussed in detail in the Technical Notes for table 6, these definitions vary considerably from one country or area to another.

Etant donné qu'elles sont susceptibles de se produire plus fréquemment dans certains sous–groupes de la population que dans d'autres, les erreurs de couverture peuvent porter non seulement sur le nombre absolu de personnes comprises dans une catégorie donnée, mais aussi sur leur répartition relative. L'ampleur et les caractéristiques des erreurs de couverture et de contenu diffèrent considérablement d'un pays à l'autre et même, parfois, d'un recensement à l'autre dans un même pays. Les différences entre les concepts, définitions et classifications utilisés par les pays aux fins de leurs recensements contribuent également à limiter la comparabilité internationale des statistiques de recensement.

S'il est difficile d'établir des statistiques internationalement comparables sur le degré d'instruction, c'est surtout parce que la structure de l'enseignement public et la durée des études à chaque niveau de l'enseignement varient d'un pays à l'autre. La Classification internationale type de l'éducation [78] contient une étude détaillée sur la nature des différences existant dans ce domaine. La présente analyse montre clairement que les statistiques du tableau 38 ne sont pas internationalement comparables lorsque le niveau de l'enseignement est le seul élément pris en considération. De même, dans l'enseignement secondaire, la durée de la scolarité varie considérablement d'un pays à l'autre, car elle est en grande partie fonction de celle de l'enseignement primaire. C'est pourquoi, comme on peut le constater d'après la classification cité au paragraphe précédent, les différences existant d'un pays à l'autre sont plus marquées dans le premier degré que dans le second degré. Si l'on tient compte du fait que les données de certaines séries ne sont classées que selon le niveau d'enseignement, sans être réparties par année d'études, on reconnaîtra que la comparabilité des données est très aléatoire.

Le fait que les statistiques ont été établies sur la base d'un questionnaire différent selon les pays et exploitées suivant des méthodes diverses nuit également à la comparabilité des données de ce tableau. Dans certains cas, on a demandé aux recensés d'indiquer leur degré d'instruction en mentionnant les diplômes ou certificats dont ils sont titulaires; dans d'autres, on n'a pris en considération qu'un secteur de la population, par exemple les personnes ayant terminé leurs études ou les alphabètes. Les différences de cette nature ainsi que les hypothèses qu'elles autorisent sont dans la mesure du possible indiquées en note de bas de page.

Les divergences que l'on constate d'un pays à l'autre en ce qui concerne les notions mêmes d'enseignement du second degré et d'enseignement du troisième degré réduisent aussi, dans une certaine mesure, la comparabilité des données. En effet, dans certains pays, on considère les écoles professionnelles et les écoles techniques comme des établissements du second degré tandis que, dans d'autres, on les assimile à des établissements du troisième degré. Le classement des écoles de formation d'enseignants et des écoles n'appartenant pas au système régulier d'instruction publique pose également des problèmes.

Comme ces statistiques sont classées selon l'âge, elles appellent les mêmes réserves concernant l'exactitude des déclarations d'âge que celles déjà mentionnées dans la section 3.1.3 des Notes techniques.

La comparabilité des données selon la résidence (urbaine/rurale) peut être limitée par les définitions nationales des termes "urbain" et "rural" utilisées pour la mise en tableaux de ces données. Les définitions du terme "urbain" utilisées pour les recensements nationaux de population ont été présentées à la fin du tableau 6 lorsqu'elles étaient connues. Comme on l'a précisé en détail dans les Notes techniques relatives au tableau 6, ces définitions varient très sensiblement d'un pays ou d'une zone à l'autre.

Coverage: Population 15 years of age and over, by educational attainment, sex and age is shown for 54 countries or areas. Data are presented by urban/rural residence for 13 countries or areas.

Earlier data: Population by educational attainment, and by sex have been shown previously in issues of the Demographic Yearbook featuring population census statistics as the special topic. This series updates information published in previous issues as indicated in the Index.

The age variable was introduced in the 1971 issue and has been shown again in each subsequent issue. Data have been presented by urban/rural residence beginning in the 1971 issue.

Portée : Des statistiques sur la population de 15 ans et plus selon le degré d'instruction, le sexe et l'âge sont présentées pour 54 pays ou zones. La répartition selon la résidence (urbaine/rurale) est indiquée pour 13 pays ou zones.

Données publiées antérieurement : Des statistiques sur la population selon le degré d'instruction, le sexe et l'âge ont déjà été publiées dans des éditions antérieures de l'Annuaire démographique qui portaient comme sujet spécial les statistiques des recensements de la population. Les séries de ce tableau mettent à jour les données publiées antérieurement mentionnées dans l'Index.

Une nouvelle variable, l'âge, a été introduite dans l'édition de 1971; des répartitions selon cette variable ont de nouveau été présentées dans chaque édition successive de l'Annuaire. Des données selon la résidence (urbaine/rurale) ont été publiées à partir de 1971.

Table 35

Table 35 presentes population 5 to 24 years of age by school attendance, sex, age and urban/rural residence for each census between 1985 and 1993.

Description of variables: Statistics presented in this table are from population censuses. Data obtained from sample surveys are shown for those countries or areas where no census of the total population was held during the period. These have been footnoted. Unless otherwise indicated, data refer to the de facto (present–in–area) population.

School attendance is defined as attendance at any regular educational institution, public or private, for systematic instruction at any level of education at the time of the census or, if the census is taken during the vacation period at the end of the school year, during the last school year. Instruction in particular skills, which is not part of the recognized educational structure of the country (e.g. in–service training courses in factories) is not considered "school attendance" for census purposes. [79]

Age is defined as age at last birthday, that is, the difference between the date of birth and the reference date of the age distribution expressed in completed solar years. The age classification used in this table is single years from 5 to 24 years. Data for some countries or areas deviate from this standard age classification.

The urban/rural classification is that provided by each country or area; it is presumed to be based on the national definitions of urban population that have been set forth at the end of table 6.

Percentage computation: Percentage attending school for both sexes, male and female separately, is the number of persons attending school by age and sex per 100 persons in the same age–sex group at the same date.

Reliability of data: No special reliability codes have been used in connection with this table.

Limitations: Statistics on population 5 to 24 years of age by school attendance, sex and age are subject to the same qualifications as have been set forth for population statistics in general in section 3 of the Technical Notes.

Tableau 35

Le tableau 35 présente des données sur la population âgée de 5 à 24 ans, selon la fréquentation scolaire, le sexe, l'âge et la résidence urbaine/rurale pour chaque recensement entre 1985 et 1993.

Description des variables : Les statistiques figurant dans le présent tableau proviennent de recensements de population. Les données présentées dans le cas de pays ou zones où il n'a pas été effectué de recensement de la population totale pendant la période considérée ont été tirées d'enquêtes par sondage et font l'objet de notes explicatives. Sauf indication contraire, les données portent sur la population de fait (population présente dans la zone considérée).

On entend par fréquentation scolaire la fréquentation d'un établissement agréé, public ou privé, pour y faire des études régulières à un niveau quelconque à la date du recensement, ou, si le recensement a lieu pendant les vacances scolaires de fin d'année, durant la dernière année scolaire. Aux fins de recensement, l'expression "fréquentation scolaire" ne s'applique pas à des types de formation particuliers ne faisant pas partie du système d'enseignement officiel du pays (formation en cours d'emploi dans une usine, par exemple) [79].

L'âge désigne l'âge du dernier anniversaire, c'est–à–dire la différence entre la date de naissance et la date de référence de la répartition par âge exprimée en années solaires révolues. La classification par âge utilisée dans ce tableau est la suivante : chaque année d'âge de 5 à 24 ans. Les données de certains pays ou zones diffèrent de la classification type.

La classification selon la résidence (urbaine/rurale) est celle qui a été fournie par chaque pays ou zone; elle est censée reposer sur les définitions nationales de la population urbaine reproduites à la fin du tableau 6.

Calcul des pourcentages : Les pourcentages de la fréquentation scolaire représentent, pour l'ensemble des deux sexes et pour chaque sexe, le nombre de personnes d'un âge donné fréquentant l'école pour 100 personnes du même groupe d'âge et du même sexe dans la population totale.

Fiabilité des données : Aucun code de fiabilité particulier n'a été utilisé pour le présent tableau.

Insuffisance des données : Les statistiques concernant la population selon la fréquentation scolaire appellent toutes les réserves qui ont été faites à la section 3 des Notes techniques à propos des statistiques de la population en général.

Errors in national census data can arise at any stage of the collection processing or presentation process, and these errors may limit the quality and international comparability of census statistics presented in the Demographic Yearbook. Two major types of errors in census data are often distinguished: first, coverage errors, which lead to the over–enumeration or under–enumeration of the population in the census, and second, content errors, which affect the accuracy of the recorded information for the covered population.

Because coverage errors may occur more frequently among some population sub–groups than others, coverage errors may affect not only the absolute number of persons in any given category but also their relative distribution. Levels and patterns of coverage and content errors differ widely among countries and even, at times, from census to census for a specific country. Further limiting the international comparability of census statistics are variations among countries in the concepts, definitions and classifications used in their censuses.

An important limitation of school attendance statistics is the variation in the time periods to which the basic census question refers. In many countries or areas, no reference period is specified and attendance seems to refer to the day of the census. It may be noted that the longer the period of reference, the larger is the number of school attendants likely to be reported.

Comparability is also limited by the fact that, in some countries, the question asked at the census refers specifically to attendance at a school which is part of the regular school system while, in others, no such limitation is set, and attendance at commercial schools, dancing schools, language schools, and so forth may be included in the results.

The employment of various minimum ages and age ranges for the cross–classification of school–attending population is another source of non–comparability.

Errors in reporting may include deliberate falsification in countries where non–attendance at school for persons at specified ages is contrary to law or custom.

Because the statistics are classified according to age, they are subject to the limitations with respect to accuracy of age reporting similar to those already discussed in connection with section 3.1.3 of the Technical Notes. Possible errors in age–reporting may be especially evident in fluctuations in the single–year frequencies.

The comparability of data by urban/rural residence is affected by the national definitions of urban and rural used in tabulating these data. When known, the definitions of urban used in national population censuses are presented at the end of table 6. As discussed in detail in the Technical Notes for table 6, these definitions vary considerably from one country or area to another.

Coverage: Population 5 to 24 years of age by school attendance, sex and age is shown for 49 countries or areas. Data are presented by urban/rural residence for 8 countries or areas.

Des erreurs dans les données de recensements nationaux peuvent se produire à n'importe quel stade du processus de collecte ou de présentation et nuire à la qualité et à la comparabilité internationale des statistiques de recensement présentées dans l'Annuaire démographique. Deux principaux types d'erreurs sont couramment distingués dans les données de recensement, à savoir, premièrement, les erreurs de couverture, qui conduisent au surdénombrement ou au sous–dénombrement de la population recensée, et, deuxièmement, les erreurs de contenu, qui influent sur l'exactitude des renseignements enregistrés au sujet de l'univers considéré.

Etant donné qu'elles sont susceptibles de se produire plus fréquemment dans certains sous–groupes de la population que dans d'autres, les erreurs de couverture peuvent porter non seulement sur le nombre absolu de personnes comprises dans une catégorie donnée, mais aussi sur leur répartition relative. L'ampleur et les caractéristiques des erreurs de couverture et de contenu diffèrent considérablement d'un pays à l'autre et même, parfois, d'un recensement à l'autre dans un même pays. Les différences entre les concepts, définitions et classifications utilisés par les pays aux fins de leurs recensements contribuent également à limiter la comparabilité internationale des statistiques de recensement.

La valeur des statistiques de la fréquentation scolaire se trouve considérablement réduite du fait que la question posée lors des recensements ne vise pas des périodes uniformes. Dans nombre de pays ou zones, aucune période de référence n'est spécifiée et il semble que l'on prenne en considération la "fréquentation scolaire" le jour du recensement. On notera que l'effectif scolaire est, en principe, d'autant plus important que la période de référence est plus longue.

La comparabilité est également limitée par le fait que, dans certains pays, la question posée lors du recensement porte expressément sur la fréquentation des écoles qui font partie du système régulier d'instruction publique, alors que dans d'autres aucune limitation semblable n'est imposée et la fréquentation d'écoles de commerce, d'écoles de danse, d'écoles de langues, etc., peut figurer dans les statistiques.

La diversité des âge minimaux et des intervalles d'âge utilisés dans la classification des effectifs scolaires réduit aussi la comparabilité des données.

D'autres erreurs peuvent fausser les déclarations, notamment des erreurs intentionelles dans le pays où la loi ou la coutume obligent les personnes d'un âge déterminé à fréquenter l'école.

Comme ces statistiques sont classées selon l'âge, elles appellent les mêmes réserves concernant l'exactitude des déclarations d'âge que celles déjà mentionnées dans la section 3.1.3 des Notes techniques. Les écarts que l'on constate dans les données par année d'âge indiquent que des erreurs se sont parfois glissées dans les déclarations d'âge.

La comparabilité des données selon la résidence (urbaine/rurale) peut être limitée par les définitions nationales des termes "urbain" et "rural" utilisées pour la mise en tableaux de ces données. Les définitions du terme "urbain" utilisées pour les recensements nationaux de population ont été présentées à la fin du tableau 6 lorsqu'elles étaient connues. Comme on l'a précisé en détail dans les Notes techniques relatives au tableau 6, ces définitions varient très sensiblement d'un pays ou d'une zone à l'autre.

Portée : Des statistiques sur la poulation âgée de 5 à 24 ans, selon la fréquentation scolaire, le sexe et l'âge, sont présentées pour 49 pays ou zones. La répartition selon la résidence (urbaine/rurale) est indiquée pour 8 pays ou zones.

Earlier data: Population by school attendance, sex and age has been shown previously in issues of the Demographic Yearbook featuring population census statistics as the special topic. This series updates information published in previous issues as indicated in the Index.

Data have been presented by urban/rural residence beginning in the 1971 issue.

Données publiées antérieurement : Des statistiques sur la population âgée de 5 à 24 ans, selon la fréquentation scolaire, le sexe et l'âge, ont déjà été publiées dans des éditions antérieures de l'Annuaire démographique qui portaient comme sujet spécial les statistiques des recensements de la population et les statistiques des migrations internationales. Les séries de ce tableau mettent à jour les données publiées antérieurement mentionnées dans l'Index.

Des données selon la résidence (urbaine/rurale) ont été publiées à partir de 1971.

FOOTNOTES

[1] For a listing of the majority of these, see "Names of Countries and Adjectives of Nationality" (United Nations document ST/CS/SER.F/317 and Corr. 1–2.

[2] Unites Nations publication, Sales No. E.80.XVII.8.

[3] Principles and Recommendations for Population and Housing Censuses, para. 2.88 (ST/ESA/STAT/SER.M/67.

[4] Alternatively if a population register is used, completed ages are calculated by substracting the date of birth of individuals listed in the register from a reference date to which the age data pertain.

[5] A source of non–comparability may result from differences in the method of reckoning age, for example, the Western versus the Eastern or, as it is usually known, the English versus the Chinese system. By the latter, a child is regarded as one year old at birth and his age advances one year at each Chinese New Year. The effect of this system is most obvious at the beginning of the age span where the frequencies in the under–one–year category are markedly understated. The effect on higher age groups is not so apparent. Distributions constructed on this basis are often adjusted before publication, but the possibility of such aberrations should not be excluded when census data by age are compared.

[6] In this index, differences were scored from expected values of ratios between numbers of either sex in the same age group, and numbers of the same sex in adjoining age groups. In compounding the score, allowance had to be made for certain factors such as the effects of past fluctuations in birth rates, of heavy war casualties, and of the smallness of the population itself. A detailed description of the index, with results of its application to the data presented in the 1949–1950 and 1951 issues of the Demographic Yearbook, is furnished in Population Bulletin, No. 2 (United Nations publication, Sales No. 52.XIII.4), pp. 59–79. The scores obtained from statistics presented in the Demographic Yearbook 1952 are presented in that issue, and the index has also been briefly explained in that issue, as well as those of 1953 and 1954.

[7] United States, Bureau of Census, Thirteenth Census ... vol. I (Washington, D.C., U.S. Government Printing Office), pp. 291–192.

[8] J.T. Marten, Census of India, 1921, vol. I, part I (Calcutta, 1924), pp. 126–127.

[9] United Nations publication Sales No. E/F.80.XIII.1, pp.13–14).

[10] For further discussion, see Demographic Yearbook 1962 (United Nations publication, Sales No. 63.XIII.1) chap. 1.

NOTES

[1] Pour une liste de la plupart d'entre eux, voir "Names of countries and adjectives of nationality" (document des Nations Unies ST/CS/SER.F/317 et Corr. 1 et 2).

[2] Publication des Nations Unies, numéro de vente : F.80.XVII.8.

[3] Principes et recommandations concernant les recensements de population, par. 2.88 (ST/ESA/STAT/SER.M/67.

[4] Lorsqu'on utilise un registre de la population, on peut également calculer l'âge en années révolues en soustrayant la date de naissance de chaque personne inscrite sur le registre de la date de référence à laquelle se rapportent les données sur l'âge.

[5] L'emploi de méthodes différentes de calcul de l'âge, par exemple la méthode occidentale et la méthode orientale, ou, comme on les désigne plus communément, la méthode anglaise et la méthode chinoise, représente une cause de non–comparabilité. Selon la méthode chinoise, on considère que l'enfant est âgé d'un an à sa naissance et qu'il avance d'un an à chaque nouvelle année chinoise. Les répercussions de cette méthode sont très apparentes dans les données pour le premier âge : les données concernant les enfants de moins d'un an sont nettement inférieures à la réalité. Les effets sur les chiffres relatifs aux groupes d'âge suivants sont moins visibles. Les séries ainsi établies sont souvent ajustées avant d'être publiées, mais il ne faut pas exclure la possibilité d'aberrations de ce genre lorsqu'on compare des données censitaires sur l'âge.

[6] Dans cet indice, on déterminait les différences à partir des rapports prévus de masculinité dans un groupe d'âge et dans les groupes d'âge adjacents. Il fallait pour cela tenir compte de l'influence de facteurs tels que les mouvements passés des taux de natalité, les pertes de guerre élevées et, le cas échéant, le faible effectif de la population. On trouvera dans le Bulletin démographique no. 2 (publication des Nations Unies, numéro de vente : 52.XIII.4), p. 64 à 87, un exposé détaillé sur cet indice ainsi que les résultats de son application aux données présentées dans les éditions de 1949–1950 et de 1951 de l'Annuaire démographique. On a fait les mêmes calculs sur les statistiques publiées dans l'Annuaire démographique 1952 et les résultats obtenus sont indiqués dans cette édition de l'Annuaire, qui, comme celles de 1953 et de 1954, donne de brèves explications sur l'indice en question.

[7] United States Bureau of the Census, Thirteenth Census ..., vol. I (Washington, D.C., U.S. Government Printing Office), p. 291 à 292.

[8] J.T. Marten, Census of India, 1921, vol. I, partie I (Calcutta, 1924), p. 126 et 127.

[9] Publication des Nations Unies, numéro de vente : E/F.80.X III.1, p.82.

[10] Pour plus de détails, voir l'Annuaire démographique 1962 (publication des Nations Unies, numéro de vente : 63.XIII.1), chap. premier.

[11] For detailed explanation of the content of each category of the code, see Demographic Yearbook 1964 (United Nations publication, Sales No. 65.XIII.1).

[12] For an analysis of the regional availability of birth and death statistics, see Population Bulletin of the United Nations, No. 6 (United Nations publication, Sales No. 62.XIII.2) and Population Bulletin of the United Nations, No. 7 (United Nations publication, Sales No. 64.XIII.2).

[13] United Nations publication, Sales No. E.73.XVII.9.

[14] United Nations publication, Sales No. E.91.XVII.5 and Sales No. E.84.XVII.11.

[15] United Nations publication, Sales No. E.83.VII.13.

[16] For more information on historical and legal background on the use of differing definitions of live births and foetal deaths, comparisons of definitions used as of 1 January 1950, and evaluation of the effects of these differences on the calculation of various rates, see Handbook of Vital Statistics Methods, chap. IV.

[17] World Health Organization, Manual of the International Classification of Diseases, Injuries and Causes of Death 1965 Revision vol.1 (Geneva, 1967).

[18] Other innovations in the ninth revision which do not apply directly in coding cause of death statistics are discussed in World Health Organization, WHO Chronicle vol. 32, No. 6 (Geneva, 1978), pp. 219–225.

[19] World Health Organization, Manual of the International Statistical Classification of Diseases, Injuries and Causes of Death, 1965 Revision Vol. I (Geneva, 1967). pp.445–446.

[20] The Adapted Mortality List is derived from the Basic Tabulation List shown in World Health Organization, Manual of the International Statistical Classification of Diseases, Injuries and Causes of Death, 1975 revision vol. I (Geneva, 1977), pp. 745–755.

[21] World Health Organization, Manual of the International Statistical Classification of Diseases, Injuries and Causes of Death, 1975 Revision vol. I (Geneva, 1977), p. xix.

[22] Source : World Population Prospects 1990: The 1994 Revision.

[23] Demographic Yearbook, 1956, p. 13.

[24] Principles and Recommendations for Vital Statistics System (United Nations Publications, Sales No. E.73.XVII.9), para. 46.

[25] Source : World Population Prospects: The 1994 Revision.

[26] Ibid.

[27] Ibid.

[28] Ibid.

[29] Ibid.

[30] For further information, see Social and Demographic Statistics : Classifications of size and type of Locality and Urban/Rural Areas, (United Nations Publication, E/CN.3/55/29 July 1980).

[11] On trouvera des explications plus complètes du contenu de chaque catégorie du code dans l'Annuaire démographique 1964 (publication des Nations Unies, numéro de vente : 65.XIII.1).

[12] Pour une analyse des statistiques régionales disponibles sur la natalité et la mortalité, voir le Bulletin démographique des Nations Unies no. 6 (publication des Nations Unies, numéro de vente : 62.XIII.2), et le Bulletin démographique des Nations Unies no. 7 (publication des Nations Unies, numéro de vente : 64.XIII.2).

[13] Publication des Nations Unies, numéro de vente : F.73.XVII.9.

[14] Publication des Nations Unies, numéro de vente: E.91.XVII.5 and E.84.XVII.11.

[15] Publication des Nations Unies, numéro de vente: E.83.XVII.13.

[16] Pour plus de précisions au sujet des considérations historiques et juridiques auxquelles se rattachent les différentes définitions utilisées des naissances vivantes et des morts foetales, pour une comparaison des définitions utilisées depuis le 1er janvier 1950 et pour une évaluation des effets de ces différences de définition sur le calcul de divers taux, voir le Manuel de statistique de l'état civil chap. IV.

[17] Organisation mondiale de la santé, Manuel de la Classification statistique internationale des maladies, traumatismes et causes de décès, Révision 1965, vol. I (Genève, 1967).

[18] D'autres innovations introduites dans la neuvième révision, et qui ne s'appliquent pas directement au codage des statistiques de causes de décès, sont exposées dans : Chronique de l'OMS vol. 32, no. 6 Genève, 1968), p. 219 à 225.

[19] Organisation mondiale de la santé, Manuel de la classification statistique internationale des maladies, traumatismes et causes de décès, Révision 1965, vol. I (Genève, 1967).

[20] La Liste adapté des causes de mortalité est derivée de la Liste de base de l'Organisation mondiale de la santé, Manuel de la classification statistique internationale des maladies, traumatismes et causes de décès, Révision 1975, vol. I (Genève, 1977).

[21] Organization mondiale de la santé, Manuel de la classification statistique internationale des maladies, traumatismes et causes de décès, Revision 1975, vol. I (Genève, 1977), p. XVIII.

[22] Source : Le perspectives d'avenir de la population mondiale: La Révision 1994.

[23] Voir Annuaire démographique 1956, p. 74.

[24] Principes et recommandations pour un système de statistiques de l'état civil (publication des Nations Unies, numéro de vente : F.73.XVII.9), par. 46.

[25] Source : Les perspectives d'avenir de la population mondiale: la Révision 1994.

[26] Ibid.

[27] Ibid.

[28] Ibid.

[29] Ibid.

[30] Pour plus de précisions, voir Statistiques sociales et démographiques : Classification par type et taille de localité et par régions urbaines et rurales (publication des Nations Unies, E/CN.3/551, 29 juillet 1980).

[31] Demographic Yearbook: Historical Supplement (United Nations Publication, Sales No. E/F.79.XIII.8), pp. 14–20.

[32] For further information, see Manual IV : Methods of Estimating Basic Demographic Measures from Incomplete Data (United Nations publication, Sales No. E.67.XIII.2).

[33] Principles and Recommendations for a Vital Statistics System, para 46(1).

[34] For definition, see section 4.1.1.3 of the Technical Notes.

[35] The definition of legally induced abortion was not altered in the Manual of the International Statistical Classification of Deseases, Injuries, and Causes of Death, 1975 Revision. For further information about the International Classification of Diseases see section 4.3 of the Technical Notes.

[36] World Health Organization, Manual of the International Statistical Classification of Diseases, Injuries, and Causes of Death, 1965 Revision, vol. I (Geneva, 1967), p.243.

[37] Ibid., p.298.

[38] Ibid., p.243.

[39] Principles and Recommendations for a Vital Statistics System, para. 46(3).

[40] Ibid.

[41] World Health Organization, World Health Statistics Report, vol. 22, No. I (Geneva 1969) pp. 38–42.

[42] The definition of legally induced abortion was not altered in the Manual of the International Statistical Classifi cation of Diseases, Injuries and Causes of Death, 1975 Revision. For further information about the International Classification of Diseases see section 4.3 of the Technical Notes.

[43] World Health Organization, Manual of the International Statistical Classifi cation of Diseases, Injuries and Causes of Death, 1965 Revision, vol. 1 (Genava, 1967), p. 243.

[44] Ibid., p. 198.

[45] Ibid., p. 243.

[46] Principles and Recommendations for a Vital Statistics System, para. 46(3).

[47] World Health Organization, World Health Statistics Report, Vol. 22, No. 1 (Geneva, 1969), pp. 38–42.

[48] For a more detailed discussion of the problem, see W.P.D. Logan, "The measurement of infant mortality", Population Bulletin of the United Nations No. 2 (United Nations publications, Sales No. 53.XII.8), pp. 30–67.

[49] World Health Organization, Manual of the International Statistical of Classification of Diseases, Injuries and Causes of Death vol.I, (Geneva, 1967), pp. 445–446.

[31] Annuaire démographique, Supplément rétrospectif (publication des Nations Unies, numéro de vente : E/F.79.XIII.8), p. 46 à 53.

[32] Pour plus de renseignements, voir Méthodes permettant d'estimer les mesures démographiques fondamentales établies à partir de données incomplètes — manuel IV (publication des Nations Unies, numéro de vente : F.67.XIII.2).

[33] Principes et recommandations pour un système de statistiques de l'état civil, par. 46(1).

[34] Voir définition à la section 4.1.1.3 des Notes techniques.

[35] La définition de l'avortement pour raison légale n'a pas été modifiée dans le Manuel de la Classification statistique internationale des maladies, traumatismes et causes de décès, Révision 1975. Pour plus de détails à ce sujet, voir la section 4.3 des Notes techniques.

[35] Organisation mondiale de la santé, Manuel de la Classification statistique internationale des maladies, traumatismes et causes de décès, Révision 1965, vol. I (Genève, 1967), p. 249.

[37] Ibid., p.313.

[38] Ibid., p.249.

[39] Principes et recommandations pour un système de statistiques de l'état civil, par. 46(3).

[40] Ibid.

[41] Organisation mondiale de la santé, Rapport de statistiques sanitaires mondiales, vol. 22, no. 1 (Genève, 1969), p. 38 à 42.

[42] La définition de l'avortement pour raison légale n'a pas été modifiée dans le Manuel de la Classifacion statistique internationale des maladies, traumatismes et causes de décès, Révision 1975. Pour de détails à ce sujet, voir la section 4.3 des Notes techniques.

[43] Organisation mondiale de la santé, Manuel de la Classifacion statistique internationale des maladies, traumatismes et causes de décès, Révision 1965, vol. 1 (Genève, 1967), p. 249.

[44] Ibid., p. 313.

[45] Ibid., p. 249.

[46] Principes et recommandations pour un système de statistiques de l'état civil, par. 46(3).

[47] Organisation mondiale de la santé, Report de statistiques sanitaires mondiales, vol. 22, no. 1 (Genève, 1969), p. 38 à 42.

[48] Pour un exposé critique plus détaillé sur le problème, voir W.P.D. Logan, "Mesure de la mortalité infantile", Bulletin démographique des Nations Unies, no. 2 (publication des Nations Unies, numéro de vente : F.52.XIII.8), p. 32 à 72.

[49] Voir Organisation mondiale de la santé, Manuel de la Classification statistique internationale des maladies, traumatismes et causes de décès, vol. I (Genève, 1967).

[50] The "The Adapted Mortality List" is derived from the Basic Tabulation List shown in World Health Orgnization, Manual of the International Statistical Classification of Diseases, Injuries and Causes of Death vol. I (Geneva, 1977), pp. 745–755.

[51] Principles and Recommendations for for a Vital Statistics System, para. 46(2).

[52] The definition recommended for cause of death is identical in World Health Organization, Manual of the International Classification of Diseases, Injuries, and Causes of Death, 1965 Revision vol. I (Geneva, 1967) p. 469 and in World Health Organization, Manual of the International Statistical Classification of Diseases, Injuries, and Causes of Death, 1975 Revision vol. I (Geneva, 1977), p. 763.

[53] Ibid.

[54] World Health Organization, Manual of the International Statistical Classification of Diseases, Injuries and Causes of Death, 1975 Revision vol. I (Geneva, 1977).

[55] World Health Organization, Manual of the International Statistical Classification of Diseases, Injuries and Causes of Death, 1965 Revision vol. I (Geneva, 1967).

[56] World Health Organization, Bulletin, Supp. 4, Comparability of Statistics of Causes of Death According to the Fifth and Sixth Revisions of the International List (Geneva, 1952).

[57] Manuals on Methods of Estimating Population, Manual IV : Methods of Estimating Basic Demographic Measures from Incomplete Data (United Nations publication, Sales No. 67.XIII.2).

[58] Manuals on Methods of Estimating Population. Manual III : Methods for Population Projections by Age and Sex (United Nations publication, Sales No. 56.XIII.3); Coale, A.J. and Demeny, Paul, Regional Model Life Tables and Stable Population, Princeton University Press. 1966).

[59] For further information on the construction and interpretation of life tables refer to Manuals on Methods of Estimating Population Manual III : Methods for Population Projections by Age and Sex (United Nations publications, Sales No. 56.XIII.3).

[60] Principles and Recommendations for a Vital Statistics System, para. 46(4).

[61] For definition, see section 4.1.1.4 of the Technical Notes.

[62] Principles and Recommendations for a Vital Statistics System, para 46 (4).

[63] For a detailed discussion of terminologies and concepts employed in the collection of data on ethnic characteristics in censuses taken around 1970 and 1980, see "Handbook of Population Census Methods: Part II", Chapter VII. See also corresponding sections of "Principles and Recommendations for Population and Housing Censuses" (Sales No. E.80.XVII.8).

[50] La liste adaptée de mortalité est dérivée de la Liste de base pour la mise en tableaux présentée dans le Manuel de la Classification internationale des maladies, traumatismes et causes de décès, O.M.S., vol. I (révision de 1975), Genève, 1977, p. 753 à 764.

[51] Principes et recommandations pour un système de statistiques de l'état civil, par. 46(2).

[52] La définition recommandée est la même dans : Organisation mondiale de la santé, Manuel de la Classification statistique internationale des maladies, traumatismes et causes de décès, Révision 1965, vol. I (Genève, 1967), p. 493, et dans : Organisation mondiale de la santé, Manuel de la Classification internationale des maladies, traumatismes et causes de décès, Révision 1975, vol. I (Genève, 1977), p. 771.

[53] Ibid.

[54] Organisation mondiale de la santé, Manuel de la Classification statistique internationale des maladies, traumatismes et causes de décès, Révision 1975, vol. I (Genève, 1977).

[55] Organisation mondiale de la santé, Manuel de la Classification statistique internationale des maladies, traumatismes et causes de décès, Révision 1965, vol. I (Genève, 1967).

[56] Organisation mondiale de la santé, Bulletin, Supplément no. 4, Comparabilité des statistiques des causes de décès selon la cinquième et la sixième révision de la Nomenclature internationale (Genève, 1952).

[57] Manuel sur les méthodes d'estimation de la population — Manuel IV (publication des Nations Unies, numéro de vente : 67.XIII.2).

[58] Manuels sur les méthodes d'estimation de la population — Manuel III, Méthodes de projections démographiques par sexe et par âge (publication des Nations Unies, numéro de vente : 56.XIII.3); Coale, A.J. et Demeny, Paul, Regional Model Life Tables and Stable Population (Princeton, Princeton University Press, 1966).

[59] Pour plus de précision concernant l'établissement et l'interprétation des tables de mortalité, voir : Manuels sur les méthodes d'estimation de la population — Manuel III : méthodes de projections démographique par sexe et par âge (publication des Nations Unies, numéro de vente : 56.XIII.3).

[60] Principes et recommandations pour un système de statistiqu es de l'état civil, par. 46(4).

[61] Pour la définition, voir la section 4.1.1.4 des Notes techniques.

[62] Principes et recommandations pour un système de statistiques de l'etat civil, par. 46(4).

[63] On trouvera un exposé détaillé de la terminologie et des concepts appliquées dans le rassemblement des données sur les caractéristiques ethniques lors des recensements effectués vers 1970 et 1980, dans le Manuel des méthodes de recensement de la population: vol. III, chap. VIII. Voir aussi les parties correspondantes de Principes et recommandations concernant les recensements de la population et de l'habitation (Sales No. E.80.XVII.8).

[64] For a detailed discussion of national practices in the collection of data on languages in censuses taken around 1970 and 1980, see "Handbook of Population Census Methods: Part II", chapter VI. See also corresponding sections of "Principles and Recommendations for Population and Housing Censuses", para. 2.113 (Sales No. E.80.XVII.8).

[65] Principles and Recommendations for Population and Housing Censuses, para. 2.115.

[66] For a detailed discussion of national practices in the collection of data on religion in censuses taken around 1970 and 1980, see "Handbook of Population Census Methods: Part II", chapter VIII.

[67] Principles and Recommendations for Population and Housing Censuses, para. 2.51–2.53.

[68] Ibid., para. 2.164

[69] Ibid., para. 2.165

[70] Ibid., para. 2.167

[71] Ibid., para. 2.164

[72] Ibid., para. 2.165

[73] Ibid., para. 2.167

[74] UNESCO, Revised recommendations concerning the International Standardization of Educational Statistics (20C/33).

[75] UNESCO, International Standardization of Educational Statistics (COM/ST/ISCE9), 1977.

[76] Ibid.

[77] Ibid.

[78] Ibid.

[78] Principles and Recommendations for Population and Housing Censuses, para. 2.168.

[64] Pour plus de précisions au sujet des pratiques nationales appliquées dans le rassemblement des données sur les langues lors des recensements effectués vers 1970 et 1980, voir le Manuel des méthodes de recensement de la population: vol. II, chap. VI. Voir aussi les parties correspondantes de Principes et recommandations concernant les recensements de la population et de l'habitation, para. 2.113 (Sales No. E.80.XVII.8).

[65] Principes et recommandations concernant les recensements de population et de l'habitation par. 2.115.

[66] Pour plus de précisions au sujet des pratiques nationales applicables au le rassemblement des données sur la religion lors des recensements effectués vers 1970 et 1980, voir le Manuel des méthodes de recensement de la population: vol. II, chap. VII.

[67] Principes et recommandations concernant les recensements de population et de l'habitation par. 2.51–2.53.

[68] Ibid., par. 2.164.

[69] Ibid., par. 2.165.

[70] Ibid., par. 2.167.

[71] Ibid., par. 2.164.

[72] Ibid., par. 2.165.

[73] Ibid., par. 2.167.

[74] UNESCO, Revised recommendations concerning the International Standardization of Educational Statistics (20C/33).

[75] UNESCO, Classification internationale type de l'éducation (COM/ST/ISCED), 1977.

[76] Ibid.

[77] Ibid.

[78] Ibid.

[78] Principes et recommandations concernant les recensements de population et de l'habitation par. 2.168.

1. Population, rate of increase, birth and death rates, surface area and density for the world, macro regions and regions: selected years
Population, taux d'accroissement, taux de natalité et taux de mortalité, superficie et densité pour l'ensemble du monde, les grandes régions et les régions géographiques: diverses années

(See notes at end of table. – Voir notes à la fin du tableau.)

Macro regions and regions Grandes régions et régions	Population – Mid-year estimates – Estimations au milieu de l'année (millions) 1950	1960	1970	1975	1980	1985	1990	1993	Annual rate of increase – Taux d'accroissement annuel % 1990–95	Birth rate – Taux de natalité (0/00) 1990–95	Death rate – Taux de mortalité (0/00) 1990–95	Surface area – Superficie (km [2]) (000's) 1993	Density [1] – Densité [1] 1993
WORLD TOTAL – ENSEMBLE DU MONDE	**2 520**	**3 021**	**3 697**	**4 077**	**4 444**	**4 846**	**5 285**	**5 544**	**1.6**	**25**	**9**	**135641**	**41**
AFRICA – AFRIQUE	**224**	**282**	**364**	**414**	**476**	**549**	**633**	**689**	**2.8**	**42**	**14**	**30306**	**23**
Eastern Africa – Afrique orientale	66	83	110	125	145	168	196	214	3.0	46	16	6 356	34
Middle Africa – Afrique centrale	26	32	40	45	52	61	70	77	3.1	46	15	6 613	12
Northern Africa–Afrique septentrionale	53	67	85	96	110	126	143	154	2.3	31	9	8 525	18
Southern Africa–Afrique méridionale	16	20	25	29	33	38	42	45	2.3	32	9	2 675	17
Western Africa – Afrique occidentale	63	80	104	118	135	156	181	198	3.0	46	16	6 138	32
LATIN AMERICA AMERIQUE LATINE	**166**	**217**	**283**	**320**	**358**	**398**	**440**	**465**	**1.8**	**26**	**7**	**20533**	**23**
Caribbean – Caraïbes	17	20	25	27	29	31	34	35	1.3	24	8	235	149
Central America – Amérique centrale	37	49	67	78	89	101	113	121	2.2	30	6	2 480	49
South America – Amérique du Sud	112	147	191	214	240	267	293	300	1.7	25	7	17819	17
NORTHERN AMERICA [2] – AMERIQUE SEPTENTRIONALE [2]	**166**	**199**	**226**	**239**	**252**	**265**	**278**	**287**	**1.0**	**16**	**9**	**21517**	**13**
ASIA [3] – ASIE [3]	**1 403**	**1 703**	**2 147**	**2 406**	**2 642**	**2 904**	**3 186**	**3 350**	**1.6**	**25**	**8**	**31764**	**105**
Eastern Asia – Asie Orientale	671	792	987	1 097	1 179	1 259	1 352	1 397	1.0	18	7	11762	119
South Central Asia – Asie centrale méridionale	499	621	788	886	990	1 113	1 243	1 325	2.1	31	10	10776	123
South Eastern Asia – Asie mériodionale orientale	182	225	287	324	360	401	442	467	1.8	27	8	4 495	104
Western Asia [3] – Asie Occidentale [3]	50	66	86	99	113	131	149	160	2.4	32	7	4 731	34
EUROPE [3]	**549**	**605**	**656**	**676**	**693**	**706**	**722**	**726**	**0.2**	**12**	**11**	**22986**	**32**
Eastern Europe – Europe orientale	221	254	276	286	295	303	310	310	–0.1	12	12	18813	16
Northern Europe – Europe septentrionale	78	82	87	89	90	91	92	93	0.3	14	11	1 749	53
Southern Europe –Europe mériodionale	109	118	128	132	138	141	143	144	0.1	11	10	1 316	109
Western Europe – Europe occidentale	141	152	165	169	170	172	176	179	0.6	12	11	1 107	162
OCEANIA [2] – OCEANIE [2]	**12.6**	**15.7**	**19.3**	**21.4**	**22.7**	**24.5**	**26.4**	**27.7**	**1.5**	**19**	**8**	**8 537**	**3**
Australia and New Zealand – Australie et Nouvelle Zélande	10.1	12.6	15.4	17.0	17.7	18.9	20.2	21.1	1.4	15	8	7 984	3
Melanesia – Melanésie	2.1	2.6	3.3	3.7	4.2	4.7	5.2	5.6	2.2	32	9	541	10
Micronesia – Micronésie	0.2	0.2	0.2	0.3	0.3	0.4	0.4	0.5	2.3	33	6	3	167
Polynesia – Polynésie	0.2	0.3	0.4	0.4	0.5	0.5	0.5	0.6	1.5	31	6	9	67

GENERAL NOTES

Unless otherwise specified all figures are estimates of the order of magnitude and are subject to a substantial margin of error; all data except for surface area are therefore set in italics. For composition of macro regions and regions and for method of construction of estimates, see Technical Notes, page 38.

NOTES GENERALES

Sauf indication contraire, tous les chiffres sont des estimations de l'ordre de grandeur comportant une assez grande marge d'erreur; toutes les données à l'exception de celles relatives à la "superficie" sont de ce fait en italique. Pour la composition des grandes régions et la méthodes utilisée afin d'établir les estimations, voir Notes tecniques, page 38.

FOOTNOTES

1 Population per square kilometre of surface area. Figures are merely the quotients of population divided by surface area and are not to be considered as either reflecting density in the urban sense or as indicating the supporting power of a territory's land and resources.

2 Hawaii, a state of the United States of America, is included in Northern America rather than Oceania.

3 The European portion of Turkey is included in Western Asia rather than Europe.

NOTES

1 Habitants per kilomètre carré. Il s'agit simplement du quotient calculé en divisant la population par la superficie et n'est pas considéré comme indiquant la densité au sens urbain du mot ni l'effectif de population que les terres et les ressources du territoire sont capables de nourrir.

2 Hawaii, un Etat des Etats–Unis d'Amérique, est compris en Amérique septentrionale plutôt qu'en Océanie.

3 La partie européenne de la Turquie est comprise en Asie Occidentale plutôt qu'en Europe.

2. Estimates of population and its percentage distribution, by age and sex and sex ratio for all ages for the world, macro regions and regions: 1995

(See notes at end of table.)

Macro regions and regions	Population (in millions – en millions)											
	Both sexes – Les deux sexes				Male – Masculin				Female – Féminin			
	All ages Tous âges	-15	15–64	65+	All ages Tous âges	-15	15–64	65+	All ages Tous âges	-15	15–64	65
WORLD TOTAL	**5 716**	**1 802**	**3 542**	**371**	**2 879**	**923**	**1 796**	**159**	**2 836**	**879**	**1 745**	**21**
AFRICA	**728**	**320**	**384**	**22**	**363**	**161**	**191**	**10**	**365**	**159**	**193**	**1**
Eastern Africa	227	105	115	6	113	52	57	2	114	52	58	
Middle Africa	82	38	41	2	40	19	20	1	41	19	21	
Northern Africa	160	62	91	6	81	31	46	2	79	30	45	
Southern Africa	47	17	27	2	23	9	13	...	23	8	13	
Western Africa	210	96	108	5	104	48	53	2	106	48	54	
LATIN AMERICA	**482**	**162**	**294**	**25**	**240**	**82**	**146**	**11**	**241**	**80**	**147**	**1**
Caribbean	35	10	22	2	17	5	11	1	17	5	11	
Central America	126	47	73	5	63	24	36	2	63	23	37	
South America	319	104	197	17	159	52	98	7	160	51	99	
NORTHERN AMERICA [1]	**292**	**64**	**191**	**36**	**143**	**32**	**95**	**14**	**149**	**31**	**96**	**2**
ASIA [2]	**3 457**	**1 107**	**2 166**	**183**	**1 767**	**571**	**1 112**	**84**	**1 690**	**536**	**1 054**	**9**
Eastern Asia	1 424	362	964	96	728	188	497	43	695	174	467	5
South Central Asia	1 381	512	809	58	711	264	418	28	670	248	391	3
South Eastern Asia	484	168	295	20	241	85	146	9	242	82	148	1
Western Asia [2]	168	63	97	7	86	32	50	3	81	31	46	
EUROPE [2]	**726**	**139**	**486**	**100**	**351**	**71**	**242**	**37**	**375**	**68**	**244**	**6**
Eastern Europe	308	64	205	38	146	33	100	12	162	31	105	2
Northern Europe	93	18	60	14	45	9	30	5	47	8	30	
Southern Europe	143	24	98	20	70	12	49	8	73	12	49	1
Western Europe	180	31	121	26	88	16	61	10	92	15	60	1
OCEANIA [1]	**28.5**	**7.4**	**18.3**	**2.7**	**14.3**	**3.8**	**9.3**	**1.1**	**14.2**	**3.6**	**9.0**	**1.**
Australia and New Zealand	21.6	4.7	14.4	2.5	10.7	2.4	7.2	1.0	10.8	2.3	7.1	1.
Melanesia	5.8	2.2	3.3	0.1	2.9	1.1	1.7	0.0	2.8	1.1	1.6	0.
Micronesia	0.4	0.1	0.2	0.0	0.2	0.0	0.1	0.0	0.2	0.0	0.1	0.
Polynesia	0.5	0.2	0.3	0.0	0.3	0.1	0.1	0.0	0.2	0.1	0.1	0.

GENERAL NOTES

All figures are estimates of the order of magnitude and are subject to a substantial margin of error; all data are therefore set in italics. For composition of macro regions and regions and for method of construction of estimates, see Technical Notes, page 42.

FOOTNOTES

1 Hawaii, a state of the United States of America, is included in Northern America rather than Oceania.
2 The European portion of Turkey is included with Western Asia rather than Europe.

2. Estimations de la population et pourcentage de répartition selon l'âge et le sexe et rapport de masculinité pour l'ensemble du monde, les grandes régions et les régions géographiques: 1995

(Voir notes à la fin du tableau.)

Per cent – Pourcentage												Sex ratio (Males per 100 females of all ages) Rapport de masculinité (Hommes pour 100 femmes de tous âges)	Grandes régions et régions
Both sexes – Les deux sexes				Male – Masculin				Female – Féminin					
All ages Tous âges	–15	15–64	65+	All ages Tous âges	–15	15–64	65+	All ages Tous âges	–15	15–64	65+		
100	**32**	**62**	**6**	**100**	**32**	**62**	**6**	**100**	**31**	**62**	**7**	**101**	**ENSEMBLE DU MONDE**
100	**44**	**53**	**3**	**100**	**45**	**53**	**3**	**100**	**44**	**53**	**3**	**99**	**AFRIQUE**
100	46	51	3	100	47	51	2	100	46	51	3	99	Afrique orientale
100	46	50	3	100	47	50	3	100	46	51	4	97	Afrique centrale
100	39	57	4	100	39	57	4	100	39	57	4	102	Afrique septentrionale
100	38	58	4	100	38	58	4	100	37	58	5	98	Afrique méridionale
100	46	51	3	100	46	51	3	100	45	52	3	98	Afrique occidentale
100	**34**	**61**	**5**	**100**	**34**	**61**	**5**	**100**	**33**	**61**	**6**	**99**	**AMERIQUE LATINE**
100	30	63	7	100	31	63	6	100	30	63	7	99	Caraïbes
100	37	58	4	100	38	58	4	100	37	59	4	99	Amérique centrale
100	33	62	5	100	33	62	5	100	32	62	6	99	Amérique du Sud
100	**22**	**66**	**13**	**100**	**23**	**67**	**10**	**100**	**21**	**64**	**15**	**95**	**AMERIQUE SEPTENTRIONALE** [1]
100	**32**	**63**	**5**	**100**	**32**	**63**	**5**	**100**	**32**	**62**	**6**	**104**	**ASIE** [2]
100	25	68	7	100	26	68	6	100	25	67	8	104	Asie Orientale
100	37	59	4	100	37	59	4	100	37	58	5	106	Asie méridionale centrale
100	35	61	4	100	36	61	4	100	34	61	5	99	Asie méridionale orientale
100	38	58	4	100	38	58	4	100	38	57	5	105	Asie occidentale [2]
100	**19**	**67**	**14**	**100**	**20**	**69**	**11**	**100**	**18**	**65**	**17**	**93**	**EUROPE** [2]
100	**21**	**67**	**12**	**100**	**23**	**69**	**9**	**100**	**20**	**65**	**16**	**90**	**Europe orientale**
100	**20**	**65**	**15**	**100**	**21**	**67**	**13**	**100**	**19**	**64**	**18**	**95**	**Europe septentrionale**
100	**17**	**68**	**15**	**100**	**18**	**70**	**12**	**100**	**16**	**67**	**17**	**95**	**Europe méridionale**
100	**18**	**67**	**15**	**100**	**18**	**70**	**12**	**100**	**17**	**65**	**18**	**95**	**Europe occidentale**
100	**26**	**64**	**10**	**100**	**27**	**65**	**8**	**100**	**25**	**64**	**11**	**100**	**OCEANIA** [1]
100	22	67	12	100	22	67	10	100	21	66	13	99	Australie et Nouvelle Zélande
100	39	58	3	100	39	58	3	100	39	58	3	105	Melanésie
100	40	57	3	100	39	58	3	100	40	57	3	106	Micronésie
100	40	57	3	100	40	57	3	100	40	56	4	107	Polynésie

NOTES GENERALES

Tous les chiffres sont des estimations de grandeur comportant une assez grande marge d'erreur, toutes les données sont de ce fait en italique. Pour le composition des grandes régions et la méthode utilisée afin d'établir les estimations, voir Notes techniques, page 42.

NOTES

1 Hawaii, un Etat des Etats–Unis d'Amérique, est compris en Amérique septentrionale plutôt qu'en Océanie.
2 La partie européenne de la Turquie est comprise en Asie Occidentale plutôt qu'en Europe.

3. Population by sex, rate of population increase, surface area and density

Population selon le sexe, taux d'accroissement de la population, superficie et densité

(See notes at end of table. – Voir notes à la fin du tableau.)

Continent and country or area / Continent et pays ou zone	Population: Latest census – dernier recensement (in units – en unités): Date	Both sexes / Les deux sexes	Male / Masculin	Female / Féminin	Mid – year estimates / Estimations au milieu de l'année (in thousand–en milliers): 1990	1993	Type [1] 1993	Annual rate of increase / Taux d' accroissement annuel 1990–93 (%)	Surface area / Superficie (km ²) 1993	Density / Densit é 1993 [2]
AFRICA—AFRIQUE										
Algeria – Algérie [3]	20–III–87	23 033 942	...	...	25 012	x26 722	A6 c1	2.2	2 381 741	11
Angola [4]	15–XII–70	5 646 166	2 943 974	2 702 192	10 020	x10 276	A23 c1	0.8	1 246 700	8
Benin – Bénin	15–II–92	*4 855 349	*2 365 574	*2 489 775	4 739	*5 215	A14 c3	3.2	112 622	46
Botswana	14–VIII–91	1 326 796	634 400	692 396	1 300	*1 443	A2 c1	3.5	581 730	2
British Indian Ocean Territory – Territoire Britannique de l'Océan Indien [5]	([6])	([6])	([6])	([6])	x2	x2	D28 d	0.0	78	26
Burkina Faso	10–XII–85	7 964 705	3 833 237	4 131 468	9 001	*9 682	A8 c3	2.4	274 000	35
Burundi	16–VIII–90	5 139 073	2 473 599	2 665 474	5 458	*5 958	A14 c3	2.9	27 834	214
Cameroon – Cameroun	IV–87	*10 493 655	...	...	x11 526	x12 522	A17 c3	2.8	475 442	26
Cape Verde – Cap–Vert	23–VI–90	341 491	161 494	179 997	341	x370	A13 c1	2.7	4 033	92
Central African Republic – Rép. centrafricaine	8–XII–88	2 463 616	1 210 734	1 252 882	x2 927	x3 156	A5c 3	2.5	622 984	5
Chad – Tchad	8–IV–93	*6 158 992	*2 950 415	*3 208 577	5 687	*6 098	B30 c3	2.3	1 284 000	5
Comoros – Comores	15–IX–91	[7] *446 817	[7] *221 152	[7] *225 665	x543	x607	A13 c3	3.7	2 235	272
Congo	22–XII–84	1 843 421	...	...	x2 232	x2 443	A9 c3	3.0	342 000	7
Côte d'Ivoire	1–III–88	10 815 694	5 527 343	5 288 351	x11 974	x13 316	A5 c3	3.5	322 463	41
Djibouti	1960–61	81 200	...	...	x517	x557	A33 d	2.5	23 200	24
Egypt – Egypte	17–XI–86	48 254 238	24 709 274	23 544 964	52 691	*56 489	A7c 1	2.3	1 001 449	56
Equatorial Guinea – [8] Guinée équatoriale	4–VII–83	300 000	144 760	155 240	348	x379	A10 c3	2.8	28 051	14
Eritrea – Erythrée	9–V–84	2 748 304	1 374 452	1 373 852	x3 082	x3 345	A9 c3	2.7	...	...
Ethiopia – Ethiopie	9–V–84	39 868 572	20 062 490	19 806 082	x47 423	x51 859	A9 c3	3.0	...	...
Gabon	31–VII–93	*1 011 710	*498 710	*513 000	x1 146	x1 248	A33 c3	2.8	267 668	5
Gambia – Gambie	13–IV–93	*1 025 867	*514 530	*511 337	x923	x1 042	A10 c1	4.0	11 295	92
Ghana	11–III–84	12 296 081	6 063 848	6 232 233	x15 020	x16 446	A9 c1	3.0	238 533	69
Guinea – Guinée [9]	4–II–83	4 533 240	...	...	x5 755	x6 306	A10 c3	3.0	245 857	26
Guinea–Bissau – Guinée–Bissau	16–IV–79	753 313	362 589	390 724	x964	x1 028	A14 c1	2.1	36 125	28
Kenya	24–VIII–89	21 443 636	10 628 368	10 815 268	[10] 24032	*28 113	A4 c2	([11])	580 367	48
Lesotho	12–IV–86	*1 447 000	...	...	x1 792	x1 943	A7 c3	2.7	30 355	64
Liberia – Libéria	1–II–84	*2 101 628	...	...	2 407	*2 640	A9 c3	3.1	111 369	24
Libyan Arab Jamahiriya – Jamahiriya arabe libyenne	31–VII–84	*3 637 488	*1 950 152	*1 687 336	[10] 4 151	*4 700	A9 c3	([11])	1 759 540	3
Madagascar	1–VIII–93	*12 092 157	*5 991 171	*6 100 986	11 197	[10]x13854	A19 c3	([11])	587 041	24
Malawi	1–IX–87	7 988 507	3 867 136	4 121 371	8 289	*9 135	A6 c3	3.2	118 484	77
Mali	1–IV–87	[3] 7 696 348	[3] 3 760 711	[3] 3 935 637	[10] 8 156	x10 135	A6 c3	([11])	1 240 192	8
Mauritania – Mauritanie	5–IV–88	[12] 1 864 236	[12] 923 175	[12] 941 061	x2 003	*2 148	A5 c3	2.3	1 025 520	2
Mauritius – Maurice	1–VII–90	1 056 660	527 760	528 900	1 071	x1 091	A3 b1	0.6	2 040	535
Island of Mauritius – Ile Maurice	1–VII–90	1 022 456	510 676	511 780	1 037	*1 098	A3 b1	1.9	1 865	589
Rodrigues	1–VII–90	34 204	17 084	17 120	34	...	..	...	104	...
Others – Autres [13]	30–VI–72	366	272	94	...	...	..	...	71	...
Morocco – Maroc	3–IX–82	20 419 555	...	...	24 487	*26 069	A11 c2	2.1	446 550	58
Mozambique [9]	1–VIII–80	11 673 725	5 670 484	6 003 241	14 151	*15 583	A13 c1	3.2	801 590	19
Namibia – Namibie	21–X–91	1 409 920	686 327	723 593	x1 349	x1 461	A2 c3	2.7	824 292	2
Niger	20–V–88	7 248 100	3 590 070	3 658 030	x7 731	*8 361	A5 c3	2.6	1 267 000	7
Nigeria – Nigéria	26–XI–91	*88 514 501	*44 544 531	*43 969 970	x96 154	x105 264	A30 c2	3.0	923 768	114
Réunion [3]	15–III–90	597 828	294 256	303 572	601	*632	A3 b3	1.7	2 510	252
Rwanda	15–VIII–91	*7 142 755	...	...	7 181	x7 554	A2 c3	1.7	26 338	287
St. Helena ex. dep. – Sainte–Hélène sans dép.	22–II–87	5 644	2 769	2 875	6	6	A6 b3	0.6	122	53
Ascension	31–XII–78	849	608	241	...	...	..	...	88	...
Tristan da Cunha	22–II–87	296	139	157	...	...	..	0.6	...	...
Sao Tome and Principe – Sao Tomé–et–Principe	4–VIII–91	116 998	57 837	59 161	115	*122	A12 c1	2.0	964	127
Senegal – Sénégal	27–V–88	6 896 808	3 353 599	3 543 209	x7 327	x7 902	A5 c3	2.5	196 722	40
Seychelles	17–VIII–87	68 598	34 125	34 473	70	*72	A6 b2	1.3	455	159
Sierra Leone [9]	15–XII–85	3 515 812	1 746 055	1 769 757	x3 999	x4 297	A8 c1	2.4	71 740	60
Somalia – Somalie	1986–1987	7 114 431	3 741 664	3 372 767	x8 677	x8 954	A18 c3	1.0	637 657	14
South Africa – Afrique du Sud [9]	7–III–91	[14] 30986 920	[14] 15479 528	[14] 15507 392	x37 066	x39 659	A2 c1	2.3	1 221 037	32
Sudan – Soudan	15–IV–93	*24 940 683	*12 518 638	*12 422 045	25 752	*28 129	A10 c3	2.9	2 505 813	11
Swaziland	25–VIII–86	681 059	321 579	359 480	768	x809	A7 c1	1.8	17 364	47

3. Population by sex, rate of population increase, surface area and density (continued)

Population selon le sexe, taux d'accroissement de la population, superficie et densité (suite)

(See notes at end of table. – Voir notes à la fin du tableau.)

Continent and country or area / Continent et pays ou zone	Population: Latest census – dernier recensement (in units – en unités): Date	Both sexes / Les deux sexes	Male / Masculin	Female / Féminin	Mid – year estimates Estimations au milieu de l'année (in thousand–en milliers): 1990	1993	Type [1] 1993	Annual rate of increase / Taux d' accrois–sement annuel 1990–93 (%)	Surface area / Superfi–cie (km²) 1993	Density / Densit é 1993 [2]
AFRICA—AFRIQUE (Cont.–Suite)										
Togo	22–XI–81	2 703 250	...	...	x3 531	x3 885	A12 c1	3.2	56 785	68
Tunisia – Tunisie	30–III–84	6 966 173	3 547 315	3 418 858	8 074	x8 570	A9 c1	2.0	163 610	52
Uganda – Ouganda	12–I–91	16 671 705	8 185 747	8 485 958	x17 949	x19 940	A13 c1	3.5	241 038	83
United Rep. of Tanzania – Rép.–Unie de Tanzanie	28–VIII–88	*23 174 336	*11 327 511	*11 846 825	25 635	x28 019	A15 c3	3.0	883 749	32
Tanganyika	28–VIII–88	*22 533 758	*11 012 647	*11 521 111	24 972	...	..	...	881 289	...
Zanzibar	28–VIII–88	*640 578	*314 864	*325 714	663	...	..	...	2 460	...
Western Sahara – Sahara Occidental [15]	31–XII–70	76 425	43 981	32 444	x230	x261	A23 c1	4.2	266 000	1
Zaire – Zaïre	1–VII–84	29 916 800	14 543 800	15 373 000	35 562	x41 231	A9 c3	4.9	2 344 858	18
Zambia – Zambie	20–VIII–90	*7 818 447	*3 843 364	*3 975 083	8 073	x8 936	A13 c1	3.4	752 618	12
Zimbabwe	18–VIII–92	*10 401 767	*5 075 549	*5 326 218	9 369	x10 739	A11 c1	4.5	390 757	27
AMERICA,NORTH— AMERIQUE DU NORD										
Anguilla	10–IV–84	6 987	...	...	x7	9	A9 b1	9.1	96	96
Antigua and Barbuda – Antigua–et–Barbuda	28–V–91	62 922	...	...	x64	x65	A23 b1	0.5	442	147
Aruba [3]	6–X–91	66 687	32 821	33 866	x67	x69	A12 b1	1.0	193	358
Bahamas	1–V–90	255 095	124 992	130 103	255	*269	A3 b1	1.7	13 878	19
Barbados – Barbade	2–V–90	*257 082	...	...	257	*264	A3 b1	0.8	430	613
Belize	12–V–91	189 774	96 289	93 485	189	*205	A13 c1	2.7	22 696	9
Bermuda – Bermudes	20–V–91	74 837	...	...	[16] 61	[16] 63	A13 b1	1.3	53	1 189
British Virgin Islands – Iles Vierges britanniques	12–V–80	11 697	...	...	x16	x18	A13 b1	3.9	153	118
Canada [3]	4–VI–91	27 296 859	...	...	26 584	*28 755	A2 b1	2.6	9 970 610	3
Cayman Islands – Iles Caïmanes [3]	15–X–89	25 355	12 372	12 983	26	x29	A4 c1	3.6	264	110
Costa Rica [3]	10–VI–84	2 416 809	1 208 216	1 208 593	2 994	*3 199	A9 b2	2.2	51 100	63
Cuba	11–IX–81	9 723 605	4 914 873	4 808 732	10 625	*10 905	A12 b1	0.9	110 861	98
Dominica – Dominique	12–V–91	71 183	35 471	35 712	x71	x71	A2 b1	0.0	751	95
Dominican Republic – Rép. dominicaine	12–XII–81	5 545 741	2 793 884	2 751 857	7 170	*7 608	A12 c1	2.0	48 734	156
El Salvador	6–X–92	*5 047 925	*2 423 004	*2 624 921	x5 172	x5 517	A22 b1	2.2	21 041	262
Greenland – Groenland [3]	26–X–76	49 630	26 856	22 774	56	*55	A17 a1	–0.2	2 175 600	–
Grenada – Grenade [17]	30–IV–81	89 088	42 943	46 145	x91	x92	A12 b1	0.4	344	267
Guadeloupe [3 18]	9–III–82	327 002	160 112	166 890	385	x413	A3 b1	2.3	1 705	242
Guatemala [9]	26–III–81	6 054 227	3 015 826	3 038 401	9 198	*10 030	A12 b2	2.9	108 889	92
Haiti – Haïti [3]	30–VIII–82	5 053 792	2 448 370	2 605 422	6 486	*6 903	A11 c3	2.1	27 750	249
Honduras	V–88	4 248 561	2 110 106	2 138 455	5 105	*5 595	A19 c1	3.1	112 088	50
Jamaica – Jamaïque	7–IV–91	*2 366 067	...	...	2 415	x2 411	A2 b1	–0.1	10 990	219
Martinique [3]	15–III–90	*359 579	173 878	185 701	362	x371	A3 b1	0.8	1 102	337
Mexico – Mexique [3]	12–III–90	*81 140 922	*39 878 536	*41 262 386	86 154	*91 261	A13 c1	1.9	1 958 201	47
Montserrat	12–V–80	11 932	...	...	x11	x11	A13 b1	0.0	102	108
Netherlands Antilles– [3 9 19] Antilles néerlandaises	27–I–92	*189 474	*90 707	*98 767	190	x195	A12 c1	0.8	800	244
Nicaragua [3]	20–IV–71	1 877 952	921 543	956 409	3 871	*4 265	A22 b3	3.2	130 000	33
Panama	13–V–90	2 329 329	1 178 790	1 150 539	2 418	*2 563	A3 c1	1.9	75 517	34
Puerto Rico –Porto Rico [3 20]	1–IV–90	*3 522 039	...	...	3 528	*3 620	A3 b1	0.9	8 897	407
Saint Kitts and Nevis – Saint–Kitts–et–Nevis	12–V–80	44 224	...	...	x42	x42	A13 b1	0.0	261	161
Saint Lucia – Sainte–Lucie	12–V–91	133 308	...	...	x133	x139	A13 b1	1.5	622	223
St. Pierre and Miquelon – Saint–Pierre–et–Miquelon	9–III–82	6 037	2 981	3 056	x6	x6	A11 d	0.0	242	25
St. Vincent and the Grenadines – Saint–Vincent–et–Grenadines [21]	12–V–91	106 499	53 165	53 334	x107	x110	A13 b1	0.9	388	284
Trinidad and Tobago – Trinité–et–Tobago	2–V–90	1 234 388	618 050	616 338	1 227	*1 260	A3 b1	0.9	5 130	246
Turks and Caicos Islands – Iles Turques et Caïques	31–V–90	12 350	6 289	6 061	x12	x13	A13 d	2.7	430	30
United States – Etats–Unis [22]	1–IV–90	248 709 873	121 239 418	127 470 455	249 924	*258 233	A3 b1	1.1	9 363 520	28

3. Population by sex, rate of population increase, surface area and density (continued)

Population selon le sexe, taux d'accroissement de la population, superficie et densité (suite)

(See notes at end of table. – Voir notes à la fin du tableau.)

Continent and country or area / Continent et pays ou zone	Population: Latest census – dernier recensement (in units – en unités): Date	Both sexes / Les deux sexes	Male / Masculin	Female / Féminin	Mid – year estimates Estimations au milieu de l'année (in thousand–en milliers): 1990	1993	Type [1] 1993	Annual rate of increase / Taux d' accrois- sement annuel 1990–93 (%)	Surface area / Superfi- cie (km [2]) 1993	Density / Densit é 1993 [2]
AMERICA,NORTH— (Cont.–Suite) AMERIQUE DU NORD										
United States Virgin Islands – Iles Vierges américaines [3 20]	1–IV–90	101 809	49 210	52 599	102	x104	A3 c1	0.7	347	300
AMERICA,SOUTH— AMERIQUE DU SUD										
Argentina – Argentine	15–V–91	32 615 528	...	...	32 547	*33 778	A2 c1	1.2	2 780 400	12
Bolivia – Bolivie	3–VI–92	6 420 792	3 171 265	3 249 527	6 573	*7 065	A1 c3	2.4	1 098 581	6
Brazil – Brésil [23]	1–IX–91	[3] 146917 459	[3] 72 536 142	[3] 74 381 317	144 541	*151 534	A2 c1	1.6	8 511 965	18
Chile – Chili	22–IV–92	13 348 401	6 553 254	6 795 147	13 173	*13 813	A1 b1	1.6	756 626	18
Colombia – Colombie [24]	15–X–85	27 837 932	13 777 700	14 060 232	32 300	*33 951	A8 b3	1.7	1 138 914	30
Ecuador – Equateur [25]	25–XI–90	9 648 189	4 796 412	4 851 777	10 264	*10 981	A3 b3	2.3	283 561	39
Falkland Is.(Malvinas) [26 27] Iles Falkland (Malvinas)	5–III–91	2 050	1 095	955	x2	x2	A2 d	0.0	12 173	–
French Guiana – Guyane Française [3]	15–III–90	114 808	59 798	55 010	x117	x135	A3 c1	4.8	90 000	2
Guyana	12–V–80	758 619	375 841	382 778	x796	x816	A13 b1	0.8	214 969	4
Paraguay	26–VIII–92	*4 123 550	*2 069 673	*2 053 877	4 277	*4 643	A11 c2	2.7	406 752	11
Peru – Pérou [9 23]	12–VII–81	17 005 210	8 489 867	8 515 343	21 550	*22 454	A12 c2	1.4	1 285 216	17
Suriname	1–VII–80	352 041	173 083	178 958	404	x414	A13 c2	0.9	163 265	3
Uruguay [9]	23–X–85	2 955 241	1 439 021	1 516 220	3 094	*3 149	A8 b3	0.6	177 414	18
Venezuela [23]	20–X–90	18 105 265	9 019 757	9 085 508	19 325	*20 712	A3 c1	2.3	912 050	23
ASIA—ASIE										
Afghanistan	23–VI–79	[28] 13051 358	[28] 6 712 377	[28] 6 338 981	[28] 16121	x17 691	A14 c3	([11])	652 090	27
Armenia – Arménie	12–I–89	[3] 3 304 776	[3] 1 619 308	[3] 1 685 468	3 545	*3 732	A4 b1	1.7	29 800	125
Azerbaijan –Azerbaïdjan	12–I–89	[3] 7 021 178	[3] 3 423 793	[3] 3 597 385	7 153	*7 392	A4 b1	1.1	86 600	85
Bahrain – Bahreïn	16–XI–91	508 037	294 346	213 691	486	*539	A2 c1	3.5	694	777
Bangladesh	12–III–91	*104 766 143	*53 918 319	*50 847 824	x108 118	x115 203	A2 c1	2.1	143 998	800
Bhutan – Bhoutan	XI–69	1 034 774	...	...	x1 544	x1 596	A24 c3	1.1	47 000	34
Brunei Darussalam – Brunéi Darussalam [9 29]	7–VIII–91	260 482	137 616	122 866	253	x274	A2 c2	2.6	5 765	48
Cambodia – Cambodge [30]	17–IV–62	5 728 771	2 862 939	2 865 832	8 568	*9 308	A31 c3	2.8	181 035	51
China – Chine [31]	1–VII–90	1160044 618	...	...	x1155305	x1196360	A3 c3	1.2	9 596 961	125
Cyprus – Chypre [3]	30–IX–76	612 851	306 144	306 707	702	x726	A17 b2	1.1	9 251	78
East Timor –Timor oriental	31–X–90	747 750	386 939	360 811	x740	x785	A3 c1	2.0	14 874	53
Georgia – Géorgie	12–I–89	[3] 5 400 841	[3] 2 562 040	[3] 2 838 801	5 464	x5 446	A4 b1	–0.1	69 700	78
Hong Kong – Hong–kong [32]	15–III–91	5 522 281	2 811 991	2 710 290	5 705	*5 919	A7 b2	1.2	[33] 1 075	5 506
India – Inde [34]	1–III–91	846 302 688	439 230 458	407 072 230	827 050	x901 459	A2 c1	2.9	3 287 590	274
Indonesia – Indonésie [35]	31–X–90	179 378 946	89 463 545	89 915 401	179 830	*189 136	A3 c1	1.7	1 904 569	99
Iran (Islamic Republic of – Rép. islamique d')	1–X–91	55 837 163	28 768 450	27 068 713	54 496	[10] 64169	A7 c1	([11])	1 633 188	39
Iraq	17–X–87	16 335 199	8 395 889	7 939 310	17 373	19 454	A6 c1	3.8	438 317	44
Israel – Israël [3 36]	4–VI–83	4 037 620	2 011 590	2 026 030	4 660	*5 256	A10 b1	4.0	21 056	250
Japan – Japon [37]	1–X–90	123 611 167	60 696 724	62 914 443	123 537	*123 653	A3 b1	0.0	377 801	327
Jordan – Jordanie [38]	10–XI–79	[39] 2 100 019	[39] 1 086 591	[39] 1 013 428	x4 259	x4 936	A14 b3	4.9	97 740	51
Kazakhstan	12–I–89	16 536 511	8 012 985	8 523 526	16 670	*16 956	A4 b1	0.6	2 717 300	6
Korea, Dem. People's Rep. of – Corée, rép. populaire dém. de	1–V–44	...	...	...	x21 774	x23 048	D30 c3	1.9	120 538	191
Korea, Republic of– Corée, Rép. de [9 40]	1–XI–90	43 410 899	21 782 154	21 628 745	42 869	*44 056	A3 c1	0.9	99 263	444
Kuwait – Koweït	21–IV–85	1 697 301	965 297	732 004	2 125	[10] *1433	A8 c1	([11])	17 818	80
Kyrgyzstan – Kirghizistan	12–I–89	[3] 4 257 755	[3] 2 077 623	[3] 2 180 132	4 395	*4 528	A4 b1	1.0	198 500	23
Lao People's Dem. Rep. – Rép. dém. populaire Lao	1–III–85	3 584 803	1 757 115	1 827 688	x4 202	x4 605	A8 c3	3.1	236 800	19
Lebanon – Liban [41]	15–XI–70	[42] 2 126 325	[42] 1 080 015	[42] 1 046 310	x2 555	x2 806	B23 c3	3.1	10 400	270
Macau – Macao [43]	30–VIII–91	*385 089	...	...	335	*388	A12 c1	4.9	18	21560
Malaysia – Malaisie	14–VIII–91	*17 566 982	*8 861 124	*8 705 858	17 764	*19 239	A13 c2	2.7	329 758	58
Maldives	8–III–90	213 215	109 336	103 879	x216	*238	A8 c1	3.3	298	800

3. Population by sex, rate of population increase, surface area and density (continued)

Population selon le sexe, taux d'accroissement de la population, superficie et densité (suite)

(See notes at end of table. – Voir notes à la fin du tableau.)

Continent and country or area / Continent et pays ou zone	Population: Latest census – dernier recensement (in units – en unités): Date	Both sexes / Les deux sexes	Male / Masculin	Female / Féminin	Mid – year estimates / Estimations au milieu de l'année (in thousand–en milliers): 1990	1993	Type [1] 1993	Annual rate of increase / Taux d'accroissement annuel 1990–93 (%)	Surface area / Superficie (km²) 1993	Density / Densité 1993 [2]
ASIA—ASIE (Cont.–Suite)										
Mongolia – Mongolie	5–I–89	2 043 400	...	...	x2 177	x2 318	A4c 1	2.1	1 566 500	1
Myanmar	31–III–83	[3] 35 307 913	[3] 17 518 255	[3] 17 789 658	x41 813	x44 596	A10 c2	2.1	676 578	66
Nepal – Népal [3]	22–VI–91	18 462 081	9 220 914	9 241 167	18 916	x20 812	A2 c1	3.2	140 797	148
Oman	1–XII–93	*2 017 591	...	...	2 000	[10] x1992	..	([11])	212 457	9
Pakistan [44]	1–III–81	84 253 644	44 232 677	40 020 967	112 049	*122 802	A12 c1	3.1	796 095	154
Palestine [45]	18–XI–31	1 035 821	[46] 524 268	[46] 509 028	...	...	..	...	...	...
Gaza Strip – Zone de Gaza [47]	14–IX–67	356 261	172 511	183 750	...	...	..	...	378	...
Philippines [3]	1–V–90	60 559 116	30 443 187	30 115 929	61 480	*65 649	A13 c2	2.2	300 000	219
Qatar	16–III–86	369 079	247 852	121 227	486	*559	A7 c3	4.7	11 000	51
Saudi Arabia – Arabie saoudite	27–IX–92	*16 929 294	*9 466 541	*7 462 753	14 870	x17 119	A1 c3	4.7	2 149 690	8
Singapore – Singapour [48]	30–VI–90	2 705 115	1 370 059	1 335 056	2 705	*2 874	A3 b2	2.0	618	4 650
Sri Lanka	17–III–81	14 846 750	7 568 253	7 278 497	16 993	*17 619	A12 c1	1.2	65 610	269
Syrian Arab Republic – République arabe syrienne [49]	7–IX–81	9 046 144	4 621 852	4 424 292	12 116	*13 393	A12 c1	3.3	185 180	72
Tajikistan – Tadjikistan	12–I–89	[3] 5 092 603	[3] 2 530 245	[3] 2 562 358	5 303	x5 767	A4 b1	2.8	143 100	40
Thailand – Thaïlande [3]	1–IV–90	*54 532 300	*27 031 200	*27 501 100	56 082	*58 584	A13 c1	1.5	513 115	114
Turkey – Turquie	21–X–90	56 473 035	28 607 047	27 865 988	56 098	60 227	A3 c1	2.4	774 815	78
Turkmenistan – Turkménistan	12–I–89	[3] 3 522 717	[3] 1 735 179	[3] 1 787 538	3 670	x3 921	A4 b1	2.2	488 100	8
United Arab Emirates – Emirats arabes unis [50]	15–XII–80	1 043 225	720 360	322 865	x1 671	*1 206	A13 c3	([11])	83 600	14
Uzbekistan – Ouzbékistan	12–I–89	[3] 19 810 077	[3] 9 784 156	[3] 10 025 921	20 531	x21 860	A4 b1	2.1	447 400	49
Viet Nam	1–IV–89	*64 411 713	*31 336 568	*33 075 145	66 233	x71 324	A4 c3	2.5	331 689	215
Yemen – Yémen	...	...	...	...	11 279	*12 302	..	2.9	...	...
Former Dem. Yemen – Ancienne Yémen dém.	29–III–88	2 345 266	1 184 359	1 160 907	2 460	*2 929	A5 c3	5.8	332 968	9
Former Yemen Arab Rep. – Ancienne Yémen rép. arabe [3]	1–II–86	9 274 173	4 647 310	4 626 863	x9 196	x10 283	A7 c3	3.7	195 000	53
EUROPE										
Albania – Albanie	12–IV–89	*3 182 400	*1 638 900	*1 543 500	3 256	*3 500	A4 b1	2.4	28 748	122
Andorra – Andorre	XI–54	5 664	...	...	53	x61	A39 c3	4.9	453	135
Austria – Autriche [3]	12–V–81	7 555 338	3 572 426	3 982 912	7 718	*7 988	A12 b1	1.1	83 853	95
Belarus – Bélarus	12–I–89	[3] 10 151 806	[3] 4 749 324	[3] 5 402 482	10 260	x10 188	A4 b1	–0.2	207 600	49
Belgium – Belgique [3]	1–III–81	9 848 647	4 810 349	5 038 298	9 967	*10 010	A2 b1	0.1	30 519	328
Bosnia Herzegovina – Bosnie–Herzégovine [3]	31–III–91	4 365 639	...	...	x4 308	x3 707	A2 b1	–5.0	51 129	73
Bulgaria – Bulgarie	4–XII–85	8 948 388	4 430 061	4 518 327	8 991	*8 472	A8 b1	–2.0	[51] 110912	76
Channel Islands – Iles Anglo–Normandes	23–III–86	135 694	65 610	70 084	x142	x146	A7 b1	0.9	195	749
Guernsey – Guernesey [52]	21–IV–91	58 867	28 297	30 570	60	58		–0.9	78	744
Jersey	10–III–91	84 082	40 862	43 220	...	...		...	116	...
Croatia – Croatie	31–III–91	4 784 265	...	...	4 778	x4 511	A2 b1	...	56 538	80
Czech Republic – Rép. tchèque	3–III–91	10 302 215	4 999 935	5 302 280	10 363	*10 328	A2 b1	–0.1	78 864	131
Denmark – Danemark [3] [53]	1–I–81	5 123 989	2 528 225	2 595 764	5 140	*5 189	A2 a1	0.3	43 077	120
Estonia – Estonie	12–I–89	[3] 1 565 662	[3] 731 392	[3] 834 270	1 571	*1 517	A4 b1	–1.2	45 100	34
Faeroe Islands – Iles Féroé [3]	22–IX–77	41 969	21 997	19 972	x47	x47	A16 b1	–0.3	1 399	34
Finland – Finlande [3]	31–XII–90	4 998 478	2 426 204	2 572 274	4 986	*5 067	A3 b1	0.5	338 145	15
France [54] [55]	5–III–90	[56] 56634 299	[56] 27553 788	[56] 29080 511	56 735	*57 379	A3 b1	0.4	551 500	104
Germany – Allemagne [57]	...	...	...	...	79 365	*81 187	..	0.8	356 733	228
Germany, Federal Rep. of – Allemagne, République fédérale d' [3]	25–V–87	61 077 042	29 322 923	31 754 119	63 253	*61 241	A6 b1	–1.1	248 647	246
Former German Democratic Republic – Ancienne République démocratique allemande [3]	31–XII–81	16 705 635	7 849 112	8 856 523	16 247	x16 204	A12 b1	–0.1	108 333	150

3. Population by sex, rate of population increase, surface area and density (continued)

Population selon le sexe, taux d'accroissement de la population, superficie et densité (suite)

(See notes at end of table. – Voir notes à la fin du tableau.)

Continent and country or area / Continent et pays ou zone	Population: Latest census – dernier recensement (in units – en unités): Date	Both sexes / Les deux sexes	Male / Masculin	Female / Féminin	Mid – year estimates / Estimations au milieu de l'année (in thousand – en milliers): 1990	1993	Type [1] 1993	Annual rate of increase / Taux d'accroissement annuel 1990–93 (%)	Surface area / Superficie (km²) 1993	Density / Densité 1993 [2]
EUROPE (Cont.–Suite)										
Gibraltar [58]	9–XI–81	29 616	14 992	14 624	31	x28	A2 b1	–3.2	6	4 667
Greece – Grèce	5–IV–81	[59] *10269074	...	...	[60] 10089	[60]*10305	A12 b2	0.7	131 990	78
Holy See – Saint–Siège	30–IV–48	890	548	342	x1	x1	D4 d	0.0	[61] 0	...
Hungary – Hongrie	1–I–90	10 374 823	4 984 904	5 389 919	10 365	*10 294	A3 b1	–0.2	93 032	111
Iceland – Islande [3]	1–XII–70	204 930	103 621	101 309	255	x263	A23 a1	1.1	103 000	3
Ireland – Irlande	21–IV–91	3 525 719	1 753 418	1 772 301	3 503	*3 563	A7 b2	0.6	70 284	51
Isle of Man – Ile de Man	14–IV–91	69 788	33 693	36 095	69	*71	A2 b1	0.8	572	123
Italy – Italie	20–X–91	59 103 833	...	...	[3] 57 661	[3]* 57057	A12 b1	–0.4	301 268	189
Latvia – Lettonie	12–I–89	[3] 2 666 567	[3] 1 238 806	[3] 1 427 761	2 671	*2 586	A4 b1	–1.1	64 600	40
Liechtenstein	2–XII–80	25 215	...	...	x29	x30	A13 b1	1.1	160	188
Lithuania – Lituanie	12–I–89	[3] 3 674 802	[3] 1 738 953	[3] 1 935 849	3 722	*3 730	A4 b1	0.1	65 200	57
Luxembourg [3]	31–III–81	364 602	177 869	186 733	382	x380	A12 b2	–0.2	2 586	147
Malta – Malte [62]	16–XI–85	345 418	169 832	175 586	354	x361	A8 b2	0.6	316	1 142
Monaco [3]	4–III–82	27 063	12 598	14 465	x30	x31	A11 c1	1.1	[63] 1	31000
Netherlands – Pays–Bas [3]	28–II–71	13 060 115	...	...	14 952	*15 298	A22 a1	0.8	40 844	375
Norway – Norvège [3]	3–XI–90	4 247 546	2 099 881	2 147 665	4 241	*4 312	A3 a1	0.6	323 877	13
Poland – Pologne [64]	6–XII–88	37 878 641	18 464 373	19 414 268	38 119	*38 505	A5 b1	0.3	323 250	119
Portugal [65]	15–IV–91	*9 853 896	...	...	[10] 9 868	*9 864	A2 b1	([11])	92 389	107
Republic of Moldova – République de Moldova	12–I–89	4 337 592	2 058 160	2 279 432	4 364	*4 356	A4 b1	–0.1	33 700	129
Romania – Roumanie	7–I–92	22 810 035	11 213 763	11 596 272	23 207	*22 755	A1 b2	–0.7	238 391	95
Russian Federation – Fédération Russe	12–I–89	[3]147 021 869	[3]68 713 869	[3]78 308 000	147 913	x147 760	A4 b1	–0.0	17075400	9
San Marino – Saint–Marin	30–XI–76	19 149	9 654	9 495	23	x24	A17 a2	1.2	61	393
Slovakia – Slovaquie	3–III–91	5 274 335	2 574 061	2 700 274	5 298	*5 318	A2 b1	0.1	49 012	108
Slovenia – Slovénie [3]	31–III–91	1 965 986	952 611	1 013 375	1 998	*1 991	A2 b1	–0.1	20 256	98
Spain – Espagne [66]	1–III–91	39 433 942	19 338 083	20 095 859	38 959	*39 141	A2 c1	0.2	505 992	77
Svalbard and Jan Mayen Islands – Svalbard et Ile Jan–Mayen [67]	1–XI–60	3 431	2 545	886	...	...	..	...	62 422	...
Sweden – Suède [3]	1–IX–90	8 587 353	4 242 351	4 345 002	8 559	*8 712	A3 a1	0.6	449 964	19
Switzerland – Suisse [3]	4–XII–90	6 873 687	3 390 446	3 483 241	6 712	*6 938	A3 b1	1.1	41 293	168
The former Yugoslav Rep. of Macedonia – L'ex Rép. yougosl. de Macédonie [3]	31–III–91	2 033 964	1 027 352	1 006 612	2 028	x2 119	A2 b1	1.5	25 713	82
Ukraine	12–I–89	[3] 51 452 034	[3] 23 745 108	[3] 27 706 926	51 839	*52 179	A4 b1	0.2	603 700	86
United Kingdom–Royaume–Uni[68]	21–IV–91	*56 352 200	...	...	57 561	*58 191	A12 b1	0.4	244 100	238
Yugoslavia – Yougoslavie [3]	31–III–91	*10 337 504	...	...	10 529	*10 485	A2 b1	–0.1	102 173	103
OCEANIA—OCEANIE										
American Samoa – Samoa américaines [3 20]	1–IV–90	46 773	...	...	[10] 39	x51	A3 b1	([11])	199	256
Australia – Australie	30–VI–91	16 850 540	8 362 815	8 487 725	17 065	*17 661	A7 b1	1.1	7 713 364	2
Christmas Island – Ile Christmas	30–VI–81	2 871	1 918	953	...	...	..	...	135	...
Cocos (Keeling) Islands – Iles des Cocos (Keeling)	30–VI–81	555	298	257	...	...	..	...	14	...
Cook Islands – Iles Cook [69]	1–XII–86	17 614	9 188	8 426	18	x19	A9 b1	1.4	236	81
Fiji – Fidji	31–VIII–86	715 375	362 568	352 807	731	x758	A7 b1	1.2	18 274	41
French Polynesia – [70] Polynésie française	6–IX–88	188 814	98 345	90 469	197	x211	A5 c1	2.3	4 000	53
Guam [3 20]	1–IV–90	133 152	70 945	62 207	x134	x144	A3 b1	2.4	549	262
Kiribati [71]	9–V–85	63 883	...	...	x72	x76	A8 c1	1.8	726	105
Marshall Islands – Iles Marshall	13–XI–88	43 380	...	...	46	*52	A5 c1	3.9	181	287
Micronesia, Federated States of, – Micronésie, Etats fédérés de	1985–89	100 749	...	...	x108	x118	A8 c1	3.0	702	168
Nauru	22–I–77	7 254	...	...	x10	x10	A16 c1	0.0	21	476
New Caledonia – Nouvelle–Calédonie [72]	4–IV–89	164 173	83 862	80 311	170	*179	A4 c1	1.8	18 575	10

3. Population by sex, rate of population increase, surface area and density (continued)

Population selon le sexe, taux d'accroissement de la population, superficie et densité (suite)

(See notes at end of table. – Voir notes à la fin du tableau.)

Continent and country or area / Continent et pays ou zone	Population: Latest census – dernier recensement (in units – en unités): Date	Both sexes / Les deux sexes	Male / Masculin	Female / Féminin	Mid – year estimates Estimations au milieu de l'année (in thousand–en milliers): 1990	1993	Type [1] 1993	Annual rate of increase / Taux d'accrois–sement annuel 1990–93 (%)	Surface area / Superfi–cie (km²) 1993	Density / Densit é 1993 [2]
OCEANIA—OCEANIE(Cont.–Suite)										
New Zealand – Nouvelle–Zélande [73]	5–III–91	*3 434 952	...	...	3 363	*3 451	A2 b1	0.9	270 534	13
Niue – Nioué	29–X–86	2 531	...	...	x2	x2	A2 d	0.0	260	8
Norfolk Is. – Ile Norfolk	30–VI–86	2 367	1 170	1 197	...	...	..	...	36	...
Northern Mariana Islands – Iles Mariannes du Nord	1990	43 345	...	...	[10] 26	x47	A3 c1	([11])	464	101
Pacific Islands (Palau) – Iles du Pacifique(Palaos)	1990	15 122	...	...	x15	x16	A3 c1	2.2	459	35
Papua New Guinea – Papouasie–Nouvelle–Guinée [74]	22–IX–80	3 010 727	1 575 672	1 435 055	3 699	*3 922	A13 c3	2.0	462 840	8
Pitcairn	31–XII–91	66	...	...	...	...	A2 b1	...	5	...
Samoa	3–XI–81	156 349	81 027	75 322	164	x167	A12 c1	0.6	2 831	59
Solomon Islands – Iles Salomon [75]	23–XI–86	285 176	147 972	137 204	x320	x354	A7 c1	3.4	28 896	12
Tokelau – Tokélaou	1–X–82	1 552	751	801	x2	x2	A11 b1	0.0	12	167
Tonga	28–XI–86	94 649	47 611	47 038	97	x98	A7 c1	0.5	747	131
Tuvalu	27–V–79	7 300	...	...	x9	x9	A14 c1	0.0	26	346
Vanuatu	16–V–89	142 419	73 384	69 035	147	x161	A4 c1	3.1	12 189	13
Wallis and Futuna Islands – Iles Wallis et Futuna	15–II–83	12 408	6 266	6 142	x14	x14	A3 c1	0.0	200	70

3. Population by sex, rate of population increase, surface area and density (continued)

Population selon le sexe, taux d'accroissement de la population, superficie et densité (suite)

GENERAL NOTES

Unless otherwise indicated, figures refer to de facto (present–in–area) population for present territory; surface area estimates include inland waters. For method of evaluation and limitations of data, see Technical Notes, page 42.

FOOTNOTES

Italics: estimates which are less reliable.
* Provisional.
x Estimate prepared by the Population Division of the United Nations.

1 For explanation of code, see page 21.
2 Population per square kilometre of surface area in 1993. Figures are merely the quotients of population divided by surface area and are not to be considered either as reflecting density in the urban sense or as indicating the supporting power of a territory's land and resources.
3 De jure population.
4 Including the enclave of Cabinda.
5 Comprising Chagos Archipelago (formerly dependency of Mauritius).
6 Census of Chagos Archipelago taken 30 June 1962 gave total population of 747 persons.
7 Excluding Mayotte.
8 Comprising Bioko (which includes Pagalu) and Rio Muni (which includes Corisco and Elobeys).
9 Mid–year estimates have been adjusted for under–enumeration, estimated as follows:

	Percentage adjustment	Adjusted census total
Brunei Darussalam	1.06	...
Guatemala	13.7	...
Guinea	...	...
Korea, Republic of	1.9	...
Mozambique	3.8	...
Netherlands Antilles	2.0	...
Peru	...	...
Sierra Leone	10.0	*3 002 426
South Africa	...	...
Uruguay	2.6	...

10 Estimate not in accord with the latest census and/or the latest estimate.
11 Rate not computed because of apparent lack of comparability between estimates shown for 1990 and 1993.
12 Including an estimate of 224 095 for nomad population.
13 Comprising the islands of Agalega and St. Brandon.
14 Excluding Bophuthatswana, Ciskei, Transkei and Venda.
15 Comprising the Northern Region (former Saguia el Hamra) and Southern Region (former Rio de Oro).
16 De jure population, but excluding persons residing in institutions.
17 Including Carriacou and other dependencies in the Grenadines.
18 Including dependencies: Marie–Galante, la Désirade, les Saintes, Petite–Terre, St. Barthélemy and French part of St. Martin.

NOTES GENERALES

Sauf indication contraire, les chiffres relatifs à la population se rapportent à la population de fait présente du territoire actuel; les estimations de superficie comprennent les eaux intérieures. Pour la méthode d'évaluation et les insuffisances des données, voir Notes techniques, page 42.

NOTES

Italiques: estimations moins sûres.
* Données provisoires.
x Estimation établie par la Division de la population de l'Organisation des Nations Unies.

1 Pour l'explication du code, voir la page 21.
2 Nombre d'habitants au kilomètre carré en 1993. Il s'agit simplement du quotient du chiffre de la population divisé par celui de la superficie: il ne faut pas y voir d'indication de la densité au sens urbain du terme ni de l'effectif de population que les terres et les ressources du territoire sont capables de nourrir.
3 Population de droit.
4 Y compris l'enclave de Cabinda.
5 Comprend l'archipel de Chagos (ancienne dépendance de Maurice).
6 Le recensement de la population de l'archipel de Chagos au 30 juin 1962 a donné comme population totale 747 personnes.
7 Non compris Mayotte.
8 Comprend Bioko (qui comprend Pagalu) et Rio Muni (qui comprend Corisco et Elobeys).
9 Les estimations au milieu de l'année tiennent compte d'un ajustement destiné à compenser les lacunes du dénombrement. Les données de recensement ne tiennent pas compte de cet ajustement. En voici le détail:

	Ajustement (en pourcentage)	Chiffre de recensement ajusté
Brunéi Darussalam	1,06	...
Guatemala	13,7	...
Guinée	...	...
Corée, Rép. de	1,9	...
Mozambique	3,8	...
Antilles néerlandaises	2,0	...
Pérou	...	...
Sierra Leone	10,0	*3 002 426
Afrique du Sud	...	...
Uruguay	2,6	...

10 L'estimation ne s'accorde avec le dernier recensement, et /ou avec la dernière estimation.
11 On n'a pas calculé le taux parce que les estimations pour 1990 et 1993 ne paraissent pas comparables.
12 Y compris une estimation de 224 095 personnes pour la population nomade.
13 Y compris les îles Agalega et Saint–Brandon.
14 Non compris Bophuthatswana, Ciskei, Transkei et Venda.
15 Comprend la région septentrionale (ancien Saguia–el–Hamra) et la région méridionale (ancien Rio de Oro).
16 Population de droit, mais non compris les personnes dans les institutions.
17 Y compris Carriacou et les autres dépendances du groupe des îles Grenadines.
18 Y compris les dépendances: Marie–Galante, la Désirade, les Saintes, Petite–Terre, Saint–Barthélemy et la partie française de Saint–Martin.

3. Population by sex, rate of population increase, surface area and density (continued)

Population selon le sexe, taux d'accroissement de la population, superficie et densité (suite)

FOOTNOTES (continued)

19 Comprising Bonaire, Curaçao, Saba, St. Eustatius and Dutch part of St. Martin.
20 Including armed forces in the area.
21 Including Bequia and other islands in the Grenadines.
22 De jure population, but excluding civilian citizens absent from country for extended period of time. Census figures also exclude armed forces overseas.
23 Excluding Indian jungle population.
24 Mid–year estimates for 24 October.
25 Excluding nomadic Indian tribes.
26 Excluding dependencies, of which South Georgia (area 3 755 km2) had an estimated population of 499 in 1964 (494 males, 5 females). The other dependencies namely, the South Sandwich group (surface area 337 km2) and a number of smaller islands, are presumed to be uninhabited.
27 A dispute exists between the governments of Argentina and the United Kingdom of Great Britain and Northern Ireland concerning sovereignty over the Falkland Islands (Malvinas).
28 Excluding nomad population.
29 Excluding transients afloat.
30 Excluding foreign diplomatic personnel and their dependants.
31 This total population of China, as given in the communiqué of the State Statistical Bureau releasing the major figures of the census, includes a population of 6 130 000 for Hong Kong and Macau.
32 Comprising Hong Kong island, Kowloon and the New (leased) Territories.
33 Land area only. Total including ocean area within administrative boundaries is 2 916 km2.
34 Including data for the Indian–held part of Jammu and Kashmir, the final status of which has not yet been determined.
35 Figures provided by Indonesia including East Timor, shown separately.
36 Including data for East Jerusalem and Israeli residents in certain other territories under occupation by Israeli military forces since June 1967.
37 Comprising Hokkaido, Honshu, Shikoku, Kyushu. Excluding diplomatic personnel outside the country and foreign military and civilian personnel and their dependants stationed in the area.
38 Including military and diplomatic personnel and their families abroad, numbering 933 at 1961 census, but excluding foreign military and diplomatic personnel and their families in the country, numbering 389 at 1961 census. Also including registered Palestinian refugees number 654 092 and 722 687 at 30 June 1963 and 31 May 1967, respectively.
39 Excluding data for Jordanian territory under occupation since June 1967 by Israeli military forces.
40 Excluding alien armed forces, civilian aliens employed by armed forces, foreign diplomatic personnel and their dependants and Korean diplomatic personnel and their dependants outside the country.
41 Excluding Palestinian refugees in camps.
42 Based on results of sample survey.
43 Comprising Macau City and islands of Taipa and Coloane.
44 Excluding data for Jammu and Kashmir, the final status of which has not yet been determined, Junagardh, Manavadar, Gilgit and Baltistan.
45 Former mandated territory administered by the United Kingdom until 1948.
46 Excluding United Kingdom armed forces, numbering 2 507.
47 Comprising that part of Palestine under Egyptian administration following the Armistice of 1949 until June 1967, when it was occupied by Israeli military forces.

NOTES (suite)

19 Comprend Bonaire, Curaçao, Saba, Saint–Eustache et la partie néederlandaise de Saint–Martin.
20 Y compris les militaires en garnison sur le territoire.
21 Y compris Bequia et des autres îles dans les Grenadines.
22 Population de droit, mais non compris les civils hors du pays pendant une période prolongée. Les chiffres de recensement ne comprennent pas également les militaires à l'étranger.
23 Non compris les Indiens de la jungle.
24 Estimations au milieu de l'années pour le 24 Octobre.
25 Non compris les tribus d'Indiens nomades.
26 Non compris les dépendances, parmi lesquelles figure la Georgie du Sud (3 755 km2) avec une population estimée à 499 personnes en 1964 (494 du sexe masculin et 5 du sexe féminin). Les autres dépendances, c'est–à–dire le groupe des Sandwich de Sud (superficie: 337 km2) et certaines petites–îles, sont présumées inhabitées.
27 La souveraineté sur les îles Falkland (Malvinas) fait l'objet d'un différend entre le Gouvernement argentin et le Gouvernement du Royaume–Uni de Grande–Bretagne et d'Irlande du Nord.
28 Non compris la population nomade.
29 Non compris les personnes de passage à bord des navires.
30 Non compris le personnel diplomatique étranger et les membres de leur famille les accompagnant.
31 Le chiffre indiqué pour la population totale de la Chine, qui figure dans le communiqué du Bureau du statistique de l'Etat publiant les principaux chiffres du recensement, comprennent la population de Hong–kong et Macao qui s'élève à 6 130 000 personnes.
32 Comprend les îles de Hong–kong, Kowloon et les Nouveaux Territoires (à bail).
33 Superficie terrestre seulement. La superficie totale, qui comprend la zone maritime se trouvant à l'intérieur des limites administratives, est de 2 916 km2.
34 Y compris les données pour la partie du Jammu et du Cachemire occupée par l'Inde dont le statut définitif n'a pas encore été déterminé.
35 Les chiffres fournis par l'Indonesie comprennent le Timor oriental, qui fait l'objet d'une rubrique distincte.
36 Y compris les données pour Jérusalem–Est et les résidents israéliens dans certains autres territoires occupés depuis juin 1967 par les forces armées israéliennes.
37 Comprend Hokkaido, Honshu, Shikoku, Kyushu. Non compris le personnel diplomatique hors du pays, les militaires et agents civils étrangers en poste sur le territoire et les membres de leur famille les accompagnant.
38 Y compris les militaires et le personnel diplomatique à l'étranger et les membres de leur famille les accompagnant, au nombre de 933 personnes au recensement de 1961, mais non compris les militaires et le personnel diplomatique étrangers sur le territoire et les membres de leur famille les accompagnant, au nombre de 389 personnes au recensement de 1961. Y compris également les réfugiés de Palestine immatriculés: 654 092 au 30 juin 1963 et 722 687 au 31 may 1967.
39 Non compris les données pour le territoire jordanien occupé depuis juin 1967 par les forces armées israéliennes.
40 Non compris les militaires étrangers, les civils étrangers employés par les forces armées, le personnel diplomatique étranger et les membres de leur famille les accompagnant et le personnel diplomatique coréen hors du pays et les membres de leur familles les accompagnant.
41 Non compris les réfugiés de Palestine dans les camps.
42 D'après les résultats d'une enquête par sondage.
43 Comprend la ville de Macao et les îles de Taipa et de Colowane.
44 Non compris les données pour le Jammu et le Cachemire, dont le statut définitif n'a pas encore été déterminé, le Junagardh, le Manavadar, le Gilgit et le Baltistan.
45 Ancien territoire sous mandat administré par le Royaume–Uni jusqu'à 1948.
46 Non compris les forces armées du Royaume–Uni au nombre de 2 507 personnes.
47 Comprend la partie de la Palestine administrée par l'Egypt depuis l'armistice de 1949 jusqu'en juin 1967, date laquelle elle a été occupée par les forces armées israéliennes.

3. Population by sex, rate of population increase, surface area and density (continued)

Population selon le sexe, taux d'accroissement de la population, superficie et densité (suite)

FOOTNOTES (continued)

48 Excluding transients afloat and non–locally domiciled military and civilian services personnel and their dependants and visitors, numbering 5 553, 5 187 and 8 895 respectively at 1980 census.

49 Including Palestinian refugees numbering 193 000 on 1 July 1977.

50 Comprising 7 sheikdoms of Abu Dhabi, Dubai, Sharjah, Ajaman, Umm al Qaiwain, Ras al Khaimah and Fujairah, and the area lying within the modified Riyadh line as announced in October 1955.

51 Excluding surface area of frontier rivers.

52 Including dependencies: Alderey, Brechou, Herm, Jethou, Lithou and Sark Island.

53 Excluding Faeroe Islands and Greenland.

54 Excluding Overseas Departments, namely French Guiana, Guadeloupe, Martinique and Réunion, shown separately.

55 De jure population, but excluding diplomatic personnel outside the country and including foreign diplomatic personnel not living in embassies or consulates.

56 Excluding military personnel stationed outside the country who do not have a personal residence in France.

57 All data shown pertaining to Germany prior to 3 October 1990 are indicated separately for the Federal Republic of Germany and the former German Democratic Republic based on their respective territories at the time indicated. See explanatory notes on data pertaining to Germany on page 4.

58 Excluding armed forces.

59 Including armed forces stationed outside the country, but excluding alien armed forces stationed in the area.

60 Including armed forces stationed outside the country, but including alien armed forces stationed in the area.

61 Surface area is 0.44 km2.

62 Including Gozo and Comino Islands and civilian nationals temporarily outside the country.

63 Surface area is 1.49 km2.

64 Excluding civilian aliens within the country, but including civilian nationals temporarily outside the country.

65 Including the Azores and Madeira Islands.

66 Including the Balearic and Canary Islands, and Alhucemas, Ceuta, Chafarinas, Melilla and Penon de Vélez de la Gomera.

67 Inhabited only during the winter season. Census data are for total population while estimates refer to Norwegian population only. Included also in the de jure population of Norway.

68 Excluding Channel Islands and Isle of Man, shown separately.

69 Excluding Niue, shown separately, which is part of Cook Islands, but because of remoteness is administered separately.

70 Comprising Austral, Gambier, Marquesas, Rapa, Society and Tuamotu Islands.

71 Including Christmas, Fanning, Ocean and Washington Islands.

72 Including the islands of Huon, Chesterfield, Loyalty, Walpole and Belep Archipelago.

73 Including Campbell and Kermadec Islands (population 20 in 1961, surface area 148 km2) as well as Antipodes, Auckland, Bounty, Snares, Solander and Three Kings island, all of which are uninhabited. Excluding diplomatic personnel and armed forces outside the country, the latter numbering 1 936 at 1966 census; also excluding alien armed forces within the country.

74 Comprising eastern part of New Guinea, the Bismarck Archipelago, Bougainville and Buka of Solomon Islands group and about 600 smaller islands.

75 Comprising the Solomon islands group (except Bougainville and Buka which are included with Papua New Guinea shown separately), Ontong, Java, Rennel and Santa Cruz Islands.

NOTES (suite)

48 Non compris les personnes de passage à bord de navires, les militaires et agents civils non résidents et les membres de leur famille les accompagnant, et les visiteurs, soit: 5 553, 5 187 et 8 895 personnes respectivement au recensement de 1980.

49 Y compris les réfugiés de Palestine au nombre de 193 000 au 1er juillet 1977.

50 Comprend les sept cheikhats de Abou Dhabi, Dabai, Ghârdja, Adjmân, Oumm–al–Quiwaïn, Ras al Khaîma et Foudjaïra, ainsi que la zone délimitée par la ligne de Riad modifiée comme il a été annoncé en octobre 1955.

51 Non compris la surface des cours d'eau frontières.

52 Y compris les dépendances: Aurigny, Brecqhou, Herm, Jethou, Lihou et l'île de Sercq.

53 Non compris les îles Féroé et le Groenland.

54 Non compris les départements d'outre–mer, c'est–à–dire la Guyane française, la Guadeloupe, la Martinique et la Réunion, qui font l'objet de rubriques distinctes.

55 Population de droit, non compris le personnel diplomatique hors du pays et y compris le personnel diplomatique étranger qui ne vit pas dans les ambassades ou les consulats.

56 Non compris les militaires en garnison hors du pays et sans résidence personnelle en France.

57 Toutes les données se rapportant à l'Allemagne avant le 3 octobre 1990 figurent dans deux rubriques séparées basées sur les territoires respectifs de la République fédérale d'Allemagne et l'ancienne République démocratique allemande selon la période indiquée. Voir les notes explicatives sur les données concernant l'Allemagne à la page 4.

58 Non compris les militaires.

59 Y compris les militaires en garnison hors du pays, mais non compris les militaires étrangers en garnison sur le territoire.

60 Y compris les militaires en garnison hors du pays, mais y compris les militaires étrangers en garnison sur le territoire.

61 Superficie: 0,44 km2.

62 Y compris les îles de Gozo et de Comino et les civils nationaux temporairement hors du pays.

63 Superficie: 1,49 km2.

64 Non compris les civils étrangers dans le pays, mais y compris les civils nationaux temporairement hors du pays.

65 Y compris les Açores et Madère.

66 Y compris les Baléares et les Canaries, Al Hoceima, Ceuta, les îles Zaffarines, Melilla et Penon de Vélez de la Gomera.

67 N'est habitée pendant la saison d'hiver. Les données de recensement se rapportent à la population totale, mais les estimations ne concernent que la population norvégienne, comprise également dans la population de droit de la Norvège.

68 Non compris les îles Anglo–Normandes et l'île de Man, qui font l'objet de rubriques distinctes.

69 Non compris Nioué, qui fait l'objet d'une rubrique distincte et qui fait partie des îles Cook, mais qui, en raison de son éloignement, est administrée séparément.

70 Comprend les îles Australes, Gambier, Marquises, Rapa, de la Société et Tuamotou.

71 Y compris les îles Christmas, Fanning, Océan et Washington.

72 Y compris les îles Huon, Chesterfield, Loyauté et Walpole, et l'archipel Belep.

73 Y compris les îles Campbell et Kermadec (20 habitants en 1961, superficie: 148 km2) ainsi que les îles Antipodes, Auckland, Bounty, Snares, Solander et Three Kings, qui sont toutes inhabitées. Non compris le personnel diplomatique et les militaires hors du pays, ces derniers au nombre de 1 936 au recensement de 1966; non compris également les militaires étrangers dans le pays.

74 Comprend l'est de la Nouvelle–Guinée, l'archipel Bismarck, Bougainville et Buka (ces deux dernières du groupe des Salomon) et environ 600 îlots.

75 Comprend les îles Salomon (à l'exception de Bougainville et de Buka dont la population est comprise dans celle de Papouasie–Nouvelle Guinée qui font l'objet d'une rubrique distincte), ainsi que les îles Ontong, Java, Rennel et Santa Cruz.

4. Vital statistics summary and expectation of life at birth: latest available year

(See notes at end of table.)

No.	Continent and country or area / Continent et pays ou zone	Year Année	Live births Naissances vivantes: Number Nombre	Live births Naissances vivantes: Rate Taux	Deaths Décès: Number Nombre	Deaths Décès: Rate Taux (000s)	Natural increase: Accroissement naturel	Infant deaths Décès d'enfants de moins d'un an: Year Année	Infant deaths Décès d'enfants de moins d'un an: Number Nombre
	AFRICA–AFRIQUE								
1	Algeria – Algérie	1990–95	...	[1] 29.1	...	[1] 6.4	[1] 22.7	1990–95	...
2	Angola [1]	1990–95	...	51.3	...	19.2	32.1	1990–95	...
3	Benin – Bénin [1]	1990–95	...	48.7	...	17.8	30.9	1990–95	...
4	Botswana	1990–95	...	[1] 37.1	...	[1] 6.6	[1] 30.5	1990–95	...
5	Burkina Faso [1]	1990–95	...	46.8	...	18.2	28.6	1990–95	...
6	Burundi [1]	1990–95	...	46.0	...	15.7	30.2	1990–95	...
7	Cameroon – Cameroun [1]	1990–95	...	40.7	...	- 12.2	28.5	1990–95	...
8	Cape Verde – Cap–Vert	1990	9 669	28.3	2 505	7.3	21.0	1990	629
9	Central African Republic – Rép. centrafricaine [1]	1990–95	...	41.5	...	16.6	24.9	1990–95	...
10	Chad – Tchad [1]	1990–95	...	43.7	...	18.0	25.8	1990–95	...
11	Comoros – Comores [1]	1990–95	...	48.5	...	11.7	36.7	1990–95	...
12	Congo [1]	1990–95	...	44.7	...	14.9	29.8	1990–95	...
13	Côte d'Ivoire [1]	1990–95	...	49.8	...	15.1	34.7	1990–95	...
14	Djibouti [1]	1990–95	...	38.1	...	16.1	22.0	1990–95	...
15	Egypt – Egypte	1992	1 669 836	30.3	424 494	7.7	22.6	1989	68 626
16	Equatorial Guinea – Guinée équatoriale	1990–95	...	[1] 43.5	...	[1] 18.0	[1] 25.5	1990–95	...
17	Eritrea – Erythrée [1]	1990–95	...	43.0	...	15.2	27.8	1990–95	...
18	Ethiopia – Ethiopie [1]	1990–95	...	48.5	...	18.0	30.4	1990–95	...
19	Gabon [1]	1990–95	...	37.2	...	15.5	21.7	1990–95	...
20	Gambia – Gambie [1]	1990–95	...	43.7	...	18.8	24.9	1990–95	...
21	Ghana [1]	1990–95	...	41.7	...	11.7	30.0	1990–95	...
22	Guinea – Guinée [1]	1990–95	...	50.6	...	20.3	30.3	1990–95	...
23	Guinea–Bissau – Guinée–Bissau	1990–95	...	[1] 42.7	...	[1] 21.3	[1] 21.4	1990–95	...
24	Kenya [1]	1990–95	...	44.5	...	11.7	32.8	1990–95	...
25	Lesotho [1]	1990–95	...	36.9	...	10.0	26.9	1990–95	...
26	Liberia – Libéria	1990–95	...	[1] 47.3	...	[1] 14.2	[1] 33.1	1990–95	...
27	Libyan Arab Jamahiriya – Jamahiriya arabe libyenne	1990–95	...	[1] 41.9	...	[1] 8.0	[1] 33.8	1990–95	...
28	Madagascar [1]	1990–95	...	43.8	...	11.8	32.1	1990–95	...
29	Malawi	1987 [2]	329 144	43.9	112 391	15.0	28.9	1977 [2]	34 808
30	Mali	1987 [2]	375 117	48.7	96 221	12.5	36.2	1987 [2]	26 731
31	Mauritania – Mauritanie [1]	1990–95	...	39.8	...	14.4	25.4	1990–95	...
32	Mauritius – Maurice	1992	22 741	21.0	7 023	6.5	14.5	1992	426
33	Island of Mauritius – Ile Maurice	1992	22 032	21.0	6 866	6.5	14.4	1992	408
34	Rodrigues	1992	709	20.6	157	4.6	16.0	1992	18
35	Morocco – Maroc [1]	1990–95	...	29.1	...	8.1	21.0	1990–95	...
36	Mozambique [1]	1990–95	...	45.2	...	18.5	26.7	1990–95	...
37	Namibia – Namibie [1]	1990–95	...	37.0	...	10.5	26.4	1990–95	...
38	Niger [1]	1990–95	...	52.5	...	18.9	33.6	1990–95	...
39	Nigeria – Nigéria [1]	1990–95	...	45.4	...	15.4	30.0	1990–95	...
40	Réunion	1991	14 107	23.1	3 415	5.6	17.5	1991	103
41	Rwanda	1990–95	...	[1] 44.1	...	[1] 16.6	[1] 27.5	1990–95	...
42	St. Helena ex. dep. – Sainte–Hélène sans dép.	1992	78	12.1	44	6.8	5.3	1992	1
43	Ascension	1981	15	♦ 14.6	2	♦ 2.0	♦ 12.7	1980	1
44	Tristan da Cunha	1993	2	♦ 6.8	2	♦ 6.8	♦ –	1980	2
45	Sao Tome and Principe – Sao Tomé–et–Principe	1993	5 254	43.0	1 102	9.0	34.0	1989	291
46	Senegal – Sénégal [1]	1990–95	...	43.0	...	16.0	27.0	1990–95	...
47	Seychelles	1993	1 689	23.4	597	8.3	15.1	1993	22
48	Sierra Leone [1]	1990–95	...	49.1	...	25.1	24.0	1990–95	...
49	Somalia – Somalie [1]	1990–95	...	50.2	...	18.5	31.7	1990–95	...

4. Aperçu des statistiques de l'état civil et espérance de vie à la naissance: dernière année disponible

(…ir notes à la fin du tableau.)

Expectation of life at birth / Espérance de vie à la naissance					Marriages / Mariages			Divorces			
Year(s) Année(s)	Male Masculin	Female Féminin	Year Année	Fertility Fécondité	Year Année	Number Nombre	Rate Taux (000s)	Year Année	Number Nombre	Rate Taux (000s)	
1987	65.75	66.34	1990–95	[1] 3.850	1986	128 802	5.7	...	...	...	1
1990–95	44.90	48.10	1990–95	7.200	...	...	...	...	...	...	2
1990–95	45.92	49.29	1990–95	7.100	...	...	...	...	...	...	3
1981	52.32	59.70	1990–95	[1] 4.847	1987	1 862	1.6	...	...	...	4
1990–95	45.84	49.01	1990–95	6.500	...	...	...	...	...	...	5
1990–95	48.42	51.92	1990–95	6.800	...	...	...	...	...	...	6
1990–95	54.50	57.50	1990–95	5.700	...	...	...	...	...	...	7
1990	63.53	71.33	1990	5.450	1990	1 651	4.8	...	...	...	8
1990–95	46.87	51.88	1990–95	5.690	...	...	...	...	...	...	9
1990–95	45.93	49.12	1990–95	5.890	...	...	...	...	...	...	10
1990–95	55.50	56.50	1990–95	7.050	...	...	...	...	...	...	11
1990–95	48.91	53.77	1990–95	6.290	...	...	...	...	...	...	12
1990–95	49.69	52.38	1990–95	7.410	...	...	...	...	...	...	13
1990–95	46.72	50.00	1990–95	5.800	...	...	...	...	...	...	14
1991	62.86	66.39	1991	4.330	1992	462 792	8.4	1992	78 490	1.4	15
1981	44.86	47.78	1990–95	[1] 5.890	...	...	...	...	...	...	16
1990–95	48.85	52.06	1990–95	5.800	...	...	...	...	...	...	17
1990–95	45.93	49.06	1990–95	7.000	...	...	...	...	...	...	18
1990–95	51.86	55.18	1990–95	5.340	...	...	...	...	...	...	19
1990–95	43.41	46.63	1990–95	5.600	...	...	...	...	...	...	20
1990–95	54.22	57.84	1990–95	5.964	...	...	...	...	...	...	21
1990–95	44.00	45.00	1990–95	7.000	...	...	...	...	...	...	22
1990–95	[1] 41.92	[1] 45.12	1990–95	[1] 5.790	1981	100	0.1	...	...	...	23
1990–95	54.18	57.29	1990–95	6.278	...	...	...	...	...	...	24
1990–95	58.00	63.00	1990–95	5.200	...	...	...	...	...	...	25
1971	45.80	44.00	1990–95	[1] 6.800	...	...	...	...	...	...	26
1990–95	[1] 61.58	[1] 65.00	1990–95	[1] 6.390	1991	21 924	5.1	1991	2 175	0.5	27
1990–95	55.00	58.00	1990–95	6.100	...	...	...	...	...	...	28
1992–97	43.51	46.75	1987 [2]	6.633	...	...	...	...	...	...	29
1987 [2]	55.24	58.66	1987 [2]	6.800	1987 [2]	33 646	4.4	...	...	...	30
1990–95	49.90	53.10	1990–95	5.400	...	...	...	...	...	...	31
1989–91	65.57	73.39	1992	2.369	1992	11 408	10.5	...	...	...	32
1990–92	66.15	73.91	1992	2.362	1992	11 246	10.7	1992	781	0.7	33
1990–92	66.53	73.52	1992	2.773	1992	162	4.7	...	...	...	34
1990–95	61.58	65.00	1990–95	3.750	...	...	...	...	...	...	35
1990–95	44.88	48.01	1990–95	6.500	...	...	...	...	...	...	36
1990–95	57.50	60.00	1990–95	5.250	...	...	...	...	...	...	37
1990–95	44.90	48.14	1990–95	7.400	...	...	...	...	...	...	38
1990–95	48.81	52.01	1990–95	6.450	...	...	...	...	...	...	39
1990–95	[1] 69.38	[1] 77.73	1990	2.360	1990	3 716	6.2	1990	763	1.3	40
1978	45.10	47.70	1990–95	[1] 6.550	1982	14 313	2.6	...	...	...	41
...	...	...	...	...	1992	9	♦ 1.4	1990	5	♦ 0.8	42
...	...	...	...	...	1981	3	♦ 2.9	...	...	...	43
...	...	...	...	...	1988	1	♦ 3.3	...	...	...	44
...	...	...	...	...	1988	49	0.4	...	...	...	45
1990–95	48.30	50.30	1990–95	6.060	...	...	...	...	...	...	46
1981–85	65.26	74.05	1990	2.730	1993	813	11.3	1993	81	1.1	47
1990–95	37.47	40.58	1990–95	6.500	...	...	...	...	...	...	48
1990–95	45.41	48.60	1990–95	7.000	...	...	...	...	...	...	49

4. Vital statistics summary and expectation of life at birth: latest available year (continued)

(See notes at end of table.)

	Continent and country or area / Continent et pays ou zone	Year / Année	Live births / Naissances vivantes: Number / Nombre	Live births / Naissances vivantes: Rate / Taux	Deaths / Décès: Number / Nombre	Deaths / Décès: Rate / Taux (000s)	Natural increase / Accroisse ment naturel	Year / Année	Infant deaths / Décès d'enfants de moins d'un an: Number / Nombre	Infant deaths / Décès d'enfants de moins d'un an: Ra[te] / Ta[ux] (000[s])
	AFRICA–AFRIQUE(Cont.–Suite)									
1	South Africa – Afrique du Sud	1990–95	...	[1] 31.2	...	[1] 8.8	[1] 22.3	1990–95	...	[1] 52
2	Sudan – Soudan [1]	1990–95	...	39.8	...	13.1	26.7	1990–95	...	78
3	Swaziland	1990–95	...	[1] 38.5	...	[1] 10.7	[1] 27.8	1990–95	...	[1] 75
4	Togo	1990–95	...	[1] 44.5	...	[1] 12.8	[1] 31.7	1990–95	...	[1] 85
5	Tunisia – Tunisie	1990–95	...	[1] 25.6	...	[1] 6.4	[1] 19.2	1990–95	...	[1] 43
6	Uganda – Ouganda [1]	1990–95	...	51.8	...	19.2	32.6	1990–95	...	115
7	United Rep. of Tanzania – Rép.–Unie de Tanzanie	1990–95	...	[1] 43.1	...	[1] 13.6	[1] 29.5	1990–95	...	[1] 84
8	Zaire – Zaïre [1]	1990–95	...	47.5	...	14.5	33.0	1990–95	...	92
9	Zambia – Zambie	1990–95	...	[1] 44.6	...	[1] 15.1	[1] 29.4	1990–95	...	[1] 104
10	Zimbabwe	1990–95	...	[1] 39.1	...	[1] 12.0	[1] 27.1	1990–95	...	[1] 67
	AMERICA,NORTH– AMERIQUE DU NORD									
11	Anguilla	1993	169	18.4	59	6.4	12.0	1993	5	♦ 29
12	Antigua and Barbuda – Antigua–et–Barbuda	1990	1 288	20.1	433	6.8	13.4	1985	29	♦ 24
13	Aruba	1988	949	15.6	335	5.5	10.1	...	...	
14	Bahamas	1992	4 870	18.4	1 383	5.2	13.2	1992	76	15
15	Barbados – Barbade	1992	4 185	16.2	2 361	9.1	7.0	1992	38	9
16	Belize	1990–95	...	[1] 34.7	...	[1] 4.8	[1] 29.9	1990–95	...	[1] 32
17	Bermuda – Bermudes	1991	901	14.7	452	7.4	7.3	1991	7	♦ 7
18	British Virgin Islands – Iles Vierges britanniques	1989	244	19.5	77	6.1	13.3	1988	7	♦ 29
19	Canada	1991	411 910	14.6	196 050	7.0	7.7	1990	2 766	6
20	Cayman Islands – Iles Caïmanes	1993	527	18.2	119	4.1	14.1	1993	2	♦ 3
21	Costa Rica	1992	80 164	25.9	12 253	4.0	21.9	1992	1 099	13
22	Cuba	1993	152 226	14.0	78 504	7.2	6.8	1993	1 431	9
23	Dominica – Dominique	1990	1 630	23.0	608	8.6	14.4	1990	30	♦ 18
24	Dominican Republic – République dominicaine	1990–95	...	[1] 27.0	...	[1] 5.6	[1] 21.4	1990–95	...	[1] 42
25	El Salvador	1990–95	...	[1] 33.5	...	[1] 7.1	[1] 26.4	1990–95	...	[1] 45
26	Greenland – Groenland	1993	1 200	21.7	446	8.1	13.6	1993	22	♦ 18
27	Grenada – Grenade	1979	2 664	24.5	739	6.8	17.7	1979	41	15
28	Guadeloupe	1992	7 310	17.9	2 292	5.6	12.3	1992	76	10
29	Guatemala	1988	341 382	39.3	64 837	7.5	31.9	1988	15 892	46
30	Haiti – Haïti [1]	1990–95	...	35.3	...	11.9	23.4	1990–95	...	86
31	Honduras	1990–95	...	[1] 37.1	...	[1] 6.1	[1] 30.9	1990–95	...	[1] 43
32	Jamaica – Jamaïque	1992	56 276	23.5	12 391	5.2	18.3	1984	758	13
33	Martinique	1992	6 304	16.9	2 180	5.8	11.1	1992	39	6
34	Mexico – Mexique	1990–95	...	[1] 27.7	...	[1] 5.3	[1] 22.4	1990–95	...	[1] 36
35	Montserrat	1986	200	16.8	123	10.3	6.5	1986	1	♦ 5
36	Netherlands Antilles – Antilles néerlandaises	1990	3 602	18.9	1 217	6.4	12.5	1989	22	♦ 6
37	Nicaragua	1990–95	...	[1] 40.4	...	[1] 6.8	[1] 33.6	1990–95	...	[1] 52
38	Panama	1990–95	...	[1] 25.0	...	[1] 5.3	[1] 19.7	1990–95	...	[1] 25
39	Puerto Rico – Porto Rico	1992	64 481	18.0	27 397	7.7	10.4	1992	822	12
40	Saint Kitts and Nevis – Saint–Kitts–et–Nevis	1989	989	23.5	484	11.5	12.0	1989	22	♦ 22
41	Saint Lucia – Sainte–Lucie	1992	3 624	26.5	874	6.4	20.1	1992	67	18
42	St. Pierre and Miquelon – Saint–Pierre–et–Miquelon	1984	128	21.3	58	9.7	11.7	1981	1	♦ 9
43	St. Vincent and the Grenadines – Saint–Vincent–et–Grenadines	1992	2 686	24.7	714	6.6	18.1	1988	55	21
44	Trinidad and Tobago – Trinité–et–Tobago	1993	21 927	17.4	8 191	6.5	10.9	1993	230	10
45	Turks and Caicos Islands – Is.Turques et Caïques	1982	204	25.5	29	3.6	21.9	1982	5	♦ 24

4. Aperçu des statistiques de l'état civil et espérance de vie à la naissance: dernière année disponible (suite)

notes à la fin du tableau.)

Expectation of life at birth / Espérance de vie à la naissance					Marriages / Mariages			Divorces			
Year(s) / Année(s)	Male / Masculin	Female / Féminin	Year / Année	Fertility / Fécondité	Year / Année	Number / Nombre	Rate / Taux (000s)	Year / Année	Number / Nombre	Rate / Taux (000s)	
1990–95	[1] 60.01	[1] 66.00	1990–95	[1] 4.095	1977	38 537	1.4	1977	9 864	0.4	1
1990–95	51.58	54.37	1990–95	5.740	...	...	...	...	...	...	2
1976	42.90	49.50	1990–95	[1] 4.856	1989	3 115	4.3	...	...	...	3
1990–95	[1] 53.23	[1] 56.82	1990–95	[1] 6.580	1979	5 753	2.3	...	...	...	4
1990–95	[1] 66.85	[1] 68.68	1990–95	[1] 3.150	1990	55 612	6.9	1989	12 695	1.6	5
1990–95	43.57	46.19	1990–95	7.300	...	...	...	...	...	...	6
1988 [2]	47.00	50.00	1988 [2]	6.500	...	...	...	...	...	...	7
1990–95	50.40	53.66	1990–95	6.700	...	...	...	...	...	...	8
1980	50.70	53.00	1990–95	[1] 5.980	...	...	...	...	...	...	9
1990–95	[1] 52.39	[1] 55.12	1990–95	[1] 5.014	1979	2 633	0.4	1979	924	0.1	10
...	...	...	...	...	1985	101	14.4	1985	6	♦ 0.9	11
...	...		...	...	1987	343	5.4	1987	43	0.7	12
1972–78	68.30	75.40	...	...	1988	390	6.4	1988	196	3.2	13
1989–91	68.32	75.28	1992	2.708	1992	2 406	9.1	1992	305	1.2	14
1980	67.15	72.46	1988	1.582	1992	2 048	7.9	1991	367	1.4	15
1991	69.95	74.07	1992	4.125	1992	1 241	6.2	1992	121	0.6	16
1991	70.23	78.01	1991	1.676	1991	871	14.2	1991	195	3.2	17
...	...	...	1988	1.932	1988	176	14.2	1988	9	♦ 0.7	18
1985–87	73.02	79.79	1990	1.826	1990	187 737	7.1	1990	78 152	2.9	19
...	...	...	1990	3.800	1993	245	8.4	1991	152	5.7	20
1990–95	72.89	77.60	1991	3.040	1992	20 525	6.6	1992	3 482	1.1	21
1986–87	72.74	76.34	1990	1.834	1992	191 837	17.7	1992	44 973	4.2	22
...	...	...	...	...	1990	225	3.2	1990	29	♦ 0.4	23
1990–95	[1] 67.63	[1] 71.69	1990–95	[1] 3.094	1985	21 301	3.3	1985	7 808	1.2	24
1985	50.74	63.89	1986	3.965	1991	22 658	4.2	1991	2 583	0.5	25
1981–85	60.40	66.30	1991	2.410	1993	403	7.3	1993	109	2.0	26
...	...		...	...	1979	360	3.3	1979	21	♦ 0.2	27
1975–79	66.40	72.40	1985	2.579	1992	1 933	4.7	1992	448	1.1	28
1979–80	55.11	59.43	1985	6.026	1988	46 155	5.3	1988	1 614	0.2	29
1990–95	54.95	58.34	1990–95	4.790	...	...	...	...	...	...	30
1990–95	[1] 65.43	[1] 70.06	1981	5.881	1983	19 875	4.9	1983	1 520	0.4	31
1990–95	[1] 71.41	[1] 75.82	1982	3.246	1992	13 042	5.4	1992	1 454	0.6	32
1975	67.00	73.50	1991	2.018	1992	1 646	4.4	1992	357	1.0	33
1979	62.10	66.00	1990–95	[1] 3.205	1993	666 913	7.3	1992	51 953	0.6	34
...	...	...	1982	2.336	1986	40	3.4	...	...	...	35
1981	71.13	75.75	1990–95	[1] 2.100	1990	1 267	6.7	1990	409	2.1	36
1990–95	64.80	67.71	1990–95	[1] 5.039	1987	11 703	3.3	1990	866	0.2	37
1990–95	69.78	74.70	1990	2.880	1993	13 280	5.2	1992	1 947	0.8	38
1990–92	69.60	78.50	1992	2.188	1992	34 222	9.6	1992	14 227	4.0	39
1988	65.87	70.98	1988	2.840	1977	172	3.9	1977	8	♦ 0.2	40
1986	68.00	74.80	1986	3.823	1991	436	3.2	1992	41	0.3	41
...	...	...	...	...	1984	33	5.5	1984	5	♦ 0.8	42
...	...	...	1980	3.859	1992	405	3.7	1992	92	0.8	43
1980–85	66.88	71.62	1989	2.418	1993	7 012	5.6	1993	1 091	0.9	44
...	...	...	...	...	1983	43	5.3	1983	4	♦ 0.5	45

4. Vital statistics summary and expectation of life at birth: latest available year (continued)

(See notes at end of table.)

	Continent and country or area / Continent et pays ou zone	Year / Année	Live births / Naissances vivantes: Number / Nombre	Live births / Naissances vivantes: Rate / Taux	Deaths / Décès: Number / Nombre	Deaths / Décès: Rate / Taux (000s)	Natural increase / Accroisse ment naturel	Infant deaths / Décès d'enfants de moins d'un an: Year / Année	Infant deaths: Number / Nombre	Infant deaths: Rate / Taux (000s)
	AMERICA,NORTH–(Cont.–Suite) AMERIQUE DU NORD									
1	United States – Etats–Unis	1993	4 039 000	15.6	2 268 000	8.8	6.9	1992	34 400	8.
2	United States Virgin Islands – Iles Vierges américaines	1991	2 511	24.4	535	5.2	19.2	1991	52	20.
	AMERICA,SOUTH– AMERIQUE DU SUD									
3	Argentina – Argentine	1991	694 776	21.1	255 609	7.8	13.3	1991	17 152	24.
4	Bolivia – Bolivie	1990–95	...	[1] 35.7	...	[1] 10.2	[1] 25.5	1990–95	...	[1] 75.
5	Brazil – Brésil	1990–95	...	[1] 24.6	...	[1] 7.5	[1] 17.2	1990–95	...	[1] 57.
6	Chile – Chili	1992	293 789	21.6	74 090	5.4	16.2	1992	4 209	14.
7	Colombia – Colombie	1990–95	...	[1] 24.0	...	[1] 5.9	[1] 18.0	1990–95	...	[1] 37.
8	Ecuador – Equateur	1990–95	...	[1] 28.2	...	[1] 6.2	[1] 22.0	1990–95	...	[1] 49.
9	Falkland Islands (Malvinas)– Iles Falkland (Malvinas)	1992	27	♦ 13.5	19	♦ 9.5	♦ 4.0	1978	1	♦ 38.
10	French Guiana – Guyane Française	1986	2 392	25.2	491	5.2	20.0	1986	53	22.
11	Guyana	1978	23 200	28.3	6 000	7.3	21.0	1974	1 208	52.
12	Paraguay	1990–95	...	[1] 33.0	...	[1] 5.5	[1] 27.5	1990–95	...	[1] 38.
13	Peru – Pérou	1993 [3]	661 061	29.4	172 188	7.7	21.8	1993 [3]	49 494	74.
14	Suriname	1991	9 104	22.5	2 573	6.4	16.2	1991	175	19.
15	Uruguay	1991	54 754	17.6	29 784	9.6	8.0	1992	1 010	18.
16	Venezuela	1991	602 024	30.4	88 634	4.5	25.9	1991	12 162	20.
	ASIA–ASIE									
17	Afghanistan [1]	1990–95	...	50.2	...	21.8	28.4	1990–95	...	163.
18	Armenia – Arménie	1993	59 041	15.8	27 500	7.4	8.5	1993	1 048	17.
19	Azerbaijan – Azerbaïdjan	1989	181 631	25.6	44 016	6.2	19.4	1989	4 749	26.
20	Bahrain – Bahreïn	1990–95	...	[1] 28.1	...	[1] 4.0	[1] 24.2	1990–95	...	[1] 18.
21	Bangladesh	1990–95	...	[1] 35.5	...	[1] 11.7	[1] 23.8	1990–95	...	[1] 107.
22	Bhutan – Bhoutan [1]	1990–95	...	39.6	...	15.3	24.3	1990–95	...	124.
23	Brunei Darussalam – Brunéi Darussalam	1992	7 290	27.2	887	3.3	23.9	1992	70	9.
24	Cambodia – Cambodge [1]	1990–95	...	43.5	...	14.3	29.2	1990–95	...	115.
25	China – Chine [1]	1990–95	...	18.5	...	7.2	11.3	1990–95	...	44.
26	Cyprus – Chypre	1992	14 395	20.0	6 417	8.9	11.1	1992	140	9.
27	East Timor – Timor oriental [1]	1990–95	...	36.5	...	17.4	19.1	1990–95	...	149.
28	Georgia – Géorgie	1989	91 138	16.7	47 077	8.6	8.1	1989	1 787	19
29	Hong Kong – Hong–kong	1992	70 949	12.2	30 550	5.3	7.0	1992	341	4.
30	India – Inde	1990	...	[4] 29.9	...	[4] 9.6	[4] 20.3	1990	...	[4] 80.
31	Indonesia – Indonésie	1990–95	...	[1] 24.7	...	[1] 8.4	[1] 16.4	1990–95	...	[1] 58.
32	Iran (Islamic Republic of – Rép. islamique d')	1990–95	...	[1] 35.4	...	[1] 6.7	[1] 28.8	1990–95	...	[1] 36.
33	Iraq	1990–95	...	[1] 38.1	...	[1] 6.7	[1] 31.4	1990–95	...	[1] 57
34	Israel – Israël [5]	1993	111 358	21.2	32 854	6.3	14.9	1993	817	7.
35	Japan – Japon	1993	1 188 317	9.6	878 044	7.1	2.5	1992	5 477	4.
36	Jordan – Jordanie	1990–95	...	[1] 38.8	...	[1] 5.5	[1] 33.4	1990–95	...	[1] 36
37	Kazakhstan	1993	316 369	18.7	156 253	9.2	9.4	1993	9 708	30.
38	Korea, Dem. People's Rep. of – Corée, rép. populaire dém. de [1]	1990–95	...	24.1	...	5.3	18.8	1990–95	...	24.
39	Korea, Republic of– Corée, Rép. de	1992 [6]	712 287	16.3	234 970	5.4	10.9	1992	2 121	3
40	Kuwait – Koweït	1992	34 276	24.5	3 138	2.2	22.3	1992	416	12.
41	Kyrgyzstan – Kirghizistan	1992	128 352	28.6	32 163	7.2	21.4	1992	4 058	31.
42	Lao People's Dem. Rep. – Rép. dém. populaire Lao [1]	1990–95	...	45.2	...	15.2	29.9	1990–95	...	97.
43	Lebanon – Liban [1]	1990–95	...	26.9	...	7.1	19.8	1990–95	...	34.
44	Macau – Macao	1993	6 267	16.1	1 531	3.9	12.2	1992	49	7.
45	Malaysia – Malaisie [1]	1990–95	...	28.7	...	5.1	23.6	1990–95	...	13.
46	Peninsular Malaysia – Malaisie Péninsulaire	1989	374 290	26.2	69 707	4.9	21.3	1989	4 948	13.

4. Aperçu des statistiques de l'état civil et espérance de vie à la naissance: dernière année disponible (suite)

notes à la fin du tableau.)

Expectation of life at birth / Espérance de vie à la naissance					Marriages / Mariages			Divorces			
Year(s) / Année(s)	Male / Masculin	Female / Féminin	Year / Année	Fertility / Fécondité	Year / Année	Number / Nombre	Rate / Taux (000s)	Year / Année	Number / Nombre	Rate / Taux (000s)	
1991	72.00	78.90	1991	2.073	1993	2 334 000	9.0	1993	1 187 000	4.6	1
...	...	...	1990	3.028	1991	2 855	27.7	1991	332	3.2	2
1980–81	65.48	72.70	1990	2.876	1990	186 337	5.7	...	...	...	3
1990–95	[1] 57.74	[1] 61.00	1990–95	[1] 4.800	1980	26 990	5.0	...	...	...	4
1990–95	[1] 64.04	[1] 68.68	1990–95	[1] 2.882	1990	777 460	5.4	1990	77 158	0.5	5
1990–95	68.54	75.59	1991	2.471	1992	89 370	6.6	1991	5 852	0.4	6
1990–95	66.36	72.26	1990–95	[1] 2.666	1986	70 350	2.3	...	...	...	7
1985	63.39	67.59	1990–95	[1] 3.516	1992	68 337	6.4	1991	6 731	0.6	8
...	...	...	1991	1.675	1988	17	♦ 8.5	1988	4	♦ 2.0	9
...	...	...	...	...	1986	332	3.5	1986	34	0.4	10
1990–95	[1] 62.44	[1] 68.02	1970	3.933	...	...	...	...	...	...	11
1980–85	64.42	68.51	1990–95	[1] 4.308	1991	16 379	3.7	...	...	...	12
1990	62.77	66.56	1992 [3]	3.970	1982	109 200	6.0	...	...	...	13
1990–95	[1] 67.80	[1] 72.78	1990–95	[1] 2.680	1991	1 974	4.9	1991	1 011	2.5	14
1984–86	68.43	74.88	1990	2.330	1991	20 502	6.6	1991	9 800	3.1	15
1985	66.68	72.80	1990	3.586	1991	107 136	5.4	1991	19 560	1.0	16
1990–95	43.00	44.00	1990–95	6.900	...	...	...	...	...	...	17
1990	67.94	73.39	1991	2.575	1993	21 514	5.8	1993	2 825	0.8	18
1989	66.60	74.20	1989	2.761	1989	71 874	10.1	1989	11 436	1.6	19
1986–91	66.83	69.43	1991	3.800	1992	3 048	5.9	1991	661	1.3	20
1988	56.91	55.97	1988	4.450	1991	1 200 000	10.9	...	...	...	21
1990–95	49.10	52.40	1990–95	5.860	...	...	...	...	...	...	22
1981	70.13	72.69	1992	3.051	1992	1 912	7.1	1992	286	1.1	23
1990–95	50.10	52.90	1990–95	5.250	...	...	...	...	...	...	24
1990–95	66.70	70.45	1990–95	1.950	...	...	...	...	...	...	25
1987–91	74.12	78.58	1992	2.679	1992	4 857	6.8	1992	433	0.6	26
1990–95	44.15	45.94	1990–95	4.766	...	...	...	...	...	...	27
1989	68.10	75.70	1989	2.136	1989	38 288	7.0	1989	7 358	1.4	28
1992	74.75	80.53	1992	1.257	1992	45 702	7.9	1990	5 551	1.0	29
1981–85	55.40	55.67	1990–95	[1] 3.746	...	...	...	...	...	...	30
1990–95	[1] 61.00	[1] 64.50	1990–95	[1] 2.900	1986	1 249 034	7.4	1986	131 886	0.8	31
1986	58.38	59.70	1990–95	[1] 5.000	1991	448 851	7.4	1991	39 336	0.6	32
1990	77.43	78.22	1990–95	[1] 5.700	1988	145 885	8.6	1981	1 476	0.1	33
1991	75.10	78.50	1992	2.931	1993	32 572	6.2	1992	6 547	1.3	34
1992	76.09	82.22	1992	1.502	1993	792 648	6.4	1992	179 191	1.4	35
1990–95	[1] 66.16	[1] 69.84	1990–95	[1] 5.570	1991	35 926	8.1	1991	5 363	1.2	36
1990	63.83	73.06	1991	2.623	1993	146 161	8.6	1993	45 516	2.7	37
1990–95	67.70	73.95	1990–95	2.367	...	...	...	...	...	...	38
1989	66.92	74.96	1990	1.700	1991	324 318	7.5	1992	41 511	1.0	39
1970	66.40	71.50	1987	3.531	1992	10 723	7.7	1992	2 453	1.8	40
1991	64.60	72.74	1992	3.588	1992	40 818	9.1	1992	8 043	1.8	41
1990–95	49.50	52.50	1990–95	6.689	...	...	...	...	...	...	42
1990–95	66.60	70.50	1990–95	3.085	...	...	...	...	...	...	43
1988	75.01	80.26	1991	1.610	1993	3 397	8.8	1992	174	0.5	44
1990–95	68.68	73.04	1990–95	3.620	...	...	...	...	...	...	45
1991	69.11	73.79	1991	3.215	1988	44 904	3.2	1976	221	...	46

4. Vital statistics summary and expectation of life at birth: latest available year (continued)

(See notes at end of table.)

Continent and country or area / Continent et pays ou zone	Year Année	Live births Naissances vivantes: Number Nombre	Live births: Rate Taux	Deaths Décès: Number Nombre	Deaths: Rate Taux (000s)	Natural increase Accroisse ment naturel	Infant deaths Décès d'enfants de moins d'un an: Year Année	Infant deaths: Number Nombre	Infant deaths: Rate Taux (000s)
ASIA–ASIE(Cont.–Suite)									
Malaysia – Malaisie									
1 Sabah	1986	51 410	40.4	5 114	4.0	36.4	1986	1 089	21.
2 Sarawak	1986	41 702	27.5	5 184	3.4	24.1	1986	426	10.
3 Maldives	1992	8 139	35.3	1 330	5.8	29.5	1992	249	30.
4 Mongolia – Mongolie	1990–95	...	[1] 27.6	...	[1] 7.4	[1] 20.3	1990–95	...	[1] 59.
5 Myanmar	1990–95	...	[1] 32.5	...	[1] 11.1	[1] 21.4	1990–95	...	[1] 84.
6 Nepal – Népal	1990–95	...	[1] 39.2	...	[1] 13.3	[1] 25.9	1990–95	...	[1] 99.
7 Oman [1]	1990–95	...	43.6	...	4.8	38.8	1990–95	...	29.
8 Pakistan [7]	1990	3 608 678	32.2	944 670	8.4	23.8	1988	344 058	107.
9 Philippines	1990–95	...	[1] 30.4	...	[1] 6.4	[1] 24.0	1990–95	...	[1] 43.
10 Qatar	1993	10 822	19.4	913	1.6	17.7	1993	138	12.
11 Saudi Arabia – Arabie saoudite [1]	1990–95	...	35.1	...	4.7	30.4	1990–95	...	28.
12 Singapore – Singapour	1993	50 226	17.5	14 461	5.0	12.4	1993	236	4.
13 Sri Lanka	1992	350 431	20.1	98 017	5.6	14.5	1988	6 943	20.
14 Syrian Arab Republic – République arabe syrienne	1990–95	...	[1] 41.1	...	[1] 5.8	[1] 35.3	1990–95	...	[1] 39.
15 Tajikistan – Tadjikistan	1989	200 430	38.7	33 395	6.5	32.3	1989	8 673	43
16 Thailand – Thaïlande	1990–95	...	[1] 19.4	...	[1] 6.1	[1] 13.3	1990–95	...	[1] 36.
17 Turkey – Turquie	1989 [6]	1 502 895	27.4	422 964	7.7	19.7	1989 [6]	93 629	62.
18 Turkmenistan – Turkménistan	1989	124 992	34.9	27 609	7.7	27.2	1989	6 847	54
19 United Arab Emirates – Emirats arabes unis [1]	1990–95	...	23.2	...	2.7	20.5	1990–95	...	18.
20 Uzbekistan – Ouzbékistan	1992	711 000	33.3	139 900	6.5	26.7	1989	25 459	38
21 Viet Nam	1990–95	...	[1] 30.7	...	[1] 8.0	[1] 22.7	1990–95	...	[1] 42.
22 Yemen – Yémen [1]	1990–95	...	49.4	...	15.5	33.9	1990–95	...	119
EUROPE									
23 Albania – Albanie	1991	77 361	23.8	17 743	5.5	18.3	1991	2 547	32
24 Andorra – Andorre	1992	729	12.1	219	3.6	8.5	1992	8	♦ 11.
25 Austria – Autriche	1993	94 389	11.8	81 849	10.2	1.6	1993	609	6
26 Belarus – Bélarus	1992	127 971	12.4	116 674	11.3	1.1	1992	1 584	12
27 Belgium – Belgique	1993	120 998	12.1	108 170	10.8	1.3	1993	962	8.
28 Bosnia Herzegovina – Bosnie–Herzégovine [1]	1990–95	...	13.4	...	7.0	6.5	1990–95	...	15
29 Bulgaria – Bulgarie	1993	84 400	10.0	109 540	12.9	–3.0	1993	1 310	15.
30 Channel Islands – Iles Anglo–Normandes	1992	1 838	12.9	1 345	9.4	3.5	1992	11	♦ 6
31 Guernsey – Guernesey	1993	681	11.7	606	10.4	1.3	1993	7	♦ 10.
32 Jersey	1992	1 137	13.5	793	9.4	4.1	1992	3	♦ 2
33 Croatia – Croatie	1992	46 970	9.8	51 800	10.8	–1.0	1990–95	...	9.
34 Former Czechoslovakia – Ancienne Tchécoslovaquie	1991	207 969	13.3	178 919	11.5	1.9	1991	2 382	11.
35 Czech Republic – Rép. tchèque	1993	121 025	11.7	118 832	11.5	0.2	1993	1 028	8
36 Denmark – Danemark	1993	67 442	13.0	62 946	12.1	0.9	1993	381	5
37 Estonia – Estonie	1993	15 170	10.0	21 267	14.0	–4.0	1993	239	15.
38 Faeroe Islands – Iles Féroé	1991	865	18.3	396	8.4	9.9	1990	6	♦ 6
39 Finland – Finlande	1993	65 032	12.8	50 995	10.1	2.8	1993	285	4.
40 France	1992	743 658	13.0	523 000	9.1	3.8	1991	5 511	7.
41 Germany – Allemagne [8]	1993	794 950	9.8	890 879	11.0	–1.2	1992	4 992	6
42 Germany, Federal Rep. of – Allemagne, République fédérale d'	1992	718 730	11.1	694 155	10.7	0.4	1990	5 076	7
43 Former German Democratic Republic – Ancienne République démocratique allemande	1989	198 922	12.0	205 711	12.4	–0.4	1989	1 508	7

4. Aperçu des statistiques de l'état civil et espérance de vie à la naissance: dernière année disponible (suite)

(…otes à la fin du tableau.)

Expectation of life at birth / Espérance de vie à la naissance					Marriages / Mariages			Divorces			
Year(s) / Année(s)	Male / Masculin	Female / Féminin	Year / Année	Fertility / Fécondité	Year / Année	Number / Nombre	Rate / Taux (000s)	Year / Année	Number / Nombre	Rate / Taux (000s)	
1970	48.79	52.69	...	...	...	...	...	...	...	...	1
1970	51.15	52.69	1986	3.363	1975	4 737	4.3	1975	261	0.2	2
1992	67.15	66.60	1990–95	[1] 6.800	1991	4 065	18.2	1991	2 659	11.9	3
1990–95	[1] 62.32	[1] 65.00	1990–95	[1] 3.560	1989	15 600	7.5	1989	1 000	0.5	4
1986	57.89	63.14	1990–95	[1] 4.157	...	...	...	...	...	...	5
1981	50.88	48.10	1990–95	[1] 5.425	...	...	...	...	...	...	6
1990–95	67.70	71.80	1990–95	7.200	...	...	...	...	...	...	7
1976–78	59.04	59.20	1988	6.486	...	...	...	...	...	...	8
1991	63.10	66.70	1991	3.775	1991	374 778	6.0	...	...	...	9
1990–95	[1] 68.75	[1] 74.20	1986	4.529	1993	1 570	2.8	1993	432	0.8	10
1990–95	68.39	71.41	1990–95	6.370	...	...	...	...	...	...	11
1992	73.70	78.27	1993	1.778	1993	25 306	8.8	1993	3 826	1.3	12
1981	67.78	71.66	1988	2.525	1992	159 856	9.2	1988	2 732	0.2	13
1981	64.42	68.05	1990–95	[1] 5.899	1992	106 545	8.2	1992	9 127	0.7	14
1989	66.80	71.70	1989	5.082	1989	47 616	9.2	1989	7 576	1.5	15
1985–86	63.82	68.85	1991	1.824	1992	482 452	8.4	1986	36 602	0.7	16
1989	63.26	66.01	1989	3.385	1991	459 624	8.0	1991	27 167	0.5	17
1989	61.80	68.40	1989	4.271	1989	34 890	9.8	1989	4 940	1.4	18
1990–95	72.95	75.27	1990–95	4.240	...	...	...	...	...	...	19
1989	66.00	72.10	1989	4.021	1992	235 900	11.0	1989	29 953	1.5	20
1979	63.66	67.89	1990–95	[1] 3.867	...	...	...	...	...	...	21
1990–95	49.90	50.40	1990–95	7.600	...	...	...	...	...	...	22
1988–89	69.60	75.50	1990	3.026	1991	24 853	7.6	1991	2 236	0.7	23
...	...	...	...	...	1992	135	2.2	...	...	...	24
1992	72.87	79.35	1992	1.514	1993	44 786	5.6	1992	16 296	2.1	25
1991	65.54	75.48	1991	1.797	1992	78 813	7.6	1992	39 904	3.9	26
1988–90	72.43	79.13	1987	1.540	1993	54 176	5.4	1991	20 838	2.1	27
1990–95	69.55	75.11	1990–95	1.600	...	...	...	...	...	...	28
1988–90	68.12	74.77	1990	1.734	1993	41 973	5.0	1990	11 341	1.3	29
...	...	...	...	...	1992	1 081	7.6	1991	382	2.7	30
...	...	...	1991	1.585	1993	345	5.9	1993	147	2.5	31
1972	66.91	73.72	1991	1.425	1992	641	7.6	1991	209	2.5	32
1990–95	[1] 67.11	[1] 75.72	1990–95	[1] 1.650	1992	22 169	4.6	1992	3 676	0.8	33
1990	67.25	75.81	1990	1.963	1991	104 692	6.7	1991	37 259	2.4	34
1990–95	[1] 67.77	[1] 74.93	1990–95	[1] 1.830	1993	66 033	6.4	1993	30 227	2.9	35
1990–91	72.18	77.74	1991	1.683	1993	31 507	6.1	1992	13 004	2.5	36
1992	64.05	75.03	1990	2.131	1993	7 745	5.1	1990	5 785	3.7	37
1981–85	73.30	79.60	1991	2.612	1991	232	4.9	1991	47	1.0	38
1990	70.93	78.87	1990	1.785	1993	23 681	4.7	1993	12 284	2.4	39
1991	72.91	81.13	1991	1.770	1992	271 427	4.7	1991	108 086	1.9	40
...	...	...	...	...	1993	441 261	5.4	1992	135 010	1.7	41
1985–87	71.81	78.37	1988	1.434	1991	400 794	6.3	1990	122 869	1.9	42
1988–89	70.03	76.23	1989	1.557	1989	130 989	7.9	1989	50 063	3.0	43

4. Vital statistics summary and expectation of life at birth: latest available year (continued)

(See notes at end of table.)

	Continent and country or area / Continent et pays ou zone	Year Année	Live births / Naissances vivantes: Number Nombre	Live births / Naissances vivantes: Rate Taux	Deaths / Décès: Number Nombre	Deaths / Décès: Rate Taux (000s)	Natural increase / Accroissement naturel	Infant deaths / Décès d'enfants de moins d'un an: Year Année	Infant deaths / Décès d'enfants de moins d'un an: Number Nombre	R… Ta… (00…
	EUROPE(Cont.–Suite)									
1	Gibraltar	1990	531	17.2	279	9.0	8.2	1976	5	♦ 9…
2	Greece – Grèce	1993	102 000	9.9	97 000	9.4	0.5	1993	870	8…
3	Hungary – Hongrie	1993	116 500	11.3	148 500	14.4	–3.1	1993	1 550	13…
4	Iceland – Islande	1992	4 609	17.7	1 719	6.6	11.1	1992	22	♦ 4…
5	Ireland – Irlande	1993	50 000	14.0	30 500	8.6	5.5	1993	300	6…
6	Isle of Man – Ile de Man	1993	853	12.1	1 011	14.3	–2.2	1992	2	♦ 2…
7	Italy – Italie	1993	537 500	9.4	541 200	9.5	–0.1	1993	4 000	7…
8	Latvia – Lettonie	1992	31 569	12.0	35 420	13.5	–1.5	1992	557	17…
9	Liechtenstein	1989	373	13.4	172	6.2	7.2	1989	1	♦ 2…
10	Lithuania – Lituanie	1993	46 727	12.5	46 107	12.4	0.2	1993	746	16…
11	Luxembourg	1993	5 353	14.1	3 915	10.3	3.8	1992	44	8…
12	Malta – Malte	1993	5 147	14.3	2 693	7.5	6.8	1992	59	1…
13	Monaco	1983	529	19.6	448	16.6	3.0	1980	1	♦ 1…
14	Netherlands – Pays-Bas	1993	195 338	12.8	137 704	9.0	3.8	1993	1 232	6…
15	Norway – Norvège	1993	59 041	13.7	46 139	10.7	3.0	1992	346	5…
16	Poland – Pologne	1993	492 900	12.8	390 900	10.2	2.6	1993	6 600	13…
17	Portugal	1992	115 018	11.7	101 161	10.3	1.4	1992	1 068	9…
18	Republic of Moldova – République de Moldova	1992	69 654	16.0	44 522	10.2	5.8	1992	1 294	18…
19	Romania – Roumanie	1993	248 300	10.9	264 000	11.6	–0.7	1993	5 800	23…
20	Russian Federation – Fédération Russe	1992	1 587 644	10.7	1 807 441	12.2	–1.5	1992	29 208	18…
21	San Marino – Saint-Marin	1992	237	9.9	172	7.2	2.7	1992	2	♦ 8…
22	Slovakia – Slovaquie	1993	73 023	13.7	52 599	9.9	3.8	1993	1 137	15…
23	Slovenia – Slovénie	1993	20 273	10.2	19 096	9.6	0.6	1993	133	6…
24	Spain – Espagne	1993	388 708	9.9	339 160	8.7	1.3	1993	2 971	7…
25	Sweden – Suède	1992	122 848	14.2	94 710	10.9	3.2	1993	568	4…
26	Switzerland – Suisse	1993	83 700	12.1	63 200	9.1	3.0	1993	520	6…
27	The former Yugoslav Rep. of Macedonia – L'ex Rép. yougoslavie de Macédonie	1992	33 238	16.2	16 022	7.8	8.4	1993	796	24…
28	Ukraine	1993	557 467	10.7	741 662	14.2	–3.5	1993	8 431	15…
29	United Kingdom – Royaume-Uni	1992	781 017	13.5	634 238	10.9	2.5	1992	5 141	6…
30	Former Yugoslavia – Ancienne Yougoslavie	1990	335 152	14.1	212 148	8.9	5.2	1990	6 457	19…
31	Yugoslavia – Yougoslavie	1993	140 699	13.4	105 236	10.0	3.4	1993	2 588	18…
	OCEANIA–OCEANIE									
32	American Samoa – Samoa américaines	1988	1 625	43.4	197	5.3	38.1	1988	17	♦ 10…
33	Australia – Australie	1992	264 151	15.1	123 660	7.1	8.0	1992	1 843	7…
34	Christmas Island – Ile Christmas	1985	36	15.8	2	♦ 0.9	♦ 14.9	1981	1	♦ 32…
35	Cocos (Keeling) Islands – Iles des Cocos (Keeling)	1986	12	♦ 19.8	2	♦ 3.3	♦ 16.5	1971	1	♦ 76…
36	Cook Islands – Iles Cook	1988	430	24.3	94	5.3	19.0	1988	4	♦ 9…
37	Fiji – Fidji	1991	18 847	25.4	4 133	5.6	19.9	1988	271	15…
38	French Polynesia – Polynésie française	1990–95	...	[1] 26.9	...	[1] 5.3	[1] 21.5	1990–95	...	[1] 17…
39	Guam	1992	4 196	30.1	584	4.2	25.9	1992	41	9…
40	Marshall Islands – Iles Marshall	1989	1 429	32.2	151	3.4	28.8	1989	29	♦ 20…
41	Nauru	1976	158	22.6	36	5.1	17.4	1976	3	♦ 19…
42	New Caledonia – Nouvelle-Calédonie	1992	4 405	24.9	931	5.3	19.6	1992	38	8…
43	New Zealand – Nouvelle-Zélande	1993	58 868	17.1	27 240	7.9	9.2	1993	426	7…
44	Niue – Nioué	1987	50	20.9	13	♦ 5.4	♦ 15.5	1986	2	♦ 41…
45	Norfolk Island – Ile Norfolk	1981	20	♦ 10.8	14	♦ 7.6	♦ 3.2	1971	2	♦ 83…

4. Aperçu des statistiques de l'état civil et espérance de vie à la naissance: dernière année disponible (suite)

(Voir notes à la fin du tableau.)

Expectation of life at birth / Espérance de vie à la naissance					Marriages / Mariages			Divorces			
Year(s) / Année(s)	Male / Masculin	Female / Féminin	Year / Année	Fertility / Fécondité	Year / Année	Number / Nombre	Rate / Taux (000s)	Year / Année	Number / Nombre	Rate / Taux (000s)	
...	...	...	...	...	1990	781	25.3	1981	93	3.1	1
1980	72.15	76.35	1992	1.390	1992	48 631	4.7	1993	7 200	0.7	2
1992	64.55	73.73	1992	1.766	1992	57 005	5.5	1993	21 000	2.0	3
1991–92	75.74	80.89	1992	2.212	1992	1 241	4.8	1992	531	2.0	4
1985–87	71.01	76.70	1992	2.110	1993	16 000	4.5	...	...	...	5
1991	71.47	79.94	...	...	1993	415	5.9	1992	371	5.3	6
1989	73.50	80.03	1992	1.250	1993	272 200	4.8	1993	22 400	0.4	7
1992	63.25	74.83	1992	1.728	1992	18 906	7.2	1992	14 553	5.5	8
1980–84	66.07	72.94	1987	1.445	1989	315	11.3	1989	29	♦ 1.0	9
1992	64.92	76.02	1992	1.890	1993	23 709	6.4	1993	13 884	3.7	10
1985–87	70.61	77.87	1989	1.520	1993	2 379	6.3	1991	762	2.0	11
1992	72.99	77.81	1992	2.119	1993	2 476	6.9	...	...	...	12
...	...	...	...	...	1983	196	7.3	1983	39	1.4	13
1991–92	74.20	80.18	1992	1.587	1993	88 251	5.8	1992	30 463	2.0	14
1992	74.16	80.34	1992	1.885	1992	19 266	4.5	1992	10 209	2.4	15
1991	66.11	75.27	1991	2.049	1993	207 700	5.4	1993	26 000	0.7	16
1990	70.13	77.17	1991	1.508	1992	69 887	7.1	1992	12 429	1.3	17
1991	64.28	70.99	1991	2.255	1992	39 340	9.0	1992	14 821	3.4	18
1992–94	66.56	73.17	1992	1.519	1993	161 600	7.1	1993	31 700	1.4	19
1992	62.02	73.75	1992	1.552	1991	1 277 232	8.6	1992	639 248	4.3	20
1977–86	73.16	79.12	1992	3.657	1992	205	8.6	1992	16	♦ 0.7	21
1990	66.64	75.44	1991	2.040	1992	33 880	6.4	1993	8 221	1.5	22
1990–91	69.54	77.38	1992	1.336	1993	7 596	3.8	1993	1 309	0.7	23
1990–91	73.40	80.49	1991	1.302	1993	201 711	5.2	1991	23 063	0.6	24
1992	75.35	80.79	1992	2.090	1992	37 173	4.3	1992	21 907	2.5	25
1990–91	74.30	81.20	1992	1.580	1992	45 080	6.6	1993	15 150	2.2	26
1990–95	[1] 68.80	[1] 74.95	1992	2.179	1993	15 086	7.1	1993	575	0.3	27
1989	66.14	75.17	1991	1.776	1993	427 882	8.2	1993	218 974	4.2	28
1992	73.52	79.05	1992	1.790	1991	349 739	6.1	1991	171 144	3.0	29
1989–90	69.08	74.93	1990	1.879	1990	146 975	6.2	1990	20 551	0.9	30
1990–95	[1] 69.50	[1] 74.49	1990–95	[1] 2.032	1992	62 797	6.0	1993	6 809	0.6	31
...	...	...	...	...	1988	342	9.1	1988	42	1.1	32
1992	74.47	80.41	1992	1.895	1992	114 752	6.6	1992	45 665	2.6	33
...	...	...	...	...	1985	32	14.0	...	...	...	34
...	...	...	...	...	1985	3	♦ 4.8	...	...	...	35
1974–78	63.17	67.09	...	...	1988	122	6.9	1976	8	♦ 0.4	36
1976	60.72	63.87	1987	3.090	1988	6 892	9.6	1979	410	0.7	37
1990–95	[1] 67.23	[1] 72.76	1990–95	[1] 3.205	1992	1 188	5.8	...	...	...	38
1979–81	69.53	75.59	1980	3.205	1992	1 468	10.5	1987	1 279	10.1	39
1989	59.06	62.96	1989	4.489	...	...	...	...	...	...	40
...	...	...	...	...	1976	43	6.1	...	...	...	41
1989	66.50	71.80	1990–95	[1] 2.740	1992	824	4.7	1989	190	1.1	42
1990–92	72.86	78.74	1992	2.132	1992	22 018	6.4	1992	9 114	2.6	43
...	...	...	...	...	1987	10	♦ 4.2	1981	3	♦ 0.9	44
...	...	...	...	...	1988	25	♦ ...	1975	7	♦ 3.7	45

4. Vital statistics summary and expectation of life at birth: latest available year (continued)

(See notes at end of table.)

Continent and country or area / Continent et pays ou zone	Year / Année	Live births / Naissances vivantes: Number / Nombre	Live births / Naissances vivantes: Rate / Taux	Deaths / Décès: Number / Nombre	Deaths / Décès: Rate / Taux (000s)	Natural increase / Accroissement naturel	Year / Année	Infant deaths / Décès d'enfants de moins d'un an: Number / Nombre	Infant deaths / Décès d'enfants de moins d'un an: Rate / Taux (000s)
OCEANIA–OCEANIE(Cont.–Suite)									
1 Northern Mariana Islands – Iles Mariannes du Nord	1989	989	39.5	122	4.9	34.6	1989	2	♦ 2.0
2 Pacific Islands (Palau) – Iles du Pacifique (Palaos)	1988	292	19.5	112	7.5	12.0	1988	8	♦ 27.4
3 Papua New Guinea – Papouasie–Nouvelle–Guinée [1]	1990–95	...	33.4	...	10.7	22.7	1990–95	...	68.3
4 Pitcairn	1990	1	♦ 19.2	1	♦ 19.2	♦ –	1990	1	♦ 1000.0
5 Samoa	1982–83	...	[9] 31.0	...	[9] 7.4	[9] 23.4	1982–83	...	[9] 30.0
6 Solomon Islands – Iles Salomon	1980–84	...	[2] 42.0	...	[2] 10.0	[2] 32.0	1980–84	...	33.0
7 Tokelau – Tokélaou	1983	35	21.9	8	♦ 5.0	♦ 16.9	1983	1	♦ 28.6
8 Tonga	1991	2 403	24.7	411	4.2	20.5	1990	23	♦ 9.0
9 Vanuatu [1]	1990–95	...	35.2	...	7.2	28.0	1990–95	...	47.0
10 Wallis and Futuna Islands – Iles Wallis et Futuna	1970	372	43.3	91	10.6	32.7	1978	15	♦ 40.5

GENERAL NOTES

Countries or areas not listed may be assumed to lack vital statistics of national scope. Crude birth, death, marriage, divorce and natural increase rates are computed per 1 000 mid–year population; infant mortality rates are per 1 000 live births and total fertility rates are the sum of the age–specific fertility rates per woman. For method of evaluation and limitations of data, see Technical Notes page 46. For more precise information in terms of coverage, basis of tabulation, etc., see tables 9, 15, 18, 22, 23 and 25.

FOOTNOTES

- ♦ Rates based on 30 or fewer live births.
- 1 Estimate(s) for 1990–1995 prepared by the Population Division of the United Nations.
- 2 Estimate(s) based on results of the population census.
- 3 Including an upward adjustment for under–registration.
- 4 Based on a Sample Registration Scheme.

NOTES GENERALES

Les pays ou zones ne figurant pas au tableau n'ont vraisemblablement pas de statistiques de l'état civil de portée nationale. Les taux bruts de natalité, de mortalité, de nuptialité, de divortialité et d'accroissement naturel sont calculés pour 1 000 personnes au millieu de l'année; les taux de mortalité infantile sont calculés pour 1 000 naissances vivantes et les indices synthétiques de fécondité sont la somme des taux de fécondité par âge par femme. Pour la méthode d'évaluation et les insuffisances des données, voir Notes techniques, page 46. Pour plus de détails sur la portée, la base d'exploitation des données, etc., voir tableaux 9, 15, 18, 22, 23 et 25.

NOTES

- ♦ Taux basés sur 30 naissances viv antes ou moins.
- 1 Estimation(s) pour 1990–1995 établie(s) par la Division de la population de l'Organisation des Nations Unies.
- 2 Estimation(s) fondée(s) sur les résultats du recensement de la population.
- 3 Y compris un ajustement pour sous–enregistrement.
- 4 D'après le Programme d'enregistrement par sondage.

4. Aperçu des statistiques de l'état civil et espérance de vie à la naissance: dernière année disponible (suite)

(Voir notes à la fin du tableau.)

Expectation of life at birth Espérance de vie à la naissance						Marriages Mariages			Divorces			
Year(s) Année(s)	Male Masculin	Female Féminin	Year Année	Fertility Fécondité	Year Année	Number Nombre	Rate Taux (000s)	Year Année	Number Nombre	Rate Taux (000s)	
...	...	...	1989	5.110	1989	713	28.5	1986	62	2.9	*1*
...	...	...	...	...	...	...	...	...	...	...	*2*
1990–95	55.16	56.68	1990–95	5.054	...	...	...	...	...	...	*3*
...	...	...	...	...	1992	2	♦ 37.0	...	...	...	*4*
1976	61.00	64.30	1990–95	[1] 4.500	1983	699	4.4	1983	99	0.6	*5*
1980–84	59.90	61.40	1990–95	[1] 5.389	...	...	...	...	...	...	*6*
...	...	...	...	...	1983	4	♦ 2.5	...	...	...	*7*
...	...	...	...	...	1991	666	6.9	1986	304	3.3	*8*
1990–95	63.48	67.34	1990–95	4.680	...	...	...	...	...	...	*9*
...	...	...	...	...	...	...	...	...	...	...	*10*

FOOTNOTE (continued)

5 Including data for East Jerusalem and Israeli residents in certain other territories under occupation by Israeli military forces since June 1967.

6 Based on the results of the Continuous Demographic Sample Survey.

7 Based on the results of the Population Growth Survey.

8 All data shown pertaining to Germany prior to 3 October 1990 are indicated separately for the Federal Republic of Germany and the former German Democratic Republic based on their respective territories at the time indicated. See explanatory notes on data pertaining to Germany on page 4.

9 Estimates based on results of sample survey.

NOTES (suite)

5 Y compris les données pour Jérusalem–Est et les résidents israéliens dans certains autres territoires occupés depuis juin 1967 par les forces armées israéliennes.

6 D'après les résultats d'une enquête démographique par sondage.

7 D'après les résultants de la Population Growth Survey .

8 Toutes les données se rapportant à l'Allemagne avant le 3 octobre 1990 figurent dans deux rubriques séparées basées sur les territoires respectifs de la République fédérale de l'Allemagne et l'ancienne République démocratique allemande selon la période indiquée. Voir les notes explicatives sur les données concernant l'Allemagne à la page 4.

9 Estimations fondées sur les résultats d'une

5. Estimates of mid-year population: 1984 – 1993

Estimations de la population au milieu de l'année: 1984 – 1993

(See notes at end of table. – Voir notes à la fin du tableau.)

Continent and country or area / Continent et pays ou zone	Population estimates (in thousands) — Estimations (en milliers)									
	1984	1985	1986	1987	1988	1989	1990	1991	1992	1993
AFRICA—AFRIQUE										
Algeria – Algérie [1]	x21 254	21 850	22 520	23 021	x23 732	x24 335	25 012	x25 533	x26 127	x26 722
Angola	x7 769	x7 976	x8 188	x8 407	x8 641	9 739	10 020	x9 524	10 609	x10 276
Benin – Bénin [2]	3 925	4 059	4 188	4 324	4 465	4 606	4 739	4 889	5 047	*5 215
Botswana [1 2]	1 048	1 088	1 128	1 168	1 210	1 245	1 300	1 348	1 394	*1 443
British Indian Ocean Territory – Territoire Britannique de l'Océan Indien	x2	x2	x2	x2	x2	x2	x2	x2	x2	x2
Burkina Faso [2]	7 680	7 886	8 097	8 314	8 537	8 766	9 001	9 191	9 433	*9 682
Burundi [2]	4 585	4 718	4 857	5 001	5 149	5 302	5 458	5 620	5 786	*5 958
Cameroon – Cameroun	9 871	10 166	10 457	10 822	x10 883	11 540	x11 526	x11 853	x12 184	x12 522
Cape Verde – Cap-Vert [2]	326	333	339	347	x326	x333	341	x350	x360	x370
Central African Republic – Rép. centrafricaine	x2 536	2 608	2 740	x2 721	2 878	2 989	x2 927	x3 001	x3 077	x3 156
Chad – Tchad	x4 911	x5 018	x5 120	x5 219	x5 320	5 556	5 687	5 819	5 961	*6 098
Comoros – Comores [2]	x439	x455	476	x488	x505	x524	x543	x564	x585	x607
Congo	x1 869	x1 923	x1 981	x2 040	x2 101	x2 165	x2 232	x2 300	x2 371	x2 443
Côte d'Ivoire [2]	x9 560	x9 933	x10 319	x10 717	x11 126	x11 545	x11 974	x12 412	x12 860	x13 316
Djibouti	405	430	456	x445	x472	x496	x517	x534	x546	x557
Egypt – Egypte [2]	45 229	46 473	47 811	49 050	50 267	51 477	52 691	53 918	55 163	*56 489
Equatorial Guinea – [2] Guinée équatoriale	x294	x312	x324	x333	333	340	348	356	x369	x379
Eritrea – Erythrée	x2 631	x2 698	x2 769	x2 843	x2 920	x2 999	x3 082	x3 167	x3 255	x3 345
Ethiopia – Ethiopie	x40 080	x41 137	x42 265	x43 463	x44 727	x46 049	x47 423	x48 849	x50 329	x51 859
Gabon [2]	x950	x985	x1 018	x1 050	x1 082	x1 114	x1 146	x1 179	x1 213	x1 248
Gambia – Gambie	x719	x745	x775	x809	x846	x884	x923	x963	878	x1 042
Ghana [2]	12 393	12 717	13 050	13 391	x14 137	x14 571	x15 020	x15 484	x15 959	x16 446
Guinea – Guinée	4 532	4 661	4 794	4 931	x5 071	x5 585	x5 755	x5 932	x6 116	x6 306
Guinea-Bissau – Guinée-Bissau	850	869	889	910	932	x944	x964	x984	x1 006	x1 028
Kenya	19 536	20 333	21 163	22 936	23 883	24 872	24 032	25 905	25 700	*28 113
Lesotho	1 468	1 503	1 583	1 618	x1 699	1 700	x1 792	x1 841	x1 891	x1 943
Liberia – Libéria [2]	2 109	2 161	2 221	2 281	2 341	2 401	2 407	2 520	2 580	*2 640
Libyan Arab Jamahiriya – [2] Jamahiriya arabe libyenne	3 237	3 374	3 517	3 666	3 821	3 982	4 151	4 326	4 509	*4 700
Madagascar	x10 289	9 985	x10 992	x11 369	x11 759	x12 161	11 197	11 493	x13 417	x13 854
Malawi [2]	6 839	7 059	7 279	7 499	7 755	8 022	8 289	8 556	8 823	*9 135
Mali [2]	7 973	8 206	7 566	7 696	7 827	7 960	8 156	x9 507	x9 816	x10 135
Mauritania – Mauritanie	x1 721	x1 766	x1 812	x1 858	x1 905	x1 953	x2 003	2 036	x2 107	*2 148
Mauritius – Maurice [2]	1 011	1 019	1 028	1 038	1 051	1 061	1 070	1 070	1 084	x1 091
Island of Mauritius – Ile Maurice [2]	977	985	994	1 004	1 017	1 027	1 037	1 036	1 050	*1 098
Rodrigues	34	34	34	34	34	34	34	34	34	...
Morocco – Maroc [2]	21 331	21 836	22 354	22 884	23 407	23 951	24 487	25 020	25 547	*26 069
Mozambique [3]	13 506	13 868	14 161	14 116	13 946	13 985	14 151	14 420	14 790	*15 583
Namibia – Namibie [2]	x1 146	x1 178	x1 210	x1 243	x1 278	x1 313	x1 349	x1 385	x1 423	x1 461
Niger [2]	x6 396	x6 608	x6 822	x7 036	x7 257	x7 487	x7 731	x7 991	x8 264	*8 361
Nigeria – Nigéria [2]	93 327	95 690	98 168	101 408	104 957	x93 336	x96 154	x99 087	x102 129	x105 264
Réunion	537	546	555	565	574	590	601	612	x624	*632
Rwanda [2]	x5 872	x6 056	x6 240	x6 425	x6 611	x6 798	7 181	x7 174	x7 363	x7 554
St. Helena ex. dep. – Sainte-Hélène sans dép. [2]	6	6	6	6	6	6	6	6	6	6
Sao Tome and Principe – Sao Tomé-et-Principe	102	104	107	109	111	113	115	x121	120	*122
Senegal – Sénégal [2]	6 369	6 547	6 731	6 919	7 113	x7 134	x7 327	x7 518	x7 709	x7 902
Seychelles	65	65	66	68	69	69	70	70	71	*72
Sierra Leone [3]	x3 508	x3 582	x3 658	x3 738	x3 821	x3 908	x3 999	x4 094	x4 194	x4 297
Somalia – Somalie [2]	x7 668	x7 875	x8 068	x8 247	x8 409	x8 553	x8 677	x8 779	x8 865	x8 954
South Africa – Afrique du Sud [2 3]	x32 254	x33 043	x33 833	x34 626	x35 425	x36 237	x37 066	x37 913	x39 778	x39 659
Sudan – Soudan [2]	21 432	22 109	22 804	23 517	24 245	24 989	25 752	26 530	27 323	*28 129
Swaziland [2]	620	638	656	x686	x705	x724	768	x765	823	x809

5. Estimates of mid-year population: 1984 – 1993 (continued)

Estimations de la population au milieu de l'année: 1984 – 1993 (suite)

(See notes at end of table. – Voir notes à la fin du tableau.)

Continent and country or area / Continent et pays ou zone	Population estimates (in thousands) — Estimations (en milliers) 1984	1985	1986	1987	1988	1989	1990	1991	1992	1993
AFRICA—AFRIQUE (Cont.–Suite)										
Togo	x2 939	x3 028	x3 121	x3 217	3 296	x3 422	x3 531	x3 645	x3 763	x3 885
Tunisia – Tunisie [2]	7 034	7 261	7 465	7 639	7 770	7 910	8 074	x8 243	x8 407	x8 570
Uganda – Ouganda [2]	x14 661	x15 111	x15 608	x16 146	x16 721	x17 324	x17 949	x18 595	x19 261	x19 940
United Rep. of Tanzania – Rép.–Unie de Tanzanie [2]	21 062	21 733	22 462	23 217	23 997	24 802	25 635	x26 398	x27 204	x28 019
Tanganyika [2]	20 506	21 162	21 874	22 611	23 372	24 159	24 972	...	...	...
Zanzibar [2]	556	571	588	606	625	643	663	...	...	...
Western Sahara – Sahara Occidental	x174	x185	x195	x204	x212	x221	x230	x240	x250	x261
Zaire – Zaïre [2]	29 917	30 981	31 499	32 461	33 458	34 491	35 562	36 672	x39 939	x41 231
Zambia – Zambie [2]	6 440	6 725	x7 110	x7 365	7 531	7 804	8 073	x8 412	8 339	x8 936
Zimbabwe	7 980	8 379	8 406	8 640	8 878	9 122	9 369	x10 191	10 469	x10 739
AMERICA,NORTH— AMERIQUE DU NORD										
Anguilla	x7	x7	x7	x7	x7	x7	x7	x7	x8	*9
Antigua and Barbuda – Antigua–et–Barbuda	75	76	76 I	x63	x63	x63	x64	x64	x65	x65
Aruba	64	61	60	60	61	x66	x67	x67	x68	x69
Bahamas [2]	227	232	236	241	246	251	255	260	264	*269
Barbados – Barbade	252	253	253	254	254	255	257	258	259	*264
Belize [2]	162	166	171	175	180	184	189	194	199	*205
Bermuda – Bermudes [1 4]	56	56	57	57	59	60	61	61	x62	x63
British Virgin Islands – Iles Vierges britanniques	12	12	12	12	12	13 I	x16	x17	x17	x18
Canada [1 2]	24 978	25 165	25 353	25 617	25 911	26 240	26 584	28 118	28 436	*28 755
Cayman Islands – Iles Caïmanes	20	21	21	22	24	25	26	27	x28	x29
Costa Rica [1 2]	2 569	2 642	2 716	2 781	2 851	2 922	2 994	3 064	3 099	*3 199
Cuba [2]	9 994	10 098	10 199	10 301	10 412	10 523	10 625	10 744	10 822	*10 905
Dominica – Dominique	79	80	81	81	81	x72	x71	x71	x71	x71
Dominican Republic – Rép. dominicaine [2]	6 269	6 416	6 565	6 716	6 867	7 012	7 170	7 313	7 405	*7 608
El Salvador [2]	4 780	4 856	4 948	5 054	5 090	5 193	x5 172	5 351	x5 396	x5 517
Greenland – Groenland [1 2]	53	53	54	54	55	55	56	56	55	*55
Grenada – Grenade	94	91	97	97 I	x90	x91	x91	x91	x91	x92
Guadeloupe [1]	342	349	356	364	372	381	385	395	408	x413
Guatemala [3]	7 740	7 963	8 195	8 434	8 681	8 935	9 198	9 467	9 745	*10 030
Haiti – Haïti [1 2]	5 762	5 865	5 989	6 113	6 238	6 362	6 486	6 625	6 764	*6 903
Honduras [2]	4 232	4 372	4 514	4 656	4 802	4 951	5 105	5 265	5 427	*5 595
Jamaica – Jamaïque	2 280	2 311	2 340	2 350	2 360	2 390	2 415	2 366	x2 394	x2 411
Martinique [1]	334	337	341	345	350	356	362	368	373	x371
Mexico – Mexique [1]	76 308	77 938	79 567	81 199	82 721	84 272	86 154	87 836	89 538	*91 261
Montserrat	12	12	12	x11	x11	x11	x11	x11	x11	x11
Netherlands Antilles – Antilles néerlandaises	x180	x182	x184	191	190	190	190	x192	x193	x195
Nicaragua [2]	3 163	3 272	3 384	3 501	3 622	3 745	3 871	3 999	4 131	*4 265
Panama [2]	2 134	2 180	2 227	2 274	2 322	2 370	2 418	2 466	2 515	*2 563
Puerto Rico–Porto Rico [1 5]	3 349	3 378	3 406	3 433	3 461	3 497	3 528	3 549	3 579	*3 620
Saint Kitts and Nevis – Saint–Kitts–et–Nevis	45	44	44	43	44	x42	x42	x42	x42	x42
Saint Lucia–Sainte–Lucie [3]	134	137	140	142	145	148 I	x133	x135	x137	x139
St. Pierre and Miquelon – Saint–Pierre–et–Miquelon	x6	x6	x6	x6	x6	x6	x6	x6	x6	x6
St. Vincent and the Grenadines – Saint–Vincent–et–Grenadines	108	109	111	112 I	x105	x106	x107	x108	109	x110
Trinidad and Tobago – Trinité–et–Tobago	1 170	1 178	1 196	1 212	1 212	1 213	1 227	1 237	1 252	*1 260

5. Estimates of mid-year population: 1984 – 1993 (continued)

Estimations de la population au milieu de l'année: 1984 – 1993 (suite)

(See notes at end of table. – Voir notes à la fin du tableau.)

Continent and country or area / Continent et pays ou zone	Population estimates (in thousands) — Estimations (en milliers) 1984	1985	1986	1987	1988	1989	1990	1991	1992	1993
AMERICA,NORTH— (Cont.–Suite) AMERIQUE DU NORD										
Turks and Caicos Islands – Iles Turques et Caïques	x9	x9	x10	x10	x11	x11	x12	x12	x13	x13
United States – Etats–Unis [1 2 6]	236 370	238 492	240 680	242 836	245 057	247 343	249 924	252 688	255 462	*258 233
United States Virgin Islands – Iles Vierges américaines [1 2 5]	108	111	110	106 |	103	103	102	x103	x103	x104
AMERICA,SOUTH— AMERIQUE DU SUD										
Argentina – Argentine	29 879	30 325	30 771	31 221	31 670	32 114	32 547	32 966	33 375	*33 778
Bolivia – Bolivie [2]	5 783	5 895	6 025	6 157	6 293	6 431	6 573	6 733	6 897	*7 065
Brazil – Brésil [2 7]	129 322	131 985	134 611	137 177	139 684	142 139	144 541	146 904	149 237	*151 534
Chile – Chili [2]	11 919	12 122	12 327	12 536	12 748	12 961	13 173	13 386	13 599	*13 813
Colombia – Colombie [2 8]	28 056	29 481	30 024	30 578	31 141	31 715	32 300	32 841	33 392	*33 951
Ecuador – Equateur [2 9]	8 868	9 099	9 330	9 561	9 794	10 029	10 264	10 502	10 741	*10 981
Falkland Islands (Malvinas)– I. Falkland (Malvinas) [2]	x2	x2	2	x2	x2	x2	x2	2	x2	x2
French Guiana – Guyane Française [1]	85	90	95	100	106	111	x117	x123	x129	x135
Guyana	x786	790	x792	x793	x793	x794	x796	x801	x808	x816
Paraguay [2]	3 580	3 693	3 807	3 922	4 039	4 157	4 277	4 397	4 519	*4 643
Peru – Pérou [2 3 7]	18 992	19 417	19 840	20 261	20 684	21 113	21 550	21 998	22 454	*22 454
Suriname	x371	x377	x382	x387	x391	401	404	404	x409	x414
Uruguay [2 3] ...	2 989	3 008	3 025	3 042	3 060	3 077	3 094	3 112	3 131	*3 149
Venezuela [2 7] ...	16 851	17 317	17 526	17 974	18 422	18 872	19 325	19 787	20 249	*20 712
ASIA—ASIE										
Afghanistan	17 672	18 136	18 614	[1] º15 219	[1] º15 513	[1] º15 814	[1] º16 121	[1] º16 433	x16 624	x17 691
Armenia – Arménie [2]	3 292	3 339	3 387	3 435	3 453	3 482	3 545	3 612	3 686	*3 732
Azerbaijan – Azerbaïdjan [2]	6 560	6 661	6 760	6 866	6 980	7 085	7 153	x7 207	7 392	*7 392
Bahrain – Bahreïn [2]	394	408	422	437	453	469	486	503	521	*539
Bangladesh [2 3]	97 273	99 434	101 673	102 563	104 532	106 507	x108 118	109 880	x112 709	x115 203
Bhutan – Bhoutan	x1 345	x1 376	x1 410	x1 446	x1 483	x1 516	x1 544	x1 566	x1 582	x1 596
Brunei Darussalam – Brunéi Darussalam [2]	211	218	225	232	239	246	253	260	268	x274
Cambodia – Cambodge [2 11]	x7 291	x7 562	x7 819	x8 070	x8 320	x8 575	8 568	8 807	9 054	*9 308
China – Chine [2]	x1054667	x1070175	x1086733	x1104193	x1121957	x1139193	x1155305	x1170052	x1183617	x1196360
Cyprus – Chypre [1 2]	657	665	673	680	688	695	702	710	719	x726
East Timor–Timor oriental	x638	x659	x677	x694	x709	x725	x740	x756	x771	x785
Georgia – Géorgie [2]	5 084	5 218	5 050	5 282	5 370	5 450	5 464	x5 433	x5 442	x5 446
Hong Kong – Hong–kong [2]	5 398	5 456	5 525	5 581	5 628	5 686	5 705	5 755	5 812	*5 919
India – Inde [2 12]	736 000	750 859	766 135	781 374	796 596	811 817	827 050	849 638	870 000	x901 459
Indonesia–Indonésie [2]	161 580	164 630	168 348	172 010	175 589	179 136	179 830	182 940	186 043	*189 136
Iran (Islamic Republic of – Rép. islamique d') [2]	45 798	45 914	49 445	50 662	51 909	53 187	54 496 |	x60 766 |	56 964	x64 169
Iraq [2 13]	15 077	15 585	16 110	16 330	16 882	17 428	17 373	17 903	x19 011	x19 454
Israel – Israël [1 2 14]	4 159	4 233	4 299	4 369	4 442	4 518	4 660	4 946	5 123	*5 256
Japan – Japon [2 15]	120 083	120 837	121 492	122 091	122 613	123 116	123 537	123 921	124 324	*123 653
Jordan – Jordanie [16]	x3 678	x3 833	x3 938	x4 005	x4 057	x4 134	x4 259	x4 443	x4 675	x4 936
Kazakhstan [2]	15 647	15 827	16 019	16 167	16 362	16 537	16 670	16 806	16 903	*16 956
Korea, Dem. People's Rep. of – Corée, rép. populaire dém. de	x19 549	x19 888	x20 240	x20 604	x20 981	x21 371	x21 774	x22 189	x22 615	x23 048
Korea, Republic of– Corée, Rép. de [2 17]	40 406	40 806	41 184	41 575	41 975	42 380	42 869	43 268	43 663	*44 056
Kuwait – Koweït	1 637	1 720	1 798	1 877	1 958	2 041	2 125	x2 072 |	1 398	*1 433
Kyrgyzstan–Kirghizistan [2]	3 937	4 014	4 093	4 173	4 250	4 327	4 395	4 453	4 493	*4 528
Lao People's Dem. Rep. – Rép. dém. populaire Lao	x3 497	x3 594	x3 701	x3 818	x3 942	x4 071	x4 202	x4 334	x4 469	x4 605
Lebanon – Liban [18]	x2 679	x2 668	x2 639	x2 598	x2 559	x2 540	x2 555	x2 610	x2 698	x2 806

5. Estimates of mid-year population: 1984 – 1993 (continued)

Estimations de la population au milieu de l'année: 1984 – 1993 (suite)

(See notes at end of table. – Voir notes à la fin du tableau.)

Continent and country or area / Continent et pays ou zone	Population estimates (in thousands) — Estimations (en milliers)									
	1984	1985	1986	1987	1988	1989	1990	1991	1992	1993
ASIA—ASIE (Cont.–Suite)										
Macau – Macao [1]	283	290	296	307	316	325	335	352	372	*388
Malaysia – Malaisie [2]	15 270	15 681	16 110	16 526	16 942	17 354	17 764	18 181	18 612	*19 239
Maldives [2]	180	184	190	197	203	209	x216	223	231	*238
Mongolia – Mongolie [2]	1 832	1 878	1 925	1 973	2 021	2 070	x2 177	x2 226	x2 273	x2 318
Myanmar	37 614	38 541	39 411 |	x39 187	x40 043	x40 919	x41 813	x42 724	x43 652	x44 596
Nepal – Népal	16 255	16 687	17 131	17 557	17 994	18 442	18 916	x19 755	x20 276	x20 812
Oman	x1 333	x1 397	x1 463	x1 531	x1 602	x1 675 |	2 000	x1 829	x1 909	x1 992
Pakistan [2 19]	93 286	96 180	99 163	102 238	105 409	108 678	112 049	115 524	119 107	*122 802
Philippines [1 2]	53 351	54 668	56 004	57 356	58 721	60 097	61 480	62 868	64 259	*65 649
Qatar	x330	x358	x386	x413	428	456	486	x503	533	*559
Saudi Arabia – Arabie saoudite	x11 982	x12 649	x13 357	13 612	14 016	14 435	14 870	x16 487	x16 824	x17 119
Singapore – Singapour [20]	2 444	2 483	2 519	2 554	2 599	2 648	2 705	2 763	2 818	*2 874
Sri Lanka	15 603	15 842	16 117	16 361	16 599	16 806	16 993	17 247	17 405	*17 619
Syrian Arab Republic – République arabe syrienne [2 21]	9 934	10 267	10 612	10 969	11 338	11 719	12 116	12 529	12 958	*13 393
Tajikistan–Tadjikistan [2]	4 428	4 567	4 719	4 874	5 027	5 175	5 303	5 465	x5 604	x5 767
Thailand – Thaïlande [2]	50 637	51 580	52 511	53 427	54 326	55 214	56 082	56 923	57 760	*58 584
Turkey – Turquie [2]	48 978	50 231	51 259	52 339	53 715	54 894	56 098	57 326	58 584	*60 227
Turkmenistan – Turkménistan [2]	3 154	3 230	3 316	3 408	3 495	3 578	3 670	x3 745	x3 833	x3 921
United Arab Emirates – Emirats arabes unis	x1 315	x1 379	x1 442	x1 503	x1 561	x1 617	x1 671	x1 721	x1 770 |	*1 206
Uzbekistan – Ouzbékistan [2]	17 736	18 231	18 757	19 298	19 737	20 114	20 531	x20 896	x21 375	x21 860
Viet Nam [2]	58 653	59 872	61 109	62 452	63 727	64 774	66 233	67 774	69 406	x71 324
Yemen – Yémen [2]	x9 314	x9 598	x9 880	x10 164	10 608	10 947	11 279	11 613	11 952	*12 302
Former Dem. Yemen – Ancienne Yémen dém.	2 109	2 164	2 220	2 278	2 337	2 398	2 460	2 755	2 841	*2 929
Yemen – Yémen										
Former Yemen Arab Rep. – Ancienne Yémen rép. arabe	x7 345	x7 621	x7 911	x8 213	x8 529	x8 857	x9 196	x9 547	x9 909	x10 283
EUROPE										
Albania – Albanie [2]	2 897	2 957	3 016	3 076	3 138	3 199	3 256	3 255	3 363	*3 500
Andorra – Andorre [1 2]	43	45	47	48	50	51	53	57	60	x61
Austria – Autriche [1]	7 552	7 555	7 565	7 573	7 595	7 618	7 718	7 825	7 884	*7 988
Belarus – Bélarus [2]	9 938	9 999	10 058	10 111	10 167	10 229	10 260	10 271	10 313	x10 188
Belgium – Belgique [1]	9 855	9 858	9 862	9 870	9 902	9 938	9 967	9 979	10 055	x10 010
Bosnia Herzegovina – Bosnie–Herzégovine	x4 068	x4 122	x4 192	x4 275	x4 344	x4 363	x4 308	x4 163	x3 944	x3 707
Bulgaria – Bulgarie [2]	8 961	8 960	8 958	8 971	8 981	8 989	8 991	8 982	8 963	*8 472
Channel Islands – Iles Anglo–Normandes	132	133	136	136	140	142	x142	143	143	x146
Croatia – Croatie [2]	x4 456	x4 471	x4 485 |	4 713	4 731	4 767	4 778	4 785	4 789 |	x 4 511
Former Czechoslovakia – Ancienne Tchécoslovaquie [2]	15 458	15 499	15 534	15 572	15 607	15 638	15 661	15 583	x15 731	x15 770
Czech Republic – Rép. tchèque	10 330	10 337	10 341	10 349	10 356	10 362	10 363	10 309	10 318	*10 328
Denmark – Danemark [1 22]	5 112	5 114	5 121	5 127	5 130	5 133	5 140	5 154	5 170	*5 189
Estonia – Estonie [2]	1 508	1 519	1 532	1 546	1 560	1 569	1 571	1 566	1 544	*1 517
Faeroe Islands – Iles Féroé [1]	45	46	46	47	47	47	x47	47	x47	x47
Finland – Finlande [1 2]	4 882	4 902	4 918	4 932	4 946	4 964	4 986	5 014	5 042	*5 067
France [1 2 23]	54 947	55 170	55 394	55 630	55 884	56 160	56 735	57 055	57 372	*57 379
Germany – Allemagne [1 2]	77 796	77 619	77 635	77 718	78 116	78 677	79 365	79 984	80 570	*81 187

5. Estimates of mid-year population: 1984 – 1993 (continued)

Estimations de la population au milieu de l'année: 1984 – 1993 (suite)

(See notes at end of table. – Voir notes à la fin du tableau.)

Continent and country or area	Population estimates (in thousands) — Estimations (en milliers)									
Continent et pays ou zone	1984	1985	1986	1987	1988	1989	1990	1991	1992	1993
EUROPE (Cont.–Suite)										
Gibraltar [24]	29	29	29	29	30	31	31	28	x28	x28
Greece – Grèce [25]	9 896	9 934	9 964	9 983	10 004	10 039	10 089	10 200	10 313	*10 305
Holy See – Saint-Siège	x1	1	1	1	1	x1	x1	x1	x1	x1
Hungary – Hongrie [2]	10 619	10 579	10 534	10 486	10 443	10 398	10 365	10 346	10 324	*10 294
Iceland – Islande [1 2]	239	241	243	246	250	253	255	258	261	x263
Ireland – Irlande [2 26]	3 529	3 540	3 541	3 543	3 538	3 515	3 503	3 524	3 548	*3 563
Isle of Man – Ile de Man [2]	64	63	64	64	67	68	x69	70	70	*71
Italy – Italie [1 2]	57 005	57 141	57 246	57 345	57 441	57 541	57 661	56 760	56 859	*57 057
Latvia – Lettonie [2]	2 562	2 579	2 600	2 627	2 653	2 670	2 671	2 662	2 632	*2 586
Liechtenstein	27	27	27	28	28	28	x29	x29	30	x30
Lithuania – Lituanie [2]	3 514	3 545	3 579	3 616	3 655	3 691	3 722	3 742	3 742	*3 730
Luxembourg [1]	366	367	368	371	374	378	382	387	390	x380
Malta – Malte [27]	337	340	342	344	347	351	354	358	363	x361
Monaco [1]	x28	x28	x28	x29	x29	x30	x30	x30	x31	x31
Netherlands–Pays-Bas [1 2]	14 420	14 484	14 564	14 665	14 758	14 849	14 952	15 070	15 184	*15 298
Norway – Norvège [1 2]	4 140	4 153	4 167	4 187	4 209	4 227	4 241	4 262	4 286	*4 312
Poland – Pologne [2 28]	36 914	37 203	37 456	37 664	37 862	37 963	38 119	38 245	38 365	*38 505
Portugal [2]	10 089	9 904	9 904	9 900	9 893	9 883	9 868	9 862	9 858	*9 864
Republic of Moldova – Rép. de Moldova [2]	4 175	4 215	4 255	4 290	4 321	4 349	4 364	4 363	4 348	*4 356
Romania – Roumanie [2]	22 625	22 725	22 823	22 940	23 054	23 152	23 207	23 185	22 789	*22 755
Russian Federation – Féd. Russe [2]	142 061	143 033	144 156	145 386	146 494	147 331	147 913	148 245	148 689	I x147 760
San Marino – Saint-Marin [2]	22	22	23	23	23	23	23	23	24	x24
Slovakia – Slovaquie [2]	5 128	5 162	5 193	5 224	5 251	5 276	5 298	5 283	5 300	*5 318
Slovenia – Slovénie [2]	1 943	1 973	1 981	1 989	2 000	1 999	1 998	2 002	1 996	*1 991
Spain – Espagne [1 2]	38 328	38 474	38 604	38 716	38 809	38 888	38 959	39 025	39 085	*39 141
Sweden – Suède [1 2]	8 337	8 350	8 370	8 398	8 437	8 493	8 559	8 617	8 668	*8 712
Switzerland – Suisse [1 2]	6 442	6 470	6 504	6 545	6 593	6 647	6 712	6 800	6 875	*6 938
The former Yugoslav Rep. of Macedonia – L'ex Rép. yougosl. de Macédonie [2]	1 956	1 969	1 982	1 995	2 007	2 018	2 028	2 039	2 056	x2 119
Ukraine [2]	50 679	50 858	51 025	51 261	51 484	51 707	51 839	52 001	52 057	*52 179
United Kingdom–Royaume-Uni	56 506	56 685	56 850	57 008	57 159	57 352	57 561	57 801	57 998	58 191
Former Yugoslavia – Ancienne Yougoslavie [1]	22 966	23 124	23 274	23 417	23 566	23 695	23 818	23 931	x23 949	x23 998
Yugoslavia – Yougoslavie [1]	10 136	10 209	10 277	10 342	10 411	10 471	10 529	10 409	10 445	*10 485
OCEANIA—OCEANIE										
American Samoa – [1 5] Samoa américaines	35	36	36	37	37	38	39	x48	x50	x51
Australia–Australie [1 2 3]	15 556	15 788	16 018	16 263	16 518	16 814	17 065	17 284	17 483	*17 661
Christmas Island – Ile Christmas	...	2	...	...	...	...	...	...	...	...
Cocos (Keeling) Islands – Iles des Cocos (Keeling)	...	1	1	...	...	...	...	...	...	...
Cook Islands – Iles Cook	18	18	17	x17	18	18	18	x19	x19	x19
Fiji – Fidji [2]	686	697	714	721	720 I	752	731	741	746	x758
French Polynesia – Polynésie française	*170*	*174*	*178*	*183*	*188*	*193*	*197*	*202*	*206*	*x211*

5. Estimates of mid-year population: 1984 – 1993 (continued)

Estimations de la population au milieu de l'année: 1984 – 1993 (suite)

(See notes at end of table. – Voir notes à la fin du tableau.)

Continent and country or area / Continent et pays ou zone	Population estimates (in thousands) — Estimations (en milliers) 1984	1985	1986	1987	1988	1989	1990	1991	1992	1993
OCEANIA—OCEANIE(Cont.–Suite)										
Guam [1 2 5]	120	x119	124	126	x128	x131	x134	x137	139	x144
Kiribati	63	x67	x68	x69	x70	x71	x72	x74	x75	x76
Marshall Islands – Iles Marshall	37	39	40	42	43	44	46	48	50	*52
Micronesia, Federated States of, – Micronésie, Etats fédérés de	x92	x95	x98	x100	x103	x106	x108	x111	x114	x118
Nauru	x8	x8	x9	x9	x9	x9	x10	x10	x10	x10
New Caledonia – [2] Nouvelle–Calédonie	152	154	157	161	164	167	170	173	177	*179
New Zealand – Nouvelle–Zélande [2 29]	3 227	3 247	3 277	3 304	3 317	3 330	3 363	3 406	3 443	*3 451
Niue – Nioué	3	3	3	2	x2	x2	x2	x2	x2	x2
Norfolk Is. – Ile Norfolk	...	...	2	...	...	...	...	...	...	...
Northern Mariana Islands – Iles Mariannes du Nord	19	20	21	x28	x34 |	25	26 |	x46	x47	x47
Pacific Islands (Palau) – Iles du Pacifique (Palaos)	x13	x14	x14	x14	x15	14	x15	x16	x16	x16
Papua New Guinea – Papouasie–Nouvelle–Guinée	3 261	3 337	3 407	3 482	3 557	3 630	3 699	3 772	3 847	*3 922
Samoa	x160	x160	x161	x161	162	163	164	x164	161	x167
Solomon Islands – Iles Salomon	x261	x270	x279	290	299	x310	x320	x331	x343	x354
Tokelau – Tokélaou	x2	x2	x2	x2	x2	x2	x2	x2	x2	x2
Tonga [2]	96	97	x92	x93	x94	x95	97	97	x97	x98
Tuvalu	x8	x8	x8	x8	x8	x9	x9	x9	x9	x9
Vanuatu [2]	132	136	140	145	150	155	147	x153	x157	x161
Wallis and Futuna Islands – Iles Wallis et Futuna	x12	x12	x13	x13	x13	x13	x14	x14	x14	x14

GENERAL NOTES

For certain countries or areas, there is a discrepancy between the mid–year population estimates shown in this table and those shown in subsequent tables for the same year. Usually this discrepancy arises because the estimates occurring in a given year are revised, although the remaining tabulations are not. Unless otherwise indicated, data are official estimates of population for 1 July, or averages of end–year estimates. For method of evaluation and limitations of data, see Technical Notes, page 49.

Italics: estimates which are less reliable.

Break in series because estimates for earlier years have not been revised either on the basis of more recent data from a national census or sample survey taken within the period or in accord with later revised official estimates.

FOOTNOTES

* Provisional.
x Estimate prepared by the Population Division of the United Nation.

1 De jure population.
2 For urban population, see table 6.
3 Data have been adjusted for underenumeration, at latest census; for further details, see table 3.
4 Excluding persons residing in institutions.
5 Including armed forces stationed in the area.
6 Excluding civilian citizens absent from country for extended period of time.
7 Excluding Indian jungle population.
8 Estimates are for 24 October of year stated.
9 Excluding nomadic Indian tribes.
10 Excluding nomad population.
11 Excluding foreign diplomatic personnel and their dependants.
12 Including data for the Indian–held part of Jammu and Kashmir, the final status of which has not yet been determined.
13 Estimates are for 14 October of year stated.
14 Including data for East Jerusalem and Israeli residents in certain other territories under occupation by Israeli military forces since June 1967.
15 Excluding diplomatic personnel outside the country, and foreign military and civilian personnel and their dependants stationed in the area.

NOTES GENERALES

Pour quelques pays ou zones il y a une discordance entres leestimations au milieu de l'année présentées dans ce tableau et celles présentées dans des tableaux suivants pour la même année. Habituellement ces différences apparaîssent lorsque les estimations pour une certaine année ont été révisées; alors que les autres tabulations ne l'ont pas été. Sauf indication contraire, les données sont des estimations officielles de population au 1er juillet ou des moyennes d'estimations de fin d'année. Pour la méthode d'évaluation et les insuffisances des données, voir Notes techniques, page 49.

Italiques: estimations moins s0res.

Cette discontinuité dans la série peut résulter du fait que les estimations pour les années antérieures n'ont pas été révisées en fonction des données récentes provenant d'un recensement national ou d'une enquête par sondage effectués durant la période, ou bien du fait qu'elles ne concordent pas avec les dernières estimations officielles révisées.

NOTES

* Données provisoires.
x Estimation établie par la Division de la population de l'Organisation des Nations Unies.
1 Population de droit.
2 Pour la population urbaine, voir le tableau 6.
3 Les données ont été ajustées pour compenser les lacunes du dénombrement lors du dernier recensement; pour plus de détails, voir le tableau 3.
4 Non compris les personnes dans les institutions.
5 Y compris les militaires en garnison sur le territoire.
6 Non compris les civils hors du pays pendant une période prolongée.
7 Non compris les Indiens de la jungle.
8 Estimations au 24 octobre de l'année considérée.
9 Non compris les tribus d'Indiens nomades.
10 Non compris la population nomade.
11 Non compris le personnel diplomatique étranger et les membres de leur famille les accompagnant.
12 Y compris les données pour la partie du Jammu–et–Cachemire occupée par l'Inde, dont le statut définitif n'a pas encore été déterminé.
13 Estimations au 14 octobre de l'année considérée.
14 Y compris les données pour Jérusalem–Est et les résidents israéliens dans certains autres territoires occupés depuis juin 1967 par les forces armées israéliennes.
15 Non compris le personnel diplomatique hors du pays, les militaires et agents civils étrangers en poste sur le territoire et les membres de leur famille les accompagnant.

5. Estimates of mid-year population: 1984 – 1993 (continued)

Estimations de la population au milieu de l'année: 1984 – 1993 (suite)

FOOTNOTES (continued)

16 Including registered Palestinian refugees, numbering at mid–year 1965 and 1966, 688 327 and 706 568, respectively, and 722 687 at 31 May 1967.

17 Excluding alien armed forces, civilian aliens employed by armed forces, and foreign diplomatic personnel and their dependants and Korean diplomatic personnel and their dependants stationed outside the country.

18 For Lebanese nationals on population register, including those living outside the country. Excluding non–resident foreigners and registered Palestinian refugees, the latter numbering at mid–year 1972, 1973 and 1977, 184 043, 187 529 and 200 000 respectively.

19 Excluding data for Jammu and Kashmir, the final status of which has not yet been determined, Junagardh, Manavadar, Gilgit and Baltistan.

20 Excluding transients afloat and non–locally domiciled military and civilian services personnel and their dependants and visitors, numbering 5 553, 5 187 and 8 985 respectively at 1980 census.

21 Including Palestinian refugees numbering at end–year 1967 and 1968, 163 041 and 149 537, repectively, and at mid–year 1971 and 1977, 163 809 and 193 000, respectively.

22 Excluding Faeroe Islands and Greenland.

23 Excluding diplomatic personnel outside the country and including foreign diplomatic personnel not living in embassies or consulates.

24 Excluding armed forces.

25 Excluding armed forces stationed outside the country, but including alien armed forces stationed in the area.

26 Estimates are for 15 April of year stated.

27 Including civilian nationals temporarily outside the country.

28 Excluding civilian aliens within the country, and including civilian nationals temporarily outside the country.

29 Excluding diplomatic personnel and armed forces stationed outside the country, the latter numbering 1 936 at 1966 census; also excluding alien armed forces within the country.

NOTES (suite)

16 Y compris les réfugiés de Palestine immatriculés, dont le nombre au milieu de l'année 1965 et 1966 s'établissait comme suit: 688 327 et 706 568, respectivement, et à 722 687 au 31 mai 1967.

17 Non compris les militaires étrangers, les civils étrangers employés par les forces armées, le personnel diplomatique étranger et les membres de leur famille les accompagnant, le personnel diplomatique coréen hors du pays et les membresde leur famille les accompagnant.

18 Pour les nationaux libanais inscrits sur le registre de la population, y compris ceux qui vivent hors du pays. Non compris les étrangers non résidents et les réfugiés de Palestine immatriculés; le nombre de ces derniers au milieu de 1972, 1973 et 1977. 184 043, 187 529 et 200 000, respectivement.

19 Non compris les données pour le Jammu–et–Cachemire, dont le statut définitif n'a pas encore été déterminé, le Junagardh, le Manavadar, le Gilgit et le Baltistan.

20 Non compris les personnes de passage à bord de navires, les militaires et agents civils non résidents et les membres de leur famille les accompagnant et les visiteurs, au nombre de 5 553, 5 187 et 8 985 respectivement, au recensement de 1980.

21 Y compris les réfugiés de Palestine dont le nombre, à la fin de l'année 1967 et 1968, s'établissait comme suit: 163 041 et 149 537, respectivement, et au milieu de l'année 1971 et 1977, 163 809 et 193 000, respectivement.

22 Non compris les îles Féroé et le Groenland.

23 Non compris le personnel diplomatique hors du pays, et y compris les personnel diplomatique étranger qui ne vit– pas dans les ambassades ou les consulats.

24 Non compris les militaires.

25 Non compris les militaires en garnison hors du pays, mais y compris les militaires étrangers en garnison sur le territoire.

26 Estimations au 15 avril de l'année considérée.

27 Y compris les civils nationaux temporairement hors du pays.

28 Non compris les civils étrangers dans le pays, mais y compris les civils nationaux temporairement hors du pays.

29 Non compris le personnel diplomatique et les militaires hors du pays, ces derniers au nombre de 1 936 au recensement de 1966; non compris également les militaires étrangers dans le pays.

6. Urban and total population by sex: 1984 – 1993

Population urbaine et population totale selon le sexe: 1984 – 1993

(See notes at end of table. – Voir notes à la fin du tableau.)

Continent, country or area and date Continent, pays ou zone et date	Both sexes – Les deux sexes Total	Both sexes – Urban – Urbaine Number Nombre	Both sexes – Urban – Urbaine Per cent P. 100	Male – Masculin Total	Male – Urban – Urbaine Number Nombre	Male – Urban – Urbaine Per cent P. 100	Female – Féminin Total	Female – Urban – Urbaine Number Nombre	Female – Urban – Urbaine Per cent P. 100
AFRICA—AFRIQUE									
Benin – Bénin									
II 1992(C)*	4 855 349	1 462 934	30.1	2 365 574	...	...	2 489 775	...	...
Botswana [1]									
19 VIII 1984	*1 048 219*	*209 961*	*20.0*	...	...	...	...	...	...
19 VIII 1985	*1 087 503*	*226 942*	*20.9*	...	...	...	...	...	...
19 VIII 1986	*1 127 888*	*245 298*	*21.7*	*536 866*	*126 085*	*23.5*	*591 022*	*119 213*	*20.2*
19 VIII 1987	*1 168 398*	*262 226*	*22.4*	*557 768*	*134 855*	*24.2*	*611 429*	*127 371*	*20.8*
19 VIII 1988	*1 210 074*	*279 893*	*23.1*	...	...	...	...	...	...
19 VIII 1989	*1 244 909*	*289 980*	*23.3*	...	...	...	...	...	...
19 VIII 1990	*1 299 705*	*319 369*	*24.6*	...	...	...	...	...	...
19 VIII 1991	*1 347 568*	*341 149*	*25.3*	...	...	...	...	...	...
19 VIII 1992	*1 394 179*	*361 044*	*25.9*	...	...	...	...	...	...
19 VIII 1993*	*1 442 659*	*382 099*	*26.5*	...	...	...	...	...	...
Burkina Faso									
1 VII 1984	*7 680 203*	*878 062*	*11.4*	...	...	...	...	...	...
1 VII 1985	*7 886 033*	*972 893*	*12.3*	...	...	...	...	...	...
10 XII 1985(C)	7 964 705	928 929	11.7	3 833 237	474 631	12.4	4 131 468	454 298	11.0
1 VII 1986	*8 097 379*	*1 077 965*	*13.3*	...	...	...	...	...	...
1 VII 1987	*8 314 388*	*1 194 386*	*14.4*	...	...	...	...	...	...
1 VII 1988	*8 537 214*	*1 323 379*	*15.5*	...	...	...	...	...	...
1 VII 1989	*8 766 011*	*1 466 304*	*16.7*	...	...	...	...	...	...
1 VII 1990	*9 000 940*	*1 624 665*	*18.0*	...	...	...	...	...	...
1 VII 1991	*9 190 791*	*1 287 285*	*14.0*	*4 492 153*	...	...	*4 698 638*	...	...
1 VII 1992	*9 433 428*	*1 345 084*	*14.3*	...	...	...	...	...	...
1 VII 1993*	*9 682 470*	*1 405 478*	*14.5*	...	...	...	...	...	...
Burundi									
1 VII 1985	*4 717 703*	*235 885*	*5.0*	...	...	...	...	...	...
1 VII 1986	*4 857 347*	*242 867*	*5.0*	...	...	...	...	...	...
1 VII 1987	*5 001 124*	*250 056*	*5.0*	...	...	...	...	...	...
1 VII 1988	*5 149 158*	*257 458*	*5.0*	...	...	...	...	...	...
1 VII 1989	*5 301 573*	*265 079*	*5.0*	...	...	...	...	...	...
1 VII 1990	*5 458 499*	*272 925*	*5.0*	...	...	...	...	...	...
Cape Verde – Cap–Vert									
1 VII 1984	*326 212*	*95 682*	*29.3*	*151 569*	...	...	*174 643*	...	...
1 VII 1985	*333 128*	*105 038*	*31.5*	*155 061*	...	...	*178 067*	...	...
1 VII 1986	*338 560*	*109 672*	*32.4*	*157 917*	...	...	*180 643*	...	...
1 VII 1987	*347 060*	*114 928*	*33.1*	*162 367*	...	...	*184 693*	...	...
23 VI 1990(C)	341 491	150 599	44.1	161 494	71 891	44.5	179 997	78 708	43.7
Chad – Tchad									
8 IV 1993(C)	6 158 992	1 339 019	21.7	2 950 415	684 155	23.2	3 208 577	654 864	20.4
Comoros – Comores [2]									
15 IX 1991(C)	446 817	127 219	28.5	221 152	64 000	28.9	225 665	63 219	28.0
Côte d'Ivoire									
1 III 1988(C)	10 815 694	4 220 535	39.0	5 527 343	2 181 294	39.5	5 288 351	2 039 241	38.6
Egypt – Egypte [1]									
1 VII 1984	*45 229 000*	*19 911 000*	*44.0*	...	...	...	...	...	...
1 VII 1985	*46 473 000*	*20 448 000*	*44.0*	...	...	...	...	...	...
1 VII 1986	*47 811 000*	*21 021 000*	*44.0*	...	...	...	...	...	...
18 IX 1986(C)	47 995 265	20 979 358	43.7	24 512 701	10 747 260	43.8	23 482 564	10 232 098	43.6
1 VII 1987	*49 050 000*	*21 565 000*	*44.0*	...	...	...	...	...	...
1 VII 1988	*50 267 000*	*22 100 000*	*44.0*	...	...	...	...	...	...
1 VII 1989	*51 477 000*	*22 632 000*	*44.0*	...	...	...	...	...	...
1 VII 1990	*52 691 000*	*23 166 000*	*44.0*	...	...	...	...	...	...
1 VII 1991	*53 918 000*	*23 706 000*	*44.0*	...	...	...	...	...	...
1 VII 1992	*55 163 000*	*24 836 000*	*45.0*	...	...	...	...	...	...
1 VII 1993*	*56 489 000*	*24 836 000*	*44.0*	...	...	...	...	...	...
Equatorial Guinea – Guinée équatoriale									
1 VII 1991	*356 100*	*131 830*	*37.0*	*172 860*	*66 450*	*38.4*	*183 240*	*65 380*	*35.7*
Eritrea – Erythrée									
9 V 1984(C)	2 748 304	415 772	15.1	1 374 452	193 520	14.1	1 373 852	222 252	16.2

6. Urban and total population by sex: 1984 – 1993 (continued)

Population urbaine et population totale selon le sexe: 1984 – 1993 (suite)

(See notes at end of table. – Voir notes à la fin du tableau.)

Continent, country or area and date / Continent, pays ou zone et date	Both sexes – Les deux sexes			Male – Masculin			Female – Féminin		
	Total	Urban – Urbaine: Number / Nombre	Urban – Urbaine: Per cent / P. 100	Total	Urban – Urbaine: Number / Nombre	Urban – Urbaine: Per cent / P. 100	Total	Urban – Urbaine: Number / Nombre	Urban – Urbaine: Per cent / P. 100
AFRICA—AFRIQUE (Cont.–Suite)									
Ethiopia – Ethiopie									
9 V 1984(C)	39 868 572	4 453 517	11.2	20 062 490	2 088 309	10.4	19 806 082	2 365 208	11.9
Former Ethiopia – Ancienne Ethiopie									
9 V 1984(C)	42 616 876	4 869 289	11.4	21 436 942	2 281 829	10.6	21 179 934	2 587 460	12.2
1 VII 1985	44 254 900	5 287 000	11.9	...	...	...	...	...	...
1 VII 1986	45 736 700	5 581 800	12.2	...	...	...	...	...	...
1 VII 1987	47 189 000	5 913 900	12.5	...	...	...	...	...	...
1 VII 1988	48 586 800	6 270 100	12.9	...	...	...	...	...	...
1 VII 1989	50 167 000	6 782 300	13.5	...	...	...	...	...	...
1 VII 1990	51 689 400	7 269 800	14.1	25 961 000	...	...	25 728 100	...	...
1 VII 1991	53 382 900	7 669 500	14.4	...	...	...	...	...	...
1 VII 1992	55 117 300	8 090 800	14.7	...	...	...	...	...	...
1 VII 1993*	56 899 600	8 542 000	15.0	...	...	...	...	...	...
Gabon									
31 VII 1993(C)*	1 011 710	741 032	73.2	498 710	369 513	74.1	513 000	371 519	72.4
Ghana									
11 III 1984(C)	12 296 081	3 934 796	32.0	6 063 848	1 916 377	31.6	6 232 233	2 018 419	32.4
Liberia – Libéria									
1 VII 1984	2 109 186	816 124	38.7	...	...	...	...	...	...
1 VII 1985	2 161 454	853 919	39.5	...	...	...	...	...	...
1 VII 1986	2 221 280	816 125	36.7	...	...	...	...	...	...
1 VII 1987	2 281 106	929 510	40.7	...	...	...	...	...	...
1 VII 1988	2 340 932	967 305	41.3	...	...	...	...	...	...
1 VII 1989	2 400 758	1 005 101	41.9	...	...	...	...	...	...
1 VII 1990	2 406 584	1 042 896	43.3	...	...	...	...	...	...
1 VII 1991	2 520 410	1 080 691	42.9	...	...	...	...	...	...
1 VII 1992	2 580 236	1 118 486	43.3	...	...	...	...	...	...
1 VII 1993*	2 640 062	1 156 282	43.8	...	...	...	...	...	...
Libyan Arab Jamahiriya – Jamahiriya arabe libyenne									
31 VII 1984(C) [1]	3 237 160	2 453 443	75.8	1 950 152	...	...	1 687 336	...	...
Malawi [3]									
1 VII 1984	6 838 590	801 500	11.7	...	...	...	...	...	...
1 VII 1985	7 058 757	865 600	12.3	3 426 551	...	...	3 632 206	...	...
1 VII 1986	7 278 925	929 600	12.8	3 536 334	...	...	4 121 371	...	...
1 VII 1987	7 499 092	993 700	13.3	...	...	...	...	...	...
1 IX 1987(C)	7 988 507	853 390	10.7	3 867 136	445 863	11.5	4 121 371	407 527	9.9
1 VII 1988	7 754 537	1 079 500	13.9	3 773 619	...	...	3 980 918	...	...
1 VII 1989	8 021 742	1 172 700	14.6	3 907 028	...	...	4 114 714	...	...
1 VII 1990	8 288 946	1 265 800	15.3	...	...	...	...	...	...
1 VII 1991	8 556 151	1 359 000	15.9	...	...	...	...	...	...
1 VII 1992	8 823 355	1 452 200	16.5	...	...	...	...	...	...
Mali									
1 IV 1987(C) [1]	7 696 348	1 690 289	22.0	3 760 711	837 287	22.3	3 935 637	853 002	21.7
Mauritius – Maurice									
1 VII 1990	1 056 660	414 242	39.2	527 760	206 104	39.1	528 900	208 138	39.4
1 VII 1991	1 070 128	469 620	43.9	534 325	233 770	43.8	535 803	235 850	44.0
Island of Mauritius – Ile Maurice									
1 VII 1984	977 129	405 438	41.5	488 349	201 400	41.2	488 780	204 038	41.7
1 VII 1985	985 210	406 943	41.3	493 900	202 931	41.1	491 310	204 012	41.5
1 VII 1986	993 851	409 435	41.2	497 659	204 222	41.0	496 192	205 213	41.4
1 VII 1987	1 003 794	411 802	41.0	501 221	204 953	40.9	502 573	206 849	41.2
1 VII 1988	1 016 596	414 529	40.8	506 710	205 726	40.6	509 886	208 803	41.0
1 VII 1989	1 026 813	417 687	40.7	510 627	207 067	40.6	516 186	210 620	40.8
1 VII 1990	1 024 571	415 099	40.5	512 005	206 640	40.4	512 866	208 459	40.6
1 VII 1991	1 035 807	469 620	45.3	517 195	...	...	518 612	...	...
1 VII 1992	1 049 967	475 393	45.3	525 751	237 722	45.2	524 216	237 671	45.3

6. Urban and total population by sex: 1984 – 1993 (continued)

Population urbaine et population totale selon le sexe: 1984 – 1993 (suite)

(See notes at end of table. – Voir notes à la fin du tableau.)

Continent, country or area and date / Continent, pays ou zone et date	Both sexes – Les deux sexes			Male – Masculin			Female – Féminin		
	Total	Urban – Urbaine: Number / Nombre	Urban – Urbaine: Per cent / P. 100	Total	Urban – Urbaine: Number / Nombre	Urban – Urbaine: Per cent / P. 100	Total	Urban – Urbaine: Number / Nombre	Urban – Urbaine: Per cent / P. 100
AFRICA—AFRIQUE (Cont.–Suite)									
Morocco – Maroc									
1 VII 1984	*21 331 000*	*9 383 000*	*44.0*	...	...	...	...	...	...
1 VII 1985	*21 836 000*	*9 761 000*	*44.7*	...	...	...	...	...	...
1 VII 1986	*22 354 000*	*10 153 000*	*45.4*	...	...	...	...	...	...
1 VII 1987	*22 884 000*	*10 562 000*	*46.2*	...	...	...	...	...	...
1 VII 1988	*23 407 000*	*10 989 000*	*46.9*	...	...	...	...	...	...
1 VII 1989	*23 951 000*	*11 426 000*	*47.7*	...	...	...	...	...	...
1 VII 1990	*24 487 000*	*11 860 000*	*48.4*	...	...	...	...	...	...
1 VII 1991	*25 020 000*	*12 298 000*	*49.2*	...	...	...	...	...	...
1 VII 1992	*25 547 000*	*12 725 000*	*49.8*	...	...	...	...	...	...
1 VII 1993*	*26 069 000*	*13 149 000*	*50.4*	...	...	...	...	...	...
Namibia – Namibie									
21 X 1991(C)	1 409 920	455 840	32.3	686 327	231 435	33.7	723 593	224 405	31.0
Niger									
20 V 1988(C)*	7 248 100	1 105 740	15.3	3 590 070	554 790	15.5	3 658 030	550 950	15.1
Nigeria – Nigéria									
1 VII 1984	*93 326 962*	*15 040 033*	*16.1*	*45 720 951*	*7 595 217*	*16.6*	*47 606 011*	*7 444 816*	*15.6*
1 VII 1985	*95 689 546*	*15 420 774*	*16.1*	*46 878 383*	*7 787 491*	*16.6*	*48 811 163*	*7 633 283*	*15.6*
1 VII 1986	*98 168 079*	*15 814 878*	*16.1*	*48 091 522*	*7 986 513*	*16.6*	*50 076 557*	*7 828 365*	*15.6*
1 VII 1987	*101 407 626*	*16 336 769*	*16.1*	*49 679 575*	*8 250 068*	*16.6*	*51 728 051*	*8 086 701*	*15.6*
1 VII 1988	*104 956 895*	*16 908 557*	*16.1*	*52 028 618*	*8 538 820*	*16.4*	*52 928 277*	*8 369 737*	*15.8*
Rwanda									
15 VIII 1991(C)*	7 142 755	384 295	5.4	3 268 240	...	...	3 281 720	...	...
St. Helena ex. dep. – Sainte-Hélène sans dép.									
22 II 1987(C)	5 644	2 417	42.8	2 769	1 164	42.0	2 875	1 253	43.6
Senegal – Sénégal									
27 V 1988(C)	6 896 808	2 653 943	38.5	3 353 599	1 303 775	38.9	3 543 209	1 350 168	38.1
Somalia – Somalie									
1986 – 1987(C)*	7 114 431	1 674 470	23.5	3 741 664	840 488	22.5	3 372 767	833 982	24.7
South Africa –[4 5] Afrique du Sud									
5 III 1985(C)	23 385 645	13 068 343	55.9	11 545 282	6 555 892	56.8	11 840 363	6 512 451	55.0
7 III 1991(C)*	30 986 920	17 551 745	56.6	15 479 528	8 914 311	57.6	15 507 392	8 637 434	55.7
Sudan – Soudan									
1 VII 1984	*21 432 000*	*4 540 000*	*21.2*	...	...	...	...	...	...
1 VII 1985	*22 109 000*	*4 802 000*	*21.7*	...	...	...	...	...	...
1 VII 1986	*22 804 000*	*5 077 000*	*22.3*	...	...	...	...	...	...
1 VII 1987	*23 517 000*	*5 377 000*	*22.9*	...	...	...	...	...	...
1 VII 1988	*24 245 000*	*5 674 000*	*23.4*	...	...	...	...	...	...
1 VII 1989	*24 989 000*	*5 996 000*	*24.0*	...	...	...	...	...	...
1 VII 1990	*25 752 000*	*6 333 000*	*24.6*	...	...	...	...	...	...
1 VII 1991	*26 530 000*	*6 686 000*	*25.2*	...	...	...	...	...	...
1 VII 1992	*27 323 000*	*7 057 000*	*25.8*	...	...	...	...	...	...
1 VII 1993*	*28 129 000*	*7 446 000*	*26.5*	...	...	...	...	...	...
Swaziland									
25 VIII 1986(C)	681 059	154 979	22.8	321 579	79 936	24.9	359 480	75 043	20.9
Tunisia – Tunisie									
30 III 1984(C)	6 966 173	3 680 830	52.8	3 547 315	1 870 255	52.7	3 418 858	1 810 575	53.0
1 VII 1989	*7 909 545*	*4 685 350*	*59.2*	*4 013 819*	*2 382 785*	*59.4*	*3 895 726*	*2 302 565*	*59.1*
Uganda – Ouganda									
12 I 1991(C)	16 671 705	1 889 622	11.3	8 185 747	916 646	11.2	8 485 958	972 976	11.5

6. Urban and total population by sex: 1984 – 1993 (continued)

Population urbaine et population totale selon le sexe: 1984 – 1993 (suite)

(See notes at end of table. – Voir notes à la fin du tableau.)

Continent, country or area and date — Continent, pays ou zone et date	Both sexes – Les deux sexes			Male – Masculin			Female – Féminin		
	Total	Urban – Urbaine		Total	Urban – Urbaine		Total	Urban – Urbaine	
		Number – Nombre	Per cent – P. 100		Number – Nombre	Per cent – P. 100		Number – Nombre	Per cent – P. 100
AFRICA—AFRIQUE (Cont.–Suite)									
United Rep. of Tanzania – Rép.–Unie de Tanzanie									
1 VII 1984	*21 062 000*	*3 579 000*	*17.0*	...	...	...	...	...	...
1 VII 1985	*21 733 000*	*3 821 000*	*17.6*	...	...	...	...	...	...
1 VII 1986	*22 462 000*	*4 086 000*	*18.2*	...	...	...	...	...	...
1 VII 1987	*23 217 000*	*4 369 000*	*18.8*	...	...	...	...	...	...
1 VII 1988	*23 997 000*	*4 670 000*	*19.5*	...	...	...	...	...	...
1 VII 1989	*24 802 000*	*4 991 000*	*20.1*	...	...	...	...	...	...
1 VII 1990	*25 635 000*	*5 333 000*	*20.8*	...	...	...	...	...	...
Tanganyika									
1 VII 1984	*20 506 000*	*3 385 000*	*16.5*	...	...	...	...	...	...
1 VII 1985	*21 162 000*	*3 620 000*	*17.1*	...	...	...	...	...	...
1 VII 1986	*21 874 000*	*3 877 000*	*17.7*	...	...	...	...	...	...
1 VII 1987	*22 611 000*	*4 151 000*	*18.4*	...	...	...	...	...	...
1 VII 1988	*23 372 000*	*4 443 000*	*19.0*	...	...	...	...	...	...
1 VII 1989	*24 159 000*	*4 755 000*	*19.7*	...	...	...	...	...	...
1 VII 1990	*24 972 000*	*5 087 000*	*20.4*	...	...	...	...	...	...
Zanzibar									
1 VII 1984	*556 000*	*194 000*	*34.9*	...	...	...	...	...	...
1 VII 1985	*571 000*	*201 000*	*35.2*	...	...	...	...	...	...
1 VII 1986	*588 000*	*209 000*	*35.5*	...	...	...	...	...	...
1 VII 1987	*606 000*	*218 000*	*36.0*	...	...	...	...	...	...
1 VII 1988	*625 000*	*227 000*	*36.3*	...	...	...	...	...	...
1 VII 1989	*643 000*	*236 000*	*36.7*	...	...	...	...	...	...
1 VII 1990	*663 000*	*246 000*	*37.1*	...	...	...	...	...	...
Zaire – Zaïre									
1 VII 1985	*30 981 382*	*12 237 709*	*39.5*	...	...	...	...	...	...
Zambia – Zambie [6]									
1 VII 1985	*6 725 300*	*2 998 200*	*44.6*	...	...	...	...	...	...
1 VII 1990	*8 073 407*	*3 979 407*	*49.3*	...	...	...	...	...	...
20 VIII 1990(C)*	7 818 447	3 285 766	42.0	3 843 364	1 646 130	42.8	3 975 083	1 639 636	41.2
AMERICA,NORTH— AMERIQUE DU NORD									
Bahamas									
1 V 1990(C)	255 095	213 094	83.5	124 992	103 575	82.9	130 103	109 519	84.2
Belize									
1 VII 1990	*189 000*	*88 028*	*46.6*	*96 000*	*43 216*	*45.0*	*93 000*	*44 812*	*48.2*
12 V 1991(C)	189 774	89 761	47.3	96 289	44 136	45.8	93 485	45 625	48.8
1 VII 1991	*194 000*	*90 374*	*46.6*	*98 000*	*44 117*	*45.0*	*96 000*	*46 257*	*48.2*
1 VII 1992	*199 000*	*92 688*	*46.6*	*101 000*	*45 467*	*45.0*	*98 000*	*47 221*	*48.2*
1 VII 1993*	*205 000*	*97 430*	*47.5*	*104 000*	*47 951*	*46.1*	*101 000*	*49 479*	*49.0*
Canada [1]									
3 VI 1986(C)	25 309 330	19 352 085	76.5	12 485 650	9 416 560	75.4	12 823 680	9 935 525	77.5
4 VI 1991(C)	27 296 859	20 906 875	76.6	13 454 580	10 175 035	75.6	13 842 280	10 731 635	77.5
Costa Rica									
10 VI 1984(C) [1]	2 416 809	1 075 254	44.5	1 208 216	514 426	42.6	1 208 593	560 828	46.4
Cuba									
1 VII 1984	9 994 426	7 051 979	70.6	5 037 710	3 505 990	69.6	4 956 716	3 545 989	71.5
1 VII 1985	10 097 902	7 173 891	71.0	5 088 859	3 538 464	69.5	5 009 043	3 635 427	72.6
1 VII 1986	10 199 276	7 299 526	71.6	5 137 823	3 600 767	70.1	5 061 453	3 698 759	73.1
1 VII 1987	10 301 057	7 426 582	72.1	5 187 621	3 663 683	70.6	5 113 436	3 762 899	73.6
1 VII 1988	10 412 431	7 554 403	72.6	5 242 663	3 728 220	71.1	5 169 768	3 826 183	74.0
1 VII 1989	10 522 796	7 694 443	73.1	5 297 524	3 798 023	71.7	5 225 272	3 896 420	74.6
1 VII 1991	10 743 694	7 955 667	74.0	5 405 363	3 925 667	72.6	5 338 331	4 030 000	75.5

6. Urban and total population by sex: 1984 – 1993 (continued)

Population urbaine et population totale selon le sexe: 1984 – 1993 (suite)

(See notes at end of table. – Voir notes à la fin du tableau.)

Continent, country or area and date Continent, pays ou zone et date	Both sexes – Les deux sexes			Male – Masculin			Female – Féminin		
	Total	Urban – Urbaine		Total	Urban – Urbaine		Total	Urban – Urbaine	
		Number Nombre	Per cent P. 100		Number Nombre	Per cent P. 100		Number Nombre	Per cent P. 100
AMERICA,NORTH— (Cont.–Suite) AMERIQUE DU NORD									
Dominican Republic – République dominicaine									
1 VII 1985	*6 416 289*	*3 497 664*	*54.5*	*3 260 304*	...	...	*3 155 985*	...	...
1 VII 1986	*6 564 946*	*3 635 658*	*55.4*	*3 335 969*	...	...	*3 228 977*	...	...
1 VII 1987	*6 715 643*	*3 777 702*	*56.3*	*3 412 652*	...	...	*3 302 991*	...	...
1 VII 1988	*6 867 368*	*3 912 490*	*57.0*	...	...	...	...	...	...
1 VII 1989	*7 012 367*	*4 064 811*	*58.0*	...	...	...	...	...	...
1 VII 1990	*7 169 846*	*4 205 313*	*58.7*	...	...	...	...	...	...
1 VII 1991	*7 313 100*	*4 343 311*	*59.4*	...	...	...	...	...	...
1 VII 1992	*7 405 275*	*4 480 109*	*60.5*	...	...	...	...	...	...
1 VII 1993*	*7 608 253*	*4 615 596*	*60.7*	...	...	...	...	...	...
El Salvador									
1 VII 1984	*4 779 525*	*2 057 158*	*43.0*	*2 334 933*	*979 547*	*42.0*	*2 444 592*	*1 077 611*	*44.1*
1 VII 1985	*4 855 576*	*2 105 638*	*43.4*	*2 372 636*	*1 002 951*	*42.3*	*2 482 940*	*1 102 687*	*44.4*
1 VII 1986	*4 948 494*	*2 159 939*	*43.6*	*2 422 143*	*1 029 696*	*42.5*	*2 526 351*	*1 130 243*	*44.7*
1 VII 1987	*5 053 962*	*2 215 505*	*43.8*	*2 482 153*	*1 057 318*	*42.6*	*2 571 809*	*1 158 187*	*45.0*
1 VII 1988	*5 089 999*	*2 272 059*	*44.6*	*2 490 269*	*1 084 846*	*43.6*	*2 599 730*	*1 187 213*	*45.7*
1 VII 1989	*5 193 349*	*2 327 666*	*44.8*	*2 547 862*	*1 112 373*	*43.7*	*2 645 487*	*1 215 293*	*45.9*
1 VII 1991	*5 350 613*	*2 441 391*	*45.6*	*2 624 080*	*1 167 835*	*44.5*	*2 726 533*	*1 273 556*	*46.7*
Greenland – Groenland [1]									
1 VII 1984	52 644	41 063	78.0	28 560	...	...	24 084	...	...
1 VII 1985	53 173	41 747	78.5	28 887	...	...	24 286	...	...
1 VII 1986	53 570	42 373	79.1	29 119	...	...	24 451	...	...
1 VII 1987	54 129	42 991	79.4	29 455	...	...	24 674	...	...
1 VII 1988	54 848	43 628	79.5	...	...	...	...	...	...
1 VII 1989	55 365	44 147	79.7	...	...	...	...	...	...
1 VII 1990	55 589	44 456	80.0	...	...	...	...	...	...
1 VII 1991	55 503	44 499	80.2	...	...	...	...	...	...
1 VII 1992	55 251	44 366	80.3	...	...	...	...	...	...
1 VII 1993*	55 268	44 472	80.5	...	...	...	...	...	...
Haiti – Haïti [1]									
1 VII 1984	*5 762 416*	*1 511 596*	*26.2*	...	...	...	...	...	...
1 VII 1985	*5 864 823*	*1 570 676*	*26.8*	...	...	...	...	...	...
1 VII 1986	*5 989 067*	*1 637 211*	*27.3*	...	...	...	...	...	...
1 VII 1987	*6 113 311*	*1 705 486*	*27.9*	...	...	...	...	...	...
1 VII 1988	*6 237 555*	*1 775 510*	*28.5*	...	...	...	...	...	...
1 VII 1989	*6 361 799*	*1 847 289*	*29.0*	...	...	...	...	...	...
1 VII 1990	*6 486 048*	*1 920 830*	*29.6*	...	...	...	...	...	...
1 VII 1991	*6 624 895*	*2 000 547*	*30.2*	...	...	...	...	...	...
1 VII 1992	*6 763 745*	*2 082 204*	*30.8*	...	...	...	...	...	...
1 VII 1993*	*6 902 595*	*2 165 805*	*31.4*	...	...	...	...	...	...
Honduras									
1 VII 1984	*4 231 567*	*1 648 549*	*39.0*	...	...	...	...	...	...
1 VII 1985	*4 372 487*	*1 737 275*	*39.7*	*2 191 985*	*840 009*	*38.3*	*2 180 502*	*897 266*	*41.1*
1 VII 1986	*4 513 940*	*1 827 332*	*40.5*	...	...	...	...	...	...
1 VII 1987	*4 656 440*	*1 922 058*	*41.3*	...	...	...	...	...	...
V 1988(C)	4 248 561	1 674 944	39.4	2 110 106	793 929	37.6	2 138 455	881 015	41.2
1 VII 1988	*4 801 500*	*2 021 695*	*42.1*	...	...	...	...	...	...
1 VII 1989	*4 950 633*	*2 126 496*	*43.0*	...	...	...	...	...	...
1 VII 1990	*5 105 347*	*2 236 730*	*43.8*	...	...	...	...	...	...
1 VII 1991	*5 264 621*	*2 331 531*	*44.3*	...	...	...	...	...	...
1 VII 1992	*5 427 442*	*2 446 645*	*45.1*	...	...	...	...	...	...
1 VII 1993*	*5 595 353*	*2 566 675*	*45.9*	...	...	...	...	...	...
Nicaragua									
1 VII 1984	*3 163 390*	*1 789 528*	*56.6*	...	...	...	...	...	...
1 VII 1985	*3 272 064*	*1 872 768*	*57.2*	*1 635 927*	*906 303*	*55.4*	*1 636 137*	*966 465*	*59.1*
1 VII 1986	*3 384 444*	*1 963 997*	*58.0*	*1 692 947*	*952 441*	*56.3*	*1 691 497*	*1 011 556*	*59.8*
1 VII 1987	*3 501 176*	*2 049 355*	*58.5*	*1 752 247*	*995 163*	*56.8*	*1 748 929*	*1 054 192*	*60.3*
1 VII 1988	*3 621 594*	*2 142 704*	*59.2*	*1 813 451*	*1 041 732*	*57.4*	*1 808 143*	*1 100 972*	*60.9*
1 VII 1989	*3 745 031*	*2 239 025*	*59.8*	*1 876 192*	*1 090 743*	*58.1*	*1 868 839*	*1 148 282*	*61.4*
1 VII 1990	*3 870 820*	*2 338 019*	*60.4*	...	...	...	...	...	...
1 VII 1991	*3 999 231*	*2 439 898*	*61.0*	...	...	...	...	...	...
1 VII 1992	*4 130 707*	*2 544 858*	*61.6*	...	...	...	...	...	...
1 VII 1993*	*4 264 845*	*2 652 586*	*62.2*	...	...	...	...	...	...

6. Urban and total population by sex: 1984 – 1993 (continued)

Population urbaine et population totale selon le sexe: 1984 – 1993 (suite)

(See notes at end of table. – Voir notes à la fin du tableau.)

Continent, country or area and date Continent, pays ou zone et date	Both sexes – Les deux sexes: Total	Both sexes – Urban – Urbaine: Number / Nombre	Both sexes – Urban – Urbaine: Per cent / P. 100	Male – Masculin: Total	Male – Urban – Urbaine: Number / Nombre	Male – Urban – Urbaine: Per cent / P. 100	Female – Féminin: Total	Female – Urban – Urbaine: Number / Nombre	Female – Urban – Urbaine: Per cent / P. 100
AMERICA,NORTH— (Cont.–Suite) AMERIQUE DU NORD									
Panama [6]									
1 VII 1984	*2 134 236*	*1 086 680*	*50.9*	*1 088 347*	*531 352*	*48.8*	*1 045 889*	*555 328*	*53.1*
1 VII 1985	*2 180 489*	*1 116 746*	*51.2*	*1 111 481*	*545 802*	*49.1*	*1 069 008*	*570 944*	*53.4*
1 VII 1986	*2 227 254*	*1 147 837*	*51.5*	*1 134 856*	*560 783*	*49.4*	*1 092 398*	*587 054*	*53.7*
1 VII 1987	*2 274 448*	*1 179 839*	*51.9*	*1 158 430*	*576 231*	*49.7*	*1 116 018*	*603 608*	*54.1*
1 VII 1988	*2 322 001*	*1 212 475*	*52.2*	*1 182 170*	*591 986*	*50.1*	*1 139 831*	*620 489*	*54.4*
1 VII 1989	*2 369 858*	*1 245 453*	*52.6*	*1 206 047*	*607 880*	*50.4*	*1 163 811*	*637 573*	*54.8*
13 V 1990(C)	2 329 329	1 151 555	49.4	1 178 790	607 025	51.5	1 150 539	644 530	56.0
1 VII 1990	*2 417 955*	*1 278 589*	*52.9*	*1 230 030*	*623 806*	*50.7*	*1 187 925*	*654 783*	*55.1*
1 VII 1991	*2 466 228*	*1 311 854*	*53.2*	*1 254 086*	*639 747*	*51.0*	*1 212 142*	*672 107*	*55.4*
1 VII 1992	*2 514 586*	*1 345 399*	*53.5*	*1 278 170*	*655 789*	*51.3*	*1 236 416*	*689 610*	*55.8*
1 VII 1993*	*2 562 922*	*1 379 566*	*53.8*	*1 302 227*	...	...	*1 260 695*	...	...
United States – Etats–Unis									
1 IV 1990(C) [1,7,8]	248 709 873	187 053 487	75.2	121 239 418	90 386 114	74.6	127 470 455	96 667 373	75.8
United States Virgin Islands – Iles Vierges américaines [1,9]									
1 VII 1984	107 500	42 000	39.1	...	...	...	...	...	...
1 VII 1985	110 850	42 684	38.5	...	...	...	...	...	...
AMERICA,SOUTH— AMERIQUE DU SUD									
Bolivia – Bolivie									
3 VI 1992(C)	6 420 792	3 694 846	57.5	3 171 265	1 793 445	56.6	3 249 527	1 901 401	58.5
Brazil – Brésil [3,10]									
1 VII 1984	*129 322 000*	*92 075 000*	*71.2*	...	...	...	...	...	...
1 VII 1985	*131 985 000*	*95 047 000*	*72.0*	...	...	...	...	...	...
1 VII 1986	*134 611 000*	*97 781 000*	*72.6*	...	...	...	...	...	...
1 VII 1987	*137 177 000*	*100 483 000*	*73.3*	...	...	...	...	...	...
1 VII 1988	*139 684 000*	*103 146 000*	*73.8*	...	...	...	...	...	...
1 VII 1989	*142 139 000*	*105 779 000*	*74.4*	...	...	...	...	...	...
1 VII 1990	*144 541 000*	*108 375 000*	*75.0*	...	...	...	...	...	...
1 VII 1991	*146 904 000*	*110 947 000*	*75.5*	...	...	...	...	...	...
1 IX 1991(C)*	146 917 459	110 875 826	75.5	72 536 142	53 802 985	74.2	74 381 317	57 072 841	76.7
1 VII 1992	*149 237 000*	*113 498 000*	*76.1*	*73 779 820*	...	...	*75 457 198*	...	...
1 VII 1993*	*151 534 000*	*116 022 000*	*76.6*	...	...	...	...	...	...
Chile – Chili									
1 VII 1984	11 918 590	9 872 928	82.8	5 882 183	...	...	6 036 409	...	...
1 VII 1985	12 121 677	10 097 133	83.3	5 982 988	4 882 863	81.6	6 138 689	5 214 270	84.9
1 VII 1986	12 327 030	10 302 613	83.6	6 085 008	4 984 901	81.9	6 242 022	5 317 712	85.2
1 VII 1987	12 536 374	10 509 512	83.8	6 189 092	5 087 692	82.2	6 347 282	5 421 820	85.4
1 VII 1988	12 748 207	10 718 888	84.1	6 294 428	5 191 835	82.5	6 453 779	5 527 053	85.6
1 VII 1989	12 961 032	10 931 787	84.3	6 400 207	5 297 921	82.8	6 560 825	5 633 866	85.9
1 VII 1990	13 173 347	11 149 276	84.6	6 505 617	5 406 556	83.1	6 667 730	5 742 720	86.1
1 VII 1991	13 385 817	11 362 880	84.9	6 610 979	5 512 479	83.4	6 774 837	5 850 401	86.4
22 IV 1992(C)	13 348 401	11 140 405	83.5	6 553 254	5 364 760	81.9	6 795 147	5 775 645	85.0
1 VII 1992	13 599 441	11 573 878	85.1	6 716 835	5 697 015	84.8	6 882 606	5 956 863	86.5
1 VII 1993	13 813 224	11 784 274	85.3	...	...	...	...	...	...
Colombia – Colombie									
1 VII 1985	*29 480 996*	*14 642 837*	*49.7*	...	...	...	...	...	...
15 X 1985(C)	27 837 932	18 713 553	67.2	13 777 700	8 927 542	64.8	14 060 232	9 786 011	69.6
1 VII 1986	*30 024 351*	*14 909 916*	*49.7*	...	...	...	...	...	...
1 VII 1987	*30 577 724*	*15 181 871*	*49.7*	...	...	...	...	...	...
1 VII 1988	*31 141 295*	*15 458 783*	*49.6*	...	...	...	...	...	...
1 VII 1989	*31 715 250*	*15 740 747*	*49.6*	...	...	...	...	...	...

6. Urban and total population by sex: 1984 – 1993 (continued)

Population urbaine et population totale selon le sexe: 1984 – 1993 (suite)

(See notes at end of table. – Voir notes à la fin du tableau.)

Continent, country or area and date / Continent, pays ou zone et date	Both sexes – Les deux sexes			Male – Masculin			Female – Féminin		
	Total	Urban – Urbaine		Total	Urban – Urbaine		Total	Urban – Urbaine	
		Number / Nombre	Per cent / P. 100		Number / Nombre	Per cent / P. 100		Number / Nombre	Per cent / P. 100
AMERICA,SOUTH— (Cont.–Suite) AMERIQUE DU SUD									
Ecuador – Equateur [11]									
1 VII 1984	*8 868 249*	*4 480 423*	*50.5*	...	...	...	...	...	...
1 VII 1985	*9 098 852*	*4 671 596*	*51.3*	...	...	...	...	...	...
1 VII 1986	*9 329 636*	*4 866 832*	*52.2*	...	...	...	...	...	...
1 VII 1987	*9 561 489*	*5 065 657*	*53.0*	...	...	...	...	...	...
1 VII 1988	*9 794 477*	*5 268 062*	*53.8*	...	...	...	...	...	...
1 VII 1989	*10 028 670*	*5 474 040*	*54.6*	...	...	...	...	...	...
1 VII 1990	*10 264 137*	*5 683 585*	*55.4*	...	...	...	...	...	...
25 XI 1990(C)	9 648 189	5 345 858	55.4	4 796 412	2 597 107	54.1	4 851 777	2 748 751	56.7
1 VII 1991	*10 501 529*	*5 897 427*	*56.2*	...	...	...	...	...	...
1 VII 1992	*10 740 799*	*6 115 572*	*56.9*	*5 398 462*	*3 007 784*	*55.7*	*5 342 337*	*3 107 789*	*58.2*
1 VII 1993	*10 980 972*	*6 336 923*	*57.7*	...	...	...	...	...	...
Falkland Islands (Malvinas)– Iles Falkland (Malvinas)									
16 XI 1986(C)	1 878	1 231	65.5	994	626	63.0	884	605	68.4
5 III 1991(C)	2 050	1 557	76.0	1 095	814	74.3	955	743	77.8
Paraguay									
26 VIII 1992(C)*	4 123 550	2 084 017	50.5	2 069 673	1 004 203	48.5	2 053 877	1 079 814	52.6
Peru – Pérou [10 12]									
1 VII 1984	*18 992 270*	*12 728 749*	*67.0*	*9 566 066*	*6 371 900*	*66.6*	*9 426 204*	*6 356 849*	*67.4*
1 VII 1985	*19 417 176*	*13 137 804*	*67.7*	*9 779 002*	*6 573 965*	*67.2*	*9 638 174*	*6 563 839*	*68.1*
1 VII 1986	*19 840 357*	*13 538 691*	*68.2*	*9 990 901*	*6 771 882*	*67.8*	*9 849 456*	*6 766 809*	*68.7*
1 VII 1987	*20 261 439*	*13 936 356*	*68.8*	*10 201 555*	*6 968 010*	*68.3*	*10 059 884*	*6 968 346*	*69.3*
1 VII 1988	*20 684 244*	*14 335 022*	*69.3*	*10 413 017*	*7 164 607*	*68.8*	*10 271 227*	*7 170 415*	*69.8*
1 VII 1989	*21 112 598*	*14 738 918*	*69.8*	*10 627 341*	*7 363 932*	*69.3*	*10 485 257*	*7 374 986*	*70.3*
1 VII 1990	*21 550 322*	*15 152 265*	*70.3*	*10 846 578*	*7 568 242*	*69.8*	*10 703 744*	*7 584 023*	*70.9*
1 VII 1991	*21 998 261*	*15 576 912*	*70.8*	*11 071 166*	*7 778 518*	*70.3*	*10 927 095*	*7 798 394*	*71.4*
1 VII 1992	*22 453 867*	*16 010 043*	*71.3*	*11 299 736*	*7 993 254*	*70.7*	*11 154 131*	*8 016 789*	*71.9*
Uruguay [12]									
1 VII 1984	*2 989 097*	*2 597 897*	*86.9*	*1 461 361*	...	...	*1 527 736*	...	...
1 VII 1985	*3 008 269*	*2 626 940*	*87.3*	*1 469 065*	*1 247 711*	*84.9*	*1 539 204*	*1 247 711*	*81.1*
23 X 1985(C)	2 955 241	2 581 087	87.3	1 439 021	1 222 260	84.9	1 516 220	1 358 827	89.6
1 VII 1986	*3 025 264*	*2 651 301*	*87.6*	*1 476 854*	*1 259 551*	*85.3*	*1 548 410*	*1 391 750*	*89.9*
1 VII 1987	*3 042 356*	*2 675 616*	*87.9*	*1 484 685*	*1 271 359*	*85.6*	*1 557 671*	*1 404 257*	*90.2*
1 VII 1988	*3 059 545*	*2 699 888*	*88.2*	*1 492 557*	*1 283 135*	*86.0*	*1 566 988*	*1 416 753*	*90.4*
1 VII 1989	*3 076 830*	*2 724 119*	*88.5*	*1 500 470*	*1 294 880*	*86.3*	*1 576 360*	*1 429 239*	*90.7*
1 VII 1990	*3 094 214*	*2 748 322*	*88.8*	*1 508 426*	*1 306 601*	*86.6*	*1 585 788*	*1 441 721*	*90.9*
1 VII 1991	*3 112 303*	*2 772 808*	*89.1*	*1 517 095*	*1 318 907*	*86.9*	*1 595 208*	*1 453 901*	*91.1*
1 VII 1992	*3 130 500*	*2 797 288*	*89.4*	*1 525 815*	*1 331 200*	*87.2*	*1 604 685*	*1 466 088*	*91.4*
1 VII 1993*	*3 148 803*	*2 821 757*	*89.6*	*1 534 585*	*1 343 478*	*87.5*	*1 614 217*	*1 478 280*	*91.6*
Venezuela [10 12]									
1 VII 1984	*16 851 196*	*13 704 717*	*81.3*	*8 516 231*	*6 837 591*	*80.3*	*8 334 965*	*6 867 126*	*82.4*
1 VII 1985	*17 316 741*	*14 169 309*	*81.8*	*8 748 446*	*7 069 259*	*80.8*	*8 568 335*	*7 100 050*	*82.9*
1 VII 1986	*17 526 214*	*14 424 074*	*82.3*	...	...	...	...	...	...
1 VII 1987	*17 973 699*	*14 873 236*	*82.8*	...	...	...	...	...	...
1 VII 1988	*18 422 090*	*15 325 337*	*83.2*	...	...	...	...	...	...
1 VII 1989	*18 871 904*	*15 776 913*	*83.6*	...	...	...	...	...	...
1 VII 1990	*19 325 222*	*16 231 254*	*84.0*	*9 747 375*	*8 094 783*	*83.0*	*9 577 847*	*8 136 471*	*85.0*
20 X 1990(C)	18 105 265	15 227 740	84.1	9 019 757	...	...	9 085 508	...	...
ASIA—ASIE									
Armenia – Arménie									
1 VII 1984	3 291 800	2 219 800	67.4	...	...	...	...	...	...
1 VII 1985	3 339 100	2 261 400	67.7	...	...	...	...	...	...
1 VII 1986	3 386 800	2 302 600	68.0	...	...	...	...	...	...
1 VII 1987	3 434 500	2 343 500	68.2	1 683 200	1 141 300	67.8	1 751 300	1 202 200	68.6
1 VII 1988	3 452 800	2 365 700	68.5	1 694 200	1 152 500	68.0	1 758 600	1 213 200	69.0
12 I 1989(C) [1]	3 304 776	2 222 241	67.2	1 619 308	1 077 746	66.6	1 685 468	1 144 495	67.9
1 VII 1989	3 481 800	2 398 100	68.9	1 699 100	1 157 200	68.1	1 782 700	1 240 900	69.6
1 VII 1990	3 544 700	2 456 000	69.3	1 719 400	1 173 900	68.3	1 825 300	1 282 100	70.2
1 VII 1991	3 611 700	2 500 100	69.2	1 751 600	1 193 500	68.1	1 860 100	1 306 600	70.2
1 VII 1992	3 685 600	2 525 700	68.5	1 785 809	...	...	1 899 791	...	...

6. Urban and total population by sex: 1984 – 1993 (continued)

Population urbaine et population totale selon le sexe: 1984 – 1993 (suite)

(See notes at end of table. – Voir notes à la fin du tableau.)

Continent, country or area and date — Continent, pays ou zone et date	Both sexes – Les deux sexes			Male – Masculin			Female – Féminin		
	Total	Urban – Urbaine		Total	Urban – Urbaine		Total	Urban – Urbaine	
		Number — Nombre	Per cent — P. 100		Number — Nombre	Per cent — P. 100		Number — Nombre	Per cent — P. 100
ASIA—ASIE (Cont.–Suite)									
Azerbaijan – Azerbaïdjan									
12 I 1989(C) [1]	7 021 178	3 805 885	54.2	3 423 793	1 867 911	54.6	3 597 385	1 937 974	53.9
Bahrain – Bahreïn									
16 XI 1991(C)	508 037	449 336	88.4	294 346	260 555	88.5	213 691	188 781	88.3
Bangladesh [12]									
1 VII 1984	*97 273 206*	*12 642 698*	*13.0*	*50 164 130*	*6 906 341*	*13.8*	*47 109 076*	*5 736 357*	*12.2*
1 VII 1985	*99 434 044*	*13 301 983*	*13.4*	*51 258 485*	*7 229 924*	*14.1*	*48 175 559*	*6 072 059*	*12.6*
1 VII 1986	*101 673 124*	*13 987 902*	*13.8*	*52 396 473*	*7 605 662*	*14.5*	*49 276 651*	*6 382 240*	*13.0*
Brunei Darussalam – Brunéi Darussalam									
7 VIII 1991(C)	260 482	173 411	66.6	137 616	90 607	65.8	122 866	82 804	67.4
Cambodia – Cambodge									
1 VII 1990 [13]	*8 567 582*	*1 081 291*	*12.6*	*3 964 497*	*490 359*	*12.4*	*4 603 085*	*590 932*	*12.8*
China – Chine [14]									
1 VII 1990(C)	1130510638	296 145 180	26.2	581 820 407	154 178 452	26.5	548 690 231	141 966 728	25.9
Georgia – Géorgie									
12 I 1989(C) [1]	5 400 841	2 991 352	55.4	2 562 040	1 401 043	54.7	2 838 801	1 590 309	56.0
Hong Kong – Hong-kong									
11 III 1986(C) [15]	5 395 997	5 024 047	93.1	2 772 464	2 576 497	92.9	2 623 533	2 447 550	93.3
India – Inde [2 16]									
1 VII 1985	*750 859 000*	*187 706 000*	*25.0*	*387 618 400*	...	...	*363 240 600*	...	...
1 VII 1986	*766 135 000*	*194 585 000*	*25.4*	*395 484 000*	*103 016 000*	*26.0*	*370 651 000*	*91 569 000*	*24.7*
1 VII 1987	*781 374 000*	*201 768 000*	*25.8*	*403 168 000*	*106 729 000*	*26.5*	*378 206 000*	*95 039 000*	*25.1*
1 VII 1988	*796 596 000*	*209 174 000*	*26.3*	*410 835 000*	*110 554 000*	*26.9*	*385 761 000*	*98 620 000*	*25.6*
1 VII 1989	*811 817 000*	*216 816 000*	*26.7*	*418 495 000*	*114 496 000*	*27.4*	*393 322 000*	*102 320 000*	*26.0*
1 VII 1990	*827 050 000*	*224 709 000*	*27.2*	*426 153 000*	...	...	*400 897 000*	...	...
1 III 1991(C)	838 583 988	215 771 612	25.7	435 216 358	113 936 953	26.2	403 367 630	101 834 659	25.2
1 VII 1991	*849 638 000*	*218 527 000*	*25.7*	*440 455 000*	...	...	*409 183 000*	...	...
Indonesia – Indonésie									
31 X 1990(C) [17]	179 378 946	55 502 063	30.9	89 463 545	27 733 632	31.0	89 915 401	27 768 431	30.9
Iran (Islamic Republic of – Rép. islamique d')									
1 VII 1984	*45 797 998*	*24 161 090*	*52.8*	...	...	...	...	...	...
1 VII 1986	*49 445 010*	*26 844 561*	*54.3*	...	...	...	...	...	...
22 IX 1986(C)	49 445 010	26 844 561	54.3	25 280 961	13 769 617	54.5	24 164 049	13 074 944	54.1
1 VII 1987	*50 662 037*	*27 776 043*	*54.8*	...	...	...	...	...	...
1 VII 1988	*51 909 019*	*28 739 847*	*55.4*	...	...	...	...	...	...
1 VII 1989	*53 186 694*	*29 737 094*	*55.9*	...	...	...	...	...	...
1 VII 1990	*54 495 817*	*30 768 945*	*56.5*	...	...	...	...	...	...
1 X 1991(C)	55 837 163	31 836 598	57.0	28 768 450	16 435 244	57.1	27 068 713	15 401 354	56.9
Iraq									
17 X 1987(C)	16 335 199	11 468 969	70.2	8 395 889	5 951 403	70.9	7 939 310	5 517 566	69.5
1 VII 1990	*17 373 000*	*12 149 800*	*69.9*	*8 730 000*	*6 111 500*	*70.0*	*8 643 000*	*6 038 300*	*69.9*
Israel – Israël [1 12 18]									
1 VII 1984	4 159 139	3 718 000	89.4	2 075 690	...	...	2 083 449	...	...
1 VII 1985	4 233 000	3 775 500	89.2	2 112 300	...	...	2 120 600	...	...
1 VII 1986	4 298 800	3 827 000	89.0	2 144 600	...	...	2 154 200	...	...
1 VII 1987	4 368 900	3 884 000	88.9	2 179 000	1 929 000	88.5	2 189 900	1 955 000	89.3
1 VII 1988	4 441 700	3 943 700	88.8	2 215 200	...	...	2 226 500	...	...
1 VII 1989	4 518 200	4 060 200	89.9	2 253 200	...	...	2 265 000	...	...
1 VII 1990	4 660 200	4 193 400	90.0	2 321 000	2 080 500	89.6	2 339 100	2 113 800	90.4
1 VII 1991	4 946 300	4 454 800	90.1	2 458 300	...	...	2 487 900	...	...
1 VII 1992	5 123 300	4 604 800	89.9	2 542 900	2 276 300	89.5	2 580 400	2 328 400	90.2
Japan – Japon [19]									
1 X 1985(C)	121 048 923	92 889 236	76.7	59 497 316	45 793 045	77.0	61 551 607	47 096 191	76.5
1 X 1990(C)*	123 611 167	95 643 521	77.4	60 696 724	47 124 420	77.6	62 914 443	48 519 101	77.1

6. Urban and total population by sex: 1984 – 1993 (continued)

Population urbaine et population totale selon le sexe: 1984 – 1993 (suite)

(See notes at end of table. – Voir notes à la fin du tableau.)

Continent, country or area and date / Continent, pays ou zone et date	Both sexes – Les deux sexes			Male – Masculin			Female – Féminin		
	Total	Urban – Urbaine		Total	Urban – Urbaine		Total	Urban – Urbaine	
		Number / Nombre	Per cent / P. 100		Number / Nombre	Per cent / P. 100		Number / Nombre	Per cent / P. 100
ASIA—ASIE (Cont.–Suite)									
Kazakhstan									
1 VII 1984	15 647 000	8 741 600	55.9	...	...	...	...	...	...
1 VII 1985	15 827 200	8 889 900	56.2	...	...	...	...	...	...
1 VII 1986	16 019 200	9 045 500	56.5	...	...	...	...	...	...
1 VII 1987	16 166 597	9 155 437	56.6	7 814 842	4 350 720	55.7	8 351 755	4 804 717	57.5
1 VII 1988	16 361 752	9 318 010	56.9	7 919 170	4 430 406	55.9	8 442 582	4 887 604	57.9
12 I 1989(C) [1]	16 536 511	9 465 351	57.2	8 012 985	4 511 090	56.3	8 523 526	4 954 261	58.1
1 VII 1989	16 536 959	9 458 345	57.2	8 013 521	4 500 507	56.2	8 523 438	4 957 838	58.2
1 VII 1990	16 669 700	9 564 437	57.4	8 086 627	4 555 346	56.3	8 583 073	5 009 091	58.4
1 VII 1991	16 806 400	9 659 500	57.5	8 159 900	4 602 300	56.4	8 646 500	5 057 200	58.5
1 VII 1992	16 902 700	9 684 400	57.3	...	...	...	...	...	...
1 VII 1993*	16 956 000	9 643 000	56.9	...	...	...	...	...	...
Korea, Republic of– Corée, Rép. de [20]									
1 VII 1985	*40 805 744*	*27 380 654*	*67.1*	*20 575 600*	...	...	*20 230 144*	...	...
1 XI 1985(C) [21]	40 448 486	26 442 980	65.4	20 243 765	13 168 116	65.0	20 204 721	13 274 864	65.7
1 VII 1986	*41 184 048*	*28 029 863*	*68.1*	*20 764 224*	...	...	*20 419 824*	...	...
1 VII 1987	*41 574 912*	*28 682 532*	*69.0*	*20 958 864*	...	...	*20 616 048*	...	...
1 VII 1988	*41 974 640*	*29 336 076*	*69.9*	*21 157 744*	...	...	*20 816 896*	...	...
1 VII 1989	*42 380 176*	*29 983 975*	*70.8*	*21 358 960*	...	...	*21 021 216*	...	...
1 XI 1990(C)	43 410 899	32 308 970	74.4	21 782 154	16 199 493	74.4	21 628 745	16 109 477	74.5
Kyrgyzstan – Kirghizistan									
1 VII 1984	3 937 200	1 494 500	38.0	...	...	...	...	...	...
1 VII 1985	4 013 700	1 523 700	38.0	1 952 200	724 600	37.1	2 061 500	799 100	38.8
1 VII 1986	4 092 600	1 552 800	37.9	1 992 100	737 900	37.0	2 100 500	814 900	38.8
1 VII 1987	4 173 300	1 584 800	38.0	2 033 600	752 900	37.0	2 139 700	831 900	38.9
1 VII 1988	4 249 800	1 620 200	38.1	2 073 200	769 400	37.1	2 176 600	850 800	39.1
12 I 1989(C) [1]	4 257 755	1 624 535	38.2	2 077 623	770 066	37.1	2 180 132	854 469	39.2
1 VII 1989	4 326 800	1 651 200	38.2	2 113 400	784 400	37.1	2 213 400	866 800	39.2
1 VII 1990	4 394 700	1 674 000	38.1	2 150 000	796 400	37.0	2 244 700	877 700	39.1
1 VII 1991	4 453 400	1 690 800	38.0	2 182 500	805 500	36.9	2 270 900	885 400	39.0
1 VII 1992	4 493 300	1 688 100	37.6	...	...	...	...	...	...
1 VII 1993*	4 528 000	1 747 500	38.6	...	...	...	...	...	...
Malaysia – Malaisie									
14 VIII 1991(C)*	17 566 982	8 896 225	50.6	8 861 124	4 464 187	50.4	8 705 858	4 432 038	50.9
Sabah									
1 VII 1984	*1 176 940*	*617 981*	*52.5*	*617 981*	...	...	*558 959*	...	...
1 VII 1985	*1 222 718*	*641 233*	*52.4*	*641 233*	...	...	*581 485*	...	...
1 VII 1986	*1 271 595*	*665 829*	*52.4*	*665 829*	...	...	*605 597*	...	...
1 VII 1987	*1 320 223*	*690 496*	*52.3*	*690 496*	...	...	*629 727*	...	...
1 VII 1988	*1 370 189*	*716 021*	*52.3*	*716 021*	...	...	*654 168*	...	...
1 VII 1989	*1 420 492*	*741 461*	*52.2*	*741 461*	...	...	*679 031*	...	...
1 VII 1990	*1 470 400*	*766 700*	*52.1*	*766 900*	...	...	*703 500*	...	...
Sarawak									
1 VII 1984	*1 442 128*	*727 400*	*50.4*	*727 400*	...	...	*714 728*	...	...
1 VII 1985	*1 477 428*	*745 247*	*50.4*	*745 247*	...	...	*732 181*	...	...
1 VII 1986	*1 515 329*	*764 291*	*50.4*	*764 291*	...	...	*750 038*	...	...
1 VII 1987	*1 552 894*	*784 182*	*50.5*	*784 182*	...	...	*768 712*	...	...
1 VII 1988	*1 593 100*	*804 828*	*50.5*	*804 828*	...	...	*788 272*	...	...
1 VII 1989	*1 633 069*	*825 116*	*50.5*	*825 116*	...	...	*807 953*	...	...
1 VII 1990	*1 668 700*	*843 800*	*50.6*	*843 900*	...	...	*824 800*	...	...
Maldives									
25 III 1985(C)	180 088	45 874	25.5	93 482	25 897	27.7	86 606	19 977	23.1
8 III 1990(C)	213 215	55 130	25.9	109 336	30 150	27.6	103 879	24 980	24.0
Mongolia – Mongolie									
5 I 1989(C)	2 043 400	1 165 900	57.1	...	...	...	...	...	...

6. Urban and total population by sex: 1984 – 1993 (continued)

Population urbaine et population totale selon le sexe: 1984 – 1993 (suite)

(See notes at end of table. – Voir notes à la fin du tableau.)

Continent, country or area and date — Continent, pays ou zone et date	Both sexes – Les deux sexes: Total	Both sexes – Urban – Urbaine: Number – Nombre	Both sexes – Urban – Urbaine: Per cent – P. 100	Male – Masculin: Total	Male – Urban – Urbaine: Number – Nombre	Male – Urban – Urbaine: Per cent – P. 100	Female – Féminin: Total	Female – Urban – Urbaine: Number – Nombre	Female – Urban – Urbaine: Per cent – P. 100
ASIA—ASIE (Cont.–Suite)									
Pakistan [22]									
1 VII 1984	*93 286 000*	*26 334 000*	*28.2*	...	...	...	...	...	...
1 VII 1985	*96 180 000*	*27 216 000*	*28.3*	...	...	...	...	...	...
1 VII 1986	*99 163 000*	*28 060 000*	*28.3*	...	...	...	...	...	...
1 VII 1987	*102 238 000*	*28 913 000*	*28.3*	...	...	...	...	...	...
1 VII 1988	*105 409 000*	*29 793 000*	*28.3*	...	...	...	...	...	...
1 VII 1989	*108 678 420*	*30 699 000*	*28.2*	...	...	...	...	...	...
1 VII 1990	*112 049 000*	*31 633 000*	*28.2*	...	...	...	...	...	...
1 VII 1991	*115 524 000*	*32 595 000*	*28.2*	...	...	...	...	...	...
Philippines [1 6]									
1 VII 1984	*53 351 220*	*21 000 880*	*39.4*	*26 771 815*	...	...	*26 579 405*	...	...
1 VII 1985	*54 668 332*	*21 821 760*	*39.9*	*27 437 246*	...	...	*27 231 086*	...	...
1 VII 1986	*56 004 130*	*22 665 184*	*40.5*	*28 112 404*	...	...	*27 891 726*	...	...
1 VII 1987	*57 356 042*	*23 530 304*	*41.0*	*28 795 983*	...	...	*28 560 059*	...	...
1 VII 1988	*58 721 307*	*24 416 144*	*41.6*	*29 486 544*	...	...	*29 234 763*	...	...
1 VII 1989	*60 096 988*	*25 321 600*	*42.1*	*30 182 591*	...	...	*29 914 397*	...	...
1 V 1990(C)	60 559 116	29 440 153	48.6	30 443 187	14 546 463	47.8	30 115 929	14 893 690	49.5
1 VII 1990	*61 480 180*	*26 245 568*	*42.7*	*30 882 646*	...	...	*30 597 534*	...	...
1 VII 1991	*62 868 212*	*27 186 816*	*43.2*	*31 585 390*	...	...	*31 282 822*	...	...
1 VII 1992	*64 258 611*	*28 114 256*	*43.8*	...	...	...	...	...	...
1 VII 1993*	*65 649 273*	*29 116 784*	*44.4*	...	...	...	...	...	...
Syrian Arab Republic – République arabe syrienne [23]									
1 VII 1984	*9 934 000*	*4 783 000*	*48.1*	*5 072 000*	*2 448 000*	*48.3*	*4 862 000*	*2 335 000*	*48.0*
1 VII 1985	*10 267 000*	*4 991 000*	*48.6*	*5 244 000*	*2 580 000*	*49.2*	*5 023 000*	*2 411 000*	*48.0*
1 VII 1986	*10 612 000*	*5 208 000*	*49.1*	*5 420 000*	*2 692 000*	*49.7*	*5 192 000*	*2 516 000*	*48.5*
1 VII 1987	*10 969 000*	*5 428 000*	*49.5*	*5 603 000*	*2 805 000*	*50.1*	*5 366 000*	*2 623 000*	*48.9*
1 VII 1988	*11 338 000*	*5 672 000*	*50.0*	*5 793 000*	*2 932 000*	*50.6*	*5 545 000*	*2 740 000*	*49.4*
1 VII 1989	*11 719 000*	*5 855 000*	*50.0*	*5 986 000*	*3 025 000*	*50.5*	*5 733 000*	*2 830 000*	*49.4*
1 VII 1990	*12 116 000*	*6 087 000*	*50.2*	*6 189 000*	*3 146 000*	*50.8*	*5 927 000*	*2 941 000*	*49.6*
1 VII 1991	*12 529 000*	*6 301 000*	*50.3*	...	...	...	...	...	...
1 VII 1992	*12 958 000*	*6 594 000*	*50.9*	*6 620 000*	*3 408 000*	*51.5*	*6 338 000*	*3 186 000*	*50.3*
1 VII 1993*	*13 393 000*	*6 815 000*	*50.9*	*6 842 000*	*3 547 000*	*51.8*	*6 551 000*	*3 268 000*	*49.9*
Tajikistan – Tadjikistan									
1 VII 1984	4 427 500	1 472 700	33.3	...	...	...	...	...	...
1 VII 1985	4 566 800	1 512 000	33.1	...	...	...	...	...	...
1 VII 1986	4 718 600	1 555 100	33.0	...	...	...	...	...	...
1 VII 1987	4 874 400	1 600 300	32.8	...	...	...	...	...	...
1 VII 1988	5 027 000	1 643 600	32.7	...	...	...	...	...	...
12 I 1989(C) [1]	5 092 603	1 655 105	32.5	2 530 245	812 986	32.1	2 562 358	842 119	32.9
1 VII 1989	5 175 000	1 677 600	32.4	...	...	...	...	...	...
1 VII 1990	5 303 200	1 685 200	31.8	...	...	...	...	...	...
1 VII 1991	5 464 500	1 691 600	31.0	...	...	...	...	...	...
Thailand – Thaïlande									
1 IV 1990(C)* [1]	54 532 300	10 206 900	18.7	27 031 200	4 941 000	18.3	27 501 100	5 265 900	19.1
Turkey – Turquie									
1 VII 1984	*48 978 233*	*25 017 241*	*51.1*	...	...	...	...	...	...
1 VII 1985	*50 230 688*	*26 354 576*	*52.5*	...	...	...	...	...	...
20 X 1985(C)	50 664 458	26 865 757	53.0	25 671 975	14 010 662	54.6	24 992 483	12 855 095	51.4
1 VII 1986	*51 259 096*	*27 515 269*	*53.7*	...	...	...	...	...	...
1 VII 1987	*52 339 355*	*28 727 081*	*54.9*	...	...	...	...	...	...
1 VII 1988	*53 714 700*	*30 843 400*	*57.4*	*27 243 400*	*16 019 100*	*58.8*	*26 471 300*	*14 824 300*	*56.0*
1 VII 1989	*54 893 500*	*31 900 300*	*58.1*	*27 826 800*	*16 542 600*	*59.4*	*27 066 700*	*15 357 700*	*56.7*
1 VII 1990	*56 098 100*	*32 996 900*	*58.8*	*28 422 000*	*17 079 900*	*60.1*	*27 676 100*	*15 907 000*	*57.5*
21 X 1990(C)*	56 473 035	33 326 351	59.0	28 607 047	17 247 553	60.3	27 865 988	16 078 798	57.7
1 VII 1991	*57 325 800*	*34 100 700*	*59.5*	*29 027 600*	*17 629 600*	*60.7*	*28 298 200*	*16 471 100*	*58.2*
1 VII 1992	*58 583 800*	*35 248 600*	*60.2*	*29 647 000*	*18 195 000*	*61.4*	*28 936 800*	*17 053 600*	*58.9*
1 VII 1993*	*60 226 921*	*37 423 652*	*62.1*	...	...	...	...	...	...
Turkmenistan – Turkménistan									
12 I 1989(C) [1]	3 522 717	1 591 148	45.2	1 735 179	783 245	45.1	1 787 538	807 903	45.2
Uzbekistan – Ouzbékistan									
12 I 1989(C) [1]	19 810 077	8 040 963	40.6	9 784 156	3 937 149	40.2	10 025 921	4 103 814	40.9

6. Urban and total population by sex: 1984 – 1993 (continued)

Population urbaine et population totale selon le sexe: 1984 – 1993 (suite)

(See notes at end of table. – Voir notes à la fin du tableau.)

Continent, country or area and date / Continent, pays ou zone et date	Both sexes – Les deux sexes			Male – Masculin			Female – Féminin		
	Total	Urban – Urbaine		Total	Urban – Urbaine		Total	Urban – Urbaine	
		Number / Nombre	Per cent / P. 100		Number / Nombre	Per cent / P. 100		Number / Nombre	Per cent / P. 100
ASIA—ASIE (Cont.-Suite)									
Viet Nam									
1 VII 1984	*58 653 000*	*11 102 000*	*18.9*	...	...	...	...	...	...
1 VII 1985	*59 872 000*	*11 360 000*	*19.0*	...	...	...	...	...	...
1 VII 1986	*61 109 333*	*11 817 000*	*19.3*	*29 912 001*	...	...	*31 197 332*	...	...
1 VII 1987	*62 452 446*	*12 271 000*	*19.6*	*30 611 596*	...	...	*31 840 850*	...	...
1 VII 1988	*63 727 350*	*12 662 000*	*19.9*	*31 450 047*	...	...	*32 277 303*	...	...
1 VII 1991	*67 774 000*	*13 831 000*	*20.4*	...	...	...	...	...	...
Yemen – Yémen									
1 VII 1988	*10 608 020*	*2 002 570*	*18.9*	...	...	...	...	...	...
1 VII 1989	*10 947 350*	*2 205 470*	*20.1*	...	...	...	...	...	...
1 VII 1990	*11 279 450*	*2 415 310*	*21.4*	...	...	...	...	...	...
1 VII 1991	*11 612 520*	*2 632 770*	*22.7*	...	...	...	...	...	...
1 VII 1992	*11 952 010*	*2 858 200*	*23.9*	...	...	...	...	...	...
1 VII 1993*	*12 301 970*	*3 091 990*	*25.1*	...	...	...	...	...	...
EUROPE									
Albania – Albanie									
1 VII 1984	2 896 700	999 400	34.5	1 494 700	508 700	34.0	1 402 000	490 700	35.0
1 VII 1985	2 957 400	1 029 200	34.8	1 526 000	523 300	34.3	1 431 400	505 900	35.3
1 VII 1986	3 016 200	1 055 700	35.0	1 553 300	536 300	34.5	1 462 900	519 400	35.5
1 VII 1987	3 076 100	1 082 800	35.2	1 584 200	549 500	34.7	1 491 900	533 300	35.7
1 VII 1988	3 138 100	1 111 400	35.4	1 616 100	563 500	34.9	1 522 000	547 900	36.0
12 IV 1989(C)*	3 182 400	1 129 800	35.5	1 638 900	...	...	1 543 500	...	...
1 VII 1989	3 199 233	1 146 506	35.8	1 646 300	581 544	35.3	1 552 900	564 962	36.4
1 VII 1990	3 255 891	1 176 002	36.1	1 674 321	596 112	35.6	1 581 570	579 890	36.7
1 VII 1991	3 254 995	1 195 226	36.7	1 651 254	...	...	1 603 741	...	...
Andorra – Andorre									
1 VII 1984	42 712	40 832	95.6	22 890	...	...	19 822	...	...
1 VII 1985	44 596	42 543	95.4	23 695	...	...	20 901	...	...
1 VII 1986	46 976	44 727	95.2	24 828	...	...	22 148	...	...
1 VII 1987	47 955	45 389	94.6	25 202	23 937	95.0	22 469	21 452	95.5
1 VII 1988	49 731	47 187	94.9	26 233	24 884	94.9	23 407	22 303	95.3
1 VII 1989	50 677	47 790	94.3	27 412	26 056	95.1	22 864	21 734	95.1
1 VII 1990	52 667	48 939	92.9	27 092	25 614	94.5	24 550	23 325	95.0
1 VII 1991	56 778	54 285	95.6	30 707	28 866	94.0	26 851	25 419	94.7
Belarus – Bélarus									
1 VII 1984	9 938 100	6 042 000	60.8	...	...	...	...	...	...
1 VII 1985	9 998 700	6 180 700	61.8	...	...	...	...	...	...
1 VII 1986	10 057 500	6 316 000	62.8	...	...	...	...	...	...
1 VII 1987	10 111 200	6 453 500	63.8	...	...	...	...	...	...
1 VII 1988	10 167 000	6 598 600	64.9	...	...	...	...	...	...
12 I 1989(C) [1]	10 151 806	6 641 377	65.4	4 749 324	3 137 071	66.1	5 402 482	3 504 306	64.9
1 VII 1989	10 228 800	6 736 000	65.9	...	...	...	...	...	...
1 VII 1990	10 259 900	6 840 300	66.7	...	...	...	...	...	...
1 VII 1991	10 270 600	6 916 600	67.3	...	...	...	...	...	...
1 VII 1992	10 313 300	6 988 900	67.8	...	...	...	...	...	...
Bulgaria – Bulgarie									
1 VII 1984	8 960 679	5 879 134	65.6	4 452 958	2 930 737	65.8	4 507 721	2 948 397	65.4
1 VII 1985	8 960 416	5 869 832	65.5	4 452 181	2 924 721	65.7	4 508 235	2 945 111	65.3
4 XII 1985(C)	8 948 388	5 796 330	64.8	4 430 061	2 862 394	64.6	4 518 327	2 933 936	64.9
1 VII 1986	8 957 638	5 839 302	65.2	4 451 946	2 907 972	65.3	4 505 692	2 931 330	65.1
1 VII 1987	8 971 358	5 921 244	66.0	4 437 666	2 923 029	65.9	4 533 692	2 998 215	66.1
1 VII 1988	8 981 446	5 990 895	66.7	4 438 638	2 956 276	66.6	4 542 808	3 034 619	66.8
1 VII 1989	8 989 476	6 051 093	67.3	4 438 707	2 984 449	67.2	4 550 769	3 066 644	67.4
1 VII 1990	8 990 741	6 097 047	67.8	4 435 274	3 004 845	67.7	4 555 467	3 092 202	67.9
1 VII 1991	8 982 013	6 119 450	68.1	4 427 289	3 012 981	68.1	4 554 724	3 106 469	68.2
Croatia – Croatie									
1 VII 1989	4 766 857	2 587 755	54.3	2 309 670	1 239 661	53.7	2 457 187	1 348 094	54.9
1 VII 1990	4 777 823	2 593 708	54.3	2 315 308	1 242 687	53.7	2 462 515	1 351 021	54.9
1 VII 1991	4 785 089	2 597 652	54.3	2 319 139	1 244 743	53.7	2 465 950	1 352 909	54.9

6. Urban and total population by sex: 1984 – 1993 (continued)

Population urbaine et population totale selon le sexe: 1984 – 1993 (suite)

(See notes at end of table. – Voir notes à la fin du tableau.)

Continent, country or area and date Continent, pays ou zone et date	Both sexes – Les deux sexes			Male – Masculin			Female – Féminin		
	Total	Urban – Urbaine		Total	Urban – Urbaine		Total	Urban – Urbaine	
		Number Nombre	Per cent P. 100		Number Nombre	Per cent P. 100		Number Nombre	Per cent P. 100
EUROPE (Cont.–Suite)									
Former Czechoslovakia – Ancienne Tchécoslovaquie									
1 VII 1984	15 458 200	11 488 069	74.3	7 527 815	...	...	7 930 385	...	...
1 VII 1985	15 498 531	11 571 716	74.7	7 547 807	...	...	7 950 724	...	...
1 VII 1986	15 533 526	10 039 421	64.6	7 565 961	...	...	7 967 565	...	...
1 VII 1987	15 572 443	10 118 765	65.0	7 585 364	...	...	7 987 079	...	...
1 VII 1988	15 607 479	10 196 601	65.3	7 602 120	...	...	8 005 359	...	...
1 VII 1989	15 638 443	10 278 408	65.7	7 617 276	...	...	8 021 167	...	...
1 VII 1990	15 660 514	10 321 985	65.9	7 627 057	...	...	8 033 457	...	...
Czech Republic – Rép. tchèque									
1 VII 1985	10 336 742	7 991 352	77.3	...	...	...	...	...	...
1 VII 1986	10 340 737	8 097 747	78.3	...	...	...	...	...	...
1 VII 1987	10 348 834	8 120 881	78.5	...	...	...	...	...	...
1 VII 1988	10 356 359	8 148 865	78.7	...	...	...	...	...	...
1 VII 1989	10 362 257	8 185 883	79.0	...	...	...	...	...	...
1 VII 1990	10 362 740	8 173 907	78.9	...	...	...	...	...	...
1 VII 1991	10 308 682	7 757 427	75.3	5 003 602	...	...	5 305 080	...	...
Estonia – Estonie									
1 VII 1984	1 507 934	1 073 796	71.2	...	...	...	...	...	...
1 VII 1985	1 519 012	1 083 764	71.3	...	...	...	...	...	...
1 VII 1986	1 531 971	1 094 816	71.5	712 670	504 726	70.8	819 301	590 090	72.0
1 VII 1987	1 546 489	1 105 693	71.5	720 562	510 378	70.8	825 927	595 315	72.1
1 VII 1988	1 559 587	1 114 649	71.5	727 911	515 170	70.8	831 676	599 479	72.1
12 I 1989(C) [1]	1 565 662	1 118 829	71.5	731 392	517 400	70.7	834 270	601 429	72.1
1 VII 1989	1 568 692	1 121 198	71.5	733 203	518 698	70.7	835 489	602 500	72.1
1 VII 1990	1 571 056	1 122 365	71.4	734 881	519 403	70.7	836 175	602 962	72.1
Finland – Finlande [1]									
1 VII 1984	4 881 803	2 917 135	59.8	2 363 200	1 380 542	58.4	2 518 603	1 536 593	61.0
1 VII 1985	4 902 206	2 930 865	59.8	2 373 504	1 387 395	58.5	2 528 702	1 543 470	61.0
17 XI 1985(C)	4 910 619	2 938 341	59.8	2 377 978	1 391 315	58.5	2 532 641	1 547 026	61.1
1 VII 1986	4 918 154	3 037 980	61.8	2 381 823	1 440 455	60.5	2 536 331	1 597 526	63.0
1 VII 1987	4 932 123	3 047 658	61.8	2 389 367	1 445 432	60.5	2 542 756	1 602 226	63.0
1 VII 1988	4 946 481	3 055 944	61.8	2 397 118	1 449 928	60.5	2 549 363	1 606 016	63.0
1 VII 1989	4 964 371	3 063 263	61.7	2 407 064	1 454 418	60.4	2 557 307	1 608 845	62.9
1 VII 1990(C)	4 986 431	3 073 388	61.6	2 419 482	...	...	2 566 949	...	...
31 XII 1990	4 998 478	3 079 763	61.6	2 426 204	1 464 406	60.4	2 572 274	1 615 357	62.8
1 VII 1991	5 013 740	3 089 746	61.6	...	...	...	...	...	...
France									
5 III 1990(C) [24]	56 634 299	41 923 233	74.0	27 553 788	20 194 431	73.3	29 080 511	21 728 802	74.7
Germany – Allemagne [25]	...	...		...	...		...	...	...
Former German Democratic Republic – Ancienne République démocratique allemande [1]									
1 VII 1984	16 670 767	12 761 507	76.6	7 867 433	5 989 386	76.1	8 803 334	6 772 121	76.9
1 VII 1985	16 644 308	12 748 928	76.6	7 870 139	5 994 479	76.2	8 774 169	6 754 449	77.0
1 VII 1986	16 624 375	12 739 918	76.6	7 880 864	6 006 828	76.2	8 743 511	6 733 090	77.0
1 VII 1987	16 641 298	12 778 830	76.8	...	...	...	...	...	...
1 VII 1988	16 666 340	12 797 833	76.8	7 951 914	6 076 263	76.4	8 714 426	6 721 570	77.1
1 VII 1989	16 629 750	12 766 153	76.8	7 960 345	6 081 600	76.4	8 669 405	6 684 553	77.1
1 VII 1990	16 247 284	12 401 458	76.3	7 776 885	5 906 444	75.9	8 470 399	6 495 014	76.7
Hungary – Hongrie									
1 VII 1984	10 619 374	6 461 531	60.8	...	...	...	...	...	...
1 VII 1985	10 579 086	6 457 423	61.0	...	...	...	...	...	...
1 VII 1986	10 534 296	6 453 254	61.3	...	...	...	...	...	...
1 VII 1987	10 486 429	6 446 144	61.5	...	...	...	...	...	...
1 VII 1988	10 442 541	6 435 275	61.6	...	...	...	...	...	...
1 VII 1989	10 398 261	6 423 099	61.8	...	...	...	...	...	...
1 I 1990(C)	10 374 823	6 417 273	61.9	4 984 904	3 052 894	61.2	5 389 919	3 364 379	62.4
1 VII 1990	10 364 833	6 519 307	62.9	4 978 544	3 079 943	61.9	5 386 289	3 376 002	62.7
1 VII 1991	10 346 039	6 518 701	63.0	4 966 357	3 097 675	62.4	5 379 682	3 421 026	63.6
1 VII 1992	10 323 708	6 515 771	63.1	4 951 970	3 093 531	62.5	5 371 738	3 422 240	63.7

6. Urban and total population by sex: 1984 – 1993 (continued)

Population urbaine et population totale selon le sexe: 1984 – 1993 (suite)

(See notes at end of table. – Voir notes à la fin du tableau.)

Continent, country or area and date — Continent, pays ou zone et date	Both sexes – Les deux sexes			Male – Masculin			Female – Féminin		
	Total	Urban – Urbaine		Total	Urban – Urbaine		Total	Urban – Urbaine	
		Number — Nombre	Per cent — P. 100		Number — Nombre	Per cent — P. 100		Number — Nombre	Per cent — P. 100
EUROPE (Cont.–Suite)									
Iceland – Islande [1]									
1 VII 1984	239 498	213 559	89.2	120 487	106 548	88.4	119 011	107 011	89.9
1 VII 1985	241 403	215 761	89.4	121 365	107 602	88.7	120 038	108 159	90.1
1 VII 1986	243 209	217 912	89.6	122 200	108 595	88.9	121 009	109 317	90.3
1 VII 1987	245 962	221 033	89.9	123 543	110 127	89.1	122 419	110 906	90.6
1 VII 1988	249 885	225 305	90.2	125 523	112 293	89.5	124 362	113 012	90.9
1 VII 1989	252 746	228 494	90.4	126 946	113 859	89.7	125 800	114 635	91.1
1 VII 1990	254 788	230 942	90.6	127 895	115 022	89.9	126 893	115 920	91.4
1 VII 1991	257 965	234 453	90.9	129 394	...	...	128 571	...	...
1 VII 1992	261 103	237 984	91.1	130 945	...	...	130 158	...	...
Ireland – Irlande									
13 IV 1986(C)	3 540 643	1 996 778	56.4	1 769 690	969 003	54.8	1 770 953	1 027 775	58.0
21 IV 1991(C)	3 525 719	2 010 700	57.0	1 753 418	972 111	55.4	1 772 301	1 038 589	58.6
Isle of Man – Ile de Man									
6 IV 1986(C)	64 282	46 764	72.7	30 782	22 255	72.3	33 500	24 509	73.2
Italy – Italie									
20 X 1991(C)	59 103 833	57 103 833	96.6	27 404 812	...	...	29 006 479	...	...
Latvia – Lettonie									
1 VII 1984	2 562 047	1 752 194	68.4	...	...	...	...	...	...
1 VII 1985	2 578 873	1 769 051	68.6	...	...	...	...	...	...
1 VII 1986	2 599 892	1 788 864	68.8	1 202 899	...	...	1 396 995	...	...
1 VII 1987	2 626 583	1 812 595	69.0	1 217 132	...	...	1 409 452	...	...
1 VII 1988	2 653 434	1 835 289	69.2	1 231 565	843 644	68.5	1 421 869	991 645	69.7
12 I 1989(C) [1]	2 666 567	1 888 526	70.8	1 238 806	869 572	70.2	1 427 761	1 018 954	71.4
1 VII 1989	2 669 620	1 849 072	69.3	1 241 074	851 838	68.6	1 428 546	997 234	69.8
1 VII 1990	2 670 670	1 850 115	69.3	1 243 090	853 177	68.6	1 427 580	996 938	69.8
1 VII 1991	2 662 414	1 841 859	69.2	1 239 770	849 449	68.5	1 422 644	992 410	69.8
1 VII 1992	2 631 567	1 813 908	68.9	1 224 216	835 502	68.2	1 407 351	978 406	69.5
Lithuania – Lituanie									
1 VII 1984	3 514 200	2 277 257	64.8	...	...	...	...	...	...
1 VII 1985	3 544 548	2 319 994	65.5	...	...	...	...	...	...
1 VII 1986	3 578 908	2 366 000	66.1	...	...	...	...	...	...
1 VII 1987	3 616 374	2 415 296	66.8	1 707 440	1 135 855	66.5	1 908 934	1 279 441	67.0
1 VII 1988	3 654 674	2 463 115	67.4	1 728 219	1 159 869	67.1	1 926 455	1 303 246	67.6
12 I 1989(C) [1]	3 674 802	2 486 832	67.7	1 738 953	1 171 621	67.4	1 935 849	1 315 211	67.9
1 VII 1989	3 691 153	2 506 485	67.9	1 747 134	1 181 301	67.6	1 944 019	1 325 184	68.2
1 VII 1990	3 722 377	2 542 207	68.3	1 762 611	1 198 948	68.0	1 959 760	1 343 259	68.5
1 VII 1991	3 741 751	2 562 889	68.5	1 771 984	1 209 090	68.2	1 969 767	1 353 799	68.7
1 VII 1992	3 741 671	2 558 169	68.4	1 771 413	1 206 613	68.1	1 970 258	1 351 556	68.6
1 VII 1993	3 730 230	2 541 184	68.1	...	...	...	...	...	...
Netherlands – Pays-Bas [1 26]									
1 VII 1984	14 420 334	12 763 348	88.5	7 136 886	6 292 829	88.2	7 287 325	6 470 519	88.6
1 VII 1985	14 483 985	12 818 010	88.5	7 167 083	6 317 104	88.1	7 324 566	6 500 906	88.8
1 VII 1986	14 563 763	12 886 569	88.4	7 204 429	6 348 862	88.1	7 367 837	6 537 707	88.7
1 VII 1987	14 665 040	12 970 107	88.5	7 248 978	6 388 979	88.1	7 416 062	6 581 128	88.7
1 VII 1988	14 758 362	13 055 945	88.5	7 294 013	6 430 555	88.2	7 464 556	6 625 390	88.8
1 VII 1989	14 848 768	13 154 499	88.6	7 337 405	6 478 137	88.3	7 511 363	6 676 362	88.9
1 VII 1990	14 951 524	13 265 149	88.7	7 389 006	6 534 277	88.4	7 562 518	6 730 872	89.0
1 VII 1991	15 069 591	13 411 247	89.0	7 449 839	6 609 652	88.7	7 619 752	6 801 595	89.3
1 VII 1992	15 184 138	13 512 348	89.0	7 507 827	6 660 446	88.7	7 676 311	6 851 902	89.3
Norway – Norvège									
3 XI 1990(C) [1]	4 247 546	3 056 194	72.0	2 099 881	1 488 678	70.9	2 147 665	1 567 516	73.0
Poland – Pologne [27]									
1 VII 1984	36 913 515	22 095 529	59.9	17 999 505	10 601 683	58.9	18 914 010	11 493 846	60.8
1 VII 1985	37 202 981	22 374 954	60.1	18 143 812	10 741 900	59.2	19 059 169	11 633 054	61.0
1 VII 1986	37 455 681	22 608 829	60.4	18 268 160	10 852 682	59.4	19 187 521	11 756 147	61.3
1 VII 1987	37 663 756	22 879 384	60.7	18 369 716	10 985 709	59.8	19 294 040	11 893 675	61.6
1 VII 1988	37 862 063	23 176 011	61.2	18 466 797	11 131 537	60.3	19 395 266	12 044 474	62.1
6 XII 1988(C)	37 878 641	23 174 726	61.2	18 464 373	11 120 389	60.2	19 414 268	12 054 337	62.1
1 VII 1989	37 962 808	23 319 069	61.4	18 504 503	11 190 871	60.5	19 458 305	12 128 198	62.3
1 VII 1990	38 118 805	23 535 363	61.7	18 577 970	11 297 775	60.8	19 540 835	12 237 588	62.6
1 VII 1991	38 244 503	23 674 710	61.9	18 633 531	11 365 405	61.0	19 610 972	12 309 305	62.8
1 VII 1992	38 364 720	23 817 297	62.1	...	...	...	...	...	...

6. Urban and total population by sex: 1984 – 1993 (continued)

Population urbaine et population totale selon le sexe: 1984 – 1993 (suite)

(See notes at end of table. – Voir notes à la fin du tableau.)

Continent, country or area and date Continent, pays ou zone et date	Both sexes – Les deux sexes			Male – Masculin			Female – Féminin		
	Total	Urban – Urbaine		Total	Urban – Urbaine		Total	Urban – Urbaine	
		Number Nombre	Per cent P. 100		Number Nombre	Per cent P. 100		Number Nombre	Per cent P. 100
EUROPE (Cont.–Suite)									
Portugal									
15 IV 1991(C)* [1]	9 853 896	3 341 189	33.9	4 769 097	1 587 713	33.3	5 114 206	1 753 476	34.3
Republic of Moldova – République de Moldova									
1 VII 1984	4 175 100	1 785 200	42.8	...	...	...	...	...	...
1 VII 1985	4 214 900	1 834 100	43.5	...	...	...	...	...	...
1 VII 1986	4 255 100	1 884 300	44.3	...	...	...	...	...	...
1 VII 1987	4 290 000	1 943 600	45.3	2 039 600	925 100	45.4	2 250 400	1 018 500	45.3
1 VII 1988	4 320 500	2 006 200	46.4	2 054 500	957 300	46.6	2 266 000	1 048 900	46.3
12 I 1989(C) [1]	4 335 360	2 036 407	47.0	2 058 160	2 058 160	100.0	2 279 432	2 279 432	100.0
1 VII 1989	4 348 700	2 051 700	47.2	2 070 600	984 100	47.5	2 278 100	1 067 500	46.9
1 VII 1990	4 364 000	2 071 500	47.5	2 079 900	994 400	47.8	2 284 100	1 077 100	47.2
1 VII 1991	4 362 700	2 062 900	47.3	2 081 100	991 100	47.6	2 281 600	1 071 800	47.0
1 VII 1992	4 347 800	2 039 200	46.9	...	...	...	...	...	...
Romania – Roumanie									
1 VII 1984	22 624 505	11 141 775	49.2	11 165 086	...	...	11 459 419	...	...
1 VII 1985	22 724 836	11 370 092	50.0	11 214 313	...	...	11 510 523	...	...
1 VII 1986	22 823 479	11 540 494	50.6	11 261 467	5 683 325	50.5	11 562 012	5 857 169	50.7
1 VII 1987	22 940 430	11 770 927	51.3	11 319 082	5 796 977	51.2	11 621 348	5 973 950	51.4
1 VII 1988	23 053 552	11 961 847	51.9	11 374 681	5 885 696	51.7	11 678 871	6 076 151	52.0
1 VII 1989	23 151 564	12 311 803	53.2	11 422 472	6 047 000	52.9	11 729 092	6 264 803	53.4
1 VII 1990	23 206 720	12 608 844	54.3	11 449 147	6 184 787	54.0	11 757 573	6 424 057	54.6
1 VII 1991	23 185 084	12 552 407	54.1	11 435 286	6 146 306	53.7	11 749 798	6 406 101	54.5
7 I 1992(C)	22 810 035	12 391 819	54.3	11 213 763	6 047 785	53.9	11 596 272	6 344 034	54.7
1 VII 1992	22 788 969	12 367 358	54.3	11 200 695	6 018 859	53.7	11 588 274	6 348 499	54.8
Russian Federation – Fédération Russe									
1 VII 1984	142 060 800	101 769 400	71.6	...	...	...	...	...	...
1 VII 1985	143 033 400	103 029 600	72.0	...	...	...	...	...	...
1 VII 1986	144 155 800	104 464 100	72.5	...	...	...	...	...	...
1 VII 1987	145 386 000	105 950 500	72.9	...	...	...	...	...	...
1 VII 1988	146 493 700	107 282 000	73.2	...	...	...	...	...	...
12 I 1989(C)	147 021 869	107 959 002	73.4	68 713 869	50 332 668	73.2	78 308 000	57 626 334	73.6
1 VII 1989	147 330 500	108 336 600	73.5	...	...	...	...	...	...
1 VII 1990	147 913 000	109 052 000	73.7	...	...	...	...	...	...
1 VII 1991	148 244 800	109 270 600	73.7	...	...	...	...	...	...
1 VII 1992	148 688 900	109 296 400	73.5	69 562 474	50 910 821	73.2	78 747 700	57 922 589	73.6
San Marino – Saint–Marin									
1 VII 1987	22 686	20 517	90.4	11 231	10 144	90.3	11 455	10 373	90.6
1 VII 1988	22 634	20 470	90.4	11 143	10 064	90.3	11 491	10 406	90.6
1 VII 1989	22 829	20 647	90.4	11 225	10 138	90.3	11 604	10 509	90.6
1 VII 1992	23 837	21 558	90.4	11 876	...	...	11 961	10 832	90.6
Slovakia – Slovaquie									
1 VII 1984	5 127 719	2 719 087	53.0	...	...	...	...	...	...
1 VII 1985	5 161 789	2 792 657	54.1	...	...	...	...	...	...
1 VII 1986	5 192 789	2 928 208	56.4	...	...	...	...	...	...
1 VII 1987	5 223 589	2 978 522	57.0	...	...	...	...	...	...
1 VII 1988	5 251 120	3 026 953	57.6	2 571 170	...	...	2 679 950	...	...
1 VII 1989	5 276 186	3 072 101	58.2	2 582 014	...	...	2 694 172	...	...
1 VII 1990	5 297 774	3 110 161	58.7	2 590 571	...	...	2 707 203	...	...
1 VII 1991	5 283 404	3 040 831	57.6	2 577 971	...	...	2 705 433	...	...
1 VII 1992	5 300 020	3 028 500	57.1	...	...	...	...	...	...
Slovenia – Slovénie									
31 III 1991(C)	1 965 986	993 049	50.5	952 611	473 672	49.7	1 013 375	519 377	51.3
1 VII 1993*	1 990 623	1 002 422	50.4	965 175	...	...	1 025 448	...	...
Spain – Espagne									
1 III 1991(C)	39 433 942	25 270 359	64.1	19 338 083	12 239 540	63.3	20 095 859	13 030 819	64.8
Sweden – Suède									
1 IX 1990(C) [1]	8 587 353	7 164 769	83.4	4 242 351	3 494 512	82.4	4 345 002	3 670 257	84.5

6. Urban and total population by sex: 1984 – 1993 (continued)

Population urbaine et population totale selon le sexe: 1984 – 1993 (suite)

(See notes at end of table. – Voir notes à la fin du tableau.)

Continent, country or area and date Continent, pays ou zone et date	Both sexes – Les deux sexes			Male – Masculin			Female – Féminin		
	Total	Urban – Urbaine		Total	Urban – Urbaine		Total	Urban – Urbaine	
		Number Nombre	Per cent P. 100		Number Nombre	Per cent P. 100		Number Nombre	Per cent P. 100
EUROPE (Cont.–Suite)									
Switzerland – Suisse [1]									
1 VII 1984	6 441 865	4 484 862	69.6	3 137 809	1 881 374	60.0	3 304 056	2 050 488	62.1
1 VII 1985	6 470 366	4 499 148	69.5	3 152 820	1 885 685	59.8	3 317 546	2 052 872	61.9
1 VII 1986	6 504 125	4 516 532	69.4	3 170 147	1 890 928	59.6	3 333 978	2 056 366	61.7
1 VII 1987	6 545 107	4 538 353	69.3	3 190 883	1 897 757	59.5	3 354 224	2 062 075	61.5
1 VII 1988	6 593 387	4 564 408	69.2	3 215 388	1 906 472	59.3	3 377 999	2 069 917	61.3
1 VII 1989	6 646 912	4 592 017	69.1	3 243 229	1 915 779	59.1	3 403 683	2 077 758	61.0
1 VII 1990	6 712 273	4 626 223	68.9	3 277 925	1 928 644	58.8	3 434 348	2 087 622	60.8
4 XII 1990(C)	6 873 687	4 113 687	59.8	3 390 446	1 997 913	58.9	3 483 241	2 115 774	60.7
1 VII 1991	6 799 979	4 649 245	68.4	3 319 314	2 243 759	67.6	3 480 665	2 405 486	69.1
1 VII 1992	6 875 364	4 688 090	68.2	3 357 791	2 264 080	67.4	3 517 573	2 424 010	68.9
The former Yugoslav Rep. of Macedonia – L'ex Rép. yougoslavie de Macédonie									
31 III 1991(C) [1]	2 033 964	1 181 894	58.1	1 027 352	...	...	1 006 612	...	...
Ukraine									
1 VII 1984	50 678 600	32 492 700	64.1	...	...	...	...	...	...
1 VII 1985	50 857 500	32 921 300	64.7	...	...	...	...	...	...
1 VII 1986	51 025 200	33 311 900	65.3	...	...	...	...	...	...
1 VII 1987	51 260 900	33 731 300	65.8	...	...	...	...	...	...
1 VII 1988	51 484 200	34 163 700	66.4	...	...	...	...	...	...
12 I 1989(C) [1]	51 452 034	34 297 231	66.7	23 745 108	15 981 442	67.3	27 745 000	18 315 789	66.0
1 VII 1989	51 706 700	34 587 600	66.9	23 955 650	16 212 532	67.7	27 706 926	18 504 348	66.8
1 VII 1990	51 838 500	34 869 200	67.3	...	...	...	...	...	...
1 VII 1991	52 000 500	35 191 100	67.7	24 126 500	16 471 300	68.3	27 874 000	18 719 800	67.2
1 VII 1992	52 056 600	35 296 900	67.8	...	...	...	...	...	...
1 VII 1993*	52 179 400	35 471 000	68.0	...	...	...	...	...	...
OCEANIA—OCEANIE									
Australia – Australie									
30 VI 1986(C) [5]	15 602 156	13 316 945	85.4	7 768 313	6 567 861	84.5	7 833 843	6 749 084	86.2
Fiji – Fidji									
1 VII 1986	*713 968*	*276 356*	*38.7*	...	...	...	...	...	...
31 VIII 1986(C)	715 375	277 025	38.7	362 568	138 277	38.1	352 807	138 748	39.3
1 VII 1987	*721 133*	*279 078*	*38.7*	...	...	...	...	...	...
Guam									
1 IV 1990(C) [1 9]	133 152	50 801	38.2	70 945	27 737	39.1	62 207	23 064	37.1
New Caledonia – [6] **Nouvelle-Calédonie**									
1 VII 1984	*151 650*	*86 646*	*57.1*	...	...	...	...	...	...
1 VII 1985	*154 450*	*87 570*	*56.7*	...	...	...	...	...	...
1 VII 1986	*157 350*	*88 486*	*56.2*	...	...	...	...	...	...
4 IV 1989(C)	164 173	97 581	59.4	83 862	49 525	59.1	80 311	48 056	59.8
New Zealand – [28] **Nouvelle-Zélande**									
4 III 1986(C)	3 307 083	2 768 403	83.7	1 638 354	1 353 792	82.6	1 668 729	1 414 611	84.8
5 III 1991(C)	3 434 952	2 916 381	84.9	1 693 050	1 419 993	83.9	1 496 388	1 496 388	100.0
Tonga									
28 XI 1986(C)	94 649	29 018	30.7	47 611	14 363	30.2	47 038	14 655	31.2
Vanuatu									
16 V 1989(C)	142 419	25 870	18.2	73 384	13 670	18.6	69 035	12 200	17.7

6. Urban and total population by sex: 1984 – 1994 (continued)

Population urbaine et population totale selon le sexe: 1984 – 1993 (suite)

GENERAL NOTES

(C) after date indicates census data. Percentages urban are the number of persons defined as "urban" per 100 total population. For definitions of "urban", see end of table. For method of evaluation and limitations of data, see Technical Notes, page 51.

Italics: estimates which are less reliable.

FOOTNOTES

- * Provisional.
- 1 De jure population.
- 2 Excluding Mayotte.
- 3 Because of rounding, totals are not in all cases the sum of the parts.
- 4 Excluding Bophuthatswana, Ciskei, Transkei and Venda.
- 5 Data have not been adjusted for under–enumeration; for further details, see table 3.
- 6 Series not strictly comparable due to differences of definitions of "urban".
- 7 Excluding civilian citizens absent from country for extended period of time.
- 8 Excluding armed forces overseas.
- 9 Including armed forces stationed in the area.
- 10 Excluding Indian jungle population.
- 11 Excluding nomadic Indian tribes.
- 12 Mid–year estimates have been adjusted for under–enumeration. Census data have not been adjusted for this under–enumeration.
- 13 Excluding foreign diplomatic presonnel and their dependants.
- 14 Covering only the civilian population of 30 provinces, municipalities and autonomous regions. Excluding Jimmen and Mazhu islands.
- 15 Including 26 106 transients and 9 131 Vietnamese refugees.
- 16 Including data for the Indian–held part of Jammu and Kashmir, the final status of which has not yet been determined.
- 17 Figures provides by Indonesia including East Timor.
- 18 Including data for East Jerusalem and Israeli residents in certain other territories under occupation by Israeli military forces since June 1967.
- 19 Excluding diplomatic personnel outside the country and foreign military and civilian personnel and their dependants stationed in the area.
- 20 Excluding alien armed forces, civilian aliens employed by armed forces, foreign diplomatic personnel and their dependants and Korean diplomatic personnel and their dependants stationed outside the country.
- 21 Including 28 834 foreigners.
- 22 Excluding data for Jammu and Kashmir, the final status of which has not yet been fully determined, Junagardh, Manavadar, Gilgit and Baltistan.
- 23 Including Palestinian refugees numbering 173 936 on 30 June 1973.
- 24 De jure population, but excluding diplomatic personnel outside the country and including foreign diplomatic personnel not living in embassies or consulates.
- 25 All data shown pertaining to Germany prior to 3 October 1990 are indicated separately for the Federal Republic of Germany and the former German Democratic Republic based on their respective territories at the time indicated. See explanatory notes on data pertaining to Germany on page 4.
- 26 Data for urban population exclude persons on the Central Register of Population (containing persons belonging to the Netherlands population but having no fixed municipality of residence). Including semi–urban.
- 27 Excluding civilian aliens within the country, but including civilian nationals temporarily outside the country.
- 28 Excluding diplomatic personnel and armed forces outside the country, the latter numbering 1 936 at 1966 census, also excluding alien armed forces within the country.

NOTES GENERALES

La lettre (C) indique qu'il s'agit de données de recensement. Les pourcentages urbains répresentent le nombre de personnes définies comme vivant dans des "régions urbaines" pour 100 personnes de la population totale. Pour les définitions des "régions urbaines", se reporter à la fin du tableau. Pour la méthode d'évaluation et les insuffisances des données, voir Notes techniques, page 51.

Italiques: estimations moins sûres.

NOTES

- * Données provisoires.
- 1 Population de droit.
- 2 Non compris Mayotte.
- 3 Les chiffres étant arrondis, les totaux correspondent pas toujours rigoureusement à la somme des chiffres partiels.
- 4 Non compris Bophuthatswana, Ciskei, Transkei et Venda.
- 5 Les données n'ont pas éeté ajustées pour compenser les lacunes de dénombrement; pour plus de détails, voir le tableau 3.
- 6 Les séries ne sont pas strictement comparables en raison des différences existant dans la définition des "régions urbaines".
- 7 Non compris les civils hors du pays pendant une période prolongée.
- 8 Non compris les militaires à l'étranger.
- 9 Y compris les militaires en garnison sur le territoire.
- 10 Non compris les Indiens de la jungle.
- 11 Non compris les tribus d'Indiens nomades.
- 12 Les estimations au milleu de l'année tiennent compte d'une ajustement destiné à compenser les lacunes du dénombrement. Les données de recensement ne tiennent pas compte de cet ajustement.
- 13 Non compris les personnes diplomatique étranger et les et les membres de leur famille les accompagnant.
- 14 Pour la population civile seulement de 30 provinces, municipalités et régions autonomes. Non compris les îles de Jimmen et Mazhu.
- 15 Y compris 26 106 transients et 9 131 réfugiés du Viet Nam.
- 16 Y compris les données pour la partie du Jammu et Cachemire occupée par l'Inde, dont le statut définitif n'a pas encore été déterminé.
- 17 Les chiffres fournis par l'Indonésie comprennent le Timor oriental.
- 18 Y compris les données pour Jérusalem–Est et les résidents israéliens dans certains autres territoires occupés depuis juin 1967 par les forces armées israéliennes.
- 19 Non compris les personnel diplomatique hors du pays, les militaires et agents civils étrangers en poste sur le territoire et les membres de leur famille les accompagnant.
- 20 Non compris les militaires étrangers, les civils étrangers employés par les forces armées, le personnel diplomatique étranger et les membres de leur famille les accompagnant, le personnel diplomatique coréen hors du pays et les membres de leur famille les accompagnant.
- 21 Y compris 28 834 étrangers.
- 22 Non compris les données pour Jammu et Cachemire, dont le statut définitif n'a pas encore été déterminé, le Junagardh, le Manavadar, le Gilgit et le Baltistan.
- 23 Y compris les réfugiés de Palestine, au nombre de 173 936 au 30 juin 1973.
- 24 Population de droit, mais non compris le personnel diplomatique hors du pays et y compris le personnel diplomatique qui ne vit pas dans les ambassades et les consulats.
- 25 Toutes les données se rapportant à l'Allemagne avant le 3 octobre 1990 figurent dans deux rubriques séparées basées sur les territoires respectifs de la République fédérale d'Allemagne et l'ancienne République démocratique allemande selon la période indiquée. Voir les notes explicatives sur les données concernant l'Allemagne à la page 4.
- 26 Les données pour la population urbaine ne comprennent pas les personnes inscrites sur le Registre central de la population (personnes appartenant à la population néerlandaise mais sans résidence fixe dans l'une des municipalités). Y compris semi–urbaine.
- 27 Non compris les civils étrangers dans le pays, mais y compris les civils nationaux temporairement hors du pays.
- 28 Non compris le personnel diplomatique et les militaires hors du pays, ces derniers au nombre de 1 936 au recensement de 1966; non compris également les militaires étrangers dans le pays.

DEFINITION OF "URBAN"

AFRICA

Benin: Not available.
Botswana: Agglomeration of 5 000 or more inhabitants where 75 per cent of the economic activity is of the non–agricultural type.
Burkina Faso: Not available.
Burundi: Commune of Bujumbura.
Cape Verde: Not available.
Comoros: Administrative centres of prefectures and localities of 5 000 or more inhabitants.
Côte d'Ivoire: Not available.
Egypt: Governorates of Cairo, Alexandria, Port Said, Ismailia, Suez, frontier governorates and capitals of other governorates as well as district capitals (Markaz).

Equatorial Guinea: District centres and localities with 300 dwellings and/or 1 500 inhabitants or more.
Former Ethiopia: Localities of 2 000 or more inhabitants.
Gabon: Not available.
Ghana: Localities of 5 000 or more inhabitants.
Liberia: Localities of 2 000 or more inhabitants.
Libyan Arab Jamahiriya: Baladiyas (municipalities).
Malawi: All townships and town planning areas and all district centres.
Mali: Localities of 5 000 or more inhabitants and district centres.
Mauritius: Towns with proclaimed legal limits.

Morocco: Not available.
Namibia: Not available.
Niger: Not available.
Nigeria: Not available.
Rwanda: Not available.
St. Helena: Jamestown, the capital.
Senegal: Agglomerations of 10 000 or more inhabitants.
Somalia: Not available.
South Africa: Places with some form of local authority.
Sudan: Localities of administrative and/or commercial importance or with population of 5 000 or more inhabitants.
Swaziland: Localities proclaimed as urban.
Tunisia: Population living in communes.
Uganda: Not available.
United Republic of Tanzania: 16 gazetted townships.
  Tanganyika: 1967: 15 gazetted townships.
  Zanzibar: Not available.
Zaire: Agglomerations of 2 000 or more inhabitants where the predominant economic activity is of the non–agricultural type and also mixed agglomerations which are considered urban because of their type of economic activity but are actually rural in size. 1984: Not available.
Zambia: Localities of 5 000 or more inhabitants, the majority of whom all depend on non–agricultural activities.
Zimbabwe: Towns and places of 2 500 or more inhabitants.

AMERICA, NORTH

Bahamas: Not available.
Belize: Not available.
Canada: 1976: Incorporated cities, towns and villages of 1 000 or more inhabitants, and their urbanized fringes; unincorporated places of 1 000 or more inhabitants, having a population density of at least 1 000 per square mile or 390 per square kilometre, and their urbanized fringes.

1981: Places of 1 000 or more inhabitants, having a population density of 400 or more per square kilometre.
Costa Rica: Administrative centres of cantons.
Cuba: Population living in a nucleus of 2 000 or more inhabitants.
Dominican Republic: Administrative centres of municipios and municipal districts, some of which include suburban zones of rural character.
El Salvador: Administrative centres of municipios.
Greenland: Localities of 200 or more inhabitants.
Haiti: Administrative centres of communes.
Honduras: Localities of 2 000 or more inhabitants, having essentially urban characteristics.
Nicaragua: Administrative centres of municipios and localities of 1 000 or more inhabitants with streets and electric light.
Panama: Localities of 1 500 or more inhabitants having essentially urban characteristics. Beginning 1970, localities of 1 500 or more inhabitants with such urban characteristics as streets, water supply systems, sewerage systems and electric light.
United States: Places of 2 500 or more inhabitants and urbanized areas.
United States Virgin Islands: Places of 2 500 or more inhabitants.

DEFINITIONS DES "REGIONS URBAINES"

AFRIQUE

Bénin: Définition non communiquée.
Botswana: Agglomération de 5 000 habitants et plus dont 75 p. 100 de l'activité économique n'est pas de type agricole.
Burkina Faso: Définition non communiquée.
Burundi: Commune de Bujumbura.
Cap–Vert: Définition non communiquée.
Comores: Chefs–lieux de préfectures et localités de 5 000 habitants et plus.

Côte d'Ivoire: Définition non communiquée.
Egypt: Chefs–lieux de gouvernements du Caire, d'Alexandrie, de Port Saïd, d'Ismaïlia, de Suez; chefs–lieux de gouvernements frontières, autres chefs–lieux de gouvernements et chefs–lieux de district (Markaz).
Guinée equatoriale: Chef–lieux de district et localités avec 300 maisons et/ou 1 500 habitants et plus.
Ancienne Ethiopia: Localités de 2 000 habitants et plus.
Gabon: Définition non communiquée.
Ghana: Localités de 5 000 habitants et plus.
Libérie: Localités de 2 000 habitants et plus.
Jamahiriya arabe libyenne: Baladiyas (municipalités)
Malawi: Toutes les villes et zones urbanisées et tous les chefs–lieux de district.
Mali: Localités de 5 000 habitants et plus et chefs–lieux de district.
Maurice: Villes ayant des limites officiellement définies.
Maroc: Définition non communiquée.
Namibie: Définition non communiquée.
Nigér: Définition non communiquée.
Nigéria: Définition non communiquée.
Rwanda: Définition non communiquée.
St. Hélène: La capitale (Jamestown).
Sénégal: Agglomérations de 10 000 habitants et plus.
Somalie: Définition non communiquée.
Afrique du Sud: Zones avec quelque autorité locale.
Soudan: Localités dont le caractère est principalement administrant et/ou commercial ou localités ayant une population de 5 000 habitants et plus.
Swaziland: Localités déclarées urbaines.
Tunisie: Population vivant dans les communes.
Ouganda: Définition non communiquée.
République–Unie de Tanzanie: 16 villes érigées en communes.
  Tanganyika: 1967: 15 villes érigées en communes.
  Zanzibar: Définition non communiquée.
Zaïre: Agglomérations de 2 000 habitants et plus dont l'activité économique prédominante n'est pas de type agricole, et agglomérations mixtes qui sont considérées comme urbaines en raison de leur type d'activité économique mais qui par leur dimension sont en fait rurales. 1984: Définition non communiquée
Zambie: Localités de 5 000 habitants et plus dont l'activité économique prédominante n'est pas de type agricole.
Zimbabwe: Villes et zones de 2 500 habitants et plus.

AMERIQUE DU NORD

Bahamas: Définition non communiquée.
Belize: Définition non communiquée.
Canada: 1976: Grandes villes, villes et villages de 1 000 habitants ou plus, érigées en municipalités, ainsi que leurs couronnes urbaines; agglomérations de 1 000 habitants ou plus non érigées en municipalités, ayant une densité de population d'au moins 1 000 habitants au mille carré ou 390 habitants au kilomètre carrée, et leurs couronnes urbaines.
1981: Agglomérations de 1 000 habitants ou plus, ayant une densité de population de 400 ou plus habitants au kilomètre carrée.
Costa Rica: Chefs–lieux des cantons.
Cuba: Population vivant dans des agglomérations de 2 000 habitants ou plus.
République dominicaine: Chefs–lieux de municipios et districts municipaux, dont certains comprennent des zones suburbaines ayant des caractéristiques rurales.
El Salvador: Chefs–lieux de municipios.
Groenland: Localités de 200 ou plus habitants.
Haïti: Chefs–lieux de communes.
Honduras: Localités de 2 000 ou plus ayant des caractèristiques essentiellement urbaines.
Nicaragua: Chefs–lieux de municipios et localités de 1 000 habitants ou plus avec rues et éclairage électrique.
Panama: Localités de 1 500 habitants et plus ayant des caractéristiques essentiellement urbaines. A partir de 1970, localités de 1 500 habitants et plus présentant des caractéristiques urbaines, telles que: rues, éclairage électrique, systèmes d'approvisionnement en eau et systèmes d'égouts.
Etats–Unis: Localités de 2 500 habitants et plus et zones urbanisées.
Iles Vierges américaines: Localités de 2 500 habitants.

DEFINITION OF "URBAN"

AMERICA, SOUTH

Bolivia: Localities of 2 000 or more inhabitants.
Brazil: Urban and suburban zones of administrative centres of municipios and districts.
Chile: Populated centres which have definite urban characteristics such as certain public and municipal services.
Colombia: Not available.
Ecuador: Capitals of provinces and cantons.
Falkland Islands (Malvinas): Town of Stanley.
Paraguay: Cities, towns and administrative centres of departments and districts.
Peru: Populated centres with 100 or more dwellings.
Uruguay: Cities.
Venezuela: Centres with a population of 1 000 or more inhabitants.

ASIA

Armenia: Cities and urban–type localities, officially designated as such, usually according to the criteria of number of inhabitants and predominance of agricultural, or number of non–agricultural workers and their families.
Azerbaijan: Cities and urban–type localities, officially designated as such, usually according to the criteria of number of inhabitants and predominance of agricultural, or number of non–agricultural workers and their families.
Bahrain: Communes or villages of 2 500 or more inhabitants.
Bangladesh: Places having a municipality (Pourashava), a town committee (shahar committee) or a cantonment board.
Brunei: Not available.
Cambodia: Towns.
China: Not available.
Georgia: Cities and urban–type localities, officially designated as such, usually according to the criteria of number of inhabitants and predominance of agricultural, or number of non–agricultural workers and their families.
Hong Kong: Areas comprising Hong Kong island, New Kowloon and New Towns in New Territories.
India: Towns (places with municipal corporation, municipal area committee, town committee, notified area committee or cantonment board); also, all places having 5 000 or more inhabitants, a density of not less than 1 000 persons per square mile or 390 per square kilometre, pronounced urban characteristics and at least three fourths of the adult male population employed in pursuits other than agriculture.

Indonesia: Places with urban characteristics.
Iran: All Shahrestan centres, regardless of size, and all places having municipal centres.
Iraq: The area within the boundaries of Municipality Councils (Al–Majlis Al–Baldei).
Israel: All settlements of more than 2 000 inhabitants, except those where at least one third of households, participating in the civilian labour force, earn their living from agriculture.
Japan: City (shi) having 50 000 or more inhabitants with 60 per cent or more of the houses located in the main built–up areas and 60 per cent or more of the population (including their dependants) engaged in manufacturing, trade or other urban type of business. Alternatively, a shi having urban facilities and conditions as defined by the prefectural order is considered as urban.

Kazakhstan: Cities and urban–type localities, officially designated as such, usually according to the criteria of number of inhabitants and predominance of agricultural, or number of non–agricultural workers and their families.
Korea, Republic of: Population living in cities irrespective of size of population.

Kyrgyzstan: Cities and urban–type localities, officially designated as such, usually according to the criteria of number of inhabitants and predominance of agricultural, or number of non–agricultural workers and their families.
Malaysia: Gazetted areas with population of 10 000 more.
Sabah: Gazetted areas with population of 10 000 or more.
Sarawak: Gazetted areas with population of 10 000 or more.
Maldives: Malé, the capital.
Mongolia: Capital and district centres.
Pakistan: Places with municipal corporation, town committee or cantonment.

Philippines: Not available.
Syrian Arab Republic: Cities, Mohafaza centres and Mantika centres, and communities with 20 000 or more inhabitants.

DEFINITIONS DES "REGIONS URBAINES"

AMERIQUE DU SUD

Bolivie: Localités de 2 000 habitants et plus.
Brésil: Zones urbaines et suburbaines des chefs–lieux des municipios et des distritos.

Chili: Centres de peuplement ayant des charactéristiques nettement urbaines dues à la présence de certains services publics et municipaux.
Colombie: Définition non communiquée.
Equateur: Capitales des provinces et chefs–lieux de canton.
Iles Falkland (Malvinas): Ville de Stanley.
Paraguay: Grandes villes, villes et chefs–lieux des départements et des districts.
Pérou: Centres de peuplement de 100 logements ou plus qui sont occupés.
Uruguay: Villes.
Venezuela: Centres de 1 000 habitants et plus.

ASIE

Arménie: Grandes villes et localités de type urbain, officiellement désignées comme telles, généralement sur la base du nombre d'habitants et de la prédominance des travailleurs agricoles ou non agricoles avec leur famille.
Azerbaidjan: Grandes villes et localités de type urbain, officiellement désignées comme telles, généralement sur la base du nombre d'habitants et de la prédominance des travailleurs agricoles ou non agricoles avec leur famille.
Bahrein: Communes ou villages de 2 500 et plus.
Bangladesh: Zones ayant une municipalité (Pourashava), un comité de ville (shahar) ou un comité de zone de cantonnement.
Brunéi Darussalam: Définition non communiquée.
Cambodge: Villes.
Chine: Définition non communiquée.
Géorgie: Grandes villes et localités de type urbain, officiellement désignées comme telles, généralement sur la base du nombre d'habitants et de la prédominance des travailleurs agricoles ou non agricoles avec leur famille.
Hong–kong: Comprend les îles de Hong–kong, Kowloon et les Nouvelles villes dans les Nouveaux Territoires.
Inde: Villes (localités dotées d'une charte municipale, d'un comité de zone municipal, d'un comité de zone déclarée urbaine ou d'un comité de zone de cantonnement); également toutes les localités qui ont une population de 5 000 habitants au moins, une densité de population d'au moins 1 000 habitants au mille carré ou 390 au kilomètre carré, des caractéristiques urbaines prononcées et où les trois quarts au moins des adultes du sexe masculin ont une occupation agricole.
Indonésie: Localités présentant des caractéristiques urbaines.
Iran: Tous les chefs–lieux de Shahrestan, quelle qu'en soit la dimension, et toutes les agglomérations avec centres municipaux.
Iraq: La zone relevant des conseils municipaux (Al–Majlis Al–Baldei).
Israël: Tous les peuplements de plus de 2 000 habitants à l'exception de ceux où le tiers au moins des chefs de ménage faisant partie de la population civile active vivent de l'agriculture.
Japon: Villes (shi), comptant 50 000 habitants ou plus, où 60 p. 100 au moins des habitations sont situées dans les principales zones bâties, et dont 60 p. 100 au moins de population (dépendants compris) vit d'emplois s'exerçant dans les industries manufacturières, le commerce et autres branches d'activités essentiellement urbaines. D'autre part, tout shi possédant les équipements et présentant les caractères definis comme urbains par l'administration préfectorale est considéré comme zone urbaine.
Kazakhstan: Grandes villes et localités de type urbain, officiellement désignées comme telles, généralement sur la base du nombre d'habitants et de la prédominance des travailleurs agricoles ou non agricoles avec leur famille.
Corée, République de: Population vivant dans les villes irrespectivement de la dimension de la population.
Kirghizistan: Grandes villes et localités de type urbain,officiellement désignées comme telles, généralement sur la base du nombre d'habitants et de la prédominance des travailleurs agricoles ou non agricoles avec leur famille.
Malaisie: Zones déclarées telles et comptant au moins 10 000 habitants.
Sabah: Zones déclarées telles et comptant au moins 10 000 habitants.
Sarawak: Zones déclarées telles et comptant au moins 10 000 habitants.
Maldives: Malé, la capitale.
Mongolia: Capitale et chefs–lieux de district.
Pakistan: Localités dotées d'une charte municipale, d'un comité municipale au d'un cantonnement.
Philippines: Définition non communiquée.
République arabe syrienne: Villes, centres de district (Mohafaza) et centres de sous–district (Mantika), et communes de 20 000 habitants et plus.

DEFINITION OF "URBAN"

DEFINITIONS DES "REGIONS URBAINES"

ASIA

Tajikistan: Cities and urban–type localities, officially designated as such, usually according to the criteria of number of inhabitants and predominance of agricultural, or number of non–agricultural workers and their families.
Thailand: Municipal areas.
Turkey: Population of the localities within the municipality limits of administrative centres of provinces and districts.
Turkmenistan: Cities and urban–type localities, officially designated as such, usually according to the criteria of number of inhabitants and predominance of agricultural, or number of non–agricultural workers and their families.
Uzbekistan: Cities and urban–type localities, officially designated as such, usually according to the criteria of number of inhabitants and predominance of agricultural, or number of non–agricultural workers and their families.
Viet Nam: Cities, towns and districts with 2 000 or more inhabitants.
Yemen: Not available.

EUROPE

Albania: Towns and other industrial centres of more than 400 inhabitants.
Andorra: Parishes of Andorra la Vieille, Escoldes–Engordany, Sant Julià, Encamp et la Massana.
Belarus: Cities and urban–type localities, officially designated as such, usually according to the criteria of number of inhabitants and predominance of agricultural, or number of non–agricultural workers and their families.
Bulgaria: Towns, that is, localities legally established as urban.
Croatia: Not available.
Former Czechoslovakia: Large towns, usually of 5 000 or more inhabitants, having a density of more than 100 persons per hectare of built–up area, three or more living quarters in at least 15 per cent of the houses, piped water and a sewerage system in the major part of the town, at least five physicians and a pharmacy, a nine–year secondary school, a hotel of at least twenty beds, a network of trade and distributive services which serve more than one town, job opportunities for the population of the surrounding area, the terminal for a system of bus lines and not more than 10 per cent of the total population active in agriculture; small towns of usually 2 000 or more inhabitants, having a density of more than 75 persons per hectare of built–up area, three or more living quarters in at least 10 per cent of the houses, piped water and a sewerage system for at least part of the town, at least two physicians and a pharmacy, other urban characteristics to a lesser degree and not more than 15 per cent of the total population active in agriculture.

Agglomerated communities which have the characteristics of small towns in regard to size; population density, housing, water supply, and sewerage, and the percentage of the population active in agriculture, but which lack such town characteristics as educational facilities, cultural institutions, health services and trade and distributive services, because these facilities and services are supplied by a town in the vicinity. 1970: Definition not available.

Estonia: Cities and urban–type localities, officially designated as such, usually according to the criteria of number of inhabitants and predominance of agricultural, or number of non–agricultural workers and their families.
Finland: Urban communes. 1970: Localities.
France: Communes containing an agglomeration of more than 2 000 inhabitants living in contiguous houses or with not more than 200 metres between houses, also communes of which the major portion of the population is part of a multicommunal agglomeration of this nature.
Germany:
Former German Democratic Republic: Communities with 2 000 or more inhabitants.

Hungary: Budapest and all legally designated towns.

Iceland: Localities of 200 or more inhabitants.
Ireland: Cities and towns including suburbs of 1 500 or more inhabitants.

Isle of Man: Borough of Douglas, town and village districts.
Italy: Not available.

ASIA

Tadjikistan: Grandes villes et localités de type urbain, officiellement désignées comme telles, généralement sur la base du nombre d'habitants et de la prédominance des travailleurs agricoles ou non agricoles avec leur famille.
Thaïlande: Zones municipales.
Turquie: Population des localités contenues à l'intérieur des limites municipaux des chefs–lieux des provinces et des districts.
Turkménistan: Grandes villes et localités de type urbain, officiellement désignées comme telles, généralement sur la base du nombre d'habitants et de la prédominance des travailleurs agricoles ou non agricoles avec leur famille.
Ouzbékistan: Grandes villes et localités de type urbain, officiellement désignées comme telles, généralement sur la base du nombre d'habitants et de la prédominance des travailleurs agricoles ou non agricoles avec leur famille.
Viet–Nam: Grand villes, villes et districts de 2 000 habitants et plus.
Yémen: Définition non communiquée.

EUROPE

Albanie: Villes et autres centres industriels de plus de 400 habitants.
Andorre: Les paroisses d'Andorre la Vieille, Escoldes–Engordany, Sant Julià, Encamp et la Massana.
Bélarus: Grandes villes et localités de type urbain, officiellement désignées comme telles, généralement sur la base du nombre d'habitants et de la prédominance des travailleurs agricoles ou non agricoles avec leur famille.
Bulgarie: Villes, c'est–à–dire localités reconnues comme urbaines.
Croatie: Définition non communiquée.
Ancienne Tchécoslovaquie: Villes important comptant généralement 5 000 habitants et plus, ayant une densité de 100 personnes au moins par hectare de surface bâtie, dont au moins 15 p. 100 des habitations comportent trois pièces d'habitation ou davantage, et dont la plus grande partie est doté d'un système de adduction d'eau et d'égouts; ces villes doivent compter au moins cinq médicins et une pharmacie, une école sécondaire dont l'enseignement est étalé sur neuf ans, un hôtel comprenant 20 lits au moins, un réseau, d'établissements de commerce et de services de distribution desservant plusieurs villes et offrir des possibilités d'emploi à la population des environs; en outre, elles doivent posséder le terminus d'un réseau de lignes d'autobus et le pourcentage de la population totale pratiquant l'agriculture ne doit pas dépasser 10 p. 100; petites villes ayant généralement 2 000 habitants et plus, une densité de plus de 75 personnes par hectare de surface bâtie et dont au moins 10 p. 100 des habitations comportent trois pièces d'habitation au moins, ayant un système d'adduction d'eau et d'égouts tout au moins dans une partie de la ville, comptant deux médicins et une pharmacie au minimum et présentant les autres caractéristiques urbaines à une degré moindre. Le pourcentage de la population totale pratiquant l'agriculture ne doit pas dépasser 15 p. 100.
Les communautés groupées ayant les caractéristiques de petites villes en ce qui concerne l'importance et la densité de la population; l'habitation, l'approvisionnement en eau et le système d'égouts, et le pourcentage de la population pratiquant l'agriculture, mais ne présentant pas les autres éléments caractéristiques des petites villes (établissements d'enseignement, institutions culturelles, services de santé, commerçants, services de distribution), la localité dépendant d'une ville du voisinage dans tous ces domaines. 1970: Définition non communiquée.
Estonie: Grandes villes et localités de type urbain, officiellement désignées comme telles, généralement sur la base du nombre d'habitants et de la prédominance des travailleurs agricoles ou non agricoles avec leur famille.
Finlande: Communes urbaines. 1970: Localités.
France: Communes comprenant une agglomération de plus de 2 000 habitants vivant dans des habitations contiguës ou qui ne sont pas distantes les unes des autres de plus de 200 mètres et communes où la majeure partie de la population vit dans une agglomération multicommunale de cette nature.
Allemagne:
Ancienne République démocratique allemande: Agglomérations de 2 000 habitants et plus.
Hongrie: Budapest et toutes les autres localités reconnues officiellement comme urbaines.
Islande: Localités de 200 habitants et plus.
Irlande: Villes de toutes dimensions, y compris leur banlieue, comptant 1 500 habitants ou plus.
Ile de Man: Borough de Douglas, villes et chefs–lieus des districts.
Italie: Définition non communiquée.

DEFINITION OF "URBAN"

EUROPE

Latvia: Cities and urban–type localities, officially designated as such, usually according to the criteria of number of inhabitants and predominance of agricultural, or number of non–agricultural workers and their families.
Lithuania: Cities and urban–type localities, officially designated as such, usually according to the criteria of number of inhabitants and predominance of agricultural, or number of non–agricultural workers and their families.
Netherlands: Urban: Municipalities with a population of 2 000 and more inhabitants. Semi–urban: Municipalities with a population of less than 2 000 but with not more than 20 per cent of their economically active male population engaged in agriculture, and specific residential municipalities of commuters.
Norway: Localities of 200 or more inhabitants.
Poland: Towns and settlements of urban type, e.g. workers' settlements, fishermen's settlements, health resorts.
Portugal: Agglomeration of 10 000 or more inhabitants.
Republic of Moldova: Cities and urban–type localities, officially designated as such, usually according to the criteria of number of inhabitants and predominance of agricultural, or number of non–agricultural workers and their families.
Romania: Cities, municipalities and other towns.
Russian Federation: Cities and urban–type localities, officially designated as such, usually according to the criteria of number of inhabitants and predominance of agricultural, or number of non–agricultural workers and their families.
San Marino: Not available.
Slovakia: 138 cities with 5 000 inhabitants or more.
Slovenia: Not available.
Spain: Municipalities of 200 or more inhabitants.
Sweden: Not available.
Switzerland: Communes of 10 000 or more inhabitants, including suburbs.
Ukraine: Cities and urban–type localities, officially designated as such, usually according to the criteria of number of inhabitants and predominance of agricultural, or number of non–agricultural workers and their families.
The former Yugoslav Rep. of Macedonia: Not available.

OCEANIA

Australia: Population clusters of 1 000 or more inhabitants and some areas of lower population (e.g. holiday areas), if they contain 250 or more dwellings of which at least 100 are occupied.
Fiji: Not available.
Guam: Places of 2 500 or more inhabitants and urbanized areas.
New Caledonia: Nouméa and communes of Païta, Dumbéa and Mont–Dore.
New Zealand: All cities, plus boroughs, town districts, townships and country towns with a population of 1 000 or more.
Tonga: Greater Nuku'alofa (Kolomotu'a and Kolofo'ou Districts).
Vanuatu: Luganville centre and Vila urban.

DEFINITIONS DES "REGIONS URBAINES"

EUROPE

Lettonie: Grandes villes et localités de type urbain, officiellement désignées comme telles, généralement sur la base du nombre d'habitants et de la prédominance des travailleurs agricoles ou non agricoles avec leur famille.
Lituanie: Grandes villes et localités de type urbain, officiellement désignées comme telles, généralement sur la base du nombre d'habitants et de la prédominance des travailleurs agricoles ou non agricoles avec leur famille.
Pays–Bas: Régions urbaines: municipalités de 2 000 habitants et plus. Régions semi–urbaines: municipalités de moins de 2 000 habitants, mais où 20 p. 100 au maximum de la population active du sexe masculin pratiquent l'agriculture, et certaines municipalités de caractère résidential dont les habitants travaillent ailleurs.
Norvège: Localités de 200 habitants it plus.
Pologne: Villes et peuplements de type urbain, par exemple groupements de travailleurs ou de pêcheurs et stations climatiques.
Portugal: Agglomérations de 10 000 habitants et plus.
République de Moldova: Grandes villes et localités de type urbain, officiellement désignées comme telles, généralement sur la base du nombre d'habitants et de la prédominance des travailleurs agricoles ou non agricoles avec leur famille.
Roumanie: Grandes villes, municipalités et autres villes.
Fédération Russe: Grandes villes et localités de type urbain, officiellement désignées comme telles, généralement sur la base du nombre d'habitants et de la prédominance des travailleurs agricoles ou non agricoles avec leur famille.
Saint–Marin: Définition non communiquée.
Slovaquie: 138 villages de 5 000 habitants et plus.
Slovènie: Définition non communiquée.
Espagne: Localités de 200 habitants it plus.
Suède: Définition non communiquée.
Suisse: Communes de 10 000 habitants et plus, et leurs banlieuses.
Ukraine: Grandes villes et localités de type urbain, officiellement désignées comme telles, généralement sur la base du nombre d'habitants et de la prédominance des travailleurs agricoles ou non agricoles avec leur famille.
L'ex. Rép. Yougolavie de Macedonie: Définition non communiquée.

OCEANIE

Australie: Agglomérations de 1 000 habitants et plus et certaines zones où la population est moindre (centre de villégiature), si elles contiennent 250 logements et plus dont 100 ou mois sont occupées.
Fidji: Définition non communiquée.
Guam: Localités de 2 500 habitants et plus et zones urbanisées.
Nouvelle–Calédonie: Nouméa et communes de Païta, Dumbéa et Mont–Dore.
Nouvelle–Zélande: Grandes villes, boroughs, chefs–lieux, municipalités et chefs–lieux des comtés de 1 000 habitants et plus.
Tonga: Le Grand Nuku'alofa (les districts de Kolomotu'a et Kolofo'ou).
Vanuatu: Centre Luganville et Vila urbaine.

7. Population by age, sex and urban/rural residence: latest available year, 1984 – 1993

(See notes at end of table.)

	Continent, country or area, sex, date and urban/rural residence Continent, pays ou zone, sexe, date et résidence, urbaine/rurale	All ages Tous âges	Age (in years) – 1	1 – 4	5 – 9	10 – 14	15 – 19	20 – 24	25 – 29	30 – 3
	AFRICA—AFRIQUE									
	Algeria – Algérie 20 III 1987(C) [1 2 3]									
1	Total	22 600 957	*— 3 7	41 591 —*	3 353 299	2 851 210	2 473 329	2 202 665	1 647 752	1 381 27
2	Male – Masculin	11 425 492	*— 1 9	10 048 —*	1 710 348	1 467 460	1 248 468	1 110 255	837 975	715 03
3	Female – Féminin	11 175 465	*— 1 8	31 543 —*	1 642 951	1 383 750	1 224 861	1 092 410	809 777	666 24
	Benin – Bénin 1 VII 1987* [4]									
4	Total	*4 304 000*	*—— *820*	*000* ——*	*650 000*	*535 000*	*453 000*	*365 000*	*312 000*	*274 00*
5	Male – Masculin	*2 086 000*	*—— *412*	*000* ——*	*322 000*	*258 000*	*216 000*	*176 000*	*150 000*	*131 00*
6	Female – Féminin	*2 218 000*	*—— *408*	*000* ——*	*328 000*	*277 000*	*237 000*	*189 000*	*162 000*	*143 00*
	Botswana 21 VIII 1991(C)									
7	Total	1 326 796	41 407	149 951	194 665	181 447	150 237	114 708	97 589	78 54
8	Male – Masculin	634 400	20 594	74 805	96 423	88 615	71 704	53 038	44 203	35 56
9	Female – Féminin	692 396	20 813	75 146	98 242	92 832	78 533	61 670	53 386	42 97
	Burkina Faso 30 VI 1991 [4]									
10	Total	*9 190 791*	*285 640*	*1 307 084*	*1 687 532*	*1 220 940*	*884 143*	*610 806*	*551 108*	*451 04*
11	Male – Masculin	*4 492 153*	*144 800*	*651 293*	*849 637*	*630 542*	*483 143*	*304 627*	*228 221*	*180 29*
12	Female – Féminin	*4 698 638*	*140 840*	*655 791*	*837 895*	*590 398*	*401 000*	*306 179*	*322 887*	*270 75*
	Burundi 16 VIII 1990(C) [1]									
13	Total	5 292 793	206 771	784 543	844 741	622 185	493 643	433 976	409 666	363 06
14	Male – Masculin	2 574 126	103 357	390 913	419 743	309 455	243 314	204 321	195 199	175 72
15	Female – Féminin	2 718 667	103 414	393 630	424 998	312 730	250 329	229 655	214 467	187 34
	Cameroon – Cameroun 1 VII 1986* [4 5]									
16	Total	*10 446 409*	*418 405*	*1 527 718*	*1 592 570*	*1 178 113*	*998 795*	*864 175*	*742 827*	*630 79*
17	Male – Masculin	*5 212 483*	*209 841*	*766 409*	*798 946*	*590 539*	*500 525*	*433 757*	*373 298*	*316 73*
18	Female – Féminin	*5 233 926*	*208 564*	*761 309*	*793 624*	*587 574*	*498 270*	*430 418*	*369 529*	*314 05*
	Cape Verde – Cap-Vert 23 VI 1990(C) [4]									
19	Total	341 491	12 322	47 683	51 115	42 403	34 300	32 476	26 353	19 09
20	Male – Masculin	161 494	6 186	23 868	25 660	21 143	17 288	15 833	12 465	8 28
21	Female – Féminin	179 997	6 136	23 815	25 455	21 260	17 012	16 643	13 888	10 80
	Central African Republic – République centrafricaine 8 XII 1988(C)* [4]									
22	Total	2 463 614	86 893	338 552	365 099	273 774	253 262	225 105	198 637	152 61
23	Male – Masculin	1 210 732	43 593	169 653	183 662	143 572	121 902	108 575	94 732	74 36
24	Female – Féminin	1 252 882	43 300	168 899	181 437	130 202	131 360	116 530	103 905	78 25
	Chad – Tchad 1 VII 1993* [4]									
25	Total	*6 098 000*	*—— *998*	*000* ——*	*827 000*	*699 000*	*590 000*	*545 000*	*493 000*	*419 00*
26	Male – Masculin	*2 933 000*	*—— *498*	*000* ——*	*409 000*	*344 000*	*289 000*	*264 000*	*236 000*	*200 00*
27	Female – Féminin	*3 165 000*	*—— *500*	*000* ——*	*418 000*	*355 000*	*301 000*	*281 000*	*257 000*	*219 00*
	Congo 22 XII 1984(C) [1]									
28	Total	1 909 248	71 469	250 298	286 187	245 176	211 294	172 226	136 523	101 44
29	Male – Masculin	929 102	35 868	125 824	143 258	122 053	102 811	83 831	65 957	48 21
30	Female – Féminin	980 146	35 601	124 474	142 929	123 123	108 483	88 395	70 566	53 23
	Côte d'Ivoire 1 III 1988(C) [4]									
31	Total	10 815 694	411 641	1 709 946	1 719 529	1 217 099	1 024 650	1 020 680	906 249	688 64
32	Male – Masculin	5 527 343	208 054	867 206	877 117	630 003	487 774	499 644	455 010	365 07
33	Female – Féminin	5 288 351	203 587	842 740	842 412	587 096	536 876	521 036	451 239	323 56

7. Population selon l'âge, le sexe et la résidence, urbaine/rurale: dernière année disponible, 1984 – 1993

(Voir notes à la fin du tableau.)

Age (en années)												
35 – 39	40 – 44	45 – 49	50 – 54	55 – 59	60 – 64	65 – 69	70 – 74	75 – 79	80 – 84	85 +	Unknown Inconnu	
1 033 291	727 541	700 307	656 553	530 426	405 704	*———	———	893 159	———	———*	2 857	1
523 583	354 748	337 177	313 581	257 950	195 681	*———	———	441 519	———	———*	1 668	2
509 708	372 793	363 130	342 972	272 476	210 023	*———	———	451 640	———	———*	1 189	3
217 000	166 000	138 000	112 000	90 000	66 000	46 000	32 000	*———	28 000	———*	–	4
103 000	79 000	66 000	53 000	41 000	30 000	21 000	15 000	*———	13 000	———*	–	5
114 000	87 000	72 000	59 000	49 000	36 000	25 000	17 000	*———	15 000	———*	–	6
64 409	46 682	37 591	32 456	26 688	21 863	19 018	14 067	9 768	5 956	13 752	25 996	7
29 592	22 412	17 813	15 529	12 231	10 008	8 297	6 537	4 396	2 576	6 098	13 961	8
34 817	24 270	19 778	16 927	14 457	11 855	10 721	7 530	5 372	3 380	7 654	12 035	9
394 094	343 320	278 304	240 001	269 129	*———	———	544 254	———	———	———*	123 389	10
163 644	143 680	126 218	127 115	114 336	*———	———	303 508	———	———	———*	41 097	11
230 450	199 640	152 086	112 886	154 793	*———	———	240 746	———	———	———*	82 292	12
266 799	183 473	140 614	135 299	95 777	94 097	57 244	61 584	33 658	27 873	28 171	9 611	13
131 248	85 936	65 088	59 199	44 960	40 322	26 288	27 591	16 060	13 527	15 002	6 883	14
135 551	97 537	75 526	76 100	50 817	53 775	30 956	33 993	17 598	14 346	13 169	2 728	15
533 483	449 544	374 056	304 988	245 122	198 457	158 944	115 578	58 472	*—— 54	372 ——*	–	16
267 567	224 751	185 934	149 955	119 437	95 301	74 870	52 930	27 644	*—— 24	040 ——*	–	17
265 916	224 793	188 122	155 033	125 685	103 156	84 074	62 648	30 828	*—— 30	332 ——*	–	18
13 067	6 873	7 124	10 323	9 702	8 801	5 389	4 698	4 612	3 212	1 946	–	19
5 148	2 697	2 654	3 953	4 017	3 951	2 405	2 069	1 901	1 331	642	–	20
7 919	4 176	4 470	6 370	5 685	4 850	2 984	2 629	2 711	1 881	1 304	–	21
119 143	98 258	88 239	76 145	62 111	49 819	32 962	17 947	9 926	5 677	5 141	4 306	22
56 723	46 835	40 803	35 144	29 576	24 181	16 477	9 346	5 277	2 884	2 751	683	23
62 420	51 423	47 436	41 001	32 535	25 638	16 485	8 601	4 649	2 793	2 390	3 623	24
353 000	294 000	242 000	197 000	154 000	*———	———	287 000	———	———	———*	–	25
167 000	139 000	112 000	89 000	69 000	*———	———	117 000	———	———	———*	–	26
186 000	155 000	130 000	108 000	85 000	*———	———	170 000	———	———	———*	–	27
84 048	68 179	68 458	56 680	47 742	39 247	28 783	19 202	7 942	4 163	1 153	9 036	28
40 203	33 463	32 479	25 562	21 154	16 707	13 056	8 766	3 546	1 738	485	4 130	29
43 845	34 716	35 979	31 118	26 588	22 540	15 727	10 436	4 396	2 425	668	4 906	30
536 118	393 116	340 537	261 321	209 059	144 109	105 669	54 091	31 071	18 981	16 313	6 870	31
289 644	207 631	182 267	141 965	115 200	79 104	58 495	28 585	16 217	8 404	6 398	3 547	32
246 474	185 485	158 270	119 356	93 859	65 005	47 174	25 506	14 854	10 577	9 915	3 323	33

7. Population by age, sex and urban/rural residence: latest available year, 1984 – 1993 (continued)

(See notes at end of table.)

	Continent, country or area, sex, date and urban/rural residence Continent, pays ou zone, sexe, date et résidence, urbaine/rurale	All ages Tous âges	Age (in years) – 1	1 – 4	5 – 9	10 – 14	15 – 19	20 – 24	25 – 29	30 – 34
	AFRICA—AFRIQUE (Cont.–Suite)									
	Egypt – Egypte 1 VII 1992 [4]									
1	Total	*55 163 000*	*—— 7 909 000 ——*		*7 508 000*	*6 506 000*	*5 630 000*	*4 916 000*	*4 256 000*	*3 670 000*
2	Male – Masculin	*28 094 000*	*—— 4 055 000 ——*		*3 850 000*	*3 345 000*	*2 898 000*	*2 527 000*	*2 184 000*	*1 879 000*
3	Female – Féminin	*27 069 000*	*—— 3 854 000 ——*		*3 658 000*	*3 161 000*	*2 732 000*	*2 389 000*	*2 072 000*	*1 791 000*
	Equatorial Guinea – Guinée équatoriale 1 VII 1990									
4	Total	*348 150*	*—— 58 720 ——*		*48 550*	*41 060*	*35 760*	*31 250*	*24 870*	*19 160*
5	Male – Masculin	*168 870*	*—— 29 570 ——*		*24 470*	*20 670*	*17 940*	*15 270*	*11 540*	*8 560*
6	Female – Féminin	*179 280*	*—— 29 150 ——*		*24 080*	*20 390*	*17 820*	*15 980*	*13 330*	*10 600*
	Former Ethiopia – Ancienne Ethiopie 1 VII 1993* [4]									
7	Total	*56 899 600*	*—— 10 692 000 ——*		*9 144 500*	*7 956 500*	*6 289 200*	*4 641 500*	*3 303 500*	*2 597 300*
8	Male – Masculin	*28 556 200*	*—— 5 391 600 ——*		*4 651 400*	*4 103 900*	*3 272 400*	*2 402 800*	*1 637 900*	*1 199 900*
9	Female – Féminin	*28 343 400*	*—— 5 300 400 ——*		*4 493 100*	*3 852 600*	*3 016 800*	*2 238 700*	*1 665 600*	*1 397 400*
	Ghana 11 III 1984(C) [4]									
10	Total	12 296 081	340 047	1 690 035	2 001 825	1 503 209	1 246 390	1 056 001	945 111	742 803
11	Male – Masculin	6 063 848	170 009	845 158	1 012 787	774 822	636 599	483 990	433 585	351 682
12	Female – Féminin	6 232 233	170 038	844 877	989 038	728 387	609 791	572 011	511 526	391 121
	Guinea–Bissau – Guinée–Bissau 1 I 1989									
13	Total	*943 000*	*—— 154 000 ——*		*131 000*	*123 000*	*115 000*	*76 000*	*66 000*	*54 000*
14	Male – Masculin	*456 000*	*—— 78 000 ——*		*66 000*	*61 000*	*58 000*	*42 000*	*31 000*	*22 000*
15	Female – Féminin	*487 000*	*—— 76 000 ——*		*65 000*	*62 000*	*57 000*	*34 000*	*35 000*	*32 000*
	Kenya 24 VIII 1989(C)									
16	Total	21 443 636	807 672	2 992 372	3 468 939	2 989 692	2 378 695	1 902 934	1 629 763	1 159 424
17	Male – Masculin	10 628 368	406 759	1 504 457	1 743 647	1 504 045	1 177 983	889 594	782 474	583 773
18	Female – Féminin	10 815 268	400 913	1 487 915	1 725 292	1 485 647	1 200 712	1 013 340	847 289	575 651
	Lesotho 1 VII 1987*									
19	Total	*1 617 998*	*—— 253 666 ——*		*220 804*	*184 099*	*154 915*	*134 558*	*117 382*	*102 677*
20	Male – Masculin	*778 998*	*—— 125 886 ——*		*109 216*	*90 131*	*75 797*	*65 592*	*56 555*	*49 233*
21	Female – Féminin	*839 000*	*—— 127 780 ——*		*111 588*	*93 968*	*79 118*	*68 966*	*60 827*	*53 444*
	Liberia – Libéria 1 II 1984(C)* [4]									
22	Total	2 101 628	77 669	272 952	313 772	242 436	230 695	193 635	167 963	122 514
23	Male – Masculin	1 063 127	39 691	135 834	159 960	129 509	112 272	90 530	80 839	59 926
24	Female – Féminin	1 038 501	37 978	137 118	153 812	112 927	118 423	103 105	87 124	62 588
	Libyan Arab Jamahiriya – Jamahiriya arabe libyenne 31 VII 1991 [4 6]									
25	Total	*4 231 600*	*196 349*	*684 751*	*681 400*	*548 699*	*455 098*	*374 199*	*283 301*	*216 401*
26	Male – Masculin	*2 157 200*	*100 092*	*348 208*	*345 500*	*278 200*	*231 399*	*190 700*	*145 300*	*111 601*
27	Female – Féminin	*2 074 400*	*96 257*	*336 543*	*335 900*	*270 499*	*223 699*	*183 499*	*138 001*	*104 800*
	Malawi 1 VII 1991 [4]									
28	Total	*8 556 200*	*—— 1 728 800 ——*		*1 330 000*	*1 074 100*	*870 500*	*719 100*	*592 900*	*485 700*
29	Male – Masculin	*4 173 900*	*—— 865 400 ——*		*663 100*	*534 300*	*431 800*	*354 600*	*287 000*	*229 400*
30	Female – Féminin	*4 382 300*	*—— 863 400 ——*		*666 900*	*539 800*	*438 700*	*364 500*	*305 900*	*256 300*

7. Population selon l'âge, le sexe et la résidence, urbaine/rurale: dernière année disponible, 1984 – 1993 (suite)

(Voir notes à la fin du tableau.)

Age (en années)												
35 – 39	40 – 44	45 – 49	50 – 54	55 – 59	60 – 64	65 – 69	70 – 74	75 – 79	80 – 84	85 +	Unknown Inconnu	
3 152 000	2 686 000	2 286 000	1 898 000	1 532 000	1 205 000	895 000	590 000	*———	524 000	———*	–	1
1 610 000	1 371 000	1 154 000	948 000	750 000	578 000	424 000	276 000	*———	245 000	———*	–	2
1 542 000	1 315 000	1 132 000	950 000	782 000	627 000	471 000	314 000	*———	279 000	———*	–	3
15 740	14 360	13 730	12 490	10 280	8 300	6 200	4 090	2 340	*— 1 250	—*	–	4
7 040	6 370	6 220	6 010	5 060	3 960	2 850	1 820	1 010	*— 510	—*	–	5
8 700	7 990	7 510	6 480	5 220	4 340	3 350	2 270	1 330	*— 740	—*	–	6
2 408 500	2 286 000	2 006 200	1 620 200	1 265 700	959 600	681 400	476 300	*———	571 200	———*	–	7
1 074 300	1 052 100	974 000	814 000	638 200	477 700	337 500	239 200	*———	289 300	———*	–	8
1 334 200	1 233 900	1 032 200	806 200	627 500	481 900	343 900	237 100	*———	281 900	———*	–	9
584 299	473 254	428 207	352 684	213 081	225 776	145 309	128 866	71 813	70 427	76 944	–	10
282 353	226 042	217 219	173 255	107 084	107 740	70 506	63 786	36 345	33 563	37 323	–	11
301 946	247 212	210 988	179 429	105 997	118 036	74 803	65 080	35 468	36 864	39 621	–	12
58 000	*38 000*	*36 000*	*26 000*	*21 000*	*16 000*	*9 000*	*10 000*	*4 000*	*— *6 000*	—*	–	13
23 000	*16 000*	*16 000*	*11 000*	*10 000*	*7 000*	*5 000*	*5 000*	*2 000*	*— *3 000*	—*	–	14
35 000	*22 000*	*20 000*	*15 000*	*11 000*	*9 000*	*4 000*	*5 000*	*2 000*	*— *3 000*	—*	–	15
918 893	732 178	574 531	476 524	360 172	318 398	230 668	174 177	127 075	*— 201 529	—*	–	16
460 949	367 933	281 126	235 906	179 017	150 496	113 689	82 965	66 599	*— 96 956	—*	–	17
457 944	364 245	293 405	240 618	181 155	167 902	116 979	91 212	60 476	*— 104 573	—*	–	18
89 253	*77 305*	*67 536*	*57 025*	*48 066*	*38 861*	*29 873*	*21 298*	*12 944*	*— *7 736*	—*	–	19
42 689	*36 613*	*31 627*	*26 486*	*21 890*	*17 215*	*13 009*	*8 880*	*5 141*	*— *3 038*	—*	–	20
46 564	*40 692*	*35 909*	*30 539*	*26 176*	*21 646*	*16 864*	*12 418*	*7 803*	*— *4 698*	—*	–	21
107 034	79 899	68 429	55 478	38 630	43 405	30 398	19 199	*———	37 520	———*	–	22
51 395	41 749	36 619	29 283	21 454	23 978	16 868	11 361	*———	21 859	———*	–	23
55 639	38 150	31 810	26 195	17 176	19 427	13 530	7 838	*———	15 661	———*	–	24
181 701	*150 698*	*123 600*	*99 900*	*78 803*	*60 000*	*43 800*	*28 600*	*———	*24 300*	———*	–	25
94 101	*78 199*	*64 100*	*51 501*	*40 399*	*30 600*	*21 900*	*14 000*	*———	*11 400*	———*	–	26
87 600	*72 499*	*59 500*	*48 399*	*38 404*	*29 400*	*21 900*	*14 600*	*———	*12 900*	———*	–	27
396 600	*329 600*	*274 200*	*225 300*	*177 900*	*135 600*	*98 100*	*63 900*	*35 700*	*— *18 200*	—*	–	28
182 700	*152 200*	*127 800*	*105 900*	*82 300*	*61 700*	*44 300*	*28 400*	*15 500*	*— *7 500*	—*	–	29
213 900	*177 400*	*146 400*	*119 400*	*95 600*	*73 900*	*53 800*	*35 500*	*20 200*	*— *10 700*	—*	–	30

7. Population by age, sex and urban/rural residence: latest available year, 1984 – 1993 (continued)

(See notes at end of table.)

	Continent, country or area, sex, date and urban/rural residence Continent, pays ou zone, sexe, date et résidence, urbaine/rurale	All ages Tous âges	Age (in years) – 1	1 – 4	5 – 9	10 – 14	15 – 19	20 – 24	25 – 29	30 – 34
	AFRICA—AFRIQUE (Cont.–Suite)									
	Mali 1 IV 1987(C) [1 4]									
1	Total	7 696 348	249 363	1 180 197	1 241 526	864 160	725 719	574 357	536 226	443 702
2	Male – Masculin	3 760 711	124 931	593 220	631 761	451 102	347 345	259 552	230 587	198 985
3	Female – Féminin	3 935 637	124 432	586 977	609 765	413 058	378 374	314 805	305 639	244 717
	Mauritania – Mauritanie 24 IV 1993*									
4	Total	2 147 778	*—— 390	397 ——*	287 946	294 024	215 166	185 066	156 811	140 238
5	Male – Masculin	1 066 298	*—— 196	530 ——*	146 131	152 069	112 582	90 442	72 641	64 843
6	Female – Féminin	1 081 480	*—— 193	867 ——*	141 815	141 955	102 584	94 624	84 170	75 395
	Mauritius – Maurice 1 VII 1991 [4]									
7	Total	1 070 128	*—— 101	836 ——*	98 635	115 823	98 588	98 200	107 747	94 514
8	Male – Masculin	534 325	*—— 51	676 ——*	50 045	58 611	49 706	50 176	54 638	48 137
9	Female – Féminin	535 803	*—— 50	160 ——*	48 590	57 212	48 882	48 024	53 109	46 377
	Island of Mauritius – Ile Maurice 1 VII 1991									
10	Total	1 035 807	*—— 97	909 ——*	94 042	110 746	94 472	94 959	105 171	92 252
11	Male – Masculin	517 195	*—— 49	670 ——*	47 765	56 060	47 651	48 506	53 381	47 001
12	Female – Féminin	518 612	*—— 48	239 ——*	46 277	54 686	46 821	46 453	51 790	45 251
	Rodrigues 1 VII 1991									
13	Total	34 321	*—— 3	927 ——*	4 593	5 077	4 116	3 241	2 576	2 262
14	Male – Masculin	17 130	*—— 2	006 ——*	2 280	2 551	2 055	1 670	1 257	1 136
15	Female – Féminin	17 191	*—— 1	921 ——*	2 313	2 526	2 061	1 571	1 319	1 126
	Morocco – Maroc 1 VII 1993* [4]									
16	Total	26 069 000	*— 3 3	13 000 —*	3 260 000	3 277 000	2 954 000	2 535 000	2 162 000	1 822 000
17	Male – Masculin	12 792 000	*— 1 6	91 000 —*	1 640 000	1 682 000	1 500 000	1 216 000	1 016 000	859 000
18	Female – Féminin	13 277 000	*— 1 6	22 000 —*	1 620 000	1 595 000	1 454 000	1 319 000	1 146 000	963 000
	Mozambique 1 VIII 1987 [4]									
19	Total	14 548 400	547 500	1 984 100	2 112 800	1 802 000	1 528 000	1 293 800	1 089 700	913 400
20	Male – Masculin	7 095 400	270 100	977 900	1 040 000	886 800	751 700	635 400	533 900	446 500
21	Female – Féminin	7 453 000	277 400	1 006 200	1 072 800	915 200	776 300	658 400	555 800	466 900
	Namibia – Namibie 21 X 1991(C) [4]									
22	Total	1 409 920	49 692	169 173	192 619	176 903	165 555	130 735	110 195	86 156
23	Male – Masculin	686 327	24 848	84 253	95 872	87 836	81 386	63 471	52 369	40 531
24	Female – Féminin	723 593	24 844	84 920	96 747	89 067	84 169	67 264	57 826	45 625
	Niger 20 V 1988(C)* [4]									
25	Total	7 248 100	*— 1 5	40 760 —*	1 280 220	710 900	645 390	592 310	562 410	425 910
26	Male – Masculin	3 590 070	*—— 776	020 ——*	650 730	380 090	290 790	256 230	245 270	202 220
27	Female – Féminin	3 658 030	*—— 764	740 ——*	629 490	330 810	354 600	336 080	317 140	223 690
	Réunion 1 I 1993* [1]									
28	Total	631 500	14 200	54 000	63 900	61 100	59 700	56 500	59 800	52 400
29	Male – Masculin	311 200	7 200	27 400	32 400	30 800	30 100	27 800	29 500	26 000
30	Female – Féminin	320 300	7 000	26 600	31 500	30 300	29 600	28 700	30 300	26 400
	Rwanda 15 VIII 1991(C) [1]									
31	Total	7 149 215	*— 1 2	97 225 —*	1 183 060	923 245	711 050	585 070	529 435	481 305
32	Male – Masculin	3 482 460	*—— 644	055 ——*	583 400	455 165	348 780	282 230	261 830	239 795
33	Female – Féminin	3 666 755	*—— 653	170 ——*	599 660	468 080	362 270	302 840	267 605	241 510

7. Population selon l'âge, le sexe et la résidence, urbaine/rurale: dernière année disponible, 1984 – 1993 (suite)

(Voir notes à la fin du tableau.)

Age (en années)												
35 – 39	40 – 44	45 – 49	50 – 54	55 – 59	60 – 64	65 – 69	70 – 74	75 – 79	80 – 84	85 +	Unknown Inconnu	
379 184	325 824	263 717	236 346	182 328	180 624	115 973	82 093	41 615	*— 52 930 —*		20 464	1
178 089	156 580	131 802	116 685	95 161	89 512	60 436	40 116	21 030	*— 24 988 —*		8 829	2
201 095	169 244	131 915	119 661	87 167	91 112	55 537	41 977	20 585	*— 27 942 —*		11 635	3
112 705	*85 646*	*68 958*	*51 822*	*56 191*	*27 591*	*33 265*	*16 779*	*——— 25 173 ———*			–	4
54 208	*42 337*	*32 675*	*25 394*	*26 848*	*14 406*	*16 093*	*8 307*	*——— 10 792 ———*			–	5
58 497	*43 309*	*36 283*	*26 428*	*29 343*	*13 185*	*17 172*	*8 472*	*——— 14 381 ———*			–	6
81 966	66 978	46 302	37 819	33 115	29 265	25 763	15 316	10 079	5 083	3 099	–	7
41 617	33 708	22 490	18 421	16 034	13 859	12 033	6 676	4 027	1 712	759	–	8
40 349	33 270	23 812	19 398	17 081	15 406	13 730	8 640	6 052	3 371	2 340	–	9
80 321	65 649	44 989	36 572	32 178	28 577	25 261	14 927	9 828	4 927	3 027	–	10
40 782	33 007	21 847	17 806	15 572	13 510	11 796	6 510	3 923	1 662	746	–	11
39 539	32 642	23 142	18 766	16 606	15 067	13 465	8 417	5 905	3 265	2 281	–	12
1 645	1 329	1 313	1 247	937	688	502	389	251	156	72	–	13
835	701	643	615	462	349	237	166	104	50	13	–	14
810	628	670	632	475	339	265	223	147	106	59	–	15
1 482 000	*1 076 000*	*836 000*	*808 000*	*760 000*	*573 000*	*477 000*	*334 000*	*——— 400 000 ———*			–	16
723 000	*519 000*	*385 000*	*356 000*	*350 000*	*264 000*	*223 000*	*171 000*	*——— 197 000 ———*			–	17
759 000	*557 000*	*451 000*	*452 000*	*410 000*	*309 000*	*254 000*	*163 000*	*——— 203 000 ———*			–	18
761 700	*632 500*	*520 800*	*419 800*	*327 400*	*244 000*	*171 100*	*108 700*	*59 500*	*— 31 600 —*		–	19
371 200	*306 900*	*251 200*	*200 100*	*153 100*	*111 200*	*75 800*	*46 700*	*24 600*	*— 12 300 —*		–	20
390 500	*325 600*	*269 600*	*219 700*	*174 300*	*132 800*	*95 300*	*62 000*	*34 900*	*— 19 300 —*		–	21
66 533	54 815	43 779	38 219	27 895	28 717	23 199	21 704	10 866	6 592	5 985	588	22
32 045	26 757	21 477	18 664	13 881	12 806	10 135	9 704	4 885	2 794	2 241	372	23
34 488	28 058	22 302	19 555	14 014	15 911	13 064	12 000	5 981	3 798	3 744	216	24
335 370	294 590	193 690	190 910	110 190	125 860	60 160	71 580	30 890	*— 51 750 —*		25 210	25
171 750	147 510	109 810	102 830	66 530	66 500	35 470	35 540	17 130	*— 25 700 —*		9 950	26
163 620	147 080	83 880	88 080	43 660	59 360	24 690	36 040	13 760	*— 26 050 —*		15 260	27
45 400	*36 500*	*28 700*	*24 800*	*21 600*	*16 500*	*14 000*	*9 800*	*6 400*	*— 6 200 —*		–	28
22 500	*18 400*	*14 500*	*12 200*	*10 400*	*7 700*	*6 200*	*4 000*	*2 300*	*— 1 800 —*		–	29
22 900	*18 100*	*14 200*	*12 600*	*11 200*	*8 800*	*7 800*	*5 800*	*4 100*	*— 4 400 —*		–	30
358 200	244 850	175 750	173 205	134 170	126 230	84 070	73 365	*——— 68 985 ———*			–	31
176 375	118 140	77 880	73 080	61 455	55 100	39 400	32 755	*——— 33 020 ———*			–	32
181 825	126 710	97 870	100 125	72 715	71 130	44 670	40 610	*——— 35 965 ———*			–	33

7. Population by age, sex and urban/rural residence: latest available year, 1984 – 1993 (continued)

(See notes at end of table.)

	Continent, country or area, sex, date and urban/rural residence Continent, pays ou zone, sexe, date et résidence, urbaine/rurale	Age (in years) All ages Tous âges	-1	1-4	5-9	10-14	15-19	20-24	25-29	30-34
	AFRICA—AFRIQUE (Cont.–Suite)									
	St. Helena ex. dep. – Sainte–Hélène sans dép. 1 VII 1993*									
1	Total	*6 488*	*75*	*307*	*402*	*548*	*541*	*694*	*637*	*561*
2	Male – Masculin	*3 320*	*38*	*159*	*204*	*268*	*261*	*354*	*320*	*276*
3	Female – Féminin	*3 168*	*37*	*148*	*198*	*280*	*280*	*340*	*317*	*285*
	Tristan da Cunha 1 VII 1993*									
4	Total	*295*	*2*	*12*	*16*	*17*	*16*	*33*	*19*	*15*
5	Male – Masculin	*140*	*1*	*9*	*6*	*11*	*2*	*19*	*6*	*8*
6	Female – Féminin	*155*	*1*	*3*	*10*	*6*	*14*	*14*	*13*	*7*
	Sao Tome and Principe – Sao Tomé–et–Principe 4 VIII 1991(C)									
7	Total	117 504	*—— 18	603 ——*	19 445	17 055	12 642	9 992	8 178	6 069
8	Male – Masculin	58 040	*—— 9	376 ——*	9 820	8 560	6 423	5 005	3 969	2 848
9	Female – Féminin	59 464	*—— 9	227 ——*	9 625	8 495	6 219	4 987	4 209	3 221
	Senegal – Sénégal 27 V 1988(C) [4]									
10	Total	6 896 808	*— 1 3	19 911 —*	1 127 648	819 035	710 188	560 017	532 033	379 177
11	Male – Masculin	3 353 599	*—— 662	816 ——*	554 176	408 713	333 468	260 066	239 588	181 011
12	Female – Féminin	3 543 209	*—— 657	095 ——*	573 472	410 322	376 720	299 951	292 445	198 166
	Seychelles 1 VII 1993*									
13	Total	72 254	1 656	6 308	7 392	7 417	7 167	6 812	7 238	6 354
14	Male – Masculin	35 903	858	3 225	3 722	3 714	3 586	3 355	3 481	3 268
15	Female – Féminin	36 351	798	3 083	3 670	3 703	3 581	3 457	3 757	3 086
	Sierra Leone 15 XII 1985(C) [7]									
16	Total	3 222 901	*—— 530	494 ——*	488 004	317 582	315 432	250 980	259 989	202 689
17	Male – Masculin	1 590 609	*—— 266	878 ——*	245 417	168 213	147 562	112 193	115 502	91 917
18	Female – Féminin	1 632 292	*—— 263	616 ——*	242 587	149 369	167 870	138 787	144 487	110 772
	South Africa – Afrique du Sud [8] 7 III 1991(C)* [4]									
19	Total	30 986 920	666 821	3 151 740	3 596 812	3 306 221	3 158 990	2 966 754	2 695 491	2 409 874
20	Male – Masculin	15 479 528	332 158	1 593 276	1 813 818	1 663 472	1 587 893	1 494 166	1 372 128	1 234 243
21	Female – Féminin	15 507 392	334 664	1 558 465	1 782 993	1 642 750	1 571 097	1 472 589	1 323 364	1 175 631
	Sudan – Soudan 15 IV 1993(C)*									
22	Total	24 941 000	*— 4 3	05 000 —*	3 786 000	2 627 000	2 445 000	2 255 000	2 026 000	1 624 000
23	Male – Masculin	12 519 000	*— 2 1	73 000 —*	1 911 000	1 285 000	1 247 000	1 158 000	1 028 000	802 000
24	Female – Féminin	12 422 000	*— 2 1	32 000 —*	1 875 000	1 341 000	1 199 000	1 098 000	997 000	822 000
	Swaziland 25 VIII 1986(C) [4]									
25	Total	681 059	21 065	100 504	107 915	92 989	75 674	58 386	47 051	35 693
26	Male – Masculin	321 579	10 166	49 857	53 305	46 054	36 472	24 336	19 540	15 837
27	Female – Féminin	359 480	10 899	50 647	54 610	46 935	39 202	34 050	27 511	19 856
	Tunisia – Tunisie 1 VII 1989 [4]									
28	Total	*7 909 555*	*— *1 0*	*14 143* —*	*1 022 505*	*963 423*	*832 231*	*769 184*	*645 086*	*533 030*
29	Male – Masculin	*4 013 810*	*—— *520*	*826* ——*	*525 475*	*491 329*	*422 894*	*389 521*	*320 366*	*266 980*
30	Female – Féminin	*3 895 745*	*—— *493*	*317* ——*	*497 030*	*472 094*	*409 337*	*379 663*	*324 720*	*266 050*

7. Population selon l'âge, le sexe et la résidence, urbaine/rurale: dernière année disponible, 1984 – 1993 (suite)

(Voir notes à la fin du tableau.)

Age (en années)												
35 – 39	40 – 44	45 – 49	50 – 54	55 – 59	60 – 64	65 – 69	70 – 74	75 – 79	80 – 84	85 +	Unknown Inconnu	
500	474	419	323	234	218	173	146	112	54	70	–	1
281	248	252	195	139	102	72	66	45	22	18	–	2
219	226	167	128	95	116	101	80	67	32	52	–	3
13	21	22	23	22	13	20	15	7	5	4	–	4
5	10	10	9	13	7	10	8	2	3	1	–	5
8	11	12	14	9	6	10	7	5	2	3	–	6
4 771	3 495	2 965	3 385	3 082	2 643	2 115	*——— 3 064 ———*				–	7
2 152	1 622	1 378	1 669	1 548	1 288	1 028	*——— 1 354 ———*				–	8
2 619	1 873	1 587	1 716	1 534	1 355	1 087	*——— 1 710 ———*				–	9
339 714	218 921	219 261	164 223	159 931	108 407	97 971	*——— 140 371 ———*				–	10
158 738	105 298	106 186	83 553	79 531	58 463	51 690	*——— 70 302 ———*				–	11
180 976	113 623	113 075	80 670	80 400	49 944	46 281	*——— 70 069 ———*				–	12
4 454	3 231	2 451	2 440	2 360	2 014	1 637	1 308	977	559	479	–	13
2 452	1 804	1 324	1 165	1 121	930	669	557	361	174	137	–	14
2 002	1 427	1 127	1 275	1 239	1 084	968	751	616	385	342	–	15
182 596	135 343	118 716	95 535	68 216	71 801	51 636	41 704	30 810	*— 61 374 —*		–	16
89 760	66 833	64 206	49 621	37 327	36 671	27 149	22 682	17 046	*— 31 632 —*		–	17
92 836	68 510	54 510	45 914	30 889	35 130	24 487	19 022	13 764	*— 29 742 —*		–	18
2 004 256	1 660 256	1 346 082	1 118 924	891 048	682 748	493 508	406 143	211 050	135 193	85 006	–	19
1 020 907	843 271	674 435	552 975	432 148	313 535	219 243	171 275	84 373	49 036	27 176	–	20
983 348	816 986	671 648	565 947	458 901	369 214	274 265	234 870	126 677	86 159	57 828	–	21
1 359 000	1 109 000	947 000	766 000	603 000	433 000	298 000	195 000	*—— 163 000 ——*			–	22
658 000	526 000	453 000	377 000	308 000	229 000	161 000	109 000	*—— 94 000 ——*			–	23
700 000	582 000	494 000	388 000	295 000	205 000	136 000	85 000	*—— 73 000 ——*			–	24
31 070	24 564	22 774	16 152	11 801	9 432	7 968	6 030	3 503	2 547	3 087	2 854	25
14 043	11 225	11 383	8 219	5 998	4 268	3 365	2 589	1 473	1 000	1 073	1 376	26
17 027	13 339	11 391	7 933	5 803	5 164	4 603	3 441	2 030	1 547	2 014	1 478	27
418 015	305 403	273 963	288 823	256 087	200 605	150 564	100 199	76 293	*— 60 001 —*		–	28
200 860	148 108	133 820	146 532	134 000	104 625	79 331	55 797	42 894	*— 30 452 —*		–	29
217 155	157 295	140 143	142 291	122 087	95 980	71 233	44 402	33 399	*— 29 549 —*		–	30

7. Population by age, sex and urban/rural residence: latest available year, 1984 – 1993 (continued)

(See notes at end of table.)

	Continent, country or area, sex, date and urban/rural residence Continent, pays ou zone, sexe, date et résidence, urbaine/rurale	Age (in years)								
		All ages Tous âges	– 1	1 – 4	5 – 9	10 – 14	15 – 19	20 – 24	25 – 29	30 – 34
	AFRICA—AFRIQUE (Cont.–Suite)									
	Uganda – Ouganda 12 I 1991(C) [4]									
1	Total	16 671 705	674 274	2 478 848	2 506 991	2 220 368	1 802 260	1 525 840	1 283 307	945 587
2	Male – Masculin	8 185 747	334 285	1 231 594	1 246 565	1 130 236	865 780	710 213	610 223	465 672
3	Female – Féminin	8 485 958	339 989	1 247 254	1 260 426	1 090 132	936 480	815 627	673 084	479 915
	United Rep. of Tanzania – Rép.–Unie de Tanzanie 1 VII 1985									
4	Total	*21 733 000*	*997 300*	*3 379 700*	*3 317 000*	*2 704 000*	*2 305 000*	*1 627 000*	*1 488 000*	*1 161 000*
5	Male – Masculin	*10 637 000*	*500 000*	*1 697 000*	*1 657 000*	*1 354 000*	*1 126 000*	*791 000*	*696 000*	*527 000*
6	Female – Féminin	*11 096 000*	*497 300*	*1 682 700*	*1 660 000*	*1 350 000*	*1 179 000*	*836 000*	*792 000*	*634 000*
	Tanganyika 1 VII 1985									
7	Total	*21 162 000*	*— *4 2*	*68 000 —*	*3 225 000*	*2 615 000*	*2 244 000*	*1 582 000*	*1 453 000*	*1 132 000*
8	Male – Masculin	*10 357 000*	*— *2 1*	*42 000 —*	*1 612 000*	*1 310 000*	*1 095 000*	*769 000*	*680 000*	*514 000*
9	Female – Féminin	*10 805 000*	*— *2 1*	*26 000 —*	*1 613 000*	*1 305 000*	*1 149 000*	*813 000*	*773 000*	*618 000*
	Zanzibar 1 VII 1985									
10	Total	*571 000*	*23 300*	*85 700*	*92 000*	*89 000*	*61 000*	*45 000*	*35 000*	*29 000*
11	Male – Masculin	*280 000*	*12 000*	*43 000*	*45 000*	*44 000*	*31 000*	*22 000*	*16 000*	*13 000*
12	Female – Féminin	*291 000*	*11 300*	*42 700*	*47 000*	*45 000*	*30 000*	*23 000*	*19 000*	*16 000*
	Zaire – Zaïre 1 VII 1985 [4]									
13	Total	*30 981 382*	*1 357 953*	*4 552 184*	*4 675 192*	*3 849 045*	*3 225 309*	*2 704 158*	*2 226 223*	*1 850 012*
14	Male – Masculin	*15 326 732*	*695 915*	*2 313 307*	*2 364 650*	*1 939 657*	*1 614 079*	*1 340 441*	*1 082 637*	*907 449*
15	Female – Féminin	*15 654 650*	*662 038*	*2 238 877*	*2 310 542*	*1 909 388*	*1 611 230*	*1 363 717*	*1 143 586*	*942 563*
	Zambia – Zambie 20 VIII 1990(C)* [4]									
16	Total	7 818 447	*— 1 3	68 228 —*	1 235 315	1 094 583	961 669	688 023	555 110	430 015
17	Male – Masculin	3 843 433	*—— 680	288 ——*	603 419	515 020	476 586	334 379	265 197	207 545
18	Female – Féminin	3 975 014	*—— 687	940 ——*	631 896	579 563	485 083	353 644	289 913	222 470
	Zimbabwe 18 VIII 1987 [4]									
19	Total	*8 687 327*	*282 839*	*1 153 617*	*1 430 015*	*1 280 968*	*1 033 046*	*708 397*	*574 492*	*454 938*
20	Male – Masculin	*4 238 404*	*143 058*	*565 113*	*710 883*	*633 365*	*522 625*	*331 881*	*256 962*	*204 869*
21	Female – Féminin	*4 448 923*	*139 781*	*588 504*	*719 132*	*647 603*	*510 421*	*376 516*	*317 530*	*250 069*
	AMERICA,NORTH— AMERIQUE DU NORD									
	Aruba 6 X 1991(C) [1]									
22	Total	66 687	1 049	4 489	5 497	5 227	4 501	4 413	5 781	6 752
23	Male – Masculin	32 821	573	2 391	2 833	2 654	2 313	2 244	2 859	3 349
24	Female – Féminin	33 866	476	2 098	2 665	2 574	2 188	2 167	2 921	3 403
	Bahamas 1 VII 1992									
25	Total	264 175	6 375	23 507	28 195	26 879	27 946	26 414	26 961	22 318
26	Male – Masculin	128 939	3 242	11 826	14 293	13 512	13 905	13 061	13 248	10 663
27	Female – Féminin	135 236	3 133	11 681	13 902	13 367	14 041	13 353	13 713	11 655

7. Population selon l'âge, le sexe et la résidence, urbaine/rurale: dernière année disponible, 1984 – 1993 (suite)

(Voir notes à la fin du tableau.)

Age (en années)												
35 – 39	40 – 44	45 – 49	50 – 54	55 – 59	60 – 64	65 – 69	70 – 74	75 – 79	80 – 84	85 +	Unknown Inconnu	
692 512	541 048	457 763	428 172	267 235	283 694	175 442	163 153	85 349	*—— 132 320 ——*		7 542	1
339 433	260 825	224 675	207 711	137 998	134 321	88 797	79 266	45 258	*—— 69 454 ——*		3 441	2
353 079	280 223	233 088	220 461	129 237	149 373	86 645	83 887	40 091	*—— 62 866 ——*		4 101	3
1 140 000	857 000	742 000	505 000	467 000	347 000	234 000	152 000	*———— 310 000 ————*			–	4
529 000	415 000	364 000	253 000	236 000	162 000	114 000	72 000	*———— 144 000 ————*			–	5
611 000	442 000	378 000	252 000	231 000	185 000	120 000	80 000	*———— 166 000 ————*			–	6
1 116 000	838 000	726 000	491 000	457 000	339 000	226 000	147 000	*———— 303 000 ————*			–	7
518 000	406 000	356 000	246 000	231 000	158 000	110 000	70 000	*———— 140 000 ————*			–	8
598 000	432 000	370 000	245 000	226 000	181 000	116 000	77 000	*———— 163 000 ————*			–	9
24 000	19 000	16 000	14 000	10 000	8 000	8 000	5 000	*———— 7 000 ————*			–	10
11 000	9 000	8 000	7 000	5 000	4 000	4 000	2 000	*———— 4 000 ————*			–	11
13 000	10 000	8 000	7 000	5 000	4 000	4 000	3 000	*———— 3 000 ————*			–	12
1 539 734	1 263 014	1 018 203	808 155	633 920	481 121	344 066	255 603	128 039	*—— 69 451 ——*		–	13
747 306	606 967	482 101	377 398	290 141	214 049	149 057	124 375	51 259	*—— 25 944 ——*		–	14
792 428	656 047	536 102	430 757	343 779	267 072	195 009	131 228	76 780	*—— 43 507 ——*		–	15
336 193	242 372	203 280	211 098	156 369	125 095	78 184	70 366	31 274	*—— 23 455 ——*		7 818	16
176 798	122 989	107 616	92 242	76 869	69 182	42 278	34 591	19 217	*—— 15 374 ——*		3 843	17
159 395	119 383	95 664	118 856	79 500	55 913	35 906	35 775	12 057	*—— 8 081 ——*		3 975	18
376 742	299 224	288 828	205 208	195 829	129 950	136 617	57 065	35 482	14 351	29 719	–	19
168 257	141 024	141 024	106 898	107 124	67 348	70 399	29 606	17 515	6 441	14 012	–	20
208 485	158 200	147 804	98 310	88 705	62 602	66 218	27 459	17 967	7 910	15 707	–	21
6 170	5 105	4 079	3 585	3 054	2 127	1 478	1 219	922	710	391	140	22
2 953	2 476	1 939	1 699	1 429	1 014	708	533	369	293	130	60	23
3 215	2 627	2 137	1 887	1 624	1 112	769	685	554	418	258	80	24
16 742	13 009	11 527	9 270	7 087	5 446	4 138	3 701	2 397	1 390	873	–	25
7 990	6 315	5 541	4 368	3 369	2 472	1 804	1 571	968	516	275	–	26
8 752	6 694	5 986	4 902	3 718	2 974	2 334	2 130	1 429	874	598	–	27

7. Population by age, sex and urban/rural residence: latest available year, 1984 – 1993 (continued)

(See notes at end of table.)

	Continent, country or area, sex, date and urban/rural residence Continent, pays ou zone, sexe, date et résidence, urbaine/rurale	Age (in years) All ages Tous âges	– 1	1 – 4	5 – 9	10 – 14	15 – 19	20 – 24	25 – 29	30 –
	AMERICA,NORTH— (Cont.–Suite) AMERIQUE DU NORD									
	Barbados – Barbade 31 XII 1988									
1	Total	255 200	3 694	16 073	20 769	22 593	24 275	25 612	25 062	21 6
2	Male – Masculin	122 300	1 917	8 141	10 404	11 297	12 181	12 855	12 438	10 6
3	Female – Féminin	132 900	1 777	7 932	10 365	11 296	12 094	12 757	12 624	11 0
	Belize 1 VII 1993 [4]									
4	Total	*205 000*	*6 747*	*26 161*	*30 434*	*26 657*	*22 444*	*18 661*	*16 086*	*13 0*
5	Male – Masculin	*104 000*	*3 425*	*13 273*	*15 393*	*13 620*	*11 183*	*9 292*	*8 037*	*6 6*
6	Female – Féminin	*101 000*	*3 322*	*12 888*	*15 041*	*13 037*	*11 261*	*9 369*	*8 049*	*6 3*
	Bermuda – Bermudes 1 VII 1991 [1]									
7	Total	61 220	*—— 4 030 ——*		4 120	3 940	4 280	4 470	5 020	5 4
8	Male – Masculin	29 840	*—— 2 060 ——*		2 100	1 970	2 170	2 280	2 520	2 6
9	Female – Féminin	31 380	*—— 1 970 ——*		2 020	1 970	2 110	2 190	2 500	2 8
	British Virgin Islands – Iles Vierges britanniques 1 VII 1988									
10	Total	12 375	*—— 1 238 ——*		1 151	1 257	1 269	1 101	978	1 0
11	Male – Masculin	6 213	*—— 622 ——*		578	646	640	528	485	49
12	Female – Féminin	6 162	*—— 616 ——*		573	611	629	573	493	52
	Canada 1 VI 1992* [1 4]									
13	Total	27 408 898	409 679	1 572 292	1 884 800	1 867 214	1 840 592	1 979 246	2 296 785	2 460 07
14	Male – Masculin	13 515 119	210 159	805 446	965 933	957 444	943 408	1 011 935	1 155 452	1 224 93
15	Female – Féminin	13 893 779	199 520	766 846	918 867	909 770	897 184	967 311	1 141 333	1 235 14
	Cayman Islands – Iles Caïmanes 15 X 1989(C) [1]									
16	Total	25 355	422	1 595	1 925	1 816	2 053	2 274	2 867	2 71
17	Male – Masculin	12 372	209	803	945	942	966	1 158	1 404	1 29
18	Female – Féminin	12 983	213	792	980	874	1 087	1 116	1 463	1 41
	Costa Rica 1 VII 1985* [1 4]									
19	Total	2 488 749	68 346	264 086	298 290	280 105	287 150	269 113	216 777	173 52
20	Male – Masculin	1 244 126	35 070	134 744	152 087	142 236	143 860	132 934	106 332	86 01
21	Female – Féminin	1 244 623	33 276	129 342	146 203	137 869	143 290	136 179	110 445	87 51
	Cuba 1 VII 1991 [4]									
22	Total	10 743 694	178 770	718 849	800 705	728 127	1 041 557	1 148 546	1 138 755	782 42
23	Male – Masculin	5 405 363	92 640	369 341	409 969	373 160	530 465	584 195	572 662	390 08
24	Female – Féminin	5 338 331	86 130	349 508	390 736	354 967	511 092	564 351	566 093	392 33
	Dominica – Dominique 12 V 1991(C)*									
25	Total	71 183	*—— 6 084 ——*		8 683	8 044	7 756	6 513	4 875	4 23
26	Male – Masculin	35 471	*—— 3 334 ——*		4 398	3 937	4 221	3 263	2 589	2 12
27	Female – Féminin	35 712	*—— 2 750 ——*		4 285	4 107	3 535	3 250	2 286	2 10
	El Salvador 1 VII 1986*									
28	Total	*4 845 588*	*—— 794 077 ——*		*753 059*	*673 058*	*559 124*	*405 931*	*306 013*	*258 25*
29	Male – Masculin	*2 389 063*	*—— 405 159 ——*		*383 611*	*341 915*	*282 796*	*195 415*	*143 938*	*120 82*
30	Female – Féminin	*2 456 525*	*—— 388 918 ——*		*369 448*	*331 143*	*276 328*	*210 516*	*162 075*	*137 43*

7. Population selon l'âge, le sexe et la résidence, urbaine/rurale: dernière année disponible, 1984 – 1993 (suite)

(Voir notes à la fin du tableau.)

Age (en années)												
35 – 39	40 – 44	45 – 49	50 – 54	55 – 59	60 – 64	65 – 69	70 – 74	75 – 79	80 – 84	85 +	Unknown Inconnu	
17 178	12 616	10 075	9 181	9 022	8 321	8 088	7 842	6 582	*— 6 535 —*		–	1
8 407	5 971	4 626	3 998	3 841	3 537	3 436	3 323	2 728	*— 2 548 —*		–	2
8 771	6 645	5 449	5 183	5 181	4 784	4 652	4 519	3 854	*— 3 987 —*		–	3
9 984	*7 527*	*5 412*	*5 027*	*4 311*	*3 822*	*3 061*	*2 261*	*1 510*	*1 140*	*736*	–	4
5 194	*3 889*	*2 831*	*2 671*	*2 264*	*2 018*	*1 553*	*1 130*	*732*	*512*	*313*	–	5
4 790	*3 638*	*2 581*	*2 356*	*2 047*	*1 804*	*1 508*	*1 131*	*778*	*628*	*423*	–	6
5 730	5 160	4 090	3 350	3 010	2 700	2 150	1 520	1 120	*— 1 040 —*		–	7
2 840	2 610	2 000	1 610	1 440	1 230	930	630	420	*— 380 —*		–	8
2 890	2 550	2 090	1 740	1 570	1 470	1 220	890	700	*— 660 —*		–	9
1 076	866	631	414	315	315	248	222	148	*— 131 —*		–	10
546	454	348	205	143	149	137	99	68	*— 74 —*		–	11
530	412	283	209	172	166	111	123	80	*— 57 —*		–	12
2 319 410	2 073 658	1 738 398	1 356 945	1 209 301	1 174 375	1 059 003	855 573	625 025	392 802	293 725	–	13
1 148 855	1 031 432	869 703	676 181	597 574	570 065	487 038	372 124	254 825	145 097	87 516	–	14
1 170 555	1 042 226	868 695	680 764	611 727	604 310	571 965	483 449	370 200	247 705	206 209	–	15
2 357	1 717	1 327	1 126	878	686	521	412	307	191	170	–	16
1 105	874	659	577	431	336	257	175	108	71	55	–	17
1 252	843	668	549	447	350	264	237	199	120	115	–	18
134 013	107 175	86 389	78 763	62 166	51 665	37 882	32 021	19 914	12 885	8 484	–	19
65 781	53 626	42 952	38 771	30 712	25 421	18 407	15 646	9 661	6 137	3 735	–	20
68 232	53 549	43 437	39 992	31 454	26 244	19 475	16 375	10 253	6 748	4 749	–	21
707 031	674 797	602 382	517 946	409 378	352 370	*— 942 055 —*					–	22
351 011	333 658	298 138	258 794	203 798	175 999	*— 461 444 —*					–	23
356 020	341 139	304 244	259 152	205 580	176 371	*— 480 611 —*					–	24
3 736	2 634	2 952	2 707	1 638	2 529	*— 6 837 —*					1 960	25
2 022	1 348	1 738	1 029	674	1 029	*— 2 909 —*					852	26
1 714	1 286	1 214	1 678	964	1 500	*— 3 928 —*					1 108	27
213 374	*195 497*	*168 065*	*141 138*	*117 971*	*93 743*	*71 202*	*49 433*	*31 054*	*— 14 593 —*		–	28
100 419	*93 228*	*80 042*	*67 394*	*55 846*	*44 111*	*33 380*	*22 541*	*13 186*	*— 5 256 —*		–	29
112 955	*102 269*	*88 023*	*73 744*	*62 125*	*49 632*	*37 822*	*26 892*	*17 868*	*— 9 337 —*		–	30

7. Population by age, sex and urban/rural residence: latest available year, 1984 – 1993 (continued)

(See notes at end of table.)

	Continent, country or area, sex, date and urban/rural residence Continent, pays ou zone, sexe, date et résidence, urbaine/rurale	All ages Tous âges	Age (in years) – 1	1 – 4	5 – 9	10 – 14	15 – 19	20 – 24	25 – 29	30 –
	AMERICA,NORTH— (Cont.–Suite) AMERIQUE DU NORD									
	Greenland – Groenland 1 I 1994* [1 4]									
1	Total	55 419	1 151	4 578	5 060	4 383	3 419	3 837	6 459	6 0
2	Male – Masculin	29 624	608	2 297	2 535	2 240	1 778	2 030	3 414	3 2
3	Female – Féminin	25 795	543	2 281	2 525	2 143	1 641	1 807	3 045	2 7
	Guadeloupe 1 I 1992 [1 9]									
4	Total	368 796	*—— 33	171 ——*	32 611	31 476	38 154	31 712	32 906	29 3
5	Male – Masculin	178 422	*—— 16	639 ——*	16 379	15 894	19 494	15 307	16 051	14 4
6	Female – Féminin	190 374	*—— 16	532 ——*	16 232	15 582	18 660	16 405	16 855	14 8
	Guatemala 1 VII 1990 [4]									
7	Total	9 197 351	*— 1 6	09 333 —*	1 381 541	1 188 696	984 705	804 741	664 417	540 6
8	Male – Masculin	4 646 726	*—— 820	499 ——*	703 816	604 697	500 123	406 962	334 728	270 7
9	Female – Féminin	4 550 625	*—— 788	834 ——*	677 725	583 999	484 582	397 779	329 689	269 9
	Haiti – Haïti 1 VII 1990 [1 4]									
10	Total	*6 486 048*	*209 172*	*779 896*	*860 673*	*759 504*	*692 099*	*594 901*	*511 408*	*418 1*
11	Male – Masculin	*3 180 411*	*106 045*	*393 965*	*433 163*	*381 781*	*347 272*	*295 675*	*249 409*	*198 9*
12	Female – Féminin	*3 305 637*	*103 127*	*385 931*	*427 510*	*377 723*	*344 827*	*299 226*	*261 999*	*219 2*
	Honduras V 1988(C) [4]									
13	Total	4 248 561	153 352	580 896	684 034	571 575	446 949	347 053	300 492	248 0
14	Male – Masculin	2 110 106	78 394	296 914	349 055	290 189	219 858	163 623	142 319	120 4
15	Female – Féminin	2 138 455	74 958	283 982	334 979	281 386	227 091	183 430	158 173	127 5
	Jamaica – Jamaïque 31 XII 1989									
16	Total	2 392 130	58 490	207 350	267 870	273 750	277 880	257 970	217 660	164 1
17	Male – Masculin	1 191 030	29 660	104 770	134 840	140 650	140 460	127 600	106 900	80 2
18	Female – Féminin	1 201 100	28 830	102 580	133 030	133 100	137 420	130 370	110 760	83 9
	Martinique 1 I 1992 [1 9]									
19	Total	370 756	*—— 31	450 ——*	29 990	28 351	32 600	33 178	34 662	31 7
20	Male – Masculin	178 697	*—— 15	775 ——*	15 105	14 459	16 655	16 325	16 777	15 5
21	Female – Féminin	192 059	*—— 15	675 ——*	14 885	13 892	15 945	16 853	17 885	16 1
	Mexico – Mexique 12 III 1990(C) [1]									
22	Total	81 249 645	1 927 827	8 267 351	10 562 234	10 389 092	9 664 403	7 829 163	6 404 512	5 387 6
23	Male – Masculin	38 893 969	975 043	4 184 959	5 338 285	5 230 658	4 759 892	3 738 128	3 050 595	2 578 7
24	Female – Féminin	41 355 676	952 784	4 082 392	5 223 949	5 158 434	4 904 511	4 091 035	3 353 917	2 808 8
	Netherlands Antilles – Antilles néerlandaises 1 VII 1989 [1]									
25	Total	190 205	*—— 17	562 ——*	17 104	15 168	16 308	15 129	18 172	16 82
26	Male – Masculin	92 918	*—— 8	918 ——*	8 677	7 627	8 389	7 721	9 018	8 19
27	Female – Féminin	97 287	*—— 8	644 ——*	8 427	7 541	7 919	7 408	9 154	8 63
	Nicaragua 1 VII 1989 [4]									
28	Total	*3 745 031*	*143 237*	*530 429*	*570 796*	*479 624*	*408 688*	*341 100*	*281 808*	*231 23*
29	Male – Masculin	*1 876 192*	*73 079*	*270 150*	*290 112*	*243 397*	*206 746*	*170 964*	*140 306*	*114 29*
30	Female – Féminin	*1 868 839*	*70 158*	*260 279*	*280 684*	*236 227*	*201 942*	*170 136*	*141 502*	*116 94*
	Panama 1 VII 1993* [4]									
31	Total	*2 562 922*	*62 039*	*243 046*	*289 353*	*273 825*	*265 830*	*254 145*	*228 213*	*195 67*
32	Male – Masculin	*1 302 227*	*31 722*	*124 147*	*147 742*	*139 772*	*135 213*	*128 259*	*114 922*	*99 55*
33	Female – Féminin	*1 260 695*	*30 317*	*118 899*	*141 611*	*134 053*	*130 617*	*125 886*	*113 291*	*96 1*

7. Population selon l'âge, le sexe et la résidence, urbaine/rurale: dernière année disponible, 1984 – 1993 (suite)

(Voir notes à la fin du tableau.)

Age (en années)												
35 – 39	40 – 44	45 – 49	50 – 54	55 – 59	60 – 64	65 – 69	70 – 74	75 – 79	80 – 84	85 +	Unknown Inconnu	
4 765	3 669	3 337	2 779	1 984	1 628	1 083	598	382	189	87	–	1
2 692	2 112	2 045	1 636	1 136	818	532	266	137	60	22	–	2
2 073	1 557	1 292	1 143	848	810	551	332	245	129	65	–	3
25 375	22 614	18 055	14 841	14 042	12 032	11 044	8 553	5 947	3 883	3 060	–	4
11 881	10 690	8 721	7 098	6 584	5 526	5 022	3 874	2 420	1 487	903	–	5
13 494	11 924	9 334	7 743	7 458	6 506	6 022	4 679	3 527	2 396	2 157	–	6
451 988	352 659	286 772	246 672	218 016	174 993	125 287	78 853	48 306	*—— 39 696 ——*		–	7
225 690	176 058	143 387	123 528	108 419	86 665	61 731	38 368	23 281	*—— 18 053 ——*		–	8
226 298	176 601	143 385	123 144	109 597	88 328	63 556	40 485	25 025	*—— 21 643 ——*		–	9
350 683	287 420	243 343	205 729	171 706	136 439	106 123	76 599	47 425	*—— 34 734 ——*		–	10
164 605	134 430	113 997	96 275	80 380	63 559	48 967	34 913	21 527	*—— 15 465 ——*		–	11
186 078	152 990	129 346	109 454	91 326	72 880	57 156	41 686	25 898	*—— 19 269 ——*		–	12
204 490	157 746	132 576	110 346	91 220	70 709	55 162	35 683	26 989	17 805	13 448	–	13
99 623	77 319	65 328	54 369	44 554	35 010	27 125	17 645	13 254	8 720	6 309	–	14
104 867	80 427	67 248	55 977	46 666	35 699	28 037	18 038	13 735	9 085	7 139	–	15
117 100	93 920	81 650	74 240	65 150	55 670	47 720	41 710	*——— – 89 880 ———*			–	16
57 510	46 410	40 890	37 540	32 670	26 820	23 720	20 190	*——— – 40 180 ———*			–	17
59 590	47 510	40 760	36 700	32 480	28 850	24 000	21 520	*——— – 49 700 ———*			–	18
25 855	21 953	18 275	16 163	15 760	14 147	12 251	9 243	6 973	4 534	3 641	–	19
12 163	10 228	8 664	7 510	7 451	6 634	5 575	4 093	2 906	1 680	1 115	–	20
13 692	11 725	9 611	8 653	8 309	7 513	6 676	5 150	4 067	2 854	2 526	–	21
4 579 116	3 497 770	2 971 860	2 393 791	1 894 484	1 611 317	1 183 651	827 027	590 836	401 832	373 495	492 265	22
2 210 565	1 705 013	1 452 578	1 161 875	918 864	769 917	567 641	394 026	277 835	179 820	159 481	240 058	23
2 368 551	1 792 757	1 519 282	1 231 916	975 620	841 400	616 010	433 001	313 001	222 012	214 014	252 207	24
15 528	13 280	10 496	8 685	7 067	5 696	4 351	3 505	2 609	1 596	1 123	–	25
7 480	6 371	4 997	4 079	3 412	2 640	1 929	1 504	1 037	611	311	–	26
8 048	6 909	5 499	4 606	3 655	3 056	2 422	2 001	1 572	985	812	–	27
187 618	137 728	108 614	90 610	73 857	59 637	43 807	28 493	*——— – 27 748 ———*			–	28
92 232	67 985	53 376	44 275	35 338	28 100	20 568	13 192	*——— – 12 075 ———*			–	29
95 386	69 743	55 238	46 335	38 519	31 537	23 239	15 301	*——— – 15 673 ———*			–	30
162 563	132 992	109 673	88 251	71 390	58 680	46 842	35 567	24 600	*—— 20 243 ——*		–	31
83 483	68 089	56 159	44 802	36 076	29 538	23 443	17 843	12 086	*—— 9 377 ——*		–	32
79 080	64 903	53 514	43 449	35 314	29 142	23 399	17 724	12 514	*—— 10 866 ——*		–	33

7. Population by age, sex and urban/rural residence: latest available year, 1984 – 1993 (continued)

(See notes at end of table.)

	Continent, country or area, sex, date and urban/rural residence Continent, pays ou zone, sexe, date et résidence, urbaine/rurale	All ages Tous âges	Age (in years) – 1	1 – 4	5 – 9	10 – 14	15 – 19	20 – 24	25 – 29	30 – 3
	AMERICA,NORTH— (Cont.–Suite) AMERIQUE DU NORD									
	Puerto Rico – Porto Rico 1 VII 1993* 1 10									
1	Total	3 620 419	*—— 310	614 ——*	325 313	349 058	335 843	295 250	278 120	261 39
2	Male – Masculin	1 753 286	*—— 158	054 ——*	165 834	177 531	170 259	144 937	132 614	122 55
3	Female – Féminin	1 867 133	*—— 152	560 ——*	159 479	171 527	165 584	150 313	145 506	138 83
	Saint Kitts and Nevis – Saint-Kitts-et-Nevis 1 VII 1988									
4	Total	44 380	*—— 4	840 ——*	4 750	4 660	4 340	3 890	3 880	3 24
5	Male – Masculin	22 740	*—— 2	550 ——*	2 480	2 440	2 280	2 040	2 250	1 81
6	Female – Féminin	21 640	*—— 2	290 ——*	2 270	2 220	2 060	1 850	1 630	1 43
	Saint Lucia – Sainte-Lucie 1 VII 1989									
7	Total	148 183	*—— 22	632 ——*	22 093	21 132	18 446	13 525	9 131	6 76
8	Male – Masculin	71 929	*—— 11	552 ——*	10 998	10 617	9 379	6 776	4 495	3 10
9	Female – Féminin	76 254	*—— 11	080 ——*	11 095	10 515	9 067	6 749	4 636	3 66
	Trinidad and Tobago – Trinité-et-Tobago 1 VII 1990									
10	Total	1 227 443	27 269	110 357	132 533	113 611	101 678	113 247	115 682	102 96
11	Male – Masculin	653 390	14 003	55 946	66 542	57 729	53 267	58 559	61 042	56 69
12	Female – Féminin	574 053	13 266	54 411	65 991	55 882	48 411	54 688	54 640	46 27
	Turks and Caicos Islands – Iles Turques et Caïques 31 V 1990(C)*									
13	Total	11 465	259	1 016	*—— 2	412 ——*	*—— 2	082 ——*	*——	——
14	Male – Masculin	5 837	134	509	*—— 1	215 ——*	*—— 1	042 ——*	*——	——
15	Female – Féminin	5 628	125	507	*—— 1	197 ——*	*—— 1	040 ——*	*——	——
	United States – Etats-Unis 1 VII 1993* 4 11 12									
16	Total	257 907 937	3 919 951	15 784 729	18 519 421	18 529 045	17 278 207	18 759 603	19 630 616	22 276 41
17	Male – Masculin	125 897 610	2 002 773	8 075 348	9 483 245	9 491 875	8 868 386	9 544 206	9 851 497	11 107 48
18	Female – Féminin	132 010 327	1 917 178	7 709 381	9 036 176	9 037 170	8 409 821	9 215 397	9 779 119	11 168 92
	United States Virgin Islands – Iles Vierges américaines 1 IV 1990(C)* 1 10									
19	Total	101 809	1 644	7 586	10 072	10 142	9 623	7 103	7 353	7 324
20	Male – Masculin	49 210	868	3 800	5 040	5 125	4 830	3 452	3 489	3 435
21	Female – Féminin	52 599	776	3 786	5 032	5 017	4 793	3 651	3 864	3 889
	AMERICA,SOUTH— AMERIQUE DU SUD									
	Argentina – Argentine 1 VII 1991* 4 5									
22	Total	*32 712 930*	*— *3 2**	*70 362* —*	*3 265 213*	*3 257 256*	*2 802 870*	*2 465 493*	*2 336 595*	*2 267 701*
23	Male – Masculin	*16 190 719*	*— *1 6**	*60 887* —*	*1 657 257*	*1 652 098*	*1 420 272*	*1 247 228*	*1 180 315*	*1 144 822*
24	Female – Féminin	*16 522 211*	*— *1 6**	*09 475* —*	*1 607 956*	*1 605 158*	*1 382 598*	*1 218 265*	*1 156 280*	*1 122 879*
	Bolivia – Bolivie 3 VI 1992(C) 4									
25	Total	6 420 792	198 802	748 570	884 908	815 928	664 034	549 902	469 664	419 169
26	Male – Masculin	3 171 265	101 144	378 750	447 341	415 611	329 406	265 662	225 825	204 809
27	Female – Féminin	3 249 527	97 658	369 820	437 567	400 317	334 628	284 240	243 839	214 360

7. Population selon l'âge, le sexe et la résidence, urbaine/rurale: dernière année disponible, 1984 – 1993 (suite)

(Voir notes à la fin du tableau.)

Age (en années)												
35 – 39	40 – 44	45 – 49	50 – 54	55 – 59	60 – 64	65 – 69	70 – 74	75 – 79	80 – 84	85 +	Unknown Inconnu	
243 115	232 282	199 403	166 397	144 889	128 339	115 867	89 100	*———	– 145 439	———*	–	1
113 525	108 295	93 951	78 111	67 536	59 495	53 815	41 449	*———	– 65 325	———*	–	2
129 590	123 987	105 452	88 286	77 353	68 844	62 052	47 651	*———	– 80 114	———*	–	3
2 700	2 050	1 660	1 460	1 440	1 280	1 320	1 170	800	490	410	–	4
1 390	1 040	790	670	690	590	610	510	300	170	130	–	5
1 310	1 010	870	790	750	690	710	660	500	320	280	–	6
5 321	4 706	4 450	4 266	3 876	3 474	2 934	2 247	1 619	1 039	532	–	7
2 446	2 129	1 964	1 856	1 741	1 575	1 295	913	597	345	151	–	8
2 875	2 577	2 486	2 410	2 135	1 899	1 639	1 334	1 022	694	381	–	9
89 880	71 905	59 068	50 754	39 351	32 016	25 877	17 872	12 726	*—— 10 651	——*	–	10
50 356	40 048	34 321	29 169	23 152	18 460	14 290	9 380	6 125	*—— 4 308	——*	–	11
39 524	31 857	24 747	21 585	16 199	13 556	11 587	8 492	6 601	*—— 6 343	——*	–	12
– 4 327 ———	———	———*	*——— –	795 ———	———*	*———	———	574 ———	———	———*	–	13
– 2 317 ———	———	———*	*——— –	368 ———	———*	*———	———	252 ———	———	———*	–	14
– 2 010 ———	———	———*	*——— –	427 ———	———*	*———	———	322 ———	———	———*	–	15
21 617 995	19 212 006	15 934 461	12 731 145	10 681 366	10 241 815	10 020 197	8 632 227	6 501 353	4 267 983	3 369 403	–	16
10 749 112	9 490 433	7 821 095	6 189 553	5 122 105	4 807 290	4 509 135	3 726 573	2 602 460	1 509 381	945 658	–	17
10 868 883	9 721 573	8 113 366	6 541 592	5 559 261	5 434 525	5 511 062	4 905 654	3 898 893	2 758 602	2 423 745	–	18
7 173	7 866	6 990	5 294	3 980	3 180	2 524	1 763	1 173	*—— 605	——*	414	19
3 151	3 730	3 379	2 559	1 948	1 563	1 166	808	498	*—— 227	——*	142	20
4 022	4 136	3 611	2 735	2 032	1 617	1 358	955	675	*—— 378	——*	272	21
2 166 481	*1 943 305*	*1 692 170*	*1 524 965*	*1 430 212*	*1 314 314*	*1 087 098*	*824 534*	*———	*1 064 361*	———*	–	22
1 091 309	*978 428*	*843 036*	*748 231*	*688 866*	*616 700*	*492 208*	*353 638*	*———	– *415 424*	———*	–	23
1 075 172	*964 877*	*849 134*	*776 734*	*741 346*	*697 614*	*594 890*	*470 896*	*———	– *648 937*	———*	–	24
365 026	297 172	247 794	184 368	138 493	143 173	95 263	70 833	44 961	30 983	30 893	20 856	25
174 658	146 673	120 992	89 215	65 859	68 737	44 598	32 537	20 864	13 507	13 469	11 608	26
190 368	150 499	126 802	95 153	72 634	74 436	50 665	38 296	24 097	17 476	17 424	9 248	27

7. Population by age, sex and urban/rural residence: latest available year, 1984 – 1993 (continued)

(See notes at end of table.)

	Continent, country or area, sex, date and urban/rural residence Continent, pays ou zone, sexe, date et résidence, urbaine/rurale	All ages Tous âges	Age (in years) – 1	1 – 4	5 – 9	10 – 14	15 – 19	20 – 24	25 – 29	30
	AMERICA,SOUTH— (Cont.–Suite) AMERIQUE DU SUD									
	Brazil – Brésil 1 VII 1990* [4, 13]									
1	Total	*150 367 000*	*— *18 9**	*63 000 —**	*17 735 000*	*16 280 000*	*14 847 000*	*13 823 000*	*13 483 000*	*11 498*
2	Male – Masculin	*74 992 000*	*— *9 5**	*76 000 —**	*8 911 000*	*8 161 000*	*7 427 000*	*6 927 000*	*6 748 000*	*5 735*
3	Female – Féminin	*75 375 000*	*— *9 3**	*87 000 —**	*8 824 000*	*8 119 000*	*7 420 000*	*6 896 000*	*6 735 000*	*5 763*
	Chile – Chili 1 VII 1992 [4]									
4	Total	13 599 428	303 974	1 193 934	1 410 990	1 247 814	1 208 601	1 231 482	1 233 589	1 130
5	Male – Masculin	6 716 822	154 742	607 529	717 793	633 982	612 479	622 263	620 346	565
6	Female – Féminin	6 882 606	149 232	586 405	693 197	613 832	596 122	609 219	613 243	564
	Colombia – Colombie 15 X 1985(C) [4]									
7	Total	27 837 932	612 050	2 757 872	3 444 848	3 226 267	3 254 871	3 000 600	2 417 131	1 907
8	Male – Masculin	13 777 700	312 866	1 404 540	1 750 586	1 639 319	1 582 367	1 440 203	1 151 976	937
9	Female – Féminin	14 060 232	299 184	1 353 332	1 694 262	1 586 948	1 672 504	1 560 397	1 265 155	969
	Ecuador – Equateur 1 VII 1992 [4, 14]									
10	Total	*10 740 799*	*291 448*	*1 129 465*	*1 364 066*	*1 291 687*	*1 168 906*	*1 032 036*	*891 562*	*755*
11	Male – Masculin	*5 398 462*	*148 608*	*574 442*	*692 837*	*655 212*	*592 074*	*521 759*	*449 643*	*379*
12	Female – Féminin	*5 342 337*	*142 840*	*555 023*	*671 230*	*636 476*	*576 831*	*510 275*	*441 920*	*375*
	Falkland Islands (Malvinas)– Iles Falkland (Malvinas) 5 III 1991(C) [4]									
13	Total	2 050	*——	125 ——*	137	160	149	140	175	
14	Male – Masculin	1 095	*——	70 ——*	61	83	79	77	88	
15	Female – Féminin	955	*——	55 ——*	76	77	70	63	87	
	French Guiana – Guyane Française 5 III 1990(C) [1]									
16	Total	114 808	684	11 830	14 173	11 628	10 666	9 895	10 774	10
17	Male – Masculin	59 798	371	6 004	7 168	5 934	5 364	5 230	5 740	5
18	Female – Féminin	55 010	313	5 826	7 005	5 694	5 302	4 665	5 034	4
	Paraguay 1 VII 1988									
19	Total	*4 039 165*	*128 915*	*491 537*	*544 842*	*465 693*	*414 405*	*376 383*	*339 619*	*299*
20	Male – Masculin	*2 045 120*	*65 808*	*250 469*	*277 245*	*237 191*	*211 361*	*191 896*	*172 969*	*153*
21	Female – Féminin	*1 994 045*	*63 107*	*241 072*	*267 597*	*228 502*	*203 044*	*184 487*	*166 650*	*146*
	Peru – Pérou 1 VII 1991 [4, 5, 13]									
22	Total	*21 998 261*	*— *2 8**	*79 185 —**	*2 702 312*	*2 599 881*	*2 390 497*	*2 134 496*	*1 860 946*	*1 551*
23	Male – Masculin	*11 071 166*	*— *1 4**	*66 978 —**	*1 373 921*	*1 320 809*	*1 213 712*	*1 082 536*	*942 175*	*782*
24	Female – Féminin	*10 927 095*	*— *1 4**	*12 207 —**	*1 328 391*	*1 279 072*	*1 176 785*	*1 051 960*	*918 771*	*769*
	Uruguay 1 VII 1990 [4]									
25	Total	3 094 214	*—— 259	434 ——*	259 657	278 700	260 238	226 855	225 179	214
26	Male – Masculin	1 508 426	*—— 132	577 ——*	132 553	141 974	132 915	114 056	111 402	104
27	Female – Féminin	1 585 788	*—— 126	857 ——*	127 102	136 729	127 324	112 800	113 777	109
	Venezuela 1 VII 1992 [4, 5, 13]									
28	Total	20 248 826	553 625	2 180 803	2 567 099	2 332 576	2 063 322	1 874 161	1 703 801	1 484
29	Male – Masculin	10 209 751	282 488	1 112 572	1 308 527	1 187 886	1 048 100	950 322	861 944	748
30	Female – Féminin	10 039 075	271 137	1 068 231	1 258 572	1 144 690	1 015 222	923 839	841 857	735

7. Population selon l'âge, le sexe et la résidence, urbaine/rurale: dernière année disponible, 1984 – 1993 (suite)

(Voir notes à la fin du tableau.)

Age (en années)												
35 – 39	40 – 44	45 – 49	50 – 54	55 – 59	60 – 64	65 – 69	70 – 74	75 – 79	80 – 84	85 +	Unknown Inconnu	
9 706 000	*7 772 000*	*6 110 000*	*5 242 000*	*4 294 000*	*3 617 000*	*2 767 000*	*1 929 000*	*1 326 000*	*—— 975 000 ——*		–	*1*
4 826 000	*3 867 000*	*3 037 000*	*2 595 000*	*2 112 000*	*1 765 000*	*1 335 000*	*917 000*	*617 000*	*—— 436 000 ——*		–	*2*
4 880 000	*3 905 000*	*3 073 000*	*2 647 000*	*2 182 000*	*1 852 000*	*1 432 000*	*1 012 000*	*709 000*	*—— 539 000 ——*		–	*3*
962 543	792 453	664 304	539 592	451 909	391 109	305 931	226 072	154 199	*—— 150 093 ——*		–	*4*
478 705	390 690	323 361	258 699	211 488	177 422	133 628	94 033	59 905	*—— 53 891 ——*		–	*5*
483 838	401 763	340 944	280 892	240 422	213 686	172 302	132 040	94 293	*—— 96 201 ——*		–	*6*
1 664 696	1 224 524	1 044 109	919 946	694 379	578 699	399 742	305 301	184 552	112 523	88 547	–	*7*
813 010	619 497	514 955	455 950	345 915	287 781	195 046	150 061	89 154	50 078	36 597	–	*8*
851 686	605 027	529 154	463 996	348 464	290 918	204 696	155 240	95 398	62 445	51 950	–	*9*
644 478	*504 512*	*392 655*	*329 234*	*273 377*	*219 970*	*169 146*	*123 279*	*86 720*	*48 954*	*23 842*	–	*10*
322 815	*251 902*	*195 330*	*162 932*	*134 302*	*107 034*	*81 427*	*58 086*	*39 464*	*21 386*	*9 312*	–	*11*
321 662	*252 611*	*197 325*	*166 303*	*139 073*	*112 937*	*87 719*	*65 193*	*47 256*	*27 568*	*14 530*	–	*12*
183	154	141	131	98	85	63	54	39	*——	32 ——*	–	*13*
107	80	73	83	57	42	42	28	20	*——	15 ——*	–	*14*
76	74	68	48	41	43	21	26	19	*——	17 ——*	–	*15*
9 164	7 152	5 139	3 877	2 701	2 126	1 688	1 252	856	483	366	–	*16*
4 829	3 940	2 836	2 081	1 492	1 149	826	613	390	206	140	–	*17*
4 335	3 212	2 303	1 796	1 209	977	862	639	466	277	226	–	*18*
261 707	*169 010*	*133 029*	*111 095*	*85 853*	*73 773*	*59 013*	*41 482*	*24 986*	*—— 18 638 ——*		–	*19*
135 602	*86 737*	*67 300*	*55 504*	*41 042*	*34 201*	*27 227*	*19 189*	*10 689*	*—— 7 555 ——*		–	*20*
126 105	*82 273*	*65 729*	*55 591*	*44 811*	*39 572*	*31 786*	*22 293*	*14 297*	*—— 11 083 ——*		–	*21*
1 294 819	*1 053 024*	*860 886*	*731 293*	*611 754*	*479 717*	*354 656*	*244 901*	*153 035*	*—— 94 888 ——*		–	*22*
650 896	*528 082*	*430 227*	*362 608*	*299 664*	*231 012*	*167 215*	*112 202*	*67 553*	*—— 39 007 ——*		–	*23*
643 923	*524 942*	*430 659*	*368 685*	*312 090*	*248 705*	*187 441*	*132 699*	*85 482*	*—— 55 881 ——*		–	*24*
192 009	178 715	167 543	159 150	162 470	150 890	123 692	91 925	73 378	*—— 69 861 ——*		–	*25*
94 526	86 708	81 465	76 046	78 246	70 868	56 673	39 917	29 506	*—— 24 279 ——*		–	*26*
97 483	92 007	86 078	83 104	84 225	80 022	67 020	52 007	43 872	*—— 45 582 ——*		–	*27*
1 276 045	1 065 212	823 180	628 386	509 081	413 962	310 520	213 091	*——— - 249 652 ———*			–	*28*
642 240	535 453	412 348	312 376	251 529	202 594	148 720	98 450	*——— - 105 597 ———*			–	*29*
633 805	529 759	410 832	316 010	257 552	211 368	161 800	114 641	*——— - 144 055 ———*			–	*30*

7. Population by age, sex and urban/rural residence: latest available year, 1984 – 1993 (continued)

(See notes at end of table.)

	Continent, country or area, sex, date and urban/rural residence Continent, pays ou zone, sexe, date et résidence, urbaine/rurale	Age (in years) All ages Tous âges	-1	1-4	5-9	10-14	15-19	20-24	25-29	3…
	ASIA—ASIE									
	Afghanistan 1 VII 1988 [2 4]									
1	Total	15 513 267	675 423	2 362 304	2 320 586	1 788 262	1 460 045	1 253 734	1 037 438	86
2	Male – Masculin	7 962 397	325 293	1 156 002	1 183 222	946 113	776 377	646 215	514 309	41
3	Female – Féminin	7 550 870	350 130	1 206 302	1 137 364	842 149	683 668	607 519	523 129	45
	Armenia – Arménie 1 VII 1991 [4]									
4	Total	3 611 700	77 700	310 300	383 400	329 300	304 100	282 000	314 800	34
5	Male – Masculin	1 751 600	39 900	159 600	196 200	168 600	154 800	142 600	150 900	16
6	Female – Féminin	1 860 100	37 800	150 700	187 200	160 700	149 300	139 400	163 900	17
	Azerbaijan – Azerbaïdjan 12 I 1989(C) [1 4]									
7	Total	7 021 178	176 713	685 225	758 832	681 239	693 716	687 145	706 364	56
8	Male – Masculin	3 423 793	91 429	352 401	389 636	348 627	365 213	330 419	335 599	27
9	Female – Féminin	3 597 385	85 284	332 824	369 196	332 612	328 503	356 726	370 765	28
	Bahrain – Bahreïn 1 VII 1992									
10	Total	520 653	*—— 61	357 ——*	55 507	47 985	37 600	46 819	63 435	6
11	Male – Masculin	301 659	*—— 31	734 ——*	28 481	24 405	19 123	25 479	38 315	4.
12	Female – Féminin	218 994	*—— 29	623 ——*	27 026	23 580	18 477	21 340	25 120	2
	Bangladesh 1 I 1990* [4 5]									
13	Total	109 291 000	*————	—— 47 85	4 000 ———	——*	*———	———	———	——
14	Male – Masculin	56 381 000	*————	—— 24 36	6 000 ———	——*	*———	———	———	——
15	Female – Féminin	52 910 000	*————	—— 23 48	8 000 ———	——*	*———	———	———	——
	Brunei Darussalam – Brunéi Darussalam 1 VII 1992 [4]									
16	Total	267 800	*—— 34	800 ——*	30 700	26 800	23 000	25 200	27 600	2.
17	Male – Masculin	141 300	*—— 18	000 ——*	15 800	13 800	11 800	12 900	14 500	1
18	Female – Féminin	126 500	*—— 16	800 ——*	14 900	13 000	11 200	12 300	13 100	1.
	China – Chine 1 VII 1990(C) [4 15]									
19	Total	1130510 638	23 220 851	93 217 568	99 336 743	97 226 692	120158421	125761174	104267525	83 87.
20	Male – Masculin	581 820 407	12 254 905	48 794 225	51 630 875	50 183 593	61 650 589	64 233 023	53 512 983	43 70
21	Female – Féminin	548 690 231	10 965 946	44 423 343	47 705 868	47 043 099	58 507 832	61 528 151	50 754 542	40 16
	Cyprus – Chypre 31 XII 1992 [1]									
22	Total	725 000	*—— 66	300 ——*	65 200	59 600	50 000	52 100	56 900	6
23	Male – Masculin	362 000	*—— 34	300 ——*	33 700	30 900	25 700	26 500	29 300	3
24	Female – Féminin	363 000	*—— 32	000 ——*	31 500	28 700	24 300	25 600	27 600	2
	Georgia – Géorgie 12 I 1989(C) [1 4]									
25	Total	5 400 841	89 211	376 451	440 725	432 087	419 267	413 724	467 645	41
26	Male – Masculin	2 562 040	45 937	192 066	224 349	219 975	217 727	203 373	226 171	20
27	Female – Féminin	2 838 801	43 274	184 385	216 376	212 112	201 540	210 351	241 474	21
	Hong Kong – Hong–kong 1 VII 1993* [4]									
28	Total	5 919 000	75 600	295 000	387 500	426 300	409 400	463 300	563 300	64
29	Male – Masculin	3 015 800	39 200	153 000	201 600	221 300	213 500	227 900	274 600	32
30	Female – Féminin	2 903 200	36 400	142 000	185 900	205 000	195 900	235 400	288 700	32
	India – Inde [16] 1 VII 1991 [4]									
31	Total	849 638 000	*— 111 0	68 000 —*	102853000	91 947 000	91 153 000	81 915 000	68 447 000	57 54
32	Male – Masculin	440 455 000	*— 57 3	13 000 —*	53 213 000	47 426 000	47 261 000	43 218 000	36 132 000	29 86
33	Female – Féminin	409 183 000	*— 53 7	55 000 —*	49 640 000	44 521 000	43 892 000	38 697 000	32 315 000	27 67

7. Population selon l'âge, le sexe et la résidence, urbaine/rurale: dernière année disponible, 1984 – 1993 (suite)

(Voir notes à la fin du tableau.)

Age (en années)												
35 – 39	40 – 44	45 – 49	50 – 54	55 – 59	60 – 64	65 – 69	70 – 74	75 – 79	80 – 84	85 +	Unknown Inconnu	
763 350	*660 267*	*573 754*	*484 934*	*390 502*	*301 044*	*217 124*	*149 205*	*95 406*	**— 113 553 —**		–	1
364 551	*334 199*	*304 002*	*267 777*	*221 781*	*173 015*	*125 398*	*86 925*	*55 902*	**— 68 648 —**		–	2
398 799	*326 068*	*269 752*	*217 157*	*168 721*	*128 029*	*91 726*	*62 280*	*39 504*	**— 44 905 —**		–	3
260 400	186 600	102 400	187 100	155 600	160 200	93 300	41 900	38 900	*— 42 600 —*		–	4
121 800	88 000	47 300	87 400	73 000	75 500	39 700	14 800	13 800	*— 14 900 —*		–	5
138 600	98 600	55 100	99 700	82 600	84 700	53 600	27 100	25 100	*— 27 700 —*		–	6
389 153	232 310	256 739	355 789	285 748	217 031	108 269	76 355	70 400	39 955	39 239	97	7
188 995	112 057	123 350	169 845	137 175	97 038	39 643	24 552	23 341	12 169	10 729	42	8
200 158	120 253	133 389	185 944	148 573	119 993	68 626	51 803	47 059	27 786	28 510	55	9
50 194	*30 470*	*17 873*	*13 735*	*10 023*	*7 933*	*5 068*	*3 284*	*1 779*	*960*	*596*	–	10
34 247	*21 104*	*11 383*	*8 012*	*5 644*	*4 268*	*2 738*	*1 775*	*904*	*503*	*344*	–	11
15 947	*9 366*	*6 490*	*5 723*	*4 379*	*3 665*	*2 330*	*1 509*	*875*	*457*	*252*	–	12
*50 554 00 0 —**			**—*			*10 883 000*				*—**	–	13
*26 000 00 0 —**			**—*			*6 015 000*				*—**	–	14
*24 554 00 0 —**			**—*			*4 868 000*				*—**	–	15
22 600	*15 900*	*9 300*	*7 500*	*5 300*	*4 000*	*2 700*	*2 000*	*1 200*	*900*	*600*	–	16
12 600	*9 100*	*5 300*	*4 000*	*2 700*	*2 100*	*1 400*	*1 100*	*600*	*400*	*300*	–	17
10 000	*6 800*	*4 000*	*3 500*	*2 600*	*1 900*	*1 300*	*900*	*600*	*500*	*300*	–	18
86 351 812	63 707 664	49 087 941	45 619 559	41 709 335	33 976 254	26 332 520	18 050 580	10933924	5 352 690	2 323 678	–	19
44 568 847	33 335 977	25 855 900	24 110 355	21 839 937	17 481 948	12 917 485	8 344 204	4 689 104	1 993 954	716 370	–	20
41 782 965	30 371 687	23 232 041	21 509 204	19 869 398	16 494 306	13 415 035	9 706 376	6 244 820	3 358 736	1 607 308	–	21
53 300	*48 500*	*43 800*	*36 500*	*31 400*	*27 800*	*23 800*	*19 500*	*16 500*	**— 12 600 —**		–	22
27 100	*23 800*	*21 700*	*17 700*	*15 100*	*12 800*	*10 700*	*8 700*	*7 200*	**— 5 500 —**		–	23
26 200	*24 700*	*22 100*	*18 800*	*16 300*	*15 000*	*13 100*	*10 800*	*9 300*	**— 7 100 —**		–	24
362 386	261 028	296 574	345 628	303 864	297 455	160 594	123 376	100 777	55 978	37 224	–	25
174 508	124 662	138 999	163 876	140 794	130 218	57 628	39 464	32 950	17 632	10 423	–	26
187 878	136 366	157 575	181 752	163 070	167 237	102 966	83 912	67 827	38 346	26 801	–	27
578 800	468 000	317 900	240 200	259 200	243 800	203 400	147 700	100 400	54 800	35 400	–	28
296 000	247 000	173 800	133 800	140 500	127 600	100 500	68 300	43 000	20 400	9 500	–	29
282 800	221 000	144 100	106 400	118 700	116 200	102 900	79 400	57 400	34 400	25 900	–	30
49 893 000	*43 037 000*	*37 411 000*	*32 276 000*	*26 832 000*	*20 537 000*	*14 850 000*	**—*	*19 87 9 000*		*—**	–	31
25 570 000	*22 038 000*	*19 283 000*	*16 813 000*	*14 114 000*	*10 785 000*	*7 602 000*	**—*	*9 81 9 000*		*—**	–	32
24 323 000	*20 999 000*	*18 128 000*	*15 463 000*	*12 718 000*	*9 752 000*	*7 248 000*	**—*	*10 06 0 000*		*—**	–	33

7. Population by age, sex and urban/rural residence: latest available year, 1984 – 1993 (continued)

(See notes at end of table.)

	Continent, country or area, sex, date and urban/rural residence Continent, pays ou zone, sexe, date et résidence, urbaine/rurale	All ages Tous âges	Age (in years) – 1	1 – 4	5 – 9	10 – 14	15 – 19	20 – 24	25 – 29	30 –
	ASIA—ASIE (Cont.–Suite)									
	Indonesia – Indonésie 31 X 1990(C)* [4]									
1	Total	179 247 783	3 756 493	17 228 651	23 223 058	21 482 141	18 926 983	16 128 362	15 623 530	13 245 7
2	Male – Masculin	89 375 677	1 923 050	8 837 809	11 928 095	11 044 127	9 520 440	7 583 305	7 457 150	6 584 3
3	Female – Féminin	89 872 106	1 833 443	8 390 842	11 294 963	10 438 014	9 406 543	8 545 057	8 166 380	6 661 4
	Iran (Islamic Republic of – Rép. islamique d') 11 IX 1991(C) [4]									
4	Total	55 837 163	1 463 534	6 677 751	9 035 458	7 547 131	5 908 903	4 947 260	4 005 278	3 504 2
5	Male – Masculin	28 768 450	749 985	3 406 306	4 612 149	3 901 458	3 057 609	2 520 312	2 012 493	1 779 9
6	Female – Féminin	27 068 713	713 549	3 271 445	4 423 309	3 645 673	2 851 294	2 426 948	1 992 785	1 724 2
	Iraq 1 VII 1988 [4]									
7	Total	*17 250 267*	*— 2 9	76 073 —*	*2 512 933*	*2 189 068*	*1 980 216*	*1 621 499*	*1 323 537*	*1 016 7*
8	Male – Masculin	*8 864 163*	*— 1 5	24 947 —*	*1 285 715*	*1 132 146*	*1 026 243*	*839 589*	*684 619*	*526 3*
9	Female – Féminin	*8 386 104*	*— 1 4	51 126 —*	*1 227 218*	*1 056 922*	*953 973*	*781 910*	*638 918*	*490 3*
	Israel – Israël [17] 1 VII 1992 [1 4]									
10	Total	5 123 500	108 100	426 300	525 200	490 600	482 900	422 800	372 600	354 0
11	Male – Masculin	2 543 000	55 400	218 300	269 700	252 000	247 500	214 600	189 500	175 9
12	Female – Féminin	2 580 500	52 700	208 000	255 600	238 600	235 400	208 200	182 800	178 1
	Japan – Japon 1 X 1992 [4 18]									
13	Total	124 451 938	1 221 742	4 984 988	7 162 831	7 994 470	9 624 219	9 593 974	8 254 724	7 799 1
14	Male – Masculin	61 095 667	628 549	2 556 349	3 670 470	4 098 893	4 937 585	4 896 168	4 179 873	3 941 5
15	Female – Féminin	63 356 271	593 193	2 428 639	3 492 361	3 895 577	4 686 634	4 697 806	4 074 851	3 857 5
	Jordan – Jordanie [19] 31 XII 1992 [20]									
16	Total	*4 012 000*	*— 549	600 —*	*561 700*	*601 800*	*533 600*	*453 400*	*304 900*	*196 6*
17	Male – Masculin	*2 054 000*	*— 285	200 —*	*289 600*	*308 400*	*252 800*	*241 100*	*160 100*	*98 2*
18	Female – Féminin	*1 958 000*	*— 264	400 —*	*272 100*	*293 400*	*280 800*	*212 300*	*144 800*	*98 4*
	Kazakhstan 1 I 1991 [4]									
19	Total	16 721 113	352 960	1 520 331	1 760 298	1 614 317	1 457 582	1 296 096	1 451 120	1 448 2
20	Male – Masculin	8 115 857	180 755	773 695	890 629	814 507	745 170	679 812	725 951	723 7
21	Female – Féminin	8 605 256	172 205	746 636	869 669	799 810	712 412	616 284	725 169	724 4
	Korea, Republic of– Corée, République de 1 VII 1992 [1 4 21]									
22	Total	*43 663 405*	*661 196*	*2 630 617*	*3 438 820*	*4 101 753*	*4 166 516*	*4 485 685*	*4 123 419*	*4 296 2*
23	Male – Masculin	*21 978 677*	*349 079*	*1 398 382*	*1 789 345*	*2 116 841*	*2 149 018*	*2 307 532*	*2 102 010*	*2 192 5*
24	Female – Féminin	*21 684 728*	*312 117*	*1 232 235*	*1 649 475*	*1 984 912*	*2 017 498*	*2 178 153*	*2 021 409*	*2 103 6*
	Kuwait – Koweït 1 VII 1990*									
25	Total	*2 142 600*	*60 250*	*243 293*	*264 056*	*216 615*	*182 293*	*187 498*	*238 055*	*221 2*
26	Male – Masculin	*1 210 575*	*30 425*	*122 766*	*133 224*	*109 352*	*90 451*	*96 294*	*145 193*	*140 3*
27	Female – Féminin	*932 025*	*29 825*	*120 527*	*130 832*	*107 263*	*91 842*	*91 204*	*92 862*	*80 9*
	Kyrgyzstan – Kirghizistan 1 I 1992 [4]									
28	Total	4 451 824	126 904	497 444	572 710	476 596	437 074	374 419	358 972	350 9
29	Male – Masculin	2 183 079	64 988	253 145	288 782	240 469	218 648	193 992	177 436	174 0
30	Female – Féminin	2 268 745	61 916	244 299	283 928	236 127	218 426	180 427	181 536	176 8
	Macau – Macao 31 XII 1991 [1]									
31	Total	*363 784*	*— 31	382 —*	*33 722*	*23 548*	*23 917*	*31 871*	*38 274*	*44 9*
32	Male – Masculin	*175 956*	*— 16	344 —*	*17 276*	*12 187*	*11 844*	*12 409*	*16 156*	*21 5*
33	Female – Féminin	*187 828*	*— 15	038 —*	*16 446*	*11 361*	*12 073*	*19 462*	*22 118*	*23 4*

7. Population selon l'âge, le sexe et la résidence, urbaine/rurale: dernière année disponible, 1984 – 1993 (suite)

(Voir notes à la fin du tableau.)

Age (en années)												
35 – 39	40 – 44	45 – 49	50 – 54	55 – 59	60 – 64	65 – 69	70 – 74	75 – 79	80 – 84	85 +	Unknown Inconnu	
11 184 217	8 081 635	7 565 664	6 687 586	4 831 697	4 526 451	2 749 724	2 029 026	*———	1 972 356	———*	4 415	1
5 788 441	4 010 254	3 723 922	3 289 190	2 321 621	2 219 069	1 329 162	945 876	*———	– 867 636	———*	2 205	2
5 395 776	4 071 381	3 841 742	3 398 396	2 510 076	2 307 382	1 420 562	1 083 150	*———	1 104 720	———*	2 210	3
2 866 669	2 037 477	1 577 983	1 570 622	1 442 929	1 303 390	885 077	465 167	185 993	139 781	214 175	58 365	4
1 462 338	1 027 459	798 299	821 599	793 283	723 318	514 014	264 440	103 443	73 347	110 509	36 157	5
1 404 331	1 010 018	779 684	749 023	649 646	580 072	371 063	200 727	82 550	66 434	103 666	22 208	6
832 326	640 925	506 649	426 267	352 740	283 136	208 936	159 309	112 224	*—— 107 706	——*	–	7
431 587	332 916	262 961	218 509	177 221	139 417	101 901	77 017	53 540	*—— 49 501	——*	–	8
400 739	308 009	243 688	207 758	175 519	143 719	107 035	82 292	58 684	*—— 58 205	——*	–	9
351 200	330 900	241 700	188 900	181 500	168 300	163 100	121 500	92 700	66 000	35 300	–	10
173 300	163 100	118 700	91 700	86 500	76 500	70 500	55 100	39 800	29 200	15 400	–	11
177 800	167 700	123 000	97 200	95 000	91 700	92 600	66 400	52 900	36 600	19 900	–	12
8 230 506	10 855 050	8 966 635	8 485 573	7 953 328	7 082 348	5 721 144	4 052 946	3 136 499	2 057 609	1 274 249	–	13
4 146 726	5 450 643	4 475 373	4 202 129	3 898 299	3 418 908	2 586 368	1 623 955	1 236 474	748 927	398 417	–	14
4 083 780	5 404 407	4 491 262	4 283 444	4 055 029	3 663 440	3 134 776	2 428 991	1 900 025	1 308 682	875 832	–	15
156 500	144 400	136 400	112 300	88 300	72 200	36 100	28 100	12 000	*—— 24 100	——*	–	16
75 400	69 100	70 800	58 300	49 700	41 300	20 700	14 600	6 200	*—— 12 500	——*	–	17
81 100	75 300	65 600	54 000	38 600	30 900	15 400	13 500	5 800	*—— 11 600	——*	–	18
1 198 026	943 952	541 250	944 099	555 545	638 368	382 017	220 508	203 691	117 631	75 095	–	19
591 795	461 207	259 516	445 910	256 914	268 079	128 527	67 549	55 387	29 870	16 789	–	20
606 231	482 745	281 734	498 189	298 631	370 289	253 490	152 959	148 304	87 761	58 306	–	21
3 480 052	2 611 685	2 202 114	2 142 783	1 766 023	1 273 109	935 469	646 622	403 145	*—— 298 166	——*	–	22
1 780 028	1 339 378	1 124 026	1 073 602	850 318	555 437	382 730	254 331	137 923	*—— 76 103	——*	–	23
1 700 024	1 272 307	1 078 088	1 069 181	915 705	717 672	552 739	392 291	265 222	*—— 222 063	——*	–	24
175 271	124 653	91 806	58 383	34 374	18 943	11 030	6 979	3 767	2 173	1 862	–	25
111 986	81 930	61 760	39 524	22 899	11 275	5 857	3 565	1 836	959	898	–	26
63 285	42 723	30 046	18 859	11 475	7 668	5 173	3 414	1 931	1 214	964	–	27
272 610	205 170	96 305	169 884	143 287	141 426	96 119	50 334	38 670	23 660	19 255	–	28
134 490	100 441	48 023	81 562	67 422	62 819	36 734	16 295	11 670	6 932	5 142	–	29
138 120	104 729	48 282	88 322	75 865	78 607	59 385	34 039	27 000	16 728	14 113	–	30
39 173	26 784	15 385	10 041	10 260	10 497	9 099	6 527	*———	– 8 342	———*	–	31
20 213	14 634	8 613	5 450	4 959	4 735	3 828	2 702	*———	– 3 059	———*	–	32
18 960	12 150	6 772	4 591	5 301	5 762	5 271	3 825	*———	– 5 283	———*	–	33

7. Population by age, sex and urban/rural residence: latest available year, 1984 – 1993 (continued)

(See notes at end of table.)

	Continent, country or area, sex, date and urban/rural residence Continent, pays ou zone, sexe, date et résidence, urbaine/rurale	All ages Tous âges	Age (in years) – 1	1 – 4	5 – 9	10 – 14	15 – 19	20 – 24	25 – 29	30 –
	ASIA—ASIE (Cont.–Suite)									
	Malaysia – Malaisie 1 VII 1991									
1	Total	18 180 853	495 555	1 939 842	2 306 418	1 916 451	1 842 987	1 709 780	1 606 805	1 370
2	Male – Masculin	9 164 113	255 963	1 001 073	1 186 227	982 678	940 686	871 446	801 256	663
3	Female – Féminin	9 016 740	239 592	938 769	1 120 191	933 773	902 301	838 334	805 549	706
	Peninsular Malaysia – Malaisie Péninsulaire 1 VII 1990									
4	Total	14 616 700	*— 1 9	50 500 —*	1 814 100	1 531 500	1 494 200	1 393 300	1 301 500	1 105
5	Male – Masculin	7 338 800	*— 1 0	02 500 —*	931 200	784 400	760 800	708 300	644 900	532
6	Female – Féminin	7 277 900	*—— 947	900 ——*	882 900	747 100	733 300	685 000	656 600	573
	Sabah 1 VII 1990									
7	Total	1 470 400	*—— 267	600 ——*	228 500	158 200	149 200	116 400	112 300	112
8	Male – Masculin	766 700	*—— 138	300 ——*	118 800	80 900	76 900	59 700	55 500	59
9	Female – Féminin	703 700	*—— 129	300 ——*	109 700	77 300	72 300	56 700	56 800	53
	Sarawak 1 VII 1990									
10	Total	1 668 700	*—— 216	800 ——*	192 000	180 300	195 100	169 600	145 500	116
11	Male – Masculin	843 800	*—— 113	800 ——*	99 700	92 700	100 400	87 000	70 800	55
12	Female – Féminin	824 900	*—— 103	000 ——*	92 300	87 600	94 700	82 600	74 700	60
	Maldives 1 VII 1993* [4]									
13	Total	238 363	*—— 42	435 ——*	37 496	31 640	24 648	21 105	17 992	14
14	Male – Masculin	122 045	*—— 21	724 ——*	19 164	16 170	12 594	10 352	8 700	7
15	Female – Féminin	116 318	*—— 20	711 ——*	18 332	15 470	12 054	10 753	9 292	7
	Mongolia – Mongolie 5 I 1989(C) [4]									
16	Total	2 043 400	*—— 324	700 ——*	274 600	255 700	221 500	196 300	179 500	135
	Myanmar 1 X 1987									
17	Total	38 541 119	*— 5 0	32 740 —*	4 728 861	4 618 754	4 305 011	3 774 146	3 219 612	2 671
18	Male – Masculin	19 107 650	*— 2 5	32 494 —*	2 352 181	2 293 451	2 133 123	1 868 858	1 594 198	1 322
19	Female – Féminin	19 433 469	*— 2 5	00 246 —*	2 376 680	2 325 303	2 171 888	1 905 288	1 625 414	1 348
	Nepal – Népal 1 VII 1986* [1]									
20	Total	17 143 503	*— 2 9	14 438 —*	2 323 843	2 005 617	1 674 250	1 433 785	1 269 290	1 142
21	Male – Masculin	8 819 688	*— 1 5	17 931 —*	1 211 260	1 046 297	880 235	732 196	628 114	555
22	Female – Féminin	8 323 815	*— 1 3	96 507 —*	1 112 583	959 320	794 015	701 589	641 176	587
	Philippines 1 VII 1991 [1 4]									
23	Total	62 868 212	1 758 931	6 791 295	7 924 808	7 561 253	6 696 397	5 985 379	5 279 795	4 601
24	Male – Masculin	31 585 390	901 449	3 473 590	4 047 618	3 863 252	3 441 315	3 060 305	2 593 171	2 207
25	Female – Féminin	31 282 822	857 482	3 317 705	3 877 190	3 698 001	3 255 082	2 925 074	2 686 624	2 393
	Qatar 16 III 1986(C)									
26	Total	369 079	8 161	32 993	34 644	26 654	22 633	32 569	53 194	54
27	Male – Masculin	247 852	4 143	16 822	17 774	13 871	12 338	22 121	41 664	41
28	Female – Féminin	121 227	4 018	16 171	16 870	12 783	10 295	10 448	11 530	13
	Singapore – Singapour 1 VII 1993* [22]									
29	Total	2 873 800	*—— 247	100 ——*	209 800	206 100	204 400	234 500	274 400	301
30	Male – Masculin	1 449 900	*—— 127	700 ——*	108 700	106 900	105 200	118 200	137 000	152
31	Female – Féminin	1 423 900	*—— 119	400 ——*	101 100	99 200	99 200	116 300	137 400	148

7. Population selon l'âge, le sexe et la résidence, urbaine/rurale: dernière année disponible, 1984 – 1993 (suite)

(Voir notes à la fin du tableau.)

Age (en années)												
35 – 39	40 – 44	45 – 49	50 – 54	55 – 59	60 – 64	65 – 69	70 – 74	75 – 79	80 – 84	85 +	Unknown Inconnu	
1 158 555	*936 483*	*688 599*	*627 159*	*477 143*	*390 588*	*274 802*	*213 796*	*111 258*	*— 113 882 —*		–	*1*
569 136	*471 131*	*351 679*	*318 411*	*232 936*	*188 179*	*129 833*	*98 933*	*50 698*	*— 49 970 —*		–	*2*
589 419	*465 352*	*336 920*	*308 748*	*244 207*	*202 409*	*144 969*	*114 863*	*60 560*	*— 63 912 —*		–	*3*
914 400	*757 000*	*560 700*	*523 200*	*373 400*	*318 400*	*221 100*	*169 900*	*96 300*	*— 91 900 —*		–	*4*
445 200	*381 500*	*284 200*	*263 800*	*180 600*	*154 100*	*103 000*	*77 700*	*44 200*	*— 40 200 —*		–	*5*
469 300	*375 600*	*276 500*	*259 400*	*192 800*	*164 300*	*118 100*	*92 200*	*52 100*	*— 51 700 —*		–	*6*
84 700	*56 700*	*48 800*	*41 100*	*31 600*	*22 000*	*16 500*	*12 500*	*6 000*	*— 5 400 —*		–	*7*
47 200	*31 200*	*26 900*	*22 100*	*17 200*	*12 000*	*8 500*	*6 600*	*2 900*	*— 2 600 —*		–	*8*
37 500	*25 500*	*21 900*	*19 000*	*14 400*	*10 000*	*8 000*	*5 900*	*3 100*	*— 2 800 —*		–	*9*
100 100	*79 000*	*64 700*	*51 600*	*43 900*	*36 200*	*27 700*	*22 200*	*12 100*	*— 15 300 —*		–	*10*
50 400	*39 300*	*32 600*	*26 000*	*20 900*	*17 700*	*13 100*	*10 900*	*5 800*	*— 6 900 —*		–	*11*
49 700	*39 700*	*32 100*	*25 600*	*23 000*	*18 500*	*14 600*	*11 300*	*6 300*	*— 8 400 —*		–	*12*
10 601	*7 433*	*6 320*	*6 905*	*5 900*	*4 659*	*3 410*	*1 839*	*— – 1 806 —*			–	*13*
5 335	*3 878*	*3 284*	*3 580*	*3 225*	*2 731*	*2 022*	*1 097*	*— – 1 109 —*			–	*14*
5 266	*3 555*	*3 036*	*3 325*	*2 675*	*1 928*	*1 388*	*742*	*— – 697 —*			–	*15*
92 300	70 400	68 300	55 400	50 200	36 200	31 500	*— 51 500 —*				–	*16*
2 119 099	*1 695 953*	*1 469 831*	*1 344 771*	*1 161 522*	*908 379*	*— 1 491 009 —*					–	*17*
1 049 248	*838 348*	*725 109*	*661 794*	*569 669*	*443 678*	*— 722 505 —*					–	*18*
1 069 851	*857 605*	*744 722*	*682 977*	*591 853*	*464 701*	*— 768 504 —*					–	*19*
984 176	*831 707*	*697 018*	*568 010*	*445 982*	*337 463*	*239 018*	*148 457*	*72 520*	*— 55 062 —*		–	*20*
484 337	*419 460*	*359 054*	*298 514*	*237 615*	*179 279*	*125 620*	*77 800*	*38 237*	*— 28 537 —*		–	*21*
499 839	*412 247*	*337 964*	*269 496*	*208 367*	*158 184*	*113 398*	*70 657*	*34 283*	*— 26 525 —*		–	*22*
3 890 634	*3 034 962*	*2 381 579*	*1 992 875*	*1 556 986*	*1 222 142*	*892 719*	*634 315*	*411 166*	*172 448*	*79 056*	–	*23*
1 917 948	*1 530 894*	*1 202 710*	*994 781*	*761 533*	*586 022*	*414 294*	*291 273*	*186 291*	*76 808*	*34 420*	–	*24*
1 972 686	*1 504 068*	*1 178 869*	*998 094*	*795 453*	*636 120*	*478 425*	*343 042*	*224 875*	*95 640*	*44 636*	–	*25*
39 984	25 081	16 463	10 150	5 236	3 202	1 580	1 032	492	*— 666 —*		93	*26*
30 158	19 236	12 742	7 692	3 848	2 177	1 003	565	279	*— 342 —*		73	*27*
9 826	5 845	3 721	2 458	1 388	1 025	577	467	213	*— 324 —*		20	*28*
286 600	236 600	164 100	132 000	102 800	88 300	68 100	*— 118 000 —*				–	*29*
145 900	120 300	83 000	65 900	51 300	43 600	33 100	*— 50 700 —*				–	*30*
140 700	116 300	81 100	66 100	51 500	44 700	35 000	*— 67 300 —*				–	*31*

7. Population by age, sex and urban/rural residence: latest available year, 1984 – 1993 (continued)

(See notes at end of table.)

	Continent, country or area, sex, date and urban/rural residence — Continent, pays ou zone, sexe, date et résidence, urbaine/rurale	Age (in years)								
		All ages Tous âges	– 1	1 – 4	5 – 9	10 – 14	15 – 19	20 – 24	25 – 29	3
	ASIA—ASIE (Cont.–Suite)									
	Sri Lanka 1 VII 1993*									
1	Total	*17 619 000*	**— 2 2*	*02 000 —**	*1 997 000*	*2 004 000*	*1 903 000*	*1 812 000*	*1 513 000*	*1 33*
2	Male – Masculin	*8 981 000*	**— 1 1*	*21 000 —**	*1 016 000*	*1 023 000*	*965 000*	*909 000*	*757 000*	*67*
3	Female – Féminin	*8 638 000*	**— 1 0*	*81 000 —**	*981 000*	*981 000*	*938 000*	*903 000*	*756 000*	*66*
	Syrian Arab Republic – République arabe syrienne 1 VII 1993* [1 4 23]									
4	Total	*13 393 000*	*490 000*	*2 033 000*	*2 284 000*	*1 783 000*	*1 280 000*	*980 000*	*751 000*	*68*
5	Male – Masculin	*6 842 000*	*252 000*	*1 044 000*	*1 180 000*	*935 000*	*650 000*	*507 000*	*359 000*	*33*
6	Female – Féminin	*6 551 000*	*238 000*	*989 000*	*1 104 000*	*848 000*	*630 000*	*473 000*	*392 000*	*35*
	Tajikistan – Tadjikistan 12 I 1989(C) [1 4]									
7	Total	5 092 603	189 745	711 327	698 427	587 086	525 609	463 915	441 347	32
8	Male – Masculin	2 530 245	96 134	360 808	353 566	296 910	263 130	227 505	219 644	16
9	Female – Féminin	2 562 358	93 611	350 519	344 861	290 176	262 479	236 410	221 703	16
	Thailand – Thaïlande 1 VII 1992 [1 4]									
10	Total	*57 760 000*	**— 5 8*	*12 000 —**	*6 047 000*	*6 210 000*	*6 206 000*	*6 075 000*	*5 587 000*	*4 72*
11	Male – Masculin	*28 948 000*	**— 2 9*	*61 000 —**	*3 070 000*	*3 148 000*	*3 154 000*	*3 092 000*	*2 834 000*	*2 37*
12	Female – Féminin	*28 812 000*	**— 2 8*	*51 000 —**	*2 977 000*	*3 062 000*	*3 052 000*	*2 983 000*	*2 753 000*	*2 35*
	Turkey – Turquie 21 X 1990(C)* [4]									
13	Total	56 473 035	1 116 493	4 838 251	6 899 209	6 891 399	6 216 469	5 095 504	4 813 127	4 08
14	Male – Masculin	28 607 047	572 603	2 479 652	3 541 409	3 560 900	3 165 061	2 581 153	2 435 765	2 09
15	Female – Féminin	27 865 988	543 890	2 358 599	3 357 800	3 330 499	3 051 408	2 514 351	2 377 362	1 98
	Turkmenistan – Turkménistan 12 I 1989(C) [1 4]									
16	Total	3 522 717	*—— 559	641 ——*	461 968	406 796	366 290	326 637	321 739	25
17	Male – Masculin	1 735 179	*—— 283	551 ——*	233 256	204 615	187 886	161 333	157 763	12
18	Female – Féminin	1 787 538	*—— 276	090 ——*	228 712	202 181	178 404	165 304	163 976	12
	Uzbekistan – Ouzbékistan 12 I 1989(C) [1 4]									
19	Total	19 810 077	669 297	2 547 112	2 611 040	2 255 753	2 004 739	1 832 462	1 785 410	1 39
20	Male – Masculin	9 784 156	341 103	1 289 953	1 318 918	1 138 237	1 003 102	910 718	890 752	69
21	Female – Féminin	10 025 921	328 194	1 257 159	1 292 122	1 117 516	1 001 637	921 744	894 658	69
	Viet Nam 1 IV 1989(C) [1 4]									
22	Total	64 375 762	1 928 804	7 155 398	8 606 693	7 531 703	6 805 682	6 044 159	5 707 769	4 70
23	Male – Masculin	31 230 737	996 442	3 668 488	4 392 635	3 856 862	3 357 696	2 896 412	2 721 260	2 24
24	Female – Féminin	33 145 025	932 362	3 486 910	4 214 058	3 674 841	3 447 986	3 147 747	2 986 509	2 45
	Yemen – Yémen 1 VII 1993* [4]									
25	Total	*12 301 970*	**— 2 3*	*99 550 —**	*2 172 490*	*1 805 190*	*1 290 240*	*926 290*	*666 820*	*59*
26	Male – Masculin	*6 104 940*	**— 1 2*	*26 280 —**	*1 099 420*	*938 900*	*683 460*	*466 800*	*306 210*	*25*
27	Female – Féminin	*6 197 030*	**— 1 1*	*73 270 —**	*1 073 070*	*866 290*	*606 780*	*459 490*	*360 610*	*33*

7. Population selon l'âge, le sexe et la résidence, urbaine/rurale: dernière année disponible, 1984 – 1993 (suite)

(Voir notes à la fin du tableau.)

Age (en années)												
35 – 39	40 – 44	45 – 49	50 – 54	55 – 59	60 – 64	65 – 69	70 – 74	75 – 79	80 – 84	85 +	Unknown Inconnu	
995 000	*829 000*	*723 000*	*640 000*	*501 000*	*403 000*	*299 000*	*215 000*	*126 000*	*— 121 000 —*		–	*1*
500 000	*427 000*	*366 000*	*338 000*	*264 000*	*217 000*	*158 000*	*116 000*	*66 000*	*— 62 000 —*		–	*2*
495 000	*402 000*	*357 000*	*302 000*	*237 000*	*186 000*	*141 000*	*99 000*	*60 000*	*— 59 000 —*		–	*3*
677 000	*559 000*	*433 000*	*324 000*	*252 000*	*275 000*	*181 000*	*179 000*		*— 226 000 —*		–	*4*
339 000	*292 000*	*225 000*	*166 000*	*134 000*	*134 000*	*92 000*	*89 000*		*— 114 000 —*		–	*5*
338 000	*267 000*	*208 000*	*158 000*	*118 000*	*141 000*	*89 000*	*90 000*		*— 112 000 —*		–	*6*
238 882	139 111	151 234	164 936	142 019	119 486	68 640	45 844	37 226	21 195	19 003	1 574	*7*
118 162	71 526	79 692	82 013	68 155	55 771	26 622	16 964	14 464	8 622	7 505	916	*8*
120 720	67 585	71 542	82 923	73 864	63 715	42 018	28 880	22 762	12 573	11 498	658	*9*
3 974 000	*3 120 000*	*2 410 000*	*2 063 000*	*1 790 000*	*1 388 000*	*1 005 000*	*657 000*		*— 689 000 —*		–	*10*
1 980 000	*1 558 000*	*1 205 000*	*1 009 000*	*854 000*	*655 000*	*469 000*	*298 000*		*— 285 000 —*		–	*11*
1 994 000	*1 562 000*	*1 205 000*	*1 054 000*	*936 000*	*733 000*	*536 000*	*359 000*		*— 404 000 —*		–	*12*
3 490 064	2 788 424	2 201 159	2 018 968	1 940 521	1 615 293	993 087	546 091	440 924	262 324	174 937	44 482	*13*
1 784 121	1 418 784	1 111 113	980 115	993 402	768 547	471 479	242 572	204 665	105 386	67 040	26 381	*14*
1 705 943	1 369 640	1 090 046	1 038 853	947 119	846 746	521 608	303 519	236 259	156 938	107 897	18 101	*15*
185 306	106 103	108 567	114 086	97 240	84 072	48 374	33 821	27 035	13 021	9 480	–	*16*
90 661	52 550	54 130	56 391	46 348	36 914	17 534	11 435	9 466	4 395	3 015	–	*17*
94 645	53 553	54 437	57 695	50 892	47 158	30 840	22 386	17 569	8 626	6 465	–	*18*
1 013 369	572 375	625 531	651 050	561 358	483 693	269 629	184 229	165 734	100 456	83 816	361	*19*
503 602	286 366	317 673	322 719	265 666	215 661	97 157	60 068	57 981	37 436	30 728	171	*20*
509 767	286 009	307 858	328 331	295 692	268 032	172 472	124 161	107 753	63 020	53 088	190	*21*
3 286 643	2 201 498	1 940 084	1 913 038	1 945 438	1 566 239	1 231 761	800 848	562 086	283 175	156 433	6 353	*22*
1 534 662	1 021 370	871 383	853 228	898 469	709 586	523 917	324 803	212 291	94 868	47 333	3 552	*23*
1 751 981	1 180 128	1 068 701	1 059 810	1 046 969	856 653	707 844	476 045	349 795	188 307	109 100	2 801	*24*
517 800	*448 150*	*358 480*	*297 530*	*265 610*	*188 900*	*146 000*	*93 850*		*— 133 190 —*		–	*25*
220 190	*198 290*	*166 670*	*139 310*	*134 340*	*93 230*	*70 170*	*45 320*		*— 62 510 —*		–	*26*
297 610	*249 860*	*191 810*	*158 220*	*131 270*	*95 670*	*75 830*	*48 530*		*— 70 680 —*		–	*27*

7. Population by age, sex and urban/rural residence: latest available year, 1984 – 1993 (continued)

(See notes at end of table.)

	Continent, country or area, sex, date and urban/rural residence Continent, pays ou zone, sexe, date et résidence, urbaine/rurale	Age (in years)								
		All ages Tous âges	– 1	1 – 4	5 – 9	10 – 14	15 – 19	20 – 24	25 – 29	30 – 3
	EUROPE									
	Andorra – Andorre 31 XII 1992 [4]									
1	Total	61 599	*—— 3	246 ——*	3 132	3 659	4 093	5 819	7 149	6 74
2	Male – Masculin	32 735	*—— 1	668 ——*	1 637	1 884	2 123	3 039	3 824	3 68
3	Female – Féminin	28 864	*—— 1	578 ——*	1 495	1 775	1 970	2 780	3 325	3 06
	Austria – Autriche 1 VII 1992 [1]									
4	Total	7 883 644	93 154	367 297	457 407	463 543	492 524	632 667	693 929	642 40
5	Male – Masculin	3 795 129	47 925	189 127	234 793	238 790	254 996	326 831	355 086	324 22
6	Female – Féminin	4 088 515	45 229	178 170	222 614	224 753	237 528	305 836	338 843	318 18
	Belarus – Bélarus 1 VII 1991 [1 4]									
7	Total	10 222 649	136 617	638 029	825 189	750 354	728 038	675 203	785 455	875 74
8	Male – Masculin	4 794 617	70 352	327 204	419 974	380 949	366 369	333 540	393 273	439 21
9	Female – Féminin	5 428 032	66 265	310 825	405 215	369 405	361 669	341 663	392 182	436 53
	Belgium – Belgique 1 VII 1990 [1]									
10	Total	9 967 378	122 135	475 483	599 543	609 055	659 332	735 387	806 679	785 78
11	Male – Masculin	4 870 392	62 577	244 041	307 059	311 527	337 039	374 890	411 237	399 81
12	Female – Féminin	5 096 986	59 558	231 442	292 484	297 528	322 293	360 497	395 442	385 96
	Bulgaria – Bulgarie 1 VII 1990 [4]									
13	Total	8 990 741	107 151	465 136	600 603	664 400	660 916	603 622	598 446	625 33
14	Male – Masculin	4 435 274	54 885	238 091	308 666	340 509	338 712	307 806	302 530	314 54
15	Female – Féminin	4 555 467	52 266	227 045	291 937	323 891	322 204	295 816	295 916	310 79
	Channel Islands – Iles Anglo-Normandes Guernsey – Guernesey 21 IV 1991(C)									
16	Total	58 867	751	2 763	3 258	3 227	3 886	5 009	4 801	4 37
17	Male – Masculin	28 297	374	1 394	1 677	1 649	1 953	2 327	2 349	2 18
18	Female – Féminin	30 570	377	1 369	1 581	1 578	1 933	2 682	2 452	2 19
	Jersey 10 III 1991(C)									
19	Total	84 082	1 042	3 729	4 202	4 043	4 637	7 853	8 465	7 21
20	Male – Masculin	40 862	521	1 929	2 151	2 016	2 340	3 830	4 166	3 62
21	Female – Féminin	43 220	521	1 800	2 051	2 027	2 297	4 023	4 299	3 59
	Former Czechoslovakia – Ancienne Tchécoslovaquie 3 III 1991(C)									
22	Total	15 567 666	*———	3 592 559	———*	*———	———	8 9 94 785	———	———
23	Male – Masculin	7 580 442	*———	1 840 048	———*	*———	———	4 6 83 912	———	———
24	Female – Féminin	7 987 224	*———	1 752 511	———*	*———	———	4 3 10 873	———	———
	Denmark – Danemark [24] 1 VII 1992 [1]									
25	Total	5 170 270	65 577	245 690	271 642	294 633	353 273	375 812	421 714	377 23
26	Male – Masculin	2 549 144	33 689	126 071	139 117	150 335	180 233	192 639	217 236	193 19
27	Female – Féminin	2 621 126	31 888	119 619	132 525	144 298	173 040	183 173	204 478	184 04
	Estonia – Estonie 1 I 1991 [4]									
28	Total	1 570 432	*—— 118	669 ——*	118 278	111 858	108 688	107 275	113 314	120 34
29	Male – Masculin	734 777	*—— 60	788 ——*	60 073	56 951	55 498	56 170	57 274	59 76
30	Female – Féminin	835 655	*—— 57	881 ——*	58 205	54 907	53 190	51 105	56 040	60 57

7. Population selon l'âge, le sexe et la résidence, urbaine/rurale: dernière année disponible, 1984 – 1993 (suite)

(Voir notes à la fin du tableau.)

Age (en années)												
35 – 39	40 – 44	45 – 49	50 – 54	55 – 59	60 – 64	65 – 69	70 – 74	75 – 79	80 – 84	85 +	Unknown Inconnu	
5 420	4 599	3 834	2 768	2 680	2 456	2 059	1 603	1 045	675	621	–	1
2 990	2 548	2 121	1 437	1 432	1 297	1 070	808	538	339	299	–	2
2 430	2 051	1 713	1 331	1 248	1 159	989	795	507	336	322	–	3
542 315	521 930	477 805	527 288	373 088	398 487	387 999	290 848	217 126	184 321	119 511	–	4
269 963	261 971	238 011	261 612	181 385	187 962	153 832	105 169	73 694	57 512	32 248	–	5
272 352	259 959	239 794	265 676	191 703	210 525	234 167	185 679	143 432	126 809	87 263	–	6
760 528	664 069	429 007	647 924	584 389	605 440	442 129	225 525	209 324	145 109	94 572	–	7
377 931	326 691	206 442	299 508	259 566	254 565	150 198	70 836	57 552	38 268	22 182	–	8
382 597	337 378	222 565	348 416	324 823	350 875	291 931	154 689	151 772	106 841	72 390	–	9
731 641	703 760	547 171	561 857	582 272	559 911	521 699	304 264	312 026	209 532	139 849	–	10
372 734	358 178	275 780	278 539	284 213	265 700	236 692	128 549	117 887	67 472	36 465	–	11
358 907	345 582	271 391	283 318	298 059	294 211	285 007	175 715	194 139	142 060	103 384	–	12
644 410	657 508	543 710	528 882	577 996	545 253	488 734	247 408	237 980	133 523	59 728	–	13
322 020	326 973	268 975	259 111	280 569	259 055	223 256	110 406	102 307	54 260	22 598	–	14
322 390	330 535	274 735	269 771	297 427	286 198	265 478	137 002	135 673	79 263	37 130	–	15
4 047	4 659	3 424	3 382	3 059	2 942	2 750	2 281	1 945	1 306	998	–	16
2 057	2 303	1 705	1 717	1 518	1 366	1 263	987	762	466	250	–	17
1 990	2 356	1 719	1 665	1 541	1 576	1 487	1 294	1 183	840	748	–	18
6 372	6 506	5 071	4 932	4 293	3 808	3 465	2 762	2 550	1 787	1 346	–	19
3 147	3 266	2 535	2 526	2 194	1 867	1 611	1 160	1 019	611	347	–	20
3 225	3 240	2 536	2 406	2 099	1 941	1 854	1 602	1 531	1 176	999	–	21
—*	*—				2 967 411					—*	12 911	22
—*	*—				1 049 557					—*	6 925	23
—*	*—				1 917 854					—*	5 986	24
372 120	378 673	407 280	301 857	259 608	240 806	233 602	209 279	163 241	115 297	82 934	–	25
189 756	192 287	207 231	151 844	127 813	116 025	108 157	92 024	66 339	41 305	23 853	–	26
182 364	186 386	200 049	150 013	131 795	124 781	125 445	117 255	96 902	73 992	59 081	–	27
116 573	106 861	85 597	101 818	89 335	88 359	66 275	38 418	38 837	25 320	14 616	–	28
57 051	51 524	40 608	47 112	39 859	36 780	22 149	12 487	11 412	6 339	2 935	–	29
59 522	55 337	44 989	54 706	49 476	51 579	44 126	25 931	27 425	18 981	11 681	–	30

7. Population by age, sex and urban/rural residence: latest available year, 1984 – 1993 (continued)

(See notes at end of table.)

	Continent, country or area, sex, date and urban/rural residence — Continent, pays ou zone, sexe, date et résidence, urbaine/rurale	All ages Tous âges	Age (in years) – 1	1 – 4	5 – 9	10 – 14	15 – 19	20 – 24	25 – 29	30 – 3
	EUROPE (Cont.–Suite)									
	Faeroe Islands – Iles Féroé 1 VII 1991 [1]									
1	Total	47 372	*—— 4	232 ——*	3 550	3 817	3 942	3 692	3 582	3 44
2	Male – Masculin	24 659	*—— 2	164 ——*	1 853	1 977	2 103	1 986	1 938	1 81
3	Female – Féminin	22 713	*—— 2	068 ——*	1 698	1 841	1 839	1 706	1 645	1 62
	Finland – Finlande 1 VII 1991 [1 4]									
4	Total	5 013 740	65 223	249 897	325 669	324 111	306 531	338 219	376 626	381 72
5	Male – Masculin	2 434 623	33 252	127 779	166 537	165 535	156 993	172 334	192 414	195 13
6	Female – Féminin	2 579 117	31 971	122 119	159 133	158 577	149 539	165 885	184 213	186 59
	France 1 I 1993* [4 25]									
7	Total	57 526 521	730 146	3 009 036	3 804 760	3 918 608	3 938 648	4 338 607	4 331 986	4 321 56
8	Male – Masculin	28 017 601	373 794	1 539 365	1 945 821	2 006 411	2 013 000	2 193 942	2 171 374	2 154 54
9	Female – Féminin	29 508 920	356 352	1 469 671	1 858 939	1 912 197	1 925 648	2 144 665	2 160 612	2 167 02
	Germany – Allemagne 1 VII 1990 [1]									
10	Total	79 364 504	881 623	3 523 972	4 267 333	4 091 036	4 468 125	6 385 867	6 919 622	6 129 57
11	Male – Masculin	38 276 256	452 374	1 808 892	2 189 339	2 101 087	2 293 724	3 271 709	3 568 114	3 153 09
12	Female – Féminin	41 088 248	429 249	1 715 080	2 077 994	1 989 949	2 174 401	3 114 158	3 351 508	2 976 47
	Greece – Grèce 1 VII 1992 [26]									
13	Total	10 313 687	102 755	416 525	609 293	718 358	711 619	777 782	796 124	755 85
14	Male – Masculin	5 083 809	53 045	214 443	314 941	371 084	368 526	399 755	409 215	385 06
15	Female – Féminin	5 229 879	49 710	202 082	294 353	347 277	343 093	378 027	386 911	370 79
	Hungary – Hongrie 1 VII 1992 [4]									
16	Total	10 323 708	122 815	490 529	621 100	749 449	860 112	716 688	619 078	666 45
17	Male – Masculin	4 951 970	62 878	250 922	317 393	383 212	441 240	366 575	314 615	334 67
18	Female – Féminin	5 371 738	59 937	239 607	303 707	366 237	418 872	350 113	304 463	331 78
	Iceland – Islande 1 VII 1992 [1]									
19	Total	261 103	4 591	18 259	20 393	21 529	21 193	20 544	21 977	21 33
20	Male – Masculin	130 945	2 373	9 382	10 354	11 034	10 803	10 419	11 038	10 87
21	Female – Féminin	130 158	2 218	8 877	10 039	10 495	10 390	10 125	10 939	10 46
	Ireland – Irlande 21 IV 1991(C) [4]									
22	Total	3 525 719	53 044	220 699	318 503	348 328	335 026	266 572	246 321	249 07
23	Male – Masculin	1 753 418	27 390	113 174	163 346	178 928	171 408	136 479	120 660	123 16
24	Female – Féminin	1 772 301	25 654	107 525	155 157	169 400	163 618	130 093	125 661	125 90

7. Population selon l'âge, le sexe et la résidence, urbaine/rurale: dernière année disponible, 1984 – 1993 (suite)

oir notes à la fin du tableau.)

Age (en années)												
35 – 39	40 – 44	45 – 49	50 – 54	55 – 59	60 – 64	65 – 69	70 – 74	75 – 79	80 – 84	85 +	Unknown Inconnu	
3 243	3 302	2 802	2 187	1 923	1 957	1 819	1 595	1 147	682	458	–	1
1 711	1 783	1 569	1 176	1 030	980	864	758	509	286	161	–	2
1 533	1 519	1 233	1 011	893	977	955	837	638	396	298	–	3
405 201	437 536	333 367	284 425	251 746	254 602	223 899	170 316	138 250	92 935	53 458	–	4
206 945	224 242	169 311	141 321	122 471	118 009	93 250	62 785	46 129	27 424	12 765	–	5
198 257	213 295	164 057	143 104	129 275	136 593	130 650	107 531	92 122	65 512	40 693	–	6
4 268 566	4 356 906	3 543 748	2 761 077	2 897 242	2 945 176	2 678 261	2 082 475	1 322 042	1 286 783	990 885	–	7
2 125 547	2 191 274	1 790 890	1 383 631	1 414 807	1 392 596	1 206 403	891 681	512 648	443 994	265 875	–	8
2 143 019	2 165 632	1 752 858	1 377 446	1 482 435	1 552 580	1 471 858	1 190 794	809 394	842 789	725 010	–	9
5 617 845	4 888 290	5 336 844	6 027 192	4 623 624	4 331 523	3 855 904	2 319 700	2 711 690	1 870 331	1 114 413	–	10
2 854 734	2 496 941	2 722 832	3 052 711	2 302 898	2 006 570	1 463 627	819 968	881 870	551 672	284 096	–	11
2 763 111	2 391 349	2 614 012	2 974 481	2 320 726	2 324 953	2 392 277	1 499 732	1 829 820	1 318 659	830 317	–	12
709 947	675 293	629 534	601 608	678 675	638 104	484 803	352 764	306 933	213 308	134 429	–	13
358 327	337 883	312 226	281 666	325 198	301 145	224 135	154 380	131 229	89 379	52 194	–	14
351 620	337 410	317 309	319 943	353 477	336 962	260 670	198 387	175 705	123 929	82 237	–	15
863 656	776 265	667 134	614 045	574 158	570 112	519 964	367 569	245 249	186 311	93 024	–	16
431 895	383 985	325 607	288 055	260 545	252 477	217 167	143 247	89 183	62 081	26 223	–	17
431 761	392 280	341 527	325 990	313 613	317 635	302 797	224 322	156 066	124 230	66 801	–	18
19 848	17 441	14 372	10 694	10 219	10 488	8 893	7 355	5 355	3 571	3 045	–	19
10 190	8 943	7 387	5 364	5 015	5 190	4 285	3 438	2 315	1 442	1 098	–	20
9 658	8 498	6 985	5 330	5 204	5 298	4 608	3 917	3 040	2 129	1 947	–	21
237 889	225 683	187 762	156 806	142 549	134 566	130 752	109 325	84 082	49 301	29 440	–	22
118 724	113 856	95 443	79 861	71 665	65 591	60 956	49 183	35 713	18 965	8 908	–	23
119 165	111 827	92 319	76 945	70 884	68 975	69 796	60 142	48 369	30 336	20 532	–	24

7. Population by age, sex and urban/rural residence: latest available year, 1984 – 1993 (continued)

(See notes at end of table.)

	Continent, country or area, sex, date and urban/rural residence Continent, pays ou zone, sexe, date et résidence, urbaine/rurale	Age (in years)								
		All ages Tous âges	– 1	1 – 4	5 – 9	10 – 14	15 – 19	20 – 24	25 – 29	30 –
	EUROPE (Cont.–Suite)									
	Isle of Man – Ile de Man 14 IV 1991(C) [1]									
1	Total	69 788	851	3 194	3 947	4 105	4 641	5 002	4 833	4 5[illegible]
2	Male – Masculin	33 693	435	1 609	2 013	2 113	2 354	2 496	2 469	2 2[illegible]
3	Female – Féminin	36 095	416	1 585	1 934	1 992	2 287	2 506	2 364	2 3[illegible]
	Italy – Italie 1 VII 1991 [1]									
4	Total	57 746 163	576 607	2 252 748	3 019 669	3 535 739	4 375 328	4 724 657	4 790 896	4 189 8[illegible]
5	Male – Masculin	28 072 498	296 976	1 161 063	1 551 690	1 815 687	2 241 383	2 406 879	2 427 509	2 111 4[illegible]
6	Female – Féminin	29 673 665	279 631	1 091 685	1 467 979	1 720 052	2 133 945	2 317 778	2 363 387	2 078 4[illegible]
	Latvia – Lettonie 1 VII 1992 [4]									
7	Total	2 631 567	32 630	152 011	201 817	175 815	171 519	184 449	186 515	204 4[illegible]
8	Male – Masculin	1 224 216	16 681	78 087	102 709	89 356	87 423	94 927	95 065	101 4[illegible]
9	Female – Féminin	1 407 351	15 949	73 924	99 108	86 459	84 096	89 522	91 450	102 9[illegible]
	Liechtenstein 31 XII 1987									
10	Total	27 714	365	1 454	1 823	1 859	2 260	2 494	2 570	2 4[illegible]
11	Male – Masculin	13 527	195	709	922	932	1 129	1 172	1 225	1 2[illegible]
12	Female – Féminin	14 187	170	745	901	927	1 131	1 322	1 345	1 2[illegible]
	Lithuania – Lituanie 1 VII 1992 [4]									
13	Total	3 741 671	54 368	230 305	289 912	265 917	270 447	286 552	298 440	305 6[illegible]
14	Male – Masculin	1 771 413	27 866	117 732	147 785	135 191	137 076	147 276	152 487	152 2[illegible]
15	Female – Féminin	1 970 258	26 502	112 573	142 127	130 726	133 371	139 276	145 953	153 4[illegible]
	Luxembourg 1 I 1990 [1]									
16	Total	378 400	4 642	18 015	21 845	20 858	22 352	28 109	32 346	32 1[illegible]
17	Male – Masculin	184 560	2 365	9 196	11 166	10 724	11 484	14 223	16 281	16 1[illegible]
18	Female – Féminin	193 840	2 277	8 819	10 679	10 134	10 868	13 886	16 065	15 9[illegible]
	Malta – Malte 1 VII 1992 [27]									
19	Total	362 977	*—— 27 080 ——*		27 041	28 502	27 641	24 598	24 930	28 8[illegible]
20	Male – Masculin	179 427	*—— 13 811 ——*		13 928	14 596	14 256	12 722	12 769	14 6[illegible]
21	Female – Féminin	183 550	*—— 13 269 ——*		13 113	13 906	13 385	11 876	12 161	14 1[illegible]
	Netherlands – Pays-Bas 1 VII 1992 [1 4]									
22	Total	15 184 138	196 880	770 185	904 524	906 395	976 357	1 255 013	1 308 192	1 266 1[illegible]
23	Male – Masculin	7 507 827	100 760	393 849	461 973	463 333	498 412	639 587	671 633	646 5[illegible]
24	Female – Féminin	7 676 311	96 120	376 336	442 551	443 062	477 945	615 426	636 559	619 6[illegible]
	Norway – Norvège 1 VII 1992 [1 4]									
25	Total	4 286 401	60 305	236 187	261 112	261 724	294 099	336 537	333 920	317 8[illegible]
26	Male – Masculin	2 119 890	31 113	121 075	134 005	134 128	150 174	172 111	171 733	163 2[illegible]
27	Female – Féminin	2 166 511	29 192	115 113	127 108	127 596	143 925	164 430	162 188	154 6[illegible]
	Poland – Pologne 31 XII 1991 [4 28]									
28	Total	38 309 226	538 863	2 260 581	3 350 365	3 261 042	2 998 603	2 524 995	2 555 742	3 098 8[illegible]
29	Male – Masculin	18 661 328	276 587	1 160 427	1 711 093	1 666 588	1 531 904	1 293 610	1 298 200	1 567 4[illegible]
30	Female – Féminin	19 647 898	262 276	1 100 154	1 639 272	1 594 454	1 466 699	1 231 385	1 257 542	1 531 4[illegible]
	Portugal 31 XII 1991									
31	Total	9 845 900	115 000	460 200	668 700	756 300	827 400	813 700	813 000	727 0[illegible]
32	Male – Masculin	4 751 700	59 100	236 800	345 200	386 400	421 300	413 200	407 900	362 2[illegible]
33	Female – Féminin	5 094 500	55 900	223 400	323 500	369 900	405 900	400 500	405 200	365 0[illegible]

7. Population selon l'âge, le sexe et la résidence, urbaine/rurale: dernière année disponible, 1984 – 1993 (suite)

ir notes à la fin du tableau.)

Age (en années)													
35 – 39	40 – 44	45 – 49	50 – 54	55 – 59	60 – 64	65 – 69	70 – 74	75 – 79	80 – 84	85 +	Unknown Inconnu	
4 418	5 267	4 457	3 893	3 515	3 660	3 783	3 232	2 966	2 056	1 405	–	1
2 221	2 662	2 223	1 971	1 755	1 677	1 710	1 373	1 244	756	373	–	2
2 197	2 605	2 234	1 922	1 760	1 983	2 073	1 859	1 722	1 300	1 032	–	3
3 821 452	4 058 379	3 390 667	3 689 828	3 432 209	3 330 727	3 011 567	1 803 474	1 864 482	1 164 338	713 507	–	4
1 908 663	2 021 273	1 675 438	1 800 822	1 647 318	1 561 365	1 337 584	757 305	730 728	411 822	207 587	–	5
1 912 789	2 037 106	1 715 229	1 889 006	1 784 891	1 769 362	1 673 983	1 046 169	1 133 754	752 516	505 920	–	6
185 785	175 070	147 045	179 533	154 712	151 540	123 042	74 321	57 974	44 953	28 368	–	7
90 710	84 222	69 246	82 854	68 315	64 161	40 027	23 560	16 638	12 057	6 698	–	8
95 075	90 848	77 799	96 679	86 397	87 379	83 015	50 761	41 336	32 896	21 670	–	9
2 375	2 205	1 723	1 300	1 052	1 070	981	648	566	330	185	–	10
1 214	1 158	882	654	524	454	442	286	217	114	47	–	11
1 161	1 047	841	646	528	616	539	362	349	216	138	–	12
251 343	230 705	215 098	220 725	210 114	195 980	152 686	88 042	75 017	59 520	40 885	–	13
123 575	110 799	101 135	101 428	93 054	82 034	55 058	31 046	23 529	20 127	12 007	–	14
127 768	119 906	113 963	119 297	117 060	113 946	97 628	56 996	51 488	39 393	28 878	–	15
30 023	27 248	23 809	22 988	22 403	20 959	16 446	11 451	11 459	*—— 11 341 ——*		–	16
15 363	14 193	12 244	11 581	11 079	9 923	6 448	4 673	4 218	*—— 3 275 ——*		–	17
14 660	13 055	11 565	11 407	11 324	11 036	9 998	6 778	7 241	*—— 8 066 ——*		–	18
28 439	28 910	27 567	17 027	17 804	15 496	14 122	11 017	6 544	4 680	2 720	–	19
14 429	14 564	13 552	8 130	8 264	6 925	6 365	4 911	2 724	1 856	931	–	20
14 010	14 346	14 015	8 897	9 540	8 571	7 757	6 106	3 820	2 824	1 789	–	21
1 177 251	1 165 311	1 048 225	819 898	729 617	687 522	621 973	512 573	387 722	259 630	190 716	–	22
599 324	595 719	537 294	417 346	363 997	330 803	283 354	218 511	148 720	85 331	51 334	–	23
577 927	569 592	510 931	402 552	365 620	356 719	338 619	294 062	239 002	174 299	139 382	–	24
313 413	305 391	290 735	207 974	180 966	189 929	199 107	188 564	143 285	96 089	69 157	–	25
160 023	157 503	148 933	104 524	89 639	92 136	93 440	82 928	57 963	34 677	20 481	–	26
153 391	147 891	141 800	103 451	91 328	97 758	105 669	105 636	85 323	61 412	48 718	–	27
3 293 703	2 928 047	1 868 247	1 882 593	1 928 086	1 862 526	1 544 042	908 744	713 276	506 867	284 038	–	28
1 654 262	1 458 600	914 024	904 392	905 317	840 998	629 496	356 426	251 428	164 824	75 751	–	29
1 639 441	1 469 447	954 223	978 201	1 022 769	1 021 528	914 546	552 318	461 848	342 043	208 287	–	30
645 900	599 000	534 000	534 800	534 800	503 500	447 100	336 100	273 000	170 300	86 100	–	31
317 500	290 000	251 400	250 700	247 200	228 000	198 100	143 000	108 000	60 400	25 300	–	32
328 400	309 000	282 700	284 100	287 600	275 400	249 100	193 100	165 000	109 800	61 000	–	33

7. Population by age, sex and urban/rural residence: latest available year, 1984 – 1993 (continued)

(See notes at end of table.)

	Continent, country or area, sex, date and urban/rural residence Continent, pays ou zone, sexe, date et résidence, urbaine/rurale	Age (in years) All ages Tous âges	– 1	1 – 4	5 – 9	10 – 14	15 – 19	20 – 24	25 – 29	30 – 3
	EUROPE (Cont.–Suite)									
	Republic of Moldova – République de Moldova 1 VII 1991*[4]									
1	Total	4 360 475	73 350	336 564	424 950	377 307	352 111	288 719	320 486	377 34
2	Male – Masculin	2 080 041	37 568	171 947	215 853	191 149	176 039	147 272	154 159	183 12
3	Female – Féminin	2 280 434	35 782	164 617	209 097	186 158	176 072	141 447	166 327	194 21
	Romania – Roumanie 1 VII 1992[4]									
4	Total	22 788 969	260 744	1 300 994	1 663 026	1 877 489	1 940 420	2 053 179	1 282 184	1 509 77
5	Male – Masculin	11 200 695	133 400	664 294	848 135	958 136	998 600	1 035 115	652 023	762 33
6	Female – Féminin	11 588 274	127 344	636 700	814 891	919 353	941 820	1 018 064	630 161	747 43
	Russian Federation – Fédération Russe 1 VII 1992[1,4]									
7	Total	148 310 174	1 680 008	8 511 358	12 126 688	10 996 699	10 417 212	9 609 388	10 421 363	12 913 20
8	Male – Masculin	69 562 474	861 576	4 351 791	6 168 816	5 578 416	5 274 609	4 960 535	5 274 783	6 498 81
9	Female – Féminin	78 747 700	818 432	4 159 567	5 957 872	5 418 283	5 142 603	4 648 853	5 146 580	6 414 38
	San Marino – Saint-Marin 31 XII 1991									
10	Total	23 576	250	943	1 205	1 378	1 591	1 909	2 201	1 94
11	Male – Masculin	11 575	126	503	626	705	802	959	1 044	94
12	Female – Féminin	12 001	124	440	579	673	789	950	1 157	99
	Slovenia – Slovénie 1 VII 1993*[1,4]									
13	Total	1 990 623	19 881	88 645	129 109	146 885	148 936	141 368	152 925	154 15
14	Male – Masculin	965 175	10 270	45 541	66 040	75 339	76 463	71 537	75 945	77 37
15	Female – Féminin	1 025 448	9 611	43 104	63 069	71 546	72 473	69 831	76 980	76 78
	Spain – Espagne 1 VII 1993*									
16	Total	39 141 219	416 752	1 640 147	2 208 009	2 730 221	3 231 781	3 269 521	3 292 678	3 069 22
17	Male – Masculin	19 216 162	215 215	849 283	1 141 536	1 409 492	1 661 616	1 675 414	1 677 313	1 543 42
18	Female – Féminin	19 925 057	201 537	790 864	1 066 473	1 320 729	1 570 165	1 594 107	1 615 365	1 525 80
	Sweden – Suède 31 XII 1992[1,4]									
19	Total	8 692 013	122 582	481 002	510 332	492 058	536 057	581 888	648 114	578 06
20	Male – Masculin	4 294 585	63 013	247 176	261 963	252 046	274 711	296 679	333 726	296 77
21	Female – Féminin	4 397 428	59 569	233 826	248 369	240 012	261 346	285 209	314 388	281 29
	Switzerland – Suisse 1 VII 1992[1]									
22	Total	6 875 364	42 860	332 516	392 340	386 541	398 264	483 165	579 002	571 28
23	Male – Masculin	3 357 791	21 896	170 534	200 918	198 331	204 510	242 480	290 122	289 36
24	Female – Féminin	3 517 573	20 964	161 982	191 422	188 210	193 754	240 685	288 880	281 92
	The former Yugoslav Rep. of Macedonia – L'ex Rép. yougoslavie de Macédonie 1 VII 1992[1]									
25	Total	2 055 997	15 808	147 544	165 798	167 285	162 087	153 908	155 535	163 01
26	Male – Masculin	1 038 331	8 139	76 194	84 912	85 318	83 166	79 979	80 733	84 46
27	Female – Féminin	1 017 666	7 669	71 350	80 886	81 967	78 921	73 929	74 802	78 54
	Ukraine 1 I 1992[4]									
28	Total	51 801 907	629 652	2 844 258	3 875 236	3 616 453	3 718 502	3 400 596	3 591 206	4 036 35
29	Male – Masculin	24 004 178	323 446	1 455 567	1 971 280	1 838 617	1 886 968	1 719 174	1 790 282	1 994 91
30	Female – Féminin	27 797 729	306 206	1 388 691	1 903 956	1 777 836	1 831 534	1 681 422	1 800 924	2 041 43

7. Population selon l'âge, le sexe et la résidence, urbaine/rurale: dernière année disponible, 1984 – 1993 (suite)

notes à la fin du tableau.)

Age (en années)												
35 – 39	40 – 44	45 – 49	50 – 54	55 – 59	60 – 64	65 – 69	70 – 74	75 – 79	80 – 84	85 +	Unknown Inconnu	
340 364	289 030	180 949	234 717	204 324	196 430	151 861	90 468	68 033	35 727	17 743	–	1
165 227	138 905	83 337	106 801	91 494	84 457	57 417	34 401	24 148	11 830	4 914	–	2
175 137	150 125	97 612	127 916	112 830	111 973	94 444	56 067	43 885	23 897	12 829	–	3
716 565	1 557 971	1 184 360	1 311 373	1 352 738	1 245 067	1 036 572	599 741	444 118	308 226	144 429	–	4
860 708	778 927	586 496	636 237	648 645	586 011	464 803	240 788	172 809	119 458	53 772	–	5
855 857	779 044	597 864	675 136	704 093	659 056	571 769	358 953	271 309	188 768	90 657	–	6
390 233	10 966 817	5 881 605	9 788 057	7 987 206	8 538 327	6 557 007	3 443 218	2 981 837	2 034 474	1 065 469	–	7
172 658	5 403 038	2 839 814	4 518 016	3 576 791	3 580 852	2 194 867	966 641	727 427	432 457	180 568	–	8
217 575	5 563 779	3 041 791	5 270 041	4 410 415	4 957 475	4 362 140	2 476 577	2 254 410	1 602 017	884 901	–	9
1 729	1 689	1 516	1 413	1 335	1 217	1 099	857	662	407	234	–	10
867	844	764	717	675	579	521	397	277	150	72	–	11
862	845	752	696	660	638	578	460	385	257	162	–	12
162 168	157 729	120 215	119 517	111 125	107 769	86 873	60 302	33 469	32 264	17 284	–	13
82 539	80 993	61 145	59 674	53 710	48 477	33 348	20 845	11 399	10 131	4 409	–	14
79 629	76 736	59 070	59 843	57 415	59 292	53 525	39 457	22 070	22 133	12 875	–	15
2 680 165	2 442 628	2 338 375	2 001 241	2 107 667	2 139 960	1 866 685	1 465 066	1 040 709	718 354	482 031	–	16
1 343 784	1 220 489	1 160 118	985 561	1 014 996	1 014 640	856 050	632 782	402 832	257 296	154 320	–	17
1 336 381	1 222 139	1 178 257	1 015 680	1 092 671	1 125 320	1 010 635	832 284	637 877	461 058	327 711	–	18
586 314	618 403	663 655	503 679	420 192	415 136	419 046	407 740	317 510	228 722	161 519	–	19
299 391	314 295	338 709	256 066	208 841	199 996	197 282	184 234	133 856	86 732	49 095	–	20
286 923	304 108	324 946	247 613	211 351	215 140	221 764	223 506	183 654	141 990	112 424	–	21
526 199	507 563	500 331	417 877	369 717	335 229	299 761	253 287	198 730	158 170	122 524	–	22
267 942	256 562	253 719	209 146	181 699	158 294	133 849	109 094	79 575	55 179	34 577	–	23
258 257	251 001	246 612	208 731	188 018	176 935	165 912	144 193	119 155	102 991	87 947	–	24
165 406	149 699	114 326	109 471	111 541	89 373	73 462	43 470	27 863	17 004	8 536	14 868	25
85 763	76 495	57 697	53 962	54 479	42 506	33 445	19 751	12 844	7 916	3 774	6 794	26
79 643	73 204	56 629	55 509	57 062	46 867	40 017	23 719	15 019	9 088	4 762	8 074	27
3 756 246	3 520 851	2 348 775	3 966 781	2 779 978	3 185 336	2 574 053	1 413 355	1 262 171	837 126	444 980	–	28
1 833 737	1 697 020	1 099 508	1 817 789	1 262 146	1 348 838	882 549	430 908	338 129	213 563	99 742	–	29
1 922 509	1 823 831	1 249 267	2 148 992	1 517 832	1 836 498	1 691 504	982 447	924 042	623 563	345 238	–	30

7. Population by age, sex and urban/rural residence: latest available year, 1984 – 1993 (continued)

(See notes at end of table.)

	Continent, country or area, sex, date and urban/rural residence Continent, pays ou zone, sexe, date et résidence, urbaine/rurale	All ages Tous âges	Age (in years) – 1	1 – 4	5 – 9	10 – 14	15 – 19	20 – 24	25 – 29	30 – 3
	EUROPE (Cont.–Suite)									
	United Kingdom – Royaume–Uni 1 VII 1992									
1	Total	57 998 400	787 300	3 122 900	3 711 100	3 575 700	3 555 900	4 415 700	4 800 800	4 396 20
2	Male – Masculin	28 358 300	403 400	1 601 700	1 905 600	1 837 200	1 829 600	2 258 600	2 443 700	2 224 90
3	Female – Féminin	29 640 100	384 000	1 521 100	1 805 700	1 738 600	1 726 200	2 157 200	2 357 300	2 171 40
	Former Yugoslavia – Ancienne Yougoslavie 30 VI 1990 [1]									
4	Total	23 818 005	329 717	1 387 649	1 814 621	1 863 408	1 820 008	1 799 451	1 849 548	1 847 82
5	Male – Masculin	11 780 705	170 474	716 999	935 974	957 975	935 012	922 349	944 058	942 78
6	Female – Féminin	12 037 300	159 243	670 650	878 647	905 433	884 996	877 102	905 490	905 04
	Yugoslavia – Yougoslavie 31 III 1991(C)* [1]									
7	Total	10 394 026	*—— 772	164 ——*	791 505	809 234	786 687	741 299	718 531	739 73
	OCEANIA—OCEANIE									
	American Samoa – Samoa américaines 1 VII 1990 [1 10]									
8	Total	38 940	*—— 6	380 ——*	5 500	4 110	3 680	4 030	3 610	2 65
9	Male – Masculin	19 600	*—— 3	230 ——*	2 840	2 310	2 010	2 100	1 620	1 13
10	Female – Féminin	19 340	*—— 3	150 ——*	2 660	1 800	1 670	1 930	1 990	1 52
	Australia – Australie 30 VI 1993* [14]									
11	Total	17 661 468	263 774	1 027 985	1 276 910	1 262 471	1 296 643	1 449 475	1 362 685	1 460 00
12	Male – Masculin	8 797 423	135 350	527 356	654 306	648 861	665 143	736 000	683 378	729 90
13	Female – Féminin	8 864 045	128 424	500 629	622 604	613 610	631 500	713 475	679 307	730 10
	Christmas Island – Ile Christmas 30 VI 1985									
14	Total	2 278	*——	——	885	——	——*	*——	——	——
15	Male – Masculin	1 522	*——	——	654	——	——*	*——	——	——
16	Female – Féminin	756	*——	——	231	——	——*	*——	——	——
	Cocos (Keeling) Islands – Iles des Cocos (Keeling) 30 VI 1986									
17	Total	607	26	68	65	45	23	47	64	6
	Cook Islands – Iles Cook 1 XII 1986(C)									
18	Total	17 614	*—— 2	046 ——*	2 036	2 413	2 310	1 712	1 207	89
	Fiji – Fidji 31 XII 1987 [4]									
19	Total	715 593	19 156	79 887	93 521	80 789	72 917	71 167	62 973	51 34
20	Male – Masculin	362 158	10 000	41 073	47 988	41 335	36 816	35 428	31 511	25 62
21	Female – Féminin	353 435	9 156	38 814	45 533	39 454	36 101	35 739	31 462	25 71
	French Polynesia – Polynésie française 6 IX 1988(C)									
22	Total	188 814	*—— 25	405 ——*	21 961	20 528	20 473	19 166	16 360	14 55
23	Male – Masculin	98 345	*—— 12	999 ——*	11 265	10 537	10 550	10 081	8 611	7 66
24	Female – Féminin	90 469	*—— 12	406 ——*	10 696	9 991	9 923	9 085	7 749	6 89

7. Population selon l'âge, le sexe et la résidence, urbaine/rurale: dernière année disponible, 1984 – 1993 (suite)

(Voir notes à la fin du tableau.)

Age (en années)												
35 – 39	40 – 44	45 – 49	50 – 54	55 – 59	60 – 64	65 – 69	70 – 74	75 – 79	80 – 84	85 +	Unknown Inconnu	
3 860 500	3 955 400	3 810 500	3 081 400	2 920 100	2 867 000	2 730 200	2 372 600	1 817 000	1 282 100	936 000	–	1
1 937 800	1 978 400	1 905 800	1 535 700	1 446 600	1 383 600	1 268 200	1 027 700	710 500	432 200	226 700	–	2
1 922 800	1 976 800	1 904 700	1 545 700	1 473 300	1 483 400	1 461 900	1 344 900	1 106 500	849 900	709 300	–	3
1 873 567	1 563 488	1 278 037	1 443 251	1 437 873	1 240 662	926 629	438 809	472 337	280 720	149 146	1 255	4
957 936	792 390	635 692	708 539	693 807	566 494	379 097	174 729	183 298	108 906	53 737	455	5
915 631	771 098	642 345	734 712	744 066	674 168	547 532	264 080	289 039	171 814	95 409	800	6
795 134	725 337	515 289	615 867	642 920	597 281	445 689	222 562	*—— 365 108 ——*			109 688	7
1 960	1 610	1 280	1 210	780	670	440	330	*—— 700 ——*			–	8
900	750	690	660	400	280	200	180	*—— 300 ——*			–	9
1 060	860	590	550	380	390	240	150	*—— 400 ——*			–	10
1 367 149	1 302 047	1 169 641	890 549	758 490	712 692	686 259	554 066	394 298	251 406	174 921	–	11
681 893	654 245	595 957	456 742	383 367	355 308	330 492	250 509	163 364	93 490	51 757	–	12
685 256	647 802	573 684	433 807	375 123	357 384	355 767	303 557	230 934	157 916	123 164	–	13
——	——	——	—— 1 3 93 ——	——	——	——	——	——	——	——*	–	14
——	——	——	—— 8 68 ——	——	——	——	——	——	——	——*	–	15
——	——	——	—— 5 25 ——	——	——	——	——	——	——	——*	–	16
76	36	27	20	11	7	16	7	3	–	–	–	17
852	790	771	720	557	458	326	504	*—— 20 ——*			–	18
42 186	35 162	29 189	23 106	17 507	12 418	9 293	6 239	*—— 6 432 ——*			2 310	19
21 070	17 654	14 613	11 662	8 916	6 352	4 654	3 177	*—— 3 078 ——*			1 203	20
21 116	17 508	14 576	11 444	8 591	6 066	4 639	3 062	*—— 3 354 ——*			1 107	21
11 490	9 579	8 045	6 567	5 104	3 745	2 351	1 725	1 062	506	191	–	22
6 081	5 186	4 351	3 575	2 747	1 944	1 165	815	516	188	74	–	23
5 409	4 393	3 694	2 992	2 357	1 801	1 186	910	546	318	117	–	24

7. Population by age, sex and urban/rural residence: latest available year, 1984 – 1993 (continued)

(See notes at end of table.)

	Continent, country or area, sex, date and urban/rural residence Continent, pays ou zone, sexe, date et résidence, urbaine/rurale	Age (in years) All ages Tous âges	-1	1-4	5-9	10-14	15-19	20-24	25-29	30-[illegible]
	OCEANIA—OCEANIE(Cont.–Suite)									
	Marshall Islands – Iles Marshall 30 VI 1989									
1	Total	*44 407*	*——— *9*	*225* ———*	*7 377*	*5 868*	*4 508*	*3 546*	*3 020*	*2 6[illegible]*
2	Male – Masculin	*22 698*	*——— *4*	*730* ———*	*3 782*	*3 016*	*2 284*	*1 763*	*1 496*	*1 3[illegible]*
3	Female – Féminin	*21 709*	*——— *4*	*495* ———*	*3 595*	*2 852*	*2 224*	*1 783*	*1 524*	*1 2[illegible]*
	New Caledonia – Nouvelle-Calédonie 1 VII 1989 [4]									
4	Total	*166 640*	*3 961*	*15 296*	*16 537*	*17 594*	*18 695*	*15 147*	*13 884*	*12 3[illegible]*
5	Male – Masculin	*85 074*	*2 010*	*7 910*	*8 429*	*8 900*	*9 516*	*7 730*	*6 851*	*6 1[illegible]*
6	Female – Féminin	*81 566*	*1 951*	*7 386*	*8 108*	*8 694*	*9 179*	*7 417*	*7 033*	*6 1[illegible]*
	New Zealand – Nouvelle-Zélande 31 XII 1992 [4 29]									
7	Total	3 442 500	58 950	226 660	257 530	253 980	277 280	282 670	267 740	287 2[illegible]
8	Male – Masculin	1 698 500	30 630	116 800	132 170	129 140	140 510	142 470	131 270	140 6[illegible]
9	Female – Féminin	1 744 000	28 310	109 860	125 370	124 850	136 770	140 210	136 450	146 6[illegible]
	Niue – Nioué 29 IX 1986(C)									
10	Total	2 531	56	305	329	283	260	181	158	1[illegible]
11	Male – Masculin	1 271	27	135	169	162	148	91	83	[illegible]
12	Female – Féminin	1 260	29	170	160	121	112	90	75	[illegible]
	Norfolk Island – Ile Norfolk 30 VI 1986(C)									
13	Total	2 367	*———	150 ———*	159	142	113	206	214	1[illegible]
14	Male – Masculin	1 170	*———	78 ———*	84	74	51	97	121	[illegible]
15	Female – Féminin	1 197	*———	72 ———*	75	68	62	109	93	[illegible]
	Northern Mariana Islands – Iles Mariannes du Nord 1 VII 1990									
16	Total	*25 929*	*——— *4*	*793* ———*	*3 936*	*3 160*	*2 605*	*2 255*	*1 991*	*1 7[illegible]*
17	Male – Masculin	*13 290*	*——— *2*	*485* ———*	*2 020*	*1 599*	*1 321*	*1 164*	*1 004*	*8[illegible]*
18	Female – Féminin	*12 639*	*——— *2*	*308* ———*	*1 916*	*1 561*	*1 284*	*1 091*	*987*	*9[illegible]*
	Papua New Guinea – Papouasie-Nouvelle-Guinée 1 VII 1990*									
19	Total	*3 727 250*	*——— *565*	*240* ———*	*493 280*	*446 040*	*418 110*	*368 760*	*285 450*	*239 4[illegible]*
20	Male – Masculin	*1 928 120*	*——— *288*	*050* ———*	*250 740*	*231 470*	*217 230*	*194 460*	*157 030*	*125 7[illegible]*
21	Female – Féminin	*1 799 130*	*——— *277*	*190* ———*	*242 540*	*214 570*	*200 880*	*174 300*	*128 420*	*113 7[illegible]*
	Pitcairn 31 XII 1992									
22	Total	54	1	2	6	6	3	2	2	
23	Male – Masculin	24	–	1	3	2	1	2	1	
24	Female – Féminin	30	1	1	3	4	2	–	1	
	Solomon Islands – Iles Salomon 23 XI 1986(C)									
25	Total	285 176	10 587	39 825	44 325	40 265	29 858	24 209	19 356	15 5[illegible]
26	Male – Masculin	147 972	5 562	20 581	23 148	21 023	15 027	11 905	9 611	7 9[illegible]
27	Female – Féminin	137 204	5 025	19 244	21 177	19 242	14 831	12 304	9 745	7 6[illegible]
	Tonga 28 XI 1986(C) [1 4]									
28	Total	93 049	2 693	11 079	12 520	11 762	12 270	8 813	5 917	4 9[illegible]
29	Male – Masculin	46 737	1 363	5 710	6 457	6 160	6 389	4 484	2 888	2 2[illegible]
30	Female – Féminin	46 312	1 330	5 369	6 063	5 602	5 881	4 329	3 029	2 6[illegible]

7. Population selon l'âge, le sexe et la résidence, urbaine/rurale: dernière année disponible, 1984 – 1993 (suite)

(… notes à la fin du tableau.)

Age (en années)												
35 – 39	40 – 44	45 – 49	50 – 54	55 – 59	60 – 64	65 – 69	70 – 74	75 – 79	80 – 84	85 +	Unknown Inconnu	
2 178	*1 616*	*1 091*	*771*	*669*	*629*	*532*	*370*	*216*	*——	*148* ——*	–	*1*
1 146	*865*	*590*	*414*	*347*	*315*	*260*	*176*	*104*	*——	*64* ——*	–	*2*
1 032	*751*	*501*	*357*	*322*	*314*	*272*	*194*	*112*	*——	*84* ——*	–	*3*
10 812	*10 104*	*8 127*	*6 805*	*5 455*	*4 164*	*2 923*	*1 982*	*1 626*	*769*	*457*	–	*4*
5 599	*5 508*	*4 232*	*3 613*	*2 832*	*2 116*	*1 500*	*928*	*760*	*305*	*156*	–	*5*
5 213	*4 596*	*3 895*	*3 192*	*2 623*	*2 048*	*1 423*	*1 054*	*866*	*464*	*301*	–	*6*
254 100	235 950	196 180	171 900	137 980	139 790	129 400	104 230	77 890	49 890	33 200	–	*7*
124 120	117 120	98 720	86 010	69 710	71 060	62 030	45 810	32 360	18 310	9 700	–	*8*
129 980	118 850	97 450	85 900	68 270	68 740	67 360	58 430	45 540	31 580	23 500	–	*9*
105	110	139	110	67	77	60	42	44	30	11	–	*10*
53	55	64	53	35	39	28	19	17	8	4	–	*11*
52	55	75	57	32	38	32	23	27	22	7	–	*12*
170	176	173	136	160	141	85 *——	——	——	156 ——	——*	6	*13*
84	94	83	66	81	73	37 *——	——	——	57 ——	——*	3	*14*
86	82	90	70	79	68	48 *——	——	——	99 ——	——*	3	*15*
1 404	*1 055*	*815*	*660*	*529*	*391*	*289*	*208*	*61*	*23*	*22*	–	*16*
666	*541*	*452*	*378*	*309*	*225*	*156*	*99*	*27*	*10*	*8*	–	*17*
738	*514*	*363*	*282*	*220*	*166*	*133*	*109*	*34*	*13*	*14*	–	*18*
200 090	*190 400*	*131 000*	*124 670*	*91 410*	*82 140*	*51 380*	*29 340*	*—— –	*10 460* ——	——*	–	*19*
102 530	*94 560*	*67 120*	*63 530*	*46 750*	*41 790*	*25 990*	*15 500*	*—— –	*5 590* ——	——*	–	*20*
97 560	*95 840*	*63 880*	*61 140*	*44 660*	*40 350*	*25 390*	*13 840*	*—— –	*4 870* ——	——*	–	*21*
7	1	1	3	3	6	3	1	1	–	2	–	*22*
6	–	–	–	2	2	1	1	1	–	–	–	*23*
1	1	1	3	1	4	2	–	–	–	2	–	*24*
12 746	11 450	8 833	7 451	6 715	4 740	3 796 *——	——	——	5 470 ——	——*	–	*25*
6 469	6 082	4 644	4 027	3 598	2 735	2 224 *——	——	——	3 413 ——	——*	–	*26*
6 277	5 368	4 189	3 424	3 117	2 005	1 572 *——	——	——	2 057 ——	——*	–	*27*
3 947	3 738	3 503	3 178	2 732	2 054	1 578	1 040	612	400	274	1	*28*
1 777	1 742	1 647	1 543	1 343	1 034	799	529	311	177	89	–	*29*
2 170	1 996	1 856	1 635	1 389	1 020	779	511	301	223	185	1	*30*

7. Population by age, sex and urban/rural residence: latest available year, 1984 – 1993 (continued)

(See notes at end of table.)

	Continent, country or area, sex, date and urban/rural residence Continent, pays ou zone, sexe, date et résidence, urbaine/rurale	All ages Tous âges	Age (in years) – 1	1 – 4	5 – 9	10 – 14	15 – 19	20 – 24	25 – 29	30 – 3
	OCEANIA—OCEANIE(Cont.–Suite)									
	Vanuatu									
	1 VII 1989 [4 30]									
1	Total	150 165	*—— 27	254 ——*	22 384	18 807	15 521	13 347	11 037	9 15
2	Male – Masculin	78 338	*—— 14	142 ——*	11 679	9 806	8 114	6 993	5 791	4 81
3	Female – Féminin	71 826	*—— 13	112 ——*	10 705	9 001	7 407	6 354	5 245	4 33

7. Population selon l'âge, le sexe et la résidence, urbaine/rurale: dernière année disponible, 1984 – 1993 (suite)

ir notes à la fin du tableau.)

Age (en années)												
35 – 39	40 – 44	45 – 49	50 – 54	55 – 59	60 – 64	65 – 69	70 – 74	75 – 79	80 – 84	85 +	Unknown Inconnu	
7 493	6 157	5 103	4 158	3 295	2 536	1 807	1 198	*——— –	912 ———	*	–	1
3 914	3 200	2 670	2 182	1 724	1 323	931	609	*——— –	441 ———	*	–	2
3 579	2 957	2 433	1 976	1 571	1 213	876	589	*——— –	471 ———	*	–	3

7. Population by age, sex and urban/rural residence: latest available year, 1984 – 1993 (continued)

Data by urban/rural residence

(See notes at end of table.)

	Continent, country or area, sex, date and urban/rural residence Continent, pays ou zone, sexe, date et résidence, urbaine/rurale	Age (in years) All ages Tous âges	–1	1–4	5–9	10–14	15–19	20–24	25–29	30–3
	AFRICA—AFRIQUE									
	Benin – Bénin Urban – Urbaine 1 VII 1987									
1	Urban – Urbaine	*1 386 000*	**—— 257*	*000 ——**	*175 000*	*163 000*	*165 000*	*141 000*	*128 000*	*122 00*
2	Male – Masculin	*701 000*	**—— 129*	*000 ——**	*88 000*	*79 000*	*81 000*	*76 000*	*69 000*	*63 00*
3	Female – Féminin	*685 000*	**—— 128*	*000 ——**	*87 000*	*84 000*	*84 000*	*65 000*	*59 000*	*59 00*
	Rural – Rurale 1 VII 1987									
4	Rural – Rurale	*2 918 000*	**—— 562*	*000 ——**	*476 000*	*371 000*	*288 000*	*224 000*	*185 000*	*152 00*
5	Male – Masculin	*1 385 000*	**—— 283*	*000 ——**	*235 000*	*178 000*	*135 000*	*100 000*	*81 000*	*67 00*
6	Female – Féminin	*1 533 000*	**—— 279*	*000 ——**	*241 000*	*193 000*	*153 000*	*124 000*	*104 000*	*85 00*
	Burkina Faso Urban – Urbaine 30 VI 1991									
7	Urban – Urbaine	*1 287 285*	*32 008*	*146 807*	*212 917*	*186 873*	*157 186*	*119 163*	*94 570*	*72 15*
8	Male – Masculin	*642 285*	*16 568*	*74 616*	*103 298*	*91 310*	*82 541*	*64 778*	*44 886*	*34 93*
9	Female – Féminin	*645 000*	*15 440*	*72 191*	*109 619*	*95 563*	*74 645*	*54 385*	*49 684*	*37 22*
	Rural – Rurale 30 VI 1991									
10	Rural – Rurale	*7 903 506*	*253 632*	*1 160 277*	*1 474 615*	*1 034 067*	*726 957*	*491 643*	*456 538*	*378 89*
11	Male – Masculin	*3 849 868*	*128 232*	*576 677*	*746 339*	*539 232*	*400 602*	*239 849*	*183 335*	*145 36*
12	Female – Féminin	*4 053 638*	*125 400*	*583 600*	*728 276*	*494 835*	*326 355*	*251 794*	*273 203*	*233 53*
	Cameroon – Cameroun Urban – Urbaine 1 VII 1986* [5]									
13	Urban – Urbaine	*2 937 165*	*116 350*	*393 718*	*412 061*	*335 224*	*355 291*	*312 035*	*238 747*	*181 05*
14	Male – Masculin	*1 522 752*	*59 010*	*198 364*	*205 530*	*175 214*	*186 740*	*165 686*	*125 632*	*93 15*
15	Female – Féminin	*1 414 413*	*57 340*	*195 354*	*206 531*	*160 010*	*168 551*	*146 349*	*113 115*	*87 89*
	Rural – Rurale 1 VII 1986* [5]									
16	Rural – Rurale	*7 509 244*	*302 055*	*1 134 000*	*1 180 509*	*842 889*	*643 504*	*552 140*	*504 080*	*449 73*
17	Male – Masculin	*3 689 731*	*150 831*	*568 045*	*593 416*	*415 325*	*313 785*	*268 071*	*247 666*	*223 58*
18	Female – Féminin	*3 819 513*	*151 224*	*565 955*	*587 093*	*427 564*	*329 719*	*284 069*	*256 414*	*226 15*
	Cape Verde – Cap-Vert Urban – Urbaine 23 VI 1990(C)									
19	Urban – Urbaine	150 599	5 193	19 852	22 138	19 381	15 667	14 848	13 114	9 69
20	Male – Masculin	71 891	2 621	9 950	11 055	9 576	7 559	7 322	6 448	4 61
21	Female – Féminin	78 708	2 572	9 902	11 083	9 805	8 108	7 526	6 666	5 08
	Rural – Rurale 23 VI 1990(C)									
22	Rural – Rurale	190 892	7 129	27 831	28 977	23 022	18 633	17 628	13 239	9 39
23	Male – Masculin	89 603	3 565	13 918	14 605	11 567	9 729	8 511	6 017	3 67
24	Female – Féminin	101 289	3 564	13 913	14 372	11 455	8 904	9 117	7 222	5 727
	Central African Republic – République centrafricaine Urban – Urbaine 8 XII 1988(C)*									
25	Urban – Urbaine	913 439	32 871	123 912	134 898	111 841	106 761	91 910	74 044	54 87
26	Male – Masculin	452 808	16 635	62 181	67 319	57 743	52 714	45 502	35 544	26 837
27	Female – Féminin	460 631	16 236	61 731	67 579	54 098	54 047	46 408	38 500	28 034
	Rural – Rurale 8 XII 1988(C)*									
28	Rural – Rurale	1 550 175	54 022	214 640	230 201	161 933	146 501	133 195	124 593	97 747
29	Male – Masculin	757 924	26 958	107 472	116 343	85 829	69 188	63 073	59 188	47 526
30	Female – Féminin	792 251	27 064	107 168	113 858	76 104	77 313	70 122	65 405	50 221
	Chad – Tchad Urban – Urbaine 1 VII 1992									
31	Urban – Urbaine	*1 901 000*	**—— 277*	*000 ——**	*222 000*	*200 000*	*185 000*	*182 000*	*174 000*	*152 00*
32	Male – Masculin	*980 000*	**—— 139*	*000 ——**	*111 000*	*102 000*	*100 000*	*101 000*	*92 000*	*79 00*
33	Female – Féminin	*921 000*	**—— 138*	*000 ——**	*111 000*	*98 000*	*85 000*	*81 000*	*82 000*	*73 00*

7. Population selon l'âge, le sexe et la résidence, urbaine/rurale: dernière année disponible, 1984 – 1993 (suite)

Données selon la résidence urbaine/rurale

(Voir notes à la fin du tableau.)

Age (en années)												
35 – 39	40 – 44	45 – 49	50 – 54	55 – 59	60 – 64	65 – 69	70 – 74	75 – 79	80 – 84	85 +	Unknown Inconnu	
80 000	*43 000*	*32 000*	*26 000*	*22 000*	*12 000*	*7 000*	*5 000*	*—— –	*8 000*	——*	–	*1*
41 000	*21 000*	*15 000*	*13 000*	*10 000*	*5 000*	*4 000*	*3 000*	*—— –	*4 000*	——*	–	*2*
39 000	*22 000*	*17 000*	*13 000*	*12 000*	*7 000*	*3 000*	*2 000*	*—— –	*4 000*	——*	–	*3*
137 000	*123 000*	*105 000*	*86 000*	*69 000*	*54 000*	*40 000*	*25 000*	*—— –	*21 000*	——*	–	*4*
62 000	*58 000*	*50 000*	*40 000*	*32 000*	*25 000*	*18 000*	*11 000*	*—— –	*10 000*	——*	–	*5*
75 000	*65 000*	*55 000*	*46 000*	*37 000*	*29 000*	*22 000*	*14 000*	*—— –	*11 000*	——*	–	*6*
61 937	*48 105*	*37 961*	*28 103*	*31 326*	*——	——	*52 1 65*	——	——	——*	6 009	*7*
30 190	*23 682*	*17 244*	*16 123*	*12 768*	*——	——	*26 4 53*	——	——	——*	2 898	*8*
31 747	*24 423*	*20 717*	*11 980*	*18 558*	*——	——	*25 7 12*	——	——	——*	3 111	*9*
332 157	*295 215*	*240 343*	*211 898*	*237 803*	*——	——	*492 0 89*	——	——	——*	117 380	*10*
133 454	*119 998*	*108 974*	*110 992*	*101 568*	*——	——	*277 0 55*	——	——	——*	38 199	*11*
198 703	*175 217*	*131 369*	*100 906*	*136 235*	*——	——	*215 0 34*	——	——	——*	79 181	*12*
171 797	*121 972*	*101 121*	*65 942*	*47 241*	*32 873*	*17 863*	*13 705*	*7 407*	*4 925*	*5 672*	2 168	*13*
88 138	*65 571*	*56 640*	*36 194*	*26 016*	*16 928*	*9 001*	*5 863*	*3 309*	*1 929*	*2 444*	1 387	*14*
83 659	*56 401*	*44 481*	*29 748*	*21 225*	*15 945*	*8 862*	*7 842*	*4 098*	*2 996*	*3 228*	781	*15*
361 686	*327 572*	*272 935*	*239 046*	*197 881*	*165 584*	*141 631*	*101 873*	*51 080*	*19 395*	*20 427*	1 220	*16*
179 429	*159 180*	*129 294*	*113 761*	*93 421*	*78 373*	*65 869*	*47 067*	*24 335*	*7 976*	*9 680*	624	*17*
182 257	*168 392*	*143 641*	*125 285*	*104 460*	*87 211*	*75 762*	*54 806*	*26 745*	*11 419*	*10 747*	596	*18*
6 523	3 402	3 195	4 133	3 652	2 993	1 877	1 584	1 585	1 085	683	–	*19*
2 989	1 539	1 350	1 681	1 528	1 242	725	598	542	371	183	–	*20*
3 534	1 863	1 845	2 452	2 124	1 751	1 152	986	1 043	714	500	–	*21*
6 544	3 471	3 929	6 190	6 050	5 808	3 512	3 114	3 027	2 127	1 263	–	*22*
2 159	1 158	1 304	2 272	2 489	2 709	1 680	1 471	1 359	960	459	–	*23*
4 385	2 313	2 625	3 918	3 561	3 099	1 832	1 643	1 668	1 167	804	–	*24*
42 028	33 080	27 793	23 700	18 736	14 983	9 547	5 068	2 780	1 653	1 384	1 579	*25*
20 607	16 541	13 337	11 181	9 011	7 172	4 683	2 587	1 446	751	684	333	*26*
21 421	16 539	14 456	12 519	9 725	7 811	4 864	2 481	1 334	902	700	1 246	*27*
77 115	65 178	60 446	52 445	43 375	34 836	23 415	12 879	7 146	4 024	3 757	2 727	*28*
36 116	30 294	27 466	23 963	20 565	17 009	11 794	6 759	3 831	2 133	2 067	350	*29*
40 999	34 884	32 980	28 482	22 810	17 827	11 621	6 120	3 315	1 891	1 690	2 377	*30*
129 000	*106 000*	*88 000*	*70 000*	*50 000*	*——	——	*66 0 00*	——	——	——*	–	*31*
68 000	*53 000*	*42 000*	*34 000*	*26 000*	*——	——	*33 0 00*	——	——	——*	–	*32*
61 000	*53 000*	*46 000*	*36 000*	*24 000*	*——	——	*33 0 00*	——	——	——*	–	*33*

7. Population by age, sex and urban/rural residence: latest available year, 1984 – 1993 (continued)

Data by urban/rural residence

(See notes at end of table.)

	Continent, country or area, sex, date and urban/rural residence / Continent, pays ou zone, sexe, date et résidence, urbaine/rurale	Age (in years)								
		All ages / Tous âges	– 1	1 – 4	5 – 9	10 – 14	15 – 19	20 – 24	25 – 29	30 –
	AFRICA—AFRIQUE (Cont.–Suite)									
	Chad – Tchad									
	Rural – Rurale									
	1 VII 1992									
1	Rural – Rurale	*4 070 000*	*——— *708*	*000 ———**	*587 000*	*486 000*	*393 000*	*350 000*	*305 000*	*257 0*
2	Male – Masculin	*1 900 000*	*——— *357*	*000 ———**	*289 000*	*237 000*	*184 000*	*157 000*	*138 000*	*116 0*
3	Female – Féminin	*2 170 000*	*——— *351*	*000 ———**	*298 000*	*249 000*	*209 000*	*193 000*	*167 000*	*141 0*
	Côte d'Ivoire									
	Urban – Urbaine									
	1 III 1988(C)									
4	Urban – Urbaine	4 220 535	146 140	604 188	625 561	522 348	492 232	449 783	400 685	306 5
5	Male – Masculin	2 181 294	74 233	308 510	309 990	251 872	236 379	221 762	205 018	173 1
6	Female – Féminin	2 039 241	71 907	295 678	315 571	270 476	255 853	228 021	195 667	133 3
	Rural – Rurale									
	1 III 1988(C)									
7	Rural – Rurale	6 595 159	265 501	1 105 758	1 093 968	694 751	532 418	570 897	505 564	382 1
8	Male – Masculin	3 346 049	133 821	558 696	567 127	378 131	251 395	277 882	249 992	191 9
9	Female – Féminin	3 249 110	131 680	547 062	526 841	316 620	281 023	293 015	255 572	190 1
	Egypt – Egypte									
	Urban – Urbaine									
	1 VII 1991									
10	Urban – Urbaine	*23 983 000*	*— 3 5*	*89 000 —**	*3 085 000*	*2 756 000*	*2 471 000*	*2 166 000*	*1 822 000*	*1 535 0*
11	Male – Masculin	*12 282 000*	*— 1 8*	*49 000 —**	*1 576 000*	*1 422 000*	*1 300 000*	*1 168 000*	*964 000*	*767 0*
12	Female – Féminin	*11 701 000*	*— 1 7*	*40 000 —**	*1 509 000*	*1 334 000*	*1 171 000*	*998 000*	*858 000*	*768 0*
	Rural – Rurale									
	1 VII 1991									
13	Rural – Rurale	*30 705 000*	*— 4 5*	*95 000 —**	*3 949 000*	*3 529 000*	*3 164 000*	*2 773 000*	*2 332 000*	*1 965 0*
14	Male – Masculin	*15 725 000*	*— 2 3*	*67 000 —**	*2 017 000*	*1 820 000*	*1 664 000*	*1 496 000*	*1 234 000*	*983 0*
15	Female – Féminin	*14 980 000*	*— 2 2*	*28 000 —**	*1 932 000*	*1 709 000*	*1 500 000*	*1 277 000*	*1 098 000*	*982 0*
	Former Ethiopia – Ancienne Ethiopie									
	Urban – Urbaine									
	1 VII 1993*									
16	Urban – Urbaine	*8 542 000*	*— 1 6*	*38 000 —**	*1 184 200*	*959 100*	*957 700*	*885 400*	*646 200*	*434 9*
17	Male – Masculin	*4 120 400*	*——— 826*	*200 ———**	*605 900*	*492 300*	*470 100*	*410 500*	*285 000*	*187 5*
18	Female – Féminin	*4 421 600*	*——— 811*	*800 ———**	*578 300*	*466 800*	*487 600*	*474 900*	*361 200*	*247 4*
	Rural – Rurale									
	1 VII 1993*									
19	Rural – Rurale	*48 357 600*	*— 9 0*	*54 000 —**	*7 960 300*	*6 997 400*	*5 331 500*	*3 756 100*	*2 657 300*	*2 162 4*
20	Male – Masculin	*24 435 800*	*— 4 5*	*65 400 —**	*4 045 500*	*3 611 600*	*2 802 300*	*1 992 300*	*1 352 900*	*1 012 4*
21	Female – Féminin	*23 921 800*	*— 4 4*	*88 600 —**	*3 914 800*	*3 385 800*	*2 529 200*	*1 763 800*	*1 304 400*	*1 150 0*
	Ghana									
	Urban – Urbaine									
	11 III 1984(C)									
22	Urban – Urbaine	3 934 796	104 058	477 996	579 053	501 693	442 175	382 958	336 878	257 4
23	Male – Masculin	1 916 377	52 463	239 491	285 317	242 424	216 317	178 512	153 794	124 0
24	Female – Féminin	2 018 419	51 595	238 505	293 736	259 269	225 858	204 446	183 084	133 4
	Rural – Rurale									
	11 III 1984(C)									
25	Rural – Rurale	8 361 285	235 989	1 212 039	1 422 772	1 001 516	804 215	673 043	608 233	485 3
26	Male – Masculin	4 147 471	117 546	605 667	727 470	532 398	420 282	305 478	279 791	227 6
27	Female – Féminin	4 213 814	118 443	606 372	695 302	469 118	383 933	367 565	328 442	257 6
	Liberia – Libéria									
	Urban – Urbaine									
	1 II 1984(C)*									
28	Urban – Urbaine	816 124	31 522	105 818	119 560	101 445	99 806	93 054	80 183	53 3
29	Male – Masculin	423 979	16 135	52 378	59 144	52 291	48 654	45 484	42 375	30 0
30	Female – Féminin	392 145	15 387	53 440	60 416	49 154	51 152	47 570	37 808	23 2
	Rural – Rurale									
	1 II 1984(C)*									
31	Rural – Rurale	1 285 504	46 147	167 134	194 212	140 991	130 889	100 581	87 780	69 1
32	Male – Masculin	639 148	23 556	83 456	100 816	77 218	63 618	45 046	38 464	29 8
33	Female – Féminin	646 356	22 591	83 678	93 396	63 773	67 271	55 535	49 316	39 3

7. Population selon l'âge, le sexe et la résidence, urbaine/rurale: dernière année disponible, 1984 – 1993 (suite)

Données selon la résidence urbaine/rurale

(Voir notes à la fin du tableau.)

35 – 39	40 – 44	45 – 49	50 – 54	55 – 59	60 – 64	65 – 69	70 – 74	75 – 79	80 – 84	85 +	Unknown Inconnu	
					Age (en années)							
215 000	*182 000*	*150 000*	*122 000*	*101 000*	*———	———	*214 000*	———	———	———*	–	*1*
95 000	*83 000*	*69 000*	*53 000*	*41 000*	*———	———	*81 000*	———	———	———*	–	*2*
120 000	*99 000*	*81 000*	*69 000*	*60 000*	*———	———	*133 000*	———	———	———*	–	*3*
225 537	143 237	107 775	73 873	50 162	30 288	19 646	9 670	5 521	3 044	2 246	2 094	*4*
134 832	85 598	65 130	44 963	30 178	17 411	10 764	5 195	2 905	1 376	863	1 179	*5*
90 705	57 639	42 645	28 910	19 984	12 877	8 882	4 475	2 616	1 668	1 383	915	*6*
310 581	249 879	232 762	187 448	158 897	113 821	86 023	44 421	25 550	15 937	14 067	4 776	*7*
154 812	122 033	117 137	97 002	85 022	61 693	47 731	23 390	13 312	7 028	5 535	2 368	*8*
155 769	127 846	115 625	90 446	73 875	52 128	38 292	21 031	12 238	8 909	8 532	2 408	*9*
1 365 000	*1 217 000*	*988 000*	*825 000*	*704 000*	*550 000*	*415 000*	*273 000*	*———	*222 000*	———*	–	*10*
677 000	*610 000*	*491 000*	*400 000*	*335 000*	*263 000*	*204 000*	*141 000*	*———	*115 000*	———*	–	*11*
688 000	*607 000*	*497 000*	*425 000*	*369 000*	*287 000*	*211 000*	*132 000*	*———	*107 000*	———*	–	*12*
1 747 000	*1 559 000*	*1 265 000*	*1 057 000*	*902 000*	*704 000*	*531 000*	*349 000*	*———	*284 000*	———*	–	*13*
866 000	*781 000*	*629 000*	*512 000*	*429 000*	*338 000*	*261 000*	*180 000*	*———	*148 000*	———*	–	*14*
881 000	*778 000*	*636 000*	*545 000*	*473 000*	*366 000*	*270 000*	*169 000*	*———	*136 000*	———*	–	*15*
378 900	*376 600*	*309 300*	*215 900*	*167 200*	*137 200*	*96 600*	*69 500*	*———	*85 300*	———*	–	*16*
164 800	*170 500*	*148 300*	*111 300*	*83 500*	*60 600*	*40 000*	*28 700*	*———	*35 200*	———*	–	*17*
214 100	*206 100*	*161 000*	*104 600*	*83 700*	*76 600*	*56 600*	*40 800*	*———	*50 100*	———*	–	*18*
2 029 600	*1 909 400*	*1 696 900*	*1 404 300*	*1 098 500*	*822 400*	*584 800*	*406 800*	*———	*485 900*	———*	–	*19*
909 500	*881 600*	*825 700*	*702 700*	*554 700*	*417 100*	*297 500*	*210 500*	*———	*254 100*	———*	–	*20*
1 120 100	*1 027 800*	*871 200*	*701 600*	*543 800*	*405 300*	*287 300*	*196 300*	*———	*231 800*	———*	–	*21*
204 263	158 462	138 453	107 463	63 939	58 327	38 654	32 807	18 072	16 136	15 926	–	*22*
101 302	79 999	74 421	56 126	33 292	26 848	17 497	14 430	7 963	6 225	5 914	–	*23*
102 961	78 463	64 032	51 337	30 647	31 479	21 157	18 377	10 109	9 911	10 012	–	*24*
380 036	314 792	289 754	245 221	149 142	167 449	106 655	96 059	53 741	54 291	61 018	–	*25*
181 051	146 043	142 798	117 129	73 792	80 892	53 009	49 356	28 382	27 338	31 409	–	*26*
198 985	168 749	146 956	128 092	75 350	86 557	53 646	46 703	25 359	26 953	29 609	–	*27*
40 349	26 503	20 472	13 578	8 991	8 076	5 618	3 025	*———	4 791	———*	–	*28*
22 979	16 716	12 701	8 121	5 362	4 453	2 975	1 666	*———	2 452	———*	–	*29*
17 370	9 787	7 771	5 457	3 629	3 623	2 643	1 359	*———	2 339	———*	–	*30*
66 685	53 396	47 957	41 900	29 639	35 329	24 780	16 174	*———	32 729	———*	–	*31*
28 416	25 033	23 918	21 162	16 092	19 525	13 893	9 695	*———	19 407	———*	–	*32*
38 269	28 363	24 039	20 738	13 547	15 804	10 887	6 479	*———	13 322	———*	–	*33*

7. Population by age, sex and urban/rural residence: latest available year, 1984 – 1993 (continued)

Data by urban/rural residence

(See notes at end of table.)

	Continent, country or area, sex, date and urban/rural residence Continent, pays ou zone, sexe, date et résidence, urbaine/rurale	All ages Tous âges	Age (in years) – 1	1 – 4	5 – 9	10 – 14	15 – 19	20 – 24	25 – 29	30 –
	AFRICA—AFRIQUE (Cont.–Suite)									
	Libyan Arab Jamahiriya – Jamahiriya arabe libyenne									
	Urban – Urbaine									
	31 VII 1984(C) [6]									
1	Urban – Urbaine	2 746 648	82 157	371 836	437 454	375 330	290 988	237 548	206 280	169 8
2	Male – Masculin	1 470 779	42 176	189 658	222 132	191 036	149 210	126 149	122 857	101 5
3	Female – Féminin	1 275 869	39 981	182 178	215 322	184 294	141 778	111 399	83 423	68 2
	Rural – Rurale									
	31 VII 1984(C) [6]									
4	Rural – Rurale	895 928	29 548	125 251	143 968	121 705	93 074	76 106	60 382	46 5
5	Male – Masculin	482 978	15 015	63 837	73 348	62 086	48 125	42 458	38 512	28 8
6	Female – Féminin	412 950	14 533	61 414	70 620	59 619	44 949	33 648	21 870	17 6
	Malawi									
	Urban – Urbaine									
	1 IX 1987(C)									
7	Urban – Urbaine	853 390	31 156	110 376	125 680	105 626	88 338	90 503	86 414	60 3
8	Male – Masculin	445 863	15 668	54 836	61 662	48 592	43 701	43 773	48 196	35 6
9	Female – Féminin	407 527	15 488	55 540	64 018	57 034	44 637	46 730	38 218	24 7
	Rural – Rurale									
	1 IX 1987(C)									
10	Rural – Rurale	7 135 117	266 520	985 898	1 184 759	870 894	682 333	580 421	504 027	376 6
11	Male – Masculin	3 421 273	131 562	486 362	585 600	445 685	324 433	257 032	233 443	172 1
12	Female – Féminin	3 713 844	134 958	499 536	599 159	425 209	357 900	323 389	270 584	204 4
	Mali									
	Urban – Urbaine									
	1 IV 19879(C) [1]									
13	Urban – Urbaine	1 690 289	55 188	240 724	253 864	201 632	185 600	149 547	131 461	102 3
14	Male – Masculin	837 287	27 751	121 251	128 331	100 768	87 854	72 520	61 515	49 6
15	Female – Féminin	853 002	27 437	119 473	125 533	100 864	97 746	77 027	69 946	52 6
	Rural – Rurale									
	1 IV 1987(C) [1]									
16	Rural – Rurale	6 006 059	194 175	939 473	987 662	662 528	540 119	424 810	404 765	341 3
17	Male – Masculin	2 923 424	97 180	471 969	503 430	350 334	259 491	187 032	169 072	149 2
18	Female – Féminin	3 082 635	96 995	467 504	484 232	312 194	280 628	237 778	235 693	192 0
	Mauritius – Maurice									
	Urban – Urbaine									
	1 VII 1990									
19	Urban – Urbaine	414 242	7 994	28 734	37 393	39 595	33 524	37 667	42 075	37 8
20	Male – Masculin	206 104	4 080	14 637	19 074	20 086	16 902	18 943	21 363	19 4
21	Female – Féminin	208 138	3 914	14 097	18 319	19 509	16 622	18 724	20 712	18 4
	Rural – Rurale									
	1 VII 1990									
22	Rural – Rurale	642 418	12 758	47 233	66 089	73 678	63 678	64 997	63 507	55 7
23	Male – Masculin	321 656	6 410	23 693	33 427	37 085	32 336	33 483	32 326	28 2
24	Female – Féminin	320 762	6 348	23 540	32 662	36 593	31 342	31 514	31 181	27 4
	Morocco – Maroc									
	Urban – Urbaine									
	1 VII 1993*									
25	Urban – Urbaine	*13 149 000*	*—— 1 3	21 000 ——*	*1 429 000*	*1 456 000*	*1 558 000*	*1 506 000*	*1 300 000*	*1 068 0*
26	Male – Masculin	*6 616 000*	*—— 671	000 ——*	*729 000*	*762 000*	*828 000*	*770 000*	*649 000*	*516 0*
27	Female – Féminin	*6 533 000*	*—— 650	000 ——*	*700 000*	*694 000*	*730 000*	*736 000*	*651 000*	*552 0*
	Rural – Rurale									
	1 VII 1993*									
28	Rural – Rurale	*12 920 000*	*—— 1 9	92 000 ——*	*1 831 000*	*1 821 000*	*1 396 000*	*1 029 000*	*862 000*	*754 0*
29	Male – Masculin	*6 176 000*	*—— 1 0	20 000 ——*	*911 000*	*920 000*	*672 000*	*446 000*	*367 000*	*343 0*
30	Female – Féminin	*6 744 000*	*—— 972	000 ——*	*920 000*	*901 000*	*724 000*	*583 000*	*495 000*	*411 0*
	Mozambique									
	Urban – Urbaine									
	1 VIII 1987									
31	Urban – Urbaine	*1 919 178*	*72 224*	*261 735*	*278 714*	*237 714*	*201 569*	*170 674*	*143 750*	*120 4*
32	Male – Masculin	*936 184*	*35 638*	*129 026*	*137 220*	*117 007*	*99 181*	*83 836*	*70 444*	*58 9*
33	Female – Féminin	*982 994*	*36 586*	*132 709*	*141 494*	*120 707*	*102 388*	*86 838*	*73 306*	*61 5*

7. Population selon l'âge, le sexe et la résidence, urbaine/rurale: dernière année disponible, 1984 – 1993 (suite)

Données selon la résidence urbaine/rurale

oir notes à la fin du tableau.)

35 – 39	40 – 44	45 – 49	50 – 54	55 – 59	60 – 64	65 – 69	70 – 74	75 – 79	80 – 84	85 +	Unknown Inconnu	
					Age (en années)							
130 565	105 641	84 847	71 752	57 627	44 343	26 194	22 429	11 712	11 630	8 469	–	1
78 089	63 528	49 488	39 802	31 749	23 027	13 705	10 460	6 011	5 669	4 480	–	2
52 476	42 113	35 359	31 950	25 878	21 316	12 489	11 969	5 701	5 961	3 989	–	3
38 167	32 842	27 483	24 017	21 460	17 801	11 666	10 474	5 515	5 829	4 115	–	4
22 888	19 325	15 600	12 713	11 118	8 984	6 111	5 148	3 153	3 235	2 444	–	5
15 279	13 517	11 883	11 304	10 342	8 817	5 555	5 326	2 362	2 594	1 671	–	6
50 232	31 686	24 719	15 359	10 911	7 129 *—	—	—	13 564 —	—	—*	1 335	7
29 834	19 883	15 825	9 554	6 777	3 874 *—	—	—	7 085 —	—	—*	967	8
20 398	11 803	8 894	5 805	4 134	3 255 *—	—	—	6 479 —	—	—*	368	9
374 425	261 642	243 367	182 868	164 800	132 802 *—	—	—	320 395 —	—	—*	3 317	10
173 122	121 864	116 080	82 143	78 906	58 493 *—	—	—	152 511 —	—	—*	1 882	11
201 303	139 778	127 287	100 725	85 894	74 309 *—	—	—	167 884 —	—	—*	1 435	12
84 562	68 619	54 672	44 961	32 655	28 922	18 849	13 119	7 060	*— 8 604	—*	7 870	13
42 318	34 605	28 658	23 314	17 279	14 293	9 632	6 000	3 443	*— 3 675	—*	4 386	14
42 244	34 014	26 014	21 647	15 376	14 629	9 217	7 119	3 617	*— 4 929	—*	3 484	15
294 622	257 205	209 045	191 385	149 673	151 702	97 124	68 974	34 555	*— 44 326	—*	12 594	16
135 771	121 975	103 144	93 371	77 882	75 219	50 804	33 979	17 587	*— 21 313	—*	4 580	17
158 851	135 230	105 901	98 014	71 791	76 483	46 320	34 995	16 968	*— 23 013	—*	8 014	18
33 012	24 840	19 051	16 999	14 757	14 028 *—	—	—	26 674 —	—	—*	38	19
16 788	12 288	9 242	8 253	7 153	6 711 *—	—	—	11 142 —	—	—*	16	20
16 224	12 552	9 809	8 746	7 604	7 317 *—	—	—	15 532 —	—	—*	22	21
48 197	35 595	25 659	21 039	17 406	16 818 *—	—	—	30 002 —	—	—*	34	22
24 496	17 838	12 666	10 209	8 535	8 047 *—	—	—	12 803 —	—	—*	14	23
23 701	17 757	12 993	10 830	8 871	8 771 *—	—	—	17 199 —	—	—*	20	24
857 000	*600 000*	*445 000*	*403 000*	*379 000*	*288 000*	*225 000*	*157 000*	*—	*– 157 000*	—*	–	25
430 000	*298 000*	*212 000*	*180 000*	*179 000*	*139 000*	*103 000*	*78 000*	*—	*– 72 000*	—*	–	26
427 000	*302 000*	*233 000*	*223 000*	*200 000*	*149 000*	*122 000*	*79 000*	*—	*– 85 000*	—*	–	27
625 000	*476 000*	*391 000*	*405 000*	*381 000*	*285 000*	*252 000*	*177 000*	*—	*– 243 000*	—*	–	28
293 000	*221 000*	*173 000*	*176 000*	*171 000*	*125 000*	*120 000*	*93 000*	*—	*– 125 000*	—*	–	29
332 000	*255 000*	*218 000*	*229 000*	*210 000*	*160 000*	*132 000*	*84 000*	*—	*– 118 000*	—*	–	30
100 481	*83 437*	*68 702*	*55 379*	*43 190*	*32 188*	*22 571*	*14 339*	*7 849*	*— *4 169*	—*	–	31
48 977	*40 493*	*33 144*	*26 402*	*20 200*	*14 672*	*10 001*	*6 162*	*3 246*	*— *1 623*	—*	–	32
51 504	*42 944*	*35 558*	*28 977*	*22 990*	*17 516*	*12 570*	*8 177*	*4 603*	*— *2 546*	—*	–	33

7. Population by age, sex and urban/rural residence: latest available year, 1984 – 1993 (continued)

Data by urban/rural residence

(See notes at end of table.)

	Continent, country or area, sex, date and urban/rural residence Continent, pays ou zone, sexe, date et résidence, urbaine/rurale	All ages Tous âges	Age (in years) – 1	1 – 4	5 – 9	10 – 14	15 – 19	20 – 24	25 – 29	30 –
	AFRICA—AFRIQUE (Cont.–Suite)									
	Mozambique									
	Rural – Rurale									
	1 VIII 1987									
1	Rural – Rurale	*12 629 222*	*475 276*	*1 722 365*	*1 834 086*	*1 564 286*	*1 326 441*	*1 123 126*	*945 950*	*792 9*
2	Male – Masculin	*6 159 216*	*234 462*	*848 874*	*902 780*	*769 793*	*652 519*	*551 564*	*463 456*	*387 5*
3	Female – Féminin	*6 470 006*	*240 814*	*873 491*	*931 306*	*794 493*	*673 922*	*571 562*	*482 494*	*405 3*
	Namibia – Namibie									
	Urban – Urbaine									
	21 X 1991(C)									
4	Urban – Urbaine	455 840	14 427	39 107	47 104	48 162	52 412	54 087	51 564	40 2
5	Male – Masculin	231 435	7 206	19 369	22 994	23 272	24 374	26 894	26 440	20 9
6	Female – Féminin	224 405	7 221	19 738	24 110	24 890	28 038	27 193	25 124	19 3
	Rural – Rurale									
	21 X 1991(C)									
7	Rural – Rurale	954 080	35 265	130 066	145 515	128 741	113 143	76 648	58 631	45 8
8	Male – Masculin	454 892	17 642	64 884	72 878	64 564	57 012	36 577	25 929	19 5
9	Female – Féminin	499 188	17 623	65 182	72 637	64 177	56 131	40 071	32 702	26 2
	Niger									
	Urban – Urbaine									
	20 V 1988(C)*									
10	Urban – Urbaine	1 105 740	*—— 224	790 ——*	188 730	125 920	109 950	96 550	86 870	65 7
11	Male – Masculin	554 790	*—— 113	170 ——*	93 350	63 620	57 430	45 780	39 460	32 2
12	Female – Féminin	550 950	*—— 111	620 ——*	95 380	62 300	52 520	50 770	47 410	33 5
	Rural – Rurale									
	20 V 1988(C)*									
13	Rural – Rurale	6 142 360	*— 1 3	15 970 —*	1 091 490	584 980	535 440	495 760	475 540	360 1
14	Male – Masculin	3 035 280	*—— 662	850 ——*	557 380	316 470	233 360	210 450	205 810	169 9
15	Female – Féminin	3 107 080	*—— 653	120 ——*	534 110	268 510	302 080	285 310	269 730	190 1
	Senegal – Sénégal									
	Urban – Urbaine									
	27 V 1988(C)									
16	Urban – Urbaine	2 653 943	*—— 460	994 ——*	398 540	331 388	300 783	252 105	216 159	166 9
17	Male – Masculin	1 303 775	*—— 233	091 ——*	195 049	161 576	144 119	121 670	103 918	83 1
18	Female – Féminin	1 350 168	*—— 227	903 ——*	203 491	169 812	156 664	130 435	112 241	83 8
	Rural – Rurale									
	27 V 1988(C)									
19	Rural – Rurale	4 242 865	*—— 858	917 ——*	729 108	487 647	409 405	307 912	315 874	212 1
20	Male – Masculin	2 049 824	*—— 429	725 ——*	359 127	247 137	189 349	138 396	135 670	97 8
21	Female – Féminin	2 193 041	*—— 429	192 ——*	369 981	240 510	220 056	169 516	180 204	114 2
	South Africa – Afrique du Sud [8]									
	Urban – Urbaine									
	7 III 1991(C)*									
22	Urban – Urbaine	17 551 745	330 112	1 387 224	1 657 453	1 555 292	1 686 616	1 758 272	*— 3 2 97	507 —
23	Male – Masculin	8 914 310	164 518	688 162	836 891	782 927	854 954	903 118	*— 1 7 12	441 —
24	Female – Féminin	8 637 435	165 594	699 062	820 562	772 365	831 662	855 154	*— 1 5 85	066 —
	Rural – Rurale									
	7 III 1991(C)*									
25	Rural – Rurale	13 435 175	336 709	1 794 517	1 939 359	1 750 929	1 472 374	1 208 483	*— 1 8 07	859 —
26	Male – Masculin	6 565 217	167 640	905 115	976 928	880 544	732 938	591 048	*—— 893	931 ——
27	Female – Féminin	6 869 958	169 069	889 402	962 431	870 385	739 436	617 435	*—— 913	928 ——
	Swaziland									
	Urban – Urbaine									
	25 VIII 1986(C)									
28	Urban – Urbaine	154 979	4 640	16 796	17 124	15 453	18 126	19 494	16 540	12 18
29	Male – Masculin	79 936	2 243	8 299	8 205	7 125	8 104	9 487	8 467	6 77
30	Female – Féminin	75 043	2 397	8 497	8 919	8 328	10 022	10 007	8 073	5 40
	Rural – Rurale									
	25 VIII 1986(C)									
31	Rural – Rurale	526 080	16 425	83 708	90 791	77 536	57 548	38 892	30 511	23 50
32	Male – Masculin	241 643	7 923	41 558	45 100	38 929	28 368	14 849	11 073	9 06
33	Female – Féminin	284 437	8 502	42 150	45 691	38 607	29 180	24 043	19 438	14 44

7. Population selon l'âge, le sexe et la résidence, urbaine/rurale: dernière année disponible, 1984 – 1993 (suite)

Données selon la résidence urbaine/rurale

(Voir notes à la fin du tableau.)

Age (en années)												
35 – 39	40 – 44	45 – 49	50 – 54	55 – 59	60 – 64	65 – 69	70 – 74	75 – 79	80 – 84	85 +	Unknown Inconnu	
661 209	*549 063*	*452 098*	*364 421*	*284 210*	*211 812*	*148 529*	*94 361*	*51 651*	*— 27 431 —*		–	*1*
322 223	*266 407*	*218 056*	*173 698*	*132 900*	*96 528*	*65 799*	*40 538*	*21 354*	*— 10 677 —*		–	*2*
338 986	*282 656*	*234 042*	*190 723*	*151 310*	*115 284*	*82 730*	*53 823*	*30 297*	*— 16 754 —*		–	*3*
30 215	22 212	16 120	12 947	8 811	6 097	4 255	3 351	2 273	1 285	873	251	*4*
16 551	12 654	9 365	7 533	5 158	3 122	2 030	1 527	972	533	317	186	*5*
13 664	9 558	6 755	5 414	3 653	2 975	2 225	1 824	1 301	752	556	65	*6*
36 318	32 603	27 659	25 272	19 084	22 620	18 944	18 353	8 593	5 307	5 112	337	*7*
15 494	14 103	12 112	11 131	8 723	9 684	8 105	8 177	3 913	2 261	1 924	186	*8*
20 824	18 500	15 547	14 141	10 361	12 936	10 839	10 176	4 680	3 046	3 188	151	*9*
54 310	41 560	29 480	23 830	14 620	12 840	6 760	7 200	3 380	*— 5 940 —*		7 250	*10*
27 600	21 880	16 740	13 300	8 710	6 350	3 860	3 200	1 650	*— 2 200 —*		4 250	*11*
26 710	19 680	12 740	10 530	5 910	6 490	2 900	4 000	1 730	*— 3 740 —*		3 000	*12*
281 060	253 030	164 210	167 080	95 570	113 020	53 400	64 380	27 510	*— 45 810 —*		17 960	*13*
144 150	125 630	93 070	89 530	57 820	60 150	31 610	32 340	15 480	*— 23 500 —*		5 700	*14*
136 910	127 400	71 140	77 550	37 750	52 870	21 790	32 040	12 030	*— 22 310 —*		12 260	*15*
136 107	88 516	78 057	62 069	54 184	37 101	28 823	*—— 42 121 ——*				–	*16*
67 165	44 154	38 590	31 031	26 769	18 934	14 627	*—— 19 953 ——*				–	*17*
68 942	44 362	39 467	31 038	27 415	18 167	14 196	*—— 22 168 ——*				–	*18*
203 607	130 405	141 204	102 154	105 747	71 306	69 148	*—— 98 250 ——*				–	*19*
91 573	61 144	67 596	52 522	52 762	39 529	37 063	*—— 50 349 ——*				–	*20*
112 034	69 261	73 608	49 632	52 985	31 777	32 085	*—— 47 901 ——*				–	*21*
— 2 4 51 897 —		*— 1 6 21 981 —*		567 772	428 887	*—— 808 731 ——*					–	*22*
— 1 2 83 682 —		*— 837 179 —*		286 088	208 086	*—— 356 264 ——*					–	*23*
— 1 1 68 215 —		*— 784 802 —*		281 684	220 801	*—— 452 467 ——*					–	*24*
— 1 2 12 614 —		*— 843 025 —*		323 277	253 861	*—— 492 168 ——*					–	*25*
— 580 495 —		*— 390 231 —*		146 059	105 449	*—— 194 839 ——*					–	*26*
— 632 119 —		*— 452 794 —*		177 218	148 412	*—— 297 330 ——*					–	*27*
10 117	7 535	6 076	3 925	2 378	1 440	932	542	333	204	197	943	*28*
5 941	4 572	3 986	2 669	1 564	834	506	266	151	81	85	575	*29*
4 176	2 963	2 090	1 256	814	606	426	276	182	123	112	368	*30*
20 953	17 029	16 698	12 227	9 423	7 992	7 036	5 488	3 170	2 343	2 890	1 911	*31*
8 102	6 653	7 397	5 550	4 434	3 434	2 859	2 323	1 322	919	988	801	*32*
12 851	10 376	9 301	6 677	4 989	4 558	4 177	3 165	1 848	1 424	1 902	1 110	*33*

7. Population by age, sex and urban/rural residence: latest available year, 1984 – 1993 (continued)

Data by urban/rural residence

(See notes at end of table.)

	Continent, country or area, sex, date and urban/rural residence Continent, pays ou zone, sexe, date et résidence, urbaine/rurale	All ages Tous âges	–1	1–4	5–9	10–14	15–19	20–24	25–29	30–
						Age (in years)				
	AFRICA—AFRIQUE (Cont.–Suite)									
	Tunisia – Tunisie									
	Urban – Urbaine									
	30 III 1984(C)									
1	Urban – Urbaine	3 685 470	97 070	387 330	441 780	414 810	434 160	391 320	309 740	237 8
2	Male – Masculin	1 869 010	50 320	198 020	225 020	210 750	219 400	198 720	155 790	122 6
3	Female – Féminin	1 816 460	46 750	189 310	216 760	204 060	214 760	192 600	153 950	115 1
	Rural – Rurale									
	30 III 1984(C)									
4	Rural – Rurale	3 289 980	105 250	425 680	490 790	402 820	362 860	283 280	229 180	175 1
5	Male – Masculin	1 677 030	54 880	218 380	253 070	208 080	185 740	143 000	111 700	83 6
6	Female – Féminin	1 612 950	50 370	207 300	237 720	194 740	177 120	140 280	117 480	91 5
	Uganda – Ouganda									
	Urban – Urbaine									
	12 I 1991(C)									
7	Urban – Urbaine	1 889 622	81 593	254 889	241 666	221 853	227 046	245 673	206 724	137 1
8	Male – Masculin	916 646	40 740	125 691	114 061	98 227	94 680	116 303	105 624	74 4
9	Female – Féminin	972 976	40 853	129 198	127 605	123 626	132 366	129 370	101 100	62 6
	Rural – Rurale									
	12 I 1991(C)									
10	Rural – Rurale	14 782 083	592 681	2 223 959	2 265 325	1 998 515	1 575 214	1 280 167	1 076 583	808 4
11	Male – Masculin	7 269 101	293 545	1 105 903	1 132 504	1 032 009	771 100	593 910	504 599	391 2
12	Female – Féminin	7 512 982	299 136	1 118 056	1 132 821	966 506	804 114	686 257	571 984	417 2
	Zaire – Zaïre									
	Urban – Urbaine									
	1 VII 1985									
13	Urban – Urbaine	*12 237 709*	*574 436*	*1 861 668*	*1 961 903*	*1 735 383*	*1 510 078*	*1 099 546*	*813 763*	*645 3*
14	Male – Masculin	*6 275 428*	*290 844*	*939 551*	*987 532*	*884 256*	*777 127*	*544 558*	*398 399*	*319 5*
15	Female – Féminin	*5 962 281*	*283 592*	*922 117*	*974 371*	*851 127*	*732 951*	*554 988*	*415 364*	*325 7*
	Rural – Rurale									
	1 VII 1985									
16	Rural – Rurale	*18 743 673*	*783 517*	*2 690 516*	*2 713 289*	*2 113 662*	*1 715 231*	*1 604 612*	*1 442 460*	*1 204 6*
17	Male – Masculin	*9 051 304*	*405 071*	*1 373 756*	*1 377 118*	*1 055 401*	*836 952*	*795 883*	*714 238*	*587 8*
18	Female – Féminin	*9 692 369*	*378 446*	*1 316 760*	*1 336 171*	*1 058 261*	*878 279*	*808 729*	*728 222*	*616 7*
	Zambia – Zambie									
	Urban – Urbaine									
	20 VIII 1990(C)*									
19	Urban – Urbaine	2 330 565	*—— 391	535 ——*	358 908	330 941	314 627	230 727	179 454	144 4
	Rural – Rurale									
	20 VIII 1990(C)*									
20	Rural – Rurale	5 487 875	*—— 976	692 ——*	876 407	763 642	647 042	457 296	375 656	285 5
	Zimbabwe									
	Urban – Urbaine									
	18 VIII 1987									
21	Urban – Urbaine	*2 318 873*	*72 546*	*278 884*	*299 347*	*248 600*	*266 454*	*252 322*	*226 565*	*177 0*
22	Male – Masculin	*1 209 213*	*37 968*	*136 730*	*152 550*	*121 701*	*120 006*	*117 294*	*118 537*	*98 4*
23	Female – Féminin	*1 109 660*	*34 578*	*142 154*	*146 797*	*126 899*	*146 448*	*135 028*	*108 028*	*78 6*
	Rural – Rurale									
	18 VIII 1987									
24	Rural – Rurale	*6 368 454*	*210 293*	*874 733*	*1 130 678*	*1 032 368*	*766 592*	*456 068*	*347 927*	*277 8*
25	Male – Masculin	*3 029 191*	*105 090*	*428 383*	*558 333*	*511 664*	*402 619*	*214 587*	*138 425*	*106 4*
26	Female – Féminin	*3 339 263*	*105 203*	*446 350*	*572 345*	*520 704*	*363 973*	*241 481*	*209 502*	*171 4*
	AMERICA,NORTH—AMERIQUE DU NORD									
	Belize									
	Urban – Urbaine									
	12 V 1991(C)									
27	Urban – Urbaine	90 005	*—— 13	045 ——*	*—— 23	389 ——*	*—— 18	457 ——*	*—— 13	501 ——
28	Male – Masculin	44 412	*—— 6	662 ——*	*—— 11	991 ——*	*—— 8	882 ——*	*—— 6	662 ——
29	Female – Féminin	45 593	*—— 6	383 ——*	*—— 11	398 ——*	*—— 9	575 ——*	*—— 6	839 ——

7. Population selon l'âge, le sexe et la résidence, urbaine/rurale: dernière année disponible, 1984 – 1993 (suite)

Données selon la résidence urbaine/rurale

r notes à la fin du tableau.)

Age (en années)												
35 – 39	40 – 44	45 – 49	50 – 54	55 – 59	60 – 64	65 – 69	70 – 74	75 – 79	80 – 84	85 +	Unknown Inconnu	
174 390	151 990	153 350	138 440	107 470	86 370	59 860	49 470	24 330	15 880	9 870	–	1
84 230	74 780	74 950	70 000	55 510	44 920	33 280	26 070	12 430	7 610	4 530	–	2
90 160	77 210	78 400	68 440	51 960	41 450	26 580	23 400	11 900	8 270	5 340	–	3
124 070	123 790	131 960	121 740	93 180	78 460	54 230	47 000	20 190	13 010	7 310	–	4
58 640	58 310	64 090	61 590	49 460	42 260	31 760	28 110	12 280	7 720	4 320	–	5
65 430	65 480	67 870	60 150	43 720	36 200	22 470	18 890	7 910	5 290	2 990	–	6
86 299	55 758	38 906	31 831	16 224	15 972	8 761	7 775	3 914	*—— 6 169 ——*		1 435	7
47 960	31 472	22 036	16 884	8 969	7 200	4 205	3 194	1 800	*—— 2 423 ——*		732	8
38 339	24 286	16 870	14 947	7 255	8 772	4 556	4 581	2 114	*—— 3 746 ——*		703	9
606 213	485 290	418 857	396 341	251 011	267 722	166 681	155 378	81 435	*—— 126 151 ——*		6 107	10
291 473	229 353	202 639	190 827	129 029	127 121	84 592	76 072	43 458	*—— 67 031 ——*		2 709	11
314 740	255 937	216 218	205 514	121 982	140 601	82 089	79 306	37 977	*—— 59 120 ——*		3 398	12
584 741	483 268	365 947	245 254	165 897	99 450	50 723	24 806	10 302	*—— 5 161 ——*		–	13
297 049	263 661	209 598	144 797	100 488	61 155	31 699	15 952	6 407	*—— 2 768 ——*		–	14
287 692	219 607	156 349	100 457	65 409	38 295	19 024	8 854	3 895	*—— 2 393 ——*		–	15
954 993	779 746	652 256	562 901	468 023	381 671	293 343	200 797	117 737	*—— 64 290 ——*		–	16
450 257	343 306	272 503	232 601	189 653	152 894	117 358	78 423	44 852	*—— 23 176 ——*		–	17
504 736	436 440	379 753	330 300	278 370	228 777	175 985	122 374	72 885	*—— 41 114 ——*		–	18
111 867	76 909	58 264	53 603	32 628	18 645	11 653	9 322	2 331	*—— 2 331 ——*		2 324	19
224 326	165 463	145 016	157 495	123 741	106 450	66 531	61 044	28 943	*—— 21 124 ——*		5 488	20
134 018	100 231	92 318	58 534	46 330	25 877	19 775	8 927	5 198	1 921	3 955	–	21
73 450	60 681	58 873	39 889	32 883	16 950	12 543	4 633	2 712	1 017	2 373	–	22
60 568	39 550	33 445	18 645	13 447	8 927	7 232	4 294	2 486	904	1 582	–	23
242 724	198 993	196 507	146 674	149 499	104 073	116 842	48 138	30 284	12 430	25 764	–	24
94 807	80 343	82 151	67 009	74 241	50 398	57 856	24 973	14 803	5 424	11 639	–	25
147 917	118 650	114 356	79 665	75 258	53 675	58 986	23 165	15 481	7 006	14 125	–	26
—— 8 100 ——		*—— 4 501 ——*		*—— 4 055 ——*		*—————— 4 957 ——————*					–	27
—— 3 997 ——		*—— 2 221 ——*		*—— 1 776 ——*		*—————— 2 221 ——————*					–	28
—— 4 103 ——		*—— 2 280 ——*		*—— 2 279 ——*		*—————— 2 736 ——————*					–	29

7. Population by age, sex and urban/rural residence: latest available year, 1984 – 1993 (continued)

Data by urban/rural residence

(See notes at end of table.)

	Continent, country or area, sex, date and urban/rural residence / Continent, pays ou zone, sexe, date et résidence, urbaine/rurale	All ages / Tous âges	Age (in years) -1	1–4	5–9	10–14	15–19	20–24	25–29	30
	AMERICA,NORTH— (Cont.–Suite) AMERIQUE DU NORD									
	Belize									
	Rural – Rurale									
	12 V 1991(C)									
1	Rural – Rurale	99 387	*—— 17	370 ——*	*—— 29	297 ——*	*—— 19	358 ——*	*—— 13	440 ——
2	Male – Masculin	51 913	*—— 8	825 ——*	*—— 15	055 ——*	*—— 9	863 ——*	*—— 7	268 ——
3	Female – Féminin	47 474	*—— 8	545 ——*	*—— 14	242 ——*	*—— 9	495 ——*	*—— 6	172 ——
	Canada									
	Urban – Urbaine									
	IV 1992* [1]									
4	Urban – Urbaine	19 319 193	292 405	1 056 764	1 262 342	1 247 266	1 269 000	1 514 886	1 725 637	1 786
5	Male – Masculin	9 467 387	150 137	545 245	644 063	638 630	645 760	766 809	861 844	885
6	Female – Féminin	9 851 806	142 268	511 518	618 278	608 637	623 240	748 077	863 793	901
	Rural – Rurale									
	IV 1992* [1]									
7	Rural – Rurale	7 089 977	110 084	442 555	557 022	560 448	511 929	399 618	509 961	601
8	Male – Masculin	3 575 159	54 393	224 371	287 859	288 892	265 850	205 437	257 082	299
9	Female – Féminin	3 514 818	55 691	218 185	269 163	271 557	246 080	194 182	252 879	301
	Costa Rica									
	Urban – Urbaine									
	1 VII 1985* [1]									
10	Urban – Urbaine	1 107 261	27 910	108 295	121 624	108 026	119 601	122 846	102 216	84
11	Male – Masculin	529 715	14 293	55 024	61 661	54 081	57 232	57 609	47 505	39
12	Female – Féminin	577 546	13 617	53 271	59 963	53 945	62 369	65 237	54 711	44
	Rural – Rurale									
	1 VII 1985* [1]									
13	Rural – Rurale	1 381 488	40 436	155 791	176 666	172 079	167 549	146 267	114 561	89
14	Male – Masculin	714 411	20 777	79 720	90 426	88 155	86 628	75 325	58 827	46
15	Female – Féminin	667 077	19 659	76 071	86 240	83 924	80 921	70 942	55 734	42
	Cuba									
	Urban – Urbaine									
	1 VII 1991									
16	Urban – Urbaine	7 955 667	126 678	514 034	571 507	514 417	735 823	821 480	855 439	585
17	Male – Masculin	3 925 667	65 318	263 778	292 461	262 997	372 932	412 350	422 867	285
18	Female – Féminin	4 030 000	61 360	250 256	279 046	251 420	362 891	409 130	432 572	299
	Rural – Rurale									
	1 VII 1991									
19	Rural – Rurale	2 788 027	52 092	204 815	229 198	213 710	305 734	327 066	283 316	196
20	Male – Masculin	1 479 696	27 322	105 563	117 508	110 163	157 533	171 845	149 795	104
21	Female – Féminin	1 308 331	24 770	99 252	111 690	103 547	148 201	155 221	133 521	92
	Greenland – Groenland									
	Urban – Urbaine									
	1 I 1994* [1]									
22	Urban – Urbaine	44 656	896	3 569	4 029	3 405	2 738	3 017	5 287	4
23	Male – Masculin	23 666	477	1 806	2 018	1 720	1 395	1 592	2 757	2
24	Female – Féminin	20 990	419	1 763	2 011	1 685	1 343	1 425	2 530	2
	Rural – Rurale									
	1 I 1994* [1]									
25	Rural – Rurale	10 763	255	1 009	1 031	978	681	820	1 172	1
26	Male – Masculin	5 958	131	491	517	520	383	438	657	
27	Female – Féminin	4 805	124	518	514	458	298	382	515	
	Guatemala									
	Urban – Urbaine									
	1 VII 1990									
28	Urban – Urbaine	3 500 908	*—— 532	738 ——*	466 974	417 519	381 341	328 861	284 657	234
29	Male – Masculin	1 710 525	*—— 271	783 ——*	236 884	208 418	187 638	158 778	137 096	112
30	Female – Féminin	1 790 381	*—— 260	955 ——*	230 090	209 103	193 702	170 083	147 561	122
	Rural – Rurale									
	1 VII 1990									
31	Rural – Rurale	5 696 443	*— 1 0	76 595 —*	914 567	771 178	603 365	475 877	379 760	306
32	Male – Masculin	2 936 201	*—— 548	716 ——*	466 930	396 280	312 494	248 183	197 632	158
33	Female – Féminin	2 760 244	*—— 527	879 ——*	447 635	374 896	290 870	227 694	182 128	147

7. Population selon l'âge, le sexe et la résidence, urbaine/rurale: dernière année disponible, 1984 – 1993 (suite)

Données selon la résidence urbaine/rurale

…notes à la fin du tableau.)

Age (en années)												
35 – 39	40 – 44	45 – 49	50 – 54	55 – 59	60 – 64	65 – 69	70 – 74	75 – 79	80 – 84	85 +	Unknown Inconnu	
—— 7 951 ——*		*—— 4 970 ——*		*—— 3 501 ——*		*——————		3 500 ——————		——*	–	1
—— 4 153 ——*		*—— 2 596 ——*		*—— 2 077 ——*		*——————		2 076 ——————		——*	–	2
—— 3 798 ——*		*—— 2 374 ——*		*—— 1 424 ——*		*——————		1 424 ——————		——*	–	3
1 648 657	1 496 301	1 253 209	987 027	865 212	832 817	746 183	554 912	408 603	253 123	117 988	–	4
816 552	726 277	632 079	474 110	427 076	396 411	337 388	229 208	155 154	93 055	42 582	–	5
832 105	770 022	621 131	512 918	438 137	436 405	408 794	325 705	253 450	160 068	75 407	–	6
591 242	552 191	424 426	351 527	321 552	312 486	289 125	238 393	170 730	96 064	49 073	–	7
299 215	281 468	220 304	177 358	159 535	158 513	139 201	111 415	80 699	44 192	19 801	–	8
292 029	270 723	204 123	174 168	162 016	153 972	149 922	126 977	90 032	51 872	29 267	–	9
64 725	51 356	41 785	38 937	31 509	26 028	19 615	16 922	10 428	6 794	4 604	–	10
30 195	24 357	19 382	17 984	14 376	11 648	8 577	7 390	4 460	2 770	1 784	–	11
34 530	26 999	22 403	20 953	17 133	14 380	11 038	9 532	5 968	4 024	2 820	–	12
69 288	55 819	44 604	39 826	30 657	25 637	18 267	15 099	9 486	6 091	3 880	–	13
35 586	29 269	23 570	20 787	16 336	13 773	9 830	8 256	5 201	3 367	1 951	–	14
33 702	26 550	21 034	19 039	14 321	11 864	8 437	6 843	4 285	2 724	1 929	–	15
536 435	519 368	465 246	398 922	312 891	269 495	*——————		728 149 ——————		——*	–	16
260 258	251 864	225 630	194 083	150 251	128 987	*——————		336 101 ——————		——*	–	17
276 177	267 504	239 616	204 839	162 640	140 508	*——————		392 048 ——————		——*	–	18
170 596	155 429	137 136	119 024	96 487	82 875	*——————		213 906 ——————		——*	–	19
90 753	81 794	72 508	64 711	53 547	47 012	*——————		125 343 ——————		——*	–	20
79 843	73 635	64 628	54 313	42 940	35 863	*——————		88 563 ——————		——*	–	21
3 942	3 058	2 779	2 250	1 577	1 294	841	453	305	155	74	–	22
2 201	1 734	1 674	1 322	902	646	404	196	108	45	18	–	23
1 741	1 324	1 105	928	675	648	437	257	197	110	56	–	24
823	611	558	529	407	334	242	145	77	34	13	–	25
491	378	371	314	234	172	128	70	29	15	4	–	26
332	233	187	215	173	162	114	75	48	19	9	–	27
190 560	147 543	115 685	102 420	90 356	73 785	56 336	35 325	23 362	*—— 19 199	——*	–	28
91 207	69 904	54 469	48 113	41 873	33 526	25 157	15 649	10 126	*—— 7 698	——*	–	29
99 353	77 638	61 216	54 307	48 483	40 259	31 179	19 676	13 236	*—— 11 501	——*	–	30
261 428	205 116	171 087	144 252	127 660	101 208	68 951	43 528	24 944	*—— 20 497	——*	–	31
134 483	106 154	88 918	75 415	66 546	53 139	36 574	22 719	13 155	*—— 10 355	——*	–	32
126 945	98 963	82 169	68 837	61 114	48 069	32 377	20 809	11 789	*—— 10 142	——*	–	33

7. Population by age, sex and urban/rural residence: latest available year, 1984 – 1993 (continued)

Data by urban/rural residence

(See notes at end of table.)

	Continent, country or area, sex, date and urban/rural residence Continent, pays ou zone, sexe, date et résidence, urbaine/rurale	All ages Tous âges	Age (in years) – 1	1 – 4	5 – 9	10 – 14	15 – 19	20 – 24	25 – 29	30 -
	AMERICA,NORTH— (Cont.–Suite) AMERIQUE DU NORD									
	Haiti – Haïti									
	Urban – Urbaine									
	1 VII 1990 [1]									
1	Urban – Urbaine	*1 920 830*	*51 425*	*182 999*	*221 407*	*247 602*	*264 895*	*243 782*	*190 413*	*134*
2	Male – Masculin	*860 343*	*27 112*	*93 815*	*105 583*	*109 475*	*109 504*	*106 840*	*84 844*	*59*
3	Female – Féminin	*1 060 487*	*24 313*	*89 184*	*115 824*	*138 127*	*155 391*	*136 942*	*105 569*	*74*
	Rural – Rurale									
	1 VII 1990 [1]									
4	Rural – Rurale	*4 565 218*	*157 747*	*596 897*	*639 266*	*511 902*	*427 205*	*351 119*	*320 995*	*284*
5	Male – Masculin	*2 320 068*	*78 933*	*300 150*	*327 580*	*272 306*	*237 768*	*188 835*	*164 565*	*139*
6	Female – Féminin	*2 245 150*	*78 814*	*296 747*	*311 686*	*239 596*	*189 437*	*162 284*	*156 430*	*144*
	Honduras									
	Urban – Urbaine									
	V 1988(C)									
7	Urban – Urbaine	1 674 944	52 306	199 220	241 527	208 490	191 848	160 384	137 464	111
8	Male – Masculin	793 929	26 665	101 762	122 650	102 557	87 161	69 899	61 148	51
9	Female – Féminin	881 015	25 641	97 458	118 877	105 933	104 687	90 485	76 316	60
	Rural – Rurale									
	V 1988(C)									
10	Rural – Rurale	2 573 617	101 046	381 676	442 507	363 085	255 101	186 669	163 028	136
11	Male – Masculin	1 316 177	51 729	195 152	226 405	187 632	132 697	93 724	81 171	68
12	Female – Féminin	1 257 440	49 317	186 524	216 102	175 453	122 404	92 945	81 857	67
	Nicaragua									
	Urban – Urbaine									
	1 VII 1989									
13	Urban – Urbaine	*2 239 025*	*80 496*	*299 390*	*328 923*	*287 195*	*254 721*	*209 886*	*170 391*	*139*
14	Male – Masculin	*1 090 743*	*41 457*	*153 950*	*167 479*	*143 347*	*124 195*	*100 698*	*81 680*	*65*
15	Female – Féminin	*1 148 282*	*39 039*	*145 440*	*161 444*	*143 848*	*130 526*	*109 188*	*88 711*	*73*
	Rural – Rurale									
	1 VII 1989									
16	Rural – Rurale	*1 506 006*	*62 741*	*231 039*	*241 873*	*192 429*	*153 967*	*131 214*	*111 417*	*91*
17	Male – Masculin	*785 449*	*31 622*	*116 200*	*122 633*	*100 050*	*82 551*	*70 266*	*58 626*	*48*
18	Female – Féminin	*720 557*	*31 119*	*114 839*	*119 240*	*92 379*	*71 416*	*60 948*	*52 791*	*43*
	Panama									
	Urban – Urbaine									
	1 VII 1993*									
19	Urban – Urbaine	*1 379 566*	*30 550*	*115 705*	*135 330*	*135 137*	*148 325*	*151 360*	*136 268*	*114*
20	Male – Masculin	*672 127*	*15 475*	*59 194*	*69 023*	*66 913*	*70 730*	*71 618*	*65 891*	*56*
21	Female – Féminin	*707 439*	*15 075*	*56 511*	*66 307*	*68 224*	*77 595*	*79 742*	*70 377*	*57*
	Rural – Rurale									
	1 VII 1993*									
22	Rural – Rurale	*1 183 356*	*31 489*	*127 341*	*154 023*	*138 688*	*117 505*	*102 785*	*91 945*	*81*
23	Male – Masculin	*630 100*	*16 247*	*64 953*	*78 719*	*72 859*	*64 483*	*56 641*	*49 031*	*42*
24	Female – Féminin	*553 256*	*15 242*	*62 388*	*75 304*	*65 829*	*53 022*	*46 144*	*42 914*	*38*
	United States – Etats–Unis									
	Urban – Urbaine									
	1 IV 1990(C)									
25	Urban – Urbaine	187 053 487	2 476 749	11 512 411	13 288 047	12 273 417	13 188 758	15 371 060	16 898 657	16 779
26	Male – Masculin	90 386 114	1 265 656	5 888 104	6 786 574	6 266 694	6 703 124	7 773 590	8 475 923	8 333
27	Female – Féminin	96 667 373	1 211 093	5 624 307	6 501 473	6 006 723	6 485 634	7 597 470	8 422 734	8 446
	Rural – Rurale									
	1 IV 1990(C)									
28	Rural – Rurale	61 656 386	740 563	3 624 720	4 811 132	4 840 802	4 565 287	3 649 252	4 414 388	5 083
29	Male – Masculin	30 853 304	379 145	1 859 504	2 475 953	2 500 443	2 399 604	1 902 006	2 220 013	2 543
30	Female – Féminin	30 803 082	361 418	1 765 216	2 335 179	2 340 359	2 165 683	1 747 246	2 194 375	2 539

7. Population selon l'âge, le sexe et la résidence, urbaine/rurale: dernière année disponible, 1984 – 1993 (suite)

Données selon la résidence urbaine/rurale

ir notes à la fin du tableau.)

Age (en années)												
35 – 39	40 – 44	45 – 49	50 – 54	55 – 59	60 – 64	65 – 69	70 – 74	75 – 79	80 – 84	85 +	Unknown Inconnu	
90 412	*72 215*	*50 835*	*50 552*	*38 776*	*29 833*	*22 215*	*14 923*	*9 154*	**—— 5 244*	*——**	–	1
38 492	*29 511*	*21 530*	*22 399*	*17 095*	*13 392*	*9 623*	*5 871*	*3 775*	**—— 2 159*	*——**	–	2
51 920	*42 704*	*29 305*	*28 153*	*21 681*	*16 441*	*12 592*	*9 052*	*5 379*	**—— 3 085*	*——**	–	3
260 271	*215 205*	*192 508*	*155 177*	*132 930*	*106 606*	*83 908*	*61 676*	*38 270*	**—— 29 490*	*——**	–	4
126 113	*104 919*	*92 467*	*73 876*	*63 285*	*50 167*	*39 344*	*29 042*	*17 752*	**—— 13 306*	*——**	–	5
134 158	*110 286*	*100 041*	*81 301*	*69 645*	*56 439*	*44 564*	*32 634*	*20 518*	**—— 16 184*	*——**	–	6
88 512	64 855	51 889	43 044	35 103	27 094	21 626	14 196	*———	– 25 443	———*	–	7
41 259	30 391	24 207	19 874	15 855	12 008	9 478	6 256	*———	– 10 962	———*	–	8
47 253	34 464	27 682	23 170	19 248	15 086	12 148	7 940	*———	– 14 481	———*	–	9
115 978	92 891	80 687	67 302	56 117	43 615	33 536	21 487	*———	– 32 799	———*	–	10
58 364	46 928	41 121	34 495	28 699	23 002	17 647	11 389	*———	– 17 321	———*	–	11
57 614	45 963	39 566	32 807	27 418	20 613	15 889	10 098	*———	– 15 478	———*	–	12
113 343	*83 384*	*66 228*	*55 801*	*46 126*	*37 908*	*28 343*	*18 776*	**———*	*– 18 745*	*———**	–	13
52 985	*38 960*	*30 636*	*25 515*	*20 463*	*16 386*	*12 077*	*7 769*	**———*	*– 7 186*	*———**	–	14
60 358	*44 424*	*35 592*	*30 286*	*25 663*	*21 522*	*16 266*	*11 007*	**———*	*– 11 559*	*———**	–	15
74 275	*54 344*	*42 386*	*34 809*	*27 731*	*21 729*	*15 464*	*9 717*	**———*	*– 9 003*	*———**	–	16
39 247	*29 025*	*22 740*	*18 760*	*14 875*	*11 714*	*8 491*	*5 423*	**———*	*– 4 889*	*———**	–	17
35 028	*25 319*	*19 646*	*16 049*	*12 856*	*10 015*	*6 973*	*4 294*	**———*	*– 4 114*	*———**	–	18
91 075	*75 570*	*60 616*	*47 069*	*37 302*	*30 542*	*24 942*	*19 810*	*13 878*	**—— 11 588*	*——**	–	19
45 541	*36 803*	*29 384*	*22 152*	*17 111*	*13 858*	*11 278*	*8 966*	*6 304*	**—— 4 906*	*——**	–	20
45 534	*38 767*	*31 232*	*24 917*	*20 191*	*16 684*	*13 664*	*10 844*	*7 574*	**—— 6 682*	*——**	–	21
71 488	*57 422*	*49 057*	*41 182*	*34 088*	*28 138*	*21 900*	*15 757*	*10 722*	**—— 8 655*	*——**	–	22
37 942	*31 286*	*26 775*	*22 650*	*18 965*	*15 680*	*12 165*	*8 877*	*5 782*	**—— 4 471*	*——**	–	23
33 546	*26 136*	*22 282*	*18 532*	*15 123*	*12 458*	*9 735*	*6 880*	*4 940*	**—— 4 184*	*——**	–	24
14 944 849	13 013 170	10 070 112	8 208 772	7 657 284	7 801 852	7 520 892	5 981 647	4 625 077	3 021 594	2 419 344	–	25
7 368 671	6 358 595	4 883 234	3 929 356	3 608 813	3 564 943	3 295 344	2 483 734	1 750 709	1 006 221	643 585	–	26
7 576 178	6 654 575	5 186 878	4 279 416	4 048 471	4 236 909	4 225 548	3 497 913	2 874 368	2 015 373	1 775 759	–	27
5 018 268	4 602 616	3 802 461	3 141 741	2 874 472	2 814 315	2 590 843	2 013 176	1 496 292	912 145	660 821	–	28
2 533 572	2 333 389	1 927 363	1 585 382	1 425 557	1 382 104	1 236 963	925 572	649 059	359 873	214 113	–	29
2 484 696	2 269 227	1 875 098	1 556 359	1 448 915	1 432 211	1 353 880	1 087 604	847 233	552 272	446 708	–	30

7. Population by age, sex and urban/rural residence: latest available year, 1984 – 1993 (continued)

Data by urban/rural residence

(See notes at end of table.)

	Continent, country or area, sex, date and urban/rural residence — Continent, pays ou zone, sexe, date et résidence, urbaine/rurale	All ages Tous âges	−1	1–4	5–9	10–14	15–19	20–24	25–29	30–
	AMERICA, SOUTH— AMERIQUE DU SUD									
	Argentina – Argentine									
	Urban – Urbaine									
	1 VII 1990* [5]									
1	Urban – Urbaine	27 761 245	*— 2 6	87 691 —*	2 672 767	2 658 673	2 351 848	2 108 278	2 009 012	1 956
2	Male – Masculin	13 506 025	*— 1 3	61 762 —*	1 351 915	1 334 717	1 168 341	1 052 045	998 596	971
3	Female – Féminin	14 255 220	*— 1 3	25 929 —*	1 320 852	1 323 956	1 183 507	1 056 233	1 010 416	984
	Rural – Rurale									
	1 VII 1990* [5]									
4	Rural – Rurale	4 560 644	*— 541	496 —*	552 099	558 046	416 298	327 201	299 271	283
5	Male – Masculin	2 495 974	*— 278	915 —*	285 579	297 565	234 903	180 435	167 716	159
6	Female – Féminin	2 064 670	*— 262	581 —*	266 520	260 482	181 396	146 766	131 555	124
	Bolivia – Bolivie									
	Urban – Urbaine									
	3 VI 1992(C)									
7	Urban – Urbaine	3 694 846	107 069	398 311	474 688	469 568	423 268	355 925	296 272	265
8	Male – Masculin	1 793 445	54 719	201 660	239 975	234 942	203 008	167 999	138 912	126
9	Female – Féminin	1 901 401	52 350	196 651	234 713	234 626	220 260	187 926	157 360	139
	Rural – Rurale									
	3 VI 1992(C)									
10	Rural – Rurale	2 725 946	91 733	350 259	410 220	346 360	240 766	193 977	173 392	153
11	Male – Masculin	1 377 820	46 425	177 090	207 366	180 669	126 398	97 663	86 913	78
12	Female – Féminin	1 348 126	45 308	173 169	202 854	165 691	114 368	96 314	86 479	75
	Brazil – Brésil									
	Urban – Urbaine									
	1 VII 1990* [13]									
13	Urban – Urbaine	*112 743 000*	*— *13 2*	*37 000* —*	*12 573 000*	*11 844 000*	*11 253 000*	*10 753 000*	*10 587 000*	*9 044*
14	Male – Masculin	*55 424 000*	*— *6 6*	*75 000* —*	*6 309 000*	*5 888 000*	*5 545 000*	*5 329 000*	*5 215 000*	*4 427*
15	Female – Féminin	*57 319 000*	*— *6 5*	*62 000* —*	*6 264 000*	*5 956 000*	*5 708 000*	*5 424 000*	*5 372 000*	*4 617*
	Rural – Rurale									
	1 VII 1990* [13]									
16	Rural – Rurale	*37 624 000*	*— *5 7*	*26 000* —*	*5 162 000*	*4 436 000*	*3 594 000*	*3 070 000*	*2 896 000*	*2 454*
17	Male – Masculin	*19 568 000*	*— *2 9*	*01 000* —*	*2 602 000*	*2 273 000*	*1 882 000*	*1 598 000*	*1 533 000*	*1 308*
18	Female – Féminin	*18 056 000*	*— *2 8*	*25 000* —*	*2 560 000*	*2 163 000*	*1 712 000*	*1 472 000*	*1 363 000*	*1 146*
	Chile – Chili									
	Urban – Urbaine									
	1 VII 1992									
19	Urban – Urbaine	11 573 878	*— 1 2	39 945 —*	1 173 610	1 058 547	1 042 404	1 054 397	1 061 024	974
20	Male – Masculin	5 617 015	*— 630	651 —*	595 993	534 434	519 159	522 809	522 090	476
21	Female – Féminin	5 956 863	*— 609	294 —*	577 617	524 113	523 245	531 588	538 934	498
	Rural – Rurale									
	1 VII 1992									
22	Rural – Rurale	2 025 561	*— 257	966 —*	237 380	189 261	166 200	177 086	172 565	156
23	Male – Masculin	1 099 818	*— 131	622 —*	121 801	99 545	93 321	99 454	98 256	89
24	Female – Féminin	925 743	*— 126	344 —*	115 579	89 716	72 879	77 632	74 309	66
	Colombia – Colombie									
	Urban – Urbaine									
	15 X 1985(C)									
25	Urban – Urbaine	18 713 553	398 960	1 749 531	2 151 734	2 007 551	2 214 495	2 165 561	1 748 608	1 380
26	Male – Masculin	8 927 542	203 996	889 594	1 086 050	992 505	1 012 083	987 786	797 424	654
27	Female – Féminin	9 786 011	194 964	859 937	1 065 684	1 015 046	1 202 412	1 177 775	951 184	725
	Rural – Rurale									
	15 X 1985(C)									
28	Rural – Rurale	9 124 379	213 090	1 008 341	1 293 114	1 218 716	1 040 376	835 039	668 523	527
29	Male – Masculin	4 850 158	108 870	514 946	664 536	646 814	570 284	452 417	354 552	283
30	Female – Féminin	4 274 221	104 220	493 395	628 578	571 902	470 092	382 622	313 971	243
	Ecuador – Equateur									
	Urban – Urbaine									
	1 VII 1992 [14]									
31	Urban – Urbaine	*6 115 572*	*— *743*	*838* —*	*708 543*	*689 434*	*670 549*	*631 365*	*571 998*	*489*
32	Male – Masculin	*3 007 784*	*— *380*	*192* —*	*358 040*	*343 142*	*326 120*	*307 864*	*280 532*	*241*
33	Female – Féminin	*3 107 789*	*— *363*	*646* —*	*350 502*	*346 293*	*344 428*	*323 503*	*291 466*	*247*

7. Population selon l'âge, le sexe et la résidence, urbaine/rurale: dernière année disponible, 1984 – 1993 (suite)

Données selon la résidence urbaine/rurale

(…r notes à la fin du tableau.)

Age (en années)												
35 – 39	40 – 44	45 – 49	50 – 54	55 – 59	60 – 64	65 – 69	70 – 74	75 – 79	80 – 84	85 +	Unknown Inconnu	
1 862 727	1 664 670	1 460 163	1 323 393	1 247 989	1 140 929	949 862	725 805	525 537	*—— 415 454 ——*		–	1
922 279	822 088	712 236	634 704	586 217	519 170	415 697	300 177	205 510	*—— 148 972 ——*		–	2
940 448	842 582	747 927	688 689	661 772	621 759	534 165	425 628	320 027	*—— 266 482 ——*		–	3
277 517	255 633	212 397	183 954	166 041	158 912	125 418	89 871	63 812	*—— 48 842 ——*		–	4
156 032	144 961	121 276	105 130	95 035	90 901	71 296	49 721	33 316	*—— 23 449 ——*		–	5
121 485	110 673	91 121	78 824	71 006	68 011	54 122	40 150	30 496	*—— 25 393 ——*		–	6
223 636	173 272	134 720	97 990	71 947	70 891	46 921	32 519	21 234	12 543	10 452	7 902	7
105 694	84 907	64 530	46 238	33 215	32 895	21 110	14 355	9 455	5 125	3 930	4 111	8
117 942	88 365	70 190	51 752	38 732	37 996	25 811	18 164	11 779	7 418	6 522	3 791	9
141 390	123 900	113 074	86 378	66 546	72 282	48 342	38 314	23 727	18 440	20 441	12 954	10
68 964	61 766	56 462	42 977	32 644	35 842	23 488	18 182	11 409	8 382	9 539	7 497	11
72 426	62 134	56 612	43 401	33 902	36 440	24 854	20 132	12 318	10 058	10 902	5 457	12
7 609 000	*6 060 000*	*4 732 000*	*4 017 000*	*3 244 000*	*2 692 000*	*2 014 000*	*1 399 000*	*966 000*	*—— 719 000 ——*		–	13
3 717 000	*2 961 000*	*2 310 000*	*1 945 000*	*1 547 000*	*1 267 000*	*925 000*	*634 000*	*426 000*	*—— 304 000 ——*		–	14
3 892 000	*3 099 000*	*2 422 000*	*2 072 000*	*1 697 000*	*1 425 000*	*1 089 000*	*765 000*	*540 000*	*—— 415 000 ——*		–	15
2 097 000	*1 712 000*	*1 378 000*	*1 225 000*	*1 050 000*	*925 000*	*753 000*	*530 000*	*360 000*	*—— 256 000 ——*		–	16
1 109 000	*906 000*	*727 000*	*650 000*	*565 000*	*498 000*	*410 000*	*283 000*	*191 000*	*—— 132 000 ——*		–	17
988 000	*806 000*	*651 000*	*575 000*	*485 000*	*427 000*	*343 000*	*247 000*	*169 000*	*—— 124 000 ——*		–	18
833 235	686 214	572 028	461 290	383 629	330 995	257 653	189 528	129 241	*—— 125 544 ——*		–	19
405 310	330 967	271 593	215 094	173 940	144 799	107 963	75 256	47 791	*—— 42 669 ——*		–	20
427 925	355 247	300 435	246 196	209 689	186 196	149 690	114 272	81 450	*—— 82 875 ——*		–	21
129 308	106 239	92 277	78 301	68 281	60 113	48 277	36 545	24 957	*—— 24 548 ——*		–	22
73 395	59 723	51 768	43 605	37 548	32 623	25 665	18 777	12 114	*—— 11 222 ——*		–	23
55 913	46 516	40 509	34 696	30 733	27 490	22 612	17 768	12 843	*—— 13 326 ——*		–	24
1 164 631	839 017	701 453	614 586	469 544	378 666	269 393	199 952	125 997	74 760	59 047	–	25
550 436	411 453	333 310	290 071	221 270	175 178	121 923	90 600	56 274	30 664	22 502	–	26
614 195	427 564	368 143	324 515	248 274	203 488	147 470	109 352	69 723	44 096	36 545	–	27
500 065	385 507	342 656	305 360	224 835	200 033	130 349	105 349	58 555	37 763	29 500	–	28
262 574	208 044	181 645	165 879	124 645	112 603	73 123	59 461	32 880	19 414	14 095	–	29
237 491	177 463	161 011	139 481	100 190	87 430	57 226	45 888	25 675	18 349	15 405	–	30
402 104	*300 685*	*223 755*	*182 532*	*148 681*	*117 355*	*88 975*	*64 144*	*44 838*	*—— 37 567 ——*		–	31
198 741	*147 838*	*109 553*	*87 944*	*70 217*	*54 230*	*40 278*	*28 147*	*18 938*	*—— 14 604 ——*		–	32
203 363	*152 847*	*114 202*	*94 589*	*78 464*	*63 126*	*48 697*	*35 996*	*25 901*	*—— 22 963 ——*		–	33

7. Population by age, sex and urban/rural residence: latest available year, 1984 – 1993 (continued)

Data by urban/rural residence

(See notes at end of table.)

	Continent, country or area, sex, date and urban/rural residence Continent, pays ou zone, sexe, date et résidence, urbaine/rurale	All ages Tous âges	Age (in years) – 1	1 – 4	5 – 9	10 – 14	15 – 19	20 – 24	25 – 29	30
	AMERICA, SOUTH— (Cont.–Suite) AMERIQUE DU SUD									
	Ecuador – Equateur Rural – Rurale 1 VII 1992 [14]									
1	Rural – Rurale	*4 625 227*	*—— *677*	*075* ——*	*655 521*	*602 253*	*498 355*	*400 671*	*319 564*	*26*
2	Male – Masculin	*2 390 678*	*—— *342*	*858* ——*	*334 796*	*312 071*	*265 953*	*213 896*	*169 111*	*13*
3	Female – Féminin	*2 234 548*	*—— *334*	*217* ——*	*320 725*	*290 183*	*232 403*	*186 774*	*150 453*	*12*
	Falkland Islands (Malvinas)– Iles Falkland (Malvinas) Urban – Urbaine 5 III 1991(C)									
4	Urban – Urbaine	1 557	*——	101 ——*	91	124	108	109	130	
5	Male – Masculin	814	*——	56 ——*	41	63	48	61	66	
6	Female – Féminin	743	*——	45 ——*	50	61	60	48	64	
	Rural – Rurale 5 III 1991(C)									
7	Rural – Rurale	493	*——	24 ——*	46	36	41	31	45	
8	Male – Masculin	281	*——	14 ——*	20	20	31	16	22	
9	Female – Féminin	212	*——	10 ——*	26	16	10	15	23	
	Peru – Pérou Urban – Urbaine 1 VII 1991 [5 13]									
10	Urban – Urbaine	*15 576 912*	*— *1 8*	*43 186* —*	*1 806 210*	*1 802 388*	*1 755 804*	*1 608 217*	*1 415 976*	*1 17*
11	Male – Masculin	*7 778 518*	*—— *939*	*578* ——*	*916 616*	*908 991*	*888 010*	*811 777*	*709 281*	*584*
12	Female – Féminin	*7 798 394*	*—— *903*	*608* ——*	*889 594*	*893 397*	*867 794*	*796 440*	*706 695*	*594*
	Rural – Rurale 1 VII 1991 [5 13]									
13	Rural – Rurale	*6 421 349*	*— *1 0*	*35 999* —*	*896 102*	*797 492*	*634 692*	*526 279*	*444 970*	*372*
14	Male – Masculin	*3 292 648*	*—— *527*	*400* ——*	*457 306*	*411 818*	*325 703*	*270 760*	*232 894*	*198*
15	Female – Féminin	*3 128 701*	*—— *508*	*599* ——*	*438 796*	*385 674*	*308 989*	*255 519*	*212 076*	*174*
	Uruguay Urban – Urbaine 1 VII 1990									
16	Urban – Urbaine	*2 748 322*	*—— *234*	*268* ——*	*231 901*	*249 057*	*231 713*	*199 647*	*199 025*	*190*
17	Male – Masculin	*1 306 601*	*—— *119*	*677* ——*	*118 375*	*126 332*	*116 467*	*96 815*	*95 345*	*90*
18	Female – Féminin	*1 441 721*	*—— *114*	*591* ——*	*113 526*	*122 725*	*115 246*	*102 832*	*103 680*	*99*
	Rural – Rurale 1 VII 1990									
19	Rural – Rurale	*345 897*	*—— *25*	*169* ——*	*27 756*	*29 643*	*28 525*	*27 208*	*26 153*	*24*
20	Male – Masculin	*201 826*	*—— *12*	*902* ——*	*14 178*	*15 640*	*16 448*	*17 241*	*16 056*	*14*
21	Female – Féminin	*144 071*	*—— *12*	*267* ——*	*13 578*	*14 003*	*12 077*	*9 967*	*10 097*	*10*
	Venezuela Urban – Urbaine 1 VII 1990 [5 13]									
22	Urban – Urbaine	*16 231 254*	*— *2 1*	*85 424* —*	*— *3 7*	*98 785* —*	*— *3 2*	*29 173* —*	*————	————
23	Male – Masculin	*8 094 783*	*— *1 1*	*12 223* —*	*— *1 9*	*21 701* —*	*— *1 6*	*17 338* —*	*————	————
24	Female – Féminin	*8 136 471*	*— *1 0*	*73 201* —*	*— *1 8*	*77 084* —*	*— *1 6*	*11 835* —*	*————	————
	Rural – Rurale 1 VII 1990 [5 13]									
25	Rural – Rurale	*3 093 968*	*—— *496*	*917* ——*	*—— *912*	*704* ——*	*—— *560*	*503* ——*	*————	————
26	Male – Masculin	*1 652 592*	*—— *256*	*308* ——*	*—— *477*	*128* ——*	*—— *307*	*768* ——*	*————	————
27	Female – Féminin	*1 441 376*	*—— *240*	*609* ——*	*—— *435*	*576* ——*	*—— *252*	*735* ——*	*————	————
	ASIA—ASIE									
	Afghanistan Urban – Urbaine 1 VII 1988 [2]									
28	Urban – Urbaine	*2 752 024*	*134 298*	*384 223*	*420 656*	*340 743*	*281 630*	*233 579*	*187 824*	*153*
29	Male – Masculin	*1 417 760*	*65 340*	*192 645*	*214 567*	*176 464*	*144 375*	*116 753*	*93 418*	*76*
30	Female – Féminin	*1 334 264*	*68 958*	*191 578*	*206 089*	*164 279*	*137 255*	*116 826*	*94 406*	*76*

7. Population selon l'âge, le sexe et la résidence, urbaine/rurale: dernière année disponible, 1984 – 1993 (suite)

Données selon la résidence urbaine/rurale

notes à la fin du tableau.)

Age (en années)												
35 – 39	40 – 44	45 – 49	50 – 54	55 – 59	60 – 64	65 – 69	70 – 74	75 – 79	80 – 84	85 +	Unknown Inconnu	
242 374	203 826	168 900	146 702	124 696	102 614	80 170	59 135	41 882	*— 35 230 —*		–	1
124 075	104 063	85 777	74 989	64 086	52 803	41 149	29 940	20 527	*— 16 094 —*		–	2
118 299	99 764	83 123	71 714	60 610	49 811	39 021	29 195	21 355	*— 19 136 —*		–	3
140	112	95	94	69	67	54	47	36	*— 31 —*		–	4
86	58	46	61	37	31	34	23	18	*— 14 —*		–	5
54	54	49	33	32	36	20	24	18	*— 17 —*		–	6
43	42	46	37	29	18	9	7	3	*— 1 —*		–	7
21	22	27	22	20	11	8	5	2	*— 1 —*		–	8
22	20	19	15	9	7	1	2	1	*— – —*		–	9
973 874	782 587	620 954	505 801	411 235	316 682	233 065	160 082	99 104	*— 62 438 —*		–	10
479 366	385 180	305 860	247 482	198 768	151 228	109 501	73 195	43 609	*— 25 543 —*		–	11
494 508	397 407	315 094	258 319	212 467	165 454	123 564	86 887	55 495	*— 36 895 —*		–	12
320 945	270 437	239 932	225 492	200 519	163 035	121 591	84 819	53 932	*— 32 450 —*		–	13
171 531	142 901	124 367	115 126	100 896	79 784	57 713	39 008	23 943	*— 13 462 —*		–	14
149 414	127 536	115 565	110 366	99 623	83 251	63 878	45 811	29 989	*— 18 988 —*		–	15
168 852	156 782	147 214	139 063	142 320	133 138	109 938	83 102	67 446	*— 64 701 —*		–	16
80 969	73 599	68 956	63 733	65 560	59 625	48 055	34 526	26 165	*— 21 801 —*		–	17
87 883	83 183	78 258	75 330	76 760	73 513	61 883	48 576	41 281	*— 42 900 —*		–	18
23 157	21 933	20 330	20 087	20 150	17 752	13 753	8 823	5 933	*— 5 160 —*		–	19
13 556	13 109	12 509	12 314	12 685	11 243	8 617	5 391	3 342	*— 2 478 —*		–	20
9 601	8 824	7 821	7 773	7 465	6 509	5 136	3 432	2 591	*— 2 682 —*		–	21
4 612 108 ——*		619 237 *——		1 214 999 ——*		*——		571 528 ——*			–	22
2 300 537 ——*		305 983 *——		– 588 491 ——*		*——		248 510 ——*			–	23
2 311 571 ——*		313 254 *——		– 626 508 ——*		*——		323 018 ——*			–	24
2 757 ——*		113 189 *——		– 240 190 ——*		*——		137 708 ——*			–	25
5 877 ——*		61 493 *——		– 129 890 ——*		*——		74 128 ——*			–	26
6 880 ——*		51 696 *——		– 110 300 ——*		*——		63 580 ——*			–	27
129 270	109 873	93 038	77 247	62 232	48 786	35 883	24 880	15 868	*— 18 952 —*		–	28
65 984	57 664	50 384	43 017	35 623	28 411	20 945	14 589	9 405	*— 11 371 —*		–	29
63 286	52 209	42 654	34 230	26 609	20 375	14 938	10 291	6 463	*— 7 581 —*		–	30

7. Population by age, sex and urban/rural residence: latest available year, 1984 – 1993 (continued)

Data by urban/rural residence

(See notes at end of table.)

	Continent, country or area, sex, date and urban/rural residence Continent, pays ou zone, sexe, date et résidence, urbaine/rurale	Age (in years) All ages Tous âges	-1	1–4	5–9	10–14	15–19	20–24	25–29	30–
	ASIA—ASIE (Cont.–Suite)									
	Afghanistan									
	Rural – Rurale									
	1 VII 1988 [2]									
1	Rural – Rurale	*12 761 340*	*541 125*	*1 978 081*	*1 900 160*	*1 447 624*	*1 178 966*	*1 020 431*	*849 712*	*713 2*
2	Male – Masculin	*6 544 634*	*259 953*	*963 357*	*968 747*	*769 700*	*632 147*	*529 502*	*420 935*	*335 9*
3	Female – Féminin	*6 216 706*	*281 172*	*1 014 724*	*931 413*	*677 924*	*546 819*	*490 929*	*428 777*	*377 3*
	Armenia – Arménie									
	Urban – Urbaine									
	1 VII 1991									
4	Urban – Urbaine	2 500 100	48 900	201 800	258 100	232 200	211 900	187 800	207 100	241 7
5	Male – Masculin	1 193 500	24 900	103 700	131 700	118 700	108 100	91 800	95 300	109 9
6	Female – Féminin	1 306 600	24 000	98 100	126 400	113 500	103 800	96 000	111 800	131 8
	Rural – Rurale									
	1 VII 1991									
7	Rural – Rurale	1 111 600	28 800	108 500	125 300	97 100	92 200	94 200	107 700	99 5
8	Male – Masculin	558 100	15 000	55 900	64 500	49 900	46 700	50 800	55 600	52 9
9	Female – Féminin	553 500	13 800	52 600	60 800	47 200	45 500	43 400	52 100	46 6
	Azerbaijan – Azerbaïdjan									
	Urban – Urbaine									
	12 I 1989(C) [1]									
10	Urban – Urbaine	3 805 885	86 454	349 050	395 196	342 739	349 244	353 651	389 837	332 7
11	Male – Masculin	1 867 911	44 610	179 605	203 382	176 353	193 100	174 085	187 138	161 8
12	Female – Féminin	1 937 974	41 844	169 445	191 814	166 386	156 144	179 566	202 699	170 8
	Rural – Rurale									
	12 I 1989(C) [1]									
13	Rural – Rurale	3 215 293	90 259	336 175	363 636	338 500	344 472	333 494	316 527	228 1
14	Male – Masculin	1 555 882	46 819	172 796	186 254	172 274	172 113	156 334	148 461	109 6
15	Female – Féminin	1 659 411	43 440	163 379	177 382	166 226	172 359	177 160	168 066	118 4
	Bangladesh									
	Urban – Urbaine									
	1 I 1988 [5]									
16	Urban – Urbaine	*15 081 913*	*—— 1 6	01 736 ——*	*1 983 928*	*1 865 240*	*1 722 147*	*1 621 026*	*1 408 439*	*1 138 7*
17	Male – Masculin	*8 163 604*	*—— 812	285 ——*	*1 009 213*	*967 441*	*923 785*	*877 906*	*760 958*	*649 6*
18	Female – Féminin	*6 918 309*	*—— 789	451 ——*	*974 715*	*897 799*	*798 362*	*743 120*	*647 481*	*489 1*
	Rural – Rurale									
	1 I 1988 [5]									
19	Rural – Rurale	*89 640 975*	*—— 12 7	45 269 ——*	*14 699 213*	*11 360 422*	*8 242 301*	*7 471 314*	*6 812 133*	*5 390 7*
20	Male – Masculin	*45 677 770*	*—— 6 4	40 488 ——*	*7 445 808*	*5 947 701*	*4 186 065*	*3 505 436*	*3 370 386*	*2 641 0*
21	Female – Féminin	*43 963 205*	*—— 6 3	04 781 ——*	*7 253 405*	*5 412 721*	*4 056 236*	*3 965 878*	*3 441 747*	*2 749 7*
	Brunei Darussalam – Brunéi Darussalam									
	Urban – Urbaine									
	7 VIII 1991(C)									
22	Urban – Urbaine	173 411	4 490	18 622	19 581	16 842	14 852	17 614	18 999	18 8
23	Male – Masculin	90 607	2 351	9 655	9 926	8 721	7 688	8 864	9 700	9 9
24	Female – Féminin	82 804	2 139	8 967	9 655	8 121	7 164	8 750	9 299	8 8
	Rural – Rurale									
	7 VIII 1991(C)									
25	Rural – Rurale	87 071	2 153	8 844	10 100	9 125	7 929	8 546	8 510	8 1
26	Male – Masculin	47 009	1 104	4 610	5 221	4 710	4 100	4 492	4 872	4 6
27	Female – Féminin	40 062	1 049	4 234	4 879	4 415	3 829	4 054	3 638	3 4
	China – Chine									
	Urban – Urbaine									
	1 VII 1990(C) [15]									
28	Urban – Urbaine	296 145 180	4 615 488	19 250 054	21 503 238	20 748 791	28 856 986	33 626 175	32 424 436	27 392 4
29	Male – Masculin	154 178 452	2 416 263	10 029 485	11 165 448	10 754 668	14 856 474	17 649 311	17 024 714	14 362 6
30	Female – Féminin	141 966 728	2 199 225	9 220 569	10 337 790	9 994 123	14 000 512	15 976 864	15 399 722	13 029 8
	Rural – Rurale									
	1 VII 1990(C) [15]									
31	Rural – Rurale	834 365 458	18 605 363	73 967 514	77 833 505	76 477 901	91 301 435	92 134 999	71 843 089	56 483 2
32	Male – Masculin	427 641 955	9 838 642	38 764 740	40 465 427	39 428 925	46 794 115	46 583 712	36 488 269	29 343 5
33	Female – Féminin	406 723 503	8 766 721	35 202 774	37 368 078	37 048 976	44 507 320	45 551 287	35 354 820	27 139 7

7. Population selon l'âge, le sexe et la résidence, urbaine/rurale: dernière année disponible, 1984 – 1993 (suite)

Données selon la résidence urbaine/rurale

(Voir notes à la fin du tableau.)

35 – 39	40 – 44	45 – 49	50 – 54	55 – 59	60 – 64	65 – 69	70 – 74	75 – 79	80 – 84	85 +	Unknown Inconnu	
633 938	550 225	480 510	407 479	328 104	252 149	181 179	124 287	79 513	*—— 94 573	——*	–	1
298 593	276 491	253 528	224 649	186 066	144 547	104 420	72 315	46 484	*—— 57 257	——*	–	2
335 345	273 734	226 982	182 830	142 038	107 602	76 759	51 972	33 029	*—— 37 316	——*	–	3
193 500	146 200	79 200	133 000	102 300	105 300	64 900	31 000	27 500	*—— 27 700	——*	–	4
87 000	67 900	36 600	61 900	47 400	49 500	27 900	11 200	9 900	*—— 10 100	——*	–	5
106 500	78 300	42 600	71 100	54 900	55 800	37 000	19 800	17 600	*—— 17 600	——*	–	6
66 900	40 400	23 200	54 100	53 300	54 900	28 400	10 900	11 400	*—— 14 900	——*	–	7
34 800	20 100	10 700	25 500	25 600	26 000	11 800	3 600	3 900	*—— 4 800	——*	–	8
32 100	20 300	12 500	28 600	27 700	28 900	16 600	7 300	7 500	*—— 10 100	——*	–	9
249 973	154 545	153 510	190 774	149 953	125 844	63 034	45 691	39 647	20 668	13 289	52	10
122 168	75 223	74 564	91 161	70 750	54 582	22 296	14 541	12 731	6 057	3 701	22	11
127 805	79 322	78 946	99 613	79 203	71 262	40 738	31 150	26 916	14 611	9 588	30	12
139 180	77 765	103 229	165 015	135 795	91 187	45 235	30 664	30 753	19 287	25 950	45	13
66 827	36 834	48 786	78 684	66 425	42 456	17 347	10 011	10 610	6 112	7 028	20	14
72 353	40 931	54 443	86 331	69 370	48 731	27 888	20 653	20 143	13 175	18 922	25	15
874 210	704 973	543 600	473 735	259 274	279 273	*———	———	344 459	———	———*	261 098	16
492 984	419 769	319 184	266 661	154 725	162 495	*———	———	212 600	———	———*	133 955	17
381 226	285 204	224 416	207 074	104 549	116 778	*———	———	131 859	———	———*	127 143	18
4 865 614	4 030 297	3 176 773	2 833 878	1 752 776	1 902 929	*———	———	2 672 056	———	———*	1 685 237	19
2 508 658	2 102 187	1 687 545	1 473 223	996 588	1 050 300	*———	———	1 466 321	———	———*	856 027	20
2 356 956	1 928 110	1 489 228	1 360 655	756 188	852 629	*———	———	1 205 735	———	———*	829 210	21
14 989	9 892	5 429	4 146	2 992	2 081	1 536	1 065	693	451	297	34	22
8 253	5 692	3 066	2 205	1 453	1 085	769	558	324	202	141	21	23
6 736	4 200	2 363	1 941	1 539	996	767	507	369	249	156	13	24
6 661	4 657	3 173	2 608	2 110	1 506	1 109	709	512	347	275	67	25
3 831	2 608	1 830	1 399	1 058	841	622	407	282	158	139	52	26
2 830	2 049	1 343	1 209	1 052	665	487	302	230	189	136	15	27
25 515 820	18 231 757	14 097 567	13 730 554	12 019 860	9 016 687	6 398 023	4 193 313	2 599 269	1 300 849	623 887	–	28
13 306 934	9 747 985	7 449 972	7 203 762	6 441 112	4 788 101	3 221 607	1 975 563	1 119 433	478 547	186 469	–	29
12 208 886	8 483 772	6 647 595	6 526 792	5 578 748	4 228 586	3 176 416	2 217 750	1 479 836	822 302	437 418	–	30
60 835 992	45 475 907	34 990 374	31 889 005	29 689 475	24 959 567	19 934 497	13 857 267	8 334 655	4 051 841	1 699 791	–	31
31 261 913	23 587 992	18 405 928	16 906 593	15 398 825	12 693 847	9 695 878	6 368 641	3 569 671	1 515 407	529 901	–	32
29 574 079	21 887 915	16 584 446	14 982 412	14 290 650	12 265 720	10 238 619	7 488 626	4 764 984	2 536 434	1 169 890	–	33

7. Population by age, sex and urban/rural residence: latest available year, 1984 – 1993 (continued)

Data by urban/rural residence

(See notes at end of table.)

	Continent, country or area, sex, date and urban/rural residence Continent, pays ou zone, sexe, date et résidence, urbaine/rurale	All ages Tous âges	Age (in years) – 1	1 – 4	5 – 9	10 – 14	15 – 19	20 – 24	25 – 29	30 –
	ASIA—ASIE (Cont.–Suite)									
	Georgia – Géorgie									
	Urban – Urbaine									
	12 I 1989(C) [1]									
1	Urban – Urbaine	2 991 352	47 397	201 742	242 203	235 857	235 594	226 786	267 548	246 9
2	Male – Masculin	1 401 043	24 346	102 712	123 497	119 915	124 716	107 116	123 504	114
3	Female – Féminin	1 590 309	23 051	99 030	118 706	115 942	110 878	119 670	144 044	132 2
	Rural – Rurale									
	12 I 1989(C) [1]									
4	Rural – Rurale	2 409 489	41 814	174 709	198 522	196 230	183 673	186 938	200 097	169 9
5	Male – Masculin	1 160 997	21 591	89 354	100 852	100 060	93 011	96 257	102 667	86 6
6	Female – Féminin	1 248 492	20 223	85 355	97 670	96 170	90 662	90 681	97 430	83 2
	Hong Kong – Hong–kong									
	Urban – Urbaine									
	11 III 1986(C) [31]									
7	Urban – Urbaine	5 024 047	66 773	292 180	386 407	406 609	416 437	520 142	560 602	466 9
8	Male – Masculin	2 576 497	34 797	152 397	200 487	212 814	216 461	263 298	286 433	241 2
9	Female – Féminin	2 447 550	31 976	139 783	185 920	193 795	199 976	256 844	274 169	225 6
	Rural – Rurale									
	11 III 1986(C) [31]									
10	Rural – Rurale	371 950	6 974	27 571	29 653	30 780	34 887	41 393	41 015	29 2
11	Male – Masculin	195 967	3 570	14 316	15 348	15 909	18 440	21 890	21 952	16 5
12	Female – Féminin	175 983	3 404	13 255	14 305	14 871	16 447	19 503	19 063	12 7
	India – Inde [16]									
	Urban – Urbaine									
	1 VII 1991									
13	Urban – Urbaine	*218 527 000*	**— 26 709 000 —**		**— 46 655 000 —**		**——*	*69 901 000*	*——**	**——*
14	Male – Masculin	*115 440 000*	**— 13 616 000 —**		**— 23 813 000 —**		**——*	*37 546 000*	*——**	**——*
15	Female – Féminin	*103 087 000*	**— 13 093 000 —**		**— 22 842 000 —**		**——*	*32 355 000*	*——**	**——*
	Rural – Rurale									
	1 VII 1991									
16	Rural – Rurale	*631 111 000*	**— 84 359 000 —**		**— 148 145 000 —**		**——*	*171 614 000*	*——**	**——*
17	Male – Masculin	*325 015 000*	**— 43 697 000 —**		**— 76 826 000 —**		**——*	*89 065 000*	*——**	**——*
18	Female – Féminin	*306 096 000*	**— 40 662 000 —**		**— 71 319 000 —**		**——*	*82 549 000*	*——**	**——*
	Indonesia – Indonésie									
	Urban – Urbaine									
	31 X 1990(C)*									
19	Urban – Urbaine	55 433 790	1 126 386	4 723 487	6 543 198	6 325 905	6 706 264	6 121 356	5 356 072	4 384 3
20	Male – Masculin	27 683 319	577 151	2 437 488	3 356 997	3 215 421	3 247 043	2 960 765	2 622 687	2 224 1
21	Female – Féminin	27 750 471	549 235	2 285 999	3 186 201	3 110 484	3 459 221	3 160 591	2 733 385	2 160 2
	Rural – Rurale									
	31 X 1990(C)*									
22	Rural – Rurale	123 813 993	2 630 107	12 505 164	16 679 860	15 156 236	12 220 719	10 007 006	10 267 458	8 861 4
23	Male – Masculin	61 692 358	1 345 899	6 400 321	8 571 098	7 828 706	6 273 397	4 622 540	4 834 463	4 360 1
24	Female – Féminin	62 121 635	1 284 208	6 104 843	8 108 762	7 327 530	5 947 322	5 384 466	5 432 995	4 501 2
	Iran (Islamic Republic of – Rép. islamique d')									
	Urban – Urbaine									
	11 IX 1991(C)									
25	Urban – Urbaine	31 836 598	774 899	3 537 221	5 037 727	4 112 463	3 155 352	2 902 788	2 561 194	2 261 8
26	Male – Masculin	16 435 244	395 884	1 801 956	2 571 127	2 122 918	1 624 828	1 451 469	1 289 544	1 163 0
27	Female – Féminin	15 401 354	379 015	1 735 265	2 466 600	1 989 545	1 530 524	1 451 319	1 271 650	1 098 7
	Rural – Rurale									
	11 IX 1991(C)									
28	Rural – Rurale	24 000 565	688 635	3 140 530	3 997 731	3 434 668	2 753 551	2 044 472	1 444 084	1 242 3
29	Male – Masculin	12 333 206	354 101	1 604 350	2 041 022	1 778 540	1 432 781	1 068 843	722 949	616 8
30	Female – Féminin	11 667 359	334 534	1 536 180	1 956 709	1 656 128	1 320 770	975 629	721 135	625 5

7. Population selon l'âge, le sexe et la résidence, urbaine/rurale: dernière année disponible, 1984 – 1993 (suite)

Données selon la résidence urbaine/rurale

otes à la fin du tableau.)

Age (en années)												
35 – 39	40 – 44	45 – 49	50 – 54	55 – 59	60 – 64	65 – 69	70 – 74	75 – 79	80 – 84	85 +	Unknown Inconnu	
224 009	162 309	170 417	189 777	155 434	153 026	82 416	63 476	48 143	24 975	13 330	–	1
105 166	76 591	78 557	88 310	70 979	64 672	28 718	20 378	15 791	7 670	3 782	–	2
118 843	85 718	91 860	101 467	84 455	88 354	53 698	43 098	32 352	17 305	9 548	–	3
138 377	98 719	126 157	155 851	148 430	144 429	78 178	59 900	52 634	31 003	23 894	–	4
69 342	48 071	60 442	75 566	69 815	65 546	28 910	19 086	17 159	9 962	6 641	–	5
69 035	50 648	65 715	80 285	78 615	78 883	49 268	40 814	35 475	21 041	17 253	–	6
384 328	228 060	241 192	252 490	230 944	194 593	148 694	111 755	61 208	34 839	19 880	–	7
202 972	125 188	130 669	135 429	119 707	96 873	70 952	49 686	23 016	9 933	4 088	–	8
181 356	102 872	110 523	117 061	111 237	97 720	77 742	62 069	38 192	24 906	15 792	–	9
21 042	13 972	14 843	16 709	16 627	15 021	11 903	8 473	5 766	3 709	2 315	–	10
12 165	7 741	8 360	8 912	8 800	7 892	6 146	3 974	2 268	1 232	489	–	11
8 877	6 231	6 483	7 797	7 827	7 129	5 757	4 499	3 498	2 477	1 826	–	12
354 00 0	———*	*———	*23 201 000*	———*	*———	——— —	*11 707 000*	———	———	———*	–	13
032 00 0	———*	*———	*12 605 000*	———*	*———	——— —	*5 828 000*	———	———	———*	–	14
322 00 0	———*	*———	*10 596 000*	———*	*———	——— —	*5 879 000*	———	———	———*	–	15
116 00 0	———*	*———	*73 318 000*	———*	*———	——— —	*43 559 000*	———	———	———*	–	16
444 00 0	———*	*———	*37 605 000*	———*	*———	——— —	*22 378 000*	———	———	———*	–	17
672 00 0	———*	*———	*35 713 000*	———*	*———	——— —	*21 181 000*	———	———	———*	–	18
470 726	2 382 695	2 171 867	1 872 772	1 331 452	1 192 000	726 966	502 517	*———	– 494 788	———*	1 002	19
827 088	1 210 507	1 093 186	926 387	628 226	576 049	346 850	227 823	*———	– 204 980	———*	540	20
643 638	1 172 188	1 078 681	946 385	703 226	615 951	380 116	274 694	*———	– 289 808	———*	462	21
713 491	5 698 940	5 393 797	4 814 814	3 500 245	3 334 451	2 022 758	1 526 509	*———	1 477 56 8	———*	3 413	22
961 353	2 799 747	2 630 736	2 362 803	1 693 395	1 643 020	982 312	718 053	*———	– 662 656	———*	1 665	23
752 138	2 899 193	2 763 061	2 452 011	1 806 850	1 691 431	1 040 446	808 456	*———	– 814 912	———*	1 748	24
846 018	1 268 676	957 759	893 314	790 129	676 239	469 305	251 664	103 687	74 537	123 249	38 530	25
968 812	667 714	502 928	478 600	436 232	371 316	269 934	139 486	55 736	36 772	61 857	25 041	26
877 206	600 962	454 831	414 714	353 897	304 923	199 371	112 178	47 951	37 765	61 392	13 489	27
1 020 651	768 801	620 224	677 308	652 800	627 151	415 772	213 503	82 306	65 244	90 926	19 835	28
493 526	359 745	295 371	342 999	357 051	352 002	244 080	124 954	47 707	36 575	48 652	11 116	29
527 125	409 056	324 853	334 309	295 749	275 149	171 692	88 549	34 599	28 669	42 274	8 719	30

7. Population by age, sex and urban/rural residence: latest available year, 1984 – 1993 (continued)

Data by urban/rural residence

(See notes at end of table.)

	Continent, country or area, sex, date and urban/rural residence Continent, pays ou zone, sexe, date et résidence, urbaine/rurale	Age (in years) All ages Tous âges	– 1	1 – 4	5 – 9	10 – 14	15 – 19	20 – 24	25 – 29	30 –
	ASIA—ASIE (Cont.–Suite)									
	Iraq									
	Urban – Urbaine									
	1 VII 1988									
1	Urban – Urbaine	*12 589 533*	*— 2 1	71 928 —*	*1 833 903*	*1 597 719*	*1 445 315*	*1 183 485*	*966 002*	*742*
2	Male – Masculin	*6 528 691*	*— 1 1	23 164 —*	*946 963*	*833 855*	*755 855*	*618 380*	*504 240*	*387*
3	Female – Féminin	*6 060 842*	*— 1 0	48 764 —*	*886 940*	*763 864*	*689 460*	*565 105*	*461 762*	*354*
	Rural – Rurale									
	1 VII 1988									
4	Rural – Rurale	*4 660 734*	*—— 804	145 ——*	*679 030*	*591 349*	*534 901*	*438 014*	*357 535*	*274*
5	Male – Masculin	*2 335 472*	*—— 401	783 ——*	*338 752*	*298 291*	*270 388*	*221 209*	*180 379*	*138*
6	Female – Féminin	*2 325 262*	*—— 402	362 ——*	*340 278*	*293 058*	*264 513*	*216 805*	*177 156*	*135*
	Israel – Israël [17]									
	Urban – Urbaine									
	1 VII 1992 [1]									
7	Urban – Urbaine	4 604 800	*—— 473	000 ——*	464 100	433 800	425 200	378 600	338 200	320
8	Male – Masculin	2 276 300	*—— 242	300 ——*	238 000	222 100	217 000	191 000	171 100	159
9	Female – Féminin	2 328 400	*—— 230	700 ——*	226 200	211 700	208 200	187 600	167 100	161
	Rural – Rurale									
	1 VII 1992 [1]									
10	Rural – Rurale	518 500	*—— 61	100 ——*	60 900	56 600	57 500	44 100	34 400	33
11	Male – Masculin	266 600	*—— 31	400 ——*	31 600	29 800	30 500	23 500	18 500	16
12	Female – Féminin	251 900	*—— 29	800 ——*	29 300	26 800	27 000	20 600	15 800	16
	Japan – Japon									
	Urban – Urbaine									
	1 X 1990(C) [18]									
13	Urban – Urbaine	95 643 521	952 455	4 074 486	5 662 795	6 471 582	7 974 754	7 386 812	6 605 737	6 137
14	Male – Masculin	47 124 420	488 130	2 087 789	2 899 112	3 315 911	4 084 634	3 777 069	3 350 815	3 100
15	Female – Féminin	48 519 101	464 325	1 986 697	2 763 683	3 155 671	3 890 120	3 609 743	3 254 922	3 036
	Rural – Rurale									
	1 X 1990(C) [18]									
16	Rural – Rurale	27 967 646	261 230	1 204 726	1 803 762	2 055 203	2 032 333	1 413 309	1 464 976	1 650
17	Male – Masculin	13 572 304	132 955	617 165	922 721	1 053 969	1 037 581	691 130	727 654	825
18	Female – Féminin	14 395 342	128 275	587 561	881 041	1 001 234	994 752	722 179	737 322	825
	Kazakhstan									
	Urban – Urbaine									
	1 I 1991									
19	Urban – Urbaine	9 605 740	176 872	786 310	908 155	814 548	818 837	789 070	857 287	890
20	Male – Masculin	4 576 954	90 966	401 069	459 163	410 856	392 204	399 302	421 720	437
21	Female – Féminin	5 028 786	85 906	385 241	448 992	403 692	426 633	389 768	435 567	453
	Rural – Rurale									
	1 I 1991									
22	Rural – Rurale	7 115 373	176 088	734 021	852 143	799 769	638 745	507 026	593 833	557
23	Male – Masculin	3 538 903	89 789	372 626	431 466	403 651	352 966	280 510	304 231	286
24	Female – Féminin	3 576 470	86 299	361 395	420 677	396 118	285 779	226 516	289 602	271
	Korea, Republic of– Corée, République de									
	Urban – Urbaine									
	1 XI 1990(C) [1 21]									
25	Urban – Urbaine	*32 290 055*	*525 106*	*2 110 746*	*2 952 988*	*2 922 187*	*3 319 367*	*3 350 927*	*3 502 855*	*3 404*
26	Male – Masculin	*16 189 140*	*277 803*	*1 111 060*	*1 534 322*	*1 517 936*	*1 686 335*	*1 646 025*	*1 720 176*	*1 724*
27	Female – Féminin	*16 100 915*	*247 303*	*999 686*	*1 418 666*	*1 404 251*	*1 633 032*	*1 704 902*	*1 782 679*	*1 679*
	Rural – Rurale									
	1 XI 1990(C) [1 21]									
28	Rural – Rurale	*11 100 319*	*107 296*	*536 642*	*909 520*	*1 069 730*	*1 129 629*	*1 045 382*	*830 645*	*803*
29	Male – Masculin	*5 581 779*	*57 026*	*280 974*	*464 679*	*536 558*	*580 794*	*648 265*	*440 736*	*417*
30	Female – Féminin	*5 518 540*	*50 270*	*255 668*	*444 841*	*533 172*	*548 835*	*397 117*	*389 909*	*385*
	Kyrgyzstan – Kirghizistan									
	Urban – Urbaine									
	1 I 1992									
31	Urban – Urbaine	1 681 055	36 690	151 111	175 699	147 230	152 709	166 942	140 818	145
32	Male – Masculin	800 218	18 786	76 800	88 887	74 046	70 732	84 753	68 668	69
33	Female – Féminin	880 837	17 904	74 311	86 812	73 184	81 977	82 189	72 150	75

7. Population selon l'âge, le sexe et la résidence, urbaine/rurale: dernière année disponible, 1984 – 1993 (suite)

Données selon la résidence urbaine/rurale

notes à la fin du tableau.)

Age (en années)												
35 – 39	40 – 44	45 – 49	50 – 54	55 – 59	60 – 64	65 – 69	70 – 74	75 – 79	80 – 84	85 +	Unknown Inconnu	
607 499	467 807	369 797	311 090	257 380	206 553	152 410	116 199	81 846	*— 78 525 —*		–	1
317 875	245 201	193 678	160 938	130 528	102 684	75 053	56 725	39 434	*— 36 459 —*		–	2
289 624	222 606	176 119	150 152	126 852	103 869	77 357	59 474	42 412	*— 42 066 —*		–	3
224 827	173 118	136 852	115 177	95 360	76 583	56 526	43 110	30 378	*— 29 181 —*		–	4
113 712	87 715	69 283	57 571	46 693	36 733	26 848	20 292	14 106	*— 13 042 —*		–	5
111 115	85 403	67 569	57 606	48 667	39 850	29 678	22 818	16 272	*— 16 139 —*		–	6
315 300	296 700	217 900	172 700	*— 324 000 —*		*— 266 200 —*		*— 178 300 —*			–	7
155 600	145 400	106 400	83 300	*— 150 300 —*		*— 116 900 —*		*— 77 700 —*			–	8
159 700	151 300	111 500	89 400	*— 173 700 —*		*— 149 300 —*		*— 100 700 —*			–	9
35 900	34 300	24 000	16 300	*— 26 000 —*		*— 18 600 —*		*— 15 500 —*			–	10
17 800	17 800	12 400	8 500	*— 12 900 —*		*— 8 800 —*		*— 6 700 —*			–	11
18 100	16 400	11 600	7 800	*— 13 100 —*		*— 9 700 —*		*— 8 900 —*			–	12
5 961 340	8 383 246	7 178 650	6 306 784	5 827 428	4 896 676	3 638 132	2 701 052	2 127 596	1 275 715	764 265	316 973	13
3 490 840	4 183 693	3 562 134	3 124 678	2 863 655	2 353 862	1 564 885	1 101 552	845 794	471 554	241 350	216 610	14
3 470 500	4 199 553	3 616 516	3 182 106	2 963 773	2 542 814	2 073 247	1 599 500	1 281 802	804 161	522 915	100 363	15
2 042 440	2 275 044	1 839 362	1 781 602	1 897 460	1 848 338	1 465 444	1 116 482	890 617	557 143	358 149	9 384	16
1 033 989	1 166 292	920 164	872 570	919 712	882 687	629 898	458 420	351 663	206 831	115 690	6 213	17
1 008 451	1 108 752	919 198	909 032	977 748	965 651	835 546	658 062	538 954	350 312	242 459	3 171	18
763 025	613 038	323 377	556 068	331 077	384 584	231 977	133 590	122 284	67 052	38 321	–	19
372 737	297 073	154 780	259 157	150 458	156 728	75 962	40 213	33 165	16 366	7 951	–	20
390 288	315 965	168 597	296 911	180 619	227 856	156 015	93 377	89 119	50 686	30 370	–	21
435 001	330 914	217 873	388 031	224 468	253 784	150 040	86 918	81 407	50 579	36 774	–	22
219 058	164 134	104 736	186 753	106 456	111 351	52 565	27 336	22 222	13 504	8 838	–	23
215 943	166 780	113 137	201 278	118 012	142 433	97 475	59 582	59 185	37 075	27 936	–	24
2 558 571	1 978 781	1 577 211	1 306 193	964 816	657 031	496 316	319 718	198 426	99 176	44 934	79	25
1 314 855	1 027 238	816 865	663 386	461 084	278 106	197 780	115 765	61 242	25 875	8 297	41	26
1 243 716	951 543	760 346	642 807	503 732	378 925	298 536	203 953	137 184	73 301	36 637	38	27
642 639	560 488	599 679	703 825	658 037	500 028	403 998	275 398	178 745	96 136	49 392	23	28
333 350	287 944	284 101	331 125	299 909	216 739	177 972	117 543	66 663	28 986	10 533	6	29
309 289	272 544	315 578	372 700	358 128	283 289	226 026	157 855	112 082	67 150	38 859	17	30
121 388	99 387	45 638	76 788	58 517	59 769	43 341	23 333	19 180	10 703	6 782	–	31
58 380	47 627	22 079	35 653	26 618	24 893	15 291	7 507	5 453	2 885	1 535	–	32
63 008	51 760	23 559	41 135	31 899	34 876	28 050	15 826	13 727	7 818	5 247	–	33

7. Population by age, sex and urban/rural residence: latest available year, 1984 – 1993 (continued)

Data by urban/rural residence

(See notes at end of table.)

	Continent, country or area, sex, date and urban/rural residence Continent, pays ou zone, sexe, date et résidence, urbaine/rurale	All ages Tous âges	-1	1-4	5-9	10-14	15-19	20-24	25-29	30-3
	ASIA—ASIE (Cont.–Suite)									
	Kyrgyzstan – Kirghizistan									
	Rural – Rurale									
	1 I 1992									
1	Rural – Rurale	2 770 769	90 214	346 333	397 011	329 366	284 365	207 477	218 154	205 95
2	Male – Masculin	1 382 861	46 202	176 345	199 895	166 423	147 916	109 239	108 768	104 46
3	Female – Féminin	1 387 908	44 012	169 988	197 116	162 943	136 449	98 238	109 386	101 49
	Maldives									
	Urban – Urbaine									
	8 III 1990(C)									
4	Urban – Urbaine	55 130	1 308	5 748	7 263	6 528	8 381	6 518	4 968	3 54
5	Male – Masculin	30 150	642	2 935	3 693	3 422	4 722	3 687	2 770	1 95
6	Female – Féminin	24 980	666	2 813	3 570	3 106	3 659	2 831	2 198	1 59
	Rural – Rurale									
	8 III 1990(C)									
7	Rural – Rurale	158 085	6 851	25 523	27 271	19 476	13 705	12 905	10 506	8 36
8	Male – Masculin	79 186	3 491	13 062	13 857	10 011	6 237	5 562	4 962	3 95
9	Female – Féminin	78 899	3 360	12 461	13 414	9 465	7 468	7 343	5 544	4 40
	Mongolia – Mongolie									
	Urban – Urbaine									
	5 I 1989(C)									
10	Urban – Urbaine	1 165 900	*—— 173	600 ——*	146 700	136 800	136 300	118 100	112 600	85 80
	Rural – Rurale									
	5 I 1989(C)									
11	Rural – Rurale	877 500	*—— 151	100 ——*	127 900	118 900	85 200	78 200	66 900	49 50
	Philippines									
	Urban – Urbaine									
	1 V 1990(C) [1]									
12	Urban – Urbaine	29 440 153	842 551	2 991 867	3 620 722	3 399 925	3 254 804	3 028 003	2 611 458	2 234 00
13	Male – Masculin	14 546 463	432 237	1 541 995	1 854 549	1 711 151	1 555 357	1 450 959	1 267 259	1 103 73
14	Female – Féminin	14 893 690	410 314	1 449 872	1 766 173	1 688 774	1 699 447	1 577 044	1 344 199	1 130 26
	Rural – Rurale									
	1 V 1990(C) [1]									
15	Rural – Rurale	31 118 963	974 719	3 657 836	4 440 286	4 065 807	3 385 847	2 740 322	2 333 793	1 967 02
16	Male – Masculin	15 896 724	497 404	1 870 880	2 270 860	2 088 257	1 765 504	1 415 248	1 192 004	1 007 05
17	Female – Féminin	15 222 239	477 315	1 786 956	2 169 426	1 977 550	1 620 343	1 325 074	1 141 789	959 97
	Syrian Arab Republic – République arabe syrienne									
	Urban – Urbaine									
	1 VII 1993* [1 23]									
18	Urban – Urbaine	*6 815 000*	*239 000*	*969 000*	*1 137 000*	*920 000*	*669 000*	*530 000*	*423 000*	*385 00*
19	Male – Masculin	*3 547 000*	*124 000*	*502 000*	*591 000*	*481 000*	*351 000*	*273 000*	*216 000*	*201 00*
20	Female – Féminin	*3 268 000*	*115 000*	*467 000*	*546 000*	*439 000*	*318 000*	*257 000*	*207 000*	*184 00*
	Rural – Rurale									
	1 VII 1993* [1 23]									
21	Rural – Rurale	*6 578 000*	*251 000*	*1 064 000*	*1 147 000*	*863 000*	*611 000*	*450 000*	*328 000*	*301 00*
22	Male – Masculin	*3 295 000*	*128 000*	*542 000*	*589 000*	*454 000*	*299 000*	*234 000*	*143 000*	*129 00*
23	Female – Féminin	*3 283 000*	*123 000*	*522 000*	*558 000*	*409 000*	*312 000*	*216 000*	*185 000*	*172 00*
	Tajikistan – Tadjikistan									
	Urban – Urbaine									
	12 I 1989(C) [1]									
24	Urban – Urbaine	1 655 105	48 585	187 612	190 750	166 049	167 676	150 479	147 617	124 03
25	Male – Masculin	812 986	24 659	95 573	96 667	83 967	89 115	78 238	72 369	60 40
26	Female – Féminin	842 119	23 926	92 039	94 083	82 082	78 561	72 241	75 248	63 63
	Rural – Rurale									
	12 I 1989(C) [1]									
27	Rural – Rurale	3 437 498	141 160	523 715	507 677	421 037	357 933	313 436	293 730	201 96
28	Male – Masculin	1 717 259	71 475	265 235	256 899	212 943	174 015	149 267	147 275	101 73
29	Female – Féminin	1 720 239	69 685	258 480	250 778	208 094	183 918	164 169	146 455	100 22

7. Population selon l'âge, le sexe et la résidence, urbaine/rurale: dernière année disponible, 1984 – 1993 (suite)

Données selon la résidence urbaine/rurale

notes à la fin du tableau.)

Age (en années)												
35 – 39	40 – 44	45 – 49	50 – 54	55 – 59	60 – 64	65 – 69	70 – 74	75 – 79	80 – 84	85 +	Unknown Inconnu	
151 222	105 783	50 667	93 096	84 770	81 657	52 778	27 001	19 490	12 957	12 473	–	1
76 110	52 814	25 944	45 909	40 804	37 926	21 443	8 788	6 217	4 047	3 607	–	2
75 112	52 969	24 723	47 187	43 966	43 731	31 335	18 213	13 273	8 910	8 866	–	3
2 631	1 742	1 884	1 490	1 140	813	485	268	138	84	56	143	4
1 563	1 001	1 076	845	687	478	281	139	78	53	33	95	5
1 068	741	808	645	453	335	204	129	60	31	23	48	6
5 683	4 226	5 435	5 138	4 065	3 675	1 985	1 324	585	462	367	543	7
2 761	2 124	2 678	2 681	2 370	2 184	1 231	782	389	303	243	304	8
2 922	2 102	2 757	2 457	1 695	1 491	754	542	196	159	124	239	9
59 700	44 300	38 600	29 700	25 500	18 500	15 600	*——— 24 100 ———*				–	10
32 600	26 100	29 700	25 700	24 700	17 700	15 900	*——— 27 400 ———*				–	11
1 839 870	1 442 630	1 082 001	921 215	684 758	533 380	372 989	256 677	179 540	88 302	55 461	–	12
919 281	724 979	538 312	450 337	328 875	252 211	166 602	113 278	76 700	36 442	22 200	–	13
920 589	717 651	543 689	470 878	355 883	281 169	206 387	143 399	102 840	51 860	33 261	–	14
1 661 751	1 311 213	1 139 487	984 613	754 645	594 501	434 631	308 662	206 104	96 521	61 199	–	15
849 251	664 876	575 033	494 500	376 771	294 797	210 175	151 703	99 980	44 563	27 866	–	16
812 500	646 337	564 454	490 113	377 874	299 704	224 456	156 959	106 124	51 958	33 333	–	17
360 000	*297 000*	*219 000*	*156 000*	*128 000*	*126 000*	*85 000*	*79 000*	*——— 93 000 ———*			–	18
193 000	*163 000*	*118 000*	*81 000*	*69 000*	*61 000*	*41 000*	*37 000*	*——— 45 000 ———*			–	19
167 000	*134 000*	*101 000*	*75 000*	*59 000*	*65 000*	*44 000*	*42 000*	*——— 48 000 ———*			–	20
317 000	*262 000*	*214 000*	*168 000*	*124 000*	*149 000*	*96 000*	*100 000*	*——— 133 000 ———*			–	21
146 000	*129 000*	*107 000*	*85 000*	*65 000*	*73 000*	*51 000*	*52 000*	*——— 69 000 ———*			–	22
171 000	*133 000*	*107 000*	*83 000*	*59 000*	*76 000*	*45 000*	*48 000*	*——— 64 000 ———*			–	23
101 219	60 275	62 726	68 021	54 239	48 927	27 485	20 190	15 870	7 926	4 723	702	24
48 970	29 629	31 006	32 326	24 751	20 024	9 520	6 343	5 111	2 415	1 440	462	25
52 249	30 646	31 720	35 695	29 488	28 903	17 965	13 847	10 759	5 511	3 283	240	26
137 663	78 836	88 508	96 915	87 780	70 559	41 155	25 654	21 356	13 269	14 280	872	27
69 192	41 897	48 686	49 687	43 402	35 747	17 102	10 621	9 353	6 207	6 065	456	28
68 471	36 939	39 822	47 228	44 378	34 812	24 053	15 033	12 003	7 062	8 215	416	29

7. Population by age, sex and urban/rural residence: latest available year, 1984 – 1993 (continued)

Data by urban/rural residence

(See notes at end of table.)

	Continent, country or area, sex, date and urban/rural residence Continent, pays ou zone, sexe, date et résidence, urbaine/rurale	All ages Tous âges	-1	1-4	5-9	10-14	15-19	20-24	25-29	30-:
	ASIA—ASIE (Cont.-Suite)									
	Thailand – Thaïlande									
	Urban – Urbaine									
	1 IV 1990(C) [1]									
1	Urban – Urbaine	10 206 900	*—— 664	700 ——*	777 200	901 000	1 151 600	1 268 500	1 159 600	1 017 7
2	Male – Masculin	4 941 000	*—— 340	900 ——*	403 800	464 900	540 700	583 700	553 800	490 2
3	Female – Féminin	5 265 900	*—— 323	800 ——*	373 400	436 100	610 900	684 800	605 800	527 5
	Rural – Rurale									
	1 IV 1990 [1]									
4	Rural – Rurale	44 325 400	*— 3 8	01 900 —*	4 610 600	4 954 900	4 509 200	4 530 500	3 970 800	3 644 5
5	Male – Masculin	22 090 200	*— 1 9	59 500 —*	2 325 200	2 531 000	2 279 800	2 393 300	1 938 600	1 783 7
6	Female – Féminin	22 235 200	*— 1 8	42 400 —*	2 285 400	2 423 900	2 229 400	2 137 200	2 032 200	1 860 8
	Turkey – Turquie									
	Urban – Urbaine									
	21 X 1990(C)*									
7	Urban – Urbaine	33 326 351	*——	7 097 583	——*	3 972 393	3 689 095	3 285 082	3 104 440	2 677 6
8	Male – Masculin	17 247 553	*——	3 646 919	——*	2 099 079	1 980 295	1 763 122	1 592 682	1 391 4
9	Female – Féminin	16 078 798	*——	3 450 664	——*	1 873 314	1 708 800	1 521 960	1 511 758	1 286 1
	Rural – Rurale									
	21 X 1990(C)*									
10	Rural – Rurale	23 146 684	*——	5 756 370	——*	2 919 006	2 527 374	1 810 422	1 708 687	1 408 6
11	Male – Masculin	11 359 494	*——	2 946 745	——*	1 461 821	1 184 766	818 031	843 083	705 4
12	Female – Féminin	11 787 190	*——	2 809 625	——*	1 457 185	1 342 608	992 391	865 604	703 2
	Turkmenistan – Turkménistan									
	Urban – Urbaine									
	12 I 1989(C) [1]									
13	Urban – Urbaine	1 591 148	*—— 220	066 ——*	187 070	165 896	158 492	148 152	150 257	127 5
14	Male – Masculin	783 245	*—— 111	834 ——*	94 746	83 937	84 163	75 738	74 127	62 6
15	Female – Féminin	807 903	*—— 108	232 ——*	92 324	81 959	74 329	72 414	76 130	64 9
	Rural – Rurale									
	12 I 1989(C) [1]									
16	Rural – Rurale	1 931 569	*—— 339	575 ——*	274 898	240 900	207 798	178 485	171 482	124 9
17	Male – Masculin	951 934	*—— 171	717 ——*	138 510	120 678	103 723	85 595	83 636	61 3
18	Female – Féminin	979 635	*—— 167	858 ——*	136 388	120 222	104 075	92 890	87 846	63 6
	Uzbekistan – Ouzbékistan									
	Urban – Urbaine									
	12 I 1989(C) [1]									
19	Urban – Urbaine	8 040 963	224 226	867 161	908 443	803 514	811 727	754 538	745 251	628 98
20	Male – Masculin	3 937 149	114 568	439 544	460 228	406 329	416 155	388 807	371 552	310 44
21	Female – Féminin	4 103 814	109 658	427 617	448 215	397 185	395 572	365 731	373 699	318 53
	Rural – Rurale									
	12 I 1989(C) [1]									
22	Rural – Rurale	11 769 114	445 071	1 679 951	1 702 597	1 452 239	1 193 012	1 077 924	1 040 159	763 68
23	Male – Masculin	5 847 007	226 535	850 409	858 690	731 908	586 947	521 911	519 200	385 70
24	Female – Féminin	5 922 107	218 536	829 542	843 907	720 331	606 065	556 013	520 959	377 97
	Viet Nam									
	Urban – Urbaine									
	1 IV 1989(C) [1]									
25	Urban – Urbaine	12 260 960	277 650	1 069 358	1 434 164	1 329 303	1 366 658	1 196 143	1 222 830	1 094 91
26	Male – Masculin	5 901 425	143 526	551 972	737 077	681 856	672 462	548 079	570 014	514 82
27	Female – Féminin	6 359 535	134 124	517 386	697 087	647 447	694 196	648 064	652 816	580 09
	Rural – Rurale									
	1 IV 1989(C) [1]									
28	Rural – Rurale	51 070 052	1 651 043	6 085 947	7 172 416	6 202 217	5 317 734	4 437 176	4 291 659	3 448 50
29	Male – Masculin	24 440 812	852 862	3 116 468	3 655 503	3 174 868	2 581 392	1 984 064	1 994 221	1 600 96
30	Female – Féminin	26 629 240	798 181	2 969 479	3 516 913	3 027 349	2 736 342	2 453 112	2 297 438	1 847 53

7. Population selon l'âge, le sexe et la résidence, urbaine/rurale: dernière année disponible, 1984 – 1993 (suite)

Données selon la résidence urbaine/rurale

(Voir notes à la fin du tableau.)

Age (en années)												
35 – 39	40 – 44	45 – 49	50 – 54	55 – 59	60 – 64	65 – 69	70 – 74	75 – 79	80 – 84	85 +	Unknown Inconnu	
818 400	610 300	467 600	413 700	309 300	243 400	149 600	111 900	68 400	*—— 74 000 ——*		–	1
395 100	299 600	225 300	206 500	150 700	112 600	68 800	48 100	29 500	*—— 26 800 ——*		–	2
423 300	310 700	242 300	207 200	158 600	130 800	80 800	63 800	38 900	*—— 47 200 ——*		–	3
3 016 200	2 434 500	2 070 600	1 858 200	1 595 900	1 235 100	828 400	553 700	357 800	*—— 352 600 ——*		–	4
1 474 400	1 195 900	1 010 500	894 100	762 300	601 000	392 500	254 000	153 800	*—— 140 600 ——*		–	5
1 541 800	1 238 600	1 060 100	964 100	833 600	634 100	435 900	299 700	204 000	*—— 212 000 ——*		–	6
2 274 882	1 756 242	1 303 615	1 111 583	1 009 056	823 497	*—— 1 193 932 ——*					27 341	7
1 183 398	920 971	677 912	550 854	516 623	388 269	*—— 518 630 ——*					17 312	8
1 091 484	835 271	625 703	560 729	492 433	435 228	*—— 675 302 ——*					10 029	9
1 215 182	1 032 182	897 544	907 385	931 465	791 796	*—— 1 223 431 ——*					17 141	10
600 723	497 813	433 201	429 261	476 779	380 278	*—— 572 512 ——*					9 069	11
614 459	534 369	464 343	478 124	454 686	411 518	*—— 650 919 ——*					8 072	12
101 113	58 471	56 499	60 551	47 580	43 417	24 442	17 720	14 115	6 364	3 390	–	13
49 445	28 821	27 761	29 259	21 927	17 874	8 385	5 479	4 375	1 843	930	–	14
51 668	29 650	28 738	31 292	25 653	25 543	16 057	12 241	9 740	4 521	2 460	–	15
84 193	47 632	52 068	53 535	49 660	40 655	23 932	16 101	12 920	6 657	6 090	–	16
41 216	23 729	26 369	27 132	24 421	19 040	9 149	5 956	5 091	2 552	2 085	–	17
42 977	23 903	25 699	26 403	25 239	21 615	14 783	10 145	7 829	4 105	4 005	–	18
498 389	300 712	302 174	315 878	258 356	237 217	131 050	98 663	81 929	44 706	27 836	210	19
244 560	147 409	148 068	150 881	118 719	96 784	44 056	30 306	25 468	14 199	8 978	94	20
253 829	153 303	154 106	164 997	139 637	140 433	86 994	68 357	56 461	30 507	18 858	116	21
514 980	271 663	323 357	335 172	303 002	246 476	138 579	85 566	83 805	55 750	55 980	151	22
259 042	138 957	169 605	171 838	146 947	118 877	53 101	29 762	32 513	23 237	21 750	77	23
255 938	132 706	153 752	163 334	156 055	127 599	85 478	55 804	51 292	32 513	34 230	74	24
758 855	514 149	432 568	391 629	366 253	284 923	210 187	139 024	95 100	48 639	27 407	1 201	25
349 540	235 983	203 116	180 855	176 184	133 681	90 691	54 643	33 848	14 992	7 421	663	26
409 315	278 166	229 452	210 774	190 069	151 242	119 496	84 381	61 252	33 647	19 986	538	27
2 446 647	1 648 973	1 489 257	1 510 946	1 572 289	1 278 759	1 020 617	661 815	466 982	234 524	129 021	3 530	28
1 118 985	754 669	652 428	662 879	715 758	573 418	432 366	270 156	178 440	79 869	39 910	1 594	29
1 327 662	894 304	836 829	848 067	856 531	705 341	588 251	391 659	288 542	154 655	89 111	1 936	30

7. Population by age, sex and urban/rural residence: latest available year, 1984 – 1993 (continued)

Data by urban/rural residence

(See notes at end of table.)

	Continent, country or area, sex, date and urban/rural residence Continent, pays ou zone, sexe, date et résidence, urbaine/rurale	All ages Tous âges	– 1	1 – 4	5 – 9	10 – 14	15 – 19	20 – 24	25 – 29	30 – 34
			Age (in years)							
	ASIA—ASIE (Cont.–Suite)									
	Yemen – Yémen									
	Urban – Urbaine									
	1 VII 1993*									
1	Urban – Urbaine	3 091 990	*—— 502	460 ——*	473 510	458 070	419 080	309 360	186 820	159 020
2	Male – Masculin	1 705 720	*—— 259	810 ——*	237 210	244 960	260 730	192 150	107 580	85 660
3	Female – Féminin	1 386 270	*—— 242	650 ——*	236 300	213 110	158 350	117 210	79 240	73 360
	Rural – Rurale									
	1 VII 1993*									
4	Rural – Rurale	9 209 980	*— 1 8	97 090 —*	1 698 980	1 347 120	871 160	616 930	480 000	432 860
5	Male – Masculin	4 399 220	*—— 966	470 ——*	862 210	693 940	422 730	274 650	198 630	168 180
6	Female – Féminin	4 810 760	*—— 930	620 ——*	836 770	653 180	448 430	342 280	281 370	264 680
	EUROPE									
	Andorra – Andorre									
	Urban – Urbaine									
	1 VII 1991									
7	Urban – Urbaine	*54 285*	*241*	*2 193*	*2 986*	*3 396*	*3 916*	*4 961*	*6 249*	*5 927*
8	Male – Masculin	*28 866*	*123*	*1 150*	*1 533*	*1 750*	*2 049*	*2 630*	*3 385*	*3 279*
9	Female – Féminin	*25 419*	*118*	*1 043*	*1 453*	*1 646*	*1 867*	*2 331*	*2 864*	*2 648*
	Rural – Rurale									
	1 VII 1991									
10	Rural – Rurale	*3 273*	*21*	*113*	*151*	*188*	*172*	*228*	*355*	*338*
11	Male – Masculin	*1 841*	*13*	*61*	*85*	*90*	*90*	*128*	*204*	*198*
12	Female – Féminin	*1 432*	*8*	*52*	*66*	*98*	*82*	*100*	*151*	*140*
	Belarus – Bélarus									
	Urban – Urbaine									
	1 VII 1991 [1]									
13	Urban – Urbaine	6 879 333	97 784	453 111	594 184	534 429	537 997	511 383	588 769	664 776
14	Male – Masculin	3 257 198	50 456	232 970	302 827	271 682	262 822	247 816	286 307	322 501
15	Female – Féminin	3 622 135	47 328	220 141	291 357	262 747	275 175	263 567	302 462	342 275
	Rural – Rurale									
	1 VII 1991 [1]									
16	Rural – Rurale	3 343 316	38 833	184 918	231 005	215 925	190 041	163 820	196 686	210 972
17	Male – Masculin	1 537 419	19 896	94 234	117 147	109 267	103 547	85 724	106 966	116 716
18	Female – Féminin	1 805 897	18 937	90 684	113 858	106 658	86 494	78 096	89 720	94 256
	Bulgaria – Bulgarie									
	Urban – Urbaine									
	1 VII 1990									
19	Urban – Urbaine	6 097 047	75 438	331 400	425 855	478 143	472 274	458 500	436 785	465 290
20	Male – Masculin	3 004 845	38 655	169 551	218 980	244 914	240 369	226 908	215 923	229 494
21	Female – Féminin	3 092 202	36 783	161 849	206 875	233 229	231 905	231 592	220 862	235 796
	Rural – Rurale									
	1 VII 1990									
22	Rural – Rurale	2 893 694	31 713	133 736	174 748	186 257	188 642	145 122	161 661	160 045
23	Male – Masculin	1 430 429	16 230	68 540	89 686	95 595	98 343	80 898	86 607	85 051
24	Female – Féminin	1 463 265	15 483	65 196	85 062	90 662	90 299	64 224	75 054	74 994
	Estonia – Estonie									
	Urban – Urbaine									
	1 I 1991									
25	Urban – Urbaine	1 121 202	*—— 80	266 ——*	81 467	77 541	77 640	78 556	81 377	88 196
26	Male – Masculin	518 837	*—— 41	225 ——*	41 287	39 445	38 953	41 021	40 423	42 730
27	Female – Féminin	602 365	*—— 39	041 ——*	40 180	38 096	38 687	37 535	40 954	45 466
	Rural – Rurale									
	1 I 1991									
28	Rural – Rurale	449 230	*—— 38	403 ——*	36 811	34 317	31 048	28 719	31 937	32 145
29	Male – Masculin	215 940	*—— 19	563 ——*	18 786	17 506	16 545	15 149	16 851	17 037
30	Female – Féminin	233 290	*—— 18	840 ——*	18 025	16 811	14 503	13 570	15 086	15 108

7. Population selon l'âge, le sexe et la résidence, urbaine/rurale: dernière année disponible, 1984 – 1993 (suite)

Données selon la résidence urbaine/rurale

notes à la fin du tableau.)

Age (en années)												
35 – 39	40 – 44	45 – 49	50 – 54	55 – 59	60 – 64	65 – 69	70 – 74	75 – 79	80 – 84	85 +	Unknown Inconnu	
143 900	115 220	93 810	64 500	58 140	35 760	30 130	16 680	*———	– 25 530	———*	–	*1*
76 040	64 100	52 610	34 650	32 910	19 130	16 000	8 980	*———	– 13 200	———*	–	*2*
67 860	51 120	41 200	29 850	25 230	16 630	14 130	7 700	*———	– 12 330	———*	–	*3*
373 900	332 930	264 670	233 030	207 470	153 140	115 870	77 170	*———	– 107 660	———*	–	*4*
144 150	134 190	114 060	104 660	101 430	74 100	54 170	36 340	*———	– 49 310	———*	–	*5*
229 750	198 740	150 610	128 370	106 040	79 040	61 700	40 830	*———	– 58 350	———*	–	*6*
4 897	4 034	3 308	2 442	2 399	2 163	1 852	1 314	960	603	422	22	*7*
2 701	2 207	1 788	1 292	1 248	1 147	935	665	484	305	181	14	*8*
2 196	1 827	1 520	1 150	1 151	1 016	917	649	476	298	241	8	*9*
260	269	217	161	177	188	153	127	73	49	29	4	*10*
146	164	112	92	112	96	87	79	40	25	17	2	*11*
114	105	105	69	65	92	66	48	33	24	12	2	*12*
587 028	510 175	295 299	410 540	304 174	297 865	209 578	104 415	87 377	55 133	35 316	–	*13*
282 915	245 744	143 213	191 656	135 733	127 249	72 593	34 369	24 976	13 834	7 535	–	*14*
304 113	264 431	152 086	218 884	168 441	170 616	136 985	70 046	62 401	41 299	27 781	–	*15*
173 500	153 894	133 708	237 384	280 215	307 575	232 551	121 110	121 947	89 976	59 256	–	*16*
95 016	80 947	63 229	107 852	123 833	127 316	77 605	36 467	32 576	24 434	14 647	–	*17*
78 484	72 947	70 479	129 532	156 382	180 259	154 946	84 643	89 371	65 542	44 609	–	*18*
486 110	490 590	379 727	349 127	356 214	316 776	255 614	120 348	108 303	60 941	29 612	–	*19*
239 138	242 024	188 623	171 806	173 215	153 168	118 522	53 662	45 420	23 762	10 711	–	*20*
246 972	248 566	191 104	177 321	182 999	163 608	137 092	66 686	62 883	37 179	18 901	–	*21*
158 300	166 918	163 983	179 755	221 782	228 477	233 120	127 060	129 677	72 582	30 116	–	*22*
82 882	84 949	80 352	87 305	107 354	105 887	104 734	56 744	56 887	30 498	11 887	–	*23*
75 418	81 969	83 631	92 450	114 428	122 590	128 386	70 316	72 790	42 084	18 229	–	*24*
87 258	80 162	61 707	76 191	64 829	65 248	46 165	25 651	24 401	15 411	9 136	–	*25*
41 599	37 777	28 338	34 465	28 446	27 118	15 216	8 453	7 026	3 688	1 627	–	*26*
45 659	42 385	33 369	41 726	36 383	38 130	30 949	17 198	17 375	11 723	7 509	–	*27*
29 315	26 699	23 890	25 627	24 506	23 111	20 110	12 767	14 436	9 909	5 480	–	*28*
15 452	13 747	12 270	12 647	11 413	9 662	6 933	4 034	4 386	2 651	1 308	–	*29*
13 863	12 952	11 620	12 980	13 093	13 449	13 177	8 733	10 050	7 258	4 172	–	*30*

7. Population by age, sex and urban/rural residence: latest available year, 1984 – 1993 (continued)

Data by urban/rural residence

(See notes at end of table.)

	Continent, country or area, sex, date and urban/rural residence — Continent, pays ou zone, sexe, date et résidence, urbaine/rurale	All ages Tous âges	Age (in years) – 1	1 – 4	5 – 9	10 – 14	15 – 19	20 – 24	25 – 29	30 –
	EUROPE (Cont.–Suite)									
	Finland – Finlande									
	Urban – Urbaine									
	1 VII 1991									
1	Urban – Urbaine	3 089 745	40 396	148 769	187 092	187 605	182 154	222 824	253 804	243 0
2	Male – Masculin	1 469 886	20 568	76 177	95 317	95 598	92 320	109 877	127 727	122 8
3	Female – Féminin	1 619 860	19 828	72 593	91 776	92 008	89 834	112 947	126 078	120 1
	Rural – Rurale									
	1 VII 1991									
4	Rural – Rurale	1 923 994	24 827	101 128	138 576	136 506	124 377	115 395	122 821	138 6
5	Male – Masculin	964 738	12 684	51 602	71 220	69 937	64 673	62 458	64 687	72 2
6	Female – Féminin	959 257	12 143	49 526	67 357	66 569	59 705	52 938	58 135	66 4
	France									
	Urban – Urbaine									
	5 III 1990(C) [25]									
7	Urban – Urbaine	41 923 233	93 616	2 285 183	2 818 563	2 745 971	3 111 599	3 391 708	3 385 448	3 206 0
8	Male – Masculin	20 194 431	47 685	1 171 702	1 441 222	1 407 888	1 579 953	1 688 377	1 682 098	1 582 3
9	Female – Féminin	21 728 802	45 931	1 113 481	1 377 341	1 338 083	1 531 646	1 703 331	1 703 350	1 623 6
	Rural – Rurale									
	5 III 1990(C) [25]									
10	Rural – Rurale	14 711 066	26 892	737 663	1 042 763	1 039 430	1 108 832	877 824	914 111	1 070 7
11	Male – Masculin	7 359 357	14 151	382 504	528 919	533 627	574 056	477 193	460 621	541 6
12	Female – Féminin	7 351 709	12 741	355 159	513 844	505 803	534 776	400 631	453 490	529 0
	Hungary – Hongrie									
	Urban – Urbaine									
	1 VII 1992									
13	Urban – Urbaine	6 515 771	74 954	297 584	378 514	474 144	586 296	471 820	396 177	412 6
14	Male – Masculin	3 093 531	38 424	152 221	193 528	241 915	298 598	237 952	198 331	202 4
15	Female – Féminin	3 422 240	36 530	145 363	184 986	232 229	287 698	233 868	197 846	210 2
	Rural – Rurale									
	1 VII 1992									
16	Rural – Rurale	3 807 937	47 861	192 945	242 586	275 305	273 816	244 868	222 901	253 7
17	Male – Masculin	1 858 439	24 454	98 701	123 865	141 297	142 642	128 623	116 284	132 2
18	Female – Féminin	1 949 498	23 407	94 244	118 721	134 008	131 174	116 245	106 617	121 5
	Ireland – Irlande									
	Urban – Urbaine									
	13 IV 1986(C)									
19	Urban – Urbaine	1 996 778	*—— 177	597 ——*	190 577	194 434	196 743	186 897	158 320	141 0
20	Male – Masculin	969 003	*—— 90	953 ——*	97 802	99 500	99 462	90 153	76 872	69 2
21	Female – Féminin	1 027 775	*—— 86	644 ——*	92 775	94 934	97 281	96 744	81 448	71 8
	Rural – Rurale									
	13 IV 1986(C)									
22	Rural – Rurale	1 543 865	*—— 146	481 ——*	160 073	155 539	134 357	99 527	100 119	101 6
23	Male – Masculin	800 687	*—— 75	465 ——*	82 045	79 881	70 425	53 959	52 214	52 9
24	Female – Féminin	743 178	*—— 71	016 ——*	78 028	75 658	63 932	45 568	47 905	48 6

7. Population selon l'âge, le sexe et la résidence, urbaine/rurale: dernière année disponible, 1984 – 1993 (suite)

Données selon la résidence urbaine/rurale

…r notes à la fin du tableau.)

Age (en années)												
35 – 39	40 – 44	45 – 49	50 – 54	55 – 59	60 – 64	65 – 69	70 – 74	75 – 79	80 – 84	85 +	Unknown Inconnu	
251 906	275 155	213 418	176 709	152 758	151 392	132 144	101 151	82 537	55 560	31 332	–	1
125 593	137 178	105 846	85 533	71 844	67 230	52 467	35 686	26 091	15 172	6 806	–	2
126 314	137 978	107 573	91 177	80 915	84 163	79 677	65 466	56 447	40 389	24 527	–	3
153 295	162 380	119 949	107 715	98 987	103 210	91 755	69 164	55 713	37 374	22 128	–	4
81 353	87 064	63 465	55 788	50 628	50 780	40 783	27 100	20 039	12 252	5 961	–	5
71 943	75 317	56 484	51 928	48 360	52 431	50 973	42 065	35 675	25 123	16 168	–	6
3 147 292	3 230 068	2 251 866	2 148 077	2 184 924	2 060 655	1 889 968	1 138 866	1 181 640	917 813	733 952	–	7
1 545 192	1 610 925	1 128 379	1 063 144	1 055 509	953 282	823 255	473 025	446 859	305 356	188 190	–	8
1 602 100	1 619 143	1 123 487	1 084 933	1 129 415	1 107 373	1 066 713	665 841	734 781	612 457	545 762	–	9
1 135 276	1 129 335	708 861	726 927	828 182	878 633	828 242	453 616	504 963	398 481	300 328	–	10
591 982	599 759	369 188	371 106	413 426	434 643	399 008	210 470	214 422	152 585	90 032	–	11
543 294	529 576	339 673	355 821	414 756	443 990	429 234	243 146	290 541	245 896	210 296	–	12
557 536	503 945	441 700	384 610	344 652	339 143	306 046	219 755	151 935	114 952	59 335	–	13
270 719	242 739	212 593	180 024	155 986	150 500	125 525	84 175	54 460	37 375	16 056	–	14
286 817	261 206	229 107	204 586	188 666	188 643	180 521	135 580	97 475	77 577	43 279	–	15
306 120	272 320	225 434	229 435	229 506	230 969	213 918	147 814	93 314	71 359	33 689	–	16
161 176	141 246	113 014	108 031	104 559	101 977	91 642	59 072	34 723	24 706	10 167	–	17
144 944	131 074	112 420	121 404	124 947	128 992	122 276	88 742	58 591	46 653	23 522	–	18
130 068	109 506	93 882	83 190	76 390	71 915	62 133	52 320	36 890	21 866	12 981	–	19
64 162	54 190	46 295	40 740	35 836	32 562	26 451	21 059	13 503	6 916	3 320	–	20
65 906	55 316	47 587	42 450	40 554	39 353	35 682	31 261	23 387	14 950	9 661	–	21
99 672	82 245	67 858	64 321	65 825	68 063	67 365	58 676	38 629	21 018	12 477	–	22
52 248	43 772	36 474	34 416	34 678	34 657	34 629	29 822	19 132	9 210	4 689	–	23
47 424	38 473	31 384	29 905	31 147	33 406	32 736	28 854	19 497	11 808	7 788	–	24

7. Population by age, sex and urban/rural residence: latest available year, 1984 – 1993 (continued)

Data by urban/rural residence

(See notes at end of table.)

	Continent, country or area, sex, date and urban/rural residence Continent, pays ou zone, sexe, date et résidence, urbaine/rurale	Age (in years) All ages Tous âges	-1	1-4	5-9	10-14	15-19	20-24	25-29	30-3
	EUROPE (Cont.–Suite)									
	Latvia – Lettonie									
	Urban – Urbaine									
	1 VII 1992									
1	Urban – Urbaine	1 813 908	20 167	96 668	132 303	117 158	119 222	130 665	128 291	144 33
2	Male – Masculin	835 503	10 321	49 793	67 415	59 686	59 407	68 773	64 211	69 57
3	Female – Féminin	978 405	9 846	46 875	64 888	57 472	59 815	61 892	64 080	74 75
	Rural – Rurale									
	1 VII 1992									
4	Rural – Rurale	817 659	12 463	55 343	69 514	58 657	52 297	53 784	58 224	60 13
5	Male – Masculin	388 713	6 360	28 294	35 294	29 670	28 016	26 154	30 854	31 90
6	Female – Féminin	428 946	6 103	27 049	34 220	28 987	24 281	27 630	27 370	28 23
	Lithuania – Lituanie									
	Urban – Urbaine									
	1 VII 1992									
7	Urban – Urbaine	2 558 169	35 810	154 038	201 067	186 258	191 080	206 638	217 770	228 33
8	Male – Masculin	1 206 613	18 357	78 688	102 584	94 591	95 544	104 648	108 731	110 71
9	Female – Féminin	1 351 556	17 453	75 350	98 483	91 667	95 536	101 990	109 039	117 62
	Rural – Rurale									
	1 VII 1992									
10	Rural – Rurale	1 183 502	18 558	76 267	88 845	79 659	79 367	79 914	80 670	77 27
11	Male – Masculin	564 800	9 509	39 044	45 201	40 600	41 532	42 628	43 756	41 49
12	Female – Féminin	618 702	9 049	37 223	43 644	39 059	37 835	37 286	36 914	35 78
	Netherlands – Pays-Bas									
	Urban – Urbaine									
	1 VII 1992 [1 32]									
13	Urban – Urbaine	7 729 963	97 435	370 533	424 500	418 648	464 046	705 530	734 704	663 75
14	Male – Masculin	3 784 604	49 875	189 639	216 131	213 692	234 505	350 718	378 687	343 11
15	Female – Féminin	3 945 359	47 560	180 894	208 369	204 956	229 541	354 812	356 017	320 64
	Rural – Rurale									
	1 VII 1992 [1 32]									
16	Rural – Rurale	1 669 966	23 458	94 009	113 765	113 864	118 346	123 749	127 043	133 03
17	Male – Masculin	845 983	12 006	48 147	58 368	58 382	61 218	66 336	65 892	67 83
18	Female – Féminin	823 983	11 452	45 862	55 397	55 482	57 128	57 413	61 151	65 19
	Semi-urban – Semi-urbaine [1 32]									
	1 VII 1992									
19	Semi-urban-Semi-urbaine	5 782 385	75 981	305 614	366 230	373 845	393 892	425 549	446 219	469 15
20	Male – Masculin	2 875 842	38 875	156 049	187 460	191 240	202 639	222 398	226 872	235 42
21	Female – Féminin	2 906 543	37 106	149 565	178 770	182 605	191 253	203 151	219 347	233 72
	Norway – Norvège									
	Urban – Urbaine									
	3 XI 1990(C) [1]									
22	Urban – Urbaine	3 056 194	38 185	162 639	181 849	184 950	218 659	245 861	246 879	237 69
23	Male – Masculin	1 488 678	19 545	83 301	93 193	94 549	111 045	123 364	125 082	120 38
24	Female – Féminin	1 567 516	18 640	79 338	88 656	90 401	107 614	122 497	121 797	117 30
	Rural – Rurale									
	3 XI 1990(C) [1]									
25	Rural – Rurale	1 166 347	13 114	59 680	74 203	77 049	91 115	88 379	75 881	77 16
26	Male – Masculin	597 622	6 747	30 659	38 070	39 748	47 083	47 927	40 723	40 69
27	Female – Féminin	568 725	6 367	29 021	36 133	37 301	44 032	40 452	35 158	36 46
	Poland – Pologne									
	Urban – Urbaine									
	31 XII 1991 [28]									
28	Urban – Urbaine	23 750 231	286 927	1 267 322	2 007 890	2 017 064	1 937 783	1 532 844	1 546 240	1 977 941
29	Male – Masculin	11 400 933	147 323	651 174	1 026 164	1 030 051	985 500	770 989	763 311	962 056
30	Female – Féminin	12 349 298	139 604	616 148	981 726	987 013	952 283	761 855	782 929	1 015 885
	Rural – Rurale									
	31 XII 1991 [28]									
31	Rural – Rurale	14 558 995	251 936	993 259	1 342 475	1 243 978	1 060 820	992 151	1 009 502	1 120 925
32	Male – Masculin	7 260 395	129 264	509 253	684 929	636 537	546 404	522 621	534 889	605 345
33	Female – Féminin	7 298 600	122 672	484 006	657 546	607 441	514 416	469 530	474 613	515 580

7. Population selon l'âge, le sexe et la résidence, urbaine/rurale: dernière année disponible, 1984 – 1993 (suite)

Données selon la résidence urbaine/rurale

(Voir notes à la fin du tableau.)

Age (en années)												
35 – 39	40 – 44	45 – 49	50 – 54	55 – 59	60 – 64	65 – 69	70 – 74	75 – 79	80 – 84	85 +	Unknown Inconnu	
135 578	129 510	104 602	127 687	106 457	105 554	85 814	49 236	36 293	27 169	17 200	–	1
64 202	60 263	47 957	57 729	46 207	44 591	28 119	15 846	10 650	7 053	3 704	–	2
71 376	69 247	56 645	69 958	60 250	60 963	57 695	33 390	25 643	20 116	13 496	–	3
50 207	45 560	42 443	51 846	48 255	45 986	37 228	25 085	21 681	17 784	11 168	–	4
26 508	23 959	21 289	25 125	22 108	19 570	11 908	7 714	5 988	5 004	2 994	–	5
23 699	21 601	21 154	26 721	26 147	26 416	25 320	17 371	15 693	12 780	8 174	–	6
190 356	173 627	152 042	149 074	130 675	118 704	86 336	46 771	38 818	29 979	20 788	–	7
90 906	81 110	70 501	68 106	58 183	50 730	30 811	16 325	11 698	8 958	5 429	–	8
99 450	92 517	81 541	80 968	72 492	67 974	55 525	30 446	27 120	21 021	15 359	–	9
60 987	57 078	63 056	71 651	79 439	77 276	66 350	41 271	36 199	29 541	20 097	–	10
32 669	29 689	30 634	33 322	34 871	31 304	24 247	14 721	11 831	11 169	6 578	–	11
28 318	27 389	32 422	38 329	44 568	45 972	42 103	26 550	24 368	18 372	13 519	–	12
588 273	568 127	502 054	397 950	360 231	349 622	330 257	281 147	217 617	147 232	108 300	–	13
300 238	290 378	256 844	201 321	177 778	164 916	147 119	116 926	80 421	45 788	26 514	–	14
288 035	277 749	245 210	196 629	182 453	184 706	183 138	164 221	137 196	101 444	81 786	–	15
129 407	127 918	116 847	89 946	80 438	74 096	65 424	53 257	39 580	26 342	19 442	–	16
66 822	66 719	60 716	46 892	41 234	36 851	30 971	23 822	16 806	10 157	6 808	–	17
62 585	61 199	56 131	43 054	39 204	37 245	34 453	29 435	22 774	16 185	12 634	–	18
459 341	469 061	429 150	331 881	288 853	263 726	226 244	178 120	130 511	86 048	62 965	–	19
232 081	238 458	219 598	169 038	144 908	128 979	105 226	77 724	51 484	29 376	18 008	–	20
227 260	230 603	209 552	162 843	143 945	134 747	121 018	100 396	79 027	56 672	44 957	–	21
227 852	232 501	189 606	144 559	130 880	138 344	144 304	126 546	95 297	62 784	46 803	–	22
115 145	118 577	95 871	71 344	63 108	65 710	65 723	53 651	36 378	20 436	12 267	–	23
112 707	113 924	93 735	73 215	67 772	72 634	78 581	72 895	58 919	42 348	34 536	–	24
77 843	80 878	66 900	54 962	51 993	56 690	62 428	58 686	46 808	31 144	21 429	–	25
41 429	42 842	35 149	28 702	27 181	28 996	30 702	27 759	21 480	13 419	8 307	–	26
36 414	38 036	31 751	26 260	24 812	27 694	31 726	30 927	25 328	17 725	13 122	–	27
2 232 247	2 014 913	1 264 887	1 208 742	1 188 505	1 092 384	877 800	487 432	381 179	271 178	156 953	–	28
1 079 660	977 919	611 623	572 362	551 864	490 106	352 213	183 507	126 301	80 535	38 275	–	29
1 152 587	1 036 994	653 264	636 380	636 641	602 278	525 587	303 925	254 878	190 643	118 678	–	30
1 061 456	913 134	603 360	673 851	739 581	770 142	666 242	421 312	332 097	235 689	127 085	–	31
574 602	480 681	302 401	332 030	353 453	350 892	277 283	172 919	125 127	84 289	37 476	–	32
486 854	432 453	300 959	341 821	386 128	419 250	388 959	248 393	206 970	151 400	89 609	–	33

7. Population by age, sex and urban/rural residence: latest available year, 1984 – 1993 (continued)

Data by urban/rural residence

(See notes at end of table.)

	Continent, country or area, sex, date and urban/rural residence Continent, pays ou zone, sexe, date et résidence, urbaine/rurale	All ages Tous âges	Age (in years) – 1	1 – 4	5 – 9	10 – 14	15 – 19	20 – 24	25 – 29	30 –
	EUROPE (Cont.–Suite)									
	Republic of Moldova – République de Moldova									
	Urban – Urbaine									
	1 VII 1991*									
1	Urban – Urbaine	2 046 664	32 540	149 661	185 536	159 937	177 807	174 226	169 076	196 1
2	Male – Masculin	983 405	16 694	76 733	94 409	81 428	85 662	91 374	80 594	93 4
3	Female – Féminin	1 063 259	15 846	72 928	91 127	78 509	92 145	82 852	88 482	102 6
	Rural – Rurale									
	1 VII 1991*									
4	Rural – Rurale	2 313 811	40 810	186 903	239 414	217 370	174 304	114 493	151 410	181 2
5	Male – Masculin	1 096 636	20 874	95 214	121 444	109 721	90 377	55 898	73 565	89 6
6	Female – Féminin	1 217 175	19 936	91 689	117 970	107 649	83 927	58 595	77 845	91 5
	Romania – Roumanie									
	Urban – Urbaine									
	1 VII 1992									
7	Urban – Urbaine	12 367 358	129 548	739 525	994 591	1 097 247	1 022 002	1 150 456	788 444	1 005 6
8	Male – Masculin	6 018 859	66 353	377 877	506 766	558 386	519 483	540 851	371 161	479 8
9	Female – Féminin	6 348 499	63 195	361 648	487 825	538 861	502 519	609 605	417 283	525 7
	Rural – Rurale									
	1 VII 1992									
10	Rural – Rurale	10 421 611	131 196	561 469	668 435	780 242	918 418	902 723	493 740	504 1
11	Male – Masculin	5 181 836	67 047	286 417	341 369	399 750	479 117	494 264	280 862	282 4
12	Female – Féminin	5 239 775	64 149	275 052	327 066	380 492	439 301	408 459	212 878	221 6
	Russian Federation – Fédération Russe									
	Urban – Urbaine									
	1 VII 1992 [1]									
13	Urban – Urbaine	108 833 410	1 139 134	5 932 602	8 582 588	7 856 910	7 824 237	7 459 514	7 751 011	9 699 9
14	Male – Masculin	50 910 821	584 696	3 036 495	4 372 174	3 988 993	3 903 646	3 868 628	3 875 453	4 792 6
15	Female – Féminin	57 922 589	554 438	2 896 107	4 210 414	3 867 917	3 920 591	3 590 886	3 875 558	4 907 2
	Rural – Rurale									
	1 VII 1992 [1]									
16	Rural – Rurale	39 476 764	540 874	2 578 756	3 544 100	3 139 789	2 592 975	2 149 874	2 670 352	3 213 2
17	Male – Masculin	18 651 653	276 880	1 315 296	1 796 642	1 589 423	1 370 963	1 091 907	1 399 330	1 706 1
18	Female – Féminin	20 825 111	263 994	1 263 460	1 747 458	1 550 366	1 222 012	1 057 967	1 271 022	1 507 1
	Slovenia – Slovénie									
	Urban – Urbaine									
	1 VII 1993*									
19	Urban – Urbaine	1 002 422	9 147	42 389	64 922	74 592	73 543	67 833	76 579	80 8
20	Male – Masculin	478 022	4 741	21 734	33 275	38 147	37 716	33 724	36 448	38 8
21	Female – Féminin	524 400	4 406	20 655	31 647	36 445	35 827	34 109	40 131	42 0
	Rural – Rurale									
	1 VII 1993*									
22	Rural – Rurale	988 201	10 734	46 256	64 187	72 293	75 393	73 535	76 346	73 27
23	Male – Masculin	487 153	5 529	23 807	32 765	37 192	38 747	37 813	39 497	38 55
24	Female – Féminin	501 048	5 205	22 449	31 422	35 101	36 646	35 722	36 849	34 72
	Sweden – Suède									
	Urban – Urbaine									
	1 XI 1990(C) [1]									
25	Urban – Urbaine	7 164 769	87 774	359 021	395 112	406 125	474 959	532 669	531 675	481 05
26	Male – Masculin	3 494 512	45 191	184 339	202 694	208 390	241 643	270 382	273 903	246 24
27	Female – Féminin	3 670 257	42 583	174 682	192 418	197 735	233 316	262 287	257 772	234 81
	Rural – Rurale									
	1 XI 1990(C) [1]									
28	Rural – Rurale	1 422 584	18 934	82 827	92 573	88 158	88 156	67 960	83 461	95 67
29	Male – Masculin	747 839	9 533	42 410	47 766	44 969	46 647	37 253	42 796	49 46
30	Female – Féminin	674 745	9 401	40 417	44 807	43 189	41 509	30 707	40 665	46 20

7. Population selon l'âge, le sexe et la résidence, urbaine/rurale: dernière année disponible, 1984 – 1993 (suite)

Données selon la résidence urbaine/rurale

r notes à la fin du tableau.)

Age (en années)												
35 – 39	40 – 44	45 – 49	50 – 54	55 – 59	60 – 64	65 – 69	70 – 74	75 – 79	80 – 84	85 +	Unknown Inconnu	
177 115	150 539	84 591	106 172	77 332	74 675	56 909	31 324	23 808	12 744	6 536	–	1
84 880	73 473	41 328	50 244	35 485	32 264	20 711	11 304	7 855	3 823	1 684	–	2
92 235	77 066	43 263	55 928	41 847	42 411	36 198	20 020	15 953	8 921	4 852	–	3
163 249	138 491	96 358	128 545	126 942	121 755	94 952	59 144	44 225	23 033	11 207	–	4
80 347	65 432	42 009	56 557	56 009	52 193	36 706	23 097	16 293	8 007	3 230	–	5
82 902	73 059	54 349	71 988	70 933	69 562	58 246	36 047	27 932	15 026	7 977	–	6
1 168 374	963 750	630 090	626 211	583 807	508 819	397 549	227 036	166 190	113 025	55 048	–	7
577 157	489 482	317 826	308 842	281 033	237 823	174 496	87 321	63 579	41 693	18 851	–	8
591 217	474 268	312 264	317 369	302 774	270 996	223 053	139 715	102 611	71 332	36 197	–	9
548 191	594 221	554 270	685 162	768 931	736 248	639 023	372 705	277 928	195 201	89 381	–	10
283 551	289 445	268 670	327 395	367 612	348 188	290 307	153 467	109 230	77 765	34 921	–	11
264 640	304 776	285 600	357 767	401 319	388 060	348 716	219 238	168 698	117 436	54 460	–	12
9 513 518	8 640 785	4 672 566	7 281 616	5 668 304	5 851 917	4 567 347	2 380 866	2 006 490	1 323 532	680 516	–	13
4 650 323	4 184 394	2 237 575	3 336 408	2 501 730	2 426 114	1 544 947	681 119	512 366	293 263	119 823	–	14
4 863 195	4 456 391	2 434 991	3 945 208	3 166 574	3 425 803	3 022 400	1 699 747	1 494 124	1 030 269	560 693	–	15
2 876 715	2 326 032	1 209 039	2 506 441	2 318 902	2 686 410	1 989 660	1 062 352	975 347	710 942	384 953	–	16
1 522 335	1 218 644	602 239	1 181 608	1 075 061	1 154 738	649 920	285 522	215 061	139 194	60 745	–	17
1 354 380	1 107 388	606 800	1 324 833	1 243 841	1 531 672	1 339 740	776 830	760 286	571 748	324 208	–	18
87 348	84 703	64 016	61 618	55 631	52 148	41 962	28 523	15 297	13 873	7 417	–	19
42 834	42 219	31 229	29 887	26 717	22 924	16 191	10 141	5 268	4 249	1 758	–	20
44 514	42 484	32 787	31 731	28 914	29 224	25 771	18 382	10 029	9 624	5 659	–	21
74 820	73 026	56 199	57 899	55 494	55 621	44 911	31 779	18 172	18 391	9 867	–	22
39 705	38 774	29 916	29 787	26 993	25 553	17 157	10 704	6 131	5 882	2 651	–	23
35 115	34 252	26 283	28 112	28 501	30 068	27 754	21 075	12 041	12 509	7 216	–	24
485 246	548 045	515 542	389 494	341 125	345 551	361 861	324 320	266 841	188 285	130 070	–	25
244 747	274 294	260 738	194 981	166 420	162 705	165 180	141 321	106 735	67 334	37 271	–	26
240 499	273 751	254 804	194 513	174 705	182 846	196 681	182 999	160 106	120 951	92 799	–	27
99 956	106 919	97 664	77 973	74 699	78 967	82 530	71 739	55 294	35 372	23 729	–	28
53 811	58 939	53 510	41 316	39 095	41 781	44 097	38 017	29 081	17 484	9 869	–	29
46 145	47 980	44 154	36 657	35 604	37 186	38 433	33 722	26 213	17 888	13 860	–	30

7. Population by age, sex and urban/rural residence: latest available year, 1984 – 1993 (continued)

Data by urban/rural residence

(See notes at end of table.)

	Continent, country or area, sex, date and urban/rural residence Continent, pays ou zone, sexe, date et résidence, urbaine/rurale	All ages Tous âges	– 1	1 – 4	5 – 9	10 – 14	15 – 19	20 – 24	25 – 29	30 –
	EUROPE (Cont.–Suite)									
	Ukraine									
	Urban – Urbaine									
	1 I 1992									
1	Urban – Urbaine	35 006 450	419 609	1 930 951	2 648 041	2 480 395	2 652 825	2 462 881	2 591 479	2 967
2	Male – Masculin	16 367 329	216 155	989 042	1 347 937	1 263 149	1 326 159	1 222 958	1 270 775	1 439
3	Female – Féminin	18 639 121	203 454	941 909	1 300 104	1 217 246	1 326 666	1 239 923	1 320 704	1 527
	Rural – Rurale									
	1 I 1992									
4	Rural – Rurale	16 795 457	210 043	913 307	1 227 195	1 136 058	1 065 677	937 715	999 727	1 068
5	Male – Masculin	7 636 849	107 291	466 525	623 343	575 468	560 809	496 216	519 507	555
6	Female – Féminin	9 158 608	102 752	446 782	603 852	560 590	504 868	441 499	480 220	513
	OCEANIA—OCEANIE									
	Australia – Australie									
	Urban – Urbaine									
	30 VI 1986									
7	Urban – Urbaine	13 316 945	197 144	791 139	959 203	1 070 247	1 125 004	1 122 977	1 119 946	1 047
8	Male – Masculin	6 567 861	101 028	404 669	491 205	547 552	569 138	562 627	557 451	519
9	Female – Féminin	6 749 084	96 116	386 470	467 998	522 695	555 866	560 350	562 495	527
	Rural – Rurale									
	30 VI 1986									
10	Rural – Rurale	2 266 863	37 431	162 085	200 505	218 105	190 929	155 841	175 538	184
11	Male – Masculin	1 186 691	19 235	83 248	103 506	113 005	103 195	83 679	89 816	94
12	Female – Féminin	1 080 172	18 196	78 837	96 999	105 100	87 734	72 162	85 722	90
	Fiji – Fidji									
	Urban – Urbaine									
	31 VIII 1986(C)									
13	Urban – Urbaine	277 025	*—— 36 752 ——*		34 324	29 640	28 290	30 011	26 783	21
14	Male – Masculin	138 277	*—— 18 816 ——*		17 589	14 944	14 018	14 519	13 042	10
15	Female – Féminin	138 748	*—— 17 936 ——*		16 735	14 696	14 272	15 492	13 741	11
	Rural – Rurale									
	31 VIII 1986(C)									
16	Rural – Rurale	438 350	*—— 64 534 ——*		58 828	49 385	45 326	43 717	36 661	28
17	Male – Masculin	224 291	*—— 33 228 ——*		30 261	25 414	23 052	22 212	18 946	14
18	Female – Féminin	214 059	*—— 31 306 ——*		28 567	23 971	22 274	21 505	17 715	14
	New Caledonia – Nouvelle–Calédonie									
	Urban – Urbaine									
	4 IV 1989(C)									
19	Urban – Urbaine	97 581	*—— 9 471 ——*		8 943	9 510	11 230	9 175	8 399	7
20	Male – Masculin	49 525	*—— 4 934 ——*		4 523	4 788	5 695	4 731	4 066	3
21	Female – Féminin	48 056	*—— 4 537 ——*		4 420	4 722	5 535	4 444	4 333	3
	Rural – Rurale									
	4 IV 1989(C)									
22	Rural – Rurale	66 592	*—— 8 823 ——*		8 599	8 210	7 220	5 681	5 189	4
23	Male – Masculin	34 337	*—— 4 506 ——*		4 441	4 137	3 761	2 789	2 643	2
24	Female – Féminin	32 255	*—— 4 317 ——*		4 158	4 073	3 459	2 892	2 546	2
	New Zealand – Nouvelle–Zélande									
	Urban – Urbaine									
	5 III 1991(C) [29]									
25	Urban – Urbaine	2 866 731	49 506	181 800	205 665	207 279	247 770	240 210	234 582	228 8
26	Male – Masculin	1 395 495	25 158	92 895	105 231	105 324	124 290	118 746	113 778	111 7
27	Female – Féminin	1 471 236	24 345	88 902	100 434	101 952	123 486	121 458	120 795	117 0
	Rural – Rurale									
	5 III 1991(C) [29]									
28	Rural – Rurale	507 198	9 132	36 708	45 507	48 039	37 224	30 891	37 770	43 5
29	Male – Masculin	267 060	4 614	18 822	23 472	24 948	20 718	17 229	19 308	21 9
30	Female – Féminin	240 138	4 518	17 883	22 038	23 097	16 503	13 656	18 462	21 5

7. Population selon l'âge, le sexe et la résidence, urbaine/rurale: dernière année disponible, 1984 – 1993 (suite)

Données selon la résidence urbaine/rurale

(Voir notes à la fin du tableau.)

35 – 39	40 – 44	45 – 49	50 – 54	55 – 59	60 – 64	65 – 69	70 – 74	75 – 79	80 – 84	85 +	Unknown Inconnu	
					Age (en années)							
2 806 560	2 626 941	1 612 001	2 638 822	1 707 443	1 885 449	1 464 923	777 487	682 479	427 142	223 243	–	1
1 346 544	1 252 482	760 740	1 214 623	783 854	817 132	512 559	249 011	192 778	111 812	49 827	–	2
1 460 016	1 374 459	851 261	1 424 199	923 589	1 068 317	952 364	528 476	489 701	315 330	173 416	–	3
949 686	893 910	736 774	1 327 959	1 072 535	1 299 887	1 109 130	635 868	579 692	409 984	221 737	–	4
487 193	444 538	338 768	603 166	478 292	531 706	369 990	181 897	145 351	101 751	49 915	–	5
462 493	449 372	398 006	724 793	594 243	768 181	739 140	453 971	434 341	308 233	171 822	–	6
1 043 463	832 380	692 297	606 168	630 289	606 591	489 895	413 364	287 085	165 552	117 016	–	7
522 365	421 970	351 743	306 419	315 613	290 951	223 457	178 389	114 928	58 078	30 688	–	8
521 098	410 410	340 554	299 749	314 676	315 640	266 438	234 975	172 157	107 474	86 328	–	9
188 954	153 136	125 381	105 526	104 604	91 919	67 322	49 472	30 421	15 685	9 702	–	10
98 256	81 143	67 087	56 461	56 995	49 680	35 883	25 653	15 077	7 114	3 490	–	11
90 698	71 993	58 294	49 065	47 609	42 239	31 439	23 819	15 344	8 571	6 212	–	12
17 652	14 060	11 167	8 650	6 199	4 015	3 027	1 896 *———	–	1 825	———*	847	13
8 889	7 079	5 484	4 343	3 169	2 001	1 470	905 *———	–	825	———*	459	14
8 763	6 981	5 683	4 307	3 030	2 014	1 557	991 *———	–	1 000	———*	388	15
24 065	20 709	17 635	14 014	10 870	8 028	6 163	4 112 *———	–	3 966	———*	1 516	16
12 146	10 491	8 967	7 159	5 580	4 197	3 139	2 192 *———	–	1 919	———*	776	17
11 919	10 218	8 668	6 855	5 290	3 831	3 024	1 920 *———	–	2 047	———*	740	18
7 119	6 667	5 485	4 093	3 146	2 274	1 607	1 173	931	449	247	–	19
3 620	3 597	2 847	2 172	1 620	1 182	763	565	436	162	84	–	20
3 499	3 070	2 638	1 921	1 526	1 092	844	608	495	287	163	–	21
3 596	3 082	2 626	2 428	2 089	1 729	1 191	820	594	251	126	–	22
1 989	1 675	1 385	1 283	1 091	880	617	379	276	105	48	–	23
1 607	1 407	1 241	1 145	998	849	574	441	318	146	78	–	24
205 386	198 303	156 597	133 536	116 064	120 078	110 886	88 707	69 294	43 287	28 968	–	25
100 095	97 701	77 583	65 982	57 639	58 965	51 513	37 836	27 534	15 258	8 175	–	26
105 285	100 599	79 008	67 554	58 425	61 110	59 373	50 868	41 763	28 026	20 793	–	27
41 484	38 958	30 234	26 190	22 062	20 838	15 876	10 524	6 783	3 450	2 007	–	28
21 843	20 571	16 092	13 848	11 883	11 640	8 691	5 562	3 453	1 635	777	–	29
19 644	18 390	14 148	12 336	10 179	9 195	7 182	4 959	3 324	1 827	1 212	–	30

7. Population by age, sex and urban/rural residence: latest available year, 1984 – 1993 (continued)

Data by urban/rural residence

(See notes at end of table.)

	Continent, country or area, sex, date and urban/rural residence Continent, pays ou zone, sexe, date et résidence, urbaine/rurale	Age (in years)								
		All ages Tous âges	– 1	1 – 4	5 – 9	10 – 14	15 – 19	20 – 24	25 – 29	30 – 3
	OCEANIA—OCEANIE(Cont.–Suite)									
	Tonga									
	Urban – Urbaine									
	28 XI 1986(C) [1]									
1	Urban – Urbaine	28 066	819	3 152	3 506	3 426	3 966	3 080	1 951	1 58
2	Male – Masculin	13 827	411	1 646	1 770	1 757	2 052	1 553	964	76
3	Female – Féminin	14 239	408	1 506	1 736	1 669	1 914	1 527	987	82
	Rural – Rurale									
	28 XI 1986(C) [1]									
4	Rural – Rurale	64 983	1 874	7 927	9 014	8 336	8 304	5 733	3 966	3 35
5	Male – Masculin	32 910	952	4 064	4 687	4 403	4 337	2 931	1 924	1 53
6	Female – Féminin	32 073	922	3 863	4 327	3 933	3 967	2 802	2 042	1 81
	Vanuatu									
	Urban – Urbaine									
	16 V 1989(C)									
7	Urban – Urbaine	25 870	988	3 143	2 843	2 589	2 939	3 059	2 924	2 22
8	Male – Masculin	13 670	528	1 612	1 520	1 309	1 429	1 571	1 519	1 11
9	Female – Féminin	12 200	460	1 531	1 323	1 280	1 510	1 488	1 405	1 10
	Rural – Rurale									
	16 V 1989(C)									
10	Rural – Rurale	116 549	4 012	15 837	18 531	14 807	10 875	9 438	8 479	6 76
11	Male – Masculin	59 714	2 073	8 269	9 740	7 744	5 586	4 512	3 974	3 14
12	Female – Féminin	56 835	1 939	7 568	8 791	7 063	5 289	4 926	4 505	3 62

7. Population selon l'âge, le sexe et la résidence, urbaine/rurale: dernière année disponible, 1984 – 1993 (suite)

Données selon la résidence urbaine/rurale

oir notes à la fin du tableau.)

Age (en années)												
35 – 39	40 – 44	45 – 49	50 – 54	55 – 59	60 – 64	65 – 69	70 – 74	75 – 79	80 – 84	85 +	Unknown Inconnu	
1 200	1 082	979	937	789	572	401	254	175	126	63	–	1
527	477	419	417	370	242	190	122	80	54	14	–	2
673	605	560	520	419	330	211	132	95	72	49	–	3
2 747	2 656	2 524	2 241	1 943	1 482	1 177	786	437	274	211	1	4
1 250	1 265	1 228	1 126	973	792	609	407	231	123	75	–	5
1 497	1 391	1 296	1 115	970	690	568	379	206	151	136	1	6
1 725	1 079	858	458	402	239	180	96	78	22	26	–	7
1 013	641	531	283	235	146	102	49	46	10	12	–	8
712	438	327	175	167	93	78	47	32	12	14	–	9
6 211	4 732	4 420	2 891	2 522	2 297	1 822	1 131	761	425	589	–	10
3 096	2 356	2 419	1 507	1 360	1 253	1 024	625	466	243	323	–	11
3 115	2 376	2 001	1 384	1 162	1 044	798	506	295	182	266	–	12

7. Population by age, sex and urban/rural residence: latest available year, 1984 – 1993 (continued)

GENERAL NOTES

(C) after date indicates data are results of a census. Unless otherwise specified, age is defined as age at last birthday (completed years). For definitions of urban , see Technical Notes for table 6. For method of evaluation and limitations of data, see Technical Notes, page 53.

Italics: estimates which are less reliable.

FOOTNOTES

* Provisional.
1 De jure population.
2 Excluding nomads.
3 Based on a 3.3 per cent of census returns.
4 For classification by urban/rural residence, see end of table.
5 Data have been adjusted for underenumeration, at latest census.
6 For Libyan population only.
7 Data have not been adjusted for underenumeration, estimated at 9 per cent.
8 Excluding Bophuthatswana, Ciskei, Traskei and Venda. Data have not been adjusted for underenumeration.
9 Age classification based on year of birth rather than on completed years of age.
10 Including armed forces stationed in the area.
11 De jure population, but excluding civilian citizens absent from country for extended period of time.
12 Excluding armed forces overseas.
13 Excluding Indian jungle population.
14 Excluding nomadic Indian tribes.
15 Covering only the civilian population of 30 provinces, municipalities and autonomous regions. Excluding Jimmen and Mazhu Islands.
16 Including data for the Indian–held part of Jammu and Kashmir, the final status of which has not yet been determined.
17 Including data for East Jerusalem and Israeli residents in certain other territories under occupation by Israeli military forces since June 1967.
18 Excluding diplomatic personnel outside the country, and foreign military and civilian personnel and their dependants stationed in the area.
19 Excluding data for Jordanian territory under occupation since June 1967 by Israeli military forces.
20 Including military and diplomatic personnel and their families abroad, numbering 933 at 1961 census, but excluding foreign military and diplomatic personnel and their families in the country, numbering 389 at 1961 census. Also including registered Palestinian refugees numbering 722 687 on 31 May 1967.

NOTES GENERALES

(C) après la date indique qui'il s'agit des donnéesde recensement. Sauf indication contraire, l'âge désigne l'âge au dernier anniversaire (années révolues). Pour les définitions de "zones urbaines", voir les Notes techniques relatives au tableau 6. Pour la méthode d'évaluation et les insuffisances des données, voir Notes techniques, page 53.
Italiques: estimations moins sûres.

NOTES

* Données provisoires.
1 Population de droit.
2 Non compris les nomades.
3 D'après un échantillon de 3,3 p. 100 des bulletins de recensement.
4 Pour le classement selon la résidence, urbaine/rurale, voir la fin du tableau.
5 Les données ont été ajustées pour compenser les lacunes du dénombrement lors du dernier recensement.
6 Pour la population libyenne seulement.
7 Les données n'ont pas été ajustées pour compenser les lacunes de dénombrement, estimées à 9 p. 100.
8 Non compris Bophuthatswana, Ciskei, Transkei et Venda. Les données n'ont pas été ajustées pour compenser les lacunes du dénombrement.
9 La classification par âge est fondées sur l'année de naissance et non sur l'âge en années révolues.
10 Y compris les militaires en garnison sur le territoire.
11 Population de droit, mais non compris les civils hors du pays pendant une période prolongée.
12 Non compris les militaires à l'étranger.
13 Non compris les Indiens de la jungle.
14 Non compris les tribus d'Indiens nomades.
15 Pour la population civile seulement de 30 provinces, municipalitiés et régions autonomes. Non compris les îles de Jimmen et Mazhu.
16 Y compris les données pour la partie du Jammu–et–Cachemire occupée par l'Inde, dont le statut définitif n'a pas encore été déterminé.
17 Y compris les données pour Jérusalem–Est et les résidents israéliens dans certains autres territoires occupés depuis juin 1967 par les forces armées israéliennes.
18 Non compris le personnel diplomatique hors du pays, les militaires et agents civils étrangers en poste sur le territoire et les membres de leur famille les accompagnant.
19 Non compris les données pour le territoire jordanien occupé depuis juin 1967 par les forces armées israéliennes.
20 Y compris les militaires, les personnel diplomatique à l'étranger et les membres de leur famille les accompagnant au nombre de 933 personnes au recensement de 1961, mais non compris les militaires, le personnel diplomatique étranger en poste dans le pays et les membres de leur famille les accompagnant au nombre de 389 personnes au recensement de 1961. Y compris également les réfugiés de Palestine immatriculés, au nombre de 722 687 au 31 mai 1967.

FOOTNOTES (continued)

21 Excluding alien armed forces, civilian aliens employed by armed forces, and foreign diplomatic personnel and their dependants and Korean diplomatic personnel and their dependants stationed outside the country.

22 Excluding transients afloat and non–locally domiciled military and civilian services personnel and their dependants and visitors.

23 Including Palestinian refugees.

24 Excluding the Faeroe Islands and Greenland.

25 De jure population but excluding diplomatic personnel outside the country and including foreign diplomatic personnel not living in embassies or consulates.

26 Excluding armed forces stationed outside the country, but including alien armed forces stationed in the area.

27 Including civilian nationals temporarily outside the country.

28 Excluding civilian aliens within the country, and including civilian nationals temporarily outside the country.

29 Excluding diplomatic personnel and armed forces stationed outside the country, the latter numbering 1 936 at 1966 census; also excluding alien armed forces within the country.

30 For indigenous population only.

31 Including 26 106 transients and 9 131 Vietnamese refugees.

32 Excluding persons on the Central Register of Population (containing persons belonging to the Netherlands population but having no fixed municipality of residence).

NOTES (suite)

21 Non compris les militaires étrangers, les civils étrangers employés par les forces armées, le personnel diplomatique étranger et les membres de leur famille les accompagnant, le personnel diplomatique coréen hors du pays et les membres de leur famille les accompagnant.

22 Non compris les personnes de passage à bord de navires, les militaires et agents civils non résidents et les membres de leur famille les accompagnant et les visiteurs.

23 Y compris les réfugiés de Palestine.

24 Non compris les îles Féroé et le Groenland.

25 Population de droit, non compris le personnel diplomatique hors du pays, mais y compris le personnel diplomatique étranger qui ne vit pas dans les ambassades ou les consulats.

26 Non compris les militaires en garnison hors du pays, mais y compris les militaires étrangers en garnison sur le territoire.

27 Y compris les civils nationaux temporairement hors du pays.

28 Non compris les civils étrangers dans le pays, mais y compris les civils nationaux temporairement hors du pays.

29 Non compris le personnel diplomatique et les militaires hors du pays, ces derniers au nombre de 1 936 au recensement de 1966; non compris également les militaires étrangers dans le pays.

30 Pour la population indigène seulement.

31 Y compris 26 106 transients et 9 131 réfugiés du Viet Nam.

32 Non compris les personnes inscrites sur le Registre central de la population (personnes appartenant à la population néerlandaise mais sans résidence fixe dans l'une des municipalités).

8. Population of capital cities and cities of 100 000 and more inhabitants: latest available year

Population des capitales et des villes de 100 000 habitants et plus: dernière année disponible

(See notes at end of table. – Voir notes à la fin du tableau.)

Continent, country or area, city and date Continent, pays ou zone, ville et date	Population City proper Ville proprement dite	 Urban agglomeration Agglomération urbaine
AFRICA—AFRIQUE		
Algeria – Algérie		
12 II 1977 [1]		
ALGER	1 523 000	1 740 461
Annaba	239 975	246 049
Batna	102 756	102 756
Blida	138 240	158 047
Constantine	344 454	378 668
Oran	490 788	543 485
Setif	129 754	129 754
Sidi–bel–Abbès	112 998	112 998
Angola		
15 XII 1970		
LUANDA	...	475 328
Benin – Bénin		
15 II 1992		
Cotonou	533 212	...
Djougou	132 192	...
Parakou	106 708	...
PORTO–NOVO	177 660	...
Botswana		
1 VII 1991(E)		
GABORONE	137 174	...
Burkina Faso		
30 VI 1991(E)		
Bobo Dioulasso	268 926	...
OUAGADOUGOU	634 479	...
Burundi		
16 VIII 1990		
BUJUMBURA	235 440	...
Cameroon – Cameroun		
VIII 1983(E)		
Douala	...	708 000
30 VI 1986(E)		
Douala	1 029 731	...
Maroua	...	103 653
Nkongsamba	...	123 149
VIII 1983(E)		
YAOUNDE	...	485 184
30 VI 1986(E)		
YAOUNDE	653 670	...
Cape Verde – Cap–Vert		
23 VI 1990		
PRAIA	61 644	...
Central African Republic – République centrafricaine		
31 XII 1984(E)		
BANGUI	473 817	...
Chad – Tchad		
1972(E)		
N'DJAMENA	179 000	...
Comoros – Comores		
15 IX 1980		
MORONI	17 267	...
Congo		
22 XII 1984		
BRAZZAVILLE	596 200	...
Pointe–Noire	298 014	...
Côte d'Ivoire		
1 III 1988		
Abidjan	1 929 079	1 929 079
Bouake	329 850	362 192
Daloa	121 842	127 923
Korhogo	109 445	112 888
YAMOUSSOUKRO	106 786	126 191
Djibouti		
1970(E)		
DJIBOUTI	...	[2] 62 000
Egypt – Egypte		
1 VII 1992		
Alexandria	*3 380 000*	...
Assyût	*321 000*	...
Aswan	*220 000*	...
Banha	*136 000*	...
Beni–Suef	*179 000*	...
Banha	*136 000*	...
CAIRO	*6 800 000*	...
Damanhûr	*222 000*	...
El–Mahalla El–Kubra	*408 000*	...
Faiyûm	*250 000*	...
Giza	*2 144 000*	...
Ismailia	*255 000*	...
Kafr–El–Dwar	*226 000*	...
Kena	*141 000*	...
Luxer	*146 000*	...
Mansûra	*371 000*	...
Menia	*208 000*	...
Port Said	*460 000*	...
Shebin–El–Kom	*158 000*	...
Shubra–El–Khema	*834 000*	...
Sohag	*156 000*	...
Suez	*388 000*	...
Tanta	*380 000*	...
Zagazig	*287 000*	...
Equatorial Guinea – Guinée équatoriale		
4 VII 1983		
MALABO	30 418	...
Eritrea – Erythrée		
1 VII 1990(E)		
ASMARA	*358 100*	...

8. Population of capital cities and cities of 100 000 and more inhabitants: latest available year (continued)

Population des capitales et des villes de 100 000 habitants et plus: dernière année disponible (suite)

(See notes at end of table. – Voir notes à la fin du tableau.)

Continent, country or area, city and date / Continent, pays ou zone, ville et date	Population: City proper / Ville proprement dite	Population: Urban agglomeration / Agglomération urbaine
AFRICA—AFRIQUE (Cont.–Suite)		
Ethiopia – Ethiopie		
1 VII 1993(E)*		
ADDIS ABABA	2 213 300	...
Bahir Dar	108 990	...
Debrezit	100 175	...
Dessie	111 723	...
Diredawa	183 827	...
Gondar	156 407	...
Harar	116 136	...
Jimma	113 063	...
Mekele	113 492	...
Nazerit	139 052	...
Gabon		
1 VII 1967(E)		
LIBREVILLE	...	57 000
Gambia – Gambie		
1 VII 1980(E)		
BANJUL	49 181	[3] 109 986
Ghana		
1 III 1970		
ACCRA	564 194	[4] 738 498
Kumasi	260 286	345 117
Sekondi–Takoradi [5]	91 874	160 868
Guinea – Guinée		
21 V 1967(E)		
CONAKRY	...	197 267
Guinea–Bissau – Guinée–Bissau		
30 IV 1979		
BISSAU	109 214	...
Kenya		
24 VIII 1979		
Kisumu	152 643	...
1 VII 1985(E)		
Mombasa	442 369	...
NAIROBI	1 162 189	...
Lesotho		
31 I 1972(E)		
MASERU	*13 312*	29 049
Liberia – Libéria		
1 II 1984		
MONROVIA	421 053	...
Libyan Arab Jamahiriya – Jamahiriya arabe libyenne		
31 VII 1973 [1]		
BENGHAZI [6]	282 192	...
Misurata	103 302	...
TRIPOLI [6]	551 477	...
Madagascar		
1 I 1971(E)		
ANTANANARIVO	347 466	[7] 377 600
AFRICA—AFRIQUE (Cont.–Suite)		
Malawi		
1 IX 1987		
Blantyre–Limbe	331 588	...
LILONGWE	233 973	...
Mali		
7 IV 1987		
BAMAKO	658 275	...
Mauritania – Mauritanie		
22 XII 1976		
NOUAKCHOTT	...	134 986
Mauritius – Maurice		
Island of Mauritius – Ile Maurice		
1 VII 1992(E)		
PORT LOUIS	142 850	...
Morocco – Maroc		
1 VII 1993(E)		
Agadir	*137 000*	
Béni–Mellal	*139 000*	
Casablanca	*2 943 000*	
El Jadida	*125 000*	
Fez	*564 000*	
Kénitra	*234 000*	
Khouribga	*190 000*	
Marrakech	*602 000*	
Meknès	*401 000*	
Mohammedia	*156 000*	
Oujda	*331 000*	
RABAT	*1 220 000*	
Safi	*278 000*	
Sale	*521 000*	
Tanger	*307 000*	
Tétouan	*272 000*	
Mozambique		
1 VIII 1986(E)		
Beira	*264 202*	...
MAPUTO	*882 601*	...
Nampula	*182 505*	...
Namibia – Namibie		
6 IX 1960		
WINDHOEK	...	36 051
Niger		
20 VII 1977		
NIAMEY	225 314	...
Nigeria – Nigéria		
1 VII 1975(E)		
Aba	*177 000*	...
Abeokuta	*253 000*	...
ABUJA	...	...
Ado–Ekiti	*213 000*	...
Benin	*136 000*	...
Calabar	*103 000*	...
Ede	*182 000*	...

8. Population of capital cities and cities of 100 000 and more inhabitants: latest available year (continued)

Population des capitales et des villes de 100 000 habitants et plus: dernière année disponible (suite)

(See notes at end of table. – Voir notes à la fin du tableau.)

Continent, country or area, city and date Continent, pays ou zone, ville et date	Population City proper Ville proprement dite	 Urban agglomeration Agglomération urbaine
AFRICA—AFRIQUE (Cont.–Suite)		
Nigeria – Nigéria		
1 VII 1975(E)		
Enugu	187 000	...
Ibadan	847 000	...
Ife	176 000	...
Ikere–Ekiti	145 000	...
Ila	155 000	...
Ilesha	224 000	...
Ilorin	282 000	...
1 VII 1971(E)		
Iseyin	115 083	...
1 VII 1975(E)		
Iwo	214 000	...
Kaduna	202 000	...
Kano	399 000	...
1 VII 1971(E)		
Katsina	109 424	...
1 VII 1975(E)		
Lagos	1 060 848	...
Maiduguri	189 000	...
Mushin	197 000	...
Ogbomosho	432 000	...
Onitsha	220 000	...
Oshogbo	282 000	...
Oyo	152 000	...
Port Harcourt	242 000	...
Zaria	224 000	...
Réunion		
15 III 1990		
SAINT–DENIS	*——— [8] 121 999 ———	*
Rwanda		
15 VIII 1978		
KIGALI	116 227	...
St. Helena – Sainte–Hélène		
22 II 1987		
JAMESTOWN	1 332	...
Sao Tome and Principe – Sao Tomé–et–Principe		
15 XII 1960		
SAO TOME	5 714	...
Senegal – Sénégal		
27 V 1988		
DAKAR	1 375 067	...
Kaolack	150 961	...
Saint–Louis	113 917	...
Thies	175 465	...
Zinqunichor	124 283	...
AFRICA—AFRIQUE (Cont.–Suite)		
Seychelles		
17 VIII 1987		
VICTORIA	...	24 324
Sierra Leone		
15 XII 1985		
FREETOWN	469 776	...
Somalia – Somalie		
VII 1972(E)		
MOGADISHU	*230 000*	...
South Africa – Afrique du Sud		
7 III 1991		
Alexandra	124 586	...
6 V 1970		
Benoni	...	151 294
7 III 1991		
Benoni	113 501	...
5 III 1985		
Bloemfontein	104 381	232 984
7 III 1991		
Bloemfontein	126 867	...
6 V 1970		
Boksburg	...	106 126
7 III 1991		
Boksburg	119 890	...
Botshabelo	177 926	...
5 III 1985		
CAPE TOWN [9]	776 617	1 911 521
7 III 1991		
CAPE TOWN [9]	854 616	...
Dareyton	151 659	...
Dlepmeadow	241 099	...
5 III 1985		
Durban	634 301	982 075
7 III 1991		
Durban	715 669	...
6 V 1970		
East London	119 727	124 763
7 III 1991		
East London	102 325	...
East Rand	...	1 378 791
Evaton	201 026	...
6 V 1970		
Germiston	...	221 972
7 III 1991		
Germiston	134 005	...
Ibhayi	257 054	...
Khayelitsa	189 586	...
Kwamashu	156 679	...

8. Population of capital cities and cities of 100 000 and more inhabitants: latest available year (continued)

Population des capitales et des villes de 100 000 habitants et plus: dernière année disponible (suite)

(See notes at end of table. – Voir notes à la fin du tableau.)

Continent, country or area, city and date — Continent, pays ou zone, ville et date	Population: City proper — Ville proprement dite	Population: Urban agglomeration — Agglomération urbaine
AFRICA—AFRIQUE (Cont.–Suite)		
South Africa – Afrique du Sud		
5 III 1985		
Johannesburg	632 369	1 609 408
7 III 1991		
Johannesburg	712 507	...
Kathlehong	201 785	...
5 III 1985		
Kayamnandi	220 548	...
7 III 1991		
Lekoa	217 582	...
Mamelodi	154 845	...
Kempton Park	106 606	...
Ntuzuma	102 310	...
Mangaung	125 545	...
6 V 1970		
Pietermaritzburg	114 822	160 855
7 III 1991		
Pietermaritzburg	156 473	...
5 III 1985		
Port Elizabeth	272 844	651 993
7 III 1991		
Port Elizabeth	303 353	...
5 III 1985		
PRETORIA [9]	443 059	822 925
7 III 1991		
PRETORIA [9]	525 583	...
Sandton	101 197	...
Roodepoort	162 632	...
5 III 1985		
Sasolburg	...	540 142
7 III 1991		
Sasolburg	33 305	...
Soweto	596 632	...
6 V 1970		
Springs	...	142 812
7 III 1991		
Springs	72 647	...
Tembisa	209 238	...
6 V 1970		
Umlazi	...	123 495
7 III 1991		
Umlazi	299 275	...
6 V 1970		
Vereeniging	...	172 549
7 III 1991		
Vereeniging	71 255	...
West Rand	...	870 066
AFRICA—AFRIQUE (Cont.–Suite)		
Sudan – Soudan		
15 IV 1993*		
El Obeid	228 096	...
Gedaref	189 384	...
Juba	114 980	...
Kassala	234 270	...
KHARTOUM	924 505	...
Medani	218 714	...
Nyala	1 267 077	...
Omdurman	228 778	...
Port Sudan	305 385	...
Sharg el nil	879 105	...
Swaziland		
25 VIII 1986		
MBABANE	38 290	...
Togo		
30 IV 1970		
LOME	148 156	...
Tunisia – Tunisie		
30 III 1984		
Sfax	231 911	334 702
TUNIS	596 654	1 394 749
Uganda – Ouganda		
18 VIII 1969		
KAMPALA	...	330 700
United Rep. of Tanzania – Rép.–Unie de Tanzanie		
1 VII 1985(E)		
Dar es Salaam	*1 096 000*	...
DODOMA	*85 000*	...
Mbeya	*194 000*	...
Mwanza	*252 000*	...
Tabora	*214 000*	...
Tanga	*172 000*	...
Zanzibar	*133 000*	...
Western Sahara – Sahara Occidental		
30 II 1974(E)		
EL AAIUN	*20 010*	...
Zaire – Zaïre		
1 VII 1984		
Boma	197 617	...
Bukavu	167 950	...
Kananga	298 693	...
Kikwit	149 296	...
KINSHASA	2 664 309	...
Kisangani	317 581	...
Kolwezi	416 122	...
Likasi (Jadotville)	213 862	...
Lubumbashi	564 830	...
31 XII 1972(E)		
Luluabourg	*506 033*	...
1 VII 1984		
Matadi	138 798	...
Mbandaka	137 291	...

8. Population of capital cities and cities of 100 000 and more inhabitants: latest available year (continued)

Population des capitales et des villes de 100 000 habitants et plus: dernière année disponible (suite)

(See notes at end of table. – Voir notes à la fin du tableau.)

Continent, country or area, city and date Continent, pays ou zone, ville et date	Population City proper Ville proprement dite	 Urban agglomeration Agglomération urbaine
AFRICA—AFRIQUE (Cont.–Suite)		
Zaire – Zaïre		
1 VII 1984		
Mbuji–Mayi	486 235	...
Zambia – Zambie		
25 VIII 1980		
Chingola	130 872	130 872
20 VIII 1990		
Chingola	162 954	...
25 VIII 1980		
Kabwe	127 422	136 006
20 VIII 1990		
Kabwe	166 519	...
25 VIII 1980		
Kitwe	283 962	320 320
20 VIII 1990		
Kitwe	338 207	...
25 VIII 1980		
Luanshya	110 907	113 420
20 VIII 1990		
Luanshya	146 275	...
25 VIII 1980		
LUSAKA	498 837	535 830
20 VIII 1990		
LUSAKA	982 362	...
25 VIII 1980		
Mufulira	135 535	138 824
20 VIII 1990		
Mufulira	152 944	...
25 VIII 1980		
Ndola	250 490	281 315
20 VIII 1990		
Ndola	376 311	...
Zimbabwe		
1 VII 1983(E)		
Bulawayo	429 000	...
Chitungwiza	202 000	...
HARARE	681 000	...
AMERICA,NORTH— AMERIQUE DU NORD		
Antigua and Barbuda – Antigua–et–Barbuda		
28 V 1991		
ST.JOHN'S	22 342	...
Bahamas		
1 V 1990		
NASSAU	...	172 196
Barbados – Barbade		
12 V 1980		
BRIDGETOWN	7 466	...
Belize		
12 V 1991		
BELMOPAN	44 087	...
Bermuda – Bermudes		
20 V 1991 [1 10]		
HAMILTON	1 100	...
British Virgin Islands – Iles Vierges britanniques		
7 IV 1960		
ROAD TOWN	891	...
Canada		
4 VI 1991 [1]		
Brampton	234 445	...
Burlington	129 575	...
Burnaby	158 858	...
Calgary	710 677	754 033
Chicoutimi–Jonquière	...	160 928
East York	102 696	...
Edmonton	616 741	839 924
Etobicoke	309 993	...
Gloucester	101 677	...
Halifax	114 455	320 501
Hamilton	318 499	599 760
Kelowna	...	111 846
Kingston	...	136 401
Kitchener	168 282	356 421
Laval	314 398	...
London	341 322	381 522
Longueuil	129 874	...
Markham	153 811	...
Matsqui	...	113 562
Mississauga	463 388	...
Moncton	...	106 503
Montréal	1 017 666	3 127 424
Nepean	107 627	...
North York	562 564	...
Oakville	114 670	...
Oshawa	129 344	240 104
OTTAWA	313 987	920 857
Québec	167 517	645 550
Regina	179 178	191 692
Richmond	126 624	...
St. Catharines	129 300	364 556
St. John's	...	171 859
Saint John	...	124 981
Saskatoon	186 058	210 023
Scarborough	524 598	...
Sherbrooke	...	139 194
Sudbury	...	157 613
Surrey	245 173	...
Sydney Glace Bay	...	116 100
Thunder Bay	113 946	124 427
Toronto	635 395	3 893 046
Trois–Rivières	...	136 303
Vancouver	471 844	1 602 502
Vaughan	111 359	...
Victoria	...	287 897

8. Population of capital cities and cities of 100 000 and more inhabitants: latest available year (continued)

Population des capitales et des villes de 100 000 habitants et plus: dernière année disponible (suite)

(See notes at end of table. – Voir notes à la fin du tableau.)

Continent, country or area, city and date Continent, pays ou zone, ville et date	Population City proper Ville proprement dite	Population Urban agglomeration Agglomération urbaine
AMERICA,NORTH— (Cont.–Suite) AMERIQUE DU NORD		
Canada		
4 VI 1991 [1]		
Windsor	191 435	262 075
Winnipeg	616 790	652 354
York	140 525	...
Cayman Islands – Iles Caïmanes		
1 VII 1988(E)		
GEORGE TOWN	13 700	...
Costa Rica		
1 VII 1970		
SAN JOSE	...	[11] 395 401
1 VII 1983		
SAN JOSE	274 832	...
Cuba		
31 XII 1991(E)		
Bayamo	131 350	...
Camagüey	291 122	...
Cienfuegos	127 304	...
Guantánamo	204 836	...
Holguín	241 100	...
LA HABANA	2 143 406	...
Las Tunas	123 579	...
Matanzas	117 137	...
Pinar del Río	125 900	...
Santa Clara	202 190	...
Santiago de Cuba	425 787	...
Dominica – Dominique		
7 IV 1981		
ROSEAU	8 279	...
Dominican Republic – République dominicaine		
12 XII 1981		
Santiago de los Caballeros	533 102	...
SANTO DOMINGO	1 540 786	...
El Salvador		
27 IX 1992*		
Nueva San Salvador	*—— [12] 116 575	——*
SAN SALVADOR	422 570	
Santa Ana	202 337	
San Miguel	182 817	
Soyapango	251 811	
Greenland – Groenland		
1 I 1994(E) [1]		
NUUK (GODTHAB)	12 483	...
Grenada – Grenade		
30 IV 1981		
ST. GEORGE'S	4 788	...
AMERICA,NORTH— (Cont.–Suite) AMERIQUE DU NORD		
Guadeloupe		
16 X 1967 [1]		
BASSE–TERRE	29 522	...
Guatemala		
1 VII 1990(E)		
GUATEMALA	1 675 589	...
31 XII 1989(E)		
Esquintra	...	105 842
1 VII 1990(E)		
Quezal Tenango	101 168	...
Haiti – Haïti		
1 VII 1990(E) [1]		
Carrefour	*216 930*	...
Delmas	*178 990*	...
PORT–AU–PRINCE	*690 168*	...
Honduras		
31 VII 1985(E)		
La Ceiba	*103 600*	...
30 VI 1986(E)		
San Pedro Sula	*397 201*	...
TEGUCIGALPA	*597 512*	...
Jamaica – Jamaïque		
8 VI 1982		
KINGSTON	104 041	524 638
7 IV 1991		
KINGSTON	103 962	...
Martinique		
9 III 1982 [1]		
FORT–DE–FRANCE	97 814	...
Mexico – Mexique [1]		
4 VI 1980		
Acapulco	301 902	...
Aguascalientes	293 152	...
30 VI 1979(E)		
Apatzingan	*100 259*	...
4 VI 1980		
Campeche	128 434	...
Celaya	141 615	...
Chihuahua	385 603	...
Ciudad Juárez	544 496	...
Ciudad Lopez Mateos	188 479	...
Ciudad Madero	132 444	...
Ciudad Obregon	165 520	...
Ciudad Victoria	140 161	...
Coatzacoalcos	127 170	...
30 VI 1979(E)		
Cordoba	*121 723*	...
4 VI 1980		
Cuernavaca	192 770	...
Culiacán	304 826	...

8. Population of capital cities and cities of 100 000 and more inhabitants: latest available year (continued)

Population des capitales et des villes de 100 000 habitants et plus: dernière année disponible (suite)

(See notes at end of table. – Voir notes à la fin du tableau.)

Continent, country or area, city and date / Continent, pays ou zone, ville et date	Population: City proper / Ville proprement dite	Population: Urban agglomeration / Agglomération urbaine
AMERICA,NORTH— (Cont.–Suite) AMERIQUE DU NORD		
Mexico – Mexique [1]		
4 VI 1980		
Durango	257 915	...
Ecatepec	741 821	...
Ensenada	120 483	...
Gomez Palacio	116 967	...
Guadalajara	1 626 152	...
1 VII 1980(E)		
Guadalajara	...	2 264 602
4 VI 1980		
Guadalupe	370 524	...
Hermosillo	297 175	...
Irapuato	170 138	...
Jalapa	204 594	...
Leon	593 002	...
Los Mochis	122 531	...
Matamoros	188 745	...
Mazatlán	199 830	...
Mérida	400 142	...
Mexicali	341 559	...
MEXICO, CIUDAD DE	8 831 079	...
1 VII 1980(E)		
MEXICO, CIUDAD DE	...	13 878 912
4 VI 1980		
Minatitlan	106 765	...
Monclova	115 786	...
Monterrey	1 084 696	...
1 VII 1980(E)		
Monterrey	...	2 001 502
4 VI 1980		
Morelia	297 544	...
Naucalpan	723 723	...
Netzahualcoyotl	1 342 230	...
Nuevo Laredo	201 731	...
Oaxaca de Juárez	154 223	...
Orizaba	114 848	...
Pachuca	110 351	...
Poza Rica de Hidalgo	166 799	...
Puebla de Zaragoza	772 908	...
1 VII 1980(E)		
Puebla de Zaragoza	...	1 136 875
4 VI 1980		
Querétaro	215 976	...
Reynosa	194 693	...
30 VI 1979(E)		
Salamanca	105 543	...
4 VI 1980		
Saltillo	284 937	...
San Luis Potosí	362 371	...
San Nicolás de los Garza	280 696	...
30 VI 1979(E)		
Tampico	*248 369*	389 940
4 VI 1980		
Tepic	145 741	...
Tijuana	429 500	...
Tlalnepantla	778 173	...
Tlaquepaque	133 500	...
Toluca	199 778	...
30 VI 1979(E)		
Torreon	...	407 271
4 VI 1980		
Torreon	328 086	...
Tuxtlan Gutiérrez	131 096	...
Uruapan	122 828	...
Veracruz Llave	284 822	...
Villahermosa	158 216	...
Zapopan	345 390	...
Montserrat		
12 V 1980		
PLYMOUTH	1 478	...
Netherlands Antilles – Antilles néerlandaises		
31 XII 1960 [1]		
WILLEMSTAD	43 546	[13] 94 133
Nicaragua		
1 VII 1979(E)		
MANAGUA	*608 020*	...
Panama		
1 VII 1993(E)		
PANAMA	[14] *450 668*	...
San Miguelito	*293 564*	...
Puerto Rico – Porto Rico [1 15]		
1 VII 1984(E)		
Aguadilla	...	155 500
Arecibo	...	163 300
1 VII 1991(E)		
Bayamon	222 102	...
Caguas	134 562	...
Carolina	179 291	...
Mayagüez	101 209	...
1 VII 1984(E)		
Ponce	...	[16] 234 500
1 VII 1991(E)		
Ponce	189 317	...
1 VII 1984(E)		
SAN JUAN	...	[17] 1 816 300
1 VII 1991(E)		
SAN JUAN	441 401	...
Saint Kitts and Nevis – Saint–Kitts–et–Nevis		
12 V 1980		
BASSETERRE	14 161	...
Saint Lucia – Sainte–Lucie		
12 V 1991		
CASTRIES	51 994	...

8. Population of capital cities and cities of 100 000 and more inhabitants: latest available year (continued)

Population des capitales et des villes de 100 000 habitants et plus: dernière année disponible (suite)

(See notes at end of table. – Voir notes à la fin du tableau.)

Continent, country or area, city and date Continent, pays ou zone, ville et date	Population City proper Ville proprement dite	 Urban agglomeration Agglomération urbaine
AMERICA,NORTH— (Cont.–Suite) AMERIQUE DU NORD		
St. Pierre and Miquelon – Saint–Pierre–et–Miquelon		
9 III 1982		
SAINT–PIERRE	5 416	...
St. Vincent and the Grenadines – Saint–Vincent–et–Grenadines		
12 V 1980		
KINGSTOWN	16 532	...
Trinidad and Tobago – Trinité–et–Tobago		
1 V 1990		
PORT–OF–SPAIN	50 878	...
Turks and Caicos Islands – Iles Turques et Caïques		
31 V 1990		
GRAND TURK	3 691	...
United States – Etats–Unis		
1 VII 1992(E) [18] [19]		
Abilene	108 095	120 557
Akron	223 621	(20)
Albany(Ga.)	79 635	115 232
Albany(N.Y.)	99 708	[21] 872 290
Albuquerque	398 492	616 346
Alexandria(La.)	48 950	130 554
Alexandria(Va.)	113 134	(22)
Allentown	106 429	[23] 606 461
Altoona	52 477	131 319
Amarillo	161 065	191 635
Anaheim	274 162	(24)
Anchorage	245 866	245 866
Ann Arbor	109 766	(25)
Anniston	27 115	116 406
Appleton	68 462	[26] 323 921
Arlington(Tx.)	275 907	(27)
Arlington(Va.)	171 582	(22)
Asheville	62 791	197 463
Athens	45 793	128 970
Atlanta	394 848	3 142 857
Augusta	44 467	443 572
Aurora(Co.)	239 626	(28)
Aurora(Il.)	105 929	(29)
Austin	492 329	901 048
Bakersfield	187 985	587 680
Baltimore	726 096	2 433 745
Barnstable(Ma)	41 455	137 202
Baton Rouge	224 704	546 323
Beaumont	115 494	[30] 369 824
Bellingham	55 295	137 913
Benton Harbor	13 046	161 466
Berkeley	101 122	(31)
Billings	84 011	118 063
Biloxi	47 232	[32] 323 901
Binghamton	52 054	265 848
Birmingham	264 984	858 531
Bloomington(Il.)	54 142	[33] 133 443
Bloomington(In.)	61 503	111 105
Boise City	135 506	319 595
Boston	551 675	[34] 5 438 815
Bridgeport	137 020	(35)
Brownsville	105 757	[36] 278 687
Bryan	56 545	[37] 125 159
Buffalo	323 284	[38] 1 193 901
Burlington(Vt.)	38 569	154 347
Canton	84 788	399 329
Cedar Rapids	111 659	172 892
Champaign	64 350	[39] 175 179
Chandler(Ar.)	100 173	...
Charleston(S.C.)	81 301	528 587
Charleston(W.Va.)	57 083	253 150
Charlotte	416 294	[40] 1 212 393
Charlottesville	40 558	134 440
Chattanooga	152 888	430 848
Chesapeake	166 005	(41)
Chicago	2 768 483	[42] 8 410 402
Chico	40 706	188 377
Chula Vista	144 752	(43)
Cincinnati	364 278	[44] 1 865 002
Clarksville	84 394	[45] 178 155
Cleveland	502 539	[46] 2 890 402
Colorado Springs	295 815	421 187
Columbia(Mo.)	73 078	116 895
Columbia(S.C.)	98 832	471 837
Columbus (Ga.)	185 744	270 159
Columbus (Oh.)	642 987	1 394 067
Concord	112 688	(31)
Corpus Christi	266 412	361 415
Cumberland	23 902	101 523
Dallas	1 022 497	[47] 4 214 532
Danville	53 571	109 322
Davenport	97 508	[48] 356 196
Dayton	183 189	[49] 961 547
Daytona Beach	64 634	421 752
Decatur (Al.)	50 444	136 002
Decatur (Il.)	84 273	117 668
Denver	483 852	[50] 2 089 321
Des Moines	194 540	406 404
Detroit	1 012 110	[51] 5 245 906
Dothan	54 787	133 288
Dover (De.)	28 227	116 062
Duluth	85 431	240 975
Durham	140 926	(52)
Eau Claire	57 970	139 890
Elizabeth	107 915	(35)
Elkhart	44 279	[53] 159 317
El Monte	106 935	(24)
El Paso	543 813	628 472
Erie	109 267	279 615
Escondido	113 161	(43)
Eugene	115 963	[54] 290 866
Evansville	127 566	282 842
Fargo	77 052	[55] 157 631
Fayetteville(Ark.)	46 071	[56] 225 734
Fayetteville(N.C.)	76 651	277 322
Flint	139 311	(25)
Florence(Alab.)	36 868	134 226
Florence(S.C.)	30 740	118 595
Fort Collins	93 335	[57] 198 124
Fort Lauderdale	148 524	(58)
Fort Myers	46 367	[59] 352 051
Fort Pierce	37 541	265 401
Fort Smith	73 949	180 548
Fort Walton Beach	22 727	153 426
Fort Wayne	173 717	463 255
Fort Worth	454 430	(27)
Fremont	179 300	(31)
Fresno	376 130	804 636
Fullerton	115 476	(24)
Gainesville	86 763	189 409

8. Population of capital cities and cities of 100 000 and more inhabitants: latest available year (continued)

Population des capitales et des villes de 100 000 habitants et plus: dernière année disponible (suite)

(See notes at end of table. – Voir notes à la fin du tableau.)

Continent, country or area, city and date Continent, pays ou zone, ville et date	Population City proper Ville proprement dite	 Urban agglomeration Agglomération urbaine
AMERICA,NORTH— (Cont.–Suite) AMERIQUE DU NORD		
United States – Etats–Unis		
1 VII 1992(E) [18] [19]		
Garden Grove	145 874	([24])
Garland	191 186	([27])
Gary	116 702	([29])
Glendale(Az.)	156 165	([60])
Glendale(Ca.)	177 671	([24])
Glen Falls	14 208	120 940
Goldsboro	42 608	107 712
Grand Forks	49 332	103 191
Grand Rapids	191 230	964 352
Grand Prairie(Tx.)	104 482	([27])
Green Bay	100 459	201 358
Greensboro	189 924	[61] 1 078 377
Greenville(N.C)	46 701	112 426
Greenville(S.C)	59 042	[62] 852 962
Hampton	137 048	([41])
Harrisburg	53 430	[63] 601 371
Hartford	131 995	[64] 1 155 725
Hayward	115 189	([31])
Hialeah	191 702	([58])
Hickory	28 677	299 218
Hollywood(Fl.)	121 732	([58])
Honolulu	371 320	863 117
Houma	31 244	[65] 186 519
Houston	1 690 180	[66] 3 962 365
Huntington	54 094	[67] 314 875
Huntington Beach	185 055	([24])
Huntsville	163 319	308 051
Independence	112 713	([68])
Indianapolis	746 538	1 424 050
Inglewood	111 496	([24])
Irving	119 389	([24])
Irving (Tx.)	161 261	([27])
Jackson (Mich.)	38 164	151 740
Jackson (Miss.)	196 231	404 999
Jacksonville(Fl.)	661 177	952 566
Jamestown	34 504	[69] 141 655
Jacksonville(N.C.)	31 581	144 531
Janesville	54 295	[70] 142 764
Jersey City	228 575	([35])
Johnson City	50 389	[71] 444 625
Johnstown	27 684	240 803
Joplin	41 351	137 502
Kalamazoo	81 253	436 360
Kansas City (Ka.)	146 507	([68])
Kansas City (Mo.)	431 553	1 616 930
Killeen	66 574	[72] 254 861
Knoxville	167 287	610 482
Lafayette(Ind.)	45 147	[73] 164 849
Lafayette(La.)	97 362	353 290
Lake Charles	71 135	171 507
Lakeland	72 628	[74] 418 975
Lakewood	125 957	([28])
Lancaster(Pa.)	57 171	434 425
Lancaster(Ca.)	106 139	([24])
Lansing	126 722	[75] 436 448
Laredo	136 508	148 465
Las Cruces	66 466	146 619
Las Vegas	295 516	971 169
La Crosse	51 347	118 005
Lawton	87 168	120 467
Lexington–Fayette	232 562	420 125
Lima	45 243	156 162
Lincoln	197 488	219 582
Little Rock	176 870	[76] 525 741
Livonia	101 375	([25])

Continent, country or area, city and date Continent, pays ou zone, ville et date	Population City proper Ville proprement dite	 Urban agglomeration Agglomération urbaine
Long Beach	438 771	([24])
Longview	72 695	[77] 197 497
Los Angeles	3 489 779	[78] 15 047 772
Louisville	271 038	967 587
Lubbock	187 941	224 622
Lynchburg	66 097	198 393
Macon	107 257	[79] 298 625
Madison	195 161	380 306
Mansfield	53 226	175 464
Medford	49 518	154 090
Melbourne	64 276	[80] 425 563
Memphis	610 275	1 033 813
Merced	59 661	189 107
Mesa	296 645	([60])
Miami	367 016	[81] 3 309 246
Mesquite	108 324	([27])
Milwaukee	617 043	[82] 1 629 420
Minneapolis	362 696	[83] 2 617 973
Mobile	201 896	495 583
Modesto	172 292	395 215
Monroe	56 174	144 910
Montgomery	192 125	303 609
Moreno Valley	132 105	([24])
Muncie	72 419	120 369
Myrtle Beach(S.C.)	27 462	152 321
Naples	20 431	164 729
Nashville–Davidson	495 012	1 023 315
Newark	267 849	([35])
New Haven	123 966	([35])
New London	24 356	[84] 284 166
New Orleans	489 595	1 302 697
Newport News	177 286	([41])
New York	7 311 966	[85] 19 670 175
Norfolk	253 768	[86] 1 496 672
Oceanside	139 718	([43])
Oakland	373 219	([31])
Ocala	43 918	207 986
Odessa	93 760	233 777
Oklahoma City	453 995	983 612
Omaha	339 671	656 434
Overland Park	119 260	([68])
Ontario	138 981	([24])
Orange	113 591	([24])
Orlando	174 215	1 304 700
Oxnard	144 805	([24])
Panama City(Fl.)	36 691	134 010
Parkersburg	33 650	[87] 150 259
Pasadena(Ca.)	132 605	([24])
Pasadena(Tx.)	125 418	([88])
Paterson	139 358	([35])
Pensacola	59 773	361 379
Peoria	113 983	342 508
Philadelphia	1 552 572	[89] 5 938 528
Phoenix	1 012 230	2 330 353
Pittsburgh	366 852	2 406 452
Plano	142 106	([27])
Pomona	140 364	([24])
Portland(Me.)	62 756	222 351
Portland(Or.)	445 458	[90] 1 896 895
Portsmouth(Va.)	104 361	([41])
Providence	155 418	[91] 1 131 133
Provo	91 194	[92] 275 066
Pueblo	98 552	123 757
Punta Gorda(Fla.)	11 545	119 253
Raleigh	220 524	[93] 909 232
Rancho Cucamonga	111 161	([24])
Reading	79 028	343 135
Redding	71 523	157 599
Reno	139 884	268 540
Richland	34 201	[94] 160 904
Richmond	202 263	[95] 896 068

8. Population of capital cities and cities of 100 000 and more inhabitants: latest available year (continued)

Population des capitales et des villes de 100 000 habitants et plus: dernière année disponible (suite)

(See notes at end of table. – Voir notes à la fin du tableau.)

Continent, country or area, city and date Continent, pays ou zone, ville et date	Population City proper Ville proprement dite	Population Urban agglomeration Agglomération urbaine
AMERICA,NORTH— (Cont.–Suite) AMERIQUE DU NORD		
United States – Etats–Unis		
1 VII 1992(E) [18] [19]		
Riverside	238 601	(24)
Roanoke	96 754	226 282
Rochester (Mn.)	73 913	110 483
Rochester (Ny.)	234 163	1 081 244
Rockford	141 679	339 718
Rocky Mountain (S.C.)	50 399	136 734
Sacramento	382 816	[96] 1 563 374
Saginaw	70 719	[97] 402 558
St. Cloud	49 866	152 698
St. Louis	383 733	2 518 528
St. Paul	268 266	(98)
St. Petersburg	235 306	(99)
Salem	112 050	(100)
Salinas	114 762	[101] 368 317
Salt Lake City	165 835	[102] 1 128 121
San Antonio	966 437	1 378 619
San Bernardino	172 451	(24)
San Diego	1 148 851	2 601 055
San Francisco	728 921	[103] 6 409 891
San Jose	801 331	(31)
San Luis Obispo	41 210	220 560
Santa Ana	288 024	(24)
Santa Clarita	118 676	(24)
Santa Barbara	85 119	[104] 375 522
Santa Fe	59 004	123 357
Santa Rosa	116 554	(31)
Sarasota	50 920	498 778
Savannah	138 908	267 360
Scottsdale	137 022	(60)
Scranton	79 746	[105] 638 685
Seattle	519 598	[106] 3 131 392
Sharon	17 397	122 091
Sheboygan	50 199	105 039
Shreveport	196 645	374 236
Simi Valley	103 813	(24)
Sioux City	81 907	117 115
Sioux Falls	105 634	145 801
South Bend	105 942	[107] 250 526
Spokane	187 429	381 186
Springfield (Ill.)	106 429	192 736
Springfield (Ma.)	153 466	584 104
Springfield (Mo.)	145 438	275 618
Stamford	107 590	(35)
State College	37 368	126 602
Sterling Heights	118 314	(25)
Steubenville	21 885	[108] 141 532
Stockton	219 621	504 091
Sumter	42 461	105 356
Sunnyvale	118 438	(31)
Syracuse	162 835	752 397
Tacoma	183 890	(109)
Tallahassee	130 357	245 277
Tampa	284 737	[110] 2 107 271
Tempe	142 139	(60)
Terre Haute	59 196	148 760
Texarkana	32 122	[111] 120 926
Thousand Oaks	107 522	(24)
Toledo	329 325	615 308
Topeka	120 257	163 425
Torrance	135 642	(24)
Tucson	415 079	690 202
Tulsa	375 307	731 600
Tuscaloosa	78 732	153 677
Tyler	76 872	154 461
Utica	66 849	[112] 318 350
Vallejo	113 703	(31)
Virginia Beach	417 061	(41)
Visalia	81 323	[113] 331 081
Waco	103 997	191 560
Warren	142 404	(25)
WASHINGTON D.C.	585 221	6 919 572
Waterbury	106 904	(35)
Waterloo	67 124	[114] 125 395
Wausau	38 051	118 040
West Palm Beach	67 723	[115] 900 655
Wheeling	34 213	158 224
Wichita	95 018	128 085
Wichita Falls	311 746	501 208
Williamsport	32 327	120 468
Wilmington	59 487	182 244
Winston–Salem	144 791	(116)
Worcester	163 414	(117)
Yakima	58 448	198 026
Yonkers	186 063	(35)
York	43 301	349 932
Youngstown	94 387	[118] 605 863
Yuba City	30 412	130 332
Yuma	61 047	117 538
United States Virgin Islands – Iles Vierges américaines		
1 IV 1980 [1] [15]		
CHARLOTTE AMALIE	11 842	...
AMERICA,SOUTH— AMERIQUE DU SUD		
Argentina – Argentine		
15 V 1991		
Avellaneda	346 620	...
Bahia Blanca	255 145	...
BUENOS AIRES	2 960 976	10 686 163
Catamarca	110 269	133 050
Comodoro Rivadavia	123 672	...
Cordoba	1 148 305	1 197 926
Corrientes	257 766	...
Formosa	153 855	...
General San Martin	407 506	...
La Matanza	1 111 811	...
Lanus	466 755	...
La Plata	520 647	640 344
Lomas de Zamora	572 769	...
Mar del Plata	519 707	...
Mendoza	121 739	773 559
Moron	641 541	...
Neuquén	167 078	...
Paraná	206 848	211 966
Posadas	201 943	211 297
Quilmes	509 445	...
Resistencia	228 199	291 083
Rio Cuarto	133 741	138 996
Rosario	894 645	1 095 906
Salta	367 099	369 354
San Fernando	141 496	...
San Isidro	299 022	...
San Juan	119 492	353 656
San Miguel de Tucumán	470 604	622 348
San Nicolas	114 752	...
San Salvador de Jujuy	181 318	182 663
Santa Fé	342 796	394 888
Vicente Lopez	289 142	...

8. Population of capital cities and cities of 100 000 and more inhabitants: latest available year (continued)

Population des capitales et des villes de 100 000 habitants et plus: dernière année disponible (suite)

(See notes at end of table. – Voir notes à la fin du tableau.)

Continent, country or area, city and date Continent, pays ou zone, ville et date	Population City proper Ville proprement dite	Population Urban agglomeration Agglomération urbaine
AMERICA,SOUTH— (Cont.–Suite) AMERIQUE DU SUD		
Bolivia – Bolivie		
3 VI 1992		
Cochabamba	404 102	...
El Alto	404 367	...
LA PAZ [119]	711 036	...
Oruro	183 194	...
Potosí	112 291	...
Santa Cruz	694 616	...
SUCRE [119]	130 952	...
Brazil – Brésil		
1 IX 1991 [1,12]		
Abaeteluba	*———— 100 016	————*
Alagoinhas	116 488	
Altamira	120 556	
Alvorada	140 005	
Americana	142 581	
Anápolis	239 047	
Aparecida de Goiania	178 326	
Aracaju	401 244	
Araçatuba	159 499	
Araguaina	103 396	
Arapiraca	165 347	
Araraquara	166 190	
Bage	118 689	
Barbacena	100 038	
Barueri	130 248	
Barra Mansa	167 124	
Bauru	260 382	
Belém	1 246 435	
Belo Horizonte	2 048 861	
Betim	170 616	
Blumenou	211 677	
Boa Vista	142 813	
Bragança Paulista	108 448	
BRASILIA	1 596 274	
Cabo	125 351	
Cachoeiro de Itapemirim	143 763	
Camacari	108 865	
Camaragibe	100 390	
Campina Grande	326 153	
Campinas	846 084	
Campo Grande	525 612	
Campos dos Goytacazes	388 640	
Canoas	278 997	
Carapicuíba	283 183	
Caratinga	125 640	
Cariacica	274 450	
Caruaru	213 557	
Cascavel	192 673	
Castanhal	101 976	
Caucaia	163 793	
Caxias	145 709	
Caxias do Sul	290 968	
Chapeco	122 882	
Codo	111 537	
Colatina	106 712	
Colombo	117 937	
Contagem	448 822	
Criciúma	146 159	
Cuiabá	*———— 401 112	————*
Curitiba	1 290 142	
Diadema	303 586	
Divinopolis	151 345	
Dourados	135 779	
Duque de Caxias	664 643	
Embu	138 520	
Feira de Santana	405 691	
Florianopolis	254 944	
Fortaleza	1 758 334	
Foz do Iguaçu	188 190	
Franca	232 656	
Garanhuns	103 293	
Goiânia	920 838	
Governador Valadares	230 487	
Gravatai	180 927	
Guarapuava	159 573	
Guarujá	203 386	
Guarulhos	781 499	
Ilhéus	223 352	
Imperatriz	276 450	
Inoaiatuba	100 736	
Ipatinga	179 696	
Itaboraí	161 274	
Itabuna	185 180	
Itaguaí	113 010	
Itaituba	118 088	
Itajaí	119 583	
Itapetininga	105 049	
Itapevi	107 796	
Itaquaquecetuba	164 508	
Itu	106 872	
Jaboatao	482 434	
Jacareí	163 125	
Jequié	135 497	
Joao Pessoa	497 214	
Joinville	346 095	
Juazeiro	128 378	
Juazeiro do Norte	173 304	
Juiz de Fora	385 756	
Jundiaí	312 517	
Lages	150 866	
Limeira	207 405	
Linhares	119 501	
Londrina	388 331	
Luziania	207 257	
Macae	100 646	
Macapá	179 609	
Maceio	628 209	
Magé	191 359	
Manaus	1 010 558	
Marabá	121 814	
Maracanau	157 062	
Marília	151 760	
Maringá	239 930	
Mauá	292 611	
Moji das Cruzes	272 942	
Moji–Guaçu	107 440	
Montes Claros	247 286	
Mossoro	191 959	
Natal	606 541	
Nilopolis	157 819	
Niteroi	416 123	
Nova Friburgo	166 941	
Nova Iguaçu	1 286 337	
Novo Hamburgo	200 879	
Olinda	340 673	
Osasco	563 419	
Paranagua	107 583	
Parnaíba	127 986	
Passo Fundo	147 215	

8. Population of capital cities and cities of 100 000 and more inhabitants: latest available year (continued)

Population des capitales et des villes de 100 000 habitants et plus: dernière année disponible (suite)

(See notes at end of table. – Voir notes à la fin du tableau.)

Continent, country or area, city and date Continent, pays ou zone, ville et date	Population: City proper Ville proprement dite	Population: Urban agglomeration Agglomération urbaine
AMERICA,SOUTH— (Cont.–Suite) AMERIQUE DU SUD		
Brazil – Brésil		
1 IX 1991 [1,12]		
Patos de Minas	*—— 102 698 ——*	
Paulista	211 024	
Pelotas	289 494	
Petrolina	174 972	
Petropolis	255 211	
Pindamonhangaba	101 843	
Piracicaba	283 540	
Piraquara	106 542	
Pocos de Caldas	110 152	
Ponta Grossa	233 517	
Porto Alegre	1 262 631	
Porto Velho	286 400	
Praia Grande	122 104	
Presidente Prudente	165 447	
Recife	1 290 149	
Ribeirao das Neves	143 874	
Ribeirao Preto	430 805	
Rio Branco	196 923	
Rio Claro	137 509	
Rio de Janeiro	5 336 179	
Rio Grande	172 435	
Rondonopolis	125 107	
Salvador	2 056 013	
Santa Barbara D'Oeste	121 531	
Santa Cruz do Sul	117 795	
Santa Luzia (MG)	137 602	
Santa Luzia (MA)	116 132	
Santa Maria	217 565	
Santarém	265 105	
Santo André	613 672	
Santos	428 526	
Sao Bernardo do Campo	565 171	
Sao Caetano do Sul	149 125	
Sao Carlo	158 139	
Sao Gonçalo	747 891	
Sao Joao de Meriti	425 038	
Sao José	139 205	
Sao José do Rio Prêto	283 281	
Sao José dos Campos	442 728	
Sao José dos Pinhais	127 413	
Sao Leopoldo	167 740	
Sao Luís	695 780	
Sao Paolo	9 480 427	
Sao Vicente	254 718	
Sapucaia	104 841	
Serra	221 513	
Sete Lagoas	143 611	
Sobral	127 449	
Sorocaba	377 270	
Sumaré	226 361	
Susano	156 312	
Taboao da Serra	159 770	
Taubaté	205 070	
Teresina	598 449	
Teresopolis	120 701	
Teofilo Otoni	140 639	
Timon	107 394	
Uberaba	210 803	
Uberlandia	366 711	
Umuarama	100 246	
Uruguaiana	117 457	
Várzea Grande	161 608	
Viamao	168 467	
Vila Velha	265 249	
Vitoria	*—— 258 245 ——*	
Vitoria da Conquista	224 926	
Vitoria de Santo Antao	106 644	
Volta Redonda	220 086	
Chile – Chili		
15 VI 1990(E)		
Antofagasta	218 754	...
Arica	177 330	...
Chillán	145 972	...
Concepcion	306 464	...
Iquique	148 511	...
La Serena	105 594	...
Osorno	117 444	...
Puente Alto	187 368	...
Puerto Montt	106 528	...
Punta Arenas	120 030	...
Quilpué	107 396	...
Rancagua	190 379	...
San Bernardo	188 156	...
SANTIAGO [120]	4 385 481	...
Talca	164 492	...
Talcahuano	246 853	...
Temuco	211 693	...
Valdivia	113 512	...
Valparaiso	276 756	...
Viña del Mar	281 063	...
Colombia – Colombie		
15 X 1985		
Armenia	...	192 409
Barrancabermeja	...	141 516
Barranquilla	...	917 486
Bello	...	211 203
Bucaramanga	...	351 687
Buenaventura	...	165 829
Cali	...	1 369 331
Cartagena	...	513 986
Cartago	...	95 650
Cienaga	...	56 164
Cúcuta	...	383 584
Dos Quebradas	...	97 063
Floridablanca	...	142 153
Ibagué	...	280 638
Itagüi	...	139 050
Manizales	...	283 365
Medellín	...	1 452 392
Monteria	...	162 056
Neiva	...	179 908
Palmira	...	181 157
Pasto	...	203 742
Popayan	...	149 019
Pereira	...	241 927
SANTA FE DE BOGOTA	...	4 176 769
Santa Marta	...	175 687
Sincelejo	...	122 484
Soacha	...	100 691
Soledad	...	168 291
Tulua	...	103 123
Valledupar	...	150 838
Villavicencio	...	162 556
Ecuador – Equateur		
28 XI 1982		
Ambato	100 454	112 775
25 XI 1990		
Ambato	124 166	...

8. Population of capital cities and cities of 100 000 and more inhabitants: latest available year (continued)

Population des capitales et des villes de 100 000 habitants et plus: dernière année disponible (suite)

(See notes at end of table. – Voir notes à la fin du tableau.)

Continent, country or area, city and date Continent, pays ou zone, ville et date	Population City proper Ville proprement dite	 Urban agglomeration Agglomération urbaine
AMERICA,SOUTH— (Cont.–Suite) AMERIQUE DU SUD		
Ecuador – Equateur		
25 XI 1990		
Cuenca	194 981	...
1 VII 1987(E)		
Esmeraldas	120 387	...
28 XI 1982		
Guayaquil	1 199 344	1 204 532
25 XI 1990		
Guayaquil	1 508 444	...
28 XI 1982		
Machala	105 521	108 156
25 XI 1990		
Machala	144 197	...
Manta	125 505	...
1 VII 1987(E)		
Milagro	102 884	...
28 XI 1982		
Portoviejo	102 628	123 151
25 XI 1990		
Portoviejo	132 937	...
28 XI 1982		
QUITO	866 472	890 355
25 XI 1990		
QUITO	1 100 847	...
Santo Domingo de los Colorados	114 422	...
Falkland Islands (Malvinas)– Iles Falkland (Malvinas)		
5 III 1991		
STANLEY	1 557	...
French Guiana – Guyane Française		
5 III 1990		
CAYENNE	*——— [8] 41 164	———*
Guyana		
1 VII 1976(E)		
GEORGETOWN	72 049	187 056
Paraguay		
11 VII 1982		
ASUNCION	454 881	[121] 718 690
26 VIII 1992		
ASUNCION	502 426	...
Peru – Pérou		
1 VII 1991(E)		
Arequipa	624 500	...
Ayacucho	108 900	...
Cajamarca	111 800	...
30 VI 1985(E)		
Callao	*515 200*	...
1 VII 1991(E)		
Chiclayo	*448 400*	...
Chimbote	*314 700*	...
Cuzco	*302 700*	...
Huancayo	*242 800*	...
Ica	*153 700*	...
Iquitos	*293 100*	...
Juliaca	*135 500*	...
1 VII 1990(E)		
LIMA	[122] *6 414 500*	...
1 VII 1991(E)		
Piura	*306 500*	...
Pucallpa	*161 200*	...
Sullana	*150 300*	...
Tacna	*152 200*	...
Trujillo	*521 200*	...
Suriname		
31 III 1964		
PARAMARIBO	110 867	182 100
Uruguay		
1 VII 1991(E)		
MONTEVIDEO	*1 360 258*	...
Venezuela		
1 VII 1992(E)		
Acarigua–Araure	*194 800*	...
21 X 1990		
Barcelona	109 061	429 072
1 VII 1992(E)		
Barcelona	*254 471*	...
Barcelona–Pto. La Cruz	*426 250*	...
21 X 1990		
Barinas	152 853	162 730
1 VII 1992(E)		
Barinas	*173 980*	...
21 X 1990		
Barquisimeto	602 622	745 444
1 VII 1992(E)		
Barquisimeto	*692 599*	...
Baruta	*165 310*	...
Cabimas	*182 845*	...
Catia la Mar	*111 998*	...
21 X 1990		
CARACAS	1 824 892	[123] 2 784 042
1 VII 1992(E)		
CARACAS	*1 964 846*	...
Carupano	*100 937*	...
21 X 1990		
Ciudad Bolivar	225 846	247 593
1 VII 1992(E)		
Ciudad Bolivar	*253 112*	...
Ciudad Guayana	*523 578*	...

8. Population of capital cities and cities of 100 000 and more inhabitants: latest available year (continued)

Population des capitales et des villes de 100 000 habitants et plus: dernière année disponible (suite)

(See notes at end of table. – Voir notes à la fin du tableau.)

Continent, country or area, city and date Continent, pays ou zone, ville et date	Population City proper Ville proprement dite	 Urban agglomeration Agglomération urbaine
AMERICA,SOUTH— (Cont.–Suite) AMERIQUE DU SUD		
Venezuela		
21 X 1990		
Ciudad Losada	100 277	...
Coro	124 616	144 006
1 VII 1992(E)		
Coro	137 040	...
21 X 1990		
Cumaná	212 492	230 928
1 VII 1992(E)		
Cumaná	232 228	...
21 X 1990		
Guanare	83 380	110 130
1 VII 1992(E)		
Guanare	99 571	...
Guarenas	152 612	...
21 X 1990		
Los Teques	143 519	156 261
1 VII 1992(E)		
Los Teques	162 145	...
21 X 1990		
Maracaibo	1 207 513	1 363 863
Maracay	354 428	799 884
1 VII 1992(E)		
Maracay	384 782	...
21 X 1990		
Maturín	207 382	257 683
1 VII 1992(E)		
Maturín	233 279	...
21 X 1990		
Mérida	167 992	237 575
1 VII 1992(E)		
Mérida	188 063	...
Petare	379 338	...
Puerto Cabello	143 765	...
21 X 1990		
San Cristobal	220 697	336 100
1 VII 1992(E)		
San Cristobal	238 670	...
21 X 1990		
San Fernando de Apure	72 733	116 752
1 VII 1992(E)		
Turmero	195 711	...
21 X 1990		
Valencia	903 076	1 031 941
1 VII 1992(E)		
Valencia	1 034 033	...
Valera	107 236	...
ASIA—ASIE		
Afghanistan		
1 VII 1988(E)		
Herat	*177 300*	...
KABUL	*1 424 400*	...
Kandahar (Quandahar)	*225 500*	...
Mazar–i–Sharif	*130 600*	...
Armenia – Arménie		
1 VII 1990(E)		
Kirovakan	...	170 200
Leninakan	...	206 600
YEREVAN	...	1 254 400
Azerbaijan – Azerbaïdjan		
1 I 1990(E)		
BAKU	1 149 000	...
Giyandja	281 000	...
Sumgait	235 000	...
Bahrain – Bahreïn		
16 XI 1991		
MANAMA	136 999	127 578
1 VII 1992		
MANAMA	140 401	...
Bangladesh		
12 III 1991		
Barisal	...	163 481
Chittagong	...	1 363 998
Comilla	...	143 282
DHAKA	...	3 397 187
Dinajpur	...	126 189
Jamalpur	...	101 242
Jessore	...	160 198
Khulna	...	545 849
Mymensingh	...	185 517
Naogaon	...	100 794
Narayanganj	...	268 952
Nawabganj	...	121 205
Pabna	...	104 479
Rajshahi	...	299 671
Rangpur	...	203 931
Saidpur	...	102 030
Tangail	...	104 387
Tongi	...	154 175
Bhutan – Bhoutan		
1 VII 1977(E)		
THIMPHU	*8 922*	...
Brunei Darussalam – Brunéi Darussalam		
26 VIII 1981		
BANDAR SERI BEGAWAN	49 902	...
Cambodia – Cambodge		
17 IV 1962		
PHNOM PENH	393 995	...

8. Population of capital cities and cities of 100 000 and more inhabitants: latest available year (continued)

Population des capitales et des villes de 100 000 habitants et plus: dernière année disponible (suite)

(See notes at end of table. – Voir notes à la fin du tableau.)

Continent, country or area, city and date Continent, pays ou zone, ville et date	Population City proper Ville proprement dite	 Urban agglomeration Agglomération urbaine
ASIA—ASIE (Cont.–Suite)		
China – Chine		
1 VII 1990 [124]		
Aksu	243 448	...
Altay	128 626	...
Anda	452 849	...
Ankang	859 165	...
Anlu	557 742	...
Anqing	464 112	...
Anshan	2 478 650	...
Anshun	657 856	...
Anyang	616 803	...
Artux	163 710	...
Baicheng	335 043	...
Baihua	488 343	...
Baise	297 377	...
Baiyin	382 654	...
31 XII 1970(E)		
Bangiao	*——[125] 114 600——*	
1 VII 1990		
Baoding	594 966	...
Baoji	452 286	...
Beian	343 909	...
Beidong	797 432	...
Beihai	229 907	...
BEIJING (PEKING)	7 362 426	...
Bengbu	695 040	...
Benxi	937 805	...
Bodong	116 470	...
Boshan	722 896	...
Botou	1 228 772	...
Boutou	494 656	...
Buizhou	563 064	...
Cangzhou	314 842	...
Changchun	2 980 870	...
Changde	1 409 748	...
Changji	206 594	...
Changsha	1 328 950	...
Changzhi	552 255	...
Changzhou	729 893	...
Chaohu	759 557	...
Chaoyang	989 749	...
Chaozhou	1 293 507	...
Chengde	365 519	...
Chengdu	3 483 834	...
31 XII 1970(E)		
Chenghwa	*——[125] 137 236——*	
1 VII 1990		
Chenzhou	233 917	...
31 XII 1970(E)		
Chongli	*——[125] 129 952——*	
1 VII 1990		
Chongqing	3 122 704	...
Chungshan	1 227 535	...
Chuxiong	410 530	...
Chuzhou	416 926	...
Da'an	403 897	...
Dali	432 235	...
Dalian	3 473 832	...
Dandong	660 518	...
Dangyang	446 324	...
Danjiangkou	460 413	...
Daqing	996 866	...
Datong	1 277 310	...
Daxian	295 202	...
Dayuan	408 466	...
Dengzhou	1 391 056	...
Deyang	1 286 664	...
Dezhou	321 381	...
Dingzhou	1 024 589	...
Dong chuan	279 456	...
Donglin	607 781	...
Dongsen	147 026	...
Dongshan	1 413 036	...
Dongwan	1 736 869	...
Dongying	644 494	...
Dunhua	477 127	...
Dunhuang	112 756	...
Duyan	417 154	...
Enshi	712 574	...
Ezhou	892 235	...
Fengcheng	1 018 911	...
31 XII 1970(E)		
Fengshan	*——[125] 102 109——*	
1 VII 1990		
Foshan	429 410	...
Fuan	525 580	...
Fujin	351 645	...
Fulin	1 004 712	...
Fushun	1 388 011	...
Fuxin	743 165	...
Fuyang	232 349	...
Fuyu	944 932	...
Fuzhou (Fujian Sheng)	1 395 739	...
Gaicheng	2 488 467	...
Ganzhou	391 454	...
Gaocheng	685 477	...
31 XII 1970(E)		
Gaoxiong	*——[125] 828 191——*	
1 VII 1990		
Gejiu	384 569	...
Guangshui	817 331	...
Guangyuan	859 913	...
Guangzhou	3 918 010	...
Guichi	571 068	...
Guikong	1 377 391	...
Guilin	557 346	...
Guiyang	1 664 709	...
Haikou	410 050	...
Hailer	199 600	...
Hailun	733 795	...
Hami	212 104	...
Hancheng	345 502	...
Handan	1 769 315	...
Hangzhou	2 589 504	...
Hanzhong	441 706	...
Haozhou	1 198 295	...
Harbin	3 597 404	...
Hebi	377 346	...
Hechi	289 844	...
Hefei	1 099 523	...
Hegang	647 021	...
Heihe	123 095	...
Hengshui	329 781	...
Hengyang	1 814 936	...
Hetian	137 824	...
Heyuan	544 846	...
Heze	1 154 798	...
Hohhoit	938 470	...
Homa	178 480	...

8. Population of capital cities and cities of 100 000 and more inhabitants: latest available year (continued)

Population des capitales et des villes de 100 000 habitants et plus: dernière année disponible (suite)

(See notes at end of table. – Voir notes à la fin du tableau.)

Continent, country or area, city and date / Continent, pays ou zone, ville et date	Population: City proper / Ville proprement dite	Population: Urban agglomeration / Agglomération urbaine
ASIA—ASIE (Cont.–Suite)		
China – Chine [124]		
1 VII 1990		
Honghu	743 720	...
Houzhou	248 163	...
Hua	339 371	...
Huaibei	535 823	...
Huainan	1 228 052	...
Huaiyin	2 613 804	...
Huangshan	376 521	...
Huangshi	546 290	...
Huangyan	888 631	...
Huizhou	274 689	...
Hunanghua	353 330	...
Hunjiang	721 841	...
Huzhou	1 027 570	...
Ji'an	288 501	...
Jiamusi	744 584	...
Jiangmen	284 935	...
Jiaojing	394 516	...
Jiaozuo	1 578 461	...
Jiaxing	1 358 733	...
31 XII 1970(E)		
Jiayi	*——— [125] 238 713	———*
1 VII 1990		
Jiayuguan	109 987	...
Jieshou	642 474	...
Jilin	2 251 848	...
31 XII 1970(E)		
Jilon	*——— [125] 324 040	———*
1 VII 1990		
Jinan	2 403 946	...
Jinchang	677 045	...
Jincheng	156 907	...
Jingdezhen	369 995	...
Jingmen	1 017 021	...
Jinhua	2 215 666	...
Jining(Shandong Sheng)	1 465 656	...
Jining(Shanxi Sheng)	193 085	...
Jinxi	1 350 134	...
Jinzhou	736 297	...
Jisou	230 621	...
Jiujiang	791 224	...
Jiuquan	294 080	...
Jixi	835 496	...
Kaifeng	693 148	...
Kaili	382 026	...
Kaiyuan	248 303	...
Karamay	173 926	...
Kashi	214 624	...
Korla	203 025	...
Kunming	1 611 969	...
Langfang	1 078 010	...
Lanzhou	1 617 761	...
Lengshuijiang	316 362	...
Lengshuitan	403 684	...
Lhasa	139 822	...
Lianyuan	1 006 665	...
Lianyungang	537 355	...
Liaocheng	838 309	...
Liaoyang	639 553	...
Liaoyuan	411 073	...
Lichuan	764 267	...
Linchuan	872 657	...
Linfen	582 690	...
Linhai	980 541	...
Linhe	425 973	...
Linqing	672 759	...
Linxia	168 714	...
Linyi	1 590 160	...
Lishui	323 933	...
Liupanshui	1 844 471	...
Liuzhou	751 311	...
Longyan	433 621	...
Longzing	279 611	...
Loudi	300 428	...
Lu'an	191 447	...
Luohe	187 792	...
Luoyang	1 202 192	...
Luzhou	412 211	...
Ma'anshan	444 586	...
Macheng	1 056 597	...
Manzhouli	137 790	...
Maoming	532 715	...
Meizhou	232 098	...
Mianyang	1 701 059	...
Mishan	366 998	...
Mudangiang	750 585	...
Nanchang	1 262 031	...
Nanchong	279 178	...
Nangong	429 351	...
Nanjiang	2 610 594	...
Nanning	1 159 099	...
Nanping	466 995	...
Nantong	1 602 029	...
Nanyang	374 600	...
Neijiang	1 289 184	...
Ninde	361 223	...
Ningbo	3 350 851	...
Panjin	428 314	...
Panzhihua	631 572	...
Pingdingshan	1 827 593	...
31 XII 1970(E)		
Pingdong	*——— [125] 165 360	———*
1 VII 1990		
Pingliang	386 325	...
Pinxiang	1 388 427	...
Puqi	416 634	...
Putian	311 336	...
Puyang	302 077	...
Qianjiang	667 707	...
Qingdo	5 124 868	...
Qingtongxia	215 040	...
Qingyuan	962 955	...
Qinhuangdo	518 912	...
Qinzhou	992 399	...
Qiqihar	1 400 591	...
Qitaihe	445 216	...
Quanzhou	752 742	...
Qujing	824 137	...
Quzhou	727 256	...
Rizhao	1 027 724	...
Sanmenxia	309 543	...
Sanming	585 646	...
Sanya	306 948	...
Shahe	394 321	...
Shanghai	8 205 598	...
Shangqiu	244 581	...
Shangrao	167 570	...
Shangzhi	534 147	...
Shangzhou	511 326	...
Shantou	884 543	...
Shanwei	344 348	...

8. Population of capital cities and cities of 100 000 and more inhabitants: latest available year (continued)

Population des capitales et des villes de 100 000 habitants et plus: dernière année disponible (suite)

(See notes at end of table. – Voir notes à la fin du tableau.)

Continent, country or area, city and date Continent, pays ou zone, ville et date	Population City proper Ville proprement dite	 Urban agglomeration Agglomération urbaine
ASIA—ASIE (Cont.–Suite)		
China – Chine [124]		
31 XII 1970(E)		
Shanzhong	*—— [125] 235 667 ——	*
1 VII 1990		
Shaoguan	315 487	...
Shaown	298 694	...
Shaoxing	1 271 268	...
Shaoyang	522 725	...
Shashi	360 045	...
Shenyang	4 655 280	...
Shenzhen	875 176	...
Shihezi	170 631	...
Shijianzhuang	1 372 109	...
Shishou	579 415	...
Shiyan	400 823	...
Shizuishan	282 945	...
Shouzhou	469 903	...
Shuangyashan	469 959	...
Shuangcheng	738 722	...
Sifen	987 301	...
Siping	1 395 094	...
Suihua	769 958	...
Suinin	1 259 604	...
Suzhou	3 273 010	...
Tai'an	3 824 748	...
31 XII 1970(E)		
Tainan	*—— [125] 474 835 ——	*
Taipei	1 769	568
1 VII 1990		
Taiyan	2 224 580	...
31 XII 1970(E)		
Taizhong	*—— [125] 448 140 ——	*
1 VII 1990		
Tanchun	183 755	...
Tangshan	1 484 515	...
31 XII 1970(E)		
Tansyuan	*—— [125] 105 841 ——	*
1 VII 1990		
Taonan	511 239	...
Tianjin	5 804 023	...
Tianmen	1 484 085	...
Tianshui	1 039 750	...
Tieli	324 831	...
Tieling	1 097 616	...
Tongchuan	414 031	...
Tonghua	1 199 382	...
Tongliao	673 606	...
Tongling	256 458	...
Tongren	284 344	...
Tumen	122 579	...
Turpan	200 092	...
Uhai	310 037	...
Ulan Hot	229 136	...
Urumqi	1 160 775	...
Wanxian	314 392	...
Weifang	3 037 535	...
Weihai	1 733 287	...
Weinan	766 268	...
Wenzhou	1 650 419	...
Wuchuang	243 141	...
Wuhan	3 832 536	...
Wuhu	552 932	...
Wuwei	863 999	...
Wuxi	3 181 985	...
Wuxue	648 605	...
Wuyishan	206 620	...
Wuzhou	298 915	...
Xi'an	2 872 539	...
Xiamen	639 436	...
Xiangfan	2 985 978	...
Xiangtan	1 531 117	...
Xiangtan(Hebei Sheng)	396 001	...
Xiannin	454 971	...
Xiantao	1 361 240	...
Xianyang	736 869	...
Xiaocan	1 255 045	...
Xichang	481 196	...
Xifeng	270 435	...
Xining	697 780	...
Xinji	581 982	...
Xinxiang	1 770 370	...
Xinyang	273 175	...
Xinyi	593 451	...
Xinyu	608 213	...
31 XII 1970(E)		
Xinzhu	*—— [125] 208 038 ——	*
1 VII 1990		
Xinzhu	434 062	...
Xuanzhou	768 944	...
Xuchang	1 368 850	...
Xuzhou	257 705	...
Xuzhou (Jiangsu Sheng)	1 827 306	...
Ya'an	297 590	...
Yakumshi	416 043	...
Yan'an	317 313	...
Yangjiang	869 242	...
Yangquan	574 832	...
Yangzhou	2 769 300	...
Yanji	293 069	...
Yantai	3 204 669	...
Yibin	685 192	...
Yichang	492 286	...
Yichun (Heilongjiang Sheng)	882 236	...
Yichun (Jiangxi Sheng)	836 105	...
Yinchuan	502 080	...
Yingcheng	583 805	...
Yingkow	571 513	...
Yining	257 073	...
Yintan	135 222	...
Yiyang	417 667	...
Yongzhou	945 648	...
Yuanjiang	644 301	...
Yuci	467 127	...
Yueyang	1 077 721	...
Yulin (Hunan)	1 323 410	...
Yulin (Shanxi)	369 335	...
Yumen	158 610	...
Yuncheng	492 291	...
Yuxi	321 271	...
Zalantun	402 418	...
Zaozhuang	3 191 974	...
Zhangjiakou	719 672	...
Zhangshu	489 178	...
Zhangye	430 513	...
Zhangzhou	341 637	...
Zhanjiang	1 048 720	...
Zhaoqing	348 857	...
Zhaotang	619 521	...
Zhenchu	569 378	...
Zhengzhou	1 752 374	...

8. Population of capital cities and cities of 100 000 and more inhabitants: latest available year (continued)

Population des capitales et des villes de 100 000 habitants et plus: dernière année disponible (suite)

(See notes at end of table. – Voir notes à la fin du tableau.)

Continent, country or area, city and date Continent, pays ou zone, ville et date	Population City proper Ville proprement dite	 Urban agglomeration Agglomération urbaine
ASIA—ASIE (Cont.–Suite)		
China – Chine [124]		
1 VII 1990		
Zhenjiang	1 280 027	...
Zhoukou	245 718	...
Zhoushan	672 267	...
Zhuhai	331 065	...
Zhumadian	249 162	...
Zhuzhou	1 521 879	...
Zibo	2 484 206	...
Zicheng	384 703	...
Zigong	977 147	...
Zixing	360 813	...
Zunyi	391 837	...
Zuozhou	486 589	...
Cyprus – Chypre		
31 XII 1992(E)		
Limassol	...	137 000
NICOSIA	...	177 000
East Timor – Timor oriental		
15 XII 1960		
DILI	52 158	...
Georgia – Géorgie		
1 I 1990(E)		
Batumi	137 000	...
Kutaisi	236 000	...
Rustavi	160 000	...
Sukhumi	122 000	...
TBILISI	1 268 000	...
India – Inde [126]		
1 III 1991		
Abohar	107 163	...
Adoni	136 182	...
Agartala	157 358	...
Agra	891 790	948 063
Ahmedabad	2 876 710	3 312 216
Ahmednagar	181 339	222 088
Aizawl	155 240	...
Ajmer	402 700	...
Akola	328 034	...
Aligarh	480 520	...
Alipurduar	...	102 815
Allhabad	792 858	844 546
Allappuzha	174 666	264 969
Alwar	205 086	210 146
Ambala	[127] 119 338	139 889
Amravati	421 576	...
Amritsar	708 835	...
Amroha	137 061	...
Anand	110 266	174 480
Anantapur	174 924	...
Arcot	...	114 760
Arrah	157 082	...
Asansol	262 188	763 939
Aurangabad	573 272	592 709
Baharampur	115 144	126 400
Bahraich	135 400	...
Baleshwar	85 442	101 829
Balurghat	119 796	126 225
Bangalore	2 660 088	4 130 288
Bankura	114 876	...
Barddhaman	245 079	...
Bareilly	587 211	617 350
Basirhat	101 409	...
Batala	86 006	103 367
Bathinda	159 042	...
Beawar	105 363	106 721
Belgaum	326 399	402 412
Bellary	245 391	...
Bhadravati	...	149 257
Bhagalpur	253 225	260 119
Bharatpur	148 519	156 880
Bharuch	133 102	139 029
Bhavnagar	402 338	405 225
Bheemaravam	121 314	...
Bhilai Nagar	386 159	...
Bhilwara	183 965	...
Bhind	109 755	...
Bhiwandi	379 070	392 214
Bhiwani	121 629	...
Bhopal	1 062 771	...
Bhubaneswar	411 542	...
Bhuj	102 176	121 009
Bhusawal	145 143	159 799
Bid	112 434	...
Bidar	108 016	132 408
Bihar Sharif	201 323	...
Bijapur	186 939	193 131
Bikaner	401 289	...
Bilaspur	179 833	...
Bokaro Steel City	333 683	398 890
Bombay	9 925 891	12 596 243
Brahmapur	210 418	...
Budaun	116 695	...
Bulandshahr	127 201	...
Burhanpur	172 710	...
Calcutta	...	[128] 11 021 918
Chandigarh	504 094	575 829
Chandrapur	226 105	...
Chapra	136 877	...
Cherthala	43 326	132 883
Chirala	80 861	142 778
Chitradurga	133 462	...
Coimbatore	816 321	1 100 746
Cuddalore	144 561	...
Cuddapah	121 463	215 866
Cuttack	403 418	440 295
Dabgram	147 217	...
Damoh	95 661	105 043
Darbhanga	218 391	...
Davangere	266 082	287 233
Dehradun	270 159	368 053
Dewas	164 364	...
Delhi	7 206 704	[129] 8 419 084
Dhanbad	151 789	815 005
Dhule	278 317	...
Dibrugarh	120 127	125 667
Dindigul	182 477	...
Durg	150 645	...
Durgapur	425 836	...
Durg Bhilai Nagar	...	685 474
Eluru	212 866	...
English Bazar	...	177 164
Erode	159 232	361 755
Etawah	124 072	...
Faizabad	124 437	176 922
Faridabad	617 717	...
Farrukhabad–Fategarh	194 567	208 727
Fatehpur	117 675	...
Firozabad	215 128	270 536
Gadag–Betgeri	134 051	...

8. Population of capital cities and cities of 100 000 and more inhabitants: latest available year (continued)

Population des capitales et des villes de 100 000 habitants et plus: dernière année disponible (suite)

(See notes at end of table. – Voir notes à la fin du tableau.)

Continent, country or area, city and date / Continent, pays ou zone, ville et date	Population	
	City proper / Ville proprement dite	Urban agglomeration / Agglomération urbaine
ASIA—ASIE (Cont.–Suite)		
India – Inde [126]		
1 III 1991		
Gandhidham	104 585	...
Gandhinagar	123 359	...
Ganganagar	161 482	...
Gaya	291 675	294 427
Ghaziabad	454 156	511 759
Godhra	96 813	100 662
Gondiya	109 470	...
Gorakhpur	505 566	...
Gudivada	101 656	...
Gulbarga	304 099	310 920
Guna	100 490	...
Guntakul	107 592	...
Guntur	471 051	...
Gurgaon	121 486	135 884
Guruvayur	...	118 632
Guwahati	584 342	...
Gwalior	690 765	717 780
Habra	100 223	196 970
Haldia	100 347	...
Haldwani–cum–Kathgodam	104 195	...
Hapur	146 262	...
Hathras	113 285	...
Hardwar	147 305	187 392
Hassan	90 803	108 706
Hindupur	104 651	...
Hisar	172 677	181 255
Hospet	96 322	134 799
Hoshiarpur	122 705	...
Hubli–Dharwad	648 298	...
Hyderabad	2 964 638	3 145 939
Ichalakaranji	214 950	235 979
Imphal	198 535	202 839
Indore	1 091 674	1 109 056
Jabalpur	741 927	888 916
Jaipur	1 458 483	1 518 235
Jalgaon	242 193	...
Jalna	174 985	...
Jamnagar	341 637	381 646
Jamshedpur	460 577	...
Jaunpur	136 062	...
Jhansi	300 850	368 154
Jodhpur	666 279	...
Jorhat	58 358	112 030
Jalandhar	509 510	...
Junagadh	130 484	167 110
Kalyan	1 014 557	...
Kamptee	127 151	...
Kanchipuram	144 955	171 129
Kanhangad	57 165	118 214
Kannur	65 238	463 962
Kanpur	1 874 409	2 029 889
Karur	...	113 669
Karaikudi	...	110 926
Karimnagar	148 583	...
Karnal	173 751	176 131
Katihar	154 367	...
Khammam	127 992	149 077
Khandwa	145 133	...
Kharagpur	177 989	264 842
Kochi	564 589	1 140 605
Kolar Gold Fields	...	156 746
Kolhapur	406 370	418 538
Kollam	139 852	362 572
Korba	124 501	229 615
Kota	537 371	...
Kottayam	63 155	166 552
Kothagudem	80 440	102 137
Kozhikode	419 831	801 190
Krishnanagar	121 110	...
Kumbakonam	139 483	150 540
Kurnool	236 800	275 360
Latur	197 408	...
Lucknow	1 619 115	1 669 204
Ludhiana	1 042 740	...
Machilipatnam	159 110	...
Madras	3 841 396	5 421 985
Madurai	940 989	1 085 914
Mahbubnagar	116 833	...
Mahesana	...	109 950
Malegaon	342 595	...
Malappuram	49 692	142 204
Mandya	120 265	...
Mangalore	273 304	426 341
Mathura	226 691	235 922
Maunath Bhanjan	136 697	...
Medinipur	125 498	...
Meerut	753 778	849 799
Mirzapur–cum–Vindhayachal	169 336	...
Moga	108 304	110 958
Modinagar	101 660	123 279
Moradabad	429 214	443 701
Morena	147 124	...
Morvi	90 357	120 117
Munger	150 112	...
Murwara (Katni)	163 431	...
Muzaffarnagar	240 609	247 624
Muzaffarpur	241 107	...
Mysore	480 692	653 345
Nabadwip	125 037	155 905
Nadiad	167 051	170 217
Nagercoil	190 084	...
Nagpur	1 624 752	1 664 006
Nanded	275 083	309 316
Nandyal	119 813	...
Nashik	656 925	725 341
Navsari	126 089	190 946
Nellore	316 606	...
NEW DELHI	301 297	...
Neyveli	...	126 889
Nizamabad	241 034	...
Noida	146 514	...
Ongole	100 836	128 648
Onadal	...	211 670
Palakkad	123 289	180 033
Pali	136 842	...
Panipat	191 212	...
Parbhani	190 255	...
Patan	...	120 178
Pathankot	123 930	128 198
Patiala	238 368	253 706
Patna	917 243	1 099 647
Patratu	...	109 822
Phusro	...	142 585
Pilibhit	106 605	...
Pollachi	127 132	...
Pondicherry	203 065	401 437
Porbandar	116 671	160 167
Proddatur	133 914	...
Pune	1 566 651	2 493 987
Puri	125 199	...
Purnia	114 912	136 918
Rae Bareli	129 904	...
Raichur	157 551	170 577
Raiganj	151 045	159 266
Raipur	438 639	462 694
Rajahmundry	324 851	401 397
Rajapalaiyam	114 202	...

8. Population of capital cities and cities of 100 000 and more inhabitants: latest available year (continued)

Population des capitales et des villes de 100 000 habitants et plus: dernière année disponible (suite)

(See notes at end of table. – Voir notes à la fin du tableau.)

Continent, country or area, city and date Continent, pays ou zone, ville et date	Population: City proper Ville proprement dite	Population: Urban agglomeration Agglomération urbaine
ASIA—ASIE (Cont.–Suite)		
India – Inde [126]		
1 III 1991		
Rajkot	559 407	654 490
Rajnandgaon	125 371	...
Ramagundam	214 384	...
Rampur	243 742	...
Ranchi	599 306	614 795
Ranaghat	...	127 035
Raniganj	151 045	159 266
Ranijanj	61 997	155 823
Ratlam	183 375	195 776
Rewa	128 981	...
Rohtak	216 096	...
Raurkela	140 408	398 864
Sagar	195 346	257 119
Saharanpur	374 945	...
Salem	366 712	578 291
Sambhal	150 869	...
Sambalpur	131 138	193 297
Santipur	109 956	...
Sangli	193 197	363 751
Satna	156 630	160 500
Shahjahanpur	237 713	260 403
Shillong	131 719	223 366
Shimla	82 054	110 360
Shimoga	179 258	193 028
Shivapuri	108 277	...
Solapur	604 215	620 846
Sikar	148 272	...
Silchar	115 483	...
Siliguri	216 950	...
Sirsa	112 841	...
Sitapur	121 842	...
Sivakasi	...	102 175
Sonipat	143 922	...
Surat	1 498 817	1 518 950
Tenali	143 726	...
Thalassery	103 579	...
Thanjavur	202 013	...
Thane	803 389	...
Tiruchchirappalli	387 223	711 862
Tirunelveli	135 825	366 869
Tirupati	174 369	188 904
Tiruppur	235 661	306 237
Tiruvannamalai	109 196	...
Thrissur	74 604	275 053
Thiruvananthapuram	524 006	826 225
Tonk	...	100 235
Tumkur	138 903	179 877
Tuticorin	199 854	280 091
Udaipur	308 571	...
Udupi	...	117 674
Ujjain	362 266	362 633
Unnao	107 425	...
Ulhasnagar	175 605	...
Vadakara	72 434	102 430
Vadodara	1 031 346	1 126 824
Valparai	106 523	...
Valsad	57 909	111 755
Varanasi	929 270	1 030 863
Vellore	175 061	310 776
Vijayawada	701 827	757 662
Visakhapatnam	752 037	1 057 118
Vizianagarm	160 359	177 022
Wardha	102 985	...
Wadhwan	...	166 466
Warangal	447 657	467 757
Yamunanagar	...	219 754
Yavatmal	108 578	121 816
Indonesia – Indonésie		
31 X 1980		
Ambon	208 898	...
Balikpapan	280 675	...
Bandjarmasin	381 286	...
Bandung	1 462 637	...
Bogor	247 409	...
Cirebon	223 776	...
Djambi	230 373	...
31 X 1985		
JAKARTA	7 885 519	...
31 X 1980		
Kediri	221 830	...
Madium	150 562	...
Magelang	123 484	...
Malang	511 780	...
Manado	217 519	...
Medan	1 378 955	...
Padang	480 922	...
Pakalongan	132 558	...
Pakan Baru	186 262	...
Palembang	787 187	...
Pematang Siantar	150 376	...
Pontianak	304 778	...
Probolinggo	100 296	...
Samarinda	264 718	...
Semarang	1 026 671	...
Sukabumi	109 994	...
Surabaja	2 027 913	...
Surakarta	469 888	...
Tanjung Karang	284 275	...
Tegal	131 728	...
Ujung Pandang	709 038	...
Yogyakarta	398 727	...
Iran (Islamic Republic of – Rép. islamique d')		
22 IX 1986		
Ahwaz	579 826	...
Amol	118 242	...
Arak	265 349	...
Ardabil	281 973	...
Babol	115 320	...
Bakhtaran	560 514	...
Bandar–e–Abbas	201 642	...
Borujerd	183 879	...
Bushehr	120 787	...
Dezful	151 420	...
Esfahan	986 753	...
Gorgan	139 430	...
Hamadan	272 499	...
Islam Shahr (Qasemabad)	215 129	...
Karaj	275 100	...
Kashan	138 599	...
Kerman	257 284	...
Khomeini shahr	104 647	...
Khoramabad	208 592	...
Khoy	115 343	...
Malayer	103 640	...
Maraqeh	100 679	...
Mashhad	1 463 508	...
Masjed Soleyman	104 787	...
Najafabad	129 058	...
Neyshabur	109 258	...

8. Population of capital cities and cities of 100 000 and more inhabitants: latest available year (continued)

Population des capitales et des villes de 100 000 habitants et plus: dernière année disponible (suite)

(See notes at end of table. – Voir notes à la fin du tableau.)

Continent, country or area, city and date / Continent, pays ou zone, ville et date	Population: City proper / Ville proprement dite	Population: Urban agglomeration / Agglomération urbaine
ASIA—ASIE (Cont.–Suite)		
Iran (Islamic Republic of – Rép. islamique d')		
22 IX 1986		
Orumiyeh	300 746	...
Qaem shahr	109 288	...
Qazvin	248 591	...
Qom	543 139	...
Rajai shahr	117 852	...
Rasht	290 897	...
Sabzewar	129 103	...
Sanandaj	204 537	...
Sari	141 020	...
Shiraz	848 289	...
Tabriz	971 482	...
TEHRAN	6 042 584	...
Yazd	230 483	...
Zahedan	281 923	...
Zanjan	215 261	...
Iraq		
17 X 1987		
Adhamiyah	464 151	...
Al Sulaimaniya	951 723	...
Amara	208 797	...
Arbil	770 439	...
BAGHDAD	[131] 3 841 268	...
Basra	406 296	...
Diwaniya	196 519	...
Diyala	961 073	...
Erbil	485 968	...
Hilla	268 834	...
Kadhimain	521 444	...
Karradah Sharqiyah	235 554	...
Kerbala	296 705	...
Kirkuk	418 624	...
Kut	183 183	...
Mamoon	244 545	...
Mosul	664 221	...
Najaf	309 010	...
Nasariya	265 937	...
Ramadi	192 556	...
Sulamaniya	364 096	...
Israel – Israël		
1 VII 1992(E) [1]		
Bat Yam	145 700	...
Be'er Sheva	131 500	...
Bene Beraq	122 600	...
Haifa	250 200	446 800
Holon	162 100	...
JERUSALEM [132]	[133] 549 900	...
Netanya	140 600	...
Petah Tiqwa	149 700	...
Ramat Gan	123 300	...
Rishon Leziyyon	147 900	...
Tel Aviv–Yafo	354 800	1 501 700
Japan – Japon		
1 X 1992(E) [134] [135]		
Abiko	*——— 122 232 ———*	
Ageo	200 701	
Aizuwakamatsu	119 123	
Akashi	278 458	
Akishima	106 939	
Akita	*——— 305 726 ———*	
Amagasaki	497 333	
Anjo	146 770	
Aomori	287 354	
Asaka	106 524	
Asahikawa	361 736	
Ashikaga	167 696	
Atsugi	203 775	
Beppu	129 882	
Chiba	841 914	
Chigasaki	207 237	
Chofu	199 647	
Daito	127 130	
Ebina	109 483	
Ebetsu	102 815	
Fuchu	213 554	
Fuji	226 587	
Fujieda	122 322	
Fujinomiya	118 735	
Fujisawa	358 757	
Fukui	254 008	
Fukuoka	1 261 658	
Fukushima	280 958	
Fukuyama	369 401	
Funabashi	537 614	
Gifu	409 928	
Habikino	116 225	
Hachinohe	241 086	
Hachioji	481 548	
Hadano	160 146	
Hakodate	306 465	
Hamamatsu	557 881	
Handa	102 976	
Higashihiroshima	100 283	
Higashiosaka	516 333	
Higashikurume	113 375	
Higashimurayama	136 343	
Hikone	101 476	
Himeji	460 627	
Hino	167 436	
Hirakata	394 935	
Hiratsuka	250 280	
Hirosaki	174 921	
Hiroshima	1 096 919	
Hitachi	202 380	
Hofu	118 833	
Ibaraki	254 915	
Ichihara	267 004	
Ichikawa	446 897	
Ichinomiya	264 990	
Ikeda	104 268	
Ikoma	102 325	
Imabari	121 874	
Iruma	141 093	
Ise	103 448	
Isesaki	118 679	
Ishinomaki	121 550	
Itami	186 650	
Iwaki	357 932	
Iwakuni	109 047	
Iwatsuki	108 512	
Izumi (Osaka)	147 514	
Joetsu	130 503	
Kadoma	142 317	
Kagoshima	537 775	
Kakamigahara	131 494	
Kakogawa	246 357	
Kamakura	173 492	
Kanazawa	445 522	
Kariya	123 805	
Kashihara	117 366	

8. Population of capital cities and cities of 100 000 and more inhabitants: latest available year (continued)

Population des capitales et des villes de 100 000 habitants et plus: dernière année disponible (suite)

(See notes at end of table. – Voir notes à la fin du tableau.)

Continent, country or area, city and date — Continent, pays ou zone, ville et date	Population: City proper — Ville proprement dite	Population: Urban agglomeration — Agglomération urbaine
ASIA—ASIE (Cont.–Suite)		
Japan – Japon		
1 X 1992(E) [134 135]		
Kashiwa	*——— 312 690 ———*	
Kasugai	270 927	
Kasukabe	193 900	
Katsuta	112 650	
Kawachinagano	112 180	
Kawagoe	311 605	
Kawaguchi	448 142	
Kawanishi	141 743	
Kawasaki	1 195 464	
Kiryu	124 556	
Kisarazu	125 682	
Kishiwada	188 997	
Kitakyushu	1 020 877	
Kitami	108 206	
Kobe	1 499 195	
Kochi	318 009	
Kodaira	168 698	
Kofu	200 611	
Koganei	107 716	
Kokubanji	103 157	
Komaki	131 837	
Komatsu	106 546	
Koriyama	320 209	
Koshigaya	291 399	
Kumagaya	155 118	
Kumamoto	636 144	
Kurashiki	416 703	
Kure	213 474	
Kurume	231 825	
Kushiro	203 314	
Kyoto	1 456 527	
Machida	355 843	
Maebashi	288 410	
Matsubara	134 858	
Matsudo	461 438	
Matsue	144 262	
Matsumoto	202 998	
Matsusaka	119 575	
Matsuyama	450 796	
Minoo	124 251	
Misato	132 317	
Mishima	106 934	
Mitaka	166 644	
Mito	246 600	
Miyakonojo	130 436	
Miyazaki	291 036	
Moriguchi	156 602	
Morioka	281 870	
Muroran	116 192	
Musashino	138 452	
Nagano	350 673	
Nagaoka	187 635	
Nagareyama	144 335	
Nagasaki	442 373	
Nagoya	2 162 007	
Naha	302 357	
Nara	353 726	
Narashino	153 791	
Neyagawa	257 810	
Niigata	488 654	
Niihama	128 996	
Niiza	141 420	
Nishinomiya	425 711	
Nobeoka	128 894	
Noda	117 155	
Numazu	212 724	
Obihiro	169 803	
Odawara	*——— 196 011 ———*	
Ogaki	149 439	
Oita	417 051	
Okayama	601 094	
Okazaki	315 633	
Okinawa	108 588	
Ome	132 238	
Omiya	416 421	
Omuta	147 994	
Osaka	2 603 272	
Ota	142 949	
Otaru	162 148	
Otsu	265 313	
Oyama	146 487	
Saga	170 145	
Sagamihara	551 762	
Sakai	808 084	
Sakata	100 744	
Sakura	152 826	
Sapporo	1 716 624	
Sasebo	245 017	
Sayama	160 558	
Sendai	941 794	
Seto	127 329	
Shimizu	241 638	
Shimonoseki	260 692	
Shizuoka	474 388	
Soka	210 410	
Suita	342 020	
Suzuka	178 008	
Tachikawa	154 901	
Takamatsu	330 568	
Takaoka	175 413	
Takarazuka	204 552	
Takasaki	238 043	
Takatsuki	360 748	
Tama	148 148	
Tokorozawa	311 654	
Tokushima	264 503	
Tokuyama	110 232	
1 X 1989(E) [134]		
TOKYO [137]	8 278 116	11 927 457
1 X 1992(E) [134 135]		
TOKYO [137]	*——— 8 129 377 ———*	
Tomakomai	164 484	
Tondabayashi	115 579	
Tottori	144 161	
Toyama	323 015	
Toyohashi	346 741	
Toyokawa	113 527	
Toyonaka	406 126	
Toyota	340 621	
Tsu	161 436	
Tsuchuiura	130 369	
Tsukuba	149 944	
Ube	175 505	
Ueda	120 717	
Uji	181 195	
Urawa	434 976	
Urayasu	120 789	
Utsunomiya	432 633	
Wakayama	396 171	
Yachiyo	152 463	
Yaizu	113 857	
Yamagata	250 620	
Yamaguchi	131 161	
Yamato	201 200	
Yao	277 071	
Yatsushiro	107 807	
Yokkaichi	280 523	
Yokohama	3 272 180	

8. Population of capital cities and cities of 100 000 and more inhabitants: latest available year (continued)

Population des capitales et des villes de 100 000 habitants et plus: dernière année disponible (suite)

(See notes at end of table. – Voir notes à la fin du tableau.)

Continent, country or area, city and date Continent, pays ou zone, ville et date	Population City proper Ville proprement dite	 Urban agglomeration Agglomération urbaine
ASIA—ASIE (Cont.–Suite)		
Japan – Japon		
1 X 1992(E) [134] [135]		
Yokosuka	*———— 435 846 ————*	
Yonago	132 167	
Zama	116 000	
Jordan – Jordanie		
31 XII 1991(E)		
AMMAN	965 000	...
Irbid	216 000	...
Russiefa	115 500	...
Zarqa	359 000	...
Kazakhstan		
1 I 1993(E)		
Akmola	287 000	292 000
Aktau	174 000	190 000
Aktjubinsk	264 000	266 000
ALMATY	1 176 000	1 198 000
Atirau	151 000	156 000
Dzhambul(Zhambul)	317 000	317 000
Dzhezkazgan(Zhezkazgan)	108 000	113 000
Ekibastuz	141 000	151 000
Karaganda	596 000	596 000
Koktchetav	144 000	146 000
Kzyl–Orda	164 000	165 000
Pavlograd	349 000	367 000
Petropavlovsk (Severo–Kazakhstanskaya oblast)	248 000	249 000
Rudni	130 000	146 000
Semipalatinsk	342 000	343 000
Shimkent	404 000	447 000
Taldikorgan	125 000	146 000
Temirtau	213 000	227 000
Uralsk	220 000	246 000
Ust–Kamenogorsk	334 000	342 000
Korea, Republic of– Corée, République de		
1 XI 1990 [1]		
Andong	116 958	...
Ansan	252 418	...
Anyang	481 291	...
Bucheon	667 993	...
Busan	3 798 113	...
Changweon	323 223	...
Cheju	232 643	...
Cheonan	211 363	...
Cheongju	477 783	...
Chinhae	120 212	...
Chinju	255 695	...
Chonchu (Jeonju)	517 059	...
Chuncheon	174 224	...
Chungju	128 425	...
Daegu	2 229 040	...
Daejean	1 049 578	...
Eujeongbu	212 352	...
Gangreung	152 678	...
Gumi	206 121	...
Gunsan	218 205	...
Gwangju	1 139 003	...
Gyeongju	141 896	...
Hanam	101 325	...
Inchon (Incheon)	1 817 919	...
Iri	203 382	...
Jeongju	86 906	...
ASIA — ASIE (Cont.–Suite)		
Kwang myong	328 593	...
Kimhae	106 206	...
Kuri	109 374	...
Kunpo	100 059	...
Masan	493 731	...
Mogpo	243 064	...
Pohang	317 768	...
Seongnam	540 754	...
SEOUL	10 612 577	...
Shihung	107 176	...
Suncheon	167 214	...
Suwon (Puwan)	644 805	...
Uijong	212 352	...
Ulsan	682 411	...
Yosu	173 169	...
Kuwait – Koweït		
20 IV 1975		
Hawalli	130 565	...
KUWAIT CITY	78 116	...
Salmiya	113 943	...
Kyrgyzstan – Kirghizistan		
1 VII 1991(E)		
BISHKEK	627 800	...
Osh	219 100	...
Lao People's Dem. Rep. – Rép. dém. populaire Lao		
1966(E)		
VIENTIANE	*132 253*	...
Lebanon – Liban		
15 XI 1970 [138]		
BEIRUT	474 870	938 940
Tripoli	127 611	...
Macau – Macao		
15 XII 1970		
MACAU	[139] 241 413	...
Malaysia – Malaisie Peninsular Malaysia – Malaisie Péninsulaire		
10 VI 1980		
George Town	248 241	...
Ipoh	293 849	...
Johore Bharu	246 395	...
Klang	192 080	...
Kota Bahru	167 872	...
KUALA LUMPUR	919 610	...
Kuala Terengganu	180 296	...
Kuantan	131 547	...
Petaling Jaya	207 805	...
Seremban	132 911	...
Taiping	146 002	...
Sabah		
10 VI 1980		
KOTA KINABALU	108 725	...

8. Population of capital cities and cities of 100 000 and more inhabitants: latest available year (continued)

Population des capitales et des villes de 100 000 habitants et plus: dernière année disponible (suite)

(See notes at end of table. – Voir notes à la fin du tableau.)

Continent, country or area, city and date Continent, pays ou zone, ville et date	Population City proper Ville proprement dite	 Urban agglomeration Agglomération urbaine
ASIA—ASIE (Cont.–Suite)		
Sarawak		
25 VII 1970		
KUCHING	63 535	...
Maldives		
31 XII 1977		
MALE	29 522	...
Mongolia – Mongolie		
1 I 1987(E)		
ULAANBAATAR	515 100	...
Myanmar		
31 III 1983		
Bassein	144 096	...
Mandalay	532 949	...
Monywa	106 843	...
Moulmein	219 961	...
Pegu	150 528	...
Sittwe	107 621	...
Taunggyi	108 231	...
YANGON	2 513 023	...
Nepal – Népal		
22 VI 1981		
KATHMANDU	235 160	...
Oman		
1960(E)		
MUSCAT	*5 080*	6 208
Pakistan [140]		
1 III 1981		
Bahawalpur	...	180 263
Chiniot	...	105 559
Dera Ghazi Khan	...	102 007
Faisalabad(Lyallpur)	...	1 104 209
Gujranwala	...	658 753
Gujrat	...	155 058
Hyderabad	...	751 529
ISLAMABAD	...	204 364
Jhang	...	195 558
Karachi	...	5 180 562
Kasur	...	155 523
Lahore	...	2 952 689
Mardan	...	147 977
Multan	...	732 070
Nawabshah	...	102 139
Okara	...	153 483
Peshawar	...	566 248
Quetta	...	285 719
Rahimyar Khan	...	119 036
Rawalpindi	...	794 843
Sargodha	...	291 362
Sheikhu Pura	...	141 168
Sialkote	...	302 009
Philippines		
1 VII 1991(E)		
Angeles	250 517	...
Bacolod	343 320	...
Bago	*137 955*	...
Baguio	*162 440*	...
Batangas	*184 563*	...
Butuan	*229 056*	...
Cabanatuan	*178 283*	...
Cadiz	*148 178*	...
Cagayan de Oro	*358 181*	...
Calbayog	*113 817*	...
Caloocan	*629 473*	...
Cavite	*107 201*	...
Cebu	*641 042*	...
Cotabato	*105 660*	...
Dagupan	*118 067*	...
Davao	*867 779*	...
General Santos	*205 263*	...
Gingoog	*101 566*	...
Iligan	*237 718*	...
Iloilo	*297 094*	...
Lapu–Lapu	*128 887*	...
1 VII 1984(E)		
Las Pinas	*190 364*	...
1 VII 1991(E)		
Legaspi	*126 860*	...
Lipa	*154 897*	...
Lucena City	*148 644*	...
1 VII 1984(E)		
Makati	*408 991*	...
Malabon	*212 930*	...
1 VII 1991(E)		
Mandaue	*183 617*	...
1 VII 1984(E)		
Mandaluyong	*226 670*	...
MANILA	*1 728 441*	6 720 050
1 VII 1991(E)		
MANILA	*1 894 667*	...
1 VII 1984(E)		
Marikina	*248 183*	...
Muntinlupa	*172 421*	...
1 VII 1991(E)		
Naga	*118 238*	...
1 VII 1984(E)		
Navotas	*146 899*	...
1 VII 1991(E)		
Olongapo	*161 140*	...
Ormoc	*127 513*	...
Pagadian	*110 246*	...
1 VII 1984(E)		
Paranaque	*252 791*	...
1 VII 1991(E)		
Pasay	*381 526*	...
1 VII 1984(E)		
Pasig	*318 853*	...
1 VII 1991(E)		
Quezon City	*162 789*	...
Roxas	*106 305*	...
San Carlos(Negros Occ.)	*102 976*	...
San Carlos(Pangasinan)	*121 548*	...
San Pablo	*170 373*	...
Silay	*141 260*	...

8. Population of capital cities and cities of 100 000 and more inhabitants: latest available year (continued)

Population des capitales et des villes de 100 000 habitants et plus: dernière année disponible (suite)

(See notes at end of table. – Voir notes à la fin du tableau.)

Continent, country or area, city and date / Continent, pays ou zone, ville et date	Population: City proper / Ville proprement dite	Population: Urban agglomeration / Agglomération urbaine
ASIA—ASIE (Cont.–Suite)		
Philippines		
1 VII 1991(E)		
Tacloban	124 531	...
1 VII 1984(E)		
Taguig	130 719	...
1 VII 1991(E)		
Toledo	116 020	...
1 VII 1984(E)		
Valenzuela	275 725	...
1 VII 1991(E)		
Zamboanga	453 214	...
Qatar		
16 III 1986		
DOHA	217 294	...
Saudi Arabia – Arabie saoudite		
14 IX 1974		
Dammam	127 844	...
Hufuf	101 271	...
Jeddah	561 104	...
Makkah	366 801	...
Medina	198 186	...
RIYADH	666 840	...
Ta'if	204 857	...
Singapore – Singapour		
30 VI 1993(E)*		
SINGAPORE	*— [141] 2 874 000—	—*
Sri Lanka		
1 VII 1990(E)		
COLOMBO	615 000	...
Dehiwala–Mount Lavinia	196 000	...
1 VII 1986(E)		
Galle	109 000	...
1 VII 1990(E)		
Jaffna	129 000	...
Kandy	104 000	...
Kotte	109 000	...
Moratuwa	170 000	...
Syrian Arab Republic – République arabe syrienne		
8 IX 1981		
Aleppo	985 413	1 121 781
1 VII 1993(E)		
Aleppo	1 493 000	...
1 VII 1992(E)		
Al–Kamishli	151 000	...
1 VII 1993(E)		
Al–Rakka	134 000	...
8 IX 1981		
DAMASCUS	1 112 214	1 444 303
1 VII 1993(E)		
DAMASCUS	*1 510 000*	...
Deir El–Zor	*129 000*	...
8 IX 1981		
Hama	177 208	248 188
1 VII 1993(E)		
Hama	*263 000*	...
8 IX 1981		
Homs	346 871	407 981
1 VII 1993(E)		
Homs	*538 000*	...
8 IX 1981		
Lattakia	196 791	231 555
1 VII 1993(E)		
Lattakia	*294 000*	...
Tajikistan – Tadjikistan		
1 I 1990(E)		
DUSHANBE	602 000	...
Osh	218 000	...
Thailand – Thaïlande		
1 IV 1990 [1 12]		
BANGKOK	*—— 5 876 000——	—*
Chiang Mai	167 000	
Chon Buri	187 000	
Khon Kaen	206 000	
Nakhon Ratchasima	278 000	
Nakhon Sawan	152 000	
Nakhon Si Thammarat	112 000	
Nanthaburi	233 000	
Saraburi	107 000	
Songkhla	243 000	
Ubon Ratchathani	137 000	
Turkey – Turquie		
1 VII 1993(E)		
Adana	*1 010 363*	1 471 851
21 X 1990		
Adapazari	171 225	297 759
1 VII 1993(E)		
Adapazari	*181 869*	...
ANKARA [142]	*2 719 981*	3 028 461
Antalya	*461 645*	733 709
Balikesir	*182 821*	500 710
Batman	*172 414*	225 041
Bursa	*949 810*	1 316 762
Denizli	*225 851*	367 602
Diyarbakir	*428 993*	676 924
Elazig	*217 715*	286 528
Erzurum	*247 987*	418 697
Eskisehir	*440 380*	508 130
Gaziantep	*683 557*	929 842
Hatay	*133 474*	561 256
21 X 1990		
Içel	422 357	787 284
1 VII 1993(E)		
Içel	...	907 730
Iskenderun	*156 286*	...
Isparta	*118 461*	252 376

8. Population of capital cities and cities of 100 000 and more inhabitants: latest available year (continued)

Population des capitales et des villes de 100 000 habitants et plus: dernière année disponible (suite)

(See notes at end of table. – Voir notes à la fin du tableau.)

Continent, country or area, city and date / Continent, pays ou zone, ville et date	Population: City proper / Ville proprement dite	Population: Urban agglomeration / Agglomération urbaine
ASIA—ASIE (Cont.-Suite)		
Turkey – Turquie		
1 VII 1993(E)		
Istanbul [143]	*7 331 927*	7 490 342
Izmir [144]	*1 920 807*	2 333 141
Izmit	270 519	...
Kahramanmaras	*238 297*	433 141
Kayseri	*444 923*	647 878
Kirikkale	*174 310*	236 236
21 X 1990		
Kocaeli	256 882	582 559
1 VII 1993(E)		
Kocaeli	...	661 251
Konya	*558 308*	1 039 522
Kütahya	*138 001*	257 370
Malatya	*308 972*	412 218
Manisa	*179 302*	641 186
21 X 1990		
Mersin	422 357	787 284
1 VII 1993(E)		
Mersin	493 556	...
Osmaniye	133 579	...
Sakarya	...	320 552
Samsun	*320 515*	557 316
Siirt	*76 601*	122 136
Sivas	*234 946*	413 851
Tarsus	214 136	...
Trabzon	*144 992*	320 979
Urfa	*333 738*	648 612
Van	*182 347*	296 668
Zonguldak	*116 109*	425 550
Turkmenistan – Turkménista		
1 I 1990(E)		
ASHKHABAD	407 000	...
Chardzhou	164 000	...
Tashauz	114 000	...
United Arab Emirates – Emirats arabes unis		
15 XII 1980		
ABU DHABI	242 975	...
Al–Aïn	101 663	...
Dubai	265 702	...
Sharjah	125 149	...
Uzbekistan – Ouzbékistan		
1 I 1990(E)		
Almalyk	116 000	...
Andizhan	297 000	...
Angren	133 000	...
Bukhara	228 000	...
Chimkent	401 000	...
Chirchik	159 000	...
Djizak	108 000	...
Fergana	198 000	...
Karshi	163 000	...
Kokand	176 000	...
Leninabad	163 000	...
Namangan	312 000	...
Navoi	110 000	...
Nukus	175 000	...
Samarkand	370 000	...
TASHKENT	2 094 000	...
Urgentch	129 000	...
Viet Nam		
1 IV 1989		
Bac Lieu	83 482	115 900
Bien Hoa	97 044	228 519
Buonmathuot	273 879	313 816
Campha	105 336	127 408
Cantho	208 078	284 306
Dalat	102 583	115 959
Da Nang	369 734	369 734
Haiphong	449 747	1 447 523
HANOI	1 089 760	3 056 146
Ho Chi Minh [145]	2 899 753	3 924 435
Hon Gai	123 102	129 394
Hué	211 718	260 489
Longxuyen	128 817	214 037
Mytho	104 724	149 203
Namdinh	165 629	219 615
Nhatrang	213 460	263 093
Quang Ngai	34 402	89 232
Qui Nhon	159 852	201 972
Rach Gia	137 784	151 362
Thai Nguyen	124 871	171 815
Thanhhoa	84 951	126 942
Viettri	73 347	116 084
Vinh	110 793	175 167
Vungtau	123 528	133 558
Yemen – Yémen		
1 VII 1993(E)		
Aden	...	400 783
Hodeidah	...	246 068
SANA'A	...	926 595
Taiz	...	290 107
EUROPE		
Albania – Albanie		
1 VII 1990(E)		
TIRANA	244 153	...
Andorra – Andorre		
30 IX 1986(E)		
ANDORRA LA VELLA	16 151	...
Austria – Autriche		
12 V 1981 [1]		
Graz	243 166	394 981
Innsbruck	117 287	234 941
Klagenfurt	87 321	138 558
Linz	199 910	434 634
Salzburg	139 426	267 277
WIEN	1 531 346	2 044 331
1 VII 1992(E)		
WIEN	1 560 471	...
Belarus – Bélarus		
1 I 1992(E)		
Baranovichi	166 827	...
Bobruisk	223 157	...

8. Population of capital cities and cities of 100 000 and more inhabitants: latest available year (continued)

Population des capitales et des villes de 100 000 habitants et plus: dernière année disponible (suite)

(See notes at end of table. – Voir notes à la fin du tableau.)

Continent, country or area, city and date Continent, pays ou zone, ville et date	Population City proper Ville proprement dite	 Urban agglomeration Agglomération urbaine
EUROPE (Cont.–Suite)		
Belarus – Bélarus		
1 I 1992(E)		
Borisov	149 426	...
Brest	278 413	...
Gomel	501 248	...
Grodno	287 234	...
MINSK	1 658 472	...
Mogilev	361 164	...
Mozir	104 289	...
Pinsk	124 817	...
Vitebsk	360 871	...
Belgium – Belgique [1] [146]		
1 I 1990(E)		
Antwerpen (Anvers)	470 349	668 125
1 III 1991		
Antwerpen (Anvers)	467 518	...
Brugge	117 063	...
BRUXELLES (BRUSSEL)	136 428	954 045
1 I 1990(E)		
Charleroi	206 779	294 962
1 III 1991		
Charleroi	206 214	...
1 I 1990(E)		
Genk/Hasselt	...	127 437
Gent (Gand)	230 543	250 666
1 III 1991		
Gent (Gand)	230 246	...
1 I 1990(E)		
Kortrijk	76 081	114 371
La Louvière	76 138	115 739
Liège (Luik)	196 825	484 518
1 III 1991		
Liège (Luik)	194 596	...
1 I 1990(E)		
Mons	91 867	175 290
1 I 1991(E)		
Namur	103 935	103 935
1 III 1991		
Namur	103 443	...
Bosnia Herzegovina Bosnie–Herzégovina		
31 III 1991		
Banja Luka	142 644	...
31 III 1971		
SARAJEVO	243 980	271 126
31 III 1991		
SARAJEVO	415 631	...
Bulgaria – Bulgarie		
31 XII 1990(E)		
Bourgas	204 915	226 121
Dobritch	115 786	115 786
Plévène	138 323	167 993
Plovdiv	379 083	379 083
Roussé	192 365	209 762
Shoumen	110 754	126 351
Slivène	112 220	150 213
SOFIA	1 141 142	1 220 914
Stara Zagora	164 553	188 226
Varna	314 913	320 636
Channel Islands – Iles Anglo–Normandes Jersey		
23 III 1986		
ST. HELIER	27 012	46 329
10 III 1991		
ST. HELIER	28 123	...
Croatia – Croatie		
31 III 1991		
Osijek	104 553	...
Rijeka	167 757	...
Split	189 444	...
ZAGREB	703 799	...
Czech Republic – Rép. tchèque		
3 III 1991		
Brno	387 986	...
1 VII 1990(E)		
Hradec Králové	101 176	...
3 III 1991		
Liberec	101 934	...
Olomouc	105 690	...
Ostrava	327 553	...
Pizen	173 129	...
PRAHA	1 212 010	...
1 VII 1990(E)		
Ustí nad Labem	106 598	...
Denmark – Danemark		
1 I 1992(E) [1]		
Alborg	...	156 614
Arhus	...	267 873
KOBENHAVN	617 015	1 339 395
Odense	...	179 487
Estonia – Estonie		
1 I 1991(E)		
TALLINN	478 496	499 183
Tartu	114 350	...
Faeroe Islands – Iles Féroé		
1 I 1992(E) [1]		
THORSHAVN	14 671	16 218
Finland – Finlande		
1 VII 1991(E) [1]		
Espoo	174 149	...
HELSINKI	494 971	976 883
Oulu	101 829	140 945
Tampere	173 178	238 990
Turku	159 291	246 474
Vantaa	156 103	...

8. Population of capital cities and cities of 100 000 and more inhabitants: latest available year (continued)

Population des capitales et des villes de 100 000 habitants et plus: dernière année disponible (suite)

(See notes at end of table. – Voir notes à la fin du tableau.)

Continent, country or area, city and date / Continent, pays ou zone, ville et date	Population: City proper / Ville proprement dite	Population: Urban agglomeration / Agglomération urbaine
EUROPE (Cont.–Suite)		
France [147] [148]		
5 III 1990		
Aix–en–Provence	123 778	1 230 871
Amiens	131 880	156 140
Angers	141 354	208 222
Besançon	113 835	122 633
Bordeaux	210 467	696 819
Boulogne–Billancourt [149]	101 569	...
Brest	147 888	201 442
Caen	112 872	191 505
Clermont–Ferrand	136 180	254 451
Dijon	146 723	230 469
Fort–de–France	100 072	133 920
Grenoble	150 815	404 837
Le Havre	195 932	253 675
Le Mans	145 439	189 032
Lille	172 149	[150] 959 433
Limoges	133 469	170 072
Lyon	415 479	1 262 342
Marseille	800 309	[151] 1 230 871
Metz	119 598	193 160
Montpellier	208 103	248 429
Mulhouse	108 358	223 878
Nantes	244 514	495 229
Nice	342 903	517 291
Nimes	128 549	138 610
Orléans	105 099	243 137
PARIS	2 152 329	[152] 9 319 367
Perpignan	105 869	157 755
Reims	180 611	206 446
Rennes	197 497	244 998
Rouen	102 722	380 220
Saint–Denis	121 974	121 974
Saint–Etienne	199 528	313 467
Strasbourg	252 274	[150] 388 466
Toulon	167 788	437 825
Toulouse	358 598	650 311
Tours	129 506	282 193
4 III 1982		
Trappes	...	142 000
Troyes	...	125 000
Valence	...	104 000
Valenciennes	...	[150] 337 000
5 III 1990		
Villeurbanne	116 851	262 342
Germany – Allemagne		
1 VII 1992(E) [1]		
Aachen	244 600	...
Augsburg	261 900	...
Bergisch Gladbach	104 600	...
BERLIN	3 454 200	...
Bielefeld	323 300	...
Bochum	399 800	...
Bonn	297 400	...
Bottrop	118 800	...
Braunschweig	258 400	...
Bremen	553 200	...
Bremerhaven	131 100	...
Chemnitz	285 700	...
Cottbus	122 900	...
Darmstadt	140 900	...
Dortmund	600 700	...
Dresden	483 400	...
Duisburg	538 300	...
Düsseldorf	577 400	...
Erfurt	203 100	...
Erlangen	102 600	...
Essen	627 800	...
Frankfurt am Main	660 800	...
Freiburg im Breisgau	194 700	...
Fürth	106 600	...
Gelsenkirchen	294 700	...
Gera	125 600	...
Göttingen	127 200	...
Hagen	214 200	...
Halle	301 000	...
Hamburg	1 675 200	...
Hamm	180 700	...
Hannover	520 900	...
Heidelberg	139 900	...
Heilbronn	118 800	...
Herne	179 600	...
Hildesheim	105 900	...
Ingolstadt	107 700	...
Jena	100 200	...
Kaisorslautern	100 900	...
Karlsruhe	279 900	...
Kassel	197 900	...
Kiel	248 000	...
Koblenz	109 600	...
Köln	958 600	...
Krefeld	247 300	...
Leipzig	500 000	...
Leverkusen	161 700	...
Lübeck	216 500	...
Lüdwigshafen am Rhein	166 600	...
Magdeburg	274 000	...
Mainz	183 300	...
Mannheim	316 900	...
Moers	105 800	...
Mönchengladbach	263 900	...
Mülheim a.d. Ruhr	176 900	...
München	1 241 300	...
Münster (Westf.)	265 800	...
Neuss	148 000	...
Nürnberg	498 500	...
Oberhausen	225 300	...
Offenbach am Main	116 600	...
Oldenburg	145 800	...
Osnabrück	165 400	...
Paderborn	127 000	...
Pforzheim	116 000	...
Potsdam	138 700	...
Recklinghausen	126 200	...
Regensburg	123 700	...
Remscheid	123 600	...
Reutlingen	106 100	...
Rostock	243 300	...
Saarbrücken	192 000	...
Salzgitter	116 000	...
Schwerin	125 400	...
Siegen	110 700	...
Solingen	166 600	...
Stuttgart	596 900	...
Ulm	113 000	...
Wiesbaden	265 700	...
Witten	105 400	...
Wolfsburg	129 100	...
Wuppertal	386 600	...
Würzburg	128 600	...
Zwickau	111 400	...

8. Population of capital cities and cities of 100 000 and more inhabitants: latest available year (continued)

Population des capitales et des villes de 100 000 habitants et plus: dernière année disponible (suite)

(See notes at end of table. – Voir notes à la fin du tableau.)

Continent, country or area, city and date Continent, pays ou zone, ville et date	Population City proper Ville proprement dite	 Urban agglomeration Agglomération urbaine
EUROPE (Cont.–Suite)		
Gibraltar		
14 X 1991		
GIBRALTAR	28 074	...
Greece – Grèce		
5 IV 1981 [153]		
ATHINAI	885 737	3 027 331
Calithèa	117 319	([154])
Iraclion	101 634	110 958
Larissa	102 048	102 048
Patrai	141 529	154 596
Péristéri	140 858	([154])
Piraiévs	196 389	([154])
Thessaloniki	406 413	706 180
Holy See – Saint–Siège		
30 VI 1988(E)		
VATICAN CITY	766	...
Hungary – Hongrie		
1 VII 1992(E)		
BUDAPEST	2 012 251	...
Debrecen	216 712	...
Györ	130 428	...
Kecskemét	104 901	...
Miskolc	191 680	...
Nyiregyháza	115 118	...
Pécs	171 052	...
Szeged	178 090	...
Székesfehérvár	109 537	...
Iceland – Islande		
1 VII 1992(E) [1]		
REYKJAVIK	100 339	150 822
Ireland – Irlande		
21 IV 1991		
Cork	127 253	174 400
DUBLIN	533 929	915 516
Isle of Man – Ile de Man		
6 IV 1986		
DOUGLAS	20 368	...
Italy – Italie		
20 X 1991		
Ancona	101 179	...
Bari	341 273	...
Bergamo	115 655	...
Bologna	404 322	...
Brescia	200 722	...
Cagliari	203 254	...
Catania	330 037	...
Ferrara	137 336	...
Firenze	402 316	...
Foggia	155 042	...
Forli	109 228	...
Genova	675 659	...
La Spezia	101 701	...
Latina	105 543	...
Lecco	100 233	...
Livorno	167 445	...
Messina	272 461	...
Milano	1 371 008	...
Modena	176 148	...
Monza	121 151	...
Napoli	1 054 601	...
Novara	102 473	...
Padova	215 025	...
Palermo	697 162	...
Parma	168 905	...
Perugia	143 698	...
Pescara	121 367	...
Piacenza	102 252	...
Prato	165 364	...
Ravenna	135 435	...
Reggio di Calabria	169 709	...
Reggio nell'Emilia	131 419	...
Rimini	128 119	...
ROMA	2 693 383	...
Salerno	153 436	...
Sassari	116 989	...
Siracusa	126 136	...
Taranto	232 200	...
Terni	107 333	...
Torino	961 916	...
Torre del Greco	101 456	...
Treviso	101 340	...
Trieste	229 216	...
Venezia	308 717	...
Verona	252 689	...
Vicenza	107 076	...
Latvia – Lettonie		
1 VII 1992(E)		
Daugavpils	126 083	...
Liepaja	111 036	...
RIGA	885 625	...
Liechtenstein		
31 XII 1982(E) [1]		
VADUZ	4 904	...
Lithuania – Lituanie		
1 I 1993(E)		
Kaunas	424 200	...
Klaipeda	205 100	...
1 I 1990(E)		
Liepaya	115 000	...
1 I 1993(E)		
Panevezhis	132 000	...
Shauliai	148 400	...
VILNIUS	584 200	...
Luxembourg		
1 III 1991 [1]		
LUXEMBOURG–VILLE	75 377	...
Malta – Malte		
31 XII 1980(E) [155]		
VALLETTA	...	14 020
31 XII 1992(E) [155]		
VALLETTA	9 149	...

8. Population of capital cities and cities of 100 000 and more inhabitants: latest available year (continued)

Population des capitales et des villes de 100 000 habitants et plus: dernière année disponible (suite)

(See notes at end of table. – Voir notes à la fin du tableau.)

Continent, country or area, city and date Continent, pays ou zone, ville et date	Population City proper Ville proprement dite	 Urban agglomeration Agglomération urbaine
EUROPE (Cont.–Suite)		
Monaco		
4 III 1982 [1]		
MONACO	27 063	...
Netherlands – Pays-Bas		
1 VII 1992(E) [1] [156]		
Amersfoort	105 657	...
AMSTERDAM	716 631	1 085 520
Apeldoorn	149 125	...
Arnhem	133 100	306 975
Breda	127 447	163 732
Dordrecht	112 239	211 302
Eindhoven	194 617	389 584
Enschede	147 274	253 294
Geleen/Sittard	...	183 677
Groningen	169 713	208 925
Haarlem	149 552	214 031
Haarlemmermeer	101 720	...
Heerlen/Kerkrade	...	269 246
Hilversum	...	102 454
Leiden	113 407	191 396
Maastricht	118 219	163 949
Nijmegen	146 669	246 234
Rotterdam	592 865	1 064 868
's–Gravenhage	444 974	200 849
's–Hertogenbosch	...	693 362
Tilburg	161 508	234 687
Utrecht	233 419	541 422
Velsen/Beverwijk	...	131 550
Zaanstad	131 528	145 637
Zoetermeer	101 786	...
Norway – Norvège		
1 I 1993(E) [1]		
Bergen	218 144	...
OSLO	473 454	758 949
Stavanger	101 403	...
Trondheim	140 656	...
Poland – Pologne		
1 VII 1991(E)		
Bialystok	272 137	...
Bielsko – Biala	184 108	...
Bydgoszcz	382 004	...
Bytom	231 848	...
Chorzow	131 468	...
Czestochowa	258 266	...
Dabrowa Gornicza	137 249	...
Elblag	126 546	...
Gdansk	465 395	...
Gdynia	251 463	...
Gliwice	214 762	...
Grudziadz	102 589	...
Gorzow Wielkopolski	124 555	...
Jastrzebie – Zdroj	104 034	...
Kalisz	106 357	...
Katowice	366 465	...
Kielce	214 445	...
Koszalin	109 313	...
Krakow	750 588	...
Legnica	105 637	...
Lodz	846 514	...
Lublin	352 163	...
Olsztyn	163 905	...
Opole	128 873	...
Plock	124 451	...
Poznan	590 087	...
Radom	229 250	...
Ruda Slaska	171 356	...
Rybnik	144 627	...
Rzeszow	153 888	...
Slupsk	101 958	...
Sosnowiec	259 481	...
Szczecin	413 561	...
Tarnow	121 582	...
Torun	202 360	...
Tychy	139 562	...
Walbrzych	141 067	...
WARSZAWA	1 654 491	...
Wloclawek	122 329	...
Wodzislaw Slaski	111 955	...
Wroclaw	643 071	...
Zabrze	205 544	...
Zielona Gora	114 302	...
Portugal		
15 IV 1991		
Funchal	109 957	...
LISBOA	677 790	[157] 2 561 225
Porto	310 637	[158] 1 174 461
Republic of Moldova – République de Moldova		
1 VII 1992(E)		
Beltsy	159 000	...
Bendery	132 700	...
KISHINEV	667 100	...
Tiraspol	186 200	...
Romania – Roumanie		
1 VII 1992(E)		
Arad	188 425	...
Bacau	205 029	...
Baia Mare	148 914	...
Botosani	126 423	...
Braila	235 970	...
Brasov	325 057	...
BUCURESTI	2 065 651	...
Buzau	148 157	...
Cluj–Napoca	320 345	...
Constanta	346 558	...
Craiova	301 486	...
Drobeta Turnu–Severin	116 713	...
Focsani	100 504	...
Galati	322 248	...
Iasi	337 854	...
Oradea	220 361	...
Piatra Neamt	123 501	...
Pitesti	180 891	...
Ploiesti	254 733	...
Rimnicu Vilcea	112 445	...
Satu–Mare	131 555	...
Sibiu	168 401	...
Suceava	114 059	...
Timisoara	325 704	...
Tirgu–Mures	165 193	...

8. Population of capital cities and cities of 100 000 and more inhabitants: latest available year (continued)

Population des capitales et des villes de 100 000 habitants et plus: dernière année disponible (suite)

(See notes at end of table. – Voir notes à la fin du tableau.)

Continent, country or area, city and date / Continent, pays ou zone, ville et date	Population: City proper / Ville proprement dite	Population: Urban agglomeration / Agglomération urbaine
EUROPE (Cont.–Suite)		
Russian Federation – Fédération Russe		
1 I 1992(E)		
Abakan	158 200	...
Achinsk	122 400	123 700
Almetievsk	133 000	141 000
Angarsk	268 800	275 900
Anzhero–Sudzhensk	106 400	112 900
Arkhangelsk	413 600	421 400
Armavir	162 700	178 900
Arzamas	112 400	...
Astrakhan	512 200	...
Balakovo	202 900	203 700
Balashikha	137 600	...
Barnaul	606 200	665 400
Belgorod	314 200	...
Berezniki	197 400	198 600
Biisk	234 500	241 500
Blagoveshchensk (Amurskaya oblast)	214 000	217 400
Bratsk	259 300	287 300
Bryansk	460 500	482 000
Catapov	909 300	915 900
Cheboksary	438 900	452 400
Chelyabinsk	1 143 000	1 169 600
Cherepovets	317 100	...
Cherkessk	118 700	...
Chita	376 500	377 100
Dimitrovgrad	128 900	297 800
Dzerzhinsk Novgorodskaya oblast)	286 600	...
Ekaterinoburg	1 370 700	1 412 900
Elektrostal	152 900	...
Elets	120 800	...
Engels	183 300	215 800
Glazov	106 800	...
Grozny	387 500	...
Irkutsk	637 000	644 300
Ivanovo	480 400	...
Izhevsk	650 700	...
Kaliningrad (Kaliningradskaya oblast	410 700	...
Kaliningrad (Moskovskaya oblast)	161 600	190 800
Kaluga	346 800	364 400
Kamensk–Uralsky	208 700	210 400
Kamyshin	125 400	...
Kansk	110 400	...
Kazan	1 104 000	1 106 700
Kemerovo	520 600	559 300
Khabarovsk	614 600	625 900
Khimki	135 300	137 900
Kineshma	104 400	...
Kiselevsk	126 400	132 300
Kislovodsk	117 700	122 300
Kolomna	163 700	...
Kolpino	144 600	...
Komsomolsk–na–Amure	318 600	...
Kostroma	282 300	301 800
Kovrov	161 900	...
Krasnodar	634 500	750 900
Krasnoyarsk	925 000	...
Kurgan	365 100	371 000
Kursk	435 200	...
Kuznetsk	100 600	100 800
Leninsk–Kuznetsky	132 000	172 300
Lipetsk	463 600	503 600
Lyubertsy	164 300	...
Magadan	152 000	163 600
Magnitogorsk	441 200	441 700
Makhachkala	339 300	374 300
Maikop	155 100	173 300
Mezhdurechensk	107 500	...
Miass	170 400	184 500
Michurinsk	109 000	124 500
MOSKVA	8 746 700	8 956 900
Murmansk	468 300	...
Murom	126 500	145 600
Mytishchi	154 100	...
Naberezhnye Tchelny	514 400	517 400
Nakhodka	165 500	194 100
Naltchik	242 300	260 000
Neftekamsk	113 100	120 000
Nevinnomyssk	124 900	...
Nizhnekamsk	199 300	...
Nizhenvartovsk	243 300	...
Nizhny Tagil	437 400	...
Nizhny Novgorod	1 440 600	1 451 300
Noginsk	121 600	...
Norilsk	165 400	260 200
Novgorod	235 200	242 600
Novocheboksarsk	120 200	120 700
Novocherkassk	188 300	201 600
Novokuybishevsk	113 000	115 200
Novokuznetsk	600 200	614 400
Novomoskovsk (Tulskaya oblast)	145 400	...
Novorossiysk	189 700	233 600
Novoshakhtinsk	107 100	123 000
Novosibirsk	1 441 900	1 471 600
Novotroitsk	107 400	114 000
Obninsk	105 200	...
Odintsovo	129 200	...
Oktyabrsky	107 300	...
Omsk	1 168 600	1 192 500
Orekhovo–Zuevo	136 200	...
Orel	346 600	...
Orenburg	556 500	573 800
Orsk	273 200	276 700
Penza	552 300	552 700
Perm	1 098 600	1 108 400
Pervouralsk	143 700	175 600
Petropavlovsk–Kamchatsky	272 600	284 500
Petrozavodsk	279 500	280 100
Podolsk	207 600	...
Prokopyevsk	271 500	271 900
Pskov	208 500	...
Pyatigorsk	132 000	187 900
Rybinsk	252 200	...
Rostov–na–Donu	1 027 100	...
Rubtsovsk	172 400	...
Ryazan	528 500	532 500
Salavat	152 400	...
Samara (Samarskaya oblast)	1 239 200	1 271 400
Saransk	322 000	349 900
Sarapyul	110 500	111 500
Sergiev Posad	115 500	...
Serov	103 400	106 100
Serpukhov	140 700	...
Severodvinsk	249 800	252 400
Shakhty	227 000	...
Shchelkovo	109 400	...
*650779	656 400	676 100
Smolensk	351 600	...
Sochi	344 200	394 600
Solikamsk	109 900	...
St. Petersburg	4 436 700	5 003 800
Starsy Oskol	184 200	185 000

8. Population of capital cities and cities of 100 000 and more inhabitants: latest available year (continued)

Population des capitales et des villes de 100 000 habitants et plus: dernière année disponible (suite)

(See notes at end of table. – Voir notes à la fin du tableau.)

Continent, country or area, city and date Continent, pays ou zone, ville et date	Population City proper Ville proprement dite	 Urban agglomeration Agglomération urbaine
EUROPE (Cont.–Suite)		
Russian Federation – Fédération Russe		
1 I 1992(E)		
Stavropol	331 800	331 900
Sterlitamak	254 000	...
Surgut	259 000	...
Syktivkar	225 800	242 000
Syzran	174 800	185 000
Taganrog	293 400	...
Tambov	310 600	335 400
Tolyatti	665 700	677 200
Tomsk	504 700	505 700
Tula	541 400	591 100
Tver	455 600	459 700
Tyumen	496 200	549 600
Ufa	1 097 200	1 099 500
Uhta	112 000	141 900
Ulan–Ude	366 000	384 300
Usolie Sibirskoye	106 900	...
Ussuriisk	161 100	...
Velikie Luky	115 800	...
Viyatka (Kirovskaya oblast)	492 500	524 900
Vladikavkaz Osetinskaya ASSR)	324 700	341 000
Vladimir	356 100	376 900
Vladivostok	647 800	674 600
Volgodonsk	182 300	189 700
Volgograd	1 006 100	1 030 900
Vologda	289 800	301 400
Volzhsky	280 500	289 100
Vorkuta	116 000	213 700
Voronezh	902 200	957 500
Votkinsk	104 800	...
Yakutsk	197 600	229 700
Yaroslav	636 900	...
Yoshkar–Ola	249 200	276 000
Yuzno–Sakhalinsk	164 800	173 800
Zelenograd	159 700	170 000
Zhukovsky	101 300	...
Zlatoust	207 800	210 300
San Marino – Saint–Marin		
31 XII 1991(E)		
SAN MARINO	2 792	4 251
Slovakia – Slovaquie		
1 VII 1992(E)		
BRATISLAVA	445 089	...
Kosice	236 984	...
Slovenia – Slovénie		
1 VII 1993(E) [1]		
LJUBLJANA	328 841	...
Marebor	153 251	...
Spain – Espagne		
1 III 1991 [12]		
Albacete	*——— 132 448 ———*	
Alcalá de Henares	159 355	
Alcorcon	139 662	
Algeciras	101 256	
Alicante	267 421	
Almería	*——— 157 540 ———*	
Badajoz	124 579	
Badalona	218 725	
Baracaldo	105 088	
Barcelona	1 596 190	
Bilbao	365 269	
Burgos	161 700	
Cádiz	152 187	
Cartagena	168 023	
Castellon	136 816	
Cordoba	305 894	
Elche	188 062	
Fuenlabrada	144 723	
Getafe	139 190	
Gijon	259 067	
Granada	256 784	
Hospitalet de Llobreapt	272 578	
Huelva	144 053	
Jaén	104 892	
Jérez de la Frontera	183 316	
La Coruña	248 293	
La Laguna	110 895	
Las Palmas (Canarias)	359 611	
Leganés	171 589	
Leon	143 496	
Lérida	112 461	
Logroño	122 607	
MADRID	2 976 064	
Málaga	523 450	
Mataro	101 510	
Mostoles	192 018	
Murcia	331 898	
Orense	103 042	
Oviedo	195 651	
Palma de Mallorca	298 971	
Pamplona	181 349	
Sabadell	189 404	
Salamanca	163 400	
San Sebastián	171 540	
Santa Coloma de Gramanet	133 138	
Santa Cruz de Tenerife	202 112	
Santander	191 155	
Sevilla	678 902	
Tarragona	110 837	
Tarrasa	158 063	
Valencia	749 361	
Valladolid	331 885	
Vigo	276 109	
Vitoria	208 755	
Zaragoza	598 078	
Sweden – Suède [1]		
1 XI 1990		
Boras	88 695	101 686
31 XII 1992(E)		
Boras	102 840	...
1 XI 1990		
Göteborg	398 682	433 020
31 XII 1992(E)		
Göteborg	433 811	...
1 XI 1990		
Helsingborg	103 627	109 273
31 XII 1992(E)		
Helsingborg	110 614	...

8. Population of capital cities and cities of 100 000 and more inhabitants: latest available year (continued)

Population des capitales et des villes de 100 000 habitants et plus: dernière année disponible (suite)

(See notes at end of table. – Voir notes à la fin du tableau.)

Continent, country or area, city and date Continent, pays ou zone, ville et date	Population City proper Ville proprement dite	Urban agglomeration Agglomération urbaine
EUROPE (Cont.–Suite)		
Sweden – Suède [1]		
1 XI 1990		
Jönköping	100 590	111 476
31 XII 1992(E)		
Jönköping	112 802	...
1 XI 1990		
Linköping	108 668	122 153
31 XII 1992(E)		
Linköping	126 377	...
1 XI 1990		
Malmö	233 870	254 840
31 XII 1992(E)		
Malmö	236 684	...
1 XI 1990		
Norrköping	108 841	120 478
31 XII 1992(E)		
Norrköping	120 798	...
1 XI 1990		
Orebro	102 020	120 889
31 XII 1992(E)		
Orebro	123 188	...
1 XI 1990		
STOCKHOLM	674 680	880 096
31 XII 1992(E)		
STOCKHOLM	684 576	...
1 XI 1990		
Uppsala	143 120	167 260
31 XII 1992(E)		
Uppsala	174 554	...
1 XI 1990		
Västeras	112 800	119 780
31 XII 1992(E)		
Västeras	120 889	...
Switzerland – Suisse		
1 VII 1992(E) [1]		
Basel	174 976	402 456
BERNE	130 390	323 767
Genève	169 503	429 301
Lausanne	117 485	281 857
Luzern	59 134	176 821
Winterthur	86 553	114 551
Zürich	344 094	915 018
The former Yugoslav Rep. of Macedonia – L'ex Rép. yougoslavie de Macédonie		
1 VII 1992(E) [1]		
SKOPLJE	448 229	...

Continent, country or area, city and date Continent, pays ou zone, ville et date	Population City proper Ville proprement dite	Urban agglomeration Agglomération urbaine
EUROPE (Cont.–Suite)		
Ukraine		
1 I 1992(E)		
Alchevsk	127 300	...
Alexandriya	105 700	...
Belaya Tserkov	208 500	...
Berdyansk	136 500	...
Cherkassy	307 600	...
Chernigov	310 500	...
Chernovtsy	261 200	...
Dneprodzerzhinsk	285 600	...
Dnepropetrovsk	1 189 900	...
Donetsk (Donestskaya oblast)	1 121 400	...
Evpatoriya	113 300	...
Gorlovka	336 100	...
Ivano–Frankovsk	230 400	...
Kamenetz–Podolsky	106 200	...
Kertch	180 500	...
Kharkov	1 621 600	...
Kherson	368 300	...
Khmelnitsky	249 500	...
KIEV	2 642 700	...
Kirovograd	280 300	...
Konstantinovka	106 600	...
Kramakorst	202 600	...
Krasny Lutch	114 200	...
Krementchug	244 500	...
Krivoi Rog	729 400	...
Lisichask	126 500	...
Lugansk	505 100	...
Lutsk	214 500	...
Lvov	807 300	...
Makeyevka	425 600	...
Mariupol	522 900	...
Melitopol	177 800	...
Nikolaev (Nikolaevskaya oblast)	515 400	...
Nikopol	160 300	...
Odessa	1 095 800	...
Pavlograd	135 800	...
Poltava	323 600	...
Rovno	244 000	...
Sevastopol	371 400	...
Severodonetsk	134 300	...
Simferopol	357 000	...
Slavyansk	137 600	...
Stakhanov	113 400	...
Sumy	305 000	...
Ternopol	224 900	...
Uzhgorod	124 900	...
Vinnitsa	384 400	...
Yenakievo	119 900	...
Zaporozhye	897 600	...
Zhitomir	299 400	...
United Kingdom – Royaume–Uni		
1 VII 1991(E) [159]		
Aberdeen	213 900	...
Amber Valley	112 800	...
Arun	131 500	...
Ashfield	109 700	...
Aylesbury Vale	148 300	...
Barking and Dagenham [160]	145 200	...
Barnet [160]	298 100	...
Barnsley	224 200	...
Basildon	162 400	...

8. Population of capital cities and cities of 100 000 and more inhabitants: latest available year (continued)

Population des capitales et des villes de 100 000 habitants et plus: dernière année disponible (suite)

(See notes at end of table. – Voir notes à la fin du tableau.)

Continent, country or area, city and date Continent, pays ou zone, ville et date	Population City proper Ville proprement dite	 Urban agglomeration Agglomération urbaine
EUROPE (Cont.–Suite)		
United Kingdom – Royaume–Uni		
1 VII 1991(E) [159]		
Basingstoke & Deane	146 300	...
Bassetlaw	105 300	...
Belfast [161]	287 100	...
Beverley	113 [illegible]	...
Bexley [160]	218 100	...
Birmingham	994 500	...
Blackburn	137 800	...
Blackpool	150 100	...
Bolton	262 900	...
Bournemouth	159 500	...
Bradford	468 700	...
Braintree	119 900	...
Breckland	108 600	...
Brent [160]	247 200	...
Brighton	153 800	...
Bristol	392 600	...
Broadland	107 400	...
Bromley [160]	293 000	...
Broxtowe	108 800	...
Bury	179 100	...
Calderdale	194 100	...
Cambridge	105 700	...
Camden [160]	177 800	...
Canterbury	130 800	...
Cardiff [162]	290 000	...
Carlisle	102 000	...
Charnwood	147 900	...
Chelmsford	154 300	...
Cherwell	125 600	...
Chester	118 300	...
Chesterfield	100 300	...
Chichester	103 100	...
Colchester	146 600	...
Coventry	306 300	...
Crewe & Nantwich	105 300	...
Croydon [160]	317 200	...
Cunninghame	139 100	...
Dacorum	133 900	...
Derby	222 500	...
Doncaster	293 600	...
Dover	105 600	...
Dudley	309 200	...
Dundee	172 100	...
Dunfermline	128 300	...
Ealing [160]	280 000	...
East Devon	118 700	...
East Hampshire	104 700	...
East Hertfordshire	117 900	...
Eastleigh	107 100	...
East Lindsey	118 800	...
Edinburgh	438 800	...
Elmbridge	114 600	...
Enfield [160]	261 500	...
Erewash	107 400	...
Epping Forest	117 200	...
Exeter	104 800	...
Falkirk	143 100	...
Fareham	100 500	...
Gateshead	203 200	...
Gedling	111 100	...
Glasgow [163]	687 600	...
Greenwich [160]	212 000	...
Guildford	126 900	...
Hackney [160]	183 600	...
Halton	124 700	...
Hamilton	106 800	...
Hammersmith and Fulham [160]	152 000	...
Haringey [160]	206 800	...
Harrogate	146 200	...
Harrow	20[illegible] 700	...
Havant and Waterloo	120 800	...
Havering [160]	231 200	...
Hillingdon [160]	235 200	...
Horsham	110 500	...
Hounslow [160]	207 700	...
Huntingdonshire	149 600	...
Ipswich	118 800	...
Islington [160]	169 600	...
Kensington and Chelsea [160]	141 400	...
Kings Lynn & West Norfolk	132 300	...
Kingston upon Hull	262 900	...
Kingston upon Thames [160]	136 800	...
Kirkcaldy	148 200	...
Kirklees	381 200	...
Knowsley	154 500	...
Kyle and Carrick	113 400	...
Lambeth [160]	249 900	...
Lancaster	130 300	...
Langbaurgh–on–Tees	146 400	...
Leeds	706 300	...
Leicester	280 500	...
Lewisham [160]	235 700	...
Liverpool	474 500	...
LONDON [164]	6 803 100	...
Luton	174 600	...
Macclesfield	151 400	...
Maidstone	137 700	...
Manchester	432 600	...
Mansfield	101 600	...
Merton [160]	170 700	...
Middlesbrough	144 400	...
Mid Bedfordshire	113 300	...
Mid Sussex	122 700	...
Milton Keynes	178 900	...
Monklands	104 000	...
Motherwell	144 800	...
Newark and Sherwood	103 700	...
Newbury	139 900	...
Newcastle–under–Lyme	122 100	...
Newcastle upon Tyne	273 300	...
Newham [160]	217 000	...
Newport	135 400	...
New Forest	162 200	...
Northampton	184 400	...
Northavon	132 900	...
North Bedfordshire	136 400	...
North Hertfordshire	113 200	...
North Tyneside	195 400	...
North Wiltshire	114 600	...
Norwich	125 300	...
Nottingham	276 000	...
Nuneaton & Bedworth	118 200	...
Ogwr	133 500	...
Oldham	219 600	...
Oxford	127 700	...
Perth and Kinross	125 000	...
Peterborough	155 200	...
Plymouth	254 400	...
Poole	135 400	...
Portsmouth	185 200	...
Preston	129 900	...
Reading	134 600	...
Redbridge [160]	229 800	...

8. Population of capital cities and cities of 100 000 and more inhabitants: latest available year (continued)

Population des capitales et des villes de 100 000 habitants et plus: dernière année disponible (suite)

(See notes at end of table. – Voir notes à la fin du tableau.)

Continent, country or area, city and date Continent, pays ou zone, ville et date	Population City proper Ville proprement dite	 Urban agglomeration Agglomération urbaine
EUROPE (Cont.–Suite)		
United Kingdom – Royaume–Uni		
1 VII 1991(E) [159]		
Reigate and Banstead	118 900	...
Renfrew	200 900	...
Rhymney Valley	104 600	...
Richmond upon Thames [160]	163 400	...
Rochdale	205 200	...
Rochester–upon–Medway	147 100	...
Rotherham	254 700	...
St. Albans	126 900	...
St. Helens	180 800	...
Salford	227 400	...
Salisbury	107 800	...
Sandwell	295 200	...
Scarborough	109 500	...
Sefton	295 100	...
Sevenoaks	109 600	...
Sheffield	520 300	...
Slough	102 400	...
Solihull	201 400	...
Southampton	204 500	...
Southend on Sea	162 900	...
South Bedfordshire	110 000	...
South Cambridgeshire	122 500	...
South Kesteven	110 200	...
South Norfolk	104 100	...
South Oxfordshire	120 800	...
South Ribble	102 900	...
South Somerset	144 000	...
South Staffordshire	106 400	...
South Tyneside	157 300	...
Southwark [160]	222 200	...
Stafford	120 300	...
Stockport	288 100	...
Stockton–on–Tees	175 300	...
Stoke on Trent	249 700	...
Stratford–on–Avon	106 200	...
Stroud	104 600	...
Suffolk Coastal	116 000	...
Sunderland	296 400	...
Sutton [160]	170 300	...
Swale	116 900	...
Swansea	187 600	...
Tameside	220 100	...
Teignbridge	110 200	...
Tendring	127 200	...
Test Valley	103 400	...
Thamesdown	173 000	...
Thanet	127 200	...
The Wrekin	141 700	...
Thurrock	129 600	...
Tonbridge and Malling	102 700	...
Torbay	122 800	...
Tower Hamlets [160]	165 000	...
Trafford	216 000	...
Vale of Glamorgan	115 800	...
Vale of White Horse	113 100	...
Vale Royal	114 700	...
Wakefield	315 800	...
Walsall	263 400	...
Waltham Forest [160]	216 200	...
Wandsworth [160]	258 700	...
Warrington	185 100	...
Warwick	118 200	...
Waveney	108 500	...
Waverley	116 100	...
Wealden	131 900	...
West Lancashire	109 100	...
West Lothian	146 400	...
West Wiltshire	109 200	...
Westminster, City of [160]	182 500	...
Wigan	310 500	...
Windsor and Maidenhead	135 200	...
Wirral	336 100	...
Wolverhampton	249 100	...
Wokingham	141 800	...
Woodspring	180 500	...
Wrexham Maelor	116 700	...
Wychavon	102 400	...
Wycombe	160 500	...
Wyre	103 300	...
York	103 300	...
Yugoslavia – Yougoslavie		
31 III 1991 [1]		
BEOGRAD	1 136 786	...
Kragujevac	146 607	...
Nis	175 555	...
Novi Sad	178 896	...
Pristina	108 083	...
Subotica	100 219	...
Titograd	118 059	...
OCEANIA—OCEANIE		
American Samoa – Samoa américaines		
1 IV 1980 [1 15]		
PAGO PAGO	3 075	...
Australia – Australie [1 165]		
30 VI 1986		
Adelaide	917 000	1 803 800
1 VII 1990(E)		
Adelaide	1 049 843	...
30 VI 1986		
Brisbane	1 037 815	1 196 050
1 VII 1990(E)		
Brisbane	1 301 658	...
30 VI 1986		
CANBERRA	247 200	281 000
1 VII 1990(E)		
CANBERRA	310 103	...
30 VI 1986		
Central Coast	162 669	...
Geelong	125 833	145 910
1 VII 1990(E)		
Geelong	151 408	...
30 VI 1986		
Gold Coast	185 612	209 050
1 VII 1990(E)		
Gold Coast	265 496	...
30 VI 1986		
Greater Wollongong	206 803	232 310

8. Population of capital cities and cities of 100 000 and more inhabitants: latest available year (continued)

Population des capitales et des villes de 100 000 habitants et plus: dernière année disponible (suite)

(See notes at end of table. – Voir notes à la fin du tableau.)

Continent, country or area, city and date / Continent, pays ou zone, ville et date	Population: City proper / Ville proprement dite	Population: Urban agglomeration / Agglomération urbaine
OCEANIA—OCEANIE(Cont.–Suite)		
Australia – Australie		
1 VII 1990(E)		
Greater Wollongong	238 240	...
30 VI 1986		
Hobart	127 106	179 020
1 VII 1990(E)		
Hobart	183 537	...
30 VI 1986		
Melbourne	2 645 484	2 931 900
1 VII 1990(E)		
Melbourne	3 080 881	...
30 VI 1986		
Newcastle	255 787	416 120
1 VII 1990(E)		
Newcastle	428 756	...
30 VI 1986		
Perth	895 710	1 050 350
1 VII 1990(E)		
Perth	1 193 059	...
Sunshine Coast	109 474	...
30 VI 1986		
Sydney	2 989 070	3 472 650
1 VII 1990(E)		
Sydney	3 656 543	...
Townsville	114 094	...
Cook Islands – Iles Cook		
1 XII 1986		
RAROTONGA	9 281	...
Fiji – Fidji		
31 VIII 1986		
SUVA	69 665	141 273
French Polynesia – Polynésie française		
8 II 1971		
PAPEETE	25 342	[166] 36 784
6 IX 1988		
PAPEETE	23 555	...
Guam		
1 IV 1990 [1 15]		
AGANA	1 139	...
Kiribati		
12 XII 1978		
TARAWA	...	17 921
New Caledonia – Nouvelle–Calédonie		
4 IV 1989		
NOUMEA	65 110	97 581
New Zealand – Nouvelle–Zélande		
31 III 1992(E)		
Auckland	316 900	896 200
Christchurch	293 700	308 200
Dunedin	117 100	110 000
Hamilton	102 500	150 000
Manukau	229 800	([167])
Northshore	153 300	...
Waitakere	139 700	...
WELLINGTON	150 100	325 700
Papua New Guinea – Papouasie–Nouvelle–Guinée		
22 IX 1980		
PORT MORESBY	118 424	123 624
1 VII 1990(E)		
PORT MORESBY	*173 500*	...
Pitcairn		
1 VII 1990		
ADAMSTOWN	...	52
Samoa		
3 XI 1976		
APIA	...	32 099
Solomon Islands – Iles Salomon		
23 XI 1986		
HONIARA	30 413	...
Tonga		
30 XI 1976		
NUKU'ALOFA	...	18 312
Vanuatu		
22 I 1986		
VILA	13 067	14 184

8. Population of capital cities and cities of 100 000 and more inhabitants: latest available year (continued)

Population des capitales et des villes de 100 000 habitants et plus: dernière année disponible (suite)

GENERAL NOTES

The capital city of each country is shown in capital letters. (E) after date indicates estimated data (including results of sample surveys); all other data are national or municipal census results. Figures in italics are estimates of questionable reliablity. For definition of city proper and urban agglomeration, method of evaluation and limitations of data, see Technical Notes, page 56.

FOOTNOTES

- * Provisional.
- 1 De jure population.
- 2 For "cercle".
- 3 Including Kombo St. Mary.
- 4 For "Accra–Tema Metropolitan area".
- 5 Including Sekondi (population 33 713) and Takoradi population (58 161). Data for urban agglomeration refer to the Sekondi–Takoradi Municipal Council.
- 6 Dual capitals.
- 7 For the urban commune of Antananarivo.
- 8 For communes which may contain contain rural areas as well as urban centre.
- 9 Pretoria is the administrative capital, Cape Town the legislative capital.
- 10 Excluding persons residing in institutions.
- 11 "Metropolitan area ", comprising central of San José (including San José city) cantones Curridabat, Escazu, Montes de Oca, and Tibas and parts of cantones of Alajuelita, Desamparados, Goicoechea and Moravia.
- 12 For "municipios" which may contain rural area as well as urban centre.
- 13 Comprises the city and extension of the city which includes the oil refinery, the airport and a few separate living quarters.
- 14 Including corregimientos of Bella Vista, Betania, Calidonia, Curundu, El Chorillo, Juan Diaz, Parque Lefevre, Pedregal, Pueblo Nuevo, Rio Abajo, San Felipe, San Francisco and Santa Ana.
- 15 Including armed forces stationed in the area.
- 16 Data for urban agglomeration refer to "standard metropolitan area" comprised of municipality of Ponce, which includes Ponce proper.
- 17 Data for urban agglomeration refer to "standard metropolitan statistical area", comprising municipios of San Juan, Caguas, Carolina, Catano, Guaynabo, Rio Piedras and Trujillo Alto.
- 18 De jure population, but excluding armed forces overseas and civilian citizens absent from country for extended period of time.
- 19 Unless otherwise noted, data for urban agglomeration refer to "consolidated metropolitan statistical area".

NOTES GENERALES

Le nom de la capitale de chaque pays est imprimé en majuscules. Le signe (E) après la date indique qu'il s'agit de données estimatives (y compris les résultats des enquête par sondage); toutes les autres données proviennent des résultats de recensements nationaux ou municipaux. Les chiffres en italiques sont des estimations de qualité douteuse. Pour la définition de la ville proprement dite et de l'agglomération urbaine, et pour les méthodes d'évaluation et les insuffisances des données, voir Notes techniques, page 56.

NOTES

- * Données provisoires.
- 1 Population de droit.
- 2 Pour "cercle".
- 3 Y compris Kombo St. Mary.
- 4 Pour la "zone métropolitaine d'Accra–Tema".
- 5 Y compris Sekondi (33 713 personnes) et Takoradi (58 161 personnes). Les données concernant l'agglomération urbaine se rapportent au Conseil municipal de Sekondi–Takoradi.
- 6 Le pays a deux capitales.
- 7 Pour la commune urbaine de Antananarivo.
- 8 Commune(s) pouvant comprendre un centre urbain et une zone rurale.
- 9 Pretoria est la capital administrative, Le Cap la capital législative.
- 10 Non compris les personnes dans les institutions.
- 11 "Zone métropolitaine" comprenant le canton central de San José (et la ville de San José), les cantons de Curridabat, Escazu, Montes de Oca et Tibas et certaines parties des cantons de Alajuelita, Desamparados, Goicoechea et Moravia.
- 12 Pour "municipios" qui peuvent comprendre un centre urbain et une zone rurale.
- 13 Les données concernent la ville et le prolongement de la ville comprend la raffinerie de pétrole, l'aéroport et quelques maisons d'habitations.
- 14 Y compris les corregimientos de Bella Vista, Betania, Calidonia, Curundu, El Chorillo, Juan Diaz, Parque Lefevre, Pedregal, Pueblo Nuevo, Rio Abajo, San Felipe, San Francisco et Santa Ana.
- 15 Y compris les militaires en garnison sur le territoire.
- 16 Les données relatives à l'agglomération urbaine se rapportent à la "zone métropolitaine officielle" qui comprend la municipalité de Ponce, comprenant Ponce proprement dite.
- 17 Les données concernant l'agglomération urbaine se rapportent à la "zone métropolitaine statistique officielle" qui comprend les municipios de San Juan, Caguas, Carolina, Catano, Guaynabo, Rio Piedras et Trujillo Alto.
- 18 Population de droit, mais non compris les militaires à l'étranger et les civils hors du pays pendant une période prolongée.
- 19 Sauf indication contraire, les données relatives à l'agglomération urbaine se rapportent à la "zone métropolitaine statistique officielle unifiée".

8. Population of capital cities and cities of 100 000 and more inhabitants: latest available year (continued)

Population des capitales et des villes de 100 000 habitants et plus: dernière année disponible (suite)

FOOTNOTES (continued)

20 Included in urban agglomeration of Cleveland.
21 Albany–Schenectady–Troy, New York "standard metropolitan statistical area".
22 Included in urban agglomeration of Washington, D.C.
23 Allentown–Bethlehem–Easton, Pennsylvania–New Jersey "standard metropolitan statistical area".
24 Included in urban agglomeration of Los Angeles.
25 Included in urban agglomeration of Detroit.
26 Appleton–Oshkosh–Neenah, Wisconsin "standard metropolitan statistical area".
27 Included in urban agglomeration of Dallas.
28 Included in urban agglomeration of Denver.
29 Included in urban agglomeration of Chicago.
30 Beaumont–Port Arthur–Orange, Texas "standard metropolitan statistical area".
31 Included in urban agglomeration of San Francisco.
32 Biloxi–Gulfport, Mississippi "standard metropolitan statistical area".
33 Bloomington–Normal, Illinois "standard metropolitan statistical area".
34 Boston–Worcester–Lawrence "standard consolidated statistical area", comprising "standard metropolitan statistical area" of Boston (1992 population 3 210 977), Brockton (235 836), Fitchburg–Leominster (137 061), Lawrence (356 887), Lowell (283 069), Manchester (174 692), Nashua (171 390), New Bedford (173 332), Portsmouth–Gloucester (218 981) and Worcester (476 590).
35 Included in urban agglomeration of New York.
36 Brownsville–Harlingen–San Benito, Texas "standard metropolitan statistical area".
37 Bryan–College Station, "standard metropolitan statistical area".
38 Buffalo–Niagara Falls "standard consolidated statistical area", comprising "standard metropolitan statistical area" of Buffalo and Niagara Falls.
39 Champaign–Urbana–Rantoul, Illinois "standard metropolitan statistical area".
40 Charlotte–Gastonia–Rock Hill "standard metropolitan statistical area".
41 Included in urban agglomeration of Norfolk.
42 Chicago–Gary–Kenosha "standard consolidated standard statistical area", comprising "standard metropolitan statistical area" of Chicago 1992 population (7 560 720), Gary (616 790), Kankakee (98 916), and Kenosha (133 976).
43 Included in urban agglomeration of San Diego.
44 Cincinnati–Hamilton "standard consolidated statistical area", comprising "standard metropolitan statistical area" of Cincinnati (1992 population 1 559 961) and Hamilton–Middletown (305 041).
45 Clarksville–Hopkinsville "standard metropolitan statistical area".
46 Cleveland–Akron "standard consolidated statistical area", comprising "standard metropolitan statistical area" of Akron (1992 population 669 400) and Cleveland–Lorain–Elyria (2 221 002).
47 Dallas–Fort Worth "standard consolidated statistical area", comprising "standard metropolitan statistical area" of Dallas, (1992 population 2 795 281) and Fort Worth–Arlington (1 419 251).
48 Davenport–Rock Island–Moline, Iowa–Illinois "standard metropolitan statistical area".
49 Dayton–Springfield "standard metropolitan statistical area".
50 Denver–Boulder–Greeley "standard consolidated statistical area", comprising "standard metropolitan statistical area" of Boulder–Longmont (1992 population 238 196), Denver (1 715 269) and Greeley (135,856).

NOTES (suite)

20 Comprise dans l'agglomération de Cleveland.
21 "Zone métropolitaine statistique officielle" d'Albany–Schenectady–Troy (New York).
22 Comprise dans l'agglomération de Washington, D.C.
23 "Zone métropolitaine statistique officielle" d'Allentown–Bethlehem–Easton (Pennsylvania–New Jersey).
24 Comprise dans l'agglomération urbaine de Los Angeles.
25 Comprise dans l'agglomération urbaine de Detroit.
26 "Zone métropolitaine statistique officielle d'Appleton–Oshkosh–Neenah (Wisconsin).
27 Comprise dans l'agglomération urbaine de Dallas.
28 Comprise dans l'agglomération urbaine de Denver.
29 Comprise dans l'agglomération urbaine de Chicago.
30 "Zone métropolitaine statistique officielle" du Beaumont–Port Arthur–Orange (Texas).
31 Comprise dans l'agglomération urbaine de San Francisco.
32 "Zone métropolitaine officielle" de Biloxi–Gulfport (Mississippi).
33 "Zone méetropolitaine statistique officielle" de Bloomington–Normal (Illinois).)
34 "Zone statistique officielle unifiée" de Boston–Worcester–Lawrence, comprenant la "Zone métropolitaine statistique officielle" de Boston (3 210 977 habitants en 1992), de Brockton (235 836 habitants), de Fitchburg–Leominster (137 061 habitants), de Lawrence (356 887), de Lowell (283 069 habitants), Manchester (174 692 habitants), Nashua (171 390 habitants), New Bedford (173 332 habitants), Portsmouth–Rochester (218 981 habitants) et Worcester (476 590 habitants).
35 Comprise dans l'agglomération urbaine de New York.
36 "Zone métropolitaine statistique officielle" de Brownsville–Harlingen–San Benito (Texas).
37 "Zone métropolitaine statistique officielle" de Bryan–College Station.
38 "Zone statistique officielle unifiée" de Buffalo–Niagara Falls, comprenant la "Zone métropolitaine statistique officielle" de Buffalo et Niagara Falls.
39 "Zone métropolitaine statistique officielle" de Champaign–Urbana–Rantoul (Illinois).
40 "Zone métropolitaine statistique officielle" de Charlotte–Gastonia–Rock Hill.
41 Comprise dans l'agglomération urbaine de Norfolk.
42 "Zone statistique officielle unifiée" de Chicago–Gary–Kenosha, , comprenant la "Zone métropolitaine" de Chicago (7 560 720) habitants en 1992), de Gary (616 790 habitants), de Kankakee (98 916 habitants) et de Kenosha (133 976 habitants).
43 Comprise dans l'agglomération urbaine de San Diego.
44 Zone statistique officielle unifiée" de Cincinnati comprenant la "Zone métropolitaine statistique officielle" de Cincinnati (1 559 961 habitants en 1992) et de Hamilton–Middletown (305 041 habitants).
45 "Zone métropolitaine statistique officielle" de Clarksville–Hopkinsville.
46 "Zone statistique officielle unifiée" de Cleveland–Akron comprenant la "Zone métropolitaine statistique officielle" de Akron (669 400 habitants en 1992) et de Cleveland–Lorain–Elyria (2 221 002 habitants).
47 "Zone statistique officielle unifiée" de Dallas–Fort Worth, comprenant la "Zone métropolitaine statistique officielle" de Dallas (2 795 281 habitants en 1992) et de Fort Worth–Arlington (1 419 251 habitants).
48 "Zone métropolitaine statistique officielle" de Davenport–Rock Island–Moline (Iowa–Illinois).
49 "Zone métropolitaine statistique officielle" de Dayton–Springfield.
50 "Zone statistique officielle unifiée" de Denver–Boulder–Greeley, comprenant la "Zone métropolitaine statistique officielle" de Boulder–Longmont (238 196 habitants en 1992), de Denver (1 715 269 habitants) et de Greeley (135,856 habitants).

8. Population of capital cities and cities of 100 000 and more inhabitants: latest available year (continued)

Population des capitales et des villes de 100 000 habitants et plus: dernière année disponible (suite)

FOOTNOTES (continued)

51 Detroit–Ann Arbor–Flint "standard consolidated statistical area", comprising "standard metropolitan statistical area" of Detroit (1992 population 4 307 583), Ann Arbor (504 815) and Flint (433,508).
52 Included in urban agglomeration of Raleigh.
53 Elkhart–Goshen "standard metropolitan statistical area".
54 Eugene–Springfield "standard metropolitan statistical area".
55 Fargo–Moorehead, North Dakota–Minnesota "standard metropolitan statistical area".
56 Fayetteville–Springdale "standard metropolitan statistical area".
57 Fort Collins–Loveland "standard metropolitan statistical area".
58 Included in urban agglomeration of Miami.
59 Fort Myers–Cape Coral "standard metropolitan statistical area".
60 Included in urban agglomeration of Phoenix.
61 Greensboro–Winston–Salem–High Point, North Carolina "standard metropolitan statistical area".
62 Greenville–Spartanburg "standard metropolitan statistical area".
63 Harrisburg–Lebanon–Carlisle "standard metropolitan statistical area".
64 Hartford–New Britain–Middletown "standard consolidated statistical area", comprising "standard metropolitan statistical area" of Hartford, Bristol, Middletown and New Britain.
65 Houma–Thibodaux "standard metropolitan area".
66 Houston–Galveston–Brazoria "standard consolidated statistical area", comprising "standard metropolitan statistical area" of Houston (1992 population 3 530 424), Galveston–Texas City (228 084) and Brazoria (203 857).
67 Huntington–Ashland, West Virginia–Kentucky–Ohio "standard metropolitan statistical area".
68 Included in urban agglomeration of Kansas City, Mo.
69 Jamestown–Dunkirk, New York "standard metropolitan statistical area".
70 Janesville–Beloit "standard metropolitan statistical area".
71 Johnson City–Kingsport–Bristol "standard metropolitan statistical area".
72 Killeen–Temple "standard metropolitan statistical area".
73 Lafayette–West Lafayette "standard metropolitan statistical area".
74 Lakeland–Winter Haven "standard metropolitan statistical area".
75 Lansing–East Lansing "standard metropolitan statistical area".
76 Little Rock–North Little Rock "standard metropolitan statistical area".
77 Longview–Marshall "standard metropolitan statistical area".
78 Los Angeles–Riverside–Orange County "standard" consolidated statistical area" of Los Angeles–Long Beach (1992 population 9 053 645), Orange County (2 484 789), Ventura (686 560) and Riverside–San Bernardino (2 822 778).
79 Macon–Warner Robins "standard metropolitan statistical area".
80 Melbourne–Titusville–Palm Bay "standard metropolitan statistical area".

NOTES (suite)

51 "Zone statistique officielle unifiée" de Detroit–Ann Arbor– Flint comprenant la "Zone métropolitaine statistique officielle" de Detroit (4 307 583 habitants en 1992), de Ann Arbor (504 815 habitants) et de Flint (433 508 habitants).
52 Comprise dans l'agglomération urbaine de Raleigh.
53 "Zone métropolitaine statistique officielle" de Elkhart–Goshen.
54 "Zone métropolitaine statistique officielle" de Eugene–Springfield.
55 "Zone métropolitaine statistique officielle" de Fargo–Moorehead (Dakota du Nord–Minnesota).
56 "Zone métropolitaine statistique officielle" de Fayetteville–Springfield.
57 "Zone métropolitaine statistique officielle" de Fort Collins–Loveland.
58 Comprise dans l'agglomération urbaine de Miami.
59 "Zone métropolitaine statistique officielle" de Fort Myers–Cape Coral.
60 Comprise dans l'agglomération urbaine de Phoenix.
61 "Zone métropolitaine statistique officielle" de Greensboro–Winston–Salem–High Point (Caroline du Nord).
62 "Zone métropolitaine statistique officielle" de Greenville–Spartanburg.
63 "Zone métropolitaine statistique officielle" de Harrisburg–Lebanon–Carlisle.
64 "Zone statistique officielle unifiée" de Hartford–New Britain–Middletown, comprenant la "Zone métropolitaine statistique officielle" de Hartford, de Bristol, de Middletown et de New Britain.
65 "Zone métropolitaine statistique officielle" de Houma–Thibodaux.
66 "Zone statistique officielle unifiée" de Houston–Galveston–Brazoria, comprenant la "Zone métropolitaine statistique officielle" de Houston (3 530 424 habitants en 1992), de Galveston–Texas City (228 084 habitants) et de Brazoria (203 857 habitants).
67 "Zone métropolitaine statistique officielle" de Huntington–Ashland (Virginie occidentale–Kentucky–Ohio).
68 Comprise dans l'agglomération urbaine de Kansas City (Mo.).
69 "Zone métropolitaine statistique officielle" de Jamestown–Dunkirk (New York).
70 "Zone métropolitaine statistique officielle" de Janesville–Beloit.
71 "Zone métropolitaine statistique officielle" de Johnson City–Kingsport–Bristol.
72 "Zone métropolitaine statistique officielle" de Killeen–Temple.
73 "Zone métropolitaine statistique officielle" de Lafayette–West Lafayette"
74 "Zone métropolitaine statistique officielle" de Lakeland–Winter Haven.
75 "Zone métropolitaine statistique officielle" de Lansing–East Lansing.
76 "Zone métropolitaine statistique officielle" de Little Rock–North Little Rock (Arkansas).
77 "Zone métropolitaine statistique officielle" de Longview–Marshall.
78 "Zone statistique officielle unifiée" de Los Angeles–Riverside–Orange County, comprenant la "Zone métropolitaine statistique officielle" de Los Angeles–Long Beach (9 053 645 habitants en 1992), de Orange County (2 484 789 habitants) de Ventura (686 560 habitants) et de Riverside–San Bernardino (2 822 778 habitants).
79 "Zone métropolitaine statistique officielle" de Macon–Warner Robins.
80 "Zone métropolitaine statistique officielle" de Melbourne–Titusville–Palm Bay.

8. Population of capital cities and cities of 100 000 and more inhabitants: latest available year (continued)

Population des capitales et des villes de 100 000 habitants et plus: dernière année disponible (suite)

FOOTNOTES (continued)

81 Miami–Fort Lauderdale "standard consolidated statistical area", comprising "standard metropolitan statistical area" of Miami (1992 population 2 007 972) and Fort Lauderdale (1 301 274).

82 Milwaukee–Racine "standard consolidated statistical area", comprising "standard metropolitan statistical area" of Milwaukee–Waukesha (1992 population 1 449 912) and Racine (179 508).

83 Minneapolis–St. Paul, Minnesota "standard metropolitan statistical area".

84 New London–Norwich, Connecticut "standard metropolitan statistical area".

85 New York–Northern New Jersey–Long Island "standard consolidated statistical area", comprising "standard metropolitan statistical area" of New York (1992 population 8 551 831), Bergen–Passaic (1 291 155), Bridgeport (443 039), Danbury (196 436), Jersey City (554 950), Dutchess County (262 858), New Haven–Meriden (526,867), Middlesex–Somerset–Hunterdon (1,046,785), Monmouth–Ocean (1 004 243), Newburgh (348 312), Nassau–Suffolk (2 640 271), Newark (1 923 300), Stamford–Norwalk (330 558), Trenton (327 694) and Waterbury (221 876).

86 Norfolk–Virginia Beach–Newport News "standard metropolitan statistical area".

87 Parkersburg–Marietta "standard metropolitan statistical area".

88 Included in urban agglomeration of Houston.

89

90 Portland–Salem "standard consolidated statistical area", comprising "standard metropolitan statistical area" Portland–Vancouver (1992 population 1 605 006) and Salem (291 889).

91 Providence–Fall River–Warwick "standard consolidated statistical area", comprising "standard metropolitan statistical area" of Fall River Warwick and Providence.

92 Provo–Orem, Utah "standard metropolitan statistical area".

93 Raleigh–Durham "standard metropolitan statistical area".

94 Richland–Kennewick–Pasco "standard metropolitan statistical area".

95 Richmond–Petersburg "standard metropolitan statistical area".

96 Sacramento–Yolo "standard consolidated statistical area", comprising "standard metropolitan statistical area" of Sacramento (1992 population (1 418 563) and Yolo (144 811).

97 Saginaw–Bay City–Midland "standard metropolitan statistical area".

98 Included in urban agglomeration of Minneapolis.

99 Included in urban agglomeration of Tampa.

100 Included in urban agglomeration of Portland.

101 Salinas–Seaside–Monterey, California "standard metropolitan statistical area".

102 Salt Lake City–Ogden "standard metropolitan statistical area".

NOTES (suite)

81 "Zone statistique officielle unifiée" de Miami–Fort Lauderdale, comprenant la "Zone métropolitaine statistique officielle" de Miami (2 007 972 habitants en 1992) et de Fort Lauderdale (1 301 274 habitants).

82 "Zone statistique officielle unifiée" de Milwaukee–Racine, comprenant la "Zone métropolitaine statistique officielle" de Milwaukee–Waukesha (1 449 912 habitant en 1992) et de Racine (179 508 habitants).

83 "Zone métropolitaine statistique officielle" de Minneapolis–St. Paul (Minnesota).

84 "Zone métropolitaine statistique officielle" de New London–Norwich (Connecticut).

85 "Zone statistique officielle unifiée" de New York–New Jersey–Long Island, comprenant la "Zone métropolitaine statistique officielle" de New York (8 551 831 habitants en 1992), de Bergen–Passaic (1 291 155 habitants), de Bridgeport (443 039 habitants), de Danbury (196 436 habitants), de Jersey City (554 950), de Dutchess County (262 858 habitants, de New Haven–Meriden (526 867 habitants), de Middlesex–Somerset–Hunterdon (1 046 785 habitants) de Monmouth–Ocean (1 004 243 habitants), de Nassau–Suffolk (2 640 271 habitants), de Trenton (327 694 habitants), de Newark (1 923 300 habitants), de Waterbury (221 876 habitants), de Newburgh (348 312 habitants) et de Stamford–Norwalk (330 558 habitants).

86 "Zone métropolitaine statistique officielle" de Norfolk–Virginia Beach–Newport News.

87 "Zone métropolitaine statistique officielle" de Parkersburg–Marietta.

88 Comprise dans l'agglomération urbaine de Houston.

90 "Zone statistique oficielle unifiée" de Portland–Salem, comprenant la "Zone métropolitaine statistique officielle" de Portland–Vancouver (1 605 006 habitants en 1990) et de Salem (291 889 habitants).

91 "Zone statistique officielle unifiée" de Providence–Fall River–Warwick, comprenant la "Zone métropolitaine statistique officielle" de Fall River de Warwick et de Providence.

92 "Zone métropolitaine statistique officielle" de Provo–Orem (Utah).

93 "Zone métropolitaine statistique officielle" de Raleigh–Durham.

94 "Zone métropolitaine statistique officielle" de Richland–Kennewick–Pasco.

95 "Zone métropolitaine statistique officielle" de Richmond–Petersburg.

96 "Zone statistique officielle unifiée" de Sacramento–Yolo, comprenant la "Zone métropolitaine statistique officielle" de Sacramento (1 418 563 habitants en 1992) et Yolo (144 811 habitants).

97 "Zone métropolitaine statistique officielle" de Saginaw–Bay City–Midland.

98 Comprise dans l'agglomération urbaine de Minneapolis.

99 Comprise dans l'agglomération urbaine de Tampa.

100 Comprise dans l'agglomération urbaine de Portland.

101 "Zone métropolitaine officielle" de Salinas–Seaside–Monterey (Californie).

102 "Zone métropolitaine officielle" de Salt Lake City–Ogden.

8. Population of capital cities and cities of 100 000 and more inhabitants: latest available year (continued)

Population des capitales et des villes de 100 000 habitants et plus: dernière année disponible (suite)

FOOTNOTES (continued)

103 San Francisco–Oakland–San Jose "standard consolidated statistical area", comprising "standard metropolitan statistical area" of Oakland (1992 population 2 148 157), San Francisco (1 626 113), San Jose (1 528 527), Santa Cruz–Watsonville (230 992), Santa Rosa (400 992) and Vallejo–Fairfield–Napa (475 110).

104 Santa Barbara–Santa Maria–Lompoc "standard metropolitan statistical area".

105 Scranton–Wilkes–Barre "standard metropolitan statistical area".

106 Seattle–Tacoma–Bremerton "standard consolidated statistical area", comprising "standard metropolitan statistical area" of Bremerton (1992 population 210 766), Olympia (176 567), Seattle–Bellevue–Everett (2 124 411) and Tacoma (619 648).

107 South Bend–Mishawaka "standard metropolitan statistical area.

108 Steubenville–Weirton, Ohio–West Virginia "standard metropolitan statistical area.

109 Included in urban agglomeration of Seattle.

110 Tampa–St. Petersburg, Florida "standard metropolitan statistical area".

111 Texarkana, Texas–Arkansas "standard metropolitan statistical area".

112 Utica–Rome, New York "standard metropolitan statistical area".

113 Visalia–Tulare–Porterville "standard metropolitan statistical area".

114 Waterloo–Cedar Falls "standard metropolitan statistical area".

115 West Palm Beach–Boca Raton–Delray Beach "standard metropolitan statistical area".

116 Included in urban agglomeration of Greensboro.

117 Included in urban agglomeration of Boston.

118 Youngstown–Warren, Ohio "standard metropolitan statistical area".

119 La Paz is the actual capital and the seat of the Government but Sucre is the legal capital and the seat of the judiciary.

120 "Metropolitan area" (Gran Santiago).

121 "Metropolitan area", comprising Asuncion proper and localities of Trinidad, Zeballos Cué, Campo Grande and Lamboré.

122 "Metropolitan area" (Gran Lima).

123 "Metropolitan area", comprising Caracas proper (the urban parishes of Department of Libertador) and a part of district of Sucre in State of Miranda.

124 Data for 1990, covering only the civilian population of 30 provinces, municipalities and autonomous regions.

125 For municipalities which may contain rural area as well as urban centre.

126 Including data for the India–held part of Jammu and Kashmir, the final status of which has not yet been determined. Excluding cities for Assam state.

127 For Ambala Municipal Corporation.

128 Including Bally, Baranagar, Barrackpur, Bhatpara, Calcutta Municipal Corporation, Chandan Nagar, Garden Reach, Houghly–Chinsura, Howrah, Jadarpur, Kamarhati, Naihati, Panihati, Serampore, South Dum Dum, South Suburban, and Titagarh.

NOTES (suite)

103 "Zone statistique officielle unifiée" de San Francisco–Oakland–San José, comprenant la "Zone métropolitaine statistique officielle" de Oakland (2 148 157 habitants en 1992), de San Francisco (1 626 113 habitants), de San José (1 528 527 habitants), de Santa Cruz–Watsonville (230 992 habitants), de Santa Rosa (400 992 habitants) et de Vallejo–Fairfield–Napa (475 110 habitants).

104 "Zone métropolitaine statistique officielle" de Santa Barbara–Santa Maria–Lompoc.

105 "Zone métropolitaine statistique officielle" de Scranton–Wilkes–Barre.

106 "Zone statistique officielle unifiée" de Seattle–Tacoma–Bremerton comprenant la "Zone métropolitaine statistique officielle" de Bremerton (210 766 habitants en 1992), de Olympia (176 567 habitants), de Seattle–Bellevue–Everett (2 124 411 habitants) et de Tacoma (619 648 habitants).

107 "Zone métropolitaine statistique officielle" de South Bend–Mishawaka.

108 "Zone métropolitaine statistique officielle" de Steubenville–Weirton (Ohio–Virginie occidentale).

109 Comprise dans l'agglomération urbaine de Seattle.

110 "Zone métropolitaine statistique officielle" de Tampa–St. Petersburg (Florida).

111 "Zone métropolitaine statistique officielle" de Texarkana (Texas–Arkansas).

112 "Zone métropolitaine statistique officielle" de Utica–Rome, (New York).

113 "Zone métropolitaine statistique officielle" de Visalia–Tulare–Porterville.

114 "Zone métropolitaine statistique officielle" de Waterloo–Cedar Falls.

115 "Zone métropolitaine statistique officielle" de West Palm Beach–Boca Raton–Delray Beach.

116 Comprise dans l'agglomération urbaine de Greensboro.

117 Comprise dans l'agglomération urbaine de Boston.

118 "Zone métropolitaine statistique officielle" de Youngstown–Warren (Ohio).

119 La Paz est la capitale effective et le siège du gouvernement, mais Sucre est la capitale constitutionnelle et la siège du pouvoir judiciaire.

120 "Zone métropolitaine" (Grand Santiago).

121 "Zone métropolitaine" comprenant la ville d'Asuncion proprement dite et les localités de Trinidad , Zeballos Cué, Campo Grande et Lamboré.

122 "Zone métropolitaine (Grand Lima).

123 "Zone métropolitaine", comprenant la ville de Caracas proprement dite (paroisses urbaines du département du Libertador) et une partie du district de Sucre dans l'Etat de Miranda.

124 Données pour 1990, pour la population civile seulement de 30 provinces, municipalités et régions autonomes.

125 Pour les municipalités qui peuvent comprendre un centre urbaine et une zone rurale.

126 Y compris les données concernant la partie de Jammu–et–Cachemire occupée par l'Inde, dont le statut définitif n'a pas encore été déterminé. Non compris les villes de l'état d'Assam.

127 Pour Municipal Corporation d'Ambala.

128 Y compris Bally, Baranagar, Barrackpur, Bhatpara, Calcutta Municipal Corporation, Chandan Nagar, Garden Reach, Houghly Chinsura, Howrah, Jadarpur, Kamarhati, Naihati, Panihati, Serampopre, South Dum Dum, South Suburban et Titagarh.

8. Population of capital cities and cities of 100 000 and more inhabitants: latest available year (continued)

Population des capitales et des villes de 100 000 habitants et plus: dernière année disponible (suite)

FOOTNOTES (continued)

129 Including New Delhi.
130 Included in urban agglomeration of Delhi.
131 Including Karkh, Rassaiah, Adhamiya and Kadhimain Qadha Centres and Maamoon, Mansour and Karradah–Sharquiya Nahlyas.
132 Designation and data provided by Israel. The position of the United Nations on the question of Jerusalem is contained in General Assembly resolution 181 (II) and subsequent resolutions of the General Assembly and the Security Council concerning this question.
133 Including East Jerusalem.
134 Excluding diplomatic personnel outside country and foreign military and civilian personnel and their dependants stationed in the area.
135 Except for Tokyo, all data refer to shi, a minor division which may include some scattered or rural population as well as an urban centre.
136 Including Kokura, Moji, Tobata, Wakamatsu and Yahata (Yawata).
137 Data for city proper refer to 23 wards (ku) of the old city. The urban agglomeration figures refer to Tokyo–to (Tokyo Prefecture), comprising the 23 wards plus 14 urban counties (shi), 18 towns (machi) and 8 villages (mura). The "Tokyo Metropolitan Area" comprises the 23 wards of Tokyo–to plus 21 cities, 20 towns and 2 villages. The "Keihin Metropolitan Area" (Tokyo–Yokohama Metropolitan Area plus 9 cities (one of which is Yokohama City) and two towns, with a total population of 20 485 542 on 1 October 1965.
138 Based on a sample survey.
139 Including area maritima and concelho of Macau.
140 Excluding data for the Pakistan–held part of Jammu and Kashmir, the final status of which has not yet been determined. Junagardh, Manavadar, Gilgit and Baltistan. For cities in Jammu and Kashmir (cf126).
141 Excluding transients afloat and non–locally domiciled military and civilian services personnel and their dependants.
142 Including Altindag, Cankaya and Yenimahalle.
143 Including Adahalar, Bakiroy, Besistas, Beykoz, Beyogiu, Eminonu, Eyup, Faith, Gazi Osmanpasa, Kadikoy, Sariyer, Sisli, Uskudar and Zeytinburnu.
144 Including Karsiyaka.
145 Including Cholon.
146 Data for cities proper refer to communes which may contain an urban centre and a rural area.
147 Data for cities proper refer to communes which are centres for urban agglomeration.
148 De jure population, but excluding diplomatic personnel outside the country and including foreign diplomatic personnel not living in embassies or consulates.
149 Included in urban agglomeration of Paris.
150 Date refer to French territory of this international agglomeration.

NOTES (suite)

129 Y compris New Delhi.
130 Comprise dans l'agglomération urbaine de Delhi.
131 Y compris les cazas de Karkh, Adhamiya et Kadhermain ainsi que les nahiyas de Maamoon, Mansour et Karradah–Sharquiya.
132 Appelation de données fournies par Israel. La position des Nations Unies concernant la question de Jérusalem est décrite dans la resolution 181 (II) de l'Assemblée générale et résolutions ultérieures de l'Assemblée générale et du Conseil de sécurité sur cette question.
133 Y compris Jérusalem–Est.
134 Non compris le personnel diplomatique hors du territoire, les militaires et agents civils étrangers en poste sur le territoire et les membres de leur famille les accompagnant.
135 Sauf pour Tokyo, toutes les données se rapportent à des shi, petites divisions administratives qui peuvent comprendre des peuplements dispersés ou ruraux en plus d'un centre urbain.
136 Y compris Kokura, Moji, Tobata, Wakamatsu et Yahata (Yawata).
137 Les données concernant la ville proprement dite se rapportent aux 23 circonscriptions de la vieille ville. Les chiffres pour l'agglomération urbaine se rapportent à Tokyo–to (préfecture de Tokyo), comprenant les 23 circonscriptions plus 14 cantons urbains (Shi), 18 villes (machi) et 8 villages (mura). La "zone métropolitaine de Tokyo" comprend les 23 circonscriptions de Tokyo–to plus 21 municipalités, 20 villes et 2 villages. La "zone métropolitaine de Keihin" (zone métropolitaine de Tokyo–Yokohama) comprend la zone métropolitaine de Tokyo, plus 9 municipalités, dont l'une est Yokohama et 2 villes, elle comptait 20 485 542 habitants au 1er octobre 1965.
138 D'après une enquête par sondage.
139 Y compris la zone maritime et le Concelho de Macao. Kampuchea démocratique".
140 Non compris les données pour la partie de Jammu–Cachemire occupée par le Pakistan dont le status definitif n'a pas encore été déterminé, et le Junagardh, le Manavadar, le Gilgit et le Baltistan. Pour les villes de Jammu–et–Cachemire, voir la note 126.
141 Non compris les personnes de passage à bord de navires, les militaires et agents civils non résidents et les membres de leur famille les accompagnant.
142 Y compris Altindag, Cankaya et Yenimahalle.
143 Y compris Adalar, Bakirkoy, Besistas, Beykoz, Beyoglu, Eminou, Eyup, Faith, Gazi Osmanpasa, Kadikoy, Sariyer, Sisli, Uskudar et Zeytinburnu.
144 Y compris Karsiyaka.
145 Y compris Cholon.
146 Les données concernant les villes proprement dites se rapportent à des communes qui peuvent comprendre un centre urbain et une zone rurale.
147 Les données concernant les villes proprement dites se rapportent à des communes qui sont des centres d'agglomérations urbaines.
148 Population de droit, mais non compris le personnel diplomatique hors du pays et y compris le personnel diplomatique étranger qui ne vit pas dans les ambassades ou les consulats.
149 Comprise dans l'agglomération urbaine de Paris.
150 Les données se rapportent aux habitants de cette agglomération internationale qui vivent en territoire francais.

8. Population of capital cities and cities of 100 000 and more inhabitants: latest available year (continued)

Population des capitales et des villes de 100 000 habitants et plus: dernière année disponible (suite)

FOOTNOTES (continued)

151 Includes Villeurbanne.
152 Data refer to the extended agglomeration, comprising the city of Paris, 73 communes in Department of Essonne, 36 communes in Department of Hauts–de–Seine, 13 communes in the Department of Seine–et–Marne, 40 communes in Department of Seine–Saint–Denis, 47 communes in Department of Val–d'Oise and 42 communes in the Department of Yvelines.
153 Including armed forces stationed outside the country but excluding alien armed forces stationed in the area.
154 Included in urban agglomeration of Athens.
155 Including civilian nationals temporarily outside the country.
156 Data for cities proper refer to administrative units (municipalities).
157 For Lisbon proper and concelhos (administrative division) of Almada, Barreiro, Cascais, Loures, Moita, Oeiras, Seikal, Sintra; and frequezias (parish area) of Montijo and Vila Franca de Xira.
158 For Porto proper and concelhos (administrative division) of Espinho, Gondomar, Maia, Motoshinhos, Volongo, Vila Nova de Gaia.
159 For district council areas.
160 Greater London Borough included in figure for "Greater London" conurbation.
161 Capital of Northern Ireland.
162 Capital of Wales for certain purposes.
163 Capital of Scotland.
164 "Greater London" conurbation as reconstituted in 1965 and comprising 32 new Greater London Boroughs (cf160).
165 Data for urban agglomeration refer to metropolitan areas defined for census purposes and normally comprising city proper (municipality) and contiguous urban areas.
166 For the Commune of Papeete and the districts of Pirae and Faaa.
167 Included in urban agglomeration of Auckland.

NOTES (suite)

151 Y compris Villeurbanne.
152 Ce chiffre se rapporte à l'agglomération étendue, qui comprend la ville de Paris, 73 communes dans le département de l'Essonne, 36 communes dans le département des Hauts–de–Seine, 13 communes dans le département de la Seine–et–Marne, 40 communes dans le département de la Seine–Saint–Denis , 47 communes dans département du Val–d'Oise et 42 communes dans le département des Yvelines.
153 Y compris les militaires en garnison hors du pays, mais non compris les militaires étrangers en garnison sur le territoire.
154 Comprise dans l'agglomération urbaine d'Athènes.
155 Y compris les civils nationaux temporairement hors du pays.
156 Les données concernant les villes proprement dites se rapportent à des unités administratives (municipalités).
157 Pour Lisbon proprement dite et concelhos (division administrative) d'Almada, Barreiro, Cascais, Loures, Moita, Oeiras, Seikal, Sintra; et frequezias (paroisses) de Montijo et Vila Franca de Xira.
158 Ville de Porto proprement dite et concelhos (division administrative) d'Espinho, Gondamar, Maia, Matoshinhos, Valongo, Vila Nova de Gaia.
159 Pour les zones de district council.
160 Le chiffre relatif à l'ensemble urbain du "Grand Londres" comprend le Greater London Borough.
161 Capitale de l'Irlande du Nord.
162 Considérée à certains égards comme la capitale du pays de Galles.
163 Capitale de l'Ecosse.
164 Ensemble urbain du "Grand Londres", tel qu'il a été reconstitué en 1965, comprenant 32 nouveaux Greater London Boroughs (voir la note 160).
165 Les données relatives aux agglomérations urbaines se rapportent à la zone métropolitaine définie aux fins du recensement qui comprend généralement la ville proprement dite (municipalité) et la zone urbaine contigue.
166 Pour la commune de Papeete et les districts de Pirae et Faaa.
167 Comprise dans l'agglomeration urbaine d'Auckland.

8. Area of capital cities and cities of 100 000 and more inhabitants: latest available year (continued)

Area des capitales et des villes de 100 000 habitants et plus: dernière année disponible (suite)

(See notes at end of table. – Voir notes à la fin du tableau.)

Continent, country or area, city and date Continent, pays ou zone, ville et date	Surface area–Superficie(km ²) City proper Ville proprement dite	 Urban agglomeration Agglomération urbaine
AFRICA—AFRIQUE		
Malawi		
1 IX 1987		
Blantyre City	220	...
LILONGWE	328	...
Mauritius – Maurice Island of Mauritius – Ile Maurice		
1 VII 1992		
PORT LOUIS	452	...
Réunion		
15 III 1990		
SAINT–DENIS	*———— 143 ————*	
AMERICA,NORTH—AMERIQUE DU NORD		
Bermuda – Bermudes		
20 V 1991		
HAMILTON	51	...
Canada		
4 VI 1991		
Brampton	265	...
Burlington	177	...
Burnaby	88	...
Calgary	697	5 086
Chicoutimi–Jonquière	...	1 723
East York	21	...
Edmonton	670	9 532
Etobicoke	124	...
Gloucester	294	...
Halifax	79	2 503
Hamilton	123	1 359
Kelowna	...	3 007
Kingston	...	1 629
Kitchener	135	824
Laval	245	...
London	1 800	2 105
Longueuil	43	...
Markham	212	...
Matsqui	...	610
Mississauga	274	...
Moncton	...	1 719
Montréal	177	3 509
Nepean	217	...
North York	177	...
Oakville	138	...
Oshawa	143	894
OTTAWA	110	5 138
Québec	89	3 150
Regina	111	3 422
Richmond	123	...
St. Catharines	94	1 400
St. John's	...	1 130
Saint John	...	2 905
Saskatoon	135	4 749
Scarborough	188	...
Sherbrooke	...	916
Sudbury	...	2 612
Surrey	302	...
Sydney Glace Bay	...	1 887
Thunder Bay	323	2 203
Toronto	97	5 584
Trois–Rivières	...	872
Vancouver	113	2 786
Vaughan	275	...
Victoria	...	633
Windsor	120	862
Winnipeg	572	3 295
York	23	...
El Salvador		
27 IX 1992		
Apopa	*———— 52 ————*	
Delgado	33	
Mejicanos	22	
Nueva San Salvador	112	
SAN SALVADOR	72	
Santa Ana	400	
San Miguel	594	
Soyapango	30	
Panama		
1 VII 1993		
PANAMA	107	...
San Miguelito	50	...
Puerto Rico – Porto Rico		
1 VII 1991		
Bayamon	116	...
Caguas	153	...
Carolina	124	...
Mayagüez	200	...
Ponce	304	...
SAN JUAN	122	...
United States – Etats–Unis		
1 IV 1990		
Abilene	267	355
Akron	161	...
Albany(Ga.)	144	265
Albany(N.Y.)	55	1 249
Albuquerque	342	2 304
Alexandria(La.)	64	511
Alexandria(Va.)	40	...
Allentown	46	426
Altoona	25	203
Amarillo	228	704
Anaheim	115	...
Anchorage	4 397	655
Ann Arbor	67	...
Anniston	52	235
Appleton	44	540
Arlington(Tx.)	241	...
Asheville	91	427
Athens	43	228
Atlanta	341	2 365
Augusta	51	845
Aurora(Co.)	343	...
Austin	564	1 632
Bakersfield	238	3 143
Baltimore	209	...
Barnstable(Ma)	156	100
Baton Rouge	192	500
Beaumont	207	250
Bellingham	57	819

8. Area of capital cities and cities of 100 000 and more inhabitants: latest available year (continued)

Area des capitales et des villes de 100 000 habitants et plus: dernière année disponible (suite)

(See notes at end of table. – Voir notes à la fin du tableau.)

Continent, country or area, city and date Continent, pays ou zone, ville et date	Surface area–Superficie(km²) City proper Ville proprement dite	 Urban agglomeration Agglomération urbaine
AMERICA,NORTH— (Cont.–Suite) AMERIQUE DU NORD		
United States – Etats–Unis		
1 IV 1990		
Benton Harbor	11	220
Berkeley	27	...
Billings	84	1 017
Biloxi	51	689
Binghamton	27	473
Birmingham	385	1 231
Bloomington(Il.)	43	457
Bloomington(In.)	39	152
Boise City	120	635
Boston	125	2 172
Bridgeport	42	...
Brownsville	72	350
Bryan	85	226
Buffalo	105	605
Burlington(Vt.)	27	217
Canton	52	375
Cedar Rapids	139	277
Champaign	34	385
Charleston(S.C.)	112	1 001
Charleston(W.Va.)	76	482
Charlotte	451	1 304
Charlottesville	27	454
Chattanooga	307	513
Chesapeake	882	...
Chicago	589	2 676
Chico	58	633
Chula Vista	75	...
Cincinnati	200	1 471
Clarksville	189	487
Cleveland	200	1 395
Colorado Springs	475	821
Columbia(Mo.)	115	265
Columbia(S.C.)	303	563
Columbus (Ga.)	560	606
Columbus (Oh.)	495	1 213
Concord	76	...
Corpus Christi	350	590
Cumberland	21	291
Dallas	887	3 915
Danville	112	391
Davenport	159	659
Dayton	143	650
Daytona Beach	84	614
Decatur (Al.)	122	493
Decatur (Il.)	96	224
Denver	397	3 280
Des Moines	195	667
Detroit	359	2 535
Dothan	206	441
Dover (De.)	55	228
Duluth	175	2 909
Durham	179	...
Eau Claire	72	636
Elizabeth	32	...
Elkhart	44	179
El Monte	25	...
El Paso	636	391
Erie	57	400
Escondido	92	...
Eugene	99	1 758
Evansville	105	567
Fargo	77	1 085
Fayetteville(Ark.)	104	693
Fayetteville(N.C.)	105	252
Flint	88	...
Florence(Alab.)	61	488
Florence(S.C.)	38	309
Fort Collins	107	1 004
Fort Lauderdale	81	...
Fort Myers	57	310
Fort Pierce	32	436
Fort Smith	121	697
Fort Walton Beach	19	361
Fort Wayne	162	945
Fort Worth	728	...
Fremont	200	...
Fresno	257	3 128
Gainesville	90	338
Garden Grove	47	...
Garland	149	...
Gary	130	...
Glendale(Az.)	135	...
Glendale(Ca.)	79	...
Glen Falls	10	658
Goldsboro	55	213
Grand Rapids	115	1 065
Green Bay	114	204
Greensboro	207	1 499
Greenville(N.C)	47	252
Greenville(S.C)	65	1 240
Hampton	134	...
Harrisburg	21	769
Hartford	45	648
Hayward	113	...
Hialeah	50	...
Hickory	53	633
Hollywood(Fl.)	71	...
Honolulu	215	232
Houma	35	903
Houston	1 398	2 976
Huntington	39	675
Huntington Beach	68	...
Huntsville	426	530
Independence	203	...
Indianapolis	937	1 360
Inglewood	24	...
Irving	110	...
Irving (Tx.)	175	...
Jackson (Mich.)	29	273
Jackson (Miss.)	282	912
Jacksonville(Fl.)	1 965	1 018
Jamestown	23	410
Jacksonville(N.C.)	34	296
Janesville	61	278
Jersey City	39	...
Johnson City	79	1 106
Johnstown	15	681
Joplin	77	489
Kalamazoo	64	727
Kansas City (Ka.)	280	...
Kansas City (Mo.)	807	2 088
Killeen	72	815
Knoxville	200	946
Lafayette(Ind.)	35	349
Lafayette(La.)	106	1 001
Lake Charles	83	414
Lakeland	99	724
Lakewood	106	...
Lancaster(Pa.)	19	366
Lansing	88	659
Laredo	85	1 276
Las Cruces	97	1 470
Las Vegas	216	15 201
La Crosse	48	390
Lawton	133	413
Lexington	737	741

8. Area of capital cities and cities of 100 000 and more inhabitants: latest available year (continued)

Area des capitales et des villes de 100 000 habitants et plus: dernière année disponible (suite)

(See notes at end of table. – Voir notes à la fin du tableau.)

Continent, country or area, city and date Continent, pays ou zone, ville et date	Surface area–Superficie(km ²)	
	City proper Ville proprement dite	Urban agglomeration Agglomération urbaine
AMERICA,NORTH— (Cont.–Suite) AMERIQUE DU NORD		
United States – Etats–Unis		
1 IV 1990		
Lima	33	311
Lincoln	164	324
Little Rock	266	1 123
Livonia	93	...
Long Beach	130	...
Longview	136	680
Los Angeles	1 216	13 114
Louisville	161	800
Lowell	36	...
Lubbock	270	347
Lynchburg	128	691
Macon	124	592
Madison	150	464
Mansfield	72	347
McAllen	84	606
Medford	47	1 075
Melbourne	74	393
Memphis	663	1 161
Merced	42	745
Mesa	281	...
Miami	92	1 217
Mesquite	111	...
Milwaukee	249	692
Minneapolis	142	2 342
Mobile	306	1 093
Modesto	78	577
Monroe	68	236
Montgomery	350	775
Moreno Valley	127	...
Muncie	59	152
Myrtle Beach(S.C.)	40	438
Naples	28	782
Nashville–Davidson	1 226	1 573
Newark	67	...
New Haven	49	...
New London	14	256
New Orleans	468	1 313
Newport News	177	...
New York	800	27 375
Norfolk	139	907
Oceanside	105	...
Oakland	145	...
Ocala	75	610
Odessa	92	696
Oklahoma City	1 575	1 640
Omaha	261	956
Overland Park	144	...
Ontario	95	...
Orange	60	...
Orlando	174	1 348
Oxnard	63	...
Panama City(Fl.)	40	295
Parkersburg	29	387
Pasadena(Ca.)	60	...
Pasadena(Tx.)	113	...
Paterson	22	...
Pensacola	59	648
Peoria	106	694
Philadelphia	350	2 292
Phoenix	1 088	5 627
Pittsburgh	144	1 785
Plano	172	...
Pomona	59	...
Portland(Me.)	59	242
Portland(Or.)	323	2 685
Portsmouth(Va.)	86	...
Providence	48	441
Provo	100	772
Pueblo	93	922
Punta Gorda(Fla.)	37	268
Raleigh	228	1 348
Rancho Cucamonga	98	...
Reading	25	332
Redding	133	1 462
Reno	149	2 449
Richland	83	1 137
Richmond	156	1 137
Riverside	201	...
Roanoke	111	328
Rochester (Mn.)	76	252
Rochester (Ny.)	93	1 323
Rockford	117	600
Rocky Mountain (S.C.)	65	404
Sacramento	249	1 967
Saginaw	45	685
St. Cloud	38	677
St. Louis	160	2 468
St. Paul	137	...
St. Petersburg	153	...
Salem	108	...
Salinas	48	1 283
Salt Lake City	282	625
San Antonio	863	1 284
San Bernardino	143	...
San Diego	839	1 623
San Francisco	121	2 845
San Jose	444	...
San Luis Obispo	24	1 276
Santa Ana	70	...
Santa Clarita	105	...
Santa Barbara	49	1 057
Santa Fe	95	779
Santa Rosa	87	...
Sarasota	38	507
Savannah	162	526
Scottsdale	478	...
Scranton	65	862
Seattle	217	2 789
Sharon	10	259
Sheboygan	34	198
Shreveport	255	894
Simi Valley	86	...
Sioux City	141	439
Sioux Falls	117	536
South Bend	94	177
Spokane	145	681
Springfield (Ill.)	...	457
Springfield (Ma.)	83	284
Springfield (Mo.)	176	707
Stamford	98	...
State College	12	428
Sterling Heights	95	...
Steubenville	21	225
Stockton	136	540
Sumter	59	59
Sunnyvale	57	...
Syracuse	65	1 190
Tacoma	124	...
Tallahassee	164	457
Tampa	282	986
Tempe	102	...
Terre Haute	72	393
Texarkana	55	584
Thousand Oaks	128	...
Toledo	209	527
Topeka	143	212

8. Area of capital cities and cities of 100 000 and more inhabitants: latest available year (continued)

Area des capitales et des villes de 100 000 habitants et plus: dernière année disponible (suite)

(See notes at end of table. – Voir notes à la fin du tableau.)

Continent, country or area, city and date / Continent, pays ou zone, ville et date	Surface area–Superficie(km ²) City proper / Ville proprement dite	Urban agglomeration / Agglomération urbaine
AMERICA,NORTH— (Cont.–Suite) AMERIQUE DU NORD		
United States – Etats–Unis		
1 IV 1990		
Torrance	53	...
Tucson	405	3 547
Tulsa	475	1 936
Tuscaloosa	122	512
Tyler	103	358
Utica	42	1 013
Vallejo	78	...
Virginia Beach	643	...
Visalia	61	1 863
Waco	196	402
Warren	89	...
WASHINGTON D.C.	159	3 698
Waterbury	74	75
Waterloo	157	219
Wausau	37	597
West Palm Beach	128	785
Wheeling	36	367
Wichita	298	1 146
Wichita Falls	140	594
Williamsport	23	477
Wilmington	77	77
Winston–Salem	184	...
Worcester	97	...
Yakima	39	1 659
Yonkers	47	...
York	14	...
Youngstown	88	...
Yuba City	18	...
Yuma	57	...
AMERICA,SOUTH— AMERIQUE DU SUD		
Brazil – Brésil		
1 VII 1990		
Alagoinhas	*——— 1 179 ———*	
Altamira	153 862	
Alvorada	71	
Americana	122	
Ananindeua	485	
Anápolis	1 074	
Apucarana	563	
Aracaju	151	
Araçatuba	2 668	
Araguaina	9 097	
Araguario	2 774	
Arapiraca	350	
Araraquara	1 541	
Bacabal	1 609	
Bage	7 241	
Barbacena	717	
Barueri	64	
Barra do Corda	14 058	
Barra Mansa	848	
Bauru	702	
Belém	736	
Belo Horizonte	335	
Betim	376	
Blumenou	488	
Bragança	3 258	
Bragança Paulista	*——— 770 ———*	
BRASILIA	5 794	
Cabo	451	
Cáceres	27 322	
Cachoeiro de Itapemirim	1 304	
Camacari	718	
Camaragibe	53	
Cameta	2 487	
Campina Grande	970	
Campinas	781	
Campo Grande	8 091	
Campos dos Goytacazes	4 148	
Canoas	313	
Carapicuíba	44	
Caratinga	2 204	
Cariacica	273	
Caruaru	1 157	
Cascavel	2 714	
Castanhal	1 003	
Caucaia	1 293	
Caxias	7 359	
Caxias do Sul	1 530	
Chapeco	990	
Codo	4 698	
Colatina	2 229	
Contagem	167	
Coronel Fabriciano	202	
Criciúma	396	
Cubatao	160	
Cuiabá	3 980	
Curitiba	431	
Diadema	24	
Divinopolis	716	
Dourados	4 082	
Duque de Caxias	442	
Embu	76	
Feira de Santana	1 344	
Florianopolis	451	
Fortaleza	336	
Foz do Iguaçu	624	
Franca	590	
Garanhuns	493	
Goiânia	787	
Governador Valadares	2 447	
Gravatai	771	
Guaratinguita	825	
Guarapuava	5 349	
Guarujá	138	
Guarulhos	341	
Ilhéus	1 712	
Imperatriz	5 853	
Ipatinga	231	
Itaboraí	526	
Itabuna	584	
Itaguaí	523	
Itaituba	165 578	
Itajaí	304	
Itapetininga	2 035	
Itaquaquecetuba	104	
Itu	640	
Ituiutaba	2 694	
Jaboatao	234	
Jacareí	463	
Jau	718	
Jequié	3 113	
Joao Pessoa	189	
Joinville	1 183	
Juazeiro	6 939	
Juazeiro do Norte	219	
Juiz de Fora	1 424	
Jundiaí	432	

8. Area of capital cities and cities of 100 000 and more inhabitants: latest available year (continued)

Area des capitales et des villes de 100 000 habitants et plus: dernière année disponible (suite)

(See notes at end of table. – Voir notes à la fin du tableau.)

Continent, country or area, city and date — Continent, pays ou zone, ville et date	Surface area–Superficie(km ²) City proper Ville proprement dite	Urban agglomeration Agglomération urbaine
AMERICA,SOUTH— (Cont.–Suite) AMERIQUE DU SUD		
Brazil – Brésil		
1 VII 1990		
Lages	*——5 321——*	
Limeira	597	
Linhares	4 045	
Londrina	2 119	
Luziania	4 653	
Macapá	24 557	
Maceio	508	
Magé	718	
Manaus	10 962	
Marabá	14 320	
Maracanau	117	
Marília	1 194	
Maringá	509	
Mauá	78	
Moji das Cruzes	749	
Moji–Guaçu	960	
Montes Claros	4 135	
Mossoro	2 020	
Natal	172	
Nilopolis	22	
Niteroi	130	
Nova Friburgo	1 009	
Nova Iguaçu	764	
Novo Hamburgo	223	
Olinda	29	
Osasco	67	
Paranagua	802	
Parnaíba	1 053	
Passo Fundo	1 991	
Patos de Minas	3 336	
Paulista	105	
Paulo Alfonso	1 018	
Pelotas	2 192	
Petrolina	6 080	
Petropolis	811	
Pindamonhangaba	719	
Piracicaba	1 426	
Pocos de Caldas	533	
Ponta Grossa	1 730	
Porto Alegre	497	
Porto Velho	52 510	
Presidente Prudente	554	
Recife	217	
Resende	1 183	
Ribeirao das Neves	157	
Ribeirao Preto	1 057	
Rio Branco	14 294	
Rio Claro	503	
Rio de Janeiro	1 171	
Rio Grande	2 608	
Rio Verde	9 135	
Rondonopolis	4 593	
Salvador	324	
Santa Barbara D'Oeste	282	
Santa Cruz do Sul	1 906	
Santa Luzia (MG)	12 374	
Santa Maria	3 097	
Santarém	26 058	
Santo André	159	
Santos	725	
Sao Bernardo do Campo	319	
Sao Caetano do Sul	24	
Sao Carlo	1 120	
Sao Gonçalo	228	
Sao Joao de Meriti	34	

Continent, country or area, city and date — Continent, pays ou zone, ville et date	Surface area–Superficie(km ²) City proper Ville proprement dite	Urban agglomeration Agglomération urbaine
Sao José	*——274——*	
Sao José do Rio Prêto	586	
Sao José dos Campos	1 118	
Sao José dos Pinhais	976	
Sao Leopoldo	60	
Sao Luís	518	
Sao Paolo	1 493	
Sao Vicente	131	
Sapucaia	53	
Serra	547	
Sete Lagoas	519	
Sobral	1 982	
Sorocaba	456	
Sumaré	208	
Susano	184	
Taboao da Serra	23	
Taubaté	655	
Teresina	1 356	
Teresopolis	849	
Teofilo Otoni	4 212	
Timon	1 886	
Uberaba	4 524	
Uberlandia	4 040	
Umuarama	2 911	
Uruguaiana	6 562	
Várzea Grande	900	
Viamao	1 856	
Vila Velha	232	
Vitoria	81	
Vitoria da Conquista	3 743	
Vitoria de Santo Antao	368	
Volta Redonda	168	
Uruguay		
1 VII 1991		
MONTEVIDEO	530	...
ASIA—ASIE		
Armenia – Arménie		
1 VII 1991		
Kirovakan	...	27
Leninakan	...	50
YEREVAN	...	210
Bahrain – Bahreïn		
1 VII 1992		
MANAMA	258	...
Israel – Israël		
1 VII 1992		
Bat Yam	8	...
Be'er Sheva	54	...
Bene Beraq	7	...
Haifa	59	...
Holon	19	...
JERUSALEM	107	...
Netanya	29	...
Petah Tiqwa	38	...
Ramat Gan	13	...
Rishon Leziyyon	48	...
Tel Aviv–Yafo	51	...

8. Area of capital cities and cities of 100 000 and more inhabitants: latest available year (continued)

Area des capitales et des villes de 100 000 habitants et plus: dernière année disponible (suite)

(See notes at end of table. – Voir notes à la fin du tableau.)

Continent, country or area, city and date / Continent, pays ou zone, ville et date	Surface area–Superficie(km ²) City proper / Ville proprement dite	Urban agglomeration / Agglomération urbaine
ASIA—ASIE (Cont.–Suite)		
Japan – Japon		
1 X 1990		
Abiko	*——— 43 ———*	
Ageo	46	
Aizuwakamatsu	286	
Akashi	49	
Akishima	17	
Akita	460	
Amagasaki	50	
Anjo	86	
Aomori	692	
Asaka	18	
Asahikawa	747	
Ashikaga	178	
Atsugi	94	
Beppu	125	
Chiba	272	
Chigasaki	36	
Chofu	22	
Daito	18	
Ebina	26	
Fuchu	29	
Fuji	214	
Fujieda	141	
Fujinomiya	315	
Fujisawa	69	
Fukui	340	
Fukuoka	336	
Fukushima	746	
Fukuyama	364	
Funabashi	86	
Gifu	196	
Habikino	26	
Hachinohe	213	
Hachioji	186	
Hadano	104	
Hakodate	347	
Hamamatsu	253	
Higashiosaka	62	
Higashikurume	13	
Higashimurayama	17	
Himeji	275	
Hino	28	
Hirakata	65	
Hiratsuka	68	
Hirosaki	274	
Hiroshima	740	
Hitachi	153	
Hofu	189	
Ibaraki	77	
Ichihara	368	
Ichikawa	57	
Ichinomiya	82	
Ikeda	22	
Imabari	74	
Iruma	45	
Ise	179	
Isesaki	65	
Ishinomaki	137	
Itami	25	
Iwaki	1 231	
Iwakuni	221	
Iwatsuki	49	
Izumi (Miyagi)	85	
Joetsu	249	
Kadoma	12	
Kagoshima	290	
Kakamigahara	80	
Kakogawa	*——— 138 ———*	
Kamakura	40	
Kanazawa	468	
Kariya	50	
Kashihara	39	
Kashiwa	73	
Kasugai	93	
Kasukabe	38	
Katsuta	73	
Kawachinagano	110	
Kawagoe	109	
Kawaguchi	56	
Kawanishi	53	
Kawasaki	142	
Kiryu	137	
Kisarazu	139	
Kishiwada	72	
Kitakyushu	482	
Kitami	421	
Kobe	544	
Kochi	145	
Kodaira	20	
Kofu	172	
Koganei	11	
Kokubanji	11	
Komaki	63	
Komatsu	37	
Koriyama	731	
Koshigaya	60	
Kumagaya	85	
Kumamoto	171	
Kurashiki	298	
Kure	146	
Kurume	125	
Kushiro	221	
Kyoto	610	
Machida	72	
Maebashi	147	
Matsubara	17	
Matsudo	61	
Matsue	176	
Matsumoto	266	
Matsusaka	210	
Matsuyama	289	
Minoo	48	
Misato	30	
Mishima	61	
Mitaka	18	
Mito	147	
Miyakonojo	306	
Miyazaki	286	
Moriguchi	14	
Morioka	400	
Muroran	80	
Musashino	11	
Nagano	404	
Nagaoka	263	
Nagareyama	35	
Nagasaki	241	
Nagoya	326	
Naha	39	
Nara	212	
Narashino	21	
Neyagawa	25	
Niigata	205	
Niihama	161	
Niiza	23	
Nishinomiya	99	
Nobeoka	284	
Noda	74	
Numazu	152	

8. Area of capital cities and cities of 100 000 and more inhabitants: latest available year (continued)

Area des capitales et des villes de 100 000 habitants et plus: dernière année disponible (suite)

(See notes at end of table. – Voir notes à la fin du tableau.)

Continent, country or area, city and date / Continent, pays ou zone, ville et date	Surface area–Superficie(km ²) City proper / Ville proprement dite	Urban agglomeration / Agglomération urbaine
ASIA—ASIE (Cont.–Suite)		
Japan – Japon		
1 X 1990		
Obihiro	*————— 619	—————*
Odawara	114	
Ogaki	80	
Oita	360	
Okayama	513	
Okazaki	227	
Okinawa	48	
Ome	103	
Omiya	89	
Omuta	82	
Osaka	220	
Ota	98	
Otaru	243	
Otsu	302	
Oyama	172	
Saga	104	
Sagamihara	90	
Sakai	137	
Sakata	176	
Sakura	104	
Sapporo	1 121	
Sasebo	248	
Sayama	49	
Sendai	784	
Seto	112	
Shimizu	228	
Shimonoseki	224	
Shizuoka	1 146	
Soka	27	
Suita	36	
Suzuka	195	
Tachikawa	24	
Takamatsu	194	
Takaoka	150	
Takarazuka	102	
Takasaki	111	
Takatsuki	105	
Tama	21	
Tokorozawa	72	
Tokushima	190	
Tokuyama	340	
TOKYO	618	
Tomakomai	560	
Tondabayashi	40	
Tottori	237	
Toyama	209	
Toyohashi	260	
Toyokawa	65	
Toyonaka	36	
Toyota	290	
Tsu	102	
Tsuchuiura	82	
Tsuruoka	260	
Ube	210	
Ueda	177	
Uji	67	
Urawa	71	
Urayasu	17	
Utsunomiya	312	
Wakayama	207	
Yachiyo	51	
Yaizu	45	
Yamagata	381	
Yamaguchi	357	
Yamato	27	
Yao	42	
Yatsushiro	*————— 146	—————*
Yokkaichi	197	
Yokohama	435	
Yokosuka	100	
Yonago	99	
Zama	18	
Kazakhstan		
1 I 1991		
Akmola	...	252
Aktau	...	706
Aktjubinsk	...	300
ALMATY	...	230
Atirau	...	160
Dzhambul(Zhambul)	...	114
Dzhezkazgan(Zhezkazgan)	...	526
Ekibastuz	...	738
Karaganda	...	600
Koktchetav	...	230
Kustanai	...	99
Kzyl–Orda	...	88
Pavlograd	...	298
Petropavlovsk (Severo–Kazakhstanskaya oblast)	...	155
Rudni	...	192
Semipalatinsk	...	210
Shimkent	...	78
Taldikorgan	...	59
Temirtau	...	300
Uralsk	...	232
Ust–Kamenogorsk	...	23
Kyrgyzstan – Kirghizistan		
1 VII 1991		
BISHKEK	127	...
Osh	38	...
Philippines		
1 VII 1991		
Angeles	60	...
Bacolod	156	...
Bago	402	...
Baguio	49	...
Batangas	283	...
Butuan	526	...
Cabanatuan	193	...
Cadiz	517	...
Cagayan de Oro	413	...
Calbayog	903	...
Caloocan	56	...
Cavite	12	...
Cebu	281	...
Cotabato	176	...
Dagupan	37	...
Davao	2 211	...
General Santos	423	...
Gingoog	405	...
Iligan	731	...
Iloilo	56	...
Lapu–Lapu	58	...
1 V 1990		
Las Pinas	42	...
1 VII 1991		
Legaspi	154	...
Lipa	209	...
Lucena City	69	...
Mandaue	12	...

8. Area of capital cities and cities of 100 000 and more inhabitants: latest available year (continued)

Area des capitales et des villes de 100 000 habitants et plus: dernière année disponible (suite)

(See notes at end of table. – Voir notes à la fin du tableau.)

Continent, country or area, city and date Continent, pays ou zone, ville et date	Surface area–Superficie(km ²) City proper Ville proprement dite	 Urban agglomeration Agglomération urbaine
ASIA—ASIE (Cont.–Suite)		
Philippines		
1 VII 1991		
MANILA	38	...
Naga	78	...
Olongapo	103	...
Ormoc	464	...
Pagadian	379	...
Pasay	14	...
Quezon City	166	...
Roxas	102	...
San Carlos(Negros Occ.)	451	...
San Carlos(Pangasinan)	166	...
San Pablo	214	...
Silay	215	...
Tacloban	101	...
Toledo	175	...
Zamboanga	1 415	...
Thailand – Thaïlande		
1 IV 1990		
BANGKOK	*———— 1 565 ————*	
Chiang Mai	40	
Chon Buri	248	
Khon Kaen	89	
Nakhon Ratchasima	68	
Nakhon Sawan	46	
Nakhon Si Thammarat	21	
Nanthaburi	40	
Saraburi	50	
Songkhla	75	
Ubon Ratchathani	41	
Turkey – Turquie		
21 X 1990		
Adana	1 952	17 253
Adapazari	646	4 817
ANKARA	1 814	25 706
Antalya	1 953	20 591
Balikesir	1 446	14 292
Batman	615	4 694
Bursa	1 174	11 043
Denizli	784	11 868
Diyarbakir	2 330	15 355
Elazig	2 275	9 153
Erzurum	1 280	25 066
Eskisehir	2 535	13 652
Gaziantep	2 105	7 642
Hatay	689	5 403
Içel	1 772	15 853
Iskenderun	759	–
Isparta	558	8 933
Istanbul	1 991	5 712
Izmir	763	11 973
Izmit	1 197	3 626
Kahramanmaras	2 913	14 327
Kayseri	721	16 917
Kirikkale	195	4 365
Kocaeli	1 197	3 626
Konya	5 983	38 257
Kütahya	2 572	11 875
Malatya	968	12 313
Manisa	2 125	13 810
Maras	2 913	14 327
Mersin	1 772	15 853
Osmaniye	974	...
Sakarya	646	4 817
Samsun	716	9 579
Siirt	273	5 406
Sivas	2 857	28 488
Tarsus	144	...
Trabzon	168	4 685
Urfa	3 791	18 584
Van	2 048	19 069
Zonguldak	637	8 629
Viet Nam		
1 IV 1989		
Haiphong	22	...
HANOI	46	2 146
Ho Chi Minh	140	...
EUROPE		
Austria – Autriche		
12 V 1981		
Graz	128	1 432
Innsbruck	105	1 431
Klagenfurt	120	932
Linz	96	1 659
Salzburg	66	1 187
WIEN	415	5 109
Belgium – Belgique		
1 I 1991		
Brugge	138	...
BRUXELLES (BRUSSEL)	33	161
Charleroi	102	...
Gent (Gand)	156	...
Liège (Luik)	69	...
Namur	176	...
Ouvers	205	...
Channel Islands – Iles Anglo–Normandes		
Jersey		
10 III 1991		
ST. HELIER	86	...
Czech Republic – Rép. tchèque		
3 III 1991		
Brno	230	...
Hradec Králové	106	...
Liberec	115	...
Olomouc	117	...
Ostrava	214	...
Pizen	125	...
PRAHA	496	...
Ustí nad Labem	101	...
Denmark – Danemark		
1 I 1992		
Alborg	...	560
Arhus	...	469
KOBENHAVN	123	990
Odense	...	304

8. Area of capital cities and cities of 100 000 and more inhabitants: latest available year (continued)

Area des capitales et des villes de 100 000 habitants et plus: dernière année disponible (suite)

(See notes at end of table. – Voir notes à la fin du tableau.)

Continent, country or area, city and date Continent, pays ou zone, ville et date	Surface area–Superficie(km ²) City proper Ville proprement dite	Urban agglomeration Agglomération urbaine
EUROPE (Cont.–Suite)		
Estonia – Estonie		
1 I 1991		
TALLINN	156	183
Tartu	39	...
Faeroe Islands – Iles Féroé		
1 I 1992		
THORSHAVN	63	79
Finland – Finlande		
1 VII 1991		
Espoo	312	...
HELSINKI	185	2 122
Oulu	328	1 395
Tampere	523	1 431
Turku	243	1 259
Vantaa	241	...
Hungary – Hongrie		
1 VII 1992		
BUDAPEST	525	...
Debrecen	462	...
Györ	175	...
Kecskemét	321	...
Miskolc	237	...
Nyiregyháza	274	...
Pécs	163	...
Szeged	357	...
Székesfehérvár	171	...
Iceland – Islande		
1 VII 1992		
REYKJAVIK	100	...
Ireland – Irlande		
21 IV 1991		
Cork	37	...
DUBLIN	...	922
Italy – Italie		
20 X 1991		
Allessandria	204	204
Ancona	124	124
Bari	116	116
Bergamo	39	39
Bologna	141	141
Bolzano	...	52
Brescia	91	91
Cagliari	92	92
Catania	181	181
Catanzaro	111	111
Cosenza	...	37
Ferrara	404	404
Firenze	102	102
Foggia	596	596
Forli	228	228
Genova	240	240
La Spezia	51	51
Latina	278	278
Lecco	238	238
Livorno	105	105
Messina	211	211
Milano	182	182
Modena	184	184
Monza	33	33
Napoli	117	117
Novara	103	103
Padova	93	93
Palermo	159	159
Parma	261	261
Perugia	450	450
Pescara	34	34
Piacenza	118	118
Pisa	187	187
Prato	98	98
Ravenna	653	653
Reggio di Calabria	236	236
Reggio nell'Emilia	232	232
Rimini	135	135
ROMA	1 499	1 499
Salerno	59	59
Sassari	546	546
Siracusa	204	204
Taranto	310	310
Terni	212	212
Torino	130	130
Torre del Greco	31	31
Treviso	158	158
Trieste	84	84
Udine	...	57
Venezia	457	457
Verona	199	199
Vicenza	80	80
Latvia – Lettonie		
1 VII 1992		
Daugavpils	75	...
Liepaja	60	...
RIGA	307	...
Lithuania – Lituanie		
1 VII 1992		
Kaunas	123	...
Klaipeda	71	...
Panevezhis	30	...
Shauliai	70	...
VILNIUS	287	...
Netherlands – Pays-Bas		
1 VII 1992		
Amersfoort	57	...
AMSTERDAM	201	790
Apeldoorn	341	...
Arnhem	97	384
Breda	76	177
Dordrecht	99	159
Eindhoven	79	455
Enschede	141	254
Geleen/Sittard	...	251
Groningen	83	204
Haarlem	32	131
Haarlemmermeer	185	...
Heerlen/Kerkrade	...	212
Hilversum	...	108
Leiden	23	91
Maastricht	59	166
Nijmegen	44	285

8. Area of capital cities and cities of 100 000 and more inhabitants: latest available year (continued)

Area des capitales et des villes de 100 000 habitants et plus: dernière année disponible (suite)

(See notes at end of table. – Voir notes à la fin du tableau.)

Continent, country or area, city and date / Continent, pays ou zone, ville et date	Surface area–Superficie(km ²) City proper / Ville proprement dite	Surface area–Superficie(km ²) Urban agglomeration / Agglomération urbaine
EUROPE (Cont.–Suite)		
Netherlands – Pays–Bas		
1 VII 1992		
Rotterdam	299	540
's–Gravenhage	80	246
's–Hertogenbosch	...	240
Tilburg	80	277
Utrecht	57	456
Velsen/Beverwijk	...	115
Zaanstad	83	128
Zoetermeer	37	...
Norway – Norvège		
1 I 1993		
Bergen	445	...
OSLO	427	1 348
Stavanger	66	...
Trondheim	321	...
Poland – Pologne		
1 VII 1991		
Bialystok	90	...
Bielsko – Biala	125	...
Bydgoszcz	175	...
Bytom	83	...
Chorzow	33	...
Czestochowa	160	...
Dabrowa Gornicza	178	...
Elblag	66	...
Gdansk	262	...
Gdynia	136	...
Gliwice	134	...
Grudziadz	59	...
Gorzow Wielkopolski	77	...
Jastrzebie – Zdroj	90	...
Kalisz	55	...
Katowice	165	...
Kielce	110	...
Koszalin	83	...
Krakow	327	...
Legnica	55	...
Lodz	295	...
Lublin	148	...
Olsztyn	88	...
Opole	96	...
Plock	66	...
Poznan	261	...
Radom	112	...
Ruda Slaska	78	...
Rybnik	135	...
Rzeszow	54	...
Slupsk	43	...
Sosnowiec	91	...
Szczecin	301	...
Tarnow	72	...
Torun	116	...
Tychy	82	...
Walbrzych	85	...
WARSZAWA	495	...
Wloclawek	85	...
Wodzislaw Slaski	96	...
Wroclaw	293	...
Zabrze	80	...
Zielona Gora	58	...
EUROPE (Cont.–Suite)		
Portugal		
15 IV 1991		
LISBOA	874	3 125
Porto	429	762
Republic of Moldova – République de Moldova		
1 VII 1991		
Beltsy	...	64
Bendery	...	63
KISHINEV	...	302
Tiraspol	...	91
Romania – Roumanie		
1 VII 1992		
Arad	260	...
Bacau	43	...
Baia Mare	233	...
Botosani	42	...
Braila	33	...
Brasov	267	...
BUCURESTI	228	...
Buzau	81	...
Cluj–Napoca	179	...
Constanta	126	...
Craiova	59	...
Drobeta Turnu–Severin	51	...
Focsani	48	...
Galati	246	...
Iasi	95	...
Oradea	115	...
Piatra Neamt	77	...
Pitesti	41	...
Ploiesti	58	...
Rimnicu Vilcea	89	...
Satu–Mare	150	...
Sibiu	122	...
Suceava	52	...
Timisoara	135	...
Tirgu–Mures	49	...
Slovakia – Slovaquie		
1 VII 1992		
BRATISLAVA	368	...
Kosice	243	...
Slovenia – Slovénie		
1 VII 1993		
LJUBLJANA	364	...
Marebor	429	...
Spain – Espagne		
1 III 1991		
Albacete	*——12 431——*	
Albeciras	851	
Alcalá de Henares	878	
Alcorcon	337	
Alicante	2 008	
Almería	2 962	
Badajoz	15 302	
Badalona	210	
Baracaldo	243	

8. Area of capital cities and cities of 100 000 and more inhabitants: latest available year (continued)

Area des capitales et des villes de 100 000 habitants et plus: dernière année disponible (suite)

(See notes at end of table. – Voir notes à la fin du tableau.)

Continent, country or area, city and date / Continent, pays ou zone, ville et date	Surface area–Superficie (km ²): City proper / Ville proprement dite	Surface area–Superficie (km ²): Urban agglomeration / Agglomération urbaine
EUROPE (Cont.–Suite)		
Spain – Espagne		
1 III 1991		
Barcelona	*———991———*	
Bilbao	413	
Burgos	1 084	
Cádiz	112	
Cartagena	5 583	
Castellon	1 075	
Cordoba	12 533	
Elche	3 261	
Fuenlabrada	387	
Getafe	784	
Gijon	1 816	
Granada	882	
Hospitalet de Llobreapt	125	
Huelva	1 513	
Jaén	4 243	
Jérez de la Frontera	14 118	
La Coruña	376	
La Laguna	1 021	
Las Palmas (Canarias)	...	
Leganés	431	
Leon	392	
Lérida	2 120	
Logroño	796	
MADRID	6 058	
Málaga	3 930	
Mataro	223	
Mostoles	454	
Murcia	8 865	
Orense	845	
Oviedo	1 866	
Las Palma de Gran Canaria	1 005	
Palma de Mallorca	2 008	
Pamplona	238	
Sabadell	376	
Salamanca	386	
Salamania	...	
San Sebastián	615	
Santa Coloma de Gramanet	71	
Santa Cruz de Tenerife	1 506	
Santander	348	
Sevilla	1 413	
Tarragona	624	
Tarrasa	702	
Valencia	1 346	
Valladolid	1 975	
Vigo	1 091	
Vitoria	2 768	
Zaragoza	10 631	
Sweden – Suède		
31 XII 1992		
Boras	1 180	...
Göteborg	449	...
Helsingborg	345	...
Jönköping	1 485	...
Linköping	1 431	...
Malmö	154	...
Norrköping	1 491	...
Orebro	1 840	...
STOCKHOLM	187	...
Uppsala	2 465	...
Västeras	956	...
EUROPE (Cont.–Suite)		
Switzerland – Suisse		
1 VII 1991		
Bâle	24	170
1 VII 1992		
BERNE	52	410
Genève	16	436
Lausanne	41	275
Luzern	16	168
Winterthur	68	148
Zürich	79	847
United Kingdom – Royaume–Uni		
21 IV 1991		
Aberdeen	18	...
Amber Valley	26	...
Arun	22	...
Aylesbury Vale	90	...
Barking and Dagenham	3	...
Barnet	9	...
Barnsley	33	...
Basildon	11	...
Basingstoke & Deane	63	...
Bassetlaw	64	...
Belfast	11	...
Beverley	40	...
Bexley	6	...
Birmingham	27	...
Blackburn	14	...
Blackpool	3	...
Bolton	14	...
Bournemouth	5	...
Bradford	37	...
Braintree	61	...
Breckland	131	...
Brent	4	...
Brighton	6	...
Bristol	11	...
Broadland	55	...
Bromley	15	...
Broxtowe	8	...
Bury	10	...
Calderdale	36	...
Camden	2	...
Canterbury	31	...
Cardiff	12	...
Carlisle	104	...
Charnwood	28	...
Chelmsford	34	...
Cherwell	59	...
Chester	45	...
Chichester	79	...
Colchester	33	...
Coventry	10	...
Crewe & Nantwich	43	...
Croydon	9	...
Cunninghame	80	...
Dacorum	21	...
Dagemham	3	...
Darlington	20	...
Derby	8	...
Doncaster	58	...
Dover	31	...
Dudley	10	...
Dundee	24	...
Dunfermline	30	...

8. Area of capital cities and cities of 100 000 and more inhabitants: latest available year (continued)

Area des capitales et des villes de 100 000 habitants et plus: dernière année disponible (suite)

(See notes at end of table. – Voir notes à la fin du tableau.)

Continent, country or area, city and date Continent, pays ou zone, ville et date	Surface area–Superficie(km ²) City proper Ville proprement dite	 Urban agglomeration Agglomération urbaine
EUROPE (Cont.–Suite)		
United Kingdom – Royaume–Uni		
21 IV 1991		
Ealing	6	...
East Devon	81	...
East Hampshire	51	...
East Hertfordshire	48	...
Eastleigh	8	...
East Lindsey	176	...
Edinburgh	26	...
Elmbridge	10	...
Enfield	8	...
Erewash	11	...
Epping Forest	34	...
Exeter	5	...
Falkirk	30	...
Fareham	7	...
Gateshead	14	...
Gedling	12	...
Glasgow	12	...
Greenwich	5	...
Guildford	27	...
Hackney	2	...
Halton	7	...
Hamilton	20	...
Hammersmith and Fulham	2	...
Haringey	3	...
Harrogate	133	...
Harrow	5	...
Havant and Waterloo	6	...
Havering	12	...
Hillingdon	11	...
Horsham	53	...
Hounslow	6	...
Huntingdonshire	92	...
Ipswich	4	...
Islington	1	...
Kensington and Chelsea	1	...
Kings Lynn & West Norfolk	143	...
Kingston upon Hull	7	...
Kingston upon Thames	4	...
Kirkcaldy	25	...
Kirklees	41	...
Knowsley	10	...
Kyle and Carrick	37	...
Lambeth	3	...
Lancaster	5	...
Langbaurgh–on–Tees	24	...
Leeds	56	...
Leicester	7	...
Lewisham	3	...
Liverpool	11	...
LONDON	158	...
Luton	4	...
Macclesfield	52	...
Maidstone	39	...
Manchester	12	...
Mansfield	8	...
Merton	4	...
Middlesbrough	5	...
Mid Bedfordshire	50	...
Mid Sussex	33	...
Milton Keynes	31	...
Monklands	16	...
Motherwell	17	...
Newark and Sherwood	65	...
Newbury	70	...
Newcastle–under–Lyme	21	...
Newcastle upon Tyne	11	...
Newham	4	...
Newport	19	...
New Forest	75	...
Northampton	8	...
Northavon	45	...
North Bedfordshire	48	...
North Hertfordshire	38	...
North Tyneside	8	...
North Wiltshire	177	...
Norwich	4	...
Nottingham	7	...
Nuneaton & Bedworth	8	...
Ogwr	29	...
Oldham	14	...
Oxford	5	...
Perth and Kinross	523	...
Peterborough	33	...
Plymouth	8	...
Poole	6	...
Portsmouth	4	...
Preston	14	...
Reading	4	...
Redbridge	6	...
Reigate and Banstead	13	...
Renfrew	31	...
Rhymney Valley	18	...
Richmond upon Thames	6	...
Rochdale	16	...
Rochester–upon–Medway	16	...
Rotherham	28	...
Rushcliffe	41	...
St. Albans	16	...
St. Helens	13	...
Salford	10	...
Salisbury	100	...
Sandwell	9	...
Scarborough	82	...
Sefton	15	...
Sevenoaks	37	...
Sheffield	37	...
Slough	3	...
Solihull	18	...
Southampton	5	...
Southend on Sea	4	...
South Bedfordshire	21	...
South Cambridgeshire	90	...
South Kesteven	94	...
South Norfolk	91	...
South Oxfordshire	68	...
South Ribble	11	...
South Somerset	96	...
South Staffordshire	41	...
South Tyneside	6	...
Southwark	3	...
Stafford	60	...
Stockport	13	...
Stockton–on–Tees	20	...
Stoke on Trent	9	...
Stratford–on–Avon	98	...
Stroud	46	...
Suffolk Coastal	89	...
Sunderland	14	...
Sutton	4	...
Swale	37	...
Swansea	25	...
Tameside	10	...

8. Area of capital cities and cities of 100 000 and more inhabitants: latest available year (continued)

Area des capitales et des villes de 100 000 habitants et plus: dernière année disponible (suite)

(See notes at end of table. – Voir notes à la fin du tableau.)

Continent, country or area, city and date / Continent, pays ou zone, ville et date	Surface area–Superficie(km²) City proper / Ville proprement dite	Urban agglomeration / Agglomération urbaine
EUROPE (Cont.–Suite)		
United Kingdom – Royaume–Uni		
21 IV 1991		
Teignbridge	67	...
Tendring	34	...
Test Valley	64	...
Thamesdown	23	...
Thanet	10	...
The Wrekin	29	...
Thurrock	160	...
Tonbridge and Malling	24	...
Torbay	6	...
Tower Hamlets	2	...
Trafford	17	...
Vale of Glamorgan	30	...
Vale of White Horse	58	...
Vale Royal	38	...
Wakefield	33	...
Walsall	11	...
Waltham Forest	4	...
Wandsworth	3	...
Warrington	18	...
Warwick	28	...
Waveney	37	...
Waverley	35	...
Wealden	84	...
West Lancashire	34	...
West Lothian	43	...
West Wiltshire	52	...
Westminster, City of	2	...
Wigan	20	...
Windsor and Maidenhead	20	...
Wirral	16	...
Wolverhampton	7	...
Wokingham	18	...
Woodspring	37	...
Wrexham Maelor	37	...
Wychavon	66	...
Wycombe	32	...
Wyre	28	...
OCEANIA—OCEANIE		
Australia – Australie		
1 VII 1990		
Adelaide	1 924	...
Brisbane	2 996	...
CANBERRA	849	...
Geelong	352	...
Gold Coast	658	...
Greater Wollongong	1 087	...
Hobart	939	...
Melbourne	6 129	...
Newcastle	4 046	...
Perth	5 381	...
Sunshine Coast	446	...
Sydney	12 154	...
Townsville	539	...
Guam		
1 IV 1990		
AGANA	3	...
New Caledonia – Nouvelle–Calédonie		
4 IV 1989		
NOUMEA	46	1 643
New Zealand – Nouvelle–Zélande		
5 III 1991		
Auckland	75	...
Christchurch	106	...
Manukau	566	...
Waitemata	376	...
WELLINGTON	263	...
Pitcairn		
1 VII 1990		
ADAMSTOWN	...	5

9. Live births and crude live-birth rates, by urban/rural residence: 1989 – 1993

Naissances vivantes et taux bruts de natalité selon la résidence, urbaine/rurale: 1989 – 1993

(See notes at end of table. – Voir notes à la fin du tableau.)

Continent, country or area and urban/rural residence — Continent, pays ou zone et résidence, urbaine/rurale	Code [1]	Number – Nombre					Rate – Taux				
		1989	1990	1991	1992	1993	1989	1990	1991	1992	1993
AFRICA—AFRIQUE											
Algeria – Algérie [2] [3]	C	755 000	775 000	...	...	...	31.0	31.0	...	...	...
Angola	..	...	...	...	...	...					[4] 51.3
Benin – Bénin	..	...	...	...	...	...					[4] 48.7
Botswana	..	...	...	...	...	...					[4] 37.1
Burkina Faso	..	...	...	...	...	...					[4] 46.8
Burundi	..	...	...	...	...	...					[4] 46.0
Cameroon – Cameroun	..	...	...	...	...	...					[4] 40.7
Cape Verde – Cap-Vert	C	...	9 669	...	...	...	...	28.3	...	...	...
Central African Republic – République centrafricaine	..	...	...	...	...	...					[4] 41.5
Chad – Tchad	..	...	...	...	...	...					[4] 43.7
Comoros – Comores	..	...	...	...	...	...					[4] 48.5
Congo	..	...	...	...	...	...					[4] 44.7
Côte d'Ivoire	..	...	...	...	...	...					[4] 49.8
Djibouti	..	...	...	...	...	...					[4] 38.1
Egypt – Egypte [5]	C	1 722 934	...	...	1 669 836	...	33.5	...	...	30.3	...
Equatorial Guinea – Guinée équatoriale	..	...	...	...	...	...					[4] 43.5
Eritrea – Erythrée	..	...	...	...	...	...					[4] 43.0
Ethiopia – Ethiopie	..	...	...	...	...	...					[4] 48.5
Gabon	..	...	...	...	...	...					[4] 37.2
Gambia – Gambie	..	...	...	...	...	...					[4] 43.7
Ghana	..	...	...	...	...	...					[4] 41.7
Guinea – Guinée	..	...	...	...	...	...					[4] 50.6
Guinea-Bissau – Guinée-Bissau	..	...	...	...	...	...					[4] 42.7
Kenya	U	_367 200_	_352 390_	_371 165_	_326 553_	...					[4] 44.5
Lesotho	..	...	...	...	...	...					[4] 36.9
Liberia – Libéria	..	...	...	...	...	...					[4] 47.3
Libyan Arab Jamahiriya – Jamahiriya arabe libyenne	C	180 300	187 330	193 200	...	...	45.3	45.1	44.7	...	...
Madagascar	..	...	...	...	...	...					[4] 43.8
Malawi	..	...	...	...	...	...					[4] 50.5
Mali	..	...	...	...	...	...					[4] 50.7
Mauritania – Mauritanie	..	...	...	...	...	...					[4] 39.8
Mauritius – Maurice [5]	C	...	22 369	22 182	22 741	...	...	21.2	20.7	21.0	...
Island of Mauritius – Ile Maurice [5]	C	20 875	21 566	21 418	22 032	...	20.3	21.0	20.7	21.0	...
Rodrigues	C	867	803	764	709	...	25.5	23.5	22.3	20.6	...
Morocco – Maroc	...	...	_537 921_	...	...	...					[4] 29.1
Mozambique	..	...	...	...	...	...					[4] 45.2
Namibia – Namibie	..	...	...	...	...	...					[4] 37.0
Niger	..	...	...	...	...	...					[4] 52.5
Nigeria – Nigéria	..	...	...	...	...	...					[4] 45.4
Réunion [2]	C	13 898	13 877	14 107	...	...	23.5	23.1	23.1	...	...
Rwanda	U	...	_409 000_	...	...	...					[4] 44.1
St. Helena ex. dep. – Sainte-Hélène sans dép.	C	89	65	72	78	...	14.0	10.2	11.2	12.1	...
Tristan da Cunha	C	...	...	4	...	2	...	...	♦ 13.7	...	♦ 6.8
Sao Tome and Principe – Sao Tomé-et-Principe	C	4 047	...	...	...	*5 254	35.8	...	...	...	*41.4
Senegal – Sénégal	..	...	...	...	...	...					[4] 43.0
Seychelles	+C	1 600	1 617	1 708	1 603	*1 689	23.1	23.3	24.2	22.7	*23.4
Sierra Leone	..	...	...	...	...	...					[4] 49.1
Somalia – Somalie	..	...	...	...	...	...					[4] 50.2
South Africa – Afrique du Sud	..	...	...	...	...	...					[4] 31.2
Sudan – Soudan	..	...	...	...	...	...					[4] 39.8
Swaziland	..	...	...	...	...	...					[4] 38.5
Togo	..	...	...	...	...	...					[4] 44.5
Tunisia – Tunisie [5]	C	199 459	208 300	...	...	...	25.2	25.8	...	...	...
Uganda – Ouganda	..	...	...	...	...	...					[4] 51.8
United Rep. of Tanzania – Rép.-Unie de Tanzanie	..	...	...	...	...	...					[4] 43.1

9. Live births and crude live-birth rates, by urban/rural residence: 1989 – 1993 (continued)

Naissances vivantes et taux bruts de natalité selon la résidence, urbaine/rurale: 1989 – 1993 (suite)

(See notes at end of table. – Voir notes à la fin du tableau.)

Continent, country or area and urban/rural residence Continent, pays ou zone et résidence, urbaine/rurale	Code [1]	Number – Nombre					Rate – Taux				
		1989	1990	1991	1992	1993	1989	1990	1991	1992	1993
AFRICA—AFRIQUE (Cont.–Suite)											
Zaire – Zaïre	..	...	...	...	...	...					[4] 47.5
Zambia – Zambie	..	...	...	...	...	...					[4] 44.6
Zimbabwe	..	...	...	...	...	...					[4] 39.1
AMERICA,NORTH— AMERIQUE DU NORD											
Anguilla	+C	...	...	...	...	*169	...	...	...	...	*21.1
Antigua and Barbuda – Antigua–et–Barbuda	+C	1 137	1 288	...	...	...	18.0	20.1	...	...	...
Bahamas	C	4 971	5 007	5 124	4 870	...	19.8	19.6	19.7	18.4	...
Barbados – Barbade	+C	4 015	4 313	4 240	4 185	*3 781	15.7	16.8	16.4	16.2	*14.5
Belize	U	6 686	7 200	6 555	6 369	...					[4] 34.7
Bermuda – Bermudes	C	912	895	901	...	...	15.2	14.8	14.7	...	...
British Virgin Islands – Iles Vierges britanniques	+C	244	...	...	...	...	19.5	...	...	...	...
Canada [6]	C	391 925	404 669	411 910	...	...	14.9	15.2	14.6	...	...
Cayman Islands – Iles Caïmanes	+C	438	490	500	...	*527	17.5	18.8	18.7	...	*18.2
Costa Rica [5]	C	83 460	81 939	81 110	80 164	...	28.6	27.4	26.5	25.1	...
Cuba [5]	C	184 891	186 658	173 896	157 281	*152 226	17.6	17.6	16.2	14.5	*14.0
Dominica – Dominique	C	1 657	1 630	...	...	...	23.0	23.0	...	...	...
Dominican Republic – République dominicaine	..	...	...	...	...	...					[4] 27.0
El Salvador [5]	U	151 859	147 141	151 210	...	...					[4] 33.5
Greenland – Groenland	C	1 210	1 257	1 192	...	*1 200	21.9	22.6	21.5	...	*21.7
Guadeloupe [2]	C	...	...	7 547	7 310	...	...	...	19.1	17.9	...
Haiti – Haïti	..	...	...	...	...	...					[4] 35.3
Honduras	..	...	...	...	...	...					[4] 37.1
Jamaica – Jamaïque	+C	59 104	59 606	59 879	56 276	...	24.7	24.7	25.3	23.5	...
Martinique [2]	C	6 565	6 437	6 316	6 304	...	18.4	17.8	17.2	16.9	...
Mexico – Mexique	+U	2 620 262	2 735 312	2 756 447	2 797 397	*2 755 855					[4] 27.7
Netherlands Antilles – Antilles néerlandaises	+C	3 506	3 602	...	...	...	18.5	18.9	...	...	...
Nicaragua	+U	...	93 093	...	...	...					[4] 40.4
Panama [5]	C	59 069	59 904	60 080	58 642	*57 900	24.9	24.8	24.4	23.3	*22.6
Puerto Rico – Porto Rico [5]	C	66 692	66 555	64 516	64 481	...	19.1	18.9	18.2	18.0	...
Saint Kitts and Nevis – Saint–Kitts–et–Nevis	+C	989	...	...	...	...	23.5	...	...	...	...
Saint Lucia – Sainte–Lucie	C	3 159	...	...	3 624	...	21.3	...	...	26.5	...
St. Vincent and the Grenadines – Saint–Vincent–et–Grenadines [5]	C	...	...	...	2 686	...	...	...	...	24.6	...
Trinidad and Tobago – Trinité–et–Tobago	C	25 072	23 960	22 368	23 064	*21 927	20.7	19.5	18.1	18.2	*17.2
United States – Etats–Unis	C	4 040 958	4 158 212	4 110 907	*4 084 000	*4 039 000	16.3	16.6	16.3	*16.0	*15.6
United States Virgin Islands – Iles Vierges américaines	C	2 418	2 401	2 511	...	...	23.6	23.5	24.4	...	...
AMERICA,SOUTH— AMERIQUE DU SUD											
Argentina – Argentine	C	667 058	678 644	694 776	...	...	20.8	20.9	21.1	...	...
Bolivia – Bolivie	..	...	...	...	...	...					[4] 35.7
Brazil – Brésil [7]	U	2 581 035	2 419 927	...	...	...					[4] 24.6
Chile – Chili [5]	C	303 798	307 522	299 456	293 789	...	23.4	23.3	22.4	21.6	...
Colombia – Colombie	..	...	...	...	...	...					[4] 24.0
Ecuador – Equateur [5 8]	U	200 099	201 702	263 612	198 468	...					[4] 28.2
Falkland Islands (Malvinas)– Iles Falkland (Malvinas)	+C	20	27	26	27	...	♦ 10.0	♦ 13.5	♦ 12.7	♦ 13.5	...
Guyana – Guyane	..	...	...	...	...	...					[4] 25.1
Paraguay	U	28 521	12 231	34 591	...	...					[4] 33.0
Peru – Pérou [5 7 9]	..	644 939	649 588	654 236	658 884	*661 061	30.5	30.1	29.7	29.3	*28.9
Suriname [5]	C	10 214	9 545	9 104	...	...	25.5	23.7	22.5	...	...
Uruguay	+C	55 324	56 487	54 754	54 186	...	18.0	18.3	17.6	17.3	...

9. Live births and crude live-birth rates, by urban/rural residence: 1989 – 1993 (continued)

Naissances vivantes et taux bruts de natalité selon la résidence, urbaine/rurale: 1989 – 1993 (suite)

(See notes at end of table. – Voir notes à la fin du tableau.)

Continent, country or area and urban/rural residence — Continent, pays ou zone et résidence, urbaine/rurale	Code [1]	Number – Nombre 1989	1990	1991	1992	1993	Rate – Taux 1989	1990	1991	1992	1993
AMERICA,SOUTH— (Cont.–Suite) AMERIQUE DU SUD											
Venezuela [7]	C	529 015	577 976	602 024	...	...	28.0	29.9	30.4	...	...
ASIA—ASIE											
Afghanistan	..	...	...	...	...	...					[4] 50.2
Armenia – Arménie [5,10]	C	75 250	79 882	77 825	70 581	*59 041	21.6	22.5	21.5	19.1	*15.8
Azerbaijan – Azerbaïdjan [5,10]	C	181 631	...	...	...	...	25.6	...	...	...	...
Bahrain – Bahreïn	U	_13 611_	_13 370_	_13 229_	_13 874_	...					[4] 28.1
Bangladesh	U	...	_3 580 000_	...	...	...					[4] 35.5
Bhutan – Bhoutan	..	...	...	...	...	...					[4] 39.6
Brunei Darussalam – Brunéi Darussalam [5]	+C	6 926	7 011	7 106	7 290	...	28.1	27.7	27.3	27.2	...
Cambodia – Cambodge	..	...	...	...	...	...					[4] 43.5
China – Chine [5]	...	23 851 876	...	...	...	...					[4] 18.5
Cyprus – Chypre	C	12 750	13 311	13 216	14 395	...	18.3	19.0	18.6	20.0	...
East Timor – Timor oriental	..	...	...	...	...	...					[4] 36.5
Georgia – Géorgie [5,10]	C	91 138	...	...	...	...	16.7	...	...	...	...
Hong Kong – Hong–kong [11]	C	69 621	67 731	68 281	70 949	...	12.2	11.9	11.9	12.2	...
India – Inde [5,12]	..	...	...	...	...	...	30.6	30.2	29.5	29.0	...
Indonesia – Indonésie	..	...	...	...	...	...					[4] 24.7
Iran (Islamic Republic of – Rép. islamique d') [5]	U	_1 784 811_	_1 728 959_	_1 885 649_	...	...					[4] 35.4
Iraq	U	_641 791_	...	...	...	...					[4] 38.1
Israel – Israël [5,13]	C	100 757	103 349	105 725	110 062	*111 358	22.3	22.2	21.4	21.5	*21.2
Japan – Japon [5,14]	C	1 246 802	1 221 585	1 223 245	1 208 989	*1 188 317	10.1	9.9	9.9	9.7	*9.6
Jordan – Jordanie [15]	+C	115 742	116 520	150 177	...	...					[4] 38.8
Kazakhstan [5,10]	C	382 269	363 335	354 101	338 475	*316 369	23.1	21.8	21.1	20.0	*18.7
Korea, Dem. People's Rep. of – Corée, rép. populaire dém. de	..	...	...	...	...	...					[4] 24.1
Korea, Republic of– Corée, Rép. [5,16]	..	635 437	643 918	700 821	712 287	...	15.0	15.0	16.2	16.3	...
Kuwait – Koweït	C	52 858	...	20 609	34 276	...	25.9	...	9.9	24.5	...
Kyrgyzstan–Kirghizistan [5,10]	C	131 508	128 810	129 536	128 352	...	30.4	29.3	29.1	28.6	...
Lao People's Dem. Rep. – Rép. dém. populaire Lao	..	...	...	...	...	...					[4] 45.2
Lebanon – Liban	..	...	...	...	...	...					[4] 26.9
Macau – Macao [17]	...	_7 568_	_6 872_	_6 832_	_6 676_	_*6 267_	_23.3_	_20.1_	_19.2_	_18.0_	_*16.3_
Malaysia – Malaisie	...	_469 663_	_497 522_	_507 900_	_515 400_	...					[4] 28.7
Peninsular Malaysia [2,5] Malaisie Péninsulaire	C	374 290	395 321	401 796	414 123	...	26.2	27.0	...	...	...
Maldives [5]	C	8 726	8 639	8 390	8 139	...	41.7	40.0	37.6	35.3	...
Mongolia – Mongolie [5]	...	_73 600_	...	...	...	...					[4] 27.6
Myanmar	..	...	...	...	...	...					[4] 32.5
Nepal – Népal	..	...	...	...	...	...					[4] 39.2
Oman	..	...	...	...	...	...					[4] 43.6
Pakistan [5,18]	..	3 575 959	3 608 678	...	...	...	32.9	32.2	...	...	...
Philippines	U	_1 565 254_	_1 631 069_	...	...	...					[4] 30.4
Qatar	C	10 908	11 022	...	10 459	*10 822	23.9	22.7	...	19.6	*20.5
Saudi Arabia – Arabie saoudite	..	...	...	...	...	...					[4] 35.1
Singapore – Singapour [19]	C	47 669	51 142	49 114	49 402	*50 226	18.0	18.9	17.8	17.5	*17.5
Sri Lanka	+C	357 964	341 223	363 068	350 431	...	21.3	20.1	21.1	19.8	...
Syrian Arab Republic – République arabe syrienne [2,20]	U	_421 733_	_359 390_	_390 890_	_404 948_	...					[4] 41.1
Tajikistan – Tadjikistan [5,10]	C	200 430	...	...	...	...	38.7	...	...	...	...
Thailand – Thaïlande [5]	+U	_905 837_	_956 237_	_960 556_	_964 557_	...					[4] 19.4
Turkey – Turquie [5,21]	..	1 502 895	...	...	...	...	27.4	...	...	...	...
Turkmenistan – Turkménistan [5,10]	C	124 992	...	...	...	...	34.9	...	...	...	...
United Arab Emirates – Emirats arabes unis	..	...	...	...	...	...					[4] 23.2
Uzbekistan – Ouzbékistan [5,10]	C	668 807	...	...	*711 000	...	33.3	...	...	*33.3	...
Viet Nam	...	_1 973 665_	_1 980 374_	...	...	...					[4] 30.7
Yemen – Yémen	...	...	_577 781_	...	...	...					[4] 49.4

9. Live births and crude live–birth rates, by urban/rural residence: 1989 – 1993 (continued)

Naissances vivantes et taux bruts de natalité selon la résidence, urbaine/rurale: 1989 – 1993 (suite)

(See notes at end of table. – Voir notes à la fin du tableau.)

Continent, country or area and urban/rural residence — Continent, pays ou zone et résidence, urbaine/rurale	Code [1]	Number – Nombre					Rate – Taux				
		1989	1990	1991	1992	1993	1989	1990	1991	1992	1993
EUROPE											
Albania – Albanie [5]	C	78 862	82 125	77 361	...	...	24.6	25.2	23.8	...	...
Andorra – Andorre [5]	...	634	628	678	729	...	12.5	11.9	11.9	12.1	...
Austria – Autriche	C	88 759	90 454	94 629	95 302	*94 389	11.7	11.7	12.1	12.1	*12.0
Belarus – Bélarus [5 10]	C	153 449	142 167	132 045	127 971	...	15.0	13.9	12.9	12.5	...
Belgium – Belgique	C	121 117	123 726	126 068	124 182	*120 998	12.2	12.4	12.6	12.4	*12.0
Bulgaria – Bulgarie [5]	C	112 289	105 180	95 910	89 134	*84 400	12.5	11.7	10.7	10.0	*9.5
Channel Islands – Iles Anglo–Normandes	C	1 761	...	1 794	1 838	...	12.4	...	12.5	12.7	...
Guernsey – Guernesey	C	687	754	737	701	*681	11.5	12.7	12.5	12.0	*11.7
Jersey	+C	1 074	...	1 057	1 137	...	13.0	...	12.6	13.5	...
Croatia – Croatie	C	55 651	55 409	51 829	46 970	...	11.7	11.6	10.8	9.8	...
Former Czechoslovakia – Ancienne Tchécoslovaquie [5]	C	208 472	210 553	207 969	...	...	13.3	13.4	13.3	...	...
Czech Republic – Rép. tchèque [5]	C	...	...	129 354	121 705	*121 025	...	...	12.6	11.8	*11.7
Denmark – Danemark [22]	C	61 351	63 433	64 358	67 726	*67 442	12.0	12.3	12.5	13.1	*13.1
Estonia – Estonie [5 10]	C	24 292	22 308	19 320	18 006	*15 170	15.5	14.2	12.3	11.7	*9.8
Faeroe Islands – Iles Féroé	C	933	943	865	...	...	19.7	20.1	18.3	...	...
Finland – Finlande [5 23]	C	63 348	65 549	65 680	66 877	*65 032	12.8	13.1	13.1	13.3	*12.9
France [5 24]	C	765 473	762 407	759 056	743 658	...	13.6	13.4	13.3	13.0	...
Germany – Allemagne	C	880 459	901 935	830 019	809 114	*794 950	11.2	11.4	10.4	10.0	*9.8
Gibraltar [25]	C	530	531	...	...	...	17.3	17.2	...	...	...
Greece – Grèce [5]	C	101 149	102 229	102 620	104 081	*102 000	10.1	10.1	10.1	10.1	*9.8
Hungary – Hongrie [5]	C	123 304	125 679	127 207	121 724	*116 500	11.9	12.1	12.3	11.8	*11.4
Iceland – Islande [5]	C	4 560	4 768	4 533	4 609	...	18.0	18.7	17.6	17.6	...
Ireland – Irlande [5 26]	+C	52 018	53 044	52 688	51 557	*50 000	14.8	15.1	14.9	14.5	*14.2
Isle of Man – Ile de Man	+C	817	...	892	858	*853	12.1	...	12.8	12.2	*12.1
Italy – Italie	C	560 688	563 019	562 787	560 768	*537 500	9.7	9.8	9.9	9.9	*9.4
Latvia – Lettonie [5 10]	C	38 922	37 918	34 633	31 569	*26 759	14.6	14.2	13.0	12.0	*10.2
Liechtenstein	...	373	...	...	...	...	13.4	...	...	...	...
Lithuania – Lituanie [5 10]	C	55 782	56 868	56 219	53 617	*46 727	15.1	15.3	15.0	14.3	*12.6
Luxembourg	C	4 665	4 936	4 986	5 149	*5 353	12.4	12.9	12.9	13.2	*13.6
Malta – Malte [27]	C	5 773	5 368	...	5 733	*5 147	16.5	15.2	...	15.9	*14.3
Netherlands – Pays–Bas [5 28]	C	188 979	197 965	198 665	196 734	*195 338	12.7	13.2	13.2	13.0	*12.8
Norway – Norvège	C	59 303	60 939	60 808	60 109	*59 041	14.0	14.4	14.3	14.0	*13.7
Poland – Pologne [5]	C	562 530	545 817	545 954	513 616	*492 900	14.8	14.3	14.3	13.4	*12.9
Portugal	C	118 560	116 383	116 415	115 018	...	12.0	11.8	11.8	11.7	...
Republic of Moldova – Rép. de Moldova [5 10]	C	82 221	77 085	72 020	69 654	...	18.9	17.7	16.5	16.0	...
Romania – Roumanie [5]	C	369 544	314 746	275 275	260 393	*248 300	16.0	13.6	11.9	11.4	*10.8
Russian Federation – Fédération Russe [5 10]	C	2 160 559	1 988 858	1 794 626	1 587 644	...	14.7	13.4	12.1	10.7	...
San Marino – Saint–Marin [5]	+C	231	...	...	237	...	10.1	...	...	9.9	...
Slovakia – Slovaquie [5]	C	80 116	79 989	78 569	74 640	*73 023	15.2	15.1	14.9	14.1	*13.7
Slovenia – Slovénie [5]	C	23 447	22 368	21 583	19 982	*20 273	11.7	11.2	10.8	10.0	*10.2
Spain – Espagne	C	408 434	401 425	395 989	...	*388 708	10.5	10.3	10.1	...	*9.9
Sweden – Suède	C	116 023	123 938	123 737	122 848	*117 846	13.7	14.5	14.4	14.2	*13.5
Switzerland – Suisse [5]	C	81 180	83 939	86 200	86 910	*83 700	12.2	12.5	12.7	12.6	*11.9
The former Yugoslav Rep. of Macedonia – L'ex Rép. yougoslavie de Macédonie [5]	C	35 927	35 401	34 830	33 238	*32 551	17.8	17.5	17.1	16.2	*15.4
Ukraine [5 10]	C	690 981	657 202	630 813	599 800	*557 467	13.4	12.7	12.1	11.5	*10.7
United Kingdom–Royaume–Uni [29]	C	777 285	798 612	792 506	781 017	*762 000	13.6	13.9	13.7	13.5	*13.2

9. Live births and crude live-birth rates, by urban/rural residence: 1989 – 1993 (continued)

Naissances vivantes et taux bruts de natalité selon la résidence, urbaine/rurale: 1989 – 1993 (suite)

(See notes at end of table. – Voir notes à la fin du tableau.)

Continent, country or area and urban/rural residence Continent, pays ou zone et résidence, urbaine/rurale	Code [1]	Number – Nombre					Rate – Taux				
		1989	1990	1991	1992	1993	1989	1990	1991	1992	1993
EUROPE (Cont.–Suite)											
Former Yugoslavia – Ancienne Yougoslavie [5]	C	336 394	335 152	...	...	...	14.2	14.1	...	...	...
Yugoslavia – Yougoslavie	C	154 560	155 022	152 250	142 238	*140 699	14.8	14.7	14.6	13.6	*13.4
OCEANIA—OCEANIE											
Australia – Australie	+C	250 853	262 648	257 247	264 151	...	14.9	15.4	14.9	15.1	...
Fiji – Fidji	+C	17 577	18 176	18 847	18 786	...	23.4	24.8	25.4	25.2	...
French Polynesia – Polynésie française	...	*5 507*	*5 565*	*5 391*	*5 296*	...					[4]26.9
Guam [30]	C	...	...	...	4 196	...	...	...	...	30.1	...
Marshall Islands – Iles Marshall [31]	U	*1 429*	...	...	...	...	*32.2*	...	...	...	...
New Caledonia – Nouvelle–Calédonie	U	*3 945*	*4 379*	*4 499*	*4 405*	...					[4]22.8
New Zealand – Nouvelle–Zélande [5]	+C	58 091	60 153	60 001	59 266	*58 868	17.4	17.9	17.6	17.2	*17.1
Northern Mariana Islands – Iles Mariannes du Nord [31]	U	*989*	...	...	...	...	*39.5*	...	...	...	...
Papua New Guinea – Papouasie–Nouvelle–Guinée	..	...	...	...	...	...					[4]33.4
Pitcairn	C	...	1	...	...	...	...	♦ 19.2	...	...	...
Samoa	U	*2 006*	...	...	...	...					[4]37.2
Solomon Islands – Iles Salomon	..	...	...	...	...	...					[4]37.5
Tonga	...	*2 254*	*2 548*	*2 403*	...	...	*23.7*	*26.5*	*24.8*	...	...
Vanuatu	..	...	...	...	...	...					[4]35.2

9. Live births and crude live-birth rates, by urban/rural residence: 1989 – 1993 (continued)

Naissances vivantes et taux bruts de natalité selon la résidence, urbaine/rurale: 1989 – 1993 (suite)

Data by urban/rural residence

Données selon la résidence urbaine/rurale

(See notes at end of table. – Voir notes à la fin du tableau.)

Continent, country or area and urban/rural residence Continent, pays ou zone et résidence, urbaine/rurale	Code [1]	Number – Nombre					Rate – Taux				
		1989	1990	1991	1992	1993	1989	1990	1991	1992	1993
AFRICA—AFRIQUE											
Egypt – Egypte	C										
Urban – Urbaine		679 231	...	...	...	...	30.0	...	...	...	...
Rural – Rurale		1 043 703	...	...	...	...	36.2	...	...	...	...
Mauritius – Maurice	C										
Urban – Urbaine		...	9 514	9 718	10 277	...	...	23.0	20.7	...	...
Rural – Rurale		...	13 088	12 479	12 625	...	...	20.4	20.8	...	...
Island of Mauritius – Ile Maurice	C										
Urban – Urbaine		8 333	9 514	9 718	10 277	...	19.9	22.9	20.7	21.6	...
Rural – Rurale		12 622	12 285	11 718	11 893	...	20.7	20.2	20.7	20.7	...
Tunisia – Tunisie	C										
Urban – Urbaine		142 787	...	...	...	...	30.5	...	...	...	...
Rural – Rurale		56 672	...	...	...	...	17.6	...	...	...	...
AMERICA,NORTH— AMERIQUE DU NORD											
Costa Rica	C										
Urban – Urbaine		34 751	32 133	32 032	...	...	...	...	...	...	...
Rural – Rurale		48 709	49 806	49 078	...	...	...	...	...	...	...
Cuba	C										
Urban – Urbaine		...	129 717	...	...	...	...	...	...	...	...
Rural – Rurale		...	56 941	...	...	...	...	...	...	...	...
El Salvador	U										
Urban – Urbaine		*74 088*	...	*75 895*	...	...	*31.8*	...	*31.1*	...	...
Rural – Rurale		*77 771*	...	*75 315*	...	...	*22.3*	...	*20.8*	...	...
Mexico – Mexique	+U										
Urban – Urbaine		*1 621 655*	*1 655 365*	*1 668 571*	*1 812 646*	...	...	...	...	...	...
Rural – Rurale		*899 418*	*939 091*	*950 808*	*860 134*	...	...	...	...	...	...
Panama	C										
Urban – Urbaine		26 971	27 332	26 503	...	...	21.7	21.4	20.2	...	...
Rural – Rurale		32 098	32 572	33 577	...	...	28.5	28.6	29.1	...	...
Puerto Rico – Porto Rico	C										
Urban – Urbaine		32 692	32 570	31 698	31 629	...	...	...	...	...	...
Rural – Rurale		33 736	33 966	32 746	32 812	...	...	...	...	...	...
St. Vincent and the Grenadines – Saint-Vincent-et-Grenadines	C										
Urban – Urbaine		...	...	...	2 267	...	...	...	...	...	...
Rural – Rurale		...	...	...	419	...	...	...	...	...	...
AMERICA,SOUTH— AMERIQUE DU SUD											
Chile – Chili	C										
Urban – Urbaine		261 012	264 898	259 234	...	...	23.9	23.8	22.8	...	...
Rural – Rurale		42 786	42 624	40 222	...	...	21.1	21.1	19.9	...	...
Ecuador – Equateur [8]	U										
Urban – Urbaine		*112 926*	...	...	*121 721*	...	*20.6*	...	...	*19.9*	...
Rural – Rurale		*87 173*	...	...	*76 747*	...	*19.1*	...	...	*16.6*	...
Falkland Islands (Malvinas)– Iles Falkland (Malvinas)	+C										
Urban – Urbaine		...	...	16	22	...	...	...	♦ 10.3	...	...
Rural – Rurale		...	...	10	5	...	...	...	♦ 20.3	...	...
Peru – Pérou [7 9]	..										
Urban – Urbaine		390 780	397 405	404 029	410 654	*415 872	26.5	26.2	25.9	25.6	...
Rural – Rurale		254 160	252 183	250 207	248 230	*245 189	39.9	39.4	39.0	38.5	...
Suriname	C										
Urban – Urbaine		5 644	5 344	5 105	...	...	...	...	...	...	...
Rural – Rurale		4 570	4 201	3 999	...	...	...	...	...	...	...
ASIA—ASIE											
Armenia – Arménie [10]	C										
Urban – Urbaine		47 871	50 144	48 439	43 972	...	20.0	20.4	19.4	17.4	...
Rural – Rurale		27 379	29 738	29 386	26 609	...	25.3	27.3	26.4	22.9	...

9. Live births and crude live-birth rates, by urban/rural residence: 1989 – 1993 (continued)

Naissances vivantes et taux bruts de natalité selon la résidence, urbaine/rurale: 1989 – 1993 (suite)

Data by urban/rural residence

Données selon la résidence urbaine/rurale

(See notes at end of table. – Voir notes à la fin du tableau.)

Continent, country or area and urban/rural residence — Continent, pays ou zone et résidence, urbaine/rurale	Code [1]	Number – Nombre					Rate – Taux				
		1989	1990	1991	1992	1993	1989	1990	1991	1992	1993
ASIA—ASIE (Cont.–Suite)											
Azerbaijan–Azerbaïdjan [10]	C										
Urban – Urbaine		85 930	...	...	...	...	22.6	...	...	...	...
Rural – Rurale		95 701	...	...	...	...	29.8	...	...	...	...
Brunei Darussalam – Brunéi Darussalam	+C										
Urban – Urbaine		6 450	6 601	6 759	7 001	...	...	...	39.0	...	...
Rural – Rurale		476	410	347	289	...	...	...	4.0	...	...
China – Chine	...										
Urban – Urbaine		4 740 007	...	...	...	...	...	...	...	...	...
Rural – Rurale		19 111 869	...	...	...	...	...	...	...	...	...
Georgia – Géorgie [10]	C										
Urban – Urbaine		49 244	...	...	...	...	16.5	...	...	...	...
Rural – Rurale		41 894	...	...	...	...	17.4	...	...	...	...
India – Inde [12]	..										
Urban – Urbaine		...	...	...	...	...	25.2	24.7	24.3	...	...
Rural – Rurale		...	...	...	...	...	32.2	31.7	30.9	...	...
Iran (Islamic Republic of – Rép. islamique d')	U										
Urban – Urbaine		*978 729*	*936 398*	...	...	...	*32.9*	*30.4*	...	...	...
Rural – Rurale		*806 082*	*792 561*	...	...	...	*34.4*	*33.4*	...	...	...
Israel – Israël [13]	C										
Urban – Urbaine		90 007	92 516	94 260	97 502	...	22.2	22.1	21.2	21.2	...
Rural – Rurale		10 750	10 833	11 465	12 560	...	23.5	23.2	23.3	24.2	...
Japan – Japon [14]	C										
Urban – Urbaine		977 013	960 690	966 086	959 266	...	...	10.0	...	...	...
Rural – Rurale		269 789	260 895	257 159	249 374	...	...	9.3	...	...	...
Kazakhstan [10]	C										
Urban – Urbaine		193 394	181 038	173 312	162 391	...	20.4	18.9	17.9	16.8	...
Rural – Rurale		188 875	182 297	180 789	176 084	...	26.7	25.7	25.3	24.4	...
Korea, Republic of– Corée, Rép. de [16]	..										
Urban – Urbaine		504 235	523 203	577 403	593 411	...	16.8	16.2	...	...	...
Rural – Rurale		131 202	120 715	123 418	118 876	...	10.6	10.9	...	...	...
Kyrgyzstan – Kirghizistan [10]	C										
Urban – Urbaine		38 943	37 404	37 616	35 599	...	23.6	22.3	22.2	21.1	...
Rural – Rurale		92 565	91 406	91 920	92 753	...	34.6	33.6	33.3	33.1	...
Malaysia – Malaisie											
Peninsular Malaysia – Malaisie Péninsulaire [2]	C										
Urban – Urbaine		137 915	150 703	152 081	217 140	...	...	...	...	...	...
Rural – Rurale		236 375	244 618	249 715	196 983	...	...	...	...	...	...
Maldives	C										
Urban – Urbaine		1 347	1 375	1 353	1 357	...	...	24.9	...	...	...
Rural – Rurale		7 379	7 264	7 037	6 782	...	...	45.9	...	...	...
Mongolia – Mongolie	...										
Urban – Urbaine		*36 500*	...	...	...	...	*31.3*	...	...	...	...
Rural – Rurale		*37 100*	...	...	...	...	*42.3*	...	...	...	...
Pakistan [18]	..										
Urban – Urbaine		1 045 595	976 838	...	...	...	34.1	30.9	...	...	...
Rural – Rurale		2 530 364	2 631 840	...	...	...	32.4	32.7	...	...	...
Tajikistan – Tadjikistan [10]	C										
Urban – Urbaine		47 345	...	...	...	...	28.2	...	...	...	...
Rural – Rurale		153 085	...	...	...	...	43.8	...	...	...	...
Thailand – Thaïlande	+U										
Urban – Urbaine		*243 395*	*262 716*	*276 739*	...	...	...	*25.7*	...	...	...
Rural – Rurale		*662 442*	*693 521*	*683 817*	...	...	...	*15.6*	...	...	...
Turkey – Turquie [21]	..										
Urban – Urbaine		683 616	...	...	...	...	21.4	...	...	...	...
Rural – Rurale		819 279	...	...	...	...	35.6	...	...	...	...
Turkmenistan – Turkménistan [10]	C										
Urban – Urbaine		52 006	...	...	...	...	32.7	...	...	...	...
Rural – Rurale		72 986	...	...	...	...	37.8	...	...	...	...
Uzbekistan – Ouzbékistan [10]	C										
Urban – Urbaine		213 379	...	...	...	...	26.5	...	...	...	...
Rural – Rurale		455 428	...	...	...	...	38.7	...	...	...	...

9. Live births and crude live–birth rates, by urban/rural residence: 1989 – 1993 (continued)

Naissances vivantes et taux bruts de natalité selon la résidence, urbaine/rurale: 1989 – 1993 (suite)

Data by urban/rural residence

Données selon la résidence urbaine/rurale

(See notes at end of table. – Voir notes à la fin du tableau.)

Continent, country or area and urban/rural residence Continent, pays ou zone et résidence, urbaine/rurale	Code [1]	Number – Nombre 1989	1990	1991	1992	1993	Rate – Taux 1989	1990	1991	1992	1993
EUROPE											
Albania – Albanie	C										
Urban – Urbaine		23 803	25 642	22 550	...	...	20.8	21.8	18.9	...	...
Rural – Rurale		55 059	56 483	54 811	...	...	26.8	27.2	26.6	...	...
Andorra – Andorre	...										
Urban – Urbaine		*615*	*591*	*643*	...	...	*12.9*	*12.1*	*11.8*	...	...
Rural – Rurale		*19*	*37*	*31*	...	...	♦ *7.6*	*13.7*	*9.5*	...	...
Belarus – Bélarus [10]	C										
Urban – Urbaine		110 472	102 144	94 231	90 272	...	16.4	14.9	13.6	...	...
Rural – Rurale		42 977	40 023	37 814	37 699	...	12.3	11.7	11.3	...	...
Bulgaria – Bulgarie	C										
Urban – Urbaine		78 724	73 940	...	60 715	...	13.0	12.1	...	...	...
Rural – Rurale		33 565	31 240	...	28 419	...	11.4	10.8	...	...	...
Former Czechoslovakia – Ancienne Tchécoslovaquie	C										
Urban – Urbaine		158 053	136 876	...	...	...	15.4	13.3	...	...	...
Rural – Rurale		50 419	73 677	...	...	...	9.4	13.8	...	...	...
Czech Republic – Rép. tchèque	C										
Urban – Urbaine		...	...	97 479	...	...	...	...	...	...	...
Rural – Rurale		...	...	31 875	...	...	...	...	...	...	...
Estonia – Estonie [10]	C										
Urban – Urbaine		16 520	15 003	12 658	11 473	*9 557	14.7	13.4	...	...	...
Rural – Rurale		7 772	7 305	6 662	6 475	*5 580	17.4	16.3	...	...	...
Finland – Finlande [23]	C										
Urban – Urbaine		39 543	40 835	...	...	...	12.9	13.3	...	...	...
Rural – Rurale		23 805	24 714	...	...	...	12.5	12.9	...	...	...
France [24]	C										
Urban – Urbaine		589 791	587 987	596 510	...	...	...	14.0	...	...	...
Rural – Rurale		173 958	172 709	160 893	...	...	...	11.7	...	...	...
Greece – Grèce	C										
Urban – Urbaine		...	67 526	67 827	69 061	...	...	...	...	...	...
Rural – Rurale		...	34 703	34 793	35 020	...	...	...	...	...	...
Hungary – Hongrie [32]	C										
Urban – Urbaine		73 486	74 767	75 852	73 224	...	11.4	11.5	11.6	11.2	...
Rural – Rurale		49 261	50 490	50 918	48 062	...	12.4	13.1	13.3	12.6	...
Iceland – Islande	C										
Urban – Urbaine		4 189	4 337	4 142	4 269	...	18.3	18.8	17.7	17.9	...
Rural – Rurale		371	431	391	340	...	15.3	18.1	16.6	14.7	...
Ireland – Irlande [26]	+C										
Urban – Urbaine		24 278	25 134	24 459	23 887	...	...	...	12.2	...	...
Rural – Rurale		27 740	27 910	28 225	27 670	...	...	...	18.6	...	...
Latvia – Lettonie [10]	C										
Urban – Urbaine		25 091	23 827	21 782	19 299	...	13.6	12.9	11.8	10.6	...
Rural – Rurale		13 831	14 091	12 851	12 270	...	16.9	17.2	15.7	15.0	...
Lithuania – Lituanie [10]	C										
Urban – Urbaine		36 819	37 700	37 485	34 920	...	14.7	14.8	14.6	13.6	...
Rural – Rurale		18 963	19 168	18 734	18 697	...	16.0	16.2	15.9	15.8	...
Netherlands – Pays-Bas [28 33]	C										
Urban – Urbaine		93 068	97 903	99 014	97 993	...	12.3	12.9	12.9	12.7	...
Rural – Rurale		23 559	24 167	23 542	23 318	...	13.9	14.3	14.2	14.0	...
Semi–urban–Semi–urbaine		72 350	75 890	76 103	75 420	...	12.9	13.4	13.3	13.0	...
Poland – Pologne	C										
Urban – Urbaine		302 336	291 477	288 351	...	...	13.0	12.4	12.2	...	...
Rural – Rurale		260 194	254 340	257 603	...	...	17.8	17.4	17.7	...	...
Republic of Moldova – Rép. de Moldova [10]	C										
Urban – Urbaine		36 676	34 610	31 603	28 970	...	17.9	16.7	15.3	14.2	...
Rural – Rurale		45 545	42 475	40 417	40 684	...	19.8	18.5	17.6	17.6	...
Romania – Roumanie	C										
Urban – Urbaine		176 739	156 950	135 417	124 016	...	14.4	12.4	10.8	10.0	...
Rural – Rurale		192 805	157 796	139 858	136 377	...	17.8	14.9	13.2	13.1	...
Russian Federation – Fédération Russe [10]	C										
Urban – Urbaine		1 520 741	1 386 247	1 230 516	1 068 304	...	14.0	12.7	11.3	9.8	...
Rural – Rurale		639 818	602 611	564 110	519 340	...	16.4	15.5	14.5	13.2	...

9. Live births and crude live–birth rates, by urban/rural residence: 1989 – 1993 (continued)

Naissances vivantes et taux bruts de natalité selon la résidence, urbaine/rurale: 1989 – 1993 (suite)

Data by urban/rural residence

Données selon la résidence urbaine/rurale

(See notes at end of table. – Voir notes à la fin du tableau.)

Continent, country or area and urban/rural residence Continent, pays ou zone et résidence, urbaine/rurale	Code [1]	Number – Nombre 1989	1990	1991	1992	1993	Rate – Taux 1989	1990	1991	1992	1993
EUROPE (Cont.–Suite)											
San Marino – Saint–Marin	+C										
Urban – Urbaine		209	...	...	214	...	10.1	...	...	9.9	...
Rural – Rurale		22	...	...	23	...	♦ 10.1	...	...	♦ 10.1	...
Slovakia – Slovaquie	C										
Urban – Urbaine		46 063	46 269	44 072	...	...	15.0	14.9	14.5	...	...
Rural – Rurale		34 053	33 720	34 497	...	...	15.4	15.4	15.4	...	...
Slovenia – Slovénie	C										
Urban – Urbaine		11 344	10 788	10 268	9 268	...	...	...	10.3	...	...
Rural – Rurale		12 103	11 580	11 315	10 714	...	...	...	11.6	...	...
Switzerland – Suisse	C										
Urban – Urbaine		44 397	45 518	55 674	55 872	...	9.7	9.8	12.0	11.9	...
Rural – Rurale		36 783	38 421	30 526	31 038	...	17.9	18.4	14.2	14.2	...
The former Yugoslav Rep. of Macedonia – L'ex Rép. yougoslavie de Macédonie	C										
Urban – Urbaine		19 206	19 171	18 869	17 785	...	...	...	16.0	...	...
Rural – Rurale		16 721	16 230	15 961	15 453	...	...	...	18.7	...	...
Ukraine [10]	C										
Urban – Urbaine		471 104	442 902	419 205	390 400	...	13.6	12.7	11.9	11.1	...
Rural – Rurale		219 877	214 300	211 608	209 400	...	12.8	12.6	12.6	12.5	...
Former Yugoslavia – Ancienne Yougoslavie	C										
Urban – Urbaine		167 308	172 680	...	...	...	...	...	...	...	...
Rural – Rurale		169 086	162 472	...	...	...	...	...	...	...	...
OCEANIA—OCEANIE											
New Zealand – Nouvelle–Zélande	+C										
Urban – Urbaine		43 283	45 321	...	44 522	...	...	...	...	...	...
Rural – Rurale		14 808	14 832	...	14 744	...	...	...	...	...	...

GENERAL NOTES

For certain countries, there is a discrepancy between the total number of live births shown in this table and those shown in subsequent tables for the same year. Usually this discrepancy arises because the total number of births occurring in a given year is revised, although the remaining tabulations are not. Rates are the number of live births per 1 000 mid–year population. For definitions of "urban", see end of table 6. For method of evaluation and limitations of data, see Technical Notes, page 57.

Italics: data from civil registers which are incomplete or of unknown completeness.

FOOTNOTES

* Provisional.
♦ Rates based on 30 or fewer live births.
\+ Data tabulated by date of registration rather than occurrence.

1 Code "C" indicates that the data are estimated to be virtually complete (at least 90 per cent) and code "U" indicates that the data are estimated to be incomplete (less than 90 per cent). The code does not apply to estimated rates. For further details, see Technical Notes.
2 Excluding live–born infants dying before registration of birth.
3 For Algerian population only; however rates computed on total population.

NOTES GENERALES

Pour quelques pays il y a une discordance entre le nombre total des naissances vivantes présenté dans ce tableau et ceux présentés après pour la même année. Habituellement ces différences apparaîssent lorsque le nombre total des naissances pour une certaine année a été révisé; alors que les autres tabulations ne l'ont pas été. Les taux représentent le nombre de naissances vivantes pour 1 000 personnes au milieu de l'année. Pour les définitions des "régions urbaines", se reporter à la fin du tableau 6. Pour la méthode d'évaluation et les insuffisances des données, voir Notes techniques, page 57.
Italiques: données incomplètes ou dont le degré d'exactitude n'est pas connu, provenant des registres de l'état civil.

NOTES

* Données provisoires.
♦ Taux basés sur 30 naissances vivantes ou moins.
\+ Données exploitées selon la date de l'enregistrement et non la date de l'événement.
1 Le code "C" indique que les données sont jugées pratiquement complètes (au moins 90 p. 100) et le code "U" que les données sont jugées incomplètes (moins de 90 p. 100). Le code ne s'applique pas aux taux estimatifs. Pour plus de détails, voir Notes techniques.
2 Non compris les enfants nés vivants, décédés avant l'enregistrement de leur naissance.
3 Pour la population algérienne seulement; toutefois, les taux sont calculés sur la base de la population totale.

9. Live births and crude live-birth rates, by urban/rural residence: 1989 – 1993 (continued)

Naissances vivantes et taux bruts de natalité selon la résidence, urbaine/rurale: 1989 – 1993 (suite)

FOOTNOTES (continued)

4 Estimate for 1990–1995 prepared by the Population Division of the United Nations.
5 For classification by urban/rural residence, see end of table.
6 Including Canadian residents temporarily in the United States, but excluding United States residents temporarily in Canada.
7 Excluding Indian jungle population.
8 Excluding nomadic Indian tribes.
9 Including and upward adjustment for under-registration.
10 Excluding infants born alive after less than 28 weeks' gestation, of less than 1 000 grammes in weight and 35 centimetres in length, who die within seven days of birth.
11 Excluding Vietnamese refugees.
12 Based on Sample Registration Scheme.
13 Including data for East Jerusalem and Israeli residents in certain other territories under occupation by Israeli military forces since June 1967.
14 For Japanese nationals in Japan only; however, rates computed on total population.
15 Excluding data for Jordanian territory under occupation since June 1967 by Israeli military forces. Excluding foreigners, including registered Palestionian refugees. For number of refugees, see table 5.
16 Based on the results of the Continuous Demographic Sample Survey.
17 Events registered by Health Service only.
18 Based on the results of the Population Growth Survey.
19 Excluding transients afloat and non-locally domiciled military and civilian services personnel and their dependants.
20 Excluding nomads and Palestinian refugees; however, rates computed on total population. For number of Palestinian refugees among whom births numbered 5 681 in 1968, see table 5.
21 Based on the results of the Population Demographic Survey.
22 Excluding Faeroe Islands and Greenland.
23 Including nationals temporarily outside the country.
24 Including armed forces stationed outside the country.
25 Rates computed on population excluding armed forces.
26 Births registered within one year of occurrence.
27 Rates computed on population including civilian nationals temporarily outside country.
28 Including residents outside the country if listed in a Netherlands population register.
29 Data tabulated by date of occurrence for England and Wales, and by date of registration for Northern Ireland and Scotland.
30 Including United States military personnel, their dependants and contract employees.
31 Excluding United States military personnel, their dependants and contract employees.
32 Excluding births of unknown residence.
33 Excluding persons on the Central Register of Population (containing persons belonging to the Netherlands population but having no fixed municipality of residence).

NOTES (suite)

4 Estimations pour 1990–1995 établie par la Division de la population de l'Organisation des Nations Unies.
5 Pour le classement selon la résidence, urbaine/rurale voir la fin du tableau.
6 Y compris les résidents canadiens se trouvant temporairement aux Etats–Unis, mais non compris les résidents des Etats–Unis se trouvant temporairement au Canada.
7 Non compris les Indiens de la jungle.
8 Non compris les tribus d'Indiens nomades.
9 Y compris un ajustement pour sous–enregistrement.
10 Non compris les enfants nés vivants après moins de 28 semaines de gestation, pesant moins de 1 000 grammes, mesurant moins de 35 centimètres et décédés dans les sept jours qui ont suivi leur naissance.
11 Non compris les refugées du Viet Nam.
12 D'après le Programe d'enregistrement par sondage.
13 Y compris les données pour Jérusalem–Est et les résidents israéliens dans certains autres territoires occupés depuis juin 1967 par les forces armées israéliennes.
14 Pour les nationaux japonais au Japon seulement; toutefois, les taux sont calculés sur la base de la population totale.
15 Non compris les données pour le territoire jordanien occupé depuis juin 1967 par les forces armées israéliennes. Non compris les étrangers, mais y compris les réfugiés de Palestine immatriculés. Pour le nombre de réfugiés, voir le tableau 5.
16 D'après les résultats d'une enquête démographique par sondage continue.
17 Evénement enregistrés par les Service de santé seulement.
18 D'après les résultats de la "Population Growth Survey".
19 Non compris les personnes de passage à bord de navires, ni les militaires et agents civils domiciliés hors du territoire et les membres de leur famille les accompagnant.
20 Non compris la population nomade et le réfugiés de Palestine; toutefois, les taux sont calculés sur la base de la population totale. Pour le nombre de réfugiés de Palestine, parmi lesquel les naissances s'établissent à 5 681 pour 1968, voir le tableau 5.
21 D'après les résultats d'une enquête démographique par sondage.
22 Non compris les îles Féroe et le Groenland.
23 Y compris les nationaux se trouvant temporairement hors du pays.
24 Y compris les militaires nationaux hors du pays.
25 Taux calculés sur la base d'un chiffre de population qui ne comprend pas les militaires.
26 Naissances enregistrées dans l'année qui suit l'événement.
27 Taux calculés sur la base d'un chiffre de population qui comprend les civils nationaux temporairement hors du pays.
28 Y compris les résidents hors du pays, s'ils sont inscrits sur un registre de population néerlandais.
29 Données exploitées selon la date de l'événement pour l'Angleterre et le pays de Galles, et selon la date de l'enregistrement pour l'Irlande du Nord et l'Ecosse.
30 Y compris les militaires des Etats–Unis, les membres de leur famille les accompagnant et les agents contractuels des Etats–Unis.
31 Non compris les militaires des Etats–Unis, les membres de leur famille les accompagnant et les agents contractuels des Etats–Unis.
32 Non compris les naissances dont on ignore la résidence.
33 Non compris les personnes inscrites sur le Registre central de la population (personnes appartenant à la population néerlandaise mais sans résidence fixe dans l'une des municipalités).

10. Live births by age of mother, sex and urban/rural residence: latest available year

Naissances vivantes selon l'âge de la mère, le sexe et la résidence, urbaine/rurale: dernière année disponible

(See notes at end of table. – Voir notes à la fin du tableau.)

Continent, country or area, year, sex and urban/rural residence Continent, pays ou zone, année, sexe et résidence, urbaine/rurale	Age of mother (in years) – Age de la mère (en années)										
	All ages Tous âges	–15	15–19	20–24	25–29	30–34	35–39	40–44	45–49	50+	Unknown Inconnu
AFRICA—AFRIQUE											
Algeria – Algérie											
1986 [1 2]											
Total	766 186	*—	1 825 —*	42 798	165 846	216 071	138 869	80 690	54 774	60 577	4 736
Cape Verde – Cap-Vert											
1990											
Total	9 669	*—	1 422 —*	2 753	2 509	1 607	968	218	*—	59 —*	133
Male – Masculin	5 017	*—	758 —*	1 350	1 303	890	524	111	*—	26 —*	55
Female – Féminin	4 652	*—	664 —*	1 403	1 206	717	444	107	*—	33 —*	78
Egypt – Egypte											
1989 [3]											
Total	1 722 934	*—	39 357 —*	363 998	531 289	360 557	214 319	64 404	*—	19 597 —*	129 413
Male – Masculin	888 618	*—	20 354 —*	187 817	273 990	185 951	110 439	33 218	*—	10 053 —*	66 796
Female – Féminin	834 316	*—	19 003 —*	176 181	257 299	174 606	103 880	31 186	*—	9 544 —*	62 617
Mali											
1987 [3 4]											
Total	375 117	1 356	57 010	91 355	91 909	61 980	40 705	16 212	5 042	844	8 704
Male – Masculin	192 293	717	28 893	47 050	46 898	31 924	20 840	8 259	2 618	427	4 667
Female – Féminin	182 824	639	28 117	44 305	45 011	30 056	19 865	7 953	2 424	417	4 037
Mauritius – Maurice											
1992											
Total	22 741	37	2 183	7 080	7 190	4 010	1 669	386	24	1	161
Male – Masculin	11 575	15	1 130	3 628	3 623	2 054	850	180	12	–	83
Female – Féminin	11 166	22	1 053	3 452	3 567	1 956	819	206	12	1	78
Island of Mauritius – Ile Maurice											
1992											
Total	22 032	35	2 062	6 882	7 042	3 886	1 603	348	19	1	154
Male – Masculin	11 211	14	1 061	3 526	3 554	1 991	818	158	10	–	79
Female – Féminin	10 821	21	1 001	3 356	3 488	1 895	785	190	9	1	75
Rodrigues											
1992											
Total	709	2	121	198	148	124	66	38	5	–	7
Male – Masculin	364	1	69	102	69	63	32	22	2	–	4
Female – Féminin	345	1	52	96	79	61	34	16	3	–	3
Réunion											
1989 [2 5]											
Total	13 898	9	1 375	4 183	4 268	2 505	1 243	273	*—	21 —*	21
Seychelles											
1990+											
Total	1 617	1	219	547	473	255	103	19	–	–	–
Male – Masculin	834	1	115	281	250	128	48	11	–	–	–
Female – Féminin	783	–	104	266	223	127	55	8	–	–	–
Tunisia – Tunisie											
1989 [3]											
Total	199 459	–	6 265	43 626	55 734	41 071	21 612	5 714	1 136	–	24 301
Male – Masculin	103 501	–	3 235	22 949	28 898	21 167	11 122	2 926	567	–	12 637
Female – Féminin	95 958	–	3 030	20 677	26 836	19 904	10 490	2 788	569	–	11 664
AMERICA,NORTH— AMERIQUE DU NORD											
Antigua and Barbuda – Antigua-et-Barbuda											
1986+											
Total	1 130	8	237	366	296	155	58	7	*—	– —*	3
Bahamas											
1992											
Total	4 870	5	721	1 356	1 375	944	377	70	10	1	11
1989											
Male – Masculin	2 506	5	369	757	734	420	174	28	6	–	13
Female – Féminin	2 465	5	396	711	715	438	150	31	1	–	18

10. Live births by age of mother, sex and urban/rural residence: latest available year (continued)

Naissances vivantes selon l'âge de la mère, le sexe et la résidence, urbaine/rurale: dernière année disponible (suite)

(See notes at end of table. – Voir notes à la fin du tableau.)

Continent, country or area, year, sex and urban/rural residence Continent, pays ou zone, année, sexe et résidence, urbaine/rurale	Age of mother (in years) – Age de la mère (en années) All ages Tous âges	–15	15–19	20–24	25–29	30–34	35–39	40–44	45–49	50+	Unknown Inconnu
AMERICA,NORTH— (Cont.–Suite) AMERIQUE DU NORD											
Barbados – Barbade											
1988+											
Total	3 745	9	520	1 103	1 116	713	248	*——	32	——*	4
Belize											
1992											
Total	*6 369*	*25*	*1 125*	*2 068*	*1 482*	*838*	*422*	*131*	*—	*9* —*	269
Bermuda – Bermudes											
1991											
Total	901	–	71	172	304	231	93	14	1	–	15
1990											
Male – Masculin	460	–	37	91	143	136	42	8	–	–	3
Female – Féminin	435	–	41	81	131	131	44	6	–	–	1
British Virgin Islands – Iles Vierges britanniques											
1988+											
Total	237	–	30	62	74	48	*—	15 —*	*—	8 —*	–
Canada [6 7]											
1990											
Total	404 669	239	23 179	81 734	154 271	103 357	31 067	3 856	99	6 867	–
1989											
Male – Masculin	197 182	112	11 595	42 519	77 218	49 422	14 379	1 851	52	–	34
Female – Féminin	187 717	102	10 888	40 562	73 517	47 102	13 761	1 716	44	1	24
Cayman Islands – Iles Caïmanes											
1991											
Total	500	–	76	146	131	92	41	12	2	–	–
1990											
Male – Masculin	246	–	49	72	67	33	23	2	–	–	–
Female – Féminin	244	1	51	63	62	47	18	2	–	–	–
Costa Rica											
1991*											
Total	81 100	431	12 708	23 674	21 249	13 764	6 718	1 816	*—	151 —*	589
Cuba											
1990 [3]											
Total	186 658	1 092	40 245	64 674	52 894	20 081	6 458	1 094	59	30	31
1988 [3]											
Male – Masculin	98 210	550	23 270	36 216	24 442	9 667	3 437	538	46	24	20
Female – Féminin	89 701	563	21 388	32 915	22 039	8 886	3 316	540	29	16	9
Dominica – Dominique											
1989+											
Total	1 657	9	417	541	331	253	92	12	2	–	–
Male – Masculin	848	8	227	274	164	127	43	5	–	–	–
Female – Féminin	809	1	190	267	167	126	49	7	2	–	–
El Salvador											
1991 [3]											
Total	*151 210*	*724*	*30 317*	*46 873*	*33 279*	*18 581*	*10 073*	*3 828*	*864*	*189*	6 482
Male – Masculin	*76 404*	*374*	*15 370*	*23 683*	*16 853*	*9 349*	*5 060*	*1 939*	*427*	*92*	3 257
Female – Féminin	*74 806*	*350*	*14 947*	*23 190*	*16 426*	*9 232*	*5 013*	*1 889*	*437*	*97*	3 225
Greenland – Groenland											
1991											
Total	1 192	*—	139 —*	402	367	204	70	9	1	–	–
Male – Masculin	612	*—	72 —*	200	184	117	33	5	1	–	–
Female – Féminin	580	*—	67 —*	202	183	87	37	4	–	–	–

10. Live births by age of mother, sex and urban/rural residence: latest available year (continued)

Naissances vivantes selon l'âge de la mère, le sexe et la résidence, urbaine/rurale: dernière année disponible (suite)

(See notes at end of table. – Voir notes à la fin du tableau.)

Continent, country or area, year, sex and urban/rural residence / Continent, pays ou zone, année, sexe et résidence, urbaine/rurale	Age of mother (in years) – Age de la mère (en années)										
	All ages / Tous âges	–15	15–19	20–24	25–29	30–34	35–39	40–44	45–49	50+	Unknown / Inconnu
AMERICA,NORTH— (Cont.–Suite) AMERIQUE DU NORD											
Guadeloupe											
1991 [2] [5]											
Total	7 547	14	667	1 832	2 444	1 639	753	171	8	–	19
1986 [2] [5]											
Male – Masculin	3 241	–	–	108	450	471	276	137	39	26	1 734
Female – Féminin	3 133	–	3	94	418	459	273	130	51	15	1 690
Guatemala											
1988 [3]											
Total	341 382	1 252	53 103	98 623	79 515	55 425	34 939	12 738	2 499	3 288	–
Male – Masculin	173 137	614	26 678	52 421	41 431	26 788	15 791	5 946	1 143	2 325	–
Female – Féminin	168 245	638	26 425	46 202	38 084	28 637	19 148	6 792	1 356	963	–
Jamaica – Jamaïque											
1987+											
Total	52 476	343	12 672	17 412	11 794	6 157	2 800	804	93	6	395
Martinique											
1991 [2] [5]											
Total	6 316	11	509	1 530	2 051	1 427	633	129	8	–	18
Male – Masculin	3 127	5	259	757	1 023	695	308	64	4	–	12
Female – Féminin	3 188	6	250	773	1 027	732	325	65	4	–	6
Mexico – Mexique											
1992+ [3]											
Total [8]	*2 797 397*	*11 216*	*436 139*	*855 551*	*682 180*	*413 209*	*203 778*	*65 686*	*12 047*	*4 162*	113 429
Male – Masculin	*1 410 179*	*5 656*	*222 792*	*435 989*	*346 492*	*208 056*	*102 396*	*32 836*	*5 894*	*2 021*	48 047
Female – Féminin	*1 386 794*	*5 559*	*213 293*	*419 432*	*335 597*	*205 100*	*101 354*	*32 839*	*6 150*	*2 140*	65 330
Montserrat											
1986											
Total	200	1	50	64	43	28	9	3	–	–	2
Nicaragua											
1987+											
Total	*98 240*	*187*	*18 729*	*31 825*	*22 889*	*13 298*	*7 868*	*2 529*	*396*	*87*	432
Male – Masculin	*50 309*	*91*	*9 598*	*16 275*	*11 640*	*6 852*	*4 009*	*1 403*	*187*	*41*	213
Female – Féminin	*47 931*	*96*	*9 131*	*15 550*	*11 249*	*6 446*	*3 859*	*1 126*	*209*	*46*	219
Panama											
1991 [3]											
Total	60 080	402	11 090	18 327	15 110	8 793	3 671	934	135	28	1 590
Male – Masculin	30 724	218	5 700	9 295	7 763	4 462	1 886	474	68	16	842
Female – Féminin	29 356	184	5 390	9 032	7 347	4 331	1 785	460	67	12	748
Puerto Rico – Porto Rico											
1992 [3]											
Total	64 481	375	11 999	20 504	17 541	9 702	3 592	696	*—	40 —*	32
Male – Masculin	33 149	182	6 104	10 583	9 066	4 993	1 829	354	*—	19 —*	19
Female – Féminin	31 332	193	5 895	9 921	8 475	4 709	1 763	342	*—	21 —*	13
Saint Kitts and Nevis – Saint–Kitts–et–Nevis											
1989+											
Total	989	3	198	272	273	159	62	7	*—	15 —*	–
Saint Lucia – Sainte–Lucie											
1986											
Total	3 907	12	958	1 309	881	434	240	71	*—	2 —*	–
Male – Masculin	1 953	10	482	630	458	208	128	35	*—	2 —*	–
Female – Féminin	1 954	2	476	679	423	226	112	36	*—	– —*	–
St. Vincent and the Grenadines – Saint–Vincent–et–Grenadines											
1988+											
Total	2 537	16	620	829	583	312	133	25	*—	2 —*	17
Male – Masculin	1 274	9	313	419	292	148	71	12	*—	2 —*	8
Female – Féminin	1 263	7	307	410	291	164	62	13	*—	– —*	9

10. Live births by age of mother, sex and urban/rural residence: latest available year (continued)

Naissances vivantes selon l'âge de la mère, le sexe et la résidence, urbaine/rurale: dernière année disponible (suite)

(See notes at end of table. – Voir notes à la fin du tableau.)

Continent, country or area, year, sex and urban/rural residence Continent, pays ou zone, année, sexe et résidence, urbaine/rurale	Age of mother (in years) – Age de la mère (en années) All ages Tous âges	–15	15–19	20–24	25–29	30–34	35–39	40–44	45–49	50+	Unknown Inconnu
AMERICA,NORTH— (Cont.–Suite) AMERIQUE DU NORD											
Trinidad and Tobago – Trinité–et–Tobago											
1989											
Total	25 072	70	3 424	7 465	7 192	4 399	1 972	425	28	1	96
Male – Masculin	12 754	30	1 713	3 834	3 610	2 254	1 030	222	14	1	46
Female – Féminin	12 318	40	1 711	3 631	3 582	2 145	942	203	14	–	50
United States – Etats–Unis											
1991 [9]											
Total	4 110 907	12 014	519 577	1089692	1219965	884 862	330 993	52 095	*— 1	709 —*	–
Male – Masculin	2 101 518	6 198	265 598	556 980	623 142	453 168	168 988	26 564	*—	880 —*	–
Female – Féminin	2 009 389	5 816	253 979	532 712	596 823	431 694	162 005	25 531	*—	829 —*	–
United States Virgin Islands – Iles Vierges américaines											
1990											
Total	2 401	12	362	666	680	444	176	45	*—	2 —*	14
1987											
Male – Masculin	1 204	3	209	369	297	219	76	30	*—	1 —*	–
Female – Féminin	1 171	7	195	374	304	186	85	19	*—	1 —*	–
AMERICA,SOUTH— AMERIQUE DU SUD											
Argentina – Argentine											
1990											
Total	678 644	3 033	93 371	178 715	181 315	125 590	65 561	18 849	1 952	374	9 884
Brazil – Brésil											
1990 [10]											
Total	*2 419 927*	*8 340*	*379 873*	*762 126*	*648 882*	*359 935*	*162 296*	*50 137*	*7 044*	*764*	40 530
Male – Masculin	*1 234 374*	*4 267*	*194 773*	*389 487*	*330 906*	*182 830*	*82 017*	*25 407*	*3 619*	*355*	20 713
Female – Féminin	*1 185 553*	*4 073*	*185 100*	*372 639*	*317 976*	*177 105*	*80 279*	*24 730*	*3 425*	*409*	19 817
Chile – Chili											
1991 [11]											
Total	284 483	706	38 324	79 406	81 907	53 425	24 604	5 692	381	38	–
Male – Masculin	145 650	387	19 829	40 931	41 876	27 162	12 434	2 830	179	22	–
Female – Féminin	138 833	319	18 495	38 475	40 031	26 263	12 170	2 862	202	16	–
Colombia – Colombie											
1986+ [11]											
Total	*331 201*	*17 956*	*57 158*	*106 412*	*81 713*	*47 979*	*14 233*	*4 061*	*1 348*	*119*	222
Ecuador – Equateur											
1992 [3 12]											
Total	*198 468*	*503*	*29 846*	*60 312*	*48 371*	*32 362*	*17 800*	*6 978*	*1 103*	*213*	980
Male – Masculin	*101 050*	*263*	*15 208*	*30 697*	*24 595*	*16 439*	*9 117*	*3 550*	*548*	*104*	529
Female – Féminin	*97 418*	*240*	*14 638*	*29 615*	*23 776*	*15 923*	*8 683*	*3 428*	*555*	*109*	451
Falkland Islands (Malvinas)– Iles Falkland (Malvinas)											
1992+ [3]											
Total	27	–	4	5	10	7	1	*———	–	———*	–
Male – Masculin	16	–	3	1	7	5	–	*———	–	———*	–
Female – Féminin	11	–	1	4	3	2	1	*———	–	———*	–
French Guiana – Guyane Française											
1985 [2 3]											
Total	2 472	20	325	696	692	452	196	48	3	2	38
Male – Masculin	1 227	13	155	331	344	226	104	26	2	1	25
Female – Féminin	1 245	7	170	365	348	226	92	22	1	1	13
Paraguay											
1987											
Total	*37 693*	*47*	*4 493*	*10 324*	*9 182*	*6 398*	*3 765*	*1 550*	*—	379 —*	1 555
Male – Masculin	*19 221*	*25*	*2 273*	*5 304*	*4 723*	*3 213*	*1 881*	*800*	*—	185 —*	817
Female – Féminin	*18 472*	*22*	*2 220*	*5 020*	*4 459*	*3 185*	*1 884*	*750*	*—	194 —*	738

10. Live births by age of mother, sex and urban/rural residence: latest available year (continued)

Naissances vivantes selon l'âge de la mère, le sexe et la résidence, urbaine/rurale: dernière année disponible (suite)

(See notes at end of table. – Voir notes à la fin du tableau.)

Continent, country or area, year, sex and urban/rural residence Continent, pays ou zone, année, sexe et résidence, urbaine/rurale	Age of mother (in years) – Age de la mère (en années)										
	All ages Tous âges	–15	15–19	20–24	25–29	30–34	35–39	40–44	45–49	50+	Unknown Inconnu
AMERICA,SOUTH— (Cont.–Suite) AMERIQUE DU SUD											
Peru – Pérou											
1985+ [10]											
Total	413 304	671	54 468	122 359	104 148	67 367	41 754	14 375	2 604	353	5 205
Male – Masculin	210 886	335	27 866	62 674	53 089	34 253	21 250	7 330	1 307	181	2 601
Female – Féminin	202 418	336	26 602	59 685	51 059	33 114	20 504	7 045	1 297	172	2 604
Suriname											
1991											
Total	9 104	42	1 337	3 190	2 498	1 310	450	90	*—	14 —*	173
Uruguay											
1988+											
Total [8]	55 798	151	7 734	14 565	15 595	10 566	5 215	1 397	*—	99 —*	476
Male – Masculin	28 403	77	3 945	7 369	7 951	5 390	2 654	715	*—	42 —*	260
Female – Féminin	27 393	74	3 789	7 196	7 642	5 176	2 561	682	*—	57 —*	216
Venezuela											
1991 [10]											
Total	602 024	4 305	104 429	179 489	150 049	97 116	48 269	13 400	1 808	460	2 699
Male – Masculin	314 687	2 235	54 812	94 094	78 261	50 498	25 239	6 954	955	233	1 406
Female – Féminin	287 337	2 070	49 617	85 395	71 788	46 618	23 030	6 446	853	227	1 293
ASIA—ASIE											
Armenia – Arménie											
1991 [3 13]											
Total	77 825	–	11 283	31 001	20 463	11 222	3 303	517	18	6	12
Azerbaijan – Azerbaïdjan											
1989 [3 13]											
Total	181 631	*— 9	172 —*	68 793	66 229	28 346	7 628	1 338	114	11	–
Bahrain – Bahreïn											
1991											
Total	13 229	10	394	2 758	4 406	3 375	1 653	446	107	56	24
Male – Masculin	6 709	6	182	1 435	2 269	1 666	833	215	60	35	8
Female – Féminin	6 520	4	212	1 323	2 137	1 709	820	231	47	21	16
Bangladesh											
1988 [3]											
Total	3 476 511	*— 395	266 —*	1165202	1022374	497 207	283 243	83 955	*— 29	264 —*	–
Male – Masculin	1 797 113	*— 206	584 —*	601 279	529 136	253 838	146 908	43 815	*— 15	553 —*	–
Female – Féminin	1 679 398	*— 188	682 —*	563 923	493 238	243 369	136 335	40 140	*— 13	711 —*	–
Brunei Darussalam – Brunéi Darussalam											
1992+ [3]											
Total	7 290	10	449	1 748	2 292	1 735	838	187	16	5	10
Male – Masculin	3 710	6	217	886	1 162	896	427	100	9	2	5
Female – Féminin	3 580	4	232	862	1 130	839	411	87	7	3	5
China – Chine											
1989 [3]											
Total	23851876	*— 516	006 —*	10092576	9227729	2705220	1028617	227 438	*— 49	736 —*	4 554
Male – Masculin	12700194	*— 266	114 —*	5287897	4958811	1484102	554 348	120 451	*— 26	086 —*	2 385
Female – Féminin	11151682	*— 249	892 —*	4804679	4268918	1221118	474 269	106 987	*— 23	650 —*	2 169
Cyprus – Chypre											
1992 [3 14]											
Total	11 710	–	695	3 374	3 988	2 577	878	161	8	2	27
Male – Masculin	5 969	–	347	1 711	2 061	1 336	422	77	4	1	10
Female – Féminin	5 741	–	348	1 663	1 927	1 241	456	84	4	1	17
Georgia – Géorgie											
1989 [3 13]											
Total	91 138	*— 11	760 —*	35 297	26 504	12 404	4 295	812	64	2	–

10. Live births by age of mother, sex and urban/rural residence: latest available year (continued)

Naissances vivantes selon l'âge de la mère, le sexe et la résidence, urbaine/rurale: dernière année disponible (suite)

(See notes at end of table. – Voir notes à la fin du tableau.)

Continent, country or area, year, sex and urban/rural residence — Continent, pays ou zone, année, sexe et résidence, urbaine/rurale	Age of mother (in years) – Age de la mère (en années)										
	All ages Tous âges	–15	15–19	20–24	25–29	30–34	35–39	40–44	45–49	50+	Unknown Inconnu
ASIA—ASIE (Cont.–Suite)											
Hong Kong – Hong-kong											
1992 [15]											
Total [8]	70 949	11	1 253	9 174	26 748	24 751	7 721	921	33	–	337
Male – Masculin	36 548	6	655	4 753	13 798	12 908	3 927	461	18	–	22
Female – Féminin	34 108	5	598	4 421	12 948	11 841	3 792	460	15	–	28
Israel – Israël [16]											
1992 [3]											
Total	110 062	17	4 623	27 139	35 139	26 341	13 366	3 021	194	32	190
Male – Masculin	56 603	12	2 389	14 053	18 140	13 406	6 841	1 549	102	14	97
Female – Féminin	53 459	5	2 234	13 086	16 999	12 935	6 525	1 472	92	18	93
Japan – Japon											
1992 [3 17]											
Total	1 208 989	22	18 372	204 141	524 269	357 170	92 209	12 481	299	2	24
Male – Masculin	622 136	13	9 514	105 335	269 190	184 091	47 417	6 396	166	1	13
Female – Féminin	586 853	9	8 858	98 806	255 079	173 079	44 792	6 085	133	1	11
Kazakhstan											
1992 [3 13]											
Total	338 475	*— 37	802 —*	130 403	92 080	53 891	19 478	4 140	241	37	403
Korea, Republic of– Corée, République de											
1991* [18]											
Total	*688 329*	–	*7 625*	*174 451*	*373 834*	*115 298*	*15 149*	*1 452*	*142*	*101*	277
Male – Masculin	*365 026*	–	*3 907*	*90 404*	*197 369*	*63 565*	*8 690*	*811*	*80*	*56*	144
Female – Féminin	*323 303*	–	*3 718*	*84 047*	*176 465*	*51 733*	*6 459*	*641*	*62*	*45*	133
Kuwait – Koweït											
1992											
Total	34 276	–	1 389	7 838	9 407	6 924	4 551	1 297	*—	288 —*	2 582
1991											
Male – Masculin	10 596	–	429	2 538	2 893	2 096	1 241	336	*—	65 —*	998
Female – Féminin	10 013	–	402	2 354	2 809	2 010	1 110	334	*—	69 —*	925
Kyrgyzstan – Kirghizistan											
1992 [3 13]											
Total	128 352	*— 11	953 —*	49 355	35 380	21 605	7 763	1 692	169	51	384
Macau – Macao											
1992 [19]											
Total	*6 676*	–	*101*	*1 179*	*2 653*	*1 967*	*719*	*54*	*3*	–	–
Male – Masculin	*3 437*	–	*52*	*596*	*1 383*	*1 028*	*349*	*28*	*1*	–	–
Female – Féminin	*3 239*	–	*49*	*583*	*1 270*	*939*	*370*	*26*	*2*	–	–
Malaysia – Malaisie											
Peninsular Malaysia – Malaisie Péninsulaire											
1991 [2 3]											
Total	401 796	125	14 012	85 296	134 373	99 785	51 178	14 998	1 074	71	884
Male – Masculin	207 624	66	7 204	44 072	69 500	51 752	26 269	7 707	553	42	459
Female – Féminin	194 172	59	6 808	41 224	64 873	48 033	24 909	7 291	521	29	425
Sarawak											
1986 [3]											
Total	*41 702*	*105*	*4 563*	*12 059*	*12 256*	*7 716*	*3 231*	*933*	*138*	*33*	668
Male – Masculin	*22 161*	*54*	*2 445*	*6 502*	*6 445*	*4 060*	*1 714*	*488*	*74*	*17*	362
Female – Féminin	*19 541*	*51*	*2 118*	*5 557*	*5 811*	*3 656*	*1 517*	*445*	*64*	*16*	306
Mongolia – Mongolie											
1989 [3]											
Total	*73 200*	–	*4 000*	*24 600*	*24 500*	*12 800*	*5 100*	*1 600*	*500*	*100*	–
Pakistan											
1988 [3 20]											
Total	3 194 926	–	240 926	839 997	903 709	589 933	389 442	169 949	60 970	–	–
Male – Masculin	1 666 581	–	125 341	429 222	483 391	300 849	202 163	91 571	34 044	–	–
Female – Féminin	1 528 345	–	115 585	410 775	420 318	289 084	187 279	78 378	26 926	–	–

10. Live births by age of mother, sex and urban/rural residence: latest available year (continued)

Naissances vivantes selon l'âge de la mère, le sexe et la résidence, urbaine/rurale: dernière année disponible (suite)

(See notes at end of table. – Voir notes à la fin du tableau.)

Continent, country or area, year, sex and urban/rural residence Continent, pays ou zone, année, sexe et résidence, urbaine/rurale	Age of mother (in years) – Age de la mère (en années)										
	All ages Tous âges	–15	15–19	20–24	25–29	30–34	35–39	40–44	45–49	50+	Unknown Inconnu
ASIA—ASIE (Cont.–Suite)											
Philippines											
1990											
Total	1 631 069	287	111 900	471 039	473 534	318 000	174 890	59 539	8 694	1 180	12 006
Male – Masculin	848 275	164	58 126	245 441	246 581	165 738	90 416	30 504	4 399	637	6 269
Female – Féminin	782 794	123	53 774	225 598	226 953	152 262	84 474	29 035	4 295	543	5 737
Qatar											
1992											
Total	10 459	12	559	2 466	3 187	2 540	1 261	324	67	18	25
Male – Masculin	5 409	7	297	1 269	1 663	1 303	644	183	28	5	10
Female – Féminin	5 050	5	262	1 197	1 524	1 237	617	141	39	13	15
Singapore – Singapour											
1993* [21]											
Total [8]	50 226	9	841	6 076	18 748	17 160	6 500	871	18	–	3
Male – Masculin	25 960	4	439	3 171	9 633	8 834	3 426	447	6	–	–
Female – Féminin	24 263	5	402	2 904	9 114	8 326	3 073	424	12	–	3
Sri Lanka											
1988+ [3]											
Total	344 179	87	25 730	102 001	106 719	67 335	33 564	7 916	801	23	3
Male – Masculin	176 467	47	13 114	52 553	54 745	34 533	17 066	3 983	409	17	–
Female – Féminin	167 712	40	12 616	49 448	51 974	32 802	16 498	3 933	392	6	3
Tajikistan – Tadjikistan											
1989 [3 13]											
Total	200 430	*— 10	214 —*	71 537	63 096	35 179	15 415	4 047	610	332	–
Thailand – Thaïlande											
1991+ [3]											
Total	960 556	1 845	127 124	323 251	266 190	146 269	57 819	18 791	4 629	3 249	11 389
Male – Masculin	493 753	931	65 272	166 327	137 689	75 268	29 507	9 533	2 128	1 301	5 797
Female – Féminin	466 803	914	61 852	156 924	128 501	71 001	28 312	9 258	2 501	1 948	5 592
Turkey – Turquie											
1989 [3 22]											
Total	1 502 895	–	151 241	549 479	443 835	203 329	109 794	37 147	*— 8	070 —*	–
Male – Masculin	775 095	–	73 605	293 155	226 893	107 264	54 053	17 240	*— 2	885 —*	–
Female – Féminin	727 800	–	77 636	256 324	216 942	96 065	55 741	19 907	*— 5	185 —*	–
Turkmenistan – Turkménistan											
1989 [3 13]											
Total	124 992	*— 3	987 —*	37 574	46 413	24 976	9 480	2 188	222	152	–
Uzbekistan – Ouzbékistan											
1989 [3 13]											
Total	668 807	*— 42	133 —*	263 353	213 233	105 397	36 320	7 120	824	427	–
EUROPE											
Albania – Albanie											
1991 [3]											
Total	77 361	*— 2	264 —*	24 075	27 670	16 655	5 110	1 168	111	45	263
1989 [3]											
Male – Masculin	40 791	–	1 250	12 403	15 452	8 288	2 591	637	70	11	89
Female – Féminin	38 071	–	1 154	11 411	14 540	7 769	2 436	600	57	17	87
Austria – Autriche											
1992											
Total	95 302	20	5 468	27 001	36 235	19 437	6 155	952	33	1	–
Male – Masculin	49 096	9	2 823	14 090	18 697	9 845	3 134	484	14	–	–
Female – Féminin	46 206	11	2 645	12 911	17 538	9 592	3 021	468	19	1	–
Belarus – Bélarus											
1991 [3 13]											
Total	132 045	*— 16	242 —*	57 384	34 559	17 222	5 525	1 068	35	–	10

10. Live births by age of mother, sex and urban/rural residence: latest available year (continued)

Naissances vivantes selon l'âge de la mère, le sexe et la résidence, urbaine/rurale: dernière année disponible (suite)

(See notes at end of table. – Voir notes à la fin du tableau.)

Continent, country or area, year, sex and urban/rural residence — Continent, pays ou zone, année, sexe et résidence, urbaine/rurale	Age of mother (in years) – Age de la mère (en années)										
	All ages Tous âges	–15	15–19	20–24	25–29	30–34	35–39	40–44	45–49	50+	Unknown Inconnu
EUROPE (Cont.–Suite)											
Belgium – Belgique											
1987											
Total	117 334	17	3 915	32 159	51 275	22 977	5 983	914	61	13	20
Male – Masculin	60 379	8	2 033	16 385	26 482	11 858	3 091	472	35	4	11
Female – Féminin	56 955	9	1 882	15 774	24 793	11 119	2 892	442	26	9	9
Bulgaria – Bulgarie											
1990 [3]											
Total	105 180	503	22 015	46 872	23 179	8 954	3 027	603	20	1	6
Male – Masculin	54 028	254	11 263	24 054	11 915	4 644	1 568	319	8	–	3
Female – Féminin	51 152	249	10 752	22 818	11 264	4 310	1 459	284	12	1	3
Channel Islands – Iles Anglo–Normandes											
Guernsey – Guernesey											
1993											
Total	681	*—	29 —*	119	245	223	57 *—	—	8 —	—*	–
Male – Masculin	347	*—	12 —*	59	129	114	31 *—	—	2 —	—*	–
Female – Féminin	334	*—	17 —*	60	116	109	26 *—	—	6 —	—*	–
Jersey											
1992+											
Total	1 137	–	37	173	401	364	135 *—	—	27 —	—*	–
Male – Masculin	598	–	16	91	217	179	78 *—	—	17 —	—*	–
Female – Féminin	539	–	21	82	184	185	57 *—	—	10 —	—*	–
Former Czechoslovakia – Ancienne Tchécoslovaquie											
1990 [3]											
Total	210 553	60	27 983	92 865	57 971	22 659	7 798	1 185	32	–	–
Male – Masculin	108 100	31	14 393	47 817	29 749	11 484	4 031	581	14	–	–
Female – Féminin	102 453	29	13 590	45 048	28 222	11 175	3 767	604	18	–	–
Denmark – Danemark [23]											
1991											
Total	64 358	2	1 615	13 130	27 059	16 349	5 398	779	23	3	–
Male – Masculin	33 005	2	854	6 740	13 895	8 343	2 783	376	11	1	–
Female – Féminin	31 353	–	761	6 390	13 164	8 006	2 615	403	12	2	–
Estonia – Estonie											
1990 [3 13]											
Total	22 308	12	2 656	8 391	6 097	3 436	1 415	284	12	1	4
Faeroe Islands – Iles Féroé											
1991											
Total	865	–	49	253	270	203	78	12	–	–	–
1989											
Male – Masculin	496	–	32	136	165	111	48	4	–	–	–
Female – Féminin	437	–	36	115	118	117	43	8	–	–	–
Finland – Finlande											
1990 [3 24]											
Total	65 549	3	1 827	12 235	24 611	17 738	7 385	1 694	56	–	–
Male – Masculin	33 539	–	957	6 298	12 558	9 075	3 779	849	23	–	–
Female – Féminin	32 010	3	870	5 937	12 053	8 663	3 606	845	33	–	–
France											
1991 [3 5 25]											
Total	759 056	50	18 450	151 544	296 889	197 165	78 307	15 848	762	41	–
Male – Masculin	389 239	29	9 399	77 791	152 553	100 978	40 045	8 037	382	25	–
Female – Féminin	369 817	21	9 051	73 753	144 336	96 187	38 262	7 811	380	16	–
Germany – Allemagne											
1991											
Total	830 019	75	27 851	182 623	324 975	214 463	68 057	11 347	472	43	113
Male – Masculin	426 098	36	14 259	93 853	166 952	110 076	34 790	5 816	237	22	57
Female – Féminin	403 921	39	13 592	88 770	158 023	104 387	33 267	5 531	235	21	56

10. Live births by age of mother, sex and urban/rural residence: latest available year (continued)

Naissances vivantes selon l'âge de la mère, le sexe et la résidence, urbaine/rurale: dernière année disponible (suite)

(See notes at end of table. – Voir notes à la fin du tableau.)

Continent, country or area, year, sex and urban/rural residence Continent, pays ou zone, année, sexe et résidence, urbaine/rurale	All ages Tous âges	Age of mother (in years) – Age de la mère (en années) –15	15–19	20–24	25–29	30–34	35–39	40–44	45–49	50+	Unknown Inconnu
EUROPE (Cont.–Suite)											
Greece – Grèce											
1992 [3]											
Total	104 081	72	6 416	30 213	36 832	21 331	7 699	1 380	109	29	–
Male – Masculin	54 067	38	3 255	15 681	19 202	11 108	3 987	729	54	13	–
Female – Féminin	50 014	34	3 161	14 532	17 630	10 223	3 712	651	55	16	–
Hungary – Hongrie											
1992 [3]											
Total	121 724	207	14 916	47 714	34 552	15 933	7 124	1 237	40	1	–
1991 [3]											
Male – Masculin	65 107	111	7 798	25 900	18 117	8 854	3 704	604	*—	19 —*	–
Female – Féminin	62 100	101	7 598	24 485	17 122	8 556	3 589	632	*—	17 —*	–
Iceland – Islande											
1992											
Total	4 609	2	280	1 047	1 545	1 133	514	86	2	–	–
Male – Masculin	2 379	1	144	532	810	588	262	41	1	–	–
Female – Féminin	2 230	1	136	515	735	545	252	45	1	–	–
Ireland – Irlande											
1992+ [3 26]											
Total	51 557	6	2 714	7 958	15 661	15 545	7 430	1 647	78	3	515
Male – Masculin	26 567	2	1 414	4 073	8 042	8 098	3 806	825	42	1	264
Female – Féminin	24 990	4	1 300	3 885	7 619	7 447	3 624	822	36	2	251
Italy – Italie											
1989											
Total	560 688	18	19 835	129 338	211 033	136 080	51 844	9 856	527	2	2 155
Male – Masculin	288 739	11	10 239	66 683	108 582	69 920	26 862	5 082	272	2	1 086
Female – Féminin	271 949	7	9 596	62 655	102 451	66 160	24 982	4 774	255	–	1 069
Latvia – Lettonie											
1992 [3 13]											
Total	31 569	–	4 059	12 725	7 890	4 684	1 806	383	22	–	–
Liechtenstein											
1987											
Total	*365*	–	*6*	*59*	*142*	*106*	*47*	*4*	*1*	–	–
Lithuania – Lituanie											
1992 [3 13]											
Total	53 617	121	6 157	21 678	14 458	7 919	2 689	553	30	–	12
Luxembourg											
1989											
Total	4 665	1	121	1 005	1 899	1 225	361	38	1	–	14
Male – Masculin	2 375	1	62	527	951	615	197	16	1	–	5
Female – Féminin	2 290	–	59	478	948	610	164	22	–	–	9
Malta – Malte											
1992 [27]											
Total	5 474	*—	164 —*	1 040	1 947	1 612	568	143	–	–	–
Netherlands – Pays-Bas											
1992 [3 28]											
Total	196 734	*—	3 682 —*	26 717	74 731	68 569	20 317	2 531	*—	187 —*	–
Male – Masculin	100 862	*—	1 858 —*	13 652	38 361	35 160	10 448	1 293	*—	90 —*	–
Female – Féminin	95 872	*—	1 824 —*	13 065	36 370	33 409	9 869	1 238	*—	97 —*	–
Norway – Norvège											
1992 [5]											
Total	60 109	5	2 299	14 097	22 305	15 200	5 392	782	27	1	1
Male – Masculin	31 154	3	1 245	7 335	11 574	7 833	2 724	427	11	1	1
Female – Féminin	28 955	2	1 054	6 762	10 731	7 367	2 668	355	16	–	–
Poland – Pologne											
1991 [3]											
Total	545 954	88	46 292	200 007	155 808	93 400	41 118	8 925	306	10	–
Male – Masculin	280 723	53	23 864	103 026	80 007	47 750	21 301	4 548	169	5	–
Female – Féminin	265 231	35	22 428	96 981	75 801	45 650	19 817	4 377	137	5	–

10. Live births by age of mother, sex and urban/rural residence: latest available year (continued)

Naissances vivantes selon l'âge de la mère, le sexe et la résidence, urbaine/rurale: dernière année disponible (suite)

(See notes at end of table. – Voir notes à la fin du tableau.)

Continent, country or area, year, sex and urban/rural residence — Continent, pays ou zone, année, sexe et résidence, urbaine/rurale	Age of mother (in years) – Age de la mère (en années)										
	All ages Tous âges	–15	15–19	20–24	25–29	30–34	35–39	40–44	45–49	50+	Unknown Inconnu
EUROPE (Cont.–Suite)											
Portugal											
1991											
Total	116 415	107	9 748	32 558	40 510	23 184	8 252	1 895	136	12	13
Male – Masculin	59 920	63	5 036	16 809	20 822	11 881	4 267	959	73	6	4
Female – Féminin	56 495	44	4 712	15 749	19 688	11 303	3 985	936	63	6	9
Republic of Moldova – République de Moldova											
1991 [3] [13]											
Total	72 020	125	10 718	28 620	17 661	10 278	3 703	814	22	–	79
Romania – Roumanie											
1992 [3]											
Total	260 393	589	44 616	129 360	48 598	23 211	11 018	2 856	145	–	–
Male – Masculin	133 786	287	23 070	66 102	25 046	12 099	5 668	1 446	68	–	–
Female – Féminin	126 607	302	21 546	63 258	23 552	11 112	5 350	1 410	77	–	–
Russian Federation – Fédération Russe											
1992 [3] [13]											
Total	1 587 644	–	261 206	622 175	373 850	224 170	86 576	17 733	593	31	1 310
San Marino – Saint-Marin											
1992+ [3]											
Total	237	–	3	21	102	80	27	4	–	–	–
Male – Masculin	124	–	1	13	53	38	17	2	–	–	–
Female – Féminin	113	–	2	8	49	42	10	2	–	–	–
Slovakia – Slovaquie											
1991 [3]											
Total	78 569	35	10 967	33 268	21 464	9 060	3 197	560	18	–	–
Male – Masculin	40 241	16	5 575	17 114	11 006	4 653	1 586	282	9	–	–
Female – Féminin	38 328	19	5 392	16 154	10 458	4 407	1 611	278	9	–	–
Slovenia – Slovénie											
1992 [3]											
Total	19 982	5	1 400	7 300	7 064	3 020	978	205	9	–	1
Male – Masculin	10 333	2	761	3 735	3 681	1 562	476	112	4	–	–
Female – Féminin	9 649	3	639	3 565	3 383	1 458	502	93	5	–	1
Spain – Espagne											
1991											
Total	395 989	154	17 721	72 975	152 272	110 585	34 864	6 972	415	31	–
Male – Masculin	204 878	81	9 134	37 690	78 779	57 236	18 178	3 559	205	16	–
Female – Féminin	191 111	73	8 587	35 285	73 493	53 349	16 686	3 413	210	15	–
Sweden – Suède											
1992											
Total	122 848	12	3 136	25 899	47 138	31 655	12 651	2 261	95	–	1
Male – Masculin	63 193	5	1 614	13 292	24 153	16 407	6 520	1 155	47	–	–
Female – Féminin	59 655	7	1 522	12 607	22 985	15 248	6 131	1 106	48	–	1
Switzerland – Suisse											
1992 [3]											
Total	86 910	3	1 429	14 064	35 560	26 642	8 005	1 164	42	1	–
Male – Masculin	44 418	–	725	7 133	18 203	13 654	4 084	604	15	–	–
Female – Féminin	42 492	3	704	6 931	17 357	12 988	3 921	560	27	1	–
The former Yugoslav Rep. of Macedonia – L'ex Rép. yougoslavie de Macédonie											
1992											
Total	33 238	16	3 431	12 766	10 731	4 376	1 351	233	10	3	321
Male – Masculin	17 234	12	1 728	6 613	5 562	2 290	715	122	8	1	183
Female – Féminin	16 004	4	1 703	6 153	5 169	2 086	636	111	2	2	138
Ukraine											
1991 [3] [13]											
Total	630 813	*— 109 174 —*		261 729	150 442	77 078	26 492	5 507	177	7	207

10. Live births by age of mother, sex and urban/rural residence: latest available year (continued)

Naissances vivantes selon l'âge de la mère, le sexe et la résidence, urbaine/rurale: dernière année disponible

(See notes at end of table. – Voir notes à la fin du tableau.)

Continent, country or area, year, sex and urban/rural residence Continent, pays ou zone, année, sexe et résidence, urbaine/rurale	Age of mother (in years) – Age de la mère (en années)										
	All ages Tous âges	–15	15–19	20–24	25–29	30–34	35–39	40–44	45–49	50+	Unknown Inconnu
EUROPE (Cont.–Suite)											
United Kingdom – Royaume–Uni											
1992											
Total	781 017	332	54 604	184 399	277 397	189 118	63 805	10 809	501	52	–
Male – Masculin	400 337	163	28 065	94 323	142 403	96 870	32 721	5 520	247	25	–
Female – Féminin	380 680	169	26 539	90 076	134 994	92 248	31 084	5 289	254	27	–
Former Yugoslavia – Ancienne Yougoslavie											
1990 [3]											
Total	335 152	187	32 686	123 367	105 848	49 848	17 725	3 484	314	96	1 597
Male – Masculin	173 669	107	17 135	63 639	54 965	25 776	9 267	1 750	180	46	804
Female – Féminin	161 483	80	15 551	59 728	50 883	24 072	8 458	1 734	134	50	793
Yugoslavia – Yougoslavie											
1991											
Total	152 250	46	15 242	53 147	46 929	24 583	9 236	2 035	155	69	808
OCEANIA—OCEANIE											
American Samoa – Samoa américaines											
1988											
Total	1 625	3	114	495	552	306	134	*———	21	———*	–
Australia – Australie											
1992+ [29]											
Total	264 151	402	13 752	52 834	91 177	75 760	25 947	3 943	*—	176 —*	160
Male – Masculin	135 601	212	7 070	27 036	46 775	38 872	13 434	2 027	*—	101 —*	74
Female – Féminin	128 550	190	6 682	25 798	44 402	36 888	12 513	1 916	*—	75 —*	86
Cocos (Keeling) Islands – Iles des Cocos (Keeling)											
1986											
Total	10	–	–	2	6	2	–	–	–	–	–
Male – Masculin	3	–	–	1	2	–	–	–	–	–	–
Female – Féminin	7	–	–	1	4	2	–	–	–	–	–
Cook Islands – Iles Cook											
1988+											
Total	430	1	86	150	101	50	29	*———	9	———*	4
Male – Masculin	232	–	41	80	58	29	19	*———	4	———*	1
Female – Féminin	198	1	45	70	43	21	10	*———	5	———*	3
Fiji – Fidji											
1987+											
Total	19 445	2	2 174	7 642	5 607	2 566	1 101	254	18	–	81
Male – Masculin	10 158	1	1 118	4 003	2 908	1 357	591	130	10	–	40
Female – Féminin	9 287	1	1 056	3 639	2 699	1 209	510	124	8	–	41
Guam											
1986 [3,30]											
Total	3 309	3	459	1 144	920	531	208	42	2	–	–
Male – Masculin	1 727	3	241	602	486	265	108	20	2	–	–
Female – Féminin	1 582	–	218	542	434	266	100	22	–	–	–
Marshall Islands – Iles Marshall											
1989 [31]											
Total	*1 429*	*2*	*212*	*514*	*338*	*203*	*106*	*22*	*—	*2* —*	30
New Caledonia – Nouvelle–Calédonie											
1987											
Total	*3 881*	*8*	*361*	*1 147*	*1 153*	*680*	*303*	*97*	*9*	*5*	118
New Zealand – Nouvelle–Zélande											
1992+ [3,29]											
Total	59 266	142	4 484	13 360	19 373	15 914	5 192	769	*—	32 —*	–
Male – Masculin	30 775	81	2 331	6 906	10 052	8 278	2 700	411	*—	16 —*	–
Female – Féminin	28 491	61	2 153	6 454	9 321	7 636	2 492	358	*—	16 —*	–

10. Live births by age of mother, sex and urban/rural residence: latest available year (continued)

Naissances vivantes selon l'âge de la mère, le sexe et la résidence, urbaine/rurale: dernière année disponible (suite)

(See notes at end of table. – Voir notes à la fin du tableau.)

Continent, country or area, year, sex and urban/rural residence / Continent, pays ou zone, année, sexe et résidence, urbaine/rurale	Age of mother (in years) – Age de la mère (en années)										
	All ages / Tous âges	-15	15–19	20–24	25–29	30–34	35–39	40–44	45–49	50+	Unknown / Inconnu
OCEANIA—OCEANIE(Cont.–Suite)											
Norfolk Island – Ile Norfolk											
1988											
Total	29	–	1	5	11	11	1	–	–	–	–
Male – Masculin	19	–	1	4	8	6	–	–	–	–	–
Female – Féminin	10	–	–	1	3	5	1	–	–	–	–
Northern Mariana Islands – Iles Mariannes du Nord											
1989 [31]											
Total	*989*	*2*	*132*	*283*	*288*	*209*	*68*	*7*	–	–	–
Male – Masculin	*530*	–	*70*	*148*	*153*	*117*	*38*	*4*	–	–	–
Female – Féminin	*459*	*2*	*62*	*135*	*135*	*92*	*30*	*3*	–	–	–
Tonga											
1990											
Total	*2 548*	–	*131*	*594*	*844*	*422*	*445*	*99*	*10*	*3*	–

10. Live births by age of mother, sex and urban/rural residence: latest available year (continued)

Naissances vivantes selon l'âge de la mère, le sexe et la résidence, urbaine/rurale: dernière année disponible (suite)

Data by urban/rural residence

Données selon la résidence urbaine/rurale

(See notes at end of table. – Voir notes à la fin du tableau.)

Continent, country or area, year, sex and urban/rural residence Continent, pays ou zone, année, sexe et résidence, urbaine/rurale	Age of mother (in years) – Age de la mère (en années) All ages Tous âges	–15	15–19	20–24	25–29	30–34	35–39	40–44	45–49	50+	Unknown Inconnu
AFRICA—AFRIQUE											
Egypt – Egypte											
1989											
Urban – Urbaine	679 231	*— 13	722 —*	144 800	221 167	149 001	77 580	19 918	*— 4	894 —*	48 149
Male – Masculin	348 461	*— 7	059 —*	74 454	113 705	76 189	39 732	10 059	*— 2	538 —*	24 725
Female – Féminin	330 770	*— 6	663 —*	70 346	107 462	72 812	37 848	9 859	*— 2	356 —*	23 424
Rural – Rurale	1 043 703	*— 25	635 —*	219 198	310 122	211 556	136 739	44 486	*— 14	703 —*	81 264
Male – Masculin	540 157	*— 13	295 —*	113 363	160 285	109 762	70 707	23 159	*— 7	515 —*	42 071
Female – Féminin	503 546	*— 12	340 —*	105 835	149 837	101 794	66 032	21 327	*— 7	188 —*	39 193
Mali											
1987 [4]											
Urban – Urbaine	72 297	237	10 440	18 126	18 248	12 169	7 438	2 856	759	107	1 917
Male – Masculin	37 045	132	5 300	9 378	9 306	6 174	3 824	1 446	397	50	1 038
Female – Féminin	35 252	105	5 140	8 748	8 942	5 995	3 614	1 410	362	57	879
Rural – Rurale	302 820	1 119	46 570	73 229	73 661	49 811	33 267	13 356	4 283	737	6 787
Male – Masculin	155 248	585	23 593	37 672	37 592	25 750	17 016	6 813	2 221	377	3 629
Female – Féminin	147 572	534	22 977	35 557	36 069	24 061	16 251	6 543	2 062	360	3 158
Tunisia – Tunisie											
1989											
Urban – Urbaine	142 786	–	4 380	30 409	39 857	28 055	13 697	3 352	524	–	22 512
Male – Masculin	74 235	–	2 278	16 093	20 635	14 460	7 114	1 721	251	–	11 683
Female – Féminin	68 551	–	2 102	14 316	19 222	13 595	6 583	1 631	273	–	10 829
Rural – Rurale	56 673	–	1 885	13 217	15 877	13 016	7 915	2 362	612	–	1 789
Male – Masculin	29 266	–	957	6 856	8 263	6 707	4 008	1 205	316	–	954
Female – Féminin	27 407	–	928	6 361	7 614	6 309	3 907	1 157	296	–	835
AMERICA,NORTH— AMERIQUE DU NORD											
Cuba											
1990											
Urban – Urbaine	129 717	*— 24	573 —*	44 041	39 970	15 329	4 938	786	37	18	25
Rural – Rurale	56 941	*— 16	764 —*	20 633	12 924	4 752	1 520	308	22	12	6
1988											
Urban – Urbaine											
Male – Masculin	69 774	300	14 284	25 807	18 735	7 464	2 692	426	33	20	13
Female – Féminin	63 525	291	13 088	23 408	16 805	6 902	2 589	407	21	11	3
Rural – Rurale											
Male – Masculin	28 436	250	8 986	10 409	5 707	2 203	745	112	13	4	7
Female – Féminin	26 176	272	8 300	9 507	5 234	1 984	727	133	8	5	6
El Salvador											
1991											
Urban – Urbaine	*75 895*	*349*	*14 939*	*24 980*	*18 005*	*9 301*	*4 205*	*1 397*	*282*	*66*	2 371
Male – Masculin	*38 611*	*176*	*7 635*	*12 723*	*9 240*	*4 652*	*2 093*	*702*	*143*	*37*	1 210
Female – Féminin	*37 284*	*173*	*7 304*	*12 257*	*8 765*	*4 649*	*2 112*	*695*	*139*	*29*	1 161
Rural – Rurale	*75 315*	*375*	*15 378*	*21 893*	*15 274*	*9 280*	*5 868*	*2 431*	*582*	*123*	4 111
Male – Masculin	*37 793*	*198*	*7 735*	*10 960*	*7 613*	*4 697*	*2 967*	*1 237*	*284*	*55*	2 047
Female – Féminin	*37 522*	*177*	*7 643*	*10 933*	*7 661*	*4 583*	*2 901*	*1 194*	*298*	*68*	2 064
Guatemala											
1988											
Urban – Urbaine	126 988	343	18 883	39 404	31 366	19 924	11 099	3 873	673	1 423	–
Male – Masculin	65 274	196	9 239	20 405	16 155	10 111	5 679	1 991	346	1 152	–
Female – Féminin	61 714	147	9 644	18 999	15 211	9 813	5 420	1 882	327	271	–
Rural – Rurale	214 394	909	34 220	59 219	48 149	35 501	23 840	8 865	1 826	1 865	–
Male – Masculin	107 863	418	17 439	32 016	25 276	16 677	10 112	3 955	797	1 173	–
Female – Féminin	106 531	491	16 781	27 203	22 873	18 824	13 728	4 910	1 029	692	–

10. Live births by age of mother, sex and urban/rural residence: latest available year (continued)

Naissances vivantes selon l'âge de la mère, le sexe et la résidence, urbaine/rurale: dernière année disponible (suite)

Data by urban/rural residence

Données selon la résidence urbaine/rurale

(See notes at end of table. – Voir notes à la fin du tableau.)

Continent, country or area, year, sex and urban/rural residence — Continent, pays ou zone, année, sexe et résidence, urbaine/rurale	Age of mother (in years) – Age de la mère (en années)										
	All ages Tous âges	–15	15–19	20–24	25–29	30–34	35–39	40–44	45–49	50+	Unknown Inconnu
AMERICA,NORTH— (Cont.–Suite) AMERIQUE DU NORD											
Mexico – Mexique											
1992+ [32]											
Urban – Urbaine	1 812 646	5 651	287 743	589 039	477 685	280 105	122 801	35 006	5 930	2 127	6 559
Rural – Rurale	860 134	5 307	145 119	260 040	198 896	129 518	79 180	30 148	6 016	1 975	3 935
Panama											
1991											
Urban – Urbaine	26 503	107	4 169	8 222	7 504	4 384	1 503	237	19	2	356
Male – Masculin	13 648	58	2 159	4 148	3 929	2 273	772	118	9	1	181
Female – Féminin	12 855	49	2 010	4 074	3 575	2 111	731	119	10	1	175
Rural – Rurale	33 577	295	6 921	10 105	7 606	4 409	2 168	697	116	26	1 234
Male – Masculin	17 076	160	3 541	5 147	3 834	2 189	1 114	356	59	15	661
Female – Féminin	16 501	135	3 380	4 958	3 772	2 220	1 054	341	57	11	573
Puerto Rico – Porto Rico											
1992 [32]											
Urban – Urbaine	31 629	141	5 099	9 385	9 040	5 504	2 048	380	*—	20 —*	12
Male – Masculin	16 224	67	2 590	4 889	4 618	2 804	1 040	198	*—	9 —*	9
Female – Féminin	15 405	74	2 509	4 496	4 422	2 700	1 008	182	*—	11 —*	3
Rural – Rurale	32 812	234	6 899	11 110	8 495	4 191	1 541	316	*—	20 —*	6
Male – Masculin	16 904	115	3 513	5 690	4 444	2 186	786	156	*—	10 —*	4
Female – Féminin	15 908	119	3 386	5 420	4 051	2 005	755	160	*—	10 —*	2
AMERICA,SOUTH— AMERIQUE DU SUD											
Ecuador – Equateur											
1992 [12]											
Urban – Urbaine	121 721	313	17 786	37 903	31 625	20 017	9 756	3 110	439	95	677
Male – Masculin	62 134	160	9 170	19 290	16 136	10 199	4 989	1 584	210	53	343
Female – Féminin	59 587	153	8 616	18 613	15 489	9 818	4 767	1 526	229	42	334
Rural – Rurale	76 747	190	12 060	22 409	16 746	12 345	8 044	3 868	664	118	303
Male – Masculin	38 916	103	6 038	11 407	8 459	6 240	4 128	1 966	338	51	186
Female – Féminin	37 831	87	6 022	11 002	8 287	6 105	3 916	1 902	326	67	117
Falkland Islands (Malvinas)– Iles Falkland (Malvinas)											
1992+											
Urban – Urbaine	22	–	4	2	8	7	1	*———	–	———*	–
Male – Masculin	14	–	3	1	5	5	–	*———	–	———*	–
Female – Féminin	8	–	1	1	3	2	1	*———	–	———*	–
Rural – Rurale	5	–	–	3	2	–	–	*———	–	———*	–
Male – Masculin	2	–	–	–	2	–	–	*———	–	———*	–
Female – Féminin	3	–	–	3	–	–	–	*———	–	———*	–
ASIA—ASIE											
Armenia – Arménie											
1991 [13]											
Urban – Urbaine	48 439	–	6 237	18 677	12 955	7 676	2 451	412	17	6	8
Rural – Rurale	29 386	–	5 046	12 324	7 508	3 546	852	105	1	–	4
Azerbaijan – Azerbaïdjan											
1989 [13]											
Urban – Urbaine	85 930	*— 4	088 —*	32 404	31 727	13 496	3 660	526	25	4	–
Rural – Rurale	95 701	*— 5	084 —*	36 389	34 502	14 850	3 968	812	89	7	–

10. Live births by age of mother, sex and urban/rural residence: latest available year (continued)

Naissances vivantes selon l'âge de la mère, le sexe et la résidence, urbaine/rurale: dernière année disponible (suite)

Data by urban/rural residence

Données selon la résidence urbaine/rurale

(See notes at end of table. – Voir notes à la fin du tableau.)

Continent, country or area, year, sex and urban/rural residence — Continent, pays ou zone, année, sexe et résidence, urbaine/rurale	Age of mother (in years) – Age de la mère (en années)										
	All ages Tous âges	–15	15–19	20–24	25–29	30–34	35–39	40–44	45–49	50+	Unknown Inconnu
ASIA—ASIE (Cont.–Suite)											
Bangladesh											
1988											
Urban – Urbaine	*375 690*	*— 36	930 —*	*134 722*	*112 745*	*59 547*	*24 232*	*5 448*	*— 2	066 —*	–
Male – Masculin	*193 448*	*— 18	923 —*	*69 638*	*58 533*	*30 187*	*12 266*	*2 806*	*— 1	095 —*	–
Female – Féminin	*182 242*	*— 18	007 —*	*65 084*	*54 212*	*29 360*	*11 966*	*2 642*	*—	971 —*	–
Rural – Rurale	*3 100 821*	*— 358	336 —*	*1030480*	*909 629*	*437 660*	*259 011*	*78 507*	*— 27	198 —*	–
Male – Masculin	*1 603 665*	*— 187	661 —*	*531 641*	*470 603*	*223 651*	*134 642*	*41 009*	*— 14	458 —*	–
Female – Féminin	*1 497 156*	*— 170	675 —*	*498 839*	*439 026*	*214 009*	*124 369*	*37 498*	*— 12	740 —*	–
Brunei Darussalam – Brunéi Darussalam											
1992+											
Urban – Urbaine	7 001	10	422	1 686	2 218	1 669	797	172	14	5	8
Male – Masculin	3 568	6	207	855	1 127	859	408	92	8	2	4
Female – Féminin	3 433	4	215	831	1 091	810	389	80	6	3	4
Rural – Rurale	289	–	27	62	74	66	41	15	2	–	2
Male – Masculin	142	–	10	31	35	37	19	8	1	–	1
Female – Féminin	147	–	17	31	39	29	22	7	1	–	1
China – Chine											
1989											
Urban – Urbaine	*4 740 007*	*— 54	214 —*	*1709686*	*2229858*	*542 465*	*172 399*	*25 129*	*— 5	521 —*	735
Male – Masculin	*2 499 539*	*— 28	351 —*	*895 933*	*1174893*	*292 526*	*91 189*	*13 222*	*— 3	028 —*	397
Female – Féminin	*2 240 468*	*— 25	863 —*	*813 753*	*1054965*	*249 939*	*81 210*	*11 907*	*— 2	493 —*	338
Rural – Rurale	*19111869*	*— 461	792 —*	*8382890*	*6997871*	*2162755*	*856 218*	*202 309*	*— 44	215 —*	3 819
Male – Masculin	*10200655*	*— 237	763 —*	*4391964*	*3783918*	*1191576*	*463 159*	*107 229*	*— 23	058 —*	1 988
Female – Féminin	*8 911 214*	*— 224	029 —*	*3990926*	*3213953*	*971 179*	*393 059*	*95 080*	*— 21	157 —*	1 831
Cyprus – Chypre											
1992 [14 32]											
Urban – Urbaine	7 648	–	385	2 098	2 674	1 758	594	112	6	2	19
Male – Masculin	3 845	–	186	1 052	1 347	903	290	57	3	1	6
Female – Féminin	3 803	–	199	1 046	1 327	855	304	55	3	1	13
Rural – Rurale	3 944	–	305	1 249	1 277	787	271	47	1	–	7
Male – Masculin	2 063	–	158	646	694	419	125	18	–	–	3
Female – Féminin	1 881	–	147	604	583	367	146	29	1	–	4
Georgia – Géorgie											
1989 [13]											
Urban – Urbaine	49 244	*— 5	656 —*	17 677	14 837	7 696	2 807	536	34	1	–
Rural – Rurale	41 894	*— 6	104 —*	17 620	11 667	4 708	1 488	276	30	1	–
Israel – Israël [16]											
1992											
Urban – Urbaine	97 502	11	4 070	24 420	31 435	23 095	11 576	2 598	147	19	131
Male – Masculin	50 201	9	2 111	12 643	16 248	11 791	5 910	1 342	74	9	64
Female – Féminin	47 301	2	1 959	11 777	15 187	11 304	5 666	1 256	73	10	67
Rural – Rurale	12 560	6	553	2 719	3 704	3 246	1 790	423	47	13	59
Male – Masculin	6 402	3	278	1 410	1 892	1 615	931	207	28	5	33
Female – Féminin	6 158	3	275	1 309	1 812	1 631	859	216	19	8	26
Japan – Japon											
1992 [17]											
Urban – Urbaine	959 266	–	14 665	160 277	416 694	283 697	73 651	10 033	227	–	22
Male – Masculin	493 615	–	7 593	82 845	213 829	146 147	37 904	5 163	122	–	12
Female – Féminin	465 651	–	7 072	77 432	202 865	137 550	35 747	4 870	105	–	10
Rural – Rurale	249 374	–	3 729	43 849	107 436	73 314	18 526	2 444	72	2	2
Male – Masculin	128 346	–	1 934	22 484	55 297	37 862	9 491	1 232	44	1	1
Female – Féminin	121 028	–	1 795	21 365	52 139	35 452	9 035	1 212	28	1	1

10. Live births by age of mother, sex and urban/rural residence: latest available year (continued)

Naissances vivantes selon l'âge de la mère, le sexe et la résidence, urbaine/rurale: dernière année disponible (suite)

Data by urban/rural residence

Données selon la résidence urbaine/rurale

(See notes at end of table. – Voir notes à la fin du tableau.)

Continent, country or area, year, sex and urban/rural residence — Continent, pays ou zone, année, sexe et résidence, urbaine/rurale	Age of mother (in years) – Age de la mère (en années)										
	All ages Tous âges	–15	15–19	20–24	25–29	30–34	35–39	40–44	45–49	50+	Unknown Inconnu
ASIA—ASIE (Cont.–Suite)											
Kazakhstan											
1992 [13]											
Urban – Urbaine	162 391	*— 19 821 —*		61 815	42 981	26 181	9 443	1 785	81	14	270
Rural – Rurale	176 084	*— 17 981 —*		68 588	49 099	27 710	10 035	2 355	160	23	133
Kyrgyzstan – Kirghizistan											
1992 [13]											
Urban – Urbaine	35 599	*— 3 407 —*		14 038	9 650	5 848	2 060	367	35	7	187
Rural – Rurale	92 753	*— 8 546 —*		35 317	25 730	15 757	5 703	1 325	134	44	197
Malaysia – Malaisie											
Peninsular Malaysia – Malaisie Péninsulaire											
1991 [2]											
Urban – Urbaine	152 081	37	3 991	29 126	55 097	41 239	18 087	3 884	225	23	372
Male – Masculin	78 504	22	2 037	15 017	28 457	21 360	9 289	1 997	120	16	189
Female – Féminin	73 577	15	1 954	14 109	26 640	19 879	8 798	1 887	105	7	183
Rural – Rurale	249 715	88	10 021	56 170	79 276	58 546	33 091	11 114	849	48	512
Male – Masculin	129 120	44	5 167	29 055	41 043	30 392	16 980	5 710	433	26	270
Female – Féminin	120 595	44	4 854	27 115	38 233	28 154	16 111	5 404	416	22	242
Sarawak											
1986											
Urban – Urbaine	*6 653*	*7*	*490*	*1 872*	*2 279*	*1 364*	*466*	*97*	*6*	*2*	70
Male – Masculin	*3 549*	*2*	*262*	*1 021*	*1 187*	*729*	*250*	*60*	*4*	*1*	33
Female – Féminin	*3 104*	*5*	*228*	*851*	*1 092*	*635*	*216*	*37*	*2*	*1*	37
Rural – Rurale	*35 049*	*98*	*4 073*	*10 187*	*9 977*	*6 352*	*2 765*	*836*	*132*	*31*	598
Male – Masculin	*18 612*	*52*	*2 183*	*5 481*	*5 258*	*3 331*	*1 464*	*428*	*70*	*16*	329
Female – Féminin	*16 437*	*46*	*1 890*	*4 706*	*4 719*	*3 021*	*1 301*	*408*	*62*	*15*	269
Maldives											
1992											
Urban – Urbaine	1 357	1	173	457	370	214	105	15	5	–	17
Male – Masculin	740	–	93	258	200	116	54	9	1	–	9
Female – Féminin	617	1	80	199	170	98	51	6	4	–	8
Mongolia – Mongolie											
1989											
Urban – Urbaine	*36 300*	–	*1 800*	*12 600*	*12 500*	*6 400*	*2 200*	*600*	*200*	–	–
Rural – Rurale	*36 900*	–	*2 200*	*12 000*	*12 000*	*6 400*	*2 900*	*1 000*	*300*	*100*	–
Pakistan											
1988 [20]											
Urban – Urbaine	908 388	–	59 901	249 843	272 326	174 811	100 500	41 099	9 908	–	–
Male – Masculin	497 437	–	33 339	131 987	155 159	90 299	57 244	24 117	5 292	–	–
Female – Féminin	410 951	–	26 562	117 856	117 167	84 512	43 256	16 982	4 616	–	–
Rural – Rurale	2 286 538	–	181 025	590 154	631 383	415 122	288 942	128 850	51 062	–	–
Male – Masculin	1 169 144	–	92 002	297 235	328 232	210 550	144 919	67 454	28 752	–	–
Female – Féminin	1 117 394	–	89 023	292 919	303 151	204 572	144 023	61 396	22 310	–	–
Sri Lanka											
1988+											
Urban – Urbaine	182 416	45	12 800	48 916	56 812	39 044	19 679	4 667	439	11	3
Male – Masculin	93 636	21	6 538	25 313	29 134	20 075	10 012	2 308	226	9	–
Female – Féminin	88 780	24	6 262	23 603	27 678	18 969	9 667	2 359	213	2	3
Rural – Rurale	161 763	42	12 930	53 085	49 907	28 291	13 885	3 249	362	12	–
Male – Masculin	82 831	26	6 576	27 240	25 611	14 458	7 054	1 675	183	8	–
Female – Féminin	78 932	16	6 354	25 845	24 296	13 833	6 831	1 574	179	4	–
Tajikistan – Tadjikistan											
1989 [13]											
Urban – Urbaine	47 345	*— 3 044 —*		16 871	15 022	8 243	3 233	708	74	150	–
Rural – Rurale	153 085	*— 7 170 —*		54 666	48 074	26 936	12 182	3 339	536	182	–

10. Live births by age of mother, sex and urban/rural residence: latest available year (continued)

Naissances vivantes selon l'âge de la mère, le sexe et la résidence, urbaine/rurale: dernière année disponible (suite)

Data by urban/rural residence

Données selon la résidence urbaine/rurale

(See notes at end of table. – Voir notes à la fin du tableau.)

Continent, country or area, year, sex and urban/rural residence — Continent, pays ou zone, année, sexe et résidence, urbaine/rurale	Age of mother (in years) – Age de la mère (en années)										
	All ages Tous âges	–15	15–19	20–24	25–29	30–34	35–39	40–44	45–49	50+	Unknown Inconnu
ASIA—ASIE (Cont.–Suite)											
Thailand – Thaïlande											
1991+											
Urban – Urbaine	*276 739*	*359*	*32 741*	*90 378*	*81 766*	*45 585*	*15 942*	*3 661*	*502*	*147*	5 658
Male – Masculin	*143 689*	*184*	*16 841*	*46 814*	*42 707*	*23 755*	*8 208*	*1 911*	*252*	*59*	2 958
Female – Féminin	*133 050*	*175*	*15 900*	*43 564*	*39 059*	*21 830*	*7 734*	*1 750*	*250*	*88*	2 700
Rural – Rurale	*683 817*	*1 486*	*94 383*	*232 873*	*184 424*	*100 684*	*41 877*	*15 130*	*4 127*	*3 102*	5 731
Male – Masculin	*350 064*	*747*	*48 431*	*119 513*	*94 982*	*51 513*	*21 299*	*7 622*	*1 876*	*1 242*	2 839
Female – Féminin	*333 753*	*739*	*45 952*	*113 360*	*89 442*	*49 171*	*20 578*	*7 508*	*2 251*	*1 860*	2 892
Turkey – Turquie											
1989 [22]											
Urban – Urbaine	683 616	–	61 161	260 309	218 817	86 624	43 327	12 409	*— 969 —*		–
Male – Masculin	349 744	–	28 370	130 770	109 480	50 821	25 874	4 429	*— – —*		–
Female – Féminin	333 872	–	32 791	129 539	109 337	35 803	17 453	7 980	*— 969 —*		–
Rural – Rurale	819 279	–	90 080	289 170	225 018	116 705	66 467	24 738	*— 7 101 —*		–
Male – Masculin	425 351	–	45 235	162 385	117 413	56 443	28 179	12 811	*— 2 885 —*		–
Female – Féminin	393 928	–	44 845	126 785	107 605	60 262	38 288	11 927	*— 4 216 —*		–
Turkmenistan – Turkménistan											
1989 [13]											
Urban – Urbaine	52 006	*— 2 372 —*		16 691	18 426	9 911	3 704	757	42	103	–
Rural – Rurale	72 986	*— 1 615 —*		20 883	27 987	15 065	5 776	1 431	180	49	–
Uzbekistan – Ouzbékistan											
1989 [13]											
Urban – Urbaine	213 379	*— 16 242 —*		83 436	66 113	33 844	11 569	1 866	126	183	–
Rural – Rurale	455 428	*— 25 891 —*		179 917	147 120	71 553	24 751	5 254	698	244	–
EUROPE											
Albania – Albanie											
1991											
Urban – Urbaine	22 550	*— 728 —*		6 724	8 524	4 927	1 280	175	12	18	162
Rural – Rurale	54 811	*— 1 536 —*		17 351	19 146	11 728	3 830	993	99	27	101
1989											
Urban – Urbaine											
Male – Masculin	12 386	*— 373 —*		3 489	4 938	2 713	729	93	4	6	41
Female – Féminin	11 417	*— 367 —*		3 208	4 560	2 492	642	103	6	7	32
Rural – Rurale											
Male – Masculin	28 405	*— 877 —*		8 914	10 514	5 575	1 862	544	66	5	48
Female – Féminin	26 654	*— 787 —*		8 203	9 980	5 277	1 794	497	51	10	55
Belarus – Bélarus											
1991 [13]											
Urban – Urbaine	94 232	*— 10 711 —*		40 517	25 622	12 786	3 893	684	14	–	5
Rural – Rurale	37 813	*— 5 531 —*		16 867	8 937	4 436	1 632	384	21	–	5
Bulgaria – Bulgarie											
1990											
Urban – Urbaine	73 940	313	13 604	32 656	17 558	6 989	2 344	456	14	1	5
Male – Masculin	38 058	151	6 991	16 801	8 990	3 636	1 235	244	7	–	3
Female – Féminin	35 882	162	6 613	15 855	8 568	3 353	1 109	212	7	1	2
Rural – Rurale	31 240	190	8 411	14 216	5 621	1 965	683	147	6	–	1
Male – Masculin	15 970	103	4 272	7 253	2 925	1 008	333	75	1	–	–
Female – Féminin	15 270	87	4 139	6 963	2 696	957	350	72	5	–	1
Former Czechoslovakia – Ancienne Tchécoslovaquie											
1990											
Urban – Urbaine	136 876	42	16 538	58 167	40 095	15 812	5 383	821	18	–	–
Rural – Rurale	73 677	18	11 445	34 698	17 876	6 847	2 415	364	14	–	–
Estonia – Estonie											
1990 [13]											
Urban – Urbaine	15 003	4	1 701	5 623	4 137	2 363	978	187	6	1	3
Rural – Rurale	7 305	8	955	2 768	1 960	1 073	437	97	6	–	1

10. Live births by age of mother, sex and urban/rural residence: latest available year (continued)

Naissances vivantes selon l'âge de la mère, le sexe et la résidence, urbaine/rurale: dernière année disponible (suite)

Data by urban/rural residence

Données selon la résidence urbaine/rurale

(See notes at end of table. – Voir notes à la fin du tableau.)

Continent, country or area, year, sex and urban/rural residence — Continent, pays ou zone, année, sexe et résidence, urbaine/rurale	All ages Tous âges	Age of mother (in years) – Age de la mère (en années) -15	15–19	20–24	25–29	30–34	35–39	40–44	45–49	50+	Unknown Inconnu
EUROPE (Cont.–Suite)											
Finland – Finlande											
1990 [24]											
Urban – Urbaine	40 835	2	1 142	7 669	15 375	11 215	4 451	957	24	–	–
Male – Masculin	20 912	–	603	3 923	7 830	5 773	2 297	479	7	–	–
Female – Féminin	19 923	2	539	3 746	7 545	5 442	2 154	478	17	–	–
Rural – Rurale	24 714	1	685	4 566	9 236	6 523	2 934	737	32	–	–
Male – Masculin	12 627	–	354	2 375	4 728	3 302	1 482	370	16	–	–
Female – Féminin	12 087	1	331	2 191	4 508	3 221	1 452	367	16	–	–
France											
1991 [5 25 33]											
Urban – Urbaine	596 510	42	15 272	121 097	230 304	153 491	62 488	13 141	635	40	–
Male – Masculin	305 883	25	7 803	62 032	118 301	78 834	31 899	6 639	325	25	–
Female – Féminin	290 627	17	7 469	59 065	112 003	74 657	30 589	6 502	310	15	–
Rural – Rurale	160 893	7	3 158	30 221	66 002	43 146	15 572	2 661	125	1	–
Male – Masculin	82 494	3	1 588	15 644	33 961	21 854	8 014	1 373	57	–	–
Female – Féminin	78 399	4	1 570	14 577	32 041	21 292	7 558	1 288	68	1	–
Greece – Grèce											
1992											
Urban – Urbaine	69 061	39	2 969	17 585	25 582	15 964	5 834	988	79	21	–
Male – Masculin	35 911	22	1 515	9 155	13 366	8 287	2 986	529	41	10	–
Female – Féminin	33 150	17	1 454	8 430	12 216	7 677	2 848	459	38	11	–
Rural – Rurale	35 020	33	3 447	12 628	11 250	5 367	1 865	392	30	8	–
Male – Masculin	18 156	16	1 740	6 526	5 836	2 821	1 001	200	13	3	–
Female – Féminin	16 864	17	1 707	6 102	5 414	2 546	864	192	17	5	–
Hungary – Hongrie [32]											
1992											
Urban – Urbaine	73 224	92	7 409	27 441	22 400	10 374	4 718	765	25	–	–
Rural – Rurale	48 062	115	7 438	20 097	12 041	5 504	2 384	467	15	1	–
1991											
Urban – Urbaine											
Male – Masculin	38 931	55	3 854	14 964	11 571	5 670	2 427	379	*—	11 —*	–
Female – Féminin	36 921	38	3 710	14 022	10 852	5 510	2 395	384	*—	10 —*	–
Rural – Rurale											
Male – Masculin	25 971	56	3 926	10 846	6 496	3 145	1 270	224	*—	8 —*	–
Female – Féminin	24 947	62	3 858	10 384	6 204	3 005	1 181	246	*—	7 —*	–
Ireland – Irlande											
1992+ [26]											
Urban – Urbaine	23 887	4	1 664	4 261	7 413	6 816	2 962	577	23	1	166
Male – Masculin	12 393	1	872	2 253	3 802	3 524	1 540	300	16	–	85
Female – Féminin	11 494	3	792	2 008	3 611	3 292	1 422	277	7	1	81
Rural – Rurale	27 670	2	1 050	3 697	8 248	8 729	4 468	1 070	55	2	349
Male – Masculin	14 174	1	542	1 820	4 240	4 574	2 266	525	26	1	179
Female – Féminin	13 496	1	508	1 877	4 008	4 155	2 202	545	29	1	170
Latvia – Lettonie											
1992 [13]											
Urban – Urbaine	19 395	–	2 387	7 725	4 925	2 983	1 129	236	10	–	–
Rural – Rurale	12 174	–	1 672	5 000	2 965	1 701	677	147	12	–	–
Lithuania – Lituanie											
1992 [13]											
Urban – Urbaine	34 920	58	3 636	13 710	9 751	5 571	1 827	342	19	–	6
Rural – Rurale	18 697	63	2 521	7 968	4 707	2 348	862	211	11	–	6

10. Live births by age of mother, sex and urban/rural residence: latest available year (continued)

Naissances vivantes selon l'âge de la mère, le sexe et la résidence, urbaine/rurale: dernière année disponible (suite)

Data by urban/rural residence

Données selon la résidence urbaine/rurale

(See notes at end of table. – Voir notes à la fin du tableau.)

Continent, country or area, year, sex and urban/rural residence — Continent, pays ou zone, année, sexe et résidence, urbaine/rurale	Age of mother (in years) – Age de la mère (en années)										
	All ages Tous âges	–15	15–19	20–24	25–29	30–34	35–39	40–44	45–49	50+	Unknown Inconnu
EUROPE (Cont.–Suite)											
Netherlands – Pays-Bas [28 34]											
1986											
Urban – Urbaine	90 632	*—	2 956 —*	20 161	37 351	23 003	6 179	836	*—	146 —*	–
Male – Masculin	46 083	*—	1 483 —*	10 251	19 008	11 764	3 090	416	*—	71 —*	–
Female – Féminin	44 549	*—	1 473 —*	9 910	18 343	11 239	3 089	420	*—	75 —*	–
Rural – Rurale	23 596	*—	241 —*	4 185	11 060	6 394	1 491	214	*—	11 —*	–
Male – Masculin	12 048	*—	131 —*	2 151	5 611	3 258	766	126	*—	5 —*	–
Female – Féminin	11 548	*—	110 —*	2 034	5 449	3 136	725	88	*—	6 —*	–
Semi-urban – Semi-urbaine	70 275	*—	853 —*	11 902	32 420	19 820	4 699	550	*—	31 —*	–
Male – Masculin	35 719	*—	447 —*	6 039	16 536	10 055	2 356	273	*—	13 —*	–
Female – Féminin	34 556	*—	406 —*	5 863	15 884	9 765	2 343	277	*—	18 —*	–
Poland – Pologne											
1991											
Urban – Urbaine	288 351	62	24 194	99 333	83 257	52 815	23 648	4 900	135	7	–
Male – Masculin	148 293	35	12 470	51 087	42 826	26 946	12 350	2 506	71	2	–
Female – Féminin	140 058	27	11 724	48 246	40 431	25 869	11 298	2 394	64	5	–
Rural – Rurale	257 603	26	22 098	100 674	72 551	40 585	17 470	4 025	171	3	–
Male – Masculin	132 430	18	11 394	51 939	37 181	20 804	8 951	2 042	98	3	–
Female – Féminin	125 173	8	10 704	48 735	35 370	19 781	8 519	1 983	73	–	–
Republic of Moldova – République de Moldova											
1991 [13]											
Urban – Urbaine	31 603	49	4 204	12 947	8 071	4 440	1 539	312	7	–	34
Rural – Rurale	40 417	76	6 514	15 673	9 590	5 838	2 164	502	15	–	45
Romania – Roumanie											
1992											
Urban – Urbaine	124 016	218	15 208	60 202	27 871	13 625	5 725	1 131	36	–	–
Male – Masculin	63 689	105	7 795	30 736	14 398	7 148	2 953	537	17	–	–
Female – Féminin	60 327	113	7 413	29 466	13 473	6 477	2 772	594	19	–	–
Rural – Rurale	136 377	371	29 408	69 158	20 727	9 586	5 293	1 725	109	–	–
Male – Masculin	70 097	182	15 275	35 366	10 648	4 951	2 715	909	51	–	–
Female – Féminin	66 280	189	14 133	33 792	10 079	4 635	2 578	816	58	–	–
Russian Federation – Fédération Russe											
1992 [13]											
Urban – Urbaine	1 068 304	–	169 748	421 310	251 596	154 182	58 637	11 399	324	14	1 094
Rural – Rurale	519 340	–	91 458	200 865	122 254	69 988	27 939	6 334	269	17	216
San Marino – Saint-Marin											
1992+											
Urban – Urbaine	218	–	3	20	93	73	25	4	–	–	–
Male – Masculin	113	–	1	12	49	33	16	2	–	–	–
Female – Féminin	105	–	2	8	44	40	9	2	–	–	–
Rural – Rurale	19	–	–	1	9	7	2	–	–	–	–
Male – Masculin	11	–	–	1	4	5	1	–	–	–	–
Female – Féminin	8	–	–	–	5	2	1	–	–	–	–
Slovakia – Slovaquie											
1991											
Urban – Urbaine	44 072	12	5 300	17 557	13 296	5 656	1 926	311	14	–	–
Rural – Rurale	34 497	23	5 667	15 711	8 168	3 404	1 271	249	4	–	–

10. Live births by age of mother, sex and urban/rural residence: latest available year (continued)

Naissances vivantes selon l'âge de la mère, le sexe et la résidence, urbaine/rurale: dernière année disponible (suite)

Data by urban/rural residence

Données selon la résidence urbaine/rurale

(See notes at end of table. – Voir notes à la fin du tableau.)

Continent, country or area, year, sex and urban/rural residence Continent, pays ou zone, année, sexe et résidence, urbaine/rurale	Age of mother (in years) – Age de la mère (en années)										
	All ages Tous âges	–15	15–19	20–24	25–29	30–34	35–39	40–44	45–49	50+	Unknown Inconnu
EUROPE (Cont.–Suite)											
Slovenia – Slovénie											
1992											
Urban – Urbaine	9 268	2	439	2 861	3 569	1 741	535	116	4	–	1
Male – Masculin	4 833	–	229	1 494	1 874	910	261	63	2	–	–
Female – Féminin	4 435	2	210	1 367	1 695	831	274	53	2	–	1
Rural – Rurale	10 714	3	961	4 439	3 495	1 279	443	89	5	–	–
Male – Masculin	5 500	2	532	2 241	1 807	652	215	49	2	–	–
Female – Féminin	5 214	1	429	2 198	1 688	627	228	40	3	–	–
Switzerland – Suisse											
1992											
Urban – Urbaine	55 872	2	937	8 685	22 253	17 568	5 566	832	29	–	–
Male – Masculin	28 685	–	472	4 431	11 465	9 021	2 855	431	10	–	–
Female – Féminin	27 187	2	465	4 254	10 788	8 547	2 711	401	19	–	–
Rural – Rurale	31 038	1	492	5 379	13 307	9 074	2 439	332	13	1	–
Male – Masculin	15 733	–	253	2 702	6 738	4 633	1 229	173	5	–	–
Female – Féminin	15 305	1	239	2 677	6 569	4 441	1 210	159	8	1	–
Ukraine											
1991 [13]											
Urban – Urbaine	419 205	*— 67	865 —*	172 411	103 230	53 911	18 101	3 415	87	4	181
Rural – Rurale	211 608	*— 41	309 —*	89 318	47 212	23 167	8 391	2 092	90	3	26
Former Yugoslavia – Ancienne Yougoslavie											
1990											
Urban – Urbaine	172 680	100	12 987	58 277	58 620	29 678	10 237	1 766	125	40	850
Male – Masculin	89 122	54	6 750	30 060	30 280	15 288	5 348	853	66	19	404
Female – Féminin	83 558	46	6 237	28 217	28 340	14 390	4 889	913	59	21	446
Rural – Rurale	162 472	87	19 699	65 090	47 228	20 170	7 488	1 718	189	56	747
Male – Masculin	84 547	53	10 385	33 579	24 685	10 488	3 919	897	114	27	400
Female – Féminin	77 925	34	9 314	31 511	22 543	9 682	3 569	821	75	29	347
OCEANIA—OCEANIE											
Guam											
1986 [30 32]											
Urban – Urbaine	2 962	2	399	1 032	818	487	186	36	2	–	–
Male – Masculin	1 540	2	213	538	430	240	99	16	2	–	–
Female – Féminin	1 422	–	186	494	388	247	87	20	–	–	–
Rural – Rurale	309	–	60	101	86	38	19	5	–	–	–
Male – Masculin	164	–	28	58	45	22	8	3	–	–	–
Female – Féminin	145	–	32	43	41	16	11	2	–	–	–
New Zealand – Nouvelle–Zélande [29]											
1992+											
Urban – Urbaine	44 522	115	3 343	9 842	14 445	12 100	4 071	581	*—	25 —*	–
Male – Masculin	23 055	65	1 715	5 085	7 469	6 271	2 138	302	*—	10 —*	–
Female – Féminin	21 467	50	1 628	4 757	6 976	5 829	1 933	279	*—	15 —*	–
Rural – Rurale	14 744	27	1 141	3 518	4 928	3 814	1 121	188	*—	7 —*	–
Male – Masculin	7 720	16	616	1 821	2 583	2 007	562	109	*—	6 —*	–
Female – Féminin	7 024	11	525	1 697	2 345	1 807	559	79	*—	1 —*	–

10. Live births by age of mother, sex and urban/rural residence: latest available year (continued)

Naissances vivantes selon l'âge de la mère, le sexe et la résidence, urbaine/rurale: dernière année diponible (suite)

GENERAL NOTES

For definitions of "urban", see end of table 6. For method of evaluation and limitations of data, see Technical Notes, page 61.

Italics: data from civil registers which are incomplete or of unknown completeness.

FOOTNOTES

* Provisional.
+ Data tabulated by date of registration rather than occurrence.

1 For Algerian population only.
2 Excluding live–born infants dying before registration of birth.
3 For classification by urban/rural residence, see end of table.
4 Based on the results of the population census.
5 Age classification based on year of birth of mother rather than exact date of birth of child.
6 Prior to 1990, excluding Newfoundland.
7 Including Canadian residents temporarily in the United States, but excluding United States residents temporarily in Canada.
8 Including unknown sex.
9 Births to mothers of unknown age have been proportionately distributed among known ages.
10 Excluding Indian jungle population.
11 Excluding adjustment for under–registration.
12 Excluding nomadic Indian tribes.
13 Excluding infants born alive after less than 28 weeks' gestation, of less tha 1 000 grammes in weight and 35 centimetres in length, who die within seven days of birth.
14 For government controlled areas.
15 Excluding Vietnamese refugees.
16 Including data for East Jerusalem and Israeli residents in certain other territories under occupation by Israeli military forces since June 1967.
17 For Japanese nationals in Japan only.
18 Including late registrations.
19 Events registered by Health Service only.
20 Based on the results of the Population Growth Survey.
21 Excluding transients afloat and non–locally domiciled military and civilian service personnel and their dependants.
22 Based on the results of the Population Demographic Survey.
23 Excluding Faeroe Islands and Greenland.
24 Including nationals temporarily outside the country.
25 Including armed forces outside the country.
26 Births registered within one year of occurrence.
27 Maltese population only.
28 Including residents outside the country if listed in a Netherlands population register.
29 For under 16 and 16–19 years, as appropriate.
30 Including United States military personnel, their dependants and contract employees.
31 Excluding United States military personnel, their dependants and contract employees.
32 Excluding births of unknown residence.
33 Excluding births of nationals outside the country.
34 Excluding persons on the Central Register of Population (containing taining persons belonging in the Netherlands population but having no fixed municipality of residence).

NOTES GENERALES

Pour les définitions des "regions urbaines", se reporter à la fin du tableau 6. Pour la méthode d'évaluation et les insuffisances des données, voir Notes techniques, page 61.

Italiques: données incomplètes ou dont le degré d'exactitude n'est pas connu provenant des registres de l'état civil.

NOTES

* Données provisoires.
+ Données exploitées selon la date de l'enregistrement et non la date de l'événement.

1 Pour la population algérienne seulement.
2 Non compris les enfants nés vivants, décédés avant l'enregistrement de leur naissance.
3 Pour le classement selon la résidence, urbaine/rurale, voir la fin du tableau.
4 D'après les résultats du recensement de la population.
5 Le classement selon l'âge est basé sur l'année de naissance de la mère et non sur la date exacte de naissance de l'enfant.
6 Pour les années antérieures à 1990, non compris Terre–Neuve.
7 Y compris les résidents canadiens se trouvant temporairement aux Etats–Unis, mais non compris les résidents des Etats–Unis se trouvant temporairement au Canada.
8 Y compris le sexe inconnu.
9 Les naissances parmi les mères d'âge inconnu ont été réparties proportionellement entre les groupes d'âges indiqués.
10 Non compris les Indiens de la jungle.
11 Non compris d'un ajustement pour sous–enregistrement.
12 Non compris les tribus d'Indiens nomades.
13 Non compris les enfants nés vivants après moins de 28 semaines de gestation, pesant moins de 1 000 grammes, mesurant moins de 35 centimètres et décédés dans les sept jours qui ont suivi leur naissance.
14 Pour les zones controlées par le Gouvernement.
15 Non compris les réfugiés du Viet–Nam.
16 Y compris les données pour Jérusalem–Est et les résidents israéliens dans certains autres territoires occupés depuis juin 1967 par les forces armées israéliennes.
17 Pour les nationaux japonais au Japon seulement.
18 Y compris les enregistrement tardifs.
19 Evénements enregistrés par les Service de santé seulement.
20 D'après les résultats de la "Population Growth Survey".
21 Non compris les personnes de passage à bord de navires ni les militaires et agents civils domiciliés hors du territoire et les membres de leur famille les accompagnant.
22 D'après les résultats de la "Population Demographic Survey".
23 Non compris les îles Féroé et le Groenland.
24 Y compris les nationaux se trouvant temporairement hors du pays.
25 Y compris les militaires hors du pays.
26 Naissances enregistrées dans l'année qui suit l'événement.
27 Population Maltaise seulement.
28 Y compris les résidents hors du pays, s'ils sont inscrits sur un registre de population néerlandais.
29 Pour moins de 16 ans et 16–19 ans, selon le cas.
30 Y compris les militaires des Etats–Unis, les membres de leur famille les accompagnant et les agents contractuels des Etats–Unis.
31 Non compris les militaires des Etats–Unis, les membres de leur famille les accompagnant et les agents contractuels des Etats–Unis.
32 Non compris les naissances d'enfants dont on ignore la résidence.
33 Non compris les naissances de nationaux hors du pays.
34 Non compris les personnes inscrites sur le Registre central de la de la population (personnes appartenant à la population néerlandaise mais sans résidence fixe dans l'une des municipalités).

11. Live–birth rates specific for age of mother, by urban/rural residence: latest available year

Naissances vivantes, taux selon l'âge de la mère et la résidence, urbaine/rurale: dernière année disponible

(See notes at end of table. – Voir notes à la fin du tableau.)

Continent, country or area, year, and urban/rural residence — Continent, pays ou zone, année, et résidence, urbaine/rurale	Age of mother (in years) – Age de la mère (en années)							
	All ages Tous âges [1]	– 20 [2]	20–24	25–29	30–34	35–39	40–44	45+ [3]
AFRICA—AFRIQUE								
Cape Verde – Cap–Vert 1990	129.1	84.8	167.7	183.2	150.7	124.0	52.9	13.4
Egypt – Egypte 1988 [4]	164.0	20.5	193.6	316.6	268.8	190.6	73.1	26.5
Mali 1987 [4 5]	214.9	157.9	297.1	307.9	259.3	207.2	98.1	45.7
Mauritius – Maurice 1991	75.5	46.3	148.9	133.1	81.2	38.1	11.1	♦ 1.0
Island of Mauritius – Ile Maurice 1991	75.0	45.7	149.0	133.0	80.7	36.7	10.6	♦ 0.9
Rodrigues 1991	93.3	61.6	144.5	135.7	100.4	108.6	♦ 39.8	♦ 6.0
Réunion 1986 [6 7]	86.4	48.8	134.0	164.0	112.3	59.5	21.9	♦ 2.1
Seychelles 1990+	100.8	63.1	150.1	140.9	120.2	76.3	♦ 17.1	–
Tunisia – Tunisie 1989	105.3	17.4	130.8	195.4	175.8	113.3	41.4	9.2
AMERICA,NORTH— AMERIQUE DU NORD								
Bahamas 1992	65.6	51.8	101.8	100.5	81.2	43.2	10.5	♦ 1.8
Barbados – Barbade 1988+	54.0	43.8	86.5	88.5	64.7	28.3	*—— 2.6 ——*	
Belize 1991	*156.3*	*125.9*	*257.8*	*214.9*	*165.1*	*92.8*	*34.1*	*♦ 6.4*
Bermuda – Bermudes 1991	52.5	34.1	79.9	123.6	82.7	32.9	♦ 5.5	♦ 0.5
British Virgin Islands – Iles Vierges britanniques 1988+	68.8	♦ 47.7	108.2	150.1	91.6	*—— ♦ 15.9 ——*		♦ 28.3
Canada 1990 [8]	56.6	25.8	83.3	129.5	86.3	28.2	3.9	9.0
Cayman Islands – Iles Caïmanes 1989	55.8	69.0	88.7	93.0	61.5	25.6	♦ 10.7	–
Cuba 1990 [4]	62.1	77.5	113.9	97.4	56.1	17.5	3.3	0.3
El Salvador 1986	*133.2*	*107.3*	*227.9*	*198.3*	*135.5*	*100.3*	*41.6*	*13.1*
Greenland – Groenland 1991	81.3	83.8	148.4	117.4	80.1	37.9	♦ 6.3	♦ 0.7
Guadeloupe 1985 [6 7]	78.0	37.0	122.0	170.0	111.4	55.5	19.1	♦ 2.0
Guatemala 1985	188.1	125.5	273.5	271.0	225.6	183.0	81.5	43.0

11. Live–birth rates specific for age of mother, by urban/rural residence: latest available year (continued)

Naissances vivantes, taux selon l'âge de la mère et la résidence, urbaine/rurale: dernière année disponible (suite)

(See notes at end of table. – Voir notes à la fin du tableau.)

Continent, country or area, year, and urban/rural residence Continent, pays ou zone, année, et résidence, urbaine/rurale	Age of mother (in years) – Age de la mère (en années)							
	All ages Tous âges [1]	–20 [2]	20–24	25–29	30–34	35–39	40–44	45+ [3]
AMERICA,NORTH— (Cont.–Suite) AMERIQUE DU NORD								
Martinique 1990 [6 7]	64.5	31.6	92.3	122.9	96.2	47.0	12.8	♦ 1.1
Mexico – Mexique 1990+	*131.3*	*100.2*	*214.1*	*205.9*	*143.0*	*84.6*	*34.9*	*8.2*
Panama 1990 [4]	96.8	90.8	158.7	147.6	101.2	51.2	16.3	3.5
Puerto Rico – Porto Rico 1992	68.0	75.6	138.0	121.9	70.8	28.0	5.7	0.4
Saint Kitts and Nevis – Saint–Kitts–et–Nevis 1988+	92.9	88.8	154.1	160.7	106.3	40.5	♦ 7.9	♦ 1.1
Saint Lucia – Sainte–Lucie 1986	129.5	113.6	206.0	201.8	125.9	88.7	29.3	♦ 0.9
Trinidad and Tobago – Trinité–et–Tobago 1989	84.7	70.3	136.3	134.6	96.8	53.0	14.1	♦ 1.2
United States – Etats–Unis 1991	62.0	63.5	115.7	118.2	79.5	32.0	5.5	0.2
United States Virgin Islands – Iles Vierges américaines 1990	85.9	78.4	183.5	177.0	114.9	44.0	10.9	♦ 0.6
AMERICA,SOUTH— AMERIQUE DU SUD								
Argentina – Argentine 1990	88.4	71.7	150.8	161.1	114.9	62.6	20.1	2.8
Brazil – Brésil 1990 [9]	*62.6*	*53.2*	*112.4*	*98.0*	*63.5*	*33.8*	*13.1*	*2.6*
Chile – Chili 1991 [10]	79.8	64.6	130.1	133.5	97.5	52.4	14.7	1.3
Ecuador – Equateur 1992 [4 11]	*74.2*	*52.9*	*118.8*	*110.0*	*86.6*	*55.6*	*27.8*	*6.7*
Paraguay 1985	*45.4*	*23.6*	*64.6*	*67.2*	*52.8*	*49.0*	*23.5*	*7.5*
Peru – Pérou 1985+ [9]	*88.0*	*53.4*	*134.6*	*137.3*	*106.6*	*81.6*	*33.9*	*8.0*
Uruguay 1985+	75.8	57.3	129.7	136.7	100.3	55.7	17.6	1.6
Venezuela 1990 [9]	119.7	109.4	191.6	178.9	133.1	77.9	26.8	6.2
ASIA—ASIE								
Armenia – Arménie 1991 [4 12]	84.3	75.6	222.4	124.9	62.9	23.8	5.2	♦ 0.4
Azerbaijan – Azerbaïdjan 1989 [4 12]	101.0	27.9	192.8	178.6	98.0	38.1	11.1	0.9
Bahrain – Bahreïn 1991	*121.7*	*20.4*	*147.4*	*236.0*	*181.4*	*107.3*	*44.9*	*22.3*

11. Live-birth rates specific for age of mother, by urban/rural residence: latest available year (continued)

Naissances vivantes, taux selon l'âge de la mère et la résidence, urbaine/rurale: dernière année disponible (suite)

(See notes at end of table. – Voir notes à la fin du tableau.)

Continent, country or area, year, and urban/rural residence — Continent, pays ou zone, année, et résidence, urbaine/rurale	Age of mother (in years) – Age de la mère (en années)							
	All ages Tous âges [1]	– 20 [2]	20–24	25–29	30–34	35–39	40–44	45+ [3]
ASIA—ASIE (Cont.–Suite)								
Bangladesh 1988 [4]	*147.6*	*81.4*	*247.4*	*250.0*	*153.5*	*103.4*	*37.9*	*17.1*
Brunei Darussalam – Brunéi Darussalam 1992+ [4]	103.8	41.1	142.3	175.2	135.7	83.9	27.5	♦ 5.2
Cyprus – Chypre 1992	64.9	28.7	132.1	144.8	86.4	33.6	6.5	♦ 0.5
Georgia – Géorgie 1989 [4 12]	67.5	58.3	167.8	109.8	57.5	22.9	6.0	0.4
Hong Kong – Hong-kong 1992 [13]	43.3	6.3	40.6	91.7	78.9	29.3	4.4	0.3
Israel – Israël [14] 1992 [4]	86.5	19.7	130.6	192.6	148.2	75.3	18.0	1.8
Japan – Japon 1992 [4 15]	38.6	3.9	43.5	128.7	92.6	22.6	2.3	0.1
Kazakhstan 1991 [4 12]	85.3	54.4	218.5	137.2	77.4	33.8	8.9	1.0
Korea, Republic of– Corée, République de 1990	*52.8*	*3.8*	*81.7*	*166.4*	*48.8*	*8.9*	*1.3*	*0.3*
Kuwait – Koweït 1987	122.7	39.6	163.3	198.2	165.7	123.0	46.9	13.5
Kyrgyzstan – Kirghizistan 1992 [4 12]	122.4	54.9	274.4	195.5	122.5	56.4	16.2	4.6
Macau – Macao 1991 [16]	*61.7*	*9.2*	*60.2*	*129.7*	*89.9*	*33.6*	*4.9*	*♦ 0.7*
Malaysia – Malaisie Peninsular Malaysia – Malaisie Péninsulaire 1990 [6]	104.9	18.5	123.9	203.3	170.5	105.8	39.3	4.4
Sarawak 1986	*109.3*	*55.2*	*157.7*	*197.3*	*147.8*	*80.6*	*27.8*	*6.5*
Philippines 1990	*105.3*	*35.5*	*164.8*	*180.5*	*137.7*	*93.5*	*42.0*	*8.7*
Qatar 1986	153.2	62.0	264.1	287.0	152.3	102.1	30.5	10.2
Singapore – Singapour 1993* [17]	59.8	8.6	52.2	136.5	115.5	46.2	7.5	♦ 0.2
Sri Lanka 1988+	81.2	29.2	120.7	150.3	109.0	72.3	21.0	2.4
Tajikistan – Tadjikistan 1989 [4 12]	175.2	38.9	302.6	284.6	214.7	127.7	59.9	13.2
Thailand – Thaïlande 1991+	*61.9*	*42.9*	*110.1*	*101.1*	*64.6*	*30.6*	*12.9*	*6.8*
Turkmenistan – Turkménistan 1989 [4 12]	149.0	22.3	227.3	283.0	194.2	100.2	40.9	6.9
Uzbekistan – Ouzbékistan 1989 [4 12]	144.8	42.1	285.7	238.3	151.3	71.2	24.9	4.1

11. Live–birth rates specific for age of mother, by urban/rural residence: latest available year (continued)

Naissances vivantes, taux selon l'âge de la mère et la résidence, urbaine/rurale: dernière année disponible (suite)

(See notes at end of table. – Voir notes à la fin du tableau.)

Continent, country or area, year, and urban/rural residence Continent, pays ou zone, année, et résidence, urbaine/rurale	Age of mother (in years) – Age de la mère (en années)							
	All ages Tous âges [1]	–20 [2]	20–24	25–29	30–34	35–39	40–44	45+ [3]
EUROPE								
Austria – Autriche 1992	48.3	23.1	88.3	106.9	61.1	22.6	3.7	0.1
Belarus – Bélarus 1991 [4 12]	53.4	44.9	168.0	88.1	39.5	14.4	3.2	0.2
Bulgaria – Bulgarie 1990 [4]	48.9	69.9	158.5	78.3	28.8	9.4	1.8	♦ 0.1
Channel Islands – Iles Anglo–Normandes Guernsey – Guernesey 1991	48.1	21.7	52.9	120.7	78.7	35.7	♦ 4.7	♦ 1.2
Jersey 1991+	45.5	15.7	39.3	82.1	93.5	45.9	*——— ♦ 4.5 ———*	
Former Czechoslovakia – Ancienne Tchécoslovaquie 1990	53.7	44.9	178.9	109.3	40.7	12.6	2.0	0.1
Denmark – Danemark [18] 1991	49.0	9.1	70.2	135.2	89.7	29.7	4.0	♦ 0.1
Estonia – Estonie 1989 [4 12]	63.6	48.3	178.4	119.4	62.0	26.2	5.7	♦ 0.2
Faeroe Islands – Iles Féroé 1991	77.9	26.6	148.3	164.1	124.6	50.9	♦ 7.9	–
Finland – Finlande 1990 [4 19]	52.1	12.4	71.6	133.4	94.3	37.1	7.9	0.4
France 1991 [4 7 20]	53.9	9.1	73.2	139.4	93.4	37.0	7.4	0.5
Germany – Allemagne [21]	...	...	...	...	...	...	...	...
Germany, Federal Rep. of – Allemagne, République fédérale d' 1989	44.0	11.1	54.2	107.3	78.1	26.7	4.9	0.2
Former German Democratic Republic – Ancienne République démocratique allemande 1989 [4]	49.2	33.2	140.3	97.4	34.5	10.2	1.4	♦ 0.0
Greece – Grèce 1992	41.9	18.9	79.9	95.2	57.5	21.9	4.1	0.4
Hungary – Hongrie 1992 [4]	47.3	36.1	136.3	113.5	48.0	16.5	3.2	0.1
Iceland – Islande 1992	68.7	27.1	103.4	141.2	108.3	53.2	10.1	♦ 0.3
Ireland – Irlande 1991+ [22]	61.6	16.6	63.4	146.7	128.1	65.7	15.1	1.0
Italy – Italie 1988	39.4	9.6	58.6	97.2	68.6	26.5	5.4	0.3
Latvia – Lettonie 1992 [4 12]	50.0	48.3	142.1	86.3	45.5	19.0	4.2	♦ 0.3

11. Live-birth rates specific for age of mother, by urban/rural residence: latest available year (continued)

Naissances vivantes, taux selon l'âge de la mère et la résidence, urbaine/rurale: dernière année disponible (suite)

(See notes at end of table. – Voir notes à la fin du tableau.)

Continent, country or area, year, and urban/rural residence Continent, pays ou zone, année, et résidence, urbaine/rurale	Age of mother (in years) – Age de la mère (en années)							
	All ages Tous âges [1]	–20 [2]	20–24	25–29	30–34	35–39	40–44	45+ [3]
EUROPE (Cont.–Suite)								
Liechtenstein 1987	*45.3*	♦ *5.3*	*44.6*	*105.6*	*88.1*	*40.5*	♦ *3.8*	♦ *1.2*
Lithuania – Lituanie 1992 [4] [12]	57.4	47.1	155.7	99.1	51.6	21.1	4.6	♦ 0.3
Luxembourg 1987	44.6	11.6	63.0	107.5	72.2	23.7	3.8	♦ 0.1
Malta – Malte 1992 [23]	58.3	12.3	87.6	160.1	113.8	40.5	10.0	–
Netherlands – Pays-Bas 1992 [4] [24]	49.1	7.7	43.4	117.4	110.7	35.2	4.4	0.4
Norway – Norvège 1992 [7]	56.3	16.0	85.7	137.5	98.3	35.2	5.3	♦ 0.2
Poland – Pologne 1991 [4]	57.5	32.2	164.0	122.2	59.8	25.2	6.2	0.3
Portugal 1991	46.6	24.3	81.3	100.0	63.5	25.1	6.1	0.5
Republic of Moldova – République de Moldova 1991 [4] [12]	65.4	61.6	202.6	106.3	53.0	21.2	5.4	♦ 0.2
Romania – Roumanie 1992 [4]	46.7	48.0	127.1	77.1	31.1	12.9	3.7	0.2
Russian Federation – Fédération Russe 1992 [4] [12]	43.9	50.8	133.9	72.7	35.0	13.9	3.2	0.2
San Marino – Saint-Marin 1989+	37.4	♦ 8.5	56.1	95.5	49.3	♦ 20.6	*——— ♦	1.3 ———*
Slovenia – Slovénie 1991 [4]	43.0	21.5	113.7	97.2	40.5	13.8	3.2	♦ 0.1
Spain – Espagne 1991	40.8	11.0	46.3	99.7	77.9	27.9	5.8	0.4
Sweden – Suède 1992	59.7	12.0	90.8	149.9	112.5	44.1	7.4	0.3
Switzerland – Suisse 1992	49.3	7.4	58.4	123.1	94.5	31.0	4.6	0.2
The former Yugoslav Rep. of Macedonia – L'ex Rép. yougoslavie de Macédonie 1992	64.5	44.1	174.4	144.9	56.3	17.1	3.2	♦ 0.2
Ukraine 1991 [4] [12]	51.2	60.1	157.7	81.1	38.0	13.9	3.2	0.1
United Kingdom – Royaume-Uni 1992	54.9	31.8	85.5	117.7	87.1	33.2	5.5	0.3
Former Yugoslavia – Ancienne Yougoslavie 1990	56.8	37.3	141.3	117.5	55.3	19.5	4.5	0.6

11. Live-birth rates specific for age of mother, by urban/rural residence: latest available year (continued)

Naissances vivantes, taux selon l'âge de la mère et la résidence, urbaine/rurale: dernière année disponible (suite)

(See notes at end of table. – Voir notes à la fin du tableau.)

Continent, country or area, year, and urban/rural residence Continent, pays ou zone, année, et résidence, urbaine/rurale	Age of mother (in years) – Age de la mère (en années)							
	All ages Tous âges [1]	–20 [2]	20–24	25–29	30–34	35–39	40–44	45+ [3]
OCEANIA—OCEANIE								
Australia – Australie 1992+	57.2	21.9	74.9	132.6	104.6	38.4	6.1	0.3
Fiji – Fidji 1987+	106.7	60.5	214.7	178.9	100.2	52.4	14.6	♦ 1.2
Marshall Islands – Iles Marshall 1989	*156.8*	*98.5*	*294.4*	*226.4*	*159.6*	*104.7*	♦ *29.3*	♦ *4.0*
New Zealand – Nouvelle-Zélande 1992+ [4]	65.4	33.8	95.3	142.0	108.5	39.9	6.5	0.3
Northern Mariana Islands – Iles Mariannes du Nord 1989	*174.2*	*108.2*	*266.0*	*296.6*	*237.0*	*97.8*	♦ *14.7*	–

11. Live–birth rates specific for age of mother, by urban/rural residence: latest available year (continued)

Naissances vivantes, taux selon l'âge de la mère et la résidence, urbaine/rurale: dernière année disponible (suite)

Data by urban/rural residence

Données selon la résidence urbaine/rurale

(See notes at end of table. – Voir notes à la fin du tableau.)

Continent, country or area, year, and urban/rural residence — Continent, pays ou zone, année, et résidence, urbaine/rurale	Age of mother (in years) – Age de la mère (en années)							
	All ages Tous âges [1]	– 20 [2]	20–24	25–29	30–34	35–39	40–44	45+ [3]
AFRICA—AFRIQUE								
Egypt – Egypte								
1988								
Urban – Urbaine	143.6	15.8	173.3	291.9	244.7	150.0	50.0	14.3
Rural – Rurale	179.9	24.2	209.4	335.6	287.6	222.4	91.1	36.0
Mali								
1987 [5]								
Urban – Urbaine	180.9	112.2	241.7	268.0	237.3	180.9	86.3	34.2
Rural – Rurale	225.0	173.8	315.0	319.7	265.3	214.2	101.0	48.5
AMERICA,NORTH— AMERIQUE DU NORD								
Cuba								
1990								
Urban – Urbaine	57.6	65.2	107.2	96.8	56.5	17.3	3.0	0.2
Rural – Rurale	75.8	107.3	131.5	99.5	54.7	18.2	4.2	0.5
Panama								
1990								
Urban – Urbaine	74.4	60.5	116.9	120.8	89.3	36.7	8.0	♦ 1.1
Rural – Rurale	129.5	132.6	227.1	191.1	116.6	72.8	28.3	6.8
AMERICA,SOUTH— AMERIQUE DU SUD								
Ecuador – Equateur								
1992 [11]								
Urban – Urbaine	*72.6*	*52.8*	*117.8*	*109.1*	*81.2*	*48.2*	*20.5*	*4.7*
Rural – Rurale	*76.9*	*52.9*	*120.5*	*111.7*	*97.0*	*68.3*	*38.9*	*9.4*
ASIA—ASIE								
Armenia – Arménie								
1991 [12]								
Urban – Urbaine	72.2	60.1	194.6	115.9	58.2	23.0	5.3	♦ 0.5
Rural – Rurale	116.4	110.9	284.0	144.1	76.1	26.5	5.2	♦ 0.1
Azerbaijan – Azerbaïdjan								
1989 [12]								
Urban – Urbaine	86.3	26.2	180.5	156.5	79.0	28.6	6.6	♦ 0.4
Rural – Rurale	119.1	29.5	205.4	205.3	125.4	54.8	19.8	1.8
Bangladesh								
1988								
Urban – Urbaine	*105.3*	*46.3*	*181.3*	*174.1*	*121.7*	*63.6*	*19.1*	*9.2*
Rural – Rurale	*155.1*	*88.3*	*259.8*	*264.3*	*159.2*	*109.9*	*40.7*	*18.3*
Brunei Darussalam – Brunéi Darussalam								
1991+								
Urban – Urbaine	142.6	53.2	184.5	233.2	184.7	112.8	43.3	♦ 5.5
Rural – Rurale	16.4	♦ 7.8	22.2	24.7	22.3	15.5	♦ 7.8	–
Georgia – Géorgie								
1989 [12]								
Urban – Urbaine	61.3	51.0	147.7	103.0	58.2	23.6	6.3	0.4
Rural – Rurale	76.5	67.3	194.3	119.7	56.5	21.6	5.4	0.5
Israel – Israël [14]								
1992								
Urban – Urbaine	85.0	19.6	130.3	188.4	143.5	72.6	17.2	1.5
Rural – Rurale	99.4	20.8	132.6	235.5	193.0	99.3	25.9	5.2
Japan – Japon								
1990 [15]								
Urban – Urbaine	38.3	3.6	41.3	132.8	92.4	21.4	2.4	0.0
Rural – Rurale	41.3	3.5	59.0	161.0	91.4	18.1	2.1	0.0

11. Live-birth rates specific for age of mother, by urban/rural residence: latest available year (continued)

Naissances vivantes, taux selon l'âge de la mère et la résidence, urbaine/rurale: dernière année disponible (suite)

Data by urban/rural residence

Données selon la résidence urbaine/rurale

(See notes at end of table. – Voir notes à la fin du tableau.)

Continent, country or area, year, and urban/rural residence Continent, pays ou zone, année, et résidence, urbaine/rurale	All ages Tous âges [1]	Age of mother (in years) – Age de la mère (en années) –20 [2]	20–24	25–29	30–34	35–39	40–44	45+ [3]
ASIA—ASIE (Cont.–Suite)								
Kazakhstan								
1991 [12]								
Urban – Urbaine	67.2	49.2	167.8	109.2	60.5	25.5	6.0	0.5
Rural – Rurale	115.2	62.2	305.8	179.4	105.7	48.7	14.4	1.8
Kyrgyzstan – Kirghizistan								
1992 [12]								
Urban – Urbaine	79.1	41.8	171.7	134.5	78.0	32.9	7.1	1.8
Rural – Rurale	155.0	62.8	360.3	235.7	155.6	76.1	25.1	7.2
Maldives								
1990								
Urban – Urbaine	106.6	51.4	165.7	161.5	145.1	100.2	♦ 21.6	♦ 11.1
Tajikistan – Tadjikistan								
1989 [12]								
Urban – Urbaine	117.1	38.7	233.5	199.6	129.5	61.9	23.1	7.1
Rural – Rurale	206.9	39.0	333.0	328.2	268.7	177.9	90.4	18.0
Thailand – Thaïlande								
1990								
Urban – Urbaine	77.1	52.7	129.4	131.4	81.7	35.3	11.6	2.8
Rural – Rurale	57.3	44.0	112.7	91.3	54.5	27.7	13.1	8.0
Turkmenistan – Turkménistan								
1989 [12]								
Urban – Urbaine	130.7	31.9	230.5	242.0	152.6	71.7	25.5	5.0
Rural – Rurale	165.5	15.5	224.8	318.6	236.7	134.4	59.9	8.9
Uzbekistan – Ouzbékistan								
1989 [12]								
Urban – Urbaine	105.9	41.1	228.1	176.9	106.2	45.6	12.2	2.0
Rural – Rurale	174.9	42.7	323.6	282.4	189.3	96.7	39.6	6.1
EUROPE								
Belarus – Bélarus								
1991 [12]								
Urban – Urbaine	49.5	38.9	153.7	84.7	37.4	12.8	2.6	♦ 0.1
Rural – Rurale	66.3	64.0	216.0	99.6	47.1	20.8	5.3	♦ 0.3
Bulgaria – Bulgarie								
1990								
Urban – Urbaine	46.0	60.0	141.0	79.5	29.6	9.5	1.8	♦ 0.1
Rural – Rurale	57.3	95.2	221.3	74.9	26.2	9.1	1.8	♦ 0.1
Estonia – Estonie								
1989 [12]								
Urban – Urbaine	57.6	43.2	162.4	112.1	56.4	22.9	4.6	♦ 0.2
Rural – Rurale	81.6	63.0	224.5	139.9	79.3	37.1	9.3	♦ 0.2
Finland – Finlande								
1990 [19]								
Urban – Urbaine	49.8	12.8	66.1	122.4	92.4	34.9	6.9	♦ 0.2
Rural – Rurale	56.3	11.7	83.1	156.6	97.6	40.9	9.9	0.6
France								
1990 [7 20 25]								
Urban – Urbaine	53.9	10.2	72.5	132.9	92.0	37.4	7.8	0.5
Rural – Rurale	51.9	6.4	84.2	156.6	85.7	29.8	5.6	0.3

11. Live-birth rates specific for age of mother, by urban/rural residence: latest available year (continued)

Naissances vivantes, taux selon l'âge de la mère et la résidence, urbaine/rurale: dernière année disponible (suite)

Data by urban/rural residence

Données selon la résidence urbaine/rurale

(See notes at end of table. – Voir notes à la fin du tableau.)

Continent, country or area, year, and urban/rural residence — Continent, pays ou zone, année, et résidence, urbaine/rurale	Age of mother (in years) – Age de la mère (en années)							
	All ages Tous âges [1]	– 20 [2]	20–24	25–29	30–34	35–39	40–44	45+ [3]
EUROPE (Cont.–Suite)								
Germany – Allemagne [21]	...	...	...	...	...	...	...	...
Former German Democratic Republic – Ancienne République démocratique allemande								
1989								
Urban – Urbaine	47.7	31.1	135.8	96.7	34.1	9.7	1.4	♦ 0.0
Rural – Rurale	54.7	40.2	156.7	99.7	36.1	11.8	1.5	♦ 0.1
Hungary – Hongrie								
1992								
Urban – Urbaine	42.9	26.1	117.3	113.2	49.3	16.4	2.9	♦ 0.1
Rural – Rurale	55.6	57.6	172.9	112.9	45.3	16.4	3.6	♦ 0.1
Latvia – Lettonie								
1992 [12]								
Urban – Urbaine	42.4	39.9	124.8	76.9	39.9	15.8	3.4	♦ 0.2
Rural – Rurale	70.0	68.9	181.0	108.3	60.3	28.6	6.8	♦ 0.6
Lithuania – Lituanie								
1992 [12]								
Urban – Urbaine	50.0	38.7	134.4	89.4	47.4	18.4	3.7	♦ 0.2
Rural – Rurale	79.2	68.3	213.8	127.6	65.6	30.4	7.7	♦ 0.3
Netherlands – Pays-Bas								
1986 [24]								
Urban – Urbaine	46.1	10.3	57.3	113.5	78.8	21.6	3.7	0.7
Rural – Rurale	55.2	3.2	66.3	174.6	101.9	22.8	4.0	♦ 0.2
Semi-Urban – Semi-urbaine	48.4	3.6	56.7	153.8	92.8	20.3	2.9	0.2
Poland – Pologne								
1991								
Urban – Urbaine	45.7	26.2	131.2	104.6	50.7	20.6	4.8	0.2
Rural – Rurale	81.0	42.8	217.7	151.5	78.0	36.1	9.5	0.6
Republic of Moldova – République de Moldova								
1991 [12]								
Urban – Urbaine	54.6	46.2	156.4	91.3	43.3	16.7	4.0	♦ 0.2
Rural – Rurale	77.4	78.6	267.8	123.3	63.8	26.1	6.9	♦ 0.3
Romania – Roumanie								
1992								
Urban – Urbaine	36.1	30.7	98.8	66.8	25.9	9.7	2.4	0.1
Rural – Rurale	63.8	67.8	169.3	97.4	43.2	20.0	5.7	0.4
Russian Federation – Fédération Russe								
1992 [12]								
Urban – Urbaine	38.1	43.3	117.4	65.0	31.5	12.1	2.6	0.1
Rural – Rurale	63.9	74.9	189.9	96.2	46.5	20.6	5.7	0.5
Slovenia – Slovénie								
1991								
Urban – Urbaine	38.2	16.0	93.1	96.5	40.9	13.6	2.6	♦ 0.2
Rural – Rurale	48.6	26.8	133.5	98.1	40.2	14.1	3.9	♦ 0.1
Ukraine								
1991 [12]								
Urban – Urbaine	46.3	51.0	143.1	75.7	35.4	12.5	2.6	0.1
Rural – Rurale	64.6	84.9	196.7	96.2	45.8	18.3	4.8	0.2
OCEANIA—OCEANIE								
New Zealand – Nouvelle-Zélande								
1986+								
Urban – Urbaine	53.6	25.8	83.7	124.6	78.8	22.7	3.6	♦ 0.2
Rural – Rurale	113.6	62.7	248.9	263.2	127.8	31.9	6.8	♦ 0.4

11. Live–birth rates specific for age of mother, by urban/rural residence: latest available year (continued)

Naissances vivantes, taux selon l'âge de la mère et la résidence, urbaine/rurale: dernière année diponible (suite)

GENERAL NOTES

Rates are the number of live births by age of mother per 1 000 corresponding female population. For definitions of "urban", see end of table 6. For method of evaluation and limitations of data, see Technical Notes, page 63.

Italics: rates calculated using live births from civil registers which are incomplete or of unknown completeness.

FOOTNOTES

* Provisional.
♦ Rates based on 30 or fewer live births.
\+ Data tabulated by date of registration rather than occurrence.

1 Rates computed on female population aged 15–49.
2 Rates computed on female population aged 15–19.
3 Rates computed on female population aged 45–49.
4 For classification by urban/rural residence, see end of table.
5 Based on the results of the population census.
6 Excluding live–born infants dying before registration of birth.
7 Age classification based on year of birth of mother rather than exact date of birth of child.
8 Including Canadian residents temporarily in the United States, but excluding United States residents temporarily in Canada.
9 Excluding Indian jungle population.
10 Excluding adjustment for under–registration.
11 Excluding nomadic Indian tribes.
12 Excluding infants born alive after less than 28 weeks' gestation, of less than 1 000 grammes in weight and 35 centimetres in length, who die within seven days birth.
13 Excluding Vietnamese refugees.
14 Including data for East Jerusalem and Israeli residents in certain other territories under occupation by Israeli military forces since June 1967.
15 For Japanese nationals in Japan only; however, rates computed on population including foreigners except foreign military and civilian personnel and their dependants stationed in the area.
16 Births registered by Health Service only.
17 Excluding transients afloat and non–locally domiciled military and civilian services personnel and their dependants.
18 Excluding Faeroe Islands and Greenland.
19 Including nationals temporarily outside the country.
20 Including armed forces outside the country.
21 All data shown pertaining to Germany prior to 3 October 1990 are indicated separately for the Federal Republic of Germany and the former German Democratic Republic based on their respective territories at the time indicated. See explanatory notes on data pertaining to Germany on page 4.
22 Births registered within one year of occurrence.
23 Maltese population only.
24 Including residents outside the country if listed in a Netherlands population register.
25 Excluding births of nationals outside the country.

NOTES GENERALES

Les taux représentent les nombres de naissances vivantes selon l'âge de la mère pour 1 000 femmes du même groupe d'âge . Pour les définitions des "régions urbaines", se reporter à la fin du tableau 6. Pour la méthode d'évaluation et les insuffisances des données, voir Notes techniques, page 63.
Italiques: taux calculés d'après des chiffres de naissances vivantes provenant des registres de l'état civil incomplets ou dont le degré d'exactitude n'est pas connu.

NOTES

* Données provisoires.
♦ Taux basés sur 30 naissances vivantes ou moins.
\+ Données exploitées selon la date de l'enregistrement et non la date de l'événement.
1 Taux calculés sur la base de la population féminine de 15 à 49 ans.
2 Taux calculés sur la base de la population féminine de 15 à 19 ans.
3 Taux calculés sur la base de la population féminine de 45 à 49 ans.
4 Pour le classement selon la résidence, urbaine/rurale, voir la fin du tableau.
5 D'après les résultats du recensement de la population.
6 Non compris les enfants nés vivants, décédés avant l'enregistrement de leur naissance.
7 Le classement selon l'âge est basé sur l'année de naissance de la mère et non sur la date exacte de naissance de l'enfant.
8 Y compris les résidents canadiens se trouvant temporairement aux Etats–Unis, mais non compris les résidents des Etats–Unis se trouvant temporairement au Canada.
9 Non compris les Indiens de la jungle.
10 Non compris d'un ajustement pour sous–enregistrement.
11 Non compris les tribus d'Indiens nomades.
12 Non compris les enfants nés vivants après moins de 28 semaines de gestation, pesant moins de 1 000 grammes, mesurant moins de 35 centimètres et décédés dans les sept jours qui ont suivi leur naissance.
13 Non compris réfugiés du Viet–Nam.
14 Y compris les données pour Jérusalem–Est et les résidents israéliens dans certains autres territoires occupés depuis juin 1967 pour les forces armées israéliennes.
15 Pour les nationaux japonais au Japon seulement; toutefois, les taux sont calculés sur la base d'une population comprenant les étrangers, mais ne comprenant ni les militaires et agents civils étrangers en poste sur le territoire ni les membres de leur famille les accompagnant.
16 Naissances enregistrées par le Service de santé seulement.
17 Non compris les personnes de passage à bord de navires, ni les militaires et agents civils domiciliés hors du territoire et les membres de leur famille les accompagnant.
18 Non compris les îles Féroé et le Groenland.
19 Y compris les nationaux se trouvant temporairement hors du pays.
20 Y compris les militaires hors du pays.
21 Toutes les données se rapportant à l'Allemagne avant le 3 octobre 1990 figurent dans deux rubriques séparées basées sur les territoires respectifs de la République fédérale d'Allemagne et l'ancienne République démocratique allemande selon la période indiquée. Voir les notes explicatives sur les données concernant l'Allemagne à la page 4.
22 Naissances enregistrées dans l'année que suit l'événement.
23 Population maltaise seulement.
24 Y compris les résidents hors du pays, s'ils sont inscrits sur un registre de population néerlandais.
25 Non compris les naissances de nationaux hors du pays.

12. Late foetal deaths and late foetal death ratios, by urban/rural residence: 1988 – 1992

Morts foetales tardives et rapports de mortinatalité, selon la résidence, urbaine/rurale: 1988 – 1992

(See notes at end of table. – Voir notes à la fin du tableau.)

Continent, country or area and urban/rural residence — Continent, pays ou zone et résidence, urbaine/rurale	Code [1]	Number – Nombre					Ratio – Rapport				
		1988	1989	1990	1991	1992	1988	1989	1990	1991	1992
AFRICA—AFRIQUE											
Cape Verde – Cap–Vert	U	...	...	*280*	...	...					
Egypt – Egypte [2 3]	+U	*8 109*	*7 516*	...	...	...	*4.2*	*4.4*	...	...	...
Mauritius – Maurice	+C	...	...	365	400	291					
Island of Mauritius – Ile Maurice [2]	+C	351	399	348	386	286					
Rodrigues	+C	23	16	17	14	5					
Réunion [3 4]	U	*166*	*159*	*148*	*147*	...					
AMERICA,NORTH— AMERIQUE DU NORD											
Bahamas [5]	...	*43*	*54*	*17*	*24*	*20*					
Barbados – Barbade	+U	*53*	*40*	...	*38*	...					
Bermuda – Bermudes	C	9	...	...	...	...					
Canada [6]	C	1 435	1 626	1 598	...	...	3.8	4.1	3.9	...	...
Cayman Islands – Iles Caïmanes	C	6	4	8	4	...					
Costa Rica	C	724	795	732	662	...					
Cuba [2]	C	2 223	2 192	1 896	...	...	11.8	11.9	10.2	...	...
El Salvador [2]	...	*901*	*895*	...	*805*	...					
Greenland – Groenland	C	...	14	8	...	...					
Guatemala [2]	...	*6 395*	*6 391*	...	...	...	*18.7*	...	...	...	...
Mexico – Mexique	+...	*19 033*	*20 196*	*20 908*	...	...	*7.3*	*7.7*	*7.6*	...	...
Panama [2 7]	U	*442*	*462*	*544*	*396*	...					
Puerto Rico – Porto Rico	C	647	620	661	631	649					
Saint Lucia – Sainte–Lucie	...	*48*	*48*	...	...	...					
Trinidad and Tobago – Trinité–et–Tobago	C	396	328	...	...	...					
United States – Etats–Unis	C	19 163	19 009	...	...	...	4.9	4.7	...	...	...
United States Virgin Islands – Iles Vierges américaines	...	*25*	*20*	*22*	...	...					
AMERICA,SOUTH— AMERIQUE DU SUD											
Brazil – Brésil [8]	...	*30 005*	*28 417*	*25 935*	...	...	*10.7*	*11.0*	*10.7*	...	...
Chile – Chili [2]	C	1 985	1 960	1 789	1 754	...	6.7	6.5	5.8	5.9	...
Ecuador – Equateur [2 9]	...	*4 133*	*3 891*	...	...	...	*19.6*	*19.4*	...	...	...
Uruguay	+C	...	635	602	638	...					
Venezuela [8]	...	*6 342*	*6 288*	*6 050*	...	...	*12.1*	*11.9*	*10.5*	...	...
ASIA—ASIE											
Armenia – Arménie [2]	C	983	905	854	746	...					
Brunei Darussalam – Brunéi Darussalam	+C	48	47	50	51	...					
Hong Kong – Hong–kong	...	*310*	*317*	*281*	*231*	*342*					
Israel – Israël [10]	C	533	498	432	442	...					
Japan – Japon [2 11]	C	5 759	5 064	4 664	4 376	4 191	4.4	4.1	3.8	3.6	3.5
Kazakhstan [2]	C	4 137	3 916	3 713	3 470	3 107	10.2	10.2	10.2	9.8	9.2
Kuwait – Koweït	C	485	545	...	189	354					
Macau – Macao	U	*39*	*44*	*91*	*40*	*32*					
Malaysia – Malaisie	...	...	...	*3 409*	*3 004*	...	...	...	*6.9*	*5.9*	...
Peninsular Malaysia [2 12] – Malaisie Péninsulaire	...	*3 813*	*3 444*	*3 036*	...	...	*9.3*	*9.2*	*7.7*	...	...
Maldives [2]	...	*170*	...	...	...	...					
Philippines	U	*9 834*	*10 553*	*11 132*	...	...	*6.3*	*6.7*	*6.8*	...	...
Qatar	...	*80*	*71*	...	...	*68*					
Singapore – Singapour	+C	203	208	206	198	171					
Sri Lanka	+U	*3 132*	...	...	...	...	*9.1*	...	...	...	...
Thailand – Thaïlande	+...	*509*	*713*	*775*	*811*	...					

12. Late foetal deaths and late foetal death ratios, by urban/rural residence: 1988 – 1992 (continued)

Morts foetales tardives et rapports de mortinatalité, selon la résidence, urbaine/rurale: 1988 – 1992 (suite)

(See notes at end of table. – Voir notes à la fin du tableau.)

Continent, country or area and urban/rural residence Continent, pays ou zone et résidence, urbaine/rurale	Code [1]	Number – Nombre 1988	1989	1990	1991	1992	Ratio – Rapport 1988	1989	1990	1991	1992
EUROPE											
Austria – Autriche	C	325	347	325	321	339					
Belgium – Belgique	C	660	670	658	613	...					
Bulgaria – Bulgarie [2]	C	698	664	641	...	...					
Channel Islands – Iles Anglo–Normandes											
Guernsey – Guernesey	C	...	...	4	4	6					
Former Czechoslovakia – Ancienne Tchécoslovaquie [2]	C	988	891	931	...	...					
Denmark – Danemark [13]	C	292	314	298	296	...					
Estonia – Estonie	C	205	182	173	...	...					
Faeroe Islands – Iles Féroé	C	...	5	1	...	...					
Finland – Finlande [2 14]	C	332	187	206	...	...					
France [2 3 15]	C	4 808	4 701	4 488	4 364	...	6.2	6.1	5.9	5.7	...
Germany – Allemagne	C	3 474	3 247	2 490	2 741	...	3.9	3.7	2.8	3.3	...
Greece – Grèce [2]	C	...	...	735	706	629					
Hungary – Hongrie [2]	C	764	653	699	575	509					
Iceland – Islande [2]	C	18	6	13	13	16					
Ireland – Irlande	+C	384	329	327	301	...					
Isle of Man – Ile de Man	+C	7	5	7	2	2					
Italy – Italie	C	3 453	3 306	3 157	3 103	2 737	6.1	5.9	5.6	5.5	4.9
Latvia – Lettonie [2]	C	230	241	226	315	340					
Lithuania – Lituanie	C	302	296	309	436	452					
Luxembourg	C	19	19	21	...	...					
Netherlands – Pays–Bas [16]	C	1 038	1 100	1 139	1 067	1 114	5.6	5.8	5.8	5.4	5.7
Norway – Norvège	C	270	292	279	295	258					
Poland – Pologne [2]	C	3 248	3 107	...	...	...	5.5	5.5	...	...	...
Portugal	C	970	946	812	789	...					
Romania – Roumanie [2]	C	2 926	2 821	2 231	1 910	1 700	7.7	7.6	7.1	6.9	6.5
Russian Federation – Fédération Russe [2]	C	21 984	19 618	18 165	15 729	13 243	9.4	9.1	9.1	8.8	8.3
San Marino – Saint–Marin	+...	–	*1*	...	...	...					
Slovakia – Slovaquie [2]	C	417	366	401	360	...					
Slovenia – Slovénie [2]	C	126	142	100	106	110					
Spain – Espagne	...	*2 064*	*1 799*	*1 617*	*1 564*	...	*4.9*	*4.4*	*4.4*	*3.9*	...
Sweden – Suède	C	422	423	443	464	396					
Switzerland – Suisse [2]	C	311	332	390	357	337					
The former Yugoslav Rep. of Macedonia – L'ex Rép. yougoslavie de Macédonie [2]	C	...	321	303	266	302					
Ukraine [2]	C	6 710	6 143	5 724	5 338	...	9.0	8.9	8.7	8.5	...
United Kingdom – Royaume–Uni	C	3 878	3 688	3 713	3 741	...	4.9	4.7	4.6	4.7	...
Former Yugoslavia – Ancienne Yougoslavie [2]	C	2 074	1 839	1 930	...	...	5.8	5.5	5.8	...	...
OCEANIA—OCEANIE											
American Samoa – Samoa américaines	...	*22*	...	...	...	...					
Australia – Australie	+C	1 141	1 094	1 198	1 150	1 171	4.6	4.4	4.6	4.5	4.4
New Caledonia – Nouvelle–Calédonie	...	*56*	*39*	*41*	*37*	*55*					
New Zealand – Nouvelle–Zélande [2]	+C	277	267	247	...	237					
Northern Mariana Islands – Iles Mariannes du Nord	...	...	*8*	...	...	...					

12. Late foetal deaths and late foetal death ratios, by urban/rural residence: 1988 – 1992 (continued)

Morts foetales tardives et rapports de mortinatalité, selon la résidence, urbaine/rurale: 1988 – 1992 (suite)

Data by urban/rural residence

Données selon la résidence urbaine/rurale

(See notes at end of table. – Voir notes à la fin du tableau.)

Continent, country or area and urban/rural residence — Continent, pays ou zone et résidence, urbaine/rurale	Code [1]	Number – Nombre 1988	1989	1990	1991	1992	Ratio – Rapport 1988	1989	1990	1991	1992
AFRICA—AFRIQUE											
Egypt – Egypte [3]	+U										
Urban – Urbaine		*6 502*	*6 183*	...	...	...	*8.9*	*9.1*	...	...	...
Rural – Rurale		*1 607*	*1 333*	...	...	...	*1.4*	*1.3*	...	...	...
Mauritius – Maurice	+C										
Urban – Urbaine		...	...	125	153	99					
Rural – Rurale		...	...	240	247	192					
Island of Mauritius – Ile Maurice	+C										
Urban – Urbaine		115	139	125	153	99					
Rural – Rurale		236	260	223	233	187					
AMERICA,NORTH— AMERIQUE DU NORD											
Cuba	C										
Urban – Urbaine		[17] 1 565	1 516	...	...	...	[17] 11.7	...	...	...	...
Rural – Rurale		[17] 656	676	...	...	...	[17] 12.0	...	...	...	...
El Salvador	...										
Urban – Urbaine		...	*720*	...	*659*	...					
Rural – Rurale		...	*175*	...	*146*	...					
Guatemala	...										
Urban – Urbaine		*3 391*	...	...	...	...	*26.7*	...	...	...	...
Rural – Rurale		*3 004*	...	...	...	...	*14.0*	...	...	...	...
Panama [7]	...										
Urban – Urbaine		*196*	*225*	*267*	*183*	...					
Rural – Rurale		*246*	*237*	*277*	*213*	...					
AMERICA,SOUTH— AMERIQUE DU SUD											
Chile – Chili	C										
Urban – Urbaine		1 603	1 596	1 468	1 454	...	6.3	6.1	5.5	5.6	...
Rural – Rurale		382	364	321	300	...	8.9	8.5	7.5	7.5	...
Ecuador – Equateur [9]	...										
Urban – Urbaine		*2 525*	*2 734*	...	...	...	*21.2*	*24.2*	...	...	...
Rural – Rurale		*1 608*	*1 157*	...	...	...	*17.4*	*13.3*	...	...	...
ASIA—ASIE											
Armenia – Arménie	C										
Urban – Urbaine		744	799	768	674	...					
Rural – Rurale		239	106	86	72	...					
Japan – Japon [11] [18]	C										
Urban – Urbaine		4 422	3 936	3 599	3 451	3 259	4.3	4.0	3.7	3.6	3.4
Rural – Rurale		1 330	1 123	1 061	919	927	4.7	4.2	4.1	3.6	3.7
Kazakhstan	C										
Urban – Urbaine		2 506	2 301	2 251	1 997	1 853	11.9	11.9	12.4	11.5	11.4
Rural – Rurale		1 631	1 615	1 462	1 473	1 254	8.3	8.5	8.0	8.1	7.1
Malaysia – Malaisie											
Peninsular Malaysia [12] – Malaisie Péninsulaire	...										
Urban – Urbaine		*1 089*	*1 032*	...	...	...	*7.0*	*7.5*	...	...	...
Rural – Rurale		*2 724*	*2 412*	...	...	...	*10.8*	*10.2*	...	...	...
Maldives	...										
Urban – Urbaine		*30*	...	...	...	...					
Rural – Rurale		*140*	...	...	...	...					
Thailand – Thaïlande	+...										
Urban – Urbaine		*406*	*279*	*274*	*203*	...					
Rural – Rurale		*103*	*434*	*501*	*608*	...					
EUROPE											
Bulgaria – Bulgarie	C										
Urban – Urbaine		466	435	449	...	...					
Rural – Rurale		232	229	192	...	...					

12. Late foetal deaths and late foetal death ratios, by urban/rural residence: 1988 – 1992 (continued)

Morts foetales tardives et rapports de mortinatalité, selon la résidence, urbaine/rurale: 1988 – 1992 (suite)

Data by urban/rural residence

Données selon la résidence urbaine/rurale

(See notes at end of table. – Voir notes à la fin du tableau.)

Continent, country or area and urban/rural residence — Continent, pays ou zone et résidence, urbaine/rurale	Code [1]	Number – Nombre					Ratio – Rapport				
		1988	1989	1990	1991	1992	1988	1989	1990	1991	1992
EUROPE (Cont.–Suite)											
Former Czechoslovakia – Ancienne Tchécoslovaquie	C										
Urban – Urbaine		722	687	591	...	...					
Rural – Rurale		266	204	340	...	...					
Estonia – Estonie	C										
Urban – Urbaine		141	118	115	...	...					
Rural – Rurale		64	64	58	...	...					
Finland – Finlande [14]	C										
Urban – Urbaine		208	113	112	...	...					
Rural – Rurale		124	74	94	...	...					
France [3 15]	C										
Urban – Urbaine		3 730	3 623	3 517	3 420	...	6.3	6.1	6.0	5.7	...
Rural – Rurale		1 045	1 053	938	905	...	6.0	6.1	5.4	5.6	...
Greece – Grèce	U										
Urban – Urbaine		...	...	*479*	*476*	*438*					
Rural – Rurale		...	...	*256*	*230*	*191*					
Hungary – Hongrie	C										
Urban – Urbaine		393	357	397	321	283					
Rural – Rurale		367	295	302	254	226					
Iceland – Islande	C										
Urban – Urbaine		18	6	13	12	...					
Rural – Rurale		–	–	–	1	...					
Latvia – Lettonie	C										
Urban – Urbaine		170	177	160	213	224					
Rural – Rurale		60	64	66	102	116					
Poland – Pologne	C										
Urban – Urbaine		1 742	1 632	...	...	...	5.5	5.4	...	...	...
Rural – Rurale		1 506	1 475	...	...	...	5.6	5.7	...	...	...
Romania – Roumanie	C										
Urban – Urbaine		1 469	1 471	1 217	974	830	8.2	8.3	7.8	7.2	6.7
Rural – Rurale		1 457	1 350	1 014	936	870	7.3	7.0	6.4	6.9	6.4
Russian Federation – Fédération Russe	C										
Urban – Urbaine		16 615	14 873	13 589	11 605	9 447	10.0	9.8	9.8	9.4	8.8
Rural – Rurale		5 369	4 745	4 576	4 121	3 796	7.8	7.4	7.6	7.3	7.3
Slovakia – Slovaquie	C										
Urban – Urbaine		222	201	220	192	...					
Rural – Rurale		195	165	181	168	...					
Slovenia – Slovénie	C										
Urban – Urbaine		68	63	38	44	37					
Rural – Rurale		58	79	62	62	73					
Switzerland – Suisse	C										
Urban – Urbaine		155	179	186	226	207					
Rural – Rurale		156	153	204	131	130					
The former Yugoslav Rep. of Macedonia – L'ex Rép. yougoslavie de Macédonie	C										
Urban – Urbaine		...	161	154	154	163					
Rural – Rurale		...	160	149	112	139					
Ukraine	C										
Urban – Urbaine		...	4 604	4 159	3 796	...	...	9.8	9.4	9.1	...
Rural – Rurale		...	1 539	1 565	1 542	...	...	7.0	7.3	7.3	...
Former Yugoslavia – Ancienne Yougoslavie	C										
Urban – Urbaine		1 096	1 003	1 003	...	...	6.1	6.0	5.8	...	...
Rural – Rurale		978	836	927	...	...	5.5	5.0	5.7	...	...
OCEANIA—OCEANIE											
New Zealand – Nouvelle-Zélande	+C										
Urban – Urbaine		205	204	179	...	171					
Rural – Rurale		72	63	68	...	66					

12. Late foetal deaths and late foetal death ratios, by urban/rural residence: 1988 – 1992 (continued)

Morts foetales tardives et rapports de mortinatalité, selon la résidence, urbaine/rurale: 1988 – 1992 (suite)

GENERAL NOTES

Late foetal deaths are those of 28 or more completed weeks of gestation. Data include foetal deaths of unknown gestational age. Ratios are the number of late foetal deaths per 1 000 live births. Ratios are shown only for countries or areas having at least a total of 1 000 late foetal deaths in a given year. For definitions of "urban", see end of table 6. For method of evaluation and limitations of data, see Technical Notes, page 65.

Italics: data from civil registers which are incomplete or of unknown completeness.

FOOTNOTES

* Provisional
\+ Data tabulated by date of registration rather than occurrence.

1 Code "C" indicates that the data are estimated to be virtually complete (at least 90 per cent) and code "U" indicates that the data are estimated to be incomplete (less than 90 per cent). For further details, see Technical Notes.
2 For classification by urban/rural residence, see end of table.
3 Foetal deaths after at least 180 days (6 calendar months or 26 weeks) of gestation.
4 Including live–born infants dying before registration of birth.

5 Based on hospital records.
6 Including Canadian residents temporarily in the United States, but excluding United States residents temporarily in Canada.

7 Excluding tribal Indian population, numbering 62 187 in 1960.
8 Excluding Indian jungle population.
9 Excluding nomadic Indian tribes.
10 Including data for East Jerusalem and Israeli residents in certain other territories under occupation by Israeli military forces since June 1967.

11 For Japanese nationals in Japan only.
12 For the de jure population.
13 Excluding Faeroe Islands and Greenland.
14 Including nationals temporarily outside the country.
15 Ratios computed on live births including national armed forces outside the country.
16 Including residents outside the country if listed in a Netherlands population register.
17 Excluding foetal deaths of unknown gestational age.

18 Excluding foetal deaths of unknown residence.

NOTES GENERALES

Les morts foetales tardives sont celles qui surviennent après 28 semaines complètes de gestation au moins. Les données comprennent les morts foetales survenues après une période de gestation de durée inconnue. Les rapports représentent le nombre de morts foetales tardives pour 1 000 naissances vivantes. Les rapports présentés ne se rapportent qu'aux pays ou zones ou l'on a enregistré un total d'au moins 1 000 morts foetales tardives dans une année donnée. Pour les définitions des "régions urbaines", se reporter à la fin du tableau 6. Pour la méthode d'évaluation et les insuffisances des données, voir Notes techniques, page 65.
Italiques: données incomplètes ou dont le degré d'exactitude n'est pas connu, provenant des registres de l'état civil.

NOTES

* Données provisoires.
\+ Données exploitées selon la date de l'enregistrement et non la date de l'événement.
1 Le code "C" indique que les données sont jugées pratiquement complètes (au moins 90 p. 100) et le code "U" que les données sont jugées incomplètes (moins de 90 p. 100). Pour plus de détails, voir Notes techniques.
2 Pour le classement selon la résidence, urbaine/rurale, voir la fin du tableau.
3 Morts foetales survenues après 180 jours (6 mois civils ou 26 semaines) au moins de gestation.
4 Y compris les enfants nés vivants, décédés avant l'enregistrement de leur naissance.
5 D'après les registres des hôpitaux.
6 Y compris les résidents canadiens se trouvant temporairement aux Etats–Unis, mais non compris les résidents des Etats–Unis se trouvant temporairement au Canada.
7 Non compris les Indiens vivant en tribus, au nombre de 62 187 en 1960.
8 Non compris les Indiens de la jungle.
9 Non compris les tribus d'Indiens nomades.
10 Y compris les données pour Jérusalem–Est et les résidents israéliens dans certains autres territoires occupés depuis juin 1967 par les forces armées israéliennes.
11 Pour les nationaux japonais au Japon seulement.
12 Pour la population de droit.
13 Non compris les îles Féroé et le Groenland.
14 Y compris les nationaux se trouvant temporairement hors du pays.
15 Rapports calculés sur la base des naissances vivantes qui comprennent les militaires nationaux hors du pays.
16 Y compris les résidents hors du pays, s'ils sont inscrits sur un registre de population néerlandais.
17 Non compris les morts foetales tardives survenues après une période de gestation de durée inconnue.
18 Non compris les morts foetales tardives dont on ignore la résidence.

13. Legally induced abortions: 1984 – 1992

Avortements provoqués légalement: 1984 – 1992

(See notes at end of table. – Voir notes à la fin du tableau.)

Continent, country or area Continent, pays ou zone	Code [1]	Number – Nombre								
		1984	1985	1986	1987	1988	1989	1990	1991	1992
AFRICA—AFRIQUE										
Botswana	...	17	...	...	...	...	...	...	...	...
Réunion	...	4 321	4 402	4 299	4 181	4 302	...	...	...	...
St. Helena ex. dep.– Sainte– Hélène sans dép.	...	...	15	22	4	3	12	5	...	...
Seychelles	...	[2] 221	[2] 188	9	...	...	...	...	...	...
Tunisia – Tunisie	...	20 900	21 300	21 900	23 100	23 300	...	...	...	...
AMERICA,NORTH— AMERIQUE DU NORD										
Belize	...	...	760	599	890	941	825	1 001	990	...
Bermuda – Bermudes	a,b,c,e	92	...	...	...	...	...	...	...	...
Canada	a,b,c	62 291	60 956	62 406	61 635	...	70 705	71 092	...	...
Cuba	...	139 588	138 671	160 926	152 704	155 325	151 146	147 530	...	...
Greenland – Groenland	a,b,c,e,f	600	700	700	800	...	...	...	...	...
Martinique	...	2 321	*1 753	...	...	...	...	...	...	...
United States –Etats–Unis	...	1577 2001	588 600	1 574 000	1 559 000	1 590 800	...	...	...	...
AMERICA,SOUTH— AMERIQUE DU SUD										
Chile – Chili	...	...	...	47	47	49	42	29	67	...
French Guiana – Guyane française	...	388	...	...	...	...	...	...	...	...
ASIA—ASIE										
Armenia – Arménie	...	...	...	...	32 587	26 670	26 141	25 282	27 174	...
Hong Kong – Hong Kong	...	14 500	15 400	16 800	17 600	...	...	...		...
India – Inde [3]	a,b,c,d,e	561 033	583 704	...	588 406	534 870	582 161	596 345	...	...
Israel – Israël [4]	...	18 948	18 406	17 469	15 290	15 255	15 216	15 509	15 767	16 379
Japan – Japon [5]	a,b,c,d,e	568 916	550 127	*527 900	497 756	486 146	466 876	456 797	436 299	413 032
Kazakhstan	...	...	...	...	...	329 819	274 896	254 943	306 669	296 586
Kyrgyzstan – Kirghizistan	...	...	...	...	...	...	...	73 795	66 427	59 394
Singapore – Singapour	a,b,c,d,e	22 190	23 512	21 374	21 226	20 135	20 619	18 654	17 798	17 073
EUROPE										
Belarus – Bélgarie	...	...	201 000	171 100	163 800	140 900	124 500	114 300	101 100	...
Bulgaria – Bulgarie	...	131 140	132 041	134 686	133 815	...	132 021	144 644	...	...
Channel Islands– Iles Anglo–Normands										
Jersey	...	...	...	...	287	313	...	323	307	...
Denmark – Danemark [6]	a,b,c,d,e,f	20 742	19 919	20 067	20 830	21 200	21 456	20 589	19 729	...
Former Czechoslovakia – Ancienne Tchécoslovaquie	a,b,c,e	113 802	119 325	124 188	159 316	164 730	160 285	159 705	...	...
Estonia	...	...	...	36 354	34 713	29 712	25 841	21 404	...	...
Finland – Finlande	a,b,c,e,f	13 642	13 832	13 310	12 995	12 749	12 658	12 232	...	...
France	a,b,c,e	180 789	173 335	166 797	162 352	166 510	165 199	161 646	161 129	...
Germany – Allemagne [7]	..	...	...	...	...	164 624	149 196	145 267	124 377	118 609
Germany, Federal Rep. of– Allemagne, République fédérale d'	a,b,c,e,f	86 298	83 538	84 274	88 540	83 784	75 297	78 808	74 571	...
Former German, Democratic Rep.– Rép. dém. Allemande	...	96 200	...	...	...	80 840	73 899	...	...	...
Greece – Grèce	a,b,c,e,f	193	175	356	1 584	3 205	7 388	10 145	11 109	...
Hungary – Hongrie	a,b,c,d,e,f	82 191	81 970	83 586	84 547	87 106	90 508	90 394	89 931	87 065
Iceland – Islande	a,b,c,e,f	745	705	684	691	673	670	714	658	743
Italy – Italie	...	228 377	206 177	189 834	187 618	175 541	166 290	161 386	157 173	*146 639
Latvia – Lettonie	...	...	...	59 388	56 900	54 866	53 169	48 995	44 886	40 494
Lithuania – Lituanie	...	...	...	...	37 783	34 845	30 775	27 504	45 904	48 400
Netherlands – Pays–Bas	a,b,c,e,f	*18 700	17 300	...	17 760	18 014	17 996	18 384	...	...
Norway – Norvège	a,b,c,d,e,f	14 070	14 599	15 474	15 422	15 852	16 208	15 551	15 528	15 164
Poland – Pologne [8]	a,b,c,e,f	132 844	35 564	129 720	122 536	105 333	80 127	59 417	30 878	...
Republic of Moldova – Rép. de Moldova	...	...	...	...	...	...	...	...	58 802	52 003
Romania – Roumanie	...	...	...	...	...	...	...	...	866 934	691 863
Russian Federation – Fédération Russe	...	...	...	...	4 385 627	4 608 953	4 427 713	4 103 4253	608 412 2	132 845
Slovakia – Slovaquie	...	...	...	...	...	51 000	48 602	48 437	45 919	...
Slovenia – Slovénie	...	...	...	...	17 742	17 355	16 546	15 454	...	13 263
Sweden – Suède	a,b,c,d,e	30 755	30 838	33 090	34 707	37 585	37 920	37 489	35 788	34 849
Ukraine	...	...1	179 000	...	1 068 000	1 080 000	1 058 414	1 019 038	957 022	...
United Kingdom – Royaume–Uni [9]	a,b,c,d,e,f	145 497	50 211	157 168	165 542	178 426	180 622	184 092	178 416	171 260

13. Legally induced abortions: 1984 – 1992 (continued)

Avortements provoqués légalement: 1984 – 1992 (suite)

(See notes at end of table. – Voir notes à la fin du tableau.)

Continent, country or area Continent, pays ou zone	Code [1]	Number – Nombre								
		1984	1985	1986	1987	1988	1989	1990	1991	1992
OCEANIA—OCEANIE										
New Zealand – Nouvelle-Zélande	b,c,d,e,f	7 275	7 130	8 056	8 789	*10 000	*10 200	11 173	11 594	11 460

GENERAL NOTES

For method of evaluation and limitations of data, see Technical Notes, page 68.

FOOTNOTES

- * Provisional.
- 1 Explanation of code:
  a. continuance of pregnancy would involve risk to the life of the pregnant woman greater than if the pregnancy were terminated.
  b. Continuance of pregnancy would involve risk of injury to the physical health of the pregnant woman greater than if the pregnancy were terminated.
  c. Continuance of pregnancy would involve risk of injury to the mental health of the pregnant woman greater than if the pregnancy were terminated.
  d. Continuance of pregnancy would involve risk of injury to mental or physical health of any existing children of the family greater than if the pregnancy were terminated.
  e. There is a substantial risk that if the child were born it would suffer from such physical or mental abnormalities as to be seriously handicapped.
  f. Other.
- 2 Including spontaneous abortions.
- 3 For year ending 31 March.
- 4 Including data for East Jerusalem and Israeli residents in certain other territories under occupation by Israeli military forces since June 1967.
- 5 For Japanese nationals in Japan only.
- 6 Excluding the Faeroe Islands and Greenland.
- 7 All data shown pertaining to Germany prior to 3 October 1990 are indicated separately for the Federal Republic of Germany and the former German Democratic Republic based on their respective territories at the time indicated. See See explanatory notes on data pertaining to Germany on page 4.
- 8 Based on hospital and polyclinic records.
- 9 For residents only.

NOTES GENERALES

Pour la méthode d'évaluation et les insuffisances des données, voir Notes techniques, page 68.

NOTES

- * Données provisoires.
- 1 Explication du code:
  a. La prolongation de la grossesse exposerait la vie de la femme enceinte davantage que son interruption.
  b. La prolongation de la grossesse causerait des complication pouvant affecter la santé physique de la femme enceinte davantage que son interruption.
  c. La prolongation de la grossesse causerait des complications affectant les facultés mentales de la femme enceinte davantage que son interruption.
  d. La prolongation de la grossesse causerait des complications affectant les facultés mentales ou physiques des enfants vivants de cette famille, davantage que son interruption.
  e. Il y aurait des risques majeurs pour l'enfant de naître avec des anomalies physiques ou mentales qui l'handicaperaient gravement.
  f. Autres.
- 2 Y compris les avortements spontanés.
- 3 Période annuelle se terminant le 31 mars.
- 4 Y compris les données pour Jérusalem–Est et les résidents israéliens dans certains autres territoires occupés depuis juin 1967 par les forces armées israéliennes.
- 5 Pour les nationaux japonais au Japon seulement.
- 6 Non compris les îles Féroé et le Groenland.
- 7 Toutes les données se rapportant à l'Allemagne avant le 3 octobre 1990 figurent dans deux rubriques séparées basées sur les territoires respectifs de la République fédérale d'Allemagne et l'ancienne République démocratique allemande selon la période indiquée. Voir les notes explicatives sur les données concernant l'Allemagne à la page 4.
- 8 D'après les registres des hopitaux et des polycliniques.
- 9 Pour les résidents seulement.

14. Legally induced abortions by age and number of previous live births of woman: latest available year
Avortements provoqués légalement selon l'âge de la femme et selon le nombre des naissances vivantes précédentes: dernière année disponible

(See notes at end of table. – Voir notes à la fin du tableau.)

Continent, country or area, year and number of previous live births Continent, pays ou zone, année et nombre des naissances vivantes précédentes	All ages Tous âges	Age of woman (in years) – Age de la femme (en années)									
		–15	15–19	20–24	25–29	30–34	35–39	40–44	45–49	50 plus	Unknown Inconnu
AFRICA—AFRIQUE											
Réunion											
1987 [1]											
Total	4 140	22	574	1 303	955	683	451	134	*—	17 —*	1
0	2 931	21	513	996	613	418	270	89	*—	11 —*	–
1	939	1	49	247	268	197	138	35	*—	4 —*	–
2	133	–	3	27	40	31	25	6	*—	1 —*	–
3	28	–	–	7	4	10	5	2	*—	– —*	–
4	3	–	–	–	1	1	1	–	*—	– —*	–
5 plus	1	–	–	–	1	–	–	–	*—	– —*	–
Unknown–Inconnu	105	–	9	26	28	26	12	2	*—	1 —*	1
Seychelles											
1985 [2]											
Total	188	1	24	58	61	25	14	4	1	–	–
Tunisia – Tunisie											
1974											
Total	12 427	–	102	872	1 503	1 610	1 474	673	88	9	6 096
AMERICA,NORTH—AMERIQUE DU NORD											
Bermuda – Bermudes											
1984											
Total	92	3	30	21	18	14	5	–	–	1	–
0	44	3	27	9	1	3	1	–	–	–	–
1	21	–	2	6	6	6	1	–	–	–	–
2	13	–	–	3	7	2	–	–	–	1	–
3	8	–	–	2	3	1	2	–	–	–	–
4	1	–	–	–	–	1	–	–	–	–	–
5	2	–	–	–	1	1	–	–	–	–	–
6 plus	–	–	–	–	–	–	–	–	–	–	–
Unknown–Inconnu	3	–	1	1	–	–	1	–	–	–	–
Canada											
1990 [3]											
Total	71 092	420	13 165	20 184	15 492	10 090	5 490	1 443	*—	94 —*	4 714
0	34 985	407	10 752	12 625	6 914	2 897	1 152	218	*—	16 —*	4
1	13 074	2	1 368	4 292	3 792	2 258	1 075	273	*—	13 —*	1
2	10 298	–	195	1 789	2 991	2 968	1 832	493	*—	29 —*	1
3	3 380	–	15	336	809	1 137	804	259	*—	18 —*	2
4	885	–	–	58	197	295	246	82	*—	7 —*	–
5	226	–	–	5	44	61	83	30	*—	3 —*	–
6 plus	106	–	–	2	19	36	31	15	*—	3 —*	–
Unknown–Inconnu	8 138	11	835	1 077	726	438	267	73	*—	5 —*	4 706
Cuba											
1990											
Total	147 530	*—	48 377 —*	49 931	29 525	11 886	5 751	1 698	*—	362 —*	–
Panama											
1982											
Total	12	–	1	*—	7 —*	*—	2 —*	*—	2 —*	–	–

14. Legally induced abortions by age and number of previous live births of woman: latest available year (continued)
Avortements provoqués légalement selon l'âge de la femme et selon le nombre des naissances vivantes précédentes: dernière année disponible (suite)

(See notes at end of table. – Voir notes à la fin du tableau.)

Continent, country or area, year and number of previous live births / Continent, pays ou zone, année et nombre des naissances vivantes précédentes	Age of woman (in years) – Age de la femme (en années)									
	All ages / Tous âges	–15	15–19	20–24	25–29	30–34	35–39	40–44	45–49	50 plus	Unknown / Inconnu
AMERICA,SOUTH— AMERIQUE DU SUD											
Chile – Chili											
1991											
Total	67	–	*—	14 —*	*—	32 —*	*—	20 —*	*—	1 —*	–
ASIA—ASIE											
India – Inde											
1990 [4]											
Total	596 345	2 599	41 846	131 540	167 718	102 747	43 974	7 349	*—	628 —*	97 944
Israel – Israël [5]											
1991*											
Total	18 016	177	1 903	3 273	3 535	3 572	3 098	1 664	163	8	623
0	4 970	163	1 664	1 789	781	241	98	29	2	3	200
1	2 619	3	68	665	833	518	296	126	11	1	98
2	3 860	5	16	344	1 013	1 191	745	405	34	1	106
3	3 073	1	2	61	415	931	1 021	515	34	–	93
4	1 404	–	–	15	138	350	507	312	35	–	47
5	504	–	–	4	45	112	201	111	12	1	18
6 plus	449	–	–	–	13	91	153	138	35	2	17
Unknown–Inconnu	1 137	5	153	395	297	138	77	28	–	–	44
Japan – Japon											
1992 [6]											
Total	413 032	*— 31	969 —*	87 461	71 978	85 849	84 055	47 757	3 853	60	50
Kazakhstan											
1992											
Total	296 586	372	27 164	*———	223 722	———*	*———	——— 45	328 ———	———*	–
Singapore – Singapour											
1993											
Total	16 476	17	1 496	3 767	3 736	3 692	2 704	990	*—	74 —*	–
0	6 689	17	1 409	2 974	1 483	554	205	47	*—	– —*	–
1	2 047	–	70	433	699	512	252	76	*—	5 —*	–
2	4 502	–	15	271	1 075	1 532	1 152	429	*—	28 —*	–
3	2 478	–	2	75	393	855	819	311	*—	23 —*	–
4 plus	760	–	–	14	86	239	276	127	*—	18 —*	–
Unknown–Inconnu	–	–	–	–	–	–	–	–	*—	– —*	–
EUROPE											
Bulgaria – Bulgarie											
1990											
Total	144 644	316	14 028	37 899	39 108	30 230	16 998	5 536	506	23	–

14. Legally induced abortions by age and number of previous live births of woman: latest available year (continued)
Avortements provoqués légalement selon l'âge de la femme et selon le nombre des naissances vivantes précédentes: dernière année disponible (suite)

(See notes at end of table. – Voir notes à la fin du tableau.)

Continent, country or area, year and number of previous live births / Continent, pays ou zone, année et nombre des naissances vivantes précédentes	Age of woman (in years) – Age de la femme (en années)										
	All ages / Tous âges	–15	15–19	20–24	25–29	30–34	35–39	40–44	45–49	50 plus	Unknown / Inconnu
EUROPE (Cont.–Suite)											
Former Czechoslovakia – Ancienne Tchécoslovaquie											
1990											
Total	159 705	85	13 388	36 927	41 207	33 660	25 343	8 475	595	25	–
0	22 340	85	10 157	8 328	2 270	845	467	151	34	3	–
1	33 206	–	2 897	14 531	8 438	3 929	2 531	801	71	8	–
2	75 556	–	316	12 381	24 148	19 802	14 096	4 500	307	6	–
3	22 945	–	18	1 444	5 264	7 288	6 416	2 367	143	5	–
4 plus	5 658	–	–	243	1 087	1 796	1 833	656	40	3	–
Unknown–Inconnu	–	–	–	–	–	–	–	–	–	–	–
Denmark – Danemark [7]											
1991											
Total	19 729	52	2 892	5 180	4 957	3 379	2 138	1 004	*—	127 —*	–
Faeroe Islands – Iles Féroé											
1975											
Total	26	–	4	2	3	8	6	3	–	–	–
0	6	–	4	1	–	1	–	–	–	–	–
1	3	–	–	1	1	–	1	–	–	–	–
2	2	–	–	–	–	–	–	2	–	–	–
3	6	–	–	–	2	3	1	–	–	–	–
4	2	–	–	–	–	1	1	–	–	–	–
5	3	–	–	–	–	3	–	–	–	–	–
6 plus	3	–	–	–	–	–	2	1	–	–	–
Unknown–Inconnu	1	–	–	–	–	–	1	–	–	–	–
Finland – Finlande											
1990 [3]											
Total	12 232	21	1 989	3 202	2 389	1 866	1 501	1 084	*—	180 —*	–
0	6 152	21	1 909	2 429	1 135	423	160	64	*—	11 —*	–
1	2 092	–	70	518	559	416	292	212	*—	25 —*	–
2	2 484	–	3	204	497	631	623	444	*—	82 —*	–
3	1 091	–	1	37	143	315	310	242	*—	43 —*	–
4	315	–	–	1	45	68	98	89	*—	14 —*	–
5	48	–	–	–	3	11	13	18	*—	3 —*	–
6 plus	20	–	–	–	1	1	3	13	*—	2 —*	–
Unknown–Inconnu	30	–	6	13	6	1	2	2	*—	– —*	–
France											
1990											
Total	161 646	*—	16 389 —*	37 301	39 287	33 115	24 033	9 902	904	50	665

14. Legally induced abortions by age and number of previous live births of woman: latest available year (continued)
Avortements provoqués légalement selon l'âge de la femme et selon le nombre des naissances vivantes précédentes: dernière année disponible (suite)

(See notes at end of table. – Voir notes à la fin du tableau.)

Continent, country or area, year and number of previous live births Continent, pays ou zone, année et nombre des naissances vivantes précédentes	Age of woman (in years) – Age de la femme (en années)										
	All ages Tous âges	–15	15–19	20–24	25–29	30–34	35–39	40–44	45–49	50 plus	Unknown Inconnu
EUROPE (Cont.–Suite)											
Germany – Allemagne [8]	...	...	...	...	...	...	...	...	...	...	...
Germany, Federal Rep. of – Allemagne, République fédérale d'											
1991											
Total	74 571	83	4 770	16 082	20 226	16 215	11 311	5 033	598	65	188
0	37 360	80	4 363	11 437	10 837	6 039	3 205	1 162	138	22	77
1	13 788	2	324	2 843	4 066	3 218	2 265	916	99	5	50
2	14 850	1	71	1 432	3 662	4 347	3 450	1 652	180	21	34
3	5 710	–	9	305	1 232	1 767	1 529	758	89	6	15
4	1 797	–	3	52	304	571	538	278	38	5	8
5	620	–	–	10	94	167	185	135	23	3	3
6 plus	446	–	–	3	31	106	139	132	31	3	1
Unknown–Inconnu	–	–	–	–	–	–	–	–	–	–	–
Greece – Grèce											
1992											
Total	11 109	7	505	*— 5 313 —*		*— 4 450 —*		*— 756 —*		7	71
Hungary – Hongrie											
1992											
Total	87 065	423	13 718	19 135	15 834	15 946	15 571	5 973	*—	465 —*	–
0	23 351	423	10 937	8 496	2 104	735	463	170	*—	23 —*	–
1	17 057	–	2 037	5 428	3 682	2 510	2 411	906	*—	83 —*	–
2	30 453	–	616	3 761	6 623	7 865	8 128	3 217	*—	243 —*	–
3	11 224	–	117	1 094	2 398	3 213	3 176	1 148	*—	78 —*	–
4	3 024	–	5	239	688	962	803	305	*—	22 —*	–
5	1 016	–	3	75	214	366	255	95	*—	8 —*	–
6 plus	940	–	3	42	125	295	335	132	*—	8 —*	–
Unknown–Inconnu	–	–	–	–	–	–	–	–	*—	– —*	–
Iceland – Islande											
1992											
Total	743	–	146	207	147	119	78	43	3	–	–
0	286	–	137	106	31	11	1	–	–	–	–
1	188	–	8	87	50	33	8	2	–	–	–
2	149	–	1	14	46	36	35	15	2	–	–
3	90	–	–	–	16	31	22	21	–	–	–
4	25	–	–	–	3	8	10	4	–	–	–
5	5	–	–	–	1	–	2	1	1	–	–
6 plus	–	–	–	–	–	–	–	–	–	–	–
Unknown–Inconnu	–	–	–	–	–	–	–	–	–	–	–
Italy – Italie											
1990											
Total	161 386	117	11 792	31 865	37 456	35 464	28 686	14 192	1 312	113	389
0	54 887	106	10 515	21 441	13 574	5 717	2 504	797	86	13	134
1	30 871	4	1 054	6 223	9 016	7 459	4 884	1 973	158	24	76
2	48 398	1	196	3 507	11 179	14 553	12 318	5 968	521	40	115
3	18 991	–	14	556	2 962	5 780	6 028	3 293	295	25	38
4	5 329	–	1	79	515	1 375	1 917	1 281	144	7	10
5	1 623	–	2	18	111	334	620	490	43	2	3
6 plus	1 018	–	–	4	37	176	361	369	59	2	10
Unknown–Inconnu	269	6	10	37	62	70	54	21	6	–	3
Latvia – Lettonie											
1992											
Total	40 494	25	3 889		*—— 28 634 ——*			*—— 7 946 ——*			–

14. Legally induced abortions by age and number of previous live births of woman: latest available year (continued)
Avortements provoqués légalement selon l'âge de la femme et selon le nombre des naissances vivantes précédentes: dernière année disponible (suite)

(See notes at end of table. – Voir notes à la fin du tableau.)

Continent, country or area, year and number of previous live births / Continent, pays ou zone, année et nombre des naissances vivantes précédentes	Age of woman (in years) – Age de la femme (en années)										
	All ages Tous âges	–15	15–19	20–24	25–29	30–34	35–39	40–44	45–49	50 plus	Unknown Inconnu
EUROPE (Cont.–Suite)											
Lithuania – Lituanie											
1991*											
Total	26 598	16	1 573	*———	20 323	———*	*———	4 686	———	———*	–
Netherlands – Pays-Bas											
1985											
Total	17 300	35	2 715	4 510	3 870	3 040	2 315	710	*—	105 —*	–
Norway – Norvège											
1992											
Total	15 164	29	2 692	4 557	3 528	2 239	1 505	553	*—	61 —*	–
0	7 139	29	2 465	2 871	1 234	351	145	41	*—	3 —*	–
1	3 123	–	152	1 163	1 018	468	245	72	*—	5 —*	–
2 – 3	4 103	–	5	365	1 104	1 264	962	361	*—	42 —*	–
4 – 5	320	–	–	1	58	87	111	54	*—	9 —*	–
6 plus	21	–	–	1	1	5	7	7	*—	– —*	–
Unknown–Inconnu	458	–	70	156	113	64	35	18	*—	2 —*	–
Republic of Moldova – République de Moldova											
1991											
Total	58 802	57	4 708	*———	37 179	———*	*———	16 858	———	———*	–
Romania – Roumanie											
1992											
Total	691 863	1 286	42 937	184 549	167 139	152 544	106 539	33 920	*—	2 949 —*	–
Russian Federation – Fédération Russe											
1992											
Total	2 132 845	1 797	192 456	*———	———	———	1 544 447	———	———	———*	394 145
Slovakia – Slovaquie											
1991*											
Total	45 902	23	3 137	10 334	12 540	10 335	7 154	2 247	126	6	–
0	5 721	23	2 153	2 237	741	322	177	60	8	–	–
1	8 831	–	794	3 631	2 398	1 140	669	185	13	1	–
2	21 505	–	178	3 756	7 018	5 738	3 669	1 082	61	3	–
3	7 589	–	12	584	1 892	2 400	1 996	672	31	2	–
4 plus	2 256	–	–	126	491	735	643	248	13	–	–
Slovenia – Slovénie											
1992											
Total	13 263	3	917	2 355	3 151	3 094	2 504	1 113	126	–	–
0	2 713	3	851	1 159	481	114	71	33	1	–	–
1	3 155	–	58	840	1 011	646	415	165	20	–	–
2	5 767	–	7	322	1 417	1 811	1 503	636	71	–	–
3	1 310	–	1	28	206	437	408	204	26	–	–
4	229	–	–	6	24	58	82	53	6	–	–
5	64	–	–	–	5	22	17	18	2	–	–
6 plus	22	–	–	–	5	6	7	4	–	–	–
Unknown–Inconnu	3	–	–	–	2	–	1	–	–	–	–
Sweden – Suède											
1992											
Total	34 849	140	5 198	8 768	8 089	5 988	4 283	2 124	259	–	–

14. Legally induced abortions by age and number of previous live births of woman: latest available year (continued)
Avortements provoqués légalement selon l'âge de la femme et selon le nombre des naissances vivantes précédentes: dernière année disponible (suite)

(See notes at end of table. – Voir notes à la fin du tableau.)

Continent, country or area, year and number of previous live births Continent, pays ou zone, année et nombre des naissances vivantes précédentes	Age of woman (in years) – Age de la femme (en années)										
	All ages Tous âges	–15	15–19	20–24	25–29	30–34	35–39	40–44	45–49	50 plus	Unknown Inconnu
EUROPE (Cont.–Suite)											
United Kingdom – Royaume–Uni											
1992 [1]											
Total	171 260	978	32 220	52 420	40 710	25 307	14 046	5 098	438	31	12
0	93 716	974	28 935	35 723	18 825	6 397	2 193	600	57	6	6
1	29 458	2	2 779	10 155	8 542	4 797	2 349	776	54	2	2
2	29 294	–	381	4 967	8 591	8 070	5 148	1 944	185	7	1
3	12 223	–	35	1 213	3 335	3 880	2 658	1 023	78	1	–
4	4 191	–	6	233	1 042	1 418	1 031	422	35	2	2
5 plus	2 087	–	–	39	331	700	647	328	28	13	1
Unknown–Inconnu	291	2	84	90	44	45	20	5	1	–	–
OCEANIA—OCEANIE											
Australia – Australie											
1971											
Total	2 519	28	635	704	356	305	280	147	12	–	52
0	1 313	28	609	493	104	33	13	6	1	–	26
1	163	–	17	76	36	8	13	7	1	–	5
2	389	–	6	85	100	101	57	33	1	–	6
3	310	–	–	33	66	83	77	39	5	–	7
4	217	–	1	15	36	59	69	31	3	–	3
5 plus	122	–	1	2	14	21	49	30	1	–	4
Unknown–Inconnu	5	–	1	–	–	–	2	1	–	–	1
Cocos (Keeling) Islands – Iles des Cocos (Keeling)											
1978											
Total	2	–	–	–	1	–	1	–	–	–	–
0	–	–	–	–	–	–	–	–	–	–	–
1	–	–	–	–	–	–	–	–	–	–	–
2	–	–	–	–	–	–	–	–	–	–	–
3	2	–	–	–	1	–	1	–	–	–	–
4	–	–	–	–	–	–	–	–	–	–	–
5	–	–	–	–	–	–	–	–	–	–	–
6 plus	–	–	–	–	–	–	–	–	–	–	–
Unknown–Inconnu	–	–	–	–	–	–	–	–	–	–	–
New Zealand – Nouvelle–Zélande											
1992											
Total	11 460	[9] 41	[9] 2 210	3 353	2 628	1 858	1 049	297	19	2	3
0	5 552	[9] 40	[9] 1 948	2 059	993	368	122	20	–	2	–
1	2 125	[9] 1	[9] 234	768	605	318	168	28	3	–	–
2	1 989	[9] –	[9] 26	388	589	543	334	102	7	–	–
3	1 091	[9] –	[9] 2	100	297	365	257	65	5	–	–
4	435	[9] –	[9] –	33	100	166	88	45	3	–	–
5	171	[9] –	[9] –	5	33	66	47	19	1	–	–
6 plus	94	[9] –	[9] –	–	11	32	33	18	–	–	–
Unknown–Inconnu	3	[9] –	[9] –	–	–	–	–	–	–	–	3

14. Legally induced abortions by age and number of previous live births of woman: latest available year (continued)
Avortements provoqués légalement selon l'âge de la femme et selon le nombre des naissances vivantes précédentes: dernière année disponible (suite)

GENERAL NOTES

For method of evaluation and limitations of data, see Technical Notes, page 69.

FOOTNOTES

1 For residents only.
2 Including spontaneous abortions.
3 Birth order based on number of previous confinements (deliveries) rather than on live births.
4 For year ending 31 March.
5 Including data for East Jerusalem and Israeli residents in certain other territories under occupation by Israeli military forces since June 1967.
6 For Japanese nationals in Japan only.
7 Excluding Faeroe Islands and Greenland.
8 All data shown pertaining to Germany prior to 3 October 1990 are indicated separately for the Federal Republic of Germany and the former German Democratic Republic where available. See explanatory notes on page 4.
9 For under 16 and 16–19 years, as appropriate.

NOTES GENERALES

Pour la méthode d'évaluation et les insuffisances des données, voir Notes techniques, page 69.

NOTES

1 Pour les résidents seulement.
2 Y compris les avortements spontanés.
3 Le rang de naissance est déterminé par le nombre d'accouchements antérieurs plutôt que par le nombre des naissances vivantes.
4 Période annuelle se terminant le 31 mars.
5 Y compris les données pour Jérusalem–Est et les résidents israéliens dans certains autres territoires occupés depuis juin 1967 par les forces armées israéliennes.
6 Pour les nationaux japonais au Japon seulement.
7 Non compris les îles Féroé et le Groenland.
8 Toutes les données se rapportant à l'Allemagne avant le 3 octobre 1990 figurent dans deux rubriques séparées concernant la République fédérale d'Allemagne et l'ancienne République démocratique allemande lorsqu'elles sont disponibles. Voir les notes explicatives à la page 4.
9 Pour moins de 16 ans et 16–19 ans selon le cas.

15. Infant deaths and infant mortality rates, by urban/rural residence: 1989 – 1993

Décès d'enfants de moins d'un an et taux de mortalité infantile, selon la résidence, urbaine/rurale: 1989 – 1993

(See notes at end of table.– Voir notes à la fin du tableau.)

Continent, country or area and urban/rural residence Continent, pays ou zone et résidence, urbaine/rurale	Code [1]	Number – Nombre					Rate – Taux				
		1989	1990	1991	1992	1993	1989	1990	1991	1992	1993
AFRICA—AFRIQUE											
Algeria – Algérie [2]	U	*28 970*	*28 588*	...	...	...					[4] 55.0
Angola	..	...	...	...	...	...					[4] 124.2
Benin – Bénin	..	...	...	...	...	...					[4] 85.8
Botswana	..	...	...	...	...	...					[4] 43.0
Burkina Faso	..	...	...	...	...	...					[4] 129.9
Burundi	..	...	...	...	...	...					[4] 102.0
Cameroon – Cameroun	..	...	...	...	...	...					[4] 63.0
Cape Verde – Cap–Vert	C	...	629	...	...	...	...	65.1	...	...	...
Central African Republic – Rép. centrafricaine	..	...	...	...	...	...					[4] 101.7
Chad – Tchad	..	...	...	...	...	...					[4] 122.0
Comoros – Comores	..	...	...	...	...	...					[4] 88.9
Congo	..	...	...	...	...	...					[4] 83.6
Côte d'Ivoire	..	...	...	...	...	...					[4] 91.7
Djibouti	..	...	...	...	...	...					[4] 114.9
Egypt – Egypte [5]	C	68 626	63 813	...	...	...	39.8	37.8	...	...	...
Equatorial Guinea – Guinée équatoriale	..	...	...	...	...	...					[4] 116.6
Eritrea – Erythrée	..	...	...	...	...	...					[4] 105.2
Ethiopia – Ethiopie	..	...	...	...	...	...					[4] 119.2
Gabon	..	...	...	...	...	...					[4] 94.0
Gambia – Gambie	..	...	...	...	...	...					[4] 132.0
Ghana	..	...	...	...	...	...					[4] 81.1
Guinea – Guinée	..	...	...	...	...	...					[4] 134.2
Guinea–Bissau – Guinée–Bissau	..	...	...	...	...	...					[4] 140.0
Kenya	..	...	...	...	...	...					[4] 69.3
Lesotho	..	...	...	...	...	...					[4] 79.0
Liberia – Libéria	..	...	...	...	...	...					[4] 125.9
Libyan Arab Jamahiriya – Jamahiriya arabe libyenne	..	...	...	...	...	...					[4] 68.3
Madagascar	..	...	...	...	...	...					[4] 93.0
Malawi	..	...	...	...	...	...					[4] 142.9
Mali	..	...	...	...	...	...					[4] 159.0
Mauritania – Mauritanie	..	...	...	...	...	*11 700					[4] 100.5
Mauritius – Maurice	+C	...	462	413	426	...	...	20.7	18.6	18.7	...
Island of Mauritius – Ile Maurice [5]	+C	452	434	388	408	...	21.7	20.1	18.1	18.5	...
Rodrigues	+C	46	28	25	18	...					
Morocco – Maroc	..	...	*4 881*	...	...	...					[4] 68.3
Mozambique	..	...	...	...	...	...					[4] 148.3
Namibia – Namibie	..	...	...	...	...	...					[4] 60.0
Niger	..	...	...	...	...	...					[4] 124.1
Nigeria – Nigéria	..	...	...	...	...	...					[4] 84.2
Réunion [3]	U	116	94	103	...	...					[4] 8.3
Rwanda	..	...	...	...	...	...					[4] 110.2
St. Helena ex. dep. – Sainte–Hélène sans dép.	C	3	2	...	1	...					
Sao Tome and Principe – Sao Tomé–et–Principe	C	291	...	...	...	...	71.9	...	...	...	...
Senegal – Sénégal	..	...	...	...	...	...					[4] 68.0
Seychelles	+C	29	21	22	19	22					
Sierra Leone	..	...	...	...	...	...					[4] 166.5
Somalia – Somalie	..	...	...	...	...	...					[4] 121.7
South Africa – Afrique du Sud	..	...	...	...	...	...					[4] 52.8
Sudan – Soudan	..	...	...	...	...	...					[4] 78.1
Swaziland	..	...	...	...	...	...					[4] 75.2
Togo	..	...	...	...	...	...					[4] 85.3
Tunisia – Tunisie [5]	U	*5 151*	...	...	...	...					[4] 43.0
Uganda – Ouganda	..	...	...	...	...	...					[4] 115.4

15. Infant deaths and infant mortality rates, by urban/rural residence: 1989 – 1993 (continued)

Décès d'enfants de moins d'un an et taux de mortalité infantile, selon la résidence, urbaine/rurale: 1989 – 1993 (suite)

(See notes at end of table.– Voir notes à la fin du tableau.)

Continent, country or area and urban/rural residence — Continent, pays ou zone et résidence, urbaine/rurale	Code [1]	Number – Nombre					Rate – Taux				
		1989	1990	1991	1992	1993	1989	1990	1991	1992	1993
AFRICA—AFRIQUE (Cont.–Suite)											
United Rep. of Tanzania – Rép.–Unie de Tanzanie	..	...	...	...	...	...					[4] 84.9
Zaire – Zaïre	..	...	...	...	...	...					[4] 92.6
Zambia – Zambie	..	...	...	...	...	...					[4] 104.4
Zimbabwe	..	...	...	...	...	...					[4] 67.0
AMERICA,NORTH— AMERIQUE DU NORD											
Anguilla	C	...	...	...	...	5					
Bahamas	C	111	142	122	76	...	22.3	28.4	23.8	...	...
Barbados – Barbade	+C	36	59	53	38	...					
Belize	U	*132*	*76*	*94*	*87*	...	*19.7*				
Bermuda – Bermudes	C	6	7	7	...	...					
Canada [6]	C	2 795	2 766	...	...	...	7.1	6.8	...	...	...
Cayman Islands – Iles Caïmanes	C	4	3	7	...	2					
Costa Rica	C	1 160	1 250	1 122	1 099	...	13.9	15.3	13.8	13.7	...
Cuba [5]	C	2 049	2 004	1 854	1 607	* 1 431	11.1	10.7	10.7	10.2	*9.4
Dominica – Dominique	+C	28	30	...	...	...					
Dominican Republic – République dominicaine	+U	*3 237*	*3 841*	*3 413*	...	...					[4] 42.0
El Salvador [5]	...	*3 797*	*3 598*	*2 910*	...	...					[4] 45.6
Greenland – Groenland	C	26	41	33	...	22					
Guadeloupe [3]	C	...	...	61	76	...					
Guatemala	C	15 035	...	...	...	...	43.6	...	...	...	...
Haiti – Haïti	..	...	...	...	...	...					[4] 86.2
Honduras	..	...	...	...	...	...					[4] 43.0
Martinique [3]	U	*63*	*46*	*54*	*39*	...					
Mexico – Mexique [5]	U	*67 315*	*65 497*	*57 091*	*52 502*	...					[4] 36.0
Netherlands Antilles – Antilles néerlandaises	C	22	...	...	...	...					
Nicaragua	..	...	...	...	...	...					[4] 52.1
Panama [5]	U	*1 047*	*1 133*	*1 079*	*867*	...					[4] 25.1
Puerto Rico – Porto Rico [5]	C	952	983	841	822	...	14.3	14.8	13.0	12.7	...
Saint Kitts and Nevis – Saint–Kitts–et–Nevis	+C	22	...	...	...	...					
Saint Lucia – Sainte–Lucie	C	56	...	...	67	...					
Trinidad and Tobago – Trinité–et–Tobago	C	255	304	247	242	* 230	10.2	12.7	11.0	10.5	*10.5
United States – Etats–Unis	C	39 655	38 100	36 766	* 34 400	...	9.8	9.2	8.9	*8.4	...
United States Virgin Islands – Iles Vierges américaines	C	31	33	52	...	...					
AMERICA,SOUTH— AMERIQUE DU SUD											
Argentina – Argentine	C	17 127	17 348	17 152	...	...	25.7	25.6	24.7	...	...
Bolivia – Bolivie	..	...	...	...	...	...					[4] 75.1
Brazil – Brésil [7]	U	*103 091*	*94 739*	...	...	...					[4] 57.7
Chile – Chili [5]	C	5 183	4 915	4 385	4 209	...	17.1	16.0	14.6	14.3	...
Colombia – Colombie [5 8]	+U	*13 816*	*13 053*	*12 845*	...	...					[4] 37.0
Ecuador – Equateur [5 9]	U	*8 851*	*7 977*	*7 452*	*7 326*	...					[4] 49.7
Guyana	..	...	...	...	...	...					[4] 48.0
Paraguay	..	...	...	...	...	...					[4] 38.1
Peru – Pérou [5 7 10]	..	83 300	80 700	52 031	50 767	49 494	129.2	124.2	79.5	77.0	74.9
Suriname [5]	...	*208*	*208*	*175*	...	...					[4] 27.9
Uruguay	C	1 172	1 152	1 157	1 010	...	21.2	20.4	21.1	18.6	...
Venezuela [7]	C	12 322	13 999	12 162	...	...	23.3	24.2	20.2	...	...

15. Infant deaths and infant mortality rates, by urban/rural residence: 1989 – 1993 (continued)

Décès d'enfants de moins d'un an et taux de mortalité infantile, selon la résidence, urbaine/rurale: 1989 – 1993 (suite)

(See notes at end of table.– Voir notes à la fin du tableau.)

Continent, country or area and urban/rural residence Continent, pays ou zone et résidence, urbaine/rurale	Code [1]	Number – Nombre					Rate – Taux				
		1989	1990	1991	1992	1993	1989	1990	1991	1992	1993
ASIA—ASIE											
Afghanistan	..	...	...	...	...	...					[4] 163.4
Armenia – Arménie [5] [11]	C	1 534	1 465	1 404	1 336	* 1 048	20.4	18.3	18.0	18.9	* 17.7
Azerbaijan – Azerbaïdjan [5] [11]	C	4 749	...	...	...	...	26.1	...	...	...	...
Bahrain – Bahreïn	U	_266_	_272_	_274_	...	...					[4] 18.0
Bangladesh	..	...	...	...	...	...					[4] 107.5
Bhutan – Bhoutan	..	...	...	...	...	...					[4] 124.0
Brunei Darussalam – Brunéi Darussalam	+C	64	52	79	70	...					
Cambodia – Cambodge	..	...	...	...	...	...					[4] 115.7
China – Chine	..	...	...	...	...	...					[4] 44.5
Cyprus – Chypre	...	_140_	_146_	_140_	_140_	...					[4] 8.5
East Timor – Timor oriental	..	...	...	...	...	...					[4] 149.5
Georgia – Géorgie [5] [11]	C	1 787	...	...	...	...	19.6	...	...	...	...
Hong Kong – Hong–kong [12]	C	517	419	436	341	...	7.4	6.2	6.4	4.8	...
India – Inde [5] [13]	..	...	...	...	...	...	91.0	80.0	...	...	...
Indonesia – Indonésie	..	...	...	...	...	...					[4] 58.1
Iran (Islamic Republic of – Rép. islamique d')	U	...	...	_99 939_	...	...					[4] 36.0
Iraq	U	_16 146_	...	...	...	...					[4] 57.8
Israel – Israël [5] [14]	C	1 014	1 020	975	1 035	* 817	10.1	9.9	9.2	9.4	* 7.3
Japan – Japon [6] [15]	C	5 724	5 616	5 418	5 477	...	4.6	4.6	4.4	4.5	...
Jordan – Jordanie	..	...	...	...	...	...					[4] 36.0
Kazakhstan [5] [11]	C	9 949	9 696	9 763	8 912	* 9 708	26.0	26.7	27.6	26.3	* 30.7
Korea, Dem. People's Rep. of – Corée, rép. populaire dém. de	..	...	...	...	...	...					[4] 24.4
Korea, Republic of– Corée, République de	...	2 107	1 946	1 945	2 121	...					[4] 10.9
Kuwait – Koweït	C	783	...	248	416	...	14.8	...	12.0	12.1	...
Kyrgyzstan – Kirghizistan [5] [11]	C	4 258	3 889	3 848	4 058	...	32.4	30.2	29.7	31.6	...
Lao People's Dem. Rep. – Rép. dém. populaire Lao	..	...	...	...	...	...					[4] 97.0
Lebanon – Liban	..	...	...	...	...	...					[4] 34.0
Macau – Macao [16]	...	_78_	_58_	_51_	_49_	...					
Malaysia – Malaisie	U	_6 318_	_6 618_	_6 368_	_6 402_	_*6 400_					[4] 13.0
Peninsular Malaysia [3] [5] – Malaisie Péninsulaire	C	4 948	...	...	...	...	13.2	...	...	...	...
Maldives [5]	C	371	290	320	249	...	42.5	33.6	38.1	30.6	...
Mongolia – Mongolie [5]	...	_4 700_	...	...	...	...					[4] 59.7
Myanmar	..	...	...	...	...	...					[4] 84.0
Nepal – Népal	..	...	...	...	...	...					[4] 99.0
Oman	..	...	...	...	...	...					[4] 29.7
Pakistan	..	...	...	...	...	...					[4] 90.5
Philippines	U	_43 026_	_39 633_	...	...	...					[4] 43.6
Qatar	...	_153_	_142_	...	_123_	_* 138_					[4] 20.0
Saudi Arabia – Arabie saoudite	..	...	...	...	...	...					[4] 28.9
Singapore – Singapour [17]	+C	315	341	269	245	* 236	6.6	6.7	5.5	5.0	* 4.7
											[4] 18.0
Syrian Arab Republic – République arabe syrienne	..	...	...	...	...	...					[4] 39.4
Tajikistan – Tadjikistan [5] [11]	C	8 673	...	...	...	...	43.3	...	...	...	...
Thailand – Thaïlande [5]	+U	7 669	7 694	7 928	...	...					[4] 36.6
Turkey – Turquie [5] [18]	..	93 629	...	...	...	...					[4] 65.2
Turkmenistan – Turkménistan [5] [11]	C	6 847	...	...	...	...	54.8	...	...	...	...
United Arab Emirates – Emirats arabes unis	..	...	...	...	...	...					[4] 18.8
Uzbekistan – Ouzbékistan [5] [11]	C	25 459	...	...	...	...	38.1	...	...	...	...
Viet Nam	...	...	_91 400_	...	...	...					[4] 42.0
Yemen – Yémen	...	...	_76 267_	...	...	...					[4] 119.5

15. Infant deaths and infant mortality rates, by urban/rural residence: 1989 – 1993 (continued)

Décès d'enfants de moins d'un an et taux de mortalité infantile, selon la résidence, urbaine/rurale: 1989 – 1993 (suite)

(See notes at end of table.– Voir notes à la fin du tableau.)

Continent, country or area and urban/rural residence Continent, pays ou zone et résidence, urbaine/rurale	Code [1]	Number – Nombre					Rate – Taux				
		1989	1990	1991	1992	1993	1989	1990	1991	1992	1993
EUROPE											
Albania – Albanie [5]	C	2 432	2 321	2 547	...	...	30.8	28.3	32.9	...	...
Andorra – Andorre [5]	...	_5_	_2_	_1_	_8_	...					
Austria – Autriche [5]	C	738	709	708	718	* 609	8.3	7.8	7.5	7.5	* 6.5
Belarus – Bélarus [5 11]	C	1 835	1 717	1 616	1 584	...	12.0	12.1	12.2	12.4	...
Belgium – Belgique	C	1 047	982	1 062	1 027	* 962	8.6	7.9	8.4	8.3	* 7.9
Bulgaria – Bulgarie	C	1 614	1 554	1 624	1 420	* 1 310	14.4	14.8	16.9	15.9	* 15.5
Channel Islands – Iles Anglo–Normandes	C	8	...	12	11	...					
Guernsey – Guernesey	C	4	1	7	8	* 7					
Jersey	+C	4	...	5	3	...					
Former Czechoslovakia – Ancienne Tchécoslovaquie [5]	C	2 358	2 369	2 382	...	...	11.3	11.3	11.5	...	...
Czech Republic – Rép. tchèque	C	...	...	...	1 204	* 1 028	...	...	...	9.9	* 8.5
Denmark – Danemark [19]	C	492	473	471	440	* 381	8.0	7.5	7.3	6.5	* 5.6
Estonia – Estonie [5 11]	C	359	276	258	285	* 239	14.8	12.4	13.4	15.8	* 15.8
Faeroe Islands – Iles Féroé	C	15	6	...	...	...					
Finland – Finlande [5 20]	C	382	370	...	...	* 285	6.0	5.6	...	...	* 4.4
France [5]	C	5 769	5 599	5 511	...	...	7.5	7.3	7.3	...	...
Germany – Allemagne	C	6 582	6 385	5 711	4 992	...	7.5	7.1	6.9	6.2	...
Greece – Grèce [5]	C	...	993	927	871	* 870	...	9.7	9.0	8.4	* 8.5
Hungary – Hongrie [5]	C	1 941	1 863	1 989	1 714	* 1 550	15.7	14.8	15.6	14.1	* 13.3
Iceland – Islande	C	24	28	25	22	...					
Ireland – Irlande [5 21]	+C	423	433	431	344	* 300	8.1	8.2	8.2	6.7	* 6.0
Isle of Man – Ile de Man	+C	5	...	3	2	...					
Italy – Italie	C	4 887	4 848	4 593	4 675	* 4 000	8.7	8.6	8.2	8.3	* 7.4
Latvia – Lettonie [5 11]	C	438	521	545	557	...	11.3	13.7	15.7	17.6	...
Liechtenstein	...	_1_	...	...	...	...					
Lithuania – Lituanie [5 11]	C	597	581	806	887	* 746	10.7	10.2	14.3	16.5	*16.0
Luxembourg	C	46	36	46	44	...					
Malta – Malte	C	58	49	...	59	...					
Netherlands – Pays–Bas [22]	C	1 282	1 397	1 291	1 235	* 1 232	6.8	7.1	6.5	6.3	* 6.3
Norway – Norvège [23]	C	463	419	377	346	...	7.8	6.9	6.2	5.8	...
Poland – Pologne [5]	C	8 979	8 737	8 177	7 400	* 6 600	16.0	16.0	15.0	14.4	* 13.4
Portugal [5]	C	1 444	1 279	1 259	1 068	...	12.2	11.0	10.8	9.3	...
Republic of Moldova – Rép. de Moldova [5 11]	C	1 705	1 482	1 441	1 294	...	20.7	19.2	20.0	18.6	...
Romania – Roumanie [5]	C	9 940	8 471	6 258	6 080	* 5 800	26.9	26.9	22.7	23.3	* 23.4
Russian Federation – Fédération Russe [5 11]	C	39 030	35 088	32 492	29 208	...	18.1	17.6	18.1	18.4	...
San Marino – Saint–Marin [5]	+C	5	...	...	2	...					
Slovakia – Slovaquie [5]	C	1 078	959	1 039	939	* 1 137	13.5	12.0	13.2	12.6	* 15.6
Slovenia – Slovénie [5]	C	191	187	178	177	* 133	8.1	8.4	8.2	8.9	* 6.6
Spain – Espagne	C	3 179	3 050	2 846	...	* 2 971	7.8	7.6	7.2	...	* 7.6
Sweden – Suède	C	670	739	761	657	* 568	5.8	6.0	6.1	5.3	* 4.8
Switzerland – Suisse [5]	C	596	574	537	557	* 520	7.3	6.8	6.2	6.4	* 6.2
The former Yugoslav Rep. of Macedonia – L'ex Rép. [5] yougoslavie de Macédonie	C	1 319	1 120	984	1 018	* 796	36.7	31.6	28.3	30.6	* 24.5
Ukraine [5 11]	C	9 039	8 525	8 831	8 600	* 8 431	13.1	13.0	14.0	14.3	* 15.1
United Kingdom – Royaume–Uni	C	6 542	6 272	5 825	5 141	...	8.4	7.9	7.3	6.6	...
Former Yugoslavia – Ancienne Yougoslavie [5]	C	7 911	6 457	...	...	...	23.5	19.3	...	...	...
Yugoslavia – Yougoslavie	C	4 521	3 537	3 187	2 270	* 2 588	29.2	22.8	20.9	16.0	* 18.4
OCEANIA—OCEANIE											
Australia – Australie	+C	2 004	2 145	1 836	1 843	...	8.0	8.2	7.1	7.0	...
Fiji – Fidji	..	...	...	...	...	...					[4] 23.0
French Polynesia – Polynésie française	...	_92_	_64_	_67_	_67_	...					
Guam [24]	C	...	...	...	41	...					

15. Infant deaths and infant mortality rates, by urban/rural residence: 1989 – 1993 (continued)

Décès d'enfants de moins d'un an et taux de mortalité infantile, selon la résidence, urbaine/rurale: 1989 – 1993 (suite)

(See notes at end of table.– Voir notes à la fin du tableau.)

Continent, country or area and urban/rural residence — Continent, pays ou zone et résidence, urbaine/rurale	Code [1]	Number – Nombre					Rate – Taux				
		1989	1990	1991	1992	1993	1989	1990	1991	1992	1993
OCEANIA—OCEANIE(Cont.–Suite)											
Marshall Islands – Iles Marshall	C	29	...	...	...	...					
New Caledonia – Nouvelle–Calédonie	C	44	47	37	38	...					
New Zealand – Nouvelle–Zélande [5]	+C	592	500	499	430	*426	10.2	8.3	8.3	7.3	* 7.2
Northern Mariana Islands – Iles Mariannes du Nord	U	*2*	...	...	...	...					
Papua New Guinea – Papouasie–Nouvelle–Guinée	..	...	...	...	...	...					[4] 68.3
Pitcairn	C	...	1	...	...	...					
Samoa	U	...	...	...	*25*	...					
Solomon Islands – Iles Salomon	..	...	...	...	...	...					[4] 26.8
Tonga	...	...	*23*	...	...	...					

15. Infant deaths and infant mortality rates, by urban/rural residence: 1989 – 1993 (continued)

Décès d'enfants de moins d'un an et taux de mortalité infantile, selon la résidence, urbaine/rurale: 1989 – 1993 (suite)

Data by urban/rural residence

Données selon la résidence urbaine/rurale

(See notes at end of table.– Voir notes à la fin du tableau.)

Continent, country or area and urban/rural residence Continent, pays ou zone et résidence, urbaine/rurale	Code [1]	Number – Nombre					Rate – Taux				
		1989	1990	1991	1992	1993	1989	1990	1991	1992	1993
AFRICA—AFRIQUE											
Egypt – Egypte	C										
Urban – Urbaine		25 465	...	...	...	...	37.5	...	...	...	...
Rural – Rurale		43 161	...	...	...	...	41.4	...	...	...	...
Mauritius – Maurice											
Island of Mauritius – Ile Maurice	+C										
Urban – Urbaine		174	181	157	177	...	20.9	19.0	16.2	17.2	...
Rural – Rurale		278	253	231	249	...	22.0	20.6	19.7	20.9	...
Tunisia – Tunisie	U										
Urban – Urbaine		*4 088*	...	...	...	...	*28.6*	...	...	...	...
Rural – Rurale		*1 063*	...	...	...	...	*18.8*	...	...	...	...
AMERICA,NORTH— AMERIQUE DU NORD											
Cuba	C										
Urban – Urbaine		1 347	1 384	...	...	...	...	10.7	...	...	...
Rural – Rurale		700	620	...	...	...	...	10.9	...	...	...
El Salvador	...										
Urban – Urbaine		*2 014*	...	*1 505*	...	...	*27.2*	...	*19.8*	...	...
Rural – Rurale		*1 783*	...	*1 405*	...	...	*22.9*	...	*18.7*	...	...
Mexico – Mexique	U										
Urban – Urbaine		*45 879*	*44 506*	*38 917*	*38 452*	...	*28.3*	*26.9*	*23.3*	*21.2*	...
Rural – Rurale		*20 449*	*19 979*	*17 295*	*13 354*	...	*22.7*	*21.3*	*18.2*	*15.5*	...
Panama	U										
Urban – Urbaine		*474*	*490*	*511*	...	...	*17.6*	*17.9*	*19.3*	...	...
Rural – Rurale		*573*	*643*	*568*	...	...	*17.9*	*19.7*	*16.9*	...	...
Puerto Rico – Porto Rico	C										
Urban – Urbaine		...	454	...	...	...	...	13.9	...	...	...
Rural – Rurale		...	436	...	...	...	...	12.8	...	...	...
AMERICA,SOUTH— AMERIQUE DU SUD											
Chile – Chili	C										
Urban – Urbaine		4 226	4 049	3 620	...	...	16.2	15.3	14.0	...	...
Rural – Rurale		957	866	765	...	...	22.4	20.3	19.0	...	...
Colombia – Colombie [8 25]	+U										
Urban – Urbaine		*11 807*	...	...	...	...	...	...	...	...	...
Rural – Rurale		*1 783*	...	...	...	...	...	...	...	...	...
Ecuador – Equateur [9]	U										
Urban – Urbaine		*4 557*	...	...	...	...	*40.4*	...	...	...	...
Rural – Rurale		*4 294*	...	...	...	...	*49.3*	...	...	...	...
Peru – Pérou [7 10]	..										
Urban – Urbaine		...	...	27 765	27 362	26 998	...	...	68.7	66.6	64.9
Rural – Rurale		...	...	24 266	23 405	22 496	...	...	97.0	94.3	91.7
Suriname	...										
Urban – Urbaine		*112*	*112*	*82*	...	...	*19.8*	*21.0*	...	...	...
Rural – Rurale		*96*	*96*	*93*	...	...	*22.9*	*23.3*	...	...	...
ASIA—ASIE											
Armenia – Arménie [11]	C										
Urban – Urbaine		947	943	912	...	...	19.8	18.8	18.8	...	...
Rural – Rurale		587	522	492	...	...	21.4	17.6	16.7	...	...
Azerbaijan – Azerbaïdjan [11]	C										
Urban – Urbaine		2 010	...	...	...	...	23.4	...	...	...	...
Rural – Rurale		2 739	...	...	...	...	28.6	...	...	...	...
Georgia – Géorgie [11]	C										
Urban – Urbaine		1 142	...	...	...	...	23.2	...	...	...	...
Rural – Rurale		645	...	...	...	...	15.4	...	...	...	...
India – Inde [13]	..										
Urban – Urbaine		...	...	...	...	...	62.0	58.0	...	...	...
Rural – Rurale		...	...	...	...	...	102.0	98.0	...	...	...
Israel – Israël [14]	C										
Urban – Urbaine		...	909	...	...	...	...	9.8	...	...	...
Rural – Rurale		...	111	...	...	...	...	10.2	...	...	...

15. Infant deaths and infant mortality rates, by urban/rural residence: 1989 – 1993 (continued)

Décès d'enfants de moins d'un an et taux de mortalité infantile, selon la résidence, urbaine/rurale: 1989 – 1993 (suite)

Data by urban/rural residence

Données selon la résidence urbaine/rurale

(See notes at end of table.– Voir notes à la fin du tableau.)

Continent, country or area and urban/rural residence Continent, pays ou zone et résidence, urbaine/rurale	Code [1]	Number – Nombre					Rate – Taux				
		1989	1990	1991	1992	1993	1989	1990	1991	1992	1993
ASIA—ASIE (Cont.–Suite)											
Japan – Japon [15]	C										
Urban – Urbaine		4 381	4 365	4 214	4 294	...	4.5	4.5	4.4	4.5	...
Rural – Rurale		1 332	1 245	1 195	1 173	...	4.9	4.8	4.6	4.7	...
Kazakhstan [11]	C										
Urban – Urbaine		4 797	4 811	4 661	4 283	...	24.8	26.6	26.9	26.4	...
Rural – Rurale		5 152	4 885	5 102	4 629	...	27.3	26.8	28.2	26.3	...
Kyrgyzstan – Kirghizistan [11]	C										
Urban – Urbaine		1 114	1 033	1 007	1 097	...	28.6	27.6	26.8	30.8	...
Rural – Rurale		3 144	2 856	2 841	2 961	...	34.0	31.2	30.9	31.9	...
Malaysia – Malaisie											
Peninsular Malaysia – Malaisie Péninsulaire [3]	C										
Urban – Urbaine		1 547	...	...	...	...	11.2	...	...	...	...
Rural – Rurale		3 401	...	...	...	...	14.4	...	...	...	...
Maldives	C										
Urban – Urbaine		57	48	44	51	...	42.3	34.9	32.5	37.6	...
Rural – Rurale		314	242	276	198	...	42.6	33.3	39.2	29.2	...
Mongolia – Mongolie	...										
Urban – Urbaine		*2 200*	...	...	...	...	*60.3*	...	...	...	...
Rural – Rurale		*2 500*	...	...	...	...	*67.4*	...	...	...	...
Tajikistan – Tadjikistan [11]	C										
Urban – Urbaine		1 873	...	...	...	...	39.6	...	...	...	...
Rural – Rurale		6 800	...	...	...	...	44.4	...	...	...	...
Thailand – Thaïlande	+U										
Urban – Urbaine		*3 994*	*4 149*	*4 318*	...	...	*16.4*	*15.8*	*15.6*	...	...
Rural – Rurale		*3 675*	*3 545*	*3 610*	...	...	*5.5*	*5.1*	*5.3*	...	...
Turkey – Turquie [18]	..										
Urban – Urbaine		35 259	...	...	...	...	51.6	...	...	...	...
Rural – Rurale		58 370	...	...	...	...	71.2	...	...	...	...
Turkmenistan – Turkménistan [11]	C										
Urban – Urbaine		2 811	...	...	...	...	54.1	...	...	...	...
Rural – Rurale		4 036	...	...	...	...	55.3	...	...	...	...
Uzbekistan – Ouzbékistan [11]	C										
Urban – Urbaine		7 366	...	...	...	...	34.5	...	...	...	...
Rural – Rurale		18 093	...	...	...	...	39.7	...	...	...	...
EUROPE											
Albania – Albanie	C										
Urban – Urbaine		607	658	662	...	...	25.5	25.7	29.4	...	...
Rural – Rurale		1 825	1 663	1 885	...	...	33.1	29.4	34.4	...	...
Andorra – Andorre	...										
Urban – Urbaine		*5*	*1*	–	...	...	...	...	...	...	...
Rural – Rurale		–	*1*	*1*	...	...	...	...	...	...	...
Austria – Autriche	C										
Urban – Urbaine		...	379	376	392	...	...	...	...	...	...
Rural – Rurale		...	330	332	326	...	...	...	...	...	...
Belarus – Bélarus [11]	C										
Urban – Urbaine		1 286	1 218	1 090	...	...	11.6	11.9	11.6	...	...
Rural – Rurale		549	499	526	...	...	12.8	12.5	13.9	...	...
Bulgaria – Bulgarie	C										
Urban – Urbaine		1 012	1 020	...	...	...	12.9	13.8	...	...	...
Rural – Rurale		602	534	...	...	...	17.9	17.1	...	...	...
Former Czechoslovakia – Ancienne Tchécoslovaquie	C										
Urban – Urbaine		1 760	1 567	...	...	...	11.1	11.4	...	...	...
Rural – Rurale		598	802	...	...	...	11.9	10.9	...	...	...
Estonia – Estonie [11]	C										
Urban – Urbaine		247	175	...	...	...	15.0	11.7	...	...	...
Rural – Rurale		112	101	...	...	...	14.4	13.8	...	...	...
Finland – Finlande [20]	C										
Urban – Urbaine		225	231	...	...	...	5.7	5.7	...	...	...
Rural – Rurale		157	139	...	...	...	6.6	5.6	...	...	...

15. Infant deaths and infant mortality rates, by urban/rural residence: 1989 – 1993 (continued)

Décès d'enfants de moins d'un an et taux de mortalité infantile, selon la résidence, urbaine/rurale: 1989 – 1993 (suite)

Data by urban/rural residence

Données selon la résidence urbaine/rurale

(See notes at end of table.– Voir notes à la fin du tableau.)

Continent, country or area and urban/rural residence — Continent, pays ou zone et résidence, urbaine/rurale	Code [1]	Number – Nombre					Rate – Taux				
		1989	1990	1991	1992	1993	1989	1990	1991	1992	1993
EUROPE (Cont.–Suite)											
France [26]	C										
Urban – Urbaine		4 471	4 319	4 318	...	...	7.6	7.3	7.2	...	...
Rural – Rurale		1 231	1 210	1 126	...	...	7.1	7.0	7.0	...	...
Greece – Grèce	C										
Urban – Urbaine		...	747	698	636	...	...	11.1	10.3	9.2	...
Rural – Rurale		...	246	229	235	...	...	7.1	6.6	6.7	...
Hungary – Hongrie [25]	C										
Urban – Urbaine		1 081	1 039	1 114	968	...	14.7	13.9	14.7	13.2	...
Rural – Rurale		851	806	868	737	...	17.3	16.0	17.0	15.3	...
Ireland – Irlande [21]	+C										
Urban – Urbaine		176	...	...	...	...	7.2	...	...	...	...
Rural – Rurale		214	...	...	...	...	7.7	...	...	...	...
Latvia – Lettonie [11]	C										
Urban – Urbaine		274	334	345	318	...	10.9	14.0	15.8	16.5	...
Rural – Rurale		164	187	200	239	...	11.9	13.3	15.6	19.5	...
Lithuania – Lituanie [11]	C										
Urban – Urbaine		379	378	508	561	425	10.3	10.0	13.6	16.1	...
Rural – Rurale		218	203	298	326	321	11.5	10.6	15.9	17.4	...
Poland – Pologne	C										
Urban – Urbaine		4 836	4 592	4 346	...	...	16.0	15.8	15.1	...	...
Rural – Rurale		4 143	4 145	3 831	...	...	15.9	16.3	14.9	...	...
Portugal	C										
Urban – Urbaine		443	410	...	...	...	...	...	...	...	...
Rural – Rurale		812	674	...	...	...	...	...	...	...	...
Republic of Moldova – République de Moldova [11]	C										
Urban – Urbaine		642	592	546	...	...	17.5	17.1	17.3	...	...
Rural – Rurale		1 063	890	895	...	...	23.3	21.0	22.1	...	...
Romania – Roumanie	C										
Urban – Urbaine		4 289	3 778	2 654	2 575	...	24.3	24.1	19.6	20.8	...
Rural – Rurale		5 651	4 693	3 604	3 505	...	29.3	29.7	25.8	25.7	...
Russian Federation – Fédération Russe [11]	C										
Urban – Urbaine		26 671	23 902	21 549	19 097	...	17.5	17.2	17.5	17.9	...
Rural – Rurale		12 359	11 186	10 943	10 111	...	19.3	18.6	19.4	19.5	...
Slovakia – Slovaquie	C										
Urban – Urbaine		605	559	543	...	...	13.1	12.1	12.3	...	...
Rural – Rurale		473	400	496	...	...	13.9	11.9	14.4	...	...
Slovenia – Slovénie	C										
Urban – Urbaine		97	94	73	74	...	...	...	7.1	8.1	...
Rural – Rurale		94	93	105	103	...	...	...	9.3	9.6	...
Switzerland – Suisse	C										
Urban – Urbaine		306	321	347	364	...	6.9	7.1	6.2	6.5	...
Rural – Rurale		290	253	190	193	...	7.9	6.6	6.2	6.2	...
The former Yugoslav Rep. of Macedonia – L'ex Rép. yougoslavie de Macédonie	C										
Urban – Urbaine		652	602	494	490	...	33.9	31.4	26.2	27.6	...
Rural – Rurale		667	518	490	528	...	39.9	31.9	30.7	34.2	...
Ukraine [11]	C										
Urban – Urbaine		6 153	5 603	5 703	...	...	13.1	12.6	13.6	...	...
Rural – Rurale		2 886	2 922	3 128	...	...	13.1	13.6	14.8	...	...
Former Yugoslavia – Ancienne Yougoslavie	C										
Urban – Urbaine		3 742	3 314	...	...	...	22.4	19.2	...	...	...
Rural – Rurale		4 169	3 143	...	...	...	24.7	19.3	...	...	...
OCEANIA—OCEANIE											
New Zealand – Nouvelle–Zélande	+C										
Urban – Urbaine		444	363	...	319	...	10.3	8.0	...	7.2	...
Rural – Rurale		148	137	...	111	...	10.0	9.2	...	7.5	...

15. Infant deaths and infant mortality rates, by urban/rural residence: 1989 – 1993 (continued)

Décès d'enfants de moins d'un an et taux de mortalité infantile, selon la résidence, urbaine/rurale: 1989 – 1993 (suite)

GENERAL NOTES

Data exclude foetal deaths. Rates are the number of deaths of infants under one year of age per 1 000 live births. Rates are shown only for countries or areas having at least a total of 100 infant deaths in a given year. For definitions of "urban", see end of table 6. For method of evaluation and limitations of data, see Technical Notes, page 71.

Italics: data from civil registers which are incomplete or of unknown completeness.

FOOTNOTES

* Provisional.
+ Data tabulated by date of registration rather than occurrence.

1 Code "C" indicates that the data are estimated to be virtually complete (at least 90 per cent) and code "U" indicates that the data are estimated to be incomplete (less than 90 per cent). The code does not apply to estimated rates. For further details, see Technical Notes.
2 For Algerian population only.
3 Excluding live–born infants dying before registration of birth.
4 Estimate for 1990–1995 prepared by the Population Division of the United Nations.
5 For classification by urban/rural residence, see end of table.
6 Including Canadian residents temporarily in the United States but excluding United States residents temporarily in Canada.
7 Excluding Indian jungle population.
8 Based on burial permits.
9 Excluding nomadic Indian tribes.
10 Including an upward adjustment for under–registration.
11 Excluding infants born alive after less than 28 weeks' gestation, of less than 1 000 grammes in weight and 35 centimetres in length, who die within seven days of birth.
12 Excluding Vietnamese refugees.
13 Based on Sample Registration Scheme.
14 Including data for East Jerusalem and Israeli residents in certain other territories under occupation by Israeli military forces since June 1967.

NOTES GENERALES

Les données ne comprennent pas les morts foetales. Les taux représentent le nombre de décès d'enfants de moins d'un an pour 1 000 naissances vivantes. Les taux présentés ne se rapportent qu'aux pays ou zones où l'on a enregistré un total d'au moins 100 décès d'enfants de moins d'un an dans un année donnée. Pour les définitions des "régions urbaines", se reporter à la fin du tableau 6. Pour la méthode d'évaluation et les insuffisances des données, voir Notes techniques, page 71.
Italiques: données incomplètes ou dont le degré d'exactitude n'est pas connu, provenant des registres de l'état civil.

NOTES

* Données provisoires.
+ Données exploitées selon la date de l'enregistrement et non la date de l'événement.
1 Le code "C" indique que les données sont jugées pratiquement complètes (au moins 90 p. 100) et le code "U" que les données sont jugées incomplètes (moins de 90 p. 100). Le code ne s'applique pas aux taux estimatifs. Pour plus de détails, voir Notes techniques.
2 Pour la population algérienne seulement.
3 Non compris les enfants nés vivants, décédés avant l'enregistrement de leur naissance.
4 Estimations pour 1990–1995 établie par la Division de la population de l'Organisation des Nations Unies.
5 Pour le classement selon la résidence, urbaine/rurale, voir la fin du tableau.
6 Y compris les résidents canadiens se trouvant temporairement aux Etats–Unis, mais non compris les résidents des Etats–Unis se trouvant temporairement au Canada.
7 Non compris les Indiens de la jungle.
8 D'après les permis d'inhumer.
9 Non compris les tribus d'Indiens nomades.
10 Y compris un ajustement pour sous–enregistrement.
11 Non compris les enfants nés vivants aprés moins de 28 semaines de gestation, pesant moins de 1 000 grammes, mesurant moins de 35 centimètres et décédés dans les sept jour qui ont suivi leur naissance.
12 Non compris les réfugiés du Viet Nam.
13 D'après le Programme d'enregistrement par sondage.
14 Y compris les données pour Jérusalem–Est et les résidents israéliens dans certains autres territoires occupés depuis juin 1967 par les forces armées israéliennes.

15. Infant deaths and infant mortality rates, by urban/rural residence: 1989 – 1993 (continued)

Décès d'enfants de moins d'un an et taux de mortalité infantile, selon la résidence, urbaine/rurale: 1989 – 1993 (suite)

FOOTNOTES (continued)

15 For Japanese nationals in Japan only.
16 Events registered by Health Service only.
17 Rates computed on live births tabulated by date of occurrence.
18 Based on the results of the Population Demographic Survey.
19 Excluding Faeroe Islands and Greenland.
20 Including nationals temporarily outside the country.
21 Infant deaths registered within one year of occurrence.
22 Including residents outside the country if listed in a Netherlands population register.
23 Including residents temporarily outside the country.
24 Including United States military personnel, their dependants and contract employees.
25 Excluding infant deaths of unknown residence.
26 Excluding nationals outside the country.

NOTES (suite)

15 Pour les nationaux japonais au Japon seulement.
16 Evénements enregistrés par le Service de santé seulement.
17 Taux calculés sur la base de données relatives aux naissances vivantes exploitées selon la date de l'événement.
18 D'après les résultats d'une enquête démographique de la population.
19 Non compris les îles Féroé et le Groenland.
20 Y compris les nationaux se trouvant temporairement hors du pays.
21 Décès d'enfants de moins d'un an enregistrés dans l'année qui suit l'événement.
22 Y compris les résidents hors du pays, s'ils sont inscrits sur un registre de population néerlandais.
23 Y compris les résidents se trouvant temporairement hors du pays.
24 Y compris les militaires des Etats–Unis, les membres de leur famille les accompagnant et les agents contractuels des Etats–Unis.
25 Non compris les décès d'enfants de moins d'un an pour lequels le lieu de résidence n'est pas connu.
26 Non compris les nationaux hors du pays.

16. Infant deaths and infant mortality rates by age, sex and urban/rural residence: latest available year
Décès d'enfants de moins d'un an et taux de mortalité infantile selon l'âge, le sexe et la résidence, urbaine/rurale: dernière année disponible

(See notes at end of table. – Voir notes à la fin du tableau.)

Continent, country or area, year, sex and urban/rural residence Continent, pays ou zone, année, sexe et résidence, urbaine/rurale	Age (in days – en jours) Number – Nombre						Rate – Taux					
	–365	–1	1–6	7–27	28–364	Unknown Inconnu	–365	–1	1–6	7–27	28–364	Unknown Inconnu
AFRICA—AFRIQUE												
Algeria – Algérie [1 2]												
1986												
Total	37 667	*——	14 061	——*	18 337	5 269	49.3	*——	18.4	——*	24.0	6.9
Egypt – Egypte												
1989												
Total	68 626	1 721	7 412	7 275	52 218	–	39.8	1.0	4.3	4.2	30.3	–
Male – Masculin	34 643	936	4 464	4 227	25 016	–	39.0	1.1	5.0	4.8	28.2	–
Female – Féminin	33 983	785	2 948	3 048	27 202	–	40.7	0.9	3.5	3.7	32.6	–
Mauritius – Maurice												
1992+												
Total	426	106	168	46	106	–						
Male – Masculin	244	54	111	27	52	–						
Female – Féminin	182	52	57	19	54	–						
Island of Mauritius – Ile Maurice												
1992+												
Total	408	104	164	43	97	–						
Male – Masculin	231	53	107	25	46	–						
Female – Féminin	177	51	57	18	51	–						
Rodrigues												
1992+												
Total	18	2	4	3	9	–						
Male – Masculin	13	1	4	2	6	–						
Female – Féminin	5	1	–	1	3	–						
Réunion												
1990 [2]												
Total	94	–	38	18	38	–						
Male – Masculin	58	–	26	9	23	–						
Female – Féminin	36	–	12	9	15	–						
St. Helena ex. dep. – Sainte-Hélène sans dép.												
1992												
Total	2	1	1	–	–	–						
Male – Masculin	2	1	1	–	–	–						
Female – Féminin	–	–	–	–	–	–						
Seychelles												
1986+												
Total	30	15	10	1	4	–						
Male – Masculin	20	10	7	1	2	–						
Female – Féminin	10	5	3	–	2	–						
Zimbabwe												
1986												
Total	5 229	876	1 564	749	2 039	1	...	...	...	...	...	...
Male – Masculin	2 760	482	828	405	1 045	–	...	...	...	...	...	...
Female – Féminin	2 469	394	736	344	994	1	...	...	...	...	...	...
AMERICA,NORTH— AMERIQUE DU NORD												
Bahamas												
1992												
Total	76	*—	25 —*	14	37	–						
Male – Masculin	40	*—	15 —*	7	18	–						
Female – Féminin	36	*—	10 —*	7	19	–						

16. Infant deaths and infant mortality rates by age, sex and urban/rural residence: latest available year (continued)

Décès d'enfants de moins d'un an et taux de mortalité infantile selon l'âge, le sexe et la résidence, urbaine/rurale: dernière année disponible (suite)

(See notes at end of table. – Voir notes à la fin du tableau.)

Continent, country or area, year, sex and urban/rural residence — Continent, pays ou zone, année, sexe et résidence, urbaine/rurale	Age (in days – en jours): Number – Nombre						Rate – Taux					
	–365	–1	1–6	7–27	28–364	Unknown Inconnu	–365	–1	1–6	7–27	28–364	Unknown Inconnu
AMERICA,NORTH—(Cont.–Suite) AMERIQUE DU NORD												
Barbados – Barbade												
1991+												
Total	53	14	8	8	23	–						
Male – Masculin	40	11	7	8	14	–						
Female – Féminin	13	3	1	–	9	–						
Bermuda – Bermudes												
1991												
Total	7	2	2	1	2	–						
Male – Masculin	5	2	1	1	1	–						
Female – Féminin	2	–	1	–	1	–						
British Virgin Islands – Iles Vierges britanniques												
1988+												
Total	7	5	1	1	–	–						
Male – Masculin	5	4	–	1	–	–						
Female – Féminin	2	1	1	–	–	–						
Canada												
1990 [3]												
Total	2 766	1 073	457	339	897	–	6.8	2.7	1.1	0.8	2.2	–
Male – Masculin	1 565	611	239	203	512	–	7.5	2.9	1.1	1.0	2.5	–
Female – Féminin	1 201	462	218	136	385	–	6.1	2.3	1.1	0.7	2.0	–
Cayman Islands – Iles Caïmanes												
1991+												
Total	7	4	2	–	1	–						
Male – Masculin	3	2	1	–	–	–						
Female – Féminin	4	2	1	–	1	–						
Costa Rica												
1991												
Total	1 122	293	258	149	422	–	13.8	3.6	3.2	1.8	5.2	–
Male – Masculin	636	157	150	90	239	–	15.2	3.8	3.6	2.2	5.7	–
Female – Féminin	486	136	108	59	183	–	12.3	3.5	2.7	1.5	4.6	–
Cuba												
1989												
Male – Masculin	1 223	219	398	197	409	–	...	...	...	...	...	...
Female – Féminin	826	115	261	136	314	–	...	...	...	...	...	...
1990												
Total	2 004	271	591	341	801	–	10.7	1.5	3.2	1.8	4.3	–
Dominica – Dominique												
1989+												
Total	28	13	7	2	6	–						
Male – Masculin	17	6	7	–	4	–						
Female – Féminin	11	7	–	2	2	–						
Dominican Republic – République dominicaine												
1984+												
Total	*6 609*	*876*	*1 834*	*915*	*2 984*	–	*37.6*	*5.0*	*10.4*	*5.2*	*17.0*	–
Male – Masculin	*3 658*	*472*	*1 049*	*528*	*1 609*	–	...	...	...	...	...	...
Female – Féminin	*2 951*	*404*	*785*	*387*	*1 375*	–	...	...	...	...	...	...
El Salvador												
1991												
Total	*2 910*	*442*	*480*	*359*	*1 629*	–	*19.2*	*2.9*	*3.2*	*2.4*	*10.8*	–
Male – Masculin	*1 646*	*250*	*285*	*208*	*903*	–	*21.5*	*3.3*	*3.7*	*2.7*	*11.8*	–
Female – Féminin	*1 264*	*192*	*195*	*151*	*726*	–	*16.9*	*2.6*	*2.6*	*2.0*	*9.7*	–

16. Infant deaths and infant mortality rates by age, sex and urban/rural residence: latest available year (continued)
Décès d'enfants de moins d'un an et taux de mortalité infantile selon l'âge, le sexe et la résidence, urbaine/rurale: dernière année disponible (suite)

(See notes at end of table. – Voir notes à la fin du tableau.)

Continent, country or area, year, sex and urban/rural residence / Continent, pays ou zone, année, sexe et résidence, urbaine/rurale	Number – Nombre –365	–1	1–6	7–27	28–364	Unknown Inconnu	Rate – Taux –365	–1	1–6	7–27	28–364	Unknown Inconnu
AMERICA,NORTH—(Cont.–Suite) AMERIQUE DU NORD												
Greenland – Groenland												
1990												
Total	41	14	11	–	16	–						
Male – Masculin	25	9	9	–	7	–						
Female – Féminin	16	5	2	–	9	–						
Guadeloupe												
1991 [2]												
Total	*61*	*3*	*21*	*11*	*26*	–						
Male – Masculin	*36*	*2*	*12*	*6*	*16*	–						
Female – Féminin	*25*	*1*	*9*	*5*	*10*	–						
Guatemala												
1988												
Total	15 892	1 162	1 799	2 354	10 577	–	46.6	3.4	5.3	6.9	31.0	–
Male – Masculin	8 660	647	1 071	1 324	5 618	–	50.0	3.7	6.2	7.6	32.4	–
Female – Féminin	7 232	515	728	1 030	4 959	–	43.0	3.1	4.3	6.1	29.5	–
Martinique												
1991 [2]												
Total	*54*	*6*	*18*	*11*	*18*	*1*						
Male – Masculin	*33*	*3*	*7*	*8*	*14*	*1*						
Female – Féminin	*21*	*3*	*11*	*3*	*4*	–						
Mexico – Mexique												
1992+												
Total [4]	*52 502*	*11 997*	*10 882*	*6 334*	*23 152*	*137*	*18.8*	*4.3*	*3.9*	*2.3*	*8.3*	*0.0*
Male – Masculin	*29 662*	*6 821*	*6 462*	*3 522*	*12 774*	*83*	*21.0*	*4.8*	*4.6*	*2.5*	*9.1*	*0.1*
Female – Féminin	*22 692*	*5 101*	*4 400*	*2 794*	*10 344*	*53*	*16.4*	*3.7*	*3.2*	*2.0*	*7.5*	*0.0*
Panama												
1991 [5]												
Total	*1 079*	*245*	*311*	*137*	*386*	–	*18.0*	*4.1*	*5.2*	*2.3*	*6.4*	–
Male – Masculin	*583*	*135*	*173*	*72*	*203*	–	*19.0*	*4.4*	*5.6*	*2.3*	*6.6*	–
Female – Féminin	*496*	*110*	*138*	*65*	*183*	–	*16.9*	*3.7*	*4.7*	*2.2*	*6.2*	–
Puerto Rico – Porto Rico												
1992												
Total	822	211	236	144	230	1						
Male – Masculin	470	124	132	78	135	1						
Female – Féminin	352	87	104	66	95	–						
Saint Kitts and Nevis – Saint–Kitts–et–Nevis												
1989+												
Total	22	5	–	–	17	–						
Male – Masculin	15	2	–	–	13	–						
Female – Féminin	7	3	–	–	4	–						
Saint Lucia – Sainte–Lucie												
1986												
Total	84	15	37	4	28	–						
Male – Masculin	48	8	23	1	16	–						
Female – Féminin	36	7	14	3	12	–						
St. Vincent and the Grenadines – Saint–Vincent–et–Grenadines												
1988												
Total	55	14	11	7	23	–						
Male – Masculin	35	10	8	4	13	–						
Female – Féminin	20	4	3	3	10	–						

16. Infant deaths and infant mortality rates by age, sex and urban/rural residence: latest available year (continued)
Décès d'enfants de moins d'un an et taux de mortalité infantile selon l'âge, le sexe et la résidence, urbaine/rurale: dernière année disponible (suite)

(See notes at end of table. – Voir notes à la fin du tableau.)

Continent, country or area, year, sex and urban/rural residence — Continent, pays ou zone, année, sexe et résidence, urbaine/rurale	Age (in days – en jours): Number – Nombre						Rate – Taux					
	–365	–1	1–6	7–27	28–364	Unknown Inconnu	–365	–1	1–6	7–27	28–364	Unknown Inconnu
AMERICA,NORTH—(Cont.–Suite) AMERIQUE DU NORD												
Trinidad and Tobago – Trinité–et–Tobago												
1989												
Total	255	58	63	*—	134 —*	–						
Male – Masculin	154	35	38	*—	81 —*	–						
Female – Féminin	101	23	25	*—	53 —*	–						
United States – Etats–Unis												
1991												
Total	36 766	13 860	5 056	4 062	13 788	–	8.9	3.4	1.2	1.0	3.4	–
Male – Masculin	21 008	7 778	2 927	2 269	8 034	–	10.0	3.7	1.4	1.1	3.8	–
Female – Féminin	15 758	6 082	2 129	1 793	5 754	–	7.8	3.0	1.1	0.9	2.9	–
United States Virgin Islands – Iles Vierges américaines												
1990												
Total	33	18	5	1	9	–						
Male – Masculin	19	10	3	–	6	–						
Female – Féminin	14	8	2	1	3	–						
AMERICA,SOUTH— AMERIQUE DU SUD												
Argentina – Argentine												
1990												
Total	17 348	3 922	4 644	2 040	6 364	378	25.6	5.8	6.8	3.0	9.4	0.6
Male – Masculin	9 808	2 277	2 676	1 143	3 503	209	28.2	6.5	7.7	3.3	10.1	0.6
Female – Féminin	7 540	1 645	1 968	897	2 861	169	22.8	5.0	6.0	2.7	8.7	0.5
Brazil – Brésil												
1990 [6]												
Total	*94 739*	*16 596*	*17 798*	*11 009*	*49 336*	–	*39.1*	*6.9*	*7.4*	*4.5*	*20.4*	–
Male – Masculin	*54 032*	*9 435*	*10 475*	*6 295*	*27 827*	–	*43.8*	*7.6*	*8.5*	*5.1*	*22.5*	–
Female – Féminin	*40 707*	*7 161*	*7 323*	*4 714*	*21 509*	–	*34.3*	*6.0*	*6.2*	*4.0*	*18.1*	–
Chile – Chili												
1991												
Total	4 385	1 083	819	458	2 025	–	14.6	3.6	2.7	1.5	6.8	–
Male – Masculin	2 443	607	466	248	1 122	–	15.9	4.0	3.0	1.6	7.3	–
Female – Féminin	1 942	476	353	210	903	–	13.3	3.3	2.4	1.4	6.2	–
Colombia – Colombie												
1986+ [7]												
Total	*16 185*	*2 428*	*3 210*	*2 097*	*8 450*	–	*17.4*	*2.6*	*3.4*	*2.2*	*9.1*	–
Male – Masculin	*9 086*	*1 355*	*1 909*	*1 163*	*4 659*	–	*19.2*	*2.9*	*4.0*	*2.5*	*9.9*	–
Female – Féminin	*7 099*	*1 073*	*1 301*	*934*	*3 791*	–	*15.4*	*2.3*	*2.8*	*2.0*	*8.2*	–
Ecuador – Equateur												
1990 [8]												
Total	*7 977*	*924*	*1 186*	*1 156*	*4 711*	–	*39.5*	*4.6*	*5.9*	*5.7*	*23.4*	–
Male – Masculin	*4 365*	*524*	*674*	*615*	*2 552*	–	...	...	...	...	...	...
Female – Féminin	*3 612*	*400*	*512*	*541*	*2 159*	–	...	...	...	...	...	...
Paraguay												
1985												
Total	*2 060*	*—	*543 —*	*270*	*1 247*	–	*51.5*	*—	*13.6 —*	*6.8*	*31.2*	–
Male – Masculin	*1 146*	*—	*322 —*	*152*	*672*	–	*55.6*	*—	*15.6 —*	*7.4*	*32.6*	–
Female – Féminin	*914*	*—	*221 —*	*118*	*575*	–	*47.2*	*—	*11.4 —*	*6.1*	*29.7*	–
Suriname												
1990*												
Total	*196*	*34*	*54*	*26*	*82*	–						
Male – Masculin	*110*	*21*	*31*	*9*	*49*	–						
Female – Féminin	*80*	*13*	*22*	*15*	*30*	–						

16. Infant deaths and infant mortality rates by age, sex and urban/rural residence: latest available year (continued)
Décès d'enfants de moins d'un an et taux de mortalité infantile selon l'âge, le sexe et la résidence, urbaine/rurale: dernière année disponible (suite)

(See notes at end of table. – Voir notes à la fin du tableau.)

Continent, country or area, year, sex and urban/rural residence — Continent, pays ou zone, année, sexe et résidence, urbaine/rurale	Age (in days – en jours) Number – Nombre -365	-1	1-6	7-27	28-364	Unknown Inconnu	Rate – Taux -365	-1	1-6	7-27	28-364	Unknown Inconnu
AMERICA,SOUTH—(Cont.-Suite) AMERIQUE DU SUD												
Uruguay												
1991+												
Total [4]	1 157	291	239	145	481	1	21.1	5.3	4.4	2.6	8.8	♦ 0.0
Male – Masculin	631	163	136	74	257	1	...	...	...	...	...	...
Female – Féminin	519	123	101	71	224	–	...	...	...	...	...	...
Venezuela												
1991 [6]												
Total	12 162	*——	7 481	——*	4 681	–	20.2	*——	12.4	——*	7.8	–
Male – Masculin	6 987	*——	4 377	——*	2 610	–	22.2	*——	13.9	——*	8.3	–
Female – Féminin	5 175	*——	3 104	——*	2 071	–	18.0	*——	10.8	——*	7.2	–
ASIA—ASIE												
Armenia – Arménie												
1991 [9]												
Total	1 404	157	414	140	693	–	18.0	2.0	5.3	1.8	8.9	–
Male – Masculin	757	95	249	72	341	–	19.0	2.4	6.3	1.8	8.6	–
Female – Féminin	647	62	165	68	352	–	17.0	1.6	4.3	1.8	9.3	–
Brunei Darussalam – Brunéi Darussalam												
1992+												
Total	70	11	21	17	21	–						
Male – Masculin	41	8	13	10	10	–						
Female – Féminin	29	3	8	7	11	–						
Hong Kong – Hong-kong												
1992 [10]												
Total [4]	341	22	141	40	138	–						
Male – Masculin	174	12	63	19	80	–						
Female – Féminin	165	9	77	21	58	–						
Israel – Israël [11]												
1991												
Total	975	219	259	152	345	–						
Male – Masculin	537	118	162	79	178	–						
Female – Féminin	438	101	97	73	167	–						
Japan – Japon												
1992 [12]												
Total	5 477	1 159	971	775	2 572	–	4.5	1.0	0.8	0.6	2.1	–
Male – Masculin	3 103	620	579	432	1 472	–	5.0	1.0	0.9	0.7	2.4	–
Female – Féminin	2 374	539	392	343	1 100	–	4.0	0.9	0.7	0.6	1.9	–
Kazakhstan												
1992 [9]												
Total	8 912	686	2 436	874	4 912	4	26.3	2.0	7.2	2.6	14.5	♦ 0.0
Male – Masculin	5 192	392	1 493	508	2 797	2	29.8	2.3	8.6	2.9	16.1	♦ 0.0
Female – Féminin	3 720	294	943	366	2 115	2	22.6	1.8	5.7	2.2	12.9	♦ 0.0
Kuwait – Koweït												
1992												
Total	416	135	80	64	137	–						
Male – Masculin	234	88	40	36	70	–						
Female – Féminin	182	47	40	28	67	–						
Kyrgyzstan – Kirghizistan												
1992 [9]												
Total	4 058	225	710	381	2 740	2	31.6	1.8	5.5	3.0	21.3	♦ 0.0
Male – Masculin	2 374	130	433	213	1 596	2	36.1	2.0	6.6	3.2	24.3	♦ 0.0
Female – Féminin	1 684	95	277	168	1 144	–	26.9	1.5	4.4	2.7	18.3	–

16. Infant deaths and infant mortality rates by age, sex and urban/rural residence: latest available year (continued)

Décès d'enfants de moins d'un an et taux de mortalité infantile selon l'âge, le sexe et la résidence, urbaine/rurale: dernière année disponible (suite)

(See notes at end of table. – Voir notes à la fin du tableau.)

Continent, country or area, year, sex and urban/rural residence — Continent, pays ou zone, année, sexe et résidence, urbaine/rurale	Age (in days – en jours)											
	Number – Nombre						Rate – Taux					
	–365	–1	1–6	7–27	28–364	Unknown Inconnu	–365	–1	1–6	7–27	28–364	Unknown Inconnu
ASIA—ASIE (Cont.–Suite)												
Macau – Macao												
1992 [13]												
Total	49	20	14	7	8	–						
Male – Masculin	24	10	8	4	2	–						
Female – Féminin	25	10	6	3	6	–						
Malaysia – Malaisie												
1991												
Total	6 368	*—	3 193 —*	948	2 227	–	12.5	*—	6.3 —*	1.9	4.4	–
Male – Masculin	3 535	*—	1 781 —*	527	1 227	–	13.5	*—	6.8 —*	2.0	4.7	–
Female – Féminin	2 833	*—	1 412 —*	421	1 000	–	11.6	*—	5.8 —*	1.7	4.1	–
Peninsular Malaysia – Malaisie Péninsulaire												
1989 [2]												
Total	4 948	*—	2 408 —*	746	1 794	–	13.2	*—	6.4 —*	2.0	4.8	–
Male – Masculin	2 838	*—	1 387 —*	444	1 007	–	14.7	*—	7.2 —*	2.3	5.2	–
Female – Féminin	2 110	*—	1 021 —*	302	787	–	11.6	*—	5.6 —*	1.7	4.3	–
Sabah												
1984												
Total	1 064	*—	603 —*	103	358	–	22.7	*—	12.9 —*	2.2	7.6	–
Male – Masculin	575	*—	346 —*	45	184	–	23.5	*—	14.1 —*	1.8	7.5	–
Female – Féminin	489	*—	257 —*	58	174	–	21.8	*—	11.5 —*	2.6	7.8	–
Sarawak												
1986												
Total	426	*—	220 —*	68	138	–						
Male – Masculin	253	*—	131 —*	47	75	–						
Female – Féminin	173	*—	89 —*	21	63	–						
Maldives												
1991												
Total	320	8	119	54	139	–						
Male – Masculin	174	3	69	32	70	–						
Female – Féminin	146	5	50	22	69	–						
Pakistan												
1988 [14]												
Total	344 058	224	116 986	72 695	154 153	–	107.7	0.1	36.6	22.8	48.2	–
Male – Masculin	186 977	224	64 817	42 538	79 398	–	112.2	0.1	38.9	25.5	47.6	–
Female – Féminin	157 081	–	52 169	30 157	74 755	–	102.8	–	34.1	19.7	48.9	–
Philippines												
1990												
Total	39 633	6 293	8 277	4 443	20 620	–	24.3	3.9	5.1	2.7	12.6	–
Male – Masculin	23 021	3 657	5 004	2 616	11 744	–	27.1	4.3	5.9	3.1	13.8	–
Female – Féminin	16 612	2 636	3 273	1 827	8 876	–	21.2	3.4	4.2	2.3	11.3	–
Qatar												
1992												
Total	123	–	58	23	42	–						
Male – Masculin	60	–	31	13	16	–						
Female – Féminin	63	–	27	10	26	–						
Singapore – Singapour												
1992+ [15]												
Total	245	43	67	36	99	–						
Male – Masculin	137	25	33	21	58	–						
Female – Féminin	107	17	34	15	41	–						
Sri Lanka												
1988+												
Total	6 943	32	3 682	1 073	2 156	–	20.2	0.1	10.7	3.1	6.3	–
Male – Masculin	3 833	18	2 083	599	1 133	–	21.7	♦ 0.1	11.8	3.4	6.4	–
Female – Féminin	3 110	14	1 599	474	1 023	–	18.5	♦ 0.1	9.5	2.8	6.1	–

16. Infant deaths and infant mortality rates by age, sex and urban/rural residence: latest available year (continued)
Décès d'enfants de moins d'un an et taux de mortalité infantile selon l'âge, le sexe et la résidence, urbaine/rurale: dernière année disponible (suite)

(See notes at end of table. – Voir notes à la fin du tableau.)

Continent, country or area, year, sex and urban/rural residence Continent, pays ou zone, année, sexe et résidence, urbaine/rurale	Age (in days – en jours) Number – Nombre –365	–1	1–6	7–27	28–364	Unknown Inconnu	Rate – Taux –365	–1	1–6	7–27	28–364	Unknown Inconnu
ASIA—ASIE (Cont.–Suite)												
Thailand – Thaïlande												
1991+												
Total	7 928	431	1 980	1 195	4 171	151	8.3	0.4	2.1	1.2	4.3	0.2
Male – Masculin	4 561	242	1 124	691	2 410	94	9.2	0.5	2.3	1.4	4.9	0.2
Female – Féminin	3 367	189	856	504	1 761	57	7.2	0.4	1.8	1.1	3.8	0.1
EUROPE												
Albania – Albanie												
1991												
Total	2 547	87	394	299	1 767	–	32.9	1.1	5.1	3.9	22.8	–
1989												
Male – Masculin	1 355	48	179	148	980	–	33.2	1.2	4.4	3.6	24.0	–
Female – Féminin	1 077	22	94	99	862	–	28.3	0.6	2.5	2.6	22.6	–
Austria – Autriche												
1992												
Total	718	178	134	132	274	–						
Male – Masculin	419	101	86	61	171	–						
Female – Féminin	299	77	48	71	103	–						
Belarus – Bélarus												
1991 [9]												
Total	1 616	117	608	265	626	–	12.2	0.9	4.6	2.0	4.7	–
Male – Masculin	963	68	391	157	347	–	14.1	1.0	5.7	2.3	5.1	–
Female – Féminin	653	49	217	108	279	–	10.3	0.8	3.4	1.7	4.4	–
Belgium – Belgique												
1987												
Total	1 133	245	253	156	479	–	9.7	2.1	2.2	1.3	4.1	–
Male – Masculin	666	143	161	79	283	–	11.0	2.4	2.7	1.3	4.7	–
Female – Féminin	467	102	92	77	196	–	8.2	1.8	1.6	1.4	3.4	–
Bulgaria – Bulgarie												
1990												
Total	1 554	108	425	278	743	–	14.8	1.0	4.0	2.6	7.1	–
Male – Masculin	909	61	279	151	418	–	16.8	1.1	5.2	2.8	7.7	–
Female – Féminin	645	47	146	127	325	–	12.6	0.9	2.9	2.5	6.4	–
Channel Islands – Iles Anglo–Normandes												
Guernsey – Guernesey												
1993												
Total	7	4	1	–	2	–						
Male – Masculin	3	2	–	–	1	–						
Female – Féminin	4	2	1	–	1	–						
Jersey												
1992+												
Total	3	*—	1 —*	–	2	–						
Male – Masculin	1	*—	– —*	–	1	–						
Female – Féminin	2	*—	1 —*	–	1	–						
Former Czechoslovakia – Ancienne Tchécoslovaquie												
1990												
Total	2 369	419	867	386	697	–	11.3	2.0	4.1	1.8	3.3	–
Male – Masculin	1 401	217	558	234	392	–	13.0	2.0	5.2	2.2	3.6	–
Female – Féminin	968	202	309	152	305	–	9.4	2.0	3.0	1.5	3.0	–
Denmark – Danemark [16]												
1991												
Total	471	139	78	54	198	2						
Male – Masculin	268	81	46	27	113	1						
Female – Féminin	203	58	32	27	85	1						

16. Infant deaths and infant mortality rates by age, sex and urban/rural residence: latest available year (continued)
Décès d'enfants de moins d'un an et taux de mortalité infantile selon l'âge, le sexe et la résidence, urbaine/rurale: dernière année disponible (suite)

(See notes at end of table. – Voir notes à la fin du tableau.)

Continent, country or area, year, sex and urban/rural residence Continent, pays ou zone, année, sexe et résidence, urbaine/rurale	Age (in days – en jours) Number – Nombre –365	–1	1–6	7–27	28–364	Unknown Inconnu	Rate – Taux –365	–1	1–6	7–27	28–364	Unknown Inconnu
EUROPE (Cont.–Suite)												
Estonia – Estonie												
1990 [9]												
Total	276	43	92	46	95	–						
Male – Masculin	166	23	53	31	59	–						
Female – Féminin	110	20	39	15	36	–						
Faeroe Islands – Iles Féroé												
1990												
Total	6	1	2	1	2	–						
Male – Masculin	2	1	–	–	1	–						
Female – Féminin	4	–	2	1	1	–						
Finland – Finlande												
1990 [5 17]												
Total	370	112	88	45	125	–						
Male – Masculin	188	54	46	24	64	–						
Female – Féminin	182	58	42	21	61	–						
France												
1991												
Total	5 511	606	1 291	763	2 851	–	7.3	0.8	1.7	1.0	3.8	–
Male – Masculin	3 242	336	747	425	1 734	–	8.3	0.9	1.9	1.1	4.5	–
Female – Féminin	2 269	270	544	338	1 117	–	6.1	0.7	1.5	0.9	3.0	–
Germany – Allemagne												
1991												
Total	5 711	919	1 182	800	2 810	–	6.9	1.1	1.4	1.0	3.4	–
Male – Masculin	3 279	509	685	483	1 602	–	7.7	1.2	1.6	1.1	3.8	–
Female – Féminin	2 432	410	497	317	1 208	–	6.0	1.0	1.2	0.8	3.0	–
Greece – Grèce												
1992												
Total	871	202	218	169	282	–						
Male – Masculin	477	103	127	89	158	–						
Female – Féminin	394	99	91	80	124	–						
Hungary – Hongrie												
1992 [5]												
Total	1 714	504	460	281	469	–	14.1	4.1	3.8	2.3	3.9	–
Male – Masculin	968	282	284	146	256	–	15.5	4.5	4.5	2.3	4.1	–
Female – Féminin	746	222	176	135	213	–	12.6	3.7	3.0	2.3	3.6	–
Iceland – Islande												
1992												
Total	22	7	8	2	5	–						
Male – Masculin	12	4	5	1	2	–						
Female – Féminin	10	3	3	1	3	–						
Ireland – Irlande												
1992+ [18]												
Total	344	114	80	27	123	–						
Male – Masculin	200	66	42	17	75	–						
Female – Féminin	144	48	38	10	48	–						
Isle of Man – Ile de Man												
1989+												
Total	5	4	–	–	1	–						
Male – Masculin	5	4	–	–	1	–						
Female – Féminin	–	–	–	–	–	–						
Italy – Italie												
1989*												
Total	4 873	1 623	1 473	698	1 079	–	8.7	2.9	2.6	1.2	1.9	–
Male – Masculin	2 706	907	847	358	594	–	9.4	3.1	2.9	1.2	2.1	–
Female – Féminin	2 167	716	626	340	485	–	8.0	2.6	2.3	1.2	1.8	–

16. Infant deaths and infant mortality rates by age, sex and urban/rural residence: latest available year (continued)
Décès d'enfants de moins d'un an et taux de mortalité infantile selon l'âge, le sexe et la résidence, urbaine/rurale: dernière année disponible (suite)

(See notes at end of table. – Voir notes à la fin du tableau.)

Continent, country or area, year, sex and urban/rural residence Continent, pays ou zone, année, sexe et résidence, urbaine/rurale	Age (in days – en jours) Number – Nombre –365	–1	1–6	7–27	28–364	Unknown Inconnu	Rate – Taux –365	–1	1–6	7–27	28–364	Unknown Inconnu
EUROPE (Cont.–Suite)												
Latvia – Lettonie												
1992 [9]												
Total	557	86	200	70	201	–						
Male – Masculin	317	50	110	48	109	–						
Female – Féminin	240	36	90	22	92	–						
Lithuania – Lituanie												
1992 [9]												
Total	887	136	375	121	255	–						
Male – Masculin	509	80	212	78	139	–						
Female – Féminin	378	56	163	43	116	–						
Luxembourg												
1989												
Total	46	7	16	7	16	–						
Male – Masculin	25	3	10	3	9	–						
Female – Féminin	21	4	6	4	7	–						
Malta – Malte												
1988												
Total	44	22	–	5	17	–						
Male – Masculin	16	8	–	2	6	–						
Female – Féminin	28	14	–	3	11	–						
Netherlands – Pays-Bas												
1992* [19]												
Total	1 353	324	372	167	372	118	6.9	1.6	1.9	0.8	1.9	0.6
Male – Masculin	756	173	206	97	213	67	7.5	1.7	2.0	1.0	2.1	0.7
Female – Féminin	597	151	166	70	159	51	6.2	1.6	1.7	0.7	1.7	0.5
Norway – Norvège												
1992 [20]												
Total	346	81	98	42	125	–						
Male – Masculin	194	47	57	21	69	–						
Female – Féminin	152	34	41	21	56	–						
Poland – Pologne												
1991												
Total	8 177	1 858	2 742	1 275	2 302	–	15.0	3.4	5.0	2.3	4.2	–
Male – Masculin	4 727	1 094	1 622	713	1 298	–	16.8	3.9	5.8	2.5	4.6	–
Female – Féminin	3 450	764	1 120	562	1 004	–	13.0	2.9	4.2	2.1	3.8	–
Portugal												
1991												
Total	1 259	375	263	167	454	–	10.8	3.2	2.3	1.4	3.9	–
Male – Masculin	731	224	162	97	248	–	12.2	3.7	2.7	1.6	4.1	–
Female – Féminin	528	151	101	70	206	–	9.3	2.7	1.8	1.2	3.6	–
Republic of Moldova – République de Moldova												
1991 [9]												
Total	1 441	173	364	160	743	1	20.0	2.4	5.1	2.2	10.3	♦ 0.0
Male – Masculin	818	94	207	99	417	1	22.1	2.5	5.6	2.7	11.3	♦ 0.0
Female – Féminin	623	79	157	61	326	–	17.8	2.3	4.5	1.7	9.3	–
Romania – Roumanie												
1992												
Total	6 080	294	1 257	864	3 665	–	23.3	1.1	4.8	3.3	14.1	–
Male – Masculin	3 466	185	791	504	1 986	–	25.9	1.4	5.9	3.8	14.8	–
Female – Féminin	2 614	109	466	360	1 679	–	20.6	0.9	3.7	2.8	13.3	–
Russian Federation – Fédération Russe												
1992 [9]												
Total	29 208	3 461	10 794	3 687	11 254	12	18.4	2.2	6.8	2.3	7.1	–
Male – Masculin	17 238	2 084	6 596	2 125	6 424	9	21.1	2.6	8.1	2.6	7.9	♦ 0.0
Female – Féminin	11 970	1 377	4 198	1 562	4 830	3	15.5	1.8	5.4	2.0	6.3	♦ 0.0

16. Infant deaths and infant mortality rates by age, sex and urban/rural residence: latest available year (continued)
Décès d'enfants de moins d'un an et taux de mortalité infantile selon l'âge, le sexe et la résidence, urbaine/rurale: dernière année disponible (suite)

(See notes at end of table. – Voir notes à la fin du tableau.)

Continent, country or area, year, sex and urban/rural residence / Continent, pays ou zone, année, sexe et résidence, urbaine/rurale	Number – Nombre: -365	-1	1-6	7-27	28-364	Unknown Inconnu	Rate – Taux: -365	-1	1-6	7-27	28-364	Unknown Inconnu
EUROPE (Cont.–Suite)												
San Marino – Saint-Marin												
1989+												
Total	5	3	2	–	–	–						
Male – Masculin	2	1	1	–	–	–						
Female – Féminin	3	2	1	–	–	–						
Slovakia – Slovaquie												
1990												
Total	959	*—	350 —*	136	473	–						
Male – Masculin	568	*—	230 —*	79	259	–						
Female – Féminin	391	*—	120 —*	57	214	–						
Slovenia – Slovénie												
1992												
Total	177	61	32	25	59	–						
Male – Masculin	98	35	19	12	32	–						
Female – Féminin	79	26	13	13	27	–						
Spain – Espagne												
1991												
Total	2 846	691	623	495	1 037	–	7.2	1.7	1.6	1.2	2.6	–
Male – Masculin	1 616	382	381	275	578	–	7.9	1.9	1.9	1.3	2.8	–
Female – Féminin	1 230	309	242	220	459	–	6.4	1.6	1.3	1.2	2.4	–
Sweden – Suède												
1992												
Total	657	127	169	103	258	–						
Male – Masculin	378	70	100	64	144	–						
Female – Féminin	279	57	69	39	114	–						
Switzerland – Suisse												
1992												
Total	557	156	119	67	215	–						
Male – Masculin	331	89	74	38	130	–						
Female – Féminin	226	67	45	29	85	–						
The former Yugoslav Rep. of Macedonia – L'ex Rép. yougoslavie de Macédonie												
1992												
Total	1 018	198	216	125	479	–	30.6	6.0	6.5	3.8	14.4	–
Male – Masculin	562	112	119	64	267	–	32.6	6.5	6.9	3.7	15.5	–
Female – Féminin	456	86	97	61	212	–	28.5	5.4	6.1	3.8	13.2	–
Ukraine												
1991 [9]												
Total	8 831	*—	3 861 —*	1 026	3 939	5	14.0	*—	6.1 —*	1.6	6.2	0.0
Male – Masculin	5 103	*—	2 329 —*	614	2 157	3	15.8	*—	7.2 —*	1.9	6.7	0.0
Female – Féminin	3 728	*—	1 532 —*	412	1 782	2	12.1	*—	5.0 —*	1.3	5.8	♦ 0.0
United Kingdom – Royaume-Uni												
1992												
Total	5 141	1 553	1 067	743	1 770	8	6.6	2.0	1.4	1.0	2.3	♦ 0.0
Male – Masculin	2 954	882	610	412	1 042	8	7.4	2.2	1.5	1.0	2.6	♦ 0.0
Female – Féminin	2 187	671	457	331	728	–	5.7	1.8	1.2	0.9	1.9	–
Former Yugoslavia – Ancienne Yougoslavie												
1990												
Total	6 457	1 160	1 776	872	2 649	–	19.3	3.5	5.3	2.6	7.9	–
Male – Masculin	3 563	666	1 010	504	1 383	–	20.5	3.8	5.8	2.9	8.0	–
Female – Féminin	2 894	494	766	368	1 266	–	17.9	3.1	4.7	2.3	7.8	–

16. Infant deaths and infant mortality rates by age, sex and urban/rural residence: latest available year (continued)
Décès d'enfants de moins d'un an et taux de mortalité infantile selon l'âge, le sexe et la résidence, urbaine/rurale: dernière année disponible (suite)

(See notes at end of table. – Voir notes à la fin du tableau.)

Continent, country or area, year, sex and urban/rural residence — Continent, pays ou zone, année, sexe et résidence, urbaine/rurale	Age (in days – en jours) Number – Nombre –365	–1	1–6	7–27	28–364	Unknown Inconnu	Rate – Taux –365	–1	1–6	7–27	28–364	Unknown Inconnu
EUROPE (Cont.–Suite)												
Yugoslavia – Yougoslavie												
1991												
Total	3 187	593	906	396	1 292	–	20.9	3.9	5.9	2.6	8.5	–
OCEANIA—OCEANIE												
Ausrralia – Australie												
1992+												
Total	1 843	730	271	201	641	–	7.0	2.8	1.0	0.8	2.4	–
Male – Masculin	1 073	415	160	121	377	–	7.9	3.1	1.2	0.9	2.8	–
Female – Féminin	770	315	111	80	264	–	6.0	2.4	0.9	0.6	2.1	–
Fiji – Fidji												
1987+												
Total	189	48	30	18	93	–						
Male – Masculin	106	26	19	11	50	–						
Female – Féminin	83	22	11	7	43	–						
Guam												
1986 [21]												
Total	31	17	5	2	7	–						
Male – Masculin	18	11	3	2	2	–						
Female – Féminin	13	6	2	–	5	–						
New Caledonia – Nouvelle–Calédonie												
1989												
Total	44	4	8	6	26	–						
Male – Masculin	25	4	6	3	12	–						
Female – Féminin	19	–	2	3	14	–						
New Zealand – Nouvelle–Zélande												
1992+												
Total	430	83	82	51	214	–						
Male – Masculin	256	51	54	24	127	–						
Female – Féminin	174	32	28	27	87	–						
Niue – Nioué												
1986												
Total	*2*	–	*1*	–	*1*	–						
Male – Masculin	–	–	–	–	–	–						
Female – Féminin	*2*	–	*1*	–	*1*	–						
Northern Mariana Islands – Iles Mariannes du Nord												
1989												
Total	*2*	*1*	–	–	*1*	–						
Male – Masculin	*2*	*1*	–	–	*1*	–						
Female – Féminin	–	–	–	–	–	–						

16. Infant deaths and infant mortality rates by age, sex and urban/rural residence: latest available year (continued)
Décès d'enfants de moins d'un an et taux de mortalité infantile selon l'âge, le sexe et la résidence, urbaine/rurale: dernière année disponible (suite)
Data by urban/rural residence

Données selon la résidence urbaine/rurale

(See notes at end of table. – Voir notes à la fin du tableau.)

Continent, country or area, year, sex and urban/rural residence — Continent, pays ou zone, année, sexe et résidence, urbaine/rurale	Age (in days – en jours) Number – Nombre –365	–1	1–6	7–27	28–364	Unknown Inconnu	Rate – Taux –365	–1	1–6	7–27	28–364	Unknown Inconnu
AMERICA,NORTH— AMERIQUE DU NORD												
Panama												
Urban – Urbaine												
1991												
Urban – Urbaine	*511*	*140*	*169*	*67*	*135*	–	*19.3*	*5.3*	*6.4*	*2.5*	*5.1*	–
Male – Masculin	*279*	*76*	*93*	*30*	*80*	–	*20.4*	*5.6*	*6.8*	♦ *2.2*	*5.9*	–
Female – Féminin	*232*	*64*	*76*	*37*	*55*	–	*18.0*	*5.0*	*5.9*	*2.9*	*4.3*	–
Rural – Rurale												
1991												
Rural – Rurale	*568*	*105*	*142*	*70*	*251*	–	*16.9*	*3.1*	*4.2*	*2.1*	*7.5*	–
Male – Masculin	*304*	*59*	*80*	*42*	*123*	–	*17.8*	*3.5*	*4.7*	*2.5*	*7.2*	–
Female – Féminin	*264*	*46*	*62*	*28*	*128*	–	*16.0*	*2.8*	*3.8*	♦ *1.7*	*7.8*	–
EUROPE												
Finland – Finlande												
Urban – Urbaine												
1984 [17]												
Urban – Urbaine	249	56	89	33	71	–						
Male – Masculin	146	29	54	21	42	–						
Female – Féminin	103	27	35	12	29	–						
Rural – Rurale												
1984 [17]												
Rural – Rurale	174	31	59	17	67	–						
Male – Masculin	92	17	32	8	35	–						
Female – Féminin	82	14	27	9	32	–						
Hungary – Hongrie												
Urban – Urbaine												
1986 [22]												
Urban – Urbaine	1 306	396	424	202	284	–	18.3	5.5	5.9	2.8	4.0	–
Male – Masculin	754	232	253	118	151	–	20.6	6.3	6.9	3.2	4.1	–
Female – Féminin	552	164	171	84	133	–	15.8	4.7	4.9	2.4	3.8	–
Rural – Rurale												
1986 [22]												
Rural – Rurale	1 128	335	357	167	269	–	20.1	6.0	6.3	3.0	4.8	–
Male – Masculin	657	203	202	89	163	–	22.9	7.1	7.0	3.1	5.7	–
Female – Féminin	471	132	155	78	106	–	17.1	4.8	5.6	2.8	3.8	–

16. Infant deaths and infant mortality rates by age, sex and urban/rural residence: latest available year (continued)
Décès d'enfants de moins d'un an et taux de mortalité infantile selon l'âge, le sexe et la résidence, urbaine/rurale: dernière année disponible (suite)

GENERAL NOTES

Data exclude foetal deaths. Rates are the number of deaths of infants of specified age by sex per 1 000 live births of some sex. Rates are shown only for countries or areas having at least a total of 1 000 infant deaths in a given year. For definition of urban , see end of table 6. For method of evaluation and limitations of data, see Technical Notes, page 74.

Italics: data from civil registers which are incomplete or of unknown completeness.

FOOTNOTES

- * Provisional.
- ♦ Rates based on 30 or fewer maternal deaths.
- \+ Data tabulated by date of registration rather than occurrence.

1 For Algerian population only.
2 Excluding live–born infants dying before registration of birth.
3 Including Canadian residents temporarily in the United States, but excluding United States residents temporarily in Canada.
4 Including infant deaths of unknown sex.
5 For classification by urban/rural residence, see end of table.
6 Excluding Indian jungle population.
7 Based on number of burial permits.
8 Exluding nomadic Indian tribes.
9 Excluding infants born alive after less than 28 weeks' gestation, of less than 1 000 grammes in weight and 35 centimetres in length, who die within seven days of birth.
10 Exluding Vietnamese refugees.
11 Including data for East Jerusalem and Israeli residents in certain other territories under occupation by Israeli military forces since June 1967.
12 For Japanese nationals in Japan only.
13 Events registered by Health Service only.
14 Based on the results of the Population Growth Survey.
15 Excluding non–locally domiciled military and civilian services personnel and their dependants.
16 Excluding Faeroe Islands and Greenland.
17 Including nationals temporarily outside the country.
18 Infant deaths registered within one year of occurrence.
19 Including residents outside the country if listed in a Netherlands population register.
20 Including residents temporarily outside the country.
21 Including United States military personnel, their dependants and contract employees.
22 Excluding unknown residence.

NOTES GENERALES

Les données ne comprennent pas les morts foetales. Les taux représent le nombre de décès d'enfants d'âge et de sexe données pour 1 000 naissances vivantes du même sexe. Les taux présentés ne se rapportent qu'aux pays ou zones où l'on a enregistréun total d'au moins 1 000 décès d'un an dans une année donnée. Pour les définitions des "régions urbaines", se reporter à la fin du tableau 6. Pour la méthode d'évaluation et les insuffisances des données voir Notes techniques, page 74.
Italiques: données incomplètes ou dont le degré d'exactitude n'est pas connu, provenant des registres de l'état civil.

NOTES

- * Données provisoires.
- ♦ Taux basés sur 30 décès liés à la maternité ou moins.
- \+ Données exploitées selon la date de l'enregistrement et non la date de l'événement.

1 Pour la population algérienne seulement.
2 Non compris les enfants nés vivants, décédés avant l'enregistrement de leur naissance.
3 Y compris les résidents canadiens se trouvant temporairement aux Etats– Unis, mais non compris les résidents des Etats–Unis se trouvant temporairement au Canada.
4 Y compris les décès d'enfants de moins d'un an dont on ignore le sexe.
5 Pour le classement selon la résidence, urbaine/rurale, voir le fin du tableau.
6 Non compris les Indiens de la jungle.
7 D'aprés les permis d'inhumer.
8 Non compris les tribus d'Indiens nomades.
9 Non compris les enfants nés vivants après moins de 28 semaines de gestation, pesant moins de 1 000 grammes, mesurant moins de 35 centimètres et décédés dans les sept jours qui ont suivi leur naissance.
10 Non compris les réfugiés du Viet Nam.
11 Y compris les données pour Jérusalem–Est et les résidents israéliens dans certains autres territoires occupés depuis juin 1967 par les forces armées israéliennes.
12 Pour les nationaux japonais au Japon seulement.
13 Evénements enregistrés par le Service de santé seulement.
14 D'après les résultats de la "Population Growth Survey".
15 Non compris les militaires et agents civils non résidents et les membres de leur famille les accompagnant.
16 Non compris les îles Féroé et le Groenland.
17 Y compris les nationaux se trouvant temporairement hors du pays.
18 Décès d'enfants de moins d'un an enregistrés dans l'année qui suit l'événement.
19 Y compris les résidents hors du pays, s'ils sont inscrits sur un registre de population néerlandais.
20 Y compris les résidents se trouvant temporairement hors du pays.
21 Y compris les militaires des Etats–Unis, les membres de leur famille les accompagnant et les agents contractuels des Etats–Unis.
22 Non compris la résidence incounue.

17. Maternal deaths and maternal death rates: 1983 – 1992

(See notes at end of table.)

Continent, country or area Continent, pays ou zone	Number – Nombre									
	1983	1984	1985	1986	1987	1988	1989	1990	1991	199
AFRICA—AFRIQUE										
1 Egypt – Egypte [1]	...	...	...	...	1 241	...	...	...	...	
Mauritius – Maurice Island of Mauritius – 2 Ile Maurice + [1]	11	18	19	23	19	...	...	...	...	
Sao Tome and Principe – 3 Sao Tomé–et–Principe [1]	...	7	6	...	3	...	...	...	...	
4 Zimbabwe [1]	...	...	...	237	...	...	...	...	...	
AMERICA, NORTH—AMERIQUE DU NORD										
5 Bahamas [1]	1	1	1	...	3	...	...	...	...	
6 Barbados – Barbade + [1]	...	3	...	1	...	1	...	...	...	
7 Canada [1 2]	20	12	15	11	15	18	16	10	12	
8 Costa Rica [1]	19	18	29	...	16	15	25	12	28	
9 Cuba [1]	75	77	84	87	88	73	70	78	...	
Dominican Republic – [1] 10 République dominicaine +	*104*	*108*	...	...	...	...	...	...	...	
11 El Salvador [1]	*107*	*99*	...	...	...	...	...	*55*	...	
12 Guatemala [1]	...	236	...	...	...	...	...	...	...	
13 Martinique [1]	...	...	...	...	6	...	...	...	...	
14 Mexico – Mexique [1]	2 133	...	1 702	1 681	1 546	1 522	1 518	1 477	1 414	
15 Nicaragua [1]	...	...	...	...	...	*61*	...	*57*	...	
16 Panama [1]	*33*	*28*	*33*	*36*	*22*	*35*	*37*	...	...	
17 Puerto Rico – Porto Rico [1]	4	6	8	...	11	11	13	13	13	
Trinidad and Tobago – 18 Trinité–et–Tobago [1]	18	...	...	18	26	17	20	13	11	
19 United States–Etats–Unis [1]	290	285	295	272	251	330	320	343	...	
AMERICA, SOUTH—AMERIQUE DU SUD										
20 Argentina – Argentine [1]	395	386	386	369	325	330	346	353	...	
21 Brazil – Brésil [1 3]	*2 116*	*1 962*	*1 892*	*1 814*	*1 912*	*1 759*	*1 670*	...	...	
22 Chile – Chili [1]	105	92	131	129	135	122	123	...	...	
23 Colombia – Colombie [1 4]	...	...	*720*	*625*	*649*	...	...	...	...	
24 Ecuador – Equateur [1 5]	...	*384*	*397*	*330*	*355*	*329*	*340*	*307*	...	
25 Guyana + [1]	...	17	...	...	...	...	...	...	...	
26 Paraguay [1]	*164*	*155*	*146*	*140*	*100*	*105*	...	...	...	
27 Suriname [1]	...	8	7	...	3	...	...	...	...	
28 Uruguay [1]	21	20	23	14	15	21	14	9	...	
29 Venezuela [1 3]	303	...	291	296	284	291	339	...	...	
ASIA—ASIE										
30 Armenia – Arménie [1]	...	...	...	...	...	3	3	3	...	
31 Bahrain – Bahreïn [1]	...	...	2	...	1	...	...	...	...	
32 Hong Kong – Hong–kong [1 6]	6	5	4	2	3	3	4	3	4	
33 Israel – Israël [1 7]	2	5	8	6	3	5	7	13	9	
34 Japan – Japon [1 8]	234	228	226	187	162	126	135	105	110	1
35 Kazakhstan [1]	...	...	...	...	...	42	46	32	...	
Korea, Republic of– 36 Corée, Rép. de [1]	...	...	*114*	*103*	*63*	*66*	*61*	*90*	*96*	
37 Kuwait – Koweït [1]	7	8	2	3	1	...	...	...	...	
38 Kyrgyzstan – Kirghizistan [1]	...	...	...	...	...	8	8	13	...	
39 Macau – Macao [1]	...	...	...	...	...	...	1	...	2	
40 Maldives [1]	...	...	...	59	54	26	...	...	...	
41 Singapore – Singapour + [1]	6	5	2	5	3	4	2	1	2	
EUROPE										
42 Albania – Albanie [1]	...	...	...	...	...	28	34	...	...	

17. Mortalité liée à la maternité nombre de décès et taux: 1983 – 1992

(…r notes à la fin du tableau.)

Rate – Taux										
1983	1984	1985	1986	1987	1988	1989	1990	1991	1992	
...	...	...	...	65.2	...	...	...	...	...	1
♦ 55.5	♦ 93.6	♦ 104.1	♦ 126.2	♦ 99.2	...	...	...	...	...	2
...	♦ 165.9	♦ 152.9	...	♦ 76.7	...	...	...	...	...	3
...	...	...	...	...	...	...	...	...	...	4
♦ 18.9	♦ 19.3	♦ 17.9	...	♦ 69.3	...	...	...	...	...	5
...	♦ 71.2	...	♦ 24.7	...	♦ 26.7	...	...	...	...	6
♦ 5.4	♦ 3.2	♦ 4.0	♦ 3.0	♦ 4.1	♦ 4.8	♦ 4.1	♦ 2.5	♦ 2.9	...	7
♦ 26.0	♦ 23.7	♦ 34.4	...	♦ 19.9	♦ 18.4	♦ 30.0	♦ 14.6	♦ 34.5	...	8
45.4	46.3	46.1	52.4	49.0	38.8	37.9	41.8	...	...	9
58.4	*61.4*	...	...	...	...	...	...	...	...	10
74.2	*69.6*	...	...	...	...	...	*37.4*	...	...	11
...	75.6	...	...	...	...	...	...	...	...	12
...	...	...	...	♦ 94.8	...	...	...	...	...	13
81.8	...	64.1	65.2	55.3	58.0	57.9	54.0	51.3	...	14
...	...	...	...	...	...	...	*61.2*	...	...	15
59.8	♦ *49.4*	*56.9*	*62.4*	♦ *38.2*	*59.9*	*62.6*	...	...	...	16
♦ 6.1	♦ 9.5	♦ 12.6	...	♦ 17.1	♦ 17.2	♦ 19.5	♦ 19.5	♦ 20.1	...	17
♦ 54.2	...	...	♦ 56.5	♦ 89.1	♦ 63.0	♦ 79.8	♦ 54.3	♦ 49.2	...	18
8.0	7.8	7.8	7.2	6.6	8.4	7.9	8.2	...	...	19
60.2	60.8	59.3	54.6	48.6	48.5	51.9	52.0	...	...	20
78.1	76.7	72.2	65.3	71.9	62.6	64.7	...	...	...	21
40.3	34.7	50.0	47.3	48.3	41.1	40.5	...	...	...	22
...	...	*86.1*	*67.1*	*69.2*	...	...	...	...	...	23
...	*186.2*	*189.1*	*160.4*	*173.6*	*155.6*	*169.9*	*152.2*	...	...	24
...	...	...	...	...	...	...	...	...	...	25
502.1	*382.9*	*365.3*	*379.5*	*265.3*	*280.3*	...	...	...	...	26
...	♦ 69.6	♦ 59.8	...	♦ 31.1	...	...	...	...	...	27
♦ 39.3	♦ 37.5	♦ 42.8	♦ 25.9	♦ 28.1	♦ 37.6	♦ 25.3	♦ 15.9	...	...	28
58.9	...	57.9	58.7	55.0	55.7	64.1	...	...	...	29
...	...	...	...	...	♦ 4.0	♦ 4.0	♦ 3.8	...	...	30
...	...	♦ 16.2	...	♦ 7.9	...	...	...	...	...	31
♦ 7.2	♦ 6.5	♦ 5.3	♦ 2.8	♦ 4.3	♦ 4.0	♦ 5.7	♦ 4.4	♦ 5.9	...	32
♦ 2.0	♦ 5.1	♦ 8.0	♦ 6.0	♦ 3.0	♦ 5.0	♦ 6.9	♦ 12.6	♦ 8.5	...	33
15.5	15.3	15.8	13.5	12.0	9.6	10.8	8.6	9.0	9.2	34
...	...	...	...	...	10.3	12.0	8.8	...	...	35
...	...	*17.5*	*16.3*	*10.2*	*10.5*	*9.6*	*14.0*	*13.7*	...	36
♦ 12.6	♦ 14.1	♦ 3.6	♦ 5.6	♦ 1.9	...	...	...	...	...	37
...	...	...	...	...	♦ 6.0	♦ 6.1	♦ 10.1	...	...	38
...	...	...	...	...	...	♦ 13.2	...	♦ 29.3	♦ 30.0	39
...	...	...	684.9	645.6	♦ 313.4	...	...	...	...	40
♦ 14.8	♦ 12.0	♦ 4.7	♦ 13.0	♦ 6.9	♦ 7.6	♦ 4.2	♦ 2.0	♦ 4.1	...	41
...	...	...	...	...	♦ 34.9	43.1	...	...	...	42

17. Maternal deaths and maternal death rates: 1983 – 1992 (continued)

(See notes at end of table.)

Continent, country or area Continent, pays ou zone	Number – Nombre									
	1983	1984	1985	1986	1987	1988	1989	1990	1991	19
EUROPE (Cont.–Suite)										
1 Austria – Autriche [1]	10	4	6	6	4	5	7	6	7	
2 Belarus – Bélarus [1]	...	...	...	7	12	12	6	7	...	
3 Belgium – Belgique [1]	6	10	...	4	4	4	8	...	...	
4 Bulgaria – Bulgarie [1]	27	21	15	30	23	11	21	22	10	
Former Czechoslovakia – Ancienne										
5 Tchécoslovaquie [1]	23	22	18	24	15	28	20	16	27	
6 Denmark – Danemark [9] [10]	2	4	1	2	5	2	5	1	2	
7 Estonia – Estonie [1]	...	...	...	...	...	...	10	7	...	
8 Finland – Finlande [11]	2	1	4	4	13	7	2	4	3	
9 France [1] [12]	113	108	92	85	74	72	65	79	90	
10 Germany – Allemagne [1] [13]	...	...	...	...	...	...	59	82	72	
Germany, Federal Rep. of – Allemgne, République										
11 fédérale d' [1]	68	63	63	50	56	60	36	53	...	
Former German [1] Democratic Republic – Ancienne République										
12 démocratique allemande	37	42	38	29	28	32	23	29	...	
13 Greece – Grèce [1]	19	11	8	9	5	6	4	1	3	
14 Hungary – Hongrie [1]	19	19	34	19	17	21	19	26	16	1
15 Iceland – Islande [1]	...	...	...	...	1	...	...	1	...	
16 Ireland – Irlande + [1] [14]	8	4	4	3	2	1	2	2	4	
17 Italy – Italie [1]	55	54	47	31	25	44	26	50	27	
18 Latvia – Lettonie [1]	...	...	...	...	...	3	3	2	...	
19 Lithuania – Lituanie [1]	...	...	...	...	...	3	4	3	...	
20 Luxembourg [1]	...	...	...	...	1	...	...	1	...	
21 Malta – Malte [1]	...	...	2	...	...	...	...	...	...	
22 Netherlands – Pays–Bas [1] [15]	9	17	8	15	14	18	10	15	12	
23 Norway – Norvège [16]	2	1	1	12	3	2	5	2	5	
24 Poland – Pologne [1]	117	99	75	83	94	68	60	70	70	5
25 Portugal [1]	23	22	13	11	15	8	12	12	14	1
26 Romania – Roumanie [1]	547	522	...	571	575	591	626	263	183	15
Russian Federation –										
27 Fédération Russe [1]	...	...	...	...	...	395	347	271	233	
28 Slovenia – Slovénie [1]	...	...	...	...	...	1	1	2	1	
29 Spain – Espagne [1]	37	24	20	24	21	21	12	22	...	
30 Sweden – Suède	...	2	5	3	15	10	6	4	...	
31 Switzerland – Suisse [9]	4	1	4	3	5	8	3	5	1	
32 Ukraine [1]	...	...	...	82	96	85	60	41	...	
33 United Kingdom – Royaume–Uni	66	63	55	52	49	50	60	61	55	5
Former Yugoslavia –										
34 Ancienne Yougoslavie [1]	63	65	60	53	38	58	52	36	...	
OCEANIA—OCEANIE										
35 Australia – Australie + [1]	15	18	11	14	13	12	14	17	9	
36 Fiji – Fidji + [1]	...	8	8	...	...	...	...	...	...	
New Zealand –										
37 Nouvelle–Zélande + [1]	10	3	7	10	7	10	6	4	9	

GENERAL NOTES

Rates are the number of maternal deaths (caused by deliveries and complications of pregnancy, childbirth and the puerperium) per 100 000 live birth. Maternal deaths are those listed for cause AM42, AM43 and AM44 in part A and B40 and B41 in part B of table 21 which presents deaths and death rates by cause. For method of evaluation and limitations of data, see Technical Notes, page 77.

Italics: data from civil registers which are incomplete or of unknown completeness.

ı Separates data classified by the 8th and 9th Revisions of the Abbreviated List of Ca ses for Tabulation of Mortality in the International Classification of Diseases.

FOOTNOTES

- * Provisional.
- ♦ Rates based on 30 or fewer maternal deaths.
- \+ Data tabulated by date of registration rather than occurrence.

1 All data classified by 1975 revision.
2 Including Canadian residents temporarily in the United States, but excluding United States residents temporarily in Canada.

NOTES GENERALES

Les taux représentent le nombre de décès liès à la maternité (accouchements et complications de la grossesse, de l'accouchement et des suites de couches), pour 100 000 naissances vivantes. Les décès liés à la maternité sont les décès dus aux causes de la catégorie AM42, AM43 et AM44 de la Partie A et de la catégorie B40 et B41 de la Partie B du tableau 21, qui présente les décès (nombre et taux) selon la cause. Pour la méthode d'evaluation et les insuffisances des données, voir Notes techniques, page 77.
Italiques: données incomplètes ou dont le degré d'exactitude n'est pas connu, provenant des registres de l'état civil.

ı Sépare les données classées selon la 8ème et la 9ème Révision de la Liste abrégée de rubriques pour la mise en tableaux des causes de mortalité figurant dans la classification internationale des maladies.

NOTES

- * Données provisoires.
- ♦ Taux basés sur 30 décès liés à la maternité ou moins.
- \+ Données exploitées selon la date de l'enregistrement et non la date de l'événement.

1 Toutes les données sont classiées selon la révision de 1975.
2 Y compris les résidents canadiens se trouvant temporairement aux Etats–Unis, mais non compris les résidents des Etats–Unis se trouvant temporairement au Canada.

17. Mortalité liée à la maternité nombre de décès et taux: 1983 – 1992 (suite)

notes à la fin du tableau.)

Rate – Taux										
1983	1984	1985	1986	1987	1988	1989	1990	1991	1992	
♦ 11.1	♦ 4.5	♦ 6.9	♦ 6.9	♦ 4.6	♦ 5.7	♦ 7.9	♦ 6.6	♦ 7.4	♦ 4.2	1
...	...	...	♦ 4.1	♦ 7.4	♦ 7.4	♦ 3.9	♦ 4.9	...	...	2
♦ 5.1	♦ 8.6	...	♦ 3.4	♦ 3.4	♦ 3.3	♦ 6.6	...	...	...	3
♦ 22.0	♦ 17.2	♦ 12.6	♦ 25.0	♦ 19.7	♦ 9.4	♦ 18.7	♦ 20.9	♦ 10.4	♦ 21.3	4
♦ 10.0	♦ 9.7	♦ 8.0	♦ 10.9	♦ 7.0	♦ 13.0	♦ 9.6	♦ 7.6	♦ 13.0	...	5
♦ 3.9	♦ 7.7	♦ 1.9	♦ 3.6	♦ 8.9	♦ 3.4	♦ 8.1	♦ 1.6	♦ 3.1	♦ 7.4	6
...	...	...	...	...	...	♦ 41.2	♦ 31.4	...	...	7
♦ 3.0	♦ 1.5	♦ 6.4	♦ 6.6	♦ 5.0	♦ 11.1	♦ 3.2	♦ 6.1	♦ 4.6	♦ 4.5	8
15.1	14.2	12.0	10.9	9.6	9.3	8.5	10.4	11.9	...	9
...	...	...	...	...	...	6.7	9.1	8.7	6.7	10
11.4	10.8	10.7	8.0	8.7	8.9	5.3	7.3	...	...	11
15.8	18.4	16.7	♦ 13.0	♦ 12.4	14.8	♦ 11.6	...	...	...	12
♦ 14.3	♦ 8.7	♦ 6.9	♦ 8.0	♦ 4.7	♦ 5.6	♦ 4.0	♦ 1.0	♦ 2.9	...	13
♦ 14.9	♦ 15.2	26.1	♦ 14.8	♦ 13.5	♦ 16.9	♦ 15.4	♦ 20.7	♦ 12.6	♦ 9.9	14
...	...	...	...	♦ 23.8	...	...	♦ 21.0	...	...	15
♦ 11.9	♦ 6.2	♦ 6.4	♦ 4.9	♦ 3.4	♦ 1.8	♦ 3.8	♦ 3.8	♦ 7.6	...	16
9.2	9.2	8.1	5.6	♦ 4.5	7.7	♦ 4.6	8.9	♦ 4.8	...	17
...	...	...	...	...	♦ 7.3	♦ 7.7	♦ 5.3	...	...	18
...	...	...	...	...	♦ 5.3	♦ 7.2	♦ 5.3	...	...	19
...	...	...	...	♦ 23.6	...	...	♦ 20.3	...	...	20
...	...	♦ 35.8	...	...	...	...	...	...	...	21
♦ 5.3	♦ 9.7	♦ 4.5	♦ 8.1	♦ 7.5	♦ 9.6	♦ 5.3	♦ 7.6	♦ 6.0	...	22
♦ 4.0	♦ 2.0	♦ 2.0	♦ 3.8	♦ 5.6	♦ 3.5	♦ 8.4	♦ 3.3	♦ 8.2	...	23
16.2	14.2	11.1	13.1	15.5	11.6	10.7	12.8	12.8	9.9	24
♦ 15.9	♦ 15.4	♦ 10.0	♦ 8.7	♦ 12.2	♦ 6.5	♦ 10.1	♦ 10.3	♦ 12.0	♦ 9.6	25
170.1	148.8	...	151.5	150.1	155.5	169.4	83.6	66.5	60.3	26
...	...	...	...	...	16.8	16.1	13.6	13.0	...	27
...	...	...	...	...	♦ 4.0	♦ 4.3	♦ 8.9	♦ 4.6	...	28
7.6	♦ 5.2	♦ 4.4	♦ 5.5	♦ 4.9	♦ 5.0	♦ 2.9	♦ 5.5	...	...	29
...	♦ 2.1	♦ 5.1	♦ 2.9	♦ 4.8	♦ 8.9	♦ 5.2	♦ 3.2	...	...	30
♦ 5.4	♦ 1.3	♦ 5.4	♦ 3.9	♦ 6.5	♦ 10.0	♦ 3.7	♦ 6.0	♦ 1.2	♦ 4.6	31
...	...	...	10.3	12.6	11.4	8.7	6.2	...	...	32
9.1	8.6	7.3	6.9	6.3	6.3	7.7	7.6	6.9	6.7	33
16.8	17.2	16.4	14.7	10.6	16.3	15.5	10.7	...	...	34
♦ 6.2	♦ 7.7	♦ 4.4	♦ 5.8	♦ 5.3	♦ 4.9	♦ 5.6	♦ 6.5	♦ 3.5	♦ 3.4	35
...	♦ 41.0	♦ 41.1	...	...	...	...	...	...	...	36
♦ 19.8	♦ 5.8	♦ 13.5	♦ 18.9	♦ 12.7	♦ 17.4	♦ 10.3	♦ 6.6	♦ 15.0	...	37

Excluding Indian jungle population.
Based on burial permits.
Excluding nomadic Indian tribes.
Excluding Vietnamese refugees.
Including data for East Jerusalem and Israeli residents in certain other territories under occupation by Israeli military forces since June 1967.
For Japanese nationals in Japan only.
All data classified by 1965 Revision.
Excluding Faeroe Islands and Greenland.
Including nationals temporarily outside the country.

Including armed forces stationed outside the country.
All data shown pertaining to Germany prior to 3 October 1990 are indicated separately for the Federal Republic of Germany and the former German Democratic Republic based on their respective territories at the time indicated. See explanatory notes on data pertaining to Germany on page 4.

Deaths registered within one year of occurrence.
Including residents outside the country if listed in a Netherlands population register.
Including residents temporarily outside the country.

3 Non compris les Indiens de la jungle.
4 D'après les permis d'inhumer.
5 Non compris les tribus d'Indiens nomades.
6 Non compris les réfugiés du Viet Nam.
7 Y compris les données pour Jérusalem–Est et les résidents israéliens dans certain autres territoires occupés depuis juin 1967 par les forces armées.
8 Pour nationaux japonais au Japon seulement.
9 Toutes les données sont classées selon la Révision de 1965.
10 Non compris les îles Féroé et le Groenland.
11 Y compris les nationaux se trouvant temporairement hors du pays.
12 Y compris les militaires en garnison hors du pays.
13 Toutes les données se rapportant à l'Allemagne avant le 3 octobre 1990 figurent dans deux rubriques séparées basées sur les territoires respectifs de la République fédérale d'Allemagne et l'ancienne République démocratique allemande selon la période indiquée. Voir les notes explicatives sur les données concernant l'Allemagne à la page 4.
14 Décès enregistrés dans l'année que suit l'événement.
15 Y compris les résidents hors du pays, s'ils sont inscrit sur un registre de population néerlandais.
16 Y compris les résidents se trouvant temporairement hors du pays.

18. Deaths and crude death rates, by urban/rural residence: 1989 – 1993

Décès et taux bruts de mortalité, selon la résidence, urbaine/rurale: 1989 – 1993

(See notes at end of table. – Voir notes à la fin du tableau.)

Continent, country or area and urban/rural residence Continent, pays ou zone et résidence, urbaine/rurale	Code [1]	Number – Nombre 1989	1990	1991	1992	1993	Rate – Taux 1989	1990	1991	1992	1993
AFRICA—AFRIQUE											
Algeria – Algérie [2] [3]	U	153 000	151 000	...	...	...					[4] 6.4
Angola	..	...	...	...	...	...					[4] 19.2
Benin – Bénin	..	...	...	...	...	...					[4] 17.8
Botswana	..	...	...	...	...	...					[4] 6.6
Burkina Faso	..	...	...	...	...	...					[4] 18.2
Burundi	..	...	...	...	...	...					[4] 15.7
Cameroon – Cameroun	..	...	...	...	...	...					[4] 12.2
Cape Verde – Cap-Vert	C	...	2 505	...	...	...	...	7.3	...	...	...
Central African Republic – République centrafricaine	..	...	...	...	...	...					[4] 16.6
Chad – Tchad	..	...	...	...	...	...					[4] 18.0
Comoros – Comores	..	...	...	...	...	...					[4] 11.7
Congo	..	...	...	...	...	...					[4] 14.9
Côte d'Ivoire	..	...	...	...	...	...					[4] 15.1
Djibouti	..	...	...	...	...	...					[4] 16.1
Egypt – Egypte [5]	C	414 214	...	...	424 494	...	8.0	...	...	7.7	...
Equatorial Guinea – Guinée équatoriale	..	...	...	...	...	...					[4] 18.0
Eritrea – Erythrée	..	...	...	...	...	...					[4] 15.2
Ethiopia – Ethiopie	..	...	...	...	...	...					[4] 18.0
Gabon	..	...	...	...	...	...					[4] 15.5
Gambia – Gambie	..	...	...	...	...	...					[4] 18.8
Ghana	..	...	...	...	...	...					[4] 11.7
Guinea – Guinée	..	...	...	...	...	...					[4] 20.3
Guinea–Bissau – Guinée–Bissau	..	...	...	...	...	...					[4] 21.3
Kenya	U	*91 663*	*98 853*	*98 813*	*111 458*	...					[4] 11.7
Lesotho	..	...	...	...	...	...					[4] 10.0
Liberia – Libéria	..	...	...	...	...	...					[4] 14.2
Libyan Arab Jamahiriya – Jamahiriya arabe libyenne	U	*27 440*	*28 510*	*29 720*	...	...					[4] 8.0
Madagascar	..	...	...	...	...	...					[4] 11.8
Malawi	..	...	...	...	...	...					[4] 20.0
Mali	..	...	...	...	...	...					[4] 19.1
Mauritania – Mauritanie	...	...	...	...	...	*35 292					[4] 14.4
Mauritius – Maurice [5]	+C	7 149	7 031	7 027	7 023	...	6.7	6.7	6.6	6.5	...
Island of Mauritius – Ile Maurice [5]	+C	6 946	6 854	6 815	6 866	...	6.8	6.7	6.6	6.5	...
Rodrigues	+C	203	177	212	157	...	6.0	5.2	6.2	4.6	...
Morocco – Maroc	U	...	*79 628*	...	...	...					[4] 8.1
Mozambique	..	...	...	...	...	...					[4] 18.5
Namibia – Namibie	..	...	...	...	...	...					[4] 10.5
Niger	..	...	...	...	...	...					[4] 18.9
Nigeria – Nigéria	..	...	...	...	...	...					[4] 15.4
Réunion [3]	C	3 307	3 151	3 415	...	...	5.6	5.2	5.6	...	...
Rwanda	U	...	*131 000*	...	...	...					[4] 16.6
St. Helena ex. dep. – Sainte–Hélène sans dép.	C	51	35	42	44	...	8.0	5.5	6.6	6.8	...
Tristan da Cunha	C	...	1	...	...	2	...	♦ 3.4	...	...	♦ 6.8
Sao Tome and Principe – Sao Tomé–et–Principe	C	1 179	...	...	...	*1 102	10.4	...	...	...	*9.0
Senegal – Sénégal	..	...	...	...	...	...	...	...			[4] 16.0
Seychelles	+C	566	543	545	522	*597	8.2	7.8	7.7	7.4	*8.3
Somalia – Somalie	..	...	...	...	...	...					[4] 18.5
South Africa – Afrique du Sud	..	...	...	...	...	...					[4] 8.8
Sudan – Soudan	..	...	...	...	...	...					[4] 13.1
Swaziland	..	...	...	...	...	...					[4] 10.7
Togo	..	...	...	...	...	...					[4] 12.8
Tunisia – Tunisie [5]	U	*34 921*	*37 540*	...	...	...					[4] 6.4
Uganda – Ouganda	..	...	...	...	...	...					[4] 19.2
United Rep. of Tanzania – Rép.–Unie de Tanzanie	..	...	...	...	...	...					[4] 13.6
Zaire – Zaïre	..	...	...	...	...	...					[4] 14.5
Zambia – Zambie	..	...	...	...	...	...					[4] 15.1
Zimbabwe	..	...	...	...	...	...					[4] 12.0

18. Deaths and crude death rates, by urban/rural residence: 1989 – 1993 (continued)

Décès et taux bruts de mortalité, selon la résidence, urbaine/rurale: 1989 – 1993 (suite)

(See notes at end of table. – Voir notes à la fin du tableau.)

Continent, country or area and urban/rural residence — Continent, pays ou zone et résidence, urbaine/rurale	Code [1]	Number – Nombre					Rate – Taux				
		1989	1990	1991	1992	1993	1989	1990	1991	1992	1993
AMERICA,NORTH— AMERIQUE DU NORD											
Anguilla	+C	...	...	...	...	*59	...	...	...	...	*6.4
Antigua and Barbuda – Antigua–et–Barbuda	+C	415	433	...	...	...	6.6	6.8	...	...	...
Bahamas	C	1 459	1 343	1 319	1 383	...	5.8	5.3	5.1	5.2	...
Barbados – Barbade	+C	2 277	2 232	2 283	2 361	...	8.9	8.7	8.8	9.1	...
Belize	U	_762_	_819_	_842_	_846_	...	_4.1_	_4.3_	_4.3_	_4.3_	...
Bermuda – Bermudes	C	462	445	452	...	...	7.7	7.3	7.4	...	...
British Virgin Islands – Iles Vierges britanniques	+C	77	...	...	...	...	6.1	...	...	...	...
Canada [6]	C	190 965	191 973	196 050	...	...	7.3	7.2	7.0	...	...
Cayman Islands – Iles Caïmanes	C	122	120	113	...	*119	4.9	4.6	4.2	...	*4.1
Costa Rica	C	11 272	11 366	11 792	12 253	...	3.9	3.8	3.8	4.0	...
Cuba [5]	C	67 356	72 144	71 709	75 114	*78 504	6.4	6.8	6.7	6.9	*7.2
Dominica – Dominique	+C	497	608	...	...	...	6.9	8.6	...	...	...
Dominican Republic – République dominicaine	+U	_23 306_	_24 289_	...	_23 717_	...					[4] 5.6
El Salvador [5]	U	_27 768_	_28 252_	_27 066_	...	...					[4] 7.1
Greenland – Groenland	C	455	468	440	...	*446	8.2	8.4	7.9	...	*8.1
Guadeloupe [3]	C	...	...	2 147	2 292	...	...	...	5.4	5.6	...
Guatemala	..	...	...	...	...	...					[4] 7.7
Haiti – Haïti	..	...	...	...	...	...					[4] 11.9
Honduras	..	...	...	...	...	...					[4] 6.1
Jamaica – Jamaïque	+C	14 315	12 174	13 319	12 391	...	6.0	5.0	5.6	5.2	...
Martinique [3]	C	2 169	2 220	2 180	2 180	...	6.1	6.1	5.9	5.8	...
Mexico – Mexique [5]	C	423 304	422 803	411 131	409 814	*418 205	5.0	4.9	4.7	4.6	*4.6
Netherlands Antilles – Antilles néerlandaises	C	1 214	1 217	...	...	...	6.4	6.4	...	...	...
Nicaragua	U	...	_14 264_	...	...	...					[4] 6.8
Panama [5]	U	_9 557_	_9 799_	_9 683_	_8 825_	_*8 942_					[4] 5.3
Puerto Rico – Porto Rico [5]	C	25 987	26 148	26 328	27 397	...	7.4	7.4	7.4	7.7	...
Saint Kitts and Nevis – Saint–Kitts–et–Nevis	C	484	...	...	...	...	11.5	...	...	...	...
Saint Lucia – Sainte–Lucie	C	816	...	...	874	...	5.5	...	...	6.4	...
St. Vincent and the Grenadines – Saint–Vincent–et–Grenadines	C	...	...	...	714	...	...	...	...	6.6	...
Trinidad and Tobago – Trinité–et–Tobago	C	8 213	8 196	8 192	8 533	*8 191	6.8	6.7	6.6	6.8	*6.5
United States – Etats–Unis	C	2 150 466	2 162 000	2 169 518	*2 176 630	*2 268 000	8.7	8.6	8.6	*8.5	*8.8
United States Virgin Islands – Iles Vierges américaines	C	548	511	535	...	...	5.3	5.0	5.2	...	...
AMERICA,SOUTH— AMERIQUE DU SUD											
Argentina – Argentine	C	252 302	259 683	255 609	...	...	7.9	8.0	7.8	...	...
Bolivia – Bolivie	..	...	...	...	...	...	...	...			[4] 10.2
Brazil – Brésil [7]	U	_835 139_	_847 639_	...	...	...					[4] 7.5
Chile – Chili [5]	C	75 453	78 434	74 862	74 090	...	5.8	6.0	5.6	5.4	...
Colombia – Colombie [5] [8]	+U	_154 694_	_154 685_	_163 692_	...	...					[4] 5.9
Ecuador – Equateur [5] [9]	U	_51 736_	_50 217_	_53 333_	_53 430_	...					[4] 6.2
Falkland Islands (Malvinas)– Iles Falkland (Malvinas) [5]	+C	30	17	14	19	...	♦ 15.0	♦ 8.5	♦ 6.8	♦ 9.5	...
Guyana	..	...	...	...	...	...					[4] 7.1
Paraguay	U	_6 586_	_5 629_	_10 171_	...	...					[4] 5.5
Peru – Pérou [5] [7] [10]	..	179 386	177 224	175 061	172 899	*172 188	8.5	8.2	8.0	7.7	*7.5
Suriname [5]	C	2 717	2 792	2 573	...	...	6.8	6.9	6.4	...	...
Uruguay	C	29 629	30 225	29 784	...	...	9.6	9.8	9.6	...	...
Venezuela [7]	C	84 761	89 830	88 634	...	...	4.5	4.6	4.5	...	...
ASIA—ASIE											
Afghanistan	..	...	...	...	...	...					[4] 21.8
Armenia – Arménie [5] [11]	C	20 853	21 993	23 425	25 824	*27 500	6.0	6.2	6.5	7.0	*7.4
Azerbaijan – Azerbaïdjan [5] [11]	C	44 016	...	...	...	...	6.2	...	...	...	...

18. Deaths and crude death rates, by urban/rural residence: 1989 – 1993 (continued)

Décès et taux bruts de mortalité, selon la résidence, urbaine/rurale: 1989 – 1993 (suite)

(See notes at end of table. – Voir notes à la fin du tableau.)

Continent, country or area and urban/rural residence — Continent, pays ou zone et résidence, urbaine/rurale	Code [1]	Number – Nombre					Rate – Taux				
		1989	1990	1991	1992	1993	1989	1990	1991	1992	1993
ASIA—ASIE (Cont.–Suite)											
Bahrain – Bahreïn	U	_1 551_	_1 552_	_1 744_	...	...					[4] 4.0
Bangladesh	..	...	...	...	...	...					[4] 11.7
Bhutan – Bhoutan	..	...	...	...	...	...					[4] 15.3
Brunei Darussalam – Brunéi Darussalam	+C	827	770	852	887	...	3.4	3.0	3.3	3.3	...
Cambodia – Cambodge	..	...	...	...	...	...					[4] 14.3
China – Chine [5]	...	_6 572 959_	...	...	...	...					[4] 7.2
Cyprus – Chypre	...	_5 943_	_5 954_	_6 238_	_6 417_	...					[4] 7.5
East Timor – Timor oriental	..	...	...	...	...	...					[4] 17.4
Georgia – Géorgie [5 11]	C	47 077	...	...	...	...	8.6	...	...	...	...
Hong Kong – Hong–kong [12]	C	28 745	29 136	28 429	30 550	...	5.1	5.1	4.9	5.3	...
India – Inde [5 13]	..	...	...	...	...	...	10.3	9.7	9.8	10.0	...
Indonesia – Indonésie	..	...	...	...	...	...	...	...			[4] 8.4
Iran (Islamic Republic of – Rép. islamique d') [5]	U	_199 645_	_217 597_	_461 443_	...	...					[4] 6.7
Iraq	U	_92 255_	...	...	...	...					[4] 6.7
Israel – Israël [5 14]	C	28 580	28 725	31 266	33 325	*32 854	6.[illegible]	6.2	6.3	6.5	*6.2
Japan – Japon [5 15]	C	788 594	820 305	829 797	856 643	*878 044	6.4	6.6	6.7	6.9	*7.1
Jordan – Jordanie [16]	U	_9 695_	_10 569_	_11 268_	...	...					[4] 5.5
Kazakhstan [5 11]	C	126 378	128 787	134 572	137 705	*156 253	7.6	7.7	8.0	8.1	*9.2
Korea, Dem. People's Rep. of – Corée, rép. populaire dém. de	..	...	...	...	...	...					[4] 5.3
Korea, Republic of– Corée, Ré.de [5 17 18]	..	240 240	239 624	235 501	234 970	...	5.7	5.6	5.4	5.4	...
Kuwait – Koweït	C	4 628	...	3 380	3 138	...	2.3	...	1.6	2.2	...
Kyrgyzstan–Kirghizistan [5 11]	C	31 156	30 580	30 859	32 163	...	7.2	7.0	6.9	7.2	...
Lao People's Dem. Rep. – Rép. dém. populaire Lao	..	...	...	...	...	...					[4] 15.2
Lebanon – Liban	..	...	...	...	...	...					[4] 7.1
Macau – Macao [19]	...	1 516	1 482	1 335	1 432	*1 531	4.7	4.4	3.8	3.8	*3.9
Malaysia – Malaisie	U	...	_83 244_	_83 851_	_85 646_	...					[4] 5.1
Peninsular Malaysia – [3 5] Malaisie Péninsulaire	C	69 707	...	...	...	...	4.9	...	...	...	...
Maldives [5]	C	1 476	1 355	1 366	1 330	...	7.0	6.3	6.1	5.8	...
Mongolia – Mongolie [5]	...	_17 000_	...	...	...	...					[4] 7.4
Myanmar	..	...	...	...	...	...					[4] 11.1
Nepal – Népal	..	...	...	...	...	...					[4] 13.3
Oman	..	...	...	...	...	...					[4] 4.8
Pakistan [20]	..	884 590	944 670	...	...	...	8.1	8.4	...	...	...
Philippines	+U	_325 621_	_313 890_	_247 025_	...	...					[4] 6.4
Qatar	C	847	871	...	944	*913	1.9	1.8	...	1.8	*1.6
Saudi Arabia – Arabie saoudite	..	...	...	...	...	...					[4] 4.7
Singapore – Singapour [21]	+C	14 069	13 891	13 876	14 337	14 461	5.3	5.1	5.0	5.1	* 5.0
Sri Lanka	+C	104 590	97 713	96 940	98 017	...	6.2	5.7	5.6	5.6	...
Syrian Arab Republic – République arabe syrienne [3 22 23]	U	_45 481_	_32 966_	...	46 308	...					[4] 5.8
Tajikistan – Tadjikistan [5 11]	C	33 395	...	...	...	...	6.5	...	...	...	...
Thailand – Thaïlande [5]	+U	_246 570_	_252 512_	_264 350_	_275 313_	...					[4] 6.1
Turkey – Turquie [5 24]	..	422 964	...	...	...	...	7.7	...	...	...	...
Turkmenistan – Turkménistan [5 11]	C	27 609	...	...	...	...	7.7	...	...	...	...
United Arab Emirates – Emirats arabes unis	..	...	...	...	...	...					[4] 2.7
Uzbekistan – Ouzbékistan [5 11]	C	126 862	...	...	139 900	...	6.3	...	...	6.5	...
Viet Nam	...	...	_529 600_	...	...	...					[4] 8.0
Yemen – Yémen	...	...	_239 001_	...	...	...					[4] 15.5
EUROPE											
Albania – Albanie [5]	C	18 168	18 193	17 743	...	...	5.7	5.6	5.5	...	...
Andorra – Andorre [5]	...	_209_	_191_	_217_	_219_	...	_4.1_	_3.6_	_3.8_	_3.6_	...
Austria – Autriche [5]	C	83 407	82 952	83 428	83 162	*81 849	10.9	10.7	10.7	10.5	*10.2
Belarus – Bélarus [5 11]	C	103 479	109 582	114 650	116 674	...	10.1	10.7	11.2	11.3	...
Belgium – Belgique [25]	C	107 619	104 818	105 150	103 741	*108 170	10.8	10.5	10.5	10.3	*10.8

18. Deaths and crude death rates, by urban/rural residence: 1989 – 1993 (continued)

Décès et taux bruts de mortalité, selon la résidence, urbaine/rurale: 1989 – 1993 (suite)

(See notes at end of table. – Voir notes à la fin du tableau.)

Continent, country or area and urban/rural residence — Continent, pays ou zone et résidence, urbaine/rurale	Code [1]	Number – Nombre 1989	1990	1991	1992	1993	Rate – Taux 1989	1990	1991	1992	1993
EUROPE (Cont.–Suite)											
Bosnia Herzegovina – Bosnie–Herzégovine	C	30 383	...	...	...	...	7.0	...	...	...	...
Bulgaria – Bulgarie [5]	C	106 902	108 608	110 423	107 998	*109 540	11.9	12.1	12.3	12.0	*12.9
Channel Islands – Iles Anglo–Normandes	C	1 466	...	1 446	1 345	...	10.3	...	10.1	9.4	...
Guernsey – Guernesey	C	569	602	614	552	*606	9.6	10.1	10.4	9.4	*10.4
Jersey	+C	827	...	832	793	...	10.0	...	9.9	9.4	...
Croatia – Croatie [5]	C	52 569	52 192	54 832	51 800	...	11.0	10.9	11.5	10.8	...
Former Czechoslovakia – Ancienne Tchécoslovaquie [5]	C	181 649	183 785	178 919	...	...	11.6	11.7	11.5	...	...
Czech Republic – Rép. tchèque	C	...	129 156	...	120 337	*118 832	...	12.5	...	11.7	*11.5
Denmark – Danemark [26]	C	59 397	60 926	59 581	60 790	*62 946	11.6	11.9	11.6	11.8	*12.1
Estonia – Estonie [5] [11]	C	18 530	19 530	19 705	20 115	*21 267	11.8	12.4	12.6	13.0	*14.0
Faeroe Islands – Iles Féroé	C	371	355	396	...	...	7.8	7.5	8.4	...	...
Finland – Finlande [5] [27]	C	49 110	50 058	49 271	49 523	*50 995	9.9	10.0	9.8	9.8	*10.1
France [5] [28]	C	529 283	526 201	524 685	523 000	...	9.4	9.3	9.2	9.1	...
Germany – Allemagne	C	903 441	914 361	911 245	885 443	*890 879	11.5	11.5	11.4	11.0	*11.0
Gibraltar [29]	C	219	279	...	...	...	7.1	9.0	...	...	...
Greece – Grèce [5]	C	92 717	94 152	95 498	98 231	*97 000	9.2	9.3	9.4	9.5	*9.4
Hungary – Hongrie [5]	C	144 695	145 660	144 813	148 781	*148 500	13.9	14.1	14.0	14.4	*14.4
Iceland – Islande [5]	C	1 715	1 704	1 796	1 719	...	6.8	6.7	7.0	6.6	...
Ireland – Irlande [5] [30]	+C	32 111	31 370	31 544	30 930	*30 500	9.1	9.0	8.9	8.7	*8.6
Isle of Man – Ile de Man	+C	988	946	982	917	*1 011	14.6	13.7	14.1	13.0	*14.3
Italy – Italie	C	525 960	536 717	553 833	541 418	*541 200	9.1	9.3	9.8	9.5	*9.5
Latvia – Lettonie [5] [11]	C	32 584	34 812	34 749	35 420	...	12.2	13.0	13.1	13.5	...
Liechtenstein	...	*172*	...	...	...	...	*6.2*	...	...	...	...
Lithuania – Lituanie [5] [11]	C	38 150	39 760	41 013	41 455	*46 107	10.3	10.7	11.0	11.1	*12.4
Luxembourg	C	3 984	3 773	3 744	4 022	*3 915	10.6	9.9	9.7	10.3	*10.3
Malta – Malte [31]	C	2 610	2 745	2 872	2 900	*2 693	7.4	7.7	8.0	8.0	*7.5
Netherlands – Pays–Bas [5] [32]	C	128 905	128 824	129 958	129 887	*137 704	8.7	8.6	8.6	8.6	*9.0
Norway – Norvège [33]	C	45 173	46 021	44 923	44 731	*46 139	10.7	10.8	10.5	10.4	*10.7
Poland – Pologne [5]	C	381 173	388 440	403 951	393 131	*390 900	10.0	10.2	10.6	10.2	*10.2
Portugal [5]	C	96 220	103 115	104 361	101 161	*104 269	9.7	10.4	10.6	10.3	*10.6
Republic of Moldova – République de Moldova [5] [11]	C	40 113	42 427	45 849	44 522	...	9.2	9.7	10.5	10.2	...
Romania – Roumanie [5]	C	247 306	247 086	251 760	263 855	*264 000	10.7	10.6	10.9	11.6	*11.6
Russian Federation – Fédération Russe [5] [11]	C	1 583 743	1 655 993	1 690 657	1 807 441	...	10.7	11.2	11.4	12.2	...
San Marino – Saint–Marin [5]	+C	173	...	...	172	...	7.6	...	...	7.2	...
Slovakia – Slovaquie [5]	C	53 902	54 619	54 618	53 423	*52 599	10.2	10.3	10.3	10.1	*9.9
Slovenia – Slovénie [5]	C	18 669	18 555	19 324	19 333	*19 096	9.3	9.3	9.7	9.7	*9.6
Spain – Espagne	C	324 796	333 142	337 691	...	*339 160	8.4	8.6	8.7	...	*8.7
Sweden – Suède	C	92 110	95 161	95 202	94 710	...	10.8	11.1	11.0	10.9	...
Switzerland – Suisse [5]	C	60 882	63 739	62 634	62 302	*63 200	9.2	9.5	9.2	9.1	*9.1
The former Yugoslav Rep. of Macedonia – L'ex Rép. yougoslavie de Macédonie [5]	C	14 592	14 643	14 789	16 022	...	7.2	7.2	7.3	7.8	...
Ukraine [5] [11]	C	600 590	629 602	669 960	696 700	*741 662	11.6	12.1	12.9	13.4	*14.2
United Kingdom – Royaume–Uni	C	657 733	641 799	646 181	634 238	...	11.5	11.1	11.2	10.9	...
Former Yugoslavia – Ancienne Yougoslavie [5]	C	215 483	212 148	...	...	...	9.1	8.9	...	...	...
Yugoslavia – Yougoslavie	C	99 270	97 665	101 573	104 463	*105 236	9.5	9.3	9.8	10.0	*10.0
OCEANIA—OCEANIE											
Australia – Australie	+C	124 232	120 062	119 146	123 660	...	7.4	7.0	6.9	7.1	...
Fiji – Fidji	+C	...	3 604	4 133	...	...	...	4.9	5.6	...	...
French Polynesia – Polynésie française	...	*1 088*	*982*	*1 021*	*1 055*	...	*5.7*	*5.0*	*5.1*	*5.1*	...
Guam [5] [34]	C	554	557	...	584	...	4.2	4.2	...	4.2	...
Marshall Islands – Iles Marshall	C	151	...	...	...	...	3.4	...	...	...	...
New Caledonia – Nouvelle–Calédonie	C	990	928	978	931	...	5.9	5.5	5.6	5.3	...

18. Deaths and crude death rates, by urban/rural residence: 1989 – 1993 (continued)

Décès et taux bruts de mortalité, selon la résidence, urbaine/rurale: 1989 – 1993 (suite)

(See notes at end of table. – Voir notes à la fin du tableau.)

Continent, country or area and urban/rural residence — Continent, pays ou zone et résidence, urbaine/rurale	Code [1]	Number – Nombre 1989	1990	1991	1992	1993	Rate – Taux 1989	1990	1991	1992	1993
OCEANIA—OCEANIE(Cont.–Suite)											
New Zealand – Nouvelle–Zélande [5]	+C	27 042	26 531	26 501	27 249	*27 240	8.1	7.9	7.8	7.9	*7.9
Northern Mariana Islands – Iles Mariannes du Nord	U	*122*	...	...	...	...	*4.9*	...	...	...	...
Papua New Guinea – Papouasie–Nouvelle–Guinée	..	...	...	...	...	...					[4] 10.7
Pitcairn	C	...	1	2	1	...	...	♦ 19.2	♦ 30.3	♦ 18.5	...
Samoa	..	...	...	...	...	...					[4] 6.1
Solomon Islands – Iles Salomon	..	...	...	...	...	...					[4] 4.4
Tonga	...	*339*	*484*	*411*	...	...	*3.6*	*5.0*	*4.2*	...	...
Vanuatu	..	...	...	...	...	...					[4] 7.2

18. Deaths and crude death rates, by urban/rural residence: 1989 – 1993 (continued)

Décès et taux bruts de mortalité, selon la résidence, urbaine/rurale: 1989 – 1993 (suite)

Data by urban/rural residence

Données selon la résidence urbaine/rurale

(See notes at end of table. – Voir notes à la fin du tableau.)

Continent, country or area and urban/rural residence — Continent, pays ou zone et résidence, urbaine/rurale	Code [1]	Number – Nombre 1989	1990	1991	1992	1993	Rate – Taux 1989	1990	1991	1992	1993
AFRICA—AFRIQUE											
Egypt – Egypte	C										
Urban – Urbaine		168 899	...	...	...	...	7.5	...	...	...	...
Rural – Rurale		245 315	...	...	...	...	8.5	...	...	...	...
Mauritius – Maurice	+C										
Urban – Urbaine		...	3 043	3 361	3 429	...	...	7.3	7.2	...	...
Rural – Rurale		...	3 988	3 666	3 594	...	...	6.2	6.1	...	...
Island of Mauritius – Ile Maurice	+C										
Urban – Urbaine		2 949	3 043	3 361	3 429	...	7.1	7.3	7.2	7.2	...
Rural – Rurale		3 997	3 811	3 454	3 437	...	6.6	6.3	6.1	6.0	...
Tunisia – Tunisie	U										
Urban – Urbaine		*25 305*	...	...	...	...	5.4	...	...	...	...
Rural – Rurale		*9 616*	...	...	...	...	3.0	...	...	...	...
AMERICA,NORTH—AMERIQUE DU NORD											
Cuba	C										
Urban – Urbaine		52 157	56 572	...	...	...	6.8	...	...	...	...
Rural – Rurale		15 165	15 572	...	...	...	5.4	...	...	...	...
El Salvador	U										
Urban – Urbaine		*17 885*	...	*16 026*	...	...	*7.7*	...	*6.6*	...	...
Rural – Rurale		*9 883*	...	*11 040*	...	...	*2.8*	...	*3.0*	...	...
Mexico – Mexique	C										
Urban – Urbaine		294 413	292 542	289 679	304 894	...	...	...	...	...	...
Rural – Rurale		122 254	123 596	115 041	98 929	...	...	...	...	...	...
Panama	U										
Urban – Urbaine		*5 120*	*5 256*	*5 039*	...	...	*4.1*	*4.1*	*3.8*	...	...
Rural – Rurale		*4 437*	*4 543*	*4 644*	...	...	*3.9*	*4.0*	*4.0*	...	...
Puerto Rico – Porto Rico [35]	C										
Urban – Urbaine		14 162	14 422	14 626	14 999	...	...	...	...	...	...
Rural – Rurale		11 709	11 655	11 612	12 309	...	...	...	...	...	...
AMERICA,SOUTH—AMERIQUE DU SUD											
Chile – Chili	C										
Urban – Urbaine		63 387	65 669	62 777	...	...	5.8	5.9	5.5	...	...
Rural – Rurale		12 066	12 765	12 085	...	...	5.9	6.3	6.0	...	...
Colombia – Colombie [8]	+U										
Urban – Urbaine		*126 063*	...	...	...	...	*8.0*	...	...	...	...
Rural – Rurale		*25 672*	...	...	...	...	*1.6*	...	...	...	...
Ecuador – Equateur [9]	U										
Urban – Urbaine		*27 774*	*27 414*	...	*30 039*	...	*5.1*	*4.8*	...	*4.9*	...
Rural – Rurale		*23 962*	*22 803*	...	*23 391*	...	*5.3*	*5.0*	...	*5.1*	...
Falkland Islands (Malvinas)– Iles Falkland (Malvinas)	+C										
Urban – Urbaine		...	...	11	17	...	...	...	♦ 7.1	...	...
Rural – Rurale		...	...	3	2	...	...	...	♦ 6.1	...	...
Peru – Pérou [7 10]	..										
Urban – Urbaine		101 951	101 842	101 733	101 623	102 511	6.9	6.7	6.5	6.3	6.2
Rural – Rurale		77 435	75 382	73 329	71 275	69 677	12.1	11.8	11.4	11.1	10.7
Suriname	C										
Urban – Urbaine		1 546	1 501	1 508	...	...	...	...	...	...	...
Rural – Rurale		1 171	1 291	1 065	...	...	...	...	...	...	...
ASIA—ASIE											
Armenia – Arménie [11]	C										
Urban – Urbaine		13 718	14 701	15 777	...	...	5.7	6.0	6.3	...	...
Rural – Rurale		7 135	7 292	7 648	...	...	6.6	6.7	6.9	...	...
Azerbaijan –Azerbaïdjan [11]	C										
Urban – Urbaine		22 981	...	...	...	...	6.0	...	...	...	...
Rural – Rurale		21 035	...	...	...	...	6.5	...	...	...	...
China – Chine	...										
Urban – Urbaine		*3 233 507*	...	...	...	...	...	...	...	...	...
Rural – Rurale		*3 339 452*	...	...	...	...	...	...	...	...	...

18. Deaths and crude death rates, by urban/rural residence: 1989 – 1993 (continued)

Décès et taux bruts de mortalité, selon la résidence, urbaine/rurale: 1989 – 1993 (suite)

Data by urban/rural residence

Données selon la résidence urbaine/rurale

(See notes at end of table. – Voir notes à la fin du tableau.)

Continent, country or area and urban/rural residence — Continent, pays ou zone et résidence, urbaine/rurale	Code [1]	Number – Nombre 1989	1990	1991	1992	1993	Rate – Taux 1989	1990	1991	1992	1993
ASIA—ASIE (Cont.–Suite)											
Georgia – Géorgie [11]	C										
Urban – Urbaine		23 864	...	...	...	...	8.0	...	...	...	...
Rural – Rurale		23 213	...	...	...	...	9.6	...	...	...	...
India – Inde [13]	..										
Urban – Urbaine		...	...	...	...	...	7.2	6.8	7.1	...	...
Rural – Rurale		...	...	...	...	...	11.1	10.5	10.6	...	...
Iran (Islamic Republic of – Rép. islamique d')	U										
Urban – Urbaine		*121 331*	*134 645*	...	...	...	*4.1*	*4.4*	...	...	...
Rural – Rurale		*78 314*	*82 952*	...	...	...	*3.3*	*3.5*	...	...	...
Israel – Israël [14]	C										
Urban – Urbaine		26 373	26 557	28 950	...	...	6.5	6.3	6.5	...	...
Rural – Rurale		2 207	2 168	2 316	...	...	4.8	4.6	4.7	...	...
Japan – Japon [15]	C										
Urban – Urbaine		563 416	585 043	593 964	616 823	...	...	6.1	...	...	...
Rural – Rurale		223 738	233 703	234 377	237 778	...	...	8.4	...	...	...
Kazakhstan [11]	C										
Urban – Urbaine		73 598	76 509	80 426	82 479	...	7.8	8.0	8.3	8.5	...
Rural – Rurale		52 780	52 278	54 146	55 226	...	7.5	7.4	7.6	7.6	...
Korea, Republic of– Corée, Rép. de [17 18]	..										
Urban – Urbaine		134 616	131 379	127 340	117 793	...	4.5	4.1	...	...	...
Rural – Rurale		105 624	108 245	108 161	117 177	...	8.5	9.7	...	...	...
Kyrgyzstan – Kirghizistan [11]	C										
Urban – Urbaine		11 717	12 106	12 260	12 367	...	7.1	7.2	7.3	7.3	...
Rural – Rurale		19 439	18 474	18 599	19 796	...	7.3	6.8	6.7	7.1	...
Malaysia – Malaisie											
Peninsular Malaysia – [3] Malaisie Péninsulaire	C										
Urban – Urbaine		26 322	...	...	...	...	...	...	...	...	...
Rural – Rurale		43 385	...	...	...	...	...	...	...	...	...
Maldives	C										
Urban – Urbaine		271	293	295	310	...	...	5.3	...	...	...
Rural – Rurale		1 205	1 062	1 071	1 020	...	...	6.7	...	...	...
Mongolia – Mongolie	..										
Urban – Urbaine		*7 700*	...	...	...	...	*6.6*	...	...	...	...
Rural – Rurale		*9 300*	...	...	...	...	*10.6*	...	...	...	...
Tajikistan – Tadjikistan [11]	C										
Urban – Urbaine		10 650	...	...	...	...	6.3	...	...	...	...
Rural – Rurale		22 745	...	...	...	...	6.5	...	...	...	...
Thailand – Thaïlande	+U										
Urban – Urbaine		*73 239*	*76 343*	*80 903*	...	...	...	*7.5*	...	...	...
Rural – Rurale		*173 331*	*176 169*	*183 447*	...	...	...	*4.0*	...	...	...
Turkey – Turquie [24]	..										
Urban – Urbaine		186 858	...	...	...	...	5.9	...	...	...	...
Rural – Rurale		236 106	...	...	...	...	10.3	...	...	...	...
Turkmenistan – Turkménistan [11]	C										
Urban – Urbaine		12 576	...	...	...	...	7.9	...	...	...	...
Rural – Rurale		15 033	...	...	...	...	7.8	...	...	...	...
Uzbekistan – Ouzbékistan [11]	C										
Urban – Urbaine		53 913	...	...	...	...	6.7	...	...	...	...
Rural – Rurale		72 949	...	...	...	...	6.2	...	...	...	...
EUROPE											
Albania – Albanie	C										
Urban – Urbaine		6 027	6 190	6 546	...	...	5.3	5.3	5.5	...	...
Rural – Rurale		12 141	12 003	11 197	...	...	5.9	5.8	5.4	...	...
Andorra – Andorre	...										
Urban – Urbaine		*198*	*175*	*203*	...	...	*4.1*	*3.6*	*3.7*	...	...
Rural – Rurale		*11*	*16*	*12*	...	...	♦ *4.4*	♦ *5.9*	♦ *3.7*	...	...
Austria – Autriche	C										
Urban – Urbaine		50 037	50 016	49 852	50 696	...	...	...	...	...	...
Rural – Rurale		33 370	32 936	33 576	32 466	...	...	...	...	...	...
Belarus – Bélarus [11]	C										
Urban – Urbaine		47 254	50 502	53 955	...	...	7.0	7.4	7.8	...	...
Rural – Rurale		56 225	59 080	60 695	...	...	16.1	17.3	18.1	...	...

18. Deaths and crude death rates, by urban/rural residence: 1989 – 1993 (continued)

Décès et taux bruts de mortalité, selon la résidence, urbaine/rurale: 1989 – 1993 (suite)

Data by urban/rural residence

Données selon la résidence urbaine/rurale

(See notes at end of table. – Voir notes à la fin du tableau.)

Continent, country or area and urban/rural residence — Continent, pays ou zone et résidence, urbaine/rurale	Code [1]	Number – Nombre 1989	1990	1991	1992	1993	Rate – Taux 1989	1990	1991	1992	1993
EUROPE (Cont.–Suite)											
Bulgaria – Bulgarie	C										
Urban – Urbaine		53 390	55 225	...	...	...	8.8	9.1	...	...	...
Rural – Rurale		53 512	53 383	...	...	...	18.2	18.4	...	...	...
Croatia – Croatie	C										
Urban – Urbaine		24 755	25 613	27 632	27 528	...	9.6	9.9	10.6	...	...
Rural – Rurale		27 814	26 579	27 200	24 272	...	12.8	12.2	12.4	...	...
Former Czechoslovakia – Ancienne Tchécoslovaquie	C										
Urban – Urbaine		128 389	110 088	...	...	...	12.5	10.7	...	...	...
Rural – Rurale		53 260	73 697	...	...	...	9.9	13.8	...	...	...
Estonia – Estonie [11]	C										
Urban – Urbaine		11 781	12 609	...	...	...	10.5	11.2	...	...	...
Rural – Rurale		6 749	6 921	...	...	...	15.1	15.4	...	...	...
Finland – Finlande [27]	C										
Urban – Urbaine		28 973	29 881	...	...	...	9.5	9.7	...	...	...
Rural – Rurale		20 137	20 177	...	...	...	10.6	10.5	...	...	...
France [28 36]	C										
Urban – Urbaine		363 978	361 597	366 896	...	...	...	8.6	...	...	...
Rural – Rurale		162 514	161 972	155 102	...	...	...	11.0	...	...	...
Greece – Grèce	C										
Urban – Urbaine		...	49 088	48 925	50 874	...	...	...	...	...	...
Rural – Rurale		...	45 064	46 573	47 357	...	...	...	...	...	...
Hungary – Hongrie [37]	C										
Urban – Urbaine		82 800	83 432	82 809	85 798	...	12.9	12.8	12.7	13.2	...
Rural – Rurale		61 484	61 558	61 386	62 178	...	15.5	16.0	16.0	16.3	...
Iceland – Islande	C										
Urban – Urbaine		1 511	1 531	1 584	1 540	...	6.6	6.6	6.8	6.5	...
Rural – Rurale		204	173	212	179	...	8.4	7.3	9.0	7.7	...
Ireland – Irlande [30]	+C										
Urban – Urbaine		13 188	13 227	13 022	12 362	...	...	...	6.5	...	...
Rural – Rurale		18 923	18 143	18 522	18 568	...	...	...	12.2	...	...
Latvia – Lettonie [11]	C										
Urban – Urbaine		20 441	21 946	22 093	22 608	...	11.1	11.9	12.0	12.5	...
Rural – Rurale		12 143	12 866	12 656	12 812	...	14.8	15.7	15.4	15.7	...
Lithuania – Lituanie [11]	C										
Urban – Urbaine		20 239	21 152	22 155	22 257	24 697	8.1	8.3	8.6	8.7	9.7
Rural – Rurale		17 911	18 608	18 858	19 198	21 410	15.1	15.8	16.0	16.2	18.0
Netherlands – Pays–Bas [32 38]	C										
Urban – Urbaine		72 848	72 889	73 326	72 945	...	9.7	9.6	9.6	9.4	...
Rural – Rurale		12 932	12 928	12 601	12 734	...	7.6	7.7	7.6	7.6	...
Semi–urban–Semi–urbaine		43 118	42 996	44 018	44 195	...	7.7	7.6	7.7	7.6	...
Poland – Pologne	C										
Urban – Urbaine		218 846	222 826	233 141	...	...	9.4	9.5	9.8	...	...
Rural – Rurale		162 327	165 614	170 810	...	...	11.1	11.4	11.7	...	...
Portugal [35]	C										
Urban – Urbaine		31 451	31 458	...	...	...	...	...	...	...	...
Rural – Rurale		50 635	57 637	...	...	...	...	...	...	...	...
Republic of Moldova – [11] République de Moldova	C										
Urban – Urbaine		14 366	15 234	16 045	...	...	7.0	7.4	7.8	...	...
Rural – Rurale		25 747	27 193	29 804	...	...	11.2	11.9	13.0	...	...
Romania – Roumanie	C										
Urban – Urbaine		98 686	99 331	101 460	106 784	...	8.0	7.9	8.1	8.6	...
Rural – Rurale		148 620	147 755	150 300	157 071	...	13.7	13.9	14.1	15.1	...
Russian Federation – [11] Fédération Russe	C										
Urban – Urbaine		1 088 471	1 140 613	1 168 887	1 254 841	...	10.0	10.5	10.7	11.5	...
Rural – Rurale		495 272	515 380	521 770	552 600	...	12.7	13.3	13.4	14.0	...
San Marino – Saint–Marin	+C										
Urban – Urbaine		157	...	...	155	...	7.6	...	...	7.2	...
Rural – Rurale		16	...	...	17	...	♦ 7.3	...	...	♦ 7.5	...
Slovakia – Slovaquie	C										
Urban – Urbaine		25 703	26 263	25 686	...	...	8.4	8.4	8.4	...	...
Rural – Rurale		28 199	28 356	28 932	...	...	12.8	13.0	12.9	...	...
Slovenia – Slovénie	C										
Urban – Urbaine		7 815	7 819	8 122	8 259	...	...	...	8.2	...	...
Rural – Rurale		10 854	10 736	11 202	11 074	...	...	...	11.5	...	...
Switzerland – Suisse	C										
Urban – Urbaine		37 400	39 184	42 815	42 690	...	8.1	8.5	9.2	9.1	...
Rural – Rurale		23 482	24 555	19 819	19 612	...	11.4	11.8	9.2	9.0	...

18. Deaths and crude death rates, by urban/rural residence: 1989 – 1993 (continued)

Décès et taux bruts de mortalité, selon la résidence, urbaine/rurale: 1989 – 1993 (suite)

Data by urban/rural residence

Données selon la résidence urbaine/rurale

(See notes at end of table. – Voir notes à la fin du tableau.)

Continent, country or area and urban/rural residence — Continent, pays ou zone et résidence, urbaine/rurale	Code [1]	Number – Nombre 1989	1990	1991	1992	1993	Rate – Taux 1989	1990	1991	1992	1993
EUROPE (Cont.–Suite)											
The former Yugoslav Rep. of Macedonia – L'ex Rép. yougoslavie de Macédonie	C										
Urban – Urbaine		7 980	8 144	8 198	8 971	...	...	...	6.9	...	...
Rural – Rurale		6 612	6 499	6 591	7 051	...	...	...	7.7	...	...
Ukraine [11]	C										
Urban – Urbaine		340 756	357 114	380 988	...	...	9.9	10.2	10.8	...	...
Rural – Rurale		259 834	272 488	288 972	...	...	15.2	16.1	17.1	...	...
Former Yugoslavia – Ancienne Yougoslavie	C										
Urban – Urbaine		94 472	...	...	...	...	...	...	...	...	...
Rural – Rurale		121 011	...	...	...	...	...	...	...	...	...
OCEANIA—OCEANIE											
Guam [34] [35]	C										
Urban – Urbaine		430	446	...	...	...	...	8.8	...	...	...
Rural – Rurale		76	72	...	...	...	...	0.9	...	...	...
New Zealand – Nouvelle–Zélande	+C										
Urban – Urbaine		20 905	20 395	...	21 096	...	...	...	...	...	...
Rural – Rurale		6 137	6 136	...	6 153	...	...	...	...	...	...

GENERAL NOTES

For certain countries, there is a discrepancy between the total number of deaths shown in this table and those shown in subsequent tables for the same year. Usually this discrepancy arises because the total number of deaths occurring in a given year is revised, although the remaining tabulations are not. Data exclude foetal deaths. Rates are the number of deaths per 1 000 mid–year population. For definitions of "urban", see end of table 6. For method of evaluation and limitations of data, see Technical Notes, page 79.

Italics: data from civil registers which are incomplete or of unkwown completeness.

FOOTNOTES

- * Provisional.
- ♦ Rates based on 30 or fewer deaths.
- \+ Data tabulated by date of registration rather than occurrence.

1. Code "C" indicates that the data are estimated to be virtually complete (at least 90 per cent) and code "U" indicates that the data are estimated to be incomplete (less than 90 per cent). The code does not apply to estimated rates. For further details, see Technical Notes.
2. Registered data are for Algerian population only.
3. Excluding live–born infants dying before registration of birth.
4. Estimate for 1990–1995 prepared by the Population Division of the United Nations.
5. For classification by urban/rural residence, see end of table.
6. Including Canadian residents temporarily in the United States, but excluding United States residents temporarily in Canada.
7. Excluding Indian jungle population.
8. Based on burial permits.
9. Excluding nomadic Indian tribes.
10. Including adjustment for under–registration.
11. Excluding infants born alive after less than 28 weeks' gestation, of less than 1 000 grammes in weight and 35 centimetres in length, who die within seven days of birth.
12. Excluding Vietnamese refugees.
13. Based on Sample Registration scheme.
14. Including data for East Jerusalem and Israeli residents in certain other territories under occupation by Israeli military forces since June 1967.

NOTES GENERALES

Pour quelques pays il y a une discordance entre le nombre total des décès vivantes présenté dans ce tableau et ceux présentés après pour la même année. Habituellement ces différences apparaîssent lorsque le nombre total des décès pour une certaine année a été révisé; alors que les autres tabulations ne l'ont pas été. Les données ne comprennent pas les morts foetales. Les taux représentent le nombre de décès pour 1 000 personnes au milieu de l'année. Pour les définitions des "régions urbaines", se reporter à la fin du tableau 6. Pour la méthode d'évaluation et les insuffisances des données, voir Notes techniques, page 79.
Italiques: données incomplètes ou dont le degré d'exactitude n'est pas connu, provenant des registres de l'état civil.

NOTES

- * Données provisoires.
- ♦ Taux basés sur 30 décès ou moins.
- \+ Données exploitées selon la date de l'enregistrement et non la date de l'événement.

1. Le code "C" indique que les données sont jugées pratiquement complètes (au moins 90 p. 100) et le code "U" que les données sont jugées incomplètes (moins de 90 p. 100). Le code ne s'applique pas aux taux estimatifs. Pour plus de détails, voir Notes techniques.
2. Les données ne sont enregistrées que pour la population algérienne.
3. Non compris les enfants nés vivants, décédés avant l'enregistrement de leur naissance.
4. Estimations pour 1990–1995 établies pour la Division de la population de l'Organisation des Nations Unies.
5. Pour le classement selon la résidence, urbaine/rurale, voir la fin du tableau.
6. Y compris les résidents canadiens se trouvant temporairement aux Etats–Unis, mais non compris les résidents des Etats–Unis se trouvant temporairement au Canada.
7. Non compris les Indiens de la jungle.
8. D'aprés les permis d'inhumer.
9. Non compris les tribus d'Indiens nomades.
10. Y compris d'un ajustement pour sous–enregistrement.
11. Non compris les enfants nés vivants après moins de 28 semaines de gestation, pesant moins de 1 000 grammes, mesurant moins de 35 centimètres et décédés dans les sept jours qui ont suivi leur naissance.
12. Non compris les réfugiés du Viet Nam.
13. D'après le Programme d'enregistrement par sondage.
14. Y compris les données pour Jérusalem–Est et les résidents israéliens dans certains autres territoires occupés depuis juin 1967 par les forces armées israéliennes.

18. Deaths and crude death rates, by urban/rural residence: 1989 – 1993

Décès et taux bruts de mortalité, selon la résidence, urbaine/rurale: 1989 – 1993

FOOTNOTES (continued)

15 For Japanese nationals in Japan only; however, rates computed on total population.
16 Excluding data for Jordanian territory under occupation since june 1967 by Israeli military forces. Excluding foreigners, but including registered Palestinian refugees. For number of refugees, see table 5.
17 Excluding alien armed forces, civilian aliens employed by armed forces, and foreign diplomatic personnel and their dependants.
18 Estimates based on the results of the continuous Demographic Sample Survey.
19 Events registered by Health Service only.
20 Based on the results of the Population Growth survey.
21 Excluding transients afloat and non–locally domiciled military and civilian services personnel and their dependants.
22 Excluding nomads and Palestinian refugees; however, rates computed on total population.
23 Including late registered deaths.
24 Based on the results of the Population Demographic Survey.
25 Including armed forces stationed outside the country, but excluding alien armed forces stationed in the area.
26 Excluding Faeroe Islands and Greenland.
27 Including nationals temporarily outside the country.
28 Including armed forces stationed outside the country.
29 Excluding armed forces.
30 Deaths registered within one year of occurrence.
31 Rates computed on population including civilian nationals temporarily outside the country.
32 Including residents outside the country if listed in a Netherlands population register.
33 Including residents temporarily outside the country.
34 Including United States military personnel, their dependants and contract employees.
35 Excluding deaths of unknown residence.
36 Excluding nationals outside the country.
37 For the de jure population.
38 Excluding persons on the Central Register of Population (containing persons belonging to the Netherlands population but having no fixed municipality of residence).

NOTES (suite)

15 Pour les nationaux japonais au Japon seulement; toutefois, les taux sont calculés sur la base de la population totale.
16 Non compris les données pour le territoire jordanien occupé depuis juin 1967 par les forces armées israéliennes. Non compris les étrangers, mais y compris les réfugiés de Palestine immatriculés. Pour le nombre de réfugiés, voir le tableau 5.
17 Non compris les militaires étrangers, les civils étrangers employés par les forces armées, le personnel diplomatique étranger et les membres de leur famille les accompagnant.
18 Les estimations sont basés sur les résultats d'une enquête démographique par sondage continue.
19 Evénements enregistrés par le Service de santé seulement.
20 D'après les résultats de la Population Growth Survey .
21 Non compris les personnes de passage à bord de navires, ni les militaires et agents civils domiciliés hors du territoire et les membres de leur famille les accompagnant.
22 Non compris la population nomade et les réfugiés de Palestine; toutefois, les taux sont calculés sur la base de la population totale.
23 Y compris les décès enregistrés tardivement.
24 D'après les résultats d'une enquête démographique de la population.
25 Y compris les militaires nationaux hors du pays, mais non compris les militaires étrangers en garnison sur le territoire.
26 Non compris les îles Féroé et le Groenland.
27 Y compris les nationaux se trouvant temporairement hors du pays.
28 Y compris les militaires nationaux se trouvant hors du pays.
29 Non compris les militaires.
30 Décès enregistrés dans l'année qui suit l'événement.
31 Les taux sont calculés sur la base d'un chiffre de population qui comprend les civils nationaux temporairement hors du pays.
32 Y compris les résidents hors du pays, s'ils sont inscrits sur un registre de population néerlandais.
33 Y compris les résidents se trouvant temporairement hors du pays.
34 Y compris les militaires des Etats–Unis, les membres de leurles accompagnant et les agents contractuels des Etats–Unis.
35 Non compris les décès de personnes pour lesquelles le lieu de résidence n'est pas connu.
36 Non compris les nationaux hors du pays.
37 Pour la population de droit.
38 Non compris les personnes inscrites sur le Registre central de la population (personnes appartenant à la population néerlandaise mais sans résidence fixe dans l'une des municipalités).

19. Deaths by age, sex and urban/rural residence: latest available year

(See notes at end of table.)

	Continent, country or area, year, sex and urban/rural residence — Continent, pays ou zone, année, sexe et résidence, urbaine/rurale	All ages Tous âges	−1	1–4	5–9	10–14	15–19	20–24	25–29	30–3
		Age (in years)								
	AFRICA—AFRIQUE									
	Algeria – Algérie									
	1986 [1,2]									
1	Male – Masculin	*68 991*	*21 000*	*5 984*	*2 486*	*1 535*	*1 864*	*1 367*	*1 330*	*1 39*
2	Female – Féminin	*55 410*	*16 667*	*4 916*	*1 728*	*1 113*	*1 034*	*1 083*	*1 071*	*1 15*
	Cape Verde – Cap-Vert									
	1990 [3]									
3	Male – Masculin	1 301	357	82	15	8	13	23	42	34
4	Female – Féminin	1 197	272	80	12	12	8	17	14	16
	Central African Republic – République centrafricaine									
	1988 [3,4]									
5	Male – Masculin	*14 260*	*3 479*	*2 523*	*662*	*397*	*389*	*427*	*511*	*468*
6	Female – Féminin	*12 456*	*2 810*	*2 163*	*536*	*328*	*478*	*529*	*568*	*508*
	Egypt – Egypte									
	1989 [4]									
7	Male – Masculin	215 754	34 643	17 570	5 151	3 536	3 830	3 644	3 928	3 795
8	Female – Féminin	198 460	33 983	19 757	4 422	2 718	2 911	2 769	3 098	2 875
	Mali									
	1987 [4,5]									
9	Male – Masculin	51 072	*—— 29 823 ——*		2 947	1 116	1 075	1 113	1 037	965
10	Female – Féminin	45 149	*—— 25 409 ——*		2 379	888	1 301	1 295	1 378	1 245
	Mauritius – Maurice									
	1992+									
11	Male – Masculin	4 044	244	38	10	18	41	69	87	94
12	Female – Féminin	2 979	182	26	10	22	27	38	43	67
	Island of Mauritius – Ile Maurice									
	1992+									
13	Male – Masculin	3 949	231	38	9	16	40	68	87	94
14	Female – Féminin	2 917	177	22	9	22	27	38	43	66
	Rodrigues									
	1992+									
15	Male – Masculin	95	13	–	1	2	1	1	–	–
16	Female – Féminin	62	5	4	1	–	–	–	–	1
	Réunion									
	1987 [2,6]									
17	Male – Masculin	1 831	73	16	13	8	30	44	54	65
18	Female – Féminin	1 243	51	14	10	6	14	20	19	27
	St. Helena ex. dep. – Sainte-Hélène sans dép.									
	1986									
19	Male – Masculin	30	2	–	–	–	–	2	–	–
20	Female – Féminin	23	1	–	–	–	–	–	–	–
	Seychelles									
	1992+									
21	Male – Masculin	312	13	2	1	1	1	7	7	12
22	Female – Féminin	210	6	2	1	2	3	1	2	1
	Tunisia – Tunisie									
	1989 [4]									
23	Male – Masculin	*20 650*	*2 899*	*726*	*323*	*254*	*356*	*342*	*380*	*392*
24	Female – Féminin	*14 271*	*2 252*	*644*	*241*	*168*	*176*	*191*	*226*	*271*
	Zimbabwe									
	1986									
25	Male – Masculin	*14 478*	*3 143*	*1 022*	*249*	*216*	*299*	*399*	*527*	*573*
26	Female – Féminin	*8 545*	*2 832*	*444*	*219*	*171*	*232*	*322*	*335*	*311*

19. Décès selon l'âge, le sexe et la résidence, urbaine/rurale: dernière année disponible

ir notes à la fin du tableau.)

Age (en années)												
35–39	40–44	45–49	50–54	55–59	60–64	65–69	70–74	75–79	80–84	85 +	Unknown Inconnu	
1 075	*982*	*1 622*	*1 796*	*2 784*	*3 057*	*3 760*	*4 834*	*5 077*	**— 7 040 —**		*6*	*1*
1 077	*985*	*1 454*	*1 795*	*1 922*	*2 251*	*2 829*	*3 474*	*3 875*	**— 6 986 —**		*–*	*2*
26	15	16	43	59	53	41	82	104	164	118	6	*3*
21	14	16	21	36	54	39	79	119	159	198	10	*4*
462	*465*	*648*	*681*	*573*	*688*	*529*	*518*	**——— – 840 ———**			*–*	*5*
486	*504*	*530*	*516*	*436*	*607*	*429*	*405*	**——— – 623 ———**			*–*	*6*
5 025	5 491	7 248	10 915	14 327	18 777	21 577	18 552	*——— – 37 745 ———*			–	*7*
3 776	3 376	4 841	7 460	8 664	13 271	16 266	18 389	*——— – 49 884 ———*			–	*8*
862	996	894	1 141	1 090	1 756	1 295	1 459	992	*— 1 777 —*		734	*9*
1 083	995	730	955	724	1 288	976	1 230	730	*— 1 840 —*		703	*10*
171	201	205	211	358	440	577	482	391	235	164	8	*11*
62	99	102	140	173	195	399	327	386	329	352	–	*12*
166	197	204	208	353	429	567	471	375	229	159	8	*13*
62	93	102	137	169	192	394	321	379	320	344	–	*14*
5	4	1	3	5	11	10	11	16	6	5	–	*15*
–	6	–	3	4	3	5	6	7	9	8	–	*16*
85	88	129	154	174	176	188	163	176	115	80	–	*17*
34	50	31	40	75	93	93	150	160	159	197	–	*18*
–	–	1	1	1	5	2	1	7	3	5	–	*19*
–	–	–	1	1	1	4	3	3	6	3	–	*20*
9	13	14	18	28	27	25	37	42	26	29	–	*21*
3	5	4	4	13	14	15	23	27	36	48	–	*22*
326	*356*	*479*	*778*	*1 116*	*1 417*	*1 770*	*2 049*	*2 407*	**— 3 099 —**		1 181	*23*
226	*248*	*301*	*517*	*675*	*854*	*1 158*	*1 314*	*1 672*	**— 2 401 —**		*7361*	*24*
497	*576*	*676*	*932*	*915*	*1 263*	*1 148*	*894*	*536*	*317*	*296*	*–*	*25*
305	*345*	*305*	*389*	*345*	*517*	*396*	*367*	*226*	*243*	*240*	1	*26*

19. Deaths by age, sex and urban/rural residence: latest available year (continued)

(See notes at end of table.)

	Continent, country or area, year, sex and urban/rural residence Continent, pays ou zone, année, sexe et résidence, urbaine/rurale	Age (in years)								
		All ages Tous âges	-1	1-4	5-9	10-14	15-19	20-24	25-29	30-34
	AMERICA,NORTH— AMERIQUE DU NORD									
	Antigua and Barbuda – Antigua–et–Barbuda									
	1986+									
1	Male – Masculin	189	–	1	*———	– ———*	*———	6 ———*	*———	7 ———*
2	Female – Féminin	195	3	1	*———	1 ———*	*———	5 ———*	*———	5 ———*
	Bahamas									
	1992									
3	Male – Masculin	767	40	6	6	8	10	20	36	44
4	Female – Féminin	616	36	10	4	2	7	10	19	32
	Barbados – Barbade									
	1991+									
5	Male – Masculin	1 094	40	5	2	3	13	14	19	26
6	Female – Féminin	1 189	13	6	5	7	9	4	7	15
	Belize									
	1992									
7	Male – Masculin	*473*	*43*	*13*	*14*	*7*	*12*	*22*	*20*	*18*
8	Female – Féminin	*373*	*44*	*17*	*7*	*7*	*2*	*10*	*6*	*14*
	Bermuda – Bermudes									
	1991									
9	Male – Masculin	255	5	–	–	–	1	1	3	3
10	Female – Féminin	197	2	–	–	–	–	–	2	4
	British Virgin Islands – Iles Vierges britanniques									
	1988+									
11	Male – Masculin	37	*———	———	5 ———	———*	–	1	1	2
12	Female – Féminin	22	*———	———	2 ———	———*	–	–	–	–
	Canada									
	1990[7]									
13	Male – Masculin	103 968	1 565	320	220	263	915	1 231	1 463	1 723
14	Female – Féminin	88 005	1 201	239	165	166	311	383	514	744
	Cayman Islands – Iles Caïmanes									
	1988*									
15	Male – Masculin	55	2	1	–	–	–	2	–	3
16	Female – Féminin	55	–	1	–	–	–	–	1	1
	Costa Rica									
	1991									
17	Male – Masculin	6 652	636	110	50	59	91	146	182	180
18	Female – Féminin	5 140	486	96	39	31	56	59	70	96
	Cuba									
	1990[4]									
19	Male – Masculin	40 453	1 188	254	134	190	595	927	939	780
20	Female – Féminin	31 691	816	206	111	122	367	493	465	453
	Dominica – Dominique									
	1989+									
21	Male – Masculin	251	17	2	2	3	2	1	9	7
22	Female – Féminin	246	11	3	1	–	–	2	4	5
	Dominican Republic – République dominicaine									
	1985+[4]									
23	Male – Masculin	*15 248*	*3 443*	*1 011*	*253*	*166*	*282*	*456*	*414*	*369*
24	Female – Féminin	*12 596*	*2 968*	*950*	*217*	*145*	*232*	*263*	*245*	*264*
	El Salvador									
	1991[4]									
25	Male – Masculin	*16 349*	*1 646*	*452*	*218*	*236*	*685*	*1 060*	*880*	*766*
26	Female – Féminin	*10 717*	*1 264*	*390*	*146*	*170*	*238*	*235*	*266*	*233*

19. Décès selon l'âge, le sexe et la résidence, urbaine/rurale: dernière année disponible (suite)

(Voir notes à la fin du tableau.)

Age (en années)												
35–39	40–44	45–49	50–54	55–59	60–64	65–69	70–74	75–79	80–84	85 +	Unknown Inconnu	
*——	9 ——*	*——	22 ——*	*——	35 ——*	*——	49 ——*	*———	–	55 ———*	5	1
*——	8 ——*	*——	7 ——*	*——	19 ——*	*——	48 ——*	*———	–	91 ———*	7	2
35	32	45	53	55	68	56	74	60	66	47	6	3
30	22	34	19	46	40	44	63	54	56	87	1	4
29	26	42	35	44	68	83	143	169	175	158	–	5
14	15	26	27	35	63	88	111	171	204	369	–	6
18	*11*	*23*	*16*	*16*	*37*	*32*	*30*	*50*	*——	*83* ——*	8	7
13	*14*	*11*	*11*	*17*	*13*	*19*	*25*	*41*	*——	*97* ——*	5	8
12	15	12	9	17	24	20	28	37	21	35	12	9
2	4	5	8	7	12	12	24	32	30	53	–	10
–	–	–	–	3	3	3	2	4	6	5	2	11
–	3	1	1	1	–	–	3	2	4	5	–	12
1 903	2 233	2 772	3 768	5 934	9 240	12 346	13 966	15 692	13 694	14 444	276	13
924	1 235	1 608	2 171	3 293	5 010	7 609	9 516	12 602	14 210	25 248	856	14
–	3	1	1	6	3	6	7	6	7	7	–	15
2	–	2	2	–	4	5	4	9	8	16	–	16
199	232	225	284	337	472	497	607	707	703	862	73	17
107	119	161	170	224	329	395	461	590	662	954	35	18
842	989	1 358	1 711	2 016	2 849	3 580	4 630	5 496	5 543	6 391	41	19
535	731	974	1 303	1 537	2 080	2 601	3 499	4 496	4 741	6 153	8	20
2	7	2	6	17	14	18	43	34	27	25	13	21
5	4	4	8	12	11	21	36	29	34	52	4	22
368	*381*	*432*	*610*	*648*	*872*	*819*	*1 130*	*875*	*945*	*1 774*	–	23
273	*291*	*377*	*514*	*456*	*575*	*593*	*767*	*661*	*825*	*1 980*	–	24
719	*785*	*745*	*775*	*778*	*954*	*1 022*	*1 071*	*1 035*	*1 005*	*1 296*	221	25
269	*292*	*349*	*458*	*506*	*724*	*797*	*867*	*919*	*998*	*1 508*	88	26

19. Deaths by age, sex and urban/rural residence: latest available year (continued)

(See notes at end of table.)

	Continent, country or area, year, sex and urban/rural residence Continent, pays ou zone, année, sexe et résidence, urbaine/rurale	Age (in years)								
		All ages Tous âges	–1	1–4	5–9	10–14	15–19	20–24	25–29	30–34
	AMERICA,NORTH— (Cont.–Suite) AMERIQUE DU NORD									
	Greenland – Groenland 1991									
1	Male – Masculin	266	18	2	6	2	14	18	14	14
2	Female – Féminin	174	15	1	1	2	5	2	5	3
	Guadeloupe 1991 [2]									
3	Male – Masculin	1 180	*——	43 ——*	5	5	23	25	32	36
4	Female – Féminin	967	*——	31 ——*	10	2	8	4	18	32
	Guatemala 1988 [4]									
5	Male – Masculin	36 104	9 676	5 799	1 205	643	763	1 098	1 082	1 086
6	Female – Féminin	28 733	7 402	5 465	1 086	491	542	702	654	657
	Martinique 1991 [2]									
7	Male – Masculin	1 171	*——	37 ——*	4	10	14	21	30	19
8	Female – Féminin	1 009	*——	29 ——*	2	1	9	10	9	12
	Mexico – Mexique 1992 [3 4]									
9	Male – Masculin	233 999	29 662	5 952	2 503	2 711	6 643	9 318	9 278	9 411
10	Female – Féminin	175 428	22 692	5 098	1 836	1 608	2 577	2 974	2 973	3 327
	Montserrat 1986+									
11	Male – Masculin	65	–	–	1	1	1	1	1	1
12	Female – Féminin	58	1	–	2	–	1	–	1	–
	Nicaragua 1987									
13	Male – Masculin	6 885	676	245	111	96	671	759	476	321
14	Female – Féminin	4 171	541	192	63	52	122	132	118	108
	Panama 1991 [4]									
15	Male – Masculin	5 633	583	177	85	63	142	178	237	189
16	Female – Féminin	4 050	496	153	49	59	67	79	79	87
	Puerto Rico – Porto Rico 1992 [3 4]									
17	Male – Masculin	16 173	460	67	44	48	235	374	504	611
18	Female – Féminin	11 223	360	48	35	21	51	98	148	192
	Saint Kitts and Nevis – Saint–Kitts–et–Nevis 1989+									
19	Male – Masculin	244	15	4	5	–	2	1	7	4
20	Female – Féminin	240	7	3	1	1	1	1	2	6
	Saint Lucia – Sainte–Lucie 1989*									
21	Male – Masculin	416	35	9	3	4	8	10	10	13
22	Female – Féminin	415	21	10	1	8	9	7	5	13
	St. Vincent and the Grenadines – Saint–Vincent–et–Grenadines 1988+									
23	Male – Masculin	386	35	6	5	3	9	5	13	11
24	Female – Féminin	326	20	9	2	–	5	2	2	4
	Trinidad and Tobago – Trinité–et–Tobago 1989									
25	Male – Masculin	4 500	154	59	29	25	67	108	143	128
26	Female – Féminin	3 713	101	39	23	22	29	56	59	55

19. Décès selon l'âge, le sexe et la résidence, urbaine/rurale: dernière année disponible (suite)

(Voir notes à la fin du tableau.)

Age (en années)												
35–39	40–44	45–49	50–54	55–59	60–64	65–69	70–74	75–79	80–84	85 +	Unknown Inconnu	
14	18	17	20	18	18	21	21	19	7	3	2	1
1	5	10	5	16	22	18	11	17	14	15	6	2
45	44	56	57	73	91	122	143	133	115	126	6	3
26	30	24	22	40	67	86	82	116	131	236	2	4
1 124	940	1 025	1 271	1 349	1 551	1 629	1 791	1 531	1 166	1 375	–	5
759	643	678	808	971	1 168	1 113	1 494	1 330	1 265	1 505	–	6
24	29	40	47	75	116	123	136	160	122	161	4	7
19	13	25	22	48	55	86	107	119	136	304	2	8
9 672	9 361	10 273	11 300	12 843	14 967	16 169	16 732	15 741	16 492	23 321	1 650	9
4 131	4 630	5 588	7 115	9 022	11 495	13 039	14 040	14 505	17 058	30 901	819	10
–	1	2	4	1	5	7	7	8	12	11	1	11
–	–	2	–	1	3	4	8	5	10	19	1	12
278	246	234	241	273	*——		2 150			——*	108	13
131	117	141	177	193	*——		2 007			——*	77	14
193	169	194	192	263	321	442	565	587	475	535	43	15
90	99	133	117	171	205	280	382	453	411	617	23	16
692	713	729	762	815	1 127	1 434	1 734	1 798	1 717	2 237	72	17
208	235	262	343	449	649	940	1 208	1 452	1 695	2 812	17	18
8	3	4	6	15	22	25	42	32	22	24	3	19
3	3	9	7	8	14	17	32	34	36	54	1	20
9	17	15	15	26	40	29	45	47	45	36	–	21
5	9	13	14	13	34	37	43	47	51	75	–	22
4	9	9	8	27	31	27	46	54	40	41	3	23
7	3	7	7	18	11	29	38	31	45	82	4	24
117	141	172	247	323	415	505	572	551	393	344	7	25
57	83	152	191	248	292	396	413	491	419	587	–	26

19. Deaths by age, sex and urban/rural residence: latest available year (continued)

(See notes at end of table.)

	Continent, country or area, year, sex and urban/rural residence Continent, pays ou zone, année, sexe et résidence, urbaine/rurale	All ages Tous âges	Age (in years) – 1	1 – 4	5 – 9	10 – 14	15 – 19	20 – 24	25 – 29	30 – 34
	AMERICA,NORTH— (Cont.–Suite) AMERIQUE DU NORD									
	United States – Etats–Unis 1992									
1	Male – Masculin	1 123 110	18 730	3 770	*—— 5 140	——*	*—— 26 740	——*	*—— 42 470	——*
2	Female – Féminin	1 053 520	15 710	2 890	*—— 3 090	——*	*—— 8 450	——*	*—— 14 870	——*
	United States Virgin Islands – Iles Vierges américaines 1990									
3	Male – Masculin	335	19	4	2	5	7	8	15	18
4	Female – Féminin	176	14	–	–	1	–	2	3	7
	AMERICA,SOUTH— AMERIQUE DU SUD									
	Argentina – Argentine 1990									
5	Male – Masculin	144 167	9 808	1 516	614	719	1 331	1 712	1 593	1 819
6	Female – Féminin	115 516	7 540	1 240	467	419	653	811	897	1 164
	Brazil – Brésil 1990 [8]									
7	Male – Masculin	504 072	54 032	10 175	4 539	4 784	12 707	18 625	19 783	20 389
8	Female – Féminin	343 567	40 707	8 634	3 135	2 795	4 387	5 304	6 365	7 459
	Chile – Chili 1991 [4]									
9	Male – Masculin	41 377	2 442	499	250	229	598	928	1 003	1 111
10	Female – Féminin	33 485	1 942	325	179	138	206	250	328	389
	Colombia – Colombie 1989+ [4 9]									
11	Male – Masculin	*92 393*	*7 849*	*2 329*	*1 091*	*1 064*	*3 617*	*6 511*	*6 436*	*5 211*
12	Female – Féminin	*62 301*	*5 967*	*2 046*	*735*	*624*	*1 166*	*1 335*	*1 451*	*1 394*
	Ecuador – Equateur 1992 [4 10]									
13	Male – Masculin	*29 708*	*3 971*	*1 780*	*532*	*504*	*799*	*1 175*	*1 146*	*1 084*
14	Female – Féminin	*23 722*	*3 355*	*1 646*	*438*	*356*	*511*	*458*	*551*	*542*
	Falkland Islands (Malvinas)– Iles Falkland (Malvinas) 1992+ [4]									
15	Male – Masculin	10	–	–	–	–	–	–	–	–
16	Female – Féminin	9	–	–	–	–	–	1	–	–
	French Guiana – Guyane Française 1985* [2]									
17	Male – Masculin	280	–	31	5	3	5	12	10	14
18	Female – Féminin	204	–	35	–	–	3	5	7	5
	Paraguay 1987 [4]									
19	Male – Masculin	*6 977*	*1 109*	*371*	*122*	*90*	*157*	*207*	*145*	*163*
20	Female – Féminin	*6 220*	*956*	*341*	*99*	*77*	*98*	*92*	*109*	*136*
	Peru – Pérou 1985+ [8]									
21	Male – Masculin	*48 639*	*11 134*	*5 304*	*1 099*	*790*	*1 042*	*1 332*	*1 172*	*1 037*
22	Female – Féminin	*44 344*	*9 326*	*5 326*	*1 031*	*676*	*860*	*1 006*	*928*	*949*
	Suriname 1991									
23	Male – Masculin	1 442	95	18	9	6	22	39	50	49
24	Female – Féminin	1 132	80	19	8	13	22	25	23	29

19. Décès selon l'âge, le sexe et la résidence, urbaine/rurale: dernière année disponible (suite)

(Voir notes à la fin du tableau.)

Age (en années)												
35–39	40–44	45–49	50–54	55–59	60–64	65–69	70–74	75–79	80–84	85 +	Unknown Inconnu	
—— 64 220 ——		*—— 78 670 ——*		58 140	88 780	122 860	150 190	159 320	142 950	160 670	470	1
—— 28 740 ——		*—— 45 300 ——*		36 590	59 460	87 020	116 230	143 390	166 510	325 070	220	2
13	7	14	25	23	30	23	30	38	24	27	3	3
2	3	8	16	10	14	13	18	19	24	22	–	4
2 532	3 642	5 163	7 410	10 710	14 258	16 639	17 229	18 139	14 745	13 249	1 339	5
1 653	2 125	2 750	3 663	5 169	7 285	9 525	12 140	16 761	17 565	22 909	780	6
20 920	22 329	24 258	29 182	32 803	38 262	41 260	42 833	42 184	33 598	30 023	1 386	7
8 830	10 467	12 357	15 768	19 021	24 368	27 794	33 081	36 887	35 145	40 697	366	8
1 164	1 350	1 638	2 138	2 622	3 834	4 072	4 611	4 969	4 287	3 632	–	9
522	706	1 012	1 212	1 605	2 391	2 828	3 642	4 723	4 731	6 356	–	10
4 283	*3 372*	*3 467*	*3 830*	*4 696*	*5 722*	*6 285*	*6 878*	*7 060*	*5 455*	*5 574*	1 663	11
1 646	*1 702*	*2 156*	*2 749*	*3 496*	*4 475*	*5 122*	*6 019*	*6 499*	*5 613*	*7 407*	699	12
1 094	*1 027*	*1 102*	*1 201*	*1 350*	*1 736*	*1 873*	*2 075*	*2 178*	*2 189*	*2 754*	138	13
616	*659*	*686*	*851*	*965*	*1 224*	*1 392*	*1 628*	*1 803*	*2 145*	*3 768*	128	14
–	1	–	2	2	1	–	2	1	–	1	–	15
–	–	1	1	1	1	1	2	–	–	1	–	16
12	14	19	19	10	19	30	32	20	24	1	–	17
2	6	9	8	10	8	12	25	23	46	–	–	18
159	*204*	*239*	*303*	*407*	*440*	*555*	*583*	*——— – *1 677* ———*			46	19
171	*176*	*173*	*186*	*268*	*335*	*411*	*472*	*——— – *2 077* ———*			43	20
1 153	*1 164*	*1 487*	*1 695*	*1 994*	*2 332*	*2 438*	*2 592*	*2 934*	*2 646*	*3 548*	1 746	21
1 107	*974*	*1 203*	*1 300*	*1 497*	*1 768*	*1 950*	*2 209*	*2 471*	*2 842*	*5 275*	1 646	22
51	45	83	95	114	144	150	121	129	101	113	–	23
25	27	32	58	109	95	112	97	102	103	152	–	24

19. Deaths by age, sex and urban/rural residence: latest available year (continued)

(See notes at end of table.)

	Continent, country or area, year, sex and urban/rural residence Continent, pays ou zone, année, sexe et résidence, urbaine/rurale	All ages Tous âges	Age (in years) – 1	1 – 4	5 – 9	10 – 14	15 – 19	20 – 24	25 – 29	30 – 3
	AMERICA,SOUTH— (Cont.–Suite) AMERIQUE DU SUD									
	Uruguay									
	1991 [3]									
1	Male – Masculin	16 044	639	69	40	63	118	147	120	15
2	Female – Féminin	13 730	515	59	29	34	76	71	65	9
	Venezuela									
	1991 [8]									
3	Male – Masculin	51 237	6 987	1 315	618	659	1 538	2 100	1 938	1 91
4	Female – Féminin	37 397	5 175	1 138	419	365	618	655	683	86
	ASIA—ASIE									
	Armenia – Arménie									
	1991 [4 11]									
5	Male – Masculin	12 561	757	198	60	44	88	174	260	36
6	Female – Féminin	10 864	647	159	50	22	33	57	97	13
	Bahrain – Bahreïn									
	1991									
7	Male – Masculin	*982*	*131*	*15*	*10*	*9*	*14*	*22*	*35*	*3*
8	Female – Féminin	*762*	*143*	*15*	*6*	*6*	*14*	*16*	*16*	*7*
	Bangladesh									
	1986 [4]									
9	Male – Masculin	*643 028*	*217 987*	*93 455*	*24 230*	*11 598*	*9 746*	*9 165*	*9 102*	*8 37*
10	Female – Féminin	*570 792*	*187 325*	*100 949*	*22 382*	*6 821*	*10 684*	*14 261*	*13 344*	*10 54*
	Brunei Darussalam – Brunéi Darussalam									
	1992+									
11	Male – Masculin	535	*—— 52 ——*		6	4	13	24	16	2
12	Female – Féminin	352	*—— 33 ——*		2	6	2	6	4	
	China – Chine									
	1989 [4]									
13	Male – Masculin	*3 619 772*	*262 421*	*100 489*	*43 309*	*34 273*	*68 945*	*90 153*	*68 135*	*79 85*
14	Female – Féminin	*2 953 187*	*264 486*	*93 664*	*28 987*	*24 199*	*53 007*	*70 899*	*51 303*	*55 08*
	Cyprus – Chypre									
	1992 [12]									
15	Male – Masculin	*2 680*	*61*	*4*	*4*	*5*	*33*	*19*	*16*	*27*
16	Female – Féminin	*2 540*	*51*	*4*	*5*	*1*	*10*	*5*	*10*	*16*
	Hong Kong – Hong-kong									
	1992 [3 13]									
17	Male – Masculin	17 208	174	48	38	54	89	145	223	275
18	Female – Féminin	13 340	165	35	18	32	53	55	93	136
	Iran (Islamic Republic of – Rép. islamique d')									
	1986									
19	Male – Masculin	*132 019*	*9 714*	*14 319*	*6 353*	*4 171*	*9 574*	*10 216*	*5 114*	*3 862*
20	Female – Féminin	*58 042*	*6 338*	*4 875*	*2 022*	*1 430*	*2 329*	*2 547*	*2 226*	*2 053*
	Iraq									
	1989									
21	Male – Masculin	*52 657*	*9 333*	*1 839*	*—— 2 636 ——*		*—— 2 790 ——*		*————*	
22	Female – Féminin	*39 598*	*6 813*	*1 360*	*—— 1 790 ——*		*—— 1 602 ——*		*————*	
	Israel – Israël [14]									
	1991 [4]									
23	Male – Masculin	16 281	537	106	52	61	124	179	141	141
24	Female – Féminin	14 985	438	90	57	37	61	60	60	89
	Japan – Japon									
	1992 [15]									
25	Male – Masculin	465 544	3 103	1 210	795	701	2 983	3 581	2 941	3 148
26	Female – Féminin	391 099	2 374	927	488	479	1 078	1 345	1 403	1 644

19. Décès selon l'âge, le sexe et la résidence, urbaine/rurale: dernière année disponible (suite)

(Voir notes à la fin du tableau.)

Age (en années)												
35–39	40–44	45–49	50–54	55–59	60–64	65–69	70–74	75–79	80–84	85 +	Unknown Inconnu	
206	315	441	724	1 054	1 703	1 928	2 060	2 252	1 979	1 945	82	1
159	204	268	343	564	850	1 127	1 441	2 001	2 263	3 522	42	2
1 805	1 919	1 914	2 466	3 050	3 979	4 093	4 327	3 926	3 141	3 349	199	3
900	1 149	1 124	1 577	1 928	2 566	2 764	3 306	3 673	3 523	4 903	65	4
350	375	341	1 025	1 148	1 901	1 382	768	1 082	1 145	1 095	1	5
156	162	133	434	598	1 096	1 196	918	1 397	1 665	1 910	–	6
40	*33*	*36*	*55*	*49*	*107*	*105*	*96*	*——— –	*193*	———*	–	7
15	*13*	*20*	*42*	*49*	*73*	*65*	*82*	*——— –	*172*	———*	–	8
6 789	*11 730*	*12 087*	*21 468*	*20 768*	*35 261*	*33 534*	*33 925*	*——— –	*83 806*	———*	–	9
12 896	*14 192*	*11 689*	*15 051*	*17 262*	*19 747*	*20 132*	*29 042*	*——— –	*64 473*	———*	–	10
25	24	16	26	25	49	42	*———	——— 187	———	———*	–	11
10	16	11	19	28	25	27	*———	——— 159	———	———*	–	12
95 933	*101 537*	*127 490*	*193 182*	*282 766*	*378 512*	*447 754*	*469 272*	*388 658*	*255 038*	*132 051*	–	13
63 655	*64 702*	*79 432*	*118 658*	*166 849*	*231 982*	*301 851*	*368 983*	*364 504*	*315 761*	*235 182*	–	14
28	*40*	*51*	*69*	*105*	*168*	*259*	*325*	*410*	*— *1 056*	—*	–	15
9	*20*	*42*	*43*	*59*	*100*	*165*	*281*	*410*	*— *1 309*	—*	–	16
376	470	518	845	1 321	2 020	2 453	2 756	2 563	1 776	1 054	10	17
169	244	199	302	535	931	1 339	1 814	2 171	2 141	2 907	1	18
2 861	*3 148*	*3 948*	*5 792*	*7 226*	*10 676*	*———	———	*35 045*	———	———*	–	19
1 611	*1 727*	*1 912*	*2 548*	*3 027*	*4 643*	*———	———	*18 754*	———	———*	–	20
5 486 ———	———*	*———	——— *11 386*	———	———*	*———	———	*19 187*	———	———*	–	21
3 280 ———	———*	*———	——— *7 604*	———	———*	*———	———	*17 149*	———	———*	–	22
197	269	291	480	754	1 115	1 785	1 864	2 748	2 727	2 710	–	23
132	206	205	308	501	908	1 417	1 762	2 712	2 782	3 160	–	24
4 792	10 396	13 798	20 400	32 794	45 689	50 924	52 371	69 345	72 821	73 263	489	25
2 702	5 770	7 201	10 350	14 816	20 647	28 146	38 373	57 633	76 885	118 730	108	26

19. Deaths by age, sex and urban/rural residence: latest available year (continued)

(See notes at end of table.)

	Continent, country or area, year, sex and urban/rural residence Continent, pays ou zone, année, sexe et résidence, urbaine/rurale	All ages Tous âges	Age (in years) -1	1-4	5-9	10-14	15-19	20-24	25-29	30-34
	ASIA—ASIE (Cont.–Suite)									
	Kazakhstan									
	1992 [4 11]									
1	Male – Masculin	73 079	5 192	1 438	702	573	1 229	1 743	2 321	2 975
2	Female – Féminin	64 626	3 720	1 220	396	298	561	673	752	965
	Korea, Republic of– Corée, République de									
	1991* [16 17]									
3	Male – Masculin	135 537	1 029	1 303	1 147	925	2 609	3 097	3 766	5 082
4	Female – Féminin	101 601	916	964	720	613	945	1 408	1 503	1 913
	Kuwait – Koweït									
	1992									
5	Male – Masculin	1 973	201	46	35	26	54	68	91	107
6	Female – Féminin	1 165	164	42	24	24	14	20	22	21
	Kyrgyzstan – Kirghizistan									
	1992 [4 11]									
7	Male – Masculin	16 978	2 374	739	187	162	254	364	509	582
8	Female – Féminin	15 185	1 684	646	120	93	145	181	228	279
	Macau – Macao									
	1992 [18]									
9	Male – Masculin	*754*	*24*	*1*	*1*	*3*	*6*	*7*	*16*	*22*
10	Female – Féminin	*678*	*25*	*4*	–	*1*	*5*	*8*	*8*	*14*
	Malaysia – Malaisie									
	1991									
11	Male – Masculin	*47 641*	*3 535*	*947*	*642*	*627*	*1 105*	*1 461*	*1 276*	*1 388*
12	Female – Féminin	*36 210*	*2 833*	*752*	*439*	*332*	*422*	*573*	*610*	*725*
	Peninsular Malaysia – Malaisie Péninsulaire									
	1989 [2 4]									
13	Male – Masculin	39 321	2 838	847	493	485	796	1 032	1 020	1 026
14	Female – Féminin	30 386	2 110	733	366	333	365	439	506	576
	Sabah									
	1986									
15	Male – Masculin	3 178	615	233	66	41	74	122	142	107
16	Female – Féminin	1 936	474	165	54	39	41	55	49	64
	Sarawak									
	1986 [4]									
17	Male – Masculin	3 168	253	78	37	36	53	73	75	83
18	Female – Féminin	2 016	173	60	26	18	34	39	41	47
	Maldives									
	1992 [4]									
19	Male – Masculin	745	144	82	17	15	12	10	15	11
20	Female – Féminin	585	105	39	22	6	8	11	13	19
	Mongolia – Mongolie									
	1989 [4]									
21	Male – Masculin	9 400	2 600	1 100	200	–	–	200	200	200
22	Female – Féminin	7 600	2 100	1 000	100	–	–	100	200	200
	Pakistan									
	1988 [4 19]									
23	Male – Masculin	465 735	186 977	42 427	12 299	10 808	8 807	3 942	15 611	7 263
24	Female – Féminin	386 606	157 081	55 683	8 543	2 584	7 638	6 674	7 658	8 436
	Philippines									
	1990+									
25	Male – Masculin	*185 788*	*23 021*	*12 931*	*4 852*	*3 132*	*4 454*	*6 979*	*7 602*	*7 830*
26	Female – Féminin	*128 102*	*16 612*	*11 001*	*3 798*	*2 330*	*2 537*	*3 034*	*3 256*	*3 428*
	Qatar									
	1992									
27	Male – Masculin	627	60	6	12	11	16	20	28	37
28	Female – Féminin	317	63	7	1	5	5	2	6	9

19. Décès selon l'âge, le sexe et la résidence, urbaine/rurale: dernière année disponible (suite)

r notes à la fin du tableau.)

35–39	40–44	45–49	50–54	55–59	60–64	65–69	70–74	75–79	80–84	85 +	Unknown Inconnu	
3 190	3 666	2 828	6 567	6 760	8 792	7 404	4 712	4 895	4 050	3 899	143	1
1 113	1 405	1 226	2 878	3 266	5 212	6 866	6 182	8 199	9 013	10 627	54	2
5 835	6 906	9 032	12 249	12 929	12 962	14 694	14 724	12 478	8 892	5 878	–	3
1 996	2 249	3 219	4 641	5 769	7 276	9 608	11 997	14 864	14 160	16 840	–	4
107	84	106	125	138	162	113	148	102	106	132	22	5
28	36	37	46	67	104	91	121	77	87	115	25	6
598	690	476	1 154	1 267	1 860	1 563	1 062	1 025	995	1 092	25	7
268	308	199	580	739	1 231	1 378	1 305	1 567	1 761	2 463	10	8
23	23	26	30	51	74	88	106	105	78	62	8	9
14	8	3	10	25	50	51	70	87	118	172	5	10
1 394	1 652	1 938	2 890	3 509	4 402	4 582	5 116	4 369	*— 6 671	—*	137	11
868	938	1 136	1 622	2 201	3 051	3 693	4 602	3 993	*— 7 318	—*	102	12
1 044	1 217	1 588	2 514	2 749	3 637	3 882	4 294	4 223	2 937	2 666	33	13
696	753	981	1 463	1 715	2 305	3 207	3 683	3 932	3 164	3 011	48	14
107	140	141	194	200	228	194	222	136	92	86	38	15
55	67	80	101	95	137	101	126	81	67	71	14	16
90	95	121	173	242	280	371	356	329	202	159	62	17
46	74	72	109	151	179	240	202	214	144	110	37	18
13	18	17	35	45	61	64	56	51	40	18	21	19
25	15	11	33	50	50	52	44	28	26	14	14	20
200	200	300	400	600	600	700	*——	—— 1 900	——	—*	–	21
200	200	200	200	300	400	600	*——	—— 1 800	——	—*	–	22
3 581	8 567	12 327	17 750	11 240	22 314	11 608	22 584	13 975	19 016	34 639	–	23
8 047	8 319	14 013	5 803	10 080	16 176	10 377	14 819	6 355	17 710	20 610	–	24
7 712	7 997	8 875	10 091	10 716	12 103	11 668	12 491	12 754	9 255	11 324	1	25
3 745	3 697	4 068	5 284	5 678	6 985	7 813	9 533	11 394	10 056	13 853	–	26
44	24	42	44	50	47	55	41	31	24	34	1	27
18	9	8	14	16	32	19	36	25	11	29	2	28

19. Deaths by age, sex and urban/rural residence: latest available year (continued)

(See notes at end of table.)

	Continent, country or area, year, sex and urban/rural residence Continent, pays ou zone, année, sexe et résidence, urbaine/rurale	Age (in years)								
		All ages Tous âges	–1	1–4	5–9	10–14	15–19	20–24	25–29	30–
	ASIA—ASIE (Cont.–Suite)									
	Singapore – Singapour 1993*+ [3, 20]									
1	Male – Masculin	8 023	131	39	15	31	72	150	171	
2	Female – Féminin	6 435	102	28	21	18	32	48	61	
	Sri Lanka 1988+ [4]									
3	Male – Masculin	60 036	3 833	1 155	754	634	1 528	2 762	2 459	2
4	Female – Féminin	35 898	3 110	1 078	652	438	964	1 157	971	
	Thailand – Thaïlande 1991+ [4]									
5	Male – Masculin	*155 198*	*4 561*	*2 551*	*1 901*	*1 800*	*5 374*	*7 420*	*6 986*	*7*
6	Female – Féminin	*109 152*	*3 367*	*1 859*	*1 346*	*1 161*	*2 075*	*2 159*	*2 283*	*2*
	EUROPE									
	Albania – Albanie 1991 [4]									
7	Male – Masculin	10 296	1 444	462	149	115	185	230	197	2
8	Female – Féminin	7 447	1 103	431	94	69	71	80	62	
	Andorra – Andorre 1992									
9	Male – Masculin	*136*	*6*	–	–	*1*	*4*	*1*	*2*	
10	Female – Féminin	*83*	*2*	–	–	–	–	*1*	*2*	
	Austria – Autriche 1992 [4]									
11	Male – Masculin	38 508	419	70	36	46	249	420	403	4
12	Female – Féminin	44 654	299	72	28	25	79	118	139	1
	Belarus – Bélarus 1991 [4, 11]									
13	Male – Masculin	56 394	963	302	246	195	456	800	1 071	1 5
14	Female – Féminin	58 256	653	218	130	107	196	196	279	4
	Belgium – Belgique 1987 [21]									
15	Male – Masculin	53 787	666	106	82	87	285	510	473	5
16	Female – Féminin	51 639	467	83	55	56	118	169	219	2
	Bulgaria – Bulgarie 1990 [4]									
17	Male – Masculin	59 780	909	240	134	168	337	428	461	6
18	Female – Féminin	48 828	645	173	105	87	155	154	173	2
	Channel Islands – Iles Anglo-Normandes Guernsey – Guernesey 1993									
19	Male – Masculin	300	4	1	–	–	1	1	2	
20	Female – Féminin	306	3	–	–	–	–	1	1	
	Jersey 1992+									
21	Male – Masculin	391	1	–	–	–	–	1	3	
22	Female – Féminin	402	2	–	–	–	–	1	1	
	Former Czechoslovakia – Ancienne Tchécoslovaquie 1990 [4]									
23	Male – Masculin	96 731	1 401	204	181	179	501	692	735	1 0
24	Female – Féminin	87 054	968	176	109	121	243	203	228	3
	Denmark – Danemark [22] 1991									
25	Male – Masculin	30 085	268	58	37	36	108	190	235	2
26	Female – Féminin	29 496	203	34	24	20	48	60	87	1

19. Décès selon l'âge, le sexe et la résidence, urbaine/rurale: dernière année disponible (suite)

(Voir notes à la fin du tableau.)

Age (en années)												
35 – 39	40 – 44	45 – 49	50 – 54	55 – 59	60 – 64	65 – 69	70 – 74	75 – 79	80 – 84	85 +	Unknown Inconnu	
211	294	330	439	580	851	1 018	1 041	1 027	775	611	56	*1*
118	173	168	275	369	488	639	807	996	919	1 077	4	*2*
2 496	2 536	3 123	3 514	4 349	4 819	5 297	5 521	4 436	4 148	4 544	19	*3*
1 009	878	1 184	1 430	1 806	2 279	3 011	3 602	3 342	3 552	4 556	12	*4*
7 354	*7 462*	*7 674*	*9 989*	*11 883*	*13 224*	*13 050*	*13 071*	*12 041*	*9 867*	*9 415*	2 435	*5*
3 042	*3 763*	*4 419*	*6 054*	*7 496*	*8 522*	*9 525*	*10 534*	*11 473*	*11 554*	*14 414*	1 547	*6*
197	222	245	373	567	819	903	1 109	1 147	910	766	55	*7*
103	111	115	182	251	342	459	704	922	936	1 255	64	*8*
5	*3*	*5*	*6*	*6*	*14*	*18*	*11*	*20*	*11*	*17*	–	*9*
1	*3*	*2*	*1*	*1*	*3*	*4*	*9*	*13*	*17*	*24*	–	*10*
508	769	1 154	1 866	2 043	3 496	4 366	4 337	5 279	6 460	6 146	–	*11*
254	362	573	873	959	1 651	3 189	4 292	6 258	10 206	15 098	–	*12*
1 810	2 311	2 231	4 797	5 470	7 789	6 393	4 303	5 547	5 218	4 958	18	*13*
563	708	752	1 837	2 687	4 223	6 090	5 269	9 152	10 832	13 941	23	*14*
690	866	1 184	1 947	3 477	5 163	5 950	7 364	9 328	8 084	6 962	–	*15*
365	468	722	1 041	1 713	2 530	3 248	5 200	8 667	11 265	14 990	–	*16*
925	1 584	1 992	2 952	4 583	6 509	8 421	6 389	9 529	7 950	5 646	–	*17*
398	616	809	1 207	2 174	3 463	5 567	5 059	9 357	9 760	8 644	–	*18*
1	6	10	11	14	18	26	52	51	51	50	–	*19*
1	4	3	9	7	14	19	25	45	61	113	–	*20*
3	7	8	10	21	33	43	55	*——— –	205	———*	–	*21*
4	7	5	4	16	15	34	42	*——— –	271	———*	–	*22*
1 889	2 917	3 936	4 990	7 452	11 056	14 434	9 462	15 515	12 353	7 770	–	*23*
692	1 082	1 439	1 862	3 305	5 459	9 341	7 933	16 881	18 389	18 232	–	*24*
383	567	856	1 035	1 519	2 219	3 346	4 457	4 999	4 675	4 804	–	*25*
193	330	554	681	1 032	1 552	2 272	3 238	4 286	5 502	9 263	–	*26*

19. Deaths by age, sex and urban/rural residence: latest available year (continued)

(See notes at end of table.)

	Continent, country or area, year, sex and urban/rural residence Continent, pays ou zone, année, sexe et résidence, urbaine/rurale	Age (in years) All ages Tous âges	–1	1–4	5–9	10–14	15–19	20–24	25–29	30–34
	EUROPE (Cont.–Suite)									
	Estonia – Estonie									
	1990 [4,11]									
1	Male – Masculin	9 424	166	59	42	38	99	142	171	21[illegible]
2	Female – Féminin	10 106	110	49	22	15	33	36	38	5[illegible]
	Faeroe Islands – Iles Féroé									
	1990									
3	Male – Masculin	202	2	2	–	1	2	2	–	[illegible]
4	Female – Féminin	153	4	1	1	1	2	–	–	[illegible]
	Finland – Finlande									
	1990 [4,23]									
5	Male – Masculin	25 016	190	42	39	44	159	284	278	39[illegible]
6	Female – Féminin	25 042	180	25	29	20	72	91	73	12[illegible]
	France									
	1991 [4,24,25]									
7	Male – Masculin	272 560	3 242	656	394	462	1 610	3 241	3 614	4 20[illegible]
8	Female – Féminin	252 125	2 269	524	285	303	627	961	1 227	1 47[illegible]
	Germany – Allemagne									
	1991									
9	Male – Masculin	421 818	3 279	832	482	449	1 819	3 590	4 389	4 93[illegible]
10	Female – Féminin	489 427	2 432	619	357	309	716	1 106	1 476	2 02[illegible]
	Greece – Grèce									
	1992 [4]									
11	Male – Masculin	51 568	477	55	53	91	319	483	472	47[illegible]
12	Female – Féminin	46 663	394	54	41	59	94	141	155	19[illegible]
	Hungary – Hongrie									
	1992 [4]									
13	Male – Masculin	79 633	968	127	83	105	407	548	593	1 13[illegible]
14	Female – Féminin	69 148	746	100	62	79	155	163	197	43[illegible]
	Iceland – Islande									
	1992									
15	Male – Masculin	875	12	6	1	1	6	9	8	1[illegible]
16	Female – Féminin	844	10	2	1	2	2	1	3	[illegible]
	Ireland – Irlande									
	1992+ [4,26]									
17	Male – Masculin	16 478	200	38	33	43	134	172	151	14[illegible]
18	Female – Féminin	14 452	144	34	19	23	44	39	50	5[illegible]
	Isle of Man – Ile de Man									
	1992+									
19	Male – Masculin	469	1	–	–	–	4	6	*——	5 ——
20	Female – Féminin	448	1	1	–	–	–	1	*——	2 ——
	Italy – Italie									
	1990*									
21	Male – Masculin	279 289	2 635	524	452	460	1 848	2 620	3 122	2 79[illegible]
22	Female – Féminin	258 700	1 970	427	397	270	589	756	927	1 03[illegible]
	Latvia – Lettonie									
	1992 [4,11]									
23	Male – Masculin	17 978	317	85	80	57	164	291	332	49[illegible]
24	Female – Féminin	17 442	240	59	39	21	53	62	81	12[illegible]
	Liechtenstein									
	1987									
25	Male – Masculin	*98*	*1*	–	*1*	–	–	*1*	*1*	*——
26	Female – Féminin	*82*	–	*1*	–	–	–	–	–	*——
	Lithuania – Lituanie									
	1992 [4,11]									
27	Male – Masculin	22 164	509	113	99	69	182	370	405	60[illegible]
28	Female – Féminin	19 291	378	72	44	36	65	75	95	14[illegible]

19. Décès selon l'âge, le sexe et la résidence, urbaine/rurale: dernière année disponible (suite)

(… notes à la fin du tableau.)

Age (en années)												
35–39	40–44	45–49	50–54	55–59	60–64	65–69	70–74	75–79	80–84	85 +	Unknown Inconnu	
269	360	462	705	898	1 182	1 012	878	1 066	922	728	12	1
91	111	166	274	375	685	960	975	1 723	2 036	2 342	14	2
1	6	9	–	5	19	28	24	41	33	25	–	3
1	1	–	2	4	5	13	22	23	37	36	–	4
596	917	888	1 168	1 622	2 477	2 989	3 118	3 792	3 310	2 704	–	5
157	337	334	472	603	1 087	1 895	2 773	4 344	5 553	6 876	–	6
5 133	7 502	7 980	10 068	16 132	23 644	29 314	27 791	34 499	42 977	50 095	–	7
2 004	3 012	3 284	4 121	6 486	9 765	14 204	16 345	28 174	49 254	107 810	–	8
6 156	7 953	11 898	23 249	28 892	40 542	43 896	42 072	64 085	69 508	63 788	–	9
2 798	3 855	5 852	10 838	13 177	20 787	34 846	41 284	79 964	113 671	153 311	–	10
501	680	1 048	1 624	2 808	4 383	5 512	5 996	8 013	8 593	9 990	–	11
233	400	531	795	1 328	2 178	3 163	4 805	7 673	9 993	14 434	–	12
2 357	3 315	4 144	5 405	6 713	8 803	10 879	9 426	8 784	9 366	6 475	–	13
930	1 300	1 575	2 220	3 127	4 605	6 994	8 151	10 506	13 766	14 042	–	14
8	10	20	29	31	72	90	113	121	126	199	–	15
4	8	19	14	23	39	61	92	111	138	306	–	16
173	205	364	479	744	1 208	1 915	2 684	3 032	2 657	2 103	–	17
94	155	249	280	460	712	1 214	1 794	2 502	2 750	3 832	–	18
14	*——— –	21 ——	——*	*——	52 ——*	*——	121 ——*	*——	159 ——*	86	–	19
7	*——— –	13 ——	——*	*——	23 ——*	*——	72 ——*	*——	145 ——*	183	–	20
2 915	4 128	5 808	10 024	16 549	25 865	35 104	30 772	49 535	44 119	40 019	–	21
1 390	2 261	3 112	5 126	7 987	12 525	19 829	21 355	43 845	54 462	80 442	–	22
579	805	939	1 589	1 690	2 280	1 890	1 558	1 575	1 725	1 523	–	23
162	238	344	596	776	1 179	1 742	1 681	2 426	3 315	4 307	–	24
3 –*	*——	1 ——*	*——	14 ——*	*——	26 ——*	*——	32 ——*	*——	18 ——*	–	25
3 –*	*——	2 ——*	*——	2 ——*	*——	5 ——*	*——	25 ——*	*——	44 ——*	–	26
770	931	1 158	1 648	2 036	2 479	2 350	1 931	1 817	2 118	2 551	27	27
193	341	446	558	917	1 274	1 811	1 820	2 433	3 508	5 071	8	28

19. Deaths by age, sex and urban/rural residence: latest available year (continued)

(See notes at end of table.)

	Continent, country or area, year, sex and urban/rural residence / Continent, pays ou zone, année, sexe et résidence, urbaine/rurale	Age (in years)								
		All ages / Tous âges	– 1	1 – 4	5 – 9	10 – 14	15 – 19	20 – 24	25 – 29	30–
	EUROPE (Cont.–Suite)									
	Luxembourg									
	1989									
1	Male – Masculin	1 998	25	4	5	2	10	21	29	
2	Female – Féminin	1 986	21	1	–	5	4	7	9	
	Malta – Malte									
	1992									
3	Male – Masculin	1 483	*—	41 —*	5	3	8	14	11	
4	Female – Féminin	1 417	*—	26 —*	–	3	3	6	2	
	Netherlands – Pays-Bas									
	1992 [4 27]									
5	Male – Masculin	66 264	689	158	102	94	250	448	535	
6	Female – Féminin	63 623	546	115	63	71	128	158	257	
	Norway – Norvège									
	1992 [28]									
7	Male – Masculin	23 071	194	53	21	35	124	181	174	
8	Female – Féminin	21 660	152	40	21	11	36	49	63	
	Poland – Pologne									
	1991 [4]									
9	Male – Masculin	217 800	4 727	702	521	602	1 534	2 222	2 526	4
10	Female – Féminin	186 151	3 450	524	387	345	540	491	635	1
	Portugal									
	1991 [4]									
11	Male – Masculin	54 535	731	208	172	204	684	809	810	
12	Female – Féminin	49 826	528	147	100	118	183	202	243	
	Republic of Moldova – République de Moldova									
	1991 [4 11]									
13	Male – Masculin	22 892	818	201	191	111	179	327	456	
14	Female – Féminin	22 957	623	161	85	72	125	105	128	
	Romania – Roumanie									
	1992 [4]									
15	Male – Masculin	142 222	3 466	1 052	530	497	883	1 491	1 184	1
16	Female – Féminin	121 633	2 614	800	306	300	394	548	428	
	Russian Federation – Fédération Russe									
	1992 [4 11]									
17	Male – Masculin	911 001	17 238	4 939	4 505	3 673	9 517	15 748	22 151	35
18	Female – Féminin	896 440	11 970	3 519	2 337	1 809	3 703	3 908	4 994	8
	San Marino – Saint-Marin									
	1992+ [4]									
19	Male – Masculin	101	1	–	–	–	1	–	–	
20	Female – Féminin	71	1	–	–	–	–	–	–	
	Slovakia – Slovaquie									
	1991 [4]									
21	Male – Masculin	29 942	570	97	75	89	172	249	292	
22	Female – Féminin	24 676	469	75	58	42	77	66	86	
	Slovenia – Slovénie									
	1992 [4]									
23	Male – Masculin	9 948	98	18	15	15	68	123	105	
24	Female – Féminin	9 385	79	17	10	15	30	27	33	
	Spain – Espagne									
	1991									
25	Male – Masculin	179 344	1 616	368	302	439	1 523	2 669	3 191	3
26	Female – Féminin	158 347	1 230	285	198	274	543	716	869	9
	Sweden – Suède									
	1992									
27	Male – Masculin	48 454	378	70	36	39	126	223	279	3
28	Female – Féminin	46 256	279	42	31	33	61	87	98	

19. Décès selon l'âge, le sexe et la résidence, urbaine/rurale: dernière année disponible (suite)

(... notes à la fin du tableau.)

Age (en années)												
35 – 39	40 – 44	45 – 49	50 – 54	55 – 59	60 – 64	65 – 69	70 – 74	75 – 79	80 – 84	85 +	Unknown Inconnu	
26	35	57	91	147	195	225	226	339	299	235	–	1
13	22	29	39	66	106	157	182	339	430	549	–	2
19	23	35	40	66	121	182	218	215	256	208	–	3
11	19	28	38	53	79	115	203	217	283	328	–	4
748	1 171	1 642	2 155	3 309	5 311	7 614	9 864	11 026	9 819	10 739	–	5
483	774	1 081	1 316	1 794	2 917	4 301	6 136	8 914	12 117	22 132	–	6
213	322	515	561	880	1 462	2 342	3 530	4 078	3 925	4 257	–	7
106	169	283	313	465	766	1 306	2 238	3 322	4 354	7 881	–	8
6 789	9 020	8 671	13 835	19 775	26 201	27 542	21 492	25 609	24 282	17 473	–	9
2 211	3 215	3 170	5 010	8 060	12 869	18 962	18 246	29 493	36 780	40 497	–	10
896	1 075	1 396	2 063	3 240	4 704	6 310	7 082	8 738	7 946	6 577	–	11
372	558	729	1 087	1 647	2 484	3 692	5 049	8 323	10 466	13 627	–	12
848	974	931	1 701	2 018	2 742	2 623	2 349	2 506	1 837	1 403	8	13
354	515	582	1 065	1 573	2 238	2 779	2 709	3 349	3 053	3 194	5	14
3 567	4 856	5 362	8 894	12 568	15 890	18 599	14 059	16 504	17 517	13 317	–	15
1 318	1 976	2 278	3 884	5 850	8 760	12 733	13 804	20 268	23 543	21 042	–	16
43 579	53 006	38 244	87 784	90 451	131 033	107 382	66 712	72 815	61 947	40 237	4 422	17
11 598	15 731	12 779	32 106	40 148	71 198	98 015	93 372	142 393	165 984	171 510	1 251	18
3	4	1	–	5	8	9	14	16	25	14	–	19
–	1	1	2	3	–	1	10	11	18	23	–	20
720	1 080	1 317	1 651	2 395	3 510	4 169	3 049	3 983	3 507	2 569	–	21
236	369	486	704	1 045	1 690	2 713	2 533	4 063	4 852	4 958	–	22
250	317	365	573	888	1 286	1 192	936	1 165	1 355	1 006	–	23
92	125	186	246	352	598	824	939	1 408	1 991	2 370	–	24
2 706	3 284	4 550	6 070	10 861	15 464	20 700	22 139	25 666	26 981	27 757	–	25
1 026	1 460	1 957	2 711	4 449	6 942	10 267	14 992	23 772	33 092	52 648	–	26
422	626	1 026	1 204	1 718	2 857	4 613	7 001	8 546	9 215	9 772	–	27
197	362	643	738	972	1 640	2 752	4 509	6 745	9 587	17 340	–	28

19. Deaths by age, sex and urban/rural residence: latest available year (continued)

(See notes at end of table.)

	Continent, country or area, year, sex and urban/rural residence Continent, pays ou zone, année, sexe et résidence, urbaine/rurale	All ages Tous âges	Age (in years) – 1	1 – 4	5 – 9	10 – 14	15 – 19	20 – 24	25 – 29	30
	EUROPE (Cont.–Suite)									
	Switzerland – Suisse									
	1992 [4]									
1	Male – Masculin	31 670	331	60	39	45	155	407	461	
2	Female – Féminin	30 632	226	46	28	31	67	114	154	
	The former Yugoslav Rep. of Macedonia – L'ex Rép. yougoslavie de Macédonie									
	1992 [4]									
3	Male – Masculin	8 930	562	65	27	27	72	62	78	
4	Female – Féminin	7 092	456	61	24	20	20	33	36	
	Ukraine									
	1991 [4 11]									
5	Male – Masculin	319 837	*—— 6 723 ——*		1 282	1 028	2 318	3 825	5 058	7
6	Female – Féminin	350 123	*—— 4 968 ——*		721	576	974	1 070	1 354	2
	United Kingdom – Royaume–Uni									
	1992									
7	Male – Masculin	308 535	2 954	559	346	377	1 144	1 932	2 138	2
8	Female – Féminin	325 703	2 187	455	249	228	489	704	871	1
	Former Yugoslavia – Ancienne Yougoslavie									
	1990 [4]									
9	Male – Masculin	112 832	3 563	501	348	301	664	1 012	1 208	1
10	Female – Féminin	99 316	2 894	418	231	190	284	336	428	
	OCEANIA—OCEANIE									
	American Samoa – Samoa américaines									
	1988									
11	Male – Masculin	130	10	5	1	1	4	8	3	
12	Female – Féminin	67	7	2	2	1	4	3	1	
	Australia – Australie									
	1992+									
13	Male – Masculin	66 115	1 073	220	128	127	547	865	889	
14	Female – Féminin	57 545	770	178	97	81	216	302	294	
	Cocos (Keeling) Islands – Iles des Cocos (Keeling)									
	1985									
15	Male – Masculin	1	–	–	–	–	–	–	–	
16	Female – Féminin	–	–	–	–	–	–	–	–	
	Cook Islands – Iles Cook									
	1988+									
17	Male – Masculin	57	2	–	1	–	4	1	3	
18	Female – Féminin	37	2	–	–	–	1	1	–	
	Fiji – Fidji									
	1987+									
19	Male – Masculin	1 890	106	47	23	19	29	62	64	
20	Female – Féminin	1 288	83	32	23	16	25	35	49	
	Guam									
	1990 [3 4 29]									
21	Male – Masculin	330	22	3	3	4	13	14	10	
22	Female – Féminin	188	11	2	1	2	3	1	1	
	Marshall Islands – Iles Marshall									
	1989									
23	Male – Masculin	*102*	*16*	*6*	*2*	*1*	*1*	*4*	*5*	
24	Female – Féminin	*49*	*13*	*4*	*1*	*1*	*1*	*2*	–	

19. Décès selon l'âge, le sexe et la résidence, urbaine/rurale: dernière année disponible (suite)

(…notes à la fin du tableau.)

Age (en années)												
35 – 39	40 – 44	45 – 49	50 – 54	55 – 59	60 – 64	65 – 69	70 – 74	75 – 79	80 – 84	85 +	Unknown Inconnu	
476	600	807	1 040	1 577	2 198	3 100	4 019	4 746	5 360	5 752	–	1
203	273	462	587	750	1 110	1 728	2 474	3 810	6 297	12 097	–	2
139	223	285	404	687	901	1 117	1 041	1 112	1 120	882	27	3
84	112	150	223	405	544	822	852	1 073	1 120	1 003	15	4
9 664	12 590	13 002	29 725	27 513	44 447	37 731	26 721	35 268	30 670	23 711	785	5
2 983	4 168	4 880	12 403	12 800	25 701	36 247	35 939	63 693	68 384	70 999	240	6
2 754	4 091	6 259	8 977	14 514	24 519	38 304	48 771	53 802	50 459	44 394	–	7
1 617	2 645	4 099	5 606	8 770	15 243	25 086	36 549	49 847	63 272	106 663	–	8
2 330	2 803	3 835	6 919	11 174	13 645	13 386	9 170	15 719	14 366	10 301	93	9
1 008	1 304	1 809	3 218	5 133	7 896	10 899	9 055	17 735	18 586	17 236	61	10
5	7	8	6	14	14	12	9	11	5	3	–	11
1	2	2	4	6	9	8	8	3	1	2	–	12
990	1 310	1 673	2 268	3 236	5 511	8 138	9 509	10 780	9 232	8 630	7	13
496	725	980	1 320	1 807	2 840	4 471	6 353	8 710	10 196	17 301	2	14
–	–	–	–	–	–	1	–	–	–	–	–	15
–	–	–	–	–	–	–	–	–	–	–	–	16
–	4	1	3	7	2	1	8	9	*——	11 ——*	–	17
1	–	–	5	1	4	4	6	2	*——	10 ——*	–	18
74	96	149	172	187	160	175	180	107	75	78	32	19
35	39	103	105	105	115	115	114	80	86	76	24	20
20	16	21	21	29	29	33	32	27	16	7	–	21
7	6	2	12	12	29	14	17	16	20	30	–	22
4	4	6	9	5	8	8	10	*———	– 11	———*	–	23
–	1	2	1	7	2	3	1	*———	– 4	———*	–	24

19. Deaths by age, sex and urban/rural residence: latest available year (continued)

(See notes at end of table.)

	Continent, country or area, year, sex and urban/rural residence Continent, pays ou zone, année, sexe et résidence, urbaine/rurale	All ages Tous âges	Age (in years) –1	1–4	5–9	10–14	15–19	20–24	25–29	30–
	OCEANIA—OCEANIE(Cont.–Suite)									
	New Caledonia – Nouvelle–Calédonie									
	1989									
1	Male – Masculin	573	25	10	5	9	13	26	12	
2	Female – Féminin	417	19	9	2	4	6	5	4	
	New Zealand – Nouvelle–Zélande									
	1992+ [4]									
3	Male – Masculin	14 563	256	63	35	48	183	259	216	
4	Female – Féminin	12 686	174	39	33	27	66	82	66	
	Norfolk Island – Ile Norfolk									
	1988									
5	Male – Masculin	6	–	–	–	–	–	–	–	
6	Female – Féminin	3	–	–	–	–	–	–	–	
	Northern Mariana Islands – Iles Mariannes du Nord									
	1989									
7	Male – Masculin	*83*	*2*	*1*	*1*	*1*	*6*	*5*	*6*	
8	Female – Féminin	*39*	–	–	*1*	–	*1*	*1*	–	
	Pacific Islands (Palau) – Iles du Pacifique (Palaos)									
	1985									
9	Male – Masculin	*56*	*10*	–	*1*	–	*2*	–	*2*	
10	Female – Féminin	*39*	*4*	–	*1*	–	–	*1*	*2*	

19. Décès selon l'âge, le sexe et la résidence, urbaine/rurale: dernière année disponible (suite)

notes à la fin du tableau.)

Age (en années)												
35–39	40–44	45–49	50–54	55–59	60–64	65–69	70–74	75–79	80–84	85 +	Unknown Inconnu	
15	20	26	45	50	55	49	59	72	40	27	–	1
10	15	14	18	25	49	40	43	49	44	47	–	2
225	*246*	*337*	*533*	*752*	*1 216*	*1 776*	*1 988*	*2 236*	*2 083*	*1 916*	–	*3*
124	*172*	*251*	*341*	*427*	*667*	*1 008*	*1 439*	*1 889*	*2 247*	*3 543*	–	*4*
–	–	–	–	1	–	1	1	–	2	–	–	*5*
–	–	–	–	–	–	–	2	–	1	–	–	*6*
4	*2*	*5*	*5*	*7*	*6*	*7*	*6*	*6*	*5*	*4*	–	*7*
1	*1*	–	*1*	*8*	*4*	*3*	*4*	*5*	*1*	*6*	–	*8*
2	*2*	*1*	*3*	*9*	*4*	*4*	*5*	*5*	*4*	*1*	–	*9*
1	–	*1*	–	*1*	*3*	*7*	*5*	*6*	*3*	*3*	–	*10*

19. Deaths by age, sex and urban/rural residence: latest available year (continued)

Data by urban/rural residence

(See notes at end of table.)

	Continent, country or area, year, sex and urban/rural residence — Continent, pays ou zone, année, sexe et résidence, urbaine/rurale	All ages Tous âges	Age (in years) −1	1–4	5–9	10–14	15–19	20–24	25–29	30–
	AFRICA—AFRIQUE									
	Central African Republic – République centrafricaine									
	Urban – Urbaine									
	1988 [3]									
1	Male – Masculin	*5 054*	*1 111*	*818*	*214*	*148*	*148*	*206*	*225*	2
2	Female – Féminin	*4 420*	*871*	*766*	*199*	*134*	*208*	*247*	*234*	1
	Rural – Rurale									
	1988 [3]									
3	Male – Masculin	*9 206*	*2 368*	*1 705*	*448*	*249*	*241*	*221*	*286*	2
4	Female – Féminin	*8 036*	*1 939*	*1 397*	*337*	*194*	*270*	*282*	*334*	3
	Egypt – Egypte									
	Urban – Urbaine									
	1989									
5	Male – Masculin	92 350	13 413	4 692	1 857	1 424	1 809	1 970	2 025	18
6	Female – Féminin	76 549	12 052	4 639	1 417	987	1 349	1 302	1 444	14
	Rural – Rurale									
	1989									
7	Male – Masculin	123 404	21 230	12 878	3 294	2 112	2 021	1 674	1 903	19
8	Female – Féminin	121 911	21 931	15 118	3 005	1 731	1 562	1 467	1 654	14
	Mali									
	Urban – Urbaine									
	1987 [5]									
9	Male – Masculin	7 400	*—— 3 935	——*	411	195	177	194	141	1
10	Female – Féminin	6 315	*—— 3 364	——*	368	124	190	191	173	1
	Rural – Rurale									
	1987 [5]									
11	Male – Masculin	43 672	*—— 25 888	——*	2 536	921	898	919	896	8
12	Female – Féminin	38 834	*—— 22 045	——*	2 011	764	1 111	1 104	1 205	10
	Tunisia – Tunisie									
	Urban – Urbaine									
	1989									
13	Male – Masculin	*14 904*	*2 335*	*443*	*236*	*180*	*265*	*284*	*295*	3
14	Female – Féminin	*10 401*	*1 753*	*434*	*171*	*115*	*128*	*127*	*170*	2
	Rural – Rurale									
	1989									
15	Male – Masculin	*5 746*	*564*	*283*	*87*	*74*	*91*	*58*	*85*	
16	Female – Féminin	*3 870*	*499*	*210*	*70*	*53*	*48*	*64*	*56*	[illegible]
	AMERICA,NORTH— AMERIQUE DU NORD									
	Cuba									
	Urban – Urbaine									
	1990									
17	Male – Masculin	30 989	817	164	89	134	408	665	676	5
18	Female – Féminin	25 583	567	143	76	83	240	313	346	3
	Rural – Rurale									
	1990									
19	Male – Masculin	9 464	371	90	45	56	187	262	263	2
20	Female – Féminin	6 108	249	63	35	39	127	180	119	1
	Dominican Republic – République dominicaine									
	Urban – Urbaine									
	1985+									
21	Male – Masculin	*11 166*	*2 848*	*707*	*169*	*119*	*224*	*358*	*301*	2
22	Female – Féminin	*9 381*	*2 454*	*691*	*158*	*107*	*179*	*199*	*188*	2
	Rural – Rurale									
	1985+									
23	Male – Masculin	*4 082*	*595*	*304*	*84*	*47*	*58*	*98*	*113*	[illegible]
24	Female – Féminin	*3 215*	*514*	*259*	*59*	*38*	*53*	*64*	*57*	[illegible]
	El Salvador									
	Urban – Urbaine									
	1991									
25	Male – Masculin	*9 541*	*847*	*159*	*95*	*124*	*385*	*628*	*530*	4
26	Female – Féminin	*6 485*	*658*	*163*	*53*	*72*	*117*	*126*	*149*	1

19. Décès selon l'âge, le sexe et la résidence, urbaine/rurale: dernière année disponible (suite)

Données selon la résidence urbaine/rurale

notes à la fin du tableau.)

Age (en années)												
35 – 39	40 – 44	45 – 49	50 – 54	55 – 59	60 – 64	65 – 69	70 – 74	75 – 79	80 – 84	85 +	Unknown Inconnu	
202	*181*	*256*	*271*	*207*	*257*	*186*	*169*	*———— –	*246* ————*		–	*1*
172	*173*	*195*	*179*	*144*	*217*	*131*	*139*	*———— –	*217* ————*		–	*2*
260	*284*	*392*	*410*	*366*	*431*	*343*	*349*	*———— –	*594* ————*		–	*3*
314	*331*	*335*	*337*	*292*	*390*	*298*	*266*	*———— –	*406* ————*		–	*4*
2 435	2 780	3 540	5 257	6 936	9 009	9 736	8 121	*———— –	15 507 ————*		–	*5*
1 818	1 752	2 315	3 552	4 107	6 051	6 863	7 278	*———— –	18 198 ————*		–	*6*
2 590	2 711	3 708	5 658	7 391	9 768	11 841	10 431	*———— –	22 238 ————*		–	*7*
1 958	1 624	2 526	3 908	4 557	7 220	9 403	11 111	*———— –	31 686 ————*		–	*8*
142	165	164	207	204	264	204	244	165	*—— 294 ——*		143	*9*
146	134	121	141	111	172	169	166	136	*—— 325 ——*		130	*10*
720	831	730	934	886	1 492	1 091	1 215	827	*—— 1 483 ——*		591	*11*
937	861	609	814	613	1 116	807	1 064	594	*—— 1 515 ——*		573	*12*
237	*293*	*377*	*607*	*874*	*1 121*	*1 310*	*1 450*	*1 611*	*—— *2 044* ——*		640	*13*
174	*176*	*233*	*387*	*496*	*632*	*848*	*972*	*1 169*	*—— *1 790* ——*		418	*14*
89	*63*	*102*	*171*	*242*	*296*	*460*	*599*	*796*	*—— *1 055* ——*		541	*15*
52	*72*	*68*	*130*	*179*	*222*	*310*	*342*	*503*	*—— *611* ——*		318	*16*
595	744	1 072	1 408	1 642	2 318	2 888	3 611	4 269	4 179	4 712	33	*17*
408	569	764	1 044	1 253	1 644	2 123	2 840	3 709	3 989	5 147	8	*18*
247	245	286	303	374	531	692	1 019	1 227	1 364	1 679	8	*19*
127	162	210	259	284	436	478	659	787	752	1 006	–	*20*
274	*279*	*319*	*449*	*477*	*640*	*589*	*808*	*586*	*622*	*1 119*	–	*21*
195	*219*	*280*	*370*	*324*	*419*	*412*	*557*	*476*	*578*	*1 372*	–	*22*
94	*102*	*113*	*161*	*171*	*232*	*230*	*322*	*289*	*323*	*655*	–	*23*
78	*72*	*97*	*144*	*132*	*156*	*181*	*210*	*185*	*247*	*608*	–	*24*
426	*481*	*419*	*473*	*469*	*574*	*624*	*650*	*617*	*610*	*817*	139	*25*
148	*170*	*217*	*286*	*302*	*466*	*506*	*553*	*573*	*678*	*1 072*	52	*26*

19. Deaths by age, sex and urban/rural residence: latest available year (continued)

Data by urban/rural residence

(See notes at end of table.)

	Continent, country or area, year, sex and urban/rural residence — Continent, pays ou zone, année, sexe et résidence, urbaine/rurale	All ages Tous âges	Age (in years) −1	1–4	5–9	10–14	15–19	20–24	25–29	30–
	AMERICA,NORTH— (Cont.–Suite) AMERIQUE DU NORD									
	El Salvador									
	Rural – Rurale									
	1991									
1	Male – Masculin	*6 808*	*799*	*293*	*123*	*112*	*300*	*432*	*350*	*2*
2	Female – Féminin	*4 232*	*606*	*227*	*93*	*98*	*121*	*109*	*117*	*1*
	Guatemala									
	Urban – Urbaine									
	1988									
3	Male – Masculin	15 804	4 308	1 976	368	215	401	640	553	5
4	Female – Féminin	11 534	3 032	1 750	354	165	231	287	251	2
	Rural – Rurale									
	1988									
5	Male – Masculin	20 300	5 368	3 823	837	428	362	458	529	5
6	Female – Féminin	17 199	4 370	3 715	732	326	311	415	403	3
	Mexico – Mexique									
	Urban – Urbaine									
	1992 [3 30]									
7	Male – Masculin	171 503	21 800	3 500	1 577	1 793	4 827	6 699	6 731	6 9
8	Female – Féminin	133 159	16 546	2 840	1 162	1 075	1 753	2 070	2 106	2 4
	Rural – Rurale									
	1992 [3 30]									
9	Male – Masculin	57 803	7 464	2 422	905	896	1 681	2 339	2 133	2 1
10	Female – Féminin	41 046	5 852	2 227	660	525	797	855	818	8
	Panama									
	Urban – Urbaine									
	1991									
11	Male – Masculin	*2 871*	*279*	*46*	*24*	*21*	*72*	*93*	*117*	
12	Female – Féminin	*2 168*	*232*	*30*	*18*	*20*	*24*	*30*	*34*	
	Rural – Rurale									
	1991									
13	Male – Masculin	*2 762*	*304*	*131*	*61*	*42*	*70*	*85*	*120*	*9*
14	Female – Féminin	*1 882*	*264*	*123*	*31*	*39*	*43*	*49*	*45*	
	Puerto Rico – Porto Rico									
	Urban – Urbaine									
	1992 [3 30]									
15	Male – Masculin	8 672	239	26	19	31	144	241	306	39
16	Female – Féminin	6 326	209	21	13	16	28	43	92	1
	Rural – Rurale									
	1992 [3 30]									
17	Male – Masculin	7 431	221	41	25	17	91	133	197	21
18	Female – Féminin	4 878	151	27	22	5	23	54	56	8
	AMERICA,SOUTH— AMERIQUE DU SUD									
	Chile – Chili									
	Urban – Urbaine									
	1991									
19	Male – Masculin	33 997	2 030	355	186	182	482	734	785	89
20	Female – Féminin	28 780	1 589	252	131	108	168	196	283	31
	Rural – Rurale									
	1991									
21	Male – Masculin	7 380	412	144	64	47	116	194	218	21
22	Female – Féminin	4 705	353	73	48	30	38	54	45	7
	Colombia – Colombie									
	Urban – Urbaine									
	1986+ [9]									
23	Male – Masculin	*66 570*	*7 512*	*2 149*	*906*	*777*	*2 190*	*3 970*	*3 914*	*3 13*
24	Female – Féminin	*49 785*	*5 796*	*1 803*	*593*	*468*	*914*	*1 137*	*1 106*	*1 03*
	Rural – Rurale									
	1986+ [9]									
25	Male – Masculin	*17 151*	*1 436*	*880*	*323*	*268*	*711*	*1 294*	*1 210*	*92*
26	Female – Féminin	*10 204*	*1 196*	*758*	*230*	*151*	*258*	*260*	*252*	*21*

19. Décès selon l'âge, le sexe et la résidence, urbaine/rurale: dernière année disponible (suite)

Données selon la résidence urbaine/rurale

ir notes à la fin du tableau.)

Age (en années)												
35–39	40–44	45–49	50–54	55–59	60–64	65–69	70–74	75–79	80–84	85 +	Unknown Inconnu	
293	*304*	*326*	*302*	*309*	*380*	*398*	*421*	*418*	*395*	*479*	82	*1*
121	*122*	*132*	*172*	*204*	*258*	*291*	*314*	*346*	*320*	*436*	36	*2*
515	534	461	594	620	766	695	743	681	601	618	–	*3*
250	294	294	368	402	445	511	646	656	624	715	–	*4*
609	406	564	677	729	785	934	1 048	850	565	757	–	*5*
509	349	384	440	569	723	602	848	674	641	790	–	*6*
6 991	6 784	7 556	8 554	9 813	11 498	12 493	12 926	11 885	12 076	16 408	659	*7*
3 014	3 500	4 228	5 599	7 162	9 176	10 469	11 174	11 580	13 346	23 475	465	*8*
2 242	2 213	2 444	2 520	2 833	3 214	3 506	3 649	3 742	4 332	6 837	310	*9*
1 062	1 085	1 311	1 471	1 796	2 242	2 518	2 805	2 856	3 664	7 358	269	*10*
101	*86*	*92*	*97*	*125*	*184*	*253*	*316*	*325*	*251*	*272*	19	*11*
35	*57*	*68*	*58*	*93*	*114*	*162*	*215*	*265*	*260*	*404*	10	*12*
92	*83*	*102*	*95*	*138*	*137*	*189*	*249*	*262*	*224*	*263*	24	*13*
55	*42*	*65*	*59*	*78*	*91*	*118*	*167*	*188*	*151*	*213*	13	*14*
426	441	402	437	461	586	749	941	931	843	1 040	18	*15*
128	139	146	192	262	347	492	666	807	963	1 651	3	*16*
264	272	327	322	354	541	684	790	866	871	1 194	2	*17*
79	96	116	150	187	302	448	542	644	730	1 161	2	*18*
926	1 099	1 365	1 779	2 208	3 208	3 427	3 798	4 041	3 517	2 981	–	*19*
445	597	877	1 024	1 374	2 066	2 409	3 165	4 088	4 130	5 559	–	*20*
238	251	273	359	414	626	645	813	928	770	651	–	*21*
77	109	135	188	231	325	419	477	635	601	797	–	*22*
2 546	*2 050*	*2 378*	*2 765*	*3 702*	*4 282*	*4 948*	*5 291*	*5 068*	*3 851*	*4 060*	1 076	*23*
1 244	*1 272*	*1 783*	*2 335*	*2 966*	*3 439*	*4 131*	*4 595*	*4 898*	*4 177*	*5 592*	503	*24*
860	*686*	*699*	*688*	*854*	*900*	*1 028*	*1 099*	*1 101*	*876*	*938*	374	*25*
252	*271*	*321*	*415*	*482*	*547*	*764*	*854*	*922*	*828*	*1 139*	89	*26*

19. Deaths by age, sex and urban/rural residence: latest available year (continued)

Data by urban/rural residence

(See notes at end of table.)

	Continent, country or area, year, sex and urban/rural residence — Continent, pays ou zone, année, sexe et résidence, urbaine/rurale	All ages Tous âges	-1	1-4	5-9	10-14	15-19	20-24	25-29	30-34
	AMERICA,SOUTH— (Cont.–Suite) AMERIQUE DU SUD									
	Ecuador – Equateur									
	Urban – Urbaine									
	1992 [10]									
1	Male – Masculin	*16 732*	*2 112*	*716*	*274*	*249*	*469*	*741*	*677*	*66[illegible]*
2	Female – Féminin	*13 307*	*1 736*	*589*	*201*	*190*	*282*	*240*	*309*	*30[illegible]*
	Rural – Rurale									
	1992 [10]									
3	Male – Masculin	*12 976*	*1 859*	*1 064*	*258*	*255*	*330*	*434*	*469*	*41[illegible]*
4	Female – Féminin	*10 415*	*1 619*	*1 057*	*237*	*166*	*229*	*218*	*242*	*24[illegible]*
	Falkland Islands (Malvinas)– Iles Falkland (Malvinas)									
	Urban – Urbaine									
	1992+									
5	Male – Masculin	9	–	–	–	–	–	–	–	–
6	Female – Féminin	8	–	–	–	–	–	1	–	–
	Rural – Rurale									
	1992+									
7	Male – Masculin	1	–	–	–	–	–	–	–	–
8	Female – Féminin	1	–	–	–	–	–	–	–	–
	Paraguay									
	Urban – Urbaine									
	1987									
9	Male – Masculin	*3 592*	*542*	*167*	*54*	*31*	*73*	*99*	*77*	*7[illegible]*
10	Female – Féminin	*3 170*	*439*	*160*	*41*	*34*	*35*	*37*	*64*	*7[illegible]*
	Rural – Rurale									
	1987									
11	Male – Masculin	*3 385*	*567*	*204*	*68*	*59*	*84*	*108*	*68*	*9[illegible]*
12	Female – Féminin	*3 050*	*517*	*181*	*58*	*43*	*63*	*55*	*45*	*6[illegible]*
	ASIA—ASIE									
	Armenia – Arménie									
	Urban – Urbaine									
	1991 [11]									
13	Male – Masculin	8 535	506	81	40	30	60	121	177	23[illegible]
14	Female – Féminin	7 242	406	55	38	15	26	35	66	10[illegible]
	Rural – Rurale									
	1991 [11]									
15	Male – Masculin	4 026	251	117	20	14	28	53	83	12[illegible]
16	Female – Féminin	3 622	241	104	12	7	7	22	31	3[illegible]
	Bangladesh									
	Urban – Urbaine									
	1986									
17	Male – Masculin	*67 078*	*19 472*	*7 382*	*2 055*	*982*	*1 071*	*1 555*	*1 105*	*51[illegible]*
18	Female – Féminin	*53 927*	*16 975*	*8 113*	*2 954*	*653*	*933*	*1 690*	*2 076*	*82[illegible]*
	Rural – Rurale									
	1986									
19	Male – Masculin	*575 950*	*198 515*	*86 073*	*22 175*	*10 616*	*8 675*	*7 610*	*7 997*	*7 85[illegible]*
20	Female – Féminin	*516 865*	*170 350*	*92 836*	*19 428*	*6 168*	*9 751*	*12 571*	*11 268*	*9 72[illegible]*
	China – Chine									
	Urban – Urbaine									
	1989									
21	Male – Masculin	*1 803 109*	*104 522*	*39 043*	*19 319*	*15 141*	*31 700*	*43 967*	*35 861*	*41 69[illegible]*
22	Female – Féminin	*1 430 398*	*105 596*	*34 594*	*12 074*	*10 110*	*22 944*	*31 163*	*24 279*	*26 81[illegible]*
	Rural – Rurale									
	1989									
23	Male – Masculin	*1 816 663*	*157 899*	*61 446*	*23 990*	*19 132*	*37 245*	*46 186*	*32 274*	*38 15[illegible]*
24	Female – Féminin	*1 522 789*	*158 890*	*59 070*	*16 913*	*14 089*	*30 063*	*39 736*	*27 024*	*28 26[illegible]*
	Israel – Israël [14]									
	Urban – Urbaine									
	1991									
25	Male – Masculin	15 042	467	97	*——	105 ——*	*——	263 ——*	*——	252 ——*
26	Female – Féminin	11 208	387	74	*——	80 ——*	*——	107 ——*	*——	140 ——*

19. Décès selon l'âge, le sexe et la résidence, urbaine/rurale: dernière année disponible (suite)

Données selon la résidence urbaine/rurale

r notes à la fin du tableau.)

Age (en années)												
35 – 39	40 – 44	45 – 49	50 – 54	55 – 59	60 – 64	65 – 69	70 – 74	75 – 79	80 – 84	85 +	Unknown Inconnu	
678	*602*	*663*	*709*	*798*	*1 015*	*1 088*	*1 199*	*1 261*	*1 219*	*1 541*	52	*1*
346	*373*	*396*	*515*	*591*	*734*	*829*	*928*	*1 088*	*1 286*	*2 337*	37	*2*
416	*425*	*439*	*492*	*552*	*721*	*785*	*876*	*917*	*970*	*1 213*	86	*3*
270	*286*	*290*	*336*	*374*	*490*	*563*	*700*	*715*	*859*	*1 431*	91	*4*
–	1	–	1	2	1	–	2	1	–	1	–	*5*
–	–	–	1	1	1	1	2	–	–	1	–	*6*
–	–	–	1	–	–	–	–	–	–	–	–	*7*
–	–	1	–	–	–	–	–	–	–	–	–	*8*
88	*98*	*128*	*169*	*229*	*237*	*297*	*331*	*———— – *876* ————*			25	*9*
78	*91*	*90*	*104*	*138*	*175*	*208*	*257*	*———— – *1 125* ————*			24	*10*
71	*106*	*111*	*134*	*178*	*203*	*258*	*252*	*———— – *801* ————*			21	*11*
93	*85*	*83*	*82*	*130*	*160*	*203*	*215*	*———— – *952* ————*			19	*12*
257	302	263	752	775	1 331	963	545	730	693	670	–	*13*
115	124	105	315	434	778	862	644	954	1 078	1 090	–	*14*
93	73	78	273	373	570	419	223	352	452	425	1	*15*
41	38	28	119	164	318	334	274	443	587	820	–	*16*
338	*1 339*	*1 692*	*3 002*	*2 916*	*5 149*	*3 389*	*5 361*	*———— – *9 751* ————*			–	*17*
867	*1 279*	*1 197*	*3 322*	*2 025*	*1 703*	*1 956*	*3 460*	*———— – *3 903* ————*			–	*18*
6 451	*10 391*	*10 395*	*18 466*	*17 852*	*30 112*	*30 145*	*28 564*	*———— – *74 055* ————*			–	*19*
12 029	*12 913*	*10 492*	*11 729*	*15 237*	*18 044*	*18 176*	*25 582*	*———— – *60 570* ————*			–	*20*
48 920	*51 168*	*64 218*	*100 349*	*147 381*	*194 097*	*227 017*	*236 218*	*199 463*	*131 233*	*71 794*	–	*21*
30 044	*30 761*	*38 673*	*60 110*	*83 683*	*114 305*	*147 226*	*179 335*	*183 615*	*162 646*	*132 424*	–	*22*
47 013	*50 369*	*63 272*	*92 833*	*135 385*	*184 415*	*220 737*	*233 054*	*189 195*	*123 805*	*60 257*	–	*23*
33 611	*33 941*	*40 759*	*58 548*	*83 166*	*117 677*	*154 625*	*189 648*	*180 889*	*153 115*	*102 758*	–	*24*
—— 429 ——		*—— 713 ——*		*—— 1 747 ——*		*—— 3 408 ——*		*———— – 7 561 ————*			–	*25*
—— 319 ——		*—— 478 ——*		*—— 1 326 ——*		*—— 303 ——*		*———— – 7 994 ————*			–	*26*

19. Deaths by age, sex and urban/rural residence: latest available year (continued)

Data by urban/rural residence

(See notes at end of table.)

	Continent, country or area, year, sex and urban/rural residence Continent, pays ou zone, année, sexe et résidence, urbaine/rurale	Age (in years)								
		All ages Tous âges	–1	1–4	5–9	10–14	15–19	20–24	25–29	30–3
	ASIA—ASIE (Cont.–Suite)									
	Israel – Israël [14]									
	Rural – Rurale									
	1991									
1	Male – Masculin	1 239	70	9	*——	8 ——*	*——	40 ——*	*——	30 ——
2	Female – Féminin	1 077	51	16	*——	14 ——*	*——	14 ——*	*——	9 ——
	Kazakhstan									
	Urban – Urbaine									
	1992 [11]									
3	Male – Masculin	43 477	2 501	512	354	286	728	989	1 353	1 84
4	Female – Féminin	39 002	1 782	424	202	165	290	370	429	57
	Rural – Rurale									
	1992 [11]									
5	Male – Masculin	29 602	2 691	926	348	287	501	754	968	1 12
6	Female – Féminin	25 624	1 938	796	194	133	271	303	323	39
	Kyrgyzstan – Kirghizistan									
	Urban – Urbaine									
	1992 [11]									
7	Male – Masculin	6 534	661	96	40	43	67	128	182	22
8	Female – Féminin	5 833	436	87	32	27	36	48	67	9
	Rural – Rurale									
	1992 [11]									
9	Male – Masculin	10 444	1 713	643	147	119	187	236	327	35
10	Female – Féminin	9 352	1 248	559	88	66	109	133	161	18
	Malaysia – Malaisie									
	Peninsular Malaysia – Malaisie Péninsulaire									
	Urban – Urbaine									
	1989 [2]									
11	Male – Masculin	14 884	884	221	136	157	251	350	395	39
12	Female – Féminin	11 438	663	197	102	93	116	140	178	21
	Rural – Rurale									
	1989 [2]									
13	Male – Masculin	24 437	1 954	626	357	328	545	682	625	62
14	Female – Féminin	18 948	1 447	536	264	240	249	299	328	36
	Sarawak									
	Urban – Urbaine									
	1986									
15	Male – Masculin	*262*	*22*	*2*	*2*	*1*	*2*	*6*	*4*	[illegible]
16	Female – Féminin	*199*	*13*	*5*	*5*	*1*	*2*	*2*	*4*	[illegible]
	Rural – Rurale									
	1986									
17	Male – Masculin	*2 906*	*231*	*76*	*35*	*35*	*51*	*67*	*71*	*7*
18	Female – Féminin	*1 817*	*160*	*55*	*21*	*17*	*32*	*37*	*37*	*4*
	Maldives									
	Urban – Urbaine									
	1992									
19	Male – Masculin	182	29	8	3	5	2	4	7	[illegible]
20	Female – Féminin	128	22	5	7	–	2	3	2	[illegible]
	Rural – Rurale									
	1992									
21	Male – Masculin	563	115	74	14	10	10	6	8	[illegible]
22	Female – Féminin	457	83	34	15	6	6	8	11	1
	Mongolia – Mongolie									
	Urban – Urbaine									
	1989									
23	Male – Masculin	*4 400*	*1 200*	*500*	*100*	–	–	*100*	*100*	*10*
24	Female – Féminin	*3 300*	*1 000*	*400*	–	–	–	–	*100*	*10*
	Rural – Rurale									
	1989									
25	Male – Masculin	*5 000*	*1 400*	*600*	*100*	–	–	*100*	*100*	*10*
26	Female – Féminin	*4 300*	*1 100*	*600*	*100*	–	–	*100*	*100*	*10*

19. Décès selon l'âge, le sexe et la résidence, urbaine/rurale: dernière année disponible (suite)

Données selon la résidence urbaine/rurale

notes à la fin du tableau.)

Age (en années)												
35–39	40–44	45–49	50–54	55–59	60–64	65–69	70–74	75–79	80–84	85 +	Unknown Inconnu	
——	37 ——*	*——	58 ——*	*——	122 ——*	*——	241 ——*	*—— –	624 ——	——*	–	1
——	19 ——*	*——	35 ——*	*——	83 ——*	*——	176 ——*	*—— –	660 ——	——*	–	2
1 982	2 468	1 875	3 995	4 000	5 363	4 664	2 925	3 057	2 453	2 008	117	3
689	876	751	1 715	1 943	3 208	4 475	3 959	5 282	5 711	6 121	38	4
1 208	1 198	953	2 572	2 760	3 429	2 740	1 787	1 838	1 597	1 891	26	5
424	529	475	1 163	1 323	2 004	2 391	2 223	2 917	3 302	4 506	16	6
258	324	228	492	571	780	689	502	504	409	313	21	7
97	132	84	230	295	473	636	602	797	788	860	8	8
340	366	248	662	696	1 080	874	560	521	586	779	4	9
171	176	115	350	444	758	742	703	770	973	1 603	2	10
480	512	718	1 022	1 149	1 372	1 504	1 647	1 622	1 103	949	13	11
243	298	374	555	670	925	1 174	1 383	1 623	1 232	1 247	13	12
564	705	870	1 492	1 600	2 265	2 378	2 647	2 601	1 834	1 717	20	13
453	455	607	908	1 045	1 380	2 033	2 300	2 309	1 932	1 764	35	14
8	8	12	15	17	17	32	36	29	16	22	5	15
6	6	10	3	15	15	25	23	16	27	13	3	16
82	87	109	158	225	263	339	320	300	186	137	57	17
40	68	62	106	136	164	215	179	198	117	97	34	18
6	10	7	15	16	15	16	13	7	7	4	5	19
10	5	3	11	9	14	5	9	5	7	1	2	20
7	8	10	20	29	46	48	43	44	33	14	16	21
15	10	8	22	41	36	47	35	23	19	13	12	22
100	100	200	200	300	300	300 *——	——	——	800 ——	——*	–	23
100	100	100	100	100	200	300 *——	——	——	700 ——	——*	–	24
100	100	100	200	300	300	400 *——	——	——	1 100 ——	——*	–	25
100	100	100	100	200	200	300 *——	——	——	1 100 ——	——*	–	26

19. Deaths by age, sex and urban/rural residence: latest available year (continued)

Data by urban/rural residence

(See notes at end of table.)

	Continent, country or area, year, sex and urban/rural residence Continent, pays ou zone, année, sexe et résidence, urbaine/rurale	Age (in years) All ages Tous âges	-1	1-4	5-9	10-14	15-19	20-24	25-29	30-[illegible]
	ASIA—ASIE (Cont.–Suite)									
	Pakistan									
	Urban – Urbaine									
	1988 [19]									
1	Male – Masculin	115 989	45 848	7 695	2 807	2 513	2 829	1 734	3 408	1 8[illegible]
2	Female – Féminin	92 582	33 394	11 539	1 996	1 943	3 297	1 102	176	1 3[illegible]
	Rural – Rurale									
	1988 [19]									
3	Male – Masculin	349 746	141 129	34 732	9 492	8 295	5 978	2 208	12 203	5 4[illegible]
4	Female – Féminin	294 024	123 687	44 144	6 547	641	4 341	5 572	7 482	7 0[illegible]
	Sri Lanka									
	Urban – Urbaine									
	1988+									
5	Male – Masculin	30 004	2 754	653	415	360	788	1 361	1 267	1 19[illegible]
6	Female – Féminin	16 340	2 159	588	350	254	526	613	559	5[illegible]
	Rural – Rurale									
	1988+									
7	Male – Masculin	30 032	1 079	502	339	274	740	1 401	1 192	91[illegible]
8	Female – Féminin	19 558	951	490	302	184	438	544	412	35[illegible]
	Thailand – Thaïlande									
	Urban – Urbaine									
	1991+									
9	Male – Masculin	*49 876*	*2 452*	*669*	*487*	*599*	*2 358*	*3 397*	*3 071*	*2 83*[illegible]
10	Female – Féminin	*31 027*	*1 866*	*521*	*343*	*356*	*825*	*901*	*913*	*9*[illegible]
	Rural – Rurale									
	1991+									
11	Male – Masculin	*105 322*	*2 109*	*1 882*	*1 414*	*1 201*	*3 016*	*4 023*	*3 915*	*4 31*[illegible]
12	Female – Féminin	*78 125*	*1 501*	*1 338*	*1 003*	*805*	*1 250*	*1 258*	*1 370*	*1 62*[illegible]
	EUROPE									
	Albania – Albanie									
	Urban – Urbaine									
	1991									
13	Male – Masculin	3 805	402	80	40	30	61	82	80	8[illegible]
14	Female – Féminin	2 741	260	67	22	19	20	19	24	3[illegible]
	Rural – Rurale									
	1991									
15	Male – Masculin	6 491	1 042	382	109	85	124	148	117	11[illegible]
16	Female – Féminin	4 706	843	364	72	50	51	61	38	6[illegible]
	Austria – Autriche									
	Urban – Urbaine									
	1992									
17	Male – Masculin	22 531	234	41	15	22	111	216	224	26[illegible]
18	Female – Féminin	28 165	158	32	10	14	40	64	81	11[illegible]
	Rural – Rurale									
	1992									
19	Male – Masculin	15 977	185	29	21	24	138	204	179	17[illegible]
20	Female – Féminin	16 489	141	40	18	11	39	54	58	6[illegible]
	Belarus – Bélarus									
	Urban – Urbaine									
	1991 [11]									
21	Male – Masculin	28 176	645	168	143	128	307	455	651	94[illegible]
22	Female – Féminin	25 779	445	119	73	63	136	118	181	26[illegible]
	Rural – Rurale									
	1991 [11]									
23	Male – Masculin	28 218	318	134	103	67	149	345	420	57[illegible]
24	Female – Féminin	32 477	208	99	57	44	60	78	98	13[illegible]
	Bulgaria – Bulgarie									
	Urban – Urbaine									
	1990									
25	Male – Masculin	30 835	580	148	73	100	218	266	279	38[illegible]
26	Female – Féminin	24 390	440	106	52	55	98	95	119	20[illegible]
	Rural – Rurale									
	1990									
27	Male – Masculin	28 945	329	92	61	68	119	162	182	24[illegible]
28	Female – Féminin	24 438	205	67	53	32	57	59	54	8[illegible]

19. Décès selon l'âge, le sexe et la résidence, urbaine/rurale: dernière année disponible (suite)

Données selon la résidence urbaine/rurale

(Voir notes à la fin du tableau.)

Age (en années)												
35 – 39	40 – 44	45 – 49	50 – 54	55 – 59	60 – 64	65 – 69	70 – 74	75 – 79	80 – 84	85 +	Unknown Inconnu	
1 966	2 178	2 400	4 658	4 970	10 161	3 566	6 074	2 215	3 051	6 082	–	1
1 650	1 633	2 686	4 562	2 319	5 055	2 081	3 614	1 771	5 435	6 969	–	2
1 615	6 389	9 927	13 092	6 270	12 153	8 042	16 510	11 760	15 965	28 557	–	3
6 397	6 686	11 327	1 241	7 761	11 121	8 296	11 205	4 584	12 275	13 641	–	4
1 415	1 458	1 824	2 122	2 443	2 516	2 672	2 425	1 749	1 389	1 189	10	5
573	447	623	750	921	1 085	1 353	1 433	1 194	1 190	1 198	7	6
1 081	1 078	1 299	1 392	1 906	2 303	2 625	3 096	2 687	2 759	3 355	9	7
436	431	561	680	885	1 194	1 658	2 169	2 148	2 362	3 358	5	8
2 754	*2 604*	*2 512*	*3 112*	*3 706*	*4 158*	*3 534*	*3 680*	*3 143*	*2 269*	*1 960*	581	9
1 054	*1 171*	*1 324*	*1 789*	*2 187*	*2 547*	*2 501*	*2 724*	*2 835*	*2 619*	*3 319*	301	10
4 600	*4 858*	*5 162*	*6 877*	*8 177*	*9 066*	*9 516*	*9 391*	*8 898*	*7 598*	*7 455*	1 854	11
1 988	*2 592*	*3 095*	*4 265*	*5 309*	*5 975*	*7 024*	*7 810*	*8 638*	*8 935*	*11 095*	1 246	12
81	95	99	174	251	361	451	430	434	314	238	18	13
41	50	40	81	143	178	226	278	389	395	432	26	14
116	127	146	199	316	458	452	679	713	596	528	37	15
62	61	75	101	108	164	233	426	533	541	823	38	16
306	443	737	1 116	1 110	1 892	2 457	2 552	3 244	3 847	3 696	–	17
153	215	364	557	568	1 019	1 965	2 616	3 841	6 460	9 891	–	18
202	326	417	750	933	1 604	1 909	1 785	2 035	2 613	2 450	–	19
101	147	209	316	391	632	1 224	1 676	2 417	3 746	5 207	–	20
1 133	1 505	1 381	2 812	2 805	3 948	3 075	2 150	2 416	1 898	1 597	15	21
364	494	459	1 089	1 358	2 161	3 008	2 515	3 901	4 165	4 858	10	22
677	806	850	1 985	2 665	3 841	3 318	2 153	3 131	3 320	3 361	3	23
199	214	293	748	1 329	2 062	3 082	2 754	5 251	6 667	9 083	13	24
612	1 039	1 287	1 862	2 693	3 807	4 444	3 095	4 173	3 349	2 429	–	25
303	433	554	789	1 290	1 946	2 869	2 500	4 208	4 334	3 999	–	26
313	545	705	1 090	1 890	2 702	3 977	3 294	5 356	4 601	3 217	–	27
95	183	255	418	884	1 517	2 698	2 559	5 149	5 426	4 645	–	28

19. Deaths by age, sex and urban/rural residence: latest available year (continued)

Data by urban/rural residence

(See notes at end of table.)

	Continent, country or area, year, sex and urban/rural residence Continent, pays ou zone, année, sexe et résidence, urbaine/rurale	Age (in years)								
		All ages Tous âges	-1	1-4	5-9	10-14	15-19	20-24	25-29	30-34
	EUROPE (Cont.–Suite)									
	Former Czechoslovakia – Ancienne Tchécoslovaquie									
	Urban – Urbaine									
	1990									
1	Male – Masculin	57 249	932	124	110	98	311	419	446	633
2	Female – Féminin	52 839	635	114	52	72	145	128	153	280
	Rural – Rurale									
	1990									
3	Male – Masculin	39 482	469	80	71	81	190	273	289	431
4	Female – Féminin	34 215	333	62	57	49	98	75	75	111
	Estonia – Estonie									
	Urban – Urbaine									
	1990 [11]									
5	Male – Masculin	6 040	103	31	21	27	70	88	108	143
6	Female – Féminin	6 569	72	27	7	11	18	24	26	41
	Rural – Rurale									
	1990 [11]									
7	Male – Masculin	3 384	63	28	21	11	29	54	63	70
8	Female – Féminin	3 537	38	22	15	4	15	12	12	10
	Finland – Finlande									
	Urban – Urbaine									
	1990 [23]									
9	Male – Masculin	14 449	125	23	22	19	73	169	188	255
10	Female – Féminin	15 432	106	14	15	11	39	66	49	82
	Rural – Rurale									
	1990 [23]									
11	Male – Masculin	10 567	65	19	17	25	86	115	90	144
12	Female – Féminin	9 610	74	11	14	9	33	25	24	39
	France									
	Urban – Urbaine									
	1991 [24 25 31]									
13	Male – Masculin	187 925	2 546	463	280	303	1 054	2 331	2 802	3 253
14	Female – Féminin	178 971	1 772	379	181	210	421	700	965	1 115
	Rural – Rurale									
	1991 [24 25 31]									
15	Male – Masculin	82 929	652	170	100	140	522	810	703	878
16	Female – Féminin	72 173	474	119	90	73	172	210	216	324
	Greece – Grèce									
	Urban – Urbaine									
	1992									
17	Male – Masculin	26 872	346	26	26	46	178	273	290	306
18	Female – Féminin	24 002	290	32	19	36	55	94	107	129
	Rural – Rurale									
	1992									
19	Male – Masculin	24 696	131	29	27	45	141	210	182	164
20	Female – Féminin	22 661	104	22	22	23	39	47	48	63
	Hungary – Hongrie									
	Urban – Urbaine									
	1992 [32]									
21	Male – Masculin	44 251	528	70	44	56	232	300	293	607
22	Female – Féminin	41 547	440	58	36	46	98	99	120	266
	Rural – Rurale									
	1992 [32]									
23	Male – Masculin	34 841	433	52	35	43	160	212	268	495
24	Female – Féminin	27 337	304	38	25	31	50	58	69	154
	Ireland – Irlande									
	Urban – Urbaine									
	1992+ [26]									
25	Male – Masculin	6 022	110	19	12	17	49	73	78	78
26	Female – Féminin	6 340	75	11	10	9	18	14	30	27
	Rural – Rurale									
	1992+ [26]									
27	Male – Masculin	10 456	90	19	21	26	85	99	73	65
28	Female – Féminin	8 112	69	23	9	14	26	25	20	30

19. Décès selon l'âge, le sexe et la résidence, urbaine/rurale: dernière année disponible (suite)

Données selon la résidence urbaine/rurale

(Voir notes à la fin du tableau.)

Age (en années)												
35 – 39	40 – 44	45 – 49	50 – 54	55 – 59	60 – 64	65 – 69	70 – 74	75 – 79	80 – 84	85 +	Unknown Inconnu	
1 146	1 757	2 422	2 981	4 441	6 759	8 737	5 710	9 083	6 947	4 193	–	1
502	758	995	1 193	2 059	3 479	5 895	4 895	10 163	10 910	10 411	–	2
743	1 160	1 514	2 009	3 011	4 297	5 697	3 752	6 432	5 406	3 577	–	3
190	324	444	669	1 246	1 980	3 446	3 038	6 718	7 479	7 821	–	4
179	234	308	478	614	826	699	574	640	492	395	10	5
59	76	130	188	278	502	672	644	1 107	1 251	1 424	12	6
90	126	154	227	284	356	313	304	426	430	333	2	7
32	35	36	86	97	183	288	331	616	785	918	2	8
376	588	580	720	944	1 391	1 685	1 795	2 179	1 905	1 412	–	9
115	238	234	306	402	692	1 163	1 687	2 690	3 373	4 150	–	10
220	329	308	448	678	1 086	1 304	1 323	1 613	1 405	1 292	–	11
42	99	100	166	201	395	732	1 086	1 654	2 180	2 726	–	12
3 874	5 616	5 971	7 545	11 515	16 528	19 904	19 279	23 483	28 236	32 942	–	13
1 492	2 296	2 508	3 101	4 720	7 139	10 214	11 915	19 911	34 234	75 698	–	14
1 171	1 791	1 893	2 398	4 460	6 939	9 231	8 385	10 917	14 673	17 096	–	15
481	655	717	955	1 693	2 558	3 909	4 340	8 188	14 960	32 039	–	16
324	439	655	974	1 625	2 531	3 086	3 338	4 117	4 015	4 277	–	17
151	281	338	475	791	1 308	1 826	2 801	4 034	4 812	6 423	–	18
177	241	393	650	1 183	1 852	2 426	2 658	3 896	4 578	5 713	–	19
82	119	193	320	537	870	1 337	2 004	3 639	5 181	8 011	–	20
1 261	1 784	2 340	2 970	3 554	4 804	5 817	5 338	5 074	5 318	3 861	–	21
593	814	1 013	1 339	1 838	2 717	4 101	4 864	6 249	8 181	8 675	–	22
1 052	1 486	1 769	2 384	3 123	3 936	5 022	4 053	3 690	4 028	2 600	–	23
321	475	547	868	1 267	1 865	2 860	3 268	4 236	5 561	5 340	–	24
91	79	167	227	329	539	766	954	998	803	633	–	25
52	75	122	143	243	336	564	785	1 069	1 162	1 595	–	26
82	126	197	252	415	669	1 149	1 730	2 034	1 854	1 470	–	27
42	80	127	137	217	376	650	1 009	1 433	1 588	2 237	–	28

19. Deaths by age, sex and urban/rural residence: latest available year (continued)

Data by urban/rural residence

(See notes at end of table.)

	Continent, country or area, year, sex and urban/rural residence Continent, pays ou zone, année, sexe et résidence, urbaine/rurale	Age (in years)								
		All ages Tous âges	-1	1-4	5-9	10-14	15-19	20-24	25-29	30-34
	EUROPE (Cont.–Suite)									
	Latvia – Lettonie									
	Urban – Urbaine									
	1992 [11]									
1	Male – Masculin	11 564	186	36	35	35	95	191	191	308
2	Female – Féminin	11 201	132	27	20	13	28	42	55	91
	Rural – Rurale									
	1992 [11]									
3	Male – Masculin	6 414	131	49	45	22	69	100	141	191
4	Female – Féminin	6 241	108	32	19	8	25	20	26	30
	Lithuania – Lituanie									
	Urban – Urbaine									
	1992 [11]									
5	Male – Masculin	11 950	320	56	51	42	100	200	223	382
6	Female – Féminin	10 307	241	36	27	24	43	48	61	99
	Rural – Rurale									
	1992 [11]									
7	Male – Masculin	10 214	189	57	48	27	82	170	182	219
8	Female – Féminin	8 984	137	36	17	12	22	27	34	47
	Netherlands – Pays-Bas									
	Urban – Urbaine									
	1986 [27 33]									
9	Male – Masculin	37 021	425	79	49	57	141	244	278	304
10	Female – Féminin	34 246	319	67	29	39	69	127	147	189
	Rural – Rurale									
	1986 [27 33]									
11	Male – Masculin	7 253	89	28	13	12	48	63	45	44
12	Female – Féminin	5 434	79	25	13	9	18	21	16	28
	Semi-urban – Semi-urbaine									
	1986 [27 33]									
13	Male – Masculin	22 372	289	63	41	55	145	185	169	146
14	Female – Féminin	18 973	227	56	24	33	61	63	75	122
	Poland – Pologne									
	Urban – Urbaine									
	1991									
15	Male – Masculin	123 700	2 494	330	291	340	797	1 050	1 323	2 418
16	Female – Féminin	109 441	1 852	266	211	192	306	278	388	867
	Rural – Rurale									
	1991									
17	Male – Masculin	94 100	2 233	372	230	262	737	1 172	1 203	1 859
18	Female – Féminin	76 710	1 598	258	176	153	234	213	247	399
	Portugal									
	Urban – Urbaine									
	1991 [30]									
19	Male – Masculin	15 396	254	36	49	55	143	195	258	279
20	Female – Féminin	15 334	153	35	19	29	52	66	88	91
	Rural – Rurale									
	1991 [30]									
21	Male – Masculin	29 734	363	132	84	110	417	452	389	448
22	Female – Féminin	26 222	277	89	57	68	94	100	110	146
	Republic of Moldova – République de Moldova									
	Urban – Urbaine									
	1991 [11]									
23	Male – Masculin	8 189	302	66	62	37	63	105	177	276
24	Female – Féminin	7 856	244	45	27	26	63	46	55	105
	Rural – Rurale									
	1991 [11]									
25	Male – Masculin	14 703	516	135	129	74	116	222	279	393
26	Female – Féminin	15 101	379	116	58	46	62	59	73	137
	Romania – Roumanie									
	Urban – Urbaine									
	1992									
27	Male – Masculin	58 914	1 480	453	268	269	396	621	517	999
28	Female – Féminin	47 870	1 095	338	151	150	174	268	229	463

19. Décès selon l'âge, le sexe et la résidence, urbaine/rurale: dernière année disponible (suite)

Données selon la résidence urbaine/rurale

Voir notes à la fin du tableau.)

Age (en années)												
35 – 39	40 – 44	45 – 49	50 – 54	55 – 59	60 – 64	65 – 69	70 – 74	75 – 79	80 – 84	85 +	Unknown Inconnu	
379	533	631	1 075	1 143	1 550	1 313	1 040	1 004	1 020	799	–	1
132	170	240	421	534	843	1 215	1 124	1 486	2 025	2 603	–	2
200	272	308	514	547	730	577	518	571	705	724	–	3
30	68	104	175	242	336	527	557	940	1 290	1 704	–	4
493	609	734	1 005	1 180	1 475	1 288	974	888	898	1 010	22	5
146	232	295	349	560	761	1 017	999	1 231	1 711	2 419	8	6
277	322	424	643	856	1 004	1 062	957	929	1 220	1 541	5	7
47	109	151	209	357	513	794	821	1 202	1 797	2 652	–	8
477	546	796	1 223	2 057	3 209	4 449	5 781	6 168	5 317	5 421	–	9
287	321	450	721	1 129	1 709	2 361	3 632	5 400	6 723	10 527	–	10
74	100	148	257	366	629	834	1 019	1 194	1 098	1 192	–	11
49	64	79	122	202	274	409	588	836	1 011	1 591	–	12
221	377	568	922	1 392	2 008	2 641	3 221	3 523	3 058	3 348	–	13
179	227	324	449	706	948	1 276	1 861	2 861	3 792	5 689	–	14
4 202	5 889	5 868	8 974	12 460	16 099	16 272	11 488	13 072	11 880	8 453	–	15
1 592	2 377	2 294	3 471	5 379	8 374	11 686	10 568	16 466	20 540	22 334	–	16
2 587	3 131	2 803	4 861	7 315	10 102	11 270	10 004	12 537	12 402	9 020	–	17
619	838	876	1 539	2 681	4 495	7 276	7 678	13 027	16 240	18 163	–	18
283	333	472	668	1 044	1 465	1 916	1 981	2 333	1 979	1 653	–	19
120	188	253	356	554	825	1 157	1 563	2 471	3 120	4 194	–	20
449	528	671	1 014	1 624	2 426	3 313	3 862	4 974	4 599	3 879	–	21
172	263	345	544	823	1 237	1 924	2 602	4 495	5 625	7 251	–	22
349	418	386	717	711	1 004	927	777	868	554	389	1	23
134	199	209	375	487	719	993	867	1 145	1 067	1 048	2	24
499	556	545	984	1 307	1 738	1 696	1 572	1 638	1 283	1 014	7	25
220	316	373	690	1 086	1 519	1 786	1 842	2 204	1 986	2 146	3	26
2 064	2 696	2 811	4 333	5 712	7 072	7 554	5 444	6 179	5 949	4 097	–	27
803	1 110	1 184	1 886	2 669	3 942	5 275	5 377	7 284	7 984	7 488	–	28

19. Deaths by age, sex and urban/rural residence: latest available year (continued)

Data by urban/rural residence

(See notes at end of table.)

	Continent, country or area, year, sex and urban/rural residence Continent, pays ou zone, année, sexe et résidence, urbaine/rurale	All ages Tous âges	Age (in years) – 1	1 – 4	5 – 9	10 – 14	15 – 19	20 – 24	25 – 29	30 – 3
	EUROPE (Cont.–Suite)									
	Romania – Roumanie									
	Rural – Rurale									
	1992									
1	Male – Masculin	83 308	1 986	599	262	228	487	870	667	987
2	Female – Féminin	73 763	1 519	462	155	150	220	280	199	324
	Russian Federation – Fédération Russe									
	Urban – Urbaine									
	1992 [11]									
3	Male – Masculin	639 597	11 267	2 752	2 806	2 435	6 753	10 635	14 968	24 894
4	Female – Féminin	615 244	7 830	2 005	1 513	1 216	2 555	2 832	3 580	5 917
	Rural – Rurale									
	1992 [11]									
5	Male – Masculin	271 404	5 971	2 187	1 699	1 238	2 764	5 113	7 183	10 724
6	Female – Féminin	281 196	4 140	1 514	824	593	1 148	1 076	1 414	2 198
	San Marino – Saint–Marin									
	Urban – Urbaine									
	1987+									
7	Male – Masculin	88	3	–	–	–	1	2	2	–
8	Female – Féminin	53	–	–	–	–	1	–	1	–
	Rural – Rurale									
	1987+									
9	Male – Masculin	9	–	–	–	–	–	–	–	–
10	Female – Féminin	4	–	–	–	–	–	–	–	–
	Slovakia – Slovaquie									
	Urban – Urbaine									
	1991									
11	Male – Masculin	13 845	281	52	51	50	86	114	161	223
12	Female – Féminin	11 841	262	40	31	17	36	32	49	93
	Rural – Rurale									
	1991									
13	Male – Masculin	16 097	289	45	24	39	86	135	131	225
14	Female – Féminin	12 835	207	35	27	25	41	34	37	61
	Slovenia – Slovénie									
	Urban – Urbaine									
	1992									
15	Male – Masculin	4 195	42	8	11	9	28	57	45	77
16	Female – Féminin	4 064	32	6	4	7	13	14	19	23
	Rural – Rurale									
	1992									
17	Male – Masculin	5 753	56	10	4	6	40	66	60	96
18	Female – Féminin	5 321	47	11	6	8	17	13	14	20
	Switzerland – Suisse									
	Urban – Urbaine									
	1992									
19	Male – Masculin	21 041	215	37	28	29	75	267	333	352
20	Female – Féminin	21 649	149	28	18	21	45	85	116	135
	Rural – Rurale									
	1992									
21	Male – Masculin	10 629	116	23	11	16	80	140	128	145
22	Female – Féminin	8 983	77	18	10	10	22	29	38	40
	The former Yugoslav Rep. of Macedonia – L'ex Rép. yougoslavie de Macédonie									
	Urban – Urbaine									
	1992									
23	Male – Masculin	4 969	277	27	20	14	41	31	43	61
24	Female – Féminin	4 002	214	29	9	12	11	20	24	20
	Rural – Rurale									
	1992									
25	Male – Masculin	3 961	285	38	7	13	31	31	35	38
26	Female – Féminin	3 090	242	32	15	8	9	13	12	19

19. Décès selon l'âge, le sexe et la résidence, urbaine/rurale: dernière année disponible (suite)

Données selon la résidence urbaine/rurale

(Voir notes à la fin du tableau.)

Age (en années)												
35 – 39	40 – 44	45 – 49	50 – 54	55 – 59	60 – 64	65 – 69	70 – 74	75 – 79	80 – 84	85 +	Unknown Inconnu	
1 503	2 160	2 551	4 561	6 856	8 818	11 045	8 615	10 325	11 568	9 220	–	1
515	866	1 094	1 998	3 181	4 818	7 458	8 427	12 984	15 559	13 554	–	2
31 422	39 561	29 253	63 455	62 499	89 165	75 676	46 878	51 621	42 389	26 969	4 199	3
8 635	12 060	9 828	23 334	28 198	49 556	69 731	65 699	97 834	110 745	111 024	1 152	4
12 157	13 445	8 991	24 329	27 952	41 868	31 706	19 834	21 194	19 558	13 268	223	5
2 963	3 671	2 951	8 772	11 950	21 642	28 284	27 673	44 559	55 239	60 486	99	6
1	1	1	1	4	10	9	15	16	11	11	–	7
–	1	–	1	–	3	7	6	7	11	15	–	8
–	–	–	–	–	–	–	1	3	2	3	–	9
–	–	–	–	–	–	1	–	1	–	2	–	10
385	545	703	775	1 139	1 670	1 954	1 428	1 769	1 439	1 020	–	11
152	237	269	348	568	891	1 318	1 245	1 887	2 157	2 209	–	12
335	535	614	876	1 256	1 840	2 215	1 621	2 214	2 068	1 549	–	13
84	132	217	356	477	799	1 395	1 288	2 176	2 695	2 749	–	14
108	141	174	259	398	543	498	441	474	511	371	–	15
46	67	99	130	171	286	392	438	583	778	956	–	16
142	176	191	314	490	743	694	495	691	844	635	–	17
46	58	87	116	181	312	432	501	825	1 213	1 414	–	18
335	415	586	723	1 086	1 467	2 069	2 618	3 098	3 528	3 780	–	19
143	200	341	438	536	790	1 208	1 708	2 629	4 450	8 609	–	20
141	185	221	317	491	731	1 031	1 401	1 648	1 832	1 972	–	21
60	73	121	149	214	320	520	766	1 181	1 847	3 488	–	22
92	151	205	274	438	539	657	556	547	544	437	15	23
56	70	104	139	267	351	492	469	564	609	532	10	24
47	72	80	130	249	362	460	485	565	576	445	12	25
28	42	46	84	138	193	330	383	509	511	471	5	26

19. Deaths by age, sex and urban/rural residence: latest available year (continued)

Data by urban/rural residence

(See notes at end of table.)

	Continent, country or area, year, sex and urban/rural residence Continent, pays ou zone, année, sexe et résidence, urbaine/rurale	All ages Tous âges	Age (in years) – 1	1 – 4	5 – 9	10 – 14	15 – 19	20 – 24	25 – 29	30 – 34
	EUROPE (Cont.–Suite)									
	Ukraine									
	Urban – Urbaine									
	1991 [11]									
1	Male – Masculin	187 845	*—— 4 146 ——*		785	625	1 495	2 307	3 307	4 991
2	Female – Féminin	193 143	*—— 3 053 ——*		464	352	641	724	945	1 364
	Rural – Rurale									
	1991 [11]									
3	Male – Masculin	131 992	*—— 2 577 ——*		497	403	823	1 518	1 751	2 785
4	Female – Féminin	156 980	*—— 1 915 ——*		257	224	333	346	409	659
	Former Yugoslavia – Ancienne Yougoslavie									
	Urban – Urbaine									
	1990									
5	Male – Masculin	51 272	1 871	207	169	154	316	465	545	735
6	Female – Féminin	45 643	1 443	174	92	94	129	160	226	350
	Rural – Rurale									
	1990									
7	Male – Masculin	61 560	1 692	294	179	147	348	547	663	759
8	Female – Féminin	53 673	1 451	244	139	96	155	176	202	245
	OCEANIA—OCEANIE									
	Guam									
	Urban – Urbaine									
	1990 [3 29]									
9	Male – Masculin	289	19	3	3	2	12	14	7	9
10	Female – Féminin	157	9	2	1	1	3	1	1	2
	Rural – Rurale									
	1990 [3 29]									
11	Male – Masculin	41	3	–	–	2	1	–	3	1
12	Female – Féminin	31	2	–	–	1	–	–	–	–
	New Zealand – Nouvelle–Zélande									
	Urban – Urbaine									
	1992+									
13	Male – Masculin	10 944	185	48	25	34	118	176	153	142
14	Female – Féminin	10 152	134	30	23	17	43	63	52	61
	Rural – Rurale									
	1992+									
15	Male – Masculin	3 619	71	15	10	14	65	83	63	53
16	Female – Féminin	2 534	40	9	10	10	23	19	14	30

19. Décès selon l'âge, le sexe et la résidence, urbaine/rurale: dernière année disponible (suite)

Données selon la résidence urbaine/rurale

(Voir notes à la fin du tableau.)

Age (en années)												
35 – 39	40 – 44	45 – 49	50 – 54	55 – 59	60 – 64	65 – 69	70 – 74	75 – 79	80 – 84	85 +	Unknown Inconnu	
6 404	8 387	8 073	18 404	16 489	26 900	21 594	15 511	19 960	16 026	11 695	746	1
2 054	2 938	3 039	7 857	7 621	15 499	21 028	20 385	34 469	35 368	35 133	209	2
3 260	4 203	4 929	11 321	11 024	17 547	16 137	11 210	15 308	14 644	12 016	39	3
929	1 230	1 841	4 546	5 179	10 202	15 219	15 554	29 224	33 016	35 866	31	4
1 244	1 494	2 015	3 534	5 669	6 514	6 486	4 196	6 478	5 351	3 757	72	5
604	825	1 021	1 706	2 735	4 126	5 217	4 023	7 715	7 644	7 319	40	6
1 086	1 309	1 820	3 385	5 505	7 131	6 900	4 974	9 241	9 015	6 544	21	7
404	479	788	1 512	2 398	3 770	5 682	5 032	10 020	10 942	9 917	21	8
18	13	20	18	26	25	31	27	22	15	5	–	9
6	5	2	11	9	27	10	15	14	18	20	–	10
2	3	1	3	3	4	2	5	5	1	2	–	11
1	1	–	1	3	2	4	2	2	2	10	–	12
148	167	242	384	535	901	1 298	1 490	1 731	1 633	1 534	–	13
94	141	192	239	300	505	741	1 143	1 531	1 872	2 971	–	14
77	79	95	149	217	315	478	498	505	450	382	–	15
30	31	59	102	127	162	267	296	358	375	572	–	16

19. Deaths by age, sex and urban/rural residence: latest available year (continued)

GENERAL NOTES

Data exclude foetal deaths. For method of evaluation and limitations of data, see Technical Notes, page 82.
Italics: data from civil registers which are incomplete or of unknown completeness.

FOOTNOTES

* Provisional.
\+ Data tabulated by year of registration rather than occurrence.

1 For Algerian population only.
2 Excluding deaths of infants dying before registration of birth.
3 Excluding deaths of unknown sex.
4 For classification by urban/rural residence, see end of table.
5 Based on the results of the population census.
6 For domicile population only.
7 Including Canadian residents temporarily in the United States, but excluding United States residents temporarily in Canada.
8 Excluding Indian jungle population.
9 Based on burial permits.
10 Excluding nomadic Indian tribes.
11 Excluding infants born alive after less than 28 weeks' gestation, of less than 1 000 grammes in weight and 35 centimetres in length, who die within seven days of birth.
12 For government controlled areas.
13 Excluding Vietnamese refugees.
14 Including data for East Jerusalem and Israeli residents in certain other territories under occupation by Israeli military forces since June 1967.
15 For Japanese nationals in Japan only.
16 Excluding alien armed forces, civilian aliens employed by armed forces, and foreign diplomatic personnel and their dependants.

NOTES GENERALES

Les données ne comprennent pas les morts foetales. Pour la méthode d'évaluation et les insuffisances des données, voir Notes techniques, page 82.
Italiques: données incomplètes ou dont le degré d'exactitude n'est pas connu, provenant des registres de l'état civil.

NOTES

* Données provisoires.
\+ Données exploitées selon l'année de l'enregistrement et non l'année de l'événement.
1 Pour la population algérienne seulement.
2 Non compris les enfants nés vivants décédés avant l'enregistrement de leur naissance.
3 Non compris les décès dont on ignore le sexe.
4 Pour le classement selon la résidence, urbaine/rurale, voir la fin du tableau.
5 D'après les résultats du recensement de la population.
6 Pour la population dans les domiciles seulement.
7 Y compris les résidents canadiens temporairement aux Etats–Unis, mais non compris les résidents des Etats–Unis, temporairement au Canada.
8 Non compris les Indiens de la jungle.
9 D'après les permis d'inhumer.
10 Non compris les tribus d'Indiens nomades.
11 Non compris les enfants nés vivants après moins de 28 semaines de gestation, pesant moins de 1 000 grammes, mesurant moins de 35 centimètres et décédés dans les sept jours qui ont suivi leur naissances.
12 Pour les zones contrôlées pour le Gouvernement.
13 Non compris les réfugiés du Viet Nam.
14 Y compris les données pour Jérusalem–Est et les résidents israéliens dans certains autres territoires occupés depuis juin 1967 par les forces armées israéliennes.
15 Pour les nationaux japonais au Japon seulement.
16 Non compris les militaires étrangers, les civils étrangers employés par les forces armées ni le personnel diplomatique étranger et les membres de leur famille les accompagnant.

FOOTNOTES (continued)

17 Estimates based on the results of the continuous Demographic Sample Survey.
18 Events registered by Health Service only.
19 Based on the results of the Population Growth Survey.
20 Excluding non–locally domiciled military and civilian services personnel and their dependants.
21 Including armed forces stationed outside the country, but excluding alien armed forces stationed in the area.
22 Excluding Faeroe Island and Greenland.
23 Including nationals temporarily outside the country.
24 Including armed forces stationed outside the country.
25 For ages five years and over, age classification based on year of birth rather than exact date of birth.
26 Deaths registered within one year of occurrence.
27 Including residents outside the country if listed in a Netherlands population register.
28 Including residents temporarily outside the country.
29 Including United States military personnel, their dependants and contract employees.
30 Excluding deaths of unknown residence.
31 Excluding nationals outside the country.
32 For the de jure population.
33 Excluding persons on the Central Register of Population (containing persons belonging to the Netherlands population but having no fixed municipality of residence).

NOTES (suite)

17 Les estimations sont basés sur les résultats d'une enquête démographique par sondage continue.
18 Evénements enregistrés par le Service de santé seulement.
19 D'après les résultats de la "Population Growth Survey".
20 Non compris les militaires et agents civils non résidents et les membres de leur famille les accompagnant.
21 Y compris les militaires nationaux hors du pays, mais non compris les militaires étrangers en garnison sur le territoire.
22 Non compris les îles Féroé et le Groenland.
23 Y compris les nationaux se trouvant temporairement hors du pays.
24 Y compris les militaires en garnison hors du pays.
25 A partir de cinq ans, le classement selon l'âge est basé sur l'année de naissances et non sur la date exacte de naissance.
26 Décès enregistrés dans l'année qui suit l'événement.
27 Y compris les résidents hors du pays, s'ils sont inscrits sur un registre de population néerlandais.
28 Y compris les résidents se trouvant temporairement hors du pays.
29 Y compris les militaires des Etats–Unis, les membres de leur famille les accompagnant et les agents contractuels des Etats–Unis.
30 Non compris les décès dont on ignore la résidence.
31 Non compris les nationaux hors du pays.
32 Pour la population de droit.
33 Non compris les personnes inscrites sur le Registre central de la population (personnes appartenant à la population néerlandaise mais sans résidence fixe dans l'une des municipalités).

20. Death rates specific for age, sex and urban/rural residence: latest available year

(See notes at end of table.)

	Continent, country or area, year, sex and urban/rural residence Continent, pays ou zone, année, sexe et résidence, urbaine/rurale	Age (in years)								
		All ages Tous âges [1]	–1	1–4	5–9	10–14	15–19	20–24	25–29	30–:
	AFRICA—AFRIQUE									
	Cape Verde – Cap-Vert 1990									
1	Male – Masculin	8.1	57.7	3.4	♦ 0.6	♦ 0.4	♦ 0.8	♦ 1.5	3.4	4
2	Female – Féminin	6.6	44.3	3.4	♦ 0.5	♦ 0.6	♦ 0.5	♦ 1.0	♦ 1.0	♦ 1
	Central African Republic – République centrafricaine 1988 [2]									
3	Male – Masculin	*11.8*	*79.8*	*14.9*	*3.6*	*2.8*	*3.2*	*3.9*	*5.4*	*6*
4	Female – Féminin	*9.9*	*64.9*	*12.8*	*3.0*	*2.5*	*3.6*	*4.5*	*5.5*	*6*
	Egypt – Egypte 1988 [2]									
5	Male – Masculin	8.6	46.6	5.6	1.5	1.2	1.5	1.5	1.8	2
6	Female – Féminin	8.3	46.2	6.6	1.4	1.0	1.2	1.2	1.6	1
	Mali 1987 [2 3]									
7	Male – Masculin	13.6	*——	41.5 ——*	4.7	2.5	3.1	4.3	4.5	4.
8	Female – Féminin	11.5	*——	35.7 ——*	3.9	2.1	3.4	4.1	4.5	5.
	Mauritius – Maurice 1991+									
9	Male – Masculin	7.6	*——	5.3 ——*	♦ 0.3	0.6	♦ 0.6	1.3	1.6	2.
10	Female – Féminin	5.6	*——	4.0 ——*	♦ 0.3	♦ 0.3	0.6	0.9	0.7	0.
	Island of Mauritius – Ile Maurice 1991+									
11	Male – Masculin	7.6	*——	5.3 ——*	♦ 0.3	♦ 0.5	♦ 0.6	1.3	1.6	2.
12	Female – Féminin	5.6	*——	3.8 ——*	♦ 0.3	♦ 0.3	♦ 0.6	0.9	0.7	0.
	Réunion 1987 [4]									
13	Male – Masculin	6.7	11.4	♦ 0.6	♦ 0.5	♦ 0.3	♦ 0.9	1.3	2.6	3.
14	Female – Féminin	4.4	8.1	♦ 0.6	♦ 0.4	♦ 0.2	♦ 0.4	♦ 0.6	♦ 0.9	♦ 1.
	Tunisia – Tunisie 1989									
15	Male – Masculin	*5.1*	*——	*7.0* ——*	*0.6*	*0.5*	*0.8*	*0.9*	*1.2*	*1.*
16	Female – Féminin	*3.7*	*——	*5.9* ——*	*0.5*	*0.4*	*0.4*	*0.5*	*0.7*	*1.*
	AMERICA,NORTH— AMERIQUE DU NORD									
	Bahamas 1992									
17	Male – Masculin	5.9	12.3	♦ 0.5	♦ 0.4	♦ 0.6	♦ 0.7	♦ 1.5	2.7	4.
18	Female – Féminin	4.6	11.5	♦ 0.9	♦ 0.3	♦ 0.1	♦ 0.5	♦ 0.7	♦ 1.4	2.
	Barbados – Barbade 1988+									
19	Male – Masculin	9.0	16.7	♦ 0.5	♦ 0.3	♦ 0.3	♦ 1.1	♦ 1.2	♦ 1.5	♦ 2.
20	Female – Féminin	8.5	♦ 13.5	♦ 0.5	♦ 0.6	♦ 0.3	♦ 0.1	♦ 0.9	♦ 0.5	♦ 1.
	Canada 1990 [5]									
21	Male – Masculin	7.9	7.6	0.4	0.2	0.3	1.0	1.2	1.2	1.
22	Female – Féminin	6.5	6.1	0.3	0.2	0.2	0.3	0.4	0.4	0.
	Cuba 1990 [2]									
23	Male – Masculin	7.6	12.5	0.7	0.3	0.5	1.1	1.6	1.7	2.
24	Female – Féminin	6.0	9.2	0.6	0.3	0.3	0.7	0.9	0.9	1.

20. Taux de mortalité selon l'âge, le sexe et la résidence, urbaine/rurale: dernière année disponible

ir notes à la fin du tableau.)

Age(en années)											
35–39	40–44	45–49	50–54	55–59	60–64	65–69	70–74	75–79	80–84	85 plus	
♦ 5.0	♦ 5.6	♦ 6.0	10.9	14.7	13.4	17.0	39.6	54.7	123.2	183.8	1
♦ 2.7	♦ 3.4	♦ 3.6	♦ 3.3	6.3	11.1	13.1	30.0	43.9	84.5	151.8	2
8.1	*9.9*	*15.9*	*19.4*	*19.4*	*28.5*	*32.1*	*55.4*	*———	— *77.0* ———	—*	3
7.8	*9.8*	*11.2*	*12.6*	*13.4*	*23.7*	*26.0*	*47.1*	*———	— *63.4* ———	—*	4
3.9	4.9	7.4	12.1	19.4	30.7 *———	———	——— —	105.2 ———	———	—*	5
2.8	3.0	4.7	8.3	11.0	20.4 *———	———	——— —	115.4 ———	———	—*	6
4.8	6.4	6.8	9.8	11.5	19.6	21.4	36.4	47.2	*—— 71.1	—*	7
5.4	5.9	5.5	8.0	8.3	14.1	17.6	29.3	35.5	*—— 65.8	—*	8
3.6	6.3	9.7	15.6	19.2	31.1	45.5	65.2	98.1	150.1	206.9	9
1.6	2.2	3.7	5.8	9.7	15.9	25.5	39.0	68.1	103.2	172.6	10
3.6	6.3	9.6	15.3	18.9	31.2	45.3	65.4	99.7	151.6	206.4	11
1.6	2.2	3.7	5.6	9.8	16.1	25.2	38.7	67.4	101.7	171.9	12
5.3	6.6	10.9	15.5	21.0	25.8	41.7	52.2	96.7	129.6	189.6	13
2.0	3.6	2.5	3.7	8.4	11.6	15.7	32.1	50.0	84.8	160.2	14
1.6	*2.4*	*3.6*	*5.3*	*8.3*	*13.5*	*22.3*	*36.7*	*56.1*	*—— *1 01.8*	—*	15
1.0	*1.6*	*2.1*	*3.6*	*5.5*	*8.9*	*16.3*	*29.6*	*50.1*	*—— *81.3*	—*	16
4.4	5.1	8.1	12.1	16.3	27.5	31.0	47.1	62.0	127.9	170.9	17
♦ 3.4	♦ 3.3	5.7	♦ 3.9	12.4	13.4	18.9	29.6	37.8	64.1	145.5	18
♦ 2.7	♦ 1.8	♦ 6.1	9.3	11.7	21.2	31.4	50.3	62.3	*—— 1 26.0	—*	19
♦ 1.6	♦ 1.4	♦ 4.2	♦ 5.6	7.7	11.9	18.1	29.0	43.8	*—— 1 28.4	—*	20
1.8	2.3	3.6	5.9	9.9	16.6	26.0	41.1	64.2	102.7	180.1	21
0.8	1.2	2.1	3.4	5.4	8.4	13.4	21.5	35.7	62.4	135.2	22
2.3	3.0	4.6	6.9	10.1	16.4 *———	———	——— —	56.2 ———	———	—*	23
1.4	2.2	3.3	5.2	7.6	11.9 *———	———	——— —	45.6 ———	———	—*	24

20. Death rates specific for age, sex and urban/rural residence: latest available year (continued)

(See notes at end of table.)

	Continent, country or area, year, sex and urban/rural residence Continent, pays ou zone, année, sexe et résidence, urbaine/rurale	Age (in years) All ages Tous âges [1]	-1	1–4	5–9	10–14	15–19	20–24	25–29	30–3
	AMERICA, NORTH— (Cont.–Suite) AMERIQUE DU NORD									
	El Salvador 1986									
1	Male – Masculin	6.3	*——	7.1 ——*	0.7	0.7	2.4	5.1	5.3	5.
2	Female – Féminin	4.3	*——	6.2 ——*	0.6	0.5	0.8	1.4	1.7	1.
	Guadeloupe 1985 [4]									
3	Male – Masculin	7.8	*——	4.8 ——*	♦ 0.3	♦ 0.4	♦ 0.8	♦ 1.0	3.1	♦ 3.
4	Female – Féminin	6.1	*——	4.2 ——*	♦ 0.1	♦ 0.1	♦ 0.2	♦ 0.6	♦ 0.7	♦ 1.
	Guatemala 1985									
5	Male – Masculin	9.4	*——	22.2 ——*	2.0	1.3	1.9	3.3	4.0	4.
6	Female – Féminin	8.0	*——	20.1 ——*	2.0	1.1	1.4	2.2	2.6	3.
	Martinique 1990 [4]									
7	Male – Masculin	6.8	*—— ♦	2.1 ——*	–	♦ 0.1	♦ 0.8	♦ 1.1	2.1	♦ 1.
8	Female – Féminin	5.6	*——	2.5 ——*	♦ 0.2	♦ 0.2	♦ 0.1	♦ 0.6	♦ 0.5	♦ 1.
	Mexico – Mexique 1990									
9	Male – Masculin	6.0	37.7	2.5	0.7	0.6	1.4	2.3	2.9	3.
10	Female – Féminin	4.4	29.8	2.3	0.5	0.4	0.6	0.8	0.9	1.
	Panama 1990 [2]									
11	Male – Masculin	4.6	19.7	1.4	0.5	0.4	1.1	1.7	2.0	1.
12	Female – Féminin	3.5	16.9	1.3	0.3	0.4	0.5	0.7	0.9	0.
	Puerto Rico – Porto Rico 1992									
13	Male – Masculin	9.3	16.0	0.5	0.3	0.3	1.4	2.6	3.8	5.
14	Female – Féminin	6.1	12.9	0.4	0.2	♦ 0.1	0.3	0.7	1.0	1.
	Trinidad and Tobago – Trinité-et-Tobago 1989									
15	Male – Masculin	7.0	10.1	1.0	♦ 0.4	♦ 0.4	1.2	1.8	2.4	2.
16	Female – Féminin	6.5	6.8	0.7	♦ 0.3	♦ 0.4	♦ 0.6	1.0	1.1	1.
	United States – Etats-Unis 1991									
17	Male – Masculin	9.1	10.2	0.5	0.2	0.3	1.3	1.7	1.8	2.
18	Female – Féminin	8.1	8.0	0.4	0.2	0.2	0.5	0.5	0.6	0.
	United States Virgin Islands – Iles Vierges américaines 1990									
19	Male – Masculin	6.8	♦ 21.9	♦ 1.1	♦ 0.4	♦ 1.0	♦ 1.4	♦ 2.3	♦ 4.3	♦ 5.
20	Female – Féminin	3.3	♦ 18.0	–	–	♦ 0.2	–	♦ 0.5	♦ 0.8	♦ 1.
	AMERICA, SOUTH— AMERIQUE DU SUD									
	Argentina – Argentine 1990									
21	Male – Masculin	9.0	*——	6.9 ——*	0.4	0.4	0.9	1.4	1.4	1.
22	Female – Féminin	7.1	*——	5.5 ——*	0.3	0.3	0.5	0.7	0.8	1.
	Brazil – Brésil 1990 [6]									
23	Male – Masculin	6.7	*——	6.7 ——*	0.5	0.6	1.7	2.7	2.9	3.
24	Female – Féminin	4.6	*——	5.3 ——*	0.4	0.3	0.6	0.8	0.9	1.

20. Taux de mortalité selon l'âge, le sexe et la résidence, urbaine/rurale: dernière année disponible (suite)

oir notes à la fin du tableau.)

Age(en années)											
35–39	40–44	45–49	50–54	55–59	60–64	65–69	70–74	75–79	80–84	85 plus	
6.4	*6.1*	*8.2*	*10.1*	*12.0*	*17.4*	*25.6*	*38.5*	*67.9*	*——— 3 37.3	———*	1
2.3	*2.8*	*4.2*	*5.7*	*7.6*	*11.9*	*18.2*	*29.0*	*46.1*	*——— 2 03.3	———*	2
4.3	5.4	6.2	9.2	16.9	26.3	31.3	48.8	80.6	110.1	240.3	3
♦ 1.4	♦ 2.2	♦ 3.3	4.6	6.1	11.6	22.3	24.8	48.6	100.5	183.2	4
6.4	6.6	8.2	11.4	14.8	22.8	35.8	58.4	88.1	*——— 1 70.7	———*	5
4.6	4.7	5.8	7.7	11.2	17.9	25.0	49.1	75.5	*——— 1 63.8	———*	6
♦ 1.9	4.1	4.8	6.6	10.4	18.4	23.6	34.4	58.2	81.4	121.3	7
♦ 0.7	♦ 1.3	♦ 1.4	♦ 2.8	5.5	8.3	13.3	20.0	31.6	62.9	114.4	8
4.1	5.1	7.0	9.2	13.8	18.0	27.2	37.5	60.6	85.6	142.8	9
1.8	2.5	3.6	5.4	8.9	12.5	20.1	29.3	48.9	72.7	138.5	10
2.3	*2.6*	*3.6*	*5.5*	*7.4*	*13.4*	*21.4*	*34.6*	*57.0*	*93.4*	*160.7*	11
1.2	*1.9*	*2.7*	*3.6*	*5.4*	*8.1*	*12.8*	*21.6*	*39.6*	*88.5*	*155.1*	12
6.2	6.7	7.8	9.9	12.2	19.2	26.9	42.5	*————— —	89.1 ——	————*	13
1.6	1.9	2.5	3.9	5.9	9.5	15.3	25.6	*————— —	75.4 ——	————*	14
2.4	3.8	5.6	9.6	16.2	23.3	36.7	61.1	87.6	*——— 1 71.8	———*	15
1.5	2.7	6.3	9.1	15.0	20.9	33.3	46.9	70.3	*——— 1 62.4	———*	16
2.8	3.5	5.0	7.4	11.9	18.6	28.1	42.3	63.8	100.1	178.0	17
1.2	1.6	2.7	4.2	6.8	10.5	15.9	24.3	37.8	62.8	140.7	18
♦ 4.1	♦ 1.9	♦ 4.1	♦ 9.8	♦ 11.8	♦ 19.2	♦ 19.7	♦ 37.1	76.3	*——— 2 24.7	———*	19
♦ 0.5	♦ 0.7	♦ 2.2	♦ 5.8	♦ 4.9	♦ 8.7	♦ 9.6	♦ 18.8	♦ 28.1	*——— 1 21.7	———*	20
2.3	3.8	6.2	10.0	15.7	23.4	34.2	49.2	75.9	*——— 1 62.4	———*	21
1.6	2.2	3.3	4.8	7.1	10.6	16.2	26.1	47.8	*——— 1 38.7	———*	22
4.3	*5.8*	*8.0*	*11.2*	*15.5*	*21.7*	*30.9*	*46.7*	*68.4*	*——— 1 45.9	———*	23
1.8	*2.7*	*4.0*	*6.0*	*8.7*	*13.2*	*19.4*	*32.7*	*52.0*	*——— 1 40.7	———*	24

20. Death rates specific for age, sex and urban/rural residence: latest available year (continued)

(See notes at end of table.)

	Continent, country or area, year, sex and urban/rural residence Continent, pays ou zone, année, sexe et résidence, urbaine/rurale	Age (in years) All ages Tous âges [1]	-1	1–4	5–9	10–14	15–19	20–24	25–29	30–
	AMERICA, SOUTH— (Cont.–Suite) AMERIQUE DU SUD									
	Chile – Chili 1991 [2]									
1	Male – Masculin	6.3	15.8	0.8	0.4	0.4	1.0	1.5	1.6	
2	Female – Féminin	4.9	13.0	0.6	0.3	0.2	0.3	0.4	0.5	
	Colombia – Colombie 1985+ [2,7]									
3	Male – Masculin	6.4	32.4	2.3	0.7	0.7	1.8	3.6	4.3	
4	Female – Féminin	4.7	26.1	2.1	0.6	0.4	0.7	0.9	1.1	
	Ecuador – Equateur 1992 [2,8]									
5	Male – Masculin	5.5	26.7	3.1	0.8	0.8	1.3	2.3	2.5	
6	Female – Féminin	4.4	23.5	3.0	0.7	0.6	0.9	0.9	1.2	
	Paraguay 1985									
7	Male – Masculin	3.9	*——	5.4 ——*	0.6	0.4	0.7	1.0	1.1	
8	Female – Féminin	3.7	*——	4.8 ——*	0.4	0.4	0.6	0.8	1.0	
	Peru – Pérou 1985+ [6]									
9	Male – Masculin	4.9	*——	10.8 ——*	0.8	0.7	1.0	1.4	1.5	
10	Female – Féminin	4.5	*——	9.9 ——*	0.8	0.6	0.8	1.1	1.2	
	Uruguay 1990									
11	Male – Masculin	11.0	*——	5.6 ——*	0.3	0.4	0.9	1.2	1.5	1
12	Female – Féminin	8.6	*——	4.5 ——*	0.2	♦ 0.2	0.5	0.5	0.5	0
	Venezuela 1990 [6]									
13	Male – Masculin	5.2	*——	7.0 ——*	0.5	0.6	1.5	2.2	2.3	2
14	Female – Féminin	4.0	*——	5.7 ——*	0.4	0.4	0.6	0.8	0.9	1
	ASIA—ASIE									
	Armenia – Arménie 1991 [2,9]									
15	Male – Masculin	7.2	19.0	1.2	0.3	0.3	0.6	1.2	1.7	2
16	Female – Féminin	5.8	17.1	1.1	0.3	♦ 0.1	0.2	0.4	0.6	0
	Bahrain – Bahreïn 1991									
17	Male – Masculin	3.3	*——	3.8 ——*	♦ 0.3	♦ 0.4	♦ 0.7	♦ 1.1	1.6	1
18	Female – Féminin	3.5	*——	4.3 ——*	♦ 0.2	♦ 0.3	♦ 0.7	♦ 0.9	♦ 0.9	♦ 0
	Bangladesh 1986 [2]									
19	Male – Masculin	12.3	*——	43.1 ——*	2.9	1.7	2.0	2.2	2.2	2.
20	Female – Féminin	11.6	*——	41.1 ——*	2.8	1.1	2.3	3.1	3.4	3.
	Cyprus – Chypre 1992 [10]									
21	Male – Masculin	7.4	*——	1.9 ——*	♦ 0.1	♦ 0.2	1.3	♦ 0.7	♦ 0.5	♦ 0.
22	Female – Féminin	7.0	*——	1.7 ——*	♦ 0.2	♦ 0.0	♦ 0.4	♦ 0.2	♦ 0.4	♦ 0.
	Hong Kong – Hong-kong 1992 [11]									
23	Male – Masculin	5.8	4.5	0.3	0.2	0.2	0.4	0.6	0.8	0.
24	Female – Féminin	4.7	4.6	0.2	♦ 0.1	0.2	0.3	0.2	0.3	0.

20. Taux de mortalité selon l'âge, le sexe et la résidence, urbaine/rurale: dernière année disponible (suite)

oir notes à la fin du tableau.)

Age(en années)											
35–39	40–44	45–49	50–54	55–59	60–64	65–69	70–74	75–79	80–84	85 plus	
2.5	3.6	5.2	8.6	12.6	22.0	31.6	50.0	84.8	*—— 1 50.1 ——*		1
1.1	1.8	3.0	4.5	6.7	11.4	17.0	28.1	51.5	*—— 1 18.6 ——*		2
4.1	*4.7*	*6.2*	*8.4*	*13.4*	*19.8*	*32.3*	*48.9*	*73.6*	*105.3*	*138.9*	3
2.0	*2.9*	*4.3*	*6.3*	*10.1*	*15.5*	*25.6*	*39.4*	*64.0*	*89.1*	*137.9*	4
3.4	*4.1*	*5.6*	*7.4*	*10.1*	*16.2*	*23.0*	*35.7*	*55.2*	*102.4*	*295.7*	5
1.9	*2.6*	*3.5*	*5.1*	*6.9*	*10.8*	*15.9*	*25.0*	*38.2*	*77.8*	*259.3*	6
1.5	*2.9*	*3.3*	*6.4*	*9.8*	*13.4*	*20.9*	*42.0*	*—— — 110.7 ——*			7
1.6	*2.5*	*3.1*	*5.1*	*5.5*	*8.7*	*14.1*	*27.3*	*—— — 102.8 ——*			8
2.2	*2.7*	*4.0*	*5.4*	*8.1*	*12.4*	*17.7*	*26.6*	*51.6*	*—— 2 04.0 ——*		9
2.1	*2.3*	*3.2*	*4.1*	*5.8*	*8.8*	*12.6*	*19.2*	*34.5*	*—— 1 88.8 ——*		10
2.2	3.5	6.0	9.5	16.7	22.9	34.9	55.2	79.2	*—— 1 57.8 ——*		11
1.3	1.7	3.0	4.9	7.2	10.1	16.4	29.1	46.6	*—— 1 24.5 ——*		12
2.7	3.4	5.1	8.4	12.0	19.4	28.1	45.2	*—— — 109.9 ——*			13
1.6	2.1	3.2	4.9	7.8	12.7	18.9	32.6	*—— — 92.3 ——*			14
2.9	4.3	7.2	11.7	15.7	25.2	34.8	51.9	78.4	*—— 1 50.3 ——*		15
1.1	1.6	2.4	4.4	7.2	12.9	22.3	33.9	55.7	*—— 1 29.1 ——*		16
1.1	*1.3*	*2.3*	*4.7*	*6.2*	*19.3*	*33.4*	*47.9*	*—— — 126.9 ——*			17
♦ 1.0	*♦ 1.3*	*♦ 2.7*	*6.7*	*10.1*	*19.1*	*28.3*	*47.7*	*—— — 115.4 ——*			18
2.3	*4.8*	*6.2*	*13.0*	*19.0*	*31.2*	*—— — 91.9 ——*					19
4.9	*6.6*	*7.3*	*10.1*	*21.4*	*22.4*	*—— — 91.0 ——*					20
♦ 1.0	*1.7*	*2.3*	*3.9*	*7.0*	*13.1*	*24.2*	*37.4*	*56.9*	*—— 1 92.0 ——*		21
♦ 0.3	*♦ 0.8*	*1.9*	*2.3*	*3.6*	*6.7*	*12.6*	*26.0*	*44.1*	*—— 1 84.4 ——*		22
1.4	2.0	3.4	6.2	9.5	16.0	25.4	41.6	62.2	97.0	125.5	23
0.6	1.2	1.6	2.7	4.4	8.0	13.4	23.5	39.1	66.3	120.6	24

20. Death rates specific for age, sex and urban/rural residence: latest available year (continued)

(See notes at end of table.)

	Continent, country or area, year, sex and urban/rural residence Continent, pays ou zone, année, sexe et résidence, urbaine/rurale	Age (in years)								
		All ages Tous âges [1]	-1	1-4	5-9	10-14	15-19	20-24	25-29	30-
	ASIA—ASIE (Cont.-Suite)									
	Iran (Islamic Republic of – Rép. islamique d') 1986									
1	Male – Masculin	*5.2*	*10.8*	*3.9*	*1.7*	*1.4*	*3.6*	*4.9*	*2.8*	
2	Female – Féminin	*2.4*	*7.3*	*1.4*	*0.5*	*0.5*	*0.9*	*1.2*	*1.2*	
	Iraq 1988									
3	Male – Masculin	*4.9*	*——	*5.7* ——*	*——	*1.1* ——*	*——	*1.5* ——*	*——	——
4	Female – Féminin	*3.8*	*——	*4.4* ——*	*——	*0.7* ——*	*——	*0.8* ——*	*——	——
	Israel – Israël [12] 1991 [2]									
5	Male – Masculin	6.6	10.0	0.5	0.2	0.2	0.5	0.9	0.8	
6	Female – Féminin	6.0	8.5	0.4	0.2	0.2	0.3	0.3	0.3	
	Japan – Japon 1992 [13]									
7	Male – Masculin	7.6	4.9	0.5	0.2	0.2	0.6	0.7	0.7	
8	Female – Féminin	6.2	4.0	0.4	0.1	0.1	0.2	0.3	0.3	
	Kazakhstan 1991 [2 9]									
9	Male – Masculin	8.8	31.6	2.1	0.8	0.8	1.5	2.4	3.1	
10	Female – Féminin	7.3	23.6	1.7	0.5	0.4	0.8	1.1	1.0	
	Korea, Republic of– Corée, République de 1990 [14 15]									
11	Male – Masculin	6.4	3.0	1.1	0.7	0.5	1.2	1.5	1.9	
12	Female – Féminin	4.8	2.8	0.9	0.5	0.4	0.5	0.7	0.8	
	Kuwait – Koweït 1989									
13	Male – Masculin	2.5	15.0	0.7	*——	0.5 ——*	*——	0.7 ——*	*——	0.6 ——
14	Female – Féminin	2.0	12.1	0.6	*——	0.3 ——*	*——	0.2 ——*	*——	0.5 ——
	Kyrgyzstan – Kirghizistan 1992 [2 9]									
15	Male – Masculin	7.8	36.5	2.9	0.6	0.7	1.2	1.9	2.9	
16	Female – Féminin	6.7	27.2	2.6	0.4	0.4	0.7	1.0	1.3	
	Macau – Macao 1991 [16]									
17	Male – Masculin	*4.3*	*——	*2.0* ——*	♦ *0.2*	♦ *0.4*	♦ *0.6*	♦ *0.8*	♦ *0.8*	
18	Female – Féminin	*3.3*	*—— ♦	*1.6* ——*	♦ *0.1*	♦ *0.1*	♦ *0.4*	♦ *0.6*	♦ *0.4*	
	Malaysia – Malaisie 1991									
19	Male – Masculin	*5.2*	*13.8*	*0.9*	*0.5*	*0.6*	*1.2*	*1.7*	*1.6*	
20	Female – Féminin	*4.0*	*11.8*	*0.8*	*0.4*	*0.4*	*0.5*	*0.7*	*0.8*	
	Peninsular Malaysia – Malaisie Péninsulaire 1989 [4]									
21	Male – Masculin	5.5	14.3	1.1	0.6	0.6	1.1	1.5	1.6	
22	Female – Féminin	4.3	11.3	1.0	0.4	0.4	0.5	0.6	0.8	
	Sabah 1986									
23	Male – Masculin	*4.8*	*——	*6.8* ——*	*0.8*	*0.5*	*1.2*	*2.2*	*2.4*	
24	Female – Féminin	*3.2*	*——	*5.5* ——*	*0.7*	*0.5*	*0.7*	*1.0*	*0.9*	

20. Taux de mortalité selon l'âge, le sexe et la résidence, urbaine/rurale: dernière année disponible (suite)

r notes à la fin du tableau.)

Age(en années)											
35–39	40–44	45–49	50–54	55–59	60–64	65–69	70–74	75–79	80–84	85 plus	
2.7	3.8	4.8	6.8	10.1	16.4	*———	——— —	45.6 ———	———	———*	1
1.5	2.1	2.5	3.4	4.9	8.7	*———	——— —	25.6 ———	———	———*	2
2.5 ———	———*	*———	———	11.5 ———	———*	*———	——— —	55.1 ———	———	———*	3
1.5 ———	———*	*———	———	7.6 ———	———*	*———	——— —	45.4 ———	———	———*	4
1.2	1.7	2.8	5.3	9.1	15.1	25.9	37.1	66.1	98.4	173.7	5
0.8	1.3	1.9	3.2	5.5	10.2	16.1	29.2	49.9	83.5	182.7	6
1.2	1.9	3.1	4.9	8.4	13.4	19.7	32.2	56.1	97.2	183.9	7
0.7	1.1	1.6	2.4	3.7	5.6	9.0	15.8	30.3	58.7	135.6	8
5.0	7.2	10.1	15.5	23.9	33.1	50.3	66.1	93.7	136.5	216.4	9
1.7	2.5	3.6	6.1	10.0	14.6	24.8	38.1	59.6	98.3	169.6	10
3.6	5.3	8.7	12.0	16.7	26.2	39.9	63.6	102.3	*———	2 06.6 ———*	11
1.3	2.0	3.3	4.6	6.7	10.9	18.2	32.7	58.7	*———	1 45.5 ———*	12
*———	1.2 ———*	*———	4.0 ———*	*———	14.3 ———*	*———	40.8 ———*	*———	99.4 ———*	200.2	13
*———	0.9 ———*	*———	3.0 ———*	*———	10.9 ———*	*———	31.1 ———*	*———	95.3 ———*	192.4	14
4.4	6.9	9.9	14.1	18.8	29.6	42.5	65.2	87.8	143.5	212.4	15
1.9	2.9	4.1	6.6	9.7	15.7	23.2	38.3	58.0	105.3	174.5	16
♦ 1.3	♦ 1.4	♦ 2.6	♦ 5.3	9.8	16.2	19.0	37.5	62.9	72.3	159.7	17
♦ 0.5	♦ 0.9	♦ 1.2	♦ 3.9	♦ 3.1	6.1	11.6	18.5	35.8	52.0	111.7	18
2.4	3.5	5.5	9.1	15.1	23.4	35.3	51.7	86.2	*———	1 33.5 ———*	19
1.5	2.0	3.4	5.3	9.0	15.1	25.5	40.1	65.9	*———	1 14.5 ———*	20
2.4	3.5	5.4	10.0	15.5	25.7	36.7	63.5	86.7	135.8	171.8	21
1.5	2.2	3.5	5.9	9.0	15.7	25.9	46.1	69.8	115.6	139.6	22
3.0	5.2	5.7	10.4	14.6	22.7	24.1	53.9	60.6	*———	1 07.7 ———*	23
1.9	3.0	3.9	6.5	8.6	15.3	14.4	32.7	39.5	*———	78.0 ———*	24

20. Death rates specific for age, sex and urban/rural residence: latest available year (continued)

(See notes at end of table.)

	Continent, country or area, year, sex and urban/rural residence Continent, pays ou zone, année, sexe et résidence, urbaine/rurale	Age (in years)								
		All ages Tous âges [1]	–1	1–4	5–9	10–14	15–19	20–24	25–29	30–
	ASIA—ASIE (Cont.–Suite)									
	Malaysia – Malaisie									
	Sarawak									
	1986									
1	Male – Masculin	4.1	*——	3.2 ——*	0.4	0.4	0.6	1.0	1.3	
2	Female – Féminin	2.7	*——	2.5 ——*	♦ 0.3	♦ 0.2	0.4	0.5	0.6	♦
	Maldives									
	1990 [2]									
3	Male – Masculin	6.6	36.1	3.8	♦ 1.0	♦ 1.0	♦ 1.3	♦ 1.0	♦ 0.9	♦
4	Female – Féminin	6.1	35.0	4.3	♦ 0.9	♦ 1.0	♦ 1.0	♦ 1.6	♦ 2.1	♦
	Philippines									
	1990+									
5	Male – Masculin	6.0	25.7	3.8	1.2	0.8	1.3	2.3	3.0	
6	Female – Féminin	4.2	19.5	3.3	1.0	0.6	0.8	1.1	1.2	
	Singapore – Singapour									
	1993*+ [17]									
7	Male – Masculin	5.5	*——	1.3 ——*	♦ 0.1	0.3	0.7	1.3	1.2	
8	Female – Féminin	4.5	*——	1.1 ——*	♦ 0.2	♦ 0.2	0.3	0.4	0.4	
	Sri Lanka									
	1988+									
9	Male – Masculin	7.1	*——	4.7 ——*	0.8	0.7	1.7	3.3	3.5	
10	Female – Féminin	4.4	*——	4.1 ——*	0.7	0.5	1.1	1.4	1.4	
	Thailand – Thaïlande									
	1991+									
11	Male – Masculin	5.4	*——	2.4 ——*	0.6	0.6	1.7	2.4	2.6	
12	Female – Féminin	3.8	*——	1.8 ——*	0.4	0.4	0.7	0.7	0.9	
	EUROPE									
	Andorra – Andorre									
	1992									
13	Male – Masculin	4.2	*—— ♦	3.6 ——*	–	♦ 0.5	♦ 1.9	♦ 0.3	♦ 0.5	♦
14	Female – Féminin	2.9	*—— ♦	1.3 ——*	–	–	–	♦ 0.4	♦ 0.6	
	Austria – Autriche									
	1992									
15	Male – Masculin	10.1	8.7	0.4	0.2	0.2	1.0	1.3	1.1	
16	Female – Féminin	10.9	6.6	0.4	♦ 0.1	♦ 0.1	0.3	0.4	0.4	
	Belarus – Bélarus									
	1991 [2 9]									
17	Male – Masculin	11.8	13.7	0.9	0.6	0.5	1.2	2.4	2.7	
18	Female – Féminin	10.7	9.9	0.7	0.3	0.3	0.5	0.6	0.7	
	Bulgaria – Bulgarie									
	1990 [2]									
19	Male – Masculin	13.5	16.6	1.0	0.4	0.5	1.0	1.4	1.5	
20	Female – Féminin	10.7	12.3	0.8	0.4	0.3	0.5	0.5	0.6	
	Former Czechoslovakia – Ancienne Tchécoslovaquie									
	1990									
21	Male – Masculin	12.7	13.2	0.5	0.3	0.3	0.8	1.3	1.3	
22	Female – Féminin	10.8	9.6	0.4	0.2	0.2	0.4	0.4	0.4	
	Denmark – Danemark [18]									
	1991									
23	Male – Masculin	11.8	8.2	0.5	0.3	0.2	0.6	1.0	1.1	
24	Female – Féminin	11.3	6.5	0.3	♦ 0.2	♦ 0.1	0.3	0.3	0.4	

20. Taux de mortalité selon l'âge, le sexe et la résidence, urbaine/rurale: dernière année disponible (suite)

notes à la fin du tableau.)

Age(en années)											
35–39	40–44	45–49	50–54	55–59	60–64	65–69	70–74	75–79	80–84	85 plus	
2.2	2.7	4.4	7.6	12.3	18.3	27.5	45.3	59.6	*—— 85.2	——*	1
1.1	2.2	2.7	4.5	7.4	11.2	17.4	25.9	36.1	*—— 52.2	——*	2
♦ 3.9	♦ 4.8	♦ 5.9	♦ 8.2	15.7	21.4	39.7	55.4	98.5	♦ 70.2	119.6	3
♦ 4.3	♦ 5.3	♦ 5.6	11.3	♦ 13.0	20.3	47.0	62.6	121.1	♦ 84.2	♦ 74.8	4
4.1	5.5	7.6	10.5	14.7	21.3	29.1	43.3	*———— —	115.3	————*	5
2.0	2.6	3.6	5.4	7.4	11.3	16.9	28.4	*———— —	100.7	————*	6
1.4	2.4	4.0	6.7	11.3	19.5	30.8	*————	————	68.1	————*	7
0.8	1.5	2.1	4.2	7.2	10.9	18.3	*————	————	56.4	————*	8
5.3	6.3	9.0	11.1	17.5	23.5	35.3	50.7	71.5	106.4	239.2	9
2.2	2.3	3.5	4.9	8.1	12.9	22.1	38.7	58.6	104.5	217.0	10
3.9	5.0	6.6	10.0	14.4	20.8	29.2	45.5	*———— —	113.1	————*	11
1.6	2.5	3.8	5.8	8.3	12.1	18.7	30.2	*———— —	95.0	————*	12
♦ 1.7	♦ 1.2	♦ 2.4	♦ 4.2	♦ 4.2	♦ 10.8	♦ 16.8	♦ 13.6	♦ 37.2	♦ 32.4	♦ 56.9	13
♦ 0.4	♦ 1.5	♦ 1.2	♦ 0.8	♦ 0.8	♦ 2.6	♦ 4.0	♦ 11.3	♦ 25.6	♦ 50.6	♦ 74.5	14
1.9	2.9	4.8	7.1	11.3	18.6	28.4	41.2	71.6	112.3	190.6	15
0.9	1.4	2.4	3.3	5.0	7.8	13.6	23.1	43.6	80.5	173.0	16
4.8	7.1	10.8	16.0	21.1	30.6	42.6	60.7	96.4	136.4	223.5	17
1.5	2.1	3.4	5.3	8.3	12.0	20.9	34.1	60.3	101.4	192.6	18
2.9	4.8	7.4	11.4	16.3	25.1	37.7	57.9	93.1	146.5	249.8	19
1.2	1.9	2.9	4.5	7.3	12.1	21.0	36.9	69.0	123.1	232.8	20
3.0	4.9	8.4	13.6	20.3	31.9	47.4	67.0	103.7	156.2	243.0	21
1.1	1.8	3.0	4.7	8.0	12.8	22.3	37.5	66.2	112.8	206.8	22
2.0	2.8	4.4	7.0	12.1	19.0	30.6	49.1	74.7	116.1	203.6	23
1.1	1.7	2.9	4.7	7.9	12.3	17.8	28.0	43.8	75.1	161.4	24

20. Death rates specific for age, sex and urban/rural residence: latest available year (continued)

(See notes at end of table.)

	Continent, country or area, year, sex and urban/rural residence Continent, pays ou zone, année, sexe et résidence, urbaine/rurale	Age (in years)								
		All ages Tous âges [1]	–1	1–4	5–9	10–14	15–19	20–24	25–29	30–
	EUROPE (Cont.–Suite)									
	Estonia – Estonie 1989 [2 9]									
1	Male – Masculin	11.9	17.7	1.3	0.8	0.6	1.6	2.2	2.1	3
2	Female – Féminin	11.8	11.4	0.8	♦ 0.4	♦ 0.3	0.7	0.6	1.1	1
	Finland – Finlande 1990 [2 19]									
3	Male – Masculin	10.3	5.8	0.3	0.2	0.3	1.0	1.6	1.4	2
4	Female – Féminin	9.8	5.7	♦ 0.2	♦ 0.2	♦ 0.1	0.5	0.5	0.4	0
	France 1991 [2 20 21]									
5	Male – Masculin	9.9	8.4	0.4	0.2	0.2	0.8	1.5	1.7	2
6	Female – Féminin	8.7	6.1	0.4	0.2	0.2	0.3	0.5	0.6	0
	Germany – Allemagne [22]	...	...	...	...	...	...	...	...	
	Germany, Federal Rep. of – Allemagne, République fédérale d' 1989									
7	Male – Masculin	10.9	8.5	0.4	0.2	0.2	0.7	1.0	1.0	1
8	Female – Féminin	11.6	6.4	0.3	0.2	0.1	0.3	0.4	0.4	0
	Former German Democratic Republic – Ancienne République démocratique allemande 1989 [2]									
9	Male – Masculin	11.4	8.5	0.4	0.3	0.2	0.9	1.1	1.2	1
10	Female – Féminin	13.2	5.9	0.4	0.2	0.1	0.4	0.4	0.5	0
	Greece – Grèce 1992									
11	Male – Masculin	10.1	9.0	0.3	0.2	0.2	0.9	1.2	1.2	1
12	Female – Féminin	8.9	7.9	0.3	0.1	0.2	0.3	0.4	0.4	0
	Hungary – Hongrie 1992 [2]									
13	Male – Masculin	16.1	15.4	0.5	0.3	0.3	0.9	1.5	1.9	3
14	Female – Féminin	12.9	12.4	0.4	0.2	0.2	0.4	0.5	0.6	1
	Iceland – Islande 1992									
15	Male – Masculin	6.7	♦ 5.1	♦ 0.6	♦ 0.1	♦ 0.1	♦ 0.6	♦ 0.9	♦ 0.7	♦ 1
16	Female – Féminin	6.5	♦ 4.5	♦ 0.2	♦ 0.1	♦ 0.2	♦ 0.2	♦ 0.1	♦ 0.3	♦ 0
	Ireland – Irlande 1991+ [2 23]									
17	Male – Masculin	9.5	9.0	0.4	0.2	0.3	0.7	1.0	1.3	1
18	Female – Féminin	8.4	7.3	♦ 0.3	♦ 0.2	♦ 0.1	0.3	0.3	0.4	0.
	Italy – Italie 1990									
19	Male – Masculin	10.0	9.1	0.4	0.3	0.2	0.8	1.1	1.3	1
20	Female – Féminin	8.7	7.2	0.4	0.3	0.1	0.3	0.3	0.4	0
	Latvia – Lettonie 1992 [2 9]									
21	Male – Masculin	14.7	19.0	1.1	0.8	0.6	1.9	3.1	3.5	4.
22	Female – Féminin	12.4	15.0	0.8	0.4	♦ 0.2	0.6	0.7	0.9	1.
	Lithuania – Lituanie 1992 [2 9]									
23	Male – Masculin	12.5	18.3	1.0	0.7	0.5	1.3	2.5	2.7	3.
24	Female – Féminin	9.8	14.3	0.6	0.3	0.3	0.5	0.5	0.6	1.

20. Taux de mortalité selon l'âge, le sexe et la résidence, urbaine/rurale: dernière année disponible (suite)

otes à la fin du tableau.)

Age(en années)											
35–39	40–44	45–49	50–54	55–59	60–64	65–69	70–74	75–79	80–84	85 plus	
4.4	6.1	9.1	13.7	20.3	32.0	43.3	61.1	92.1	139.3	231.5	1
1.2	2.4	3.3	5.1	8.6	12.7	21.3	35.4	59.6	103.6	199.5	2
2.9	4.1	5.6	8.5	13.2	21.2	33.0	51.6	81.0	125.1	221.7	3
0.8	1.6	2.2	3.4	4.6	7.9	14.5	26.6	46.5	87.3	178.0	4
2.4	3.4	5.3	7.0	11.0	17.2	24.4	41.8	55.2	103.0	204.4	5
0.9	1.4	2.2	2.9	4.2	6.4	9.6	18.4	27.9	58.9	160.5	6
...	...	...	...	...	...	...	...	...	...	...	
1.7	2.6	4.4	7.1	11.9	18.6	30.2	47.0	76.5	125.3	214.8	7
1.0	1.5	2.3	3.5	5.4	8.5	14.4	24.7	44.2	82.3	173.8	8
2.5	3.5	5.6	9.3	15.3	22.6	36.8	57.8	93.6	149.6	250.6	9
1.1	1.6	2.8	4.3	7.0	11.4	20.0	35.3	62.3	110.1	211.1	10
1.4	2.0	3.4	5.8	8.6	14.6	24.6	38.8	61.1	96.1	191.4	11
0.7	1.2	1.7	2.5	3.8	6.5	12.1	24.2	43.7	80.6	175.5	12
5.5	8.6	12.7	18.8	25.8	34.9	50.1	65.8	98.5	150.9	246.9	13
2.2	3.3	4.6	6.8	10.0	14.5	23.1	36.3	67.3	110.8	210.2	14
♦ 0.8	♦ 1.1	♦ 2.7	♦ 5.4	6.2	13.9	21.0	32.9	52.3	87.4	181.2	15
♦ 0.4	♦ 0.9	♦ 2.7	♦ 2.6	♦ 4.4	7.4	13.2	23.5	36.5	64.8	157.2	16
1.4	1.9	3.6	5.5	12.1	20.1	35.5	53.6	85.6	135.7	237.8	17
0.8	1.4	2.2	3.6	6.2	10.5	18.8	30.1	53.3	85.9	189.0	18
1.5	2.1	3.3	5.7	10.0	16.9	26.5	43.3	67.9	113.4	204.4	19
0.7	1.1	1.7	2.8	4.4	7.2	11.8	21.6	38.9	76.1	167.0	20
6.4	9.6	13.6	19.2	24.7	35.5	47.2	66.1	94.7	143.1	227.4	21
1.7	2.6	4.4	6.2	9.0	13.5	21.0	33.1	58.7	100.8	198.8	22
6.2	8.4	11.4	16.2	21.9	30.2	42.7	62.2	77.2	105.2	212.5	23
1.5	2.8	3.9	4.7	7.8	11.2	18.5	31.9	47.3	89.1	175.6	24

20. Death rates specific for age, sex and urban/rural residence: latest available year (continued)

(See notes at end of table.)

	Continent, country or area, year, sex and urban/rural residence Continent, pays ou zone, année, sexe et résidence, urbaine/rurale	Age (in years)								
		All ages Tous âges [1]	-1	1–4	5–9	10–14	15–19	20–24	25–29	30–3
	EUROPE (Cont.–Suite)									
	Luxembourg 1987									
1	Male – Masculin	11.4	♦ 10.5	♦ 0.6	♦ 0.5	♦ 0.2	♦ 1.2	♦ 1.5	♦ 1.7	♦ 1
2	Female – Féminin	10.4	♦ 8.1	♦ 0.5	♦ 0.2	♦ 0.1	♦ 0.4	♦ 0.5	♦ 0.4	♦ 0.
	Malta – Malte 1992 [24]									
3	Male – Masculin	8.3	*——	3.0 ——*	♦ 0.4	♦ 0.2	♦ 0.6	♦ 1.1	♦ 0.9	♦ 1.
4	Female – Féminin	7.7	*—— ♦	2.0 ——*	–	♦ 0.2	♦ 0.2	♦ 0.5	♦ 0.2	♦ 0
	Netherlands – Pays-Bas 1992 [2,25]									
5	Male – Masculin	8.8	6.8	0.4	0.2	0.2	0.5	0.7	0.8	0.
6	Female – Féminin	8.3	5.7	0.3	0.1	0.2	0.3	0.3	0.4	0.
	Norway – Norvège 1992 [26]									
7	Male – Masculin	10.9	6.2	0.4	♦ 0.2	0.3	0.8	1.1	1.0	1.
8	Female – Féminin	10.0	5.2	0.3	♦ 0.2	♦ 0.1	0.2	0.3	0.4	0.
	Poland – Pologne 1991 [2]									
9	Male – Masculin	11.7	16.9	0.6	0.3	0.4	1.0	1.7	1.9	2.
10	Female – Féminin	9.5	13.0	0.5	0.2	0.2	0.4	0.4	0.5	0.
	Portugal 1991									
11	Male – Masculin	11.5	12.4	0.9	0.5	0.5	1.6	2.0	2.0	2.
12	Female – Féminin	9.8	9.4	0.7	0.3	0.3	0.4	0.5	0.6	0.
	Republic of Moldova – République de Moldova 1991 [2,9]									
13	Male – Masculin	11.0	21.8	1.2	0.9	0.6	1.0	2.2	3.0	3.
14	Female – Féminin	10.1	17.4	1.0	0.4	0.4	0.7	0.7	0.8	1.
	Romania – Roumanie 1992 [2]									
15	Male – Masculin	12.7	26.0	1.6	0.6	0.5	0.9	1.4	1.8	2.
16	Female – Féminin	10.5	20.5	1.3	0.4	0.3	0.4	0.5	0.7	1.
	Russian Federation – Fédération Russe 1992 [2,9]									
17	Male – Masculin	13.1	20.0	1.1	0.7	0.7	1.8	3.2	4.2	5.
18	Female – Féminin	11.4	14.6	0.8	0.4	0.3	0.7	0.8	1.0	1.
	Slovenia – Slovénie 1991 [2]									
19	Male – Masculin	10.3	10.6	♦ 0.4	♦ 0.2	♦ 0.3	1.0	1.8	1.6	1.
20	Female – Féminin	9.4	5.7	♦ 0.4	♦ 0.2	♦ 0.1	♦ 0.3	♦ 0.3	0.5	0.
	Spain – Espagne 1991									
21	Male – Masculin	9.4	8.2	0.4	0.2	0.3	0.9	1.6	2.0	2.
22	Female – Féminin	8.0	6.6	0.4	0.2	0.2	0.3	0.5	0.6	0.
	Sweden – Suède 1992									
23	Male – Masculin	11.3	6.0	0.3	0.1	0.2	0.5	0.8	0.8	1.
24	Female – Féminin	10.5	4.7	0.2	0.1	0.1	0.2	0.3	0.3	0.
	Switzerland – Suisse 1992									
25	Male – Masculin	9.4	15.1	0.4	0.2	0.2	0.8	1.7	1.6	1.7
26	Female – Féminin	8.7	10.8	0.3	♦ 0.1	0.2	0.3	0.5	0.5	0.

20. Taux de mortalité selon l'âge, le sexe et la résidence, urbaine/rurale: dernière année disponible (suite)

notes à la fin du tableau.)

Age(en années)											
35–39	40–44	45–49	50–54	55–59	60–64	65–69	70–74	75–79	80–84	85 plus	
2.3	3.3	5.4	7.7	14.7	22.4	33.0	50.0	83.5	*——— 176.9 ———*		1
♦ 1.2	♦ 1.6	3.1	5.6	5.7	8.8	13.8	27.5	48.8	*——— 131.9 ———*		2
♦ 1.3	♦ 1.6	2.6	4.9	8.0	17.5	28.6	44.4	78.9	137.9	223.4	3
♦ 0.8	♦ 1.3	♦ 2.0	4.3	5.6	9.2	14.8	33.2	56.8	100.2	183.3	4
1.2	2.0	3.1	5.2	9.1	16.1	26.9	45.1	74.1	115.1	209.2	5
0.8	1.4	2.1	3.3	4.9	8.2	12.7	20.9	37.3	69.5	158.8	6
1.3	2.0	3.5	5.4	9.8	15.9	25.1	42.6	70.4	113.2	207.9	7
0.7	1.1	2.0	3.0	5.1	7.8	12.4	21.2	38.9	70.9	161.8	8
4.1	6.3	9.8	15.1	21.7	31.5	44.4	62.6	98.1	147.7	235.0	9
1.4	2.2	3.4	5.0	7.8	12.6	21.1	34.3	61.8	108.0	198.4	10
2.8	3.7	5.6	8.2	13.1	20.6	31.9	49.5	80.9	131.6	260.0	11
1.1	1.8	2.6	3.8	5.7	9.0	14.8	26.1	50.4	95.3	223.4	12
5.1	7.0	11.2	15.9	22.1	32.5	45.7	68.3	103.8	155.3	285.5	13
2.0	3.4	6.0	8.3	13.9	20.0	29.4	48.3	76.3	127.8	249.0	14
4.1	6.2	9.1	14.0	19.4	27.1	40.0	58.4	95.5	146.6	247.7	15
1.5	2.5	3.8	5.8	8.3	13.3	22.3	38.5	74.7	124.7	232.1	16
7.1	9.8	13.5	19.4	25.3	36.6	48.9	69.0	100.1	143.2	222.8	17
1.9	2.8	4.2	6.1	9.1	14.4	22.5	37.7	63.2	103.6	193.8	18
3.2	4.3	6.7	10.2	17.2	25.9	37.2	57.8	84.6	136.9	228.1	19
1.0	1.7	3.0	4.8	6.6	10.4	16.9	32.2	53.6	97.1	209.5	20
2.2	2.8	4.2	6.3	10.0	15.5	24.6	39.7	62.8	107.2	199.1	21
0.8	1.2	1.8	2.7	3.9	6.3	10.4	19.4	37.1	74.5	169.3	22
1.4	2.0	3.0	4.7	8.2	14.3	23.4	38.0	63.8	106.2	199.0	23
0.7	1.2	2.0	3.0	4.6	7.6	12.4	20.2	36.7	67.5	154.2	24
1.8	2.3	3.2	5.0	8.7	13.9	23.2	36.8	59.6	97.1	166.4	25
0.8	1.1	1.9	2.8	4.0	6.3	10.4	17.2	32.0	61.1	137.5	26

20. Death rates specific for age, sex and urban/rural residence: latest available year (continued)

(See notes at end of table.)

	Continent, country or area, year, sex and urban/rural residence Continent, pays ou zone, année, sexe et résidence, urbaine/rurale	All ages Tous âges [1]	Age (in years) -1	1–4	5–9	10–14	15–19	20–24	25–29	30–3
	EUROPE (Cont.–Suite)									
	The former Yugoslav Rep. of Macedonia – L'ex Rép. yougoslavie de Macédonie 1992									
1	Male – Masculin	8.6	69.0	0.9	♦ 0.3	♦ 0.3	0.9	0.8	1.0	1.
2	Female – Féminin	7.0	59.5	0.9	♦ 0.3	♦ 0.2	♦ 0.3	0.4	0.5	0.
	Ukraine 1991 [2 9]									
3	Male – Masculin	13.4	*——	3.6 ——*	0.7	0.6	1.2	2.3	2.7	3
4	Female – Féminin	12.6	*——	2.8 ——*	0.4	0.3	0.5	0.6	0.7	1.
	United Kingdom – Royaume–Uni 1992									
5	Male – Masculin	10.9	7.3	0.3	0.2	0.2	0.6	0.9	0.9	1.
6	Female – Féminin	11.0	5.7	0.3	0.1	0.1	0.3	0.3	0.4	0.
	Former Yugoslavia – Ancienne Yougoslavie 1990									
7	Male – Masculin	9.6	20.9	0.7	0.4	0.3	0.7	1.1	1.3	1.
8	Female – Féminin	8.2	18.2	0.6	0.3	0.2	0.3	0.4	0.5	0.
	OCEANIA—OCEANIE									
	Australia – Australie 1992+									
9	Male – Masculin	7.6	8.2	0.4	0.2	0.2	0.8	1.2	1.3	1.
10	Female – Féminin	6.6	6.2	0.4	0.2	0.1	0.3	0.4	0.4	0.
	Fiji – Fidji 1987+									
11	Male – Masculin	5.2	10.6	1.1	♦ 0.5	♦ 0.5	♦ 0.8	1.7	2.0	2.
12	Female – Féminin	3.6	9.1	0.8	♦ 0.5	♦ 0.4	♦ 0.7	1.0	1.6	♦ 1.
	Marshall Islands – Iles Marshall 1989									
13	Male – Masculin	*4.5*	*——♦	*4.7* ——*	*♦ 0.5*	*♦ 0.3*	*♦ 0.4*	*♦ 2.3*	*♦ 3.3*	*♦ 1.*
14	Female – Féminin	*2.3*	*——♦	*3.8* ——*	*♦ 0.3*	*♦ 0.3*	*♦ 0.4*	*♦ 1.1*	–	*♦ 4.*
	New Caledonia – Nouvelle–Calédonie 1989									
15	Male – Masculin	6.7	♦ 12.4	♦ 1.3	♦ 0.6	♦ 1.0	♦ 1.4	♦ 3.4	♦ 1.8	♦ 2.
16	Female – Féminin	5.1	♦ 9.7	♦ 1.2	♦ 0.2	♦ 0.5	♦ 0.7	♦ 0.7	♦ 0.6	♦ 2.
	New Zealand – Nouvelle–Zélande 1992+ [2]									
17	Male – Masculin	8.6	8.4	0.5	0.3	0.4	1.3	1.8	1.6	1.
18	Female – Féminin	7.3	6.1	0.4	0.3	♦ 0.2	0.5	0.6	0.5	0.
	Northern Mariana Islands – Iles Mariannes du Nord 1989									
19	Male – Masculin	*6.5*	*♦ 3.8*	*♦ 0.5*	*♦ 0.5*	*♦ 0.7*	*♦ 4.7*	*♦ 4.4*	*♦ 6.2*	*♦ 5.*
20	Female – Féminin	*3.2*	–	–	*♦ 0.5*	–	*♦ 0.8*	*♦ 0.9*	–	*♦ 2.*

20. Taux de mortalité selon l'âge, le sexe et la résidence, urbaine/rurale: dernière année disponible (suite)

(Voir notes à la fin du tableau.)

Age(en années)											
35–39	40–44	45–49	50–54	55–59	60–64	65–69	70–74	75–79	80–84	85 plus	
1.6	2.9	4.9	7.5	12.6	21.2	33.4	52.7	86.6	141.5	233.7	1
1.1	1.5	2.6	4.0	7.1	11.6	20.5	35.9	71.4	123.2	210.6	2
5.3	7.8	11.2	16.0	22.8	32.4	46.8	66.9	94.3	144.4	246.7	3
1.6	2.4	3.7	5.7	8.8	13.4	22.7	39.1	63.1	112.5	214.6	4
1.4	2.1	3.3	5.8	10.0	17.7	30.2	47.5	75.7	116.7	195.8	5
0.8	1.3	2.2	3.6	6.0	10.3	17.2	27.2	45.0	74.4	150.4	6
2.4	3.5	6.0	9.8	16.1	24.1	35.3	52.5	85.8	131.9	191.7	7
1.1	1.7	2.8	4.4	6.9	11.7	19.9	34.3	61.4	108.2	180.7	8
1.5	2.0	3.0	5.1	8.7	15.2	25.0	39.8	66.4	104.4	180.5	9
0.7	1.1	1.8	3.1	4.9	7.8	12.7	21.7	38.0	67.3	148.9	10
3.5	5.4	10.2	14.7	21.0	25.2	37.6	56.7 *———	—	84.5 ———	——*	11
1.7	2.2	7.1	9.2	12.2	19.0	24.8	37.2 *———	—	72.2 ———	——*	12
♦ *3.5*	♦ *4.6*	♦ *10.2*	♦ *21.7*	♦ *14.4*	♦ *25.4*	♦ *30.8*	♦ *56.8* *———	—	♦ *65.5* ———	——*	13
–	♦ *1.3*	♦ *4.0*	♦ *2.8*	♦ *21.7*	♦ *6.4*	♦ *11.0*	♦ *5.2* *———	—	♦ *20.4* ———	——*	14
♦ 2.7	♦ 3.6	♦ 6.1	12.5	17.7	26.0	32.7	63.6	94.7	131.1	♦ 173.1	15
♦ 1.9	♦ 3.3	♦ 3.6	♦ 5.6	♦ 9.5	23.9	28.1	40.8	56.6	94.8	156.1	16
1.8	2.1	3.4	6.2	10.8	17.1	28.6	43.4	69.1	113.8	197.5	17
1.0	1.4	2.6	4.0	6.3	9.7	15.0	24.6	41.5	71.2	150.8	18
♦ *6.3*	♦ *3.8*	♦ *11.3*	♦ *13.5*	♦ *23.4*	♦ *27.5*	♦ *46.7*	♦ *62.5*	♦ *222.2*	♦ *500.0*	♦ *500.0*	19
♦ *1.4*	♦ *2.1*	–	♦ *3.6*	♦ *37.6*	♦ *24.8*	♦ *22.7*	♦ *37.0*	♦ *147.1*	♦ *76.9*	♦ *461.5*	20

20. Death rates specific for age, sex and urban/rural residence: latest available year (continued)

Data by urban/rural residence

(See notes at end of table.)

	Continent, country or area, year, sex and urban/rural residence — Continent, pays ou zone, année, sexe et résidence, urbaine/rurale	All ages Tous âges [1]	Age (in years) –1	1–4	5–9	10–14	15–19	20–24	25–29	30–3
	AFRICA—AFRIQUE									
	Central African Republic – République centrafricaine									
	Urban – Urbaine									
	1988									
1	Male – Masculin	*11.2*	*66.8*	*13.2*	*3.2*	*2.6*	*2.8*	*4.5*	*6.3*	*7.*
2	Female – Féminin	*9.6*	*53.6*	*12.4*	*2.9*	*2.5*	*3.8*	*5.3*	*6.1*	*6.*
	Rural – Rurale									
	1988									
3	Male – Masculin	*12.1*	*87.8*	*15.9*	*3.8*	*2.9*	*3.5*	*3.5*	*4.8*	*5.*
4	Female – Féminin	*10.1*	*71.6*	*13.0*	*3.0*	*2.5*	*3.5*	*4.0*	*5.1*	*6.*
	Egypt – Egypte									
	Urban – Urbaine									
	1988									
5	Male – Masculin	8.4	42.0	3.4	1.3	1.1	1.7	1.9	2.1	2.
6	Female – Féminin	7.4	37.4	3.5	1.1	0.9	1.4	1.4	1.7	2.
	Rural – Rurale									
	1988									
7	Male – Masculin	8.8	50.3	7.4	1.7	1.3	1.4	1.2	1.5	2.
8	Female – Féminin	9.0	53.1	9.0	1.6	1.1	1.1	1.1	1.5	1.
	Mali									
	Urban – Urbaine									
	1987 [3]									
9	Male – Masculin	8.8	*——	26.4 ——*	3.2	1.9	2.0	2.7	2.3	3.
10	Female – Féminin	7.4	*——	22.9 ——*	2.9	1.2	1.9	2.5	2.5	2.
	Rural – Rurale									
	1987 [3]									
11	Male – Masculin	14.9	*——	45.5 ——*	5.0	2.6	3.5	4.9	5.3	5.
12	Female – Féminin	12.6	*——	39.1 ——*	4.2	2.4	4.0	4.6	5.1	5.
	AMERICA, NORTH— AMERIQUE DU NORD									
	Cuba									
	Urban – Urbaine									
	1990									
13	Male – Masculin	8.0	12.0	0.6	0.3	0.5	1.1	1.6	1.7	2.
14	Female – Féminin	6.4	8.8	0.6	0.3	0.3	0.6	0.8	0.8	1.2
	Rural – Rurale									
	1990									
15	Male – Masculin	6.4	13.5	0.9	0.4	0.5	1.1	1.5	1.8	2.2
16	Female – Féminin	4.6	10.3	0.6	0.3	0.3	0.8	1.1	0.9	1.6
	Panama									
	Urban – Urbaine									
	1990									
17	Male – Masculin	*4.8*	*17.5*	*0.8*	*♦ 0.3*	*♦ 0.3*	*1.0*	*1.5*	*1.9*	*1.6*
18	Female – Féminin	*3.4*	*14.8*	*♦ 0.5*	*♦ 0.1*	*♦ 0.3*	*♦ 0.4*	*0.5*	*0.7*	*0.7*
	Rural – Rurale									
	1990									
19	Male – Masculin	*4.4*	*21.7*	*1.9*	*0.6*	*♦ 0.4*	*1.3*	*1.9*	*2.0*	*2.1*
20	Female – Féminin	*3.5*	*18.9*	*2.0*	*0.5*	*0.6*	*0.6*	*1.0*	*1.1*	*1.1*
	AMERICA, SOUTH— AMERIQUE DU SUD									
	Chile – Chili									
	Urban – Urbaine									
	1991									
21	Male – Masculin	6.2	*——	3.8 ——*	0.3	0.3	0.9	1.4	1.5	1.9
22	Female – Féminin	4.9	*——	3.1 ——*	0.2	0.2	0.3	0.4	0.5	0.7

20. Taux de mortalité selon l'âge, le sexe et la résidence, urbaine/rurale: dernière année disponible (suite)

Données selon la résidence urbaine/rurale

›ir notes à la fin du tableau.)

Age(en années)											
35–39	40–44	45–49	50–54	55–59	60–64	65–69	70–74	75–79	80–84	85 plus	
9.8	*10.9*	*19.2*	*24.2*	*23.0*	*35.8*	*39.7*	*65.3* *———	—	*85.4* ———	*	*1*
8.0	*10.5*	*13.5*	*14.3*	*14.8*	*27.8*	*26.9*	*56.0* *———	—	*73.9* ———	*	*2*
7.2	*9.4*	*14.3*	*17.1*	*17.8*	*25.3*	*29.1*	*51.6* *———	—	*74.0* ———	*	*3*
7.7	*9.5*	*10.2*	*11.8*	*12.8*	*21.9*	*25.6*	*43.5* *———	—	*58.9* ———	*	*4*
4.4	5.6	8.0	13.0	21.3	33.3 *———	———	—	101.5 ———	———	*	*5*
3.1	3.6	5.3	9.1	12.2	21.9 *———	———	—	101.7 ———	———	*	*6*
3.5	4.4	7.0	11.4	17.9	28.7 *———	———	—	108.1 ———	———	*	*7*
2.6	2.5	4.3	7.7	10.0	19.2 *———	———	—	126.1 ———	———	*	*8*
3.4	4.8	5.7	8.9	11.8	18.5	21.2	40.7	47.9 *———	80.0 ———	*	*9*
3.5	3.9	4.7	6.5	7.2	11.8	18.3	23.3	37.6 *———	65.9 ———	*	*10*
5.3	6.8	7.1	10.0	11.4	19.8	21.5	35.8	47.0 *———	69.6 ———	*	*11*
5.9	6.4	5.7	8.3	8.5	14.6	17.4	30.4	35.0 *———	65.8 ———	*	*12*
2.2	3.0	4.8	7.6	11.2	18.3 *———	———	—	59.2 ———	———	*	*13*
1.4	2.2	3.3	5.3	7.9	11.9 *———	———	—	46.4 ———	———	*	*14*
2.6	3.0	3.9	4.8	7.0	11.3 *———	———	—	47.9 ———	———	*	*15*
1.5	2.2	3.2	4.9	6.6	12.2 *———	———	—	42.1 ———	———	*	*16*
2.2	*2.6*	*3.7*	*6.3*	*8.4*	*16.4*	*26.0*	*42.2*	*60.4*	*107.9*	*162.5*	*17*
1.1	*1.7*	*2.4*	*3.5*	*5.4*	*7.8*	*13.3*	*21.1*	*38.6*	*89.8*	*172.3*	*18*
2.5	*2.7*	*3.4*	*4.8*	*6.6*	*10.7*	*16.9*	*27.1*	*53.1*	*78.6*	*158.8*	*19*
1.5	*2.2*	*3.2*	*3.6*	*5.4*	*8.4*	*12.0*	*22.5*	*41.1*	*86.2*	*128.2*	*20*
2.4	3.5	5.2	8.7	12.9	22.7	33.0	51.7	86.8 *———	1 56.0 ———	*	*21*
1.1	1.7	3.0	4.3	6.6	11.3	16.7	28.3	51.8 *———	1 20.5 ———	*	*22*

20. Death rates specific for age, sex and urban/rural residence: latest available year (continued)

Data by urban/rural residence

(See notes at end of table.)

	Continent, country or area, year, sex and urban/rural residence Continent, pays ou zone, année, sexe et résidence, urbaine/rurale	All ages Tous âges [1]	Age (in years) -1	1–4	5–9	10–14	15–19	20–24	25–29	30–3
	AMERICA,SOUTH— (Cont.–Suite) AMERIQUE DU SUD									
	Chile – Chili									
	Rural – Rurale									
	1991									
1	Male – Masculin	6.7	*——	4.2 ——*	0.5	0.5	1.2	1.9	2.2	2
2	Female – Féminin	5.1	*——	3.3 ——*	0.4	♦ 0.3	0.5	0.7	0.6	1.
	Colombia – Colombie									
	Urban – Urbaine									
	1985+ [7]									
3	Male – Masculin	7.7	40.9	2.6	0.9	0.8	2.0	3.8	4.6	4.
4	Female – Féminin	5.5	32.7	2.3	0.6	0.5	0.8	1.0	1.2	1.
	Rural – Rurale									
	1985+ [7]									
5	Male – Masculin	3.7	14.9	1.8	0.5	0.5	1.3	2.8	3.4	3.
6	Female – Féminin	2.6	12.5	1.7	0.4	0.3	0.6	0.7	0.8	1.
	Ecuador – Equateur									
	Urban – Urbaine									
	1992 [8]									
7	Male – Masculin	5.6	*——	7.4 ——*	0.8	0.7	1.4	2.4	2.4	2.
8	Female – Féminin	4.3	*——	6.4 ——*	0.6	0.5	0.8	0.7	1.1	1.
	Rural – Rurale									
	1992 [8]									
9	Male – Masculin	5.4	*——	8.5 ——*	0.8	0.8	1.2	2.0	2.8	3.
10	Female – Féminin	4.7	*——	8.0 ——*	0.7	0.6	1.0	1.2	1.6	1.
	ASIA—ASIE									
	Armenia – Arménie									
	Urban – Urbaine									
	1991 [9]									
11	Male – Masculin	7.2	20.3	0.8	0.3	♦ 0.3	0.6	1.3	1.9	2.
12	Female – Féminin	5.5	16.9	0.6	0.3	♦ 0.1	♦ 0.2	0.4	0.6	0.
	Rural – Rurale									
	1991 [9]									
13	Male – Masculin	7.2	16.7	2.1	♦ 0.3	♦ 0.3	♦ 0.6	1.0	1.5	2.
14	Female – Féminin	6.5	17.5	2.0	♦ 0.2	♦ 0.1	♦ 0.2	♦ 0.5	0.6	0.
	Bangladesh									
	Urban – Urbaine									
	1986									
15	Male – Masculin	8.8	*——	33.4 ——*	2.1	1.1	1.3	1.9	1.5	0.
16	Female – Féminin	8.4	*——	32.8 ——*	3.1	0.8	1.3	2.5	3.3	1.
	Rural – Rurale									
	1986									
17	Male – Masculin	12.9	*——	44.3 ——*	3.0	1.8	2.1	2.2	2.4	3.
18	Female – Féminin	12.0	*——	42.1 ——*	2.7	1.2	2.5	3.2	3.4	3..
	Israel – Israël [12]									
	Urban – Urbaine									
	1991									
19	Male – Masculin	6.8	*——	2.4 ——*	*——	0.4 ——*	*——	0.6 ——*	*——	0.7 ——
20	Female – Féminin	5.0	*——	2.0 ——*	*——	0.4 ——*	*——	0.3 ——*	*——	0.4 ——
	Rural – Rurale									
	1991									
21	Male – Masculin	4.9	*——	2.7 ——*	*—— ♦	0.3 ——*	*——	0.7 ——*	*—— ♦	0.8 ——
22	Female – Féminin	4.5	*——	2.4 ——*	*—— ♦	0.5 ——*	*—— ♦	0.3 ——*	*—— ♦	0.3 ——
	Kazakhstan									
	Urban – Urbaine									
	1991 [9]									
23	Male – Masculin	9.3	29.9	1.4	0.8	0.7	1.7	2.3	3.2	4.
24	Female – Féminin	7.6	22.6	1.0	0.5	0.4	0.7	0.9	1.0	1.

20. Taux de mortalité selon l'âge, le sexe et la résidence, urbaine/rurale: dernière année disponible (suite)

Données selon la résidence urbaine/rurale

r notes à la fin du tableau.)

Age(en années)											
35–39	40–44	45–49	50–54	55–59	60–64	65–69	70–74	75–79	80–84	85 plus	
3.3	4.3	5.3	8.4	11.0	19.1	25.5	43.3	76.9	*—— 1 28.0	——*	1
1.4	2.4	3.3	5.5	7.5	11.8	18.8	26.9	49.7	*—— 1 06.9	——*	2
4.4	5.1	7.2	10.5	16.9	26.5	42.0	65.4	92.9	138.4	181.2	3
2.2	3.3	5.1	7.6	11.9	18.8	29.9	46.7	72.3	104.2	161.5	4
3.1	3.4	4.2	4.5	6.8	8.6	15.3	22.3	38.1	50.4	67.3	5
1.2	1.7	2.2	3.2	5.1	7.3	13.3	20.4	38.4	49.6	77.2	6
3.4	4.1	6.1	8.1	11.4	18.7	27.0	42.6	66.6	*—— 1 89.0	——*	7
1.7	2.4	3.5	5.4	7.5	11.6	17.0	25.8	42.0	*—— 1 57.8	——*	8
3.4	4.1	5.1	6.6	8.6	13.7	19.1	29.3	44.7	*—— 1 35.6	——*	9
2.3	2.9	3.5	4.7	6.2	9.8	14.4	24.0	33.5	*—— 1 19.7	——*	10
3.0	4.4	7.2	12.1	16.3	26.9	34.5	48.7	73.7	*—— 1 34.9	——*	11
1.1	1.6	2.5	4.4	7.9	13.9	23.3	32.5	54.2	*—— 1 23.2	——*	12
2.7	3.6	7.3	10.7	14.6	21.9	35.5	61.9	90.3	*—— 1 82.7	——*	13
1.3	1.9	♦ 2.2	4.2	5.9	11.0	20.1	37.5	59.1	*—— 1 39.3	——*	14
0.7	3.7	5.7	12.4	22.3	36.4	*————	———— —	94.6 ———	————	———*	15
2.4	4.7	6.9	20.8	25.2	19.2	*————	———— —	81.1 ———	————	———*	16
2.6	5.0	6.3	13.1	18.5	30.5	*————	———— —	91.6 ———	————	———*	17
5.3	6.8	7.4	8.9	20.9	22.8	*————	———— —	92.0 ———	————	———*	18
*——	1.4 ——*	*——	3.1 ——*	*——	7.7 ——*	*——	30.8 ——*	*———— —	98.2 ———	———*	19
*——	1.0 ——*	*——	2.0 ——*	*——	5.2 ——*	*——	2.2 ——*	*———— —	82.2 ———	———*	20
*——	1.1 ——*	*——	2.1 ——*	*——	6.0 ——*	*——	28.7 ——*	*———— —	94.5 ———	———*	21
——— ♦	0.6 ——*	*——	1.4 ——*	*——	4.1 ——*	*——	19.1 ——*	*———— —	75.9 ———	———*	22
5.2	7.4	10.3	16.3	24.7	35.3	53.6	71.2	98.1	147.9	227.4	23
1.7	2.4	3.5	5.8	9.9	15.1	26.0	40.8	65.0	107.8	184.1	24

20. Death rates specific for age, sex and urban/rural residence: latest available year (continued)

Data by urban/rural residence

(See notes at end of table.)

	Continent, country or area, year, sex and urban/rural residence Continent, pays ou zone, année, sexe et résidence, urbaine/rurale	All ages Tous âges [1]	Age (in years) -1	1–4	5–9	10–14	15–19	20–24	25–29	30–3[illegible]
	ASIA—ASIE (Cont.–Suite)									
	Kazakhstan									
	Rural – Rurale									
	1991 [9]									
1	Male – Masculin	8.2	33.3	2.8	0.8	0.8	1.3	2.7	3.1	4.[illegible]
2	Female – Féminin	7.0	24.5	2.3	0.4	0.4	0.9	1.4	1.1	1.[illegible]
	Kyrgyzstan – Kirghizistan									
	Urban – Urbaine									
	1992 [9]									
3	Male – Masculin	8.2	35.2	1.2	0.4	0.6	0.9	1.5	2.6	3.[illegible]
4	Female – Féminin	6.6	24.4	1.2	0.4	♦ 0.4	0.4	0.6	0.9	1.[illegible]
	Rural – Rurale									
	1992 [9]									
5	Male – Masculin	7.6	37.1	3.6	0.7	0.7	1.3	2.2	3.0	3.[illegible]
6	Female – Féminin	6.7	28.4	3.3	0.4	0.4	0.8	1.4	1.5	1.[illegible]
	Maldives									
	Urban – Urbaine									
	1990									
7	Male – Masculin	5.5	♦ 34.3	♦ 2.7	♦ 0.8	♦ 1.2	♦ 1.3	♦ 1.1	♦ 0.7	♦ 3.[illegible]
8	Female – Féminin	5.0	♦ 39.0	♦ 1.4	♦ 1.1	♦ 0.6	♦ 0.5	♦ 1.4	♦ 1.4	♦ 2.[illegible]
	Rural – Rurale									
	1990									
9	Male – Masculin	7.0	36.4	4.1	♦ 1.0	♦ 0.9	♦ 1.3	♦ 0.9	♦ 1.0	♦ 1.[illegible]
10	Female – Féminin	6.4	34.2	5.0	♦ 0.8	♦ 1.1	♦ 1.2	♦ 1.6	♦ 2.3	♦ 2.[illegible]
	Thailand – Thaïlande									
	Urban – Urbaine									
	1990+									
11	Male – Masculin	*9.5*	*——	*9.2* ——*	*1.5*	*1.3*	*4.2*	*5.3*	*5.3*	*5.*[illegible]
12	Female – Féminin	*5.6*	*——	*7.1* ——*	*1.1*	*0.9*	*1.3*	*1.3*	*1.4*	*1.*[illegible]
	Rural – Rurale									
	1990+									
13	Male – Masculin	*4.6*	*——	*2.1* ——*	*0.6*	*0.5*	*1.3*	*1.6*	*2.0*	*2.*[illegible]
14	Female – Féminin	*3.4*	*——	*1.5* ——*	*0.5*	*0.3*	*0.5*	*0.6*	*0.7*	*0.*[illegible]
	EUROPE									
	Belarus – Bélarus									
	Urban – Urbaine									
	1991 [9]									
15	Male – Masculin	8.6	12.8	0.7	0.5	0.5	1.2	1.8	2.3	2.[illegible]
16	Female – Féminin	7.1	9.4	0.5	0.2	0.2	0.5	0.4	0.6	0.[illegible]
	Rural – Rurale									
	1991 [9]									
17	Male – Masculin	18.4	16.0	1.4	0.9	0.6	1.4	4.0	3.9	4.[illegible]
18	Female – Féminin	18.0	11.0	1.1	0.5	0.4	0.7	1.0	1.1	1.[illegible]
	Bulgaria – Bulgarie									
	Urban – Urbaine									
	1990									
19	Male – Masculin	10.3	15.0	0.9	0.3	0.4	0.9	1.2	1.3	1.[illegible]
20	Female – Féminin	7.9	12.0	0.7	0.3	0.2	0.4	0.4	0.5	0.[illegible]
	Rural – Rurale									
	1990									
21	Male – Masculin	20.2	20.3	1.3	0.7	0.7	1.2	2.0	2.1	2.[illegible]
22	Female – Féminin	16.7	13.2	1.0	0.6	0.4	0.6	0.9	0.7	1.[illegible]
	Estonia – Estonie									
	Urban – Urbaine									
	1989 [9]									
23	Male – Masculin	10.8	18.7	1.1	♦ 0.6	♦ 0.4	1.4	1.7	2.1	2.[illegible]
24	Female – Féminin	10.3	10.5	♦ 0.7	♦ 0.4	♦ 0.2	♦ 0.5	♦ 0.7	1.0	0.[illegible]

20. Taux de mortalité selon l'âge, le sexe et la résidence, urbaine/rurale: dernière année disponible (suite)

Données selon la résidence urbaine/rurale

›ir notes à la fin du tableau.)

Age(en années)											
35–39	40–44	45–49	50–54	55–59	60–64	65–69	70–74	75–79	80–84	85 plus	
4.7	6.7	9.7	14.4	22.7	30.0	45.6	58.6	87.1	122.7	206.5	1
1.9	2.8	3.9	6.5	10.2	13.9	22.8	34.0	51.4	85.3	153.9	2
4.4	6.8	10.3	13.8	21.5	31.3	45.1	66.9	92.4	141.8	203.9	3
1.5	2.5	3.6	5.6	9.2	13.6	22.7	38.0	58.1	100.8	163.9	4
4.5	6.9	9.6	14.4	17.1	28.5	40.8	63.7	83.8	144.8	216.0	5
2.3	3.3	4.7	7.4	10.1	17.3	23.7	38.6	58.0	109.2	180.8	6
♦ 5.1	♦ 5.0	♦ 6.5	♦ 17.8	♦ 21.8	♦ 39.7	♦ 39.1	♦ 79.1	♦ 89.7	♦ 75.5	♦ 242.4	7
♦ 7.5	♦ 6.7	♦ 9.9	♦ 7.8	♦ 13.2	♦ 35.8	♦ 53.9	♦ 54.3	♦ 116.7	♦ 96.8	♦ 217.4	8
♦ 3.3	♦ 4.7	♦ 5.6	♦ 5.2	13.9	17.4	39.8	51.1	100.3	♦ 69.3	♦ 102.9	9
♦ 3.1	♦ 4.8	♦ 4.4	♦ 12.2	♦ 13.0	♦ 16.8	45.1	64.6	♦ 122.4	♦ 81.8	♦ 48.4	10
6.1	*7.5*	*10.2*	*15.0*	*22.5*	*33.5*	*48.7*	*73.1*	*100.1*	*———	*149.3* ———*	11
2.3	*3.5*	*5.3*	*8.5*	*12.5*	*18.4*	*27.9*	*42.2*	*69.4*	*———	*116.1* ———*	12
2.8	*3.8*	*5.1*	*7.4*	*10.0*	*14.6*	*22.8*	*35.9*	*55.8*	*———	*98.7* ———*	13
1.2	*2.0*	*2.8*	*4.3*	*5.9*	*9.4*	*15.3*	*25.7*	*39.2*	*———	*87.7* ———*	14
4.0	6.1	9.6	14.7	20.7	31.0	42.4	62.6	96.7	137.2	211.9	15
1.2	1.9	3.0	5.0	8.1	12.7	22.0	35.9	62.5	100.8	174.9	16
7.1	10.0	13.4	18.4	21.5	30.2	42.8	59.0	96.1	135.9	229.5	17
2.5	2.9	4.2	5.8	8.5	11.4	19.9	32.5	58.8	101.7	203.6	18
2.6	4.3	6.8	10.8	15.5	24.9	37.5	57.7	91.9	140.9	226.8	19
1.2	1.7	2.9	4.4	7.0	11.9	20.9	37.5	66.9	116.6	211.6	20
3.8	6.4	8.8	12.5	17.6	25.5	38.0	58.0	94.2	150.9	270.6	21
1.3	2.2	3.0	4.5	7.7	12.4	21.0	36.4	70.7	128.9	254.8	22
4.0	6.1	8.9	13.0	19.0	31.0	43.4	57.8	90.7	136.9	232.2	23
1.2	2.3	3.2	4.9	8.3	12.5	20.9	34.6	57.5	99.1	193.3	24

20. Death rates specific for age, sex and urban/rural residence: latest available year (continued)

Data by urban/rural residence

(See notes at end of table.)

	Continent, country or area, year, sex and urban/rural residence Continent, pays ou zone, année, sexe et résidence, urbaine/rurale	Age (in years) All ages Tous âges [1]	-1	1–4	5–9	10–14	15–19	20–24	25–29	30–[…]
	EUROPE (Cont.–Suite)									
	Estonia – Estonie									
	Rural – Rurale									
	1989 [9]									
1	Male – Masculin	14.6	15.5	♦ 1.7	♦ 1.1	♦ 1.1	2.0	3.6	2.1	4
2	Female – Féminin	15.6	13.4	♦ 1.1	♦ 0.6	♦ 0.5	♦ 1.1	♦ 0.6	♦ 1.4	♦ 1
	Finland – Finlande									
	Urban – Urbaine									
	1990 [19]									
3	Male – Masculin	9.9	6.2	♦ 0.3	♦ 0.2	♦ 0.2	0.8	1.5	1.5	2
4	Female – Féminin	9.6	5.5	♦ 0.2	♦ 0.2	♦ 0.1	0.4	0.6	0.4	0
	Rural – Rurale									
	1990 [19]									
5	Male – Masculin	11.0	5.2	♦ 0.4	♦ 0.2	♦ 0.4	1.3	1.8	1.4	2
6	Female – Féminin	10.1	6.1	♦ 0.2	♦ 0.2	♦ 0.1	0.6	♦ 0.5	♦ 0.4	0
	France									
	Urban – Urbaine									
	1990 [20 21]									
7	Male – Masculin	9.1	52.8	0.4	0.2	0.2	0.7	1.3	1.5	1.
8	Female – Féminin	8.1	39.2	0.3	0.1	0.1	0.3	0.4	0.5	0
	Rural – Rurale									
	1990 [20 21]									
9	Male – Masculin	11.7	51.5	0.5	0.2	0.2	1.0	2.0	1.8	1
10	Female – Féminin	10.3	37.8	0.3	0.1	0.2	0.4	0.6	0.5	0.
	Germany – Allemagne [22]	...	...	...	...	...	...	...	...	
	Former German Democratic Republic – Ancienne République démocratique allemande									
	Urban – Urbaine									
	1989									
11	Male – Masculin	11.0	8.4	0.4	0.3	0.2	0.8	1.0	1.2	1.
12	Female – Féminin	12.9	6.0	0.4	0.2	0.1	0.4	0.4	0.5	0.
	Rural – Rurale									
	1989									
13	Male – Masculin	12.9	9.0	0.4	0.3	0.4	1.2	1.3	1.2	1.
14	Female – Féminin	14.1	5.7	0.5	♦ 0.1	♦ 0.1	0.5	0.3	0.4	0
	Hungary – Hongrie									
	Urban – Urbaine									
	1992									
15	Male – Masculin	14.3	13.7	0.5	0.2	0.2	0.8	1.3	1.5	3.
16	Female – Féminin	12.1	12.0	0.4	0.2	0.2	0.3	0.4	0.6	1.
	Rural – Rurale									
	1992									
17	Male – Masculin	18.7	17.7	0.5	0.3	0.3	1.1	1.6	2.3	3.
18	Female – Féminin	14.0	13.0	0.4	♦ 0.2	0.2	0.4	0.5	0.6	1.
	Ireland – Irlande									
	Urban – Urbaine									
	1986+ [23]									
19	Male – Masculin	5.6	*——	1.3 ——*	♦ 0.2	♦ 0.2	0.5	0.5	0.4	0.
20	Female – Féminin	5.8	*——	1.1 ——*	♦ 0.1	♦ 0.1	♦ 0.1	♦ 0.2	♦ 0.2	♦ 0.
	Rural – Rurale									
	1986+ [23]									
21	Male – Masculin	16.0	*——	3.2 ——*	0.5	0.5	1.3	1.9	1.6	1.
22	Female – Féminin	12.6	*——	2.7 ——*	♦ 0.2	♦ 0.3	♦ 0.5	♦ 0.5	♦ 0.6	0.
	Latvia – Lettonie									
	Urban – Urbaine									
	1992 [9]									
23	Male – Masculin	13.8	18.0	0.7	0.5	0.6	1.6	2.8	3.0	4.
24	Female – Féminin	11.4	13.4	♦ 0.6	♦ 0.3	♦ 0.2	♦ 0.5	0.7	0.9	1.

20. Taux de mortalité selon l'âge, le sexe et la résidence, urbaine/rurale: dernière année disponible (suite)

Données selon la résidence urbaine/rurale

(Voir notes à la fin du tableau.)

Age(en années)											
35–39	40–44	45–49	50–54	55–59	60–64	65–69	70–74	75–79	80–84	85 plus	
5.3	6.4	9.8	15.7	23.9	34.6	43.1	67.7	94.1	142.3	230.6	1
♦ 1.4	♦ 2.5	3.7	5.9	9.5	13.5	22.2	36.7	63.0	110.9	210.2	2
3.0	4.2	5.9	8.7	13.1	21.0	32.9	52.3	82.4	130.9	219.1	3
0.9	1.7	2.3	3.5	4.9	8.2	14.6	26.6	47.0	86.2	178.9	4
2.7	3.8	5.2	8.2	13.3	21.5	33.0	50.7	79.1	118.1	224.5	5
0.6	1.3	1.9	3.3	4.1	7.5	14.3	26.7	45.8	89.0	176.6	6
2.5	3.3	4.7	7.3	11.4	17.2	24.1	34.8	57.3	91.0	169.1	7
1.0	1.3	2.1	2.9	4.4	6.3	9.4	15.6	29.7	56.3	134.7	8
2.1	3.0	4.9	7.4	11.4	16.7	23.8	35.4	59.1	100.6	193.6	9
0.9	1.3	1.9	3.2	4.2	6.2	9.5	16.1	33.3	64.4	156.7	10
...	...	...	...	...	...	...	...	...	...	...	
2.5	3.4	5.4	8.9	15.1	22.3	37.1	58.1	93.5	149.0	248.6	11
1.1	1.6	2.8	4.2	7.2	11.3	19.8	35.0	61.9	109.5	210.3	12
2.4	3.9	6.6	10.5	16.1	23.3	35.9	56.8	94.2	151.3	255.7	13
0.9	1.7	2.7	4.6	6.5	11.4	20.7	36.3	63.4	111.9	213.7	14
4.7	7.3	11.0	16.5	22.8	31.9	46.3	63.4	93.2	142.3	240.5	15
2.1	3.1	4.4	6.5	9.7	14.4	22.7	35.9	64.1	105.5	200.4	16
6.5	10.5	15.7	22.1	29.9	38.6	54.8	68.6	106.3	163.0	255.7	17
2.2	3.6	4.9	7.1	10.1	14.5	23.4	36.8	72.3	119.2	227.0	18
0.7	1.2	2.2	5.4	10.3	16.7	27.1	44.5	69.5	101.2	152.1	19
0.5	0.7	2.1	3.0	5.8	10.3	15.4	25.7	42.1	72.8	147.5	20
2.3	3.5	6.1	10.0	16.2	30.7	47.4	74.8	121.1	198.4	358.1	21
1.1	2.3	3.9	6.0	10.5	16.6	23.5	44.6	79.0	145.3	303.5	22
5.9	8.8	13.2	18.6	24.7	34.8	46.7	65.6	94.3	144.6	215.7	23
1.8	2.5	4.2	6.0	8.9	13.8	21.1	33.7	57.9	100.7	192.9	24

20. Death rates specific for age, sex and urban/rural residence: latest available year (continued)

Data by urban/rural residence

(See notes at end of table.)

	Continent, country or area, year, sex and urban/rural residence Continent, pays ou zone, année, sexe et résidence, urbaine/rurale	All ages Tous âges [1]	Age (in years) -1	1–4	5–9	10–14	15–19	20–24	25–29	30–[illegible]
	EUROPE (Cont.–Suite)									
	Latvia – Lettonie									
	Rural – Rurale									
	1992 [9]									
1	Male – Masculin	16.5	20.6	1.7	1.3	♦ 0.7	2.5	3.8	4.6	6
2	Female – Féminin	14.5	17.7	1.2	♦ 0.6	♦ 0.3	♦ 1.0	♦ 0.7	♦ 0.9	♦ 1.
	Lithuania – Lituanie									
	Urban – Urbaine									
	1992 [9]									
3	Male – Masculin	9.9	17.4	0.7	0.5	0.4	1.0	1.9	2.0	3
4	Female – Féminin	7.6	13.8	0.5	♦ 0.3	♦ 0.3	0.4	0.5	0.6	0.
	Rural – Rurale									
	1992 [9]									
5	Male – Masculin	18.1	19.9	1.5	1.1	♦ 0.7	2.0	4.0	4.2	5.
6	Female – Féminin	14.5	15.1	1.0	♦ 0.4	♦ 0.3	♦ 0.6	♦ 0.7	0.9	1.
	Netherlands – Pays-Bas									
	Urban – Urbaine									
	1986 [25]									
7	Male – Masculin	10.2	9.5	0.5	0.2	0.2	0.5	0.7	0.8	1.
8	Female – Féminin	9.0	7.4	0.4	♦ 0.1	0.2	0.2	0.4	0.4	0.
	Rural – Rurale									
	1986 [25]									
9	Male – Masculin	8.5	7.5	♦ 0.6	♦ 0.2	♦ 0.2	0.6	0.9	0.7	0.
10	Female – Féminin	6.5	6.9	♦ 0.6	♦ 0.2	♦ 0.1	♦ 0.2	♦ 0.3	♦ 0.3	♦ 0.
	Semi-urban – Semi-urbaine									
	1986 [25]									
11	Male – Masculin	8.2	8.2	0.5	0.2	0.3	0.6	0.8	0.8	0.
12	Female – Féminin	6.9	6.7	0.4	♦ 0.1	0.2	0.3	0.3	0.4	0.
	Poland – Pologne									
	Urban – Urbaine									
	1991									
13	Male – Masculin	10.9	16.7	0.5	0.3	0.3	0.8	1.4	1.7	2.
14	Female – Féminin	8.9	13.1	0.4	0.2	0.2	0.3	0.4	0.5	0.
	Rural – Rurale									
	1991									
15	Male – Masculin	12.9	17.2	0.7	0.3	0.4	1.3	2.2	2.2	3.
16	Female – Féminin	10.5	12.9	0.5	0.3	0.3	0.5	0.5	0.5	0.
	Republic of Moldova – République de Moldova									
	Urban – Urbaine									
	1991 [9]									
17	Male – Masculin	8.3	18.1	0.9	0.7	0.5	0.7	1.1	2.2	3.
18	Female – Féminin	7.4	15.4	0.6	♦ 0.3	♦ 0.3	0.7	0.6	0.6	1.
	Rural – Rurale									
	1991 [9]									
19	Male – Masculin	13.4	24.7	1.4	1.1	0.7	1.3	4.0	3.8	4.
20	Female – Féminin	12.4	19.0	1.3	0.5	0.4	0.7	1.0	0.9	1.
	Romania – Roumanie									
	Urban – Urbaine									
	1992									
21	Male – Masculin	9.8	22.3	1.2	0.5	0.5	0.8	1.1	1.4	2.
22	Female – Féminin	7.5	17.3	0.9	0.3	0.3	0.3	0.4	0.5	0.
	Rural – Rurale									
	1992									
23	Male – Masculin	16.1	29.6	2.1	0.8	0.6	1.0	1.8	2.4	3.5
24	Female – Féminin	14.1	23.7	1.7	0.5	0.4	0.5	0.7	0.9	1.5
	Russian Federation – Fédération Russe									
	Urban – Urbaine									
	1992 [9]									
25	Male – Masculin	12.6	19.3	0.9	0.6	0.6	1.7	2.7	3.9	5.2
26	Female – Féminin	10.6	14.1	0.7	0.4	0.3	0.7	0.8	0.9	1.2

20. Taux de mortalité selon l'âge, le sexe et la résidence, urbaine/rurale: dernière année disponible (suite)

Données selon la résidence urbaine/rurale

'oir notes à la fin du tableau.)

Age(en années)											
35–39	40–44	45–49	50–54	55–59	60–64	65–69	70–74	75–79	80–84	85 plus	
7.5	11.4	14.5	20.5	24.7	37.3	48.5	67.1	95.4	140.9	241.8	1
♦ 1.3	3.1	4.9	6.5	9.3	12.7	20.8	32.1	59.9	100.9	208.5	2
5.4	7.5	10.4	14.8	20.3	29.1	41.8	59.7	75.9	100.2	186.0	3
1.5	2.5	3.6	4.3	7.7	11.2	18.3	32.8	45.4	81.4	157.5	4
8.5	10.8	13.8	19.3	24.5	32.1	43.8	65.0	78.5	109.2	234.3	5
1.7	4.0	4.7	5.5	8.0	11.2	18.9	30.9	49.3	97.8	196.2	6
1.6	2.3	3.9	6.5	11.5	19.0	32.2	52.7	82.6	126.7	219.2	7
1.0	1.4	2.3	3.8	5.8	8.7	13.5	22.7	40.8	73.8	163.5	8
1.0	1.7	3.1	5.9	9.4	18.1	29.0	43.6	72.7	106.9	186.5	9
0.7	1.2	1.8	3.0	5.2	7.4	12.7	21.4	38.3	69.5	155.0	10
0.9	1.9	3.4	6.3	10.6	17.6	30.2	48.3	78.1	117.2	209.1	11
0.8	1.2	2.0	3.1	5.3	7.7	12.5	21.3	40.9	79.8	166.0	12
3.9	6.2	10.0	15.5	22.5	33.3	47.1	65.3	99.8	147.9	224.9	13
1.4	2.3	3.6	5.4	8.5	14.0	22.7	36.2	62.4	108.1	192.0	14
4.5	6.7	9.5	14.3	20.4	28.9	40.9	59.7	96.3	147.5	245.4	15
1.3	2.0	3.0	4.4	6.8	10.7	19.0	32.0	61.0	108.0	206.8	16
4.1	5.7	9.3	14.3	20.0	31.1	44.8	68.7	110.5	144.9	231.0	17
1.5	2.6	4.8	6.7	11.6	17.0	27.4	43.3	71.8	119.6	216.0	18
6.2	8.5	13.0	17.4	23.3	33.3	46.2	68.1	100.5	160.2	313.9	19
2.7	4.3	6.9	9.6	15.3	21.8	30.7	51.1	78.9	132.2	269.0	20
3.6	5.5	8.8	14.0	20.3	29.7	43.3	62.3	97.2	142.7	217.3	21
1.4	2.3	3.8	5.9	8.8	14.5	23.6	38.5	71.0	111.9	206.9	22
5.3	7.5	9.5	13.9	18.6	25.3	38.0	56.1	94.5	148.8	264.0	23
1.9	2.8	3.8	5.6	7.9	12.4	21.4	38.4	77.0	132.5	248.9	24
6.8	9.5	13.1	19.0	25.0	36.8	49.0	68.8	100.7	144.5	225.1	25
1.8	2.7	4.0	5.9	8.9	14.5	23.1	38.7	65.5	107.5	198.0	26

20. Death rates specific for age, sex and urban/rural residence: latest available year (continued)

Data by urban/rural residence

(See notes at end of table.)

	Continent, country or area, year, sex and urban/rural residence Continent, pays ou zone, année, sexe et résidence, urbaine/rurale	Age (in years) All ages Tous âges [1]	-1	1–4	5–9	10–14	15–19	20–24	25–29	30–
	EUROPE (Cont.–Suite)									
	Russian Federation – Fédération Russe									
	Rural – Rurale									
	1992 [9]									
1	Male – Masculin	14.6	21.6	1.7	0.9	0.8	2.0	4.7	5.1	6
2	Female – Féminin	13.5	15.7	1.2	0.5	0.4	0.9	1.0	1.1	1
	Slovenia – Slovénie									
	Urban – Urbaine									
	1991									
3	Male – Masculin	8.6	8.7	♦ 0.4	♦ 0.2	♦ 0.3	1.0	1.6	1.4	1
4	Female – Féminin	7.8	♦ 5.3	♦ 0.2	♦ 0.1	♦ 0.1	♦ 0.2	♦ 0.3	♦ 0.6	♦ 0
	Rural – Rurale									
	1991									
5	Male – Masculin	12.0	12.3	♦ 0.4	♦ 0.1	♦ 0.4	1.0	2.0	1.7	2
6	Female – Féminin	11.1	6.1	♦ 0.5	♦ 0.2	♦ 0.2	♦ 0.4	♦ 0.4	♦ 0.5	♦ 0
	Switzerland – Suisse									
	Urban – Urbaine									
	1990									
7	Male – Masculin	9.6	8.1	0.4	♦ 0.2	♦ 0.2	0.9	1.3	1.6	1.
8	Female – Féminin	9.4	7.3	♦ 0.3	♦ 0.1	♦ 0.1	0.4	0.4	0.6	0.
	Rural – Rurale									
	1990									
9	Male – Masculin	9.5	7.9	0.5	♦ 0.2	♦ 0.3	1.2	1.6	1.3	1.
10	Female – Féminin	8.3	6.3	♦ 0.3	♦ 0.2	♦ 0.2	♦ 0.3	0.4	0.4	0.
	Ukraine									
	Urban – Urbaine									
	1991 [9]									
11	Male – Masculin	11.6	*——	3.3 ——*	0.6	0.5	1.1	2.0	2.5	3.
12	Female – Féminin	10.4	*——	2.6 ——*	0.4	0.3	0.5	0.6	0.7	0.
	Rural – Rurale									
	1991 [9]									
13	Male – Masculin	17.2	*——	4.3 ——*	0.8	0.7	1.5	3.0	3.3	5.
14	Female – Féminin	17.0	*——	3.3 ——*	0.4	0.4	0.7	0.8	0.8	1.
	OCEANIA—OCEANIE									
	New Zealand – Nouvelle–Zélande									
	Urban – Urbaine									
	1986+									
15	Male – Masculin	8.2	11.7	0.8	♦ 0.2	0.4	1.2	1.7	1.5	1.
16	Female – Féminin	7.2	8.8	0.5	♦ 0.2	♦ 0.2	0.4	0.5	0.5	0.
	Rural – Rurale									
	1986+									
17	Male – Masculin	12.9	17.5	♦ 1.2	♦ 0.4	♦ 0.8	3.5	3.2	2.4	2.
18	Female – Féminin	9.8	16.3	♦ 0.5	♦ 0.5	♦ 0.5	♦ 1.0	♦ 1.3	♦ 1.1	♦ 1.

20. Taux de mortalité selon l'âge, le sexe et la résidence, urbaine/rurale: dernière année disponible (suite)

Données selon la résidence urbaine/rurale

oir notes à la fin du tableau.)

Age(en années)											
35–39	40–44	45–49	50–54	55–59	60–64	65–69	70–74	75–79	80–84	85 plus	
8.0	11.0	14.9	20.6	26.0	36.3	48.8	69.5	98.5	140.5	218.4	1
2.2	3.3	4.9	6.6	9.6	14.1	21.1	35.6	58.6	96.6	186.6	2
2.6	3.7	6.2	8.6	14.5	23.6	32.2	53.4	80.9	126.2	235.2	3
1.1	1.6	3.3	5.0	6.6	9.6	14.5	28.6	51.9	89.4	205.2	4
3.9	5.0	7.3	11.8	19.7	27.9	41.8	61.8	87.4	143.7	223.7	5
0.9	1.8	2.6	4.6	6.6	11.1	18.9	35.3	54.9	102.6	212.6	6
1.8	2.1	3.2	5.0	8.8	15.1	23.9	37.9	65.9	103.6	196.2	7
0.8	1.3	2.0	2.9	4.4	6.8	10.6	18.8	34.7	65.6	153.0	8
1.3	2.2	3.0	5.6	8.8	15.2	26.7	39.0	65.5	106.3	210.2	9
0.7	0.9	2.0	2.8	3.5	6.7	10.6	19.0	36.9	66.3	157.4	10
4.8	7.0	10.3	15.0	22.3	32.2	47.6	66.0	95.3	146.4	244.1	11
1.4	2.2	3.5	5.5	8.8	13.9	23.9	40.7	65.5	115.1	212.2	12
6.8	10.0	13.0	18.0	23.7	32.8	45.8	68.2	93.0	142.3	249.3	13
2.0	2.8	4.1	6.1	8.9	12.6	21.3	37.3	60.5	109.8	217.0	14
1.8	2.1	3.6	6.8	10.3	18.3	28.2	47.5	70.8	109.1	181.5	15
0.9	1.5	2.4	3.9	6.7	10.1	15.1	24.4	43.5	75.2	147.2	16
2.5	4.2	5.8	12.7	18.8	33.7	56.1	93.4	163.8	240.3	405.9	17
1.8	2.5	3.8	7.5	12.3	18.1	33.2	67.8	123.3	190.1	414.5	18

20. Death rates specific for age, sex and urban/rural residence: latest available year (continued)

GENERAL NOTES

Data exclude foetal deaths. Rates are the number of deaths by age and sex per 1 000 corresponding population. For definitions of "urban", see end of table 6. For method of evaluation and limitations of data, see Technical Notes, page 84.

Italics: rates calculated using deaths from civil registers which are incomplete or of unknown completeness.

FOOTNOTES

- * Provisional.
- ♦ Rates based on 30 or fewer deaths.
- \+ Data tabulated by date of registration rather than occurrence.

1 Including deaths of unknown age.
2 For classification by urban/rural residence, see end of table.
3 Based on the results of the population census.
4 Excluding live–born infants dying before registration of birth.
5 Including Canadian residents temporarily in the United States, but excluding United States residents temporarily in Canada.
6 Excluding Indian jungle population.
7 Based on burial permits.
8 Excluding nomadic Indian tribes.
9 Excluding infants born alive after less than 28 weeks' gestation, of less than 1 000 grammes in weight and 35 centimetres in length, who die within seven days of birth.
10 For government controlled areas.
11 Excluding Vietnamese refugees.

NOTES GENERALES

Les données ne comprennent pas les morts foetales. Les taux représentent le nombre de décès selon l'âge et le sexe pour 1 000 personnes du même groupe d'âges et du même sexe. Pour les définitions des "régions urbaines", se reporter à la fin du tableau 6. Pour la méthode d'évaluation et les insuffisances des données, voir Notes techniques, page 84.

Italiques: taux calculés d'après des chiffres de décès provenant des registres de l'état civil incomplets ou dont le degré d'exactitude n'est pas connu.

NOTES

- * Données provisoires.
- ♦ Taux basés sur 30 décès ou moins.
- \+ Données exploitées selon la date de l'enregistrement et non la date de l'événement.

1 Y compris les décès dont on ignore l'âge.
2 Pour le classement selon la résidence, urbaine/rurale, voir la fin du tableau.
3 D'après les résultats du recensement de la population.
4 Non compris les enfants nés vivants, décédés avant l'enregistrement de leur naissance.
5 Y compris les résidents canadiens se trouvant temporairement aux Etats–Unis, mais non compris les résidents des Etats–Unis se trouvant temporairement au Canada.
6 Non compris les Indiens de la jungle.
7 D'après les permis d'inhumer.
8 Non compris les tribus d'Indiens nomades.
9 Non compris les enfants nés vivants après moins de 28 semaines de gestation, pesant moins de 1 000 grammes, mesurant moins de 35 centimètres et décédé dans les sept jours qui ont suivi leur naissance.
10 Pour les zones contrôlées pour le Gouvernement.
11 Non compris les réfugiés du Viet Nam.

FOOTNOTES (continued)

12 Including data for East Jerusalem and Israeli residents in certain other territories under occupation by Israeli military forces since June 1967.

13 For Japanese nationals in Japan only; however, rates computed on population including foreigners except foreign military and civilian personnel and their dependants stationed in the area.

14 Excluding alien armed forces, civilian aliens employed by armed forces, and foreign diplomatic personnel and their dependants.

15 Estimates based on the results of the continuous Demographic Sample Survey.

16 Events registered by Health Service only.

17 Excluding transients afloat and non–locally domiciled military and civilian services personnel and their dependants.

18 Excluding Faeroe Islands and Greenland.

19 Including nationals temporarily outside the country.

20 Including armed forces stationed outside the country.

21 For ages five years and over, age classification based on year of birth rather than exact date of birth.

22 All data shown pertaining to Germany prior to 3 October 1990 are indicated separately for the Federal Republic of Germany and the former German Democratic Republic based on their respective territories at the time indicated. See explanatory notes on data pertaining to Germany on page 4.

23 Deaths registered within one year of occurrence.

24 Rates computed on population including civilian nationals temporarily outside the country.

25 Including residents outside the country if listed in a Netherlands population register.

26 Including residents temporarily outside the country.

NOTES (suite)

12 Y compris les données pour Jérusalem–Est et les résidents israéliens dans certains autres territoires occupés depuis juin 1967 par les forces armées israéliennes.

13 Pour les nationaux japonais au Japon seulement; toutefois, les taux sont calculés sur la base d'une population comprenant les étrangers, mais ne comprenant ni les militaires et agents civils étrangers en poste sur le territoire ni les membres de leur famille les accompagnant.

14 Non compris les militaires étrangers, les civils étrangers employés par les forces armées, le personnel diplomatique étranger et les membres de leur famille les accompagnant.

15 Les estimations sont basesultats d' P(04)=' F(04)=' D(04)='

16 Evénements enregistrés par le service de santé seulement.

17 Non compris les personnes de passage à bord de navires, les militaires et agents civils domiciliés hors du territoire et les membres de leur famille les accompagnant.

18 Non compris les îles Féroé et le Groenland.

19 Y compris les nationaux se trouvant temporairement hors du pays.

20 Y compris les militaires en garnison hors du pays.

21 A partir de cinq ans, le classement selon l'âge est basé sur l'année de naissance et non sur la date exacte de naissance.

22 Toutes les données se rapportant à l'Allemagne avant le 3 octobre 1990 figurent dans deux rubriques séparées basées sur les territoires respectifs de la République fédérale d'Allemagne et l'ancienne République démocratique allemande selon la période indiquée. Voir les notes explicatives sur les données concernant l'Allemagne à la page 4.

23 Décès enregistrés dans l'année qui suit l'événement.

24 Taux calculés sur la base d'un chiffre de population qui comprend les civils nationaux temporairement hors du pays.

25 Y compris les résidents hors du pays, s'ils sont inscrits sur un registre de population néerlandais.

26 Y compris les résidents se trouvant temporairement hors du pays.

21. Deaths and death rates by cause: latest available year

Décès selon la cause, nombres et taux: dernière année disponible

Part A: Classified according to Abbreviated International List, 1975 Revision

Partie A: Décès classés selon la Liste internationale abrégée de la révision de 1975

(See notes at end of table. – Voir notes à la fin du tableau.) AFRICA – AFRIQUE

Cause of death abbreviated list number [1] / Cause de décès numéro dans la liste abrégée [1]	Egypt – Egypte 1987		Mauritius – Maurice Island of Mauritius – Ile Maurice 1987+		Sao Tome and Principe – Sao Tomé-et-Principe 1987 [2]		Zimbabwe 1986	
	Number Nombre	Rate Taux	Number Nombre	Rate Taux	Number Nombre	Rate Taux	Number Nombre	Rate Taux
TOTAL	466 161	950.4	6 581	655.6	1 006	925.9	*23 023*	*273.9*
AM 1	–	–	–	–	–	–	–	–
AM 2	102	0.2	–	–	3	♦ 2.8	*115*	*1.4*
AM 3	40 285	82.1	62	6.2	48	44.2	*841*	*10.0*
AM 4	1 254	2.6	12	♦ 1.2	8	♦ 7.4	*732*	*8.7*
AM 5	6	♦ 0.0	–	–	1	♦ 0.9	*3*	*♦ 0.0*
AM 6	168	0.3	–	–	–	–	–	–
AM 7	3 513	7.2	5	♦ 0.5	13	♦ 12.0	*21*	*♦ 0.2*
AM 8	333	0.7	52	5.2	6	♦ 5.5	*46*	*0.5*
AM 9	–	–	–	–	–	–	–	–
AM10	140	0.3	–	–	–	–	*382*	*4.5*
AM11	4	♦ 0.0	–	–	180	165.7	*310*	*3.7*
AM12	2 653	5.4	16	♦ 1.6	11	♦ 10.1	*290*	*3.4*
AM13	425	0.9	77	7.7	3	♦ 2.8	*127*	*1.5*
AM14	88	0.2	2	♦ 0.2	–	–	*73*	*0.9*
AM15	319	0.6	26	♦ 2.6	1	♦ 0.9	*51*	*0.6*
AM16	852	1.7	66	6.6	3	♦ 2.8	*244*	*2.9*
AM17	771	...	34	[4] 9.6	3	...	*106*	*...*
AM18	108	...	22	♦ [4] 6.2	3	...	*166*	*...*
AM19	1 048	2.1	29	♦ 2.9	–	–	*84*	*1.0*
AM20	7 159	14.6	287	28.6	9	♦ 8.3	*1 332*	*15.8*
AM21	4 388	8.9	321	32.0	6	♦ 5.5	*245*	*2.9*
AM22	1	♦ 0.0	34	3.4	–	–	*83*	*1.0*
AM23	1	♦ 0.0	3	♦ 0.3	19	♦ 17.5	*260*	*3.1*
AM24	456	0.9	83	8.3	53	48.8	*150*	*1.8*
AM25	974	2.0	15	♦ 1.5	3	♦ 2.8	*332*	*3.9*
AM26	321	0.7	1	♦ 0.1	–	–	*105*	*1.2*
AM27	3 969	8.1	34	3.4	3	♦ 2.8	*181*	*2.2*
AM28	8 048	16.4	238	23.7	36	33.1	*569*	*6.8*
AM29	110	0.2	779	77.6	2	♦ 1.8	*331*	*3.9*
AM30	7 859	16.0	223	22.2	1	♦ 0.9	*87*	*1.0*
AM31	9 279	18.9	850	84.7	25	♦ 23.0	*803*	*9.6*
AM32	4 858	9.9	4	♦ 0.4	11	♦ 10.1	*55*	*0.7*
AM33	119 637	243.9	868	86.5	83	76.4	*910*	*10.8*
AM34	26 148	53.3	182	18.1	69	63.5	*1 496*	*17.8*
AM35	20	♦ 0.0	–	–	–	–	*5*	*♦ 0.1*
AM36	14 452	29.5	250	24.9	28	♦ 25.8	*340*	*4.0*
AM37	317	0.6	52	5.2	1	♦ 0.9	*70*	*0.8*
AM38	31	0.1	–	–	1	♦ 0.9	*25*	*♦ 0.3*
AM39	3 979	8.1	131	13.0	15	♦ 13.8	*348*	*4.1*
AM40	3 319	6.8	203	20.2	3	♦ 2.8	*234*	*2.8*
AM41	58	...	1	♦ [5] 1.4	2	...	*33*	*...*
AM42	238	[3] 12.5	9	♦ [3] 47.0	–	–	*88*	*...*
AM43	890	[3] 46.8	10	♦ [3] 52.2	3	♦ [3] 76.7	*145*	*...*
AM44	113	[3] 5.9	–	–	–	–	*4*	*...*
AM45	4 404	9.0	63	6.3	8	♦ 7.4	*538*	*6.4*
AM46	9	♦ [3] 0.5	2	♦ [3] 10.4	–	–	*72*	*...*
AM47	12 167	[3] 639.5	337	[3] 1 759.6	28	♦ [3] 715.6	*2 662*	*...*
AM48	96 310	196.3	274	27.3	200	184.1	*2 199*	*26.2*
AM49	65 392	133.3	421	41.9	98	90.2	*2 260*	*26.9*
AM50	3 248	6.6	91	9.1	6	♦ 5.5	*912*	*10.8*
AM51	523	1.1	24	♦ 2.4	1	♦ 0.9	*110*	*1.3*
AM52	5 148	10.5	202	20.1	5	♦ 4.6	*1 171*	*13.9*
AM53	22	♦ 0.0	140	13.9	1	♦ 0.9	*629*	*7.5*
AM54	241	0.5	21	♦ 2.1	3	♦ 2.8	*580*	*6.9*
AM55	10 003	20.4	25	♦ 2.5	–	–	*68*	*0.8*

21. Deaths and death rates by cause: latest available year (continued)

Décès selon la cause, nombres et taux: dernière année disponible (suite)

Part A: Classified according to Abbreviated International List, 1975 Revision

Partie A: Décès classés selon la Liste internationale abrégée de la révision de 1975

(See notes at end of table. – Voir notes à la fin du tableau.)

AMERICA, NORTH – AMERIQUE DU NORD

Cause of death abbreviated list number [1] / Cause de décès numéro dans la liste abrégée [1]	Bahamas 1987		Barbados – Barbade 1988 [2]		Canada 1991 [6]		Costa Rica 1991	
	Number Nombre	Rate Taux	Number Nombre	Rate Taux	Number Nombre	Rate Taux	Number Nombre	Rate Taux
TOTAL	1 376	571.0	2 174	854.9	195 568	695.5	11 795	385.0
AM 1	–	–	–	–	–	–	–	–
AM 2	–	–	–	–	–	–	–	–
AM 3	5	♦ 2.1	1	♦ 0.4	38	0.1	111	3.6
AM 4	15	♦ 6.2	1	♦ 0.4	131	0.5	83	2.7
AM 5	–	–	–	–	–	–	–	–
AM 6	–	–	–	–	52	0.2	1	♦ 0.0
AM 7	–	–	2	♦ 0.8	–	–	1	♦ 0.0
AM 8	12	♦ 5.0	35	13.8	763	2.7	30	♦ 1.0
AM 9	–	–	–	–	–	–	–	–
AM10	–	–	–	–	1	♦ 0.0	37	1.2
AM11	–	–	–	–	1	♦ 0.0	–	–
AM12	10	♦ 4.1	12	♦ 4.7	468	1.7	65	2.1
AM13	15	♦ 6.2	48	18.9	2 010	7.1	598	19.5
AM14	7	♦ 2.9	19	♦ 7.5	4 423	15.7	109	3.6
AM15	11	♦ 4.6	11	♦ 4.3	1 316	4.7	50	1.6
AM16	34	14.1	21	♦ 8.3	14 255	50.7	175	5.7
AM17	13	...	46	[4] 45.3	4 653	[4] 42.6	103	...
AM18	12	...	26	♦ [4] 25.6	432	[4] 4.0	123	...
AM19	13	♦ 5.4	7	♦ 2.8	1 878	6.7	124	4.0
AM20	162	67.2	235	92.4	24 997	88.9	1 041	34.0
AM21	68	28.2	174	68.4	4 296	15.3	294	9.6
AM22	–	–	–	–	8	♦ 0.0	2	♦ 0.1
AM23	–	–	14	♦ 5.5	170	0.6	40	1.3
AM24	6	♦ 2.5	8	♦ 3.1	465	1.7	52	1.7
AM25	7	♦ 2.9	–	–	63	0.2	36	1.2
AM26	–	–	1	♦ 0.4	14	♦ 0.0	2	♦ 0.1
AM27	3	♦ 1.2	2	♦ 0.8	496	1.8	44	1.4
AM28	79	32.8	69	27.1	1 230	4.4	240	7.8
AM29	71	29.5	168	66.1	23 623	84.0	1 136	37.1
AM30	63	26.1	62	24.4	20 372	72.5	514	16.8
AM31	115	47.7	274	107.7	14 194	50.5	829	27.1
AM32	8	♦ 3.3	66	26.0	2 060	7.3	62	2.0
AM33	43	17.8	229	90.1	14 048	50.0	639	20.9
AM34	55	22.8	55	21.6	6 603	23.5	403	13.2
AM35	1	♦ 0.4	–	–	176	0.6	1	♦ 0.0
AM36	8	♦ 3.3	23	♦ 9.0	2 217	7.9	194	6.3
AM37	6	♦ 2.5	15	♦ 5.9	602	2.1	43	1.4
AM38	1	♦ 0.4	1	♦ 0.4	45	0.2	16	♦ 0.5
AM39	44	18.3	27	♦ 10.6	2 231	7.9	240	7.8
AM40	14	♦ 5.8	39	15.3	2 240	8.0	154	5.0
AM41	–	–	–	[5] ...	45	[5] 1.4	5	...
AM42	–	–	1	♦ 26.7	1	♦ [3] 0.2	7	♦ [3] 8.6
AM43	3	♦ [3] 69.3	–	–	9	♦ [3] 2.2	18	♦ [3] 22.2
AM44	–	–	–	–	2	♦ [3] 0.5	3	♦ [3] 3.7
AM45	23	♦ 9.5	19	♦ 7.5	1 208	4.3	383	12.5
AM46	–	–	–	–	45	[3] 10.9	6	♦ [3] 7.4
AM47	73	[3] 1 685.5	44	[3] 1 174.9	968	[3] 235.0	503	[3] 620.1
AM48	36	14.9	82	32.2	3 944	14.0	522	17.0
AM49	156	64.7	224	88.1	25 538	90.8	1 521	49.6
AM50	47	19.5	28	♦ 11.0	3 463	12.3	415	13.5
AM51	3	♦ 1.2	20	♦ 7.9	2 053	7.3	128	4.2
AM52	55	22.8	24	♦ 9.4	3 269	11.6	356	11.6
AM53	3	♦ 1.2	12	♦ 4.7	3 593	12.8	130	4.2
AM54	26	♦ 10.8	18	♦ 7.1	622	2.2	128	4.2
AM55	50	20.7	11	♦ 4.3	237	0.8	78	2.5

21. Deaths and death rates by cause: latest available year (continued)

Décès selon la cause, nombres et taux: dernière année disponible (suite)

Part A: Classified according to Abbreviated International List, 1975 Revision

Partie A: Décès classés selon la Liste internationale abrégée de la révision de 1975

(See notes at end of table. – Voir notes à la fin du tableau.) AMERICA, NORTH (cont.) – AMERIQUE DU NORD (suite)

Cause of death abbreviated list number [1] / Cause de décès numéro dans la liste abrégée [1]	Cuba		Dominican Republic – République dominicaine		El Salvador		Guatemala	
	1990		1985+		1990 [8]		1984 [2]	
	Number Nombre	Rate Taux	Number Nombre	Rate Taux	Number Nombre	Rate Taux	Number Nombre	Rate Taux
TOTAL	72 144	679.0	*27 844*	*434.0*	*28 224*	*545.7*	66 260	856.1
AM 1	–	–	*–*	*–*	*–*	*–*	–	–
AM 2	2	♦ 0.0	*24*	*♦ 0.4*	*100*	*1.9*	232	3.0
AM 3	427	4.0	*1 799*	*28.0*	*1 310*	*25.3*	10 872	140.5
AM 4	56	0.5	*547*	*8.5*	*132*	*2.6*	804	10.4
AM 5	1	...	*6*	*♦ 0.1*	*24*	*♦ 0.5*	1 148	14.8
AM 6	118	1.1	*16*	*♦ 0.2*	*1*	*♦ 0.0*	4	♦ 0.1
AM 7	1	...	*30*	*♦ 0.5*	*39*	*0.8*	76	1.0
AM 8	144	1.4	*410*	*6.4*	*209*	*4.0*	648	8.4
AM 9	–	–	*–*	*–*	*–*	*–*	–	–
AM10	–	–	*156*	*2.4*	*59*	*1.1*	1 120	14.5
AM11	2	♦ 0.0	*9*	*♦ 0.1*	*32*	*0.6*	428	5.5
AM12	248	2.3	*299*	*4.7*	*176*	*3.4*	1 040	13.4
AM13	648	6.1	*144*	*2.2*	*322*	*6.2*	612	7.9
AM14	1 063	10.0	*76*	*1.2*	*24*	*♦ 0.5*	8	♦ 0.1
AM15	287	2.7	*40*	*0.6*	*10*	*♦ 0.2*	12	♦ 0.2
AM16	3 155	29.7	*142*	*2.2*	*85*	*1.6*	60	0.8
AM17	845	[4] 20.6	*82*	*...*	*38*	*...*	48	...
AM18	301	[4] 7.3	*117*	*...*	*113*	*...*	132	...
AM19	491	4.6	*98*	*1.5*	*107*	*2.1*	136	1.8
AM20	6 863	64.6	*1 061*	*16.5*	*1 023*	*19.8*	1 300	16.8
AM21	2 280	21.5	*573*	*8.9*	*347*	*6.7*	304	3.9
AM22	4	♦ 0.0	*9*	*♦ 0.1*	*–*	*–*	28	♦ 0.4
AM23	21	♦ 0.2	*630*	*9.8*	*236*	*4.6*	3 412	44.1
AM24	166	1.6	*242*	*3.8*	*156*	*3.0*	608	7.9
AM25	230	2.2	*278*	*4.3*	*115*	*2.2*	264	3.4
AM26	9	♦ 0.1	*14*	*♦ 0.2*	*6*	*♦ 0.1*	16	♦ 0.2
AM27	194	1.8	*32*	*0.5*	*6*	*♦ 0.1*	24	♦ 0.3
AM28	825	7.8	*612*	*9.5*	*44*	*0.8*	112	1.4
AM29	13 033	122.7	*1 626*	*25.3*	*990*	*19.1*	1 084	14.0
AM30	5 152	48.5	*109*	*1.7*	*99*	*1.9*	68	0.9
AM31	6 935	65.3	*1 726*	*26.9*	*1 256*	*24.3*	1 008	13.0
AM32	2 296	21.6	*56*	*0.9*	*11*	*♦ 0.2*	92	1.2
AM33	2 817	26.5	*2 262*	*35.3*	*2 361*	*45.6*	2 024	26.2
AM34	3 063	28.8	*1 158*	*18.0*	*991*	*19.2*	8 696	112.4
AM35	14	♦ 0.1	*18*	*♦ 0.3*	*27*	*♦ 0.5*	880	11.4
AM36	1 180	11.1	*409*	*6.4*	*598*	*11.6*	640	8.3
AM37	409	3.8	*122*	*1.9*	*200*	*3.9*	184	2.4
AM38	83	0.8	*22*	*♦ 0.3*	*20*	*♦ 0.4*	56	0.7
AM39	906	8.5	*816*	*12.7*	*345*	*6.7*	708	9.1
AM40	560	5.3	*182*	*2.8*	*282*	*5.5*	400	5.2
AM41	155	[5] 14.4	*41*	*...*	*5*	*...*	4	...
AM42	16	♦ [3] 8.6	*18*	*...*	*3*	*♦ [3] 2.0*	40	[3] 12.8
AM43	43	[3] 23.0	*79*	*...*	*52*	*[3] 35.3*	188	[3] 60.2
AM44	19	♦ [3] 10.2	*9*	*...*	*–*	*–*	8	♦ [3] 2.6
AM45	846	8.0	*447*	*7.0*	*214*	*4.1*	760	9.8
AM46	63	[3] 33.8	*115*	*...*	*8*	*♦ [3] 5.4*	80	[3] 25.6
AM47	733	[3] 392.7	*2 620*	*...*	*1 714*	*[3] 1 164.9*	9 604	[3] 3 077.3
AM48	259	2.4	*4 178*	*65.1*	*5 028*	*97.2*	6 908	89.3
AM49	[7] 6 703	[7] 63.1	*2 220*	*34.6*	*3 875*	*74.9*	5 352	69.1
AM50	...	...	*557*	*8.7*	*1 088*	*21.0*	112	1.4
AM51	...	...	*52*	*0.8*	*319*	*6.2*	196	2.5
AM52	...	...	*836*	*13.0*	*1 109*	*21.4*	1 112	14.4
AM53	...	...	*133*	*2.1*	*582*	*11.3*	40	0.5
AM54	...	...	*310*	*4.8*	*1 455*	*28.1*	256	3.3
AM55	...	...	*277*	*4.3*	*878*	*17.0*	2 312	29.9

21. Deaths and death rates by cause: latest available year (continued)

Décès selon la cause, nombres et taux: dernière année disponible (suite)

Part A: Classified according to Abbreviated International List, 1975 Revision

Partie A: Décès classés selon la Liste internationale abrégée de la révision de 1975

(See notes at end of table. – Voir notes à la fin du tableau.) AMERICA, NORTH (cont.) – AMERIQUE DU NORD (suite)

Cause of death abbreviated list number [1] / Cause de décès numéro dans la liste abrégée [1]	Martinique		Mexico – Mexique		Nicaragua		Panama	
	1987 [2 9]		1991+ [2]		1991		1989	
	Number Nombre	Rate Taux	Number Nombre	Rate Taux	Number Nombre	Rate Taux	Number Nombre	Rate Taux
TOTAL	2 095	607.2	410 425	467.3	12 515	312.9	9 557	403.3
AM 1	–	–	25	♦ 0.0	–	–	–	–
AM 2	2	♦ 0.6	475	0.5	1	♦ 0.0	–	–
AM 3	9	♦ 2.6	18 245	20.8	1 179	29.5	206	8.7
AM 4	6	♦ 1.7	5 365	6.1	250	6.3	143	6.0
AM 5	–	–	75	0.1	4	♦ 0.1	5	♦ 0.2
AM 6	1	♦ 0.3	18	♦ 0.0	9	♦ 0.2	17	♦ 0.7
AM 7	3	♦ 0.9	205	0.2	20	♦ 0.5	4	♦ 0.2
AM 8	16	♦ 4.6	2 670	3.0	53	1.3	34	1.4
AM 9	–	–	–	–	–	–	–	–
AM10	–	–	97	0.1	141	3.5	3	♦ 0.1
AM11	–	–	23	♦ 0.0	45	1.1	–	–
AM12	35	10.1	2 893	3.3	96	2.4	60	2.5
AM13	42	12.2	4 342	4.9	150	3.7	146	6.2
AM14	18	♦ 5.2	1 256	1.4	26	♦ 0.6	72	3.0
AM15	–	0.0	341	0.4	17	♦ 0.4	36	1.5
AM16	31	9.0	5 225	5.9	57	1.4	156	6.6
AM17	24	...	2 379	...	46	...	87	[4] 11.6
AM18	21	...	4 194	...	177	...	87	[4] 11.6
AM19	12	♦ 3.5	2 447	2.8	77	1.9	69	2.9
AM20	247	71.6	21 769	24.8	453	11.3	683	28.8
AM21	87	25.2	27 105	30.9	277	6.9	262	11.1
AM22	–	–	238	0.3	4	♦ 0.1	–	–
AM23	–	–	10 628	12.1	129	3.2	–	–
AM24	–	–	4 127	4.7	75	1.9	73	3.1
AM25	2	♦ 0.6	835	0.9	95	2.4	55	2.3
AM26	–	–	143	0.2	9	♦ 0.2	3	♦ 0.1
AM27	4	♦ 1.2	1 467	1.7	13	♦ 0.3	33	1.4
AM28	65	18.8	6 771	7.7	159	4.0	137	5.8
AM29	92	26.7	24 488	27.9	626	15.7	670	28.3
AM30	–	–	6 383	7.3	89	2.2	375	15.8
AM31	332	96.2	20 777	23.7	826	20.7	849	35.8
AM32	–	–	1 569	1.8	29	♦ 0.7	–	–
AM33	62	18.0	24 081	27.4	792	19.8	517	21.8
AM34	47	13.6	19 101	21.7	856	21.4	294	12.4
AM35	6	♦ 1.7	264	0.3	1	♦ 0.0	8	♦ 0.3
AM36	40	11.6	8 796	10.0	190	4.7	147	6.2
AM37	14	♦ 4.1	3 019	3.4	73	1.8	45	1.9
AM38	–	–	439	0.5	16	♦ 0.4	7	♦ 0.3
AM39	43	12.5	18 625	21.2	239	6.0	113	4.8
AM40	27	♦ 7.8	8 752	10.0	424	10.6	134	5.7
AM41	9	...	378	...	26	...	6	♦ [5] 3.9
AM42	–	–	112	[3] 4.1	21	...	6	♦ [3] 10.2
AM43	6	♦ 94.8	1 282	[3] 46.5	63	...	29	♦ [3] 49.1
AM44	–	–	20	♦ [3] 0.7	–	...	2	♦ [3] 3.4
AM45	14	♦ 4.1	8 635	9.8	219	5.5	227	9.6
AM46	2	♦ 31.6	894	[3] 32.4	31	...	39	[3] 66.0
AM47	26	♦ 410.9	21 348	[3] 774.5	1 111	...	466	[3] 788.9
AM48	130	37.7	8 842	10.1	548	13.7	735	31.0
AM49	433	125.5	50 088	57.0	1 114	27.9	1 144	48.3
AM50	43	12.5	14 126	16.1	390	9.8	320	13.5
AM51	21	♦ 6.1	4 381	5.0	15	♦ 0.4	55	2.3
AM52	64	18.5	20 401	23.2	627	15.7	355	15.0
AM53	44	12.8	2 114	2.4	110	2.7	70	3.0
AM54	15	♦ 4.3	15 088	17.2	229	5.7	123	5.2
AM55	–	0.0	3 064	3.5	288	7.2	450	19.0

21. Deaths and death rates by cause: latest available year (continued)

Décès selon la cause, nombres et taux: dernière année disponible (suite)

Part A: Classified according to Abbreviated International List, 1975 Revision

Partie A: Décès classés selon la Liste internationale abrégée de la révision de 1975

(See notes at end of table. – Voir notes à la fin du tableau.)

AMERICA, NORTH(cont.)/SOUTH – AMERIQUE DU NORD(suite)/SUD

Cause of death abbreviated list number [1] / Cause de décès numéro dans la liste abrégée [1]	Puerto Rico – Porto Rico		Trinidad and Tobago – Trinité-et-Tobago		United States – Etats-Unis		Argentina – Argentine	
	1991		1991		1990		1990 [2]	
	Number Nombre	Rate Taux	Number Nombre	Rate Taux	Number Nombre	Rate Taux	Number Nombre	Rate Taux
TOTAL	26 328	741.8	8 192	662.0	2 148 463	859.6	256 796	789.0
AM 1	–	–	–	–	2	0.0	–	–
AM 2	–	–	2	♦ 0.2	1	0.0	8	♦ 0.0
AM 3	5	♦ 0.1	32	2.6	517	0.2	1 020	3.1
AM 4	55	1.5	34	2.7	1 810	0.7	1 344	4.1
AM 5	–	–	–	–	12	♦ 0.0	31	0.1
AM 6	–	–	–	–	215	0.1	33	0.1
AM 7	2	♦ 0.1	6	♦ 0.5	11	♦ 0.0	39	0.1
AM 8	406	11.4	42	3.4	19 169	7.7	4 717	14.5
AM 9	–	–	–	–	–	–	–	–
AM10	–	–	–	–	64	0.0	10	♦ 0.0
AM11	1	♦ 0.0	–	–	3	♦ 0.0	–	–
AM12	128	3.6	43	3.5	8 620	3.4	1 338	4.1
AM13	349	9.8	65	5.3	14 073	5.6	3 096	9.5
AM14	316	8.9	81	6.5	48 705	19.5	3 531	10.8
AM15	49	1.4	24	♦ 1.9	7 820	3.1	930	2.9
AM16	550	15.5	89	7.2	141 285	56.5	7 479	23.0
AM17	292	...	90	...	43 391	[4] 42.8	4 274	[4] 37.0
AM18	60	...	38	...	4 627	[4] 4.6	749	[4] 6.5
AM19	156	4.4	48	3.9	18 574	7.4	1 511	4.6
AM20	2 502	70.5	597	48.2	226 847	90.8	24 488	75.2
AM21	1 668	47.0	1 031	83.3	47 664	19.1	5 603	17.2
AM22	–	–	1	♦ 0.1	251	0.1	309	0.9
AM23	57	1.6	37	3.0	2 545	1.0	1 422	4.4
AM24	165	4.6	58	4.7	4 092	1.6	559	1.7
AM25	34	1.0	30	♦ 2.4	1 017	0.4	577	1.8
AM26	6	♦ 0.2	1	♦ 0.1	66	0.0	14	♦ 0.0
AM27	13	♦ 0.4	31	2.5	5 952	2.4	268	0.8
AM28	1 216	34.3	379	30.6	32 618	13.1	4 009	12.3
AM29	1 292	36.4	912	73.7	239 008	95.6	16 645	51.1
AM30	2 204	62.1	493	39.8	250 163	100.1	7 370	22.6
AM31	1 215	34.2	939	75.9	144 088	57.7	25 798	79.3
AM32	396	11.2	60	4.8	18 047	7.2	7 233	22.2
AM33	2 151	60.6	402	32.5	230 303	92.1	54 400	167.1
AM34	1 115	31.4	273	22.1	77 415	31.0	6 843	21.0
AM35	3	♦ 0.1	3	♦ 0.2	2 098	0.8	27	♦ 0.1
AM36	369	10.4	109	8.8	24 125	9.7	2 122	6.5
AM37	62	1.7	85	6.9	6 186	2.5	460	1.4
AM38	6	♦ 0.2	8	♦ 0.6	438	0.2	65	0.2
AM39	818	23.0	77	6.2	25 815	10.3	3 117	9.6
AM40	367	10.3	94	7.6	20 764	8.3	4 769	14.7
AM41	7	...	24	...	455	[5] 1.6	79	[5] 2.4
AM42	–	–	4	♦ [3] 17.9	57	[3] 1.4	116	[3] 17.1
AM43	13	♦ [3] 20.1	7	♦ [3] 31.3	265	[3] 6.4	228	[3] 33.6
AM44	–	–	–	–	21	♦ [3] 0.5	9	♦ [3] 1.3
AM45	216	6.1	78	6.3	13 085	5.2	3 033	9.3
AM46	4	♦ [3] 6.2	16	♦ [3] 71.5	214	[3] 5.1	337	[3] 49.7
AM47	505	[3] 782.8	111	[3] 496.2	17 460	[3] 419.9	8 251	[3] 1 215.8
AM48	151	4.3	182	14.7	24 137	9.7	7 415	22.8
AM49	4 904	138.2	920	74.3	274 157	109.7	24 481	75.2
AM50	581	16.4	148	12.0	45 827	18.3	2 942	9.0
AM51	188	5.3	48	3.9	12 313	4.9	1 111	3.4
AM52	390	11.0	154	12.4	33 843	13.5	6 279	19.3
AM53	355	10.0	148	12.0	30 906	12.4	2 153	6.6
AM54	803	22.6	95	7.7	24 614	9.8	1 620	5.0
AM55	183	5.2	43	3.5	2 708	1.1	2 534	7.8

21. Deaths and death rates by cause: latest available year (continued)

Décès selon la cause, nombres et taux: dernière année disponible (suite)

Part A: Classified according to Abbreviated International List, 1975 Revision

Partie A: Décès classés selon la Liste internationale abrégée de la révision de 1975

(See notes at end of table. – Voir notes à la fin du tableau.)

AMERICA, SOUTH (cont.) – AMERIQUE DU SUD (suite)

Cause of death abbreviated list number [1] / Cause de décès numéro dans la liste abrégée [1]	Brazil – Brésil		Chile – Chili		Colombia – Colombie		Ecuador – Equateur	
	1989 [10 11]		1989		1990+ [12]		1990 [13]	
	Number Nombre	Rate Taux	Number Nombre	Rate Taux	Number Nombre	Rate Taux	Number Nombre	Rate Taux
TOTAL	*814 726*	*573.2*	75 453	582.2	*154 685*	*478.9*	*50 217*	*489.2*
AM 1	–	–	–	–	–	–	–	–
AM 2	*71*	*0.0*	37	0.3	*37*	*0.1*	*88*	*0.9*
AM 3	*18 273*	*12.9*	437	3.4	*2 651*	*8.2*	*2 590*	*25.2*
AM 4	*5 343*	*3.8*	770	5.9	*1 254*	*3.9*	*1 209*	*11.8*
AM 5	*97*	*0.1*	2	♦ 0.0	*55*	*0.2*	*64*	*0.6*
AM 6	*615*	*0.4*	21	♦ 0.2	*40*	*0.1*	–	–
AM 7	*559*	*0.4*	5	♦ 0.0	*88*	*0.3*	*58*	*0.6*
AM 8	*8 322*	*5.9*	924	7.1	*823*	*2.5*	*324*	*3.2*
AM 9	–	–	–	–	–	–	–	–
AM10	*264*	*0.2*	14	♦ 0.1	*55*	*0.2*	*94*	*0.9*
AM11	*1 014*	*0.7*	–	–	*180*	*0.6*	*129*	*1.3*
AM12	*10 434*	*7.3*	520	4.0	*894*	*2.8*	*339*	*3.3*
AM13	*9 566*	*6.7*	2 592	20.0	*3 698*	*11.4*	*1 232*	*12.0*
AM14	*2 965*	*2.1*	507	3.9	*591*	*1.8*	*113*	*1.1*
AM15	*1 398*	*1.0*	228	1.8	*334*	*1.0*	*54*	*0.5*
AM16	*9 714*	*6.8*	1 367	10.5	*1 965*	*6.1*	*307*	*3.0*
AM17	*5 491*	*[4] 11.5*	744	[4] 16.2	*948*	...	*196*	*[4] 6.5*
AM18	*2 757*	*[4] 5.8*	751	[4] 16.3	*1 057*	...	*234*	*[4] 7.8*
AM19	*3 221*	*2.3*	423	3.3	*960*	*3.0*	*314*	*3.1*
AM20	*43 391*	*30.5*	7 082	54.6	*10 106*	*31.3*	*2 656*	*25.9*
AM21	*17 485*	*12.3*	1 184	9.1	*2 860*	*8.9*	*994*	*9.7*
AM22	*830*	*0.6*	53	0.4	*12*	*♦ 0.0*	*86*	*0.8*
AM23	*6 199*	*4.4*	116	0.9	*1 466*	*4.5*	*886*	*8.6*
AM24	*2 081*	*1.5*	175	1.3	*535*	*1.7*	*497*	*4.8*
AM25	*2 974*	*2.1*	214	1.7	*689*	*2.1*	*177*	*1.7*
AM26	*190*	*0.1*	4	♦ 0.0	*31*	*0.1*	*20*	*♦ 0.2*
AM27	*1 529*	*1.1*	333	2.6	*287*	*0.9*	*88*	*0.9*
AM28	*15 426*	*10.9*	1 109	8.6	*4 867*	*15.1*	*820*	*8.0*
AM29	*50 998*	*35.9*	4 883	37.7	*14 630*	*45.3*	*1 585*	*15.4*
AM30	*15 931*	*11.2*	2 654	20.5	*2 126*	*6.6*	*248*	*2.4*
AM31	*77 399*	*54.5*	6 734	52.0	*9 882*	*30.6*	*2 697*	*26.3*
AM32	*5 054*	*3.6*	1 059	8.2	*1 017*	*3.1*	*135*	*1.3*
AM33	*62 062*	*43.7*	3 674	28.3	*13 059*	*40.4*	*3 321*	*32.4*
AM34	*32 046*	*22.5*	5 759	44.4	*5 208*	*16.1*	*2 524*	*24.6*
AM35	*297*	*0.2*	96	0.7	*135*	*0.4*	*241*	*2.3*
AM36	*7 982*	*5.6*	1 441	11.1	*1 788*	*5.5*	*1 489*	*14.5*
AM37	*2 616*	*1.8*	245	1.9	*919*	*2.8*	*280*	*2.7*
AM38	*414*	*0.3*	62	0.5	*140*	*0.4*	*64*	*0.6*
AM39	*12 697*	*8.9*	3 551	27.4	*1 036*	*3.2*	*909*	*8.9*
AM40	*7 857*	*5.5*	825	6.4	*2 019*	*6.2*	*857*	*8.3*
AM41	*320*	*[5] 3.4*	122	[5] 13.3	*116*	...	*63*	*[5] 11.3*
AM42	*195*	*[3] 7.6*	41	[3] 13.5	*108*	...	*29*	*♦ [3] 14.4*
AM43	*1 347*	*[3] 52.2*	66	[3] 21.7	*424*	...	*267*	*[3] 132.4*
AM44	*128*	*[3] 5.0*	16	♦ [3] 5.3	*9*	...	*11*	*♦ [3] 5.5*
AM45	*8 462*	*6.0*	1 386	10.7	*2 090*	*6.5*	*719*	*7.0*
AM46	*610*	*[3] 23.6*	62	[3] 20.4	*100*	...	*96*	*[3] 47.6*
AM47	*40 262*	*[3] 1 559.9*	1 715	[3] 564.5	*5 490*	...	*2 531*	*[3] 1 254.8*
AM48	*149 670*	*105.3*	5 103	39.4	*6 046*	*18.7*	*7 173*	*69.9*
AM49	*66 031*	*46.5*	6 662	51.4	*14 130*	*43.7*	*4 791*	*46.7*
AM50	*28 817*	*20.3*	941	7.3	*4 382*	*13.6*	*2 049*	*20.0*
AM51	*3 684*	*2.6*	453	3.5	*961*	*3.0*	*636*	*6.2*
AM52	*22 714*	*16.0*	2 032	15.7	*6 693*	*20.7*	*2 358*	*23.0*
AM53	*4 489*	*3.2*	725	5.6	*880*	*2.7*	*450*	*4.4*
AM54	*28 726*	*20.2*	372	2.9	*24 033*	*74.4*	*1 060*	*10.3*
AM55	*13 709*	*9.6*	5 162	39.8	*781*	*2.4*	*65*	*0.6*

21. Deaths and death rates by cause: latest available year (continued)

Décès selon la cause, nombres et taux: dernière année disponible (suite)

Part A: Classified according to Abbreviated International List, 1975 Revision

Partie A: Décès classés selon la Liste internationale abrégée de la révision de 1975

(See notes at end of table. – Voir notes à la fin du tableau.) AMERICA, SOUTH (cont.) – AMERIQUE DU SUD (suite)

Cause of death abbreviated list number [1] / Cause de décès numéro dans la liste abrégée [1]	Guyana 1984+		Paraguay 1988 [2]		Suriname 1987		Uruguay 1990 [2]	
	Number Nombre	Rate Taux	Number Nombre	Rate Taux	Number Nombre	Rate Taux	Number Nombre	Rate Taux
TOTAL	4 781	608.3	13 510	334.5	1 746	451.2	30 210	976.3
AM 1	–	–	–	–	–	–	–	–
AM 2	2	♦ 0.3	2	♦ 0.0	–	–	–	–
AM 3	11	♦ 1.4	550	13.6	48	12.4	112	3.6
AM 4	14	♦ 1.8	132	3.3	7	♦ 1.8	72	2.3
AM 5	–	–	16	♦ 0.4	–	–	2	♦ 0.1
AM 6	–	–	3	♦ 0.1	–	–	10	♦ 0.3
AM 7	8	♦ 1.0	44	1.1	2	♦ 0.5	2	♦ 0.1
AM 8	61	7.8	320	7.9	17	♦ 4.4	209	6.8
AM 9	–	–	–	–	–	–	–	–
AM10	–	–	28	♦ 0.7	–	–	–	–
AM11	1	♦ 0.1	–	–	9	♦ 2.3	1	♦ 0.0
AM12	49	6.2	60	1.5	16	♦ 4.1	88	2.8
AM13	42	5.3	111	2.7	11	♦ 2.8	501	16.2
AM14	13	♦ 1.7	39	1.0	7	♦ 1.8	563	18.2
AM15	7	♦ 0.9	17	♦ 0.4	4	♦ 1.0	155	5.0
AM16	15	♦ 1.9	105	2.6	17	♦ 4.4	1 197	38.7
AM17	21	...	76	[4] 6.4	10	...	582	[4] 48.7
AM18	25	...	79	[4] 6.6	26	...	96	[4] 8.0
AM19	9	♦ 1.1	77	1.9	2	♦ 0.5	194	6.3
AM20	148	18.8	741	18.3	84	21.7	3 605	116.5
AM21	163	20.7	338	8.4	99	25.6	600	19.4
AM22	17	♦ 2.2	6	♦ 0.1	10	♦ 2.6	2	♦ 0.1
AM23	205	26.1	90	2.2	2	♦ 0.5	71	2.3
AM24	97	12.3	53	1.3	10	♦ 2.6	106	3.4
AM25	10	♦ 1.3	98	2.4	6	♦ 1.5	51	1.6
AM26	3	♦ 0.4	4	♦ 0.1	–	–	3	♦ 0.1
AM27	14	♦ 1.8	22	♦ 0.5	1	♦ 0.3	25	♦ 0.8
AM28	176	22.4	194	4.8	22	♦ 5.7	390	12.6
AM29	199	25.3	873	21.6	150	38.8	2 095	67.7
AM30	60	7.6	126	3.1	21	♦ 5.4	1 759	56.8
AM31	597	76.0	1 407	34.8	157	40.6	3 568	115.3
AM32	19	♦ 2.4	81	2.0	12	♦ 3.1	613	19.8
AM33	462	58.8	1 405	34.8	140	36.2	3 256	105.2
AM34	171	21.8	691	17.1	47	12.1	767	24.8
AM35	2	♦ 0.3	26	♦ 0.6	10	♦ 2.6	19	♦ 0.6
AM36	49	6.2	136	3.4	30	♦ 7.8	444	14.3
AM37	29	♦ 3.7	35	0.9	7	♦ 1.8	76	2.5
AM38	5	♦ 0.6	12	♦ 0.3	1	♦ 0.3	15	♦ 0.5
AM39	119	15.1	86	2.1	31	8.0	320	10.3
AM40	47	6.0	247	6.1	17	♦ 4.4	283	9.1
AM41	2	...	24	♦ [5] 12.3	4	...	40	[5] 10.7
AM42	5	...	23	♦ [3] 61.4	1	♦ [3] 10.4	1	♦ [3] 1.8
AM43	12	...	76	[3] 202.9	2	♦ [3] 20.7	8	♦ [3] 14.2
AM44	–	...	6	♦ [3] 16.0	–	–	–	–
AM45	26	♦ 3.3	200	5.0	21	♦ 5.4	272	8.8
AM46	–	...	31	[3] 82.8	3	♦ [3] 31.1	20	♦ [3] 35.4
AM47	155	...	489	[3] 1 305.4	107	[3] 1 107.7	465	[3] 823.2
AM48	515	65.5	2 352	58.2	244	63.0	1 936	62.6
AM49	769	97.8	965	23.9	138	35.7	3 707	119.8
AM50	2	♦ 0.3	–	–	35	9.0	375	12.1
AM51	23	♦ 2.9	–	–	11	♦ 2.8	154	5.0
AM52	204	26.0	1 014	25.1	48	12.4	925	29.9
AM53	13	♦ 1.7	–	–	52	13.4	318	10.3
AM54	2	♦ 0.3	–	–	14	♦ 3.6	136	4.4
AM55	183	23.3	–	–	33	8.5	1	♦ 0.0

21. Deaths and death rates by cause: latest available year (continued)

Décès selon la cause, nombres et taux: dernière année disponible (suite)

Part A: Classified according to Abbreviated International List, 1975 Revision

Partie A: Décès classés selon la Liste internationale abrégée de la révision de 1975

(See notes at end of table. – Voir notes à la fin du tableau.) AMERICA, SOUTH(cont.)/ASIA – AMERIQUE DU SUD(suite)/ASIE

Cause of death abbreviated list number [1] / Cause de décès numéro dans la liste abrégée [1]	Venezuela		Armenia – Arménie		Bahrain – Bahreïn		China – Chine	
	1989 [2] [10]		1990 [14]		1988		1987 [15]	
	Number Nombre	Rate Taux	Number Nombre	Rate Taux	Number Nombre	Rate Taux	Number Nombre	Rate Taux
TOTAL	84 886	449.8	21 993	620.4	*1 523*	*336.3*	*579 561*	*585.6*
AM 1	–	–	...	...	–	–	...	...
AM 2	2	♦ 0.0	–	–	–	–	*87*	*0.1*
AM 3	2 447	13.0	...	...	*1*	*♦ 0.2*	...	...
AM 4	630	3.3	97	2.7	*1*	*♦ 0.2*	*14 668*	*14.8*
AM 5	18	♦ 0.1	–	–	–	–	9	0.0
AM 6	12	♦ 0.1	–	–	–	–	*321*	*0.3*
AM 7	45	0.2	1	♦ 0.0	*1*	*♦ 0.2*	*185*	*0.2*
AM 8	931	4.9	114	3.2	*5*	*♦ 1.1*	*1 801*	*1.8*
AM 9	–	–	...	...	–	–	–	–
AM10	52	0.3	1	♦ 0.0	–	–	...	...
AM11	49	0.3	–	–	–	–	*7*	*♦ 0.0*
AM12	1 478	7.8	...	...	*3*	*♦ 0.7*	*[16] 7 148*	*[16] 7.2*
AM13	1 344	7.1	502	14.2	*14*	*♦ 3.1*	...	...
AM14	471	2.5	181	5.1	*2*	*♦ 0.4*	...	...
AM15	144	0.8	86	2.4	*3*	*♦ 0.7*	...	...
AM16	1 250	6.6	773	21.8	*46*	*10.2*	...	...
AM17	573	...	312	...	*13*	*♦ [4] 11.0*	...	...
AM18	539	...	92	...	*2*	*♦ [4] 1.7*	...	...
AM19	553	2.9	124	3.5	*4*	*♦ 0.9*	*3 488*	*3.5*
AM20	4 786	25.4	1 699	47.9	*70*	*15.5*	*[17] 104 285*	*[17] 105.3*
AM21	2 885	15.3	495	14.0	*52*	*11.5*	*4 479*	*4.5*
AM22	254	1.3	...	...	–	–	...	...
AM23	365	1.9	...	...	*4*	*♦ 0.9*	*[18] 2 148*	*[18] 2.2*
AM24	243	1.3	8	♦ 0.2	*2*	*♦ 0.4*	*877*	*0.9*
AM25	458	2.4	15	♦ 0.4	*2*	*♦ 0.4*	*465*	*0.5*
AM26	9	♦ 0.0	76	2.1	–	–	*411*	*0.4*
AM27	140	0.7	134	3.8	–	–	*8 540*	*8.6*
AM28	2 256	12.0	3	♦ 0.1	*45*	*9.9*	*13 555*	*13.7*
AM29	7 051	37.4	1 916	54.1	*289*	*63.8*	*13 281*	*13.4*
AM30	1 858	9.8	5 212	147.0	*36*	*7.9*	*17 211*	*17.4*
AM31	5 450	28.9	2 963	83.6	*49*	*10.8*	*106 576*	*107.7*
AM32	422	2.2	...	...	–	–	...	...
AM33	4 544	24.1	...	...	*78*	*17.2*	*[19] 38 412*	*[19] 38.8*
AM34	2 946	15.6	363	10.2	*48*	*10.6*	*16 157*	*16.3*
AM35	54	0.3	19	♦ 0.5	–	–	...	...
AM36	942	5.0	916	25.8	*20*	*♦ 4.4*	*81 153*	*82.0*
AM37	357	1.9	140	3.9	–	–	*4 542*	*4.6*
AM38	113	0.6	15	♦ 0.4	–	–	*393*	*0.4*
AM39	1 504	8.0	...	0.0	*17*	*♦ 3.8*	*12 267*	*12.4*
AM40	881	4.7	187	5.3	–	–	*6 092*	*6.2*
AM41	67	...	79	...	–	–	*497*	...
AM42	81	[3] 15.3	3	♦ [3] 3.8	–	–	*31*	*[3] 1.9*
AM43	234	[3] 44.2	...	...	–	–	*497*	*[3] 30.7*
AM44	24	♦ [3] 4.5	...	...	–	–	*176*	*[3] 10.9*
AM45	1 896	10.0	238	6.7	*82*	*18.1*	*5 953*	*6.0*
AM46	180	[3] 34.0	33	[3] 41.3	–	–	...	...
AM47	5 970	[3] 1 128.5	448	[3] 560.8	*189*	*[3] 1 505.4*	*[20] 12 797*	*[3] [20] 790.4*
AM48	10 637	56.4	652	18.4	*157*	*34.7*	*[21] 34 420*	*[21] 13.6*
AM49	6 138	32.5	...	...	*181*	*40.0*	*[22] 34 127*	*[22] 34.5*
AM50	3 905	20.7	632	17.8	*38*	*8.4*	*8 368*	*8.5*
AM51	794	4.2	122	3.4	–	–	*5 750*	*5.8*
AM52	2 745	14.5	1 635	46.1	*12*	*♦ 2.6*	...	...
AM53	913	4.8	93	2.6	*14*	*♦ 3.1*	*17 382*	*17.6*
AM54	2 290	12.1	203	5.7	*2*	*♦ 0.4*	*1 412*	*1.4*
AM55	956	5.1	151	4.3	*41*	*9.1*	*[23] 20 593*	*[23] 20.8*

21. Deaths and death rates by cause: latest available year (continued)

Décès selon la cause, nombres et taux: dernière année disponible (suite)

Part A: Classified according to Abbreviated International List, 1975 Revision

Partie A: Décès classés selon la Liste internationale abrégée de la révision de 1975

(See notes at end of table. – Voir notes à la fin du tableau.)

ASIA (cont.) – ASIE (suite)

Cause of death abbreviated list number [1] / Cause de décès numéro dans la liste abrégée [1]	Hong Kong – Hong-kong 1991 [2 24]		Israel – Israël [25] 1991		Japan – Japon 1992 [26]		Kazakhstan 1990 [14]	
	Number Nombre	Rate Taux	Number Nombre	Rate Taux	Number Nombre	Rate Taux	Number Nombre	Rate Taux
TOTAL	28 675	498.3	31 266	632.1	856 643	689.0	128 787	772.6
AM 1	–	–	–	–	–	–	...	...
AM 2	1	♦ 0.0	–	–	–	–	6	♦ 0.0
AM 3	5	♦ 0.1	16	♦ 0.3	761	0.6	...	...
AM 4	382	6.6	18	♦ 0.4	3 347	2.7	1 694	10.2
AM 5	–	–	–	–	1	0.0	–	–
AM 6	1	♦ 0.0	3	♦ 0.1	1	0.0	132	0.8
AM 7	6	♦ 0.1	1	♦ 0.0	17	♦ 0.0	5	♦ 0.0
AM 8	505	8.8	466	9.4	4 037	3.2	368	2.2
AM 9	–	–	–	–	–	–	...	...
AM10	–	–	2	♦ 0.0	14	♦ 0.0	–	–
AM11	2	♦ 0.0	–	–	–	–	1	♦ 0.0
AM12	48	0.8	50	1.0	5 157	4.1	...	0.0
AM13	583	10.1	409	8.3	48 041	38.6	3 730	22.4
AM14	585	10.2	717	14.5	17 382	14.0	701	4.2
AM15	316	5.5	141	2.8	10 090	8.1	811	4.9
AM16	2 597	45.1	876	17.7	40 163	32.3	4 881	29.3
AM17	333	[4] 14.9	666	[4] 38.1	6 451	[4] 12.2	1 003	[4] 16.7
AM18	146	[4] 6.5	33	[4] 1.9	1 960	[4] 3.7	605	[4] 10.1
AM19	185	3.2	294	5.9	5 716	4.6	516	3.1
AM20	4 087	71.0	3 192	64.5	102 114	82.1	11 958	71.7
AM21	271	4.7	785	15.9	9 823	7.9	920	5.5
AM22	1	♦ 0.0	2	♦ 0.0	–	–	...	...
AM23	–	–	8	♦ 0.2	230	0.2	...	...
AM24	21	♦ 0.4	103	2.1	1 523	1.2	117	0.7
AM25	30	♦ 0.5	20	♦ 0.4	436	0.3	167	1.0
AM26	1	♦ 0.0	1	♦ 0.0	59	0.0	570	3.4
AM27	148	2.6	104	2.1	1 267	1.0	455	2.7
AM28	873	15.2	246	5.0	8 688	7.0	1 622	9.7
AM29	1 854	32.2	3 545	71.7	31 355	25.2	5 484	32.9
AM30	1 188	20.6	2 533	51.2	19 769	15.9	23 882	143.3
AM31	3 009	52.3	2 949	59.6	118 058	95.0	19 302	115.8
AM32	27	♦ 0.5	27	♦ 0.5	1 821	1.5	...	...
AM33	1 032	17.9	3 643	73.7	129 388	104.1	...	...
AM34	1 819	31.6	633	12.8	74 274	59.7	3 747	22.5
AM35	–	–	1	♦ 0.0	177	0.1	139	0.8
AM36	431	7.5	199	4.0	15 174	12.2	4 884	29.3
AM37	130	2.3	76	1.5	3 581	2.9	390	2.3
AM38	6	♦ 0.1	12	♦ 0.2	87	0.1	79	0.5
AM39	375	6.5	282	5.7	17 083	13.7	...	...
AM40	1 072	18.6	630	12.7	18 299	14.7	800	4.8
AM41	1	♦ [5] 0.2	12	♦ [5] 2.7	168	[5] 0.9	137	[5] 11.0
AM42	1	♦ [3] 1.5	–	–	2	♦ [3] 0.2	32	[3] 8.8
AM43	3	♦ [3] 4.4	8	♦ [3] 7.6	93	[3] 7.7	...	...
AM44	–	–	1	♦ [3] 0.9	16	♦ [3] 1.3	...	...
AM45	174	3.0	349	7.1	3 534	2.8	1 589	9.5
AM46	2	♦ [3] 2.9	2	♦ [3] 1.9	166	[3] 13.7	385	[3] 106.0
AM47	216	[3] 316.3	405	[3] 383.1	1 398	[3] 115.6	2 785	[3] 766.5
AM48	713	12.4	1 790	36.2	31 526	25.4	1 703	10.2
AM49	3 685	64.0	4 219	85.3	64 444	51.8	...	...
AM50	335	5.8	293	5.9	14 547	11.7	3 640	21.8
AM51	170	3.0	129	2.6	4 598	3.7	513	3.1
AM52	363	6.3	647	13.1	15 532	12.5	14 243	85.4
AM53	748	13.0	359	7.3	20 893	16.8	3 178	19.1
AM54	102	1.8	61	1.2	748	0.6	1 970	11.8
AM55	92	1.6	308	6.2	2 634	2.1	753	4.5

21. Deaths and death rates by cause: latest available year (continued)

Décès selon la cause, nombres et taux: dernière année disponible (suite)

Part A: Classified according to Abbreviated International List, 1975 Revision

Partie A: Décès classés selon la Liste internationale abrégée de la révision de 1975

(See notes at end of table. – Voir notes à la fin du tableau.) ASIA (cont.) – ASIE (suite)

Cause of death abbreviated list number [1] / Cause de décès numéro dans la liste abrégée [1]	Korea, Republic of– Corée, République de		Kuwait – Koweït		Kyrgyzstan – Kirghizistan		Macau – Macao	
	1991 [2]		1987 [2]		1990 [14]		1992	
	Number Nombre	Rate Taux	Number Nombre	Rate Taux	Number Nombre	Rate Taux	Number Nombre	Rate Taux
TOTAL	*199 673*	*461.5*	4 287	228.4	30 580	695.8	*1 432*	*384.6*
AM 1	*2*	*♦ 0.0*	–	–	...	...	–	–
AM 2	–	–	–	–	1	♦ 0.0	–	–
AM 3	*419*	*1.0*	26	♦ 1.4	...	...	–	–
AM 4	*4 002*	*9.2*	20	♦ 1.1	298	6.8	*23*	*♦ 6.2*
AM 5	*1*	*♦ 0.0*	–	–	5	♦ 0.1	–	–
AM 6	*3*	*♦ 0.0*	–	–	70	1.6	–	–
AM 7	*12*	*♦ 0.0*	–	–	–	–	–	–
AM 8	*477*	*1.1*	50	2.7	64	1.5	*7*	*♦ 1.9*
AM 9	–	–	–	–	...	...	–	–
AM10	*38*	*0.1*	1	♦ 0.1	–	–	–	–
AM11	*4*	...	1	♦ 0.1	–	–	–	–
AM12	*286*	*0.7*	27	♦ 1.4	...	...	*8*	*♦ 2.1*
AM13	*10 764*	*24.9*	21	♦ 1.1	645	14.7	*21*	*♦ 5.6*
AM14	*844*	*1.9*	19	♦ 1.0	108	2.5	*23*	*♦ 6.2*
AM15	*747*	*1.7*	10	♦ 0.5	134	3.0	*8*	*♦ 2.1*
AM16	*5 533*	*12.8*	67	3.6	587	13.4	*82*	*22.0*
AM17	*618*	...	27	♦ [4] 5.7	156	...	*5*	...
AM18	*353*	...	8	♦ [4] 1.7	122	...	*3*	...
AM19	*1 199*	*2.8*	48	2.6	115	2.6	*3*	*♦ 0.8*
AM20	*18 293*	*42.3*	277	14.8	1 749	39.8	*140*	*37.6*
AM21	*4 526*	*10.5*	112	6.0	139	3.2	*17*	*♦ 4.6*
AM22	*46*	*0.1*	4	♦ 0.2	...	...	*2*	*♦ 0.5*
AM23	*15*	*♦ 0.0*	–	–	...	...	*3*	*♦ 0.8*
AM24	*219*	*0.5*	8	♦ 0.4	43	1.0	*3*	*♦ 0.8*
AM25	*306*	*0.7*	15	♦ 0.8	68	1.5	*1*	*♦ 0.3*
AM26	*24*	*♦ 0.1*	–	–	167	3.8	–	–
AM27	*145*	*0.3*	16	♦ 0.9	102	2.3	*5*	*♦ 1.3*
AM28	*10 908*	*25.2*	299	15.9	456	10.4	*21*	*♦ 5.6*
AM29	*3 498*	*8.1*	387	20.6	905	20.6	*35*	*9.4*
AM30	*731*	*1.7*	274	14.6	4 814	109.5	*129*	*34.6*
AM31	*26 468*	*61.2*	111	5.9	4 661	106.1	*138*	*37.1*
AM32	*922*	*2.1*	136	7.2	...	...	*6*	*♦ 1.6*
AM33	*14 564*	*33.7*	155	8.3	...	...	*184*	*49.4*
AM34	*1 846*	*4.3*	219	11.7	1 920	43.7	*85*	*22.8*
AM35	*89*	*0.2*	–	–	99	2.3	–	–
AM36	*3 234*	*7.5*	37	2.0	1 205	27.4	*27*	*♦ 7.3*
AM37	*678*	*1.6*	12	♦ 0.6	93	2.1	*6*	*♦ 1.6*
AM38	*73*	*0.2*	–	–	16	♦ 0.4	–	–
AM39	*10 483*	*24.2*	40	2.1	...	...	*26*	*♦ 7.0*
AM40	*1 340*	*3.1*	71	3.8	260	5.9	*37*	*9.9*
AM41	*36*	...	5	♦ [5] 6.6	36	...	*1*	...
AM42	*6*	*♦ [3] 0.9*	–	–	13	♦ [3] 10.1	–	–
AM43	*90*	*[3] 12.8*	1	♦ [3] 1.9	...	...	*2*	*♦ [3] 30.0*
AM44	–	–	–	–	...	...	–	–
AM45	*1 260*	*2.9*	342	18.2	409	9.3	*10*	*♦ 2.7*
AM46	*5*	*♦ [3] 0.7*	–	–	160	[3] 124.2	–	–
AM47	*239*	*[3] 34.1*	409	[3] 780.4	782	[3] 607.1	*28*	*♦ [3] 419.4*
AM48	*29 128*	*67.3*	204	10.9	1 071	24.4	*91*	*24.4*
AM49	*13 938*	*32.2*	240	12.8	...	...	*162*	*43.5*
AM50	*13 143*	*30.4*	343	18.3	1 006	22.9	*16*	*♦ 4.3*
AM51	*1 079*	*2.5*	32	1.7	109	2.5	*15*	*♦ 4.0*
AM52	*12 086*	*27.9*	160	8.5	3 121	71.0	*15*	*♦ 4.0*
AM53	*3 069*	*7.1*	16	♦ 0.9	547	12.4	*30*	*♦ 8.1*
AM54	*620*	*1.4*	10	♦ 0.5	612	13.9	*7*	*♦ 1.9*
AM55	*1 264*	*2.9*	27	♦ 1.4	213	4.8	*7*	*♦ 1.9*

21. Deaths and death rates by cause: latest available year (continued)

Décès selon la cause, nombres et taux: dernière année disponible (suite)

Part A: Classified according to Abbreviated International List, 1975 Revision

Partie A: Décès classés selon la Liste internationale abrégée de la révision de 1975

(See notes at end of table. – Voir notes à la fin du tableau.) ASIA (cont.) – ASIE (suite) – EUROPE

Cause of death abbreviated list number [1] / Cause de décès numéro dans la liste abrégée [1]	Maldives		Singapore – Singapour		Albania – Albanie		Austria – Autriche	
	1988		1991+ [2,27]		1992 [14]		1992	
	Number Nombre	Rate Taux	Number Nombre	Rate Taux	Number Nombre	Rate Taux	Number Nombre	Rate Taux
TOTAL	1 526	751.7	13 876	502.3	17 238	512.6	83 162	1 054.8
AM 1	–	–	1	♦ 0.0	–	–	–	–
AM 2	–	–	1	♦ 0.0	1	♦ 0.0	–	–
AM 3	–	–	24	♦ 0.9	92	2.7	7	♦ 0.1
AM 4	26	♦ 12.8	104	3.8	22	♦ 0.7	132	1.7
AM 5	–	–	–	–	1	♦ 0.0	1	♦ 0.0
AM 6	–	–	–	–	–	–	13	♦ 0.2
AM 7	47	23.2	–	–	–	–	1	♦ 0.0
AM 8	–	–	142	5.1	30	♦ 0.9	30	♦ 0.4
AM 9	–	–	–	–	–	–	–	–
AM10	–	–	–	–	–	–	–	–
AM11	–	–	6	♦ 0.2	1	♦ 0.0	–	–
AM12	–	–	43	1.6	91	2.7	74	0.9
AM13	–	–	357	12.9	271	8.1	1 682	21.3
AM14	–	–	294	10.6	36	1.1	1 767	22.4
AM15	–	–	150	5.4	24	♦ 0.7	990	12.6
AM16	–	–	812	29.4	402	12.0	3 181	40.3
AM17	–	–	205	19.4	72	...	1 746	[4]51.1
AM18	–	–	82	7.8	8	...	207	[4]6.1
AM19	–	–	101	3.7	64	1.9	580	7.4
AM20	–	–	1 360	49.2	922	27.4	9 246	117.3
AM21	–	–	320	11.6	72	2.1	1 661	21.1
AM22	–	–	–	–	20	♦ 0.6	–	–
AM23	–	–	7	♦ 0.3	2	♦ 0.1	–	–
AM24	–	–	20	♦ 0.7	51	1.5	64	0.8
AM25	–	–	14	♦ 0.5	89	2.6	43	0.5
AM26	212	104.4	2	♦ 0.1	17	♦ 0.5	1	♦ 0.0
AM27	–	–	57	2.1	48	1.4	202	2.6
AM28	53	26.1	257	9.3	317	9.4	1 331	16.9
AM29	–	–	1 667	60.3	1 018	30.3	9 024	114.5
AM30	77	37.9	848	30.7	236	7.0	7 632	96.8
AM31	–	–	1 700	61.5	2 032	60.4	10 631	134.8
AM32	–	–	23	♦ 0.8	208	6.2	2 284	29.0
AM33	–	–	516	18.7	2 445	72.7	12 676	160.8
AM34	11	♦ 5.4	1 285	46.5	1 850	55.0	1 511	19.2
AM35	–	–	1	♦ 0.0	143	4.3	133	1.7
AM36	122	60.1	156	5.6	342	10.2	1 771	22.5
AM37	–	–	81	2.9	40	1.2	467	5.9
AM38	–	–	5	♦ 0.2	8	♦ 0.2	23	♦ 0.3
AM39	–	–	119	4.3	155	4.6	2 298	29.1
AM40	–	–	246	8.9	207	6.2	394	5.0
AM41	–	–	–	–	19	...	35	[5]3.3
AM42	–	–	2	♦ [3]4.1	1	...	1	♦ [3]1.0
AM43	26	♦ [3]313.4	–	–	9	...	3	♦ [3]3.1
AM44	–	–	–	–	–	...	–	–
AM45	–	–	162	5.9	154	4.6	315	4.0
AM46	–	–	–	–	20	...	6	♦ [3]6.3
AM47	–	–	89	[3]181.2	231	...	290	[3]304.3
AM48	–	–	91	3.3	3 024	89.9	743	9.4
AM49	932	459.1	1 450	52.5	1 378	41.0	4 872	61.8
AM50	–	–	258	9.3	387	11.5	1 177	14.9
AM51	–	–	91	3.3	31	0.9	1 267	16.1
AM52	3	♦ 1.5	138	5.0	446	13.3	728	9.2
AM53	17	♦ 8.4	321	11.6	47	1.4	1 759	22.3
AM54	–	–	51	1.8	130	3.9	118	1.5
AM55	–	–	217	7.9	24	♦ 0.7	45	0.6

21. Deaths and death rates by cause: latest available year (continued)

Décès selon la cause, nombres et taux: dernière année disponible (suite)

Part A: Classified according to Abbreviated International List, 1975 Revision

Partie A: Décès classés selon la Liste internationale abrégée de la révision de 1975

(See notes at end of table. – Voir notes à la fin du tableau.)

EUROPE (cont. – suite)

Cause of death abbreviated list number [1] / Cause de décès numéro dans la liste abrégée [1]	Belarus – Bélarus 1990 [14]		Belgium – Belgique 1989 [28]		Bulgaria – Bulgarie 1992		Former Czechoslovakia – Ancienne Tchécoslovaquie 1991	
	Number Nombre	Rate Taux	Number Nombre	Rate Taux	Number Nombre	Rate Taux	Number Nombre	Rate Taux
TOTAL	109 582	1 068.1	107 336	1 080.1	107 998	1 205.0	178 908	1 148.1
AM 1	♦ ...	...	–	–	–	–	–	–
AM 2	1	♦ 0.0	–	–	–	–	–	–
AM 3	...	0.0	58	0.6	47	0.5	32	0.2
AM 4	447	4.4	115	1.2	268	3.0	273	1.8
AM 5	1	♦ 0.0	–	–	–	–	–	–
AM 6	77	0.7	7	♦ 0.1	20	♦ 0.2	7	♦ 0.0
AM 7	4	♦ 0.0	6	♦ 0.1	6	♦ 0.1	2	♦ 0.0
AM 8	76	0.7	676	6.8	119	1.3	135	0.9
AM 9	...	...	–	–	–	–	–	–
AM10	–	–	3	♦ 0.0	5	♦ 0.1	–	–
AM11	–	–	–	–	–	–	–	–
AM12	...	...	188	1.9	130	1.4	91	0.6
AM13	3 507	34.2	1 493	15.0	2 256	25.2	2 984	19.1
AM14	779	7.6	2 399	24.1	821	9.2	3 109	19.9
AM15	991	9.7	813	8.2	1 080	12.0	2 516	16.1
AM16	3 435	33.5	6 296	63.4	3 186	35.5	7 975	51.2
AM17	1 024	...	2 421	...	1 128	...	2 633	[4] ...
AM18	360	...	214	...	259	...	647	[4] ...
AM19	597	5.8	862	8.7	397	4.4	1 108	7.1
AM20	8 402	81.9	12 797	128.8	6 363	71.0	17 574	112.8
AM21	637	6.2	1 757	17.7	1 871	20.9	2 546	16.3
AM22	...	...	5	♦ 0.0	–	–	14	♦ 0.1
AM23	...	...	9	...	1	♦ 0.0	1	♦ 0.0
AM24	68	0.7	251	2.5	50	0.6	116	0.7
AM25	59	0.6	33	0.3	81	0.9	102	0.7
AM26	117	1.1	6	♦ 0.1	22	♦ 0.2	3	♦ 0.0
AM27	728	7.1	50	0.5	383	4.3	769	4.9
AM28	679	6.6	668	6.7	2 952	32.9	1 589	10.2
AM29	2 278	22.2	8 044	80.9	7 083	79.0	23 115	148.3
AM30	32 213	314.0	3 822	38.5	13 953	155.7	25 524	163.8
AM31	15 162	147.8	10 250	103.1	22 897	255.5	28 256	181.3
AM32	...	...	2 580	26.0	6 322	70.5	11 502	73.8
AM33	...	...	15 608	157.1	11 983	133.7	7 601	48.8
AM34	566	5.5	2 827	28.4	3 083	34.4	5 116	32.8
AM35	45	0.4	503	5.1	68	0.8	182	1.2
AM36	4 778	46.6	1 653	16.6	1 181	13.2	3 016	19.4
AM37	308	3.0	369	3.7	368	4.1	706	4.5
AM38	52	0.5	14	♦ 0.1	19	♦ 0.2	81	0.5
AM39	...	...	1 225	12.3	1 570	17.5	3 675	23.6
AM40	523	5.1	1 536	15.5	588	6.6	1 702	10.9
AM41	173	...	29	...	85	...	245	...
AM42	7	♦ [3] 4.9	–	–	7	♦ 7.9	7	♦ [3] 3.4
AM43	...	...	8	♦ [3] 6.6	12	♦ 13.5	20	♦ [3] 9.6
AM44	...	...	–	–	–	–	–	–
AM45	724	7.1	331	3.3	441	4.9	723	4.6
AM46	112	[3] 78.8	20	♦ [3] 16.5	5	♦ 5.6	8	♦ [3] 3.8
AM47	542	[3] 381.2	387	[3] 319.5	428	480.2	1 240	[3] 596.2
AM48	10 474	102.1	7 801	78.5	6 130	68.4	1 869	12.0
AM49	...	...	12 773	128.5	4 478	50.0	7 348	47.2
AM50	2 341	22.8	1 830	18.4	1 066	11.9	2 174	13.9
AM51	460	4.5	1 150	11.6	576	6.4	3 977	25.5
AM52	9 426	91.9	1 087	10.9	2 120	23.7	3 014	19.3
AM53	2 085	20.3	1 920	19.3	1 519	16.9	2 659	17.1
AM54	712	6.9	135	1.4	404	4.5	328	2.1
AM55	411	4.0	307	3.1	167	1.9	594	3.8

21. Deaths and death rates by cause: latest available year (continued)

Décès selon la cause, nombres et taux: dernière année disponible (suite)

Part A: Classified according to Abbreviated International List, 1975 Revision

Partie A: Décès classés selon la Liste internationale abrégée de la révision de 1975

(See notes at end of table. – Voir notes à la fin du tableau.) EUROPE (cont. – suite)

Cause of death abbreviated list number [1] / Cause de décès numéro dans la liste abrégée [1]	Estonia – Estonie		Finland – Finlande		France		Germany – Allemagne	
	1990 [14]		1992 [2 29]		1991 [30]		1992	
	Number Nombre	Rate Taux	Number Nombre	Rate Taux	Number Nombre	Rate Taux	Number Nombre	Rate Taux
TOTAL	19 530	1 243.1	49 852	988.8	524 685	919.6	885 443	1 099.0
AM 1	–	–	–	–	–	–	1	♦ 0.0
AM 2	–	–	–	–	1	♦ 0.0	–	–
AM 3	5	♦ 0.3	48	1.0	671	1.2	516	0.6
AM 4	67	4.3	92	1.8	911	1.6	866	1.1
AM 5	–	–	–	–	8	♦ 0.0	3	♦ 0.0
AM 6	8	♦ 0.5	5	♦ 0.1	32	0.1	76	0.1
AM 7	–	–	1	♦ 0.0	21	♦ 0.0	4	♦ 0.0
AM 8	8	♦ 0.5	59	1.2	2 289	4.0	1 717	2.1
AM 9	–	–	–	–	–	–	–	–
AM10	–	–	–	–	7	♦ 0.0	6	–
AM11	–	–	–	–	20	♦ 0.0	21	♦ 0.0
AM12	40	2.5	141	2.8	2 963	5.2	2 264	2.8
AM13	479	30.5	712	14.1	6 471	11.3	16 638	20.6
AM14	191	12.2	535	10.6	11 812	20.7	21 520	26.7
AM15	146	9.3	440	8.7	3 999	7.0	9 421	11.7
AM16	655	41.7	1 984	39.3	22 322	39.1	35 246	43.7
AM17	218	...	766	...	10 314	[4] 44.0	18 343	...
AM18	69	...	69	...	782	[4] 3.3	2 529	...
AM19	98	6.2	319	6.3	4 693	8.2	6 608	8.2
AM20	1 218	77.5	5 159	102.3	78 917	138.3	102 244	126.9
AM21	79	5.0	577	11.4	6 326	11.1	19 522	24.2
AM22	–	–	1	♦ 0.0	1 519	2.7	107	0.1
AM23	–	–	–	–	484	0.8	7	♦ 0.0
AM24	5	♦ 0.3	38	0.8	1 567	2.7	1 073	1.3
AM25	20	♦ 1.3	17	♦ 0.3	283	0.5	301	0.4
AM26	1	♦ 0.1	–	–	15	♦ 0.0	32	0.0
AM27	105	6.7	69	1.4	1 070	1.9	2 396	3.0
AM28	128	8.1	429	8.5	6 022	10.6	14 667	18.2
AM29	590	37.6	9 411	186.7	32 212	56.5	88 158	109.4
AM30	6 785	431.9	4 780	94.8	17 273	30.3	91 521	113.6
AM31	3 694	235.1	5 843	115.9	48 555	85.1	106 631	132.3
AM32	291	18.5	424	8.4	1 466	2.6	23 763	29.5
AM33	226	14.4	3 361	66.7	69 068	121.1	110 072	136.6
AM34	116	7.4	2 326	46.1	14 009	24.6	16 352	20.3
AM35	8	♦ 0.5	77	1.5	425	0.7	250	0.3
AM36	266	16.9	1 009	20.0	8 137	14.3	22 082	27.4
AM37	75	4.8	380	7.5	1 881	3.3	3 792	4.7
AM38	10	♦ 0.6	9	♦ 0.2	172	0.3	274	0.3
AM39	89	5.7	587	11.6	9 723	17.0	19 447	24.1
AM40	61	3.9	112	2.2	4 768	8.4	6 238	7.7
AM41	50	...	35	...	237	[5] 3.2	449	...
AM42	3	♦ [3] 13.4	–	–	3	♦ [3] 0.4	4	♦ [3] 0.5
AM43	4	♦ [3] 17.9	2	♦ [3] 3.0	77	[3] 10.1	45	[3] 5.6
AM44	–	–	1	♦ [3] 1.5	10	♦ [3] 1.3	5	♦ [3] 0.6
AM45	107	6.8	241	4.8	1 749	3.1	2 575	3.2
AM46	15	♦ [3] 67.2	5	♦ [3] 7.5	6	♦ [3] 0.8	76	[3] 9.4
AM47	121	[3] 542.4	154	[3] 230.3	1 359	[3] 179.0	1 820	[3] 224.9
AM48	434	27.6	191	3.8	30 679	53.8	20 820	25.8
AM49	991	63.1	4 906	97.3	72 151	126.5	70 190	87.1
AM50	561	35.7	570	11.3	9 397	16.5	10 267	12.7
AM51	172	10.9	830	16.5	10 697	18.7	11 978	14.9
AM52	698	44.4	1 306	25.9	12 426	21.8	5 928	7.4
AM53	425	27.1	1 451	28.8	11 502	20.2	13 458	16.7
AM54	173	11.0	173	3.4	625	1.1	949	1.2
AM55	25	♦ 1.6	207	4.1	2 559	4.5	2 171	2.7

21. Deaths and death rates by cause: latest available year (continued)

Décès selon la cause, nombres et taux: dernière année disponible (suite)

Part A: Classified according to Abbreviated International List, 1975 Revision

Partie A: Décès classés selon la Liste internationale abrégée de la révision de 1975

(See notes at end of table. – Voir notes à la fin du tableau.)

EUROPE (cont. – suite)

Cause of death abbreviated list number [1] / Cause de décès numéro dans la liste abrégée [1]	Greece – Grèce		Hungary – Hongrie		Iceland – Islande		Ireland – Irlande	
	1991		1992		1992 [2]		1991+ [31]	
	Number Nombre	Rate Taux	Number Nombre	Rate Taux	Number Nombre	Rate Taux	Number Nombre	Rate Taux
TOTAL	95 498	936.3	148 781	1 441.2	1 719	658.4	31 301	888.2
AM 1	–	–	–	–	–	–	–	–
AM 2	–	–	–	–	–	–	–	–
AM 3	–	–	18	♦ 0.2	2	♦ 0.8	7	♦ 0.2
AM 4	192	1.9	606	5.9	4	♦ 1.5	51	1.4
AM 5	–	–	–	–	–	–	–	–
AM 6	5	♦ 0.0	7	♦ 0.1	1	♦ 0.4	14	♦ 0.4
AM 7	1	...	11	♦ 0.1	–	–	–	–
AM 8	345	3.4	13	♦ 0.1	6	♦ 2.3	51	1.4
AM 9	–	–	–	–	–	–	–	–
AM10	–	–	–	–	–	–	–	–
AM11	–	–	–	–	–	–	–	–
AM12	15	♦ 0.1	289	2.8	1	♦ 0.4	62	1.8
AM13	1 300	12.7	2 824	27.4	36	13.8	466	13.2
AM14	1 078	10.6	2 694	26.1	18	♦ 6.9	667	18.9
AM15	156	1.5	1 786	17.3	8	♦ 3.1	221	6.3
AM16	4 877	47.8	7 283	70.5	93	35.6	1 472	41.8
AM17	1 281	[4] 30.0	2 232	[4] 50.7	38	[4] 38.6	655	[4] 50.2
AM18	129	[4] 3.0	549	[4] 12.5	7	♦ [4] 7.1	57	[4] 4.4
AM19	711	7.0	891	8.6	19	♦ 7.3	211	6.0
AM20	10 413	102.[illegible]	14 052	136.1	210	80.4	3 511	99.6
AM21	1 178	11.5	1 836	17.8	5	♦ 1.9	486	13.8
AM22	–	–	2	♦ 0.0	–	–	–	–
AM23	–	–	1	...	–	–	7	♦ 0.2
AM24	112	1.1	64	0.6	1	♦ 0.4	61	1.7
AM25	16	♦ 0.2	134	1.3	–	–	11	♦ 0.3
AM26	–	–	1	...	–	–	3	♦ 0.1
AM27	44	0.4	909	8.8	2	♦ 0.8	74	2.1
AM28	1 065	10.4	5 259	50.9	13	♦ 5.0	200	5.7
AM29	8 307	81.4	14 413	139.6	303	116.0	5 969	169.4
AM30	3 600	35.3	15 161	146.9	159	60.9	1 967	55.8
AM31	18 791	184.2	20 840	201.9	148	56.7	2 974	84.4
AM32	282	2.8	11 117	107.7	14	♦ 5.4	452	12.8
AM33	17 361	170.2	8 558	82.9	119	45.6	2 571	73.0
AM34	683	6.7	1 028	10.0	136	52.1	2 030	57.6
AM35	2	♦ 0.0	155	1.5	23	♦ 8.8	9	♦ 0.3
AM36	390	3.8	4 802	46.5	61	23.4	562	15.9
AM37	148	1.4	1 023	9.9	3	♦ 1.1	229	6.5
AM38	31	0.3	68	0.7	–	–	3	♦ 0.1
AM39	970	9.5	7 277	70.5	6	♦ 2.3	99	2.8
AM40	1 672	16.4	428	4.1	10	♦ 3.8	378	10.7
AM41	9	♦ [5] 0.6	127	[5] 9.5	–	–	23	♦ [5] 5.9
AM42	1	♦ [3] 1.0	2	♦ [3] 1.6	–	–	2	♦ [3] 3.8
AM43	2	♦ [3] 1.9	10	♦ [3] 8.2	–	–	2	♦ [3] 3.8
AM44	–	–	–	–	–	–	–	–
AM45	554	5.4	594	5.8	16	♦ 6.1	273	7.7
AM46	–	–	52	[3] 42.7	1	♦ [3] 21.7	1	♦ [3] 1.9
AM47	411	[3] 400.5	1 000	[3] 821.5	11	♦ [3] 238.7	117	[3] 222.1
AM48	7 926	77.7	171	1.7	20	♦ 7.7	248	7.0
AM49	7 253	71.1	7 406	71.7	119	45.6	3 678	104.4
AM50	2 246	22.0	2 346	22.7	20	♦ 7.7	425	12.1
AM51	363	3.6	4 069	39.4	13	♦ 5.0	265	7.5
AM52	1 037	10.2	2 167	21.0	38	14.6	333	9.4
AM53	381	3.7	4 000	38.7	28	♦ 10.7	345	9.8
AM54	148	1.4	414	4.0	3	♦ 1.1	21	♦ 0.6
AM55	12	♦ 0.1	92	0.9	4	♦ 1.5	38	1.1

21. Deaths and death rates by cause: latest available year (continued)

Décès selon la cause, nombres et taux: dernière année disponible (suite)

Part A: Classified according to Abbreviated International List, 1975 Revision

Partie A: Décès classés selon la Liste internationale abrégée de la révision de 1975

(See notes at end of table. – Voir notes à la fin du tableau.)

EUROPE (cont. – suite)

Cause of death abbreviated list number [1] / Cause de décès numéro dans la liste abrégée [1]	Italy – Italie		Latvia – Lettonie		Lithuania – Lituanie		Luxembourg	
	1991 [2]		1990 [14]		1990 [14]		1992 [2]	
	Number Nombre	Rate Taux	Number Nombre	Rate Taux	Number Nombre	Rate Taux	Number Nombre	Rate Taux
TOTAL	553 833	975.7	34 812	1 303.5	39 760	1 068.1	3 880	995.4
AM 1	–	–	...	...	...	...	–	–
AM 2	2	♦ 0.0	–	–	–	–	–	–
AM 3	106	0.2	...	...	...	...	4	♦ 1.0
AM 4	573	1.0	185	6.9	257	6.9	–	–
AM 5	2	♦ 0.0	–	–	–	–	–	–
AM 6	18	♦ 0.0	10	♦ 0.4	19	♦ 0.5	–	–
AM 7	48	0.1	–	–	3	♦ 0.1	–	–
AM 8	443	0.8	9	♦ 0.3	22	♦ 0.6	6	♦ 1.5
AM 9	–	–	...	...	...	...	–	–
AM10	6	♦ 0.0	–	–	–	–	–	–
AM11	6	♦ 0.0	–	–	–	–	–	–
AM12	728	1.3	...	...	...	...	19	♦ 4.9
AM13	13 721	24.2	767	28.7	1 030	27.7	59	15.1
AM14	9 148	16.1	326	12.2	338	9.1	100	25.7
AM15	4 899	8.6	285	10.7	371	10.0	29	♦ 7.4
AM16	30 059	53.0	1 107	41.4	1 416	38.0	206	52.8
AM17	11 290	[4] 45.0	378	[4] 33.0	470	...	.65	...
AM18	418	[4] 1.7	107	[4] 9.3	193	...	9	...
AM19	5 035	8.9	213	8.0	281	7.5	43	11.0
AM20	73 384	129.3	2 814	105.4	3 486	93.6	485	124.4
AM21	19 399	34.2	230	8.6	203	5.5	72	18.5
AM22	1	♦ 0.0	...	...	...	...	–	–
AM23	10	♦ 0.0	...	...	...	...	1	♦ 0.3
AM24	1 270	2.2	10	♦ 0.4	19	♦ 0.5	8	♦ 2.1
AM25	147	0.3	26	♦ 1.0	36	1.0	1	♦ 0.3
AM26	11	♦ 0.0	47	1.8	57	1.5	–	–
AM27	1 904	3.4	220	8.2	256	6.9	3	♦ 0.8
AM28	15 994	28.2	86	3.2	2	♦ 0.1	49	12.6
AM29	38 916	68.6	1 450	54.3	1 372	36.9	230	59.0
AM30	34 585	60.9	10 279	384.9	15 571	418.3	283	72.6
AM31	74 519	131.3	7 186	269.1	4 854	130.4	546	140.1
AM32	12 390	21.8	...	...	...	...	57	14.6
AM33	63 149	111.3	...	...	...	...	518	132.9
AM34	6 847	12.1	245	9.2	163	4.4	56	14.4
AM35	413	0.7	5	♦ 0.2	5	♦ 0.1	5	♦ 1.3
AM36	18 672	32.9	671	25.1	1 538	41.3	86	22.1
AM37	2 270	4.0	140	5.2	130	3.5	21	♦ 5.4
AM38	88	0.2	24	♦ 0.9	19	♦ 0.5	–	–
AM39	15 216	26.8	...	...	...	...	78	20.0
AM40	5 649	10.0	125	4.7	193	5.2	26	♦ 6.7
AM41	458	[5] 5.4	121	[5] 39.0	79	...	1	...
AM42	4	♦ [3] 0.7	2	♦ [3] 5.3	3	♦ [3] 5.3	–	–
AM43	23	♦ [3] 4.1	...	...	...	...	–	–
AM44	–	–	...	...	...	...	–	–
AM45	1 921	3.4	309	11.6	370	9.9	11	♦ 2.8
AM46	192	[3] 34.1	22	♦ [3] 58.0	20	♦ [3] 35.2	–	–
AM47	2 584	[3] 459.1	190	[3] 501.1	217	[3] 381.6	11	♦ [3] 213.6
AM48	12 305	21.7	1 110	41.6	116	3.1	132	33.9
AM49	44 830	79.0	...	...	...	...	400	102.6
AM50	9 551	16.8	1 044	39.1	1 147	30.8	76	19.5
AM51	9 781	17.2	393	14.7	375	10.1	43	11.0
AM52	4 348	7.7	3 014	112.9	3 719	99.9	67	17.2
AM53	4 453	7.8	695	26.0	969	26.0	59	15.1
AM54	1 627	2.9	245	9.2	281	7.5	8	♦ 2.1
AM55	420	0.7	278	10.4	193	5.2	7	♦ 1.8

21. Deaths and death rates by cause: latest available year (continued)

Décès selon la cause, nombres et taux: dernière année disponible (suite)

Part A: Classified according to Abbreviated International List, 1975 Revision

Partie A: Décès classés selon la Liste internationale abrégée de la révision de 1975

(See notes at end of table. – Voir notes à la fin du tableau.) EUROPE (cont. – suite)

Cause of death abbreviated list number [1] / Cause de décès numéro dans la liste abrégée [1]	Malta – Malte 1992 [32]		Netherlands – Pays-Bas 1991 [33]		Norway – Norvège 1991 [2]		Poland – Pologne 1992 [34]	
	Number Nombre	Rate Taux	Number Nombre	Rate Taux	Number Nombre	Rate Taux	Number Nombre	Rate Taux
TOTAL	2 900	798.9	129 958	862.4	44 822	1 051.7	393 131	1 024.7
AM 1	–	–	–	–	–	–	–	–
AM 2	–	–	–	–	1	♦ 0.0	–	–
AM 3	1	♦ 0.3	37	0.2	23	♦ 0.5	67	0.2
AM 4	1	♦ 0.3	33	0.2	17	♦ 0.4	1 379	3.6
AM 5	–	–	–	–	–	–	–	–
AM 6	1	♦ 0.3	50	0.3	14	♦ 0.3	30	♦ 0.1
AM 7	–	–	1	♦ 0.0	–	–	20	♦ 0.1
AM 8	14	♦ 3.9	452	3.0	116	2.7	745	1.9
AM 9	–	–	–	–	–	–	–	–
AM10	–	–	–	–	–	–	–	–
AM11	–	–	3	♦ 0.0	1	♦ 0.0	1	♦ 0.0
AM12	3	♦ 0.8	330	2.2	95	2.2	641	1.7
AM13	47	12.9	2 122	14.1	692	16.2	7 007	18.3
AM14	49	13.5	3 171	21.0	941	22.1	2 997	7.8
AM15	18	♦ 5.0	919	6.1	507	11.9	3 553	9.3
AM16	113	31.1	8 420	55.9	1 508	35.4	17 540	45.7
AM17	74	[4] 51.7	3 461	[4] 55.2	714	[4] 40.6	4 429	...
AM18	3	♦ [4] 2.1	297	[4] 4.7	146	[4] 8.3	1 997	...
AM19	20	♦ 5.5	1 048	7.0	271	6.4	2 090	5.4
AM20	316	87.1	16 207	107.5	5 006	117.5	34 250	89.3
AM21	137	37.7	3 463	23.0	547	12.8	6 062	15.8
AM22	–	–	67	0.4	1	♦ 0.0	39	0.1
AM23	1	♦ 0.3	2	♦ 0.0	1	♦ 0.0	12	♦ 0.0
AM24	8	♦ 2.2	238	1.6	56	1.3	382	1.0
AM25	1	♦ 0.3	66	0.4	28	♦ 0.7	341	0.9
AM26	–	–	2	♦ 0.0	–	–	35	0.1
AM27	5	♦ 1.4	57	0.4	103	2.4	2 515	6.6
AM28	25	♦ 6.9	789	5.2	386	9.1	7 508	19.6
AM29	490	135.0	16 988	112.7	7 506	176.1	32 799	85.5
AM30	252	69.4	4 848	32.2	3 324	78.0	10 286	26.8
AM31	321	88.4	12 680	84.1	5 316	124.7	28 329	73.8
AM32	19	♦ 5.2	1 388	9.2	399	9.4	83 564	217.8
AM33	202	55.6	15 127	100.4	3 784	88.8	41 117	107.2
AM34	91	25.1	3 650	24.2	2 959	69.4	5 019	13.1
AM35	3	♦ 0.8	156	1.0	87	2.0	43	0.1
AM36	24	♦ 6.6	3 024	20.1	721	16.9	7 214	18.8
AM37	14	♦ 3.9	452	3.0	244	5.7	1 569	4.1
AM38	–	–	40	0.3	12	♦ 0.3	159	0.4
AM39	21	♦ 5.8	747	5.0	191	4.5	4 313	11.2
AM40	49	13.5	1 260	8.4	179	4.2	3 237	8.4
AM41	1	♦ [5] 2.5	97	[5] 5.2	59	[5] 10.3	231	...
AM42	–	–	1	♦ [3] 0.5	–	–	14	♦ [3] 2.7
AM43	–	–	10	♦ [3] 5.0	5	♦ [3] 8.2	37	[3] 7.2
AM44	–	–	1	♦ [3] 0.5	–	–	–	–
AM45	29	♦ 8.0	715	4.7	190	4.5	2 847	7.4
AM46	–	–	34	[3] 17.1	4	♦ [3] 6.6	303	[3] 59.0
AM47	41	[3] 715.2	544	[3] 273.8	166	[3] 273.0	3 229	[3] 628.7
AM48	52	14.3	5 305	35.2	1 809	42.4	29 031	75.7
AM49	323	89.0	16 211	107.6	4 148	97.3	16 130	42.0
AM50	24	♦ 6.6	1 240	8.2	321	7.5	7 357	19.2
AM51	37	10.2	1 632	10.8	923	21.7	4 675	12.2
AM52	37	10.2	714	4.7	536	12.6	9 064	23.6
AM53	18	♦ 5.0	1 611	10.7	675	15.8	5 713	14.9
AM54	6	♦ 1.7	177	1.2	66	1.5	1 126	2.9
AM55	9	♦ 2.5	71	0.5	24	♦ 0.6	2 085	5.4

21. Deaths and death rates by cause: latest available year (continued)

Décès selon la cause, nombres et taux: dernière année disponible (suite)

Part A: Classified according to Abbreviated International List, 1975 Revision

Partie A: Décès classés selon la Liste internationale abrégée de la révision de 1975

(See notes at end of table. – Voir notes à la fin du tableau.)

EUROPE (cont. – suite)

Cause of death abbreviated list number [1] / Cause de décès numéro dans la liste abrégée [1]	Portugal		Romania – Roumanie		Russian Federation – Fédération Russe		Slovenia – Slovénie	
	1992		1992		1991 [14]		1991	
	Number Nombre	Rate Taux	Number Nombre	Rate Taux	Number Nombre	Rate Taux	Number Nombre	Rate Taux
TOTAL	101 161	1 026.2	263 855	1 157.8	1 690 657	1 140.4	19 324	965.3
AM 1	–	–	–	–	...	...	–	–
AM 2	–	–	–	–	5	♦ 0.0	–	–
AM 3	17	♦ 0.2	253	1.1	...	...	8	♦ 0.4
AM 4	211	2.1	1 961	8.6	12 212	8.2	57	2.8
AM 5	–	–	2	♦ 0.0	13	♦ 0.0	–	–
AM 6	23	♦ 0.2	43	0.2	783	0.5	1	♦ 0.0
AM 7	13	♦ 0.1	12	♦ 0.1	40	0.0	1	♦ 0.0
AM 8	214	2.2	109	0.5	1 457	1.0	35	1.7
AM 9	–	–	–	–	...	...	–	–
AM10	–	–	8	♦ 0.0	12	♦ 0.0	–	–
AM11	3	♦ 0.0	–	–	3	♦ 0.0	1	♦ 0.0
AM12	262	2.7	434	1.9	...	...	17	♦ 0.8
AM13	2 908	29.5	3 872	17.0	53 722	36.2	462	23.1
AM14	1 467	14.9	1 642	7.2	15 589	10.5	259	12.9
AM15	717	7.3	1 185	5.2	14 114	9.5	263	13.1
AM16	2 278	23.1	7 089	31.1	64 399	43.4	801	40.0
AM17	1 559	...	2 391	[4] 26.3	16 748	[4] 26.9	365	[4] 44.7
AM18	202	...	1 557	[4] 17.1	6 102	[4] 9.8	60	[4] 7.3
AM19	628	6.4	998	4.4	7 597	5.1	110	5.5
AM20	8 992	91.2	15 686	68.8	134 729	90.9	2 002	100.0
AM21	3 023	30.7	2 306	10.1	10 411	7.0	350	17.5
AM22	16	♦ 0.2	23	♦ 0.1	...	...	2	♦ 0.1
AM23	15	♦ 0.2	15	♦ 0.1	...	...	12	♦ 0.6
AM24	166	1.7	88	0.4	893	0.6	18	♦ 0.9
AM25	79	0.8	236	1.0	1 191	0.8	14	♦ 0.7
AM26	2	♦ 0.0	10	♦ 0.0	2 017	1.4	1	♦ 0.0
AM27	235	2.4	1 466	6.4	8 958	6.0	91	4.5
AM28	726	7.4	21 157	92.8	11 975	8.1	393	19.6
AM29	6 958	70.6	14 009	61.5	58 220	39.3	1 263	63.1
AM30	2 416	24.5	34 094	149.6	384 916	259.6	1 386	69.2
AM31	23 880	242.3	41 275	181.1	339 918	229.3	2 765	138.1
AM32	2 336	23.7	21 614	94.8	...	...	420	21.0
AM33	7 669	77.8	27 654	121.3	...	...	2 620	130.9
AM34	2 544	25.8	7 486	32.8	13 208	8.9	377	18.8
AM35	63	0.6	11	♦ 0.0	462	0.3	–	–
AM36	1 272	12.9	5 323	23.4	46 428	31.3	376	18.8
AM37	354	3.6	1 039	4.6	6 376	4.3	110	5.5
AM38	21	♦ 0.2	96	0.4	827	0.6	9	♦ 0.4
AM39	2 699	27.4	8 926	39.2	...	...	760	38.0
AM40	1 249	12.7	1 781	7.8	6 121	4.1	121	6.0
AM41	33	...	766	[5] 26.3	2 544	[5] 15.8	20	♦ [5] 8.7
AM42	2	♦ [3] 1.7	100	[3] 38.4	233	[3] 13.0	1	♦ [3] 4.6
AM43	8	♦ [3] 7.0	57	[3] 21.9	...	...	–	–
AM44	1	♦ [3] 0.9	–	–	...	...	–	–
AM45	405	4.1	1 379	6.1	10 263	6.9	79	3.9
AM46	6	♦ [3] 5.2	204	[3] 78.3	2 450	[3] 136.5	–	–
AM47	458	[3] 398.2	1 359	[3] 521.9	12 105	[3] 674.5	88	[3] 407.7
AM48	11 191	113.5	158	0.7	46 397	31.3	389	19.4
AM49	7 247	73.5	17 054	74.8	...	...	1 367	68.3
AM50	2 774	28.1	3 420	15.0	38 472	26.0	430	21.5
AM51	658	6.7	2 028	8.9	7 275	4.9	361	18.0
AM52	1 046	10.6	7 658	33.6	171 493	115.7	327	16.3
AM53	866	8.8	2 650	11.6	39 388	26.6	646	32.3
AM54	152	1.5	1 126	4.9	22 621	15.3	50	2.5
AM55	1 097	11.1	45	0.2	19 496	13.2	36	1.8

21. Deaths and death rates by cause: latest available year (continued)

Décès selon la cause, nombres et taux: dernière année disponible (suite)

Part A: Classified according to Abbreviated International List, 1975 Revision

Partie A: Décès classés selon la Liste internationale abrégée de la révision de 1975

(See notes at end of table. – Voir notes à la fin du tableau.)

EUROPE (cont. – suite)

Cause of death abbreviated list number [1] / Cause de décès numéro dans la liste abrégée [1]	Spain – Espagne		Sweden – Suède		Ukraine		United Kingdom – Royaume–Uni	
	1990		1990 [2]		1990 [14]		1992	
	Number Nombre	Rate Taux	Number Nombre	Rate Taux	Number Nombre	Rate Taux	Number Nombre	Rate Taux
TOTAL	333 142	855.1	95 142	1 111.6	629 602	1 214.5	634 239	1 093.5
AM 1	1	♦ 0.0	–	–	...	...	1	♦ 0.0
AM 2	8	♦ 0.0	–	–	1	♦ 0.0	1	♦ 0.0
AM 3	207	0.5	18	♦ 0.2	...	...	256	0.4
AM 4	861	2.2	42	0.5	4 521	8.7	475	0.8
AM 5	–	–	1	♦ 0.0	10	♦ 0.0	1	♦ 0.0
AM 6	70	0.2	9	♦ 0.1	280	0.5	178	0.3
AM 7	23	♦ 0.1	1	♦ 0.0	62	0.1	1	♦ 0.0
AM 8	1 983	5.1	227	2.7	331	0.6	941	1.6
AM 9	–	–	–	–	...	...	–	–
AM10	3	–	–	–	1	♦ 0.0	2	♦ 0.0
AM11	1	♦ 0.0	1	♦ 0.0	–	–	9	♦ 0.0
AM12	733	1.9	327	3.8	...	...	1 084	1.9
AM13	6 888	17.7	1 227	14.3	15 441	29.8	9 326	16.1
AM14	5 614	14.4	1 643	19.2	5 290	10.2	13 295	22.9
AM15	2 350	6.0	889	10.4	5 512	10.6	6 330	10.9
AM16	13 982	35.9	2 687	31.4	22 465	43.3	38 741	66.8
AM17	5 398	[4]33.5	1 477	[4]41.0	6 671	...	15 221	[4]62.9
AM18	521	[4]3.2	191	[4]5.3	2 670	...	1 863	[4]7.7
AM19	2 397	6.2	658	7.7	3 085	6.0	3 968	6.8
AM20	39 673	101.8	11 559	135.1	48 759	94.1	74 096	127.8
AM21	8 989	23.1	1 535	17.9	2 884	5.6	8 594	14.8
AM22	4	♦ 0.0	20	♦ 0.2	...	...	6	♦ 0.0
AM23	126	0.3	15	♦ 0.2	...	...	85	0.1
AM24	808	2.1	213	2.5	272	0.5	1 144	2.0
AM25	184	0.5	42	0.5	494	1.0	256	0.4
AM26	8	♦ 0.0	4	♦ 0.0	1 507	2.9	7	♦ 0.0
AM27	1 593	4.1	265	3.1	2 850	5.5	2 380	4.1
AM28	2 800	7.2	514	6.0	1 888	3.6	3 536	6.1
AM29	23 912	61.4	15 891	185.7	11 829	22.8	98 383	169.6
AM30	9 971	25.6	9 928	116.0	167 772	323.6	68 373	117.9
AM31	43 263	111.0	10 294	120.3	108 611	209.5	75 847	130.8
AM32	9 626	24.7	2 491	29.1	...	...	3 657	6.3
AM33	44 414	114.0	9 175	107.2	...	...	38 414	66.2
AM34	7 345	18.9	4 371	51.1	3 316	6.4	31 558	54.4
AM35	832	2.1	107	1.2	123	0.2	297	0.5
AM36	4 221	10.8	1 679	19.6	27 278	52.6	8 560	14.8
AM37	1 132	2.9	543	6.3	2 000	3.9	4 780	8.2
AM38	80	0.2	30	♦ 0.3	265	0.5	141	0.2
AM39	7 892	20.3	649	7.6	...	...	3 571	6.2
AM40	5 632	14.5	448	5.2	2 076	4.0	2 841	4.9
AM41	234	[5]4.5	72	[5]5.5	807	...	369	[5]4.6
AM42	2	♦ [3]0.5	2	♦ [3]1.6	41	[3]6.2	6	♦ [3]0.8
AM43	19	♦ [3]4.7	2	♦ [3]1.6	...	...	38	[3]4.9
AM44	1	♦ [3]0.2	–	–	...	...	8	♦ [3]1.0
AM45	1 382	3.5	411	4.8	3 518	6.8	2 513	4.3
AM46	81	[3]20.2	34	[3]27.4	414	[3]63.0	123	[3]15.7
AM47	1 282	[3]319.4	228	[3]184.0	2 831	[3]430.8	2 463	[3]315.4
AM48	6 980	17.9	1 451	17.0	56 217	108.4	5 670	9.8
AM49	50 749	130.3	8 776	102.5	...	...	85 018	146.6
AM50	7 989	20.5	747	8.7	11 938	23.0	4 681	8.1
AM51	1 073	2.8	1 214	14.2	2 530	4.9	3 995	6.9
AM52	6 223	16.0	935	10.9	49 201	94.9	3 760	6.5
AM53	2 939	7.5	1 471	17.2	10 693	20.6	4 628	8.0
AM54	381	1.0	108	1.3	4 141	8.0	503	0.9
AM55	262	0.7	520	6.1	3 816	7.4	2 245	3.9

21. Deaths and death rates by cause: latest available year (continued)

Décès selon la cause, nombres et taux: dernière année disponible (suite)

Part A: Classified according to Abbreviated International List, 1975 Revision

Partie A: Décès classés selon la Liste internationale abrégée de la révision de 1975

(See notes at end of table. – Voir notes à la fin du tableau.)

EUROPE (cont. – suite) – OCEANIA – OCEANIE

Cause of death abbreviated list number [1] / Cause de décès numéro dans la liste abrégée [1]	Former Yugoslavia – Ancienne Yougoslavie		Australia – Australie		Fiji – Fidji		New Zealand – Nouvelle-Zélande	
	1990		1992+		1985+		1991+	
	Number Nombre	Rate Taux	Number Nombre	Rate Taux	Number Nombre	Rate Taux	Number Nombre	Rate Taux
TOTAL	212 148	890.7	122 641	701.5	3 680	528.0	26 490	777.7
AM 1	–	–	–	–	–	–	–	–
AM 2	1	♦ 0.0	–	–	–	–	–	–
AM 3	498	2.1	46	0.3	77	11.0	12	♦ 0.4
AM 4	1 224	5.1	54	0.3	49	7.0	22	♦ 0.6
AM 5	2	♦ 0.0	–	–	–	–	–	–
AM 6	26	♦ 0.1	17	♦ 0.1	1	♦ 0.1	3	♦ 0.1
AM 7	21	♦ 0.1	2	♦ 0.0	–	–	–	–
AM 8	198	0.8	443	2.5	–	–	51	1.5
AM 9	–	–	–	–	–	–	–	–
AM10	19	♦ 0.1	3	♦ 0.0	–	–	6	♦ 0.2
AM11	–	–	3	♦ 0.0	–	–	2	♦ 0.1
AM12	280	1.2	311	1.8	92	13.2	58	1.7
AM13	3 804	16.0	1 214	6.9	358	51.4	302	8.9
AM14	1 577	6.6	3 134	17.9	–	–	722	21.2
AM15	2 042	8.6	1 060	6.1	–	–	379	11.1
AM16	8 202	34.4	6 268	35.9	–	–	1 296	38.0
AM17	2 642	[4] 28.0	2 402	[4] 34.7	–	–	588	[4] 43.8
AM18	688	[4] 7.3	318	[4] 4.6	–	–	106	[4] 7.9
AM19	1 064	4.5	1 188	6.8	–	–	215	6.3
AM20	17 549	73.7	15 867	90.8	13	♦ 1.9	3 184	93.5
AM21	3 751	15.7	2 354	13.5	203	29.1	403	11.8
AM22	1	♦ 0.0	1	♦ 0.0	17	♦ 2.4	3	♦ 0.1
AM23	8	♦ 0.0	48	0.3	–	–	9	♦ 0.3
AM24	127	0.5	207	1.2	25	♦ 3.6	37	1.1
AM25	171	0.7	64	0.4	19	♦ 2.7	15	♦ 0.4
AM26	2	♦ 0.0	5	♦ 0.0	5	♦ 0.7	1	♦ 0.0
AM27	439	1.8	344	2.0	24	♦ 3.4	104	3.1
AM28	5 174	21.7	1 043	6.0	306	43.9	245	7.2
AM29	16 324	68.5	19 867	113.6	557	79.9	3 859	113.3
AM30	2 888	12.1	10 895	62.3	271	38.9	2 884	84.7
AM31	30 737	129.0	11 815	67.6	167	24.0	2 660	78.1
AM32	6 428	27.0	914	5.2	–	–	88	2.6
AM33	48 689	204.4	8 929	51.1	–	–	1 805	53.0
AM34	2 810	11.8	1 858	10.6	185	26.5	1 072	31.5
AM35	55	0.2	123	0.7	1	♦ 0.1	23	♦ 0.7
AM36	5 858	24.6	2 072	11.9	115	16.5	425	12.5
AM37	787	3.3	701	4.0	47	6.7	164	4.8
AM38	61	0.3	33	0.2	2	♦ 0.3	5	♦ 0.1
AM39	3 971	16.7	1 038	5.9	44	6.3	132	3.9
AM40	1 939	8.1	1 286	7.4	90	12.9	239	7.0
AM41	418	[5] 14.6	61	[5] 3.0	2	♦ [5] 5.1	15	♦ [5] 3.9
AM42	7	♦ [3] 2.1	2	♦ [3] 0.8	3	♦ [3] 15.4	–	–
AM43	27	♦ [3] 8.1	6	♦ [3] 2.3	5	♦ [3] 25.7	7	♦ [3] 11.7
AM44	2	♦ [3] 0.6	1	♦ [3] 0.4	–	–	2	♦ [3] 3.3
AM45	1 168	4.9	750	4.3	37	5.3	201	5.9
AM46	221	[3] 65.9	20	♦ [3] 7.6	33	[3] 169.5	8	♦ [3] 13.3
AM47	2 652	[3] 791.3	731	[3] 276.7	115	[3] 590.8	149	[3] 248.3
AM48	14 993	62.9	2 482	14.2	356	51.1	219	6.4
AM49	8 698	36.5	15 613	89.3	123	17.6	2 966	87.1
AM50	3 970	16.7	1 881	10.8	89	12.8	657	19.3
AM51	1 485	6.2	916	5.2	–	–	209	6.1
AM52	3 683	15.5	1 553	8.9	104	14.9	377	11.1
AM53	3 653	15.3	2 099	12.0	77	11.0	474	13.9
AM54	472	2.0	279	1.6	–	–	66	1.9
AM55	642	2.7	320	1.8	68	9.8	21	♦ 0.6

21. Deaths and death rates by cause: latest available year (continued)

Décès selon la cause, nombres et taux: dernière année disponible (suite)

Part B: Classified according to Abbreviated International List, 1965 Revision

Partie B: Décès classés selon la Liste internationale abrégée de la révision de 1965

(See notes at end of table. – Voir notes à la fin du tableau.)

AFRICA – AFRIQUE/ASIA – ASIE/EUROPE

Cause of death abbreviated list number [1] / Cause de décès numéro dans la liste abrégée [1]	Cape Verde – Cap-Vert		Philippines		Denmark – Danemark		Switzerland – Suisse	
	1980		1981+		1992		1992	
	Number Nombre	Rate Taux	Number Nombre	Rate Taux	Number Nombre	Rate Taux	Number Nombre	Rate Taux
TOTAL	2 281	771.4	296 547	598.6	60 546	1 171.0	62 302	906.2
B 1	–	–	298	0.6	–	–	–	–
B 2	18	♦ 6.1	582	1.2	–	–	–	–
B 3	5	♦ 1.7	1 477	3.0	1	♦ 0.0	2	♦ 0.0
B 4	277	93.7	16 217	32.7	51	1.0	28	♦ 0.4
B 5	36	12.2	26 287	53.1	30	♦ 0.6	62	0.9
B 6	2	♦ 0.7	1 030	2.1	26	♦ 0.5	13	♦ 0.2
B 7	–	–	–	–	–	–	–	–
B 8	–	–	504	1.0	–	–	–	–
B 9	–	–	57	0.1	–	–	–	–
B 10	–	–	6	♦ 0.0	–	–	–	–
B 11	5	♦ 1.7	58	0.1	17	♦ 0.3	7	♦ 0.1
B 12	–	–	118	0.2	–	–	–	–
B 13	–	–	–	–	–	–	–	–
B 14	34	11.5	6 951	14.0	–	–	1	♦ 0.0
B 15	–	–	31	0.1	–	–	–	–
B 16	–	–	1 071	2.2	–	–	2	♦ 0.0
B 17	–	–	4	♦ 0.0	1	♦ 0.0	11	♦ 0.2
B 18	78	26.4	6 213	12.5	351	6.8	1 021	14.8
B 19	142	48.0	15 621	31.5	15 109	292.2	16 561	240.9
B 20	5	♦ 1.7	438	0.9	355	6.9	373	5.4
B 21	12	♦ 4.1	1 701	3.4	823	15.9	1 406	20.4
B 22	47	15.9	6 863	13.9	85	1.6	21	♦ 0.3
B 23	18	♦ 6.1	1 506	3.0	63	1.2	88	1.3
B 24	28	♦ 9.5	2 560	5.2	53	1.0	25	♦ 0.4
B 25	1	♦ 0.3	41	0.1	1	♦ 0.0	–	–
B 26	4	♦ 1.4	2 189	4.4	230	4.4	71	1.0
B 27	24	♦ 8.1	9 478	19.1	354	6.8	1 298	18.9
B 28	21	♦ 7.1	11 083	22.4	14 354	277.6	10 352	150.6
B 29	168	56.8	19 714	39.8	2 973	57.5	7 825	113.8
B 30	148	50.0	10 029	20.2	5 658	109.4	5 446	79.2
B 31	1	♦ 0.3	1 476	3.0	69	1.3	347	5.0
B 32	88	29.8	43 164	87.1	1 642	31.8	1 867	27.2
B 33	66	22.3	5 569	11.2	2 592	50.1	1 696	24.7
B 34	7	♦ 2.4	4 443	9.0	598	11.6	233	3.4
B 35	1	♦ 0.3	451	0.9	22	♦ 0.4	17	♦ 0.2
B 36	4	♦ 1.4	144	0.3	191	3.7	165	2.4
B 37	11	♦ 3.7	1 969	4.0	738	14.3	661	9.6
B 38	6	♦ 2.0	4 445	9.0	61	1.2	81	1.2
B 39	1	♦ [5] 5.8	70	...	57	[5] 7.8	55	[5] 5.7
B 40	–	–	248	[3] 17.0	–	–	–	–
B 41	10	♦ [3] 103.6	1 294	[3] 88.6	5	♦ [3] 7.4	4	♦ [3] 4.6
B 42	56	18.9	3 607	7.3	278	5.4	245	3.6
B 43	11	♦ [3] 114.0	2 456	[3] 168.1	96	[3] 141.7	67	[3] 77.1
B 44	80	[3] 829.0	20 172	[3] 1 380.5	53	[3] 78.3	88	[3] 101.3
B 45	568	192.1	26 973	54.5	3 980	77.0	1 226	17.8
B 46	209	70.7	21 879	44.2	5 909	114.3	5 775	84.0
BE47	8	♦ 2.7	2 044	4.1	575	11.1	752	10.9
BE48	69	23.3	4 100	8.3	1 751	33.9	2 617	38.1
BE49	7	♦ 2.4	236	0.5	1 138	22.0	1 432	20.8
BE50	5	♦ 1.7	9 680	19.5	256	5.0	361	5.2

21. Deaths and death rates by cause : latest available (continued)

Décès selon la cause, nombres et taux : dernière année disponible (suite)

GENERAL NOTES

Data exclude foetal deaths. In Part A of this table, cause of death is classified according to the Adapted Mortality List derived from the 1975 (ninth) Revision. In Part B, data classified according to the 1965 Revision are shown. Rates are the number of deaths from each cause per 100 000 population except for the rates for AM17–18, AM41–44 and AM46–47 in Part A and B39, B40–41 and B43–44 in Part B where, as specified in footnotes, the base has been changed in order to relate the deaths more closely to the population actually at risk. For method of evaluation and limitations of data, see Technical Notes, page 87.

Italics: Data from civil registers which are incomplete or of unknown completeness.

FOOTNOTES

- * Provisional.
- ♦ Rates based on 30 or fewer deaths.
- \+ Data tabulated by date of registration rather than occurrence.

1 For title of each cause group and detailed list categories included, see Technical Notes.
2 Source: Ministry of Health
3 Per 100 000 live–born.
4 Per 100 000 females of 15 years and over.
5 Per 100 000 males of 50 years and over.
6 Including Canadian residents temporarily in the United States, but excluding United States residents temporarily in Canada.
7 For AM49 to AM55.
8 Including deaths of foreigners temporarily in the country.
9 Excluding deaths of infants dying before registration of birth.
10 Excluding Indian jungle population.
11 Excluding deaths for which information by cause was not available.
12 Based on burial permits.
13 Excluding nomadic Indian tribes.
14 Excluding infants born alive after less than 28 weeks' gestation, of less than 1 000 grammes in weight and 35 centimetres in length, who die within seven days of birth.
15 For certain urban areas only.
16 For AM2, AM4 to AM8 and AM10 to AM12.
17 For AM13 to AM18 and AM20.
18 For AM22 to AM23.
19 For AM32 to AM33.
20 For AM46 to AM47.
21 Including (360–389, 680–709, 780–796) other specified diseases, and (797–799) ill–defined and unknown causes.
22 Including (210–229) benign neoplasm, (286–289) diseases of blood and blood forming organs, (290–319) mental disorders, (320–359) diseases of the nervous systems,(460–479,487–489, 494–519) diseases of the respiratory system, (520–579) diseases of the digestive system, (580–629) diseases of the genito–urinary system, (710–739) diseases of the musculo– skeletal system and connector tissues.
23 Accidents due to natural and environmental factors, excluding (E880–E888).
24 Excluding Vietnamese refugees.
25 Including data for East Jerusalem and Israeli residents in certain other territories under occupation by Israeli military forces since June 1967.
26 For Japanese nationals in Japan only; however, rates computed on total population.
27 Excluding transients afloat and non–locally domiciled military and civilian services personnel and their dependants.
28 Including armed forces stationed outside the country, but excluding alien armed forces stationed in the area.
29 Including nationals temporarily outside the country.

NOTES GENERALES

Il n'est pas tenu compte des morts foetales. Dans la partie A du tableau, les causes de décès sont classées selon la Liste adaptée des causes de mortalité, dérivé de la neuvième révision (1975). Les données classées selon la révision de 1965 figurent dans la partie B du tableau. Les taux représentent le nombre de décès attribuables à chaque cause pour 100 000 personnes dans la population totale. Font exception à cette règle les taux pour les catégories AM17–18, AM41–44 et AM46–47 dans la partie A du tableau et pour les catégories B39, B40–41 et B43–44 dans la partie B du tableau, où comme il est indique dans les notes, on a changé la base pour mieux relier les décès à la population effectivement exposée au risque. Pour la méthode d'évaluation et les insuffisances des données, voir Notes techniques, page 87.

Italiques: Données incomplètes ou dont le degré d'exactitude n'est pas connu provenant des registres de l'état civil.

NOTES

- * Données provisoires.
- ♦ Taux basés sur 30 décès ou moins.
- \+ Données exploitées selon la date de l'enregistrement et non la date de l'événement.

1 Pour le titre de chaque groupe de causes et les catégories de la nomenclature détaillée, voir Notes techniques.
2 Source: Ministère de la Santé
3 Pour 100 000 enfants nés vivants.
4 Pour 100 000 personnes du sexe féminin âgées de 15 ans et plus.
5 Pour 100 000 personnes du sexe masculin âgées de 50 ans et plus.
6 Y compris les résidents canadiens temporairement aux Etats–Unis, mais non compris les résidents de Etats–Unis temporairement au Canada.
7 Pour AM49 à AM55.
8 Y compris les décès étrangers temporairement dans le pays.
9 Non compris les enfants de moins d'un an décédés avant l'enregistrement de leur naissance.
10 Non compris les Indiens de la jungle.
11 Non compris les décès dont il n'a pas été possible de connaître la cause.
12 D'après les permis d'inhumer.
13 Non compris les tribus d'Indiens nomades.
14 Non compris les enfants nés vivants après moins de 28 semaines de gestation, pesant moins de 1 000 grammes, mesurant moins de 35 centimètres et décédés dans les sept jours qui ont suivi leur naissance.
15 Pour certaines zones urbaines seulement.
16 Pour AM2, AM4 à AM8 et AM10 à AM12.
17 Pour AM13 à AM18 et AM20.
18 Pour AM22 à AM23.
19 Pour AM32 à AM33.
20 Pour AM46 à AM47.
21 Y compris (360–389, 680–709, 780–796) autres maladies et symptômes spécifiques, et (797–799) causes mal définies et inconnues.
22 Y compris (210–229) tumeurs benignes, (286–289) maladies du sang et des organes hematopoietiques, (290–319) troubles mentaux, (320–359) maladies du système nerveux, (460–479, 487–489, 494–519) maladies de l'appareil respiratoire,(580–629) maladies des organes genito–urinaires (710–739) maladies du système osteo–articulaire, des muscles et du tissu conjonctif.
23 Accidents provoqués par des agents physiques naturels ou facteurs du milieu; non compris (E880–E888).
24 Non compris les réfugiés du Viet Nam.
25 Y compris les données pour Jérusalem–Est et les résidents israéliens dans certains autres territoires occupés depuis juin 1967 par les forces armées israéliennes.
26 Pour les nationaux japonais au Japon seulement, toutefois les taux sont calculés sur la base de la population totale.
27 Non compris les personnes de passage à bord de navires, les militaires et agents civils domiciliés hors du territoire et les membres de leur
28 Y compris les militaires nationaux hors du pays, mais non compris les militaires étrangers en garnison sur le territoire.
29 Y compris les nationaux temporairement hors du pays.

21. Deaths and death rates by cause : latest available (continued)

Décès selon la cause, nombres et taux : dernière année disponible (suite)

FOOTNOTES (continued)

30 Including armed forces outside the country.
31 Deaths registered within one year of occurrence.
32 Rates computed on population including civilian nationals temporarily outside the country.
33 Including residents outside the country if listed in a Netherlands population register.
34 Including residents temporarily outside the country.
35 Excluding Faeroe Islands and Greenland.

NOTES (suite)

30 Y compris les militaires en garnison hors du pays.
31 Décès enregistrés dans l'année que suit l'événement.
32 Les taux sont calculés sur la base d'un chiffre de population qui comprend les civils nationaux temporairement hors du pays.
33 Y compris les résidents hors du pays, s'ils sont inscrits sur un registre de population néerlandais.
34 Y compris les résidents temporairement hors du pays.
35 Non compris les Iles Féroé et le Groenland.

22. Expectation of life at specified ages for each sex: latest available year

(See notes at end of table.)

	Continent, country or area, period and sex Continent, pays ou zone, période et sexe	Age (in years) 0	1	2	3	4	5	10	15	20
	AFRICA—AFRIQUE									
	Algeria – Algérie									
	1987									
1	Male – Masculin	65.75	69.44	...	...	...	65.11	60.60	56.02	51.47
2	Female – Féminin	66.34	69.71	...	...	...	66.57	62.12	57.53	52.92
	Angola									
	1990–1995 [1]									
3	Male – Masculin	44.90	...	...	...	...	...	...	...	...
4	Female – Féminin	48.10	...	...	...	...	...	...	...	...
	Benin – Bénin									
	1990–1995 [1]									
5	Male – Masculin	45.92	...	...	...	...	...	...	...	...
6	Female – Féminin	49.29	...	...	...	...	...	...	...	...
	Botswana									
	1981									
7	Male – Masculin	52.32	55.90	...	...	...	54.56	50.43	46.06	41.91
8	Female – Féminin	59.70	62.64	...	...	...	61.47	57.59	53.02	48.69
	Burkina Faso									
	1990–1995 [1]									
9	Male – Masculin	45.84	...	...	...	...	...	...	...	...
10	Female – Féminin	49.01	...	...	...	...	...	...	...	...
	Burundi									
	1990–1995 [1]									
11	Male – Masculin	48.42	...	...	...	...	...	...	...	...
12	Female – Féminin	51.92	...	...	...	...	...	...	...	...
	Cameroon – Cameroun									
	1990–1995 [1]									
13	Male – Masculin	54.50	...	...	...	...	...	...	...	...
14	Female – Féminin	57.50	...	...	...	...	...	...	...	...
	Cape Verde – Cap-Vert									
	1990									
15	Male – Masculin	63.53	65.00	...	...	...	62.76	58.33	53.71	49.07
16	Female – Féminin	71.33	72.90	...	...	...	71.29	66.70	62.03	57.35
	Central African Republic – République centrafricaine									
	1990–1995 [1]									
17	Male – Masculin	46.87	...	...	...	...	...	...	...	...
18	Female – Féminin	51.88	...	...	...	...	...	...	...	...
	Chad – Tchad									
	1990–1995 [1]									
19	Male – Masculin	45.93	...	...	...	...	...	...	...	...
20	Female – Féminin	49.12	...	...	...	...	...	...	...	...
	Comoros – Comores									
	1990–1995 [1]									
21	Male – Masculin	55.50	...	...	...	...	...	...	...	...
22	Female – Féminin	56.50	...	...	...	...	...	...	...	...
	Congo									
	1990–1995 [1]									
23	Male – Masculin	48.91	...	...	...	...	...	...	...	...
24	Female – Féminin	53.77	...	...	...	...	...	...	...	...
	Côte d'Ivoire									
	1990–1995 [1]									
25	Male – Masculin	49.69	...	...	...	...	...	...	...	...
26	Female – Féminin	52.38	...	...	...	...	...	...	...	...
	Djibouti									
	1990–1995 [1]									
27	Male – Masculin	46.72	...	...	...	...	...	...	...	...
28	Female – Féminin	50.00	...	...	...	...	...	...	...	...

22. Espérance de vie à un âge donné pour chaque sexe: dernière année disponible

(…oir notes à la fin du tableau.)

Age (en années)													
25	30	35	40	45	50	55	60	65	70	75	80	85	
46.88	42.26	37.72	33.37	28.86	24.41	20.20	16.26	12.70	9.29	...	...	...	1
48.30	43.17	39.12	34.67	30.20	25.73	21.44	17.46	43.69	10.06	...	...	...	2
...	...	...	...	...	...	...	...	...	...	...	...	...	3
...	...	...	...	...	...	...	...	...	...	...	...	...	4
...	...	...	...	...	...	...	...	...	...	...	...	...	5
...	...	...	...	...	...	...	...	...	...	...	...	...	6
37.96	34.10	30.29	26.54	22.83	19.25	15.89	12.84	10.22	8.15	6.81	...	...	7
44.52	40.32	36.09	31.88	27.70	23.63	19.72	15.97	12.52	9.34	6.55	...	...	8
...	...	...	...	...	...	...	...	...	...	...	...	...	9
...	...	...	...	...	...	...	...	...	...	...	...	...	10
...	...	...	...	...	...	...	...	...	...	...	...	...	11
...	...	...	...	...	...	...	...	...	...	...	...	...	12
...	...	...	...	...	...	...	...	...	...	...	...	...	13
...	...	...	...	...	...	...	...	...	...	...	...	...	14
44.68	40.81	37.24	33.24	29.94	26.20	22.91	19.36	15.99	11.95	9.32	6.95	...	15
53.03	48.47	44.26	39.85	35.75	31.31	26.77	22.53	18.83	14.61	11.91	9.65	...	16
...	...	...	...	...	...	...	...	...	...	...	...	...	17
...	...	...	...	...	...	...	...	...	...	...	...	...	18
...	...	...	...	...	...	...	...	...	...	...	...	...	19
...	...	...	...	...	...	...	...	...	...	...	...	...	20
...	...	...	...	...	...	...	...	...	...	...	...	...	21
...	...	...	...	...	...	...	...	...	...	...	...	...	22
...	...	...	...	...	...	...	...	...	...	...	...	...	23
...	...	...	...	...	...	...	...	...	...	...	...	...	24
...	...	...	...	...	...	...	...	...	...	...	...	...	25
...	...	...	...	...	...	...	...	...	...	...	...	...	26
...	...	...	...	...	...	...	...	...	...	...	...	...	27
...	...	...	...	...	...	...	...	...	...	...	...	...	28

22. Expectation of life at specified ages for each sex: latest available year (continued)

(See notes at end of table.)

	Continent, country or area, period and sex Continent, pays ou zone, période et sexe	Age (in years) 0	1	2	3	4	5	10	15	2
	AFRICA—AFRIQUE (Cont.–Suite)									
	Egypt – Egypte									
	1991									
1	Male – Masculin	62.86	64.99	...	...	...	62.48	57.90	58.19	48.4
2	Female – Féminin	66.39	58.65	...	...	...	66.35	61.69	56.92	52.1
	Equatorial Guinea – Guinée équatoriale									
	1990–1995 [1]									
3	Male – Masculin	46.43	...	...	...	...	...	...	...	...
4	Female – Féminin	49.62	...	...	...	...	...	...	...	...
	Eritrea – Erythrée									
	1990–1995 [1]									
5	Male – Masculin	48.90	...	...	...	...	...	...	...	...
6	Female – Féminin	52.10	...	...	...	...	...	...	...	...
	Ethiopia – Ethiopie									
	1990–1995 [1]									
7	Male – Masculin	45.90	...	...	...	...	...	...	...	...
8	Female – Féminin	49.10	...	...	...	...	...	...	...	...
	Former Ethiopia – Ancienne Ethiopie									
	1985–1990									
9	Male – Masculin	43.40	...	...	...	...	...	...	...	...
10	Female – Féminin	46.60	...	...	...	...	...	...	...	...
	Gabon									
	1990–1995 [1]									
11	Male – Masculin	51.86	...	...	...	...	...	...	...	...
12	Female – Féminin	55.18	...	...	...	...	...	...	...	...
	Gambia – Gambie									
	1990–1995 [1]									
13	Male – Masculin	43.41	...	...	...	...	...	...	...	...
14	Female – Féminin	46.63	...	...	...	...	...	...	...	...
	Ghana									
	1990–1995 [1]									
15	Male – Masculin	54.22	...	...	...	...	...	...	...	...
16	Female – Féminin	57.84	...	...	...	...	...	...	...	...
	Guinea – Guinée									
	1990–1995 [1]									
17	Male – Masculin	44.00	...	...	...	...	...	...	...	...
18	Female – Féminin	45.00	...	...	...	...	...	...	...	...
	Guinea–Bissau – Guinée–Bissau									
	1990–1995 [1]									
19	Male – Masculin	41.92	...	...	...	...	...	...	...	...
20	Female – Féminin	45.12	...	...	...	...	...	...	...	...
	Kenya									
	1990–1995 [1]									
21	Male – Masculin	54.18	...	...	...	...	...	...	...	...
22	Female – Féminin	57.29	...	...	...	...	...	...	...	...
	Lesotho									
	1990–1995 [1]									
23	Male – Masculin	58.00	...	...	...	...	...	...	...	...
24	Female – Féminin	63.00	...	...	...	...	...	...	...	...
	Liberia – Libéria									
	1990–1995 [1]									
25	Male – Masculin	54.01	...	...	...	...	...	...	...	...
26	Female – Féminin	56.95	...	...	...	...	...	...	...	...

22. Espérance de vie à un âge donné pour chaque sexe: dernière année disponible (suite)

oir notes à la fin du tableau.)

Age (en années)													
25	30	35	40	45	50	55	60	65	70	75	80	85	
43.86	39.27	34.69	30.16	25.76	21.59	17.97	14.85	11.98	9.38	7.54	6.09	4.90	1
47.45	42.75	38.06	33.43	28.85	24.40	20.28	16.48	12.87	10.02	7.77	6.03	4.68	2
...	...	...	...	...	...	...	...	...	...	...	...	...	3
...	...	...	...	...	...	...	...	...	...	...	...	...	4
...	...	...	...	...	...	...	...	...	...	...	...	...	5
...	...	...	...	...	...	...	...	...	...	...	...	...	6
...	...	...	...	...	...	...	...	...	...	...	...	...	7
...	...	...	...	...	...	...	...	...	...	...	...	...	8
...	...	...	...	...	...	...	...	...	...	...	...	...	9
...	...	...	...	...	...	...	...	...	...	...	...	...	10
...	...	...	...	...	...	...	...	...	...	...	...	...	11
...	...	...	...	...	...	...	...	...	...	...	...	...	12
...	...	...	...	...	...	...	...	...	...	...	...	...	13
...	...	...	...	...	...	...	...	...	...	...	...	...	14
...	...	...	...	...	...	...	...	...	...	...	...	...	15
...	...	...	...	...	...	...	...	...	...	...	...	...	16
...	...	...	...	...	...	...	...	...	...	...	...	...	17
...	...	...	...	...	...	...	...	...	...	...	...	...	18
...	...	...	...	...	...	...	...	...	...	...	...	...	19
...	...	...	...	...	...	...	...	...	...	...	...	...	20
...	...	...	...	...	...	...	...	...	...	...	...	...	21
...	...	...	...	...	...	...	...	...	...	...	...	...	22
...	...	...	...	...	...	...	...	...	...	...	...	...	23
...	...	...	...	...	...	...	...	...	...	...	...	...	24
...	...	...	...	...	...	...	...	...	...	...	...	...	25
...	...	...	...	...	...	...	...	...	...	...	...	...	26

22. Expectation of life at specified ages for each sex: latest available year (continued)

(See notes at end of table.)

	Continent, country or area, period and sex Continent, pays ou zone, période et sexe	Age (in years) 0	1	2	3	4	5	10	15	20
	AFRICA—AFRIQUE (Cont.–Suite)									
	Libyan Arab Jamahiriya – Jamahiriya arabe libyenne 1990–1995 [1]									
1	Male – Masculin	61.58	...	...	...	...	...	...	...	...
2	Female – Féminin	65.00	...	...	...	...	...	...	...	...
	Madagascar 1990–1995 [1]									
3	Male – Masculin	55.00	...	...	...	...	...	...	...	...
4	Female – Féminin	58.00	...	...	...	...	...	...	...	...
	Malawi 1992–1997									
5	Male – Masculin	43.51	49.98	...	...	...	52.08	49.54	45.70	41.89
6	Female – Féminin	46.75	52.41	...	...	...	54.49	51.99	48.22	44.39
	Mali 1987									
7	Male – Masculin	55.24	61.36	...	...	...	63.68	60.16	55.90	51.76
8	Female – Féminin	58.66	63.40	...	...	...	65.60	61.88	57.54	53.52
	Mauritania – Mauritanie 1990–1995 [1]									
9	Male – Masculin	49.90	...	...	...	...	...	...	...	...
10	Female – Féminin	53.10	...	...	...	...	...	...	...	...
	Mauritius – Maurice 1989–1991									
11	Male – Masculin	65.57	66.14	...	...	...	62.35	57.45	52.58	47.76
12	Female – Féminin	73.39	73.70	...	...	...	69.91	65.00	60.10	55.30
	Island of Mauritius – Ile Maurice 1990–1992 [2]									
13	Male – Masculin	66.15	66.56	...	...	...	62.78	57.86	52.99	48.18
14	Female – Féminin	73.91	74.07	...	...	...	70.25	65.32	60.43	55.71
	Rodrigues 1990–1992									
15	Male – Masculin	66.53	67.62	...	...	...	63.78	58.87	54.09	49.26
16	Female – Féminin	73.52	74.48	...	...	...	70.97	66.07	61.15	56.20
	Morocco – Maroc 1990–1995 [1]									
17	Male – Masculin	61.58	...	...	...	...	...	...	...	...
18	Female – Féminin	65.00	...	...	...	...	...	...	...	...
	Mozambique 1990–1995 [1]									
19	Male – Masculin	44.88	...	...	...	...	...	...	...	...
20	Female – Féminin	48.01	...	...	...	...	...	...	...	...
	Namibia – Namibie 1990–1995 [1]									
21	Male – Masculin	57.50	...	...	...	...	...	...	...	...
22	Female – Féminin	60.00	...	...	...	...	...	...	...	...
	Niger 1990–1995 [1]									
23	Male – Masculin	44.90	...	...	...	...	...	...	...	...
24	Female – Féminin	48.14	...	...	...	...	...	...	...	...
	Nigeria – Nigéria 1990–1995 [1]									
25	Male – Masculin	48.81	...	...	...	...	...	...	...	...
26	Female – Féminin	52.01	...	...	...	...	...	...	...	...
	Réunion 1990–1995 [1]									
27	Male – Masculin	69.38	...	...	...	...	...	...	...	...
28	Female – Féminin	77.73	...	...	...	...	...	...	...	...

22. Espérance de vie à un âge donné pour chaque sexe: dernière année disponible (suite)

(Voir notes à la fin du tableau.)

Age (en années)													
25	30	35	40	45	50	55	60	65	70	75	80	85	
...	...	...	...	...	...	...	...	...	...	...	...	...	1
...	...	...	...	...	...	...	...	...	...	...	...	...	2
...	...	...	...	...	...	...	...	...	...	...	...	...	3
...	...	...	...	...	...	...	...	...	...	...	...	...	4
38.38	34.81	31.18	27.57	24.04	20.58	17.26	14.08	11.16	8.55	6.34	4.39	...	5
40.62	36.88	33.20	29.55	25.90	22.18	18.56	15.11	11.94	9.15	6.77	4.63	...	6
47.85	43.91	39.95	35.89	32.00	28.04	24.36	20.67	17.60	14.35	11.78	9.32	7.38	7
49.60	45.71	41.85	37.95	34.04	23.95	26.10	22.12	18.59	15.11	12.15	9.07	6.74	8
...	...	...	...	...	...	...	...	...	...	...	...	...	9
...	...	...	...	...	...	...	...	...	...	...	...	...	10
42.98	38.32	33.76	29.42	25.26	21.38	17.97	14.80	12.03	9.63	7.53	5.75	4.57	11
50.55	45.75	41.02	36.29	31.72	27.30	23.06	19.08	15.44	12.25	9.65	7.40	5.64	12
43.46	38.78	34.22	29.86	25.70	21.79	18.23	14.97	12.22	9.73	7.65	5.98	4.82	13
50.85	46.04	41.32	36.60	32.01	27.58	23.41	19.45	15.77	12.62	9.86	7.73	6.12	14
44.78	39.95	35.28	30.81	26.76	22.60	18.83	15.24	12.57	10.12	7.41	5.25	3.00	15
51.31	46.38	41.51	36.91	32.83	28.29	24.12	20.29	16.19	13.02	10.29	8.35	6.81	16
...	...	...	...	...	...	...	...	...	...	...	...	...	17
...	...	...	...	...	...	...	...	...	...	...	...	...	18
...	...	...	...	...	...	...	...	...	...	...	...	...	19
...	...	...	...	...	...	...	...	...	...	...	...	...	20
...	...	...	...	...	...	...	...	...	...	...	...	...	21
...	...	...	...	...	...	...	...	...	...	...	...	...	22
...	...	...	...	...	...	...	...	...	...	...	...	...	23
...	...	...	...	...	...	...	...	...	...	...	...	...	24
...	...	...	...	...	...	...	...	...	...	...	...	...	25
...	...	...	...	...	...	...	...	...	...	...	...	...	26
...	...	...	...	...	...	...	...	...	...	...	...	...	27
...	...	...	...	...	...	...	...	...	...	...	...	...	28

22. Expectation of life at specified ages for each sex: latest available year (continued)

(See notes at end of table.)

	Continent, country or area, period and sex Continent, pays ou zone, période et sexe	Age (in years) 0	1	2	3	4	5	10	15	2
	AFRICA—AFRIQUE (Cont.–Suite)									
	Rwanda									
	1990–1995 [1]									
1	Male – Masculin	45.82	...	...	...	...	...	...	...	...
2	Female – Féminin	48.90	...	...	...	...	...	...	...	...
	Senegal – Sénégal									
	1990–1995 [1]									
3	Male – Masculin	48.30	...	...	...	...	...	...	...	...
4	Female – Féminin	50.30	...	...	...	...	...	...	...	...
	Seychelles									
	1981–1985									
5	Male – Masculin	65.26	65.51	...	...	...	61.72	56.97	52.05	47.2
6	Female – Féminin	74.05	74.35	...	...	...	70.70	65.91	60.99	56.1
	Sierra Leone									
	1990–1995 [1]									
7	Male – Masculin	37.47	...	...	...	...	...	...	...	...
8	Female – Féminin	40.58	...	...	...	...	...	...	...	...
	Somalia – Somalie									
	1990–1995 [1]									
9	Male – Masculin	45.41	...	...	...	...	...	...	...	...
10	Female – Féminin	48.60	...	...	...	...	...	...	...	...
	South Africa – Afrique du Sud									
	1990–1995 [1]									
11	Male – Masculin	60.01	...	...	...	...	...	...	...	...
12	Female – Féminin	66.00	...	...	...	...	...	...	...	...
	Sudan – Soudan									
	1990–1995 [1]									
13	Male – Masculin	51.58	...	...	...	...	...	...	...	...
14	Female – Féminin	54.37	...	...	...	...	...	...	...	...
	Swaziland									
	1990–1995 [1]									
15	Male – Masculin	55.20	...	...	...	...	...	...	...	...
16	Female – Féminin	59.80	...	...	...	...	...	...	...	...
	Togo									
	1990–1995 [1]									
17	Male – Masculin	53.23	...	...	...	...	...	...	...	...
18	Female – Féminin	56.82	...	...	...	...	...	...	...	...
	Tunisia – Tunisie									
	1990–1995 [1]									
19	Male – Masculin	66.85	...	...	...	...	...	...	...	...
20	Female – Féminin	68.68	...	...	...	...	...	...	...	...
	Uganda – Ouganda									
	1990–1995 [1]									
21	Male – Masculin	43.57	...	...	...	...	...	...	...	...
22	Female – Féminin	46.19	...	...	...	...	...	...	...	...
	United Rep. of Tanzania – Rép.–Unie de Tanzanie									
	1988									
23	Male – Masculin	47.00	...	...	...	...	...	...	...	...
24	Female – Féminin	50.00	...	...	...	...	...	...	...	...
	Tanganyika									
	1988									
25	Male – Masculin	47.00	...	...	...	...	...	...	...	...
26	Female – Féminin	50.00	...	...	...	...	...	...	...	...
	Zanzibar									
	1988									
27	Male – Masculin	46.00	...	...	...	...	...	...	...	...
28	Female – Féminin	49.00	...	...	...	...	...	...	...	...

22. Espérance de vie à un âge donné pour chaque sexe: dernière année disponible (suite)

(Voir notes à la fin du tableau.)

Age (en années)													
25	30	35	40	45	50	55	60	65	70	75	80	85	
...	...	...	...	...	...	...	...	...	...	...	...	...	1
...	...	...	...	...	...	...	...	...	...	...	...	...	2
...	...	...	...	...	...	...	...	...	...	...	...	...	3
...	...	...	...	...	...	...	...	...	...	...	...	...	4
42.79	38.25	33.85	29.75	25.73	21.82	18.62	14.97	11.41	8.88	6.61	3.74	2.16	5
51.25	46.65	41.92	37.27	32.91	28.32	24.17	20.20	16.31	12.60	9.50	6.70	4.81	6
...	...	...	...	...	...	...	...	...	...	...	...	...	7
...	...	...	...	...	...	...	...	...	...	...	...	...	8
...	...	...	...	...	...	...	...	...	...	...	...	...	9
...	...	...	...	...	...	...	...	...	...	...	...	...	10
...	...	...	...	...	...	...	...	...	...	...	...	...	11
...	...	...	...	...	...	...	...	...	...	...	...	...	12
...	...	...	...	...	...	...	...	...	...	...	...	...	13
...	...	...	...	...	...	...	...	...	...	...	...	...	14
...	...	...	...	...	...	...	...	...	...	...	...	...	15
...	...	...	...	...	...	...	...	...	...	...	...	...	16
...	...	...	...	...	...	...	...	...	...	...	...	...	17
...	...	...	...	...	...	...	...	...	...	...	...	...	18
...	...	...	...	...	...	...	...	...	...	...	...	...	19
...	...	...	...	...	...	...	...	...	...	...	...	...	20
...	...	...	...	...	...	...	...	...	...	...	...	...	21
...	...	...	...	...	...	...	...	...	...	...	...	...	22
...	...	...	...	...	...	...	...	...	...	...	...	...	23
...	...	...	...	...	...	...	...	...	...	...	...	...	24
...	...	...	...	...	...	...	...	...	...	...	...	...	25
...	...	...	...	...	...	...	...	...	...	...	...	...	26
...	...	...	...	...	...	...	...	...	...	...	...	...	27
...	...	...	...	...	...	...	...	...	...	...	...	...	28

22. Expectation of life at specified ages for each sex: latest available year (continued)

(See notes at end of table.)

	Continent, country or area, period and sex / Continent, pays ou zone, période et sexe	Age (in years)								
		0	1	2	3	4	5	10	15	2
	AFRICA—AFRIQUE (Cont.–Suite)									
	Zaire – Zaïre									
	1990–1995 [1]									
1	Male – Masculin	50.40	...	...	...	...	...	...	...	.
2	Female – Féminin	53.66	...	...	...	...	...	...	...	.
	Zambia – Zambie									
	1980									
3	Male – Masculin	50.70	55.57	...	...	...	55.60	52.28	48.13	44.1
4	Female – Féminin	53.00	57.40	...	...	...	57.63	54.37	50.29	46.2
	Zimbabwe									
	1990–1995 [1]									
5	Male – Masculin	52.39	...	...	...	...	...	...	...	..
6	Female – Féminin	55.12	...	...	...	...	...	...	...	.
	AMERICA,NORTH— AMERIQUE DU NORD									
	Bahamas									
	1989–1991									
7	Male – Masculin	68.32	68.86	...	...	...	64.75	59.96	55.09	50.3
8	Female – Féminin	75.28	75.53	...	...	...	71.48	66.58	61.63	56.7
	Barbados – Barbade									
	1980									
9	Male – Masculin	67.15	69.14	...	...	...	65.55	60.65	55.82	51.0
10	Female – Féminin	72.46	73.20	...	...	...	69.53	64.64	59.83	54.9
	Belize									
	1991									
11	Male – Masculin	69.95	71.48	...	...	...	67.91	63.04	58.21	53.3
12	Female – Féminin	74.07	75.75	...	...	...	72.04	67.07	62.25	57.3
	Bermuda – Bermudes									
	1991									
13	Male – Masculin	70.23	70.08	...	...	...	66.25	61.41	56.41	51.7
14	Female – Féminin	78.01	77.54	...	...	...	73.55	68.55	63.55	58.5
	Canada									
	1985–1987									
15	Male – Masculin	73.02	72.64	...	...	...	68.78	63.87	58.96	54.2
16	Female – Féminin	79.79	79.33	...	...	...	75.45	70.52	65.58	60.7
	Costa Rica									
	1990–1995									
17	Male – Masculin	72.89	73.30	...	...	...	69.53	64.63	59.75	54.9
18	Female – Féminin	77.60	77.71	...	...	...	73.93	69.01	64.09	59.1
	Cuba									
	1986–1987 [3]									
19	Male – Masculin	72.74	72.87	71.97	71.02	70.07	69.11	64.27	59.45	54.75
20	Female – Féminin	76.34	76.23	75.32	74.37	73.41	72.44	67.57	62.68	57.94
	Dominican Republic – République dominicaine									
	1990–1995 [1]									
21	Male – Masculin	67.63	...	...	...	...	...	...	...	...
22	Female – Féminin	71.69	...	...	...	...	...	...	...	...
	El Salvador									
	1985									
23	Male – Masculin	50.74	...	...	...	...	...	...	...	...
24	Female – Féminin	63.89	...	...	...	...	...	...	...	...

22. Espérance de vie à un âge donné pour chaque sexe: dernière année disponible (suite)

(Voir notes à la fin du tableau.)

Age (en années)													
25	30	35	40	45	50	55	60	65	70	75	80	85	
...	...	...	...	...	...	...	...	...	...	...	...	...	1
...	...	...	...	...	...	...	...	...	...	...	...	...	2
40.42	36.66	32.85	29.05	25.33	21.68	18.21	14.87	11.81	9.07	6.72	4.66	...	3
42.28	38.38	34.53	30.71	26.91	23.07	19.35	15.77	12.49	9.59	7.10	4.89	...	4
...	...	...	...	...	...	...	...	...	...	...	...	...	5
...	...	...	...	...	...	...	...	...	...	...	...	...	6
45.85	41.48	37.10	33.10	29.07	25.13	21.58	18.16	14.99	12.33	9.77	7.54	5.58	7
52.02	47.34	42.80	38.33	33.94	29.66	25.62	21.61	17.91	14.49	11.34	8.83	6.63	8
46.18	41.58	36.82	32.30	27.75	23.68	19.89	14.68	13.56	10.91	8.18	5.60	...	9
50.11	45.38	40.64	36.03	31.64	27.26	23.19	19.10	15.46	12.17	9.32	6.40	...	10
48.80	44.54	40.11	35.27	30.81	26.67	22.55	18.91	15.21	12.18	9.41	6.26	...	11
52.45	47.68	42.98	38.43	34.37	29.77	25.51	21.47	17.27	13.84	10.33	7.03	...	12
47.03	42.26	37.54	33.23	29.09	24.97	20.89	16.94	13.51	10.33	7.80	5.65	...	13
53.56	48.82	44.18	39.50	34.83	30.35	26.07	21.64	17.55	13.62	10.35	7.24	...	14
49.62	44.92	40.21	35.51	30.91	26.46	22.27	18.40	14.89	11.79	9.12	6.91	5.13	15
55.83	50.95	46.09	41.27	36.54	31.94	27.50	23.24	19.20	15.44	12.01	9.04	6.59	16
50.26	45.55	40.84	36.18	31.59	27.12	22.83	18.79	15.09	11.80	9.07	6.91	...	17
54.31	49.44	44.63	39.86	35.15	30.58	26.15	21.90	17.87	14.09	10.74	7.84	...	18
50.13	45.52	40.94	36.38	31.90	27.57	23.41	19.48	15.91	12.54	9.64	7.17	5.06	19
53.21	48.49	43.77	39.08	34.47	30.00	25.70	21.59	17.68	14.02	10.74	7.97	5.50	20
...	...	...	...	...	...	...	...	...	...	...	...	...	21
...	...	...	...	...	...	...	...	...	...	...	...	...	22
...	...	...	...	...	...	...	...	...	...	...	...	...	23
...	...	...	...	...	...	...	...	...	...	...	...	...	24

22. Expectation of life at specified ages for each sex: latest available year (continued)

(See notes at end of table.)

	Continent, country or area, period and sex Continent, pays ou zone, période et sexe	Age (in years) 0	1	2	3	4	5	10	15	2[illegible]
	AMERICA,NORTH— (Cont.–Suite) AMERIQUE DU NORD									
	Greenland – Groenland 1981–1985									
1	Male – Masculin	60.40	61.70	...	...	...	58.10	53.50	48.80	44.8[illegible]
2	Female – Féminin	66.30	67.60	...	...	...	64.10	59.40	54.50	50.0[illegible]
	Guadeloupe 1990–1995 [1]									
3	Male – Masculin	71.12	...	...	...	...	...	...	...	..
4	Female – Féminin	78.01	...	...	...	...	...	...	...	..
	Guatemala 1979–1980									
5	Male – Masculin	55.11	59.09	...	...	...	58.51	54.38	49.83	45.5[illegible]
6	Female – Féminin	59.43	62.98	...	...	...	62.77	58.74	54.18	49.7[illegible]
	Haiti – Haïti 1990–1995 [1]									
7	Male – Masculin	54.95	...	...	...	...	...	...	...	..
8	Female – Féminin	58.34	...	...	...	...	...	...	...	..
	Honduras 1990–1995 [1]									
9	Male – Masculin	65.43	...	...	...	...	...	...	...	..
10	Female – Féminin	70.06	...	...	...	...	...	...	...	..
	Jamaica – Jamaïque 1990–1995 [1]									
11	Male – Masculin	71.41	...	...	...	...	...	...	...	..
12	Female – Féminin	75.82	...	...	...	...	...	...	...	..
	Martinique 1990–1995 [1]									
13	Male – Masculin	72.92	...	...	...	...	...	...	...	..
14	Female – Féminin	79.37	...	...	...	...	...	...	...	..
	Mexico – Mexique 1990–1995 [1]									
15	Male – Masculin	67.84	...	...	...	...	...	...	...	..
16	Female – Féminin	73.94	...	...	...	...	...	...	...	..
	Netherlands Antilles – Antilles néerlandaises 1981									
17	Male – Masculin	71.13	71.39	...	...	...	67.50	62.63	57.78	53.09
18	Female – Féminin	75.75	75.99	...	...	...	72.11	67.18	62.29	57.39
	Nicaragua 1990–1995 [1]									
19	Male – Masculin	64.80	67.43	...	...	...	65.40	60.87	56.20	51.74
20	Female – Féminin	67.71	69.98	...	...	...	67.76	63.19	58.49	53.97
	Panama 1990–1995 [4]									
21	Male – Masculin	69.78	70.92	...	...	...	67.60	62.81	57.98	53.34
22	Female – Féminin	74.70	75.64	...	...	...	72.23	67.42	62.57	57.77
	Puerto Rico – Porto Rico 1990–1992									
23	Male – Masculin	69.60	69.62	...	...	...	65.76	60.84	55.92	51.30
24	Female – Féminin	78.50	78.42	...	...	...	74.54	69.61	64.66	59.77
	Saint Kitts and Nevis – Saint–Kitts–et–Nevis 1988									
25	Male – Masculin	65.87	67.19	...	...	...	63.44	58.81	54.00	49.11
26	Female – Féminin	70.98	71.67	...	...	...	68.37	63.41	58.73	54.05
	Saint Lucia – Sainte–Lucie 1986									
27	Male – Masculin	68.00	68.70	...	...	...	65.10	60.20	55.30	50.60
28	Female – Féminin	74.80	75.20	...	...	...	71.40	66.50	61.50	56.60

22. Espérance de vie à un âge donné pour chaque sexe: dernière année disponible (suite)

(Voir notes à la fin du tableau.)

Age (en années)													
25	30	35	40	45	50	55	60	65	70	75	80	85	
41.70	37.90	33.60	29.40	25.20	21.40	17.80	14.20	11.10	8.60	6.20	4.50	...	1
45.60	41.00	36.40	31.90	27.70	23.70	19.90	16.50	13.20	10.60	8.10	5.90	...	2
...	...	...	...	...	...	...	...	...	...	...	...	...	3
...	...	...	...	...	...	...	...	...	...	...	...	...	4
41.64	37.92	34.23	30.56	26.92	23.37	19.91	16.57	13.45	10.30	8.63	7.00	...	5
45.49	41.25	37.10	33.01	28.99	25.00	21.13	17.50	14.16	11.42	9.29	7.78	...	6
...	...	...	...	...	...	...	...	...	...	...	...	...	7
...	...	...	...	...	...	...	...	...	...	...	...	...	8
...	...	...	...	...	...	...	...	...	...	...	...	...	9
...	...	...	...	...	...	...	...	...	...	...	...	...	10
...	...	...	...	...	...	...	...	...	...	...	...	...	11
...	...	...	...	...	...	...	...	...	...	...	...	...	12
...	...	...	...	...	...	...	...	...	...	...	...	...	13
...	...	...	...	...	...	...	...	...	...	...	...	...	14
...	...	...	...	...	...	...	...	...	...	...	...	...	15
...	...	...	...	...	...	...	...	...	...	...	...	...	16
48.41	43.84	39.04	34.41	29.91	25.52	21.50	17.44	13.92	10.83	8.45	6.32	4.27	17
52.56	47.67	42.81	38.08	33.38	28.77	24.62	20.41	16.51	13.06	9.88	6.97	4.50	18
47.41	43.04	38.66	34.30	30.01	25.84	21.83	18.02	14.53	11.37	8.73	6.62	...	19
49.56	45.13	40.69	36.27	31.90	27.63	23.51	19.55	15.86	12.46	9.55	7.16	...	20
48.87	44.43	39.93	35.44	30.99	26.64	22.50	18.63	15.06	11.90	9.16	6.76	...	21
52.99	48.24	43.54	38.89	34.31	29.84	25.51	21.33	17.39	13.72	10.41	7.52	...	22
46.89	42.69	38.68	34.77	30.79	26.83	22.99	19.33	16.03	12.94	10.26	7.86	5.99	23
54.95	50.22	45.53	40.87	36.23	31.64	27.20	22.94	18.91	15.20	11.88	8.94	6.63	24
44.53	39.91	35.25	31.00	26.51	22.22	18.37	14.97	12.07	9.12	7.03	5.79	4.75	25
49.52	44.86	40.35	35.69	31.13	26.57	22.71	18.66	15.56	12.43	9.77	7.44	5.84	26
45.90	41.60	37.20	33.00	28.80	24.70	20.80	17.10	13.80	10.70	8.40	5.60	3.80	27
51.80	46.90	42.50	37.90	33.30	28.90	24.80	17.20	20.60	13.80	10.80	7.40	5.10	28

22. Expectation of life at specified ages for each sex: latest available year (continued)

(See notes at end of table.)

	Continent, country or area, period and sex Continent, pays ou zone, période et sexe	Age (in years) 0	1	2	3	4	5	10	15	20
	AMERICA,NORTH— (Cont.–Suite) AMERIQUE DU NORD									
	Trinidad and Tobago – Trinité–et–Tobago 1980–1985									
1	Male – Masculin	66.88	67.34	66.53	...	...	63.78	58.97	54.10	49.39
2	Female – Féminin	71.62	71.64	70.87	...	...	68.01	63.18	58.27	53.44
	United States – Etats–Unis 1991 [3]									
3	Male – Masculin	72.00	71.80	70.80	69.90	68.90	67.90	63.00	58.10	53.40
4	Female – Féminin	78.90	78.50	77.60	76.60	75.60	74.70	69.70	64.80	59.90
	AMERICA,SOUTH— AMERIQUE DU SUD									
	Argentina – Argentine 1980–1981									
5	Male – Masculin	65.48	67.20	66.43	65.53	64.59	63.64	58.83	54.00	49.29
6	Female – Féminin	72.70	74.13	73.37	72.46	71.51	70.55	65.70	60.84	56.03
	Bolivia – Bolivie 1990–1995 [1]									
7	Male – Masculin	57.74	...	...	...	...	...	...	...	...
8	Female – Féminin	61.00	...	...	...	...	...	...	...	...
	Brazil – Brésil 1990–1995 [1]									
9	Male – Masculin	64.04	...	...	...	...	...	...	...	...
10	Female – Féminin	68.68	...	...	...	...	...	...	...	...
	Chile – Chili 1990–1995									
11	Male – Masculin	68.54	68.84	67.97	67.04	66.08	65.12	60.26	55.41	50.64
12	Female – Féminin	75.59	75.74	74.86	73.93	72.97	72.00	67.11	62.22	57.34
	Colombia – Colombie 1990–1995									
13	Male – Masculin	66.36	67.47	...	...	...	64.18	59.42	54.61	50.09
14	Female – Féminin	72.26	72.99	...	...	...	69.62	64.79	59.93	55.13
	Ecuador – Equateur 1985 [5]									
15	Male – Masculin	63.39	67.12	66.99	66.40	65.69	64.91	60.43	55.74	51.16
16	Female – Féminin	67.59	70.64	70.50	69.91	69.19	68.41	63.09	59.17	54.51
	Guyana 1990–1995 [1]									
17	Male – Masculin	62.44	...	...	...	...	...	...	...	...
18	Female – Féminin	68.02	...	...	...	...	...	...	...	...
	Paraguay 1980–1985									
19	Male – Masculin	64.42	67.10	66.82	66.19	65.46	64.67	60.10	55.37	50.75
20	Female – Féminin	68.51	70.97	70.55	69.83	69.02	68.17	63.54	58.76	54.04
	Peru – Pérou 1990–1995 [6]									
21	Male – Masculin	62.74	67.16	...	...	...	64.96	60.33	55.59	50.93
22	Female – Féminin	66.55	70.65	...	...	...	68.50	63.83	59.04	54.33
	Suriname 1990–1995 [1]									
23	Male – Masculin	67.80	...	...	...	...	...	...	...	...
24	Female – Féminin	72.78	...	...	...	...	...	...	...	...
	Uruguay 1984–1986 [3]									
25	Male – Masculin	68.43	69.67	68.79	67.84	66.88	65.91	61.03	56.18	51.40
26	Female – Féminin	74.88	75.89	75.01	74.07	73.11	72.14	67.24	62.34	57.46

22. Espérance de vie à un âge donné pour chaque sexe: dernière année disponible (suite)

(Voir notes à la fin du tableau.)

Age (en années)													
25	30	35	40	45	50	55	60	65	70	75	80	85	
44.80	40.23	35.60	31.13	26.86	22.88	19.22	15.84	12.78	10.13	8.05	6.18	...	1
48.64	43.86	39.14	34.55	30.17	25.90	22.03	18.42	15.02	12.05	9.38	7.07	...	2
48.90	44.30	39.80	35.30	30.90	26.60	22.50	18.70	15.30	12.20	9.50	7.20	5.30	3
55.10	50.30	45.50	40.70	36.00	31.50	27.10	22.90	19.10	15.40	12.10	9.10	6.50	4
44.65	40.02	35.43	30.95	26.69	22.71	19.00	15.58	12.52	9.77	7.41	5.23	...	5
51.26	46.52	41.83	37.22	32.71	28.31	24.05	17.95	16.07	12.46	9.28	6.55	...	6
...	...	...	...	...	...	...	...	...	...	...	...	...	7
...	...	...	...	...	...	...	...	...	...	...	...	...	8
...	...	...	...	...	...	...	...	...	...	...	...	...	9
...	...	...	...	...	...	...	...	...	...	...	...	...	10
46.01	41.46	36.98	32.59	28.36	24.30	20.60	17.02	13.92	11.07	8.75	7.02	5.77	11
52.48	47.66	42.89	38.18	33.60	29.14	24.88	20.85	16.90	13.50	10.53	7.99	6.38	12
45.96	41.93	37.79	33.55	29.32	25.23	21.26	17.66	14.35	11.59	9.28	7.51	...	13
50.38	45.65	40.96	36.33	31.82	27.47	23.31	19.44	15.83	12.72	10.05	8.01	...	14
46.66	42.23	37.86	33.57	29.40	25.34	21.43	17.76	14.34	11.24	8.59	6.38	4.91	15
49.92	45.36	40.81	36.32	31.92	27.60	23.41	19.43	15.68	12.35	9.44	7.04	5.26	16
...	...	...	...	...	...	...	...	...	...	...	...	...	17
...	...	...	...	...	...	...	...	...	...	...	...	...	18
46.19	41.61	37.03	32.51	28.11	23.90	19.95	16.31	13.03	10.14	7.72	5.80	4.33	19
49.35	44.69	40.50	35.47	30.97	26.60	22.40	18.41	14.71	11.40	8.61	6.39	4.68	20
46.39	41.82	37.31	32.83	28.47	24.25	20.26	16.51	13.06	9.92	7.29	5.31	...	21
49.69	45.07	40.47	35.90	31.39	26.94	22.64	18.47	14.59	11.08	8.15	5.91	...	22
...	...	...	...	...	...	...	...	...	...	...	...	...	23
...	...	...	...	...	...	...	...	...	...	...	...	...	24
46.70	41.99	37.30	32.68	28.25	24.01	20.19	16.65	13.46	10.68	8.35	6.35	4.99	25
52.60	47.76	42.98	38.27	33.68	29.23	24.97	21.01	17.30	13.95	10.95	8.51	6.63	26

22. Expectation of life at specified ages for each sex: latest available year (continued)

(See notes at end of table.)

	Continent, country or area, period and sex / Continent, pays ou zone, période et sexe	Age (in years) 0	1	2	3	4	5	10	15	
	AMERICA,SOUTH— (Cont.–Suite) AMERIQUE DU SUD									
	Venezuela									
	1985 [6]									
1	Male – Masculin	66.68	68.45	67.77	66.87	65.94	64.99	60.31	55.53	50
2	Female – Féminin	72.80	74.16	73.49	72.60	71.67	70.72	65.90	61.02	56.
	ASIA—ASIE									
	Afghanistan									
	1990–1995 [1]									
3	Male – Masculin	43.00	...	...	...	...	...	...	...	
4	Female – Féminin	44.00	...	...	...	...	...	...	...	
	Armenia – Arménie									
	1990 [3]									
5	Male – Masculin	67.94	68.47	67.69	66.80	65.85	64.91	60.07	55.21	50.
6	Female – Féminin	73.39	73.65	72.89	72.00	71.06	70.11	65.21	60.29	55.
	Azerbaijan – Azerbaïdjan									
	1989									
7	Male – Masculin	66.60	...	...	...	...	...	...	...	
8	Female – Féminin	74.20	...	...	...	...	...	...	...	
	Bahrain – Bahreïn									
	1986–1991 [7]									
9	Male – Masculin	66.83	...	...	...	...	...	...	...	
10	Female – Féminin	69.43	...	...	...	...	...	...	...	
	Bangladesh									
	1988									
11	Male – Masculin	56.91	63.66	63.57	63.54	63.19	62.76	58.73	54.09	49.
12	Female – Féminin	55.97	61.50	61.63	61.76	61.68	61.29	57.26	52.63	48.
	Bhutan – Bhoutan									
	1990–1995 [1]									
13	Male – Masculin	49.10	...	...	...	...	...	...	...	
14	Female – Féminin	52.40	...	...	...	...	...	...	...	
	Brunei Darussalam – Brunéi Darussalam									
	1981									
15	Male – Masculin	70.13	70.32	...	...	...	66.68	61.90	57.12	52.
16	Female – Féminin	72.69	72.65	...	...	...	68.96	64.08	59.26	54.
	Cambodia – Cambodge									
	1990–1995 [1]									
17	Male – Masculin	50.10	...	...	...	...	...	...	...	
18	Female – Féminin	52.90	...	...	...	...	...	...	...	
	China – Chine									
	1990–1995 [1]									
19	Male – Masculin	66.70	...	...	...	...	...	...	...	
20	Female – Féminin	70.45	...	...	...	...	...	...	...	
	Cyprus – Chypre									
	1987–1991									
21	Male – Masculin	74.12	74.03	...	...	...	70.18	65.28	60.36	55.5
22	Female – Féminin	78.58	78.38	...	...	...	74.49	69.55	64.61	59.6
	East Timor – Timor oriental									
	1990–1995 [1]									
23	Male – Masculin	44.15	...	...	...	...	...	...	...	
24	Female – Féminin	45.94	...	...	...	...	...	...	...	
	Georgia – Géorgie									
	1989									
25	Male – Masculin	68.10	...	...	...	...	...	...	...	
26	Female – Féminin	75.70	...	...	...	...	...	...	...	

22. Espérance de vie à un âge donné pour chaque sexe: dernière année disponible (suite)

(Voir notes à la fin du tableau.)

Age (en années)													
25	30	35	40	45	50	55	60	65	70	75	80	85	
46.36	41.86	37.42	33.07	28.86	24.81	20.93	17.30	14.17	11.42	9.08	7.21	5.71	1
51.44	46.68	41.95	37.31	32.77	28.39	24.22	20.30	16.68	13.48	10.66	8.28	6.13	2
...	...	...	...	...	...	...	...	...	...	...	...	...	3
...	...	...	...	...	...	...	...	...	...	...	...	...	4
45.66	40.99	36.39	31.88	27.51	23.36	19.42	15.88	13.74	11.43	8.92	6.38	4.09	5
50.57	45.72	40.93	36.19	31.53	26.93	22.53	18.42	16.00	13.37	10.39	7.20	4.17	6
...	...	...	...	...	...	...	...	...	...	...	...	...	7
...	...	...	...	...	...	...	...	...	...	...	...	...	8
...	...	...	...	...	...	...	...	...	...	...	...	...	9
...	...	...	...	...	...	...	...	...	...	...	...	...	10
45.01	40.47	35.98	31.58	27.07	23.12	19.24	15.50	12.21	9.63	7.40	...	...	11
43.93	39.76	35.51	31.44	27.38	23.62	19.71	15.76	11.98	8.00	6.23	...	...	12
...	...	...	...	...	...	...	...	...	...	...	...	...	13
...	...	...	...	...	...	...	...	...	...	...	...	...	14
47.83	43.17	38.51	33.87	29.41	25.06	21.05	17.27	13.67	10.55	7.60	5.68	4.22	15
49.68	44.87	40.14	35.44	30.92	26.63	22.68	19.19	16.13	12.86	9.97	7.23	5.22	16
...	...	...	...	...	...	...	...	...	...	...	...	...	17
...	...	...	...	...	...	...	...	...	...	...	...	...	18
...	...	...	...	...	...	...	...	...	...	...	...	...	19
...	...	...	...	...	...	...	...	...	...	...	...	...	20
50.93	46.19	41.38	36.63	31.96	27.44	23.30	19.41	15.81	12.62	9.89	7.64	...	21
54.75	49.84	44.93	40.10	35.31	30.63	26.11	21.72	17.54	13.67	10.38	7.64	...	22
...	...	...	...	...	...	...	...	...	...	...	...	...	23
...	...	...	...	...	...	...	...	...	...	...	...	...	24
...	...	...	...	...	...	...	...	...	...	...	...	...	25
...	...	...	...	...	...	...	...	...	...	...	...	...	26

22. Expectation of life at specified ages for each sex: latest available year (continued)

(See notes at end of table.)

	Continent, country or area, period and sex / Continent, pays ou zone, période et sexe	Age (in years) 0	1	2	3	4	5	10	15	2
	ASIA—ASIE (Cont.–Suite)									
	Hong Kong – Hong-kong									
	1992 [3]									
1	Male – Masculin	74.75	74.11	73.15	72.17	71.19	70.21	65.27	60.35	55.4
2	Female – Féminin	80.53	79.92	78.97	77.98	76.99	76.00	71.04	66.10	61.1
	India – Inde									
	1981–1985									
3	Male – Masculin	55.40	60.81	...	...	...	60.12	56.08	51.52	46.9
4	Female – Féminin	55.67	61.11	...	...	...	61.75	57.98	53.48	49.1
	Indonesia – Indonésie									
	1990–1995 [1]									
5	Male – Masculin	61.00	...	...	...	...	...	...	...	...
6	Female – Féminin	64.50	...	...	...	...	...	...	...	...
	Iran (Islamic Republic of – Rép. islamique d')									
	1990–1995 [1]									
7	Male – Masculin	67.03	...	...	...	...	...	...	...	...
8	Female – Féminin	67.98	...	...	...	...	...	...	...	...
	Iraq									
	1990									
9	Male – Masculin	77.43	77.77	...	...	...	74.11	69.25	69.40	59.5
10	Female – Féminin	78.22	78.41	...	...	...	74.78	69.86	65.01	60.1
	Israel – Israël [8]									
	1991 [3]									
11	Male – Masculin	75.10	73.66	72.72	71.76	70.79	70.90	66.00	61.10	56.2
12	Female – Féminin	78.50	77.70	76.76	75.79	74.82	74.30	69.40	64.50	59.6
	Japan – Japon									
	1992 [3 9]									
13	Male – Masculin	76.09	75.47	74.52	73.56	72.59	71.61	66.68	61.74	56.9
14	Female – Féminin	82.22	81.55	80.60	79.63	78.65	77.67	72.72	67.77	62.8
	Jordan – Jordanie									
	1990–1995 [1]									
15	Male – Masculin	66.16	...	...	...	...	...	...	...	...
16	Female – Féminin	69.84	...	...	...	...	...	...	...	...
	Kazakhstan									
	1990 [3]									
17	Male – Masculin	63.83	64.76	64.08	63.20	62.26	61.32	56.55	51.75	47.07
18	Female – Féminin	73.06	73.80	73.09	72.20	71.27	70.32	65.48	60.58	55.79
	Korea, Dem. People's Rep. of – Corée, rép. populaire dém. de									
	1990–1995 [1]									
19	Male – Masculin	67.70	...	...	...	...	...	...	...	...
20	Female – Féminin	73.95	...	...	...	...	...	...	...	...
	Korea, Republic of– Corée, République de									
	1989 [3]									
21	Male – Masculin	66.92	66.66	65.76	64.84	63.90	62.96	58.18	53.35	48.58
22	Female – Féminin	74.96	74.76	73.85	72.92	71.98	71.03	66.23	61.38	56.54
	Kuwait – Koweït									
	1990–1995 [1]									
23	Male – Masculin	73.31	...	...	...	...	...	...	...	...
24	Female – Féminin	77.22	...	...	...	...	...	...	...	...
	Kyrgyzstan – Kirghizistan									
	1991 [3]									
25	Male – Masculin	64.60	65.90	65.26	64.41	63.49	62.54	57.72	52.89	48.15
26	Female – Féminin	72.74	73.59	73.01	72.12	71.19	70.23	65.36	60.50	55.66

22. Espérance de vie à un âge donné pour chaque sexe: dernière année disponible (suite)

oir notes à la fin du tableau.)

Age (en années)													
25	30	35	40	45	50	55	60	65	70	75	80	85	
50.64	45.83	41.03	36.28	31.63	27.14	22.89	18.89	15.24	12.00	9.18	6.82	4.92	1
56.25	51.34	46.44	41.59	36.81	32.09	27.48	23.05	18.87	15.01	11.56	8.58	6.12	2
42.55	38.09	33.70	29.39	25.27	21.38	17.84	14.61	11.97	9.68	...	...	...	3
44.93	40.70	36.42	32.12	27.89	23.78	19.97	16.42	13.55	11.01	...	...	...	4
...	...	...	...	...	...	...	...	...	...	...	...	...	5
...	...	...	...	...	...	...	...	...	...	...	...	...	6
...	...	...	...	...	...	...	...	...	...	...	...	...	7
...	...	...	...	...	...	...	...	...	...	...	...	...	8
54.88	50.19	45.56	40.79	36.34	32.39	28.81	24.77	21.32	18.00	15.64	13.11	...	9
55.32	50.43	45.52	40.77	36.04	31.12	26.61	22.03	17.65	12.92	8.74	4.21	...	10
51.50	46.70	41.80	37.10	32.40	27.80	23.50	19.40	15.80	12.60	9.60	7.40	...	11
54.70	49.70	44.90	40.00	35.30	30.60	26.00	21.70	17.70	13.90	10.70	8.00	...	12
52.11	47.29	42.48	37.70	33.03	28.51	24.16	20.08	16.31	12.78	9.61	6.94	4.86	13
57.93	53.03	48.14	43.29	38.50	33.79	29.18	24.67	20.31	16.13	12.28	8.88	6.11	14
...	...	...	...	...	...	...	...	...	...	...	...	...	15
...	...	...	...	...	...	...	...	...	...	...	...	...	16
42.57	38.19	33.86	29.60	25.51	21.70	18.25	15.12	12.38	9.97	7.89	6.13	4.68	17
51.06	46.30	41.56	36.88	32.33	27.91	23.71	19.73	16.19	12.92	9.99	7.45	5.35	18
...	...	...	...	...	...	...	...	...	...	...	...	...	19
...	...	...	...	...	...	...	...	...	...	...	...	...	20
43.92	39.34	34.80	30.34	26.12	22.16	18.43	14.92	11.76	9.04	6.72	5.01	...	21
51.75	46.97	41.26	37.51	32.91	28.43	24.08	19.89	15.93	12.36	9.24	6.60	...	22
...	...	...	...	...	...	...	...	...	...	...	...	...	23
...	...	...	...	...	...	...	...	...	...	...	...	...	24
43.58	39.15	34.88	30.67	26.66	22.86	19.32	15.97	12.59	10.07	8.19	6.74	5.61	25
50.94	46.24	41.55	36.95	32.49	28.19	24.09	20.11	15.98	12.71	10.16	8.16	6.57	26

22. Expectation of life at specified ages for each sex: latest available year (continued)

(See notes at end of table.)

	Continent, country or area, period and sex / Continent, pays ou zone, période et sexe	Age (in years) 0	1	2	3	4	5	10	15	2
	ASIA—ASIE (Cont.–Suite)									
	Lao People's Dem. Rep. – Rép. dém. populaire Lao 1990–1995 [1]									
1	Male – Masculin	49.50	...	...	...	...	...	...	...	.
2	Female – Féminin	52.50	...	...	...	...	...	...	...	.
	Lebanon – Liban 1990–1995 [1]									
3	Male – Masculin	66.60	...	...	...	...	...	...	...	.
4	Female – Féminin	70.50	...	...	...	...	...	...	...	.
	Macau – Macao 1988									
5	Male – Masculin	75.01	75.02	...	...	...	71.20	66.27	61.33	56.4
6	Female – Féminin	80.26	80.11	...	...	...	76.20	71.28	66.34	61.3
	Malaysia – Malaisie 1990–1995 [1]									
7	Male – Masculin	68.68	...	...	...	...	...	...	...	..
8	Female – Féminin	73.04	...	...	...	...	...	...	...	..
	Peninsular Malaysia – Malaisie Péninsulaire 1991									
9	Male – Masculin	69.11	69.05	...	...	...	65.31	60.48	55.68	51.0
10	Female – Féminin	73.79	73.63	...	...	...	69.87	65.01	60.12	55.2
	Maldives 1992									
11	Male – Masculin	67.15	68.36	...	...	...	65.67	60.96	56.24	51.5
12	Female – Féminin	66.60	67.28	...	...	...	63.92	59.30	54.41	49.5
	Mongolia – Mongolie 1990–1995 [1]									
13	Male – Masculin	62.32	...	...	...	...	...	...	...	..
14	Female – Féminin	65.00	...	...	...	...	...	...	...	..
	Myanmar 1990–1995 [1]									
15	Male – Masculin	56.00	...	...	...	...	...	...	...	..
16	Female – Féminin	59.30	...	...	...	...	...	...	...	..
	Nepal – Népal 1981									
17	Male – Masculin	50.88	56.57	...	...	...	55.76	51.67	47.28	43.13
18	Female – Féminin	48.10	54.13	...	...	...	54.73	50.98	46.89	43.01
	Oman 1990–1995 [1]									
19	Male – Masculin	67.70	...	...	...	...	...	...	...	..
20	Female – Féminin	71.80	...	...	...	...	...	...	...	..
	Pakistan 1990–1995 [1]									
21	Male – Masculin	60.60	...	...	...	...	...	...	...	...
22	Female – Féminin	62.60	...	...	...	...	...	...	...	...
	Philippines 1991									
23	Male – Masculin	63.10	65.70	65.20	64.40	63.60	62.80	58.20	53.50	48.90
24	Female – Féminin	66.70	68.70	68.20	67.40	66.60	65.70	61.10	56.30	51.70
	Qatar 1990–1995 [1]									
25	Male – Masculin	68.75	...	...	...	...	...	...	...	...
26	Female – Féminin	74.20	...	...	...	...	...	...	...	...

22. Espérance de vie à un âge donné pour chaque sexe: dernière année disponible (suite)

(Voir notes à la fin du tableau.)

Age (en années)													
25	30	35	40	45	50	55	60	65	70	75	80	85	
...	...	...	...	...	...	...	...	...	...	...	...	...	1
...	...	...	...	...	...	...	...	...	...	...	...	...	2
...	...	...	...	...	...	...	...	...	...	...	...	...	3
...	...	...	...	...	...	...	...	...	...	...	...	...	4
51.53	46.63	41.76	36.92	32.16	27.64	23.38	19.48	15.86	12.52	9.54	6.62	...	5
56.46	51.55	46.62	41.75	36.93	32.26	27.77	23.32	18.91	14.82	11.32	7.80	...	6
...	...	...	...	...	...	...	...	...	...	...	...	...	7
...	...	...	...	...	...	...	...	...	...	...	...	...	8
46.43	41.77	37.19	32.62	28.16	23.87	19.86	16.25	13.02	10.12	7.53	5.47	...	9
50.43	45.61	40.83	36.11	31.43	26.93	22.58	18.50	14.78	11.50	8.62	6.23	...	10
40.76	42.15	37.48	32.93	28.69	24.34	20.44	16.76	13.46	10.51	7.90	5.57	...	11
44.83	40.15	35.68	31.54	27.20	22.63	18.67	15.36	12.17	9.40	7.06	5.16	...	12
...	...	...	...	...	...	...	...	...	...	...	...	...	13
...	...	...	...	...	...	...	...	...	...	...	...	...	14
...	...	...	...	...	...	...	...	...	...	...	...	...	15
...	...	...	...	...	...	...	...	...	...	...	...	...	16
39.22	35.30	31.40	27.58	23.87	20.30	16.95	13.82	11.01	8.52	6.36	4.49	...	17
39.32	35.68	32.07	28.46	24.83	21.19	17.72	14.42	11.48	8.81	6.53	4.54	...	18
...	...	...	...	...	...	...	...	...	...	...	...	...	19
...	...	...	...	...	...	...	...	...	...	...	...	...	20
...	...	...	...	...	...	...	...	...	...	...	...	...	21
...	...	...	...	...	...	...	...	...	...	...	...	...	22
44.50	40.10	35.60	31.20	27.00	22.90	19.10	15.50	12.30	9.50	7.10	5.10	...	23
47.20	42.70	38.20	33.80	29.40	25.20	21.20	17.30	13.70	10.60	7.90	5.60	...	24
...	...	...	...	...	...	...	...	...	...	...	...	...	25
...	...	...	...	...	...	...	...	...	...	...	...	...	26

22. Expectation of life at specified ages for each sex: latest available year (continued)

(See notes at end of table.)

	Continent, country or area, period and sex Continent, pays ou zone, période et sexe	Age (in years) 0	1	2	3	4	5	10	15	
	ASIA—ASIE (Cont.–Suite)									
	Saudi Arabia – Arabie saoudite 1990–1995 [1]									
1	Male – Masculin	68.39	...	...	...	...	...	...	...	
2	Female – Féminin	71.41	...	...	...	...	...	...	...	
	Singapore – Singapour 1992									
3	Male – Masculin	73.70	73.11	...	...	...	69.20	64.28	59.37	54.5
4	Female – Féminin	78.27	77.63	...	...	...	73.72	68.77	63.85	58.9
	Sri Lanka 1981									
5	Male – Masculin	67.78	68.99	...	...	...	65.69	60.99	56.23	51.6
6	Female – Féminin	71.66	72.67	...	...	...	69.46	64.75	59.94	55.3
	Syrian Arab Republic – République arabe syrienne 1981									
7	Male – Masculin	64.42	68.48	...	...	...	65.89	61.18	56.46	51.6
8	Female – Féminin	68.05	71.73	...	...	...	69.16	64.12	59.58	54.8
	Tajikistan – Tadjikistan 1989									
9	Male – Masculin	66.80	...	...	...	...	...	...	...	...
10	Female – Féminin	71.70	...	...	...	...	...	...	...	...
	Thailand – Thaïlande 1985–1986									
11	Male – Masculin	63.82	66.31	...	...	...	62.88	58.28	53.48	48.8
12	Female – Féminin	68.85	70.91	...	...	...	67.27	62.68	58.01	53.4
	Turkey – Turquie 1990–1995 [1]									
13	Male – Masculin	64.52	...	...	...	...	...	...	...	...
14	Female – Féminin	68.64	...	...	...	...	...	...	...	...
	Turkmenistan – Turkménistan 1989									
15	Male – Masculin	61.80	...	...	...	...	...	...	...	...
16	Female – Féminin	68.40	...	...	...	...	...	...	...	...
	United Arab Emirates – Emirats arabes unis 1990–1995 [1]									
17	Male – Masculin	72.95	...	...	...	...	...	...	...	...
18	Female – Féminin	75.27	...	...	...	...	...	...	...	...
	Uzbekistan – Ouzbékistan 1989									
19	Male – Masculin	66.00	...	...	...	...	...	...	...	...
20	Female – Féminin	72.10	...	...	...	...	...	...	...	...
	Viet Nam 1990–1995 [1]									
21	Male – Masculin	62.90	...	...	...	...	...	...	...	...
22	Female – Féminin	67.31	...	...	...	...	...	...	...	...
	Yemen – Yémen 1990–1995 [1]									
23	Male – Masculin	49.90	...	...	...	...	...	...	...	...
24	Female – Féminin	50.40	...	...	...	...	...	...	...	...

22. Espérance de vie à un âge donné pour chaque sexe: dernière année disponible (suite)

r notes à la fin du tableau.)

Age (en années)													
25	30	35	40	45	50	55	60	65	70	75	80	85	
...	...	...	...	...	...	...	...	...	...	...	...	...	1
...	...	...	...	...	...	...	...	...	...	...	...	...	2
49.72	44.92	40.11	35.34	30.66	26.14	21.91	18.08	14.76	11.75	9.10	6.74	4.37	3
54.04	49.14	44.27	39.42	34.67	30.00	25.51	21.28	17.32	13.68	10.44	7.53	4.59	4
47.24	42.77	39.23	33.19	29.49	25.39	21.46	17.74	14.25	11.07	8.37	5.81	...	5
50.81	46.20	41.56	36.96	32.44	28.01	23.70	19.57	15.69	12.19	9.17	6.43	...	6
47.06	42.42	37.83	33.28	28.83	24.53	20.46	16.61	13.03	9.74	6.88	4.45	...	7
50.09	45.40	40.72	36.07	31.49	26.97	22.58	18.32	14.31	10.61	7.39	4.59	...	8
...	...	...	...	...	...	...	...	...	...	...	...	...	9
...	...	...	...	...	...	...	...	...	...	...	...	...	10
44.30	40.01	35.68	31.34	27.07	22.99	19.09	15.52	12.53	9.69	7.49	5.20	...	11
48.84	44.24	39.63	35.05	30.62	26.23	22.12	18.56	15.15	12.03	9.33	6.17	...	12
...	...	...	...	...	...	...	...	...	...	...	...	...	13
...	...	...	...	...	...	...	...	...	...	...	...	...	14
...	...	...	...	...	...	...	...	...	...	...	...	...	15
...	...	...	...	...	...	...	...	...	...	...	...	...	16
...	...	...	...	...	...	...	...	...	...	...	...	...	17
...	...	...	...	...	...	...	...	...	...	...	...	...	18
...	...	...	...	...	...	...	...	...	...	...	...	...	19
...	...	...	...	...	...	...	...	...	...	...	...	...	20
...	...	...	...	...	...	...	...	...	...	...	...	...	21
...	...	...	...	...	...	...	...	...	...	...	...	...	22
...	...	...	...	...	...	...	...	...	...	...	...	...	23
...	...	...	...	...	...	...	...	...	...	...	...	...	24

22. Expectation of life at specified ages for each sex: latest available year (continued)

(See notes at end of table.)

	Continent, country or area, period and sex / Continent, pays ou zone, période et sexe	Age (in years) 0	1	2	3	4	5	10	15	20
	EUROPE									
	Albania – Albanie 1988–1989									
1	Male – Masculin	69.60	...	...	...	...	...	...	...	...
2	Female – Féminin	75.50	...	...	...	...	...	...	...	...
	Austria – Autriche 1992 [3]									
3	Male – Masculin	72.87	72.50	71.53	70.55	69.58	68.60	63.65	58.71	53.98
4	Female – Féminin	79.35	78.87	77.91	76.94	75.97	74.99	70.04	65.07	60.18
	Belarus – Bélarus 1991 [3]									
5	Male – Masculin	65.54	65.46	64.57	63.62	62.65	61.70	56.90	52.04	47.36
6	Female – Féminin	75.48	75.25	74.33	73.38	72.42	71.46	66.57	61.67	56.82
	Belgium – Belgique 1988–1990 [3]									
7	Male – Masculin	72.43	72.00	71.06	70.09	69.11	68.14	63.21	58.28	53.54
8	Female – Féminin	79.13	78.60	77.65	77.67	75.70	74.71	69.79	64.85	59.95
	Bosnia Herzegovina – Bosnie–Herzégovine 1990–1995 [1]									
9	Male – Masculin	69.50	...	...	...	...	...	...	...	...
10	Female – Féminin	75.10	...	...	...	...	...	...	...	...
	Bulgaria – Bulgarie 1988–1990 [3]									
11	Male – Masculin	68.12	68.33	67.44	66.51	65.57	64.62	59.78	54.91	50.14
12	Female – Féminin	74.77	74.75	73.85	72.91	71.96	71.00	66.12	61.21	56.35
	Croatia – Croatie 1990–1995 [1]									
13	Male – Masculin	67.10	...	...	...	...	...	...	...	...
14	Female – Féminin	75.70	...	...	...	...	...	...	...	...
	Former Czechoslovakia – Ancienne Tchécoslovaquie 1990 [3]									
15	Male – Masculin	67.25	67.14	66.19	65.22	64.23	63.39	58.49	53.56	48.76
16	Female – Féminin	75.81	75.54	74.59	73.62	72.64	71.71	66.77	61.83	56.95
	Denmark – Danemark [10] 1990–1991 [3]									
17	Male – Masculin	72.18	71.83	70.88	69.91	68.94	67.96	63.05	58.13	53.28
18	Female – Féminin	77.74	77.26	76.31	75.33	74.35	73.36	68.43	63.48	58.57
	Estonia – Estonie 1992									
19	Male – Masculin	64.05	64.00	63.16	62.26	61.37	60.39	55.60	50.76	46.08
20	Female – Féminin	75.03	74.93	74.05	73.12	72.14	71.20	66.34	61.45	56.60
	Faeroe Islands – Iles Féroé 1981–1985									
21	Male – Masculin	73.30	73.10	...	...	...	69.20	64.50	59.60	55.00
22	Female – Féminin	79.60	73.40	...	...	...	75.50	70.60	65.70	60.80
	Finland – Finlande 1990 [3]									
23	Male – Masculin	70.93	70.33	69.37	68.39	67.41	66.42	61.49	56.57	51.85
24	Female – Féminin	78.87	78.32	77.35	76.36	75.37	74.39	69.45	64.49	59.64
	France 1991 [3]									
25	Male – Masculin	72.91	72.52	71.57	70.60	69.62	68.64	63.71	58.79	54.03
26	Female – Féminin	81.13	80.63	79.68	78.71	77.73	76.75	71.81	66.87	61.97

22. Espérance de vie à un âge donné pour chaque sexe: dernière année disponible (suite)

r notes à la fin du tableau.)

Age (en années)													
25	30	35	40	45	50	55	60	65	70	75	80	85	
...	...	...	...	...	...	...	...	...	...	...	...	...	1
...	...	...	...	...	...	...	...	...	...	...	...	...	2
49.31	44.57	39.86	35.22	30.70	26.38	22.25	18.39	14.93	11.83	9.01	6.74	5.08	3
55.29	50.40	45.53	40.73	36.00	31.40	26.88	22.49	18.28	14.37	10.86	7.80	5.47	4
42.88	38.43	34.05	29.83	25.79	22.08	18.68	15.47	12.44	9.86	7.71	5.96	4.54	5
51.98	47.15	42.36	37.64	33.02	28.53	24.23	20.12	16.12	12.62	9.64	7.18	5.21	6
48.49	44.16	39.45	34.78	30.21	25.79	21.53	17.60	14.03	10.91	8.27	6.13	4.49	7
55.09	50.22	45.38	40.61	35.92	31.32	26.82	22.48	18.31	14.41	10.87	7.88	5.57	8
...	...	...	...	...	...	...	...	...	...	...	...	...	9
...	...	...	...	...	...	...	...	...	...	...	...	...	10
45.44	40.77	36.15	31.66	27.32	23.26	19.50	15.97	12.80	9.90	7.58	5.53	3.98	11
51.49	46.64	41.83	37.06	32.37	27.81	23.40	19.18	15.23	11.61	8.68	6.16	4.31	12
...	...	...	...	...	...	...	...	...	...	...	...	...	13
...	...	...	...	...	...	...	...	...	...	...	...	...	14
44.05	39.33	34.67	30.15	25.84	21.84	18.20	14.88	12.02	9.57	7.39	5.71	4.51	15
52.05	47.16	42.32	37.51	32.80	28.25	23.85	19.64	15.69	12.15	9.20	6.56	4.71	16
48.52	43.78	39.08	34.45	29.92	25.55	21.40	17.61	14.13	11.10	8.55	6.41	4.75	17
53.67	48.78	43.92	39.14	34.46	29.94	25.63	21.60	17.80	14.21	10.96	8.04	5.61	18
41.67	37.32	33.03	28.84	24.88	21.12	17.70	14.43	11.61	9.31	7.30	5.37	3.80	19
51.77	46.92	42.19	37.40	32.79	28.28	23.98	19.82	15.98	12.36	8.19	6.34	3.90	20
50.30	45.60	40.80	36.00	31.20	26.90	22.60	18.60	15.00	11.60	8.70	6.60	...	21
55.80	50.90	46.10	41.20	36.40	31.90	27.10	22.60	18.40	14.50	10.80	7.80	...	22
47.25	42.57	37.98	33.49	29.12	24.89	20.86	17.09	13.72	10.74	8.18	6.05	4.34	23
54.80	49.90	45.05	40.22	35.52	30.88	26.37	21.91	17.70	13.82	10.42	7.48	5.28	24
49.42	44.82	40.24	35.71	31.30	27.03	22.97	19.18	15.72	12.47	9.52	6.99	5.01	25
57.11	52.27	47.44	42.66	37.95	33.33	28.80	24.38	20.11	16.01	12.20	8.84	6.15	26

22. Expectation of life at specified ages for each sex: latest available year (continued)

(See notes at end of table.)

	Continent, country or area, period and sex Continent, pays ou zone, période et sexe	Age (in years) 0	1	2	3	4	5	10	15	20
	EUROPE (Cont.–Suite)									
	Germany – Allemagne [11]	...	...	...	...	...	...	...	...	...
	Germany, Federal Rep. of – Allemagne, République fédérale d' 1985–1987 [3]									
1	Male – Masculin	71.81	71.52	70.57	69.60	68.62	67.65	62.73	57.80	53.01
2	Female – Féminin	78.37	77.97	77.02	76.05	75.07	74.08	69.15	64.20	59.30
	Former German Democratic Republic – Ancienne République démocratique allemande 1988–1989 [3]									
3	Male – Masculin	70.03	62.65	68.71	67.75	66.79	65.81	60.90	55.38	51.19
4	Female – Féminin	76.23	75.76	74.82	73.86	72.89	71.91	66.97	62.02	57.13
	Greece – Grèce 1980 [3]									
5	Male – Masculin	72.15	72.82	71.89	70.95	69.99	69.02	54.13	59.26	54.48
6	Female – Féminin	76.35	76.78	76.05	75.09	74.13	73.15	68.24	63.32	58.43
	Hungary – Hongrie 1992 [3]									
7	Male – Masculin	64.55	64.55	63.60	62.65	61.66	60.68	55.76	50.83	46.04
8	Female – Féminin	73.73	73.67	72.72	71.75	70.77	69.79	64.86	59.93	55.03
	Iceland – Islande 1991–1992 [3]									
9	Male – Masculin	75.74	75.14	74.19	73.24	72.27	71.30	66.33	61.35	56.66
10	Female – Féminin	80.89	80.29	79.29	78.31	77.34	76.36	71.38	66.45	61.53
	Ireland – Irlande 1985–1987 [3]									
11	Male – Masculin	71.01	70.67	69.72	68.75	67.77	66.80	61.88	56.98	52.18
12	Female – Féminin	76.70	76.28	75.33	74.36	73.39	72.41	67.46	62.52	57.60
	Isle of Man – Ile de Man 1991 [3]									
13	Male – Masculin	71.47	70.63	69.63	68.63	67.63	66.63	61.63	56.76	52.36
14	Female – Féminin	79.94	79.31	78.31	77.31	76.31	75.31	70.31	65.31	60.60
	Italy – Italie 1989 [3]									
15	Male – Masculin	73.50	73.18	72.21	71.24	70.26	69.27	64.33	59.40	54.63
16	Female – Féminin	80.03	79.65	78.68	77.70	76.72	75.77	70.78	65.83	60.90
	Latvia – Lettonie 1992 [3]									
17	Male – Masculin	63.25	63.47	62.58	61.65	60.70	59.74	54.92	50.13	45.46
18	Female – Féminin	74.83	74.98	74.09	73.15	72.19	71.23	66.33	61.43	56.61
	Liechtenstein 1980–1984 [3]									
19	Male – Masculin	66.07	65.80	64.80	63.80	62.95	61.95	57.07	52.44	47.56
20	Female – Féminin	72.94	73.11	72.11	71.31	70.31	69.31	64.31	59.47	54.77
	Lithuania – Lituanie 1992									
21	Male – Masculin	64.92	65.11	...	...	...	61.35	56.55	51.69	47.01
22	Female – Féminin	76.02	76.11	...	...	...	72.30	67.41	62.49	57.64
	Luxembourg 1985–1987 [3]									
23	Male – Masculin	70.61	70.13	69.16	68.19	67.22	66.24	61.37	56.51	51.86
24	Female – Féminin	77.87	77.50	76.52	75.53	74.55	73.56	68.63	63.70	58.82
	Malta – Malte 1992									
25	Male – Masculin	72.99	73.18	72.26	71.27	70.26	69.32	64.43	59.50	54.66
26	Female – Féminin	77.81	77.45	76.49	75.50	74.53	73.53	68.53	63.61	58.67

22. Espérance de vie à un âge donné pour chaque sexe: dernière année disponible (suite)

r notes à la fin du tableau.)

Age (en années)													
25	30	35	40	45	50	55	60	65	70	75	80	85	
...	...	...	...	...	...	...	...	...	...	...	...	...	
48.27	43.51	38.76	34.07	29.32	25.15	21.05	17.26	13.78	10.67	8.05	5.99	4.49	1
54.41	49.52	44.66	39.87	35.15	30.53	26.04	21.72	17.61	13.78	10.34	7.46	5.28	2
46.46	41.73	37.08	32.49	28.03	23.76	19.77	16.16	12.82	9.84	7.36	5.34	3.88	3
52.24	47.36	42.53	37.73	33.04	28.45	24.03	19.79	15.79	12.14	9.11	6.40	4.43	4
49.74	45.01	40.29	35.58	30.94	26.42	22.13	18.17	14.59	11.48	8.84	6.68	4.95	5
53.54	48.66	43.79	38.95	34.15	29.46	24.93	20.63	16.69	13.17	10.12	7.58	5.54	6
41.36	36.74	32.31	28.15	24.27	20.69	17.48	14.52	11.83	9.48	7.29	5.34	3.73	7
50.15	45.31	40.57	35.99	31.53	27.21	23.07	19.10	15.35	11.92	8.88	6.34	4.25	8
51.97	47.19	42.42	37.63	32.84	28.27	23.99	19.83	16.06	12.68	9.71	7.12	5.17	9
56.59	51.65	46.76	41.93	37.10	32.50	27.91	23.61	19.37	15.47	11.90	8.74	6.14	10
47.44	42.65	37.87	33.12	28.46	23.98	19.79	15.98	12.64	9.71	7.26	5.31	3.85	11
52.68	47.76	42.88	38.05	33.30	28.68	24.25	20.06	16.20	12.61	9.46	6.78	4.75	12
47.67	43.50	38.95	34.33	30.08	25.78	21.57	17.40	13.92	10.60	8.39	5.87	4.14	13
55.72	50.83	46.03	41.13	36.36	31.81	27.26	22.82	18.47	14.48	11.21	7.92	5.83	14
49.90	45.18	40.44	35.69	31.03	26.54	22.25	18.31	16.77	11.57	8.73	6.41	4.65	15
55.99	51.09	46.21	41.37	36.59	31.91	27.34	22.90	18.66	14.69	11.07	7.96	5.59	16
40.99	36.72	32.63	28.70	24.93	21.34	17.95	14.83	12.01	9.53	7.42	5.67	4.28	17
51.81	46.99	42.24	37.58	33.04	28.66	24.49	20.57	16.96	13.69	10.83	8.38	6.36	18
43.49	38.68	34.54	30.57	26.34	22.47	18.51	15.17	12.33	9.42	7.32	5.74	4.00	19
50.06	45.06	40.28	35.71	31.58	27.44	23.03	19.00	14.91	11.20	8.63	6.23	4.30	20
42.57	38.11	33.82	29.81	25.98	22.36	19.04	15.94	13.14	10.69	8.72	6.71	4.71	21
52.79	47.95	43.17	38.48	33.99	29.61	25.25	21.15	17.22	13.65	10.59	7.74	5.69	22
47.27	42.62	37.88	33.19	28.62	24.24	20.19	16.44	13.06	10.09	7.51	5.32	3.71	23
53.93	49.02	44.18	39.38	34.66	30.08	25.61	21.31	17.19	13.32	9.80	6.75	4.61	24
49.95	45.15	40.42	35.71	30.97	26.37	21.95	17.75	14.16	10.95	8.14	5.84	4.41	25
53.82	48.86	43.90	39.07	34.31	29.65	25.22	20.86	16.74	12.84	9.78	7.16	5.28	26

22. Expectation of life at specified ages for each sex: latest available year (continued)

(See notes at end of table.)

	Continent, country or area, period and sex Continent, pays ou zone, période et sexe	Age (in years) 0	1	2	3	4	5	10	15	2
	EUROPE (Cont.–Suite)									
	Netherlands – Pays-Bas 1991–1992 [3]									
1	Male – Masculin	74.20	73.78	72.83	71.86	70.88	69.90	64.98	60.04	55.1
2	Female – Féminin	80.18	79.60	78.64	77.68	76.69	75.70	70.76	65.82	60.9
	Norway – Norvège 1992 [3]									
3	Male – Masculin	74.16	73.63	72.69	71.72	70.75	69.76	64.81	59.89	55.1
4	Female – Féminin	80.34	79.16	78.80	77.83	76.86	75.87	70.93	65.97	61.0
	Poland – Pologne 1991									
5	Male – Masculin	66.11	66.23	...	...	...	62.39	57.48	52.58	47.8
6	Female – Féminin	75.27	75.25	...	...	...	71.39	66.47	61.54	56.6
	Portugal 1990–1991									
7	Male – Masculin	70.03	69.89	...	...	...	66.11	61.26	56.40	51.8
8	Female – Féminin	77.26	76.99	...	...	...	73.17	68.28	63.38	58.51
	Republic of Moldova – République de Moldova 1991 [3]									
9	Male – Masculin	64.28	64.71	63.82	62.90	61.94	61.01	56.28	51.42	46.69
10	Female – Féminin	70.99	71.25	70.37	69.45	68.49	67.53	62.68	57.79	52.98
	Romania – Roumanie 1992–1994 [3]									
11	Male – Masculin	66.56	67.31	66.50	65.63	64.72	63.78	58.99	54.15	49.38
12	Female – Féminin	73.17	73.69	72.88	71.99	71.07	70.12	65.27	60.38	55.51
	Russian Federation – Fédération Russe 1992 [3]									
13	Male – Masculin	62.02	62.31	61.43	60.50	59.55	58.60	53.81	48.98	44.39
14	Female – Féminin	73.75	73.88	72.99	72.05	71.09	70.13	65.27	60.38	55.58
	San Marino – Saint-Marin 1977–1986 [3]									
15	Male – Masculin	73.16	72.92	71.95	70.98	70.00	69.02	64.07	59.12	54.26
16	Female – Féminin	79.12	78.94	77.97	77.00	76.03	75.05	70.52	65.19	60.27
	Slovakia – Slovaquie 1990 [3]									
17	Male – Masculin	66.64	65.58	65.64	64.67	63.69	62.71	57.80	52.88	48.09
18	Female – Féminin	75.44	75.21	74.28	73.31	72.33	71.35	66.42	61.49	56.60
	Slovenia – Slovénie 1990–1991									
19	Male – Masculin	69.54	69.26	...	...	...	65.38	60.46	55.54	50.78
20	Female – Féminin	77.38	76.87	...	...	...	72.96	68.03	63.08	58.17
	Spain – Espagne 1990–1991 [3]									
21	Male – Masculin	73.40	73.02	72.09	71.12	70.14	69.17	64.26	59.36	54.62
22	Female – Féminin	80.49	80.06	79.11	78.14	77.16	76.19	71.26	66.33	61.44
	Sweden – Suède 1992 [3]									
23	Male – Masculin	75.35	74.81	73.83	72.85	71.88	70.89	65.94	60.99	56.12
24	Female – Féminin	80.79	80.17	79.18	78.20	77.22	76.22	71.27	66.32	61.39
	Switzerland – Suisse 1990–1991 [3]									
25	Male – Masculin	74.30	73.80	...	...	...	70.00	65.00	60.10	55.30
26	Female – Féminin	81.20	80.70	...	...	...	76.80	71.80	66.90	62.00

22. Espérance de vie à un âge donné pour chaque sexe: dernière année disponible (suite)

otes à la fin du tableau.)

Age (en années)													
25	30	35	40	45	50	55	60	65	70	75	80	85	
50.37	45.55	40.74	35.97	31.29	26.72	22.36	18.28	14.63	11.34	8.61	6.38	4.64	1
55.98	51.08	46.21	41.40	36.67	32.05	27.53	23.15	19.01	15.11	11.54	8.41	5.88	2
50.39	45.64	40.91	36.17	31.51	27.03	22.70	18.67	15.00	11.65	8.84	6.53	4.75	3
56.13	51.23	46.36	41.52	36.75	32.09	27.53	23.17	19.00	15.04	11.42	8.34	5.84	4
43.23	38.62	34.10	29.76	25.64	21.79	18.29	15.09	12.24	9.68	7.38	5.51	4.10	5
51.76	46.88	42.06	37.33	32.73	28.25	23.90	19.74	15.81	12.35	9.21	6.62	4.69	6
47.29	42.70	38.16	33.66	29.24	24.98	20.90	17.13	13.69	10.59	7.91	5.60	3.86	7
53.66	48.81	43.99	39.22	34.54	29.96	25.48	21.14	16.97	13.10	9.65	6.69	4.45	8
42.18	37.76	33.42	29.20	25.15	21.42	18.00	14.78	11.75	9.14	6.96	5.18	3.78	9
48.17	43.35	38.60	33.96	29.50	25.30	21.27	17.58	14.02	10.89	8.24	6.07	4.35	10
44.68	40.04	35.52	31.14	26.96	23.00	19.35	15.96	12.83	10.01	7.53	5.41	3.76	11
50.65	45.83	41.05	36.35	31.77	27.30	22.98	18.82	14.95	11.40	8.34	5.78	3.86	12
40.07	35.85	31.77	27.82	24.10	20.64	17.45	14.46	11.70	9.33	7.33	5.69	4.36	13
50.81	46.04	41.31	36.67	32.17	27.81	23.58	19.54	15.63	12.21	9.30	6.90	4.98	14
49.42	44.69	39.95	35.12	30.34	26.90	21.76	17.78	14.23	11.10	8.36	6.14	4.10	15
55.40	50.46	45.55	40.66	35.82	31.08	26.46	22.05	17.64	13.54	10.04	7.05	4.77	16
43.39	38.70	34.09	29.64	25.47	21.64	18.18	15.01	12.22	9.77	7.53	5.59	4.05	17
51.72	46.83	41.98	37.23	32.58	28.08	23.75	19.63	15.72	12.26	9.15	6.53	4.47	18
46.16	41.48	36.81	32.27	27.86	23.70	19.79	16.38	13.22	10.36	7.86	5.84	4.15	19
53.28	48.40	43.52	38.72	34.01	29.44	25.04	20.76	16.68	12.88	9.60	6.84	4.51	20
50.04	45.48	40.88	36.27	31.74	27.32	23.15	19.20	15.53	12.21	9.29	6.89	4.97	21
56.56	51.71	46.86	42.04	37.26	32.55	27.96	23.49	19.17	15.07	11.35	8.18	5.71	22
51.32	46.52	41.75	37.03	32.36	27.82	23.44	19.32	15.55	12.14	9.17	6.68	4.76	23
56.48	51.56	46.69	41.84	37.07	32.42	27.88	23.47	19.27	15.32	11.68	8.51	5.96	24
50.80	46.20	41.60	36.90	32.30	27.80	23.50	19.40	15.70	12.40	9.40	6.90	5.10	25
57.10	52.30	47.50	42.60	37.90	33.20	28.60	24.20	19.90	15.80	12.10	8.70	6.10	26

22. Expectation of life at specified ages for each sex: latest available year (continued)

(See notes at end of table.)

	Continent, country or area, period and sex / Continent, pays ou zone, période et sexe	Age (in years) 0	1	2	3	4	5	10	15	[illegible]
	EUROPE (Cont.–Suite)									
	The former Yugoslav Rep. of Macedonia – L'ex Rép. yougoslavie de Macédonie 1990–1995 [1]									
1	Male – Masculin	68.80	...	...	...	...	...	...	...	
2	Female – Féminin	75.00	...	...	...	...	...	...	...	
	Ukraine 1989–1990 [3]									
3	Male – Masculin	65.87	65.85	64.98	64.05	63.10	62.14	57.31	52.46	47.7
4	Female – Féminin	75.03	74.85	73.96	73.02	72.07	71.10	66.22	61.31	56.4
	United Kingdom – Royaume–Uni 1992 [3]									
5	Male – Masculin	73.52	73.07	72.11	71.13	70.15	69.17	64.23	59.29	54.4
6	Female – Féminin	79.05	78.50	77.54	76.56	75.58	74.59	69.64	64.69	59.7
	Former Yugoslavia – Ancienne Yougoslavie 1989–1990 [3]									
7	Male – Masculin	69.08	69.66	...	...	...	65.88	60.99	56.09	51.2
8	Female – Féminin	74.93	75.47	...	...	...	71.67	66.77	61.84	56.9
	OCEANIA—OCEANIE									
	Australia – Australie 1992 [3] [12]									
9	Male – Masculin	74.47	74.06	73.10	72.14	71.16	70.18	65.24	60.32	55.5
10	Female – Féminin	80.41	79.89	78.93	77.96	76.98	76.00	71.06	66.10	61.2
	Fiji – Fidji 1990–1995 [1]									
11	Male – Masculin	69.50	...	...	...	...	...	...	...	.
12	Female – Féminin	73.70	...	...	...	...	...	...	...	.
	French Polynesia – Polynésie française 1990–1995 [1]									
13	Male – Masculin	67.23	...	...	...	...	...	...	...	.
14	Female – Féminin	72.76	...	...	...	...	...	...	...	.
	Guam 1979–1981									
15	Male – Masculin	69.53	69.36	...	...	...	65.53	60.63	55.75	51.1
16	Female – Féminin	75.59	75.64	...	...	...	71.78	66.85	61.89	57.1
	Marshall Islands – Iles Marshall 1989									
17	Male – Masculin	59.06	62.54	...	...	...	...	60.95	56.54	51.9
18	Female – Féminin	62.96	65.50	...	...	...	...	63.65	59.17	54.5
	New Caledonia – Nouvelle–Calédonie 1989									
19	Male – Masculin	66.50	66.30	65.50	64.60	63.60	62.70	57.90	53.20	48.5
20	Female – Féminin	71.80	71.40	70.80	65.70	68.80	67.90	62.90	58.10	53.3
	New Zealand – Nouvelle–Zélande 1990–1992 [3]									
21	Male – Masculin	72.86	72.54	71.60	70.64	69.68	68.71	63.80	58.91	54.2
22	Female – Féminin	78.74	78.27	77.31	76.34	75.36	74.38	69.46	64.52	59.6
	Papua New Guinea – Papouasie–Nouvelle–Guinée 1990–1995 [1]									
23	Male – Masculin	55.16	...	...	...	...	...	...	...	..
24	Female – Féminin	56.68	...	...	...	...	...	...	...	..

22. Espérance de vie à un âge donné pour chaque sexe: dernière année disponible (suite)

(Voir notes à la fin du tableau.)

Age (en années)													
25	30	35	40	45	50	55	60	65	70	75	80	85	
...	...	...	...	...	...	...	...	...	...	...	...	...	1
...	...	...	...	...	...	...	...	...	...	...	...	...	2
43.26	38.81	34.41	30.14	26.04	22.24	18.70	15.43	12.54	9.94	7.67	5.77	4.22	3
51.64	46.80	42.01	37.28	32.67	28.19	23.87	19.74	15.83	12.32	9.28	6.75	4.73	4
49.70	44.92	40.14	35.40	30.75	26.23	21.94	17.93	14.33	11.24	8.62	6.48	4.85	5
54.87	49.96	45.09	40.27	35.52	30.88	26.39	22.11	18.14	14.52	11.30	8.50	6.23	6
46.54	41.82	37.13	32.55	28.10	23.89	19.98	16.47	13.28	10.40	7.86	5.82	4.15	7
52.05	47.18	42.33	37.55	32.86	28.29	23.88	19.65	15.71	12.12	9.01	6.44	4.42	8
50.85	46.17	41.46	36.76	32.10	27.54	23.18	19.10	15.40	12.11	9.25	6.93	5.12	9
56.33	51.45	46.59	41.75	36.97	32.30	27.76	23.38	19.20	15.29	11.75	8.69	6.21	10
...	...	...	...	...	...	...	...	...	...	...	...	...	11
...	...	...	...	...	...	...	...	...	...	...	...	...	12
...	...	...	...	...	...	...	...	...	...	...	...	...	13
...	...	...	...	...	...	...	...	...	...	...	...	...	14
46.61	42.10	37.55	32.81	28.38	24.31	20.43	16.78	13.72	11.07	8.20	6.27	3.88	15
52.28	47.51	42.65	37.98	33.25	28.50	24.18	20.19	16.46	13.37	10.67	8.03	6.35	16
47.62	43.47	39.29	35.09	30.91	26.79	22.80	18.96	15.36	12.07	9.17	6.78	4.95	17
50.11	45.85	41.55	37.24	32.95	28.71	24.57	20.58	16.79	13.27	10.12	7.45	5.37	18
44.30	39.70	35.20	30.60	26.20	21.90	...	14.90	...	8.90	...	4.50	...	19
48.50	43.60	39.10	34.50	30.00	25.50	...	17.30	...	11.40	...	6.00	...	20
49.77	45.13	40.43	35.76	31.12	26.64	22.38	18.43	14.82	11.65	8.91	6.64	4.99	21
54.84	49.98	45.14	40.36	35.65	31.09	26.71	22.51	18.51	14.78	11.42	8.44	6.08	22
...	...	...	...	...	...	...	...	...	...	...	...	...	23
...	...	...	...	...	...	...	...	...	...	...	...	...	24

22. Expectation of life at specified ages for each sex: latest available year (continued)

(See notes at end of table.)

	Continent, country or area, period and sex Continent, pays ou zone, période et sexe	Age (in years) 0	1	2	3	4	5	10	15	20
	OCEANIA—OCEANIE(Cont.–Suite)									
	Samoa									
	1990–1995 [1]									
1	Male – Masculin	65.95	...	...	...	...	...	...	...	...
2	Female – Féminin	69.21	...	...	...	...	...	...	...	...
	Solomon Islands – Iles Salomon									
	1980–1984									
3	Male – Masculin	59.90	...	...	...	...	...	...	...	...
4	Female – Féminin	61.40	...	...	...	...	...	...	...	...
	Vanuatu									
	1990–1995 [1]									
5	Male – Masculin	63.48	...	...	...	...	...	...	...	...
6	Female – Féminin	67.34	...	...	...	...	...	...	...	...

GENERAL NOTES

Average number of years of life remaining to persons surviving to exact age specified, if subject to mortality conditions of the period indicated. For limitations of data, see Technical Notes, page 91.

FOOTNOTES

- * Provisional.
- 1 Estimates prepared in the Population Division of the United Nations.
- 2 For Mauritian population only.
- 3 Complete life table.
- 4 Excluding tribal Indian population.
- 5 Excluding nomadic Indian tribes.
- 6 Excluding Indian jungle population.
- 7 For Bahrain population only.

NOTES GENERALES

Nombre moyen d'années restant à vivre aux personnes ayant atteint l'âge donné si elles sont soumises aux conditions de mortalité de la période indiquée. Pour les insuffisances des données, voir Notes techniques, page 91.

NOTES

- * Données provisoires.
- 1 Estimations établies par la Division de la population de l'Organisation des Nations Unies.
- 2 Pour la population Mauricienne seulement.
- 3 Table complète de mortalité.
- 4 Non compris les Indiens vivant en tribus.
- 5 Non compris les tribus d'Indiens nomades.
- 6 Non compris les Indiens de la jungle.
- 7 Pour la population du Bahraïn seulement.

22. Espérance de vie à un âge donné pour chaque sexe: dernière année disponible (suite)

ir notes à la fin du tableau.)

Age (en années)													
25	30	35	40	45	50	55	60	65	70	75	80	85	
...	...	...	...	...	...	...	...	...	...	...	...	...	*1*
...	...	...	...	...	...	...	...	...	...	...	...	...	*2*
...	...	...	...	...	...	...	...	...	...	...	...	...	*3*
...	...	...	...	...	...	...	...	...	...	...	...	...	*4*
...	...	...	...	...	...	...	...	...	...	...	...	...	*5*
...	...	...	...	...	...	...	...	...	...	...	...	...	*6*

OTNOTES (cont.)

8 Including data for East Jesuralem and Israeli residents in certain other territories under occupation by Israeli military forces since June 1967.

9 For Japanese nationals in Japan only.

0 Excluding the Faeroe Islands and Greenland.

1 All data shown pertaining to Germany prior to 3 October 1990 are indicated separately for the Federal Republic of Germany and the former German Democratic Republic based on their respective territories at the time indicated. See explanatory notes on data pertaining to Germany on page 4.

2 Excluding full–blooded aborigines.

NOTES (suite)

8 Y compris les données pour Jérusalem–Est et les résidents israéliens dans certains autres territoires occupés depuis juin 1967 par les forces armées israéliennes.

9 Pour les nationaux japonais au Japon seulement.

11 Non compris les îles Féroé et le Groenland.

12 Toutes les données se rapportant à l'Allemagne avant le 3 octobre 1990 figurent dans deux rubriques séparées basées sur les territoires respectifs de la République fédérale d'Allemagne et l'ancienne République démocratique allemande selon la période indiquée. Voir les notes explicatives sur les données concernant l'Allemagne à la page 4.

13 Non compris les aborigènes purs.

23. Marriages and crude marriage rates, by urban/rural residence: 1989 – 1993

Mariages et taux bruts de nuptialité, selon la résidence, urbaine/rurale: 1989 – 1993

(See notes at end of table. – Voir notes à la fin du tableau.)

Continent, country or area and urban/rural residence — Continent, pays ou zone et résidence, urbaine/rurale	Code [1]	Number – Nombre 1989	1990	1991	1992	1993	Rate – Taux 1989	1990	1991	1992	1993
AFRICA—AFRIQUE											
Cape Verde – Cap–Vert	C	...	1 651	...	...	...	...	4.8	...	...	...
Egypt – Egypte [2]	+...	...	...	...	462 792	...	...	...	...	8.4	...
Libyan Arab Jamahiriya – Jamahiriya arabe libyenne	U	17 368	20 441	21 924	...	...	4.4	4.9	5.1	...	...
Mauritius – Maurice [3]	+C	11 197	11 425	11 295	11 408	...	10.5	10.8	10.6	10.6	...
Island of Mauritius – Ile Maurice [3]	+C	11 040	11 252	11 146	11 246	...	10.8	11.0	10.8	10.7	...
Rodrigues	+C	157	173	149	162	...	4.6	5.1	4.3	4.7	...
Réunion	...	3 553	3 716	...	...	...	6.0	6.2	...	...	...
St. Helena ex. dep. – Sainte–Hélène sans dép.	...	23	...	...	9	...	...	...	...	...	...
Seychelles	+C	777	1 037	932	829	*813	11.2	14.9	13.2	11.7	*11.3
Swaziland [4]	...	3 115	...	...	...	...	4.3	...	...	...	...
Tunisia – Tunisie	...	55 163	55 612	...	...	...	7.0	6.9	...	...	...
AMERICA, NORTH— AMERIQUE DU NORD											
Bahamas	C	2 131	2 182	2 491	2 406	...	8.5	8.6	9.6	9.1	...
Barbados – Barbade	C	2 047	1 905	1 979	2 048	...	8.0	7.4	7.7	7.9	...
Belize	C	1 138	1 176	1 047	1 241	...	6.2	6.2	5.4	6.2	...
Bermuda – Bermudes	+C	877	907	871	...	...	14.6	15.0	14.2	...	...
Canada	C	190 640	187 737	...	...	...	7.3	7.1	...	...	...
Cayman Islands – Iles Caïmanes	+...	267	274	279	...	*245	10.7	10.5	10.4	...	*8.4
Costa Rica	C	22 984	22 703	20 580	20 525	...	7.9	7.6	6.7	6.4	...
Cuba [3]	C	85 535	101 572	162 020	191 837	...	8.1	9.6	15.1	17.7	...
Dominica – Dominique	+C	...	225	...	...	...	...	3.2	...	...	...
El Salvador [3]	...	20 787	23 167	22 658	...	...	4.0	4.5	4.2	...	...
Greenland – Groenland	C	396	...	451	...	*403	7.2	...	8.1	...	*7.3
Guadeloupe	C	...	...	1 928	1 933	...	...	...	4.9	4.7	...
Jamaica – Jamaïque	+C	11 145	13 037	13 254	13 042	...	4.7	5.4	5.6	5.4	...
Martinique	C	1 571	1 572	1 612	1 646	...	4.4	4.3	4.4	4.4	...
Mexico – Mexique [3]	+C	632 020	642 201	652 172	667 598	*666 913	7.5	7.5	7.4	7.5	*7.3
Netherlands Antilles – Antilles néerlandaises	C	1 226	1 267	...	...	...	6.5	6.7	...	...	...
Panama [3 5]	C	11 173	12 467	11 714	12 547	*13 280	4.7	5.2	4.7	5.0	*5.2
Puerto Rico – Porto Rico	C	31 642	33 080	33 222	34 222	...	9.0	9.4	9.4	9.6	...
Saint Lucia – Sainte–Lucie	C	396	...	436	...	...	2.7	...	3.2	...	...
St. Vincent and the Grenadines – Saint–Vincent–et–Grenadines	+C	...	...	...	405	...	...	...	...	3.7	...
Trinidad and Tobago – Trinité–et–Tobago	+C	6 794	6 575	7 009	6 760	*7 012	5.6	5.4	5.7	5.3	*5.5
United States – Etats–Unis	C	*2 404 000	*2 448 000	*2 371 000	*2 362 000	*2 334 000	*9.7	*9.8	*9.4	*9.2	*9.0
United States Virgin Islands – Iles Vierges américaines [6]	C	2 175	2 372	2 855	...	...	21.2	23.3	27.7	...	...
AMERICA, SOUTH— AMERIQUE DU SUD											
Argentina – Argentine	C	...	186 337	...	...	...	...	5.7	...	...	...
Brazil – Brésil [7]	U	827 928	777 460	...	...	...	5.8	5.4	...	...	...

23. Marriages and crude marriage rates, by urban/rural residence: 1989 – 1993 (continued)

Mariages et taux bruts de nuptialité, selon la résidence, urbaine/rurale: 1989 – 1993 (suite)

(See notes at end of table. – Voir notes à la fin du tableau.)

Continent, country or area and urban/rural residence — Continent, pays ou zone et résidence, urbaine/rurale	Code [1]	Number – Nombre 1989	1990	1991	1992	1993	Rate – Taux 1989	1990	1991	1992	1993
AMERICA,SOUTH— (Cont.–Suite) AMERIQUE DU SUD											
Chile – Chili [3]	+C	103 710	98 702	91 732	89 370	...	8.0	7.5	6.9	6.6	...
Ecuador – Equateur [8]	U	62 996	64 532	66 091	68 337	...	6.3	6.3	6.3	6.4	...
Paraguay	+U	12 627	7 708	16 379	...	...	3.0	1.8	3.7	...	...
Suriname [3]	U	2 179	1 890	1 974	...	...	5.4	4.7	4.9	...	...
Uruguay [3]	C	22 684	20 084	20 502	...	...	7.4	6.5	6.6	...	...
Venezuela [7]	C	111 970	106 303	107 136	...	...	5.9	5.5	5.4	...	...
ASIA—ASIE											
Armenia – Arménie [3]	C	27 257	28 233	28 023	22 955	*21 514	7.8	8.0	7.8	6.2	*5.8
Azerbaijan – Azerbaïdjan	C	71 874	...	...	...	...	10.1	...	...	...	...
Bahrain – Bahreïn	...	6 066	5 884	3 528	3 048	...	12.9	12.1	7.0	5.9	...
Bangladesh	...	...	...	1 200 000	...	...	...	...	10.9	...	...
Brunei Darussalam – Brunéi Darussalam	...	1 996	1 726	1 834	1 912	...	8.1	6.8	7.0	7.1	...
Cyprus – Chypre [3 9]	C	5 597	5 577	6 177	4 857	...	8.1	7.9	8.7	6.8	...
Georgia – Géorgie	C	38 288	...	...	...	...	7.0	...	...	...	...
Hong Kong – Hong-kong	C	43 947	47 168	42 568	45 702	...	7.7	8.3	7.4	7.9	...
Iran (Islamic Republic of – Rép. islamique d') [3]	+U	458 708	454 963	448 851	...	...	8.6	8.3	7.4	...	...
Israel – Israël [10]	C	32 303	31 746	32 291	33 147	*32 572	7.1	6.8	6.5	6.5	*6.2
Japan – Japon [3 11]	+C	708 316	722 138	742 264	754 441	*792 648	5.8	5.8	6.0	6.1	*6.4
Jordan – Jordanie [3 12]	+C	31 508	32 706	35 926	...	...	7.6	7.7	8.1	...	...
Kazakhstan [3]	C	165 380	164 647	166 080	147 531	*146 161	10.0	9.9	9.9	8.7	*8.6
Korea, Republic of– Corée, Rép. [3]	U	386 892	381 912	324 318	...	...	9.1	8.9	7.5	...	...
Kuwait – Koweït	C	11 051	...	6 907	10 723	...	5.4	...	3.3	7.7	...
Kyrgyzstan – Kirghizistan [3]	C	41 790	43 515	47 069	40 818	...	9.7	9.9	10.6	9.1	...
Macau – Macao	...	1 728	1 794	1 997	2 148	*3 397	5.3	5.2	5.6	5.8	*8.8
Maldives [3]	...	4 294	5 158	4 065	...	...	20.5	23.9	18.2	...	...
Mongolia – Mongolie [3]	...	15 600	...	...	...	...	7.5	...	...	...	...
Philippines	U	395 933	422 041	374 778	...	...	6.6	6.9	6.0	...	...
Qatar	U	1 330	1 370	...	1 578	*1 570	2.9	2.8	...	3.0	*3.0
Singapore – Singapour [13 14]	+C	23 662	24 339	25 192	25 876	*25 306	8.9	9.0	9.1	9.2	*8.8
Sri Lanka	+U	141 533	151 935	154 856	159 856	...	8.4	8.9	9.0	9.0	...
Syrian Arab Republic – République arabe syrienne [15]	+...	102 557	91 346	98 536	106 545	...	8.8	7.5	7.9	8.2	...
Tajikistan – Tadjikistan	C	47 616	...	...	...	...	9.2	...	...	...	...
Thailand – Thaïlande	C	406 134	461 280	406 326	482 452	...	7.4	8.2	7.1	8.4	...
Turkey – Turquie [3 16]	+U	460 763	459 907	459 624	...	...	8.4	8.2	8.0	...	...
Turkmenistan – Turkménistan	C	34 890	...	...	...	...	9.8	...	...	...	...
Uzbekistan – Ouzbékistan	C	200 681	...	...	235 900	...	10.0	...	...	11.0	...
EUROPE											
Albania – Albanie [3]	C	27 655	28 992	24 853	...	...	8.6	8.9	7.6	...	...
Andorra – Andorre [3]	...	118	153	152	135	...	2.3	2.9	2.7	2.2	...
Austria – Autriche [17]	C	42 523	45 212	44 106	45 701	*44 786	5.6	5.9	5.6	5.8	*5.7
Belarus – Bélarus [3]	C	97 929	99 229	94 760	78 813	...	9.6	9.7	9.2	7.7	...
Belgium – Belgique [18]	C	63 511	64 554	60 832	58 253	*54 176	6.4	6.5	6.1	5.8	*5.4
Bulgaria – Bulgarie [3 19]	C	63 263	59 874	48 820	44 806	*41 973	7.0	6.7	5.4	5.0	*4.7
Channel Islands – Iles Anglo-Normandes	C	1 103	...	1 050	1 081	...	7.7	...	7.3	7.5	...

23. Marriages and crude marriage rates, by urban/rural residence: 1989 – 1993 (continued)

Mariages et taux bruts de nuptialité, selon la résidence, urbaine/rurale: 1989 – 1993 (suite)

(See notes at end of table. – Voir notes à la fin du tableau.)

Continent, country or area and urban/rural residence Continent, pays ou zone et résidence, urbaine/rurale	Code [1]	Number – Nombre					Rate – Taux				
		1989	1990	1991	1992	1993	1989	1990	1991	1992	1993
EUROPE (Cont.–Suite)											
Channel Islands – Iles Anglo–Normandes											
Guernsey – Guernesey	C	452	403	403	440	*345	7.6	6.8	6.8	7.5	*5.9
Jersey	+C	651	...	647	641	...	7.9	...	7.7	7.6	...
Croatia – Croatie [3]	C	28 938	27 924	21 583	22 169	...	6.1	5.8	4.5	4.6	...
Former Czechoslovakia – Ancienne Tchécoslovaquie [3]	C	117 787	131 388	104 692	...	...	7.5	8.4	6.7	...	...
Czech Republic – Rép. tchèque	C	...	...	...	74 060	*66 033	...	...	...	7.2	*6.4
Denmark – Danemark [20]	C	30 894	31 513	31 099	32 305	*31 507	6.0	6.1	6.0	6.3	*6.1
Estonia – Estonie [3]	C	12 644	11 774	10 292	8 878	*7 745	8.1	7.5	6.6	5.7	*5.0
Faeroe Islands – Iles Féroé	C	230	203	232	...	...	4.9	4.3	4.9	...	...
Finland – Finlande [3 21]	C	24 569	24 997	23 573	23 093	*23 681	4.9	5.0	4.7	4.6	*4.7
France [3 22]	C	279 900	287 099	280 175	271 427	...	5.0	5.1	4.9	4.7	...
Germany – Allemagne	C	529 597	516 550	454 291	453 428	*441 261	6.7	6.5	5.7	5.6	*5.5
Gibraltar [23]	C	754	781	...	...	...	24.6	25.3	...	...	...
Greece – Grèce [3]	C	59 955	59 052	65 568	48 631	...	6.0	5.9	6.4	4.7	...
Hungary – Hongrie [3]	C	66 949	66 405	61 198	57 005	...	6.4	6.4	5.9	5.5	...
Iceland – Islande [3 24]	C	1 176	1 154	1 236	1 241	...	4.7	4.5	4.8	4.8	...
Ireland – Irlande	+C	18 174	17 838	17 441	16 109	*16 000	5.2	5.1	4.9	4.5	*4.5
Isle of Man – Ile de Man	C	483	...	448	451	*415	7.1	...	6.4	6.4	*5.9
Italy – Italie	C	321 272	312 585	312 061	303 785	*272 200	5.6	5.4	5.5	5.3	*4.8
Latvia – Lettonie [3]	C	24 496	23 619	22 337	18 906	...	9.2	8.8	8.4	7.2	...
Liechtenstein	C	315	...	...	...	...	11.3	...	...	...	...
Lithuania – Lituanie [3]	C	34 630	36 310	34 241	30 112	*23 709	9.4	9.8	9.2	8.0	*6.4
Luxembourg [24]	C	2 184	2 312	2 592	2 512	*2 379	5.8	6.1	6.7	6.4	*6.0
Malta – Malte [25]	C	2 485	2 498	...	2 377	*2 476	7.1	7.1	...	6.6	*6.9
Netherlands – Pays–Bas [3]	C	90 248	95 649	94 932	93 638	*88 251	6.1	6.4	6.3	6.2	*5.8
Norway – Norvège [26]	C	20 755	21 926	19 880	19 266	...	4.9	5.2	4.7	4.5	...
Poland – Pologne [3]	C	255 643	255 369	233 206	217 240	*207 700	6.7	6.7	6.1	5.7	*5.4
Portugal	C	73 195	71 654	71 808	69 887	...	7.4	7.3	7.3	7.1	...
Republic of Moldova – République de Moldova [3]	C	39 928	40 809	39 609	39 340	...	9.2	9.4	9.1	9.0	...
Romania – Roumanie [3]	C	177 943	192 652	183 388	174 593	*161 600	7.7	8.3	7.9	7.7	*7.0
Russian Federation – Fédération Russe [3]	C	1 384 307	1 319 928	1 277 232	...	...	9.4	8.9	8.6	...	...
San Marino – Saint–Marin	C	169	...	...	205	...	7.4	...	...	8.6	...
Slovakia – Slovaquie [3]	C	36 525	40 435	30 677	33 880	...	6.9	7.6	5.8	6.4	...
Slovenia – Slovénie [3]	C	9 776	8 517	8 173	9 119	*7 596	4.9	4.3	4.1	4.6	*3.8
Spain – Espagne	C	221 470	220 033	218 121	...	*201 711	5.7	5.6	5.6	...	*5.2
Sweden – Suède	C	108 919	40 477	36 836	37 173	...	12.8	4.7	4.3	4.3	...
Switzerland – Suisse [3]	C	45 066	46 603	47 567	45 080	...	6.8	6.9	7.0	6.6	...
The former Yugoslav Rep. of Macedonia – L'ex Rép. yougoslavie de Macédonie	C	...	15 688	15 311	15 354	*15 086	...	7.7	7.5	7.5	*7.1
Ukraine [3]	C	489 330	482 753	493 067	...	*427 882	9.5	9.3	9.5	...	*8.2
United Kingdom – Royaume–Uni	C	392 042	375 410	349 739	...	...	6.8	6.5	6.0	...	...
Former Yugoslavia – Ancienne Yougoslavie [3]	C	158 544	146 975	...	...	...	6.7	6.2	...	...	...
Yugoslavia – Yougoslavie	C	69 438	64 856	61 521	62 797	...	6.6	6.2	5.9	6.0	...

23. Marriages and crude marriage rates, by urban/rural residence: 1989 – 1993 (continued)

Mariages et taux bruts de nuptialité, selon la résidence, urbaine/rurale: 1989 – 1993 (suite)

(See notes at end of table. – Voir notes à la fin du tableau.)

Continent, country or area and urban/rural residence Continent, pays ou zone et résidence, urbaine/rurale	Code [1]	Number – Nombre 1989	1990	1991	1992	1993	Rate – Taux 1989	1990	1991	1992	1993
OCEANIA—OCEANIE(Cont.–Suite)											
Australia – Australie	+C	117 176	116 959	113 869	114 752	...	7.0	6.9	6.6	6.6	...
French Polynesia – Polynésie française	...	*1 184*	*1 211*	*1 159*	*1 188*	...	*6.1*	*6.1*	*5.8*	*5.8*	...
Guam [27]	C	...	...	...	1 468	...	...	...	...	10.5	...
New Caledonia – Nouvelle-Calédonie	...	*862*	*887*	*912*	*824*	...	*5.2*	*5.2*	*5.3*	*4.7*	...
New Zealand – Nouvelle-Zélande	C	22 733	23 341	23 065	22 018	...	6.8	6.9	6.8	6.4	...
Northern Mariana Islands – Iles Mariannes du Nord	...	*713*	...	...	...	...	*28.5*	...	...	...	...
Pitcairn	...	...	...	...	*2*	...					
Tonga	...	*592*	*696*	*666*	...	...	*6.2*	*7.2*	*6.9*	...	...

23. Marriages and crude marriage rates, by urban/rural residence: 1989 – 1993 (continued)

Mariages et taux bruts de nuptialité, selon la résidence, urbaine/rurale: 1989 – 1993 (suite)

Data by urban/rural residence

Données selon la résidence urbaine/rurale

(See notes at end of table. – Voir notes à la fin du tableau.)

Continent, country or area and urban/rural residence — Continent, pays ou zone et résidence, urbaine/rurale	Code [1]	Number – Nombre					Rate – Taux				
		1989	1990	1991	1992	1993	1989	1990	1991	1992	1993
AFRICA—AFRIQUE											
Mauritius – Maurice	+C										
Urban – Urbaine		...	4 289	4 715	...	...	...	10.4	10.0	...	...
Rural – Rurale		...	7 136	6 580	...	...	...	11.1	11.0	...	...
Mauritius – Maurice Island of Mauritius – Ile Maurice	+C										
Urban – Urbaine		4 244	4 289	4 715	4 648	...	10.2	10.3	10.0	9.8	...
Rural – Rurale		6 796	6 963	6 431	6 598	...	11.2	11.4	11.4	11.5	...
AMERICA,NORTH— AMERIQUE DU NORD											
Cuba	C										
Urban – Urbaine		73 989	86 657	133 481	...	...	9.6	...	16.8	...	...
Rural – Rurale		11 546	14 858	28 539	...	...	4.1	...	10.2	...	...
El Salvador	...										
Urban – Urbaine		*16 146*	...	*17 926*	...	...	*6.9*	...	*7.3*	...	...
Rural – Rurale		*4 641*	...	*4 732*	...	...	*1.3*	...	*1.3*	...	...
Mexico – Mexique	+C										
Urban – Urbaine		447 348	...	...	...	...	...	...	...	...	...
Rural – Rurale		184 672	...	...	...	...	...	...	...	...	...
Panama [5]	C										
Urban – Urbaine		6 859	...	7 678	9 177	...	5.5	...	5.9	6.8	...
Rural – Rurale		4 314	...	4 036	3 370	...	3.8	...	3.5	2.9	...
AMERICA,SOUTH— AMERIQUE DU SUD											
Chile – Chili	+C										
Urban – Urbaine		89 318	85 067	79 444	...	...	8.2	7.6	7.0	...	...
Rural – Rurale		14 392	13 635	12 288	...	...	7.1	6.7	6.1	...	...
Suriname	...										
Urban – Urbaine		798	646	957	...	...	...	...	...	...	...
Rural – Rurale		1 381	1 244	1 017	...	...	...	...	...	...	...
Uruguay	C										
Urban – Urbaine		...	9 544	...	...	...	...	3.5	...	...	...
Rural – Rurale		...	10 540	...	...	...	...	30.5	...	...	...
ASIA—ASIE											
Armenia – Arménie	C										
Urban – Urbaine		18 036	19 071	17 983	14 328	...	7.5	7.8	7.2	5.7	...
Rural – Rurale		9 221	9 162	10 040	8 627	...	8.5	8.4	9.0	7.4	...
Cyprus – Chypre	C										
Urban – Urbaine		3 958	3 706	4 442	...	...	...	...	...	...	...
Rural – Rurale		1 639	1 871	1 735	...	...	...	...	...	...	...
Iran (Islamic Republic of – Rép. islamique d')	+U										
Urban – Urbaine		295 982	309 438	...	...	...	10.0	10.1	...	...	...
Rural – Rurale		162 726	145 525	...	...	...	6.9	6.1	...	...	...
Japan – Japon [11]	+C										
Urban – Urbaine		...	592 125	610 937	623 203	...	...	6.2	...	...	...
Rural – Rurale		...	130 013	131 327	131 238	...	...	4.6	...	...	...
Jordan – Jordanie [12]	+C										
Urban – Urbaine		20 972	21 807	24 397	...	...	...	...	...	...	...
Rural – Rurale		10 536	10 899	11 529	...	...	...	...	...	...	...
Kazakhstan	C										
Urban – Urbaine		98 372	99 010	96 850	83 080	...	10.4	10.4	10.0	8.6	...
Rural – Rurale		67 008	65 637	69 230	64 451	...	9.5	9.2	9.7	8.9	...

23. Marriages and crude marriage rates, by urban/rural residence: 1989 – 1993 (continued)

Mariages et taux bruts de nuptialité, selon la résidence, urbaine/rurale: 1989 – 1993 (suite)

Data by urban/rural residence

Données selon la résidence urbaine/rurale

(See notes at end of table. – Voir notes à la fin du tableau.)

Continent, country or area and urban/rural residence Continent, pays ou zone et résidence, urbaine/rurale	Code [1]	Number – Nombre 1989	1990	1991	1992	1993	Rate – Taux 1989	1990	1991	1992	1993
ASIA—ASIE (Cont.–Suite)											
Korea, Republic of– Corée, République de	U										
Urban – Urbaine		*280 983*	*282 199*	*242 848*	...	...	*9.4*	*8.7*	...	...	...
Rural – Rurale		*105 909*	*99 713*	*81 470*	...	...	*8.5*	*9.0*	...	...	...
Kyrgyzstan – Kirghizistan	C										
Urban – Urbaine		15 682	16 393	16 544	13 232	...	9.5	9.8	9.8	7.8	...
Rural – Rurale		26 108	27 122	30 525	27 586	...	9.8	10.0	11.0	9.8	...
Maldives	...										
Urban – Urbaine		*1 119*	*2 280*	*1 168*	...	...	...	*41.4*	...	...	...
Rural – Rurale		*3 175*	*2 878*	*2 897*	...	...	...	*18.2*	...	...	...
Mongolia – Mongolie	...										
Urban – Urbaine		*8 900*	...	...	...	...	*7.6*	...	...	...	...
Rural – Rurale		*6 700*	...	...	...	...	*7.6*	...	...	...	...
Turkey – Turquie [16]	+U										
Urban – Urbaine		*251 002*	*252 933*	*262 017*	...	...	*7.9*	*7.7*	*7.7*	...	...
Rural – Rurale		*209 761*	*206 974*	*197 607*	...	...	*9.1*	*9.0*	*8.5*	...	...
EUROPE											
Albania – Albanie	C										
Urban – Urbaine		9 683	9 253	7 704	...	...	8.4	7.9	6.4	...	...
Rural – Rurale		17 972	19 739	17 149	...	...	8.8	9.5	8.3	...	...
Andorra – Andorre	...										
Urban – Urbaine		...	96	...	...	...	...	...	...	...	...
Rural – Rurale		...	57	...	...	...	...	...	...	...	...
Belarus – Bélarus	C										
Urban – Urbaine		69 066	71 501	68 717	57 247	...	10.3	10.5	9.9	...	...
Rural – Rurale		28 863	27 728	26 043	22 566	...	8.3	8.1	7.8	...	...
Bulgaria – Bulgarie [19]	C										
Urban – Urbaine		43 369	42 979	35 006	32 448	...	7.2	7.0	5.7	...	...
Rural – Rurale		19 894	16 895	13 814	12 358	...	6.8	5.8	4.8	...	...
Croatia – Croatie	C										
Urban – Urbaine		...	...	13 732	14 391	...	...	...	5.3	...	...
Rural – Rurale		...	...	7 851	7 778	...	...	...	3.6	...	...
Former Czechoslovakia – Ancienne Tchécoslovaquie	C										
Urban – Urbaine		99 734	87 691	...	...	...	9.7	8.5	...	...	...
Rural – Rurale		18 053	43 697	...	...	...	3.4	8.2	...	...	...
Estonia – Estonie	C										
Urban – Urbaine		10 899	10 110	8 898	6 995	5 977	9.7	9.0	...	...	...
Rural – Rurale		1 745	1 664	1 394	1 883	1 764	3.9	3.7	...	...	...
Finland – Finlande [21]	C										
Urban – Urbaine		17 013	17 459	...	...	...	5.6	5.7	...	...	...
Rural – Rurale		7 556	7 538	...	...	...	4.0	3.9	...	...	...
France [22]	C										
Urban – Urbaine		200 799	206 617	205 421	...	...	...	4.9	...	...	...
Rural – Rurale		79 101	80 482	74 754	...	...	...	5.5	...	...	...
Greece – Grèce	C										
Urban – Urbaine		...	38 950	43 130	31 615	...	...	...	...	...	...
Rural – Rurale		...	20 102	22 438	17 016	...	...	...	...	...	...
Hungary – Hongrie	C										
Urban – Urbaine		41 877	41 182	37 808	35 403	...	6.5	6.3	5.8	5.4	...
Rural – Rurale		24 599	24 533	22 671	20 895	...	6.2	6.4	5.9	5.5	...
Iceland – Islande [24]	C										
Urban – Urbaine		1 108	1 080	1 157	1 152	...	4.8	4.7	4.9	4.8	...
Rural – Rurale		68	74	61	82	...	...	...	...	...	...
Latvia – Lettonie	C										
Urban – Urbaine		19 053	18 213	17 176	14 442	...	10.3	9.8	9.3	8.0	...
Rural – Rurale		5 443	5 406	5 161	4 464	...	6.6	6.6	6.3	5.5	...
Lithuania – Lituanie	C										
Urban – Urbaine		23 743	25 259	23 965	20 527	16 296	9.5	9.9	9.3	8.0	6.4
Rural – Rurale		10 887	11 051	10 276	9 585	7 413	9.2	9.4	8.7	8.1	6.2
Netherlands – Pays-Bas	C										
Urban – Urbaine		79 648	84 764	...	...	...	10.6	11.2	...	...	...
Rural – Rurale		10 600	10 885	...	...	...	6.3	6.5	...	...	...

23. Marriages and crude marriage rates, by urban/rural residence: 1989 – 1993 (continued)

Mariages et taux bruts de nuptialité, selon la résidence, urbaine/rurale: 1989 – 1993 (suite)

Data by urban/rural residence

Données selon la résidence urbaine/rurale

(See notes at end of table. – Voir notes à la fin du tableau.)

Continent, country or area and urban/rural residence — Continent, pays ou zone et résidence, urbaine/rurale	Code [1]	Number – Nombre					Rate – Taux				
		1989	1990	1991	1992	1993	1989	1990	1991	1992	1993
EUROPE (Cont.–Suite)											
Poland – Pologne	C										
Urban – Urbaine		155 768	140 976	128 086	120 477	...	6.7	6.0	5.4	5.1	...
Rural – Rurale		99 875	114 393	105 120	96 763	...	6.8	7.8	7.2	6.7	...
Republic of Moldova – République de Moldova	C										
Urban – Urbaine		21 077	21 273	20 138	...	...	10.3	10.3	9.8	...	...
Rural – Rurale		18 851	19 536	19 471	...	...	8.2	8.5	8.5	...	...
Romania – Roumanie	C										
Urban – Urbaine		104 265	110 382	101 993	92 663	...	8.5	8.8	8.1	7.5	...
Rural – Rurale		73 678	82 270	81 395	81 930	...	6.8	7.8	7.7	7.9	...
Russian Federation – Fédération Russe	C										
Urban – Urbaine		1 042 489	998 689	954 056	...	...	9.6	9.2	8.7	...	...
Rural – Rurale		341 818	321 239	323 176	...	...	8.8	8.3	8.3	...	...
Slovakia – Slovaquie	C										
Urban – Urbaine		19 882	22 314	17 575	...	...	6.5	7.2	5.8	...	...
Rural – Rurale		16 643	18 121	15 146	...	...	7.5	8.3	6.8	...	...
Slovenia – Slovénie	C										
Urban – Urbaine		4 787	4 065	3 940	3 950	...	...	...	4.0	...	...
Rural – Rurale		4 989	4 452	4 233	4 500	...	...	...	4.3	...	...
Switzerland – Suisse	C										
Urban – Urbaine		27 492	28 227	33 506	31 282	...	6.0	6.1	7.2	6.7	...
Rural – Rurale		17 574	18 376	14 061	13 798	...	8.6	8.8	6.5	6.3	...
Ukraine	C										
Urban – Urbaine		352 228	349 284	352 610	...	...	10.2	10.0	10.0	...	...
Rural – Rurale		137 102	133 469	140 457	...	...	8.0	7.9	8.3	...	...
Former Yugoslavia – Ancienne Yougoslavie	C										
Urban – Urbaine		79 140	74 996	...	...	...	...	...	...	...	...
Rural – Rurale		79 404	71 979	...	...	...	...	...	...	...	...

23. Marriages and crude marriage rates, by urban/rural residence: 1989 – 1993 (continued)

Mariages et taux bruts de nuptialité, selon la résidence, urbaine/rurale: 1989 – 1993 (suite)

GENERAL NOTES

Rates are the number of legal (recognized) marriages performed and registered per 1 000 mid–year population. Rates are shown only for countries or areas having at least a total of 100 marriages in a given year. For definitions of "urban", see end of table 6. For method of evaluation and limitations of data, see Technical Notes, page 93.

Italics: data from civil registers which are incomplete or of unknown completeness.

FOOTNOTES

* Provisional.
\+ Data tabulated by date of registration rather than occurrence.
1 Code "C" indicates that the data are estimated to be virtually complete (at least 90 per cent) and code "U" indicates that the data are estimated to be incomplete (less than 90 per cent). For futher details, see Technical Notes.
2 Including marriages resumed after "revocable divorce" (among Moslem population), which approximates legal separation.
3 For classification by urban/rural residence, see end of table.
4 Marriages solemnized by Christian rite only.
5 Excluding tribal Indian population.
6 Based on marriage licenses issued.
7 Excluding Indian jungle population.
8 Excluding nomadic Indian tribes.
9 For government controlled areas.
10 Including data for East Jerusalem and Israeli residents in certain other territories under occupation by Israeli military forces since June 1967.
11 For Japanese nationals in Japan only, but rates computed on total population.
12 Excluding data for Jordanian territory under occupation since 1967 by Israeli military forces. Excluding foreigners, but including registered Palestinian refugees. For number of refugees, see table 5.
13 Rates computed on population excluding transients afloat and non–locally domiciled military and civilian services personnel and their dependants.
14 Registration of Kandyan marriages is complete; registration of Moslem and general marriages is incomplete.
15 Excluding nomads; however, rates computed on total population.
16 For provincial capitals and district centres only; however, rates computed on total population.
17 Excluding aliens temporarily in the area.
18 Including armed forces stationed outside the country and alien armed forces in the area unless marriage performed by local foreign authority.
19 Including Bulgarian nationals outside the country, but excluding aliens in the area.
20 Excluding Faeroe Islands and Greenland.
21 Marriages in which the bride was domiciled in Finland only.
22 Including armed forces stationed outside the country. Rates computed on population including armed forces stationed outside the country, but excluding alien armed forces living in military camps within the country.
23 Rates computed on population excluding armed forces.
24 For the de jure population.
25 Computed on population including civilian nationals temporarily outside the country.
26 Marriages in which the groom was domiciled in Norway only.
27 Including United States military personnel, their dependants and contract employees.

NOTES GENERALES

Les taux représentent le nombre de mariages qui ont été célébrés et reconnus par la loi pour 1 000 personnes au milieu de l'année. Les taux présentés ne se rapportent qu'aux pays ou zones où l'on a enregistré un total d'au moins 100 mariages dans une année donnée. Pour les définitions des "régions urbaines", se reporter à la fin du tableau 6. Pour la méthode d'évaluation et les insuffisances des données, voir Notes techniques, page 93.
Italiques: données incomplètes ou dont le degré d'exactitude n'est pas connu, provenant des registres de l'état civil.

NOTES

* Données provisoires.
\+ Données exploitées selon la date de l'enregistrement et non la date de l'événement.
1 Le code "C" indique que les données sont jugées pratiquement complètes (au moins 90 p. 100) et le code "U" que les données sont jugées incomplètes (moins de 90 p. 100). Pour plus de détails, voir Notes techniques.
2 Y compris les unions reconstituées après un "divorce révocable" (parmi la population musulmane), qui est à peu près l'équivalent d'une séparation légale.
3 Pour le classement selon la résidence, urbaine/rurale, voir la fin du tableau.
4 Mariages célébrés selon le rite chrétien seulement.
5 Non compris également les Indiens vivant en tribus.
6 D'après le nombre d'autorisations de mariages délivrées.
7 Non compris les Indiens de la jungle.
8 Non compris les tribus d'Indiens nomades.
9 Pour les zones contrôlées par le Gouvernement.
10 Y compris les données pour Jérusalem–Est et les résidents israéliens dans certains autres territoires occupés depuis juin 1967 par les forces armées israéliennes.
11 Pour les nationaux japonais au Japon seulement, toutefois les taux sont calculés sur la base de la population totale.
12 Non compris les données pour le territoire jordanien occupé depuis 1967 par les forces armées israéliennes. Non compris les étrangers, mais y compris les réfugiés de Palestine immatriculés. Pour le nombre de réfugiés, voir le tableau 5.
13 Taux calculés sur la base d'un chiffre de population qui ne comprend pas les personnes de passage à bord de navires, les militaires et agents civils domiciliés hors du territoire et les membres de leur famille les accompagnant.
14 Tous les mariages de Kandyens sont enregistrés; l'enregistrement des mariages musulmans et des autres mariages est incomplet.
15 Non compris la population nomade; toutefois, les taux sont calculés sur la base de la population totale.
16 Pour les capitales de provinces et les chefs–lieux de districts seulement; toutefois, les taux sont calculés sur la base de la population totale.
17 Non compris les étrangers se trouvant temporairement sur le territoire.
18 Y compris les militaires nationaux hors du pays et les militaires étrangers en garnison sur le territoire, sauf si le mariage a été célébré par l'authorité étrangère locale.
19 Y compris les nationaux bulgares à l'étranger, mais non compris les étrangers sur le territoire.
20 Non compris les îles Féroé et le Groenland.
21 Mariages où l'épouse était domiciliée en Finlande seulement.
22 Y compris les militaires nationaux hors du pays. Taux calculés sur la base d'un chiffre de population qui comprend les militaires nationaux hors du pays, mais pas les militaires étrangers en garnison sur le territoire.
23 Taux calculés sur la base d'un chiffre de population qui ne comprend pas les militaires.
24 Pour la population de droit.
25 Calculés sur la base d'un chiffre de population qui comprend les civils nationaux temporairement hors du pays.
26 Mariages où l'époux était domicilié en Norvège seulement.
27 Y compris les militaires des Etats–Unis, les membres de le famille les accompagnant et les agents contractuels des Etats–Unis.

24. Marriages by age of bridegroom and by age of bride: latest available year

Mariages selon l'âge de l'époux et selon l'âge de l'épouse: dernière année disponible

(See notes at end of table – Voir notes à la fin du tableau.)

Continent, country or area and year / Continent, pays ou zone et année	Age [1]	Age(in years–en années)												
		All ages Tous âges	-15	15–19	20–24	25–29	30–34	35–39	40–44	45–49	50–54	55–59	60+	Unknown Inconnu
AFRICA—AFRIQUE														
Botswana														
1986														
Groom – Epoux	...	1 638	–	–	35	502	519	251	137	*——	——	194 ——	——*	–
Bride – Epouse	...	1 638	–	82	597	536	223	89	*——	——	111	——	——*	–
Egypt – Egypte														
1987+ [2]														
Groom – Epoux	18	402 434	*–	21 289 —*	106515	144851	70 050	24 786	10 186	7 282	5 245	4 689	6 233	1 308
Bride – Epouse	16	402 434	*–	158 820 —*	142399	61 120	18 660	9 008	4 184	2 657	1 495	937	1 108	2 046
Mali														
1987														
Groom – Epoux	...	16 823	19	2	27	203	317	440	583	903	1 447	2 670	4 256	5 956
Bride – Epouse	...	16 823	11	4	459	205	91	29	37	58	101	239	729	14 860
Mauritius – Maurice														
1992+														
Groom – Epoux	16	11 408	–	195	2 335	4 287	2 352	1 073	509	269	149	109	130	–
Bride – Epouse	16	11 408	–	2 723	3 892	2 517	1 155	550	296	136	59	43	37	–
Island of Mauritius – Ile Maurice														
1992+														
Groom – Epoux	16	11 246	–	193	2 290	4 221	2 328	1 064	507	267	148	105	123	–
Bride – Epouse	16	11 246	–	2 684	3 827	2 481	1 147	545	293	134	57	42	36	–
Réunion														
1990														
Groom – Epoux	...	3 716	–	44	1 034	1 390	560	293	130	78	57	43	87	–
Bride – Epouse	...	3 716	–	464	1 503	978	385	157	82	52	35	17	43	–
Tunisia – Tunisie														
1989+														
Groom – Epoux	20	55 163	–	239	11 246	23 864	12 603	3 376	1 040	671	614	478	1 032	–
Bride – Epouse	17	55 163	–	11 845	24 756	12 080	3 906	1 381	485	224	162	152	169	–
AMERICA,NORTH— AMERIQUE DU NORD														
Bahamas														
1992														
Groom – Epoux	15	2 406	–	17	440	799	477	275	165	110	48	31	36	8
Bride – Epouse	15	2 406	–	107	711	748	415	194	115	59	23	9	11	14
Barbados – Barbade														
1991														
Groom – Epoux	18	1 979	–	7	221	582	474	247	158	101	72	35	81	1
Bride – Epouse	18	1 979	–	44	426	634	408	179	119	77	48	17	26	1

24. Marriages by age of bridegroom and by age of bride: latest available year (continued)

Mariages selon l'âge de l'époux et selon l'âge de l'épouse: dernière année disponible (suite)

(See notes at end of table – Voir notes à la fin du tableau.)

Continent, country or area and year Continent, pays ou zone et année	Age [1]	Age(in years–en années) All ages Tous âges	–15	15–19	20–24	25–29	30–34	35–39	40–44	45–49	50–54	55–59	60+	Unknown Inconnu
AMERICA,NORTH— (Cont.–Suite) AMERIQUE DU NORD														
Canada														
1990														
Groom – Epoux	([3])	187 737	–	2 162	41 354	66 551	33 311	16 273	9 878	6 004	3 815	2 790	5 246	353
Bride – Epouse	([3])	187 737	4	9 430	62 466	57 918	25 311	12 834	7 760	4 586	2 667	1 612	3 014	135
Costa Rica														
1990														
Groom – Epoux	15	22 703	3	1 689	8 428	6 472	2 765	1 316	639	404	269	177	386	155
Bride – Epouse	15	22 703	152	6 156	8 132	4 261	1 796	880	473	258	134	80	159	222
Cuba														
1990*														
Groom – Epoux	16	101 515	–	7 577	31 220	25 624	10 820	6 774	4 616	3 644	2 855	2 199	5 930	256
Bride – Epouse	14	101 515	856	21 733	31 647	19 493	8 024	4 957	3 957	3 098	2 474	1 741	3 311	224
El Salvador														
1991 [4]														
Groom – Epoux	16	*22 680*	–	*1 472*	*6 745*	*5 655*	*3 008*	*1 905*	*1 260*	*819*	*614*	*394*	*690*	*118*
Bride – Epouse	14	*22 680*	*213*	*4 728*	*7 142*	*4 416*	*2 350*	*1 373*	*911*	*525*	*332*	*207*	*261*	*222*
Guadeloupe														
1991 [5]														
Groom – Epoux	20	1 928	–	9	245	746	417	185	93	61	48	39	82	3
Bride – Epouse	19	1 928	–	139	594	590	268	114	76	48	40	20	39	–
Guatemala														
1988														
Groom – Epoux	16	46 155	32	7 288	17 262	8 469	4 228	2 557	1 717	1 302	1 015	789	1 496	–
Bride – Epouse	14	46 155	1 394	17 751	12 310	5 243	3 115	1 975	1 394	1 052	743	498	680	–
Martinique														
1988 [5]														
Groom – Epoux	...	1 558	–	2	173	556	352	173	88	56	*——	158	——*	–
Bride – Epouse	...	1 558	–	52	466	492	231	130	59	38	*——	90	——*	–
Mexico – Mexique														
1992+														
Groom – Epoux	18	667 598	684	112219	272747	158929	61 020	24 787	12 646	7 616	*——	16 950	——*	–
Bride – Epouse	18	667 598	10 362	232933	246005	103791	36 655	15 808	8 189	4 924	*——	8 931	——*	–
Panama														
1992 [6]														
Groom – Epoux	14	12 547	–	338	3 046	3 524	2 031	1 097	688	475	332	301	574	141
Bride – Epouse	12	12 547	64	1 485	3 963	2 961	1 573	828	532	335	263	174	197	172
Puerto Rico – Porto Rico														
1992														
Groom – Epoux	16	34 222	–	3 506	10 775	7 835	4 274	2 524	1 637	1 192	793	*–	1 686 –*	–
Bride – Epouse	14	34 222	367	6 932	10 444	6 779	3 617	2 188	1 430	979	584	*–	902 –*	–

24. Marriages by age of bridegroom and by age of bride: latest available year (continued)

Mariages selon l'âge de l'époux et selon l'âge de l'épouse: dernière année disponible (suite)

(See notes at end of table – Voir notes à la fin du tableau.)

Continent, country or area and year — Continent, pays ou zone et année	Age [1]	Age(in years–en années)												
		All ages Tous âges	-15	15–19	20–24	25–29	30–34	35–39	40–44	45–49	50–54	55–59	60+	Unknown Inconnu
AMERICA,NORTH— (Cont.–Suite) AMERIQUE DU NORD														
Trinidad and Tobago – Trinité–et–Tobago														
1989														
Groom – Epoux	([3])	6 794	–	191	1 826	2 223	1 072	498	332	182	140	116	213	1
Bride – Epouse	([3])	6 794	36	1 195	2 337	1 611	666	377	197	143	97	44	89	2
United States – Etats–Unis														
1988 [7 8 9]														
Groom – Epoux	([3])	1 852 275	7 765	75 961	497398	503901	292072	*– 280	301 –*	*– 110	117 –*	50 087	34 673	–
Bride – Epouse	([3])	1 852 275	50 893	167465	583641	447175	243678	*– 233	438 –*	*– 77	767 –*	29 189	19 029	–
United States Virgin Islands – Iles Vierges américaines														
1990														
Groom – Epoux	...	2 371	–	21	246	566	564	369	242	152	102	59	50	–
Bride – Epouse	...	2 371	1	67	427	697	509	325	169	86	50	18	22	–
AMERICA,SOUTH— AMERIQUE DU SUD														
Brazil – Brésil														
1990 [10]														
Groom – Epoux	...	*777 460*	*43*	*58 093*	*328548*	*235612*	*82 986*	*29 278*	*13 752*	*8 023*	*6 200*	*4 815*	*10 110*	–
Bride – Epouse	...	*777 460*	*5 000*	*254110*	*289035*	*139749*	*46 001*	*19 224*	*9 599*	*5 707*	*3 849*	*2 227*	*2 959*	–
Chile – Chili														
1991+														
Groom – Epoux	14	91 732	1	4 276	34 720	31 026	11 657	4 189	1 781	1 123	799	553	1 607	–
Bride – Epouse	12	91 732	310	17 741	37 071	21 741	7 831	3 116	1 421	891	548	396	666	–
Colombia – Colombie														
1986+ [11]														
Groom – Epoux	14	*70 350*	*142*	*2 689*	*22 912*	*22 207*	*9 444*	*3 800*	*1 807*	*1 151*	*960*	*781*	*4 214*	*243*
Bride – Epouse	12	*70 350*	*497*	*15 180*	*27 089*	*14 071*	*5 126*	*2 020*	*1 070*	*737*	*603*	*533*	*3 289*	*135*
Ecuador – Equateur														
1991 [12]														
Groom – Epoux	14	*66 091*	*33*	*8 553*	*25 605*	*16 939*	*7 294*	*3 108*	*1 684*	*962*	*640*	*419*	*854*	–
Bride – Epouse	12	*66 091*	*1 236*	*21 333*	*23 249*	*11 148*	*4 532*	*1 979*	*1 049*	*647*	*353*	*230*	*335*	–
Paraguay														
1987+														
Groom – Epoux	14	*17 741*	–	*672*	*6 117*	*5 313*	*2 452*	*1 159*	*703*	*453*	*264*	*200*	*397*	*11*
Bride – Epouse	12	*17 741*	*359*	*5 674*	*5 399*	*2 858*	*1 399*	*801*	*483*	*281*	*176*	*124*	*172*	*15*
Uruguay														
1990														
Groom – Epoux	14	20 084	*–	1 440 —*	6 508	5 508	2 496	1 236	*–	1 228 –*	*——	1 664	——*	4
Bride – Epouse	12	20 084	*–	4 728 —*	6 584	3 916	1 736	988	*–	1 036 –*	*——	1 088	——*	8

24. Marriages by age of bridegroom and by age of bride: latest available year (continued)

Mariages selon l'âge de l'époux et selon l'âge de l'épouse: dernière année disponible (suite)

(See notes at end of table – Voir notes à la fin du tableau.)

Continent, country or area and year / Continent, pays ou zone et année	Age [1]	All ages / Tous âges	Age(in years–en années) -15	15–19	20–24	25–29	30–34	35–39	40–44	45–49	50–54	55–59	60+	Unknown / Inconnu
AMERICA,SOUTH—(Cont.–Suite) AMERIQUE DU SUD														
Venezuela														
1991 [10]														
Groom – Epoux	21	107 136	21	11 490	38 242	27 384	13 989	6 878	3 807	2 008	1 277	777	1 263	–
Bride – Epouse	18	107 136	2 437	30 158	34 919	20 435	9 594	4 722	2 349	1 162	590	330	440	–
ASIA—ASIE														
Armenia – Arménie														
1991														
Groom – Epoux	18	28 023	–	1 028	11 226	9 902	3 237	993	504	240	333	236	324	–
Bride – Epouse	17	28 023	–	10 661	10 997	3 169	1 468	727	357	141	219	128	155	1
Azerbaijan – Azerbaïdjan														
1989														
Groom – Epoux	...	71 874	18	829	29 164	28 656	7 170	2 151	939	634	805	598	909	1
Bride – Epouse	...	71 874	422	17 418	33 012	12 923	4 022	1 572	677	403	534	346	541	4
Bahrain – Bahreïn														
1991														
Groom – Epoux	...	*3 065*	–	*68*	*1 062*	*1 148*	*379*	*159*	*84*	*43*	*——	*88*	——*	*34*
Bride – Epouse	...	*3 065*	*24*	*877*	*1 256*	*539*	*198*	*87*	*23*	*6*	*——	*7*	——*	*48*
Brunei Darussalam – Brunéi Darussalam														
1992														
Groom – Epoux	([3])	1 912	4	198	489	469	366	206	82	53	23	14	8	–
Bride – Epouse	([3])	1 912	6	212	516	529	316	159	78	42	19	13	22	–
Cyprus – Chypre														
1992 [13]														
Groom – Epoux	17	4 857	–	52	1 283	1 723	893	350	199	133	92	47	85	–
Bride – Epouse	15	4 857	–	631	1 854	1 253	530	227	155	112	48	23	24	–
Georgia – Géorgie														
1989														
Groom – Epoux	...	38 288	131	2 068	13 431	11 929	5 068	2 358	952	578	581	453	739	–
Bride – Epouse	...	38 288	1 015	9 615	14 609	6 721	2 849	1 272	587	359	451	368	442	–
Hong Kong – Hong-kong														
1992														
Groom – Epoux	16	45 702	–	355	5 343	16 706	13 149	4 398	1 653	750	585	707	2 056	–
Bride – Epouse	16	45 702	–	1 644	13 636	18 010	6 677	1 996	790	448	453	715	1 333	–
Israel – Israël [14]														
1991														
Groom – Epoux	([15])	32 291	*–	1 140 —*	11 290	12 299	4 322	1 543	694	304	212	138	314	35
Bride – Epouse	17	32 291	*–	7 266 —*	15 082	6 328	1 889	804	407	176	103	69	118	49

24. Marriages by age of bridegroom and by age of bride: latest available year (continued)

Mariages selon l'âge de l'époux et selon l'âge de l'épouse: dernière année disponible (suite)

(See notes at end of table – Voir notes à la fin du tableau.)

Continent, country or area and year / Continent, pays ou zone et année	Age [1]	All ages / Tous âges	–15	15–19	20–24	25–29	30–34	35–39	40–44	45–49	50–54	55–59	60+	Unknown / Inconnu
		Age(in years–en années)												
ASIA—ASIE (Cont.–Suite)														
Japan – Japon														
1992+ [16]														
Groom – Epoux	18	683 950	–	9 132	132711	290267	149280	52 542	25 737	10 923	6 031	3 654	3 651	22
Bride – Epouse	16	683 950	–	22 380	247089	293411	71 257	22 108	13 075	6 925	4 089	2 083	1 524	9
Jordan – Jordanie [17]														
1991+														
Groom – Epoux	18	35 926	4	1 784	13 379	13 195	4 176	1 256	699	484	344	237	368	–
Bride – Epouse	16	35 926	20	14 472	14 528	4 805	1 273	411	204	99	61	22	31	–
Kazakhstan														
1992														
Groom – Epoux	18	147 531	–	8 802	74 826	33 470	12 997	5 963	3 572	1 535	2 150	1 490	2 696	30
Bride – Epouse	17	147 531	–	45 688	61 269	17 871	8 931	4 606	2 812	1 317	1 862	1 235	1 903	37
Korea, Republic of– Corée, Rép. de														
1991														
Groom – Epoux	18	*324 318*	–	*845*	*40 504*	*196243*	*66 929*	*10 060*	*4 006*	*2 300*	*1 491*	*–	*1 930* –*	*10*
Bride – Epouse	16	*324 318*	–	*8 071*	*161446*	*125867*	*18 162*	*5 586*	*2 338*	*1 332*	*818*	*–	*692* –*	*6*
Kuwait – Koweït														
1989														
Groom – Epoux	18	11 051	*——	356 —*	4 113	3 562	1 446	567	295	239	148	138	177	10
Bride – Epouse	15	11 051	71	3 377	4 705	1 624	616	305	143	52	72	41	37	8
Kyrgyzstan – Kirghizistan														
1992														
Groom – Epoux	...	40 818	24	1 750	23 149	9 925	2 736	1 218	655	263	355	251	478	14
Bride – Epouse	...	40 818	625	14 651	17 690	3 872	1 718	834	434	218	263	199	307	7
Macau – Macao														
1992														
Groom – Epoux	16	*2 148*	–	*6*	*206*	*690*	*740*	*325*	*94*	*31*	*21*	*10*	*25*	–
Bride – Epouse	16	*2 148*	–	*55*	*538*	*903*	*438*	*151*	*31*	*12*	*4*	*4*	*12*	–
Philippines														
1990														
Groom – Epoux	18	*422 041*	–	*25 067*	*154784*	*135525*	*57 714*	*22 207*	*10 468*	*5 514*	*——	*10 761*	——*	*1*
Bride – Epouse	18	*422 041*	–	*85 692*	*170433*	*101691*	*35 909*	*14 195*	*6 304*	*3 081*	*——	*4 730*	——*	*6*
Qatar														
1992														
Groom – Epoux	...	*1 578*	–	*76*	*563*	*565*	*211*	*79*	*31*	*17*	*15*	*9*	*9*	*3*
Bride – Epouse	...	*1 578*	–	*535*	*609*	*288*	*96*	*29*	*10*	*5*	*2*	*1*	–	*3*
Singapore – Singapour														
1993+* [18]														
Groom – Epoux	18	25 298	–	173	3 489	11 057	6 425	2 480	891	355	195	121	112	–
Bride – Epouse	18	25 298	–	1 068	9 206	9 721	3 326	1 238	448	186	61	26	18	–

24. Marriages by age of bridegroom and by age of bride: latest available year (continued)

Mariages selon l'âge de l'époux et selon l'âge de l'épouse: dernière année disponible (suite)

(See notes at end of table – Voir notes à la fin du tableau.)

Continent, country or area and year / Continent, pays ou zone et année	Age [1]	Age(in years–en années)												
		All ages / Tous âges	–15	15–19	20–24	25–29	30–34	35–39	40–44	45–49	50–54	55–59	60+	Unknown / Inconnu
ASIA—ASIE (Cont.–Suite)														
Sri Lanka														
1988+ [19]														
Groom – Epoux	...	*132 520*	–	*837*	*39 550*	*49 172*	*26 926*	*10 272*	*2 937*	*1 254*	*622*	*436*	*514*	–
Bride – Epouse	...	*132 520*	*314*	*20 500*	*63 771*	*30 143*	*11 462*	*3 977*	*1 180*	*557*	*309*	*160*	*147*	–
Tajikistan – Tadjikistan														
1989														
Groom – Epoux	...	47 616	31	963	30 954	10 390	2 190	1 058	483	398	415	294	423	17
Bride – Epouse	...	47 616	225	18 362	21 675	4 201	1 430	630	282	194	234	126	242	15
Turkey – Turquie														
1991+ [20]														
Groom – Epoux	17	*459 624*	–	*35 762*	*181810*	*164449*	*42 691*	*14 746*	*6 280*	*3 540*	*2 978*	*2 761*	*4 537*	*70*
Bride – Epouse	15	*459 624*	*1 741*	*158266*	*189648*	*73 062*	*20 021*	*7 581*	*3 405*	*1 948*	*1 378*	*929*	*1 573*	*72*
Turkmenistan – Turkménistan														
1989														
Groom – Epoux	...	34 890	50	1 006	22 170	8 317	1 665	682	289	219	182	113	191	6
Bride – Epouse	...	34 890	271	5 336	20 713	6 171	1 221	470	193	153	142	78	138	4
Uzbekistan – Ouzbékistan														
1989														
Groom – Epoux	...	200 681	295	4 266	135880	39 552	8 628	4 213	2 035	1 551	1 575	1 011	1 621	54
Bride – Epouse	...	200 681	13 982	62 079	93 126	17 697	6 420	2 785	1 191	845	989	569	922	76
EUROPE														
Albania – Albanie														
1991														
Groom – Epoux	18	24 853	*–	366 —*	8 513	11 474	3 373	654	208	96	*——	164	——*	5
Bride – Epouse	16	24 853	*–	5 967 —*	14 008	3 724	792	199	72	27	*——	53	——*	11
Austria – Autriche														
1992 [21]														
Groom – Epoux	18	45 701	–	765	10 135	17 196	8 381	3 481	2 069	1 464	1 080	465	665	–
Bride – Epouse	16	45 701	–	2 905	16 510	14 372	5 747	2 452	1 579	1 031	631	218	256	–
Belarus – Bélarus														
1991														
Groom – Epoux	18	94 760	595	4 597	50 613	18 534	8 138	3 932	2 454	1 258	1 536	936	2 165	2
Bride – Epouse	18	94 760	4 703	23 786	37 513	11 639	6 393	3 463	2 277	1 115	1 389	882	1 597	3
Belgium – Belgique														
1990 [22]														
Groom – Epoux	18	64 554	–	758	22 533	22 521	7 865	4 001	2 608	1 535	1 076	759	898	–
Bride – Epouse	15	64 554	–	4 834	30 225	15 781	5 833	3 210	2 039	1 165	730	362	375	–

24. Marriages by age of bridegroom and by age of bride: latest available year (continued)

Mariages selon l'âge de l'époux et selon l'âge de l'épouse: dernière année disponible (suite)

(See notes at end of table – Voir notes à la fin du tableau.)

Continent, country or area and year / Continent, pays ou zone et année	Age [1]	All ages / Tous âges	Age(in years–en années)											
			–15	15–19	20–24	25–29	30–34	35–39	40–44	45–49	50–54	55–59	60+	Unknown / Inconnu
EUROPE (Cont.–Suite)														
Bulgaria – Bulgarie														
1990 [9 23]														
Groom – Epoux	18	59 874	401	3 115	31 723	14 136	5 005	2 365	1 352	649	397	278	453	–
Bride – Epouse	18	59 874	–	22 765	24 627	6 379	2 636	1 437	842	492	236	203	257	–
Former Czechoslovakia – Ancienne Tchécoslovaquie														
1990														
Groom – Epoux	16	131 388	–	9 934	65 514	30 235	9 767	5 880	3 990	2 469	1 313	972	1 314	–
Bride – Epouse	16	131 388	–	42 479	56 441	15 002	6 207	4 149	3 135	2 011	975	472	517	–
Denmark – Danemark [24]														
1991														
Groom – Epoux	18	31 099	–	142	3 253	10 065	6 519	3 766	2 434	1 713	921	541	618	1 127
Bride – Epouse	15	31 099	1	638	6 290	10 898	5 166	2 864	1 876	1 279	580	285	339	883
Estonia – Estonie														
1990														
Groom – Epoux	16	11 774	–	836	4 782	2 409	1 238	809	578	311	295	213	302	1
Bride – Epouse	16	11 774	–	2 731	4 222	1 682	1 027	676	509	303	270	169	185	–
Finland – Finlande														
1990 [25]														
Groom – Epoux	18	24 997	–	301	5 354	9 367	4 854	2 040	1 349	638	415	280	399	–
Bride – Epouse	17	24 997	–	1 175	8 075	8 591	3 362	1 579	979	497	313	164	262	–
France														
1991 [5 26]														
Groom – Epoux	18	280 175	–	1 052	56 992	111774	50 710	23 443	14 850	8 346	4 893	3 339	4 776	–
Bride – Epouse	15	280 175	1	8 483	99 812	92 151	36 557	18 595	11 332	6 069	3 208	1 719	2 248	–
Germany – Allemagne														
1991														
Groom – Epoux	18	454 291	*–	3 719 —*	89 515	164307	88 462	39 356	23 014	16 271	13 654	6 822	9 171	–
Bride – Epouse	18	454 291	*–	21 114 —*	148126	150678	60 217	27 736	17 038	11 867	9 497	4 068	3 950	–

24. Marriages by age of bridegroom and by age of bride: latest available year (continued)

Mariages selon l'âge de l'époux et selon l'âge de l'épouse: dernière année disponible (suite)

(See notes at end of table – Voir notes à la fin du tableau.)

Continent, country or area and year / Continent, pays ou zone et année	Age [1]	Age (in years–en années)												
		All ages / Tous âges	−15	15–19	20–24	25–29	30–34	35–39	40–44	45–49	50–54	55–59	60+	Unknown / Inconnu
EUROPE (Cont.–Suite)														
Greece – Grèce														
1992														
Groom – Epoux	18	48 631	6	584	9 009	18 078	11 052	4 596	2 123	1 070	650	508	955	–
Bride – Epouse	14	48 631	120	6 542	17 971	13 890	5 290	2 175	954	632	397	310	350	–
Hungary – Hongrie														
1992														
Groom – Epoux	16	57 005	–	3 175	26 928	13 330	4 818	3 075	1 898	1 292	820	556	1 113	–
Bride – Epouse	16	57 005	2	15 523	25 061	7 101	3 001	2 234	1 530	1 016	638	371	528	–
Iceland – Islande														
1992 [27]														
Groom – Epoux	18	1 241	–	3	196	468	257	144	68	49	21	11	24	–
Bride – Epouse	18	1 241	–	28	312	487	217	91	50	27	10	10	9	–
Ireland – Irlande														
1991+														
Groom – Epoux	14	17 441	*——	161 —*	3 839	8 259	3 476	987	350	130	67	54	95	23
Bride – Epouse	12	17 441	–	560	6 111	7 573	2 188	621	153	68	30	45	54	38
Italy – Italie														
1990*														
Groom – Epoux	16	319 711	–	2 637	66 249	148 760	62 668	19 175	8 403	4 057	2 796	1 821	3 145	–
Bride – Epouse	16	319 711	–	25 940	133 083	109 652	30 297	9 721	4 588	2 358	1 671	1 045	1 356	–
Latvia – Lettonie														
1992														
Groom – Epoux	18	18 906	82	1 609	7 971	3 114	1 755	1 151	895	595	605	434	695	–
Bride – Epouse	18	18 906	715	3 951	6 614	2 337	1 574	1 031	786	538	523	340	497	–
Lithuania – Lituanie														
1992														
Groom – Epoux	18	30 112	203	2 451	15 548	5 501	2 348	1 231	783	551	490	361	644	1
Bride – Epouse	18	30 112	1 572	6 766	12 694	3 657	1 943	1 052	740	537	433	306	412	–
Luxembourg														
1989 [27]														
Groom – Epoux	18	2 184	–	32	489	830	397	198	102	56	35	23	22	–
Bride – Epouse	15	2 184	–	153	771	719	287	108	66	42	28	8	2	–
Malta – Malte														
1992														
Groom – Epoux	16	2 377	*–	65 —*	715	1 031	338	102	56	22	12	10	26	–
Bride – Epouse	14	2 377	*–	267 —*	1 139	654	159	71	29	27	15	5	11	–
Netherlands – Pays-Bas														
1992														
Groom – Epoux	18	93 638	*–	342 —*	15 406	36 958	20 133	8 374	4 616	3 179	1 857	1 165	1 608	–
Bride – Epouse	18	93 638	*–	2 179 —*	30 535	32 409	14 134	5 894	3 455	2 457	1 201	637	737	–
Norway – Norvège														
1992 [5 28]														
Groom – Epoux	16	19 266	–	109	3 286	7 057	4 413	1 935	966	726	354	213	207	–
Bride – Epouse	16	19 266	–	620	6 098	6 928	2 833	1 328	676	430	213	68	72	–

24. Marriages by age of bridegroom and by age of bride: latest available year (continued)

Mariages selon l'âge de l'époux et selon l'âge de l'épouse: dernière année disponible (suite)

(See notes at end of table – Voir notes à la fin du tableau.)

Continent, country or area and year / Continent, pays ou zone et année	Age [1]	Age(in years–en années) All ages Tous âges	–15	15–19	20–24	25–29	30–34	35–39	40–44	45–49	50–54	55–59	60+	Unknown Inconnu
EUROPE (Cont.–Suite)														
Poland – Pologne														
1991														
Groom – Epoux	18	233 206	–	10 365	115034	63 529	20 175	8 600	4 736	2 401	2 091	2 009	4 266	–
Bride – Epouse	16	233 206	–	50 936	120041	31 450	12 054	6 711	4 085	2 176	1 933	1 509	2 311	–
Portugal														
1991 [29]														
Groom – Epoux	16	71 808	46	2 924	28 026	25 324	7 613	2 591	1 411	898	708	656	1 611	–
Bride – Epouse	16	71 808	1 306	11 810	31 850	16 729	4 563	1 910	1 055	766	570	443	806	–
Republic of Moldova – République de Moldova														
1991														
Groom – Epoux	18	39 609	216	2 137	21 961	7 580	2 973	1 408	962	493	561	409	906	3
Bride – Epouse	16	39 609	2 458	12 416	14 835	3 732	2 222	1 213	841	460	542	341	528	21
Romania – Roumanie														
1992														
Groom – Epoux	18	174 593	*–	5 871 —*	98 805	35 915	13 960	7 409	4 093	2 273	1 994	1 614	2 659	–
Bride – Epouse	16	174 593	*–	54 109 —*	83 774	15 923	6 948	4 620	3 176	1 897	1 563	1 147	1 436	–
Russian Federation – Fédération Russe														
1992														
Groom – Epoux	18	1 053 717	10 611	70 131	490921	187835	101025	57 082	39 307	19 655	26 140	17 305	33 624	81
Bride – Epouse	18	1 053 717	72 697	262667	352452	118699	78 946	49 924	35 613	18 290	24 376	15 342	24 632	79
Slovakia – Slovaquie														
1991														
Groom – Epoux	...	32 721	–	2 703	17 752	7 602	2 173	1 068	524	344	201	131	223	–
Bride – Epouse	...	32 721	–	11 763	14 411	3 572	1 329	687	409	268	136	72	74	–
Slovenia – Slovénie														
1992														
Groom – Epoux	18	9 119	–	88	2 708	3 635	1 355	547	301	159	94	86	146	–
Bride – Epouse	18	9 119	–	943	4 295	2 360	665	354	180	97	89	59	77	–
Spain – Espagne														
1991 [30]														
Groom – Epoux	14	218 121	6	4 025	53 691	102149	36 345	10 099	4 444	2 511	1 426	1 198	2 227	–
Bride – Epouse	12	218 121	79	17 864	85 967	81 250	20 260	5 915	2 572	1 476	903	683	1 152	–
Sweden – Suède														
1992 [4]														
Groom – Epoux	18	40 080	–	180	4 020	12 340	8 721	4 647	2 916	2 349	1 171	685	690	2 361
Bride – Epouse	18	40 080	–	888	8 118	13 198	6 568	3 280	2 120	1 653	766	272	310	2 907
Switzerland – Suisse														
1992														
Groom – Epoux	18	45 080	–	153	6 399	17 109	10 386	4 434	2 437	1 763	1 061	642	696	–
Bride – Epouse	17	45 080	–	1 155	12 670	17 107	7 250	3 007	1 621	1 154	649	295	172	–

24. Marriages by age of bridegroom and by age of bride: latest available year (continued)

Mariages selon l'âge de l'époux et selon l'âge de l'épouse: dernière année disponible (suite)

(See notes at end of table – Voir notes à la fin du tableau.)

Continent, country or area and year / Continent, pays ou zone et année	Age [1]	Age(in years–en années): All ages / Tous âges	–15	15–19	20–24	25–29	30–34	35–39	40–44	45–49	50–54	55–59	60+	Unknown / Inconnu
EUROPE (Cont.–Suite)														
The former Yugoslav Rep. of Macedonia – L'ex Rép. yougoslavie de Macédonie														
1992														
Groom – Epoux	18	15 354	–	791	6 420	5 494	1 613	506	184	70	60	61	140	15
Bride – Epouse	18	15 354	–	4 468	6 931	2 655	612	245	135	52	45	35	56	120
Ukraine														
1991														
Groom – Epoux	18	493 067	*–	34 562 —*	260605	86 902	38 705	20 388	13 961	7 346	10 699	5 840	14 045	14
Bride – Epouse	17	493 067	*–	183 938 —*	167677	50 350	29 718	17 299	12 467	7 062	9 813	4 916	9 817	10
United Kingdom – Royaume–Uni														
1991+ [19]														
Groom – Epoux	16	349 739	*–	5 428 —*	87 722	115641	56 975	28 219	20 005	12 738	8 212	5 415	9 384	–
Bride – Epouse	16	349 739	*–	20 304 —*	123506	99 851	43 617	21 907	15 675	10 591	5 882	2 979	5 427	–
Former Yugoslavia – Ancienne Yougoslavie														
1990														
Groom – Epoux	18	146 975	–	3 364	53 979	51 069	19 981	7 492	3 330	1 670	1 489	1 301	3 076	224
Bride – Epouse	18	146 975	3	34 586	62 687	28 446	9 247	4 400	2 197	1 360	1 196	905	1 645	303
OCEANIA—OCEANIE														
Australia – Australie														
1991+														
Groom – Epoux	18	113 869	15	1 258	28 733	37 271	19 682	9 912	6 195	3 912	2 426	1 590	2 875	–
Bride – Epouse	15	113 869	7	6 117	42 779	31 390	14 522	7 357	4 621	2 927	1 644	882	1 623	–
Fiji – Fidji														
1987+														
Groom – Epoux	18	6 039	–	397	2 421	1 726	704	319	186	110	63	44	68	1
Bride – Epouse	16	6 039	–	1 870	2 456	915	400	187	85	57	40	19	9	1
Guam														
1987 [31]														
Groom – Epoux	15	1 512	–	9	415	454	259	158	100	43	30	24	19	1
Bride – Epouse	15	1 512	1	43	538	447	252	135	49	19	19	5	4	–
New Zealand – Nouvelle–Zélande														
1992 [19]														
Groom – Epoux	16	22 018	–	194	4 938	6 893	4 214	1 984	1 282	856	612	377	668	–
Bride – Epouse	16	22 018	–	819	7 508	6 317	3 194	1 521	1 071	639	405	177	367	–

24. Marriages by age of bridegroom and by age of bride: latest available year (continued)

Mariages selon l'âge de l'époux et selon l'âge de l'épouse: dernière année disponible (suite)

GENERAL NOTES

Data are legal (recognized) marriages performed and registered. For method of evaluation and limitations of data, see Technical Notes, page 96.

Italics: data from civil registers which are incomplete or of unknown completeness.

FOOTNOTES

* Provisional.
\+ Data tabulated by date of registration rather than occurrence.

1 Age below which marriage is unlawful or invalid without dispensation by competent authority.
2 Including marriages resumed after "revocable divorce" (among Moslem population), which approximates legal separation.
3 Varies among major civil divisions, or ethnic or religious groups.
4 Including residents outside the country.
5 Age classification based on year of birth rather than exact date of birth.
6 Excluding tribal population.
7 Marriages performed in varying number of states. These data are not to be considered as necessarily representative of the country.
8 Based on returns of sample marriage records.
9 For under 18 and 18–19 years, as appropriate.
10 Excluding Indian jungle population.
11 Except for Bogotá, data are not to be considered as necessarily representative of the country.
12 Excluding nomadic Indian tribes.
13 For government controlled areas.
14 Including data for East Jerusalem and Israeli residents in certain other territories under occupation by Israeli military forces since June 1967.
15 No minimum age has been fixed for males.
16 For Japanese nationals in Japan only. For grooms and brides married for the first time whose marriages occurred and were registered in the same year.
17 Excluding data for Jordanian territory under occupation since June 1967 by Israeli military forces. Excluding foreigners but including registered Palestinian refugees. For number of refugees, see table 5.
18 Including residents outside the country.
19 For under 16 and 16–19 years, as appropriate.
20 For provincial capitals and district centres only.
21 Excluding aliens temporarily in the area.
22 Including armed forces stationed outside the country and alien armed forces in the area unless marriage performed by local foreign authority.
23 Including Bulgarian nationals outside the country, but excluding aliens in the area.
24 Excluding Faeroe Islands and Greenland.
25 Marriages in which the bride was domiciled in Finland only.
26 Including armed forces stationed outside the country.
27 For the de jure population.
28 Marriages in which the groom was domiciled in Norway only.
29 For under 17 and 17–19 years, as appropriate.
30 Civil marriages only. Canonical marriages are void for males under 16 years of age and for females under 14 years of age.
31 Including United States military personnel, their dependants and contract employees.

NOTES GENERALES

Les données représentent le nombre de mariages qui ont été célébrés et reconnus par la loi. Pour la méthode d'évaluation et les insuffisances des données, voir Notes techniques, page 96.

Italiques: données incomplètes ou dont le degré d'exactitude n'est pas connu, provenant des registres de l'état civil.

NOTES

* Données provisoires.
\+ Données exploitées selon la date de l'enregistrement et non la date de l'événement.

1 Age en–dessous duquel le mariage est illégal ou nul sans une dispense de l'autorité compétente.
2 Y compris les unions reconstituées après un "divorce révocable" (parmi la population musulmane), qui est à peu près l'équivalent d'une séparation légale.
3 Varie selon les grandes divisions administratives ou selon les groups ethniques ou religieux.
4 Y compris les résidents à l'étranger.
5 Le classement selon l'âge est basé sur l'année de naissance et non sur la date exacte de naissance.
6 Non compris les Indiens vivant en tribus.
7 Mariages célébrés dans un nombre variable d'Etats. Ces données ne sont donc pas nécessairement représentatives de l'ensemble des Etats–Unis.
8 D'après un échantillon extrait des registres de mariages.
9 Pour moins de 18 ans et 18–19 ans, selon le cas.
10 Non compris les Indiens de la jungle.
11 Sauf pour Bogotá, les données ne concernent que les mariages inscrits sur les registres des églises catholiques romaines.
12 Non compris les tribus d'Indiens nomades.
13 Pour les zones contrôlées pour le Gouvernement.
14 Y compris les données pour Jérusalem–Est et les résidents israéliens dans certains autres territoires occupés depuis juin 1967 par les forces armées israéliennes.
15 Il n'y a pas d'âge minimal pour les hommes.
16 Pour les nationaux japonais au Japon seulement. Pour les époux et épouses mariés pour la première fois, dont le mariage a été célébré et enregistré la même année.
17 Non compris les données pour le territoire jordanien occupé depuis juin 1967 par les forces armées israéliennes. Non compris les étrangers, mais y compris les réfugiés de Palestine immatriculés. Pour les nombres de réfugiés, voir le tableau 5.
18 Y compris les résidents à l'étranger.
19 Pour moins de 16 ans et 16–19 ans, selon le cas.
20 Pour les capitales de province et les chefs–lieux de district seulement.
21 Non compris les étrangers temporairement sur le territoire.
22 Y compris les militaires nationaux hors du pays et les militaires étrangers en garnison sur le territoire, sauf si le mariage a été célébré par l'autorité étrangère locale.
23 Y compris les nationaux bulgares à l'étranger, mais non compris les étrangers sur le territoire.
24 Non compris les îles Féroé et le Groenland.
25 Mariages où l'épouse était domiciliée en Finlande seulement.
26 Y compris les militaires nationaux hors du pays.
27 Pour la population de droit.
28 Mariages où l'époux était domicilié en Norvège seulement.
29 Pour moins de 17 ans et 17–19 ans, selon le cas.
30 Mariages civils seulement. Les mariages religieux sont nuls pour les hommes ayant moins de 16 ans et pour les femmes ayant moins de 14 ans.
31 Y compris les militaires des Etats–Unis, les membres de leur famille les accompagnant et les agents contractuels des Etats–Unis.

25. Divorces and crude divorce rates: 1989 – 1993

Divorces et taux bruts de divortialité: 1989 – 1993

(See notes at end of table. – Voir notes à la fin du tableau.)

Continent and country or area / Continent et pays ou zone	Code [1]	Number – Nombre 1989	1990	1991	1992	1993	Rate – Taux 1989	1990	1991	1992	1993
AFRICA—AFRIQUE											
Egypt – Egypte [2]	U	...	...	...	78 490	...	...	...	...	1.42	...
Libyan Arab Jamahiriya – Jamahiriya arabe libyenne	U	2 532	2 719	2 175	...	...	0.63	0.65	0.50	...	...
Mauritius – Maurice											
Island of Mauritius – Ile Maurice	+C	711	692	707	781	...	0.69	0.67	0.68	0.74	...
Réunion	+...	628	763	...	...	...	1.06	1.27	...	...	...
St. Helena ex. dep. – Sainte–Hélène sans dép.	...	17	5	...	...	...					
Seychelles	+C	43	47	86	87	*81					
Tunisia – Tunisie	...	12 695	...	...	...	...	1.60	...	...	...	...
AMERICA,NORTH— AMERIQUE DU NORD											
Bahamas [3]	...	275	365	328	305	...	1.10	1.43	1.26	1.15	...
Barbados – Barbade	C	416	...	367	...	...	1.63	...	1.42	...	...
Belize	+C	114	112	92	121	...	0.62	0.59	...	0.61	...
Bermuda – Bermudes	C	172	...	195	...	...	2.86	...	3.18	...	...
Canada	C	80 716	78 152	...	...	...	3.08	2.94	...	...	...
Cayman Islands – Iles Caïmanes	...	75	110	152	...	...	...	4.23	5.69	...	...
Costa Rica	C	2 916	3 282	3 152	3 482	...	1.00	1.10	1.03	1.09	...
Cuba	C	37 647	37 284	43 646	44 973	...	3.58	3.51	4.06	4.15	...
Dominica – Dominique	...	...	29	...	...	...					
El Salvador	...	2 239	...	2 583	...	...	0.43	...	0.48	...	...
Greenland – Groenland	...	132	...	...	...	*109	2.38	...	...	...	*1.97
Guadeloupe	+...	472	485	494	448	...	1.24	1.26	1.25	1.10	...
Jamaica – Jamaïque	C	672	823	1 413	1 454	...	0.28	0.34	0.60	0.61	...
Martinique	+...	297	264	293	357	...	0.83	0.73	0.80	0.96	...
Mexico – Mexique	+C	46 039	46 481	50 001	51 953	...	0.55	0.54	0.57	0.58	...
Netherlands Antilles – Antilles néerlandaises	+C	413	409	...	...	...	2.17	2.15	...	...	...
Nicaragua	...	1 891	866	...	...	...	0.50	0.22	...	...	...
Panama [4]	C	1 872	...	1 733	1 947	...	0.79	...	0.70	0.77	...
Puerto Rico – Porto Rico	C	13 838	13 695	13 571	14 227	...	3.96	3.88	3.82	3.97	...
Saint Lucia – Sainte–Lucie	C	44	...	...	41	...	...	...	...	...	...
St. Vincent and the Grenadines – Saint–Vincent–et–Grenadines	...	...	...	...	92	...	...	...	...	...	...
Trinidad and Tobago – Trinité–et–Tobago	C	1 075	1 198	1 364	1 361	*1 091	0.89	0.98	1.10	1.07	*0.85
United States– Etats–Unis [5]	...	1 163 000	1 175 000	1 187 000	1 215 000	*1 187 000	4.70	4.70	4.70	4.76	*4.60
United States Virgin Islands – Iles Vierges américaines [6]	C	322	320	332	...	...	3.14	3.14	3.22	...	...
AMERICA,SOUTH— AMERIQUE DU SUD											
Brazil – Brésil [7]	...	66 070	77 158	...	...	...	0.46	0.53	...	...	...
Chile – Chili	...	5 337	6 048	5 852	...	...	0.41	0.46	0.44	...	...
Ecuador – Equateur [8]	...	5 663	5 864	6 731	...	...	0.56	0.57	0.64	...	...
Suriname	...	520	792	1 011	...	...	1.30	1.96	2.50	...	...
Uruguay [9]	+C	6 063	6 840	9 800	...	...	1.97	2.21	3.15	...	...
Venezuela [7]	...	21 876	20 245	19 560	...	...	1.16	1.05	0.99	...	...

25. Divorces and crude divorce rates: 1989 – 1993 (continued)

Divorces et taux bruts de divortialité: 1989 – 1993 (suite)

(See notes at end of table. – Voir notes à la fin du tableau.)

Continent and country or area / Continent et pays ou zone	Code [1]	Number – Nombre 1989	1990	1991	1992	1993	Rate – Taux 1989	1990	1991	1992	1993
ASIA—ASIE											
Armenia – Arménie	C	4 134	4 347	3 863	3 155	*2 825	1.19	1.23	1.07	0.86	*0.76
Azerbaijan – Azerbaïdjan	C	11 436	...	...	...	...	1.61	...	...	...	...
Bahrain – Bahreïn	...	726	590	661	...	...	1.55	1.21	1.31	...	...
Brunei Darussalam – Brunéi Darussalam	...	190	204	241	286	...	0.77	0.80	0.92	1.07	...
Cyprus – Chypre	C	335	348	304	433	...	0.48	0.49	0.43	0.60	...
Georgia – Géorgie	C	7 358	...	...	...	...	1.35	...	...	...	...
Hong Kong – Hong-kong	...	...	5 551	...	...	...	...	0.97	...	...	...
Iran (Islamic Republic of – Rép. islamique d')	+...	33 943	37 827	39 336	...	...	0.64	0.69	0.65	...	...
Israel – Israël [10]	C	5 829	6 325	6 291	6 547	...	1.29	1.36	1.27	1.28	...
Japan – Japon [11]	+C	157 811	157 608	168 969	179 191	...	1.28	1.27	1.36	1.44	...
Jordan – Jordanie [12]	+C	4 694	5 074	5 363	...	...	1.13	1.19	1.21	...	...
Kazakhstan	C	45 772	43 694	48 913	50 078	*45 516	2.77	2.62	2.91	2.96	*2.68
Korea, Republic of– Corée, Rép. de [13]	U	40 368	41 543	42 948	41 511	...	0.95	0.97	0.99	0.95	...
Kuwait – Koweït	C	2 987	...	1 768	2 453	...	1.46	...	0.85	1.75	...
Kyrgyzstan – Kirghizistan	C	8 231	7 829	8 926	8 043	...	1.90	1.78	2.00	1.79	...
Macau – Macao	...	70	95	...	174	...	...	...	...	0.47	...
Maldives	...	2 695	3 453	2 659	...	...	12.87	15.99	11.91	...	...
Mongolia – Mongolie	...	1 000	...	...	...	...	0.48	...	...	...	...
Qatar	...	406	359	...	416	*432	0.89	0.74	...	0.78	*0.82
Singapore – Singapour	...	2 541	3 150	3 813	3 567	*3 826	0.96	1.16	1.38	1.26	*1.33
Syrian Arab Republic – République arabe syrienne [14]	+...	8 568	8 335	9 018	9 127	...	0.73	0.69	0.72	0.70	...
Tajikistan – Tadjikistan	C	7 576	...	...	...	...	1.46	...	...	...	...
Turkey – Turquie	C	25 376	25 712	27 167	...	...	0.46	0.46	0.47	...	...
Turkmenistan – Turkménistan	C	4 940	...	...	...	...	1.38	...	...	...	...
Uzbekistan – Ouzbékistan	C	29 953	...	...	...	...	1.49	...	...	...	...
EUROPE											
Albania – Albanie	C	2 628	2 675	2 236	...	...	0.82	0.82	0.69	...	...
Austria – Autriche [15]	C	15 489	16 282	16 391	16 296	...	2.03	2.11	2.09	2.07	...
Belarus – Bélarus	C	34 573	34 986	37 802	39 904	...	3.38	3.41	3.68	3.91	...
Belgium – Belgique [16]	C	20 216	20 337	20 838	...	...	2.04	2.04	2.09	...	...
Bulgaria – Bulgarie [17]	C	12 611	11 341	...	...	...	1.40	1.26	...	...	...
Channel Islands – Iles Anglo-Normandes	C	358	...	382	...	...	2.51	...	2.67	...	...
Guernsey – Guernesey	C	172	196	173	177	*147	2.89	3.29	2.94	3.02	*2.53
Jersey	+C	186	...	209	...	...	2.25	...	2.48	...	...
Croatia – Croatie	C	5 369	5 466	4 877	3 676	...	1.13	1.14	1.02	0.77	...
Former Czechoslovakia – Ancienne Tchécoslovaquie	C	39 680	40 922	37 259	...	...	2.54	2.61	2.39	...	...
Czech Republic – Rép. tchèque	C	...	...	29 366	28 572	*30 227	...	...	2.85	2.77	*2.93
Denmark – Danemark [18]	C	15 152	13 731	12 655	13 004	...	2.95	2.67	2.46	2.52	...
Estonia – Estonie	C	5 916	5 785	...	...	...	3.77	3.68	...	...	...
Faeroe Islands – Iles Féroé	C	52	50	47	...	...					
Finland – Finlande [19]	C	14 365	13 127	...	12 800	*12 284	2.89	2.63	...	2.54	*2.43
France [20]	C	105 295	105 813	108 086	...	...	1.87	1.86	1.89	...	...
Germany – Allemagne	C	...	...	136 317	135 010	...	...	...	1.70	1.67	...

25. Divorces and crude divorce rates: 1989 – 1993 (continued)

Divorces et taux bruts de divortialité: 1989 – 1993 (suite)

(See notes at end of table. – Voir notes à la fin du tableau.)

Continent and country or area / Continent et pays ou zone	Code [1]	Number – Nombre 1989	1990	1991	1992	1993	Rate – Taux 1989	1990	1991	1992	1993
EUROPE (Cont.–Suite)											
Greece – Grèce	C	...	6 037	6 351	6 154	*7 200	...	0.60	0.62	0.60	*0.69
Hungary – Hongrie	C	24 935	24 863	24 420	21 586	*21 000	2.40	2.40	2.36	2.09	*2.06
Iceland – Islande [21]	C	520	479	547	531	...	2.06	1.88	2.12	2.03	...
Isle of Man – Ile de Man	C	190	...	186	371	...	2.80	...	2.66	5.26	...
Italy – Italie	...	*30 314*	*27 682*	...	*25 997*	**22 400*	*0.53*	*0.48*	...	*0.46*	**0.39*
Latvia – Lettonie	C	11 249	10 783	11 070	14 553	...	4.21	4.04	4.16	5.53	...
Liechtenstein	...	29	...	...	...	...	...	...	...	...	...
Lithuania – Lituanie	C	12 295	12 747	15 250	13 981	*13 884	3.33	3.42	4.07	3.74	*3.74
Luxembourg	C	850	759	762	...	...	2.25	1.99	1.98	...	...
Netherlands – Pays-Bas	C	28 250	28 419	28 277	30 463	...	1.90	1.90	1.88	2.01	...
Norway – Norvège	C	9 238	10 170	10 281	10 209	...	2.18	2.40	2.41	2.38	...
Poland – Pologne	C	47 189	42 436	33 823	32 024	*26 000	1.24	1.11	0.88	0.84	*0.68
Portugal	C	9 657	9 216	10 619	12 429	...	0.98	0.93	1.08	1.26	...
Republic of Moldova – République de Moldova	C	12 401	13 135	13 879	14 821	...	2.85	3.01	3.18	3.41	...
Romania – Roumanie	C	36 008	32 966	37 031	29 290	*31 700	1.55	1.42	1.60	1.28	*1.38
Russian Federation – Fédération Russe	C	582 500	559 918	597 930	639 248	...	3.95	3.78	4.03	4.30	...
San Marino – Saint-Marin	C	22	...	...	16	...	...	...	...	...	...
Slovakia – Slovaquie	C	8 304	8 867	...	...	*8 221	1.57	1.67	...	...	*1.54
Slovenia – Slovénie	C	2 161	1 858	1 828	1 890	*1 309	1.08	0.93	0.91	0.95	*0.66
Spain – Espagne	...	...	...	*23 063*	...	...	...	...	*0.59*	...	...
Sweden – Suède	C	18 862	19 387	20 149	21 907	...	2.22	2.26	2.34	2.53	...
Switzerland – Suisse	C	12 720	13 183	13 627	14 530	*15 150	1.91	1.96	2.00	2.11	*2.15
The former Yugoslav Rep. of Macedonia – L'ex Rép. yougoslavie de Macédonie	C	...	749	496	578	*575	...	0.37	0.24	0.28	*0.27
Ukraine	C	193 676	192 835	200 810	...	*218 974	3.74	3.72	3.86	...	*4.20
United Kingdom – Royaume–Uni	C	163 942	165 658	171 144	...	...	2.86	2.88	2.96	...	...
Former Yugoslavia – Ancienne Yougoslavie	C	22 761	20 551	...	...	...	0.96	0.86	...	...	...
Yugoslavia – Yougoslavie	C	12 182	10 722	8 760	6 290	*6 809	1.16	1.02	0.84	0.60	*0.65
OCEANIA—OCEANIE											
Australia – Australie [22]	C	41 383	42 635	45 630	45 665	...	2.46	2.50	2.64	2.61	...
New Caledonia – Nouvelle–Calédonie	...	*190*	...	...	...	...	*1.14*	...	...	...	...
New Zealand – Nouvelle–Zélande	C	8 555	9 036	9 188	9 114	...	2.57	2.69	2.70	2.65	...

25. Divorces and crude divorce rates: 1989 – 1993 (continued)

Divorces et taux bruts de divortialité: 1989 – 1993 (suite)

GENERAL NOTES

Data exclude annulments and legal separations unless otherwise specified. Rates are the number of final divorce decrees granted under civil law per 1 000 mid–year population. Rates are shown only for countries or areas having at least a total 100 divorces in a given year. For method of evaluation and limitations of data, see Technical Notes, page 98.

Italics: data from civil registers which are incomplete or of unknown completeness.

FOOTNOTES

* Provisional.
\+ Data tabulated by date of registration rather than occurrence.

1 Code "C" indicates that the data are estimated to be virtually complete (at least 90 per cent) and code "U" indicates that the data are estimated to be incomplete (less than 90 per cent). For further details, see Technical Notes.
2 Including "revocable divorce" (among Moslem population), which approximates legal separation.
3 Petitions for divorce entered in courts.
4 Excluding tribal Indian population, numbering 62 187 in 1960.
5 Estimates based on divorces and annulments reported by a varying number of states.
6 Including annulments. High numbers attributable to divorces among non–permanent residents.
7 Excluding Indian jungle population.
8 Excluding nomadic Indian tribes.
9 Including annulments.
10 Including data for East Jerusalem and Israeli residents in certain other territories under occupation by Israeli military forces since June 1967.
11 For Japanese nationals in Japan only; however, rates computed on total population.
12 Excluding data for Jordanian territory under occupation since June 1967 by Israeli military forces. Excluding foreigner but including registered Palestinian refugees. For number of refugees, see table 5.
13 Excluding alien armed forces, civilian aliens employed by armed forces, and foreign diplomatic personnel and their dependants.
14 Excluding nomads; however, rates computed on total population.
15 Excluding aliens temporarily in the area.
16 Including divorces among armed forces stationed outside the country and alien armed forces in the area.
17 Including Bulgarian nationals outside the country, but excluding aliens in the area.
18 Excluding Faeroe Islands and Greenland.
19 Including nationals temporarily outside the country.
20 Rates computed on population including armed forces stationed outside the country, but excluding alien armed forces living in military camps within the country.
21 For the de jure population.
22 Excluding full–blooded aborigines estimated at 49 036 in June 1966.

NOTES GENERALES

Sauf indications contraires, il n'est pas tenu compte des annulations et des séparations légales. Les taux représentent le nombre de jugements de divorce définitifs prononcés par les tribunaux pour 1 000 personnes au milieu de l'année. Les taux présentés ne se rapportent qu'aux pays ou zones où l'on a enregistré un total d'au moins 100 divorces dans une année donnée. Pour la méthode d'évaluation et les insuffisances des données, voir Notes techniques, page 98.
Italiques: données incomplètes ou dont le degré d'exactitude n'est pas connu, provenant des registres de l'état civil.

NOTES

* Données provisoires.
\+ Données exploitées selon la date de l'enregistrement et non la date de l'événement.
1 Le code "C" indique que les données sont jugées pratiquement complètes (au moins 90 p. 100) et le code "U" que les données sont jugées incomplètes (moins de 90 p. 100). Pour plus de détails, voir Notes techniques.
2 Y compris les "divorce révocable" (parmi population musulmane), qui sont à peu près l'équivalent de séparations légale.
3 Demandes de divorce en instance devant les tribunaux.
4 Non compris également les Indiens vivant en tribus, au nombre de 62 187 en 1960.
5 Estimations fondées sur les chiffres (divorces et annulations) communiqués par un nombre variable d'Etats.
6 Y compris les annulations. Les divorces parmi les résidennon permanents ont contribué au relèvement des chiffre
7 Non compris les Indiens de la jungle.
8 Non compris les tribus d'Indiens nomades.
9 Y compris les annulations.
10 Y compris les données pour Jérusalem–Est et les résidents israéliens dans certains autres territoires occupés depuis juin 1967 par les forces armées israéliennes.
11 Pour les nationaux japonais au Japon seulement; toutefois, les taux sont calculés sur la base de la population totale.
12 Non compris les données pour le territoire jordanien occupé depuis juin 1967 par les forces armées israéliennes. Non compris les étrangers, mais y compris les réfugiés de Palestine immatriculés. Pour le nombre de réfugiés, voir le tableau 5.
13 Non compris les militaires étrangers, les civils étrangers employés par les forces armées ni le personnel diplomatique étranger et les membres de leur famille les accompagnant.
14 Non compris la population nomade; toutefois, les taux sont calculés sur la base de la population totale.
15 Y compris les étrangers se trouvant temporairement sur le territoire.
16 Y compris les divorces de militaires nationaux hors du pays et de militaires étrangers en garnison sur le territoire.
17 Y compris les nationaux bulgares à l'étranger, mais non compris les étrangers sur le territoire.
18 Non compris les îles Féroé et le Groenland.
19 Y compris les nationaux temporairement hors du pays.
20 Taux calculés sur la base d'un chiffre de population qui comprend les militaires nationaux hors du pays, mais pas les militaires étrangers en garnison sur le territoire.
21 Pour la population de droit.
22 Non compris les aborigènes purs, estimés à 49 036 personnes en juin 1966.

26. Population by sex, single years of age and urban/rural residence: each census, 1985 – 1993

Population selon le sexe, l'année d'âge et la résidence, urbaine/rurale: chaque recensement, 1985 – 1993

(See notes at end of table. – Voir notes à la fin du tableau.)

Continent, country or area, date, age (in years) and urban/rural residence Continent, pays ou zone, date âge (en années), et résidence urbaine/rurale	Both sexes Les deux sexes	Male Masculin	Female Féminin
AFRICA – AFRIQUE			
Botswana			
21 VIII 1991			
Total	1 326 796	634 400	692 396
0	41 407	20 594	20 813
1	32 889	16 446	16 443
2	37 655	18 702	18 953
3	39 252	19 570	19 682
4	40 155	20 087	20 068
5	38 438	19 163	19 275
6	38 977	19 392	19 585
7	38 987	19 428	19 559
8	39 311	19 379	19 932
9	38 952	19 061	19 891
10	39 696	19 456	20 240
11	36 783	18 128	18 655
12	36 369	17 715	18 654
13	33 503	16 375	17 128
14	35 096	16 941	18 155
15	33 402	16 091	17 311
16	33 180	15 790	17 390
17	28 677	13 602	15 075
18	27 878	13 297	14 581
19	27 100	12 924	14 176
20	21 961	10 371	11 590
21	26 980	12 593	14 387
22	21 340	9 664	11 676
23	23 508	10 657	12 851
24	20 919	9 753	11 166
25	21 622	10 013	11 609
26	19 166	8 670	10 496
27	19 661	8 827	10 834
28	18 320	8 270	10 050
29	18 820	8 423	10 397
30	17 749	8 000	9 749
31	15 473	7 094	8 379
32	16 647	7 396	9 251
33	14 535	6 672	7 863
34	14 142	6 406	7 736
35	15 038	6 881	8 157
36	12 903	5 813	7 090
37	11 679	5 456	6 223
38	12 285	5 716	6 569
39	12 504	5 726	6 778
40	10 142	4 953	5 189
41	9 193	4 499	4 694
42	9 721	4 606	5 115
43	8 824	4 186	4 638
44	8 802	4 168	4 634
45	8 957	4 348	4 609
46	8 068	3 804	4 264
47	6 530	3 098	3 432
48	6 257	2 890	3 367
49	7 779	3 673	4 106
50	8 321	4 253	4 068
51	7 306	3 568	3 738
52	6 531	3 076	3 455
53	5 103	2 239	2 864
54	5 195	2 393	2 802
55	5 396	2 482	2 914
56	5 635	2 610	3 025
57	4 310	1 918	2 392
58	6 091	2 820	3 271
59	5 256	2 401	2 855
60	5 364	2 538	2 826
61	4 898	2 257	2 641
62	3 633	1 622	2 011
63	4 670	2 117	2 553
64	3 298	1 474	1 824
65	3 951	1 801	2 150
66	5 554	2 389	3 165
67	3 028	1 276	1 752
68	3 343	1 370	1 973
69	3 142	1 461	1 681
70	4 160	1 983	2 177
71	2 980	1 398	1 582
72	2 779	1 333	1 446
73	2 995	1 302	1 693
74	1 153	521	632
75	1 955	875	1 080
76	1 457	636	821
77	3 023	1 432	1 591
78	1 324	543	781
79	2 009	910	1 099
80	1 895	843	1 052
81	1 827	750	1 077
82	785	369	416
83	668	294	374
84	781	320	461
85	859	336	523
86	708	269	439
87	687	274	413
88	675	269	406
89	1 443	616	827
90 plus	9 380	4 334	5 046
Unknown–Inconnu	25 996	13 961	12 035

26. Population by sex, single years of age and urban/rural residence: each census, 1985 – 1993 (continued)

Population selon le sexe, l'année d'âge et la résidence, urbaine/rurale: chaque recensement, 1985 – 1993 (suite)

(See notes at end of table. – Voir notes à la fin du tableau.)

Continent, country or area, date, age (in years) and urban/rural residence Continent, pays ou zone, date âge (en années), et résidence urbaine/rurale	Both sexes Les deux sexes	Male Masculin	Female Féminin
AFRICA (cont.) – AFRIQUE (suite)			
Burkina Faso			
10 XII 1985 [1]			
Total	7 964 705	3 833 237	4 131 468
0	335 481	167 666	167 815
1	170 440	86 316	84 124
2	318 521	159 734	158 787
3	328 968	166 614	162 354
4	308 668	151 994	156 674
5	315 674	158 244	157 430
6	291 089	146 160	144 929
7	330 295	166 404	163 891
8	236 968	120 497	116 471
9	270 976	136 702	134 274
10	232 381	120 421	111 960
11	161 887	84 920	76 967
12	203 061	104 863	98 198
13	183 586	95 318	88 268
14	157 000	79 106	77 894
15	198 180	107 273	90 907
16	136 012	70 850	65 162
17	171 442	87 191	84 251
18	135 162	66 035	69 127
19	132 401	60 949	71 452
20	182 363	80 857	101 506
21	105 115	47 485	57 630
22	117 179	51 076	66 103
23	97 969	44 461	53 508
24	75 722	34 461	41 261
25	165 951	64 775	101 176
26	78 668	35 044	43 624
27	116 634	46 521	70 113
28	75 910	33 086	42 824
29	75 146	32 689	42 457
30	167 541	63 202	104 339
31	58 126	27 108	31 018
32	71 599	31 896	39 703
33	56 547	27 003	29 544
34	44 298	21 372	22 926
35	127 893	51 353	76 540
36	57 844	26 870	30 974
37	76 745	34 413	42 332
38	55 224	26 159	29 065
39	50 986	23 815	27 171
40	140 128	52 156	87 972
41	41 024	20 305	20 719
42	46 953	22 417	24 536
43	43 196	21 001	22 195
44	28 249	14 932	13 317
45	106 294	45 009	61 285
46	40 112	19 681	20 431
47	51 854	24 924	26 930
48	36 938	18 879	18 059
49	37 416	19 000	18 416
50	116 468	47 173	69 295
51	29 229	15 446	13 783
52	31 197	16 604	14 593
53	32 268	17 056	15 212
54	19 702	10 720	8 982
55	74 370	34 056	40 314
56	28 488	14 684	13 804
57	35 493	18 266	17 227
58	26 776	14 215	12 561
59	22 544	12 065	10 479
60	96 675	40 140	56 535
61	20 307	10 980	9 327
62	19 449	10 475	8 974
63	21 662	11 592	10 070
64	13 383	7 260	6 123
65	59 650	27 876	31 774
66	14 732	8 276	6 456
67	19 756	10 931	8 825
68	13 145	7 324	5 821
69	11 406	6 126	5 280
70	57 902	23 484	34 418
71	8 037	4 499	3 538
72	7 591	3 991	3 600
73	8 728	4 796	3 932
74	4 280	2 413	1 867
75	26 221	11 850	14 371
76	5 162	2 631	2 531
77	5 496	2 725	2 771
78	4 652	2 395	2 257
79	4 057	2 053	2 004
80 plus	68 288	27 253	41 035
Unknown–Inconnu	9 775	4 675	5 100

26. Population by sex, single years of age and urban/rural residence: each census, 1985 – 1993 (continued)

Population selon le sexe, l'année d'âge et la résidence, urbaine/rurale: chaque recensement, 1985 – 1993 (suite)

(See notes at end of table. – Voir notes à la fin du tableau.)

Continent, country or area, date, age (in years) and urban/rural residence Continent, pays ou zone, date âge (en années), et résidence urbaine/rurale	Both sexes Les deux sexes	Male Masculin	Female Féminin
AFRICA (cont.) – AFRIQUE (suite)			
Burundi			
16 VIII 1990 [2]			
Total	5 292 793	2 574 126	2 718 667
0	206 771	103 357	103 414
1	178 279	89 120	89 159
2	209 565	104 613	104 952
3	202 906	100 616	102 290
4	193 793	96 564	97 229
5	177 597	88 940	88 657
6	189 076	93 632	95 444
7	167 967	83 642	84 325
8	165 911	81 842	84 069
9	144 190	71 687	72 503
10	150 395	74 462	75 933
11	111 246	55 436	55 810
12	138 276	68 631	69 645
13	112 938	56 803	56 135
14	109 330	54 123	55 207
15	106 886	53 745	53 141
16	102 588	50 946	51 642
17	90 499	44 464	46 035
18	122 197	59 571	62 626
19	71 473	34 588	36 885
20	113 732	51 607	62 125
21	71 249	33 782	37 467
22	88 859	41 909	46 950
23	81 673	39 260	42 413
24	78 463	37 763	40 700
25	98 276	46 369	51 907
26	77 414	37 451	39 963
27	77 669	37 569	40 100
28	95 290	44 297	50 993
29	61 017	29 513	31 504
30	123 196	55 150	68 046
31	58 291	30 092	28 199
32	75 377	37 158	38 219
33	53 862	27 607	26 255
34	52 342	25 713	26 629
35	79 374	37 780	41 594
36	51 520	25 633	25 887
37	45 299	22 879	22 420
38	58 750	28 674	30 076
39	31 856	16 282	15 574
40	71 012	29 667	41 345
41	28 170	14 390	13 780
42	34 694	17 196	17 498
43	26 566	13 285	13 281
44	23 031	11 398	11 633
45	45 953	19 766	26 187
46	22 940	11 200	11 740
47	20 911	10 224	10 687
48	32 389	15 219	17 170
49	18 421	8 679	9 742
50	58 977	22 753	36 224
51	18 023	8 516	9 507
52	22 462	10 407	12 055
53	17 829	8 955	8 874
54	18 008	8 568	9 440
55	30 052	13 069	16 983
56	17 949	8 312	9 637
57	14 463	7 343	7 120
58	22 188	10 672	11 516
59	11 125	5 564	5 561
60	53 334	20 882	32 452
61	10 551	4 972	5 579
62	12 843	5 892	6 951
63	9 397	4 678	4 719
64	7 972	3 898	4 074
65	22 969	9 726	13 243
66	7 425	3 672	3 753
67	8 015	4 061	3 954
68	12 601	5 772	6 829
69	6 234	3 057	3 177
70	38 144	15 935	22 209
71	5 846	3 147	2 699
72	7 921	3 707	4 214
73	4 312	2 213	2 099
74	5 361	2 589	2 772
75	15 547	6 850	8 697
76	5 117	2 615	2 502
77	2 688	1 519	1 169
78	7 704	3 689	4 015
79	2 602	1 387	1 215
80	18 877	8 776	10 101
81	2 194	1 279	915
82	3 816	1 874	1 942
83	1 440	758	682
84	1 546	840	706
85	4 758	2 370	2 388
86	1 588	853	735
87	1 595	846	749
88	1 746	932	814
89	1 198	700	498
90	5 310	2 873	2 437
91	493	293	200
92	771	396	375
93	325	159	166
94	353	198	155
95 plus	10 034	5 382	4 652
Unknown–Inconnu	9 611	6 883	2 728

26. Population by sex, single years of age and urban/rural residence: each census, 1985 – 1993 (continued)

Population selon le sexe, l'année d'âge et la résidence, urbaine/rurale: chaque recensement, 1985 – 1993 (suite)

(See notes at end of table. – Voir notes à la fin du tableau.)

Continent, country or area, date, age (in years) and urban/rural residence Continent, pays ou zone, date âge (en années), et résidence urbaine/rurale	Both sexes Les deux sexes	Male Masculin	Female Féminin
AFRICA (cont.) – AFRIQUE (suite)			
Cape Verde – Cap-Vert			
23 VI 1990 [1]			
Total	341 491	161 494	179 997
0	12 322	6 186	6 136
1	11 890	5 990	5 900
2	12 413	6 190	6 223
3	12 004	5 965	6 039
4	11 376	5 723	5 653
5	10 913	5 380	5 533
6	10 618	5 296	5 322
7	10 298	5 240	5 058
8	9 799	4 996	4 803
9	9 487	4 748	4 739
10	9 616	4 827	4 789
11	7 974	4 024	3 950
12	8 528	4 209	4 319
13	8 319	4 188	4 131
14	7 966	3 895	4 071
15	7 212	3 646	3 566
16	6 625	3 297	3 328
17	7 044	3 501	3 543
18	6 830	3 438	3 392
19	6 589	3 406	3 183
20	6 688	3 372	3 316
21	6 705	3 405	3 300
22	6 722	3 304	3 418
23	6 378	3 005	3 373
24	5 983	2 747	3 236
25	5 879	2 846	3 033
26	5 709	2 686	3 023
27	5 472	2 543	2 929
28	4 954	2 309	2 645
29	4 339	2 081	2 258
30	5 015	2 313	2 702
31	3 961	1 800	2 161
32	3 710	1 560	2 150
33	3 283	1 370	1 913
34	3 123	1 240	1 883
35	3 135	1 208	1 927
36	2 748	1 096	1 652
37	2 346	958	1 388
38	2 495	937	1 558
39	2 343	949	1 394
40	1 961	750	1 211
41	1 141	461	680
42	1 127	448	679
43	1 200	464	736
44	1 444	574	870
45	1 800	669	1 131
46	1 518	563	955
47	1 194	461	733
48	1 088	400	688
49	1 524	561	963
50	2 364	838	1 526
51	1 890	710	1 180
52	2 031	790	1 241
53	1 989	788	1 201
54	2 049	827	1 222
55	2 029	800	1 229
56	1 835	761	1 074
57	1 963	810	1 153
58	1 848	784	1 064
59	2 027	862	1 165
60	2 577	1 098	1 479
61	1 617	756	861
62	1 524	697	827
63	1 524	680	844
64	1 559	720	839
65	1 546	680	866
66	1 355	598	757
67	903	405	498
68	676	302	374
69	909	420	489
70	1 209	504	705
71	891	383	508
72	941	433	508
73	853	385	468
74	804	364	440
75	809	337	472
76	881	388	493
77	966	401	565
78	974	357	617
79	982	418	564
80	1 002	400	602
81	605	262	343
82	632	276	356
83	538	210	328
84	435	183	252
85	320	133	187
86	271	93	178
87	279	99	180
88	255	84	171
89	268	81	187
90 plus	553	152	401

26. Population by sex, single years of age and urban/rural residence: each census, 1985 – 1993 (continued)

Population selon le sexe, l'année d'âge et la résidence, urbaine/rurale: chaque recensement, 1985 – 1993 (suite)

(See notes at end of table. – Voir notes à la fin du tableau.)

Continent, country or area, date, age (in years) and urban/rural residence Continent, pays ou zone, date âge (en années), et résidence urbaine/rurale	Both sexes Les deux sexes	Male Masculin	Female Féminin
AFRICA (cont.) – AFRIQUE (suite)			
Central African Republic – République centrafricaine			
8 XII 1988* [1]			
Total	2 463 614	1 210 732	1 252 882
0	86 893	43 593	43 300
1	78 139	39 455	38 684
2	87 856	44 062	43 794
3	87 006	43 387	43 619
4	85 551	42 749	42 802
5	78 233	39 284	38 949
6	81 987	41 207	40 780
7	71 409	35 815	35 594
8	74 843	37 601	37 242
9	58 627	29 755	28 872
10	63 276	32 493	30 783
11	47 416	25 512	21 904
12	59 559	31 525	28 034
13	52 735	27 771	24 964
14	50 788	26 271	24 517
15	57 252	29 683	27 569
16	50 390	24 282	26 108
17	41 779	19 858	21 921
18	58 515	26 625	31 890
19	45 326	21 454	23 872
20	59 130	26 118	33 012
21	37 185	18 728	18 457
22	47 389	22 896	24 493
23	41 800	20 776	21 024
24	39 601	20 057	19 544
25	52 915	24 464	28 451
26	39 602	19 490	20 112
27	29 168	13 946	15 222
28	44 303	20 085	24 218
29	32 649	16 747	15 902
30	52 853	23 898	28 955
31	24 352	12 810	11 542
32	29 893	14 402	15 491
33	23 320	11 853	11 467
34	22 200	11 400	10 800
35	33 587	15 328	18 259
36	24 217	12 449	11 768
37	15 316	7 588	7 728
38	26 903	11 995	14 908
39	19 120	9 363	9 757
40	34 542	14 755	19 787
41	14 228	7 336	6 892
42	17 363	8 529	8 834
43	19 135	9 201	9 934
44	12 990	7 014	5 976
45	22 902	10 622	12 280
46	16 662	8 410	8 252
47	11 829	5 104	6 725
48	22 958	10 243	12 715
49	13 888	6 424	7 464
50	25 558	11 287	14 271
51	10 925	5 497	5 428
52	14 101	6 620	7 481
53	15 917	7 064	8 853
54	9 644	4 676	4 968
55	12 714	6 090	6 624
56	12 942	6 242	6 700
57	7 035	3 574	3 461
58	20 971	9 442	11 529
59	8 449	4 228	4 221
60	18 530	8 389	10 141
61	7 366	3 822	3 544
62	7 393	3 723	3 670
63	11 282	5 519	5 763
64	5 248	2 728	2 520
65	7 480	3 491	3 989
66	5 625	2 929	2 696
67	3 866	2 119	1 747
68	12 323	6 006	6 317
69	3 668	1 932	1 736
70	8 800	4 401	4 399
71	2 092	1 182	910
72	2 473	1 325	1 148
73	2 776	1 395	1 381
74	1 806	1 043	763
75	2 539	1 221	1 318
76	1 779	1 007	772
77	1 050	600	450
78	3 670	1 979	1 691
79	888	470	418
80	2 570	1 258	1 312
81	737	384	353
82	840	452	388
83	901	456	445
84	629	334	295
85	1 023	519	504
86	720	374	346
87	659	359	300
88	954	514	440
89	141	78	63
90	595	308	287
91	47	23	24
92	75	36	39
93	34	22	12
94	27	13	14
95 plus	866	505	361
Unknown–Inconnu	4 306	683	3 623

26. Population by sex, single years of age and urban/rural residence: each census, 1985 – 1993 (continued)

Population selon le sexe, l'année d'âge et la résidence, urbaine/rurale: chaque recensement, 1985 – 1993 (suite)

(See notes at end of table. – Voir notes à la fin du tableau.)

Continent, country or area, date, age (in years) and urban/rural residence Continent, pays ou zone, date âge (en années), et résidence urbaine/rurale	Both sexes Les deux sexes	Male Masculin	Female Féminin	Continent, country or area, date, age (in years) and urban/rural residence Continent, pays ou zone, date âge (en années), et résidence urbaine/rurale	Both sexes Les deux sexes	Male Masculin	Female Féminin
AFRICA (cont.) – AFRIQUE (suite)							
Côte d'Ivoire							
1 III 1988 [1]							
Total	10 815 694	5 527 343	5 288 351				
0	411 641	208 054	203 587	50	76 197	37 541	38 656
1	447 650	227 937	219 713	51	47 805	27 246	20 559
2	448 258	227 789	220 469	52	57 639	31 145	26 494
3	420 724	212 628	208 096	53	43 391	24 236	19 155
4	393 314	198 852	194 462	54	36 289	21 797	14 492
5	378 600	192 363	186 237	55	50 390	27 327	23 063
6	366 572	187 890	178 682	56	28 664	17 310	11 354
7	353 948	181 594	172 354	57	61 976	32 646	29 330
8	330 298	167 416	162 882	58	35 428	19 440	15 988
9	290 111	147 854	142 257	59	32 601	18 477	14 124
10	267 228	136 734	130 494	60	50 123	24 246	25 877
11	227 026	118 179	108 847	61	23 427	13 868	9 559
12	279 962	147 292	132 670	62	31 956	17 764	14 192
13	248 465	129 012	119 453	63	21 946	12 953	8 993
14	194 418	98 786	95 632	64	16 657	10 273	6 384
15	217 491	107 387	110 104	65	26 883	14 229	12 654
16	180 548	86 374	94 174	66	12 302	7 359	4 943
17	200 778	94 040	106 738	67	33 226	17 678	15 548
18	220 125	101 517	118 608	68	16 769	9 525	7 244
19	205 708	98 456	107 252	69	16 489	9 704	6 785
20	237 294	110 171	127 123	70	23 391	10 561	12 830
21	181 383	90 775	90 608	71	8 303	4 913	3 390
22	209 711	101 321	108 390	72	10 174	5 470	4 704
23	204 981	102 473	102 508	73	7 475	4 729	2 746
24	187 311	94 904	92 407	74	4 748	2 912	1 836
25	237 507	111 341	126 166	75	10 344	5 035	5 309
26	153 277	78 729	74 548	76	3 768	2 256	1 512
27	190 931	97 171	93 760	77	9 414	4 955	4 459
28	175 401	88 477	86 924	78	4 080	2 138	1 942
29	149 133	79 292	69 841	79	3 465	1 833	1 632
30	199 560	93 593	105 967	80	10 061	3 752	6 309
31	128 478	71 228	57 250	81	2 175	1 207	968
32	136 363	72 320	64 043	82	3 544	1 760	1 784
33	118 539	66 914	51 625	83	1 806	968	838
34	105 705	61 023	44 682	84	1 395	717	678
35	145 724	74 904	70 820	85	3 408	1 364	2 044
36	85 169	48 871	36 298	86	1 160	568	592
37	114 658	62 717	51 941	87	652	216	436
38	102 850	55 374	47 476	88	114	67	47
39	87 717	47 778	39 939	89	743	307	436
40	120 055	57 462	62 593	90	2 441	881	1 560
41	69 499	39 032	30 467	91	235	101	134
42	84 330	44 212	40 118	92	320	138	182
43	65 006	35 962	29 044	93	187	93	94
44	54 226	30 963	23 263	94	135	61	74
45	88 373	45 017	43 356	95 plus	6 918	2 602	4 316
46	47 557	28 029	19 528	Unknown–Inconnu	6 870	3 547	3 323
47	86 390	46 116	40 274				
48	61 993	32 480	29 513				
49	56 224	30 625	25 599				

26. Population by sex, single years of age and urban/rural residence: each census, 1985 – 1993 (continued)

Population selon le sexe, l'année d'âge et la résidence, urbaine/rurale: chaque recensement, 1985 – 1993 (suite)

(See notes at end of table. – Voir notes à la fin du tableau.)

Continent, country or area, date, age (in years) and urban/rural residence Continent, pays ou zone, date âge (en années), et résidence urbaine/rurale	Both sexes Les deux sexes	Male Masculin	Female Féminin
AFRICA (cont.) – AFRIQUE (suite)			
Kenya			
24 VIII 1989			
Total	21 443 636	10628368	10815268
0	807 672	406 759	400 913
1	671 516	339 262	332 254
2	789 480	395 265	394 215
3	784 174	393 903	390 271
4	747 202	376 027	371 175
5	780 286	395 278	385 008
6	694 682	348 366	346 316
7	653 675	329 529	324 146
8	676 594	336 942	339 652
9	663 702	333 532	330 170
10	707 034	357 423	349 611
11	553 363	274 993	278 370
12	618 383	313 189	305 194
13	549 826	275 699	274 127
14	561 086	282 741	278 345
15	539 381	269 559	269 822
16	495 120	245 055	250 065
17	438 110	220 135	217 975
18	509 342	250 956	258 386
19	396 742	192 278	204 464
20	526 665	239 272	287 393
21	356 242	169 420	186 822
22	361 051	167 076	193 975
23	320 380	151 644	168 736
24	338 596	162 182	176 414
25	427 363	200 743	226 620
26	328 973	159 744	169 229
27	293 752	143 250	150 502
28	318 325	147 107	171 218
29	261 350	131 630	129 720
30	424 376	201 279	223 097
31	188 721	100 133	88 588
32	224 439	116 720	107 719
33	167 036	86 433	80 603
34	154 852	79 208	75 644
35	274 535	135 636	138 899
36	167 722	84 660	83 062
37	176 523	91 408	85 115
38	156 363	75 528	80 835
39	143 750	73 717	70 033
40	274 303	129 170	145 133
41	121 168	64 184	56 984
42	130 928	70 614	60 314
43	108 285	55 644	52 641
44	97 494	48 321	49 173
45	179 265	86 422	92 843
46	104 829	49 908	54 921
47	95 299	49 152	46 147
48	101 387	49 364	52 023
49	93 751	46 280	47 471
50	184 100	84 481	99 619
51	66 679	33 636	33 043
52	78 618	42 113	36 505
53	72 368	38 450	33 918
54	74 759	37 226	37 533
55	97 166	49 409	47 757
56	70 457	37 079	33 378
57	62 945	32 365	30 580
58	65 022	31 137	33 885
59	64 582	29 027	35 555
60	133 340	58 470	74 870
61	54 248	26 105	28 143
62	47 875	24 531	23 344
63	40 888	20 682	20 206
64	42 047	20 708	21 339
65	72 971	35 346	37 625
66	30 300	16 074	14 226
67	41 358	22 813	18 545
68	41 566	19 748	21 818
69	44 473	19 708	24 765
70	78 795	35 807	42 988
71	34 284	16 807	17 477
72	23 549	11 189	12 360
73	15 800	7 842	7 958
74	21 749	11 320	10 429
75	50 302	26 913	23 389
76	17 906	9 218	8 688
77	15 612	8 526	7 086
78	20 693	10 910	9 783
79	22 562	11 032	11 530
80 plus	176 280	82 210	94 070
Unknown–Inconnu	25 249	14 746	10 503

26. Population by sex, single years of age and urban/rural residence: each census, 1985 – 1993 (continued)

Population selon le sexe, l'année d'âge et la résidence, urbaine/rurale: chaque recensement, 1985 – 1993 (suite)

(See notes at end of table. – Voir notes à la fin du tableau.)

Continent, country or area, date, age (in years) and urban/rural residence Continent, pays ou zone, date âge (en années), et résidence urbaine/rurale	Both sexes Les deux sexes	Male Masculin	Female Féminin
AFRICA (cont.) – AFRIQUE (suite)			
Malawi			
1 IX 1987			
Total	7 988 507	3 867 136	4 121 371
0	297 676	147 230	150 446
1	239 181	118 726	120 455
2	254 867	126 226	128 641
3	286 914	141 287	145 627
4	315 312	154 959	160 353
5	291 134	144 885	146 249
6	273 860	134 852	139 008
7	263 853	131 232	132 621
8	243 419	119 754	123 665
9	238 173	116 539	121 634
10	232 490	117 431	115 059
11	171 257	85 647	85 610
12	227 096	117 164	109 932
13	170 688	85 023	85 665
14	174 989	89 012	85 977
15	179 709	91 505	88 204
16	150 324	73 776	76 548
17	140 727	68 801	71 926
18	162 898	73 473	89 425
19	137 013	60 579	76 434
20	153 413	64 935	88 478
21	128 278	57 865	70 413
22	124 481	56 214	68 267
23	135 338	62 580	72 758
24	129 414	59 211	70 203
25	146 282	69 801	76 481
26	102 167	47 531	54 636
27	120 685	59 864	60 821
28	111 500	50 767	60 733
29	109 807	53 676	56 131
30	142 095	66 225	75 870
31	68 367	33 108	35 259
32	91 437	43 815	47 622
33	65 927	31 592	34 335
34	69 185	33 051	36 134
35	107 422	53 113	54 309
36	76 989	36 189	40 800
37	71 917	36 312	35 605
38	97 238	43 752	53 486
39	71 091	33 590	37 501
40	111 574	52 656	58 918
41	44 842	21 940	22 902
42	59 594	29 028	30 566
43	42 217	20 328	21 889
44	35 101	17 795	17 306
45	79 381	40 487	38 894
46	40 400	20 152	20 248
47	47 653	24 405	23 248
48	55 480	25 437	30 043
49	45 172	21 424	23 748
50	71 553	31 311	40 242
51	31 473	15 426	16 047
52	36 520	17 406	19 114
53	25 844	12 136	13 708
54	32 837	15 418	17 419
55	45 799	22 890	22 909
56	34 673	17 334	17 339
57	33 489	17 111	16 378
58	32 948	14 740	18 208
59	28 802	13 608	15 194
60	58 487	24 578	33 909
61	18 952	8 917	10 035
62	22 618	10 483	12 135
63	20 028	9 329	10 699
64	19 846	9 060	10 786
65	42 679	20 089	22 590
66	15 787	8 142	7 645
67	22 978	11 703	11 275
68	23 524	10 691	12 833
69	23 513	10 763	12 750
70	29 558	12 308	17 250
71	9 381	4 431	4 950
72	15 694	7 097	8 597
73	15 408	9 116	6 292
74	8 388	4 263	4 125
75	14 825	7 124	7 701
76	9 142	4 713	4 429
77	8 426	4 724	3 702
78	9 429	4 624	4 805
79	8 730	4 249	4 481
80	14 451	6 197	8 254
81	4 892	2 317	2 575
82	4 947	2 285	2 662
83	3 883	1 920	1 963
84	3 740	1 742	1 998
85	6 049	2 889	3 160
86	4 156	2 222	1 934
87	5 258	2 579	2 679
88	2 437	1 097	1 340
89	3 712	1 569	2 143
90	3 924	1 706	2 218
91	1 205	588	617
92	1 256	569	687
93	1 333	609	724
94	1 555	706	849
95	1 325	624	701
96	1 458	677	781
97	1 045	509	536
98 plus	9 871	4 754	5 117
Unknown–Inconnu	4 652	2 849	1 803

26. Population by sex, single years of age and urban/rural residence: each census, 1985 – 1993 (continued)

Population selon le sexe, l'année d'âge et la résidence, urbaine/rurale: chaque recensement, 1985 – 1993 (suite)

(See notes at end of table. – Voir notes à la fin du tableau.)

Continent, country or area, date, age (in years) and urban/rural residence Continent, pays ou zone, date âge (en années), et résidence urbaine/rurale	Both sexes Les deux sexes	Male Masculin	Female Féminin
AFRICA (cont.) – AFRIQUE (suite)			
Mali			
1 IV 1987 [1 2]			
Total	7 696 348	3 760 711	3 935 637
0	249 363	124 931	124 432
1	241 327	121 685	119 642
2	317 548	160 014	157 534
3	316 673	159 019	157 654
4	304 649	152 502	152 147
5	318 145	159 915	158 230
6	248 471	125 641	122 830
7	257 176	131 520	125 656
8	232 098	118 488	113 610
9	185 636	96 197	89 439
10	223 323	117 439	105 884
11	151 934	79 762	72 172
12	186 298	98 238	88 060
13	150 637	77 857	72 780
14	151 968	77 806	74 162
15	179 192	91 524	87 668
16	141 944	68 131	73 813
17	140 283	66 269	74 014
18	153 255	68 254	85 001
19	111 045	53 167	57 878
20	191 146	81 279	109 867
21	89 225	42 590	46 635
22	118 465	53 239	65 226
23	90 862	43 033	47 829
24	84 659	39 411	45 248
25	174 568	69 217	105 351
26	90 006	39 963	50 043
27	107 210	47 213	59 997
28	97 273	42 563	54 710
29	67 169	31 631	35 538
30	187 051	74 725	112 326
31	59 584	28 635	30 949
32	80 555	37 357	43 198
33	60 368	30 580	29 788
34	56 144	27 688	28 456
35	132 472	58 550	73 922
36	59 218	28 988	30 230
37	72 928	34 594	38 334
38	63 723	31 382	32 341
39	50 843	24 575	26 268
40	147 690	65 079	82 611
41	41 199	20 613	20 586
42	57 938	28 841	29 097
43	43 735	23 098	20 637
44	35 262	18 949	16 313
45	93 355	45 592	47 763
46	38 065	20 347	17 718
47	55 033	26 525	28 508
48	43 100	22 045	21 055
49	34 164	17 293	16 871
50	109 466	49 316	60 150
51	29 801	15 568	14 233
52	41 282	20 665	20 617
53	28 758	16 180	12 578
54	27 039	14 956	12 083
55	57 391	28 944	28 447
56	30 019	16 551	13 468
57	42 112	21 186	20 926
58	29 609	16 082	13 527
59	23 197	12 398	10 799
60	89 025	39 963	49 062
61	22 229	12 122	10 107
62	32 097	15 715	16 382
63	21 089	12 177	8 912
64	16 184	9 535	6 649
65	40 565	20 141	20 424
66	16 019	8 920	7 099
67	30 563	15 616	14 947
68	15 174	8 343	6 831
69	13 652	7 416	6 236
70	43 897	19 603	24 294
71	9 912	5 374	4 538
72	13 797	6 725	7 072
73	8 227	4 863	3 364
74	6 260	3 551	2 709
75	15 640	7 494	8 146
76	6 281	3 329	2 952
77	9 963	4 897	5 066
78	5 815	3 199	2 616
79	3 916	2 111	1 805
80 plus	52 930	24 988	27 942
Unknown–Inconnu	20 464	8 829	11 635

26. Population by sex, single years of age and urban/rural residence: each census, 1985 – 1993 (continued)

Population selon le sexe, l'année d'âge et la résidence, urbaine/rurale: chaque recensement, 1985 – 1993 (suite)

(See notes at end of table. – Voir notes à la fin du tableau.)

Continent, country or area, date, age (in years) and urban/rural residence Continent, pays ou zone, date âge (en années), et résidence urbaine/rurale	Both sexes Les deux sexes	Male Masculin	Female Féminin
AFRICA (cont.) – AFRIQUE (suite)			
Mauritius – Maurice			
1 VII 1990			
Total	1 056 660	527 760	528 900
0	20 752	10 490	10 262
1	20 283	10 303	9 980
2	19 247	9 700	9 547
3	18 381	9 261	9 120
4	18 056	9 066	8 990
5	18 441	9 453	8 988
6	19 443	9 885	9 558
7	20 213	10 207	10 006
8	22 045	11 107	10 938
9	23 340	11 849	11 491
10	24 770	12 508	12 262
11	23 366	11 757	11 609
12	22 924	11 602	11 322
13	21 733	11 065	10 668
14	20 480	10 239	10 241
15	21 281	10 766	10 515
16	20 540	10 332	10 208
17	17 968	9 199	8 769
18	18 811	9 415	9 396
19	18 602	9 526	9 076
20	20 349	10 449	9 900
21	18 622	9 497	9 125
22	21 008	10 641	10 367
23	20 337	10 442	9 895
24	22 348	11 397	10 951
25	21 990	11 101	10 889
26	21 921	11 140	10 781
27	21 288	10 885	10 403
28	20 980	10 550	10 430
29	19 403	10 013	9 390
30	20 155	10 189	9 966
31	18 567	9 394	9 173
32	18 310	9 248	9 062
33	18 696	9 664	9 032
34	17 861	9 219	8 642
35	16 560	8 347	8 213
36	15 908	8 081	7 827
37	16 700	8 419	8 281
38	15 453	7 885	7 568
39	16 588	8 552	8 036
40	14 934	7 513	7 421
41	12 601	6 271	6 330
42	12 398	6 124	6 274
43	10 924	5 562	5 362
44	9 578	4 656	4 922
45	11 146	5 378	5 768
46	10 013	4 950	5 063
47	7 909	3 836	4 073
48	8 093	3 968	4 125
49	7 549	3 776	3 773
50	8 489	4 143	4 346
51	7 133	3 481	3 652
52	7 667	3 675	3 992
53	7 479	3 691	3 788
54	7 270	3 472	3 798
55	7 293	3 528	3 765
56	7 172	3 589	3 583
57	6 470	3 170	3 300
58	5 543	2 699	2 844
59	5 685	2 702	2 983
60	6 229	2 927	3 302
61	5 939	2 880	3 059
62	6 080	2 910	3 170
63	6 149	2 956	3 193
64	6 449	3 085	3 364
65	6 011	2 770	3 241
66	5 382	2 580	2 802
67	4 547	2 129	2 418
68	4 385	2 068	2 317
69	3 928	1 754	2 174
70	3 431	1 498	1 933
71	2 964	1 357	1 607
72	2 906	1 234	1 672
73	2 927	1 284	1 643
74	2 521	1 107	1 414
75	2 550	998	1 552
76	2 502	1 033	1 469
77	1 828	690	1 138
78	1 593	625	968
79	1 502	558	944
80	1 249	420	829
81	1 006	350	656
82	1 023	334	689
83	803	248	555
84	695	214	481
85	607	175	432
86	499	128	371
87	398	104	294
88	309	69	240
89	307	78	229
90	211	49	162
91	150	29	121
92	112	20	92
93	103	9	94
94	65	8	57
95	61	13	48
96	35	4	31
97	17	1	16
98	16	3	13
99 plus	33	4	29
Unknown–Inconnu	72	30	42

26. Population by sex, single years of age and urban/rural residence: each census, 1985 – 1993 (continued)

Population selon le sexe, l'année d'âge et la résidence, urbaine/rurale: chaque recensement, 1985 – 1993 (suite)

(See notes at end of table. – Voir notes à la fin du tableau.)

Continent, country or area, date, age (in years) and urban/rural residence Continent, pays ou zone, date âge (en années), et résidence urbaine/rurale	Both sexes Les deux sexes	Male Masculin	Female Féminin
AFRICA (cont.) – AFRIQUE (suite)			
Namibia – Namibie			
21 X 1991 [1]			
Total	1 409 920	686 327	723 593
0	49 692	24 848	24 844
1	41 557	20 668	20 889
2	42 557	21 300	21 257
3	43 486	21 637	21 849
4	41 573	20 648	20 925
5	42 297	21 225	21 072
6	41 753	20 780	20 973
7	36 732	18 401	18 331
8	36 966	18 171	18 795
9	34 871	17 295	17 576
10	37 492	18 497	18 995
11	35 121	17 375	17 746
12	35 623	17 820	17 803
13	33 734	16 844	16 890
14	34 933	17 300	17 633
15	34 091	16 824	17 267
16	34 966	16 942	18 024
17	31 417	15 549	15 868
18	33 869	16 753	17 116
19	31 212	15 318	15 894
20	28 109	13 722	14 387
21	29 222	14 341	14 881
22	24 839	12 112	12 727
23	25 866	12 416	13 450
24	22 699	10 880	11 819
25	25 287	12 241	13 046
26	21 561	10 161	11 400
27	20 491	9 890	10 601
28	22 936	10 831	12 105
29	19 920	9 246	10 674
30	20 534	9 486	11 048
31	19 114	9 114	10 000
32	17 958	8 465	9 493
33	13 828	6 620	7 208
34	14 722	6 846	7 876
35	14 056	6 599	7 457
36	14 950	7 131	7 819
37	11 997	5 842	6 155
38	13 039	6 358	6 681
39	12 491	6 115	6 376
40	12 951	6 277	6 674
41	12 173	5 951	6 222
42	11 470	5 622	5 848
43	9 821	4 790	5 031
44	8 400	4 117	4 283
45	9 848	4 724	5 124
46	8 837	4 322	4 515
47	8 376	4 188	4 188
48	8 321	4 136	4 185
49	8 397	4 107	4 290
50	9 311	4 584	4 727
51	8 881	4 299	4 582
52	7 676	3 707	3 969
53	6 218	2 966	3 252
54	6 133	3 108	3 025
55	5 923	2 893	3 030
56	5 888	2 929	2 959
57	5 084	2 569	2 515
58	5 212	2 625	2 587
59	5 788	2 865	2 923
60	6 889	3 064	3 825
61	6 687	2 927	3 760
62	5 728	2 591	3 137
63	4 818	2 121	2 697
64	4 595	2 103	2 492
65	5 320	2 353	2 967
66	4 470	1 906	2 564
67	4 789	2 072	2 717
68	4 364	1 951	2 413
69	4 256	1 853	2 403
70	5 122	2 349	2 773
71	5 806	2 525	3 281
72	4 306	1 877	2 429
73	3 300	1 499	1 801
74	3 170	1 454	1 716
75	2 659	1 254	1 405
76	2 250	977	1 273
77	2 143	993	1 150
78	1 999	900	1 099
79	1 815	761	1 054
80	1 928	861	1 067
81	1 807	779	1 028
82	1 335	522	813
83	794	317	477
84	728	315	413
85	673	267	406
86	539	222	317
87	647	273	374
88	474	192	282
89	748	285	463
90	522	206	316
91	301	120	181
92	171	53	118
93	108	31	77
94	88	33	55
95	108	28	80
96	89	26	63
97	60	28	32
98 plus	1 457	477	980
Unknown–Inconnu	588	372	216

26. Population by sex, single years of age and urban/rural residence: each census, 1985 – 1993 (continued)

Population selon le sexe, l'année d'âge et la résidence, urbaine/rurale: chaque recensement, 1985 – 1993 (suite)

(See notes at end of table. – Voir notes à la fin du tableau.)

Continent, country or area, date, age (in years) and urban/rural residence / Continent, pays ou zone, date âge (en années), et résidence urbaine/rurale	Both sexes / Les deux sexes	Male / Masculin	Female / Féminin
AFRICA (cont.) – AFRIQUE (suite)			
Réunion			
15 III 1990 [2]			
Total	597 828	294 256	303 572
0	2 628	1 278	1 350
1	13 086	6 549	6 537
2	12 919	6 582	6 337
3	12 123	6 109	6 014
4	12 463	6 325	6 138
5	12 845	6 474	6 371
6	13 137	6 632	6 505
7	12 376	6 291	6 085
8	12 229	6 183	6 046
9	11 918	6 013	5 905
10	12 322	6 196	6 126
11	12 261	6 221	6 040
12	11 893	5 933	5 960
13	12 211	6 227	5 984
14	12 207	6 172	6 035
15	12 573	6 404	6 169
16	12 446	6 362	6 084
17	12 252	6 086	6 166
18	12 549	6 387	6 162
19	12 274	6 191	6 083
20	11 425	5 793	5 632
21	11 764	5 752	6 012
22	11 468	5 445	6 023
23	11 870	5 776	6 094
24	12 026	5 886	6 140
25	12 090	5 906	6 184
26	11 970	5 932	6 038
27	11 848	5 959	5 889
28	11 362	5 575	5 787
29	10 403	5 220	5 183
30	10 109	4 937	5 172
31	9 496	4 742	4 754
32	9 097	4 410	4 687
33	9 132	4 529	4 603
34	8 979	4 445	4 534
35	8 749	4 340	4 409
36	8 609	4 189	4 420
37	8 649	4 263	4 386
38	8 235	4 094	4 141
39	7 446	3 679	3 767
40	7 211	3 589	3 622
41	6 848	3 505	3 343
42	6 271	3 169	3 102
43	6 544	3 346	3 198
44	5 975	2 992	2 983
45	5 218	2 625	2 593
46	5 404	2 655	2 749
47	5 535	2 772	2 763
48	5 660	2 849	2 811
49	4 724	2 324	2 400
50	5 176	2 646	2 530
51	4 624	2 282	2 342
52	4 841	2 348	2 493
53	4 918	2 435	2 483
54	4 833	2 350	2 483
55	4 393	2 082	2 311
56	4 164	2 000	2 164
57	3 795	1 846	1 949
58	3 507	1 636	1 871
59	3 360	1 624	1 736
60	3 677	1 793	1 884
61	3 268	1 529	1 739
62	3 270	1 572	1 698
63	3 223	1 538	1 685
64	3 034	1 430	1 604
65	2 880	1 277	1 603
66	2 835	1 292	1 543
67	2 827	1 260	1 567
68	2 472	1 125	1 347
69	2 261	973	1 288
70	2 425	1 034	1 391
71	1 666	689	977
72	1 740	727	1 013
73	1 621	642	979
74	1 582	588	994
75	1 531	594	937
76	1 362	510	852
77	1 218	459	759
78	1 259	473	786
79	1 145	406	739
80	936	306	630
81	795	271	524
82	705	222	483
83	623	203	420
84	588	169	419
85	454	126	328
86	406	112	294
87	306	85	221
88	256	66	190
89	218	61	157
90	177	32	145
91	150	38	112
92	104	17	87
93	77	17	60
94	84	19	65
95	50	6	44
96	41	10	31
97	37	5	32
98	24	6	18
99 plus	61	12	49

26. Population by sex, single years of age and urban/rural residence: each census, 1985 – 1993 (continued)

Population selon le sexe, l'année d'âge et la résidence, urbaine/rurale: chaque recensement, 1985 – 1993 (suite)

(See notes at end of table. – Voir notes à la fin du tableau.)

Continent, country or area, date, age (in years) and urban/rural residence Continent, pays ou zone, date âge (en années), et résidence urbaine/rurale	Both sexes Les deux sexes	Male Masculin	Female Féminin
AFRICA (cont.) – AFRIQUE (suite)			
St. Helena ex. dep. – Sainte-Hélène sans dép.			
22 II 1987			
Total	5 415	2 625	2 790
0	97	46	51
1	74	43	31
2	92	47	45
3	95	60	35
4	120	50	70
5	116	55	61
6	93	45	48
7	90	43	47
8	94	49	45
9	93	38	55
10	92	42	50
11	119	54	65
12	95	48	47
13	104	59	45
14	121	65	56
15	121	54	67
16	142	64	78
17	149	84	65
18	105	52	53
19	127	50	77
20	84	31	53
21	71	30	41
22	89	30	59
23	77	38	39
24	88	32	56
25	73	28	45
26	99	45	54
27	100	41	59
28	83	47	36
29	65	31	34
30	86	41	45
31	73	36	37
32	75	42	33
33	81	43	38
34	88	44	44
35	63	36	27
36	78	33	45
37	75	36	39
38	75	45	30
39	72	37	35
40	66	41	25
41	61	32	29
42	78	47	31
43	87	53	34
44	49	31	18
45	36	17	19
46	65	42	23
47	38	15	23
48	49	20	29
49	51	30	21
50	39	25	14
51	54	31	23
52	35	23	12
53	51	26	25
54	54	27	27
55	43	18	25
56	43	17	26
57	31	14	17
58	43	19	24
59	38	15	23
60	42	19	23
61	37	16	21
62	33	12	21
63	36	12	24
64	38	14	24
65	39	20	19
66	23	11	12
67	34	21	13
68	30	13	17
69	27	13	14
70	27	12	15
71	22	12	10
72	26	7	19
73	28	14	14
74	16	4	12
75	21	9	12
76	27	14	13
77	9	4	5
78	11	4	7
79	25	10	15
80	20	6	14
81	11	6	5
82	21	7	14
83	12	5	7
84	8	4	4
85 plus	47	19	28

26. Population by sex, single years of age and urban/rural residence: each census, 1985 – 1993 (continued)

Population selon le sexe, l'année d'âge et la résidence, urbaine/rurale: chaque recensement, 1985 – 1993 (suite)

(See notes at end of table. – Voir notes à la fin du tableau.)

Continent, country or area, date, age (in years) and urban/rural residence Continent, pays ou zone, date âge (en années), et résidence urbaine/rurale	Both sexes Les deux sexes	Male Masculin	Female Féminin
AFRICA (cont.) – AFRIQUE (suite)			
St. Helena – Sainte–Hélène Tristan da Cunha			
22 II 1987 [3]			
Total	296	139	157
0	3	2	1
1	3	1	2
2	2	2	–
3	4	–	4
4	3	1	2
5	6	5	1
6	2	2	–
7	4	3	1
8	1	–	1
9	5	2	3
10	–	–	–
11	3	1	2
12	2	–	2
13	7	1	6
14	3	1	2
15	2	–	2
16	5	3	2
17	12	7	5
18	8	4	4
19	6	5	1
20	6	2	4
21	5	1	4
22	4	1	3
23	6	2	4
24	1	–	1
25	1	1	–
26	3	1	2
27	5	2	3
28	3	2	1
29	5	3	2
30	2	1	1
31	2	1	1
32	4	1	3
33	5	1	4
34	2	–	2
35	5	1	4
36	5	2	3
37	3	2	1
38	3	2	1
39	9	5	4
40	1	1	–
41	2	1	1
42	5	2	3
43	3	1	2
44	7	4	3
45	2	1	1
46	6	2	4
47	5	2	3
48	3	1	2
49	5	1	4
50	4	2	2
51	3	1	2
52	4	2	2
53	6	4	2
54	4	3	1
55	2	–	2
56	2	2	–
57	7	4	3
58	1	1	–
59	5	2	3
60	–	–	–
61	7	5	2
62	6	3	3
63	1	–	1
64	6	3	3
65	4	3	1
66	2	2	–
67	5	2	3
68	2	2	–
69	2	1	1
70	2	1	1
71	1	1	–
72	1	–	1
73	3	–	3
74	1	–	1
75	3	1	2
76	–	–	–
77	2	2	–
78	3	2	1
79	–	–	–
80	–	–	–
81	1	–	1
82	1	–	1
83	–	–	–
84	–	–	–
85 plus	6	3	3

26. Population by sex, single years of age and urban/rural residence: each census, 1985 – 1993 (continued)

Population selon le sexe, l'année d'âge et la résidence, urbaine/rurale: chaque recensement, 1985 – 1993 (suite)

(See notes at end of table. – Voir notes à la fin du tableau.)

Continent, country or area, date, age (in years) and urban/rural residence Continent, pays ou zone, date âge (en années), et résidence urbaine/rurale	Both sexes Les deux sexes	Male Masculin	Female Féminin
AFRICA (cont.) – AFRIQUE (suite)			
Seychelles			
17 VIII 1987			
Total	68 598	34 125	34 473
0	1 540	758	782
1	1 596	795	801
2	1 599	790	809
3	1 589	797	792
4	1 457	804	653
5	1 519	771	748
6	1 617	841	776
7	1 607	767	840
8	1 588	810	778
9	1 481	744	737
10	1 447	715	732
11	1 477	737	740
12	1 645	832	813
13	1 532	775	757
14	1 375	705	670
15	1 572	776	796
16	1 465	762	703
17	1 474	776	698
18	1 445	695	750
19	1 447	730	717
20	1 516	721	795
21	1 426	690	736
22	1 317	613	704
23	1 502	751	751
24	1 370	630	740
25	1 339	681	658
26	1 291	657	634
27	1 230	613	617
28	1 208	628	580
29	1 165	592	573
30	1 142	612	530
31	1 006	535	471
32	812	435	377
33	830	453	377
34	760	398	362
35	697	390	307
36	688	394	294
37	682	366	316
38	673	365	308
39	595	330	265
40	558	307	251
41	557	312	245
42	511	260	251
43	523	266	257
44	485	263	222
45	507	265	242
46	496	244	252
47	503	224	279
48	530	256	274
49	504	220	284
50	538	269	269
51	479	239	240
52	524	245	279
53	465	212	253
54	507	249	258
55	505	251	254
56	459	227	232
57	460	210	250
58	439	223	216
59	393	191	202
60	388	167	221
61	393	195	198
62	402	188	214
63	375	165	210
64	406	185	221
65	362	166	196
66	381	186	195
67	303	153	150
68	297	135	162
69	262	117	145
70	307	131	176
71	277	105	172
72	248	121	127
73	248	88	160
74	221	89	132
75	203	78	125
76	220	80	140
77	160	65	95
78	191	59	132
79	139	59	80
80	129	48	81
81	109	37	72
82	104	34	70
83	98	36	62
84	77	24	53
85	66	25	41
86	293	134	159
87	40	6	34
88	28	6	22
89	15	3	12
90	20	7	13
91	14	3	11
92	14	4	10
93	7	2	5
94	14	3	11
95	5	–	5
96	4	1	3
97	10	1	9
98	3	1	2
99	3	1	2
100 plus	12	1	11
Unknown–Inconnu	86	49	37

26. Population by sex, single years of age and urban/rural residence: each census, 1985 – 1993 (continued)

Population selon le sexe, l'année d'âge et la résidence, urbaine/rurale: chaque recensement, 1985 – 1993 (suite)

(See notes at end of table. – Voir notes à la fin du tableau.)

Continent, country or area, date, age (in years) and urban/rural residence Continent, pays ou zone, date âge (en années), et résidence urbaine/rurale	Both sexes Les deux sexes	Male Masculin	Female Féminin
AFRICA (cont.) – AFRIQUE (suite)			
South Africa – Afrique du Sud [4]			
5 III 1985 [5]			
Total	23 385 645	11545282	11840363
0	532 469	266 840	265 629
1	499 865	251 069	248 796
2	560 451	280 842	279 609
3	571 340	286 537	284 803
4	559 699	280 171	279 528
5	522 886	263 957	258 929
6	518 939	260 981	257 958
7	534 837	269 001	265 836
8	561 062	279 924	281 138
9	537 984	269 456	268 528
10	589 379	295 790	293 589
11	494 726	246 406	248 320
12	599 563	301 527	298 036
13	556 584	276 577	280 007
14	556 386	276 897	279 489
15	528 053	260 398	267 655
16	520 611	254 087	266 524
17	461 149	225 949	235 200
18	512 834	247 834	265 000
19	446 209	215 377	230 832
20	506 039	238 751	267 288
21	457 378	223 367	234 011
22	463 082	226 163	236 919
23	453 180	223 472	229 708
24	452 512	223 547	228 965
25	472 201	234 200	238 001
26	402 544	201 292	201 252
27	381 691	199 685	182 006
28	412 478	206 576	205 902
29	359 045	185 787	173 258
30	453 492	217 321	236 171
31	281 096	148 195	132 901
32	366 511	183 021	183 490
33	281 676	147 191	134 485
34	299 073	152 321	146 752
35	349 614	177 848	171 766
36	296 646	148 967	147 679
37	242 852	127 559	115 293
38	302 023	148 805	153 218
39	239 790	123 572	116 218
40	350 181	168 079	182 102
41	178 836	93 740	85 096
42	257 442	128 680	128 762
43	204 105	104 745	99 360
44	192 369	99 971	92 398
45	280 848	143 520	137 328
46	180 646	91 713	88 933
47	160 327	83 224	77 103
48	201 381	99 801	101 580
49	171 934	87 631	84 303
50	239 072	112 457	126 615
51	116 777	59 562	57 215
52	164 452	82 745	81 707
53	127 947	64 841	63 106
54	139 736	69 405	70 331
55	150 758	75 061	75 697
56	130 843	64 669	66 174
57	101 160	49 932	51 228
58	126 025	59 149	66 876
59	110 277	52 040	58 237
60	189 346	80 441	108 905
61	79 488	36 222	43 266
62	100 895	44 026	56 869
63	91 055	40 933	50 122
64	91 270	41 496	49 774
65	138 487	62 160	76 327
66	73 345	33 644	39 701
67	86 098	38 879	47 219
68	77 295	32 822	44 473
69	64 006	27 093	36 913
70	106 407	45 051	61 356
71	51 507	23 306	28 201
72	55 497	23 464	32 033
73	42 552	18 262	24 290
74	43 629	18 668	24 961
75	57 150	24 294	32 856
76	34 555	13 992	20 563
77	25 656	10 260	15 396
78	33 946	13 339	20 607
79	27 971	10 633	17 338
80	43 994	16 061	27 933
81	16 541	6 006	10 535
82	16 593	6 001	10 592
83	13 171	4 952	8 219
84	15 676	6 103	9 573
85 plus	86 450	28 949	57 501

26. Population by sex, single years of age and urban/rural residence: each census, 1985 – 1993 (continued)

Population selon le sexe, l'année d'âge et la résidence, urbaine/rurale: chaque recensement, 1985 – 1993 (suite)

(See notes at end of table. – Voir notes à la fin du tableau.)

Continent, country or area, date, age (in years) and urban/rural residence / Continent, pays ou zone, date âge (en années), et résidence urbaine/rurale	Both sexes / Les deux sexes	Male / Masculin	Female / Féminin
AFRICA (cont.) – AFRIQUE (suite)			
South Africa – Afrique du Sud [4]			
7 III 1991* [5]			
Total	30 986 920	15479528	15507392
0	666 821	332 158	334 664
1	741 136	375 224	365 912
2	796 459	403 454	393 006
3	809 828	408 698	401 130
4	804 317	405 900	398 417
5	710 792	359 494	351 298
6	747 746	377 299	370 447
7	724 160	366 301	357 859
8	727 721	368 196	359 525
9	686 393	342 528	343 864
10	722 969	364 388	358 582
11	650 226	329 667	320 560
12	667 692	336 057	331 635
13	632 016	315 823	316 193
14	633 318	317 537	315 780
15	642 033	324 758	317 275
16	660 635	332 852	327 783
17	609 394	306 154	303 240
18	656 531	327 847	328 684
19	590 397	296 282	294 115
20	659 796	332 125	327 671
21	625 711	315 693	310 018
22	583 359	290 307	293 052
23	562 130	283 712	278 419
24	535 758	272 329	263 429
25	570 447	283 839	286 608
26	541 187	269 507	271 681
27	535 919	275 153	260 766
28	556 116	284 838	271 278
29	491 822	258 791	233 031
30	598 672	301 169	297 502
31	488 768	253 042	235 726
32	486 593	247 513	239 080
33	428 500	222 572	205 929
34	407 341	209 947	197 394
35	456 030	230 279	225 751
36	409 926	207 065	202 860
37	368 831	189 097	179 734
38	419 897	212 580	207 317
39	349 572	181 886	167 686
40	426 522	212 058	214 464
41	340 031	177 710	162 321
42	334 907	168 660	166 247
43	295 631	151 181	144 450
44	263 165	133 662	129 504
45	329 817	165 904	163 913
46	268 997	134 238	134 759
47	231 718	115 238	116 480
48	271 563	133 414	138 149
49	243 987	125 641	118 347
50	307 678	151 220	156 458
51	237 148	118 290	118 858
52	213 643	105 798	107 845
53	181 710	89 944	91 765
54	178 745	87 723	91 021
55	211 095	104 478	106 617
56	181 437	87 995	93 442
57	157 320	76 309	81 011
58	182 647	87 542	95 105
59	158 549	75 824	82 726
60	196 179	89 845	106 334
61	139 235	64 851	74 385
62	128 127	58 632	69 495
63	116 700	53 814	62 886
64	102 507	46 393	56 114
65	135 432	60 146	75 286
66	98 099	43 387	54 712
67	90 416	40 832	49 584
68	87 704	38 475	49 229
69	81 857	36 403	45 454
70	119 191	50 752	68 440
71	82 814	35 324	47 491
72	86 497	36 586	49 911
73	71 440	29 947	41 493
74	46 201	18 666	27 535
75	49 967	20 009	29 958
76	48 208	19 558	28 650
77	43 355	18 209	25 146
78	37 008	13 956	23 052
79	32 512	12 641	19 871
80	47 131	17 484	29 648
81	31 799	12 077	19 723
82	20 963	7 305	13 658
83	18 585	6 399	12 185
84	16 715	5 771	10 945
85	16 309	5 336	10 972
86	11 912	3 841	8 070
87	10 452	3 373	7 079
88	8 097	2 607	5 490
89	8 840	2 739	6 102
90	10 655	3 890	6 765
91	4 845	1 404	3 441
92	2 456	672	1 784
93	1 589	446	1 142
94	1 283	355	928
95	1 435	336	1 099
96	969	299	670
97	707	173	534
98	745	193	552
99 plus	4 712	1 512	3 200

26. Population by sex, single years of age and urban/rural residence: each census, 1985 – 1993 (continued)

Population selon le sexe, l'année d'âge et la résidence, urbaine/rurale: chaque recensement, 1985 – 1993 (suite)

(See notes at end of table. – Voir notes à la fin du tableau.)

Continent, country or area, date, age (in years) and urban/rural residence Continent, pays ou zone, date âge (en années), et résidence urbaine/rurale	Both sexes Les deux sexes	Male Masculin	Female Féminin
AFRICA (cont.) – AFRIQUE (suite)			
Sudan – Soudan			
15 IV 1993* [6]			
Total	24 941 000	12519000	12422000
-5	4 305 000	2 173 000	2 132 000
5	840 000	427 000	412 000
6	806 000	409 000	397 000
7	762 000	385 000	377 000
8	715 000	359 000	356 000
9	663 000	331 000	333 000
10	607 000	300 000	307 000
11	545 000	265 000	280 000
12	500 000	242 000	258 000
13	485 000	236 000	249 000
14	490 000	242 000	247 000
15	491 000	246 000	246 000
16	495 000	251 000	244 000
17	495 000	254 000	241 000
18	488 000	251 000	237 000
19	476 000	245 000	231 000
20	467 000	240 000	227 000
21	459 000	236 000	223 000
22	451 000	232 000	220 000
23	443 000	227 000	216 000
24	435 000	223 000	212 000
25	427 000	218 000	209 000
26	420 000	214 000	206 000
27	410 000	208 000	202 000
28	394 000	199 000	194 000
29	375 000	189 000	186 000
30	356 000	178 000	178 000
31	337 000	167 000	170 000
32	321 000	158 000	163 000
33	310 000	152 000	158 000
34	300 000	147 000	153 000
35	291 000	142 000	149 000
36	283 000	138 000	145 000
37	273 000	132 000	141 000
38	262 000	126 000	135 000
39	250 000	120 000	130 000
40	240 000	114 000	125 000
41	229 000	109 000	120 000
42	219 000	104 000	116 000
43	213 000	101 000	112 000
44	208 000	98 000	109 000
45	201 000	96 000	106 000
46	197 000	94 000	103 000
47	191 000	91 000	99 000
48	183 000	88 000	95 000
49	175 000	84 000	91 000
50	168 000	82 000	86 000
51	160 000	78 000	82 000
52	153 000	75 000	77 000
53	145 000	72 000	73 000
54	140 000	70 000	70 000
55	134 000	68 000	66 000
56	128 000	65 000	63 000
57	121 000	61 000	59 000
58	114 000	59 000	56 000
59	106 000	55 000	51 000
60	99 000	52 000	48 000
61	92 000	48 000	44 000
62	86 000	46 000	40 000
63	81 000	43 000	38 000
64	75 000	40 000	35 000
65	69 000	37 000	32 000
66	65 000	35 000	30 000
67	59 000	32 000	27 000
68	55 000	30 000	25 000
69	50 000	27 000	22 000
70	46 000	25 000	21 000
71	43 000	24 000	19 000
72	39 000	22 000	17 000
73	35 000	20 000	15 000
74	32 000	18 000	13 000
75 plus	163 000	94 000	73 000

26. Population by sex, single years of age and urban/rural residence: each census, 1985 – 1993 (continued)

Population selon le sexe, l'année d'âge et la résidence, urbaine/rurale: chaque recensement, 1985 – 1993 (suite)

(See notes at end of table. – Voir notes à la fin du tableau.)

Continent, country or area, date, age (in years) and urban/rural residence Continent, pays ou zone, date âge (en années), et résidence urbaine/rurale	Both sexes Les deux sexes	Male Masculin	Female Féminin
AFRICA (cont.) – AFRIQUE (suite)			
Swaziland			
25 VIII 1986 [1]			
Total	681 059	321 579	359 480
0	21 065	10 166	10 899
1	23 986	11 945	12 041
2	25 088	12 451	12 637
3	25 966	12 847	13 119
4	25 464	12 614	12 850
5	24 404	12 105	12 299
6	21 931	10 831	11 100
7	20 757	10 240	10 517
8	21 241	10 490	10 751
9	19 582	9 639	9 943
10	20 207	10 115	10 092
11	17 510	8 677	8 833
12	19 812	9 871	9 941
13	17 959	8 760	9 199
14	17 501	8 631	8 870
15	16 184	7 949	8 235
16	15 704	7 681	8 023
17	13 715	6 667	7 048
18	17 272	8 360	8 912
19	12 799	5 815	6 984
20	13 686	5 846	7 840
21	11 889	5 037	6 852
22	11 448	4 753	6 695
23	11 068	4 467	6 601
24	10 295	4 233	6 062
25	11 393	4 607	6 786
26	9 894	4 103	5 791
27	7 955	3 337	4 618
28	10 024	4 171	5 853
29	7 785	3 322	4 463
30	10 202	4 268	5 934
31	5 768	2 654	3 114
32	7 794	3 457	4 337
33	5 312	2 469	2 843
34	6 617	2 989	3 628
35	7 227	3 294	3 933
36	6 822	3 137	3 685
37	4 589	2 090	2 499
38	6 779	2 890	3 889
39	5 653	2 632	3 021
40	7 563	3 361	4 202
41	4 417	2 060	2 357
42	4 925	2 242	2 683
43	3 564	1 620	1 944
44	4 095	1 942	2 153
45	6 440	3 235	3 205
46	4 737	2 430	2 307
47	3 589	1 857	1 732
48	4 387	2 071	2 316
49	3 621	1 790	1 831
50	5 523	2 795	2 728
51	2 492	1 234	1 258
52	3 309	1 673	1 636
53	2 123	1 112	1 011
54	2 705	1 405	1 300
55	2 648	1 343	1 305
56	2 951	1 594	1 357
57	1 916	931	985
58	2 358	1 153	1 205
59	1 928	977	951
60	3 769	1 711	2 058
61	1 456	679	777
62	1 770	777	993
63	1 133	472	661
64	1 304	629	675
65	2 164	972	1 192
66	1 256	609	647
67	1 128	521	607
68	2 210	821	1 389
69	1 210	442	768
70	1 995	795	1 200
71	779	329	450
72	1 979	872	1 107
73	690	310	380
74	587	283	304
75	998	431	567
76	768	323	445
77	350	144	206
78	793	329	464
79	594	246	348
80	1 007	383	624
81	337	133	204
82	410	147	263
83	249	104	145
84	544	233	311
85	569	215	354
86	391	161	230
87	386	133	253
88	191	64	127
89	408	142	266
90	221	75	146
91	56	19	37
92	102	31	71
93	42	15	27
94	47	21	26
95	77	25	52
96	102	26	76
97	69	23	46
98 plus	426	123	303
Unknown–Inconnu	2 854	1 376	1 478

26. Population by sex, single years of age and urban/rural residence: each census, 1985 – 1993 (continued)

Population selon le sexe, l'année d'âge et la résidence, urbaine/rurale: chaque recensement, 1985 – 1993 (suite)

(See notes at end of table. – Voir notes à la fin du tableau.)

Continent, country or area, date, age (in years) and urban/rural residence Continent, pays ou zone, date âge (en années), et résidence urbaine/rurale	Both sexes Les deux sexes	Male Masculin	Female Féminin
AFRICA (cont.) – AFRIQUE (suite)			
Uganda – Ouganda			
12 I 1991 [1]			
Total	16 671 705	8 185 747	8 485 958
0	674 274	334 285	339 989
1	567 682	284 152	283 530
2	646 530	321 539	324 991
3	635 038	314 571	320 467
4	629 598	311 332	318 266
5	558 620	280 464	278 156
6	575 727	285 063	290 664
7	465 798	232 509	233 289
8	509 688	249 268	260 420
9	397 158	199 261	197 897
10	540 412	274 436	265 976
11	353 283	178 516	174 767
12	495 040	251 852	243 188
13	411 011	209 668	201 343
14	420 622	215 764	204 858
15	386 582	200 252	186 330
16	378 810	185 635	193 175
17	315 870	152 897	162 973
18	433 976	197 999	235 977
19	287 022	128 997	158 025
20	470 808	204 613	266 195
21	241 631	115 308	126 323
22	293 458	138 585	154 873
23	251 586	122 303	129 283
24	268 357	129 404	138 953
25	338 227	157 314	180 913
26	251 789	120 502	131 287
27	219 058	107 947	111 111
28	305 928	140 617	165 311
29	168 305	83 843	84 462
30	404 705	181 631	223 074
31	121 157	65 938	55 219
32	194 350	97 676	96 674
33	109 413	60 240	49 173
34	115 962	60 187	55 775
35	220 846	104 355	116 491
36	133 732	66 539	67 193
37	99 770	51 731	48 039
38	158 393	75 373	83 020
39	79 771	41 435	38 336
40	244 165	103 524	140 641
41	63 998	35 498	28 500
42	104 995	53 079	51 916
43	73 913	40 048	33 865
44	53 977	28 676	25 301
45	164 329	75 239	89 090
46	79 737	41 299	38 438
47	60 880	32 219	28 661
48	99 283	47 372	51 911
49	53 534	28 546	24 988
50	196 300	81 545	114 755
51	49 843	28 348	21 495
52	74 634	38 425	36 209
53	49 856	28 179	21 677
54	57 539	31 214	26 325
55	77 337	37 045	40 292
56	60 999	31 643	29 356
57	40 711	23 248	17 463
58	59 805	30 207	29 598
59	28 383	15 855	12 528
60	155 382	64 505	90 877
61	26 854	15 373	11 481
62	42 011	21 915	20 096
63	31 308	17 278	14 030
64	28 139	15 250	12 889
65	71 654	32 163	39 491
66	23 786	13 492	10 294
67	25 798	14 875	10 923
68	37 235	18 799	18 436
69	16 969	9 468	7 501
70	94 008	41 170	52 838
71	14 451	8 559	5 892
72	27 631	14 215	13 416
73	14 923	8 505	6 418
74	12 140	6 817	5 323
75	35 413	17 003	18 410
76	18 618	10 114	8 504
77	7 265	4 487	2 778
78	16 155	8 808	7 347
79	7 898	4 846	3 052
80 plus	132 320	69 454	62 866
Unknown–Inconnu	7 542	3 441	4 101

26. Population by sex, single years of age and urban/rural residence: each census, 1985 – 1993 (continued)

Population selon le sexe, l'année d'âge et la résidence, urbaine/rurale: chaque recensement, 1985 – 1993 (suite)

(See notes at end of table. – Voir notes à la fin du tableau.)

Continent, country or area, date, age (in years) and urban/rural residence Continent, pays ou zone, date âge (en années), et résidence urbaine/rurale	Both sexes Les deux sexes	Male Masculin	Female Féminin
AMERICA, NORTH – AMERIQUE DU NORD			
Aruba			
6 X 1991 [2]			
Total	66 687	32 821	33 866
0	1 049	573	476
1	1 120	602	518
2	1 218	624	594
3	1 051	581	470
4	1 100	584	516
5	1 096	602	494
6	1 139	569	570
7	1 111	570	541
8	1 128	577	551
9	1 023	515	509
10	1 076	543	534
11	1 093	561	532
12	1 095	547	548
13	1 007	540	467
14	956	463	493
15	915	474	441
16	912	450	462
17	873	420	452
18	866	483	384
19	935	486	449
20	893	441	452
21	900	475	424
22	830	439	391
23	918	441	477
24	872	448	423
25	974	486	489
26	1 054	534	520
27	1 162	557	604
28	1 250	628	622
29	1 341	654	686
30	1 362	682	680
31	1 383	670	713
32	1 318	666	652
33	1 336	649	687
34	1 353	682	671
35	1 232	570	662
36	1 299	616	683
37	1 242	582	659
38	1 187	575	612
39	1 210	610	599
40	1 136	550	586
41	1 082	538	544
42	1 002	483	519
43	961	454	506
44	924	451	472
45	904	428	475
46	926	441	485
47	749	350	398
48	777	370	407
49	723	350	372
50	738	374	364
51	754	346	408
52	739	357	383
53	696	313	383
54	658	309	349
55	687	314	373
56	642	305	337
57	606	282	324
58	544	246	297
59	575	282	293
60	456	225	231
61	539	244	294
62	391	198	193
63	488	229	259
64	253	118	135
65	275	115	159
66	295	141	154
67	306	152	154
68	288	148	140
69	314	152	162
70	203	93	110
71	266	116	150
72	223	108	114
73	266	108	158
74	261	108	153
75	253	96	157
76	150	72	78
77	203	73	130
78	168	75	94
79	148	53	95
80	193	74	120
81	159	73	86
82	112	45	68
83	126	61	64
84	120	40	80
85	77	30	47
86	78	25	53
87	52	19	33
88	51	14	37
89	41	12	28
90	30	9	21
91	16	3	12
92	10	5	5
93	8	3	5
94	9	2	7
95 plus	19	8	10
Unknown–Inconnu	140	60	80

26. Population by sex, single years of age and urban/rural residence: each census, 1985 – 1993 (continued)

Population selon le sexe, l'année d'âge et la résidence, urbaine/rurale: chaque recensement, 1985 – 1993 (suite)

(See notes at end of table. – Voir notes à la fin du tableau.)

Continent, country or area, date, age (in years) and urban/rural residence Continent, pays ou zone, date âge (en années), et résidence urbaine/rurale	Both sexes Les deux sexes	Male Masculin	Female Féminin
AMERICA, NORTH (cont.) – AMERIQUE DU NORD (suite)			
Bahamas			
1 V 1990			
Total	255 095	124 992	130 103
0	5 680	2 899	2 781
1	5 361	2 806	2 555
2	5 108	2 538	2 570
3	5 058	2 525	2 533
4	5 417	2 707	2 710
5	5 082	2 594	2 488
6	5 049	2 555	2 494
7	5 052	2 528	2 524
8	4 898	2 545	2 353
9	5 040	2 559	2 481
10	4 827	2 449	2 378
11	4 538	2 328	2 210
12	4 796	2 434	2 362
13	4 950	2 466	2 484
14	4 837	2 407	2 430
15	4 929	2 422	2 507
16	5 000	2 573	2 427
17	4 911	2 464	2 447
18	4 928	2 466	2 462
19	5 129	2 510	2 619
20	4 669	2 357	2 312
21	4 588	2 228	2 360
22	4 645	2 293	2 352
23	4 730	2 316	2 414
24	4 899	2 486	2 413
25	4 876	2 361	2 515
26	4 882	2 441	2 441
27	4 968	2 468	2 500
28	4 663	2 266	2 397
29	4 629	2 312	2 317
30	4 473	2 130	2 343
31	4 033	1 909	2 124
32	3 976	1 881	2 095
33	3 744	1 829	1 915
34	3 654	1 786	1 868
35	3 522	1 658	1 864
36	3 177	1 538	1 639
37	2 984	1 457	1 527
38	2 599	1 249	1 350
39	2 631	1 244	1 387
40	2 642	1 302	1 340
41	2 480	1 167	1 313
42	2 353	1 184	1 169
43	2 255	1 108	1 147
44	1 858	886	972
45	2 174	1 059	1 115
46	2 078	990	1 088
47	2 096	1 037	1 059
48	1 985	929	1 056
49	1 934	940	994
50	1 903	885	1 018
51	1 643	783	860
52	1 585	762	823
53	1 505	711	794
54	1 622	766	856
55	1 535	745	790
56	1 235	600	635
57	1 319	628	691
58	1 121	517	604
59	1 103	523	580
60	1 212	556	656
61	1 024	465	559
62	867	401	466
63	875	399	476
64	871	389	482
65	827	419	408
66	735	312	423
67	740	292	448
68	743	311	432
69	639	278	361
70	698	318	380
71	712	308	404
72	674	287	387
73	615	248	367
74	596	244	352
75	517	221	296
76	433	177	256
77	394	151	243
78	345	138	207
79	445	178	267
80	379	151	228
81	277	103	174
82	198	82	116
83	205	80	125
84	178	45	133
85	145	43	102
86	134	45	89
87	110	34	76
88	68	26	42
89	84	22	62
90 plus	237	76	161
Unknown–Inconnu	19 760	9 687	10 073

26. Population by sex, single years of age and urban/rural residence: each census, 1985 – 1993 (continued)

Population selon le sexe, l'année d'âge et la résidence, urbaine/rurale: chaque recensement, 1985 – 1993 (suite)

(See notes at end of table. – Voir notes à la fin du tableau.)

Continent, country or area, date, age (in years) and urban/rural residence Continent, pays ou zone, date âge (en années), et résidence urbaine/rurale	Both sexes Les deux sexes	Male Masculin	Female Féminin
AMERICA, NORTH (cont.) – AMERIQUE DU NORD (suite)			
Belize			
12 V 1991*			
Total	185 970	93 968	92 002
0	6 120	3 094	3 026
1	6 069	3 084	2 985
2	5 989	3 004	2 985
3	5 902	2 982	2 920
4	5 773	2 923	2 850
5	5 729	2 948	2 781
6	5 601	2 823	2 778
7	5 587	2 825	2 762
8	5 479	2 690	2 789
9	5 213	2 622	2 591
10	5 134	2 677	2 457
11	4 990	2 577	2 413
12	4 658	2 313	2 345
13	4 935	2 513	2 422
14	4 465	2 226	2 239
15	4 404	2 176	2 228
16	4 208	2 104	2 104
17	3 950	2 007	1 943
18	3 963	1 943	2 020
19	3 837	1 874	1 963
20	3 741	1 831	1 910
21	3 324	1 648	1 676
22	3 339	1 668	1 671
23	3 422	1 722	1 700
24	3 104	1 527	1 577
25	3 175	1 576	1 599
26	3 057	1 502	1 555
27	2 908	1 458	1 450
28	2 805	1 420	1 385
29	2 649	1 306	1 343
30	2 734	1 389	1 345
31	2 383	1 214	1 169
32	2 417	1 214	1 203
33	2 234	1 140	1 094
34	2 042	1 070	972
35	2 041	1 071	970
36	1 891	968	923
37	1 758	882	876
38	1 742	930	812
39	1 624	842	782
40	1 563	778	785
41	1 461	761	700
42	1 393	724	669
43	1 316	672	644
44	1 095	579	516
45	1 071	563	508
46	1 021	523	498
47	868	456	412
48	1 013	549	464
49	936	467	469
50	1 021	538	483
51	935	474	461
52	942	499	443
53	868	481	387
54	793	421	372
55	919	460	459
56	783	395	388
57	721	393	328
58	767	411	356
59	721	387	334
60	815	415	400
61	737	371	366
62	694	352	342
63	649	352	297
64	571	333	238
65	765	373	392
66	563	294	269
67	538	266	272
68	480	251	229
69	431	219	212
70	531	263	268
71	415	220	195
72	397	197	200
73	352	176	176
74	356	165	191
75	318	160	158
76	292	134	158
77	281	138	143
78	246	124	122
79	233	105	128
80	300	141	159
81	221	90	131
82	199	96	103
83	167	70	97
84	148	66	82
85	133	60	73
86	86	36	50
87	91	34	57
88	77	37	40
89	64	27	37
90	64	27	37
91	45	18	27
92	22	12	10
93	27	8	19
94	17	4	13
95	10	5	5
96	10	5	5
97	6	1	5
98 plus	16	9	7

26. Population by sex, single years of age and urban/rural residence: each census, 1985 – 1993 (continued)

Population selon le sexe, l'année d'âge et la résidence, urbaine/rurale: chaque recensement, 1985 – 1993 (suite)

(See notes at end of table. – Voir notes à la fin du tableau.)

Continent, country or area, date, age (in years) and urban/rural residence Continent, pays ou zone, date âge (en années), et résidence urbaine/rurale	Both sexes Les deux sexes	Male Masculin	Female Féminin	Continent, country or area, date, age (in years) and urban/rural residence Continent, pays ou zone, date âge (en années), et résidence urbaine/rurale	Both sexes Les deux sexes	Male Masculin	Female Féminin
AMERICA, NORTH (cont.) – AMERIQUE DU NORD (suite)							
Bermuda – Bermudes							
20 V 1991 [2]							
Total	58 460	28 345	30 115				
0	847	413	434	50	620	292	328
1	808	420	388	51	596	285	311
2	775	375	400	52	610	270	340
3	802	380	422	53	579	261	318
4	819	415	404	54	543	274	269
5	786	392	394	55	603	312	291
6	793	404	389	56	577	278	299
7	799	413	386	57	591	295	296
8	786	395	391	58	570	258	312
9	721	363	358	59	550	288	262
10	758	361	397	60	511	232	279
11	721	390	331	61	545	255	290
12	651	330	321	62	481	223	258
13	669	342	327	63	447	209	238
14	670	313	357	64	421	196	225
15	707	348	359	65	460	224	236
16	704	353	351	66	414	191	223
17	696	367	329	67	359	151	208
18	754	383	371	68	364	148	216
19	811	415	396	69	348	141	207
20	850	437	413	70	298	120	178
21	818	416	402	71	298	132	166
22	849	419	430	72	268	110	158
23	866	432	434	73	268	105	163
24	1 023	526	497	74	234	101	133
25	1 023	490	533	75	224	94	130
26	1 169	570	599	76	236	84	152
27	1 266	640	626	77	200	80	120
28	1 237	635	602	78	231	85	146
29	1 236	611	625	79	163	58	105
30	1 238	578	660	80	150	58	92
31	1 284	651	633	81	127	44	83
32	1 234	579	655	82	128	56	72
33	1 178	578	600	83	117	39	78
34	1 134	520	614	84	105	41	64
35	1 091	522	569	85	78	25	53
36	1 092	512	580	86	82	25	57
37	1 101	556	545	87	59	23	36
38	949	474	475	88	49	17	32
39	983	500	483	89	36	13	23
40	917	471	446	90	24	11	13
41	877	418	459	91	24	8	16
42	915	450	465	92	14	7	7
43	871	427	444	93	9	4	5
44	811	408	403	94	8	3	5
45	847	413	434	95 plus	21	1	20
46	776	383	393				
47	736	342	394				
48	725	364	361				
49	647	324	323				

26. Population by sex, single years of age and urban/rural residence: each census, 1985 – 1993 (continued)

Population selon le sexe, l'année d'âge et la résidence, urbaine/rurale: chaque recensement, 1985 – 1993 (suite)

(See notes at end of table. – Voir notes à la fin du tableau.)

Continent, country or area, date, age (in years) and urban/rural residence / Continent, pays ou zone, date âge (en années), et résidence urbaine/rurale	Both sexes / Les deux sexes	Male / Masculin	Female / Féminin
AMERICA, NORTH (cont.) – AMERIQUE DU NORD (suite)			
Canada			
4 VI 1991 [1 2 6]			
Total	27 296 860	13454580	13842280
0	393 500	201 600	191 900
1	394 985	202 090	192 895
2	376 335	192 700	183 635
3	367 760	188 185	179 580
4	373 920	191 195	182 725
5	382 865	196 135	186 730
6	383 530	196 740	186 785
7	380 985	195 350	185 635
8	379 560	194 605	184 955
9	381 110	195 390	185 715
10	382 755	195 855	186 895
11	380 645	195 430	185 215
12	373 175	191 425	181 750
13	369 230	189 560	179 670
14	372 200	190 650	181 555
15	377 240	193 850	183 390
16	378 390	194 700	183 690
17	365 955	187 710	178 245
18	370 290	189 865	180 425
19	376 760	192 280	184 480
20	393 915	199 250	194 670
21	391 995	198 180	193 815
22	386 115	193 780	192 335
23	388 345	194 060	194 290
24	401 500	199 955	201 550
25	429 170	213 860	215 310
26	468 135	233 030	235 110
27	485 350	241 875	243 475
28	497 285	247 305	249 980
29	495 600	246 505	249 095
30	507 065	252 110	254 955
31	502 715	249 660	253 060
32	496 045	246 330	249 715
33	495 925	246 810	249 110
34	489 295	242 775	246 520
35	473 040	234 960	238 085
36	475 550	235 985	239 565
37	460 905	228 315	232 590
38	443 420	219 505	223 910
39	431 560	214 905	216 655
40	426 250	212 320	213 930
41	418 150	208 875	209 275
42	412 990	205 590	207 400
43	413 130	206 955	206 170
44	416 375	208 445	207 930
45	356 780	178 975	177 810
46	336 785	169 370	167 410
47	329 045	165 205	163 845
48	320 185	160 995	159 195
49	297 980	149 655	148 325
50	288 315	144 415	143 900
51	271 135	135 975	135 160
52	264 940	132 570	132 370
53	254 350	127 375	126 975
54	246 720	122 950	123 765
55	249 110	124 030	125 080
56	243 480	120 990	122 485
57	238 330	118 750	119 580
58	245 185	121 675	123 505
59	246 820	122 635	124 185
60	245 945	121 050	124 900
61	241 340	118 535	122 810
62	231 530	112 605	118 925
63	231 710	111 775	119 935
64	226 175	107 980	118 195
65	226 175	106 035	120 130
66	220 305	102 280	118 025
67	214 200	98 050	116 150
68	206 865	93 740	113 125
69	205 630	92 390	113 240
70	194 480	86 555	107 925
71	182 975	80 790	102 190
72	155 345	67 440	87 900
73	147 250	63 690	83 555
74	141 850	60 480	81 370
75	137 360	57 975	79 385
76	135 665	56 515	79 145
77	125 235	51 230	74 005
78	113 875	46 150	67 730
79	102 640	40 665	61 980
80	93 995	36 350	57 645
81	83 960	32 125	51 840
82	74 360	27 550	46 810
83	66 720	24 080	42 645
84	57 745	20 030	37 720
85	50 360	16 920	33 440
86	44 070	14 500	29 570
87	37 575	12 125	25 450
88	31 520	9 855	21 670
89	25 965	7 860	18 110
90	21 550	6 120	15 425
91	16 970	4 730	12 240
92	12 955	3 395	9 555
93	10 460	2 620	7 840
94	8 420	2 095	6 315
95	6 900	1 970	4 930
96	5 135	1 435	3 695
97	3 595	910	2 685
98	2 475	570	1 905
99	1 720	365	1 355
100 plus	3 675	830	2 845

26. Population by sex, single years of age and urban/rural residence: each census, 1985 – 1993 (continued)

Population selon le sexe, l'année d'âge et la résidence, urbaine/rurale: chaque recensement, 1985 – 1993 (suite)

(See notes at end of table. – Voir notes à la fin du tableau.)

Continent, country or area, date, age (in years) and urban/rural residence / Continent, pays ou zone, date âge (en années), et résidence urbaine/rurale	Both sexes / Les deux sexes	Male / Masculin	Female / Féminin
AMERICA, NORTH (cont.) – AMERIQUE DU NORD (suite)			
Cayman Islands – Iles Caïmanes			
15 X 1989 [2]			
Total	25 355	12 372	12 983
0	422	209	213
1	412	200	212
2	386	197	189
3	396	196	200
4	401	210	191
5	418	215	203
6	374	206	168
7	364	173	191
8	365	158	207
9	404	193	211
10	366	197	169
11	362	184	178
12	346	193	153
13	363	185	178
14	379	183	196
15	355	171	184
16	423	198	225
17	459	210	249
18	382	186	196
19	434	201	233
20	409	214	195
21	451	223	228
22	427	221	206
23	491	249	242
24	496	251	245
25	554	269	285
26	537	248	289
27	626	311	315
28	537	256	281
29	613	320	293
30	633	294	339
31	499	250	249
32	546	280	266
33	540	256	284
34	493	217	276
35	502	219	283
36	488	230	258
37	477	217	260
38	445	218	227
39	445	221	224
40	414	216	198
41	327	172	155
42	340	172	168
43	314	147	167
44	322	167	155
45	307	145	162
46	270	132	138
47	278	156	122
48	220	109	111
49	252	117	135
50	249	121	128
51	238	124	114
52	216	109	107
53	202	109	93
54	221	114	107
55	198	112	86
56	184	102	82
57	179	73	106
58	162	71	91
59	155	73	82
60	138	71	67
61	134	70	64
62	138	55	83
63	151	78	73
64	125	62	63
65	115	58	57
66	105	46	59
67	132	61	71
68	80	46	34
69	89	46	43
70	98	45	53
71	71	31	40
72	92	46	46
73	84	32	52
74	67	21	46
75	84	31	53
76	71	26	45
77	56	17	39
78	48	16	32
79	48	18	30
80	54	19	35
81	43	17	26
82	35	7	28
83	30	14	16
84	29	14	15
85	23	10	13
86	34	14	20
87	26	7	19
88	23	4	19
89	13	3	10
90	15	4	11
91	9	4	5
92	4	1	3
93	7	2	5
94	7	4	3
95	2	1	1
96	–	–	–
97	1	–	1
98 plus	6	1	5

26. Population by sex, single years of age and urban/rural residence: each census, 1985 – 1993 (continued)

Population selon le sexe, l'année d'âge et la résidence, urbaine/rurale: chaque recensement, 1985 – 1993 (suite)

(See notes at end of table. – Voir notes à la fin du tableau.)

Continent, country or area, date, age (in years) and urban/rural residence Continent, pays ou zone, date âge (en années), et résidence urbaine/rurale	Both sexes Les deux sexes	Male Masculin	Female Féminin	Continent, country or area, date, age (in years) and urban/rural residence Continent, pays ou zone, date âge (en années), et résidence urbaine/rurale	Both sexes Les deux sexes	Male Masculin	Female Féminin
AMERICA, NORTH (cont.) – AMERIQUE DU NORD (suite)							
Martinique							
15 III 1990* 2 7							
Total	359 579	173 876	185 703				
0	1 303	664	639	50	3 259	1 519	1 740
1	6 374	3 176	3 198	51	3 199	1 521	1 678
2	6 159	3 176	2 983	52	3 201	1 446	1 755
3	6 200	3 092	3 108	53	3 247	1 533	1 714
4	5 935	2 997	2 938	54	3 373	1 610	1 763
5	5 849	2 929	2 920	55	3 431	1 643	1 788
6	5 875	2 927	2 948	56	3 128	1 521	1 607
7	5 779	2 947	2 832	57	3 053	1 391	1 662
8	5 679	2 949	2 730	58	2 745	1 274	1 471
9	5 727	2 976	2 751	59	2 735	1 290	1 445
10	5 752	2 902	2 850	60	3 081	1 477	1 604
11	5 654	2 877	2 777	61	2 829	1 310	1 519
12	5 299	2 726	2 573	62	2 803	1 326	1 477
13	5 538	2 794	2 744	63	2 770	1 287	1 483
14	5 861	2 979	2 882	64	2 505	1 113	1 392
15	6 423	3 301	3 122	65	2 780	1 305	1 475
16	6 853	3 447	3 406	66	2 537	1 168	1 369
17	7 069	3 556	3 513	67	2 231	1 029	1 202
18	7 649	3 932	3 717	68	2 330	1 069	1 261
19	7 559	3 911	3 648	69	2 185	940	1 245
20	7 489	3 858	3 631	70	2 248	1 026	1 222
21	6 340	3 107	3 233	71	1 771	760	1 011
22	6 823	3 304	3 519	72	1 695	793	902
23	6 771	3 431	3 340	73	1 672	752	920
24	6 838	3 358	3 480	74	1 440	654	786
25	7 363	3 590	3 773	75	1 710	736	974
26	6 925	3 407	3 518	76	1 544	681	863
27	6 716	3 264	3 452	77	1 409	583	826
28	6 798	3 418	3 380	78	1 297	507	790
29	6 368	3 125	3 243	79	1 236	481	755
30	6 422	3 195	3 227	80	1 154	462	692
31	5 927	2 909	3 018	81	887	330	557
32	5 680	2 814	2 866	82	895	340	555
33	5 404	2 625	2 779	83	828	310	518
34	5 216	2 497	2 719	84	731	254	477
35	5 072	2 368	2 704	85	694	244	450
36	4 981	2 342	2 639	86	556	196	360
37	4 921	2 272	2 649	87	425	134	291
38	4 631	2 165	2 466	88	428	146	282
39	4 548	2 038	2 510	89	316	98	218
40	4 610	2 160	2 450	90	289	79	210
41	4 278	2 023	2 255	91	218	57	161
42	4 234	2 006	2 228	92	183	48	135
43	3 868	1 801	2 067	93	146	42	104
44	3 826	1 782	2 044	94	117	24	93
45	4 083	1 883	2 200	95 plus	364	70	294
46	3 556	1 732	1 824				
47	3 204	1 549	1 655				
48	3 366	1 584	1 782				
49	3 109	1 432	1 677				

26. Population by sex, single years of age and urban/rural residence: each census, 1985 – 1993 (continued)

Population selon le sexe, l'année d'âge et la résidence, urbaine/rurale: chaque recensement, 1985 – 1993 (suite)

(See notes at end of table. – Voir notes à la fin du tableau.)

Continent, country or area, date, age (in years) and urban/rural residence Continent, pays ou zone, date âge (en années), et résidence urbaine/rurale	Both sexes Les deux sexes	Male Masculin	Female Féminin
AMERICA, NORTH (cont.) – AMERIQUE DU NORD (suite)			
Mexico – Mexique			
12 III 1990 [2]			
Total	81 249 645	39893969	41355676
0	1 927 827	975 043	952 784
1	1 852 748	940 971	911 777
2	2 057 674	1 043 565	1 014 109
3	2 169 738	1 091 225	1 078 513
4	2 187 191	1 109 198	1 077 993
5	2 115 948	1 074 622	1 041 326
6	2 115 168	1 062 813	1 052 355
7	2 089 506	1 059 395	1 030 111
8	2 189 467	1 105 859	1 083 608
9	2 052 145	1 035 596	1 016 549
10	2 160 100	1 099 429	1 060 671
11	1 926 021	972 013	954 008
12	2 169 290	1 105 953	1 063 337
13	2 043 206	1 020 991	1 022 215
14	2 090 475	1 032 272	1 058 203
15	2 023 732	1 006 136	1 017 596
16	1 967 562	972 458	995 104
17	2 002 634	990 507	1 012 127
18	2 024 055	1 003 619	1 020 436
19	1 646 420	787 172	859 248
20	1 795 763	852 582	943 181
21	1 363 679	653 448	710 231
22	1 632 937	787 987	844 950
23	1 550 640	738 809	811 831
24	1 486 144	705 302	780 842
25	1 481 820	702 150	779 670
26	1 271 446	602 037	669 409
27	1 243 000	598 739	644 261
28	1 271 418	603 185	668 233
29	1 136 828	544 484	592 344
30	1 485 255	705 371	779 884
31	812 229	392 429	419 800
32	1 156 452	548 253	608 199
33	984 714	477 121	507 593
34	948 969	455 562	493 407
35	1 102 430	528 480	573 950
36	930 885	446 194	484 691
37	779 412	379 555	399 857
38	961 633	462 145	499 488
39	804 756	394 191	410 565
40	1 060 807	503 551	557 256
41	467 930	231 940	235 990
42	792 479	397 684	394 795
43	619 170	301 465	317 705
44	557 384	270 373	287 011
45	802 770	387 699	415 071
46	534 391	263 889	270 502
47	486 135	240 341	245 794
48	636 309	306 568	329 741
49	512 255	254 076	258 179
50	756 866	357 576	399 290
51	299 286	149 507	149 779
52	482 959	238 488	244 471
53	417 830	203 630	214 200
54	436 850	212 674	224 176
55	504 174	236 890	267 284
56	398 973	199 115	199 858
57	312 838	154 091	158 747
58	380 925	181 607	199 318
59	297 574	147 161	150 413
60	632 711	293 316	339 395
61	170 074	85 090	84 984
62	281 050	136 396	144 654
63	272 780	132 174	140 606
64	254 702	122 941	131 761
65	396 827	182 784	214 043
66	207 672	103 911	103 761
67	198 957	100 024	98 933
68	226 035	106 204	119 831
69	154 160	74 718	79 442
70	366 776	170 276	196 500
71	79 278	39 434	39 844
72	157 716	76 970	80 746
73	113 696	55 009	58 687
74	109 561	52 342	57 219
75	198 014	88 881	109 133
76	110 216	52 993	57 223
77	83 093	40 879	42 214
78	118 129	55 980	62 149
79	81 384	39 102	42 282
80	196 080	84 976	111 104
81	41 463	20 243	21 220
82	61 346	27 802	33 544
83	51 015	23 392	27 623
84	51 928	23 407	28 521
85	83 211	34 937	48 274
86	43 054	19 281	23 773
87	35 558	15 969	19 589
88	31 342	14 303	17 039
89	32 285	14 809	17 476
90	59 629	24 822	34 807
91	7 202	3 260	3 942
92	10 667	4 337	6 330
93	7 381	3 051	4 330
94	6 310	2 551	3 759
95	13 200	4 983	8 217
96	8 301	3 529	4 772
97	4 389	1 737	2 652
98	7 603	3 021	4 582
99	4 196	1 799	2 397
100 plus	19 167	7 092	12 075
Unknown–Inconnu	492 265	240 058	252 207

26. Population by sex, single years of age and urban/rural residence: each census, 1985 – 1993 (continued)

Population selon le sexe, l'année d'âge et la résidence, urbaine/rurale: chaque recensement, 1985 – 1993 (suite)

(See notes at end of table. – Voir notes à la fin du tableau.)

Continent, country or area, date, age (in years) and urban/rural residence Continent, pays ou zone, date âge (en années), et résidence urbaine/rurale	Both sexes Les deux sexes	Male Masculin	Female Féminin
AMERICA, NORTH (cont.) – AMERIQUE DU NORD (suite)			
Panama			
13 V 1990 [1]			
Total	2 329 329	1 178 790	1 150 539
0	55 267	28 246	27 021
1	53 533	27 465	26 068
2	55 384	28 346	27 038
3	56 375	28 620	27 755
4	56 310	28 774	27 536
5	58 152	29 662	28 490
6	53 434	27 117	26 317
7	55 049	28 007	27 042
8	55 848	28 681	27 167
9	54 449	27 736	26 713
10	53 912	27 461	26 451
11	50 685	25 960	24 725
12	52 267	27 042	25 225
13	49 785	25 234	24 551
14	51 105	26 110	24 995
15	49 127	24 576	24 551
16	49 116	24 759	24 357
17	50 112	25 339	24 773
18	53 057	26 929	26 128
19	47 440	23 518	23 922
20	48 572	24 234	24 338
21	44 937	22 413	22 524
22	46 675	23 450	23 225
23	45 911	23 104	22 807
24	43 088	21 411	21 677
25	44 058	21 904	22 154
26	40 794	20 263	20 531
27	39 937	20 189	19 748
28	38 614	19 201	19 413
29	37 704	18 838	18 866
30	40 488	20 543	19 945
31	30 494	15 121	15 373
32	33 627	16 623	17 004
33	31 516	15 942	15 574
34	30 156	15 130	15 026
35	30 794	15 321	15 473
36	28 028	13 995	14 033
37	26 118	13 060	13 058
38	27 880	14 065	13 815
39	27 049	13 806	13 243
40	29 205	14 656	14 549
41	20 739	10 388	10 351
42	25 047	12 714	12 333
43	22 618	11 586	11 032
44	19 649	10 070	9 579
45	22 834	11 536	11 298
46	20 085	10 350	9 735
47	18 353	9 411	8 942
48	18 357	9 435	8 922
49	17 709	9 184	8 525
50	19 452	9 908	9 544
51	13 632	6 964	6 668
52	16 373	8 340	8 033
53	14 705	7 538	7 167
54	14 707	7 556	7 151
55	13 808	7 099	6 709
56	12 734	6 490	6 244
57	11 956	6 180	5 776
58	12 057	6 234	5 823
59	11 979	6 197	5 782
60	14 910	7 810	7 100
61	8 775	4 505	4 270
62	10 417	5 310	5 107
63	9 851	5 131	4 720
64	10 101	5 121	4 980
65	10 242	5 159	5 083
66	8 445	4 427	4 018
67	7 940	4 123	3 817
68	7 724	3 888	3 836
69	7 611	3 743	3 868
70	9 010	4 578	4 432
71	5 668	2 985	2 683
72	6 653	3 432	3 221
73	6 166	3 090	3 076
74	5 612	2 765	2 847
75	6 055	3 084	2 971
76	5 271	2 640	2 631
77	4 263	2 161	2 102
78	4 221	2 135	2 086
79	3 612	1 757	1 855
80	4 473	2 154	2 319
81	2 322	1 148	1 174
82	2 367	1 123	1 244
83	2 018	940	1 078
84	1 860	867	993
85	1 824	845	979
86	1 546	677	869
87	1 501	660	841
88	925	438	487
89	1 158	504	654
90	1 163	465	698
91	356	159	197
92	367	135	232
93	305	112	193
94	273	105	168
95	250	80	170
96	204	83	121
97	170	83	87
98 plus	836	332	504
Unknown–Inconnu	18	5	13

26. Population by sex, single years of age and urban/rural residence: each census, 1985 – 1993 (continued)

Population selon le sexe, l'année d'âge et la résidence, urbaine/rurale: chaque recensement, 1985 – 1993 (suite)

(See notes at end of table. – Voir notes à la fin du tableau.)

Continent, country or area, date, age (in years) and urban/rural residence / Continent, pays ou zone, date âge (en années), et résidence urbaine/rurale	Both sexes / Les deux sexes	Male / Masculin	Female / Féminin
AMERICA, NORTH (cont.) – AMERIQUE DU NORD (suite)			
Puerto Rico – Porto Rico			
1 IV 1990[28]			
Total	3 522 037	1 705 642	1 816 395
0	55 603	28 371	27 232
1	63 559	32 516	31 043
2	62 424	31 663	30 761
3	61 125	31 134	29 991
4	59 462	30 214	29 248
5	62 287	31 903	30 384
6	59 535	30 240	29 295
7	63 295	32 534	30 761
8	64 928	32 903	32 025
9	66 428	33 748	32 680
10	69 733	35 483	34 250
11	66 506	33 760	32 746
12	69 061	35 117	33 944
13	67 754	34 389	33 365
14	66 519	33 958	32 561
15	66 841	33 649	33 192
16	64 627	33 094	31 533
17	64 840	33 067	31 773
18	66 330	33 769	32 561
19	64 079	32 053	32 026
20	59 788	29 414	30 374
21	57 950	28 992	28 958
22	55 627	27 285	28 342
23	57 340	27 986	29 354
24	56 512	27 311	29 201
25	57 814	27 865	29 949
26	54 404	25 905	28 499
27	53 677	25 672	28 005
28	52 758	25 184	27 574
29	51 909	24 384	27 525
30	54 170	26 926	27 244
31	48 988	21 670	27 318
32	50 067	23 391	26 676
33	52 005	24 422	27 583
34	49 057	22 816	26 241
35	50 574	23 670	26 904
36	46 094	21 416	24 678
37	46 237	21 549	24 688
38	47 538	22 194	25 344
39	46 066	21 611	24 455
40	50 226	23 415	26 811
41	40 638	18 848	21 790
42	47 860	22 370	25 490
43	46 754	21 841	24 913
44	40 492	18 878	21 614
45	44 798	21 285	23 513
46	37 812	17 602	20 210
47	38 836	18 346	20 490
48	37 679	17 693	19 986
49	34 859	16 472	18 387
50	37 921	17 804	20 117
51	29 549	13 752	15 797
52	32 123	15 082	17 041
53	31 295	14 744	16 551
54	30 986	14 606	16 380
55	30 481	14 230	16 251
56	27 072	12 582	14 490
57	27 398	12 823	14 575
58	28 136	13 028	15 108
59	27 865	13 038	14 827
60	25 844	12 059	13 785
61	23 447	10 712	12 735
62	28 301	13 097	15 204
63	24 010	11 141	12 869
64	23 250	10 869	12 381
65	26 798	12 376	14 422
66	22 133	10 101	12 032
67	22 129	10 298	11 831
68	21 696	10 199	11 497
69	19 962	9 379	10 583
70	21 622	10 082	11 540
71	16 036	7 445	8 591
72	17 950	8 321	9 629
73	15 506	7 277	8 229
74	15 565	7 198	8 367
75	16 137	7 487	8 650
76	14 838	7 084	7 754
77	12 989	5 971	7 018
78	12 932	5 936	6 996
79	10 926	5 041	5 885
80	12 626	5 618	7 008
81	7 759	3 542	4 217
82	7 745	3 468	4 277
83	6 802	3 045	3 757
84	6 802	3 045	3 757
85	6 020	2 618	3 402
86	4 554	1 968	2 586
87	4 085	1 781	2 304
88	3 202	1 366	1 836
89	2 967	1 226	1 741
90	2 986	1 222	1 764
91	1 305	551	754
92	1 587	641	946
93	1 169	451	718
94	912	356	556
95	748	289	459
96	706	254	452
97	501	186	315
98	522	195	327
99	323	126	197
100 plus	1 078	425	653

26. Population by sex, single years of age and urban/rural residence: each census, 1985 – 1993 (continued)

Population selon le sexe, l'année d'âge et la résidence, urbaine/rurale: chaque recensement, 1985 – 1993 (suite)

(See notes at end of table. – Voir notes à la fin du tableau.)

Continent, country or area, date, age (in years) and urban/rural residence Continent, pays ou zone, date âge (en années), et résidence urbaine/rurale	Both sexes Les deux sexes	Male Masculin	Female Féminin
AMERICA, NORTH (cont.) – AMERIQUE DU NORD (suite)			
United States – Etats–Unis			
1 IV 1990* [1 9 10]			
Total	248 709 873	121239418	127470455
0	3 217 312	1 644 801	1 572 511
1	3 949 107	2 022 292	1 926 815
2	3 815 040	1 952 242	1 862 798
3	3 683 177	1 884 023	1 799 154
4	3 689 807	1 889 051	1 800 756
5	3 689 533	1 889 177	1 800 356
6	3 577 632	1 829 832	1 747 800
7	3 645 761	1 865 700	1 780 061
8	3 508 668	1 794 355	1 714 313
9	3 677 585	1 883 463	1 794 122
10	3 653 177	1 874 172	1 779 005
11	3 455 515	1 771 334	1 684 181
12	3 423 450	1 752 999	1 670 451
13	3 339 000	1 706 417	1 632 583
14	3 243 107	1 662 245	1 580 862
15	3 321 609	1 705 780	1 615 829
16	3 304 890	1 697 995	1 606 895
17	3 410 062	1 758 400	1 651 662
18	3 641 238	1 862 377	1 778 861
19	4 076 216	2 078 146	1 998 070
20	4 009 414	2 044 082	1 965 332
21	3 817 220	1 947 811	1 869 409
22	3 655 792	1 865 082	1 790 710
23	3 742 903	1 900 305	1 842 598
24	3 794 983	1 918 316	1 876 667
25	4 212 100	2 128 319	2 083 781
26	4 168 508	2 089 771	2 078 737
27	4 256 124	2 135 488	2 120 636
28	4 253 634	2 133 374	2 120 260
29	4 422 679	2 208 984	2 213 695
30	4 734 587	2 370 937	2 363 650
31	4 151 337	2 060 115	2 091 222
32	4 448 958	2 214 154	2 234 804
33	4 307 844	2 138 926	2 168 918
34	4 220 161	2 092 801	2 127 360
35	4 381 379	2 190 853	2 190 526
36	4 039 788	1 994 887	2 044 901
37	3 960 965	1 962 032	1 998 933
38	3 784 903	1 872 696	1 912 207
39	3 796 082	1 881 775	1 914 307
40	3 956 970	1 960 986	1 995 984
41	3 430 115	1 683 874	1 746 241
42	3 792 198	1 874 883	1 917 315
43	3 686 510	1 820 999	1 865 511
44	2 749 993	1 351 242	1 398 751
45	3 033 291	1 500 522	1 532 769
46	2 843 408	1 391 830	1 451 578
47	2 940 252	1 445 216	1 495 036
48	2 546 830	1 242 348	1 304 482
49	2 508 792	1 230 681	1 278 111
50	2 537 983	1 240 132	1 297 851
51	2 191 015	1 064 572	1 126 443
52	2 294 122	1 117 210	1 176 912
53	2 170 359	1 051 596	1 118 763
54	2 157 034	1 041 228	1 115 806
55	2 205 152	1 061 296	1 143 856
56	2 024 012	970 951	1 053 061
57	2 089 901	998 969	1 090 932
58	2 043 408	969 949	1 073 459
59	2 169 283	1 033 205	1 136 078
60	2 209 589	1 039 557	1 170 032
61	2 018 714	948 483	1 070 231
62	2 209 518	1 031 185	1 178 333
63	2 093 966	970 712	1 123 254
64	2 084 380	957 110	1 127 270
65	2 201 718	996 570	1 205 148
66	1 999 363	901 946	1 097 417
67	2 010 737	904 098	1 106 639
68	1 985 205	882 016	1 103 189
69	1 914 712	847 677	1 067 035
70	1 817 009	787 423	1 029 586
71	1 611 869	697 537	914 332
72	1 622 781	693 843	928 938
73	1 506 979	632 968	874 011
74	1 436 185	597 535	838 650
75	1 420 300	576 084	844 216
76	1 288 590	515 320	773 270
77	1 214 654	475 918	738 736
78	1 134 677	434 529	700 148
79	1 063 148	397 917	665 231
80	977 849	353 349	624 500
81	829 584	296 518	533 066
82	800 448	277 509	522 939
83	704 073	236 260	467 813
84	621 785	202 458	419 327
85	560 545	175 581	384 964
86	469 208	143 684	325 524
87	398 712	117 746	280 966
88	325 721	93 513	232 208
89	306 061	83 512	222 549
90 – 94	769 481	190 089	579 392
95 – 99	213 131	45 672	167 459
100 plus	37 306	7 901	29 405

26. Population by sex, single years of age and urban/rural residence: each census, 1985 – 1993 (continued)

Population selon le sexe, l'année d'âge et la résidence, urbaine/rurale: chaque recensement, 1985 – 1993 (suite)

(See notes at end of table. – Voir notes à la fin du tableau.)

Continent, country or area, date, age (in years) and urban/rural residence Continent, pays ou zone, date âge (en années), et résidence urbaine/rurale	Both sexes Les deux sexes	Male Masculin	Female Féminin
AMERICA, SOUTH (cont.) – AMERIQUE DU SUD (suite)			
Bolivia – Bolivie			
3 VI 1992 [1]			
Total	6 420 792	3 171 265	3 249 527
0	198 802	101 144	97 658
1	165 997	84 211	81 786
2	187 372	95 227	92 145
3	195 565	97 803	97 762
4	199 636	101 509	98 127
5	187 628	94 922	92 706
6	184 096	92 900	91 196
7	173 520	88 447	85 073
8	176 252	89 027	87 225
9	163 412	82 045	81 367
10	173 876	88 614	85 262
11	154 099	79 293	74 806
12	183 941	95 209	88 732
13	152 983	77 210	75 773
14	151 029	75 285	75 744
15	143 505	70 659	72 846
16	136 306	67 344	68 962
17	132 036	66 435	65 601
18	138 614	69 326	69 288
19	113 573	55 642	57 931
20	123 356	58 301	65 055
21	99 719	48 511	51 208
22	122 773	59 802	62 971
23	104 740	51 061	53 679
24	99 314	47 987	51 327
25	107 309	51 107	56 202
26	93 213	44 453	48 760
27	94 221	46 027	48 194
28	95 262	45 042	50 220
29	79 659	39 196	40 463
30	108 539	51 325	57 214
31	68 911	34 218	34 693
32	98 906	48 666	50 240
33	75 236	37 540	37 696
34	67 577	33 060	34 517
35	87 458	41 042	46 416
36	72 982	35 294	37 688
37	66 244	31 842	34 402
38	79 237	37 338	41 899
39	59 105	29 142	29 963
40	86 664	41 083	45 581
41	44 898	22 739	22 159
42	74 266	38 056	36 210
43	48 252	23 737	24 515
44	43 092	21 058	22 034
45	69 717	32 861	36 856
46	49 458	24 746	24 712
47	42 284	21 177	21 107
48	51 294	24 625	26 669
49	35 041	17 583	17 458
50	58 131	26 250	31 881
51	26 635	13 418	13 217
52	43 883	22 166	21 717
53	27 438	13 701	13 737
54	28 281	13 680	14 601
55	38 166	17 508	20 658
56	28 813	14 201	14 612
57	21 263	10 391	10 872
58	29 538	13 480	16 058
59	20 713	10 279	10 434
60	53 208	23 597	29 611
61	17 982	9 248	8 734
62	31 580	15 893	15 687
63	20 257	10 112	10 145
64	20 146	9 887	10 259
65	33 568	14 721	18 847
66	15 932	8 071	7 861
67	15 858	8 099	7 759
68	19 637	8 815	10 822
69	10 268	4 892	5 376
70	31 465	13 233	18 232
71	7 869	4 010	3 859
72	15 711	7 635	8 076
73	8 052	3 961	4 091
74	7 736	3 698	4 038
75	16 880	7 378	9 502
76	7 811	3 681	4 130
77	5 353	2 668	2 685
78	10 305	4 972	5 333
79	4 612	2 165	2 447
80	17 263	7 182	10 081
81	3 112	1 503	1 609
82	5 337	2 465	2 872
83	2 659	1 216	1 443
84	2 612	1 141	1 471
85	5 959	2 561	3 398
86	2 279	1 022	1 257
87	1 923	879	1 044
88	1 862	814	1 048
89	1 991	893	1 098
90	4 308	1 879	2 429
91	631	299	332
92	1 074	494	580
93	412	189	223
94	354	153	201
95	1 203	572	631
96	426	185	241
97	312	138	174
99 plus	8 159	3 391	4 768
Unknown–Inconnu	20 856	11 608	9 248

26. Population by sex, single years of age and urban/rural residence: each census, 1985 – 1993 (continued)

Population selon le sexe, l'année d'âge et la résidence, urbaine/rurale: chaque recensement, 1985 – 1993 (suite)

(See notes at end of table. – Voir notes à la fin du tableau.)

Continent, country or area, date, age (in years) and urban/rural residence Continent, pays ou zone, date âge (en années), et résidence urbaine/rurale	Both sexes Les deux sexes	Male Masculin	Female Féminin
AMERICA, SOUTH (cont.) – AMERIQUE DU SUD (suite)			
Chile – Chili			
22 IV 1992 [1]			
Total	13 348 401	6 553 254	6 795 147
0	285 904	146 245	139 659
1	267 318	136 696	130 622
2	288 964	147 547	141 417
3	288 316	146 971	141 345
4	322 133	164 993	157 140
5	262 175	133 733	128 442
6	248 903	126 049	122 854
7	244 690	124 476	120 214
8	240 146	121 858	118 288
9	249 205	126 286	122 919
10	266 844	135 308	131 536
11	247 649	126 545	121 104
12	244 907	124 234	120 673
13	230 680	116 153	114 527
14	241 634	123 386	118 248
15	227 582	115 484	112 098
16	236 492	120 053	116 439
17	249 364	126 686	122 678
18	259 622	132 411	127 211
19	244 069	121 932	122 137
20	240 756	118 918	121 838
21	240 201	119 668	120 533
22	239 263	119 619	119 644
23	241 828	119 464	122 364
24	245 963	121 409	124 554
25	241 880	118 579	123 301
26	244 157	119 545	124 612
27	250 449	122 734	127 715
28	245 556	121 013	124 543
29	241 896	118 762	123 134
30	249 670	121 651	128 019
31	219 308	108 054	111 254
32	234 650	113 579	121 071
33	223 189	110 684	112 505
34	204 093	100 232	103 861
35	200 737	97 654	103 083
36	193 969	93 988	99 981
37	184 106	89 126	94 980
38	183 965	89 029	94 936
39	168 416	82 936	85 480
40	165 824	79 245	86 579
41	143 694	71 043	72 651
42	175 620	85 806	89 814
43	147 693	71 670	76 023
44	135 636	65 634	70 002
45	129 148	61 333	67 815
46	135 978	66 679	69 299
47	133 422	64 951	68 471
48	129 623	62 879	66 744
49	118 951	58 091	60 860
50	122 263	57 592	64 671
51	104 065	51 261	52 804
52	124 398	60 560	63 838
53	99 038	47 360	51 678
54	97 284	45 936	51 348
55	90 871	42 222	48 649
56	91 573	44 027	47 546
57	85 909	40 954	44 955
58	87 632	41 707	45 925
59	83 603	39 497	44 106
60	92 373	40 511	51 862
61	77 931	37 448	40 483
62	96 498	44 893	51 605
63	82 000	37 478	44 522
64	79 711	37 338	42 373
65	80 399	37 563	42 836
66	62 945	28 587	34 358
67	61 584	28 651	32 933
68	55 657	24 823	30 834
69	47 326	21 554	25 772
70	54 007	23 244	30 763
71	42 478	19 570	22 908
72	51 700	22 617	29 083
73	41 290	17 759	23 531
74	39 743	16 789	22 954
75	38 919	16 299	22 620
76	35 759	14 801	20 958
77	31 059	13 166	17 893
78	33 168	13 444	19 724
79	24 946	10 159	14 787
80	30 477	11 585	18 892
81	19 579	7 988	11 591
82	22 394	8 755	13 639
83	15 583	6 029	9 554
84	14 856	5 668	9 188
85	12 670	4 570	8 100
86	11 758	4 128	7 630
87	9 536	3 284	6 252
88	7 511	2 643	4 868
89	6 018	1 967	4 051
90	5 106	1 612	3 494
91	3 899	1 229	2 670
92	4 246	1 402	2 844
93	2 218	671	1 547
94	1 799	515	1 284
95	1 458	434	1 024
96	1 352	390	962
97	1 027	279	748
98	949	245	704
99 plus	3 598	1 029	2 569

26. Population by sex, single years of age and urban/rural residence: each census, 1985 – 1993 (continued)

Population selon le sexe, l'année d'âge et la résidence, urbaine/rurale: chaque recensement, 1985 – 1993 (suite)

(See notes at end of table. – Voir notes à la fin du tableau.)

Continent, country or area, date, age (in years) and urban/rural residence Continent, pays ou zone, date âge (en années), et résidence urbaine/rurale	Both sexes Les deux sexes	Male Masculin	Female Féminin
AMERICA, SOUTH (cont.) – AMERIQUE DU SUD (suite)			
Colombia – Colombie			
15 X 1985 [1]			
Total	27 837 932	13777700	14060232
0	612 050	312 866	299 184
1	589 009	300 834	288 175
2	692 587	353 237	339 350
3	739 588	374 529	365 059
4	736 688	375 940	360 748
5	749 379	383 229	366 150
6	700 673	353 957	346 716
7	690 602	351 472	339 130
8	687 050	350 539	336 511
9	617 144	311 389	305 755
10	685 519	350 068	335 451
11	586 105	295 696	290 409
12	675 954	351 206	324 748
13	635 812	318 845	316 967
14	642 877	323 504	319 373
15	674 951	328 404	346 547
16	630 792	305 391	325 401
17	643 842	313 148	330 694
18	729 803	361 118	368 685
19	575 483	274 306	301 177
20	709 268	333 905	375 363
21	490 960	237 179	253 781
22	660 537	320 189	340 348
23	589 284	284 639	304 645
24	550 551	264 291	286 260
25	631 902	298 421	333 481
26	461 355	216 385	244 970
27	450 910	215 314	235 596
28	519 897	252 907	266 990
29	353 067	168 949	184 118
30	621 850	300 348	321 502
31	235 992	116 731	119 261
32	418 223	203 075	215 148
33	334 960	169 916	165 044
34	296 250	147 729	148 521
35	482 986	234 595	248 391
36	307 101	147 597	159 504
37	275 453	133 681	141 772
38	364 663	180 937	183 726
39	234 493	116 200	118 293
40	442 965	220 964	222 001
41	133 385	69 279	64 106
42	267 177	137 063	130 114
43	214 433	108 932	105 501
44	166 564	83 259	83 305
45	354 041	175 452	178 589
46	159 024	78 567	80 457
47	161 037	79 406	81 631
48	225 380	110 226	115 154
49	144 627	71 304	73 323
50	341 855	164 283	177 572
51	97 281	49 910	47 371
52	185 146	94 120	91 026
53	148 792	75 074	73 718
54	146 872	72 563	74 309
55	241 893	117 613	124 280
56	137 345	69 641	67 704
57	105 204	53 151	52 053
58	132 609	66 044	66 565
59	77 328	39 466	37 862
60	258 883	125 879	133 004
61	50 896	26 283	24 613
62	95 914	49 027	46 887
63	93 909	47 376	46 533
64	79 097	39 216	39 881
65	168 166	80 355	87 811
66	60 021	29 994	30 027
67	59 986	30 167	29 819
68	71 688	34 719	36 969
69	39 881	19 811	20 070
70	139 247	65 940	73 307
71	27 546	14 208	13 338
72	55 002	27 810	27 192
73	44 183	22 196	21 987
74	39 323	19 907	19 416
75	80 303	37 948	42 355
76	32 199	15 906	16 293
77	21 363	10 557	10 806
78	33 082	16 068	17 014
79	17 605	8 675	8 930
80	56 239	24 031	32 208
81	11 385	5 523	5 862
82	16 731	7 628	9 103
83	14 493	6 653	7 840
84	13 675	6 243	7 432
85 plus	88 547	36 597	51 950

26. Population by sex, single years of age and urban/rural residence: each census, 1985 – 1993 (continued)

Population selon le sexe, l'année d'âge et la résidence, urbaine/rurale: chaque recensement, 1985 – 1993 (suite)

(See notes at end of table. – Voir notes à la fin du tableau.)

Continent, country or area, date, age (in years) and urban/rural residence Continent, pays ou zone, date âge (en années), et résidence urbaine/rurale	Both sexes Les deux sexes	Male Masculin	Female Féminin
AMERICA, SOUTH (cont.) – AMERIQUE DU SUD (suite)			
Ecuador – Equateur			
25 XI 1990 [1,11]			
Total	9 648 189	4 796 412	4 851 777
0	241 203	125 041	116 162
1	244 142	126 401	117 741
2	249 735	127 611	122 124
3	260 294	132 220	128 074
4	257 796	131 810	125 986
5	260 424	133 297	127 127
6	244 364	123 644	120 720
7	245 979	125 352	120 627
8	261 828	132 447	129 381
9	249 320	126 026	123 294
10	270 266	138 316	131 950
11	232 689	117 644	115 045
12	256 784	132 625	124 159
13	236 111	120 676	115 435
14	228 289	112 379	115 910
15	222 124	107 046	115 078
16	208 834	102 332	106 502
17	207 934	103 669	104 265
18	218 029	107 206	110 823
19	181 730	89 266	92 464
20	213 792	101 525	112 267
21	157 964	76 265	81 699
22	192 460	94 356	98 104
23	178 391	86 581	91 810
24	174 255	83 704	90 551
25	185 585	89 621	95 964
26	157 400	75 516	81 884
27	152 902	74 247	78 655
28	165 197	79 930	85 267
29	128 440	62 376	66 064
30	195 145	94 962	100 183
31	102 947	51 051	51 896
32	132 202	63 881	68 321
33	124 692	62 444	62 248
34	110 801	54 025	56 776
35	137 129	66 811	70 318
36	115 452	55 862	59 590
37	98 028	47 647	50 381
38	121 103	59 112	61 991
39	91 429	45 634	45 795
40	146 106	71 975	74 131
41	61 664	31 799	29 865
42	93 883	47 193	46 690
43	75 554	37 724	37 830
44	71 178	34 402	36 776
45	100 540	49 543	50 997
46	67 471	33 849	33 622
47	56 911	28 465	28 446
48	74 707	36 454	38 253
49	51 405	26 369	25 036
50	99 692	48 149	51 543
51	38 346	20 079	18 267
52	58 368	29 471	28 897
53	48 544	24 556	23 988
54	49 998	24 516	25 482
55	64 466	31 442	33 024
56	49 022	24 508	24 514
57	37 120	18 979	18 141
58	44 755	21 794	22 961
59	30 305	15 731	14 574
60	86 481	40 766	45 715
61	23 248	12 433	10 815
62	35 637	18 090	17 547
63	29 415	15 065	14 350
64	28 431	14 144	14 287
65	51 367	24 358	27 009
66	25 697	13 070	12 627
67	21 676	11 371	10 305
68	26 290	12 752	13 538
69	15 270	8 127	7 143
70	51 213	23 786	27 427
71	10 736	5 724	5 012
72	18 962	9 503	9 459
73	14 511	7 365	7 146
74	13 841	6 972	6 869
75	28 523	13 429	15 094
76	14 009	6 938	7 071
77	9 881	5 210	4 671
78	14 746	7 183	7 563
79	7 397	3 711	3 686
80	27 327	11 701	15 626
81	5 648	2 902	2 746
82	7 357	3 350	4 007
83	5 510	2 695	2 815
84	5 763	2 742	3 021
85	10 252	4 326	5 926
86	4 937	2 230	2 707
87	3 619	1 690	1 929
88	3 317	1 512	1 805
89	2 471	1 106	1 365
90	7 934	3 089	4 845
91	993	495	498
92	1 107	439	668
93	714	303	411
94 plus	685	279	406

26. Population by sex, single years of age and urban/rural residence: each census, 1985 – 1993 (continued)

Population selon le sexe, l'année d'âge et la résidence, urbaine/rurale: chaque recensement, 1985 – 1993 (suite)

(See notes at end of table. – Voir notes à la fin du tableau.)

Continent, country or area, date, age (in years) and urban/rural residence Continent, pays ou zone, date âge (en années), et résidence urbaine/rurale	Both sexes Les deux sexes	Male Masculin	Female Féminin
AMERICA, SOUTH (cont.) – AMERIQUE DU SUD (suite)			
French Guiana – Guyane Française			
5 III 1990 [2]			
Total	114 808	59 798	55 010
0	684	371	313
1	3 113	1 585	1 528
2	2 947	1 482	1 465
3	2 839	1 466	1 373
4	2 931	1 471	1 460
5	3 069	1 541	1 528
6	2 822	1 438	1 384
7	2 818	1 428	1 390
8	2 888	1 480	1 408
9	2 576	1 281	1 295
10	2 650	1 314	1 336
11	2 385	1 189	1 196
12	2 209	1 153	1 056
13	2 229	1 174	1 055
14	2 155	1 104	1 051
15	2 214	1 135	1 079
16	2 190	1 109	1 081
17	2 072	1 034	1 038
18	2 201	1 097	1 104
19	1 989	989	1 000
20	2 077	1 059	1 018
21	1 855	1 004	851
22	1 921	1 018	903
23	2 003	1 089	914
24	2 039	1 060	979
25	2 166	1 150	1 016
26	2 171	1 134	1 037
27	2 226	1 198	1 028
28	2 167	1 150	1 017
29	2 044	1 108	936
30	2 242	1 188	1 054
31	2 034	1 057	977
32	2 117	1 128	989
33	1 989	1 059	930
34	1 972	1 053	919
35	1 954	1 035	919
36	1 957	1 032	925
37	1 807	963	844
38	1 839	938	901
39	1 607	861	746
40	1 751	947	804
41	1 451	782	669
42	1 380	767	613
43	1 330	743	587
44	1 240	701	539
45	1 254	678	576
46	1 105	613	492
47	1 005	554	451
48	1 019	570	449
49	756	421	335
50	993	531	462
51	762	394	368
52	729	416	313
53	733	399	334
54	660	341	319
55	623	329	294
56	563	325	238
57	516	295	221
58	560	317	243
59	439	226	213
60	612	339	273
61	385	206	179
62	400	204	196
63	347	180	167
64	382	220	162
65	376	198	178
66	357	160	197
67	307	149	158
68	326	169	157
69	322	150	172
70	358	188	170
71	233	111	122
72	224	109	115
73	229	106	123
74	208	99	109
75	210	94	116
76	226	113	113
77	148	59	89
78	140	64	76
79	132	60	72
80	147	67	80
81	112	46	66
82	86	35	51
83	68	31	37
84	70	27	43
85	66	26	40
86	52	18	34
87	38	16	22
88	45	20	25
89	31	13	18
90	41	15	26
91	19	8	11
92	16	8	8
93	10	4	6
94	11	4	7
95 plus	37	8	29

26. Population by sex, single years of age and urban/rural residence: each census, 1985 – 1993 (continued)

Population selon le sexe, l'année d'âge et la résidence, urbaine/rurale: chaque recensement, 1985 – 1993 (suite)

(See notes at end of table. – Voir notes à la fin du tableau.)

Continent, country or area, date, age (in years) and urban/rural residence Continent, pays ou zone, date âge (en années), et résidence urbaine/rurale	Both sexes Les deux sexes	Male Masculin	Female Féminin	Continent, country or area, date, age (in years) and urban/rural residence Continent, pays ou zone, date âge (en années), et résidence urbaine/rurale	Both sexes Les deux sexes	Male Masculin	Female Féminin
AMERICA, SOUTH (cont.) – AMERIQUE DU SUD (suite)							
Uruguay							
23 X 1985 [1 12]							
Total	2 955 241	1 439 021	1 516 220				
0	51 664	26 295	25 369	50	35 316	16 739	18 577
1	47 602	24 344	23 258	51	28 828	14 317	14 511
2	52 157	26 624	25 533	52	33 531	16 303	17 228
3	53 110	26 983	26 127	53	34 149	16 668	17 481
4	52 426	26 777	25 649	54	33 234	16 350	16 884
5	52 988	26 798	26 190	55	35 136	16 473	18 663
6	54 599	27 678	26 921	56	31 982	15 209	16 773
7	55 123	28 184	26 939	57	31 249	15 082	16 167
8	56 910	28 989	27 921	58	31 727	15 138	16 589
9	55 903	28 471	27 432	59	29 953	14 663	15 290
10	54 974	27 967	27 007	60	31 763	14 543	17 220
11	52 110	26 695	25 415	61	24 747	12 161	12 586
12	51 325	26 432	24 893	62	28 380	13 433	14 947
13	49 110	24 911	24 199	63	26 807	12 706	14 101
14	49 905	25 440	24 465	64	25 540	12 014	13 526
15	48 408	24 382	24 026	65	27 480	12 509	14 971
16	48 569	24 719	23 850	66	21 348	9 756	11 592
17	45 195	22 977	22 218	67	21 542	9 975	11 567
18	44 398	22 410	21 988	68	20 487	9 100	11 387
19	42 950	21 338	21 612	69	18 695	8 410	10 285
20	44 817	22 287	22 530	70	21 500	9 065	12 435
21	45 641	22 736	22 905	71	17 364	7 773	9 591
22	45 791	22 693	23 098	72	19 393	8 410	10 983
23	46 428	23 114	23 314	73	17 532	7 536	9 996
24	44 241	21 877	22 364	74	16 090	6 850	9 240
25	44 429	21 922	22 507	75	17 353	7 217	10 136
26	42 996	20 912	22 084	76	13 640	5 716	7 924
27	42 209	20 610	21 599	77	11 915	4 851	7 064
28	43 121	21 145	21 976	78	11 663	4 662	7 001
29	42 381	20 964	21 417	79	9 427	3 904	5 523
30	43 594	21 491	22 103	80	9 885	3 768	6 117
31	38 415	18 775	19 640	81	8 457	3 336	5 121
32	38 522	18 644	19 878	82	7 560	2 873	4 687
33	37 383	18 232	19 151	83	6 616	2 437	4 179
34	35 872	17 597	18 275	84	5 785	2 067	3 718
35	38 127	18 476	19 651	85 plus	25 930	8 182	17 748
36	35 802	17 442	18 360				
37	35 167	17 081	18 086				
38	35 753	17 303	18 450				
39	34 485	16 813	17 672				
40	37 566	18 008	19 558				
41	31 272	15 448	15 824				
42	34 483	16 820	17 663				
43	33 691	16 659	17 032				
44	30 928	15 349	15 579				
45	35 111	17 056	18 055				
46	31 849	15 423	16 426				
47	31 220	15 326	15 894				
48	31 121	14 968	16 153				
49	31 396	15 240	16 156				

26. Population by sex, single years of age and urban/rural residence: each census, 1985 – 1993 (continued)

Population selon le sexe, l'année d'âge et la résidence, urbaine/rurale: chaque recensement, 1985 – 1993 (suite)

(See notes at end of table. – Voir notes à la fin du tableau.)

Continent, country or area, date, age (in years) and urban/rural residence Continent, pays ou zone, date âge (en années), et résidence urbaine/rurale	Both sexes Les deux sexes	Male Masculin	Female Féminin
ASIA – ASIE			
Bahrain – Bahreïn			
16 XI 1991			
Total	508 037	294 346	213 691
0	11 947	6 180	5 767
1	12 375	6 474	5 901
2	12 196	6 277	5 919
3	11 917	6 128	5 789
4	11 433	5 902	5 531
5	11 300	5 751	5 549
6	11 259	5 795	5 464
7	11 182	5 665	5 517
8	10 273	5 305	4 968
9	10 148	5 277	4 871
10	9 997	5 092	4 905
11	9 577	4 898	4 679
12	9 354	4 794	4 560
13	9 229	4 629	4 600
14	8 665	4 399	4 266
15	8 285	4 197	4 088
16	7 389	3 759	3 630
17	7 069	3 524	3 545
18	6 934	3 576	3 358
19	7 012	3 605	3 407
20	7 459	3 911	3 548
21	7 776	4 169	3 607
22	9 224	4 948	4 276
23	10 413	5 663	4 750
24	10 813	6 173	4 640
25	11 395	6 617	4 778
26	12 127	7 027	5 100
27	12 421	7 454	4 967
28	12 659	7 921	4 738
29	13 296	8 367	4 929
30	12 972	8 301	4 671
31	13 658	8 884	4 774
32	13 055	8 482	4 573
33	12 673	8 287	4 386
34	12 077	8 197	3 880
35	11 525	7 773	3 752
36	10 586	7 238	3 348
37	9 671	6 495	3 176
38	8 449	5 815	2 634
39	8 747	6 095	2 652
40	6 922	4 905	2 017
41	7 286	4 923	2 363
42	5 523	3 883	1 640
43	5 469	3 733	1 736
44	4 532	3 148	1 384
45	4 041	2 791	1 250
46	4 269	2 577	1 692
47	3 204	2 050	1 154
48	2 872	1 833	1 039
49	3 054	1 856	1 198
50	2 320	1 506	814
51	3 949	2 122	1 827
52	2 306	1 466	840
53	2 666	1 488	1 178
54	2 161	1 235	926
55	1 952	1 182	770
56	2 796	1 374	1 422
57	1 707	1 007	700
58	1 549	918	631
59	1 776	1 026	750
60	1 448	850	598
61	2 699	1 200	1 499
62	1 050	630	420
63	1 257	742	515
64	1 287	742	545
65	1 023	568	455
66	1 644	812	832
67	809	414	395
68	721	420	301
69	748	458	290
70	657	394	263
71	1 189	545	644
72	448	270	178
73	491	285	206
74	419	238	181
75	380	201	179
76	548	240	308
77	273	141	132
78	233	123	110
79	302	177	125
80	228	105	123
81	356	172	184
82	116	67	49
83	126	73	53
84	111	74	37
85	86	42	44
86	147	90	57
87	77	44	33
88	64	40	24
89	55	36	19
90 plus	152	84	68
Unknown–Inconnu	2	2	–

26. Population by sex, single years of age and urban/rural residence: each census, 1985 – 1993 (continued)

Population selon le sexe, l'année d'âge et la résidence, urbaine/rurale: chaque recensement, 1985 – 1993 (suite)

(See notes at end of table. – Voir notes à la fin du tableau.)

Continent, country or area, date, age (in years) and urban/rural residence Continent, pays ou zone, date âge (en années), et résidence urbaine/rurale	Both sexes Les deux sexes	Male Masculin	Female Féminin
ASIA (cont.) – ASIE (suite)			
Brunei Darussalam – Brunéi Darussalam			
7 VIII 1991 [1]			
Total	260 482	137 616	122 866
0	6 643	3 455	3 188
1	7 095	3 613	3 482
2	6 918	3 649	3 269
3	6 795	3 541	3 254
4	6 658	3 462	3 196
5	6 440	3 370	3 070
6	6 285	3 153	3 132
7	5 809	2 974	2 835
8	5 499	2 832	2 667
9	5 648	2 818	2 830
10	5 556	2 891	2 665
11	5 445	2 866	2 579
12	5 159	2 671	2 488
13	4 992	2 532	2 460
14	4 815	2 471	2 344
15	4 606	2 422	2 184
16	4 657	2 391	2 266
17	4 525	2 262	2 263
18	4 422	2 298	2 124
19	4 571	2 415	2 156
20	4 964	2 511	2 453
21	5 050	2 555	2 495
22	4 994	2 535	2 459
23	5 564	2 854	2 710
24	5 588	2 901	2 687
25	5 241	2 702	2 539
26	5 580	2 923	2 657
27	5 582	3 004	2 578
28	5 577	2 940	2 637
29	5 529	3 003	2 526
30	5 831	3 163	2 668
31	5 702	3 100	2 602
32	5 339	2 818	2 521
33	5 305	2 867	2 438
34	4 759	2 658	2 101
35	5 008	2 734	2 274
36	4 485	2 490	1 995
37	4 410	2 453	1 957
38	3 942	2 232	1 710
39	3 805	2 175	1 630
40	3 301	1 908	1 393
41	3 242	1 850	1 392
42	2 894	1 665	1 229
43	2 632	1 511	1 121
44	2 480	1 366	1 114
45	1 795	1 074	721
46	1 801	989	812
47	1 609	909	700
48	1 627	940	687
49	1 770	984	786
50	1 555	775	780
51	1 489	816	673
52	1 400	773	627
53	1 274	659	615
54	1 036	581	455
55	1 108	566	542
56	1 200	585	615
57	915	438	477
58	973	495	478
59	906	427	479
60	795	427	368
61	1 043	519	524
62	625	347	278
63	580	341	239
64	544	292	252
65	472	251	221
66	844	410	434
67	494	262	232
68	419	222	197
69	416	246	170
70	334	186	148
71	667	349	318
72	308	171	137
73	252	146	106
74	213	113	100
75	205	101	104
76	351	187	164
77	238	111	127
78	207	103	104
79	204	104	100
80	166	65	101
81	281	131	150
82	120	51	69
83	118	55	63
84	113	58	55
85 plus	572	280	292
Unknown–Inconnu	101	73	28

26. Population by sex, single years of age and urban/rural residence: each census, 1985 – 1993 (continued)

Population selon le sexe, l'année d'âge et la résidence, urbaine/rurale: chaque recensement, 1985 – 1993 (suite)

(See notes at end of table. – Voir notes à la fin du tableau.)

Continent, country or area, date, age (in years) and urban/rural residence Continent, pays ou zone, date âge (en années), et résidence urbaine/rurale	Both sexes Les deux sexes	Male Masculin	Female Féminin
ASIA (cont.) – ASIE (suite)			
China – Chine			
1 VII 1990 [1 12]			
Total	1130510638	581820407	548690231
0	23 220 851	12254905	10965946
1	23 331 877	12304824	11027053
2	24 180 595	12672092	11508503
3	24 294 365	12676790	11617575
4	21 410 731	11140519	10270212
5	19 982 290	10405433	9 576 857
6	19 056 078	9 922 498	9 133 580
7	20 196 487	10518627	9 677 860
8	22 015 342	11419500	10595842
9	18 086 546	9 364 817	8 721 729
10	19 224 062	9 956 298	9 267 764
11	19 310 091	9 974 473	9 335 618
12	18 864 678	9 727 202	9 137 476
13	19 367 292	9 987 990	9 379 302
14	20 460 569	10537630	9 922 939
15	21 643 791	11123627	10520164
16	23 487 567	12043876	11443691
17	24 536 599	12581345	11955254
18	24 496 002	12567848	11928154
19	25 994 462	13333893	12660569
20	26 036 065	13191336	12844729
21	27 155 679	13820659	13335020
22	24 552 078	12586327	11965751
23	22 823 165	11691041	11132124
24	25 194 187	12943660	12250527
25	24 520 614	12593865	11926749
26	25 287 489	12959015	12328474
27	27 026 864	13966581	13060283
28	15 928 062	8 144 945	7 783 117
29	11 504 496	5 848 577	5 655 919
30	14 443 119	7 519 677	6 923 442
31	14 378 626	7 535 588	6 843 038
32	19 060 366	10007244	9 053 122
33	18 350 283	9 528 741	8 821 542
34	17 643 313	9 114 883	8 528 430
35	19 377 065	10051375	9 325 690
36	18 330 697	9 452 337	8 878 360
37	17 226 144	8 870 602	8 355 542
38	16 887 297	8 704 522	8 182 775
39	14 530 609	7 490 011	7 040 598
40	15 342 107	8 042 718	7 299 389
41	13 010 398	6 805 059	6 205 339
42	12 392 389	6 496 011	5 896 378
43	11 950 704	6 264 508	5 686 196
44	11 012 066	5 727 681	5 284 385
45	10 465 110	5 481 782	4 983 328
46	9 953 414	5 250 473	4 702 941
47	9 445 561	4 982 722	4 462 839
48	9 670 367	5 088 847	4 581 520
49	9 553 489	5 052 076	4 501 413
50	9 248 199	4 875 474	4 372 725
51	8 942 550	4 738 952	4 203 598
52	9 233 016	4 919 285	4 313 731
53	9 098 119	4 810 911	4 287 208
54	9 097 675	4 765 733	4 331 942
55	8 804 360	4 580 456	4 223 904
56	8 802 518	4 618 277	4 184 241
57	8 620 744	4 525 324	4 095 420
58	7 846 915	4 106 208	3 740 707
59	7 634 798	4 009 672	3 625 126
60	7 730 945	4 019 833	3 711 112
61	6 966 479	3 585 188	3 381 291
62	7 060 132	3 635 374	3 424 758
63	6 233 873	3 200 259	3 033 614
64	5 984 825	3 041 294	2 943 531
65	6 169 042	3 058 844	3 110 198
66	5 696 874	2 813 087	2 883 787
67	4 989 630	2 448 512	2 541 118
68	4 885 527	2 384 722	2 500 805
69	4 591 447	2 212 320	2 379 127
70	4 452 357	2 108 722	2 343 635
71	3 732 596	1 741 629	1 990 967
72	3 529 123	1 630 231	1 898 892
73	3 301 436	1 506 451	1 794 985
74	3 035 068	1 357 171	1 677 897
75	2 736 912	1 209 315	1 527 597
76	2 614 032	1 140 595	1 473 437
77	2 123 063	906 767	1 216 296
78	1 846 321	774 071	1 072 250
79	1 613 596	658 356	955 240
80	1 494 781	586 258	908 523
81	1 236 185	469 224	766 961
82	1 029 258	380 639	648 619
83	852 655	304 110	548 545
84	739 811	253 723	486 088
85	593 736	197 370	396 366
86	467 819	150 705	317 114
87	362 274	113 341	248 933
88	277 790	84 378	193 412
89	205 925	59 952	145 973
90	139 173	39 602	99 571
91	80 713	21 629	59 084
92	60 818	15 724	45 094
93	41 841	10 510	31 331
94	29 057	7 055	22 002
95	21 397	5 387	16 010
96	14 184	3 462	10 722
97	9 641	2 358	7 283
98	7 525	2 006	5 519
99	5 104	1 336	3 768
100 plus	6 681	1 555	5 126

26. Population by sex, single years of age and urban/rural residence: each census, 1985 – 1993 (continued)

Population selon le sexe, l'année d'âge et la résidence, urbaine/rurale: chaque recensement, 1985 – 1993 (suite)

(See notes at end of table. – Voir notes à la fin du tableau.)

Continent, country or area, date, age (in years) and urban/rural residence / Continent, pays ou zone, date âge (en années), et résidence urbaine/rurale	Both sexes / Les deux sexes	Male / Masculin	Female / Féminin
ASIA (cont.) – ASIE (suite)			
Hong Kong – Hong–kong			
11 III 1986 [1 13]			
Total	5 395 997	2 772 464	2 623 533
0	73 747	38 367	35 380
1	72 681	38 755	33 926
2	78 540	40 586	37 954
3	83 333	42 752	40 581
4	85 197	44 620	40 577
5	84 622	43 966	40 656
6	83 385	42 794	40 591
7	82 065	42 446	39 619
8	82 968	43 350	39 618
9	83 020	43 279	39 741
10	83 838	44 095	39 743
11	88 598	45 915	42 683
12	88 332	46 276	42 056
13	90 219	47 536	42 683
14	86 402	44 901	41 501
15	86 432	45 270	41 162
16	86 838	44 685	42 153
17	91 676	48 386	43 290
18	91 549	47 450	44 099
19	94 829	49 110	45 719
20	99 594	50 731	48 863
21	109 723	55 547	54 176
22	113 975	57 740	56 235
23	121 051	61 882	59 169
24	117 192	59 288	57 904
25	125 750	63 779	61 971
26	119 620	61 032	58 588
27	124 879	64 223	60 656
28	117 337	60 782	56 555
29	114 031	58 569	55 462
30	110 286	56 223	54 063
31	102 153	52 889	49 264
32	98 038	50 772	47 266
33	94 511	49 827	44 684
34	91 223	48 149	43 074
35	91 736	48 632	43 104
36	88 974	47 590	41 384
37	80 816	43 106	37 710
38	75 425	39 805	35 620
39	68 419	36 004	32 415
40	53 536	28 602	24 934
41	50 426	27 307	23 119
42	49 832	27 731	22 101
43	45 018	24 884	20 134
44	43 220	24 405	18 815
45	48 387	27 108	21 279
46	48 597	26 668	21 929
47	51 490	27 523	23 967
48	52 880	28 556	24 324
49	54 681	29 174	25 507
50	53 921	28 413	25 508
51	49 140	26 072	23 068
52	61 057	33 305	27 752
53	53 717	28 831	24 886
54	51 364	27 720	23 644
55	55 964	29 822	26 142
56	49 027	25 452	23 575
57	46 806	24 351	22 455
58	47 279	24 569	22 710
59	48 495	24 313	24 182
60	47 701	24 167	23 534
61	42 251	21 496	20 755
62	40 735	20 164	20 571
63	41 031	20 444	20 587
64	37 896	18 494	19 402
65	38 532	18 611	19 921
66	33 794	16 924	16 870
67	29 973	14 175	15 798
68	28 437	13 578	14 859
69	29 861	13 810	16 051
70	29 161	13 656	15 505
71	24 436	10 912	13 524
72	23 653	10 514	13 139
73	21 412	9 198	12 214
74	21 566	9 380	12 186
75	18 632	7 301	11 331
76	14 532	5 684	8 848
77	12 194	4 809	7 385
78	10 983	3 948	7 035
79	10 633	3 542	7 091
80	10 045	3 199	6 846
81	8 105	2 331	5 774
82	7 679	2 100	5 579
83	6 524	1 862	4 662
84	6 195	1 673	4 522
85 plus	22 195	4 577	17 618

26. Population by sex, single years of age and urban/rural residence: each census, 1985 – 1993 (continued)

Population selon le sexe, l'année d'âge et la résidence, urbaine/rurale: chaque recensement, 1985 – 1993 (suite)

(See notes at end of table. – Voir notes à la fin du tableau.)

Continent, country or area, date, age (in years) and urban/rural residence Continent, pays ou zone, date âge (en années), et résidence urbaine/rurale	Both sexes Les deux sexes	Male Masculin	Female Féminin
ASIA (cont.) – ASIE (suite)			
Hong Kong – Hong-kong			
15 III 1991* [14]			
Total	5 522 281	2 811 991	2 710 290
0	62 562	32 725	29 837
1	67 141	35 010	32 131
2	71 263	37 341	33 922
3	67 549	35 139	32 410
4	69 996	36 233	33 763
5	74 412	38 734	35 678
6	76 395	39 803	36 592
7	81 391	42 108	39 283
8	85 094	44 071	41 023
9	85 895	44 540	41 355
10	84 749	44 120	40 629
11	82 204	42 599	39 605
12	82 321	42 657	39 664
13	80 020	41 603	38 417
14	80 924	42 361	38 563
15	79 983	41 905	38 078
16	84 671	44 212	40 459
17	83 245	43 257	39 988
18	82 224	42 751	39 473
19	79 519	41 314	38 205
20	80 181	41 276	38 905
21	80 669	41 163	39 506
22	85 705	43 103	42 602
23	89 909	44 526	45 383
24	93 735	46 212	47 523
25	103 441	50 263	53 178
26	112 176	54 663	57 513
27	119 392	58 221	61 171
28	123 155	60 666	62 489
29	119 403	59 564	59 839
30	126 729	63 661	63 068
31	120 297	60 565	59 732
32	123 889	62 581	61 308
33	116 595	59 070	57 525
34	113 211	57 323	55 888
35	108 521	55 234	53 287
36	102 023	51 857	50 166
37	96 705	48 994	47 711
38	92 908	47 668	45 240
39	91 173	47 619	43 554
40	90 663	47 577	43 086
41	88 659	47 122	41 537
42	80 029	42 171	37 858
43	74 100	39 146	34 954
44	66 251	34 842	31 409
45	53 178	28 210	24 968
46	50 721	27 448	23 273
47	47 622	26 584	21 038
48	43 800	24 382	19 418
49	43 719	24 433	19 286
50	47 643	26 598	21 045
51	47 325	26 181	21 144
52	50 863	27 283	23 580
53	51 409	27 797	23 612
54	51 378	27 588	23 790
55	50 584	26 803	23 781
56	48 956	25 544	23 412
57	55 806	30 091	25 715
58	50 066	26 225	23 841
59	51 233	27 113	24 120
60	53 904	28 367	25 537
61	47 121	24 283	22 838
62	46 065	23 405	22 660
63	44 379	22 498	21 881
64	43 392	21 713	21 679
65	41 953	20 906	21 047
66	38 273	18 597	19 676
67	35 873	17 085	18 788
68	34 170	16 425	17 745
69	34 828	16 537	18 291
70	33 208	15 655	17 553
71	29 164	13 691	15 473
72	25 954	11 745	14 209
73	23 570	10 626	12 944
74	23 030	10 191	12 839
75	21 533	9 436	12 097
76	18 826	8 165	10 661
77	17 372	7 310	10 062
78	15 639	6 510	9 129
79	16 342	6 602	9 740
80	13 432	5 105	8 327
81	9 303	3 290	6 013
82	8 041	2 707	5 334
83	6 993	2 290	4 703
84	6 473	2 004	4 469
85	5 729	1 638	4 091
86	4 484	1 228	3 256
87	3 843	1 030	2 813
88	3 109	777	2 332
89	2 946	740	2 206
90	2 746	669	2 077
91	1 312	274	1 038
92	1 003	190	813
93	743	128	615
94	528	66	462
95	418	59	359
96	317	46	271
97	198	21	177
98	166	22	144
99	112	8	104
100 plus	409	102	307

26. Population by sex, single years of age and urban/rural residence: each census, 1985 – 1993 (continued)

Population selon le sexe, l'année d'âge et la résidence, urbaine/rurale: chaque recensement, 1985 – 1993 (suite)

(See notes at end of table. – Voir notes à la fin du tableau.)

Continent, country or area, date, age (in years) and urban/rural residence Continent, pays ou zone, date âge (en années), et résidence urbaine/rurale	Both sexes Les deux sexes	Male Masculin	Female Féminin
ASIA (cont.) – ASIE (suite)			
Indonesia – Indonésie			
31 X 1990* [1]			
Total	179 247 783	89375677	89872106
0	3 756 493	1 923 050	1 833 443
1	3 987 558	2 047 035	1 940 523
2	4 225 018	2 163 294	2 061 724
3	4 379 470	2 246 354	2 133 116
4	4 636 605	2 381 126	2 255 479
5	4 419 113	2 273 925	2 145 188
6	4 514 791	2 322 635	2 192 156
7	4 799 784	2 467 652	2 332 132
8	4 773 773	2 449 000	2 324 773
9	4 715 597	2 414 883	2 300 714
10	4 629 736	2 387 803	2 241 933
11	4 165 001	2 145 733	2 019 268
12	4 506 277	2 321 966	2 184 311
13	4 175 762	2 144 441	2 031 321
14	4 005 365	2 044 184	1 961 181
15	4 127 819	2 130 139	1 997 680
16	3 654 790	1 865 738	1 789 052
17	3 821 563	1 926 835	1 894 728
18	4 008 717	1 994 938	2 013 779
19	3 314 094	1 602 790	1 711 304
20	4 143 017	1 905 806	2 237 211
21	3 133 352	1 486 555	1 646 797
22	3 170 204	1 509 295	1 660 909
23	2 877 994	1 361 665	1 516 329
24	2 803 795	1 319 984	1 483 811
25	4 456 158	2 102 908	2 353 250
26	2 821 241	1 354 006	1 467 235
27	3 076 343	1 496 261	1 580 082
28	2 886 705	1 369 643	1 517 062
29	2 383 083	1 134 332	1 248 751
30	4 337 629	2 102 205	2 235 424
31	2 331 266	1 186 300	1 144 966
32	2 549 937	1 280 647	1 269 290
33	2 009 981	1 015 750	994 231
34	2 016 981	999 423	1 017 558
35	3 634 172	1 867 020	1 767 152
36	2 043 673	1 060 071	983 602
37	1 949 892	1 023 849	926 043
38	1 959 244	1 013 727	945 517
39	1 597 236	823 774	773 462
40	3 113 152	1 538 500	1 574 652
41	1 305 078	675 085	629 993
42	1 468 027	737 732	730 295
43	1 145 410	556 136	589 274
44	1 049 968	502 801	547 167
45	2 651 403	1 264 019	1 387 384
46	1 094 504	543 076	551 428
47	1 227 376	609 816	617 560
48	1 513 757	773 538	740 219
49	1 078 624	533 473	545 151
50	2 741 061	1 288 427	1 452 634
51	1 041 802	538 734	503 068
52	1 118 295	570 448	547 847
53	882 371	445 666	436 705
54	904 057	445 915	458 142
55	1 835 624	853 662	981 962
56	788 977	386 868	402 109
57	738 521	368 473	370 048
58	791 266	384 667	406 599
59	677 309	327 951	349 358
60	2 169 969	1 004 919	1 165 050
61	603 497	308 648	294 849
62	667 233	344 036	323 197
63	593 188	312 908	280 280
64	492 564	248 558	244 006
65	1 195 967	550 812	645 155
66	370 317	189 605	180 712
67	412 288	206 915	205 373
68	375 897	186 767	189 130
69	395 255	195 063	200 192
70	1 110 632	487 927	622 705
71	257 923	125 292	132 631
72	309 534	156 889	152 645
73	193 323	98 823	94 500
74	157 614	76 945	80 669
75 plus	1 972 356	867 636	1 104 720
Unknown–Inconnu	4 415	2 205	2 210

26. Population by sex, single years of age and urban/rural residence: each census, 1985 – 1993 (continued)

Population selon le sexe, l'année d'âge et la résidence, urbaine/rurale: chaque recensement, 1985 – 1993 (suite)

(See notes at end of table. – Voir notes à la fin du tableau.)

Continent, country or area, date, age (in years) and urban/rural residence Continent, pays ou zone, date âge (en années), et résidence urbaine/rurale	Both sexes Les deux sexes	Male Masculin	Female Féminin
ASIA (cont.) – ASIE (suite)			
Iran (Islamic Republic of – Rép. islamique d')			
22 IX 1986 [1]			
Total	49 445 010	25280961	24164049
0	1 767 726	898 777	868 949
1	1 818 839	927 269	891 570
2	1 923 213	973 395	949 818
3	1 803 564	915 226	888 338
4	1 731 481	881 291	850 190
5	1 691 308	862 848	828 460
6	1 668 073	854 635	813 438
7	1 505 174	767 058	738 116
8	1 366 380	696 833	669 547
9	1 294 959	662 211	632 748
10	1 275 216	655 245	619 971
11	1 176 329	607 394	568 935
12	1 199 302	622 886	576 416
13	1 132 598	587 177	545 421
14	1 119 855	580 931	538 924
15	1 163 676	602 684	560 992
16	1 067 574	551 424	516 150
17	1 048 802	540 415	508 387
18	1 009 020	510 632	498 388
19	903 130	455 209	447 921
20	973 958	474 518	499 440
21	798 607	402 849	395 758
22	836 850	423 528	413 322
23	794 574	403 523	391 051
24	789 735	399 197	390 538
25	877 782	434 458	443 324
26	700 825	350 274	350 551
27	721 868	367 487	354 381
28	697 693	356 495	341 198
29	654 129	330 925	323 204
30	747 848	379 076	368 772
31	579 933	296 038	283 895
32	561 115	284 180	276 935
33	514 245	258 721	255 524
34	524 842	263 460	261 382
35	579 788	288 994	290 794
36	398 940	196 915	202 025
37	403 279	199 157	204 122
38	364 221	177 525	186 696
39	370 983	181 222	189 761
40	456 828	224 742	232 086
41	319 777	160 417	159 360
42	319 328	163 870	155 458
43	272 986	140 077	132 909
44	286 432	144 597	141 835
45	385 917	193 358	192 559
46	272 856	143 599	129 257
47	275 511	144 411	131 100
48	286 785	150 381	136 404
49	364 329	187 476	176 853
50	452 304	234 416	217 888
51	273 945	149 427	124 518
52	295 866	159 662	136 204
53	283 662	155 457	128 205
54	293 241	157 778	135 463
55	341 061	179 062	161 999
56	236 313	127 315	108 998
57	239 800	127 539	112 261
58	243 663	133 272	110 391
59	276 909	148 240	128 669
60	397 101	208 671	188 430
61	225 363	128 545	96 818
62	207 940	118 028	89 912
63	175 424	99 679	75 745
64	178 804	96 941	81 863
65	218 751	116 152	102 599
66	100 330	55 969	44 361
67	89 340	50 187	39 153
68	71 854	39 819	32 035
69	93 521	47 308	46 213
70	140 580	70 087	70 493
71	50 766	28 187	22 579
72	52 145	27 785	24 360
73	42 789	22 683	20 106
74	55 740	26 039	29 701
75	68 401	31 030	37 371
76	31 968	15 937	16 031
77	31 086	15 933	15 153
78	31 248	16 463	14 785
79	46 827	22 840	23 987
80	73 571	38 217	35 354
81	28 952	15 291	13 661
82	25 061	8 595	16 466
83	23 302	9 922	13 380
84	32 701	13 917	18 784
85 plus	192 785	95 555	97 230
Unknown–Inconnu	23 713	14 003	9 710

26. Population by sex, single years of age and urban/rural residence: each census, 1985 – 1993 (continued)

Population selon le sexe, l'année d'âge et la résidence, urbaine/rurale: chaque recensement, 1985 – 1993 (suite)

(See notes at end of table. – Voir notes à la fin du tableau.)

Continent, country or area, date, age (in years) and urban/rural residence Continent, pays ou zone, date âge (en années), et résidence urbaine/rurale	Both sexes Les deux sexes	Male Masculin	Female Féminin
ASIA (cont.) – ASIE (suite)			
Iran (Islamic Republic of – Rép. islamique d')			
11 IX 1991* [1]			
Total	55 837 163	28768450	27068713
0	1 463 534	749 985	713 549
1	1 536 358	788 280	748 078
2	1 665 138	851 770	813 368
3	1 696 096	862 879	833 217
4	1 780 159	903 377	876 782
5	1 840 091	937 132	902 959
6	1 912 107	976 204	935 903
7	1 852 759	945 887	906 872
8	1 771 533	906 010	865 523
9	1 658 968	846 916	812 052
10	1 754 788	905 811	848 977
11	1 561 004	808 819	752 185
12	1 543 837	801 025	742 812
13	1 375 414	709 362	666 052
14	1 312 088	676 441	635 647
15	1 288 700	666 054	622 646
16	1 219 732	631 864	587 868
17	1 167 669	602 791	564 878
18	1 174 607	607 694	566 913
19	1 058 195	549 206	508 989
20	1 182 172	592 167	590 005
21	968 867	502 068	466 799
22	1 017 786	524 883	492 903
23	900 001	459 757	440 244
24	878 434	441 437	436 997
25	975 695	480 893	494 802
26	742 009	374 536	367 473
27	782 949	396 797	386 152
28	780 159	393 245	386 914
29	724 466	367 022	357 444
30	928 368	468 374	459 994
31	631 523	319 030	312 493
32	693 529	355 169	338 360
33	623 634	319 122	304 512
34	627 166	318 237	308 929
35	763 629	389 244	374 385
36	553 656	284 685	268 971
37	531 522	271 421	260 101
38	514 715	261 278	253 437
39	503 147	255 710	247 437
40	621 334	319 372	301 962
41	356 264	178 335	177 929
42	390 836	198 108	192 728
43	326 164	162 454	163 710
44	342 879	169 190	173 689
45	444 345	219 048	225 297
46	291 226	148 298	142 928
47	288 190	149 376	138 814
48	264 136	136 325	127 811
49	290 086	145 252	144 834
50	467 011	228 404	238 607
51	247 344	133 135	114 209
52	268 630	143 764	124 866
53	260 580	141 526	119 054
54	327 057	174 770	152 287
55	389 889	204 731	185 158
56	249 483	140 775	108 708
57	257 962	144 565	113 397
58	253 242	143 550	109 692
59	292 353	159 662	132 691
60	469 389	248 559	220 830
61	194 665	110 474	84 191
62	215 650	121 373	94 277
63	203 599	117 603	85 996
64	220 087	125 309	94 778
65	296 644	166 053	130 591
66	160 431	97 504	62 927
67	147 337	89 168	58 169
68	124 596	74 123	50 473
69	156 069	87 166	68 903
70	240 616	133 536	107 080
71	64 893	38 155	26 738
72	61 349	36 131	25 218
73	45 990	27 225	18 765
74	52 319	29 393	22 926
75	67 011	37 569	29 442
76	26 853	16 189	10 664
77	26 420	15 274	11 146
78	23 804	13 427	10 377
79	41 905	20 984	20 921
80	71 915	36 635	35 280
81	16 394	8 759	7 635
82	16 454	8 931	7 523
83	14 636	8 187	6 449
84	20 382	10 835	9 547
85	28 046	15 701	12 345
86	11 355	6 295	5 060
87	10 192	3 939	6 253
88	9 534	4 279	5 255
89	16 760	7 745	9 015
90	28 124	14 311	13 813
91	7 495	4 190	3 305
92	6 032	3 381	2 651
93	4 531	2 565	1 966
94	5 776	3 110	2 666
95	7 276	3 992	3 284
96	2 723	1 559	1 164
97	2 872	1 520	1 352
98	2 813	1 501	1 312
99	4 901	2 455	2 446
100 plus	65 745	33 966	31 779
Unknown–Inconnu	58 365	36 157	22 208

26. Population by sex, single years of age and urban/rural residence: each census, 1985 – 1993 (continued)

Population selon le sexe, l'année d'âge et la résidence, urbaine/rurale: chaque recensement, 1985 – 1993 (suite)

(See notes at end of table. – Voir notes à la fin du tableau.)

Continent, country or area, date, age (in years) and urban/rural residence Continent, pays ou zone, date âge (en années), et résidence urbaine/rurale	Both sexes Les deux sexes	Male Masculin	Female Féminin
ASIA (cont.) – ASIE (suite)			
Japan – Japon			
1 X 1985 [1 15]			
Total	121 048 923	59497316	61551607
0	1 429 658	731 571	698 087
1	1 488 363	761 945	726 418
2	1 504 910	770 041	734 869
3	1 508 715	772 180	736 535
4	1 527 617	783 040	744 577
5	1 596 623	818 476	778 147
6	1 636 472	839 670	796 802
7	1 706 161	873 463	832 698
8	1 751 870	897 453	854 417
9	1 840 708	943 996	896 712
10	1 927 529	987 723	939 806
11	2 034 623	1 043 746	990 877
12	2 068 981	1 058 743	1 010 238
13	2 029 146	1 040 855	988 291
14	1 981 842	1 015 903	965 939
15	1 925 050	989 065	935 985
16	1 895 535	973 067	922 468
17	1 850 928	948 823	902 105
18	1 858 950	950 503	908 447
19	1 449 484	738 969	710 515
20	1 793 326	913 438	879 888
21	1 668 404	848 953	819 451
22	1 622 440	824 689	797 751
23	1 568 705	795 001	773 704
24	1 547 679	783 914	763 765
25	1 560 365	788 956	771 409
26	1 591 676	803 555	788 121
27	1 555 402	784 395	771 007
28	1 516 000	764 859	751 141
29	1 599 959	806 565	793 394
30	1 671 589	844 981	826 608
31	1 671 701	842 843	828 858
32	1 789 628	899 787	889 841
33	1 895 956	952 550	943 406
34	2 025 350	1 018 104	1 007 246
35	2 187 524	1 099 089	1 088 435
36	2 408 332	1 210 092	1 198 240
37	2 403 501	1 207 873	1 195 628
38	2 296 917	1 157 498	1 139 419
39	1 441 770	723 678	718 092
40	1 563 627	779 447	784 180
41	1 910 068	951 201	958 867
42	1 859 160	925 656	933 504
43	1 919 433	957 375	962 058
44	1 882 666	938 198	944 468
45	1 723 292	857 144	866 148
46	1 508 667	750 030	758 637
47	1 623 607	805 068	818 539
48	1 680 565	834 371	846 194
49	1 700 483	845 508	854 975
50	1 649 899	818 507	831 392
51	1 577 683	781 316	796 367
52	1 597 514	789 879	807 635
53	1 570 853	777 909	792 944
54	1 537 045	758 803	778 242
55	1 469 248	723 393	745 855
56	1 441 364	706 655	734 709
57	1 401 404	685 056	716 348
58	1 363 915	659 422	704 493
59	1 323 814	634 848	688 966
60	1 253 783	588 200	665 583
61	1 138 526	519 717	618 809
62	1 058 909	455 343	603 566
63	1 004 770	421 907	582 863
64	949 550	394 735	554 815
65	984 602	412 027	572 575
66	794 746	338 300	456 446
67	809 914	344 947	464 967
68	803 086	343 324	459 762
69	801 071	342 410	458 661
70	764 979	327 545	437 434
71	758 333	323 387	434 946
72	713 853	301 237	412 616
73	687 880	286 874	401 006
74	638 352	264 552	373 800
75	603 439	249 358	354 081
76	556 230	227 758	328 472
77	499 585	204 353	295 232
78	463 478	187 366	276 112
79	370 611	148 593	222 018
80	354 696	138 303	216 393
81	311 481	120 889	190 592
82	292 624	110 605	182 019
83	255 051	93 824	161 227
84	219 085	78 622	140 463
85 plus	785 247	255 975	529 272
Unknown–Inconnu	41 346	27 327	14 019

26. Population by sex, single years of age and urban/rural residence: each census, 1985 – 1993 (continued)

Population selon le sexe, l'année d'âge et la résidence, urbaine/rurale: chaque recensement, 1985 – 1993 (suite)

(See notes at end of table. – Voir notes à la fin du tableau.)

Continent, country or area, date, age (in years) and urban/rural residence / Continent, pays ou zone, date âge (en années), et résidence urbaine/rurale	Both sexes / Les deux sexes	Male / Masculin	Female / Féminin	Continent, country or area, date, age (in years) and urban/rural residence / Continent, pays ou zone, date âge (en années), et résidence urbaine/rurale	Both sexes / Les deux sexes	Male / Masculin	Female / Féminin
ASIA (cont.) – ASIE (suite)							
Japan – Japon							
1 X 1990 [1 15]							
Total	123 611 167	60696724	62914443				
0	1 213 685	621 085	592 600	50	1 693 547	839 221	854 326
1	1 260 478	645 402	615 076	51	1 480 437	733 134	747 303
2	1 301 517	667 257	634 260	52	1 596 550	787 247	809 303
3	1 343 438	687 831	655 607	53	1 650 934	814 957	835 977
4	1 373 779	704 464	669 315	54	1 666 918	822 689	844 229
5	1 438 361	736 058	702 303	55	1 604 726	789 554	815 172
6	1 488 041	761 634	726 407	56	1 540 914	755 444	785 470
7	1 504 285	769 649	734 636	57	1 557 041	761 760	795 281
8	1 508 173	771 683	736 490	58	1 531 802	749 978	781 824
9	1 527 697	782 809	744 888	59	1 490 405	726 631	763 774
10	1 595 265	817 406	777 859	60	1 421 899	691 021	730 878
11	1 636 114	839 095	797 019	61	1 391 994	673 338	718 656
12	1 705 785	873 298	832 487	62	1 351 066	650 990	700 076
13	1 749 680	896 453	853 227	63	1 311 019	624 476	686 543
14	1 839 941	943 628	896 313	64	1 269 036	596 724	672 312
15	1 923 430	985 737	937 693	65	1 192 291	549 075	643 216
16	2 030 530	1 042 024	988 506	66	1 079 429	481 806	597 623
17	2 061 385	1 054 881	1 006 504	67	1 002 117	420 591	581 526
18	2 021 114	1 034 094	987 020	68	945 202	386 452	558 750
19	1 970 628	1 005 479	965 149	69	884 537	356 859	527 678
20	1 906 422	973 949	932 473	70	913 365	370 104	543 261
21	1 857 127	944 150	912 977	71	729 445	299 809	429 636
22	1 813 347	919 825	893 522	72	740 123	303 523	436 600
23	1 810 873	916 854	894 019	73	720 881	295 724	425 157
24	1 412 352	713 421	698 931	74	713 720	290 812	422 908
25	1 748 650	883 781	864 869	75	671 353	273 596	397 757
26	1 636 327	826 886	809 441	76	654 840	263 794	391 046
27	1 600 509	808 914	791 595	77	607 822	240 910	366 912
28	1 552 063	784 220	767 843	78	570 999	222 217	348 782
29	1 533 164	774 668	758 496	79	513 199	196 940	316 259
30	1 549 317	781 953	767 364	80	472 578	179 520	293 058
31	1 584 284	799 044	785 240	81	422 144	157 591	264 553
32	1 548 083	779 718	768 365	82	365 509	135 288	230 221
33	1 510 323	761 121	749 202	83	325 174	117 665	207 509
34	1 595 678	803 517	792 161	84	247 453	88 321	159 132
35	1 661 116	838 061	823 055	85	226 914	78 121	148 793
36	1 664 582	837 748	826 834	86	189 128	64 403	124 725
37	1 779 871	892 900	886 971	87	168 327	55 406	112 921
38	1 887 077	946 671	940 406	88	137 602	43 522	94 080
39	2 011 134	1 009 449	1 001 685	89	111 079	34 228	76 851
40	2 171 387	1 089 260	1 082 127	90	82 892	24 631	58 261
41	2 393 337	1 201 223	1 192 114	91	60 798	17 848	42 950
42	2 385 137	1 197 000	1 188 137	92	47 454	13 272	34 182
43	2 277 715	1 145 495	1 132 220	93	33 525	9 129	24 396
44	1 430 714	717 007	713 707	94	23 250	6 157	17 093
45	1 545 924	769 005	776 919	95	15 613	4 118	11 495
46	1 886 926	937 807	949 119	96	9 943	2 524	7 419
47	1 835 618	911 479	924 139	97	6 348	1 533	4 815
48	1 897 736	944 264	953 472	98	3 962	935	3 027
49	1 851 808	919 743	932 065	99	2 356	566	1 790
				100 plus	3 223	647	2 576
				Unknown–Inconnu	326 357	222 823	103 534

26. Population by sex, single years of age and urban/rural residence: each census, 1985 – 1993 (continued)

Population selon le sexe, l'année d'âge et la résidence, urbaine/rurale: chaque recensement, 1985 – 1993 (suite)

(See notes at end of table. – Voir notes à la fin du tableau.)

Continent, country or area, date, age (in years) and urban/rural residence Continent, pays ou zone, date âge (en années), et résidence urbaine/rurale	Both sexes Les deux sexes	Male Masculin	Female Féminin
ASIA (cont.) – ASIE (suite)			
Kazakhstan			
12 I 1989 [1]			
Total	16 536 511	8 012 985	8 523 526
0	401 865	204 596	197 269
1	399 430	202 740	196 690
2	395 961	200 891	195 070
3	380 375	192 392	187 983
4	377 692	191 770	185 922
5	356 297	180 249	176 048
6	349 630	177 279	172 351
7	337 380	170 866	166 514
8	333 141	168 467	164 674
9	330 168	166 878	163 290
10	330 334	166 854	163 480
11	322 967	162 862	160 105
12	327 767	165 293	162 474
13	320 846	161 837	159 009
14	316 246	159 944	156 302
15	305 492	153 902	151 590
16	305 431	153 617	151 814
17	286 089	144 980	141 109
18	282 817	150 567	132 250
19	273 478	146 718	126 760
20	267 761	138 022	129 739
21	261 581	132 370	129 211
22	270 389	136 185	134 204
23	275 518	137 254	138 264
24	284 857	142 918	141 939
25	298 946	149 525	149 421
26	311 563	155 662	155 901
27	315 763	158 432	157 331
28	320 471	160 443	160 028
29	304 352	151 876	152 476
30	299 133	149 541	149 592
31	284 836	142 750	142 086
32	266 022	132 707	133 315
33	262 349	130 726	131 623
34	253 716	125 946	127 770
35	236 270	117 077	119 193
36	233 608	114 890	118 718
37	228 849	112 868	115 981
38	220 180	108 551	111 629
39	212 298	104 086	108 212
40	192 891	94 290	98 601
41	184 062	90 621	93 441
42	150 924	73 857	77 067
43	93 979	46 016	47 963
44	76 596	37 498	39 098
45	82 290	40 216	42 074
46	130 592	62 309	68 283
47	163 333	78 247	85 086
48	182 162	85 983	96 179
49	194 760	92 316	102 444
50	204 204	98 417	105 787
51	199 937	96 832	103 105
52	180 275	85 746	94 529
53	142 775	67 596	75 179
54	111 131	52 975	58 156
55	96 274	45 120	51 154
56	118 133	54 803	63 330
57	103 599	49 209	54 390
58	135 819	62 400	73 419
59	133 287	59 896	73 391
60	148 611	62 956	85 655
61	128 025	53 936	74 089
62	117 176	46 601	70 575
63	100 845	37 472	63 373
64	97 316	34 430	62 886
65	80 030	26 819	53 211
66	69 543	22 781	46 762
67	54 335	18 765	35 570
68	55 000	18 027	36 973
69	47 209	15 096	32 113
70	54 553	17 424	37 129
71	40 548	12 946	27 602
72	42 141	12 917	29 224
73	44 042	13 169	30 873
74	53 036	15 209	37 827
75	43 801	13 327	30 474
76	49 415	13 713	35 702
77	34 624	10 059	24 565
78	41 571	10 453	31 118
79	29 598	8 382	21 216
80	26 789	7 134	19 655
81	22 197	6 007	16 190
82	22 857	6 198	16 659
83	21 237	5 274	15 963
84	15 898	4 002	11 896
85	13 214	3 160	10 054
86	11 830	2 816	9 014
87	8 471	2 173	6 298
88	10 782	2 205	8 577
89	4 202	1 078	3 124
90	4 096	960	3 136
91	2 633	689	1 944
92	2 284	627	1 657
93	1 953	467	1 486
94	1 334	339	995
95	1 094	281	813
96	1 005	241	764
97	612	119	493
98	771	149	622
99	519	109	410
100 plus	1 317	294	1 023
Unknown–Inconnu	11 106	5 303	5 803

26. Population by sex, single years of age and urban/rural residence: each census, 1985 – 1993 (continued)

Population selon le sexe, l'année d'âge et la résidence, urbaine/rurale: chaque recensement, 1985 – 1993 (suite)

(See notes at end of table. – Voir notes à la fin du tableau.)

Continent, country or area, date, age (in years) and urban/rural residence Continent, pays ou zone, date âge (en années), et résidence urbaine/rurale	Both sexes Les deux sexes	Male Masculin	Female Féminin
ASIA (cont.) – ASIE (suite)			
Korea, Republic of– Corée, République de			
1 XI 1985 [1 16 17]			
Total	40 419 652	20227564	20192088
0	611 070	320 689	290 381
1	674 694	350 374	324 320
2	756 277	391 975	364 302
3	809 223	419 353	389 870
4	851 291	440 367	410 924
5	837 102	432 555	404 547
6	796 168	411 457	384 711
7	748 496	386 925	361 571
8	768 968	397 006	371 962
9	765 616	397 410	368 206
10	812 590	419 880	392 710
11	871 478	450 892	420 586
12	897 188	461 186	436 002
13	941 767	485 776	455 991
14	952 962	492 836	460 126
15	933 931	480 589	453 342
16	935 640	482 032	453 608
17	879 169	453 988	425 181
18	799 517	411 705	387 812
19	768 007	399 008	368 999
20	816 253	432 588	383 665
21	823 205	432 068	391 137
22	883 443	454 636	428 807
23	866 664	442 487	424 177
24	855 525	423 941	431 584
25	866 156	424 144	442 012
26	863 130	425 810	437 320
27	836 076	416 659	419 417
28	776 943	392 588	384 355
29	728 103	367 984	360 119
30	769 833	388 640	381 193
31	662 404	342 192	320 212
32	552 479	280 565	271 914
33	637 422	328 566	308 856
34	493 100	249 647	243 453
35	516 875	265 597	251 278
36	517 794	265 653	252 141
37	525 995	269 698	256 297
38	537 173	275 285	261 888
39	483 344	248 136	235 208
40	400 783	205 815	194 968
41	420 499	213 768	206 731
42	423 476	213 084	210 392
43	476 982	242 287	234 695
44	465 768	233 731	232 037
45	423 548	213 063	210 485
46	438 205	217 677	220 528
47	425 291	213 825	211 466
48	409 045	203 380	205 665
49	393 123	195 044	198 079
50	386 000	189 783	196 217
51	365 707	178 450	187 257
52	324 134	156 810	167 324
53	332 011	154 796	177 215
54	287 407	129 780	157 627
55	272 940	121 977	150 963
56	271 810	120 633	151 177
57	252 695	111 196	141 499
58	237 429	104 762	132 667
59	232 883	102 012	130 871
60	209 945	91 634	118 311
61	209 151	92 406	116 745
62	207 757	91 346	116 411
63	192 369	84 355	108 014
64	187 654	80 646	107 008
65	168 742	73 587	95 155
66	139 476	60 845	78 631
67	135 985	57 556	78 429
68	137 068	56 934	80 134
69	141 546	57 788	83 758
70	113 676	45 427	68 249
71	105 657	41 209	64 448
72	102 288	38 428	63 860
73	94 061	34 706	59 355
74	85 572	30 783	54 789
75	78 145	27 457	50 688
76	70 735	23 999	46 736
77	62 699	20 382	42 317
78	48 412	15 304	33 108
79	52 099	16 371	35 728
80	38 213	11 109	27 104
81	27 829	7 516	20 313
82	25 107	6 466	18 641
83	24 285	5 882	18 403
84	22 226	5 190	17 036
85 plus	75 728	15 140	60 588
Unknown–Inconnu	420	338	82

26. Population by sex, single years of age and urban/rural residence: each census, 1985 – 1993 (continued)

Population selon le sexe, l'année d'âge et la résidence, urbaine/rurale: chaque recensement, 1985 – 1993 (suite)

(See notes at end of table. – Voir notes à la fin du tableau.)

Continent, country or area, date, age (in years) and urban/rural residence Continent, pays ou zone, date âge (en années), et résidence urbaine/rurale	Both sexes Les deux sexes	Male Masculin	Female Féminin
ASIA (cont.) – ASIE (suite)			
Korea, Republic of– Corée, République de			
1 XI 1990 [1 16 17]			
Total	43 390 374	21770919	21619455
0	632 402	334 829	297 573
1	663 622	350 054	313 568
2	658 676	346 812	311 864
3	650 303	339 645	310 658
4	674 787	355 523	319 264
5	665 361	346 757	318 604
6	713 471	370 866	342 605
7	773 868	399 939	373 929
8	834 507	429 952	404 555
9	875 301	451 487	423 814
10	856 535	442 012	414 523
11	823 119	423 863	399 256
12	759 422	388 901	370 521
13	775 816	399 158	376 658
14	777 025	400 560	376 465
15	825 635	422 149	403 486
16	886 736	455 312	431 424
17	905 989	460 473	445 516
18	919 076	469 017	450 059
19	911 560	460 178	451 382
20	921 454	479 706	441 748
21	938 080	500 278	437 802
22	907 814	488 254	419 560
23	817 578	416 920	400 658
24	811 383	409 132	402 251
25	816 828	403 940	412 888
26	826 044	411 322	414 722
27	884 079	438 081	445 998
28	891 351	449 247	442 104
29	915 198	458 322	456 876
30	897 929	453 193	444 736
31	902 803	456 503	446 300
32	849 432	433 638	415 794
33	796 012	409 277	386 735
34	761 538	390 214	371 324
35	791 713	403 562	388 151
36	678 335	354 243	324 092
37	577 659	295 520	282 139
38	647 107	336 315	310 792
39	506 396	258 565	247 831
40	515 580	268 411	247 169
41	524 388	272 071	252 317
42	518 725	268 032	250 693
43	517 888	267 088	250 800
44	462 688	239 580	223 108
45	407 355	208 271	199 084
46	413 617	210 354	203 263
47	424 307	213 504	210 803
48	479 369	243 067	236 302
49	452 242	225 770	226 472
50	409 126	204 571	204 555
51	428 923	212 605	216 318
52	405 399	202 650	202 749
53	392 668	191 879	200 789
54	373 902	182 806	191 096
55	374 885	181 661	193 224
56	349 183	167 563	181 620
57	310 746	147 019	163 727
58	316 095	145 230	170 865
59	271 944	119 520	152 424
60	253 037	110 554	142 483
61	250 880	108 227	142 653
62	228 078	97 184	130 894
63	215 977	91 382	124 595
64	209 087	87 498	121 589
65	188 380	78 796	109 584
66	191 984	81 543	110 441
67	187 512	78 355	109 157
68	168 939	70 098	98 841
69	163 499	66 960	96 539
70	140 913	57 341	83 572
71	117 812	47 745	70 067
72	114 592	44 657	69 935
73	112 140	42 783	69 357
74	109 659	40 782	68 877
75	92 907	33 108	59 799
76	79 466	28 059	51 407
77	78 065	26 240	51 825
78	66 409	21 558	44 851
79	60 324	18 940	41 384
80	50 794	15 568	35 226
81	46 267	13 496	32 771
82	39 568	10 844	28 724
83	30 335	7 954	22 381
84	28 348	6 999	21 349
85 plus	94 326	18 830	75 496
Unknown–Inconnu	102	47	55

26. Population by sex, single years of age and urban/rural residence: each census, 1985 – 1993 (continued)

Population selon le sexe, l'année d'âge et la résidence, urbaine/rurale: chaque recensement, 1985 – 1993 (suite)

(See notes at end of table. – Voir notes à la fin du tableau.)

Continent, country or area, date, age (in years) and urban/rural residence Continent, pays ou zone, date âge (en années), et résidence urbaine/rurale	Both sexes Les deux sexes	Male Masculin	Female Féminin
ASIA (cont.) – ASIE (suite)			
Kuwait – Koweït			
21 IV 1985			
Total	1 697 301	965 297	732 004
0	48 099	24 487	23 612
1	48 922	24 903	24 019
2	49 551	25 217	24 334
3	48 045	24 572	23 473
4	47 583	24 078	23 505
5	46 376	23 627	22 749
6	43 382	21 990	21 392
7	41 357	20 942	20 415
8	40 506	20 653	19 853
9	38 766	19 879	18 887
10	37 249	18 860	18 389
11	35 142	17 822	17 320
12	34 662	17 731	16 931
13	33 115	16 902	16 213
14	32 330	16 549	15 781
15	32 460	16 401	16 059
16	30 889	15 717	15 172
17	28 926	14 712	14 214
18	27 389	13 641	13 748
19	25 532	12 226	13 306
20	30 243	14 615	15 628
21	26 114	12 816	13 298
22	30 370	15 906	14 464
23	30 202	15 974	14 228
24	31 459	17 589	13 870
25	43 904	26 882	17 022
26	34 466	20 584	13 882
27	36 770	22 748	14 022
28	37 940	23 744	14 196
29	34 176	21 037	13 139
30	49 443	32 248	17 195
31	31 616	19 489	12 127
32	34 960	22 591	12 369
33	30 268	19 332	10 936
34	27 436	17 317	10 119
35	42 655	28 631	14 024
36	24 545	15 385	9 160
37	25 358	15 995	9 363
38	23 865	15 367	8 498
39	21 138	13 088	8 050
40	32 572	21 414	11 158
41	16 995	11 136	5 859
42	17 487	11 560	5 927
43	15 962	10 538	5 424
44	15 064	10 160	4 904
45	24 839	16 857	7 982
46	12 279	8 243	4 036
47	12 088	8 236	3 852
48	12 187	8 307	3 880
49	11 045	7 305	3 740
50	17 179	11 345	5 834
51	7 741	5 430	2 311
52	7 600	5 267	2 333
53	7 024	4 770	2 254
54	6 680	4 556	2 124
55	10 273	6 631	3 642
56	4 654	3 313	1 341
57	4 541	3 191	1 350
58	4 106	2 726	1 380
59	3 749	2 376	1 373
60	6 525	3 747	2 778
61	2 313	1 482	831
62	2 132	1 351	781
63	2 140	1 289	851
64	2 061	1 171	890
65	4 091	1 967	2 124
66	1 306	793	513
67	1 267	720	547
68	1 202	685	517
69	1 041	580	461
70	2 632	1 225	1 407
71	722	418	304
72	725	421	304
73	810	438	372
74	753	393	360
75	1 633	739	894
76	376	207	169
77	361	199	162
78	350	183	167
79	321	167	154
80	898	375	523
81	192	97	95
82	191	90	101
83	244	112	132
84	231	107	124
85 plus	1 510	733	777

26. Population by sex, single years of age and urban/rural residence: each census, 1985 – 1993 (continued)

Population selon le sexe, l'année d'âge et la résidence, urbaine/rurale: chaque recensement, 1985 – 1993 (suite)

(See notes at end of table. – Voir notes à la fin du tableau.)

Continent, country or area, date, age (in years) and urban/rural residence Continent, pays ou zone, date âge (en années), et résidence urbaine/rurale	Both sexes Les deux sexes	Male Masculin	Female Féminin
ASIA (cont.) – ASIE (suite)			
Kyrgyzstan – Kirghizistan			
12 I 1989 [1 2]			
Total	4 257 755	2 077 623	2 180 132
0	127 670	64 670	63 000
1	127 356	64 360	62 996
2	125 301	63 433	61 868
3	119 840	60 383	59 457
4	117 370	58 999	58 371
5	111 478	56 580	54 898
6	107 822	54 447	53 375
7	102 983	51 928	51 055
8	97 814	49 376	48 438
9	95 937	48 613	47 324
10	94 215	47 514	46 701
11	92 505	46 598	45 907
12	94 364	47 416	46 948
13	90 306	45 387	44 919
14	88 531	44 527	44 004
15	86 959	43 501	43 458
16	86 367	43 314	43 053
17	82 441	41 614	40 827
18	78 496	41 054	37 442
19	73 949	38 351	35 598
20	74 220	37 729	36 491
21	71 079	35 787	35 292
22	71 766	35 782	35 984
23	72 212	35 631	36 581
24	73 363	36 282	37 081
25	74 942	37 055	37 887
26	76 898	37 887	39 011
27	77 994	38 993	39 001
28	77 799	38 728	39 071
29	71 949	35 687	36 262
30	71 024	35 042	35 982
31	65 353	32 629	32 724
32	63 014	31 192	31 822
33	58 864	29 281	29 583
34	56 911	28 319	28 592
35	53 130	26 375	26 755
36	51 794	25 601	26 193
37	48 085	23 756	24 329
38	47 811	23 607	24 204
39	44 119	21 803	22 316
40	37 751	18 461	19 290
41	37 626	18 667	18 959
42	28 835	14 138	14 697
43	17 174	8 473	8 701
44	14 078	7 105	6 973
45	15 549	8 119	7 430
46	27 370	14 097	13 273
47	30 383	15 208	15 175
48	37 034	17 890	19 144
49	37 159	18 154	19 005
50	38 591	18 397	20 194
51	36 329	17 535	18 794
52	35 391	16 796	18 595
53	30 409	14 735	15 674
54	26 966	13 290	13 676
55	26 326	12 527	13 799
56	33 663	15 271	18 392
57	24 605	11 338	13 267
58	35 905	15 849	20 056
59	29 878	13 764	16 114
60	35 588	16 035	19 553
61	28 820	12 874	15 946
62	26 708	11 663	15 045
63	22 778	9 267	13 511
64	23 141	8 933	14 208
65	18 431	6 595	11 836
66	17 316	5 992	11 324
67	12 757	4 747	8 010
68	15 183	5 004	10 179
69	11 358	3 798	7 560
70	11 997	3 837	8 160
71	8 621	2 787	5 834
72	9 238	2 946	6 292
73	9 434	3 034	6 400
74	10 915	3 447	7 468
75	9 612	3 140	6 472
76	10 385	3 222	7 163
77	7 427	2 403	5 024
78	10 061	2 881	7 180
79	6 713	2 157	4 556
80	5 888	1 790	4 098
81	4 569	1 425	3 144
82	4 735	1 418	3 317
83	4 963	1 434	3 529
84	4 010	1 199	2 811
85	3 577	996	2 581
86	3 218	902	2 316
87	2 317	721	1 596
88	3 681	914	2 767
89	1 242	352	890
90	1 301	354	947
91	646	194	452
92	620	174	446
93	580	165	415
94	466	131	335
95	341	105	236
96	321	88	233
97	224	69	155
98	381	91	290
99	232	63	169
100 plus	525	126	419
Unknown–Inconnu	2 362	1 105	1 257

26. Population by sex, single years of age and urban/rural residence: each census, 1985 – 1993 (continued)

Population selon le sexe, l'année d'âge et la résidence, urbaine/rurale: chaque recensement, 1985 – 1993 (suite)

(See notes at end of table. – Voir notes à la fin du tableau.)

Continent, country or area, date, age (in years) and urban/rural residence Continent, pays ou zone, date âge (en années), et résidence urbaine/rurale	Both sexes Les deux sexes	Male Masculin	Female Féminin	Continent, country or area, date, age (in years) and urban/rural residence Continent, pays ou zone, date âge (en années), et résidence urbaine/rurale	Both sexes Les deux sexes	Male Masculin	Female Féminin
ASIA (cont.) – ASIE (suite)							
Maldives							
25 III 1985 [1]							
Total	180 088	93 482	86 606				
0	7 953	4 052	3 901	50	2 895	1 492	1 403
1	6 155	3 062	3 093	51	647	377	270
2	5 922	3 015	2 907	52	988	599	389
3	6 548	3 190	3 358	53	818	469	349
4	6 342	3 285	3 057	54	884	531	353
5	6 282	3 218	3 064	55	1 329	794	535
6	4 743	2 389	2 354	56	887	514	373
7	4 882	2 486	2 396	57	612	380	232
8	5 277	2 763	2 514	58	856	537	319
9	4 866	2 427	2 439	59	500	340	160
10	4 945	2 614	2 331	60	2 256	1 185	1 071
11	4 262	2 206	2 056	61	365	222	143
12	4 514	2 424	2 090	62	461	285	176
13	4 213	2 129	2 084	63	431	258	173
14	4 348	2 290	2 058	64	376	237	139
15	4 175	2 193	1 982	65	616	361	255
16	4 263	2 162	2 101	66	340	215	125
17	4 019	1 895	2 124	67	267	170	97
18	4 580	2 247	2 333	68	353	231	122
19	3 757	1 825	1 932	69	215	127	88
20	4 136	2 026	2 110	70	834	467	367
21	3 375	1 672	1 703	71	130	85	45
22	4 027	1 940	2 087	72	165	104	61
23	3 074	1 508	1 566	73	118	81	37
24	2 919	1 519	1 400	74	98	66	32
25	3 802	1 942	1 860	75	222	151	71
26	2 497	1 221	1 276	76	84	54	30
27	2 244	1 126	1 118	77	62	43	19
28	2 392	1 240	1 152	78	94	58	36
29	1 601	841	760	79	48	34	14
30	3 440	1 784	1 656	80	321	213	108
31	1 064	610	454	81	53	29	24
32	1 428	750	678	82	45	29	16
33	1 127	573	554	83	30	23	7
34	1 195	604	591	84	36	25	11
35	2 272	1 259	1 013	85 plus	352	255	97
36	1 186	584	602	Unknown–Inconnu	108	77	31
37	972	497	475				
38	1 397	737	660				
39	893	465	428				
40	2 880	1 489	1 391				
41	686	383	303				
42	1 043	564	479				
43	909	499	410				
44	1 027	515	512				
45	2 723	1 474	1 249				
46	1 257	656	601				
47	1 016	568	448				
48	1 602	904	698				
49	962	542	420				

26. Population by sex, single years of age and urban/rural residence: each census, 1985 – 1993 (continued)

Population selon le sexe, l'année d'âge et la résidence, urbaine/rurale: chaque recensement, 1985 – 1993 (suite)

(See notes at end of table. – Voir notes à la fin du tableau.)

Continent, country or area, date, age (in years) and urban/rural residence Continent, pays ou zone, date âge (en années), et résidence urbaine/rurale	Both sexes Les deux sexes	Male Masculin	Female Féminin
ASIA (cont.) – ASIE (suite)			
Maldives			
8 III 1990 [1]			
Total	213 215	109 336	103 879
0	8 159	4 133	4 026
1	7 464	3 868	3 596
2	7 400	3 782	3 618
3	7 933	4 051	3 882
4	8 474	4 296	4 178
5	8 091	4 203	3 888
6	6 709	3 406	3 303
7	6 716	3 377	3 339
8	6 782	3 433	3 349
9	6 236	3 131	3 105
10	5 966	3 129	2 837
11	4 854	2 489	2 365
12	5 084	2 691	2 393
13	5 042	2 577	2 465
14	5 058	2 547	2 511
15	4 465	2 233	2 232
16	4 360	2 206	2 154
17	4 345	2 172	2 173
18	4 700	2 339	2 361
19	4 216	2 009	2 207
20	4 374	2 162	2 212
21	3 921	1 872	2 049
22	4 026	1 851	2 175
23	3 742	1 740	2 002
24	3 360	1 624	1 736
25	3 858	1 938	1 920
26	3 036	1 505	1 531
27	2 910	1 451	1 459
28	3 126	1 562	1 564
29	2 544	1 276	1 268
30	4 226	2 143	2 083
31	1 943	983	960
32	2 347	1 160	1 187
33	1 774	840	934
34	1 612	778	834
35	2 851	1 512	1 339
36	1 461	731	730
37	1 299	657	642
38	1 578	814	764
39	1 125	610	515
40	2 376	1 270	1 106
41	735	373	362
42	1 010	512	498
43	889	459	430
44	958	511	447
45	2 460	1 286	1 174
46	1 101	530	571
47	1 095	555	540
48	1 600	852	748
49	1 063	531	532
50	2 655	1 372	1 283
51	843	439	404
52	1 106	599	507
53	1 016	552	464
54	1 008	564	444
55	1 602	926	676
56	1 000	582	418
57	775	453	322
58	1 036	613	423
59	792	483	309
60	2 297	1 333	964
61	502	311	191
62	651	401	250
63	582	347	235
64	456	270	186
65	891	549	342
66	480	291	189
67	403	262	141
68	404	237	167
69	292	173	119
70	928	507	421
71	167	102	65
72	204	129	75
73	175	114	61
74	118	69	49
75	309	184	125
76	121	82	39
77	83	63	20
78	128	84	44
79	82	54	28
80	381	241	140
81	53	42	11
82	47	31	16
83	35	19	16
84	30	23	7
85	87	50	37
86	40	25	15
87	21	17	4
88	27	19	8
89	27	20	7
90	85	50	35
91	6	5	1
92	5	2	3
93	7	5	2
94	11	9	2
95 plus	107	74	33
Unknown–Inconnu	686	399	287

26. Population by sex, single years of age and urban/rural residence: each census, 1985 – 1993 (continued)

Population selon le sexe, l'année d'âge et la résidence, urbaine/rurale: chaque recensement, 1985 – 1993 (suite)

(See notes at end of table. – Voir notes à la fin du tableau.)

Continent, country or area, date, age (in years) and urban/rural residence Continent, pays ou zone, date âge (en années), et résidence urbaine/rurale	Both sexes Les deux sexes	Male Masculin	Female Féminin
ASIA (cont.) – ASIE (suite)			
Philippines			
1 V 1990 [1 2]			
Total	60 559 116	30443187	30115929
0	1 817 270	929 641	887 629
1	1 639 123	843 287	795 836
2	1 718 425	883 805	834 620
3	1 671 136	857 569	813 567
4	1 621 019	828 214	792 805
5	1 606 062	823 564	782 498
6	1 620 740	829 556	791 184
7	1 636 329	838 359	797 970
8	1 576 169	804 237	771 932
9	1 621 708	829 693	792 015
10	1 649 916	845 734	804 182
11	1 491 967	763 423	728 544
12	1 505 955	769 370	736 585
13	1 409 121	711 920	697 201
14	1 408 773	708 961	699 812
15	1 376 098	694 636	681 462
16	1 302 790	650 395	652 395
17	1 356 104	682 615	673 489
18	1 329 109	658 422	670 687
19	1 276 550	634 793	641 757
20	1 335 873	663 682	672 191
21	1 185 876	592 172	593 704
22	1 116 887	557 535	559 352
23	1 053 736	519 869	533 867
24	1 075 953	532 949	543 004
25	1 115 735	554 778	560 957
26	993 664	492 068	501 596
27	999 845	499 927	499 918
28	907 680	450 166	457 514
29	928 327	462 324	466 003
30	1 031 406	521 413	509 993
31	831 571	417 419	414 152
32	810 274	408 239	402 035
33	758 956	378 293	380 663
34	768 819	385 427	383 392
35	827 883	420 477	407 406
36	708 328	356 710	351 618
37	696 632	352 896	343 736
38	624 157	313 744	310 413
39	644 621	324 705	319 916
40	715 657	364 574	351 083
41	539 663	272 087	267 576
42	541 519	273 795	267 724
43	494 726	248 398	246 328
44	462 278	231 001	231 277
45	516 270	260 515	255 755
46	399 343	199 088	200 255
47	446 431	224 805	221 626
48	435 789	217 421	218 368
49	423 655	211 516	212 139
50	479 514	239 296	240 218
51	346 367	171 143	175 224
52	374 204	186 808	187 396
53	349 337	173 207	176 130
54	356 406	174 383	182 023
55	344 552	168 041	176 511
56	288 045	142 623	145 422
57	284 318	141 468	142 850
58	246 928	120 170	126 758
59	275 560	133 344	142 216
60	322 233	156 510	165 723
61	205 177	100 218	104 959
62	218 840	107 408	111 432
63	188 670	91 945	96 725
64	192 961	90 927	102 034
65	218 875	101 935	116 940
66	144 388	67 448	76 940
67	152 395	71 605	80 790
68	138 092	64 311	73 781
69	153 870	71 478	82 392
70	182 814	85 840	96 974
71	99 902	47 190	52 712
72	102 481	48 214	54 267
73	90 058	42 882	47 176
74	90 084	40 855	49 229
75	106 108	47 967	58 141
76	71 650	33 270	38 380
77	77 058	35 358	41 700
78	68 917	31 997	36 920
79	61 911	28 088	33 823
80	67 699	29 314	38 385
81	32 336	14 633	17 703
82	33 732	14 803	18 929
83	25 451	11 260	14 191
84	25 605	10 995	14 610
85	27 096	11 276	15 820
86	16 986	7 319	9 667
87	14 745	6 332	8 413
88	16 102	7 583	8 519
89	14 088	6 631	7 457
90	9 330	3 784	5 546
91	2 875	1 363	1 512
92	2 596	1 038	1 558
93	1 667	651	1 016
94	1 577	598	979
95	1 838	645	1 193
96	1 059	387	672
97	941	330	611
98	1 093	406	687
99	1 645	640	1 005
100 plus	3 022	1 083	1 939

26. Population by sex, single years of age and urban/rural residence: each census, 1985 – 1993 (continued)

Population selon le sexe, l'année d'âge et la résidence, urbaine/rurale: chaque recensement, 1985 – 1993 (suite)

(See notes at end of table. – Voir notes à la fin du tableau.)

Continent, country or area, date, age (in years) and urban/rural residence Continent, pays ou zone, date âge (en années), et résidence urbaine/rurale	Both sexes Les deux sexes	Male Masculin	Female Féminin
ASIA (cont.) – ASIE (suite)			
Qatar			
16 III 1986			
Total	369 079	247 852	121 227
0	8 161	4 143	4 018
1	7 843	3 953	3 890
2	8 496	4 354	4 142
3	8 548	4 360	4 188
4	8 106	4 155	3 951
5	8 012	4 105	3 907
6	7 143	3 660	3 483
7	6 821	3 489	3 332
8	6 590	3 412	3 178
9	6 078	3 108	2 970
10	6 103	3 168	2 935
11	5 366	2 715	2 651
12	5 296	2 759	2 537
13	5 055	2 697	2 358
14	4 834	2 532	2 302
15	4 707	2 552	2 155
16	4 741	2 530	2 211
17	4 405	2 362	2 043
18	4 591	2 577	2 014
19	4 189	2 317	1 872
20	5 859	3 579	2 280
21	4 815	2 998	1 817
22	6 821	4 675	2 146
23	6 888	4 887	2 001
24	8 186	5 982	2 204
25	12 108	9 515	2 593
26	10 616	8 209	2 407
27	9 789	7 668	2 121
28	11 539	9 144	2 395
29	9 142	7 128	2 014
30	15 893	12 517	3 376
31	10 298	7 623	2 675
32	11 053	8 207	2 846
33	9 122	6 815	2 307
34	7 886	5 842	2 044
35	13 376	10 267	3 109
36	7 945	5 937	2 008
37	6 437	4 716	1 721
38	7 176	5 496	1 680
39	5 050	3 742	1 308
40	9 864	7 627	2 237
41	4 104	3 031	1 073
42	4 491	3 463	1 028
43	3 550	2 696	854
44	3 072	2 419	653
45	6 405	5 071	1 334
46	3 215	2 435	780
47	2 445	1 869	576
48	2 627	2 017	610
49	1 771	1 350	421
50	4 578	3 461	1 117
51	1 596	1 169	427
52	1 567	1 209	358
53	1 225	937	288
54	1 184	916	268
55	2 283	1 735	548
56	1 042	742	300
57	745	543	202
58	686	499	187
59	480	329	151
60	1 697	1 137	560
61	441	294	147
62	449	326	123
63	328	226	102
64	287	194	93
65	739	489	250
66	321	191	130
67	195	120	75
68	200	129	71
69	125	74	51
70	658	349	309
71	109	59	50
72	125	73	52
73	85	55	30
74	55	29	26
75	273	155	118
76	98	54	44
77	42	24	18
78	51	29	22
79	28	17	11
80 plus	666	342	324
Unknown–Inconnu	93	73	20

26. Population by sex, single years of age and urban/rural residence: each census, 1985 – 1993 (continued)

Population selon le sexe, l'année d'âge et la résidence, urbaine/rurale: chaque recensement, 1985 – 1993 (suite)

(See notes at end of table. – Voir notes à la fin du tableau.)

Continent, country or area, date, age (in years) and urban/rural residence Continent, pays ou zone, date âge (en années), et résidence urbaine/rurale	Both sexes Les deux sexes	Male Masculin	Female Féminin	Continent, country or area, date, age (in years) and urban/rural residence Continent, pays ou zone, date âge (en années), et résidence urbaine/rurale	Both sexes Les deux sexes	Male Masculin	Female Féminin
ASIA (cont.) – ASIE (suite)							
Turkey – Turquie							
20 X 1985 [1]							
Total	50 664 458	25671975	24992483				
0	1 014 611	518 255	496 356	50	592 471	224 725	367 746
1	986 730	508 869	477 861	51	304 505	177 778	126 727
2	1 259 624	646 006	613 618	52	448 592	254 403	194 189
3	1 369 829	694 193	675 636	53	394 057	217 831	176 226
4	1 446 407	745 201	701 206	54	302 967	164 421	138 546
5	1 474 920	758 597	716 323	55	558 673	249 555	309 118
6	1 213 009	621 639	591 370	56	290 616	153 689	136 927
7	1 393 484	716 707	676 777	57	271 810	141 195	130 615
8	1 401 474	715 303	686 171	58	295 668	152 238	143 430
9	1 256 574	644 977	611 597	59	232 302	127 759	104 543
10	1 350 973	697 177	653 796	60	486 401	203 088	283 313
11	1 157 524	601 456	556 068	61	173 392	99 247	74 145
12	1 267 012	660 162	606 850	62	168 153	91 076	77 077
13	1 248 270	647 837	600 433	63	173 397	92 965	80 432
14	1 169 697	604 065	565 632	64	128 843	69 437	59 406
15	1 228 872	630 785	598 087	65	299 652	120 489	179 163
16	1 093 045	551 495	541 550	66	108 030	54 906	53 124
17	1 028 872	520 369	508 503	67	95 378	47 388	47 990
18	1 094 179	526 035	568 144	68	97 416	45 964	51 452
19	962 496	515 897	446 599	69	76 912	41 111	35 801
20	1 302 357	628 248	674 109	70	277 409	106 457	170 952
21	844 391	452 591	391 800	71	96 763	54 540	42 223
22	909 665	456 266	453 399	72	106 552	57 305	49 247
23	925 971	482 589	443 382	73	100 660	52 398	48 262
24	802 096	414 358	387 738	74	85 625	43 828	41 797
25	1 156 224	555 995	600 229	75	177 708	72 146	105 562
26	760 470	396 232	364 238	76	74 039	35 139	38 900
27	696 498	357 879	338 619	77	57 546	28 758	28 788
28	699 416	349 496	349 920	78	53 027	24 487	28 540
29	728 154	396 585	331 569	79	32 202	15 239	16 963
30	1 090 326	506 129	584 197	80	115 007	39 646	75 361
31	589 578	329 999	259 579	81	36 278	18 191	18 087
32	628 378	331 064	297 314	82	32 928	16 194	16 734
33	588 527	307 507	281 020	83	29 409	13 989	15 420
34	477 597	249 205	228 392	84	24 388	11 290	13 098
35	908 547	442 076	466 471	85 plus	148 979	55 577	93 402
36	519 768	274 022	245 746	Unknown–Inconnu	96 117	55 103	41 014
37	479 408	244 410	234 998				
38	499 107	248 575	250 532				
39	379 741	204 513	175 228				
40	734 017	320 972	413 045				
41	350 101	192 509	157 592				
42	385 101	198 392	186 709				
43	412 538	216 205	196 333				
44	326 399	170 139	156 260				
45	648 474	290 295	358 179				
46	336 191	177 619	158 572				
47	364 945	186 958	177 987				
48	367 871	184 068	183 803				
49	291 128	152 502	138 626				

26. Population by sex, single years of age and urban/rural residence: each census, 1985 – 1993 (continued)

Population selon le sexe, l'année d'âge et la résidence, urbaine/rurale: chaque recensement, 1985 – 1993 (suite)

(See notes at end of table. – Voir notes à la fin du tableau.)

Continent, country or area, date, age (in years) and urban/rural residence Continent, pays ou zone, date âge (en années), et résidence urbaine/rurale	Both sexes Les deux sexes	Male Masculin	Female Féminin
ASIA (cont.) – ASIE (suite)			
Turkey – Turquie			
21 X 1990 [1]			
Total	56 473 035	28607047	27865988
0	1 116 493	572 603	543 890
1	1 007 799	518 946	488 853
2	1 059 231	542 535	516 696
3	1 372 180	696 661	675 519
4	1 399 041	721 510	677 531
5	1 355 181	698 264	656 917
6	1 277 509	656 164	621 345
7	1 390 794	714 741	676 053
8	1 483 275	757 491	725 784
9	1 392 450	714 749	677 701
10	1 572 849	811 486	761 363
11	1 262 802	653 172	609 630
12	1 421 079	741 318	679 761
13	1 349 342	695 974	653 368
14	1 285 327	658 950	626 377
15	1 289 459	657 361	632 098
16	1 325 117	673 579	651 538
17	1 217 855	624 241	593 614
18	1 333 691	658 912	674 779
19	1 050 347	550 968	499 379
20	1 319 582	635 087	684 495
21	891 955	471 840	420 115
22	988 083	497 166	490 917
23	878 267	454 797	423 470
24	1 017 617	522 263	495 354
25	1 224 940	593 858	631 082
26	1 009 756	514 418	495 338
27	898 394	465 722	432 672
28	942 198	474 089	468 109
29	737 839	387 678	350 161
30	1 250 768	600 524	650 244
31	685 139	376 280	308 859
32	729 568	378 146	351 422
33	645 705	334 534	311 171
34	775 129	407 415	367 714
35	1 028 378	500 773	527 605
36	712 793	369 158	343 635
37	610 007	320 720	289 287
38	661 008	337 375	323 633
39	477 878	256 095	221 783
40	927 972	445 075	482 897
41	477 690	261 658	216 032
42	526 901	271 890	255 011
43	456 722	236 126	220 596
44	399 139	204 035	195 104
45	663 826	311 181	352 645
46	413 448	212 727	200 721
47	366 794	192 949	173 845
48	438 414	222 142	216 272
49	318 677	172 114	146 563
50	644 564	279 424	365 140
51	315 553	171 170	144 383
52	409 267	203 946	205 321
53	338 930	173 527	165 403
54	310 654	152 048	158 606
55	476 003	196 914	279 089
56	359 715	194 205	165 510
57	432 822	243 090	189 732
58	396 123	207 887	188 236
59	275 858	151 306	124 552
60	582 731	244 802	337 929
61	238 210	127 965	110 245
62	273 617	136 043	137 574
63	278 426	139 870	138 556
64	242 309	119 867	122 442
65	385 189	163 826	221 363
66	193 068	98 079	94 989
67	163 156	82 588	80 568
68	151 769	74 343	77 426
69	99 905	52 643	47 262
70	250 446	96 564	153 882
71	75 588	38 333	37 255
72	75 554	37 051	38 503
73	74 357	35 589	38 768
74	70 146	35 035	35 111
75	149 699	62 290	87 409
76	90 089	44 767	45 322
77	69 840	36 160	33 680
78	76 419	35 590	40 829
79	54 877	25 858	29 019
80	132 225	48 440	83 785
81	39 149	17 287	21 862
82	39 266	17 605	21 661
83	28 821	12 613	16 208
84	22 863	9 441	13 422
85 plus	174 937	67 040	107 897
Unknown–Inconnu	44 482	26 381	18 101

26. Population by sex, single years of age and urban/rural residence: each census, 1985 – 1993 (continued)

Population selon le sexe, l'année d'âge et la résidence, urbaine/rurale: chaque recensement, 1985 – 1993 (suite)

(See notes at end of table. – Voir notes à la fin du tableau.)

Continent, country or area, date, age (in years) and urban/rural residence Continent, pays ou zone, date âge (en années), et résidence urbaine/rurale	Both sexes Les deux sexes	Male Masculin	Female Féminin	Continent, country or area, date, age (in years) and urban/rural residence Continent, pays ou zone, date âge (en années), et résidence urbaine/rurale	Both sexes Les deux sexes	Male Masculin	Female Féminin
ASIA (cont.) – ASIE (suite)							
Viet Nam							
1 IV 1989 [1 2]							
Total	64 375 762	31230737	33145025				
0	1 928 804	996 442	932 362	50	367 333	167 680	199 653
1	1 764 149	906 239	857 910	51	409 979	182 272	227 707
2	1 669 721	855 423	814 298	52	386 474	174 158	212 316
3	1 822 924	933 649	889 275	53	379 296	167 972	211 324
4	1 898 604	973 177	925 427	54	369 956	161 146	208 810
5	1 922 089	983 513	938 576	55	379 011	170 718	208 293
6	1 852 257	945 909	906 348	56	386 266	174 805	211 461
7	1 645 988	838 467	807 521	57	344 256	154 121	190 135
8	1 586 850	807 889	778 961	58	434 684	209 683	225 001
9	1 599 509	816 857	782 652	59	401 221	189 142	212 079
10	1 554 059	794 303	759 756	60	339 336	156 782	182 554
11	1 501 059	766 586	734 473	61	332 617	154 466	178 151
12	1 507 378	770 687	736 691	62	301 342	136 708	164 634
13	1 534 916	785 016	749 900	63	304 509	135 148	169 361
14	1 434 291	740 270	694 021	64	288 435	126 482	161 953
15	1 414 414	722 008	692 406	65	262 232	112 453	149 779
16	1 434 911	724 614	710 297	66	257 083	109 886	147 197
17	1 357 041	667 730	689 311	67	231 166	97 564	133 602
18	1 324 786	638 238	686 548	68	252 953	108 648	144 305
19	1 274 530	605 106	669 424	69	228 327	95 366	132 961
20	1 261 796	596 930	664 866	70	183 583	76 330	107 253
21	1 151 214	555 686	595 528	71	169 728	71 047	98 681
22	1 172 947	562 438	610 509	72	155 503	63 069	92 434
23	1 198 232	575 259	622 973	73	150 778	59 343	91 435
24	1 259 970	606 099	653 871	74	141 256	55 014	86 242
25	1 221 576	586 104	635 472	75	130 941	50 624	80 317
26	1 195 445	576 521	618 924	76	121 358	46 353	75 005
27	993 452	474 662	518 790	77	108 343	40 944	67 399
28	1 182 465	560 759	621 706	78	107 965	40 812	67 153
29	1 114 831	523 214	591 617	79	93 479	33 558	59 921
30	1 055 973	495 209	560 764	80	72 111	25 193	46 918
31	1 018 553	491 620	526 933	81	62 788	21 411	41 377
32	902 763	433 709	469 054	82	54 020	18 080	35 940
33	852 877	404 164	448 713	83	51 240	16 547	34 693
34	871 792	420 778	451 014	84	43 016	13 637	29 379
35	725 827	344 999	380 828	85 plus	156 433	47 333	109 100
36	730 377	341 206	389 171	Unknown–Inconnu	6 353	3 552	2 801
37	568 653	263 721	304 932				
38	654 450	307 642	346 808				
39	607 336	277 094	330 242				
40	515 262	232 613	282 649				
41	488 341	228 544	259 797				
42	405 379	192 013	213 366				
43	403 360	189 451	213 909				
44	389 156	178 749	210 407				
45	343 594	155 231	188 363				
46	378 787	169 547	209 240				
47	355 693	152 958	202 735				
48	442 002	202 139	239 863				
49	420 008	191 508	228 500				

26. Population by sex, single years of age and urban/rural residence: each census, 1985 – 1993 (continued)

Population selon le sexe, l'année d'âge et la résidence, urbaine/rurale: chaque recensement, 1985 – 1993 (suite)

(See notes at end of table. – Voir notes à la fin du tableau.)

Continent, country or area, date, age (in years) and urban/rural residence / Continent, pays ou zone, date âge (en années), et résidence urbaine/rurale	Both sexes / Les deux sexes	Male / Masculin	Female / Féminin
EUROPE			
Channel Islands – Iles Anglo–Normandes Guernsey – Guernesey			
23 III 1986			
Total	55 482	26 859	28 623
0	636	329	307
1	610	317	293
2	631	321	310
3	626	322	304
4	651	360	291
5	628	336	292
6	629	308	321
7	611	314	297
8	595	305	290
9	596	292	304
10	593	293	300
11	701	378	323
12	701	352	349
13	791	408	383
14	768	401	367
15	876	451	425
16	850	425	425
17	784	408	376
18	811	386	425
19	871	423	448
20	890	462	428
21	954	487	467
22	930	458	472
23	864	419	445
24	843	426	417
25	806	388	418
26	844	416	428
27	775	398	377
28	808	396	412
29	743	374	369
30	759	399	360
31	799	430	369
32	748	368	380
33	812	391	421
34	739	370	369
35	822	404	418
36	880	423	457
37	864	404	460
38	909	453	456
39	1 068	545	523
40	679	336	343
41	741	372	369
42	683	337	346
43	590	281	309
44	567	300	267
45	623	308	315
46	721	360	361
47	730	381	349
48	640	331	309
49	693	348	345
50	596	305	291
51	631	318	313
52	622	308	314
53	643	319	324
54	622	296	326
55	669	318	351
56	635	318	317
57	605	280	325
58	602	280	322
59	584	266	318
60	580	277	303
61	625	286	339
62	643	303	340
63	541	247	294
64	594	278	316
65	605	267	338
66	638	304	334
67	423	196	227
68	438	214	224
69	480	216	264
70	477	196	281
71	538	232	306
72	452	201	251
73	491	205	286
74	447	185	262
75	423	179	244
76	393	178	215
77	363	146	217
78	326	123	203
79	302	116	186
80	328	123	205
81	263	95	168
82	235	79	156
83	216	65	151
84	186	53	133
85 plus	783	193	590

26. Population by sex, single years of age and urban/rural residence: each census, 1985 – 1993 (continued)

Population selon le sexe, l'année d'âge et la résidence, urbaine/rurale: chaque recensement, 1985 – 1993 (suite)

(See notes at end of table. – Voir notes à la fin du tableau.)

Continent, country or area, date, age (in years) and urban/rural residence Continent, pays ou zone, date âge (en années), et résidence urbaine/rurale	Both sexes Les deux sexes	Male Masculin	Female Féminin	Continent, country or area, date, age (in years) and urban/rural residence Continent, pays ou zone, date âge (en années), et résidence urbaine/rurale	Both sexes Les deux sexes	Male Masculin	Female Féminin
EUROPE (cont. – suite)							
Channel Islands – Iles Anglo-Normandes Jersey							
23 III 1986							
Total	80 212	38 751	41 461				
0	877	482	395	50	979	509	470
1	864	420	444	51	948	488	460
2	839	424	415	52	889	449	440
3	804	420	384	53	851	427	424
4	793	393	400	54	813	416	397
5	808	384	424	55	862	427	435
6	836	427	409	56	835	414	421
7	790	395	395	57	797	360	437
8	778	374	404	58	757	377	380
9	733	362	371	59	804	435	369
10	795	426	369	60	800	387	413
11	831	381	450	61	825	428	397
12	801	410	391	62	744	345	399
13	802	406	396	63	785	388	397
14	946	503	443	64	740	346	394
15	974	519	455	65	801	327	474
16	999	511	488	66	706	307	399
17	1 003	537	466	67	584	238	346
18	1 143	579	564	68	567	255	312
19	1 328	608	720	69	586	276	310
20	1 428	653	775	70	639	267	372
21	1 556	755	801	71	644	271	373
22	1 625	750	875	72	613	269	344
23	1 659	793	866	73	665	293	372
24	1 573	768	805	74	579	228	351
25	1 526	753	773	75	556	225	331
26	1 496	724	772	76	562	234	328
27	1 522	742	780	77	538	214	324
28	1 485	736	749	78	443	162	281
29	1 415	699	716	79	423	145	278
30	1 344	652	692	80	393	146	247
31	1 287	648	639	81	376	114	262
32	1 305	662	643	82	287	95	192
33	1 275	618	657	83	256	84	172
34	1 248	632	616	84	249	76	173
35	1 223	628	595	85 plus	1 068	256	812
36	1 300	635	665				
37	1 323	696	627				
38	1 374	702	672				
39	1 373	684	689				
40	1 077	540	537				
41	1 120	548	572				
42	1 073	520	553				
43	959	515	444				
44	932	487	445				
45	968	498	470				
46	1 037	535	502				
47	1 016	529	487				
48	982	493	489				
49	1 003	517	486				

26. Population by sex, single years of age and urban/rural residence: each census, 1985 – 1993 (continued)

Population selon le sexe, l'année d'âge et la résidence, urbaine/rurale: chaque recensement, 1985 – 1993 (suite)

(See notes at end of table. – Voir notes à la fin du tableau.)

Continent, country or area, date, age (in years) and urban/rural residence Continent, pays ou zone, date âge (en années), et résidence urbaine/rurale	Both sexes Les deux sexes	Male Masculin	Female Féminin
EUROPE (cont. – suite)			
Channel Islands – Iles Anglo-Normandes Jersey			
1 III 1991			
Total	84 082	40 862	43 220
0	1 042	521	521
1	985	506	479
2	973	502	471
3	929	490	439
4	842	431	411
5	847	464	383
6	862	420	442
7	857	437	420
8	842	435	407
9	794	395	399
10	859	407	452
11	823	417	406
12	794	393	401
13	801	405	396
14	766	394	372
15	821	432	389
16	840	399	441
17	861	446	415
18	965	483	482
19	1 150	580	570
20	1 384	671	713
21	1 444	696	748
22	1 601	795	806
23	1 720	840	880
24	1 704	828	876
25	1 786	905	881
26	1 788	895	893
27	1 743	831	912
28	1 611	784	827
29	1 537	751	786
30	1 479	762	717
31	1 422	722	700
32	1 481	720	761
33	1 460	737	723
34	1 377	685	692
35	1 317	643	674
36	1 270	622	648
37	1 288	630	658
38	1 242	617	625
39	1 255	635	620
40	1 206	614	592
41	1 274	630	644
42	1 294	666	628
43	1 383	702	681
44	1 349	654	695
45	1 070	539	531
46	1 102	542	560
47	1 073	507	566
48	925	492	433
49	901	455	446
50	990	506	484
51	1 038	533	505
52	998	527	471
53	939	477	462
54	967	483	484
55	965	503	462
56	900	469	431
57	855	436	419
58	794	396	398
59	779	390	389
60	841	407	434
61	793	394	399
62	748	330	418
63	688	347	341
64	738	389	349
65	731	351	380
66	737	375	362
67	665	297	368
68	678	309	369
69	654	279	375
70	705	279	426
71	587	245	342
72	492	202	290
73	481	217	264
74	497	217	280
75	570	225	345
76	513	195	318
77	493	202	291
78	516	225	291
79	458	172	286
80	415	136	279
81	407	169	238
82	373	129	244
83	305	92	213
84	287	85	202
85	241	81	160
86	247	70	177
87	184	46	138
88	135	37	98
89	122	25	97
90	105	27	78
91	86	22	64
92	65	15	50
93	53	7	46
94	29	7	22
95	22	1	21
96	16	3	13
97	12	2	10
98	8	1	7
99	7	–	7
100 plus	14	3	11

26. Population by sex, single years of age and urban/rural residence: each census, 1985 – 1993 (continued)

Population selon le sexe, l'année d'âge et la résidence, urbaine/rurale: chaque recensement, 1985 – 1993 (suite)

(See notes at end of table. – Voir notes à la fin du tableau.)

Continent, country or area, date, age (in years) and urban/rural residence / Continent, pays ou zone, date âge (en années), et résidence urbaine/rurale	Both sexes / Les deux sexes	Male / Masculin	Female / Féminin
EUROPE (cont. – suite)			
Finland – Finlande			
17 XI 1985 [2 3]			
Total	4 910 664	2 377 780	2 532 884
0	62 526	31 869	30 657
1	65 048	33 172	31 876
2	66 839	34 169	32 670
3	66 363	34 114	32 249
4	63 966	32 670	31 296
5	63 485	32 520	30 965
6	63 817	32 416	31 401
7	64 226	32 880	31 346
8	65 536	33 458	32 078
9	66 382	33 969	32 413
10	65 034	33 413	31 621
11	62 022	31 550	30 472
12	56 520	29 083	27 437
13	58 705	30 237	28 468
14	61 063	31 031	30 032
15	63 365	32 302	31 063
16	65 112	33 329	31 783
17	70 333	35 845	34 488
18	73 059	37 297	35 762
19	73 512	37 339	36 173
20	73 824	37 607	36 217
21	75 654	38 618	37 036
22	76 575	39 105	37 470
23	75 671	38 789	36 882
24	75 544	38 620	36 924
25	75 463	38 631	36 832
26	75 642	38 737	36 905
27	73 617	37 636	35 981
28	77 492	39 768	37 724
29	80 119	41 084	39 035
30	79 804	40 924	38 880
31	80 516	40 842	39 674
32	80 299	41 179	39 120
33	83 757	43 124	40 633
34	81 540	42 030	39 510
35	85 283	43 953	41 330
36	88 459	45 799	42 660
37	90 721	46 618	44 103
38	90 764	46 682	44 082
39	89 348	45 831	43 517
40	80 269	41 371	38 898
41	64 848	33 142	31 706
42	62 022	31 698	30 324
43	49 900	25 339	24 561
44	72 753	36 895	35 858
45	51 950	26 150	25 800
46	61 000	30 476	30 524
47	59 360	29 946	29 414
48	55 745	27 848	27 897
49	53 544	26 710	26 834
50	54 044	27 017	27 027
51	51 875	25 649	26 226
52	49 396	24 499	24 897
53	52 235	25 602	26 633
54	53 986	26 684	27 302
55	55 768	26 987	28 781
56	55 159	26 281	28 878
57	54 491	26 050	28 441
58	52 144	24 656	27 488
59	52 092	24 328	27 764
60	51 670	23 579	28 091
61	49 456	21 930	27 526
62	49 696	21 470	28 226
63	46 190	19 278	26 912
64	46 332	19 055	27 277
65	46 399	18 697	27 702
66	33 783	13 677	20 106
67	39 074	15 361	23 713
68	37 877	14 632	23 245
69	35 736	13 647	22 089
70	35 916	13 605	22 311
71	36 689	13 729	22 960
72	34 987	12 800	22 187
73	35 303	12 858	22 445
74	33 428	12 016	21 412
75	31 456	10 928	20 528
76	29 948	10 267	19 681
77	26 908	8 976	17 932
78	24 787	7 960	16 827
79	22 103	6 899	15 204
80	18 874	5 708	13 166
81	16 980	4 949	12 031
82	14 218	4 193	10 025
83	12 649	3 515	9 134
84	10 921	2 955	7 966
85 plus	39 698	9 528	30 170

26. Population by sex, single years of age and urban/rural residence: each census, 1985 – 1993 (continued)

Population selon le sexe, l'année d'âge et la résidence, urbaine/rurale: chaque recensement, 1985 – 1993 (suite)

(See notes at end of table. – Voir notes à la fin du tableau.)

Continent, country or area, date, age (in years) and urban/rural residence Continent, pays ou zone, date âge (en années), et résidence urbaine/rurale	Both sexes Les deux sexes	Male Masculin	Female Féminin
EUROPE (cont. – suite)			
Finland – Finlande			
31 XII 1990 [2]			
Total	4 998 478	2 426 204	2 572 274
0	65 276	33 385	31 891
1	63 181	32 296	30 885
2	63 240	32 296	30 944
3	59 894	30 641	29 253
4	60 894	31 155	29 739
5	62 976	32 091	30 885
6	65 469	33 382	32 087
7	67 288	34 399	32 889
8	66 807	34 370	32 437
9	64 287	32 834	31 453
10	63 877	32 708	31 169
11	64 135	32 580	31 555
12	64 509	33 033	31 476
13	65 757	33 582	32 175
14	66 613	34 076	32 537
15	65 195	33 492	31 703
16	62 093	31 579	30 514
17	56 566	29 087	27 479
18	58 640	30 185	28 455
19	60 889	30 876	30 013
20	63 161	32 179	30 982
21	64 764	33 123	31 641
22	69 928	35 587	34 341
23	72 519	36 970	35 549
24	73 236	37 180	36 056
25	73 525	37 461	36 064
26	75 418	38 535	36 883
27	76 499	39 079	37 420
28	75 714	38 796	36 918
29	75 665	38 656	37 009
30	75 635	38 630	37 005
31	75 894	38 775	37 119
32	73 802	37 691	36 111
33	77 681	39 802	37 879
34	80 314	41 103	39 211
35	79 921	40 893	39 028
36	80 452	40 711	39 741
37	80 181	40 962	39 219
38	83 529	42 856	40 673
39	81 285	41 758	39 527
40	84 796	43 486	41 310
41	87 881	45 297	42 584
42	90 017	46 045	43 972
43	90 028	46 107	43 921
44	88 451	45 138	43 313
45	79 367	40 673	38 694
46	64 089	32 566	31 523
47	61 154	31 070	30 084
48	49 157	24 750	24 407
49	71 515	36 006	35 509
50	51 053	25 492	25 561
51	59 749	29 595	30 154
52	57 928	28 931	28 997
53	54 441	26 897	27 544
54	52 094	25 673	26 421
55	52 505	25 862	26 643
56	50 266	24 490	25 776
57	47 687	23 253	24 434
58	50 305	24 195	26 110
59	51 671	25 008	26 663
60	53 149	25 053	28 096
61	52 388	24 281	28 107
62	51 535	23 962	27 573
63	48 903	22 354	26 549
64	48 675	21 931	26 744
65	47 925	20 956	26 969
66	45 652	19 475	26 177
67	45 483	18 689	26 794
68	41 891	16 536	25 355
69	41 650	16 187	25 463
70	41 207	15 609	25 598
71	29 743	11 283	18 460
72	33 912	12 432	21 480
73	32 352	11 599	20 753
74	30 082	10 588	19 494
75	29 714	10 349	19 365
76	29 821	10 185	19 636
77	27 747	9 145	18 602
78	27 172	8 883	18 289
79	25 078	8 051	17 027
80	22 817	7 028	15 789
81	21 015	6 330	14 685
82	18 185	5 350	12 835
83	15 985	4 529	11 456
84	13 591	3 666	9 925
85	11 046	2 923	8 123
86	9 415	2 358	7 057
87	7 424	1 847	5 577
88	6 027	1 423	4 604
89	4 977	1 135	3 842
90	3 724	841	2 883
91	2 875	659	2 216
92	2 133	433	1 700
93	1 443	270	1 173
94	1 009	209	800
95	706	135	571
96	453	72	381
97	272	47	225
98	172	30	142
99	110	16	94
100 plus	157	27	130

26. Population by sex, single years of age and urban/rural residence: each census, 1985 – 1993 (continued)

Population selon le sexe, l'année d'âge et la résidence, urbaine/rurale: chaque recensement, 1985 – 1993 (suite)

(See notes at end of table. – Voir notes à la fin du tableau.)

Continent, country or area, date, age (in years) and urban/rural residence Continent, pays ou zone, date âge (en années), et résidence urbaine/rurale	Both sexes Les deux sexes	Male Masculin	Female Féminin
EUROPE (cont. – suite)			
France			
5 III 1990[1,7,18]			
Total	56 634 299	27553788	29080511
0	120 508	61 836	58 672
1	749 431	384 739	364 692
2	752 339	387 005	365 334
3	759 314	389 288	370 026
4	761 762	393 174	368 588
5	764 728	388 433	376 295
6	755 248	385 868	369 380
7	736 485	375 713	360 772
8	800 093	406 886	393 207
9	804 772	413 241	391 531
10	806 032	414 906	391 126
11	757 426	384 117	373 309
12	746 183	382 637	363 546
13	748 076	385 234	362 842
14	727 684	374 621	353 063
15	758 252	388 989	369 263
16	812 196	412 356	399 840
17	860 675	439 411	421 264
18	897 348	457 092	440 256
19	891 960	456 161	435 799
20	876 842	446 058	430 784
21	852 729	433 967	418 762
22	842 504	428 729	413 775
23	837 303	423 470	413 833
24	860 154	433 346	426 808
25	853 018	424 572	428 446
26	873 085	437 246	435 839
27	870 879	434 057	436 822
28	842 328	419 598	422 730
29	860 249	427 246	433 003
30	865 429	432 451	432 978
31	862 485	428 491	433 994
32	852 212	420 671	431 541
33	847 578	422 445	425 133
34	849 027	419 997	429 030
35	859 839	426 932	432 907
36	862 750	429 079	433 671
37	849 199	424 973	424 226
38	860 068	431 258	428 810
39	850 712	424 932	425 780
40	891 173	449 005	442 168
41	882 173	451 948	430 225
42	880 847	446 573	434 274
43	869 474	439 709	429 765
44	835 736	423 449	412 287
45	635 398	321 096	314 302
46	620 606	311 073	309 533
47	609 980	311 434	298 546
48	579 631	295 672	283 959
49	515 112	258 292	256 820
50	552 148	277 360	274 788
51	582 796	291 962	290 834
52	579 118	290 602	288 516
53	572 262	285 029	287 233
54	588 680	289 297	299 383
55	588 866	289 331	299 535
56	603 627	295 610	308 017
57	593 012	289 704	303 308
58	613 692	296 847	316 845
59	613 909	297 443	316 466
60	617 710	295 936	321 774
61	597 989	286 178	311 811
62	586 369	271 961	314 408
63	568 771	269 738	299 033
64	568 449	264 112	304 337
65	561 578	257 257	304 321
66	540 631	246 711	293 920
67	544 281	243 315	300 966
68	529 685	235 204	294 481
69	542 035	239 776	302 259
70	539 476	236 674	302 802
71	322 681	140 229	182 452
72	274 410	115 514	158 896
73	236 632	100 280	136 352
74	219 283	90 798	128 485
75	263 423	106 697	156 726
76	385 306	152 957	232 349
77	365 400	143 572	221 828
78	357 723	138 909	218 814
79	314 751	119 146	195 605
80	315 250	114 546	200 704
81	283 465	100 808	182 657
82	269 931	92 701	177 230
83	233 139	79 186	153 953
84	214 509	70 700	143 809
85	190 656	59 852	130 804
86	165 464	49 900	115 564
87	143 033	41 693	101 340
88	123 057	33 740	89 317
89	101 440	25 108	76 332
90	78 268	19 732	58 536
91	62 749	14 628	48 121
92	46 712	10 976	35 736
93	36 136	7 716	28 420
94	26 980	5 520	21 460
95	18 328	2 748	15 580
96	13 696	2 448	11 248
97	9 236	1 360	7 876
98	5 984	820	5 164
99 plus	12 541	1 981	10 560

26. Population by sex, single years of age and urban/rural residence: each census, 1985 – 1993 (continued)

Population selon le sexe, l'année d'âge et la résidence, urbaine/rurale: chaque recensement, 1985 – 1993 (suite)

(See notes at end of table. – Voir notes à la fin du tableau.)

Continent, country or area, date, age (in years) and urban/rural residence Continent, pays ou zone, date âge (en années), et résidence urbaine/rurale	Both sexes Les deux sexes	Male Masculin	Female Féminin
EUROPE (cont. – suite)			
Hungary – Hongrie			
1 I 1990 [1]			
Total	10 374 823	4 985 904	5 388 919
-5	617 232	315 808	301 424
0	121 356	...	...
1	121 820	...	...
2	123 176	...	...
3	124 491	...	...
4	126 389	...	...
5 – 9	656 150	335 356	320 794
5	121 100	...	...
6	123 248	...	...
7	129 493	...	...
8	138 322	...	...
9	143 987	...	...
10 – 14	857 167	439 263	417 904
10	154 857	...	...
11	162 325	...	...
12	171 338	...	...
13	178 600	...	...
14	190 047	...	...
15	181 886	93 266	88 620
16	151 465	77 794	73 671
17	147 161	75 655	71 506
18	142 494	73 070	69 424
19	143 850	73 619	70 231
20	144 380	74 255	70 125
21	144 802	73 704	71 098
22	138 688	70 848	67 840
23	127 913	65 430	62 483
24	122 870	62 624	60 246
25	121 141	61 564	59 577
26	120 597	61 180	59 417
27	118 187	59 635	58 552
28	127 002	64 205	62 797
29	133 363	67 087	66 276
30	134 739	67 468	67 271
31	141 528	71 174	70 354
32	148 013	74 615	73 398
33	168 522	84 611	83 911
34	181 613	91 165	90 448
35	192 155	96 638	95 517
36	175 608	88 022	87 586
37	157 255	78 054	79 201
38	159 530	79 054	80 476
39	162 793	81 331	81 462
40	156 328	78 057	78 271
41	154 418	76 470	77 948
42	148 124	73 642	74 482
43	129 869	64 341	65 528
44	127 936	62 933	65 003
45	145 510	71 670	73 840
46	133 912	65 665	68 247
47	136 367	65 965	70 402
48	127 687	61 840	65 847
49	131 478	63 004	68 474
50	122 410	57 938	64 472
51	121 641	56 593	65 048
52	118 278	54 649	63 629
53	116 406	53 210	63 196
54	118 966	55 192	63 774
55	119 767	55 759	64 008
56	121 326	56 432	64 894
57	121 439	55 626	65 813
58	119 358	54 652	64 706
59	125 653	57 451	68 202
60	119 603	54 638	64 965
61	119 354	53 279	66 075
62	113 318	50 565	62 753
63	116 175	50 471	65 704
64	117 474	50 903	66 571
65	105 875	46 947	58 928
66	110 234	47 323	62 911
67	109 153	44 738	64 415
68	105 417	43 615	61 802
69	98 989	39 560	59 429
70 – 74	267 782	106 513	161 269
75 – 79	316 584	117 075	199 509
80 – 84	172 429	57 685	114 744
85 plus	87 459	25 008	62 451

26. Population by sex, single years of age and urban/rural residence: each census, 1985 – 1993 (continued)

Population selon le sexe, l'année d'âge et la résidence, urbaine/rurale: chaque recensement, 1985 – 1993 (suite)

(See notes at end of table. – Voir notes à la fin du tableau.)

Continent, country or area, date, age (in years) and urban/rural residence Continent, pays ou zone, date âge (en années), et résidence urbaine/rurale	Both sexes Les deux sexes	Male Masculin	Female Féminin
EUROPE (cont. – suite)			
Ireland – Irlande			
21 IV 1991			
Total	3 525 719	1 753 418	1 772 301
0	53 044	27 390	25 654
1	52 947	27 110	25 837
2	52 722	27 054	25 668
3	56 086	28 574	27 512
4	58 944	30 436	28 508
5	60 321	30 799	29 522
6	60 916	31 417	29 499
7	63 112	32 420	30 692
8	65 908	33 727	32 181
9	68 246	34 983	33 263
10	71 385	36 829	34 556
11	72 007	37 201	34 806
12	69 449	35 240	34 209
13	68 043	34 992	33 051
14	67 444	34 666	32 778
15	67 734	34 729	33 005
16	68 488	35 101	33 387
17	68 597	34 987	33 610
18	66 987	34 230	32 757
19	63 220	32 361	30 859
20	60 194	31 073	29 121
21	56 537	29 230	27 307
22	51 997	26 687	25 310
23	49 310	24 971	24 339
24	48 534	24 518	24 016
25	48 305	23 902	24 403
26	49 216	24 068	25 148
27	49 658	24 208	25 450
28	49 588	24 210	25 378
29	49 554	24 272	25 282
30	51 413	25 274	26 139
31	49 991	24 580	25 411
32	49 045	24 380	24 665
33	49 272	24 352	24 920
34	49 350	24 582	24 768
35	48 070	23 806	24 264
36	48 716	24 196	24 520
37	47 127	23 550	23 577
38	48 163	24 018	24 145
39	45 813	23 154	22 659
40	45 975	23 223	22 752
41	45 698	22 778	22 920
42	45 604	22 932	22 672
43	44 987	22 752	22 235
44	43 419	22 171	21 248
45	42 664	21 643	21 021
46	39 066	19 778	19 288
47	37 100	18 864	18 236
48	36 225	18 267	17 958
49	32 707	16 891	15 816
50	32 474	16 703	15 771
51	32 937	16 753	16 184
52	31 418	15 989	15 429
53	29 545	15 051	14 494
54	30 432	15 365	15 067
55	29 758	14 958	14 800
56	28 717	14 473	14 244
57	28 185	14 275	13 910
58	28 383	14 185	14 198
59	27 506	13 774	13 732
60	28 161	14 090	14 071
61	27 490	13 520	13 970
62	26 673	13 063	13 610
63	25 782	12 450	13 332
64	26 460	12 468	13 992
65	26 660	12 536	14 124
66	26 848	12 548	14 300
67	26 141	12 279	13 862
68	26 077	11 936	14 141
69	25 026	11 657	13 369
70	25 019	11 449	13 570
71	23 831	10 814	13 017
72	21 695	9 701	11 994
73	18 958	8 487	10 471
74	19 822	8 732	11 090
75	18 721	8 258	10 463
76	18 418	7 799	10 619
77	16 593	6 878	9 715
78	15 718	6 649	9 069
79	14 632	6 129	8 503
80	13 245	5 408	7 837
81	11 232	4 426	6 806
82	9 458	3 596	5 862
83	8 183	3 022	5 161
84	7 183	2 513	4 670
85 plus	29 440	8 908	20 532

26. Population by sex, single years of age and urban/rural residence: each census, 1985 – 1993 (continued)

Population selon le sexe, l'année d'âge et la résidence, urbaine/rurale: chaque recensement, 1985 – 1993 (suite)

(See notes at end of table. – Voir notes à la fin du tableau.)

Continent, country or area, date, age (in years) and urban/rural residence Continent, pays ou zone, date âge (en années), et résidence urbaine/rurale	Both sexes Les deux sexes	Male Masculin	Female Féminin
EUROPE (cont. – suite)			
Isle of Man – Ile de Man			
6 IV 1986 [2]			
Total	64 282	30 782	33 500
0	687	336	351
1	651	339	312
2	622	307	315
3	673	337	336
4	736	381	355
5	731	379	352
6	737	388	349
7	764	384	380
8	671	333	338
9	727	369	358
10	746	383	363
11	798	422	376
12	876	403	473
13	932	513	419
14	972	504	468
15	995	525	470
16	943	493	450
17	942	499	443
18	928	473	455
19	942	462	480
20	949	505	444
21	920	476	444
22	921	477	444
23	831	429	402
24	825	412	413
25	800	395	405
26	724	383	341
27	756	371	385
28	743	361	382
29	749	351	398
30	702	332	370
31	745	371	374
32	729	373	356
33	772	412	360
34	783	376	407
35	844	417	427
36	899	434	465
37	888	428	460
38	947	498	449
39	984	505	479
40	821	404	417
41	824	424	400
42	795	384	411
43	731	345	386
44	746	372	374
45	679	346	333
46	696	372	324
47	738	350	388
48	678	321	357
49	730	372	358
50	678	340	338
51	678	347	331
52	639	313	326
53	642	318	324
54	641	321	320
55	710	339	371
56	705	321	384
57	693	313	380
58	677	310	367
59	689	295	394
60	763	348	415
61	778	363	415
62	775	350	425
63	773	359	414
64	845	368	477
65	810	360	450
66	896	403	493
67	638	302	336
68	569	249	320
69	706	311	395
70	741	338	403
71	719	320	399
72	805	341	464
73	686	302	384
74	687	291	396
75	631	254	377
76	630	266	364
77	598	269	329
78	540	223	317
79	533	208	325
80	445	133	312
81	447	152	295
82	356	127	229
83	324	100	224
84	288	92	196
85 plus	1 109	300	809
Unknown–Inconnu	416	210	206

26. Population by sex, single years of age and urban/rural residence: each census, 1985 – 1993 (continued)

Population selon le sexe, l'année d'âge et la résidence, urbaine/rurale: chaque recensement, 1985 – 1993 (suite)

(See notes at end of table. – Voir notes à la fin du tableau.)

Continent, country or area, date, age (in years) and urban/rural residence Continent, pays ou zone, date âge (en années), et résidence urbaine/rurale	Both sexes Les deux sexes	Male Masculin	Female Féminin
EUROPE (cont. – suite)			
Isle of Man – Ile de Man			
14 IV 1991 [2]			
Total	69 788	33 693	36 095
0	851	435	416
1	810	417	393
2	790	395	395
3	799	398	401
4	795	399	396
5	779	395	384
6	789	415	374
7	753	367	386
8	789	397	392
9	837	439	398
10	833	437	396
11	845	436	409
12	829	416	413
13	780	402	378
14	818	422	396
15	807	421	386
16	861	454	407
17	952	446	506
18	1 006	530	476
19	1 015	503	512
20	1 071	520	551
21	1 002	509	493
22	978	504	474
23	984	476	508
24	967	487	480
25	939	496	443
26	992	505	487
27	986	496	490
28	946	482	464
29	970	490	480
30	921	450	471
31	931	471	460
32	890	428	462
33	913	458	455
34	908	432	476
35	819	394	425
36	916	470	446
37	864	442	422
38	906	468	438
39	913	447	466
40	992	489	503
41	1 043	516	527
42	1 022	509	513
43	1 090	568	522
44	1 120	580	540
45	942	486	456
46	925	474	451
47	911	450	461
48	875	421	454
49	804	392	412
50	763	398	365
51	781	406	375
52	806	391	415
53	766	371	395
54	777	405	372
55	730	371	359
56	715	369	346
57	694	351	343
58	685	334	351
59	691	330	361
60	752	355	397
61	723	330	393
62	738	344	394
63	709	331	378
64	738	317	421
65	754	347	407
66	764	357	407
67	726	322	404
68	770	341	429
69	769	343	426
70	764	329	435
71	781	344	437
72	570	240	330
73	514	216	298
74	603	244	359
75	630	285	345
76	610	256	354
77	637	260	377
78	553	231	322
79	536	212	324
80	477	162	315
81	453	172	281
82	415	167	248
83	380	140	240
84	331	115	216
85	272	68	204
86	259	75	184
87	175	54	121
88	180	49	131
89	131	37	94
90	99	24	75
91	88	31	57
92	52	10	42
93	40	6	34
94	41	10	31
95	25	3	22
96	14	2	12
97	12	1	11
98	3	–	3
99	5	2	3
100 plus	9	1	8

26. Population by sex, single years of age and urban/rural residence: each census, 1985 – 1993 (continued)

Population selon le sexe, l'année d'âge et la résidence, urbaine/rurale: chaque recensement, 1985 – 1993 (suite)

(See notes at end of table. – Voir notes à la fin du tableau.)

Continent, country or area, date, age (in years) and urban/rural residence Continent, pays ou zone, date âge (en années), et résidence urbaine/rurale	Both sexes Les deux sexes	Male Masculin	Female Féminin
EUROPE (cont. – suite)			
Lithuania – Lituanie			
12 I 1989 [1 2]			
Total	3 674 802	1 738 953	1 935 849
0	56 762	29 007	27 755
1	59 209	30 158	29 051
2	60 941	31 365	29 576
3	59 593	30 128	29 465
4	58 795	29 974	28 821
5	58 562	30 058	28 504
6	54 674	27 704	26 970
7	53 424	27 185	26 239
8	53 803	27 450	26 353
9	53 267	27 025	26 242
10	52 930	26 956	25 974
11	52 585	26 678	25 907
12	52 862	26 824	26 038
13	52 284	26 288	25 996
14	52 472	26 421	26 051
15	54 008	27 561	26 447
16	56 551	28 945	27 606
17	57 105	29 224	27 881
18	57 724	30 339	27 385
19	55 329	29 303	26 026
20	54 034	27 436	26 598
21	55 068	28 224	26 844
22	55 891	28 812	27 079
23	55 880	28 849	27 031
24	58 734	30 308	28 426
25	59 296	30 427	28 869
26	61 372	31 032	30 340
27	64 327	32 489	31 838
28	64 515	32 385	32 130
29	62 514	31 147	31 367
30	61 941	30 858	31 083
31	57 815	28 875	28 940
32	53 729	26 553	27 176
33	52 911	26 303	26 608
34	51 162	25 398	25 764
35	47 865	23 675	24 190
36	49 408	24 222	25 186
37	48 775	23 867	24 908
38	49 800	24 327	25 473
39	49 734	23 940	25 794
40	46 190	22 161	24 029
41	42 099	20 294	21 805
42	40 567	19 451	21 116
43	44 137	20 894	23 243
44	37 564	18 004	19 560
45	43 424	20 426	22 998
46	47 958	22 620	25 338
47	47 843	22 827	25 016
48	43 651	20 682	22 969
49	43 867	20 453	23 414
50	45 272	20 919	24 353
51	44 691	20 320	24 371
52	45 658	20 925	24 733
53	43 900	20 146	23 754
54	40 738	18 268	22 470
55	42 936	19 278	23 658
56	44 099	19 407	24 692
57	41 681	18 359	23 322
58	42 917	18 987	23 930
59	39 799	17 237	22 562
60	42 683	18 115	24 568
61	39 444	16 788	22 656
62	36 245	13 889	22 356
63	35 376	13 101	22 275
64	33 107	12 022	21 085
65	32 303	12 084	20 219
66	29 618	10 906	18 712
67	26 296	9 957	16 339
68	24 503	9 164	15 339
69	20 059	7 350	12 709
70	15 928	5 543	10 385
71	14 415	5 170	9 245
72	15 756	5 564	10 192
73	15 512	5 306	10 206
74	18 391	6 070	12 321
75	17 308	5 556	11 752
76	18 219	5 772	12 447
77	16 026	4 999	11 027
78	15 335	4 492	10 843
79	14 155	4 282	9 873
80	15 859	6 647	9 212
81	14 197	5 797	8 400
82	12 291	4 397	7 894
83	9 770	3 119	6 651
84	8 606	2 858	5 748
85	7 147	2 293	4 854
86	6 440	1 946	4 494
87	4 718	1 388	3 330
88	4 991	1 272	3 719
89	2 684	719	1 965
90	2 492	636	1 856
91	1 681	499	1 182
92	1 450	391	1 059
93	1 285	341	944
94	863	284	579
95	661	258	403
96	501	173	328
97	363	109	254
98	559	123	436
99	308	51	257
100 plus	542	120	422
Unknown–Inconnu	73	24	49

26. Population by sex, single years of age and urban/rural residence: each census, 1985 – 1993 (continued)

Population selon le sexe, l'année d'âge et la résidence, urbaine/rurale: chaque recensement, 1985 – 1993 (suite)

(See notes at end of table. – Voir notes à la fin du tableau.)

Continent, country or area, date, age (in years) and urban/rural residence / Continent, pays ou zone, date âge (en années), et résidence urbaine/rurale	Both sexes / Les deux sexes	Male / Masculin	Female / Féminin
EUROPE (cont. – suite)			
Norway – Norvège			
3 XI 1990 [1,2]			
Total	4 247 546	2 099 881	2 147 665
0	51 727	26 512	25 215
1	59 169	30 368	28 801
2	57 521	29 505	28 016
3	54 299	27 622	26 677
4	53 095	27 364	25 731
5	51 761	26 544	25 217
6	51 051	26 115	24 936
7	50 794	26 168	24 626
8	52 047	26 797	25 250
9	51 854	26 366	25 488
10	52 051	26 794	25 257
11	52 433	26 845	25 588
12	52 635	27 031	25 604
13	51 811	26 523	25 288
14	54 302	27 763	26 539
15	57 163	29 170	27 993
16	60 673	30 776	29 897
17	62 243	31 973	30 270
18	65 145	33 281	31 864
19	66 053	33 669	32 384
20	65 229	33 361	31 868
21	68 464	35 097	33 367
22	68 174	34 944	33 230
23	67 104	34 241	32 863
24	67 718	34 876	32 842
25	67 121	34 585	32 536
26	66 672	34 368	32 304
27	64 656	33 034	31 622
28	63 507	32 719	30 788
29	63 411	32 582	30 829
30	62 916	32 285	30 631
31	63 759	32 857	30 902
32	63 514	32 502	31 012
33	63 008	32 230	30 778
34	63 928	32 571	31 357
35	63 119	32 325	30 794
36	62 023	31 629	30 394
37	62 043	31 664	30 379
38	61 339	31 530	29 809
39	59 130	30 632	28 498
40	60 544	31 224	29 320
41	60 910	31 449	29 461
42	62 497	32 366	30 131
43	64 256	33 017	31 239
44	66 937	34 424	32 513
45	59 991	30 744	29 247
46	57 747	29 769	27 978
47	51 396	26 288	25 108
48	47 273	24 054	23 219
49	41 528	21 006	20 522
50	42 850	21 715	21 135
51	41 759	20 946	20 813
52	40 330	20 201	20 129
53	38 536	19 241	19 295
54	37 152	18 616	18 536
55	35 692	17 556	18 136
56	35 892	17 883	18 009
57	35 872	17 905	17 967
58	38 152	18 825	19 327
59	38 220	18 664	19 556
60	39 193	19 281	19 912
61	38 474	18 888	19 586
62	39 013	18 867	20 146
63	38 689	18 661	20 028
64	40 585	19 493	21 092
65	39 921	19 073	20 848
66	41 526	19 685	21 841
67	42 549	19 979	22 570
68	41 932	19 310	22 622
69	41 798	18 921	22 877
70	44 031	19 900	24 131
71	36 070	16 254	19 816
72	36 818	16 061	20 757
73	36 052	15 610	20 442
74	33 073	13 961	19 112
75	31 553	13 148	18 405
76	30 265	12 591	17 674
77	28 626	11 668	16 958
78	27 202	10 903	16 299
79	25 062	9 820	15 242
80	22 879	8 684	14 195
81	21 422	7 908	13 514
82	18 576	6 647	11 929
83	16 752	5 797	10 955
84	14 729	4 979	9 750
85	12 723	4 108	8 615
86	11 179	3 532	7 647
87	9 717	3 090	6 627
88	8 007	2 444	5 563
89	6 674	1 948	4 726
90	5 154	1 398	3 756
91	4 009	1 131	2 878
92	3 309	941	2 368
93	2 392	666	1 726
94	1 734	461	1 273
95	1 238	356	882
96	880	228	652
97	563	140	423
98	401	110	291
99	247	59	188
100 plus	333	69	264

26. Population by sex, single years of age and urban/rural residence: each census, 1985 – 1993 (continued)

Population selon le sexe, l'année d'âge et la résidence, urbaine/rurale: chaque recensement, 1985 – 1993 (suite)

(See notes at end of table. – Voir notes à la fin du tableau.)

Continent, country or area, date, age (in years) and urban/rural residence Continent, pays ou zone, date âge (en années), et résidence urbaine/rurale	Both sexes Les deux sexes	Male Masculin	Female Féminin
EUROPE (cont. – suite)			
Poland – Pologne			
6 XII 1988 [1 19]			
Total	37 878 641	18464373	19414268
0	529 455	269 536	259 919
1	581 423	297 337	284 086
2	622 655	317 993	304 662
3	663 037	338 125	324 912
4	685 184	350 636	334 548
5	702 608	358 367	344 241
6	686 023	350 887	335 136
7	655 178	334 773	320 405
8	669 672	341 290	328 382
9	660 412	338 143	322 269
10	648 693	331 540	317 153
11	635 822	325 727	310 095
12	644 506	329 457	315 049
13	624 388	318 728	305 660
14	600 810	307 947	292 863
15	589 696	301 089	288 607
16	569 804	292 214	277 590
17	540 802	276 868	263 934
18	523 057	268 018	255 039
19	490 554	252 901	237 653
20	490 843	252 712	238 131
21	481 363	247 316	234 047
22	487 079	248 693	238 386
23	498 089	253 522	244 567
24	515 247	262 580	252 667
25	527 144	267 795	259 349
26	537 213	273 356	263 857
27	553 467	281 354	272 113
28	600 045	303 849	296 196
29	626 471	317 645	308 826
30	664 787	336 994	327 793
31	674 213	341 713	332 500
32	673 182	339 949	333 233
33	680 201	343 925	336 276
34	658 960	331 901	327 059
35	657 723	330 816	326 907
36	652 324	327 951	324 373
37	637 804	319 393	318 411
38	624 288	313 759	310 529
39	585 617	293 031	292 586
40	578 991	289 828	289 163
41	536 801	268 151	268 650
42	491 384	244 256	247 128
43	365 590	180 193	185 397
44	355 319	174 885	180 434
45	345 125	170 194	174 931
46	343 712	168 501	175 211
47	361 452	177 696	183 756
48	387 692	189 416	198 276
49	394 877	191 796	203 081
50	392 884	189 979	202 905
51	395 830	192 007	203 823
52	407 820	196 059	211 761
53	404 439	194 418	210 021
54	392 882	188 120	204 762
55	390 600	187 015	203 585
56	408 136	193 768	214 368
57	407 190	193 666	213 524
58	424 052	198 865	225 187
59	394 042	183 661	210 381
60	390 911	179 200	211 711
61	356 193	160 169	196 024
62	352 723	152 690	200 033
63	363 396	154 979	208 417
64	329 689	138 209	191 480
65	324 904	136 305	188 599
66	306 404	127 769	178 635
67	257 991	107 900	150 091
68	254 899	106 921	147 978
69	215 955	88 251	127 704
70	154 621	61 165	93 456
71	143 715	57 963	85 752
72	148 489	57 742	90 747
73	156 066	59 092	96 974
74	192 557	72 121	120 436
75	185 131	69 767	115 364
76	185 916	67 724	118 192
77	162 311	58 802	103 509
78	159 401	57 064	102 337
79	138 842	49 174	89 668
80	124 532	42 423	82 109
81	111 209	37 819	73 390
82	97 024	31 074	65 950
83	81 793	25 370	56 423
84	70 211	21 250	48 961
85	57 144	16 620	40 524
86	49 620	14 012	35 608
87	37 451	10 079	27 372
88	33 331	8 595	24 736
89	18 941	4 862	14 079
90	16 538	3 992	12 546
91	11 479	2 810	8 669
92	8 795	2 036	6 759
93	6 100	1 404	4 696
94	4 045	916	3 129
95	2 795	652	2 143
96	2 173	568	1 605
97	1 347	329	1 018
98	1 098	280	818
99	2 712	971	1 741
100 plus	1 564	363	1 201
Unknown–Inconnu	29 968	12 637	17 331

26. Population by sex, single years of age and urban/rural residence: each census, 1985 – 1993 (continued)

Population selon le sexe, l'année d'âge et la résidence, urbaine/rurale: chaque recensement, 1985 – 1993 (suite)

(See notes at end of table. – Voir notes à la fin du tableau.)

Continent, country or area, date, age (in years) and urban/rural residence Continent, pays ou zone, date âge (en années), et résidence urbaine/rurale	Both sexes Les deux sexes	Male Masculin	Female Féminin
EUROPE (cont. – suite)			
Republic of Moldova – République de Moldova			
12 I 1989 [1 2]			
Total	4 335 360	2 063 192	2 272 168
0	86 074	43 885	42 189
1	87 012	44 412	42 600
2	90 800	46 190	44 610
3	87 879	44 611	43 268
4	86 662	44 291	42 371
5	87 644	44 313	43 331
6	80 922	41 284	39 638
7	78 245	39 622	38 623
8	77 301	39 059	38 242
9	76 765	38 918	37 847
10	74 812	37 782	37 030
11	73 706	37 564	36 142
12	75 101	38 049	37 052
13	74 854	37 851	37 003
14	72 812	36 674	36 138
15	71 154	36 183	34 971
16	71 935	37 028	34 907
17	66 027	33 612	32 415
18	60 074	30 642	29 432
19	57 089	29 304	27 785
20	58 616	29 300	29 316
21	59 091	28 876	30 215
22	60 007	29 159	30 848
23	58 270	27 842	30 428
24	62 894	30 364	32 530
25	67 196	32 313	34 883
26	69 783	33 844	35 939
27	74 488	36 289	38 199
28	77 479	37 546	39 933
29	78 664	38 010	40 654
30	76 952	37 275	39 677
31	75 674	37 207	38 467
32	72 016	35 032	36 984
33	68 783	33 607	35 176
34	71 223	34 696	36 527
35	67 619	32 893	34 726
36	66 904	32 449	34 455
37	69 797	33 879	35 918
38	71 777	34 836	36 941
39	72 835	35 290	37 545
40	58 817	28 504	30 313
41	40 787	19 493	21 294
42	38 479	18 187	20 292
43	24 778	11 446	13 332
44	33 945	15 584	18 361
45	36 790	17 272	19 518
46	44 754	20 659	24 095
47	55 555	26 314	29 241
48	44 690	20 715	23 975
49	46 431	21 052	25 379
50	49 952	22 566	27 386
51	50 829	23 573	27 256
52	48 471	22 038	26 433
53	45 081	20 852	24 229
54	42 903	19 707	23 196
55	38 272	17 221	21 051
56	45 273	20 024	25 249
57	38 487	17 296	21 191
58	46 649	20 225	26 424
59	40 872	18 056	22 816
60	46 065	20 146	25 919
61	42 663	19 045	23 618
62	35 375	13 833	21 542
63	35 026	13 571	21 455
64	34 892	13 307	21 585
65	32 687	12 918	19 769
66	33 039	12 356	20 683
67	29 370	12 095	17 275
68	28 429	11 024	17 405
69	20 318	8 185	12 133
70	23 228	8 658	14 570
71	12 634	4 803	7 831
72	13 315	4 942	8 373
73	14 706	5 657	9 049
74	20 665	7 281	13 384
75	16 568	6 590	9 978
76	18 483	6 557	11 926
77	12 849	4 795	8 054
78	14 046	4 646	9 400
79	10 258	3 625	6 633
80	9 016	3 006	6 010
81	7 602	2 718	4 884
82	6 567	2 253	4 314
83	5 445	1 739	3 706
84	5 156	1 590	3 566
85	4 006	1 250	2 756
86	3 654	1 063	2 591
87	2 314	753	1 561
88	2 726	641	2 085
89	1 142	345	797
90	1 110	315	795
91	683	171	512
92	603	154	449
93	413	91	322
94	360	78	282
95	234	54	180
96	223	42	181
97	128	35	93
98	204	27	177
99	164	29	135
100 plus	242	39	203
Unknown–Inconnu	1	–	1

26. Population by sex, single years of age and urban/rural residence: each census, 1985 – 1993 (continued)

Population selon le sexe, l'année d'âge et la résidence, urbaine/rurale: chaque recensement, 1985 – 1993 (suite)

(See notes at end of table. – Voir notes à la fin du tableau.)

Continent, country or area, date, age (in years) and urban/rural residence Continent, pays ou zone, date âge (en années), et résidence urbaine/rurale	Both sexes Les deux sexes	Male Masculin	Female Féminin
EUROPE (cont. – suite)			
Romania – Roumanie			
7 I 1992 [1]			
Total	22 810 035	11213763	11596272
0	260 943	133 817	127 126
1	284 644	145 259	139 385
2	355 053	181 268	173 785
3	352 336	179 423	172 913
4	360 443	183 971	176 472
5	357 832	182 447	175 385
6	340 064	173 755	166 309
7	329 429	168 068	161 361
8	300 954	153 547	147 407
9	325 606	165 950	159 656
10	358 517	183 401	175 116
11	382 604	195 040	187 564
12	381 926	195 085	186 841
13	389 809	198 526	191 283
14	401 742	205 499	196 243
15	402 197	206 444	195 753
16	402 700	207 155	195 545
17	407 923	210 665	197 258
18	350 136	181 098	169 038
19	353 980	180 592	173 388
20	338 783	165 501	173 282
21	379 708	191 727	187 981
22	403 237	205 060	198 177
23	457 941	233 157	224 784
24	462 399	234 746	227 653
25	240 506	123 102	117 404
26	246 487	125 389	121 098
27	251 586	127 735	123 851
28	255 512	129 402	126 110
29	261 689	132 379	129 310
30	276 251	140 211	136 040
31	300 548	152 067	148 481
32	306 525	155 073	151 452
33	323 975	162 888	161 087
34	338 839	170 370	168 469
35	352 717	176 778	175 939
36	361 809	181 644	180 165
37	344 744	173 159	171 585
38	323 452	162 179	161 273
39	330 422	165 672	164 750
40	319 676	160 372	159 304
41	334 098	167 194	166 904
42	335 126	167 576	167 550
43	280 644	139 877	140 767
44	257 975	129 424	128 551
45	260 677	129 561	131 116
46	216 386	107 221	109 165
47	245 076	120 931	124 145
48	219 049	108 363	110 686
49	232 456	114 243	118 213
50	240 357	117 841	122 516
51	263 101	128 517	134 584
52	278 750	134 901	143 849
53	281 438	135 787	145 651
54	283 884	137 259	146 625
55	289 369	139 266	150 103
56	269 193	130 035	139 158
57	267 268	128 244	139 024
58	256 639	122 826	133 813
59	280 593	134 041	146 552
60	253 842	120 863	132 979
61	259 948	122 752	137 196
62	243 317	114 897	128 420
63	243 999	114 307	129 692
64	230 947	107 513	123 434
65	225 173	103 494	121 679
66	216 764	98 636	118 128
67	210 359	94 990	115 369
68	193 155	84 740	108 415
69	183 744	77 643	106 101
70	168 672	68 792	99 880
71	141 182	56 254	84 928
72	133 605	53 448	80 157
73	57 987	22 523	35 464
74	57 210	22 792	34 418
75	83 753	32 484	51 269
76	92 086	35 893	56 196
77	105 821	41 435	64 386
78	97 698	38 307	59 391
79	95 649	37 102	58 547
80	80 207	31 672	48 535
81	69 893	27 164	42 729
82	61 152	24 093	37 059
83	49 933	19 324	30 609
84	42 634	16 440	26 194
85	34 421	13 160	21 261
86	26 619	10 143	16 476
87	21 598	8 050	13 548
88	16 678	6 225	10 453
89	12 816	4 581	8 235
90	9 014	3 207	5 807
91	7 735	2 589	5 146
92	4 161	1 454	2 707
93	2 598	880	1 718
94	1 799	570	1 229
95	1 241	397	844
96	812	263	549
97	567	186	381
98	364	108	256
99	154	43	111
100 plus	257	71	186
Unknown–Inconnu	2 748	1 553	1 195

26. Population by sex, single years of age and urban/rural residence: each census, 1985 – 1993 (continued)

Population selon le sexe, l'année d'âge et la résidence, urbaine/rurale: chaque recensement, 1985 – 1993 (suite)

(See notes at end of table. – Voir notes à la fin du tableau.)

Continent, country or area, date, age (in years) and urban/rural residence Continent, pays ou zone, date âge (en années), et résidence urbaine/rurale	Both sexes Les deux sexes	Male Masculin	Female Féminin
EUROPE (cont. – suite)			
Russian Federation – Fédération Russe			
12 I 1989 [1]			
Total	147 021 869	68713869	78308000
0	2 326 547	1 187 062	1 139 485
1	2 455 783	1 252 569	1 203 214
2	2 472 804	1 259 066	1 213 738
3	2 369 760	1 205 424	1 164 336
4	2 406 666	1 224 935	1 181 731
5	2 464 297	1 251 936	1 212 361
6	2 318 182	1 178 420	1 139 762
7	2 210 192	1 120 932	1 089 260
8	2 203 203	1 117 962	1 085 241
9	2 164 468	1 099 107	1 065 361
10	2 158 465	1 094 258	1 064 207
11	2 121 863	1 076 103	1 045 760
12	2 143 331	1 087 878	1 055 453
13	2 098 647	1 064 033	1 034 614
14	2 069 933	1 049 831	1 020 102
15	2 010 966	1 019 117	991 849
16	2 051 805	1 040 471	1 011 334
17	2 000 856	1 018 440	982 416
18	1 984 492	1 030 317	954 175
19	1 919 492	1 010 365	909 127
20	1 846 167	938 162	908 005
21	1 851 698	937 305	914 393
22	1 959 185	994 796	964 389
23	1 992 260	1 014 580	977 680
24	2 105 310	1 071 140	1 034 170
25	2 290 201	1 165 248	1 124 953
26	2 427 220	1 232 522	1 194 698
27	2 565 348	1 304 504	1 260 844
28	2 660 906	1 349 567	1 311 339
29	2 613 559	1 321 760	1 291 799
30	2 628 167	1 324 418	1 303 749
31	2 598 526	1 313 737	1 284 789
32	2 526 605	1 271 807	1 254 798
33	2 540 886	1 276 740	1 264 146
34	2 568 625	1 286 157	1 282 468
35	2 359 599	1 179 693	1 179 906
36	2 387 005	1 190 167	1 196 838
37	2 336 376	1 166 969	1 169 407
38	2 248 521	1 118 389	1 130 132
39	2 352 600	1 166 096	1 186 504
40	2 011 086	996 264	1 014 822
41	1 919 835	946 999	972 836
42	1 807 772	889 430	918 342
43	1 085 616	532 315	553 301
44	838 312	410 679	427 633
45	778 407	378 426	399 981
46	1 121 302	531 319	589 983
47	1 891 086	897 387	993 699
48	1 948 512	921 873	1 026 639
49	2 215 593	1 038 151	1 177 442
50	2 302 912	1 072 588	1 230 324
51	2 274 135	1 063 113	1 211 022
52	1 924 274	892 275	1 031 999
53	1 703 823	789 192	914 631
54	1 388 389	636 807	751 582
55	1 360 980	614 992	745 988
56	1 652 510	733 704	918 806
57	1 655 841	740 490	915 351
58	1 879 185	826 647	1 052 538
59	1 850 643	804 057	1 046 586
60	1 976 504	836 705	1 139 799
61	1 816 256	764 668	1 051 588
62	1 710 080	666 651	1 043 429
63	1 489 272	523 738	965 534
64	1 367 949	447 893	920 056
65	1 203 969	369 296	834 673
66	985 836	291 325	694 511
67	841 222	259 832	581 390
68	756 241	229 741	526 500
69	722 944	217 531	505 413
70	875 373	255 921	619 452
71	563 254	163 782	399 472
72	618 262	170 084	448 178
73	728 794	197 156	531 638
74	867 252	224 305	642 947
75	760 760	200 024	560 736
76	781 345	192 577	588 768
77	638 857	161 834	477 023
78	645 441	146 993	498 448
79	506 757	118 088	388 669
80	464 628	101 089	363 539
81	403 698	86 924	316 774
82	351 354	72 310	279 044
83	299 622	57 432	242 190
84	250 260	46 402	203 858
85 plus	890 352	143 631	746 721
Unknown–Inconnu	84 858	39 246	45 612

26. Population by sex, single years of age and urban/rural residence: each census, 1985 – 1993 (continued)

Population selon le sexe, l'année d'âge et la résidence, urbaine/rurale: chaque recensement, 1985 – 1993 (suite)

(See notes at end of table. – Voir notes à la fin du tableau.)

Continent, country or area, date, age (in years) and urban/rural residence Continent, pays ou zone, date âge (en années), et résidence urbaine/rurale	Both sexes Les deux sexes	Male Masculin	Female Féminin
EUROPE (cont. – suite)			
Slovenia – Slovénie			
31 III 1991 [1 2]			
Total	1 965 986	952 611	1 013 375
0	21 702	11 061	10 641
1	22 726	11 826	10 900
2	24 280	12 505	11 775
3	25 655	13 103	12 552
4	24 906	12 727	12 179
5	25 262	12 942	12 320
6	26 321	13 420	12 901
7	26 970	13 792	13 178
8	27 597	14 219	13 378
9	28 929	14 842	14 087
10	29 814	15 160	14 654
11	30 120	15 591	14 529
12	30 145	15 566	14 579
13	29 916	15 528	14 388
14	30 015	15 347	14 668
15	29 628	15 057	14 571
16	29 107	14 948	14 159
17	28 926	14 833	14 093
18	28 826	14 763	14 063
19	28 413	14 502	13 911
20	27 330	13 694	13 636
21	27 537	13 860	13 677
22	28 171	14 172	13 999
23	29 627	14 689	14 938
24	30 964	15 471	15 493
25	31 285	15 465	15 820
26	30 189	14 922	15 267
27	30 457	15 250	15 207
28	30 541	15 372	15 169
29	30 873	15 553	15 320
30	30 329	15 037	15 292
31	30 547	15 353	15 194
32	30 557	15 529	15 028
33	31 116	15 607	15 509
34	32 524	16 627	15 897
35	32 571	16 658	15 913
36	32 725	16 726	15 999
37	32 657	16 712	15 945
38	32 896	17 044	15 852
39	31 239	16 082	15 157
40	32 547	16 724	15 823
41	30 068	15 553	14 515
42	28 030	14 266	13 764
43	27 054	13 976	13 078
44	26 731	13 603	13 128
45	18 280	9 261	9 019
46	21 078	10 834	10 244
47	25 025	12 468	12 557
48	24 797	12 331	12 466
49	24 316	12 304	12 012
50	23 428	11 837	11 591
51	23 523	11 750	11 773
52	22 382	10 998	11 384
53	22 234	11 053	11 181
54	22 974	11 309	11 665
55	22 212	11 019	11 193
56	22 465	10 676	11 789
57	22 456	10 575	11 881
58	22 374	10 314	12 060
59	22 223	10 254	11 969
60	23 308	10 814	12 494
61	21 033	9 514	11 519
62	20 611	9 124	11 487
63	19 514	8 331	11 183
64	18 556	7 439	11 117
65	17 872	6 723	11 149
66	16 595	6 166	10 429
67	16 629	6 119	10 510
68	15 439	5 522	9 917
69	14 769	5 231	9 538
70	12 877	4 637	8 240
71	11 562	4 164	7 398
72	7 289	2 516	4 773
73	5 676	2 033	3 643
74	6 054	2 201	3 853
75	6 647	2 383	4 264
76	10 352	3 676	6 676
77	9 924	3 441	6 483
78	9 505	3 246	6 259
79	8 305	2 860	5 445
80	7 672	2 502	5 170
81	7 067	2 361	4 706
82	6 011	1 908	4 103
83	4 947	1 488	3 459
84	4 298	1 218	3 080
85	3 526	1 019	2 507
86	2 801	758	2 043
87	2 286	633	1 653
88	1 759	461	1 298
89	1 441	360	1 081
90	1 017	244	773
91	856	210	646
92	525	111	414
93	363	82	281
94	223	40	183
95	175	32	143
96	101	23	78
97	54	8	46
98	25	6	19
99	29	5	24
100 plus	13	2	11
Unknown–Inconnu	690	340	350

26. Population by sex, single years of age and urban/rural residence: each census, 1985 – 1993 (continued)

Population selon le sexe, l'année d'âge et la résidence, urbaine/rurale: chaque recensement, 1985 – 1993 (suite)

(See notes at end of table. – Voir notes à la fin du tableau.)

Continent, country or area, date, age (in years) and urban/rural residence Continent, pays ou zone, date âge (en années), et résidence urbaine/rurale	Both sexes Les deux sexes	Male Masculin	Female Féminin
EUROPE (cont. – suite)			
Spain – Espagne			
1 III 1991 [2]			
Total	38 872 272	19036430	19835842
0	384 883	198 174	186 708
1	395 967	203 406	192 561
2	395 253	204 323	190 930
3	410 366	211 037	199 329
4	423 227	216 488	206 739
5	443 185	228 269	214 916
6	459 861	235 769	224 093
7	476 264	245 436	230 827
8	509 318	260 162	249 157
9	535 159	273 183	261 977
10	566 413	292 518	273 894
11	598 459	308 370	290 089
12	625 621	320 787	304 833
13	642 479	331 221	311 259
14	661 169	340 340	320 829
15	676 355	347 200	329 155
16	668 057	340 904	327 152
17	664 152	339 505	324 647
18	660 820	339 178	321 642
19	650 097	328 856	321 241
20	650 887	332 347	318 541
21	639 936	326 800	313 136
22	636 086	323 926	312 160
23	650 277	329 465	320 812
24	635 477	323 819	311 658
25	637 583	320 961	316 622
26	643 493	324 713	318 780
27	623 253	315 918	307 335
28	596 470	301 818	294 652
29	588 284	298 031	290 253
30	592 658	297 947	294 712
31	584 833	293 936	290 896
32	572 958	286 578	286 381
33	569 468	286 437	283 031
34	524 975	260 182	264 793
35	519 615	259 953	259 662
36	497 851	247 127	250 724
37	499 342	250 978	248 364
38	503 007	252 201	250 806
39	479 840	239 296	240 544
40	470 845	234 711	236 133
41	482 878	240 438	242 440
42	506 373	253 239	253 134
43	493 226	244 850	248 376
44	441 568	218 929	222 639
45	490 113	242 390	247 723
46	458 799	228 644	230 154
47	463 467	229 486	233 982
48	414 300	206 632	207 668
49	363 834	182 177	181 657
50	449 510	223 968	225 541
51	332 579	163 633	168 946
52	341 926	165 972	175 954
53	394 234	192 924	201 310
54	445 588	212 260	233 329
55	442 535	216 356	226 179
56	434 097	210 240	223 856
57	457 058	222 944	234 114
58	455 630	221 815	233 815
59	440 931	214 073	226 858
60	448 663	216 956	231 706
61	424 447	201 447	222 999
62	420 070	197 286	222 784
63	403 096	192 356	210 740
64	405 659	190 571	215 088
65	383 645	177 967	205 678
66	377 928	175 356	202 572
67	365 508	169 792	195 716
68	360 407	163 409	196 998
69	339 207	156 560	182 647
70	313 426	136 008	177 418
71	277 329	117 800	159 529
72	257 984	106 224	151 760
73	246 654	101 079	145 575
74	234 099	95 976	138 122
75	230 584	92 390	138 194
76	223 682	88 147	135 535
77	207 918	81 328	126 590
78	203 394	77 471	125 923
79	184 389	69 668	114 721
80	172 896	64 431	108 466
81	154 299	56 064	98 235
82	140 099	51 956	88 143
83	121 148	43 239	77 909
84	107 274	36 054	71 221
85 plus	450 482	139 437	311 045
Unknown–Inconnu	145 096	74 215	70 881

26. Population by sex, single years of age and urban/rural residence: each census, 1985 – 1993 (continued)

Population selon le sexe, l'année d'âge et la résidence, urbaine/rurale: chaque recensement, 1985 – 1993 (suite)

(See notes at end of table. – Voir notes à la fin du tableau.)

Continent, country or area, date, age (in years) and urban/rural residence — Continent, pays ou zone, date âge (en années), et résidence urbaine/rurale	Both sexes — Les deux sexes	Male — Masculin	Female — Féminin
EUROPE (cont. – suite)			
Sweden – Suède			
1 XI 1990 [2]			
Total	8 587 353	4 242 351	4 345 002
0	106 708	54 724	51 984
1	116 760	59 969	56 791
2	113 578	58 509	55 069
3	106 735	54 499	52 236
4	104 775	53 772	51 003
5	101 534	52 247	49 287
6	97 293	50 015	47 278
7	95 337	49 051	46 286
8	96 260	49 428	46 832
9	97 261	49 719	47 542
10	99 967	51 198	48 769
11	98 800	50 550	48 250
12	95 666	48 965	46 701
13	98 685	50 738	47 947
14	101 165	51 908	49 257
15	106 616	54 497	52 119
16	113 015	57 907	55 108
17	112 412	57 511	54 901
18	114 685	58 755	55 930
19	116 387	59 620	56 767
20	113 040	57 439	55 601
21	112 029	57 372	54 657
22	118 812	60 667	58 145
23	127 194	65 423	61 771
24	129 554	66 734	62 820
25	130 515	67 227	63 288
26	131 335	67 414	63 921
27	122 049	63 097	58 952
28	116 992	60 204	56 788
29	114 245	58 757	55 488
30	112 633	57 635	54 998
31	114 541	58 996	55 545
32	114 895	58 978	55 917
33	116 809	59 462	57 347
34	117 849	60 638	57 211
35	116 583	59 473	57 110
36	114 728	58 551	56 177
37	118 355	60 497	57 858
38	117 975	60 167	57 808
39	117 561	59 870	57 691
40	122 864	62 812	60 052
41	127 991	64 920	63 071
42	132 952	67 362	65 590
43	134 446	68 392	66 054
44	136 711	69 747	66 964
45	135 784	69 504	66 280
46	134 023	68 901	65 122
47	125 864	64 402	61 462
48	115 239	59 234	56 005
49	102 296	52 207	50 089
50	97 124	49 635	47 489
51	98 372	49 914	48 458
52	94 210	47 557	46 653
53	89 994	45 315	44 679
54	87 767	43 876	43 891
55	84 172	42 284	41 888
56	82 365	40 773	41 592
57	80 970	40 030	40 940
58	84 122	41 259	42 863
59	84 195	41 169	43 026
60	85 578	41 429	44 149
61	83 512	40 407	43 105
62	86 049	41 360	44 689
63	83 926	40 379	43 547
64	85 453	40 911	44 542
65	87 527	41 738	45 789
66	87 753	41 562	46 191
67	88 342	41 841	46 501
68	87 933	40 968	46 965
69	92 836	43 168	49 668
70	96 419	44 446	51 973
71	77 581	35 611	41 970
72	75 574	34 126	41 448
73	74 760	33 393	41 367
74	71 725	31 762	39 963
75	68 776	29 827	38 949
76	68 274	29 202	39 072
77	65 338	27 697	37 641
78	62 317	25 739	36 578
79	57 430	23 351	34 079
80	53 862	21 584	32 278
81	50 443	19 694	30 749
82	44 721	16 635	28 086
83	39 699	14 542	25 157
84	34 932	12 363	22 569
85	29 801	10 096	19 705
86	25 892	8 580	17 312
87	21 455	6 778	14 677
88	18 463	5 688	12 775
89	14 702	4 378	10 324
90	11 830	3 373	8 457
91	8 741	2 430	6 311
92	6 733	1 818	4 915
93	5 025	1 290	3 735
94	3 765	1 019	2 746
95	2 580	593	1 987
96	1 699	408	1 291
97	1 222	289	933
98	743	170	573
99	490	94	396
100 plus	658	136	522

26. Population by sex, single years of age and urban/rural residence: each census, 1985 – 1993 (continued)

Population selon le sexe, l'année d'âge et la résidence, urbaine/rurale: chaque recensement, 1985 – 1993 (suite)

(See notes at end of table. – Voir notes à la fin du tableau.)

Continent, country or area, date, age (in years) and urban/rural residence Continent, pays ou zone, date âge (en années), et résidence urbaine/rurale	Both sexes Les deux sexes	Male Masculin	Female Féminin
EUROPE (cont. – suite)			
Switzerland – Suisse			
4 XII 1990 [1,2]			
Total	6 873 687	3 390 446	3 483 241
0	77 124	39 354	37 770
1	81 132	41 583	39 549
2	81 186	41 609	39 577
3	78 011	39 895	38 116
4	78 375	40 050	38 325
5	77 164	39 175	37 989
6	77 292	39 810	37 482
7	75 916	39 095	36 821
8	76 919	39 218	37 701
9	76 203	39 280	36 923
10	77 113	39 433	37 680
11	74 755	38 246	36 509
12	73 662	37 887	35 775
13	74 361	38 351	36 010
14	74 753	38 087	36 666
15	76 283	39 231	37 052
16	80 224	41 269	38 955
17	83 351	43 144	40 207
18	88 681	45 826	42 855
19	93 796	48 176	45 620
20	98 157	50 862	47 295
21	102 373	52 781	49 592
22	107 435	55 402	52 033
23	111 642	57 666	53 976
24	116 711	60 454	56 257
25	120 562	63 029	57 533
26	123 744	64 368	59 376
27	122 697	63 502	59 195
28	120 365	62 578	57 787
29	117 969	60 978	56 991
30	117 703	61 055	56 648
31	114 757	59 463	55 294
32	111 912	58 455	53 457
33	111 653	58 231	53 422
34	109 403	57 159	52 244
35	106 617	55 441	51 176
36	104 594	53 980	50 614
37	102 098	52 394	49 704
38	102 758	52 498	50 260
39	99 443	50 908	48 535
40	103 723	53 257	50 466
41	102 189	52 231	49 958
42	104 194	52 961	51 233
43	103 459	52 767	50 692
44	103 577	52 830	50 747
45	100 894	51 820	49 074
46	99 451	50 723	48 728
47	96 895	49 230	47 665
48	93 356	47 424	45 932
49	87 341	43 879	43 462
50	82 755	41 492	41 263
51	80 348	40 153	40 195
52	78 205	39 019	39 186
53	76 031	37 884	38 147
54	76 930	38 143	38 787
55	76 318	37 873	38 445
56	75 091	37 077	38 014
57	72 465	35 235	37 230
58	71 641	34 857	36 784
59	69 825	33 681	36 144
60	70 046	33 361	36 685
61	66 860	31 430	35 430
62	65 187	30 221	34 966
63	63 235	29 336	33 899
64	63 348	28 953	34 395
65	62 164	28 046	34 118
66	60 507	26 845	33 662
67	59 792	26 693	33 099
68	57 490	25 512	31 978
69	58 486	25 705	32 781
70	56 068	24 582	31 486
71	47 200	20 387	26 813
72	44 624	19 363	25 261
73	42 672	18 203	24 469
74	42 098	17 789	24 309
75	41 139	16 730	24 409
76	44 072	17 892	26 180
77	42 057	16 608	25 449
78	40 521	15 476	25 045
79	37 190	13 688	23 502
80	35 911	13 085	22 826
81	32 463	11 504	20 959
82	30 666	10 452	20 214
83	26 660	8 858	17 802
84	23 692	7 733	15 959
85	20 804	6 499	14 305
86	17 872	5 379	12 493
87	14 836	4 342	10 494
88	12 787	3 621	9 166
89	10 567	2 863	7 704
90	7 955	1 990	5 965
91	6 144	1 521	4 623
92	4 608	1 079	3 529
93	3 329	758	2 571
94	2 409	515	1 894
95	1 610	358	1 252
96	1 145	248	897
97	746	149	597
98	444	73	371
99	287	56	231
100 plus	414	84	330

26. Population by sex, single years of age and urban/rural residence: each census, 1985 – 1993 (continued)

Population selon le sexe, l'année d'âge et la résidence, urbaine/rurale: chaque recensement, 1985 – 1993 (suite)

(See notes at end of table. – Voir notes à la fin du tableau.)

Continent, country or area, date, age (in years) and urban/rural residence Continent, pays ou zone, date âge (en années), et résidence urbaine/rurale	Both sexes Les deux sexes	Male Masculin	Female Féminin	Continent, country or area, date, age (in years) and urban/rural residence Continent, pays ou zone, date âge (en années), et résidence urbaine/rurale	Both sexes Les deux sexes	Male Masculin	Female Féminin
EUROPE (cont. – suite)							
United Kingdom–Royaume-Uni [20]							
21 IV 1991							
Total	54 888 844	26574954	28313890				
0	741 385	379 197	362 188	50	576 871	287 887	288 984
1	733 584	375 347	358 237	51	613 246	305 969	307 277
2	720 305	368 091	352 214	52	610 198	304 055	306 143
3	728 665	373 259	355 406	53	605 775	302 646	303 129
4	709 523	362 690	346 833	54	594 645	296 666	297 979
5	710 601	364 217	346 384	55	582 505	289 757	292 748
6	695 785	355 758	340 027	56	571 325	284 098	287 227
7	676 323	346 566	329 757	57	553 258	274 051	279 207
8	673 944	345 480	328 464	58	560 539	276 795	283 744
9	683 619	350 073	333 546	59	571 286	280 744	290 542
10	701 488	358 732	342 756	60	583 132	283 320	299 812
11	697 405	357 269	340 136	61	570 770	275 231	295 539
12	659 465	339 166	320 299	62	561 967	270 452	291 515
13	619 106	317 490	301 616	63	548 749	263 413	285 336
14	622 008	319 419	302 589	64	559 139	266 946	292 193
15	650 517	333 905	316 612	65	558 292	265 183	293 109
16	680 889	350 039	330 850	66	542 801	253 568	289 233
17	698 028	357 105	340 923	67	541 555	250 031	291 524
18	735 221	374 398	360 823	68	535 521	243 738	291 783
19	772 936	389 403	383 533	69	559 238	251 844	307 394
20	804 735	402 192	402 543	70	570 048	252 378	317 670
21	794 048	394 635	399 413	71	532 082	232 253	299 829
22	821 625	404 223	417 402	72	373 490	158 995	214 495
23	829 672	407 226	422 446	73	345 920	145 798	200 122
24	855 808	420 666	435 142	74	386 347	160 636	225 711
25	869 259	426 975	442 284	75	382 800	155 914	226 886
26	886 476	435 818	450 658	76	398 613	158 585	240 028
27	881 223	433 457	447 766	77	372 558	145 169	227 389
28	870 702	428 859	441 843	78	346 245	131 828	214 417
29	855 887	423 049	432 838	79	319 165	118 380	200 785
30	841 485	417 400	424 085	80	294 077	105 086	188 991
31	807 511	400 848	406 663	81	269 966	93 513	176 453
32	798 566	395 894	402 672	82	246 954	81 986	164 968
33	788 737	391 667	397 070	83	216 160	69 257	146 903
34	761 617	378 208	383 409	84	188 720	57 324	131 396
35	739 697	368 178	371 519	85	163 998	47 799	116 199
36	726 322	360 929	365 393	86	141 183	39 121	102 062
37	735 493	365 080	370 413	87	117 801	30 975	86 826
38	724 786	360 189	364 597	88	96 470	24 039	72 431
39	719 820	358 288	361 532	89	78 386	18 319	60 067
40	731 325	363 847	367 478	90	62 838	13 878	48 960
41	758 286	376 884	381 402	91	46 913	9 410	37 503
42	785 608	391 387	394 221	92	34 574	6 469	28 105
43	854 782	425 533	429 249	93	25 568	4 548	21 020
44	888 882	443 913	444 969	94	18 706	3 081	15 625
45	691 046	344 913	346 133	95	13 586	2 130	11 456
46	718 771	359 121	359 650	96	9 433	1 415	8 018
47	694 590	347 555	347 035	97	6 410	879	5 531
48	667 776	333 958	333 818	98	4 372	605	3 767
49	598 877	298 754	300 123	99	3 281	485	2 796
				100 plus	7 159	1 055	6 104

26. Population by sex, single years of age and urban/rural residence: each census, 1985 – 1993 (continued)

Population selon le sexe, l'année d'âge et la résidence, urbaine/rurale: chaque recensement, 1985 – 1993 (suite)

(See notes at end of table. – Voir notes à la fin du tableau.)

Continent, country or area, date, age (in years) and urban/rural residence Continent, pays ou zone, date âge (en années), et résidence urbaine/rurale	Both sexes Les deux sexes	Male Masculin	Female Féminin
OCEANIA – OCEANIE			
Australia – Australie			
30 VI 1986 [1 21]			
Total	15 602 156	7 768 313	7 833 843
0	234 620	120 288	114 332
1	235 786	120 210	115 576
2	238 311	121 655	116 656
3	240 925	123 671	117 254
4	238 404	122 499	115 905
5	234 735	120 205	114 530
6	230 042	118 290	111 752
7	229 387	117 738	111 649
8	232 884	119 159	113 725
9	232 987	119 512	113 475
10	238 831	122 605	116 226
11	245 952	126 178	119 774
12	255 561	131 335	124 226
13	267 361	136 976	130 385
14	281 059	143 700	137 359
15	285 527	145 866	139 661
16	267 145	136 720	130 425
17	263 701	134 751	128 950
18	253 188	129 544	123 644
19	247 703	126 301	121 402
20	246 994	125 446	121 548
21	250 247	126 735	123 512
22	257 352	130 414	126 938
23	261 862	132 359	129 503
24	265 210	133 578	131 632
25	267 699	134 309	133 390
26	260 709	130 198	130 511
27	259 786	130 029	129 757
28	256 618	128 221	128 397
29	253 152	126 530	126 622
30	256 145	128 845	127 300
31	243 597	121 077	122 520
32	244 257	121 333	122 924
33	247 312	123 170	124 142
34	242 258	121 084	121 174
35	248 541	124 318	124 223
36	244 473	122 723	121 750
37	238 451	119 784	118 667
38	244 080	123 503	120 577
39	258 725	131 872	126 853
40	218 452	112 052	106 400
41	202 019	103 133	98 886
42	202 590	102 818	99 772
43	184 534	94 197	90 337
44	179 278	92 056	87 222
45	176 285	90 633	85 652
46	167 142	86 045	81 097
47	161 454	82 428	79 026
48	157 920	80 676	77 244
49	156 109	80 048	76 061
50	154 664	78 771	75 893
51	137 886	70 455	67 431
52	140 687	71 793	68 894
53	140 595	71 585	69 010
54	138 895	71 058	67 837
55	149 098	75 558	73 540
56	147 349	75 156	72 193
57	145 995	74 495	71 500
58	148 042	74 916	73 126
59	145 487	73 240	72 247
60	149 857	73 876	75 981
61	138 065	68 080	69 985
62	139 617	68 130	71 487
63	136 817	65 941	70 876
64	135 022	65 115	69 907
65	133 300	62 801	70 499
66	118 040	55 681	62 359
67	102 743	47 847	54 896
68	101 459	46 514	54 945
69	102 237	46 751	55 486
70	100 565	45 252	55 313
71	97 467	43 793	53 674
72	95 967	42 067	53 900
73	88 136	38 380	49 756
74	81 061	34 716	46 345
75	76 986	32 446	44 540
76	70 451	29 304	41 147
77	61 122	25 016	36 106
78	57 302	22 828	34 474
79	51 859	20 524	31 335
80	47 149	17 810	29 339
81	40 194	14 841	25 353
82	35 897	12 840	23 057
83	31 219	10 837	20 382
84	26 824	8 886	17 938
85	26 139	8 004	18 135
86	22 401	6 686	15 715
87	15 585	4 487	11 098
88	13 299	3 540	9 759
89	11 244	2 849	8 395
90 plus	38 074	8 627	29 447

26. Population by sex, single years of age and urban/rural residence: each census, 1985 – 1993 (continued)

Population selon le sexe, l'année d'âge et la résidence, urbaine/rurale: chaque recensement, 1985 – 1993 (suite)

(See notes at end of table. – Voir notes à la fin du tableau.)

Continent, country or area, date, age (in years) and urban/rural residence Continent, pays ou zone, date âge (en années), et résidence urbaine/rurale	Both sexes Les deux sexes	Male Masculin	Female Féminin
OCEANIA (cont.) – OCEANIE (suite)			
Australia – Australie			
30 VI 1991 [22]			
Total	16 850 422	8 362 818	8 487 604
0	257 541	132 362	125 179
1	249 627	128 313	121 314
2	256 558	131 911	124 647
3	249 335	127 934	121 401
4	249 911	128 061	121 850
5	250 528	128 679	121 849
6	253 546	129 402	124 144
7	249 889	127 975	121 914
8	253 220	130 086	123 134
9	248 808	127 514	121 294
10	252 824	130 072	122 752
11	244 614	125 910	118 704
12	246 790	126 716	120 074
13	249 827	127 977	121 850
14	251 691	129 478	122 213
15	241 094	123 519	117 575
16	257 098	131 275	125 823
17	262 923	134 549	128 374
18	270 322	137 635	132 687
19	282 803	143 417	139 386
20	290 631	146 500	144 131
21	276 569	139 574	136 995
22	265 209	133 232	131 977
23	259 041	130 641	128 400
24	252 390	126 586	125 804
25	255 871	127 760	128 111
26	258 223	128 216	130 007
27	270 257	134 956	135 301
28	274 069	136 167	137 902
29	277 651	138 210	139 441
30	292 835	145 268	147 567
31	280 888	139 990	140 898
32	273 179	135 245	137 934
33	273 010	135 204	137 806
34	267 283	132 710	134 573
35	269 477	133 928	135 549
36	259 356	128 343	131 013
37	258 153	127 596	130 557
38	255 775	126 653	129 122
39	250 627	124 966	125 661
40	260 569	129 045	131 524
41	248 841	124 799	124 042
42	250 471	125 680	124 791
43	249 344	125 930	123 414
44	252 177	127 631	124 546
45	225 034	114 190	110 844
46	211 467	107 203	104 264
47	204 042	104 095	99 947
48	180 796	92 246	88 550
49	180 024	92 305	87 719
50	177 879	90 291	87 588
51	165 195	84 973	80 222
52	166 190	84 705	81 485
53	158 026	80 301	77 725
54	154 030	77 846	76 184
55	150 277	75 725	74 552
56	140 731	70 732	69 999
57	141 290	71 610	69 680
58	135 958	68 607	67 351
59	136 951	69 309	67 642
60	148 809	73 181	75 628
61	141 510	71 327	70 183
62	143 393	71 519	71 874
63	142 434	70 120	72 314
64	138 865	68 637	70 228
65	142 552	68 987	73 565
66	132 770	63 621	69 149
67	131 194	62 691	68 503
68	123 327	57 862	65 465
69	121 848	56 847	65 001
70	122 128	55 263	66 865
71	108 665	49 798	58 867
72	93 373	41 531	51 842
73	88 999	39 003	49 996
74	88 091	38 325	49 766
75	85 546	36 399	49 147
76	82 711	34 839	47 872
77	77 273	31 751	45 522
78	68 950	28 072	40 878
79	62 329	24 736	37 593
80	57 507	22 016	35 491
81	50 407	18 996	31 411
82	44 022	16 184	27 838
83	39 138	13 729	25 409
84	34 436	11 937	22 499
85	29 392	9 850	19 542
86	25 110	8 058	17 052
87	20 488	6 369	14 119
88	16 825	5 005	11 820
89	14 267	4 168	10 099
90 plus	45 328	10 244	35 084

26. Population by sex, single years of age and urban/rural residence: each census, 1985 – 1993 (continued)

Population selon le sexe, l'année d'âge et la résidence, urbaine/rurale: chaque recensement, 1985 – 1993 (suite)

(See notes at end of table. – Voir notes à la fin du tableau.)

Continent, country or area, date, age (in years) and urban/rural residence Continent, pays ou zone, date âge (en années), et résidence urbaine/rurale	Both sexes Les deux sexes	Male Masculin	Female Féminin
OCEANIA (cont.) – OCEANIE (suite)			
Fiji – Fidji			
31 VIII 1986			
Total	715 375	362 568	352 807
0	20 303	10 436	9 867
1	19 834	10 211	9 623
2	20 450	10 521	9 929
3	20 326	10 454	9 872
4	20 373	10 422	9 951
5	20 043	10 310	9 733
6	19 934	10 150	9 784
7	18 843	9 763	9 080
8	17 576	8 936	8 640
9	16 756	8 691	8 065
10	16 516	8 316	8 200
11	16 266	8 341	7 925
12	15 906	8 178	7 728
13	15 463	7 879	7 584
14	14 874	7 644	7 230
15	14 689	7 448	7 241
16	15 345	7 747	7 598
17	15 147	7 609	7 538
18	14 271	7 224	7 047
19	14 164	7 042	7 122
20	15 091	7 554	7 537
21	15 005	7 507	7 498
22	15 323	7 603	7 720
23	14 329	7 094	7 235
24	13 980	6 973	7 007
25	13 600	6 881	6 719
26	13 595	6 861	6 734
27	12 518	6 269	6 249
28	12 147	6 133	6 014
29	11 584	5 844	5 740
30	11 297	5 647	5 650
31	9 812	4 913	4 899
32	10 051	4 971	5 080
33	9 896	4 908	4 988
34	9 652	4 898	4 754
35	8 446	4 326	4 120
36	8 864	4 464	4 400
37	7 892	3 898	3 994
38	8 582	4 318	4 264
39	7 933	4 029	3 904
40	8 340	4 112	4 228
41	6 697	3 384	3 313
42	6 476	3 286	3 190
43	6 695	3 452	3 243
44	6 561	3 336	3 225
45	6 917	3 540	3 377
46	6 133	3 037	3 096
47	5 301	2 649	2 652
48	5 295	2 649	2 646
49	5 156	2 576	2 580
50	5 921	2 847	3 074
51	4 353	2 257	2 096
52	4 105	2 149	1 956
53	3 944	2 037	1 907
54	4 341	2 212	2 129
55	4 360	2 250	2 110
56	4 103	2 142	1 961
57	2 867	1 502	1 365
58	2 833	1 437	1 396
59	2 906	1 418	1 488
60	3 357	1 626	1 731
61	2 251	1 194	1 057
62	2 264	1 184	1 080
63	2 023	1 074	949
64	2 148	1 120	1 028
65	2 439	1 164	1 275
66	2 230	1 152	1 078
67	1 563	810	753
68	1 515	793	722
69	1 443	690	753
70	1 857	859	998
71	1 110	591	519
72	1 102	584	518
73	922	525	397
74	1 017	538	479
75 plus	5 791	2 744	3 047
Unknown–Inconnu	2 363	1 235	1 128

26. Population by sex, single years of age and urban/rural residence: each census, 1985 – 1993 (continued)

Population selon le sexe, l'année d'âge et la résidence, urbaine/rurale: chaque recensement, 1985 – 1993 (suite)

(See notes at end of table. – Voir notes à la fin du tableau.)

Continent, country or area, date, age (in years) and urban/rural residence Continent, pays ou zone, date âge (en années), et résidence urbaine/rurale	Both sexes Les deux sexes	Male Masculin	Female Féminin
OCEANIA (cont.) – OCEANIE (suite)			
Marshall Islands – Iles Marshall			
13 XI 1988			
Total	43 380	22 181	21 199
0	1 766	931	835
1	1 826	919	907
2	1 726	878	848
3	1 668	850	818
4	1 665	845	820
5	1 659	839	820
6	1 562	788	774
7	1 449	746	703
8	1 562	801	761
9	1 377	710	667
10	1 280	673	607
11	1 203	602	601
12	1 176	621	555
13	1 143	601	542
14	1 074	558	516
15	922	459	463
16	862	445	417
17	746	394	352
18	844	445	399
19	711	361	350
20	724	359	365
21	706	329	377
22	681	319	362
23	683	313	370
24	716	366	350
25	610	302	308
26	619	317	302
27	560	269	291
28	652	331	321
29	586	301	285
30	570	296	274
31	499	268	231
32	521	229	292
33	520	270	250
34	546	285	261
35	478	280	198
36	499	272	227
37	322	156	166
38	469	255	214
39	419	242	177
40	386	202	184
41	306	146	160
42	288	148	140
43	248	129	119
44	264	133	131
45	226	129	97
46	234	128	106
47	159	82	77
48	187	110	77
49	165	100	65
50	159	83	76
51	148	79	69
52	151	87	64
53	160	74	86
54	125	63	62
55	135	67	68
56	118	60	58
57	111	55	56
58	183	107	76
59	133	70	63
60	181	89	92
61	118	59	59
62	110	55	55
63	128	60	68
64	98	50	48
65	119	51	68
66	111	59	52
67	107	45	62
68	123	67	56
69	84	33	51
70	107	52	55
71	74	38	36
72	64	33	31
73	58	29	29
74	70	31	39
75	39	16	23
76	46	19	27
77	45	25	20
78	43	27	16
79	28	10	18
80	26	9	17
81	19	7	12
82	7	4	3
83	17	5	12
84	18	4	14
85	11	6	5
86	11	6	5
87	16	8	8
88 plus	15	7	8

26. Population by sex, single years of age and urban/rural residence: each census, 1985 – 1993 (continued)

Population selon le sexe, l'année d'âge et la résidence, urbaine/rurale: chaque recensement, 1985 – 1993 (suite)

(See notes at end of table. – Voir notes à la fin du tableau.)

Continent, country or area, date, age (in years) and urban/rural residence Continent, pays ou zone, date âge (en années), et résidence urbaine/rurale	Both sexes Les deux sexes	Male Masculin	Female Féminin
OCEANIA (cont.) – OCEANIE (suite)			
New Caledonia – Nouvelle–Calédonie			
4 IV 1989			
Total	164 173	83 862	80 311
0	3 718	1 856	1 862
1	3 776	1 994	1 782
2	3 715	1 922	1 793
3	3 497	1 814	1 683
4	3 588	1 854	1 734
5	3 398	1 732	1 666
6	3 474	1 778	1 696
7	3 645	1 892	1 753
8	3 598	1 806	1 792
9	3 427	1 756	1 671
10	3 342	1 650	1 692
11	3 513	1 772	1 741
12	3 448	1 761	1 687
13	3 670	1 878	1 792
14	3 747	1 864	1 883
15	3 966	2 039	1 927
16	3 796	1 898	1 898
17	3 752	1 910	1 842
18	3 576	1 858	1 718
19	3 360	1 751	1 609
20	3 095	1 531	1 564
21	3 025	1 543	1 482
22	2 905	1 470	1 435
23	2 912	1 522	1 390
24	2 919	1 454	1 465
25	2 873	1 418	1 455
26	2 764	1 400	1 364
27	2 696	1 372	1 324
28	2 647	1 257	1 390
29	2 608	1 262	1 346
30	2 536	1 241	1 295
31	2 530	1 319	1 211
32	2 355	1 164	1 191
33	2 325	1 180	1 145
34	2 254	1 168	1 086
35	2 218	1 134	1 084
36	2 161	1 113	1 048
37	2 181	1 147	1 034
38	2 052	1 075	977
39	2 103	1 140	963
40	2 097	1 153	944
41	2 100	1 154	946
42	2 017	1 059	958
43	1 870	1 024	846
44	1 665	882	783
45	1 585	851	734
46	1 634	851	783
47	1 635	860	775
48	1 604	802	802
49	1 653	868	785
50	1 474	802	672
51	1 303	683	620
52	1 291	654	637
53	1 234	681	553
54	1 219	635	584
55	1 062	548	514
56	1 122	582	540
57	1 049	556	493
58	1 042	524	518
59	960	501	459
60	939	478	461
61	833	441	392
62	783	405	378
63	780	386	394
64	668	352	316
65	630	315	315
66	632	321	311
67	526	272	254
68	564	268	296
69	446	204	242
70	424	198	226
71	420	199	221
72	367	173	194
73	390	192	198
74	392	182	210
75	369	188	181
76	333	170	163
77	311	136	175
78	276	114	162
79	236	104	132
80	173	66	107
81	180	65	115
82	126	56	70
83	133	42	91
84	88	38	50
85 plus	373	132	241

26. Population by sex, single years of age and urban/rural residence: each census, 1985 – 1993 (continued)

Population selon le sexe, l'année d'âge et la résidence, urbaine/rurale: chaque recensement, 1985 – 1993 (suite)

(See notes at end of table. – Voir notes à la fin du tableau.)

Continent, country or area, date, age (in years) and urban/rural residence Continent, pays ou zone, date âge (en années), et résidence urbaine/rurale	Both sexes Les deux sexes	Male Masculin	Female Féminin	Continent, country or area, date, age (in years) and urban/rural residence Continent, pays ou zone, date âge (en années), et résidence urbaine/rurale	Both sexes Les deux sexes	Male Masculin	Female Féminin
OCEANIA (cont.) – OCEANIE (suite)							
New Zealand – Nouvelle–Zélande							
4 III 1986 [1 23 24]							
Total	3 263 283	1 616 667	1 646 616				
0	51 456	26 244	25 212	50	29 109	14 706	14 403
1	49 599	25 407	24 192	51	28 968	14 712	14 256
2	49 740	25 479	24 261	52	28 221	14 226	13 995
3	49 002	25 224	23 778	53	29 178	14 778	14 400
4	49 281	25 299	23 982	54	29 094	14 898	14 196
5	50 568	25 950	24 618	55	30 390	15 426	14 964
6	51 654	26 379	25 275	56	29 847	15 195	14 652
7	49 530	25 068	24 462	57	29 865	15 153	14 712
8	49 911	25 458	24 453	58	29 463	15 186	14 277
9	52 359	26 877	25 482	59	29 610	15 027	14 583
10	53 340	27 315	26 025	60	28 944	14 547	14 397
11	56 430	28 875	27 555	61	28 461	14 061	14 400
12	58 320	29 628	28 692	62	27 600	13 533	14 067
13	61 356	31 317	30 039	63	26 952	12 861	14 091
14	62 442	31 758	30 684	64	26 850	12 813	14 037
15	62 034	31 539	30 495	65	26 499	12 444	14 055
16	61 884	31 626	30 258	66	23 022	10 689	12 333
17	60 228	30 741	29 487	67	21 807	9 900	11 907
18	58 272	29 544	28 728	68	21 147	9 519	11 628
19	57 675	29 475	28 200	69	21 984	9 816	12 168
20	56 001	28 701	27 300	70	20 352	9 069	11 283
21	56 481	28 731	27 750	71	20 835	9 120	11 715
22	56 607	28 611	27 996	72	19 206	8 538	10 668
23	57 006	28 644	28 362	73	18 528	8 019	10 509
24	56 799	28 365	28 434	74	16 623	7 254	9 369
25	55 833	27 921	27 912	75	15 972	6 729	9 243
26	54 207	26 949	27 258	76	14 640	6 033	8 607
27	53 322	26 538	26 784	77	13 782	5 556	8 226
28	51 711	25 692	26 019	78	12 072	4 953	7 119
29	51 987	25 797	26 190	79	10 977	4 224	6 753
30	50 883	25 065	25 818	80	10 089	3 837	6 252
31	49 626	24 564	25 062	81	8 826	3 210	5 616
32	48 828	24 126	24 702	82	7 683	2 763	4 920
33	49 047	24 225	24 822	83	6 540	2 283	4 257
34	47 628	23 910	23 718	84	5 748	1 974	3 774
35	48 144	23 865	24 279	85 plus	25 782	7 266	18 516
36	47 850	24 036	23 814				
37	48 297	24 222	24 075				
38	48 558	24 147	24 411				
39	47 268	23 601	23 667				
40	41 796	20 871	20 925				
41	38 496	19 218	19 278				
42	36 726	18 552	18 174				
43	36 375	18 258	18 117				
44	37 944	19 086	18 858				
45	37 644	19 041	18 603				
46	34 401	17 229	17 172				
47	32 559	16 281	16 278				
48	30 894	15 588	15 306				
49	30 618	15 312	15 306				

26. Population by sex, single years of age and urban/rural residence: each census, 1985 – 1993 (continued)

Population selon le sexe, l'année d'âge et la résidence, urbaine/rurale: chaque recensement, 1985 – 1993 (suite)

(See notes at end of table. – Voir notes à la fin du tableau.)

Continent, country or area, date, age (in years) and urban/rural residence Continent, pays ou zone, date âge (en années), et résidence urbaine/rurale	Both sexes Les deux sexes	Male Masculin	Female Féminin	Continent, country or area, date, age (in years) and urban/rural residence Continent, pays ou zone, date âge (en années), et résidence urbaine/rurale	Both sexes Les deux sexes	Male Masculin	Female Féminin
OCEANIA (cont.) – OCEANIE (suite)							
New Zealand – Nouvelle–Zélande							
5 III 1991 [1 23 24]							
Total	3 373 929	1 662 555	1 711 371	50	36 459	18 336	18 120
0	58 638	29 775	28 863	51	33 015	16 533	16 485
1	57 576	29 322	28 251	52	31 380	15 594	15 786
2	54 753	27 942	26 811	53	29 859	14 946	14 916
3	53 874	27 708	26 169	54	29 007	14 424	14 583
4	52 308	26 748	25 560	55	27 753	13 896	13 857
5	52 122	26 622	25 503	56	27 720	14 019	13 701
6	50 676	25 911	24 762	57	26 892	13 494	13 398
7	50 067	25 755	24 309	58	27 726	13 920	13 806
8	49 131	25 218	23 913	59	28 044	14 196	13 851
9	49 182	25 197	23 985	60	29 235	14 694	14 541
10	51 174	26 364	24 807	61	28 410	14 280	14 133
11	51 276	26 079	25 197	62	28 158	14 127	14 034
12	49 710	25 119	24 591	63	27 702	13 920	13 782
13	50 772	25 881	24 891	64	27 408	13 590	13 821
14	52 386	26 826	25 560	65	26 865	13 206	13 656
15	52 788	27 081	25 707	66	26 193	12 621	13 575
16	56 064	28 575	27 489	67	25 167	11 949	13 218
17	57 333	29 148	28 185	68	24 368	11 301	13 050
18	58 686	29 820	28 866	69	24 183	11 127	13 056
19	60 117	30 381	29 736	70	23 538	10 590	12 948
20	58 266	29 475	28 788	71	20 400	9 072	11 328
21	56 397	28 635	27 759	72	18 726	8 112	10 614
22	53 886	27 048	26 835	73	18 150	7 809	10 341
23	51 858	25 704	26 157	74	18 414	7 818	10 596
24	50 691	25 116	25 578	75	16 851	7 065	9 786
25	50 763	25 158	25 602	76	16 899	6 858	10 041
26	52 497	25 614	26 886	77	15 270	6 279	8 988
27	54 996	26 874	28 122	78	14 355	5 694	8 655
28	56 619	27 426	29 193	79	12 708	5 088	7 620
29	57 477	28 017	29 460	80	11 644	4 446	7 218
30	57 114	27 894	29 220	81	10 392	3 789	6 600
31	55 497	27 213	28 284	82	9 546	3 366	6 180
32	54 489	26 727	27 759	83	8 013	2 877	5 136
33	52 935	26 076	26 859	84	7 125	2 412	4 713
34	52 317	25 818	26 499	85	6 171	2 004	4 167
35	51 372	25 239	26 136	86	5 205	1 659	3 549
36	50 139	24 651	25 488	87	4 299	1 311	2 988
37	48 816	24 099	24 714	88	3 543	1 086	2 457
38	48 744	24 027	24 717	89	2 832	804	2 025
39	47 799	23 928	23 871	90	2 469	654	1 815
40	47 949	23 724	24 225	91	1 677	465	1 215
41	47 325	23 754	23 571	92	1 272	303	966
42	47 733	23 898	23 835	93	957	201	756
43	47 898	23 754	24 147	94	759	156	603
44	46 353	23 142	23 211	95	555	105	447
45	40 908	20 496	20 415	96	393	66	324
46	37 719	18 852	18 870	97	240	39	204
47	35 967	18 174	17 793	98	168	27	138
48	35 070	17 580	17 490	99	138	33	105
49	37 161	18 570	18 591	100 plus	297	48	249

26. Population by sex, single years of age and urban/rural residence: each census, 1985 – 1993 (continued)

Population selon le sexe, l'année d'âge et la résidence, urbaine/rurale: chaque recensement, 1985 – 1993 (suite)

(See notes at end of table. – Voir notes à la fin du tableau.)

Continent, country or area, date, age (in years) and urban/rural residence Continent, pays ou zone, date âge (en années), et résidence urbaine/rurale	Both sexes Les deux sexes	Male Masculin	Female Féminin
OCEANIA (cont.) – OCEANIE (suite)			
Niue – Nioué			
29 IX 1986			
Total	2 531	1 271	1 260
0	56	27	29
1	76	33	43
2	76	33	43
3	80	35	45
4	73	34	39
5	74	36	38
6	87	45	42
7	56	31	25
8	50	30	20
9	62	27	35
10	53	27	26
11	55	28	27
12	52	30	22
13	67	43	24
14	56	34	22
15	61	29	32
16	70	41	29
17	61	33	28
18	35	23	12
19	33	22	11
20	45	27	18
21	34	17	17
22	25	13	12
23	38	12	26
24	39	22	17
25	29	12	17
26	37	22	15
27	31	18	13
28	31	14	17
29	30	17	13
30	38	18	20
31	35	16	19
32	27	16	11
33	30	14	16
34	34	17	17
35	23	9	14
36	25	14	11
37	13	7	6
38	26	12	14
39	18	11	7
40	22	10	12
41	20	8	12
42	18	12	6
43	25	10	15
44	25	15	10
45	38	20	18
46	18	8	10
47	20	4	16
48	39	17	22
49	24	15	9
50	24	12	12
51	24	10	14
52	19	9	10
53	25	12	13
54	18	10	8
55	15	9	6
56	10	3	7
57	17	6	11
58	11	9	2
59	14	8	6
60	19	13	6
61	18	9	9
62	16	6	10
63	12	5	7
64	12	6	6
65	7	5	2
66	13	6	7
67	11	2	9
68	15	8	7
69	14	7	7
70	6	2	4
71	9	4	5
72	8	4	4
73	12	6	6
74	7	3	4
75	11	3	8
76	9	6	3
77	7	2	5
78	8	3	5
79	9	3	6
80	9	2	7
81	2	–	2
82	11	4	7
83	5	2	3
84	3	–	3
85 plus	11	4	7

26. Population by sex, single years of age and urban/rural residence: each census, 1985 – 1993 (continued)

Population selon le sexe, l'année d'âge et la résidence, urbaine/rurale: chaque recensement, 1985 – 1993 (suite)

(See notes at end of table. – Voir notes à la fin du tableau.)

Continent, country or area, date, age (in years) and urban/rural residence / Continent, pays ou zone, date âge (en années), et résidence urbaine/rurale	Both sexes / Les deux sexes	Male / Masculin	Female / Féminin
OCEANIA (cont.) – OCEANIE (suite)			
Tonga			
28 XI 1986 [2]			
Total	93 049	46 737	46 312
0	2 693	1 363	1 330
1	2 788	1 438	1 350
2	2 738	1 403	1 335
3	2 855	1 472	1 383
4	2 698	1 397	1 301
5	2 455	1 222	1 233
6	2 717	1 433	1 284
7	2 513	1 315	1 198
8	2 453	1 258	1 195
9	2 382	1 229	1 153
10	2 319	1 217	1 102
11	2 386	1 245	1 141
12	2 321	1 239	1 082
13	2 324	1 220	1 104
14	2 412	1 239	1 173
15	2 361	1 256	1 105
16	2 507	1 310	1 197
17	2 550	1 329	1 221
18	2 637	1 351	1 286
19	2 215	1 143	1 072
20	2 231	1 147	1 084
21	1 855	973	882
22	1 748	890	858
23	1 514	720	794
24	1 465	754	711
25	1 277	631	646
26	1 363	671	692
27	1 104	547	557
28	1 185	578	607
29	988	461	527
30	1 083	542	541
31	975	441	534
32	1 004	456	548
33	941	443	498
34	935	413	522
35	719	334	385
36	850	387	463
37	756	333	423
38	807	363	444
39	815	360	455
40	858	401	457
41	850	389	461
42	584	279	305
43	685	313	372
44	761	360	401
45	620	305	315
46	876	412	464
47	653	293	360
48	731	335	396
49	623	302	321
50	693	328	365
51	626	284	342
52	622	301	321
53	579	290	289
54	658	340	318
55	540	245	295
56	668	303	365
57	528	283	245
58	505	267	238
59	491	245	246
60	535	248	287
61	329	175	154
62	424	196	228
63	368	191	177
64	398	224	174
65	358	191	167
66	424	225	199
67	242	117	125
68	351	165	186
69	203	101	102
70	246	133	113
71	211	117	94
72	186	92	94
73	162	74	88
74	235	113	122
75	154	77	77
76	179	98	81
77	83	38	45
78	132	66	66
79	64	32	32
80	104	44	60
81	75	34	41
82	68	26	42
83	82	40	42
84	71	33	38
85 plus	274	89	185
Unknown–Inconnu	1	–	1

26. Population by sex, single years of age and urban/rural residence: each census, 1985 – 1993 (continued)

Population selon le sexe, l'année d'âge et la résidence, urbaine/rurale: chaque recensement, 1985 – 1993 (suite)

(See notes at end of table. – Voir notes à la fin du tableau.)

Continent, country or area, date, age (in years) and urban/rural residence Continent, pays ou zone, date âge (en années), et résidence urbaine/rurale	Both sexes Les deux sexes	Male Masculin	Female Féminin
OCEANIA (cont.) – OCEANIE (suite)			
Vanuatu			
16 V 1989* [1]			
Total	142 419	73 384	69 035
0	5 000	2 601	2 399
1	5 035	2 649	2 386
2	4 824	2 508	2 316
3	4 608	2 372	2 236
4	4 513	2 352	2 161
5	4 356	2 291	2 065
6	4 042	2 113	1 929
7	3 698	1 773	1 925
8	4 921	2 648	2 273
9	4 357	2 435	1 922
10	3 675	1 931	1 744
11	3 644	1 871	1 773
12	3 457	1 823	1 634
13	3 393	1 765	1 628
14	3 227	1 663	1 564
15	2 869	1 456	1 413
16	2 884	1 503	1 381
17	2 691	1 372	1 319
18	2 542	1 289	1 253
19	2 828	1 395	1 433
20	2 869	1 429	1 440
21	2 382	1 145	1 237
22	2 328	1 109	1 219
23	2 297	1 149	1 148
24	2 621	1 251	1 370
25	2 479	1 215	1 264
26	2 421	1 148	1 273
27	2 011	975	1 036
28	2 095	1 022	1 073
29	2 397	1 133	1 264
30	2 110	1 022	1 088
31	1 604	841	763
32	1 666	800	866
33	1 519	774	745
34	2 092	821	1 271
35	1 849	860	989
36	1 650	856	794
37	1 371	711	660
38	1 454	800	654
39	1 612	882	730
40	1 495	744	751
41	1 241	673	568
42	1 154	594	560
43	996	509	487
44	925	477	448
45	1 108	618	490
46	1 130	657	473
47	1 088	621	467
48	927	481	446
49	1 025	573	452
50	907	449	458
51	630	338	292
52	634	374	260
53	589	312	277
54	589	317	272
55	527	278	249
56	541	296	245
57	504	297	207
58	654	341	313
59	698	383	315
60	684	365	319
61	452	275	177
62	455	243	212
63	468	252	216
64	477	264	213
65	450	231	219
66	342	190	152
67	377	231	146
68	435	250	185
69	398	224	174
70	393	209	184
71	243	147	96
72	206	121	85
73	188	90	98
74	197	107	90
75	202	128	74
76	156	91	65
77	131	81	50
78	166	99	67
79	184	113	71
80	156	88	68
81	78	43	35
82	76	41	35
83	82	49	33
84	55	32	23
85	71	30	41
86	62	27	35
87	68	40	28
88	40	18	22
89 plus	374	220	154

26. Population by sex, single years of age and urban/rural residence: each census, 1985 – 1993 (continued)

Population selon le sexe, l'année d'âge et la résidence, urbaine/rurale: chaque recensement, 1985 – 1993 (suite)

Data by urban/rural residence

Données selon la résidence urbaine/rurale

(See notes at end of table. – Voir notes à la fin du tableau.)

Continent, country or area, date, age (in years) and urban/rural residence Continent, pays ou zone, date âge (en années), et résidence urbaine/rurale	Both sexes Les deux sexes	Male Masculin	Female Féminin
AFRICA – AFRIQUE			
Burkina Faso Urban – Urbaine			
10 XII 1985			
Total	928 929	474 631	454 298
0	38 099	19 385	18 714
1	24 518	12 504	12 014
2	34 363	17 402	16 961
3	33 509	16 837	16 672
4	31 078	15 411	15 667
5	31 525	15 899	15 626
6	29 366	14 764	14 602
7	31 042	15 426	15 616
8	26 874	13 310	13 564
9	25 615	12 563	13 052
10	24 841	12 255	12 586
11	21 028	10 631	10 397
12	22 945	11 244	11 701
13	22 963	11 261	11 702
14	20 888	10 416	10 472
15	24 224	12 819	11 405
16	19 146	10 338	8 808
17	22 383	11 723	10 660
18	21 960	11 570	10 390
19	21 022	10 977	10 045
20	24 965	12 927	12 038
21	18 790	9 882	8 908
22	19 721	10 157	9 564
23	18 222	9 553	8 669
24	13 743	7 224	6 519
25	21 653	10 842	10 811
26	13 434	7 215	6 219
27	15 638	8 196	7 442
28	13 216	7 008	6 208
29	11 973	6 479	5 494
30	18 491	9 304	9 187
31	9 664	5 401	4 263
32	10 789	5 911	4 878
33	9 556	5 413	4 143
34	7 100	3 948	3 152
35	14 507	7 470	7 037
36	7 879	4 439	3 440
37	8 875	4 851	4 024
38	7 827	4 184	3 643
39	6 590	3 562	3 028
40	12 123	5 680	6 443
41	5 561	3 046	2 515
42	5 737	3 029	2 708
43	5 815	3 149	2 666
44	3 830	2 151	1 679
45	9 501	4 636	4 865
46	4 558	2 619	1 939
47	4 957	2 632	2 325
48	4 369	2 515	1 854
49	3 962	2 269	1 693
50	8 143	3 666	4 477
51	3 107	1 802	1 305
52	3 110	1 781	1 329
53	3 282	1 827	1 455
54	2 165	1 275	890
55	5 429	2 546	2 883
56	2 454	1 299	1 155
57	2 529	1 291	1 238
58	2 239	1 267	972
59	1 950	1 047	903
60	5 983	2 148	3 835
61	1 555	883	672
62	1 423	761	662
63	1 625	847	778
64	1 165	654	511
65	3 603	1 449	2 154
66	1 033	612	421
67	1 245	629	616
68	910	504	406
69	848	449	399
70	3 529	997	2 532
71	616	371	245
72	522	255	267
73	564	314	250
74	362	196	166
75	1 547	544	1 003
76	279	138	141
77	307	144	163
78	293	148	145
79	236	98	138
80 plus	4 737	1 381	3 356
Unknown–Inconnu	1 704	881	823

26. Population by sex, single years of age and urban/rural residence: each census, 1985 – 1993 (continued)

Population selon le sexe, l'année d'âge et la résidence, urbaine/rurale: chaque recensement, 1985 – 1993 (suite)

Data by urban/rural residence

Données selon la résidence urbaine/rurale

(See notes at end of table. – Voir notes à la fin du tableau.)

Continent, country or area, date, age (in years) and urban/rural residence Continent, pays ou zone, date âge (en années), et résidence urbaine/rurale	Both sexes Les deux sexes	Male Masculin	Female Féminin
AFRICA (cont.) – AFRIQUE (suite)			
Burkina Faso Rural – Rurale			
10 XII 1985			
Total	7 035 776	3 358 606	3 677 170
0	297 382	148 281	149 101
1	145 922	73 812	72 110
2	284 158	142 332	141 826
3	295 459	149 777	145 682
4	277 590	136 583	141 007
5	284 149	142 345	141 804
6	261 723	131 396	130 327
7	299 253	150 978	148 275
8	210 094	107 187	102 907
9	245 361	124 139	121 222
10	207 540	108 166	99 374
11	140 859	74 289	66 570
12	180 116	93 619	86 497
13	160 623	84 057	76 566
14	136 112	68 690	67 422
15	173 956	94 454	79 502
16	116 866	60 512	56 354
17	149 059	75 468	73 591
18	113 202	54 465	58 737
19	111 379	49 972	61 407
20	157 398	67 930	89 468
21	86 325	37 603	48 722
22	97 458	40 919	56 539
23	79 747	34 908	44 839
24	61 979	27 237	34 742
25	144 298	53 933	90 365
26	65 234	27 829	37 405
27	100 996	38 325	62 671
28	62 694	26 078	36 616
29	63 173	26 210	36 963
30	149 050	53 898	95 152
31	48 462	21 707	26 755
32	60 810	25 985	34 825
33	46 991	21 590	25 401
34	37 198	17 424	19 774
35	113 386	43 883	69 503
36	49 965	22 431	27 534
37	67 870	29 562	38 308
38	47 397	21 975	25 422
39	44 396	20 253	24 143
40	128 005	46 476	81 529
41	35 463	17 259	18 204
42	41 216	19 388	21 828
43	37 381	17 852	19 529
44	24 419	12 781	11 638
45	96 793	40 373	56 420
46	35 554	17 062	18 492
47	46 897	22 292	24 605
48	32 569	16 364	16 205
49	33 454	16 731	16 723
50	108 325	43 507	64 818
51	26 122	13 644	12 478
52	28 087	14 823	13 264
53	28 986	15 229	13 757
54	17 537	9 445	8 092
55	68 941	31 510	37 431
56	26 034	13 385	12 649
57	32 964	16 975	15 989
58	24 537	12 948	11 589
59	20 594	11 018	9 576
60	90 692	37 992	52 700
61	18 752	10 097	8 655
62	18 026	9 714	8 312
63	20 037	10 745	9 292
64	12 218	6 606	5 612
65	56 047	26 427	29 620
66	13 699	7 664	6 035
67	18 511	10 302	8 209
68	12 235	6 820	5 415
69	10 558	5 677	4 881
70	54 373	22 487	31 886
71	7 421	4 128	3 293
72	7 069	3 736	3 333
73	8 164	4 482	3 682
74	3 918	2 217	1 701
75	24 674	11 306	13 368
76	4 883	2 493	2 390
77	5 189	2 581	2 608
78	4 359	2 247	2 112
79	3 821	1 955	1 866
80 plus	63 551	25 872	37 679
Unknown–Inconnu	8 071	3 794	4 277

26. Population by sex, single years of age and urban/rural residence: each census, 1985 – 1993 (continued)

Population selon le sexe, l'année d'âge et la résidence, urbaine/rurale: chaque recensement, 1985 – 1993 (suite)

Data by urban/rural residence

Données selon la résidence urbaine/rurale

(See notes at end of table. – Voir notes à la fin du tableau.)

Continent, country or area, date, age (in years) and urban/rural residence Continent, pays ou zone, date âge (en années), et résidence urbaine/rurale	Both sexes Les deux sexes	Male Masculin	Female Féminin
AFRICA (cont.) – AFRIQUE (suite)			
Cape Verde – Cap-Vert Urban – Urbaine			
23 VI 1990			
Total	150 599	71 891	78 708
0	5 193	2 621	2 572
1	4 956	2 490	2 466
2	5 038	2 536	2 502
3	5 093	2 543	2 550
4	4 765	2 381	2 384
5	4 723	2 317	2 406
6	4 579	2 242	2 337
7	4 367	2 215	2 152
8	4 255	2 179	2 076
9	4 214	2 102	2 112
10	4 295	2 164	2 131
11	3 652	1 843	1 809
12	3 940	1 946	1 994
13	3 732	1 829	1 903
14	3 762	1 794	1 968
15	3 438	1 703	1 735
16	3 168	1 549	1 619
17	3 245	1 560	1 685
18	2 934	1 364	1 570
19	2 882	1 383	1 499
20	2 979	1 478	1 501
21	3 173	1 667	1 506
22	2 993	1 494	1 499
23	2 948	1 404	1 544
24	2 755	1 279	1 476
25	2 822	1 383	1 439
26	2 831	1 383	1 448
27	2 750	1 341	1 409
28	2 481	1 202	1 279
29	2 230	1 139	1 091
30	2 412	1 199	1 213
31	2 050	1 016	1 034
32	1 876	869	1 007
33	1 742	826	916
34	1 614	702	912
35	1 571	696	875
36	1 391	640	751
37	1 202	566	636
38	1 248	551	697
39	1 111	536	575
40	951	448	503
41	625	283	342
42	570	249	321
43	607	266	341
44	649	293	356
45	791	345	446
46	670	283	387
47	553	229	324
48	530	216	314
49	651	277	374
50	902	354	548
51	785	315	470
52	813	336	477
53	812	324	488
54	821	352	469
55	789	324	465
56	676	289	387
57	748	325	423
58	700	294	406
59	739	296	443
60	864	347	517
61	570	253	317
62	541	223	318
63	484	199	285
64	534	220	314
65	518	198	320
66	463	179	284
67	343	133	210
68	248	98	150
69	305	117	188
70	390	143	247
71	305	109	196
72	324	136	188
73	289	110	179
74	276	100	176
75	300	107	193
76	296	109	187
77	309	102	207
78	343	102	241
79	337	122	215
80	324	102	222
81	214	68	146
82	207	78	129
83	175	59	116
84	165	64	101
85	114	38	76
86	97	29	68
87	104	31	73
88	91	16	75
89	92	24	68
90 plus	185	45	140

26. Population by sex, single years of age and urban/rural residence: each census, 1985 – 1993 (continued)

Population selon le sexe, l'année d'âge et la résidence, urbaine/rurale: chaque recensement, 1985 – 1993 (suite)

Data by urban/rural residence

Données selon la résidence urbaine/rurale

(See notes at end of table. – Voir notes à la fin du tableau.)

Continent, country or area, date, age (in years) and urban/rural residence / Continent, pays ou zone, date âge (en années), et résidence urbaine/rurale	Both sexes / Les deux sexes	Male / Masculin	Female / Féminin	Continent, country or area, date, age (in years) and urban/rural residence / Continent, pays ou zone, date âge (en années), et résidence urbaine/rurale	Both sexes / Les deux sexes	Male / Masculin	Female / Féminin
AFRICA (cont.) – AFRIQUE (suite)							
Cape Verde – Cap-Vert Rural – Rurale							
23 VI 1990							
Total	190 892	89 603	101 289				
0	7 129	3 565	3 564	50	1 462	484	978
1	6 934	3 500	3 434	51	1 105	395	710
2	7 375	3 654	3 721	52	1 218	454	764
3	6 911	3 422	3 489	53	1 177	464	713
4	6 611	3 342	3 269	54	1 228	475	753
5	6 190	3 063	3 127	55	1 240	476	764
6	6 039	3 054	2 985	56	1 159	472	687
7	5 931	3 025	2 906	57	1 215	485	730
8	5 544	2 817	2 727	58	1 148	490	658
9	5 273	2 646	2 627	59	1 288	566	722
10	5 321	2 663	2 658	60	1 713	751	962
11	4 322	2 181	2 141	61	1 047	503	544
12	4 588	2 263	2 325	62	983	474	509
13	4 587	2 359	2 228	63	1 040	481	559
14	4 204	2 101	2 103	64	1 025	500	525
15	3 774	1 943	1 831	65	1 028	482	546
16	3 457	1 748	1 709	66	892	419	473
17	3 799	1 941	1 858	67	560	272	288
18	3 896	2 074	1 822	68	428	204	224
19	3 707	2 023	1 684	69	604	303	301
20	3 709	1 894	1 815	70	819	361	458
21	3 532	1 738	1 794	71	586	274	312
22	3 729	1 810	1 919	72	617	297	320
23	3 430	1 601	1 829	73	564	275	289
24	3 228	1 468	1 760	74	528	264	264
25	3 057	1 463	1 594	75	509	230	279
26	2 878	1 303	1 575	76	585	279	306
27	2 722	1 202	1 520	77	657	299	358
28	2 473	1 107	1 366	78	631	255	376
29	2 109	942	1 167	79	645	296	349
30	2 603	1 114	1 489	80	678	298	380
31	1 911	784	1 127	81	391	194	197
32	1 834	691	1 143	82	425	198	227
33	1 541	544	997	83	363	151	212
34	1 509	538	971	84	270	119	151
35	1 564	512	1 052	85	206	95	111
36	1 357	456	901	86	174	64	110
37	1 144	392	752	87	175	68	107
38	1 247	386	861	88	164	68	96
39	1 232	413	819	89	176	57	119
40	1 010	302	708	90 plus	368	107	261
41	516	178	338				
42	557	199	358				
43	593	198	395				
44	795	281	514				
45	1 009	324	685				
46	848	280	568				
47	641	232	409				
48	558	184	374				
49	873	284	589				

26. Population by sex, single years of age and urban/rural residence: each census, 1985 – 1993 (continued)

Population selon le sexe, l'année d'âge et la résidence, urbaine/rurale: chaque recensement, 1985 – 1993 (suite)

Data by urban/rural residence

Données selon la résidence urbaine/rurale

(See notes at end of table. – Voir notes à la fin du tableau.)

Continent, country or area, date, age (in years) and urban/rural residence Continent, pays ou zone, date âge (en années), et résidence urbaine/rurale	Both sexes Les deux sexes	Male Masculin	Female Féminin
AFRICA (cont.) – AFRIQUE (suite)			
Central African Republic – République centrafricaine Urban – Urbaine			
8 XII 1988*			
Total	913 439	452 808	460 631
0	32 871	16 635	16 236
1	29 797	15 170	14 627
2	32 006	16 028	15 978
3	31 900	16 024	15 876
4	30 209	14 959	15 250
5	28 324	14 198	14 126
6	29 476	14 714	14 762
7	27 178	13 558	13 620
8	26 961	13 423	13 538
9	22 959	11 426	11 533
10	23 407	11 724	11 683
11	20 313	10 711	9 602
12	23 246	11 983	11 263
13	22 590	11 801	10 789
14	22 285	11 524	10 761
15	23 135	12 074	11 061
16	21 774	10 716	11 058
17	18 779	9 095	9 684
18	23 818	11 353	12 465
19	19 255	9 476	9 779
20	22 662	10 670	11 992
21	16 192	8 376	7 816
22	19 288	9 527	9 761
23	17 284	8 681	8 603
24	16 484	8 248	8 236
25	19 427	9 237	10 190
26	15 313	7 501	7 812
27	11 478	5 457	6 021
28	15 645	7 291	8 354
29	12 181	6 058	6 123
30	17 417	8 184	9 233
31	9 310	4 795	4 515
32	11 039	5 386	5 653
33	8 608	4 179	4 429
34	8 497	4 293	4 204
35	11 300	5 404	5 896
36	9 095	4 673	4 422
37	5 885	2 958	2 927
38	8 865	4 094	4 771
39	6 883	3 478	3 405
40	10 651	4 863	5 788
41	5 360	2 811	2 549
42	6 150	3 176	2 974
43	6 120	3 103	3 017
44	4 799	2 588	2 211
45	7 191	3 483	3 708
46	5 496	2 833	2 663
47	3 912	1 757	2 155
48	6 596	3 024	3 572
49	4 598	2 240	2 358
50	7 397	3 327	4 070
51	3 623	1 856	1 767
52	4 570	2 150	2 420
53	4 819	2 207	2 612
54	3 291	1 641	1 650
55	3 989	1 957	2 032
56	3 936	1 899	2 037
57	2 141	1 079	1 062
58	5 911	2 688	3 223
59	2 759	1 388	1 371
60	5 228	2 271	2 957
61	2 362	1 221	1 141
62	2 333	1 155	1 178
63	3 387	1 642	1 745
64	1 673	883	790
65	2 077	926	1 151
66	1 738	900	838
67	1 084	607	477
68	3 547	1 678	1 869
69	1 101	572	529
70	2 304	1 106	1 198
71	662	371	291
72	768	416	352
73	762	359	403
74	572	335	237
75	650	316	334
76	513	307	206
77	341	195	146
78	1 016	497	519
79	260	131	129
80	661	282	379
81	251	123	128
82	257	128	129
83	275	122	153
84	209	96	113
85	284	130	154
86	207	98	109
87	199	114	85
88	262	139	123
89	34	18	16
90	150	64	86
91	15	8	7
92	18	6	12
93	5	2	3
94	13	4	9
95 plus	197	101	96
Unknown–Inconnu	1 579	333	1 246

26. Population by sex, single years of age and urban/rural residence: each census, 1985 – 1993 (continued)

Population selon le sexe, l'année d'âge et la résidence, urbaine/rurale: chaque recensement, 1985 – 1993 (suite)

Data by urban/rural residence

Données selon la résidence urbaine/rurale

(See notes at end of table. – Voir notes à la fin du tableau.)

Continent, country or area, date, age (in years) and urban/rural residence Continent, pays ou zone, date âge (en années), et résidence urbaine/rurale	Both sexes Les deux sexes	Male Masculin	Female Féminin
AFRICA (cont.) – AFRIQUE (suite)			
Central African Republic – République centrafricaine Rural – Rurale			
8 XII 1988*			
Total	1 550 175	757 924	792 251
0	54 022	26 958	27 064
1	48 342	24 285	24 057
2	55 850	28 034	27 816
3	55 106	27 363	27 743
4	55 342	27 790	27 552
5	49 909	25 086	24 823
6	52 511	26 493	26 018
7	44 231	22 257	21 974
8	47 882	24 178	23 704
9	35 668	18 329	17 339
10	39 869	20 769	19 100
11	27 103	14 801	12 302
12	36 313	19 542	16 771
13	30 145	15 970	14 175
14	28 503	14 747	13 756
15	34 117	17 609	16 508
16	28 616	13 566	15 050
17	23 000	10 763	12 237
18	34 697	15 272	19 425
19	26 071	11 978	14 093
20	36 468	15 448	21 020
21	20 993	10 352	10 641
22	28 101	13 369	14 732
23	24 516	12 095	12 421
24	23 117	11 809	11 308
25	33 488	15 227	18 261
26	24 289	11 989	12 300
27	17 690	8 489	9 201
28	28 658	12 794	15 864
29	20 468	10 689	9 779
30	35 436	15 714	19 722
31	15 042	8 015	7 027
32	18 854	9 016	9 838
33	14 712	7 674	7 038
34	13 703	7 107	6 596
35	22 287	9 924	12 363
36	15 122	7 776	7 346
37	9 431	4 630	4 801
38	18 038	7 901	10 137
39	12 237	5 885	6 352
40	23 891	9 892	13 999
41	8 868	4 525	4 343
42	11 213	5 353	5 860
43	13 015	6 098	6 917
44	8 191	4 426	3 765
45	15 711	7 139	8 572
46	11 166	5 577	5 589
47	7 917	3 347	4 570
48	16 362	7 219	9 143
49	9 290	4 184	5 106
50	18 161	7 960	10 201
51	7 302	3 641	3 661
52	9 531	4 470	5 061
53	11 098	4 857	6 241
54	6 353	3 035	3 318
55	8 725	4 133	4 592
56	9 006	4 343	4 663
57	4 894	2 495	2 399
58	15 060	6 754	8 306
59	5 690	2 840	2 850
60	13 302	6 118	7 184
61	5 004	2 601	2 403
62	5 060	2 568	2 492
63	7 895	3 877	4 018
64	3 575	1 845	1 730
65	5 403	2 565	2 838
66	3 887	2 029	1 858
67	2 782	1 512	1 270
68	8 776	4 328	4 448
69	2 567	1 360	1 207
70	6 496	3 295	3 201
71	1 430	811	619
72	1 705	909	796
73	2 014	1 036	978
74	1 234	708	526
75	1 889	905	984
76	1 266	700	566
77	709	405	304
78	2 654	1 482	1 172
79	628	339	289
80	1 909	976	933
81	486	261	225
82	583	324	259
83	626	334	292
84	420	238	182
85	739	389	350
86	513	276	237
87	460	245	215
88	692	375	317
89	107	60	47
90	445	244	201
91	32	15	17
92	57	30	27
93	29	20	9
94	14	9	5
95 plus	669	404	265
Unknown–Inconnu	2 727	350	2 377

26. Population by sex, single years of age and urban/rural residence: each census, 1985 – 1993 (continued)

Population selon le sexe, l'année d'âge et la résidence, urbaine/rurale: chaque recensement, 1985 – 1993 (suite)

Data by urban/rural residence

Données selon la résidence urbaine/rurale

(See notes at end of table. – Voir notes à la fin du tableau.)

Continent, country or area, date, age (in years) and urban/rural residence Continent, pays ou zone, date âge (en années), et résidence urbaine/rurale	Both sexes Les deux sexes	Male Masculin	Female Féminin
AFRICA (cont.) – AFRIQUE (suite)			
Côte d'Ivoire			
Urban – Urbaine			
1 III 1988			
Total	4 220 535	2 181 294	2 039 241
0	146 140	74 233	71 907
1	168 537	86 592	81 945
2	156 427	80 244	76 183
3	143 210	72 692	70 518
4	136 014	68 982	67 032
5	130 085	65 125	64 960
6	132 759	66 803	65 956
7	128 879	64 163	64 716
8	122 727	59 963	62 764
9	111 111	53 936	57 175
10	105 395	50 512	54 883
11	96 073	46 582	49 491
12	114 224	55 099	59 125
13	111 115	53 395	57 720
14	95 541	46 284	49 257
15	105 270	50 677	54 593
16	91 886	44 001	47 885
17	99 668	47 350	52 318
18	99 652	47 561	52 091
19	95 756	46 790	48 966
20	99 047	47 555	51 492
21	81 949	41 104	40 845
22	91 937	44 807	47 130
23	91 191	45 449	45 742
24	85 659	42 847	42 812
25	98 180	47 634	50 546
26	69 192	35 164	34 028
27	85 337	44 058	41 279
28	77 972	40 219	37 753
29	70 004	37 943	32 061
30	78 897	41 527	37 370
31	60 755	34 467	26 288
32	61 675	34 531	27 144
33	55 572	32 796	22 776
34	49 606	29 815	19 791
35	60 942	35 310	25 632
36	38 755	23 718	15 037
37	48 218	29 015	19 203
38	41 735	25 132	16 603
39	35 887	21 657	14 230
40	40 894	23 300	17 594
41	27 631	16 953	10 678
42	31 098	18 459	12 639
43	23 348	14 331	9 017
44	20 266	12 555	7 711
45	28 708	16 843	11 865
46	16 638	10 595	6 043
47	26 187	15 679	10 508
48	19 090	11 562	7 528
49	17 152	10 451	6 701
50	19 977	11 495	8 482
51	14 752	9 148	5 604
52	16 255	9 860	6 395
53	12 092	7 446	4 646
54	10 797	7 014	3 783
55	13 276	7 964	5 312
56	7 831	5 005	2 826
57	13 854	7 993	5 861
58	7 865	4 765	3 100
59	7 336	4 451	2 885
60	9 844	5 231	4 613
61	5 520	3 377	2 143
62	6 682	3 843	2 839
63	4 604	2 736	1 868
64	3 638	2 224	1 414
65	5 295	2 830	2 465
66	2 613	1 546	1 067
67	5 799	3 030	2 769
68	2 868	1 592	1 276
69	3 071	1 766	1 305
70	3 591	1 654	1 937
71	1 736	1 028	708
72	1 774	943	831
73	1 568	956	612
74	1 001	614	387
75	1 742	887	855
76	798	466	332
77	1 594	826	768
78	756	391	365
79	631	335	296
80	1 337	505	832
81	457	259	198
82	633	305	328
83	347	177	170
84	270	130	140
85	481	198	283
86	209	103	106
87	106	34	72
88	23	14	9
89	103	48	55
90	290	97	193
91	36	17	19
92	49	22	27
93	28	13	15
94	26	9	17
95 plus	895	308	587
Unknown–Inconnu	2 094	1 179	915

26. Population by sex, single years of age and urban/rural residence: each census, 1985 – 1993 (continued)

Population selon le sexe, l'année d'âge et la résidence, urbaine/rurale: chaque recensement, 1985 – 1993 (suite)

Data by urban/rural residence

Données selon la résidence urbaine/rurale

(See notes at end of table. – Voir notes à la fin du tableau.)

Continent, country or area, date, age (in years) and urban/rural residence Continent, pays ou zone, date âge (en années), et résidence urbaine/rurale	Both sexes Les deux sexes	Male Masculin	Female Féminin
AFRICA (cont.) – AFRIQUE (suite)			
Côte d'Ivoire			
Rural – Rurale			
1 III 1988			
Total	6 595 159	3 346 049	3 249 110
0	265 501	133 821	131 680
1	279 113	141 345	137 768
2	291 831	147 545	144 286
3	277 514	139 936	137 578
4	257 300	129 870	127 430
5	248 515	127 238	121 277
6	233 813	121 087	112 726
7	225 069	117 431	107 638
8	207 571	107 453	100 118
9	179 000	93 918	85 082
10	161 833	86 222	75 611
11	130 953	71 597	59 356
12	165 738	92 193	73 545
13	137 350	75 617	61 733
14	98 877	52 502	46 375
15	112 221	56 710	55 511
16	88 662	42 373	46 289
17	101 110	46 690	54 420
18	120 473	53 956	66 517
19	109 952	51 666	58 286
20	138 247	62 616	75 631
21	99 434	49 671	49 763
22	117 774	56 514	61 260
23	113 790	57 024	56 766
24	101 652	52 057	49 595
25	139 327	63 707	75 620
26	84 085	43 565	40 520
27	105 594	53 113	52 481
28	97 429	48 258	49 171
29	79 129	41 349	37 780
30	120 663	52 066	68 597
31	67 723	36 761	30 962
32	74 688	37 789	36 899
33	62 967	34 118	28 849
34	56 099	31 208	24 891
35	84 782	39 594	45 188
36	46 414	25 153	21 261
37	66 440	33 702	32 738
38	61 115	30 242	30 873
39	51 830	26 121	25 709
40	79 161	34 162	44 999
41	41 868	22 079	19 789
42	53 232	25 753	27 479
43	41 658	21 631	20 027
44	33 960	18 408	15 552
45	59 665	28 174	31 491
46	30 919	17 434	13 485
47	60 203	30 437	29 766
48	42 903	20 918	21 985
49	39 072	20 174	18 898
50	56 220	26 046	30 174
51	33 053	18 098	14 955
52	41 384	21 285	20 099
53	31 299	16 790	14 509
54	25 492	14 783	10 709
55	37 114	19 363	17 751
56	20 833	12 305	8 528
57	48 122	24 653	23 469
58	27 563	14 675	12 888
59	25 265	14 026	11 239
60	40 279	19 015	21 264
61	17 907	10 491	7 416
62	25 274	13 921	11 353
63	17 342	10 217	7 125
64	13 019	8 049	4 970
65	21 588	11 399	10 189
66	9 689	5 813	3 876
67	27 427	14 648	12 779
68	13 901	7 933	5 968
69	13 418	7 938	5 480
70	19 800	8 907	10 893
71	6 567	3 885	2 682
72	8 400	4 527	3 873
73	5 907	3 773	2 134
74	3 747	2 298	1 449
75	8 602	4 148	4 454
76	2 970	1 790	1 180
77	7 820	4 129	3 691
78	3 324	1 747	1 577
79	2 834	1 498	1 336
80	8 724	3 247	5 477
81	1 718	948	770
82	2 911	1 455	1 456
83	1 459	791	668
84	1 125	587	538
85	2 927	1 166	1 761
86	951	465	486
87	546	182	364
88	91	53	38
89	640	259	381
90	2 151	784	1 367
91	199	84	115
92	271	116	155
93	159	80	79
94	109	52	57
95 plus	6 023	2 294	3 729
Unknown–Inconnu	4 776	2 368	2 408

26. Population by sex, single years of age and urban/rural residence: each census, 1985 – 1993 (continued)

Population selon le sexe, l'année d'âge et la résidence, urbaine/rurale: chaque recensement, 1985 – 1993 (suite)

Data by urban/rural residence

Données selon la résidence urbaine/rurale

(See notes at end of table. – Voir notes à la fin du tableau.)

Continent, country or area, date, age (in years) and urban/rural residence Continent, pays ou zone, date âge (en années), et résidence urbaine/rurale	Both sexes Les deux sexes	Male Masculin	Female Féminin	Continent, country or area, date, age (in years) and urban/rural residence Continent, pays ou zone, date âge (en années), et résidence urbaine/rurale	Both sexes Les deux sexes	Male Masculin	Female Féminin
AFRICA (cont.) – AFRIQUE (suite)							
Mali							
Urban – Urbaine							
1 IV 1987 [2]							
Total	1 690 289	837 287	853 002				
0	55 188	27 751	27 437	50	18 530	8 768	9 762
1	53 610	27 185	26 425	51	6 475	3 557	2 918
2	65 577	33 036	32 541	52	8 506	4 490	4 016
3	61 997	31 191	30 806	53	5 960	3 427	2 533
4	59 540	29 839	29 701	54	5 490	3 072	2 418
5	59 556	29 780	29 776	55	10 953	5 433	5 520
6	52 092	26 304	25 788	56	5 451	3 081	2 370
7	52 989	26 916	26 073	57	7 129	3 783	3 346
8	48 696	24 617	24 079	58	5 140	2 826	2 314
9	40 531	20 714	19 817	59	3 982	2 156	1 826
10	45 887	23 360	22 527	60	13 507	5 834	7 673
11	35 955	18 420	17 535	61	3 755	2 094	1 661
12	42 895	21 768	21 127	62	5 107	2 563	2 544
13	38 500	18 736	19 764	63	3 678	2 089	1 589
14	38 395	18 484	19 911	64	2 875	1 713	1 162
15	42 211	20 010	22 201	65	6 764	3 149	3 615
16	36 895	17 192	19 703	66	2 579	1 473	1 106
17	35 517	16 936	18 581	67	4 492	2 278	2 214
18	39 510	18 298	21 212	68	2 524	1 363	1 161
19	31 467	15 418	16 049	69	2 490	1 369	1 121
20	42 343	19 664	22 679	70	6 503	2 629	3 874
21	25 098	12 678	12 420	71	1 679	908	771
22	31 363	15 143	16 220	72	2 241	1 070	1 171
23	26 282	12 960	13 322	73	1 601	925	676
24	24 461	12 075	12 386	74	1 095	605	490
25	38 903	17 269	21 634	75	2 780	1 200	1 580
26	23 657	11 238	12 419	76	1 158	581	577
27	26 434	12 643	13 791	77	1 461	752	709
28	24 285	11 317	12 968	78	1 015	551	464
29	18 182	9 048	9 134	79	646	359	287
30	36 801	16 320	20 481	80 plus	8 604	3 675	4 929
31	15 758	8 020	7 738	Unknown–Inconnu	7 870	4 249	3 621
32	20 327	10 160	10 167				
33	15 559	8 094	7 465				
34	13 935	7 100	6 835				
35	28 547	13 751	14 796				
36	13 852	7 119	6 733				
37	16 007	8 209	7 798				
38	14 426	7 314	7 112				
39	11 730	5 925	5 805				
40	27 811	13 327	14 484				
41	9 642	4 896	4 746				
42	13 313	6 847	6 466				
43	9 941	5 238	4 703				
44	7 912	4 297	3 615				
45	18 857	9 589	9 268				
46	8 293	4 506	3 787				
47	11 163	5 745	5 418				
48	9 108	4 888	4 220				
49	7 251	3 930	3 321				

26. Population by sex, single years of age and urban/rural residence: each census, 1985 – 1993 (continued)

Population selon le sexe, l'année d'âge et la résidence, urbaine/rurale: chaque recensement, 1985 – 1993 (suite)

Data by urban/rural residence

Données selon la résidence urbaine/rurale

(See notes at end of table. – Voir notes à la fin du tableau.)

Continent, country or area, date, age (in years) and urban/rural residence Continent, pays ou zone, date âge (en années), et résidence urbaine/rurale	Both sexes Les deux sexes	Male Masculin	Female Féminin
AFRICA (cont.) – AFRIQUE (suite)			
Mali			
Rural – Rurale			
1 IV 1987 [2]			
Total	6 006 059	2 923 424	3 082 635
0	194 175	97 180	96 995
1	187 717	94 500	93 217
2	251 971	126 978	124 993
3	254 676	127 828	126 848
4	245 109	122 663	122 446
5	258 589	130 135	128 454
6	196 379	99 337	97 042
7	204 187	104 604	99 583
8	183 402	93 871	89 531
9	145 105	75 483	69 622
10	177 436	94 079	83 357
11	115 979	61 342	54 637
12	143 403	76 470	66 933
13	112 137	59 121	53 016
14	113 573	59 322	54 251
15	136 981	71 514	65 467
16	105 049	50 939	54 110
17	104 766	49 333	55 433
18	113 745	49 956	63 789
19	79 578	37 749	41 829
20	148 803	61 615	87 188
21	64 127	29 912	34 215
22	87 102	38 096	49 006
23	64 580	30 073	34 507
24	60 198	27 336	32 862
25	135 665	51 948	83 717
26	66 349	28 725	37 624
27	80 776	34 570	46 206
28	72 988	31 246	41 742
29	48 987	22 583	26 404
30	150 250	58 405	91 845
31	43 826	20 615	23 211
32	60 228	27 197	33 031
33	44 809	22 486	22 323
34	42 209	20 588	21 621
35	103 925	44 799	59 126
36	45 366	21 869	23 497
37	56 921	26 385	30 536
38	49 297	24 068	25 229
39	39 113	18 650	20 463
40	119 879	51 752	68 127
41	31 557	15 717	15 840
42	44 625	21 994	22 631
43	33 794	17 860	15 934
44	27 350	14 652	12 698
45	74 498	36 003	38 495
46	29 772	15 841	13 931
47	43 870	20 780	23 090
48	33 992	17 157	16 835
49	26 913	13 363	13 550
50	90 936	40 548	50 388
51	23 326	12 011	11 315
52	32 776	16 175	16 601
53	22 798	12 753	10 045
54	21 549	11 884	9 665
55	46 438	23 511	22 927
56	24 568	13 470	11 098
57	34 983	17 403	17 580
58	24 469	13 256	11 213
59	19 215	10 242	8 973
60	75 518	34 129	41 389
61	18 474	10 028	8 446
62	26 990	13 152	13 838
63	17 411	10 088	7 323
64	13 309	7 822	5 487
65	33 801	16 992	16 809
66	13 440	7 447	5 993
67	26 071	13 338	12 733
68	12 650	6 980	5 670
69	11 162	6 047	5 115
70	37 394	16 974	20 420
71	8 233	4 466	3 767
72	11 556	5 655	5 901
73	6 626	3 938	2 688
74	5 165	2 946	2 219
75	12 860	6 294	6 566
76	5 123	2 748	2 375
77	8 502	4 145	4 357
78	4 800	2 648	2 152
79	3 270	1 752	1 518
80 plus	44 326	21 313	23 013
Unknown–Inconnu	12 594	4 580	8 014

26. Population by sex, single years of age and urban/rural residence: each census, 1985 – 1993 (continued)

Population selon le sexe, l'année d'âge et la résidence, urbaine/rurale: chaque recensement, 1985 – 1993 (suite)

Data by urban/rural residence

Données selon la résidence urbaine/rurale

(See notes at end of table. – Voir notes à la fin du tableau.)

Continent, country or area, date, age (in years) and urban/rural residence Continent, pays ou zone, date âge (en années), et résidence urbaine/rurale	Both sexes Les deux sexes	Male Masculin	Female Féminin	Continent, country or area, date, age (in years) and urban/rural residence Continent, pays ou zone, date âge (en années), et résidence urbaine/rurale	Both sexes Les deux sexes	Male Masculin	Female Féminin
AFRICA (cont.) – AFRIQUE (suite)							
Namibia – Namibie Urban – Urbaine							
21 X 1991							
Total	455 840	231 435	224 405				
0	14 427	7 206	7 221	50	3 032	1 805	1 227
1	11 475	5 669	5 806	51	2 822	1 679	1 143
2	9 818	4 915	4 903	52	2 616	1 504	1 112
3	9 251	4 551	4 700	53	2 271	1 276	995
4	8 563	4 234	4 329	54	2 206	1 269	937
5	8 761	4 309	4 452	55	2 023	1 165	858
6	9 089	4 494	4 595	56	1 907	1 090	817
7	9 464	4 642	4 822	57	1 623	941	682
8	9 972	4 811	5 161	58	1 639	978	661
9	9 818	4 738	5 080	59	1 619	984	635
10	10 120	4 853	5 267	60	1 489	776	713
11	9 731	4 746	4 985	61	1 293	678	615
12	9 526	4 570	4 956	62	1 197	607	590
13	9 346	4 564	4 782	63	1 086	550	536
14	9 439	4 539	4 900	64	1 032	511	521
15	9 644	4 488	5 156	65	1 037	497	540
16	10 243	4 725	5 518	66	803	368	435
17	10 096	4 738	5 358	67	868	421	447
18	11 527	5 405	6 122	68	795	395	400
19	10 902	5 018	5 884	69	752	349	403
20	10 372	4 962	5 410	70	770	378	392
21	11 467	5 726	5 741	71	750	341	409
22	10 580	5 301	5 279	72	643	294	349
23	11 404	5 680	5 724	73	633	256	377
24	10 264	5 225	5 039	74	555	258	297
25	11 592	5 922	5 670	75	513	230	283
26	9 904	5 029	4 875	76	487	200	287
27	9 947	5 092	4 855	77	508	217	291
28	10 773	5 573	5 200	78	417	183	234
29	9 348	4 824	4 524	79	348	142	206
30	9 318	4 740	4 578	80	393	174	219
31	8 889	4 704	4 185	81	332	150	182
32	8 342	4 378	3 964	82	249	100	149
33	6 763	3 510	3 253	83	174	57	117
34	6 975	3 606	3 369	84	137	52	85
35	6 484	3 428	3 056	85	130	49	81
36	6 785	3 729	3 056	86	139	50	89
37	5 566	3 085	2 481	87	121	49	72
38	5 858	3 208	2 650	88	87	34	53
39	5 522	3 101	2 421	89	83	28	55
40	5 321	2 976	2 345	90	66	28	38
41	4 859	2 778	2 081	91	53	24	29
42	4 610	2 685	1 925	92	37	7	30
43	4 109	2 337	1 772	93	13	3	10
44	3 313	1 878	1 435	94	17	6	11
45	3 653	2 118	1 535	95	14	5	9
46	3 388	1 913	1 475	96	13	3	10
47	3 102	1 842	1 260	97	11	4	7
48	3 018	1 787	1 231	98 plus	89	27	62
49	2 959	1 705	1 254	Unknown–Inconnu	251	186	65

26. Population by sex, single years of age and urban/rural residence: each census, 1985 – 1993 (continued)

Population selon le sexe, l'année d'âge et la résidence, urbaine/rurale: chaque recensement, 1985 – 1993 (suite)

Data by urban/rural residence

Données selon la résidence urbaine/rurale

(See notes at end of table. – Voir notes à la fin du tableau.)

Continent, country or area, date, age (in years) and urban/rural residence Continent, pays ou zone, date âge (en années), et résidence urbaine/rurale	Both sexes Les deux sexes	Male Masculin	Female Féminin	Continent, country or area, date, age (in years) and urban/rural residence Continent, pays ou zone, date âge (en années), et résidence urbaine/rurale	Both sexes Les deux sexes	Male Masculin	Female Féminin
AFRICA (cont.) – AFRIQUE (suite)							
Namibia – Namibie Rural – Rurale							
21 X 1990							
Total	954 080	454 892	499 188				
0	35 265	17 642	17 623	50	6 279	2 779	3 500
1	30 082	14 999	15 083	51	6 059	2 620	3 439
2	32 739	16 385	16 354	52	5 060	2 203	2 857
3	34 235	17 086	17 149	53	3 947	1 690	2 257
4	33 010	16 414	16 596	54	3 927	1 839	2 088
5	33 536	16 916	16 620	55	3 900	1 728	2 172
6	32 664	16 286	16 378	56	3 981	1 839	2 142
7	27 268	13 759	13 509	57	3 461	1 628	1 833
8	26 994	13 360	13 634	58	3 573	1 647	1 926
9	25 053	12 557	12 496	59	4 169	1 881	2 288
10	27 372	13 644	13 728	60	5 400	2 288	3 112
11	25 390	12 629	12 761	61	5 394	2 249	3 145
12	26 097	13 250	12 847	62	4 531	1 984	2 547
13	24 388	12 280	12 108	63	3 732	1 571	2 161
14	25 494	12 761	12 733	64	3 563	1 592	1 971
15	24 447	12 336	12 111	65	4 283	1 856	2 427
16	24 723	12 217	12 506	66	3 667	1 538	2 129
17	21 321	10 811	10 510	67	3 921	1 651	2 270
18	22 342	11 348	10 994	68	3 569	1 556	2 013
19	20 310	10 300	10 010	69	3 504	1 504	2 000
20	17 737	8 760	8 977	70	4 352	1 971	2 381
21	17 755	8 615	9 140	71	5 056	2 184	2 872
22	14 259	6 811	7 448	72	3 663	1 583	2 080
23	14 462	6 736	7 726	73	2 667	1 243	1 424
24	12 435	5 655	6 780	74	2 615	1 196	1 419
25	13 695	6 319	7 376	75	2 146	1 024	1 122
26	11 657	5 132	6 525	76	1 763	777	986
27	10 544	4 798	5 746	77	1 635	776	859
28	12 163	5 258	6 905	78	1 582	717	865
29	10 572	4 422	6 150	79	1 467	619	848
30	11 216	4 746	6 470	80	1 535	687	848
31	10 225	4 410	5 815	81	1 475	629	846
32	9 616	4 087	5 529	82	1 086	422	664
33	7 065	3 110	3 955	83	620	260	360
34	7 747	3 240	4 507	84	591	263	328
35	7 572	3 171	4 401	85	543	218	325
36	8 165	3 402	4 763	86	400	172	228
37	6 431	2 757	3 674	87	526	224	302
38	7 181	3 150	4 031	88	387	158	229
39	6 969	3 014	3 955	89	665	257	408
40	7 630	3 301	4 329	90	456	178	278
41	7 314	3 173	4 141	91	248	96	152
42	6 860	2 937	3 923	92	134	46	88
43	5 712	2 453	3 259	93	95	28	67
44	5 087	2 239	2 848	94	71	27	44
45	6 195	2 606	3 589	95	94	23	71
46	5 449	2 409	3 040	96	76	23	53
47	5 274	2 346	2 928	97	49	24	25
48	5 303	2 349	2 954	98 plus	1 368	450	918
49	5 438	2 402	3 036	Unknown–Inconnu	337	186	151

26. Population by sex, single years of age and urban/rural residence: each census, 1985 – 1993 (continued)

Population selon le sexe, l'année d'âge et la résidence, urbaine/rurale: chaque recensement, 1985 – 1993 (suite)

Data by urban/rural residence

Données selon la résidence urbaine/rurale

(See notes at end of table. – Voir notes à la fin du tableau.)

Continent, country or area, date, age (in years) and urban/rural residence Continent, pays ou zone, date âge (en années), et résidence urbaine/rurale	Both sexes Les deux sexes	Male Masculin	Female Féminin
AFRICA (cont.) – AFRIQUE (suite)			
Swaziland			
Urban – Urbaine			
25 VIII 1986			
Total	154 979	79 936	75 043
0	4 640	2 243	2 397
1	4 271	2 121	2 150
2	4 266	2 094	2 172
3	4 233	2 078	2 155
4	4 026	2 006	2 020
5	3 842	1 883	1 959
6	3 572	1 728	1 844
7	3 303	1 596	1 707
8	3 321	1 616	1 705
9	3 086	1 382	1 704
10	3 166	1 531	1 635
11	2 766	1 253	1 513
12	3 249	1 540	1 709
13	3 027	1 344	1 683
14	3 245	1 457	1 788
15	3 149	1 308	1 841
16	3 400	1 503	1 897
17	3 333	1 499	1 834
18	4 481	2 037	2 444
19	3 763	1 757	2 006
20	4 130	1 891	2 239
21	3 865	1 889	1 976
22	3 937	1 938	1 999
23	3 845	1 891	1 954
24	3 717	1 878	1 839
25	3 833	1 909	1 924
26	3 588	1 813	1 775
27	2 918	1 515	1 403
28	3 466	1 784	1 682
29	2 735	1 446	1 289
30	3 324	1 735	1 589
31	2 024	1 169	855
32	2 651	1 447	1 204
33	1 888	1 100	788
34	2 297	1 325	972
35	2 391	1 424	967
36	2 397	1 364	1 033
37	1 523	897	626
38	2 110	1 228	882
39	1 696	1 028	668
40	2 203	1 297	906
41	1 392	879	513
42	1 541	908	633
43	1 143	692	451
44	1 256	796	460
45	1 733	1 122	611
46	1 411	925	486
47	962	661	301
48	1 107	699	408
49	863	579	284
50	1 344	893	451
51	576	390	186
52	785	532	253
53	551	379	172
54	669	475	194
55	581	387	194
56	665	448	217
57	384	241	143
58	426	272	154
59	322	216	106
60	535	300	235
61	239	153	86
62	270	152	118
63	176	104	72
64	220	125	95
65	288	179	109
66	171	107	64
67	156	96	60
68	218	88	130
69	99	36	63
70	181	82	99
71	79	47	32
72	149	72	77
73	76	34	42
74	57	31	26
75	85	42	43
76	96	39	57
77	28	15	13
78	76	31	45
79	48	24	24
80	94	29	65
81	22	12	10
82	34	14	20
83	22	8	14
84	32	18	14
85	37	16	21
86	39	15	24
87	20	10	10
88	11	5	6
89	19	6	13
90	14	6	8
91	3	2	1
92	4	2	2
93	3	2	1
94	5	3	2
95	4	1	3
96	3	1	2
97	7	3	4
98 plus	28	13	15
Unknown–Inconnu	943	575	368

26. Population by sex, single years of age and urban/rural residence: each census, 1985 – 1993 (continued)

Population selon le sexe, l'année d'âge et la résidence, urbaine/rurale: chaque recensement, 1985 – 1993 (suite)

Data by urban/rural residence

Données selon la résidence urbaine/rurale

(See notes at end of table. – Voir notes à la fin du tableau.)

Continent, country or area, date, age (in years) and urban/rural residence Continent, pays ou zone, date âge (en années), et résidence urbaine/rurale	Both sexes Les deux sexes	Male Masculin	Female Féminin
AFRICA (cont.) – AFRIQUE (suite)			
Swaziland Rural – Rurale			
25 VIII 1986			
Total	526 080	241 643	284 437
0	16 425	7 923	8 502
1	19 715	9 824	9 891
2	20 822	10 357	10 465
3	21 733	10 769	10 964
4	21 438	10 608	10 830
5	20 562	10 222	10 340
6	18 359	9 103	9 256
7	17 454	8 644	8 810
8	17 920	8 874	9 046
9	16 496	8 257	8 239
10	17 041	8 584	8 457
11	14 744	7 424	7 320
12	16 563	8 331	8 232
13	14 932	7 416	7 516
14	14 256	7 174	7 082
15	13 035	6 641	6 394
16	12 304	6 178	6 126
17	10 382	5 168	5 214
18	12 791	6 323	6 468
19	9 036	4 058	4 978
20	9 556	3 955	5 601
21	8 024	3 148	4 876
22	7 511	2 815	4 696
23	7 223	2 576	4 647
24	6 578	2 355	4 223
25	7 560	2 698	4 862
26	6 306	2 290	4 016
27	5 037	1 822	3 215
28	6 558	2 387	4 171
29	5 050	1 876	3 174
30	6 878	2 533	4 345
31	3 744	1 485	2 259
32	5 143	2 010	3 133
33	3 424	1 369	2 055
34	4 320	1 664	2 656
35	4 836	1 870	2 966
36	4 425	1 773	2 652
37	3 066	1 193	1 873
38	4 669	1 662	3 007
39	3 957	1 604	2 353
40	5 360	2 064	3 296
41	3 025	1 181	1 844
42	3 384	1 334	2 050
43	2 421	928	1 493
44	2 839	1 146	1 693
45	4 707	2 113	2 594
46	3 326	1 505	1 821
47	2 627	1 196	1 431
48	3 280	1 372	1 908
49	2 758	1 211	1 547
50	4 179	1 902	2 277
51	1 916	844	1 072
52	2 524	1 141	1 383
53	1 572	733	839
54	2 036	930	1 106
55	2 067	956	1 111
56	2 286	1 146	1 140
57	1 532	690	842
58	1 932	881	1 051
59	1 606	761	845
60	3 234	1 411	1 823
61	1 217	526	691
62	1 500	625	875
63	957	368	589
64	1 084	504	580
65	1 876	793	1 083
66	1 085	502	583
67	972	425	547
68	1 992	733	1 259
69	1 111	406	705
70	1 814	713	1 101
71	700	282	418
72	1 830	800	1 030
73	614	276	338
74	530	252	278
75	913	389	524
76	672	284	388
77	322	129	193
78	717	298	419
79	546	222	324
80	913	354	559
81	315	121	194
82	376	133	243
83	227	96	131
84	512	215	297
85	532	199	333
86	352	146	206
87	366	123	243
88	180	59	121
89	389	136	253
90	207	69	138
91	53	17	36
92	98	29	69
93	39	13	26
94	42	18	24
95	73	24	49
96	99	25	74
97	62	20	42
98 plus	398	110	288
Unknown–Inconnu	1 911	801	1 110

26. Population by sex, single years of age and urban/rural residence: each census, 1985 – 1993 (continued)

Population selon le sexe, l'année d'âge et la résidence, urbaine/rurale: chaque recensement, 1985 – 1993 (suite)

Data by urban/rural residence

Données selon la résidence urbaine/rurale

(See notes at end of table. – Voir notes à la fin du tableau.)

Continent, country or area, date, age (in years) and urban/rural residence Continent, pays ou zone, date âge (en années), et résidence urbaine/rurale	Both sexes Les deux sexes	Male Masculin	Female Féminin
AFRICA (cont.) – AFRIQUE (suite)			
Uganda – Ouganda			
Urban – Urbaine			
12 I 1991			
Total	1 889 622	916 646	972 976
0	81 593	40 740	40 853
1	62 750	31 300	31 450
2	67 310	33 429	33 881
3	63 659	31 108	32 551
4	61 170	29 854	31 316
5	55 031	27 017	28 014
6	55 247	26 174	29 073
7	46 318	22 200	24 118
8	46 107	20 712	25 395
9	38 963	17 958	21 005
10	51 069	23 422	27 647
11	35 844	16 074	19 770
12	47 729	21 078	26 651
13	43 799	19 099	24 700
14	43 412	18 554	24 858
15	43 519	18 817	24 702
16	43 228	17 735	25 493
17	41 180	17 011	24 169
18	56 122	23 099	33 023
19	42 997	18 018	24 979
20	70 126	30 315	39 811
21	39 531	18 787	20 744
22	46 607	22 563	24 044
23	44 687	22 163	22 524
24	44 722	22 475	22 247
25	55 185	27 916	27 269
26	40 942	20 929	20 013
27	37 362	19 370	17 992
28	46 758	23 419	23 339
29	26 477	13 990	12 487
30	58 841	29 465	29 376
31	17 974	10 512	7 462
32	28 229	15 791	12 438
33	16 043	9 468	6 575
34	16 047	9 209	6 838
35	29 295	16 185	13 110
36	16 479	9 378	7 101
37	12 500	7 073	5 427
38	18 550	9 919	8 631
39	9 475	5 405	4 070
40	25 954	12 990	12 964
41	6 888	4 409	2 479
42	10 667	6 405	4 262
43	7 411	4 607	2 804
44	4 838	3 061	1 777
45	15 270	8 197	7 073
46	6 441	3 894	2 547
47	5 109	3 097	2 012
48	7 732	4 183	3 549
49	4 354	2 665	1 689
50	15 100	6 800	8 300
51	3 812	2 430	1 382
52	5 454	3 114	2 340
53	3 601	2 201	1 400
54	3 864	2 339	1 525
55	5 198	2 745	2 453
56	3 853	2 090	1 763
57	2 365	1 437	928
58	3 211	1 692	1 519
59	1 597	1 005	592
60	9 271	3 525	5 746
61	1 407	824	583
62	2 196	1 152	1 044
63	1 719	926	793
64	1 379	773	606
65	3 844	1 637	2 207
66	1 101	613	488
67	1 431	793	638
68	1 656	778	878
69	729	384	345
70	4 774	1 654	3 120
71	681	390	291
72	1 125	526	599
73	615	320	295
74	580	304	276
75	1 730	709	1 021
76	847	402	445
77	333	199	134
78	692	319	373
79	312	171	141
80 plus	6 169	2 423	3 746
Unknown–Inconnu	1 435	732	703

26. Population by sex, single years of age and urban/rural residence: each census, 1985 – 1993 (continued)

Population selon le sexe, l'année d'âge et la résidence, urbaine/rurale: chaque recensement, 1985 – 1993 (suite)

Data by urban/rural residence

Données selon la résidence urbaine/rurale

(See notes at end of table. – Voir notes à la fin du tableau.)

Continent, country or area, date, age (in years) and urban/rural residence Continent, pays ou zone, date âge (en années), et résidence urbaine/rurale	Both sexes Les deux sexes	Male Masculin	Female Féminin
AFRICA (cont.) – AFRIQUE (suite)			
Uganda – Ouganda Rural – Rurale			
12 I 1991			
Total	14 782 083	7 269 101	7 512 982
0	592 681	293 545	299 136
1	504 932	252 852	252 080
2	579 220	288 110	291 110
3	571 379	283 463	287 916
4	568 428	281 478	286 950
5	503 589	253 447	250 142
6	520 480	258 889	261 591
7	419 480	210 309	209 171
8	463 581	228 556	235 025
9	358 195	181 303	176 892
10	489 343	251 014	238 329
11	317 439	162 442	154 997
12	447 311	230 774	216 537
13	367 212	190 569	176 643
14	377 210	197 210	180 000
15	343 063	181 435	161 628
16	335 582	167 900	167 682
17	274 690	135 886	138 804
18	377 854	174 900	202 954
19	244 025	110 979	133 046
20	400 682	174 298	226 384
21	202 100	96 521	105 579
22	246 851	116 022	130 829
23	206 899	100 140	106 759
24	223 635	106 929	116 706
25	283 042	129 398	153 644
26	210 847	99 573	111 274
27	181 696	88 577	93 119
28	259 170	117 198	141 972
29	141 828	69 853	71 975
30	345 864	152 166	193 698
31	103 183	55 426	47 757
32	166 121	81 885	84 236
33	93 370	50 772	42 598
34	99 915	50 978	48 937
35	191 551	88 170	103 381
36	117 253	57 161	60 092
37	87 270	44 658	42 612
38	139 843	65 454	74 389
39	70 296	36 030	34 266
40	218 211	90 534	127 677
41	57 110	31 089	26 021
42	94 328	46 674	47 654
43	66 502	35 441	31 061
44	49 139	25 615	23 524
45	149 059	67 042	82 017
46	73 296	37 405	35 891
47	55 771	29 122	26 649
48	91 551	43 189	48 362
49	49 180	25 881	23 299
50	181 200	74 745	106 455
51	46 031	25 918	20 113
52	69 180	35 311	33 869
53	46 255	25 978	20 277
54	53 675	28 875	24 800
55	72 139	34 300	37 839
56	57 146	29 553	27 593
57	38 346	21 811	16 535
58	56 594	28 515	28 079
59	26 786	14 850	11 936
60	146 111	60 980	85 131
61	25 447	14 549	10 898
62	39 815	20 763	19 052
63	29 589	16 352	13 237
64	26 760	14 477	12 283
65	67 810	30 526	37 284
66	22 685	12 879	9 806
67	24 367	14 082	10 285
68	35 579	18 021	17 558
69	16 240	9 084	7 156
70	89 234	39 516	49 718
71	13 770	8 169	5 601
72	26 506	13 689	12 817
73	14 308	8 185	6 123
74	11 560	6 513	5 047
75	33 683	16 294	17 389
76	17 771	9 712	8 059
77	6 932	4 288	2 644
78	15 463	8 489	6 974
79	7 586	4 675	2 911
80 plus	126 151	67 031	59 120
Unknown–Inconnu	6 107	2 709	3 398

26. Population by sex, single years of age and urban/rural residence: each census, 1985 – 1993 (continued)

Population selon le sexe, l'année d'âge et la résidence, urbaine/rurale: chaque recensement, 1985 – 1993 (suite)

Data by urban/rural residence

Données selon la résidence urbaine/rurale

(See notes at end of table. – Voir notes à la fin du tableau.)

Continent, country or area, date, age (in years) and urban/rural residence Continent, pays ou zone, date âge (en années), et résidence urbaine/rurale	Both sexes Les deux sexes	Male Masculin	Female Féminin
AMERICA, NORTH – AMERIQUE DU NORD			
Canada			
Urban – Urbaine			
4 VI 1991 [2 6]			
Total	20 906 875	10175040	10731835
0	298 685	153 040	145 645
1	296 365	151 535	144 830
2	281 060	143 855	137 205
3	272 330	139 045	133 285
4	274 875	140 395	134 485
5	279 525	142 905	136 620
6	279 345	143 075	136 270
7	275 930	141 565	134 365
8	274 430	140 795	133 640
9	274 465	140 550	133 915
10	275 125	140 540	134 585
11	273 165	139 970	133 190
12	267 840	136 935	130 900
13	265 750	136 405	129 345
14	268 375	136 830	131 545
15	272 680	139 600	133 080
16	275 575	141 135	134 440
17	268 425	136 830	131 590
18	277 695	140 530	137 165
19	290 470	145 810	144 655
20	312 455	155 080	157 375
21	316 220	157 255	158 965
22	315 655	156 330	159 325
23	318 670	157 605	161 060
24	329 510	163 125	166 380
25	350 875	174 455	176 425
26	379 675	188 990	190 685
27	391 625	195 395	196 230
28	397 915	198 080	199 840
29	392 865	195 705	197 160
30	399 435	198 415	201 025
31	393 265	194 990	198 275
32	385 850	191 370	194 480
33	383 655	190 205	193 455
34	376 385	185 655	190 730
35	362 905	179 080	183 825
36	363 520	179 050	184 475
37	350 770	172 360	178 410
38	338 050	165 505	172 545
39	328 695	161 640	167 055
40	325 200	160 030	165 175
41	318 515	157 065	161 450
42	315 320	154 895	160 425
43	315 930	156 125	159 805
44	318 335	157 420	160 915
45	271 350	134 120	137 230
46	255 850	126 860	128 990
47	250 295	124 095	126 195
48	242 995	120 495	122 500
49	226 270	112 205	114 065
50	219 035	108 255	110 780
51	206 265	101 960	104 310
52	201 135	99 345	101 785
53	193 430	95 560	97 875
54	188 190	92 425	95 770
55	188 910	92 720	96 190
56	184 985	90 530	94 460
57	181 225	88 825	92 405
58	186 340	91 025	95 315
59	187 730	91 540	96 190
60	187 340	90 210	97 125
61	183 740	88 285	95 450
62	175 935	83 505	92 425
63	176 710	83 045	93 665
64	173 155	80 370	92 790
65	173 540	78 715	94 820
66	169 530	76 025	93 510
67	165 210	73 040	92 170
68	160 160	70 060	90 095
69	159 305	69 125	90 175
70	151 610	65 010	86 600
71	142 425	60 410	82 010
72	120 225	49 940	70 285
73	114 855	47 225	67 625
74	111 240	45 335	65 900
75	108 805	43 670	65 140
76	108 030	42 875	65 160
77	99 910	38 820	61 090
78	91 075	34 995	56 080
79	82 645	31 045	51 600
80	76 110	27 915	48 195
81	68 025	24 575	43 445
82	61 090	21 455	39 635
83	54 685	18 705	35 980
84	47 645	15 680	31 965
85	41 655	13 205	28 450
86	36 550	11 350	25 200
87	31 290	9 545	21 745
88	26 240	7 750	18 495
89	21 720	6 195	15 530
90	18 050	4 815	13 240
91	14 305	3 750	10 555
92	10 885	2 675	8 215
93	8 915	2 085	6 830
94	7 125	1 680	5 450
95	5 760	1 565	4 195
96	4 340	1 115	3 220
97	3 020	725	2 290
98	2 115	465	1 650
99	1 480	300	1 180
100 plus	3 020	635	2 385

26. Population by sex, single years of age and urban/rural residence: each census, 1985 – 1993 (continued)

Population selon le sexe, l'année d'âge et la résidence, urbaine/rurale: chaque recensement, 1985 – 1993 (suite)

Data by urban/rural residence

Données selon la résidence urbaine/rurale

(See notes at end of table. – Voir notes à la fin du tableau.)

Continent, country or area, date, age (in years) and urban/rural residence Continent, pays ou zone, date âge (en années), et résidence urbaine/rurale	Both sexes Les deux sexes	Male Masculin	Female Féminin
AMERICA, NORTH (cont.) – AMERIQUE DU NORD (suite)			
Canada			
Rural – Rurale			
4 VI 1991[2,6]			
Total	6 389 985	3 279 540	3 110 445
0	94 815	48 560	46 260
1	98 620	50 555	48 065
2	95 275	48 850	46 425
3	95 435	49 140	46 295
4	99 040	50 800	48 245
5	103 340	53 230	50 110
6	104 180	53 665	50 515
7	105 050	53 785	51 265
8	105 125	53 805	51 320
9	106 645	54 845	51 805
10	107 630	55 320	52 310
11	107 485	55 465	52 020
12	105 335	54 490	50 850
13	103 480	53 155	50 325
14	103 830	53 815	50 010
15	104 560	54 245	50 315
16	102 815	53 565	49 245
17	97 535	50 880	46 655
18	92 595	49 340	43 255
19	86 295	46 465	39 825
20	81 460	44 160	37 295
21	75 775	40 925	34 850
22	70 460	37 455	33 010
23	69 680	36 450	33 230
24	71 985	36 825	35 160
25	78 295	39 405	38 885
26	88 460	44 035	44 425
27	93 725	46 480	47 250
28	99 365	49 225	50 140
29	102 735	50 800	51 935
30	107 625	53 690	53 935
31	109 455	54 670	54 785
32	110 195	54 960	55 230
33	112 270	56 605	55 660
34	112 910	57 120	55 795
35	110 135	55 875	54 265
36	112 030	56 935	55 095
37	110 140	55 955	54 180
38	105 365	54 000	51 365
39	102 865	53 265	49 600
40	101 045	52 290	48 755
41	99 635	51 810	47 830
42	97 670	50 695	46 975
43	97 200	50 830	46 370
44	98 040	51 025	47 020
45	85 430	44 860	40 575
46	80 935	42 510	38 425
47	78 750	41 105	37 645
48	77 195	40 500	36 695
49	71 710	37 455	34 260
50	69 275	36 160	33 120
51	64 865	34 010	30 855
52	63 810	33 220	30 590
53	60 915	31 820	29 105
54	58 525	30 530	27 995
55	60 200	31 310	28 890
56	58 495	30 460	28 030
57	57 105	29 930	27 175
58	58 840	30 650	28 195
59	59 090	31 095	28 000
60	58 610	30 835	27 770
61	57 600	30 245	27 355
62	55 600	29 100	26 500
63	55 000	28 730	26 270
64	53 015	27 610	25 405
65	52 635	27 325	25 315
66	50 765	26 255	24 515
67	48 990	25 010	23 980
68	46 710	23 685	23 025
69	46 325	23 260	23 060
70	42 870	21 540	21 330
71	40 555	20 375	20 180
72	35 120	17 500	17 615
73	32 395	16 465	15 930
74	30 615	15 145	15 470
75	28 550	14 305	14 245
76	27 625	13 640	13 990
77	25 325	12 410	12 915
78	22 800	11 150	11 645
79	20 000	9 615	10 380
80	17 890	8 440	9 450
81	15 935	7 545	8 395
82	13 270	6 095	7 175
83	12 040	5 370	6 670
84	10 105	4 350	5 755
85	8 705	3 715	4 990
86	7 520	3 150	4 370
87	6 285	2 580	3 705
88	5 285	2 105	3 175
89	4 245	1 665	2 580
90	3 495	1 310	2 180
91	2 670	985	1 685
92	2 065	720	1 345
93	1 545	535	1 010
94	1 295	420	870
95	1 140	410	730
96	795	320	475
97	575	185	390
98	360	105	250
99	245	65	175
100 plus	655	200	460

26. Population by sex, single years of age and urban/rural residence: each census, 1985 – 1993 (continued)

Population selon le sexe, l'année d'âge et la résidence, urbaine/rurale: chaque recensement, 1985 – 1993 (suite)

Data by urban/rural residence

Données selon la résidence urbaine/rurale

(See notes at end of table. – Voir notes à la fin du tableau.)

Continent, country or area, date, age (in years) and urban/rural residence Continent, pays ou zone, date âge (en années), et résidence urbaine/rurale	Both sexes Les deux sexes	Male Masculin	Female Féminin
AMERICA, NORTH (cont.) – AMERIQUE DU NORD (suite)			
Panama			
Urban – Urbaine			
13 V 1990			
Total	1 251 555	607 025	644 530
0	26 592	13 753	12 839
1	25 107	12 859	12 248
2	25 723	13 141	12 582
3	26 437	13 363	13 074
4	26 364	13 436	12 928
5	26 774	13 576	13 198
6	25 000	12 730	12 270
7	25 838	12 950	12 888
8	26 239	13 347	12 892
9	25 373	12 758	12 615
10	25 779	13 057	12 722
11	24 939	12 688	12 251
12	25 920	13 233	12 687
13	25 311	12 510	12 801
14	26 241	12 938	13 303
15	25 874	12 357	13 517
16	26 546	12 759	13 787
17	27 214	13 047	14 167
18	28 819	13 731	15 088
19	26 719	12 632	14 087
20	26 566	12 599	13 967
21	25 913	12 396	13 517
22	26 885	12 822	14 063
23	26 526	12 708	13 818
24	24 915	11 862	13 053
25	25 341	12 017	13 324
26	24 425	11 558	12 867
27	23 647	11 413	12 234
28	22 693	10 795	11 898
29	22 447	10 729	11 718
30	22 861	11 099	11 762
31	18 751	8 869	9 882
32	20 233	9 561	10 672
33	19 279	9 373	9 906
34	18 328	8 714	9 614
35	18 247	8 691	9 556
36	17 065	8 083	8 982
37	16 123	7 719	8 404
38	16 504	7 902	8 602
39	16 144	7 878	8 266
40	16 365	7 742	8 623
41	12 837	6 116	6 721
42	14 840	7 117	7 723
43	13 365	6 464	6 901
44	11 669	5 615	6 054
45	12 505	6 025	6 480
46	11 796	5 762	6 034
47	10 573	5 111	5 462
48	9 976	4 830	5 146
49	9 491	4 673	4 818
50	9 748	4 611	5 137
51	7 768	3 709	4 059
52	8 858	4 196	4 662
53	7 964	3 829	4 135
54	7 776	3 685	4 091
55	7 303	3 481	3 822
56	6 789	3 197	3 592
57	6 512	3 075	3 437
58	6 351	3 004	3 347
59	6 420	3 066	3 354
60	7 005	3 314	3 691
61	5 034	2 383	2 651
62	5 892	2 772	3 120
63	5 477	2 640	2 837
64	5 631	2 616	3 015
65	5 373	2 481	2 892
66	4 670	2 255	2 415
67	4 485	2 151	2 334
68	4 304	2 010	2 294
69	4 411	1 987	2 424
70	4 486	2 049	2 437
71	3 372	1 606	1 766
72	3 747	1 734	2 013
73	3 500	1 570	1 930
74	3 191	1 405	1 786
75	3 209	1 492	1 717
76	2 958	1 336	1 622
77	2 500	1 134	1 366
78	2 362	1 071	1 291
79	2 055	874	1 181
80	2 223	894	1 329
81	1 361	599	762
82	1 391	580	811
83	1 191	482	709
84	1 099	445	654
85	979	377	602
86	890	335	555
87	828	333	495
88	488	183	305
89	675	251	424
90	601	191	410
91	228	86	142
92	227	64	163
93	190	56	134
94	175	58	117
95	123	34	89
96	113	44	69
97	98	42	56
98 plus	396	126	270
Unknown–Inconnu	9	4	5

26. Population by sex, single years of age and urban/rural residence: each census, 1985 – 1993 (continued)

Population selon le sexe, l'année d'âge et la résidence, urbaine/rurale: chaque recensement, 1985 – 1993 (suite)

Data by urban/rural residence

Données selon la résidence urbaine/rurale

(See notes at end of table. – Voir notes à la fin du tableau.)

Continent, country or area, date, age (in years) and urban/rural residence Continent, pays ou zone, date âge (en années), et résidence urbaine/rurale	Both sexes Les deux sexes	Male Masculin	Female Féminin	Continent, country or area, date, age (in years) and urban/rural residence Continent, pays ou zone, date âge (en années), et résidence urbaine/rurale	Both sexes Les deux sexes	Male Masculin	Female Féminin
AMERICA, NORTH (cont.) – AMERIQUE DU NORD (suite)							
Panama							
Rural – Rurale							
13 V 1990							
Total	1 077 774	571 765	506 009				
0	28 675	14 493	14 182	50	9 704	5 297	4 407
1	28 426	14 606	13 820	51	5 864	3 255	2 609
2	29 661	15 205	14 456	52	7 515	4 144	3 371
3	29 938	15 257	14 681	53	6 741	3 709	3 032
4	29 946	15 338	14 608	54	6 931	3 871	3 060
5	31 378	16 086	15 292	55	6 505	3 618	2 887
6	28 434	14 387	14 047	56	5 945	3 293	2 652
7	29 211	15 057	14 154	57	5 444	3 105	2 339
8	29 609	15 334	14 275	58	5 706	3 230	2 476
9	29 076	14 978	14 098	59	5 559	3 131	2 428
10	28 133	14 404	13 729	60	7 905	4 496	3 409
11	25 746	13 272	12 474	61	3 741	2 122	1 619
12	26 347	13 809	12 538	62	4 525	2 538	1 987
13	24 474	12 724	11 750	63	4 374	2 491	1 883
14	24 864	13 172	11 692	64	4 470	2 505	1 965
15	23 253	12 219	11 034	65	4 869	2 678	2 191
16	22 570	12 000	10 570	66	3 775	2 172	1 603
17	22 898	12 292	10 606	67	3 455	1 972	1 483
18	24 238	13 198	11 040	68	3 420	1 878	1 542
19	20 721	10 886	9 835	69	3 200	1 756	1 444
20	22 006	11 635	10 371	70	4 524	2 529	1 995
21	19 024	10 017	9 007	71	2 296	1 379	917
22	19 790	10 628	9 162	72	2 906	1 698	1 208
23	19 385	10 396	8 989	73	2 666	1 520	1 146
24	18 173	9 549	8 624	74	2 421	1 360	1 061
25	18 717	9 887	8 830	75	2 846	1 592	1 254
26	16 369	8 705	7 664	76	2 313	1 304	1 009
27	16 290	8 776	7 514	77	1 763	1 027	736
28	15 921	8 406	7 515	78	1 859	1 064	795
29	15 257	8 109	7 148	79	1 557	883	674
30	17 627	9 444	8 183	80	2 250	1 260	990
31	11 743	6 252	5 491	81	961	549	412
32	13 394	7 062	6 332	82	976	543	433
33	12 237	6 569	5 668	83	827	458	369
34	11 828	6 416	5 412	84	761	422	339
35	12 547	6 630	5 917	85	845	468	377
36	10 963	5 912	5 051	86	656	342	314
37	9 995	5 341	4 654	87	673	327	346
38	11 376	6 163	5 213	88	437	255	182
39	10 905	5 928	4 977	89	483	253	230
40	12 840	6 914	5 926	90	562	274	288
41	7 902	4 272	3 630	91	128	73	55
42	10 207	5 597	4 610	92	140	71	69
43	9 253	5 122	4 131	93	115	56	59
44	7 980	4 455	3 525	94	98	47	51
45	10 329	5 511	4 818	95	127	46	81
46	8 289	4 588	3 701	96	91	39	52
47	7 780	4 300	3 480	97	72	41	31
48	8 381	4 605	3 776	98 plus	440	206	234
49	8 218	4 511	3 707	Unknown–Inconnu	9	1	8

26. Population by sex, single years of age and urban/rural residence: each census, 1985 – 1993 (continued)

Population selon le sexe, l'année d'âge et la résidence, urbaine/rurale: chaque recensement, 1985 – 1993 (suite)

Data by urban/rural residence

Données selon la résidence urbaine/rurale

(See notes at end of table. – Voir notes à la fin du tableau.)

Continent, country or area, date, age (in years) and urban/rural residence Continent, pays ou zone, date âge (en années), et résidence urbaine/rurale	Both sexes Les deux sexes	Male Masculin	Female Féminin
AMERICA, NORTH (cont.) – AMERIQUE DU NORD (suite)			
United States – Etats-Unis			
Urban – Urbaine			
1 IV 1990* [9] [10]			
Total	187 053 487	90386114	96667373
0	2 476 749	1 265 656	1 211 093
1	3 036 683	1 554 714	1 481 969
2	2 916 981	1 492 205	1 424 776
3	2 789 250	1 424 950	1 364 300
4	2 769 497	1 416 235	1 353 262
5	2 746 250	1 403 231	1 343 019
6	2 640 914	1 349 226	1 291 688
7	2 676 137	1 366 677	1 309 460
8	2 560 679	1 306 521	1 254 158
9	2 664 067	1 360 919	1 303 148
10	2 637 707	1 349 600	1 288 107
11	2 480 334	1 267 730	1 212 604
12	2 448 745	1 249 894	1 198 851
13	2 386 778	1 215 618	1 171 160
14	2 319 853	1 183 852	1 136 001
15	2 374 518	1 212 777	1 161 741
16	2 366 450	1 207 996	1 158 454
17	2 458 583	1 260 036	1 198 547
18	2 755 482	1 392 211	1 363 271
19	3 233 725	1 630 104	1 603 621
20 – 24	15 371 060	7 773 590	7 597 470
25 – 29	16 898 657	8 475 923	8 422 734
30 – 34	16 779 795	8 333 244	8 446 551
35 – 39	14 944 849	7 368 671	7 576 178
40 – 44	13 013 170	6 358 595	6 654 575
45 – 49	10 070 112	4 883 234	5 186 878
50 – 54	8 208 772	3 929 356	4 279 416
55 – 59	7 657 284	3 608 813	4 048 471
60 – 64	7 801 852	3 564 943	4 236 909
65 – 69	7 520 892	3 295 344	4 225 548
70 – 74	5 981 647	2 483 734	3 497 913
75 – 79	4 625 077	1 750 709	2 874 368
80 – 84	3 021 594	1 006 221	2 015 373
85 plus	2 419 344	643 585	1 775 759

26. Population by sex, single years of age and urban/rural residence: each census, 1985 – 1993 (continued)

Population selon le sexe, l'année d'âge et la résidence, urbaine/rurale: chaque recensement, 1985 – 1993 (suite)

Data by urban/rural residence

Données selon la résidence urbaine/rurale

(See notes at end of table. – Voir notes à la fin du tableau.)

Continent, country or area, date, age (in years) and urban/rural residence Continent, pays ou zone, date âge (en années), et résidence urbaine/rurale	Both sexes Les deux sexes	Male Masculin	Female Féminin
AMERICA, NORTH (cont.) – AMERIQUE DU NORD (suite)			
United States – Etats-Unis Rural – Rurale			
1 IV 1990* 9 10			
Total	61 656 386	30853304	30803082
0	740 563	379 145	361 418
1	912 424	467 578	444 846
2	898 059	460 037	438 022
3	893 927	459 073	434 854
4	920 310	472 816	447 494
5	943 283	485 946	457 337
6	936 718	480 606	456 112
7	969 624	499 023	470 601
8	947 989	487 834	460 155
9	1 013 518	522 544	490 974
10	1 015 470	524 572	490 898
11	975 151	503 574	471 577
12	974 705	503 105	471 600
13	952 222	490 799	461 423
14	923 254	478 393	444 861
15	947 121	493 033	454 088
16	938 440	489 999	448 441
17	951 479	498 364	453 115
18	885 756	470 166	415 590
19	842 491	448 042	394 449
20 – 24	3 649 252	1 902 006	1 747 246
25 – 29	4 414 388	2 220 013	2 194 375
30 – 34	5 083 092	2 543 689	2 539 403
35 – 39	5 018 268	2 533 572	2 484 696
40 – 44	4 602 616	2 333 389	2 269 227
45 – 49	3 802 461	1 927 363	1 875 098
50 – 54	3 141 741	1 585 382	1 556 359
55 – 59	2 874 472	1 425 557	1 448 915
60 – 64	2 814 315	1 382 104	1 432 211
65 – 69	2 590 843	1 236 963	1 353 880
70 – 74	2 013 176	925 572	1 087 604
75 – 79	1 496 292	649 059	847 233
80 – 84	912 145	359 873	552 272
85 plus	660 821	214 113	446 708

26. Population by sex, single years of age and urban/rural residence: each census, 1985 – 1993 (continued)

Population selon le sexe, l'année d'âge et la résidence, urbaine/rurale: chaque recensement, 1985 – 1993 (suite)

Data by urban/rural residence

Données selon la résidence urbaine/rurale

(See notes at end of table. – Voir notes à la fin du tableau.)

Continent, country or area, date, age (in years) and urban/rural residence Continent, pays ou zone, date âge (en années), et résidence urbaine/rurale	Both sexes Les deux sexes	Male Masculin	Female Féminin	Continent, country or area, date, age (in years) and urban/rural residence Continent, pays ou zone, date âge (en années), et résidence urbaine/rurale	Both sexes Les deux sexes	Male Masculin	Female Féminin
AMERICA, SOUTH – AMERIQUE DU SUD							
Bolivia – Bolivie							
Urban – Urbaine							
3 VI 1992							
Total	3 694 846	1 793 445	1 901 401				
0	107 069	54 719	52 350	50	26 179	11 750	14 429
1	89 142	45 215	43 927	51	15 561	7 591	7 970
2	99 797	50 744	49 053	52	23 923	11 526	12 397
3	104 292	52 222	52 070	53	16 132	7 780	8 352
4	105 080	53 479	51 601	54	16 195	7 591	8 604
5	100 325	50 855	49 470	55	18 400	8 354	10 046
6	97 656	49 431	48 225	56	15 201	7 200	8 001
7	92 323	46 942	45 381	57	12 070	5 664	6 406
8	92 781	46 992	45 789	58	14 506	6 372	8 134
9	91 603	45 755	45 848	59	11 770	5 625	6 145
10	93 876	47 624	46 252	60	21 052	8 982	12 070
11	91 179	46 110	45 069	61	10 125	5 067	5 058
12	102 658	52 224	50 434	62	17 024	8 124	8 900
13	91 603	45 224	46 379	63	11 464	5 457	6 007
14	90 252	43 760	46 492	64	11 226	5 265	5 961
15	87 931	42 248	45 683	65	14 677	6 161	8 516
16	86 563	41 405	45 158	66	8 771	4 213	4 558
17	86 588	41 792	44 796	67	8 614	4 065	4 549
18	86 739	42 034	44 705	68	9 195	3 987	5 208
19	75 447	35 529	39 918	69	5 664	2 684	2 980
20	75 775	34 914	40 861	70	11 218	4 489	6 729
21	68 327	32 384	35 943	71	4 144	2 055	2 089
22	78 269	37 108	41 161	72	8 117	3 612	4 505
23	68 966	32 924	36 042	73	4 635	2 186	2 449
24	64 588	30 669	33 919	74	4 405	2 013	2 392
25	65 120	30 263	34 857	75	6 731	2 737	3 994
26	58 731	27 350	31 381	76	4 254	1 941	2 313
27	61 414	29 300	32 114	77	3 176	1 503	1 673
28	58 958	27 147	31 811	78	4 669	2 141	2 528
29	52 049	24 852	27 197	79	2 404	1 133	1 271
30	62 642	28 881	33 761	80	5 052	1 828	3 224
31	45 721	22 025	23 696	81	1 717	793	924
32	62 341	29 673	32 668	82	2 722	1 195	1 527
33	50 896	24 893	26 003	83	1 538	659	879
34	44 118	21 193	22 925	84	1 514	650	864
35	50 567	23 507	27 060	85	2 010	724	1 286
36	45 904	21 774	24 130	86	1 195	481	714
37	42 921	20 209	22 712	87	1 038	428	610
38	46 486	21 749	24 737	88	764	289	475
39	37 758	18 455	19 303	89	693	270	423
40	44 507	21 027	23 480	90	1 086	362	724
41	28 334	14 172	14 162	91	331	135	196
42	44 502	22 460	22 042	92	475	196	279
43	29 894	14 679	15 215	93	192	78	114
44	26 035	12 569	13 466	94	183	76	107
45	33 506	15 454	18 052	95	276	98	178
46	28 883	14 187	14 696	96	162	66	96
47	25 482	12 486	12 996	97	118	47	71
48	26 598	12 396	14 202	99 plus	1 929	680	1 249
49	20 251	10 007	10 244	Unknown–Inconnu	7 902	4 111	3 791

26. Population by sex, single years of age and urban/rural residence: each census, 1985 – 1993 (continued)

Population selon le sexe, l'année d'âge et la résidence, urbaine/rurale: chaque recensement, 1985 – 1993 (suite)

Data by urban/rural residence

Données selon la résidence urbaine/rurale

(See notes at end of table. – Voir notes à la fin du tableau.)

Continent, country or area, date, age (in years) and urban/rural residence Continent, pays ou zone, date âge (en années), et résidence urbaine/rurale	Both sexes Les deux sexes	Male Masculin	Female Féminin
AMERICA, SOUTH (cont.) – AMERIQUE DU SUD (suite)			
Bolivia – Bolivie			
Rural – Rurale			
3 VI 1992			
Total	2 725 946	1 377 820	1 348 126
0	91 733	46 425	45 308
1	76 855	38 996	37 859
2	87 575	44 483	43 092
3	91 273	45 581	45 692
4	94 556	48 030	46 526
5	87 303	44 067	43 236
6	86 440	43 469	42 971
7	81 197	41 505	39 692
8	83 471	42 035	41 436
9	71 809	36 290	35 519
10	80 000	40 990	39 010
11	62 920	33 183	29 737
12	81 283	42 985	38 298
13	61 380	31 986	29 394
14	60 777	31 525	29 252
15	55 574	28 411	27 163
16	49 743	25 939	23 804
17	45 448	24 643	20 805
18	51 875	27 292	24 583
19	38 126	20 113	18 013
20	47 581	23 387	24 194
21	31 392	16 127	15 265
22	44 504	22 694	21 810
23	35 774	18 137	17 637
24	34 726	17 318	17 408
25	42 189	20 844	21 345
26	34 482	17 103	17 379
27	32 807	16 727	16 080
28	36 304	17 895	18 409
29	27 610	14 344	13 266
30	45 897	22 444	23 453
31	23 190	12 193	10 997
32	36 565	18 993	17 572
33	24 340	12 647	11 693
34	23 459	11 867	11 592
35	36 891	17 535	19 356
36	27 078	13 520	13 558
37	23 323	11 633	11 690
38	32 751	15 589	17 162
39	21 347	10 687	10 660
40	42 157	20 056	22 101
41	16 564	8 567	7 997
42	29 764	15 596	14 168
43	18 358	9 058	9 300
44	17 057	8 489	8 568
45	36 211	17 407	18 804
46	20 575	10 559	10 016
47	16 802	8 691	8 111
48	24 696	12 229	12 467
49	14 790	7 576	7 214
50	31 952	14 500	17 452
51	11 074	5 827	5 247
52	19 960	10 640	9 320
53	11 306	5 921	5 385
54	12 086	6 089	5 997
55	19 766	9 154	10 612
56	13 612	7 001	6 611
57	9 193	4 727	4 466
58	15 032	7 108	7 924
59	8 943	4 654	4 289
60	32 156	14 615	17 541
61	7 857	4 181	3 676
62	14 556	7 769	6 787
63	8 793	4 655	4 138
64	8 920	4 622	4 298
65	18 891	8 560	10 331
66	7 161	3 858	3 303
67	7 244	4 034	3 210
68	10 442	4 828	5 614
69	4 604	2 208	2 396
70	20 247	8 744	11 503
71	3 725	1 955	1 770
72	7 594	4 023	3 571
73	3 417	1 775	1 642
74	3 331	1 685	1 646
75	10 149	4 641	5 508
76	3 557	1 740	1 817
77	2 177	1 165	1 012
78	5 636	2 831	2 805
79	2 208	1 032	1 176
80	12 211	5 354	6 857
81	1 395	710	685
82	2 615	1 270	1 345
83	1 121	557	564
84	1 098	491	607
85	3 949	1 837	2 112
86	1 084	541	543
87	885	451	434
88	1 098	525	573
89	1 298	623	675
90	3 222	1 517	1 705
91	300	164	136
92	599	298	301
93	220	111	109
94	171	77	94
95	927	474	453
96	264	119	145
97	194	91	103
99 plus	6 230	2 711	3 519
Unknown–Inconnu	12 954	7 497	5 457

26. Population by sex, single years of age and urban/rural residence: each census, 1985 – 1993 (continued)

Population selon le sexe, l'année d'âge et la résidence, urbaine/rurale: chaque recensement, 1985 – 1993 (suite)

Data by urban/rural residence

Données selon la résidence urbaine/rurale

(See notes at end of table. – Voir notes à la fin du tableau.)

Continent, country or area, date, age (in years) and urban/rural residence Continent, pays ou zone, date âge (en années), et résidence urbaine/rurale	Both sexes Les deux sexes	Male Masculin	Female Féminin	Continent, country or area, date, age (in years) and urban/rural residence Continent, pays ou zone, date âge (en années), et résidence urbaine/rurale	Both sexes Les deux sexes	Male Masculin	Female Féminin
AMERICA, SOUTH (cont.) – AMERIQUE DU SUD (suite)							
Chile – Chili Urban – Urbaine							
22 IV 1992							
Total	11 140 405	5 364 760	5 775 645				
0	238 868	122 296	116 572	50	101 723	46 282	55 441
1	222 606	113 777	108 829	51	86 751	41 546	45 205
2	239 126	122 092	117 034	52	102 956	48 637	54 319
3	238 151	121 325	116 826	53	81 646	37 881	43 765
4	267 645	136 592	131 053	54	79 733	36 538	43 195
5	216 129	110 069	106 060	55	74 250	33 316	40 934
6	205 305	103 677	101 628	56	74 993	34 814	40 179
7	202 463	102 790	99 673	57	70 508	32 439	38 069
8	198 109	100 435	97 674	58	71 891	33 007	38 884
9	205 281	103 860	101 421	59	69 445	31 659	37 786
10	220 766	111 626	109 140	60	76 570	32 168	44 402
11	203 645	103 611	100 034	61	64 921	30 096	34 825
12	201 511	101 647	99 864	62	79 577	35 540	44 037
13	190 306	95 178	95 128	63	66 863	29 200	37 663
14	201 162	101 573	99 589	64	64 417	28 710	35 707
15	190 898	95 678	95 220	65	65 187	29 040	36 147
16	197 483	98 527	98 956	66	50 742	22 007	28 735
17	208 460	103 725	104 735	67	49 578	21 946	27 632
18	217 558	108 076	109 482	68	45 466	19 380	26 086
19	205 461	100 288	105 173	69	39 233	17 145	22 088
20	202 804	98 257	104 547	70	43 915	17 819	26 096
21	202 537	98 895	103 642	71	34 694	15 188	19 506
22	199 211	97 555	101 656	72	42 153	17 410	24 743
23	201 227	97 340	103 887	73	33 691	13 646	20 045
24	204 831	99 145	105 686	74	32 558	13 062	19 496
25	202 061	97 070	104 991	75	31 735	12 550	19 185
26	204 264	97 903	106 361	76	29 386	11 500	17 886
27	211 092	101 179	109 913	77	24 978	9 937	15 041
28	207 216	100 068	107 148	78	26 846	10 136	16 710
29	205 540	98 888	106 652	79	20 577	7 911	12 666
30	210 923	100 454	110 469	80	25 130	8 937	16 193
31	186 087	89 613	96 474	81	16 041	6 131	9 910
32	197 725	93 420	104 305	82	18 318	6 668	11 650
33	189 716	91 892	97 824	83	12 826	4 654	8 172
34	174 324	83 567	90 757	84	12 218	4 410	7 808
35	171 016	81 128	89 888	85	10 446	3 544	6 902
36	164 437	77 753	86 684	86	9 644	3 151	6 493
37	156 459	73 992	82 467	87	7 833	2 549	5 284
38	156 153	73 830	82 323	88	6 136	2 032	4 104
39	143 469	69 179	74 290	89	4 942	1 530	3 412
40	140 332	65 380	74 952	90	4 170	1 253	2 917
41	122 349	59 002	63 347	91	3 277	974	2 303
42	148 539	70 737	77 802	92	3 501	1 098	2 403
43	125 359	59 470	65 889	93	1 885	538	1 347
44	114 579	54 089	60 490	94	1 525	415	1 110
45	108 923	50 170	58 753	95	1 181	333	848
46	114 689	54 714	59 975	96	1 109	308	801
47	112 919	53 694	59 225	97	870	226	644
48	108 625	51 426	57 199	98	765	178	587
49	100 388	47 900	52 488	99 plus	2 878	769	2 109

26. Population by sex, single years of age and urban/rural residence: each census, 1985 – 1993 (continued)

Population selon le sexe, l'année d'âge et la résidence, urbaine/rurale: chaque recensement, 1985 – 1993 (suite)

Data by urban/rural residence

Données selon la résidence urbaine/rurale

(See notes at end of table. – Voir notes à la fin du tableau.)

Continent, country or area, date, age (in years) and urban/rural residence Continent, pays ou zone, date âge (en années), et résidence urbaine/rurale	Both sexes Les deux sexes	Male Masculin	Female Féminin
AMERICA, SOUTH (cont.) – AMERIQUE DU SUD (suite)			
Chile – Chili Rural – Rurale			
22 IV 1992			
Total	2 207 996	1 188 494	1 019 502
0	47 036	23 949	23 087
1	44 712	22 919	21 793
2	49 838	25 455	24 383
3	50 165	25 646	24 519
4	54 488	28 401	26 087
5	46 046	23 664	22 382
6	43 598	22 372	21 226
7	42 227	21 686	20 541
8	42 037	21 423	20 614
9	43 924	22 426	21 498
10	46 078	23 682	22 396
11	44 004	22 934	21 070
12	43 396	22 587	20 809
13	40 374	20 975	19 399
14	40 472	21 813	18 659
15	36 684	19 806	16 878
16	39 009	21 526	17 483
17	40 904	22 961	17 943
18	42 064	24 335	17 729
19	38 608	21 644	16 964
20	37 952	20 661	17 291
21	37 664	20 773	16 891
22	40 052	22 064	17 988
23	40 601	22 124	18 477
24	41 132	22 264	18 868
25	39 819	21 509	18 310
26	39 893	21 642	18 251
27	39 357	21 555	17 802
28	38 340	20 945	17 395
29	36 356	19 874	16 482
30	38 747	21 197	17 550
31	33 221	18 441	14 780
32	36 925	20 159	16 766
33	33 473	18 792	14 681
34	29 769	16 665	13 104
35	29 721	16 526	13 195
36	29 532	16 235	13 297
37	27 647	15 134	12 513
38	27 812	15 199	12 613
39	24 947	13 757	11 190
40	25 492	13 865	11 627
41	21 345	12 041	9 304
42	27 081	15 069	12 012
43	22 334	12 200	10 134
44	21 057	11 545	9 512
45	20 225	11 163	9 062
46	21 289	11 965	9 324
47	20 503	11 257	9 246
48	20 998	11 453	9 545
49	18 563	10 191	8 372
50	20 540	11 310	9 230
51	17 314	9 715	7 599
52	21 442	11 923	9 519
53	17 392	9 479	7 913
54	17 551	9 398	8 153
55	16 621	8 906	7 715
56	16 580	9 213	7 367
57	15 401	8 515	6 886
58	15 741	8 700	7 041
59	14 158	7 838	6 320
60	15 803	8 343	7 460
61	13 010	7 352	5 658
62	16 921	9 353	7 568
63	15 137	8 278	6 859
64	15 294	8 628	6 666
65	15 212	8 523	6 689
66	12 203	6 580	5 623
67	12 006	6 705	5 301
68	10 191	5 443	4 748
69	8 093	4 409	3 684
70	10 092	5 425	4 667
71	7 784	4 382	3 402
72	9 547	5 207	4 340
73	7 599	4 113	3 486
74	7 185	3 727	3 458
75	7 184	3 749	3 435
76	6 373	3 301	3 072
77	6 081	3 229	2 852
78	6 322	3 308	3 014
79	4 369	2 248	2 121
80	5 347	2 648	2 699
81	3 538	1 857	1 681
82	4 076	2 087	1 989
83	2 757	1 375	1 382
84	2 638	1 258	1 380
85	2 224	1 026	1 198
86	2 114	977	1 137
87	1 703	735	968
88	1 375	611	764
89	1 076	437	639
90	936	359	577
91	622	255	367
92	745	304	441
93	333	133	200
94	274	100	174
95	277	101	176
96	243	82	161
97	157	53	104
98	184	67	117
99 plus	720	260	460

26. Population by sex, single years of age and urban/rural residence: each census, 1985 – 1993 (continued)

Population selon le sexe, l'année d'âge et la résidence, urbaine/rurale: chaque recensement, 1985 – 1993 (suite)

Data by urban/rural residence

Données selon la résidence urbaine/rurale

(See notes at end of table. – Voir notes à la fin du tableau.)

Continent, country or area, date, age (in years) and urban/rural residence Continent, pays ou zone, date âge (en années), et résidence urbaine/rurale	Both sexes Les deux sexes	Male Masculin	Female Féminin	Continent, country or area, date, age (in years) and urban/rural residence Continent, pays ou zone, date âge (en années), et résidence urbaine/rurale	Both sexes Les deux sexes	Male Masculin	Female Féminin
AMERICA, SOUTH (cont.) – AMERIQUE DU SUD (suite)							
Colombia – Colombie Urban – Urbaine							
15 X 1985							
Total	18 713 553	8 927 542	9 786 011				
0	398 960	203 996	194 964	50	211 918	95 276	116 642
1	378 430	193 134	185 296	51	69 362	34 443	34 919
2	439 975	223 828	216 147	52	127 760	61 968	65 792
3	468 291	237 072	231 219	53	103 844	50 374	53 469
4	462 835	235 560	227 275	54	101 702	48 009	53 693
5	469 933	239 408	230 525	55	155 086	70 507	84 579
6	438 681	220 628	218 053	56	94 854	45 744	49 110
7	429 805	217 464	212 341	57	73 984	35 602	38 382
8	422 771	213 328	209 443	58	90 441	42 552	47 889
9	390 544	195 222	195 322	59	55 179	26 865	28 314
10	412 171	206 985	205 186	60	155 057	68 877	86 180
11	368 572	182 741	185 831	61	36 158	17 683	18 475
12	409 245	206 489	202 756	62	66 586	31 988	34 598
13	404 404	196 835	207 569	63	65 470	30 923	34 547
14	413 159	199 455	213 704	64	55 395	25 707	29 688
15	438 855	202 629	236 226	65	108 572	47 510	61 062
16	425 636	194 420	231 216	66	40 782	18 832	21 950
17	444 611	202 589	242 022	67	42 367	20 049	22 318
18	496 868	229 271	267 597	68	49 070	22 142	26 928
19	408 525	183 174	225 351	69	28 602	13 390	15 212
20	491 352	217 082	274 270	70	82 783	35 526	47 257
21	366 128	168 642	197 486	71	19 779	9 563	10 216
22	475 561	218 541	257 020	72	38 476	18 028	20 448
23	429 771	198 226	231 545	73	30 931	14 394	16 537
24	402 749	185 295	217 454	74	27 983	13 089	14 894
25	444 692	199 474	245 218	75	52 168	22 537	29 631
26	337 869	151 683	186 186	76	22 932	10 462	12 470
27	329 748	150 930	178 818	77	15 068	6 975	8 093
28	373 766	173 871	199 895	78	23 132	10 454	12 678
29	262 533	121 466	141 067	79	12 697	5 846	6 851
30	431 126	197 946	233 180	80	34 168	13 198	20 970
31	178 996	86 063	92 934	81	8 311	3 722	4 589
32	303 915	141 482	162 433	82	12 015	5 070	6 945
33	248 076	123 069	125 007	83	10 331	4 417	5 914
34	217 954	105 864	112 090	84	9 935	4 257	5 678
35	327 856	152 473	175 383	85 plus	59 047	22 502	36 545
36	218 389	101 758	116 631				
37	197 627	93 321	104 306				
38	252 577	121 541	131 036				
39	168 182	81 343	86 839				
40	285 015	136 040	148 975				
41	96 300	48 895	47 405				
42	189 314	93 941	95 373				
43	152 788	76 175	76 613				
44	115 600	56 402	59 198				
45	227 581	107 910	119 671				
46	109 846	52 654	57 192				
47	112 729	53 967	58 762				
48	149 819	70 305	79 514				
49	101 478	48 474	53 004				

26. Population by sex, single years of age and urban/rural residence: each census, 1985 – 1993 (continued)

Population selon le sexe, l'année d'âge et la résidence, urbaine/rurale: chaque recensement, 1985 – 1993 (suite)

Data by urban/rural residence

Données selon la résidence urbaine/rurale

(See notes at end of table. – Voir notes à la fin du tableau.)

Continent, country or area, date, age (in years) and urban/rural residence Continent, pays ou zone, date âge (en années), et résidence urbaine/rurale	Both sexes Les deux sexes	Male Masculin	Female Féminin
AMERICA, SOUTH (cont.) – AMERIQUE DU SUD (suite)			
Colombia – Colombie Rural – Rurale			
15 X 1985			
Total	9 124 379	4 850 158	4 274 221
0	213 090	108 870	104 220
1	210 579	107 700	102 879
2	252 612	129 409	123 203
3	271 297	137 457	133 840
4	273 853	140 380	133 473
5	279 446	143 821	135 625
6	261 992	133 329	128 663
7	260 797	134 008	126 789
8	264 279	137 211	127 068
9	226 600	116 167	110 433
10	273 348	143 083	130 265
11	217 533	112 955	104 578
12	266 709	144 717	121 992
13	231 408	122 010	109 398
14	229 718	124 049	105 669
15	236 096	125 775	110 321
16	205 156	110 971	94 185
17	199 231	110 559	88 672
18	232 935	131 847	101 088
19	166 958	91 132	75 826
20	217 916	116 823	101 093
21	124 832	68 537	56 295
22	184 976	101 648	83 328
23	159 513	86 413	73 100
24	147 802	78 996	68 806
25	187 210	98 947	88 263
26	123 486	64 702	58 784
27	121 162	64 384	56 778
28	146 131	79 036	67 095
29	90 534	47 483	43 051
30	190 724	102 402	88 322
31	56 996	30 669	26 327
32	114 308	61 593	52 715
33	86 884	46 847	40 037
34	78 296	41 865	36 431
35	155 130	82 122	73 008
36	88 712	45 839	42 873
37	77 826	40 360	37 466
38	112 086	59 396	52 690
39	66 311	34 857	31 454
40	157 950	84 924	73 026
41	37 085	20 384	16 701
42	77 863	43 122	34 741
43	61 645	32 757	28 888
44	50 964	26 857	24 107
45	126 460	67 542	58 918
46	49 178	25 913	23 265
47	48 308	25 439	22 869
48	75 561	39 921	35 640
49	43 149	22 830	20 319
50	129 937	69 007	60 930
51	27 919	15 467	12 452
52	57 386	32 152	25 234
53	44 948	24 699	20 249
54	45 170	24 554	20 616
55	86 807	47 106	39 701
56	42 491	23 897	18 594
57	31 220	17 549	13 671
58	42 168	23 492	18 676
59	22 149	12 601	9 548
60	103 826	57 002	46 824
61	14 738	8 600	6 138
62	29 328	17 039	12 289
63	28 439	16 453	11 986
64	23 702	13 509	10 193
65	59 594	32 845	26 749
66	19 239	11 162	8 077
67	17 619	10 118	7 501
68	22 618	12 577	10 041
69	11 279	6 421	4 858
70	56 464	30 414	26 050
71	7 767	4 645	3 122
72	16 526	9 782	6 744
73	13 252	7 802	5 450
74	11 340	6 818	4 522
75	28 135	15 411	12 724
76	9 267	5 444	3 823
77	6 295	3 582	2 713
78	9 950	5 614	4 336
79	4 908	2 829	2 079
80	22 071	10 833	11 238
81	3 074	1 801	1 273
82	4 716	2 558	2 158
83	4 162	2 236	1 926
84	3 740	1 986	1 754
85 plus	29 500	14 095	15 405

26. Population by sex, single years of age and urban/rural residence: each census, 1985 – 1993 (continued)

Population selon le sexe, l'année d'âge et la résidence, urbaine/rurale: chaque recensement, 1985 – 1993 (suite)

Data by urban/rural residence

Données selon la résidence urbaine/rurale

(See notes at end of table. – Voir notes à la fin du tableau.)

Continent, country or area, date, age (in years) and urban/rural residence Continent, pays ou zone, date âge (en années), et résidence urbaine/rurale	Both sexes Les deux sexes	Male Masculin	Female Féminin	Continent, country or area, date, age (in years) and urban/rural residence Continent, pays ou zone, date âge (en années), et résidence urbaine/rurale	Both sexes Les deux sexes	Male Masculin	Female Féminin
AMERICA, SOUTH (cont.) – AMERIQUE DU SUD (suite)							
Ecuador – Equateur Urban – Urbaine							
25 XI 1990 [11]							
Total	5 345 858	2 597 107	2 748 751				
0	126 589	66 066	60 523	50	47 736	22 352	25 384
1	125 095	65 044	60 051	51	22 256	11 390	10 866
2	127 504	65 578	61 926	52	32 404	15 887	16 517
3	130 455	66 930	63 525	53	27 503	13 548	13 955
4	127 197	65 059	62 138	54	27 680	13 056	14 624
5	128 682	65 688	62 994	55	31 828	14 980	16 848
6	121 625	61 452	60 173	56	26 880	12 853	14 027
7	123 935	62 753	61 182	57	20 814	10 300	10 514
8	132 670	66 832	65 838	58	24 076	11 165	12 911
9	129 359	65 053	64 306	59	17 736	8 938	8 798
10	135 438	68 890	66 548	60	38 170	16 857	21 313
11	122 447	61 197	61 250	61	13 543	6 960	6 583
12	131 099	66 439	64 660	62	20 118	9 724	10 394
13	124 045	62 215	61 830	63	16 514	8 053	8 461
14	121 969	57 926	64 043	64	15 822	7 480	8 342
15	119 993	55 541	64 452	65	24 980	11 274	13 706
16	115 089	54 187	60 902	66	14 137	6 765	7 372
17	117 228	56 067	61 161	67	12 184	6 067	6 117
18	122 446	57 548	64 898	68	13 768	6 312	7 456
19	107 312	50 441	56 871	69	8 842	4 534	4 308
20	121 967	55 882	66 085	70	21 111	9 072	12 039
21	97 697	45 400	52 297	71	6 236	3 188	3 048
22	114 325	53 983	60 342	72	10 497	4 878	5 619
23	109 065	50 812	58 253	73	8 505	4 023	4 482
24	106 117	49 174	56 943	74	7 754	3 633	4 121
25	112 164	52 209	59 955	75	13 067	5 716	7 351
26	98 722	45 975	52 747	76	7 949	3 602	4 347
27	97 921	46 297	51 624	77	5 503	2 721	2 782
28	103 263	48 592	54 671	78	7 808	3 458	4 350
29	83 540	39 870	43 670	79	4 199	1 963	2 236
30	117 063	55 440	61 623	80	11 187	4 470	6 717
31	68 063	33 204	34 859	81	3 275	1 558	1 717
32	82 951	39 112	43 839	82	4 357	1 841	2 516
33	81 597	40 431	41 166	83	3 320	1 509	1 811
34	71 346	34 387	36 959	84	3 385	1 439	1 946
35	80 491	38 453	42 038	85	4 813	1 846	2 967
36	71 368	34 121	37 247	86	2 828	1 153	1 675
37	61 428	29 373	32 055	87	2 154	909	1 245
38	71 560	34 336	37 224	88	1 878	786	1 092
39	57 503	28 557	28 946	89	1 430	576	854
40	79 906	38 092	41 814	90	3 490	1 293	2 197
41	38 677	19 727	18 950	91	637	292	345
42	55 863	27 571	28 292	92	700	260	440
43	45 395	22 587	22 808	93	474	184	290
44	38 068	18 674	19 394	94	428	163	265
45	51 981	25 051	26 930	95 plus	2 936	1 039	1 897
46	38 527	18 972	19 555				
47	32 718	16 074	16 644				
48	39 938	18 913	21 025				
49	29 545	14 865	14 680				

26. Population by sex, single years of age and urban/rural residence: each census, 1985 – 1993 (continued)

Population selon le sexe, l'année d'âge et la résidence, urbaine/rurale: chaque recensement, 1985 – 1993 (suite)

Data by urban/rural residence

Données selon la résidence urbaine/rurale

(See notes at end of table. – Voir notes à la fin du tableau.)

Continent, country or area, date, age (in years) and urban/rural residence Continent, pays ou zone, date âge (en années), et résidence urbaine/rurale	Both sexes Les deux sexes	Male Masculin	Female Féminin	Continent, country or area, date, age (in years) and urban/rural residence Continent, pays ou zone, date âge (en années), et résidence urbaine/rurale	Both sexes Les deux sexes	Male Masculin	Female Féminin
AMERICA, SOUTH (cont.) – AMERIQUE DU SUD (suite)							
Ecuador – Equateur Rural – Rurale							
25 XI 1990 [11]							
Total	4 302 331	2 199 305	2 103 026				
0	114 614	58 975	55 639	50	51 956	25 797	26 159
1	119 047	61 357	57 690	51	16 090	8 689	7 401
2	122 231	62 033	60 198	52	25 964	13 584	12 380
3	129 839	65 290	64 549	53	21 041	11 008	10 033
4	130 599	66 751	63 848	54	22 318	11 460	10 858
5	131 742	67 609	64 133	55	32 638	16 462	16 176
6	122 739	62 192	60 547	56	22 142	11 655	10 487
7	122 044	62 599	59 445	57	16 306	8 679	7 627
8	129 158	65 615	63 543	58	20 679	10 629	10 050
9	119 961	60 973	58 988	59	12 569	6 793	5 776
10	134 828	69 426	65 402	60	48 311	23 909	24 402
11	110 242	56 447	53 795	61	9 705	5 473	4 232
12	125 685	66 186	59 499	62	15 519	8 366	7 153
13	112 066	58 461	53 605	63	12 901	7 012	5 889
14	106 320	54 453	51 867	64	12 609	6 664	5 945
15	102 131	51 505	50 626	65	26 387	13 084	13 303
16	93 745	48 145	45 600	66	11 560	6 305	5 255
17	90 706	47 602	43 104	67	9 492	5 304	4 188
18	95 583	49 658	45 925	68	12 522	6 440	6 082
19	74 418	38 825	35 593	69	6 428	3 593	2 835
20	91 825	45 643	46 182	70	30 102	14 714	15 388
21	60 267	30 865	29 402	71	4 500	2 536	1 964
22	78 135	40 373	37 762	72	8 465	4 625	3 840
23	69 326	35 769	33 557	73	6 006	3 342	2 664
24	68 138	34 530	33 608	74	6 087	3 339	2 748
25	73 421	37 412	36 009	75	15 456	7 713	7 743
26	58 678	29 541	29 137	76	6 060	3 336	2 724
27	54 981	27 950	27 031	77	4 378	2 489	1 889
28	61 934	31 338	30 596	78	6 938	3 725	3 213
29	44 900	22 506	22 394	79	3 198	1 748	1 450
30	78 082	39 522	38 560	80	16 140	7 231	8 909
31	34 884	17 847	17 037	81	2 373	1 344	1 029
32	49 251	24 769	24 482	82	3 000	1 509	1 491
33	43 095	22 013	21 082	83	2 190	1 186	1 004
34	39 455	19 638	19 817	84	2 378	1 303	1 075
35	56 638	28 358	28 280	85	5 439	2 480	2 959
36	44 084	21 741	22 343	86	2 109	1 077	1 032
37	36 600	18 274	18 326	87	1 465	781	684
38	49 543	24 776	24 767	88	1 439	726	713
39	33 926	17 077	16 849	89	1 041	530	511
40	66 200	33 883	32 317	90	4 444	1 796	2 648
41	22 987	12 072	10 915	91	356	203	153
42	38 020	19 622	18 398	92	407	179	228
43	30 159	15 137	15 022	93	240	119	121
44	26 680	13 276	13 404	94	257	116	141
45	48 559	24 492	24 067	95 plus	3 494	1 413	2 081
46	28 944	14 877	14 067				
47	24 193	12 391	11 802				
48	34 769	17 541	17 228				
49	21 860	11 504	10 356				

26. Population by sex, single years of age and urban/rural residence: each census, 1985 – 1993 (continued)

Population selon le sexe, l'année d'âge et la résidence, urbaine/rurale: chaque recensement, 1985 – 1993 (suite)

Data by urban/rural residence

Données selon la résidence urbaine/rurale

(See notes at end of table. – Voir notes à la fin du tableau.)

Continent, country or area, date, age (in years) and urban/rural residence Continent, pays ou zone, date âge (en années), et résidence urbaine/rurale	Both sexes Les deux sexes	Male Masculin	Female Féminin
AMERICA, SOUTH (cont.) – AMERIQUE DU SUD (suite)			
Uruguay			
Urban – Urbaine			
23 X 1985 [12]			
Total	2 581 087	1 222 260	1 358 827
0	45 443	23 156	22 287
1	41 641	21 271	20 370
2	45 547	23 232	22 315
3	46 391	23 571	22 820
4	45 675	23 348	22 327
5	46 234	23 433	22 801
6	47 880	24 284	23 596
7	48 442	24 708	23 734
8	49 925	25 366	24 559
9	48 972	24 872	24 100
10	48 135	24 448	23 687
11	45 617	23 209	22 408
12	44 926	22 857	22 069
13	43 230	21 722	21 508
14	43 609	21 872	21 737
15	42 121	20 743	21 378
16	42 049	20 832	21 217
17	38 840	19 099	19 741
18	38 169	18 584	19 585
19	36 919	17 659	19 260
20	38 597	18 504	20 093
21	39 488	18 941	20 547
22	39 740	19 102	20 638
23	40 195	19 382	20 813
24	38 501	18 491	20 010
25	38 627	18 499	20 128
26	37 570	17 778	19 792
27	36 821	17 495	19 326
28	37 693	18 007	19 686
29	36 948	17 807	19 141
30	37 856	18 189	19 667
31	33 389	15 918	17 471
32	33 465	15 727	17 738
33	32 259	15 229	17 030
34	30 943	14 697	16 246
35	33 005	15 449	17 556
36	31 067	14 649	16 418
37	30 407	14 319	16 088
38	30 927	14 456	16 471
39	29 883	14 060	15 823
40	32 666	15 064	17 602
41	27 159	12 944	14 215
42	30 009	14 118	15 891
43	29 122	13 844	15 278
44	26 650	12 734	13 916
45	30 221	14 049	16 172
46	27 552	12 830	14 722
47	26 953	12 705	14 248
48	26 768	12 357	14 411
49	27 051	12 578	14 473
50	30 429	13 749	16 680
51	24 891	11 863	13 028
52	29 005	13 447	15 558
53	29 675	13 884	15 791
54	28 763	13 549	15 214
55	30 621	13 693	16 928
56	27 886	12 667	15 219
57	27 312	12 622	14 690
58	27 603	12 510	15 093
59	25 975	12 091	13 884
60	27 762	12 053	15 709
61	21 501	10 114	11 387
62	24 915	11 277	13 638
63	23 457	10 557	12 900
64	22 457	10 105	12 352
65	24 332	10 534	13 798
66	18 794	8 168	10 626
67	19 037	8 431	10 606
68	18 218	7 735	10 483
69	16 703	7 193	9 510
70	19 415	7 820	11 595
71	15 607	6 692	8 915
72	17 526	7 347	10 179
73	15 867	6 571	9 296
74	14 593	5 990	8 603
75	15 805	6 323	9 482
76	12 391	5 042	7 349
77	10 876	4 276	6 600
78	10 731	4 150	6 581
79	8 645	3 452	5 193
80	9 117	3 374	5 743
81	7 704	2 930	4 774
82	6 975	2 566	4 409
83	6 091	2 171	3 920
84	5 307	1 851	3 456
85 plus	23 804	7 275	16 529

26. Population by sex, single years of age and urban/rural residence: each census, 1985 – 1993 (continued)

Population selon le sexe, l'année d'âge et la résidence, urbaine/rurale: chaque recensement, 1985 – 1993 (suite)

Data by urban/rural residence

Données selon la résidence urbaine/rurale

(See notes at end of table. – Voir notes à la fin du tableau.)

Continent, country or area, date, age (in years) and urban/rural residence Continent, pays ou zone, date âge (en années), et résidence urbaine/rurale	Both sexes Les deux sexes	Male Masculin	Female Féminin
AMERICA, SOUTH (cont.) – AMERIQUE DU SUD (suite)			
Uruguay			
Rural – Rurale			
23 X 1985 [12]			
Total	374 154	216 761	157 393
0	6 221	3 139	3 082
1	5 961	3 073	2 888
2	6 610	3 392	3 218
3	6 719	3 412	3 307
4	6 751	3 429	3 322
5	6 754	3 365	3 389
6	6 719	3 394	3 325
7	6 681	3 476	3 205
8	6 985	3 623	3 362
9	6 931	3 599	3 332
10	6 839	3 519	3 320
11	6 493	3 486	3 007
12	6 399	3 575	2 824
13	5 880	3 189	2 691
14	6 296	3 568	2 728
15	6 287	3 639	2 648
16	6 520	3 887	2 633
17	6 355	3 878	2 477
18	6 229	3 826	2 403
19	6 031	3 679	2 352
20	6 220	3 783	2 437
21	6 153	3 795	2 358
22	6 051	3 591	2 460
23	6 233	3 732	2 501
24	5 740	3 386	2 354
25	5 802	3 423	2 379
26	5 426	3 134	2 292
27	5 388	3 115	2 273
28	5 428	3 138	2 290
29	5 433	3 157	2 276
30	5 738	3 302	2 436
31	5 026	2 857	2 169
32	5 057	2 917	2 140
33	5 124	3 003	2 121
34	4 929	2 900	2 029
35	5 122	3 027	2 095
36	4 735	2 793	1 942
37	4 760	2 762	1 998
38	4 826	2 847	1 979
39	4 602	2 753	1 849
40	4 900	2 944	1 956
41	4 113	2 504	1 609
42	4 474	2 702	1 772
43	4 569	2 815	1 754
44	4 278	2 615	1 663
45	4 890	3 007	1 883
46	4 297	2 593	1 704
47	4 267	2 621	1 646
48	4 353	2 611	1 742
49	4 345	2 662	1 683
50	4 887	2 990	1 897
51	3 937	2 454	1 483
52	4 526	2 856	1 670
53	4 474	2 784	1 690
54	4 471	2 801	1 670
55	4 515	2 780	1 735
56	4 096	2 542	1 554
57	3 937	2 460	1 477
58	4 124	2 628	1 496
59	3 978	2 572	1 406
60	4 001	2 490	1 511
61	3 246	2 047	1 199
62	3 465	2 156	1 309
63	3 350	2 149	1 201
64	3 083	1 909	1 174
65	3 148	1 975	1 173
66	2 554	1 588	966
67	2 505	1 544	961
68	2 269	1 365	904
69	1 992	1 217	775
70	2 085	1 245	840
71	1 757	1 081	676
72	1 867	1 063	804
73	1 665	965	700
74	1 497	860	637
75	1 548	894	654
76	1 249	674	575
77	1 039	575	464
78	932	512	420
79	782	452	330
80	768	394	374
81	753	406	347
82	585	307	278
83	525	266	259
84	478	216	262
85 plus	2 126	907	1 219

26. Population by sex, single years of age and urban/rural residence: each census, 1985 – 1993 (continued)

Population selon le sexe, l'année d'âge et la résidence, urbaine/rurale: chaque recensement, 1985 – 1993 (suite)

Data by urban/rural residence

Données selon la résidence urbaine/rurale

(See notes at end of table. – Voir notes à la fin du tableau.)

Continent, country or area, date, age (in years) and urban/rural residence Continent, pays ou zone, date âge (en années), et résidence urbaine/rurale	Both sexes Les deux sexes	Male Masculin	Female Féminin
ASIA – ASIE			
Brunei Darussalam – Brunéi Darussalam Urban – Urbaine			
7 VIII 1991			
Total	173 411	90 607	82 804
0	4 490	2 351	2 139
1	4 770	2 402	2 368
2	4 704	2 463	2 241
3	4 658	2 445	2 213
4	4 490	2 345	2 145
5	4 294	2 258	2 036
6	4 147	2 075	2 072
7	3 861	1 944	1 917
8	3 575	1 821	1 754
9	3 704	1 828	1 876
10 – 14	16 842	8 721	8 121
15 – 19	14 852	7 688	7 164
20 – 24	17 614	8 864	8 750
25 – 29	18 999	9 700	9 299
30 – 34	18 806	9 933	8 873
35 – 39	14 989	8 253	6 736
40 – 44	9 892	5 692	4 200
45 – 49	5 429	3 066	2 363
50 – 54	4 146	2 205	1 941
55 – 59	2 992	1 453	1 539
60 – 64	2 081	1 085	996
65 – 69	1 536	769	767
70 – 74	1 065	558	507
75 – 79	693	324	369
80 – 84	451	202	249
85 plus	297	141	156
Unknown–Inconnu	34	21	13

26. Population by sex, single years of age and urban/rural residence: each census, 1985 – 1993 (continued)

Population selon le sexe, l'année d'âge et la résidence, urbaine/rurale: chaque recensement, 1985 – 1993 (suite)

Data by urban/rural residence

Données selon la résidence urbaine/rurale

(See notes at end of table. – Voir notes à la fin du tableau.)

Continent, country or area, date, age (in years) and urban/rural residence Continent, pays ou zone, date âge (en années), et résidence urbaine/rurale	Both sexes Les deux sexes	Male Masculin	Female Féminin
ASIA (cont.) – ASIE (suite)			
Brunei Darussalam – Brunéi Darussalam Rural – Rurale			
7 VIII 1991			
Total	87 071	47 009	40 062
0	2 153	1 104	1 049
1	2 325	1 211	1 114
2	2 214	1 186	1 028
3	2 137	1 096	1 041
4	2 168	1 117	1 051
5	2 146	1 112	1 034
6	2 138	1 078	1 060
7	1 948	1 030	918
8	1 924	1 011	913
9	1 944	990	954
10 – 14	9 125	4 710	4 415
15 – 19	7 929	4 100	3 829
20 – 24	8 546	4 492	4 054
25 – 29	8 510	4 872	3 638
30 – 34	8 130	4 673	3 457
35 – 39	6 661	3 831	2 830
40 – 44	4 657	2 608	2 049
45 – 49	3 173	1 830	1 343
50 – 54	2 608	1 399	1 209
55 – 59	2 110	1 058	1 052
60 – 64	1 506	841	665
65 – 69	1 109	622	487
70 – 74	709	407	302
75 – 79	512	282	230
80 – 84	347	158	189
85 plus	275	139	136
Unknown–Inconnu	67	52	15

26. Population by sex, single years of age and urban/rural residence: each census, 1985 – 1993 (continued)

Population selon le sexe, l'année d'âge et la résidence, urbaine/rurale: chaque recensement, 1985 – 1993 (suite)

Data by urban/rural residence

Données selon la résidence urbaine/rurale

(See notes at end of table. – Voir notes à la fin du tableau.)

Continent, country or area, date, age (in years) and urban/rural residence Continent, pays ou zone, date âge (en années), et résidence urbaine/rurale	Both sexes Les deux sexes	Male Masculin	Female Féminin
ASIA (cont.) – ASIE (suite)			
China – Chine			
Urban – Urbaine			
1 VII 1990 [12]			
Total	296 145 180	154178452	141966728
0	4 615 488	2 416 263	2 199 225
1	4 835 604	2 531 767	2 303 837
2	5 004 776	2 609 106	2 395 670
3	4 992 400	2 594 286	2 398 114
4	4 417 274	2 294 326	2 122 948
5	4 069 174	2 113 696	1 955 478
6	4 109 420	2 133 474	1 975 946
7	4 640 214	2 407 954	2 232 260
8	4 947 039	2 568 323	2 378 716
9	3 737 391	1 942 001	1 795 390
10	4 080 341	2 123 891	1 956 450
11	4 176 422	2 168 083	2 008 339
12	4 093 380	2 119 830	1 973 550
13	4 088 404	2 116 969	1 971 435
14	4 310 244	2 225 895	2 084 349
15	4 549 701	2 336 389	2 213 312
16	5 092 479	2 593 596	2 498 883
17	5 935 781	3 032 742	2 903 039
18	6 338 805	3 274 675	3 064 130
19	6 940 220	3 619 072	3 321 148
20	7 095 796	3 716 920	3 378 876
21	7 450 681	3 900 762	3 549 919
22	6 551 675	3 449 436	3 102 239
23	5 805 833	3 053 238	2 752 595
24	6 722 190	3 528 955	3 193 235
25	7 065 582	3 724 778	3 340 804
26	7 941 688	4 163 394	3 778 294
27	8 446 846	4 445 716	4 001 130
28	4 811 856	2 528 080	2 283 776
29	4 158 464	2 162 746	1 995 718
30	5 091 356	2 678 897	2 412 459
31	4 865 994	2 567 731	2 298 263
32	6 200 675	3 264 641	2 936 034
33	5 737 072	2 991 335	2 745 737
34	5 497 329	2 860 000	2 637 329
35	5 863 782	3 055 887	2 807 895
36	5 526 851	2 870 498	2 656 353
37	5 022 574	2 613 173	2 409 401
38	4 835 083	2 525 937	2 309 146
39	4 267 530	2 241 439	2 026 091
40	4 474 523	2 388 615	2 085 908
41	3 697 571	1 961 949	1 735 622
42	3 502 848	1 869 882	1 632 966
43	3 424 849	1 846 089	1 578 760
44	3 131 966	1 681 450	1 450 516
45	2 940 246	1 568 366	1 371 880
46	2 773 700	1 473 642	1 300 058
47	2 733 052	1 438 261	1 294 791
48	2 806 805	1 468 252	1 338 553
49	2 843 764	1 501 451	1 342 313
50	2 795 808	1 465 048	1 330 760
51	2 713 923	1 413 421	1 300 502
52	2 782 215	1 467 502	1 314 713
53	2 726 508	1 441 386	1 285 122
54	2 712 100	1 416 405	1 295 695
55	2 611 911	1 361 615	1 250 296
56	2 574 539	1 371 360	1 203 179
57	2 475 665	1 327 282	1 148 383
58	2 218 369	1 205 267	1 013 102
59	2 139 376	1 175 588	963 788
60	2 131 162	1 149 984	981 178
61	1 875 379	994 568	880 811
62	1 856 509	983 436	873 073
63	1 617 976	855 627	762 349
64	1 535 661	804 486	731 175
65	1 501 522	767 441	734 081
66	1 383 968	699 409	684 559
67	1 214 095	609 925	604 170
68	1 195 273	599 520	595 753
69	1 103 165	545 312	557 853
70	1 025 562	499 624	525 938
71	877 877	418 673	459 204
72	826 043	387 107	438 936
73	764 466	354 138	410 328
74	699 365	316 021	383 344
75	633 174	282 863	350 311
76	618 998	271 320	347 678
77	508 534	217 850	290 684
78	443 801	186 309	257 492
79	394 762	161 091	233 671
80	355 968	138 427	217 541
81	298 004	111 855	186 149
82	250 460	91 688	158 772
83	210 546	74 310	136 236
84	185 871	62 267	123 604
85	151 204	48 870	102 334
86	121 085	38 072	83 013
87	95 935	29 196	66 739
88	76 482	22 943	53 539
89	58 180	16 616	41 564
90	38 840	10 549	28 291
91	24 257	6 304	17 953
92	18 150	4 592	13 558
93	12 551	3 061	9 490
94	8 708	2 062	6 646
95	6 174	1 409	4 765
96	4 232	980	3 252
97	2 809	614	2 195
98	2 083	485	1 598
99	1 454	339	1 115
100 plus	1 743	377	1 366

26. Population by sex, single years of age and urban/rural residence: each census, 1985 – 1993 (continued)

Population selon le sexe, l'année d'âge et la résidence, urbaine/rurale: chaque recensement, 1985 – 1993 (suite)

Data by urban/rural residence

Données selon la résidence urbaine/rurale

(See notes at end of table. – Voir notes à la fin du tableau.)

Continent, country or area, date, age (in years) and urban/rural residence / Continent, pays ou zone, date âge (en années), et résidence urbaine/rurale	Both sexes / Les deux sexes	Male / Masculin	Female / Féminin	Continent, country or area, date, age (in years) and urban/rural residence / Continent, pays ou zone, date âge (en années), et résidence urbaine/rurale	Both sexes / Les deux sexes	Male / Masculin	Female / Féminin
ASIA (cont.) – ASIE (suite)							
China – Chine							
Rural – Rurale							
1 VII 1990 [12]							
Total	834 365 458	427641955	406723503				
0	18 605 363	9 838 642	8 766 721	50	6 452 391	3 410 426	3 041 965
1	18 496 273	9 773 057	8 723 216	51	6 228 627	3 325 531	2 903 096
2	19 175 819	10062986	9 112 833	52	6 450 801	3 451 783	2 999 018
3	19 301 965	10082504	9 219 461	53	6 371 611	3 369 525	3 002 086
4	16 993 457	8 846 193	8 147 264	54	6 385 575	3 349 328	3 036 247
5	15 913 116	8 291 737	7 621 379	55	6 192 449	3 218 841	2 973 608
6	14 946 658	7 789 024	7 157 634	56	6 227 979	3 246 917	2 981 062
7	15 556 273	8 110 673	7 445 600	57	6 145 079	3 198 042	2 947 037
8	17 068 303	8 851 177	8 217 126	58	5 628 546	2 900 941	2 727 605
9	14 349 155	7 422 816	6 926 339	59	5 495 422	2 834 084	2 661 338
10	15 143 721	7 832 407	7 311 314	60	5 599 783	2 869 849	2 729 934
11	15 133 669	7 806 390	7 327 279	61	5 091 100	2 590 620	2 500 480
12	14 771 298	7 607 372	7 163 926	62	5 203 623	2 651 938	2 551 685
13	15 278 888	7 871 021	7 407 867	63	4 615 897	2 344 632	2 271 265
14	16 150 325	8 311 735	7 838 590	64	4 449 164	2 236 808	2 212 356
15	17 094 090	8 787 238	8 306 852	65	4 667 520	2 291 403	2 376 117
16	18 395 088	9 450 280	8 944 808	66	4 312 906	2 113 678	2 199 228
17	18 600 818	9 548 603	9 052 215	67	3 775 535	1 838 587	1 936 948
18	18 157 197	9 293 173	8 864 024	68	3 690 254	1 785 202	1 905 052
19	19 054 242	9 714 821	9 339 421	69	3 488 282	1 667 008	1 821 274
20	18 940 269	9 474 416	9 465 853	70	3 426 795	1 609 098	1 817 697
21	19 704 998	9 919 897	9 785 101	71	2 854 719	1 322 956	1 531 763
22	18 000 403	9 136 891	8 863 512	72	2 703 080	1 243 124	1 459 956
23	17 017 332	8 637 803	8 379 529	73	2 536 970	1 152 313	1 384 657
24	18 471 997	9 414 705	9 057 292	74	2 335 703	1 041 150	1 294 553
25	17 455 032	8 869 087	8 585 945	75	2 103 738	926 452	1 177 286
26	17 345 801	8 795 621	8 550 180	76	1 995 034	869 275	1 125 759
27	18 580 018	9 520 865	9 059 153	77	1 614 529	688 917	925 612
28	11 116 206	5 616 865	5 499 341	78	1 402 520	587 762	814 758
29	7 346 032	3 685 831	3 660 201	79	1 218 834	497 265	721 569
30	9 351 763	4 840 780	4 510 983	80	1 138 813	447 831	690 982
31	9 512 632	4 967 857	4 544 775	81	938 181	357 369	580 812
32	12 859 691	6 742 603	6 117 088	82	778 798	288 951	489 847
33	12 613 211	6 537 406	6 075 805	83	642 109	229 800	412 309
34	12 145 984	6 254 883	5 891 101	84	553 940	191 456	362 484
35	13 513 283	6 995 488	6 517 795	85	442 532	148 500	294 032
36	12 803 846	6 581 839	6 222 007	86	346 734	112 633	234 101
37	12 203 570	6 257 429	5 946 141	87	266 339	84 145	182 194
38	12 052 214	6 178 585	5 873 629	88	201 308	61 435	139 873
39	10 263 079	5 248 572	5 014 507	89	147 745	43 336	104 409
40	10 867 584	5 654 103	5 213 481	90	100 333	29 053	71 280
41	9 312 827	4 843 110	4 469 717	91	56 456	15 325	41 131
42	8 889 541	4 626 129	4 263 412	92	42 668	11 132	31 536
43	8 525 855	4 418 419	4 107 436	93	29 290	7 449	21 841
44	7 880 100	4 046 231	3 833 869	94	20 349	4 993	15 356
45	7 524 864	3 913 416	3 611 448	95	15 223	3 978	11 245
46	7 179 714	3 776 831	3 402 883	96	9 952	2 482	7 470
47	6 712 509	3 544 461	3 168 048	97	6 832	1 744	5 088
48	6 863 562	3 620 595	3 242 967	98	5 442	1 521	3 921
49	6 709 725	3 550 625	3 159 100	99	3 650	997	2 653
				100 plus	4 938	1 178	3 760

26. Population by sex, single years of age and urban/rural residence: each census, 1985 – 1993 (continued)

Population selon le sexe, l'année d'âge et la résidence, urbaine/rurale: chaque recensement, 1985 – 1993 (suite)

Data by urban/rural residence

Données selon la résidence urbaine/rurale

(See notes at end of table. – Voir notes à la fin du tableau.)

Continent, country or area, date, age (in years) and urban/rural residence Continent, pays ou zone, date âge (en années), et résidence urbaine/rurale	Both sexes Les deux sexes	Male Masculin	Female Féminin
ASIA (cont.) – ASIE (suite)			
Hong Kong – Hong-kong			
Urban – Urbaine			
11 III 1986 [13]			
Total	5 024 047	2 576 497	2 447 550
0	66 773	34 797	31 976
1	65 674	35 035	30 639
2	71 911	37 261	34 650
3	76 272	39 060	37 212
4	78 323	41 041	37 282
5	78 372	40 614	37 758
6	77 294	39 788	37 506
7	76 440	39 438	37 002
8	77 161	40 411	36 750
9	77 140	40 236	36 904
10	78 155	41 090	37 065
11	82 439	42 707	39 732
12	81 872	42 847	39 025
13	83 769	44 240	39 529
14	80 374	41 930	38 444
15	79 401	41 636	37 765
16	80 584	41 496	39 088
17	84 511	44 562	39 949
18	84 567	43 701	40 866
19	87 374	45 066	42 308
20	92 281	46 781	45 500
21	101 150	51 121	50 029
22	105 966	53 417	52 549
23	112 063	57 106	54 957
24	108 682	54 873	53 809
25	116 557	58 954	57 603
26	111 503	56 518	54 985
27	116 599	60 018	56 581
28	109 711	56 539	53 172
29	106 232	54 404	51 828
30	103 838	52 605	51 233
31	95 536	49 273	46 263
32	92 526	47 530	44 996
33	88 956	46 683	42 273
34	86 058	45 206	40 852
35	87 010	45 801	41 209
36	84 266	44 821	39 445
37	76 426	40 684	35 742
38	71 505	37 534	33 971
39	65 121	34 132	30 989
40	50 393	26 803	23 590
41	47 649	25 858	21 791
42	46 774	26 012	20 762
43	42 511	23 499	19 012
44	40 733	23 016	17 717
45	45 745	25 550	20 195
46	45 738	25 158	20 580
47	48 594	25 935	22 659
48	49 728	26 635	23 093
49	51 387	27 391	23 996
50	50 484	26 628	23 856
51	46 109	24 479	21 630
52	57 484	31 332	26 152
53	50 358	27 090	23 268
54	48 055	25 900	22 155
55	52 283	27 804	24 479
56	45 731	23 744	21 987
57	44 135	22 960	21 175
58	44 135	22 918	21 217
59	44 660	22 281	22 379
60	44 142	22 393	21 749
61	39 396	19 943	19 453
62	37 835	18 571	19 264
63	38 010	18 830	19 180
64	35 210	17 136	18 074
65	35 630	17 129	18 501
66	31 122	15 589	15 533
67	27 853	13 027	14 826
68	26 446	12 551	13 895
69	27 643	12 656	14 987
70	27 153	12 663	14 490
71	22 862	10 164	12 698
72	21 910	9 709	12 201
73	19 754	8 470	11 284
74	20 076	8 680	11 396
75	16 933	6 559	10 374
76	13 461	5 194	8 267
77	11 032	4 396	6 636
78	10 108	3 654	6 454
79	9 674	3 213	6 461
80	9 065	2 856	6 209
81	7 343	2 072	5 271
82	6 965	1 876	5 089
83	5 852	1 624	4 228
84	5 614	1 505	4 109
85 plus	19 880	4 088	15 792

26. Population by sex, single years of age and urban/rural residence: each census, 1985 – 1993 (continued)

Population selon le sexe, l'année d'âge et la résidence, urbaine/rurale: chaque recensement, 1985 – 1993 (suite)

Data by urban/rural residence

Données selon la résidence urbaine/rurale

(See notes at end of table. – Voir notes à la fin du tableau.)

Continent, country or area, date, age (in years) and urban/rural residence Continent, pays ou zone, date âge (en années), et résidence urbaine/rurale	Both sexes Les deux sexes	Male Masculin	Female Féminin
ASIA (cont.) – ASIE (suite)			
Hong Kong – Hong–kong Rural – Rurale			
11 III 1986 [13]			
Total	371 950	195 967	175 983
0	6 974	3 570	3 404
1	7 007	3 720	3 287
2	6 629	3 325	3 304
3	7 061	3 692	3 369
4	6 874	3 579	3 295
5	6 250	3 352	2 898
6	6 091	3 006	3 085
7	5 625	3 008	2 617
8	5 807	2 939	2 868
9	5 880	3 043	2 837
10	5 683	3 005	2 678
11	6 159	3 208	2 951
12	6 460	3 429	3 031
13	6 450	3 296	3 154
14	6 028	2 971	3 057
15	7 031	3 634	3 397
16	6 254	3 189	3 065
17	7 165	3 824	3 341
18	6 982	3 749	3 233
19	7 455	4 044	3 411
20	7 313	3 950	3 363
21	8 573	4 426	4 147
22	8 009	4 323	3 686
23	8 988	4 776	4 212
24	8 510	4 415	4 095
25	9 193	4 825	4 368
26	8 117	4 514	3 603
27	8 280	4 205	4 075
28	7 626	4 243	3 383
29	7 799	4 165	3 634
30	6 448	3 618	2 830
31	6 617	3 616	3 001
32	5 512	3 242	2 270
33	5 555	3 144	2 411
34	5 165	2 943	2 222
35	4 726	2 831	1 895
36	4 708	2 769	1 939
37	4 390	2 422	1 968
38	3 920	2 271	1 649
39	3 298	1 872	1 426
40	3 143	1 799	1 344
41	2 777	1 449	1 328
42	3 058	1 719	1 339
43	2 507	1 385	1 122
44	2 487	1 389	1 098
45	2 642	1 558	1 084
46	2 859	1 510	1 349
47	2 896	1 588	1 308
48	3 152	1 921	1 231
49	3 294	1 783	1 511
50	3 437	1 785	1 652
51	3 031	1 593	1 438
52	3 573	1 973	1 600
53	3 359	1 741	1 618
54	3 309	1 820	1 489
55	3 681	2 018	1 663
56	3 296	1 708	1 588
57	2 671	1 391	1 280
58	3 144	1 651	1 493
59	3 835	2 032	1 803
60	3 559	1 774	1 785
61	2 855	1 553	1 302
62	2 900	1 593	1 307
63	3 021	1 614	1 407
64	2 686	1 358	1 328
65	2 902	1 482	1 420
66	2 672	1 335	1 337
67	2 120	1 148	972
68	1 991	1 027	964
69	2 218	1 154	1 064
70	2 008	993	1 015
71	1 574	748	826
72	1 743	805	938
73	1 658	728	930
74	1 490	700	790
75	1 699	742	957
76	1 071	490	581
77	1 162	413	749
78	875	294	581
79	959	329	630
80	980	343	637
81	762	259	503
82	714	224	490
83	672	238	434
84	581	168	413
85 plus	2 315	489	1 826

26. Population by sex, single years of age and urban/rural residence: each census, 1985 – 1993 (continued)

Population selon le sexe, l'année d'âge et la résidence, urbaine/rurale: chaque recensement, 1985 – 1993 (suite)

Data by urban/rural residence

Données selon la résidence urbaine/rurale

(See notes at end of table. – Voir notes à la fin du tableau.)

Continent, country or area, date, age (in years) and urban/rural residence Continent, pays ou zone, date âge (en années), et résidence urbaine/rurale	Both sexes Les deux sexes	Male Masculin	Female Féminin
ASIA (cont.) – ASIE (suite)			
Indonesia – Indonésie Urban – Urbaine			
31 X 1990*			
Total	55 433 790	27683319	27750471
0	1 126 386	577 151	549 235
1	1 135 221	586 877	548 344
2	1 141 617	590 886	550 731
3	1 202 160	618 477	583 683
4	1 244 489	641 248	603 241
5	1 245 723	638 346	607 377
6	1 250 725	643 427	607 298
7	1 341 060	688 310	652 750
8	1 365 217	701 201	664 016
9	1 340 473	685 713	654 760
10	1 329 644	688 149	641 495
11	1 226 318	628 265	598 053
12	1 271 253	651 031	620 222
13	1 245 007	625 340	619 667
14	1 253 683	622 636	631 047
15	1 321 841	642 097	679 744
16	1 284 508	621 877	662 631
17	1 373 900	659 413	714 487
18	1 446 208	706 039	740 169
19	1 279 807	617 617	662 190
20	1 451 784	687 127	764 657
21	1 235 806	594 821	640 985
22	1 233 409	600 818	632 591
23	1 126 091	552 147	573 944
24	1 074 266	525 852	548 414
25	1 411 838	683 527	728 311
26	1 019 051	504 952	514 099
27	1 062 988	527 755	535 233
28	1 020 118	494 553	525 565
29	842 077	411 900	430 177
30	1 237 760	615 886	621 874
31	828 436	423 456	404 980
32	875 026	450 872	424 154
33	739 245	378 487	360 758
34	703 870	355 430	348 440
35	991 575	517 004	474 571
36	681 064	357 056	324 008
37	651 293	345 835	305 458
38	634 215	335 853	298 362
39	512 579	271 340	241 239
40	791 876	399 047	392 829
41	422 418	222 398	200 020
42	449 763	231 494	218 269
43	370 630	184 789	185 841
44	348 008	172 779	175 229
45	671 032	317 983	353 049
46	336 844	172 660	164 184
47	379 558	194 460	185 098
48	470 971	247 432	223 539
49	313 462	160 651	152 811
50	661 779	310 762	351 017
51	312 284	166 886	145 398
52	332 299	167 393	164 906
53	280 398	140 047	140 351
54	286 012	141 299	144 713
55	453 077	202 227	250 850
56	232 072	109 789	122 283
57	224 329	108 646	115 683
58	228 542	112 591	115 951
59	193 432	94 973	98 459
60	497 872	216 745	281 127
61	170 526	88 231	82 295
62	193 967	100 541	93 426
63	178 470	93 808	84 662
64	151 165	76 724	74 441
65	286 130	124 868	161 262
66	112 289	57 718	54 571
67	117 167	59 175	57 992
68	106 899	52 962	53 937
69	104 481	52 127	52 354
70	247 267	101 087	146 180
71	67 032	34 102	32 930
72	84 466	42 334	42 132
73	55 634	27 562	28 072
74	48 118	22 738	25 380
75 plus	494 788	204 980	289 808
Unknown–Inconnu	1 002	540	462

26. Population by sex, single years of age and urban/rural residence: each census, 1985 – 1993 (continued)

Population selon le sexe, l'année d'âge et la résidence, urbaine/rurale: chaque recensement, 1985 – 1993 (suite)

Data by urban/rural residence

Données selon la résidence urbaine/rurale

(See notes at end of table. – Voir notes à la fin du tableau.)

Continent, country or area, date, age (in years) and urban/rural residence Continent, pays ou zone, date âge (en années), et résidence urbaine/rurale	Both sexes Les deux sexes	Male Masculin	Female Féminin
ASIA (cont.) – ASIE (suite)			
Indonesia – Indonésie Rural – Rurale			
31 X 1990*			
Total	123 813 993	61692358	62121635
0	2 630 107	1 345 899	1 284 208
1	2 852 337	1 460 158	1 392 179
2	3 083 401	1 572 408	1 510 993
3	3 177 310	1 627 877	1 549 433
4	3 392 116	1 739 878	1 652 238
5	3 173 390	1 635 579	1 537 811
6	3 264 066	1 679 208	1 584 858
7	3 458 724	1 779 342	1 679 382
8	3 408 556	1 747 799	1 660 757
9	3 375 124	1 729 170	1 645 954
10	3 300 092	1 699 654	1 600 438
11	2 938 683	1 517 468	1 421 215
12	3 235 024	1 670 935	1 564 089
13	2 930 755	1 519 101	1 411 654
14	2 751 682	1 421 548	1 330 134
15	2 805 978	1 488 042	1 317 936
16	2 370 282	1 243 861	1 126 421
17	2 447 663	1 267 422	1 180 241
18	2 562 509	1 288 899	1 273 610
19	2 034 287	985 173	1 049 114
20	2 691 233	1 218 679	1 472 554
21	1 897 546	891 734	1 005 812
22	1 936 795	908 477	1 028 318
23	1 751 903	809 518	942 385
24	1 729 529	794 132	935 397
25	3 044 320	1 419 381	1 624 939
26	1 802 190	849 054	953 136
27	2 013 355	968 506	1 044 849
28	1 866 587	875 090	991 497
29	1 541 006	722 432	818 574
30	3 099 869	1 486 319	1 613 550
31	1 502 830	762 844	739 986
32	1 674 911	829 775	845 136
33	1 270 736	637 263	633 473
34	1 313 111	643 993	669 118
35	2 642 597	1 350 016	1 292 581
36	1 362 609	703 015	659 594
37	1 298 599	678 014	620 585
38	1 325 029	677 874	647 155
39	1 084 657	552 434	532 223
40	2 321 276	1 139 453	1 181 823
41	882 660	452 687	429 973
42	1 018 264	506 238	512 026
43	774 780	371 347	403 433
44	701 960	330 022	371 938
45	1 980 371	946 036	1 034 335
46	757 660	370 416	387 244
47	847 818	415 356	432 462
48	1 042 786	526 106	516 680
49	765 162	372 822	392 340
50	2 079 282	977 665	1 101 617
51	729 518	371 848	357 670
52	785 996	403 055	382 941
53	601 973	305 619	296 354
54	618 045	304 616	313 429
55	1 382 547	651 435	731 112
56	556 905	277 079	279 826
57	514 192	259 827	254 365
58	562 724	272 076	290 648
59	483 877	232 978	250 899
60	1 672 097	788 174	883 923
61	432 971	220 417	212 554
62	473 266	243 495	229 771
63	414 718	219 100	195 618
64	341 399	171 834	169 565
65	909 837	425 944	483 893
66	258 028	131 887	126 141
67	295 121	147 740	147 381
68	268 998	133 805	135 193
69	290 774	142 936	147 838
70	863 365	386 840	476 525
71	190 891	91 190	99 701
72	225 068	114 555	110 513
73	137 689	71 261	66 428
74	109 496	54 207	55 289
75 plus	1 477 568	662 656	814 912
Unknown–Inconnu	3 413	1 665	1 748

26. Population by sex, single years of age and urban/rural residence: each census, 1985 – 1993 (continued)

Population selon le sexe, l'année d'âge et la résidence, urbaine/rurale: chaque recensement, 1985 – 1993 (suite)

Data by urban/rural residence

Données selon la résidence urbaine/rurale

(See notes at end of table. – Voir notes à la fin du tableau.)

Continent, country or area, date, age (in years) and urban/rural residence Continent, pays ou zone, date âge (en années), et résidence urbaine/rurale	Both sexes Les deux sexes	Male Masculin	Female Féminin
ASIA (cont.) – ASIE (suite)			
Iran (Islamic Republic of – Rép. islamique d')			
Urban – Urbaine			
22 IX 1986 [25]			
Total	26 844 561	13769617	13074944
0	925 929	468 142	457 787
1	954 494	486 350	468 144
2	999 423	505 682	493 741
3	945 978	480 787	465 191
4	919 957	469 329	450 628
5	888 477	452 651	435 826
6	856 008	436 778	419 230
7	749 656	382 539	367 117
8	675 269	344 668	330 601
9	648 568	331 070	317 498
10	625 444	320 464	304 980
11	589 492	303 889	285 603
12	584 253	303 809	280 444
13	567 094	294 511	272 583
14	566 688	295 927	270 761
15	591 229	310 146	281 083
16	562 545	293 953	268 592
17	567 773	295 039	272 734
18	558 101	283 773	274 328
19	512 559	255 460	257 099
20	537 831	261 702	276 129
21	472 452	234 800	237 652
22	494 963	246 780	248 183
23	486 723	244 467	242 256
24	480 361	242 767	237 594
25	507 890	255 153	252 737
26	438 342	220 281	218 061
27	451 141	231 119	220 022
28	435 532	225 564	209 968
29	407 777	209 901	197 876
30	434 816	226 418	208 398
31	361 746	189 382	172 364
32	350 317	182 474	167 843
33	324 100	169 118	154 982
34	327 210	170 840	156 370
35	329 297	170 925	158 372
36	247 348	127 311	120 037
37	248 967	128 541	120 426
38	222 244	113 275	108 969
39	222 815	113 245	109 570
40	244 803	125 394	119 409
41	195 572	101 656	93 916
42	189 945	100 881	89 064
43	164 578	87 325	77 253
44	167 637	87 817	79 820
45	202 451	105 268	97 183
46	158 613	85 371	73 242
47	157 455	83 963	73 492
48	160 654	85 835	74 819
49	195 080	102 483	92 597
50	220 956	115 395	105 561
51	149 078	81 358	67 720
52	160 021	86 446	73 575
53	152 900	83 557	69 343
54	157 331	83 479	73 852
55	173 852	89 792	84 060
56	125 838	66 528	59 310
57	125 810	65 032	60 778
58	128 069	68 039	60 030
59	143 258	74 127	69 131
60	188 219	95 919	92 300
61	117 593	65 714	51 879
62	105 903	59 066	46 837
63	90 420	50 620	39 800
64	92 775	49 205	43 570
65	106 168	54 662	51 506
66	55 741	29 944	25 797
67	48 912	26 432	22 480
68	39 180	20 901	18 279
69	51 161	24 508	26 653
70	69 166	32 166	37 000
71	28 100	14 874	13 226
72	29 136	14 708	14 428
73	24 109	12 038	12 071
74	30 873	13 307	17 566
75	35 893	14 953	20 940
76	17 322	7 841	9 481
77	16 827	7 654	9 173
78	16 569	7 788	8 781
79	25 629	11 240	14 389
80	36 993	17 450	19 543
81	15 091	7 358	7 733
82	14 413	5 041	9 372
83	13 188	5 677	7 511
84	18 487	7 678	10 809
85 plus	100 493	47 301	53 192
Unknown–Inconnu	11 490	6 796	4 694

26. Population by sex, single years of age and urban/rural residence: each census, 1985 – 1993 (continued)

Population selon le sexe, l'année d'âge et la résidence, urbaine/rurale: chaque recensement, 1985 – 1993 (suite)

Data by urban/rural residence

Données selon la résidence urbaine/rurale

(See notes at end of table. – Voir notes à la fin du tableau.)

Continent, country or area, date, age (in years) and urban/rural residence Continent, pays ou zone, date âge (en années), et résidence urbaine/rurale	Both sexes Les deux sexes	Male Masculin	Female Féminin
ASIA (cont.) – ASIE (suite)			
Iran (Islamic Republic of – Rép. islamique d') Urban – Urbaine			
11 IX 1991*			
Total	31 836 598	16435244	15401354
0	774 899	395 884	379 015
1	805 487	412 250	393 237
2	874 218	446 258	427 960
3	897 808	456 343	441 465
4	959 708	487 105	472 603
5	1 003 129	510 746	492 383
6	1 064 603	543 928	520 675
7	1 032 576	527 233	505 343
8	993 519	507 709	485 810
9	943 900	481 511	462 389
10	983 982	506 184	477 798
11	861 619	444 348	417 271
12	828 516	429 704	398 812
13	738 045	380 930	357 115
14	700 301	361 752	338 549
15	675 278	350 092	325 186
16	648 549	337 744	310 805
17	621 951	320 155	301 796
18	627 966	321 887	306 079
19	581 608	294 950	286 658
20	645 504	316 747	328 757
21	558 132	281 451	276 681
22	597 622	300 888	296 734
23	551 275	277 754	273 521
24	550 255	274 629	275 626
25	592 646	292 955	299 691
26	478 897	241 909	236 988
27	508 703	257 639	251 064
28	508 206	256 500	251 706
29	472 742	240 541	232 201
30	575 272	294 469	280 803
31	416 480	211 702	204 778
32	454 487	234 592	219 895
33	406 986	211 045	195 941
34	408 622	211 282	197 340
35	475 518	248 201	227 317
36	361 368	190 103	171 265
37	347 372	181 975	165 397
38	334 586	175 853	158 733
39	327 174	172 680	154 494
40	368 579	196 805	171 774
41	228 619	120 246	108 373
42	250 482	132 821	117 661
43	205 128	106 823	98 305
44	215 868	111 019	104 849
45	260 603	133 563	127 040
46	184 131	97 354	86 777
47	176 432	94 713	81 719
48	161 165	86 323	74 842
49	175 428	90 975	84 453
50	253 209	127 456	125 753
51	147 239	81 455	65 784
52	158 272	86 505	71 767
53	150 553	83 399	67 154
54	184 041	99 785	84 256
55	210 654	111 501	99 153
56	140 258	79 676	60 582
57	142 704	80 278	62 426
58	136 303	77 717	58 586
59	160 210	87 060	73 150
60	236 877	124 072	112 805
61	102 329	58 106	44 223
62	111 687	62 218	49 469
63	106 597	60 692	45 905
64	118 749	66 228	52 521
65	153 200	84 415	68 785
66	86 296	52 053	34 243
67	78 480	47 388	31 092
68	65 582	38 952	26 630
69	85 747	47 126	38 621
70	125 588	67 665	57 923
71	36 194	21 032	15 162
72	34 215	19 590	14 625
73	25 375	14 804	10 571
74	30 292	16 395	13 897
75	37 300	20 200	17 100
76	14 727	8 657	6 070
77	14 744	8 381	6 363
78	13 064	7 154	5 910
79	23 852	11 344	12 508
80	37 614	18 123	19 491
81	8 531	4 297	4 234
82	8 875	4 484	4 391
83	7 721	4 008	3 713
84	11 796	5 860	5 936
85	15 554	8 146	7 408
86	5 807	2 972	2 835
87	5 675	2 326	3 349
88	5 163	2 342	2 821
89	9 327	4 200	5 127
90	14 471	7 158	7 313
91	3 848	2 130	1 718
92	3 086	1 678	1 408
93	2 295	1 249	1 046
94	3 048	1 547	1 501
95	3 813	1 960	1 853
96	1 483	806	677
97	1 516	769	747
98	1 435	739	696
99	2 628	1 259	1 369
100 plus	44 100	22 576	21 524
Unknown–Inconnu	38 530	25 041	13 489

26. Population by sex, single years of age and urban/rural residence: each census, 1985 – 1993 (continued)

Population selon le sexe, l'année d'âge et la résidence, urbaine/rurale: chaque recensement, 1985 – 1993 (suite)

Data by urban/rural residence

Données selon la résidence urbaine/rurale

(See notes at end of table. – Voir notes à la fin du tableau.)

Continent, country or area, date, age (in years) and urban/rural residence Continent, pays ou zone, date âge (en années), et résidence urbaine/rurale	Both sexes Les deux sexes	Male Masculin	Female Féminin	Continent, country or area, date, age (in years) and urban/rural residence Continent, pays ou zone, date âge (en années), et résidence urbaine/rurale	Both sexes Les deux sexes	Male Masculin	Female Féminin
ASIA (cont.) – ASIE (suite)							
Iran (Islamic Republic of – Rép. islamique d') Rural – Rurale							
22 IX 1986 [25]							
Total	22 349 351	11384483	10964868				
				50	226 850	116 583	110 267
0	832 941	426 112	406 829	51	123 899	67 493	56 406
1	855 837	436 633	419 204	52	134 721	72 556	62 165
2	912 609	462 198	450 411	53	129 627	71 226	58 401
3	847 028	429 191	417 837	54	134 604	73 515	61 089
4	801 261	406 804	394 457	55	164 917	87 955	76 962
5	792 814	405 174	387 640	56	109 540	60 181	49 359
6	801 630	412 572	389 058	57	113 012	61 865	51 147
7	745 951	379 835	366 116	58	114 602	64 639	49 963
8	682 146	347 667	334 479	59	132 255	73 252	59 003
9	639 352	327 619	311 733				
				60	205 005	110 437	94 568
10	641 262	330 330	310 932	61	106 928	62 302	44 626
11	581 313	300 672	280 641	62	101 185	58 437	42 748
12	607 633	315 321	292 312	63	84 400	48 705	35 695
13	560 109	289 978	270 131	64	85 305	47 304	38 001
14	547 494	282 207	265 287	65	111 015	60 580	50 435
15	565 722	289 090	276 632	66	44 335	25 875	18 460
16	500 079	254 999	245 080	67	40 166	23 583	16 583
17	476 566	243 236	233 330	68	32 484	18 808	13 676
18	446 578	224 821	221 757	69	41 995	22 609	19 386
19	387 350	198 199	189 151				
				70	70 020	37 096	32 924
20	430 843	210 648	220 195	71	22 498	13 212	9 286
21	323 754	166 845	156 909	72	22 829	12 975	9 854
22	339 097	175 386	163 711	73	18 535	10 552	7 983
23	305 669	158 009	147 660	74	24 680	12 630	12 050
24	306 658	155 206	151 452	75	32 134	15 874	16 260
25	364 779	177 242	187 537	76	14 542	8 026	6 516
26	260 484	129 056	131 428	77	14 164	8 220	5 944
27	268 360	135 170	133 190	78	14 590	8 624	5 966
28	259 768	129 741	130 027	79	20 992	11 490	9 502
29	243 934	119 852	124 082				
				80	36 081	20 480	15 601
30	307 247	150 031	157 216	81	13 789	7 881	5 908
31	216 465	105 850	110 615	82	10 572	3 520	7 052
32	208 864	100 736	108 128	83	10 044	4 215	5 829
33	188 748	88 902	99 846	84	14 115	6 198	7 917
34	195 657	91 671	103 986	85 plus	91 351	47 675	43 676
35	245 911	115 875	130 036	Unknown–Inconnu	11 880	7 043	4 837
36	150 273	68 946	81 327				
37	152 895	69 887	83 008				
38	140 594	63 615	76 979				
39	146 504	67 136	79 368				
40	207 299	97 038	110 261				
41	123 224	58 225	64 999				
42	128 353	62 476	65 877				
43	107 695	52 386	55 309				
44	117 597	56 152	61 445				
45	180 122	86 436	93 686				
46	113 440	57 780	55 660				
47	117 126	59 921	57 205				
48	125 134	63 964	61 170				
49	167 521	84 027	83 494				

26. Population by sex, single years of age and urban/rural residence: each census, 1985 – 1993 (continued)

Population selon le sexe, l'année d'âge et la résidence, urbaine/rurale: chaque recensement, 1985 – 1993 (suite)

Data by urban/rural residence

Données selon la résidence urbaine/rurale

(See notes at end of table. – Voir notes à la fin du tableau.)

Continent, country or area, date, age (in years) and urban/rural residence Continent, pays ou zone, date âge (en années), et résidence urbaine/rurale	Both sexes Les deux sexes	Male Masculin	Female Féminin
ASIA (cont.) – ASIE (suite)			
Iran (Islamic Republic of – Rép. islamique d') Rural – Rurale			
11 IX 1991*			
Total	24 000 565	12333206	11667359
0	688 635	354 101	334 534
1	730 871	376 030	354 841
2	790 920	405 512	385 408
3	798 288	406 536	391 752
4	820 451	416 272	404 179
5	836 962	426 386	410 576
6	847 504	432 276	415 228
7	820 183	418 654	401 529
8	778 014	398 301	379 713
9	715 068	365 405	349 663
10	770 806	399 627	371 179
11	699 385	364 471	334 914
12	715 321	371 321	344 000
13	637 369	328 432	308 937
14	611 787	314 689	297 098
15	613 422	315 962	297 460
16	571 183	294 120	277 063
17	545 718	282 636	263 082
18	546 641	285 807	260 834
19	476 587	254 256	222 331
20	536 668	275 420	261 248
21	410 735	220 617	190 118
22	420 164	223 995	196 169
23	348 726	182 003	166 723
24	328 179	166 808	161 371
25	383 049	187 938	195 111
26	263 112	132 627	130 485
27	274 246	139 158	135 088
28	271 953	136 745	135 208
29	251 724	126 481	125 243
30	353 096	173 905	179 191
31	215 043	107 328	107 715
32	239 042	120 577	118 465
33	216 648	108 077	108 571
34	218 544	106 955	111 589
35	288 111	141 043	147 068
36	192 288	94 582	97 706
37	184 150	89 446	94 704
38	180 129	85 425	94 704
39	175 973	83 030	92 943
40	252 755	122 567	130 188
41	127 645	58 089	69 556
42	140 354	65 287	75 067
43	121 036	55 631	65 405
44	127 011	58 171	68 840
45	183 742	85 485	98 257
46	107 095	50 944	56 151
47	111 758	54 663	57 095
48	102 971	50 002	52 969
49	114 658	54 277	60 381
50	213 802	100 948	112 854
51	100 105	51 680	48 425
52	110 358	57 259	53 099
53	110 027	58 127	51 900
54	143 016	74 985	68 031
55	179 235	93 230	86 005
56	109 225	61 099	48 126
57	115 258	64 287	50 971
58	116 939	65 833	51 106
59	132 143	72 602	59 541
60	232 512	124 487	108 025
61	92 336	52 368	39 968
62	103 963	59 155	44 808
63	97 002	56 911	40 091
64	101 338	59 081	42 257
65	143 444	81 638	61 806
66	74 135	45 451	28 684
67	68 857	41 780	27 077
68	59 014	35 171	23 843
69	70 322	40 040	30 282
70	115 028	65 871	49 157
71	28 699	17 123	11 576
72	27 134	16 541	10 593
73	20 615	12 421	8 194
74	22 027	12 998	9 029
75	29 711	17 369	12 342
76	12 126	7 532	4 594
77	11 676	6 893	4 783
78	10 740	6 273	4 467
79	18 053	9 640	8 413
80	34 301	18 512	15 789
81	7 863	4 462	3 401
82	7 579	4 447	3 132
83	6 915	4 179	2 736
84	8 586	4 975	3 611
85	12 492	7 555	4 937
86	5 548	3 323	2 225
87	4 517	1 613	2 904
88	4 371	1 937	2 434
89	7 433	3 545	3 888
90	13 653	7 153	6 500
91	3 647	2 060	1 587
92	2 946	1 703	1 243
93	2 236	1 316	920
94	2 728	1 563	1 165
95	3 463	2 032	1 431
96	1 240	753	487
97	1 356	751	605
98	1 378	762	616
99	2 273	1 196	1 077
100 plus	21 645	11 390	10 255
Unknown–Inconnu	19 835	11 116	8 719

26. Population by sex, single years of age and urban/rural residence: each census, 1985 – 1993 (continued)

Population selon le sexe, l'année d'âge et la résidence, urbaine/rurale: chaque recensement, 1985 – 1993 (suite)

Data by urban/rural residence

Données selon la résidence urbaine/rurale

(See notes at end of table. – Voir notes à la fin du tableau.)

Continent, country or area, date, age (in years) and urban/rural residence Continent, pays ou zone, date âge (en années), et résidence urbaine/rurale	Both sexes Les deux sexes	Male Masculin	Female Féminin
ASIA (cont.) – ASIE (suite)			
Japan – Japon			
Urban – Urbaine			
1 X 1985 [15]			
Total	92 889 236	45793045	47096191
0	1 104 533	565 088	539 445
1	1 144 925	586 407	558 518
2	1 152 620	589 963	562 657
3	1 150 420	588 960	561 460
4	1 162 984	596 101	566 883
5	1 213 647	622 304	591 343
6	1 243 663	637 832	605 831
7	1 297 044	664 263	632 781
8	1 333 535	682 923	650 612
9	1 404 484	719 778	684 706
10	1 475 668	756 320	719 348
11	1 564 696	802 593	762 103
12	1 598 795	818 234	780 561
13	1 570 936	806 196	764 740
14	1 534 846	787 082	747 764
15	1 494 491	767 620	726 871
16	1 479 269	759 746	719 523
17	1 439 523	739 399	700 124
18	1 501 537	768 655	732 882
19	1 223 779	624 234	599 545
20	1 507 684	771 798	735 886
21	1 390 684	713 962	676 722
22	1 338 423	686 343	652 080
23	1 277 234	652 596	624 638
24	1 246 121	634 824	611 297
25	1 249 213	633 920	615 293
26	1 265 421	640 494	624 927
27	1 229 463	620 819	608 644
28	1 191 832	601 646	590 186
29	1 252 356	631 880	620 476
30	1 303 225	659 070	644 155
31	1 300 166	654 961	645 205
32	1 390 890	698 196	692 694
33	1 473 001	738 847	734 154
34	1 576 991	790 041	786 950
35	1 709 101	855 901	853 200
36	1 893 004	946 146	946 858
37	1 894 181	946 499	947 682
38	1 817 299	910 877	906 422
39	1 146 634	573 900	572 734
40	1 245 386	619 330	626 056
41	1 520 202	755 468	764 734
42	1 479 255	734 984	744 271
43	1 524 866	759 479	765 387
44	1 495 432	744 534	750 898
45	1 357 733	675 844	681 889
46	1 182 520	588 490	594 030
47	1 261 526	626 846	634 680
48	1 302 895	648 538	654 357
49	1 313 947	655 796	658 151
50	1 267 425	631 465	635 960
51	1 197 000	595 008	601 992
52	1 205 304	597 592	607 712
53	1 175 368	583 189	592 179
54	1 138 961	563 089	575 872
55	1 078 994	532 394	546 600
56	1 052 446	516 879	535 567
57	1 018 842	498 773	520 069
58	983 326	476 704	506 622
59	950 684	456 473	494 211
60	897 128	422 282	474 846
61	810 543	370 364	440 179
62	755 130	325 195	429 935
63	715 790	300 733	415 057
64	675 836	280 857	394 979
65	698 540	291 398	407 142
66	563 397	238 965	324 432
67	571 515	242 869	328 646
68	566 615	242 795	323 820
69	564 818	241 987	322 831
70	541 221	232 563	308 658
71	535 393	228 986	306 407
72	501 892	212 278	289 614
73	482 515	201 781	280 734
74	445 961	185 361	260 600
75	421 424	174 062	247 362
76	385 082	157 694	227 388
77	345 452	141 086	204 366
78	322 564	129 951	192 613
79	256 003	102 705	153 298
80	243 146	94 353	148 793
81	212 558	82 039	130 519
82	199 305	75 074	124 231
83	172 440	62 973	109 467
84	148 228	52 867	95 361
85 plus	519 951	167 847	352 104
Unknown–Inconnu	40 359	26 687	13 672

26. Population by sex, single years of age and urban/rural residence: each census, 1985 – 1993 (continued)

Population selon le sexe, l'année d'âge et la résidence, urbaine/rurale: chaque recensement, 1985 – 1993 (suite)

Data by urban/rural residence

Données selon la résidence urbaine/rurale

(See notes at end of table. – Voir notes à la fin du tableau.)

Continent, country or area, date, age (in years) and urban/rural residence Continent, pays ou zone, date âge (en années), et résidence urbaine/rurale	Both sexes Les deux sexes	Male Masculin	Female Féminin
ASIA (cont.) – ASIE (suite)			
Japan – Japon			
Urban – Urbaine			
1 X 1990 [15]			
Total	95 643 521	47124420	48519101
0	952 455	488 130	464 325
1	981 637	502 536	479 101
2	1 007 503	516 599	490 904
3	1 033 292	529 248	504 044
4	1 052 054	539 406	512 648
5	1 096 429	561 011	535 418
6	1 130 565	579 054	551 511
7	1 140 062	583 417	556 645
8	1 140 486	583 675	556 811
9	1 155 253	591 955	563 298
10	1 205 949	618 130	587 819
11	1 238 355	634 940	603 415
12	1 293 732	662 426	631 306
13	1 329 474	680 819	648 655
14	1 404 072	719 596	684 476
15	1 478 957	758 042	720 915
16	1 577 697	809 813	767 884
17	1 611 212	825 263	785 949
18	1 642 797	841 163	801 634
19	1 664 091	850 353	813 738
20	1 611 369	827 063	784 306
21	1 566 714	802 430	764 284
22	1 521 586	778 686	742 900
23	1 510 067	770 666	739 401
24	1 177 076	598 224	578 852
25	1 448 241	736 034	712 207
26	1 346 829	683 636	663 193
27	1 310 804	664 932	645 872
28	1 263 542	640 072	623 470
29	1 236 321	626 141	610 180
30	1 241 232	627 899	613 333
31	1 256 620	635 651	620 969
32	1 218 886	615 659	603 227
33	1 180 182	595 879	584 303
34	1 240 123	625 265	614 858
35	1 285 978	649 328	636 650
36	1 285 360	646 106	639 254
37	1 373 447	687 240	686 207
38	1 457 925	729 353	728 572
39	1 558 630	778 813	779 817
40	1 690 595	844 324	846 271
41	1 876 378	935 704	940 674
42	1 876 741	935 148	941 593
43	1 801 321	900 232	901 089
44	1 138 211	568 285	569 926
45	1 231 911	610 962	620 949
46	1 503 038	745 390	757 648
47	1 462 403	724 770	737 633
48	1 509 485	750 302	759 183
49	1 471 813	730 710	741 103
50	1 334 938	662 273	672 665
51	1 161 104	575 954	585 150
52	1 241 289	613 754	627 535
53	1 280 724	634 179	646 545
54	1 288 729	638 518	650 211
55	1 232 435	609 275	623 160
56	1 169 153	575 651	593 502
57	1 174 610	576 285	598 325
58	1 146 268	562 601	583 667
59	1 104 962	539 843	565 119
60	1 044 175	508 808	535 367
61	1 016 140	492 304	523 836
62	981 504	473 410	508 094
63	944 274	450 951	493 323
64	910 583	428 389	482 194
65	852 389	393 505	458 884
66	768 167	342 824	425 343
67	714 604	300 124	414 480
68	673 271	275 030	398 241
69	629 701	253 402	376 299
70	647 976	261 423	386 553
71	517 376	211 837	305 539
72	522 770	213 836	308 934
73	509 237	209 030	300 207
74	503 693	205 426	298 267
75	475 706	194 280	281 426
76	462 841	186 981	275 860
77	427 854	169 659	258 195
78	401 510	156 669	244 841
79	359 685	138 205	221 480
80	330 562	125 352	205 210
81	293 268	109 511	183 757
82	253 424	93 734	159 690
83	226 804	81 701	145 103
84	171 657	61 256	110 401
85	156 082	53 412	102 670
86	129 925	43 877	86 048
87	115 373	37 759	77 614
88	93 520	29 323	64 197
89	75 429	23 069	52 360
90	55 800	16 449	39 351
91	41 127	11 941	29 186
92	31 988	8 786	23 202
93	22 409	6 068	16 341
94	15 256	4 003	11 253
95	10 282	2 633	7 649
96	6 558	1 647	4 911
97	4 239	997	3 242
98	2 596	613	1 983
99	1 577	383	1 194
100 plus	2 104	390	1 714
Unknown–Inconnu	316 973	216 610	100 363

26. Population by sex, single years of age and urban/rural residence: each census, 1985 – 1993 (continued)

Population selon le sexe, l'année d'âge et la résidence, urbaine/rurale: chaque recensement, 1985 – 1993 (suite)

Data by urban/rural residence

Données selon la résidence urbaine/rurale

(See notes at end of table. – Voir notes à la fin du tableau.)

Continent, country or area, date, age (in years) and urban/rural residence Continent, pays ou zone, date âge (en années), et résidence urbaine/rurale	Both sexes Les deux sexes	Male Masculin	Female Féminin	Continent, country or area, date, age (in years) and urban/rural residence Continent, pays ou zone, date âge (en années), et résidence urbaine/rurale	Both sexes Les deux sexes	Male Masculin	Female Féminin
ASIA (cont.) – ASIE (suite)							
Japan – Japon							
Rural – Rurale							
1 X 1985 [15]							
Total	28 159 687	13704271	14455416				
0	325 125	166 483	158 642	50	382 474	187 042	195 432
1	343 438	175 538	167 900	51	380 683	186 308	194 375
2	352 290	180 078	172 212	52	392 210	192 287	199 923
3	358 295	183 220	175 075	53	395 485	194 720	200 765
4	364 633	186 939	177 694	54	398 084	195 714	202 370
5	382 976	196 172	186 804	55	390 254	190 999	199 255
6	392 809	201 838	190 971	56	388 918	189 776	199 142
7	409 117	209 200	199 917	57	382 562	186 283	196 279
8	418 335	214 530	203 805	58	380 589	182 718	197 871
9	436 224	224 218	212 006	59	373 130	178 375	194 755
10	451 861	231 403	220 458	60	356 655	165 918	190 737
11	469 927	241 153	228 774	61	327 983	149 353	178 630
12	470 186	240 509	229 677	62	303 779	130 148	173 631
13	458 210	234 659	223 551	63	288 980	121 174	167 806
14	446 996	228 821	218 175	64	273 714	113 878	159 836
15	430 559	221 445	209 114	65	286 062	120 629	165 433
16	416 266	213 321	202 945	66	231 349	99 335	132 014
17	411 405	209 424	201 981	67	238 399	102 078	136 321
18	357 413	181 848	175 565	68	236 471	100 529	135 942
19	225 705	114 735	110 970	69	236 253	100 423	135 830
20	285 642	141 640	144 002	70	223 758	94 982	128 776
21	277 720	134 991	142 729	71	222 940	94 401	128 539
22	284 017	138 346	145 671	72	211 961	88 959	123 002
23	291 471	142 405	149 066	73	205 365	85 093	120 272
24	301 558	149 090	152 468	74	192 391	79 191	113 200
25	311 152	155 036	156 116	75	182 015	75 296	106 719
26	326 255	163 061	163 194	76	171 148	70 064	101 084
27	325 939	163 576	162 363	77	154 133	63 267	90 866
28	324 168	163 213	160 955	78	140 914	57 415	83 499
29	347 603	174 685	172 918	79	114 608	45 888	68 720
30	368 364	185 911	182 453	80	111 550	43 950	67 600
31	371 535	187 882	183 653	81	98 923	38 850	60 073
32	398 738	201 591	197 147	82	93 319	35 531	57 788
33	422 955	213 703	209 252	83	82 611	30 851	51 760
34	448 359	228 063	220 296	84	70 857	25 755	45 102
35	478 423	243 188	235 235	85 plus	265 296	88 128	177 168
36	515 328	263 946	251 382	Unknown–Inconnu	987	640	347
37	509 320	261 374	247 946				
38	479 618	246 621	232 997				
39	295 136	149 778	145 358				
40	318 241	160 117	158 124				
41	389 866	195 733	194 133				
42	379 905	190 672	189 233				
43	394 567	197 896	196 671				
44	387 234	193 664	193 570				
45	365 559	181 300	184 259				
46	326 147	161 540	164 607				
47	362 081	178 222	183 859				
48	377 670	185 833	191 837				
49	386 536	189 712	196 824				

26. Population by sex, single years of age and urban/rural residence: each census, 1985 – 1993 (continued)

Population selon le sexe, l'année d'âge et la résidence, urbaine/rurale: chaque recensement, 1985 – 1993 (suite)

Data by urban/rural residence

Données selon la résidence urbaine/rurale

(See notes at end of table. – Voir notes à la fin du tableau.)

Continent, country or area, date, age (in years) and urban/rural residence Continent, pays ou zone, date âge (en années), et résidence urbaine/rurale	Both sexes Les deux sexes	Male Masculin	Female Féminin
ASIA (cont.) – ASIE (suite)			
Japan – Japon			
Rural – Rurale			
1 X 1990 [15]			
Total	27 967 646	13572304	14395342
0	261 230	132 955	128 275
1	278 841	142 866	135 975
2	294 014	150 658	143 356
3	310 146	158 583	151 563
4	321 725	165 058	156 667
5	341 932	175 047	166 885
6	357 476	182 580	174 896
7	364 223	186 232	177 991
8	367 687	188 008	179 679
9	372 444	190 854	181 590
10	389 316	199 276	190 040
11	397 759	204 155	193 604
12	412 053	210 872	201 181
13	420 206	215 634	204 572
14	435 869	224 032	211 837
15	444 473	227 695	216 778
16	452 833	232 211	220 622
17	450 173	229 618	220 555
18	378 317	192 931	185 386
19	306 537	155 126	151 411
20	295 053	146 886	148 167
21	290 413	141 720	148 693
22	291 761	141 139	150 622
23	300 806	146 188	154 618
24	235 276	115 197	120 079
25	300 409	147 747	152 662
26	289 498	143 250	146 248
27	289 705	143 982	145 723
28	288 521	144 148	144 373
29	296 843	148 527	148 316
30	308 085	154 054	154 031
31	327 664	163 393	164 271
32	329 197	164 059	165 138
33	330 141	165 242	164 899
34	355 555	178 252	177 303
35	375 138	188 733	186 405
36	379 222	191 642	187 580
37	406 424	205 660	200 764
38	429 152	217 318	211 834
39	452 504	230 636	221 868
40	480 792	244 936	235 856
41	516 959	265 519	251 440
42	508 396	261 852	246 544
43	476 394	245 263	231 131
44	292 503	148 722	143 781
45	314 013	158 043	155 970
46	383 888	192 417	191 471
47	373 215	186 709	186 506
48	388 251	193 962	194 289
49	379 995	189 033	190 962
50	358 609	176 948	181 661
51	319 333	157 180	162 153
52	355 261	173 493	181 768
53	370 210	180 778	189 432
54	378 189	184 171	194 018
55	372 291	180 279	192 012
56	371 761	179 793	191 968
57	382 431	185 475	196 956
58	385 534	187 377	198 157
59	385 443	186 788	198 655
60	377 724	182 213	195 511
61	375 854	181 034	194 820
62	369 562	177 580	191 982
63	366 745	173 525	193 220
64	358 453	168 335	190 118
65	339 902	155 570	184 332
66	311 262	138 982	172 280
67	287 513	120 467	167 046
68	271 931	111 422	160 509
69	254 836	103 457	151 379
70	265 389	108 681	156 708
71	212 069	87 972	124 097
72	217 353	89 687	127 666
73	211 644	86 694	124 950
74	210 027	85 386	124 641
75	195 647	79 316	116 331
76	191 999	76 813	115 186
77	179 968	71 251	108 717
78	169 489	65 548	103 941
79	153 514	58 735	94 779
80	142 016	54 168	87 848
81	128 876	48 080	80 796
82	112 085	41 554	70 531
83	98 370	35 964	62 406
84	75 796	27 065	48 731
85	70 832	24 709	46 123
86	59 203	20 526	38 677
87	52 954	17 647	35 307
88	44 082	14 199	29 883
89	35 650	11 159	24 491
90	27 092	8 182	18 910
91	19 671	5 907	13 764
92	15 466	4 486	10 980
93	11 116	3 061	8 055
94	7 994	2 154	5 840
95	5 331	1 485	3 846
96	3 385	877	2 508
97	2 109	536	1 573
98	1 366	322	1 044
99	779	183	596
100 plus	1 119	257	862
Unknown–Inconnu	9 384	6 213	3 171

26. Population by sex, single years of age and urban/rural residence: each census, 1985 – 1993 (continued)

Population selon le sexe, l'année d'âge et la résidence, urbaine/rurale: chaque recensement, 1985 – 1993 (suite)

Data by urban/rural residence

Données selon la résidence urbaine/rurale

(See notes at end of table. – Voir notes à la fin du tableau.)

Continent, country or area, date, age (in years) and urban/rural residence Continent, pays ou zone, date âge (en années), et résidence urbaine/rurale	Both sexes Les deux sexes	Male Masculin	Female Féminin
ASIA (cont.) – ASIE (suite)			
Kazakhstan			
Urban – Urbaine			
12 I 1989			
Total	9 465 351	4 511 090	4 954 261
0	204 280	104 131	100 149
1	202 589	102 957	99 632
2	200 495	101 748	98 747
3	194 369	98 373	95 996
4	194 786	98 941	95 845
5	182 482	92 285	90 197
6	179 006	90 753	88 253
7	174 145	88 042	86 103
8	171 646	86 669	84 977
9	168 359	85 321	83 038
10	168 059	84 944	83 115
11	162 660	82 002	80 658
12	164 179	82 668	81 511
13	159 224	80 014	79 210
14	155 337	78 534	76 803
15	155 000	77 197	77 803
16	156 771	77 391	79 380
17	162 409	77 047	85 362
18	168 837	84 966	83 871
19	159 635	80 818	78 817
20	151 604	72 400	79 204
21	151 344	74 078	77 266
22	156 474	77 580	78 894
23	158 750	78 486	80 264
24	164 388	81 424	82 964
25	174 123	86 059	88 064
26	183 238	90 030	93 208
27	189 656	93 338	96 318
28	194 018	95 174	98 844
29	185 681	90 961	94 720
30	184 831	90 938	93 893
31	177 055	87 195	89 860
32	166 811	81 912	84 899
33	166 560	81 959	84 601
34	162 463	79 782	82 681
35	151 333	74 222	77 111
36	149 779	73 250	76 529
37	149 183	72 747	76 436
38	143 502	70 288	73 214
39	139 508	67 764	71 744
40	126 177	61 009	65 168
41	120 427	58 885	61 542
42	99 815	48 935	50 880
43	59 991	29 312	30 679
44	48 204	23 653	24 551
45	49 629	24 410	25 219
46	72 853	34 756	38 097
47	99 767	47 467	52 300
48	108 738	51 225	57 513
49	117 520	55 080	62 440
50	122 141	58 288	63 853
51	120 851	57 690	63 161
52	104 225	48 825	55 400
53	86 332	40 292	46 040
54	66 978	31 411	35 567
55	58 649	27 026	31 623
56	68 929	31 295	37 634
57	64 830	30 040	34 790
58	80 171	36 071	44 100
59	82 104	35 878	46 226
60	88 908	36 651	52 257
61	79 429	32 790	46 639
62	73 750	28 668	45 082
63	63 586	23 087	40 499
64	59 822	20 707	39 115
65	50 381	16 246	34 135
66	41 396	13 155	28 241
67	33 704	11 194	22 510
68	32 163	10 496	21 667
69	30 197	9 415	20 782
70	34 622	10 821	23 801
71	24 607	7 704	16 903
72	25 303	7 571	17 732
73	27 508	8 096	19 412
74	33 405	9 396	24 009
75	27 789	8 245	19 544
76	29 513	8 154	21 359
77	21 219	6 087	15 132
78	23 682	5 957	17 725
79	17 782	4 838	12 944
80	16 313	4 051	12 262
81	13 530	3 387	10 143
82	12 703	3 220	9 483
83	11 435	2 676	8 759
84	8 818	2 075	6 743
85	7 308	1 650	5 658
86	6 107	1 348	4 759
87	4 261	949	3 312
88	5 162	936	4 226
89	2 241	508	1 733
90	2 176	452	1 724
91	1 438	342	1 096
92	1 164	263	901
93	1 010	203	807
94	684	161	523
95	574	123	451
96	486	107	379
97	303	38	265
98	345	55	290
99	223	35	188
100 plus	583	115	468
Unknown–Inconnu	6 821	3 182	3 639

26. Population by sex, single years of age and urban/rural residence: each census, 1985 – 1993 (continued)

Population selon le sexe, l'année d'âge et la résidence, urbaine/rurale: chaque recensement, 1985 – 1993 (suite)

Data by urban/rural residence

Données selon la résidence urbaine/rurale

(See notes at end of table. – Voir notes à la fin du tableau.)

Continent, country or area, date, age (in years) and urban/rural residence Continent, pays ou zone, date âge (en années), et résidence urbaine/rurale	Both sexes Les deux sexes	Male Masculin	Female Féminin	Continent, country or area, date, age (in years) and urban/rural residence Continent, pays ou zone, date âge (en années), et résidence urbaine/rurale	Both sexes Les deux sexes	Male Masculin	Female Féminin
ASIA (cont.) – ASIE (suite)							
Kazakhstan							
Rural – Rurale							
12 I 1989							
Total	7 071 160	3 501 895	3 569 265				
0	197 585	100 465	97 120	50	82 063	40 129	41 934
1	196 841	99 783	97 058	51	79 086	39 142	39 944
2	195 466	99 143	96 323	52	76 050	36 921	39 129
3	186 006	94 019	91 987	53	56 443	27 304	29 139
4	182 906	92 829	90 077	54	44 153	21 564	22 589
5	173 815	87 964	85 851	55	37 625	18 094	19 531
6	170 624	86 526	84 098	56	49 204	23 508	25 696
7	163 235	82 824	80 411	57	38 769	19 169	19 600
8	161 495	81 798	79 697	58	55 648	26 329	29 319
9	161 809	81 557	80 252	59	51 183	24 018	27 165
10	162 275	81 910	80 365	60	59 703	26 305	33 398
11	160 307	80 860	79 447	61	48 596	21 146	27 450
12	163 588	82 625	80 963	62	43 426	17 933	25 493
13	161 622	81 823	79 799	63	37 259	14 385	22 874
14	160 909	81 410	79 499	64	37 494	13 723	23 771
15	150 492	76 705	73 787	65	29 649	10 573	19 076
16	148 660	76 226	72 434	66	28 147	9 626	18 521
17	123 680	67 933	55 747	67	20 631	7 571	13 060
18	113 980	65 601	48 379	68	22 837	7 531	15 306
19	113 843	65 900	47 943	69	17 012	5 681	11 331
20	116 157	65 622	50 535	70	19 931	6 603	13 328
21	110 237	58 292	51 945	71	15 941	5 242	10 699
22	113 915	58 605	55 310	72	16 838	5 346	11 492
23	116 768	58 768	58 000	73	16 534	5 073	11 461
24	120 469	61 494	58 975	74	19 631	5 813	13 818
25	124 823	63 466	61 357	75	16 012	5 082	10 930
26	128 325	65 632	62 693	76	19 902	5 559	14 343
27	126 107	65 094	61 013	77	13 405	3 972	9 433
28	126 453	65 269	61 184	78	17 889	4 496	13 393
29	118 671	60 915	57 756	79	11 816	3 544	8 272
30	114 302	58 603	55 699	80	10 476	3 083	7 393
31	107 781	55 555	52 226	81	8 667	2 620	6 047
32	99 211	50 795	48 416	82	10 154	2 978	7 176
33	95 789	48 767	47 022	83	9 802	2 598	7 204
34	91 253	46 164	45 089	84	7 080	1 927	5 153
35	84 937	42 855	42 082	85	5 906	1 510	4 396
36	83 829	41 640	42 189	86	5 723	1 468	4 255
37	79 666	40 121	39 545	87	4 210	1 224	2 986
38	76 678	38 263	38 415	88	5 620	1 269	4 351
39	72 790	36 322	36 468	89	1 961	570	1 391
40	66 714	33 281	33 433	90	1 920	508	1 412
41	63 635	31 736	31 899	91	1 195	347	848
42	51 109	24 922	26 187	92	1 120	364	756
43	33 988	16 704	17 284	93	943	264	679
44	28 392	13 845	14 547	94	650	178	472
45	32 661	15 806	16 855	95	520	158	362
46	57 739	27 553	30 186	96	519	134	385
47	63 566	30 780	32 786	97	309	81	228
48	73 424	34 758	38 666	98	426	94	332
49	77 240	37 236	40 004	99	296	74	222
				100 plus	734	179	555
				Unknown–Inconnu	4 285	2 121	2 164

26. Population by sex, single years of age and urban/rural residence: each census, 1985 – 1993 (continued)

Population selon le sexe, l'année d'âge et la résidence, urbaine/rurale: chaque recensement, 1985 – 1993 (suite)

Data by urban/rural residence

Données selon la résidence urbaine/rurale

(See notes at end of table. – Voir notes à la fin du tableau.)

Continent, country or area, date, age (in years) and urban/rural residence Continent, pays ou zone, date âge (en années), et résidence urbaine/rurale	Both sexes Les deux sexes	Male Masculin	Female Féminin
ASIA (cont.) – ASIE (suite)			
Korea, Republic of– Corée, République de			
Urban – Urbaine			
1 XI 1985 [16 17]			
Total	26 417 972	13154130	13263842
0	435 393	228 979	206 414
1	465 540	242 032	223 508
2	515 033	267 923	247 110
3	548 626	284 982	263 644
4	575 145	298 468	276 677
5	559 749	290 562	269 187
6	528 022	274 424	253 598
7	480 289	250 300	229 989
8	486 411	252 996	233 415
9	481 335	252 187	229 148
10	504 694	263 500	241 194
11	538 062	282 108	255 954
12	550 725	287 007	263 718
13	579 767	302 856	276 911
14	585 919	306 782	279 137
15	587 919	305 261	282 658
16	625 702	319 756	305 946
17	599 348	304 497	294 851
18	559 832	281 000	278 832
19	551 403	272 220	279 183
20	567 992	272 561	295 431
21	566 338	264 461	301 877
22	609 402	281 418	327 984
23	603 277	284 932	318 345
24	610 305	289 360	320 945
25	630 883	301 584	329 299
26	633 311	307 807	325 504
27	616 149	303 934	312 215
28	571 964	285 965	285 999
29	532 626	267 002	265 624
30	565 326	283 560	281 766
31	484 191	249 814	234 377
32	404 980	204 833	200 147
33	462 180	237 620	224 560
34	352 703	178 989	173 714
35	371 285	191 103	180 182
36	373 090	190 548	182 542
37	376 134	191 329	184 805
38	382 902	194 108	188 794
39	346 280	176 941	169 339
40	279 475	144 259	135 216
41	291 656	150 460	141 196
42	289 294	148 336	140 958
43	313 635	163 764	149 871
44	302 301	155 704	146 597
45	268 515	138 657	129 858
46	268 077	136 926	131 151
47	257 071	133 139	123 932
48	242 047	122 850	119 197
49	228 197	115 902	112 295
50	217 168	109 253	107 915
51	200 391	100 091	100 300
52	176 654	87 502	89 152
53	177 582	84 727	92 855
54	151 999	70 001	81 998
55	142 318	64 586	77 732
56	141 152	63 194	77 958
57	130 900	57 901	72 999
58	119 922	52 658	67 264
59	116 952	50 630	66 322
60	103 814	44 007	59 807
61	102 667	43 779	58 888
62	100 729	42 937	57 792
63	92 463	38 955	53 508
64	89 537	36 814	52 723
65	79 531	32 810	46 721
66	65 572	26 884	38 688
67	63 503	24 951	38 552
68	63 870	24 210	39 660
69	65 179	24 148	41 031
70	52 706	18 740	33 966
71	49 708	17 557	32 151
72	47 263	15 794	31 469
73	43 054	14 206	28 848
74	38 918	12 463	26 455
75	35 124	11 179	23 945
76	31 476	9 680	21 796
77	27 671	7 962	19 709
78	20 975	5 972	15 003
79	22 728	6 344	16 384
80	16 385	4 220	12 165
81	11 677	2 803	8 874
82	10 361	2 395	7 966
83	9 737	2 067	7 670
84	8 909	1 793	7 116
85 plus	28 555	4 909	23 646
Unknown–Inconnu	322	302	20

26. Population by sex, single years of age and urban/rural residence: each census, 1985 – 1993 (continued)

Population selon le sexe, l'année d'âge et la résidence, urbaine/rurale: chaque recensement, 1985 – 1993 (suite)

Data by urban/rural residence

Données selon la résidence urbaine/rurale

(See notes at end of table. – Voir notes à la fin du tableau.)

Continent, country or area, date, age (in years) and urban/rural residence Continent, pays ou zone, date âge (en années), et résidence urbaine/rurale	Both sexes Les deux sexes	Male Masculin	Female Féminin
ASIA (cont.) – ASIE (suite)			
Korea, Republic of– Corée, République de Urban – Urbaine			
1 XI 1990 [16 17]			
Total	32 290 055	16189140	16100915
0	525 106	277 803	247 303
1	539 458	284 501	254 957
2	528 495	278 665	249 830
3	514 785	269 104	245 681
4	528 008	278 790	249 218
5	517 118	270 286	246 832
6	546 876	285 157	261 719
7	589 615	305 862	283 753
8	634 596	328 352	306 244
9	664 783	344 665	320 118
10	642 837	334 025	308 812
11	614 835	319 178	295 657
12	552 499	286 058	266 441
13	556 933	289 384	267 549
14	555 083	289 291	265 792
15	590 840	305 376	285 464
16	652 524	337 666	314 858
17	669 545	341 149	328 396
18	696 995	352 440	344 555
19	709 463	349 704	359 759
20	697 129	341 953	355 176
21	694 131	340 775	353 356
22	681 052	339 695	341 357
23	635 991	309 549	326 442
24	642 624	314 053	328 571
25	654 075	315 519	338 556
26	667 877	325 844	342 033
27	717 896	350 152	367 744
28	723 401	360 985	362 416
29	739 606	367 676	371 930
30	727 954	365 851	362 103
31	732 300	368 900	363 400
32	687 767	349 065	338 702
33	643 109	328 700	314 409
34	613 497	312 433	301 064
35	637 747	323 355	314 392
36	543 372	283 317	260 055
37	463 386	236 303	227 083
38	515 488	267 697	247 791
39	398 578	204 183	194 395
40	406 470	212 518	193 952
41	412 601	214 490	198 111
42	404 023	208 863	195 160
43	400 112	206 163	193 949
44	355 575	185 204	170 371
45	306 221	158 807	147 414
46	308 100	159 920	148 180
47	309 484	159 394	150 090
48	338 504	177 090	161 414
49	314 902	161 654	153 248
50	277 500	142 751	134 749
51	283 183	144 507	138 676
52	263 898	135 587	128 311
53	249 341	124 434	124 907
54	232 271	116 107	116 164
55	228 795	113 316	115 479
56	207 795	101 938	105 857
57	184 124	88 866	95 258
58	185 838	86 839	98 999
59	158 264	70 125	88 139
60	145 286	63 808	81 478
61	143 793	61 714	82 079
62	130 087	54 907	75 180
63	121 362	50 394	70 968
64	116 503	47 283	69 220
65	104 731	41 984	62 747
66	107 075	43 423	63 652
67	102 908	41 425	61 483
68	92 105	36 314	55 791
69	89 497	34 634	54 863
70	76 378	29 277	47 101
71	64 027	24 168	39 859
72	61 220	21 894	39 326
73	60 184	20 883	39 301
74	57 909	19 543	38 366
75	49 042	15 708	33 334
76	42 426	13 724	28 702
77	40 924	12 431	28 493
78	34 602	10 282	24 320
79	31 432	9 097	22 335
80	26 304	7 518	18 786
81	23 756	6 449	17 307
82	20 015	5 085	14 930
83	15 033	3 652	11 381
84	14 068	3 171	10 897
85 plus	44 934	8 297	36 637
Unknown–Inconnu	79	41	38

26. Population by sex, single years of age and urban/rural residence: each census, 1985 – 1993 (continued)

Population selon le sexe, l'année d'âge et la résidence, urbaine/rurale: chaque recensement, 1985 – 1993 (suite)

Data by urban/rural residence

Données selon la résidence urbaine/rurale

(See notes at end of table. – Voir notes à la fin du tableau.)

Continent, country or area, date, age (in years) and urban/rural residence Continent, pays ou zone, date âge (en années), et résidence urbaine/rurale	Both sexes Les deux sexes	Male Masculin	Female Féminin
ASIA (cont.) – ASIE (suite)			
Korea, Republic of– Corée, République de Rural – Rurale			
1 XI 1985 [16 17]			
Total	14 001 680	7 073 434	6 928 246
0	175 677	91 710	83 967
1	209 154	108 342	100 812
2	241 244	124 052	117 192
3	260 597	134 371	126 226
4	276 146	141 899	134 247
5	277 353	141 993	135 360
6	268 146	137 033	131 113
7	268 207	136 625	131 582
8	282 557	144 010	138 547
9	284 281	145 223	139 058
10	307 896	156 380	151 516
11	333 416	168 784	164 632
12	346 463	174 179	172 284
13	362 000	182 920	179 080
14	367 043	186 054	180 989
15	346 012	175 328	170 684
16	309 938	162 276	147 662
17	279 821	149 491	130 330
18	239 685	130 705	108 980
19	216 604	126 788	89 816
20	248 261	160 027	88 234
21	256 867	167 607	89 260
22	274 041	173 218	100 823
23	263 387	157 555	105 832
24	245 220	134 581	110 639
25	235 273	122 560	112 713
26	229 819	118 003	111 816
27	219 927	112 725	107 202
28	204 979	106 623	98 356
29	195 477	100 982	94 495
30	204 507	105 080	99 427
31	178 213	92 378	85 835
32	147 499	75 732	71 767
33	175 242	90 946	84 296
34	140 397	70 658	69 739
35	145 590	74 494	71 096
36	144 704	75 105	69 599
37	149 861	78 369	71 492
38	154 271	81 177	73 094
39	137 064	71 195	65 869
40	121 308	61 556	59 752
41	128 843	63 308	65 535
42	134 182	64 748	69 434
43	163 347	78 523	84 824
44	163 467	78 027	85 440
45	155 033	74 406	80 627
46	170 128	80 751	89 377
47	168 220	80 686	87 534
48	166 998	80 530	86 468
49	164 926	79 142	85 784
50	168 832	80 530	88 302
51	165 316	78 359	86 957
52	147 480	69 308	78 172
53	154 429	70 069	84 360
54	135 408	59 779	75 629
55	130 622	57 391	73 231
56	130 658	57 439	73 219
57	121 795	53 295	68 500
58	117 507	52 104	65 403
59	115 931	51 382	64 549
60	106 131	47 627	58 504
61	106 484	48 627	57 857
62	107 028	48 409	58 619
63	99 906	45 400	54 506
64	98 117	43 832	54 285
65	89 211	40 777	48 434
66	73 904	33 961	39 943
67	72 482	32 605	39 877
68	73 198	32 724	40 474
69	76 367	33 640	42 727
70	60 970	26 687	34 283
71	55 949	23 652	32 297
72	55 025	22 634	32 391
73	51 007	20 500	30 507
74	46 654	18 320	28 334
75	43 021	16 278	26 743
76	39 259	14 319	24 940
77	35 028	12 420	22 608
78	27 437	9 332	18 105
79	29 371	10 027	19 344
80	21 828	6 889	14 939
81	16 152	4 713	11 439
82	14 746	4 071	10 675
83	14 548	3 815	10 733
84	13 317	3 397	9 920
85 plus	47 173	10 231	36 942
Unknown–Inconnu	98	36	62

26. Population by sex, single years of age and urban/rural residence: each census, 1985 – 1993 (continued)

Population selon le sexe, l'année d'âge et la résidence, urbaine/rurale: chaque recensement, 1985 – 1993 (suite)

Data by urban/rural residence

Données selon la résidence urbaine/rurale

(See notes at end of table. – Voir notes à la fin du tableau.)

Continent, country or area, date, age (in years) and urban/rural residence Continent, pays ou zone, date âge (en années), et résidence urbaine/rurale	Both sexes Les deux sexes	Male Masculin	Female Féminin	Continent, country or area, date, age (in years) and urban/rural residence Continent, pays ou zone, date âge (en années), et résidence urbaine/rurale	Both sexes Les deux sexes	Male Masculin	Female Féminin
ASIA (cont.) – ASIE (suite)							
Korea, Republic of– Corée, République de Rural – Rurale							
1 XI 1990 [16] [17]							
Total	11 100 319	5 581 779	5 518 540				
0	107 296	57 026	50 270	50	131 626	61 820	69 806
1	124 164	65 553	58 611	51	145 740	68 098	77 642
2	130 181	68 147	62 034	52	141 501	67 063	74 438
3	135 518	70 541	64 977	53	143 327	67 445	75 882
4	146 779	76 733	70 046	54	141 631	66 699	74 932
5	148 243	76 471	71 772	55	146 090	68 345	77 745
6	166 595	85 709	80 886	56	141 388	65 625	75 763
7	184 253	94 077	90 176	57	126 622	58 153	68 469
8	199 911	101 600	98 311	58	130 257	58 391	71 866
9	210 518	106 822	103 696	59	113 680	49 395	64 285
10	213 698	107 987	105 711	60	107 751	46 746	61 005
11	208 284	104 685	103 599	61	107 087	46 513	60 574
12	206 923	102 843	104 080	62	97 991	42 277	55 714
13	218 883	109 774	109 109	63	94 615	40 988	53 627
14	221 942	111 269	110 673	64	92 584	40 215	52 369
15	234 795	116 773	118 022	65	83 649	36 812	46 837
16	234 212	117 646	116 566	66	84 909	38 120	46 789
17	236 444	119 324	117 120	67	84 604	36 930	47 674
18	222 081	116 577	105 504	68	76 834	33 784	43 050
19	202 097	110 474	91 623	69	74 002	32 326	41 676
20	224 325	137 753	86 572	70	64 535	28 064	36 471
21	243 949	159 503	84 446	71	53 785	23 577	30 208
22	226 762	148 559	78 203	72	53 372	22 763	30 609
23	181 587	107 371	74 216	73	51 956	21 900	30 056
24	168 759	95 079	73 680	74	51 750	21 239	30 511
25	162 753	88 421	74 332	75	43 865	17 400	26 465
26	158 167	85 478	72 689	76	37 040	14 335	22 705
27	166 183	87 929	78 254	77	37 141	13 809	23 332
28	167 950	88 262	79 688	78	31 807	11 276	20 531
29	175 592	90 646	84 946	79	28 892	9 843	19 049
30	169 975	87 342	82 633	80	24 490	8 050	16 440
31	170 503	87 603	82 900	81	22 511	7 047	15 464
32	161 665	84 573	77 092	82	19 553	5 759	13 794
33	152 903	80 577	72 326	83	15 302	4 302	11 000
34	148 041	77 781	70 260	84	14 280	3 828	10 452
35	153 966	80 207	73 759	85 plus	49 392	10 533	38 859
36	134 963	70 926	64 037	Unknown–Inconnu	23	6	17
37	114 273	59 217	55 056				
38	131 619	68 618	63 001				
39	107 818	54 382	53 436				
40	109 110	55 893	53 217				
41	111 787	57 581	54 206				
42	114 702	59 169	55 533				
43	117 776	60 925	56 851				
44	107 113	54 376	52 737				
45	101 134	49 464	51 670				
46	105 517	50 434	55 083				
47	114 823	54 110	60 713				
48	140 865	65 977	74 888				
49	137 340	64 116	73 224				

26. Population by sex, single years of age and urban/rural residence: each census, 1985 – 1993 (continued)

Population selon le sexe, l'année d'âge et la résidence, urbaine/rurale: chaque recensement, 1985 – 1993 (suite)

Data by urban/rural residence

Données selon la résidence urbaine/rurale

(See notes at end of table. – Voir notes à la fin du tableau.)

Continent, country or area, date, age (in years) and urban/rural residence Continent, pays ou zone, date âge (en années), et résidence urbaine/rurale	Both sexes Les deux sexes	Male Masculin	Female Féminin
ASIA (cont.) – ASIE (suite)			
Kyrgyzstan – Kirghizistan Urban – Urbaine			
12 I 1989 [2]			
Total	1 624 535	770 066	854 469
0	39 177	19 792	19 385
1	39 126	19 716	19 410
2	38 273	19 442	18 831
3	36 799	18 549	18 250
4	36 905	18 762	18 143
5	34 227	17 468	16 759
6	33 482	16 839	16 643
7	32 112	16 089	16 023
8	30 786	15 483	15 303
9	29 926	15 086	14 840
10	29 415	14 839	14 576
11	28 749	14 469	14 280
12	28 731	14 365	14 366
13	27 835	13 917	13 918
14	26 877	13 409	13 468
15	27 702	13 477	14 225
16	28 555	13 771	14 784
17	33 541	15 178	18 363
18	35 922	17 517	18 405
19	34 444	17 518	16 926
20	30 304	14 149	16 155
21	29 423	14 321	15 102
22	28 774	14 214	14 560
23	28 467	14 128	14 339
24	28 651	14 010	14 641
25	29 158	14 228	14 930
26	30 040	14 459	15 581
27	30 878	14 777	16 101
28	31 724	15 270	16 454
29	29 935	14 341	15 594
30	29 572	14 114	15 458
31	27 742	13 374	14 368
32	27 134	12 950	14 184
33	26 218	12 640	13 578
34	25 837	12 568	13 269
35	23 915	11 543	12 372
36	23 564	11 460	12 104
37	22 752	11 007	11 745
38	22 469	11 007	11 462
39	21 365	10 223	11 142
40	18 726	8 864	9 862
41	19 004	9 195	9 809
42	14 983	7 265	7 718
43	8 545	4 131	4 414
44	6 667	3 263	3 404
45	7 004	3 452	3 552
46	11 093	5 433	5 660
47	14 358	6 923	7 435
48	15 910	7 515	8 395
49	17 017	7 995	9 022
50	17 278	8 079	9 199
51	17 091	8 043	9 048
52	15 359	7 085	8 274
53	13 265	6 220	7 045
54	10 891	5 210	5 681
55	10 719	4 912	5 807
56	12 643	5 693	6 950
57	10 937	4 869	6 068
58	13 816	5 974	7 842
59	13 298	5 713	7 585
60	14 725	6 242	8 483
61	12 802	5 348	7 454
62	12 075	4 812	7 263
63	10 581	4 036	6 545
64	10 208	3 731	6 477
65	8 526	2 911	5 615
66	7 296	2 406	4 890
67	5 799	2 046	3 753
68	5 980	2 042	3 938
69	5 388	1 789	3 599
70	6 033	1 986	4 047
71	4 057	1 317	2 740
72	4 130	1 264	2 866
73	4 588	1 436	3 152
74	5 477	1 616	3 861
75	4 724	1 467	3 257
76	4 889	1 463	3 426
77	3 513	1 086	2 427
78	3 818	1 013	2 805
79	2 907	868	2 039
80	2 612	720	1 892
81	2 099	549	1 550
82	2 002	525	1 477
83	1 793	423	1 370
84	1 406	384	1 022
85	1 309	307	1 002
86	1 048	235	813
87	692	140	552
88	932	184	748
89	368	78	290
90	401	90	311
91	209	57	152
92	181	34	147
93	143	31	112
94	130	26	104
95	107	31	76
96	76	18	58
97	48	9	39
98	58	13	45
99	44	10	34
100 plus	121	31	90
Unknown–Inconnu	2 130	989	1 141

26. Population by sex, single years of age and urban/rural residence: each census, 1985 – 1993 (continued)

Population selon le sexe, l'année d'âge et la résidence, urbaine/rurale: chaque recensement, 1985 – 1993 (suite)

Data by urban/rural residence

Données selon la résidence urbaine/rurale

(See notes at end of table. – Voir notes à la fin du tableau.)

Continent, country or area, date, age (in years) and urban/rural residence Continent, pays ou zone, date âge (en années), et résidence urbaine/rurale	Both sexes Les deux sexes	Male Masculin	Female Féminin
ASIA (cont.) – ASIE (suite)			
Kyrgyzstan – Kirghizistan Rural – Rurale			
12 I 1989 [2]			
Total	2 633 220	1 307 557	1 325 663
0	88 493	44 878	43 615
1	88 230	44 644	43 586
2	87 028	43 991	43 037
3	83 041	41 834	41 207
4	80 465	40 237	40 228
5	77 251	39 112	38 139
6	74 340	37 608	36 732
7	70 871	35 839	35 032
8	67 028	33 893	33 135
9	66 011	33 527	32 484
10	64 800	32 675	32 125
11	63 756	32 129	31 627
12	65 633	33 051	32 582
13	62 471	31 470	31 001
14	61 654	31 118	30 536
15	59 257	30 024	29 233
16	57 812	29 543	28 269
17	48 900	26 436	22 464
18	42 574	23 537	19 037
19	39 505	20 833	18 672
20	43 916	23 580	20 336
21	41 656	21 466	20 190
22	42 992	21 568	21 424
23	43 745	21 503	22 242
24	44 712	22 272	22 440
25	45 784	22 827	22 957
26	46 858	23 428	23 430
27	47 116	24 216	22 900
28	46 075	23 458	22 617
29	42 014	21 346	20 668
30	41 452	20 928	20 524
31	37 611	19 255	18 356
32	35 880	18 242	17 638
33	32 646	16 641	16 005
34	31 074	15 751	15 323
35	29 215	14 832	14 383
36	28 230	14 141	14 089
37	25 333	12 749	12 584
38	25 342	12 600	12 742
39	22 754	11 580	11 174
40	19 025	9 597	9 428
41	18 622	9 472	9 150
42	13 852	6 873	6 979
43	8 629	4 342	4 287
44	7 411	3 842	3 569
45	8 545	4 667	3 878
46	16 277	8 664	7 613
47	16 025	8 285	7 740
48	21 124	10 375	10 749
49	20 142	10 159	9 983
50	21 313	10 318	10 995
51	19 238	9 492	9 746
52	20 032	9 711	10 321
53	17 144	8 515	8 629
54	16 075	8 080	7 995
55	15 607	7 615	7 992
56	21 020	9 578	11 442
57	13 668	6 469	7 199
58	22 089	9 875	12 214
59	16 580	8 051	8 529
60	20 863	9 793	11 070
61	16 018	7 526	8 492
62	14 633	6 851	7 782
63	12 197	5 231	6 966
64	12 933	5 202	7 731
65	9 905	3 684	6 221
66	10 020	3 586	6 434
67	6 958	2 701	4 257
68	9 203	2 962	6 241
69	5 970	2 009	3 961
70	5 964	1 851	4 113
71	4 564	1 470	3 094
72	5 108	1 682	3 426
73	4 846	1 598	3 248
74	5 438	1 831	3 607
75	4 888	1 673	3 215
76	5 496	1 759	3 737
77	3 914	1 317	2 597
78	6 243	1 868	4 375
79	3 806	1 289	2 517
80	3 276	1 070	2 206
81	2 470	876	1 594
82	2 733	893	1 840
83	3 170	1 011	2 159
84	2 604	815	1 789
85	2 268	689	1 579
86	2 170	667	1 503
87	1 625	581	1 044
88	2 749	730	2 019
89	874	274	600
90	900	264	636
91	437	137	300
92	439	140	299
93	437	134	303
94	336	105	231
95	234	74	160
96	245	70	175
97	176	60	116
98	323	78	245
99	188	53	135
100 plus	424	95	329
Unknown–Inconnu	232	116	116

26. Population by sex, single years of age and urban/rural residence: each census, 1985 – 1993 (continued)

Population selon le sexe, l'année d'âge et la résidence, urbaine/rurale: chaque recensement, 1985 – 1993 (suite)

Data by urban/rural residence

Données selon la résidence urbaine/rurale

(See notes at end of table. – Voir notes à la fin du tableau.)

Continent, country or area, date, age (in years) and urban/rural residence Continent, pays ou zone, date âge (en années), et résidence urbaine/rurale	Both sexes Les deux sexes	Male Masculin	Female Féminin	Continent, country or area, date, age (in years) and urban/rural residence Continent, pays ou zone, date âge (en années), et résidence urbaine/rurale	Both sexes Les deux sexes	Male Masculin	Female Féminin
ASIA (cont.) – ASIE (suite)							
Maldives							
Urban – Urbaine							
25 III 1985							
Total	45 874	25 897	19 977				
0	1 523	768	755	50	568	347	221
1	1 290	623	667	51	153	97	56
2	1 203	591	612	52	246	158	88
3	1 336	643	693	53	183	111	72
4	1 282	656	626	54	191	126	65
5	1 193	592	601	55	273	187	86
6	947	466	481	56	190	113	77
7	1 001	522	479	57	162	98	64
8	1 012	546	466	58	132	78	54
9	1 070	539	531	59	97	60	37
10	1 011	534	477	60	407	235	172
11	912	475	437	61	80	43	37
12	1 064	580	484	62	90	51	39
13	1 064	520	544	63	74	41	33
14	1 268	695	573	64	64	49	15
15	1 271	720	551	65	111	62	49
16	1 462	835	627	66	65	43	22
17	1 416	822	594	67	53	37	16
18	1 687	1 009	678	68	61	41	20
19	1 332	778	554	69	41	24	17
20	1 325	796	529	70	114	58	56
21	1 120	659	461	71	20	14	6
22	1 309	784	525	72	30	18	12
23	964	538	426	73	27	20	7
24	999	595	404	74	17	11	6
25	1 210	731	479	75	38	25	13
26	751	435	316	76	16	5	11
27	701	403	298	77	12	11	1
28	738	429	309	78	20	12	8
29	512	299	213	79	7	4	3
30	991	615	376	80	37	24	13
31	380	255	125	81	11	7	4
32	462	274	188	82	4	3	1
33	347	214	133	83	3	3	–
34	401	234	167	84	2	1	1
35	730	464	266	85 plus	44	33	11
36	362	217	145	Unknown–Inconnu	20	18	2
37	285	167	118				
38	413	255	158				
39	258	155	103				
40	761	465	296				
41	194	115	79				
42	319	179	140				
43	285	162	123				
44	278	160	118				
45	676	435	241				
46	254	152	102				
47	259	163	96				
48	365	226	139				
49	218	139	79				

26. Population by sex, single years of age and urban/rural residence: each census, 1985 – 1993 (continued)

Population selon le sexe, l'année d'âge et la résidence, urbaine/rurale: chaque recensement, 1985 – 1993 (suite)

Data by urban/rural residence

Données selon la résidence urbaine/rurale

(See notes at end of table. – Voir notes à la fin du tableau.)

Continent, country or area, date, age (in years) and urban/rural residence Continent, pays ou zone, date âge (en années), et résidence urbaine/rurale	Both sexes Les deux sexes	Male Masculin	Female Féminin
ASIA (cont.) – ASIE (suite)			
Maldives			
Urban – Urbaine			
8 III 1990			
Total	55 130	30 150	24 980
0	1 308	642	666
1	1 303	675	628
2	1 346	694	652
3	1 487	779	708
4	1 612	787	825
5	1 586	830	756
6	1 396	723	673
7	1 454	747	707
8	1 425	704	721
9	1 402	689	713
10	1 286	675	611
11	1 077	538	539
12	1 196	637	559
13	1 383	741	642
14	1 586	831	755
15	1 569	851	718
16	1 621	899	722
17	1 802	1 025	777
18	1 844	1 090	754
19	1 545	857	688
20	1 539	904	635
21	1 370	773	597
22	1 284	728	556
23	1 219	679	540
24	1 106	603	503
25	1 298	732	566
26	919	525	394
27	959	515	444
28	981	555	426
29	811	443	368
30	1 253	725	528
31	587	318	269
32	726	382	344
33	499	266	233
34	477	259	218
35	886	545	341
36	477	264	213
37	396	229	167
38	506	307	199
39	366	218	148
40	653	388	265
41	207	119	88
42	337	183	154
43	281	160	121
44	264	151	113
45	661	401	260
46	270	145	125
47	289	153	136
48	420	242	178
49	244	135	109
50	577	326	251
51	211	107	104
52	264	148	116
53	219	130	89
54	219	134	85
55	348	210	138
56	225	130	95
57	174	108	66
58	221	130	91
59	172	109	63
60	399	240	159
61	89	62	27
62	130	70	60
63	108	59	49
64	87	47	40
65	168	97	71
66	100	57	43
67	82	49	33
68	95	51	44
69	40	27	13
70	148	78	70
71	25	12	13
72	33	19	14
73	34	17	17
74	28	13	15
75	57	30	27
76	25	17	8
77	13	7	6
78	29	12	17
79	14	12	2
80	49	31	18
81	11	10	1
82	11	6	5
83	5	–	5
84	8	6	2
85	13	8	5
86	9	4	5
87	1	–	1
88	6	3	3
89	1	–	1
90	12	8	4
91	1	1	–
92	–	–	–
93	3	2	1
94	–	–	–
95 plus	10	7	3
Unknown–Inconnu	143	95	48

26. Population by sex, single years of age and urban/rural residence: each census, 1985 – 1993 (continued)

Population selon le sexe, l'année d'âge et la résidence, urbaine/rurale: chaque recensement, 1985 – 1993 (suite)

Data by urban/rural residence

Données selon la résidence urbaine/rurale

(See notes at end of table. – Voir notes à la fin du tableau.)

Continent, country or area, date, age (in years) and urban/rural residence Continent, pays ou zone, date âge (en années), et résidence urbaine/rurale	Both sexes Les deux sexes	Male Masculin	Female Féminin	Continent, country or area, date, age (in years) and urban/rural residence Continent, pays ou zone, date âge (en années), et résidence urbaine/rurale	Both sexes Les deux sexes	Male Masculin	Female Féminin
ASIA (cont.) – ASIE (suite)							
Maldives							
Rural – Rurale							
25 III 1985							
Total	134 214	67 585	66 629				
0	6 430	3 284	3 146	50	2 327	1 145	1 182
1	4 865	2 439	2 426	51	494	280	214
2	4 719	2 424	2 295	52	742	441	301
3	5 212	2 547	2 665	53	635	358	277
4	5 060	2 629	2 431	54	693	405	288
5	5 089	2 626	2 463	55	1 056	607	449
6	3 796	1 923	1 873	56	697	401	296
7	3 881	1 964	1 917	57	450	282	168
8	4 265	2 217	2 048	58	724	459	265
9	3 796	1 888	1 908	59	403	280	123
10	3 934	2 080	1 854	60	1 849	950	899
11	3 350	1 731	1 619	61	285	179	106
12	3 450	1 844	1 606	62	371	234	137
13	3 149	1 609	1 540	63	357	217	140
14	3 080	1 595	1 485	64	312	188	124
15	2 904	1 473	1 431	65	505	299	206
16	2 801	1 327	1 474	66	275	172	103
17	2 603	1 073	1 530	67	214	133	81
18	2 893	1 238	1 655	68	292	190	102
19	2 425	1 047	1 378	69	174	103	71
20	2 811	1 230	1 581	70	720	409	311
21	2 255	1 013	1 242	71	110	71	39
22	2 718	1 156	1 562	72	135	86	49
23	2 110	970	1 140	73	91	61	30
24	1 920	924	996	74	81	55	26
25	2 592	1 211	1 381	75	184	126	58
26	1 746	786	960	76	68	49	19
27	1 543	723	820	77	50	32	18
28	1 654	811	843	78	74	46	28
29	1 089	542	547	79	41	30	11
30	2 449	1 169	1 280	80	284	189	95
31	684	355	329	81	42	22	20
32	966	476	490	82	41	26	15
33	780	359	421	83	27	20	7
34	794	370	424	84	34	24	10
35	1 542	795	747	85 plus	308	222	86
36	824	367	457	Unknown–Inconnu	88	59	29
37	687	330	357				
38	984	482	502				
39	635	310	325				
40	2 119	1 024	1 095				
41	492	268	224				
42	724	385	339				
43	624	337	287				
44	749	355	394				
45	2 047	1 039	1 008				
46	1 003	504	499				
47	757	405	352				
48	1 237	678	559				
49	744	403	341				

26. Population by sex, single years of age and urban/rural residence: each census, 1985 – 1993 (continued)

Population selon le sexe, l'année d'âge et la résidence, urbaine/rurale: chaque recensement, 1985 – 1993 (suite)

Data by urban/rural residence

Données selon la résidence urbaine/rurale

(See notes at end of table. – Voir notes à la fin du tableau.)

Continent, country or area, date, age (in years) and urban/rural residence Continent, pays ou zone, date âge (en années), et résidence urbaine/rurale	Both sexes Les deux sexes	Male Masculin	Female Féminin	Continent, country or area, date, age (in years) and urban/rural residence Continent, pays ou zone, date âge (en années), et résidence urbaine/rurale	Both sexes Les deux sexes	Male Masculin	Female Féminin
ASIA (cont.) – ASIE (suite)							
Maldives							
Rural – Rurale							
8 III 1990							
Total	158 085	79 186	78 899				
0	6 851	3 491	3 360	50	2 078	1 046	1 032
1	6 161	3 193	2 968	51	632	332	300
2	6 054	3 088	2 966	52	842	451	391
3	6 446	3 272	3 174	53	797	422	375
4	6 862	3 509	3 353	54	789	430	359
5	6 505	3 373	3 132	55	1 254	716	538
6	5 313	2 683	2 630	56	775	452	323
7	5 262	2 630	2 632	57	601	345	256
8	5 357	2 729	2 628	58	815	483	332
9	4 834	2 442	2 392	59	620	374	246
10	4 680	2 454	2 226	60	1 898	1 093	805
11	3 777	1 951	1 826	61	413	249	164
12	3 888	2 054	1 834	62	521	331	190
13	3 659	1 836	1 823	63	474	288	186
14	3 472	1 716	1 756	64	369	223	146
15	2 896	1 382	1 514	65	723	452	271
16	2 739	1 307	1 432	66	380	234	146
17	2 543	1 147	1 396	67	321	213	108
18	2 856	1 249	1 607	68	309	186	123
19	2 671	1 152	1 519	69	252	146	106
20	2 835	1 258	1 577	70	780	429	351
21	2 551	1 099	1 452	71	142	90	52
22	2 742	1 123	1 619	72	171	110	61
23	2 523	1 061	1 462	73	141	97	44
24	2 254	1 021	1 233	74	90	56	34
25	2 560	1 206	1 354	75	252	154	98
26	2 117	980	1 137	76	96	65	31
27	1 951	936	1 015	77	70	56	14
28	2 145	1 007	1 138	78	99	72	27
29	1 733	833	900	79	68	42	26
30	2 973	1 418	1 555	80	332	210	122
31	1 356	665	691	81	42	32	10
32	1 621	778	843	82	36	25	11
33	1 275	574	701	83	30	19	11
34	1 135	519	616	84	22	17	5
35	1 965	967	998	85	74	42	32
36	984	467	517	86	31	21	10
37	903	428	475	87	20	17	3
38	1 072	507	565	88	21	16	5
39	759	392	367	89	26	20	6
40	1 723	882	841	90	73	42	31
41	528	254	274	91	5	4	1
42	673	329	344	92	5	2	3
43	608	299	309	93	4	3	1
44	694	360	334	94	11	9	2
45	1 799	885	914	95 plus	97	67	30
46	831	385	446	Unknown–Inconnu	543	304	239
47	806	402	404				
48	1 180	610	570				
49	819	396	423				

26. Population by sex, single years of age and urban/rural residence: each census, 1985 – 1993 (continued)

Population selon le sexe, l'année d'âge et la résidence, urbaine/rurale: chaque recensement, 1985 – 1993 (suite)

Data by urban/rural residence

Données selon la résidence urbaine/rurale

(See notes at end of table. – Voir notes à la fin du tableau.)

Continent, country or area, date, age (in years) and urban/rural residence Continent, pays ou zone, date âge (en années), et résidence urbaine/rurale	Both sexes Les deux sexes	Male Masculin	Female Féminin
ASIA (cont.) – ASIE (suite)			
Philippines			
Urban – Urbaine			
1 V 1990 [2]			
Total	29 440 153	14546463	14893690
0	842 551	432 237	410 314
1	741 953	383 444	358 509
2	769 879	398 097	371 782
3	750 488	386 247	364 241
4	729 547	374 207	355 340
5	716 518	367 741	348 777
6	727 871	373 364	354 507
7	731 156	374 734	356 422
8	707 688	361 183	346 505
9	737 489	377 527	359 962
10	741 100	379 021	362 079
11	681 894	347 321	334 573
12	681 741	345 360	336 381
13	647 990	322 193	325 797
14	647 200	317 256	329 944
15	635 284	309 123	326 161
16	623 481	297 471	326 010
17	670 698	322 079	348 619
18	668 170	314 025	354 145
19	657 171	312 659	344 512
20	686 524	327 146	359 378
21	622 133	299 423	322 710
22	589 385	283 931	305 454
23	557 836	265 434	292 402
24	572 125	275 025	297 100
25	583 754	281 458	302 296
26	526 715	253 352	273 363
27	529 958	259 007	270 951
28	479 093	232 849	246 244
29	491 938	240 593	251 345
30	538 562	266 264	272 298
31	443 076	218 350	224 726
32	436 070	216 637	219 433
33	408 404	200 660	207 744
34	407 888	201 828	206 060
35	433 993	217 575	216 418
36	376 602	187 566	189 036
37	369 129	185 017	184 112
38	325 480	162 044	163 436
39	334 666	167 079	167 587
40	367 349	185 816	181 533
41	285 241	142 753	142 488
42	286 312	144 636	141 676
43	265 797	133 044	132 753
44	237 931	118 730	119 201
45	255 391	128 331	127 060
46	197 726	98 427	99 299
47	213 934	106 903	107 031
48	209 795	103 426	106 369
49	205 155	101 225	103 930
50	228 034	112 290	115 744
51	170 273	82 907	87 366
52	181 707	89 427	92 280
53	169 683	82 846	86 837
54	171 518	82 867	88 651
55	162 170	77 646	84 524
56	137 975	66 827	71 148
57	137 017	66 483	70 534
58	118 475	56 682	61 793
59	129 121	61 237	67 884
60	145 396	68 697	76 699
61	100 040	47 887	52 153
62	105 618	50 575	55 043
63	91 789	43 574	48 215
64	90 537	41 478	49 059
65	99 036	44 521	54 515
66	69 436	31 078	38 358
67	71 851	32 288	39 563
68	64 198	28 535	35 663
69	68 468	30 180	38 288
70	77 833	34 410	43 423
71	46 694	20 735	25 959
72	47 660	21 065	26 595
73	42 865	19 280	23 585
74	41 625	17 788	23 837
75	47 424	20 170	27 254
76	34 681	15 031	19 650
77	36 044	15 348	20 696
78	32 126	13 719	18 407
79	29 265	12 432	16 833
80	29 296	12 066	17 230
81	16 164	6 873	9 291
82	16 874	6 951	9 923
83	13 061	5 328	7 733
84	12 907	5 224	7 683
85	12 784	4 949	7 835
86	8 777	3 549	5 228
87	7 317	2 954	4 363
88	7 370	3 149	4 221
89	6 287	2 640	3 647
90	4 135	1 610	2 525
91	1 563	712	851
92	1 400	576	824
93	886	327	559
94	841	301	540
95	817	286	531
96	548	196	352
97	468	150	318
98	476	171	305
99	718	269	449
100 plus	1 074	361	713

26. Population by sex, single years of age and urban/rural residence: each census, 1985 – 1993 (continued)

Population selon le sexe, l'année d'âge et la résidence, urbaine/rurale: chaque recensement, 1985 – 1993 (suite)

Data by urban/rural residence

Données selon la résidence urbaine/rurale

(See notes at end of table. – Voir notes à la fin du tableau.)

Continent, country or area, date, age (in years) and urban/rural residence Continent, pays ou zone, date âge (en années), et résidence urbaine/rurale	Both sexes Les deux sexes	Male Masculin	Female Féminin
ASIA (cont.) – ASIE (suite)			
Philippines			
Rural – Rurale			
1 V 1990 [2]			
Total	31 118 963	15896724	15222239
0	974719	497 404	477 315
1	897 170	459 843	437 327
2	948 546	485 708	462 838
3	920 648	471 322	449 326
4	891 472	454 007	437 465
5	889 544	455 823	433 721
6	892 869	456 192	436 677
7	905 173	463 625	441 548
8	868 481	443 054	425 427
9	884 219	452 166	432 053
10	908 816	466 713	442 103
11	810 073	416 102	393 971
12	824 214	424 010	400 204
13	761 131	389 727	371 404
14	761 573	391 705	369 868
15	740 814	385 513	355 301
16	679 309	352 924	326 385
17	685 406	360 536	324 870
18	660 939	344 397	316 542
19	619 379	322 134	297 245
20	649 349	336 536	312 813
21	563 743	292 749	270 994
22	527 502	273 604	253 898
23	495 900	254 435	241 465
24	503 828	257 924	245 904
25	531 981	273 320	258 661
26	466 949	238 716	228 233
27	469 887	240 920	228 967
28	428 587	217 317	211 270
29	436 389	221 731	214 658
30	492 844	255 149	237 695
31	388 495	199 069	189 426
32	374 204	191 602	182 602
33	350 552	177 633	172 919
34	360 931	183 599	177 332
35	393 890	202 902	190 988
36	331 726	169 144	162 582
37	327 503	167 879	159 624
38	298 677	151 700	146 977
39	309 955	157 626	152 329
40	348 308	178 758	169 550
41	254 422	129 334	125 088
42	255 207	129 159	126 048
43	228 929	115 354	113 575
44	224 347	112 271	112 076
45	260 879	132 184	128 695
46	201 617	100 661	100 956
47	232 497	117 902	114 595
48	225 994	113 995	111 999
49	218 500	110 291	108 209
50	251 480	127 006	124 474
51	176 094	88 236	87 858
52	192 497	97 381	95 116
53	179 654	90 361	89 293
54	184 888	91 516	93 372
55	182 382	90 395	91 987
56	150 070	75 796	74 274
57	147 301	74 985	72 316
58	128 453	63 488	64 965
59	146 439	72 107	74 332
60	176 837	87 813	89 024
61	105 137	52 331	52 806
62	113 222	56 833	56 389
63	96 881	48 371	48 510
64	102 424	49 449	52 975
65	119 839	57 414	62 425
66	74 952	36 370	38 582
67	80 544	39 317	41 227
68	73 894	35 776	38 118
69	85 402	41 298	44 104
70	104 981	51 430	53 551
71	53 208	26 455	26 753
72	54 821	27 149	27 672
73	47 193	23 602	23 591
74	48 459	23 067	25 392
75	58 684	27 797	30 887
76	36 969	18 239	18 730
77	41 014	20 010	21 004
78	36 791	18 278	18 513
79	32 646	15 656	16 990
80	38 403	17 248	21 155
81	16 172	7 760	8 412
82	16 858	7 852	9 006
83	12 390	5 932	6 458
84	12 698	5 771	6 927
85	14 312	6 327	7 985
86	8 209	3 770	4 439
87	7 428	3 378	4 050
88	8 732	4 434	4 298
89	7 801	3 991	3 810
90	5 195	2 174	3 021
91	1 312	651	661
92	1 196	462	734
93	781	324	457
94	736	297	439
95	1 021	359	662
96	511	191	320
97	473	180	293
98	617	235	382
99	927	371	556
100 plus	1 948	722	1 226

26. Population by sex, single years of age and urban/rural residence: each census, 1985 – 1993 (continued)

Population selon le sexe, l'année d'âge et la résidence, urbaine/rurale: chaque recensement, 1985 – 1993 (suite)

Data by urban/rural residence

Données selon la résidence urbaine/rurale

(See notes at end of table. – Voir notes à la fin du tableau.)

Continent, country or area, date, age (in years) and urban/rural residence Continent, pays ou zone, date âge (en années), et résidence urbaine/rurale	Both sexes Les deux sexes	Male Masculin	Female Féminin
ASIA (cont.) – ASIE (suite)			
Turkey – Turquie Urban – Urbaine			
20 X 1985			
Total	23 798 701	11661313	12137388
-6	3 906 661	2 000 601	1 906 060
6	640 936	327 351	313 585
7	687 592	352 776	334 816
8	712 876	362 058	350 818
9	599 084	306 643	292 441
10	700 724	358 827	341 897
11	563 078	288 860	274 218
12	632 781	321 252	311 529
13	609 446	304 966	304 480
14	567 131	278 909	288 222
15	605 440	290 526	314 914
16	523 315	242 734	280 581
17	473 485	220 033	253 452
18	526 635	230 009	296 626
19	421 608	216 366	205 242
20	535 260	180 025	355 235
21	291 221	125 315	165 906
22	399 266	194 052	205 214
23	384 226	198 003	186 223
24	316 202	161 259	154 943
25 – 29	1 601 426	788 294	813 132
30 – 34	1 315 576	641 962	673 614
35 – 39	1 120 024	537 914	582 110
40 – 44	977 533	455 373	522 160
45 – 49	957 095	457 775	499 320
50 – 54	1 048 713	522 245	526 468
55 – 59	847 121	424 974	422 147
60 – 64	602 096	296 249	305 847
65 plus	1 193 752	555 835	637 917
Unknown–Inconnu	38 398	20 127	18 271

26. Population by sex, single years of age and urban/rural residence: each census, 1985 – 1993 (continued)

Population selon le sexe, l'année d'âge et la résidence, urbaine/rurale: chaque recensement, 1985 – 1993 (suite)

Data by urban/rural residence

Données selon la résidence urbaine/rurale

(See notes at end of table. – Voir notes à la fin du tableau.)

Continent, country or area, date, age (in years) and urban/rural residence Continent, pays ou zone, date âge (en années), et résidence urbaine/rurale	Both sexes Les deux sexes	Male Masculin	Female Féminin
ASIA (cont.) – ASIE (suite)			
Turkey – Turquie			
Urban – Urbaine			
21 X 1990			
Total	33 326 351	17247553	16078798
– 6	3 996 449	2 052 017	1 944 432
6	683 778	352 221	331 557
7	784 966	404 071	380 895
8	824 976	423 150	401 826
9	807 414	415 460	391 954
10	869 635	452 032	417 603
11	740 633	388 688	351 945
12	819 299	437 056	382 243
13	792 686	421 511	371 175
14	750 140	399 792	350 348
15	750 808	403 457	347 351
16	773 453	417 710	355 743
17	732 109	396 814	335 295
18	776 162	407 969	368 193
19	656 563	354 345	302 218
20	845 001	469 180	375 821
21	621 136	354 020	267 116
22	610 746	312 274	298 472
23	561 258	292 834	268 424
24	646 941	334 814	312 127
25 – 29	3 104 440	1 592 682	1 511 758
30 – 34	2 677 610	1 391 487	1 286 123
35 – 39	2 274 882	1 183 398	1 091 484
40 – 44	1 756 242	920 971	835 271
45 – 49	1 303 615	677 912	625 703
50 – 54	1 111 583	550 854	560 729
55 – 59	1 009 056	516 623	492 433
60 – 64	823 497	388 269	435 228
65 plus	1 193 932	518 630	675 302
Unknown–Inconnu	27 341	17 312	10 029

26. Population by sex, single years of age and urban/rural residence: each census, 1985 – 1993 (continued)

Population selon le sexe, l'année d'âge et la résidence, urbaine/rurale: chaque recensement, 1985 – 1993 (suite)

Data by urban/rural residence

Données selon la résidence urbaine/rurale

(See notes at end of table. – Voir notes à la fin du tableau.)

Continent, country or area, date, age (in years) and urban/rural residence Continent, pays ou zone, date âge (en années), et résidence urbaine/rurale	Both sexes Les deux sexes	Male Masculin	Female Féminin
ASIA (cont.) – ASIE (suite)			
Turkey – Turquie			
Rural – Rurale			
20 X 1985			
Total	26 865 757	14010662	12855095
–6	3 645 460	1 870 520	1 774 940
6	572 073	294 288	277 785
7	705 892	363 931	341 961
8	688 598	353 245	335 353
9	657 490	338 334	319 156
10	650 249	338 350	311 899
11	594 446	312 596	281 850
12	634 231	338 910	295 321
13	638 824	342 871	295 953
14	602 566	325 156	277 410
15	623 432	340 259	283 173
16	569 730	308 761	260 969
17	555 387	300 336	255 051
18	567 544	296 026	271 518
19	540 888	299 531	241 357
20	767 097	448 223	318 874
21	553 170	327 276	225 894
22	510 399	262 214	248 185
23	541 745	284 586	257 159
24	485 894	253 099	232 795
25 – 29	2 439 336	1 267 893	1 171 443
30 – 34	2 058 830	1 081 942	976 888
35 – 39	1 666 547	875 682	790 865
40 – 44	1 230 623	642 844	587 779
45 – 49	1 051 514	533 667	517 847
50 – 54	993 879	516 913	476 966
55 – 59	801 948	399 462	402 486
60 – 64	528 090	259 564	268 526
65 plus	932 156	399 207	532 949
Unknown–Inconnu	57 719	34 976	22 743

26. Population by sex, single years of age and urban/rural residence: each census, 1985 – 1993 (continued)

Population selon le sexe, l'année d'âge et la résidence, urbaine/rurale: chaque recensement, 1985 – 1993 (suite)

Data by urban/rural residence

Données selon la résidence urbaine/rurale

(See notes at end of table. – Voir notes à la fin du tableau.)

Continent, country or area, date, age (in years) and urban/rural residence Continent, pays ou zone, date âge (en années), et résidence urbaine/rurale	Both sexes Les deux sexes	Male Masculin	Female Féminin
ASIA (cont.) – ASIE (suite)			
Turkey – Turquie Rural – Rurale			
21 X 1990			
Total	23 146 684	11359494	11787190
-6	3 313 476	1 698 502	1 614 974
6	593 731	303 943	289 788
7	605 828	310 670	295 158
8	658 299	334 341	323 958
9	585 036	299 289	285 747
10	703 214	359 454	343 760
11	522 169	264 484	257 685
12	601 780	304 262	297 518
13	556 656	274 463	282 193
14	535 187	259 158	276 029
15	538 651	253 904	284 747
16	551 664	255 869	295 795
17	485 746	227 427	258 319
18	557 529	250 943	306 586
19	393 784	196 623	197 161
20	474 581	165 907	308 674
21	270 819	117 820	152 999
22	377 337	184 892	192 445
23	317 009	161 963	155 046
24	370 676	187 449	183 227
25 – 29	1 708 687	843 083	865 604
30 – 34	1 408 699	705 412	703 287
35 – 39	1 215 182	600 723	614 459
40 – 44	1 032 182	497 813	534 369
45 – 49	897 544	433 201	464 343
50 – 54	907 385	429 261	478 124
55 – 59	931 465	476 779	454 686
60 – 64	791 796	380 278	411 518
65 plus	1 223 431	572 512	650 919
Unknown–Inconnu	17 141	9 069	8 072

26. Population by sex, single years of age and urban/rural residence: each census, 1985 – 1993 (continued)

Population selon le sexe, l'année d'âge et la résidence, urbaine/rurale: chaque recensement, 1985 – 1993 (suite)

Data by urban/rural residence

Données selon la résidence urbaine/rurale

(See notes at end of table. – Voir notes à la fin du tableau.)

Continent, country or area, date, age (in years) and urban/rural residence Continent, pays ou zone, date âge (en années), et résidence urbaine/rurale	Both sexes Les deux sexes	Male Masculin	Female Féminin
ASIA (cont.) – ASIE (suite)			
Viet Nam			
Urban – Urbaine			
1 IV 1989 [2]			
Total	12 260 960	5 901 425	6 359 535
0	277 650	143 526	134 124
1	257 900	133 459	124 441
2	239 763	123 808	115 955
3	267 952	138 381	129 571
4	303 743	156 324	147 419
5	311 488	160 244	151 244
6	304 438	156 507	147 931
7	278 964	143 288	135 676
8	270 469	139 139	131 330
9	268 805	137 899	130 906
10	266 514	136 846	129 668
11	260 580	133 031	127 549
12	265 960	136 355	129 605
13	270 651	138 909	131 742
14	265 598	136 715	128 883
15	267 494	136 087	131 407
16	285 821	144 369	141 452
17	276 177	137 224	138 953
18	277 375	133 690	143 685
19	259 791	121 092	138 699
20	248 191	112 261	135 930
21	228 935	103 907	125 028
22	231 049	105 352	125 697
23	239 105	110 328	128 777
24	248 863	116 231	132 632
25	245 566	114 489	131 077
26	248 690	117 793	130 897
27	222 682	103 735	118 947
28	258 097	120 328	137 769
29	247 795	113 669	134 126
30	246 050	113 947	132 103
31	236 984	112 702	124 282
32	212 782	100 649	112 133
33	201 462	93 764	107 698
34	197 641	93 760	103 881
35	168 670	78 828	89 842
36	168 285	78 946	89 339
37	132 875	60 305	72 570
38	150 822	70 023	80 799
39	138 203	61 438	76 765
40	122 056	53 529	68 527
41	113 721	51 684	62 037
42	95 324	44 602	50 722
43	93 388	44 467	48 921
44	89 660	41 701	47 959
45	80 738	37 523	43 215
46	91 211	42 370	48 841
47	81 500	36 782	44 718
48	95 901	46 172	49 729
49	83 218	40 269	42 949
50	75 023	35 934	39 089
51	87 619	39 419	48 200
52	81 724	37 757	43 967
53	76 724	35 093	41 631
54	70 539	32 652	37 887
55	70 504	32 947	37 557
56	73 846	34 849	38 997
57	65 201	30 158	35 043
58	83 685	41 680	42 005
59	73 017	36 550	36 467
60	62 777	30 253	32 524
61	61 678	29 554	32 124
62	54 958	25 954	29 004
63	55 059	25 182	29 877
64	50 451	22 738	27 713
65	45 117	19 855	25 262
66	44 282	19 161	25 121
67	39 858	17 279	22 579
68	43 733	18 840	24 893
69	37 197	15 556	21 641
70	30 989	12 548	18 441
71	29 800	12 108	17 692
72	27 226	10 708	16 518
73	26 608	10 029	16 579
74	24 401	9 250	15 151
75	21 838	8 072	13 766
76	20 363	7 329	13 034
77	18 291	6 427	11 864
78	19 108	6 705	12 403
79	15 500	5 315	10 185
80	11 950	3 850	8 100
81	10 888	3 455	7 433
82	9 364	2 898	6 466
83	9 184	2 738	6 446
84	7 253	2 051	5 202
85 plus	27 407	7 421	19 986
Unknown–Inconnu	1 201	663	538

26. Population by sex, single years of age and urban/rural residence: each census, 1985 – 1993 (continued)

Population selon le sexe, l'année d'âge et la résidence, urbaine/rurale: chaque recensement, 1985 – 1993 (suite)

Data by urban/rural residence

Données selon la résidence urbaine/rurale

(See notes at end of table. – Voir notes à la fin du tableau.)

Continent, country or area, date, age (in years) and urban/rural residence / Continent, pays ou zone, date âge (en années), et résidence urbaine/rurale	Both sexes / Les deux sexes	Male / Masculin	Female / Féminin	Continent, country or area, date, age (in years) and urban/rural residence / Continent, pays ou zone, date âge (en années), et résidence urbaine/rurale	Both sexes / Les deux sexes	Male / Masculin	Female / Féminin
ASIA (cont.) – ASIE (suite)							
Viet Nam							
Rural – Rurale							
1 IV 1989 [2]							
Total	51 070 052	24440812	26629240				
0	1 651 043	852 862	798 181	50	289 748	129 495	160 253
1	1 506 210	772 758	733 452	51	320 359	140 993	179 366
2	1 429 941	731 608	698 333	52	302 752	134 593	168 159
3	1 554 959	795 263	759 696	53	300 358	130 851	169 507
4	1 594 837	816 839	777 998	54	297 729	126 947	170 782
5	1 610 579	823 260	787 319	55	306 997	136 359	170 638
6	1 547 793	789 391	758 402	56	311 009	138 633	172 376
7	1 366 996	695 164	671 832	57	277 755	122 726	155 029
8	1 316 364	668 740	647 624	58	349 616	166 684	182 932
9	1 330 684	678 948	651 736	59	326 912	151 356	175 556
10	1 287 513	657 434	630 079	60	275 729	125 745	149 984
11	1 240 446	633 530	606 916	61	270 213	124 193	146 020
12	1 241 390	634 305	607 085	62	245 871	110 250	135 621
13	1 264 223	646 077	618 146	63	249 173	109 695	139 478
14	1 168 645	603 522	565 123	64	237 773	103 535	134 238
15	1 145 959	585 009	560 950	65	216 173	91 750	124 423
16	1 147 609	578 872	568 737	66	212 799	90 723	122 076
17	1 075 137	525 523	549 614	67	191 301	80 278	111 023
18	1 012 746	475 258	537 488	68	209 217	89 806	119 411
19	936 283	416 730	519 553	69	191 127	79 809	111 318
20	911 320	394 057	517 263	70	152 591	63 781	88 810
21	815 285	355 263	460 022	71	139 927	58 939	80 988
22	859 828	384 131	475 697	72	128 272	52 358	75 914
23	892 549	406 522	486 027	73	124 170	49 314	74 856
24	958 194	444 091	514 103	74	116 855	45 764	71 091
25	929 782	432 622	497 160	75	109 103	42 552	66 551
26	908 606	427 951	480 655	76	100 993	39 024	61 969
27	736 825	343 857	392 968	77	90 053	34 516	55 537
28	891 008	413 649	477 359	78	88 855	34 105	54 750
29	825 438	376 142	449 296	79	77 978	28 243	49 735
30	773 425	352 108	421 317	80	60 160	21 342	38 818
31	744 596	348 764	395 832	81	51 896	17 954	33 942
32	658 298	306 875	351 423	82	44 653	15 181	29 472
33	623 694	287 400	336 294	83	42 053	13 807	28 246
34	648 487	305 815	342 672	84	35 762	11 585	24 177
35	532 547	245 909	286 638	85 plus	129 021	39 910	89 111
36	544 048	247 586	296 462	Unknown–Inconnu	3 530	1 594	1 936
37	421 173	191 352	229 821				
38	492 894	228 914	263 980				
39	455 985	205 224	250 761				
40	382 791	171 201	211 590				
41	365 255	169 568	195 687				
42	302 781	141 454	161 327				
43	304 193	140 118	164 075				
44	293 953	132 328	161 625				
45	258 305	113 788	144 517				
46	283 587	123 714	159 873				
47	270 364	112 869	157 495				
48	343 306	153 553	189 753				
49	333 695	148 504	185 191				

26. Population by sex, single years of age and urban/rural residence: each census, 1985 – 1993 (continued)

Population selon le sexe, l'année d'âge et la résidence, urbaine/rurale: chaque recensement, 1985 – 1993 (suite)

Data by urban/rural residence

Données selon la résidence urbaine/rurale

(See notes at end of table. – Voir notes à la fin du tableau.)

Continent, country or area, date, age (in years) and urban/rural residence Continent, pays ou zone, date âge (en années), et résidence urbaine/rurale	Both sexes Les deux sexes	Male Masculin	Female Féminin	Continent, country or area, date, age (in years) and urban/rural residence Continent, pays ou zone, date âge (en années), et résidence urbaine/rurale	Both sexes Les deux sexes	Male Masculin	Female Féminin
EUROPE							
France							
Urban – Urbaine							
5 III 1990 [7 18]							
Total	41 923 233	20194431	21728802				
0	93 616	47 685	45 931	50	418 990	208 154	210 836
1	576 606	295 512	281 094	51	434 413	215 833	218 580
2	569 390	292 759	276 631	52	432 198	214 730	217 468
3	572 883	291 947	280 936	53	423 783	211 371	212 412
4	566 304	291 484	274 820	54	438 693	213 056	225 637
5	563 456	286 255	277 201	55	432 803	212 302	220 501
6	554 984	283 995	270 989	56	439 209	213 210	225 999
7	538 482	276 192	262 290	57	429 832	207 366	222 466
8	580 224	294 062	286 162	58	443 092	212 301	230 791
9	581 417	300 718	280 699	59	439 988	210 330	229 658
10	580 968	298 107	282 861	60	439 483	209 151	230 332
11	547 565	277 896	269 669	61	420 651	197 542	223 109
12	544 711	279 355	265 356	62	410 408	186 388	224 020
13	545 103	281 064	264 039	63	396 450	183 107	213 343
14	527 624	271 466	256 158	64	393 663	177 094	216 569
15	548 048	279 869	268 179	65	393 258	176 240	217 018
16	593 295	301 075	292 220	66	373 286	164 898	208 388
17	629 952	322 051	307 901	67	377 064	163 314	213 750
18	660 377	334 363	326 014	68	368 199	158 036	210 163
19	679 927	342 595	337 332	69	378 161	160 767	217 394
20	683 246	340 538	342 708	70	377 771	160 549	217 222
21	676 910	337 676	339 234	71	232 916	97 481	135 435
22	673 077	335 376	337 701	72	199 717	81 406	118 311
23	669 746	332 653	337 093	73	170 308	70 040	100 268
24	688 729	342 134	346 595	74	158 154	63 549	94 605
25	686 864	338 068	348 796	75	187 042	73 968	113 074
26	694 093	346 573	347 520	76	269 814	104 525	165 289
27	687 516	342 581	344 935	77	253 683	95 788	157 895
28	654 951	326 545	328 406	78	250 351	92 709	157 642
29	662 024	328 331	333 693	79	220 750	79 869	140 881
30	662 865	329 861	333 004	80	218 373	75 633	142 740
31	650 565	323 197	327 368	81	197 065	68 224	128 841
32	636 170	312 071	324 099	82	188 795	61 381	127 414
33	630 095	310 163	319 932	83	163 979	53 310	110 669
34	626 329	307 098	319 231	84	149 601	46 808	102 793
35	631 894	308 779	323 115	85	134 128	39 904	94 224
36	633 240	311 331	321 909	86	115 812	33 512	82 300
37	624 715	307 077	317 638	87	99 153	27 289	71 864
38	631 451	311 647	319 804	88	86 041	22 632	63 409
39	625 992	306 358	319 634	89	72 568	17 016	55 552
40	656 287	324 760	331 527	90	56 524	13 952	42 572
41	652 579	329 109	323 470	91	45 205	9 892	35 313
42	651 068	323 248	327 820	92	34 232	7 648	26 584
43	644 543	321 072	323 471	93	25 828	5 580	20 248
44	625 591	312 736	312 855	94	20 004	4 032	15 972
45	483 750	241 952	241 798	95	13 352	1 864	11 488
46	472 428	234 455	237 973	96	10 208	1 804	8 404
47	462 557	232 895	229 662	97	6 912	956	5 956
48	443 089	224 087	219 002	98	4 480	628	3 852
49	390 042	194 990	195 052	99 plus	9 505	1 481	8 024

26. Population by sex, single years of age and urban/rural residence: each census, 1985 – 1993 (continued)

Population selon le sexe, l'année d'âge et la résidence, urbaine/rurale: chaque recensement, 1985 – 1993 (suite)

Data by urban/rural residence

Données selon la résidence urbaine/rurale

(See notes at end of table. – Voir notes à la fin du tableau.)

Continent, country or area, date, age (in years) and urban/rural residence Continent, pays ou zone, date âge (en années), et résidence urbaine/rurale	Both sexes Les deux sexes	Male Masculin	Female Féminin
EUROPE (cont. – suite)			
France			
Rural – Rurale			
5 III 1990 [7 18]			
Total	14 711 066	7 359 357	7 351 709
0	26 892	14 151	12 741
1	172 825	89 227	83 598
2	182 949	94 246	88 703
3	186 431	97 341	89 090
4	195 458	101 690	93 768
5	201 272	102 178	99 094
6	200 264	101 873	98 391
7	198 003	99 521	98 482
8	219 869	112 824	107 045
9	223 355	112 523	110 832
10	225 064	116 799	108 265
11	209 861	106 221	103 640
12	201 472	103 282	98 190
13	202 973	104 170	98 803
14	200 060	103 155	96 905
15	210 204	109 120	101 084
16	218 901	111 281	107 620
17	230 723	117 360	113 363
18	236 971	122 729	114 242
19	212 033	113 566	98 467
20	193 596	105 520	88 076
21	175 819	96 291	79 528
22	169 427	93 353	76 074
23	167 557	90 817	76 740
24	171 425	91 212	80 213
25	166 154	86 504	79 650
26	178 992	90 673	88 319
27	183 363	91 476	91 887
28	187 377	93 053	94 324
29	198 225	98 915	99 310
30	202 564	102 590	99 974
31	211 920	105 294	106 626
32	216 042	108 600	107 442
33	217 483	112 282	105 201
34	222 698	112 899	109 799
35	227 945	118 153	109 792
36	229 510	117 748	111 762
37	224 484	117 896	106 588
38	228 617	119 611	109 006
39	224 720	118 574	106 146
40	234 886	124 245	110 641
41	229 594	122 839	106 755
42	229 779	123 325	106 454
43	224 931	118 637	106 294
44	210 145	110 713	99 432
45	151 648	79 144	72 504
46	148 178	76 618	71 560
47	147 423	78 539	68 884
48	136 542	71 585	64 957
49	125 070	63 302	61 768
50	133 158	69 206	63 952
51	148 383	76 129	72 254
52	146 920	75 872	71 048
53	148 479	73 658	74 821
54	149 987	76 241	73 746
55	156 063	77 029	79 034
56	164 418	82 400	82 018
57	163 180	82 338	80 842
58	170 600	84 546	86 054
59	173 921	87 113	86 808
60	178 227	86 785	91 442
61	177 338	88 636	88 702
62	175 961	85 573	90 388
63	172 321	86 631	85 690
64	174 786	87 018	87 768
65	168 320	81 017	87 303
66	167 345	81 813	85 532
67	167 217	80 001	87 216
68	161 486	77 168	84 318
69	163 874	79 009	84 865
70	161 705	76 125	85 580
71	89 765	42 748	47 017
72	74 693	34 108	40 585
73	66 324	30 240	36 084
74	61 129	27 249	33 880
75	76 381	32 729	43 652
76	115 492	48 432	67 060
77	111 717	47 784	63 933
78	107 372	46 200	61 172
79	94 001	39 277	54 724
80	96 877	38 913	57 964
81	86 400	32 584	53 816
82	81 136	31 320	49 816
83	69 160	25 876	43 284
84	64 908	23 892	41 016
85	56 528	19 948	36 580
86	49 652	16 388	33 264
87	43 880	14 404	29 476
88	37 016	11 108	25 908
89	28 872	8 092	20 780
90	21 744	5 780	15 964
91	17 544	4 736	12 808
92	12 480	3 328	9 152
93	10 308	2 136	8 172
94	6 976	1 488	5 488
95	4 976	884	4 092
96	3 488	644	2 844
97	2 324	404	1 920
98	1 504	192	1 312
99 plus	3 036	500	2 536

26. Population by sex, single years of age and urban/rural residence: each census, 1985 – 1993 (continued)

Population selon le sexe, l'année d'âge et la résidence, urbaine/rurale: chaque recensement, 1985 – 1993 (suite)

Data by urban/rural residence

Données selon la résidence urbaine/rurale

(See notes at end of table. – Voir notes à la fin du tableau.)

Continent, country or area, date, age (in years) and urban/rural residence Continent, pays ou zone, date âge (en années), et résidence urbaine/rurale	Both sexes Les deux sexes	Male Masculin	Female Féminin
EUROPE (cont. – suite)			
Hungary – Hongrie			
Urban – Urbaine			
1 I 1990			
Total	6 417 273	3 053 894	3 363 379
-5	366 274	187 267	179 007
0	71 804	...	...
1	71 994	...	...
2	73 231	...	...
3	74 043	...	...
4	75 202	...	...
5 – 9	398 452	203 791	194 661
5	72 419	...	...
6	74 250	...	...
7	78 475	...	...
8	84 986	...	...
9	88 322	...	...
10 – 14	543 644	278 363	265 281
10	95 591	...	...
11	100 812	...	...
12	107 133	...	...
13	111 763	...	...
14	128 345	...	...
15	125 382	63 787	61 595
16	103 118	52 759	50 359
17	98 119	50 077	48 042
18	92 368	47 015	45 353
19	92 962	47 144	45 818
20	92 970	47 125	45 845
21	92 761	46 373	46 388
22	88 376	44 470	43 906
23	80 873	40 789	40 084
24	76 857	38 637	38 220
25	75 377	37 765	37 612
26	74 293	37 080	37 213
27	72 154	35 663	36 491
28	77 277	38 372	38 905
29	81 181	40 029	41 152
30	81 652	39 801	41 851
31	86 702	42 397	44 305
32	89 912	44 114	45 798
33	104 883	51 192	53 691
34	114 926	55 844	59 082
35	124 603	61 017	63 586
36	115 305	56 190	59 115
37	100 504	48 415	52 089
38	101 661	48 891	52 770
39	103 839	50 688	53 151
40	99 726	48 491	51 235
41	99 723	48 154	51 569
42	96 618	46 855	49 763
43	86 224	41 967	44 257
44	84 694	41 036	43 658
45	94 803	46 171	48 632
46	86 626	42 112	44 514
47	87 020	41 815	45 205
48	80 295	38 797	41 498
49	81 240	38 947	42 293
50	75 304	35 609	39 695
51	73 328	34 015	39 313
52	70 767	32 572	38 195
53	69 166	31 275	37 891
54	70 276	32 550	37 726
55	70 447	32 955	37 492
56	70 892	32 911	37 981
57	70 483	32 233	38 250
58	69 550	31 937	37 613
59	73 946	34 311	39 635
60	69 980	32 089	37 891
61	69 279	30 811	38 468
62	65 538	28 937	36 601
63	67 243	28 770	38 473
64	67 687	28 923	38 764
65	60 863	26 721	34 142
66	62 682	26 150	36 532
67	62 727	25 149	37 578
68	60 385	24 504	35 881
69	57 324	22 662	34 662
70 – 74	161 510	63 310	98 200
75 – 79	188 229	68 301	119 928
80 – 84	102 600	33 150	69 450
85 plus	53 673	14 649	39 024

26. Population by sex, single years of age and urban/rural residence: each census, 1985 – 1993 (continued)

Population selon le sexe, l'année d'âge et la résidence, urbaine/rurale: chaque recensement, 1985 – 1993 (suite)

Data by urban/rural residence

Données selon la résidence urbaine/rurale

(See notes at end of table. – Voir notes à la fin du tableau.)

Continent, country or area, date, age (in years) and urban/rural residence Continent, pays ou zone, date âge (en années), et résidence urbaine/rurale	Both sexes Les deux sexes	Male Masculin	Female Féminin
EUROPE (cont. – suite)			
Hungary – Hongrie Rural – Rurale			
1 I 1990			
Total	3 957 550	1 932 010	2 025 540
–5	250 958	128 541	122 417
0	49 552	...	...
1	49 826	...	...
2	49 945	...	...
3	50 448	...	...
4	51 187	...	...
5 – 9	257 698	131 565	126 133
5	48 681	...	...
6	48 998	...	...
7	51 018	...	...
8	53 336	...	...
9	55 665	...	...
10 – 14	313 523	160 900	152 623
10	59 266	...	...
11	61 513	...	...
12	64 205	...	...
13	66 837	...	...
14	61 702	...	...
15	56 504	29 479	27 025
16	48 347	25 035	23 312
17	49 042	25 578	23 464
18	50 126	26 055	24 071
19	50 888	26 475	24 413
20	51 410	27 130	24 280
21	52 041	27 331	24 710
22	50 312	26 378	23 934
23	47 040	24 641	22 399
24	46 013	23 987	22 026
25	45 764	23 799	21 965
26	46 304	24 100	22 204
27	46 033	23 972	22 061
28	49 725	25 833	23 892
29	52 182	27 058	25 124
30	53 087	27 667	25 420
31	54 826	28 777	26 049
32	58 101	30 501	27 600
33	63 639	33 419	30 220
34	66 687	35 321	31 366
35	67 552	35 621	31 931
36	60 303	31 832	28 471
37	56 751	29 639	27 112
38	57 869	30 163	27 706
39	58 954	30 643	28 311
40	56 602	29 566	27 036
41	54 695	28 316	26 379
42	51 506	26 787	24 719
43	43 645	22 374	21 271
44	43 242	21 897	21 345
45	50 707	25 499	25 208
46	47 286	23 553	23 733
47	49 347	24 150	25 197
48	47 392	23 043	24 349
49	50 238	24 057	26 181
50	47 106	22 329	24 777
51	48 313	22 578	25 735
52	47 511	22 077	25 434
54	48 690	22 642	26 048
55	49 320	22 804	26 516
56	50 434	23 521	26 913
57	50 956	23 393	27 563
58	49 808	22 715	27 093
59	51 707	23 140	28 567
60	49 623	22 549	27 074
61	50 075	22 468	27 607
62	47 780	21 628	26 152
63	48 932	21 701	27 231
64	49 787	21 980	27 807
65	45 012	20 226	24 786
66	47 552	21 173	26 379
67	46 426	19 589	26 837
68	45 032	19 111	25 921
69	41 665	16 898	24 767
70 – 74	106 272	43 203	63 069
75 – 79	128 355	48 774	79 581
80 – 84	69 829	24 535	45 294
85 plus	33 786	10 359	23 427

26. Population by sex, single years of age and urban/rural residence: each census, 1985 – 1993 (continued)

Population selon le sexe, l'année d'âge et la résidence, urbaine/rurale: chaque recensement, 1985 – 1993 (suite)

Data by urban/rural residence

Données selon la résidence urbaine/rurale

(See notes at end of table. – Voir notes à la fin du tableau.)

Continent, country or area, date, age (in years) and urban/rural residence Continent, pays ou zone, date âge (en années), et résidence urbaine/rurale	Both sexes Les deux sexes	Male Masculin	Female Féminin	Continent, country or area, date, age (in years) and urban/rural residence Continent, pays ou zone, date âge (en années), et résidence urbaine/rurale	Both sexes Les deux sexes	Male Masculin	Female Féminin
EUROPE (cont. – suite)							
Lithuania – Lituanie Urban – Urbaine							
12 I 1989 [2]							
Total	2 486 832	1 171 621	1 315 211				
0	37 757	19 272	18 485	50	30 721	14 055	16 666
1	39 306	20 036	19 270	51	29 582	13 322	16 260
2	41 279	21 272	20 007	52	29 422	13 407	16 015
3	40 743	20 711	20 032	53	27 690	12 643	15 047
4	40 714	20 693	20 021	54	25 351	11 318	14 033
5	40 870	21 080	19 790	55	26 264	11 909	14 355
6	37 769	19 102	18 667	56	27 058	12 097	14 961
7	37 287	18 953	18 334	57	25 079	11 202	13 877
8	37 798	19 212	18 586	58	25 902	11 690	14 212
9	37 168	18 995	18 173	59	24 328	10 826	13 502
10	36 882	18 716	18 166	60	26 051	11 282	14 769
11	36 537	18 578	17 959	61	23 675	10 281	13 394
12	36 425	18 577	17 848	62	21 699	8 420	13 279
13	35 729	17 922	17 807	63	20 377	7 460	12 917
14	35 290	17 777	17 513	64	18 954	6 727	12 227
15	37 942	19 278	18 664	65	17 935	6 634	11 301
16	39 696	20 283	19 413	66	16 291	5 864	10 427
17	39 677	20 287	19 390	67	13 923	5 147	8 776
18	41 726	21 351	20 375	68	12 905	4 792	8 113
19	40 437	20 838	19 599	69	10 638	3 786	6 852
20	38 326	18 681	19 645	70	8 704	2 989	5 715
21	39 343	19 675	19 668	71	7 624	2 698	4 926
22	39 770	20 010	19 760	72	8 116	2 792	5 324
23	39 865	20 131	19 734	73	8 193	2 693	5 500
24	42 230	21 363	20 867	74	9 461	2 994	6 467
25	42 666	21 333	21 333	75	8 823	2 693	6 130
26	44 390	21 809	22 581	76	9 299	2 780	6 519
27	46 753	22 953	23 800	77	8 183	2 346	5 837
28	47 199	23 050	24 149	78	7 794	2 085	5 709
29	46 186	22 344	23 842	79	7 138	1 913	5 225
30	46 089	22 355	23 734	80	7 746	2 845	4 901
31	43 383	21 122	22 261	81	6 735	2 358	4 377
32	40 334	19 339	20 995	82	6 059	1 819	4 240
33	39 821	19 326	20 495	83	4 775	1 302	3 473
34	38 635	18 623	20 012	84	4 206	1 207	2 999
35	36 188	17 418	18 770	85	3 573	1 017	2 556
36	37 295	17 674	19 621	86	3 246	803	2 443
37	36 793	17 435	19 358	87	2 356	649	1 707
38	37 538	17 823	19 715	88	2 406	549	1 857
39	37 432	17 543	19 889	89	1 346	334	1 012
40	34 709	16 239	18 470	90	1 255	279	976
41	31 584	14 878	16 706	91	820	202	618
42	30 080	14 054	16 026	92	691	168	523
43	31 649	14 734	16 915	93	584	148	436
44	26 810	12 593	14 217	94	365	108	257
45	30 461	14 112	16 349	95	277	93	184
46	33 004	15 522	17 482	96	221	63	158
47	32 913	15 582	17 331	97	172	53	119
48	29 741	14 002	15 739	98	239	41	198
49	29 924	13 982	15 942	99	139	22	117
				100 plus	226	54	172
				Unknown–Inconnu	72	24	48

26. Population by sex, single years of age and urban/rural residence: each census, 1985 – 1993 (continued)

Population selon le sexe, l'année d'âge et la résidence, urbaine/rurale: chaque recensement, 1985 – 1993 (suite)

Data by urban/rural residence

Données selon la résidence urbaine/rurale

(See notes at end of table. – Voir notes à la fin du tableau.)

Continent, country or area, date, age (in years) and urban/rural residence Continent, pays ou zone, date âge (en années), et résidence urbaine/rurale	Both sexes Les deux sexes	Male Masculin	Female Féminin
EUROPE (cont. – suite)			
Lithuania – Lituanie Rural – Rurale			
12 I 1989 [2]			
Total	1 187 970	567 332	620 638
0	19 005	9 735	9 270
1	19 903	10 122	9 781
2	19 662	10 093	9 569
3	18 850	9 417	9 433
4	18 081	9 281	8 800
5	17 692	8 978	8 714
6	16 905	8 602	8 303
7	16 137	8 232	7 905
8	16 005	8 238	7 767
9	16 099	8 030	8 069
10	16 048	8 240	7 808
11	16 048	8 100	7 948
12	16 437	8 247	8 190
13	16 555	8 366	8 189
14	17 182	8 644	8 538
15	16 066	8 283	7 783
16	16 855	8 662	8 193
17	17 428	8 937	8 491
18	15 998	8 988	7 010
19	14 892	8 465	6 427
20	15 708	8 755	6 953
21	15 725	8 549	7 176
22	16 121	8 802	7 319
23	16 015	8 718	7 297
24	16 504	8 945	7 559
25	16 630	9 094	7 536
26	16 982	9 223	7 759
27	17 574	9 536	8 038
28	17 316	9 335	7 981
29	16 328	8 803	7 525
30	15 852	8 503	7 349
31	14 432	7 753	6 679
32	13 395	7 214	6 181
33	13 090	6 977	6 113
34	12 527	6 775	5 752
35	11 677	6 257	5 420
36	12 113	6 548	5 565
37	11 982	6 432	5 550
38	12 262	6 504	5 758
39	12 302	6 397	5 905
40	11 481	5 922	5 559
41	10 515	5 416	5 099
42	10 487	5 397	5 090
43	12 488	6 160	6 328
44	10 754	5 411	5 343
45	12 963	6 314	6 649
46	14 954	7 098	7 856
47	14 930	7 245	7 685
48	13 910	6 680	7 230
49	13 943	6 471	7 472
50	14 551	6 864	7 687
51	15 109	6 998	8 111
52	16 236	7 518	8 718
53	16 210	7 503	8 707
54	15 387	6 950	8 437
55	16 672	7 369	9 303
56	17 041	7 310	9 731
57	16 602	7 157	9 445
58	17 015	7 297	9 718
59	15 471	6 411	9 060
60	16 632	6 833	9 799
61	15 769	6 507	9 262
62	14 546	5 469	9 077
63	14 999	5 641	9 358
64	14 153	5 295	8 858
65	14 368	5 450	8 918
66	13 327	5 042	8 285
67	12 373	4 810	7 563
68	11 598	4 372	7 226
69	9 421	3 564	5 857
70	7 224	2 554	4 670
71	6 791	2 472	4 319
72	7 640	2 772	4 868
73	7 319	2 613	4 706
74	8 930	3 076	5 854
75	8 485	2 863	5 622
76	8 920	2 992	5 928
77	7 843	2 653	5 190
78	7 541	2 407	5 134
79	7 017	2 369	4 648
80	8 113	3 802	4 311
81	7 462	3 439	4 023
82	6 232	2 578	3 654
83	4 995	1 817	3 178
84	4 400	1 651	2 749
85	3 574	1 276	2 298
86	3 194	1 143	2 051
87	2 362	739	1 623
88	2 585	723	1 862
89	1 338	385	953
90	1 237	357	880
91	861	297	564
92	759	223	536
93	701	193	508
94	498	176	322
95	384	165	219
96	280	110	170
97	191	56	135
98	320	82	238
99	169	29	140
100 plus	316	66	250
Unknown–Inconnu	1	–	1

26. Population by sex, single years of age and urban/rural residence: each census, 1985 – 1993 (continued)

Population selon le sexe, l'année d'âge et la résidence, urbaine/rurale: chaque recensement, 1985 – 1993 (suite)

Data by urban/rural residence

Données selon la résidence urbaine/rurale

(See notes at end of table. – Voir notes à la fin du tableau.)

Continent, country or area, date, age (in years) and urban/rural residence Continent, pays ou zone, date âge (en années), et résidence urbaine/rurale	Both sexes Les deux sexes	Male Masculin	Female Féminin	Continent, country or area, date, age (in years) and urban/rural residence Continent, pays ou zone, date âge (en années), et résidence urbaine/rurale	Both sexes Les deux sexes	Male Masculin	Female Féminin
EUROPE (cont. – suite)							
Norway – Norvège Urban – Urbaine							
3 XI 1990 [2]							
Total	3 056 194	1 488 678	1 567 516	50	31 100	15 501	15 599
0	38 185	19 545	18 640	51	30 092	14 861	15 231
1	43 472	22 279	21 193	52	29 033	14 282	14 751
2	42 014	21 614	20 400	53	27 785	13 658	14 127
3	39 156	19 870	19 286	54	26 549	13 042	13 507
4	37 997	19 538	18 459	55	25 355	12 158	13 197
5	36 845	18 890	17 955	56	25 440	12 421	13 019
6	36 113	18 501	17 612	57	25 427	12 450	12 977
7	35 695	18 370	17 325	58	27 243	13 066	14 177
8	36 760	18 879	17 881	59	27 415	13 013	14 402
9	36 436	18 553	17 883				
10	36 450	18 711	17 739	60	27 915	13 350	14 565
11	36 810	18 730	18 080	61	27 430	13 111	14 319
12	37 104	19 104	18 000	62	27 473	13 065	14 408
13	36 326	18 617	17 709	63	27 156	12 828	14 328
14	38 260	19 387	18 873	64	28 370	13 356	15 014
15	40 098	20 448	19 650	65	27 788	12 953	14 835
16	42 456	21 406	21 050	66	28 941	13 365	15 576
17	43 726	22 514	21 212	67	29 596	13 570	16 026
18	45 706	23 170	22 536	68	28 923	13 065	15 858
19	46 673	23 507	23 166	69	29 056	12 770	16 286
20	46 241	23 232	23 009	70	30 283	13 258	17 025
21	49 361	24 913	24 448	71	24 571	10 730	13 841
22	49 755	24 997	24 758	72	24 951	10 443	14 508
23	49 631	24 686	24 945	73	24 594	10 270	14 324
24	50 873	25 536	25 337	74	22 147	8 950	13 197
25	50 654	25 601	25 053	75	21 132	8 387	12 745
26	50 606	25 611	24 995	76	20 248	7 888	12 360
27	49 297	24 781	24 516	77	19 198	7 305	11 893
28	48 279	24 641	23 638	78	18 128	6 807	11 321
29	48 043	24 448	23 595	79	16 591	5 991	10 600
30	47 591	24 152	23 439	80	15 091	5 280	9 811
31	47 796	24 428	23 368	81	14 212	4 776	9 436
32	47 573	24 085	23 488	82	12 431	4 010	8 421
33	47 110	23 783	23 327	83	11 178	3 412	7 766
34	47 626	23 941	23 685	84	9 872	2 958	6 914
35	46 976	23 794	23 182	85	8 532	2 425	6 107
36	45 936	23 193	22 743	86	7 520	2 086	5 434
37	45 969	23 031	22 938	87	6 648	1 841	4 807
38	45 324	22 898	22 426	88	5 561	1 431	4 130
39	43 647	22 229	21 418	89	4 624	1 171	3 453
40	44 505	22 691	21 814	90	3 571	828	2 743
41	44 902	22 982	21 920	91	2 744	669	2 075
42	45 991	23 489	22 502	92	2 291	574	1 717
43	47 372	24 088	23 284	93	1 643	395	1 248
44	49 731	25 327	24 404	94	1 168	278	890
45	44 311	22 425	21 886	95	834	197	637
46	42 933	21 896	21 037	96	618	149	469
47	37 918	19 213	18 705	97	391	86	305
48	34 446	17 375	17 071	98	267	64	203
49	29 998	14 962	15 036	99	168	40	128
				100 plus	223	33	190

26. Population by sex, single years of age and urban/rural residence: each census, 1985 – 1993 (continued)

Population selon le sexe, l'année d'âge et la résidence, urbaine/rurale: chaque recensement, 1985 – 1993 (suite)

Data by urban/rural residence

Données selon la résidence urbaine/rurale

(See notes at end of table. – Voir notes à la fin du tableau.)

Continent, country or area, date, age (in years) and urban/rural residence Continent, pays ou zone, date âge (en années), et résidence urbaine/rurale	Both sexes Les deux sexes	Male Masculin	Female Féminin
EUROPE (cont. – suite)			
Norway – Norvège Rural – Rurale			
3 XI 1990 [2]			
Total	1 166 347	597 622	568 725
0	13 114	6 747	6 367
1	15 209	7 840	7 369
2	15 037	7 649	7 388
3	14 709	7 543	7 166
4	14 725	7 627	7 098
5	14 569	7 494	7 075
6	14 653	7 472	7 181
7	14 816	7 651	7 165
8	15 019	7 777	7 242
9	15 146	7 676	7 470
10	15 338	7 947	7 391
11	15 384	7 982	7 402
12	15 306	7 809	7 497
13	15 248	7 766	7 482
14	15 773	8 244	7 529
15	16 816	8 580	8 236
16	17 924	9 228	8 696
17	18 229	9 326	8 903
18	19 115	9 953	9 162
19	19 031	9 996	9 035
20	18 585	9 941	8 644
21	18 635	9 943	8 692
22	17 946	9 729	8 217
23	16 965	9 312	7 653
24	16 248	9 002	7 246
25	15 947	8 703	7 244
26	15 555	8 469	7 086
27	14 795	7 924	6 871
28	14 744	7 804	6 940
29	14 840	7 823	7 017
30	14 841	7 842	6 999
31	15 493	8 149	7 344
32	15 518	8 162	7 356
33	15 438	8 179	7 259
34	15 875	8 367	7 508
35	15 726	8 261	7 465
36	15 691	8 192	7 499
37	15 673	8 412	7 261
38	15 642	8 388	7 254
39	15 111	8 176	6 935
40	15 700	8 322	7 378
41	15 628	8 246	7 382
42	16 158	8 663	7 495
43	16 544	8 725	7 819
44	16 848	8 886	7 962
45	15 339	8 116	7 223
46	14 499	7 693	6 806
47	13 196	6 913	6 283
48	12 573	6 527	6 046
49	11 293	5 900	5 393
50	11 521	6 077	5 444
51	11 426	5 933	5 493
52	11 068	5 788	5 280
53	10 535	5 456	5 079
54	10 412	5 448	4 964
55	10 143	5 285	4 858
56	10 277	5 362	4 915
57	10 242	5 339	4 903
58	10 701	5 641	5 060
59	10 630	5 554	5 076
60	11 105	5 832	5 273
61	10 855	5 656	5 199
62	11 344	5 711	5 633
63	11 354	5 746	5 608
64	12 032	6 051	5 981
65	11 936	6 011	5 925
66	12 371	6 195	6 176
67	12 739	6 284	6 455
68	12 824	6 161	6 663
69	12 558	6 051	6 507
70	13 550	6 560	6 990
71	11 358	5 448	5 910
72	11 715	5 552	6 163
73	11 301	5 269	6 032
74	10 762	4 930	5 832
75	10 267	4 691	5 576
76	9 887	4 639	5 248
77	9 306	4 308	4 998
78	8 970	4 051	4 919
79	8 378	3 791	4 587
80	7 677	3 356	4 321
81	7 108	3 095	4 013
82	6 054	2 603	3 451
83	5 507	2 368	3 139
84	4 798	1 997	2 801
85	4 133	1 661	2 472
86	3 602	1 425	2 177
87	3 027	1 238	1 789
88	2 404	998	1 406
89	2 023	767	1 256
90	1 557	560	997
91	1 245	458	787
92	1 003	362	641
93	741	268	473
94	556	180	376
95	397	159	238
96	259	79	180
97	166	52	114
98	130	45	85
99	77	19	58
100 plus	109	36	73

26. Population by sex, single years of age and urban/rural residence: each census, 1985 – 1993 (continued)

Population selon le sexe, l'année d'âge et la résidence, urbaine/rurale: chaque recensement, 1985 – 1993 (suite)

Data by urban/rural residence

Données selon la résidence urbaine/rurale

(See notes at end of table. – Voir notes à la fin du tableau.)

Continent, country or area, date, age (in years) and urban/rural residence Continent, pays ou zone, date âge (en années), et résidence urbaine/rurale	Both sexes Les deux sexes	Male Masculin	Female Féminin
EUROPE (cont. – suite)			
Poland – Pologne			
Urban – Urbaine			
6 XII 1988 [19]			
Total	23 174 726	11120389	12054337
0	289 805	147 616	142 189
1	323 262	165 379	157 883
2	352 367	180 130	172 237
3	383 030	195 531	187 499
4	402 346	206 291	196 055
5	417 777	213 281	204 496
6	408 663	209 091	199 572
7	396 106	202 154	193 952
8	408 280	207 912	200 368
9	404 462	206 970	197 492
10	396 368	202 651	193 717
11	387 757	198 785	188 972
12	392 085	200 290	191 795
13	374 931	191 293	183 638
14	356 146	182 165	173 981
15	374 707	189 517	185 190
16	363 150	185 531	177 619
17	338 193	172 185	166 008
18	321 178	162 649	158 529
19	295 875	149 710	146 165
20	291 019	145 740	145 279
21	280 356	139 605	140 751
22	285 254	141 589	143 665
23	292 920	145 023	147 897
24	303 785	150 461	153 324
25	310 279	152 843	157 436
26	317 908	156 400	161 508
27	331 433	162 106	169 327
28	365 711	177 925	187 786
29	388 055	188 452	199 603
30	421 375	204 965	216 410
31	434 633	210 709	223 924
32	441 204	214 188	227 016
33	450 896	219 016	231 880
34	442 082	214 139	227 943
35	443 915	214 730	229 185
36	441 735	214 037	227 698
37	434 236	210 527	223 709
38	425 469	207 911	217 558
39	400 085	195 044	205 041
40	395 411	193 338	202 073
41	367 656	179 887	187 769
42	337 279	165 111	172 168
43	246 139	119 871	126 268
44	237 914	115 840	122 074
45	230 978	112 840	118 138
46	228 036	110 691	117 345
47	236 485	114 501	121 984
48	250 155	120 747	129 408
49	252 188	121 007	131 181
50	248 275	118 282	129 993
51	248 828	119 057	129 771
52	255 693	121 424	134 269
53	250 344	118 887	131 457
54	241 099	114 206	126 893
55	237 816	112 983	124 833
56	246 049	116 341	129 708
57	242 813	115 076	127 737
58	251 812	117 464	134 348
59	230 448	106 819	123 629
60	226 057	103 681	122 376
61	202 772	90 511	112 261
62	203 089	87 065	116 024
63	209 148	88 192	120 956
64	186 913	77 153	109 760
65	183 039	75 501	107 538
66	169 342	69 348	99 994
67	141 403	57 677	83 726
68	138 028	56 427	81 601
69	113 715	44 448	69 267
70	81 615	30 532	51 083
71	74 778	28 450	46 328
72	78 790	29 083	49 707
73	84 237	30 346	53 891
74	102 712	36 432	66 280
75	98 174	34 834	63 340
76	97 677	33 191	64 486
77	85 988	28 693	57 295
78	83 495	27 761	55 734
79	73 325	23 573	49 752
80	66 314	20 509	45 805
81	59 184	18 291	40 893
82	51 752	15 108	36 644
83	43 630	12 415	31 215
84	37 461	10 243	27 218
85	30 395	8 023	22 372
86	26 596	6 791	19 805
87	20 535	5 018	15 517
88	17 893	4 162	13 731
89	10 607	2 489	8 118
90	9 138	1 979	7 159
91	6 395	1 416	4 979
92	4 937	1 018	3 919
93	3 501	764	2 737
94	2 311	475	1 836
95	1 633	363	1 270
96	1 245	321	924
97	809	187	622
98	628	156	472
99	1 777	667	1 110
100 plus	881	193	688
Unknown–Inconnu	18 551	7 990	10 561

26. Population by sex, single years of age and urban/rural residence: each census, 1985 – 1993 (continued)

Population selon le sexe, l'année d'âge et la résidence, urbaine/rurale: chaque recensement, 1985 – 1993 (suite)

Data by urban/rural residence

Données selon la résidence urbaine/rurale

(See notes at end of table. – Voir notes à la fin du tableau.)

Continent, country or area, date, age (in years) and urban/rural residence Continent, pays ou zone, date âge (en années), et résidence urbaine/rurale	Both sexes Les deux sexes	Male Masculin	Female Féminin
EUROPE (cont. – suite)			
Poland – Pologne Rural – Rurale			
6 XII 1988 [19]			
Total	14 703 915	7 343 984	7 359 931
0	239 650	121 920	117 730
1	258 161	131 958	126 203
2	270 288	137 863	132 425
3	280 007	142 594	137 413
4	282 838	144 345	138 493
5	284 831	145 086	139 745
6	277 360	141 796	135 564
7	259 072	132 619	126 453
8	261 392	133 378	128 014
9	255 950	131 173	124 777
10	252 325	128 889	123 436
11	248 065	126 942	121 123
12	252 421	129 167	123 254
13	249 457	127 435	122 022
14	244 664	125 782	118 882
15	214 989	111 572	103 417
16	206 654	106 683	99 971
17	202 609	104 683	97 926
18	201 879	105 369	96 510
19	194 679	103 191	91 488
20	199 824	106 972	92 852
21	201 007	107 711	93 296
22	201 825	107 104	94 721
23	205 169	108 499	96 670
24	211 462	112 119	99 343
25	216 865	114 952	101 913
26	219 305	116 956	102 349
27	222 034	119 248	102 786
28	234 334	125 924	108 410
29	238 416	129 193	109 223
30	243 412	132 029	111 383
31	239 580	131 004	108 576
32	231 978	125 761	106 217
33	229 305	124 909	104 396
34	216 878	117 762	99 116
35	213 808	116 086	97 722
36	210 589	113 914	96 675
37	203 568	108 866	94 702
38	198 819	105 848	92 971
39	185 532	97 987	87 545
40	183 580	96 490	87 090
41	169 145	88 264	80 881
42	154 105	79 145	74 960
43	119 451	60 322	59 129
44	117 405	59 045	58 360
45	114 147	57 354	56 793
46	115 676	57 810	57 866
47	124 967	63 195	61 772
48	137 537	68 669	68 868
49	142 689	70 789	71 900

Continent, country or area, date, age (in years) and urban/rural residence Continent, pays ou zone, date âge (en années), et résidence urbaine/rurale	Both sexes Les deux sexes	Male Masculin	Female Féminin
50	144 609	71 697	72 912
51	147 002	72 950	74 052
52	152 127	74 635	77 492
53	154 095	75 531	78 564
54	151 783	73 914	77 869
55	152 784	74 032	78 752
56	162 087	77 427	84 660
57	164 377	78 590	85 787
58	172 240	81 401	90 839
59	163 594	76 842	86 752
60	164 854	75 519	89 335
61	153 421	69 658	83 763
62	149 634	65 625	84 009
63	154 248	66 787	87 461
64	142 776	61 056	81 720
65	141 865	60 804	81 061
66	137 062	58 421	78 641
67	116 588	50 223	66 365
68	116 871	50 494	66 377
69	102 240	43 803	58 437
70	73 006	30 633	42 373
71	68 937	29 513	39 424
72	69 699	28 659	41 040
73	71 829	28 746	43 083
74	89 845	35 689	54 156
75	86 957	34 933	52 024
76	88 239	34 533	53 706
77	76 323	30 109	46 214
78	75 906	29 303	46 603
79	65 517	25 601	39 916
80	58 218	21 914	36 304
81	52 025	19 528	32 497
82	45 272	15 966	29 306
83	38 163	12 955	25 208
84	32 750	11 007	21 743
85	26 749	8 597	18 152
86	23 024	7 221	15 803
87	16 916	5 061	11 855
88	15 438	4 433	11 005
89	8 334	2 373	5 961
90	7 400	2 013	5 387
91	5 084	1 394	3 690
92	3 858	1 018	2 840
93	2 599	640	1 959
94	1 734	441	1 293
95	1 162	289	873
96	928	247	681
97	538	142	396
98	470	124	346
99	935	304	631
100 plus	683	170	513
Unknown–Inconnu	11 417	4 647	6 770

26. Population by sex, single years of age and urban/rural residence: each census, 1985 – 1993 (continued)

Population selon le sexe, l'année d'âge et la résidence, urbaine/rurale: chaque recensement, 1985 – 1993 (suite)

Data by urban/rural residence

Données selon la résidence urbaine/rurale

(See notes at end of table. – Voir notes à la fin du tableau.)

Continent, country or area, date, age (in years) and urban/rural residence Continent, pays ou zone, date âge (en années), et résidence urbaine/rurale	Both sexes Les deux sexes	Male Masculin	Female Féminin
EUROPE (cont. – suite)			
Republic of Moldova – République de Moldova			
Urban – Urbaine			
12 I 1989 [2]			
Total	2 020 120	968 826	1 051 294
0	37 834	19 379	18 455
1	38 521	19 783	18 738
2	40 136	20 508	19 628
3	38 436	19 407	19 029
4	38 343	19 779	18 564
5	38 803	19 698	19 105
6	34 981	17 899	17 082
7	34 117	17 442	16 675
8	33 572	17 096	16 476
9	33 021	16 853	16 168
10	31 684	16 026	15 658
11	30 771	15 786	14 985
12	31 016	15 777	15 239
13	30 308	15 406	14 902
14	29 429	14 868	14 561
15	36 476	18 871	17 605
16	38 843	19 886	18 957
17	40 978	19 458	21 520
18	44 943	25 617	19 326
19	43 949	26 785	17 164
20	34 621	17 866	16 755
21	32 311	15 590	16 721
22	31 705	15 086	16 619
23	30 396	14 249	16 147
24	32 643	15 433	17 210
25	34 837	16 290	18 547
26	35 915	17 016	18 899
27	38 162	17 937	20 225
28	39 723	18 641	21 082
29	40 047	18 744	21 303
30	39 467	18 478	20 989
31	38 550	18 129	20 421
32	36 848	17 333	19 515
33	35 538	16 825	18 713
34	36 725	17 309	19 416
35	34 777	16 467	18 310
36	34 579	16 320	18 259
37	35 625	16 961	18 664
38	36 378	17 574	18 804
39	36 265	17 521	18 744
40	30 643	14 900	15 743
41	22 469	10 936	11 533
42	21 040	10 081	10 959
43	13 558	6 485	7 073
44	15 484	7 500	7 984
45	15 624	7 640	7 984
46	18 687	9 067	9 620
47	24 445	11 970	12 475
48	19 844	9 492	10 352
49	21 542	10 030	11 512
50	22 731	10 535	12 196
51	22 799	10 710	12 089
52	19 952	9 186	10 766
53	18 002	8 404	9 598
54	15 617	7 183	8 434
55	13 872	6 315	7 557
56	15 947	7 069	8 878
57	14 290	6 336	7 954
58	16 830	7 462	9 368
59	15 528	6 805	8 723
60	17 230	7 326	9 904
61	16 761	7 614	9 147
62	14 658	5 954	8 704
63	13 931	5 472	8 459
64	13 581	4 955	8 626
65	12 421	4 550	7 871
66	11 589	4 122	7 467
67	10 013	3 893	6 120
68	9 135	3 487	5 648
69	7 171	2 729	4 442
70	8 119	2 988	5 131
71	4 857	1 829	3 028
72	5 182	1 885	3 297
73	5 615	2 031	3 584
74	7 013	2 433	4 580
75	5 892	2 129	3 763
76	6 053	2 039	4 014
77	4 455	1 538	2 917
78	4 583	1 396	3 187
79	3 603	1 186	2 417
80	3 121	884	2 237
81	2 747	843	1 904
82	2 304	725	1 579
83	1 964	544	1 420
84	1 640	458	1 182
85	1 435	391	1 044
86	1 216	302	914
87	772	235	537
88	868	183	685
89	447	122	325
90	417	119	298
91	284	70	214
92	199	45	154
93	157	35	122
94	128	33	95
95	86	21	65
96	65	15	50
97	51	14	37
98	62	11	51
99	41	7	34
100 plus	76	14	62
Unknown–Inconnu	1	–	1

26. Population by sex, single years of age and urban/rural residence: each census, 1985 – 1993 (continued)

Population selon le sexe, l'année d'âge et la résidence, urbaine/rurale: chaque recensement, 1985 – 1993 (suite)

Data by urban/rural residence

Données selon la résidence urbaine/rurale

(See notes at end of table. – Voir notes à la fin du tableau.)

Continent, country or area, date, age (in years) and urban/rural residence Continent, pays ou zone, date âge (en années), et résidence urbaine/rurale	Both sexes Les deux sexes	Male Masculin	Female Féminin	Continent, country or area, date, age (in years) and urban/rural residence Continent, pays ou zone, date âge (en années), et résidence urbaine/rurale	Both sexes Les deux sexes	Male Masculin	Female Féminin
EUROPE (cont. – suite)							
Republic of Moldova – République de Moldova Rural – Rurale							
12 I 1989 [2]							
Total	2 315 240	1 094 366	1 220 874				
				50	27 221	12 031	15 190
0	48 240	24 506	23 734	51	28 030	12 863	15 167
1	48 491	24 629	23 862	52	28 519	12 852	15 667
2	50 664	25 682	24 982	53	27 079	12 448	14 631
3	49 443	25 204	24 239	54	27 286	12 524	14 762
4	48 319	24 512	23 807	55	24 400	10 906	13 494
5	48 841	24 615	24 226	56	29 326	12 955	16 371
6	45 941	23 385	22 556	57	24 197	10 960	13 237
7	44 128	22 180	21 948	58	29 819	12 763	17 056
8	43 729	21 963	21 766	59	25 344	11 251	14 093
9	43 744	22 065	21 679				
				60	28 835	12 820	16 015
10	43 128	21 756	21 372	61	25 902	11 431	14 471
11	42 935	21 778	21 157	62	20 717	7 879	12 838
12	44 085	22 272	21 813	63	21 095	8 099	12 996
13	44 546	22 445	22 101	64	21 311	8 352	12 959
14	43 383	21 806	21 577	65	20 266	8 368	11 898
15	34 678	17 312	17 366	66	21 450	8 234	13 216
16	33 092	17 142	15 950	67	19 357	8 202	11 155
17	25 049	14 154	10 895	68	19 294	7 537	11 757
18	15 131	5 025	10 106	69	13 147	5 456	7 691
19	13 140	2 519	10 621				
				70	15 109	5 670	9 439
20	23 995	11 434	12 561	71	7 777	2 974	4 803
21	26 780	13 286	13 494	72	8 133	3 057	5 076
22	28 302	14 073	14 229	73	9 091	3 626	5 465
23	27 874	13 593	14 281	74	13 652	4 848	8 804
24	30 251	14 931	15 320	75	10 676	4 461	6 215
25	32 359	16 023	16 336	76	12 430	4 518	7 912
26	33 868	16 828	17 040	77	8 394	3 257	5 137
27	36 326	18 352	17 974	78	9 463	3 250	6 213
28	37 756	18 905	18 851	79	6 655	2 439	4 216
29	38 617	19 266	19 351				
				80	5 895	2 122	3 773
30	37 485	18 797	18 688	81	4 855	1 875	2 980
31	37 124	19 078	18 046	82	4 263	1 528	2 735
32	35 168	17 699	17 469	83	3 481	1 195	2 286
33	33 245	16 782	16 463	84	3 516	1 132	2 384
34	34 498	17 387	17 111	85	2 571	859	1 712
35	32 842	16 426	16 416	86	2 438	761	1 677
36	32 325	16 129	16 196	87	1 542	518	1 024
37	34 172	16 918	17 254	88	1 858	458	1 400
38	35 399	17 262	18 137	89	695	223	472
39	36 570	17 769	18 801				
				90	693	196	497
40	28 174	13 604	14 570	91	399	101	298
41	18 318	8 557	9 761	92	404	109	295
42	17 439	8 106	9 333	93	256	56	200
43	11 220	4 961	6 259	94	232	45	187
44	18 461	8 084	10 377	95	148	33	115
45	21 166	9 632	11 534	96	158	27	131
46	26 067	11 592	14 475	97	77	21	56
47	31 110	14 344	16 766	98	142	16	126
48	24 846	11 223	13 623	99	123	22	101
49	24 889	11 022	13 867	100 plus	166	25	141

26. Population by sex, single years of age and urban/rural residence: each census, 1985 – 1993 (continued)

Population selon le sexe, l'année d'âge et la résidence, urbaine/rurale: chaque recensement, 1985 – 1993 (suite)

Data by urban/rural residence

Données selon la résidence urbaine/rurale

(See notes at end of table. – Voir notes à la fin du tableau.)

Continent, country or area, date, age (in years) and urban/rural residence Continent, pays ou zone, date âge (en années), et résidence urbaine/rurale	Both sexes Les deux sexes	Male Masculin	Female Féminin
EUROPE (cont. – suite)			
Romania – Roumanie			
Urban – Urbaine			
7 I 1992			
Total	12 391 819	6 047 785	6 344 034
0	134 653	69 020	65 633
1	155 541	79 463	76 078
2	200 659	102 507	98 152
3	202 400	103 029	99 371
4	208 696	106 531	102 165
5	210 129	107 207	102 922
6	204 085	104 278	99 807
7	199 091	101 500	97 591
8	178 960	91 093	87 867
9	195 069	99 351	95 718
10	213 884	109 443	104 441
11	226 454	115 088	111 366
12	221 899	112 969	108 930
13	220 859	111 947	108 912
14	232 845	118 277	114 568
15	232 768	118 931	113 837
16	225 485	115 453	110 032
17	224 633	115 646	108 987
18	180 317	92 693	87 624
19	178 914	88 742	90 172
20	173 548	79 524	94 024
21	202 939	95 644	107 295
22	228 043	108 598	119 445
23	272 823	130 153	142 670
24	285 350	135 775	149 575
25	142 255	67 681	74 574
26	150 104	71 075	79 029
27	157 085	74 389	82 696
28	163 853	78 008	85 845
29	169 229	80 273	88 956
30	181 662	86 814	94 848
31	199 335	95 303	104 032
32	204 256	98 130	106 126
33	219 514	105 545	113 969
34	232 363	112 618	119 745
35	242 417	118 432	123 985
36	248 210	122 601	125 609
37	234 658	116 825	117 833
38	218 090	109 492	108 598
39	216 716	109 505	107 211
40	205 039	104 207	100 832
41	210 695	107 397	103 298
42	202 184	103 181	99 003
43	166 362	84 764	81 598
44	147 367	75 281	72 086
45	142 643	72 704	69 939
46	116 804	58 954	57 850
47	126 624	63 634	62 990
48	113 019	56 737	56 282
49	117 020	58 446	58 574
50	118 121	59 026	59 095
51	124 422	62 299	62 123
52	131 952	64 957	66 995
53	130 294	63 508	66 786
54	129 088	63 323	65 765
55	127 310	61 786	65 524
56	116 236	56 803	59 433
57	112 985	54 485	58 500
58	108 053	51 157	56 896
59	114 402	54 328	60 074
60	103 882	48 848	55 034
61	107 267	50 474	56 793
62	98 359	45 965	52 394
63	97 952	45 862	52 090
64	91 595	42 472	49 123
65	87 588	40 232	47 356
66	83 014	37 482	45 532
67	79 440	34 307	45 133
68	72 096	30 141	41 955
69	68 125	27 419	40 706
70	63 411	24 720	38 691
71	52 609	20 401	32 208
72	48 594	18 552	30 042
73	24 062	8 893	15 169
74	22 902	8 805	14 097
75	31 393	11 840	19 553
76	34 343	13 206	21 137
77	39 210	15 179	24 031
78	36 007	14 013	21 994
79	34 771	13 083	21 688
80	28 916	11 053	17 863
81	25 653	9 423	16 230
82	22 158	8 218	13 940
83	18 251	6 605	11 646
84	15 257	5 476	9 781
85	12 228	4 232	7 996
86	9 667	3 360	6 307
87	7 823	2 627	5 196
88	6 068	2 013	4 055
89	4 781	1 471	3 310
90	3 371	1 016	2 355
91	3 072	918	2 154
92	1 634	471	1 163
93	1 112	346	766
94	743	207	536
95	538	171	367
96	377	128	249
97	226	73	153
98	152	49	103
99	72	17	55
100 plus	111	24	87
Unknown–Inconnu	2 578	1 463	1 115

26. Population by sex, single years of age and urban/rural residence: each census, 1985 – 1993 (continued)

Population selon le sexe, l'année d'âge et la résidence, urbaine/rurale: chaque recensement, 1985 – 1993 (suite)

Data by urban/rural residence

Données selon la résidence urbaine/rurale

(See notes at end of table. – Voir notes à la fin du tableau.)

Continent, country or area, date, age (in years) and urban/rural residence Continent, pays ou zone, date âge (en années), et résidence urbaine/rurale	Both sexes Les deux sexes	Male Masculin	Female Féminin
EUROPE (cont. – suite)			
Romania – Roumanie Rural – Rurale			
7 I 1992			
Total	10 418 216	5 165 978	5 252 238
0	126 290	64 797	61 493
1	129 103	65 796	63 307
2	154 394	78 761	75 633
3	149 936	76 394	73 542
4	151 747	77 440	74 307
5	147 703	75 240	72 463
6	135 979	69 477	66 502
7	130 338	66 568	63 770
8	121 994	62 454	59 540
9	130 537	66 599	63 938
10	144 633	73 958	70 675
11	156 150	79 952	76 198
12	160 027	82 116	77 911
13	168 950	86 579	82 371
14	168 897	87 222	81 675
15	169 429	87 513	81 916
16	177 215	91 702	85 513
17	183 290	95 019	88 271
18	169 819	88 405	81 414
19	175 066	91 850	83 216
20	165 235	85 977	79 258
21	176 769	96 083	80 686
22	175 194	96 462	78 732
23	185 118	103 004	82 114
24	177 049	98 971	78 078
25	98 251	55 421	42 830
26	96 383	54 314	42 069
27	94 501	53 346	41 155
28	91 659	51 394	40 265
29	92 460	52 106	40 354
30	94 589	53 397	41 192
31	101 213	56 764	44 449
32	102 269	56 943	45 326
33	104 461	57 343	47 118
34	106 476	57 752	48 724
35	110 300	58 346	51 954
36	113 599	59 043	54 556
37	110 086	56 334	53 752
38	105 362	52 687	52 675
39	113 706	56 167	57 539
40	114 637	56 165	58 472
41	123 403	59 797	63 606
42	132 942	64 395	68 547
43	114 282	55 113	59 169
44	110 608	54 143	56 465
45	118 034	56 857	61 177
46	99 582	48 267	51 315
47	118 452	57 297	61 155
48	106 030	51 626	54 404
49	115 436	55 797	59 639
50	122 236	58 815	63 421
51	138 679	66 218	72 461
52	146 798	69 944	76 854
53	151 144	72 279	78 865
54	154 796	73 936	80 860
55	162 059	77 480	84 579
56	152 957	73 232	79 725
57	154 283	73 759	80 524
58	148 586	71 669	76 917
59	166 191	79 713	86 478
60	149 960	72 015	77 945
61	152 681	72 278	80 403
62	144 958	68 932	76 026
63	146 047	68 445	77 602
64	139 352	65 041	74 311
65	137 585	63 262	74 323
66	133 750	61 154	72 596
67	130 919	60 683	70 236
68	121 059	54 599	66 460
69	115 619	50 224	65 395
70	105 261	44 072	61 189
71	88 573	35 853	52 720
72	85 011	34 896	50 115
73	33 925	13 630	20 295
74	34 308	13 987	20 321
75	52 360	20 644	31 716
76	57 743	22 684	35 059
77	66 611	26 256	40 355
78	61 691	24 294	37 397
79	60 878	24 019	36 859
80	51 291	20 619	30 672
81	44 240	17 741	26 499
82	38 994	15 875	23 119
83	31 682	12 719	18 963
84	27 377	10 964	16 413
85	22 193	8 928	13 265
86	16 952	6 783	10 169
87	13 775	5 423	8 352
88	10 610	4 212	6 398
89	8 035	3 110	4 925
90	5 643	2 191	3 452
91	4 663	1 671	2 992
92	2 527	983	1 544
93	1 486	534	952
94	1 056	363	693
95	703	226	477
96	435	135	300
97	341	113	228
98	212	59	153
99	82	26	56
100 plus	146	47	99
Unknown–Inconnu	170	90	80

26. Population by sex, single years of age and urban/rural residence: each census, 1985 – 1993 (continued)

Population selon le sexe, l'année d'âge et la résidence, urbaine/rurale: chaque recensement, 1985 – 1993 (suite)

Data by urban/rural residence

Données selon la résidence urbaine/rurale

(See notes at end of table. – Voir notes à la fin du tableau.)

Continent, country or area, date, age (in years) and urban/rural residence Continent, pays ou zone, date âge (en années), et résidence urbaine/rurale	Both sexes Les deux sexes	Male Masculin	Female Féminin
EUROPE (cont. – suite)			
Russian Federation – Fédération Russe Urban – Urbaine			
12 I 1989			
Total	107 959 002	50332668	57626334
0	1 640 254	837 572	802 682
1	1 728 431	883 051	845 380
2	1 743 806	888 103	855 703
3	1 676 908	854 280	822 628
4	1 708 435	870 434	838 001
5	1 756 925	893 904	863 021
6	1 648 564	838 917	809 647
7	1 577 777	801 484	776 293
8	1 577 675	800 957	776 718
9	1 547 097	785 913	761 184
10	1 551 237	787 112	764 125
11	1 525 883	773 804	752 079
12	1 538 841	781 616	757 225
13	1 503 951	762 068	741 883
14	1 479 719	750 163	729 556
15	1 487 058	747 379	739 679
16	1 536 358	767 526	768 832
17	1 589 388	780 911	808 477
18	1 607 274	813 449	793 825
19	1 520 569	789 863	730 706
20	1 410 478	700 131	710 347
21	1 413 578	707 614	705 964
22	1 481 780	749 211	732 569
23	1 498 185	758 931	739 254
24	1 580 561	798 618	781 943
25	1 715 077	863 441	851 636
26	1 822 404	912 746	909 658
27	1 925 848	964 007	961 841
28	1 995 357	994 230	1 001 127
29	1 964 361	974 102	990 259
30	1 989 080	983 167	1 005 913
31	1 968 480	975 682	992 798
32	1 923 718	950 079	973 639
33	1 949 785	960 993	988 792
34	1 981 054	973 680	1 007 374
35	1 831 758	898 849	932 909
36	1 860 165	910 980	949 185
37	1 830 670	897 431	933 239
38	1 769 687	865 622	904 065
39	1 856 352	903 198	953 154
40	1 601 406	780 306	821 100
41	1 543 414	751 638	791 776
42	1 453 612	707 047	746 565
43	885 652	431 046	454 606
44	671 750	327 345	344 405
45	599 310	290 285	309 025
46	842 113	397 258	444 855
47	1 424 037	671 623	752 414
48	1 442 736	676 286	766 450
49	1 644 051	764 912	879 139
50	1 705 095	787 567	917 528
51	1 701 387	787 478	913 909
52	1 375 948	629 608	746 340
53	1 208 020	552 092	655 928
54	979 502	442 243	537 259
55	953 912	427 988	525 924
56	1 138 222	497 389	640 833
57	1 142 417	502 006	640 411
58	1 268 646	548 631	720 015
59	1 263 652	542 498	721 154
60	1 350 230	569 671	780 559
61	1 267 957	541 284	726 673
62	1 200 533	479 243	721 290
63	1 042 512	370 691	671 821
64	942 054	306 772	635 282
65	835 660	254 803	580 857
66	683 722	202 726	480 996
67	591 081	183 455	407 626
68	521 567	161 158	360 409
69	500 010	153 475	346 535
70	595 209	178 770	416 439
71	389 064	116 288	272 776
72	423 635	120 612	303 023
73	494 139	138 846	355 293
74	579 901	157 462	422 439
75	511 676	139 554	372 122
76	516 136	132 788	383 348
77	421 957	110 578	311 379
78	415 051	98 929	316 122
79	332 202	79 206	252 996
80	304 664	67 791	236 873
81	263 987	58 480	205 507
82	229 001	48 097	180 904
83	193 582	38 408	155 174
84	162 893	31 120	131 773
85 plus	561 251	93 430	467 821
Unknown–Inconnu	69 918	32 567	37 351

26. Population by sex, single years of age and urban/rural residence: each census, 1985 – 1993 (continued)

Population selon le sexe, l'année d'âge et la résidence, urbaine/rurale: chaque recensement, 1985 – 1993 (suite)

Data by urban/rural residence

Données selon la résidence urbaine/rurale

(See notes at end of table. – Voir notes à la fin du tableau.)

Continent, country or area, date, age (in years) and urban/rural residence Continent, pays ou zone, date âge (en années), et résidence urbaine/rurale	Both sexes Les deux sexes	Male Masculin	Female Féminin
EUROPE (cont. – suite)			
Russian Federation – Fédération Russe Rural – Rurale			
12 I 1989			
Total	39 062 867	18381201	20681666
0	686 293	349 490	336 803
1	727 352	369 518	357 834
2	728 998	370 963	358 035
3	692 852	351 144	341 708
4	698 231	354 501	343 730
5	707 372	358 032	349 340
6	669 618	339 503	330 115
7	632 415	319 448	312 967
8	625 528	317 005	308 523
9	617 371	313 194	304 177
10	607 228	307 146	300 082
11	595 980	302 299	293 681
12	604 490	306 262	298 228
13	594 696	301 965	292 731
14	590 214	299 668	290 546
15	523 908	271 738	252 170
16	515 447	272 945	242 502
17	411 468	237 529	173 939
18	377 218	216 868	160 350
19	398 923	220 502	178 421
20	435 689	238 031	197 658
21	438 120	229 691	208 429
22	477 405	245 585	231 820
23	494 075	255 649	238 426
24	524 749	272 522	252 227
25	575 124	301 807	273 317
26	604 816	319 776	285 040
27	639 500	340 497	299 003
28	665 549	355 337	310 212
29	649 198	347 658	301 540
30	639 087	341 251	297 836
31	630 046	338 055	291 991
32	602 887	321 728	281 159
33	591 101	315 747	275 354
34	587 571	312 477	275 094
35	527 841	280 844	246 997
36	526 840	279 187	247 653
37	505 706	269 538	236 168
38	478 834	252 767	226 067
39	496 248	262 898	233 350
40	409 680	215 958	193 722
41	376 421	195 361	181 060
42	354 160	182 383	171 777
43	199 964	101 269	98 695
44	166 562	83 334	83 228
45	179 097	88 141	90 956
46	279 189	134 061	145 128
47	467 049	225 764	241 285
48	498 876	238 687	260 189
49	571 542	273 239	298 303
50	597 817	285 021	312 796
51	572 748	275 635	297 113
52	548 326	262 667	285 659
53	495 803	237 100	258 703
54	408 887	194 564	214 323
55	414 068	194 004	220 064
56	514 288	236 315	277 973
57	513 424	238 484	274 940
58	610 539	278 016	332 523
59	586 991	261 559	325 432
60	626 274	267 034	359 240
61	548 299	223 384	324 915
62	509 547	187 408	322 139
63	446 760	153 047	293 713
64	425 895	141 121	284 774
65	368 309	114 493	253 816
66	302 114	88 599	213 515
67	250 141	76 377	173 764
68	234 674	68 583	166 091
69	222 934	64 056	158 878
70	280 164	77 151	203 013
71	174 190	47 494	126 696
72	194 627	49 472	145 155
73	234 555	58 210	176 345
74	287 351	66 843	220 508
75	249 084	60 470	188 614
76	265 209	59 789	205 420
77	216 900	51 256	165 644
78	230 390	48 064	182 326
79	174 555	38 882	135 673
80	159 964	33 298	126 666
81	139 711	28 444	111 267
82	122 353	24 213	98 140
83	106 040	19 024	87 016
84	87 367	15 282	72 085
85 plus	329 101	50 201	278 900
Unknown–Inconnu	14 940	6 679	8 261

26. Population by sex, single years of age and urban/rural residence: each census, 1985 – 1993 (continued)

Population selon le sexe, l'année d'âge et la résidence, urbaine/rurale: chaque recensement, 1985 – 1993 (suite)

Data by urban/rural residence

Données selon la résidence urbaine/rurale

(See notes at end of table. – Voir notes à la fin du tableau.)

Continent, country or area, date, age (in years) and urban/rural residence Continent, pays ou zone, date âge (en années), et résidence urbaine/rurale	Both sexes Les deux sexes	Male Masculin	Female Féminin	Continent, country or area, date, age (in years) and urban/rural residence Continent, pays ou zone, date âge (en années), et résidence urbaine/rurale	Both sexes Les deux sexes	Male Masculin	Female Féminin
EUROPE (cont. – suite)							
Slovenia – Slovénie Urban – Urbaine							
31 III 1991 [2]							
Total	993 283	473 793	519 490				
0	10 369	5 306	5 063	50	12 059	5 948	6 111
1	10 935	5 647	5 288	51	12 107	5 909	6 198
2	11 873	6 037	5 836	52	11 406	5 529	5 877
3	13 101	6 727	6 374	53	11 416	5 567	5 849
4	12 490	6 380	6 110	54	11 419	5 561	5 858
5	12 729	6 571	6 158	55	11 285	5 640	5 645
6	13 556	6 982	6 574	56	11 278	5 376	5 902
7	13 790	7 037	6 753	57	11 151	5 207	5 944
8	14 115	7 183	6 932	58	10 808	4 857	5 951
9	14 976	7 658	7 318	59	10 839	4 931	5 908
10	15 361	7 825	7 536	60	11 275	5 101	6 174
11	15 567	8 094	7 473	61	10 151	4 449	5 702
12	15 522	8 031	7 491	62	9 891	4 208	5 683
13	15 098	7 841	7 257	63	9 338	3 914	5 424
14	15 235	7 770	7 465	64	8 993	3 630	5 363
15	14 782	7 410	7 372	65	8 690	3 343	5 347
16	14 225	7 292	6 933	66	8 016	3 016	5 000
17	14 042	7 202	6 840	67	7 837	2 861	4 976
18	13 950	7 127	6 823	68	7 270	2 688	4 582
19	13 715	6 913	6 802	69	6 953	2 549	4 404
20	12 953	6 432	6 521	70	6 075	2 276	3 799
21	13 144	6 457	6 687	71	5 351	1 959	3 392
22	13 481	6 609	6 872	72	3 334	1 156	2 178
23	14 145	6 830	7 315	73	2 666	967	1 699
24	15 097	7 298	7 799	74	2 844	1 055	1 789
25	15 819	7 469	8 350	75	3 069	1 093	1 976
26	15 369	7 333	8 036	76	4 551	1 624	2 927
27	15 685	7 490	8 195	77	4 221	1 441	2 780
28	15 923	7 722	8 201	78	4 064	1 383	2 681
29	16 120	7 791	8 329	79	3 497	1 173	2 324
30	16 180	7 614	8 566	80	3 150	989	2 161
31	16 032	7 627	8 405	81	2 872	916	1 956
32	16 400	7 942	8 458	82	2 486	753	1 733
33	16 629	7 976	8 653	83	2 015	585	1 430
34	17 781	8 782	8 999	84	1 768	480	1 288
35	17 845	8 750	9 095	85	1 442	376	1 066
36	17 957	8 830	9 127	86	1 123	280	843
37	17 736	8 814	8 922	87	930	247	683
38	17 961	9 078	8 883	88	763	191	572
39	16 822	8 338	8 484	89	602	135	467
40	17 747	8 875	8 872	90	418	88	330
41	16 150	8 165	7 985	91	356	75	281
42	15 069	7 459	7 610	92	232	44	188
43	14 448	7 150	7 298	93	145	34	111
44	14 463	7 059	7 404	94	104	22	82
45	9 897	4 790	5 107	95	80	11	69
46	11 213	5 539	5 674	96	48	10	38
47	13 052	6 201	6 851	97	30	5	25
48	13 078	6 220	6 858	98	12	1	11
49	12 748	6 225	6 523	99 plus	13	3	10
				Unknown–Inconnu	465	239	226

26. Population by sex, single years of age and urban/rural residence: each census, 1985 – 1993 (continued)

Population selon le sexe, l'année d'âge et la résidence, urbaine/rurale: chaque recensement, 1985 – 1993 (suite)

Data by urban/rural residence

Données selon la résidence urbaine/rurale

(See notes at end of table. – Voir notes à la fin du tableau.)

Continent, country or area, date, age (in years) and urban/rural residence Continent, pays ou zone, date âge (en années), et résidence urbaine/rurale	Both sexes Les deux sexes	Male Masculin	Female Féminin	Continent, country or area, date, age (in years) and urban/rural residence Continent, pays ou zone, date âge (en années), et résidence urbaine/rurale	Both sexes Les deux sexes	Male Masculin	Female Féminin
EUROPE (cont. – suite)							
Slovenia – Slovénie Rural – Rurale							
31 III 1991 [2]							
Total	972 703	478 818	493 885				
0	11 333	5 755	5 578	50	11 369	5 889	5 480
1	11 791	6 179	5 612	51	11 416	5 841	5 575
2	12 407	6 468	5 939	52	10 976	5 469	5 507
3	12 554	6 376	6 178	53	10 818	5 486	5 332
4	12 416	6 347	6 069	54	11 555	5 748	5 807
5	12 533	6 371	6 162	55	10 927	5 379	5 548
6	12 765	6 438	6 327	56	11 187	5 300	5 887
7	13 180	6 755	6 425	57	11 305	5 368	5 937
8	13 482	7 036	6 446	58	11 566	5 457	6 109
9	13 953	7 184	6 769	59	11 384	5 323	6 061
10	14 453	7 335	7 118	60	12 033	5 713	6 320
11	14 553	7 497	7 056	61	10 882	5 065	5 817
12	14 623	7 535	7 088	62	10 720	4 916	5 804
13	14 823	7 687	7 136	63	10 176	4 417	5 759
14	14 780	7 577	7 203	64	9 563	3 809	5 754
15	14 846	7 647	7 199	65	9 182	3 380	5 802
16	14 882	7 656	7 226	66	8 579	3 150	5 429
17	14 884	7 631	7 253	67	8 792	3 258	5 534
18	14 876	7 636	7 240	68	8 169	2 834	5 335
19	14 698	7 589	7 109	69	7 816	2 682	5 134
20	14 377	7 262	7 115	70	6 802	2 361	4 441
21	14 393	7 403	6 990	71	6 211	2 205	4 006
22	14 690	7 563	7 127	72	3 955	1 360	2 595
23	15 482	7 859	7 623	73	3 010	1 066	1 944
24	15 867	8 173	7 694	74	3 210	1 146	2 064
25	15 466	7 996	7 470	75	3 578	1 290	2 288
26	14 820	7 589	7 231	76	5 801	2 052	3 749
27	14 772	7 760	7 012	77	5 703	2 000	3 703
28	14 618	7 650	6 968	78	5 441	1 863	3 578
29	14 753	7 762	6 991	79	4 808	1 687	3 121
30	14 149	7 423	6 726	80	4 522	1 513	3 009
31	14 515	7 726	6 789	81	4 195	1 445	2 750
32	14 157	7 587	6 570	82	3 525	1 155	2 370
33	14 487	7 631	6 856	83	2 932	903	2 029
34	14 743	7 845	6 898	84	2 530	738	1 792
35	14 726	7 908	6 818	85	2 084	643	1 441
36	14 768	7 896	6 872	86	1 678	478	1 200
37	14 921	7 898	7 023	87	1 356	386	970
38	14 935	7 966	6 969	88	996	270	726
39	14 417	7 744	6 673	89	839	225	614
40	14 800	7 849	6 951	90	599	156	443
41	13 918	7 388	6 530	91	500	135	365
42	12 961	6 807	6 154	92	293	67	226
43	12 606	6 826	5 780	93	218	48	170
44	12 268	6 544	5 724	94	119	18	101
45	8 383	4 471	3 912	95	95	21	74
46	9 865	5 295	4 570	96	53	13	40
47	11 973	6 267	5 706	97	24	3	21
48	11 719	6 111	5 608	98	13	5	8
49	11 568	6 079	5 489	99	16	2	14
				100 plus	8	2	6
				Unknown–Inconnu	225	101	124

26. Population by sex, single years of age and urban/rural residence: each census, 1985 – 1993 (continued)

Population selon le sexe, l'année d'âge et la résidence, urbaine/rurale: chaque recensement, 1985 – 1993 (suite)

Data by urban/rural residence

Données selon la résidence urbaine/rurale

(See notes at end of table. – Voir notes à la fin du tableau.)

Continent, country or area, date, age (in years) and urban/rural residence Continent, pays ou zone, date âge (en années), et résidence urbaine/rurale	Both sexes Les deux sexes	Male Masculin	Female Féminin
EUROPE (cont. – suite)			
Switzerland – Suisse			
Urban – Urbaine			
4 XII 1990 [2]			
Total	4 113 687	1 997 913	2 115 774
0	41 478	21 247	20 231
1	43 293	22 203	21 090
2	42 824	21 941	20 883
3	40 772	20 861	19 911
4	40 609	20 889	19 720
5	39 993	20 235	19 758
6	40 123	20 723	19 400
7	39 401	20 359	19 042
8	40 286	20 524	19 762
9	39 793	20 517	19 276
10	40 862	20 946	19 916
11	39 828	20 411	19 417
12	39 466	20 286	19 180
13	40 075	20 611	19 464
14	40 289	20 337	19 952
15	41 462	21 181	20 281
16	44 765	22 718	22 047
17	46 700	23 836	22 864
18	50 838	25 687	25 151
19	55 045	27 559	27 486
20	59 210	29 810	29 400
21	62 672	31 685	30 987
22	66 570	33 739	32 831
23	69 928	35 763	34 165
24	73 425	37 877	35 548
25	75 783	39 501	36 282
26	77 374	40 165	37 209
27	76 159	39 632	36 527
28	74 056	38 589	35 467
29	71 667	37 127	34 540
30	71 133	36 923	34 210
31	68 724	35 516	33 208
32	66 485	34 768	31 717
33	66 513	34 553	31 960
34	64 417	33 517	30 900
35	63 133	32 470	30 663
36	61 833	31 370	30 463
37	60 651	30 430	30 221
38	61 295	30 655	30 640
39	59 450	29 752	29 698
40	62 023	31 027	30 996
41	61 558	30 768	30 790
42	63 070	31 172	31 898
43	63 264	31 507	31 757
44	63 683	31 899	31 784
45	62 664	31 329	31 335
46	62 519	31 287	31 232
47	60 869	30 290	30 579
48	59 201	29 538	29 663
49	55 590	27 429	28 161
50	52 937	26 163	26 774
51	51 267	25 243	26 024
52	49 746	24 354	25 392
53	48 574	23 847	24 727
54	49 124	24 109	25 015
55	48 849	23 976	24 873
56	47 730	23 362	24 368
57	45 873	22 076	23 797
58	45 152	21 778	23 374
59	44 336	21 043	23 293
60	44 501	20 917	23 584
61	42 194	19 627	22 567
62	40 703	18 706	21 997
63	39 536	18 035	21 501
64	39 214	17 670	21 544
65	38 360	16 857	21 503
66	37 059	16 005	21 054
67	36 540	15 967	20 573
68	35 128	15 089	20 039
69	35 869	15 311	20 558
70	34 260	14 487	19 773
71	28 584	12 044	16 540
72	26 716	11 178	15 538
73	25 650	10 618	15 032
74	25 263	10 326	14 937
75	24 871	9 665	15 206
76	26 875	10 460	16 415
77	25 880	9 873	16 007
78	24 859	9 047	15 812
79	23 311	8 188	15 123
80	22 640	7 875	14 765
81	20 472	6 900	13 572
82	19 290	6 260	13 030
83	16 797	5 280	11 517
84	15 053	4 687	10 366
85	13 177	3 896	9 281
86	11 253	3 203	8 050
87	9 439	2 616	6 823
88	8 110	2 148	5 962
89	6 742	1 729	5 013
90	5 138	1 200	3 938
91	3 956	899	3 057
92	2 956	655	2 301
93	2 153	488	1 665
94	1 632	306	1 326
95	1 065	212	853
96	758	155	603
97	502	86	416
98	303	48	255
99	197	40	157
100 plus	272	50	222

26. Population by sex, single years of age and urban/rural residence: each census, 1985 – 1993 (continued)

Population selon le sexe, l'année d'âge et la résidence, urbaine/rurale: chaque recensement, 1985 – 1993 (suite)

Data by urban/rural residence

Données selon la résidence urbaine/rurale

(See notes at end of table. – Voir notes à la fin du tableau.)

Continent, country or area, date, age (in years) and urban/rural residence Continent, pays ou zone, date âge (en années), et résidence urbaine/rurale	Both sexes Les deux sexes	Male Masculin	Female Féminin	Continent, country or area, date, age (in years) and urban/rural residence Continent, pays ou zone, date âge (en années), et résidence urbaine/rurale	Both sexes Les deux sexes	Male Masculin	Female Féminin
EUROPE (cont. – suite)							
Switzerland – Suisse Rural – Rurale							
4 XII 1990 [2]							
Total	2 760 000	1 392 533	1 367 467				
0	35 646	18 107	17 539	50	29 818	15 329	14 489
1	37 839	19 380	18 459	51	29 081	14 910	14 171
2	38 362	19 668	18 694	52	28 459	14 665	13 794
3	37 239	19 034	18 205	53	27 457	14 037	13 420
4	37 766	19 161	18 605	54	27 806	14 034	13 772
5	37 171	18 940	18 231	55	27 469	13 897	13 572
6	37 169	19 087	18 082	56	27 361	13 715	13 646
7	36 515	18 736	17 779	57	26 592	13 159	13 433
8	36 633	18 694	17 939	58	26 489	13 079	13 410
9	36 410	18 763	17 647	59	25 489	12 638	12 851
10	36 251	18 487	17 764	60	25 545	12 444	13 101
11	34 927	17 835	17 092	61	24 666	11 803	12 863
12	34 196	17 601	16 595	62	24 484	11 515	12 969
13	34 286	17 740	16 546	63	23 699	11 301	12 398
14	34 464	17 750	16 714	64	24 134	11 283	12 851
15	34 821	18 050	16 771	65	23 804	11 189	12 615
16	35 459	18 551	16 908	66	23 448	10 840	12 608
17	36 651	19 308	17 343	67	23 252	10 726	12 526
18	37 843	20 139	17 704	68	22 362	10 423	11 939
19	38 751	20 617	18 134	69	22 617	10 394	12 223
20	38 947	21 052	17 895	70	21 808	10 095	11 713
21	39 701	21 096	18 605	71	18 616	8 343	10 273
22	40 865	21 663	19 202	72	17 908	8 185	9 723
23	41 714	21 903	19 811	73	17 022	7 585	9 437
24	43 286	22 577	20 709	74	16 835	7 463	9 372
25	44 779	23 528	21 251	75	16 268	7 065	9 203
26	46 370	24 203	22 167	76	17 197	7 432	9 765
27	46 538	23 870	22 668	77	16 177	6 735	9 442
28	46 309	23 989	22 320	78	15 662	6 429	9 233
29	46 302	23 851	22 451	79	13 879	5 500	8 379
30	46 570	24 132	22 438	80	13 271	5 210	8 061
31	46 033	23 947	22 086	81	11 991	4 604	7 387
32	45 427	23 687	21 740	82	11 376	4 192	7 184
33	45 140	23 678	21 462	83	9 863	3 578	6 285
34	44 986	23 642	21 344	84	8 639	3 046	5 593
35	43 484	22 971	20 513	85	7 627	2 603	5 024
36	42 761	22 610	20 151	86	6 619	2 176	4 443
37	41 447	21 964	19 483	87	5 397	1 726	3 671
38	41 463	21 843	19 620	88	4 677	1 473	3 204
39	39 993	21 156	18 837	89	3 825	1 134	2 691
40	41 700	22 230	19 470	90	2 817	790	2 027
41	40 631	21 463	19 168	91	2 188	622	1 566
42	41 124	21 789	19 335	92	1 652	424	1 228
43	40 195	21 260	18 935	93	1 176	270	906
44	39 894	20 931	18 963	94	777	209	568
45	38 230	20 491	17 739	95	545	146	399
46	36 932	19 436	17 496	96	387	93	294
47	36 026	18 940	17 086	97	244	63	181
48	34 155	17 886	16 269	98	141	25	116
49	31 751	16 450	15 301	99	90	16	74
				100 plus	142	34	108

26. Population by sex, single years of age and urban/rural residence: each census, 1985 – 1993 (continued)

Population selon le sexe, l'année d'âge et la résidence, urbaine/rurale: chaque recensement, 1985 – 1993 (suite)

Data by urban/rural residence

Données selon la résidence urbaine/rurale

(See notes at end of table. – Voir notes à la fin du tableau.)

Continent, country or area, date, age (in years) and urban/rural residence Continent, pays ou zone, date âge (en années), et résidence urbaine/rurale	Both sexes Les deux sexes	Male Masculin	Female Féminin
OCEANIA – OCEANIE			
Australia – Australie			
Urban – Urbaine			
30 VI 1986 [21]			
Total	13 316 945	6 567 861	6 749 084
0	197 144	101 028	96 116
1	196 446	100 108	96 338
2	197 930	100 945	96 985
3	199 490	102 239	97 251
4	197 273	101 377	95 896
5	193 800	99 180	94 620
6	190 323	97 534	92 789
7	189 901	97 515	92 386
8	192 612	98 289	94 323
9	192 567	98 687	93 880
10	197 116	100 918	96 198
11	203 260	103 968	99 292
12	212 496	109 045	103 451
13	222 714	113 933	108 781
14	234 661	119 688	114 973
15	239 196	121 622	117 574
16	225 236	114 631	110 605
17	224 877	113 736	111 141
18	219 107	110 429	108 678
19	216 588	108 720	107 868
20	216 779	108 715	108 064
21	220 089	110 127	109 962
22	225 680	113 274	112 406
23	229 082	114 821	114 261
24	231 347	115 690	115 657
25	232 638	115 942	116 696
26	225 749	112 137	113 612
27	224 406	111 890	112 516
28	220 968	109 944	111 024
29	216 185	107 538	108 647
30	218 236	109 192	109 044
31	207 299	102 570	104 729
32	207 372	102 474	104 898
33	209 447	103 666	105 781
34	204 831	101 688	103 143
35	209 988	104 415	105 573
36	206 211	102 896	103 315
37	201 366	100 417	100 949
38	206 761	103 722	103 039
39	219 137	110 915	108 222
40	184 443	93 873	90 570
41	170 189	86 182	84 007
42	170 775	86 011	84 764
43	155 877	78 900	76 977
44	151 096	77 004	74 092
45	148 710	75 843	72 867
46	141 208	72 174	69 034
47	136 590	69 019	67 571
48	133 515	67 532	65 983
49	132 274	67 175	65 099
50	131 393	66 243	65 150
51	116 964	59 333	57 631
52	119 769	60 545	59 224
53	119 584	60 269	59 315
54	118 458	60 029	58 429
55	127 256	63 697	63 559
56	126 005	63 479	62 526
57	124 963	62 913	62 050
58	126 886	63 338	63 548
59	125 179	62 186	62 993
60	129 134	62 687	66 447
61	119 279	57 799	61 480
62	121 029	58 021	63 008
63	119 052	56 457	62 595
64	118 097	55 987	62 110
65	116 689	54 065	62 624
66	103 704	48 000	55 704
67	90 068	41 088	48 980
68	89 230	39 971	49 259
69	90 204	40 333	49 871
70	88 970	39 209	49 761
71	86 800	38 182	48 618
72	85 721	36 804	48 917
73	78 934	33 620	45 314
74	72 939	30 574	42 365
75	69 273	28 511	40 762
76	63 507	25 880	37 627
77	55 338	22 179	33 159
78	51 972	20 165	31 807
79	46 995	18 193	28 802
80	42 865	15 792	27 073
81	36 634	13 185	23 449
82	32 816	11 444	21 372
83	28 636	9 702	18 934
84	24 601	7 955	16 646
85	24 053	7 159	16 894
86	20 536	5 954	14 582
87	14 393	4 043	10 350
88	12 267	3 177	9 090
89	10 397	2 582	7 815
90 plus	35 370	7 773	27 597
Unknown–Inconnu	–	–	–

26. Population by sex, single years of age and urban/rural residence: each census, 1985 – 1993 (continued)

Population selon le sexe, l'année d'âge et la résidence, urbaine/rurale: chaque recensement, 1985 – 1993 (suite)

Data by urban/rural residence

Données selon la résidence urbaine/rurale

(See notes at end of table. – Voir notes à la fin du tableau.)

Continent, country or area, date, age (in years) and urban/rural residence Continent, pays ou zone, date âge (en années), et résidence urbaine/rurale	Both sexes Les deux sexes	Male Masculin	Female Féminin	Continent, country or area, date, age (in years) and urban/rural residence Continent, pays ou zone, date âge (en années), et résidence urbaine/rurale	Both sexes Les deux sexes	Male Masculin	Female Féminin
OCEANIA (suite) – OCEANIE (suite)							
Australia – Australie Rural – Rurale							
30 VI 1986 [21]							
Total	2 266 863	1 186 691	1 080 172				
0	37 431	19 235	18 196	50	23 035	12 347	10 688
1	39 291	20 072	19 219	51	20 717	10 967	9 750
2	40 330	20 676	19 654	52	20 700	11 085	9 615
3	41 386	21 404	19 982	53	20 826	11 182	9 644
4	41 078	21 096	19 982	54	20 248	10 880	9 368
5	40 848	20 976	19 872	55	21 621	11 707	9 914
6	39 667	20 719	18 948	56	21 130	11 526	9 604
7	39 424	20 188	19 236	57	20 789	11 402	9 387
8	40 203	20 828	19 375	58	20 958	11 437	9 521
9	40 363	20 795	19 568	59	20 106	10 923	9 183
10	41 636	21 647	19 989	60	20 506	11 045	9 461
11	42 619	22 167	20 452	61	18 617	10 178	8 439
12	43 003	22 251	20 752	62	18 406	10 006	8 400
13	44 555	22 989	21 566	63	17 615	9 397	8 218
14	46 292	23 951	22 341	64	16 775	9 054	7 721
15	46 189	24 168	22 021	65	16 473	8 669	7 804
16	41 784	22 019	19 765	66	14 219	7 621	6 598
17	38 625	20 905	17 720	67	12 573	6 723	5 850
18	33 685	18 860	14 825	68	12 128	6 500	5 628
19	30 646	17 243	13 403	69	11 929	6 370	5 559
20	29 639	16 312	13 327	70	11 513	6 009	5 504
21	29 616	16 174	13 442	71	10 585	5 580	5 005
22	31 125	16 707	14 418	72	10 163	5 218	4 945
23	32 177	17 051	15 126	73	9 149	4 733	4 416
24	33 284	17 435	15 849	74	8 062	4 113	3 949
25	34 512	17 929	16 583	75	7 649	3 903	3 746
26	34 438	17 639	16 799	76	6 904	3 404	3 500
27	34 915	17 758	17 157	77	5 742	2 812	2 930
28	35 181	17 892	17 289	78	5 301	2 651	2 650
29	36 492	18 598	17 894	79	4 825	2 307	2 518
30	37 474	19 282	18 192	80	4 266	2 011	2 255
31	35 851	18 138	17 713	81	3 546	1 648	1 898
32	36 491	18 523	17 968	82	3 074	1 392	1 682
33	37 468	19 170	18 298	83	2 580	1 134	1 446
34	37 023	19 055	17 968	84	2 219	929	1 290
35	38 166	19 578	18 588	85	2 081	842	1 239
36	37 888	19 502	18 386	86	1 860	728	1 132
37	36 708	19 040	17 668	87	1 190	444	746
38	36 953	19 472	17 481	88	1 030	362	668
39	39 239	20 664	18 575	89	845	265	580
40	33 717	17 929	15 788	90 plus	2 696	849	1 847
41	31 520	16 688	14 832				
42	31 535	16 570	14 965				
43	28 420	15 105	13 315				
44	27 944	14 851	13 093				
45	27 278	14 550	12 728				
46	25 671	13 657	12 014				
47	24 638	13 219	11 419				
48	24 179	12 962	11 217				
49	23 615	12 699	10 916				

26. Population by sex, single years of age and urban/rural residence: each census, 1985 – 1993 (continued)

Population selon le sexe, l'année d'âge et la résidence, urbaine/rurale: chaque recensement, 1985 – 1993 (suite)

Data by urban/rural residence

Données selon la résidence urbaine/rurale

(See notes at end of table. – Voir notes à la fin du tableau.)

Continent, country or area, date, age (in years) and urban/rural residence Continent, pays ou zone, date âge (en années), et résidence urbaine/rurale	Both sexes Les deux sexes	Male Masculin	Female Féminin	Continent, country or area, date, age (in years) and urban/rural residence Continent, pays ou zone, date âge (en années), et résidence urbaine/rurale	Both sexes Les deux sexes	Male Masculin	Female Féminin
OCEANIA (suite) – OCEANIE (suite)							
New Zealand – Nouvelle-Zélande Urban – Urbaine							
4 III 1986 [23 24]							
Total	2 735 547	1 338 744	1 396 803				
0	42 009	21 396	20 613	50	24 153	12 108	12 045
1	40 152	20 601	19 551	51	24 081	12 072	12 009
2	40 203	20 550	19 653	52	23 574	11 775	11 799
3	39 693	20 406	19 287	53	24 264	12 159	12 105
4	40 014	20 547	19 467	54	24 402	12 354	12 048
5	40 728	20 898	19 830	55	25 587	12 858	12 729
6	41 808	21 408	20 400	56	24 981	12 573	12 408
7	40 026	20 241	19 785	57	25 302	12 630	12 672
8	40 167	20 457	19 710	58	24 837	12 612	12 225
9	42 192	21 642	20 550	59	25 101	12 594	12 507
10	42 480	21 735	20 745	60	24 636	12 180	12 456
11	44 832	22 890	21 942	61	24 129	11 751	12 378
12	46 437	23 523	22 914	62	23 523	11 328	12 195
13	50 694	25 701	24 993	63	23 169	10 830	12 339
14	51 981	26 277	25 704	64	23 055	10 794	12 261
15	52 200	26 382	25 818	65	22 995	10 560	12 435
16	52 107	26 406	25 701	66	19 977	9 069	10 908
17	51 423	25 833	25 590	67	19 008	8 400	10 608
18	51 051	25 254	25 797	68	18 357	8 031	10 326
19	50 523	25 299	25 224	69	19 263	8 391	10 872
20	49 035	24 639	24 396	70	17 856	7 734	10 122
21	48 975	24 501	24 474	71	18 423	7 854	10 569
22	48 822	24 357	24 465	72	17 064	7 377	9 687
23	48 591	24 054	24 537	73	16 506	6 957	9 549
24	48 306	23 871	24 435	74	14 886	6 336	8 550
25	47 190	23 361	23 829	75	14 439	5 940	8 499
26	45 693	22 491	23 202	76	13 173	5 286	7 887
27	44 730	22 155	22 575	77	12 471	4 875	7 596
28	43 119	21 309	21 810	78	10 992	4 410	6 582
29	43 251	21 255	21 996	79	9 975	3 711	6 264
30	42 219	20 619	21 600	80	9 219	3 393	5 826
31	40 881	20 058	20 823	81	8 061	2 835	5 226
32	40 107	19 608	20 499	82	7 023	2 469	4 554
33	40 362	19 743	20 619	83	6 006	2 025	3 981
34	39 315	19 545	19 770	84	5 283	1 758	3 525
35	39 492	19 449	20 043	85 plus	23 940	6 558	17 382
36	39 429	19 665	19 764				
37	39 789	19 644	20 145				
38	40 155	19 776	20 379				
39	39 111	19 326	19 785				
40	34 710	17 106	17 604				
41	31 995	15 819	16 176				
42	30 501	15 246	15 255				
43	30 195	15 000	15 195				
44	31 260	15 537	15 723				
45	31 356	15 720	15 636				
46	28 524	14 112	14 412				
47	26 883	13 314	13 569				
48	25 635	12 789	12 846				
49	25 485	12 642	12 843				

26. Population by sex, single years of age and urban/rural residence: each census, 1985 – 1993 (continued)

Population selon le sexe, l'année d'âge et la résidence, urbaine/rurale: chaque recensement, 1985 – 1993 (suite)

Data by urban/rural residence

Données selon la résidence urbaine/rurale

(See notes at end of table. – Voir notes à la fin du tableau.)

Continent, country or area, date, age (in years) and urban/rural residence Continent, pays ou zone, date âge (en années), et résidence urbaine/rurale	Both sexes Les deux sexes	Male Masculin	Female Féminin
OCEANIA (suite) – OCEANIE (suite)			
New Zealand – Nouvelle-Zélande Urban – Urbaine			
5 III 1991 [23 24]			
Total	2 866 731	1 395 495	1 471 236
0	49 506	25 158	24 345
1	48 084	24 483	23 598
2	45 675	23 370	22 302
3	44 808	22 935	21 873
4	43 233	22 107	21 129
5	42 831	21 804	21 027
6	41 703	21 360	20 340
7	40 947	20 973	19 974
8	40 200	20 619	19 584
9	39 984	20 475	19 509
10	40 956	21 054	19 899
11	40 749	20 658	20 094
12	39 477	19 863	19 614
13	42 249	21 441	20 805
14	43 848	22 308	21 540
15	44 724	22 848	21 876
16	47 601	24 081	23 520
17	49 272	24 654	24 621
18	52 269	26 022	26 247
19	53 904	26 685	27 222
20	52 185	25 872	26 313
21	50 238	25 086	25 149
22	47 778	23 697	24 081
23	45 717	22 374	23 340
24	44 292	21 717	22 575
25	44 277	21 750	22 524
26	45 333	21 903	23 430
27	47 412	23 022	24 390
28	48 498	23 310	25 185
29	49 062	23 793	25 266
30	48 429	23 556	24 876
31	46 869	22 821	24 048
32	45 789	22 365	23 424
33	44 193	21 699	22 491
34	43 545	21 339	22 203
35	42 849	20 808	22 041
36	41 586	20 184	21 402
37	40 566	19 719	20 844
38	40 590	19 770	20 820
39	39 795	19 614	20 178
40	39 939	19 539	20 397
41	39 567	19 632	19 935
42	39 861	19 635	20 226
43	40 059	19 659	20 400
44	38 877	19 236	19 641
45	34 461	17 049	17 412
46	31 785	15 744	16 041
47	30 180	15 072	15 108
48	29 274	14 496	14 775
49	30 897	15 222	15 672
50	30 600	15 213	15 387
51	27 585	13 695	13 887
52	26 133	12 783	13 353
53	24 912	12 342	12 570
54	24 306	11 949	12 357
55	23 229	11 517	11 715
56	23 175	11 523	11 652
57	22 695	11 244	11 451
58	23 328	11 559	11 769
59	23 637	11 796	11 838
60	24 789	12 294	12 492
61	24 018	11 835	12 180
62	24 036	11 748	12 288
63	23 643	11 622	12 021
64	23 592	11 466	12 129
65	23 289	11 172	12 114
66	22 680	10 671	12 012
67	22 026	10 281	11 745
68	21 462	9 756	11 706
69	21 429	9 633	11 796
70	20 901	9 174	11 727
71	18 210	7 908	10 302
72	16 785	7 098	9 684
73	16 221	6 786	9 435
74	16 590	6 870	9 720
75	15 225	6 228	9 000
76	15 342	6 054	9 288
77	13 914	5 577	8 337
78	13 143	5 103	8 040
79	11 670	4 572	7 098
80	10 791	4 014	6 777
81	9 579	3 405	6 174
82	8 874	3 045	5 826
83	7 425	2 619	4 806
84	6 618	2 175	4 443
85	5 748	1 824	3 921
86	4 854	1 500	3 354
87	4 002	1 203	2 799
88	3 297	981	2 316
89	2 664	738	1 926
90	2 310	600	1 710
91	1 581	429	1 155
92	1 191	273	921
93	900	186	717
94	717	144	576
95	528	96	429
96	375	63	309
97	228	36	192
98	162	27	132
99	129	30	96
100 plus	282	45	240

26. Population by sex, single years of age and urban/rural residence: each census, 1985 – 1993 (continued)

Population selon le sexe, l'année d'âge et la résidence, urbaine/rurale: chaque recensement, 1985 – 1993 (suite)

Data by urban/rural residence

Données selon la résidence urbaine/rurale

(See notes at end of table. – Voir notes à la fin du tableau.)

Continent, country or area, date, age (in years) and urban/rural residence Continent, pays ou zone, date âge (en années), et résidence urbaine/rurale	Both sexes Les deux sexes	Male Masculin	Female Féminin	Continent, country or area, date, age (in years) and urban/rural residence Continent, pays ou zone, date âge (en années), et résidence urbaine/rurale	Both sexes Les deux sexes	Male Masculin	Female Féminin
OCEANIA (suite) – OCEANIE (suite)							
New Zealand – Nouvelle-Zélande Rural – Rurale							
4 III 1986 [23 24]							
Total	527 742	277 926	249 816				
0	9 444	4 848	4 596	50	4 956	2 598	2 358
1	9 447	4 806	4 641	51	4 887	2 637	2 250
2	9 537	4 929	4 608	52	4 647	2 451	2 196
3	9 309	4 818	4 491	53	4 914	2 619	2 295
4	9 264	4 749	4 515	54	4 692	2 544	2 148
5	9 840	5 052	4 788	55	4 803	2 568	2 235
6	9 843	4 968	4 875	56	4 863	2 619	2 244
7	9 504	4 827	4 677	57	4 563	2 523	2 040
8	9 744	5 001	4 743	58	4 626	2 574	2 052
9	10 167	5 232	4 935	59	4 512	2 433	2 079
10	10 857	5 580	5 277	60	4 308	2 367	1 941
11	11 601	5 985	5 616	61	4 335	2 313	2 022
12	11 883	6 105	5 778	62	4 077	2 205	1 872
13	10 665	5 616	5 049	63	3 786	2 031	1 755
14	10 461	5 481	4 980	64	3 792	2 016	1 776
15	9 834	5 157	4 677	65	3 507	1 884	1 623
16	9 777	5 220	4 557	66	3 045	1 620	1 425
17	8 805	4 908	3 897	67	2 802	1 500	1 302
18	7 224	4 290	2 934	68	2 787	1 485	1 302
19	7 152	4 176	2 976	69	2 724	1 428	1 296
20	6 966	4 062	2 904	70	2 493	1 332	1 161
21	7 506	4 230	3 276	71	2 409	1 263	1 146
22	7 785	4 254	3 531	72	2 142	1 164	978
23	8 415	4 590	3 825	73	2 022	1 062	960
24	8 496	4 497	3 999	74	1 734	918	816
25	8 643	4 560	4 083	75	1 530	789	741
26	8 514	4 458	4 056	76	1 467	747	720
27	8 592	4 383	4 209	77	1 311	681	630
28	8 595	4 383	4 212	78	1 083	546	537
29	8 736	4 542	4 194	79	996	510	486
30	8 664	4 446	4 218	80	867	441	426
31	8 745	4 506	4 239	81	762	375	387
32	8 721	4 518	4 203	82	663	297	366
33	8 685	4 482	4 203	83	534	258	276
34	8 316	4 365	3 951	84	453	219	234
35	8 652	4 416	4 236	85 plus	1 851	717	1 134
36	8 421	4 371	4 050				
37	8 508	4 578	3 930				
38	8 403	4 371	4 032				
39	8 157	4 275	3 882				
40	7 086	3 765	3 321				
41	6 507	3 402	3 105				
42	6 225	3 306	2 919				
43	6 183	3 258	2 925				
44	6 684	3 549	3 135				
45	6 285	3 321	2 964				
46	5 880	3 120	2 760				
47	5 676	2 967	2 709				
48	5 262	2 799	2 463				
49	5 133	2 670	2 463				

26. Population by sex, single years of age and urban/rural residence: each census, 1985 – 1993 (continued)

Population selon le sexe, l'année d'âge et la résidence, urbaine/rurale: chaque recensement, 1985 – 1993 (suite)

Data by urban/rural residence

Données selon la résidence urbaine/rurale

(See notes at end of table. – Voir notes à la fin du tableau.)

OCEANIA (suite) – OCEANIE (suite)

New Zealand – Nouvelle–Zélande
Rural – Rurale

5 III 1991 [23 24]

Continent, country or area, date, age (in years) and urban/rural residence / Continent, pays ou zone, date âge (en années), et résidence urbaine/rurale	Both sexes / Les deux sexes	Male / Masculin	Female / Féminin
Total	507 198	267 060	240 138
0	9 132	4 614	4 518
1	9 492	4 836	4 653
2	9 078	4 572	4 506
3	9 066	4 770	4 293
4	9 072	4 644	4 431
5	9 288	4 818	4 473
6	8 973	4 551	4 422
7	9 117	4 779	4 338
8	8 931	4 599	4 332
9	9 198	4 725	4 473
10	10 218	5 310	4 908
11	10 527	5 424	5 106
12	10 230	5 259	4 977
13	8 526	4 440	4 083
14	8 538	4 515	4 023
15	8 067	4 233	3 831
16	8 463	4 491	3 969
17	8 061	4 497	3 564
18	6 420	3 801	2 622
19	6 213	3 696	2 517
20	6 081	3 603	2 475
21	6 156	3 546	2 610
22	6 108	3 354	2 754
23	6 144	3 327	2 814
24	6 402	3 399	3 003
25	6 486	3 408	3 075
26	7 164	3 708	3 456
27	7 584	3 852	3 732
28	8 121	4 116	4 005
29	8 415	4 224	4 194
30	8 682	4 338	4 344
31	8 628	4 392	4 239
32	8 697	4 362	4 338
33	8 742	4 377	4 365
34	8 775	4 476	4 299
35	8 526	4 428	4 095
36	8 550	4 467	4 086
37	8 250	4 380	3 870
38	8 154	4 257	3 897
39	8 004	4 311	3 696
40	8 013	4 182	3 831
41	7 761	4 125	3 636
42	7 872	4 263	3 609
43	7 839	4 095	3 744
44	7 473	3 906	3 570
45	6,447	3 447	3 000
46	5 937	3 108	2 826
47	5 790	3 102	2 688
48	5 796	3 084	2 715
49	6 264	3 351	2 919
50	5 856	3 120	2 733
51	5 433	2 838	2 595
52	5 247	2 811	2 436
53	4 950	2 604	2 343
54	4 704	2 475	2 229
55	4 521	2 382	2 139
56	4 542	2 493	2 049
57	4 194	2 250	1 944
58	4 398	2 361	2 037
59	4 407	2 397	2 010
60	4 449	2 400	2 049
61	4 392	2 442	1 950
62	4 122	2 376	1 743
63	4 059	2 298	1 761
64	3 816	2 124	1 692
65	3 576	2 034	1 542
66	3 513	1 950	1 563
67	3 141	1 668	1 473
68	2 889	1 545	1 344
69	2 757	1 494	1 260
70	2 637	1 413	1 221
71	2 190	1 164	1 026
72	1 944	1 014	930
73	1 929	1 023	906
74	1 824	948	876
75	1 626	840	783
76	1 554	804	750
77	1 356	702	654
78	1 209	591	615
79	1 038	516	522
80	873	432	444
81	810	384	426
82	672	321	357
83	585	258	330
84	510	240	270
85	423	183	243
86	354	156	195
87	297	105	192
88	243	105	138
89	168	66	99
90	156	51	105
91	99	36	63
92	78	30	45
93	60	18	42
94	39	12	27
95	27	9	18
96	18	3	12
97	12	–	12
98	9	–	3
99	9	–	6
100 plus	15	3	12

26. Population by sex, single years of age and urban/rural residence: each census, 1985 – 1993 (continued)

Population selon le sexe, l'année d'âge et la résidence, urbaine/rurale: chaque recensement, 1985 – 1993 (suite)

Data by urban/rural residence

Données selon la résidence urbaine/rurale

(See notes at end of table. – Voir notes à la fin du tableau.)

Continent, country or area, date, age (in years) and urban/rural residence / Continent, pays ou zone, date âge (en années), et résidence urbaine/rurale	Both sexes / Les deux sexes	Male / Masculin	Female / Féminin	Continent, country or area, date, age (in years) and urban/rural residence / Continent, pays ou zone, date âge (en années), et résidence urbaine/rurale	Both sexes / Les deux sexes	Male / Masculin	Female / Féminin
OCEANIA (suite) – OCEANIE (suite)							
Vanuatu							
Urban – Urbaine							
16 V 1989*							
Total	25 870	13 670	12 200				
0	988	528	460	50	127	77	50
1	855	430	425	51	86	53	33
2	827	422	405	52	93	57	36
3	707	347	360	53	78	50	28
4	754	413	341	54	74	46	28
5	626	322	304	55	79	40	39
6	584	315	269	56	77	48	29
7	513	260	253	57	71	43	28
8	603	341	262	58	93	55	38
9	517	282	235	59	82	49	33
10	465	227	238	60	60	28	32
11	520	275	245	61	44	37	7
12	514	248	266	62	42	28	14
13	525	261	264	63	54	32	22
14	565	298	267	64	39	21	18
15	538	261	277	65	43	22	21
16	567	275	292	66	37	18	19
17	577	273	304	67	44	26	18
18	563	281	282	68	28	20	8
19	694	339	355	69	28	16	12
20	704	380	324	70	35	15	20
21	572	293	279	71	19	13	6
22	586	281	305	72	18	10	8
23	549	301	248	73	11	5	6
24	648	316	332	74	13	6	7
25	665	345	320	75	22	13	9
26	652	340	312	76	9	4	5
27	521	264	257	77	15	9	6
28	514	276	238	78	17	12	5
29	572	294	278	79	15	8	7
30	475	230	245	80	8	6	2
31	411	235	176	81	4	–	4
32	441	215	226	82	1	1	–
33	398	201	197	83	4	1	3
34	497	233	264	84	5	2	3
35	391	198	193	85	2	–	2
36	413	270	143	86	1	1	–
37	307	178	129	87	7	3	4
38	279	161	118	88	1	1	–
39	335	206	129	89 plus	15	7	8
40	282	165	117				
41	230	137	93				
42	216	131	85				
43	191	112	79				
44	160	96	64				
45	177	103	74				
46	191	128	63				
47	172	95	77				
48	133	79	54				
49	185	126	59				

26. Population by sex, single years of age and urban/rural residence: each census, 1985 – 1993 (continued)

Population selon le sexe, l'année d'âge et la résidence, urbaine/rurale: chaque recensement, 1985 – 1993 (suite)

Data by urban/rural residence

Données selon la résidence urbaine/rurale

(See notes at end of table. – Voir notes à la fin du tableau.)

Continent, country or area, date, age (in years) and urban/rural residence Continent, pays ou zone, date âge (en années), et résidence urbaine/rurale	Both sexes Les deux sexes	Male Masculin	Female Féminin
OCEANIA (suite) – OCEANIE (suite)			
Vanuatu			
Rural – Rurale			
16 V 1989*			
Total	116 549	59 714	56 835
0	4 012	2 073	1 939
1	4 180	2 219	1 961
2	3 997	2 086	1 911
3	3 901	2 025	1 876
4	3 759	1 939	1 820
5	3 730	1 969	1 761
6	3 458	1 798	1 660
7	3 185	1 513	1 672
8	4 318	2 307	2 011
9	3 840	2 153	1 687
10	3 210	1 704	1 506
11	3 124	1 596	1 528
12	2 943	1 575	1 368
13	2 868	1 504	1 364
14	2 662	1 365	1 297
15	2 331	1 195	1 136
16	2 317	1 228	1 089
17	2 114	1 099	1 015
18	1 979	1 008	971
19	2 134	1 056	1 078
20	2 165	1 049	1 116
21	1 810	852	958
22	1 742	828	914
23	1 748	848	900
24	1 973	935	1 038
25	1 814	870	944
26	1 769	808	961
27	1 490	711	779
28	1 581	746	835
29	1 825	839	986
30	1 635	792	843
31	1 193	606	587
32	1 225	585	640
33	1 121	573	548
34	1 595	588	1 007
35	1 458	662	796
36	1 237	586	651
37	1 064	533	531
38	1 175	639	536
39	1 277	676	601
40	1 213	579	634
41	1 011	536	475
42	938	463	475
43	805	397	408
44	765	381	384
45	931	515	416
46	939	529	410
47	916	526	390
48	794	402	392
49	840	447	393
50	780	372	408
51	544	285	259
52	541	317	224
53	511	262	249
54	515	271	244
55	448	238	210
56	464	248	216
57	433	254	179
58	561	286	275
59	616	334	282
60	624	337	287
61	408	238	170
62	413	215	198
63	414	220	194
64	438	243	195
65	407	209	198
66	305	172	133
67	333	205	128
68	407	230	177
69	370	208	162
70	358	194	164
71	224	134	90
72	188	111	77
73	177	85	92
74	184	101	83
75	180	115	65
76	147	87	60
77	116	72	44
78	149	87	62
79	169	105	64
80	148	82	66
81	74	43	31
82	75	40	35
83	78	48	30
84	50	30	20
85	69	30	39
86	61	26	35
87	61	37	24
88	39	17	22
89 plus	359	213	146

26. Population by sex, single years of age and urban/rural residence: each census, 1985 – 1993 (continued)

Population selon le sexe, l'année d'âge et la résidence, urbaine/rurale: chaque recensement, 1985 – 1993 (suite)

GENERAL NOTES

Unless otherwise specified, age is defined as age at last birthday (completed years). For definitions of "urban", see Technical Notes for table 6. For method of evaluation and limitations of data, see Technical Notes, page 100.

FOOTNOTES

* Provisional.
1 For classification by urban/rural residence, see end of table.
2 De jure population.
3 Based on results of a sample survey.
4 Excluding Bophuthatswana, Ciskei, Transkei, and Venda.
5 Data have not been adjusted for underenumeration.
6 Because of rounding, totals are not in all cases the sum of the parts.
7 Age classification based on year of birth rather than on completed years of age.
8 Excluding persons residing in institutions.
9 De jure population, but excluding civilian citizens absent from country for extended period of time.
10 Excluding armed forces overseas.
11 Excluding nomadic Indian tribes.
12 Covering only the civilian population of 30 provinces, municipalities and autonomous regions. Excluding Jimmen and Mazhu Islands.
13 Including 26 106 transients and 9 131 Vietnamese refugees.
14 Including 35 823 transients and 51 847 Vietnames refugees.
15 Excluding diplomatic personnel outside the country, and foreign military and civilian personnel and their dependants stationed in the area.
16 Excluding alien armed forces, civilian aliens employed by armed forces, and foreign diplomatic personnel and their dependants and Korean diplomatic personnel and their dependants stationed outside the country.
17 Excluding foreigners.
18 De jure population but excluding diplomatic personnel outside the country and including foreign diplomatic personnel not living in embassies or consulates.
19 Excluding civilian aliens within the country, and including civilian nationals temporarily outside the country.
20 Excluding Northern Ireland.
21 Data exclude adjustment for underenumeration, estimated at 1.8 per cent.
22 Data exclude adjustment for underenumeration, estimated at 1.9 per cent.
23 For usual residents in country at time of census.
24 Excluding diplomatic personnel and armed forces stationed outside the country, the latter numbering 1 936 at 1966 census; also excluding alien forces armed within the country.
25 Settled population only.

NOTES GENERALES

Sauf indication contraire, l'âge désigne l'âge au dernier anniversaire (années révolues). Pour les définitions de "zones urbaines", voir les Notes techniques relatives au tableau 6. Pour la méthode d'évaluation et les insuffisances des données, voir Notes techniques, page 100.

NOTES

* Données provisoires.
1 Pour le classement selon la résidence, urbaine/rurale, voir la fin du tableau.
2 Population de droit.
3 D'après les résultats d'une enquête par sondage.
4 Non compris Bophuthatswana, Ciskei, Transkei et Venda.
5 Les données n'ont été adjustées pour compenser les lacunes du dénombrement.
6 Les chiffres étant arrondis, les totaux ne correspondent pas toujours rigoureusement à la somme des chiffres partiels.
7 La classification par âge est fondée sur l'année de naissance et non sur l'âge en années révolues.
8 Non compris les personnes dans les institutions.
9 Population de droit, mais non compris les civils hors du pays pendant une période prolongée.
10 Non compris les militaires à l'étranger.
11 Non compris les tribus d'Indiens nomades.
12 Pour la population civile seulement de 30 provinces, municipalitiés et régions autonomes. Non compris les îles de Jimmen et Mazhu.
13 Y compris 26 106 transients et 9 131 réfugiés du Viet Nam.
14 Y compris 35 823 transients et 51 847 réfugiés Viet Nam.
15 Non compris le personnel diplomatique hors du pays, les militaires et agents civils étrangers en poste sur le territoire et les membres de leur famille les accompagnant.
16 Non compris les militaires étrangers, les civils étrangers employés par les forces armées, le personnel diplomatique étranger et les membres de leur famille les accompagnant, le personnel diplomatique coréen hors du pays et les membres de leur famille les accompagnant.
17 Non compris étrangers.
18 Population de droit, non compris le personnel diplomatique hors du pays, mais y compris le personnel diplomatique étranger qui ne vit pas dans les ambassades ou les consulats.
du recensement.
19 Non compris les civils étrangers dans le pays, mais y compris les civils nationaux temporairement hors du pays.
20 Non compris l'Irlande du Nord.
21 Les données n'ont pas été adjustées pour compenser les lacunes du dénombrement, estimées à 1,8 p. 100.
22 Les données n'ont pas été adjustées pour compenser les lacunes du dénombrement, estimées à 1,9 p. 100.
23 Pour les résidents habituels dans le pays au moment du recensement.
24 Non compris le personnel diplomatique et les militaires hors du pays, ces deminers au nombre de 1 936 au recensements de 1966; non compris également les militaires étrangers dans le pays.
25 Population sédentaire seulement.

27. Population by national and/or ethnic group, sex and urban/rural residence: each census, 1985 – 1993

Population selon le groupe national et/ou ethnique, le sexe et la résidence, urbaine/rurale: chaque recensement, 1985 – 1993

(See notes at end of table. – Voir notes à la fin du tableau.)

Continent, country or area, census date group and urban/rural residence Continent, pays ou zone, date du recensement groupe et résidence, urbaine/rurale	Both sexes Les deux sexes	Male Masculin	Female Féminin
AFRICA—AFRIQUE			
Côte d'Ivoire			
1 III 1988			
Total	10 815 694	5 527 343	5 288 351
Akan	3 251 227	1 579 830	1 671 397
Krou	1 136 291	561 366	574 925
Mane Nord	1 236 129	620 838	615 291
Mane Sud	831 840	413 613	418 227
Naturalises	51 146	26 762	24 384
Voltaique	1 266 235	626 517	639 718
Other – Autres	3 039 035	1 696 034	1 343 001
Unknown – Inconnu	3 791	2 383	1 408
Rwanda			
15 VIII 1991* [1]			
Total	7 149 215	3 482 460	3 666 755
Hutu	6 466 285	3 144 260	3 322 025
Tutsi	590 900	290 860	300 040
Twa	29 165	14 820	14 345
Other – Autres	62 865	32 520	30 345
Senegal – Sénégal			
27 V 1988			
Total	6 773 417	3 283 400	3 490 017
Balant	54 398	26 410	27 988
Bambara	91 071	45 240	45 831
Bassari	6 195	2 914	3 281
Coniagui	1 119	535	584
Diola	357 672	171 457	186 215
Fula	108	53	55
Khassonke	1 752	863	889
Laobe	18 250	8 523	9 727
Lebou	56 758	28 167	28 591
Malinke	28 643	14 008	14 635
Mancage	23 180	11 182	11 998
Mandingue	245 651	120 012	125 639
Mandjaag	66 605	31 816	34 789
Maure	67 726	33 948	33 778
Peul	978 366	485 857	492 509
Rural – Rurale	113 184	54 688	58 496
Serere	1 009 921	488 323	521 598
Soce	42 751	21 962	20 789
Toucouleur	631 892	303 703	328 189
Wolof	2 890 402	1 390 622	1 499 780
Other – Autres	87 773	43 117	44 656
Seychelles			
17 VIII 1987			
Total	68 598	34 125	34 473
Algerian – Algérienne	15	7	8
American – Americaines	101	73	28
Australian	38	19	19
Austrian–Autrichens	2	1	1
Bangladeshi	3	2	1
Belgian – Belgiens	29	17	12
Bulgarian – Bulgares	1	1	–
Canadian	6	5	1
Ceylonese	117	64	53
Chinese – Chinois	37	24	13
Congo	1	–	1
Cote d'Ivoire	2	–	2
Cubans	7	5	2
Czech – Tchèques	1	–	1
Danish–Danois	4	2	2
Dutch – Néerlandais	6	5	1
Egyptian	3	2	1
English – Anglais	246	129	117
Ethiopian	1	–	1
Fijian – Fidjiens	1	–	1
French – Français	121	65	56
German – Allemands	26	13	13
Ghanaian	7	6	1
Greek – Grecs	2	1	1
Guineans(Bisaau)	58	32	26
Guyanese	1	1	–
Hungarian– Hongrois	2	1	1
Indian – Indiens	236	124	112
Irish	18	3	15
Italian – Italiens	28	20	8
Japanese–Japonais	5	2	3
Kenyah	11	6	5
Korean – Coréens	1	–	1
Lebanese	2	–	2
Liberian	4	3	1
Malagas	3	2	1
Malay – Malais	1	–	1
Mauritania	3	2	1
Mauritians	143	82	61
New Zealand – Nouvelle–Zélande	5	2	3
Nicaraguan	1	–	1
Nigerian	4	4	–
Norwegian–Norvégien	2	1	1
Pakistani – Pakistanais	19	9	10
Polish – Polonais	1	–	1
Portuguese – Portugais	2	2	–
Reunion	1	–	1
Seychelloise	67 120	33 305	33 815
South African	6	2	4
Soviets	59	28	31
Spanish – Espagnol	6	4	2
Sudanese	1	1	–
Swaziland	2	1	1
Swedish–Suédois	12	7	5
Swiss – Suisse	9	8	1
Tanzanian	16	10	6
Ugandan	4	3	1
Vietnamese – Vietnamiens	5	5	–
Yugoslav – Yougoslaves	3	1	2
Zambian	1	1	–
Zimbabwean	1	–	1
Unknown – Inconnu	25	12	13
South Africa – Afrique du Sud			
5 III 1985 [3]			
Total	23 385 645	11545282	11840363

27. Population by national and/or ethnic group, sex and urban/rural residence: each census, 1985 – 1993 (continued)
Population selon le groupe national et/ou ethnique, le sexe et la résidence, urbaine/rurale: chaque recensement, 1985 – 1993 (suite)

(See notes at end of table. – Voir notes à la fin du tableau.)

Continent, country or area, census date group and urban/rural residence Continent, pays ou zone, date du recensement groupe et résidence, urbaine/rurale	Both sexes Les deux sexes	Male Masculin	Female Féminin
AFRICA—AFRIQUE (Cont.–Suite)			
South Africa – Afrique du Sud			
5 III 1985 [3]			
Asiatic – Asiatiques	821 361	406 340	415 021
Coloured – Personnes de Couleur	2 832 705	1 377 989	1 454 716
North Ndebele	267 722	128 617	139 105
North Sotho	2 306 235	1 084 012	1 222 223
Shangaan Tsonga	1 024 594	523 106	501 488
South Ndebele	378 144	179 768	198 376
South Sotho	1 579 570	812 917	766 653
Swazi	841 071	409 484	431 587
Tswana	1 147 932	580 510	567 422
Venda	125 555	77 442	48 113
White – Blancs	4 568 739	2 252 201	2 316 538
Xhosa	2 080 082	1 146 141	933 941
Zulu	5 337 334	2 510 591	2 826 743
Other – Autres	74 601	56 164	18 437
Uganda – Ouganda			
12 I 1991 [4]			
Total	16 072 548	7 869 389	8 203 159
Acholi, Labwor	734 707	353 804	380 903
Alur,Jonam	395 553	195 330	200 223
Baamba	62 926	31 197	31 729
Bachope	12 089	5 978	6 111
Badama,Japachola	247 577	122 562	125 015
Bafumbira	203 030	99 845	103 185
Baganda	3 015 980	1 459 388	1 556 592
Bagisu,Bamasaba	751 253	376 288	374 965
Bagwe	40 074	20 564	19 510
Bagwere	275 608	134 751	140 857
Bahororo	141 668	68 092	73 576
Bakiga	1 391 442	686 870	704 572
Bakonjo	361 709	176 607	185 102
Banyankole,Bahima	1 643 193	807 772	835 421
Banyarwanda	329 662	162 483	167 179
Banyole	228 918	114 921	113 997
Banyoro,Bagungu	495 443	243 860	251 583
Baruli	68 010	33 344	34 666
Barundi	100 903	52 246	48 657
Basoga	1 370 845	663 865	706 980
Batoro,Batuku,Basongora	488 024	239 753	248 271
Batwa,Pygmy	1 394	688	706
Kuman	112 629	54 756	57 873
Langi	977 680	481 116	496 564
Nubian	14 739	7 098	7 641
Samia	185 304	92 867	92 437
Sebei	109 939	54 968	54 971
Tunisian Moslem	86 472	43 272	43 200
Turkana	999 537	489 361	510 176
Turkemnian–Turkmènes	346 166	162 417	183 749
Uruguayan	8 600	4 423	4 177
Va	588 830	288 427	300 403
West Asian	178 558	87 680	90 878
Unknown – Inconnu	104 086	52 796	51 290

Continent, country or area, census date group and urban/rural residence Continent, pays ou zone, date du recencement groupe et résidence, urbaine/rurale	Both sexes Les deux sexes	Male Masculin	Female Féminin
AMERICA,NORTH— AMERIQUE DU NORD			
Aruba			
6 X 1991 [1]			
Total	66 687	32 821	33 866
African – Africains	17	9	8
American – Americaines	503	242	261
British – Anglais	362	123	239
Chinese – Chinois	184	119	66
Colombian	1 345	535	810
Dominican Rep.	1 479	404	1 075
Grenada	104	11	93
Haitian	277	30	246
Japanese–Japonais	164	26	138
Netherlands	59 469	29 636	29 833
Oceania	2	1	1
Other Asiatic – Autres Asiatiques	95	57	37
Other European – Autres Européens	161	94	68
Peruvian	139	83	56
Philippine Native	236	182	54
Portuguese – Portugais	139	76	63
Surinam	357	187	170
Turkish – Turcs	121	118	3
Venezuelan	1 126	684	442
Other – Autres	404	203	201
Unknown – Inconnu	3	1	2
Belize			
12 V 1991 [15]			
Total	185 970	93 968	92 002
Chinese – Chinois	748	444	304
Churash	1 871	979	892
Creole–Créole	55 381	27 502	27 879
Garifuna	12 343	5 844	6 499
German Dutch Mennonite	5 764	3 008	2 756
Indian – Indiens	6 458	3 266	3 192
Ketchi Maya	7 954	4 041	3 913
Maya Mopan	6 807	3 421	3 386
Mestizo	81 275	41 532	39 743
Other Maya	5 686	2 977	2 709
Syrian, Lebanese or Arab – Syriens, Libanais ou Arabes	167	101	66
White – Blancs	1 499	847	652
Unknown – Inconnu	17	6	11
Bermuda – Bermudes			
20 V 1991 [16]			
Total	72 012	35 072	36 940
African – Africains	3 172	1 765	1 407
American – Americaines	3 827	1 636	2 191
Asians	620	328	292
Bermudian	37 505	17 957	19 548

27. Population by national and/or ethnic group, sex and urban/rural residence: each census, 1985 – 1993 (continued)
Population selon le groupe national et/ou ethnique, le sexe et la résidence, urbaine/rurale: chaque recensement, 1985 – 1993 (suite)

(See notes at end of table. – Voir notes à la fin du tableau.)

Continent, country or area, census date group and urban/rural residence Continent, pays ou zone, date du recensement groupe et résidence, urbaine/rurale	Both sexes Les deux sexes	Male Masculin	Female Féminin
AMERICA,NORTH— (Cont.-Suite) AMERIQUE DU NORD			
Bermuda – Bermudes			
20 V 1991 [16]			
British – Anglais	9 403	4 600	4 803
Canadian	2 105	883	1 222
European – Européens	2 086	1 154	932
Indian – Indiens	494	234	260
Portuguese – Portugais	5 254	2 776	2 478
West Indian – Antillais	6 465	3 165	3 300
Zimbabwean	64	29	35
Other – Autres	1 017	545	472
Canada			
3 VI 1986 [17]			
Total	25 022 005	12368455	12653550
Aboriginal–aborigènes	373 270	184 270	189 000
Arab – Arabes	27 275	15 825	11 450
Armenian – Arméniens	22 525	11 500	11 025
Asiatic – Asiatiques	266 800	136 090	130 710
Austrian–Autrichens	24 905	12 500	12 405
Belgian – Belgiens	28 395	14 015	14 380
Black – Noirs	174 960	82 735	92 225
British – Anglais	8 406 550	4 129 185	4 277 365
British and others	2 262 525	1 114 115	1 148 410
British and French	1 139 335	552 200	587 135
Cambodian	10 365	5 425	4 940
Caribean	48 475	22 325	26 150
Chinese – Chinois	360 320	178 655	181 665
Croatian – Croates	35 120	18 070	17 050
Czech and slovak– Tchèques et slovaques	55 535	28 930	26 605
Dutch – Néerlandais	351 765	182 725	169 040
Egyptian	11 580	6 305	5 275
Estonian	13 200	6 270	6 930
Filipino – Philippins	93 285	41 120	52 165
Finnish–Finnois	40 565	19 060	21 505
French – Français	6 424 755	3 148 585	3 276 170
German – Allemands	896 720	454 975	441 745
Greek – Grecs	143 780	74 545	69 235
Hungarian– Hongrois	97 850	51 345	46 505
Iranian	13 320	7 860	5 460
Italian – Italiens	709 585	369 330	340 255
Japanese–Japonais	40 250	19 795	20 455
Jewish population – Population juifs	245 860	123 930	121 930
Korean – Coréens	27 680	13 220	14 460
Latvian–Latvien	12 615	6 230	6 385
Lebanese	29 350	15 985	13 365
Lithuanian–Lituanien	14 730	7 620	7 110
Luhya	9 575	4 970	4 605
Macedonian – Macédoniens	11 355	5 870	5 485
Maltese	15 345	8 105	7 240
Pacific Islander – Habitants des îles du Pacifique	6 625	3 285	3 335
Polish – Polonais	222 260	112 290	109 970
Portuguese – Portugais	199 595	101 405	98 190
Romanian – Roumains	18 745	9 270	9 475
Russian – Russes	32 085	15 260	16 825
Scandinavian–Scandinaves	171 715	89 425	82 290
Serbian – Serbes	9 510	5 195	4 315
Slovene–Slovéne	5 890	2 960	2 930
Spanish – Espagnol	57 125	28 305	28 820
Swiss – Suisse	19 135	10 465	8 665
Turkish – Turcs	5 065	2 645	2 420
Ukrainian – Ukrainiens	420 210	210 030	210 180
Vietnamese – Vietnamiens	53 010	29 045	23 965
Yugoslav – Yougoslaves	51 205	27 220	23 985
Other – Autres	1 310 310	647 970	662 350
4 VI 1991 [17]			
Total	26 994 045	13337675	13656370
Acadian	10 345	5 350	5 000
Afgan	5 875	3 330	2 550
African Black	6 720	3 765	2 955
Albanian – Albanais	1 555	900	650
American – Americaines	11 000	5 240	5 755
Arab – Arabes	27 265	15 665	11 605
Argentinian	3 095	1 645	1 450
Armenian – Arméniens	26 005	13 325	12 680
Australian	1 600	730	865
Austrian–Autrichens	27 130	13 490	13 640
Bangladeshi	4 790	2 990	1 800
Barbadian	3 200	1 740	1 455
Basque	495	235	260
Belgian – Belgiens	31 475	16 180	15 295
Bengali	1 200	670	530
Black – Noirs	214 265	101 300	112 970
Brazil	2 525	1 285	1 245
British – Anglais	1 984 120	936 870	1 047 250
British and others	3 264 345	1 592 720	1 671 625
British and Canadian	116 530	58 680	57 850
British and French	1 071 875	513 635	558 240
Bulgarian – Bulgares	4 755	2 760	1 990
Burmese – Birmans	580	265	315
Byelorussian – Biélorussiens	1 015	525	490
Cambodian	16 940	8 500	8 435
Canadian	765 095	396 580	368 515
Canadian and Other	58 030	30 550	27 485
Ceylonese	23 145	13 130	10 020
Chilean	12 795	6 695	6 105
Chinese – Chinois	586 645	291 885	294 755
Churash	835 990	413 100	422 890
Colombian	3 110	1 365	1 740
Croatian – Croates	41 550	21 810	19 740
Cubans	665	405	255
Cypriot	1 300	715	585
Czech – Tchèques	43 180	22 400	20 785
Danish–Danois	40 640	21 515	19 120
Dutch – Néerlandais	358 180	184 245	173 935
East Indian	324 840	165 310	159 530
Ecuadorian	2 700	1 355	1 340
Egyptian	18 950	10 185	8 765
English–Anglais	3 958 405	1 957 835	2 000 565
Estonian	12 940	6 040	6 895
Ethiopian	6 955	4 145	2 805
Fijian – Fidjiens	6 675	3 265	3 410

27. Population by national and/or ethnic group, sex and urban/rural residence: each census, 1985 – 1993 (continued)
Population selon le groupe national et/ou ethnique, le sexe et la résidence, urbaine/rurale: chaque recensement, 1985 – 1993 (suite)

(See notes at end of table. – Voir notes à la fin du tableau.)

Continent, country or area, census date group and urban/rural residence Continent, pays ou zone, date du recensement groupe et résidence, urbaine/rurale	Both sexes Les deux sexes	Male Masculin	Female Féminin
AMERICA,NORTH— (Cont.–Suite) AMERIQUE DU NORD			
Canada			
4 VI 1991 [17]			
Filipino – Philippins	157 250	62 305	94 945
Finnish–Finnois	39 225	18 350	20 880
Flemish–Flamand	3 010	1 525	1 485
French – Français	6 141 745	3 013 730	3 128 015
French and Others	451 300	219 070	232 220
Georgian–Géorgiens	3 855	2 000	1 855
German – Allemands	911 560	458 150	453 405
Ghanaian	3 635	2 135	1 500
Greek – Grecs	151 145	78 125	73 020
Guyanese	16 760	7 755	9 000
Haitian	22 890	10 555	12 325
Hispanic	5 655	2 795	2 860
Hungarian– Hongrois	100 725	52 280	48 450
Icelandic–Islandais	14 555	7 135	7 415
Indonesian – Indonésiens	2 215	1 055	1 155
Inuit	30 090	15 190	14 900
Iranian	38 920	22 640	16 275
Iraqi	3 520	2 015	1 510
Irish	725 660	365 590	360 075
Israelis–Israëliens	755	395	360
Italian – Italiens	750 055	388 805	361 250
Jamaican	20 910	9 615	11 290
Japanese–Japonais	48 595	23 400	25 195
Jewish – Juifs	245 840	122 915	122 920
Kinh	520	285	235
Korean – Coréens	44 095	21 415	22 685
Kurd – Kurdes	1 175	740	430
Laotian	13 365	7 075	6 290
Latvian–Latvien	11 495	5 560	5 935
Lebanese	74 250	40 950	33 295
Lithuanian–Lituanien	15 180	7 535	7 645
Macedonian – Macédoniens	14 030	7 325	6 710
Maghrebi	3 920	2 690	1 235
Malay – Malais	1 715	775	940
Maltese	15 525	8 195	7 335
Maori–Indian	75 150	37 000	38 145
Mexican	8 015	3 525	4 490
Moroccan pop. – Pop. Marocaine	5 005	2 895	2 110
Nicaraguan	3 210	1 695	1 515
North Am. Indian	365 375	178 670	186 705
Norwegian–Norvégien	63 030	32 240	30 790
Other Africans – Autres africaines	12 405	6 495	5 905
Other Asiatic – Autres Asiatiques	4 175	2 145	2 030
Other British	5 670	2 950	2 725
Other Caribbean	3 825	1 565	2 260
Other European – Autres Européens	4 805	2 595	2 205
Other Latin Cntrl S.A.	21 740	11 155	10 585
Pakistani – Pakistanais	35 685	18 640	17 040
Palestinian	4 050	2 250	1 800
Peruvian	4 925	2 390	2 535
Polish – Polonais	272 810	136 185	136 630
Polynesian – Polynésiens	545	230	310
Portuguese – Portugais	246 885	124 760	122 125
Punjabi	20 960	10 710	10 250
Quebecois	6 575	3 160	3 415
Romanian – Roumains	28 655	14 665	13 985
Russian – Russes	38 225	18 025	20 195
Salvadorean	12 445	6 680	5 765
Scandinavian–Scandinaves	12 805	6 320	6 485
Scottish	893 125	451 930	441 195
Serbian – Serbes	13 085	6 890	6 200
Sinhalese	980	555	425
Slovak – Slovaques	15 945	8 090	7 850
Slovenian – Slovènes	8 050	4 110	3 940
Somali	7 075	4 095	2 985
Spanish – Espagnol	82 675	41 560	41 120
Swedish–Suédois	43 350	21 050	22 295
Swiss – Suisse	23 610	12 470	11 140
Syrian – Syriens	7 085	3 765	3 320
Tamil – Tamouls	8 690	5 200	3 495
Thai – Thais	1 640	480	1 160
Trinidadian and Tob.	8 930	4 295	4 635
Turkish – Turcs	8 525	4 810	3 720
Ukrainian – Ukrainiens	406 645	201 710	204 935
Uruguayan	1 470	750	715
Vietnamese – Vietnamiens	84 005	45 130	38 875
Welsh–Gallois	28 190	14 765	13 430
West Asian	410	215	190
West Indian	18 820	8 695	10 130
Yugur	48 420	25 345	23 075
Other – Autres	745	390	355
Panama			
13 V 1990			
Total	2 329 329	1 178 790	1 150 539
Bokota	3 784	1 896	1 888
Embera	14 659	7 576	7 083
Guaymi	123 626	64 404	59 222
Kuna	47 298	23 738	23 560
Non–Indigenous – Non–indigènes	2 135 060	1 078 641	1 056 419
Teribe	2 194	1 173	1 021
Waunana	2 605	1 321	1 284
Other – Autres	103	41	62
AMERICA,SOUTH— AMERIQUE DU SUD			
Chile – Chili			
22 IV 1992 [8]			
Total	9 660 367	4 675 960	4 984 407
Aymara	48 477	24 898	23 579
Mapuche	928 060	470 730	457 330
Non–Indigenous – Non–indigènes	8 661 982	4 170 974	4 491 008
Rapanui	21 848	9 358	12 490

27. Population by national and/or ethnic group, sex and urban/rural residence: each census, 1985 – 1993 (continued)
Population selon le groupe national et/ou ethnique, le sexe et la résidence, urbaine/rurale: chaque recensement, 1985 – 1993 (suite)

(See notes at end of table. – Voir notes à la fin du tableau.)

Continent, country or area, census date group and urban/rural residence Continent, pays ou zone, date du recensement groupe et résidence, urbaine/rurale	Both sexes Les deux sexes	Male Masculin	Female Féminin
ASIA—ASIE			
Brunei Darussalam – Brunéi Darussalam			
7 VIII 1991			
Total	260 482	137 616	122 866
Chinese – Chinois	40 621	22 166	18 455
Indigenous – Indigènes	15 665	8 938	6 727
Malay – Malais	174 319	87 148	87 171
Other – Autres	29 877	19 364	10 513
China – Chine			
1 VII 1990 [8]			
Total	1130510638	581820407	548690231
Achang	27 718	13 853	13 865
Bai	1 598 052	810 200	787 852
Blang	87 546	44 449	43 097
Bonan	11 683	6 003	5 680
Bouyei	2 548 294	1 295 474	1 252 820
Dai	1 025 402	511 327	514 075
Daur	121 463	61 202	60 261
Deang	15 461	7 721	7 740
Dong	2 508 624	1 326 600	1 182 024
Dongxiang	373 669	192 634	181 035
Drung	5 825	2 792	3 033
Ewenki	26 379	13 154	13 225
Gaoshan	2 877	1 461	1 416
Gelao	438 192	234 767	203 425
Han	103 918 754	535013953	504173595
Hani	1 254 800	640 653	614 147
Hezhen	4 254	2 115	2 139
Hui	8 612 001	4 373 932	4 238 069
Jing	18 749	8 963	9 786
Jingpo	119 276	58 271	61 005
Jino	18 022	9 096	8 926
Khakass – Khakases	1 110 758	568 715	542 043
Kirgiz	143 537	73 128	70 409
Korean – Coréens	1 923 361	952 309	971 052
Lahu	411 545	209 492	202 053
Lhoba	2 322	1 128	1 194
Li	1 112 498	564 609	547 889
Lisu	574 589	291 629	282 960
Manchu	9 846 776	5 145 707	4 701 069
Maonan	72 370	37 443	34 927
Miao	7 383 622	3 831 500	3 552 122
Monba	7 498	3 740	3 758
Mongol – Mongols	4 802 407	2 439 779	2 362 628
Mulam	160 648	81 672	78 976
Naxi	277 750	139 474	138 276
Nu	27 190	13 694	13 496
Oroqen	7 004	3 388	3 616
Pumi	29 721	15 083	14 638
Qiang	198 303	100 608	97 695
Russian – Russes	13 500	6 290	7 210
Salar	82 398	42 015	40 383
She	634 700	339 228	295 472
Shui	347 116	179 141	167 975
Tajik	33 223	16 966	16 257
Tatar – Tatars	5 064	2 631	2 433
Tibetan	4 593 072	2 269 082	2 323 990
Tu	192 568	98 905	93 663
Tujia	5 725 049	3 006 954	2 718 095
Uyghar–Ouïgours	7 207 024	3 682 362	3 524 662
Uzbek–Uzbec	14 763	7 711	7 052
Va	351 980	177 480	174 500
Xibe	172 932	90 786	82 146
Yao	2 137 033	1 115 025	1 022 008
Yi	6 578 524	3 347 399	3 231 125
Yugur	12 293	6 150	6 143
Zhuang	15 555 820	7 940 413	7 615 407
Other – Autres	3 498	788	2 710
Unknown – Inconnu	752 347	389 363	362 984
Kazakhstan			
12 I 1989 [1]			
Total	16 464 464	7 974 004	8 490 460
Armenian – Arméniens	19 119	11 475	7 644
Avar – Avars	2 777	1 843	934
Azerbaijani – Azerbaïdjanais	90 083	50 089	39 994
Balkan	2 967	1 438	1 529
Bashkir –Bachkirs	41 847	19 804	22 043
Belarus	182 601	89 839	92 762
Bulgarian – Bulgares	10 426	5 204	5 222
Chechen –Tchétchène	49 507	27 162	22 345
Chinese – Chinois	3 731	2 192	1 539
Churash	22 305	10 830	11 475
Dungan	30 165	15 229	14 936
Estonian	3 397	1 600	1 797
Georgian–Géorgiens	9 496	5 983	3 513
German – Allemands	957 518	464 143	493 375
Greek – Grecs	46 746	23 214	23 532
Ingushi	19 914	10 892	9 022
Jewish – Juifs	18 492	9 160	9 332
Karachai	2 057	1 023	1 034
Kazakh–Kszaks	6 534 616	3 225 856	3 308 760
Korean – Coréens	103 315	51 111	52 204
Kurd – Kurdes	25 425	12 962	12 463
Kyrgyz	14 112	7 372	6 740
Latvian–Latvien	3 373	1 843	1 530
Lezghin	13 905	7 449	6 456
Lithuanian–Lituanien	10 942	6 315	4 627
Mary	12 201	5 548	6 653
Moldavian–Moldaves	33 098	17 173	15 925
Mordvinian – Mordves	30 036	13 642	16 394
Ossetian – Ossètes	4 308	2 493	1 815
Persian	3 136	1 774	1 362
Polaks	59 956	28 018	31 938
Russian – Russes	6 227 549	2 930 489	3 297 060
Shangane	49 567	24 869	24 698
Tajik	25 514	14 165	11 349
Tartar	3 169	1 484	1 685
Tatar – Tatars	327 982	151 388	176 594
Turkish – Turcs	3 846	2 972	874
Udmurt–Oudmoutes	15 855	6 898	8 957
Ukrainian – Ukrainiens	896 240	426 900	469 340
Uyghar–Ouïgours	185 301	93 034	92 267

27. Population by national and/or ethnic group, sex and urban/rural residence: each census, 1985 – 1993 (continued)
Population selon le groupe national et/ou ethnique, le sexe et la résidence, urbaine/rurale: chaque recensement, 1985 – 1993 (suite)

(See notes at end of table. – Voir notes à la fin du tableau.)

Continent, country or area, census date group and urban/rural residence Continent, pays ou zone, date du recensement groupe et résidence, urbaine/rurale	Both sexes Les deux sexes	Male Masculin	Female Féminin
ASIA—ASIE (Cont.–Suite)			
Kazakhstan			
12 I 1989 [1]			
Uzbek–Uzbec	332 017	170 326	161 691
Other – Autres	35 853	18 803	17 050
Kyrgyzstan – Kirghizistan			
12 I 1989 [1]			
Total	4 257 755	2 077 623	2 180 132
Azerbaijani – Azerbaïdjanais	15 775	8 426	7 349
Byelorussian – Biélorussiens	9 187	4 498	4 689
Dungan	36 928	18 433	18 495
German – Allemands	101 309	49 063	52 246
Kazakh–Kszaks	37 318	17 696	19 622
Korean – Coréens	18 355	9 049	9 306
Kurd – Kurdes	14 262	7 213	7 049
Kyrgyz	2 229 663	1 104 543	1 125 120
Russian – Russes	916 558	427 577	488 981
Tajik	33 518	17 252	16 266
Tatar – Tatars	70 068	31 720	38 348
Turkish – Turcs	21 294	10 764	10 530
Ukrainian – Ukrainiens	108 027	49 329	58 698
Uzbek–Uzbec	550 096	273 924	276 172
Yukagir – Youkaghir	36 779	18 985	17 794
Other – Autres	58 618	29 151	29 467
Macau – Macao			
30 VIII 1991 [1]			
Total	355 693	172 492	183 201
British – Anglais	6 308	3 309	2 999
Chinese – Chinois	240 496	114 360	126 136
Filipino – Philippins	2 170	640	1 530
Portuguese – Portugais	101 245	51 658	49 587
Thai – Thais	726	131	595
Other – Autres	4 748	2 394	2 354
Singapore – Singapour			
30 VI 1990 [10 11]			
Total	2 690 100	1 360 500	1 329 600
Chinese – Chinois	2 089 400	1 049 900	1 039 500
Indian – Indiens	191 000	103 200	87 800
Malay – Malais	380 600	193 300	187 300
Other – Autres	29 200	14 100	15 100
Viet Nam			
1 IV 1989* [1]			
Total	64 411 713	31336568	33075145
Hoa	961 702	482 688	479 014
Khome	872 372	417 506	454 866
Kinh	56 101 583	27224861	28876722
Muong	874 195	428 405	445 790
Nung	696 305	345 449	350 856
Tay	1 145 235	569 915	575 320
Thai – Thais	992 809	500 075	492 734
Other – Autres	2 699 474	1 334 142	1 365 332
Unknown – Inconnu	68 038	33 527	34 511
EUROPE			
Former Czechoslovakia – Ancienne Tchécoslovaquie			
3 III 1991 [1]			
Total	15 567 666	...	...
Bulgarian – Bulgares	4 183	...	...
Czech – Tchèques	8 426 070	...	...
German – Allemands	53 418	...	...
Greek – Grecs	2 969	...	...
Hungarian– Hongrois	586 884	...	...
Mulatto	1 360 155	...	...
Polish – Polonais	61 542	...	...
Romanian – Roumains	1 254	...	...
Romany–Romain	114 116	...	...
Russian – Russes	5 930	...	...
Ruthenian – Ruthènes	18 648	...	...
Slovak – Slovaques	4 819 948	...	...
Slovakian	45 223	...	...
Ukrainian – Ukrainiens	20 654	...	...
Other – Autres	15 900	...	...
Unknown – Inconnu	30 772	...	...
Latvia – Lettonie			
12 I 1989 [1]			
Total	2 666 567	1 238 806	1 427 761
Armenian – Arméniens	3 069	1 871	1 198
Azerbaijani – Azerbaïdjanais	2 765	2 011	754
Byelorussian – Biélorussiens	119 702	54 503	65 199
Chuvash –Tchouvaches	1 509	854	655
Estonian–Estoniens	3 312	1 505	1 807
Georgian–Géorgiens	1 378	865	513
German – Allemands	3 783	1 730	2 053
Gypsy – Tsiganes	7 044	3 466	3 578
Jewish – Georgian	22 897	11 160	11 737
Kazakh–Kszaks	1 044	670	374
Latvian–Latvien	1 387 757	634 962	752 795
Lithuanian–Lituanien	34 630	16 714	17 916
Moldavian–Moldaves	3 223	1 941	1 282
Mordvinian – Mordves	1 053	552	501
Pole	60 416	24 918	35 498
Russian – Russes	905 515	423 835	481 680
Tatar – Tatars	4 828	2 514	2 314
Ukrainian – Ukrainiens	92 101	48 807	43 294
Unknown – Inconnu	10 541	5 928	4 613
Republic of Moldova – République de Moldova			
12 I 1989 [1]			
Total	4 335 360	2 063 192	2 272 168
Albanian – Albanais	204	93	111
Armenian – Arméniens	2 873	1 733	1 140

27. Population by national and/or ethnic group, sex and urban/rural residence: each census, 1985 – 1993 (continued)
Population selon le groupe national et/ou ethnique, le sexe et la résidence, urbaine/rurale: chaque recensement, 1985 – 1993 (suite)

(See notes at end of table. – Voir notes à la fin du tableau.)

Continent, country or area, census date group and urban/rural residence Continent, pays ou zone, date du recensement groupe et résidence, urbaine/rurale	Both sexes Les deux sexes	Male Masculin	Female Féminin
EUROPE (Cont.–Suite)			
Republic of Moldova – République de Moldova			
12 I 1989 [1]			
Azerbaijani – Azerbaïdjanais	2 642	1 716	926
Bashkir –Bachkirs	610	340	270
Bulgarian – Bulgares	88 419	42 385	46 034
Byelorussian – Biélorussiens	19 608	9 024	10 584
Chuvans – Tchuvans	1 204	544	660
Estonian–Estoniens	282	137	145
Gagauz–Gagaouzes	153 458	75 740	77 718
Georgian–Géorgiens	1 102	700	402
German – Allemands	7 335	3 475	3 860
Greek – Grecs	601	275	326
Gypsy – Tsiganes	11 571	5 709	5 862
Hungarian– Hongrois	299	148	151
Jewish population – Population juifs	65 672	31 257	34 415
Kirgiz	221	161	60
Komi	295	78	217
Korean – Coréens	269	149	120
Lettish–Lettes	472	222	250
Lezghin	218	136	82
Lithuanian–Lituanien	947	468	479
Mari	397	180	217
Moldavian–Moldaves	2 794 749	1 343 178	1 451 571
Mordvinian – Mordves	1 088	500	588
Ossetian – Ossètes	403	207	196
Pole	4 739	2 002	2 737
Romany–Romain	2 477	1 117	1 360
Russian – Russes	562 069	257 558	304 511
Tajik	592	288	304
Tatar – Tatars	3 392	1 682	1 710
Turkemnian–Turkmènes	337	240	97
Udmurt–Oudmoutes	665	245	420
Ukrainian – Ukrainiens	600 366	278 340	322 026
Uzbek–Uzbec	1 391	884	507
Other – Autres	2 522	1 322	1 200
Unknown – Inconnu	1 871	959	912
Romania – Roumanie			
7 I 1992 [5]			
Total	22 810 035	11213763	11596272
Armenian – Arméniens	1 957	953	1 004
Bulgarian – Bulgares	9 851	4 824	5 027
Croat	4 085	2 038	2 047
Czech – Tchèques	5 797	2 762	3 035
German – Allemands	119 462	53 969	65 493
Greek – Grecs	3 940	1 947	1 993
Gypsy – Tsiganes	401 087	203 055	198 032
Hungarian– Hongrois	1 624 959	786 971	837 988
Jewish – Juifs	8 955	4 554	4 401
Polish – Polonais	4 232	2 011	2 221
Romanian – Roumains	20 408 542	10042846	10365696
Russian – Russes	38 606	18 554	20 052
Serb	29 408	14 381	15 027
Slovak – Slovaques	19 594	9 687	9 907
Tatar – Tatars	24 596	12 219	12 377
Trukese	29 832	14 828	15 004
Ukrainian – Ukrainiens	65 764	33 074	32 690
Unknown – Inconnu	9 368	5 090	4 278
Yugoslavia – Yougoslavie			
31 III 1991 [1]			
Total	10 394 026	...	...
Albanian – Albanais	1 714 768	...	...
Bulgarian – Bulgares	26 922	...	...
Croat	111 650	...	...
Gypsy – Tsiganes	143 519	...	...
Hungarian– Hongrois	344 147	...	...
Macedonian – Macédoniens	47 118	...	...
Montenegrin – Monténégrins	519 766	...	...
Moslem – Musulmans	336 025	...	...
Romanian – Roumains	42 364	...	...
Ruthenian – Ruthènes	18 099	...	...
Serbian – Serbes	6 504 048	...	...
Slovak – Slovaques	66 863	...	...
Turkish – Turcs	11 263	...	...
Vlach	17 810	...	...
Yugoslav – Yougoslaves	349 784	...	...
Unknown – Inconnu	139 880	...	...
OCEANIA—OCEANIE			
Fiji – Fidji			
31 VIII 1986			
Total	715 375	362 568	352 807
Chinese – Chinois	4 784	2 546	2 238
European – Européens	4 196	2 240	1 956
Fijian – Fidjiens	329 305	167 256	162 049
Indian – Indiens	348 704	175 829	172 875
Pacific Islander – Habitants des îles du Pacifique	8 627	4 499	4 128
Part European – Métis d'Européens	10 297	5 396	4 901
Rotuman – Rotumans	8 652	4 387	4 265
Other – Autres	810	415	395
New Caledonia – Nouvelle-Calédonie			
4 IV 1989			
Total	164 173	83 862	80 311
European – Européens	55 085	28 875	26 210
Indonesian – Indonésiens	5 191	2 620	2 571
Melanesian – Mélanésiens	73 598	36 730	36 868
Niuean–Vanuatu	1 683	1 015	668
Other Asiatic – Autres Asiatiques	642	310	332
Tahitian – Tahitiens	4 750	2 465	2 285

27. Population by national and/or ethnic group, sex and urban/rural residence: each census, 1985 – 1993 (continued)
Population selon le groupe national et/ou ethnique, le sexe et la résidence, urbaine/rurale: chaque recensement, 1985 – 1993 (suite)

(See notes at end of table. – Voir notes à la fin du tableau.)

Continent, country or area, census date group and urban/rural residence Continent, pays ou zone, date du recensement groupe et résidence, urbaine/rurale	Both sexes Les deux sexes	Male Masculin	Female Féminin
OCEANIA—OCEANIE(Cont.–Suite)			
New Caledonia – Nouvelle–Calédonie			
4 IV 1989			
Vietnamese – Vietnamiens	2 461	1 221	1 240
Wallisian – Wallisiens	14 186	7 263	6 923
Other – Autres	6 577	3 363	3 214
New Zealand – Nouvelle–Zélande			
4 III 1986 [1]			
Total	3 263 286	1 616 667	1 646 619
Chinese – Chinois	19 506	9 906	9 600
Cook Island Maori– Métis de Maoris des îles Cook	23 973	12 045	11 928
European – Européens	2 651 382	1 311 729	1 339 653
European Maori – Européens Maoris	94 884	46 578	48 306
European–Chinese Européens–Chinois	2 397	1 206	1 191
European–Polynesian Européens–Polynésiens	14 796	7 398	7 398
Indian – Indiens	12 123	6 381	5 742
Indian–European Indiens–Européens	1 953	999	954
Maori – Maoris	295 314	148 020	147 294
Niuean – Niuéens	8 472	4 218	4 254
Samoan – Samoans	50 196	25 029	25 167
Tongan – Tongans	9 228	4 737	4 491
Other – Autres	42 501	21 126	21 375
Unknown – Inconnu	36 561	17 295	19 266
5 III 1991 [1]			
Total	3 373 926	...	...
Chinese – Chinois	37 689	...	...
Cook Island Maori– Métis de Maoris des îles Cook	26 925	...	...
European – Européens	2 658 738	...	...
European Maori – Européens Maoris	93 987	...	...
Fijian – Fidjiens	2 760	...	...
Indian – Indiens	26 979	...	...
Maori–New Zealand	323 493	...	...
Niuean – Niuéens	9 429	...	...
Samoan – Samoans	68 565	...	...
Tokelaun – Tokélauans	2 802	...	...
Tongan – Tongans	18 264	...	...
Other – Autres	1 413	...	...
Unknown – Inconnu	102 882	...	...
Tonga			
28 XI 1986			
Total	94 649	47 611	47 038
European – Européens	775	429	346
Indian – Indiens	98	52	46
Part–Tongan	2 685	1 339	1 346
Tongan – Tongans	90 364	45 398	44 966
Other – Autres	527	277	250
Unknown – Inconnu	200	116	84
Vanuatu			
16 V 1989 [1]			
Total	142 419	73 384	69 035
Asiatic – Asiatiques	597	340	257
European – Européens	1 474	853	621
Jewish population – Population juifs	188	108	80
Vanuatu	139 475	71 748	67 727
Other – Autres	685	335	350

27. Population by national and/or ethnic group, sex and urban/rural residence: each census, 1985 – 1993 (continued)
Population selon le groupe national et/ou ethnique, le sexe et la résidence, urbaine/rurale: chaque recensement, 1985 – 1993 (suite)
Data by urban/rural residence
Données selon la résidence urbaine/rurale

(See notes at end of table. – Voir notes à la fin du tableau.)

Continent, country or area, census date group and urban/rural residence Continent, pays ou zone, date du recensement groupe et résidence, urbaine/rurale	Both sexes Les deux sexes	Male Masculin	Female Féminin
AMERICA,NORTH— AMERIQUE DU NORD			
Belize			
Urban – Urbaine			
12 V 1991* [1]			
Total	86 069	42 052	44 017
Chinese – Chinois	673	391	282
Churash	1 070	569	501
Creole–Créole	37 856	18 526	19 330
Garifuna	9 435	4 446	4 989
German Dutch Mennonite	64	41	23
Indian – Indiens	3 102	1 519	1 583
Ketchi Maya	509	268	241
Maya Mopan	718	373	345
Mestizo	30 947	15 015	15 932
Other Maya	673	322	351
Syrian, Lebanese or Arab – Syriens, Libanais ou Arabes	161	99	62
White – Blancs	844	477	367
Unknown – Inconnu	17	6	11
Rural – Rurale			
12 V 1991* [1]			
Total	98 653	51 319	47 334
Chinese – Chinois	74	53	21
Churash	797	408	389
Creole–Créole	17 195	8 819	8 376
Garifuna	2 839	1 363	1 476
German Dutch Mennonite	5 699	2 966	2 733
Indian – Indiens	3 353	1 746	1 607
Ketchi Maya	7 445	3 773	3 672
Maya Mopan	6 052	3 029	3 023
Mestizo	49 530	26 138	23 392
Other Maya	5 013	2 655	2 358
Syrian, Lebanese or Arab – Syriens, Libanais ou Arabes	6	2	4
White – Blancs	650	367	283
Unknown – Inconnu	–	–	–
EUROPE			
Romania – Roumanie			
Urban – Urbaine			
7 I 1992			
Total	12 391 819	6 047 785	6 344 034
Armenian – Arméniens	1 936	945	991
Bulgarian – Bulgares	3 579	1 690	1 889
Croat	516	267	249
Czech – Tchèques	2 012	921	1 091
German – Allemands	80 244	35 850	44 394
Greek – Grecs	3 490	1 716	1 774
Gypsy – Tsiganes	165 461	84 401	81 060
Hungarian– Hongrois	914 070	432 912	481 158
Jewish – Juifs	8 799	4 455	4 344
Polish – Polonais	1 895	880	1 015
Romanian – Roumains	11 113 554	5 436 401	5 677 153
Russian – Russes	16 231	7 597	8 634
Serb	14 936	7 262	7 674
Slovak – Slovaques	8 290	3 986	4 304
Tatar – Tatars	17 525	8 592	8 933
Trukese	23 481	11 629	11 852
Ukrainian – Ukrainiens	10 682	5 352	5 330
Unknown – Inconnu	5 118	2 929	2 189
Rural – Rurale			
7 I 1992			
Total	10 418 216	5 165 978	5 252 238
Armenian – Arméniens	21	8	13
Bulgarian – Bulgares	6 272	3 134	3 138
Croat	3 569	1 771	1 798
Czech – Tchèques	3 785	1 841	1 944
German – Allemands	39 218	18 119	21 099
Greek – Grecs	450	231	219
Gypsy – Tsiganes	235 626	118 654	116 972
Hungarian– Hongrois	710 889	354 059	356 830
Jewish – Juifs	156	99	57
Polish – Polonais	2 337	1 131	1 206
Romanian – Roumains	9 294 988	4 606 445	4 688 543
Russian – Russes	22 375	10 957	11 418
Serb	14 472	7 119	7 353
Slovak – Slovaques	11 304	5 701	5 603
Tatar – Tatars	7 071	3 627	3 444
Trukese	6 351	3 199	3 152
Ukrainian – Ukrainiens	55 082	27 722	27 360
Unknown – Inconnu	4 250	2 161	2 089

27. Population by national and/or ethnic group, sex and urban/rural residence: each census, 1985 – 1993 (continued)
Population selon le groupe national et/ou ethnique, le sexe et la résidence, urbaine/rurale: chaque recensement, 1985 – 1993 (suite)

GENERAL NOTES

For definitions of "urban", see Technical Notes for table 6. For method of evaluation and limitations of data, see Technical Notes, page 102.

FOOTNOTES

- * Provisional.
- 1 De jure population.
- 2 For citizens only.
- 3 Excluding Bophuthatswana, Ciskei, Traskei and Venda. Data have not been adjusted for underenumeration.
- 4 For Ugandan population only.
- 5 For classification by urban/rural residence, see end of table.
- 6 Excluding persons residing in institutions.
- 7 Based on a 20 per cent sample of census returns.
- 8 For 14 years and over only.
- 9 Covering only the civilian population of 30 provinces, municipalities and autonomous regions. Excluding Jimmen and Mazhu islands.
- 10 For resident population only.
- 11 Because of rounding, totals are not in all cases the sum of the parts.

NOTES GENERALES

Pour les définitions de "zones urbaines", voir Notes techniques relatives au tableau 6. Pour la méthode d'évaluation et les insuffisances des données, voir Notes techniques, page 102.

NOTES

- * Données provisoires.
- 1 Population de droit.
- 2 Pour les citoyens seulement.
- 3 Non compris Bophuthatswana, Ciskei, Transkei et Venda. Les données n'ont pas été ajustées pour compenser les lacunes du dénombrement.
- 4 Pour la population Ougandaise seulement.
- 5 Pour le classement selon la résidence, urbaine/rurale, voir la fin du tableau.
- 6 Non compris les personnes dans les institutions.
- 7 D'après un échantillon de 20 p. 100 des bulletins de recensement.
- 8 Pour 14 ans et plus seulement.
- 9 Pour la population civile seulement de 30 provinces, municipalités et régions autonomes. Non compris les îles de Jimmen et Mazhu.
- 10 Pour la population résidente seulement.
- 11 Les chiffres étant arrondis, les totaux ne correspondent pas toujours rigoureusement à la somme des chiffres partiels.

28. Population by language, sex and urban/rural residence: each census, 1985 – 1993

Population selon la langue, le sexe et la résidence, urbaine/rurale: chaque recensement, 1985 – 1993

(See notes at end of table. – Voir notes à la fin du tableau.)

Continent, country or area, census date, language and urban/rural residence Continent, pays ou zone, date du recensement langage et résidence, urbaine/rurale	Both sexes Les deux sexes	Male Masculin	Female Féminin
AFRICA—AFRIQUE			
Algeria – Algérie			
20 III 1987 [1,2]			
Total	22 600 957	...	...
Arabic – Arabe	2 805 572	...	...
French – Français	265 063	...	...
French and Arabic	8 090 597	...	...
Other – Autres	7 613 552	...	...
Unknown – Inconnu	3 826 173	...	...
Burkina Faso			
10 XII 1985			
Total	7 964 705	3 833 237	4 131 468
African – Africain	28 247	13 434	14 813
Bisa	283 892	134 999	148 893
Bobo	178 469	86 848	91 621
Bwamu	170 320	82 069	88 251
Daling	134 654	66 544	68 110
Dagara	245 452	118 003	127 449
Dioula	209 197	103 822	105 375
Dogon	26 315	12 674	13 641
French – Français	23 970	16 605	7 365
Fulgukdé	769 490	386 308	383 182
Goin	45 442	21 448	23 994
Goulmoncéma	455 635	223 470	232 165
Ko	13 866	6 799	7 067
Koussassé	11 108	5 408	5 700
Kovaéa	71 457	34 674	36 783
Lobiri	150 143	71 988	78 155
Lyelé	192 123	89 780	102 343
Miniorka	1 628	799	829
Mooe	3 997 741	1 896 162	2 101 579
Nuni	94 039	44 497	49 542
San	186 337	91 474	94 863
Samba	13 714	6 820	6 894
Siamou	14 579	7 039	7 540
Sinoujo	113 310	54 633	58 677
Siassala	7 664	3 677	3 987
Tamachéque	73 528	35 935	37 593
Other – Autres	449 322	215 781	233 541
Unknown – Inconnu	3 063	1 547	1 516
Mauritania – Mauritanie			
5 IV 1988 [3]			
Total	1 221 549	590 259	631 290
Arabs	310 942	176 083	134 859
French – Français	26 468	16 821	9 647
French and Arabic	98 998	67 340	31 658
Pular	1 403	772	631
Sonink	164	82	82
Wolof	88	55	33
Other – Autres	749 210	305 934	443 276
Unknown – Inconnu	34 276	23 172	11 104
Mauritius – Maurice			
1 VII 1990			
Total	1 056 660	527 760	528 900
Arabic – Arabe	280	147	133
Bhojpuri	223 571	109 999	113 572
Cantonese	142	67	75
Chinese – Chinois	2 651	1 312	1 339
Creole – Créole	746 092	375 406	370 686
English – Anglais	2 240	1 124	1 116
French – Français	34 455	16 243	18 212
Gujarati – Goujarati	290	141	149
Hakka	765	359	406
Hindi	15 854	7 837	8 017
Mandarin (Putonghua)	95	52	43
Marathi – Marathe	7 535	3 721	3 814
Tamil – Tamoul	8 002	3 871	4 131
Telugu – Télougou	6 437	3 109	3 328
Urdu – Ourdou	6 810	3 432	3 378
Other – Autres	347	185	162
Unknown – Inconnu	1 094	755	339
Namibia – Namibie			
21 X 1991			
Total	1 409 920	686 327	723 593
Afrikaans	133 325	66 111	67 214
Bushmen	27 229	13 893	13 336
Caprivi	66 008	32 349	33 659
English – Anglais	10 941	5 613	5 328
German – Allemand	12 827	6 137	6 690
Herero	112 916	55 731	57 185
Kavango	136 649	67 020	69 629
Nama	175 554	85 924	89 630
Ovambo	713 919	342 402	371 517
Tswana	6 050	2 964	3 086
Other – Autres	14 236	8 017	6 219
Unknown – Inconnu	266	166	100
Senegal – Sénégal			
27 V 1988 [4]			
Total	6 773 417	...	...
Baiant	46 617	...	...
Bambara	64 150	...	...
Bassari	5 919	...	...
Coniagui	1 098	...	...
Diola	343 352	...	...
Khassonke	1 025	...	...
Malinke	24 667	...	...
Mandingue	259 236	...	...
Mancagne	22 065	...	...
Mandjaag	61 201	...	...
Maure	43 144	...	...
Peul	1 502 258	...	...
Sarakhole	91 901	...	...

28. Population by language, sex and urban/rural residence: each census, 1985 – 1993 (continued)

Population selon la langue, le sexe et la résidence, urbaine/rurale: chaque recensement, 1985 – 1993 (suite)

(See notes at end of table. – Voir notes à la fin du tableau.)

Continent, country or area, census date, language and urban/rural residence Continent, pays ou zone, date du recensement langage et résidence, urbaine/rurale	Both sexes Les deux sexes	Male Masculin	Female Féminin
AFRICA—AFRIQUE (Cont.–Suite)			
Senegal – Sénégal			
27 V 1988 [4]			
Serer	870 063	...	...
Sole	38 058	...	...
Wolof	3 333 333	...	...
Other – Autres	55 644	...	...
Unknown – Inconnu	9 686	...	...
AMERICA,NORTH— AMERIQUE DU NORD			
Aruba			
6 X 1991 [1]			
Total	66 687	32 821	33 866
Dutch – Néerlandais	3 626	1 783	1 843
English – Anglais	5 954	2 730	3 224
Papiamento	51 061	25 560	25 501
Portuguese – Portugais	186	94	92
Spanish – Espagnol	4 946	2 111	2 835
Other – Autres	914	543	371
Canada			
4 VI 1991 [1,5,6]			
Total	26 994 040	13656370	13337670
Arabic – Arabe	64 930	29 990	34 940
Chinese – Chinois	389 230	199 980	189 250
English – Anglais	18 220 175	9 197 050	9 023 130
French – Français	6 211 240	3 164 190	3 047 045
German – Allemand	114 270	60 005	54 265
Greek – Grec	79 340	39 375	39 965
Italian – Italien	241 420	122 800	118 625
Polish – Polonais	103 900	52 950	50 950
Portuguese – Portugais	133 820	67 550	66 265
Punjabi	101 265	50 475	50 785
Spanish – Espagnol	123 135	61 125	62 010
Vietnamese – Vietnamiens	71 550	33 490	38 060
Other – Autres	1 139 765	577 390	562 380
United States – Etats-Unis			
1 IV 1990 [7,8,9]			
Total	236 559 791	...	...
Arabic – Arabe	355 150	...	...
Chinese – Chinois	1 319 462	...	...
English – Anglais	198 609 798	...	...
French – Français	1 930 404	...	...
German – Allemand	5 547 987	...	...
Greek – Grec	388 260	...	...
Hungarian – Hongrois	147 902	...	...
Indic	555 126	...	...
Italian – Italien	1 308 648	...	...
Japanese – Japanois	427 657	...	...
Khmer	127 441	...	...
Korean – Coréens	626 478	...	...
Native North American	331 758	...	...
Polish – Polonais	723 483	...	...
Portuguese – Portugais	430 610	...	...
Russian – Russe	241 798	...	...
Scandinavian – Scandinave	198 904	...	...
Spanish – Espagnol	17 345 064	...	...
Tagalog	843 251	...	...
Vietnamese – Vietnamiens	507 069	...	...
Yiddish	213 064	...	...
Other – Autres	4 380 477	...	...
AMERICA,SOUTH— AMERIQUE DU SUD			
Bolivia – Bolivie			
3 VI 1992 [10]			
Total	5 279 249	2 592 592	2 686 657
Aymara	168 870	51 053	117 817
Castellano	2 203 318	1 091 809	1 111 509
Guarani	7 262	2 624	4 638
Native	3 963	1 631	2 332
Quechua	428 384	157 265	271 119
Unknown – Inconnu	2 467 452	1 288 210	1 179 242
ASIA—ASIE			
Hong Kong – Hong-kong			
15 III 1991 [11]			
Total	5 168 909	2 627 398	2 541 511
Chinese – Chinois	364 694	185 714	178 980
Cantonese – Cantonais	4 583 322	2 353 397	2 229 925
English – Anglais	114 084	32 755	81 329
Mandarin (Putonghua)	57 577	30 798	26 779
Other – Autres	49 232	24 734	24 498
Indonesia – Indonésie			
31 X 1990 [9]			
Total	158 361 176	78609446	79751730
Balinese	2 611 251	1 305 534	1 305 717
Banjarese	3 081 107	1 540 571	1 540 536
Batak	3 304 286	1 626 092	1 678 194
Buginese	3 022 832	1 451 609	1 571 223
Indonesian– Indonésiens	23 393 790	11951597	11442193
Javanese	60 490 016	29853240	30636776
Madurase	6 761 069	3 227 246	3 533 823
Micoac	3 635 216	1 751 656	1 883 560
Sundanese	23 659 017	11798981	11860036
Other – Autres	27 220 772	13502681	13718091
Unknown – Inconnu	1 181 820	600 239	581 581

28. Population by language, sex and urban/rural residence: each census, 1985 – 1993 (continued)

Population selon la langue, le sexe et la résidence, urbaine/rurale: chaque recensement, 1985 – 1993 (suite)

(See notes at end of table. – Voir notes à la fin du tableau.)

Continent, country or area, census date, language and urban/rural residence Continent, pays ou zone, date du recensement langage et résidence, urbaine/rurale	Both sexes Les deux sexes	Male Masculin	Female Féminin
ASIA—ASIE (Cont.–Suite)			
Kazakhstan			
12 I 1989 [1]			
Total	16 536 511	8 012 985	8 523 526
Azerbaijani – Azeri	82 103	45 807	36 296
Belarussian	65 046	29 479	35 567
Kazakh – Kazak	6 467 683	3 190 226	3 277 457
Russian – Russe	7 797 278	3 719 632	4 077 646
Tartar – Tatar	229 606	102 447	127 159
Ukrainian – Ukrainien	337 136	152 086	185 050
Uzbek – Uzbec	321 047	164 815	156 232
Other – Autres	1 164 565	569 512	595 053
Unknown – Inconnu	72 047	38 981	33 066
Macau – Macao			
30 VIII 1991 [12]			
Total	337 277	162 904	174 373
Cantonese – Cantonais	289 297	140 879	148 418
Other chinese	32 217	14 641	17 576
English – Anglais	1 777	687	1 090
Mandarin (Putonghua)	4 016	2 134	1 882
Portuguese – Portugais	6 132	2 953	3 179
Other – Autres	3 838	1 610	2 228
Philippines			
1 V 1990* [1]			
Total	60 546 320	30436770	30109550
Agta	1 453	593	860
Agutayano	10 384	4 889	5 495
Aklanon	394 545	198 660	195 885
Atta	14 751	7 503	7 248
Badjao	3 106	1 558	1 548
Bagobo–Guiangga	55 044	28 360	26 684
Batak	2 034	931	1 103
Banuanon	1 287	617	670
Bikol	3 519 165	1 779 745	1 739 420
Bilaan	113 926	57 839	56 087
Boliano(Zambal)	41 574	21 060	20 514
Bontoc	23 930	12 204	11 726
Bukidnon	25 034	12 273	12 761
Botolan	676	288	388
Binisaya	139 196	69 816	69 380
Binukid	49 425	25 267	24 158
Bukidnon	34 540	17 722	16 818
Butuanon	15 803	8 134	7 669
Belgian	130	30	100
Cagayano	292 613	146 360	146 253
Cebuano	14 710 199	7 415 846	7 294 353
Chavacano	1 328	580	748
Chinese–Mandarin	53 271	29 971	23 300
Cuyano	147 278	74 475	72 803
Cuyonan	123 363	62 613	60 750
Davaweno	8 646	4 330	4 316
Dutch – Néerlandais	506	208	298
Dunagat	2 867	1 389	1 478
English – Anglais	32 744	17 843	14 901
French – Français	699	402	297
Gaddang	19 221	9 591	9 630
German – Allemand	961	619	342
Hiligaynon	5 647 928	2 837 135	2 810 793
Hindi	2 415	1 363	1 052
Ibanag	312 126	157 372	154 754
Ilocano	5 923 842	2 986 564	2 937 278
Ilanun	1 166	530	636
Ilongot	50 758	24 650	26 108
Indonesian–Indonésiens	2 580	1 337	1 243
Inibaloi	111 453	56 158	55 295
Iraya	775	382	393
Isinai	5 624	2 821	2 803
Isneg	27 626	14 606	13 020
Italian – Italien	97	48	49
Itneg	46 398	23 391	23 007
Iifugao	167 373	83 612	83 761
Itauis	119 656	60 991	58 665
Itbayaten	553	262	291
Ivatan	18 625	9 336	9 289
Japanese – Japanois	2 901	1 960	941
Kalagan	21 411	10 816	10 595
Kalibuyan	20 870	10 726	10 144
Kangkanai	218 258	111 152	107 106
Kalinga	91 033	46 152	44 881
Kalamianon	8 475	4 517	3 958
Kallaghan	2 916	1 442	1 474
Kapul	430	172	258
Kene	370	191	179
Kinamigin	614	262	352
Kinarya	533 389	268 808	264 581
Kulamayan	71	20	51
Magindanao	767 546	386 759	380 787
Malago–Polynesian	14 641	7 433	7 208
Mandaya	34 312	17 319	16 993
Mangyan	21 106	10 974	10 132
Manobo	157 413	79 990	77 423
Maranao	778 188	374 428	403 760
Masbate	348 296	177 124	171 172
Mananua	5 151	2 470	2 681
Mansaka	19 383	9 824	9 559
Molbog	6 680	3 407	3 273
Negrito	778	398	380
Obian	1 652	748	904
Pampango	1 897 319	962 413	934 906
Pangasinan	1 164 267	586 811	577 456
Pinalawan	40 649	21 060	19 589
Planan	10 926	5 554	5 372
Paravan	203	129	74
Pullon	23 322	11 786	11 536
Romblon	127 055	63 930	63 125
San	252 577	126 480	126 097
Sangil	7 484	3 668	3 816
Spanish – Espagnol	2 657	1 169	1 488
Subanon	142 097	72 212	69 885
Surigaonon	344 971	174 357	170 614
Tagabili	50 765	25 760	25 005

28. Population by language, sex and urban/rural residence: each census, 1985 – 1993 (continued)

Population selon la langue, le sexe et la résidence, urbaine/rurale: chaque recensement, 1985 – 1993 (suite)

(See notes at end of table. – Voir notes à la fin du tableau.)

Continent, country or area, census date, language and urban/rural residence Continent, pays ou zone, date du recensement langage et résidence, urbaine/rurale	Both sexes Les deux sexes	Male Masculin	Female Féminin
ASIA—ASIE (Cont.–Suite)			
Philippines			
1 V 1990* [1]			
Tagakaolo	59 596	30 389	29 207
Tagalog	16 910 595	8 460 138	8 450 457
Tausug	652 682	324 754	327 928
Tagabaneva	466	244	222
Tagabanua	13 389	6 923	6 466
Thai – Thaï	263	131	132
Waray	2 433 300	1 217 950	1 215 350
Yakan	105 519	52 977	52 542
Yokad	16 043	8 074	7 969
Other – Autres	450 111	228 214	221 897
Zambal	114 127	58 538	55 589
Unknown – Inconnu	391 359	193 743	197 616
EUROPE			
Finland – Finlande			
31 XII 1985 [1, 13]			
Total	4 910 664	2 377 780	2 532 884
Arabic – Arabe	379	347	32
Bulgarian – Bulgare	96	56	40
Chinese – Chinois	149	92	57
Czech – Tchéque	78	36	42
Danish – Danois	201	121	80
Dutch – Néerlandais	185	145	40
English – Anglais	2 092	1 300	792
Estonian – Estonien	432	102	330
Finish – Finnois	4 596 908	2 225 386	2 371 522
French – Français	427	284	143
German – Allemand	2 060	1 303	757
Greek – Grec	156	136	20
Hebrew	83	60	23
Hindi	72	53	19
Hungarian – Hongrois	298	169	129
Icelandic – Islandais	37	16	21
Italian – Italien	258	214	44
Japanese – Japonais	195	136	59
Korean – Coréens	30	13	17
Lappish – Lapon	1 699	918	781
Norwegian – Norvégien	238	115	123
Other – Autres	557	351	206
Persian – Persan	118	80	38
Polish – Polonais	510	236	274
Portuguese – Portugais	81	44	37
Punjabi	71	57	14
Romanian – Roumain	47	34	13
Russian – Russe	2 263	800	1 463
Serbian – Serbes	37	29	8
Siamese	55	7	48
Spanish – Espagnol	594	384	210
Swedish – Suédois	299 098	144 123	154 975
Tartar – Tatar	47	25	22
Turkish – Turc	598	315	283
Unknown – Inconnu	193	102	91
Urdu – Ourdou	37	32	5
Vietnamese – Vietnamiens	285	159	126
Ireland – Irlande			
21 IV 1991 [12]			
Total	3 367 006	...	...
Gaelic – Gaélique	1 095 830	...	...
Unknown – Inconnu	2 271 176	...	...
Latvia – Lettonie			
12 I 1989 [1]			
Total	2 666 567	1 238 806	1 427 761
Byelorussian – Biélorussiens	40 745	17 138	23 607
Latvian – Latvien	1 385 635	632 831	752 804
Lithanian – Lituanien	17 643	6 091	11 552
Polish – Polonais	22 618	11 123	11 495
Russian – Russe	1 122 076	529 520	592 556
Ukrainian – Ukrainien	46 546	24 748	21 798
Unknown – Inconnu	31 304	17 355	13 949
Lithuania – Lituanie			
12 I 1989 [1]			
Total	3 674 802	1 738 953	1 935 849
Armenian – Arménien	1 009	670	339
Belarussian	27 950	12 913	15 037
Estonian – Estonien	326	192	134
Gypsy – Tsiganes	2 222	1 112	1 110
Jewish	4 398	2 120	2 278
Latvian – Latvien	3 181	1 654	1 527
Lithanian – Lituanien	2 946 305	1 387 928	1 558 377
Moldavian – Moldave	1 027	677	350
Polish – Polonais	225 197	102 068	123 129
Russian – Russe	429 244	209 731	219 513
Tartar – Tatar	1 650	916	734
Ukrainian – Ukrainien	24 115	13 244	10 871
Unknown – Inconnu	8 178	5 728	2 450
Republic of Moldova – République de Moldova			
12 I 1989 [1]			
Total	4 335 360	2 063 192	2 272 168
Armenian – Arménien	1 436	986	450
Azerbaijani – Azeri	1 706	1 226	480
Bulgarian – Bulgare	70 964	34 154	36 810
Byelorussian – Biélorussiens	8 397	3 692	4 705
Gagauz – Gagaouz	141 137	69 751	71 386
German – Allemand	2 283	953	1 330
Gypsy – Tsiganes	9 486	4 640	4 846
Jewish	17 016	7 613	9 403
Kazakh – Kazak	732	393	339
Moldavian – Moldave	2 687 793	1 291 431	1 396 362

28. Population by language, sex and urban/rural residence: each census, 1985 – 1993 (continued)

Population selon la langue, le sexe et la résidence, urbaine/rurale: chaque recensement, 1985 – 1993 (suite)

(See notes at end of table. – Voir notes à la fin du tableau.)

Continent, country or area, census date, language and urban/rural residence Continent, pays ou zone, date du recensement langage et résidence, urbaine/rurale	Both sexes Les deux sexes	Male Masculin	Female Féminin
EUROPE (Cont.–Suite)			
Republic of Moldova – République de Moldova			
12 I 1989 [1]			
Romanian – Roumain	790	381	409
Russian – Russe	1 003 563	471 857	531 706
Tartar – Tatar	1 430	695	735
Ukrainian – Ukrainien	379 243	170 400	208 843
Uzbek – Uzbec	882	604	278
Unknown – Inconnu	8 502	4 416	4 086
Romania – Roumanie			
7 I 1992 [14]			
Total	22 810 035	11213763	11596272
Armenian – Arménien	918	402	516
Bulgarian – Bulgare	9 421	4 616	4 805
Czech – Tchéque	4 953	2 316	2 637
German – Allemand	98 530	43 045	55 485
Greek – Grec	2 605	1 236	1 369
Gypsy – Tsiganes	166 635	84 320	82 315
Hungarian – Hongrois	1 639 135	792 892	846 243
Polish – Polonais	3 047	1 392	1 655
Romanian – Roumain	20 683 406	10184094	10499312
Russian – Russe	31 447	14 937	16 510
Serbo croatian – Serbo croate	33 664	16 415	17 249
Slovak – Slovaque	18 283	8 930	9 353
Tartar – Tatar	22 754	11 300	11 454
Turkish – Turc	27 587	13 651	13 936
Ukrainian – Ukrainien	63 585	31 893	31 692
Yiddish	964	520	444
Unknown – Inconnu	3 101	1 804	1 297
Slovenia – Slovénie			
31 III 1991 [1]			
Total	1 965 986	952 611	1 013 375
Albanian – Albanais	4 022	2 642	1 380
Bulgarian – Bulgare	131	81	50
Croatian – Croate	52 110	26 123	25 987
Czech – Tchéque	467	174	293
Danish – Danois	4	2	2
Dutch – Néerlandais	38	18	20
English – Anglais	115	59	56.
French – Français	108	37	71
German – Allemand	1 543	574	969
Greek – Grec	33	13	20
Hebrew	37	16	21
Hungarian – Hongrois	9 240	4 297	4 943
Italian – Italien	4 009	1 885	2 124
Macedonian – Macédonien	4 603	2 405	2 198
Norwegian – Norvégien	12	4	8
Other – Autres	2 300	1 232	1 068
Polish – Polonais	323	113	210
Romanian – Roumain	303	146	157
Romany – Romani	2 847	1 419	1 428
Russian – Russe	235	81	154
Ruthenian – Ruthène	49	24	25
Serbian – Serbes	18 407	9 997	8 410
Serbo croatian – Serbo croate	84 496	43 735	40 761
Slovak – Slovaque	168	77	91
Slovenian – Slovène	1 727 360	830 677	896 683
Swedish – Suédois	59	33	26
Turkish – Turc	187	124	63
Ukrainian – Ukrainien	172	92	80
Wallachian	56	28	28
Unknown – Inconnu	52 552	26 503	26 049
The former Yugoslav Rep. of Macedonia – L'ex Rép. yougoslavie de Macédonie			
31 III 1991 [1]			
Total	2 033 964	...	...
Albanian – Albanais	432 226	...	...
Macedonian – Macédonien	1 403 171	...	...
Turkish – Turc	66 334	...	...
Other – Autres	132 233	...	...

28. Population by language, sex and urban/rural residence: each census, 1985 – 1993 (continued)

Population selon la langue, le sexe et la résidence, urbaine/rurale: chaque recensement, 1985 – 1993 (suite)

(See notes at end of table. – Voir notes à la fin du tableau.)

Continent, country or area, census date, language and urban/rural residence Continent, pays ou zone, date du recensement langage et résidence, urbaine/rurale	Both sexes Les deux sexes	Male Masculin	Female Féminin
OCEANIA—OCEANIE			
Australia – Australie			
30 VI 1986 [9]			
Total	14 414 110	7 159 990	7 254 120
Aboriginal–Aborigènes	36 929	18 371	18 558
African – Africain	5 506	2 908	2 598
Arabic – Arabe	106 038	55 152	50 886
Asian	100 131	46 469	53 662
Chinese – Chinois	130 769	65 183	65 586
Dutch – Néerlandais	61 435	29 398	32 037
English – Anglais	12 526 221	6 207 452	6 318 769
European–Européens	143 549	74 257	69 292
French – Français	51 397	24 764	26 633
German – Allemand	109 446	52 863	56 583
Greek – Grec	267 068	135 187	131 881
Hindi	8 631	4 432	4 199
Hungarian – Hongrois	30 927	15 482	15 445
Indonesian– Indonésiens	18 800	10 012	8 788
Italian – Italien	405 038	206 011	199 027
Macedonian – Macédonien	43 131	22 095	21 036
Maltese – Maltais	57 837	29 676	28 161
Other Pacific Islanders	20 053	10 666	9 387
Polish – Polonais	66 185	32 629	33 556
Portuguese – Portugais	20 185	10 366	9 819
Russian – Russe	21 672	9 878	11 794
Spanish – Espagnol	70 075	35 166	34 909
Turkish – Turc	31 231	16 155	15 076
Ukrainian – Ukrainien	14 828	7 328	7 500
Vietnamese – Vietnamiens	59 408	34 147	25 261
Unknown – Inconnu	7 620	3 943	3 677
OCEANIA—OCEANIE(Cont.–Suite)			
Australia – Australie			
30 VI 1991 [9]			
Total	15 587 501	7 714 139	7 873 362
Aboriginal–Aborigènes	41 039	20 359	20 680
Arabic – Arabe	147 322	76 395	70 927
Chinese – Chinois	251 256	126 335	124 921
Croat	60 731	31 232	29 499
Czech – Tchéque	9 178	4 734	4 444
Dutch – Néerlandais	47 543	22 207	25 336
English – Anglais	12 877 197	6 355 772	6 521 425
Pilipino Tagalog and English	56 614	21 315	35 299
French – Français	45 741	22 051	23 690
German – Allemand	115 315	56 444	58 871
Greek – Grec	274 975	139 071	135 904
Hindi	21 585	10 811	10 774
Hungarian – Hongrois	29 128	14 104	15 024
Indonesian– Indonésiens	28 900	14 810	14 090
Italian – Italien	409 480	207 376	202 104
Japanese – Japanois	26 670	11 699	14 971
Khmer	13 598	6 849	6 749
Korean – Coréens	18 798	9 572	9 226
Latvian – Latvien	7 528	3 468	4 060
Macedonian – Macédonien	61 410	31 447	29 963
Maltese – Maltais	52 031	26 430	25 601
Polish – Polonais	64 924	30 904	34 020
Portuguese – Portugais	24 249	12 233	12 016
Russian – Russe	23 673	10 706	12 967
Serbian – Serbes	23 264	12 015	11 249
Spanish – Espagnol	86 169	42 423	43 746
Turkish – Turc	38 090	19 621	18 469
Ukrainian – Ukrainien	12 327	5 817	6 510
Vietnamese – Vietnamiens	102 101	53 953	48 148
Yugoslav – Yougoslave	42 000	21 309	20 691
Other – Autres	203 480	103 535	99 945
Unknown – Inconnu	371 185	189 142	182 043
Vanuatu			
16 V 1989 [15]			
Total	142 419	73 384	69 035
Bislama	93 519	50 283	43 236
English – Anglais	46 207	25 769	20 438
French – Français	24 408	13 130	11 278
Other – Autres	1 380	803	577

28. Population by language, sex and urban/rural residence: each census, 1985 – 1993 (continued)

Population selon la langue, le sexe et la résidence, urbaine/rurale: chaque recensement, 1985 – 1993 (suite)

Data by urban/rural residence

Données selon la résidence urbaine/rurale

(See notes at end of table. – Voir notes à la fin du tableau.)

Continent, country or area, census date, language and urban/rural residence Continent, pays ou zone, date du recensement langage et résidence, urbaine/rurale	Both sexes Les deux sexes	Male Masculin	Female Féminin
EUROPE			
Romania – Roumanie			
Urban – Urbaine			
7 I 1992			
Total	12 391 819	6 047 785	6 344 034
Armenian – Arménien	910	399	511
Bulgarian – Bulgare	2 711	1 259	1 452
Czech – Tchéque	1 357	581	776
German – Allemand	67 591	28 999	38 592
Greek – Grec	2 126	977	1 149
Gypsy – Tsiganes	62 859	32 127	30 732
Hungarian – Hongrois	912 944	431 604	481 340
Polish – Polonais	1 068	446	622
Romanian – Roumain	11 259 618	5 512 250	5 747 368
Russian – Russe	10 695	4 783	5 912
Serbo croatian – Serbo croate	13 579	6 534	7 045
Slovak – Slovaque	7 443	3 484	3 959
Tartar – Tatar	16 108	7 884	8 224
Turkish – Turc	21 491	10 588	10 903
Ukrainian – Ukrainien	7 806	3 814	3 992
Yiddish	899	483	416
Unknown – Inconnu	2 614	1 573	1 041
Rural – Rurale			
7 I 1992			
Total	10 418 216	5 165 978	5 252 238
Armenian – Arménien	8	3	5
Bulgarian – Bulgare	6 710	3 357	3 353
Czech – Tchéque	3 596	1 735	1 861
German – Allemand	30 939	14 046	16 893
Greek – Grec	479	259	220
Gypsy – Tsiganes	103 776	52 193	51 583
Hungarian – Hongrois	726 191	361 288	364 903
Polish – Polonais	1 979	946	1 033
Romanian – Roumain	9 423 788	4 671 844	4 751 944
Russian – Russe	20 752	10 154	10 598
Serbo croatian – Serbo croate	20 085	9 881	10 204
Slovak – Slovaque	10 840	5 446	5 394
Tartar – Tatar	6 646	3 416	3 230
Turkish – Turc	6 096	3 063	3 033
Ukrainian – Ukrainien	55 779	28 079	27 700
Yiddish	65	37	28
Unknown – Inconnu	487	231	256

Continent, country or area, census date, language and urban/rural residence Continent, pays ou zone, date du recencement langage et résidence, urbaine/rurale	Both sexes Les deux sexes	Male Masculin	Female Féminin

28. Population by language, sex and urban/rural residence: each census, 1985 – 1993 (continued)

Population selon la langue, le sexe et la résidence, urbaine/rurale: chaque recensement, 1985 – 1993 (suite)

GENERAL NOTES

Classification is based on either mother tongue, language usually spoken in the home, all languages spoken, ability to speak designated languages or combination of two types. For definitions of "urban", see Technical Notes for table 6. For method of evaluation and limitations of data, see Technical Notes, page 105.

FOOTNOTES

- * Provisional.
- 1 De jure population.
- 2 Excluding nomads.
- 3 For 10 years of age and over.
- 4 For citezens only.
- 5 Based on a 20 per cent sample of census returns.
- 6 Because of rounding, totals are not in all cases the sum of the parts.
- 7 De jure population, but excluding civilian citizens absent from country for extended period of time.
- 8 Excluding armed forces overseas.
- 9 For 5 years of age and over.
- 10 For 6 years of age and over.
- 11 Excluding 353 372 persons.
- 12 For 3 years of age and over.
- 13 Based on national registers.
- 14 For classification by urban/rural residence, see end of table.
- 15 Ability to speak one or more languages.

NOTES GENERALES

La classification a été établie soit d'après la langue maternelle, la langue habituellement parlée au foyer, toutes les langues parlées ou l'aptitude à parler certaines langues détermineées, soit d'après une combinaison de deux catégories de données. Pour les définitions de "zones urbaines", voir Notes techniques relatives au tableau 6. Pour la méthode d'évaluation et les insuffisances des données, voir Notes techniques, page 105.

NOTES

- * Données provisoires.
- 1 Population de droit.
- 2 Non compris les nomades.
- 3 Pour la population âgée de 10 ans et plus.
- 4 Pour citoyens seulement.
- 5 D'après un échantillon de 20 p. 100 des bulletins de recensement.
- 6 Les chiffres étant arrondis, les totaux ne correspondent pas toujours rigoureusement à la somme des chiffres.
- 7 Population de droit, mais non compris les civils hors du pays pendant une période prolongée.
- 8 Non compris les militaires à l'étranger.
- 9 Pour la population âgée de 5 ans et plus.
- 10 Pour la population âgée de 6 ans et plus.
- 11 Non compris 353 372 personnes.
- 12 Pour la population âgée de 3 ans et plus.
- 13 D'après les registres nationaux.
- 14 Pour le classement selon la résidence, urbaine/rurale, voir la fin du tableau.
- 15 L'aptitude à parler une ou plusieurs langues.

29. Population by religion, sex and urban/rural residence: each census, 1985 – 1993

Population selon la religion, le sexe et la résidence, urbaine/rurale: chaque recensement, 1985 – 1993

(See notes at end of table. – Voir notes à la fin du tableau.)

Continent, country or area, census date, religion and urban/rural residence Continent, pays ou zone, date du recensement religion et résidence, urbaine/rurale	Both sexes Les deux sexes	Male Masculin	Female Féminin
AFRICA—AFRIQUE			
Burundi			
16 VIII 1990 [1]			
Total	5 292 793	2 574 126	2 718 667
Catholic–Catholiques	3 443 087	1 669 212	1 773 875
Moslem – Musulmans	83 528	41 861	41 667
Protestant	729 682	337 617	392 065
Traditionalist	18 251	8 530	9 721
Other religions – Autres religions	30 651	14 723	15 928
Unknown – Inconnu	987 594	502 183	485 411
Côte d'Ivoire			
1 III 1988			
Total	10 815 694	5 527 343	5 288 351
Animist	1 840 297	906 858	933 439
Catholic–Catholiques	2 245 762	1 122 893	1 122 869
Harriste	154 069	73 292	80 777
Moslem – Musulmans	4 182 410	2 243 133	1 939 277
Protestant	572 376	276 751	295 625
Other religions – Autres religions	368 648	177 159	191 489
No religion – Sans religion	1 452 132	727 257	724 875
Egypt – Egypte			
17 XI 1986 [2]			
Total	48 254 238	24709274	23544964
Christian – Chrétiens	2 868 139	1 470 007	1 398 132
Jew – Juifs	794	443	351
Moslem – Musulmans	45 377 538	23232872	22144666
Other religions – Autres religions	7 767	5 952	1 815
Mauritius – Maurice			
1 VII 1990			
Total	1 056 660	527 760	528 900
Adventist– Adventiste	3 312	1 572	1 740
Ahir	28	16	12
Ahmadhya	164	83	81
Aryan	579	301	278
Arya Samajist	1 550	759	791
Assemblies of God	8 236	3 974	4 262
Baboojee	147	74	73
Bahai – Bahaïs	1 134	595	539
Bengali	84	45	39
Buddhist – Bouddhistes	2 766	1 464	1 302
Chinese–Chinois	847	470	377
Christian – Chrétiens	31 099	15 795	15 304
Christian Tamil	477	237	240
Church of England	4 399	2 269	2 130
Evangelical	274	131	143
Hindu – Hindous	288 578	143 568	145 010
Islam	91 809	46 121	45 688
Kabir Panthis	206	96	110
Mahommeddan	339	164	175
Marathi	20 069	10 034	10 035
Mission Salut et Guerison	1 013	485	528
Moslem – Musulmans	79 697	39 472	40 225
Pentecostal	1 978	935	1 043
Presbyterian	578	293	285
Puranic	1 358	700	658
Rabidass	129	51	78
Rajput	15 018	7 584	7 434
Ravi Ved	2 418	1 220	1 198
Roman Catholic	287 726	143 958	143 768
Sanatanist	38 626	19 342	19 284
Tamil	68 451	33 862	34 589
Temoin de Jehovah	1 663	761	902
Telegu	28 606	14 129	14 477
Vaish	13 215	6 717	6 498
Vedic	55 155	27 562	27 593
Other Christians	659	317	342
Other religions – Autres religions	2 556	1 563	993
Unknown – Inconnu	1 717	1 041	676
Senegal – Sénégal			
27 V 1988 [3]			
Total	6 773 417	...	...
Christian – Chrétiens	291 257	...	...
Moslem – Musulmans			
Khadir	738 302	...	...
Layene	40 640	...	...
Mouride	2 038 798	...	...
Tidjane	3 210 600	...	...
Other Moslem	325 124	...	...
Other religions – Autres religions	128 696	...	...
Seychelles			
17 VIII 1987			
Total	68 598	34 125	34 473
Anglican	4 799	2 363	2 436
Bahai – Bahaïs	307	157	150
Catholic–Catholiques	60 756	30 157	30 599
Hindu – Hindous	506	297	209
Jehovah Witness	177	75	102
Moslem – Musulmans	328	188	140
Seven Day Adventist	390	197	193
Other Christians	506	241	265
No religion – Sans religion	426	235	191
Unknown – Inconnu	403	215	188
Uganda – Ouganda			
12 I 1991			
Total	16 671 705	8 185 747	8 485 958
Church of Uganda	6 541 800	3 197 711	3 344 119
Moslem – Musulmans	1 758 101	858 277	899 824
Roman Catholic	7 426 500	3 638 942	3 787 569
Other religions – Autres religions	945 263	490 817	454 446
AMERICA,NORTH— AMERIQUE DU NORD			
Aruba			
6 X 1991 [1]			
Total	66 687	32 821	33 866
Adventist– Adventiste	416	163	253

29. Population by religion, sex and urban/rural residence: each census, 1985 – 1993 (continued)

Population selon la religion, le sexe et la résidence, urbaine/rurale: chaque recensement, 1985 – 1993 (suite)

(See notes at end of table. – Voir notes à la fin du tableau.)

Continent, country or area, census date, religion and urban/rural residence Continent, pays ou zone, date du recencement religion et résidence, urbaine/rurale	Both sexes Les deux sexes	Male Masculin	Female Féminin
AMERICA,NORTH— (Cont.–Suite) AMERIQUE DU NORD			
Aruba			
6 X 1991 [1]			
Anglican	443	163	280
Evangelical	1 322	557	765
Jehovah Witness	893	393	500
Jew – Juifs	154	77	77
Methodist	1 093	502	591
Moslem – Musulmans	218	160	58
Pagan	1 810	992	818
Protestant	1 795	880	915
Roman Catholic	57 452	28 420	29 032
Not stated – Non déterminé	78	41	37
Other religions – Autres religions	1 013	473	540
Bahamas			
1 V 1990			
Total	255 095	124 992	130 103
Anglican	40 881	20 198	20 683
Assemblies of God	4 294	1 952	2 342
Baptist	79 465	38 020	41 445
Brethren	6 792	3 153	3 639
Church of Christ	12 843	5 947	6 896
Greek Church	346	189	157
Jehovah Witness	2 717	1 180	1 537
Jew – Juifs	126	70	56
Lutheran	459	235	224
Methodist	12 246	5 962	6 284
Pentecostal	14 094	6 429	7 665
Presbyterian	879	414	465
Roman Catholic	40 894	21 373	19 521
Seven Day Adventist	7 530	3 528	4 002
Not stated – Non déterminé	23 924	12 568	11 356
Other religions – Autres religions	7 605	3 774	3 831
AMERICA,NORTH— (Cont.–Suite) AMERIQUE DU NORD			
Belize			
12 V 1991 [1 2]			
Total	185 970	93 968	92 002
Adventist– Adventiste	7 618	3 663	3 955
Anglican	12 914	6 476	6 438
Bahai – Bahaïs	268	127	141
Baptist	4 568	2 206	2 362
Catholic–Catholiques	107 485	54 223	53 262
Hindu – Hindous	272	145	127
Jehovah Witness	2 634	1 193	1 441
Mennonite	7 433	3 800	3 633
Methodist	7 869	3 897	3 972
Mormon	622	309	313
Moslem – Musulmans	159	103	56
Nazarene	4 695	2 250	2 445
Pentecostal	11 712	5 731	5 981
Salvation Army	352	161	191
Not stated – Non déterminé	11 050	6 501	4 549
Other religions – Autres religions	6 319	3 183	3 136
Bermuda – Bermudes			
20 V 1991 [1]			
Total	58 460	28 345	30 115
Agnostic – Agnostiques	5 947	3 535	2 412
A.M.E. Zion	7 011	3 168	3 843
Anglican	16 087	7 528	8 559
Bahai – Bahaïs	110	40	70
Baptist	1 009	435	574
Brethren	998	466	532
Catholic–Catholiques	8 712	4 419	4 293
Church of God	1 249	532	717
Jehovah Witness	820	346	474
Jew – Juifs	99	57	42
Lutheran	357	141	216
Methodist	2 851	1 312	1 539
Moslem – Musulmans	489	311	178
Orthodox	338	200	138
Pentecostal	2 472	1 054	1 418
Presbyterian	2 139	983	1 156
Salvation Army	1 027	490	537
Seven Day Adventist	3 689	1 715	1 974
Not stated – Non déterminé	366	196	170
Other religions – Autres religions	2 690	1 417	1 273
Canada			
4 VI 1991 [1 4 5]			
Total	26 994 040	13337675	13656370
Adventist– Adventiste	52 360	23 875	28 485
Animist	2 188 115	1 034 755	1 153 360
Apostolic Church	8 500	3 980	4 520
Associated Gospel	8 620	4 050	4 565
Bahai – Bahaïs	14 730	7 285	7 445
Baptist	663 360	313 815	349 540
Brethren	26 405	12 550	13 855

29. Population by religion, sex and urban/rural residence: each census, 1985 – 1993 (continued)

Population selon la religion, le sexe et la résidence, urbaine/rurale: chaque recensement, 1985 – 1993 (suite)

(See notes at end of table. – Voir notes à la fin du tableau.)

Continent, country or area, census date, religion and urban/rural residence Continent, pays ou zone, date du recensement religion et résidence, urbaine/rurale	Both sexes Les deux sexes	Male Masculin	Female Féminin
AMERICA,NORTH— (Cont.–Suite) AMERIQUE DU NORD			
Canada			
4 VI 1991 [1 4 5]			
Buddhist – Bouddhistes	163 420	81 105	82 320
Catholic–Catholiques	12 335 255	6 031 005	6 304 255
Charismatic Renewal	2 565	1 175	1 385
Christadelphian	3 375	1 525	1 850
Christian – Chrétiens	6 600	3 010	3 590
Christian and Mission Alliance	59 235	28 315	30 920
Church of Christ	17 845	8 220	9 625
Church of God	12 050	5 520	6 530
Church of Nazarene	14 950	7 010	7 940
Doukhobors	4 820	2 290	2 520
Eastern Orthodox	387 395	198 320	189 075
Evangelical	9 170	4 430	4 740
Hindu – Hindous	157 010	82 050	74 965
Hutterite	21 495	10 460	11 035
Islam	253 265	137 895	115 365
Jain – Djaïns	1 410	730	680
Jehovah Witness	168 370	75 765	92 605
Jew – Juifs	318 070	156 415	161 655
Latter Day Saints	100 765	47 745	53 020
Lutheran	636 205	308 710	327 495
Mennonite	207 970	102 670	105 305
Methodist	72 505	34 490	38 015
Missionary Church	11 405	5 495	5 905
Mission de l'Esprit Sain	1 200	585	615
Moravian	6 085	2 900	3 190
New Apostolic	6 220	2 835	3 385
New Church	1 425	660	765
Pentecostal	436 435	204 185	232 250
Plymouth Brethren	8 740	4 150	4 585
Presbyterian	636 295	301 420	334 875
Protestant	9 780 710	4 652 895	5 127 810
Protestant not specified	628 950	305 465	323 490
Quakers	2 790	1 200	1 590
Reformed Churches	119 020	59 765	59 255
Salvation Army	112 350	54 120	58 225
Sikh – Sikhs	147 440	75 570	71 870
Spiritualist	3 735	1 480	2 260
Standard Church	1 175	580	595
Taoist	1 720	1 075	655
Unitarian	16 540	7 180	9 355
United Church	3 093 120	1 465 010	1 628 110
Wesleyenne	11 255	5 390	5 870
Zoroastrian	3 190	1 625	1 565
Other Christians	398 705	196 120	202 585
No religion – Sans religion	3 419 795	1 905 930	1 513 865
Not Specified	10 635	5 780	4 855
AMERICA,SOUTH— AMERIQUE DU SUD			
Chile – Chili			
22 IV 1992 [6]			
Total	9 660 367	4 675 960	4 984 407
Catholic–Catholiques	7 409 528	3 545 512	3 864 016
Evangelical	1 198 385	530 369	668 016
Protestant	80 259	39 299	40 960
Other religions – Autres religions	409 910	196 198	213 712
No religion – Sans religion	562 285	364 582	197 703
ASIA—ASIE			
Bahrain – Bahreïn			
16 XI 1991			
Total	508 037	294 346	213 691
Christian – Chrétiens	43 237	23 662	19 575
Moslem – Musulmans	415 427	230 150	185 277
Other religions – Autres religions	49 373	40 534	8 839
Brunei Darussalam – Brunéi Darussalam			
7 VIII 1991			
Total	260 482	137 616	122 866
Buddhist – Bouddhistes	33 387	20 915	12 472
Christian – Chrétiens	25 990	13 738	12 252
Islam	174 977	87 909	87 068
Other religions – Autres religions	26 128	15 054	11 074
Macau – Macao			
30 VIII 1991 [1]			
Total	355 693	172 492	183 201
Buddhist – Bouddhistes	59 669	27 373	32 296
Catholic–Catholiques	23 985	10 784	13 201
Protestant	6 205	2 685	3 520
Other religions – Autres religions	49 529	22 859	26 670
No religion – Sans religion	216 305	108 791	107 514
Philippines			
1 V 1990 [1]			
Total	60 559 116	30443187	30115929
Aglipay	1 590 208	807 748	782 460
Assemblies of God	77 913	38 787	39 126
Baptist	419 334	206 898	212 436
Buddhist – Bouddhistes	22 681	11 853	10 828
Church of Christ	1 414 393	715 360	699 033
Episcopal	101 764	51 955	49 809
Evangelical	134 136	66 906	67 230
Islam	2 769 643	1 371 730	1 397 913
Jehovah Witness	278 472	135 967	142 505
Latter Day Saints	70 408	34 346	36 062
Lutheran	22 642	11 532	11 110
Methodist	189 820	95 113	94 707
Pentecostal	323 789	152 035	171 754
Presbyterian	588	301	287
Protestant	431 290	213 838	217 452
Roman Catholic	50 217 801	25272144	24945657
Salvation Army	4 884	2 452	2 432
Seven Day Adventist	384 423	188 695	195 728
United Church	902 446	449 411	453 035

29. Population by religion, sex and urban/rural residence: each census, 1985 – 1993 (continued)

Population selon la religion, le sexe et la résidence, urbaine/rurale: chaque recensement, 1985 – 1993 (suite)

(See notes at end of table. – Voir notes à la fin du tableau.)

Continent, country or area, census date, religion and urban/rural residence Continent, pays ou zone, date du recensement religion et résidence, urbaine/rurale	Both sexes Les deux sexes	Male Masculin	Female Féminin
ASIA—ASIE (Cont.–Suite)			
Philippines			
1 V 1990 [1]			
Wesleyenne	15 104	7 702	7 402
Other Christians	254 131	130 822	123 309
Other religions – Autres religions	736 239	373 795	362 444
Not Specified	197 007	103 797	93 210
Singapore – Singapour			
30 VI 1990 [5 7]			
Total	2 253 900	1 129 300	1 124 600
Buddhist – Bouddhistes	1 215 100	608 200	606 900
Christian – Chrétiens	285 200	126 700	158 400
Hindu – Hindous	80 100	41 100	39 000
Islam	346 200	178 300	167 900
Sikh – Sikhs	9 200	4 400	4 700
Other religions – Autres religions	2 600	1 200	1 400
No religion – Sans religion	315 400	169 200	146 200
EUROPE			
Former Czechoslovakia – Ancienne Tchécoslovaquie			
3 III 1991 [1]			
Total	15 567 666	...	...
Brethren	192 963	...	...
Dutch Reformed	89 295	...	...
Evangelical	378 973	...	...
Greek Church	188 397	...	...
Orthodox	53 613	...	...
Roman Catholic	7 217 921	...	...
Other religions – Autres religions	255 433	...	...
No religion – Sans religion	4 598 810	...	...
Not Specified	2 592 261	...	...
Ireland – Irlande			
21 IV 1991			
Total	3 525 719	1 753 418	1 772 301
Agnostic – Agnostiques	823	501	322
Atheist	320	230	90
Bahai – Bahaïs	430	217	213
Baptist	1 156	542	614
Brethren	256	113	143
Buddhist – Bouddhistes	986	562	424
Christian – Chrétiens	16 329	8 097	8 232
Church of Ireland	82 840	40 681	42 159
Evangelical	819	384	435
Greek Orthodox	358	226	132
Hindu – Hindous	953	572	381
Jehovah Witness	3 393	1 538	1 855
Jew – Juifs	1 581	782	799
Lapsed Roman Catholic	3 749	1 969	1 780
Lutheran	1 010	421	589
Methodist	5 037	2 412	2 625
Mormon	853	405	448
Moslem – Musulmans	3 875	2 407	1 468
Pantheism	202	122	80
Pentecostal	285	132	153
Presbyterian	13 199	6 686	6 513
Protestant	6 347	3 037	3 310
Quakers	749	349	400
Roman Catholic	3 228 327	1 595 688	1 632 639
Other religions – Autres religions	2 197	1 161	1 036
No religion – Sans religion	66 270	40 205	26 065
Not Specified	83 375	43 979	39 396
Romania – Roumanie			
7 I 1992 [2]			
Total	22 810 035	11213763	11596272
Adventist– Adventiste	77 546	34 555	42 991
Baptist	109 462	47 864	61 598
Catholic–Catholiques	1 161 942	561 838	600 104
Christian of Old Rite	28 141	13 809	14 332
Eastern Orthodox	32 228	15 996	16 232
Evangelical	49 963	22 846	27 117
Evangelic Augustan Confes	39 119	17 693	21 426
Evangelic Synodal Presbyt	21 221	10 054	11 167
Greek – Catholic	223 327	108 174	115 153
Mosaik	9 670	4 673	4 997
Moslem – Musulmans	55 928	28 062	27 866
Orthodox of Old Style	19 802 389	9 768 195	10034194
Pentecostal	220 824	101 321	119 503
Reformat – Calvin	802 454	390 741	411 713
Unitarian	76 708	37 794	38 914
Other religions – Autres religions	56 329	23 713	32 616
No religion – Sans religion	24 314	14 415	9 899
Not Specified	10 331	7 513	2 818
Unknown – Inconnu	8 139	4 507	3 632
Slovenia – Slovénie			
31 III 1991 [1]			
Total	1 965 986	952 611	1 013 375
Catholic–Catholiques	1 403 014	664 063	738 951
Jew – Juifs	201	94	107
Moslem – Musulmans	29 719	15 806	13 913
Orthodox	46 819	24 134	22 685
Protestant	19 000	8 793	10 207
Not stated – Non déterminé	377 155	192 620	184 535
Other religions – Autres religions	4 593	2 394	2 199
No religion – Sans religion	85 485	44 707	40 778
The former Yugoslav Rep. of Macedonia – L'ex Rép. yougoslavie de Macédonie			
31 III 1991 [1]			
Total	2 033 964	...	...
Catholic–Catholiques	10 067	...	...
Islam	611 326	...	...
Orthodox	1 355 816	...	...
Not Specified	56 755	...	...

29. Population by religion, sex and urban/rural residence: each census, 1985 – 1993 (continued)

Population selon la religion, le sexe et la résidence, urbaine/rurale: chaque recensement, 1985 – 1993 (suite)

(See notes at end of table. – Voir notes à la fin du tableau.)

Continent, country or area, census date, religion and urban/rural residence Continent, pays ou zone, date du recensement religion et résidence, urbaine/rurale	Both sexes Les deux sexes	Male Masculin	Female Féminin
EUROPE (Cont.–Suite)			
United Kingdom – Royaume–Uni			
Northern Ireland – Irlande du Nord			
21 IV 1991			
Total	1 577 836	769 071	808 765
Church of Ireland	279 280	134 758	144 522
Methodist	59 517	27 634	31 883
Presbyterian	336 891	161 648	175 243
Roman Catholic	605 639	295 095	310 544
Other religions – Autres religions	122 448	59 430	63 018
No religion – Sans religion	59 234	33 318	25 916
Not Specified	114 827	57 188	57 639
OCEANIA—OCEANIE			
Australia – Australie			
30 VI 1986 [8]			
Total	15 602 156	7 768 313	7 833 843
Anglican	3 723 419	1 788 867	1 934 552
Baptist	196 782	92 328	104 454
Brethren	23 164	10 964	12 200
Buddhist – Bouddhistes	80 387	41 809	38 578
Catholic–Catholiques	4 064 413	1 988 013	2 076 400
Chinese–Chinois	10 374	5 289	5 085
Christian – Chrétiens	346 354	169 138	177 216
Church of Christ	88 511	40 095	48 416
Congregational	16 616	7 693	8 923
Hindu – Hindous	21 454	11 493	9 961
Jehovah Witness	66 496	29 984	36 512
Jew – Juifs	69 087	33 527	35 560
Latter Day Saints	35 490	16 681	18 809
Lutheran	208 304	100 905	107 399
Moslem – Musulmans	109 523	58 229	51 294
Orthodox	427 445	218 511	208 934
Pentecostal	107 007	50 333	56 674
Presbyterian	560 025	266 055	293 970
Protestant	199 446	93 157	106 289
Salvation Army	77 771	35 449	42 322
Seven Day Adventist	47 981	21 835	26 146
United Church	1 182 310	550 535	631 775
Other religions – Autres religions	35 742	18 315	17 427
Not Specified	3 904 055	2 119 108	1 784 947
30 VI 1991 [9]			
Total	16 850 540	...	...
Anglican	4 018 779	...	...
Baptist	279 828	...	...
Brethren	24 136	...	...
Buddhist – Bouddhistes	139 812	...	...
Catholic–Catholiques	4 606 651	...	...
Church of Christ	78 283	...	...
Congregational	6 272	...	...
Hindu – Hindous	43 567	...	...
Islam	147 487	...	...
Jehovah Witness	74 743	...	...
Jew – Juifs	74 167	...	...
Latter Day Saints	38 372	...	...
Lutheran	250 890	...	...
Oriental Christian	23 336	...	...
Orthodox	474 909	...	...
Pentecostal	150 599	...	...
Presbyterian	732 039	...	...
Salvation Army	72 342	...	...
Seven Day Adventist	48 361	...	...
United Church	1 387 710	...	...
Other Christians	199 193	...	...
Other religions – Autres religions	40 004	...	...
No religion – Sans religion	2 176 590	...	...
Not Specified	49 835	...	...
Unknown – Inconnu	1 712 635	...	...
New Zealand – Nouvelle–Zélande			
5 III 1991 [1]			
Total	3 373 929	1 662 555	1 711 374
Anglican	732 045	335 403	396 642
Assemblies of God	18 463	8 496	9 967
Baptist	70 155	32 256	37 899
Brethren	20 337	9 273	11 064
Buddhist – Bouddhistes	12 765	6 417	6 348
Catholic–Catholiques	498 612	238 644	259 968
Christian – Chrétiens	78 195	36 159	42 036
Church of Christ	3 606	1 530	2 076
Hindu – Hindous	17 661	9 306	8 355
Jehovah Witness	19 179	8 391	10 788
Latter Day Saints	48 012	22 383	25 629
Lutheran	4 965	2 304	2 661
Methodist	138 708	63 378	75 330
Object	251 706	136 890	114 816
Pentecostal	18 765	8 529	10 236
Presbyterian	540 678	255 501	285 177
Ratana	47 592	23 193	24 399
Ringatu	8 052	4 134	3 918
Salvation Army	19 992	8 796	11 196
Seven Day Adventist	13 005	5 925	7 080
Other religions – Autres religions	88 539	44 808	43 731
No religion – Sans religion	666 609	370 044	296 565
Unknown – Inconnu	56 289	30 795	25 494
Tonga			
28 XI 1986 [1]			
Total	93 049	46 737	46 312
Anglican	563	285	278
Assemblies of God	565	284	281
Church of Tonga	6 882	3 432	3 450
Free Church of Tonga	10 413	5 315	5 098
Free Wesleyan Church	40 371	20 265	20 106
Latter Day Saints	11 270	5 670	5 600
Roman Catholic	14 921	7 532	7 389
Seven Day Adventist	2 143	1 043	1 100
Tokaikolo Christian Churc	h 3 047	1 460	1 587
Not stated – Non déterminé	1 487	762	725
Other religions – Autres religions	1 387	689	698

29. Population by religion, sex and urban/rural residence: each census, 1985 – 1993 (continued)

Population selon la religion, le sexe et la résidence, urbaine/rurale: chaque recensement, 1985 – 1993 (suite)

(See notes at end of table. – Voir notes à la fin du tableau.)

Continent, country or area, census date, religion and urban/rural residence Continent, pays ou zone, date du recensement religion et résidence, urbaine/rurale	Both sexes Les deux sexes	Male Masculin	Female Féminin
OCEANIA—OCEANIE(Cont.–Suite)			
Vanuatu			
16 V 1989 [1]			
Total	142 419	73 384	69 035
Anglican	19 949	10 350	9 599
Catholic–Catholiques	20 613	10 515	10 098
Church of Christ	6 745	3 446	3 299
Custom	6 484	3 395	3 089
Presbyterian	50 951	26 453	24 498
Seven Day Adventist	11 737	5 962	5 775
Other religions – Autres religions	17 748	8 790	8 958
No religion – Sans religion	2 437	1 373	1 064
Not Specified	5 755	3 100	2 655

29. Population by religion, sex and urban/rural residence: each census, 1985 – 1993 (continued)

Population selon la religion, le sexe et la résidence, urbaine/rurale: chaque recensement, 1985 – 1993 (suite)

Data by urban/rural residence

Données selon la résidence urbaine/rurale

(See notes at end of table. – Voir notes à la fin du tableau.)

Continent, country or area, census date, religion and urban/rural residence Continent, pays ou zone, date du recensement religion et résidence, urbaine/rurale	Both sexes Les deux sexes	Male Masculin	Female Féminin
AFRICA—AFRIQUE			
Egypt – Egypte			
Urban – Urbaine			
17 XI 1986			
Total	21 215 504	10908850	10306654
Christian – Chrétiens	1 672 968	856 735	816 233
Jew – Juifs	794	443	351
Moslem – Musulmans	19 535 500	10046880	9 488 620
Unknown – Inconnu	6 242	4 792	1 450
Rural – Rurale			
17 XI 1986			
Total	27 038 734	13800424	13238310
Christian – Chrétiens	1 195 171	613 272	581 899
Moslem – Musulmans	25 842 038	13185992	12656046
Unknown – Inconnu	1 525	1 160	365
AMERICA,NORTH— AMERIQUE DU NORD			
Belize			
Urban – Urbaine			
12 V 1991 [1]			
Total	86 069	42 052	44 017
Adventist– Adventiste	2 856	1 298	1 558
Anglican	9 872	4 875	4 997
Bahai – Bahaïs	167	72	95
Baptist	266	139	127
Catholic–Catholiques	51 724	25 200	26 524
Hindu – Hindous	1 987	930	1 057
Jehovah Witness	1 526	648	878
Mennonite	489	232	257
Methodist	5 528	2 681	2 847
Mormon	508	250	258
Moslem – Musulmans	113	68	45
Nazarene	2 391	1 113	1 278
Pentecostal	2 847	1 304	1 543
Salvation Army	292	138	154
Not stated – Non déterminé	3 756	2 222	1 534
Other religions – Autres religions	1 747	882	865

Continent, country or area, census date, religion and urban/rural residence Continent, pays ou zone, date du recencement religion et résidence, urbaine/rurale	Both sexes Les deux sexes	Male Masculin	Female Féminin
AMERICA,NORTH— (Cont.–Suite) AMERIQUE DU NORD			
Belize			
Rural – Rurale			
12 V 1991 [1]			
Total	98 653	51 319	47 334
Adventist– Adventiste	4 738	2 358	2 380
Anglican	2 964	1 565	1 399
Bahai – Bahaïs	101	55	46
Baptist	6	6	–
Catholic–Catholiques	54 872	28 604	26 268
Hindu – Hindous	2 573	1 272	1 301
Jehovah Witness	1 082	533	549
Mennonite	6 941	3 565	3 376
Methodist	2 277	1 180	1 097
Mormon	104	54	50
Moslem – Musulmans	46	35	11
Nazarene	2 240	1 103	1 137
Pentecostal	8 813	4 403	4 410
Salvation Army	58	22	36
Not stated – Non déterminé	7 269	4 264	3 005
Other religions – Autres religions	4 569	2 300	2 269
EUROPE			
Romania – Roumanie			
Urban – Urbaine			
7 I 1992			
Total	12 391 819	6 047 785	6 344 034
Adventist– Adventiste	27 194	11 781	15 413
Baptist	59 729	26 538	33 191
Catholic–Catholiques	630 072	296 403	333 669
Christian of Old Rite	6 008	2 942	3 066
Eastern Orthodox	6 449	3 279	3 170
Evangelical	26 270	12 123	14 147
Evangelic Augustan Confes	24 170	10 532	13 638
Evangelic Synodal Presbyt	14 823	6 902	7 921
Greek – Catholic	141 214	67 547	73 667
Mosaik	9 453	4 566	4 887
Moslem – Musulmans	42 396	21 146	21 250
Orthodox of Old Style	10 763 328	5 275 192	5 488 136
Pentecostal	96 811	45 209	51 602
Reformat – Calvin	438 967	209 683	229 284
Unitarian	39 398	19 168	20 230
Other religions – Autres religions	32 163	13 780	18 383
No religion – Sans religion	17 834	10 687	7 147
Not Specified	9 560	6 910	2 650
Unknown – Inconnu	5 980	3 397	2 583
Rural – Rurale			
7 I 1992			
Total	10 418 216	5 165 978	5 252 238
Adventist– Adventiste	50 352	22 774	27 578
Baptist	49 733	21 326	28 407
Catholic–Catholiques	531 870	265 435	266 435
Christian of Old Rite	22 133	10 867	11 266
Eastern Orthodox	25 779	12 717	13 062
Evangelical	23 693	10 723	12 970

29. Population by religion, sex and urban/rural residence: each census, 1985 – 1993 (continued)

Population selon la religion, le sexe et la résidence, urbaine/rurale: chaque recensement, 1985 – 1993 (suite)

Data by urban/rural residence

Données selon la résidence urbaine/rurale

(See notes at end of table. – Voir notes à la fin du tableau.)

Continent, country or area, census date, religion and urban/rural residence Continent, pays ou zone, date du recensement religion et résidence, urbaine/rurale	Both sexes Les deux sexes	Male Masculin	Female Féminin	Continent, country or area, census date, religion and urban/rural residence Continent, pays ou zone, date du recencement religion et résidence, urbaine/rurale	Both sexes Les deux sexes	Male Masculin	Female Féminin
EUROPE (Cont.–Suite)							
Romania – Roumanie							
Rural – Rurale							
7 I 1992							
Evangelic Synodal Presbyt	6 398	3 152	3 246				
Greek – Catholic	82 113	40 627	41 486				
Mosaik	217	107	110				
Moslem – Musulmans	13 532	6 916	6 616				
Orthodox of Old Style	9 039 061	4 493 003	4 546 058				
Pentecostal	124 013	56 112	67 901				
Reformat – Calvin	363 487	181 058	182 429				
Unitarian	37 310	18 626	18 684				
Other religions – Autres religions	24 166	9 933	14 233				
No religion – Sans religion	6 480	3 728	2 752				
Not Specified	771	603	168				
Unknown – Inconnu	2 159	1 110	1 049				

GENERAL NOTES

For definitions of "urban", see Technical Notes for table 6. For method of evaluation and limitations of data, see Technical Notes, page 108.

FOOTNOTES

- * Provisional.
- 1 De jure population.
- 2 For classification by urban/rural residence, see end of table.
- 3 For citezens only.
- 4 Based on a 20 per cent sample of census returns.
- 5 Because of rounding, totals are not in all cases the sum of the parts.
- 6 For 14 years of age and over.
- 7 Based on a 10 per cent sample of census returns.
- 8 Data exclude adjustment for underenumeration, estimated at 1.8 per cent.
- 9 Data exclude adjustment for underenumeration, estimated at 1.9 per cent.

NOTES GENERALES

Pour les définitions de "zones urbaines", voir Notes techniques relatives au tableau 6. Pour la méthode d'évaluation et les insuffisances des données, voir Notes techniques, page 108.

NOTES

- * Données provisoires.
- 1 Population de droit.
- 2 Pour le classement selon la résidence, urbaine/rurale, voir la fin du tableau.
- 3 Pour citoyens seulement.
- 4 D'après un échantillon de 20 p. 100 des bulletins de recensement.
- 5 Les chiffres étant arrondis, les totaux ne correspondent pas toujours rigoureusement à la somme des chiffres partiels.
- 6 Pour la population âgée de 14 ans et plus.
- 7 D'après un échantillon de 10 p. 100 des bulletins de recensement.
- 8 Les données n'ont pas été adjustées pour compenser les lacunes du dénombrement, estimées à 1,8 p. 100.
- 9 Les données n'ont pas été adjustées pour co mpenser les lacunes du dénombrement, estimées à 1,9 p. 100.

30. Population of major civil divisions by urban/rural residence: each census, 1985 – 1993

Population des principales divisions administratives selon la résidence urbaine/rurale: chaque recensement, 1985 – 1993

(See notes at end of table. – Voir notes à la fin du tableau.)

Continent, country or area, census date, civil division and urban/rural residence Continent, pays ou zone, date du recensement, division et résidence urbaine/rurale	Population
AFRICA—AFRIQUE	
Algeria – Algérie	
20 III 1987 [1]	
Total – Totale	23 033 942
Wilaya (Prefecture)	
Adrar	217 678
Ain–Defla	537 256
Ain–temouchent	274 990
Alger	1 690 191
Annaba	455 888
Batna	752 617
Behar	185 346
Bejaia	700 952
Biskra	430 202
Blida	702 188
Bordj– Bou–Arreridj	424 828
Bouira	526 900
Boumerdes	650 075
Chlef	684 192
Constantine	664 303
Djelfa	494 494
El–Bayadh	153 254
El–Oued	376 909
El–Tarf	275 315
Ghardaia	212 040
Guelma	353 309
Illizi	18 930
Jijel	472 312
Khenchela	246 541
Laghouat	212 388
Mascara	566 901
Medea	652 863
Mila	511 605
Mostaganem	505 932
M'sila	604 693
Naama	113 700
Oran	932 473
Ouargla	284 454
Oum–el–bouaghi	403 936
Relizane	544 877
Saida	235 494
Setif	1 000 694
Sidi–Bel–Abbes	446 277
Skikda	622 510
Souk–Ahras	296 077
Tamanrasset	95 822
Tebessa	410 233
Tiiaret	575 794
Tindouf	16 428
Tipaza	620 151
Tissemsilt	228 120
Tizi–ouzou	936 948
Telmcen	714 862
Benin – Bénin	
15 II 1992*	
Total – Totale	4 855 349
Provinces	
Atacora	648 330
Atlantique	1 060 310
Borgou	816 278
Mono	646 954
Oueme	869 492
Zou	813 985
Botswana	
14 VIII 1991	
Total – Totale	1 326 796
Urban Area	
Francistown	65 244
Gaborone	133 468
Jwaneng	11 188
Lobatse	26 052
Orapa	8 827
Selebi Pikwe	39 772
Serowe–palapye	128 471
Sowa	2 228
Rural Districts	
Borolong	18 400
Central	284 499
Chobe	14 126
Ghanzi	23 725
Kgalakgadi	32 128
Kgatleng	57 770
Kweneng	170 437
Ngamiland	94 534
North East	43 354
Ngwaketse	128 989
South East	43 584
Burkina Faso	
10 XII 1985	
Total – Totale	7 964 705
Provinces	
Bam	162 575
Bazega	303 941
Bougouriba	220 895
Boulgou	402 236
Boulkiemde	365 223
Comoe	249 967
Ganzourgou	195 452
Gnagna	229 152
Gourma	294 235
Houet	581 722
Kadiogo	459 826
Kenedougou	139 973
Kossi	332 960
Kouritenga	198 486
Mouhoun	288 735
Nahouri	105 509
Namentenga	198 890
Oubritenga	304 265
Oudalan	106 194
Passore	223 830
Poni	235 480
Sanguie	217 277
Sanmatenga	367 724
Seno	228 875
Sissili	244 919
Soum	186 812
Sourou	268 108
Tapoa	158 859
Yatenga	536 578
Zoundweogo	156 007
Burundi	
16 VIII 1990 [1,2]	
Total – Totale	5 292 793
Provinces	
Bubanza	222 953
Bujumbura	373 491
Mairie de Bujumbura	235 440
Bururi	385 490
Cankuzo	142 797
Cibitoke	279 843
Gitega	565 174
Karuzi	287 905
Kayanza	443 116
Kirundo	407 103
Makamba	223 799
Muramvya	441 653
Muyinga	373 382
Ngozi	482 246
Rutana	195 834
Ruyigi	238 567
Cape Verde – Cap-Vert	
23 IV 1990 [2,3]	
Total – Totale	339 171
Districts	
Boavista	3 437
Brava	6 969
Fogo	33 822
Maio	4 962
Sal	7 514
Sao Nicolao	13 649
Sao Vicente	50 478
Santiago	174 580
Santo Antao	43 760
Central African Republic – République centrafricaine	
8 XII 1988* [4]	
Total – Totale	2 688 426
Prefecture	
Bamingui–Bangoran	28 643
Bangui	451 690
Basse–Kotto	194 750

30. Population of major civil divisions by urban/rural residence: each census, 1985 – 1993 (continued)

Population des principales divisions administratives selon la résidence urbaine/rurale: chaque recensement, 1985 – 1993 (suite)

(See notes at end of table. – Voir notes à la fin du tableau.)

Continent, country or area, census date, civil division and urban/rural residence Continent, pays ou zone, date du recensement, division et résidence urbaine/rurale	Population
AFRICA—AFRIQUE (Cont.–Suite)	
Central African Republic – République centrafricaine	
8 XII 1988* [4]	
Haut–Mbomou	27 113
Haute–kotto	58 838
Kemo–Gribingui	82 884
Lobaye	169 554
Mambere–Kadei	230 364
Mbomou	119 252
Nana–Gribizi	95 497
Nana–Mambere	191 970
Ombella–Mpoko	180 857
Ouaka	208 332
Ouham	262 950
Sangha–Economique	65 961
Vakaga	32 118
Chad – Tchad	
8 IV 1993*	
Total – Totale	6 158 992
Prefecture	
Batha	270 871
Bet	68 610
Biltine	180 414
Chari–baguirmi	705 681
Guera	295 121
Kanem	267 826
Lac	236 486
Logone–Occidental	451 771
Logone–Oriental	434 744
Mayokebbi	813 363
Moyen–chari	721 630
Ndjamena	546 572
Ouaddai	535 011
Salamat	179 151
Tandjile	451 741
Comoros – Comores [5]	
15 IX 1991* [2]	
Total – Totale	446 817
Islands – Iles	
Mwali	24 331
Ndzuwan	188 953
Ngazidja	233 533
Côte d'Ivoire	
1 III 1988 [2]	
Total – Totale	10 815 694
Regions–Régions	
Centre	815 664
Centre–Est	300 407
Centre–Nord	915 269
Centre–Ouest	1 542 945
Nord	745 816
Nord–Est	514 134
Nord–Ouest	522 247
Ouest	968 267
Sud	3 843 249
Sud–Ouest	647 696
Egypt – Egypte	
18 IX 1986* [2]	
Total – Totale	48 205 049
Governorates–Gouvernorats	
Cities–Villes	
Alexandria	2 917 327
Cairo	6 052 836
Port Said	399 793
Suez	326 820
Provinces of lower Egypt – Provinces de la Basse–Egypte	
Beheira	3 257 168
Dakahliya	3 500 470
Damietta	741 264
Gharbiya	2 870 960
Ismailia	544 427
Kafr El Sheik	1 800 129
Kalyubia	2 514 244
Minufiya	2 227 087
Sharkiya	3 420 119
Provinces of Upper Egypt – Provinces de la Haute–Egypte	
Aswan	801 408
Asy0t	2 223 034
Beni Suef	1 442 981
Faiy0m	1 544 047
Giza	3 700 054
Minya	2 648 043
Quena	2 252 315
Souhag	2 455 134
Frontier Districts–Districts des frontières	
Matrouh	160 567
New Vally	113 838
North Sinai	171 505
Red Sea	90 491
South Sinai	28 988
Gabon	
31 VII 1993* [2]	
Total – Totale	1 011 710
Districs	
Estuaire	462 086
Haut–Ogooue	102 387
Moyen–Ogooue	41 827
Ngounie	77 871
Nyanga	39 826
Ogooue–Ivindo	48 847
Ogooue–Lolo	42 783
Ogooue–Marit	98 299
Wolew–Ntem	97 739
Unknown–Inconnu	45
Lesotho	
12 IV 1986* [1]	
Total – Totale	1 577 500
Districts	
Berea	194 600
Butha–buthe	100 600
Leribe	257 900
Mafeteng	195 600
Maseru	311 200
Mohale's Hoek	164 400
Mokhotlong	74 700
Qacha's Nek	64 000
Quthing	110 400
Thaba–Tseka	104 100
Madagascar	
1 VIII 1993* [1]	
Total – Totale	12 092 157
Districts	
Antananarivo	3 483 236
Fianarantsoa	2 671 150
Toamasina	1 935 330
Mahajanga	1 330 612
Toliary	1 729 419
Antsiranana	942 410
Malawi	
1 IX 1987	
Total – Totale	7 988 507
Central Region	
Dedza	411 787
Dowa	322 432
Kasungu	323 453
Nkhotakota	158 044
Ntcheu	358 767
Ntchisi	120 860
Lilongwe	976 627
Mchingi	249 843
Salima	189 173
Northern Region	
Chitipa	96 794
Karonga	148 014
Mzimba	433 696
Nkhata Bay	138 381
Rumphi	94 902
Southern Region	
Blantyre	589 525
Chikwawa	316 733
Chiradzulu	210 912
Machinga	515 265
Mangochi	496 578
Mulanue	638 062
Mwanza	121 513
Nsanje	204 374

30. Population of major civil divisions by urban/rural residence: each census, 1985 – 1993 (continued)

Population des principales divisions administratives selon la résidence urbaine/rurale: chaque recensement, 1985 – 1993 (suite)

(See notes at end of table. – Voir notes à la fin du tableau.)

Continent, country or area, census date, civil division and urban/rural residence Continent, pays ou zone, date du recensement, division et résidence urbaine/rurale	Population
AFRICA—AFRIQUE (Cont.–Suite)	
Malawi	
1 IX 1987	
Thyolo	431 157
Zomba	441 615
Mali	
1 IV 1987 [1,2]	
Total – Totale	7 696 348
District	
Bamako	658 275
Regions–Régions	
Gao	380 722
Kayes	1 067 007
Koulikoro	1 197 968
Mopti	1 282 617
Segou	1 339 631
Sikasso	1 310 810
Tombouctou	459 318
Mauritania – Mauritanie	
5 IV 1988	
Total – Totale	1 864 236
Regions–Régions	
Adrar	61 043
Assaba	167 123
Brakna	192 157
Gorgol	184 359
Guidimaka	116 436
Hodh Charki	212 203
Hodh Gharbi	159 296
Inchiri	14 613
Nouadhibou	63 030
Nouakchott	393 325
Tagant	64 908
Tiris Zemmour	33 147
Trarza	202 596
Mauritius – Maurice Island of Mauritius – Ile Maurice	
1 VII 1990	
Total – Totale	1 022 456
Black River	43 768
Flacq	112 773
Grand Port	96 667
Moka	65 176
Pamplemousses	101 666
Plaines Wilhems	321 713
Port Louis	133 073
Rivière du Rempart	86 779
Savanne	60 841
AFRICA—AFRIQUE (Cont.–Suite)	
Namibia – Namibie	
21 X 1991 [2]	
Total – Totale	1 409 920
Regions – Régions	
Bethanien	2 913
Bushmanland	3 851
Caprivi	71 033
Damaraland	32 986
Gobabis	28 094
Grootfontein	34 334
Hereroland East	25 408
Hereroland West	19 441
Kaokoland	26 176
Karasburg	11 294
Karibib	12 200
Kavango	136 219
Keetmanshoop	20 998
Luderitz	17 492
Maltahone	4 190
Marietal	24 799
Namaland	16 307
Okahanndja	21 246
Omaruru	7 446
Otjiwarongo	23 525
Outjo	12 573
Oshakati	384 815
Ondangwa	233 302
Reheboth	34 083
Swakopmmund	20 593
Tsumeb	22 578
Windhoek	162 024
Nigeria – Nigéria	
20 XI 1991*	
Total – Totale	88 514 501
States–Etats	
Abia	2 297 978
Abuja	378 671
Adamawa	2 124 049
Akwa Ibom	2 359 736
Anambra	2 767 903
Bauchi	4 294 413
Benue	2 780 398
Borno	2 596 589
Cross River	1 865 604
Delta	2 570 181
Edo	2 159 848
Enugu	3 161 295
Imo	2 485 499
Jigawa	2 829 929
Kaduna	3 969 252
Kano	5 632 040
Katsina	3 878 344
Kebbi	2 062 226
Kogi	2 099 046
Kwara	1 566 469
Lagos	5 685 781
Niger	2 482 367
Ogun	2 338 570
Ondo	3 884 485
Osun	2 203 016
Oyo	3 488 789
Plateau	3 283 704
Rivers	3 983 857
Sokoto	4 392 391
Taraba	1 480 590
Yobe	1 411 481
Rwanda	
15 VIII 1991*	
Total – Totale	7 142 755
Prefecture	
Butare	765 910
Byumba	779 365
Cyangugu	517 550
Gikongoro	462 635
Gisenyi	728 365
Gitarma	849 285
Kibungo	647 175
Kibuye	472 525
Kigali	921 050
Kigali–Ville	233 640
Ruhengeri	765 255
Senegal – Sénégal	
27 V 1988 [2]	
Total – Totale	6 896 808
Regions–Régions	
Darkar	1 488 941
Diourbel	619 245
Fatick	509 702
Kaolack	811 258
Kolda	591 833
Louga	490 077
Saint Louis	660 282
Tambacounda	385 982
Thies	941 151
Ziguinchor	398 337
Seychelles	
17 VIII 1987	
Total – Totale	68 598
Districts	
La Digue	1 926
Mahe	61 183
Outer Islands	296
Praslin	5 002
Silhouette	191
Sierra Leone	
15 XII 1985 [6]	
Total – Totale	3 515 812

30. Population of major civil divisions by urban/rural residence: each census, 1985 – 1993 (continued)

Population des principales divisions administratives selon la résidence urbaine/rurale: chaque recensement, 1985 – 1993 (suite)

(See notes at end of table. – Voir notes à la fin du tableau.)

Continent, country or area, census date, civil division and urban/rural residence / Continent, pays ou zone, date du recensement, division et résidence urbaine/rurale	Population
AFRICA—AFRIQUE (Cont.–Suite)	
Sierra Leone	
15 XII 1985 [6]	
Eastern Province	
Kailahun District	233 839
Kenema District	337 055
Kono District	389 657
Northern province	
Bombali District	317 729
Kambia district	186 231
Koinadugu district	183 286
Port Loko district	329 344
Tonkolili district	243 051
Southern province	
Bo District	268 671
Bonthe District	97 975
Moyamba District	250 514
Pujehun District	117 185
Sherbro District	7 032
Western Area	
Freetown	469 776
Western rural area	84 467
South Africa – Afrique du Sud [7]	
5 III 1985 [2 8]	
Total – Totale	23 385 645
Province	
Cape	5 041 137
Natal	2 145 018
Transvaal	7 532 179
Orange Free State	1 776 903
Self–governing National States	
Gazankulu	497 213
Kangwane	392 782
Kwandebele	235 855
Kwa Zulu	3 747 015
Lebowa	1 835 984
Qwaqua	181 559
Sudan – Soudan	
15 IV 1993* [2]	
Total – Totale	24 940 683
Regions–Régions	
Bahr el Ghazal	1 815 725
Central	5 416 333
Darfur	4 746 456
Eastern	3 051 958
Equatoria	993 245
Khartoùm	3 413 034
Kordofan	3 165 802
Northern	1 291 620
Upper Nile	1 046 510
AFRICA—AFRIQUE (Cont.–Suite)	
Swaziland	
25 VIII 1986 [2]	
Total – Totale	681 059
Districts	
Hhohho	178 936
Lubombo	153 958
Manzini	192 596
Shiselweni	155 569
Uganda – Ouganda	
12 I 1991 [2]	
Total – Totale	16 671 705
Districts	
Apac	454 504
Arua	637 941
Bundibugyu	116 566
Bushenyi	736 361
Gulu	338 427
Hoima	197 851
Iganga	945 783
Jinja	289 476
Kabale	417 218
Kabarole	746 800
Kalangala	16 371
Kampala	774 241
Kamuli	485 214
Kapchorwa	116 702
Kasese	343 601
Kibaale	220 261
Kiboga	141 607
Kisoro	186 681
Kitgum	357 184
Kotido	196 006
Kumi	236 694
Lira	500 965
Luwero	449 691
Masaka	838 736
Masindi	260 796
Mbale	710 980
Mbarara	930 772
Moroto	174 417
Moyo	175 645
Mpigi	913 867
Mubende	500 976
Mukono	824 604
Nebbi	316 866
Pallisa	357 656
Rakai	383 501
Rukungiri	390 780
Soroti	430 390
Tororo	555 574
United Rep. of Tanzania – Rép.–Unie de Tanzanie	
27 VIII 1988*	
Total – Totale	23 174 336
Regions–Régions	
Arusha	1 351 675
Coast	638 015
Dodoma	1 237 819
D'Salaam	1 360 850
Iringa	1 208 914
Kagera	1 326 183
Kigoma	854 817
Kilimanjaro	1 108 699
Lindi	646 550
Mara	970 942
Mbeya	1 476 199
Morogoro	1 222 737
Mtwara	889 494
Mwanza	1 878 271
Rukwa	694 974
Ruvuma	783 327
Shinyanga	1 772 549
Singida	791 814
Tabora	1 036 293
Tanga	1 283 636
Regions–Régions	
Pemba North	137 399
Pemba South	127 640
Zanzibar North	97 028
Zanzibar South	70 184
Zanzibar Urban/ West	208 327
Zambia – Zambie	
20 VIII 1990* [2]	
Total – Totale	7 818 447
Provinces	
Central	725 611
Copperbelt	1 579 547
Eastern	973 818
Luapula	526 705
Lusaka	1 207 980
Northern	867 795
North Western	383 146
Southern	946 353
Western	607 497
Zimbabwe	
18 VIII 1992*	
Total – Totale	10 401 767
Provinces	
Bulawayo	620 936
Harare	1 478 810
Manicaland	1 537 676
Mashonaland Central	857 318
Mashonaland East	1 033 336
Mashonaland West	1 116 928
Matabeleland North	640 957
Matabeleland South	591 747
Midlands	1 302 214
Masvingo	1 221 845

30. Population of major civil divisions by urban/rural residence: each census, 1985 – 1993 (continued)

Population des principales divisions administratives selon la résidence urbaine/rurale: chaque recensement, 1985 – 1993 (suite)

(See notes at end of table. – Voir notes à la fin du tableau.)

Continent, country or area, census date, civil division and urban/rural residence Continent, pays ou zone, date du recensement, division et résidence urbaine/rurale	Population
AMERICA,NORTH — AMERIQUE DU NORD	
Antigua and Barbuda – Antigua–et–Barbuda	
28 V 1991* [1]	
Total – Totale	60 840
Parishes – Paroisses	
Barbuda	1 252
St. George's	4 514
St. John's	36 732
St. Paul's	6 183
St. Peter's	3 629
St. Phillip's	3 100
St. Mary's	5 430
Aruba	
6 X 1991 [1]	
Total – Totale	66 687
Regions – Régions	
Noord/Tanki Leender	10 056
Oranjestad East	11 266
Oranjestad West	8 778
Paradera	6 189
San Nicholas North	8 206
San Nicholas South	5 304
Santa Cruz	9 587
Anse D' P(05)=' F(05)=' D(05)=' T(06)=' P(06)=' F(06)=' D(06)='	
Savaneta	7 273
Unknown	28
Belize	
12 V 1991 [2]	
Total – Totale	189 774
Districts	
Belize	56 811
Cayo	37 570
Corozal	28 440
Orange Walk	31 778
Stan Creek	17 322
Toledo	17 853
Bermuda – Bermudes	
20 V 1991 [1]	
Total – Totale	58 460
Hamilton(City–Ville)	4 680
St. George(Town–Ville)	4 623
Parishes – Paroisses	
Devonshire	7 371
Paget	4 877
Pembroke	11 507
Sandy	6 437
Smith	5 261
Southampton	5 804
Warwick	7 900
AMERICA,NORTH (cont.) — AMERIQUE DU NORD (suite)	
Canada	
4 VI 1991 [1] [2]	
Total – Totale	27 296 855
Provinces	
Alberta	2 545 550
British Columbia	3 282 060
Manitoba	1 091 940
New Brunswick	723 900
Newfounland	568 475
Nova Scotia	899 940
Ontario	10 084 885
Prince Edward Island	129 765
Québec	6 895 960
Saskatchewan	988 925
Territories– Territoires	
Northwest Territories	57 650
Yukon	27 795
Cayman Islands – Iles Caïmanes	
15 X 1989 [1]	
Total – Totale	25 355
Districts	
Bodden Town	3 407
East End	1 064
George Town	12 921
North Side	857
Sister Islands	1 474
West Bay	5 632
El Salvador	
27 IX 1992*	
Total – Totale	5 047 925
Departments – Départements	
Ahuachapan	260 563
Cabanas	136 293
Chalatenango	180 627
Cuscatlan	167 290
La Libertad	522 071
La Paz	246 147
La Union	251 143
Morazan	166 772
San Miguel	380 442
San Salvador	1 477 766
San Vicente	135 471
Santa Ana	451 620
Sonsonate	354 641
Usulatan	317 079
Jamaica – Jamaïque	
8 IV 1991*	
Total – Totale	2 374 193
Parishes – Paroisses	
Claredon	212 357
Hanover	67 110
Kingston	103 962
Manchester	164 987
Portland	76 191
St. Andrew	540 739
St. Ann	150 890
St. Catherine	361 535
St. Elizabeth	144 129
St. James	158 196
St. Mary	108 339
St. Thomas	84 271
Trelanny	71 928
Westmorland	129 559
Martinique	
15 III 1990* [1]	
Total – Totale	359 579
Communes	
Ajoupa Bouillon	1 739
Basse–Pointe	4 432
Bellefontaine	1 527
Carbet	3 014
Case Pilote	3 650
Diamant	3 343
Ducos	12 401
Fonds Saint Denis	977
Fort de France	100 080
Francois	16 925
Groand Riviere	956
Gros Morne	10 143
Lamentin	30 028
Lorrain	8 084
Macouba	1 496
Marigot	3 587
Marin	6 338
Morne Rouge	5 278
Morne Vert	1 833
Precheur	2 050
Riviere Pilote	12 617
Riviere Salee	8 753
Robert (le)	17 713
Saint Esprit	7 767
Saint Joseph	14 036
Saint Pierre	5 007
Saint Anne	3 857
Sainte Lucie	5 881
Sainte Marie	19 682
Schoelcher	19 825
Trinite (la)	11 090
Trois ilets	4 484

30. Population of major civil divisions by urban/rural residence: each census, 1985 – 1993 (continued)

Population des principales divisions administratives selon la résidence urbaine/rurale: chaque recensement, 1985 – 1993 (suite)

(See notes at end of table. – Voir notes à la fin du tableau.)

Continent, country or area, census date, civil division and urban/rural residence Continent, pays ou zone, date du recensement, division et résidence urbaine/rurale	Population
AMERICA,NORTH— (Cont.–Suite) AMERIQUE DU NORD	
Martinique	
15 III 1990* [1]	
Vauclin (le)	7 741
Mexico – Mexique	
12 III 1990 [1]	
Total – Totale	81 249 645
Distrito Federal	8 235 744
States – Etats	
Aguascalientes	719 659
Baja California	1 660 855
Baja California Sur	317 764
Campeche	535 185
Coahuila	1 972 340
Colima	428 510
Chiapas	3 210 496
Chihuahua	2 441 873
Durango	1 349 378
Guanajuato	3 982 593
Guerrero	2 620 637
Hidalgo	1 888 366
Jalisco	5 302 689
Mexico	9 815 795
Michoacàn	3 548 199
Morelos	1 195 059
Nayarit	824 643
Nuevo Leon	3 098 736
Oaxaca	3 019 560
Puebla	4 126 101
Querétaro	1 051 235
Quintana Roo	493 277
San Luis Potasi	2 003 187
Sinaloa	2 204 054
Sonora	1 823 606
Tabasco	1 501 744
Tamaulipas	2 240 581
Tlaxcala	761 277
Veracruz	6 228 239
Yucatán	1 362 940
Zacatecas	1 276 323
Panama	
13 V 1990 [2]	
Total – Totale	2 329 329
Provinces	
Bocas del Toro	93 361
Cocle	173 190
Colon	168 294
Chiriquí	370 227
Darién	43 832
Herrera	93 681
Los Santos	76 947
Panamá	1 072 127
Veraguas	203 626
San Blas	34 044
Turks and Caicos Islands – Iles Turques et Caïques	
2 V 1990 [1]	
Total – Totale	12 350
Islands – Iles	
Grand Turk	3 761
Middle Caicos	272
North Caicos	1 303
Providenciales	5 586
Salt Cay	211
South Caicos	1 217
United States – Etats–Unis	
1 IV 1990 [2 9 10]	
Total – Totale	248 709 873
District of Columbia	606 900
States – Etats	
Alabama	4 040 587
Alaska	550 043
Arizona	3 665 228
Arkansas	2 350 725
California	29 760 021
Colorado	3 294 394
Connecticut	3 287 116
Delaware	666 168
Florida	12 937 926
Georgia	6 478 216
Hawaii	1 108 229
Idaho	1 006 749
Illinois	11 430 602
Indiana	5 544 159
Iowa	2 776 755
Kansas	2 477 574
Kentucky	3 685 296
Louisiana	4 219 973
Maine	1 227 928
Maryland	4 781 468
Massachusets	6 016 425
Michigan	9 295 297
Minnesota	4 375 099
Mississippi	2 573 216
Missouri	5 117 073
Montana	799 065
Nebraska	1 578 385
Nevada	1 201 833
New Hampshire	1 109 252
New Jersey	7 730 188
New Mexico	1 515 069
New York	17 990 455
North Carolina	6 628 637
North Dakota	638 800
Ohio	10 847 115
Oklahoma	3 145 585
Oregon	2 842 321
Pennsylvania	11 881 643
Rhode Island	1 003 464
South Carolina	3 486 703
South Dakota	696 004
Tennessee	4 877 185
Texas	16 986 510
Utah	1 722 850
Vermont	562 758
Virginia	6 187 358
Washington	4 866 692
West Virginia	1 793 477
Wisconsin	4 891 769
Wyoming	453 588
AMERICA,SOUTH— AMERIQUE DU SUD	
Argentina – Argentine	
15 V 1991* [2]	
Total – Totale	32 608 687
Capital Federal	2 960 976
Provinces	
Buenos Aires	12 582 321
Catamarca	265 571
Chaco	838 303
Chubut	356 587
Corrientes	795 021
Entre Ríos	1 022 865
Formosa	404 367
Jujuy	513 992
La Pampa	260 034
La Rioja	220 729
Mendoza	1 414 058
Misiones	789 677
Neuquén	388 934
Río Negro	506 796
Salta	866 771
San Juan	529 920
San Luis	286 334
Santa Cruz	159 964
Santa Fé	2 797 293
Santiago del Estero	672 301
Tierra del Fuego	69 450
Tucumán	1 142 247
Bolivia – Bolivie	
3 VI 1992 [2]	
Total – Totale	6 420 792
Departments– Départements	
Beni	276 174
Chuquisaca	453 756
Cochabamba	1 110 205
La Paz	1 900 786
Oruro	340 114
Pando	38 072
Potosi	645 889
Santa Cruz	1 364 389
Tarija	291 407

30. Population of major civil divisions by urban/rural residence: each census, 1985 – 1993 (continued)

Population des principales divisions administratives selon la résidence urbaine/rurale: chaque recensement, 1985 – 1993 (suite)

(See notes at end of table. – Voir notes à la fin du tableau.)

Continent, country or area, census date, civil division and urban/rural residence Continent, pays ou zone, date du recensement, division et résidence urbaine/rurale	Population
AMERICA,SOUTH— (Cont.–Suite) AMERIQUE DU SUD	
Chile – Chili	
22 IV 1992 [2]	
Total – Totale	13 348 401
Provinces	
Antofagasta	410 724
Araucanía	781 242
Atacama	230 873
Aysén del General Carlos Ibanez del Campo	80 501
Bío–Bío	1 734 305
Coquimbo	504 387
Libertador General Bernardo O'Higgins	696 369
Los Lagos	948 809
Magallanes y la Antártica Chilena	143 198
Maule	836 141
Metropolitana de Santiago	5 257 937
Tarapacá	339 579
Valparaíso	1 384 336
Colombia – Colombie	
15 X 1985*	
Total – Totale	27 867 326
Departments – Départements	
Antioquía	3 888 067
Atlántico	1 428 601
Bogotá	3 982 941
Bolívar	1 197 623
Boyacá	1 097 618
Caldas	838 094
Caquetá	214 473
Cauca	795 838
Cesar	584 631
Cordoba	913 636
Cundinamarca	1 382 360
Choco	242 768
Huila	647 756
La Guajira	255 310
Magdalena	769 141
Meta	412 312
Nariño	1 019 098
Norte de Santander	883 884
Quindio	377 860
Risaralda	625 451
Santander	1 438 226
Sucre	529 059
Tolima	1 051 852
Valle	2 847 087
Intendencias	
Arauca	70 085
Casanare	110 253
Putumayo	119 815
San Andrés	35 936
Comisarías	
Amazonas	30 327
Guainía	9 214
Guaviare	35 305
Vaupés	18 935
Vichada	13 770
Ecuador – Equateur	
21 XI 1990 [2, 11]	
Total – Totale	9 648 189
Provinces	
Azuay	506 090
Bolívar	155 088
Canar	189 347
Carchi	141 482
Chimborazo	364 682
Cotopaxi	276 324
El Oro	412 572
Esmeraldas	306 628
Galápagos	9 785
Guayas	2 515 146
Imababura	265 497
Loja	384 698
Los Ríos	527 559
Manabí	1 031 927
Morona Santiago	84 216
Napo	103 387
Pastaza	41 811
Pichincha	1 756 228
Tungurahua	361 980
Zamora Chinchipe	66 167
Sucumbios	76 952
Other–Autres	70 621
French Guiana – Guyane Française	
5 III 1990 [1]	
Total – Totale	114 808
Communes	
Apatou	2 499
Awala–Yalimapo	637
Camopi	746
Cayenne	41 164
Grand–Santi–Papaichton	2 531
Iracoubo	1 577
Kourou	13 848
Macouria	2 069
Mana	4 941
Maripasoula	1 763
Matoury	10 131
Montsinery–Toonegrande	499
Ouanary	82
Regina	532
Remire–Montjoly	11 709
Roura	1 331
St. Elie	124
St. Georges	1 523
Saint–Laurent–du–Maroni	13 606
Saül	63
Sinnamary	3 433
Paraguay	
26 VIII 1992* [2]	
Total – Totale	4 123 550
Capital–Capitale	
Asuncion	502 426
Departments – Département	
Alto Paraguay	11 374
Alto Paraná	403 858
Amambay	97 158
Boqueron	24 866
Caoguazú	383 319
Caozapa	128 550
Canendiyú	96 826
Central	864 540
Concepcion	166 946
Cordillera	206 097
Chaco	442
Guairá	162 244
Itapúa	375 748
Misiones	88 624
Nueva Asuncion	1 426
Neembacú	69 884
Paraguarí	203 012
Presidente Hayes	59 100
San Pedro	277 110
Uruguay	
23 X 1985 [2, 12]	
Total – Totale	2 955 241
Departments– Départements	
Artigas	69 145
Canelones	364 248
Cerro Largo	78 416
Colonia	112 717
Durazno	55 077
Flores	24 739
Florida	66 474
Lavalleja	61 466
Maldonado	94 314
Montevideo	1 311 976
Paysandú	103 763
Río Negro	48 644
Rivera	89 475
Rocha	66 601
Salto	108 487
San José	89 893
Soriano	79 439
Tacuarembo	83 498

30. Population of major civil divisions by urban/rural residence: each census, 1985 – 1993 (continued)

Population des principales divisions administratives selon la résidence urbaine/rurale: chaque recensement, 1985 – 1993 (suite)

(See notes at end of table. – Voir notes à la fin du tableau.)

Continent, country or area, census date, civil division and urban/rural residence Continent, pays ou zone, date du recensement, division et résidence urbaine/rurale	Population
AMERICA,SOUTH— (Cont.–Suite) AMERIQUE DU SUD	
Uruguay	
23 X 1985	
Treinta y Tres	46 869
Venezuela	
20 X 1990 [2 13]	
Total – Totale	18 105 265
Distrito Federal	2 103 661
States–Etats	
Anzoátegui	859 758
Apure	285 412
Aragua	1 120 132
Barinas	424 491
Bolívar	900 310
Carabobo	1 453 232
Cojedes	182 066
Falcon	599 185
Guárico	488 623
Lara	1 193 161
Mérida	570 215
Miranda	1 871 093
Monagas	470 157
Nueva Esparta	263 748
Portuguesa	576 435
Sucre	679 595
Táchira	807 712
Trujillo	493 912
Yaracuy	384 536
Zulia	2 235 305
Federal Territories–Territoires fédéraux	
Amazonas	55 717
Delta Amacuro	84 564
Dependencias Federales	2 245
ASIA—ASIE	
Bahrain – Bahreïn	
16 XI 1991 [2]	
Total – Totale	508 037
Regions – Régions	
Central	34 304
Eastern	3 242
Hamad Town	29 055
Hidd	8 610
Isa Town	34 509
Jidhafs	44 769
Manama	136 999
Muharraq	74 245
Northern	33 763
Riffa	49 752
Sitra	36 755
Western	22 034
Bangladesh	
11 III 1991*	
Total – Totale	104 766 143
Divisions	
Chittagong	27 096 904
Dhaka	32 270 994
Khulna	19 966 590
Rajshahi	25 431 655
Brunei Darussalam – Brunéi Darussalam	
7 VIII 1991	
Total – Totale	260 482
Districts	
Bandar Seri Begawan	45 867
Belait	52 957
Brunei Muara	124 240
Temburong	7 688
Tutong	29 730
China – Chine	
1 VII 1990 [14]	
Total – Totale	1130510638
Provinces, Municipalities Provinces, Municipalités and Autonomous Régions	
Anhui	56 181 005
Beijing	10 819 414
Fujian	30 048 275
Gansu	22 371 085
Guangdong	62 829 741
Guangxi	42 244 884
Guizhou	32 391 051
Hainan	6 558 076
Hebei	61 082 755
Heilongjiang	35 215 932
Henan	85 534 200
Hubei	53 970 501
Hunan	60 657 992
Inner Mongolia	21 456 518
Jiangsu	37 710 177
Jiangxi	67 056 812
Jilin	24 659 790
Liaoning	39 459 694
Ningxia	4 655 445
Qinghai	4 456 952
Shaanxi	32 882 286
Shandong	84 392 104
Shanghai	13 341 852
Shanxi	28 758 846
Sichuan	107 218 310
Tianjin	8 785 427
Tibet	2 196 029
Xinjiang	15 156 883
Yunnan	36 972 587
Zhejiang	41 446 015

30. Population of major civil divisions by urban/rural residence: each census, 1985 – 1993 (continued)

Population des principales divisions administratives selon la résidence urbaine/rurale: chaque recensement, 1985 – 1993 (suite)

(See notes at end of table. – Voir notes à la fin du tableau.)

Continent, country or area, census date, civil division and urban/rural residence Continent, pays ou zone, date du recensement, division et résidence urbaine/rurale	Population
ASIA—ASIE (Cont.–Suite)	
India – Inde [15]	
1 III 1991 [2 16]	
Total – Totale	838 583 988
States–Etats	
Andhra Pradesh	66 508 008
Arunachal Pradesh	864 558
Assam	22 414 322
Bihar	86 374 465
Goa	1 169 793
Gujarat	41 309 582
Haryana	16 463 648
Himachal Pradesh	5 170 877
Karnataka	44 977 201
Kerala	29 098 518
Madhya Pradesh	66 181 170
Maharashtra	78 937 187
Manipur	1 837 149
Meghalaya	1 774 778
Mizoram	689 756
Nagaland	1 209 546
Orissa	31 659 736
Punjab	20 281 969
Rajasthan	44 005 990
Sikkim	406 457
Tamil Nadu	55 858 946
Tripura	2 757 205
Uttar Pradesh	139 112 287
West Bengal	68 077 965
Union Territories– Territoires de l'Union	
Andaman and Nicobar Islands	280 661
Chandigarh	642 015
Dadra & Nagar Haveli	138 477
Daman & Diu	101 586
Delhi	9 420 644
Lakshadweep	51 707
Pondicherry	807 785
Indonesia – Indonésie	
31 X 1990 [2 17]	
Total – Totale	179 378 946
Provinces	
Bali	2 777 811
Bengkulu	1 179 122
Daerah Istimewa Aceh	3 416 156
DI Yogyakarta	2 913 054
DKI Jakarta	8 259 266
Irian Jaya	1 648 708
Jambi	2 020 568
Jawa Barat	35 384 352
Jawa Tengah	28 520 643
Jawa Timur	32 503 991
Kalimantan Barat	3 229 153
Kalimantan Selatan	2 597 572
Kalimantan Tengah	1 396 486
Kalimantan Timur	1 876 663
Lampung	6 017 573
Maluku	1 857 790
Nusa Tenggara Barat	3 369 649
Nusa Tenggara Timur	3 268 644
Riau	3 303 976
Sulawesi Selatan	6 981 646
Sulawesi Tengah	1 711 327
Sulawesi Tenggara	1 349 619
Sulawesi Utara	2 478 119
Sumatra Barat	4 000 207
Sumatra Selatan	6 313 074
Sumatra Utara	10 256 027
Timor Timur	747 750
Iran (Islamic Republic of – Rép. islamique d')	
22 IX 1986 [2]	
Total – Totale	49 445 010
Provinces (Ostan)	
Bakhtaran	1 462 965
Baluchestan	1 197 059
Boyer Ahmad and Kohgiluyeh	411 828
Bushehr	612 183
Chaharmahal & Bakhtiyari	631 179
East Azarbayejan	4 114 084
Esfahan	3 294 916
Fars	3 193 769
Gilan	2 081 037
Hamadan	1 505 826
Hormozgan	762 206
Ilam	382 091
Kerman	1 622 958
Khorasan	5 280 605
Khuzestan	2 681 978
Kordestan	1 078 415
Lorestan	1 367 029
Markazi	1 082 109
Mazandaran	3 419 346
Semnan	417 035
Tehran	8 712 087
West Azarbayejan	1 971 677
Yazd	574 028
Zanhan	1 588 600
11 IX 1991	
Total – Totale	55 837 163
Provinces (Ostan)	
Boyer Ahmad and Kohgiluyeh	496 739
Bushehr	694 252
Central	1 182 611
Chaharmahal & Bakhtiyari	747 297
East Azarbayejan	4 420 343
Esfahan	3 682 444
Fars	3 543 828
Gilan	2 204 047
Hamadan	1 651 320
Hormozgan	924 433
Ilam	440 693
Kerman	1 862 542
Kermanshahan	1 622 159
Khorasan	6 013 200
Khuzestan	3 175 852
Kordestan	1 233 480
Lorestan	1 501 778
Mazandaran	3 793 149
Semnan	458 125
Sistan and Baluchestan	1 455 102
Tehran	9 982 309
West Azarbayejan	2 284 208
Yazd	691 119
Zanhan	1 776 133
Iraq	
17 X 1987 [2]	
Total – Totale	16 335 199
Governorates & Autonomous Regions – Gouvernorats Autonomous Régions	
Anbar	820 690
Arbil	770 439
Babylon	1 109 574
Baghdad	3 841 268
Basrah	872 176
D'hok	293 304
Diala	961 073
Kerbela	469 282
Maysan	487 448
Muthanna	315 816
Najaf	590 078
Nineveh	1 479 430
Qadisiya	559 805
Salah Al-Deen	726 138
Sulaimaniya	951 723
Ta'meem	601 219
Thi-Qar	921 066
Wasit	564 670
Japan – Japon	
1 X 1985 [2 18]	
Total – Totale	121 048 923
Hokkaido Island– Ile Hokkaido	
Hokkaido Prefecture (Todofuken)	5 679 439
Honshu Island–Ile Honshu	
Prefectures(Todafuken)– Préfectures	
Aichi–ken	6 455 172
Akita–ken	1 254 032

30. Population of major civil divisions by urban/rural residence: each census, 1985 – 1993 (continued)

Population des principales divisions administratives selon la résidence urbaine/rurale: chaque recensement, 1985 – 1993 (suite)

(See notes at end of table. – Voir notes à la fin du tableau.)

Continent, country or area, census date, civil division and urban/rural residence Continent, pays ou zone, date du recensement, division et résidence urbaine/rurale	Population
ASIA—ASIE (Cont.–Suite)	
Japan – Japon	
1 X 1985 [2, 18]	
Aomori–ken	1 524 448
Chiba–ken	5 148 163
Fukui–ken	817 633
Fukushima–ken	2 080 304
Gifu–ken	2 028 536
Gumma–ken	1 921 259
Hiroshima–ken	2 819 200
Hyogo–ken	5 278 050
Ibaraki–ken	2 725 005
Ishikawa–ken	1 152 325
Iwate–ken	1 433 611
Kagawa–ken	7 431 974
Kyoto–fu	2 586 574
Mie–ken	1 747 311
Miyagi–ken	2 176 295
Nagano–ken	2 136 927
Nara–ken	1 304 866
Niigata–ken	2 478 470
Okayama–ken	1 916 906
Osaka–fu	8 668 095
Saitama–ken	5 863 678
Shiga–ken	1 155 844
Shimane–ken	794 629
Shizuoka–ken	3 574 692
Tochigi–ken	1 866 066
Tokyo–to	11 829 363
Tottori–ken	616 024
Toyama–ken	1 118 369
Wakayama–ken	1 087 206
Yamagata–ken	1 261 662
Yamaguchi–ken	1 601 627
Yamanashi–ken	832 832
Kyushu Island–Ile Kyushu	
Prefectures–Préfectures	
Fukuoka–ken	4 719 259
Kagoshima–ken	1 819 270
Kumamoto–ken	1 837 747
Miyazaki–ken	1 175 543
Nagasaki–ken	1 593 968
Oita–ken	1 250 214
Okinawa–ken	1 179 097
Saga–ken	880 013
ASIA—ASIE (Cont.–Suite)	
Japan – Japon	
1 X 1985 [2, 18]	
Shikoku Island – Ile Shikoku	
Prefectures–Préfectires (Todofuken)	
Ehime–ken	1 529 983
Kagawa–ken	1 022 569
Kochi–ken	839 784
Tokushima–ken	834 889
1 X 1990 [2, 18]	
Total – Totale	123 611 167
Hokkaido Island–Ile Hokkaido	
Hokkaido Prefecture (Todofuken)	5 643 647
Honshu Island–Ile Honshu	
Prefectures(Todafuken)–Préfectures	
Aichi–ken	6 690 603
Akita–ken	1 227 478
Aomori–ken	1 482 873
Chiba–ken	5 555 429
Fukui–ken	823 585
Fukushima–ken	2 104 058
Gifu–ken	2 066 569
Gumma–ken	1 966 265
Hiroshima–ken	2 849 847
Hyogo–ken	5 405 040
Ibaraki–ken	2 845 382
Ishikawa–ken	1 164 628
Iwate–ken	1 416 928
Kagawa–ken	1 023 412
Kanagawa–ken	7 980 391
Kyoto–fu	2 602 460
Mie–ken	1 792 514
Miyagi–ken	2 248 558
Nagano–ken	2 156 627
Nara–ken	1 375 481
Niigata–ken	2 474 583
Okayama–ken	1 925 877
Osaka–fu	8 734 516
Saitama–ken	6 405 319
Shiga–ken	1 222 411
Shimane–ken	781 021
Shizuoka–ken	3 670 840
Tochigi–ken	1 935 168
Tokyo–to	11 855 563
Tottori–ken	615 722
Toyama–ken	1 120 161
Wakayama–ken	1 074 325
Yamagata–ken	1 258 390
Yamaguchi–ken	1 572 616
Yamanashi–ken	852 966
Kyushu Island–Ile Kyushu	
Prefectures–Préfectures	
Fukuoka–ken	4 811 050
Kagoshima–ken	1 797 824
Kumamoto–ken	1 840 326
Miyazaki–ken	1 168 907
Nagasaki–ken	1 562 959
Oita–ken	1 236 942
Okinawa–ken	1 222 398
Saga–ken	877 851
Shikoku Island – Ile Shikoku	
Prefectures–Préfectires (Todofuken)	
Ehime–ken	1 515 025
Kochi–ken	825 034
Tokushima–ken	831 598

30. Population of major civil divisions by urban/rural residence: each census, 1985 – 1993 (continued)

Population des principales divisions administratives selon la résidence urbaine/rurale: chaque recensement, 1985 – 1993 (suite)

(See notes at end of table. – Voir notes à la fin du tableau.)

Continent, country or area, census date, civil division and urban/rural residence Continent, pays ou zone, date du recensement, division et résidence urbaine/rurale	Population
ASIA—ASIE (Cont.–Suite)	
Kazakhstan	
12 I 1989 [2]	
Total – Totale	16 536 511
Almaty City	1 131 963
Provinces	
Akmolinskaya	872 177
Aktjubinskaya	737 995
Almatinskaya	978 184
Atirauzskaya	432 287
East Kazakhstanskaya	933 445
Karagandiskaya	1 352 150
Kokchetavskaya	664 282
Kustanaiskaya	1 052 261
Kzyl–ordinskaya	651 323
Mangistanskaya	322 728
North Kazakhstanskaya	599 552
Pablodarskaya	943 745
Semiplatinskaya	838 324
South Kazakhstanskaya	1 831 486
Taldikorganskaya	720 870
Turgaiskaya	298 299
West Kazakhstanskaya	630 887
Zhambulskaya	1 048 546
Zhezkazganskaya	496 007
Korea, Republic of– Corée, République de	
1 XI 1985 [2 19]	
Total – Totale	40 448 486
Cities–Villes	
Inchon	1 386 911
Pusan	3 514 798
Seoul	9 639 110
Taechon	2 029 853
Provinces (Do)	
Cheju–do	488 576
Chollanam–do	3 748 428
Chollabuk–do	2 202 078
Chunchongnam–do	3 001 179
Chungchongbuk–do	1 391 004
Kangwon–do	1 724 809
Kyonggi–do	4 794 135
Kyongsangnam–do	3 516 660
Kyongsangbuk–do	3 010 945

Continent, country or area, census date, civil division and urban/rural residence Continent, pays ou zone, date du recensement, division et résidence urbaine/rurale	Population
ASIA—ASIE (Cont.–Suite)	
1 XI 1990 [2 19]	
Total – Totale	43 410 899
Cities–Villes	
Inchon	1 817 919
Kwangju	1 139 003
Pusan	3 798 113
Seoul	10 612 577
Taechon	1 049 578
Taegu	2 229 040
Provinces (Do)	
Cheju–do	514 605
Chollanam–do	2 507 439
Chollabuk–do	2 069 960
Chunchongnam–do	2 013 926
Chungchongbuk–do	1 389 686
Kangwon–do	1 580 430
Kyonggi–do	6 155 632
Kyongsangnam–do	3 672 396
Kyongsangbuk–do	2 860 595
Kyrgyzstan – Kirghizistan	
12 I 1989 [1 2]	
Total – Totale	4 257 755
Bishkek City	619 903
Provinces	
Djalal–agadskay oblast	743 279
Issyk–kulskay oblast	403 917
Narinskay oblast	254 149
Oshskay oblast	1 253 524
Talasskay oblast	192 509
Tchuishskay oblast	790 474
Malaysia – Malaisie	
14 VIII 1991* [2]	
Total – Totale	17 566 982
States–Etats	
Johor	2 074 297
Kedah	1 304 800
Kelantan	1 181 680
Kuala Lumpur (Federal territory)	1 145 075
Labuan (Federal territory)	54 307
Melaka	504 502
Negeri Sembilan	691 150
Pahang	1 036 724
Perak	1 880 016
Perlis	184 070
Pulau Pinang	1 065 075
Sabah	1 736 902
Sarawak	1 648 217
Selangor	2 289 236
Terengganu	770 931

Continent, country or area, census date, civil division and urban/rural residence Continent, pays ou zone, date du recensement, division et résidence urbaine/rurale	Population
Nepal – Népal	
22 VI 1991*	
Total – Totale	18 462 081
Development Regions – Development Régions	
Central Development	6 174 237
Eastern Development	4 448 374
Far–Western Development	1 681 453
Mid–Western Development	2 406 095
Western Development	3 751 922
Oman	
1 XII 1993*	
Total – Totale	2 017 591
Regions – Régions	
Al Batinah	538 763
Al Dakhilya	220 403
Al Dhahira	169 710
Al Sharqiya	247 551
Al Wosta	16 101
Dhofar	174 888
Musandam	27 669
Muscat	622 506
Philippines	
1 V 1990 [1 2]	
Total – Totale	60 559 116
Regions–Régions	
Bicol	3 904 793
Cagayan Valley	2 336 350
Central Luzon	6 188 716
Central Mindanao	3 167 540
Central Visayas	4 582 529
Cordillera Administrat	1 141 141
Eastern Visayas	3 048 854
Ilocos	3 547 269
National Capital Regio	7 907 386
Northern Mindanao	3 502 674
Southern Mindanao	4 448 616
Southern Tagalog	8 247 120
Western Mindanao	3 150 906
Western Visayas	5 385 222
Qatar	
16 III 1986	
Total – Totale	369 079
Municipalities – Municipalités	
Al Ghuwayriyah	1 629
Al Jumayliyah	7 217

30. Population of major civil divisions by urban/rural residence: each census, 1985 – 1993 (continued)

Population des principales divisions administratives selon la résidence urbaine/rurale: chaque recensement, 1985 – 1993 (suite)

(See notes at end of table. – Voir notes à la fin du tableau.)

Continent, country or area, census date, civil division and urban/rural residence Continent, pays ou zone, date du recensement, division et résidence urbaine/rurale	Population
ASIA—ASIE (Cont.–Suite)	
Qatar	
16 III 1986	
Al Khor	8 993
Al Shamar	4 380
Doha	217 294
Jenan Al Batna	2 727
Rayyan	91 996
Umm Salal	11 161
Wakrah	23 682
Turkey – Turquie	
20 X 1985	
Total – Totale	50 664 458
Provinces (Ili)	
Adana	1 725 940
Adiyaman	430 728
Afyon Karahisar	666 978
Agri	421 131
Amasya	358 289
Ankara	3 306 327
Antalya	891 149
Artvin	226 338
Aydin	743 419
Balikesir	910 282
Bilecik	160 909
Bingöl	241 548
Bitlis	300 843
Bolu	504 778
Burdur	248 002
Bursa	1 324 015
Canakkale	417 121
Cankiri	263 964
Corum	599 204
Denizli	667 478
Diyarbakir	934 505
Edirne	389 638
Elazig	483 715
Erzincan	299 985
Erzurum	856 175
Eskisehir	597 397
Gaziantep	966 490
Giresun	502 151
Gümüshane	283 753
Hakkâri	182 645
Hatay	1 002 252
Isparta	382 844
Içel	1 034 085
Istanbul	5 842 985
Izmir	2 317 829
Kars	722 431
Kastamonu	450 353
Kayseri	864 060
Kirklareli	297 098
Kirsehir	260 156
Kocaeli	742 245
Konya	1 769 050
Kütahya	543 384
Malatya	665 809
Manisa	1 050 130
Maras	840 472
Mardin	652 069
Mugal	486 290
Mus	339 492
Nevsehir	278 129
Nigde	560 386
Ordu	763 857
Rize	374 206
Sakarya	610 500
Samsun	1 108 710
Siirt	524 741
Sinop	280 140
Sivas	772 209
Tekirdag	402 721
Tokat	679 071
Trabzon	786 194
Tunceli	151 906
Urfa	795 034
Usak	271 261
Van	547 216
Yozgat	545 301
Zonguldak	1 044 945
Viet Nam	
1 IV 1989*	
Total – Totale	64 411 713
Provinces	
Angiang	1 793 566
Bacthai	1 032 749
Bentre	1 214 066
Binhthithien	1 994 502
Caobang	566 967
Cuulong	1 811 665
Daclac	973 851
Dongnai	2 006 689
Dongthap	1 336 930
Gialai–Kontum	872 780
Habac	2 061 280
Haihung	2 439 823
Haiphong	1 447 614
Hanoi	3 056 549
Hanamninh	3 156 454
Hasaonbinh	1 840 126
Hatuyen	1 026 315
Hauginag	2 681 650
Hoanglienson	1 032 248
Ho–Chi–Minh	3 934 326
Kiengiang	1 198 584
Lai Chau	437 983
Lamdong	639 168
Langson	610 501
Longan	1 120 727
Minhhai	1 561 760
Nghetinh	3 581 528
Nghiabinh	2 287 843
Phukhanh	1 462 693
Quangnam–Danang	814 150
Quangninh	1 739 081
Songbe	682 385
Sonla	939 083
Tayninh	791 762
Thaibinh	1 632 525
Thanhhoa	2 991 317
Thuanhai	1 169 930
Tiengiang	1 484 404
Vinhphu	1 806 164
Vungtau–Condao	136 225
Special Groups	1 044 750
Yemen – Yémen	
Former Dem. Yemen – Ancienne Yémen dém.	
1 II 1986	
Total – Totale	9 274 173
Governorates–Gouvernorats	
Al–Beidah	381 249
Al–Jawf	87 299
Al–Mahweet	322 226
Dhamar	812 981
Hajjah	897 814
Hodeidah	1 294 359
Ibb	1 511 879
Ma–arib	121 437
Sa'adah	344 152
Sana'a	1 856 876
Taiz	1 643 901
EUROPE	
Bulgaria – Bulgarie	
4 XII 1985	
Total – Totale	8 948 388
Capital–Capitale	
Sofia	1 198 615
Provinces(Okruzi)	
Blagoevgrad	345 942
Bourgas	449 237
Choumen	254 884
Gabrovo	174 681
Haskovo	301 347
Kardjali	302 505
Kustendil	190 714
Lovetch	202 968
Mihailovgrad	223 415
Pazardzhik	325 971
Pernik	174 044
Plévène	362 305
Plovdiv	753 992

30. Population of major civil divisions by urban/rural residence: each census, 1985 – 1993 (continued)

Population des principales divisions administratives selon la résidence urbaine/rurale: chaque recensement, 1985 – 1993 (suite)

(See notes at end of table. – Voir notes à la fin du tableau.)

Continent, country or area, census date, civil division and urban/rural residence Continent, pays ou zone, date du recensement, division et résidence urbaine/rurale	Population
EUROPE (Cont.–Suite)	
Bulgaria – Bulgarie	
4 XII 1985	
Razgrad	197 856
Roussé	304 580
Silistra	174 122
Slivène	239 448
Smolian	164 095
Sofia	305 358
Stara Zagora	410 905
Targovishté	171 311
Tolboukhin	257 341
Varna	464 807
Veliko Turnovo	339 518
Vidin	166 680
Vratza	287 732
Yambol	204 015
Czech Republic – Rép. tchèque	
3 III 1991 [1]	
Total – Totale	10 302 215
Capital – Capitale	
Prague	1 214 174
Regions–Régions	
Eastern Bohemia	1 233 187
Central Bohemia	1 112 882
Northern Bohemia	1 174 034
Northern Moravia	1 960 757
Southern Bohemia	697 503
Southern Moravia	2 049 386
Western Bohemia	860 292
Finland – Finlande	
17 XI 1985 [1,2]	
Total – Totale	4 910 619
Provinces (Läänit)	
Ahvenanmaa	23 631
Häme	677 844
Keski–Suomi	247 819
Kuopio	256 141
Kymi	340 960
Lappi	201 077
Mikkeli	209 082
Oulu	432 129
Pohjois–Karjala	177 623
Turku ja Pori	713 178
Uusimaa	1 186 599
Vaasa	444 536
EUROPE (Cont.–Suite)	
France	
5 III 1990 [2,20]	
Total – Totale	56 634 299
Divisions	
Alsace	1 622 224
Aquitaine	2 803 340
Auvergne	1 322 647
Basse–Normandie	1 397 217
Bourgogne	1 612 969
Bretagne	2 787 376
Centre	2 365 294
Champagne–Ardenne	1 343 796
Corse	250 575
Franche–Comté	1 100 582
Haute–Normandie	1 749 290
Ile–de–France	10 667 615
Languedoc–Roussillon	2 114 407
Limousin	718 758
Lorraine	2 295 505
Midi–Pyrénées	2 445 675
Nord–Pas–de–Calais	3 959 306
Pays de La Loire	3 058 212
Picardie	1 819 287
Poitou–Charentes	1 600 753
Provence–Alpes–Cote Azur	4 261 455
Rhône–Alpes	5 338 016
Ireland – Irlande	
13 IV 1986	
Total – Totale	3 540 643
Provinces	
Connacht	431 409
Leinster	1 852 649
Munster	1 020 577
Ulster	236 008
21 IV 1991 [2]	
Total – Totale	3 525 719
Provinces	
Connacht	423 031
Leinster	1 860 949
Munster	1 009 533
Ulster	232 206
Isle of Man – Ile de Man	
6 IV 1986 [1]	
Total – Totale	64 282
Towns–Villes	
Castletown	3 019
Douglas	20 368
Peel	3 660
Ramsey	5 778
Villages	
Laxey	1 279
Michael	574
Onchan	7 608
Port Erin	2 868
Port St. Mary	1 610
Parishes–Paroisses	
Andreas	1 115
Arbory	1 610
Ballaugh	745
Braddan	1 804
Bride	378
German	1 051
Jurby	582
Lezayre	1 362
Lonan	1 139
Malew	2 054
Marown	1 281
Maughold	755
Michael	470
Onchan	341
Patrick	1 044
Rushen	1 360
Santon	427
Latvia – Lettonie	
12 I 1989 [1,2]	
Total – Totale	2 666 567
Districts	
Aizkraukle	44 488
Aluksne	28 884
Balvi	33 913
Bauska	55 888
Cesis	64 335
Daugavpils	171 986
Dobele	44 391
Gulbene	29 930
Jekabpils	61 048
Jelgava	113 240
Kraslava	41 490
Kuldiga	40 985
Liepaja	168 792
Limbazi	41 119
Ludza	42 495
Madona	49 466
Ogre	65 813
Preili	45 955
Rezekne	85 919
Riga	1 061 307
Saldus	39 468
Talsi	50 041
Tukums	58 575
Valka	37 364
Valmiera	123 328
Ventspils	66 347

30. Population of major civil divisions by urban/rural residence: each census, 1985 – 1993 (continued)

Population des principales divisions administratives selon la résidence urbaine/rurale: chaque recensement, 1985 – 1993 (suite)

(See notes at end of table. – Voir notes à la fin du tableau.)

Continent, country or area, census date, civil division and urban/rural residence Continent, pays ou zone, date du recensement, division et résidence urbaine/rurale	Population
EUROPE (Cont.–Suite)	
Malta – Malte	
16 XI 1985 [21]	
Total – Totale	345 418
Regions–Régions	
Inner Harbour	101 963
Outer Harbour	98 610
South Eastern	42 475
Western	44 580
Northern	32 108
Gozo and Comino	25 682
Norway – Norvège	
3 XI 1990 [1 2]	
Total – Totale	4 247 546
Counties–Comtés	
Akershus	417 653
Aust–agder	97 333
Buskerud	225 172
Finnmark	74 524
Hedmark	187 276
Hordaland	410 567
More Og Romsdal	238 409
Nordland	239 311
Nord–Trondelag	127 157
Oppland	182 578
Oslo	461 190
Ostfold	238 296
Rogaland	337 504
Sogn Og Fjordane	106 659
Sor–Trondelag	250 978
Telemark	162 907
Torms	146 716
Vestfold	198 399
Vest–agder	144 917
Poland – Pologne	
6 XII 1988 [2 22]	
Total – Totale	37 878 641
Warszawa	2 416 337
Provinces (Voïvodships)	
Bialostockie	686 906
Bialskopodlaskie	303 511
Bielskie	889 328
Byolgoskie	1 100 707
Chelmskie	244 931
Ciechanowskie	425 508
Czestochowskie	775 498
Elbloskie	474 383
Gdanskie	1 416 049
Gorzowskie	494 872
Jeleniogorskie	516 630
Kaliskie	705 339
Katowickie	3 945 407
Kielcekie	1 124 800
Koninskie	466 273
Koszalinskie	500 245
Krakowskie	1 224 300
Krosnienskie	487 727
Legnickie	506 767
Leszezynskie	382 291
Lodzkie	1 144 682
Lomzynskie	344 467
Lubelskie	1 008 759
Nowosodeckie	686 601
Olsztyúskie	743 297
Opolskie	1 013 513
Ostroleckie	393 157
Pilskie	474 820
Piotrkowskie	640 424
Plockie	514 875
Poznanskie	1 320 573
Przemyskie	403 107
Radomskie	745 646
Rzeszowskie	711 385
Siedleckie	647 265
Sieradzkie	406 848
Skierhiewickie	416 659
Slupskie	407 136
Suwalskie	463 138
Szezecinskie	960 650
Tarnobrzeskie	593 367
Tarnowskie	661 536
Torunskie	652 908
Walbrzyskie	741 173
Wloclawskie	428 505
Wroclawskie	1 122 540
Zamojskie	490 415
Zielonogorskie	653 386
Republic of Moldova – République de Moldova	
12 I 1989 [1 2]	
Total – Totale	4 335 360
Cities	
Anenii Noi	76 966
Bàlti	160 158
Basarabeasca	44 295
Bender	138 040
Briceni	85 395
Cahul	43 757
Cainari	43 577
Calarasi	85 734
Camenca	60 254
Cantemir	59 349
Causeni	74 083
Chisinàu	714 928
Ciadîr–Lunda	67 021
Cimislia	58 390
Comrat	70 115
Criuleni	105 361
Donduseni	68 830
Drochia	80 210
Dubasari	42 599
Falesti	94 014
Floresti	78 691
Hîcesti	114 165
Ialoveni	85 254
Leova	53 706
Nisporeni	80 798
Ocnita	68 411
Orhei	97 582
Rezina	57 299
Rîbnita	34 387
Rîscani	83 674
Singerei	89 929
Slobozia	115 363
Soldanesti	46 853
Soroca	59 277
Stefan Voda	76 925
Straseni	101 097
Taraclia	44 804
Telenesti	73 683
Tiraspol	199 617
Town of Cahul	42 624
Town of Dubasari	35 530
Town of Orhei	31 407
Town of Ribnita	60 766
Town of Soroca	42 225
Town of Ungheni	37 677
Ungheni	79 687
Unlcánesti	61 640
Ylodeui	65 994
Yrigoricpol	53 144

30. Population of major civil divisions by urban/rural residence: each census, 1985 – 1993 (continued)

Population des principales divisions administratives selon la résidence urbaine/rurale: chaque recensement, 1985 – 1993 (suite)

(See notes at end of table. – Voir notes à la fin du tableau.)

Continent, country or area, census date, civil division and urban/rural residence Continent, pays ou zone, date du recensement, division et résidence urbaine/rurale	Population
EUROPE (Cont.–Suite)	
Romania – Roumanie	
7 I 1992 [2]	
Total – Totale	22 810 035
Bucaresti(Municipality)	2 354 510
Regions–Régions	
Alba	413 919
Arad	487 617
Arges	681 206
Bacau	737 512
Bihor	638 863
Bistrita Nasaud	326 820
Botosani	461 305
Brasov	643 261
Braila	392 031
Buzau	516 961
Caras Severin	376 347
Calarasi	338 804
Cluj	736 301
Constanta	748 769
Covasna	233 256
Dimbovita	562 041
Dolj	762 142
Galati	641 011
Giwrgiu	313 352
Gorj	401 021
Harghita	348 335
Hunedoara	547 950
Ialomita	306 145
Iasi	811 342
Maramure	540 099
Mehedinti	332 673
Mures	610 053
Neamt	578 420
Olt	523 291
Prahova	874 349
Satu Mare	400 789
Salaj	266 797
Sibiu	452 873
Suceava	701 830
Teleorman	483 840
Timis	700 033
Tulcea	270 997
Vaslui	461 374
Vilcea	438 388
Vrancea	393 408
Russian Federation – Fédération Russe	
12 I 1989 [2]	
Total – Totale	147 021 869
Region	
Dalnyvostok	7 950 005
Kaliningrad	871 159
Povoljye	16 396 891
Severo–Kavkaz	16 629 138
Severo–Zapadny	8 241 318
Severny	6 124 284
Tsentralno–Chernozyemn	7 732 922
Tsentralny	30 206 850
Ural	20 239 129
Volgo–Vyatka	8 464 481
Vostochno–Sibir	9 152 523
Zapadno–Sibir	15 013 169
Slovakia – Slovaquie	
3 III 1991* [1]	
Total – Totale	5 268 935
Capital – Capitale	
Bratislava	441 453
Regions–Régions	
Eastern Slovakia	1 505 495
Middle Slovakia	1 609 806
Western Slovakia	1 712 181
Sweden – Suède	
1 XI 1985 [1]	
Total – Totale	8 360 172
Provinces (Läns)	
Alvsborgs	426 770
Blekinge	151 055
Gävleborgs	289 449
Goteborg och Bohus	715 834
Gotlands	56 180
Hallands	240 089
Jämtlands	280 512
Jönköping	134 157
Kalmar	300 887
Kopparbergs	238 406
Kristianstads	284 024
Kronobergs	174 029
Malmöhus	750 295
Norrbottens	262 442
Orebro	270 385
Ostergötlands	393 669
Skaraborgs	270 531
Södermanlands	249 886
Stockholms	1 577 604
Uppsala	251 754
Värmanlands	245 301
Västerbottens	262 553
Västernorrlands	254 859
Västmanlands	279 501
1 XI 1990 [1,2]	
Total – Totale	8 587 353
Provinces (Läns)	
Alvsborgs	441 031
Blekinge	150 615
Gävleborgs	289 346
Goteborg och Bohus	739 863
Gotlands	57 132
Hallands	254 568
Jämtlands	135 724
Jönköping	308 294
Kalmar	241 149
Kopparbergs	288 919
Kristianstads	289 251
Kronobergs	177 880
Malmöhus	778 939
Norrbottens	263 546
Orebro	272 474
Ostergötlands	402 849
Skaraborgs	276 698
Södermanlands	255 546
Stockholms	1 640 389
Uppsala	268 503
Värmanlands	283 148
Västerbottens	251 846
Västernorrlands	261 099
Västmanlands	258 544
The former Yugoslav Rep. of Macedonia – L'ex Rép. yugoslave de Macédonie	
31 III 1991 [1]	
Total – Totale	2 033 964
Towns	
Berovo	20 456
Bitola	124 003
Brod	11 694
Debar	26 241
Delchevo	25 523
Demir Hisar	11 571
Gevegelija	34 854
Gostivar	116 065
Kavadarci	42 305
Kichevo	55 128
Kochani	50 029
Kratovo	11 339
Kriva Palanka	25 462
Krushevo	12 603
Kumanbovo	135 482
Negotino	23 308
Ohrid	65 957
Prilep	98 589
Probishtip	16 579
Radovish	30 905
Resen	23 533
Shtip	52 069
Skopje	563 102
Struga	62 917
Strumica	94 367
Sveti Nikole	21 557
Tetovo	180 605
Titov Veles	65 578
Valandovo	12 306
Vinica	19 837

30. Population of major civil divisions by urban/rural residence: each census, 1985 – 1993 (continued)

Population des principales divisions administratives selon la résidence urbaine/rurale: chaque recensement, 1985 – 1993 (suite)

(See notes at end of table. – Voir notes à la fin du tableau.)

Continent, country or area, census date, civil division and urban/rural residence Continent, pays ou zone, date du recensement, division et résidence urbaine/rurale	Population
EUROPE (cont. – suite)	
Former Yugoslavia – Ancienne Yougoslavie	
31 III 1991 [1]	
Total – Totale	23 111 887
Républiques populaires	
Bosnia Hercegovina	4 365 639
Hrvatska – Croatia	4 763 941
Makedonija	2 033 964
Montenegro	616 327
Slovenija	1 974 839
Srbija	9 721 177
OCEANIA—OCEANIE	
Cook Islands – Iles Cook	
1 XII 1986	
Total – Totale	17 614
Island–Iles	
Northern Group	
Manihiki	508
Nassau	118
Palmerston	66
Penrhyn	497
Pukapuka	761
Rakahanga	282
Suwarrow	6
' P(05)=' F(05)=' D(05)=' T(06)=' P(06)=' F(06)=' D(06)='	
Southern Group	
Aitutaki	2 390
Atiu	957
Mangaia	1 229
Mauke	692
Mitiaro	273
Rarotonga	
Avatiu–Ruatonga	9 826
Fiji – Fidji	
31 VIII 1986 [2]	
Total – Totale	715 375
Divisions	
Central	260 110
Eastern	42 762
Northern	129 154
Western	283 349
New Caledonia – Nouvelle–Calédonie	
4 IV 1989	
Total – Totale	164 173
Districts	
Belep	745
Bourail	4 122
Canala	3 966
Dumbea	10 052
Farino	237
Hienghene	2 122
Houailou	3 671
Ile des Pins	1 465
Kaala–Gomen	1 549
Kone	2 919
Koumac	2 194
La Foa	2 155
Lifou	8 726
Mare	5 646
Moindou	461
Mont–Dore	16 370
Noumea	65 110
Ouegoa	1 881
Ouvea	3 540
Paita	6 049
Poindimie	3 590
Ponerihouen	2 326
Pouebo	2 242
Pouembout	854
Poum	1 038
Poya	1 862
Sarramea	400
Thio	2 368
Touho	1 963
Voh	1 686
Yaté	1 408
New Zealand – Nouvelle–Zélande	
5 III 1991 [23]	
Total – Totale	3 434 949
Regional Councils – Conseils Régionaux	
Auckland	953 979
Bay of Plenty	208 164
Canterbury	442 392
Gisborne	44 388
Hawkes Bay	139 479
Manawatu–Wanganui	226 614
Nelson–Marlborough	113 487
Northland	131 622
Otago	186 069
Southland	103 443
Taranaki	107 223
Waikato	338 961
West Coast	35 379
Not applicable	864
Solomon Islands – Iles Salomon	
23 XI 1986	
Total – Totale	285 176
Provinces	
Central Islands	18 457
Guadalcanal	49 831
Honiara	30 413
Makira/Ulawa	21 796
Malaita	80 032
Santa Isabel	14 616
Temotu	14 781
Western	55 250
Tonga	
28 XI 1986* [2]	
Total – Totale	94 649
Divisions	
Greater Nuku'Alofa	29 018
Ha'apai	8 919
Niuas	2 368
Tongatapu	63 794
Vava'u	15 175
Vanuatu	
15 V 1989*	
Total – Totale	142 630
Local Government	
Regions	
Ambae–Maewo–Santo	11 000
Ambryim	7 000
Banks–Torres	5 970
Efate	31 000
Epi	3 700
Malakula	19 250
Pentecost	11 240
Paama–Lopevi	1 690
Santo–Malo	25 350
Shepherds	3 980
Tafea	22 450

30. Population of major civil divisions by urban/rural residence: each census, 1985 – 1993 (continued)

Population des principales divisions administratives selon la résidence urbaine/rurale: chaque recensement, 1985 – 1993 (suite)

Data by urban/rural residence

Données selon la résidence urbaine/rurale

(See notes at end of table. – Voir notes à la fin du tableau.)

Continent, country or area, census date, civil division and urban/rural residence Continent, pays ou zone, date du recensement, division et résidence urbaine/rurale	Population
AFRICA—AFRIQUE	
Burundi	
Urban – Urbaine	
16 VIII 1990 [1]	
Total – Totale	333 044
Provinces	
Bubanza	2 945
Bujumbura	894
Mairie de Bujumbura	235 440
Bururi	15 816
Cankuzo	1 643
Cibitoke	8 280
Gitega	20 708
Karuzi	3 403
Kayanza	6 881
Kirundo	5 181
Makamba	5 198
Muramvya	2 290
Muyinga	5 533
Ngozi	14 511
Rutana	1 944
Ruyigi	2 377
Rural – Rurale	
16 VIII 1990 [1]	
Total – Totale	4 959 749
Provinces	
Bubanza	220 008
Bujumbura	372 592
Mairie de Bujumbura	–
Bururi	369 674
Cankuzo	141 154
Cibitoke	271 563
Gitega	544 466
Karuzi	284 502
Kayanza	436 235
Kirundo	395 922
Makamba	218 601
Muramvya	439 363
Muyinga	367 849
Ngozi	467 735
Rutana	193 890
Ruyigi	236 190

Continent, country or area, census date, civil division and urban/rural residence Continent, pays ou zone, date du recensement, division et résidence urbaine/rurale	Population
AFRICA—AFRIQUE (Cont.–Suite)	
Cape Verde – Cap-Vert	
Urban – Urbaine	
23 IV 1990 [3]	
Total – Totale	149 121
Districts	
Boavista	1 510
Brava	1 884
Fogo	5 553
Maio	1 566
Sal	6 720
Sao Nicolao	1 890
Sao Vicente	46 795
Santiago	73 205
Santo Antao	9 998
Rural – Rurale	
23 IV 1990 [3]	
Total – Totale	190 050
Districts	
Boavista	1 927
Brava	5 085
Fogo	28 269
Maio	3 396
Sal	794
Sao Nicolao	11 759
Sao Vicente	3 683
Santiago	101 375
Santo Antao	33 762
Comoros – Comores [5]	
Urban – Urbaine	
15 IX 1991*	
Total – Totale	127 219
Islands – Iles	
Mwali	12 207
Ndzuwan	59 836
Ngazidja	53 176
Rural – Rurale	
15 IX 1991*	
Total – Totale	319 598
Islands – Iles	
Mwali	12 124
Ndzuwan	129 117
Ngazidja	178 357

Continent, country or area, census date, civil division and urban/rural residence Continent, pays ou zone, date du recensement, division et résidence urbaine/rurale	Population
Côte d'Ivoire	
Urban – Urbaine	
1 III 1988	
Total – Totale	4 220 535
Regions–Régions	
Centre	262 763
Centre–Est	83 805
Centre–Nord	411 393
Centre–Ouest	380 817
Nord	188 802
Nord–Est	58 197
Nord–Ouest	84 280
Ouest	200 700
Sud	2 423 272
Sud–Ouest	126 506
Rural – Rurale	
1 III 1988	
Total – Totale	6 595 159
Regions–Régions	
Centre	552 901
Centre–Est	216 602
Centre–Nord	503 876
Centre–Ouest	1 162 128
Nord	557 014
Nord–Est	455 937
Nord–Ouest	437 967
Ouest	767 567
Sud	1 419 977
Sud–Ouest	521 190
Egypt – Egypte	
Urban – Urbaine	
18 IX 1986*	
Total – Totale	21 173 436
Governorates–Gouvernorats	
Cities–Villes	
Alexandria	2 917 327
Cairo	6 052 836
Port Said	399 793
Suez	326 820
Provinces of lower Egypt – Provinces de la Basse–Egypte	
Beheira	766 260
Dakahliya	916 395
Damietta	187 053
Gharbiya	939 631

30. Population of major civil divisions by urban/rural residence: each census, 1985 – 1993 (continued)

Population des principales divisions administratives selon la résidence urbaine/rurale: chaque recensement, 1985 – 1993 (suite)

Data by urban/rural residence

Données selon la résidence urbaine/rurale

(See notes at end of table. – Voir notes à la fin du tableau.)

Continent, country or area, census date, civil division and urban/rural residence Continent, pays ou zone, date du recensement, division et résidence urbaine/rurale	Population
AFRICA—AFRIQUE (Cont.–Suite)	
Egypt – Egypte	
Urban – Urbaine	
18 IX 1986*	
Ismailia	265 899
Kafr El Sheik	411 121
Kalyubia	1 099 420
Minufiya	447 703
Sharkiya	721 760
Provinces of Upper Egypt – Provinces de la Haute–Egypte	
Aswan	320 070
Asyût	618 362
Beni Suef	362 231
Faiyûm	358 713
Giza	2 126 364
Minya	549 393
Quena	524 365
Souhag	536 539
Frontier Districts–Districts des frontières	
Matrouh	82 437
New Vally	50 443
North Sinai	105 581
Red Sea	74 010
South Sinai	12 910
Rural – Rurale	
18 IX 1986*	
Total – Totale	27 031 613
Provinces of lower Egypt – Provinces de la Basse–Egypte	
Beheira	2 490 908
Dakahliya	2 584 075
Damietta	554 211
Gharbiya	1 931 329
Ismailia	278 528
Kafr El Sheik	1 389 008
Kalyubia	1 414 824
Minufiya	1 779 384
Sharkiya	2 698 359
Provinces of Upper Egypt – Provinces de la Haute–Egypte	
Aswan	481 338
Asyût	1 604 672
Beni Suef	1 080 750
Faiyûm	1 185 334

Continent, country or area, census date, civil division and urban/rural residence Continent, pays ou zone, date du recensement, division et résidence urbaine/rurale	Population
AFRICA—AFRIQUE (Cont.–Suite)	
Egypt – Egypte	
Rural – Rurale	
18 IX 1986*	
Giza	1 573 690
Minya	2 098 650
Quena	1 727 950
Souhag	1 918 595
Frontier Districts–Districts des frontières	
Matrouh	78 130
New Vally	63 395
North Sinai	65 924
Red Sea	16 481
South Sinai	16 078
Gabon	
Urban – Urbaine	
31 VII 1993*	
Total – Totale	741 032
Districs	
Estuaire	427 108
Haut–Ogooue	74 517
Moyen–Ogooue	18 703
Ngounie	37 039
Nyanga	21 857
Ogooue–Ivindo	17 609
Ogooue–Lolo	19 367
Ogooue–Marit	88 509
Wolew–Ntem	36 323
Rural – Rurale	
31 VII 1993*	
Total – Totale	270 678
Districs	
Estuaire	34 978
Haut–Ogooue	27 870
Moyen–Ogooue	23 124
Ngounie	40 832
Nyanga	17 969
Ogooue–Ivindo	31 238
Ogooue–Lolo	23 416
Ogooue–Marit	9 790
Wolew–Ntem	61 416
Unknown–Inconnu	45

Continent, country or area, census date, civil division and urban/rural residence Continent, pays ou zone, date du recensement, division et résidence urbaine/rurale	Population
AFRICA—AFRIQUE(Cont.–Suite)	
Mali	
Urban – Urbaine	
7 IV 1987 [1]	
Total – Totale	1 690 289
District	
Bamako	658 275
Regions–Régions	
Gao	78 050
Kayes	141 097
Koulikoro	140 427
Mopti	163 070
Segou	230 066
Sikasso	195 330
Tombouctou	83 974
Rural – Rurale	
7 IV 1987 [1]	
Total – Totale	6 006 059
District	
Bamako	–
Regions–Régions	
Gao	302 672
Kayes	925 910
Koulikoro	1 057 541
Mopti	1 119 547
Segou	1 109 565
Sikasso	1 115 480
Tombouctou	375 344

30. Population of major civil divisions by urban/rural residence: each census, 1985 – 1993 (continued)

Population des principales divisions administratives selon la résidence urbaine/rurale: chaque recensement, 1985 – 1993 (suite)
Data by urban/rural residence

Données selon la résidence urbaine/rurale

(See notes at end of table. – Voir notes à la fin du tableau.)

Continent, country or area, census date, civil division and urban/rural residence Continent, pays ou zone, date du recensement, division et résidence urbaine/rurale	Population
AFRICA—AFRIQUE (Cont.–Suite)	
Namibia – Namibie	
Urban – Urbaine	
21 X 1991	
Total – Totale	455 840
Regions – Régions	
Bethanien	1 771
Bushmanland	417
Caprivi	13 377
Damaraland	13 283
Gobabis	9 835
Grootfontein	17 911
Hereroland East	7 533
Hereroland West	9 945
Kaokoland	4 234
Karasburg	7 073
Karibib	6 615
Kavango	19 366
Keetmanshoop	17 761
Luderitz	16 700
Maltahone	2 147
Marietal	12 560
Namaland	7 362
Okahanndja	12 808
Omaruru	4 851
Otjiwarongo	17 050
Outjo	5 441
Oshakati	34 353
Ondangwa	9 448
Reheboth	21 439
Swakopmmund	19 293
Tsumeb	16 211
Windhoek	147 056
Rural – Rurale	
21 X 1991	
Total – Totale	954 080
Regions – Régions	
Bethanien	1 142
Bushmanland	3 434
Caprivi	57 656
Damaraland	19 703
Gobabis	18 259
Grootfontein	16 423
Hereroland East	17 875
Hereroland West	9 496
Kaokoland	21 942
Karasburg	4 221
Karibib	5 585

Continent, country or area, census date, civil division and urban/rural residence Continent, pays ou zone, date du recensement, division et résidence urbaine/rurale	Population
AFRICA—AFRIQUE (Cont.–Suite)	
Namibia – Namibie	
Rural – Rurale	
21 X 1991	
Kavango	116 853
Keetmanshoop	3 237
Luderitz	792
Maltahone	2 043
Marietal	12 239
Namaland	8 945
Okahanndja	8 438
Omaruru	2 595
Otjiwarongo	6 475
Outjo	7 132
Oshakati	350 462
Ondangwa	223 854
Reheboth	12 644
Swakopmmund	1 300
Tsumeb	6 367
Windhoek	14 968
Senegal – Sénégal	
Urban – Urbaine	
27 V 1988	
Total – Totale	2 653 943
Regions–Régions	
Darkar	1 436 446
Diourbel	133 440
Fatick	54 107
Kaolack	186 518
Kolda	61 665
Louga	72 889
Saint Louis	178 065
Tambacounda	60 775
Thies	319 109
Ziguinchor	150 029
Rural – Rurale	
27 V 1988	
Total – Totale	4 242 865
Regions–Régions	
Darkar	52 495
Diourbel	485 805
Fatick	455 595
Kaolack	624 740
Kolda.	530 168
Louga	417 188
Saint Louis	481 317
Tambacounda	325 207
Thies	622 042
Ziguinchor	248 308

Continent, country or area, census date, civil division and urban/rural residence Continent, pays ou zone, date du recensement, division et résidence urbaine/rurale	Population
AFRICA—AFRIQUE (Cont.–Suite)	
South Africa – Afrique du Sud [7]	
Urban – Urbaine	
5 III 1985 [8]	
Total – Totale	13 068 343
Province	
Cape	3 906 143
Natal	1 471 411
Transvaal	5 687 750
Orange Free State	893 357
Self–governing National States	
Gazankulu	20 209
Kangwane	54 299
Kwandebele	22 511
Kwa Zulu	873 746
Lebowa	117 464
Qwaqua	21 453
Rural – Rurale	
5 III 1985 [8] •	
Total – Totale	10 317 302
Province	
Cape	1 134 994
Natal	673 607
Transvaal	1 844 429
Orange Free State	883 546
Self–governing National States	
Gazankulu	477 004
Kangwane	338 483
Kwandebele	213 344
Kwa Zulu	2 873 269
Lebowa	1 718 520
Qwaqua	160 106
Sudan – Soudan	
Urban – Urbaine	
15 IV 1993*	
Total	...
Regions–Régions	
Bahr el Ghazal	...
Central	1 274 595
Darfur	...
Eastern	1 011 196
Equatoria	...
Khartoùm	2 831 663
Kordofan	655 901
Northern	297 442
Upper Nile	...

30. Population of major civil divisions by urban/rural residence: each census, 1985 – 1993 (continued)

Population des principales divisions administratives selon la résidence urbaine/rurale: chaque recensement, 1985 – 1993 (suite)

Data by urban/rural residence

Données selon la résidence urbaine/rurale

(See notes at end of table. – Voir notes à la fin du tableau.)

Continent, country or area, census date, civil division and urban/rural residence Continent, pays ou zone, date du recensement, division et résidence urbaine/rurale	Population
AFRICA—AFRIQUE (Cont.–Suite)	
Sudan – Soudan	
Rural – Rurale	
15 IV 1993*	
Total – Totale	...
Regions–Régions	
Bahr el Ghazal	...
Central	4 141 738
Darfur	...
Eastern	2 040 762
Equatoria	...
Khartoùm	581 371
Kordofan	2 509 901
Northern	994 178
Upper Nile	...
Swaziland	
Urban – Urbaine	
25 VIII 1986	
Total – Totale	154 979
Districts	
Hhohho	49 807
Lubombo	40 013
Manzini	58 925
Shiselweni	6 234
Rural – Rurale	
25 VIII 1986	
Total – Totale	526 080
Districts	
Hhohho	129 129
Lubombo	113 945
Manzini	133 671
Shiselweni	149 335
Uganda – Ouganda	
Urban – Urbaine	
12 I 1991	
Total – Totale	1 889 622
Districts	
Apac	5 783
Arua	26 712
Bundibugyu	9 215
Bushenyi	14 195
Gulu	38 297
Hoima	4 616
Iganga	44 002
Jinja	80 893
Kabale	29 246
Kabarole	36 954
Kalangala	1 376
Kampala	774 241
Kamuli	8 262
Kapchorwa	4 604
Kasese	39 892
Kibaale	2 408
Kiboga	5 277
Kisoro	7 485
Kitgum	15 327
Kotido	9 702
Kumi	11 749
Lira	27 568
Luwero	36 531
Masaka	77 196
Masindi	14 352
Mbale	60 298
Mbarara	46 616
Moroto	12 981
Moyo	8 787
Mpigi	137 126
Mubende	34 541
Mukono	98 735
Nebbi	23 943
Pallisa	2 927
Rakai	14 869
Rukungiri	12 985
Soroti	46 274
Tororo	63 657
Rural – Rurale	
I 1991	
Total – Totale	14 782 083
Districts	
Apac	448 721
Arua	611 229
Bundibugyu	107 351
Bushenyi	722 166
Gulu	300 130
Hoima	193 235
Iganga	901 781
Jinja	208 583
Kabale	387 972
Kabarole	709 846
Kalangala	14 995
Kamuli	476 952
Kapchorwa	112 098
Kasese	303 709
Kibaale	217 853
Kiboga	136 330
Kisoro	179 196
Kitgum	341 857
Kotido	186 304
Kumi	224 945
Lira	473 397
Luwero	413 160
Masaka	761 540
Masindi	246 444
Mbale	650 682
Mbarara	884 156
Moyo	166 858
Mpigi	776 741
Mubende	466 435
Mukono	725 869
Nebbi	292 923
Pallisa	354 729
Rakai	368 632
Rukungiri	377 795
Soroti	384 116
Tororo	491 917
Zambia – Zambie	
Urban – Urbaine	
20 VIII 1990*	
Total – Totale	3 285 766
Provinces	
Central	216 023
Copperbelt	1 428 697
Eastern	85 714
Luapula	83 036
Lusaka	1 041 473
Northern	123 457
North Western	45 599
Western	71 383
Rural – Rurale	
20 VIII 1990*	
Total – Totale	4 532 681
Provinces	
Central	509 588
Copperbelt	150 845
Eastern	888 104
Luapula	443 669
Lusaka	166 507
Northern	744 338
North Western	337 547
Southern	755 969
Western	536 114
AMERICA,NORTH—AMERIQUE DU NORD	
Belize	
Urban – Urbaine	
12 V 1991	
Total – Totale	89 761
Districts	
Belize	45 867
Cayo	15 991
Corozal	7 050

30. Population of major civil divisions by urban/rural residence: each census, 1985 – 1993 (continued)

Population des principales divisions administratives selon la résidence urbaine/rurale: chaque recensement, 1985 – 1993 (suite)

Data by urban/rural residence

Données selon la résidence urbaine/rurale

(See notes at end of table. – Voir notes à la fin du tableau.)

Continent, country or area, census date, civil division and urban/rural residence Continent, pays ou zone, date du recensement, division et résidence urbaine/rurale	Population
AMERICA,NORTH (Cont.) — AMERIQUE DU NORD (Suite)	
Belize	
Urban – Urbaine	
12 V 1991	
Orange Walk	10 970
Stan Creek	6 431
Toledo	3 452
Rural – Rurale	
12 V 1991	
Total – Totale	100 013
Districts	
Belize	10 944
Cayo	21 579
Corozal	21 390
Orange Walk	20 808
Stan Creek	10 891
Toledo	14 401
Canada	
Urban – Urbaine	
4 VI 1991 [1]	
Total – Totale	20 906 875
Provinces	
Alberta	2 030 895
British Columbia	2 640 135
Manitoba	787 175
New Brunswick	345 215
Newfounland	304 450
Nova Scotia	481 505
Ontario	8 253 840
Prince Edward Island	51 815
Québec	5 350 955
Saskatchewan	623 395
Territories– Territoires	
Northwest Territories	21 155
Yukon	16 335
AMERICA,NORTH (Cont.) — AMERIQUE DU NORD (Suite)	
Canada	
Rural – Rurale	
4 VI 1991 [1]	
Total – Totale	6 389 980
Provinces	
Alberta	514 660
British Columbia	641 925
Manitoba	304 765
New Brunswick	378 685
Newfounland	264 025
Nova Scotia	418 435
Ontario	1 831 050
Prince Edward Island	77 955
Québec	1 545 010
Saskatchewan	365 530
Territories– Territoires	
Northwest Territories	36 490
Yukon	11 465
Panama	
Urban – Urbaine	
13 V 1990	
Total – Totale	1 123 156
Provinces	
Bocas del Toro	27 832
Cocle	44 748
Colon	76 110
Chiriquí	117 546
Darién	1 502
Herrera	40 963
Los Santos	15 974
Panamá	755 295
Veraguas	43 186
San Blas	–
AMERICA,NORTH (Cont.) — AMERIQUE DU NORTH(Suite)	
Panama (Cont.–Suite)	
Rural – Rurale	
13 V 1990	
Total – Totale	1 206 173
Provinces	
Bocas del Toro	65 529
Cocle	128 442
Colon	92 184
Chiriquí	252 681
Darién	42 330
Herrera	52 718
Los Santos	60 973
Panamá	316 832
Veraguas	160 440
San Blas	34 044
United States – Etats–Unis	
Urban – Urbaine	
1 IV 1990 [9,10]	
Total – Totale	187 053 487
States – Etats	
Alabama	2 439 549
Alaska	371 235
Arizona	3 206 973
Arkansas	1 258 021
California	27 571 321
Colorado	2 715 517
Connecticut	2 601 548
Delaware	486 501
Florida	10 967 328
Georgia	4 097 339
Hawaii	986 171
Idaho	578 214
Illinois	9 668 552
Indiana	3 598 099
Iowa	1 683 065
Kansas	1 712 564
Kentucky	1 910 325
Louisiana	2 871 759
Maine	547 824
Maryland	3 888 429

30. Population of major civil divisions by urban/rural residence: each census, 1985 – 1993 (continued)

Population des principales divisions administratives selon la résidence urbaine/rurale: chaque recensement, 1985 – 1993 (suite)

Data by urban/rural residence

Données selon la résidence urbaine/rurale

(See notes at end of table. – Voir notes à la fin du tableau.)

Continent, country or area, census date, civil division and urban/rural residence Continent, pays ou zone, date du recensement, division et résidence urbaine/rurale	Population
AMERICA,NORTH (Cont.) — AMERIQUE DU NORD (Suite)	
United States – Etats–Unis	
Urban – Urbaine	
1 IV 1990 [9, 10]	
Massachusets	5 069 603
Michigan	6 555 842
Minnesota	3 056 474
Mississippi	1 210 729
Missouri	3 516 009
Montana	419 826
Nebraska	1 043 984
Nevada	1 061 444
New Hampshire	565 670
New Jersey	6 910 220
New Mexico	1 105 651
New York	15 164 047
North Carolina	3 337 778
North Dakota	340 339
Ohio	8 039 409
Oklahoma	2 130 139
Oregon	2 003 271
Pennsylvania	8 188 295
Rhode Island	863 381
South Carolina	1 905 378
South Dakota	347 903
Tennessee	2 969 948
Texas	13 634 517
Utah	1 499 081
Vermont	181 149
Virginia	4 293 443
Washington	3 717 948
West Virginia	648 184
Wisconsin	3 211 956
Wyoming	294 635

Continent, country or area, census date, civil division and urban/rural residence Continent, pays ou zone, date du recensement, division et résidence urbaine/rurale	Population
AMERICA,NORTH (Cont.) — AMERIQUE DU NORD (Suite)	
United States – Etats–Unis	
Rural – Rurale	
1 IV 1990 [9, 10]	
Total – Totale	61 656 386
States – Etats	
Alabama	1 601 038
Alaska	178 808
Arizona	458 255
Arkansas	1 092 704
California	2 188 700
Colorado	578 877
Connecticut	685 568
Delaware	179 667
Florida	1 970 598
Georgia	2 380 877
Hawaii	122 058
Idaho	428 535
Illinois	1 762 050
Indiana	1 946 060
Iowa	1 093 690
Kansas	765 010
Kentucky	1 774 971
Louisiana	1 348 214
Maine	680 104
Maryland	893 039
Massachusets	946 822
Michigan	2 739 455
Minnesota	1 318 625
Mississippi	1 362 487
Missouri	1 601 064
Montana	379 239
Nebraska	534 401
Nevada	140 389
New Hampshire	543 582
New Jersey	819 968
New Mexico	409 418
New York	2 826 408
North Carolina	3 290 859
North Dakota	298 461
Ohio	2 807 706
Oklahoma	1 015 446
Oregon	839 050
Pennsylvania	3 693 348
Rhode Island	140 083
South Carolina	1 581 325
South Dakota	348 101

Continent, country or area, census date, civil division and urban/rural residence Continent, pays ou zone, date du recensement, division et résidence urbaine/rurale	Population
Tennessee	1 907 237
Texas	3 351 993
Utah	223 769
Vermont	381 609
Virginia	1 893 915
Washington	1 148 744
West Virginia	1 145 293
Wisconsin	1 679 813
Wyoming	158 953
AMERICA,SOUTH— AMERIQUE DU SUD	
Argentina – Argentine	
Urban – Urbaine	
15 V 1991*	
Total – Totale	28 293 444
Capital Federal	2 960 976
Provinces	
Buenos Aires	11 896 205
Catamarca	184 906
Chaco	590 524
Chubut	313 114
Cordoba	2 332 533
Corrientes	586 948
Entre Ríos	791 936
Formosa	280 799
Jujuy	421 764
La Pampa	192 930
La Rioja	165 481
Mendoza	1 099 765
Misiones	499 382
Neuquén	335 638
Río Negro	404 164
Salta	683 659
San Juan	429 721
San Luis	232 692
Santa Cruz	147 190
Santa Fé	2 390 189
Santiago del Estero	408 817
Tierra del Fuego	67 423
Tucumán	876 688
Rural – Rurale	
15 V 1991*	
Total – Totale	4 315 243
Provinces	
Buenos Aires	686 116
Catamarca	80 665
Chaco	247 779

30. Population of major civil divisions by urban/rural residence: each census, 1985 – 1993 (continued)

Population des principales divisions administratives selon la résidence urbaine/rurale: chaque recensement, 1985 – 1993 (suite)

Data by urban/rural residence

Données selon la résidence urbaine/rurale

(See notes at end of table. – Voir notes à la fin du tableau.)

Continent, country or area, census date, civil division and urban/rural residence Continent, pays ou zone, date du recensement, division et résidence urbaine/rurale	Population
AMERICA,SOUTH (Cont.) — AMERIQUE DU SUD	
Argentina – Argentine	
Rural – Rurale	
15 V 1991*	
Cordoba	431 643
Corrientes	208 073
Entre Ríos	230 929
Formosa	123 568
Jujuy	92 228
La Pampa	67 104
La Rioja	55 248
Mendoza	314 293
Misiones	290 295
Neuquén	53 296
Río Negro	102 632
Salta	183 112
San Juan	100 199
San Luis	53 642
Santa Cruz	12 774
Santa Fé	407 104
Santiago del Estero	263 484
Tierra del Fuego	2 027
Tucumán	265 559
Bolivia – Bolivie	
Urban – Urbaine	
3 VI 1992	
Total – Totale	3 694 846
Departments–Départements	
Beni	182 748
Chuquisaca	147 401
Cochabamba	580 188
La Paz	1 193 821
Oruro	222 018
Pando	10 001
Potosi	216 835
Santa Cruz	982 396
Tarija	159 438
AMERICA,SOUTH (Cont.) — AMERIQUE DU SUD (Suite)	
Bolivia – Bolivie	
Rural – Rurale	
3 VI 1992	
Total – Totale	2 725 946
Departments–Départements	
Beni	93 426
Chuquisaca	306 355
Cochabamba	530 017
La Paz	706 965
Oruro	118 096
Pando	28 071
Potosi	429 054
Santa Cruz	381 993
Tarija	131 969
Chile – Chili	
Urban – Urbaine	
22 IV 1992	
Total – Totale	11 140 405
Provinces	
Antofagasta	399 515
Araucanía	478 825
Atacama	208 960
Aysén del General Carlos Ibanez del Campo	57 794
Bío–Bío	1 343 097
Coquimbo	355 284
Libertador General Bernardo O'Higgins	445 080
Los Lagos	579 885
Magallanes y la Antártica Chilena	129 958
Maule	500 146
Metropolitana de Santiago	5 074 681
Tarapacá	318 925
Valparaíso	136 081
AMERICA,SOUTH (Cont.) — AMERIQUE DU SUD (Suite)	
Chile – Chili	
Rural – Rurale	
22 IV 1992	
Total – Totale	2 207 996
Provinces	
Antofagasta	11 209
Araucanía	302 417
Atacama	21 913
Aysén del General Carlos Ibanez del Campo	22 707
Bío–Bío	391 208
Coquimbo	149 103
Libertador General Bernardo O'Higgins	251 289
Los Lagos	368 924
Magallanes y la Antártica Chilena	13 240
Maule	335 995
Metropolitana de Santiago	183 256
Tarapacá	20 654
Valparaíso	136 081

30. Population of major civil divisions by urban/rural residence: each census, 1985 – 1993 (continued)

Population des principales divisions administratives selon la résidence urbaine/rurale: chaque recensement, 1985 – 1993 (suite)

Data by urban/rural residence

Données selon la résidence urbaine/rurale

(See notes at end of table. – Voir notes à la fin du tableau.)

Continent, country or area, census date, civil division and urban/rural residence / Continent, pays ou zone, date du recensement, division et résidence urbaine/rurale	Population
AMERICA,SOUTH (Cont.) — AMERIQUE DU SUD (Suite)	
Ecuador – Equateur	
Urban – Urbaine	
21 XI 1990 [11]	
Total – Totale	5 345 858
Provinces	
Azuay	218 619
Bolívar	32 650
Canar	55 519
Carchi	57 508
Chimborazo	119 813
Cotopaxi	65 419
El Oro	290 749
Esmeraldas	134 960
Galápagos	8 013
Guayas	1 918 270
Imababura	129 174
Loja	151 799
Los Ríos	199 374
Manabí	433 091
Morona Santiago	23 799
Napo	23 629
Pastaza	15 127
Pichincha	1 279 997
Tungurahua	151 552
Zamora Chinchipe	16 304
Sucumbios	20 492
Rural – Rurale	
21 XI 1990 [11]	
Total – Totale	4 302 331
Provinces	
Azuay	287 471
Bolívar	122 438
Canar	133 828
Carchi	83 974
Chimborazo	244 869
Cotopaxi	210 905
El Oro	121 823
Esmeraldas	171 668
Galápagos	1 772
Guayas	596 876
Imababura	136 325
Loja	232 899
Los Ríos	328 185
Manabí	598 836
Morona Santiago	60 417
Napo	79 758
Pastaza	26 684
Pichincha	476 231
AMERICA,SOUTH (Cont.) — AMERIQUE DU SUD (Suite)	
Ecuador – Equateur	
Rural – Rurale	
21 XI 1990	
Tungurahua	210 428
Zamora Chinchipe	49 863
Sucumbios	56 460
Other–Autres	70 621
Paraguay	
Urban – Urbaine	
26 VIII 1992*	
Total – Totale	2 084 017
Capital–Capitale	
Asuncion	502 426
Departments – Département	
Alto Paraguay	4 360
Alto Paraná	231 042
Amambay	62 873
Caoguazú	105 574
Caozapa	16 791
Canendiyú	17 446
Central	688 614
Concepcion	56 397
Cordillera	61 446
Guairá	47 172
Itapúa	109 707
Misiones	44 364
Neembacú	31 407
Paraguarí	44 493
Presidente Hayes	22 088
San Pedro	36 132
Rural – Rurale	
26 VIII 1992*	
Total – Totale	2 039 533
Capital–Capitale	
Asuncion	–
Departments – Département	
Alto Paraguay	7 014
Alto Paraná	172 816
Amambay	34 285
Caoguazú	277 745
Caozapa	111 759
Canendiyú	79 380
Central	175 926
Concepcion	110 549
Cordillera	144 651
Itapúa	266 041
Misiones	44 260
Nueva Asuncion	1 426
Neembacú	38 477
Paraguarí	158 519
Presidente Hayes	37 012
San Pedro	240 978
Uruguay	
Urban – Urbaine	
23 X 1985 [12]	
Total – Totale	2 581 087
Departments–Départements	
Artigas	56 105
Canelones	297 985
Cerro Largo	63 491
Colonia	91 438
Durazno	45 043
Flores	19 792
Florida	49 710
Lavalleja	47 643
Maldonado	85 498
Montevideo	1 255 106
Paysandú	89 591
Río Negro	38 333
Rivera	73 171
Rocha	55 453
Salto	89 655
San José	62 040
Soriano	62 552
Tacuarembo	61 060
Treinta y Tres	37 421
Rural – Rurale	
23 X 1985 [12]	
Total – Totale	374 154
Departments–Départements	
Artigas	13 040
Canelones	66 263
Cerro Largo	14 925
Colonia	21 279
Durazno	10 034
Flores	4 947
Florida	16 764
Lavalleja	13 823
Maldonado	8 816
Montevideo	56 870
Paysandú	14 172
Río Negro	10 311
	266 041

30. Population of major civil divisions by urban/rural residence: each census, 1985 – 1993 (continued)

Population des principales divisions administratives selon la résidence urbaine/rurale: chaque recensement, 1985 – 1993 (suite)

Data by urban/rural residence

Données selon la résidence urbaine/rurale

(See notes at end of table. – Voir notes à la fin du tableau.)

Continent, country or area, census date, civil division and urban/rural residence Continent, pays ou zone, date du recensement, division et résidence urbaine/rurale	Population
AMERICA,SOUTH (Cont.) — AMERIQUE DU SUD (Suite)	
Uruguay	
Rural – Rurale	
23 X 1985 [12]	
Rocha	11 148
Salto	18 832
San José	27 853
Soriano	16 887
Tacuarembo	22 438
Treinta y Tres	9 448
Venezuela	
Urban – Urbaine	
20 X 1990 [13]	
Total – Totale	15 227 740
Distrito Federal	2 082 040
States–Etats	
Anzoátegui	733 670
Apure	158 655
Aragua	1 061 725
Barinas	264 376
Bolívar	801 642
Carabobo	1 409 594
Cojedes	136 795
Falcon	405 370
Guárico	368 921
Lara	930 737
Mérida	418 468
Miranda	1 746 544
Monagas	352 700
Nueva Esparta	247 331
Portuguesa	380 216
Sucre	492 001
Táchira	577 652
Trujillo	305 736
Yaracuy	292 094
Oulia	1 977 474
Federal Territories– Territoires fédéraux	
Amazonas	36 107
Delta Amacuro	43 892
Dependencias Federales	–
AMERICA,SOUTH (Cont.) — AMERIQUE DU SUD (Suite)	
Venezuela	
Rural – Rurale	
20 X 1990 [13]	
Total – Totale	2 877 525
Distrito Federal	21 621
States–Etats	
Anzoátegui	122 088
Apure	126 757
Aragua	58 407
Barinas	160 115
Bolívar	98 668
Carabobo	43 638
Cojedes	45 271
Falcon	193 815
Guárico	119 702
Lara	262 424
Mérida	151 747
Miranda	124 549
Monagas	117 457
Nueva Esparta	16 417
Portuguesa	196 219
Sucre	187 594
Táchira	230 060
Trujillo	188 176
Yaracuy	92 442
Oulia	257 831
Federal Territories– Territoires fédéraux	
Amazonas	19 610
Delta Amacuro	40 672
Dependencias Federales	2 245
ASIA—ASIE	
Bahrain – Bahreïn	
Urban – Urbaine	
16 XI 1991	
Total – Totale	449 336
Regions – Régions	
Central	31 399
Eastern	–
Hamad Town	29 055
Hidd	8 610
Isa Town	34 509
Jidhafs	29 215
Manama	127 578
Muharraq	73 760
ASIA (Cont.) — ASIE (Suite)	
Bahrain – Bahreïn	
Urban – Urbaine	
Northern	25 131
Riffa	49 510
Sitra	26 235
Western	14 334
Rural – Rurale	
16 XI 1991	
Total – Totale	58 701
Regions – Régions	
Central	2 905
Eastern	3 242
Hamad Town	–
Hidd	–
Isa Town	–
Jidhafs	15 554
Manama	9 421
Muharraq	485
Northern	8 632
Riffa	242
Sitra	10 520
Western	7 700
Brunei Darussalam – Brunéi Darussalam	
Urban – Urbaine	
7 VIII 1991	
Total – Totale	173 411
Districts	
Bandar Seri Begawan	45 867
Belait	40 731
Brunei Muara	74 051
Temburong	746
Tutong	12 016
Rural – Rurale	
7 VIII 1991	
Total – Totale	87 071
Districts	
Bandar Seri Begawan	–
Belait	12 226
Brunei Muara	50 189
Temburong	6 942
Tutong	17 714

30. Population of major civil divisions by urban/rural residence: each census, 1985 – 1993 (continued)

Population des principales divisions administratives selon la résidence urbaine/rurale: chaque recensement, 1985 – 1993 (suite)

Data by urban/rural residence

Données selon la résidence urbaine/rurale

(See notes at end of table. – Voir notes à la fin du tableau.)

Continent, country or area, census date, civil division and urban/rural residence Continent, pays ou zone, date du recensement, division et résidence urbaine/rurale	Population
ASIA—ASIE (Cont.–Suite)	
India – Inde [15]	
Urban – Urbaine	
1 III 1991 [16]	
Total – Totale	215 771 612
States – Etats	
Andhra Pradesh	17 887 126
Arunachal Pradesh	110 628
Assam	2 487 795
Bihar	11 353 012
Goa	479 752
Gujarat	14 246 061
Haryana	4 054 744
Himachal Pradesh	449 196
Karnataka	13 907 788
Kerala	7 680 294
Madhya Pradesh	15 338 837
Maharashtra	30 541 586
Manipur	505 645
Meghalaya	330 047
Mizoram	317 946
Nagaland	208 223
Orissa	4 234 983
Punjab	5 993 225
Rajasthan	10 067 113
Sikkim	37 006
Tamil Nadu	19 077 592
Tripura	421 721
Uttar Pradesh	27 605 915
West Bengal	18 707 601
Union Territories–Territoires de l'Union	
Andaman and Nicobar Islands	74 955
Chandigarh	575 829
Dadra & Nagar Haveli	11 725
Daman & Diu	47 543
Delhi	8 471 625
Lakshadweep	29 114
Pondicherry	516 985
Rural – Rurale	
1 III 1991 [16]	
Total – Totale	622 812 376
States–Etats	
Andhra Pradesh	48 620 882
Arunachal Pradesh	753 930
Assam	19 926 527
Bihar	75 021 453
Goa	690 041
Gujarat	27 063 521
ASIA—ASIE (Cont.–Suite)	
India – Inde [15]	
Rural – Rurale	
1 III 1991 [16]	
Haryana	12 408 904
Himachal Pradesh	4 721 681
Karnataka	31 069 413
Kerala	21 418 224
Madhya Pradesh	50 842 333
Maharashtra	48 395 601
Manipur	1 331 504
Meghalaya	1 444 731
Mizoram	371 810
Nagaland	1 001 323
Orissa	27 424 753
Punjab	14 288 744
Rajasthan	33 938 877
Sikkim	369 451
Tamil Nadu	36 781 354
Tripura	2 335 484
Uttar Pradesh	111 506 372
West Bengal	49 370 364
Union Territories–Territoires de l'Union	
Andaman and Nicobar Islands	205 706
Chandigarh	66 186
Dadra & Nagar Haveli	126 752
Daman & Diu	54 043
Delhi	949 019
Lakshadweep	22 593
Pondicherry	290 800
Indonesia – Indonésie	
Urban – Urbaine	
31 X 1990	
Total – Totale	55 502 063
Provinces	
Bali	734 587
Bengkulu	240 251
Daerah Istimewa Aceh	540 461
DI Yogyakarta	1 294 463
DKI Jakarta	8 259 266
Irian Jaya	396 581
Jambi	432 678
Jawa Barat	12 212 004
Jawa Tengah	7 697 878
Jawa Timur	8 932 303
Kalimantan Barat	645 349
Kalimantan Selatan	703 781
Kalimantan Tengah	245 545
Kalimantan Timur	916 099
Lampung	748 771
Maluku	353 900
Nusa Tenggara Barat	577 293
Nusa Tenggara Timur	372 734
Riau	1 048 223
Sulawesi Selatan	1 712 891
Sulawesi Tengah	281 331
Sulawesi Tenggara	229 750
Sulawesi Utara	565 277
Sumatra Barat	809 050
Sumatra Selatan	1 852 477
Sumatra Utara	3 640 729
Timor Timur	58 391
Rural – Rurale	
31 X 1990	
Total – Totale	123 876 883
Provinces	
Bali	2 043 224
Bengkulu	938 871
Daerah Istimewa Aceh	2 875 695
DI Yogyakarta	1 618 591
Irian Jaya	1 252 127
Jambi	1 587 890
Jawa Barat	23 172 348
Jawa Tengah	20 822 765
Jawa Timur	23 571 688
Kalimantan Barat	2 583 804
Kalimantan Selatan	1 893 791
Kalimantan Tengah	1 150 941
Kalimantan Timur	960 564
Lampung	5 268 802
Maluku	1 503 890
Nusa Tenggara Barat	2 792 356
Nusa Tenggara Timur	2 895 910
Riau	2 255 753
Sulawesi Selatan	5 268 755
Sulawesi Tengah	1 429 996
Sulawesi Tenggara	1 119 869
Sulawesi Utara	1 912 842
Sumatra Barat	3 191 157
Sumatra Selatan	4 460 597
Sumatra Utara	6 615 298
Timor Timur	689 359

30. Population of major civil divisions by urban/rural residence: each census, 1985 – 1993 (continued)

Population des principales divisions administratives selon la résidence urbaine/rurale: chaque recensement, 1985 – 1993 (suite)

Data by urban/rural residence

Données selon la résidence urbaine/rurale

(See notes at end of table. – Voir notes à la fin du tableau.)

Continent, country or area, census date, civil division and urban/rural residence Continent, pays ou zone, date du recensement, division et résidence urbaine/rurale	Population
ASIA—ASIE (Cont.–Suite)	
Iran (Islamic Republic of – Rép. islamique d')	
Urban – Urbaine	
22 IX 1986 [24]	
Total – Totale	26 844 561
Provinces (Ostan)	
Bakhtaran	821 766
Baluchestan	487 709
Boyer Ahmad and Kohgiluyeh	111 308
Bushehr	306 075
Chaharmahal & Bakhtiyari	229 471
East Azarbayejan	1 998 809
Esfahan	2 112 061
Fars	1 624 586
Gilan	784 173
Hamadan	563 316
Hormozgan	308 199
Ilam	156 658
Kerman	698 755
Khorasan	2 548 999
Khuzestan	1 485 356
Kordestan	428 213
Lorestan	639 038
Markazi	476 127
Mazandaran	1 315 216
Semnan	244 832
Tehran	7 536 152
West Azarbayejan	902 999
Yazd	381 989
Zanhan	682 754
Rural – Rurale	
22 IX 1986 [24]	
Total – Totale	22 349 351
Provinces (Ostan)	
Bakhtaran	634 385
Baluchestan	672 742
Boyer Ahmad and Kohgiluyeh	294 788
Bushehr	300 413
Chaharmahal & Bakhtiyari	397 899
East Azarbayejan	2 111 578
Esfahan	1 176 673
Fars	1 504 261
Gilan	1 296 859
Hamadan	942 155
ASIA—ASIE (Cont.–Suite)	
Iran (Islamic Republic of – Rép. islamique d')	
Rural – Rurale	
22 IX 1986 [24]	
Hormozgan	452 019
Ilam	212 092
Kerman	882 275
Khorasan	2 724 858
Khuzestan	1 161 602
Kordestan	650 185
Lorestan	712 561
Markazi	605 655
Mazandaran	2 102 253
Semnan	172 130
Tehran	1 175 642
West Azarbayejan	1 068 512
Yazd	192 018
Zanhan	905 796
Urban – Urbaine	
1 X 1991	
Total – Totale	31 836 598
Provinces (Ostan)	
Boyer Ahmad and Kohgiluyeh	151 145
Bushehr	356 085
Central	591 177
Chaharmahal & Bakhtiyari	277 006
East Azarbayejan	2 295 517
Esfahan	2 449 623
Fars	1 885 847
Gilan	883 356
Hamadan	696 753
Hormozgan	381 820
Ilam	211 118
Kerman	850 529
Kermanshahan	963 005
Khorasan	3 067 236
Khuzestan	1 930 440
Kordestan	585 339
Lorestan	760 930
Mazandaran	1 539 327
Semnan	282 316
Sistan and Baluchestan	629 683
Tehran	8 673 659
West Azarbayejan	1 083 235
Yazd	470 296
Zanhan	821 156
Rural – Rurale	
1 X 1991	
Total – Totale	24 000 565
Provinces (Ostan)	
Boyer Ahmad and Kohgiluyeh	345 594
Bushehr	338 167
Central	591 434
Chaharmahal & Bakhtiyari	470 291
East Azarbayejan	2 124 826
Esfahan	1 232 821
Fars	1 657 981
Gilan	1 320 691
Hamadan	954 567
Hormozgan	542 613
Ilam	229 575
Kerman	1 012 013
Kermanshahan	659 154
Khorasan	2 945 964
Khuzestan	1 245 412
Kordestan	648 141
Lorestan	740 848
Mazandaran	2 253 822
Semnan	175 809
Sistan and Baluchestan	825 419
Tehran	1 308 650
West Azarbayejan	1 200 973
Yazd	220 823
Zanhan	954 977
Iraq	
Urban – Urbaine	
17 X 1987	
Total – Totale	11 468 969
Governorates & Autonomous Regions – Gouvernorats Autonomous Régions	
Anbar	472 463
Arbil	596 118
Babylon	516 489
Baghdad	3 841 268
Basrah	630 673
D'hok	218 710
Diala	443 577
Kerbela	333 397
Maysan	300 124
Muthanna	155 547

30. Population of major civil divisions by urban/rural residence: each census, 1985 – 1993 (continued)

Population des principales divisions administratives selon la résidence urbaine/rurale: chaque recensement, 1985 – 1993 (suite)

Data by urban/rural residence

Données selon la résidence urbaine/rurale

(See notes at end of table. – Voir notes à la fin du tableau.)

Continent, country or area, census date, civil division and urban/rural residence Continent, pays ou zone, date du recensement, division et résidence urbaine/rurale	Population
ASIA—ASIE (Cont.–Suite)	
Iraq	
Urban – Urbaine	
17 X 1987	
Najaf	429 304
Nineveh	999 983
Qadisiya	315 944
Salah Al–Deen	291 882
Sulaimaniya	680 857
Ta'meem	453 285
Thi–Qar	491 264
Wasit	298 084
Rural – Rurale	
17 X 1987	
Total – Totale	4 866 230
Governorates & Autonomous Regions – Gouvernorats Autonomous Régions	
Anbar	348 227
Arbil	174 321
Babylon	593 085
Baghdad	–
Basrah	241 503
D'hok	74 594
Diala	517 496
Kerbela	135 885
Maysan	187 324
Muthanna	160 269
Najaf	160 774
Nineveh	479 447
Qadisiya	243 861
Salah Al–Deen	434 256
Sulaimaniya	270 866
Ta'meem	147 934
Thi–Qar	429 802
Wasit	266 586
Japan – Japon	
Urban – Urbaine	
1 X 1985 [18]	
Total – Totale	92 889 236
Hokkaido Island– Ile Hokkaido	
Hokkaido Prefecture (Todofuken)	4 122 135
Honshu Island–Ile Honshu	
Prefectures(Todafuken)– Préfectures	
Aichi–ken	5 401 303
Akita–ken	675 028
Aomori–ken	953 613
Chiba–ken	4 394 750
Fukui–ken	552 884
Fukushima–ken	1 304 260
Gifu–ken	1 288 172
Gumma–ken	1 206 849
Hiroshima–ken	2 120 057
Hyogo–ken	4 454 228
Ibaraki–ken	1 311 019
Ishikawa–ken	794 811
Iwate–ken	804 605
Kagawa–ken	7 083 269
Kyoto–fu	2 237 068
Mie–ken	1 170 856
Miyagi–ken	1 357 057
Nagano–ken	1 347 763
Nara–ken	880 333
Niigata–ken	1 585 577
Okayama–ken	1 386 091
Osaka–fu	8 364 984
Saitama–ken	4 855 990
Shiga–ken	628 415
Shimane–ken	457 084
Shizuoka–ken	2 767 189
Tochigi–ken	1 228 339
Tokyo–to	11 671 674
Tottori–ken	358 554
Toyama–ken	783 777
Wakayama–ken	667 531
Yamagata–ken	888 792
Yamaguchi–ken	1 233 449
Yamanashi–ken	411 232
Kyushu Island–Ile Kyushu	
Prefectures– Préfectures	
Fukuoka–ken	3 557 967
Kumamoto–ken	1 013 452
Miyazaki–ken	794 430
Nagasaki–ken	988 038
Oita–ken	896 958
Okinawa–ken	796 714
Saga–ken	460 177
Shikoku Island – Ile Shikoku	
Prefectures– Préfectires (Todofuken)	
Ehime–ken	1 065 200
Kagawa–ken	551 557
Kochi–ken	558 993
Tokushima–ken	426 960
Rural – Rurale	
1 X 1985 [18]	
Total – Totale	28 159 687
Hokkaido Island– Ile Hokkaido	
Hokkaido Prefecture (Todofuken)	1 557 304
Honshu Island–Ile Honshu	
Prefectures(Todafuken)– Préfectures	
Aichi–ken	1 053 869
Akita–ken	579 004
Aomori–ken	570 835
Chiba–ken	753 413
Fukui–ken	264 749
Fukushima–ken	776 044
Gifu–ken	740 364
Gumma–ken	714 410
Hiroshima–ken	699 143
Hyogo–ken	823 822
Ibaraki–ken	1 413 986
Ishikawa–ken	357 514
Iwate–ken	629 006
Kagawa–ken	348 705
Kyoto–fu	349 506
Mie–ken	576 455
Miyagi–ken	819 238
Nagano–ken	789 164
Nara–ken	424 533
Niigata–ken	892 893
Okayama–ken	530 815
Osaka–fu	303 111
Saitama–ken	1 007 688
Shiga–ken	527 429
Shimane–ken	337 545
Shizuoka–ken	807 503
Tochigi–ken	637 727
Tokyo–to	157 689
Tottori–ken	257 470
Toyama–ken	334 592
Wakayama–ken	419 675
Yamagata–ken	372 870
Yamaguchi–ken	368 178
Yamanashi–ken	421 600
Kyushu Island–Ile Kyushu	
Prefectures– Préfectures	
Fukuoka–ken	1 161 292
Kagoshima–ken	789 218
Kumamoto–ken	824 295
Miyazaki–ken	381 113
Nagasaki–ken	605 930
Oita–ken	353 256
Okinawa–ken	382 383
Saga–ken	419 836
Shikoku Island – Ile Shikoku	
Prefectures– Préfectires (Todofuken)	
Ehime–ken	464 783
Kagawa–ken	471 012
Kochi–ken	280 791
Tokushima–ken	407 929
Urban – Urbaine	
1 X 1990 [18]	
Total – Totale	95 643 521
Hokkaido Island– Ile Hokkaido	
Hokkaido Prefecture (Todofuken)	4 167 409
Honshu Island–Ile Honshu	
Prefectures(Todafuken)– Préfectures	
Aichi–ken	5 595 561
Akita–ken	666 874
Aomori–ken	941 471
Chiba–ken	4 721 030
Fukui–ken	557 824
Fukushima–ken	1 333 807
Gifu–ken	1 321 156
Gumma–ken	1 232 572
Hiroshima–ken	2 216 839
Hyogo–ken	4 575 237
Ibaraki–ken	1 552 160
Ishikawa–ken	807 536
Iwate–ken	791 946
Kagawa–ken	553 089
Kanagawa–ken	7 609 443
Kyoto–fu	2 243 927
Mie–ken	1 210 901

30. Population of major civil divisions by urban/rural residence: each census, 1985 – 1993 (continued)

Population des principales divisions administratives selon la résidence urbaine/rurale: chaque recensement, 1985 – 1993 (suite)

Data by urban/rural residence

Données selon la résidence urbaine/rurale

(See notes at end of table. – Voir notes à la fin du tableau.)

Continent, country or area, census date, civil division and urban/rural residence Continent, pays ou zone, date du recensement, division et résidence urbaine/rurale	Population
ASIA—ASIE (Cont.–Suite)	
Japan – Japon	
Urban – Urbaine	
1 X 1990 [18]	
Miyagi–ken	1 459 947
Nagano–ken	1 369 759
Nara–ken	925 959
Niigata–ken	1 592 959
Okayama–ken	1 403 922
Osaka–fu	8 461 234
Saitama–ken	5 358 389
Shiga–ken	675 232
Shimane–ken	454 923
Shizuoka–ken	2 846 300
Tochigi–ken	1 274 864
Tokyo–to	11 689 600
Tottori–ken	363 036
Toyama–ken	787 294
Wakayama–ken	661 470
Yamagata–ken	894 210
Yamaguchi–ken	1 218 063
Yamanashi–ken	411 691
Kyushu Island–Ile Kyushu	
Prefectures–	
Préfectures	
Fukuoka–ken	3 633 139
Kagoshima–ken	1 030 794
Kumamoto–ken	1 024 655
Miyazaki–ken	787 575
Nagasaki–ken	978 979
Oita–ken	899 924
Okinawa–ken	825 965
Saga–ken	459 917
Shikoku Island – Ile Shikoku	
Prefectures–	
Préfectires	
(Todofuken)	
Ehime–ken	1 069 152
Kochi–ken	555 624
Tokushima–ken	430 163
Rural – Rurale	
1 X 1990 [18]	
Total – Totale	27 967 646
Hokkaido Island– Ile Hokkaido	
Hokkaido Prefecture (Todofuken)	1 476 238
Honshu Island–Ile Honshu	
Prefectures(Todafuken)–	
Préfectures	
Aichi–ken	1 095 042
Akita–ken	560 604
Aomori–ken	541 402
Chiba–ken	834 399
Fukui–ken	265 761
Fukushima–ken	770 251
Gifu–ken	745 413
Gumma–ken	733 693
Hiroshima–ken	633 008
Hyogo–ken	829 803
Ibaraki–ken	1 293 222
Ishikawa–ken	357 092
Iwate–ken	624 982
Kagawa–ken	470 323
Kanagawa–ken	370 948
Kyoto–fu	358 533
Mie–ken	581 613
Miyagi–ken	788 611
Nagano–ken	786 868
Nara–ken	449 522
Niigata–ken	881 624
Okayama–ken	521 955
Osaka–fu	273 282
Saitama–ken	1 046 930
Shiga–ken	547 179
Shimane–ken	326 098
Shizuoka–ken	824 540
Tochigi–ken	660 304
Tokyo–to	165 963
Tottori–ken	252 686
Toyama–ken	332 867
Wakayama–ken	412 855
Yamagata–ken	364 180
Yamaguchi–ken	354 553
Yamanashi–ken	441 275
Kyushu Island–Ile Kyushu	
Prefectures–	
Préfectures	
Fukuoka–ken	1 177 911
Kagoshima–ken	767 030
Kumamoto–ken	815 671
Miyazaki–ken	381 332
Nagasaki–ken	583 980
Oita–ken	337 018
Okinawa–ken	396 433
Saga–ken	417 934
Shikoku Island – Ile Shikoku	
Prefectures–	
Préfectires	
(Todofuken)	
Ehime–ken	445 873
Kochi–ken	269 410
Tokushima–ken	401 435
Kazakhstan	
Urban – Urbaine	
12 I 1989	
Total – Totale	9 465 351
Provinces	
Akmolinskaya	533 515
Aktjubinskaya	398 693
Almatinskaya	216 395
Atirauzskaya	262 565
East Kazakhstanskaya	606 953
Karagandiskaya	1 146 628
Kokchetavskaya	259 788
Kustanaiskaya	553 549
Kzyl–ordinskaya	422 541
Mangistanskaya	285 673
North Kazakhstanskaya	286 521
Pablodarskaya	604 968
Semiplatinskaya	429 255
South Kazakhstanskaya	745 665
Taldikorganskaya	324 888
Turgaiskaya	101 139
West Kazakhstanskaya	269 198
Zhambulskaya	497 275
Zhezkazganskaya	388 179
Rural – Rurale	
12 I 1989	
Total – Totale	7 071 160
Provinces	
Akmolinskaya	338 662
Aktjubinskaya	339 302
Almatinskaya	761 789
Atirauzskaya	169 722
East Kazakhstanskaya	326 492
Karagandiskaya	205 522
Kokchetavskaya	404 494
Kustanaiskaya	498 712
Kzyl–ordinskaya	228 782
Mangistanskaya	37 055
North Kazakhstanskaya	313 031
Pablodarskaya	338 777
Semiplatinskaya	409 069
South Kazakhstanskaya	1 085 821
Taldikorganskaya	395 982
Turgaiskaya	197 160
West Kazakhstanskaya	361 689
Zhambulskaya	551 271
Zhezkazganskaya	107 828

30. Population of major civil divisions by urban/rural residence: each census, 1985 – 1993 (continued)

Population des principales divisions administratives selon la résidence urbaine/rurale: chaque recensement, 1985 – 1993 (suite)

Data by urban/rural residence

Données selon la résidence urbaine/rurale

(See notes at end of table. – Voir notes à la fin du tableau.)

Continent, country or area, census date, civil division and urban/rural residence Continent, pays ou zone, date du recensement, division et résidence urbaine/rurale	Population
ASIA—ASIE (Cont.–Suite)	
Korea, Republic of– Corée, République de	
Urban – Urbaine	
1 XI 1985 [19]	
Total – Totale	26 442 980
Cities–Villes	
Inchon	1 386 911
Pusan	3 514 798
Seoul	9 639 110
Taechon	2 029 853
Provinces (Do)	
Cheju–do	285 222
Chollanam–do	1 494 769
Chollabuk–do	945 161
Chunchongnam–do	1 036 344
Chungchongbuk–do	565 861
Kangwon–do	722 239
Kyonggi–do	2 213 614
Kyongsangnam–do	1 749 746
Kyongsangbuk–do	859 352
Rural – Rurale	
1 XI 1985 [19]	
Total – Totale	14 005 506
Provinces (Do)	
Cheju–do	203 354
Chollanam–do	2 253 659
Chollabuk–do	1 256 917
Chunchongnam–do	1 964 835
Chungchongbuk–do	825 143
Kangwon–do	1 002 570
Kyonggi–do	2 580 521
Kyongsangnam–do	1 766 914
Kyongsangbuk–do	2 151 593
Urban – Urbaine	
1 XI 1990 [19]	
Total – Totale	32 308 970
Provinces (Do)	
Cheju–do	320 930
Chollanam–do	767 423
Chollabuk–do	1 143 847
Chunchongnam–do	467 444
Chungchongbuk–do	706 082
Kangwon–do	783 738
Kyonggi–do	4 077 608
Kyongsangnam–do	2 238 156
Kyongsangbuk–do	1 157 512
ASIA—ASIE (Cont.–Suite)	
Korea, Republic of– Corée, République de	
Rural – Rurale	
1 XI 1990 [19]	
Total – Totale	11 101 929
Provinces (Do)	
Cheju–do	193 675
Chollanam–do	1 740 016
Chollabuk–do	926 113
Chunchongnam–do	1 546 482
Chungchongbuk–do	683 604
Kangwon–do	796 692
Kyonggi–do	2 078 024
Kyongsangnam–do	1 434 240
Kyongsangbuk–do	1 703 083
Kyrgyzstan – Kirghizistan	
Urban – Urbaine	
12 I 1989 [1]	
Total – Totale	1 624 535
Bishkek City	616 586
Provinces	
Djalal–agadskay oblast	221 378
Issyk–kulskay oblast	129 420
Narinskay oblast	51 805
Oshskay oblast	348 956
Talasskay oblast	31 453
Tchuishskay oblast	224 937
Rural – Rurale	
12 I 1989 [1]	
Total – Totale	2 633 220
Bishkek City	3 317
Provinces	
Djalal–agadskay oblast	521 901
Issyk–kulskay oblast	274 497
Narinskay oblast	202 344
Oshskay oblast	904 568
Talasskay oblast	161 056
Tchuishskay oblast	565 537
Malaysia – Malaisie	
Urban – Urbaine	
14 VIII 1991*	
Total – Totale	8 896 225
States–Etats	
Johor	992 022
Kedah	424 653
Kelantan	394 970
Kuala Lumpur (Federal territory)	1 145 075
Labuan (Federal territory)	26 326
Melaka	195 116
Negeri Sembilan	290 605
Pahang	315 168
Perak	1 007 046
Perlis	48 948
Pulau Pinang	798 528
Sabah	577 005
Sarawak	616 408
Selangor	1 723 307
Terengganu	341 048
Rural – Rurale	
14 VIII 1991*	
Total – Totale	8 670 757
States–Etats	
Johor	1 082 275
Kedah	880 147
Kelantan	786 710
Labuan (Federal territory)	27 981
Melaka	309 386
Negeri Sembilan	400 545
Pahang	721 556
Perak	872 970
Perlis	135 122
Pulau Pinang	266 547
Sabah	1 159 897
Sarawak	1 031 809
Selangor	565 929
Terengganu	429 883
Philippines	
Urban – Urbaine	
1 V 1990 [1]	
Total – Totale	29 440 153
Regions–Régions	
Bicol	1 218 525
Cagayan Valley	548 518
Central Luzon	3 732 073
Central Mindanao	799 759
Central Visayas	1 851 557
Cordillera Administrat	357 326
Eastern Visayas	950 908
Ilocos	1 339 187
National Capital Regio	7 907 386
Northern Mindanao	1 519 778

30. Population of major civil divisions by urban/rural residence: each census, 1985 – 1993 (continued)

Population des principales divisions administratives selon la résidence urbaine/rurale: chaque recensement, 1985 – 1993 (suite)

Data by urban/rural residence

Données selon la résidence urbaine/rurale

(See notes at end of table. – Voir notes à la fin du tableau.)

Continent, country or area, census date, civil division and urban/rural residence Continent, pays ou zone, date du recensement, division et résidence urbaine/rurale	Population
ASIA—ASIE (Cont.–Suite)	
Philippines	
Urban – Urbaine	
1 V 1990 [1]	
Southern Mindanao	2 107 889
Southern Tagalog	4 213 221
Western Mindanao	968 325
Western Visayas	1 925 701
Rural – Rurale	
1 V 1990 [1]	
Total – Totale	31 118 963
Regions–Régions	
Bicol	2 686 268
Cagayan Valley	1 787 832
Central Luzon	2 456 643
Central Mindanao	2 367 781
Central Visayas	2 730 972
Cordillera Administrat	783 815
Eastern Visayas	2 097 946
Ilocos	2 208 082
National Capital Regio	–
Northern Mindanao	1 982 896
Southern Mindanao	2 340 727
Southern Tagalog	4 033 899
Western Mindanao	2 182 581
Western Visayas	3 459 521
EUROPE	
Finland – Finlande	
Urban – Urbaine	
17 XI 1985 [1]	
Total – Totale	2 938 341
Provinces (Läänit)	
Ahvenanmaa	9 874
Häme	422 950
Keski–Suomi	95 667
Kuopio	135 501
Kymi	232 317
Lappi	94 319
Mikkeli	90 823
Oulu	181 637
Pohjois–Karjala	86 574
Turku ja Pori	428 778
Uusimaa	968 520
Vaasa	191 381
Rural – Rurale	
17 XI 1985 [1]	
Total – Totale	1 972 278
Provinces (Läänit)	
Ahvenanmaa	13 757
Häme	254 894
Keski–Suomi	152 152
Kuopio	120 640
Kymi	108 643
Lappi	106 758
Mikkeli	118 259
Oulu	250 492
Pohjois–Karjala	91 049
Turku ja Pori	284 400
Uusimaa	218 079
Vaasa	253 155
France	
Urban – Urbaine	
5 III 1990 [20]	
Total – Totale	41 923 233
Divisions	
Alsace	1 214 284
Aquitaine	1 835 819
Auvergne	778 459
Basse–Normandie	741 423
Bourgogne	934 254
Bretagne	1 585 582
Centre	1 534 812
Champagne–Ardenne	824 173
Corse	140 055
Franche–Comté	642 733
Haute–Normandie	1 208 115
Ile–de–France	10 266 306
Languedoc–Roussillon	1 545 822
Limousin	372 692
Lorraine	1 639 492
Midi–Pyrénées	1 517 327
Nord–Pas–de–Calais	3 443 711
Pays de La Loire	1 884 284
Picardie	1 091 292
Poitou–Charentes	822 972
Provence–Alpes–Cote Azur	3 813 025
Rhône–Alpes	4 086 601
Rural – Rurale	
5 III 1990 [20]	
Total – Totale	14 711 066
Divisions	
Alsace	407 940
Aquitaine	967 521
Auvergne	544 188
Basse–Normandie	655 794
Bourgogne	678 715
Bretagne	1 201 794
Centre	830 482
Champagne–Ardenne	519 623
Corse	110 520
Franche–Comté	457 849
Haute–Normandie	541 175
Ile–de–France	401 309
Languedoc–Roussillon	568 585
Limousin	346 066
Lorraine	656 013
Midi–Pyrénées	928 348
Nord–Pas–de–Calais	515 595
Pays de La Loire	1 173 928
Picardie	727 995
Poitou–Charentes	777 781
Provence–Alpes–Cote Azur	448 430
Rhône–Alpes	1 251 415
Ireland – Irlande	
Urban – Urbaine	
21 IV 1991	
Total – Totale	2 010 700
Provinces	
Connacht	116 653
Leinster	1 353 885
Munster	490 815
Ulster	49 347
Rural – Rurale	
21 IV 1991	
Total – Totale	2 010 700
Provinces	
Connacht	306 378
Leinster	507 064
Munster	518 718
Ulster	182 859

30. Population of major civil divisions by urban/rural residence: each census, 1985 – 1993 (continued)

Population des principales divisions administratives selon la résidence urbaine/rurale: chaque recensement, 1985 – 1993 (suite)

Data by urban/rural residence

Données selon la résidence urbaine/rurale

(See notes at end of table. – Voir notes à la fin du tableau.)

Continent, country or area, census date, civil division and urban/rural residence Continent, pays ou zone, date du recensement, division et résidence urbaine/rurale	Population
EUROPE (Cont.–Suite)	
Latvia – Lettonie	
Urban – Urbaine	
12 I 1989 [1]	
Total – Totale	1 888 526
Districts	
Aizkraukle	24 390
Aluksne	12 550
Balvi	14 028
Bauska	15 850
Cesis	24 165
Daugavpils	129 226
Dobele	19 717
Gulbene	10 346
Jekabpils	34 955
Jelgava	82 231
Kraslava	15 759
Kuldiga	20 565
Liepaja	133 360
Limbazi	17 668
Ludza	17 404
Madona	19 437
Ogre	41 164
Preili	21 684
Rezekne	50 216
Riga	950 410
Saldus	16 054
Talsi	23 449
Tukums	26 070
Valka	19 084
Valmiera	96 905
Ventspils	51 839
Rural – Rurale	
12 I 1989 [1]	
Total – Totale	778 041
Districts	
Aizkraukle	20 098
Aluksne	16 334
Balvi	19 885
Bauska	40 038
Cesis	40 170
Daugavpils	42 760
Dobele	24 674
EUROPE (Cont.–Suite)	
Latvia – Lettonie	
Rural – Rurale	
12 I 1989 [1]	
Gulbene	19 584
Jekabpils	26 093
Jelgava	31 009
Kraslava	25 731
Kuldiga	20 420
Liepaja	35 432
Limbazi	23 451
Ludza	25 091
Madona	30 029
Ogre	24 649
Preili	24 271
Rezekne	35 703
Riga	110 897
Saldus	23 414
Talsi	26 592
Tukums	32 505
Valka	18 280
Valmiera	26 423
Ventspils	14 508
Norway – Norvège	
Urban – Urbaine	
3 XI 1990 [1]	
Total – Totale	
Counties–Comtés	3 056 194
Akershus	357 191
Aust–agder	58 418
Buskerud	166 333
Finnmark	53 169
Hedmark	91 879
Hordaland	290 941
More Og Romsdal	137 806
Nordland	148 896
Nord–Trondelag	64 519
Oppland	87 675
Oslo	456 972
Ostfold	186 659
Rogaland	259 973
Sogn Og Fjordane	46 993
Sor–Trondelag	181 116
Telemark	116 525
Torms	87 169
Vestfold	154 674
Rural – Rurale	
3 XI 1990 [1]	
Total – Totale	
Counties–Comtés	1 166 347
Akershus	58 191
Aust–agder	38 029
Buskerud	57 485
Finnmark	21 058
Hedmark	93 604
Hordaland	117 397
More Og Romsdal	99 517
Nordland	89 424
Nord–Trondelag	62 300
Oppland	93 350
Oslo	2 366
Ostfold	50 353
Rogaland	73 869
Sogn Og Fjordane	58 559
Sor–Trondelag	69 241
Telemark	45 695
Torms	58 843
Vestfold	41 912
Vest–agder	35 154
Poland – Pologne	
Urban – Urbaine	
6 XII 1988 [22]	
Total – Totale	23 174 726
Warszawa	2 135 547
Provinces	
(Voïvodships)	
Bialostockie	415 674
Bialskopodlaskie	105 476
Bielskie	435 635
Byolgoskie	709 077
Chelmskie	101 907
Ciechanowskie	151 453
Czestochowskie	404 668
Elbloskie	288 665
Gdanskie	1 076 526
Gorzowskie	306 901
Jeleniogorskie	341 503
Kaliskie	325 579
Katowickie	3 453 505
Kielcekie	515 246
Koninskie	189 433
Koszalinskie	312 120
Krakowskie	845 978
Legnickie	349 063

30. Population of major civil divisions by urban/rural residence: each census, 1985 – 1993 (continued)

Population des principales divisions administratives selon la résidence urbaine/rurale: chaque recensement, 1985 – 1993 (suite)

Data by urban/rural residence

Données selon la résidence urbaine/rurale

(See notes at end of table. – Voir notes à la fin du tableau.)

Continent, country or area, census date, civil division and urban/rural residence Continent, pays ou zone, date du recensement, division et résidence urbaine/rurale	Population
EUROPE (Cont.–Suite)	
Poland – Pologne	
Urban – Urbaine	
6 XII 1988 [22]	
Leszezynskie	181 081
Lodzkie	1 065 432
Lomzynskie	134 455
Lubelskie	577 201
Nowosodeckie	246 135
Olsztyúskie	438 524
Opolskie	527 032
Ostroleckie	130 404
Pilskie	263 309
Piotrkowskie	310 328
Plockie	244 472
Poznanskie	935 834
Przemyskie	149 171
Radomskie	347 744
Rzeszowskie	288 791
Siedleckie	200 850
Sieradzkie	146 259
Skierhiewickie	190 340
Slupskie	223 355
Suwalskie	247 481
Szezecinskie	726 820
Tarnobrzeskie	219 718
Tarnowskie	233 415
Torunskie	408 619
Walbrzyskie	545 330
Wloclawskie	199 142
Wroclawskie	828 529
Zamojskie	134 225
Zielonogorskie	398 939
Rural – Rurale	
6 XII 1988 [22]	
Total – Totale	14 703 915
Warszawa	280 790
Provinces (Voïvodships)	
Bialostockie	271 232
Bialskopodlaskie	198 035
Bielskie	453 693
Byolgoskie	391 630
Chelmskie	143 024
Ciechanowskie	274 055
Czestochowskie	370 830
Elbloskie	185 718
Gdanskie	339 523
Gorzowskie	187 971
EUROPE (Cont.–Suite)	
Poland – Pologne	
Rural – Rurale	
6 XII 1988	
Jeleniogorskie	175 127
Kaliskie	379 760
Katowickie	491 902
Kielcekie	609 554
Koninskie	276 840
Koszalinskie	188 125
Krakowskie	378 322
Krosnienskie	319 892
Legnickie	157 704
Leszezynskie	201 210
Lodzkie	79 250
Lomzynskie	210 012
Lubelskie	431 558
Nowosodeckie	440 466
Olsztyúskie	304 773
Opolskie	486 481
Ostroleckie	262 753
Pilskie	211 511
Piotrkowskie	330 096
Plockie	270 403
Poznanskie	384 739
Przemyskie	253 936
Radomskie	397 902
Rzeszowskie	422 594
Siedleckie	446 415
Sieradzkie	260 589
Skierhiewickie	226 319
Slupskie	183 781
Suwalskie	215 657
Szezecinskie	233 830
Tarnobrzeskie	373 649
Tarnowskie	428 121
Torunskie	244 289
Walbrzyskie	195 843
Wloclawskie	229 363
Wroclawskie	294 011
Zamojskie	356 190
Zielonogorskie	254 447
Republic of Moldova – République de Moldova	
Urban – Urbaine	
12 I 1989 [1]	
Total – Totale	2 020 120
Cities	
Anenii Noi	9 490
Bàlti	157 068
Basarabeasca	14 438
Bender	129 606
Briceni	18 714
Cahul	–
Cainari	4 234
Calarasi	18 927
Camenca	13 345
Cantemir	7 092
Causeni	20 574
Chisinàu	704 897
Ciadîr–Lunda	22 991
Cimislia	16 071
Comrat	27 506
Criuleni	22 036
Donduseni	11 234
Drochia	20 844
Dubasari	–
Falesti	13 765
Floresti	22 656
Hîcesti	18 946
Ialoveni	12 687
Leova	17 784
Nisporeni	15 378
Ocnita	21 600
Orhei	6 110
Rezina	14 311
Rîbnita	–
Rîscani	20 267
Singerei	19 463
Slobozia	30 434
Soldanesti	7 572
Soroca	–
Stefan Voda	9 729
Straseni	21 286
Taraclia	14 851
Telenesti	9 142
Tiraspol	198 493
Ungheni	2 812
Unlcánesti	18 072
Ylodeui	13 035
Yrigoricpol	13 154
Rural – Rurale	
12 I 1989 [1]	
Total – Totale	2 315 240
Cities	
Anenii Noi	67 476
Bàlti	3 090
Basarabeasca	29 857
Bender	8 434
Briceni	66 681

30. Population of major civil divisions by urban/rural residence: each census, 1985 – 1993 (continued)

Population des principales divisions administratives selon la résidence urbaine/rurale: chaque recensement, 1985 – 1993 (suite)

Data by urban/rural residence

Données selon la résidence urbaine/rurale

(See notes at end of table. – Voir notes à la fin du tableau.)

Continent, country or area, census date, civil division and urban/rural residence Continent, pays ou zone, date du recensement, division et résidence urbaine/rurale	Population
EUROPE (Cont.–Suite)	
Republic of Moldova – République de Moldova	
Rural – Rurale	
12 I 1989 [1]	
Cainari	39 343
Calarasi	66 807
Camenca	46 909
Cantemir	52 257
Causeni	53 509
Chisinău	10 031
Ciadîr–Lunda	44 030
Cimislia	42 319
Comrat	42 609
Criuleni	83 325
Donduseni	57 596
Drochia	59 366
Dubasari	42 599
Falesti	80 249
Floresti	56 035
Hîcesti	95 219
Ialoveni	72 567
Leova	35 922
Nisporeni	65 420
Ocnita	46 811
Orhei	91 472
Rezina	42 988
Rîbnita	34 387
Rîscani	63 407
Singerei	70 466
Slobozia	84 929
Soldanesti	39 281
Soroca	59 277
Stefan Voda	67 196
Straseni	79 811
Taraclia	29 953
Telenesti	64 541
Tiraspol	1 124
Ungheni	76 875
Unlcánesti	43 568
Ylodeui	52 959
Yrigoricpol	39 990
Romania – Roumanie	
Urban – Urbaine	
7 I 1992	
Total – Totale	12 391 819
Bucaresti(Municipality)	2 086 944
Regions–Régions	
Alba	228 372
Arad	254 993
Arges	314 681
Bacau	371 305
Bihor	312 533
Bistrita Nasaud	121 772
Botosani	180 163
Brasov	490 018
Braila	257 598
Buzau	209 924
Caras Severin	210 947
Calarasi	132 167
Cluj	496 563
Constanta	550 360
Covasna	122 905
Dimbovita	175 523
Dolj	374 021
Galati	384 879
Giwrgiu	93 077
Gorj	170 390
Harghita	159 090
Hunedoara	410 931
Ialomita	124 937
Iasi	414 908
Maramure	285 339
Mehedinti	156 861
Mures	310 995
Neamt	234 551
Olt	205 016
Prahova	455 262
Satu Mare	185 406
Salaj	106 989
Sibiu	307 715
Suceava	250 436
Teleorman	163 236
Timis	425 129
Tulcea	131 568
Vaslui	200 549
Vilcea	171 127
Vrancea	152 639
Rural – Rurale	
7 I 1992	
Total – Totale	10 418 216
Bucaresti(Municipality)	267 566
Regions–Régions	
Alba	185 547
Arad	232 624
Arges	366 525
Bacau	366 207
Bihor	326 330
Botosani	281 142
Brasov	153 243
Braila	134 433
Buzau	307 037
Caras Severin	165 400
Calarasi	206 637
Cluj	239 738
Constanta	198 409
Covasna	110 351
Dimbovita	386 518
Dolj	388 121
Galati	256 132
Giwrgiu	220 275
Gorj	230 631
Harghita	189 245
Hunedoara	137 019
Ialomita	181 208
Iasi	396 434
Maramure	254 760
Mehedinti	175 812
Mures	299 058
Neamt	343 869
Olt	318 275
Prahova	419 087
Satu Mare	215 383
Salaj	159 808
Sibiu	145 158
Suceava	451 394
Teleorman	320 604
Timis	274 904
Tulcea	139 429
Vaslui	260 825
Vilcea	267 261
Vrancea	240 769
Russian Federation – Fédération Russe	
Urban – Urbaine	
12 I 1989	
Total – Totale	107 959 002
Region	
Dalnyvostok	6 027 395
Kaliningrad	686 853
Povoljye	11 986 775
Severo–Kavkaz	9 480 557
Severo–Zapadny	7 132 297
Severny	4 685 948
Tsentralno–Chernozyemn	4 633 358
Tsentralny	24 903 319
Ural	15 119 335
Volgo–Vyatka	5 810 527
Vostochno–Sibir	6 578 143
Zapadno–Sibir	10 915 495

30. Population of major civil divisions by urban/rural residence: each census, 1985 – 1993 (continued)

Population des principales divisions administratives selon la résidence urbaine/rurale: chaque recensement, 1985 – 1993 (suite)

Data by urban/rural residence

Données selon la résidence urbaine/rurale

(See notes at end of table. – Voir notes à la fin du tableau.)

Continent, country or area, census date, civil division and urban/rural residence Continent, pays ou zone, date du recensement, division et résidence urbaine/rurale	Population
EUROPE (Cont. – Suite)	
Russian Federation – Fédération Russe	
Rural – Rurale	
12 I 1989	
Total – Totale	39 062 867
Region	
Dalnyvostok	1 922 610
Kaliningrad	184 306
Povoljye	4 410 116
Severo–Kavkaz	7 148 581
Severo–Zapadny	1 109 021
Severny	1 438 336
Tsentralno–Chernozyemn	3 099 564
Tsentralny	5 303 531
Ural	5 120 794
Volgo–Vyatka	2 653 954
Vostochno–Sibir	2 574 380
Zapadno–Sibir	4 097 674
Sweden – Suède	
Urban – Urbaine	
1 XI 1990 [1]	
Total – Totale	7 164 769
Provinces (Läns)	
Alvsborgs	339 079
Blekinge	117 392
Gävleborgs	226 587
Goteborg och Bohus	657 242
Gotlands	31 689
Hallands	192 472
Jämtlands	87 670
Jönköping	254 187
Kalmar	183 241
Kopparbergs	226 483
EUROPE (Cont. – Suite)	
Kristianstads	223 521
Kronobergs	132 792
Malmöhus	700 994
Norrbottens	214 733
Orebro	224 531
Ostergötlands	337 695
Skaraborgs	199 862
Södermanlands	212 011
Stockholms	1 568 276
Uppsala	215 509
Värmanlands	209 317
Västerbottens	187 105
Västernorrlands	198 267
Västmanlands	224 114
Rural – Rurale	
1 XI 1990 [1]	
Total – Totale	1 422 584
Provinces (Läns)	
Alvsborgs	101 952
Blekinge	33 223
Gävleborgs	62 759
Goteborg och Bohus	82 621
Gotlands	25 443
Hallands	62 096
Jämtlands	48 054
Jönköping	54 107
Kalmar	57 908
Kopparbergs	62 436
Kristianstads	65 730
Kronobergs	45 088
Malmöhus	77 945
Norrbottens	48 813
Orebro	47 943
Ostergötlands	65 154
Skaraborgs	76 836
Södermanlands	43 535
Stockholms	72 113
Uppsala	52 994
Värmanlands	73 831
Västerbottens	64 741
Västernorrlands	62 832
Västmanlands	34 430
OCEANIA—OCEANIE	
Fiji – Fidji	
Urban – Urbaine	
31 VIII 1986	
Total – Totale	277 025
Divisions	
Central	175 077
Eastern	2 895
Northern	19 409
Western	79 644
Rural – Rurale	
31 VIII 1986	
Total – Totale	438 350
Divisions	
Central	85 033
Eastern	39 867
Northern	109 745
Western	203 705
Tonga	
Urban – Urbaine	
28 XI 1986*	
Total – Totale	29 018
Greater Nuku'Alofa	29 018
Rural – Rurale	
28 XI 1986*	
Total – Totale	65 631
Divisions	
'Eua	4 393
H'apai	8 919
Niuas	2 368
Tongatapu	63 794

30. Population of major civil divisions by urban/rural residence: each census, 1985 – 1993

Population des principales divisions administratives selon la résidence, urbaine/rurale: chaque recensement, 1985 – 1993

GENERAL NOTES

For definitions of "urban", see Technical notes for table 6. For method of evaluation and limitations of data, see Technical Notes, page 110.

FOOTNOTES

- * Provisional.
- 1 De jure population.
- 2 For classification by urban/rural residence, see end of table.
- 3 Excluding 2 320 persons.
- 4 Data have not been adjusted for underenumeration.
- 5 Excluding Mayotte.
- 6 Data have not been adjusted for underenumeration, estimated at 5 per cent.
- 7 Excluding Bophuthatswana, Ciskei, Transkei and Venda.
- 8 Data have not been adjusted for underenumeration.
- 9 De jure population, but excluding armed forces stationed overseas.
- 10 Excluding civilian citizens absent from country for extended period of time.
- 11 Excluding nomadic Indian tribes.
- 12 Data have not been adjusted for underenumeration, estimated at 2.6 per cent.
- 13 Excluding Indian jungle population.
- 14 Covering only the civilian population of 30 provinces, municipalies and autonomous regions. Excluding Jimmen and Mazhu Islands.
- 15 Excluding data for the Indian–held part of Jammu and Kashmir, the final status of which has not yet been determined.
- 16 Data have not been adjusted for underenumeration, estimated at 1.5 per cent.
- 17 Figures provided by Indonesia include East Timor.
- 18 Excluding diplomatic personnel outside the country, and foreign military and civilian personnel and their dependants stationed in the area.
- 19 Excluding alien armed forces, civilian aliens employed by armed forces, and foreign diplomatic personnel and their dependants and Korean diplomatic personnel and their dependants stationed outside the country.
- 20 De jure population but excluding diplomatic personnel outside the country and including foreign diplomatic personnel not living in embassies or consulates.
- 21 Including civilian nationals temporarily outside the country.
- 22 Excluding civilian aliens within the country, and including civilian nationals temporarily outside the country.
- 23 Excluding diplomatic personnel and armed forces stationed outside the country, the latter numbering 1 936 at 1966 census; also excluding alien forces whithin the country.
- 24 Excluding unsettled population.

NOTES GENERALES

Pour les définitions de "zones urbaines", voir les Notes techniques relatives au tableau 6. Pour la méthode d'évaluation et les insuffisances des données, voir Notes techniques, page 110.

NOTES

- * Données provisoires.
- 1 Population de droit.
- 2 Pour le classement selon la résidence, urbaine/rurale, voir la fin du tableau.
- 3 Non compris 2 320 personnes.
- 4 Les données n'ont pas été adjustées pour compenser les lacunes du dénombrement.
- 5 Non compris Mayotte.
- 6 Les données n'ont pas été adjustées pour compenser les lacunes du dénombrement, estimées à 5 p. 100.
- 7 Non compris Bophuthatswana, Ciskei, Transkei et Venda.
- 8 Les données n'ont pas été adjustées pour compenser les lacunes du dénombrement.
- 9 Population de droit, mais non compris les militaires à l'étranger.
- 10 Non compris les civils hors du pays pendant une période prolongée.
- 11 Non compris les tribus d'Indiens nomades.
- 12 Les données n'ont pas été adjustées pour compenser les lacunes du dénombrement, estimées à 2,6 p. 100.
- 13 Non compris les Indiens de la jungle.
- 14 Pour la population civile seulement de 30 provinces, municipalitiés et régions autonomes. Non compris les îles de Jimmen et Mazhu.
- 15 Non compris les données pour la partie du Jammu–et–Cachemire occupée par l'Inde, dont le statut définitif n'a pas encore été déterminé.
- 16 Les données n'ont pas été adjustées pour compenser les lacunes du dénombrement, estimées à 1,5 p. 100.
- 17 Les chiffres fournis par l'Indonésie comprennent le Timor oriental.
- 18 Non compris le personnel diplomatique hors du pays, les militaires et agents civils étrangers en poste sur le territoire et les membres de leur famille les accompagnant.
- 19 Non compris les militaires étrangers, les civils étrangers employés par les forces armées, le personnel diplomatique étranger et les membres de leur famille les accompagnant, le personnel diplomatique coréen hors du pays et les membres de leur famille les accompagnant.
- 20 Population de droit, non compris le personnel diplomatique hors du pays, mais y conpris le personnel diplomatique étranger qui ne vit pas dans les ambassades ou les consulats.
- 21 Y compris les civils nationaux temporairement hors du pays.
- 22 Non compris les civils étrangers dans le pays, mais y compris les civils nationaux temporairement hors du pays.
- 23 Non compris le personnel diplomatique et les militaires horsdu pays, ces derniers ou nombre de 1 936 ou recensement de 1966; non compris également les militaires étrangers dans le pays.
- 24 Non compris la population non sédentaire.

31. Population in localities by size–class and sex: each census, 1985 – 1993

Population dans les localités selon la catégorie d'importance et le sexe: chaque recensement, 1985 – 1993

(See notes at end of table. – Voir notes à la fin du tableau.)

Continent, country or area, date and size–class / Continent, pays ou zone, date et catégorie d'importance	Locality / Localité	Population Total	Male / Masculin	Female / Féminin
AFRICA—AFRIQUE				
Burundi				
16 VIII 1990 [1]				
Total	122	5 356 266	2 600 815	2 755 451
In localities – Ensemble des localités	122	5 356 266	2 600 815	2 755 451
100000 – 499999	1	100 333	49 305	51 028
50000 – 99999	42	2 555 078	1 230 249	1 324 829
20000 – 49999	74	2 616 130	1 277 052	1 339 078
10000 – 19999	5	84 725	44 209	40 516
Malawi				
1 IX 1987				
Total	24	7 988 507	3 867 136	4 121 371
In localities – Ensemble des localités	24	7 988 507	3 867 136	4 121 371
500000 plus	4	2 719 479	1 325 431	1 394 048
100000 – 499999	18	5 077 332	2 449 746	2 627 586
50000 – 99999	2	191 696	91 959	99 737
Mali				
1 IV 1987 [1]				
Total	11644	7 696 348	3 760 711	3 935 637
In localities – Ensemble des localités	11644	7 696 348	3 760 711	3 935 637
20000 – 49999	9	282 866	141 365	141 501
10000 – 19999	36	475 909	236 939	238 970
5000 – 9999	87	590 725	290 972	299 753
2000 – 4999	403	1 187 001	577 603	609 398
1000 – 1999	1 134	1 539 493	747 425	792 068
500 – 999	2 754	1 927 339	934 955	992 384
200 – 499	4 184	1 396 350	684 041	712 309
– – 199	3 037	296 665	147 411	149 254
Mauritius – Maurice				
1 VII 1990				
Total	106	1 056 660	527 760	528 900
In localities – Ensemble des localités	106	967 476	482 865	484 611
100000 – 499999	1	132 460	65 873	66 587
50000 – 99999	4	281 782	140 231	141 551
20000 – 49999	3	78 746	39 404	39 342
10000 – 19999	9	125 064	62 452	62 612
5000 – 9999	25	182 034	90 929	91 105
2000 – 4999	40	132 835	66 723	66 112
1000 – 1999	21	33 225	16 563	16 662
500 – 999	2	1 048	546	502
200 – 499	1	282	144	138
In others–Autres [2]	...	89 184	44 895	44 289
Namibia – Namibie				
21 X 1991				
Total	10949	1 409 920	686 327	723 593
In localities – Ensemble des localités	10949	1 409 920	686 327	723 593
50000 – 99999	1	86 640	46 147	40 493
20000 – 49999	3	84 559	41 769	42 790
10000 – 19999	9	140 680	71 340	69 340
5000 – 9999	7	52 502	27 832	24 670
2000 – 4999	30	90 680	43 075	47 605
1000 – 1999	107	141 087	64 491	76 596
500 – 999	339	232 705	106 421	126 284
200 – 499	866	274 233	126 785	147 448
– – 199	9 587	306 834	158 467	148 367
AMERICA,NORTH— AMERIQUE DU NORD				
Bahamas				
1 V 1990				
Total	19	255 095	124 992	130 103
In localities – Ensemble des localités	19	255 095	124 992	130 103
100000 plus	1	172 196	83 515	88 681
20000 – 99999	1	40 898	20 060	20 838
10000 – 19999	1	10 034	5 222	4 812
5000 – 9999	2	16 180	8 136	8 044
2000 – 4999	2	6 510	3 344	3 166
1000 – 1999	4	5 928	3 011	3 917
500 – 999	2	1 613	867	746
200 – 499	4	1 594	759	835
– – 199	2	142	78	64
Bermuda – Bermudes				
20 V 1991 [1]				
Total	9	58 460	28 345	30 115
In localities – Ensemble des localités	9	58 460	28 345	30 115
5000 – 9999	6	44 280	21 408	22 872
2000 – 4999	3	14 180	6 937	7 243
Canada				
4 VI 1991 [1]				
Total	905	27 296 855	13 454 580	13 842 280
In localities – Ensemble des localités	893	20 906 875	10 175 035	10 731 835
500000 plus	9	11 771 090	5 738 500	6 032 590
100000 – 499999	15	2 888 860	1 397 635	1 491 225
50000 – 99999	21	1 479 765	717 340	762 430
25000 – 49999	36	1 284 995	620 305	664 690
10000 – 24999	83	1 245 800	608 940	636 855
5000 – 9999	127	866 470	424 170	442 300
2500 – 4999	209	745 140	362 090	383 055
– – 2499	393	624 750	306 050	318 695
In others–Autres [2]	12	6 389 985	3 279 540	3 110 445
United States – Etats–Un				
1 IV 1990* [1 3 4]				
Total	19289	248709873	121239418	127470455
In localities – Ensemble des localités	19289	182535668	...	...
500000 plus	23	30 071 067	...	...
100000 – 499999	171	34 336 229	...	...
50000 – 99999	309	24 057 211	...	...
20000 – 49999	822	25 720 078	...	...
10000 – 19999	1 035	29 067 788	...	...
5000 – 9999	1 567	16 623 340	...	...
2000 – 4999	2 850	13 165 851	...	...

31. Population in localities by size–class and sex: each census, 1985 – 1993 (continued)

Population dans les localités selon la catégorie d'importance et le sexe: chaque recensement, 1985 – 1993 (suite)

(See notes at end of table. – Voir notes à la fin du tableau.)

Continent, country or area, date and size–class Continent,pays ou zone, date et catégorie d'importance	Locality Localité	Population Total	Male Masculin	Female Féminin
AMERICA,NORTH (Cont.) — AMERIQUE DU NORD (Suite)				
United States – Etats–Un				
1 IV 1990* [1 3 4]				
1000 – 1999	2 861	5 493 676	...	...
500 – 999	3 225	2 388 549	...	...
200 – 499	3 731	1 289 129	...	...
– – 199	2 695	322 750	...	...
In others–Autres [2]	...	66 174 205	...	...
AMERICA,SOUTH— AMERIQUE DU SUD				
Argentina – Argentine				
15 V 1991				
In localities – Ensemble des localités	96875	32 608 560	15 968 854	16 639 706
Bolivia – Bolivie				
3 VI 1992				
Total	693	6 420 792	3 171 265	3 249 527
In localities – Ensemble des localités	693	4 080 051	1 988 158	2 091 886
500000 plus	2	1 410 656	679 488	731 168
100000 – 499999	5	1 240 586	601 411	639 175
50000 – 99999	4	275 433	133 940	141 493
20000 – 49999	9	255 454	123 848	131 606
10000 – 19999	12	149 168	73 263	75 905
5000 – 9999	21	151 088	75 214	75 874
2000 – 4999	70	212 461	106 281	106 180
1000 – 1999	110	157 157	79 832	77 325
500 – 999	185	128 511	64 814	63 697
200 – 499	275	99 537	50 067	49 463
In others–Autres [2]	...	2 340 741	1 183 107	1 157 641
Brazil – Brésil				
1 IX 1991* [1 5]				
Total	4 491	146917459	72 536 142	74 381 317
In localities – Ensemble des localités	4 491	146917459	72 536 142	74 381 317
500000 plus	25	38 776 557	...	...
100000 – 499999	162	32 073 626	...	...
50000 – 99999	284	19 379 111	...	...
20000 – 49999	926	28 005 202	...	...
10000 – 19999	1 299	18 453 189	...	...
5000 – 9999	1 055	7 687 121	...	...
2000 – 4999	682	2 451 222	...	...
– – 1999	58	91 431	...	...
Falkland Islands(Malvinas) Iles Falkland (Malvinas)				
5 III 1991				
Total	31	2 050	1 095	955
In localities – Ensemble des localités	31	2 050	1 095	955
1000 plus	1	1 557	814	743
200 – 499	30	493	281	212

Continent, country or area, date and size–class Continent,pays ou zone, date et catégorie d'importance	Locality Localité	Population Total	Male Masculin	Female Féminin
AMERICA,SOUTH (Cont.) — AMERIQUE DU SUD (Suite)				
Uruguay				
23 X 1985* [6]				
Total	288	2 930 564	1 424 802	1 505 762
In localities – Ensemble des localités	288	2 537 313	1 199 595	1 337 718
500000 plus	1	1 247 920	577 172	670 748
50000 – 499999	4	270 424	128 988	141 436
20000 – 49999	12	385 783	183 697	202 086
10000 – 19999	17	245 358	119 204	126 154
5000 – 9999	21	143 985	70 159	73 826
2000 – 4999	42	127 443	62 170	65 273
1000 – 1999	36	52 042	25 581	26 461
500 – 999	53	37 230	18 753	18 477
200 – 499	84	25 608	13 034	12 574
– – 199	18	1 520	837	683
In others–Autres [2]	...	393 251	225 207	168 044
ASIA—ASIE				
Japan – Japon				
1 X 1985 [7]				
Total	3 254	121048923	59 497 316	61 551 607
In localities – Ensemble des localités	3 254	121048923	59 497 316	61 551 607
500000 plus	21	30 901 945	15 356 039	15 545 906
100000 – 499999	183	38 849 011	19 148 521	19 700 490
50000 – 99999	220	14 983 757	7 360 812	7 622 945
20000 – 49999	547	16 933 981	8 252 428	8 681 553
10000 – 19999	772	10 746 488	5 205 050	5 541 438
5000 – 9999	941	6 864 473	3 316 967	3 547 506
2000 – 4999	450	1 614 276	781 165	833 111
1000 – 1999	84	130 174	64 309	65 865
500 – 999	29	22 608	10 886	11 722
200 – 499	6	2 016	1 050	966
– – 199	1	194	89	105
1 X 1990 [7]				
Total	3 246	123611167	60 696 724	62 914 443
In localities – Ensemble des localités	3 246	123611167	60 696 724	62 914 443
500000 plus	21	31 678 735	...	...
100000 – 499999	188	40 672 723	...	...
50000 – 99999	229	15 773 059	...	...
20000 – 49999	538	16 647 802	...	...
10000 – 19999	743	10 343 268	...	...
5000 – 9999	898	6 536 065	...	...
2000 – 4999	495	1 788 296	...	...
1000 – 1999	95	144 598	...	...
500 – 999	31	23 970	...	...
200 – 499	7	2 458	...	...
– – 199	1	193	...	...
Kazakhstan				
12 I 1989 [1]				
Total	8 473	16 464 464	...	...
In localities – Ensemble des localités	8 473	16 464 464	...	...
500000 plus	2	1 724 563	...	...
100000 – 499999	19	4 164 762	...	...
50000 – 99999	13	845 912	...	...

31. Population in localities by size–class and sex: each census, 1985 – 1993 (continued)

Population dans les localités selon la catégorie d'importance et le sexe: chaque recensement, 1985 – 1993 (suite)

(See notes at end of table. – Voir notes à la fin du tableau.)

Continent, country or area, date and size–class Continent, pays ou zone, date et catégorie d'importance	Locality Localité	Population Total	Male Masculin	Female Féminin
ASIA—ASIE (Cont.–Suite)				
Kazakhstan				
12 I 1989 [1]				
20000 – 49999	33	1 054 013	...	...
10000 – 19999	61	839 473	...	...
5000 – 9999	204	1 634 769	...	...
2000 – 4999	222	864 082	...	...
1000 – 1999	2 054	3 251 307	...	...
500 – 999	1 429	1 043 111	...	...
200 – 499	2 558	837 067	...	...
-- 199	1 878	205 405	...	...
Korea, Republic of– Corée, Républiqu				
1 XI 1990 [8]				
Total	3 560	43 410 899	21 782 154	21 628 745
In localities – Ensemble des localités	3 560	43 410 899	21 782 154	21 628 745
50000 – 99999	3	160 625	80 199	80 426
20000 – 49999	732	19 781 953	9 922 036	9 859 917
10000 – 19999	911	13 180 032	6 609 125	6 570 907
5000 – 9999	1 015	7 198 725	3 616 255	3 582 470
2000 – 4999	899	3 089 564	1 554 539	1 535 025
Kuwait – Koweït				
21 IV 1985				
Total	70	1 697 301	965 297	732 004
In localities – Ensemble des localités	70	1 697 301	965 297	732 004
20000 plus	21	1 228 101	691 431	536 670
10000 – 19999	21	296 948	166 548	130 400
5000 – 9999	19	141 636	88 143	53 493
2000 – 4999	9	30 616	19 175	11 441
Kyrgyzstan – Kirghizista				
12 I 1989 [1]				
Total	1 828	4 257 755	2 077 623	2 180 132
In localities – Ensemble des localités	1 828	4 257 755	2 077 623	2 180 132
500000 plus	1	610 360	...	...
100000 – 499999	1	211 045	...	...
50000 – 99999	4	259 190	...	...
20000 – 49999	12	350 240	...	...
10000 – 19999	38	498 589	...	...
5000 – 9999	53	381 571	...	...
2000 – 4999	261	751 356	...	...
1000 – 1999	509	720 171	...	...
500 – 999	467	342 032	...	...
200 – 499	334	115 882	...	...
-- 199	148	17 319	...	...
Turkey – Turquie				
20 X 1985				
Total	36667	50 664 458	25 671 975	24 992 483
In localities – Ensemble des localités	36667	50 664 458	25 671 975	24 992 483
500000 plus	8	5 899 674	...	...
100000 – 499999	45	10 889 572	...	...
50000 – 99999	46	3 051 601	...	...
20000 – 49999	110	3 430 505	...	...
10000 – 19999	190	2 618 398	...	...
5000 – 9999	333	2 267 359	...	...
2000 – 4999	1 512	4 401 166	...	...
1000 – 1999	4 085	5 471 473	...	...
500 – 999	10067	7 061 559	...	...
200 – 499	14022	4 752 393	...	...
-- 199	6 249	820 758	...	...
21 X 1990*				
Total	37120	56 473 035	28 607 047	27 865 988
In localities – Ensemble des localités	37120	56 473 035	28 607 047	27 865 988
500000 plus	7	5 228 251	...	...
100000 – 499999	66	15 488 650	...	...
50000 – 99999	62	4 084 175	...	...
20000 – 49999	140	4 182 746	...	...
10000 – 19999	210	2 820 729	...	...
5000 – 9999	398	2 675 205	...	...
2000 – 4999	1 817	5 246 084	...	...
1000 – 1999	3 554	4 778 003	...	...
500 – 999	9 039	6 331 356	...	...
200 – 499	10941	3 992 260	...	...
-- 199	10886	1 645 576	...	...
EUROPE				
Bulgaria – Bulgarie				
24 I 1985				
Total	5 295	8 948 388	4 430 061	4 518 327
In localities – Ensemble des localités	5 295	8 948 388	4 430 061	4 518 327
500000 plus	1	1 114 759	538 064	576 695
100000 – 499999	9	1 602 811	791 093	811 718
50000 – 99999	15	1 034 339	512 936	521 403
20000 – 49999	24	732 733	364 237	368 496
10000 – 19999	43	582 636	291 404	291 232
5000 – 9999	78	530 673	265 482	265 191
2000 – 4999	340	988 284	494 218	494 066
1000 – 1999	728	1 012 149	504 472	507 677
500 – 999	1 116	800 008	397 326	402 682
200 – 499	1 262	423 163	208 824	214 339
-- 199	1 679	126 833	62 005	64 828
Former Czechoslovakia – Ancienne Tchécoslovaquie				
3 III 1991 [1]				
Total	8 602	15 567 666	7 580 442	7 987 224
In localities – Ensemble des localités	8 602	15 567 666	7 580 442	7 987 224
500000 plus	1	1 212 010	570 647	641 363
100000 – 499999	7	1 772 585	847 497	925 088
50000 – 99999	27	1 912 981	928 926	984 055
20000 – 49999	70	2 034 249	989 476	1 044 773
10000 – 19999	103	1 454 015	710 500	743 515
5000 – 9999	181	1 256 980	615 130	641 850
2000 – 4999	584	1 748 268	861 033	887 235
1000 – 1999	1 167	1 627 276	801 896	825 380
500 – 999	2 004	1 411 042	694 947	716 095
200 – 499	2 779	925 298	455 706	469 592
-- 199	1 679	212 962	104 684	108 278

31. Population in localities by size–class and sex: each census, 1985 – 1993 (continued)

Population dans les localités selon la catégorie d'importance et le sexe: chaque recensement, 1985 – 1993 (suite)

(See notes at end of table. – Voir notes à la fin du tableau.)

Continent, country or area, date and size–class / Continent,pays ou zone, date et catégorie d'importance	Locality / Localité	Population: Total	Population: Male / Masculin	Population: Female / Féminin
EUROPE (Cont.–Suite)				
Finland – Finlande				
17 XI 1985 [1]				
Total	957	4 910 619	2 377 978	2 532 641
In localities – Ensemble des localités	957	3 743 277	...	...
50000 plus	9	1 526 562	...	...
20000 – 49999	23	681 156	...	...
10000 – 19999	19	274 141	...	...
2000 – 9999	182	774 229	...	...
1000 – 1999	159	232 433	...	...
500 – 999	190	136 507	...	...
200 – 499	375	118 249	...	...
In others–Autres [2]	...	1 167 342	...	...
France				
5 III 1990 [9]				
Total	...	56 634 299	27 553 788	29 080 511
In localities – Ensemble des localités	...	56 634 299	27 553 788	29 080 511
500000 plus	...	2 978 618	1 390 456	1 588 162
100000 – 499999	...	5 573 254	2 600 920	2 972 334
50000 – 99999	...	4 072 483	1 947 853	2 124 630
20000 – 49999	...	9 196 793	4 425 857	4 770 936
10000 – 19999	...	6 049 024	2 935 593	3 113 431
5000 – 9999	...	6 041 633	2 950 506	3 091 127
2000 – 4999	...	7 918 878	3 894 703	4 024 175
1000 – 1999	...	5 526 350	2 742 397	2 783 953
500 – 999	...	4 654 673	2 329 637	2 325 036
200 – 499	...	3 347 376	1 686 819	1 660 557
-- 199	...	1 275 217	649 047	626 170
Ireland – Irlande				
13 IV 1986				
Total	619	3 540 643	1 769 690	1 770 953
In localities – Ensemble des localités	619	2 261 857	1 100 186	1 161 671
500000 plus	1	920 956	442 085	478 871
100000 – 499999	1	173 694	84 661	89 033
50000 – 99999	1	76 557	37 493	39 064
20000 – 49999	5	169 550	82 216	87 334
10000 – 19999	16	224 265	110 154	114 111
5000 – 9999	33	236 029	116 019	120 010
2000 – 4999	49	158 626	78 259	80 367
1000 – 1999	89	121 793	59 503	62 290
500 – 999	126	88 980	44 135	44 845
200 – 499	265	85 447	42 713	42 734
-- 199	33	5 960	2 948	3 012
In others–Autres [2]	...	1 278 786	669 504	609 282
21 IV 1991				
Total	633	3 525 719	1 753 418	1 772 301
In localities – Ensemble des localités	633	2 277 925	1 104 227	1 173 698
500000 plus	1	915 516	437 789	477 727
100000 – 499999	1	174 400	84 693	89 707
50000 – 99999	2	126 289	61 033	65 256
20000 – 49999	4	123 523	59 896	63 627
10000 – 19999	18	254 741	124 496	130 245
5000 – 9999	31	218 564	107 349	111 215
2000 – 4999	53	165 706	81 176	84 530
1000 – 1999	83	111 157	54 354	56 803
500 – 999	134	94 984	47 109	47 875
200 – 499	276	87 869	43 856	44 013
-- 199	30	5 176	2 476	2 700
In others–Autres [2]	...	1 247 794	649 191	598 603
Italy – Italie				
20 X 1991 [1]				
Total	8 100	56 411 290	27 404 812	29 006 478
In localities – Ensemble des localités	8 100	56 411 290	27 404 812	29 006 478
500000 plus	6	7 453 709	...	...
100000 – 499999	40	6 965 490	...	...
50000 – 99999	86	5 706 333	...	...
20000 – 49999	317	9 540 529	...	...
10000 – 19999	586	7 948 320	...	...
5000 – 9999	1 157	8 025 021	...	...
2000 – 4999	2 230	7 165 207	...	...
1000 – 1999	1 711	2 494 312	...	...
500 – 999	1 148	856 794	...	...
200 – 499	643	229 950	...	...
-- 199	176	25 625	...	...
Latvia – Lettonie				
12 I 1989 [1]				
Total	64422	2 666 567	1 238 806	1 427 761
In localities – Ensemble des localités	64422	2 666 567	1 238 806	1 427 761
500000 plus	1	910 455	...	...
100000 – 499999	2	239 396	...	...
50000 – 99999	3	185 351	...	...
20000 – 49999	6	174 750	...	...
10000 – 19999	14	178 376	...	...
5000 – 9999	9	70 693	...	...
2000 – 4999	51	154 571	...	...
1000 – 1999	70	97 363	...	...
500 – 999	157	107 759	...	...
200 – 499	448	147 695	...	...
-- 199	63661	400 158	...	...
Malta – Malte				
16 XI 1985 [10]				
Total	63	345 418	169 832	175 586
In localities – Ensemble des localités	63	340 907	167 875	173 032
20000 – 49999	1	20 187	10 012	10 175
10000 – 19999	8	106 157	52 040	54 117
5000 – 9999	18	132 529	65 326	67 203
2000 – 4999	21	65 038	32 216	32 822
1000 – 1999	9	13 471	6 625	6 846
500 – 999	3	2 293	1 092	1 201
200 – 499	3	1 232	564	668
In others–Autres [2]	...	4 511	1 957	2 554
Norway – Norvège				
3 XI 1990 [1]				
Total	870	4 247 546	2 099 881	2 147 665
In localities – Ensemble des localités	870	3 056 194	1 488 678	1 567 516

31. Population in localities by size–class and sex: each census, 1985 – 1993 (continued)

Population dans les localités selon la catégorie d'importance et le sexe: chaque recensement, 1985 – 1993 (suite)

(See notes at end of table. – Voir notes à la fin du tableau.)

Continent, country or area, date and size–class Continent, pays ou zone, date et catégorie d'importance	Locality Localité	Population Total	 Male Masculin	 Female Féminin
EUROPE (Cont.–Suite)				
Norway – Norvège				
3 XI 1990 [1]				
500000 plus	1	685 530	327 319	358 211
100000 – 499999	2	317 904	153 770	164 134
50000 – 99999	4	257 438	124 378	133 060
20000 – 49999	15	459 001	222 763	236 238
10000 – 19999	16	224 972	109 187	115 785
5000 – 9999	44	302 245	149 222	153 023
2000 – 4999	112	339 475	168 441	171 034
1000 – 1999	140	206 162	102 533	103 629
500 – 999	226	160 208	79 652	80 556
200 – 499	310	103 259	51 413	51 846
In others–Autres [2]	...	1 191 352	611 203	580 149
Republic of Moldova – Rép. de Moldora				
12 I 1989 [1]				
Total	1 650	4 335 360	2 063 192	2 272 168
In localities – Ensemble des localités	1 650	4 335 360	2 063 192	2 272 168
500000 plus	1	661 414	...	...
100000 – 499999	3	468 313	...	...
50000 – 99999	1	60 766	...	...
20000 – 49999	9	279 529	...	...
10000 – 19999	25	382 636	...	...
5000 – 9999	81	550 305	...	...
2000 – 4999	342	1 011 228	...	...
1000 – 1999	401	576 310	...	...
500 – 999	322	240 526	...	...
200 – 499	237	81 746	...	...
-- 199	228	22 587	...	...
Romania – Roumanie				
7 I 1992				
Total	2 948	22 810 035	11 213 763	11 596 272
In localities – Ensemble des localités	2 948	22 810 035	11 213 763	11 596 272
500000 plus	1	2 067 545	977 050	1 090 495
100000 – 499999	24	5 053 170	2 468 145	2 585 025
50000 – 99999	23	1 723 713	849 743	873 970
20000 – 49999	62	1 937 951	958 766	979 185
10000 – 19999	115	1 521 485	755 139	766 346
5000 – 9999	643	4 202 331	2 089 536	2 112 795
2000 – 4999	1 706	5 735 368	2 836 050	2 899 318
1000 – 1999	338	542 460	266 523	275 937
500 – 999	29	23 495	11 549	11 946
200 – 499	6	2 375	1 195	1 180
-- 199	1	142	67	75
Russian Federation – Fédération Russe				
12 I 1989				
Total	15615 2	147021869	68 713 869	78 308 000
In localities – Ensemble des localités	15615 2	147021869	68 713 869	78 308 000
500000 plus	635	43 961 022	...	...
100000 – 499999	934	31 229 396	...	...
50000 – 99999	1 431	14 346 422	...	...
20000 – 49999	6 116	20 290 814	...	...
10000 – 19999	12088	15 960 119	...	...
5000 – 9999	22972	12 793 700	...	...
1000 – 4999	11197 6	8 440 396	...	...
Slovenia – Slovénie				
31 III 1991 [1]				
Total	5 942	1 965 986	952 611	1 013 375
In localities – Ensemble des localités	5 942	1 965 986	952 611	1 013 375
50000 plus	2	370 969	174 034	196 935
20000 – 49999	5	151 540	72 450	79 090
10000 – 19999	8	109 703	52 620	57 083
5000 – 9999	23	153 458	73 971	79 487
2000 – 4999	53	169 614	82 120	87 494
1000 – 1999	106	145 412	70 912	74 500
500 – 999	282	191 483	93 618	97 865
200 – 499	1 113	339 052	166 696	172 356
-- 199	4 350	334 755	166 190	168 565
Sweden – Suède				
31 XII 1990 [1, 11]				
Total	1 843	8 590 630	4 244 017	4 346 613
In localities – Ensemble des localités	1 843	7 162 590	3 493 723	3 668 867
500000 plus	1	1 040 907	495 889	545 018
100000 – 499999	3	798 634	382 773	415 861
50000 – 99999	15	1 033 155	498 261	534 894
20000 – 49999	36	1 073 995	522 279	551 716
10000 – 19999	55	786 424	383 135	403 289
5000 – 9999	116	798 527	394 864	403 663
2000 – 4999	228	714 787	355 455	359 332
1000 – 1999	272	387 412	194 174	193 238
500 – 999	421	300 874	151 214	149 660
200 – 499	696	227 875	115 679	112 196
In others–Autres [2]	...	1 428 040	750 294	677 746
OCEANIA—OCEANIE				
Australia – Australie				
30 VI 1986 [12]				
Total	1 488	15 602 156	7 768 313	7 833 843
In localities – Ensemble des localités	1 488	14 381 773	...	...
500000 plus	5	8 485 079	...	...
100000 – 499999	7	1 311 010	...	...
50000 – 99999	8	533 785	...	...
20000 – 49999	33	851 945	...	...
10000 – 19999	45	620 329	...	...
5000 – 9999	83	597 856	...	...
2000 – 4999	198	586 371	...	...
1000 – 1999	252	349 453	...	...
500 – 999	362	882 786	...	...
200 – 499	492	162 647	...	...
-- 199	3	512	...	...
In others–Autres [2]	...	1 220 383	...	...

31. Population in localities by size–class and sex: each census, 1985 – 1993 (continued)

Population dans les localités selon la catégorie d'importance et le sexe: chaque recensement, 1985 – 1993 (suite)

(See notes at end of table. – Voir notes à la fin du tableau.)

Continent, country or area, date and size–class / Continent, pays ou zone, date et catégorie d'importance	Locality / Localité	Population Total	Male / Masculin	Female / Féminin
OCEANIA (Cont.)— OCEANIE (Suite)				
New Caledonia – Nouvelle–Calédonie				
4 IV 1989				
Total	32	164 173	83 862	80 311
In localities – Ensemble des localités	32	164 173	83 862	80 311
50000 plus	1	65 110	32 761	32 349
10000 – 49999	2	26 422	13 644	12 778
5000 – 9999	3	20 421	10 234	10 187
2000 – 4999	12	35 215	18 343	16 872
1000 – 1999	9	14 308	7 482	6 826
500 – 999	2	1 599	826	773
200 – 499	3	1 098	572	526
OCEANIA (Cont.)— OCEANIE (Suite)				
New Zealand – Nouvelle–Zélande				
4 III 1986 [13]				
Total		3 307 083	1 638 356	1 668 727
In localities – Ensemble des localités	...	3 307 083	1 638 356	1 668 727
100000 plus	4	631 988	...	...
50000 – 99999	7	513 226	...	...
20000 – 49999	19	640 697	...	...
10000 – 19999	22	310 579	...	...
5000 – 9999	35	235 108	...	...
2000 – 4999	51	167 446	...	...
1000 – 1999	51	72 903	...	...
500 – 999	...	735 136	...	...

GENERAL NOTES

For method of evaluation and limitations of data, see Technical Notes, page 112.

FOOTNOTES

* Provisional.
1 De jure population.
2 Population not in identifiable localities.
3 Excluding armed forces stationed overseas.
4 Excluding civilian citizens absent from country for extended period of time.
5 Excluding Indian jungle population.
6 Data have not been adjusted for underenumeration, estimated at 2.6 per cent.
7 Excluding diplomatic personnel outside the country, and foreign military and civilian personnel and their dependants stationed in the area.
8 Excluding alien armed forces, civilian aliens employed by armed forces, and foreign diplomatic personnel and their dependants and Korean diplomatic personnel and their dependants stationed outside the country.
9 De jure population but excluding diplomatic personnel outside the country and including foreign diplomatic personnel not living in embassies or consulates.
10 Including civilian nationals temporarily outside the country.
11 Based on national registers.
12 Data have not been adjusted for underenumeration, estimated at 1.8 per cent.
13 Excluding diplomatic personnel and armed forces stationed outside the country, the latter numbering 1 936 at 1966 census; also excluding alien armed forces within the country.

NOTES GENERALES

Pour la méthode d'évaluation et les insuffisances des données, voir Notes techniques, page 112.

NOTES

* Données provisoires.
1 Population de droit.
2 Population ne résident pas dans des localités identifiables.
3 Non compris les militaires à l'étranger.
4 Non compris les civils hors du pays pendant une période prolongée.
5 Non compris les Indiens de la jungle.
6 Les données n'ont pas été adjustées pour compenser les lacunes du dénombrement, estimées à 2,6 p. 100.
7 Non compris le personnel diplomatique hors du pays, les militaires et agents civils étrangers en poste sur le territoire et les membres de leur famille les accompagnant.
8 Non compris les militaires étrangers, les civils étrangers employés par les forces armées, le personnel diplomatique étranger et les membres de leur famille les accompagnant, le personnel diplomatique coréen hors du pays et les membres de leur famille les accompagnant.
9 Population de droit, non compris le personnel diplomatique hors du pays, mais y compris le personnel diplomatique étranger qui ne vit pas dans les ambassades ou les consulats.
10 Y compris les civils nationaux temporairement hors du pays.
11 D'après les registres nationaux.
12 Les données n'ont pas été adjustées pour compenser les lacunes du dénombrement, estimées à 1,8 p. 100.
13 Non compris le personnel diplomatique et les militaires hors du pays, ces derniers au nombre de 1 936 au recensement de 1966; non compris également les militaires étrangers dans le pays.

32. Population by literacy, sex, age and urban/rural residence: each census, 1985 – 1993

(See notes at end of table.)

	Continent, country or area, census date, sex, literacy and urban/rural residence Continent, pays ou zone, date du recensement, alphabétisme et résidence, urbaine/rurale	Age (in years) 10 plus [1]	15 plus [2]	10 – 14	15 – 19	20 – 24	25 – 29
	AFRICA—AFRIQUE						
	Algeria – Algérie						
	20 III 1987 [3]						
	Total						
1	Total	15 506 068	12 654 858	2 851 210	2 473 330	2 202 670	1 647 750
2	Literate–Alphabète	8 742 905	6 280 718	2 462 187	1 956 347	1 519 196	952 967
3	Illiterate–Analphabète	6 763 163	6 374 140	389 023	516 983	683 474	694 783
4	Unknown–Inconnu	–	–	–	–	–	–
	Male – Masculin						
5	Total	7 805 096	6 337 636	1 467 460	1 248 470	1 110 260	837 975
6	Literate–Alphabète	5 405 292	4 016 631	1 388 661	1 113 930	920 005	621 011
7	Illiterate–Analphabète	2 399 804	2 321 005	78 799	134 540	190 255	216 964
8	Unknown–Inconnu	–	–	–	–	–	–
	Female – Féminin						
9	Total	7 700 972	6 317 222	1 383 750	1 224 860	1 092 410	809 775
10	Literate–Alphabète	3 337 613	2 264 087	1 073 526	842 417	599 191	331 956
11	Illiterate–Analphabète	4 363 359	4 053 135	310 224	382 443	493 219	477 819
12	Unknown–Inconnu	–	–	–	–	–	–
	Burundi						
	16 VIII 1990 [3]						
	Total						
13	Total	3 456 738	2 824 942	622 185	493 643	433 976	409 666
14	Literate–Alphabète	1 428 494	1 049 612	378 009	283 072	210 353	169 315
15	Illiterate–Analphabète	1 997 234	1 757 984	238 178	207 270	220 644	237 782
16	Unknown–Inconnu	31 010	17 346	5 998	3 301	2 979	2 569
	Male – Masculin						
17	Total	1 660 113	1 343 775	309 455	243 314	204 321	195 199
18	Literate–Alphabète	843 533	644 566	198 321	150 052	114 523	101 968
19	Illiterate–Analphabète	800 319	691 703	108 182	91 587	88 518	92 152
20	Unknown–Inconnu	16 261	7 506	2 952	1 675	1 280	1 079
	Female – Féminin						
21	Total	1 796 625	1 481 167	312 730	250 329	229 655	214 467
22	Literate–Alphabète	584 961	405 046	179 688	133 020	95 830	67 347
23	Illiterate–Analphabète	1 196 915	1 066 281	129 996	115 683	132 126	145 630
24	Unknown–Inconnu	14 749	9 840	3 046	1 626	1 699	1 490
	Cape Verde – Cap-Vert						
	23 VI 1990						
	Total						
25	Total	230 371	187 968	42 403	34 300	32 476	26 353
26	Literate–Alphabète	157 811	118 038	39 773	31 298	27 577	20 382
27	Illiterate–Analphabète	72 560	69 930	2 630	3 002	4 899	5 971
28	Unknown–Inconnu	–	–	–	–	–	–
	Male – Masculin						
29	Total	105 780	84 637	21 143	17 288	15 833	12 465
30	Literate–Alphabète	83 012	63 274	19 738	15 885	13 907	10 615
31	Illiterate–Analphabète	22 768	21 363	1 405	1 403	1 926	1 850
32	Unknown–Inconnu	–	–	–	–	–	–
	Female – Féminin						
33	Total	124 591	103 331	21 260	17 012	16 643	13 888
34	Literate–Alphabète	74 799	54 764	20 035	15 413	13 670	9 767
35	Illiterate–Analphabète	49 792	48 567	1 225	1 599	2 973	4 121
36	Unknown–Inconnu	–	–	–	–	–	–
	Central African Republic – République centrafricaine						
	8 XII 1988						
	Total						
37	Total	1 673 072	1 394 992	273 774	*——— 478	369 ———*	*———
38	Literate–Alphabète	622 891	469 058	151 060	*——— 230	585 ———*	*———
39	Illiterate–Analphabète	1 050 181	925 934	122 714	*——— 247	784 ———*	*———
40	Unknown–Inconnu	–	–	–	*———	– ———*	*———
	Male – Masculin						
41	Total	813 826	669 571	143 572	*——— 230	479 ———*	*———
42	Literate–Alphabète	414 717	321 530	92 716	*——— 144	191 ———*	*———
43	Illiterate–Analphabète	399 109	348 041	50 856	*——— 86	288 ———*	*———
44	Unknown–Inconnu	–	–	–	*———	– ———*	*———

32. Population selon l'alphabétisme, le sexe, l'âge et la résidence, urbaine/rurale: chaque recensement, 1985 – 1993

(Voir notes à la fin du tableau.)

Age (en années)						
30 – 34	35 – 44	45 – 54	55 – 64	65 plus	Unknown Inconnu	
1 381 270	1 760 832	1 356 860	936 130	896 016	–	1
699 978	655 279	260 903	131 349	104 699	–	2
681 292	1 105 553	1 095 957	804 781	791 317	–	3
–	–	–	–	–	–	4
715 031	878 330	650 758	453 631	443 181	–	5
475 471	476 993	211 917	112 640	84 664	–	6
239 560	401 337	438 841	340 991	358 517	–	7
–	–	–	–	–	–	8
666 239	882 502	706 102	482 499	452 835	–	9
224 507	178 286	48 986	18 709	20 035	–	10
441 732	704 216	657 116	463 790	432 800	–	11
–	–	–	–	–	–	12
363 068	450 272	275 913	189 874	208 530	9 611	13
132 554	145 511	68 188	27 941	12 678	873	14
228 525	302 514	206 256	160 859	194 134	1 072	15
1 989	2 247	1 469	1 074	1 718	7 666	16
175 720	217 184	124 287	85 282	98 468	6 883	17
88 217	103 180	52 160	23 442	11 024	646	18
86 605	113 000	71 568	61 452	86 821	434	19
898	1 004	559	388	623	5 803	20
187 348	233 088	151 626	104 592	110 062	2 728	21
44 337	42 331	16 028	4 499	1 654	227	22
141 920	189 514	134 688	99 407	107 313	638	23
1 091	1 243	910	686	1 095	1 863	24
19 092	19 940	17 447	18 503	19 857	–	25
11 815	10 366	6 070	5 203	5 327	–	26
7 277	9 574	11 377	13 300	14 530	–	27
–	–	–	–	–	–	28
8 283	7 845	6 607	7 968	8 348	–	29
6 359	5 724	3 587	3 533	3 664	–	30
1 924	2 121	3 020	4 435	4 684	–	31
–	–	–	–	–	–	32
10 809	12 095	10 840	10 535	11 509	–	33
5 456	4 642	2 483	1 670	1 663	–	34
5 353	7 453	8 357	8 865	9 846	–	35
–	–	–	–	–	–	36
351 255 ———*	217 401	164 384	111 930	71 653	4 306	37
141 724 ———*	58 778	23 103	9 108	5 760	2 773	38
209 531 ———*	158 623	141 281	102 822	65 893	1 533	39
– ———*	–	–	–	–	–	40
169 095 ———*	103 558	75 947	53 757	36 735	683	41
98 320 ———*	47 235	19 768	7 876	4 140	471	42
70 775 ———*	56 323	56 179	45 881	32 595	212	43
– ———*	–	–	–	–	–	44

32. Population by literacy, sex, age and urban/rural residence: each census, 1985 – 1993 (continued)

(See notes at end of table.)

	Continent, country or area, census date, sex, literacy and urban/rural residence Continent, pays ou zone, date du recensement, alphabétisme et résidence, urbaine/rurale	Age (in years) 10 plus [1]	15 plus [2]	10 – 14	15 – 19	20 – 24	25 – 29
	AFRICA—AFRIQUE (Cont.–Suite)						
	Central African Republic – République centrafricaine						
	8 XII 1988						
	Female – Féminin						
1	Total	859 246	725 421	130 202	*——— 247 890	———*	*———
2	Literate–Alphabète	208 174	147 528	58 344	*——— 86 394	———*	*———
3	Illiterate–Analphabète	651 072	577 893	71 858	*——— 161 496	———*	*———
4	Unknown–Inconnu	–	–	–	*———	– ———*	*———
	Côte d'Ivoire						
	1 III 1988						
	Total						
5	Total	6 974 446	5 750 599	1 216 977	1 024 646	1 020 679	906 245
6	Literate–Alphabète	2 774 166	1 963 214	809 140	558 170	433 986	347 879
7	Illiterate–Analphabète	4 200 280	3 787 385	407 837	466 476	586 693	558 366
	Male – Masculin						
8	Total	3 574 905	2 941 411	629 947	487 771	499 644	455 008
9	Literate–Alphabète	1 782 788	1 304 914	476 631	323 742	268 038	227 106
10	Illiterate–Analphabète	1 792 117	1 636 497	153 316	164 029	231 606	227 902
	Female – Féminin						
11	Total	3 399 541	2 809 188	587 030	536 875	521 035	451 237
12	Literate–Alphabète	991 377	658 299	332 509	234 428	165 948	120 773
13	Illiterate–Analphabète	2 408 164	2 150 889	254 521	302 447	355 087	330 464
	Egypt – Egypte						
	17 XI 1986 [4 5 6]						
	Total						
14	Total	34 409 012	28 590 733	5 561 520	5 046 889	4 227 712	3 683 256
15	Literate–Alphabète	17 167 535	12 632 122	4 452 276	3 306 850	2 424 420	1 725 556
16	Illiterate–Analphabète	17 109 294	15 954 760	1 109 244	1 739 105	1 803 031	1 957 351
17	Unknown–Inconnu	132 183	3 851	–	934	261	349
	Male – Masculin						
18	Total	17 607 721	14 542 968	2 922 728	2 684 799	2 211 092	1 780 253
19	Literate–Alphabète	10 946 301	8 334 025	2 559 715	1 982 578	1 503 479	1 090 394
20	Illiterate–Analphabète	6 592 059	6 207 399	363 013	701 526	707 610	689 852
21	Unknown–Inconnu	69 361	1 544	–	695	3	7
	Female – Féminin						
22	Total	16 801 291	14 047 765	2 638 792	2 362 090	2 016 620	1 903 003
23	Literate–Alphabète	6 221 234	4 298 097	1 892 561	1 324 272	920 941	635 162
24	Illiterate–Analphabète	10 517 235	9 747 361	746 231	1 037 579	1 095 421	1 267 499
25	Unknown–Inconnu	62 822	2 307	–	239	258	342
	Malawi						
	1 IX 1987						
	Total						
26	Total	5 284 118	4 302 946	976 520	770 671	670 924	590 441
27	Literate–Alphabète	2 569 585	2 088 506	478 867	461 201	389 595	324 238
28	Illiterate–Analphabète	2 714 533	2 214 440	497 653	309 470	281 329	266 203
29	Unknown–Inconnu	–	–	–	–	–	–
	Male – Masculin						
30	Total	2 531 446	2 034 320	494 277	368 134	300 805	281 639
31	Literate–Alphabète	1 578 364	1 327 994	248 558	253 112	218 093	203 865
32	Illiterate–Analphabète	953 082	706 326	245 719	115 022	82 712	77 774
33	Unknown–Inconnu	–	–	–	–	–	–
	Female – Féminin						
34	Total	2 752 672	2 268 626	482 243	402 537	370 119	308 802
35	Literate–Alphabète	991 221	760 512	230 309	208 089	171 502	120 373
36	Illiterate–Analphabète	1 761 451	1 508 114	251 934	194 448	198 617	188 429
37	Unknown–Inconnu	–	–	–	–	–	–
	Mauritania – Mauritanie						
	5 IV 1988						
	Total						
38	Total	1 221 549	...	...	...	...	...
39	Literate–Alphabète	443 293	...	...	...	...	...
40	Illiterate–Analphabète	744 482	...	...	...	...	...
41	Unknown–Inconnu	33 774	...	...	...	...	...

32. Population selon l'alphabétisme, le sexe, l'âge et la résidence, urbaine/rurale: chaque recensement, 1985 – 1993 (suite)

(Voir notes à la fin du tableau.)

Age (en années)						
30 – 34	35 – 44	45 – 54	55 – 64	65 plus	Unknown Inconnu	
182 160 ————*	113 843	88 437	58 173	34 918	3 623	1
43 404 ————*	11 543	3 335	1 232	1 620	2 302	2
138 756 ————*	102 300	85 102	56 941	33 298	1 321	3
– ————*	–	–	–	–	–	4
688 645	929 234	601 858	353 168	226 124	6 870	5
251 788	238 831	84 763	33 843	13 954	1 812	6
436 857	690 403	517 095	319 325	212 170	5 058	7
365 078	497 275	324 232	194 304	118 099	3 547	8
179 032	191 306	73 300	30 162	12 228	1 243	9
186 046	305 969	250 932	164 142	105 871	2 304	10
323 567	431 959	277 626	158 864	108 025	3 323	11
72 756	47 525	11 462	3 681	1 726	569	12
250 811	384 434	266 164	155 183	106 299	2 754	13
3 034 814	5 034 326	3 596 875	2 374 860	1 592 001	256 759	14
1 354 337	1 886 500	1 062 768	589 884	281 807	83 137	15
1 679 997	3 147 225	2 533 617	1 784 578	1 309 856	45 290	16
480	601	490	398	338	128 332	17
1 508 919	2 536 219	1 760 940	1 222 854	837 892	142 025	18
898 024	1 348 970	802 966	471 094	236 520	52 561	19
610 825	1 187 132	957 797	751 534	601 123	21 647	20
70	117	177	226	249	67 817	21
1 525 895	2 498 107	1 835 935	1 152 006	754 109	114 734	22
456 313	537 530	259 802	118 790	45 287	30 576	23
1 069 172	1 960 093	1 575 820	1 033 044	708 733	23 643	24
410	484	313	172	89	60 515	25
437 011	717 985	466 313	315 642	333 959	4 652	26
219 186	334 100	178 506	98 967	82 713	2 212	27
217 825	383 885	287 807	216 675	251 246	2 440	28
–	–	–	–	–	–	29
207 791	344 703	223 602	148 050	159 596	2 849	30
144 138	228 816	133 556	77 904	68 510	1 812	31
63 653	115 887	90 046	70 146	91 086	1 037	32
–	–	–	–	–	–	33
229 220	373 282	242 711	167 592	174 363	1 803	34
75 048	105 284	44 950	21 063	14 203	400	35
154 172	267 998	197 761	146 529	160 160	1 403	36
–	–	–	–	–	–	37
...	...	...	...	...	...	38
...	...	...	...	...	...	39
...	...	...	...	...	...	40
...	...	...	...	...	...	41

32. Population by literacy, sex, age and urban/rural residence: each census, 1985 – 1993 (continued)

(See notes at end of table.)

	Continent, country or area, census date, sex, literacy and urban/rural residence Continent, pays ou zone, date du recensement, alphabétisme et résidence, urbaine/rurale	Age (in years)					
		10 plus [1]	15 plus [2]	10 – 14	15 – 19	20 – 24	25 – 29
	AFRICA—AFRIQUE (Cont.–Suite)						
	Mauritania – Mauritanie						
	5 IV 1988						
	Male – Masculin						
1	Total	590 259	...	...	...	...	...
2	Literate–Alphabète	271 420	...	...	...	...	...
3	Illiterate–Analphabète	302 738	...	...	...	...	...
4	Unknown–Inconnu	16 101	...	...	...	...	...
	Female – Féminin						
5	Total	631 290	...	...	...	...	...
6	Literate–Alphabète	171 873	...	...	...	...	...
7	Illiterate–Analphabète	441 744	...	...	...	...	...
8	Unknown–Inconnu	17 673	...	...	...	...	...
	Mauritius – Maurice						
	1 VII 1990						
	Total						
9	Total	[7] 808 251	743 114	[8] 65 137	97 202	102 664	105 582
10	Literate–Alphabète	[7] 652 284	592 659	[8] 59 625	88 897	93 228	94 629
11	Illiterate–Analphabète	[7] 154 835	149 383	[8] 5 452	8 244	9 347	10 830
12	Unknown–Inconnu	[7] 1 132	1 072	[8] 60	61	89	123
	Male – Masculin						
13	Total	[7] 402 144	369 238	[8] 32 906	49 238	52 426	53 689
14	Literate–Alphabète	[7] 343 586	313 820	[8] 29 766	44 637	47 497	48 441
15	Illiterate–Analphabète	[7] 57 853	54 748	[8] 3 105	4 567	4 885	5 170
16	Unknown–Inconnu	[7] 705	670	35	34	44	78
	Female – Féminin						
17	Total	[7] 406 107	373 876	[8] 32 231	47 964	50 238	51 893
18	Literate–Alphabète	[7] 308 698	278 839	[8] 29 859	44 260	45 731	46 188
19	Illiterate–Analphabète	[7] 96 982	94 635	[8] 2 347	3 677	4 462	5 660
20	Unknown–Inconnu	[7] 427	402	[8] 25	27	45	45
	Namibia – Namibie						
	20 X 1991 [4]						
	Total						
21	Total	998 436	820 945	176 903	165 555	130 735	110 195
22	Literate–Alphabète	765 287	622 185	142 851	147 368	113 636	92 793
23	Illiterate–Analphabète	232 568	198 460	33 940	18 156	17 057	17 364
24	Unknown–Inconnu	581	300	112	31	42	38
	Male – Masculin						
25	Total	481 354	393 146	87 836	81 386	63 471	52 369
26	Literate–Alphabète	374 184	305 768	68 258	70 059	54 048	43 787
27	Illiterate–Analphabète	106 809	87 209	19 512	11 306	9 398	8 560
28	Unknown–Inconnu	361	169	66	21	25	22
	Female – Féminin						
29	Total	517 082	427 799	89 067	84 169	67 264	57 826
30	Literate–Alphabète	391 103	316 417	74 593	77 309	59 588	49 006
31	Illiterate–Analphabète	125 759	111 251	14 428	6 850	7 659	8 804
32	Unknown–Inconnu	220	131	46	10	17	16
	Rwanda						
	15 VIII 1991*						
	Total						
33	Total	4 668 930	3 676 700	923 245	711 050	585 070	529 435
34	Literate–Alphabète	2 782 190	2 121 525	655 215	538 955	429 300	341 320
35	Illiterate–Analphabète	1 870 345	1 545 540	262 065	170 170	154 365	186 680
36	Unknown–Inconnu	16 395	9 635	5 965	1 925	1 405	1 435
	Senegal – Sénégal						
	27 V 1988 [9]						
	Total						
37	Total	4 352 353	3 542 693	809 660	697 310	546 396	517 364
38	Literate–Alphabète	1 354 703	951 881	402 822	279 444	191 499	149 675
39	Illiterate–Analphabète	2 997 650	2 590 812	406 838	417 866	354 897	367 689
40	Unknown–Inconnu	–	–	–	–	–	–

32. Population selon l'alphabétisme, le sexe, l'âge et la résidence, urbaine/rurale: chaque recensement, 1985 – 1993 (suite)

(Voir notes à la fin du tableau.)

Age (en années)						
30 – 34	35 – 44	45 – 54	55 – 64	65 plus	Unknown Inconnu	
...	...	...	...	...		1
...	...	...	...	...		2
...	...	...	...	...		3
...	...	...	...	...		4
...	...	...	...	...		5
...	...	...	...	...		6
...	...	...	...	...		7
...	...	...	...	...		8
93 589	141 644	82 748	63 009	56 676	–	9
81 857	114 443	54 847	35 995	28 763	–	10
11 587	26 980	27 771	26 890	27 734	–	11
145	221	130	124	179	–	12
47 714	71 410	40 370	30 446	23 945	–	13
42 885	62 419	31 232	21 026	15 683	–	14
4 736	8 844	9 061	9 331	8 154	–	15
93	147	77	89	108	–	16
45 875	70 234	42 378	32 563	32 731	–	17
38 972	52 024	23 615	14 969	13 080	–	18
6 851	18 136	18 710	17 559	19 580	–	19
52	74	53	35	71	–	20
86 156	121 348	81 998	56 612	68 346	588	21
68 565	89 502	52 719	31 243	26 359	251	22
17 560	31 806	29 238	25 325	41 954	168	23
31	40	41	44	33	169	24
40 531	58 802	40 141	26 687	29 759	372	25
32 866	45 548	28 129	16 987	14 344	158	26
7 647	13 230	11 991	9 675	15 402	88	27
18	24	21	25	13	126	28
45 625	62 546	41 857	29 925	38 587	216	29
35 699	43 954	24 590	14 256	12 015	93	30
9 913	18 576	17 247	15 650	26 552	80	31
13	16	20	19	20	43	32
481 305	603 050	348 955	260 400	157 435	68 985	33
285 540	315 150	130 080	61 075	20 105	5 450	34
194 460	286 295	218 010	198 835	136 725	62 740	35
1 305	1 605	865	490	605	795	36
368 617	542 421	373 697	156 603	340 285	–	37
113 814	115 737	50 038	17 354	34 320	–	38
254 803	426 684	323 659	139 249	305 965	–	39
–	–	–	–	–	–	40

32. Population by literacy, sex, age and urban/rural residence: each census, 1985 – 1993 (continued)

(See notes at end of table.)

	Continent, country or area, census date, sex, literacy and urban/rural residence Continent, pays ou zone, date du recensement, alphabétisme et résidence, urbaine/rurale	Age (in years)					
		10 plus [1]	15 plus [2]	10 – 14	15 – 19	20 – 24	25 – 29
	AFRICA—AFRIQUE (Cont.–Suite)						
	Senegal – Sénégal						
	27 V 1988 [9]						
	Male – Masculin						
1	Total	2 079 741	1 675 666	404 075	327 213	252 485	230 877
2	Literate–Alphabète	856 947	618 369	238 578	168 833	115 957	91 658
3	Illiterate–Analphabète	1 222 794	1 057 297	165 497	158 380	136 528	139 219
4	Unknown–Inconnu	–	–	–	–	–	–
	Female – Féminin						
5	Total	2 272 612	1 867 027	405 585	370 097	293 911	286 487
6	Literate–Alphabète	497 756	333 512	164 244	110 611	75 542	58 017
7	Illiterate–Analphabète	1 774 856	1 533 515	241 341	259 486	218 369	228 470
8	Unknown–Inconnu	–	–	–	–	–	–
	Seychelles						
	17 VIII 1987						
	Total						
9	Total	[7] 50 083	45 447	[8] 4 550	7 403	7 132	6 233
10	Literate–Alphabète	[7] 42 461	37 952	[8] 4 477	7 284	6 844	5 807
11	Illiterate–Analphabète	[7] 7 179	7 106	[8] 29	83	257	372
12	Unknown–Inconnu	[7] 443	389	[8] 44	36	31	54
	Male – Masculin						
13	Total	[7] 24 796	22 435	[8] 2 312	3 739	3 405	3 171
14	Literate–Alphabète	[7] 20 691	18 410	[8] 2 264	3 667	3 215	2 898
15	Illiterate–Analphabète	[7] 3 836	3 789	[8] 22	52	175	233
16	Unknown–Inconnu	[7] 269	236	[8] 26	20	15	40
	Female – Féminin						
17	Total	[7] 25 287	23 012	[8] 2 238	3 664	3 727	3 062
18	Literate–Alphabète	[7] 21 770	19 542	[8] 2 213	3 617	3 629	2 909
19	Illiterate–Analphabète	[7] 3 343	3 317	[8] 7	31	82	139
20	Unknown–Inconnu	[7] 174	153	[8] 18	16	16	14
	Swaziland						
	25 VIII 1986						
	Total						
21	Total	451 575	355 732	92 989	75 674	58 386	47 051
22	Literate–Alphabète	316 773	239 036	76 603	65 145	47 050	35 289
23	Illiterate–Analphabète	134 180	116 464	16 296	10 481	11 291	11 737
24	Unknown–Inconnu	622	232	90	48	45	25
	Male – Masculin						
25	Total	208 251	160 821	46 054	36 472	24 336	19 540
26	Literate–Alphabète	149 683	111 989	37 105	30 876	19 614	15 098
27	Illiterate–Analphabète	58 207	48 722	8 894	5 577	4 701	4 430
28	Unknown–Inconnu	361	110	55	19	21	12
	Female – Féminin						
29	Total	243 324	194 911	46 935	39 202	34 050	27 511
30	Literate–Alphabète	167 090	127 047	39 498	34 269	27 436	20 191
31	Illiterate–Analphabète	75 973	67 742	7 402	4 904	6 590	7 307
32	Unknown–Inconnu	261	122	35	29	24	13
	Uganda – Ouganda						
	12 I 1991 [4]						
	Total						
33	Total	11 004 050	8 783 682	2 220 368	1 802 260	1 525 840	1 283 307
34	Literate–Alphabète	5 938 977	4 928 294	1 010 683	1 274 679	1 048 361	803 938
35	Illiterate–Analphabète	5 065 073	3 855 388	1 209 685	527 581	477 479	479 369
36	Unknown–Inconnu	–	–	–	–	–	–
	Male – Masculin						
37	Total	5 369 862	4 239 626	1 130 236	865 780	710 213	610 223
38	Literate–Alphabète	3 408 127	2 891 344	516 783	660 400	556 643	458 946
39	Illiterate–Analphabète	1 961 735	1 348 282	613 453	205 380	153 570	151 277
40	Unknown–Inconnu	–	–	–	–	–	–
	Female – Féminin						
41	Total	5 634 188	4 544 056	1 090 132	936 480	815 627	673 084
42	Literate–Alphabète	2 530 850	2 036 950	493 900	614 279	491 718	344 992
43	Illiterate–Analphabète	3 103 338	2 507 106	596 232	322 201	323 909	328 092
44	Unknown–Inconnu	–	–	–	–	–	–

32. Population selon l'alphabétisme, le sexe, l'âge et la résidence, urbaine/rurale: chaque recensement, 1985 – 1993 (suite)

(Voir notes à la fin du tableau.)

Age (en années)						
30 – 34	35 – 44	45 – 54	55 – 64	65 plus	Unknown Inconnu	
174 375	253 516	183 137	77 307	176 756	–	1
72 768	83 022	41 631	14 935	29 565	–	2
101 607	170 494	141 506	62 372	147 191	–	3
–	–	–	–	–	–	4
194 242	288 905	190 560	79 296	163 529	–	5
41 046	32 715	8 407	2 419	4 755	–	6
153 196	256 190	182 153	76 877	158 774	–	7
–	–	–	–	–	–	8
4 551	5 970	5 053	4 220	4 885	86	9
4 047	4 937	3 691	2 829	2 513	32	10
468	981	1 329	1 348	2 268	44	11
36	52	33	43	104	10	12
2 433	3 253	2 423	2 002	2 009	49	13
2 127	2 614	1 673	1 262	954	17	14
281	601	727	716	1 004	25	15
25	38	23	24	51	7	16
2 118	2 717	2 630	2 218	2 876	37	17
1 920	2 323	2 018	1 567	1 559	15	18
187	380	602	632	1 264	19	19
11	14	10	19	53	3	20
35 693	55 634	38 926	21 233	23 135	2 854	21
25 228	34 438	18 996	7 980	4 910	1 134	22
10 447	21 156	19 909	13 233	18 210	1 420	23
18	40	21	20	15	300	24
15 837	25 268	19 602	10 266	9 500	1 376	25
11 740	17 028	10 577	4 376	2 680	589	26
4 086	8 220	9 011	5 881	6 816	591	27
11	20	14	9	4	196	28
19 856	30 366	19 324	10 967	13 635	1 478	29
13 488	17 410	8 419	3 604	2 230	545	30
6 361	12 936	10 898	7 352	11 394	829	31
7	20	7	11	11	104	32
945 587	1 233 560	885 935	550 929	556 264	–	33
561 863	643 013	347 534	153 755	95 151	–	34
383 724	590 547	538 401	397 174	461 113	–	35
–	–	–	–	–	–	36
465 672	600 258	432 386	272 319	282 775	–	37
343 737	420 642	256 021	119 447	75 508	–	38
121 935	179 616	176 365	152 872	207 267	–	39
–	–	–	–	–	–	40
479 915	633 302	453 549	278 610	273 489	–	41
218 126	222 371	91 513	34 308	19 643	–	42
261 789	410 931	362 036	244 302	253 846	–	43
–	–	–	–	–	–	44

32. Population by literacy, sex, age and urban/rural residence: each census, 1985 – 1993 (continued)

(See notes at end of table.)

	Continent, country or area, census date, sex, literacy and urban/rural residence Continent, pays ou zone, date du recensement, alphabétisme et résidence, urbaine/rurale	Age (in years)					
		10 plus [1]	15 plus [2]	10 – 14	15 – 19	20 – 24	25 – 29
	AMERICA,NORTH— AMERIQUE DU NORD						
	Belize						
	12 V 1991						
	Total						
1	Total	...	[10] 107 331 *	— [11] 24 700	———*	*———	——— 42 795 –
2	Literate–Alphabète	...	[10] 75 452 *	— [11] 19 590	———*	*———	——— 31 990 –
3	Illiterate–Analphabète	...	[10] 31 879 *	— [11] 5 110	———*	*———	——— 10 805 –
4	Unknown–Inconnu	...	[10] – *	— [10] –	———*	*———	——— – –
	Male – Masculin						
5	Total	...	[10] 53 950 *	— [11] 12 244	———*	*———	——— 21 334 –
6	Literate–Alphabète	...	[10] 37 910 *	— [11] 9 649	———*	*———	——— 15 916 –
7	Illiterate–Analphabète	...	[10] 16 040 *	— [11] 2 595	———*	*———	——— 5 418 –
8	Unknown–Inconnu	...	[10] – *	— [11] –	———*	*———	——— – –
	Female – Féminin						
9	Total	...	[10] 53 381 *	— [11] 12 456	———*	*———	——— 21 461 –
10	Literate–Alphabète	...	[10] 37 542 *	— [11] 9 941	———*	*———	——— 16 074 –
11	Illiterate–Analphabète	...	[10] 15 839 *	— [11] 2 515	———*	*———	——— 5 387 –
12	Unknown–Inconnu	...	[10] – *	— [11] –	———*	*———	——— – –
	Panama						
	13 V 1990 [12]						
	Total						
13	Total	1 769 488	1 512 098	257 390	248 361	228 398	200 452
14	Literate–Alphabète	1 569 528	1 334 403	235 125	235 432	216 505	189 650
15	Illiterate–Analphabète	189 184	168 644	20 540	12 122	11 230	10 218
16	Unknown–Inconnu	10 776	9 051	1 725	807	663	584
	Male – Masculin						
17	Total	892 588	760 964	131 624	124 873	114 187	100 027
18	Literate–Alphabète	795 419	676 120	119 299	118 720	108 679	95 351
19	Illiterate–Analphabète	92 100	80 700	11 400	5 774	5 206	4 404
20	Unknown–Inconnu	5 069	4 144	925	379	302	272
	Female – Féminin						
21	Total	876 900	751 134	125 766	123 488	114 211	100 425
22	Literate–Alphabète	774 109	658 283	115 826	116 712	107 826	94 299
23	Illiterate–Analphabète	97 084	87 944	9 140	6 348	6 024	5 814
24	Unknown–Inconnu	5 707	4 907	800	428	361	312
	AMERICA,SOUTH— AMERIQUE DU SUD						
	Bolivia – Bolivie						
	3 VI 1992						
	Total						
25	Total	4 582 150	3 745 562	815 732	663 411	548 758	468 607
26	Literate–Alphabète	3 753 628	2 977 853	775 775	624 297	507 492	421 568
27	Illiterate–Analphabète	778 914	744 846	34 068	35 401	38 173	44 381
28	Unknown–Inconnu	49 608	22 863	5 889	3 713	3 093	2 658
	Male – Masculin						
29	Total	2 240 264	1 813 143	415 513	329 095	265 026	225 223
30	Literate–Alphabète	1 989 643	1 590 623	399 020	316 085	253 151	213 320
31	Illiterate–Analphabète	227 265	213 713	13 552	11 209	10 549	10 898
32	Unknown–Inconnu	23 356	8 807	2 941	1 801	1 326	1 005
	Female – Féminin						
33	Total	2 341 886	1 932 419	400 219	334 316	283 732	243 384
34	Literate–Alphabète	1 763 985	1 387 230	376 755	308 212	254 341	208 248
35	Illiterate–Analphabète	551 649	531 133	20 516	24 192	27 624	33 483
36	Unknown–Inconnu	26 252	14 056	2 948	1 912	1 767	1 653
	Chile – Chili						
	22 IV 1992						
	Total						
37	Total	10 650 647	9 418 933	1 231 714	1 217 129	1 208 011	1 223 938
38	Literate–Alphabète	10 075 471	8 881 219	1 194 252	1 200 647	1 186 369	1 195 907
39	Illiterate–Analphabète	575 176	537 714	37 462	16 482	21 642	28 031
40	Unknown–Inconnu	–	–	–	–	–	–

32. Population selon l'alphabétisme, le sexe, l'âge et la résidence, urbaine/rurale: chaque recensement, 1985 – 1993 (suite)

(Voir notes à la fin du tableau.)

Age (en années)						
30 – 34	35 – 44	45 – 54	55 – 64	65 plus	Unknown Inconnu	
———*	*———	——— 32 147	———*	7 689	–	1
———*	*———	——— 20 430	———*	3 442	–	2
———*	*———	——— 11 717	———*	4 247	–	3
———*	*———	——— –	———*	–	–	4
———*	*———	——— 16 651	———*	3 721	–	5
———*	*———	——— 10 677	———*	1 668	–	6
———*	*———	——— 5 974	———*	2 053	–	7
———*	*———	——— –	———*	–	–	8
———*	*———	——— 15 496	———*	3 968	–	9
———*	*———	——— 9 753	———*	1 774	–	10
———*	*———	——— 5 743	———*	2 194	–	11
———*	*———	——— –	———*	–	–	12
165 622	255 852	175 136	116 093	122 184	–	13
153 727	225 819	142 651	86 697	83 922	–	14
11 282	28 542	30 958	27 936	36 356	–	15
613	1 491	1 527	1 460	1 906	–	16
82 963	128 852	89 534	59 747	60 781	–	17
77 987	114 876	73 543	44 984	41 980	–	18
4 726	13 339	15 279	14 065	17 907	–	19
250	637	712	698	894	–	20
82 659	127 000	85 602	56 346	61 403	–	21
75 740	110 943	69 108	41 713	41 942	–	22
6 556	15 203	15 679	13 871	18 449	–	23
363	854	815	762	1 012	–	24
418 314	661 003	431 419	281 318	272 732	20 856	25
361 575	517 691	283 823	152 388	109 019	–	26
54 664	139 875	144 833	126 731	160 788	–	27
2 075	3 437	2 763	2 199	2 925	20 856	28
204 246	320 515	209 744	134 408	124 886	11 608	29
190 546	285 462	169 396	95 432	67 231	–	30
12 952	33 927	39 467	38 288	56 423	–	31
748	1 126	881	688	1 232	11 608	32
214 068	340 488	221 675	146 910	147 846	9 248	33
171 029	232 229	114 427	56 956	41 788	–	34
41 712	105 948	105 366	88 443	104 365	–	35
1 327	2 311	1 882	1 511	1 693	9 248	36
1 130 910	1 699 630	1 194 170	868 101	877 044	–	37
1 101 026	1 629 497	1 095 512	761 070	711 191	–	38
29 884	70 133	98 658	107 031	165 853	–	39
–	–	–	–	–	–	40

32. Population by literacy, sex, age and urban/rural residence: each census, 1985 – 1993 (continued)

(See notes at end of table.)

	Continent, country or area, census date, sex, literacy and urban/rural residence Continent, pays ou zone, date du recensement, alphabétisme et résidence, urbaine/rurale	Age (in years)					
		10 plus [1]	15 plus [2]	10 – 14	15 – 19	20 – 24	25 – 29
	AMERICA,SOUTH— (Cont.–Suite) AMERIQUE DU SUD						
	Chile – Chili						
	22 IV 1992						
	Male – Masculin						
1	Total	5 178 400	4 552 774	625 626	616 566	599 078	600 633
2	Literate–Alphabète	4 908 210	4 305 243	602 967	606 431	586 802	585 231
3	Illiterate–Analphabète	270 190	247 531	22 659	10 135	12 276	15 402
4	Unknown–Inconnu	–	–	–	–	–	–
	Female – Féminin						
5	Total	5 472 247	4 866 159	606 088	600 563	608 933	623 305
6	Literate–Alphabète	5 167 261	4 575 976	591 285	594 216	599 567	610 676
7	Illiterate–Analphabète	304 986	290 183	14 803	6 347	9 366	12 629
8	Unknown–Inconnu	–	–	–	–	–	–
	Ecuador – Equateur						
	25 XI 1990 [13]						
	Total						
9	Total	7 133 104	5 908 965	1 224 139	1 038 651	916 862	789 524
10	Literate–Alphabète	6 402 011	5 217 543	1 184 468	1 004 956	876 144	743 016
11	Illiterate–Analphabète	731 093	691 422	39 671	33 695	40 718	46 508
	Male – Masculin						
12	Total	3 512 563	2 890 923	621 640	509 519	442 431	381 690
13	Literate–Alphabète	3 217 497	2 616 192	601 305	494 063	425 290	363 856
14	Illiterate–Analphabète	295 066	274 731	20 335	15 456	17 141	17 834
	Female – Féminin						
15	Total	3 620 541	3 018 042	602 499	529 132	474 431	407 834
16	Literate–Alphabète	3 184 514	2 601 351	583 163	510 893	450 854	379 160
17	Illiterate–Analphabète	436 027	416 691	19 336	18 239	23 577	28 674
	Uruguay						
	23 X 1985 [4 14]						
	Total						
18	Total	2 422 759	2 165 335	257 424	229 520	226 918	215 136
19	Literate–Alphabète	2 312 110	2 058 834	253 276	226 275	223 002	211 200
20	Illiterate–Analphabète	103 039	99 726	3 313	2 855	3 392	3 463
21	Unknown–Inconnu	7 610	6 775	835	390	524	473
	Male – Masculin						
22	Total	1 167 878	1 036 433	131 445	115 826	112 707	105 553
23	Literate–Alphabète	1 108 529	979 764	128 765	113 823	110 259	103 116
24	Illiterate–Analphabète	55 419	53 376	2 043	1 800	2 161	2 192
25	Unknown–Inconnu	3 930	3 293	637	203	287	245
	Female – Féminin						
26	Total	1 254 881	1 128 902	125 979	113 694	114 211	109 583
27	Literate–Alphabète	1 203 581	1 079 070	124 511	112 452	112 743	108 084
28	Illiterate–Analphabète	47 620	46 350	1 270	1 055	1 231	1 271
29	Unknown–Inconnu	3 680	3 482	198	187	237	228
	ASIA—ASIE						
	Bahrain – Bahreïn						
	16 XI 1991						
	Total						
30	Total	394 007	347 183	46 822	36 689	45 685	61 898
31	Literate–Alphabète	337 203	290 624	46 579	36 318	43 369	56 809
32	Illiterate–Analphabète	55 520	55 300	218	343	2 174	4 877
33	Unknown–Inconnu	1 284	1 259	25	28	142	212
	Male – Masculin						
34	Total	235 592	211 778	23 812	18 661	24 864	37 386
35	Literate–Alphabète	210 590	186 890	23 700	18 503	23 752	34 706
36	Illiterate–Analphabète	24 297	24 196	99	149	1 042	2 573
37	Unknown–Inconnu	705	692	13	9	70	107
	Female – Féminin						
38	Total	158 415	135 405	23 010	18 028	20 821	24 512
39	Literate–Alphabète	126 613	103 734	22 879	17 815	19 617	22 103
40	Illiterate–Analphabète	31 223	31 104	119	194	1 132	2 304
41	Unknown–Inconnu	579	567	12	19	72	105

32. Population selon l'alphabétisme, le sexe, l'âge et la résidence, urbaine/rurale: chaque recensement, 1985 – 1993 (suite)

(Voir notes à la fin du tableau.)

Age (en années)						
30 – 34	35 – 44	45 – 54	55 – 64	65 plus	Unknown Inconnu	
554 200	826 131	576 642	406 075	373 449	–	1
538 682	794 154	532 280	357 991	303 672	–	2
15 518	31 977	44 362	48 084	69 777	–	3
–	–	–	–	–	–	4
576 710	873 499	617 528	462 026	503 595	–	5
562 344	835 343	563 232	403 079	407 519	–	6
14 366	38 156	54 296	58 947	96 076	–	7
–	–	–	–	–	–	8
665 787	1 005 096	645 982	428 880	418 183	–	9
612 927	880 834	516 422	312 116	271 128	–	10
52 860	124 262	129 560	116 764	147 055	–	11
326 363	495 707	321 451	212 952	200 810	–	12
306 246	448 269	270 669	165 856	141 943	–	13
20 117	47 438	50 782	47 096	58 867	–	14
339 424	509 389	324 531	215 928	217 373	–	15
306 681	432 565	245 753	146 260	129 185	–	16
32 743	76 824	78 778	69 668	88 188	–	17
193 786	347 274	325 755	297 284	329 662	–	18
189 051	336 979	310 865	276 995	284 467	–	19
4 221	9 337	13 801	19 162	43 495	–	20
514	958	1 089	1 127	1 700	–	21
94 739	169 399	158 390	141 422	138 397	–	22
91 821	162 941	149 628	130 223	117 953	–	23
2 648	5 945	8 189	10 657	19 784	–	24
270	513	573	542	660	–	25
99 047	177 875	167 365	155 862	191 265	–	26
97 230	174 038	161 237	146 772	166 514	–	27
1 573	3 392	5 612	8 505	23 711	–	28
244	445	516	585	1 040	–	29
64 435	78 710	30 842	17 521	11 403	2	30
57 633	67 680	20 112	6 505	2 198	–	31
6 534	10 726	10 611	10 932	9 103	2	32
268	304	119	84	102	–	33
42 151	54 008	18 924	9 671	6 113	2	34
38 561	49 151	15 369	5 098	1 750	–	35
3 434	4 657	3 485	4 535	4 321	2	36
156	200	70	38	42	–	37
22 284	24 702	11 918	7 850	5 290	–	38
19 072	18 529	4 743	1 407	448	–	39
3 100	6 069	7 126	6 397	4 782	–	40
112	104	49	46	60	–	41

32. Population by literacy, sex, age and urban/rural residence: each census, 1985 – 1993 (continued)

(See notes at end of table.)

	Continent, country or area, census date, sex, literacy and urban/rural residence Continent, pays ou zone, date du recensement, alphabétisme et résidence, urbaine/rurale	Age (in years) 10 plus [1]	15 plus [2]	10 – 14	15 – 19	20 – 24	25 – 29
	ASIA—ASIE (Cont.–Suite)						
	Brunei Darussalam – Brunéi Darussalam						
	7 VIII 1991						
	Total						
1	Total	196 692	170 624	25 967	22 781	26 160	27 509
2	Literate–Alphabète	175 372	149 815	25 471	22 510	25 499	26 542
3	Illiterate–Analphabète	21 320	20 809	496	271	661	967
4	Unknown–Inconnu	–	–	–	–	–	–
	Male – Masculin						
5	Total	104 749	91 245	13 431	11 788	13 356	14 572
6	Literate–Alphabète	97 608	84 358	13 183	11 657	13 011	14 118
7	Illiterate–Analphabète	7 141	6 887	248	131	345	454
8	Unknown–Inconnu	–	–	–	–	–	–
	Female – Féminin						
9	Total	91 943	79 379	12 536	10 993	12 804	12 937
10	Literate–Alphabète	77 764	65 457	12 288	10 853	12 488	12 424
11	Illiterate–Analphabète	14 179	13 922	248	140	316	513
12	Unknown–Inconnu	–	–	–	–	–	–
	China – Chine [15]						
	1 VII 1990						
	Total						
13	Total	...	817508784	...	120 158 421	125 761 174	104 267 525
14	Literate–Alphabète	...	635899687	...	113 816 962	118 039 655	96 982 769
15	Illiterate–Analphabète	...	181609097	...	6 341 459	7 721 519	7 284 756
16	Unknown–Inconnu	...	–	...	–	–	–
	Male – Masculin						
17	Total	...	418956809	...	61 650 589	64 233 023	53 512 983
18	Literate–Alphabète	...	364597078	...	59 818 197	62 259 869	52 017 228
19	Illiterate–Analphabète	...	54359731	...	1 832 392	1 973 154	1 495 755
20	Unknown–Inconnu	...	–	...	–	–	–
	Female – Féminin						
21	Total	...	398551975	...	58 507 832	61 528 151	50 754 542
22	Literate–Alphabète	...	271302609	...	53 998 765	55 779 786	44 965 541
23	Illiterate–Analphabète	...	127249366	...	4 509 067	5 748 365	5 789 001
24	Unknown–Inconnu	...	–	...	–	–	–
	India – Inde [16]						
	1 III 1991 [17]						
	Total						
25	Total	688 162 813	...	...	...	...	...
26	Literate–Alphabète	359 284 417	...	...	...	...	...
27	Illiterate–Analphabète	328 878 396	...	...	...	...	...
28	Unknown–Inconnu	–	...	...	...	...	...
	Male – Masculin						
29	Total	357 894 207	...	...	...	...	...
30	Literate–Alphabète	229 531 935	...	...	...	...	...
31	Illiterate–Analphabète	128 362 272	...	...	...	...	...
32	Unknown–Inconnu	–	...	...	...	...	...
	Female – Féminin						
33	Total	330 268 606	...	...	...	...	...
34	Literate–Alphabète	129 752 482	...	...	...	...	...
35	Illiterate–Analphabète	200 516 124	...	...	...	...	...
36	Unknown–Inconnu	–	...	...	...	...	...
	Indonesia – Indonésie						
	31 X 1990						
	Total						
37	Total	135 039 581	113553025	21 482 141	18 926 983	16 128 362	15 623 530
38	Literate–Alphabète	113 511 104	92 547 007	20 962 217	18 437 189	15 285 693	14 131 753
39	Illiterate–Analphabète	21 494 117	20 979 949	511 644	488 678	840 657	1 489 333
40	Unknown–Inconnu	34 360	26 069	8 280	1 116	2 012	2 444
	Male – Masculin						
41	Total	66 686 723	55 640 391	11 044 127	9 520 440	7 583 305	7 457 150
42	Literate–Alphabète	59 742 653	48 967 064	10 774 468	9 323 414	7 334 675	7 012 991
43	Illiterate–Analphabète	6 928 029	6 661 826	265 119	196 527	247 746	443 499
44	Unknown–Inconnu	16 041	11 501	4 540	499	884	660

32. Population selon l'alphabétisme, le sexe, l'âge et la résidence, urbaine/rurale: chaque recensement, 1985 – 1993 (suite)

(Voir notes à la fin du tableau.)

Age (en années)						
30 – 34	35 – 44	45 – 54	55 – 64	65 plus	Unknown Inconnu	
26 936	36 199	15 356	8 689	6 994	101	1
25 684	32 812	10 790	3 996	1 982	86	2
1 252	3 387	4 566	4 693	5 012	15	3
–	–	–	–	–	–	4
14 606	20 384	8 500	4 437	3 602	73	5
14 039	19 438	7 434	3 038	1 623	67	6
567	946	1 066	1 399	1 979	6	7
–	–	–	–	–	–	8
12 330	15 815	6 856	4 252	3 392	28	9
11 645	13 374	3 356	958	359	19	10
685	2 441	3 500	3 294	3 033	9	11
–	–	–	–	–	–	12
83 875 707	150 059 476	94 707 500	75 685 589	62 993 392	–	13
73 683 555	122 340 857	62 823 036	32 508 025	15 704 828	–	14
10 192 152	27 718 619	31 884 464	43 177 564	47 288 564	–	15
–	–	–	–	–	–	16
43 706 133	77 904 824	49 966 255	39 321 885	28 661 117	–	17
41 395 394	70 799 552	40 487 991	24 886 853	12 931 994	–	18
2 310 739	7 105 272	9 478 264	14 435 032	15 729 123	–	19
–	–	–	–	–	–	20
40 169 574	72 154 652	44 741 245	36 363 704	34 332 275	–	21
32 288 161	51 541 305	22 335 045	7 621 172	2 772 834	–	22
7 881 413	20 613 347	22 406 200	28 742 532	31 559 441	–	23
–	–	–	–	–	–	24
...	...	...	...	...	...	25
...	...	...	...	...	...	26
...	...	...	...	...	...	27
...	...	...	...	...	...	28
...	...	...	...	...	...	29
...	...	...	...	...	...	30
...	...	...	...	...	...	31
...	...	...	...	...	...	32
...	...	...	...	...	...	33
...	...	...	...	...	...	34
...	...	...	...	...	...	35
...	...	...	...	...	...	36
13 245 794	19 265 852	7 565 664	*— 22 796 840 —*		4 415	37
11 555 632	15 710 494	5 443 090	*— 11 983 156 —*		1 880	38
1 687 146	3 550 972	2 120 407	*— 10 802 756 —*		2 524	39
3 016	4 386	2 167	*— 10 928 —*		11	40
6 584 325	9 798 695	3 723 922	*— 10 972 554 —*		2 205	41
6 033 679	8 665 638	3 121 659	*— 7 475 008 —*		1 121	42
549 156	1 131 076	601 495	*— 3 492 327 —*		1 084	43
1 490	1 981	768	*— 5 219 —*		–	44

32. Population by literacy, sex, age and urban/rural residence: each census, 1985 – 1993 (continued)

(See notes at end of table.)

	Continent, country or area, census date, sex, literacy and urban/rural residence Continent, pays ou zone, date du recensement, alphabétisme et résidence, urbaine/rurale	Age (in years)					
		10 plus [1]	15 plus [2]	10 – 14	15 – 19	20 – 24	25 – 29
	ASIA—ASIE (Cont.–Suite)						
	Indonesia – Indonésie						
	31 X 1990						
	Female – Féminin						
1	Total	68 352 858	57 912 634	10 438 014	9 406 543	8 545 057	8 166 380
2	Literate–Alphabète	53 768 451	43 579 943	10 187 749	9 113 775	7 951 018	7 118 762
3	Illiterate–Analphabète	14 566 088	14 318 123	246 525	292 151	592 911	1 045 834
4	Unknown–Inconnu	18 319	14 568	3 740	617	1 128	1 784
	Iran (Islamic Republic of – Rép. islamique d')						
	22 IX 1986 [18]						
	Total						
5	Total	32 874 293	26 947 280	5 903 300	5 192 202	4 193 724	3 652 297
6	Literate–Alphabète	19 091 251	14 056 034	5 024 613	4 072 868	2 971 388	2 238 777
7	Illiterate–Analphabète	13 686 515	12 809 600	864 956	1 109 902	1 212 593	1 407 000
8	Unknown–Inconnu	96 527	81 646	13 731	9 432	9 743	6 520
	Male – Masculin						
9	Total	16 841 418	13 773 782	3 053 633	2 660 364	2 103 615	1 839 639
10	Literate–Alphabète	11 457 009	8 670 420	2 779 994	2 294 441	1 725 087	1 364 587
11	Illiterate–Analphabète	5 344 710	5 070 438	267 660	361 678	374 164	472 034
12	Unknown–Inconnu	39 699	32 924	5 979	4 245	4 364	3 018
	Female – Féminin						
13	Total	16 032 875	13 173 498	2 849 667	2 531 838	2 090 109	1 812 658
14	Literate–Alphabète	7 634 242	5 385 614	2 244 619	1 778 427	1 246 301	874 190
15	Illiterate–Analphabète	8 341 805	7 739 162	597 296	748 224	838 429	934 966
16	Unknown–Inconnu	56 828	48 722	7 752	5 187	5 379	3 502
	11 IX 1991						
	Total						
17	Total	38 660 420	31 054 924	7 547 131	5 908 903	4 947 260	4 005 278
18	Literate–Alphabète	27 330 797	20 252 143	7 055 276	5 274 528	4 128 385	3 079 208
19	Illiterate–Analphabète	11 113 112	10 652 344	451 464	611 508	796 723	910 848
20	Unknown–Inconnu	216 511	150 437	40 391	22 867	22 152	15 222
	Male – Masculin						
21	Total	20 000 010	16 062 395	3 901 458	3 057 609	2 520 312	2 012 493
22	Literate–Alphabète	15 637 441	11 877 358	3 746 328	2 855 537	2 279 906	1 736 765
23	Illiterate–Analphabète	4 252 863	4 113 811	135 118	190 620	229 641	268 564
24	Unknown–Inconnu	109 706	71 226	20 012	11 452	10 765	7 164
	Female – Féminin						
25	Total	18 660 410	14 992 529	3 645 673	2 851 294	2 426 948	1 992 785
26	Literate–Alphabète	11 693 356	8 374 785	3 308 948	2 418 991	1 848 479	1 342 443
27	Illiterate–Analphabète	6 860 249	6 538 533	316 346	420 888	567 082	642 284
28	Unknown–Inconnu	106 805	79 211	20 379	11 415	11 387	8 058
	Iraq						
	17 X 1987 [4]						
	Total						
29	Total	10 628 447	...	...	...	...	...
30	Literate–Alphabète	6 481 488	...	...	...	...	...
31	Illiterate–Analphabète	3 102 331	...	...	...	...	...
32	Unknown–Inconnu	1 044 628	...	...	...	...	...
	Male – Masculin						
33	Total	5 279 119	...	...	...	...	...
34	Literate–Alphabète	3 576 355	...	...	...	...	...
35	Illiterate–Analphabète	1 139 894	...	...	...	...	...
36	Unknown–Inconnu	562 870	...	...	...	...	...
	Female – Féminin						
37	Total	5 349 328	...	...	...	...	...
38	Literate–Alphabète	2 905 133	...	...	...	...	...
39	Illiterate–Analphabète	1 962 437	...	...	...	...	...
40	Unknown–Inconnu	481 758	...	...	...	...	...

32. Population selon l'alphabétisme, le sexe, l'âge et la résidence, urbaine/rurale: chaque recensement, 1985 – 1993 (suite)

(Voir notes à la fin du tableau.)

Age (en années)						
30 – 34	35 – 44	45 – 54	55 – 64	65 plus	Unknown Inconnu	
6 661 469	9 467 157	3 841 742	*——— 11 824 286	———*	2 210	1
5 521 953	7 044 856	2 321 431	*——— 4 508 148	———*	759	2
1 137 990	2 419 896	1 518 912	*——— 7 310 429	———*	1 440	3
1 526	2 405	1 399	*——— 5 709	———*	11	4
2 927 983	3 772 562	3 184 416	2 522 378	1 501 718	23 713	5
1 569 891	1 604 351	861 830	510 558	226 371	10 604	6
1 352 504	2 160 302	2 314 466	1 996 563	1 256 270	11 959	7
5 588	7 909	8 120	15 257	19 077	1 150	8
1 481 475	1 877 516	1 675 965	1 367 292	767 916	14 003	9
1 004 130	1 076 175	639 977	392 757	173 266	6 595	10
474 588	797 415	1 032 638	969 503	588 418	6 612	11
2 757	3 926	3 350	5 032	6 232	796	12
1 446 508	1 895 046	1 508 451	1 155 086	733 802	9 710	13
565 761	528 176	221 853	117 801	53 105	4 009	14
877 916	1 362 887	1 281 828	1 027 060	667 852	5 347	15
2 831	3 983	4 770	10 225	12 845	354	16
3 504 220	4 904 146	3 148 605	2 746 319	1 890 193	58 365	17
2 419 208	2 876 335	1 304 703	751 900	417 876	23 378	18
1 069 799	2 008 654	1 832 284	1 981 120	1 441 408	9 304	19
15 213	19 157	11 618	13 299	30 909	25 683	20
1 779 932	2 489 797	1 619 898	1 516 601	1 065 753	36 157	21
1 425 636	1 801 075	894 550	563 701	320 188	13 755	22
346 956	679 061	719 696	947 284	731 989	3 934	23
7 340	9 661	5 652	5 616	13 576	18 468	24
1 724 288	2 414 349	1 528 707	1 229 718	824 440	22 208	25
993 572	1 075 260	410 153	188 199	97 688	9 623	26
722 843	1 329 593	1 112 588	1 033 836	709 419	5 370	27
7 873	9 496	5 966	7 683	17 333	7 215	28
...	...	...	...	...	...	29
...	...	...	...	...	...	30
...	...	...	...	...	...	31
...	...	...	...	...	...	32
...	...	...	...	...	...	33
...	...	...	...	...	...	34
...	...	...	...	...	...	35
...	...	...	...	...	...	36
...	...	...	...	...	...	37
...	...	...	...	...	...	38
...	...	...	...	...	...	39
...	...	...	...	...	...	40

32. Population by literacy, sex, age and urban/rural residence: each census, 1985 – 1993 (continued)

(See notes at end of table.)

	Continent, country or area, census date, sex, literacy and urban/rural residence Continent, pays ou zone, date du recensement, alphabétisme et résidence, urbaine/rurale	Age (in years)					
		10 plus [1]	15 plus [2]	10 – 14	15 – 19	20 – 24	25 – 29
	ASIA—ASIE (Cont.–Suite)						
	Kazakhstan						
	12 I 1989 [3]						
	Total						
1	Total	12 823 858	11 206 579	1 606 319	1 444 760	1 346 246	1 543 875
2	Literate–Alphabète	12 539 265	10 928 263	1 602 085	1 440 524	1 342 381	1 540 314
3	Illiterate–Analphabète	281 413	276 835	4 234	4 236	3 418	3 370
4	Unknown–Inconnu	3 180	1 481	–	–	447	191
	Male – Masculin						
5	Total	6 128 981	5 312 986	810 773	745 746	680 585	773 165
6	Literate–Alphabète	6 075 570	5 263 010	808 299	743 295	678 517	771 248
7	Illiterate–Analphabète	51 864	49 301	2 474	2 451	1 860	1 819
8	Unknown–Inconnu	1 547	675	–	–	208	98
	Female – Féminin						
9	Total	6 694 877	5 893 593	795 546	699 014	665 661	770 710
10	Literate–Alphabète	6 463 695	5 665 253	793 786	697 229	663 864	769 066
11	Illiterate–Analphabète	229 549	227 534	1 760	1 785	1 558	1 551
12	Unknown–Inconnu	1 633	806	–	–	239	93
	Kuwait – Koweït						
	21 IV 1985						
	Total						
13	Total	1 244 714	1 072 216	172 498	145 196	148 388	187 256
14	Literate–Alphabète	964 324	798 703	165 621	133 952	122 805	147 134
15	Illiterate–Analphabète	280 390	273 513	6 877	11 244	25 583	40 122
	Male – Masculin						
16	Total	734 949	647 085	87 864	72 697	76 900	114 995
17	Literate–Alphabète	591 683	506 003	85 680	69 716	65 957	92 233
18	Illiterate–Analphabète	143 266	141 082	2 184	2 981	10 943	22 762
	Female – Féminin						
19	Total	509 765	425 131	84 634	72 499	71 488	72 261
20	Literate–Alphabète	372 641	292 700	79 941	64 236	56 848	54 901
21	Illiterate–Analphabète	137 124	132 431	4 693	8 263	14 640	17 360
	Maldives						
	25 III 1985						
	Total						
22	Total	121 118	98 728	22 282	20 794	17 531	12 536
23	Literate–Alphabète	110 285	90 189	20 017	19 661	16 509	11 715
24	Illiterate–Analphabète	9 181	7 598	1 574	830	860	724
25	Unknown–Inconnu	1 652	941	691	303	162	97
	Male – Masculin						
26	Total	63 595	51 855	11 663	10 322	8 665	6 370
27	Literate–Alphabète	57 789	47 412	10 322	9 685	8 150	5 963
28	Illiterate–Analphabète	5 036	4 059	970	517	444	370
29	Unknown–Inconnu	770	384	371	120	71	37
	Female – Féminin						
30	Total	57 523	46 873	10 619	10 472	8 866	6 166
31	Literate–Alphabète	52 496	42 777	9 695	9 976	8 359	5 752
32	Illiterate–Analphabète	4 145	3 539	604	313	416	354
33	Unknown–Inconnu	882	557	320	183	91	60
	Philippines						
	1 V 1990 [3]						
	Total						
34	Total	44 031 135	36 565 403	7 465 732	6 640 651	5 768 325	4 945 251
35	Literate–Alphabète	41 185 015	34 215 672	6 969 343	6 399 740	5 584 611	4 755 904
36	Illiterate–Analphabète	2 846 120	2 349 731	496 389	240 911	183 714	189 347
37	Unknown–Inconnu	–	–	–	–	–	–
	Male – Masculin						
38	Total	21 975 262	18 175 854	3 799 408	3 320 861	2 866 207	2 459 263
39	Literate–Alphabète	20 591 280	17 080 157	3 511 123	3 185 990	2 770 717	2 366 484
40	Illiterate–Analphabète	1 383 982	1 095 697	288 285	134 871	95 490	92 779
41	Unknown–Inconnu	–	–	–	–	–	–
	Female – Féminin						
42	Total	22 055 873	18 389 549	3 666 324	3 319 790	2 902 118	2 485 988
43	Literate–Alphabète	20 593 735	17 135 515	3 458 220	3 213 750	2 813 894	2 389 420
44	Illiterate–Analphabète	1 462 138	1 254 034	208 104	106 040	88 224	96 568
45	Unknown–Inconnu	–	–	–	–	–	–

32. Population selon l'alphabétisme, le sexe, l'âge et la résidence, urbaine/rurale: chaque recensement, 1985 – 1993 (suite)

(Voir notes à la fin du tableau.)

30 – 34	35 – 44	45 – 54	55 – 64	65 plus	Unknown Inconnu	
		Age (en années)				
1 363 695	1 827 199	1 587 630	1 178 603	914 571	10 960	1
1 361 031	1 823 364	1 570 817	1 140 804	709 028	8 917	2
2 543	3 695	16 605	37 578	205 390	344	3
121	140	208	221	153	1 699	4
680 781	897 901	757 039	504 864	272 905	5 222	5
679 441	896 236	752 773	496 573	244 927	4 261	6
1 280	1 600	4 176	8 186	27 929	89	7
60	65	90	105	49	872	8
682 914	929 298	830 591	673 739	641 666	5 738	9
681 590	927 128	818 044	644 231	464 101	4 656	10
1 263	2 095	12 429	29 392	177 461	255	11
61	75	118	116	104	827	12
173 723	235 641	118 662	42 494	20 856	–	13
133 084	168 234	69 784	19 220	4 490	–	14
40 639	67 407	48 878	23 274	16 366	–	15
110 977	153 274	80 316	27 277	10 649	–	16
87 336	117 347	54 161	15 748	3 505	–	17
23 641	35 927	26 155	11 529	7 144	–	18
62 746	82 367	38 346	15 217	10 207	–	19
45 748	50 887	15 623	3 472	985	–	20
16 998	31 480	22 723	11 745	9 222	–	21
8 254	13 265	13 792	8 073	4 483	108	22
7 722	12 055	11 899	6 859	3 769	79	23
462	1 113	1 780	1 152	677	9	24
70	97	113	62	37	20	25
4 321	6 992	7 612	4 752	2 821	77	26
4 067	6 399	6 615	4 112	2 421	55	27
222	550	951	620	385	7	28
32	43	46	20	15	15	29
3 933	6 273	6 180	3 321	1 662	31	30
3 655	5 656	5 284	2 747	1 348	24	31
240	563	829	532	292	2	32
38	54	67	42	22	5	33
4 201 026	6 255 464	4 127 316	2 567 284	2 060 086	–	34
4 039 140	5 925 341	3 763 998	2 201 540	1 545 398	–	35
161 886	330 123	363 318	365 744	514 688	–	36
–	–	–	–	–	–	37
2 110 791	3 158 387	2 058 182	1 252 654	949 509	–	38
2 030 543	3 001 488	1 888 803	1 094 807	741 325	–	39
80 248	156 899	169 379	157 847	208 184	–	40
–	–	–	–	–	–	41
2 090 235	3 097 077	2 069 134	1 314 630	1 110 577	–	42
2 008 597	2 923 853	1 875 195	1 106 733	804 073	–	43
81 638	173 224	193 939	207 897	306 504	–	44
–	–	–	–	–	–	45

32. Population by literacy, sex, age and urban/rural residence: each census, 1985 – 1993 (continued)

(See notes at end of table.)

	Continent, country or area, census date, sex, literacy and urban/rural residence Continent, pays ou zone, date du recensement, alphabétisme et résidence, urbaine/rurale	Age (in years)					
		10 plus [1]	15 plus [2]	10 – 14	15 – 19	20 – 24	25 – 29
	ASIA—ASIE (Cont.–Suite)						
	Qatar						
	16 III 1986						
	Total						
1	Total	293 281	266 534	26 654	22 633	32 569	53 194
2	Literate–Alphabète	227 254	201 342	25 865	21 369	28 039	43 846
3	Illiterate–Analphabète	65 655	64 860	771	1 259	4 511	9 321
4	Unknown–Inconnu	372	332	18	5	19	27
	Male – Masculin						
5	Total	209 113	195 169	13 871	12 338	22 121	41 664
6	Literate–Alphabète	163 322	149 715	13 566	11 705	18 790	34 164
7	Illiterate–Analphabète	45 547	45 237	295	631	3 321	7 477
8	Unknown–Inconnu	244	217	10	2	10	23
	Female – Féminin						
9	Total	84 168	71 365	12 783	10 295	10 448	11 530
10	Literate–Alphabète	63 932	51 627	12 299	9 664	9 249	9 682
11	Illiterate–Analphabète	20 108	19 623	476	628	1 190	1 844
12	Unknown–Inconnu	128	115	8	3	9	4
	Singapore – Singapour						
	30 VI 1990 [19]						
	Total						
13	Total	2 253 900	...	...	...	...	...
14	Literate–Alphabète	2 031 400	...	...	...	...	...
15	Illiterate–Analphabète	222 400	...	...	...	...	...
	Male – Masculin						
16	Total	1 129 300	...	...	...	...	...
17	Literate–Alphabète	1 078 900	...	...	...	...	...
18	Illiterate–Analphabète	50 300	...	...	...	...	...
	Female – Féminin						
19	Total	1 124 600	...	...	...	...	...
20	Literate–Alphabète	952 500	...	...	...	...	...
21	Illiterate–Analphabète	172 100	...	...	...	...	...
	Thailand – Thaïlande						
	1 IV 1990* [3 4 20]						
	Total						
22	Total	49 076 100	–	...	...	...	...
23	Literate–Alphabète	45 454 800	–	...	...	...	...
24	Illiterate–Analphabète	3 420 800	–	...	...	...	...
25	Unknown–Inconnu	200 500	–	...	...	...	...
	Male – Masculin						
26	Total	24 240 900	–	...	...	...	...
27	Literate–Alphabète	22 871 000	–	...	...	...	...
28	Illiterate–Analphabète	1 269 200	–	...	...	...	...
29	Unknown–Inconnu	100 700	–	...	...	...	...
	Female – Féminin						
30	Total	24 835 200	–	...	...	...	...
31	Literate–Alphabète	22 583 800	–	...	...	...	...
32	Illiterate–Analphabète	2 151 600	–	...	...	...	...
33	Unknown–Inconnu	99 800	–	...	...	...	...
	Turkey – Turquie						
	20 X 1985 [4]						
	Total						
34	Total	37 847 796	31 558 203	6 193 476	5 407 464	4 784 480	4 040 762
35	Literate–Alphabète	29 723 326	23 960 554	5 697 909	4 956 793	4 300 099	3 558 194
36	Illiterate–Analphabète	8 081 261	7 579 671	484 202	446 076	480 472	480 451
37	Unknown–Inconnu	43 209	17 978	11 365	4 595	3 909	2 117
	Male – Masculin						
38	Total	19 102 228	15 836 428	3 210 697	2 744 581	2 434 052	2 056 187
39	Literate–Alphabète	16 948 595	13 867 969	3 037 168	2 623 947	2 327 104	1 974 183
40	Illiterate–Analphabète	2 132 837	1 959 483	167 565	118 215	105 109	80 926
41	Unknown–Inconnu	20 796	8 976	5 964	2 419	1 839	1 078
	Female – Féminin						
42	Total	18 745 568	15 721 775	2 982 779	2 662 883	2 350 428	1 984 575
43	Literate–Alphabète	12 774 731	10 092 585	2 660 741	2 332 846	1 972 995	1 584 011
44	Illiterate–Analphabète	5 948 424	5 620 188	316 637	327 861	375 363	399 525
45	Unknown–Inconnu	22 413	9 002	5 401	2 176	2 070	1 039

32. Population selon l'alphabétisme, le sexe, l'âge et la résidence, urbaine/rurale: chaque recensement, 1985 – 1993 (suite)

(Voir notes à la fin du tableau.)

Age (en années)						
30 – 34	35 – 44	45 – 54	55 – 64	65 plus	Unknown Inconnu	
54 252	65 065	26 613	8 438	3 770	93	1
42 602	46 182	15 008	3 389	907	47	2
11 573	18 759	11 554	5 028	2 855	24	3
77	124	51	21	8	22	4
41 004	49 394	20 434	6 025	2 189	73	5
32 454	36 350	12 651	2 867	734	41	6
8 510	12 959	7 746	3 143	1 450	15	7
40	85	37	15	5	17	8
13 248	15 671	6 179	2 413	1 581	20	9
10 148	9 832	2 357	522	173	6	10
3 063	5 800	3 808	1 885	1 405	9	11
37	39	14	6	3	5	12
...	...	...	...	...	...	13
...	...	...	...	...	...	14
...	...	...	...	...	...	15
...	...	...	...	...	...	16
...	...	...	...	...	...	17
...	...	...	...	...	...	18
...	...	...	...	...	...	19
...	...	...	...	...	...	20
...	...	...	...	...	...	21
...	...	...	...	...	...	22
...	...	...	...	...	...	23
...	...	...	...	...	...	24
...	...	...	...	...	...	25
...	...	...	...	...	...	26
...	...	...	...	...	...	27
...	...	...	...	...	...	28
...	...	...	...	...	...	29
...	...	...	...	...	...	30
...	...	...	...	...	...	31
...	...	...	...	...	...	32
...	...	...	...	...	...	33
3 374 406	4 994 727	4 051 201	2 779 255	2 125 908	96 117	34
2 844 771	3 806 100	2 468 280	1 370 496	655 821	64 863	35
527 926	1 186 619	1 581 366	1 407 737	1 469 024	17 388	36
1 709	2 008	1 555	1 022	1 063	13 866	37
1 723 904	2 511 813	2 030 600	1 380 249	955 042	55 103	38
1 636 389	2 285 577	1 607 679	949 011	464 079	43 458	39
86 578	225 189	422 168	430 764	490 534	5 789	40
937	1 047	753	474	429	5 856	41
1 650 502	2 482 914	2 020 601	1 399 006	1 170 866	41 014	42
1 208 382	1 520 523	860 601	421 485	191 742	21 405	43
441 348	961 430	1 159 198	976 973	978 490	11 599	44
772	961	802	548	634	8 010	45

32. Population by literacy, sex, age and urban/rural residence: each census, 1985 – 1993 (continued)

(See notes at end of table.)

	Continent, country or area, census date, sex, literacy and urban/rural residence / Continent, pays ou zone, date du recensement, alphabétisme et résidence, urbaine/rurale	Age (in years): 10 plus [1]	15 plus [2]	10 – 14	15 – 19	20 – 24	25 – 29
	ASIA—ASIE (Cont.–Suite)						
	Turkey – Turquie						
	21 X 1990 [4]						
	Total						
1	Total	43 619 082	36 683 201	6 891 399	6 216 469	5 095 504	4 813 127
2	Literate–Alphabète	35 523 499	29 056 499	6 437 665	5 804 640	4 662 184	4 337 934
3	Illiterate–Analphabète	8 076 651	7 615 973	453 146	411 135	432 188	473 752
4	Unknown–Inconnu	18 932	10 729	588	694	1 132	1 441
	Male – Masculin						
5	Total	22 013 383	18 426 102	3 560 900	3 165 061	2 581 153	2 435 765
6	Literate–Alphabète	19 970 295	16 550 432	3 400 429	3 059 606	2 488 793	2 352 980
7	Illiterate–Analphabète	2 032 975	1 870 245	160 146	105 147	91 877	82 110
8	Unknown–Inconnu	10 113	5 425	325	308	483	675
	Female – Féminin						
9	Total	21 605 699	18 257 099	3 330 499	3 051 408	2 514 351	2 377 362
10	Literate–Alphabète	15 553 204	12 506 067	3 037 236	2 745 034	2 173 391	1 984 954
11	Illiterate–Analphabète	6 043 676	5 745 728	293 000	305 988	340 311	391 642
12	Unknown–Inconnu	8 819	5 304	263	386	649	766
	Viet Nam						
	1 IV 1989*						
	Total						
13	Total	46 812 947	39 286 065	7 526 882	6 820 107	5 999 744	5 667 234
14	Literate–Alphabète	41 405 407	34 406 133	6 999 274	6 365 644	5 649 540	5 358 586
15	Illiterate–Analphabète	5 394 298	4 871 866	522 432	453 740	349 425	307 867
16	Unknown–Inconnu	13 242	8 066	5 176	723	779	781
	Male – Masculin						
17	Total	22 282 519	18 406 641	3 875 878	3 376 525	2 879 761	2 695 857
18	Literate–Alphabète	20 737 766	17 116 788	3 620 978	3 155 629	2 729 723	2 580 647
19	Illiterate–Analphabète	1 540 335	1 287 769	252 566	220 420	149 744	114 976
20	Unknown–Inconnu	4 418	2 084	2 334	476	294	234
	Female – Féminin						
21	Total	24 530 428	20 879 424	3 651 004	3 443 582	3 119 983	2 971 377
22	Literate–Alphabète	20 667 641	17 289 345	3 378 296	3 210 015	2 919 817	2 777 939
23	Illiterate–Analphabète	3 853 963	3 584 097	269 866	233 320	199 681	192 891
24	Unknown–Inconnu	8 824	5 982	2 842	247	485	547
	EUROPE						
	Estonia – Estonie						
	12 I 1989						
	Total						
25	Total	1 328 193	1 216 924	111 269	111 696	104 027	119 514
26	Literate–Alphabète	1 324 697	1 213 592	111 105	111 544	103 894	119 428
27	Illiterate–Analphabète	3 493	3 329	164	152	133	86
28	Unknown–Inconnu	3	3	–	–	–	–
	Male – Masculin						
29	Total	610 557	553 964	56 593	58 744	53 315	60 212
30	Literate–Alphabète	609 772	553 276	56 496	58 637	53 236	60 162
31	Illiterate–Analphabète	784	687	97	107	79	50
32	Unknown–Inconnu	1	1	–	–	–	–
	Female – Féminin						
33	Total	717 636	662 960	54 676	52 952	50 712	59 302
34	Literate–Alphabète	714 925	660 316	54 609	52 907	50 658	59 266
35	Illiterate–Analphabète	2 709	2 642	67	45	54	36
36	Unknown–Inconnu	2	2	–	–	–	–
	Latvia – Lettonie						
	12 I 1989 [4]						
	Total						
37	Total	2 270 218	2 095 631	174 514	184 525	185 178	209 306
38	Literate–Alphabète	2 257 832	2 083 833	173 970	184 080	184 808	208 966
39	Illiterate–Analphabète	12 020	11 476	544	445	352	303
40	Unknown–Inconnu	366	322	–	–	18	37

32. Population selon l'alphabétisme, le sexe, l'âge et la résidence, urbaine/rurale: chaque recensement, 1985 – 1993 (suite)

(Voir notes à la fin du tableau.)

Age (en années)						
30 – 34	35 – 44	45 – 54	55 – 64	65 plus	Unknown Inconnu	
4 086 309	6 278 488	4 220 127	3 555 814	2 417 363	44 482	1
3 588 577	5 097 379	2 835 093	1 850 996	879 696	29 335	2
496 471	1 178 691	1 382 972	1 703 715	1 537 049	7 532	3
1 261	2 418	2 062	1 103	618	7 615	4
2 096 899	3 202 905	2 091 228	1 761 949	1 091 142	26 381	5
2 014 444	3 005 734	1 772 101	1 255 643	601 131	19 434	6
81 820	195 870	318 030	505 696	489 695	2 584	7
635	1 301	1 097	610	316	4 363	8
1 989 410	3 075 583	2 128 899	1 793 865	1 326 221	18 101	9
1 574 133	2 091 645	1 062 992	595 353	278 565	9 901	10
414 651	982 821	1 064 942	1 198 019	1 047 354	4 948	11
626	1 117	965	493	302	3 252	12
4 733 391	5 559 840	3 906 756	1 966 503	4 632 490	–	13
4 470 217	5 138 526	3 346 229	1 535 009	2 542 382	–	14
262 588	420 866	559 936	431 010	2 086 434	–	15
586	448	591	484	3 674	–	16
2 264 254	2 590 141	1 747 044	921 778	1 931 281	–	17
2 176 190	2 479 644	1 641 930	839 457	1 513 568	–	18
87 778	110 428	104 954	82 321	417 148	–	19
286	69	160	–	565	–	20
2 469 137	2 969 699	2 159 712	1 044 725	2 701 209	–	21
2 294 027	2 658 882	1 704 299	695 552	1 028 814	–	22
174 810	310 438	454 982	348 689	1 669 286	–	23
300	379	431	484	3 109	–	24
121 092	208 114	195 400	178 186	178 895	–	25
121 037	208 000	195 250	177 809	176 630	–	26
55	113	150	375	2 265	–	27
–	1	–	2	–	–	28
59 920	101 050	91 741	74 814	54 168	–	29
59 892	100 995	91 661	74 667	54 026	–	30
28	55	80	146	142	–	31
–	–	–	1	–	–	32
61 172	107 064	103 659	103 372	124 727	–	33
61 145	107 005	103 589	103 142	122 604	–	34
27	58	70	229	2 123	–	35
–	1	–	1	–	–	36
200 375	340 390	351 201	309 890	314 766	73	37
200 084	339 888	350 541	308 958	306 508	29	38
249	428	600	888	8 211	–	39
42	74	60	44	47	44	40

32. Population by literacy, sex, age and urban/rural residence: each census, 1985 – 1993 (continued)

(See notes at end of table.)

	Continent, country or area, census date, sex, literacy and urban/rural residence Continent, pays ou zone, date du recensement, alphabétisme et résidence, urbaine/rurale	Age (in years) 10 plus [1]	15 plus [2]	10 – 14	15 – 19	20 – 24	25 – 29
	EUROPE (Cont.–Suite)						
	Latvia – Lettonie						
	12 I 1989 [4]						
	Male – Masculin						
1	Total	1 036 778	948 183	88 560	95 285	95 163	104 859
2	Literate–Alphabète	1 033 939	945 699	88 224	95 013	94 950	104 667
3	Illiterate–Analphabète	2 663	2 327	336	272	204	172
4	Unknown–Inconnu	176	157	–	–	9	20
	Female – Féminin						
5	Total	1 233 440	1 147 448	85 954	89 240	90 015	104 447
6	Literate–Alphabète	1 223 893	1 138 134	85 746	89 067	89 858	104 299
7	Illiterate–Analphabète	9 357	9 149	208	173	148	131
8	Unknown–Inconnu	190	165	–	–	9	17
	Lithuania – Lituanie						
	12 I 1989						
	Total						
9	Total	[21] 3 159 039	2 842 566	[22] 316 400	280 717	279 607	312 024
10	Literate–Alphabète	[21] 3 113 510	2 798 258	[22] 315 179	279 696	278 800	311 261
11	Illiterate–Analphabète	[21] 45 529	44 308	[22] 1 221	1 021	807	763
	Male – Masculin						
12	Total	[21] 1 475 924	1 315 708	[22] 160 192	145 372	143 629	157 480
13	Literate–Alphabète	[21] 1 464 783	1 305 272	[22] 159 487	144 782	143 182	157 049
14	Illiterate–Analphabète	[21] 11 141	10 436	705	590	447	431
	Female – Féminin						
15	Total	[21] 1 683 115	1 526 858	[22] 156 208	135 345	135 978	154 544
16	Literate–Alphabète	[21] 1 648 727	1 492 986	[22] 155 692	134 914	135 618	154 212
17	Illiterate–Analphabète	[21] 34 388	33 872	[22] 516	431	360	332
	Malta – Malte						
	16 XI 1985 [23]						
	Total						
18	Total	285 193	...	*— 50 010	—*	26 799	28 673
19	Literate–Alphabète	250 919	...	*— 49 476	—*	25 961	27 041
20	Illiterate–Analphabète	34 274	...	*— 534	—*	838	1 632
	Male – Masculin						
21	Total	139 292	...	*— 25 774	—*	13 856	14 513
22	Literate–Alphabète	122 099	...	*— 25 383	—*	13 230	13 394
23	Illiterate–Analphabète	17 193	...	*— 391	—*	626	1 119
	Female – Féminin						
24	Total	145 901	...	*— 24 236	—*	12 943	14 160
25	Literate–Alphabète	128 820	...	*— 24 093	—*	12 731	13 647
26	Illiterate–Analphabète	17 081	...	*— 143	—*	212	513
	Republic of Moldova – République de Moldova						
	12 I 1989 [3]						
	Total						
27	Total	3 496 056	3 124 770	371 285	326 279	298 878	367 610
28	Literate–Alphabète	3 381 905	3 011 569	370 335	325 397	298 068	366 699
29	Illiterate–Analphabète	114 143	113 193	950	882	810	910
30	Unknown–Inconnu	8	8	–	–	–	1
	Male – Masculin						
31	Total	1 636 607	1 448 687	187 920	166 769	145 541	178 002
32	Literate–Alphabète	1 616 014	1 428 604	187 410	166 317	145 119	177 546
33	Illiterate–Analphabète	20 588	20 078	510	452	422	455
34	Unknown–Inconnu	5	5	–	–	–	1
	Female – Féminin						
35	Total	1 859 449	1 676 083	183 365	159 510	153 337	189 608
36	Literate–Alphabète	1 765 891	1 582 965	182 925	159 080	152 949	189 153
37	Illiterate–Analphabète	93 555	93 115	440	430	388	455
38	Unknown–Inconnu	3	3	–	–	–	–

32. Population selon l'alphabétisme, le sexe, l'âge et la résidence, urbaine/rurale: chaque recensement, 1985 – 1993 (suite)

(Voir notes à la fin du tableau.)

Age (en années)						
30 – 34	35 – 44	45 – 54	55 – 64	65 plus	Unknown Inconnu	
99 334	165 117	163 944	127 758	96 723	35	1
99 189	164 865	163 631	127 468	95 916	16	2
124	212	278	275	790	–	3
21	40	35	15	17	19	4
101 041	175 273	187 257	182 132	218 043	38	5
100 895	175 023	186 910	181 490	210 592	13	6
125	216	322	613	7 421	–	7
21	34	25	29	30	25	8
277 558	456 139	447 002	398 287	391 232	73	9
277 025	455 268	444 957	393 575	357 676	73	10
533	871	2 045	4 712	33 556	–	11
137 987	220 835	207 586	167 183	135 636	24	12
137 694	220 411	206 730	165 636	129 788	24	13
293	424	856	1 547	5 848	–	14
139 571	235 304	239 416	231 104	255 596	49	15
139 331	234 857	238 227	227 939	227 888	49	16
240	447	1 189	3 165	27 708	–	17
27 323	51 227	36 495	31 213	33 453	–	18
25 273	46 679	31 017	23 744	21 728	–	19
2 050	4 548	5 478	7 469	11 725	–	20
13 735	25 313	17 083	14 489	14 529	–	21
12 380	22 534	14 441	11 245	9 492	–	22
1 355	2 779	2 642	3 244	5 037	–	23
13 588	25 914	19 412	16 724	18 924	–	24
12 893	24 145	16 576	12 499	12 236	–	25
695	1 769	2 836	4 225	6 688	–	26
364 648	545 738	465 456	403 574	352 587	1	27
363 796	544 535	461 359	379 511	272 204	1	28
852	1 201	4 094	24 061	80 383	–	29
–	2	3	2	–	–	30
177 817	262 561	214 748	172 724	130 525	–	31
177 407	262 024	213 826	169 126	117 239	–	32
410	536	921	3 596	13 286	–	33
–	1	1	2	–	–	34
186 831	283 177	250 708	230 850	222 062	1	35
186 389	282 511	247 533	210 385	154 965	1	36
442	665	3 173	20 465	67 097	–	37
–	1	2	–	–	–	38

32. Population by literacy, sex, age and urban/rural residence: each census, 1985 – 1993 (continued)

(See notes at end of table.)

	Continent, country or area, census date, sex, literacy and urban/rural residence Continent, pays ou zone, date du recensement, alphabétisme et résidence, urbaine/rurale	Age (in years): 10 plus [1]	15 plus [2]	10 – 14	15 – 19	20 – 24	25 – 29
	EUROPE (Cont.–Suite)						
	Romania – Roumanie						
	7 I 1992 [4]						
	Total						
1	Total	[7] 18 801 610	17 625 385	[8] 1 173 477	1 916 936	2 042 068	1 255 780
2	Literate–Alphabète	[7] 18 131 466	16 971 954	[8] 1 158 475	1 893 696	2 018 245	1 239 860
3	Illiterate–Analphabète	[7] 591 307	577 376	[8] 13 893	19 721	15 509	10 908
4	Unknown–Inconnu	[7] 78 837	76 055	[8] 1 109	3 519	8 314	5 012
	Male – Masculin						
5	Total	[7] 9 167 817	8 567 154	[8] 599 110	985 954	1 030 191	638 007
6	Literate–Alphabète	[7] 9 007 212	8 415 065	[8] 591 592	974 723	1 019 209	630 988
7	Illiterate–Analphabète	[7] 132 335	125 372	[8] 6 952	9 483	7 001	4 642
8	Unknown–Inconnu	[7] 28 270	26 717	[8] 566	1 748	3 981	2 377
	Female – Féminin						
9	Total	[7] 9 633 793	9 058 231	[8] 574 367	930 982	1 011 877	617 773
10	Literate–Alphabète	[7] 9 124 254	8 556 889	[8] 566 883	918 973	999 036	608 872
11	Illiterate–Analphabète	[7] 458 972	452 004	[8] 6 941	10 238	8 508	6 266
12	Unknown–Inconnu	[7] 50 567	49 338	[8] 543	1 771	4 333	2 635
	Russian Federation – Fédération Russe						
	12 I 1989						
	Total						
13	Total	123 629 967	112952870	10 592 239	9 967 611	9 754 620	12 557 234
14	Literate–Alphabète	121 291 679	110666050	10 557 750	9 937 393	9 727 493	12 527 002
15	Illiterate–Analphabète	2 312 150	2 274 562	34 485	30 216	25 079	28 666
16	Unknown–Inconnu	26 138	12 258	4	2	2 048	1 566
	Male – Masculin						
17	Total	56 816 456	51 405 107	5 372 103	5 118 710	4 955 983	6 373 601
18	Literate–Alphabète	56 502 479	51 119 582	5 351 965	5 101 468	4 941 040	6 357 346
19	Illiterate–Analphabète	300 786	279 490	20 137	17 241	13 886	15 443
20	Unknown–Inconnu	13 191	6 035	1	1	1 057	812
	Female – Féminin						
21	Total	66 813 511	61 547 763	5 220 136	4 848 901	4 798 637	6 183 633
22	Literate–Alphabète	64 789 200	59 546 468	5 205 785	4 835 925	4 786 453	6 169 656
23	Illiterate–Analphabète	2 011 364	1 995 072	14 348	12 975	11 193	13 223
24	Unknown–Inconnu	12 947	6 223	3	1	991	754
	Slovenia – Slovénie						
	31 III 1991 [3 4]						
	Total						
25	Total	1 711 638	1 560 938	150 010	144 900	143 629	153 345
26	Literate–Alphabète	1 704 079	1 553 516	149 903	144 598	143 232	152 930
27	Illiterate–Analphabète	7 559	7 422	107	302	397	415
28	Unknown–Inconnu	–	–	–	–	–	–
	Male – Masculin						
29	Total	822 174	744 642	77 192	74 103	71 886	76 562
30	Literate–Alphabète	819 139	741 679	77 130	73 941	71 664	76 375
31	Illiterate–Analphabète	3 035	2 963	62	162	222	187
32	Unknown–Inconnu	–	–	–	–	–	–
	Female – Féminin						
33	Total	889 464	816 296	72 818	70 797	71 743	76 783
34	Literate–Alphabète	884 940	811 837	72 773	70 657	71 568	76 555
35	Illiterate–Analphabète	4 524	4 459	45	140	175	228
36	Unknown–Inconnu	–	–	–	–	–	–
	Spain – Espagne						
	1 III 1991						
	Total						
37	Total	34 438 796	31 199 556	3 094 142	3 319 480	3 212 661	3 089 082
38	Literate–Alphabète	32 640 508	29 780 823	2 752 278	3 240 757	3 151 948	3 038 364
39	Illiterate–Analphabète	1 100 480	1 081 742	9 475	13 052	15 551	17 494
40	Unknown–Inconnu	697 808	336 991	332 389	65 671	45 162	33 224
	Male – Masculin						
41	Total	16 760 190	15 092 739	1 593 236	1 695 644	1 636 355	1 561 440
42	Literate–Alphabète	16 108 612	14 638 763	1 413 739	1 654 870	1 606 503	1 536 493
43	Illiterate–Analphabète	301 755	293 343	5 078	6 988	8 082	8 692
44	Unknown–Inconnu	349 823	160 633	174 419	33 786	21 770	16 255

32. Population selon l'alphabétisme, le sexe, l'âge et la résidence, urbaine/rurale: chaque recensement, 1985 – 1993 (suite)

(Voir notes à la fin du tableau.)

Age (en années)						
30 – 34	35 – 44	45 – 54	55 – 64	65 plus	Unknown Inconnu	
1 546 138	3 240 663	2 521 174	2 595 115	2 507 511	2 748	1
1 527 090	3 202 795	2 461 946	2 446 945	2 181 377	1 037	2
13 390	26 848	50 267	135 592	305 141	38	3
5 658	11 020	8 961	12 578	20 993	1 673	4
780 609	1 623 875	1 234 624	1 234 744	1 039 150	1 553	5
772 583	1 608 725	1 217 717	1 206 451	984 669	555	6
5 466	10 209	13 534	24 857	50 180	11	7
2 560	4 941	3 373	3 436	4 301	987	8
765 529	1 616 788	1 286 550	1 360 371	1 468 361	1 195	9
754 507	1 594 070	1 244 229	1 240 494	1 196 708	482	10
7 924	16 639	36 733	110 735	254 961	27	11
3 098	6 079	5 588	9 142	16 692	686	12
12 862 809	19 346 722	17 548 433	16 759 220	14 156 221	84 858	13
12 837 548	19 310 914	17 462 295	16 548 943	12 314 462	67 879	14
23 841	33 789	84 068	208 449	1 840 454	3 103	15
1 420	2 019	2 070	1 828	1 305	13 876	16
6 472 859	9 597 001	8 221 131	6 959 545	3 706 277	39 246	17
6 459 427	9 579 632	8 192 324	6 907 885	3 580 460	30 932	18
12 653	16 234	27 771	50 828	125 434	1 159	19
779	1 135	1 036	832	383	7 155	20
6 389 950	9 749 721	9 327 302	9 799 675	10 449 944	45 612	21
6 378 121	9 731 282	9 269 971	9 641 058	8 734 002	36 947	22
11 188	17 555	56 297	157 621	1 715 020	1 944	23
641	884	1 034	996	922	6 721	24
155 073	306 518	228 037	214 752	214 684	690	25
154 646	305 540	226 983	213 249	212 338	660	26
427	978	1 054	1 503	2 346	30	27
–	–	–	–	–	–	28
78 153	157 344	114 145	98 060	74 389	340	29
77 951	156 897	113 696	97 457	73 698	330	30
202	447	449	603	691	10	31
–	–	–	–	–	–	32
76 920	149 174	113 892	116 692	140 295	350	33
76 695	148 643	113 287	115 792	138 640	330	34
225	531	605	900	1 655	20	35
–	–	–	–	–	–	36
2 844 900	4 894 545	4 154 347	4 332 182	5 352 359	145 098	37
2 795 268	4 790 667	3 990 355	4 039 925	4 733 539	107 407	38
20 598	57 441	129 891	260 642	567 073	9 263	39
29 034	46 437	34 101	31 615	51 747	28 428	40
1 425 087	2 441 723	2 048 084	2 084 043	2 200 363	74 215	41
1 401 608	2 396 756	1 993 998	1 991 076	2 057 459	56 110	42
9 298	21 746	36 778	77 723	124 036	3 334	43
14 181	23 221	17 308	15 244	18 868	14 771	44

32. Population by literacy, sex, age and urban/rural residence: each census, 1985 – 1993 (continued)

(See notes at end of table.)

	Continent, country or area, census date, sex, literacy and urban/rural residence Continent, pays ou zone, date du recensement, alphabétisme et résidence, urbaine/rurale	Age (in years)					
		10 plus [1]	15 plus [2]	10 – 14	15 – 19	20 – 24	25 – 29
	EUROPE (Cont.–Suite)						
	Spain – Espagne						
	1 III 1991						
	Female – Féminin						
1	Total	17 678 606	16 106 817	1 500 906	1 623 836	1 576 306	1 527 642
2	Literate–Alphabète	16 531 896	15 142 060	1 338 539	1 585 887	1 545 445	1 501 871
3	Illiterate–Analphabète	798 725	788 399	4 397	6 064	7 469	8 802
4	Unknown–Inconnu	347 985	176 358	157 970	31 885	23 392	16 969
	OCEANIA—OCEANIE						
	New Caledonia – Nouvelle–Calédonie						
	4 IV 1989						
	Total						
5	Total	128 337	110 617	17 720	18 450	14 856	13 588
6	Literate–Alphabète	120 221	102 963	17 258	18 252	14 640	13 307
7	Illiterate–Analphabète	8 116	7 654	462	198	216	281
	Male – Masculin						
8	Total	65 458	56 533	8 925	9 456	7 520	6 709
9	Literate–Alphabète	61 848	53 166	8 682	9 350	7 398	6 586
10	Illiterate–Analphabète	3 610	3 367	243	106	122	123
	Female – Féminin						
11	Total	62 879	54 084	8 795	8 994	7 336	6 879
12	Literate–Alphabète	58 373	49 797	8 576	8 902	7 242	6 721
13	Illiterate–Analphabète	4 506	4 287	219	92	94	158

32. Population selon l'alphabétisme, le sexe, l'âge et la résidence, urbaine/rurale: chaque recensement, 1985 – 1993 (suite)

Voir notes à la fin du tableau.)

Age (en années)						
30 – 34	35 – 44	45 – 54	55 – 64	65 plus	Unknown Inconnu	
1 419 813	2 452 822	2 106 263	2 248 139	3 151 996	70 883	1
1 393 660	2 393 911	1 996 357	2 048 849	2 676 080	51 297	2
11 300	35 695	93 113	182 919	443 037	5 929	3
14 853	23 216	16 793	16 371	32 879	13 657	4
12 000	20 464	14 632	9 238	7 389	–	5
11 751	19 483	13 009	7 426	5 095	–	6
249	981	1 623	1 812	2 294	–	7
6 072	10 881	7 687	4 773	3 435	–	8
5 947	10 435	7 031	4 023	2 396	–	9
125	446	656	750	1 039	–	10
5 928	9 583	6 945	4 465	3 954	–	11
5 804	9 048	5 978	3 403	2 699	–	12
124	535	967	1 062	1 255	–	13

32. Population by literacy, sex, age and urban/rural residence: each census, 1985 – 1993 (continued)
Data by urban/rural residence

(See notes at end of table.)

	Continent, country or area, census date, sex, literacy and urban/rural residence Continent, pays ou zone, date du recensement, alphabétisme et résidence, urbaine/rurale	Age (in years)					
		10 plus [1]	15 plus [2]	10 – 14	15 – 19	20 – 24	25 – 29
	AFRICA—AFRIQUE						
	Egypt – Egypte						
	Urban – Urbaine						
	17 XI 1986 [5]						
	Total						
1	Total	15 564 578	13 185 507	2 293 598	2 171 258	1 927 728	1 657 275
2	Literate–Alphabète	10 005 767	7 893 513	2 086 573	1 738 869	1 425 430	1 061 773
3	Illiterate–Analphabète	5 512 009	5 286 517	207 025	427 605	502 144	595 263
4	Unknown–Inconnu	46 802	5 477	–	4 784	154	239
	Male – Masculin						
5	Total	7 982 108	6 763 499	1 178 614	1 138 497	1 006 449	809 202
6	Literate–Alphabète	5 840 016	4 733 298	1 094 205	930 893	795 834	597 508
7	Illiterate–Analphabète	2 118 090	2 026 804	84 409	204 885	210 461	211 470
8	Unknown–Inconnu	24 002	3 397	–	2 719	154	224
	Female – Féminin						
9	Total	7 582 470	6 422 008	1 114 984	1 032 761	921 279	848 073
10	Literate–Alphabète	4 165 751	3 160 215	992 368	807 976	629 596	464 265
11	Illiterate–Analphabète	3 393 919	3 259 713	122 616	222 720	291 683	383 793
12	Unknown–Inconnu	22 800	2 080	–	2 065	–	15
	Rural – Rurale						
	17 XI 1986 [5]						
	Total						
13	Total	18 874 796	15 495 252	3 265 755	2 806 397	2 112 833	1 910 063
14	Literate–Alphabète	7 254 172	4 841 387	2 394 038	1 575 444	962 924	624 381
15	Illiterate–Analphabète	11 553 630	10 645 299	871 717	1 222 898	1 149 710	1 285 502
16	Unknown–Inconnu	66 994	8 566	–	8 055	199	180
	Male – Masculin						
17	Total	9 611 430	7 840 854	1 724 813	1 550 174	1 144 495	934 026
18	Literate–Alphabète	5 047 924	3 582 642	1 455 802	1 044 024	678 057	464 269
19	Illiterate–Analphabète	4 530 985	4 252 729	269 011	501 178	466 239	469 577
20	Unknown–Inconnu	32 521	5 483	–	4 972	199	180
	Female – Féminin						
21	Total	9 263 366	7 654 398	1 540 942	1 256 223	968 338	976 037
22	Literate–Alphabète	2 206 248	1 258 745	938 236	531 420	284 867	160 112
23	Illiterate–Analphabète	7 022 645	6 392 570	602 706	721 720	683 471	815 925
24	Unknown–Inconnu	34 473	3 083	–	3 083	–	–
	Namibia – Namibie						
	Urban – Urbaine						
	20 X 1991						
	Total						
25	Total	355 202	306 789	48 162	52 412	54 087	51 564
26	Literate–Alphabète	320 108	275 213	44 801	50 093	51 063	47 979
27	Illiterate–Analphabète	34 870	31 493	3 350	2 315	3 010	3 571
28	Unknown–Inconnu	224	83	11	4	14	14
	Male – Masculin						
29	Total	181 866	158 408	23 272	24 374	26 894	26 440
30	Literate–Alphabète	164 289	142 637	21 589	23 036	25 134	24 506
31	Illiterate–Analphabète	17 427	15 727	1 677	1 335	1 750	1 927
32	Unknown–Inconnu	150	44	6	3	10	7
	Female – Féminin						
33	Total	173 336	148 381	24 890	28 038	27 193	25 124
34	Literate–Alphabète	155 819	132 576	23 212	27 057	25 929	23 473
35	Illiterate–Analphabète	17 443	15 766	1 673	980	1 260	1 644
36	Unknown–Inconnu	74	39	5	1	4	7
	Rural – Rurale						
	20 X 1991						
	Total						
37	Total	643 234	514 156	128 741	113 143	76 648	58 631
38	Literate–Alphabète	445 179	346 972	98 050	97 275	62 573	44 814
39	Illiterate–Analphabète	197 698	166 967	30 590	15 841	14 047	13 793
40	Unknown–Inconnu	357	217	101	27	28	24

32. Population selon l'alphabétisme, le sexe, l'âge et la résidence, urbaine/rurale: chaque recensement, 1985 – 1993 (suite)
Données selon la résidence urbaine/rurale

(Voir notes à la fin du tableau.)

Age (en années)						
30 – 34	35 – 44	45 – 54	55 – 64	65 plus	Unknown Inconnu	
1 476 934	2 427 158	1 690 773	1 105 114	729 267	85 473	1
901 006	1 319 716	784 174	434 780	227 765	25 681	2
575 904	1 107 293	906 517	670 289	501 502	18 467	3
24	149	82	45	–	41 325	4
742 646	1 243 945	850 622	572 246	399 892	39 995	5
536 990	848 762	537 370	314 606	171 335	12 513	6
205 632	395 034	313 170	257 595	228 557	6 877	7
24	149	82	45	–	20 605	8
734 288	1 183 213	840 151	532 868	329 375	45 478	9
364 016	470 954	246 804	120 174	56 430	13 168	10
370 272	712 259	593 347	412 694	272 945	11 590	11
–	–	–	–	–	20 720	12
1 497 837	2 673 120	2 033 628	1 392 905	1 068 469	113 789	13
437 625	594 721	327 501	187 624	131 167	18 747	14
1 060 186	2 078 319	1 706 106	1 205 276	937 302	36 614	15
26	80	21	5	–	58 428	16
748 010	1 299 528	949 569	666 458	548 594	45 763	17
345 719	496 148	280 056	164 822	109 547	9 480	18
402 265	803 300	669 492	501 631	439 047	9 245	19
26	80	21	5	–	27 038	20
749 827	1 373 592	1 084 059	726 447	519 875	68 026	21
91 906	98 573	47 445	22 802	21 620	9 267	22
657 921	1 275 019	1 036 614	703 645	498 255	27 369	23
–	–	–	–	–	31 390	24
40 287	52 427	29 067	14 908	12 037	251	25
36 673	46 227	24 213	11 347	7 618	94	26
3 602	6 191	4 848	3 550	4 406	27	27
12	9	6	11	13	130	28
20 938	29 205	16 898	8 280	5 379	186	29
19 233	26 134	14 425	6 664	3 505	63	30
1 699	3 064	2 470	1 613	1 869	23	31
6	7	3	3	5	100	32
19 349	23 222	12 169	6 628	6 658	65	33
17 440	20 093	9 788	4 683	4 113	31	34
1 903	3 127	2 378	1 937	2 537	4	35
6	2	3	8	8	30	36
45 869	68 921	52 931	41 704	56 309	337	37
31 892	43 275	28 506	19 896	18 741	157	38
13 958	25 615	24 390	21 775	37 548	141	39
19	31	35	33	20	39	40

32. Population by literacy, sex, age and urban/rural residence: each census, 1985 – 1993 (continued)
Data by urban/rural residence

(See notes at end of table.)

	Continent, country or area, census date, sex, literacy and urban/rural residence Continent, pays ou zone, date du recensement, alphabétisme et résidence, urbaine/rurale	Age (in years)					
		10 plus [1]	15 plus [2]	10 – 14	15 – 19	20 – 24	25 – 29
	AFRICA—AFRIQUE (Cont.–Suite)						
	Namibia – Namibie						
	Rural – Rurale						
	20 X 1991						
	Male – Masculin						
1	Total	299 488	234 738	64 564	57 012	36 577	25 929
2	Literate–Alphabète	209 895	163 131	46 669	47 023	28 914	19 281
3	Illiterate–Analphabète	89 382	71 482	17 835	9 971	7 648	6 633
4	Unknown–Inconnu	211	125	60	18	15	15
	Female – Féminin						
5	Total	343 746	279 418	64 177	56 131	40 071	32 702
6	Literate–Alphabète	235 284	183 841	51 381	50 252	33 659	25 533
7	Illiterate–Analphabète	108 316	95 485	12 755	5 870	6 399	7 160
8	Unknown–Inconnu	146	92	41	9	13	9
	Uganda – Ouganda						
	Urban – Urbaine						
	12 I 1991						
	Total						
9	Total	1 310 039	1 088 186	221 853	227 046	245 673	206 724
10	Literate–Alphabète	1 058 986	900 582	158 404	199 917	217 432	179 269
11	Illiterate–Analphabète	251 053	187 604	63 449	27 129	28 241	27 455
12	Unknown–Inconnu	–	–	–	–	–	–
	Male – Masculin						
13	Total	635 422	537 195	98 227	94 680	116 303	105 624
14	Literate–Alphabète	544 305	473 753	70 552	84 954	106 044	96 325
15	Illiterate–Analphabète	91 117	63 442	27 675	9 726	10 259	9 299
16	Unknown–Inconnu	–	–	–	–	–	–
	Female – Féminin						
17	Total	674 617	550 991	123 626	132 366	129 370	101 100
18	Literate–Alphabète	514 681	426 829	87 852	114 963	111 388	82 944
19	Illiterate–Analphabète	159 936	124 162	35 774	17 403	17 982	18 156
20	Unknown–Inconnu	–	–	–	–	–	–
	Rural – Rurale						
	12 I 1991						
	Total						
21	Total	9 694 011	7 695 496	1 998 515	1 575 214	1 280 167	1 076 583
22	Literate–Alphabète	4 879 991	4 027 712	852 279	1 074 762	830 929	624 669
23	Illiterate–Analphabète	4 814 020	3 667 784	1 146 236	500 452	449 238	451 914
24	Unknown–Inconnu	–	–	–	–	–	–
	Male – Masculin						
25	Total	4 734 440	3 702 431	1 032 009	771 100	593 910	504 599
26	Literate–Alphabète	2 863 822	2 417 591	446 231	575 446	450 599	362 621
27	Illiterate–Analphabète	1 870 618	1 284 840	585 778	195 654	143 311	141 978
28	Unknown–Inconnu	–	–	–	–	–	–
	Female – Féminin						
29	Total	4 959 571	3 993 065	966 506	804 114	686 257	571 984
30	Literate–Alphabète	2 016 169	1 610 121	406 048	499 316	380 330	262 048
31	Illiterate–Analphabète	2 943 402	2 382 944	560 458	304 798	305 927	309 936
32	Unknown–Inconnu	–	–	–	–	–	–
	AMERICA,SOUTH—AMERIQUE DU SUD						
	Uruguay						
	Urban – Urbaine						
	23 X 1985 [14]						
	Total						
33	Total	2 114 937	1 889 420	225 517	198 098	196 521	187 659
34	Literate–Alphabète	2 031 906	1 809 699	222 207	195 608	193 669	184 816
35	Illiterate–Analphabète	78 297	75 598	2 699	2 193	2 469	2 511
36	Unknown–Inconnu	4 734	4 123	611	297	383	332

32. Population selon l'alphabétisme, le sexe, l'âge et la résidence, urbaine/rurale: chaque recensement, 1985 – 1993 (suite)
Données selon la résidence urbaine/rurale

(Voir notes à la fin du tableau.)

Age (en années)						
30 – 34	35 – 44	45 – 54	55 – 64	65 plus	Unknown Inconnu	
19 593	29 597	23 243	18 407	24 380	186	1
13 633	19 414	13 704	10 323	10 839	95	2
5 948	10 166	9 521	8 062	13 533	65	3
12	17	18	22	8	26	4
26 276	39 324	29 688	23 297	31 929	151	5
18 259	23 861	14 802	9 573	7 902	62	6
8 010	15 449	14 869	13 713	24 015	76	7
7	14	17	11	12	13	8
137 134	142 057	70 737	32 196	26 619	–	9
116 788	113 759	47 316	16 770	9 331	–	10
20 346	28 298	23 421	15 426	17 288	–	11
–	–	–	–	–	–	12
74 445	79 432	38 920	16 169	11 622	–	13
67 654	70 622	31 506	10 882	5 766	–	14
6 791	8 810	7 414	5 287	5 856	–	15
–	–	–	–	–	–	16
62 689	62 625	31 817	16 027	14 997	–	17
49 134	43 137	15 810	5 888	3 565	–	18
13 555	19 488	16 007	10 139	11 432	–	19
–	–	–	–	–	–	20
808 453	1 091 503	815 198	518 733	529 645	–	21
445 075	529 254	300 218	136 985	85 820	–	22
363 378	562 249	514 980	381 748	443 825	–	23
–	–	–	–	–	–	24
391 227	520 826	393 466	256 150	271 153	–	25
276 083	350 020	224 515	108 565	69 742	–	26
115 144	170 806	168 951	147 585	201 411	–	27
–	–	–	–	–	–	28
417 226	570 677	421 732	262 583	258 492	–	29
168 992	179 234	75 703	28 420	16 078	–	30
248 234	391 443	346 029	234 163	242 414	–	31
–	–	–	–	–	–	32
167 912	300 895	281 308	259 489	297 538	–	33
164 593	293 933	271 340	245 256	260 484	–	34
2 986	6 402	9 393	13 638	36 006	–	35
333	560	575	595	1 048	–	36

32. Population by literacy, sex, age and urban/rural residence: each census, 1985 – 1993 (continued)
Data by urban/rural residence

(See notes at end of table.)

	Continent, country or area, census date, sex, literacy and urban/rural residence Continent, pays ou zone, date du recensement, alphabétisme et résidence, urbaine/rurale	Age (in years)					
		10 plus [1]	15 plus [2]	10 – 14	15 – 19	20 – 24	25 – 29
	AMERICA,SOUTH— (Cont.–Suite) AMERIQUE DU SUD						
	Uruguay						
	Urban – Urbaine						
	23 X 1985 [14]						
	Male – Masculin						
1	Total	985 019	870 911	114 108	96 917	94 420	89 586
2	Literate–Alphabète	944 999	832 959	112 040	95 457	92 741	87 949
3	Illiterate–Analphabète	37 767	36 134	1 633	1 304	1 468	1 480
4	Unknown–Inconnu	2 253	1 818	435	156	211	157
	Female – Féminin						
5	Total	1 129 918	1 018 509	111 409	101 181	102 101	98 073
6	Literate–Alphabète	1 086 907	976 740	110 167	100 151	100 928	96 867
7	Illiterate–Analphabète	40 530	39 464	1 066	889	1 001	1 031
8	Unknown–Inconnu	2 481	2 305	176	141	172	175
	Rural – Rurale						
	23 X 1985 [14]						
	Total						
9	Total	307 822	275 915	31 907	31 422	30 397	27 477
10	Literate–Alphabète	280 204	249 135	31 069	30 667	29 333	26 384
11	Illiterate–Analphabète	24 742	24 128	614	662	923	952
12	Unknown–Inconnu	2 876	2 652	224	93	141	141
	Male – Masculin						
13	Total	182 859	165 522	17 337	18 909	18 287	15 967
14	Literate–Alphabète	163 530	146 805	16 725	18 366	17 518	15 167
15	Illiterate–Analphabète	17 652	17 242	410	496	693	712
16	Unknown–Inconnu	1 677	1 475	202	47	76	88
	Female – Féminin						
17	Total	124 963	110 393	14 570	12 513	12 110	11 510
18	Literate–Alphabète	116 674	102 330	14 344	12 301	11 815	11 217
19	Illiterate–Analphabète	7 090	6 886	204	166	230	240
20	Unknown–Inconnu	1 199	1 177	22	46	65	53
	ASIA—ASIE						
	Iraq						
	Urban – Urbaine						
	17 X 1987						
	Total						
21	Total	7 549 136	...	...	...	...	...
22	Literate–Alphabète	4 962 445	...	...	...	...	...
23	Illiterate–Analphabète	1 834 039	...	...	...	...	...
24	Unknown–Inconnu	752 652	...	...	...	...	...
	Male – Masculin						
25	Total	3 779 796	...	...	...	...	...
26	Literate–Alphabète	2 699 883	...	...	...	...	...
27	Illiterate–Analphabète	669 288	...	...	...	...	...
28	Unknown–Inconnu	410 625	...	...	...	...	...
	Female – Féminin						
29	Total	3 769 340	...	...	...	...	...
30	Literate–Alphabète	2 262 562	...	...	...	...	...
31	Illiterate–Analphabète	1 164 751	...	...	...	...	...
32	Unknown–Inconnu	342 027	...	...	...	...	...
	Rural – Rurale						
	17 X 1987						
	Total						
33	Total	3 079 311	...	...	...	...	...
34	Literate–Alphabète	1 519 043	...	...	...	...	...
35	Illiterate–Analphabète	1 268 292	...	...	...	...	...
36	Unknown–Inconnu	291 976	...	...	...	...	...

32. Population selon l'alphabétisme, le sexe, l'âge et la résidence, urbaine/rurale: chaque recensement, 1985 – 1993 (suite)
Données selon la résidence urbaine/rurale

(Voir notes à la fin du tableau.)

Age (en années)						
30 – 34	35 – 44	45 – 54	55 – 64	65 plus	Unknown Inconnu	
79 760	141 637	131 011	117 689	119 891	–	1
77 911	137 670	125 865	110 887	104 479	–	2
1 698	3 686	4 885	6 547	15 066	–	3
151	281	261	255	346	–	4
88 152	159 258	150 297	141 800	177 647	–	5
86 682	156 263	145 475	134 369	156 005	–	6
1 288	2 716	4 508	7 091	20 940	–	7
182	279	314	340	702	–	8
25 874	46 379	44 447	37 795	32 124	–	9
24 458	43 046	39 525	31 739	23 983	–	10
1 235	2 935	4 408	5 524	7 489	–	11
181	398	514	532	652	–	12
14 979	27 762	27 379	23 733	18 506	–	13
13 910	25 271	23 763	19 336	13 474	–	14
950	2 259	3 304	4 110	4 718	–	15
119	232	312	287	314	–	16
10 895	18 617	17 068	14 062	13 618	–	17
10 548	17 775	15 762	12 403	10 509	–	18
285	676	1 104	1 414	2 771	–	19
62	166	202	245	338	–	20
...	...	...	...	...	...	21
...	...	...	...	...	...	22
...	...	...	...	...	...	23
...	...	...	...	...	...	24
...	...	...	...	...	...	25
...	...	...	...	...	...	26
...	...	...	...	...	...	27
...	...	...	...	...	...	28
...	...	...	...	...	...	29
...	...	...	...	...	...	30
...	...	...	...	...	...	31
...	...	...	...	...	...	32
...	...	...	...	...	...	33
...	...	...	...	...	...	34
...	...	...	...	...	...	35
...	...	...	...	...	...	36

32. Population by literacy, sex, age and urban/rural residence: each census, 1985 – 1993 (continued)
Data by urban/rural residence

(See notes at end of table.)

	Continent, country or area, census date, sex, literacy and urban/rural residence Continent, pays ou zone, date du recensement, alphabétisme et résidence, urbaine/rurale	Age (in years)					
		10 plus [1]	15 plus [2]	10 – 14	15 – 19	20 – 24	25 – 29
	ASIA—ASIE (Cont.–Suite)						
	Iraq						
	Rural – Rurale						
	17 X 1987						
	Male – Masculin						
1	Total	1 499 323	...	...	...	...	...
2	Literate–Alphabète	876 472	...	...	...	...	...
3	Illiterate–Analphabète	470 606	...	...	...	...	...
4	Unknown–Inconnu	152 245	...	...	...	...	...
	Female – Féminin						
5	Total	1 579 988	...	...	...	...	...
6	Literate–Alphabète	642 571	...	...	...	...	...
7	Illiterate–Analphabète	797 686	...	...	...	...	...
8	Unknown–Inconnu	139 731	...	...	...	...	...
	Thailand – Thaïlande						
	Urban – Urbaine						
	1 IV 1990*[3,20]						
	Total						
9	Total	9 398 300	...	...	...	...	...
10	Literate–Alphabète	9 066 900	...	...	...	...	...
11	Illiterate–Analphabète	304 200	...	...	...	...	...
12	Unknown–Inconnu	27 200	...	...	...	...	...
	Male – Masculin						
13	Total	4 526 000	...	...	...	...	...
14	Literate–Alphabète	4 411 400	...	...	...	...	...
15	Illiterate–Analphabète	101 700	...	...	...	...	...
16	Unknown–Inconnu	12 900	...	...	...	...	...
	Female – Féminin						
17	Total	4 872 300	...	...	...	...	...
18	Literate–Alphabète	4 655 500	...	...	...	...	...
19	Illiterate–Analphabète	202 500	...	...	...	...	...
20	Unknown–Inconnu	14 300	...	...	...	...	...
	Rural – Rurale						
	1 IV 1990*[3,20]						
	Total						
21	Total	39 677 800	...	...	...	...	...
22	Literate–Alphabète	36 387 900	...	...	...	...	...
23	Illiterate–Analphabète	3 116 600	...	...	...	...	...
24	Unknown–Inconnu	173 300	...	...	...	...	...
	Male – Masculin						
25	Total	19 714 900	...	...	...	...	...
26	Literate–Alphabète	18 459 600	...	...	...	...	...
27	Illiterate–Analphabète	1 167 500	...	...	...	...	...
28	Unknown–Inconnu	87 800	...	...	...	...	...
	Female – Féminin						
29	Total	19 962 900	...	...	...	...	...
30	Literate–Alphabète	17 928 300	...	...	...	...	...
31	Illiterate–Analphabète	1 949 100	...	...	...	...	...
32	Unknown–Inconnu	85 500	...	...	...	...	...
	Turkey – Turquie						
	Urban – Urbaine						
	20 X 1985						
	Total						
33	Total	20 596 244	17 418 209	3 120 316	2 856 981	2 858 305	2 439 336
34	Literate–Alphabète	17 495 205	14 481 061	2 970 243	2 709 145	2 659 088	2 234 832
35	Illiterate–Analphabète	3 074 920	2 924 055	142 695	144 275	196 312	202 917
36	Unknown–Inconnu	26 119	13 093	7 378	3 561	2 905	1 587
	Male – Masculin						
37	Total	10 790 344	9 097 485	1 657 883	1 544 913	1 575 398	1 267 893
38	Literate–Alphabète	10 026 068	8 395 111	1 601 415	1 498 209	1 517 700	1 231 295
39	Illiterate–Analphabète	751 121	695 784	52 550	44 786	56 313	35 779
40	Unknown–Inconnu	13 155	6 590	3 918	1 918	1 385	819

32. Population selon l'alphabétisme, le sexe, l'âge et la résidence, urbaine/rurale: chaque recensement, 1985 – 1993 (suite)
Données selon la résidence urbaine/rurale

(Voir notes à la fin du tableau.)

Age (en années)						
30 – 34	35 – 44	45 – 54	55 – 64	65 plus	Unknown Inconnu	
...	...	...	...	...	...	1
...	...	...	...	...	...	2
...	...	...	...	...	...	3
...	...	...	...	...	...	4
...	...	...	...	...	...	5
...	...	...	...	...	...	6
...	...	...	...	...	...	7
...	...	...	...	...	...	8
...	...	...	...	...	...	9
...	...	...	...	...	...	10
...	...	...	...	...	...	11
...	...	...	...	...	...	12
...	...	...	...	...	...	13
...	...	...	...	...	...	14
...	...	...	...	...	...	15
...	...	...	...	...	...	16
...	...	...	...	...	...	17
...	...	...	...	...	...	18
...	...	...	...	...	...	19
...	...	...	...	...	...	20
...	...	...	...	...	...	21
...	...	...	...	...	...	22
...	...	...	...	...	...	23
...	...	...	...	...	...	24
...	...	...	...	...	...	25
...	...	...	...	...	...	26
...	...	...	...	...	...	27
...	...	...	...	...	...	28
...	...	...	...	...	...	29
...	...	...	...	...	...	30
...	...	...	...	...	...	31
...	...	...	...	...	...	32
2 058 830	2 897 170	2 045 393	1 330 038	932 156	57 719	33
1 829 489	2 401 846	1 443 227	808 985	394 449	43 901	34
228 177	493 880	601 114	520 390	536 990	8 170	35
1 164	1 444	1 052	663	717	5 648	36
1 081 942	1 518 526	1 050 580	659 026	399 207	34 976	37
1 045 016	1 431 543	903 074	519 166	249 108	29 542	38
36 284	86 225	147 011	139 551	149 835	2 787	39
642	758	495	309	264	2 647	40

32. Population by literacy, sex, age and urban/rural residence: each census, 1985 – 1993 (continued)
Data by urban/rural residence

(See notes at end of table.)

	Continent, country or area, census date, sex, literacy and urban/rural residence Continent, pays ou zone, date du recensement, alphabétisme et résidence, urbaine/rurale	Age (in years)					
		10 plus [1]	15 plus [2]	10 – 14	15 – 19	20 – 24	25 – 29
	ASIA—ASIE (Cont.–Suite)						
	Turkey – Turquie						
	Urban – Urbaine						
	20 X 1985						
	Female – Féminin						
1	Total	9 805 900	8 320 724	1 462 433	1 312 068	1 282 907	1 171 443
2	Literate–Alphabète	7 469 137	6 085 950	1 368 828	1 210 936	1 141 388	1 003 537
3	Illiterate–Analphabète	2 323 799	2 228 271	90 145	99 489	139 999	167 138
4	Unknown–Inconnu	12 964	6 503	3 460	1 643	1 520	768
	21 X 1990						
	Total						
5	Total	26 228 768	22 229 034	3 972 393	3 689 095	3 285 082	3 104 440
6	Literate–Alphabète	22 736 915	18 904 586	3 811 583	3 527 650	3 089 130	2 882 050
7	Illiterate–Analphabète	3 479 732	3 315 800	160 470	160 901	195 051	221 208
8	Unknown–Inconnu	12 121	8 648	340	544	901	1 182
	Male – Masculin						
9	Total	13 600 634	11 484 243	2 099 079	1 980 295	1 763 122	1 592 682
10	Literate–Alphabète	12 787 266	10 734 488	2 038 721	1 932 819	1 709 918	1 552 543
11	Illiterate–Analphabète	806 867	745 363	60 167	47 233	52 819	39 577
12	Unknown–Inconnu	6 501	4 392	191	243	385	562
	Female – Féminin						
13	Total	12 628 134	10 744 791	1 873 314	1 708 800	1 521 960	1 511 758
14	Literate–Alphabète	9 949 649	8 170 098	1 772 862	1 594 831	1 379 212	1 329 507
15	Illiterate–Analphabète	2 672 865	2 570 437	100 303	113 668	142 232	181 631
16	Unknown–Inconnu	5 620	4 256	149	301	516	620
	Rural – Rurale						
	20 X 1985						
	Total						
17	Total	17 251 552	14 139 994	3 073 160	2 550 483	1 926 175	1 601 426
18	Literate–Alphabète	12 228 121	9 479 493	2 727 666	2 247 648	1 641 011	1 323 362
19	Illiterate–Analphabète	5 006 341	4 655 616	341 507	301 801	284 160	277 534
20	Unknown–Inconnu	17 090	4 885	3 987	1 034	1 004	530
	Male – Masculin						
21	Total	8 311 884	6 738 943	1 552 814	1 199 668	858 654	788 294
22	Literate–Alphabète	6 922 527	5 472 858	1 435 753	1 125 738	809 404	742 888
23	Illiterate–Analphabète	1 381 716	1 263 699	115 015	73 429	48 796	45 147
24	Unknown–Inconnu	7 641	2 386	2 046	501	454	259
	Female – Féminin						
25	Total	8 939 668	7 401 051	1 520 346	1 350 815	1 067 521	813 132
26	Literate–Alphabète	5 305 594	4 006 635	1 291 913	1 121 910	831 607	580 474
27	Illiterate–Analphabète	3 624 625	3 391 917	226 492	228 372	235 364	232 387
28	Unknown–Inconnu	9 449	2 499	1 941	533	550	271
	21 X 1990						
	Total						
29	Total	17 390 314	14 454 167	2 919 006	2 527 374	1 810 422	1 708 687
30	Literate–Alphabète	12 786 584	10 151 913	2 626 082	2 276 990	1 573 054	1 455 884
31	Illiterate–Analphabète	4 596 919	4 300 173	292 676	250 234	237 137	252 544
32	Unknown–Inconnu	6 811	2 081	248	150	231	259
	Male – Masculin						
33	Total	8 412 749	6 941 859	1 461 821	1 184 766	818 031	843 083
34	Literate–Alphabète	7 183 029	5 815 944	1 361 708	1 126 787	778 875	800 437
35	Illiterate–Analphabète	1 226 108	1 124 882	99 979	57 914	39 058	42 533
36	Unknown–Inconnu	3 612	1 033	134	65	98	113
	Female – Féminin						
37	Total	8 977 565	7 512 308	1 457 185	1 342 608	992 391	865 604
38	Literate–Alphabète	5 603 555	4 335 969	1 264 374	1 150 203	794 179	655 447
39	Illiterate–Analphabète	3 370 811	3 175 291	192 697	192 320	198 079	210 011
40	Unknown–Inconnu	3 199	1 048	114	85	133	146

32. Population selon l'alphabétisme, le sexe, l'âge et la résidence, urbaine/rurale: chaque recensement, 1985 – 1993 (suite)
Données selon la résidence urbaine/rurale

(Voir notes à la fin du tableau.)

Age (en années)						
30 – 34	35 – 44	45 – 54	55 – 64	65 plus	Unknown Inconnu	
976 888	1 378 644	994 813	671 012	532 949	22 743	1
784 473	970 303	540 153	289 819	145 341	14 359	2
191 893	407 655	454 103	380 839	387 155	5 383	3
522	686	557	354	453	3 001	4
2 677 610	4 031 124	2 415 198	1 832 553	1 193 932	27 341	5
2 439 746	3 468 685	1 808 031	1 129 833	559 461	20 746	6
236 856	560 438	605 487	701 865	633 994	3 462	7
1 008	2 001	1 680	855	477	3 133	8
1 391 487	2 104 369	1 228 766	904 892	518 630	17 312	9
1 351 341	2 016 284	1 101 843	721 006	348 734	14 057	10
39 638	86 988	126 035	183 409	169 664	1 337	11
508	1 097	888	477	232	1 918	12
1 286 123	1 926 755	1 186 432	927 661	675 302	10 029	13
1 088 405	1 452 401	706 188	408 827	210 727	6 689	14
197 218	473 450	479 452	518 456	464 330	2 125	15
500	904	792	378	245	1 215	16
1 315 576	2 097 557	2 005 808	1 449 217	1 193 752	38 398	17
1 015 282	1 404 254	1 025 053	561 511	261 372	20 962	18
299 749	692 739	980 252	887 347	932 034	9 218	19
545	564	503	359	346	8 218	20
641 962	993 287	980 020	721 223	555 835	20 127	21
591 373	854 034	704 605	429 845	214 971	13 916	22
50 294	138 964	275 157	291 213	340 699	3 002	23
295	289	258	165	165	3 209	24
673 614	1 104 270	1 025 788	727 994	637 917	18 271	25
423 909	550 220	320 448	131 666	46 401	7 046	26
249 455	553 775	705 095	596 134	591 335	6 216	27
250	275	245	194	181	5 009	28
1 408 699	2 247 364	1 804 929	1 723 261	1 223 431	17 141	29
1 148 831	1 628 694	1 027 062	721 163	320 235	8 589	30
259 615	618 253	777 485	1 001 850	903 055	4 070	31
253	417	382	248	141	4 482	32
705 412	1 098 536	862 462	857 057	572 512	9 069	33
663 103	989 450	670 258	534 637	252 397	5 377	34
42 182	108 882	191 995	322 287	320 031	1 247	35
127	204	209	133	84	2 445	36
703 287	1 148 828	942 467	866 204	650 919	8 072	37
485 728	639 244	356 804	186 526	67 838	3 212	38
217 433	509 371	585 490	679 563	583 024	2 823	39
126	213	173	115	57	2 037	40

32. Population by literacy, sex, age and urban/rural residence: each census, 1985 – 1993 (continued)
Data by urban/rural residence

(See notes at end of table.)

	Continent, country or area, census date, sex, literacy and urban/rural residence Continent, pays ou zone, date du recensement, alphabétisme et résidence, urbaine/rurale	Age (in years)					
		10 plus [1]	15 plus [2]	10 – 14	15 – 19	20 – 24	25 – 29
	EUROPE						
	Latvia – Lettonie						
	Urban – Urbaine						
	12 I 1989						
	Total						
1	Total	1 621 076	1 500 678	120 345	135 028	135 811	150 303
2	Literate–Alphabète	1 614 204	1 494 006	120 188	134 849	135 649	150 149
3	Illiterate–Analphabète	6 515	6 358	157	179	144	117
4	Unknown–Inconnu	357	314	–	–	18	37
	Male – Masculin						
5	Total	733 104	672 186	60 894	69 305	69 449	73 609
6	Literate–Alphabète	731 863	671 060	60 797	69 189	69 354	73 526
7	Illiterate–Analphabète	1 068	971	97	116	86	63
8	Unknown–Inconnu	173	155	–	–	9	20
	Female – Féminin						
9	Total	887 972	828 492	59 451	65 723	66 362	76 694
10	Literate–Alphabète	882 341	822 946	59 391	65 660	66 295	76 623
11	Illiterate–Analphabète	5 447	5 387	60	63	58	54
12	Unknown–Inconnu	184	159	–	–	9	17
	Rural – Rurale						
	12 I 1989						
	Total						
13	Total	649 142	594 953	54 169	49 497	49 367	59 003
14	Literate–Alphabète	643 628	589 827	53 782	49 231	49 159	58 817
15	Illiterate–Analphabète	5 505	5 118	387	266	208	186
16	Unknown–Inconnu	9	8	–	–	–	–
	Male – Masculin						
17	Total	303 674	275 997	27 666	25 980	25 714	31 250
18	Literate–Alphabète	302 076	274 639	27 427	25 824	25 596	31 141
19	Illiterate–Analphabète	1 595	1 356	239	156	118	109
20	Unknown–Inconnu	3	2	–	–	–	–
	Female – Féminin						
21	Total	345 468	318 956	26 503	23 517	23 653	27 753
22	Literate–Alphabète	341 552	315 188	26 355	23 407	23 563	27 676
23	Illiterate–Analphabète	3 910	3 762	148	110	90	77
24	Unknown–Inconnu	6	6	–	–	–	–
	Romania – Roumanie						
	Urban – Urbaine						
	7 I 1992						
	Total						
25	Total	[7] 10 062 198	9 384 017	[8] 675 603	1 042 117	1 162 703	782 526
26	Literate–Alphabète	[7] 9 908 047	9 237 215	[8] 669 882	1 033 103	1 152 341	775 646
27	Illiterate–Analphabète	[7] 108 965	103 961	[8] 4 993	6 884	5 121	3 504
28	Unknown–Inconnu	[7] 45 186	42 841	[8] 728	2 130	5 241	3 376
	Male – Masculin						
29	Total	[7] 4 859 275	4 514 619	[8] 343 193	531 465	549 694	371 426
30	Literate–Alphabète	[7] 4 815 118	4 474 178	[8] 340 434	527 131	545 059	368 529
31	Illiterate–Analphabète	[7] 27 009	[8] 24 624	[8] 2 383	3 311	2 271	1 380
32	Unknown–Inconnu	[7] 17 148	[8] 15 817	[8] 376	1 023	2 364	1 517
	Female – Féminin						
33	Total	[7] 5 202 923	4 869 398	[8] 332 410	510 652	613 009	411 100
34	Literate–Alphabète	[7] 5 092 929	4 763 037	[8] 329 448	505 972	607 282	407 117
35	Illiterate–Analphabète	[7] 81 956	79 337	[8] 2 610	3 573	2 850	2 124
36	Unknown–Inconnu	[7] 28 038	27 024	[8] 352	1 107	2 877	1 859
	Rural – Rurale						
	7 I 1992						
	Total						
37	Total	[7] 8 739 412	8 241 368	[8] 497 874	874 819	879 365	473 254
38	Literate–Alphabète	[7] 8 223 419	7 734 739	[8] 488 593	860 593	865 904	464 214
39	Illiterate–Analphabète	[7] 482 342	473 415	[8] 8 900	12 837	10 388	7 404
40	Unknown–Inconnu	[7] 33 651	33 214	[8] 381	1 389	3 073	1 636

32. Population selon l'alphabétisme, le sexe, l'âge et la résidence, urbaine/rurale: chaque recensement, 1985 – 1993 (suite)
Données selon la résidence urbaine/rurale

(Voir notes à la fin du tableau.)

Age (en années)						
30 – 34	35 – 44	45 – 54	55 – 64	65 plus	Unknown Inconnu	
147 811	254 923	251 807	220 435	204 560	53	1
147 679	254 687	251 514	219 984	199 495	10	2
91	164	236	407	5 020	–	3
41	72	57	44	45	43	4
71 303	120 237	115 203	90 772	62 308	24	5
71 229	120 126	115 072	90 656	61 908	6	6
53	72	97	101	383	–	7
21	39	34	15	17	18	8
76 508	134 686	136 604	129 663	142 252	29	9
76 450	134 561	136 442	129 328	137 587	4	10
38	92	139	306	4 637	–	11
20	33	23	29	28	25	12
52 564	85 467	99 394	89 455	110 206	20	13
52 405	85 201	99 027	88 974	107 013	19	14
158	264	364	481	3 191	–	15
1	2	3	–	2	1	16
28 031	44 880	48 741	36 986	34 415	11	17
27 960	44 739	48 559	36 812	34 008	10	18
71	140	181	174	407	–	19
–	1	1	–	–	1	20
24 533	40 587	50 653	52 469	75 791	9	21
24 445	40 462	50 468	52 162	73 005	9	22
87	124	183	307	2 784	–	23
1	1	2	–	2	–	24
1 037 130	2 091 738	1 249 987	1 078 041	939 775	2 578	25
1 029 199	2 076 962	1 235 671	1 050 155	884 138	950	26
3 954	7 197	9 333	21 642	46 326	11	27
3 977	7 579	4 983	6 244	9 311	1 617	28
498 410	1 051 685	623 588	512 180	376 171	1 463	29
495 204	1 045 783	619 034	506 183	367 255	506	30
1 490	2 541	2 588	4 090	6 953	2	31
1 716	3 361	1 966	1 907	1 963	955	32
538 720	1 040 053	626 399	565 861	563 604	1 115	33
533 995	1 031 179	616 637	543 972	516 883	444	34
2 464	4 656	6 745	17 552	39 373	9	35
2 261	4 218	3 017	4 337	7 348	662	36
509 008	1 148 925	1 271 187	1 517 074	1 567 736	170	37
497 891	1 125 833	1 226 275	1 396 790	1 297 239	87	38
9 436	19 651	40 934	113 950	258 815	27	39
1 681	3 441	3 978	6 334	11 682	56	40

32. Population by literacy, sex, age and urban/rural residence: each census, 1985 – 1993 (continued)
Data by urban/rural residence

(See notes at end of table.)

	Continent, country or area, census date, sex, literacy and urban/rural residence Continent, pays ou zone, date du recensement, alphabétisme et résidence, urbaine/rurale	Age (in years)					
		10 plus [1]	15 plus [2]	10 – 14	15 – 19	20 – 24	25 – 29
	EUROPE (Cont.–Suite)						
	Romania – Roumanie						
	Rural – Rurale						
	7 I 1992						
	Male – Masculin						
1	Total	[7] 4 308 542	4 052 535	[8] 255 917	454 489	480 497	266 581
2	Literate–Alphabète	[7] 4 192 094	3 940 887	[8] 251 158	447 592	474 150	262 459
3	Illiterate–Analphabète	[7] 105 326	100 748	[8] 4 569	6 172	4 730	3 262
4	Unknown–Inconnu	[7] 1 122	10 900	[8] 190	725	1 617	860
	Female – Féminin						
5	Total	[7] 4 430 870	4 188 833	[8] 241 957	420 330	398 868	206 673
6	Literate–Alphabète	[7] 4 031 325	3 793 852	[8] 237 435	413 001	391 754	201 755
7	Illiterate–Analphabète	[7] 377 016	372 667	[8] 4 331	6 665	5 658	4 142
8	Unknown–Inconnu	[7] 22 529	22 314	[8] 191	664	1 456	776
	Slovenia – Slovénie						
	Urban – Urbaine						
	31 III 1991 [3]						
	Total						
9	Total	865 349	788 106	76 778	70 714	68 820	78 916
10	Literate–Alphabète	863 158	785 983	76 732	70 598	68 665	78 768
11	Illiterate–Analphabète	2 191	2 123	46	116	155	148
12	Unknown–Inconnu	–	–	–	–	–	–
	Male – Masculin						
13	Total	408 265	368 465	39 561	35 944	33 626	37 805
14	Literate–Alphabète	407 535	367 770	39 533	35 888	33 546	37 743
15	Illiterate–Analphabète	730	695	28	56	80	62
16	Unknown–Inconnu	–	–	–	–	–	–
	Female – Féminin						
17	Total	457 084	419 641	37 217	34 770	35 194	41 111
18	Literate–Alphabète	455 623	418 213	37 199	34 710	35 119	41 025
19	Illiterate–Analphabète	1 461	1 428	18	60	75	86
20	Unknown–Inconnu	–	–	–	–	–	–
	Rural – Rurale						
	31 III 1991 [3]						
	Total						
21	Total	846 289	772 832	73 232	74 186	74 809	74 429
22	Literate–Alphabète	840 921	767 533	73 171	74 000	74 567	74 162
23	Illiterate–Analphabète	5 368	5 299	61	186	242	267
24	Unknown–Inconnu	–	–	–	–	–	–
	Male – Masculin						
25	Total	413 909	376 177	37 631	38 159	38 260	38 757
26	Literate–Alphabète	411 604	373 909	37 597	38 053	38 118	38 632
27	Illiterate–Analphabète	2 305	2 268	34	106	142	125
28	Unknown–Inconnu	–	–	–	–	–	–
	Female – Féminin						
29	Total	432 380	396 655	35 601	36 027	36 549	35 672
30	Literate–Alphabète	429 317	393 624	35 574	35 947	36 449	35 530
31	Illiterate–Analphabète	3 063	3 031	27	80	100	142
32	Unknown–Inconnu	–	–	–	–	–	–

GENERAL NOTES

Literacy is defined as ability both to read and write hence unless otherwise specified, semi–literates (persons able to read but not to write); are included with illiterate population. For definitions of "urban", see Technical notes for table 6. For method of evaluation and limitations of data, see Technical Notes, page 113.

FOOTNOTES

- * Provisional.
- 1 Including unknown age.
- 2 Excluding unknown age.
- 3 De jure population.
- 4 For classification by urban/rural residence, see end of table.
- 5 For Egyptian nationals only.
- 6 Excluding unemployed population.
- 7 For 12 years and over.
- 8 For 12–14 years.
- 9 For Senegalese nationals only.

NOTES GENERALES

Par alphabète, on entend toute personne sachant lire et écrire; par conséquent sauf indication contraire, les semi–alphabètes (personnes sachant lire mais non écrire) sont classés avec les analphabètes. Pour les définitions de "zones urbaines", voir les Notes techniques relatives au tableau 6. Pour la méthode d'évaluation et les insuffisances des données, voir Notes techniques, page 113.

NOTES

- * Données provisoires.
- 1 Y compris les personnes d'âge inconnu.
- 2 Non compris les personnes d'âge inconnu.
- 3 Population de droit.
- 4 Pour le classement selon la résidence, urbaine/rurale, voir la fin du tableau.
- 5 Pour les nationaux égyptiens seulement.
- 6 Non compris la population sans emploi.
- 7 Pour 12 ans et plus.
- 8 Pour 12–14 ans.
- 9 Pour les nationaux du Sénégul seulement.

32. Population selon l'alphabétisme, le sexe, l'âge et la résidence, urbaine/rurale: chaque recensement, 1985 – 1993 (suite)
Données selon la résidence urbaine/rurale

(Voir notes à la fin du tableau.)

Age (en années)						
30 – 34	35 – 44	45 – 54	55 – 64	65 plus	Unknown Inconnu	
282 199	572 190	611 036	722 564	662 979	90	1
277 379	562 942	598 683	700 268	617 414	49	2
3 976	7 668	10 946	20 767	43 227	9	3
844	1 580	1 407	1 529	2 338	32	4
226 809	576 735	660 151	794 510	904 757	80	5
220 512	562 891	627 592	696 522	679 825	38	6
5 460	11 983	29 988	93 183	215 588	18	7
837	1 861	2 571	4 805	9 344	24	8
83 022	166 198	118 395	105 009	97 032	465	9
82 866	165 913	118 097	104 623	96 453	443	10
156	285	298	386	579	22	11
–	–	–	–	–	–	12
39 941	82 518	57 489	47 313	33 829	239	13
39 881	82 402	57 402	47 200	33 708	232	14
60	116	87	113	121	7	15
–	–	–	–	–	–	16
43 081	83 680	60 906	57 696	63 203	226	17
42 985	83 511	60 695	57 423	62 745	211	18
96	169	211	273	458	15	19
–	–	–	–	–	–	20
72 051	140 320	109 642	109 743	117 652	225	21
71 780	139 627	108 886	108 626	115 885	217	22
271	693	756	1 117	1 767	8	23
–	–	–	–	–	–	24
38 212	74 826	56 656	50 747	40 560	101	25
38 070	74 495	56 294	50 257	39 990	98	26
142	331	362	490	570	3	27
–	–	–	–	–	–	28
33 839	65 494	52 986	58 996	77 092	124	29
33 710	65 132	52 592	58 369	75 895	119	30
129	362	394	627	1 197	5	31
–	–	–	–	–	–	32

FOOTNOTES(continued)

10 For 14 years and over.
11 For 14–19 years.
12 Excluding tourist and the former Canal Zone.
13 Excluding nomadic Indian tribes.
14 Data have not been adjusted for underenumeration, estimated at 2.6 per cent.
15 Covering only the civilian population of 30 provinces, municipalities and autonomous regions. Excluding Jimmen and Mazhu islands.
16 Including data for the Indian–held part of Jammu and Kashmir, the final status of which has not yet been determined. Excluding Assam.
17 For 7 years and over.
18 For settled population only.
19 Based on a 10 per cent sample of census returns.
20 For 6 years and over.
21 For 9 years and over.
22 For 9–14 years.
23 For Maltese population only.

NOTES(suite)

10 Pour 14 ans et plus.
11 Pour 14–19 ans.
12 Non compris les tourists et l'ancienne Zone du Canal.
13 Non compris les tribus d'Indiens nomades.
14 Les données n'ont pas été adjustées pour compenser les lacunes du dénombrement, estimées à 2,6 p. 100.
15 Pour la population civile seulement de 30 provinces, municipalités et régions autonomes. Non compris les îles de Jimmen et Mazhu.
16 Y compris les données pour la partie du Jammu et du Cachemire occupée par l'Inde, dont le statut définitif n'a pas encore été déterminé. Non compris Assam.
17 Pour 7 et plus.
18 Pour la population sédentaire seulement.
19 D'après un échantillon de 10 p. 100 des bulletins de recensement.
20 Pour 6 ans et plus.
20 Pour 9 ans et plus.
22 Pour 9–14 ans.
23 Pour Population maltaise seulement.

33. Illiterate and total population 15 years of age and over, by sex and urban/rural residence: each census, 1985 – 1993
Population analphabète et population totale de 15 ans et plus, selon le sexe et la résidence, urbaine/ rurale: chaque recensement, 1985 – 1993

(See notes at end of table. – Voir notes à la fin du tableau.)

Continent, country or area, date and urban/rural residence — Continent, pays ou zone, date et résidence urbaine/rurale	Both sexes – Les deux sexes: Total	Both sexes: Illiterate–Analphabète Number Nombre	Both sexes: Illiterate–Analphabète Per cent P.100	Male – Masculin: Total	Male: Illiterate–Analphabète Number Nombre	Male: Illiterate–Analphabète Per cent P. 100	Female – Féminin: Total	Female: Illiterate–Analphabète Number Nombre	Female: Illiterate–Analphabète Per cent P.100
AFRICA—AFRIQUE									
Algeria – Algérie 20 III 1987 [1]	12 654 858	6 374 140	50.4	6 337 636	2 321 005	36.6	6 317 222	4 053 135	64.2
Burundi 16 VIII 1990 [1]	2 824 942	1 757 984	62.2	1 343 775	691 703	51.5	1 481 167	1 066 281	72.0
Cape Verde – Cap–Vert 23 VI 1990	187 968	69 930	37.2	84 637	21 363	25.2	103 331	48 567	47.0
Central African Republic – République centrafricaine 8 XII 1988	1 394 992	925 934	66.4	669 571	348 041	52.0	725 421	577 893	79.7
Côte d'Ivoire 1 III 1988	5 750 599	3 787 385	65.9	2 941 411	1 636 497	55.6	2 809 188	2 150 889	76.6
Egypt – Egypte 17 XI 1986 [2 3 4]	28 590 733	15 954 760	55.8	14 542 968	6 207 399	42.7	14 047 765	9 747 361	69.4
Malawi 1 IX 1987	4 302 946	2 214 440	51.5	2 034 320	706 326	34.7	2 268 626	1 508 114	66.5
Mauritania -- Mauritanie 5 IV 1988 [5]	1 221 549	744 482	60.9	590 259	302 738	51.3	631 290	441 744	70.0
Mauritius – Maurice 1 VII 1990	743 114	149 383	20.1	369 238	54 748	14.8	373 876	94 635	25.3
Namibia – Namibie 20 X 1991 [2]	820 945	198 460	24.2	393 146	87 209	22.2	427 799	111 251	26.0
Rwanda 15 VIII 1991*	3 676 700	1 545 540	42.0	...	...	...	...	...	...
Senegal – Sénégal 27 V 1988 [6]	3 542 693	2 590 812	73.1	1 675 666	1 057 297	63.1	1 867 027	1 533 515	82.1
Seychelles 17 VIII 1987	45 447	7 106	15.6	22 435	3 789	16.9	23 012	3 317	14.4
Swaziland 25 VIII 1986	355 732	116 464	32.7	160 821	48 722	30.3	194 911	67 742	34.8
Uganda – Ouganda 12 I 1991 [2]	8 783 682	3 855 388	43.9	4 239 626	1 348 282	31.8	4 544 056	2 507 106	55.2
AMERICA,NORTH— AMERIQUE DU NORD									
Belize 12 V 1991 [7]	82 631	26 769	32.4	41 706	13 445	32.2	40 925	13 324	32.6
Panama 13 V 1990 [8]	1 512 098	168 644	11.2	760 964	80 700	10.6	751 134	87 944	11.7
AMERICA,SOUTH— AMERIQUE DU SUD									
Bolivia – Bolivie 3 VI 1992	3 745 562	744 846	19.9	1 813 143	213 713	11.8	1 932 419	531 133	27.5
Chile – Chili 22 IV 1992	9 418 933	537 714	5.7	4 552 774	247 531	5.4	4 866 159	290 183	6.0
Ecuador – Equateur 25 XI 1990 [9]	5 908 965	691 422	11.7	2 890 923	274 731	9.5	3 018 042	416 691	13.8

33. Illiterate and total population 15 years of age and over, by sex and urban/rural residence: each census, 1985 – 1993 (continued)
Population analphabète et population totale de 15 ans et plus, selon le sexe et la résidence, urbaine/ rurale: chaque recensement, 1985 – 1993 (suite)

(See notes at end of table. – Voir notes à la fin du tableau.)

Continent, country or area, date and urban/rural residence — Continent, pays ou zone, date et résidence urbaine/rurale	Both sexes – Les deux sexes			Male – Masculin			Female – Féminin		
	Total	Illiterate–Analphabète		Total	Illiterate–Analphabète		Total	Illiterate–Analphabète	
		Number Nombre	Per cent P.100		Number Nombre	Per cent P. 100		Number Nombre	Per cent P.100
AMERICA,SOUTH— (Cont.–Suite) AMERIQUE DU SUD									
Uruguay 23 X 1985 [2 10]	2 165 335	99 726	4.6	1 036 433	53 376	5.1	1 128 902	46 350	4.1
ASIA—ASIE									
Bahrain – Bahreïn 16 XI 1991	347 183	55 300	15.9	211 778	24 196	11.4	135 405	31 104	23.0
Brunei Darussalam – Brunéi Darussalam 7 VIII 1991	170 624	20 809	12.2	91 245	6 887	7.5	79 379	13 922	17.5
China – Chine 1 VII 1990 [11]	817 508 784	181609097	22.2	418956809	54 359 731	13.0	398551975	127249366	31.9
India – Inde [12] 1 III 1991 [13]	688 162 813	328878396	47.8	357894207	12 836 272	35.9	330268606	200516124	60.7
Indonesia – Indonésie 31 X 1990	113 553 025	20 979 949	18.5	55 640 391	6 661 826	12.0	57 912 634	14 318 123	24.7
Iran (Islamic Republic of – Rép. islamique d') 22 IX 1986 [14]	26 947 280	12 809 600	47.5	13 773 782	5 070 438	36.8	13 173 498	7 739 162	58.7
1 X 1991	31 054 924	10 652 344	34.3	16 062 395	4 113 811	25.6	14 992 529	6 538 533	43.6
Iraq 17 X 1987 [2 5]	10 628 447	3 102 331	29.2	5 279 119	1 139 894	21.6	5 349 328	1 962 437	36.7
Kazakhstan 12 I 1989 [1]	11 206 579	276 835	2.5	5 312 986	49 301	0.9	5 893 593	227 534	3.9
Kuwait – Koweït 21 IV 1985	1 072 216	273 513	25.5	647 085	141 082	21.8	425 131	132 431	31.1
Maldives 25 III 1985	98 728	7 598	7.7	51 855	4 059	7.8	46 873	3 539	7.5
Philippines 1 V 1990 [1]	36 565 403	2 349 731	6.4	18 175 854	1 095 697	6.0	18 389 549	1 254 034	6.8
Qatar 16 III 1986	266 534	64 860	24.3	195 169	45 237	23.2	71 365	19 623	27.5
Singapore – Singapour 30 VI 1990 [5 15]	2 253 900	222 400	9.9	1 129 300	50 300	4.4	1 124 600	172 100	15.3
Thailand – Thaïlande 1 IV 1990* [1 2 16]	49 076 100	3 420 800	7.0	24 240 900	1 269 200	5.2	24 835 200	2 151 600	8.7
Turkey – Turquie [2] 20 X 1985	31 558 203	7 579 671	24.0	15 836 428	1 959 483	12.4	15 721 775	5 620 188	35.7
21 X 1990	36 683 201	7 615 973	20.8	18 426 102	1 870 245	10.1	18 257 099	5 745 728	31.5
Viet Nam 1 IV 1989*	39 286 065	4 871 866	12.4	18 406 641	1 287 769	7.0	20 879 424	3 584 097	17.2
EUROPE									
Estonia – Estonie 12 I 1989	1 216 924	3 329	0.3	553 964	687	0.1	662 960	2 642	0.4
Latvia – Lettonie 12 I 1989 [2]	2 095 631	11 476	0.5	948 183	2 327	0.2	1 147 448	9 149	0.8
Lithuania – Lituanie 12 I 1989	2 842 566	44 308	1.6	1 315 708	10 436	0.8	1 526 858	33 872	2.2

33. Illiterate and total population 15 years of age and over, by sex and urban/rural residence: each census, 1985 – 1993 (continued)

Population analphabète et population totale de 15 ans et plus, selon le sexe et la résidence, urbaine/ rurale: chaque recensement, 1985 – 1993 (suite)

(See notes at end of table. – Voir notes à la fin du tableau.)

Continent, country or area, date and urban/rural residence Continent, pays ou zone, date et résidence urbaine/rurale	Both sexes – Les deux sexes			Male – Masculin			Female – Féminin		
	Total	Illiterate–Analphabète		Total	Illiterate–Analphabète		Total	Illiterate–Analphabète	
		Number Nombre	Per cent P.100		Number Nombre	Per cent P. 100		Number Nombre	Per cent P.100
EUROPE (Cont.–Suite)									
Malta – Malte 16 XI 1985 [5 17]	285 193	34 274	12.0	139 292	17 193	12.3	145 901	17 081	11.7
Republic of Moldova – République de Moldova 12 I 1989 [1]	3 124 770	113 193	3.6	1 448 687	20 078	1.4	1 676 083	93 115	5.6
Romania – Roumanie 7 I 1992 [2]	17 625 385	577 376	3.3	8 567 154	125 372	1.5	9 058 231	452 004	5.0
Russian Federation – Fédération Russe 12 I 1989	112 952 870	2 274 562	2.0	51 405 107	279 490	0.5	61 547 763	1 995 072	3.2
Slovenia – Slovénie 31 III 1991 [1 2]	1 560 938	7 422	0.5	744 642	2 963	0.4	816 296	4 459	0.5
Spain – Espagne 1 III 1991	31 199 556	1 081 742	3.5	15 092 739	293 343	1.9	16 106 817	788 399	4.9
OCEANIA—OCEANIE									
New Caledonia – Nouvelle–Calédonie 4 IV 1989	110 617	7 654	6.9	56 533	3 367	6.0	54 084	4 287	7.9

33. Illiterate and total population 15 years of age and over, by sex and urban/rural residence: each census, 1985 – 1993 (continued)
Population analphabète et population totale de 15 ans et plus, selon le sexe et la résidence, urbaine/ rurale: chaque recensement, 1985 – 1993 (suite)
Data by urban/rural residence
Données selon la résidence urbaine/rurale

(See notes at end of table. – Voir notes à la fin du tableau.)

Continent, country or area, date and urban/rural residence — Continent, pays ou zone, date et résidence urbaine/rurale	Both sexes – Les deux sexes			Male – Masculin			Female – Féminin		
	Total	Illiterate–Analphabète		Total	Illiterate–Analphabète		Total	Illiterate–Analphabète	
		Number Nombre	Per cent P.100		Number Nombre	Per cent P. 100		Number Nombre	Per cent P.100
AFRICA—AFRIQUE									
Egypt – Egypte [3]									
Urban – Urbaine									
17 XI 1986	13 185 507	5 286 517	40.1	6 763 499	2 026 804	30.0	6 422 008	3 259 713	50.8
Rural – Rurale									
17 XI 1986	15 495 252	10 645 299	68.7	7 840 854	4 252 729	54.2	7 654 398	6 392 570	83.5
Namibia – Namibie									
Urban – Urbaine									
20 X 1991	306 789	31 493	10.3	158 408	15 727	9.9	148 381	15 766	10.6
Rural – Rurale									
20 X 1991	514 156	166 967	32.5	234 738	71 482	30.5	279 418	95 485	34.2
Uganda – Ouganda									
Urban – Urbaine									
12 I 1991	1 088 186	187 604	17.2	537 195	63 442	11.8	550 991	124 162	22.5
Rural – Rurale									
12 I 1991	7 695 496	3 667 784	47.7	3 702 431	1 284 840	34.7	3 993 065	2 382 944	59.7
AMERICA,SOUTH— AMERIQUE DU SUD									
Uruguay [10]									
Urban – Urbaine									
23 X 1985	1 889 420	75 598	4.0	870 911	36 134	4.1	1 018 509	39 464	3.9
Rural – Rurale									
23 X 1985	275 915	24 128	8.7	165 522	17 242	10.4	110 393	6 886	6.2
ASIA—ASIE									
Iraq [5]									
Urban – Urbaine									
17 X 1987	7 549 136	1 834 039	24.3	3 779 796	669 288	17.7	3 769 340	1 164 751	30.9
Rural – Rurale									
17 X 1987	3 079 311	1 268 292	41.2	1 499 323	470 606	31.4	1 579 988	797 686	50.5
Thailand – Thaïlande [1 16]									
Urban – Urbaine									
1 IV 1990*	9 398 300	304 200	3.2	4 526 000	101 710	2.2	4 872 300	202 500	4.2
Rural – Rurale									
1 IV 1990*	39 677 800	3 116 600	7.9	19 714 900	1 167 500	5.9	19 962 900	1 949 100	9.8
Turkey – Turquie									
Urban – Urbaine									
20 X 1985	17 418 209	2 924 055	16.8	9 097 485	695 784	7.6	8 320 724	2 228 271	26.8
21 X 1990	22 229 034	3 315 800	14.9	11 484 243	745 363	6.5	10 744 791	2 570 437	23.9
Rural – Rurale									
20 X 1985	14 139 994	4 655 616	32.9	6 738 943	1 263 699	18.8	7 401 051	3 391 917	45.8
21 X 1990	14 454 167	4 300 173	29.7	6 941 859	1 124 882	16.2	7 512 308	3 175 291	42.3
EUROPE									
Latvia – Lettonie									
Urban – Urbaine									
12 I 1989	1 500 678	6 358	0.4	672 186	971	0.1	828 492	5 387	0.6
Rural – Rurale									
12 I 1989	594 953	5 118	0.9	275 997	1 356	0.5	318 956	3 762	1.2
Romania – Roumanie									
Urban – Urbaine									
7 I 1992	9 384 017	103 961	1.1	4 514 619	24 624	0.5	4 869 398	79 337	1.6
Rural – Rurale									
7 I 1992	8 241 368	473 415	5.7	4 052 535	100 748	2.5	4 188 833	372 667	8.9
Slovenia – Slovénie [1]									
Urban – Urbaine									
31 III 1991	788 106	2 123	0.3	368 465	695	0.2	419 641	1 428	0.3

33. Illiterate and total population 15 years of age and over, by sex and urban/rural residence: each census, 1985 – 1993 (continued)
Population analphabète et population totale de 15 ans et plus, selon le sexe et la résidence, urbaine/ rurale: chaque recensement, 1985 – 1993 (suite)
Data by urban/rural residence
Données selon la résidence urbaine/rurale

(See notes at end of table. – Voir notes à la fin du tableau.)

Continent, country or area, date and urban/rural residence — Continent, pays ou zone, date et résidence urbaine/rurale	Both sexes – Les deux sexes			Male – Masculin			Female – Féminin		
	Total	Illiterate–Analphabète		Total	Illiterate–Analphabète		Total	Illiterate–Analphabète	
		Number Nombre	Per cent P.100		Number Nombre	Per cent P. 100		Number Nombre	Per cent P.100
EUROPE (Cont.–Suite)									
Slovenia – Slovénie [1]									
Rural – Rurale									
31 III 1991	772 832	5 299	0.7	376 177	2 268	0.6	396 655	3 031	0.8

GENERAL NOTES

Literacy is defined as ability both to read and to write; hence unless otherwise specified, semi–literates (persons able to read but not to write) are included with illiterate population. Percentages are the illiterate population 15 years of age and over per 100 total population of corresponding sex–age group, excluding population of unknown literacy. For definitions of "urban", see end of table 6. For method of evaluation and limitations of data, see Technical Notes, page 116.

FOOTNOTES

- * Provisional.
- 1 De jure population.
- 2 For classification by urban/rural residence, see end of table.
- 3 For Egyptian nationals only.
- 4 Excluding unemployed population.
- 5 For 10 years and over.
- 6 For Senegalese nationals only.
- 7 For 14 years and over.
- 8 Excluding tourist and the former Canal Zone.
- 9 Excluding nomadic Indian tribes.
- 10 Data have not been adjusted for underenumeration, estimated at 2.6 per cent.
- 11 Covering only the civilian population of 30 provinces, municipalities and autonomous regions. Excluding Jimmen and Mazhu islands.
- 12 Including data for the Indian–held part of Jammu and Kashmir, the final status of which has not yet been determined. Excluding Assam.
- 13 For 7 years and over.
- 14 For settled population only.
- 15 Based on a 10 per cent sample of census returns.
- 16 For 6 years and over.
- 17 For Maltese population only.

NOTES GENERALES

Par alphabète, on entend toute personne sachant lire et écrire; par conséquent, sauf indication contraire, les semi–analphabètes (personnes sachant lire mais non écrire) sont classés avec les analphabètes. Les pourcentages indiquent la proportion de la population analphabète âgée de 15 ans et plus pour 100 personnes du même group d'âge et du même sexe, non compris la population dont l'aptitude à lire et à écrire est inconnue. Pour les définitions des "régions urbaines", se reporter à la fin du tableau 6. Pour la méthode d'évaluation et les insuffisances des données, voir Notes techniques, page 116.

NOTES

- * Données provisoires.
- 1 Population de droit.
- 2 Pour le classement selon la résidence, urbaine/rurale , voir la fin du tableau.
- 3 Pour les nationaux égyptiens seulement.
- 4 Non compris la population sans emploi.
- 5 Pour 10 ans et plus.
- 6 Pour les nationaux du Sénégul seulement.
- 7 Pour 14 ans et plus.
- 8 Non compris les tourists et l'ancienne Zone du Canal.
- 9 Non compris les tribus d'Indiens nomades.
- 10 Les données n'ont pas été adjustées pour compenser les lacunes du dénombrement, estimées à 2,6 p. 100.
- 11 Pour la population civile seulement de 30 provinces, municipalités et régions autonomes. Non compris les îles de Jimmen et Mazhu.
- 12 Y compris les données pour la partie du Jammu et du Cachemire occupée par l'Inde, dont le statut définitif n'a pas encore été déterminé. Non compris Assam.
- 13 Pour 7 ans et plus.
- 14 Pour la population sédentaire seulement.
- 15 D'après un échantillon de 10 p. 100 des bulletins de recensement.
- 16 Pour 6 ans et plus.
- 17 Pour Population maltaise seulement.

34. Population 15 years and over, by educational attainment, age, sex and urban/rural residence: each census, 1985 – 1993
Population de 15 ans et plus, selon le degré d'instruction, l'âge, le sexe et la résidence, urbaine/rurale: chaque recensement, 1985 – 1993

(See notes at end of table. – Voir notes à la fin du tableau.)

Continent, country or area, census date, sex, educational level and urban/rural residence Continent, pays ou zone, date du recensement, sexe, degré d'instruction et résidence urbaine/rurale	Age (in years – en années)								
	15 plus	15 – 19	20 – 24	25 – 34	35 – 44	45 – 54	55 – 64	65 plus	Unknown Inconnu
AFRICA—AFRIQUE									
Botswana									
21 VIII 1991									
Total									
Total	758 798	150 237	114 708	176 135	111 091	70 027	48 551	62 581	25 468
–1	234 141	10 813	15 198	46 567	40 226	33 669	26 750	43 798	17 120
First level – Premier degré	108 208	15 362	9 022	17 477	19 143	18 033	13 739	13 112	2 320
1 – 4	108 208	15 362	9 022	17 477	19 143	18 033	13 739	13 112	2 320
Second level – Second degré	386 121	123 427	86 246	101 821	44 979	15 158	6 655	4 546	3 289
1 – 2	211 386	61 119	40 699	58 013	30 158	10 680	4 915	3 673	2 129
3 – 5	134 491	53 899	32 708	32 097	10 220	2 965	1 138	622	842
6 – 8	40 244	8 409	12 839	11 711	4 601	1 513	602	251	318
Third level – Troisième degré	21 999	291	3 697	8 930	5 481	2 306	879	268	147
Level not stated – Degré non indiqué	8 329	344	545	1 340	1 262	861	528	857	2 592
Male – Masculin									
Total	353 613	71 704	53 038	79 771	52 004	33 322	22 239	27 924	13 611
–1	118 951	7 067	9 169	23 400	20 095	17 115	13 384	20 161	8 560
First level – Premier degré	45 932	9 653	5 087	7 872	6 684	5 939	4 681	4 761	1 255
1 – 4	45 932	9 653	5 087	7 872	6 684	5 939	4 681	4 761	1 255
Second level – Second degré	169 887	54 609	36 504	42 552	20 756	8 070	3 209	2 302	1 885
1 – 2	90 994	28 383	16 213	23 116	12 815	5 311	2 166	1 787	1 203
3 – 5	56 234	22 299	12 976	12 694	5 034	1 768	641	361	461
6 – 8	22 659	3 927	7 315	6 742	2 907	991	402	154	221
Third level – Troisième degré	13 387	170	1 927	5 092	3 658	1 613	628	193	106
Level not stated – Degré non indiqué	5 456	205	351	855	811	585	337	507	1 805
Female – Féminin									
Total	405 185	78 533	61 670	96 364	59 087	36 705	26 312	34 657	11 857
–1	115 190	3 746	6 029	23 167	20 131	16 554	13 366	23 637	8 560
First level – Premier degré	62 276	5 709	3 935	9 605	12 459	12 094	9 058	8 351	1 065
1 – 4	62 276	5 709	3 935	9 605	12 459	12 094	9 058	8 351	1 065
Second level – Second degré	216 234	68 818	49 742	59 269	24 223	7 088	3 446	2 244	1 404
1 – 2	120 392	32 736	24 486	34 897	17 343	5 369	2 749	1 886	926
3 – 5	78 257	31 600	19 732	19 403	5 186	1 197	497	261	381
6 – 8	17 585	4 482	5 524	4 969	1 694	522	200	97	97
Third level – Troisième degré	8 612	121	1 770	3 838	1 823	693	251	75	41
Level not stated – Degré non indiqué	2 873	139	194	485	451	276	191	350	787

Special topic

Sujet spécial

34. Population 15 years and over, by educational attainment, age, sex and urban/rural residence: each census, 1985 – 1993 (continued)

Population de 15 ans et plus, selon le degré d'instruction, l'âge, le sexe et la résidence, urbaine/rurale: chaque recensement, 1985 – 1993 (suite)

(See notes at end of table. – Voir notes à la fin du tableau.)

Continent, country or area, census date, sex, educational level and urban/rural residence Continent, pays ou zone, date du recensement, sexe, degré d'instruction et résidence urbaine/rurale	Age (in years – en années)								
	15 plus	15 – 19	20 – 24	25 – 34	35 – 44	45 – 54	55 – 64	65 plus	Unknown Inconnu
AFRICA—AFRIQUE (Cont.–Suite)									
Burundi									
16 VIII 1990 [1]									
Total									
Total	2 834 553	493 643	433 976	772 734	450 272	275 913	189 874	208 530	9 611
–1	1 995 377	270 408	293 612	533 368	321 154	214 473	164 594	196 597	1 171
First level – Premier degré	674 507	192 348	104 116	190 604	103 750	52 212	21 823	9 218	436
Second level – Second degré	93 415	23 197	22 950	24 693	15 491	4 950	1 458	529	147
1	67 719	21 834	14 891	14 115	11 653	3 669	1 096	410	51
2 plus	25 696	1 363	8 059	10 578	3 838	1 281	362	119	96
Third level – Troisième degré	12 438	130	1 403	6 779	2 969	841	186	55	75
1	11 328	127	1 327	6 132	2 686	758	172	53	73
2 plus	1 110	3	76	647	283	83	14	2	2
Special education – Education spéciale	16 334	769	4 667	7 388	2 325	860	221	51	53
Level not stated – Degré non indiqué	42 482	6 791	7 228	9 902	4 583	2 577	1 592	2 080	7 729
Male – Masculin									
Total	1 350 658	243 314	204 321	370 919	217 184	124 287	65 282	98 468	6 883
–1	815 745	115 829	124 989	219 278	125 178	76 910	64 222	88 840	499
First level – Premier degré	432 367	110 070	57 924	121 445	74 207	41 283	18 838	8 272	328
Second level – Second degré	59 554	13 795	14 076	15 053	11 298	3 578	1 215	443	96
1	43 627	13 030	9 017	8 805	8 854	2 628	912	345	36
2 plus	15 927	765	5 059	6 248	2 444	950	303	98	60
Third level – Troisième degré	9 766	69	880	5 181	2 621	738	166	46	65
1	8 827	66	833	4 643	2 362	663	153	44	63
2 plus	939	3	47	538	259	75	13	2	2
Special education – Education spéciale	11 294	514	3 078	5 180	1 639	627	175	42	39
Level not stated – Degré non indiqué	21 932	3 037	3 374	4 782	2 241	1 151	666	825	5 856
Female – Féminin									
Total	1 483 895	250 329	229 655	401 815	233 088	151 626	104 592	110 062	2 728
–1	1 179 632	154 579	168 623	314 090	195 976	137 563	100 372	107 757	672
First level – Premier degré	242 140	82 278	46 192	69 159	29 543	10 929	2 985	946	108
Second level – Second degré	33 861	9 402	8 874	9 640	4 193	1 372	243	86	51
1	24 092	8 804	5 874	5 310	2 799	1 041	184	65	15
2 plus	9 769	598	3 000	4 330	1 394	331	59	21	36
Third level – Troisième degré	2 672	61	523	1 598	348	103	20	9	10
1	2 501	61	494	1 489	324	95	19	9	10
2 plus	171	–	29	109	24	8	1	–	–
Special education – Education spéciale	5 040	255	1 589	2 208	686	233	46	9	14
Level not stated – Degré non indiqué	20 550	3 754	3 854	5 120	2 342	1 426	926	1 255	1 873

34. Population 15 years and over, by educational attainment, age, sex and urban/rural residence: each census, 1985 – 1993 (continued)

Population de 15 ans et plus, selon le degré d'instruction, l'âge, le sexe et la résidence, urbaine/rurale: chaque recensement, 1985 – 1993 (suite)

(See notes at end of table. – Voir notes à la fin du tableau.)

Continent, country or area, census date, sex, educational level and urban/rural residence Continent, pays ou zone, date du recensement, sexe, degré d'instruction et résidence urbaine/rurale	Age (in years – en années)								
	15 plus	15 – 19	20 – 24	25 – 34	35 – 44	45 – 54	55 – 64	65 plus	Unknown Inconnu
AFRICA—AFRIQUE (Cont.–Suite)									
Central African Republic – République centrafricaine									
8 XII 1988									
Total									
Total	1 399 298	253 262	225 107	351 255	217 401	164 384	111 930	71 653	4 306
–1	880 878	118 638	110 984	198 775	152 668	136 028	99 057	63 268	1 460
First level – Premier degré	329 070	88 800	60 849	92 228	45 824	23 093	11 379	6 539	358
Second level – Second degré	162 351	44 806	50 035	49 591	13 393	3 097	790	542	97
1	122 523	40 838	35 486	32 543	10 186	2 372	600	425	73
2	37 080	3 589	13 359	16 208	2 985	645	170	105	19
3	1 550	252	622	459	134	56	17	6	4
4 plus	1 198	127	568	381	88	24	3	6	1
Third level – Troisième degré	22 175	239	3 082	10 498	5 469	2 079	620	183	5
Level not stated – Degré non indiqué	4 824	779	157	163	47	87	84	1 121	2 386
Male – Masculin									
Total	670 254	121 902	108 577	169 095	103 558	75 947	53 757	36 735	683
–1	333 659	41 631	38 043	67 755	54 960	54 864	44 678	31 536	192
First level – Premier degré	203 156	51 163	34 608	56 044	32 758	16 494	7 866	4 100	123
Second level – Second degré	114 047	28 288	33 668	36 945	11 277	2 748	675	399	47
1	82 347	25 515	22 562	22 873	8 435	2 110	512	310	30
2	29 995	2 571	10 431	13 520	2 669	564	147	80	13
3	909	122	321	295	99	51	15	3	3
4 plus	796	80	354	257	74	23	1	6	1
Third level – Troisième degré	17 562	139	2 189	8 265	4 539	1 797	501	130	2
Level not stated – Degré non indiqué	1 830	681	69	86	24	44	37	570	319
Female – Féminin									
Total	729 044	131 360	116 530	182 160	113 843	88 437	58 173	34 918	3 623
–1	547 219	77 007	72 941	131 020	97 708	81 164	54 379	31 732	1 268
First level – Premier degré	125 914	37 637	26 241	36 184	13 066	6 599	3 513	2 439	235
Second level – Second degré	48 304	16 518	16 367	12 646	2 116	349	115	143	50
1	40 176	15 323	12 924	9 670	1 751	262	88	115	43
2	7 085	1 018	2 928	2 688	316	81	23	25	6
3	641	130	301	164	35	5	2	3	1
4 plus	402	47	214	124	14	1	2	–	–
Third level – Troisième degré	4 613	100	893	2 233	930	282	119	53	3
Level not stated – Degré non indiqué	2 994	98	88	77	23	43	47	551	2 067
Côte d'Ivoire									
1 III 1988 [2]									
Total									
Total	1 612 826	502 838	369 863	489 293	176 302	50 443	17 152	5 989	946
First level – Premier degré	734 915	209 987	168 341	231 906	81 490	28 166	11 036	3 754	235
Second level – Second degré	800 594	292 851	188 998	219 749	76 171	16 474	4 281	1 583	487
Third level – Troisième degré	77 317	–	12 524	37 638	18 641	5 803	1 835	652	224
Male – Masculin									
Total	1 039 033	292 145	224 312	321 678	137 919	42 463	14 873	4 995	648
First level – Premier degré	413 648	97 697	85 978	132 543	60 190	23 923	9 859	3 319	139
Second level – Second degré	562 674	194 448	128 723	158 665	62 249	13 683	3 462	1 136	308
Third level – Troisième degré	62 711	–	9 611	30 470	15 480	4 857	1 552	540	201

34. Population 15 years and over, by educational attainment, age, sex and urban/rural residence: each census, 1985 – 1993 (continued)

Population de 15 ans et plus, selon le degré d'instruction, l'âge, le sexe et la résidence, urbaine/rurale: chaque recensement, 1985 – 1993 (suite)

(See notes at end of table. – Voir notes à la fin du tableau.)

Continent, country or area, census date, sex, educational level and urban/rural residence Continent, pays ou zone, date du recensement, sexe, degré d'instruction et résidence urbaine/rurale	Age (in years – en années)								
	15 plus	15 – 19	20 – 24	25 – 34	35 – 44	45 – 54	55 – 64	65 plus	Unknown Inconnu
AFRICA—AFRIQUE (Cont.–Suite)									
Côte d'Ivoire									
1 III 1988 [2]									
Female – Féminin									
Total	573 793	210 693	145 551	167 615	38 383	8 060	2 279	669	543
First level – Premier degré	321 267	112 290	82 363	99 363	21 300	4 243	1 177	435	96
Second level – Second degré	237 920	98 403	60 275	61 084	13 922	2 791	819	447	179
Third level – Troisième degré	14 606	–	2 913	7 168	3 161	946	283	112	23
Egypt – Egypte									
17 XI 1986 [3]									
Total									
Total	12 847 442	3 307 784	2 424 681	3 080 722	1 887 101	1 063 258	590 282	282 145	211 469
–1	3 875 139	453 998	486 492	930 967	828 236	566 121	377 311	204 673	27 341
First level – Premier degré	3 278 159	2 294 288	298 498	300 002	198 145	99 042	45 889	23 870	18 425
Second level – Second degré	4 507 783	558 564	1 485 328	1 372 639	611 312	301 719	117 249	32 195	28 777
Third level – Troisième degré	1 054 178	–	154 102	476 285	248 807	95 886	49 435	21 069	8 594
Level not stated – Degré non indiqué	132 183	934	261	829	601	490	398	338	128 332
Male – Masculin									
Total	8 455 947	1 983 273	1 503 482	1 988 495	1 349 087	803 143	471 320	236 769	120 378
–1	2 586 416	263 509	283 066	564 720	577 227	413 599	295 596	170 732	17 967
First level – Premier degré	2 041 235	1 397 187	196 783	192 106	126 846	67 239	31 737	18 538	10 799
Second level – Second degré	2 933 209	321 882	925 230	868 354	437 759	236 694	98 468	27 197	17 625
Third level – Troisième degré	825 726	–	98 400	363 238	207 138	85 434	45 293	20 053	6 170
Level not stated – Degré non indiqué	69 361	695	3	77	117	177	226	249	67 817
Female – Féminin									
Total	4 391 495	1 324 511	921 199	1 092 227	538 014	260 115	118 962	45 376	91 091
–1	1 288 723	190 489	203 426	366 247	251 009	152 522	81 715	33 941	9 374
First level – Premier degré	1 236 924	897 101	101 715	107 896	71 299	31 803	14 152	5 332	7 626
Second level – Second degré	1 574 574	236 682	560 098	504 285	173 553	65 025	18 781	4 998	11 152
Third level – Troisième degré	228 452	–	55 702	113 047	41 669	10 452	4 142	1 016	2 424
Level not stated – Degré non indiqué	62 822	239	258	752	484	313	172	89	60 515

34. Population 15 years and over, by educational attainment, age, sex and urban/rural residence: each census, 1985 – 1993 (continued)
Population de 15 ans et plus, selon le degré d'instruction, l'âge, le sexe et la résidence, urbaine/rurale: chaque recensement, 1985 – 1993 (suite)

(See notes at end of table. – Voir notes à la fin du tableau.)

Continent, country or area, census date, sex, educational level and urban/rural residence Continent, pays ou zone, date du recensement, sexe, degré d'instruction et résidence urbaine/rurale	Age (in years – en années)								Unknown Inconnu
	15 plus	15 – 19	20 – 24	25 – 34	35 – 44	45 – 54	55 – 64	65 plus	
AFRICA—AFRIQUE (Cont.–Suite)									
Malawi									
1 IX 1987									
Total									
Total	4 307 598	770 671	670 924	1 027 452	717 985	466 313	*— 649 601 —*		4 652
–1	2 131 099	289 036	267 496	466 270	371 715	279 055	*— 455 248 —*		2 279
First level – Premier degré	1 951 908	460 776	350 777	475 514	301 420	172 918	*— 188 788 —*		1 715
1	111 481	17 630	11 839	19 850	20 043	16 845	*— 25 147 —*		127
2	207 554	39 761	27 017	40 902	36 425	28 476	*— 34 774 —*		199
3	265 750	58 404	40 590	57 831	42 667	29 723	*— 36 322 —*		213
4	260 278	60 484	42 649	58 844	38 816	26 377	*— 32 919 —*		189
5	248 273	58 286	42 975	61 626	39 811	22 563	*— 22 831 —*		181
6	227 807	65 626	43 254	53 296	30 977	16 352	*— 18 133 —*		169
7	210 087	64 480	46 929	56 045	27 351	8 902	*— 6 248 —*		132
8	420 678	96 105	95 524	127 120	65 330	23 680	*— 12 414 —*		505
Second level – Second degré	209 619	20 409	50 566	80 218	40 884	12 670	*— 4 472 —*		400
1	23 761	6 701	6 467	5 107	3 723	1 217	*— 529 —*		17
2	99 681	9 283	22 946	37 011	20 414	7 268	*— 2 589 —*		170
3	15 218	2 238	5 295	4 417	2 510	548	*— 191 —*		19
4	67 754	2 052	15 481	32 823	12 985	3 219	*— 1 007 —*		187
5	2 011	88	222	502	917	223	*— 55 —*		4
6	1 194	47	155	358	335	195	*— 101 —*		3
Third level – Troisième degré	12 533	114	1 732	4 887	3 583	1 416	*— 768 —*		33
1	725	67	276	161	124	62	*— 35 —*		–
2	522	26	286	123	61	19	*— 7 —*		–
3	534	9	231	210	50	18	*— 14 —*		2
4	901	1	215	369	185	73	*— 58 —*		–
5	4 530	11	412	1 994	1 409	456	*— 242 —*		6
6	5 321	–	312	2 030	1 754	788	*— 412 —*		25
Level not stated – Degré non indiqué	2 439	336	353	563	383	254	*— 325 —*		225
Male – Masculin									
Total	2 037 169	368 134	300 805	489 430	344 703	223 602	*— 307 646 —*		2 849
–1	689 655	106 242	79 256	138 538	115 209	89 594	*— 159 858 —*		958
First level – Premier degré	1 183 155	250 772	186 484	287 232	193 037	121 280	*— 142 994 —*		1 356
1	56 905	9 202	5 117	8 924	9 368	8 903	*— 15 302 —*		89
2	118 589	21 460	12 919	21 350	19 991	17 930	*— 24 806 —*		133
3	155 192	31 251	19 478	31 223	25 471	19 815	*— 27 786 —*		168
4	153 334	32 083	20 581	33 126	23 925	18 047	*— 25 434 —*		138
5	145 586	31 090	20 959	34 469	24 412	16 217	*— 18 302 —*		137
6	136 169	34 738	21 591	31 668	20 504	12 523	*— 15 016 —*		129
7	124 974	34 178	24 423	35 149	18 651	7 211	*— 5 252 —*		110
8	292 406	56 770	61 416	91 323	50 715	20 634	*— 11 096 —*		452
Second level – Second degré	153 123	10 870	33 624	59 481	33 374	11 401	*— 4 034 —*		339
1	16 285	3 724	4 561	3 568	2 878	1 071	*— 466 —*		17
2	71 562	4 772	14 891	26 451	16 375	6 532	*— 2 394 —*		147
3	11 297	1 238	3 893	3 394	2 082	498	*— 175 —*		17
4	51 648	1 068	10 047	25 482	11 056	2 954	*— 888 —*		153
5	1 482	42	132	326	739	196	*— 44 —*		3
6	849	26	100	260	244	150	*— 67 —*		2
Third level – Troisième degré	9 694	64	1 250	3 800	2 837	1 158	*— 558 —*		27
1	562	37	211	135	103	50	*— 26 —*		–
2	390	19	218	90	42	17	*— 4 —*		–
3	414	4	172	170	42	16	*— 8 —*		2
4	634	–	149	271	133	53	*— 28 —*		–
5	3 549	4	291	1 571	1 117	380	*— 182 —*		4
6	4 145	–	209	1 563	1 400	642	*— 310 —*		21
Level not stated – Degré non indiqué	1 542	186	191	379	246	169	*— 202 —*		169

34. Population 15 years and over, by educational attainment, age, sex and urban/rural residence: each census, 1985 – 1993 (continued)

Population de 15 ans et plus, selon le degré d'instruction, l'âge, le sexe et la résidence, urbaine/rurale: chaque recensement, 1985 – 1993 (suite)

(See notes at end of table. – Voir notes à la fin du tableau.)

Continent, country or area, census date, sex, educational level and urban/rural residence Continent, pays ou zone, date du recensement, sexe, degré d'instruction et résidence urbaine/rurale	Age (in years – en années)								
	15 plus	15 – 19	20 – 24	25 – 34	35 – 44	45 – 54	55 – 64	65 plus	Unknown Inconnu
AFRICA—AFRIQUE (Cont.–Suite)									
Malawi									
1 IX 1987									
Female – Féminin									
Total	2 270 429	402 537	370 119	538 022	373 282	242 711	*—— 341 955 ——*		1 803
–1	1 441 444	182 794	188 240	327 732	256 506	189 461	*—— 295 390 ——*		1 321
First level – Premier degré	768 753	210 004	164 293	188 282	108 383	51 638	*—— 45 794 ——*		359
1	54 576	8 428	6 722	10 926	10 675	7 942	*—— 9 845 ——*		38
2	88 965	18 301	14 098	19 552	16 434	10 546	*—— 9 968 ——*		66
3	110 558	27 153	21 112	26 608	17 196	9 908	*—— 8 536 ——*		45
4	106 944	28 401	22 068	25 718	14 891	8 330	*—— 7 485 ——*		51
5	102 687	27 196	22 016	27 157	15 399	6 346	*—— 4 529 ——*		44
6	91 638	30 888	21 663	21 628	10 473	3 829	*—— 3 117 ——*		40
7	85 113	30 302	22 506	20 896	8 700	1 691	*—— 996 ——*		22
8	128 272	39 335	34 108	35 797	14 615	3 046	*—— 1 318 ——*		53
Second level – Second degré	56 496	9 539	16 942	20 737	7 510	1 269	*—— 438 ——*		61
1	7 476	2 977	1 906	1 539	845	146	*—— 63 ——*		–
2	28 119	4 511	8 055	10 560	4 039	736	*—— 195 ——*		23
3	3 921	1 000	1 402	1 023	428	50	*—— 16 ——*		2
4	16 106	984	5 434	7 341	1 929	265	*—— 119 ——*		34
5	529	46	90	176	178	27	*—— 11 ——*		1
6	345	21	55	98	91	45	*—— 34 ——*		1
Third level – Troisième degré	2 839	50	482	1 087	746	258	*—— 210 ——*		6
1	163	30	65	26	21	12	*—— 9 ——*		–
2	132	7	68	33	19	2	*—— 3 ——*		–
3	120	5	59	40	8	2	*—— 6 ——*		–
4	267	1	66	98	52	20	*—— 30 ——*		–
5	981	7	121	423	292	76	*—— 60 ——*		2
6	1 176	–	103	467	354	146	*—— 102 ——*		4
Level not stated – Degré non indiqué	897	150	162	184	137	85	*—— 123 ——*		56
Mauritania – Mauritanie									
5 IV 1988 [4 5]									
Total									
Total	1 446 867	...	...	...	...	...	...	...	...
–1	763 817	...	...	...	...	...	...	...	...
First level – Premier degré	574 259	...	...	...	...	...	...	...	...
Second level – Second degré	71 040	...	...	...	...	...	...	...	...
Third level – Troisième degré	15 603	...	...	...	...	...	...	...	...
Level not stated – Degré non indiqué	22 148	...	...	...	...	...	...	...	...
Male – Masculin									
Total	706 822	...	...	...	...	...	...	...	...
–1	324 601	...	...	...	...	...	...	...	...
First level – Premier degré	307 079	...	...	...	...	...	...	...	...
Second level – Second degré	49 652	...	...	...	...	...	...	...	...
Third level – Troisième degré	13 427	...	...	...	...	...	...	...	...
Level not stated – Degré non indiqué	12 063	...	...	...	...	...	...	...	...

34. Population 15 years and over, by educational attainment, age, sex and urban/rural residence: each census, 1985 – 1993 (continued)
Population de 15 ans et plus, selon le degré d'instruction, l'âge, le sexe et la résidence, urbaine/rurale: chaque recensement, 1985 – 1993 (suite)

(See notes at end of table. – Voir notes à la fin du tableau.)

Continent, country or area, census date, sex, educational level and urban/rural residence Continent, pays ou zone, date du recensement, sexe, degré d'instruction et résidence urbaine/rurale	Age (in years – en années)								
	15 plus	15 – 19	20 – 24	25 – 34	35 – 44	45 – 54	55 – 64	65 plus	Unknown Inconnu
AFRICA—AFRIQUE (Cont.–Suite)									
Mauritania – Mauritanie									
5 IV 1988 [4 5]									
Female – Féminin									
Total	740 045	...	...	...	...	...	...	...	...
–1	439 216	...	...	...	...	...	...	...	...
First level – Premier degré	267 180	...	...	...	...	...	...	...	...
Second level – Second degré	21 388	...	...	...	...	...	...	...	...
Third level – Troisième degré	2 176	...	...	...	...	...	...	...	...
Level not stated – Degré non indiqué	10 085	...	...	...	...	...	...	...	...
Mauritius – Maurice									
1 VII 1990 [1]									
Total									
Total	741 681	97 150	102 588	198 764	141 353	82 591	62 848	56 387	–
–1	102 816	1 544	2 422	8 452	16 919	22 679	23 546	27 254	–
First level – Premier degré	336 261	34 027	39 078	88 456	74 030	41 736	33 293	25 641	–
Second level – Second degré	288 533	61 166	59 492	97 083	46 147	16 539	5 224	2 882	–
1 – 3	66 988	15 843	12 494	21 264	11 764	3 862	1 191	570	–
4 – 6	221 545	45 323	46 998	75 819	34 383	12 677	4 033	2 312	–
Third level – Troisième degré	11 858	159	1 336	4 350	3 921	1 369	495	228	–
Level not stated – Degré non indiqué	2 213	254	260	423	336	268	290	382	–
Male – Masculin									
Total	368 361	49 206	52 384	101 125	71 224	40 278	30 341	23 803	–
–1	29 900	760	1 141	3 036	4 122	6 148	7 208	7 485	–
First level – Premier degré	168 251	17 410	19 780	40 971	34 482	22 049	19 206	14 353	–
Second level – Second degré	160 362	30 810	30 503	53 947	29 386	10 812	3 328	1 576	–
1 – 3	36 493	7 906	6 226	12 014	7 147	2 257	672	271	–
4 – 6	123 869	22 904	24 277	41 933	22 239	8 555	2 656	1 305	–
Third level – Troisième degré	8 738	81	813	2 974	3 074	1 154	442	200	–
Level not stated – Degré non indiqué	1 110	145	147	197	160	115	157	189	–
Female – Féminin									
Total	373 320	47 944	50 204	97 639	70 129	42 313	32 507	32 584	–
–1	72 916	784	1 281	5 416	12 797	16 531	16 338	19 769	–
First level – Premier degré	168 010	16 617	19 298	47 485	39 548	19 687	14 087	11 288	–
Second level – Second degré	128 171	30 356	28 989	43 136	16 761	5 727	1 896	1 306	–
1 – 3	30 495	7 937	6 268	9 250	4 617	1 605	519	299	–
4 – 6	97 676	22 419	22 721	33 886	12 144	4 122	1 377	1 007	–
Third level – Troisième degré	3 120	78	523	1 376	847	215	53	28	–
Level not stated – Degré non indiqué	1 103	109	113	226	176	153	133	193	–

34. Population 15 years and over, by educational attainment, age, sex and urban/rural residence: each census, 1985 – 1993 (continued)
Population de 15 ans et plus, selon le degré d'instruction, l'âge, le sexe et la résidence, urbaine/rurale: chaque recensement, 1985 – 1993 (suite)

(See notes at end of table. – Voir notes à la fin du tableau.)

Continent, country or area, census date, sex, educational level and urban/rural residence Continent, pays ou zone, date du recensement, sexe, degré d'instruction et résidence urbaine/rurale	Age (in years – en années)								
	15 plus	15 – 19	20 – 24	25 – 34	35 – 44	45 – 54	55 – 64	65 plus	Unknown Inconnu
AFRICA—AFRIQUE (Cont.–Suite)									
Mauritius – Maurice Island of Mauritius – Ile Maurice									
1 VII 1990 [1]									
Total									
Total	721 336	93 161	99 404	194 026	138 434	80 030	61 248	55 033	–
-1	98 957	1 364	2 180	7 935	16 205	21 842	22 897	26 534	–
First level – Premier degré	322 950	31 434	37 107	84 874	72 095	40 069	32 358	25 013	–
Second level – Second degré	285 402	59 956	58 525	96 458	45 884	16 486	5 212	2 881	–
1 – 3	65 755	15 314	12 093	21 075	11 675	3 841	1 188	569	–
4 – 6	219 647	44 642	46 432	75 383	34 209	12 645	4 024	2 312	–
Third level – Troisième degré	11 832	158	1 332	4 340	3 915	1 366	494	227	–
Level not stated – Degré non indiqué	2 195	249	260	419	335	267	287	378	–
Male – Masculin									
Total	358 221	47 199	50 742	98 777	69 708	39 019	29 540	23 236	–
-1	28 109	663	1 000	2 791	3 799	5 766	6 900	7 190	–
First level – Premier degré	161 624	16 121	18 803	39 229	33 449	21 212	18 725	14 085	–
Second level – Second degré	158 673	30 193	29 982	53 597	29 232	10 774	3 320	1 575	–
1 – 3	35 859	7 642	6 027	11 912	7 096	2 243	669	270	–
4 – 6	122 814	22 551	23 955	41 685	22 136	8 531	2 651	1 305	–
Third level – Troisième degré	8 715	80	810	2 965	3 068	1 152	441	199	–
Level not stated – Degré non indiqué	1 100	142	147	195	160	115	154	187	–
Female – Féminin									
Total	363 115	45 962	48 662	95 249	68 726	41 011	31 708	31 797	–
-1	70 848	701	1 180	5 144	12 406	16 076	15 997	19 344	–
First level – Premier degré	161 326	15 313	18 304	45 645	38 646	18 857	13 633	10 928	–
Second level – Second degré	126 729	29 763	28 543	42 861	16 652	5 712	1 892	1 306	–
1 – 3	29 896	7 672	6 066	9 163	4 579	1 598	519	299	–
4 – 6	96 833	22 091	22 477	33 698	12 073	4 114	1 373	1 007	–
Third level – Troisième degré	3 117	78	522	1 375	847	214	53	28	–
Level not stated – Degré non indiqué	1 095	107	113	224	175	152	133	191	–
Rodrigues									
1 VII 1990 [1]									
Total									
Total	20 345	3 989	3 184	4 738	2 919	2 561	1 600	1 354	–
-1	3 859	180	242	517	714	837	649	720	–
First level – Premier degré	13 311	2 593	1 971	3 582	1 935	1 667	935	628	–
Second level – Second degré	3 131	1 210	967	625	263	53	12	1	–
1 – 3	1 233	529	401	189	89	21	3	1	–
4 – 6	1 898	681	566	436	174	32	9	–	–
Third level – Troisième degré	26	1	4	10	6	3	1	1	–
Level not stated – Degré non indiqué	18	5	–	4	1	1	3	4	–

34. Population 15 years and over, by educational attainment, age, sex and urban/rural residence: each census, 1985 – 1993 (continued)
Population de 15 ans et plus, selon le degré d'instruction, l'âge, le sexe et la résidence, urbaine/rurale: chaque recensement, 1985 – 1993 (suite)

(See notes at end of table. – Voir notes à la fin du tableau.)

Continent, country or area, census date, sex, educational level and urban/rural residence Continent, pays ou zone, date du recensement, sexe, degré d'instruction et résidence urbaine/rurale	Age (in years – en années)								
	15 plus	15 – 19	20 – 24	25 – 34	35 – 44	45 – 54	55 – 64	65 plus	Unknown Inconnu
AFRICA—AFRIQUE (Cont.–Suite)									
Mauritius – Maurice									
Rodrigues									
1 VII 1990 [1]									
Male – Masculin									
Total	10 140	2 007	1 642	2 348	1 516	1 259	801	567	–
–1	1 791	97	141	245	323	382	308	295	–
First level – Premier degré	6 627	1 289	977	1 742	1 033	837	481	268	–
Second level – Second degré	1 689	617	521	350	154	38	8	1	–
1 – 3	634	264	199	102	51	14	3	1	–
4 – 6	1 055	353	322	248	103	24	5	–	–
Third level – Troisième degré	23	1	3	9	6	2	1	1	...
Level not stated – Degré non indiqué	10	3	–	2	–	–	3	2	–
Female – Féminin									
Total	10 205	1 982	1 542	2 390	1 403	1 302	799	787	–
–1	2 068	83	101	272	391	455	341	425	–
First level – Premier degré	6 684	1 304	994	1 840	902	830	454	360	–
Second level – Second degré	1 442	593	446	275	109	15	4	–	–
1 – 3	599	265	202	87	38	7	–	–	–
4 – 6	843	328	244	188	71	8	4	–	–
Third level – Troisième degré	3	–	1	1	–	1	–	–	–
Level not stated – Degré non indiqué	8	2	–	2	1	1	–	2	–
Namibia – Namibie									
21 X 1991 [6 7]									
Total									
Total	454 222	*—— 113 445 ——*		153 977	85 944	49 192	28 300	23 139	225
First level – Premier degré	224 485	*—— 57 050 ——*		61 376	42 278	29 199	18 198	16 284	100
1	27 002	*—— 4 763 ——*		4 855	4 675	4 486	3 577	4 631	15
2	22 948	*—— 4 965 ——*		5 237	4 333	3 451	2 411	2 539	12
3	30 914	*—— 7 706 ——*		8 000	5 782	4 352	2 698	2 359	17
4	41 846	*—— 10 650 ——*		11 137	8 050	5 831	3 549	2 618	11
5	46 222	*—— 12 830 ——*		13 634	9 008	5 552	3 061	2 118	19
6	55 553	*—— 16 136 ——*		18 513	10 430	5 527	2 902	2 019	26
Second level – Second degré	203 410	*—— 54 209 ——*		81 870	36 550	16 203	8 523	5 980	75
1	53 650	*—— 15 187 ——*		20 249	10 364	4 380	2 199	1 249	22
2	46 568	*—— 11 267 ——*		16 329	9 913	4 331	2 573	2 140	15
3	29 631	*—— 9 853 ——*		13 653	4 000	1 211	531	373	10
4	35 247	*—— 7 961 ——*		15 680	5 962	2 879	1 577	1 174	14
5	9 646	*—— 3 375 ——*		4 487	1 107	408	146	121	2
6	28 668	*—— 6 566 ——*		11 472	5 204	2 994	1 497	923	12
Third level – Troisième degré	14 413	*—— 910 ——*		5 972	4 125	2 145	829	418	14
Special education – Education spéciale	11 167	*—— 1 138 ——*		4 578	2 879	1 536	657	376	3
Level not stated – Degré non indiqué	747	*—— 138 ——*		181	112	109	93	81	33

34. Population 15 years and over, by educational attainment, age, sex and urban/rural residence: each census, 1985 – 1993 (continued)
Population de 15 ans et plus, selon le degré d'instruction, l'âge, le sexe et la résidence, urbaine/rurale: chaque recensement, 1985 – 1993 (suite)

(See notes at end of table. – Voir notes à la fin du tableau.)

Continent, country or area, census date, sex, educational level and urban/rural residence / Continent, pays ou zone, date du recensement, sexe, degré d'instruction et résidence urbaine/rurale	Age (in years – en années)								
	15 plus	15 – 19	20 – 24	25 – 34	35 – 44	45 – 54	55 – 64	65 plus	Unknown Inconnu
AFRICA—AFRIQUE (Cont.–Suite)									
Namibia – Namibie									
21 X 1991 [6 7]									
Male – Masculin									
Total	219 410	*—— 51 296 ——*		72 559	42 996	25 594	14 877	11 945	143
First level – Premier degré	109 144	*—— 27 989 ——*		28 699	19 767	14 541	9 433	8 656	59
1	12 856	*—— 2 842 ——*		2 260	1 850	1 987	1 635	2 273	9
2	11 249	*—— 2 736 ——*		2 415	1 895	1 611	1 249	1 338	5
3	15 706	*—— 4 177 ——*		3 880	2 648	2 209	1 458	1 322	12
4	20 772	*—— 5 377 ——*		5 306	3 880	2 897	1 862	1 445	5
5	22 691	*—— 6 072 ——*		6 492	4 352	2 922	1 664	1 176	13
6	25 870	*—— 6 785 ——*		8 346	5 142	2 915	1 565	1 102	15
Second level – Second degré	96 016	*—— 22 339 ——*		38 606	19 101	8 712	4 409	2 797	52
1	24 054	*—— 6 022 ——*		9 022	4 927	2 252	1 151	665	15
2	21 808	*—— 4 468 ——*		7 548	5 089	2 388	1 301	1 004	10
3	13 912	*—— 3 862 ——*		6 372	2 422	763	289	196	8
4	16 657	*—— 3 281 ——*		7 450	3 250	1 463	755	449	9
5	4 876	*—— 1 421 ——*		2 415	654	256	75	53	2
6	14 709	*—— 3 285 ——*		5 799	2 759	1 590	838	430	8
Third level – Troisième degré	7 496	*—— 340 ——*		2 712	2 284	1 318	568	267	7
Special education – Education spéciale	6 373	*—— 561 ——*		2 448	1 798	962	423	180	1
Level not stated – Degré non indiqué	381	*—— 67 ——*		94	46	61	44	45	24
Female – Féminin									
Total	234 812	*—— 62 149 ——*		81 418	42 948	23 598	13 423	11 194	82
First level – Premier degré	115 341	*—— 29 061 ——*		32 677	22 511	14 658	8 765	7 628	41
1	14 146	*—— 1 921 ——*		2 595	2 825	2 499	1 942	2 358	6
2	11 699	*—— 2 229 ——*		2 822	2 438	1 840	1 162	1 201	7
3	15 208	*—— 3 529 ——*		4 120	3 134	2 143	1 240	1 037	5
4	21 074	*—— 5 273 ——*		5 831	4 170	2 934	1 687	1 173	6
5	23 531	*—— 6 758 ——*		7 142	4 656	2 630	1 397	942	6
6	29 683	*—— 9 351 ——*		10 167	5 288	2 612	1 337	917	11
Second level – Second degré	107 394	*—— 31 870 ——*		43 264	17 449	7 491	4 114	3 183	23
1	29 596	*—— 9 165 ——*		11 227	5 437	2 128	1 048	584	7
2	24 760	*—— 6 799 ——*		8 781	4 824	1 943	1 272	1 136	5
3	15 719	*—— 5 991 ——*		7 281	1 578	448	242	177	2
4	18 590	*—— 4 680 ——*		8 230	2 712	1 416	822	725	5
5	4 770	*—— 1 954 ——*		2 072	453	152	71	68	–
6	13 959	*—— 3 281 ——*		5 673	2 445	1 404	659	493	4
Third level – Troisième degré	6 917	*—— 570 ——*		3 260	1 841	827	261	151	7
Special education – Education spéciale	4 794	*—— 577 ——*		2 130	1 081	574	234	196	2
Level not stated – Degré non indiqué	366	*—— 71 ——*		87	66	48	49	36	9
Seychelles									
17 VIII 1987 [8]									
Total									
Total	50 083	11 953	7 132	10 784	5 970	5 053	4 220	4 885	86
–1	3 895	53	88	346	455	725	787	1 417	24
First level – Premier degré	15 666	1 016	740	2 518	2 874	3 221	2 633	2 630	34
Second level – Second degré	27 963	10 797	6 122	7 044	2 069	749	594	579	9
Third level – Troisième degré	1 546	15	116	611	394	235	95	74	6
Level not stated – Degré non indiqué	1 013	72	66	265	178	123	111	185	13

34. Population 15 years and over, by educational attainment, age, sex and urban/rural residence: each census, 1985 – 1993 (continued)

Population de 15 ans et plus, selon le degré d'instruction, l'âge, le sexe et la résidence, urbaine/rurale: chaque recensement, 1985 – 1993 (suite)

(See notes at end of table. – Voir notes à la fin du tableau.)

Continent, country or area, census date, sex, educational level and urban/rural residence Continent, pays ou zone, date du recensement, sexe, degré d'instruction et résidence urbaine/rurale	Age (in years – en années)								
	15 plus	15 – 19	20 – 24	25 – 34	35 – 44	45 – 54	55 – 64	65 plus	Unknown Inconnu
AFRICA—AFRIQUE (Cont.–Suite)									
South Africa – Afrique du Sud [9]									
5 III 1985 [10]									
Total									
Total	15 189 475	2 468 856	2 332 191	3 709 807	*— 4 3 96 978 —*		1 171 117	1 110 526	–
–1	2 955 745	179 289	260 837	570 790	*— 1 0 55 863 —*		402 938	486 028	–
First level – Premier degré	7 535 587	1 563 384	1 154 698	1 898 983	*— 2 0 68 950 —*		465 687	383 885	–
1	849 328	127 750	117 999	203 859	*— 261 931 —*		73 053	64 736	–
2	810 508	128 988	123 546	215 254	*— 244 922 —*		56 469	41 329	–
3	842 412	168 991	138 025	224 178	*— 233 683 —*		46 613	30 922	–
4	1 040 048	219 461	168 608	270 405	*— 286 653 —*		56 633	38 288	–
5	1 249 017	279 487	223 537	338 873	*— 316 037 —*		55 054	36 029	–
6	1 672 761	284 405	185 958	416 331	*— 520 837 —*		133 572	131 658	–
7	1 047 123	353 776	195 267	224 189	*— 194 858 —*		41 149	37 884	–
Not stated–non indiqué	24 390	526	1 758	5 894	*— 10 029 —*		3 144	3 039	–
Second level – Second degré	4 351 950	717 332	879 898	1 128 916	*— 1 1 46 203 —*		270 857	208 744	–
1	1 645 715	335 637	281 028	404 710	*— 438 602 —*		105 109	80 629	–
2	605 112	193 559	142 878	127 178	*— 107 473 —*		19 191	14 833	–
3	1 390 013	178 233	367 669	353 309	*— 329 579 —*		88 514	72 709	–
4	172 406	3 197	17 413	60 093	*— 67 995 —*		14 606	9 102	–
5	538 704	6 706	70 910	183 626	*— 202 554 —*		43 437	31 471	–
Third level – Troisième degré	271 945	271	30 207	97 673	*— 102 571 —*		23 564	17 659	–
1 – 4	184 692	255	25 710	69 934	*— 62 827 —*		14 850	11 116	–
5 – 6	17 257	–	409	5 205	*— 8 403 —*		1 805	1 435	–
7 plus	6 945	–	155	1 290	*— 3 668 —*		1 019	813	–
Not stated–non indiqué	63 051	16	3 933	21 244	*— 27 673 —*		5 890	4 295	–
Level not stated – Degré non indiqué	74 248	8 580	6 551	13 445	*— 23 391 —*		8 071	14 210	–
Male – Masculin									
Total	7 439 307	1 203 645	1 135 300	1 875 589	*— 2 2 16 865 —*		543 969	463 939	–
–1	1 327 303	84 794	118 844	268 180	*— 491 369 —*		169 444	194 672	–
First level – Premier degré	3 759 279	774 205	565 529	969 046	*— 1 0 61 898 —*		223 687	164 914	–
1	439 331	69 448	59 565	106 900	*— 138 996 —*		35 275	29 147	–
2	416 108	67 491	61 058	112 294	*— 129 270 —*		27 075	18 920	–
3	432 908	88 222	69 252	117 800	*— 121 388 —*		22 209	14 037	–
4	517 454	110 769	83 867	139 475	*— 141 384 —*		25 749	16 210	–
5	608 530	135 699	109 314	169 937	*— 152 526 —*		25 713	15 341	–
6	820 580	136 652	88 869	204 385	*— 270 512 —*		65 451	54 711	–
7	510 929	165 757	92 883	114 917	*— 101 735 —*		20 433	15 204	–
Not stated–non indiqué	13 439	167	721	3 338	*— 6 087 —*		1 782	1 344	–
Second level – Second degré	2 139 584	339 518	433 506	571 715	*— 578 301 —*		129 724	86 820	–
1	775 540	158 858	134 579	197 542	*— 206 967 —*		46 665	30 929	–
2	314 427	92 973	71 691	70 919	*— 61 916 —*		10 289	6 639	–
3	729 725	85 163	192 453	191 632	*— 181 187 —*		46 097	33 193	–
4	67 834	840	5 751	23 573	*— 28 622 —*		5 817	3 231	–
5	252 058	1 684	29 032	88 049	*— 99 609 —*		20 856	12 828	–
Third level – Troisième degré	176 472	124	13 927	59 770	*— 72 947 —*		17 244	12 460	–
1 – 4	119 771	117	12 305	44 211	*— 44 609 —*		10 765	7 764	–
5 – 6	13 770	–	258	3 827	*— 7 095 —*		1 466	1 124	–
7 plus	5 752	–	77	942	*— 3 173 —*		881	679	–
Not stated–non indiqué	37 179	7	1 287	10 790	*— 18 070 —*		4 132	2 893	–
Level not stated – Degré non indiqué	36 669	5 004	3 494	6 878	*— 12 350 —*		3 870	5 073	–

34. Population 15 years and over, by educational attainment, age, sex and urban/rural residence: each census, 1985 – 1993 (continued)

Population de 15 ans et plus, selon le degré d'instruction, l'âge, le sexe et la résidence, urbaine/rurale: chaque recensement, 1985 – 1993 (suite)

(See notes at end of table. – Voir notes à la fin du tableau.)

Continent, country or area, census date, sex, educational level and urban/rural residence Continent, pays ou zone, date du recensement, sexe, degré d'instruction et résidence urbaine/rurale	Age (in years – en années)								
	15 plus	15 – 19	20 – 24	25 – 34	35 – 44	45 – 54	55 – 64	65 plus	Unknown Inconnu
AFRICA—AFRIQUE (Cont.–Suite)									
South Africa – Afrique du Sud [9]									
5 III 1985 [10]									
Female – Féminin									
Total	7 750 168	1 265 211	1 196 891	1 834 218	*— 2 180 113 —*		627 148	646 587	–
–1	1 628 442	94 495	141 993	302 610	*—— 564 494 ——*		233 494	291 356	–
First level – Premier degré	3 776 308	789 179	589 169	929 937	*— 1 007 052 —*		242 000	218 971	–
1	409 997	58 302	58 434	96 959	*—— 122 935 ——*		37 778	35 589	–
2	394 400	61 497	62 488	102 960	*—— 115 652 ——*		29 394	22 409	–
3	409 504	80 769	68 773	106 378	*—— 112 295 ——*		24 404	16 885	–
4	522 594	108 692	84 741	130 930	*—— 145 269 ——*		30 884	22 078	–
5	640 487	143 788	114 223	168 936	*—— 163 511 ——*		29 341	20 688	–
6	852 181	147 753	97 089	211 946	*—— 250 325 ——*		68 121	76 947	–
7	536 194	188 019	102 384	109 272	*—— 93 123 ——*		20 716	22 680	–
Not stated–non indiqué	10 951	359	1 037	2 556	*—— 3 942 ——*		1 362	1 695	–
Second level – Second degré	2 212 366	377 814	446 392	557 201	*—— 567 902 ——*		141 133	121 924	–
1	870 175	176 779	146 449	207 168	*—— 231 635 ——*		58 444	49 700	–
2	290 685	100 586	71 187	56 259	*—— 45 557 ——*		8 902	8 194	–
3	660 288	93 070	175 216	161 677	*—— 148 392 ——*		42 417	39 516	–
4	104 572	2 357	11 662	36 520	*—— 39 373 ——*		8 789	5 871	–
5	286 646	5 022	41 878	95 577	*—— 102 945 ——*		22 581	18 643	–
Third level – Troisième degré	95 473	147	16 280	37 903	*—— 29 624 ——*		6 320	5 199	–
1 – 4	64 921	138	13 405	25 723	*—— 18 218 ——*		4 085	3 352	–
5 – 6	3 487	–	151	1 378	*—— 1 308 ——*		339	311	–
7 plus	1 193	–	78	348	*—— 495 ——*		138	134	–
Not stated–non indiqué	25 872	9	2 646	10 454	*—— 9 603 ——*		1 758	1 402	–
Level not stated – Degré non indiqué	37 579	3 576	3 057	6 567	*—— 11 041 ——*		4 201	9 137	–
Swaziland									
25 VIII 1986									
Total									
Total	358 591	75 679	58 386	82 744	55 634	38 926	*—— 44 368 ——*		2 854
–1	115 511	9 933	10 985	21 703	20 774	19 628	*—— 31 090 ——*		1 398
First level – Premier degré	131 944	34 431	20 369	30 456	21 893	13 774	*—— 10 334 ——*		687
1	3 548	581	350	660	635	594	*—— 685 ——*		43
2	7 664	1 263	900	1 602	1 346	1 218	*—— 1 274 ——*		61
3	14 954	2 849	2 122	3 575	2 702	1 906	*—— 1 691 ——*		109
4	19 216	4 197	2 843	4 646	3 498	2 202	*—— 1 724 ——*		106
5	19 435	5 658	3 111	4 478	3 100	1 803	*—— 1 203 ——*		82
6	24 927	8 168	4 034	5 596	3 644	2 073	*—— 1 286 ——*		126
7	42 200	11 715	7 009	9 899	6 968	3 978	*—— 2 471 ——*		160
Second level – Second degré	98 982	30 572	24 708	26 353	10 603	4 314	*—— 2 102 ——*		330
1	20 231	8 735	3 413	3 854	2 337	1 174	*—— 658 ——*		60
2	20 331	8 661	4 670	4 422	1 643	628	*—— 259 ——*		48
3	29 843	7 465	7 915	8 981	3 503	1 267	*—— 615 ——*		97
4	7 269	3 062	2 127	1 444	410	156	*—— 51 ——*		19
5	20 410	2 540	6 391	7 390	2 552	973	*—— 460 ——*		104
6	898	109	192	262	158	116	*—— 59 ——*		2
Third level – Troisième degré	9 687	473	1 981	3 692	1 949	947	*—— 621 ——*		24
1	1 008	223	354	243	84	57	*—— 45 ——*		2
2	853	36	299	333	107	44	*—— 30 ——*		4
3	419	–	148	129	84	35	*—— 21 ——*		2
4	2 043	–	168	824	564	291	*—— 189 ——*		7
5	5 364	214	1 012	2 163	1 110	520	*—— 336 ——*		9
Level not stated – Degré non indiqué	2 467	270	343	540	415	263	*—— 221 ——*		415

34. Population 15 years and over, by educational attainment, age, sex and urban/rural residence: each census, 1985 – 1993 (continued)
Population de 15 ans et plus, selon le degré d'instruction, l'âge, le sexe et la résidence, urbaine/rurale: chaque recensement, 1985 – 1993 (suite)

(See notes at end of table. – Voir notes à la fin du tableau.)

Continent, country or area, census date, sex, educational level and urban/rural residence Continent, pays ou zone, date du recensement, sexe, degré d'instruction et résidence urbaine/rurale	Age (in years – en années)								
	15 plus	15 – 19	20 – 24	25 – 34	35 – 44	45 – 54	55 – 64	65 plus	Unknown Inconnu
AFRICA—AFRIQUE (Cont.–Suite)									
Swaziland									
25 VIII 1986									
Male – Masculin									
Total	196 393	39 206	34 050	47 367	30 366	19 324	*—— 24 602 ——*		1 478
–1	67 127	4 663	6 419	13 370	12 638	10 727	*—— 18 489 ——*		821
First level – Premier degré	72 858	17 230	12 598	18 737	12 381	6 607	*—— 4 964 ——*		341
1	1 929	266	211	397	387	324	*—— 320 ——*		24
2	4 208	577	537	975	836	638	*—— 612 ——*		33
3	8 167	1 256	1 284	2 202	1 580	960	*—— 834 ——*		51
4	10 694	1 950	1 776	2 942	2 069	1 082	*—— 824 ——*		51
5	10 691	2 709	1 894	2 770	1 754	894	*—— 624 ——*		46
6	13 917	4 159	2 503	3 496	2 054	1 015	*—— 628 ——*		62
7	23 252	6 313	4 393	5 955	3 701	1 694	*—— 1 122 ——*		74
Second level – Second degré	51 318	16 990	13 991	13 305	4 455	1 563	*—— 858 ——*		156
1	11 058	4 680	2 056	2 292	1 205	484	*—— 313 ——*		28
2	11 378	4 860	2 875	2 538	746	233	*—— 99 ——*		27
3	15 636	4 302	4 625	4 591	1 404	435	*—— 228 ——*		51
4	3 534	1 619	1 075	643	135	36	*—— 14 ——*		12
5	9 308	1 473	3 258	3 147	893	323	*—— 177 ——*		37
6	404	56	102	94	72	52	*—— 27 ——*		1
Third level – Troisième degré	4 060	194	848	1 732	722	340	*—— 212 ——*		12
1	439	111	147	113	30	20	*—— 18 ——*		–
2	446	24	155	186	47	25	*—— 6 ——*		3
3	179	–	67	56	34	13	*—— 8 ——*		1
4	780	–	98	353	186	81	*—— 59 ——*		3
5	2 216	59	381	1 024	425	201	*—— 121 ——*		5
Level not stated – Degré non indiqué	1 030	129	194	223	170	87	*—— 79 ——*		148
Female – Féminin									
Total	162 198	36 473	24 336	35 377	25 268	19 602	*—— 19 766 ——*		1 376
–1	48 384	5 270	4 566	8 333	8 136	8 901	*—— 12 601 ——*		577
First level – Premier degré	59 086	17 201	7 771	11 719	9 512	7 167	*—— 5 370 ——*		346
1	1 619	315	139	263	248	270	*—— 365 ——*		19
2	3 456	686	363	627	510	580	*—— 662 ——*		28
3	6 787	1 593	838	1 373	1 122	946	*—— 857 ——*		58
4	8 522	2 247	1 067	1 704	1 429	1 120	*—— 900 ——*		55
5	8 744	2 949	1 217	1 708	1 346	909	*—— 579 ——*		36
6	11 010	4 009	1 531	2 100	1 590	1 058	*—— 658 ——*		64
7	18 948	5 402	2 616	3 944	3 267	2 284	*—— 1 349 ——*		86
Second level – Second degré	47 664	13 582	10 717	13 048	6 148	2 751	*—— 1 244 ——*		174
1	9 173	4 055	1 357	1 562	1 132	690	*—— 345 ——*		32
2	8 953	3 801	1 795	1 884	897	395	*—— 160 ——*		21
3	14 207	3 163	3 290	4 390	2 099	832	*—— 387 ——*		46
4	3 735	1 443	1 052	801	275	120	*—— 37 ——*		7
5	11 102	1 067	3 133	4 243	1 659	650	*—— 283 ——*		67
6	494	53	90	168	86	64	*—— 32 ——*		1
Third level – Troisième degré	5 627	279	1 133	1 960	1 227	607	*—— 409 ——*		12
1	569	112	207	130	54	37	*—— 27 ——*		2
2	407	12	144	147	60	19	*—— 24 ——*		1
3	240	–	81	73	50	22	*—— 13 ——*		1
4	1 263	–	70	471	378	210	*—— 130 ——*		4
5	3 148	155	631	1 139	685	319	*—— 215 ——*		4
Level not stated – Degré non indiqué	1 437	141	149	317	245	176	*—— 142 ——*		267

34. Population 15 years and over, by educational attainment, age, sex and urban/rural residence: each census, 1985 – 1993 (continued)
Population de 15 ans et plus, selon le degré d'instruction, l'âge, le sexe et la résidence, urbaine/rurale: chaque recensement, 1985 – 1993 (suite)

(See notes at end of table. – Voir notes à la fin du tableau.)

Continent, country or area, census date, sex, educational level and urban/rural residence Continent, pays ou zone, date du recensement, sexe, degré d'instruction et résidence urbaine/rurale	Age (in years – en années)								
	15 plus	15 – 19	20 – 24	25 – 34	35 – 44	45 – 54	55 – 64	65 plus	Unknown Inconnu
AFRICA—AFRIQUE (Cont.–Suite)									
Uganda – Ouganda									
12 I 1991									
Total									
Total	8 783 682	1 802 260	1 525 840	2 228 894	1 233 560	885 935	550 929	556 264	–
–1	3 239 879	351 184	374 087	719 087	513 154	482 115	364 162	436 090	–
First level – Premier degré	4 286 347	1 211 252	816 067	1 118 443	550 913	318 562	161 953	109 157	–
1 – 3	1 067 866	274 654	171 206	253 988	144 482	105 992	65 296	52 248	–
4 – 7	3 218 481	936 598	644 861	864 455	406 431	212 570	96 657	56 909	–
Second level – Second degré	1 107 491	237 824	309 041	372 480	143 262	34 348	7 529	3 007	–
1 – 4	982 434	228 971	266 363	317 934	129 236	30 978	6 409	2 543	–
5 – 6	125 057	8 853	42 678	54 546	14 026	3 370	1 120	464	–
Third level – Troisième degré	32 590	320	4 968	13 828	8 149	3 818	1 038	469	–
Special education – Education spéciale	84 761	–	–	–	16 356	45 920	15 642	6 843	–
Level not stated – Degré non indiqué	32 614	1 680	21 677	5 056	1 726	1 172	605	698	–
Male – Masculin									
Total	4 239 626	865 780	710 213	1 075 895	600 258	432 386	272 319	282 775	–
–1	1 039 902	114 527	106 920	207 189	144 563	145 880	131 462	189 361	–
First level – Premier degré	2 390 441	633 836	402 277	609 314	326 445	214 709	119 534	84 326	–
1 – 3	564 969	142 247	78 540	123 598	73 185	62 665	45 135	39 599	–
4 – 7	1 825 472	491 589	323 737	485 716	253 260	152 044	74 399	44 727	–
Second level – Second degré	689 378	116 435	180 194	245 222	109 153	29 372	6 474	2 528	–
1 – 4	594 824	111 989	150 927	200 952	96 955	26 376	5 493	2 132	–
5 – 6	94 554	4 446	29 267	44 270	12 198	2 996	981	396	–
Third level – Troisième degré	25 763	155	3 293	10 753	6 833	3 394	920	415	–
Special education – Education spéciale	69 764	–	–	–	12 124	38 282	13 572	5 786	–
Level not stated – Degré non indiqué	24 378	827	17 529	3 417	1 140	749	357	359	–
Female – Féminin									
Total	4 544 056	936 480	815 627	1 152 999	633 302	453 549	278 610	273 489	–
–1	2 199 977	236 657	267 167	511 898	368 591	336 235	232 700	246 729	–
First level – Premier degré	1 895 906	577 416	413 790	509 129	224 468	103 853	42 419	24 831	–
1 – 3	502 897	132 407	92 666	130 390	71 297	43 327	20 161	12 649	–
4 – 7	1 393 009	445 009	321 124	378 739	153 171	60 526	22 258	12 182	–
Second level – Second degré	418 113	121 389	128 847	127 258	34 109	4 976	1 055	479	–
1 – 4	387 610	116 982	115 436	116 982	32 281	4 602	916	411	–
5 – 6	30 503	4 407	13 411	10 276	1 828	374	139	68	–
Third level – Troisième degré	6 827	165	1 675	3 075	1 316	424	118	54	–
Special education – Education spéciale	14 997	–	–	–	4 232	7 638	2 070	1 057	–
Level not stated – Degré non indiqué	8 236	853	4 148	1 639	586	423	248	339	–

34. Population 15 years and over, by educational attainment, age, sex and urban/rural residence: each census, 1985 – 1993 (continued)
Population de 15 ans et plus, selon le degré d'instruction, l'âge, le sexe et la résidence, urbaine/rurale: chaque recensement, 1985 – 1993 (suite)

(See notes at end of table. – Voir notes à la fin du tableau.)

Continent, country or area, census date, sex, educational level and urban/rural residence Continent, pays ou zone, date du recensement, sexe, degré d'instruction et résidence urbaine/rurale	Age (in years – en années)								
	15 plus	15 – 19	20 – 24	25 – 34	35 – 44	45 – 54	55 – 64	65 plus	Unknown Inconnu
AMERICA,NORTH— AMERIQUE DU NORD									
Aruba									
6 X 1991 [1 11]									
Total									
Total	46 400	1 224	3 862	12 397	11 223	7 664	5 180	4 716	134
–1	6 462	111	177	783	1 122	1 187	1 307	1 753	22
First level – Premier degré	17 038	541	1 087	3 177	3 858	3 581	2 560	2 200	34
Second level – Second degré	18 549	540	2 437	7 199	4 949	2 151	896	332	45
Third level – Troisième degré	2 961	–	78	944	1 012	560	255	104	8
Level not stated – Degré non indiqué	1 390	32	83	294	282	185	162	327	25
Male – Masculin									
Total	22 361	635	1 977	6 178	5 409	3 635	2 443	2 027	57
–1	2 772	73	110	413	453	447	530	737	9
First level – Premier degré	7 886	304	586	1 734	1 705	1 579	1 086	880	12
Second level – Second degré	9 256	243	1 214	3 299	2 491	1 181	586	221	21
Third level – Troisième degré	1 770	–	32	580	612	337	152	54	3
Level not stated – Degré non indiqué	677	15	35	152	148	91	89	135	12
Female – Féminin									
Total	24 039	589	1 885	6 219	5 814	4 029	2 737	2 689	77
–1	3 690	38	67	370	669	740	777	1 016	13
First level – Premier degré	9 152	237	501	1 443	2 153	2 002	1 474	1 320	22
Second level – Second degré	9 293	297	1 223	3 900	2 458	970	310	111	24
Third level – Troisième degré	1 191	–	46	364	400	223	103	50	5
Level not stated – Degré non indiqué	713	17	48	142	134	94	73	192	13
Bahamas									
1 V 1990 [10]									
Total									
Total	134 113	*——— 28 661 ———*		40 100	25 126	18 063	11 019	10 930	214
–1	4 069	*——— 370 ———*		986	913	747	437	568	48
First level – Premier degré	27 776	*——— 1 188 ———*		3 096	5 179	6 459	5 170	6 609	75
Second level – Second degré	85 743	*——— 25 392 ———*		29 852	14 333	8 616	4 328	3 155	67
1 – 3	26 232	*——— 5 161 ———*		6 919	5 498	4 174	2 438	2 007	35
4 plus	59 511	*——— 20 231 ———*		22 933	8 835	4 442	1 890	1 148	32
Third level – Troisième degré	15 675	*——— 1 562 ———*		5 990	4 562	2 128	972	446	15
1 – 2	6 484	*——— 976 ———*		2 581	1 691	707	347	171	11
3	2 202	*——— 209 ———*		812	706	301	115	59	–
4	6 989	*——— 377 ———*		2 597	2 165	1 120	510	216	4
Level not stated – Degré non indiqué	850	*——— 149 ———*		176	139	113	112	152	9

34. Population 15 years and over, by educational attainment, age, sex and urban/rural residence: each census, 1985 – 1993 (continued)
Population de 15 ans et plus, selon le degré d'instruction, l'âge, le sexe et la résidence, urbaine/rurale: chaque recensement, 1985 – 1993 (suite)

(See notes at end of table. – Voir notes à la fin du tableau.)

Continent, country or area, census date, sex, educational level and urban/rural residence / Continent, pays ou zone, date du recensement, sexe, degré d'instruction et résidence urbaine/rurale	Age (in years – en années)								
	15 plus	15 – 19	20 – 24	25 – 34	35 – 44	45 – 54	55 – 64	65 plus	Unknown Inconnu
AMERICA,NORTH— (Cont.–Suite) AMERIQUE DU NORD									
Bahamas									
1 V 1990 [10]									
Male – Masculin									
Total	64 845	*—— 14 724	——*	19 535	12 175	8 637	5 148	4 503	123
–1	2 143	*—— 204	——*	536	500	420	216	243	24
First level – Premier degré	13 300	*—— 788	——*	1 861	2 672	3 063	2 291	2 585	40
Second level – Second degré	41 599	*—— 13 023	——*	14 324	6 783	4 041	2 030	1 354	44
1 – 3	13 423	*—— 3 043	——*	3 711	2 705	1 979	1 114	851	20
4 plus	28 176	*—— 9 980	——*	10 613	4 078	2 062	916	503	24
Third level – Troisième degré	7 376	*—— 625	——*	2 712	2 154	1 056	559	262	8
1 – 2	2 794	*—— 399	——*	1 145	706	299	160	80	5
3	979	*—— 82	——*	361	308	128	64	36	–
4	3 603	*—— 144	——*	1 206	1 140	629	335	146	3
Level not stated – Degré non indiqué	427	*—— 84	——*	102	66	57	52	59	7
Female – Féminin									
Total	69 268	*—— 13 937	——*	20 565	12 951	9 426	5 871	6 427	91
–1	1 926	*—— 166	——*	450	413	327	221	325	24
First level – Premier degré	14 476	*—— 400	——*	1 235	2 507	3 396	2 879	4 024	35
Second level – Second degré	44 144	*—— 12 369	——*	15 528	7 550	4 575	2 298	1 801	23
1 – 3	12 809	*—— 2 118	——*	3 208	2 793	2 195	1 324	1 156	15
4 plus	31 335	*—— 10 251	——*	12 320	4 757	2 380	974	645	8
Third level – Troisième degré	8 299	*—— 937	——*	3 278	2 408	1 072	413	184	7
1 – 2	3 690	*—— 577	——*	1 436	985	408	187	91	6
3	1 223	*—— 127	——*	451	398	173	51	23	–
4	3 386	*—— 233	——*	1 391	1 025	491	175	70	1
Level not stated – Degré non indiqué	423	*—— 65	——*	74	73	56	60	93	2
Belize									
12 V 1991 [7 12]									
Total									
Total	184 722	...	...	...	...	...	...	...	...
–1	40 379	...	...	...	...	...	...	...	...
First level – Premier degré	111 584	...	...	...	...	...	...	...	...
Second level – Second degré	25 063	...	...	...	...	...	...	...	...
Third level – Troisième degré	6 644	...	...	...	...	...	...	...	...
Level not stated – Degré non indiqué	1 052	...	...	...	...	...	...	...	...
Male – Masculin									
Total	91 351	...	...	...	...	...	...	...	...
–1	19 762	...	...	...	...	...	...	...	...
First level – Premier degré	55 057	...	...	...	...	...	...	...	...
Second level – Second degré	13 075	...	...	...	...	...	...	...	...
Third level – Troisième degré	3 051	...	...	...	...	...	...	...	...
Level not stated – Degré non indiqué	406	...	...	...	...	...	...	...	...

34. Population 15 years and over, by educational attainment, age, sex and urban/rural residence: each census, 1985 – 1993 (continued)
Population de 15 ans et plus, selon le degré d'instruction, l'âge, le sexe et la résidence, urbaine/rurale: chaque recensement, 1985 – 1993 (suite)

(See notes at end of table. – Voir notes à la fin du tableau.)

Continent, country or area, census date, sex, educational level and urban/rural residence Continent, pays ou zone, date du recensement, sexe, degré d'instruction et résidence urbaine/rurale	Age (in years – en années)								
	15 plus	15 – 19	20 – 24	25 – 34	35 – 44	45 – 54	55 – 64	65 plus	Unknown Inconnu
AMERICA,NORTH— (Cont.–Suite) AMERIQUE DU NORD									
Belize									
12 V 1991 [7 12]									
Female – Féminin									
Total	93 371	...	...	...	...	...	...	...	...
–1	20 617	...	...	...	...	...	...	...	...
First level – Premier degré	56 527	...	...	...	...	...	...	...	...
Second level – Second degré	11 988	...	...	...	...	...	...	...	...
Third level – Troisième degré	3 593	...	...	...	...	...	...	...	...
Level not stated – Degré non indiqué	646	...	...	...	...	...	...	...	...
Bermuda – Bermudes									
20 V 1991 [1 13]									
Total									
Total	46 348	2 965	4 406	11 999	9 607	6 679	5 296	5 396	–
–1	210	6	6	13	21	22	46	96	–
First level – Premier degré	7 190	51	76	402	654	1 423	2 034	2 550	–
Second level – Second degré	30 370	2 656	3 243	8 602	6 848	4 154	2 571	2 296	–
Third level – Troisième degré	8 434	224	1 069	2 962	2 070	1 058	623	428	–
Level not stated – Degré non indiqué	144	28	12	20	14	22	22	26	–
Male – Masculin									
Total	22 291	1 518	2 230	5 852	4 738	3 208	2 546	2 199	–
–1	122	2	3	7	17	13	25	55	–
First level – Premier degré	3 654	33	36	269	411	805	1 043	1 057	–
Second level – Second degré	14 324	1 386	1 715	4 234	3 198	1 828	1 114	849	–
Third level – Troisième degré	4 122	84	470	1 332	1 104	551	354	227	–
Level not stated – Degré non indiqué	69	13	6	10	8	11	10	11	–
Female – Féminin									
Total	24 057	1 447	2 176	6 147	4 869	3 471	2 750	3 197	–
–1	88	4	3	6	4	9	21	41	–
First level – Premier degré	3 536	18	40	133	243	618	991	1 493	–
Second level – Second degré	16 046	1 270	1 528	4 368	3 650	2 326	1 457	1 447	–
Third level – Troisième degré	4 312	140	599	1 630	966	507	269	201	–
Level not stated – Degré non indiqué	75	15	6	10	6	11	12	15	–

34. Population 15 years and over, by educational attainment, age, sex and urban/rural residence: each census, 1985 – 1993 (continued)

Population de 15 ans et plus, selon le degré d'instruction, l'âge, le sexe et la résidence, urbaine/rurale: chaque recensement, 1985 – 1993 (suite)

(See notes at end of table. – Voir notes à la fin du tableau.)

Continent, country or area, census date, sex, educational level and urban/rural residence Continent, pays ou zone, date du recensement, sexe, degré d'instruction et résidence urbaine/rurale	Age (in years – en années)								
	15 plus	15 – 19	20 – 24	25 – 34	35 – 44	45 – 54	55 – 64	65 plus	Unknown Inconnu
AMERICA,NORTH— (Cont.–Suite) AMERIQUE DU NORD									
Canada									
3 VI 1986 [1 7 14 15 16]									
Total									
Total	19 634 095	1 917 245	2 243 945	4 505 810	3 626 840	2 532 990	2 312 105	2 495 160	–
–1	195 985	2 805	5 465	15 470	16 370	28 965	40 600	86 310	–
First level – Premier degré	3 276 760	114 255	78 690	212 575	412 415	604 865	782 920	1 071 040	–
1	23 720	845	625	1 430	1 800	2 835	5 040	11 145	–
2	57 395	1 695	1 060	2 455	3 375	7 670	13 305	27 835	–
3	148 780	3 445	2 080	4 935	10 415	22 505	35 775	69 625	–
4	238 045	3 480	3 310	10 960	21 440	33 115	58 040	107 700	–
5	331 820	3 170	4 175	13 440	38 945	67 425	89 495	115 170	–
6	488 755	5 000	8 595	28 035	66 275	98 900	122 495	159 455	–
7	656 465	19 485	15 805	44 595	106 440	146 575	159 200	164 365	–
8 plus	1 332 670	77 130	43 035	106 730	163 725	225 845	299 565	416 640	–
Second level – Second degré	12 543 320	1 712 950	1 621 305	3 145 760	2 250 290	1 478 160	1 214 550	1 120 305	–
1	1 256 870	253 200	77 160	164 230	199 335	201 265	184 605	177 075	–
2	1 904 920	411 655	150 950	349 475	297 640	249 280	226 870	219 050	–
3	1 621 870	383 430	173 545	353 585	257 810	167 435	144 430	141 635	–
4	2 905 475	388 915	478 335	869 795	489 380	272 755	213 305	192 990	–
5	664 905	97 440	94 785	144 980	86 920	66 915	76 390	97 475	–
6	2 058 105	120 015	313 965	620 895	440 270	235 485	178 125	149 350	–
7	1 041 680	49 140	185 085	336 130	221 140	114 600	77 695	57 890	–
8 plus	1 089 495	9 155	147 475	306 665	257 795	170 435	113 120	84 850	–
Third level – Troisième degré	3 617 140	87 240	538 480	1 132 005	947 770	421 000	274 040	216 605	–
1	912 095	69 485	153 610	269 045	200 805	93 275	67 695	58 180	–
2	498 470	16 330	120 320	126 545	111 300	52 375	38 370	33 230	–
3	609 235	1 045	122 520	200 070	153 665	61 655	40 020	30 260	–
4	761 835	260	100 335	268 785	205 000	84 375	56 750	46 330	–
5	370 370	110	31 535	125 750	114 935	48 850	28 135	21 055	–
6	212 700	–	8 315	68 300	71 945	33 560	17 950	12 630	–
7	112 750	–	1 570	36 485	38 815	18 535	10 495	6 850	–
8 plus	139 705	10	290	37 035	51 295	28 375	14 625	8 075	–

34. Population 15 years and over, by educational attainment, age, sex and urban/rural residence: each census, 1985 – 1993 (continued)
Population de 15 ans et plus, selon le degré d'instruction, l'âge, le sexe et la résidence, urbaine/rurale: chaque recensement, 1985 – 1993 (suite)

(See notes at end of table. – Voir notes à la fin du tableau.)

Continent, country or area, census date, sex, educational level and urban/rural residence Continent, pays ou zone, date du recensement, sexe, degré d'instruction et résidence urbaine/rurale	Age (in years – en années)								
	15 plus	15 – 19	20 – 24	25 – 34	35 – 44	45 – 54	55 – 64	65 plus	Unknown Inconnu
AMERICA,NORTH— (Cont.–Suite) AMERIQUE DU NORD									
Canada									
3 VI 1986 [1,7,14,15,16]									
Male – Masculin									
Total	9 606 255	980 490	1 123 905	2 232 890	1 812 080	1 269 300	1 115 520	1 072 070	–
–1	83 520	1 645	2 865	8 015	7 890	12 880	17 020	33 205	–
First level – Premier degré	1 610 075	68 760	45 240	109 985	203 960	310 900	390 020	481 210	–
1	12 085	465	375	755	885	1 455	2 715	5 435	–
2	28 805	1 025	560	1 205	1 765	3 750	6 790	13 710	–
3	76 690	2 115	1 240	2 700	5 290	10 830	19 150	35 365	–
4	119 960	2 095	1 960	5 580	10 925	17 705	29 985	51 710	–
5	161 855	1 770	2 515	6 580	18 290	34 610	46 260	51 830	–
6	237 225	3 135	4 985	14 245	32 860	51 605	60 380	70 015	–
7	311 710	12 165	9 375	22 975	51 140	71 630	75 320	69 105	–
8 plus	661 750	45 990	24 225	55 940	82 815	119 315	149 425	184 040	–
Second level – Second degré	5 960 720	869 915	812 990	1 528 415	1 066 990	695 910	544 090	442 410	–
1	619 545	138 435	43 115	85 710	95 775	98 840	86 620	71 050	–
2	933 645	214 045	85 275	185 870	142 830	115 545	102 250	87 830	–
3	759 800	196 885	94 535	173 900	112 340	70 030	58 985	53 125	–
4	1 305 750	194 815	239 415	377 955	209 750	120 290	89 270	74 255	–
5	315 910	47 435	48 075	69 660	43 190	32 830	34 035	40 685	–
6	878 675	51 435	138 785	288 380	186 710	96 110	68 095	49 160	–
7	509 810	22 140	86 785	160 730	116 705	58 975	38 585	25 890	–
8 plus	637 335	4 475	77 005	186 205	159 690	103 290	66 250	40 420	–
Third level – Troisième degré	1 951 935	40 175	262 805	586 475	533 240	249 610	164 385	115 245	–
1	435 460	32 285	74 370	130 455	99 225	44 205	31 950	22 970	–
2	254 455	7 255	60 360	66 165	56 385	27 150	21 080	16 060	–
3	293 155	465	57 785	97 230	74 810	29 390	20 005	13 470	–
4	416 000	105	48 205	136 365	114 390	52 030	37 450	27 455	–
5	223 505	55	16 415	67 755	70 975	34 165	20 010	14 130	–
6	140 510	–	4 615	39 780	49 160	24 710	13 175	9 070	–
7	81 520	–	885	23 430	28 800	14 495	8 375	5 535	–
8 plus	107 325	5	180	25 290	39 500	23 460	12 340	6 550	–

34. Population 15 years and over, by educational attainment, age, sex and urban/rural residence: each census, 1985 – 1993 (continued)
Population de 15 ans et plus, selon le degré d'instruction, l'âge, le sexe et la résidence, urbaine/rurale: chaque recensement, 1985 – 1993 (suite)

(See notes at end of table. – Voir notes à la fin du tableau.)

Continent, country or area, census date, sex, educational level and urban/rural residence Continent, pays ou zone, date du recensement, sexe, degré d'instruction et résidence urbaine/rurale	Age (in years – en années)								
	15 plus	15 – 19	20 – 24	25 – 34	35 – 44	45 – 54	55 – 64	65 plus	Unknown Inconnu
AMERICA,NORTH— (Cont.–Suite) AMERIQUE DU NORD									
Canada									
3 VI 1986 [1 7 14 15 16]									
Female – Féminin									
Total	10 027 850	936 755	1 120 040	2 272 925	1 814 760	1 263 695	1 196 585	1 423 090	–
–1	112 465	1 165	2 595	7 455	8 475	16 090	23 580	53 105	–
First level – Premier degré	1 667 575	45 490	33 450	102 590	208 455	293 965	392 895	590 730	–
1	11 645	380	250	680	920	1 375	2 325	5 715	–
2	28 595	670	505	1 250	1 605	3 920	6 520	14 125	–
3	72 100	1 335	840	2 235	5 130	11 670	16 625	34 265	–
4	118 070	1 385	1 350	5 375	10 515	15 410	28 050	55 985	–
5	169 965	1 400	1 660	6 860	20 655	32 815	43 240	63 335	–
6	251 525	1 870	3 610	13 785	33 415	47 290	62 120	89 435	–
7	344 760	7 315	6 435	21 620	55 300	74 940	83 885	95 265	–
8 plus	670 920	31 140	18 805	50 790	80 910	106 535	150 140	232 600	–
Second level – Second degré	6 582 590	843 035	808 315	1 617 345	1 183 295	782 255	670 450	677 895	–
1	637 310	114 765	34 040	78 515	103 560	102 420	97 985	106 025	–
2	971 270	197 615	65 675	163 600	154 810	133 735	124 615	131 220	–
3	862 075	186 550	79 010	179 690	145 465	97 405	85 445	88 510	–
4	1 599 745	194 105	238 925	491 845	279 630	152 470	124 035	118 735	–
5	348 730	49 745	46 710	75 320	43 730	34 085	42 350	56 790	–
6	1 179 445	68 580	175 185	332 520	253 560	139 380	110 035	100 185	–
7	437 855	26 995	98 295	175 400	10 430	55 625	39 110	32 000	–
8 plus	452 165	4 685	70 470	120 460	98 105	67 140	46 875	44 430	–
Third level – Troisième degré	1 665 215	47 065	275 680	545 535	414 530	171 390	109 655	101 360	–
1	476 625	37 200	79 240	138 585	101 580	49 070	35 745	35 205	–
2	244 025	9 075	59 960	60 380	54 920	25 225	17 295	17 170	–
3	316 085	585	64 735	102 845	78 855	32 265	20 015	16 785	–
4	345 815	150	52 130	132 415	90 605	32 345	19 295	18 875	–
5	146 875	55	15 120	58 000	43 965	14 685	8 125	6 925	–
6	72 185	–	3 700	28 520	22 785	8 850	4 775	3 555	–
7	31 225	–	690	13 050	10 015	4 040	2 120	1 310	–
8 plus	32 375	5	110	11 740	11 795	4 915	2 280	1 530	–

34. Population 15 years and over, by educational attainment, age, sex and urban/rural residence: each census, 1985 – 1993 (continued)
Population de 15 ans et plus, selon le degré d'instruction, l'âge, le sexe et la résidence, urbaine/rurale: chaque recensement, 1985 – 1993 (suite)

(See notes at end of table. – Voir notes à la fin du tableau.)

Continent, country or area, census date, sex, educational level and urban/rural residence Continent, pays ou zone, date du recensement, sexe, degré d'instruction et résidence urbaine/rurale	Age (in years – en années)								
	15 plus	15 – 19	20 – 24	25 – 34	35 – 44	45 – 54	55 – 64	65 plus	Unknown Inconnu
AMERICA,NORTH— (Cont.–Suite) AMERIQUE DU NORD									
Canada									
4 VI 1991 [1 7 14 15 16]									
Total									
Total	21 304 740	1 872 225	1 960 595	4 840 340	4 353 580	2 960 445	2 385 230	2 932 325	–
–1	177 880	1 720	4 025	16 370	17 060	22 465	39 120	77 120	–
First level – Premier degré	2 874 035	87 010	52 990	169 585	285 825	482 620	686 440	1 109 565	–
1	24 385	570	620	1 935	1 920	2 890	5 015	11 435	–
2	51 485	945	930	3 045	3 390	5 640	11 860	25 675	–
3	132 205	1 415	1 890	5 145	7 800	17 085	31 335	67 535	–
4	208 895	1 490	2 800	9 295	18 435	27 560	44 690	104 625	–
5	295 790	1 465	3 165	11 165	24 505	51 135	79 695	124 660	–
6	430 570	3 160	5 720	21 575	44 795	79 235	111 610	164 475	–
7	585 635	16 320	10 545	33 510	65 725	123 795	152 785	182 955	–
8 plus	1 145 065	61 640	27 320	83 915	119 255	175 275	249 460	428 200	–
Second level – Second degré	13 827 780	1 680 560	1 316 870	3 381 555	2 837 030	1 811 655	1 342 430	1 457 680	–
1	1 212 575	241 190	51 295	144 025	167 005	197 605	192 360	219 095	–
2	1 917 990	401 830	99 525	313 130	321 815	267 610	238 890	275 190	–
3	1 640 095	377 040	123 850	316 505	299 415	197 420	149 680	176 185	–
4	3 251 475	373 315	365 265	891 280	720 960	379 790	254 140	266 725	–
5	1 049 455	125 655	110 795	245 730	181 685	118 125	108 380	159 085	–
6	2 181 375	108 250	262 755	655 810	515 800	286 210	173 265	179 285	–
7	1 274 615	43 610	169 890	415 785	320 595	158 025	90 665	76 045	–
8 plus	1 300 200	9 660	133 495	399 285	309 755	206 870	135 065	106 070	–
Third level – Troisième degré	4 425 055	102 945	586 710	1 272 835	1 213 665	643 710	317 240	287 950	–
1	1 016 600	81 430	158 645	268 450	248 305	122 595	67 395	69 780	–
2	561 925	19 305	131 085	128 980	130 195	72 585	39 210	40 565	–
3	731 800	1 310	135 025	214 125	199 135	95 785	45 715	40 705	–
4	1 020 475	590	113 715	334 870	290 640	143 195	70 215	67 250	–
5	480 355	225	36 815	148 010	148 365	80 705	36 840	29 395	–
6	275 105	30	9 200	82 595	86 845	54 660	23 855	17 920	–
7	149 610	45	1 910	45 250	47 565	30 860	13 820	10 160	–
8 plus	189 205	15	310	50 560	62 615	43 330	20 200	12 175	–

34. Population 15 years and over, by educational attainment, age, sex and urban/rural residence: each census, 1985 – 1993 (continued)
Population de 15 ans et plus, selon le degré d'instruction, l'âge, le sexe et la résidence, urbaine/rurale: chaque recensement, 1985 – 1993 (suite)

(See notes at end of table. – Voir notes à la fin du tableau.)

Continent, country or area, census date, sex, educational level and urban/rural residence Continent, pays ou zone, date du recensement, sexe, degré d'instruction et résidence urbaine/rurale	Age (in years – en années)								
	15 plus	15 – 19	20 – 24	25 – 34	35 – 44	45 – 54	55 – 64	65 plus	Unknown Inconnu
AMERICA,NORTH— (Cont.–Suite) AMERIQUE DU NORD									
Canada									
4 VI 1991 [1 7 14 15 16]									
Male – Masculin									
Total	10 422 150	961 320	985 880	2 402 055	2 159 895	1 483 690	1 169 460	1 259 850	–
–1	74 990	815	1 980	8 755	8 625	9 810	16 410	28 595	–
First level – Premier degré	1 416 680	52 225	30 425	93 750	143 830	249 210	351 750	495 490	–
1	12 135	335	345	1 005	1 055	1 450	2 550	5 395	–
2	25 040	545	490	1 500	1 720	2 850	6 015	11 920	–
3	65 785	850	1 085	2 700	4 025	8 285	16 170	32 670	–
4	103 605	885	1 555	4 835	9 045	14 745	23 710	48 830	–
5	143 545	880	1 735	5 890	11 205	25 645	41 895	56 295	–
6	210 315	2 005	3 355	11 740	22 560	41 180	57 360	72 115	–
7	279 935	10 205	6 385	18 870	32 880	60 640	73 475	77 480	–
8 plus	576 310	36 515	15 470	47 205	61 340	94 410	130 575	190 795	–
Second level – Second degré	6 642 695	863 615	679 480	1 674 015	1 368 710	859 350	617 540	579 985	–
1	608 530	132 350	29 810	79 505	85 820	98 865	92 750	89 430	–
2	959 735	210 555	57 025	173 760	166 215	130 195	109 675	112 310	–
3	789 700	195 975	71 290	166 325	140 965	86 540	62 370	66 235	–
4	1 508 520	191 155	198 785	417 785	316 315	172 015	111 550	100 915	–
5	494 565	61 410	59 025	120 920	85 410	56 135	49 190	62 475	–
6	915 555	48 740	117 880	288 025	222 755	112 515	66 095	59 545	–
7	616 470	18 785	80 455	196 445	160 265	79 045	45 475	36 000	–
8 plus	749 615	4 645	65 210	231 250	190 970	124 040	80 430	53 070	–
Third level – Troisième degré	2 287 760	44 665	273 990	625 530	638 730	365 320	183 745	155 780	–
1	455 075	35 295	75 300	119 400	115 285	54 620	29 020	26 155	–
2	271 965	8 305	63 180	63 785	64 360	34 650	19 365	18 320	–
3	343 175	555	60 525	99 100	97 440	45 555	21 345	18 655	–
4	536 920	310	51 530	164 550	151 720	84 030	43 290	41 490	–
5	272 845	145	17 745	74 620	82 125	52 025	25 975	20 210	–
6	169 905	15	4 530	45 545	52 715	37 030	17 145	12 925	–
7	101 070	30	965	26 350	31 400	23 290	10 920	8 115	–
8 plus	136 820	15	220	32 185	43 680	34 120	16 690	9 910	–

34. Population 15 years and over, by educational attainment, age, sex and urban/rural residence: each census, 1985 – 1993 (continued)
Population de 15 ans et plus, selon le degré d'instruction, l'âge, le sexe et la résidence, urbaine/rurale: chaque recensement, 1985 – 1993 (suite)

(See notes at end of table. – Voir notes à la fin du tableau.)

Continent, country or area, census date, sex, educational level and urban/rural residence Continent, pays ou zone, date du recensement, sexe, degré d'instruction et résidence urbaine/rurale	Age (in years – en années) 15 plus	15 – 19	20 – 24	25 – 34	35 – 44	45 – 54	55 – 64	65 plus	Unknown Inconnu
AMERICA,NORTH— (Cont.–Suite) AMERIQUE DU NORD									
Canada									
4 VI 1991 [1 7 14 15 16]									
Female – Féminin									
Total	10 882 595	910 905	974 720	2 438 280	2 193 680	1 476 760	1 215 775	1 672 475	–
–1	102 880	905	2 045	7 615	8 435	12 645	22 710	48 525	–
First level – Premier degré	1 457 350	34 780	22 565	75 830	141 995	233 415	334 690	614 075	–
1	12 245	230	270	930	870	1 440	2 460	6 045	–
2	26 430	395	440	1 540	1 665	2 790	5 845	13 755	–
3	66 385	560	795	2 440	3 775	8 795	15 155	34 865	–
4	105 310	605	1 250	4 460	9 395	12 815	20 985	55 800	–
5	152 240	585	1 425	5 275	13 300	25 490	37 800	68 365	–
6	220 240	1 155	2 365	9 830	22 230	38 050	54 245	92 365	–
7	305 710	6 115	4 165	14 645	32 845	63 155	79 310	105 475	–
8 plus	568 750	25 125	11 850	36 705	57 920	80 865	118 875	237 410	–
Second level – Second degré	7 185 085	816 950	637 390	1 707 540	1 468 320	952 305	724 885	877 695	–
1	604 040	108 835	21 485	64 520	81 185	98 735	99 615	129 665	–
2	958 260	191 275	42 500	139 370	155 600	137 420	129 215	162 880	–
3	850 400	181 070	52 560	150 185	158 450	110 880	87 305	109 950	–
4	1 742 950	182 165	166 480	473 495	404 645	207 775	142 585	165 805	–
5	554 890	64 250	51 770	124 810	96 280	61 990	59 180	96 610	–
6	1 265 820	59 505	144 870	367 785	293 045	173 700	107 170	119 745	–
7	658 155	24 825	89 440	219 340	160 335	78 975	45 190	40 050	–
8 plus	550 575	5 015	68 285	168 035	118 785	82 830	54 625	53 000	–
Third level – Troisième degré	2 137 290	58 275	312 720	647 300	574 930	278 395	133 495	132 175	–
1	561 520	46 135	83 345	149 050	133 020	67 975	38 370	43 625	–
2	289 950	11 000	67 910	65 195	65 830	37 935	19 840	22 240	–
3	388 620	755	74 500	115 020	101 695	50 235	24 365	22 050	–
4	483 550	280	62 190	170 320	138 915	59 160	26 925	25 760	–
5	207 525	80	19 070	73 390	66 240	28 680	10 875	9 190	–
6	105 200	10	4 670	37 050	34 130	17 635	6 710	4 995	–
7	48 525	15	945	18 895	16 160	7 565	2 905	2 040	–
8 plus	52 390	5	95	18 375	18 935	9 205	3 505	2 270	–
Cayman Islands – Iles Caïmanes									
15 X 1989 [1]									
Total									
Total	19 597	2 053	2 274	5 578	4 074	2 453	1 564	1 601	–
First level – Premier degré [17]	8 115	689	507	1 715	1 664	1 320	1 005	1 215	–
Second level – Second degré	9 170	1 362	1 612	2 965	1 706	842	394	289	–
1 – 7	6 997	1 222	1 274	2 256	1 212	547	271	215	–
8 plus	2 173	140	338	709	494	295	123	74	–
Third level – Troisième degré	2 312	2	155	898	704	291	165	97	–
Male – Masculin									
Total	9 472	966	1 158	2 701	1 978	1 236	767	666	–
First level – Premier degré [17]	3 959	358	305	915	803	648	466	464	–
Second level – Second degré	4 181	607	785	1 327	753	391	184	134	–
1 – 7	3 183	553	616	1 016	535	252	122	89	–
8 plus	998	54	169	311	218	139	62	45	–
Third level – Troisième degré	1 332	1	68	459	422	197	117	68	–

34. Population 15 years and over, by educational attainment, age, sex and urban/rural residence: each census, 1985 – 1993 (continued)

Population de 15 ans et plus, selon le degré d'instruction, l'âge, le sexe et la résidence, urbaine/rurale: chaque recensement, 1985 – 1993 (suite)

(See notes at end of table. – Voir notes à la fin du tableau.)

Continent, country or area, census date, sex, educational level and urban/rural residence Continent, pays ou zone, date du recensement, sexe, degré d'instruction et résidence urbaine/rurale	Age (in years – en années)								
	15 plus	15 – 19	20 – 24	25 – 34	35 – 44	45 – 54	55 – 64	65 plus	Unknown Inconnu
AMERICA,NORTH— (Cont.–Suite) **AMERIQUE DU NORD**									
Cayman Islands – Iles Caïmanes									
15 X 1989 [1]									
Female – Féminin									
Total	10 125	1 087	1 116	2 877	2 096	1 217	797	935	–
First level – Premier degré [17]	4 156	331	202	800	861	672	539	751	–
Second level – Second degré	4 989	755	827	1 638	953	451	210	155	–
1 – 7	3 814	669	658	1 240	677	295	149	126	–
8 plus	1 175	86	169	398	276	156	61	29	–
Third level – Troisième degré	980	1	87	439	282	94	48	29	–
Mexico – Mexique									
12 III 1990 [1]									
Total									
Total	49 610 876	9 664 403	7 829 163	11 792 131	8 076 886	5 365 651	3 505 801	3 376 841	–
–1	6 667 461	364 452	426 606	971 313	1 175 797	1 243 899	1 095 828	1 389 566	–
First level – Premier degré	20 842 206	3 054 782	2 552 627	4 968 934	4 122 665	2 876 014	1 785 612	1 481 572	–
1	1 055 141	58 286	64 489	172 415	220 796	215 481	168 822	154 852	–
2	2 603 977	157 383	183 635	495 430	588 561	516 009	356 712	306 247	–
3	3 711 718	293 858	320 488	807 329	839 799	672 110	429 863	348 271	–
4	2 298 989	313 769	273 535	551 070	455 329	327 159	202 727	175 400	–
5	1 619 218	356 142	243 593	403 157	282 387	173 166	94 013	66 760	–
6	9 553 163	1 875 344	1 466 887	2 539 533	1 735 793	972 089	533 475	430 042	–
Second level – Second degré	16 983 909	5 997 476	3 668 867	4 073 127	1 853 267	791 708	361 146	238 318	–
1	2 703 603	1 416 484	470 734	474 874	207 397	77 730	34 068	22 316	–
2	3 952 715	1 646 821	763 322	859 795	398 477	163 297	74 057	46 946	–
3	10 022 424	2 930 563	2 411 276	2 572 049	1 184 012	524 792	241 161	158 571	–
4 plus	305 167	3 608	23 535	166 409	63 381	25 889	11 860	10 485	–
Third level – Troisième degré	3 557 239	123 695	936 881	1 411 443	663 531	249 887	103 488	68 314	–
1	395 848	123 695	157 021	76 530	23 770	8 498	3 865	2 469	–
2	438 355	–	252 988	116 190	41 018	15 716	7 518	4 925	–
3	512 685	–	214 258	171 833	72 876	30 410	13 705	9 603	–
4	822 789	–	213 246	400 991	134 070	44 109	18 855	11 518	–
5	805 934	–	71 503	394 325	217 699	77 477	27 791	17 139	–
6 – 7	231 145	–	7 385	108 342	67 332	26 130	11 751	10 205	–
8 plus	350 483	–	20 480	143 232	106 766	47 547	20 003	12 455	–
Level not stated – Degré non indiqué	1 560 061	123 998	244 182	367 314	261 626	204 143	159 727	199 071	–

34. Population 15 years and over, by educational attainment, age, sex and urban/rural residence: each census, 1985 – 1993 (continued)

Population de 15 ans et plus, selon le degré d'instruction, l'âge, le sexe et la résidence, urbaine/rurale: chaque recensement, 1985 – 1993 (suite)

(See notes at end of table. – Voir notes à la fin du tableau.)

Continent, country or area, census date, sex, educational level and urban/rural residence Continent, pays ou zone, date du recensement, sexe, degré d'instruction et résidence urbaine/rurale	Age (in years – en années)								
	15 plus	15 – 19	20 – 24	25 – 34	35 – 44	45 – 54	55 – 64	65 plus	Unknown Inconnu
AMERICA,NORTH— (Cont.–Suite) AMERIQUE DU NORD									
Mexico – Mexique									
12 III 1990 [1]									
Male – Masculin									
Total	23 924 966	4 759 892	3 738 128	5 629 331	3 915 578	2 614 448	1 688 781	1 578 808	–
–1	2 749 010	169 241	175 861	383 026	459 809	508 509	458 352	594 212	–
First level – Premier degré	9 944 745	1 469 518	1 163 615	2 241 043	1 964 736	1 446 305	915 615	743 913	–
1	522 374	29 642	30 245	78 852	105 178	108 158	86 919	83 380	–
2	1 268 166	78 309	83 599	220 713	277 583	260 320	185 487	162 155	–
3	1 789 960	142 239	144 938	358 759	396 398	340 529	225 338	181 759	–
4	1 062 485	151 737	121 456	235 658	209 053	158 452	100 618	85 511	–
5	762 725	180 206	111 280	176 398	130 401	84 807	46 987	32 646	–
6	4 539 035	887 385	672 097	1 170 663	846 123	494 039	270 266	198 462	–
Second level – Second degré	8 379 024	3 005 932	1 820 971	1 993 513	900 668	382 077	169 783	106 080	–
1	1 403 652	730 563	247 249	245 404	111 823	41 407	17 269	9 937	–
2	2 009 812	846 853	386 813	430 155	204 487	83 658	36 072	21 774	–
3	4 868 858	1 427 391	1 179 939	1 268 366	562 625	247 379	112 339	70 819	–
4 plus	96 702	1 125	6 970	49 588	21 733	9 633	4 103	3 550	–
Third level – Troisième degré	2 143 571	57 118	467 023	838 297	468 845	186 698	76 222	49 368	–
1	220 986	57 118	90 201	46 754	16 083	6 177	2 880	1 773	–
2	251 422	–	130 386	72 239	28 103	11 515	5 669	3 510	–
3	270 744	–	102 000	94 529	41 822	18 195	8 436	5 762	–
4	452 130	–	91 678	214 935	91 003	32 539	13 847	8 128	–
5	573 422	–	39 517	259 506	171 398	65 568	23 144	14 289	–
6 – 7	163 459	–	4 312	70 517	50 646	20 696	9 276	8 012	–
8 plus	211 408	–	8 929	79 817	69 790	32 008	12 970	7 894	–
Level not stated – Degré non indiqué	708 616	58 083	110 658	173 452	121 520	90 859	68 809	85 235	–
Female – Féminin									
Total	25 685 910	4 904 511	4 091 035	6 162 800	4 161 308	2 751 203	1 817 020	1 798 033	–
–1	3 918 451	195 211	250 745	588 287	715 988	735 390	637 476	795 354	–
First level – Premier degré	10 897 461	1 585 264	1 389 012	2 727 891	2 157 929	1 429 709	869 997	737 659	–
1	532 767	28 644	34 244	93 563	115 618	107 323	81 903	71 472	–
2	1 335 811	79 074	100 036	274 717	310 978	255 689	171 225	144 092	–
3	1 921 758	151 619	175 550	448 570	443 401	331 581	204 525	166 512	–
4	1 236 504	162 032	152 079	315 412	246 276	168 707	102 109	89 889	–
5	856 493	175 936	132 313	226 759	151 986	88 359	47 026	34 114	–
6	5 014 128	987 959	794 790	1 368 870	889 670	478 050	263 209	231 580	–
Second level – Second degré	8 604 885	2 991 544	1 847 896	2 079 614	952 599	409 631	191 363	132 238	–
1	1 299 951	685 921	223 485	229 470	95 574	36 323	16 799	12 379	–
2	1 942 903	799 968	376 509	429 640	193 990	79 639	37 985	25 172	–
3	5 153 566	1 503 172	1 231 337	1 303 683	621 387	277 413	128 822	87 752	–
4 plus	208 465	2 483	16 565	116 821	41 648	16 256	7 757	6 935	–
Third level – Troisième degré	1 413 668	66 577	469 858	573 146	194 686	63 189	27 266	18 946	–
1	174 862	66 577	66 820	29 776	7 687	2 321	985	696	–
2	186 933	–	122 602	43 951	12 915	4 201	1 849	1 415	–
3	241 941	–	112 258	77 304	31 054	12 215	5 269	3 841	–
4	370 659	–	121 568	186 056	43 067	11 570	5 008	3 390	–
5	232 512	–	31 986	134 819	46 301	11 909	4 647	2 850	–
6 – 7	67 686	–	3 073	37 825	16 686	5 434	2 475	2 193	–
8 plus	139 075	–	11 551	63 415	36 976	15 539	7 033	4 561	–
Level not stated – Degré non indiqué	851 445	65 915	133 524	193 862	140 106	113 284	90 918	113 836	–

34. Population 15 years and over, by educational attainment, age, sex and urban/rural residence: each census, 1985 – 1993 (continued)
Population de 15 ans et plus, selon le degré d'instruction, l'âge, le sexe et la résidence, urbaine/rurale: chaque recensement, 1985 – 1993 (suite)

(See notes at end of table. – Voir notes à la fin du tableau.)

Continent, country or area, census date, sex, educational level and urban/rural residence / Continent, pays ou zone, date du recensement, sexe, degré d'instruction et résidence urbaine/rurale	Age (in years – en années)								
	15 plus	15 – 19	20 – 24	25 – 34	35 – 44	45 – 54	55 – 64	65 plus	Unknown Inconnu
AMERICA,NORTH— (Cont.-Suite) AMERIQUE DU NORD									
Panama									
13 V 1990 [18]									
Total									
Total	1 512 098	248 361	228 398	366 074	255 852	175 136	116 093	122 184	–
–1	136 168	8 190	8 184	16 464	22 518	25 435	23 846	31 531	–
First level –									
Premier degré	584 392	82 162	71 711	114 733	106 986	86 142	58 595	64 063	–
1	21 268	2 161	1 678	2 961	3 748	3 860	3 301	3 559	–
2	43 646	3 816	3 123	5 878	8 235	8 070	6 932	7 592	–
3	75 308	6 091	5 017	9 618	12 815	13 607	13 006	15 154	–
4	59 879	6 902	5 630	9 031	10 581	10 347	8 039	9 349	–
5	56 442	8 376	6 552	10 604	9 802	8 477	5 913	6 718	–
6	327 753	54 797	49 699	76 615	61 786	41 772	21 399	21 685	–
Not stated–non indiqué	96	19	12	26	19	9	5	6	–
Second level –									
Second degré	554 904	149 149	108 527	149 120	70 949	37 991	21 627	17 541	–
1	46 048	15 147	9 070	10 143	5 549	3 044	1 673	1 422	–
2	80 460	22 462	14 510	20 017	10 930	6 147	3 345	3 049	–
3	113 705	32 048	17 738	28 943	16 940	9 319	5 296	3 421	–
4	52 237	25 343	7 295	9 818	3 932	2 307	1 808	1 734	–
5	63 157	23 569	10 671	15 440	6 079	3 503	2 192	1 703	–
6	197 832	29 196	49 223	64 724	27 511	13 664	7 306	6 208	–
Not stated–non indiqué	1 465	1 384	20	35	8	7	7	4	–
Third level –									
Troisième degré	168 992	3 323	30 438	70 010	38 240	16 145	6 905	3 931	–
1 – 3	83 555	3 115	24 067	34 554	13 437	5 019	2 096	1 267	–
4 plus	85 341	187	6 350	35 442	24 782	11 117	4 803	2 660	–
Not stated–non indiqué	96	21	21	14	21	9	6	4	–
Special education –									
Education spéciale	49 859	3 663	7 492	12 481	14 369	6 784	2 993	2 077	–
Level not stated –									
Degré non indiqué	17 783	1 874	2 046	3 266	2 790	2 639	2 127	3 041	–
Male – Masculin									
Total	760 964	124 873	114 187	182 990	128 852	89 534	59 747	60 781	–
–1	63 188	3 412	3 443	6 603	10 119	12 301	11 918	15 392	–
First level –									
Premier degré	313 044	45 831	39 697	62 162	56 761	45 339	30 767	32 487	–
1	11 768	1 204	915	1 523	2 079	2 168	1 877	2 002	–
2	23 675	2 191	1 774	3 070	4 408	4 405	3 763	4 064	–
3	39 430	3 476	2 861	4 960	6 655	7 057	6 740	7 681	–
4	31 476	3 885	3 165	4 768	5 405	5 391	4 172	4 690	–
5	30 007	4 758	3 590	5 588	5 091	4 436	3 141	3 403	–
6	176 643	30 309	27 383	42 241	33 113	21 880	11 072	10 645	–
Not stated–non indiqué	45	8	9	12	10	2	2	2	–
Second level –									
Second degré	272 192	71 214	53 429	74 161	34 666	19 258	10 950	8 514	–
1	25 419	8 616	4 934	5 588	2 985	1 581	927	788	–
2	42 583	11 941	7 597	10 669	5 675	3 287	1 779	1 635	–
3	56 934	15 502	9 056	14 936	8 405	4 698	2 689	1 648	–
4	24 841	11 456	3 414	4 738	2 053	1 264	1 029	887	–
5	29 595	10 669	4 986	7 405	2 917	1 780	1 072	766	–
6	92 047	12 297	23 434	30 807	12 629	6 643	3 449	2 788	–
Not stated–non indiqué	773	733	8	18	2	5	5	2	–
Third level –									
Troisième degré	79 130	1 273	12 138	31 510	19 256	8 802	3 901	2 250	–
1 – 3	37 084	1 188	9 762	15 434	6 356	2 565	1 118	661	–
4 plus	41 990	74	2 364	16 071	12 884	6 231	2 780	1 586	–
Not stated–non indiqué	56	11	12	5	16	6	3	3	–
Special education –									
Education spéciale	24 958	2 247	4 516	6 991	6 741	2 566	1 154	743	–
Level not stated –									
Degré non indiqué	8 452	896	964	1 563	1 309	1 268	1 057	1 395	–

34. Population 15 years and over, by educational attainment, age, sex and urban/rural residence: each census, 1985 – 1993 (continued)
Population de 15 ans et plus, selon le degré d'instruction, l'âge, le sexe et la résidence, urbaine/rurale: chaque recensement, 1985 – 1993 (suite)

(See notes at end of table. – Voir notes à la fin du tableau.)

Continent, country or area, census date, sex, educational level and urban/rural residence Continent, pays ou zone, date du recensement, sexe, degré d'instruction et résidence urbaine/rurale	Age (in years – en années)								
	15 plus	15 – 19	20 – 24	25 – 34	35 – 44	45 – 54	55 – 64	65 plus	Unknown Inconnu
AMERICA,NORTH— (Cont.–Suite) AMERIQUE DU NORD									
Panama									
13 V 1990 [18]									
Female – Féminin									
Total	751 134	123 488	114 211	183 084	127 000	85 602	56 346	61 403	–
–1	72 980	4 778	4 741	9 861	12 399	13 134	11 928	16 139	–
First level – Premier degré	271 348	36 331	32 014	52 571	50 225	40 803	27 828	31 576	–
1	9 500	957	763	1 438	1 669	1 692	1 424	1 557	–
2	19 971	1 625	1 349	2 808	3 827	3 665	3 169	3 528	–
3	35 878	2 615	2 156	4 658	6 160	6 550	6 266	7 473	–
4	28 403	3 017	2 465	4 263	5 176	4 956	3 867	4 659	–
5	26 435	3 618	2 962	5 016	4 711	4 041	2 772	3 315	–
6	151 110	24 488	22 316	34 374	28 673	19 892	10 327	11 040	–
Not stated–non indiqué	51	11	3	14	9	7	3	4	–
Second level – Second degré	282 712	77 935	55 098	74 959	36 283	18 733	10 677	9 027	–
1	20 629	6 531	4 136	4 555	2 564	1 463	746	634	–
2	37 877	10 521	6 913	9 348	5 255	2 860	1 566	1 414	–
3	56 771	16 546	8 682	14 007	8 535	4 621	2 607	1 773	–
4	27 396	13 887	3 881	5 080	1 879	1 043	779	847	–
5	33 562	12 900	5 685	8 035	3 162	1 723	1 120	937	–
6	105 785	16 899	25 789	33 917	14 882	7 021	3 857	3 420	–
Not stated–non indiqué	692	651	12	17	6	2	2	2	–
Third level – Troisième degré	89 862	2 050	18 300	38 500	18 984	7 343	3 004	1 681	–
1 – 3	46 471	1 927	14 305	19 120	7 081	2 454	978	606	–
4 plus	43 351	113	3 986	19 371	11 898	4 886	2 023	1 074	–
Not stated–non indiqué	40	10	9	9	5	3	3	1	–
Special education – Education spéciale	24 901	1 416	2 976	5 490	7 628	4 218	1 839	1 334	–
Level not stated – Degré non indiqué	9 331	978	1 082	1 703	1 481	1 371	1 070	1 646	–
AMERICA,SOUTH— AMERIQUE DU SUD									
Bolivia – Bolivie									
3 VI 1992 [7 19 20]									
Total									
Total	3 766 418	663 411	548 758	886 921	661 003	431 419	281 318	272 732	20 856
–1	655 291	27 451	32 849	87 743	122 795	126 953	113 155	144 345	–
First level – Premier degré	1 002 936	173 186	145 845	251 965	199 691	120 687	65 105	46 457	–
Second level – Second degré	1 405 534	421 357	255 684	349 760	191 437	97 757	52 221	37 318	–
Third level – Troisième degré	327 769	9 786	67 532	118 041	75 401	32 865	15 240	8 904	–
Special education – Education spéciale	104 689	9 507	24 939	33 819	18 476	9 435	4 807	3 706	–
Level not stated – Degré non indiqué	270 199	22 124	21 909	45 593	53 203	43 722	30 790	32 002	20 856
Male – Masculin									
Total	1 824 751	329 095	265 026	429 469	320 515	209 744	134 408	124 886	11 608
–1	194 720	8 858	9 865	23 161	31 433	35 370	34 796	51 237	–
First level – Premier degré	483 824	73 491	59 816	108 803	100 687	71 229	41 420	28 378	–
Second level – Second degré	787 589	228 033	139 134	196 725	110 853	58 112	32 108	22 624	–
Third level – Troisième degré	186 052	4 220	34 955	65 426	44 580	20 822	9 941	6 108	–
Special education – Education spéciale	47 628	4 002	11 447	15 159	8 335	4 266	2 316	2 103	–
Level not stated – Degré non indiqué	124 938	10 491	9 809	20 195	24 627	19 945	13 827	14 436	11 608

34. Population 15 years and over, by educational attainment, age, sex and urban/rural residence: each census, 1985 – 1993 (continued)
Population de 15 ans et plus, selon le degré d'instruction, l'âge, le sexe et la résidence, urbaine/rurale: chaque recensement, 1985 – 1993 (suite)

(See notes at end of table. – Voir notes à la fin du tableau.)

Continent, country or area, census date, sex, educational level and urban/rural residence Continent, pays ou zone, date du recensement, sexe, degré d'instruction et résidence urbaine/rurale	Age (in years – en années)								
	15 plus	15 – 19	20 – 24	25 – 34	35 – 44	45 – 54	55 – 64	65 plus	Unknown Inconnu
AMERICA,SOUTH— (Cont.–Suite) AMERIQUE DU SUD									
Bolivia – Bolivie									
3 VI 1992 [7 19 20]									
Female – Féminin									
Total	1 941 667	334 316	283 732	457 452	340 488	221 675	146 910	147 846	9 248
–1	460 571	18 593	22 984	64 582	91 362	91 583	78 359	93 108	–
First level – Premier degré	519 112	99 695	86 029	143 162	99 004	49 458	23 685	18 079	–
Second level – Second degré	617 945	193 324	116 550	153 035	80 584	39 645	20 113	14 694	–
Third level – Troisième degré	141 717	5 566	32 577	52 615	30 821	12 043	5 299	2 796	–
Special education – Education spéciale	57 061	5 505	13 492	18 660	10 141	5 169	2 491	1 603	–
Level not stated – Degré non indiqué	145 261	11 633	12 100	25 398	28 576	23 777	16 963	17 566	9 248
Ecuador – Equateur									
25 XI 1990 [7 21]									
Total									
Total	5 908 965	1 038 651	916 862	1 455 311	1 005 096	645 982	428 880	418 183	–
–1	762 713	40 621	48 643	116 574	141 935	141 743	122 831	150 366	–
First level – Premier degré	2 408 135	371 886	309 734	538 955	459 691	325 478	210 294	192 097	–
1 – 3	662 959	66 521	58 194	123 317	135 546	115 576	83 791	80 014	–
4 – 6	1 745 176	305 365	251 540	415 638	324 145	209 902	126 503	112 083	–
Second level – Second degré	1 817 984	556 376	369 593	458 830	227 589	106 040	58 368	41 188	–
1 – 3	860 527	303 931	154 503	204 702	106 221	47 692	25 649	17 829	–
4 – 6	957 507	252 445	215 090	254 128	121 368	58 398	32 719	23 359	–
Third level – Troisième degré	688 339	34 679	152 376	283 437	136 246	46 676	20 331	14 594	–
1 – 3	344 126	34 679	115 514	123 841	42 929	13 625	7 127	6 411	–
4 plus	344 213	–	36 862	159 596	93 317	33 051	13 204	8 183	–
Level not stated – Degré non indiqué	231 794	35 089	36 516	57 515	39 635	26 045	17 056	19 938	–
Male – Masculin									
Total	2 890 923	509 519	442 431	708 053	495 707	321 451	212 952	200 810	–
–1	309 402	18 530	20 564	45 695	56 038	57 260	50 455	60 860	–
First level – Premier degré	1 204 345	183 723	151 778	263 404	229 469	167 023	109 826	99 122	–
1 – 3	319 231	31 960	27 044	55 534	62 099	56 337	43 438	42 819	–
4 – 6	885 114	151 763	124 734	207 870	167 370	110 686	66 388	56 303	–
Second level – Second degré	903 364	275 216	183 857	228 726	110 294	53 183	30 353	21 735	–
1 – 3	433 254	153 103	77 384	101 980	52 823	24 720	13 606	9 638	–
4 – 6	470 110	122 113	106 473	126 746	57 471	28 463	16 747	12 097	–
Third level – Troisième degré	361 630	14 746	68 608	142 539	80 544	31 076	13 988	10 129	–
1 – 3	167 933	14 746	52 696	60 959	22 920	8 096	4 467	4 049	–
4 plus	193 697	–	15 912	81 580	57 624	22 980	9 521	6 080	–
Level not stated – Degré non indiqué	112 182	17 304	17 624	27 689	19 362	12 909	8 330	8 964	–

34. Population 15 years and over, by educational attainment, age, sex and urban/rural residence: each census, 1985 – 1993 (continued)
Population de 15 ans et plus, selon le degré d'instruction, l'âge, le sexe et la résidence, urbaine/rurale: chaque recensement, 1985 – 1993 (suite)

(See notes at end of table. – Voir notes à la fin du tableau.)

Continent, country or area, census date, sex, educational level and urban/rural residence Continent, pays ou zone, date du recensement, sexe, degré d'instruction et résidence urbaine/rurale	Age (in years – en années)								
	15 plus	15 – 19	20 – 24	25 – 34	35 – 44	45 – 54	55 – 64	65 plus	Unknown Inconnu
AMERICA,SOUTH— (Cont.–Suite) AMERIQUE DU SUD									
Ecuador – Equateur									
25 XI 1990 [7 21]									
Female – Féminin									
Total	3 018 042	529 132	474 431	747 258	509 389	324 531	215 928	217 373	–
–1	453 311	22 091	28 079	70 879	85 897	84 483	72 376	89 506	–
First level – Premier degré	1 203 790	188 163	157 956	275 551	230 222	158 455	100 468	92 975	–
1 – 3	343 728	34 561	31 150	67 783	73 447	59 239	40 353	37 195	–
4 – 6	860 062	153 602	126 806	207 768	156 775	99 216	60 115	55 780	–
Second level – Second degré	914 620	281 160	185 736	230 104	117 295	52 857	28 015	19 453	–
1 – 3	427 223	150 828	77 119	102 722	53 398	22 922	12 043	8 191	–
4 – 6	487 397	130 332	108 617	127 382	63 897	29 935	15 972	11 262	–
Third level – Troisième degré	326 709	19 933	83 768	140 898	55 702	15 600	6 343	4 465	–
1 – 3	176 193	19 933	62 818	62 882	20 009	5 529	2 660	2 362	–
4 plus	150 516	–	20 950	78 016	35 693	10 071	3 683	2 103	–
Level not stated – Degré non indiqué	119 612	17 785	18 892	29 826	20 273	13 136	8 726	10 974	–
Uruguay									
23 X 1985 [7 22]									
Total									
Total	2 165 335	229 520	226 918	408 922	347 274	325 755	297 284	329 662	–
–1	87 024	2 940	3 773	7 988	9 956	16 892	24 697	20 778	–
First level – Premier degré	1 132 507	68 201	76 854	159 595	183 155	210 910	209 600	224 192	–
Second level – Second degré	760 691	149 758	114 806	189 118	118 228	74 310	46 562	67 909	–
Third level – Troisième degré	176 742	8 056	30 871	51 052	34 873	22 361	15 094	14 435	–
Level not stated – Degré non indiqué	8 371	565	614	1 169	1 062	1 282	1 331	2 348	–
Male – Masculin									
Total	1 036 433	115 826	112 707	200 292	169 399	158 390	141 422	138 397	–
–1	57 585	1 729	2 192	4 409	5 372	8 496	11 846	23 541	–
First level – Premier degré	545 275	36 602	40 301	81 876	90 498	103 681	99 313	93 004	–
Second level – Second degré	357 965	74 484	57 968	92 663	58 727	36 439	22 741	14 943	–
Third level – Troisième degré	71 687	2 716	11 927	20 755	14 256	9 108	6 887	6 038	–
Level not stated – Degré non indiqué	3 921	295	319	589	546	666	635	871	–
Female – Féminin									
Total	1 128 902	113 694	114 211	208 630	177 875	167 365	155 862	191 265	–
–1	35 645	1 211	1 581	3 579	4 584	8 396	12 851	3 443	–
First level – Premier degré	587 232	31 599	36 553	77 719	92 657	107 229	110 287	131 188	–
Second level – Second degré	402 726	75 274	56 838	96 455	59 501	37 871	23 821	52 966	–
Third level – Troisième degré	105 055	5 340	18 944	30 297	20 617	13 253	8 207	8 397	–
Level not stated – Degré non indiqué	4 450	270	295	580	516	616	696	1 477	–

34. Population 15 years and over, by educational attainment, age, sex and urban/rural residence: each census, 1985 – 1993 (continued)
Population de 15 ans et plus, selon le degré d'instruction, l'âge, le sexe et la résidence, urbaine/rurale: chaque recensement, 1985 – 1993 (suite)

(See notes at end of table. – Voir notes à la fin du tableau.)

Continent, country or area, census date, sex, educational level and urban/rural residence Continent, pays ou zone, date du recensement, sexe, degré d'instruction et résidence urbaine/rurale	Age (in years – en années)								
	15 plus	15 – 19	20 – 24	25 – 34	35 – 44	45 – 54	55 – 64	65 plus	Unknown Inconnu
ASIA—ASIE (Cont.–Suite)									
Bahrain – Bahreïn									
16 XI 1991									
Total									
Total	347 185	36 689	45 685	126 333	78 710	30 842	17 521	11 403	2
–1	111 264	1 734	8 177	34 975	25 734	16 347	13 773	10 522	2
First level – Premier degré	49 237	8 750	5 385	19 113	11 169	3 367	1 127	326	–
Second level – Second degré	140 930	26 026	28 258	52 326	26 400	6 196	1 426	298	–
Third level – Troisième degré	44 495	151	3 723	19 439	15 103	4 813	1 111	155	–
Level not stated – Degré non indiqué	1 259	28	142	480	304	119	84	102	–
Male – Masculin									
Total	211 780	18 661	24 864	79 537	54 008	18 924	9 671	6 113	2
–1	62 690	832	4 700	22 345	15 380	7 356	6 646	5 429	2
First level – Premier degré	34 971	4 623	3 507	14 138	8 889	2 650	880	284	–
Second level – Second degré	86 949	13 131	15 061	33 016	19 404	4 957	1 155	225	–
Third level – Troisième degré	26 478	66	1 526	9 775	10 135	3 891	952	133	–
Level not stated – Degré non indiqué	692	9	70	263	200	70	38	42	–
Female – Féminin									
Total	135 405	18 028	20 821	46 796	24 702	11 918	7 850	5 290	–
–1	48 574	902	3 477	12 630	10 354	8 991	7 127	5 093	–
First level – Premier degré	14 266	4 127	1 878	4 975	2 280	717	247	42	–
Second level – Second degré	53 981	12 895	13 197	19 310	6 996	1 239	271	73	–
Third level – Troisième degré	18 017	85	2 197	9 664	4 968	922	159	22	–
Level not stated – Degré non indiqué	567	19	72	217	104	49	46	60	–
Hong Kong – Hong-kong									
11 III 1986 [23]									
Total									
Total	4 149 050	451 324	561 535	1 097 828	647 402	525 234	457 185	408 542	–
–1	585 891	2 192	6 094	29 135	42 777	114 867	171 309	219 517	–
First level – Premier degré	1 212 914	20 161	75 427	319 074	240 072	228 025	198 327	131 828	–
Second level – Second degré	2 051 429	423 189	427 199	643 751	303 639	137 836	71 309	44 506	–
Third level – Troisième degré	298 816	5 782	52 815	105 868	60 914	44 506	16 240	12 691	–
Male – Masculin									
Total	2 122 826	234 901	285 188	566 245	348 066	283 370	233 272	171 784	–
–1	148 943	1 025	2 353	10 261	13 457	32 344	44 619	44 884	–
First level – Premier degré	653 927	11 737	35 660	147 027	116 811	129 052	127 998	85 642	–
Second level – Second degré	1 139 335	219 549	220 078	346 664	180 474	91 797	49 028	31 745	–
Third level – Troisième degré	180 621	2 590	27 097	62 293	37 324	30 177	11 627	9 513	–
Female – Féminin									
Total	2 026 224	216 423	276 347	531 583	299 336	241 864	223 913	236 758	–
–1	436 948	1 167	3 741	18 874	29 320	82 523	126 690	174 633	–
First level – Premier degré	558 987	8 424	39 767	172 047	123 261	98 973	70 329	46 186	–
Second level – Second degré	912 094	203 640	207 121	297 087	123 165	46 039	22 281	12 761	–
Third level – Troisième degré	118 195	3 192	25 718	43 575	23 590	14 329	4 613	3 178	–

34. Population 15 years and over, by educational attainment, age, sex and urban/rural residence: each census, 1985 – 1993 (continued)
Population de 15 ans et plus, selon le degré d'instruction, l'âge, le sexe et la résidence, urbaine/rurale: chaque recensement, 1985 – 1993 (suite)

(See notes at end of table. – Voir notes à la fin du tableau.)

Continent, country or area, census date, sex, educational level and urban/rural residence Continent, pays ou zone, date du recensement, sexe, degré d'instruction et résidence urbaine/rurale	Age (in years – en années)								
	15 plus	15 – 19	20 – 24	25 – 34	35 – 44	45 – 54	55 – 64	65 plus	Unknown Inconnu
ASIA—ASIE (Cont.–Suite)									
Hong Kong – Hong–kong									
15 III 1991 [23] [24]									
Total									
Total	4 370 365	409 642	430 199	1 178 288	891 032	487 658	491 506	482 040	–
-1	557 297	768	3 328	22 299	39 945	68 082	170 210	252 665	–
First level – Premier degré	1 100 599	8 871	20 260	214 261	304 084	189 351	206 843	156 929	–
Second level – Second degré	2 221 578	374 551	316 785	759 044	452 613	173 131	88 164	57 290	–
Third level – Troisième degré	490 891	25 452	89 826	182 684	94 390	57 094	26 289	15 156	–
Male – Masculin									
Total	2 212 947	213 439	216 280	586 577	462 230	266 504	256 042	211 875	–
-1	157 473	469	1 494	8 286	13 155	21 848	49 653	62 568	–
First level – Premier degré	576 381	5 698	11 533	95 588	139 336	98 732	126 410	99 084	–
Second level – Second degré	1 191 834	195 434	157 874	379 423	250 539	108 740	60 851	38 973	–
Third level – Troisième degré	287 259	11 838	45 379	103 280	59 200	37 184	19 128	11 250	–
Female – Féminin									
Total	2 157 418	196 203	213 919	591 711	428 802	221 154	235 464	270 165	–
-1	399 824	299	1 834	14 013	26 790	46 234	120 557	190 097	–
First level – Premier degré	524 218	3 173	8 727	118 673	164 748	90 619	80 433	57 845	–
Second level – Second degré	1 029 744	179 117	158 911	379 621	202 074	64 391	27 313	18 317	–
Third level – Troisième degré	203 632	13 614	44 447	79 404	35 190	19 910	7 161	3 906	–
Indonesia – Indonésie									
31 X 1990									
Total									
Total	113557440	18 926 983	16 128 362	28 869 324	19265852	14253250	9 358 148	6 751 106	4 415
-1	49 478 261	3 054 780	3 633 410	11 232 625	9 538 601	9 116 253	7 239 703	5 659 542	3 347
First level – Premier degré	34 573 462	8 658 029	5 187 090	9 449 813	5 731 217	3 184 030	1 521 602	841 132	549
Second level – Second degré	27 464 316	7 210 852	7 079 280	7 159 695	3 528 362	1 716 533	531 289	237 804	501
Third level – Troisième degré	2 040 005	3 322	227 720	1 026 854	467 475	236 434	65 554	12 628	18
Level not stated – Degré non indiqué	1 396	–	862	337	197	–	–	–	–
Male – Masculin									
Total	55 642 596	9 520 440	7 583 305	14 041 475	9 798 695	7 013 112	4 540 690	3 142 674	2 205
-1	20 458 154	1 442 973	1 327 597	4 494 424	4 039 677	3 686 026	3 100 576	2 365 391	1 490
First level – Premier degré	18 013 338	4 344 255	2 270 363	4 670 215	3 177 406	1 949 903	1 003 800	597 026	370
Second level – Second degré	15 835 064	3 731 615	3 880 787	4 256 861	2 235 368	1 180 081	380 661	169 346	345
Third level – Troisième degré	1 335 339	1 547	104 097	619 835	346 194	197 102	55 653	10 911	–
Level not stated – Degré non indiqué	651	–	461	140	50	–	–	–	–
Female – Féminin									
Total	57 914 844	9 406 543	8 545 057	14 827 849	9 467 157	7 240 138	4 817 458	3 608 432	2 210
-1	29 020 107	1 611 807	2 305 813	6 738 201	5 498 924	5 430 227	4 139 127	3 294 151	1 857
First level – Premier degré	16 560 124	4 313 774	2 916 727	4 779 598	2 553 811	1 234 127	517 802	244 106	179
Second level – Second degré	11 629 252	3 479 237	3 198 493	2 902 834	1 292 994	536 452	150 628	68 458	156
Third level – Troisième degré	704 666	1 775	123 623	407 019	121 281	39 332	9 901	1 717	18
Level not stated – Degré non indiqué	745	–	401	197	147	–	–	–	–

34. Population 15 years and over, by educational attainment, age, sex and urban/rural residence: each census, 1985 – 1993 (continued)

Population de 15 ans et plus, selon le degré d'instruction, l'âge, le sexe et la résidence, urbaine/rurale: chaque recensement, 1985 – 1993 (suite)

(See notes at end of table. – Voir notes à la fin du tableau.)

Continent, country or area, census date, sex, educational level and urban/rural residence Continent, pays ou zone, date du recensement, sexe, degré d'instruction et résidence urbaine/rurale	Age (in years – en années)								
	15 plus	15 – 19	20 – 24	25 – 34	35 – 44	45 – 54	55 – 64	65 plus	Unknown Inconnu
ASIA—ASIE (Cont.–Suite)									
Iraq									
17 X 1987 [7 25]									
Total									
Total	10 628 447	...	...	...	...	...	...	...	...
–1	5 611 044	...	...	...	...	...	...	...	...
First level –									
Premier degré	2 291 440	...	...	...	...	...	...	...	...
Second level –									
Second degré	1 229 216	...	...	...	...	...	...	...	...
Third level –									
Troisième degré	435 875	...	...	...	...	...	...	...	...
Level not stated –									
Degré non indiqué	1 060 872	...	...	...	...	...	...	...	...
Male – Masculin									
Total	5 279 119	...	...	...	...	...	...	...	...
–1	2 391 758	...	...	...	...	...	...	...	...
First level –									
Premier degré	1 280 119	...	...	...	...	...	...	...	...
Second level –									
Second degré	756 163	...	...	...	...	...	...	...	...
Third level –									
Troisième degré	280 850	...	...	...	...	...	...	...	...
Level not stated –									
Degré non indiqué	570 229	...	...	...	...	...	...	...	...
Female – Féminin									
Total	5 349 328	...	...	...	...	...	...	...	...
–1	3 219 286	...	...	...	...	...	...	...	...
First level –									
Premier degré	1 011 321	...	...	...	...	...	...	...	...
Second level –									
Second degré	473 053	...	...	...	...	...	...	...	...
Third level –									
Troisième degré	155 025	...	...	...	...	...	...	...	...
Level not stated –									
Degré non indiqué	490 643	...	...	...	...	...	...	...	...
Japan – Japon									
1 X 1990 [7 26]									
Total [27]									
Total	100798571	10 007 087	8 800 121	15 858 398	19662070	17106398	14469902	14894595	–
–1	217 605	3 257	3 275	15 847	23 034	21 094	25 113	125 985	–
First level –									
Premier degré	28 615 171	520 370	594 925	1 126 188	3 754 627	6 097 048	6 810 195	9 711 818	–
Second level –									
Second degré	41 049 851	1 276 272	3 975 663	7 739 035	10367337	8 098 466	5 827 213	3 765 865	–
Third level –									
Troisième degré	19 172 275	–	2 191 224	6 584 883	5 207 951	2 594 401	1 565 851	1 027 965	–
Level not stated –									
Degré non indiqué	1 425 882	16	77 450	258 611	296 634	292 159	239 198	261 814	–
Male – Masculin									
Total [27]	48 956 149	5 122 215	4 468 199	8 003 822	9 874 814	8 479 546	7 019 916	5 987 637	–
–1	70 704	2 045	1 855	8 533	12 108	10 113	10 385	25 665	–
First level –									
Premier degré	12 999 925	326 174	369 106	679 239	1 950 549	2 870 699	3 156 262	3 647 896	–
Second level –									
Second degré	18 903 010	684 715	1 958 107	3 671 118	4 738 168	3 752 670	2 602 233	1 495 999	–
Third level –									
Troisième degré	10 813 192	–	822 237	3 406 860	3 017 971	1 703 062	1 137 347	725 715	–
Level not stated –									
Degré non indiqué	676 941	13	41 706	140 482	149 089	141 394	112 326	91 931	–

34. Population 15 years and over, by educational attainment, age, sex and urban/rural residence: each census, 1985 – 1993 (continued)
Population de 15 ans et plus, selon le degré d'instruction, l'âge, le sexe et la résidence, urbaine/rurale: chaque recensement, 1985 – 1993 (suite)

(See notes at end of table. – Voir notes à la fin du tableau.)

Continent, country or area, census date, sex, educational level and urban/rural residence Continent, pays ou zone, date du recensement, sexe, degré d'instruction et résidence urbaine/rurale	Age (in years – en années)								
	15 plus	15 – 19	20 – 24	25 – 34	35 – 44	45 – 54	55 – 64	65 plus	Unknown Inconnu
ASIA—ASIE (Cont.–Suite)									
Japan – Japon									
1 X 1990 [7 26]									
Female – Féminin									
Total [27]	51 842 422	4 884 872	4 331 922	7 854 576	9 787 256	8 626 852	7 449 986	8 906 958	–
–1	146 901	1 212	1 420	7 314	10 926	10 981	14 728	100 320	–
First level – Premier degré	15 615 246	194 196	225 819	446 949	1 804 078	3 226 349	3 653 933	6 063 922	–
Second level – Second degré	22 146 841	591 557	2 017 556	4 067 917	5 629 169	4 345 796	3 224 980	2 269 866	–
Third level – Troisième degré	8 359 083	–	1 368 987	3 178 023	2 189 980	891 339	428 504	302 250	–
Level not stated – Degré non indiqué	748 941	3	35 744	118 129	147 545	150 765	126 872	169 883	–
Kazakhstan									
12 I 1989 [1]									
Total									
Total	11 217 539	1 444 760	1 346 246	2 907 570	1 827 199	1 587 630	1 178 603	914 571	10 960
–1	659 158	7 509	4 871	11 057	10 341	67 146	147 053	409 820	1 361
First level – Premier degré	3 381 043	803 626	115 639	261 706	358 243	743 377	724 524	371 007	2 921
Second level – Second degré	6 062 591	633 625	1 156 367	2 214 065	1 136 958	585 262	228 150	104 097	4 067
Third level – Troisième degré	1 111 567	–	68 922	420 430	321 517	191 637	78 655	29 494	912
Level not stated – Degré non indiqué	3 180	–	447	312	140	208	221	153	1 699
Male – Masculin									
Total	5 318 208	745 746	680 585	1 453 946	897 901	757 039	504 864	272 905	5 222
–1	156 424	4 195	2 636	5 762	4 051	21 254	43 891	74 093	542
First level – Premier degré	1 631 496	420 763	74 659	157 248	187 272	347 280	308 413	134 445	1 416
Second level – Second degré	2 993 183	320 788	578 493	1 105 543	550 162	281 542	107 953	46 719	1 983
Third level – Troisième degré	535 558	–	24 589	185 235	156 351	106 873	44 502	17 599	409
Level not stated – Degré non indiqué	1 547	–	208	158	65	90	105	49	872
Female – Féminin									
Total	5 899 331	699 014	665 661	1 453 624	929 298	830 591	673 739	641 666	5 738
–1	502 734	3 314	2 235	5 295	6 290	45 892	103 162	335 727	819
First level – Premier degré	1 749 547	382 863	40 980	104 458	170 971	396 097	416 111	236 562	1 505
Second level – Second degré	3 069 408	312 837	577 874	1 108 522	586 796	303 720	120 197	57 378	2 084
Third level – Troisième degré	576 009	–	44 333	235 195	165 166	84 764	34 153	11 895	503
Level not stated – Degré non indiqué	1 633	–	239	154	75	118	116	104	827
Korea, Republic of– Corée, République de									
1 XI 1985 [1 24 28]									
Total									
Total	28 324 762	4 316 264	4 245 090	7 185 646	4 768 689	3 784 471	*— 4 024 182 —*		420
–1	3 078 798	13 195	20 002	64 753	184 687	562 773	*— 2 233 144 —*		244
First level – Premier degré	5 924 093	130 831	335 465	1 165 311	1 484 886	1 621 563	*— 1 186 008 —*		29
Second level – Second degré	15 490 965	3 872 301	2 675 992	4 730 605	2 483 698	1 255 380	*— 472 971 —*		18
Third level – Troisième degré	3 827 336	299 734	1 213 239	1 224 120	614 854	344 421	*— 130 967 —*		1
Level not stated – Degré non indiqué	3 570	203	392	857	564	334	*— 1 092 —*		128

34. Population 15 years and over, by educational attainment, age, sex and urban/rural residence: each census, 1985 – 1993 (continued)

Population de 15 ans et plus, selon le degré d'instruction, l'âge, le sexe et la résidence, urbaine/rurale: chaque recensement, 1985 – 1993 (suite)

(See notes at end of table. – Voir notes à la fin du tableau.)

Continent, country or area, census date, sex, educational level and urban/rural residence Continent, pays ou zone, date du recensement, sexe, degré d'instruction et résidence urbaine/rurale	Age (in years – en années)								
	15 plus	15 – 19	20 – 24	25 – 34	35 – 44	45 – 54	55 – 64	65 plus	Unknown Inconnu
ASIA—ASIE (Cont.–Suite)									
Korea, Republic of– Corée, République de									
1 XI 1985 [1 24 28]									
Male – Masculin									
Total	13 968 883	2 227 322	2 185 720	3 616 795	2 433 054	1 852 608	*— 1 653 046 —*		338
–1	832 301	7 525	11 358	28 147	49 011	123 152	*—— 612 873 ——*		235
First level – Premier degré	2 384 028	58 123	141 350	437 861	520 628	636 318	*—— 589 719 ——*		29
Second level – Second degré	8 068 859	1 989 338	1 248 502	2 298 716	1 400 005	797 583	*—— 334 697 ——*		18
Third level – Troisième degré	2 682 211	172 227	784 288	851 596	463 090	295 351	*—— 115 658 ——*		1
Level not stated – Degré non indiqué	1 484	109	222	475	320	204	*—— 99 ——*		55
Female – Féminin									
Total	14 355 879	2 088 942	2 059 370	3 568 851	2 335 635	1 931 863	*— 2 371 136 —*		82
–1	2 246 497	5 670	8 644	36 606	135 676	439 621	*— 1 620 271 —*		9
First level – Premier degré	3 540 065	72 708	194 115	727 450	964 258	985 245	*—— 596 289 ——*		–
Second level – Second degré	7 422 106	1 882 963	1 427 490	2 431 889	1 083 693	457 797	*—— 138 274 ——*		–
Third level – Troisième degré	1 145 125	127 507	428 951	372 524	151 764	49 070	*—— 15 309 ——*		–
Level not stated – Degré non indiqué	2 086	94	170	382	244	130	*—— 993 ——*		73
1 XI 1990 [1 11 28]									
Total									
Total	22 745 435	1 066 315	3 525 802	7 770 625	4 577 689	2 594 583	917 167	2 293 250	4
–1	2 596 951	7 735	9 475	35 758	82 604	326 152	335 986	1 799 240	1
First level – Premier degré	5 005 250	215 640	369 675	1 592 742	1 498 232	884 502	224 389	220 067	3
1	4 804 697	192 862	352 657	1 549 337	1 449 850	841 732	209 324	208 935	–
2	200 553	22 778	17 018	43 405	48 382	42 770	15 065	11 132	3
Second level – Second degré	10 862 900	823 958	2 440 254	4 180 612	2 096 985	928 638	227 554	164 899	–
1	10 572 358	774 180	2 384 531	4 102 377	2 040 332	892 744	217 411	160 783	–
2	290 542	49 778	55 723	78 235	56 653	35 894	10 143	4 116	–
Third level – Troisième degré	4 277 145	18 436	706 126	1 960 829	899 206	454 677	129 044	108 827	–
1	3 750 946	4 020	450 346	1 853 876	834 006	400 100	111 030	97 568	–
2	526 199	14 416	255 780	106 953	65 200	54 577	18 014	11 259	–
Level not stated – Degré non indiqué	3 189	546	272	684	662	614	194	217	–
Male – Masculin									
Total	11 655 278	544 876	1 781 099	3 935 529	2 562 813	1 531 557	478 388	821 015	1
–1	641 487	4 414	5 161	15 505	24 323	68 718	67 174	456 192	–
First level – Premier degré	2 249 915	108 351	159 644	597 769	636 836	460 781	133 680	152 853	1
1	2 129 984	93 339	147 905	572 830	611 372	435 527	123 848	145 163	–
2	119 931	15 012	11 739	24 939	25 464	25 254	9 832	7 690	1
Second level – Second degré	5 832 673	417 276	1 195 618	2 060 284	1 247 834	632 066	163 487	116 108	–
1	5 633 162	383 616	1 157 141	2 010 925	1 208 640	604 357	155 360	113 123	–
2	199 511	33 660	38 477	49 359	39 194	27 709	8 127	2 985	–
Third level – Troisième degré	2 928 999	14 478	420 499	1 261 518	653 337	369 552	113 893	95 722	–
1	2 480 774	1 848	177 538	1 186 243	606 263	324 801	98 282	85 799	–
2	448 225	12 630	242 961	75 275	47 074	44 751	15 611	9 923	–
Level not stated – Degré non indiqué	2 204	357	177	453	483	440	154	140	–

34. Population 15 years and over, by educational attainment, age, sex and urban/rural residence: each census, 1985 – 1993 (continued)

Population de 15 ans et plus, selon le degré d'instruction, l'âge, le sexe et la résidence, urbaine/rurale: chaque recensement, 1985 – 1993 (suite)

(See notes at end of table. – Voir notes à la fin du tableau.)

Continent, country or area, census date, sex, educational level and urban/rural residence Continent, pays ou zone, date du recensement, sexe, degré d'instruction et résidence urbaine/rurale	Age (in years – en années)								
	15 plus	15 – 19	20 – 24	25 – 34	35 – 44	45 – 54	55 – 64	65 plus	Unknown Inconnu
ASIA—ASIE (Cont.–Suite)									
Korea, Republic of– Corée, République de									
1 XI 1990 [1, 11, 28]									
Female – Féminin									
Total	11 090 157	521 439	1 744 703	3 835 096	2 014 876	1 063 026	438 779	1 472 235	3
–1	1 955 464	3 321	4 314	20 253	58 281	257 434	268 812	1 343 048	1
First level – Premier degré	2 755 335	107 289	210 031	994 973	861 396	423 721	90 709	67 214	2
1	2 674 713	99 523	204 752	976 507	838 478	406 205	85 476	63 772	–
2	80 622	7 766	5 279	18 466	22 918	17 516	5 233	3 442	2
Second level – Second degré	5 030 227	406 682	1 244 636	2 120 328	849 151	296 572	64 067	48 791	–
1	4 939 196	390 564	1 227 390	2 091 452	831 692	288 387	62 051	47 660	–
2	91 031	16 118	17 246	28 876	17 459	8 185	2 016	1 131	–
Third level – Troisième degré	1 348 146	3 958	285 627	699 311	245 869	85 125	15 151	13 105	–
1	1 270 172	2 172	272 808	667 633	227 743	75 299	12 748	11 769	–
2	77 974	1 786	12 819	31 678	18 126	9 826	2 403	1 336	–
Level not stated – Degré non indiqué	985	189	95	231	179	174	40	77	–
Kuwait – Koweït									
21 IV 1985									
Total									
Total	798 703	133 952	122 805	280 218	168 234	69 784	19 220	4 490	–
–1	201 830	7 126	25 940	79 652	50 613	25 827	9 404	3 268	–
First level – Premier degré	98 339	24 284	12 719	28 684	20 668	9 273	2 333	378	–
Second level – Second degré	405 301	102 542	78 101	129 738	65 658	23 465	5 179	618	–
Third level – Troisième degré	93 233	–	6 045	42 144	31 295	11 219	2 304	226	–
Male – Masculin									
Total	506 003	69 716	65 957	179 569	117 347	54 161	15 748	3 505	–
–1	135 630	2 571	13 997	54 561	35 248	19 336	7 402	2 515	–
First level – Premier degré	63 347	13 030	7 531	19 132	14 105	7 310	1 957	282	–
Second level – Second degré	243 475	54 115	41 926	80 893	44 012	17 767	4 269	493	–
Third level – Troisième degré	63 551	–	2 503	24 983	23 982	9 748	2 120	215	–
Female – Féminin									
Total	292 700	64 236	56 848	100 649	50 887	15 623	3 472	985	–
–1	66 201	4 555	11 943	25 092	15 365	6 491	2 002	753	–
First level – Premier degré	34 992	11 254	5 188	9 552	6 563	1 963	376	96	–
Second level – Second degré	161 826	48 427	36 175	48 845	21 646	5 698	910	125	–
Third level – Troisième degré	29 682	–	3 542	17 161	7 313	1 471	184	11	–

34. Population 15 years and over, by educational attainment, age, sex and urban/rural residence: each census, 1985 – 1993 (continued)

Population de 15 ans et plus, selon le degré d'instruction, l'âge, le sexe et la résidence, urbaine/rurale: chaque recensement, 1985 – 1993 (suite)

(See notes at end of table. – Voir notes à la fin du tableau.)

Continent, country or area, census date, sex, educational level and urban/rural residence Continent, pays ou zone, date du recensement, sexe, degré d'instruction et résidence urbaine/rurale	Age (in years – en années)								
	15 plus	15 – 19	20 – 24	25 – 34	35 – 44	45 – 54	55 – 64	65 plus	Unknown Inconnu
ASIA—ASIE (Cont.–Suite)									
Maldives									
25 III 1985									
Total									
Total	98 836	20 794	17 531	20 790	13 265	13 792	8 073	4 483	108
–1	24 467	3 533	4 016	5 056	3 454	4 178	2 731	1 475	24
First level – Premier degré	31 396	9 094	5 742	6 420	3 824	3 509	1 790	997	20
1	7 211	1 538	1 241	1 437	931	1 022	666	373	3
2	8 555	2 154	1 580	1 784	1 109	1 072	536	316	4
3	7 854	2 335	1 486	1 672	997	827	346	182	9
4	4 868	1 802	884	992	527	399	171	92	1
5	2 908	1 265	551	535	260	189	71	34	3
Second level – Second degré	33 551	6 939	6 446	7 641	4 682	4 187	2 328	1 294	34
1	1 710	850	337	295	122	66	18	22	–
2	1 480	713	334	254	104	44	19	11	1
3	828	397	178	158	71	19	2	2	1
4	497	223	117	109	35	11	1	1	–
5	573	138	227	161	33	13	1	–	–
6 [29]	28 463	4 618	5 253	6 664	4 317	4 034	2 287	1 258	32
Third level – Troisième degré	854	95	305	320	95	25	10	3	1
1	718	95	288	256	55	13	8	2	1
2	136	–	17	64	40	12	2	1	–
Level not stated – Degré non indiqué	8 568	1 133	1 022	1 353	1 210	1 893	1 214	714	29
Male – Masculin									
Total	51 932	10 322	8 665	10 691	6 992	7 612	4 752	2 821	77
–1	12 552	1 807	1 977	2 468	1 674	2 149	1 558	901	18
First level – Premier degré	17 074	5 157	3 027	3 315	2 001	1 889	1 009	662	14
1	3 371	766	514	606	393	501	369	220	2
2	4 055	996	664	764	543	556	323	206	3
3	3 749	1 070	663	757	486	432	213	122	6
4	2 457	846	430	505	279	220	114	62	1
5	1 627	652	313	309	161	108	55	28	1
Second level – Second degré	19 104	3 499	3 423	4 395	2 786	2 629	1 470	879	23
1	999	453	222	185	68	44	13	14	–
2	906	374	221	189	71	28	12	10	1
3	515	213	121	106	56	15	1	2	1
4	307	126	70	72	30	7	1	1	–
5	344	69	137	100	29	9	–	–	–
6 [29]	16 033	2 264	2 652	3 743	2 532	2 526	1 443	852	21
Third level – Troisième degré	552	49	166	226	77	20	10	3	1
1	444	49	157	176	42	9	8	2	1
2	108	–	9	50	35	11	2	1	–
Level not stated – Degré non indiqué	4 465	637	515	661	593	997	640	400	22

34. Population 15 years and over, by educational attainment, age, sex and urban/rural residence: each census, 1985 – 1993 (continued)

Population de 15 ans et plus, selon le degré d'instruction, l'âge, le sexe et la résidence, urbaine/rurale: chaque recensement, 1985 – 1993 (suite)

(See notes at end of table. – Voir notes à la fin du tableau.)

Continent, country or area, census date, sex, educational level and urban/rural residence Continent, pays ou zone, date du recensement, sexe, degré d'instruction et résidence urbaine/rurale	Age (in years – en années)								
	15 plus	15 – 19	20 – 24	25 – 34	35 – 44	45 – 54	55 – 64	65 plus	Unknown Inconnu
ASIA—ASIE (Cont.–Suite)									
Maldives									
25 III 1985									
Female – Féminin									
Total	46 904	10 472	8 866	10 099	6 273	6 180	3 321	1 662	31
–1	11 915	1 726	2 039	2 588	1 780	2 029	1 173	574	6
First level – Premier degré	16 137	4 764	3 158	3 479	1 962	1 692	716	359,	7
1	3 840	772	727	831	538	521	297	153	1
2	4 500	1 158	916	1 020	566	516	213	110	1
3	4 105	1 265	823	915	511	395	133	60	3
4	2 411	956	454	487	248	179	57	30	–
5	1 281	613	238	226	99	81	16	6	2
Second level – Second degré	14 447	3 440	3 023	3 246	1 896	1 558	858	415	11
1	711	397	115	110	54	22	5	8	–
2	574	339	113	65	33	16	7	1	–
3	313	184	57	52	15	4	1	–	–
4	190	97	47	37	5	4	–	–	–
5	229	69	90	61	4	4	1	–	–
6 [29]	12 430	2 354	2 601	2 921	1 785	1 508	844	406	11
Third level – Troisième degré	302	46	139	94	18	5	–	–	–
1	274	46	131	80	13	4	–	–	–
2	28	–	8	14	5	1	–	–	–
Level not stated – Degré non indiqué	4 103	496	507	692	617	896	574	314	7
Philippines									
1 V 1990 [1]									
Total									
Total	36 565 403	6 640 651	5 768 325	*———	———	24 156 427	———	———*	–
–1	1 895 867	156 341	132 109	*———	———	1 607 417	———	———*	–
First level – Premier degré	15 119 831	2 089 224	1 695 049	*———	———	11 335 558	———	———*	–
1 – 4	5 563 465	703 389	510 344	*———	———	4 349 732	———	———*	–
5 – 7	9 556 366	1 385 835	1 184 705	*———	———	6 985 826	———	———*	–
Second level – Second degré	12 510 314	3 524 571	2 413 688	*———	———	6 572 055	———	———*	–
Third level – Troisième degré	6 858 768	845 235	1 494 326	*———	———	4 519 207	———	———*	–
Level not stated – Degré non indiqué	180 623	25 280	33 153	*———	———	122 190	———	———*	–
Male – Masculin									
Total	18 175 854	3 320 861	2 866 207	*———	———	11 988 786	———	———*	–
–1	838 824	83 224	64 212	*———	———	691 388	———	———*	–
First level – Premier degré	7 616 235	1 176 077	917 867	*———	———	5 522 291	———	———*	–
1 – 4	2 977 633	441 193	310 378	*———	———	2 226 062	———	———*	–
5 – 7	4 638 602	734 884	607 489	*———	———	3 296 229	———	———*	–
Second level – Second degré	6 400 535	1 689 772	1 216 549	*———	———	3 494 214	———	———*	–
Third level – Troisième degré	3 239 584	360 676	653 465	*———	———	2 225 443	———	———*	–
Level not stated – Degré non indiqué	80 676	11 112	14 114	*———	———	55 450	———	———*	–
Female – Féminin									
Total	18 389 549	3 319 790	2 902 118	*———	———	12 167 641	———	———*	–
–1	1 057 043	73 117	67 897	*———	———	916 029	———	———*	–
First level – Premier degré	7 503 596	913 147	777 182	*———	———	5 813 267	———	———*	–
1 – 4	2 585 832	262 196	199 966	*———	———	2 123 670	———	———*	–
5 – 7	4 917 764	650 951	577 216	*———	———	3 689 597	———	———*	–
Second level – Second degré	6 109 779	1 834 799	1 197 139	*———	———	3 077 841	———	———*	–
Third level – Troisième degré	3 619 184	484 559	840 861	*———	———	2 293 764	———	———*	–
Level not stated – Degré non indiqué	99 947	14 168	19 039	*———	———	66 740	———	———*	–

34. Population 15 years and over, by educational attainment, age, sex and urban/rural residence: each census, 1985 – 1993 (continued)

Population de 15 ans et plus, selon le degré d'instruction, l'âge, le sexe et la résidence, urbaine/rurale: chaque recensement, 1985 – 1993 (suite)

(See notes at end of table. – Voir notes à la fin du tableau.)

Continent, country or area, census date, sex, educational level and urban/rural residence Continent, pays ou zone, date du recensement, sexe, degré d'instruction et résidence urbaine/rurale	Age (in years – en années)								
	15 plus	15 – 19	20 – 24	25 – 34	35 – 44	45 – 54	55 – 64	65 plus	Unknown Inconnu
ASIA—ASIE (Cont.–Suite)									
Thailand – Thaïlande									
1 IV 1990 [1,5]									
Total									
Total	49 076 100	...	...	...	...	...	...	...	...
–1	5 269 600	...	...	...	...	...	...	...	...
First level – Premier degré	34 165 600	...	...	...	...	...	...	...	...
Second level – Second degré	6 725 300	...	...	...	...	...	...	...	...
Third level – Troisième degré	2 520 000	...	...	...	...	...	...	...	...
Special education – Education spéciale	68 200	...	...	...	...	...	...	...	...
Level not stated – Degré non indiqué	327 400	...	...	...	...	...	...	...	...
Male – Masculin									
Total	24 240 900	...	...	...	...	...	...	...	...
–1	2 080 600	...	...	...	...	...	...	...	...
First level – Premier degré	16 780 900	...	...	...	...	...	...	...	...
Second level – Second degré	3 882 900	...	...	...	...	...	...	...	...
Third level – Troisième degré	1 262 200	...	...	...	...	...	...	...	...
Special education – Education spéciale	62 600	...	...	...	...	...	...	...	...
Level not stated – Degré non indiqué	171 700	...	...	...	...	...	...	...	...
Female – Féminin									
Total	24 835 200	...	...	...	...	...	...	...	...
–1	3 189 000	...	...	...	...	...	...	...	...
First level – Premier degré	17 384 700	...	...	...	...	...	...	...	...
Second level – Second degré	2 842 400	...	...	...	...	...	...	...	...
Third level – Troisième degré	1 257 800	...	...	...	...	...	...	...	...
Special education – Education spéciale	5 600	...	...	...	...	...	...	...	...
Level not stated – Degré non indiqué	155 700	...	...	...	...	...	...	...	...
Turkey – Turquie									
20 X 1985									
Total									
Total	31 654 320	5 407 464	4 784 480	7 415 168	4 994 727	4 051 201	2 779 255	2 125 908	96 117
–1	9 888 391	645 861	652 748	1 400 130	1 642 993	2 051 440	1 754 891	1 697 934	42 394
First level – Premier degré	15 386 671	3 156 592	2 692 831	4 189 648	2 538 137	1 663 176	802 423	321 410	22 454
Second level – Second degré	2 589 637	1 138 655	454 886	509 963	247 121	106 922	82 311	42 161	7 618
Third level – Troisième degré	3 787 283	466 331	983 586	1 314 541	565 970	229 442	139 465	64 311	23 637
Level not stated – Degré non indiqué	2 338	25	429	886	506	221	165	92	14
Male – Masculin									
Total	15 891 531	2 744 581	2 434 052	3 780 091	2 511 813	2 030 600	1 380 249	955 042	55 103
–1	3 100 284	197 888	163 865	285 039	408 447	694 301	672 652	660 119	17 973
First level – Premier degré	8 574 046	1 566 862	1 339 729	2 257 152	1 522 768	1 097 277	554 000	222 641	13 617
Second level – Second degré	1 723 072	713 064	317 757	354 924	178 437	72 947	53 522	26 599	5 822
Third level – Troisième degré	2 492 578	266 748	612 452	882 396	401 787	165 919	99 972	45 622	17 682
Level not stated – Degré non indiqué	1 551	19	249	580	374	156	103	61	9

34. Population 15 years and over, by educational attainment, age, sex and urban/rural residence: each census, 1985 – 1993 (continued)
Population de 15 ans et plus, selon le degré d'instruction, l'âge, le sexe et la résidence, urbaine/rurale: chaque recensement, 1985 – 1993 (suite)

(See notes at end of table. – Voir notes à la fin du tableau.)

Continent, country or area, census date, sex, educational level and urban/rural residence Continent, pays ou zone, date du recensement, sexe, degré d'instruction et résidence urbaine/rurale	Age (in years – en années) 15 plus	15 – 19	20 – 24	25 – 34	35 – 44	45 – 54	55 – 64	65 plus	Unknown Inconnu
ASIA—ASIE (Cont.–Suite)									
Turkey – Turquie									
20 X 1985									
Female – Féminin									
Total	15 762 789	2 662 883	2 350 428	3 635 077	2 482 914	2 020 601	1 399 006	1 170 866	41 014
–1	6 788 107	447 973	488 883	1 115 091	1 234 546	1 357 139	1 082 239	1 037 815	24 421
First level – Premier degré	6 812 625	1 589 730	1 353 102	1 932 496	1 015 369	565 899	248 423	98 769.	8 837
Second level – Second degré	866 565	425 591	137 129	155 039	68 684	33 975	28 789	15 562	1 796
Third level – Troisième degré	1 294 705	199 583	371 134	432 145	164 183	63 523	39 493	18 689	5 955
Level not stated – Degré non indiqué	787	6	180	306	132	65	62	31	5
Viet Nam									
1 IV 1989 [24]									
Total									
Total	39 286 065	6 820 107	5 999 744	10 400 625	5 559 840	3 906 756	*— 6 598 993 —*		–
–1	5 200 908	459 115	353 896	583 525	437 568	612 457	*— 2 754 347 —*		–
First level – Premier degré	28 836 888	5 775 240	4 576 720	7 912 065	4 110 700	2 860 838	*— 3 601 325 —*		–
Second level – Second degré	4 385 423	563 878	1 007 084	1 596 513	767 318	299 270	*— 151 360 —*		–
Third level – Troisième degré	740 967	2	46 755	281 404	233 919	122 720	*— 56 167 —*		–
Level not stated – Degré non indiqué	121 879	21 872	15 289	27 118	10 335	11 471	*— 35 794 —*		–
Male – Masculin									
Total	18 406 641	3 376 525	2 879 761	4 960 111	2 590 141	1 747 044	*— 2 853 059 —*		–
–1	1 415 331	223 256	151 829	207 982	115 013	117 304	*— 599 947 —*		–
First level – Premier degré	14 069 924	2 875 002	2 182 140	3 753 232	1 903 048	1 301 497	*— 2 055 005 —*		–
Second level – Second degré	2 399 892	267 001	517 554	835 501	424 331	221 698	*— 133 807 —*		–
Third level – Troisième degré	470 799	2	22 258	151 463	142 935	102 788	*— 51 353 —*		–
Level not stated – Degré non indiqué	50 695	11 264	5 980	11 933	4 814	3 757	*— 12 947 —*		–
Female – Féminin									
Total	20 879 424	3 443 582	3 119 983	5 440 514	2 969 699	2 159 712	*— 3 745 934 —*		–
–1	3 785 577	235 859	202 067	375 543	322 555	495 153	*— 2 154 400 —*		–
First level – Premier degré	14 766 964	2 900 238	2 394 580	4 158 833	2 207 652	1 559 341	*— 1 546 320 —*		–
Second level – Second degré	1 985 531	296 877	489 530	761 012	342 987	77 572	*— 17 553 —*		–
Third level – Troisième degré	270 168	–	24 497	129 941	90 984	19 932	*— 4 814 —*		–
Level not stated – Degré non indiqué	71 184	10 608	9 309	15 185	5 521	7 714	*— 22 847 —*		–
EUROPE									
Estonia – Estonie									
12 I 1989 [17]									
Total									
Total	1 216 924	111 696	104 027	240 606	208 114	195 400	178 186	178 895	–
–1	22 715	615	351	637	640	1 465	4 065	14 942	–
First level – Premier degré	475 145	73 333	10 928	27 637	50 925	83 671	107 098	121 553	–
Second level – Second degré	576 775	37 748	87 259	168 233	118 831	80 776	48 876	35 052	–
Third level – Troisième degré	142 286	–	5 489	44 099	37 717	29 488	18 145	7 348	–
Level not stated – Degré non indiqué	3	–	–	–	1	–	2	–	–

34. Population 15 years and over, by educational attainment, age, sex and urban/rural residence: each census, 1985 – 1993 (continued)

Population de 15 ans et plus, selon le degré d'instruction, l'âge, le sexe et la résidence, urbaine/rurale: chaque recensement, 1985 – 1993 (suite)

(See notes at end of table. – Voir notes à la fin du tableau.)

Continent, country or area, census date, sex, educational level and urban/rural residence / Continent, pays ou zone, date du recensement, sexe, degré d'instruction et résidence urbaine/rurale	Age (in years – en années)								
	15 plus	15 – 19	20 – 24	25 – 34	35 – 44	45 – 54	55 – 64	65 plus	Unknown Inconnu
EUROPE (Cont.–Suite)									
Estonia – Estonie									
12 I 1989 [1 7]									
Male – Masculin									
Total	553 964	58 744	53 315	120 132	101 050	91 741	74 814	54 168	–
–1	5 899	383	206	372	380	763	1 466	2 329	–
First level – Premier degré	220 960	38 551	7 114	18 258	31 116	44 230	45 465	36 226	–
Second level – Second degré	261 775	19 810	43 782	82 053	52 367	32 900	19 115	11 748	–
Third level – Troisième degré	65 329	–	2 213	19 449	17 187	13 848	8 767	3 865	–
Level not stated – Degré non indiqué	1	–	–	–	–	–	1	–	–
Female – Féminin									
Total	662 960	52 952	50 712	120 474	107 064	103 659	103 372	124 727	–
–1	16 816	232	145	265	260	702	2 599	12 613	–
First level – Premier degré	254 185	34 782	3 814	9 379	19 809	39 441	61 633	85 327	–
Second level – Second degré	315 000	17 938	43 477	86 180	66 464	47 876	29 761	23 304	–
Third level – Troisième degré	76 957	–	3 276	24 650	20 530	15 640	9 378	3 483	–
Level not stated – Degré non indiqué	2	–	–	–	1	–	1	–	–
Finland – Finlande									
31 XII 1985 [1 30]									
Total									
Total	3 959 132	345 381	377 268	788 249	774 367	543 135	512 998	617 734	–
First level – Premier degré	2 150 097	275 847	76 002	213 164	332 672	340 529	393 836	518 047	–
Second level – Second degré	1 349 966	69 532	289 811	429 205	296 917	129 995	74 733	59 773	–
Third level – Troisième degré	457 603	2	11 455	145 864	144 450	72 231	44 067	39 534	–
Level not stated – Degré non indiqué	1 466	–	–	16	328	380	362	380	–
Male – Masculin									
Total	1 891 229	176 112	192 739	403 955	397 328	270 581	233 614	216 900	–
First level – Premier degré	989 310	140 631	44 350	113 873	169 916	168 283	176 551	175 706	–
Second level – Second degré	650 957	35 481	143 807	214 462	144 307	60 146	31 492	21 262	–
Third level – Troisième degré	249 854	–	4 582	75 611	82 867	41 844	25 274	19 676	–
Level not stated – Degré non indiqué	1 108	–	–	9	238	308	297	256	–
Female – Féminin									
Total	2 067 903	169 269	184 529	384 294	377 039	272 554	279 384	400 834	–
First level – Premier degré	1 160 787	135 216	31 652	99 291	162 756	172 246	217 285	342 341	–
Second level – Second degré	699 009	34 051	146 004	214 743	152 610	69 849	43 241	38 511	–
Third level – Troisième degré	207 749	2	6 873	70 253	61 583	30 387	18 793	19 858	–
Level not stated – Degré non indiqué	358	–	–	7	90	72	65	124	–
31 XII 1990 [1]									
Total									
Total	4 034 275	303 383	343 608	760 147	846 541	600 547	507 084	672 965	–
First level – Premier degré [31]	2 001 298	256 432	72 148	153 452	293 240	311 172	364 224	550 630	–
Second level – Second degré	1 500 283	46 946	259 200	459 697	385 933	185 830	88 473	74 204	–
Third level – Troisième degré	532 694	5	12 260	146 998	167 368	103 545	54 387	48 131	–

34. Population 15 years and over, by educational attainment, age, sex and urban/rural residence: each census, 1985 – 1993 (continued)
Population de 15 ans et plus, selon le degré d'instruction, l'âge, le sexe et la résidence, urbaine/rurale: chaque recensement, 1985 – 1993 (suite)

(See notes at end of table. – Voir notes à la fin du tableau.)

Continent, country or area, census date, sex, educational level and urban/rural residence Continent, pays ou zone, date du recensement, sexe, degré d'instruction et résidence urbaine/rurale	Age (in years – en années) 15 plus	15 – 19	20 – 24	25 – 34	35 – 44	45 – 54	55 – 64	65 plus	Unknown Inconnu
EUROPE (Cont.–Suite)									
Finland – Finlande									
31 XII 1990 [1]									
Male – Masculin									
Total	1 933 376	155 219	175 039	388 528	433 253	301 653	240 389	239 295	–
First level – Premier degré [31]	927 700	131 092	41 191	87 924	152 519	155 408	170 431	189 135	–
Second level – Second degré	718 378	24 124	129 166	225 992	187 789	86 840	38 817	25 650	–
Third level – Troisième degré	287 298	3	4 682	74 612	92 945	59 405	31 141	24 510	–
Female – Féminin									
Total	2 100 899	148 164	168 569	371 619	413 288	298 894	266 695	433 670	–
First level – Premier degré [31]	1 073 598	125 340	30 957	65 528	140 721	155 764	193 793	361 495	–
Second level – Second degré	781 905	22 822	130 034	233 705	198 144	98 990	49 656	48 554	–
Third level – Troisième degré	245 396	2	7 578	72 386	74 423	44 140	23 246	23 621	–
France									
5 III 1990 [32]									
Total									
Total	45 844 218	4 220 431	4 269 532	8 576 290	8 641 971	5 835 731	5 952 394	8 347 869	–
–1	5 260 236	3 683 766	1 365 026	210 892	552	–	–	–	–
First level – Premier degré	20 216 916	351 372	794 190	2 220 396	3 197 466	2 968 133	4 027 135	6 658 224	–
Second level – Second degré	15 836 067	184 856	1 854 292	4 608 464	4 033 242	2 227 331	1 572 318	1 355 564	–
Third level – Troisième degré	4 530 999	437	256 024	1 536 538	1 410 711	640 267	352 941	334 081	–
1	2 292 063	269	204 694	875 171	685 845	266 055	136 165	123 864	–
2 plus	2 238 936	168	51 330	661 367	724 866	374 212	216 776	210 217	–
Male – Masculin									
Total	22 026 090	2 154 009	2 165 570	4 266 774	4 347 858	2 931 817	2 856 860	3 303 202	–
–1	2 605 102	1 826 591	661 860	116 323	328	–	–	–	–
First level – Premier degré	8 902 864	216 351	436 180	1 078 376	1 485 154	1 380 735	1 819 369	2 486 699	–
Second level – Second degré	8 151 111	110 774	961 053	2 359 664	2 121 304	1 179 146	816 951	602 219	–
Third level – Troisième degré	2 367 013	293	106 477	712 411	741 072	371 936	220 540	214 284	–
1	983 656	165	84 257	362 475	307 086	119 761	58 396	51 516	–
2 plus	1 383 357	128	22 220	349 936	433 986	252 175	162 144	162 768	–
Female – Féminin									
Total	23 818 128	2 066 422	2 103 962	4 309 516	4 294 113	2 903 914	3 095 534	5 044 667	–
–1	2 655 134	1 857 175	703 166	94 569	224	–	–	–	–
First level – Premier degré	11 314 052	135 021	358 010	1 142 020	1 712 312	1 587 398	2 207 766	4 171 525	–
Second level – Second degré	7 684 956	74 082	893 239	2 248 800	1 911 938	1 048 185	755 367	753 345	–
Third level – Troisième degré	2 163 986	144	149 547	824 127	669 639	268 331	132 401	119 797	–
1	1 308 407	104	120 437	512 696	378 759	146 294	77 769	72 348	–
2 plus	855 579	40	29 110	311 431	290 880	122 037	54 632	47 449	–

34. Population 15 years and over, by educational attainment, age, sex and urban/rural residence: each census, 1985 – 1993 (continued)
Population de 15 ans et plus, selon le degré d'instruction, l'âge, le sexe et la résidence, urbaine/rurale: chaque recensement, 1985 – 1993 (suite)

(See notes at end of table. – Voir notes à la fin du tableau.)

Continent, country or area, census date, sex, educational level and urban/rural residence Continent, pays ou zone, date du recensement, sexe, degré d'instruction et résidence urbaine/rurale	Age (in years – en années)								
	15 plus	15 – 19	20 – 24	25 – 34	35 – 44	45 – 54	55 – 64	65 plus	Unknown Inconnu
EUROPE (Cont.–Suite)									
Latvia – Lettonie									
12 I 1989 [1]									
Total									
Total	2 095 704	184 525	185 178	409 681	340 390	351 201	309 890	314 766	73
–1	11 476	445	352	552	428	600	888	8 211	–
First level – Premier degré	818 052	116 518	15 615	40 647	78 964	150 244	187 108	228 941	15
1 – 3	60 305	754	292	746	773	3 579	10 440	43 719	2
4 – 7	267 969	5 972	1 503	3 943	10 653	41 502	80 007	124 384	5
8 plus	489 778	109 792	13 820	35 958	67 538	105 163	96 661	60 838	8
Second level – Second degré	1 024 565	67 562	158 795	295 799	200 184	150 683	90 282	61 249	11
Third level – Troisième degré	241 245	–	10 398	72 604	60 740	49 614	31 568	16 318	3
Level not stated – Degré non indiqué	366	–	18	79	74	60	44	47	44
Male – Masculin									
Total	948 218	95 285	95 163	204 193	165 117	163 944	127 758	96 723	35
–1	2 327	272	204	296	212	278	275	790	–
First level – Premier degré	361 608	60 509	9 967	26 067	46 601	76 793	76 122	65 539	10
1 – 3	15 293	423	187	381	407	1 616	3 331	8 946	2
4 – 7	101 825	3 399	931	2 478	6 142	20 991	32 097	35 785	2
8 plus	244 490	56 687	8 849	23 208	40 052	54 186	40 694	20 808	6
Second level – Second degré	475 198	34 504	80 995	147 158	90 753	63 167	36 253	22 363	5
Third level – Troisième degré	108 909	–	3 988	30 631	27 511	23 671	15 093	8 014	1
Level not stated – Degré non indiqué	176	–	9	41	40	35	15	17	19
Female – Féminin									
Total	1 147 486	89 240	90 015	205 488	175 273	187 257	182 132	218 043	38
–1	9 149	173	148	256	216	322	613	7 421	–
First level – Premier degré	456 444	56 009	5 648	14 580	32 363	73 451	110 986	163 402	5
1 – 3	45 012	331	105	365	366	1 963	7 109	34 773	–
4 – 7	166 144	2 573	572	1 465	4 511	20 511	47 910	88 599	3
8 plus	245 288	53 105	4 971	12 750	27 486	50 977	55 967	40 030	2
Second level – Second degré	549 367	33 058	77 800	148 641	109 431	87 516	54 029	38 886	6
Third level – Troisième degré	132 336	–	6 410	41 973	33 229	25 943	16 475	8 304	2
Level not stated – Degré non indiqué	190	–	9	38	34	25	29	30	25
Lithuania – Lituanie									
12 I 1989 [1]									
Total									
Total	2 253 057	280 717	279 607	456 139	447 002	211 432	186 855	391 232	73
–1	207 804	1 783	1 185	2 558	15 470	20 360	20 575	145 873	–
First level – Premier degré	489 775	5 217	767	14 482	105 075	93 612	93 585	177 037	–
Second level – Second degré	1 362 828	273 717	263 640	357 443	269 810	79 304	60 643	58 268	3
Third level – Troisième degré	192 532	–	14 010	81 639	56 638	18 145	12 049	10 049	2
Level not stated – Degré non indiqué	118	–	5	17	9	11	3	5	68
Male – Masculin									
Total	1 020 265	145 372	143 629	220 835	207 586	93 268	73 915	135 636	24
–1	60 068	1 001	661	1 260	6 208	6 936	6 564	37 438	–
First level – Premier degré	201 719	2 864	458	7 798	48 323	40 101	35 342	66 833	–
Second level – Second degré	668 484	141 507	137 762	175 394	125 420	36 914	25 902	25 583	2
Third level – Troisième degré	89 951	–	4 745	36 375	27 631	9 312	6 107	5 780	1
Level not stated – Degré non indiqué	43	–	3	8	4	5	–	2	21

34. Population 15 years and over, by educational attainment, age, sex and urban/rural residence: each census, 1985 – 1993 (continued)

Population de 15 ans et plus, selon le degré d'instruction, l'âge, le sexe et la résidence, urbaine/rurale: chaque recensement, 1985 – 1993 (suite)

(See notes at end of table. – Voir notes à la fin du tableau.)

Continent, country or area, census date, sex, educational level and urban/rural residence Continent, pays ou zone, date du recensement, sexe, degré d'instruction et résidence urbaine/rurale	Age (in years – en années)								
	15 plus	15 – 19	20 – 24	25 – 34	35 – 44	45 – 54	55 – 64	65 plus	Unknown Inconnu
EUROPE (Cont.–Suite)									
Lithuania – Lituanie									
12 I 1989 [1]									
Female – Féminin									
Total	1 232 792	135 345	135 978	235 304	239 416	118 164	112 940	255 596	49
–1	147 736	782	524	1 298	9 262	13 424	14 011	108 435	–
First level – Premier degré	288 056	2 353	309	6 684	56 752	53 511	58 243	110 204	–
Second level – Second degré	694 344	132 210	125 878	182 049	144 390	42 390	34 741	32 685	1
Third level – Troisième degré	102 581	–	9 265	45 264	29 007	8 833	5 942	4 269	1
Level not stated – Degré non indiqué	75	–	2	9	5	6	3	3	47
Norway – Norvège									
3 XI 1990 [1 7]									
Total									
Total [33]	3 450 996	311 277	336 689	642 492	622 798	458 562	379 782	699 396	–
–1	2 340	62	235	839	475	311	192	226	–
First level – Premier degré	1 091 404	130 742	36 258	81 478	125 576	138 207	170 457	408 686	–
1 – 6	3 433	76	323	1 362	877	441	221	133	–
7	611 363	–	–	1 021	24 610	67 403	145 727	372 602	–
8 plus	476 608	130 666	35 935	79 095	100 089	70 363	24 509	35 951	–
Second level – Second degré	1 663 079	117 225	244 514	382 915	320 610	214 212	154 305	229 298	–
1	865 179	59 192	65 885	156 409	189 480	134 046	100 065	160 102	–
2 – 3	797 900	58 033	178 629	226 506	131 130	80 166	54 240	69 196	–
Third level – Troisième degré	547 324	123	46 836	155 063	155 174	91 089	47 466	51 573	–
1 – 2	288 024	115	37 096	70 244	74 364	45 594	28 096	32 515	–
3 – 4	156 864	7	9 360	61 291	47 310	23 984	8 798	6 114	–
5 – 6	96 603	–	380	22 833	31 299	19 722	9 863	12 506	–
7 plus	5 833	1	–	695	2 201	1 789	709	438	–
Level not stated – Degré non indiqué	146 849	63 125	8 846	22 197	20 963	14 743	7 362	9 613	–
Male – Masculin									
Total [33]	1 691 564	158 869	172 519	329 733	320 260	232 580	186 023	291 580	–
–1	939	35	104	364	188	112	66	70	–
First level – Premier degré	481 641	64 190	19 882	44 825	61 335	63 676	75 103	152 630	–
1 – 6	1 628	32	117	657	404	238	120	60	–
7	256 924	–	–	569	14 054	35 119	66 236	140 946	–
8 plus	223 089	64 158	19 765	43 599	46 877	28 319	8 747	11 624	–
Second level – Second degré	840 625	62 118	128 004	198 586	162 041	107 357	77 730	104 789	–
1	350 756	32 475	34 374	67 485	73 936	48 488	37 021	56 977	–
2 plus	489 869	29 643	93 630	131 101	88 105	58 869	40 709	47 812	–
Third level – Troisième degré	290 279	51	19 756	73 218	85 006	53 099	29 003	30 146	–
1 – 2	140 661	50	16 049	34 545	36 439	23 749	15 047	14 782	–
3 – 4	69 045	1	3 486	22 774	22 364	11 660	4 797	3 963	–
5 – 6	75 657	–	221	15 389	24 381	16 132	8 525	11 009	–
7 plus	4 916	–	–	510	1 822	1 558	634	392	–
Level not stated – Degré non indiqué	78 080	32 475	4 773	12 740	11 690	8 336	4 121	3 945	–

34. Population 15 years and over, by educational attainment, age, sex and urban/rural residence: each census, 1985 – 1993 (continued)

Population de 15 ans et plus, selon le degré d'instruction, l'âge, le sexe et la résidence, urbaine/rurale: chaque recensement, 1985 – 1993 (suite)

(See notes at end of table. – Voir notes à la fin du tableau.)

Continent, country or area, census date, sex, educational level and urban/rural residence Continent, pays ou zone, date du recensement, sexe, degré d'instruction et résidence urbaine/rurale	Age (in years – en années)								
	15 plus	15 – 19	20 – 24	25 – 34	35 – 44	45 – 54	55 – 64	65 plus	Unknown Inconnu
EUROPE (Cont.–Suite)									
Norway – Norvège									
3 XI 1990 [1 7]									
Female – Féminin									
Total [33]	1 759 432	152 408	164 170	312 759	302 538	225 982	193 759	407 816	–
–1	1 401	27	131	475	287	199	126	156	–
First level – Premier degré	609 763	66 552	16 376	36 653	64 241	74 531	95 354	256 056	–
1 – 6	1 805	44	206	705	473	203	101	73	–
7	354 439	–	–	452	10 556	32 284	79 491	231 656	–
8 plus	253 519	66 508	16 170	35 496	53 212	42 044	15 762	24 327	–
Second level – Second degré	822 454	55 107	116 510	184 329	158 569	106 855	76 575	124 509	–
1	514 423	26 717	31 511	88 924	115 544	85 558	63 044	103 125	–
2 plus	308 031	28 390	84 999	95 405	43 025	21 297	13 531	21 384	–
Third level – Troisième degré	257 045	72	27 080	81 845	70 168	37 990	18 463	21 427	–
1 – 2	147 363	65	21 047	35 699	37 925	21 845	13 049	17 733	–
3 – 4	87 819	6	5 874	38 517	24 946	12 324	4 001	2 151	–
5 – 6	20 946	–	159	7 444	6 918	3 590	1 338	1 497	–
7 plus	917	1	–	185	379	231	75	46	–
Level not stated – Degré non indiqué	68 769	30 650	4 073	9 457	9 273	6 407	3 241	5 668	–
Poland – Pologne									
6 XII 1988 [7 34]									
Total									
Total	28 268 775	2 713 913	2 472 621	6 195 683	5 485 841	3 826 713	3 816 932	3 727 104	29 968
–1	356 270	5 332	6 288	15 757	15 013	18 841	51 851	242 678	510
First level – Premier degré	12 326 272	2 068 118	408 117	1 046 841	1 561 390	1 935 607	2 540 194	2 756 061	9 944
1 – 7	1 364 879	70 322	8 415	18 204	28 657	105 779	408 216	723 754	1 532
8 plus	10 961 393	1 997 796	399 702	1 028 637	1 532 733	1 829 828	2 131 978	2 032 307	8 412
Second level – Second degré	13 645 340	617 496	2 023 119	4 571 603	3 324 112	1 518 945	991 572	586 866	11 627
Third level – Troisième degré	1 838 331	–	27 901	553 390	579 819	348 681	223 111	103 686	1 743
Level not stated – Degré non indiqué	102 562	22 967	7 196	8 092	5 507	4 639	10 204	37 813	6 144
Male – Masculin									
Total	13 553 887	1 391 090	1 264 823	3 138 481	2 742 263	1 858 186	1 742 222	1 404 185	12 637
–1	103 369	3 009	3 508	8 669	7 614	8 020	16 612	55 796	141
First level – Premier degré	5 369 212	1 046 995	229 095	535 208	725 001	834 951	1 017 398	977 335	3 229
1 – 7	509 935	47 649	5 775	11 193	15 083	40 907	141 994	246 963	371
8 plus	4 859 277	999 346	223 320	524 015	709 918	794 044	875 404	730 372	2 858
Second level – Second degré	7 067 860	329 109	1 017 985	2 328 993	1 711 336	823 481	557 069	294 491	5 396
Third level – Troisième degré	975 000	–	10 326	261 577	295 570	189 770	148 362	68 527	868
Level not stated – Degré non indiqué	38 446	11 977	3 909	4 034	2 742	1 964	2 781	8 036	3 003
Female – Féminin									
Total	14 714 888	1 322 823	1 207 798	3 057 202	2 743 578	1 968 527	2 074 710	2 322 919	17 331
–1	252 901	2 323	2 780	7 088	7 399	10 821	35 239	186 882	369
First level – Premier degré	6 957 060	1 021 123	179 022	511 633	836 389	1 100 656	1 522 796	1 778 726	6 715
1 – 7	854 944	22 673	2 640	7 011	13 574	64 872	266 222	476 791	1 161
8 plus	6 102 116	998 450	176 382	504 622	822 815	1 035 784	1 256 574	1 301 935	5 554
Second level – Second degré	6 577 480	288 387	1 005 134	2 242 610	1 612 776	695 464	434 503	292 375	6 231
Third level – Troisième degré	863 331	–	17 575	291 813	284 249	158 911	74 749	35 159	875
Level not stated – Degré non indiqué	64 116	10 990	3 287	4 058	2 765	2 675	7 423	29 777	3 141

34. Population 15 years and over, by educational attainment, age, sex and urban/rural residence: each census, 1985 – 1993 (continued)
Population de 15 ans et plus, selon le degré d'instruction, l'âge, le sexe et la résidence, urbaine/rurale: chaque recensement, 1985 – 1993 (suite)

(See notes at end of table. – Voir notes à la fin du tableau.)

Continent, country or area, census date, sex, educational level and urban/rural residence Continent, pays ou zone, date du recensement, sexe, degré d'instruction et résidence urbaine/rurale	Age (in years – en années)								
	15 plus	15 – 19	20 – 24	25 – 34	35 – 44	45 – 54	55 – 64	65 plus	Unknown Inconnu
EUROPE (Cont.–Suite)									
Republic of Moldova – République de Moldova									
12 I 1989 [1]									
Total									
Total	3 124 771	326 279	298 878	732 258	545 738	465 456	403 574	352 587	1
–1	320 317	2 298	1 604	4 028	4 778	28 934	95 984	182 691	–
First level – Premier degré	446 294	14 708	2 923	9 338	29 598	124 147	161 777	103 803	–
Second level – Second degré	2 047 541	307 406	267 165	618 397	424 855	257 814	118 860	53 043	1
Third level – Troisième degré	310 611	1 867	27 186	100 494	86 505	54 558	26 951	13 050	–
Level not stated – Degré non indiqué	8	–	–	1	2	3	2	–	–
Male – Masculin									
Total	1 448 687	166 769	145 541	355 819	262 561	214 748	172 724	130 525	–
–1	89 755	1 144	846	2 038	1 826	8 290	26 438	49 173	–
First level – Premier degré	197 639	7 941	1 679	4 897	10 526	48 993	73 545	50 058	–
Second level – Second degré	1 014 869	157 388	133 958	304 958	208 055	128 049	58 416	24 045	–
Third level – Troisième degré	146 419	296	9 058	43 925	42 153	29 415	14 323	7 249	–
Level not stated – Degré non indiqué	5	–	–	1	1	1	2	–	–
Female – Féminin									
Total	1 676 084	159 510	153 337	376 439	283 177	250 708	230 850	222 062	1
–1	230 562	1 154	758	1 990	2 952	20 644	69 546	133 518	–
First level – Premier degré	248 655	6 767	1 244	4 441	19 072	75 154	88 232	53 745	–
Second level – Second degré	1 032 672	150 018	133 207	313 439	216 800	129 765	60 444	28 998	1
Third level – Troisième degré	164 192	1 571	18 128	56 569	44 352	25 143	12 628	5 801	–
Level not stated – Degré non indiqué	3	–	–	–	1	2	–	–	–
Romania – Roumanie									
7 I 1992 [7]									
Total									
Total	17 628 133	1 916 936	2 042 068	2 801 918	3 240 663	2 521 174	2 595 115	2 507 511	2 748
–1	782 603	24 013	18 652	30 141	34 930	69 907	194 409	410 494	57
First level – Premier degré	3 476 791	115 940	39 651	86 647	235 688	771 510	1 057 296	1 169 918	141
Second level – Second degré	12 323 441	1 773 464	1 950 346	2 421 227	2 642 610	1 501 316	1 213 069	820 632	777
Third level – Troisième degré	967 570	–	25 105	253 233	316 415	169 480	117 763	85 474	100
Level not stated – Degré non indiqué	77 728	3 519	8 314	10 670	11 020	8 961	12 578	20 993	1 673
Male – Masculin									
Total	8 568 707	985 954	1 030 191	1 418 616	1 623 875	1 234 624	1 234 744	1 039 150	1 553
–1	189 617	11 731	8 525	12 732	13 408	20 121	40 598	82 482	20
First level – Premier degré	1 419 810	64 080	20 176	41 325	87 054	282 439	432 722	491 950	64
Second level – Second degré	6 365 094	908 395	988 099	1 227 790	1 334 338	826 195	677 330	402 521	426
Third level – Troisième degré	566 482	–	9 410	131 832	184 134	102 496	80 658	57 896	56
Level not stated – Degré non indiqué	27 704	1 748	3 981	4 937	4 941	3 373	3 436	4 301	987

34. Population 15 years and over, by educational attainment, age, sex and urban/rural residence: each census, 1985 – 1993 (continued)
Population de 15 ans et plus, selon le degré d'instruction, l'âge, le sexe et la résidence, urbaine/rurale: chaque recensement, 1985 – 1993 (suite)

(See notes at end of table. – Voir notes à la fin du tableau.)

Continent, country or area, census date, sex, educational level and urban/rural residence / Continent, pays ou zone, date du recensement, sexe, degré d'instruction et résidence urbaine/rurale	Age (in years – en années) 15 plus	15 – 19	20 – 24	25 – 34	35 – 44	45 – 54	55 – 64	65 plus	Unknown Inconnu
EUROPE (Cont.–Suite)									
Romania – Roumanie									
7 I 1992 [7]									
Female – Féminin									
Total	9 059 426	930 982	1 011 877	1 383 302	1 616 788	1 286 550	1 360 371	1 468 361	1 195
–1	592 986	12 282	10 127	17 409	21 522	49 786	153 811	328 012	37
First level – Premier degré	2 056 981	51 860	19 475	45 322	148 634	489 071	624 574	677 968	77
Second level – Second degré	5 958 347	865 069	962 247	1 193 437	1 308 272	675 121	535 739	418 111	351
Third level – Troisième degré	401 088	–	15 695	121 401	132 281	66 984	37 105	27 578	44
Level not stated – Degré non indiqué	50 024	1 771	4 333	5 733	6 079	5 588	9 142	16 692	686
Russian Federation – Fédération Russe									
12 I 1989 [1 35]									
Total									
Total	105688392	9 899 703	9 710 631	25 311 516	19261617	17126644	15409520	8 907 693	61 068
First level – Premier degré	38 318 743	5 686 842	837 389	2 582 905	4 122 449	8 122 511	10755157	6 186 935	24 555
Second level – Second degré	54 630 140	4 212 861	8 250 639	18 682 482	11628253	6 492 511	3 324 267	2 010 496	28 631
Third level – Troisième degré	12 739 509	–	622 603	4 046 129	3 510 915	2 511 622	1 330 096	710 262	7 882
Male – Masculin									
Total	50 051 856	5 081 225	4 932 158	12 789 380	9 556 599	8 060 001	6 551 909	3 052 320	28 264
First level – Premier degré	18 015 154	2 975 118	525 465	1 623 562	2 409 653	3 961 571	4 522 775	1 985 918	11 092
Second level – Second degré	26 036 136	2 106 107	4 171 959	9 378 923	5 469 479	2 802 744	1 380 031	713 483	13 410
Third level – Troisième degré	6 000 566	–	234 734	1 786 895	1 677 467	1 295 686	649 103	352 919	3 762
Female – Féminin									
Total	55 636 536	4 818 478	4 778 473	12 522 136	9 705 018	9 066 643	8 857 611	5 855 373	32 804
First level – Premier degré	20 303 589	2 711 724	311 924	959 343	1 712 796	4 160 940	6 232 382	4 201 017	13 463
Second level – Second degré	28 594 004	2 106 754	4 078 680	9 303 559	6 158 774	3 689 767	1 944 236	1 297 013	15 221
Third level – Troisième degré	6 738 943	–	387 869	2 259 234	1 833 448	1 215 936	680 993	357 343	4 120
Slovenia – Slovénie									
31 III 1991 [1 7]									
Total									
Total	1 561 628	144 900	143 629	308 418	306 518	228 037	214 752	214 684	690
–1	9 909	413	470	1 084	1 344	1 347	1 841	3 364	46
First level – Premier degré	723 477	115 411	33 463	79 921	113 991	104 227	124 651	151 589	224
1	466 782	106 844	28 887	58 564	66 044	52 474	66 227	87 573	169
2	17 810	105	144	673	1 580	3 279	5 772	6 250	7
3	69 238	210	377	3 883	8 244	14 555	19 355	22 599	15
4	169 647	8 252	4 055	16 801	38 123	33 919	33 297	35 167	33
Second level – Second degré	669 158	27 530	102 254	180 672	146 805	94 683	70 771	46 273	170
Third level – Troisième degré	138 012	62	5 697	43 390	40 138	24 353	14 717	9 600	55
1	67 233	–	922	20 831	19 755	12 177	8 036	5 476	36
2 plus	70 779	62	4 775	22 559	20 383	12 176	6 681	4 124	19
Level not stated – Degré non indiqué	21 072	1 484	1 745	3 351	4 240	3 427	2 772	3 858	195

34. Population 15 years and over, by educational attainment, age, sex and urban/rural residence: each census, 1985 – 1993 (continued)
Population de 15 ans et plus, selon le degré d'instruction, l'âge, le sexe et la résidence, urbaine/rurale: chaque recensement, 1985 – 1993 (suite)

(See notes at end of table. – Voir notes à la fin du tableau.)

Continent, country or area, census date, sex, educational level and urban/rural residence Continent, pays ou zone, date du recensement, sexe, degré d'instruction et résidence urbaine/rurale	Age (in years – en années) 15 plus	15 – 19	20 – 24	25 – 34	35 – 44	45 – 54	55 – 64	65 plus	Unknown Inconnu
EUROPE (Cont.–Suite)									
Slovenia – Slovénie									
31 III 1991 [17]									
Male – Masculin									
Total	744 982	74 103	71 886	154 715	157 344	114 145	98 060	74 389	340
–1	3 633	222	264	489	586	528	655	867	22
First level – Premier degré	289 809	58 668	17 367	37 514	50 587	40 320	43 678	41 594	81
1	176 818	53 415	14 295	25 736	25 024	15 763	19 912	22 611	62
2	8 113	47	86	346	957	1 953	2 722	2 000	2
3	29 600	125	192	1 535	4 600	8 076	8 602	6 465	5
4	75 278	5 081	2 794	9 897	20 006	14 528	12 442	10 518	12
Second level – Second degré	369 983	14 423	52 080	96 571	83 511	56 815	42 484	23 998	101
Third level – Troisième degré	71 377	12	1 317	18 276	20 460	14 554	9 870	6 859	29
1	40 398	–	272	10 356	11 566	8 156	5 849	4 177	22
2 plus	30 979	12	1 045	7 920	8 894	6 398	4 021	2 682	7
Level not stated – Degré non indiqué	10 180	778	858	1 865	2 200	1 928	1 373	1 071	107
Female – Féminin									
Total	816 646	70 797	71 743	153 703	149 174	113 892	116 692	140 295	350
–1	6 276	191	206	595	758	819	1 186	2 497	24
First level – Premier degré	433 668	56 743	16 096	42 407	63 404	63 907	80 973	109 995	143
1	289 964	53 429	14 592	32 828	41 020	36 711	46 315	64 962	107
2	9 697	58	58	327	623	1 326	3 050	4 250	5
3	39 638	85	185	2 348	3 644	6 479	10 753	16 134	10
4	94 369	3 171	1 261	6 904	18 117	19 391	20 855	24 649	21
Second level – Second degré	299 175	13 107	50 174	84 101	63 294	37 868	28 287	22 275	69
Third level – Troisième degré	66 635	50	4 380	25 114	19 678	9 799	4 847	2 741	26
1	26 835	–	650	10 475	8 189	4 021	2 187	1 299	14
2 plus	39 800	50	3 730	14 639	11 489	5 778	2 660	1 442	12
Level not stated – Degré non indiqué	10 892	706	887	1 486	2 040	1 499	1 399	2 787	88
Spain – Espagne									
1 III 1991 [15]									
Total									
Total	31 344 653	3 319 480	3 212 663	5 933 983	4 894 545	4 154 350	4 332 184	5 352 352	145 096
–1	7 734 390	86 174	119 847	383 675	768 669	1 280 170	1 971 878	3 082 831	41 146
First level – Premier degré	9 702 821	530 675	532 447	1 494 992	1 982 830	1 741 828	1 679 838	1 701 803	38 408
Second level – Second degré	11 214 613	2 636 959	2 260 415	3 076 677	1 552 553	820 949	476 039	359 324	31 697
Third level – Troisième degré	2 327 420	–	254 793	916 383	544 055	277 302	172 813	156 657	5 417
Level not stated – Degré non indiqué	365 418	65 672	45 162	62 256	46 438	34 101	31 615	51 747	28 427
Male – Masculin									
Total	15 166 954	1 695 644	1 636 357	2 986 529	2 441 723	2 048 086	2 084 045	2 200 355	74 215
–1	3 264 429	46 506	63 555	182 534	342 867	567 071	885 273	1 156 487	20 136
First level – Premier degré	4 684 333	307 411	299 376	748 541	942 614	833 537	802 107	730 953	19 794
Second level – Second degré	5 804 524	1 307 941	1 154 066	1 603 682	822 511	447 383	263 160	189 212	16 569
Third level – Troisième degré	1 238 272	–	97 589	421 336	310 511	182 786	118 260	104 844	2 946
Level not stated – Degré non indiqué	175 403	33 786	21 770	30 436	23 221	17 308	15 244	18 868	14 770

34. Population 15 years and over, by educational attainment, age, sex and urban/rural residence: each census, 1985 – 1993 (continued)
Population de 15 ans et plus, selon le degré d'instruction, l'âge, le sexe et la résidence, urbaine/rurale: chaque recensement, 1985 – 1993 (suite)

(See notes at end of table. – Voir notes à la fin du tableau.)

Continent, country or area, census date, sex, educational level and urban/rural residence Continent, pays ou zone, date du recensement, sexe, degré d'instruction et résidence urbaine/rurale	Age (in years – en années)								
	15 plus	15 – 19	20 – 24	25 – 34	35 – 44	45 – 54	55 – 64	65 plus	Unknown Inconnu
EUROPE (Cont.–Suite)									
Spain – Espagne									
1 III 1991 [15]									
Female – Féminin									
Total	16 177 701	1 623 836	1 576 307	2 947 454	2 452 822	2 106 264	2 248 140	3 151 997	70 881
–1	4 469 964	39 669	56 292	201 142	425 803	713 099	1 086 605	1 926 343	21 011
First level – Premier degré	5 018 485	223 264	233 070	746 450	1 040 216	908 291	877 731	970 849	18 614
Second level – Second degré	5 410 087	1 329 018	1 106 348	1 472 994	730 043	373 565	212 879	170 112	15 128
Third level – Troisième degré	1 089 147	–	157 204	495 047	233 544	94 515	54 553	51 813	2 471
Level not stated – Degré non indiqué	190 016	31 885	23 392	31 822	23 216	16 793	16 371	32 879	13 658
OCEANIA—OCEANIE									
Fiji – Fidji									
31 VIII 1986									
Total									
Total	441 912	73 616	73 728	114 152	76 486	51 466	29 112	20 989	2 363
–1	33 640	780	1 136	4 328	6 013	7 016	6 389	7 518	460
First level – Premier degré	220 243	23 237	24 511	52 175	50 749	37 509	20 052	11 103	907
1	3 218	105	120	429	564	632	594	753	21
2	7 767	230	321	1 028	1 654	1 685	1 436	1 365	48
3	12 170	442	537	1 847	2 574	2 856	2 233	1 618	63
4	20 397	764	866	2 615	3 673	5 662	4 174	2 547	96
5	18 973	1 285	1 329	3 481	4 157	4 775	2 704	1 164	78
6	37 761	4 142	4 072	7 834	9 061	7 438	3 490	1 547	177
7	26 076	4 574	3 938	7 172	5 938	2 764	1 120	500	70
8 plus	93 881	11 695	13 328	27 769	23 128	11 697	4 301	1 609	354
Second level – Second degré	163 509	47 091	44 505	50 442	15 202	4 429	1 049	399	392
1	22 362	8 098	5 619	5 312	2 331	731	157	67	47
2	66 812	18 055	17 921	21 166	7 137	1 859	376	127	171
3	46 979	13 437	11 826	16 305	3 773	1 140	294	103	101
4	27 306	7 501	9 139	7 659	1 911	699	222	102	73
Third level – Troisième degré	17 270	1 288	3 130	6 258	3 615	1 718	789	422	50
Level not stated – Degré non indiqué	7 250	1 220	446	949	907	794	833	1 547	554
Male – Masculin									
Total	222 316	37 070	36 731	57 325	38 605	25 953	14 947	10 450	1 235
–1	10 453	350	445	1 374	1 562	1 797	1 988	2 770	167
First level – Premier degré	114 518	12 436	13 133	25 755	25 197	19 669	11 282	6 528	518
1	1 524	65	52	198	255	287	292	366	9
2	3 778	136	164	516	764	801	700	675	22
3	6 110	273	298	895	1 172	1 394	1 163	881	34
4	10 510	455	506	1 294	1 699	2 809	2 233	1 467	47
5	9 272	767	747	1 577	1 846	2 234	1 379	675	47
6	19 389	2 308	2 286	3 820	4 204	3 730	1 986	958	97
7	14 103	2 576	2 241	3 718	3 007	1 503	671	344	43
8 plus	49 832	5 856	6 839	13 737	12 250	6 911	2 858	1 162	219
Second level – Second degré	83 578	22 914	21 208	26 053	9 120	3 041	779	240	223
1	11 518	4 183	2 852	2 625	1 252	440	102	44	20
2	33 392	8 617	8 352	10 564	4 114	1 254	299	88	104
3	23 114	6 166	5 262	8 114	2 417	825	218	55	57
4	15 554	3 948	4 742	4 750	1 337	522	160	53	42
Third level – Troisième degré	10 304	684	1 726	3 640	2 278	1 100	547	301	28
Level not stated – Degré non indiqué	3 463	686	219	503	448	346	351	611	299

34. Population 15 years and over, by educational attainment, age, sex and urban/rural residence: each census, 1985 – 1993 (continued)

Population de 15 ans et plus, selon le degré d'instruction, l'âge, le sexe et la résidence, urbaine/rurale: chaque recensement, 1985 – 1993 (suite)

(See notes at end of table. – Voir notes à la fin du tableau.)

Continent, country or area, census date, sex, educational level and urban/rural residence Continent, pays ou zone, date du recensement, sexe, degré d'instruction et résidence urbaine/rurale	Age (in years – en années)								
	15 plus	15 – 19	20 – 24	25 – 34	35 – 44	45 – 54	55 – 64	65 plus	Unknown Inconnu
OCEANIA—OCEANIE(Cont.–Suite)									
Fiji – Fidji									
31 VIII 1986									
Female – Féminin									
Total	219 596	36 546	36 997	56 827	37 881	25 513	14 165	10 539	1 128
–1	23 187	430	691	2 954	4 451	5 219	4 401	4 748	293
First level – Premier degré	105 725	10 801	11 378	26 420	25 552	17 840	8 770	4 575	389
1	1 694	40	68	231	309	345	302	387	12
2	3 989	94	157	512	890	884	736	690	26
3	6 060	169	239	952	1 402	1 462	1 070	737	29
4	9 887	309	360	1 321	1 974	2 853	1 941	1 080	49
5	9 701	518	582	1 904	2 311	2 541	1 325	489	31
6	18 372	1 834	1 786	4 014	4 857	3 708	1 504	589	80
7	11 973	1 998	1 697	3 454	2 931	1 261	449	156	27
8 plus	44 049	5 839	6 489	14 032	10 878	4 786	1 443	447	135
Second level – Second degré	79 931	24 177	23 297	24 389	6 082	1 388	270	159	169
1	10 844	3 915	2 767	2 687	1 079	291	55	23	27
2	33 470	9 438	9 569	10 602	3 073	605	77	39	67
3	23 865	7 271	6 564	8 191	1 356	315	76	48	44
4	11 752	3 553	4 397	2 909	574	177	62	49	31
Third level – Troisième degré	6 966	604	1 404	2 618	1 337	618	242	121	22
Level not stated – Degré non indiqué	3 787	534	227	446	459	448	482	936	255
Guam									
1 IV 1990 [1 36]									
Total									
Total	93 200	12 121	14 379	25 276	18 329	10 279	7 586	5 230	–
First level – Premier degré	10 470	935	297	911	1 206	1 463	2 493	3 165	–
1 – 7	8 169	250	187	717	792	1 137	2 130	2 956	–
8	2 301	685	110	194	414	326	363	209	–
Second level – Second degré	50 469	10 302	9 345	12 907	8 517	5 014	3 110	1 274	–
1	3 840	1 817	174	397	379	524	349	200	–
2	5 379	2 503	452	721	640	555	371	137	–
3	5 607	2 461	881	927	631	395	238	74	–
4	3 505	876	565	812	602	358	174	118	–
5	32 138	2 645	7 273	10 050	6 265	3 182	1 978	745	–
Third level – Troisième degré	32 261	884	4 737	11 458	8 606	3 802	1 983	791	–
1	15 831	842	3 671	5 793	3 370	1 272	597	286	–
2	2 237	19	243	899	618	276	124	58	–
3	1 908	17	200	739	588	207	114	43	–
4	9 392	6	594	3 341	2 993	1 403	774	281	–
5	2 893	–	29	686	1 037	644	374	123	–

34. Population 15 years and over, by educational attainment, age, sex and urban/rural residence: each census, 1985 – 1993 (continued)
Population de 15 ans et plus, selon le degré d'instruction, l'âge, le sexe et la résidence, urbaine/rurale: chaque recensement, 1985 – 1993 (suite)

(See notes at end of table. – Voir notes à la fin du tableau.)

Continent, country or area, census date, sex, educational level and urban/rural residence Continent, pays ou zone, date du recensement, sexe, degré d'instruction et résidence urbaine/rurale	Age (in years – en années)								
	15 plus	15 – 19	20 – 24	25 – 34	35 – 44	45 – 54	55 – 64	65 plus	Unknown Inconnu
OCEANIA—OCEANIE(Cont.–Suite)									
Guam									
1 IV 1990 [1 36]									
Male – Masculin									
Total	50 564	6 448	8 372	13 666	9 970	5 545	4 033	2 530	–
First level – Premier degré	4 937	515	154	537	670	627	1 150	1 284	–
1 – 7	3 720	133	93	457	403	501	972	1 161	–
8	1 217	382	61	80	267	126	178	123	–
Second level – Second degré	27 705	5 528	5 644	6 902	4 445	2 684	1 741	761	–
1	2 055	993	92	197	186	289	189	109	–
2	2 808	1 277	252	360	302	334	200	83	–
3	2 872	1 241	502	472	312	182	121	42	–
4	1 993	454	332	481	372	202	84	68	–
5	17 977	1 563	4 466	5 392	3 273	1 677	1 147	459	–
Third level – Troisième degré	17 922	405	2 574	6 227	4 855	2 234	1 142	485	–
1	9 092	390	2 124	3 265	2 003	764	362	184	–
2	1 321	7	125	522	378	171	74	44	–
3	1 027	7	74	393	343	126	64	20	–
4	4 760	1	241	1 648	1 507	772	424	167	–
5	1 722	–	10	399	624	401	218	70	–
Female – Féminin									
Total	42 636	5 673	6 007	11 610	8 359	4 734	3 553	2 700	–
First level – Premier degré	5 533	420	143	374	536	836	1 343	1 881	–
1 – 7	4 449	117	94	260	389	636	1 158	1 795	–
8	1 084	303	49	114	147	200	185	86	–
Second level – Second degré	22 764	4 774	3 701	6 005	4 072	2 330	1 369	513	–
1	1 785	824	82	200	193	235	160	91	–
2	2 571	1 226	200	361	338	221	171	54	–
3	2 735	1 220	379	455	319	213	117	32	–
4	1 512	422	233	331	230	156	90	50	–
5	14 161	1 082	2 807	4 658	2 992	1 505	831	286	–
Third level – Troisième degré	14 339	479	2 163	5 231	3 751	1 568	841	306	–
1	6 739	452	1 547	2 528	1 367	508	235	102	–
2	916	12	118	377	240	105	50	14	–
3	881	10	126	346	245	81	50	23	–
4	4 632	5	353	1 693	1 486	631	350	114	–
5	1 171	–	19	287	413	243	156	53	–
New Caledonia – Nouvelle–Calédonie									
4 IV 1989									
Total									
Total	110 617	18 450	14 856	25 588	20 464	14 632	9 238	7 389	–
–1	7 190	101	140	329	789	1 595	1 840	2 396	–
First level – Premier degré	48 790	4 290	4 833	11 213	10 692	8 478	5 421	3 863	–
Second level – Second degré	48 218	13 944	8 990	11 827	7 245	3 630	1 625	957	–
Third level – Troisième degré	6 419	115	893	2 219	1 738	929	352	173	–
Male – Masculin									
Total	56 533	9 456	7 520	12 781	10 881	7 687	4 773	3 435	–
–1	3 140	43	70	150	347	632	799	1 099	–
First level – Premier degré	25 036	2 445	2 616	5 648	5 437	4 380	2 789	1 721	–
Second level – Second degré	24 496	6 926	4 344	5 758	4 026	2 025	931	486	–
Third level – Troisième degré	3 861	42	490	1 225	1 071	650	254	129	–

34. Population 15 years and over, by educational attainment, age, sex and urban/rural residence: each census, 1985 – 1993 (continued)
Population de 15 ans et plus, selon le degré d'instruction, l'âge, le sexe et la résidence, urbaine/rurale: chaque recensement, 1985 – 1993 (suite)

(See notes at end of table. – Voir notes à la fin du tableau.)

Continent, country or area, census date, sex, educational level and urban/rural residence Continent, pays ou zone, date du recensement, sexe, degré d'instruction et résidence urbaine/rurale	Age (in years – en années)								
	15 plus	15 – 19	20 – 24	25 – 34	35 – 44	45 – 54	55 – 64	65 plus	Unknown Inconnu
OCEANIA—OCEANIE(Cont.–Suite)									
New Caledonia – Nouvelle–Calédonie									
4 IV 1989									
Female – Féminin									
Total	54 084	8 994	7 336	12 807	9 583	6 945	4 465	3 954	–
–1	4 050	58	70	179	442	963	1 041	1 297	–
First level – Premier degré	23 754	1 845	2 217	5 565	5 255	4 098	2 632	2 142	–
Second level – Second degré	23 722	7 018	4 646	6 069	3 219	1 605	694	471	–
Third level – Troisième degré	2 558	73	403	994	667	279	98	44	–
New Zealand – Nouvelle–Zélande									
5 III 1991 [1, 15, 37]									
Total									
Total	2 590 284	284 988	271 095	544 704	484 128	346 551	279 048	379 770	–
First level – Premier degré	838 929	41 745	63 690	141 708	153 216	144 741	129 672	164 157	–
Second level – Second degré	780 768	200 451	99 705	152 298	104 820	59 286	51 816	112 392	–
Third level – Troisième degré	917 091	34 485	103 965	243 273	219 837	137 262	91 317	86 952	–
Level not stated – Degré non indiqué	53 496	8 307	3 735	7 425	6 258	5 262	6 243	16 266	–
Male – Masculin									
Total	1 262 088	145 002	135 978	266 814	240 213	173 505	140 136	160 440	–
First level – Premier degré	384 513	24 327	34 056	70 461	69 876	65 802	58 896	61 095	–
Second level – Second degré	343 749	100 884	46 494	62 124	44 724	25 110	21 813	42 600	–
Third level – Troisième degré	508 995	15 339	53 346	130 317	122 379	80 100	56 595	50 919	–
Level not stated – Degré non indiqué	24 828	4 452	2 082	3 912	3 231	2 490	2 835	5 826	–
Female – Féminin									
Total	1 328 202	139 986	135 117	277 890	243 915	173 049	138 918	219 327	–
First level – Premier degré	454 416	17 418	29 634	71 247	83 340	78 939	70 776	103 062	–
Second level – Second degré	437 019	99 567	53 211	90 174	60 096	34 176	30 003	69 792	–
Third level – Troisième degré	408 096	19 146	50 619	112 956	97 458	57 162	34 722	36 033	–
Level not stated – Degré non indiqué	28 668	3 855	1 653	3 513	3 027	2 772	3 408	10 440	–
Tonga									
28 XI 1986 [1, 38]									
Total									
Total	33 912	...	...	10 855	*———	——— 23 056	———	———*	1
–1	3 248	...	...	654	*———	——— 2 594	———	———*	–
First level – Premier degré	11 742	...	...	1 735	*———	——— 10 007	———	———*	–
Second level – Second degré	17 235	...	...	7 814	*———	——— 9 510	———	———*	1
1 – 3	9 278	...	...	3 387	*———	——— 5 891	———	———*	–
4 – 5	7 187	...	...	3 972	*———	——— 3 214	———	———*	1
6 – 7	860	...	...	455	*———	——— 405	———	———*	–
Third level – Troisième degré	960	...	...	448	*———	——— 512	———	———*	–
Level not stated – Degré non indiqué	637	...	...	204	*———	——— 433	———	———*	–

34. Population 15 years and over, by educational attainment, age, sex and urban/rural residence: each census, 1985 – 1993 (continued)
Population de 15 ans et plus, selon le degré d'instruction, l'âge, le sexe et la résidence, urbaine/rurale: chaque recensement, 1985 – 1993 (suite)

(See notes at end of table. – Voir notes à la fin du tableau.)

Continent, country or area, census date, sex, educational level and urban/rural residence Continent, pays ou zone, date du recensement, sexe, degré d'instruction et résidence urbaine/rurale	Age (in years – en années)								
	15 plus	15 – 19	20 – 24	25 – 34	35 – 44	45 – 54	55 – 64	65 plus	Unknown Inconnu
OCEANIA—OCEANIE(Cont.–Suite)									
Tonga									
28 XI 1986 [1 38]									
Male – Masculin									
Total	16 174	...	...	5 183 *———	———	10 991	———	———*	–
–1	1 432	...	...	332 *———	———	1 100	———	———*	–
First level – Premier degré	5 317	...	...	834 *———	———	4 483	———	———*	–
Second level – Second degré	8 502	...	...	3 659 *———	———	4 843	———	———*	–
1 – 3	4 342	...	...	1 510 *———	———	2 832	———	———*	–
4 – 5	3 633	...	...	1 860 *———	———	1 773	———	———*	–
6 – 7	527	...	...	289 *———	———	238	———	———*	–
Third level – Troisième degré	609	...	...	254 *———	———	355	———	———*	–
Level not stated – Degré non indiqué	314	...	...	104 *———	———	210	———	———*	–
Female – Féminin									
Total	17 738	...	...	5 672 *———	———	12 065	———	———*	1
–1	1 816	...	...	322 *———	———	1 494	———	———*	–
First level – Premier degré	6 425	...	...	901 *———	———	5 524	———	———*	–
Second level – Second degré	8 823	...	...	4 155 *———	———	4 667	———	———*	1
1 – 3	4 936	...	...	1 877 *———	———	3 059	———	———*	–
4 – 5	3 554	...	...	2 112 *———	———	1 441	———	———*	1
6 – 7	333	...	...	166 *———	———	167	———	———*	–
Third level – Troisième degré	351	...	...	194 *———	———	157	———	———*	–
Level not stated – Degré non indiqué	323	...	...	100 *———	———	223	———	———*	–

34. Population 15 years and over, by educational attainment, age, sex and urban/rural residence: each census, 1985 – 1993 (continued)
Population de 15 ans et plus, selon le degré d'instruction, l'âge, le sexe et la résidence, urbaine/rurale: chaque recensement, 1985 – 1993 (suite)
Data by urban/rural residence
Données selon la résidence urbaine/rurale

(See notes at end of table. – Voir notes à la fin du tableau.)

Continent, country or area, census date, sex, educational level and urban/rural residence Continent, pays ou zone, date du recensement, sexe, degré d'instruction et résidence urbaine/rurale	Age (in years – en années)								
	15 plus	15 – 19	20 – 24	25 – 34	35 – 44	45 – 54	55 – 64	65 plus	Unknown Inconnu
AFRICA—AFRIQUE									
Namibia – Namibie									
Urban – Urbaine									
21 X 1991 [6]									
Total									
Total	216 909	*—— 51 415	——*	80 641	44 291	22 803	10 607	7 051	101
First level – Premier degré	72 453	*—— 17 494	——*	22 477	15 194	9 617	4 764	2 879	28
1	5 286	*—— 1 012	——*	1 342	1 099	835	523	471	4
2	5 068	*—— 1 126	——*	1 415	1 070	684	455	316	2
3	8 571	*—— 1 936	——*	2 511	1 805	1 254	656	406	3
4	13 502	*—— 3 017	——*	3 807	2 781	2 136	1 120	638	3
5	17 178	*—— 4 312	——*	5 355	3 680	2 242	1 055	525	9
6	22 848	*—— 6 091	——*	8 047	4 759	2 466	955	523	7
Second level – Second degré	125 435	*—— 32 307	——*	50 541	23 772	10 449	4 751	3 574	41
1	25 882	*—— 6 804	——*	10 160	5 477	2 243	821	368	9
2	27 531	*—— 6 003	——*	9 794	6 330	2 788	1 380	1 230	6
3	18 027	*—— 5 957	——*	8 241	2 622	724	269	206	8
4	24 773	*—— 5 658	——*	10 599	4 412	2 123	1 055	917	9
5	6 677	*—— 2 423	——*	2 971	808	285	94	95	1
6	22 545	*—— 5 462	——*	8 776	4 123	2 286	1 132	758	8
Third level – Troisième degré	10 349	*—— 675	——*	4 121	3 099	1 555	608	279	12
Special education – Education spéciale	8 387	*—— 896	——*	3 421	2 179	1 143	454	294	–
Level not stated – Degré non indiqué	285	*—— 43	——*	81	47	39	30	25	20
Male – Masculin									
Total	113 106	*—— 24 511	——*	41 368	24 643	13 293	6 072	3 148	71
First level – Premier degré	40 859	*—— 9 591	——*	12 353	8 833	5 850	2 829	1 384	19
1	3 095	*—— 669	——*	783	622	512	284	222	3
2	3 014	*—— 705	——*	806	643	420	288	150	2
3	5 019	*—— 1 166	——*	1 425	1 077	777	382	190	2
4	7 733	*—— 1 732	——*	2 202	1 684	1 231	604	278	2
5	9 813	*—— 2 374	——*	2 970	2 121	1 401	657	284	6
6	12 185	*—— 2 945	——*	4 167	2 686	1 509	614	260	4
Second level – Second degré	61 691	*—— 14 218	——*	25 118	12 657	5 735	2 497	1 437	29
1	12 641	*—— 3 012	——*	4 883	2 799	1 274	488	178	7
2	13 404	*—— 2 584	——*	4 704	3 330	1 584	720	478	4
3	8 824	*—— 2 481	——*	4 075	1 564	465	142	91	6
4	11 867	*—— 2 419	——*	5 285	2 332	1 026	485	315	5
5	3 450	*—— 1 054	——*	1 670	469	172	45	39	1
6	11 505	*—— 2 668	——*	4 501	2 163	1 214	617	336	6
Third level – Troisième degré	5 557	*—— 252	——*	1 971	1 757	954	440	178	5
Special education – Education spéciale	4 828	*—— 427	——*	1 876	1 370	727	292	136	–
Level not stated – Degré non indiqué	171	*—— 23	——*	50	26	27	14	13	18

34. Population 15 years and over, by educational attainment, age, sex and urban/rural residence: each census, 1985 – 1993 (continued)
Population de 15 ans et plus, selon le degré d'instruction, l'âge, le sexe et la résidence, urbaine/rurale: chaque recensement, 1985 – 1993 (suite)
Data by urban/rural residence

Données selon la résidence urbaine/rurale

(See notes at end of table. – Voir notes à la fin du tableau.)

Continent, country or area, census date, sex, educational level and urban/rural residence Continent, pays ou zone, date du recensement, sexe, degré d'instruction et résidence urbaine/rurale	Age (in years – en années) 15 plus	15 – 19	20 – 24	25 – 34	35 – 44	45 – 54	55 – 64	65 plus	Unknown Inconnu
AFRICA—AFRIQUE (Cont.–Suite)									
Namibia – Namibie									
Urban – Urbaine									
21 X 1991 [6]									
Female – Féminin									
Total	103 803	*—— 26 904 ——*		39 273	19 648	9 510	4 535	3 903	30
First level – Premier degré	31 594	*—— 7 903 ——*		10 124	6 361	3 767	1 935	1 495	9
1	2 191	*—— 343 ——*		559	477	323	239	249	1
2	2 054	*—— 421 ——*		609	427	264	167	166	–
3	3 552	*—— 770 ——*		1 086	728	477	274	216	1
4	5 769	*—— 1 285 ——*		1 605	1 097	905	516	360	1
5	7 365	*—— 1 938 ——*		2 385	1 559	841	398	241	3
6	10 663	*—— 3 146 ——*		3 880	2 073	957	341	263	3
Second level – Second degré	63 744	*—— 18 089 ——*		25 423	11 115	4 714	2 254	2 137	12
1	13 241	*—— 3 792 ——*		5 277	2 678	969	333	190	2
2	14 127	*—— 3 419 ——*		5 090	3 000	1 204	660	752	2
3	9 203	*—— 3 476 ——*		4 166	1 058	259	127	115	2
4	12 906	*—— 3 239 ——*		5 314	2 080	1 097	570	602	4
5	3 227	*—— 1 369 ——*		1 301	339	113	49	56	–
6	11 040	*—— 2 794 ——*		4 275	1 960	1 072	515	422	2
Third level – Troisième degré	4 792	*—— 423 ——*		2 150	1 342	601	168	101	7
Special education – Education spéciale	3 559	*—— 469 ——*		1 545	809	416	162	158	–
Level not stated – Degré non indiqué	114	*—— 20 ——*		31	21	12	16	12	2
Rural – Rurale									
21 X 1991 [6]									
Total									
Total	237 313	*—— 62 030 ——*		73 336	41 653	26 389	17 693	16 088	124
First level – Premier degré	152 032	*—— 39 556 ——*		38 899	27 084	19 582	13 434	13 405	72
1	21 716	*—— 3 751 ——*		3 513	3 576	3 651	3 054	4 160	11
2	17 880	*—— 3 839 ——*		3 822	3 263	2 767	1 956	2 223	10
3	22 343	*—— 5 770 ——*		5 489	3 977	3 098	2 042	1 953	14
4	28 344	*—— 7 633 ——*		7 330	5 269	3 695	2 429	1 980	8
5	29 044	*—— 8 518 ——*		8 279	5 328	3 310	2 006	1 593	10
6	32 705	*—— 10 045 ——*		10 466	5 671	3 061	1 947	1 496	19
Second level – Second degré	77 975	*—— 21 902 ——*		31 329	12 778	5 754	3 772	2 406	34
1	27 768	*—— 8 383 ——*		10 089	4 887	2 137	1 378	881	13
2	19 037	*—— 5 264 ——*		6 535	3 583	1 543	1 193	910	9
3	11 604	*—— 3 896 ——*		5 412	1 378	487	262	167	2
4	10 474	*—— 2 303 ——*		5 081	1 550	756	522	257	5
5	2 969	*—— 952 ——*		1 516	299	123	52	26	1
6	6 123	*—— 1 104 ——*		2 696	1 081	708	365	165	4
Third level – Troisième degré	4 064	*—— 235 ——*		1 851	1 026	590	221	139	2
Special education – Education spéciale	2 780	*—— 242 ——*		1 157	700	393	203	82	3
Level not stated – Degré non indiqué	462	*—— 95 ——*		100	65	70	63	56	13

34. Population 15 years and over, by educational attainment, age, sex and urban/rural residence: each census, 1985 – 1993 (continued)

Population de 15 ans et plus, selon le degré d'instruction, l'âge, le sexe et la résidence, urbaine/rurale: chaque recensement, 1985 – 1993 (suite)

Data by urban/rural residence

Données selon la résidence urbaine/rurale

(See notes at end of table. – Voir notes à la fin du tableau.)

Continent, country or area, census date, sex, educational level and urban/rural residence Continent, pays ou zone, date du recensement, sexe, degré d'instruction et résidence urbaine/rurale	Age (in years – en années) 15 plus	15 – 19	20 – 24	25 – 34	35 – 44	45 – 54	55 – 64	65 plus	Unknown Inconnu
AFRICA—AFRIQUE (Cont.–Suite)									
Namibia – Namibie									
Rural – Rurale									
21 X 1991 [6]									
Male – Masculin									
Total	106 304	*—— 26 785 ——*		31 191	18 353	12 301	8 805	8 797	72
First level – Premier degré	68 285	*—— 18 398 ——*		16 346	10 934	8 691	6 604	7 272	40
1	9 761	*—— 2 173 ——*		1 477	1 228	1 475	1 351	2 051	6
2	8 235	*—— 2 031 ——*		1 609	1 252	1 191	961	1 188	3
3	10 687	*—— 3 011 ——*		2 455	1 571	1 432	1 076	1 132	10
4	13 039	*—— 3 645 ——*		3 104	2 196	1 666	1 258	1 167	3
5	12 878	*—— 3 698 ——*		3 522	2 231	1 521	1 007	892	7
6	13 685	*—— 3 840 ——*		4 179	2 456	1 406	951	842	11
Second level – Second degré	34 325	*—— 8 121 ——*		13 488	6 444	2 977	1 912	1 360	23
1	11 413	*—— 3 010 ——*		4 139	2 128	978	663	487	8
2	8 404	*—— 1 884 ——*		2 844	1 759	804	581	526	6
3	5 088	*—— 1 381 ——*		2 297	858	298	147	105	2
4	4 790	*—— 862 ——*		2 165	918	437	270	134	4
5	1 426	*—— 367 ——*		745	185	84	30	14	1
6	3 204	*—— 617 ——*		1 298	596	376	221	94	2
Third level – Troisième degré	1 939	*—— 88 ——*		741	527	364	128	89	2
Special education – Education spéciale	1 545	*—— 134 ——*		572	428	235	131	44	1
Level not stated – Degré non indiqué	210	*—— 44 ——*		44	20	34	30	32	6
Female – Féminin									
Total	131 009	*—— 35 245 ——*		42 145	23 300	14 088	8 888	7 291	52
First level – Premier degré	83 747	*—— 21 158 ——*		22 553	16 150	10 891	6 830	6 133	32
1	11 955	*—— 1 578 ——*		2 036	2 348	2 176	1 703	2 109	5
2	9 645	*—— 1 808 ——*		2 213	2 011	1 576	995	1 035	7
3	11 656	*—— 2 759 ——*		3 034	2 406	1 666	966	821	4
4	15 305	*—— 3 988 ——*		4 226	3 073	2 029	1 171	813	5
5	16 166	*—— 4 820 ——*		4 757	3 097	1 789	999	701	3
6	19 020	*—— 6 205 ——*		6 287	3 215	1 655	996	654	8
Second level – Second degré	43 650	*—— 13 781 ——*		17 841	6 334	2 777	1 860	1 046	11
1	16 355	*—— 5 373 ——*		5 950	2 759	1 159	715	394	5
2	10 633	*—— 3 380 ——*		3 691	1 824	739	612	384	3
3	6 516	*—— 2 515 ——*		3 115	520	189	115	62	–
4	5 684	*—— 1 441 ——*		2 916	632	319	252	123	1
5	1 543	*—— 585 ——*		771	114	39	22	12	–
6	2 919	*—— 487 ——*		1 398	485	332	144	71	2
Third level – Troisième degré	2 125	*—— 147 ——*		1 110	499	226	93	50	–
Special education – Education spéciale	1 235	*—— 108 ——*		585	272	158	72	38	2
Level not stated – Degré non indiqué	252	*—— 51 ——*		56	45	36	33	24	7

34. Population 15 years and over, by educational attainment, age, sex and urban/rural residence: each census, 1985 – 1993 (continued)

Population de 15 ans et plus, selon le degré d'instruction, l'âge, le sexe et la résidence, urbaine/rurale: chaque recensement, 1985 – 1993 (suite)

Data by urban/rural residence

Données selon la résidence urbaine/rurale

(See notes at end of table. – Voir notes à la fin du tableau.)

Continent, country or area, census date, sex, educational level and urban/rural residence Continent, pays ou zone, date du recensement, sexe, degré d'instruction et résidence urbaine/rurale	Age (in years – en années)								
	15 plus	15 – 19	20 – 24	25 – 34	35 – 44	45 – 54	55 – 64	65 plus	Unknown Inconnu
AMERICA,NORTH— AMERIQUE DU NORD									
Belize									
Urban – Urbaine									
12 V 1991 [12]									
Total									
Total	860 069	...	...	...	...	...	...	...	...
–1	13 186	...	...	...	...	...	...	...	...
First level – Premier degré	48 270	...	...	...	...	...	...	...	...
Second level – Second degré	18 617	...	...	...	...	...	...	...	...
Third level – Troisième degré	5 276	...	...	...	...	...	...	...	...
Level not stated – Degré non indiqué	720	...	...	...	...	...	...	...	...
Male – Masculin									
Total	42 052	...	...	...	...	...	...	...	...
–1	6 538	...	...	...	...	...	...	...	...
First level – Premier degré	23 629	...	...	...	...	...	...	...	...
Second level – Second degré	8 652	...	...	...	...	...	...	...	...
Third level – Troisième degré	2 777	...	...	...	...	...	...	...	...
Level not stated – Degré non indiqué	456	...	...	...	...	...	...	...	...
Female – Féminin									
Total	44 017	...	...	...	...	...	...	...	...
–1	6 648	...	...	...	...	...	...	...	...
First level – Premier degré	24 645	...	...	...	...	...	...	...	...
Second level – Second degré	9 965	...	...	...	...	...	...	...	...
Third level – Troisième degré	2 501	...	...	...	...	...	...	...	...
Level not stated – Degré non indiqué	258	...	...	...	...	...	...	...	...
Rural – Rurale									
12 V 1991 [12]									
Total									
Total	98 653	...	...	...	...	...	...	...	...
–1	27 193	...	...	...	...	...	...	...	...
First level – Premier degré	63 314	...	...	...	...	...	...	...	...
Second level – Second degré	6 446	...	...	...	...	...	...	...	...
Third level – Troisième degré	1 368	...	...	...	...	...	...	...	...
Level not stated – Degré non indiqué	332	...	...	...	...	...	...	...	...
Male – Masculin									
Total	51 319	...	...	...	...	...	...	...	...
–1	14 079	...	...	...	...	...	...	...	...
First level – Premier degré	32 898	...	...	...	...	...	...	...	...
Second level – Second degré	3 336	...	...	...	...	...	...	...	...
Third level – Troisième degré	816	...	...	...	...	...	...	...	...
Level not stated – Degré non indiqué	190	...	...	...	...	...	...	...	...

34. Population 15 years and over, by educational attainment, age, sex and urban/rural residence: each census, 1985 – 1993 (continued)

Population de 15 ans et plus, selon le degré d'instruction, l'âge, le sexe et la résidence, urbaine/rurale: chaque recensement, 1985 – 1993 (suite)

Data by urban/rural residence

Données selon la résidence urbaine/rurale

(See notes at end of table. – Voir notes à la fin du tableau.)

Continent, country or area, census date, sex, educational level and urban/rural residence Continent, pays ou zone, date du recensement, sexe, degré d'instruction et résidence urbaine/rurale	Age (in years – en années)								
	15 plus	15 – 19	20 – 24	25 – 34	35 – 44	45 – 54	55 – 64	65 plus	Unknown Inconnu
AMERICA,NORTH— (Cont.–Suite) AMERIQUE DU NORD									
Belize									
Rural – Rurale									
12 V 1991 [12]									
Female – Féminin									
Total	47 334	...	...	...	...	...	...	...	...
–1	13 114	...	...	...	...	...	...	...	...
First level – Premier degré	30 412	...	...	...	...	...	...	...	...
Second level – Second degré	3 110	...	...	...	...	...	...	...	...
Third level – Troisième degré	550	...	...	...	...	...	...	...	...
Level not stated – Degré non indiqué	148	...	...	...	...	...	...	...	...
Canada									
Urban – Urbaine									
3 VI 1986 [1 14 15 16]									
Total									
Total	15 211 780	1 420 855	1 804 905	3 530 150	2 774 385	1 951 720	1 784 615	1 945 150	–
–1	150 355	1 920	4 055	12 135	12 670	22 055	31 520	66 000	–
First level – Premier degré	2 287 700	69 075	47 655	137 665	277 585	421 825	552 745	781 150	–
1	16 435	635	465	990	1 265	1 910	3 470	7 700	–
2	41 000	1 190	785	1 835	2 350	5 835	9 420	19 585	–
3	109 220	2 560	1 495	3 715	7 565	17 605	26 240	50 040	–
4	172 230	2 500	2 500	8 665	16 480	24 870	41 325	75 890	–
5	248 545	1 855	2 880	9 900	29 585	53 260	66 620	84 445	–
6	350 870	2 465	5 340	19 485	46 305	70 460	88 020	118 795	–
7	445 455	9 950	8 575	26 505	66 490	98 110	112 690	123 135	–
8 plus	903 935	47 915	25 615	66 565	107 560	149 780	204 950	301 550	–
Second level – Second degré	9 665 655	1 280 010	1 278 525	2 390 090	1 690 185	1 146 680	967 140	913 025	–
1	887 095	179 945	52 195	108 620	133 255	141 935	135 715	135 430	–
2	1 407 460	302 255	110 910	247 870	214 115	185 260	174 165	172 885	–
3	1 238 875	287 840	134 895	264 295	193 345	129 430	114 935	114 135	–
4	2 242 695	289 785	369 770	651 660	372 185	219 455	176 350	163 490	–
5	554 505	80 115	77 770	116 690	71 680	57 185	66 250	84 815	–
6	1 609 610	93 570	256 130	483 075	329 640	181 905	142 215	123 075	–
7	834 540	39 250	152 690	267 340	171 490	92 135	63 615	48 020	–
8 plus	890 675	7 255	124 165	250 545	204 475	139 365	93 895	70 975	–
Third level – Troisième degré	3 108 075	69 850	474 665	990 265	793 940	361 160	233 215	184 980	–
1	759 520	55 555	133 005	227 130	163 610	77 070	55 245	47 905	–
2	419 630	13 035	104 450	108 095	90 305	44 030	31 880	27 835	–
3	528 860	905	109 135	176 865	128 400	52 750	34 545	26 260	–
4	661 655	250	90 125	236 270	172 710	72 900	49 050	40 350	–
5	322 210	90	28 375	111 615	96 635	42 590	24 480	18 425	–
6	188 635	–	7 835	62 130	62 280	29 570	15 710	11 110	–
7	100 470	–	1 465	33 450	33 875	16 515	9 155	6 010	–
8 plus	127 115	10	280	34 720	46 125	25 740	13 150	7 090	–

34. Population 15 years and over, by educational attainment, age, sex and urban/rural residence: each census, 1985 – 1993 (continued)
Population de 15 ans et plus, selon le degré d'instruction, l'âge, le sexe et la résidence, urbaine/rurale: chaque recensement, 1985 – 1993 (suite)
Data by urban/rural residence

Données selon la résidence urbaine/rurale

(See notes at end of table. – Voir notes à la fin du tableau.)

Continent, country or area, census date, sex, educational level and urban/rural residence Continent, pays ou zone, date du recensement, sexe, degré d'instruction et résidence urbaine/rurale	Age (in years – en années)								
	15 plus	15 – 19	20 – 24	25 – 34	35 – 44	45 – 54	55 – 64	65 plus	Unknown Inconnu
AMERICA,NORTH— (Cont.–Suite) AMERIQUE DU NORD									
Canada									
Urban – Urbaine									
3 VI 1986 [1 14 15 16]									
Male – Masculin									
Total	7 327 280	720 250	891 380	1 742 025	1 369 870	965 870	843 350	794 535	–
–1	58 415	1 110	2 090	6 085	5 825	9 085	11 965	22 255	–
First level – Premier degré	1 053 200	40 905	26 255	66 700	128 420	205 980	261 730	323 210	–
1	7 485	320	270	510	545	930	1 645	3 265	–
2	18 485	685	375	865	1 075	2 545	4 260	8 680	–
3	51 645	1 545	840	1 925	3 470	7 675	12 935	23 255	–
4	80 310	1 495	1 395	4 065	7 725	12 375	19 935	33 320	–
5	114 720	970	1 625	4 425	12 700	26 070	33 305	35 625	–
6	159 110	1 540	2 915	9 000	20 990	34 920	41 400	48 345	–
7	198 255	6 055	4 890	12 605	29 850	45 845	50 855	48 155	–
8 plus	423 210	28 285	13 955	33 320	52 070	75 625	97 390	122 565	–
Second level – Second degré	4 527 090	645 840	631 210	1 150 625	787 295	534 325	427 755	350 040	–
1	423 330	97 310	28 665	54 710	61 370	68 060	61 870	51 345	–
2	677 450	156 455	61 545	129 505	100 665	85 335	77 110	66 835	–
3	576 745	147 795	72 515	129 805	83 270	54 360	46 790	42 210	–
4	999 535	144 005	183 065	281 615	158 475	96 905	73 785	61 685	–
5	262 495	39 320	39 330	56 650	35 135	27 800	29 390	34 870	–
6	670 630	39 835	111 615	220 800	135 240	71 695	52 660	38 785	–
7	400 605	17 580	70 075	126 985	87 935	46 315	31 010	20 705	–
8 plus	516 280	3 530	64 400	150 555	125 205	83 850	55 145	33 595	–
Third level – Troisième degré	1 688 540	32 390	231 820	518 600	448 330	216 475	141 895	99 030	–
1	365 600	25 990	64 325	111 200	80 910	37 285	26 735	19 155	–
2	214 870	5 845	52 075	56 750	46 020	23 060	17 650	13 470	–
3	257 310	385	51 720	87 415	63 135	25 435	17 525	11 695	–
4	363 090	105	43 505	121 360	96 430	45 245	32 610	23 835	–
5	194 350	55	14 885	60 720	59 220	29 670	17 480	12 320	–
6	123 970	–	4 340	36 155	42 255	21 745	11 530	7 945	–
7	72 125	–	800	21 340	24 980	12 820	7 315	4 870	–
8 plus	97 220	5	175	23 660	35 380	21 215	11 045	5 740	–

34. Population 15 years and over, by educational attainment, age, sex and urban/rural residence: each census, 1985 – 1993 (continued)
Population de 15 ans et plus, selon le degré d'instruction, l'âge, le sexe et la résidence, urbaine/rurale: chaque recensement, 1985 – 1993 (suite)
Data by urban/rural residence
Données selon la résidence urbaine/rurale

(See notes at end of table. – Voir notes à la fin du tableau.)

Continent, country or area, census date, sex, educational level and urban/rural residence Continent, pays ou zone, date du recensement, sexe, degré d'instruction et résidence urbaine/rurale	Age (in years – en années)								
	15 plus	15 – 19	20 – 24	25 – 34	35 – 44	45 – 54	55 – 64	65 plus	Unknown Inconnu
AMERICA,NORTH— (Cont.–Suite) AMERIQUE DU NORD									
Canada									
Urban – Urbaine									
3 VI 1986 [1 14 15 16]									
Female – Féminin									
Total	7 884 505	700 605	913 525	1 788 130	1 404 515	985 850	941 260	1 150 620	–
–1	91 925	805	1 965	6 045	6 850	12 965	19 550	43 745	–
First level – Premier degré	1 234 500	28 175	21 400	70 960	149 170	215 845	291 010	457 940	–
1	8 950	310	195	480	720	985	1 825	4 435	–
2	22 505	505	410	970	1 275	3 285	5 155	10 905	–
3	57 590	1 025	655	1 790	4 095	9 930	13 310	26 785	–
4	91 925	1 005	1 105	4 600	8 755	12 495	21 395	42 570	–
5	133 820	880	1 255	5 480	16 885	27 190	33 310	48 820	–
6	141 760	925	2 425	10 485	25 315	35 540	46 615	20 455	–
7	247 215	3 895	3 690	13 905	36 640	52 270	61 835	74 980	–
8 plus	480 730	19 635	11 665	33 245	55 485	74 155	107 560	178 985	–
Second level – Second degré	5 138 570	634 170	647 315	1 239 465	902 890	612 355	539 385	562 990	–
1	463 745	82 635	23 530	53 910	71 880	73 875	73 840	84 075	–
2	730 005	145 800	49 365	118 360	113 450	99 925	97 055	106 050	–
3	662 130	140 040	62 385	134 495	110 075	75 070	68 150	71 915	–
4	1 243 150	145 775	186 705	370 045	213 705	122 550	102 565	101 805	–
5	292 015	40 800	38 440	60 045	36 540	29 390	36 855	49 945	–
6	938 975	53 730	144 515	262 275	194 405	110 205	89 555	84 290	–
7	434 145	21 670	82 615	140 355	83 560	45 815	32 610	27 520	–
8 plus	374 380	3 720	59 760	99 985	79 270	55 515	38 750	37 380	–
Third level – Troisième degré	1 419 525	37 460	242 840	471 665	345 610	144 685	91 315	85 950	–
1	393 905	29 560	68 675	115 930	82 700	39 785	28 505	28 750	–
2	204 740	7 190	52 370	51 345	44 280	20 970	14 230	14 355	–
3	271 540	520	57 415	89 450	65 265	27 315	17 010	14 565	–
4	298 565	145	46 620	114 910	76 280	27 650	16 440	16 520	–
5	127 860	45	13 490	50 895	37 420	12 920	6 995	6 095	–
6	64 665	–	3 495	25 975	20 025	7 820	4 185	3 165	–
7	28 345	–	660	12 105	8 900	3 695	1 840	1 145	–
8 plus	29 900	5	105	11 060	10 745	4 525	2 105	1 355	–

34. Population 15 years and over, by educational attainment, age, sex and urban/rural residence: each census, 1985 – 1993 (continued)

Population de 15 ans et plus, selon le degré d'instruction, l'âge, le sexe et la résidence, urbaine/rurale: chaque recensement, 1985 – 1993 (suite)

Data by urban/rural residence

Données selon la résidence urbaine/rurale

(See notes at end of table. – Voir notes à la fin du tableau.)

Continent, country or area, census date, sex, educational level and urban/rural residence Continent, pays ou zone, date du recensement, sexe, degré d'instruction et résidence urbaine/rurale	Age (in years – en années)								
	15 plus	15 – 19	20 – 24	25 – 34	35 – 44	45 – 54	55 – 64	65 plus	Unknown Inconnu
AMERICA,NORTH— (Cont.–Suite) AMERIQUE DU NORD									
Canada									
Urban – Urbaine									
4 VI 1991 [1 14 15 16]									
Total									
Total	16 491 300	1 385 810	1 590 910	3 832 815	3 318 750	2 249 900	1 815 530	2 297 585	–
–1	141 865	1 215	3 180	13 530	13 630	17 555	31 590	61 165	–
First level – Premier degré	2 003 365	53 475	32 155	109 315	188 875	329 090	480 635	809 820	–
1	17 710	415	465	1 465	1 435	2 045	3 715	8 170	–
2	37 725	675	715	2 420	2 480	4 140	8 740	18 555	–
3	97 665	945	1 335	3 875	5 550	12 920	23 965	49 075	–
4	153 910	1 025	2 095	7 665	14 820	20 965	32 605	74 735	–
5	223 865	885	2 180	8 450	17 900	39 495	61 720	93 235	–
6	309 290	1 585	3 735	15 390	31 530	55 160	79 445	122 445	–
7	394 220	9 250	5 825	19 620	39 815	79 590	104 630	135 490	–
8 plus	768 970	38 685	15 810	50 430	75 345	114 770	165 805	308 125	–
Second level – Second degré	10 555 815	1 249 260	1 044 715	2 586 555	2 094 725	1 361 580	1 036 755	1 182 225	–
1	843 240	169 800	34 685	94 650	107 310	132 725	136 575	167 495	–
2	1 400 395	293 725	74 705	224 230	223 980	190 385	177 460	215 910	–
3	1 232 470	280 305	97 355	233 850	217 055	147 610	114 900	141 395	–
4	2 479 330	277 025	284 705	669 355	530 310	292 535	203 185	222 215	–
5	865 110	102 320	91 870	196 390	146 375	98 405	91 705	138 045	–
6	1 674 115	83 360	212 100	506 660	380 860	211 880	133 195	146 060	–
7	1 010 300	35 020	138 490	333 215	245 225	123 840	71 505	63 005	–
8 plus	1 050 850	7 710	110 810	328 200	243 605	164 195	108 230	88 100	–
Third level – Troisième degré	3 790 270	81 855	510 860	1 123 410	1 021 525	541 685	266 560	244 375	–
1	837 790	64 470	135 770	226 675	201 120	99 045	54 235	56 475	–
2	470 970	15 460	112 620	111 235	106 560	58 935	32 095	34 065	–
3	632 470	1 095	118 440	190 480	168 420	80 635	38 310	35 090	–
4	884 135	550	100 635	298 235	245 325	121 545	59 915	57 930	–
5	418 275	200	32 835	133 045	126 405	68 615	31 485	25 690	–
6	242 915	25	8 470	75 125	75 465	47 395	20 655	15 780	–
7	132 695	45	1 785	41 470	41 655	26 855	12 000	8 885	–
8 plus	171 015	15	300	47 155	56 565	38 660	17 855	10 465	–

34. Population 15 years and over, by educational attainment, age, sex and urban/rural residence: each census, 1985 – 1993 (continued)
Population de 15 ans et plus, selon le degré d'instruction, l'âge, le sexe et la résidence, urbaine/rurale: chaque recensement, 1985 – 1993 (suite)
Data by urban/rural residence

Données selon la résidence urbaine/rurale

(See notes at end of table. – Voir notes à la fin du tableau.)

Continent, country or area, census date, sex, educational level and urban/rural residence Continent, pays ou zone, date du recensement, sexe, degré d'instruction et résidence urbaine/rurale	Age (in years – en années) 15 plus	15 – 19	20 – 24	25 – 34	35 – 44	45 – 54	55 – 64	65 plus	Unknown Inconnu
AMERICA,NORTH— (Cont.–Suite) AMERIQUE DU NORD									
Canada									
Urban – Urbaine									
4 VI 1991 [1 14 15 16]									
Male – Masculin									
Total	7 953 930	705 690	789 670	1 901 585	1 628 245	1 112 535	872 500	943 705	–
–1	55 355	550	1 520	7 060	6 740	7 165	12 210	20 110	–
First level – Premier degré	924 105	31 495	17 850	58 030	87 790	160 270	233 545	335 125	–
1	7 960	245	255	695	730	910	1 730	3 395	–
2	16 330	355	340	1 135	1 155	1 880	3 885	7 580	–
3	44 365	505	755	2 015	2 655	5 490	11 355	21 590	–
4	70 475	545	1 115	3 795	6 925	10 470	15 900	31 725	–
5	102 815	545	1 155	4 335	7 195	18 520	31 045	40 020	–
6	140 910	1 020	2 135	7 890	14 500	26 540	38 735	50 090	–
7	177 140	5 700	3 455	10 570	18 345	37 245	48 155	53 670	–
8 plus	364 110	22 570	8 645	27 600	36 280	59 220	82 740	127 055	–
Second level – Second degré	4 997 250	637 540	531 110	1 275 975	991 500	635 670	470 085	455 370	–
1	407 685	92 440	19 680	50 555	52 660	63 835	63 885	64 630	–
2	686 000	153 395	42 115	122 310	112 065	91 195	80 075	84 845	–
3	588 410	145 575	55 535	122 645	100 620	64 170	47 825	52 040	–
4	1 141 860	140 360	152 850	316 020	229 430	131 855	89 195	82 150	–
5	405 325	50 320	49 180	96 530	68 250	46 490	41 350	53 205	–
6	687 775	36 820	93 600	221 480	160 485	80 310	48 960	46 120	–
7	480 500	14 950	64 460	156 970	119 950	60 265	34 865	29 040	–
8 plus	599 675	3 665	53 685	189 475	148 035	97 545	63 930	43 340	–
Third level – Troisième degré	1 977 220	36 110	239 190	560 515	542 215	309 425	156 660	133 105	–
1	379 395	28 390	64 585	102 420	94 185	44 440	23 855	21 520	–
2	229 805	6 790	54 440	55 760	52 935	28 430	15 985	15 465	–
3	299 420	465	53 225	89 390	83 710	38 530	18 070	16 030	–
4	468 855	280	45 750	149 025	129 315	71 470	37 390	35 625	–
5	237 850	125	15 905	67 915	69 900	44 045	22 275	17 685	–
6	149 715	15	4 165	41 605	45 760	32 035	14 800	11 335	–
7	89 120	30	915	24 275	27 280	20 125	9 520	6 975	–
8 plus	123 070	15	210	30 130	39 125	30 350	14 780	8 460	–

34. Population 15 years and over, by educational attainment, age, sex and urban/rural residence: each census, 1985 – 1993 (continued)
Population de 15 ans et plus, selon le degré d'instruction, l'âge, le sexe et la résidence, urbaine/rurale: chaque recensement, 1985 – 1993 (suite)
Data by urban/rural residence

Données selon la résidence urbaine/rurale

(See notes at end of table. – Voir notes à la fin du tableau.)

Continent, country or area, census date, sex, educational level and urban/rural residence Continent, pays ou zone, date du recensement, sexe, degré d'instruction et résidence urbaine/rurale	Age (in years – en années)								
	15 plus	15 – 19	20 – 24	25 – 34	35 – 44	45 – 54	55 – 64	65 plus	Unknown Inconnu
AMERICA,NORTH— (Cont.–Suite) AMERIQUE DU NORD									
Canada									
Urban – Urbaine									
4 VI 1991 [1 14 15 16]									
Female – Féminin									
Total	8 537 370	680 125	801 245	1 931 225	1 690 505	1 137 365	943 025	1 353 880	–
–1	86 490	665	1 660	6 465	6 890	10 380	19 380	41 050	–
First level – Premier degré	1 079 265	21 985	14 300	51 285	101 085	168 820	247 090	474 700	–
1	9 755	180	210	775	705	1 135	1 975	4 775	–
2	21 385	320	370	1 280	1 320	2 260	4 860	10 975	–
3	53 305	440	585	1 860	2 895	7 425	12 615	27 485	–
4	83 450	480	980	3 875	7 895	10 500	16 710	43 010	–
5	121 035	340	1 020	4 115	10 700	20 975	30 670	53 215	–
6	168 380	565	1 600	7 495	17 030	28 620	40 710	72 360	–
7	217 080	3 550	2 365	9 050	21 475	42 345	56 475	81 820	–
8 plus	404 875	16 120	7 170	22 830	39 065	55 555	83 070	181 065	–
Second level – Second degré	5 558 565	611 725	513 610	1 310 575	1 103 225	725 910	566 665	726 855	–
1	435 550	77 360	15 000	44 100	54 645	68 890	72 690	102 865	–
2	714 395	140 330	32 590	101 925	111 915	99 180	97 385	131 070	–
3	644 050	134 730	41 820	111 205	116 435	83 440	67 065	89 355	–
4	1 337 485	136 660	131 855	353 335	300 885	160 680	114 000	140 070	–
5	459 780	52 000	42 690	99 855	78 130	51 915	50 350	84 840	–
6	986 345	46 535	118 505	285 185	220 375	131 575	84 235	99 935	–
7	529 795	20 065	74 025	176 250	125 275	63 570	36 645	33 965	–
8 plus	451 170	4 045	57 125	138 725	95 565	66 655	44 300	44 755	–
Third level – Troisième degré	1 813 070	45 750	271 675	562 900	479 310	232 260	109 900	111 275	–
1	458 390	36 075	71 180	124 255	106 930	54 610	30 385	34 955	–
2	241 160	8 665	58 180	55 475	53 630	30 500	16 110	18 600	–
3	333 050	630	65 215	101 090	84 710	42 100	20 245	19 060	–
4	415 270	265	54 880	149 210	116 010	50 070	22 530	22 305	–
5	180 430	75	16 930	65 130	56 510	24 565	9 215	8 005	–
6	93 205	15	4 305	33 520	29 710	15 365	5 855	4 435	–
7	43 575	10	875	17 195	14 375	6 725	2 485	1 910	–
8 plus	47 935	–	90	17 025	17 435	8 315	3 065	2 005	–

34. Population 15 years and over, by educational attainment, age, sex and urban/rural residence: each census, 1985 – 1993 (continued)

Population de 15 ans et plus, selon le degré d'instruction, l'âge, le sexe et la résidence, urbaine/rurale: chaque recensement, 1985 – 1993 (suite)

Data by urban/rural residence

Données selon la résidence urbaine/rurale

(See notes at end of table. – Voir notes à la fin du tableau.)

Continent, country or area, census date, sex, educational level and urban/rural residence Continent, pays ou zone, date du recensement, sexe, degré d'instruction et résidence urbaine/rurale	Age (in years – en années)								
	15 plus	15 – 19	20 – 24	25 – 34	35 – 44	45 – 54	55 – 64	65 plus	Unknown Inconnu
AMERICA,NORTH— (Cont.–Suite) AMERIQUE DU NORD									
Canada									
Rural – Rurale									
3 VI 1986 [1 14 15 16]									
Total									
Total	4 422 315	496 395	439 040	975 655	852 455	581 270	527 490	550 010	–
–1	45 630	885	1 410	3 335	3 695	6 910	9 085	20 310	–
First level – Premier degré	989 955	45 175	31 035	74 920	134 825	183 040	230 175	290 785	–
1	7 290	210	165	440	545	920	1 565	3 445	–
2	16 395	505	275	620	1 020	1 840	3 890	8 245	–
3	39 545	885	590	1 220	2 845	4 895	9 530	19 580	–
4	65 800	975	810	2 295	4 960	8 245	16 710	31 805	–
5	83 275	1 320	1 295	3 530	9 360	14 165	22 880	30 725	–
6	137 890	2 535	3 260	8 545	19 975	28 440	34 480	40 655	–
7	211 015	9 535	7 230	18 090	39 950	48 465	46 510	41 235	–
8 plus	428 725	29 210	17 415	40 170	56 165	76 065	94 610	115 090	–
Second level – Second degré	2 877 665	432 940	342 780	755 670	560 105	331 485	247 405	207 280	–
1	369 775	73 255	24 960	55 610	66 080	59 330	48 895	41 645	–
2	497 445	109 395	40 040	101 610	83 525	64 015	52 700	46 160	–
3	383 000	95 595	38 650	89 290	64 465	38 005	29 495	27 500	–
4	662 785	99 135	108 570	218 130	117 190	53 300	36 960	29 500	–
5	110 385	17 320	17 015	28 290	15 240	9 720	10 140	12 660	–
6	448 500	26 445	57 840	137 820	110 630	53 585	35 905	26 275	–
7	206 945	9 890	32 395	68 795	49 650	22 465	14 080	9 670	–
8 plus	198 815	1 905	23 310	56 120	53 320	31 065	19 225	13 870	–
Third level – Troisième degré	509 080	17 390	63 825	141 740	153 825	59 840	40 825	31 635	–
1	152 565	13 925	20 600	41 910	37 195	16 205	12 455	10 275	–
2	78 845	3 290	15 875	18 450	21 000	8 345	6 490	5 395	–
3	80 410	145	13 380	23 205	25 295	8 905	5 480	4 000	–
4	100 175	10	10 210	32 510	32 295	11 475	7 700	5 975	–
5	48 185	20	3 160	14 140	18 300	6 265	3 660	2 640	–
6	24 065	–	480	6 170	9 665	3 990	2 240	1 520	–
7	12 270	–	105	3 035	4 940	2 020	1 335	835	–
8 plus	12 590	–	5	2 315	5 170	2 635	1 475	990	–

34. Population 15 years and over, by educational attainment, age, sex and urban/rural residence: each census, 1985 – 1993 (continued)
Population de 15 ans et plus, selon le degré d'instruction, l'âge, le sexe et la résidence, urbaine/rurale: chaque recensement, 1985 – 1993 (suite)
Data by urban/rural residence
Données selon la résidence urbaine/rurale

(See notes at end of table. – Voir notes à la fin du tableau.)

Continent, country or area, census date, sex, educational level and urban/rural residence Continent, pays ou zone, date du recensement, sexe, degré d'instruction et résidence urbaine/rurale	Age (in years – en années)								
	15 plus	15 – 19	20 – 24	25 – 34	35 – 44	45 – 54	55 – 64	65 plus	Unknown Inconnu
AMERICA,NORTH— (Cont.–Suite) AMERIQUE DU NORD									
Canada									
Rural – Rurale									
3 VI 1986 [1 14 15 16]									
Male – Masculin									
Total	2 278 985	260 250	232 530	490 865	442 205	303 425	272 170	277 540	–
–1	25 096	530	775	1 930	2 065	3 796	5 050	10 950	–
First level – Premier degré	556 875	27 860	18 985	43 285	75 540	104 920	128 290	157 995	–
1	4 590	140	110	245	335	525	1 065	2 170	–
2	10 330	335	185	340	695	1 210	2 530	5 035	–
3	25 035	575	400	775	1 810	3 155	6 220	12 100	–
4	39 660	600	565	1 520	3 200	5 330	10 050	18 395	–
5	47 135	800	890	2 150	5 590	8 540	12 955	16 210	–
6	78 115	1 590	2 070	5 250	11 875	16 685	18 975	21 670	–
7	113 470	6 115	4 485	10 375	21 300	25 785	24 460	20 950	–
8 plus	238 530	17 705	10 275	22 625	30 745	43 670	52 035	61 475	–
Second level – Second degré	1 439 635	224 075	181 780	377 785	279 700	161 585	116 335	98 375	–
1	196 210	41 120	14 455	31 005	34 400	30 780	24 750	19 700	–
2	256 185	57 585	23 730	56 365	42 170	30 205	25 140	20 990	–
3	183 050	49 085	22 020	44 095	29 070	15 670	12 200	10 910	–
4	306 210	50 805	56 355	96 340	51 265	23 385	15 490	12 570	–
5	53 685	8 375	8 745	13 015	8 060	5 030	4 645	5 815	–
6	208 040	11 595	27 170	67 580	51 475	24 415	15 430	10 375	–
7	102 397	4 565	16 710	33 750	28 775	12 655	757	5 185	–
8 plus	121 050	940	12 605	35 650	34 485	19 440	11 105	6 825	–
Third level – Troisième degré	263 385	7 785	30 985	67 865	84 905	33 135	22 490	16 220	–
1	69 850	6 290	10 040	19 260	18 310	6 920	5 215	3 815	–
2	39 565	1 410	8 280	9 415	10 360	4 095	3 425	2 580	–
3	35 830	80	6 060	9 810	11 675	3 955	2 475	1 775	–
4	52 915	5	4 700	15 000	17 960	6 785	4 840	3 625	–
5	29 165	5	1 535	7 040	11 750	4 495	2 530	1 810	–
6	16 550	–	280	3 620	6 905	2 965	1 650	1 130	–
7	9 390	–	80	2 090	3 820	1 680	1 055	665	–
8 plus	10 110	–	5	1 635	4 115	2 245	1 295	815	–

34. Population 15 years and over, by educational attainment, age, sex and urban/rural residence: each census, 1985 – 1993 (continued)
Population de 15 ans et plus, selon le degré d'instruction, l'âge, le sexe et la résidence, urbaine/rurale: chaque recensement, 1985 – 1993 (suite)
Data by urban/rural residence
Données selon la résidence urbaine/rurale

(See notes at end of table. – Voir notes à la fin du tableau.)

Continent, country or area, census date, sex, educational level and urban/rural residence Continent, pays ou zone, date du recensement, sexe, degré d'instruction et résidence urbaine/rurale	Age (in years – en années)								
	15 plus	15 – 19	20 – 24	25 – 34	35 – 44	45 – 54	55 – 64	65 plus	Unknown Inconnu
AMERICA,NORTH— (Cont.–Suite) AMERIQUE DU NORD									
Canada									
Rural – Rurale									
3 VI 1986 [1 14 15 16]									
Female – Féminin									
Total	2 143 330	236 150	206 515	484 790	410 245	277 845	255 320	272 465	–
–1	20 535	355	635	1 405	1 630	3 120	4 030	9 360	–
First level – Premier degré	433 085	17 320	12 050	31 635	59 285	78 120	101 885	132 790	–
1	2 705	70	55	195	205	395	500	1 285	–
2	6 075	165	90	280	330	635	1 360	3 215	–
3	14 505	310	185	440	1 035	1 740	3 310	7 485	–
4	26 155	380	245	775	1 760	2 920	6 660	13 415	–
5	36 145	520	405	1 380	3 775	5 625	9 925	14 515	–
6	59 775	945	1 185	3 300	8 100	11 760	15 500	18 985	–
7	97 530	3 420	2 745	7 715	18 655	22 670	22 045	20 280	–
8 plus	190 175	11 505	7 140	17 545	25 425	32 375	42 575	53 610	–
Second level – Second degré	1 444 030	208 865	161 000	377 885	280 405	169 900	131 070	114 905	–
1	173 565	32 130	10 505	24 610	31 680	28 550	24 145	21 945	–
2	241 255	51 810	16 310	45 240	41 355	33 810	27 560	25 170	–
3	199 955	46 510	16 635	45 200	35 395	22 330	17 295	16 590	–
4	356 585	48 325	52 220	121 800	65 925	29 915	21 470	16 930	–
5	56 715	8 950	8 275	15 280	7 185	4 695	5 490	6 840	–
6	240 450	14 850	30 665	70 240	59 155	29 170	20 475	15 895	–
7	97 730	5 330	15 680	35 045	20 875	9 810	6 505	4 485	–
8 plus	70 720	965	10 705	20 470	18 835	11 620	8 125	–	–
Third level – Troisième degré	245 695	9 605	32 835	73 875	68 925	26 705	18 340	15 410	–
1	82 715	7 635	10 560	22 655	18 885	9 285	7 240	6 455	–
2	39 280	1 885	7 590	9 035	10 640	4 255	3 065	2 810	–
3	44 545	65	7 320	13 395	13 590	4 950	3 005	2 220	–
4	47 260	5	5 515	17 510	14 330	4 690	2 855	2 355	–
5	19 010	10	1 630	7 105	6 545	1 765	1 130	825	–
6	7 525	–	205	2 550	2 760	1 030	590	390	–
7	2 875	–	25	945	1 120	340	275	170	–
8 plus	2 475	–	–	685	1 055	385	175	175	–

34. Population 15 years and over, by educational attainment, age, sex and urban/rural residence: each census, 1985 – 1993 (continued)
Population de 15 ans et plus, selon le degré d'instruction, l'âge, le sexe et la résidence, urbaine/rurale: chaque recensement, 1985 – 1993 (suite)
Data by urban/rural residence
Données selon la résidence urbaine/rurale

(See notes at end of table. – Voir notes à la fin du tableau.)

Continent, country or area, census date, sex, educational level and urban/rural residence Continent, pays ou zone, date du recensement, sexe, degré d'instruction et résidence urbaine/rurale	Age (in years – en années) 15 plus	15 – 19	20 – 24	25 – 34	35 – 44	45 – 54	55 – 64	65 plus	Unknown Inconnu
AMERICA,NORTH— (Cont.–Suite) AMERIQUE DU NORD									
Canada									
Rural – Rurale									
4 VI 1991 [1 14 15 16]									
Total									
Total	4 813 435	486 415	369 685	1 007 525	1 034 830	710 545	569 700	634 735	–
–1	36 015	500	845	2 840	3 435	4 910	7 525	15 960	–
First level – Premier degré	870 670	33 530	20 835	60 265	96 950	153 530	205 810	299 750	–
1	6 675	150	155	475	485	845	1 300	3 265	–
2	13 760	270	220	625	915	1 500	3 110	7 120	–
3	34 525	465	550	1 270	2 245	4 170	7 365	18 460	–
4	54 980	465	710	1 630	3 615	6 595	12 075	29 890	–
5	71 930	580	985	2 715	6 605	11 640	17 980	31 425	–
6	121 275	1 575	1 980	6 185	13 265	24 070	32 165	42 035	–
7	191 415	7 070	4 725	13 890	25 905	44 205	48 155	47 465	–
8 plus	376 090	22 950	11 510	33 485	43 910	60 505	83 650	120 080	–
Second level – Second degré	3 271 975	431 295	272 155	794 995	742 310	450 080	305 680	275 460	–
1	369 335	71 395	16 610	49 375	59 700	64 875	55 780	51 600	–
2	517 585	108 105	24 825	88 895	97 830	77 225	61 425	59 280	–
3	407 640	96 735	26 500	82 660	82 360	49 810	34 785	34 790	–
4	772 135	96 290	80 560	221 925	190 645	87 260	50 950	44 505	–
5	184 340	23 335	18 925	49 335	35 310	19 720	16 675	21 040	–
6	507 265	24 890	50 655	149 150	134 945	74 330	40 070	33 225	–
7	264 325	8 595	31 400	82 570	75 365	34 190	19 160	13 045	–
8 plus	249 345	1 950	22 685	71 085	66 155	42 670	26 830	17 970	–
Third level – Troisième degré	634 780	21 085	75 850	149 420	192 140	102 025	50 690	43 570	–
1	178 815	16 965	22 875	41 775	47 180	23 550	13 165	13 305	–
2	90 940	3 845	18 470	17 740	23 630	13 650	7 110	6 495	–
3	99 340	215	16 585	23 650	30 715	15 160	7 395	5 620	–
4	136 330	40	13 085	36 635	45 315	21 650	10 295	9 310	–
5	62 065	25	3 975	14 965	21 955	12 090	5 350	3 705	–
6	32 180	–	730	7 470	11 380	7 260	3 195	2 145	–
7	16 905	–	120	3 780	5 910	4 000	1 820	1 275	–
8 plus	18 195	–	10	3 405	6 050	4 665	2 350	1 715	–

34. Population 15 years and over, by educational attainment, age, sex and urban/rural residence: each census, 1985 – 1993 (continued)
Population de 15 ans et plus, selon le degré d'instruction, l'âge, le sexe et la résidence, urbaine/rurale: chaque recensement, 1985 – 1993 (suite)
Data by urban/rural residence
Données selon la résidence urbaine/rurale

(See notes at end of table. – Voir notes à la fin du tableau.)

Continent, country or area, census date, sex, educational level and urban/rural residence Continent, pays ou zone, date du recensement, sexe, degré d'instruction et résidence urbaine/rurale	Age (in years – en années)								
	15 plus	15 – 19	20 – 24	25 – 34	35 – 44	45 – 54	55 – 64	65 plus	Unknown Inconnu
AMERICA,NORTH— (Cont.–Suite) AMERIQUE DU NORD									
Canada									
Rural – Rurale									
4 VI 1991 [1 14 15 16]									
Male – Masculin									
Total	2 468 210	255 635	196 205	500 470	531 655	371 155	296 950	316 140	–
-1	19 640	265	465	1 700	1 880	2 645	4 200	8 485	–
First level – Premier degré	492 585	20 740	12 575	35 720	56 040	88 940	118 205	160 365	–
1	4 175	95	90	310	325	540	820	1 995	–
2	8 715	190	150	370	565	970	2 130	4 340	–
3	21 420	345	335	690	1 365	2 790	4 820	11 075	–
4	33 130	340	435	1 040	2 120	4 275	7 815	17 105	–
5	40 740	335	575	1 560	4 010	7 125	10 855	16 280	–
6	69 405	985	1 220	3 850	8 060	14 640	18 625	22 025	–
7	102 785	4 505	2 930	8 300	14 535	23 390	25 315	23 810	–
8 plus	212 200	13 940	6 825	19 610	25 055	35 195	47 835	63 740	–
Second level – Second degré	1 645 455	226 070	148 375	398 035	377 210	223 680	147 465	124 620	–
1	200 855	39 915	10 125	28 950	33 160	35 035	28 865	24 805	–
2	273 725	57 160	14 915	51 445	54 150	38 990	29 600	27 465	–
3	201 290	50 395	15 755	43 685	40 340	22 375	14 540	14 200	–
4	366 665	50 790	45 935	101 765	86 885	40 160	22 360	18 770	–
5	89 235	11 085	9 840	24 385	17 160	9 645	7 845	9 275	–
6	227 790	11 920	24 285	66 550	62 270	32 210	17 130	13 425	–
7	135 965	3 835	15 990	39 480	40 305	18 780	10 615	6 960	–
8 plus	149 930	980	11 520	41 775	42 935	26 495	16 505	9 720	–
Third level – Troisième degré	310 550	8 560	34 800	65 015	96 520	55 895	27 085	22 675	–
1	75 690	6 905	10 715	16 980	21 095	10 185	5 175	4 635	–
2	42 155	1 515	8 740	8 025	11 425	6 220	3 380	2 850	–
3	43 765	95	7 300	9 710	13 735	7 020	3 275	2 630	–
4	68 070	25	5 780	15 520	22 410	12 560	5 910	5 865	–
5	34 995	20	1 840	6 705	12 225	7 980	3 700	2 525	–
6	20 180	–	370	3 940	6 950	4 995	2 345	1 580	–
7	11 955	–	45	2 080	4 120	3 165	1 400	1 145	–
8 plus	13 750	–	5	2 055	4 555	3 775	1 910	1 450	–

34. Population 15 years and over, by educational attainment, age, sex and urban/rural residence: each census, 1985 – 1993 (continued)
Population de 15 ans et plus, selon le degré d'instruction, l'âge, le sexe et la résidence, urbaine/rurale: chaque recensement, 1985 – 1993 (suite)
Data by urban/rural residence
Données selon la résidence urbaine/rurale

(See notes at end of table. – Voir notes à la fin du tableau.)

Continent, country or area, census date, sex, educational level and urban/rural residence Continent, pays ou zone, date du recensement, sexe, degré d'instruction et résidence urbaine/rurale	Age (in years – en années)								
	15 plus	15 – 19	20 – 24	25 – 34	35 – 44	45 – 54	55 – 64	65 plus	Unknown Inconnu
AMERICA,NORTH— (Cont.–Suite) AMERIQUE DU NORD									
Canada									
Rural – Rurale									
4 VI 1991 [1 14 15 16]									
Female – Féminin									
Total	2 345 215	230 780	173 475	507 055	503 170	339 390	272 750	318 595	–
–1	16 385	240	380	1 150	1 550	2 265	3 325	7 475	–
First level – Premier degré	378 090	12 795	8 260	24 545	40 910	64 595	87 605	139 380	–
1	2 495	55	60	160	160	305	485	1 270	–
2	5 045	80	65	260	350	525	985	2 780	–
3	13 095	120	215	580	880	1 370	2 545	7 385	–
4	21 860	125	275	585	1 495	2 320	4 270	12 790	–
5	31 205	250	410	1 155	2 600	4 515	7 125	15 150	–
6	51 880	595	765	2 335	5 200	9 435	13 540	20 010	–
7	88 625	2 565	1 795	5 590	11 370	20 810	22 835	23 660	–
8 plus	163 885	9 010	4 685	13 875	18 855	25 310	35 810	56 340	–
Second level – Second degré	1 626 530	205 225	123 785	396 965	365 095	226 400	158 215	150 845	–
1	168 490	31 480	6 485	20 425	26 540	29 845	26 920	26 795	–
2	243 870	50 950	9 915	37 445	43 685	38 235	31 825	31 815	–
3	206 340	46 340	10 745	38 975	42 015	27 435	20 240	20 590	–
4	405 455	45 500	34 625	120 155	103 760	47 095	28 585	25 735	–
5	95 115	12 255	9 080	24 955	18 150	10 075	8 830	11 770	–
6	279 480	12 975	26 370	82 595	72 675	42 125	22 935	19 805	–
7	128 355	4 765	15 410	43 095	35 060	15 400	8 545	6 080	–
8 plus	99 420	970	11 160	29 315	23 215	16 180	10 330	8 250	–
Third level – Troisième degré	324 240	12 530	41 050	84 400	95 620	46 135	23 605	20 900	–
1	103 130	10 060	12 160	24 795	26 090	13 365	7 990	8 670	–
2	48 775	2 330	9 725	9 720	12 200	7 430	3 730	3 640	–
3	55 565	120	9 280	13 935	16 980	8 135	4 125	2 990	–
4	68 250	10	7 300	21 110	22 905	9 085	4 390	3 450	–
5	27 090	10	2 135	8 265	9 725	4 110	1 660	1 185	–
6	12 000	–	365	3 530	4 430	2 270	845	560	–
7	4 960	–	75	1 705	1 785	840	420	135	–
8 plus	4 450	–	5	1 345	1 495	895	445	265	–
AMERICA,SOUTH— AMERIQUE DU SUD									
Bolivia – Bolivie									
Urban – Urbaine									
3 VI 1992 [19 20]									
Total									
Total	2 240 085	422 822	355 006	560 388	395 897	232 049	142 532	123 489	7 902
–1	212 459	9 443	12 292	31 544	40 892	39 308	36 161	42 819	–
First level – Premier degré	437 452	58 450	50 411	102 237	98 082	63 040	36 557	28 675	–
Second level – Second degré	1 046 439	325 925	193 041	262 938	138 158	65 616	34 857	25 904	–
Third level – Troisième degré	302 154	9 460	64 141	106 693	68 657	30 308	14 356	8 539	–
Special education – Education spéciale	97 622	8 657	23 238	31 742	17 454	8 823	4 409	3 299	–
Level not stated – Degré non indiqué	143 959	10 887	11 883	25 234	32 654	24 954	16 192	14 253	7 902

34. Population 15 years and over, by educational attainment, age, sex and urban/rural residence: each census, 1985 – 1993 (continued)
Population de 15 ans et plus, selon le degré d'instruction, l'âge, le sexe et la résidence, urbaine/rurale: chaque recensement, 1985 – 1993 (suite)
Data by urban/rural residence
Données selon la résidence urbaine/rurale

(See notes at end of table. – Voir notes à la fin du tableau.)

Continent, country or area, census date, sex, educational level and urban/rural residence Continent, pays ou zone, date du recensement, sexe, degré d'instruction et résidence urbaine/rurale	Age (in years – en années)								
	15 plus	15 – 19	20 – 24	25 – 34	35 – 44	45 – 54	55 – 64	65 plus	Unknown Inconnu
AMERICA,SOUTH— (Cont.–Suite) AMERIQUE DU SUD									
Bolivia – Bolivie									
Urban – Urbaine									
3 VI 1992 [19 20]									
Male – Masculin									
Total	1 059 160	202 800	167 502	264 616	189 923	110 364	65 948	53 896	4 111
-1	56 038	3 032	3 943	9 038	10 442	9 326	8 719	11 538	–
First level – Premier degré	175 072	20 164	15 622	33 909	40 735	30 770	19 354	14 518	–
Second level – Second degré	546 151	167 063	99 145	137 885	74 857	34 961	18 685	13 555	–
Third level – Troisième degré	168 920	4 071	33 072	58 403	39 640	18 737	9 203	5 794	–
Special education – Education spéciale	43 465	3 546	10 363	13 817	7 760	3 955	2 122	1 902	–
Level not stated – Degré non indiqué	69 514	4 924	5 357	11 564	16 489	12 615	7 865	6 589	4 111
Female – Féminin									
Total	1 180 925	220 022	187 504	295 772	205 974	121 685	76 584	69 593	3 791
-1	156 421	6 411	8 349	22 506	30 450	29 982	27 442	31 281	–
First level – Premier degré	262 380	38 286	34 789	68 328	57 347	32 270	17 203	14 157	–
Second level – Second degré	500 288	158 862	93 896	125 053	63 301	30 655	16 172	12 349	–
Third level – Troisième degré	133 234	5 389	31 069	48 290	29 017	11 571	5 153	2 745	–
Special education – Education spéciale	54 157	5 111	12 875	17 925	9 694	4 868	2 287	1 397	–
Level not stated – Degré non indiqué	74 445	5 963	6 526	13 670	16 165	12 339	8 327	7 664	3 791
Rural – Rurale									
3 VI 1992 [19 20]									
Total									
Total	1 526 333	240 589	193 752	326 533	265 106	199 370	138 786	149 243	12 954
-1	442 832	18 008	20 557	56 199	81 903	87 645	76 994	101 526	–
First level – Premier degré	565 484	114 736	95 434	149 728	101 609	57 647	28 548	17 782	–
Second level – Second degré	359 095	95 432	62 643	86 822	53 279	32 141	17 364	11 414	–
Third level – Troisième degré	25 615	326	3 391	11 348	6 744	2 557	884	365	–
Special education – Education spéciale	7 067	850	1 701	2 077	1 022	612	398	407	–
Level not stated – Degré non indiqué	126 240	11 237	10 026	20 359	20 549	18 768	14 598	17 749	12 954
Male – Masculin									
Total	765 591	126 295	97 524	164 853	130 592	99 380	68 460	70 990	7 497
-1	138 682	5 826	5 922	14 123	20 991	26 044	26 077	39 699	–
First level – Premier degré	308 752	53 327	44 194	74 894	59 952	40 459	22 066	13 860	–
Second level – Second degré	241 438	60 970	39 989	58 840	35 996	23 151	13 423	9 069	–
Third level – Troisième degré	17 132	149	1 883	7 023	4 940	2 085	738	314	–
Special education – Education spéciale	4 163	456	1 084	1 342	575	311	194	201	–
Level not stated – Degré non indiqué	55 424	5 567	4 452	8 631	8 138	7 330	5 962	7 847	7 497

34. Population 15 years and over, by educational attainment, age, sex and urban/rural residence: each census, 1985 – 1993 (continued)
Population de 15 ans et plus, selon le degré d'instruction, l'âge, le sexe et la résidence, urbaine/rurale: chaque recensement, 1985 – 1993 (suite)
Data by urban/rural residence
Données selon la résidence urbaine/rurale

(See notes at end of table. – Voir notes à la fin du tableau.)

Continent, country or area, census date, sex, educational level and urban/rural residence Continent, pays ou zone, date du recensement, sexe, degré d'instruction et résidence urbaine/rurale	Age (in years – en années)								
	15 plus	15 – 19	20 – 24	25 – 34	35 – 44	45 – 54	55 – 64	65 plus	Unknown Inconnu
AMERICA,SOUTH— (Cont.–Suite) AMERIQUE DU SUD									
Bolivia – Bolivie									
Rural – Rurale									
3 VI 1992 [19] [20]									
Female – Féminin									
Total	760 742	114 294	96 228	161 680	134 514	99 990	70 326	78 253	5 457
–1	304 150	12 182	14 635	42 076	60 912	61 601	50 917	61 827	–
First level – Premier degré	256 732	61 409	51 240	74 834	41 657	17 188	6 482	3 922	–
Second level – Second degré	117 657	34 462	22 654	27 982	17 283	8 990	3 941	2 345	–
Third level – Troisième degré	8 483	177	1 508	4 325	1 804	472	146	51	–
Special education – Education spéciale	2 904	394	617	735	447	301	204	206	–
Level not stated – Degré non indiqué	70 816	5 670	5 574	11 728	12 411	11 438	8 636	9 902	5 457
Ecuador – Equateur									
Urban – Urbaine									
25 XI 1990 [21]									
Total									
Total	3 437 749	582 068	549 171	916 630	600 259	350 288	225 501	213 832	–
–1	208 190	12 146	14 365	33 077	37 133	35 850	32 466	43 153	–
First level – Premier degré	1 081 488	116 753	110 204	233 739	224 964	167 680	115 803	112 345	–
1 – 3	249 970	22 047	19 193	44 452	50 205	44 262	34 729	35 082	–
4 – 6	831 518	94 706	91 011	189 287	174 759	123 418	81 074	77 263	–
Second level – Second degré	1 419 387	407 605	272 781	364 136	193 716	92 665	51 667	36 817	–
1 – 3	647 251	212 846	108 975	158 051	88 894	40 720	22 236	15 529	–
4 – 6	772 136	194 759	163 806	206 085	104 822	51 945	29 431	21 288	–
Third level – Troisième degré	608 389	29 866	132 928	253 087	122 938	41 132	17 199	11 239	–
1 – 3	295 351	29 866	100 297	109 078	36 982	10 509	4 933	3 686	–
4 plus	313 038	–	32 631	144 009	85 956	30 623	12 266	7 553	–
Level not stated – Degré non indiqué	120 295	15 698	18 893	32 591	21 508	12 961	8 366	10 278	–
Male – Masculin									
Total	1 629 985	273 784	255 251	435 517	291 491	170 108	107 310	96 524	–
–1	75 601	5 041	5 779	12 536	13 714	12 708	11 270	14 553	–
First level – Premier degré	496 469	51 785	49 617	106 345	104 527	78 835	54 354	51 006	–
1 – 3	107 822	9 391	8 184	18 543	20 679	19 062	15 710	16 253	–
4 – 6	388 647	42 394	41 433	87 802	83 848	59 773	38 644	34 753	–
Second level – Second degré	685 692	197 223	132 018	175 987	90 901	44 831	25 920	18 812	–
1 – 3	319 240	105 496	53 737	76 973	43 190	20 467	11 325	8 052	–
4 – 6	366 452	91 727	78 281	99 014	47 711	24 364	14 595	10 760	–
Third level – Troisième degré	316 479	12 486	59 238	125 612	71 963	27 375	11 872	7 933	–
1 – 3	141 323	12 486	45 211	52 686	19 325	6 213	3 063	2 339	–
4 plus	175 156	–	14 027	72 926	52 638	21 162	8 809	5 594	–
Level not stated – Degré non indiqué	55 744	7 249	8 599	15 037	10 386	6 359	3 894	4 220	–

34. Population 15 years and over, by educational attainment, age, sex and urban/rural residence: each census, 1985 – 1993 (continued)

Population de 15 ans et plus, selon le degré d'instruction, l'âge, le sexe et la résidence, urbaine/rurale: chaque recensement, 1985 – 1993 (suite)

Data by urban/rural residence

Données selon la résidence urbaine/rurale

(See notes at end of table. – Voir notes à la fin du tableau.)

Continent, country or area, census date, sex, educational level and urban/rural residence Continent, pays ou zone, date du recensement, sexe, degré d'instruction et résidence urbaine/rurale	Age (in years – en années)								
	15 plus	15 – 19	20 – 24	25 – 34	35 – 44	45 – 54	55 – 64	65 plus	Unknown Inconnu
AMERICA,SOUTH— (Cont.–Suite) AMERIQUE DU SUD									
Ecuador – Equateur									
Urban – Urbaine									
25 XI 1990 [21]									
Female – Féminin									
Total	1 807 764	308 284	293 920	481 113	308 768	180 180	118 191	117 308	–
–1	132 589	7 105	8 586	20 541	23 419	23 142	21 196	28 600	–
First level – Premier degré	585 019	64 968	60 587	127 394	120 437	88 845	61 449	61 339	–
1 – 3	142 148	12 656	11 009	25 909	29 526	25 200	19 019	18 829	–
4 – 6	442 871	52 312	49 578	101 485	90 911	63 645	42 430	42 510	–
Second level – Second degré	733 695	210 382	140 763	188 149	102 815	47 834	25 747	18 005	–
1 – 3	328 011	107 350	55 238	81 078	45 704	20 253	10 911	7 477	–
4 – 6	405 684	103 032	85 525	107 071	57 111	27 581	14 836	10 528	–
Third level – Troisième degré	291 910	17 380	73 690	127 475	50 975	13 757	5 327	3 306	–
1 – 3	154 028	17 380	55 086	56 392	17 657	4 296	1 870	1 347	–
4 plus	137 882	–	18 604	71 083	33 318	9 461	3 457	1 959	–
Level not stated – Degré non indiqué	64 551	8 449	10 294	17 554	11 122	6 602	4 472	6 058	–
Rural – Rurale									
25 XI 1990 [21]									
Total									
Total	2 471 216	456 583	367 691	538 681	404 837	295 694	203 379	204 351	–
–1	554 523	28 475	34 278	83 497	104 802	105 893	90 365	107 213	–
First level – Premier degré	1 326 647	255 133	199 530	305 216	234 727	157 798	94 491	79 752	–
1 – 3	412 989	44 474	39 001	78 865	85 341	71 314	49 062	44 932	–
4 – 6	913 658	210 659	160 529	226 351	149 386	86 484	45 429	34 820	–
Second level – Second degré	398 597	148 771	96 812	94 694	33 873	13 375	6 701	4 371	–
1 – 3	213 226	91 085	45 528	46 651	17 327	6 922	3 413	2 300	–
4 – 6	185 371	57 686	51 284	48 043	16 546	6 453	3 288	2 071	–
Third level – Troisième degré	79 950	4 813	19 448	30 350	13 308	5 544	3 132	3 355	–
1 – 3	48 775	4 813	15 217	14 763	5 947	3 116	2 194	2 725	–
4 plus	31 175	–	4 231	15 587	7 361	2 428	938	630	–
Level not stated – Degré non indiqué	111 499	19 391	17 623	24 924	18 127	13 084	8 690	9 660	–
Male – Masculin									
Total	1 260 938	235 735	187 180	272 536	204 216	151 343	105 642	104 286	–
–1	233 801	13 489	14 785	33 159	42 324	44 552	39 185	46 307	–
First level – Premier degré	707 876	131 938	102 161	157 059	124 942	88 188	55 472	48 116	–
1 – 3	211 409	22 569	18 860	36 991	41 420	37 275	27 728	26 566	–
4 – 6	496 467	109 369	83 301	120 068	83 522	50 913	27 744	21 550	–
Second level – Second degré	217 672	77 993	51 839	52 739	19 393	8 352	4 433	2 923	–
1 – 3	114 014	47 607	23 647	25 007	9 633	4 253	2 281	1 586	–
4 – 6	103 658	30 386	28 192	27 732	9 760	4 099	2 152	1 337	–
Third level – Troisième degré	45 151	2 260	9 370	16 927	8 581	3 701	2 116	2 196	–
1 – 3	26 610	2 260	7 485	8 273	3 595	1 883	1 404	1 710	–
4 plus	18 541	–	1 885	8 654	4 986	1 818	712	486	–
Level not stated – Degré non indiqué	56 438	10 055	9 025	12 652	8 976	6 550	4 436	4 744	–

34. Population 15 years and over, by educational attainment, age, sex and urban/rural residence: each census, 1985 – 1993 (continued)
Population de 15 ans et plus, selon le degré d'instruction, l'âge, le sexe et la résidence, urbaine/rurale: chaque recensement, 1985 – 1993 (suite)
Data by urban/rural residence
Données selon la résidence urbaine/rurale

(See notes at end of table. – Voir notes à la fin du tableau.)

Continent, country or area, census date, sex, educational level and urban/rural residence Continent, pays ou zone, date du recensement, sexe, degré d'instruction et résidence urbaine/rurale	Age (in years – en années)								
	15 plus	15 – 19	20 – 24	25 – 34	35 – 44	45 – 54	55 – 64	65 plus	Unknown Inconnu
AMERICA,SOUTH— (Cont.–Suite) AMERIQUE DU SUD									
Ecuador – Equateur									
Rural – Rurale									
25 XI 1990 [21]									
Female – Féminin									
Total	1 210 278	220 848	180 511	266 145	200 621	144 351	97 737	100 065	–
–1	320 722	14 986	19 493	50 338	62 478	61 341	51 180	60 906	–
First level – Premier degré	618 771	123 195	97 369	148 157	109 785	69 610	39 019	31 636	–
1 – 3	201 580	21 905	20 141	41 874	43 921	34 039	21 334	18 366	–
4 – 6	417 191	101 290	77 228	106 283	65 864	35 571	17 685	13 270	–
Second level – Second degré	180 925	70 778	44 973	41 955	14 480	5 023	2 268	1 448	–
1 – 3	99 212	43 478	21 881	21 644	7 694	2 669	1 132	714	–
4 – 6	81 713	27 300	23 092	20 311	6 786	2 354	1 136	734	–
Third level – Troisième degré	34 799	2 553	10 078	13 423	4 727	1 843	1 016	1 159	–
1 – 3	22 165	2 553	7 732	6 490	2 352	1 233	790	1 015	–
4 plus	12 634	–	2 346	6 933	2 375	610	226	144	–
Level not stated – Degré non indiqué	55 061	9 336	8 598	12 272	9 151	6 534	4 254	4 916	–
Uruguay									
Urban – Urbaine									
23 X 1985* [22]									
Total									
Total	1 762 600	191 300	192 200	346 400	286 600	264 600	238 000	243 500	–
First level – Premier degré	801 000	52 800	56 700	123 000	145 200	172 100	178 300	72 900	–
1 – 3	215 800	3 600	4 300	13 300	24 200	42 900	54 600	72 900	–
4 – 6	711 900	49 200	52 400	109 700	121 000	129 200	123 700	126 700	–
Second level – Second degré	675 300	134 700	110 000	175 900	109 100	71 100	44 300	30 200	–
1 – 3	348 900	81 400	58 900	85 100	52 700	35 100	21 100	14 600	–
4 – 6	326 400	53 300	51 100	90 800	56 400	36 000	23 200	15 600	–
Third level – Troisième degré	159 900	3 800	25 600	47 400	32 300	21 600	15 400	13 800	–
Level not stated – Degré non indiqué	9 500	2 000	800	1 200	1 000	1 000	1 200	2 300	–
Male – Masculin									
Total	814 800	93 100	92 100	165 400	134 900	123 100	107 700	98 500	–
First level – Premier degré	421 600	26 600	27 900	60 200	68 100	80 600	79 900	78 300	–
1 – 3	101 400	2 100	2 300	7 100	11 700	20 300	25 800	32 100	–
4 – 6	320 200	24 500	25 600	53 100	56 400	60 300	54 100	46 200	–
Second level – Second degré	327 700	65 300	54 400	85 800	53 400	33 700	20 800	14 300	–
1 – 3	179 300	42 000	30 500	45 300	27 200	17 400	9 900	7 000	–
4 – 6	148 400	23 300	23 900	40 500	26 200	16 300	10 900	7 300	–
Third level – Troisième degré	65 700	1 200	9 800	19 400	13 500	8 800	7 000	6 000	–
Level not stated – Degré non indiqué	3 900	900	400	600	400	400	500	700	–
Female – Féminin									
Total	947 800	98 300	100 100	181 000	151 700	141 500	130 200	145 000	–
First level – Premier degré	505 900	26 300	28 800	62 700	77 000	91 400	98 500	121 200	–
1 – 3	114 400	1 600	2 000	6 200	12 500	22 500	28 900	40 700	–
4 – 6	391 500	24 700	26 800	56 500	64 500	68 900	69 600	80 500	–
Second level – Second degré	347 600	69 400	55 600	90 300	55 700	37 300	23 400	15 900	–
1 – 3	169 600	39 400	28 400	39 900	25 500	17 700	11 100	7 600	–
4 – 6	178 000	30 000	27 200	50 400	30 200	19 600	12 300	8 300	–
Third level – Troisième degré	94 100	2 600	15 800	27 900	18 800	12 800	8 400	7 800	–
Level not stated – Degré non indiqué	5 500	1 100	400	700	500	600	600	1 600	–

34. Population 15 years and over, by educational attainment, age, sex and urban/rural residence: each census, 1985 – 1993 (continued)

Population de 15 ans et plus, selon le degré d'instruction, l'âge, le sexe et la résidence, urbaine/rurale: chaque recensement, 1985 – 1993 (suite)

Data by urban/rural residence

Données selon la résidence urbaine/rurale

(See notes at end of table. – Voir notes à la fin du tableau.)

Continent, country or area, census date, sex, educational level and urban/rural residence Continent, pays ou zone, date du recensement, sexe, degré d'instruction et résidence urbaine/rurale	Age (in years – en années)								
	15 plus	15 – 19	20 – 24	25 – 34	35 – 44	45 – 54	55 – 64	65 plus	Unknown Inconnu
AMERICA,SOUTH— (Cont.–Suite) AMERIQUE DU SUD									
Uruguay									
Rural – Rurale									
23 X 1985* [22]									
Total									
Total	265 200	33 200	31 700	55 900	46 900	41 400	32 900	23 200	–
First level – Premier degré	211 800	22 400	21 600	39 400	38 500	37 300	30 600	22 000	–
1 – 3	58 300	1 300	1 600	5 200	9 600	13 700	15 200	11 700	–
4 – 6	153 500	21 100	20 000	34 200	28 900	23 600	15 400	10 300	–
Second level – Second degré	46 700	10 700	9 000	13 900	7 000	3 200	1 900	1 000	–
1 – 3	28 900	8 000	5 800	7 900	4 000	1 700	1 000	500	–
4 – 6	17 800	2 700	3 200	6 000	3 000	1 500	900	500	–
Third level – Troisième degré	6 400	100	1 000	2 500	1 300	800	500	200	–
Level not stated – Degré non indiqué	3 200	200	200	400	400	600	600	800	–
Male – Masculin									
Total	156 800	19 700	18 700	31 600	27 700	25 300	20 500	13 300	–
First level – Premier degré	126 500	13 600	13 100	22 800	22 700	22 700	19 100	12 500	–
1 – 3	37 100	900	1 200	3 200	6 100	8 800	10 000	6 900	–
4 – 6	89 400	12 700	11 900	19 600	16 600	13 900	9 100	5 600	–
Second level – Second degré	27 300	6 200	5 200	7 500	4 400	2 100	1 300	600	–
1 – 3	17 900	4 800	3 500	4 600	2 800	1 100	700	400	–
4 – 6	9 400	1 400	1 700	2 900	1 600	1 000	600	200	–
Third level – Troisième degré	3 100	–	400	1 200	700	400	300	100	–
Level not stated – Degré non indiqué	1 900	100	100	300	300	400	300	400	–
Female – Féminin									
Total	108 400	13 500	12 900	24 300	19 200	16 200	12 400	9 900	–
First level – Premier degré	85 300	8 800	8 500	16 600	15 800	14 600	11 500	9 500	–
1 – 3	21 200	400	500	2 000	3 500	4 900	5 100	4 800	–
4 – 6	64 200	8 400	8 100	14 600	12 300	9 800	6 300	4 700	–
Second level – Second degré	19 400	4 500	3 800	6 400	2 600	1 100	600	400	–
1 – 3	11 000	3 200	2 200	3 400	1 200	600	300	100	–
4 – 6	8 800	1 400	1 600	3 200	1 400	600	400	200	–
Third level – Troisième degré	3 300	100	600	1 300	600	400	200	100	–
Level not stated – Degré non indiqué	1 500	100	100	200	200	200	300	400	–
ASIA—ASIE									
Iraq									
Urban – Urbaine									
17 X 1987 [25]									
Total									
Total	7 549 136	...	...	...	...	...	...	...	...
–1	3 620 701	...	...	...	...	...	...	...	...
First level – Premier degré	1 702 900	...	...	...	...	...	...	...	...
Second level – Second degré	1 055 456	...	...	...	...	...	...	...	...
Third level – Troisième degré	404 071	...	...	...	...	...	...	...	...
Level not stated – Degré non indiqué	765 378	...	...	...	...	...	...	...	...

34. Population 15 years and over, by educational attainment, age, sex and urban/rural residence: each census, 1985 – 1993 (continued)
Population de 15 ans et plus, selon le degré d'instruction, l'âge, le sexe et la résidence, urbaine/rurale: chaque recensement, 1985 – 1993 (suite)
Data by urban/rural residence
Données selon la résidence urbaine/rurale

(See notes at end of table. – Voir notes à la fin du tableau.)

Continent, country or area, census date, sex, educational level and urban/rural residence Continent, pays ou zone, date du recensement, sexe, degré d'instruction et résidence urbaine/rurale	Age (in years – en années)							
	15 plus	15 – 19	20 – 24	25 – 34	35 – 44	45 – 54	55 – 64	65 plus	Unknown Inconnu
ASIA—ASIE									
Iraq									
Urban – Urbaine									
17 X 1987 [25]									
Male – Masculin									
Total	3 779 796	...	...	...	...	...	...	...	...
–1	1 554 695	...	...	...	...	...	...	...	...
First level – Premier degré	938 317	...	...	...	...	...	...	...	...
Second level – Second degré	615 731	...	...	...	...	...	...	...	...
Third level – Troisième degré	254 499	...	...	...	...	...	...	...	...
Level not stated – Degré non indiqué	416 554	...	...	...	...	...	...	...	...
Female – Féminin									
Total	3 769 340	...	...	...	...	...	...	...	...
–1	2 066 006	...	...	...	...	...	...	...	...
First level – Premier degré	764 583	...	...	...	...	...	...	...	...
Second level – Second degré	439 725	...	...	...	...	...	...	...	...
Third level – Troisième degré	150 202	...	...	...	...	...	...	...	...
Level not stated – Degré non indiqué	348 824	...	...	...	...	...	...	...	...
Rural – Rurale									
17 X 1987 [25]									
Total									
Total	3 079 311	...	...	...	...	...	...	...	...
–1	1 990 343	...	...	...	...	...	...	...	...
First level – Premier degré	588 540	...	...	...	...	...	...	...	...
Second level – Second degré	173 760	...	...	...	...	...	...	...	...
Third level – Troisième degré	31 174	...	...	...	...	...	...	...	...
Level not stated – Degré non indiqué	295 494	...	...	...	...	...	...	...	...
Male – Masculin									
Total	1 499 323	...	...	...	...	...	...	...	...
–1	837 063	...	...	...	...	...	...	...	...
First level – Premier degré	341 802	...	...	...	...	...	...	...	...
Second level – Second degré	140 432	...	...	...	...	...	...	...	...
Third level – Troisième degré	26 351	...	...	...	...	...	...	...	...
Level not stated – Degré non indiqué	153 675	...	...	...	...	...	...	...	...
Female – Féminin									
Total	1 579 988	...	...	...	...	...	...	...	...
–1	1 153 280	...	...	...	...	...	...	...	...
First level – Premier degré	246 738	...	...	...	...	...	...	...	...
Second level – Second degré	33 328	...	...	...	...	...	...	...	...
Third level – Troisième degré	4 823	...	...	...	...	...	...	...	...
Level not stated – Degré non indiqué	141 819	...	...	...	...	...	...	...	...

34. Population 15 years and over, by educational attainment, age, sex and urban/rural residence: each census, 1985 – 1993 (continued)
Population de 15 ans et plus, selon le degré d'instruction, l'âge, le sexe et la résidence, urbaine/rurale: chaque recensement, 1985 – 1993 (suite)
Data by urban/rural residence
Données selon la résidence urbaine/rurale

(See notes at end of table. – Voir notes à la fin du tableau.)

Continent, country or area, census date, sex, educational level and urban/rural residence / Continent, pays ou zone, date du recensement, sexe, degré d'instruction et résidence urbaine/rurale	Age (in years – en années) 15 plus	15 – 19	20 – 24	25 – 34	35 – 44	45 – 54	55 – 64	65 plus	Unknown Inconnu
ASIA—ASIE (Cont.–Suite)									
Japan – Japon									
Urban – Urbaine									
1 X 1990 [26]									
Total									
Total [27]	78 165 230	7 974 754	7 386 812	12 742 780	15344586	13485434	10724104	10506760	–
–1	135 674	2 573	2 405	9 804	14 593	13 369	15 996	76 934	–
First level – Premier degré	19 332 273	418 039	475 317	807 942	2 587 889	4 320 177	4 408 120	6 314 789	–
Second level – Second degré	32 433 494	1 032 520	3 163 615	5 924 305	8 008 937	6 594 145	4 702 960	3 007 012	–
Third level – Troisième degré	16 538 842	–	1 887 641	5 640 473	4 456 253	2 290 348	1 382 810	881 317	–
Level not stated – Degré non indiqué	1 274 340	13	71 482	234 930	265 523	264 469	212 124	225 799	–
Male – Masculin									
Total [27]	38 116 868	4 084 634	3 777 069	6 451 168	7 674 533	6 686 812	5 217 517	4 225 135	–
–1	44 536	1 633	1 374	5 219	7 714	6 379	6 524	15 693	–
First level – Premier degré	8 797 827	260 337	293 843	490 224	1 340 076	2 042 662	2 035 667	2 335 018	–
Second level – Second degré	14 764 107	558 027	1 560 411	2 797 208	3 602 553	3 006 532	2 069 640	1 169 736	–
Third level – Troisième degré	9 363 281	–	712 485	2 938 146	2 583 236	1 500 978	1 004 204	624 232	–
Level not stated – Degré non indiqué	611 326	11	38 752	128 785	134 591	128 812	100 279	80 096	–
Female – Féminin									
Total [27]	40 048 362	3 890 120	3 609 743	6 291 612	7 670 053	6 798 622	5 506 587	6 281 625	–
–1	91 138	940	1 031	4 585	6 879	6 990	9 472	61 241	–
First level – Premier degré	10 534 446	157 702	181 474	317 718	1 247 813	2 277 515	2 372 453	3 979 771	–
Second level – Second degré	17 669 387	474 493	1 603 204	3 127 097	4 406 384	3 587 613	2 633 320	1 837 276	–
Third level – Troisième degré	7 175 561	–	1 175 156	2 702 327	1 873 017	789 370	378 606	257 085	–
Level not stated – Degré non indiqué	663 014	2	32 730	106 145	130 932	135 657	111 845	145 703	–
Rural – Rurale									
1 X 1990 [26]									
Total									
Total [27]	22 633 341	2 032 333	1 413 309	3 115 618	4 317 484	3 620 964	3 745 798	4 387 835	–
–1	81 931	684	870	6 043	8 441	7 725	9 117	49 051	–
First level – Premier degré	9 282 898	102 331	119 608	318 246	1 166 738	1 776 871	2 402 075	3 397 029	–
Second level – Second degré	8 616 357	243 752	812 048	1 814 730	2 358 400	1 504 321	1 124 253	758 853	–
Third level – Troisième degré	2 633 433	–	303 583	944 410	751 698	304 053	183 041	146 648	–
Level not stated – Degré non indiqué	151 542	3	5 968	23 681	31 111	27 690	27 074	36 015	–
Male – Masculin									
Total [27]	10 839 281	1 037 581	691 130	1 552 654	2 200 281	1 792 734	1 802 399	1 762 502	–
–1	26 168	412	481	3 314	4 394	3 734	3 861	9 972	–
First level – Premier degré	4 202 098	65 837	75 263	189 015	610 473	828 037	1 120 595	1 312 878	–
Second level – Second degré	4 138 903	126 688	397 696	873 910	1 135 615	746 138	532 593	326 263	–
Third level – Troisième degré	1 449 911	–	109 752	468 714	434 735	202 084	133 143	101 483	–
Level not stated – Degré non indiqué	65 615	2	2 954	11 697	14 498	12 582	12 047	11 835	–

34. Population 15 years and over, by educational attainment, age, sex and urban/rural residence: each census, 1985 – 1993 (continued)
Population de 15 ans et plus, selon le degré d'instruction, l'âge, le sexe et la résidence, urbaine/rurale: chaque recensement, 1985 – 1993 (suite)
Data by urban/rural residence
Données selon la résidence urbaine/rurale

(See notes at end of table. – Voir notes à la fin du tableau.)

Continent, country or area, census date, sex, educational level and urban/rural residence Continent, pays ou zone, date du recensement, sexe, degré d'instruction et résidence urbaine/rurale	Age (in years – en années)								
	15 plus	15 – 19	20 – 24	25 – 34	35 – 44	45 – 54	55 – 64	65 plus	Unknown Inconnu
ASIA—ASIE (Cont.–Suite)									
Japan – Japon									
Rural – Rurale									
1 X 1990 [26]									
Female – Féminin									
Total [27]	11 794 060	994 752	722 179	1 562 964	2 117 203	1 828 230	1 943 399	2 625 333	–
–1	55 763	272	389	2 729	4 047	3 991	5 256	39 079	–
First level – Premier degré	5 080 800	36 494	44 345	129 231	556 265	948 834	1 281 480	2 084 151	–
Second level – Second degré	4 477 454	117 064	414 352	940 820	1 222 785	758 183	591 660	432 590	–
Third level – Troisième degré	1 183 522	–	193 831	475 696	316 963	101 969	49 898	45 165	–
Level not stated – Degré non indiqué	85 927	1	3 014	11 984	16 613	15 108	15 027	24 180	–
EUROPE									
Estonia – Estonie									
Urban – Urbaine									
12 I 1989 [1]									
Total									
Total	877 954	81 061	76 381	176 229	155 294	144 031	129 927	115 031	–
–1	13 969	225	108	196	187	695	2 652	9 906	–
First level – Premier degré	289 307	50 311	5 600	13 579	29 255	51 843	70 271	68 448	–
Second level – Second degré	454 189	30 525	66 202	126 435	93 978	66 101	41 069	29 879	–
Third level – Troisième degré	120 486	–	4 471	36 019	31 873	25 392	15 933	6 798	–
Level not stated – Degré non indiqué	3	–	–	–	1	–	2	–	–
Male – Masculin									
Total	394 843	41 912	38 754	86 155	73 496	66 022	54 111	34 393	–
–1	2 862	133	58	114	111	329	883	1 234	–
First level – Premier degré	132 375	25 993	3 719	9 019	17 675	26 623	29 550	19 796	–
Second level – Second degré	204 304	15 786	33 229	61 294	41 117	27 052	16 019	9 807	–
Third level – Troisième degré	55 301	–	1 748	15 728	14 593	12 018	7 658	3 556	–
Level not stated – Degré non indiqué	1	–	–	–	–	–	1	–	–
Female – Féminin									
Total	483 111	39 149	37 627	90 074	81 798	78 009	75 816	80 638	–
–1	11 107	92	50	82	76	366	1 769	8 672	–
First level – Premier degré	156 932	24 318	1 881	4 560	11 580	25 220	40 721	48 652	–
Second level – Second degré	249 885	14 739	32 973	65 141	52 861	39 049	25 050	20 072	–
Third level – Troisième degré	65 185	–	2 723	20 291	17 280	13 374	8 275	3 242	–
Level not stated – Degré non indiqué	2	–	–	–	1	–	1	–	–
Rural – Rurale									
12 I 1989									
Total									
Total	338 970	30 635	27 646	64 377	52 820	51 369	48 259	63 864	–
–1	8 746	390	243	441	453	770	1 413	5 036	–
First level – Premier degré	185 838	23 022	5 328	14 058	21 670	31 828	36 827	53 105	–
Second level – Second degré	122 586	7 223	21 057	41 798	24 853	14 675	7 807	5 173	–
Third level – Troisième degré	21 800	–	1 018	8 080	5 844	4 096	2 212	550	–

34. Population 15 years and over, by educational attainment, age, sex and urban/rural residence: each census, 1985 – 1993 (continued)

Population de 15 ans et plus, selon le degré d'instruction, l'âge, le sexe et la résidence, urbaine/rurale: chaque recensement, 1985 – 1993 (suite)

Data by urban/rural residence

Données selon la résidence urbaine/rurale

(See notes at end of table. – Voir notes à la fin du tableau.)

Continent, country or area, census date, sex, educational level and urban/rural residence Continent, pays ou zone, date du recensement, sexe, degré d'instruction et résidence urbaine/rurale	Age (in years – en années)							
	15 plus	15 – 19	20 – 24	25 – 34	35 – 44	45 – 54	55 – 64	65 plus	Unknown Inconnu
EUROPE (Cont.–Suite)									
Estonia – Estonie									
Rural – Rurale									
12 I 1989 [1]									
Male – Masculin									
Total	159 121	16 832	14 561	33 977	27 554	25 719	20 703	19 775	–
–1	3 037	250	148	258	269	434	583	1 095	–
First level – Premier degré	88 585	12 558	3 395	9 239	13 441	17 607	15 915	16 430	–
Second level – Second degré	57 471	4 024	10 553	20 759	11 250	5 848	3 096	1 941	–
Third level – Troisième degré	10 028	–	465	3 721	2 594	1 830	1 109	309	–
Female – Féminin									
Total	179 849	13 803	13 085	30 400	25 266	25 650	27 556	44 089	–
–1	5 709	140	95	183	184	336	830	3 941	–
First level – Premier degré	97 253	10 464	1 933	4 819	8 229	14 221	20 912	36 675	–
Second level – Second degré	65 115	3 199	10 504	21 039	13 603	8 827	4 711	3 232	–
Third level – Troisième degré	11 772	–	553	4 359	3 250	2 266	1 103	241	–
Norway – Norvège									
Urban – Urbaine									
3 XI 1990 [1]									
Total									
Total	2 488 571	218 659	245 861	484 575	460 353	334 165	269 224	475 734	–
–1	2 143	59	211	769	435	296	184	189	–
First level – Premier degré	713 017	94 413	26 642	56 368	83 085	89 964	108 033	254 512	–
1 – 6	3 189	71	304	1 253	814	414	214	119	–
7	381 457	–	–	648	16 482	42 703	91 404	230 220	–
8 plus	328 371	94 342	26 338	54 467	65 789	46 847	16 415	24 173	–
Second level – Second degré	1 194 611	79 075	173 758	275 368	229 309	155 331	113 644	168 126	–
1	609 622	39 164	46 803	108 961	134 072	95 050	71 316	114 256	–
2 plus	584 989	39 911	126 955	166 407	95 237	60 281	42 328	53 870	–
Third level – Troisième degré	464 232	100	37 799	133 133	129 775	76 409	41 520	45 496	–
1 – 2	242 351	94	30 330	60 403	61 364	37 710	24 311	28 139	–
3 – 4	129 442	5	7 157	51 509	38 569	19 399	7 483	5 320	–
5 – 6	86 956	–	312	20 574	27 787	17 623	9 045	11 615	–
7 plus	5 483	1	–	647	2 055	1 677	681	422	–
Level not stated – Degré non indiqué	114 568	45 012	7 451	18 937	17 749	12 165	5 843	7 411	–
Male – Masculin									
Total	1 198 090	111 045	123 364	245 471	233 722	167 215	128 818	188 455	–
–1	872	34	96	342	174	105	65	56	–
First level – Premier degré	295 765	46 481	14 060	29 950	38 811	38 838	43 726	83 899	–
1 – 6	1 509	29	110	607	373	223	116	51	–
7	146 722	–	–	341	9 090	21 186	38 510	77 595	–
8 plus	147 534	46 452	13 950	29 002	29 348	17 429	5 100	6 253	–
Second level – Second degré	592 074	41 337	89 089	140 880	113 353	76 629	56 202	74 584	–
1	239 563	21 262	23 910	46 346	51 076	33 062	25 164	38 743	–
2 plus	352 511	20 075	65 179	94 534	62 277	43 567	31 038	35 841	–
Third level – Troisième degré	248 717	42	16 198	63 527	71 496	44 843	25 595	27 016	–
1 – 2	118 952	41	13 304	29 565	30 047	19 794	13 158	13 043	–
3 – 4	57 234	1	2 716	19 601	18 214	9 257	4 040	3 405	–
5 – 6	67 905	–	178	13 883	21 527	14 338	7 787	10 192	–
7 plus	4 626	–	–	478	1 708	1 454	610	376	–
Level not stated – Degré non indiqué	60 662	23 151	3 921	10 772	9 888	6 800	3 230	2 900	–

34. Population 15 years and over, by educational attainment, age, sex and urban/rural residence: each census, 1985 – 1993 (continued)

Population de 15 ans et plus, selon le degré d'instruction, l'âge, le sexe et la résidence, urbaine/rurale: chaque recensement, 1985 – 1993 (suite)

Data by urban/rural residence

Données selon la résidence urbaine/rurale

(See notes at end of table. – Voir notes à la fin du tableau.)

Continent, country or area, census date, sex, educational level and urban/rural residence / Continent, pays ou zone, date du recensement, sexe, degré d'instruction et résidence urbaine/rurale	Age (in years – en années)								
	15 plus	15 – 19	20 – 24	25 – 34	35 – 44	45 – 54	55 – 64	65 plus	Unknown Inconnu
EUROPE (Cont.–Suite)									
Norway – Norvège									
Urban – Urbaine									
3 XI 1990 [1]									
Female – Féminin									
Total	1 290 481	107 614	122 497	239 104	226 631	166 950	140 406	287 279	–
–1	1 271	25	115	427	261	191	119	133	–
First level – Premier degré	417 252	47 932	12 582	26 418	44 274	51 126	64 307	170 613	–
1 – 6	1 680	42	194	646	441	191	98	68	–
7	234 735	–	–	307	7 392	21 517	52 894	152 625	–
8 plus	180 837	47 890	12 388	25 465	36 441	29 418	11 315	17 920	–
Second level – Second degré	602 537	37 738	84 669	134 488	115 956	78 702	57 442	93 542	–
1	370 059	17 902	22 893	62 615	82 996	61 988	46 152	75 513	–
2 plus	232 478	19 836	61 776	71 873	32 960	16 714	11 290	18 029	–
Third level – Troisième degré	215 515	58	21 601	69 606	58 279	31 566	15 925	18 480	–
1 – 2	123 399	53	17 026	30 838	31 317	17 916	11 153	15 096	–
3 – 4	72 208	4	4 441	31 908	20 355	10 142	3 443	1 915	–
5 – 6	19 051	–	134	6 691	6 260	3 285	1 258	1 423	–
7 plus	857	1	–	169	347	223	71	46	–
Level not stated – Degré non indiqué	53 906	21 861	3 530	8 165	7 861	5 365	2 613	4 511	–
Rural – Rurale									
3 XI 1990 [1]									
Total									
Total	942 301	91 115	88 379	153 046	158 721	121 862	108 683	220 495	–
–1	188	3	24	64	38	15	8	36	–
First level – Premier degré	372 282	35 720	9 282	24 256	41 609	47 418	61 605	152 392	–
1 – 6	222	5	16	99	58	24	6	14	–
7	226 930	–	–	368	7 949	24 264	53 605	140 744	–
8 plus	145 130	35 715	9 266	23 789	33 602	23 130	7 994	11 634	–
Second level – Second degré	458 804	37 569	69 031	104 699	89 481	57 812	39 980	60 232	–
1	250 602	19 705	18 519	46 224	54 319	38 329	28 308	45 198	–
2 plus	208 202	17 864	50 512	58 475	35 162	19 483	11 672	15 034	–
Third level – Troisième degré	80 662	22	8 813	21 138	24 701	14 334	5 772	5 882	–
1 – 2	44 383	20	6 603	9 474	12 669	7 701	3 672	4 244	–
3 – 4	26 646	2	2 143	9 451	8 505	4 484	1 289	772	–
5 – 6	9 291	–	67	2 166	3 385	2 038	785	850	–
7 plus	342	–	–	47	142	111	26	16	–
Level not stated – Degré non indiqué	30 365	17 801	1 229	2 889	2 892	2 283	1 318	1 953	–
Male – Masculin									
Total	482 398	47 083	47 927	81 422	84 271	63 851	56 177	101 667	–
–1	62	1	8	18	13	7	1	14	–
First level – Premier degré	182 749	17 430	5 650	14 313	21 982	24 372	30 981	68 021	–
1 – 6	106	3	6	43	28	13	4	9	–
7	108 764	–	–	225	4 827	13 658	27 371	62 683	–
8 plus	73 879	17 427	5 644	14 045	17 127	10 701	3 606	5 329	–
Second level – Second degré	243 279	20 492	38 060	56 063	47 623	30 118	21 170	29 753	–
1	108 897	11 046	10 209	20 502	22 319	15 134	11 693	17 994	–
2 plus	134 382	9 446	27 851	35 561	25 304	14 984	9 477	11 759	–
Third level – Troisième degré	40 254	8	3 465	9 325	13 092	8 052	3 297	3 015	–
1 – 2	21 017	8	2 675	4 784	6 198	3 849	1 825	1 678	–
3 – 4	11 483	–	748	3 066	4 029	2 356	743	541	–
5 – 6	7 471	–	42	1 444	2 754	1 744	707	780	–
7 plus	283	–	–	31	111	103	22	16	–
Level not stated – Degré non indiqué	16 054	9 152	744	1 703	1 561	1 302	728	864	–

34. Population 15 years and over, by educational attainment, age, sex and urban/rural residence: each census, 1985 – 1993 (continued)
Population de 15 ans et plus, selon le degré d'instruction, l'âge, le sexe et la résidence, urbaine/rurale: chaque recensement, 1985 – 1993 (suite)
Data by urban/rural residence

Données selon la résidence urbaine/rurale

(See notes at end of table. – Voir notes à la fin du tableau.)

Continent, country or area, census date, sex, educational level and urban/rural residence Continent, pays ou zone, date du recensement, sexe, degré d'instruction et résidence urbaine/rurale	Age (in years – en années)								
	15 plus	15 – 19	20 – 24	25 – 34	35 – 44	45 – 54	55 – 64	65 plus	Unknown Inconnu
EUROPE (Cont.–Suite)									
Norway – Norvège									
Rural – Rurale									
3 XI 1990 [1]									
Female – Féminin									
Total	459 903	44 032	40 452	71 624	74 450	58 011	52 506	118 828	–
–1	126	2	16	46	25	8	7	22	–
First level – Premier degré	189 533	18 290	3 632	9 943	19 627	23 046	30 624	84 371	–
1 – 6	116	2	10	56	30	11	2	5	–
7	118 166	–	–	143	3 122	10 606	26 234	78 061	–
8 plus	71 251	18 288	3 622	9 744	16 475	12 429	4 388	6 305	–
Second level – Second degré	215 525	17 077	30 971	48 636	41 858	27 694	18 810	30 479	–
1	141 705	8 659	8 310	25 722	32 000	23 195	16 615	27 204	–
2 plus	73 820	8 418	22 661	22 914	9 858	4 499	2 195	3 275	–
Third level – Troisième degré	40 408	14	5 348	11 813	11 609	6 282	2 475	2 867	–
1 – 2	23 366	12	3 928	4 690	6 471	3 852	1 847	2 566	–
3 – 4	15 163	2	1 395	6 385	4 476	2 128	546	231	–
5 – 6	1 820	–	25	722	631	294	78	70	–
7 plus	59	–	–	16	31	8	4	–	–
Level not stated – Degré non indiqué	14 311	8 649	485	1 186	1 331	981	590	1 089	–
Poland – Pologne									
Urban – Urbaine									
6 XII 1988 [34]									
Total									
Total	17 481 341	1 693 103	1 453 334	3 903 576	3 729 839	2 442 081	2 236 917	2 003 940	18 551
–1	129 027	2 406	2 619	6 553	6 104	6 878	18 130	86 195	142
First level – Premier degré	6 032 749	1 316 900	188 285	463 944	705 532	896 274	1 170 283	1 286 795	4 736
1 – 7	380 497	40 292	3 520	6 392	8 651	22 049	96 630	202 597	366
8 plus	5 652 252	1 276 608	184 765	457 552	696 881	874 225	1 073 653	1 084 198	4 370
Second level – Second degré	9 624 353	359 243	1 234 136	2 950 001	2 494 115	1 223 779	837 373	517 354	8 352
Third level – Troisième degré	1 640 757	–	23 745	478 201	520 671	312 451	206 343	97 789	1 557
Level not stated – Degré non indiqué	54 455	14 554	4 549	4 877	3 417	2 699	4 788	15 807	3 764
Male – Masculin									
Total	8 210 850	859 592	722 418	1 900 743	1 816 296	1 171 642	1 015 285	716 884	7 990
–1	32 552	1 361	1 485	3 583	2 907	2 672	4 813	15 689	42
First level – Premier degré	2 468 197	661 012	102 473	223 056	310 130	362 694	420 826	386 457	1 549
1 – 7	130 968	27 403	2 392	3 557	4 332	8 377	28 604	56 210	93
8 plus	2 337 229	633 609	100 081	219 499	305 798	354 317	392 222	330 247	1 456
Second level – Second degré	4 813 197	189 544	607 030	1 445 384	1 235 551	633 157	451 333	247 415	3 783
Third level – Troisième degré	875 062	–	8 957	226 317	266 039	171 944	136 860	64 176	769
Level not stated – Degré non indiqué	21 842	7 675	2 473	2 403	1 669	1 175	1 453	3 147	1 847
Female – Féminin									
Total	9 270 491	833 511	730 916	2 002 833	1 913 543	1 270 439	1 221 632	1 287 056	10 561
–1	96 475	1 045	1 134	2 970	3 197	4 206	13 317	70 506	100
First level – Premier degré	3 564 552	655 888	85 812	240 888	395 402	533 580	749 457	900 338	3 187
1 – 7	249 529	12 889	1 128	2 835	4 319	13 672	68 026	146 387	273
8 plus	3 315 023	642 999	84 684	238 053	391 083	519 908	681 431	753 951	2 914
Second level – Second degré	4 811 156	169 699	627 106	1 504 617	1 258 564	590 622	386 040	269 939	4 569
Third level – Troisième degré	765 695	–	14 788	251 884	254 632	140 507	69 483	33 613	788
Level not stated – Degré non indiqué	32 613	6 879	2 076	2 474	1 748	1 524	3 335	12 660	1 917

34. Population 15 years and over, by educational attainment, age, sex and urban/rural residence: each census, 1985 – 1993 (continued)
Population de 15 ans et plus, selon le degré d'instruction, l'âge, le sexe et la résidence, urbaine/rurale: chaque recensement, 1985 – 1993 (suite)
Data by urban/rural residence
Données selon la résidence urbaine/rurale

(See notes at end of table. – Voir notes à la fin du tableau.)

Continent, country or area, census date, sex, educational level and urban/rural residence Continent, pays ou zone, date du recensement, sexe, degré d'instruction et résidence urbaine/rurale	Age (in years – en années)								
	15 plus	15 – 19	20 – 24	25 – 34	35 – 44	45 – 54	55 – 64	65 plus	Unknown Inconnu
EUROPE (Cont.–Suite)									
Poland – Pologne									
Rural – Rurale									
6 XII 1988 [34]									
Total									
Total	10 788 034	1 020 810	1 019 287	2 292 707	1 756 002	1 384 632	1 580 015	1 723 164	11 417
–1	227 243	2 926	3 669	9 204	8 909	11 963	33 721	156 483	368
First level – Premier degré	6 293 523	751 218	219 832	582 897	855 858	1 039 333	1 369 911	1 469 266	5 208
1 – 7	984 382	30 030	4 895	11 812	20 006	83 730	311 586	521 157	1 166
8 plus	5 309 141	721 188	214 937	571 085	835 852	955 603	1 058 325	948 109	4 042
Second level – Second degré	4 020 987	258 253	788 983	1 621 602	829 997	295 166	154 199	69 512	3 275
Third level – Troisième degré	197 574	–	4 156	75 189	59 148	36 230	16 768	5 897	186
Level not stated – Degré non indiqué	48 707	8 413	2 647	3 815	2 090	1 940	5 416	22 006	2 380
Male – Masculin									
Total	5 343 037	531 498	542 405	1 237 738	925 967	686 544	726 937	687 301	4 647
–1	70 817	1 648	2 023	5 086	4 707	5 348	11 799	40 107	99
First level – Premier degré	2 901 015	385 983	126 622	312 152	414 871	472 257	596 572	590 878	1 680
1 – 7	378 967	20 246	3 383	7 636	10 751	32 530	113 390	190 753	278
8 plus	2 522 048	365 737	123 239	304 516	404 120	439 727	483 182	400 125	1 402
Second level – Second degré	2 254 663	139 565	410 955	883 609	475 785	190 324	105 736	47 076	1 613
Third level – Troisième degré	99 938	–	1 369	35 260	29 531	17 826	11 502	4 351	99
Level not stated – Degré non indiqué	16 604	4 302	1 436	1 631	1 073	789	1 328	4 889	1 156
Female – Féminin									
Total	5 444 397	489 312	476 882	1 054 369	830 035	698 088	853 078	1 035 863	6 770
–1	156 426	1 278	1 646	4 118	4 202	6 615	21 922	116 376	269
First level – Premier degré	3 392 508	365 235	93 210	270 745	440 987	567 076	773 339	878 388	3 528
1 – 7	605 415	9 784	1 512	4 176	9 255	51 200	198 196	330 404	888
8 plus	2 787 093	355 451	91 698	266 569	431 732	515 876	575 143	547 984	2 640
Second level – Second degré	1 766 324	118 688	378 028	737 993	354 212	104 842	48 463	22 436	1 662
Third level – Troisième degré	97 636	–	2 787	39 929	29 617	18 404	5 266	1 546	87
Level not stated – Degré non indiqué	31 503	4 111	1 211	1 584	1 017	1 151	4 088	17 117	1 224
Romania – Roumanie									
Urban – Urbaine									
7 I 1992									
Total									
Total	9 386 595	1 042 117	1 162 703	1 819 656	2 091 738	1 249 987	1 078 041	939 775	2 578
–1	142 735	8 535	6 265	9 405	9 472	12 783	31 206	65 045	24
First level – Premier degré	987 264	52 460	13 872	29 666	70 345	185 696	284 361	350 758	106
Second level – Second degré	7 336 384	978 992	1 115 381	1 544 486	1 719 609	894 931	646 970	435 283	732
Third level – Troisième degré	875 754	–	21 944	228 746	284 733	151 594	109 260	79 378	99
Level not stated – Degré non indiqué	44 458	2 130	5 241	7 353	7 579	4 983	6 244	9 311	1 617
Male – Masculin									
Total	4 516 082	531 465	549 694	869 836	1 051 685	623 588	512 180	376 171	1 463
–1	35 348	4 183	2 830	3 677	3 397	3 661	6 337	11 255	8
First level – Premier degré	352 379	28 587	6 857	13 343	26 277	65 457	96 584	115 226	48
Second level – Second degré	3 601 845	497 672	529 583	732 031	853 628	461 298	332 924	194 312	397
Third level – Troisième degré	509 738	–	8 060	117 552	165 022	91 206	74 428	53 415	55
Level not stated – Degré non indiqué	16 772	1 023	2 364	3 233	3 361	1 966	1 907	1 963	955

34. Population 15 years and over, by educational attainment, age, sex and urban/rural residence: each census, 1985 – 1993 (continued)
Population de 15 ans et plus, selon le degré d'instruction, l'âge, le sexe et la résidence, urbaine/rurale: chaque recensement, 1985 – 1993 (suite)
Data by urban/rural residence
Données selon la résidence urbaine/rurale

(See notes at end of table. – Voir notes à la fin du tableau.)

Continent, country or area, census date, sex, educational level and urban/rural residence Continent, pays ou zone, date du recensement, sexe, degré d'instruction et résidence urbaine/rurale	Age (in years – en années)								
	15 plus	15 – 19	20 – 24	25 – 34	35 – 44	45 – 54	55 – 64	65 plus	Unknown Inconnu
EUROPE (Cont.–Suite)									
Romania – Roumanie									
Urban – Urbaine									
7 I 1992									
Female – Féminin									
Total	4 870 513	510 652	613 009	949 820	1 040 053	626 399	565 861	563 604	1 115
–1	107 387	4 352	3 435	5 728	6 075	9 122	24 869	53 790	16
First level – Premier degré	634 885	23 873	7 015	16 323	44 068	120 239	187 777	235 532	58
Second level – Second degré	3 734 539	481 320	585 798	812 455	865 981	433 633	314 046	240 971	335
Third level – Troisième degré	366 016	–	13 884	111 194	119 711	60 388	34 832	25 963	44
Level not stated – Degré non indiqué	27 686	1 107	2 877	4 120	4 218	3 017	4 337	7 348	662
Rural – Rurale									
7 I 1992									
Total									
Total	8 241 538	874 819	879 365	982 262	1 148 925	1 271 187	1 517 074	1 567 736	170
–1	639 868	15 478	12 387	20 736	25 458	57 124	163 203	345 449	33
First level – Premier degré	2 489 527	63 480	25 779	56 981	165 343	585 814	772 935	819 160	35
Second level – Second degré	4 987 057	794 472	834 965	876 741	923 001	606 385	566 099	385 349	45
Third level – Troisième degré	91 816	–	3 161	24 487	31 682	17 886	8 503	6 096	1
Level not stated – Degré non indiqué	33 270	1 389	3 073	3 317	3 441	3 978	6 334	11 682	56
Male – Masculin									
Total	4 052 625	454 489	480 497	548 780	572 190	611 036	722 564	662 979	90
–1	154 269	7 548	5 695	9 055	10 011	16 460	34 261	71 227	12
First level – Premier degré	1 067 431	35 493	13 319	27 982	60 777	216 982	336 138	376 724	16
Second level – Second degré	2 763 249	410 723	458 516	495 759	480 710	364 897	344 406	208 209	29
Third level – Troisième degré	56 744	–	1 350	14 280	19 112	11 290	6 230	4 481	1
Level not stated – Degré non indiqué	10 932	725	1 617	1 704	1 580	1 407	1 529	2 338	32
Female – Féminin									
Total	4 188 913	420 330	398 868	433 482	576 735	660 151	794 510	904 757	80
–1	485 599	7 930	6 692	11 681	15 447	40 664	128 942	274 222	21
First level – Premier degré	1 422 096	27 987	12 460	28 999	104 566	368 832	436 797	442 436	19
Second level – Second degré	2 223 808	383 749	376 449	380 982	442 291	241 488	221 693	177 140	16
Third level – Troisième degré	35 072	–	1 811	10 207	12 570	6 596	2 273	1 615	–
Level not stated – Degré non indiqué	22 338	664	1 456	1 613	1 861	2 571	4 805	9 344	24

34. Population 15 years and over, by educational attainment, age, sex and urban/rural residence: each census, 1985 – 1993 (continued)

Population de 15 ans et plus, selon le degré d'instruction, l'âge, le sexe et la résidence, urbaine/rurale: chaque recensement, 1985 – 1993 (suite)

Data by urban/rural residence

Données selon la résidence urbaine/rurale

(See notes at end of table. – Voir notes à la fin du tableau.)

Continent, country or area, census date, sex, educational level and urban/rural residence Continent, pays ou zone, date du recensement, sexe, degré d'instruction et résidence urbaine/rurale	Age (in years – en années) 15 plus	15 – 19	20 – 24	25 – 34	35 – 44	45 – 54	55 – 64	65 plus	Unknown Inconnu
EUROPE (Cont.–Suite)									
Slovenia – Slovénie									
Urban – Urbaine									
31 III 1991 [1]									
Total									
Total	788 571	70 714	68 820	161 938	166 198	118 395	105 009	97 032	465
–1	3 523	171	197	490	541	533	633	932	26
First level – Premier degré	288 363	57 134	12 990	37 079	47 539	38 788	42 911	51 806	116
1	198 784	53 437	11 569	28 128	28 159	20 133	24 766	32 499	93
2	5 210	35	45	261	555	1 134	1 529	1 647	4
3	26 819	84	143	2 523	4 531	6 240	6 512	6 778	8
4	57 550	3 578	1 233	6 167	14 294	11 281	10 104	10 882	11
Second level – Second degré	379 564	12 583	51 380	92 458	84 729	57 608	47 186	33 494	126
Third level – Troisième degré	104 530	33	3 254	29 674	30 802	19 530	12 598	8 593	46
1	55 203	–	622	15 789	16 215	10 304	7 218	5 026	29
2 plus	49 327	33	2 632	13 885	14 587	9 226	5 380	3 567	17
Level not stated – Degré non indiqué	12 591	793	999	2 237	2 587	1 936	1 681	2 207	151
Male – Masculin									
Total	368 704	35 944	33 626	77 746	82 518	57 489	47 313	33 829	239
–1	1 128	89	107	197	218	164	176	165	12
First level – Premier degré	107 307	28 944	6 362	15 665	19 962	13 091	11 966	11 274	43
1	72 709	26 797	5 493	11 725	10 895	5 245	5 954	6 566	34
2	1 987	12	26	107	263	563	574	440	2
3	10 182	49	62	772	2 157	3 080	2 466	1 593	3
4	22 429	2 086	781	3 061	6 647	4 203	2 972	2 675	4
Second level – Second degré	198 965	6 494	25 881	47 796	45 306	31 679	26 011	15 724	74
Third level – Troisième degré	55 189	7	805	12 831	15 627	11 470	8 348	6 076	25
1	32 927	–	199	7 746	9 269	6 739	5 166	3 789	19
2 plus	22 262	7	606	5 085	6 358	4 731	3 182	2 287	6
Level not stated – Degré non indiqué	6 115	410	471	1 257	1 405	1 085	812	590	85
Female – Féminin									
Total	419 867	34 770	35 194	84 192	83 680	60 906	57 696	63 203	226
–1	2 395	82	90	293	323	369	457	767	14
First level – Premier degré	181 056	28 190	6 628	21 414	27 577	25 697	30 945	40 532	73
1	126 075	26 640	6 076	16 403	17 264	14 888	18 812	25 933	59
2	3 223	23	19	154	292	571	955	1 207	2
3	16 637	35	81	1 751	2 374	3 160	4 046	5 185	5
4	35 121	1 492	452	3 106	7 647	7 078	7 132	8 207	7
Second level – Second degré	180 599	6 089	25 499	44 662	39 423	25 929	21 175	17 770	52
Third level – Troisième degré	49 341	26	2 449	16 843	15 175	8 060	4 250	2 517	21
1	22 276	–	423	8 043	6 946	3 565	2 052	1 237	10
2 plus	27 065	26	2 026	8 800	8 229	4 495	2 198	1 280	11
Level not stated – Degré non indiqué	6 476	383	528	980	1 182	851	869	1 617	66

34. Population 15 years and over, by educational attainment, age, sex and urban/rural residence: each census, 1985 – 1993 (continued)
Population de 15 ans et plus, selon le degré d'instruction, l'âge, le sexe et la résidence, urbaine/rurale: chaque recensement, 1985 – 1993 (suite)
Data by urban/rural residence
Données selon la résidence urbaine/rurale

(See notes at end of table. – Voir notes à la fin du tableau.)

Continent, country or area, census date, sex, educational level and urban/rural residence Continent, pays ou zone, date du recensement, sexe, degré d'instruction et résidence urbaine/rurale	Age (in years – en années)								
	15 plus	15 – 19	20 – 24	25 – 34	35 – 44	45 – 54	55 – 64	65 plus	Unknown Inconnu
EUROPE (Cont.–Suite)									
Slovenia – Slovénie									
Rural – Rurale									
31 III 1991 [1]									
Total									
Total	773 057	74 186	74 809	146 480	140 320	109 642	109 743	117 652	225
–1	6 386	242	273	594	803	814	1 208	2 432	20
First level – Premier degré	435 114	58 277	20 473	42 842	66 452	65 439	81 740	99 783	108
1	267 998	53 407	17 318	30 436	37 885	32 341	41 461	55 074	76
2	12 600	70	99	412	1 025	2 145	4 243	4 603	3
3	42 419	126	234	1 360	3 713	8 315	12 843	15 821	7
4	112 097	4 674	2 822	10 634	23 829	22 638	23 193	24 285	22
Second level – Second degré	289 594	14 947	50 874	88 214	62 076	37 075	23 585	12 779	44
Third level – Troisième degré	33 482	29	2 443	13 716	9 336	4 823	2 119	1 007	9
1	12 030	–	300	5 042	3 540	1 873	818	450	7
2 plus	21 452	29	2 143	8 674	5 796	2 950	1 301	557	2
Level not stated – Degré non indiqué	8 481	691	746	1 114	1 653	1 491	1 091	1 651	44
Male – Masculin									
Total	376 278	38 159	38 260	76 969	74 826	56 656	50 747	40 560	101
–1	2 505	133	157	292	368	364	479	702	10
First level – Premier degré	182 502	29 724	11 005	21 849	30 625	27 229	31 712	30 320	38
1	104 109	26 618	8 802	14 011	14 129	10 518	13 958	16 045	28
2	6 126	35	60	239	694	1 390	2 148	1 560	–
3	19 418	76	130	763	2 443	4 996	6 136	4 872	2
4	52 849	2 995	2 013	6 836	13 359	10 325	9 470	7 843	8
Second level – Second degré	171 018	7 929	26 199	48 775	38 205	25 136	16 473	8 274	27
Third level – Troisième degré	16 188	5	512	5 445	4 833	3 084	1 522	783	4
1	7 471	–	73	2 610	2 297	1 417	683	388	3
2 plus	8 717	5	439	2 835	2 536	1 667	839	395	1
Level not stated – Degré non indiqué	4 065	368	387	608	795	843	561	481	22
Female – Féminin									
Total	396 779	36 027	36 549	69 511	65 494	52 986	58 996	77 092	124
–1	3 881	109	116	302	435	450	729	1 730	10
First level – Premier degré	252 612	28 553	9 468	20 993	35 827	38 210	50 028	69 463	70
1	163 889	26 789	8 516	16 425	23 756	21 823	27 503	39 029	48
2	6 474	35	39	173	331	755	2 095	3 043	3
3	23 001	50	104	597	1 270	3 319	6 707	10 949	5
4	59 248	1 679	809	3 798	10 470	12 313	13 723	16 442	14
Second level – Second degré	118 576	7 018	24 675	39 439	23 871	11 939	7 112	4 505	17
Third level – Troisième degré	17 294	24	1 931	8 271	4 503	1 739	597	224	5
1	4 559	–	227	2 432	1 243	456	135	62	4
2 plus	12 735	24	1 704	5 839	3 260	1 283	462	162	1
Level not stated – Degré non indiqué	4 416	323	359	506	858	648	530	1 170	22

34. Population 15 years and over, by educational attainment, age, sex and urban/rural residence: each census, 1985 – 1993

Population de 15 ans et plus, selon le degré d'instruction, l'âge, le sexe et la résidence, urbaine/rurale: chaque recensement, 1985 – 1993

GENERAL NOTES

For definitions of "urban", see Technical Notes for table 6. For method of evaluation and limitations of data, see Technical Notes, page 118.

FOOTNOTES

* Provisional.
1 De jure population.
2 Excluding less than first level and never attended.
3 For literate Egyptian population. Excluding unemployed.
4 Including nomads.
5 For 6 years and over.
6 Excluding population attending and never attended school.
7 For classification by urban/rural residence, see end of table.
8 For 12 years and over and 12–19 years, as appropriate.
9 Excluding Bophuthatswana, Ciskei, Transkei and Venda.
10 Data have not been adjusted for underenumeration.
11 Excluding population attending school.
12 For the total population of the major civil divisions.
13 For 16 years and over and 16–19 years, as appropriate.
14 Excluding persons residing in institutions.
15 Because of rounding, totals are not in all cases the sum of the parts.
16 Based on a 20 per cent sample of census returns.
17 Including less than one level.
18 Excluding transients and residents of the former Canal Zone.
19 For complete and incomplete level.
20 Excluding transients and residents outside the country.
21 Excluding nomadic Indian tribes.
22 Data exclude adjustment for underenumeration, estimated at 2.6 per cent.
23 Including transients and Vietnamese refugees.
24 Based on a sample of census returns.
25 For 10 years and over.
26 Excluding diplomatic personnel outside the country, and foreign military and civilian personnel and their dependants stationed in the area.
27 Including population attending school.
28 Excluding alien armed forces, civilian aliens employed by armed forces, and foreign diplomatic personnel and their dependants and Korean diplomatic personnel and their dependants stationed outside the country.
29 For special and vocational programs.
30 Based on national registers.
31 Including first year of second level.
32 De jure population, but excluding diplomatic personnel outside the country and including foreign diplomatic personnel not living in embassies or consulates.
33 Including unknown residence.
34 Excluding civilian aliens within the country, and including civilian nationals temporarily outside the country.
35 Excluding less than first level.
36 Including armed forces stationed in the area.
37 Excluding diplomatic personnel and armed forces stationed outside the country, the latter numbering 1 936 at 1966 census; also excluding alien armed forces within the country.
38 For 25 years and over.

NOTES GENERALES

Pour les définitions de "zones urbaines", voir les Notes techniques relatives au tableau 6. Pour la méthode d'évaluation et les insuffisances des données, voir Notes techniques, page 118.

NOTES

* Données provisoires.
1 Population de droit.
2 Non compris moins du premier degré et les personnes jamai fréquentant les écoles.
3 Pour la population égyptiens alphabète. Non compris la population sans emploi.
4 Y compris les nomades.
5 Pour 6 ans et plus.
6 Non compris la population fréquentant et jamais fréquentant les écoles.
7 Pour le classement selon la résidence, urbaine/rurale, voir la fin du tableau.
8 Pour 12 ans et plus et 12–19 ans, selon le cas.
9 Non compris Bophuthatswana, Ciskei, Transkei et Venda.
10 Les données n'ont été adjustées pour compenser les lacunes du dénombrement.
11 Non compris la population fréquentant les écoles.
12 Pour la population totale des principals divisions administratives.
13 Pour 16 ans et plus et 16–19 ans, selon le cas.
14 Non compris les personnes dans les institutions.
15 Les chiffres étant arrondis, les totaux ne correspondent pas toujours rigoureusement à la somme des chiffres partiels.
16 D'après un échantillon de 20 p. 100 des bulletins de recensement.
17 Y compris moins de un degré.
18 Non compris les transients et les résidents de l'ancienne Zone du Canal.
19 Pour les dégrées complètes et non complètes.
20 Non compris les transients et les résidents hors du pays.
21 Non compris les tribus d'Indiens nomades.
22 Les données n'ont pas été adjustées pour pour compenser les lacunes du dénombrement, estimées à 2,6 p. 100.
23 Y compris transients et réfugiés du Viet Nam.
24 D'après un échantillon des bulletins de recensement.
25 Pour 10 ans et plus.
26 Non compris le personnel diplomatique hors du pays, les militaires et agents civils étrangers en poste sur le territoire et les membres de leur famille les accompagnant.
27 Y compris la population fréquentant les écoles.
28 Non compris les militaires étrangers, les civils étrangers employés par les forces armées, le personnel diplomatique étranger et les membres de leur famille les accompagnant, le personnel diplomatique coréen hors du pays et les membres de leur famille les accompagnant.
29 Pour cours spéciales et professionales.
30 D'après les registres nationaux.
31 Y compris le premier année du second degrée.
32 Population de droit, non compris le personnel diplomatique hors du pays et y compris le personnel diplomatique étranger qui ne vit pas dans les ambassades ou les consulats.
33 Y compris la résidence inconnue.
34 Non compris les civils étrangers dans le pays, mais y compris les civils nationaux temporairement hors du pays.
35 Non compris moins du premier degré.
36 Y compris les militaires en garnison sur le territoitre.
37 Non compris le personnel diplomatique et les militaires hors du pays, ces deminers au nombre de 1 936 au recensements de 1966; non compris également les militaires étrangers dans le pays.
38 Pour 25 ans et plus.

35. Population 5 to 24 years of age by school attendance, sex, age and urban/rural residence: each census, 1985 – 1993
Population âgée de 5 à 24 ans, selon la fréquentation scolaire, le sexe, l'âge et la résidence, urbaine/rurale: chaque recensement, 1985 – 1993

(See notes at end of table. – Voir notes à la fin du tableau.)

Continent, country or area, date, age (in years) and urban/rural residence Continent, pays ou zone, date, âge (en années) et résidence urbaine/rurale	Both sexes – Les deux sexes			Male – Masculin			Female – Féminin		
	Total	Attending school Fréquentant les écoles		Total	Attending school Fréquentant les écoles		Total	Attending school Fréquentant les écoles	
		Number Nombre	Per cent P.100		Number Nombre	Per cent P.100		Number Nombre	Per cent P.100
AFRICA—AFRIQUE									
Botswana									
14 VIII 1991									
5 – 24	641 057	355 583	55.5	309 780	167 765	54.2	331 277	187 818	56.7
5	38 438	1 413	3.7	19 163	627	3.3	19 275	786	4.1
6	38 977	5 706	14.6	19 392	2 633	13.6	19 585	3 073	15.7
7	38 987	22 444	57.6	19 428	10 437	53.7	19 559	12 007	61.4
8	39 311	32 140	81.8	19 379	15 296	78.9	19 932	16 844	84.5
9	38 952	34 250	87.9	19 061	16 280	85.4	19 891	17 970	90.3
10	39 696	35 337	89.0	19 456	16 809	86.4	20 240	18 528	91.5
11	36 783	33 154	90.1	18 128	15 839	87.4	18 655	17 315	92.8
12	36 369	32 164	88.4	17 715	14 926	84.3	18 654	17 238	92.4
13	33 503	29 467	88.0	16 375	13 731	83.9	17 128	15 736	91.9
14	35 096	29 907	85.2	16 941	13 673	80.7	18 155	16 234	89.4
15	33 402	26 748	80.1	16 091	12 231	76.0	17 311	14 517	83.9
16	33 180	23 452	70.7	15 790	10 743	68.0	17 390	12 709	73.1
17	28 677	16 334	57.0	13 602	7 873	57.9	15 075	8 461	56.1
18	27 878	11 755	42.2	13 297	5 898	44.4	14 581	5 857	40.2
19	27 100	7 991	29.5	12 924	4 181	32.3	14 176	3 810	26.9
20	21 961	4 425	20.1	10 371	2 277	22.0	11 590	2 148	18.5
21	26 980	3 863	14.3	12 593	1 964	15.6	14 387	1 899	13.2
22	21 340	2 246	10.5	9 664	1 076	11.1	11 676	1 170	10.0
23	23 508	1 768	7.5	10 657	808	7.6	12 851	960	7.5
24	20 919	1 019	4.9	9 753	463	4.7	11 166	556	5.0
Burundi									
16 VIII 1990 [1]									
7 – 24	2 027 872	639 092	31.5	994 261	353 286	35.5	1 033 611	285 806	27.7
7	167 967	20 543	12.2	83 642	10 916	13.0	84 325	9 627	11.4
8	165 911	60 247	36.3	81 842	31 609	38.6	84 069	28 638	34.1
9	144 190	74 616	51.7	71 687	39 241	54.7	72 503	35 375	48.8
10	150 395	86 227	57.3	74 462	45 738	61.4	75 933	40 489	53.3
11	111 246	69 357	62.3	55 436	36 565	66.0	55 810	32 792	58.8
12	138 276	78 737	56.9	68 631	42 095	61.3	69 645	36 642	52.6
13	112 938	61 722	54.7	56 803	33 864	59.6	56 135	27 858	49.6
14	109 330	50 571	46.3	54 123	28 509	52.7	55 207	22 062	40.0
15	106 886	38 098	35.6	53 745	22 382	41.6	53 141	15 716	29.6
16	102 588	29 722	29.0	50 946	17 966	35.3	51 642	11 756	22.8
17	90 499	18 905	20.9	44 464	11 757	26.4	46 035	7 148	15.5
18	122 197	18 555	15.2	59 571	11 859	19.9	62 626	6 696	10.7
19	71 473	8 510	11.9	34 588	5 483	15.9	36 885	3 027	8.2
20	113 732	9 628	8.5	51 607	6 234	12.1	62 125	3 394	5.5
21	71 249	4 436	6.2	33 782	2 856	8.5	37 467	1 580	4.2
22	88 859	4 339	4.9	41 909	2 832	6.8	46 950	1 507	3.2
23	81 673	2 769	3.4	39 260	1 893	4.8	42 413	876	2.1
24	78 463	2 110	2.7	37 763	1 487	3.9	40 700	623	1.5

35. Population 5 to 24 years of age by school attendance, sex, age and urban/rural residence: each census, 1985 – 1993 (continued)
Population âgée de 5 à 24 ans, selon la fréquentation scolaire, le sexe, l'âge et la résidence, urbaine/rurale: chaque recensement, 1985 – 1993 (suite)

(See notes at end of table. – Voir notes à la fin du tableau.)

Continent, country or area, date, age (in years) and urban/rural residence Continent, pays ou zone, date, âge (en années) et résidence urbaine/rurale	Both sexes – Les deux sexes			Male – Masculin			Female – Féminin		
	Total	Attending school Fréquentant les écoles		Total	Attending school Fréquentant les écoles		Total	Attending school Fréquentant les écoles	
		Number Nombre	Per cent P.100		Number Nombre	Per cent P.100		Number Nombre	Per cent P.100
AFRICA—AFRIQUE (Cont.–Suite)									
Central African Republic – République centrafricaine									
8 XII 1988									
5 – 24	1 117 242	354 257	31.7	557 713	217 393	39.0	559 529	136 864	24.5
5	78 233	10 009	12.8	39 284	5 459	13.9	38 949	4 550	11.7
6	81 987	29 790	36.3	41 207	16 560	40.2	40 780	13 230	32.4
7	71 409	33 890	47.5	35 815	19 006	53.1	35 594	14 884	41.8
8	74 843	36 573	48.9	37 601	21 046	56.0	37 242	15 527	41.7
9	58 627	32 014	54.6	29 755	18 723	62.9	28 872	13 291	46.0
10	63 276	32 009	50.6	32 493	19 061	58.7	30 783	12 948	42.1
11	47 416	26 571	56.0	25 512	15 924	62.4	21 904	10 647	48.6
12	59 559	30 462	51.1	31 525	19 081	60.5	28 034	11 381	40.6
13	52 735	27 089	51.4	27 771	17 108	61.6	24 964	9 981	40.0
14	50 788	23 983	47.2	26 271	15 380	58.5	24 517	8 603	35.1
15	57 252	19 747	34.5	29 683	13 185	44.4	27 569	6 562	23.8
16	50 390	15 470	30.7	24 282	10 426	42.9	26 108	5 044	19.3
17	41 779	6 438	15.4	19 858	4 192	21.1	21 921	2 246	10.2
18	58 515	7 057	12.1	26 625	5 005	18.8	31 890	2 052	6.4
19	45 326	5 500	12.1	21 454	4 006	18.7	23 872	1 494	6.3
20	59 130	5 279	8.9	26 118	3 913	15.0	33 012	1 366	4.1
21	37 185	3 872	10.4	18 728	2 909	15.5	18 457	963	5.2
22	47 389	3 681	7.8	22 896	2 751	12.0	24 493	930	3.8
23	41 802	2 776	6.6	20 778	2 095	10.1	21 024	681	3.2
24	39 601	2 047	5.2	20 057	1 563	7.8	19 544	484	2.5
Comoros – Comores [2]									
15 IX 1991									
5 – 24	227 720	81 889	36.0	114 692	45 178	39.4	113 028	36 711	32.5
5	14 618	1 164	8.0	7 394	587	7.9	7 224	577	8.0
6	14 707	2 209	15.0	7 593	1 208	15.9	7 114	1 001	14.1
7	14 997	4 168	27.8	7 619	2 189	28.7	7 378	1 979	26.8
8	15 868	6 162	38.8	7 916	3 219	40.7	7 952	2 943	37.0
9	13 175	6 251	47.4	6 746	3 364	49.9	6 429	2 887	44.9
10	16 243	8 271	50.9	8 445	4 491	53.2	7 798	3 780	48.5
11	10 426	5 750	55.1	5 385	3 085	57.3	5 041	2 665	52.9
12	12 514	6 885	55.0	6 588	3 796	57.6	5 926	3 089	52.1
13	11 340	6 413	56.6	5 861	3 492	59.6	5 479	2 921	53.3
14	10 872	6 029	55.5	5 624	3 280	58.3	5 248	2 749	52.4
15	12 564	6 247	49.7	6 487	3 505	54.0	6 077	2 742	45.1
16	11 190	5 214	46.6	5 478	2 865	52.3	5 712	2 349	41.1
17	9 825	4 052	41.2	4 828	2 305	47.7	4 997	1 747	35.0
18	12 652	4 372	34.6	6 164	2 544	41.3	6 488	1 828	28.2
19	8 772	2 018	23.0	4 143	1 090	26.3	4 629	928	20.0
20	12 555	2 304	18.4	5 964	1 380	23.1	6 591	924	14.0
21	5 599	1 292	23.1	2 752	787	28.6	2 847	505	17.7
22	7 739	1 359	17.6	3 727	855	22.9	4 012	504	12.6
23	6 265	1 031	16.5	3 091	657	21.3	3 174	374	11.8
24	5 799	698	12.0	2 887	479	16.6	2 912	219	7.5

35. Population 5 to 24 years of age by school attendance, sex, age and urban/rural residence: each census, 1985 – 1993 (continued)

Population âgée de 5 à 24 ans, selon la fréquentation scolaire, le sexe, l'âge et la résidence, urbaine/rurale: chaque recensement, 1985 – 1993 (suite)

(See notes at end of table. – Voir notes à la fin du tableau.)

Continent, country or area, date, age (in years) and urban/rural residence Continent, pays ou zone, date, âge (en années) et résidence urbaine/rurale	Both sexes – Les deux sexes			Male – Masculin			Female – Féminin		
	Total	Attending school Fréquentant les écoles		Total	Attending school Fréquentant les écoles		Total	Attending school Fréquentant les écoles	
		Number Nombre	Per cent P.100		Number Nombre	Per cent P.100		Number Nombre	Per cent P.100
AFRICA—AFRIQUE (Cont.–Suite)									
Côte d'Ivoire									
1 III 1988									
6 – 24	4 603 358	1 697 582	36.9	2 302 175	1 031 336	44.8	2 301 183	666 246	29.0
6	366 572	148 079	40.4	187 890	83 692	44.5	178 682	64 387	36.0
7	353 948	194 863	55.1	181 594	111 096	61.2	172 354	83 767	48.6
8	330 298	194 198	58.8	167 416	110 886	66.2	162 882	83 312	51.1
9	290 111	175 293	60.4	147 854	100 867	68.2	142 257	74 426	52.3
10	267 228	157 579	59.0	136 734	91 971	67.3	130 494	65 608	50.3
11	227 026	141 194	62.2	118 179	83 771	70.9	108 847	57 423	52.8
12	279 962	158 431	56.6	147 292	97 787	66.4	132 670	60 644	45.7
13	248 465	132 909	53.5	129 012	83 225	64.5	119 453	49 684	41.6
14	194 418	94 778	48.7	98 786	60 018	60.8	95 632	34 760	36.3
15	217 491	74 799	34.4	107 387	49 510	46.1	110 104	25 289	23.0
16	180 548	51 846	28.7	86 374	34 832	40.3	94 174	17 014	18.1
17	200 778	45 341	22.6	94 040	31 134	33.1	106 738	14 207	13.3
18	220 125	35 924	16.3	101 517	25 224	24.8	118 608	10 700	9.0
19	205 708	27 360	13.3	98 456	19 573	19.9	107 252	7 787	7.3
20	237 294	21 141	8.9	110 171	15 388	14.0	127 123	5 753	4.5
21	181 383	14 897	8.2	90 775	10 811	11.9	90 608	4 086	4.5
22	209 711	12 098	5.8	101 321	8 849	8.7	108 390	3 249	3.0
23	204 981	9 703	4.7	102 473	7 282	7.1	102 508	2 421	2.4
24	187 311	7 149	3.8	94 904	5 420	5.7	92 407	1 729	1.9
Kenya									
24 VIII 1989									
6 – 24	9 959 972	6 085 572	61.1	4 919 990	3 181 162	64.7	5 039 982	2 904 410	57.6
6 – 9	2 688 650	1 735 630	64.6	1 348 368	865 095	64.2	1 340 282	870 535	65.0
10 – 14	2 989 692	2 580 040	86.3	1 504 044	1 311 765	87.2	1 485 648	1 268 275	85.4
15 – 19	2 378 696	1 490 744	62.7	1 177 984	822 731	69.8	1 200 712	668 013	55.6
20 – 24	1 902 934	279 158	14.7	889 594	181 571	20.4	1 013 340	97 587	9.6
Malawi									
1 IX 1987 [3]									
5 – 24	3 724 539	1 036 791	27.8	1 808 585	584 236	32.3	1 915 954	452 555	23.6
5	290 877	7 364	2.5	144 768	3 564	2.5	146 109	3 800	2.6
6	273 620	25 339	9.3	134 747	12 151	9.0	138 873	13 188	9.5
7	263 643	47 560	18.0	131 131	23 506	17.9	132 512	24 054	18.2
8	243 196	62 978	25.9	119 636	31 360	26.2	123 560	31 618	25.6
9	237 918	76 279	32.1	116 407	37 959	32.6	121 511	38 320	31.5
10	232 238	93 702	40.3	117 311	47 416	40.4	114 927	46 286	40.3
11	170 963	84 425	49.4	85 501	42 686	49.9	85 462	41 739	48.8
12	226 841	109 457	48.3	117 040	57 593	49.2	109 801	51 864	47.2
13	170 491	91 343	53.6	84 923	47 567	56.0	85 568	43 776	51.2
14	174 793	89 331	51.1	88 923	48 364	54.4	85 870	40 967	47.7
15	179 517	86 621	48.3	91 411	49 561	54.2	88 106	37 060	42.1
16	150 171	64 903	43.2	73 699	39 029	53.0	76 472	25 874	33.8
17	140 579	53 784	38.3	68 725	35 086	51.1	71 854	18 698	26.0
18	162 748	43 059	26.5	73 393	30 394	41.4	89 355	12 665	14.2
19	136 894	31 543	23.0	60 514	23 241	38.4	76 380	8 302	10.9
20	153 271	24 061	15.7	64 873	18 462	28.5	88 398	5 599	6.3
21	128 006	17 059	13.3	57 774	13 464	23.3	70 232	3 595	5.1
22	124 332	11 758	9.5	56 154	9 498	16.9	68 178	2 260	3.3
23	135 191	10 101	7.5	62 516	8 321	13.3	72 675	1 780	2.4
24	129 250	6 124	4.7	59 139	5 014	8.5	70 111	1 110	1.6

35. Population 5 to 24 years of age by school attendance, sex, age and urban/rural residence: each census, 1985 – 1993 (continued)
Population âgée de 5 à 24 ans, selon la fréquentation scolaire, le sexe, l'âge et la résidence, urbaine/rurale: chaque recensement, 1985 – 1993 (suite)

(See notes at end of table. – Voir notes à la fin du tableau.)

Continent, country or area, date, age (in years) and urban/rural residence Continent, pays ou zone, date, âge (en années) et résidence urbaine/rurale	Both sexes – Les deux sexes			Male – Masculin			Female – Féminin		
	Total	Attending school Fréquentant les écoles		Total	Attending school Fréquentant les écoles		Total	Attending school Fréquentant les écoles	
		Number Nombre	Per cent P.100		Number Nombre	Per cent P.100		Number Nombre	Per cent P.100
AFRICA—AFRIQUE (Cont.–Suite)									
Mauritius – Maurice									
1 VII 1990 [1]									
5 – 24	416 621	228 117	54.8	211 336	116 205	55.0	205 285	111 912	54.5
5	18 441	17 863	96.9	9 453	9 177	97.1	8 988	8 686	96.6
6	19 443	19 171	98.6	9 885	9 749	98.6	9 558	9 422	98.6
7	20 213	19 914	98.5	10 207	10 059	98.5	10 006	9 855	98.5
8	22 045	21 624	98.1	11 107	10 902	98.2	10 938	10 722	98.0
9	23 340	22 754	97.5	11 849	11 547	97.5	11 491	11 207	97.5
10	24 770	23 807	96.1	12 508	11 992	95.9	12 262	11 815	96.4
11	23 366	21 287	91.1	11 757	10 650	90.6	11 609	10 637	91.6
12	22 924	17 329	75.6	11 602	8 714	75.1	11 322	8 615	76.1
13	21 733	14 316	65.9	11 065	7 210	65.2	10 668	7 106	66.6
14	20 480	12 126	59.2	10 239	5 983	58.4	10 241	6 143	60.0
15	21 281	11 636	54.7	10 766	5 936	55.1	10 515	5 700	54.2
16	20 540	9 702	47.2	10 332	4 939	47.8	10 208	4 763	46.7
17	17 968	6 415	35.7	9 199	3 406	37.0	8 769	3 009	34.3
18	18 811	4 642	24.7	9 415	2 576	27.4	9 396	2 066	22.0
19	18 602	2 656	14.3	9 526	1 553	16.3	9 076	1 103	12.2
20	20 349	1 307	6.4	10 449	798	7.6	9 900	509	5.1
21	18 622	568	3.0	9 497	365	3.8	9 125	203	2.2
22	21 008	410	2.0	10 641	249	2.3	10 367	161	1.6
23	20 337	299	1.5	10 442	204	2.0	9 895	95	1.0
24	22 348	291	1.3	11 397	196	1.7	10 951	95	0.9
Namibia – Namibie									
20 X 1991 [4]									
6 – 24	623 515	423 830	68.0	307 340	206 755	67.3	316 175	217 075	68.7
6	41 753	22 549	54.0	20 780	10 715	51.6	20 973	11 834	56.4
7	36 732	28 087	76.5	18 401	13 583	73.8	18 331	14 504	79.1
8	36 966	31 191	84.4	18 171	15 027	82.7	18 795	16 164	86.0
9	34 871	30 676	88.0	17 295	14 950	86.4	17 576	15 726	89.5
10	37 492	33 935	90.5	18 497	16 441	88.9	18 995	17 494	92.1
11	35 121	32 390	92.2	17 375	15 711	90.4	17 746	16 679	94.0
12	35 623	32 221	90.4	17 820	15 733	88.3	17 803	16 488	92.6
13	33 734	30 661	90.9	16 844	14 996	89.0	16 890	15 665	92.7
14	34 933	31 069	88.9	17 300	15 025	86.8	17 633	16 044	91.0
15	34 091	28 988	85.0	16 824	13 926	82.8	17 267	15 062	87.2
16	34 966	28 122	80.4	16 942	13 317	78.6	18 024	14 805	82.1
17	31 417	23 403	74.5	15 549	11 482	73.8	15 868	11 921	75.1
18	33 869	21 410	63.2	16 753	10 574	63.1	17 116	10 836	63.3
19	31 212	16 578	53.1	15 318	8 347	54.5	15 894	8 231	51.8
20	28 109	11 067	39.4	13 722	5 811	42.3	14 387	5 256	36.5
21	29 222	9 022	30.9	14 341	4 791	33.4	14 881	4 231	28.4
22	24 839	5 730	23.1	12 112	2 972	24.5	12 727	2 758	21.7
23	25 866	4 239	16.4	12 416	2 116	17.0	13 450	2 123	15.8
24	22 699	2 492	11.0	10 880	1 238	11.4	11 819	1 254	10.6

35. Population 5 to 24 years of age by school attendance, sex, age and urban/rural residence: each census, 1985 – 1993 (continued)
Population âgée de 5 à 24 ans, selon la fréquentation scolaire, le sexe, l'âge et la résidence, urbaine/rurale: chaque recensement, 1985 – 1993 (suite)

(See notes at end of table. – Voir notes à la fin du tableau.)

Continent, country or area, date, age (in years) and urban/rural residence Continent, pays ou zone, date, âge (en années) et résidence urbaine/rurale	Both sexes – Les deux sexes			Male – Masculin			Female – Féminin		
	Total	Attending school Fréquentant les écoles		Total	Attending school Fréquentant les écoles		Total	Attending school Fréquentant les écoles	
		Number Nombre	Per cent P.100		Number Nombre	Per cent P.100		Number Nombre	Per cent P.100
AFRICA—AFRIQUE (Cont.–Suite)									
Swaziland									
25 VIII 1986									
5 – 24	334 964	170 647	50.9	160 167	85 635	53.5	174 797	85 012	48.6
5	24 404	1 806	7.4	12 105	823	6.8	12 299	983	8.0
6	21 931	6 569	30.0	10 831	3 049	28.1	11 100	3 520	31.7
7	20 757	11 904	57.3	10 240	5 691	55.6	10 517	6 213	59.1
8	21 241	15 303	72.0	10 490	7 368	70.2	10 751	7 935	73.8
9	19 582	15 592	79.6	9 639	7 535	78.2	9 943	8 057	81.0
10	20 207	16 343	80.9	10 115	8 048	79.6	10 092	8 295	82.2
11	17 510	14 667	83.8	8 677	7 201	83.0	8 833	7 466	84.5
12	19 812	16 447	83.0	9 871	8 101	82.1	9 941	8 346	84.0
13	17 959	14 718	82.0	8 760	7 110	81.2	9 199	7 608	82.7
14	17 501	13 658	78.0	8 631	6 683	77.4	8 870	6 975	78.6
15	16 184	11 490	71.0	7 949	5 754	72.4	8 235	5 736	69.7
16	15 704	9 670	61.6	7 681	5 085	66.2	8 023	4 585	57.1
17	13 715	7 095	51.7	6 667	3 965	59.5	7 048	3 130	44.4
18	17 272	6 348	36.8	8 360	3 709	44.4	8 912	2 639	29.6
19	12 799	3 378	26.4	5 815	2 057	35.4	6 984	1 321	18.9
20	13 686	2 254	16.5	5 846	1 418	24.3	7 840	836	10.7
21	11 889	1 429	12.0	5 037	869	17.3	6 852	560	8.2
22	11 448	956	8.3	4 753	589	12.4	6 695	367	5.5
23	11 068	615	5.6	4 467	365	8.2	6 601	250	3.8
24	10 295	405	3.9	4 233	215	5.1	6 062	190	3.1
AMERICA,NORTH—AMERIQUE DU NORD									
Aruba									
6 X 1991 [1]									
5 – 24	19 638	14 405	73.4	10 044	7 353	73.2	9 594	7 053	73.5
5	1 096	1 073	97.9	602	586	97.3	494	488	98.8
6	1 139	1 124	98.7	569	563	98.9	570	562	98.6
7	1 111	1 099	98.9	570	568	99.6	541	531	98.2
8	1 128	1 118	99.1	577	571	99.0	551	547	99.3
9	1 023	1 013	99.0	515	509	98.8	509	504	99.0
10	1 076	1 068	99.3	543	538	99.1	534	530	99.2
11	1 093	1 081	98.9	561	552	98.4	532	528	99.2
12	1 095	1 082	98.8	547	538	98.4	548	544	99.3
13	1 007	990	98.3	540	534	98.9	467	457	97.9
14	956	928	97.1	463	449	97.0	493	478	97.0
15	915	872	95.3	474	453	95.6	441	418	94.8
16	912	807	88.5	450	402	89.3	462	405	87.7
17	873	684	78.3	420	326	77.6	452	359	79.4
18	866	506	58.4	483	280	58.0	384	227	59.1
19	935	409	43.7	486	217	44.6	449	191	42.5
20	893	228	25.5	441	111	25.2	452	116	25.7
21	900	161	17.9	475	83	17.5	424	78	18.4
22	830	71	8.6	439	29	6.6	391	42	10.7
23	918	53	5.8	441	26	5.9	477	27	5.7
24	872	38	4.4	448	18	4.0	423	21	5.0
Bahamas									
1 V 1990*									
5 – 24	96 870	65 765	67.9	48 443	32 423	66.9	48 427	33 342	68.8
5 – 9	25 085	23 925	95.4	12 756	12 122	95.0	12 329	11 803	95.7
10 – 14	23 878	23 270	97.5	12 035	11 704	97.2	11 843	11 566	97.7
15 – 19	24 735	15 008	60.7	12 302	7 174	58.3	12 433	7 834	63.0
20 – 24	23 172	3 562	15.4	11 350	1 423	12.5	11 822	2 139	18.1

35. Population 5 to 24 years of age by school attendance, sex, age and urban/rural residence: each census, 1985 – 1993 (continued)
Population âgée de 5 à 24 ans, selon la fréquentation scolaire, le sexe, l'âge et la résidence, urbaine/rurale: chaque recensement, 1985 – 1993 (suite)

(See notes at end of table. – Voir notes à la fin du tableau.)

Continent, country or area, date, age (in years) and urban/rural residence Continent, pays ou zone, date, âge (en années) et résidence urbaine/rurale	Both sexes – Les deux sexes			Male – Masculin			Female – Féminin		
	Total	Attending school Fréquentant les écoles		Total	Attending school Fréquentant les écoles		Total	Attending school Fréquentant les écoles	
		Number Nombre	Per cent P.100		Number Nombre	Per cent P.100		Number Nombre	Per cent P.100
AMERICA,NORTH— (Cont.–Suite) AMERIQUE DU NORD									
Belize									
12 V 1991									
5 – 24	89 083	53 901	60.5	44 714	27 172	60.8	44 369	26 729	60.2
5	5 729	4 120	71.9	2 948	2 106	71.4	2 781	2 014	72.4
6	5 601	4 954	88.4	2 823	2 485	88.0	2 778	2 469	88.9
7	5 587	5 268	94.3	2 825	2 676	94.7	2 762	2 592	93.8
8	5 479	5 241	95.7	2 690	2 571	95.6	2 789	2 670	95.7
9	5 213	5 015	96.2	2 622	2 515	95.9	2 591	2 500	96.5
10	5 134	4 937	96.2	2 677	2 572	96.1	2 457	2 365	96.3
11	4 990	4 762	95.4	2 577	2 466	95.7	2 413	2 296	95.2
12	4 658	4 304	92.4	2 313	2 158	93.3	2 345	2 146	91.5
13	4 935	4 223	85.6	2 513	2 201	87.6	2 422	2 022	83.5
14	4 465	2 983	66.8	2 226	1 542	69.3	2 239	1 441	64.4
15	4 404	2 366	53.7	2 176	1 111	51.1	2 228	1 255	56.3
16	4 208	1 907	45.3	2 104	937	44.5	2 104	970	46.1
17	3 950	1 436	36.4	2 007	710	35.4	1 943	726	37.4
18	3 963	977	24.7	1 943	463	23.8	2 020	514	25.4
19	3 837	611	15.9	1 874	311	16.6	1 963	300	15.3
20	3 741	325	8.7	1 831	147	8.0	1 910	178	9.3
21	3 324	173	5.2	1 648	77	4.7	1 676	96	5.7
22	3 339	119	3.6	1 668	44	2.6	1 671	75	4.5
23	3 422	102	3.0	1 722	43	2.5	1 700	59	3.5
24	3 104	78	2.5	1 527	37	2.4	1 577	41	2.6
Bermuda – Bermudes									
20 V 1991 [1]									
5 – 24	15 432	10 996	71.3	7 799	5 405	69.3	7 633	5 591	73.2
5	786	710	90.3	392	349	89.0	394	361	91.6
6	793	787	99.2	404	402	99.5	389	385	99.0
7	799	789	98.7	413	408	98.8	386	381	98.7
8	786	781	99.4	395	393	99.5	391	388	99.2
9	721	716	99.3	363	361	99.4	358	355	99.2
10	758	752	99.2	361	358	99.2	397	394	99.2
11	721	715	99.2	390	386	99.0	331	329	99.4
12	651	647	99.4	330	329	99.7	321	318	99.1
13	669	665	99.4	342	340	99.4	327	325	99.4
14	670	667	99.6	313	312	99.7	357	355	99.4
15	707	696	98.4	348	341	98.0	359	355	98.9
16	704	699	99.3	353	338	95.7	351	341	97.1
17	696	574	82.5	367	286	77.9	329	288	87.5
18	754	445	59.0	383	207	54.0	371	238	64.1
19	811	386	47.6	415	167	40.2	396	219	55.3
20	850	313	36.8	437	146	33.4	413	167	40.4
21	818	234	28.6	416	109	26.2	402	125	31.1
22	849	203	23.9	419	79	18.9	430	124	28.8
23	866	100	11.5	432	46	10.6	434	74	17.0
24	1 023	117	11.4	526	48	9.1	497	69	13.9
Canada									
4 VI 1991 [1,4,5,6,7]									
15 – 24	3 832 825	2 364 525	61.7	1 947 200	1 191 245	61.2	1 885 625	1 173 280	62.2
15	378 485	347 685	91.9	194 345	177 740	91.5	184 140	169 950	92.3
16	380 115	342 520	90.1	196 845	176 880	89.9	183 275	165 640	90.4
17	366 325	317 350	86.6	187 990	161 610	86.0	178 335	155 745	87.3
18	370 635	291 490	78.6	190 600	148 220	77.8	180 035	143 265	79.6
19	376 660	250 825	66.6	191 540	123 410	64.4	185 125	127 410	68.8
20	396 315	226 075	57.0	201 655	109 815	54.5	194 655	116 260	59.7
21	390 825	190 550	48.8	197 790	93 775	47.4	193 035	96 775	50.1
22	384 665	158 725	41.3	193 500	79 205	40.9	191 165	79 520	41.6
23	389 060	131 430	33.8	196 035	66 990	34.2	193 030	64 440	33.4
24	399 735	107 880	27.0	196 900	53 600	27.2	202 835	54 275	26.8

35. Population 5 to 24 years of age by school attendance, sex, age and urban/rural residence: each census, 1985 – 1993 (continued)
Population âgée de 5 à 24 ans, selon la fréquentation scolaire, le sexe, l'âge et la résidence, urbaine/rurale: chaque recensement, 1985 – 1993 (suite)

(See notes at end of table. – Voir notes à la fin du tableau.)

Continent, country or area, date, age (in years) and urban/rural residence Continent, pays ou zone, date, âge (en années) et résidence urbaine/rurale	Both sexes – Les deux sexes			Male – Masculin			Female – Féminin		
	Total	Attending school Fréquentant les écoles		Total	Attending school Fréquentant les écoles		Total	Attending school Fréquentant les écoles	
		Number Nombre	Per cent P.100		Number Nombre	Per cent P.100		Number Nombre	Per cent P.100
AMERICA,NORTH— (Cont.–Suite) AMERIQUE DU NORD									
Cayman Islands – Iles Caïmanes									
15 X 1989 [1]									
5–24	8 068	4 856	60.2	4 010	2 344	58.5	4 058	2 512	61.9
5	418	390	93.3	215	201	93.5	203	189	93.1
6	374	345	92.2	206	190	92.2	168	155	92.3
7	364	344	94.5	172	164	95.3	192	180	93.7
8	365	346	94.8	158	150	94.9	207	196	94.7
9	404	390	96.5	193	185	95.9	211	205	97.2
10	366	343	93.7	197	182	92.4	169	161	95.3
11	362	348	96.1	184	174	94.6	178	174	97.8
12	346	326	94.2	193	183	94.8	153	143	93.5
13	363	340	93.7	185	175	94.6	178	165	92.7
14	379	359	94.7	183	172	94.0	196	187	95.4
15	355	325	91.5	171	154	90.1	184	171	92.9
16	423	269	63.6	198	120	60.6	225	149	66.2
17	459	173	37.7	210	67	31.9	249	106	42.6
18	382	92	24.1	186	38	20.4	196	54	27.6
19	434	102	23.5	201	35	17.4	233	67	28.8
20	409	97	23.7	214	40	18.7	195	57	29.2
21	451	86	19.1	223	34	15.2	228	52	22.8
22	427	64	15.0	221	29	13.1	206	35	17.0
23	491	58	11.8	249	25	10.0	242	33	13.6
24	496	59	11.9	251	26	10.4	245	33	13.5
Panama									
13 V 1990 [8]									
5–24	1 010 710	621 497	61.5	511 696	311 976	61.0	499 014	309 521	62.0
5	58 065	25 366	43.7	29 622	12 819	43.3	28 443	12 547	44.1
6	53 363	41 769	78.3	27 080	21 109	77.9	26 283	20 660	78.6
7	54 977	48 507	88.2	27 965	24 658	88.2	27 012	23 849	88.3
8	55 778	50 600	90.7	28 645	25 938	90.5	27 133	24 662	90.9
9	54 378	50 041	92.0	27 700	25 458	91.9	26 678	24 583	92.1
10	53 830	50 579	94.0	27 426	25 702	93.7	26 404	24 877	94.2
11	50 611	47 693	94.2	25 918	24 474	94.4	24 693	23 219	94.0
12	52 208	46 461	89.0	27 007	24 129	89.3	25 201	22 332	88.6
13	49 712	41 633	83.7	25 205	21 319	84.6	24 507	20 314	82.9
14	51 029	38 930	76.3	26 068	20 020	76.8	24 961	18 910	75.8
15	49 046	33 635	68.6	24 530	16 832	68.6	24 516	16 803	68.5
16	49 025	30 527	62.3	24 721	15 234	61.6	24 304	15 293	62.9
17	50 040	26 689	53.3	25 308	13 259	52.4	24 732	13 430	54.3
18	52 947	22 112	41.8	26 872	10 874	40.5	26 075	11 238	43.1
19	47 303	16 459	34.8	23 442	7 646	32.6	23 861	8 813	36.9
20–24	228 398	50 496	22.1	114 187	22 505	19.7	114 211	27 991	24.5

35. Population 5 to 24 years of age by school attendance, sex, age and urban/rural residence: each census, 1985 – 1993 (continued)
Population âgée de 5 à 24 ans, selon la fréquentation scolaire, le sexe, l'âge et la résidence, urbaine/rurale: chaque recensement, 1985 – 1993 (suite)

(See notes at end of table. – Voir notes à la fin du tableau.)

Continent, country or area, date, age (in years) and urban/rural residence Continent, pays ou zone, date, âge (en années) et résidence urbaine/rurale	Both sexes – Les deux sexes			Male – Masculin			Female – Féminin		
	Total	Attending school Fréquentant les écoles		Total	Attending school Fréquentant les écoles		Total	Attending school Fréquentant les écoles	
		Number Nombre	Per cent P.100		Number Nombre	Per cent P.100		Number Nombre	Per cent P.100
AMERICA,NORTH— (Cont.–Suite) AMERIQUE DU NORD									
United States – Etats–Unis									
1 IV 1990 [9 10]									
5 – 24	71 577 341	53 191 841	74.3	36 607 653	27 153 684	74.2	34 969 688	26 038 157	74.5
5	3 687 014	2 511 261	68.1	1 888 420	1 281 576	67.9	1 798 594	1 229 685	68.4
6	3 583 550	3 311 542	92.4	1 832 824	1 692 100	92.3	1 750 726	1 619 442	92.5
7	3 653 895	3 456 446	94.6	1 872 783	1 770 277	94.5	1 781 112	1 686 169	94.7
8	3 513 893	3 350 276	95.3	1 798 642	1 715 065	95.4	1 715 251	1 635 211	95.3
9	3 688 549	3 529 044	95.7	1 897 887	1 814 553	95.6	1 790 662	1 714 491	95.7
10	3 642 866	3 484 577	95.7	1 868 652	1 785 184	95.5	1 774 214	1 699 393	95.8
11	3 462 863	3 328 693	96.1	1 775 431	1 705 546	96.1	1 687 432	1 623 147	96.2
12	3 420 222	3 296 080	96.4	1 752 115	1 686 865	96.3	1 668 107	1 609 215	96.5
13	3 355 682	3 236 770	96.5	1 713 479	1 650 923	96.3	1 642 203	1 585 847	96.6
14	3 269 501	3 150 828	96.4	1 678 058	1 615 157	96.3	1 591 443	1 535 671	96.5
15	3 338 471	3 195 979	95.7	1 717 714	1 644 346	95.7	1 620 757	1 551 633	95.7
16	3 317 949	3 089 737	93.1	1 708 258	1 591 381	93.2	1 609 691	1 498 356	93.1
17	3 407 993	3 009 130	88.3	1 764 168	1 554 421	88.1	1 643 825	1 454 709	88.5
18	3 607 519	2 657 659	73.7	1 845 728	1 348 514	73.1	1 761 791	1 309 145	74.3
19	3 981 987	2 316 662	58.2	2 024 109	1 138 663	56.3	1 957 878	1 177 999	60.2
20	3 916 578	1 893 657	48.3	1 994 384	920 586	46.2	1 922 194	973 071	50.6
21	3 735 874	1 592 363	42.6	1 906 570	784 061	41.1	1 829 304	808 302	44.2
22	3 571 664	1 174 989	32.9	1 817 457	605 955	33.3	1 754 207	569 034	32.4
23	3 671 422	879 464	24.0	1 862 304	465 884	25.0	1 809 118	413 580	22.9
24	3 749 849	726 684	19.4	1 888 670	382 627	20.3	1 861 179	344 057	18.5
AMERICA,SOUTH— AMERIQUE DU SUD									
Argentina – Argentine									
15 V 1991									
5 – 24	11 924 742	8 306 485	69.7	5 975 965	4 126 942	69.1	5 948 777	4 179 543	70.3
5 – 9	3 277 937	3 094 700	94.4	1 657 514	1 563 209	94.3	1 620 423	1 531 491	94.5
10 – 14	3 342 577	3 071 239	91.9	1 686 997	1 549 695	91.9	1 655 580	1 521 544	91.9
15 – 19	2 850 105	1 548 764	54.3	1 417 619	735 486	51.9	1 432 486	813 278	56.8
20 – 24	2 454 123	591 782	24.1	1 213 835	278 552	22.9	1 240 288	313 230	25.3
Bolivia – Bolivie									
3 VI 1992* [4]									
6 – 24	2 725 000	1 722 651	63.2	1 361 962	895 178	65.7	1 363 038	827 473	60.7
6	184 031	124 118	67.4	92 864	62 740	67.6	91 167	61 378	67.3
7	173 481	147 645	85.1	88 428	75 903	85.8	85 053	71 742	84.3
8	176 210	157 013	89.1	89 011	79 959	89.8	87 199	77 054	88.4
9	163 377	149 134	91.3	82 025	75 411	91.9	81 352	73 723	90.6
10	173 842	152 907	88.0	88 600	78 873	89.0	85 242	74 034	86.9
11	154 061	136 627	88.7	79 272	71 416	90.1	74 789	65 211	87.2
12	183 909	154 104	83.8	95 192	82 372	86.5	88 717	71 732	80.9
13	152 942	121 948	79.7	77 185	64 459	83.5	75 757	57 489	75.9
14	150 978	109 619	72.6	75 264	58 307	77.5	75 714	51 312	67.8
15	143 436	94 134	65.6	70 627	49 860	70.6	72 809	44 274	60.8
16	136 214	81 761	60.0	67 306	43 130	64.1	68 908	38 631	56.1
17	131 908	70 167	53.2	66 371	36 805	55.5	65 537	33 362	50.9
18	138 457	57 747	41.7	69 238	29 596	42.7	69 219	28 151	40.7
19	113 396	42 813	37.8	55 553	21 331	38.4	57 843	21 482	37.1
20 – 24	548 758	122 914	22.4	265 026	65 016	24.5	283 732	57 898	20.4

35. Population 5 to 24 years of age by school attendance, sex, age and urban/rural residence: each census, 1985 – 1993 (continued)

Population âgée de 5 à 24 ans, selon la fréquentation scolaire, le sexe, l'âge et la résidence, urbaine/rurale: chaque recensement, 1985 – 1993 (suite)

(See notes at end of table. – Voir notes à la fin du tableau.)

Continent, country or area, date, age (in years) and urban/rural residence Continent, pays ou zone, date, âge (en années) et résidence urbaine/rurale	Both sexes – Les deux sexes			Male – Masculin			Female – Féminin		
	Total	Attending school – Fréquentant les écoles		Total	Attending school – Fréquentant les écoles		Total	Attending school – Fréquentant les écoles	
		Number Nombre	Per cent P.100		Number Nombre	Per cent P.100		Number Nombre	Per cent P.100
AMERICA,SOUTH— (Cont.–Suite) AMERIQUE DU SUD									
Uruguay									
23 X 1985 [4 11 12]									
6 – 24	928 000	576 800	62.2	468 300	287 300	61.3	459 800	289 100	62.9
6	53 500	43 100	80.6	26 900	21 500	79.9	26 600	21 600	81.2
7	54 600	52 800	96.7	28 000	27 000	96.4	26 700	25 800	96.6
8	56 100	54 700	97.5	28 600	27 900	97.6	27 500	26 800	97.5
9	55 200	53 800	97.5	27 800	27 100	97.5	27 400	26 700	97.4
10	54 200	52 600	97.0	27 800	26 900	96.8	26 400	25 700	97.3
11	51 400	49 700	96.7	25 700	24 900	96.9	25 600	24 800	96.9
12	51 200	47 300	92.4	26 600	24 300	91.4	24 600	22 900	93.1
13	47 600	41 100	86.3	24 200	21 100	87.2	23 300	20 100	86.3
14	49 000	36 900	75.3	25 300	19 300	76.3	23 700	17 600	74.3
15	47 300	30 700	64.9	23 600	15 000	63.6	23 700	15 700	66.2
16	48 400	26 400	54.5	24 600	12 800	52.0	23 800	13 700	57.6
17	45 100	21 100	46.8	22 700	9 700	42.7	22 400	11 400	50.9
18	44 200	15 900	36.0	22 200	7 100	32.0	22 100	8 700	39.4
19	43 100	12 800	29.7	21 700	5 700	26.3	21 500	7 000	32.6
20	44 700	9 900	22.1	22 300	4 200	18.8	22 400	5 600	25.0
21	44 900	9 000	20.0	22 400	3 900	17.4	22 400	5 000	22.3
22	45 800	7 400	16.2	22 500	3 500	15.6	23 300	4 000	17.2
23	46 200	6 200	13.4	22 900	2 700	11.8	23 400	3 400	14.5
24	45 500	5 400	11.9	22 500	2 700	12.0	23 000	2 600	11.3
Venezuela									
20 X 1990 [13]									
5 – 24	8 048 493	5 044 186	62.7	...	...	...	...	...	...
5	460 431	312 728	67.9	...	...	...	...	...	...
6	452 020	359 040	79.4	...	...	...	...	...	...
7	455 663	388 465	85.3	...	...	...	...	...	...
8	441 624	385 102	87.2	...	...	...	...	...	...
9	444 060	393 000	88.5	...	...	...	...	...	...
10	464 344	412 383	88.8	...	...	...	...	...	...
11	435 952	386 739	88.7	...	...	...	...	...	...
12	424 250	369 568	87.1	...	...	...	...	...	...
13	416 098	347 228	83.4	...	...	...	...	...	...
14	406 350	311 263	76.6	...	...	...	...	...	...
15 – 19	1 922 514	961 157	50.0	...	...	...	...	...	...
20 – 24	1 725 187	417 513	24.2	...	...	...	...	...	...
ASIA—ASIE									
Bahrain – Bahreïn									
16 XI 1991									
5 – 24	183 358	127 302	69.4	95 130	64 214	67.5	88 228	63 088	71.5
5	11 300	5 440	48.1	5 751	2 783	48.4	5 549	2 657	47.9
6	11 259	10 046	89.2	5 795	5 177	89.3	5 464	4 869	89.1
7	11 182	10 837	96.9	5 665	5 481	96.8	5 517	5 356	97.1
8	10 273	10 070	98.0	5 305	5 188	97.8	4 968	4 882	98.3
9	10 148	9 970	98.2	5 277	5 192	98.4	4 871	4 778	98.1
10	9 997	9 861	98.6	5 092	5 023	98.6	4 905	4 838	98.6
11	9 577	9 419	98.3	4 898	4 823	98.5	4 679	4 596	98.2
12	9 354	9 275	99.2	4 794	4 763	99.4	4 560	4 512	98.9
13	9 229	9 118	98.8	4 629	4 578	98.9	4 600	4 540	98.7
14	8 665	8 500	98.1	4 399	4 307	97.9	4 266	4 193	98.3
15	8 285	7 984	96.4	4 197	4 019	95.8	4 088	3 965	97.0
16	7 389	6 860	92.8	3 759	3 427	91.2	3 630	3 433	94.6
17	7 069	5 980	84.6	3 524	2 884	81.8	3 545	3 096	87.3
18	6 934	4 389	63.3	3 576	2 173	60.8	3 358	2 216	66.0
19	7 012	3 069	43.8	3 605	1 459	40.5	3 407	1 610	47.3
20	7 459	2 210	29.6	3 911	996	25.5	3 548	1 214	34.2
21	7 776	1 508	19.4	4 169	676	16.2	3 607	832	23.1
22	9 224	1 259	13.6	4 948	590	11.9	4 276	669	15.6
23	10 413	907	8.7	5 663	413	7.3	4 750	494	10.4
24	10 813	600	5.5	6 173	262	4.2	4 640	338	7.3

35. Population 5 to 24 years of age by school attendance, sex, age and urban/rural residence: each census, 1985 – 1993 (continued)

Population âgée de 5 à 24 ans, selon la fréquentation scolaire, le sexe, l'âge et la résidence, urbaine/rurale: chaque recensement, 1985 – 1993 (suite)

(See notes at end of table. – Voir notes à la fin du tableau.)

Continent, country or area, date, age (in years) and urban/rural residence Continent, pays ou zone, date, âge (en années) et résidence urbaine/rurale	Both sexes – Les deux sexes			Male – Masculin			Female – Féminin		
	Total	Attending school Fréquentant les écoles		Total	Attending school Fréquentant les écoles		Total	Attending school Fréquentant les écoles	
		Number Nombre	Per cent P.100		Number Nombre	Per cent P.100		Number Nombre	Per cent P.100
ASIA—ASIE (Cont.–Suite)									
Hong Kong – Hong-kong									
11 III 1986 [14]									
5 – 24	1 866 308	1 174 068	62.9	964 647	611 525	63.4	901 661	562 543	62.4
5	84 622	83 407	98.6	43 966	43 289	98.5	40 656	40 118	98.7
6	83 385	83 036	99.6	42 794	42 605	99.6	40 591	40 431	99.6
7	82 065	81 691	99.5	42 446	42 224	99.5	39 619	39 467	99.6
8	82 968	82 548	99.5	43 350	43 161	99.6	39 618	39 387	99.4
9	83 020	82 616	99.5	43 279	43 076	99.5	39 741	39 540	99.5
10	83 838	83 364	99.4	44 095	43 831	99.4	39 743	39 533	99.5
11	88 598	88 047	99.4	45 915	45 658	99.4	42 683	42 389	99.3
12	88 332	87 457	99.0	46 276	45 737	98.8	42 056	41 720	99.2
13	90 219	89 274	99.0	47 536	47 029	98.9	42 683	42 245	99.0
14	86 402	83 827	97.0	44 901	43 301	96.4	41 501	40 526	97.6
15	86 432	78 298	90.6	45 270	40 325	89.1	41 162	37 973	92.3
16	86 838	70 074	80.7	44 685	34 544	77.3	42 153	35 530	84.3
17	91 676	59 505	64.9	48 386	29 945	61.9	43 290	29 560	68.3
18	91 549	43 126	47.1	47 450	21 727	45.8	44 099	21 399	48.5
19	94 829	27 713	29.2	49 110	14 945	30.4	45 719	12 768	27.9
20	99 594	18 438	18.5	50 731	10 465	20.6	48 863	7 973	16.3
21	109 723	13 881	12.6	55 547	8 358	15.0	54 176	5 523	10.2
22	113 975	9 247	8.1	57 740	5 747	10.0	56 235	3 500	6.2
23	121 051	5 670	4.7	61 882	3 647	5.9	59 169	2 023	3.4
24	117 192	2 849	2.4	59 288	1 911	3.2	57 904	938	1.6
15 III 1991 [14, 15]									
5 – 24	1 653 246	1 152 614	69.7	852 315	593 989	69.7	800 931	558 625	69.7
5	74 412	73 817	99.2	38 734	38 420	99.2	35 678	35 397	99.2
6	76 395	76 118	99.6	39 803	39 639	99.6	36 592	36 479	99.7
7	81 391	81 237	99.8	42 108	42 007	99.8	39 283	39 230	99.9
8	85 094	84 989	99.9	44 071	44 004	99.8	41 023	40 985	99.9
9	85 895	85 774	99.9	44 540	44 486	99.9	41 355	41 288	99.8
10	84 749	84 586	99.8	44 120	44 048	99.8	40 629	40 538	99.8
11	82 204	82 054	99.8	42 599	42 517	99.8	39 605	39 537	99.8
12	82 321	81 696	99.2	42 657	42 317	99.2	39 664	39 379	99.3
13	80 020	79 426	99.3	41 603	41 224	99.1	38 417	38 202	99.4
14	80 924	78 646	97.2	42 361	40 918	96.6	38 563	37 728	97.8
15	79 983	73 219	91.5	41 905	37 235	88.9	38 078	35 984	94.5
16	84 671	70 801	83.6	44 212	34 794	78.7	40 459	36 007	89.0
17	83 245	58 797	70.6	43 257	28 256	65.3	39 988	30 541	76.4
18	82 224	44 354	53.9	42 751	21 822	51.0	39 473	22 532	57.1
19	79 519	30 485	38.3	41 314	15 534	37.6	38 205	14 951	39.1
20	80 181	22 513	28.1	41 276	11 859	28.7	38 905	10 654	27.4
21	80 669	16 412	20.3	41 163	8 866	21.5	39 506	7 546	19.1
22	85 705	13 088	15.3	43 103	7 384	17.1	42 602	5 704	13.4
23	89 909	8 661	9.6	44 526	5 227	11.7	45 383	3 434	7.6
24	93 735	5 941	6.3	46 212	3 432	7.4	47 523	2 509	5.3
Indonesia – Indonésie									
31 X 1990									
5 – 24	79 760 544	42 624 019	53.4	40 075 967	22 301 874	55.6	39 581 258	20 435 417	51.6
5 – 9	23 223 058	15 440 041	66.5	11 928 095	7 846 964	65.8	11 289 817	7 621 971	67.5
10 – 14	21 482 141	17 938 259	83.5	11 044 127	9 331 261	84.5	10 438 334	8 650 249	82.9
15 – 19	18 926 983	7 710 764	40.7	9 520 440	4 203 668	44.2	9 366 961	3 528 225	37.7
20 – 24	16 128 362	1 534 955	9.5	7 583 305	919 981	12.1	8 486 146	634 972	7.5

35. Population 5 to 24 years of age by school attendance, sex, age and urban/rural residence: each census, 1985 – 1993 (continued)

Population âgée de 5 à 24 ans, selon la fréquentation scolaire, le sexe, l'âge et la résidence, urbaine/rurale: chaque recensement, 1985 – 1993 (suite)

(See notes at end of table. – Voir notes à la fin du tableau.)

Continent, country or area, date, age (in years) and urban/rural residence Continent, pays ou zone, date, âge (en années) et résidence urbaine/rurale	Both sexes – Les deux sexes			Male – Masculin			Female – Féminin		
	Total	Attending school – Fréquentant les écoles: Number Nombre	Per cent P.100	Total	Attending school – Fréquentant les écoles: Number Nombre	Per cent P.100	Total	Attending school – Fréquentant les écoles: Number Nombre	Per cent P.100
ASIA—ASIE (Cont.–Suite)									
Japan – Japon									
1 X 1990 [4 16]									
6 – 24	33 362 189	23 946 751	71.8	17 046 069	12 443 765	73.0	16 316 120	11 502 986	70.5
6	1 488 041	725 553	48.8	761 634	370 472	48.6	726 407	355 081	48.9
7	1 504 285	1 499 148	99.7	769 649	767 125	99.7	734 636	732 023	99.6
8	1 508 173	1 506 336	99.9	771 683	770 795	99.9	736 490	735 541	99.9
9	1 527 697	1 526 743	99.9	782 809	782 341	99.9	744 888	744 402	99.9
10	1 595 265	1 594 661	100.0	817 406	817 093	100.0	777 859	777 568	100.0
11	1 636 114	1 635 537	100.0	839 095	838 806	100.0	797 019	796 731	100.0
12	1 705 785	1 705 208	100.0	873 298	873 014	100.0	832 487	832 194	100.0
13	1 749 680	1 749 264	100.0	896 453	896 240	100.0	853 227	853 024	100.0
14	1 839 941	1 839 545	100.0	943 628	943 423	100.0	896 313	896 122	100.0
15	1 923 430	1 887 574	98.1	985 737	962 766	97.7	937 693	924 808	98.6
16	2 030 530	1 935 078	95.3	1 042 024	981 417	94.2	988 506	953 661	96.5
17	2 061 385	1 933 712	93.8	1 054 881	974 492	92.4	1 006 504	959 220	95.3
18	2 021 114	1 458 162	72.1	1 034 094	717 971	69.4	987 020	740 191	75.0
19	1 970 628	992 646	50.4	1 005 479	472 622	47.0	965 149	520 024	53.9
20	1 906 422	783 760	41.1	973 949	431 034	44.3	932 473	352 726	37.8
21	1 857 127	544 671	29.3	944 150	366 724	38.8	912 977	177 947	19.5
22	1 813 347	376 771	20.8	919 825	273 932	29.8	893 522	102 839	11.5
23	1 810 873	183 416	10.1	916 854	147 956	16.1	894 019	35 460	4.0
24	1 412 352	68 966	4.9	713 421	55 542	7.8	698 931	13 424	1.9
Korea, Republic of– Corée, République de									
1 XI 1990 [1 17]									
6 – 24	16 034 369	10 839 201	67.6	8 268 157	5 637 681	68.2	7 766 212	5 201 520	67.0
6	713 471	278 145	39.0	370 866	145 005	39.1	342 605	133 140	38.9
7	773 868	751 891	97.2	399 939	388 697	97.2	373 929	363 194	97.1
8	834 507	830 254	99.5	429 952	427 795	99.5	404 555	402 459	99.5
9	875 301	872 946	99.7	451 487	450 223	99.7	423 814	422 723	99.7
10	856 535	854 835	99.8	442 012	441 053	99.8	414 523	413 782	99.8
11	823 119	817 004	99.3	423 863	420 611	99.2	399 256	396 393	99.3
12	759 422	753 480	99.2	388 901	385 718	99.2	370 521	367 762	99.3
13	775 816	769 918	99.2	399 158	395 876	99.2	376 658	374 042	99.3
14	777 025	760 677	97.9	400 560	392 035	97.9	376 465	368 642	97.9
15	825 635	794 705	96.3	422 149	406 044	96.2	403 486	388 661	96.3
16	886 736	835 209	94.2	455 312	428 030	94.0	431 424	407 179	94.4
17	905 989	800 103	88.3	460 473	405 770	88.1	445 516	394 333	88.5
18	919 076	613 165	66.7	469 017	311 155	66.3	450 059	302 010	67.1
19	911 560	308 835	33.9	460 178	156 709	34.1	451 382	152 126	33.7
20	921 454	261 206	28.3	479 706	131 448	27.4	441 748	129 758	29.4
21	938 080	192 097	20.5	500 278	97 243	19.4	437 802	94 854	21.7
22	907 814	143 691	15.8	488 254	86 372	17.7	419 560	57 319	13.7
23	817 578	108 267	13.2	416 920	85 977	20.6	400 658	22 290	5.6
24	811 383	92 773	11.4	409 132	81 920	20.0	402 251	10 853	2.7
Macau – Macao									
30 VIII 1991									
5 – 24	110 241	70 001	63.5	51 488	34 983	67.9	58 753	35 018	59.6
5 – 9	32 242	31 198	96.8	16 437	15 909	96.8	15 805	15 289	96.7
10 – 14	22 002	21 315	96.9	11 334	10 942	96.5	10 668	10 373	97.2
15 – 19	24 521	14 198	57.9	11 633	6 690	57.5	12 888	7 508	58.3
20 – 24	31 476	3 290	10.5	12 084	1 442	11.9	19 392	1 848	9.5

35. Population 5 to 24 years of age by school attendance, sex, age and urban/rural residence: each census, 1985 – 1993 (continued)
Population âgée de 5 à 24 ans, selon la fréquentation scolaire, le sexe, l'âge et la résidence, urbaine/rurale: chaque recensement, 1985 – 1993 (suite)

(See notes at end of table. – Voir notes à la fin du tableau.)

Continent, country or area, date, age (in years) and urban/rural residence Continent, pays ou zone, date, âge (en années) et résidence urbaine/rurale	Both sexes – Les deux sexes			Male – Masculin			Female – Féminin		
	Total	Attending school – Fréquentant les écoles		Total	Attending school – Fréquentant les écoles		Total	Attending school – Fréquentant les écoles	
		Number Nombre	Per cent P.100		Number Nombre	Per cent P.100		Number Nombre	Per cent P.100
ASIA—ASIE (Cont.–Suite)									
Philippines									
1 V 1990 [1 18]									
7 – 24	24 635 272	15 277 868	62.0	12 417 726	7 686 084	61.9	12 217 546	7 591 784	62.1
7	1 627 537	958 001	58.9	834 572	478 443	57.3	792 965	479 558	60.5
8	1 561 571	1 290 115	82.6	797 792	650 441	81.5	763 779	639 674	83.8
9	1 605 541	1 414 050	88.1	822 439	718 838	87.4	783 102	695 212	88.8
10	1 646 519	1 478 640	89.8	842 790	751 734	89.2	803 729	726 906	90.4
11	1 495 417	1 355 659	90.7	768 146	690 058	89.8	727 271	665 601	91.5
12	1 497 548	1 329 464	88.8	768 572	674 798	87.8	728 976	654 666	89.8
13	1 412 565	1 214 369	86.0	712 415	604 348	84.8	700 150	610 021	87.1
14	1 405 641	1 119 634	79.7	709 719	557 013	78.5	695 922	562 621	80.8
15	1 372 868	1 005 237	73.2	692 988	496 865	71.7	679 880	508 372	74.8
16	1 296 774	868 850	67.0	647 754	424 750	65.6	649 020	444 100	68.4
17	1 361 184	785 924	57.7	683 955	390 356	57.1	677 229	395 568	58.4
18	1 334 118	663 180	49.7	659 056	326 012	49.5	675 062	337 168	49.9
19	1 280 968	538 921	42.1	633 514	269 886	42.6	647 454	269 035	41.6
20	1 320 983	437 654	33.1	657 582	220 437	33.5	663 401	217 217	32.7
21	1 176 803	308 974	26.3	584 893	159 800	27.3	591 910	149 174	25.2
22	1 106 399	219 948	19.9	550 508	117 769	21.4	555 891	102 179	18.4
23	1 054 203	160 333	15.2	517 775	85 275	16.5	536 428	75 058	14.0
24	1 078 633	128 915	12.0	533 256	69 261	13.0	545 377	59 654	10.9
Qatar									
16 III 1986									
5 – 24	116 500	72 623	62.3	66 104	37 460	56.7	50 396	35 163	69.8
5	8 012	1 212	15.1	4 105	655	16.0	3 907	557	14.3
6	7 143	4 716	66.0	3 660	2 457	67.1	3 483	2 259	64.9
7	6 821	6 344	93.0	3 489	3 239	92.8	3 332	3 105	93.2
8	6 590	6 110	92.7	3 412	3 262	95.6	3 178	2 848	89.6
9	6 078	5 787	95.2	3 108	2 995	96.4	2 970	2 792	94.0
10	6 103	5 853	95.9	3 168	3 072	97.0	2 935	2 781	94.8
11	5 366	5 123	95.5	2 715	2 611	96.2	2 651	2 512	94.8
12	5 296	5 041	95.2	2 759	2 648	96.0	2 537	2 393	94.3
13	5 055	4 767	94.3	2 697	2 560	94.9	2 358	2 207	93.6
14	4 834	4 473	92.5	2 532	2 352	92.9	2 302	2 121	92.1
15	4 707	4 205	89.3	2 552	2 265	88.8	2 155	1 940	90.0
16	4 741	3 945	83.2	2 530	2 037	80.5	2 211	1 908	86.3
17	4 405	3 341	75.8	2 362	1 699	71.9	2 043	1 642	80.4
18	4 591	2 920	63.6	2 577	1 458	56.6	2 014	1 462	72.6
19	4 189	2 297	54.8	2 317	1 114	48.1	1 872	1 183	63.2
20	5 859	1 977	33.7	3 579	890	24.9	2 280	1 087	47.7
21	4 815	1 498	31.1	2 998	679	22.6	1 817	819	45.1
22	6 821	1 307	19.2	4 675	606	13.0	2 146	701	32.7
23	6 888	959	13.9	4 887	482	9.9	2 001	477	23.8
24	8 186	748	9.1	5 982	379	6.3	2 204	369	16.7
Singapore – Singapour									
30 VI 1990 [19]									
10 – 24	651 585	373 185	57.3	335 234	190 634	56.9	316 351	182 551	57.7
10 – 14	197 892	195 292	98.7	102 371	101 171	98.8	95 521	94 121	98.5
15 – 19	221 412	146 012	65.9	114 459	73 959	64.6	106 953	72 053	67.4
20 – 24	232 281	31 881	13.7	118 404	15 504	13.1	113 877	16 377	14.4

35. Population 5 to 24 years of age by school attendance, sex, age and urban/rural residence: each census, 1985 – 1993 (continued)

Population âgée de 5 à 24 ans, selon la fréquentation scolaire, le sexe, l'âge et la résidence, urbaine/rurale: chaque recensement, 1985 – 1993 (suite)

(See notes at end of table. – Voir notes à la fin du tableau.)

Continent, country or area, date, age (in years) and urban/rural residence / Continent, pays ou zone, date, âge (en années) et résidence urbaine/rurale	Both sexes – Les deux sexes			Male – Masculin			Female – Féminin		
	Total	Attending school / Fréquentant les écoles		Total	Attending school / Fréquentant les écoles		Total	Attending school / Fréquentant les écoles	
		Number / Nombre	Per cent / P.100		Number / Nombre	Per cent / P.100		Number / Nombre	Per cent / P.100
ASIA—ASIE (Cont.–Suite)									
Viet Nam									
1 IV 1989*									
5 – 24	28 927 421	12 926 924	44.7	14 536 155	6 883 362	47.4	14 391 266	6 043 562	42.0
5	1 919 430	385 915	20.1	982 617	198 249	20.2	936 813	187 666	20.0
6	1 839 082	1 053 314	57.3	944 515	543 210	57.5	894 567	510 104	57.0
7	1 633 846	1 271 426	77.8	839 261	654 805	78.0	794 585	616 621	77.6
8	1 573 662	1 331 720	84.6	805 262	685 047	85.1	768 400	646 673	84.2
9	1 614 668	1 405 638	87.1	832 336	727 035	87.3	782 332	678 603	86.7
10	1 546 288	1 355 068	87.6	796 975	704 277	88.4	749 313	650 791	86.9
11	1 501 203	1 284 293	85.5	769 157	668 157	86.9	732 046	616 136	84.2
12	1 495 543	1 209 305	80.9	771 114	644 421	83.6	724 429	564 884	78.0
13	1 542 721	1 094 447	70.9	795 588	600 213	75.4	747 133	494 234	66.1
14	1 441 127	830 245	57.6	743 044	466 841	62.8	698 083	363 404	52.1
15	1 431 920	626 936	43.8	734 563	361 784	49.3	697 357	265 152	38.0
16	1 440 502	481 413	33.4	729 873	276 907	37.9	710 629	204 506	28.8
17	1 372 807	300 448	21.9	681 163	173 873	25.5	691 644	126 575	18.3
18	1 304 801	160 496	12.3	627 361	95 443	15.2	677 440	65 053	9.6
19	1 270 077	68 926	5.4	603 565	42 696	7.1	666 512	26 230	3.9
20	1 252 860	30 735	2.5	593 225	18 474	3.1	659 635	12 261	1.9
21	1 142 703	14 335	1.3	557 730	8 199	1.5	584 973	6 136	1.0
22	1 168 610	9 167	0.8	564 852	6 025	1.1	603 758	3 142	0.5
23	1 196 481	7 251	0.6	572 837	4 130	0.7	623 644	3 121	0.5
24	1 239 090	5 846	0.5	591 117	3 576	0.6	647 973	2 270	0.3
EUROPE									
Finland – Finlande									
31 XII 1985 [1 20]									
7 – 24	1 222 137	847 499	69.3	624 472	421 636	67.5	597 665	425 862	71.3
7	64 226	64 065	99.7	32 880	32 798	99.7	31 346	31 268	99.8
8	65 536	65 372	99.7	33 458	33 374	99.7	32 078	31 998	99.7
9	66 382	66 216	99.7	33 969	33 884	99.7	32 413	32 332	99.7
10	65 034	64 871	99.7	33 413	33 329	99.7	31 621	31 542	99.7
11	62 022	61 867	99.7	31 550	31 471	99.7	30 472	30 396	99.7
12	56 520	56 379	99.7	29 083	29 010	99.7	27 437	27 368	99.7
13	58 705	58 558	99.7	30 237	30 161	99.7	28 468	28 397	99.7
14	61 063	60 910	99.7	31 031	30 953	99.7	30 032	29 957	99.7
15	63 365	63 207	99.7	32 302	32 221	99.7	31 063	30 985	99.7
16	65 112	59 694	91.7	33 329	30 386	91.2	31 783	29 308	92.2
17	70 333	58 630	83.4	35 845	29 990	83.7	34 488	28 640	83.0
18	73 059	47 677	65.3	37 297	21 628	58.0	35 762	26 049	72.8
19	73 512	20 668	28.1	37 339	8 732	23.4	36 173	11 936	33.0
20	73 824	18 862	25.5	37 607	6 079	16.2	36 217	12 783	35.3
21	75 654	22 918	30.3	38 618	9 325	24.1	37 036	13 593	36.7
22	76 575	22 475	29.3	39 105	10 492	26.8	37 470	11 983	32.0
23	75 671	19 094	25.2	38 789	9 488	24.5	36 882	9 606	26.0
24	75 544	16 036	21.2	38 620	8 315	21.5	36 924	7 721	20.9
France									
5 III 1990 [21]									
15 – 24	8 489 963	5 048 792	59.5	4 319 579	2 488 451	57.6	4 170 384	2 560 341	61.4
15	758 252	746 380	98.4	388 989	382 091	98.2	369 263	364 289	98.7
16	812 196	793 336	97.7	412 356	400 259	97.1	399 840	393 077	98.3
17	860 675	772 814	89.8	439 411	382 735	87.1	421 264	390 079	92.6
18	897 348	742 255	82.7	457 092	361 215	79.0	440 256	381 040	86.5
19	891 960	628 981	70.5	456 161	300 291	65.8	435 799	328 690	75.4
20	876 842	485 816	55.4	446 058	229 438	51.4	430 784	256 378	59.5
21	852 729	352 135	41.3	433 967	168 441	38.8	418 762	183 694	43.9
22	842 504	250 400	29.7	428 729	123 635	28.8	413 775	126 765	30.6
23	837 303	168 855	20.2	423 470	85 405	20.2	413 833	83 450	20.2
24	860 154	107 820	12.5	433 346	54 941	12.7	426 808	52 879	12.4

35. Population 5 to 24 years of age by school attendance, sex, age and urban/rural residence: each census, 1985 – 1993 (continued)
Population âgée de 5 à 24 ans, selon la fréquentation scolaire, le sexe, l'âge et la résidence, urbaine/rurale: chaque recensement, 1985 – 1993 (suite)

(See notes at end of table. – Voir notes à la fin du tableau.)

Continent, country or area, date, age (in years) and urban/rural residence Continent, pays ou zone, date, âge (en années) et résidence urbaine/rurale	Both sexes – Les deux sexes			Male – Masculin			Female – Féminin		
	Total	Attending school – Fréquentant les écoles		Total	Attending school – Fréquentant les écoles		Total	Attending school – Fréquentant les écoles	
		Number – Nombre	Per cent – P.100		Number – Nombre	Per cent – P.100		Number – Nombre	Per cent – P.100
EUROPE (Cont.–Suite)									
Hungary – Hongrie									
1 I 1990									
6 – 24	2 837 726	1 804 660	63.6	1 453 102	925 444	63.7	1 384 624	879 216	63.5
6	123 248	52 056	42.2	62 971	25 032	39.8	60 277	27 024	44.8
7	129 493	125 098	96.6	66 509	64 095	96.4	62 984	61 003	96.9
8	138 322	137 484	99.4	70 590	70 125	99.3	67 732	67 359	99.4
9	143 987	143 271	99.5	73 504	73 093	99.4	70 483	70 178	99.6
10	154 857	154 127	99.5	79 108	78 729	99.5	75 749	75 398	99.5
11	162 325	161 516	99.5	83 187	82 768	99.5	79 138	78 748	99.5
12	171 338	170 565	99.5	87 689	87 275	99.5	83 649	83 290	99.6
13	178 600	177 550	99.4	91 758	91 206	99.4	86 842	86 344	99.4
14	190 047	182 973	96.3	97 521	94 692	97.1	92 526	88 281	95.4
15	181 886	165 301	90.9	93 266	85 958	92.2	88 620	79 343	89.5
16	151 465	125 575	82.9	77 794	65 507	84.2	73 671	60 068	81.5
17	147 161	86 557	58.8	75 655	42 722	56.5	71 506	43 835	61.3
18	142 494	40 756	28.6	73 070	20 791	28.5	69 424	19 965	28.8
19	143 850	23 558	16.4	73 619	12 465	16.9	70 231	11 093	15.8
20	144 380	19 927	13.8	74 255	9 824	13.2	70 125	10 103	14.4
21	144 802	15 507	10.7	73 704	7 707	10.5	71 098	7 800	11.0
22	138 688	11 392	8.2	70 848	6 170	8.7	67 840	5 222	7.7
23	127 913	7 528	5.9	65 430	4 669	7.1	62 483	2 859	4.6
24	122 870	3 919	3.2	62 624	2 616	4.2	60 246	1 303	2.2
Ireland – Irlande									
13 IV 1986									
5 – 24	1 318 147	942 044	71.5	673 227	478 299	71.0	644 920	463 745	71.9
5	72 039	72 039	100.0	37 033	37 033	100.0	35 006	35 006	100.0
6	73 413	73 413	100.0	37 889	37 889	100.0	35 524	35 524	100.0
7	70 117	70 117	100.0	35 575	35 575	100.0	34 542	34 542	100.0
8	67 321	67 321	100.0	34 535	34 535	100.0	32 786	32 786	100.0
9	67 760	67 760	100.0	34 815	34 815	100.0	32 945	32 945	100.0
10	67 869	67 869	100.0	34 894	34 894	100.0	32 975	32 975	100.0
11	69 025	69 025	100.0	35 492	35 492	100.0	33 533	33 533	100.0
12	70 335	70 335	100.0	35 865	35 865	100.0	34 470	34 470	100.0
13	72 164	72 164	100.0	37 083	37 083	100.0	35 081	35 081	100.0
14	70 580	70 580	100.0	36 047	36 047	100.0	34 533	34 533	100.0
15	70 231	65 650	93.5	36 083	33 327	92.4	34 148	32 323	94.7
16	68 756	57 160	83.1	35 086	27 914	79.6	33 670	29 246	86.9
17	66 462	45 229	68.1	34 170	21 244	62.2	32 292	23 985	74.3
18	63 530	28 390	44.7	32 526	12 732	39.1	31 004	15 658	50.5
19	62 121	17 002	27.4	32 022	8 327	26.0	30 099	8 675	28.8
20	61 233	11 692	19.1	31 167	6 164	19.8	30 066	5 528	18.4
21	60 181	7 986	13.3	30 488	4 348	14.3	29 693	3 638	12.3
22	57 034	4 519	7.9	28 706	2 633	9.2	28 328	1 886	6.7
23	54 993	2 423	4.4	27 381	1 510	5.5	27 612	913	3.3
24	52 983	1 370	2.6	26 370	872	3.3	26 613	498	1.9

35. Population 5 to 24 years of age by school attendance, sex, age and urban/rural residence: each census, 1985 – 1993 (continued)
Population âgée de 5 à 24 ans, selon la fréquentation scolaire, le sexe, l'âge et la résidence, urbaine/rurale: chaque recensement, 1985 – 1993 (suite)

(See notes at end of table. – Voir notes à la fin du tableau.)

Continent, country or area, date, age (in years) and urban/rural residence Continent, pays ou zone, date, âge (en années) et résidence urbaine/rurale	Both sexes – Les deux sexes			Male – Masculin			Female – Féminin		
	Total	Attending school Fréquentant les écoles		Total	Attending school Fréquentant les écoles		Total	Attending school Fréquentant les écoles	
		Number Nombre	Per cent P.100		Number Nombre	Per cent P.100		Number Nombre	Per cent P.100
EUROPE (Cont.–Suite)									
Latvia – Lettonie									
12 I 1989 [1]									
6–24	691 114	457 957	66.3	353 867	230 330	65.1	337 247	227 627	67.5
6	38 620	21 111	54.7	19 690	10 561	53.6	18 930	10 550	55.7
7	36 639	34 879	95.2	18 659	17 755	95.2	17 980	17 124	95.2
8	36 544	36 050	98.6	18 648	18 388	98.6	17 896	17 662	98.7
9	35 094	34 651	98.7	17 862	17 645	98.8	17 232	17 006	98.7
10	34 761	34 360	98.8	17 535	17 324	98.8	17 226	17 036	98.9
11	34 336	33 927	98.8	17 458	17 244	98.8	16 878	16 683	98.8
12	35 063	34 601	98.7	17 879	17 621	98.6	17 184	16 980	98.8
13	35 325	34 808	98.5	17 828	17 547	98.4	17 497	17 261	98.7
14	35 029	34 284	97.9	17 860	17 445	97.7	17 169	16 839	98.1
15	35 472	33 652	94.9	18 188	17 166	94.4	17 284	16 486	95.4
16	36 811	32 836	89.2	18 811	16 435	87.4	18 000	16 401	91.1
17	38 180	29 537	77.4	19 648	14 994	76.3	18 532	14 543	78.5
18	37 846	18 072	47.8	19 608	8 530	43.5	18 238	9 542	52.3
19	36 216	10 469	28.9	19 030	4 317	22.7	17 186	6 152	35.8
20	36 619	9 389	25.6	18 791	4 097	21.8	17 828	5 292	29.7
21	36 465	9 177	25.2	18 945	4 738	25.0	17 520	4 439	25.3
22	37 064	7 309	19.7	19 012	3 746	19.7	18 052	3 563	19.7
23	36 370	4 913	13.5	18 725	2 661	14.2	17 645	2 252	12.8
24	38 660	3 932	10.2	19 690	2 116	10.7	18 970	1 816	9.6
Norway – Norvège									
3 XI 1990 [14]									
7–24	1 065 893	766 729	71.9	545 675	390 157	71.5	520 218	376 572	72.4
7	50 794	50 794	100.0	26 168	26 168	100.0	24 626	24 626	100.0
8	52 047	52 047	100.0	26 797	26 797	100.0	25 250	25 250	100.0
9	51 854	51 854	100.0	26 366	26 366	100.0	25 488	25 488	100.0
10	52 051	52 051	100.0	26 794	26 794	100.0	25 257	25 257	100.0
11	52 433	52 433	100.0	26 845	26 845	100.0	25 588	25 588	100.0
12	52 635	52 635	100.0	27 031	27 031	100.0	25 604	25 604	100.0
13	51 811	51 811	100.0	26 523	26 523	100.0	25 288	25 288	100.0
14	54 302	54 302	100.0	27 763	27 763	100.0	26 539	26 539	100.0
15	57 163	57 163	100.0	29 170	29 170	100.0	27 993	27 993	100.0
16	60 673	55 192	91.0	30 776	27 801	90.3	29 897	27 391	91.6
17	62 243	52 447	84.3	31 973	27 043	84.6	30 270	25 404	83.9
18	65 145	48 781	74.9	33 281	24 500	73.6	31 864	24 281	76.2
19	66 053	32 458	49.1	33 669	16 686	49.6	32 384	15 772	48.7
20	65 229	23 888	36.6	33 361	10 783	32.3	31 868	13 105	41.1
21	68 464	23 523	34.4	35 097	11 196	31.9	33 367	12 327	36.9
22	68 174	21 561	31.6	34 944	10 854	31.1	33 230	10 707	32.2
23	67 104	18 530	27.6	34 241	9 668	28.2	32 863	8 862	27.0
24	67 718	15 259	22.5	34 876	8 169	23.4	32 842	7 090	21.6
Poland – Pologne									
6 XII 1988 [22]									
15–24	5 186 534	2 520 461	48.6	2 655 913	1 260 455	47.5	2 530 621	1 260 006	49.8
15	589 696	576 003	97.7	301 089	294 107	97.7	288 607	281 896	97.7
16	569 804	545 021	95.6	292 214	279 153	95.5	277 590	265 868	95.8
17	540 802	486 869	90.0	276 868	246 063	88.9	263 934	240 806	91.2
18	523 057	324 885	62.1	268 018	154 734	57.7	255 039	170 151	66.7
19	490 554	194 237	39.6	252 901	95 937	37.9	237 653	98 300	41.4
20	490 843	137 478	28.0	252 712	64 362	25.5	238 131	73 116	30.7
21	481 363	82 034	17.0	247 316	38 745	15.7	234 047	43 289	18.5
22	487 079	67 378	13.8	248 693	32 502	13.1	238 386	34 876	14.6
23	498 089	60 491	12.1	253 522	30 008	11.8	244 567	30 483	12.5
24	515 247	46 065	8.9	262 580	24 844	9.5	252 667	21 221	8.4

35. Population 5 to 24 years of age by school attendance, sex, age and urban/rural residence: each census, 1985 – 1993 (continued)
Population âgée de 5 à 24 ans, selon la fréquentation scolaire, le sexe, l'âge et la résidence, urbaine/rurale: chaque recensement, 1985 – 1993 (suite)

(See notes at end of table. – Voir notes à la fin du tableau.)

Continent, country or area, date, age (in years) and urban/rural residence Continent, pays ou zone, date, âge (en années) et résidence urbaine/rurale	Both sexes – Les deux sexes			Male – Masculin			Female – Féminin		
	Total	Attending school – Fréquentant les écoles		Total	Attending school – Fréquentant les écoles		Total	Attending school – Fréquentant les écoles	
		Number Nombre	Per cent P.100		Number Nombre	Per cent P.100		Number Nombre	Per cent P.100
EUROPE (Cont.–Suite)									
Republic of Moldova – République de Moldova									
12 I 1989 [1]									
6 – 24	1 309 675	854 577	65.3	659 113	427 687	64.9	650 562	426 890	65.6
6	80 922	39 255	48.5	41 284	19 632	47.6	39 638	19 623	49.5
7	78 245	73 730	94.2	39 622	37 299	94.1	38 623	36 431	94.3
8	77 301	75 177	97.3	39 059	37 982	97.2	38 242	37 195	97.3
9	76 765	74 924	97.6	38 918	37 967	97.6	37 847	36 957	97.6
10	74 812	72 975	97.5	37 782	36 828	97.5	37 030	36 147	97.6
11	73 706	71 865	97.5	37 564	36 595	97.4	36 142	35 270	97.6
12	75 101	73 208	97.5	38 049	37 052	97.4	37 052	36 156	97.6
13	74 854	72 699	97.1	37 851	36 784	97.2	37 003	35 915	97.1
14	72 812	70 249	96.5	36 674	35 327	96.3	36 138	34 922	96.6
15	71 154	63 946	89.9	36 183	32 434	89.6	34 971	31 512	90.1
16	71 935	58 941	81.9	37 028	30 117	81.3	34 907	28 824	82.6
17	66 027	42 416	64.2	33 612	22 165	65.9	32 415	20 251	62.5
18	60 074	19 177	31.9	30 642	7 296	23.8	29 432	11 881	40.4
19	57 089	9 718	17.0	29 304	2 512	8.6	27 785	7 206	25.9
20	58 616	8 884	15.2	29 300	3 193	10.9	29 316	5 691	19.4
21	59 091	9 460	16.0	28 876	4 551	15.8	30 215	4 909	16.2
22	60 007	7 354	12.3	29 159	3 999	13.7	30 848	3 355	10.9
23	58 270	5 819	10.0	27 842	3 310	11.9	30 428	2 509	8.2
24	62 894	4 780	7.6	30 364	2 644	8.7	32 530	2 136	6.6
Romania – Roumanie									
7 I 1992 [4]									
6 – 24	7 169 655	3 986 065	55.6	3 655 016	2 036 727	55.7	3 514 639	1 949 338	55.5
6	340 064	68 808	20.2	173 755	34 570	19.9	166 309	34 238	20.6
7	329 429	291 025	88.3	168 068	148 419	88.3	161 361	142 606	88.4
8	300 954	289 292	96.1	153 547	147 771	96.2	147 407	141 521	96.0
9	325 606	315 867	97.0	165 950	161 058	97.1	159 656	154 809	97.0
10	358 517	348 635	97.2	183 401	178 307	97.2	175 116	170 328	97.3
11	382 604	370 449	96.8	195 040	188 816	96.8	187 564	181 633	96.8
12	381 926	367 078	96.1	195 085	187 437	96.1	186 841	179 641	96.1
13	389 809	368 963	94.7	198 526	187 683	94.5	191 283	181 280	94.8
14	401 742	336 045	83.6	205 499	172 172	83.8	196 243	163 873	83.5
15	402 197	304 889	75.8	206 444	157 012	76.1	195 753	147 877	75.5
16	402 700	270 266	67.1	207 155	140 004	67.6	195 545	130 262	66.6
17	407 923	253 097	62.0	210 665	132 397	62.8	197 258	120 700	61.2
18	350 136	123 425	35.2	181 098	63 941	35.3	169 038	59 484	35.2
19	353 980	63 304	17.9	180 592	31 618	17.5	173 388	31 686	18.3
20	338 783	47 559	14.0	165 501	22 341	13.5	173 282	25 218	14.6
21	379 708	41 371	10.9	191 727	19 048	9.9	187 981	22 323	11.9
22	403 237	42 434	10.5	205 060	20 060	9.8	198 177	22 374	11.3
23	457 941	45 875	10.0	233 157	23 556	10.1	224 784	22 319	9.9
24	462 399	37 683	8.1	234 746	20 517	8.7	227 653	17 166	7.5

35. Population 5 to 24 years of age by school attendance, sex, age and urban/rural residence: each census, 1985 – 1993 (continued)

Population âgée de 5 à 24 ans, selon la fréquentation scolaire, le sexe, l'âge et la résidence, urbaine/rurale: chaque recensement, 1985 – 1993 (suite)

(See notes at end of table. – Voir notes à la fin du tableau.)

Continent, country or area, date, age (in years) and urban/rural residence Continent, pays ou zone, date, âge (en années) et résidence urbaine/rurale	Both sexes – Les deux sexes			Male – Masculin			Female – Féminin		
	Total	Attending school Fréquentant les écoles		Total	Attending school Fréquentant les écoles		Total	Attending school Fréquentant les écoles	
		Number Nombre	Per cent P.100		Number Nombre	Per cent P.100		Number Nombre	Per cent P.100
EUROPE (Cont.–Suite)									
Russian Federation – Fédération Russe									
12 I 1989 [1]									
5 – 24	39 210 515	25 632 083	65.4	19 963 217	12 775 277	64.0	19 247 298	12 856 806	66.8
6	2 318 182	475 169	20.5	1 178 420	234 793	19.9	1 139 762	240 376	21.1
7	2 210 192	1 908 187	86.3	1 120 932	964 052	86.0	1 089 260	944 135	86.7
8	2 203 203	2 144 542	97.3	1 117 962	1 087 539	97.3	1 085 241	1 057 003	97.4
9	2 164 468	2 116 144	97.8	1 099 107	1 073 875	97.7	1 065 361	1 042 269	97.8
10	2 158 465	2 109 647	97.7	1 094 258	1 068 730	97.7	1 064 207	1 040 917	97.8
11	2 121 863	2 074 257	97.8	1 076 103	1 051 107	97.7	1 045 760	1 023 150	97.8
12	2 143 331	2 095 305	97.8	1 087 878	1 062 494	97.7	1 055 453	1 032 811	97.9
13	2 098 647	2 049 650	97.7	1 064 033	1 038 235	97.6	1 034 614	1 011 415	97.8
14	2 069 933	2 011 519	97.2	1 049 831	1 018 137	97.0	1 020 102	993 382	97.4
15	2 010 966	1 897 951	94.4	1 019 117	956 975	93.9	991 849	940 976	94.9
16	2 051 805	1 847 799	90.1	1 040 471	923 941	88.8	1 011 334	923 858	91.3
17	2 000 856	1 557 008	77.8	1 018 440	790 810	77.6	982 416	766 198	78.0
18	1 984 492	934 692	47.1	1 030 317	380 919	37.0	954 175	553 773	58.0
19	1 919 492	522 792	27.2	1 010 365	167 179	16.5	909 127	355 613	39.1
20	1 846 167	469 610	25.4	938 162	191 911	20.5	908 005	277 699	30.6
21	1 851 698	480 190	25.9	937 305	240 697	25.7	914 393	239 493	26.2
22	1 959 185	391 124	20.0	994 796	211 707	21.3	964 389	179 417	18.6
23	1 992 260	298 787	15.0	1 014 580	170 367	16.8	977 680	128 420	13.1
24	2 105 310	247 710	11.8	1 071 140	141 809	13.2	1 034 170	105 901	10.2
Slovenia – Slovénie									
31 III 1991 [14]									
6 – 24	548 356	370 793	67.6	279 454	186 346	66.7	268 902	184 447	68.6
6	26 321	2 287	8.7	13 420	1 165	8.7	12 901	1 122	8.7
7	26 970	21 897	81.2	13 792	11 033	80.0	13 178	10 864	82.4
8	27 597	27 563	99.9	14 219	14 199	99.9	13 378	13 364	99.9
9	28 929	28 899	99.9	14 842	14 824	99.9	14 087	14 075	99.9
10	29 814	29 749	99.8	15 160	15 127	99.8	14 654	14 622	99.8
11	30 120	30 054	99.8	15 591	15 557	99.8	14 529	14 497	99.8
12	30 145	30 079	99.8	15 566	15 533	99.8	14 579	14 546	99.8
13	29 916	29 822	99.7	15 528	15 475	99.7	14 388	14 347	99.7
14	30 015	29 863	99.5	15 347	15 264	99.5	14 668	14 599	99.5
15	29 628	28 144	95.0	15 057	14 182	94.2	14 571	13 962	95.8
16	29 107	26 285	90.3	14 948	13 377	89.5	14 159	12 908	91.2
17	28 926	23 860	82.5	14 833	11 944	80.5	14 093	11 916	84.6
18	28 826	17 973	62.3	14 763	8 416	57.0	14 063	9 557	68.0
19	28 413	10 737	37.8	14 502	4 412	30.4	13 911	6 325	45.5
20	27 330	8 642	31.6	13 694	3 603	26.3	13 636	5 039	37.0
21	27 537	7 655	27.8	13 860	3 472	25.0	13 677	4 183	30.6
22	28 171	6 708	23.8	14 172	3 238	22.8	13 999	3 470	24.8
23	29 627	5 794	19.6	14 689	2 932	20.0	14 938	2 862	19.2
24	30 964	4 782	15.4	15 471	2 593	16.8	15 493	2 189	14.1
OCEANIA—OCEANIE									
Australia – Australie									
30 VI 1986 [23]									
15 – 24	2 598 929	558 226	21.5	1 321 714	280 902	21.3	1 277 215	277 324	21.7
15 – 19	1 317 264	554 851	42.1	673 182	278 964	41.4	644 082	275 887	42.8
20 – 24	1 281 665	3 375	0.3	648 532	1 938	0.3	633 133	1 437	0.2

35. Population 5 to 24 years of age by school attendance, sex, age and urban/rural residence: each census, 1985 – 1993 (continued)
Population âgée de 5 à 24 ans, selon la fréquentation scolaire, le sexe, l'âge et la résidence, urbaine/rurale: chaque recensement, 1985 – 1993 (suite)

(See notes at end of table. – Voir notes à la fin du tableau.)

Continent, country or area, date, age (in years) and urban/rural residence Continent, pays ou zone, date, âge (en années) et résidence urbaine/rurale	Both sexes – Les deux sexes			Male – Masculin			Female – Féminin		
	Total	Attending school Fréquentant les écoles		Total	Attending school Fréquentant les écoles		Total	Attending school Fréquentant les écoles	
		Number Nombre	Per cent P.100		Number Nombre	Per cent P.100		Number Nombre	Per cent P.100
OCEANIA—OCEANIE(Cont.–Suite)									
Fiji – Fidji									
31 VIII 1986									
5 – 19	245 793	167 749	68.2	125 278	85 483	68.2	120 515	82 266	68.3
5	20 043	4 510	22.5	10 310	2 227	21.6	9 733	2 283	23.5
6	19 934	16 817	84.4	10 150	8 558	84.3	9 784	8 259	84.4
7	18 843	18 168	96.4	9 763	9 397	96.3	9 080	8 771	96.6
8	17 576	17 116	97.4	8 936	8 681	97.1	8 640	8 435	97.6
9	16 756	16 282	97.2	8 691	8 423	96.9	8 065	7 859	97.4
10	16 516	15 942	96.5	8 316	7 986	96.0	8 200	7 956	97.0
11	16 266	15 506	95.3	8 341	7 905	94.8	7 925	7 601	95.9
12	15 906	14 688	92.3	8 178	7 486	91.5	7 728	7 202	93.2
13	15 463	13 048	84.4	7 879	6 560	83.3	7 584	6 488	85.5
14	14 874	10 940	73.6	7 644	5 525	72.3	7 230	5 415	74.9
15	14 689	8 822	60.1	7 448	4 428	59.5	7 241	4 394	60.7
16	15 345	7 276	47.4	7 747	3 745	48.3	7 598	3 531	46.5
17	15 147	4 902	32.4	7 609	2 569	33.8	7 538	2 333	30.9
18	14 271	2 503	17.5	7 224	1 347	18.6	7 047	1 156	16.4
19	14 164	1 229	8.7	7 042	646	9.2	7 122	583	8.2
Kiribati									
9 V 1985									
5 – 24	28 404	14 562	51.3	14 298	7 362	51.5	14 106	7 200	51.0
5 – 9	7 768	5 939	76.5	3 978	3 023	76.0	3 790	2 916	76.9
10 – 14	6 766	6 260	92.5	3 452	3 163	91.6	3 314	3 097	93.5
15 – 19	7 605	2 235	29.4	3 796	1 094	28.8	3 809	1 141	30.0
20 – 24	6 265	128	2.0	3 072	82	2.7	3 193	46	1.4
New Zealand – Nouvelle-Zélande									
5 III 1991 [1 6 24]									
5 – 22	960 027	621 900	64.8	489 138	317 280	64.9	470 892	304 617	64.7
5 – 14	506 406	506 406	100.0	258 975	258 975	100.0	247 518	247 518	100.0
15	52 788	43 161	81.8	27 081	21 873	80.8	25 707	21 294	82.8
16	56 064	41 622	74.2	28 572	20 838	72.9	27 492	20 784	75.6
17	57 333	24 708	43.1	29 148	12 486	42.8	28 185	12 216	43.3
18	58 686	3 291	5.6	29 820	1 854	6.2	28 869	1 437	5.0
19	60 117	1 167	1.9	30 381	564	1.9	29 739	609	2.0
20	58 263	693	1.2	29 475	318	1.1	28 788	375	1.3
21	56 394	480	0.9	28 638	231	0.8	27 759	249	0.9
22	53 886	282	0.5	27 048	141	0.5	26 835	135	0.5
Solomon Islands – Iles Salomon									
23 XI 1986									
5 – 24	138 657	40 037	28.9	...	...	...	...	...	...
5	8 908	14	0.2	...	...	...	...	...	...
6	9 084	209	2.3	...	...	...	...	...	...
7	9 084	925	10.2	...	...	...	...	...	...
8	8 766	2 340	26.7	...	...	...	...	...	...
9	8 483	4 006	47.2	...	...	...	...	...	...
10	8 571	5 135	59.9	...	...	...	...	...	...
11	8 319	5 491	66.0	...	...	...	...	...	...
12	8 548	5 678	66.4	...	...	...	...	...	...
13	7 340	4 730	64.4	...	...	...	...	...	...
14	7 487	4 152	55.5	...	...	...	...	...	...
15	6 224	2 761	44.4	...	...	...	...	...	...
16	6 368	2 022	31.8	...	...	...	...	...	...
17	5 937	1 239	20.9	...	...	...	...	...	...
18	5 888	701	11.9	...	...	...	...	...	...
19	5 441	342	6.3	...	...	...	...	...	...
20 – 24	24 209	292	1.2	...	...	...	...	...	...

35. Population 5 to 24 years of age by school attendance, sex, age and urban/rural residence: each census, 1985 – 1993 (continued)
Population âgée de 5 à 24 ans, selon la fréquentation scolaire, le sexe, l'âge et la résidence, urbaine/rurale: chaque recensement, 1985 – 1993 (suite)

(See notes at end of table. – Voir notes à la fin du tableau.)

Continent, country or area, date, age (in years) and urban/rural residence Continent, pays ou zone, date, âge (en années) et résidence urbaine/rurale	Both sexes – Les deux sexes			Male – Masculin			Female – Féminin		
	Total	Attending school – Fréquentant les écoles		Total	Attending school – Fréquentant les écoles		Total	Attending school – Fréquentant les écoles	
		Number – Nombre	Per cent – P.100		Number – Nombre	Per cent – P.100		Number – Nombre	Per cent – P.100
OCEANIA—OCEANIE(Cont.–Suite)									
Tonga									
28 XI 1986 [1]									
5 – 24	43 639	30 937	70.9	22 581	15 998	70.8	21 058	14 939	70.9
5	1 235	1 228	99.4	587	584	99.5	648	644	99.4
6	2 560	2 550	99.6	1 353	1 347	99.6	1 207	1 203	99.7
7	2 501	2 490	99.6	1 309	1 302	99.5	1 192	1 188	99.7
8	2 444	2 421	99.1	1 249	1 234	98.8	1 195	1 187	99.3
9	2 377	2 362	99.4	1 225	1 215	99.2	1 152	1 147	99.6
10	2 309	2 285	99.0	1 210	1 200	99.2	1 099	1 085	98.7
11	2 374	2 331	98.2	1 236	1 213	98.1	1 138	1 118	98.2
12	2 311	2 240	96.9	1 236	1 199	97.0	1 075	1 041	96.8
13	2 312	2 167	93.7	1 215	1 143	94.1	1 097	1 024	93.3
14	2 389	2 130	89.2	1 227	1 090	88.8	1 162	1 040	89.5
15	2 343	1 934	82.5	1 246	1 013	81.3	1 097	921	84.0
16	2 488	1 871	75.2	1 300	956	73.5	1 188	915	77.0
17	2 529	1 661	65.7	1 319	808	61.3	1 210	853	70.5
18	2 612	1 403	53.7	1 337	684	51.2	1 275	719	56.4
19	2 187	888	40.6	1 130	472	41.8	1 057	416	39.4
20	2 201	520	23.6	1 131	265	23.4	1 070	255	23.8
21	1 824	213	11.7	953	114	12.0	871	99	11.4
22	1 719	106	6.2	875	70	8.0	844	36	4.3
23	1 483	84	5.7	703	53	7.5	780	31	4.0
24	1 441	53	3.7	740	36	4.9	701	17	2.4

35. Population 5 to 24 years of age by school attendance, sex, age and urban/rural residence: each census, 1985 – 1993 (continued)
Population âgée de 5 à 24 ans, selon la fréquentation scolaire, le sexe, l'âge et la résidence, urbaine/rurale: chaque recensement, 1985 – 1993 (suite)
Data by urban/rural residence
Données selon la résidence urbaine/rurale

(See notes at end of table. – Voir notes à la fin du tableau.)

Continent, country or area, date, age (in years) and urban/rural residence Continent, pays ou zone, date, âge (en années) et résidence urbaine/rurale	Both sexes – Les deux sexes			Male – Masculin			Female – Féminin		
	Total	Attending school Fréquentant les écoles		Total	Attending school Fréquentant les écoles		Total	Attending school Fréquentant les écoles	
		Number Nombre	Per cent P.100		Number Nombre	Per cent P.100		Number Nombre	Per cent P.100
AFRICA—AFRIQUE									
Namibia – Namibie									
Urban – Urbaine									
20 X 1991									
6 – 24	193 004	127 705	66.2	93 225	60 967	65.4	99 779	66 738	66.9
6	9 089	5 033	55.4	4 494	2 425	54.0	4 595	2 608	56.8
7	9 464	8 410	88.9	4 642	4 099	88.3	4 822	4 311	89.4
8	9 972	9 478	95.0	4 811	4 583	95.3	5 161	4 895	94.8
9	9 818	9 438	96.1	4 738	4 558	96.2	5 080	4 880	96.1
10	10 120	9 814	97.0	4 853	4 705	96.9	5 267	5 109	97.0
11	9 731	9 436	97.0	4 746	4 590	96.7	4 985	4 846	97.2
12	9 526	9 132	95.9	4 570	4 350	95.2	4 956	4 782	96.5
13	9 346	8 899	95.2	4 564	4 320	94.7	4 782	4 579	95.8
14	9 439	8 794	93.2	4 539	4 234	93.3	4 900	4 560	93.1
15	9 644	8 553	88.7	4 488	3 988	88.9	5 156	4 565	88.5
16	10 243	8 569	83.7	4 725	3 938	83.3	5 518	4 631	83.9
17	10 096	7 775	77.0	4 738	3 671	77.5	5 358	4 104	76.6
18	11 527	7 520	65.2	5 405	3 480	64.4	6 122	4 040	66.0
19	10 902	5 587	51.2	5 018	2 564	51.1	5 884	3 023	51.4
20	10 372	3 738	36.0	4 962	1 820	36.7	5 410	1 918	35.5
21	11 467	3 069	26.8	5 726	1 520	26.5	5 741	1 549	27.0
22	10 580	1 971	18.6	5 301	938	17.7	5 279	1 033	19.6
23	11 404	1 581	13.9	5 680	754	13.3	5 724	827	14.4
24	10 264	908	8.8	5 225	430	8.2	5 039	478	9.5
Rural – Rurale									
20 X 1991									
6 – 24	430 511	296 125	68.8	214 115	145 788	68.1	216 396	150 337	69.5
6	32 664	17 516	53.6	16 286	8 290	50.9	16 378	9 226	56.3
7	27 268	19 677	72.2	13 759	9 484	68.9	13 509	10 193	75.5
8	26 994	21 713	80.4	13 360	10 444	78.2	13 634	11 269	82.7
9	25 053	21 238	84.8	12 557	10 392	82.8	12 496	10 846	86.8
10	27 372	24 121	88.1	13 644	11 736	86.0	13 728	12 385	90.2
11	25 390	22 954	90.4	12 629	11 121	88.1	12 761	11 833	92.7
12	26 097	23 089	88.5	13 250	11 383	85.9	12 847	11 706	91.1
13	24 388	21 762	89.2	12 280	10 676	86.9	12 108	11 086	91.6
14	25 494	22 275	87.4	12 761	10 791	84.6	12 733	11 484	90.2
15	24 447	20 435	83.6	12 336	9 938	80.6	12 111	10 497	86.7
16	24 723	19 553	79.1	12 217	9 379	76.8	12 506	10 174	81.4
17	21 321	15 628	73.3	10 811	7 811	72.2	10 510	7 817	74.4
18	22 342	13 890	62.2	11 348	7 094	62.5	10 994	6 796	61.8
19	20 310	10 991	54.1	10 300	5 783	56.1	10 010	5 208	52.0
20	17 737	7 329	41.3	8 760	3 991	45.6	8 977	3 338	37.2
21	17 755	5 953	33.5	8 615	3 271	38.0	9 140	2 682	29.3
22	14 259	3 759	26.4	6 811	2 034	29.9	7 448	1 725	23.2
23	14 462	2 658	18.4	6 736	1 362	20.2	7 726	1 296	16.8
24	12 435	1 584	12.7	5 655	808	14.3	6 780	776	11.4

35. Population 5 to 24 years of age by school attendance, sex, age and urban/rural residence: each census, 1985 – 1993 (continued)

Population âgée de 5 à 24 ans, selon la fréquentation scolaire, le sexe, l'âge et la résidence, urbaine/rurale: chaque recensement, 1985 – 1993 (suite)

Data by urban/rural residence

Données selon la résidence urbaine/rurale

(See notes at end of table. – Voir notes à la fin du tableau.)

Continent, country or area, date, age (in years) and urban/rural residence Continent, pays ou zone, date, âge (en années) et résidence urbaine/rurale	Both sexes – Les deux sexes			Male – Masculin			Female – Féminin		
	Total	Attending school Fréquentant les écoles		Total	Attending school Fréquentant les écoles		Total	Attending school Fréquentant les écoles	
		Number Nombre	Per cent P.100		Number Nombre	Per cent P.100		Number Nombre	Per cent P.100
AMERICA,NORTH— AMERIQUE DU NORD									
Canada									
Urban – Urbaine									
4 VI 1991 [1 5 6 7]									
15 – 24	2 976 725	1 853 170	62.3	1 495 355	929 080	62.1	1 481 365	924 090	62.4
15	273 145	251 715	92.2	140 095	128 500	91.7	133 050	123 210	92.6
16	276 890	250 830	90.6	143 415	129 815	90.5	133 475	121 020	90.7
17	268 205	234 300	87.4	136 605	118 795	87.0	131 600	115 500	87.8
18	277 915	222 085	79.9	141 015	112 245	79.6	136 900	109 840	80.2
19	289 660	197 825	68.3	144 560	96 835	67.0	145 100	100 990	69.6
20	314 910	185 775	59.0	157 420	89 430	56.8	157 485	96 350	61.2
21	315 285	161 730	51.3	156 950	79 085	50.4	158 330	82 650	52.2
22	314 265	137 175	43.6	156 125	68 165	43.7	158 140	69 010	43.6
23	318 700	115 780	36.3	158 895	58 670	36.9	159 805	57 110	35.7
24	327 760	95 940	29.3	160 275	47 530	29.7	167 480	48 410	28.9
Rural – Rurale									
4 VI 1991 [1 5 6 7]									
15 – 24	856 100	511 355	59.7	451 845	262 165	58.0	404 255	249 190	61.6
15	105 340	95 970	91.1	54 245	49 230	90.8	51 090	46 735	91.5
16	103 225	91 690	88.8	53 435	47 070	88.1	49 795	44 620	89.6
17	98 125	83 055	84.6	51 385	42 810	83.3	46 735	40 240	86.1
18	92 720	69 400	74.8	49 585	35 975	72.6	43 135	33 430	77.5
19	87 005	53 000	60.9	46 985	26 580	56.6	40 020	26 420	66.0
20	81 405	40 295	49.5	44 235	20 380	46.1	37 170	19 910	53.6
21	75 535	28 815	38.1	40 840	14 685	36.0	34 700	14 130	40.7
22	70 405	21 550	30.6	37 370	11 045	29.6	33 030	10 505	31.8
23	70 360	15 645	22.2	37 140	8 320	22.4	33 220	7 325	22.0
24	71 975	11 935	16.6	36 620	6 065	16.6	35 355	5 865	16.6
AMERICA,SOUTH— AMERIQUE DU SUD									
Bolivia – Bolivie									
Urban – Urbaine									
3 VI 1992*									
6 – 24	1 621 472	1 146 268	70.7	794 219	580 868	73.1	827 253	565 400	68.3
6	97 607	75 061	76.9	49 405	37 645	76.2	48 202	37 416	77.6
7	92 298	84 193	91.2	46 928	42 913	91.4	45 370	41 280	91.0
8	92 746	87 141	94.0	46 980	44 216	94.1	45 766	42 925	93.8
9	91 573	86 792	94.8	45 738	43 407	94.9	45 835	43 385	94.7
10	93 850	87 209	92.9	47 614	44 376	93.2	46 236	42 833	92.6
11	91 152	85 391	93.7	46 095	43 412	94.2	45 057	41 979	93.2
12	102 635	94 498	92.1	52 209	48 603	93.1	50 426	45 895	91.0
13	91 571	82 194	89.8	45 207	41 526	91.9	46 364	40 668	87.7
14	90 212	77 367	85.8	43 741	38 949	89.0	46 471	38 418	82.7
15	87 880	71 024	80.8	42 227	35 825	84.8	45 653	35 199	77.1
16	86 504	64 814	74.9	41 383	32 743	79.1	45 121	32 071	71.1
17	86 495	57 476	66.4	41 746	28 966	69.4	44 749	28 510	63.7
18	86 627	47 271	54.6	41 977	23 341	55.6	44 650	23 930	53.6
19	75 316	36 416	48.3	35 467	17 649	49.8	39 849	18 767	47.1
20 – 24	355 006	109 421	30.8	167 502	57 297	34.2	187 504	52 124	27.8
Rural – Rurale									
3 VI 1992*									
6 – 24	1 103 528	576 383	52.2	567 743	314 310	55.4	535 785	262 073	48.9
6	86 424	49 057	56.8	43 459	25 095	57.7	42 965	23 962	55.8
7	81 183	63 452	78.2	41 500	32 990	79.5	39 683	30 462	76.8
8	83 464	69 872	83.7	42 031	35 743	85.0	41 433	34 129	82.4
9	71 804	62 342	86.8	36 287	32 004	88.2	35 517	30 338	85.4
10	79 992	65 698	82.1	40 986	34 497	84.2	39 006	31 201	80.0
11	62 909	51 236	81.4	33 177	28 004	84.4	29 732	23 232	78.1
12	81 274	59 606	73.3	42 983	33 769	78.6	38 291	25 837	67.5

35. Population 5 to 24 years of age by school attendance, sex, age and urban/rural residence: each census, 1985 – 1993 (continued)

Population âgée de 5 à 24 ans, selon la fréquentation scolaire, le sexe, l'âge et la résidence, urbaine/rurale: chaque recensement, 1985 – 1993 (suite)

Data by urban/rural residence

Données selon la résidence urbaine/rurale

(See notes at end of table. – Voir notes à la fin du tableau.)

Continent, country or area, date, age (in years) and urban/rural residence Continent, pays ou zone, date, âge (en années) et résidence urbaine/rurale	Both sexes – Les deux sexes			Male – Masculin			Female – Féminin		
	Total	Attending school Fréquentant les écoles		Total	Attending school Fréquentant les écoles		Total	Attending school Fréquentant les écoles	
		Number Nombre	Per cent P.100		Number Nombre	Per cent P.100		Number Nombre	Per cent P.100
AMERICA,SOUTH— (Cont.–Suite) AMERIQUE DU SUD									
Bolivia (Cont.) — Bolivie (Suite) Rural – Rurale									
3 VI 1992*									
13	61 371	39 754	64.8	31 978	22 933	71.7	29 393	16 821	57.2
14	60 766	32 252	53.1	31 523	19 358	61.4	29 243	12 894	44.1
15	55 556	23 110	41.6	28 400	14 035	49.4	27 156	9 075	33.4
16	49 710	16 947	34.1	25 923	10 387	40.1	23 787	6 560	27.6
17	45 413	12 691	27.9	24 625	7 839	31.8	20 788	4 852	23.3
18	51 830	10 476	20.2	27 261	6 255	22.9	24 569	4 221	17.2
19	38 080	6 397	16.8	20 086	3 682	18.3	17 994	2 715	15.1
20 – 24	193 752	13 493	7.0	97 524	7 719	7.9	96 228	5 774	6.0
Uruguay Urban – Urbaine									
23 X 1985 [11, 12]									
6 – 24	796 200	514 200	64.6	394 000	254 700	64.6	402 000	259 500	64.6
6	46 200	37 900	82.0	23 200	18 900	81.5	23 000	19 000	82.6
7	47 100	45 600	96.8	24 000	23 200	96.7	23 100	22 400	97.0
8	48 400	47 200	97.5	24 500	23 900	97.6	23 900	23 300	97.5
9	47 300	46 100	97.5	23 700	23 100	97.5	23 600	22 900	97.0
10	46 600	45 200	97.0	23 900	23 200	97.1	22 700	22 000	96.9
11	44 000	42 600	96.8	21 900	21 200	96.8	22 100	21 400	96.8
12	44 100	41 200	93.4	22 500	20 900	92.9	21 600	20 300	94.0
13	41 300	36 800	89.1	20 800	18 600	89.4	20 500	18 100	88.3
14	42 200	33 800	80.1	21 600	17 500	81.0	20 600	16 200	78.6
15	40 700	28 700	70.5	19 900	13 900	69.8	20 800	14 800	71.2
16	41 500	25 000	60.2	20 500	12 000	58.5	20 900	13 000	62.2
17	38 200	20 000	52.4	18 500	9 200	49.7	19 700	10 800	54.8
18	37 300	15 200	40.7	18 000	6 800	37.8	19 300	8 300	43.0
19	36 700	12 300	33.5	17 600	5 500	31.2	19 100	6 800	35.6
20	38 100	9 500	24.9	18 300	4 000	21.9	19 800	5 500	27.8
21	38 100	8 700	22.8	18 500	3 800	20.5	19 600	4 900	25.0
22	39 200	7 200	18.4	18 500	3 400	18.4	20 700	3 900	18.8
23	39 900	6 000	15.0	19 000	2 900	15.3	20 800	3 300	15.9
24	39 300	5 200	13.2	19 100	2 700	14.1	20 200	2 600	12.9
Rural – Rurale									
23 X 1985 [11, 12]									
6 – 24	131 700	62 600	47.5	74 200	32 800	44.2	57 600	29 700	51.6
6	7 300	5 200	71.2	3 700	2 600	70.3	3 600	2 600	72.2
7	7 500	7 200	96.0	4 000	3 800	95.0	3 500	3 400	97.1
8	7 700	7 400	96.1	4 100	4 000	97.6	3 500	3 400	97.1
9	7 900	7 700	97.5	4 000	3 900	97.5	3 900	3 800	97.4
10	7 600	7 400	97.4	3 900	3 700	94.9	3 700	3 600	97.3
11	7 300	7 100	97.3	3 800	3 700	97.4	3 500	3 400	97.1
12	7 100	6 100	85.9	4 200	3 400	81.0	2 900	2 600	89.7
13	6 300	4 300	68.3	3 400	2 400	70.6	2 900	1 900	65.5
14	6 800	3 100	45.6	3 700	1 800	48.6	3 100	1 300	41.9
15	6 500	2 100	32.3	3 600	1 100	30.6	2 900	1 000	34.5
16	6 900	1 500	21.7	4 100	800	19.5	2 900	700	24.1
17	6 900	1 100	15.9	4 200	500	11.9	2 700	600	22.2
18	6 900	700	10.1	4 200	300	7.1	2 800	400	14.3
19	6 500	500	7.7	4 100	200	4.9	2 400	300	12.5
20	6 600	400	6.1	4 100	200	4.9	2 500	200	8.0
21	6 700	300	4.5	3 900	100	2.6	2 800	200	7.1
22	6 600	200	3.0	4 000	100	2.5	2 600	100	3.8
23	6 400	200	3.1	3 800	100	2.6	2 600	100	3.8
24	6 200	100	1.6	3 400	100	2.9	2 800	100	3.6

35. Population 5 to 24 years of age by school attendance, sex, age and urban/rural residence: each census, 1985 – 1993 (continued)

Population âgée de 5 à 24 ans, selon la fréquentation scolaire, le sexe, l'âge et la résidence, urbaine/rurale: chaque recensement, 1985 – 1993 (suite)

Data by urban/rural residence

Données selon la résidence urbaine/rurale

(See notes at end of table. – Voir notes à la fin du tableau.)

Continent, country or area, date, age (in years) and urban/rural residence Continent, pays ou zone, date, âge (en années) et résidence urbaine/rurale	Both sexes – Les deux sexes			Male – Masculin			Female – Féminin		
	Total	Attending school Fréquentant les écoles		Total	Attending school Fréquentant les écoles		Total	Attending school Fréquentant les écoles	
		Number Nombre	Per cent P.100		Number Nombre	Per cent P.100		Number Nombre	Per cent P.100
ASIA—ASIE									
Japan – Japon									
Urban – Urbaine									
1 X 1990 [16]									
6 – 24	26 399 514	18 760 160	71.1	13 515 715	9 788 206	72.4	12 883 799	8 971 954	69.6
6	1 130 565	552 153	48.8	579 054	282 054	48.7	551 511	270 099	49.0
7	1 140 062	1 136 612	99.7	583 417	581 713	99.7	556 645	554 899	99.7
8	1 140 486	1 139 187	99.9	583 675	583 034	99.9	556 811	556 153	99.9
9	1 155 253	1 154 571	99.9	591 955	591 611	99.9	563 298	562 960	99.9
10	1 205 949	1 205 493	100.0	618 130	617 899	100.0	587 819	587 594	100.0
11	1 238 355	1 237 929	100.0	634 940	634 730	100.0	603 415	603 199	100.0
12	1 293 732	1 293 294	100.0	662 426	662 216	100.0	631 306	631 078	100.0
13	1 329 474	1 329 168	100.0	680 819	680 668	100.0	648 655	648 500	100.0
14	1 404 072	1 403 792	100.0	719 596	719 451	100.0	684 476	684 341	100.0
15	1 478 957	1 450 324	98.1	758 042	739 812	97.6	720 915	710 512	98.6
16	1 577 697	1 501 499	95.2	809 813	761 864	94.1	767 884	739 635	96.3
17	1 611 212	1 508 768	93.6	825 263	761 281	92.2	785 949	747 487	95.1
18	1 642 797	1 187 305	72.3	841 163	584 214	69.5	801 634	603 091	75.2
19	1 664 091	873 713	52.5	850 353	417 455	49.1	813 738	456 258	56.1
20	1 611 369	703 284	43.6	827 063	389 389	47.1	784 306	313 895	40.0
21	1 566 714	498 443	31.8	802 430	336 098	41.9	764 284	162 345	21.2
22	1 521 586	348 294	22.9	778 686	253 707	32.6	742 900	94 587	12.7
23	1 510 067	171 620	11.4	770 666	138 724	18.0	739 401	32 896	4.4
24	1 177 076	64 711	5.5	598 224	52 286	8.7	578 852	12 425	2.1
Rural – Rurale									
1 X 1990 [16]									
6 – 24	6 962 675	5 186 591	74.5	3 530 354	2 655 559	75.2	3 432 321	2 531 032	73.7
6	357 476	173 400	48.5	182 580	88 418	48.4	174 896	84 982	48.6
7	364 223	362 536	99.5	186 232	185 412	99.6	177 991	177 124	99.5
8	367 687	367 149	99.9	188 008	187 761	99.9	179 679	179 388	99.8
9	372 444	372 172	99.9	190 854	190 730	99.9	181 590	181 442	99.9
10	389 316	389 168	100.0	199 276	199 194	100.0	190 040	189 974	100.0
11	397 759	397 608	100.0	204 155	204 076	100.0	193 604	193 532	100.0
12	412 053	411 914	100.0	210 872	210 798	100.0	201 181	201 116	100.0
13	420 206	420 096	100.0	215 634	215 572	100.0	204 572	204 524	100.0
14	435 869	435 753	100.0	224 032	223 972	100.0	211 837	211 781	100.0
15	444 473	437 250	98.4	227 695	222 954	97.9	216 778	214 296	98.9
16	452 833	433 579	95.7	232 211	219 553	94.5	220 622	214 026	97.0
17	450 173	424 944	94.4	229 618	213 211	92.9	220 555	211 733	96.0
18	378 317	270 857	71.6	192 931	133 757	69.3	185 386	137 100	74.0
19	306 537	118 933	38.8	155 126	55 167	35.6	151 411	63 766	42.1
20	295 053	80 476	27.3	146 886	41 645	28.4	148 167	38 831	26.2
21	290 413	46 228	15.9	141 720	30 626	21.6	148 693	15 602	10.5
22	291 761	28 477	9.8	141 139	20 225	14.3	150 622	8 252	5.5
23	300 806	11 796	3.9	146 188	9 232	6.3	154 618	2 564	1.7
24	235 276	4 255	1.8	115 197	3 256	2.8	120 079	999	0.8

35. Population 5 to 24 years of age by school attendance, sex, age and urban/rural residence: each census, 1985 – 1993 (continued)
Population âgée de 5 à 24 ans, selon la fréquentation scolaire, le sexe, l'âge et la résidence, urbaine/rurale: chaque recensement, 1985 – 1993 (suite)
Data by urban/rural residence

Données selon la résidence urbaine/rurale

(See notes at end of table. – Voir notes à la fin du tableau.)

Continent, country or area, date, age (in years) and urban/rural residence Continent, pays ou zone, date, âge (en années) et résidence urbaine/rurale	Both sexes – Les deux sexes			Male – Masculin			Female – Féminin		
	Total	Attending school – Fréquentant les écoles		Total	Attending school – Fréquentant les écoles		Total	Attending school – Fréquentant les écoles	
		Number Nombre	Per cent P.100		Number Nombre	Per cent P.100		Number Nombre	Per cent P.100
EUROPE									
Norway – Norvège									
Urban – Urbaine									
3 XI 1990 [1]									
7 – 24	758 361	544 478	71.8	384 760	276 969	72.0	373 601	267 509	71.6
7	35 695	35 695	100.0	18 370	18 370	100.0	17 325	17 325	100.0
8	36 760	36 760	100.0	18 879	18 879	100.0	17 881	17 881	100.0
9	36 436	36 436	100.0	18 553	18 553	100.0	17 883	17 883	100.0
10	36 450	36 450	100.0	18 711	18 711	100.0	17 739	17 739	100.0
11	36 810	36 810	100.0	18 730	18 730	100.0	18 080	18 080	100.0
12	37 104	37 104	100.0	19 104	19 104	100.0	18 000	18 000	100.0
13	36 326	36 326	100.0	18 617	18 617	100.0	17 709	17 709	100.0
14	38 260	38 260	100.0	19 387	19 387	100.0	18 873	18 873	100.0
15	40 098	40 098	100.0	20 448	20 448	100.0	19 650	19 650	100.0
16	42 456	38 393	90.4	21 406	19 261	90.0	21 050	19 132	90.9
17	43 726	36 973	84.6	22 514	19 168	85.1	21 212	17 805	83.9
18	45 706	34 587	75.7	23 170	17 383	75.0	22 536	17 204	76.3
19	46 673	22 963	49.2	23 507	11 806	50.2	23 166	11 157	48.2
20	46 241	17 230	37.3	23 232	7 807	33.6	23 009	9 423	41.0
21	49 361	17 449	35.3	24 913	8 450	33.9	24 448	8 999	36.8
22	49 755	16 348	32.9	24 997	8 266	33.1	24 758	8 082	32.6
23	49 631	14 371	29.0	24 686	7 514	30.4	24 945	6 857	27.5
24	50 873	12 225	24.0	25 536	6 515	25.5	25 337	5 710	22.5
Rural – Rurale									
3 XI 1990 [1]									
7 – 24	301 524	218 556	72.5	157 862	111 297	70.5	143 662	107 259	74.7
7	14 816	14 816	100.0	7 651	7 651	100.0	7 165	7 165	100.0
8	15 019	15 019	100.0	7 777	7 777	100.0	7 242	7 242	100.0
9	15 146	15 146	100.0	7 676	7 676	100.0	7 470	7 470	100.0
10	15 338	15 338	100.0	7 947	7 947	100.0	7 391	7 391	100.0
11	15 384	15 384	100.0	7 982	7 982	100.0	7 402	7 402	100.0
12	15 306	15 306	100.0	7 809	7 809	100.0	7 497	7 497	100.0
13	15 248	15 248	100.0	7 766	7 766	100.0	7 482	7 482	100.0
14	15 773	15 773	100.0	8 244	8 244	100.0	7 529	7 529	100.0
15	16 816	16 816	100.0	8 580	8 580	100.0	8 236	8 236	100.0
16	17 924	16 541	92.3	9 228	8 417	91.2	8 696	8 124	93.4
17	18 229	15 246	83.6	9 326	7 771	83.3	8 903	7 475	84.0
18	19 115	13 973	73.1	9 953	7 016	70.5	9 162	6 957	75.9
19	19 031	9 350	49.1	9 996	4 806	48.1	9 035	4 544	50.3
20	18 585	6 528	35.1	9 941	2 916	29.3	8 644	3 612	41.8
21	18 635	5 952	31.9	9 943	2 694	27.1	8 692	3 258	37.5
22	17 946	5 105	28.4	9 729	2 536	26.1	8 217	2 569	31.3
23	16 965	4 065	24.0	9 312	2 105	22.6	7 653	1 960	25.6
24	16 248	2 950	18.2	9 002	1 604	17.8	7 246	1 346	18.6

35. Population 5 to 24 years of age by school attendance, sex, age and urban/rural residence: each census, 1985 – 1993 (continued)

Population âgée de 5 à 24 ans, selon la fréquentation scolaire, le sexe, l'âge et la résidence, urbaine/rurale: chaque recensement, 1985 – 1993 (suite)

Data by urban/rural residence

Données selon la résidence urbaine/rurale

(See notes at end of table. – Voir notes à la fin du tableau.)

Continent, country or area, date, age (in years) and urban/rural residence Continent, pays ou zone, date, âge (en années) et résidence urbaine/rurale	Both sexes – Les deux sexes			Male – Masculin			Female – Féminin		
	Total	Attending school – Fréquentant les écoles		Total	Attending school – Fréquentant les écoles		Total	Attending school – Fréquentant les écoles	
		Number – Nombre	Per cent – P.100		Number – Nombre	Per cent – P.100		Number – Nombre	Per cent – P.100
EUROPE (Cont.–Suite)									
Romania – Roumanie									
Urban – Urbaine									
7 I 1992									
6 – 24	4 097 966	2 528 791	61.7	2 045 105	1 285 389	62.9	2 052 861	1 243 402	60.6
6	204 085	32 650	16.0	104 278	16 424	15.7	99 807	16 226	16.3
7	199 091	176 268	88.5	101 500	89 858	88.5	97 591	86 410	88.5
8	178 960	173 283	96.8	91 093	88 296	96.9	87 867	84 987	96.7
9	195 069	190 634	97.7	99 351	97 157	97.8	95 718	93 477	97.7
10	213 884	209 663	98.0	109 443	107 331	98.1	104 441	102 332	98.0
11	226 454	221 698	97.9	115 088	112 662	97.9	111 366	109 036	97.9
12	221 899	216 960	97.8	112 969	110 530	97.8	108 930	106 430	97.7
13	220 859	214 145	97.0	111 947	108 657	97.1	108 912	105 488	96.9
14	232 845	213 717	91.8	118 277	108 661	91.9	114 568	105 056	91.7
15	232 768	205 243	88.2	118 931	104 903	88.2	113 837	100 340	88.1
16	225 485	184 531	81.8	115 453	94 315	81.7	110 032	90 216	82.0
17	224 633	171 309	76.3	115 646	88 020	76.1	108 987	83 289	76.4
18	180 317	85 175	47.2	92 693	43 617	47.1	87 624	41 558	47.4
19	178 914	48 341	27.0	88 742	24 228	27.3	90 172	24 113	26.7
20	173 548	38 880	22.4	79 524	18 361	23.1	94 024	20 519	21.8
21	202 939	35 294	17.4	95 644	16 234	17.0	107 295	19 060	17.8
22	228 043	37 257	16.3	108 598	17 528	16.1	119 445	19 729	16.5
23	272 823	40 459	14.8	130 153	20 637	15.9	142 670	19 822	13.9
24	285 350	33 284	11.7	135 775	17 970	13.2	149 575	15 314	10.2
Rural – Rurale									
7 I 1992									
6 – 24	3 071 689	1 457 274	47.4	1 609 911	751 338	46.7	1 461 778	705 936	48.3
6	135 979	36 158	26.6	69 477	18 146	26.1	66 502	18 012	27.1
7	130 338	114 757	88.0	66 568	58 561	88.0	63 770	56 196	88.1
8	121 994	116 009	95.1	62 454	59 475	95.2	59 540	56 534	95.0
9	130 537	125 233	95.9	66 599	63 901	95.9	63 938	61 332	95.9
10	144 633	138 972	96.1	73 958	70 976	96.0	70 675	67 996	96.2
11	156 150	148 751	95.3	79 952	76 154	95.2	76 198	72 597	95.3
12	160 027	150 118	93.8	82 116	76 907	93.7	77 911	73 211	94.0
13	168 950	154 818	91.6	86 579	79 026	91.3	82 371	75 792	92.0
14	168 897	122 328	72.4	87 222	63 511	72.8	81 675	58 817	72.0
15	169 429	99 646	58.8	87 513	52 109	59.5	81 916	47 537	58.0
16	177 215	85 735	48.4	91 702	45 689	49.8	85 513	40 046	46.8
17	183 290	81 788	44.6	95 019	44 377	46.7	88 271	37 411	42.4
18	169 819	38 250	22.5	88 405	20 324	23.0	81 414	17 926	22.0
19	175 066	14 963	8.5	91 850	7 390	8.0	83 216	7 573	9.1
20	165 235	8 679	5.3	85 977	3 980	4.6	79 258	4 699	5.9
21	176 769	6 077	3.4	96 083	2 814	2.9	80 686	3 263	4.0
22	175 194	5 177	3.0	96 462	2 532	2.6	78 732	2 645	3.4
23	185 118	5 416	2.9	103 004	2 919	2.8	82 114	2 497	3.0
24	177 049	4 399	2.5	98 971	2 547	2.6	78 078	1 852	2.4

35. Population 5 to 24 years of age by school attendance, sex, age and urban/rural residence: each census, 1985 – 1993 (continued)
Population âgée de 5 à 24 ans, selon la fréquentation scolaire, le sexe, l'âge et la résidence, urbaine/rurale: chaque recensement, 1985 – 1993 (suite)
Data by urban/rural residence
Données selon la résidence urbaine/rurale

(See notes at end of table. – Voir notes à la fin du tableau.)

Continent, country or area, date, age (in years) and urban/rural residence Continent, pays ou zone, date, âge (en années) et résidence urbaine/rurale	Both sexes – Les deux sexes			Male – Masculin			Female – Féminin		
	Total	Attending school Fréquentant les écoles		Total	Attending school Fréquentant les écoles		Total	Attending school Fréquentant les écoles	
		Number Nombre	Per cent P.100		Number Nombre	Per cent P.100		Number Nombre	Per cent P.100
EUROPE (Cont.–Suite)									
Slovenia – Slovénie									
Urban – Urbaine									
31 III 1991 [1]									
6 – 24	272 749	195 185	71.6	137 991	98 169	71.1	134 758	97 016	72.0
6	13 556	727	5.4	6 982	364	5.2	6 574	363	5.5
7	13 790	11 007	79.8	7 037	5 559	79.0	6 753	5 448	80.7
8	14 115	14 093	99.8	7 183	7 168	99.8	6 932	6 925	99.9
9	14 976	14 962	99.9	7 658	7 651	99.9	7 318	7 311	99.9
10	15 361	15 327	99.8	7 825	7 808	99.8	7 536	7 519	99.8
11	15 567	15 536	99.8	8 094	8 082	99.9	7 473	7 454	99.7
12	15 522	15 487	99.8	8 031	8 012	99.8	7 491	7 475	99.8
13	15 093	15 056	99.8	7 841	7 818	99.7	7 252	7 238	99.8
14	15 235	15 157	99.5	7 770	7 723	99.4	7 465	7 434	99.6
15	14 782	14 197	96.0	7 410	7 077	95.5	7 372	7 120	96.6
16	14 225	13 236	93.0	7 292	6 719	92.1	6 933	6 517	94.0
17	14 042	12 245	87.2	7 202	6 195	86.0	6 840	6 050	88.4
18	13 950	10 005	71.7	7 127	4 849	68.0	6 823	5 156	75.6
19	13 715	6 619	48.3	6 913	2 805	40.6	6 802	3 814	56.1
20	12 953	5 350	41.3	6 432	2 303	35.8	6 521	3 047	46.7
21	13 144	4 937	37.6	6 457	2 291	35.5	6 687	2 646	39.6
22	13 481	4 316	32.0	6 609	2 122	32.1	6 872	2 194	31.9
23	14 145	3 754	26.5	6 830	1 917	28.1	7 315	1 837	25.1
24	15 097	3 174	21.0	7 298	1 706	23.4	7 799	1 468	18.8
Rural – Rurale									
31 III 1991 [1]									
6 – 24	275 607	175 608	63.7	141 463	88 177	62.3	134 144	87 431	65.2
6	12 765	1 560	12.2	6 438	801	12.4	6 327	759	12.0
7	13 180	10 890	82.6	6 755	5 474	81.0	6 425	5 416	84.3
8	13 482	13 470	99.9	7 036	7 031	99.9	6 446	6 439	99.9
9	13 953	13 937	99.9	7 184	7 173	99.8	6 769	6 764	99.9
10	14 453	14 422	99.8	7 335	7 319	99.8	7 118	7 103	99.8
11	14 553	14 518	99.8	7 497	7 475	99.7	7 056	7 043	99.8
12	14 623	14 592	99.8	7 535	7 521	99.8	7 088	7 071	99.8
13	14 823	14 766	99.6	7 687	7 657	99.6	7 136	7 109	99.6
14	14 780	14 706	99.5	7 577	7 541	99.5	7 203	7 165	99.5
15	14 846	13 947	93.9	7 647	7 105	92.9	7 199	6 842	95.0
16	14 882	13 049	87.7	7 656	6 658	87.0	7 226	6 391	88.4
17	14 884	11 615	78.0	7 631	5 749	75.3	7 253	5 866	80.9
18	14 876	7 968	53.6	7 636	3 567	46.7	7 240	4 401	60.8
19	14 698	4 118	28.0	7 589	1 607	21.2	7 109	2 511	35.3
20	14 377	3 292	22.9	7 262	1 300	17.9	7 115	1 992	28.0
21	14 393	2 718	18.9	7 403	1 181	16.0	6 990	1 537	22.0
22	14 690	2 392	16.3	7 563	1 116	14.8	7 127	1 276	17.9
23	15 482	2 040	13.2	7 859	1 015	12.9	7 623	1 025	13.4
24	15 867	1 608	10.1	8 173	887	10.9	7 694	721	9.4

35. Population 5 to 24 years of age by school attendance, sex, age and urban/rural residence: each census, 1985 – 1993 (continued)

Population âgée de 5 à 24 ans, selon la fréquentation scolaire, le sexe, l'âge et la résidence, urbaine/rurale: chaque recensement, 1985 – 1993 (suite)

GENERAL NOTES

Percentages are the number of population attending school in each age–sex group per 100 total population in the same age–sex group. For definitions of "urban", see Technical notes for table 6. For method of evaluation and limitations of data, see Technical Notes, page 121.

FOOTNOTES

- * Provisional.
- 1 De jure population.
- 2 Excluding Mayotte.
- 3 For African population only.
- 4 For classification by urban/rural residence, see end of table.
- 5 Excluding persons residing in institutions.
- 6 Because of rounding, totals are not in all cases the sum of the parts.
- 7 Based on a 20 per cent sample of census returns.
- 8 Excluding transients and residents of the former Canal Zone.
- 9 De jure population, but excluding civilian citizens absent from country for extended period of time.
- 10 Excluding armed forces overseas.
- 11 Data have not been adjusted for underenumeration, estimated at 2.6 per cent.
- 12 Based on a 14 per cent sample of census returns.
- 13 Excluding Indian jungle population.
- 14 Including transients and Vietnamese refugees.
- 15 Based on a sample of census returns.
- 16 Excluding diplomatic personnel outside the country, and foreign military and civilian personnel and their dependants stationed in the area.
- 17 Excluding alien armed forces, civilian aliens employed by armed forces, foreign diplomatic personnel and their dependants and Korean diplomatic personnel and their dependants outside the country.
- 18 Based on a 10 per cent sample of census returns.
- 19 Excluding transients afloat and non–locally domiciled military and civilian services personnel and their dependants and visitors, numbering 5 553, 5 187 and 8 895 respectively at 1980 census.
- 20 Based on national registers.
- 21 De jure population but excluding diplomatic personnel outside the country and including foreign diplomatic personnel not living in embassies or consulates.
- 22 Excluding civilian aliens within the country, and including civilian nationals temporarily outside the country.
- 23 Data exclude adjustment for underenumeration, estimated at 1.9 per cent.
- 24 Excluding diplomatic personnel and armed forces outside the country, the latter numbering 1 936 at 1966 census; also excluding alien armed forces within the country.

NOTES GENERALES

Les pourcentages représent le nombre de personnes de chaque groupe d'âge et de sexe fréquentant les écoles pour 100 appartenant au même groupe d'âge et de sexes. Pour les définitions de "zones urbaines", voir les Notes techniques relatives au tableau 6. Pour la méthode d'évaluation et les insuffisances des données, voir Notes techniques, page 121.

NOTES

- * Données provisoires.
- 1 Population de droit.
- 2 Non compris Mayotte.
- 3 Pour la population africaine seulement.
- 4 Pour le classement selon la résidence, urbaine/rurale, voir la fin du tableau.
- 5 Non compris les personnes dans les institutions.
- 6 Les chiffres étant arrondis, les totaux ne correspondent pas toujours rigoureusement à la somme des chiffres partiels.
- 7 D'après un échantillon de 20 p. 100 des bulletins de recensement.
- 8 Non compris les transients et les résidents de l'ancienne Zone du Canal.
- 9 Population de droit, mais non compris les civils hors du pays pendant une période prolongée.
- 10 Non compris les militaires à l'étranger.
- 11 Les données n'ont pas été adjustées pour compenser les lacunes du dénombrement, estimées à 2,6 p. 100.
- 12 D'après un échantillon de 14 p. 100 des bulletins de recensement.
- 13 Non compris les Indiens de la jungle.
- 14 Y compris transients et réfugiés du Viet Nam.
- 15 D'après un échantillon des bulletins de recensement.
- 16 Non compris le personnel diplomatique hors du pays, les militaires et agents civils étrangers en poste sur le territoire et les membres de leur famille les accompagnant.
- 17 Non compris les militaires étrangers, les civils étrangers employés par les forces armées, le personnel diplomatique étranger et les membres de leur famille les accompagnant et le personnel diplomatique coréen hors du pays et les membres de leur familles les accompagnant.
- 18 D'après un échantillon de 10 p. 100 des bulletins de recensement.
- 19 Non compris les personnes de passage à bord de navires, les militaires et agents civils non résidents et les membres de leur famille les accompagnant, et les visiteurs, soit: 5 553, 5 187 et 8 895 personnes respectivement au recensement de 1980.
- 20 D'après les registres nationaux.
- 21 Population de droit, non compris le personnel diplomatique hors du pays, mais y compris le personnel diplomatique étranger qui ne vit pas dans les ambassades ou les consulats.
- 22 Non compris les civils étrangers dans le pays, mais y compris les civils nationaux temporairement hors du pays.
- 23 Les données n'ont pas été ajustées pour compenser les lacunes du dénombrement, estimées à 1,9 p. 100.
- 24 Non compris le personnel diplomatique et les militaires hors du pays, ces derniers au nombre de 1 936 au recensement de 1966; non compris également les militaires étrangers dans le pays.

Subject–matter index (continued)

(See notes at end of index)

Subject–matter	Year of issue	Time coverage
A		
Abortions, Legal...............	1971	Latest
	1972	1964–72
	1973	1965–73
	1974	1965–74
	1975	1965–74
	1976	1966–75
	1977	1967–76
	1978	1968–77
	1979	1969–78
	1980	1971–79
	1981	1972–80
	1982	1973–81
	1983	1974–82
	1984	1975–83
	1985	1976–84
	1986	1977–85
	1987	1978–86
	1988	1979–87
	1989	1980–88
	1990	1981–89
	1991	1982–90
	1992	1983–91
	1993	1984–92
–by age of mother and number of previous live births of mother..............	1971–1975	Latest
	1977–1981	Latest
	1983–1993	Latest
Ageing (see: Population)		
Annulments.......................	1958	1948–57
	1968	1958–67
	1976	1966–75
Annulment rates................	1958	1948–57
	1968	1958–67
	1976	1966–75
B		
Bibliography.....................	1948	1930–48
	1949/50	1930–50
	1951–1952	1930–51 [1]
	1953	1900–53
	1954	1900–54 [1]
	1955	1900–55 [1]
Births..............................	1948	1932–47
	1949/50	1934–49
	1951	1935–50
	1952	1936–51
	1953	1950–52
	1954	1938–53
	1955	1946–54
	1956	1947–55
	1957	1948–56
	1958	1948–57
	1959	1949–58
	1960	1950–59
	1961	1952–61
	1962	1953–62
	1963	1954–63
	1964	1960–64
	1965	1946–65
	1966	1957–66
	1967	1963–67
	1968	1964–68
	1969	1950–69
	1970	1966–70
	1971	1967–71
	1972	1968–72
	1973	1969–73
	1974	1970–74
	1975	1956–75
	1976	1972–76
	1977	1973–77
	1978	1974–78
	1978HS [2]	1948–78
	1979	1975–79
	1980	1976–80
	1981	1962–81
	1982	1978–82
	1983	1979–83
	1984	1980–84
	1985	1981–85
	1986	1967–86
	1987	1983–87
	1988	1984–88
	1989	1985–89
	1990	1986–90
	1991	1987–91
	1992	1983–92
	1993	1989–93
–by age of father.............	1949/50	1942–49
	1954	1936–53
	1959	1949–58
	1965	1955–64
	1969	1963–68
	1975	1966–74
	1981	1972–80
	1986	1977–85
Births (continued):		
–by age of mother...........	1948	1936–47
	1949/50	1936–49
	1954	1936–53
	1955–1956	Latest
	1958	Latest
	1959	1949–58
	1960–1964	Latest
	1965	1955–64
	1966–1968	Latest
	1969	1963–68
	1970–1974	Latest
	1975	1966–74
	1976–1978	Latest
	1978HS [2]	1948–77
	1979–1980	Latest
	1981	1972–80
	1982–1985	Latest
	1986	1977–85
	1987–1991	Latest
	1992	1983–92
	1993	Latest
–by age of mother and birth order......................	1949/50	1936–47
	1954	Latest
	1959	1949–58
	1965	1955–64
	1969	1963–68
	1975	1966–74
	1981	1972–80
	1986	1977–85
–by age of mother and sex..........................	1965–1968	Latest
	1969	1963–68
	1970–1974	Latest
	1975	1966–74
	1976–1978	Latest
	1978HS [2]	1948–77
	1979–1980	Latest
	1981	1972–80
	1982–1985	Latest
	1986	1977–85
	1987–1991	Latest
	1992	1983–92
	1993	Latest
–by age of mother and urban/rural residence (see: by urban/rural residence, below)		
–by birth order................	1948	1936–47
	1949/50	1936–49
	1954	1936–53

Subject–matter index (continued)

(See notes at end of index)

Subject–matter index (continued)

(See notes at end of index)

(See notes at end of index)

Subject–matter index (continued)

(See notes at end of index)

Subject–matter index (continued)

(See notes at end of index)

Subject–matter	Year of issue	Time coverage
Death rates (continued):	1955	1920–34 [3]
		1946–54
	1956	1947–55
	1957	1930–56
	1958	1948–57
	1959	1949–58
	1960	1950–59
	1961	1945–59 [3]
		1952–61
	1962	1945–54 [3]
		1952–62
	1963	1945–59 [3]
		1954–63
	1964	1960–64
	1965	1961–65
	1966	1920–64 [3]
		1951–66
	1967	1963–67
	1968	1964–68
	1969	1965–69
	1970	1966–70
	1971	1967–71
	1972	1968–72
	1973	1969–73
	1974	1965–74
	1975	1971–75
	1976	1972–76
	1977	1973–77
	1978	1974–78
	1978HS [2]	1948–78
	1979	1975–79
	1980	1971–80
	1981	1977–81
	1982	1978–82
	1983	1979–83
	1984	1980–84
	1985	1976–85
	1986	1982–86
	1987	1983–87
	1988	1984–88
	1989	1985–89
	1990	1986–90
	1991	1987–91
	1992	1983–92
	1993	1989–93
–by age and sex..............	1948	1935–47
	1949/50	1936–49
	1951	1936–50
	1952	1936–51
	1953	1940–52
	1954	1946–53
	1955–1956	Latest
	1957	1948–56
	1961	1952–60
Death rates (continued): –by age and sex (continued):	1966	1950–65
–by age and sex and urban/rural residence......	1967	Latest
	1972	Latest
	1974	1965–73
	1975–1979	Latest
	1980	1971–79
	1981–1984	Latest
	1985	1976–84
	1986–1991	Latest
	1991PA [5]	1950–1990
	1992	1983–1992
	1993	Latest
–by cause.........................	1951	1947–49
	1952	1947–51 [4]
	1953	1947–52
	1954	1945–53
	1955–1956	Latest
	1957	1952–56
	1958–1960	Latest
	1961	1955–60
	1962–1965	Latest
	1966	1960–65
	1967–1973	Latest
	1974	1965–73
	1975–1979	Latest
	1980	1971–79
	1981–1984	Latest
	1985	1976–84
	1986–1991	Latest
	1991PA [5]	1960–90
	1992–1993	Latest
–by cause, age and sex.....	1957	Latest
	1961	Latest
	1991 PA [5]	1960–90
–by cause and sex...........	1967	Latest
	1974	Latest
	1980	Latest
	1985	Latest
–by marital status, age and sex..........................	1961	Latest
	1967	Latest
	1974	Latest
	1980	Latest
	1985	Latest
Death rates (continued): –by occupation, age and sex................................	1957	Latest
–by occupation and age, males............................	1961	Latest
	1967	Latest
–by urban/rural residence.......................	1967	Latest
	1968	1964–68
	1969	1965–69
	1970	1966–70
	1971	1967–71
	1972	1968–72
	1973	1969–73
	1974	1965–74
	1975	1971–75
	1976	1972–76
	1977	1973–77
	1978	1974–78
	1979	1975–79
	1980	1971–80
	1981	1977–81
	1982	1978–82
	1983	1979–83
	1984	1980–84
	1985	1976–85
	1986	1982–86
	1987	1983–87
	1988	1984–88
	1989	1985–89
	1990	1986–90
	1991	1987–91
	1992	1983–92
	1993	1989–93
–estimated:		
for continents..................	1949/50	1947
	1956–1977	Latest
	1978–1979	1970–75
	1980–1983	1975–80
	1984–1986	1980–85
	1984–1986	1980–85
	1987–1992	1985–90
	1993	1990–95
for macro regions...........	1964–1977	Latest
	1978–1979	1970–75
	1980–1983	1975–80
	1984–1986	1980–85
	1987–1992	1985–90
	1993	1990–95

Subject–matter index (continued)

(See notes at end of index)

Subject–matter index (continued)

(See notes at end of index)

Subject–matter index (continued)

(See notes at end of index)

Subject-matter index (continued)

(See notes at end of index)

Subject–matter index (continued)

(See notes at end of index)

Subject–matter	Year of issue	Time coverage
Households (continued):		
–population in each type of (continued):	*1990*	1980–90
	1991PA [5]	Latest
–population in each size of............................	*1955*	1945–54
	1962	1955–62
	1963	1955–63 [4]
	1968	Latest
	1971	1962–71
	1973	1965–73 [4]
	1976	Latest
	1982	Latest
	1987	1975–86
	1990	1980–89
I		
Illegitimacy rates and ratios:		
–of births.........................	*1959*	1949–58
	1965	1955–64
	1969	1963–68
	1975	1966–74
	1981	1972–80
	1986	1977–85
–of foetal deaths, late.......	*1961*	1952–60
	1965	5–Latest
	1969	1963–68
	1975	1966–74
	1981	1972–80
	1986	1977–85
Illegitimate (see also: Births and Foetal deaths, late)		
–birth(s)...........................	*1959*	1949–58
	1965	1955–64
	1969	1963–68
	1975	1966–74
	1981	1972–80
	1986	1977–85
–birth ratios.....................	*1959*	1949–58
	1965	1955–64
	1969	1963–68
	1975	1966–74
	1981	1972–80
	1986	1977–85

Subject–matter	Year of issue	Time coverage
Illegitimate (see also: Births and Foetal deaths, late) (continued):		
–foetal death(s), late........	*1961*	1952–60
	1965	5–Latest
	1969	1963–68
	1975	1966–74
	1981	1972–80
	1986	1977–85
–foetal death ratios, late...	*1961*	1952–60
	1965	5–Latest
	1969	1963–68
	1975	1966–74
	1981	1972–80
	1986	1977–85
Illiteracy rates (see: Population)		
Immigrants (see: Migration)		
Infant deaths.....................	*1948*	1932–47
	1949/50	1934–49
	1951	1935–50
	1952	1936–51
	1953	1950–52
	1954	1946–53
	1955	1946–54
	1956	1947–55
	1957	1948–56
	1958	1948–57
	1959	1949–58
	1960	1950–59
	1961	1952–61
	1962	1953–62
	1963	1954–63
	1964	1960–64
	1965	1961–65
	1966	1947–66
	1967	1963–67
	1968	1964–68
	1969	1965–69
	1970	1966–70
	1971	1967–71
	1972	1968–72
	1973	1969–73
	1974	1965–74
	1975	1971–75
	1976	1972–76
	1977	1973–77
	1978	1974–78
	1978HS [2]	1948–78

Subject–matter	Year of issue	Time coverage
Infant deaths (continued):	*1979*	1975–79
	1980	1971–80
	1981	1977–81
	1982	1978–82
	1983	1979–83
	1984	1980–84
	1985	1976–85
	1986	1982–86
	1987	1983–87
	1988	1984–88
	1989	1985–89
	1990	1986–90
	1991	1987–91
	1992	1983–92
	1993	1989–93
–by age and sex...............	*1948*	1936–47
	1951	1936–49
	1957	1948–56
	1961	1952–60
	1962–1965	Latest
	1966	1961–65
–by age and sex and urban/rural residence......	*1967–1973*	Latest
	1974	1965–73
	1975–1979	Latest
	1980	1971–79
	1981–1984	Latest
	1985	1976–84
	1986–1991	Latest
	1992	1983–92
	1993	Latest
–by month........................	*1967*	1962–66
	1974	1965–73
	1980	1971–79
	1985	1976–84
–by urban/rural residence........................	*1967*	Latest
	1968	1964–68
	1969	1965–69
	1970	1966–70
	1971	1967–71
	1972	1968–72
	1973	1969–73
	1974	1965–74
	1975	1971–75
	1976	1972–76
	1977	1973–77
	1978	1974–78
	1979	1975–79
	1980	1971–80

Subject–matter index (continued)

(See notes at end of index)

Subject–matter index (continued)

(See notes at end of index)

Subject–matter index (continued)

(See notes at end of index)

Subject–matter index (continued)

(See notes at end of index)

Subject–matter	Year of issue	Time coverage
Marriage rates (continued):		
–by urban/rural residence (continued):	*1978*	1974–78
	1979	1975–79
	1980	1976–80
	1981	1977–81
	1982	1963–82
	1983	1979–83
	1984	1980–84
	1985	1981–85
	1986	1982–86
	1987	1983–87
	1988	1984–88
	1989	1985–89
	1990	1971–90
	1991	1987–91
	1992	1988–92
	1993	1989–93
Marriage rates, first:		
–by detailed age of groom and bride............	*1982*	1972–81
	1990	1980–89
Married population by age and sex (see: Population by marital status)		
Maternal deaths...............	*1951*	1947–50
	1952	1947–51
	1953	Latest
	1954	1945–53
	1955–1956	Latest
	1957	1952–56
	1958–1960	Latest
	1961	1955–60
	1962–1965	Latest
	1966	1960–65
	1967–1973	Latest
	1974	1965–73
	1975–1979	Latest
	1980	1971–79
	1981	1972–80
	1982	1972–81
	1983	1973–82
	1984	1974–83
	1985	1975–84
	1986	1976–85
	1987	1977–86
	1988	1978–87
	1989	1979–88
	1990	1980–89
	1991	1981–90

Subject–matter	Year of issue	Time coverage
Maternal deaths (continued):	*1992*	1982–91
	1993	1983–92
–by age..........................	*1951*	Latest
	1952	Latest[4]
	1957	Latest
	1961	Latest
	1967	Latest
	1974	Latest
	1980	Latest
	1985	Latest
Maternal death rates..........	*1951*	1947–50
	1952	1947–51
	1953	Latest
	1954	1945–53
	1955–1956	Latest
	1957	1952–62
	1958–1960	Latest
	1961	1955–60
	1962–1965	Latest
	1966	1960–65
	1967–1973	Latest
	1974	1965–73
–by age..........................	*1957*	Latest
	1961	Latest
Maternal mortality rates.....	*1958*	Latest
	1975	1966–74
	1976	1966–75
	1977	1967–76
	1978	1968–77
	1979	1969–78
	1980	1971–79
	1981	1972–80
	1982	1972–81
	1983	1973–82
	1984	1974–83
	1985	1975–84
	1986	1976–85
	1987	1977–86
	1988	1978–87
	1989	1979–88
	1990	1980–89
	1991	1981–90
	1992	1982–91
	1993	1983–92
Migration (international):		
–arrivals..........................	*1970*	1963–69
	1972	1965–71
	1974	1967–73

Subject–matter	Year of issue	Time coverage
Migration (international): (continued):		
–arrivals (continued):	*1976*	1969–75
	1977	1967–76
	1985	1975–84
	1989	1979–88
–arrivals, by major categories......................	*1949/50*	1945–49
	1951	1946–50
	1952	1947–51
	1954	1948–53
	1957	1951–56
	1959	1953–58
	1962	1956–61
	1966	1960–65
	1968	1966–67
	1977	1967–76
	1985	1975–84
	1989	1979–88
–continental and inter–continental............	*1948*	1936–47
	1977	1967–76
–departures.....................	*1970*	1963–69
	1972	1965–71
	1974	1967–73
	1976	1969–75
	1977	1967–76
	1985	1975–84
	1989	1979–88
–departures, by major categories............	*1949/50*	1945–49
	1951	1946–50
	1952	1947–51
	1954	1948–53
	1957	1951–56
	1959	1953–58
	1962	1956–61
	1966	1960–65
	1968	1966–67
	1977	1967–76
	1985	1975–84
	1989	1979–88
–emigrants, long term:		
by age and sex...............	*1948*	1945–47
	1949/50	1946–48
	1951	1948–50
	1952	1949–51
	1954	1950–53
	1957	1953–56

Subject–matter index (continued)

(See notes at end of index)

Subject–matter index (continued)

(See notes at end of index)

Subject-matter index (continued)

(See notes at end of index)

Subject-matter index (continued)

(See notes at end of index)

Subject–matter index (continued)

(See notes at end of index)

Subject–matter	Year of issue	Time coverage
Population (continued):		
–economically inactive		
by sub–groups and sex....	*1956*	1945–54
	1964	1955–64
	1972	1962–72
	1973	1965–73 [4]
	1979	1970–79 [4]
	1984	1974–84 [4]
	1988	1980–88 [4]
–Elderly		
–by economic, socio–		
–demographic and		
–urban/rural....................	*1991PA* [5]	1950–90
–female:		
by age and duration of mariage..........................	*1968*	Latest
by number of children born alive and age..........	*1949/50*	Latest
	1954	1930–53
	1955	1945–54
	1959	1949–58
	1963	1955–63
	1965	1955–65
	1969	Latest
	1971	1962–71
	1973	1965–73 [4]
	1975	1965–74
	1978HS [2]	1948–77
	1981	1972–80
	1986	1977–85
by number of children living and age................	*1949/50*	Latest
	1954	1930–53
	1955	1945–54
	1959	1949–58
	1963	1955–63
	1965	1955–65
	1968–1969	Latest
	1971	1962–71
	1973	1965–73 [4]
	1975	1965–74
	1978HS [2]	1948–77
	1981	1972–80
	1986	1977–85

Subject–matter	Year of issue	Time coverage
Population (continued):		
–female (continued):		
in households by age, sex of householder, size and relationship to householder and urban/rural residence.......................	*1987*	1975–86
institutional, by age, sex and urban/rural residence.......................	*1987*	1875–86
–growth rates:		
average annual for countries or areas...........	*1957*	1953–56
	1958	1953–57
	1959	1953–58
	1960	1953–59
	1961	1953–60
	1962	1958–61
	1963	1958–62
	1964	1958–63
	1965	1958–64
	1966	1958–66
	1967	1963–67
	1968	1963–68
	1969	1963–69
	1970	1963–70
	1971	1963–71
	1972	1963–72
	1973	1970–73
	1974	1970–74
	1975	1970–75
	1976	1970–76
	1977	1970–77
	1978	1975–78
	1979	1975–79
	1980	1975–80
	1981	1975–81
	1982	1975–82
	1983	1980–83
	1984	1980–84
	1985	1980–85
	1986	1980–86
	1987	1980–87
	1988	1985–88
	1989	1985–89
	1990	1985–90
	1991	1985–91
	1992	1985–92
	1993	1990–93

Subject–matter	Year of issue	Time coverage
Population (continued):		
–growth rates: (continued):		
average annual for the world, macro regions (continents) and regions..........................	*1957*	1950–56
	1958	1950–57
	1959	1950–58
	1960	1950–59
	1961	1950–60
	1962	1950–61
	1963	1958–62
		1960–62
	1964	1958–63
		1960–63
	1965	1958–64
		1960–64
	1966	1958–66
		1960–66
	1967	1960–67
		1963–67
	1968	1960–68
		1963–68
	1969	1960–69
		1963–69
	1970	1963–70
		1965–70
	1971	1963–71
		1965–71
	1972	1963–72
		1965–72
	1973	1965–73
		1970–73
	1974	1965–74
		1970–74
	1975	1965–75
		1970–75
	1976	1965–76
		1970–76
	1977	1965–77
		1970–77
	1978–1979	1970–75
	1980–1983	1975–80
	1984–1986	1980–85
	1987–1992	1985–90
	1993	1990–95
Homeless by age and sex................	*1991PA* [5]	Latest
–illiteracy rates by sex.......	*1948*	Latest
	1955	1945–54
	1960	1920–60
	1963	1955–63

Subject–matter index (continued)

(See notes at end of index)

Subject–matter index (continued)

(See notes at end of index)

Subject–matter index (continued)

(See notes at end of index)

(See notes at end of index)

R

Subject–matter index (continued)

(See notes at end of index)

Subject–matter index (continued)

(See notes at end of index)

Subject–matter index (continued)

(See notes at end of index)

General Notes

This cumulative index covers the content of each of the 45 issues of the Demographic Yearbook. "Year of issue"stands for the particular issue in which the indicated subject–matter appears. Unless otherwise specified, "Time coverage" designates the years for which annual statistics are shown in the Demographic Yearbook referred to in "Year of issue" column. "Latest" or "2–Latest" indicates that data are for latest available year(s) only.

Footnotes

1 Only titles not available for preceding bibliography.
2 Historical Supplement published in separate volume.
3 Five–year average rates.
4 Only data not available for preceding issue.
5 Population ageing published in separate volume.

Index par sujet (suite)

(Voir notes à la fin de l'index)

Index par sujet (suite)

(Voir notes à la fin de l'index)

Index par sujet (suite)

(Voir notes à la fin de l'index)

Index par sujet (suite)

(Voir notes à la fin de l'index)

Sujet	Année de l'édition	Période considérée
Décès, taux de (suite):		
–selon la résidence (urbaine/rurale) (suite):	*1989*	1985–89
	1990	1986–90
	1991	1987–91
	1992	1983–92
	1993	1989–93
Densité de population:		
–des continents..................	*1949/50*	1920–49
	1951–1993	Dernière
–des grandes régions (continentales)................	*1964–1993*	Dernière
–des pays ou zones..........	*1948–1993*	Dernière
–des régions.....................	*1949/50*	1920–49
	1952–1993	Dernière
–du monde........................	*1949/50*	1920–49
	1952–1993	Dernière
Dimension de la famille vivante:		
–selon l'âge des femmes (voir également: Enfants)..........................	*1949–1950*	Dernière
	1954	1930–53
	1955	1945–54
	1959	1949–58
	1963	1955–63
	1965	1955–65
	1968	1955–67
	1969	Dernière
	1971	1962–71
	1973	1965–73 [2]
	1975	1965–74
	1978SR [1]	1948–77
	1981	1972–80
	1986	1977–85
Divorces..........................	*1951*	1935–50
	1952	1936–51
	1953	1950–52
	1954	1946–53
	1955	1946–54
	1956	1947–55
	1957	1948–56
	1958	1940–57
	1959	1949–58
Divorces (suite):	*1960*	1950–59
	1961	1952–61
	1962	1953–62
	1963	1954–63
	1964	1960–64
	1965	1961–65
	1966	1962–66
	1967	1963–67
	1968	1949–68
	1969	1965–69
	1970	1966–70
	1971	1967–71
	1972	1968–72
	1973	1969–73
	1974	1970–74
	1975	1971–75
	1976	1957–76
	1977	1973–77
	1978	1974–78
	1979	1975–79
	1980	1976–80
	1981	1977–81
	1982	1963–82
	1983	1979–83
	1984	1980–84
	1985	1981–85
	1986	1982–86
	1987	1983–87
	1988	1984–88
	1989	1985–89
	1990	1971–90
	1991	1987–91
	1992	1988–92
	1993	1989–93
–selon l'âge de l'épouse....	*1968*	1958–67
	1976	1966–75
	1982	1972–81
	1987	1975–86
	1990	1980–89
–selon l'âge de l'épouse, classés par âge de l'epoux..........................	*1958*	1946–57
	1968	Dernière
	1976	Dernière
	1982	Dernière
	1990	Dernière
–selon l'âge de l'époux.....	*1968*	1958–67
	1976	1966–75
	1982	1972–81
	1987	1975–86
	1990	1980–89
Divorces (suite):		
–selon la durée du mariage........................	*1958*	1948–57
	1968	1958–67
	1976	1966–75
	1982	1972–81
	1990	1980–89
–selon la durée du mariage, classés selon l'âge de l'épouse et selon l'âge de l'époux......	*1958*	1946–57
	1968	Dernière
	1976	Dernière
	1982	Dernière
	1990	Dernière
–selon le nombre d'enfants........................	*1958*	1948–57
	1968	1958–67
	1976	1966–75
	1982	1972–81
Divortialité, taux de...........	*1952*	1935–51
	1953	1936–52
	1954	1946–53
	1955	1946–54
	1956	1947–55
	1957	1948–56
	1958	1930–57
	1959	1949–58
	1960	1950–59
	1961	1952–61
	1962	1953–62
	1963	1954–63
	1964	1960–64
	1965	1961–65
	1966	1962–66
	1967	1963–67
	1968	1920–64 [4]
		1953–68
	1969	1965–69
	1970	1966–70
	1971	1967–71
	1972	1968–72
	1973	1969–73
	1974	1970–74
	1975	1971–75
	1976	1957–76
	1977	1973–77
	1978	1974–78
	1979	1975–79
	1980	1976–80
	1981	1977–81
	1982	1963–82

Index par sujet (suite)

(Voir notes à la fin de l'index)

Index par sujet (suite)

(Voir notes à la fin de l'index)

Sujet	Année de l'édition	Période considérée
Illégitime (voir également: Naissances et morts foetales tardives): (suite):		
–naissances......................	*1959*	1949–58
	1965	1955–64
	1969	1963–68
	1975	1966–74
	1981	1972–80
	1986	1977–85
–naissances, rapports de....................	*1959*	1949–58
	1965	1955–64
	1969	1963–68
	1975	1966–74
	1981	1972–80
	1986	1977–85
Immigrants (voir: Migration internationale)		
Instruction, degré d' (voir: Population)		
L		
Langue et sexe (voir: Population)		
Localités (voir: Population)		
M		
Mariages..........................	*1948*	1932–47
	1949/50	1934–49
	1951	1935–50
	1952	1936–51
	1953	1950–52
	1954	1946–53
	1955	1946–54
	1956	1947–55
	1957	1948–56
	1958	1940–57
	1959	1949–58
	1960	1950–59
	1961	1952–61
	1962	1953–62
	1963	1954–63
	1964	1960–64
	1965	1956–65
	1966	1962–66
	1967	1963–67
Mariages (suite):	*1968*	1949–68
	1969	1965–69
	1970	1966–70
	1971	1967–71
	1972	1968–72
	1973	1969–73
	1974	1970–74
	1975	1971–75
	1976	1957–76
	1977	1973–77
	1978	1974–78
	1979	1975–79
	1980	1976–80
	1981	1977–81
	1982	1963–82
	1983	1979–83
	1984	1980–84
	1985	1981–85
	1986	1982–86
	1987	1983–87
	1988	1984–88
	1989	1985–89
	1990	1971–90
	1991	1987–91
	1992	1988–92
	1993	1989–93
–selon l'âge de l'épouse....	*1948*	1936–47
	1949/50	1936–49
	1958	1948–57
	1959–1967	Dernière
	1968	1958–67
	1969–1975	Dernière
	1976	1966–75
	1977–1981	Dernière
	1982	1972–81
	1983–1986	Dernière
	1987	1975–86
	1988–1989	Dernière
	1990	1980–89
	1991–1993	Dernière
–selon l'âge de l'épouse et l'âge de l'époux...........	*1958*	1948–57
	1968	Dernière
	1976	Dernière
	1982	Dernière
	1990	Dernière
–selon l'âge de l'épouse et l'état matrimonial antérieur.........................	*1958*	1948–57
	1968	Dernière
	1976	Dernière
	1982	Dernière
Mariages (suite): –selon l'âge de l'épouse et l'état matrimonial antérieur (suite):	*1990*	Dernière
–selon l'âge de l'époux.....	*1948*	1936–47
	1949/50	1936–49
	1958	1948–57
	1959–1967	Dernière
	1968	1958–67
	1969–1975	Dernière
	1976	1966–75
	1977–1981	Dernière
	1982	1972–81
	1983–1986	Dernière
	1987	1975–86
	1988–1989	Dernière
	1990	1980–89
	1991–1993	Dernière
–selon l'âge de l'époux et l'âge de l'épouse.........	*1958*	1948–57
	1968	Dernière
	1976	Dernière
	1982	Dernière
	1990	Dernière
–selon l'âge de l'époux et l'état matrimonial antérieur.........................	*1958*	1946–57
	1968	Dernière
	1976	Dernière
	1982	Dernière
	1990	Dernière
–selon l'état matrimonial antérieur de l'épouse:		
et l'âge..........................	*1958*	1946–57
	1968	Dernière
	1976	Dernière
	1982	Dernière
	1990	Dernière
et l'état matrimonial antérieur de l'époux........	*1949/50*	Dernière
	1958	1948–57
	1968	1958–67
	1976	1966–75
	1982	1972–81
	1990	1980–89

Index par sujet (suite)

(Voir notes à la fin de l'index)

Index par sujet (suite)

(Voir notes à la fin de l'index)

Index par sujet (suite)

(Voir notes à la fin de l'index)

Index par sujet (suite)

(Voir notes à la fin de l'index)

Index par sujet (suite)

(Voir notes à la fin de l'index)

(Voir notes à la fin de l'index)

Index par sujet (suite)

(Voir notes à la fin de l'index)

(Voir notes à la fin de l'index)

Index par sujet (suite)

(Voir notes à la fin de l'index)

Sujet	Année de l'édition	Période considérée
Morts foetales tardives (suite):		
–selon la résidence (urbaine/rurale).............	*1971*	1966–70
	1972	1967–71
	1973	1968–72
	1974	1965–73
	1975	1966–74
	1976	1971–75
	1977	1972–76
	1978	1973–77
	1979	1974–78
	1980	1971–79
	1981	1972–80
	1982	1977–81
	1983	1978–82
	1984	1979–83
	1985	1975–84
	1986	1977–85
	1987	1982–86
	1988	1983–87
	1989	1984–88
	1990	1985–89
	1991	1986–90
	1992	1987–91
	1993	1988–92
–selon le sexe..................	*1961*	1952–60
	1965	5–Dernières
	1969	1963–68
	1975	1966–74
	1981	1972–80
	1986	1977–85
Mortinatalité, rapports de (voir: Mortalité foetale tardive)		
Morts néonatales, selon le sexe (voir: Mortalité post–néonatale)		
Morts post–néonatales, selon le sexe (voir: Mortalité post–néonatale)		
N		
Naissances.......................	*1948*	1932–47
	1949/50	1934–49
	1951	1935–50
	1952	1936–51
	1953	1950–52
	1954	1938–53
Naissances (suite):	*1955*	1946–54
	1956	1947–55
	1957	1948–56
	1958	1948–57
	1959	1949–58
	1960	1950–59
	1961	1952–61
	1962	1953–62
	1963	1954–63
	1964	1960–64
	1965	1946–65
	1966	1957–66
	1967	1963–67
	1968	1964–68
	1969	1950–69
	1970	1966–70
	1971	1967–71
	1972	1968–72
	1973	1969–73
	1974	1970–74
	1975	1956–75
	1976	1972–76
	1977	1973–77
	1978	1974–78
	1978SR [1]	1948–78
	1979	1975–79
	1980	1976–80
	1981	1962–81
	1982	1978–82
	1983	1979–83
	1984	1980–84
	1985	1981–85
	1986	1967–86
	1987	1983–87
	1988	1984–88
	1989	1985–89
	1990	1986–90
	1991	1987–91
	1992	1983–92
	1993	1989–93
–illégitimes (voir également: légitimes)	*1959*	1949–58
	1965	1955–64
	1969	1963–68
	1975	1966–74
	1981	1972–80
	1986	1977–85
–légitimes........................	*1948*	1936–47
	1949/50	1936–49
	1954	1936–53
	1959	1949–58
	1965	1955–64
	1969	1963–68
Naissances (suite):		
–légitimes (suite):	*1975*	1966–74
	1981	1972–80
	1986	1977–85
–légitimes selon l'âge de la mère..........................	*1954*	1936–53
	1959	1949–58
	1965	1955–64
	1969	1963–68
	1975	1966–74
	1981	1972–80
	1986	1977–85
–légitimes selon l'âge du père..............................	*1959*	1949–58
	1965	1955–64
	1969	1963–68
	1975	1966–74
	1981	1972–80
	1986	1977–85
–légitimes selon la durée du mariage.....................	*1948*	1936–47
	1949/50	1936–49
	1954	1936–53
	1959	1949–58
	1965	1955–64
	1969	1963–68
	1975	1966–74
	1981	1972–80
	1986	1977–85
–selon l'âge de la mère.....	*1948*	1936–47
	1949/50	1936–49
	1954	1936–53
	1955–1956	Dernière
	1958	Dernière
	1959	1949–58
	1960–1964	Dernière
	1965	1955–64
	1966–1968	Dernière
	1969	1963–68
	1970–1974	Dernière
	1975	1966–74
	1976–1978	Dernière
	1978SR [1]	1948–77
	1979–1980	Dernière
	1981	1972–80
	1982–1985	Dernière
	1986	1977–85
	1987–1991	Dernière
	1992	1983–92
	1993	Dernière

(Voir notes à la fin de l'index)

Index par sujet (suite)

(Voir notes à la fin de l'index)

Sujet	Année de l'édition	Période considérée
Natalité proportionnelle:		
(suite):		
–illégitime........................	*1959*	1949–58
	1965	1955–65
	1969	1963–68
	1975	1965–74
	1981	1972–80
	1986	1977–85
Natalité, taux de...............	*1948*	1932–47
	1949/50	1932–49
	1951	1905–30 [4]
		1930–50
	1952	1920–34 [4]
		1934–51
	1953	1920–39 [4]
		1940–52
	1954	1920–39 [4]
		1939–53
	1955	1920–34 [4]
		1946–54
	1956	1947–55
	1957	1948–56
	1958	1948–57
	1959	1920–54 [4]
		1953–58
	1960	1950–59
	1961	1945–59 [4]
		1952–61
	1962	1945–54 [4]
		1952–62
	1963	1945–59 [4]
		1954–63
	1964	1960–64
	1965	1920–64 [4]
		1950–65
	1966	1950–64 [4]
		1957–66
	1967	1963–67
	1968	1964–68
	1969	1925–69 [4]
		1954–69
	1970	1966–70
	1971	1967–71
	1972	1968–72
	1973	1969–73
	1974	1970–74
	1975	1956–75
	1976	1972–76
	1977	1973–77
	1978	1974–78
	1978SR [1]	1948–78
	1979	1975–79
	1980	1976–80

Sujet	Année de l'édition	Période considérée
Natalité, taux de		
(suite):	*1981*	1962–81
	1982	1978–82
	1983	1979–83
	1984	1980–84
	1985	1981–85
	1986	1967–86
	1987	1983–87
	1988	1984–88
	1989	1985–89
	1990	1986–90
	1991	1987–91
	1992	1983–92
	1993	1989–93
–estimatifs:		
pour les continents..........	*1949/50*	1947
	1956–1977	Dernière
	1978–1979	1970–75
	1980–1986	1975–80
	1987–1992	1985–90
	1993	1990–95
pour les grandes		
régions..........................	*1964–1977*	Dernière
	1978–1979	1970–75
	1980–1983	1975–80
	1984–1986	1980–85
	1987–1992	1985–90
	1993	1990–95
pour les régions..............	*1949/50*	1947
	1956–1977	Dernière
	1978–1979	1970–75
	1980–1983	1975–80
	1984–1986	1980–85
	1987–1992	1985–90
	1993	1990–95
pour le monde................	*1949/50*	1947
	1956–1977	Dernière
	1978–1979	1970–75
	1980–1983	1975–80
	1984–1986	1980–85
	1987–1992	1985–90
	1993	1990–95
–illégitimes (voir		
également légitimes).......	*1959*	1949–58
–légitimes........................	*1954*	1936–53
	1959	1949–58
	1965	Dernière
	1969	Dernière

Sujet	Année de l'édition	Période considérée
Natalité, taux de		
(suite):		
–légitimes (suite):	*1975*	Dernière
	1981	Dernière
	1986	Dernière
–légitimes selon l'âge de		
la mère..........................	*1954*	1936–53
	1959	1949–58
	1965	Dernière
	1969	Dernière
	1975	Dernière
	1981	Dernière
	1986	Dernière
–légitimes selon l'âge		
du père..........................	*1959*	1949–58
	1965	Dernière
	1969	Dernière
	1975	Dernière
	1981	Dernière
	1986	Dernière
–légitimes selon la durée		
du mariage....................	*1959*	1950–57
	1965	Dernière
	1969	Dernière
	1975	Dernière
–selon l'âge de la mère.....	*1948*	1936–47
	1949/50	1936–49
	1951	1936–50
	1952	1936–50
	1953	1936–52
	1954	1936–53
	1955–1956	Dernière
	1959	1949–58
	1965	1955–64
	1969	1963–68
	1975	1966–74
	1976–1978	Dernière
	1978SR [1]	1948–77
	1979–1980	Dernière
	1981	1972–80
	1982–1985	Dernière
	1986	1977–85
	1987–1991	Dernière
–selon l'âge de la mère et		
le rang de naissance........	*1954*	1948 et 1951
	1959	1949–58
	1965	1955–64
	1969	1963–68
	1975	1966–74
	1981	1972–80

(Voir notes à la fin de l'index)

Sujet	Année de l'édition	Période considérée
Natalité, taux de (suite):		
–selon l'âge de la mère et le rang de naissance (suite):	*1986*	1977–85
–selon l'âge de la mère et la résidence (urbaine/rurale) (voir: (urbaine/rurale), ci–dessous)		
–selon l'âge du père.........	*1949/50*	1942–49
	1954	1936–53
	1959	1949–58
	1965	1955–64
	1969	1963–68
	1975	1966–74
	1981	1972–80
	1986	1977–85
–selon la durée du mariage (voir: légitimes selon la duré du mariage)		
–selon le rang de naissance........................	*1951*	1936–49
	1952	1936–50
	1953	1936–52
	1954	1936–53
	1955	Dernière
	1959	1949–58
	1965	1955–64
	1969	1963–68
	1975	1966–74
	1981	1972–80
	1986	1977–85
–selon la résidence (urbaine/rurale).............	*1965*	Dernière
	1967	Dernière
	1968	1964–68
	1969	1964–68
	1970	1966–70
	1971	1967–71
	1972	1968–72
	1973	1969–73
	1974	1970–74
	1975	1956–75
	1976	1972–76
	1977	1973–77
	1978	1974–78
	1979	1975–79
	1980	1976–80
Natalité, taux de (suite):		
–selon la résidence (urbaine/rurale) (suite):	*1981*	1962–81
	1982	1978–82
	1983	1979–83
	1984	1980–84
	1985	1981–85
	1986	1967–86
	1987	1983–87
	1988	1984–88
	1989	1985–89
	1990	1986–90
	1991	1987–91
	1992	1983–92
	1993	1989–93
–selon la résidence (urbaine/rurale) et l'âge de la mère......................	*1965*	Dernière
	1969	Dernière
	1975	1966–74
	1976–1980	Dernière
	1981	1972–80
	1982–1985	Dernière
	1986	1977–85
	1987–1991	Dernière
	1992	1983–92
	1993	Dernière
Nationalité (voir: Population)		
Nuptialité (voir: Mariages)		
Nuptialité, taux de............	*1948*	1932–47
	1949/50	1932–49
	1951	1930–50
	1952	1920–34 [4]
		1934–51
	1953	1920–39 [4]
		1940–52
	1954	1920–39 [4]
		1946–53
	1955	1920–34 [4]
		1946–54
	1956	1947–55
	1957	1948–56
	1958	1930–57
	1959	1949–58
	1960	1950–59
	1961	1952–61
	1962	1953–62
Nuptialité, taux de (suite):	*1963*	1954–63
	1964	1960–64
	1965	1956–65
	1966	1962–66
	1967	1963–67
	1968	1920–64 [4]
		1953–68
	1969	1965–69
	1970	1966–70
	1971	1967–71
	1972	1968–72
	1973	1969–73
	1974	1970–74
	1975	1971–75
	1976	1957–76
	1977	1973–77
	1978	1974–78
	1979	1975–79
	1980	1976–80
	1981	1977–81
	1982	1963–82
	1983	1979–83
	1984	1980–84
	1985	1981–85
	1986	1982–86
	1987	1983–87
	1988	1984–88
	1989	1985–89
	1990	1971–90
	1991	1987–91
	1992	1988–92
	1993	1989–93
–selon l'âge et le sexe.......	*1948*	1936–46
	1949/50	1936–49
	1953	1936–51
	1954	1936–52
	1958	1935–56
	1968	1955–67
	1976	1966–75
	1982	1972–81
	1987	1975–86
	1990	1980–89
–selon la résidence (urbaine/rurale).............	*1968*	Dernière
	1969	1965–69
	1970	1966–70
	1971	1967–71
	1972	1968–72
	1973	1969–73
	1974	1970–74
	1975	1971–75
	1976	1957–76

Index par sujet (suite)

(Voir notes à la fin de l'index)

Sujet	Année de l'édition	Période considérée
Nuptialité, taux de (suite):		
–selon la résidence (urbaine/rurale) (suite):	*1977*	1973–77
	1978	1974–78
	1979	1975–79
	1980	1976–80
	1981	1977–81
	1982	1963–82
	1983	1979–83
	1984	1980–84
	1985	1981–85
	1986	1982–86
	1987	1983–87
	1988	1984–88
	1989	1985–89
	1990	1971–90
	1991	1987–91
	1992	1988–92
	1993	1989–93
–selon le sexe et la population mariable........	*1958*	1935–56
	1968	1935–67
	1976	1966–75
	1982	1972–81
	1990	1980–89
Nuptialité au premier mariage, taux de, classification détaillée selon l'âge de l'épouse et de l'époux..........................	*1982*	1972–81
	1990	1980–89
P		
Population:		
–accroissement, taux d':		
annuels moyens pour les pays ou zones...........	*1957*	1953–56
	1958	1953–57
	1959	1953–58
	1960	1953–59
	1961	1953–60
	1962	1958–61
	1963	1958–62
	1964	1958–63
	1965	1958–64
	1966	1958–66
	1967	1963–67

Sujet	Année de l'édition	Période considérée
Population (suite):		
–accroissement, taux d': (suite):		
annuels moyens pour les pays ou zones (suite):	*1968*	1963–68
	1969	1963–69
	1970	1963–70
	1971	1963–71
	1972	1963–72
	1973	1970–73
	1974	1970–74
	1975	1970–75
	1976	1970–76
	1977	1970–77
	1978	1975–78
	1979	1975–79
	1980	1975–80
	1981	1975–81
	1982	1975–82
	1983	1980–83
	1984	1980–84
	1985	1980–85
	1986	1980–86
	1987	1980–87
	1988	1985–88
	1989	1985–89
	1990	1985–90
	1991	1985–91
	1992	1985–92
	1993	1990–93
annuels moyens pour le monde, les grandes régions (continentes) et les régions géographiques...............	*1957*	1950–56
	1958	1950–57
	1959	1950–58
	1960	1950–59
	1961	1950–60
	1962	1950–61
	1963	1958–62
		1960–62
	1964	1958–63
		1960–63
	1965	1958–64
		1960–64
	1966	1958–66
		1960–66
	1967	1960–67
		1963–67
	1968	1960–68
		1963–68
	1969	1960–69

Sujet	Année de l'édition	Période considérée
Population (suite):		
–accroissement, taux d': (suite):		
annuels moyens pour le monde, les grandes régions (continentes) et les régions géographiques (suite):		1963–69
	1970	1963–70
		1965–70
	1971	1963–71
		1965–71
	1972	1963–72
		1965–72
	1973	1965–73
		1970–73
	1974	1965–74
		1970–74
	1975	1965–75
		1970–75
	1976	1965–76
		1970–76
	1977	1965–77
		1970–77
	1978–1979	1970–75
	1980–1983	1975–80
	1984–1986	1980–85
	1987–1992	1985–90
	1993	1990–95
–active:		
féminin, selon l'état matrimonial et l'âge.........	*1956*	1945–55
	1967	1955–64
	1968	Dernière
	1972	1962–77
féminin, selon l'état matrimonial et l'âge et la résidence (urbaine/rurale)..............	*1973*	1965–73
	1979	1970–79
	1984	1974–84
	1988	1980–88 [2]
née à l'étranger selon la profession, l'âge et le sexe...............................	*1984*	1974–84
	1989	1980–88

Index par sujet (suite)

(Voir notes à la fin de l'index)

Index par sujet (suite)

(Voir notes à la fin de l'index)

Index par sujet (suite)

(Voir notes à la fin de l'index)

Index par sujet (suite)

(Voir notes à la fin de l'index)

Index par sujet (suite)

(Voir notes à la fin de l'index)

Index par sujet (suite)

(Voir notes à la fin de l'index)

Index par sujet (suite)

(Voir notes à la fin de l'index)

Index par sujet (suite)

(Voir notes à la fin de l'index)

(Voir notes à la fin de l'index)

Index

Index par sujet (suite)

(Voir notes à la fin de l'index)

Index par sujet (suite)

(Voir notes à la fin de l'index)

Index par sujet (suite)

(Voir notes à la fin de l'index)

Notes générales

Cet index alphabétique donne la liste des sujets traités dans chacune de 45 éditions de l'Annuaire démographique. La colonne "Année de l'édition" indique l'édition spécifique dans laquelle le sujet a été traité. Sauf indication contraire, lacolonne "Période considérée" désigne les années pour lesquelles les statistiques annuelles apparaissant dans l'Annuaire démographique sont indiquées sous la colonne "Année de l'édition". La rubrique "Dernière" ou "2–Dernières" indique que les données représentent la ou les dernières années disponibles seulement.

Notes

1 Le Supplément rétrospectif fait l'objet d'un tirage spécial.
2 Données non disponibles dans l'édition précédente seulement.
3 Titres non disponibles dans la bibliographie précedente seulement.
4 Taux moyens pour 5 ans.
5 Vieillissement de la population.

كيفية الحصول على منشورات الأمم المتحدة

يمكن الحصول على منشورات الأمم المتحدة من المكتبات ودور التوزيع في جميع أنحاء العالم . استعلم عنها من المكتبة التي تتعامل معها أو اكتب إلى : الأمم المتحدة ، قسم البيع في نيويورك أو في جنيف .

如何购取联合国出版物

联合国出版物在全世界各地的书店和经售处均有发售。请向书店询问或写信到纽约或日内瓦的联合国销售组。

HOW TO OBTAIN UNITED NATIONS PUBLICATIONS

United Nations publications may be obtained from bookstores and distributors throughout the world. Consult your bookstore or write to: United Nations, Sales Section, New York or Geneva.

COMMENT SE PROCURER LES PUBLICATIONS DES NATIONS UNIES

Les publications des Nations Unies sont en vente dans les librairies et les agences dépositaires du monde entier. Informez-vous auprès de votre libraire ou adressez-vous à : Nations Unies, Section des ventes, New York ou Genève.

КАК ПОЛУЧИТЬ ИЗДАНИЯ ОРГАНИЗАЦИИ ОБЪЕДИНЕННЫХ НАЦИЙ

Издания Организации Объединенных Наций можно купить в книжных магазинах и агентствах во всех районах мира. Наводите справки об изданиях в вашем книжном магазине или пишите по адресу: Организация Объединенных Наций, Секция по продаже изданий, Нью-Йорк или Женева.

COMO CONSEGUIR PUBLICACIONES DE LAS NACIONES UNIDAS

Las publicaciones de las Naciones Unidas están en venta en librerías y casas distribuidoras en todas partes del mundo. Consulte a su librero o diríjase a: Naciones Unidas, Sección de Ventas, Nueva York o Ginebra.

Litho in United Nations, New York
94-93748—March 1995—5,475
ISBN 92-1-051084-4

ISSN 0082-8041

United Nations publication
Sales No. E/F.95.XIII.1
ST/ESA/STAT/SER.R/24